(1a)[1] [1]Verhandlungen und Besprechungen können auch elektronisch durch Übertragung in Ton oder Bild und Ton erfolgen. [2]Absatz 1 Satz 3 gilt entsprechend.

(2) [1]Ist ein der Finanzbehörde übermitteltes elektronisches Dokument für sie zur Bearbeitung nicht geeignet, hat sie dies dem Absender unter Angabe der für sie geltenden technischen Rahmenbedingungen unverzüglich mitzuteilen. [2]Macht ein Empfänger geltend, er könne das von der Finanzbehörde übermittelte elektronische Dokument nicht bearbeiten, hat sie es ihm erneut in einem geeigneten elektronischen Format oder als Schriftstück zu übermitteln.

(3)[2] [1]Eine durch Gesetz für Anträge, Erklärungen oder Mitteilungen an die Finanzbehörden angeordnete Schriftform kann, soweit nicht durch Gesetz etwas anderes bestimmt ist, durch die elektronische Form ersetzt werden. [2]Der elektronischen Form genügt ein elektronisches Dokument, das mit einer qualifizierten elektronischen Signatur versehen ist. [3]Bei der Signierung darf eine Person ein Pseudonym nur verwenden, wenn sie ihre Identität der Finanzbehörde nachweist. [4]Die Schriftform kann auch ersetzt werden

1. durch unmittelbare Abgabe der Erklärung in einem elektronischen Formular, das von der Behörde in einem Eingabegerät oder über öffentlich zugängliche Netze zur Verfügung gestellt wird;
2. durch Versendung eines elektronischen Dokuments an die Behörde mit der Versandart nach § 5 Absatz 5 des De-Mail-Gesetzes.

[5]In den Fällen des Satzes 4 Nummer 1 muss bei einer Eingabe über öffentlich zugängliche Netze ein elektronischer Identitätsnachweis nach § 18 des Personalausweisgesetzes, nach § 12 des eID-Karte-Gesetzes oder nach § 78 Absatz 5 des Aufenthaltsgesetzes erfolgen.

(4)[3] [1]Eine durch Gesetz für Verwaltungsakte oder sonstige Maßnahmen der Finanzbehörden angeordnete Schriftform kann, soweit nicht durch Gesetz etwas anderes bestimmt ist, durch die elektronische Form ersetzt werden. [2]Der elektronischen Form genügt ein elektronisches Dokument, das mit einer qualifizierten elektronischen Signatur versehen ist. [3]Die Schriftform kann auch ersetzt werden durch Versendung einer De-Mail-Nachricht nach § 5 Absatz 5 des De-Mail-Gesetzes, bei der die Bestätigung des akkreditierten Diensteanbieters die erlassende Finanzbehörde als Nutzer des De-Mail-Kontos erkennen lässt. [4]Für von der Finanzbehörde aufzunehmende Niederschriften gelten die Sätze 1 und 3 nur, wenn dies durch Gesetz ausdrücklich zugelassen ist.

(5)[4] [1]Ist ein elektronisches Dokument Gegenstand eines Beweises, wird der Beweis durch Vorlegung oder Übermittlung der Datei angetreten; befin-

---

[1] § 87a Abs. 1a eingef. durch G v. 20.12.2022 (BGBl. I S. 2730); zur Anwendung mWv 1.1.2023 siehe Art. 97 § 37 Abs. 1 EGAO (Nr. **800a**).

[2] § 87a Abs. 3 neu gef. mWv 1.8.2013 (Nr. 2 mWv 1.7.2014) durch G v. 25.7.2013 (BGBl. I S. 2749); Satz 2 geänd., Satz 3 neu gef. mWv 29.7.2017 durch G v. 18.7.2017 (BGBl. I S. 2745); Satz 5 geänd. mWv 12.12.2020 durch G v. 3.12.2020 (BGBl. I S. 2744).

[3] § 87a Abs. 4 Sätze 2 und 3 neu gef., Satz 4 angef. mWv 1.7.2014 durch G v. 25.7.2013 (BGBl. I S. 2749); Satz 2 geänd. mWv 29.7.2017 durch G v. 18.7.2017 (BGBl. I S. 2745).

[4] § 87a Abs. 5 Satz 1 geänd. mWv 30.6.2013 durch G v. 26.6.2013 (BGBl. I S. 1809); Satz 2 neu gef. mWv 29.7.2017 durch G v. 18.7.2017 (BGBl. I S. 2745).

Zinsinformationsverordnung vom 26. Januar 2004 (BGBl. I S. 128), die zuletzt durch Artikel 4 Abs. 28 des Gesetzes vom 22. September 2005 (BGBl. I S. 2809) geändert worden ist, in der jeweils geltenden Fassung bleiben unberührt. 2 Soweit die Anzeigepflichten bestehen, sind die Notare auch zur Vorlage von Urkunden und zur Erteilung weiterer Auskünfte verpflichtet. 3 Die Mitteilungspflichten der in Absatz 1 Nummer 3 Buchstabe b bezeichneten Personen hinsichtlich der in § 138f Absatz 3 Satz 1 Nummer 1 und 4 bis 9 bezeichneten Angaben bestehen auch dann, wenn mit diesen Angaben betroffene Nutzer identifizierbar sein sollten.

§ 103[1)] Auskunftsverweigerungsrecht bei Gefahr der Verfolgung wegen einer Straftat oder einer Ordnungswidrigkeit. 1 Personen, die nicht Beteiligte und nicht für einen Beteiligten auskunftspflichtig sind, können die Auskunft auf solche Fragen verweigern, deren Beantwortung sie selbst oder einen ihrer Angehörigen (§ 15) der Gefahr aussetzen würde, wegen einer Straftat oder einer Ordnungswidrigkeit verfolgt zu werden. 2 Über das Recht, die Auskunft zu verweigern, sind sie zu belehren. 3 Die Belehrung ist aktenkundig zu machen.

§ 104 Verweigerung der Erstattung eines Gutachtens und der Vorlage von Urkunden. (1) 1 Soweit die Auskunft verweigert werden darf, kann auch die Erstattung eines Gutachtens und die Vorlage von Urkunden oder Wertsachen verweigert werden. 2 § 102 Abs. 4 Satz 2 bleibt unberührt.

(2) 1 Nicht verweigert werden kann die Vorlage von Urkunden und Wertsachen, die für den Beteiligten aufbewahrt werden, soweit der Beteiligte bei eigenem Gewahrsam zur Vorlage verpflichtet wäre. 2 Für den Beteiligten aufbewahrt werden auch die für ihn geführten Geschäftsbücher und sonstigen Aufzeichnungen.

§ 105 Verhältnis der Auskunfts- und Vorlagepflicht zur Schweigepflicht öffentlicher Stellen. (1) Die Verpflichtung der Behörden oder sonstiger öffentlicher Stellen einschließlich der Deutschen Bundesbank, der Staatsbanken und der Schuldenverwaltungen sowie der Organe und Bediensteten dieser Stellen zur Verschwiegenheit gilt nicht für ihre Auskunfts- und Vorlagepflicht gegenüber den Finanzbehörden.

(2) Absatz 1 gilt nicht, soweit die Behörden und die mit postdienstlichen Verrichtungen betrauten Personen gesetzlich verpflichtet sind, das Brief-, Post- und Fernmeldegeheimnis zu wahren.

§ 106 Beschränkung der Auskunfts- und Vorlagepflicht bei Beeinträchtigung des staatlichen Wohls. Eine Auskunft oder die Vorlage von Urkunden darf nicht gefordert werden, wenn die zuständige oberste Bundes- oder Landesbehörde erklärt, dass die Auskunft oder Vorlage dem Wohl des Bundes oder eines Landes erhebliche Nachteile bereiten würde.

---

1) § 103 Satz 1 neu gef. mWv 25.5.2018 durch G v. 17.7.2017 (BGBl. I S. 2541).

V. Entschädigung der Auskunftspflichtigen und der Sachverständigen

§ 107[1)] Entschädigung der Auskunftspflichtigen und der Sachverständigen. [1]Auskunftspflichtige, Vorlagepflichtige und Sachverständige, die die Finanzbehörde zu Beweiszwecken herangezogen hat, erhalten auf Antrag eine Entschädigung oder Vergütung in entsprechender Anwendung des Justizvergütungs- und -entschädigungsgesetzes[2)]. [2]Dies gilt nicht für die Beteiligten und für die Personen, die für die Beteiligten die Auskunfts- oder Vorlagepflicht zu erfüllen haben.

4. Unterabschnitt: Fristen, Termine, Wiedereinsetzung

§ 108[3)] Fristen und Termine. (1) Für die Berechnung von Fristen und für die Bestimmung von Terminen gelten die §§ 187 bis 193 des Bürgerlichen Gesetzbuchs entsprechend, soweit nicht durch die Absätze 2 bis 5 etwas anderes bestimmt ist.

(2) Der Lauf einer Frist, die von einer Behörde gesetzt wird, beginnt mit dem Tag, der auf die Bekanntgabe der Frist folgt, außer wenn der betroffenen Person etwas anderes mitgeteilt wird.

(3) Fällt das Ende einer Frist auf einen Sonntag, einen gesetzlichen Feiertag oder einen Sonnabend, so endet die Frist mit dem Ablauf des nächstfolgenden Werktags.

(4) Hat eine Behörde Leistungen nur für einen bestimmten Zeitraum zu erbringen, so endet dieser Zeitraum auch dann mit dem Ablauf seines letzten Tages, wenn dieser auf einen Sonntag, einen gesetzlichen Feiertag oder einen Sonnabend fällt.

(5) Der von einer Behörde gesetzte Termin ist auch dann einzuhalten, wenn er auf einen Sonntag, gesetzlichen Feiertag oder Sonnabend fällt.

(6) Ist eine Frist nach Stunden bestimmt, so werden Sonntage, gesetzliche Feiertage oder Sonnabende mitgerechnet.

§ 109[4)] Verlängerung von Fristen. (1) [1]Fristen zur Einreichung von Steuererklärungen und Fristen, die von einer Finanzbehörde gesetzt sind, können vorbehaltlich des Absatzes 2 verlängert werden. [2]Sind solche Fristen bereits abgelaufen, können sie vorbehaltlich des Absatzes 2 rückwirkend verlängert werden, insbesondere wenn es unbillig wäre, die durch den Fristablauf eingetretenen Rechtsfolgen bestehen zu lassen.

(2) [1]Absatz 1 ist

---

1) § 107 Satz 1 geänd. mWv 1.7.2004 durch G v. 5.5.2004 (BGBl. I S. 718); Sätze 1 und 2 geänd. mWv 30.6.2013 durch G v. 26.6.2013 (BGBl. I S. 1809).

2) **Habersack** Nr. **116.**

3) § 108 Abs. 2 geänd. mWv 26.11.2019 durch G v. 20.11.2019 (BGBl. I S. 1626).

4) § 109 neu gef. durch G v. 18.7.2016 (BGBl. I S. 1679); zur Anwendung s. Art. 97 § 10a Abs. 4 Satz 1 EGAO (Nr. **800a**).

4a.[1] Unterlagen nach Artikel 15 Absatz 1 und Artikel 163 des Zollkodex der Union,

5. sonstige Unterlagen, soweit sie für die Besteuerung von Bedeutung sind.

(2)[2] Mit Ausnahme der Jahresabschlüsse, der Eröffnungsbilanz und der Unterlagen nach Absatz 1 Nummer 4a, sofern es sich bei letztgenannten Unterlagen um amtliche Urkunden oder handschriftlich zu unterschreibende nicht förmliche Präferenznachweise handelt,[3] können die in Absatz 1 aufgeführten Unterlagen auch als Wiedergabe auf einem Bildträger oder auf anderen Datenträgern aufbewahrt werden, wenn dies den Grundsätzen ordnungsmäßiger Buchführung entspricht und sichergestellt ist, dass die Wiedergabe oder die Daten

1. mit den empfangenen Handels- oder Geschäftsbriefen und den Buchungsbelegen bildlich und mit den anderen Unterlagen inhaltlich übereinstimmen, wenn sie lesbar gemacht werden,
2. während der Dauer der Aufbewahrungsfrist jederzeit verfügbar sind, unverzüglich lesbar gemacht und maschinell ausgewertet werden können.

(3)[4] [1]Die in Absatz 1 Nr. 1, 4 und 4a[2] aufgeführten Unterlagen sind zehn Jahre, die sonstigen in Absatz 1 aufgeführten Unterlagen sechs Jahre aufzubewahren, sofern nicht in anderen Steuergesetzen kürzere Aufbewahrungsfristen zugelassen sind. [2]Kürzere Aufbewahrungsfristen nach außersteuerlichen Gesetzen lassen die in Satz 1 bestimmte Frist unberührt. [3]Bei empfangenen Lieferscheinen, die keine Buchungsbelege nach Absatz 1 Nummer 4 sind, endet die Aufbewahrungsfrist mit dem Erhalt der Rechnung. [4]Für abgesandte Lieferscheine, die keine Buchungsbelege nach Absatz 1 Nummer 4 sind, endet die Aufbewahrungsfrist mit dem Versand der Rechnung. [5]Die Aufbewahrungsfrist läuft jedoch nicht ab, soweit und solange die Unterlagen für Steuern von Bedeutung sind, für welche die Festsetzungsfrist noch nicht abgelaufen ist; § 169 Abs. 2 Satz 2 gilt nicht.

(4) Die Aufbewahrungsfrist beginnt mit dem Schluss des Kalenderjahrs, in dem die letzte Eintragung in das Buch gemacht, das Inventar, die Eröffnungsbilanz, der Jahresabschluss oder der Lagebericht aufgestellt, der Handels- oder Geschäftsbrief empfangen oder abgesandt worden oder der Buchungsbeleg entstanden ist, ferner die Aufzeichnung vorgenommen worden ist oder die sonstigen Unterlagen entstanden sind.

(5) Wer aufzubewahrende Unterlagen in der Form einer Wiedergabe auf einem Bildträger oder auf anderen Datenträgern vorlegt, ist verpflichtet, auf seine Kosten diejenigen Hilfsmittel zur Verfügung zu stellen, die erforderlich sind, um die Unterlagen lesbar zu machen; auf Verlangen der Finanzbehörde

[1] § 147 Abs. 1 Nr. 4a eingef., mWv 20.12.2003 durch G v. 15.12.2003 (BGBl. I S. 2645).

[2] § 147 Abs. 2 und Abs. 3 Satz 1 Zitat geänd. mWv 20.12.2003 durch G v. 15.12.2003 (BGBl. I S. 2645).

[3] § 147 Abs. 2 geänd. mWv 1.5.2016 durch G v. 22.12.2014 (BGBl. I S. 2417).

[4] § 147 Abs. 3 Satz 1 geänd. durch G v. 15.12.2003 (BGBl. I S. 2645); Sätze 3 und 4 eingef., bish. Satz 3 wird Satz 5 durch G v. 30.6.2017 (BGBl. I S. 2143); zur Anwendung siehe Art. 97 § 19a Satz 2 EGAO (Nr. **800a**).

hat er auf seine Kosten die Unterlagen unverzüglich ganz oder teilweise auszudrucken oder ohne Hilfsmittel lesbare Reproduktionen beizubringen.

(6)[1] [1] Sind die Unterlagen nach Absatz 1 mit Hilfe eines Datenverarbeitungssystems erstellt worden,

1. hat die Finanzbehörde im Rahmen einer Außenprüfung das Recht, Einsicht in die gespeicherten Daten zu nehmen und das Datenverarbeitungssystem zur Prüfung dieser Unterlagen zu nutzen,
2. kann die Finanzbehörde verlangen, dass die Daten nach ihren Vorgaben maschinell ausgewertet zur Verfügung gestellt werden, oder
3. kann die Finanzbehörde verlangen, dass die Daten nach ihren Vorgaben in einem maschinell auswertbaren Format an sie übertragen werden.

[2] Teilt der Steuerpflichtige der Finanzbehörde mit, dass sich seine Daten nach Absatz 1 bei einem Dritten befinden, so hat der Dritte

1. der Finanzbehörde Einsicht in die für den Steuerpflichtigen gespeicherten Daten zu gewähren oder
2. diese Daten nach den Vorgaben der Finanzbehörde maschinell auszuwerten oder
3. ihr nach ihren Vorgaben die für den Steuerpflichtigen gespeicherten Daten in einem maschinell auswertbaren Format zu übertragen.

[3] Die Kosten trägt der Steuerpflichtige. [4] In Fällen des Satzes 3 hat der mit der Außenprüfung betraute Amtsträger den in § 3 und § 4 Nummer 1 und 2 des Steuerberatungsgesetzes bezeichneten Personen sein Erscheinen in angemessener Frist anzukündigen. [5] Sofern noch nicht mit einer Außenprüfung begonnen wurde, ist es im Fall eines Wechsels des Datenverarbeitungssystems oder im Fall der Auslagerung von aufzeichnungs- und aufbewahrungspflichtigen Daten aus dem Produktivsystem in ein anderes Datenverarbeitungssystem ausreichend, wenn der Steuerpflichtige nach Ablauf des fünften Kalenderjahres, das auf die Umstellung oder Auslagerung folgt, diese Daten ausschließlich auf einem maschinell lesbaren und maschinell auswertbaren Datenträger vorhält.

(7)[2] [1] Die Verarbeitung und Aufbewahrung der nach Absatz 6 zur Verfügung gestellten Daten ist auch auf mobilen Datenverarbeitungssystemen der Finanzbehörden unabhängig von deren Einsatzort zulässig, sofern diese unter Berücksichtigung des Stands der Technik gegen unbefugten Zugriff gesichert sind. [2] Die Finanzbehörde darf die nach Absatz 6 zur Verfügung gestellten und gespeicherten Daten bis zur Unanfechtbarkeit der die Daten betreffenden Verwaltungsakte auch auf den mobilen Datenverarbeitungssystemen unabhängig von deren Einsatzort aufbewahren.

---

[1] § 147 Abs. 6 Satz 3 eingef., bish. Satz 3 wird Satz 4, Satz 5 angef. mWv 29.12.2016 durch G v. 22.12.2016 (BGBl. I S. 3152); Satz 6 angef. mWv 1.1.2020 (Art. 97 § 19b Abs. 2 EGAO – Nr. **800a**) durch G v. 22.11.2019 (BGBl. I S. 1746); Satz 1 neu gef., Satz 2 aufgeh., bish. Sätze 3 bis 6 werden Sätze 2 bis 5, neuer Satz 2 Nr. 3 neu gef. durch G v. 20.12.2022 (BGBl. I S. 2730); zur Anwendung mWv 1.1.2023 siehe Art. 97 § 37 Abs. 1 EGAO (Nr. **800a**).

[2] § 147a Abs. 7 angef. durch G v. 20.12.2022 (BGBl. I S. 2730); zur Anwendung mWv 1.1.2023 siehe Art. 97 § 37 Abs. 1 EGAO (Nr. **800a**).

benes Inhaberpapier handelt, die Rückverwandlung in ein Inhaberpapier zu erwirken und die hierzu erforderlichen Erklärungen an Stelle des Vollstreckungsschuldners abzugeben.

§ 304 Versteigerung ungetrennter Früchte. [1]Gepfändete Früchte, die vom Boden noch nicht getrennt sind, dürfen erst nach der Reife versteigert werden. [2]Der Vollziehungsbeamte hat sie abernten zu lassen, wenn er sie nicht vor der Trennung versteigert.

§ 305 Besondere Verwertung. Auf Antrag des Vollstreckungsschuldners oder aus besonderen Zweckmäßigkeitsgründen kann die Vollstreckungsbehörde anordnen, dass eine gepfändete Sache in anderer Weise oder an einem anderen Ort, als in den vorstehenden Paragraphen bestimmt ist, zu verwerten oder durch eine andere Person als den Vollziehungsbeamten zu versteigern sei.

§ 306 Vollstreckung in Ersatzteile von Luftfahrzeugen.[1)] (1) Für die Vollstreckung in Ersatzteile, auf die sich ein Registerpfandrecht an einem Luftfahrzeug nach § 71 des Gesetzes über Rechte an Luftfahrzeugen erstreckt, gilt § 100 des Gesetzes über Rechte an Luftfahrzeugen; an die Stelle des Gerichtsvollziehers tritt der Vollziehungsbeamte.

(2) Absatz 1 gilt für die Vollstreckung in Ersatzteile, auf die sich das Recht an einem ausländischen Luftfahrzeug erstreckt, mit der Maßgabe, dass die Vorschriften des § 106 Abs. 1 Nr. 2 und Abs. 4 des Gesetzes über Rechte an Luftfahrzeugen zu berücksichtigen sind.

§ 307 Anschlusspfändung. (1) [1]Zur Pfändung bereits gepfändeter Sachen genügt die in die Niederschrift aufzunehmende Erklärung des Vollziehungsbeamten, dass er die Sache für die zu bezeichnende Forderung pfändet. [2]Dem Vollstreckungsschuldner ist die weitere Pfändung mitzuteilen.

(2) [1]Ist die erste Pfändung für eine andere Vollstreckungsbehörde oder durch einen Gerichtsvollzieher erfolgt, so ist dieser Vollstreckungsbehörde oder dem Gerichtsvollzieher eine Abschrift der Niederschrift zu übersenden. [2]Die gleiche Pflicht hat ein Gerichtsvollzieher, der eine Sache pfändet, die bereits im Auftrag einer Vollstreckungsbehörde gepfändet ist.

§ 308 Verwertung bei mehrfacher Pfändung. (1) Wird dieselbe Sache mehrfach durch Vollziehungsbeamte oder durch Vollziehungsbeamte und Gerichtsvollzieher gepfändet, so begründet ausschließlich die erste Pfändung die Zuständigkeit zur Versteigerung.

(2) Betreibt ein Gläubiger die Versteigerung, so wird für alle beteiligten Gläubiger versteigert.

(3) Der Erlös wird nach der Reihenfolge der Pfändungen oder nach abweichender Vereinbarung der beteiligten Gläubiger verteilt.

[1)] Vgl. Gesetz über Rechte an Luftfahrzeugen v. 26.2.1959 (BGBl. I S. 57, 223), zuletzt geänd. durch G v. 11.8.2009 (BGBl. I S. 2713).

(4) [1]Reicht der Erlös zur Deckung der Forderungen nicht aus und verlangt ein Gläubiger, für den die zweite oder eine spätere Pfändung erfolgt ist, ohne Zustimmung der übrigen beteiligten Gläubiger eine andere Verteilung als nach der Reihenfolge der Pfändungen, so ist die Sachlage unter Hinterlegung des Erlöses dem Amtsgericht, in dessen Bezirk gepfändet ist, anzuzeigen. [2]Der Anzeige sind die Schriftstücke, die sich auf das Verfahren beziehen, beizufügen. [3]Für das Verteilungsverfahren gelten die §§ 873 bis 882 der Zivilprozessordnung.

(5) Wird für verschiedene Gläubiger gleichzeitig gepfändet, so finden die Vorschriften der Absätze 2 bis 4 mit der Maßgabe Anwendung, dass der Erlös nach dem Verhältnis der Forderungen verteilt wird.

III. Vollstreckung in Forderungen und andere Vermögensrechte

§ 309 Pfändung einer Geldforderung. (1) [1]Soll eine Geldforderung gepfändet werden, so hat die Vollstreckungsbehörde dem Drittschuldner schriftlich zu verbieten, an den Vollstreckungsschuldner zu zahlen, und dem Vollstreckungsschuldner schriftlich zu gebieten, sich jeder Verfügung über die Forderung, insbesondere ihrer Einziehung, zu enthalten (Pfändungsverfügung). [2]Die elektronische Form ist ausgeschlossen.

(2) [1]Die Pfändung ist bewirkt, wenn die Pfändungsverfügung dem Drittschuldner zugestellt ist. [2]Die an den Drittschuldner zuzustellende Pfändungsverfügung soll den beizutreibenden Geldbetrag nur in einer Summe, ohne Angabe der Steuerarten und der Zeiträume, für die er geschuldet wird, bezeichnen. [3]Die Zustellung ist dem Vollstreckungsschuldner mitzuteilen.

(3)[1)] Bei Pfändung des Guthabens eines Kontos des Vollstreckungsschuldners bei einem Kreditinstitut gelten die §§ 833a und 907 der Zivilprozessordnung entsprechend.

§ 310 Pfändung einer durch Hypothek gesicherten Forderung.

(1) [1]Zur Pfändung einer Forderung, für die eine Hypothek besteht, ist außer der Pfändungsverfügung die Aushändigung des Hypothekenbriefs an die Vollstreckungsbehörde erforderlich. [2]Die Übergabe gilt als erfolgt, wenn der Vollziehungsbeamte den Brief wegnimmt. [3]Ist die Erteilung des Hypothekenbriefs ausgeschlossen, so muss die Pfändung in das Grundbuch eingetragen werden; die Eintragung erfolgt auf Grund der Pfändungsverfügung auf Ersuchen der Vollstreckungsbehörde.

(2) Wird die Pfändungsverfügung vor der Übergabe des Hypothekenbriefs oder der Eintragung der Pfändung dem Drittschuldner zugestellt, so gilt die Pfändung diesem gegenüber mit der Zustellung als bewirkt.

(3) [1]Diese Vorschriften gelten nicht, soweit Ansprüche auf die in § 1159 des Bürgerlichen Gesetzbuchs[2)] bezeichneten Leistungen gepfändet werden. [2]Das

---

[1)] § 309 Abs. 3 neu gef. mWv 1.12.2021 durch G v. 22.11.2020 (BGBl. I S. 2466).

[2)] **Habersack** Nr. **20**.

dere Anordnungen erlassen, insbesondere bei der Vollstreckung in Nutzungsrechte eine Verwaltung anordnen; in diesem Fall wird die Pfändung durch Übergabe der zu benutzenden Sache an den Verwalter bewirkt, sofern sie nicht durch Zustellung der Pfändungsverfügung schon vorher bewirkt ist.

(5) Ist die Veräußerung des Rechts zulässig, so kann die Vollstreckungsbehörde die Veräußerung anordnen.

(6) Für die Vollstreckung in eine Reallast, eine Grundschuld oder eine Rentenschuld gelten die Vorschriften über die Vollstreckung in eine Forderung, für die eine Hypothek besteht.

(7) Die §§ 858 bis 863 der Zivilprozessordnung gelten sinngemäß.

4. Unterabschnitt: Vollstreckung in das unbewegliche Vermögen

§ 322 Verfahren. (1) [1] Der Vollstreckung in das unbewegliche Vermögen unterliegen außer den Grundstücken die Berechtigungen, für welche die sich auf Grundstücke beziehenden Vorschriften gelten, die im Schiffsregister eingetragenen Schiffe, die Schiffsbauwerke und Schwimmdocks, die im Schiffsbauregister eingetragen sind oder in dieses Register eingetragen werden können, sowie die Luftfahrzeuge, die in der Luftfahrzeugrolle eingetragen sind oder nach Löschung in der Luftfahrzeugrolle noch in dem Register für Pfandrechte an Luftfahrzeugen eingetragen sind. [2] Auf die Vollstreckung sind die für die gerichtliche Zwangsvollstreckung geltenden Vorschriften, namentlich die §§ 864 bis 871 der Zivilprozessordnung und das Gesetz über die Zwangsversteigerung und die Zwangsverwaltung[1)] anzuwenden. [3] Bei Stundung und Aussetzung der Vollziehung geht eine im Wege der Vollstreckung eingetragene Sicherungshypothek jedoch nur dann nach § 868 der Zivilprozessordnung auf den Eigentümer über und erlischt eine Schiffshypothek oder ein Registerpfandrecht an einem Luftfahrzeug jedoch nur dann nach § 870a Abs. 3 der Zivilprozessordnung sowie § 99 Abs. 1 des Gesetzes über Rechte an Luftfahrzeugen[2)], wenn zugleich die Aufhebung der Vollstreckungsmaßnahme angeordnet wird.

(2) Für die Vollstreckung in ausländische Schiffe gilt § 171 des Gesetzes über die Zwangsversteigerung und die Zwangsverwaltung,[1)] für die Vollstreckung in ausländische Luftfahrzeuge § 106 Abs. 1, 2 des Gesetzes über Rechte an Luftfahrzeugen[2)] sowie die §§ 171h bis 171n des Gesetzes über die Zwangsversteigerung und die Zwangsverwaltung.[1)]

(3) [1] Die für die Vollstreckung in das unbewegliche Vermögen erforderlichen Anträge des Gläubigers stellt die Vollstreckungsbehörde. [2] Sie hat hierbei zu bestätigen, dass die gesetzlichen Voraussetzungen für die Vollstreckung vorliegen. [3] Diese Fragen unterliegen nicht der Beurteilung des Vollstreckungsgerichts oder des Grundbuchamts. [4] Anträge auf Eintragung einer Sicherungshypothek,

---

[1)] Gesetz über die Zwangsversteigerung und die Zwangsverwaltung idF der Bek. v. 20.5.1898 (RGBl. S. 369, 713) (**Habersack** Nr. **108**).

[2)] Gesetz über Rechte an Luftfahrzeugen v. 26.2.1959 (BGBl. I S. 57, 223), in der jeweils aktuellen Fassung.

einer Schiffshypothek oder eines Registerpfandrechts an einem Luftfahrzeug sind Ersuchen im Sinne des § 38 der Grundbuchordnung[1] und des § 45 der Schiffsregisterordnung.[2]

(4) Zwangsversteigerung und Zwangsverwaltung soll die Vollstreckungsbehörde nur beantragen, wenn festgestellt ist, dass der Geldbetrag durch Vollstreckung in das bewegliche Vermögen nicht beigetrieben werden kann.

(5) Soweit der zu vollstreckende Anspruch gemäß § 10 Abs. 1 Nr. 3 des Gesetzes über die Zwangsversteigerung und die Zwangsverwaltung[3] den Rechten am Grundstück im Rang vorgeht, kann eine Sicherungshypothek unter der aufschiebenden Bedingung in das Grundbuch eingetragen werden, dass das Vorrecht wegfällt.

§ 323 Vollstreckung gegen den Rechtsnachfolger. [1] Ist nach § 322 eine Sicherungshypothek, eine Schiffshypothek oder ein Registerpfandrecht an einem Luftfahrzeug eingetragen worden, so bedarf es zur Zwangsversteigerung aus diesem Recht nur dann eines Duldungsbescheids, wenn nach der Eintragung dieses Rechts ein Eigentumswechsel eingetreten ist. [2] Satz 1 gilt sinngemäß für die Zwangsverwaltung aus einer nach § 322 eingetragenen Sicherungshypothek.

5. Unterabschnitt: Arrest

§ 324 Dinglicher Arrest. (1) [1] Zur Sicherung der Vollstreckung von Geldforderungen nach den §§ 249 bis 323 kann die für die Steuerfestsetzung zuständige Finanzbehörde den Arrest in das bewegliche oder unbewegliche Vermögen anordnen, wenn zu befürchten ist, dass sonst die Beitreibung vereitelt oder wesentlich erschwert wird. [2] Sie kann den Arrest auch dann anordnen, wenn die Forderung noch nicht zahlenmäßig feststeht oder wenn sie bedingt oder betagt ist. [3] In der Arrestanordnung ist ein Geldbetrag zu bestimmen, bei dessen Hinterlegung die Vollziehung des Arrestes gehemmt und der vollzogene Arrest aufzuheben ist.

(2) [1] Die Arrestanordnung ist zuzustellen. [2] Sie muss begründet und von dem anordnenden Bediensteten unterschrieben sein. [3] Die elektronische Form ist ausgeschlossen.

(3) [1] Die Vollziehung der Arrestanordnung ist unzulässig, wenn seit dem Tag, an dem die Anordnung unterzeichnet worden ist, ein Monat verstrichen ist. [2] Die Vollziehung ist auch schon vor der Zustellung an den Arrestschuldner zulässig, sie ist jedoch ohne Wirkung, wenn die Zustellung nicht innerhalb einer Woche nach der Vollziehung und innerhalb eines Monats seit der Unterzeichnung erfolgt. [3] Bei Zustellung im Ausland und öffentlicher Zustellung gilt § 169 Abs. 1 Satz 3 entsprechend. [4] Auf die Vollziehung des Arrestes finden die §§ 930 bis 932 der Zivilprozessordnung sowie § 99 Abs. 2 und

---

1) GrundbuchO idF der Bek. v. 26.5.1994 (BGBl. I S. 1114) **(Habersack Nr. 114)**.

2) SchiffsregisterO idF der Bek. v. 26.5.1994 (BGBl. I S. 1133), in der jeweils aktuellen Fassung.

3) Gesetz über die Zwangsversteigerung und die Zwangsverwaltung idF der Bek. v. 20.5.1898 (RGBl. S. 369, 713) **(Habersack Nr. 108)**.

gewerbsmäßig durch Zuwiderhandlungen gegen Monopolvorschriften Bannbruch begeht, wird mit Freiheitsstrafe von sechs Monaten bis zu zehn Jahren bestraft. [2]In minder schweren Fällen ist die Strafe Freiheitsstrafe bis zu fünf Jahren oder Geldstrafe.

(2) Ebenso wird bestraft, wer

1. eine Hinterziehung von Einfuhr- oder Ausfuhrabgaben oder einen Bannbruch begeht, bei denen er oder ein anderer Beteiligter eine Schusswaffe bei sich führt,
2. eine Hinterziehung von Einfuhr- oder Ausfuhrabgaben oder einen Bannbruch begeht, bei denen er oder ein anderer Beteiligter eine Waffe oder sonst ein Werkzeug oder Mittel bei sich führt, um den Widerstand eines anderen durch Gewalt oder Drohung mit Gewalt zu verhindern oder zu überwinden, oder
3. als Mitglied einer Bande, die sich zur fortgesetzten Begehung der Hinterziehung von Einfuhr- oder Ausfuhrabgaben oder des Bannbruchs verbunden hat, eine solche Tat begeht.

(3) Der Versuch ist strafbar.

(4) § 370 Abs. 6 Satz 1 und Abs. 7 gilt entsprechend.

§ 374[1)] **Steuerhehlerei.** (1) Wer Erzeugnisse oder Waren, hinsichtlich deren Verbrauchsteuern oder Einfuhr- und Ausfuhrabgaben nach Artikel 5 Nummer 20 und 21 des Zollkodex der Union[2)] hinterzogen oder Bannbruch nach § 372 Abs. 2, § 373 begangen worden ist, ankauft oder sonst sich oder einem Dritten verschafft, sie absetzt oder abzusetzen hilft, um sich oder einen Dritten zu bereichern, wird mit Freiheitsstrafe bis zu fünf Jahren oder mit Geldstrafe bestraft.

(2) [1]Handelt der Täter gewerbsmäßig oder als Mitglied einer Bande, die sich zur fortgesetzten Begehung von Straftaten nach Absatz 1 verbunden hat, so ist die Strafe Freiheitsstrafe von sechs Monaten bis zu zehn Jahren. [2]In minder schweren Fällen ist die Strafe Freiheitsstrafe bis zu fünf Jahren oder Geldstrafe.

(3) Der Versuch ist strafbar.

(4)[3)] § 370 Absatz 6 und 7 gilt entsprechend.

§ 375 Nebenfolgen. (1) Neben einer Freiheitsstrafe von mindestens einem Jahr wegen

1. Steuerhinterziehung,
2. Bannbruchs nach § 372 Abs. 2, § 373,
3. Steuerhehlerei oder
4. Begünstigung einer Person, die eine Tat nach den Nummern 1 bis 3 begangen hat,

---

[1)] § 374 Abs. 1 geänd., Abs. 2 und 3 eingef., bish. Abs. 2 wird Abs. 4 und neu gef. mWv 1.1.2008 durch G v. 21.12.2007 (BGBl. I S. 3198).

[2)] Verweis geänd. mWv 1.5.2016 durch G v. 22.12.2014 (BGBl. I S. 2417).

[3)] § 374 Abs. 4 Verweis geänd. mWv 1.1.2015 durch G v. 22.12.2014 (BGBl. I S. 2415).

kann das Gericht die Fähigkeit, öffentliche Ämter zu bekleiden, und die Fähigkeit, Rechte aus öffentlichen Wahlen zu erlangen, aberkennen (§ 45 Abs. 2 des Strafgesetzbuchs).

(2) [1] Ist eine Steuerhinterziehung, ein Bannbruch nach § 372 Abs. 2, § 373 oder eine Steuerhehlerei begangen worden, so können

1. die Erzeugnisse, Waren und andere Sachen, auf die sich die Hinterziehung von Verbrauchsteuer oder Einfuhr- und Ausfuhrabgaben nach Artikel 5 Nummer 20 und 21 des Zollkodex der Union[1)], der Bannbruch oder die Steuerhehlerei bezieht, und
2. die Beförderungsmittel, die zur Tat benutzt worden sind,

eingezogen werden. [2] § 74a des Strafgesetzbuchs ist anzuwenden.

§ 375a[2)] *(aufgehoben)*

§ 376[3)] **Verfolgungsverjährung.** (1)[4)] In den in § 370 Absatz 3 Satz 2 Nummer 1 bis 6 genannten Fällen besonders schwerer Steuerhinterziehung beträgt die Verjährungsfrist 15[5)] Jahre; § 78b Absatz 4 des Strafgesetzbuches gilt entsprechend.

(2) Die Verjährung der Verfolgung einer Steuerstraftat wird auch dadurch unterbrochen, dass dem Beschuldigten die Einleitung des Bußgeldverfahrens bekannt gegeben oder diese Bekanntgabe angeordnet wird.

(3)[6)] Abweichend von § 78c Absatz 3 Satz 2 des Strafgesetzbuches verjährt in den in § 370 Absatz 3 Satz 2 Nummer 1 bis 6 genannten Fällen besonders schwerer Steuerhinterziehung die Verfolgung spätestens, wenn seit dem in § 78a des Strafgesetzbuches bezeichneten Zeitpunkt das Zweieinhalbfache der gesetzlichen Verjährungsfrist verstrichen ist.

Zweiter Abschnitt: Bußgeldvorschriften

§ 377[7)] **Steuerordnungswidrigkeiten.** (1) Steuerordnungswidrigkeiten (Zollordnungswidrigkeiten) sind Zuwiderhandlungen, die nach diesem Gesetz oder den Steuergesetzen mit Geldbuße geahndet werden können.

(2) Für Steuerordnungswidrigkeiten gelten die Vorschriften des Ersten Teils des Gesetzes über Ordnungswidrigkeiten[8)], soweit die Bußgeldvorschriften dieses Gesetzes oder der Steuergesetze nichts anderes bestimmen.

[1)] Verweis geänd. mWv 1.5.2016 durch G v. 22.12.2014 (BGBl. I S. 2417).

[2)] § 375a eingef. durch G v. 29.6.2020 (BGBl. I S. 1512) und aufgeh. mWv 29.12.2020 durch G v. 21.12.2020 (BGBl. I S. 3036); vgl. auch Art. 97 § 34 EGAO aF (Nr. **800a**).

[3)] § 376 neu gef. durch G v. 19.12.2008 (BGBl. I S. 2794); zur Anwendung siehe Art. 97 § 23 EGAO (Nr. **800a**).

[4)] § 376 Abs. 1 geänd. durch G v. 23.6.2017 (BGBl. I S. 1682); geänd. mWv 1.7.2020 durch G v. 29.6.2020 (BGBl. I S. 1512).

[5)] Verjährungsfrist verlängert durch JStG 2020 v. 21.12.2020 (BGBl. I S. 3036).

[6)] § 376 Abs. 3 angef. mWv 1.7.2020 durch G v. 29.6.2020 (BGBl. I S. 1512).

[7)] § 377 Abs. 1 und 2 geänd. mWv 25.5.2018 durch G v. 17.7.2017 (BGBl. I S. 2541).

[8)] **Habersack** Nr. **94.**

zur Behandlung im Strafbefehlsverfahren geeignet erscheint; ist dies nicht der Fall, so legt die Finanzbehörde die Akten der Staatsanwaltschaft vor.

§ 401[1] Antrag auf Anordnung von Nebenfolgen im selbständigen Verfahren. Die Finanzbehörde kann den Antrag stellen, die Einziehung selbständig anzuordnen oder eine Geldbuße gegen eine juristische Person oder eine Personenvereinigung selbständig festzusetzen (§§ 435, 444 Abs. 3 der Strafprozessordnung).

III. Stellung der Finanzbehörde im Verfahren der Staatsanwaltschaft

§ 402 Allgemeine Rechte und Pflichten der Finanzbehörde. (1) Führt die Staatsanwaltschaft das Ermittlungsverfahren durch, so hat die sonst zuständige Finanzbehörde dieselben Rechte und Pflichten wie die Behörden des Polizeidienstes nach der Strafprozessordnung sowie die Befugnisse nach § 399 Abs. 2 Satz 2.

(2) Ist einer Finanzbehörde nach § 387 Abs. 2 die Zuständigkeit für den Bereich mehrerer Finanzbehörden übertragen, so gilt Absatz 1 für jede dieser Finanzbehörden.

§ 403 Beteiligung der Finanzbehörde. (1) [1]Führt die Staatsanwaltschaft oder die Polizei Ermittlungen durch, die Steuerstraftaten betreffen, so ist die sonst zuständige Finanzbehörde befugt, daran teilzunehmen. [2]Ort und Zeit der Ermittlungshandlungen sollen ihr rechtzeitig mitgeteilt werden. [3]Dem Vertreter der Finanzbehörde ist zu gestatten, Fragen an Beschuldigte, Zeugen und Sachverständige zu stellen.

(2) Absatz 1 gilt sinngemäß für solche richterlichen Verhandlungen, bei denen auch der Staatsanwaltschaft die Anwesenheit gestattet ist.

(3) Der sonst zuständigen Finanzbehörde sind die Anklageschrift und der Antrag auf Erlass eines Strafbefehls mitzuteilen.

(4) Erwägt die Staatsanwaltschaft, das Verfahren einzustellen, so hat sie die sonst zuständige Finanzbehörde zu hören.

IV. Steuer- und Zollfahndung

§ 404[2] Steuer- und Zollfahndung. [1]Die Behörden des Zollfahndungsdienstes und die mit der Steuerfahndung betrauten Dienststellen der Landesfinanzbehörden sowie ihre Beamten haben im Strafverfahren wegen Steuerstraftaten dieselben Rechte und Pflichten wie die Behörden und Beamten des Polizeidienstes nach den Vorschriften der Strafprozessordnung. [2]Die in Satz 1 bezeichneten Stellen haben die Befugnisse nach § 399 Abs. 2 Satz 2 sowie die Befugnis zur Durchsicht der Papiere des von der Durchsuchung Betroffenen (§ 110 Abs. 1 der Strafprozessordnung); ihre Beamten sind Ermittlungspersonen der Staatsanwaltschaft.

---

[1] § 401 geänd. mWv 1.7.2017 durch G v. 13.4.2017 (BGBl. I S. 872).

[2] § 404 Satz 2 HS 2 geänd. mWv 1.9.2004 durch G v. 24.8.2004 (BGBl. I S. 2198); Satz 1 geänd. durch G v. 12.12.2019 (BGBl. I S. 2451).

V. Entschädigung der Zeugen und der Sachverständigen

§ 405[1] **Entschädigung der Zeugen und der Sachverständigen.** [1]Werden Zeugen und Sachverständige von der Finanzbehörde zu Beweiszwecken herangezogen, so erhalten sie eine Entschädigung oder Vergütung nach dem Justizvergütungs- und -entschädigungsgesetz[2]. [2]Dies gilt auch in den Fällen des § 404.

3. Unterabschnitt: Gerichtliches Verfahren

§ 406 Mitwirkung der Finanzbehörde im Strafbefehlsverfahren und im selbständigen Verfahren. (1) Hat die Finanzbehörde den Erlass eines Strafbefehls beantragt, so nimmt sie die Rechte und Pflichten der Staatsanwaltschaft wahr, solange nicht nach § 408 Abs. 3 Satz 2 der Strafprozessordnung Hauptverhandlung anberaumt oder Einspruch gegen den Strafbefehl erhoben wird.

(2)[3] Hat die Finanzbehörde den Antrag gestellt, die Einziehung selbständig anzuordnen oder eine Geldbuße gegen eine juristische Person oder eine Personenvereinigung selbständig festzusetzen (§ 401), so nimmt sie die Rechte und Pflichten der Staatsanwaltschaft wahr, solange nicht mündliche Verhandlung beantragt oder vom Gericht angeordnet wird.

§ 407 Beteiligung der Finanzbehörde in sonstigen Fällen. (1) [1]Das Gericht gibt der Finanzbehörde Gelegenheit, die Gesichtspunkte vorzubringen, die von ihrem Standpunkt für die Entscheidung von Bedeutung sind. [2]Dies gilt auch, wenn das Gericht erwägt, das Verfahren einzustellen. [3]Der Termin zur Hauptverhandlung und der Termin zur Vernehmung durch einen beauftragten oder ersuchten Richter (§§ 223, 233 der Strafprozessordnung) werden der Finanzbehörde mitgeteilt. [4]Ihr Vertreter erhält in der Hauptverhandlung auf Verlangen das Wort. [5]Ihm ist zu gestatten, Fragen an Angeklagte, Zeugen und Sachverständige zu richten.

(2) Das Urteil und andere das Verfahren abschließende Entscheidungen sind der Finanzbehörde mitzuteilen.

4. Unterabschnitt: Kosten des Verfahrens

§ 408 Kosten des Verfahrens. [1]Notwendige Auslagen eines Beteiligten im Sinne des § 464a Abs. 2 Nr. 2 der Strafprozessordnung sind im Strafverfahren wegen einer Steuerstraftat auch die gesetzlichen Gebühren und Auslagen eines Steuerberaters, Steuerbevollmächtigten, Wirtschaftsprüfers oder vereidigten Buchprüfers. [2]Sind Gebühren und Auslagen gesetzlich nicht geregelt, so können sie bis zur Höhe der gesetzlichen Gebühren und Auslagen eines Rechtsanwalts erstattet werden.

---

[1] § 405 Satz 1 geänd. mWv 1.7.2004 durch G v. 5.5.2004 (BGBl. I S. 718).
[2] **Habersack** Nr. **116.**
[3] § 406 Abs. 2 geänd. mWv 1.7.2017 durch G v. 13.4.2017 (BGBl. I S. 872).

802. Finanzgerichtsordnung (FGO)[1]

In der Fassung der Bekanntmachung vom 28. März 2001
(BGBl. I S. 442, ber. S. 2262, I 2002 S. 679)

Geändert durch Zustellungsreformgesetz vom 25.6.2001 (BGBl. I S. 1206), Gesetz zur Anpassung der Formvorschriften an den modernen Rechtsgeschäftsverkehr vom 13.7.2001 (BGBl. I S. 1542), Gesetz zur Änderung des Finanzverwaltungsgesetzes und anderer Gesetze vom 14.12.2001 (BGBl. I S. 3714), Steueränderungsgesetz 2001 vom 20.12.2001 (BGBl. I S. 3794), Steuerverkürzungsbekämpfungsgesetz vom 19.12.2001 (BGBl. I S. 3922), Kostenrechtsmodernisierungsgesetz vom 5.5.2004 (BGBl. I S. 718), 1. Justizmodernisierungsgesetz vom 24.8.2004 (BGBl. I S. 2198), Anhörungsrügengesetz vom 9.12.2004 (BGBl. I S. 3220), Gesetz zur Vereinfachung und Vereinheitlichung der Verfahrensvorschriften zur Wahl und Berufung ehrenamtlicher Richter vom 21.12.2004 (BGBl. I S. 3599), Justizkommunikationsgesetz vom 22.3.2005 (BGBl. I S. 837, ber. 2022), Föderalismusreform-Begleitgesetz vom 5.9.2006 (BGBl. I S. 2098), Gesetz zur Neuregelung des Rechtsberatungsrechts vom 12.12.2007 (BGBl. I S. 2840), Gesetz zur Modernisierung von Verfahren im anwaltlichen und notariellen Berufsrecht vom 30.7.2009 (BGBl. I S. 2449), Gesetz über den Rechtsschutz bei überlangen Gerichtsverfahren und strafrechtlichen Ermittlungsverfahren vom 24.11.2011 (BGBl. I S. 2302), Gesetz zur Änderung von Vorschriften über Verkündung und Bekanntmachungen sowie der Zivilprozessordnung, des Gesetzes betreffend die Einführung der Zivilprozessordnung und der Abgabenordnung vom 22.12.2011 (BGBl. I S. 3044), Gesetz zur Förderung der Mediation und anderer Verfahren der außergerichtlichen Konfliktbeilegung vom 21.7.2012 (BGBl. I S. 1577), Gesetz zur Einführung von Kostenhilfe für Drittbetroffene in Verfahren vor dem Europäischen Gerichtshof für Menschenrechte sowie zur Änderung der Finanzgerichtsordnung vom 20.4.2013 (BGBl. I S. 829), Gesetz zur Intensivierung des Einsatzes von Videokonferenztechnik in gerichtlichen und staatsanwaltschaftlichen Verfahren vom 25.4.2013 (BGBl. I S. 935), Amtshilferichtlinie-Umsetzungsgesetz (AmtshilfeRLUmsG) vom 26.6.2013 (BGBl. I S. 1809), Gesetz zur Änderung des Prozesskostenhilfe- und Beratungshilferechts vom 31.8.2013 (BGBl. I S. 3533; ber. BGBl. I 2016 S. 121), Gesetz zur Förderung des elektronischen Rechtsverkehrs mit den Gerichten vom 10.10.2013 (BGBl. I S. 3786), Gesetz zur Durchführung der Verordnung (EU) Nr. 1215/2012 sowie zur Änderung sonstiger Vorschriften vom 8.7.2014 (BGBl. I S. 890), Zehnte Zuständigkeitsanpassungsverordnung vom 31.8.2015 (BGBl. I S. 1474), Gesetz zur Neuordnung des Rechts der Syndikusanwälte und zur Änderung der Finanzgerichtsordnung vom 21.12.2015 (BGBl. I S. 2517), Gesetz zur Modernisierung des Besteuerungsverfahrens vom 18.7.2016 (BGBl. I S. 1679), Gesetz zur Änderung des Sachverständigenrechts und zur weiteren Änderung des Gesetzes über das Verfahren in Familiensachen und in den Angelegenheiten der freiwilligen Gerichtsbarkeit sowie zur Änderung des Sozialgerichtsgesetzes, der Verwaltungsgerichtsordnung, der Finanzgerichtsordnung und des Gerichtskostengesetzes vom 11.10.2016 (BGBl. I S. 2222), Gesetz zur Einführung der elektronischen Akte in der Justiz und zur weiteren Förderung des elektronischen Rechtsverkehrs vom 5.7.2017 (BGBl. I S. 2208), Gesetz zur Durchführung der Verordnung (EU) Nr. 910/2014 des Europäischen Parlaments und des Rates vom 23. Juli 2014 über elektronische Identifizierung und Vertrauensdienste für elektronische Transaktionen im Binnenmarkt und zur Aufhebung der Richtlinie 1999/93 EG (eIDAS-Durchführungsgesetz) vom 18.7.2017 (BGBl. I S. 2745), Gesetz zur Erweiterung der Medienöffentlichkeit in Gerichtsverfahren und zur Verbesserung der Kommunikationshilfen für Menschen mit Sprach- und Hörbehinderungen (Gesetz über die Erweiterung der Medienöffentlichkeit in Gerichtsverfahren – EMöGG) vom 8.10.2017 (BGBl. I S. 3546), Gesetz zur Einführung einer zivilprozessualen Musterfestsetzungsklage vom 12.7.2018 (BGBl. I S. 1151), Gesetz zur Einführung einer Karte für Unionsbürger und Angehörige des Europäischen Wirtschaftsraums vom 21.6.2019 (BGBl. I S. 846), *Zweites Gesetz zur Anpassung des Datenschutzrechts an die Verordnung (EU) 2016/679 und zur Umsetzung der Richtlinie (EU) 2016/680 (Zweites*

---

[1] Die Neubekanntmachung der Finanzgerichtsordnung vom 6.10.1965 (BGBl. I S. 1477) auf Grund des Art. 5 des G v. 19.12.2000 (BGBl. I S. 1757) in der ab 1.1.2001 geltenden Fassung.

Datenschutz-Anpassungs- und Umsetzungsgesetz EU – 2. DSAnpUG-EU) vom 20.11.2019 (BGBl. I S. 1626)[1]), Gesetz zur Regelung der Wertgrenze für die Nichtzulassungsbeschwerde in Zivilsachen, zum Ausbau der Spezialisierung bei den Gerichten sowie zur Änderung weiterer prozessrechtlicher Vorschriften vom 12.12.2019 (BGBl. I S. 2633), Gesetz zur Reform des Vormundschafts- und Betreuungsrechts vom 4.5.2021 (BGBl. I S. 882), Gesetz zur Fortentwicklung der Strafprozessordnung und zur Änderung weiterer Vorschriften vom 25.6.2021 (BGBl. I S. 2099), Gesetz zur Neuregelung des Berufsrechts der anwaltlichen und steuerberatenden Berufsausübungsgesellschaften sowie zur Änderung weiterer Vorschriften im Bereich der rechtsberatenden Berufe vom 7.7.2021 (BGBl. I S. 2363), Gesetz zum Ausbau des elektronischen Rechtsverkehrs mit den Gerichten und zur Änderung weiterer Vorschriften vom 5.10.2021 (BGBl. I S. 4607) und Gesetz zur Stärkung der Aufsicht bei Rechtsdienstleistungen und zur Änderung weiterer Vorschriften vom 10.3.2023 (BGBl. I Nr. 64)

BGBl. III/FNA 350-1

Nichtamtliche Inhaltsübersicht

Erster Teil. Gerichtsverfassung

Abschnitt I. Gerichte

	§§
Unabhängigkeit der Gerichte	1
Arten der Gerichte	2
Errichtung und Aufhebung von Finanzgerichten	3
Anwendung des Gerichtsverfassungsgesetzes	4
Verfassung der Finanzgerichte	5
Übertragung des Rechtsstreits auf Einzelrichter	6
(weggefallen)	7–9
Verfassung des Bundesfinanzhofs	10
Zuständigkeit des Großen Senats	11
Geschäftsstelle	12
Rechts- und Amtshilfe	13

Abschnitt II. Richter

Richter auf Lebenszeit	14
Richter auf Probe	15

Abschnitt III. Ehrenamtliche Richter

Stellung	16
Voraussetzungen für die Berufung	17
Ausschlussgründe	18
Unvereinbarkeit	19
Recht zur Ablehnung der Berufung	20
Gründe für Amtsentbindung	21
Wahl	22
Wahlausschuss	23
Bestimmung der Anzahl	24
Vorschlagsliste	25
Wahlverfahren	26
Liste und Hilfsliste	27
(weggefallen)	28
Entschädigung	29
Ordnungsstrafen	30

[1]) **[Amtl. und red. Anm.:]** Die mittelbare Änderung durch Art. 154a Nr. 3 Buchst. a G v. 20.11.2019, BGBl. I 1626 ist nicht ausführbar, da das geänderte G v. 21.6.2019, BGBl. I 846 zum Zeitpunkt des Inkrafttretens des mittelbaren Änderungsgesetzes bereits zum 1.11.2019 in Kraft getreten war.

Abschnitt IV. Gerichtsverwaltung

§§

Dienstaufsicht ... 31
Verbot der Übertragung von Verwaltungsgeschäften ... 32

Abschnitt V. Finanzrechtsweg und Zuständigkeit

Unterabschnitt 1. Finanzrechtsweg

Zulässigkeit des Rechtswegs ... 33
(weggefallen) ... 34

Unterabschnitt 2. Sachliche Zuständigkeit

Zuständigkeit der Finanzgerichte ... 35
Zuständigkeit des Bundesfinanzhofs ... 36
(weggefallen) ... 37

Unterabschnitt 3. Örtliche Zuständigkeit

Örtliche Zuständigkeit des Finanzgerichts ... 38
Bestimmung des Gerichts durch den Bundesfinanzhof ... 39

Zweiter Teil. Verfahren

Abschnitt I. Klagearten, Klagebefugnis, Klagevoraussetzungen, Klageverzicht

Anfechtungs- und Verpflichtungsklage ... 40
Feststellungsklage ... 41
Umfang der Anfechtbarkeit ... 42
Verbindung von Klagen ... 43
Außergerichtlicher Rechtsbehelf ... 44
Sprungklage ... 45
Untätigkeitsklage ... 46
Frist zur Erhebung der Anfechtungsklage ... 47
Klagebefugnis ... 48
(weggefallen) ... 49
Klageverzicht ... 50

Abschnitt II. Allgemeine Verfahrensvorschriften

Ausschließung und Ablehnung der Gerichtspersonen ... 51
Sitzungspolizei usw. ... 52
Elektronische Dokumente ... 52a
Elektronisch geführte Prozessakten ... 52b
Formulare, Verordnungsermächtigungen ... 52c
Nutzungspflicht für Rechtsanwälte, Behörden und andere vertretungsberechtigte Personen ... 52d
Zustellung ... 53
Beginn des Laufs von Fristen ... 54
Belehrung über Frist ... 55
Wiedereinsetzung in den vorigen Stand ... 56
Am Verfahren Beteiligte ... 57
Prozessfähigkeit ... 58
Streitgenossenschaft ... 59
Beiladungen ... 60
Begrenzung der Beiladung ... 60a
(weggefallen) ... 61
Bevollmächtigte und Beistände ... 62
(aufgehoben) ... 62a

Abschnitt III. Verfahren im ersten Rechtszug §§

Passivlegitimation 63
Form der Klageerhebung 64
Notwendiger Inhalt der Klage 65
Rechtshängigkeit 66
Klageänderung 67
Änderung des angefochtenen Verwaltungsakts 68

(Fortsetzung nächstes Blatt)

§ 28. (weggefallen)

§ 29 [Entschädigung] Der ehrenamtliche Richter und der Vertrauensmann (§ 23) erhalten eine Entschädigung nach dem Justizvergütungs- und -entschädigungsgesetz.[1)·2)]

§ 30 [Ordnungsstrafen] (1) [1] Gegen einen ehrenamtlichen Richter, der sich ohne genügende Entschuldigung zu einer Sitzung nicht rechtzeitig einfindet oder der sich seinen Pflichten auf andere Weise entzieht, kann ein Ordnungsgeld festgesetzt werden. [2] Zugleich können ihm die durch sein Verhalten verursachten Kosten auferlegt werden.

(2) [1] Die Entscheidung trifft der Vorsitzende. [2] Er kann sie bei nachträglicher Entschuldigung ganz oder zum Teil aufheben.

Abschnitt IV. Gerichtsverwaltung

§ 31 [Dienstaufsicht] Der Präsident des Gerichts übt die Dienstaufsicht über die Richter, Beamten, Angestellten und Arbeiter aus.

§ 32 [Verbot der Übertragung von Verwaltungsgeschäften] Dem Gericht dürfen keine Verwaltungsgeschäfte außerhalb der Gerichtsverwaltung übertragen werden.

Abschnitt V. Finanzrechtsweg und Zuständigkeit

Unterabschnitt 1. Finanzrechtsweg

§ 33 [Zulässigkeit des Rechtswegs] (1) Der Finanzrechtsweg ist gegeben

1. in öffentlich-rechtlichen Streitigkeiten über Abgabenangelegenheiten, soweit die Abgaben der Gesetzgebung des Bundes unterliegen und durch Bundesfinanzbehörden oder Landesfinanzbehörden verwaltet werden,
2. in öffentlich-rechtlichen Streitigkeiten über die Vollziehung von Verwaltungsakten in anderen als den in Nummer 1 bezeichneten Angelegenheiten, soweit die Verwaltungsakte durch Bundesfinanzbehörden oder Landesfinanzbehörden nach den Vorschriften der Abgabenordnung zu vollziehen sind,
3. in öffentlich-rechtlichen und berufsrechtlichen Streitigkeiten über Angelegenheiten, die durch den Ersten Teil, den Zweiten und den Sechsten Abschnitt des Zweiten Teils und den Ersten Abschnitt des Dritten Teils des Steuerberatungsgesetzes geregelt werden,
4. in anderen als den in den Nummern 1 bis 3 bezeichneten öffentlichrechtlichen Streitigkeiten, soweit für diese durch Bundesgesetz oder Landesgesetz der Finanzrechtsweg eröffnet ist.

---

1) Bezeichnung geänd. mWv 1. 7. 2004 durch G v. 5. 5. 2004 (BGBl. I S. 718).

2) **Habersack** Nr. **116.**

(2) Abgabenangelegenheiten im Sinne dieses Gesetzes sind alle mit der Verwaltung der Abgaben einschließlich der Abgabenvergütungen oder sonst mit der Anwendung der abgabenrechtlichen Vorschriften durch die Finanzbehörden zusammenhängenden Angelegenheiten einschließlich der Maßnahmen der Bundesfinanzbehörden zur Beachtung der Verbote und Beschränkungen für den Warenverkehr über die Grenze; den Abgabenangelegenheiten stehen die Angelegenheiten der Verwaltung der Finanzmonopole gleich.

(3) Die Vorschriften dieses Gesetzes finden auf das Straf- und Bußgeldverfahren keine Anwendung.

§ 34. (weggefallen)

Unterabschnitt 2. Sachliche Zuständigkeit

§ 35 [Zuständigkeit der Finanzgerichte] Das Finanzgericht entscheidet im ersten Rechtszug über alle Streitigkeiten, für die der Finanzrechtsweg gegeben ist.

§ 36 [Zuständigkeit des Bundesfinanzhofs] Der Bundesfinanzhof entscheidet über das Rechtsmittel

1. der Revision gegen Urteile des Finanzgerichts und gegen Entscheidungen, die Urteilen des Finanzgerichts gleichstehen,
2. der Beschwerde gegen andere Entscheidungen des Finanzgerichts, des Vorsitzenden oder des Berichterstatters.

§ 37. (weggefallen)

Unterabschnitt 3. Örtliche Zuständigkeit

§ 38 [Örtliche Zuständigkeit des Finanzgerichts] (1) Örtlich zuständig ist das Finanzgericht, in dessen Bezirk die Behörde, gegen welche die Klage gerichtet ist, ihren Sitz hat.

(2) [1] Ist die in Absatz 1 bezeichnete Behörde eine oberste Finanzbehörde, so ist das Finanzgericht zuständig, in dessen Bezirk der Kläger seinen Wohnsitz, seine Geschäftsleitung oder seinen gewöhnlichen Aufenthalt hat; bei Zöllen, Verbrauchsteuern und Monopolabgaben ist das Finanzgericht zuständig, in dessen Bezirk ein Tatbestand verwirklicht wird, an den das Gesetz die Abgabe knüpft. [2] Hat der Kläger im Bezirk der obersten Finanzbehörde keinen Wohnsitz, keine Geschäftsleitung und keinen gewöhnlichen Aufenthalt, so findet Absatz 1 Anwendung.

(2 a)[1)] [1] In Angelegenheiten des Familienleistungsausgleichs nach Maßgabe der §§ 62 bis 78 des Einkommensteuergesetzes ist das Finanzgericht zuständig, in dessen Bezirk der Kläger seinen Wohnsitz oder seinen gewöhnlichen Aufenthalt hat. [2] Hat der Kläger im Inland keinen Wohnsitz und keinen gewöhnlichen Aufenthalt, ist das Finanzgericht zuständig, in dessen Bezirk die Behörde, gegen welche die Klage gerichet ist, ihren Sitz hat.

---

1) § 38 Abs. 2 a Satz 3 aufgeh. mWv 31. 12. 2015 durch G v. 21. 12. 2015 (BGBl. I S. 2517).

§ 48 [Klagebefugnis] (1) Gegen Bescheide über die einheitliche und gesonderte Feststellung von Besteuerungsgrundlagen können Klage erheben:

1. zur Vertretung berufene Geschäftsführer oder, wenn solche nicht vorhanden sind, der Klagebevollmächtigte im Sinne des Absatzes 2;
2. wenn Personen nach Nummer 1 nicht vorhanden sind, jeder Gesellschafter, Gemeinschafter oder Mitberechtigte, gegen den der Feststellungsbescheid ergangen ist oder zu ergehen hätte;
3. auch wenn Personen nach Nummer 1 vorhanden sind, ausgeschiedene Gesellschafter, Gemeinschafter oder Mitberechtigte, gegen die der Feststellungsbescheid ergangen ist oder zu ergehen hätte;
4. soweit es sich darum handelt, wer an dem festgestellten Betrag beteiligt ist und wie dieser sich auf die einzelnen Beteiligten verteilt, jeder, der durch die Feststellungen hierzu berührt wird;
5. soweit es sich um eine Frage handelt, die einen Beteiligten persönlich angeht, jeder, der durch die Feststellungen über die Frage berührt wird.

(2) [1]Klagebefugt im Sinne des Absatzes 1 Nr. 1 ist der gemeinsame Empfangsbevollmächtigte im Sinne des § 183 Abs. 1 Satz 1 der Abgabenordnung oder des § 6 Abs. 1 Satz 1 der Verordnung über die gesonderte Feststellung von Besteuerungsgrundlagen nach § 180 Abs. 2 der Abgabenordnung vom 19. Dezember 1986 (BGBl. I S. 2663). [2]Haben die Feststellungsbeteiligten keinen gemeinsamen Empfangsbevollmächtigten bestellt, ist klagebefugt im Sinne des Absatzes 1 Nr. 1 der nach § 183 Abs. 1 Satz 2 der Abgabenordnung fingierte oder der nach § 183 Abs. 1 Satz 3 bis 5 der Abgabenordnung oder nach § 6 Abs. 1 Satz 3 bis 5 der Verordnung über die gesonderte Feststellung von Besteuerungsgrundlagen nach § 180 Abs. 2 der Abgabenordnung von der Finanzbehörde bestimmte Empfangsbevollmächtigte; dies gilt nicht für Feststellungsbeteiligte, die gegenüber der Finanzbehörde der Klagebefugnis des Empfangsbevollmächtigten widersprechen. [3]Die Sätze 1 und 2 sind nur anwendbar, wenn die Beteiligten spätestens bei Erlass der Einspruchsentscheidung über die Klagebefugnis des Empfangsbevollmächtigten belehrt worden sind.

§ 49. (weggefallen)

§ 50[1)] **[Klageverzicht]** (1) [1]Auf die Erhebung der Klage kann nach Erlass des Verwaltungsakts verzichtet werden. [2]Der Verzicht kann auch bei Abgabe einer Steueranmeldung ausgesprochen werden, wenn er auf den Fall beschränkt wird, dass die Steuer nicht abweichend von der Steueranmeldung festgesetzt wird. [3]Eine trotz des Verzichts erhobene Klage ist unzulässig.

(1a) [1]Soweit Besteuerungsgrundlagen für ein Verständigungs- oder ein Schiedsverfahren nach einem Vertrag im Sinne des § 2 der Abgabenordnung von Bedeutung sein können, kann auf die Erhebung der Klage insoweit verzichtet werden. [2]Die Besteuerungsgrundlage, auf die sich der Verzicht beziehen soll, ist genau zu bezeichnen.

[1)] § 50 Abs. 2 Satz 1 geänd. mWv 1.1.2018 durch G v. 5.7.2017 (BGBl. I S. 2208).

(2) [1]Der Verzicht ist gegenüber der zuständigen Behörde schriftlich oder zu Protokoll zu erklären; er darf keine weiteren Erklärungen enthalten. [2]Wird nachträglich die Unwirksamkeit des Verzichts geltend gemacht, so gilt § 56 Abs. 3 sinngemäß.

Abschnitt II. Allgemeine Verfahrensvorschriften

§ 51 [Ausschließung und Ablehnung der Gerichtspersonen]

(1) [1]Für die Ausschließung und Ablehnung der Gerichtspersonen gelten die §§ 41 bis 49 der Zivilprozessordnung sinngemäß. [2]Gerichtspersonen können auch abgelehnt werden, wenn von ihrer Mitwirkung die Verletzung eines Geschäfts- oder Betriebsgeheimnisses oder Schaden für die geschäftliche Tätigkeit eines Beteiligten zu besorgen ist.

(2) Von der Ausübung des Amtes als Richter, als ehrenamtlicher Richter oder als Urkundsbeamter ist auch ausgeschlossen, wer bei dem vorausgegangenen Verwaltungsverfahren mitgewirkt hat.

(3) Besorgnis der Befangenheit nach § 42 der Zivilprozessordnung[1)] ist stets dann begründet, wenn der Richter oder ehrenamtliche Richter der Vertretung einer Körperschaft angehört oder angehört hat, deren Interessen durch das Verfahren berührt werden.

§ 52 [Sitzungspolizei usw.] (1) Die §§ 169, 171b bis 197 des Gerichtsverfassungsgesetzes[2)] über die Öffentlichkeit, Sitzungspolizei, Gerichtssprache, Beratung und Abstimmung gelten sinngemäß.

(2) Die Öffentlichkeit ist auch auszuschließen, wenn ein Beteiligter, der nicht Finanzbehörde ist, es beantragt.

(3) Bei der Abstimmung und Beratung dürfen auch die zu ihrer steuerrechtlichen Ausbildung beschäftigten Personen zugegen sein, soweit sie die Befähigung zum Richteramt besitzen und soweit der Vorsitzende ihre Anwesenheit gestattet.

§ 52a[3)] [Elektronische Dokumente] (1)[4)] Vorbereitende Schriftsätze und deren Anlagen, schriftlich einzureichende Anträge und Erklärungen der Beteiligten sowie schriftlich einzureichende Auskünfte, Aussagen, Gutachten, Übersetzungen und Erklärungen Dritter können nach Maßgabe der Absätze 2 bis 6 als elektronische Dokumente bei Gericht eingereicht werden.

(2) [1]Das elektronische Dokument muss für die Bearbeitung durch das Gericht geeignet sein. [2]Die Bundesregierung bestimmt durch Rechtsverordnung mit Zustimmung des Bundesrates *die für die Übermittlung und Bearbeitung geeig-*

[1)] **Habersack** Nr. **100.**

[2)] **Habersack** Nr. **95.**

[3)] § 52a neu gef. mWv 1.1.2018 durch G v. 10.10.2013 (BGBl. I S. 3786); Abs. 7 Satz 2 angef. durch G v. 5.7.2017 (BGBl. I S. 2208); Abs. 2 Satz 2 neu gef., Abs. 6 Satz 1 geänd. mWv 1.1.2022 durch G v. 5.10.2021 (BGBl. I S. 4607).

[4)] § 52a Abs. 1 geänd. mWv 1.1.2020 durch G v. 12.12.2019 (BGBl. I S. 2633).

ausweisgesetzes [***künftige Fassung:*** , § 12 des eID-Karte-Gesetzes][1] oder § 78 Absatz 5 des Aufenthaltsgesetzes erfolgen kann.

§ 52d[2] Nutzungspflicht für Rechtsanwälte, Behörden und vertretungsberechtigte *Personen* (*ab 1.1.2026:* Bevollmächtigte). [1]Vorbereitende Schriftsätze und deren Anlagen sowie schriftlich einzureichende Anträge und Erklärungen, die durch einen Rechtsanwalt, durch eine Behörde oder durch eine juristische Person des öffentlichen Rechts einschließlich der von ihr zur Erfüllung ihrer öffentlichen Aufgaben gebildeten Zusammenschlüsse eingereicht werden, sind als elektronisches Dokument zu übermitteln. [2]Gleiches gilt für die nach diesem Gesetz vertretungsberechtigten Personen (***ab 1.1.2026:*** und Bevollmächtigten), für die ein sicherer Übermittlungsweg nach § 52a Absatz 4 Satz 1 Nummer 2 (***ab 1.1.2026:*** oder Nummer 4) zur Verfügung steht (***ab 1.1.2026:*** ; ausgenommen sind nach § 62 Absatz 2 Satz 2 Nummer 1 Halbsatz 1 oder Nummer 2 vertretungsbefugte Personen). [3]Ist eine Übermittlung aus technischen Gründen vorübergehend nicht möglich, bleibt die Übermittlung nach den allgemeinen Vorschriften zulässig. [4]Die vorübergehende Unmöglichkeit ist bei der Ersatzeinreichung oder unverzüglich danach glaubhaft zu machen; auf Anforderung ist ein elektronisches Dokument nachzureichen.

§ 53 [Zustellung] (1) Anordnungen und Entscheidungen, durch die eine Frist in Lauf gesetzt wird, sowie Terminbestimmungen und Ladungen sind den Beteiligten zuzustellen, bei Verkündung jedoch nur, wenn es ausdrücklich vorgeschrieben ist.

(2) Zugestellt wird von Amts wegen nach den Vorschriften der Zivilprozessordnung[3].

(3) [1]Wer seinen Wohnsitz oder seinen Sitz nicht im Geltungsbereich dieses Gesetzes hat, hat auf Verlangen einen Zustellungsbevollmächtigten zu bestellen. [2]Geschieht dies nicht, so gilt eine Sendung mit der Aufgabe zur Post als zugestellt, selbst wenn sie als unbestellbar zurückkommt.

§ 54 [Beginn des Laufs von Fristen] (1) Der Lauf einer Frist beginnt, soweit nichts anderes bestimmt ist, mit der Bekanntgabe des Verwaltungsakts oder der Entscheidung oder mit dem Zeitpunkt, an dem die Bekanntgabe als bewirkt gilt.

---

[1] **[Amtl. und red. Anm.:]** Die Änderung d. Art. 6 Abs. 1 G v. 21.6.2019 I 846 (Verschiebung d. Inkrafttretens zum 1.11.2020) durch Art. 154a Nr. 3 Buchst. a G v. 20.11.2019 I 1626 mWv 26.11.2019 ist nicht ausführbar, da Art. 5 d. G v. 21.6.2019 I 846 zum Zeitpunkt d. Inkrafttretens d. G v. 20.11.2019 I 1626 bereits mWv 1.11.2019 in Kraft getreten war. An einer Korrektur wird gearbeitet.

[2] § 52d eingef. mWv 1.1.2022 durch G v. 10.10.2013 (BGBl. I S. 3786); Satz 2 Verweis geänd. mWv 1.1.2022, Überschrift und Satz 2 geänd. und 2. HS angef. mWv 1.1.2026 durch G v. 5.10.2021 (BGBl. I S. 4607).

[3] § 53 Abs. 2 Verweis geänd. mWv 1.7.2002 durch G v. 25.6.2001 (BGBl. I S. 1206).

(2) Für die Fristen gelten die Vorschriften der §§ 222, 224 Abs. 2 und 3, §§ 225 und 226 der Zivilprozessordnung[1]).

§ 55[2)·3)] **[Belehrung über Frist]** (1) Die Frist für einen Rechtsbehelf beginnt nur zu laufen, wenn der Beteiligte über den Rechtsbehelf, die Behörde oder das Gericht, bei denen der Rechtsbehelf anzubringen ist, den Sitz und die einzuhaltende Frist schriftlich oder elektronisch belehrt worden ist.

(2) [1]Ist die Belehrung unterblieben oder unrichtig erteilt, so ist die Einlegung des Rechtsbehelfs nur innerhalb eines Jahres seit Bekanntgabe im Sinne des § 54 Abs. 1 zulässig, es sei denn, dass die Einlegung vor Ablauf der Jahresfrist infolge höherer Gewalt unmöglich war oder eine schriftliche oder elektronische Belehrung dahin erfolgt ist, dass ein Rechtsbehelf nicht gegeben sei. [2]§ 56 Abs. 2 gilt für den Fall höherer Gewalt sinngemäß.

§ 56[4)] **[Wiedereinsetzung in den vorigen Stand]** (1) Wenn jemand ohne Verschulden verhindert war, eine gesetzliche Frist einzuhalten, so ist ihm auf Antrag Wiedereinsetzung in den vorigen Stand zu gewähren.

(2) [1]Der Antrag ist binnen zwei Wochen nach Wegfall des Hindernisses zu stellen; bei Versäumung der Frist zur Begründung der Revision oder der Nichtzulassungsbeschwerde beträgt die Frist einen Monat. [2]Die Tatsachen zur Begründung des Antrags sind bei der Antragstellung oder im Verfahren über den Antrag glaubhaft zu machen. [3]Innerhalb der Antragsfrist ist die versäumte Rechtshandlung nachzuholen. [4]Ist dies geschehen, so kann Wiedereinsetzung auch ohne Antrag gewährt werden.

(3) Nach einem Jahr seit dem Ende der versäumten Frist kann Wiedereinsetzung nicht mehr beantragt oder ohne Antrag bewilligt werden, außer wenn der Antrag vor Ablauf der Jahresfrist infolge höherer Gewalt unmöglich war.

(4) Über den Antrag auf Wiedereinsetzung entscheidet das Gericht, das über die versäumte Rechtshandlung zu befinden hat.

(5) Die Wiedereinsetzung ist unanfechtbar.

§ 57 [Am Verfahren Beteiligte] Beteiligte am Verfahren sind

1. der Kläger,
2. der Beklagte,
3. der Beigeladene,
4. die Behörde, die dem Verfahren beigetreten ist (§ 122 Abs. 2).

---

1) **Habersack** Nr. **100**.

2) Abweichend hierzu siehe Art. 97 § 18a EGAO (Nr. **800a**).

3) § 55 Abs. 1 neu gef., Abs. 2 Satz 1 ergänzt mWv 1.4.2005 durch G v. 22.3.2005 (BGBl. I S. 837).

4) § 56 Abs. 2 Satz 1 HS 2 eingef. mWv 1.9.2004 durch G v. 24.8.2004 (BGBl. I S. 2198).

§ 58 [Prozessfähigkeit] (1) Fähig zur Vornahme von Verfahrenshandlungen sind

1. die nach dem bürgerlichen Recht Geschäftsfähigen,
2. die nach dem bürgerlichen Recht in der Geschäftsfähigkeit Beschränkten, soweit sie durch Vorschriften des bürgerlichen oder öffentlichen Rechts für den Gegenstand des Verfahrens als geschäftsfähig anerkannt sind.

(2) [1] Für rechtsfähige und nichtrechtsfähige Personenvereinigungen, für Personen, die geschäftsunfähig oder in der Geschäftsfähigkeit beschränkt sind, für alle Fälle der Vermögensverwaltung und für andere einer juristischen Person ähnliche Gebilde, die als solche der Besteuerung unterliegen, sowie bei Wegfall eines Steuerpflichtigen handeln die nach dem bürgerlichen Recht dazu befugten Personen. [2] Die §§ 53 bis 58 der Zivilprozessordnung[1] gelten sinngemäß.

(3)[2] Betrifft ein Einwilligungsvorbehalt nach *§ 1903* [***ab 1.1.2023:*** § 1825] des Bürgerlichen Gesetzbuchs[3] den Gegenstand des Verfahrens, so ist ein geschäftsfähiger Betreuter nur insoweit zur Vornahme von Verfahrenshandlungen fähig, als er nach den Vorschriften des bürgerlichen Rechts ohne Einwilligung des Betreuers handeln kann oder durch Vorschriften des öffentlichen Rechts als handlungsfähig anerkannt ist.

§ 59 [Streitgenossenschaft] Die Vorschriften der §§ 59 bis 63 der Zivilprozessordnung[1] über die Streitgenossenschaft sind sinngemäß anzuwenden.

§ 60 [Beiladungen] (1) [1] Das Finanzgericht kann von Amts wegen oder auf Antrag andere beiladen, deren rechtliche Interessen nach den Steuergesetzen durch die Entscheidung berührt werden, insbesondere solche, die nach den Steuergesetzen neben dem Steuerpflichtigen haften. [2] Vor der Beiladung ist der Steuerpflichtige zu hören, wenn er am Verfahren beteiligt ist.

(2) Wird eine Abgabe für einen anderen Abgabenberechtigten verwaltet, so kann dieser nicht deshalb beigeladen werden, weil seine Interessen als Abgabenberechtigter durch die Entscheidung berührt werden.

(3) [1] Sind an dem streitigen Rechtsverhältnis Dritte derart beteiligt, dass die Entscheidung auch ihnen gegenüber nur einheitlich ergehen kann, so sind sie beizuladen (notwendige Beiladung). [2] Dies gilt nicht für Mitberechtigte, die nach § 48 nicht klagebefugt sind.

(4) [1] Der Beiladungsbeschluss ist allen Beteiligten zuzustellen. [2] Dabei sollen der Stand der Sache und der Grund der Beiladung angegeben werden.

(5) Die als Mitberechtigte Beigeladenen können aufgefordert werden, einen gemeinsamen Zustellungsbevollmächtigten zu benennen.

(6) [1] Der Beigeladene kann innerhalb der Anträge eines als Kläger oder Beklagter Beteiligten selbständig Angriffs- und Verteidigungsmittel geltend

---

[1] **Habersack** Nr. **100**.
[2] § 58 Abs. 3 geänd. mWv 1.1.2023 durch G v. 4.5.2021 (BGBl. I S. 882).
[3] **Habersack** Nr. **20**.

machen und alle Verfahrenshandlungen wirksam vornehmen. [2]Abweichende Sachanträge kann er nur stellen, wenn eine notwendige Beiladung vorliegt.

§ 60a[1)] [Begrenzung der Beiladung] [1]Kommt nach § 60 Abs. 3 die Beiladung von mehr als 50 Personen in Betracht, kann das Gericht durch Beschluss anordnen, dass nur solche Personen beigeladen werden, die dies innerhalb einer bestimmten Frist beantragen. [2]Der Beschluss ist unanfechtbar. [3]Er ist im Bundesanzeiger bekannt zu machen. [4]Er muss außerdem in Tageszeitungen veröffentlicht werden, die in dem Bereich verbreitet sind, in dem sich die Entscheidung voraussichtlich auswirken wird. [5]Die Bekanntmachung kann zusätzlich in einem von dem Gericht für Bekanntmachungen bestimmten Informations- und Kommunikationssystem erfolgen. [6]Die Frist muss mindestens drei Monate seit Veröffentlichung im Bundesanzeiger betragen. [7]In der Veröffentlichung in Tageszeitungen ist mitzuteilen, an welchem Tage die Frist abläuft. [8]Für die Wiedereinsetzung in den vorigen Stand wegen Versäumung der Frist gilt § 56 entsprechend. [9]Das Gericht soll Personen, die von der Entscheidung erkennbar in besonderem Maße betroffen werden, auch ohne Antrag beiladen.

§ 61. (weggefallen)

§ 62[2)] [Bevollmächtigte und Beistände] (1) Die Beteiligten können vor dem Finanzgericht den Rechtsstreit selbst führen.

(2)[3)] [1]Die Beteiligten können sich durch einen Rechtsanwalt, Steuerberater, Steuerbevollmächtigten, Wirtschaftsprüfer oder vereidigten Buchprüfer als Bevollmächtigten vertreten lassen; zur Vertretung berechtigt sind auch Gesellschaften im Sinne des § 3 Satz 1 Nummer 2 und 3 des Steuerberatungsgesetzes,[4)] die durch Personen im Sinne des § 3 Satz 2 des Steuerberatungsgesetzes handeln. [2]Darüber hinaus sind als Bevollmächtigte vor dem Finanzgericht vertretungsbefugt nur

1. Beschäftigte des Beteiligten oder eines mit ihm verbundenen Unternehmens (§ 15 des Aktiengesetzes); Behörden und juristische Personen des öffentlichen Rechts einschließlich der von ihnen zur Erfüllung ihrer öffentlichen Aufgaben gebildeten Zusammenschlüsse können sich auch durch Beschäftigte anderer Behörden oder juristischer Personen des öffentlichen Rechts einschließlich der von ihnen zur Erfüllung ihrer öffentlichen Aufgaben gebildeten Zusammenschlüsse vertreten lassen,
2. volljährige Familienangehörige (§ 15 der Abgabenordnung, § 11 des Lebenspartnerschaftsgesetzes), Personen mit Befähigung zum Richteramt und

---

1) § 60a Sätze 3 und 6 geänd., Satz 5 eingef. mWv 1.4.2005 durch G v. 22.3.2005 (BGBl. I S. 837, ber. 2022).

2) § 62 neu gef. durch G v. 12.12.2007 (BGBl. I S. 2840).

3) § 62 Abs. 2 Satz 2 Nr. 3 Verweis geänd. mWv 5.8.2009 durch G v. 30.7.2009 (BGBl. I S. 2449); Abs. 2 Satz 2 Nr. 3a eingef. mWv 1.8.2022 durch G v. 7.7.2021 (BGBl. I S. 2363); Abs. 2 Satz 1 geänd., Satz 2 Nr. 3 geänd. mWv 16.3.2023 durch G v. 10.3.2023 (BGBl. I Nr. 64).

4) Nr. **840**.

Streitgenossen, wenn die Vertretung nicht im Zusammenhang mit einer entgeltlichen Tätigkeit steht,

3.[1] Personen und Vereinigungen im Sinne der §§ 3a und 3c des Steuerberatungsgesetzes[2] im Rahmen ihrer Befugnisse nach § 3a des Steuerberatungsgesetzes,

[*ab 1.8.2022:*
3a.[3] zu beschränkter geschäftsmäßiger Hilfeleistung in Steuersachen nach den §§ 3d und 3e des Steuerberatungsgesetzes berechtigte Personen im Rahmen dieser Befugnisse,]

4. landwirtschaftliche Buchstellen im Rahmen ihrer Befugnisse nach § 4 Nr. 8 des Steuerberatungsgesetzes,

5. Lohnsteuerhilfevereine im Rahmen ihrer Befugnisse nach § 4 Nr. 11 des Steuerberatungsgesetzes,

6. Gewerkschaften und Vereinigungen von Arbeitgebern sowie Zusammenschlüsse solcher Verbände für ihre Mitglieder oder für andere Verbände oder Zusammenschlüsse mit vergleichbarer Ausrichtung und deren Mitglieder,

7. juristische Personen, deren Anteile sämtlich im wirtschaftlichen Eigentum einer der in Nummer 6 bezeichneten Organisationen stehen, wenn die juristische Person ausschließlich die Rechtsberatung und Prozessvertretung dieser Organisation und ihrer Mitglieder oder anderer Verbände oder Zusammenschlüsse mit vergleichbarer Ausrichtung und deren Mitglieder entsprechend deren Satzung durchführt, und wenn die Organisation für die Tätigkeit der Bevollmächtigten haftet.

3 Bevollmächtigte, die keine natürlichen Personen sind, handeln durch ihre Organe und mit der Prozessvertretung beauftragten Vertreter.

(3) 1 Das Gericht weist Bevollmächtigte, die nicht nach Maßgabe des Absatzes 2 vertretungsbefugt sind, durch unanfechtbaren Beschluss zurück. 2 Prozesshandlungen eines nicht vertretungsbefugten Bevollmächtigten und Zustellungen oder Mitteilungen an diesen Bevollmächtigten sind bis zu seiner Zurückweisung wirksam. 3 Das Gericht kann den in Absatz 2 Satz 2 bezeichneten Bevollmächtigten durch unanfechtbaren Beschluss die weitere Vertretung untersagen, wenn sie nicht in der Lage sind, das Sach- und Streitverhältnis sachgerecht darzustellen.

(4) 1 Vor dem Bundesfinanzhof müssen sich die Beteiligten durch Prozessbevollmächtigte vertreten lassen. 2 Dies gilt auch für Prozesshandlungen, durch die ein Verfahren vor dem Bundesfinanzhof eingeleitet wird. 3 Als Bevollmächtigte sind nur die in Absatz 2 Satz 1 bezeichneten Personen und Gesellschaften zugelassen. 4 Behörden und juristische Personen des öffentlichen Rechts einschließlich der von ihnen zur Erfüllung ihrer öffentlichen Aufgaben gebildeten Zusammenschlüsse können sich durch eigene Beschäftigte mit Be-

---

[1] § 62 Abs. 2 Satz 2 Nr. 3 Verweis geänd. mWv 5.8.2009 durch G v. 30.7.2009 (BGBl. I S. 2449).

[2] Nr. **840**.

[3] § 62 Abs. 2 Satz 2 Nr. 3a eingef. mWv 1.8.2022 durch G v. 7.7.2021 (BGBl. I S. 2363).

fähigung zum Richteramt oder durch Beschäftigte mit Befähigung zum Richteramt anderer Behörden oder juristischer Personen des öffentlichen Rechts einschließlich der von ihnen zur Erfüllung ihrer öffentlichen Aufgaben gebildeten Zusammenschlüsse vertreten lassen. [5] Ein Beteiligter, der nach Maßgabe des Satzes 3 zur Vertretung berechtigt ist, kann sich selbst vertreten.

(5) [1] Richter dürfen nicht als Bevollmächtigte vor dem Gericht auftreten, dem sie angehören. [2] Ehrenamtliche Richter dürfen, außer in den Fällen des Absatzes 2 Satz 2 Nr. 1, nicht vor einem Spruchkörper auftreten, dem sie angehören. [3] Absatz 3 Satz 1 und 2 gilt entsprechend.

(6) [1] Die Vollmacht ist schriftlich zu den Gerichtsakten einzureichen. [2] Sie kann nachgereicht werden; hierfür kann das Gericht eine Frist bestimmen. [3] Der Mangel der Vollmacht kann in jeder Lage des Verfahrens geltend gemacht werden. [4] Das Gericht hat den Mangel der Vollmacht von Amts wegen

(Fortsetzung nächstes Blatt)

zu berücksichtigen, wenn nicht als Bevollmächtigter eine in Absatz 2 Satz 1 bezeichnete Person oder Gesellschaft auftritt. [5] Ist ein Bevollmächtigter bestellt, sind die Zustellungen oder Mitteilungen des Gerichts an ihn zu richten.

(7) [1] In der Verhandlung können die Beteiligten mit Beiständen erscheinen. [2] Beistand kann sein, wer in Verfahren, in denen die Beteiligten den Rechtsstreit selbst führen können, als Bevollmächtigter zur Vertretung in der Verhandlung befugt ist. [3] Das Gericht kann andere Personen als Beistand zulassen, wenn dies sachdienlich ist und hierfür nach den Umständen des Einzelfalls ein Bedürfnis besteht. [4] Absatz 3 Satz 1 und 3 und Absatz 5 gelten entsprechend. [5] Das von dem Beistand Vorgetragene gelten[1)] als von dem Beteiligten vorgebracht, soweit es nicht von diesem sofort widerrufen oder berichtigt wird.

§ 62a[2)] *(aufgehoben)*

Abschnitt III. Verfahren im ersten Rechtszug

§ 63 [Passivlegitimation] (1) Die Klage ist gegen die Behörde zu richten,

1. die den ursprünglichen Verwaltungsakt erlassen oder
2. die den beantragten Verwaltungsakt oder die andere Leistung unterlassen oder abgelehnt hat oder
3. der gegenüber die Feststellung des Bestehens oder Nichtbestehens eines Rechtsverhältnisses oder der Nichtigkeit eines Verwaltungsakts begehrt wird.

(2) Ist vor Erlass der Entscheidung über den Einspruch eine andere als die ursprünglich zuständige Behörde für den Steuerfall örtlich zuständig geworden, so ist die Klage zu richten

1. gegen die Behörde, welche die Einspruchsentscheidung erlassen hat,
2. wenn über einen Einspruch ohne Mitteilung eines zureichenden Grundes in angemessener Frist sachlich nicht entschieden worden ist (§ 46), gegen die Behörde, die im Zeitpunkt der Klageerhebung für den Steuerfall örtlich zuständig ist.

(3) Hat eine Behörde, die auf Grund gesetzlicher Vorschrift berechtigt ist, für die zuständige Behörde zu handeln, den ursprünglichen Verwaltungsakt erlassen oder den beantragten Verwaltungsakt oder die andere Leistung unterlassen oder abgelehnt, so ist die Klage gegen die zuständige Behörde zu richten.

§ 64[3)] **[Form der Klageerhebung]** (1) Die Klage ist bei dem Gericht schriftlich oder zu Protokoll des Urkundsbeamten der Geschäftsstelle zu erheben.

[1)] Müsste lauten „gilt".
[2)] § 62a aufgeh. mWv 1.7.2008 durch G v. 12.12.2007 (BGBl. I S. 2840).
[3)] § 64 Abs. 1 geänd. mWv 1.1.2018 durch G v. 5.7.2017 (BGBl. I S. 2208).

(2) Der Klage sollen Abschriften für die übrigen Beteiligten beigefügt werden; § 77 Abs. 2 gilt sinngemäß.

§ 65[1] **[Notwendiger Inhalt der Klage]** (1)[2] [1] Die Klage muss den Kläger, den Beklagten, den Gegenstand des Klagebegehrens, bei Anfechtungsklagen auch den Verwaltungsakt und die Entscheidung über den außergerichtlichen Rechtsbehelf bezeichnen. [2] Sie soll einen bestimmten Antrag enthalten. [3] Die zur Begründung dienenden Tatsachen und Beweismittel sollen angegeben werden. [4] Der Klage soll eine Abschrift des angefochtenen Verwaltungsakts und der Einspruchsentscheidung beigefügt werden.

(2) [1] Entspricht die Klage diesen Anforderungen nicht, hat der Vorsitzende oder der nach § 21g des Gerichtsverfassungsgesetzes[3] zuständige Berufsrichter (Berichterstatter) den Kläger zu der erforderlichen Ergänzung innerhalb einer bestimmten Frist aufzufordern. [2] Er kann dem Kläger für die Ergänzung eine Frist mit ausschließender Wirkung setzen, wenn es an einem der in Absatz 1 Satz 1 genannten Erfordernisse fehlt. [3] Für die Wiedereinsetzung in den vorigen Stand wegen Versäumung der Frist gilt § 56 entsprechend.

§ 66[4] **[Rechtshängigkeit]** [1] Durch Erhebung der Klage wird die Streitsache rechtshängig. [2] In Verfahren nach dem Siebzehnten Titel des Gerichtsverfassungsgesetzes wegen eines überlangen Gerichtsverfahrens wird die Streitsache erst mit Zustellung der Klage rechtshängig.

§ 67 [Klageänderung] (1) Eine Änderung der Klage ist zulässig, wenn die übrigen Beteiligten einwilligen oder das Gericht die Änderung für sachdienlich hält; § 68 bleibt unberührt.

(2) Die Einwilligung des Beklagten in die Änderung der Klage ist anzunehmen, wenn er sich, ohne ihr zu widersprechen, in einem Schriftsatz oder in einer mündlichen Verhandlung auf die geänderte Klage eingelassen hat.

(3) Die Entscheidung, dass eine Änderung der Klage nicht vorliegt oder zuzulassen ist, ist nicht selbständig anfechtbar.

§ 68[5] **[Änderung des angefochtenen Verwaltungsakts]** [1] Wird der angefochtene Verwaltungsakt nach Bekanntgabe der Einspruchsentscheidung geändert oder ersetzt, so wird der neue Verwaltungsakt Gegenstand des Verfahrens. [2] Ein Einspruch gegen den neuen Verwaltungsakt ist insoweit ausgeschlossen. [3] Die Finanzbehörde hat dem Gericht, bei dem das Verfahren anhängig ist, eine Abschrift des neuen Verwaltungsakts zu übermitteln. [4] Satz 1 gilt entsprechend, wenn

---

[1] § 65 Abs. 2 Satz 1 geänd. mWv 1.4.2005 durch G v. 22.3.2005 (BGBl. I S. 837).
[2] § 65 Abs. 1 Satz 4 geänd. mWv 1.7.2014 durch G v. 10.10.2013 (BGBl. I S. 3786).
[3] **Habersack** Nr. **95**.
[4] § 66 Satz 2 angef. durch G v. 11.10.2016 (BGBl. I S. 2222).
[5] § 68 Satz 3 geänd. mWv 1.4.2005 durch G v. 22.3.20095 (BGBl. I S. 837).

§ 89[1] **[Erzwingung der Vorlage von Urkunden]** Für die Erzwingung einer gesetzlich vorgeschriebenen Vorlage von Urkunden und elektronischen Dokumenten gelten § 380 der Zivilprozessordnung[2] und § 255 der Abgabenordnung[3] sinngemäß.

§ 90 [Entscheidung grundsätzlich auf Grund mündlicher Verhandlung] (1) [1]Das Gericht entscheidet, soweit nichts anderes bestimmt ist, auf Grund mündlicher Verhandlung. [2]Entscheidungen des Gerichts, die nicht Urteile sind, können ohne mündliche Verhandlung ergehen.

(2) Mit Einverständnis der Beteiligten kann das Gericht ohne mündliche Verhandlung entscheiden.

§ 90a [Entscheidung ohne mündliche Verhandlung; Gerichtsbescheid] (1) Das Gericht kann in geeigneten Fällen ohne mündliche Verhandlung durch Gerichtsbescheid entscheiden.

(2) [1]Die Beteiligten können innerhalb eines Monats nach Zustellung des Gerichtsbescheides mündliche Verhandlung beantragen. [2]Hat das Finanzgericht in dem Gerichtsbescheid die Revision zugelassen, können sie auch Revision einlegen. [3]Wird von beiden Rechtsbehelfen Gebrauch gemacht, findet mündliche Verhandlung statt.

(3) Der Gerichtsbescheid wirkt als Urteil; wird rechtzeitig mündliche Verhandlung beantragt, gilt er als nicht ergangen.

(4) Wird mündliche Verhandlung beantragt, kann das Gericht in dem Urteil von einer weiteren Darstellung des Tatbestands und der Entscheidungsgründe absehen, soweit es der Begründung des Gerichtsbescheides folgt und dies in seiner Entscheidung feststellt.

§ 91 [Ladung der Beteiligten] (1) [1]Sobald der Termin zur mündlichen Verhandlung bestimmt ist, sind die Beteiligten mit einer Ladungsfrist von mindestens zwei Wochen, beim Bundesfinanzhof von mindestens vier Wochen, zu laden. [2]In dringenden Fällen kann der Vorsitzende die Frist abkürzen.

(2) Bei der Ladung ist darauf hinzuweisen, dass beim Ausbleiben eines Beteiligten auch ohne ihn verhandelt und entschieden werden kann.

(3) Das Gericht kann Sitzungen auch außerhalb des Gerichtssitzes abhalten, wenn dies zur sachdienlichen Erledigung notwendig ist.

(4) § 227 Abs. 3 Satz 1 der Zivilprozessordnung[2] ist nicht anzuwenden.

§ 91a[4] **[Übertragung der mündlichen Verhandlung]** (1) [1]Das Gericht kann den Beteiligten, ihren Bevollmächtigten und Beiständen auf Antrag oder von Amts wegen gestatten, sich während einer mündlichen Verhandlung an einem anderen Ort aufzuhalten und dort Verfahrenshandlungen vorzuneh-

---

[1] § 89 geänd. mWv 1. 4. 2005 durch G v. 22.3.2005 (BGBl. I S. 837).
[2] **Habersack** Nr. **100**.
[3] Nr. **800**.
[4] § 91a neu gef. mWv 1.11.2013 durch G v. 25.4.2013 (BGBl. I S. 935).

men. 2 Die Verhandlung wird zeitgleich in Bild und Ton an diesen Ort und in das Sitzungszimmer übertragen.

(2) 1 Das Gericht kann auf Antrag gestatten, dass sich ein Zeuge, ein Sachverständiger oder ein Beteiligter während einer Vernehmung an einem anderen Ort aufhält. 2 Die Vernehmung wird zeitgleich in Bild und Ton an diesen Ort und in das Sitzungszimmer übertragen. 3 Ist Beteiligten, Bevollmächtigten und Beiständen nach Absatz 1 Satz 1 gestattet worden, sich an einem anderen Ort aufzuhalten, so wird die Vernehmung auch an diesen Ort übertragen.

(3) 1 Die Übertragung wird nicht aufgezeichnet. 2 Entscheidungen nach Absatz 1 Satz 1 und Absatz 2 Satz 1 sind unanfechtbar.

(4) Die Absätze 1 und 3 gelten entsprechend für Erörterungstermine (§ 79 Absatz 1 Satz 2 Nummer 1).

§ 92 [Gang der Verhandlung] (1) Der Vorsitzende eröffnet und leitet die mündliche Verhandlung.

(2) Nach Aufruf der Sache trägt der Vorsitzende oder der Berichterstatter den wesentlichen Inhalt der Akten vor.

(3) Hierauf erhalten die Beteiligten das Wort, um ihre Anträge zu stellen und zu begründen.

§ 93 [Erörterung der Streitsache] (1) Der Vorsitzende hat die Streitsache mit den Beteiligten tatsächlich und rechtlich zu erörtern.

(2) 1 Der Vorsitzende hat jedem Mitglied des Gerichts auf Verlangen zu gestatten, Fragen zu stellen. 2 Wird eine Frage beanstandet, so entscheidet das Gericht.

(3) 1 Nach Erörterung der Streitsache erklärt der Vorsitzende die mündliche Verhandlung für geschlossen. 2 Das Gericht kann die Wiedereröffnung beschließen.

§ 93a[1] *(aufgehoben)*

§ 94[2] **[Niederschrift]** Für das Protokoll gelten die §§ 159 bis 165 der Zivilprozessordnung[3] entsprechend.

§ 94a [Verfahren nach billigem Ermessen] 1 Das Gericht kann sein Verfahren nach billigem Ermessen bestimmen, wenn der Streitwert bei einer Klage, die eine Geldleistung oder einen hierauf gerichteten Verwaltungsakt betrifft, fünfhundert Euro[4] nicht übersteigt. 2 Auf Antrag eines Beteiligten muss mündlich verhandelt werden. 3 Das Gericht entscheidet über die Klage durch Urteil; § 76 über den Untersuchungsgrundsatz und § 79a Abs. 2, § 90a über den Gerichtsbescheid bleiben unberührt.

---

[1] § 93a aufgeh. mWv 1.11.2013 durch G v. 25.4.2013 (BGBl. I S. 935).
[2] § 94 geänd. mWv 1.1.2018 durch G v. 5.7.2017 (BGBl. I S. 2208).
[3] **Habersack** Nr. 100.
[4] Betrag geänd. mWv 1.1.2002 durch G v. 19.12.2000 (BGBl. I S. 1757).

§ 110 [Rechtskraftwirkung der Urteile] (1) [1]Rechtskräftige Urteile binden, soweit über den Streitgegenstand entschieden worden ist,

1. die Beteiligten und ihre Rechtsnachfolger,
2. in den Fällen des § 48 Abs. 1 Nr. 1 die nicht klageberechtigten Gesellschafter oder Gemeinschafter und
3. im Fall des § 60a die Personen, die einen Antrag auf Beiladung nicht oder nicht fristgemäß gestellt haben.

[2]Die gegen eine Finanzbehörde ergangenen Urteile wirken auch gegenüber der öffentlich-rechtlichen Körperschaft, der die beteiligte Finanzbehörde angehört.

(2) Die Vorschriften der Abgabenordnung und anderer Steuergesetze über die Rücknahme, Widerruf, Aufhebung und Änderung von Verwaltungsakten sowie über die Nachforderung von Steuern bleiben unberührt, soweit sich aus Absatz 1 Satz 1 nichts anderes ergibt.

§§ 111 und 112. (weggefallen)

§ 113 [Beschlüsse] (1) Für Beschlüsse gelten § 96 Abs. 1 Satz 1 und 2, § 105 Abs. 2 Nr. 6, §§ 107 bis 109 sinngemäß.

(2) [1]Beschlüsse sind zu begründen, wenn sie durch Rechtsmittel angefochten werden können oder über einen Rechtsbehelf entscheiden. [2]Beschlüsse über die Aussetzung der Vollziehung (§ 69 Abs. 3 und 5) und über einstweilige Anordnungen (§ 114 Abs. 1), Beschlüsse nach Erledigung des Rechtsstreits in der Hauptsache (§ 138) sowie Beschlüsse, in denen ein Antrag auf Bewilligung von Prozesskostenhilfe zurückgewiesen wird (§ 142), sind stets zu begründen. [3]Beschlüsse, die über ein Rechtsmittel entscheiden, bedürfen keiner weiteren Begründung, soweit das Gericht das Rechtsmittel aus den Gründen der angefochtenen Entscheidung als unbegründet zurückweist.

§ 114 [Einstweilige Anordnungen] (1) [1]Auf Antrag kann das Gericht, auch schon vor Klageerhebung, eine einstweilige Anordnung in Bezug auf den Streitgegenstand treffen, wenn die Gefahr besteht, dass durch eine Veränderung des bestehenden Zustands die Verwirklichung eines Rechts des Antragstellers vereitelt oder wesentlich erschwert werden könnte. [2]Einstweilige Anordnungen sind auch zur Regelung eines vorläufigen Zustands in Bezug auf ein streitiges Rechtsverhältnis zulässig, wenn diese Regelung, vor allem bei dauernden Rechtsverhältnissen, um wesentliche Nachteile abzuwenden oder drohende Gewalt zu verhindern oder aus anderen Gründen nötig erscheint.

(2) [1]Für den Erlass einstweiliger Anordnungen ist das Gericht der Hauptsache zuständig. [2]Dies ist das Gericht des ersten Rechtszugs. [3]In dringenden Fällen kann der Vorsitzende entscheiden.

(3) Für den Erlass einstweiliger Anordnungen gelten die §§ 920, 921, 923, 926, 928 bis 932, 938, 939, 941 und 945 der Zivilprozessordnung[1]) sinngemäß.

---

[1]) **Habersack** Nr. **100**.

(4) Das Gericht entscheidet durch Beschluss.

(5) Die Vorschriften der Absätze 1 bis 3 gelten nicht für die Fälle des § 69.

Abschnitt V. Rechtsmittel und Wiederaufnahme des Verfahrens

Unterabschnitt 1. Revision

§ 115 [Zulassung der Revision] (1) Gegen das Urteil des Finanzgerichts (§ 36 Nr. 1) steht den Beteiligten die Revision an den Bundesfinanzhof zu, wenn das Finanzgericht oder auf Beschwerde gegen die Nichtzulassung der Bundesfinanzhof sie zugelassen hat.

(2) Die Revision ist nur zuzulassen, wenn

1. die Rechtssache grundsätzliche Bedeutung hat,
2. die Fortbildung des Rechts oder die Sicherung einer einheitlichen Rechtsprechung eine Entscheidung des Bundesfinanzhofs erfordert oder
3. ein Verfahrensmangel geltend gemacht wird und vorliegt, auf dem die Entscheidung beruhen kann.

(3) Der Bundesfinanzhof ist an die Zulassung gebunden.

§ 116 [Nichtzulassungsbeschwerde] (1) Die Nichtzulassung der Revision kann durch Beschwerde angefochten werden.

(2)[1] [1]Die Beschwerde ist innerhalb eines Monats nach Zustellung des vollständigen Urteils bei dem Bundesfinanzhof einzulegen. [2]Sie muss das angefochtene Urteil bezeichnen. [3]Der Beschwerdeschrift soll eine Ausfertigung oder Abschrift des Urteils, gegen das Revision eingelegt werden soll, beigefügt werden. [4]Satz 3 gilt nicht im Falle der elektronischen Beschwerdeeinlegung.

(3) [1]Die Beschwerde ist innerhalb von zwei Monaten nach der Zustellung des vollständigen Urteils zu begründen. [2]Die Begründung ist bei dem Bundesfinanzhof einzureichen. [3]In der Begründung müssen die Voraussetzungen des § 115 Abs. 2 dargelegt werden. [4]Die Begründungsfrist kann von dem Vorsitzenden auf einen vor ihrem Ablauf gestellten Antrag um einen weiteren Monat verlängert werden.

(4) Die Einlegung der Beschwerde hemmt die Rechtskraft des Urteils.

(5) [1]Der Bundesfinanzhof entscheidet über die Beschwerde durch Beschluss. [2]Der Beschluss soll kurz begründet werden; von einer Begründung kann abgesehen werden, wenn sie nicht geeignet ist, zur Klärung der Voraussetzungen beizutragen, unter denen eine Revision zuzulassen ist, oder wenn der Beschwerde stattgegeben wird. [3]Mit der Ablehnung der Beschwerde durch den Bundesfinanzhof wird das Urteil rechtskräftig.

---

[1] § 116 Abs. 2 Satz 4 angef. mWv 1.1.2018 durch G v. 5.7.2017 (BGBl. I S. 2208).

(2) Die §§ 178 und 181 Abs. 2 des Gerichtsverfassungsgesetzes[1] bleiben unberührt.

§ 132 [Entscheidung über die Beschwerde] Über die Beschwerde entscheidet der Bundesfinanzhof durch Beschluss.

§ 133[2] [Antrag auf Entscheidung des Gerichts] (1) [1]Gegen die Entscheidung des beauftragten oder ersuchten Richters oder des Urkundsbeamten kann innerhalb von zwei Wochen nach Bekanntgabe die Entscheidung des Finanzgerichts beantragt werden. [2]Der Antrag ist schriftlich oder zu Protokoll des Urkundsbeamten der Geschäftsstelle des Gerichts zu stellen. [3]Die §§ 129 bis 131 gelten sinngemäß.

(2) Im Verfahren vor dem Bundesfinanzhof gilt Absatz 1 für Entscheidungen des beauftragten oder ersuchten Richters oder des Urkundsbeamten der Geschäftsstelle sinngemäß.

§ 133a[3] [Anhörungsrüge] (1) [1]Auf die Rüge eines durch eine gerichtliche Entscheidung beschwerten Beteiligten ist das Verfahren fortzuführen, wenn

1. ein Rechtsmittel oder ein anderer Rechtsbehelf gegen die Entscheidung nicht gegeben ist und
2. das Gericht den Anspruch dieses Beteiligten auf rechtliches Gehör in entscheidungserheblicher Weise verletzt hat.

[2]Gegen eine der Endentscheidung vorausgehende Entscheidung findet die Rüge nicht statt.

(2)[4] [1]Die Rüge ist innerhalb von zwei Wochen nach Kenntnis von der Verletzung des rechtlichen Gehörs zu erheben; der Zeitpunkt der Kenntniserlangung ist glaubhaft zu machen. [2]Nach Ablauf eines Jahres seit Bekanntgabe der angegriffenen Entscheidung kann die Rüge nicht mehr erhoben werden. [3]Formlos mitgeteilte Entscheidungen gelten mit dem dritten Tage nach Aufgabe zur Post als bekannt gegeben. [4]Die Rüge ist schriftlich oder zu Protokoll des Urkundsbeamten der Geschäftsstelle bei dem Gericht zu erheben, dessen Entscheidung angegriffen wird. [5]Die Rüge muss die angegriffene Entscheidung bezeichnen und das Vorliegen der in Absatz 1 Satz 1 Nr. 2 genannten Voraussetzungen darlegen.

(3) Den übrigen Beteiligten ist, soweit erforderlich, Gelegenheit zur Stellungnahme zu geben.

(4) [1]Ist die Rüge nicht statthaft oder nicht in der gesetzlichen Form oder Frist erhoben, so ist sie als unzulässig zu verwerfen. [2]Ist die Rüge unbegründet, weist das Gericht sie zurück. [3]Die Entscheidung ergeht durch unanfechtbaren Beschluss. [4]Der Beschluss soll kurz begründet werden.

(5) [1]Ist die Rüge begründet, so hilft ihr das Gericht ab, indem es das Verfahren fortführt, soweit dies aufgrund der Rüge geboten ist. [2]Das Verfahren wird in die Lage zurückversetzt, in der es sich vor dem Schluss der mündlichen Verhandlung befand. [3]In schriftlichen Verfahren tritt an die Stelle des

---

[1] **Habersack** Nr. **95.**
[2] § 133 Abs. 1 Satz 2 geänd. mWv 1.1.2018 durch G v. 5.7.2017 (BGBl. I S. 2208).
[3] § 133a eingef. mWv 1.1.2005 durch G v. 9.12.2004 (BGBl. I S. 3220).
[4] § 133a Abs. 2 Satz 5 aufgeh. mWv 1.7.2008 durch G v. 12.12.2007 (BGBl. I S. 2840); Satz 4 geänd. mWv 1.1.2018 durch G v. 5.7.2017 (BGBl. I S. 2208).

Schlusses der mündlichen Verhandlung der Zeitpunkt, bis zu dem Schriftsätze eingereicht werden können. 4 Für den Ausspruch des Gerichts ist § 343 der Zivilprozessordnung[1)] entsprechend anzuwenden.

(6) § 131 Abs. 1 Satz 2 ist entsprechend anzuwenden.

Unterabschnitt 3. Wiederaufnahme des Verfahrens

§ 134 [Anwendbarkeit der ZPO] Ein rechtskräftig beendetes Verfahren kann nach den Vorschriften des Vierten Buchs der Zivilprozessordnung[1)] wieder aufgenommen werden.

Dritter Teil. Kosten und Vollstreckung

Abschnitt I. Kosten[2)]

§ 135 [Kostenpflichtige] (1) Der unterliegende Beteiligte trägt die Kosten des Verfahrens.

(2) Die Kosten eines ohne Erfolg eingelegten Rechtsmittels fallen demjenigen zur Last, der das Rechtsmittel eingelegt hat.

(3) Dem Beigeladenen können Kosten nur auferlegt werden, soweit er Anträge gestellt oder Rechtsmittel eingelegt hat.

(4) Die Kosten des erfolgreichen Wiederaufnahmeverfahrens können der Staatskasse auferlegt werden, soweit sie nicht durch das Verschulden eines Beteiligten entstanden sind.

(5) 1 Besteht der kostenpflichtige Teil aus mehreren Personen, so haften diese nach Kopfteilen. 2 Bei erheblicher Verschiedenheit ihrer Beteiligung kann nach Ermessen des Gerichts die Beteiligung zum Maßstab genommen werden.

§ 136 [Kompensation der Kosten] (1) 1 Wenn ein Beteiligter teils obsiegt, teils unterliegt, so sind die Kosten gegeneinander aufzuheben oder verhältnismäßig zu teilen. 2 Sind die Kosten gegeneinander aufgehoben, so fallen die Gerichtskosten jedem Teil zur Hälfte zur Last. 3 Einem Beteiligten können die Kosten ganz auferlegt werden, wenn der andere nur zu einem geringen Teil unterlegen ist.

(2) Wer einen Antrag, eine Klage, ein Rechtsmittel oder einen anderen Rechtsbehelf zurücknimmt, hat die Kosten zu tragen.

(3) Kosten, die durch einen Antrag auf Wiedereinsetzung in den vorigen Stand entstehen, fallen dem Antragsteller zur Last.

§ 137[3)] [Anderweitige Auferlegung der Kosten] 1 Einem Beteiligten können die Kosten ganz oder teilweise auch dann auferlegt werden, wenn er obsiegt hat, die Entscheidung aber auf Tatsachen beruht, die er früher hätte geltend machen oder beweisen können und sollen. 2 Kosten, die durch Verschulden eines Beteiligten entstanden sind, können diesem auferlegt werden.

---

1) **Habersack** Nr. **100.**

2) Wegen der Berechnung der Kosten siehe §§ 3 und 34 Gerichtskostengesetz sowie Anlagen 1 und 2; abgedr. im Anschluss an die FGO.

3) § 137 Satz 3 angef. mWv 28.12.2001 durch G v. 19.12.2001 (BGBl. I S. 3922).

[3]Berücksichtigt das Gericht nach § 76 Abs. 3 Erklärungen und Beweismittel, die im Einspruchsverfahren nach § 364b der Abgabenordnung rechtmäßig zurückgewiesen wurden, sind dem Kläger insoweit die Kosten aufzuerlegen.

§ 138[1)] [Kostenentscheidung durch Beschluss] (1) Ist der Rechtsstreit in der Hauptsache erledigt, so entscheidet das Gericht nach billigem Ermessen über die Kosten des Verfahrens durch Beschluss; der bisherige Sach- und Streitstand ist zu berücksichtigen.

(2) [1]Soweit ein Rechtsstreit dadurch erledigt wird, dass dem Antrag des Steuerpflichtigen durch Rücknahme oder Änderung des angefochtenen Verwaltungsakts stattgegeben oder dass im Fall der Untätigkeitsklage gemäß § 46 Abs. 1 Satz 3 Halbsatz 2 innerhalb der gesetzten Frist dem außergerichtlichen Rechtsbehelf stattgegeben oder der beantragte Verwaltungsakt erlassen wird, sind die Kosten der Behörde aufzuerlegen. [2]§ 137 gilt sinngemäß.

(3) Der Rechtsstreit ist auch in der Hauptsache erledigt, wenn der Beklagte der Erledigungserklärung des Klägers nicht innerhalb von zwei Wochen seit Zustellung des die Erledigungserklärung enthaltenden Schriftsatzes widerspricht und er vom Gericht auf diese Folge hingewiesen worden ist.

§ 139 [Erstattungsfähige Kosten] (1) Kosten sind die Gerichtskosten (Gebühren und Auslagen) und die zur zweckentsprechenden Rechtsverfolgung oder Rechtsverteidigung notwendigen Aufwendungen der Beteiligten einschließlich der Kosten des Vorverfahrens.

(2) Die Aufwendungen der Finanzbehörden sind nicht zu erstatten.

(3) [1]Gesetzlich vorgesehene Gebühren und Auslagen eines Bevollmächtigten oder Beistands, der nach den Vorschriften des Steuerberatungsgesetzes zur geschäftsmäßigen Hilfeleistung in Steuersachen befugt ist, sind stets erstattungsfähig. [2]Aufwendungen für einen Bevollmächtigten oder Beistand, für den Gebühren und Auslagen gesetzlich nicht vorgesehen sind, können bis zur Höhe der gesetzlichen Gebühren und Auslagen der Rechtsanwälte erstattet werden. [3]Soweit ein Vorverfahren geschwebt hat, sind die Gebühren und Auslagen erstattungsfähig, wenn das Gericht die Zuziehung eines Bevollmächtigten oder Beistands für das Vorverfahren für notwendig erklärt. [4]Steht der Bevollmächtigte oder Beistand in einem Angestelltenverhältnis zu einem Beteiligten, so werden die durch seine Zuziehung entstandenen Gebühren nicht erstattet.

(4) Die außergerichtlichen Kosten des Beigeladenen sind nur erstattungsfähig, wenn das Gericht sie aus Billigkeit der unterliegenden Partei oder der Staatskasse auferlegt.

§§ 140 und 141. (weggefallen)

---

1) § 138 Abs. 3 angef. mWv 1.9.2004 durch G v. 24.8.2004 (BGBl. I S. 2198).

§ 142[1] **[Prozesskostenhilfe]** (1) Die Vorschriften der Zivilprozessordnung[2] über die Prozesskostenhilfe gelten sinngemäß.

(2) [1]Einem Beteiligten, dem Prozesskostenhilfe bewilligt worden ist, kann auch ein Steuerberater, Steuerbevollmächtigter, Wirtschaftsprüfer oder vereidigter Buchprüfer beigeordnet werden. [2]Die Vergütung richtet sich nach den für den beigeordneten Rechtsanwalt geltenden Vorschriften des Rechtsanwaltsvergütungsgesetzes.

(3) [1]Die Prüfung der persönlichen und wirtschaftlichen Verhältnisse nach den §§ 114 bis 116 der Zivilprozessordnung einschließlich der in § 118 Absatz 2 der Zivilprozessordnung bezeichneten Maßnahmen und der Entscheidungen nach § 118 Absatz 2 Satz 4 der Zivilprozessordnung obliegt dem Urkundsbeamten der Geschäftsstelle des jeweiligen Rechtszugs, wenn der Vorsitzende ihm das Verfahren insoweit überträgt. [2]Liegen die Voraussetzungen für die Bewilligung der Prozesskostenhilfe hiernach nicht vor, erlässt der Urkundsbeamte die den Antrag ablehnende Entscheidung; anderenfalls vermerkt der Urkundsbeamte in den Prozessakten, dass dem Antragsteller nach seinen persönlichen und wirtschaftlichen Verhältnissen Prozesskostenhilfe gewährt werden kann und in welcher Höhe gegebenenfalls Monatsraten oder Beträge aus dem Vermögen zu zahlen sind.

(4) Dem Urkundsbeamten obliegen im Verfahren über die Prozesskostenhilfe ferner die Bestimmung des Zeitpunkts für die Einstellung und eine Wiederaufnahme der Zahlungen nach § 120 Absatz 3 der Zivilprozessordnung sowie die Änderung und die Aufhebung der Bewilligung der Prozesskostenhilfe nach den §§ 120 a und 124 Absatz 1 Nummer 2 bis 5 der Zivilprozessordnung.

(5)[3] [1]Der Vorsitzende kann Aufgaben nach den Absätzen 3 und 4 zu jedem Zeitpunkt an sich ziehen. [2]§ 5 Absatz 1 Nummer 1, die §§ 6, 7, 8 Absatz 1 bis 4 und § 9 des Rechtspflegergesetzes gelten entsprechend mit der Maßgabe, dass an die Stelle des Rechtspflegers der Urkundsbeamte der Geschäftsstelle tritt.

(6) § 79 a Absatz 4 gilt entsprechend.

(7) [1]Gegen Entscheidungen des Urkundsbeamten nach den Absätzen 3 und 4 ist die Erinnerung an das Gericht gegeben. [2]Die Frist für die Einlegung der Erinnerung beträgt zwei Wochen. [3]Über die Erinnerung entscheidet das Gericht durch Beschluss.

(8) Durch Landesgesetz kann bestimmt werden, dass die Absätze 3 bis 7 für die Gerichte des jeweiligen Landes nicht anzuwenden sind.

§ 143 [Kostenentscheidung] (1) Das Gericht hat im Urteil oder, wenn das Verfahren in anderer Weise beendet worden ist, durch Beschluss über die Kosten zu entscheiden.

---

[1] § 142 Abs. 2 Satz 1 geänd., Satz 2 angef., Abs. 3 bis 8 angef. mWv 1.1.2014 durch G v. 31.8.2013 (BGBl. I S. 3533); Abs. 3 neu gef. mWv 16.7.2014 durch G v. 8.7.2014 (BGBl. I S. 890).

[2] **Habersack** Nr. **100.**

[3] Red. Fehler des Gesetzgebers bei der Absatzzählung berichtigt in BGBl. I 2016 S. 121.

(2) Wird eine Sache vom Bundesfinanzhof an das Finanzgericht zurückverwiesen, so kann diesem die Entscheidung über die Kosten des Verfahrens übertragen werden.

§ 144 [Kostenentscheidung bei Rücknahme eines Rechtsbehelfs] Ist ein Rechtsbehelf seinem vollen Umfang nach zurückgenommen worden, so wird über die Kosten des Verfahrens nur entschieden, wenn ein Beteiligter Kostenerstattung beantragt.

§ 145 [Anfechtung der Kostenentscheidung] Die Anfechtung der Entscheidung über die Kosten ist unzulässig, wenn nicht gegen die Entscheidung in der Hauptsache ein Rechtsmittel eingelegt wird.

§§ 146 bis 148. (weggefallen)

§ 149 [Festsetzung der zu erstattenden Aufwendungen] (1) Die den Beteiligten zu erstattenden Aufwendungen werden auf Antrag von dem Urkundsbeamten des Gerichts des ersten Rechtszugs festgesetzt.

(2) [1] Gegen die Festsetzung ist die Erinnerung an das Gericht gegeben. [2] Die Frist für die Einlegung der Erinnerung beträgt zwei Wochen. [3] Über die Zulässigkeit der Erinnerung sind die Beteiligten zu belehren.

(3) Der Vorsitzende des Gerichts oder das Gericht können anordnen, dass die Vollstreckung einstweilen auszusetzen ist.

(4) Über die Erinnerung entscheidet das Gericht durch Beschluss.

Abschnitt II. Vollstreckung

§ 150[1)] [Anwendung der Bestimmungen der AO] [1] Soll zugunsten des Bundes, eines Landes, eines Gemeindeverbands, einer Gemeinde oder einer Körperschaft, Anstalt oder Stiftung des öffentlichen Rechts als Abgabenberechtigte vollstreckt werden, so richtet sich die Vollstreckung nach den Bestimmungen der Abgabenordnung, soweit nicht durch Gesetz etwas anderes bestimmt ist. [2] Vollstreckungsbehörden sind die Finanzämter und Hauptzollämter. [3] Für die Vollstreckung gilt § 69 sinngemäß.

§ 151 [Anwendung der Bestimmungen der ZPO] (1) [1] Soll gegen den Bund, ein Land, einen Gemeindeverband, eine Gemeinde, eine Körperschaft, eine Anstalt oder Stiftung des öffentlichen Rechts vollstreckt werden, so gilt für die Zwangsvollstreckung das Achte Buch der Zivilprozessordnung[2)] sinngemäß; § 150 bleibt unberührt. [2] Vollstreckungsgericht ist das Finanzgericht.

(2) Vollstreckt wird

1. aus rechtskräftigen und aus vorläufig vollstreckbaren gerichtlichen Entscheidungen,

---

[1)] § 150 Satz 2 geänd. mWv 1. 4. 2005 durch G v. 22.3.2005 (BGBl. I S. 837).

[2)] **Habersack** Nr. **100.**

2. aus einstweiligen Anordnungen,

3. aus Kostenfestsetzungsbeschlüssen.

(3) Urteile auf Anfechtungs- und Verpflichtungsklagen können nur wegen der Kosten für vorläufig vollstreckbar erklärt werden.

(4) Für die Vollstreckung können den Beteiligten auf ihren Antrag Ausfertigungen des Urteils ohne Tatbestand und ohne Entscheidungsgründe erteilt werden, deren Zustellung in den Wirkungen der Zustellung eines vollständigen Urteils gleichsteht.

§ 152 [Vollstreckung wegen Geldforderungen] (1) [1]Soll im Fall des § 151 wegen einer Geldforderung vollstreckt werden, so verfügt das Vollstreckungsgericht auf Antrag des Gläubigers die Vollstreckung. [2]Es bestimmt die vorzunehmenden Vollstreckungsmaßnahmen und ersucht die zuständigen Stellen um deren Vornahme. [3]Die ersuchte Stelle ist verpflichtet, dem Ersuchen nach den für sie geltenden Vollstreckungsvorschriften nachzukommen.

(2) [1]Das Gericht hat vor Erlass der Vollstreckungsverfügung die Behörde oder bei Körperschaften, Anstalten und Stiftungen des öffentlichen Rechts, gegen die vollstreckt werden soll, die gesetzlichen Vertreter von der beabsichtigten Vollstreckung zu benachrichtigen mit der Aufforderung, die Vollstreckung innerhalb einer vom Gericht zu bemessenden Frist abzuwenden. [2]Die Frist darf einen Monat nicht übersteigen.

(3) [1]Die Vollstreckung ist unzulässig in Sachen, die für die Erfüllung öffentlicher Aufgaben unentbehrlich sind oder deren Veräußerung ein öffentliches Interesse entgegensteht. [2]Über Einwendungen entscheidet das Gericht nach Anhörung der zuständigen Aufsichtsbehörde oder bei obersten Bundes- oder Landesbehörden des zuständigen Ministers.

(4) Für öffentlich-rechtliche Kreditinstitute gelten die Absätze 1 bis 3 nicht.

(5) Der Ankündigung der Vollstreckung und der Einhaltung einer Wartefrist bedarf es nicht, wenn es sich um den Vollzug einer einstweiligen Anordnung handelt.

§ 153 [Vollstreckung ohne Vollstreckungsklausel] In den Fällen der §§ 150, 152 Abs. 1 bis 3 bedarf es einer Vollstreckungsklausel nicht.

§ 154[1)] [Androhung eines Zwangsgeldes] [1]Kommt die Finanzbehörde in den Fällen des § 100 Abs. 1 Satz 2 und der §§ 101 und 114 der ihr im Urteil oder in der einstweiligen Anordnung auferlegten Verpflichtung nicht nach, so kann das Gericht des ersten Rechtszugs auf Antrag unter Fristsetzung gegen sie ein Zwangsgeld bis eintausend Euro durch Beschluss androhen, nach fruchtlosem Fristablauf festsetzen und von Amts wegen vollstrecken. [2]Das Zwangsgeld kann wiederholt angedroht, festgesetzt und vollstreckt werden.

---

1) § 154 Satz 1 geänd. mWv 1.1.2002 durch G v. 19.12.2000 (BGBl. I S. 1757).

Vierter Teil. Übergangs- und Schlussbestimmungen

§ 155[1] **[Anwendung von GVG und von ZPO]** [1]Soweit dieses Gesetz keine Bestimmungen über das Verfahren enthält, sind das Gerichtsverfassungsgesetz und, soweit die grundsätzlichen Unterschiede der beiden Verfahrensarten es nicht ausschließen, die Zivilprozessordnung einschließlich § 278 Absatz 5 und § 278 a sinngemäß anzuwenden; Buch 6 der Zivilprozessordnung ist nicht anzuwenden. [2]Die Vorschriften des Siebzehnten Titels des Gerichtsverfassungsgesetzes sind mit der Maßgabe entsprechend anzuwenden, dass an die Stelle des Oberlandesgerichts und des Bundesgerichtshofs der Bundesfinanzhof und an die Stelle der Zivilprozessordnung die Finanzgerichtsordnung tritt; die Vorschriften über das Verfahren im ersten Rechtszug sind entsprechend anzuwenden.

§ 156[2] **[Anwendung von § 6 EGGVG]** § 6 des Einführungsgesetzes zum Gerichtsverfassungsgesetz gilt entsprechend.

§ 157 [Folgen der Nichtigkeitserklärung von landesrechtlichen Vorschriften] [1]Hat das Verfassungsgericht eines Landes die Nichtigkeit von Landesrecht festgestellt oder Vorschriften des Landesrechts für nichtig erklärt, so bleiben vorbehaltlich einer besonderen gesetzlichen Regelung durch das Land die nicht mehr anfechtbaren Entscheidungen der Gerichte der Finanzgerichtsbarkeit, die auf der für nichtig erklärten Norm beruhen, unberührt. [2]Die Vollstreckung aus einer solchen Entscheidung ist unzulässig. [3]§ 767 der Zivilprozessordnung[3] gilt sinngemäß.

§ 158 [Eidliche Vernehmung, Beeidigung] [1]Die eidliche Vernehmung eines Auskunftspflichtigen nach § 94 der Abgabenordnung[4] oder die Beeidigung eines Sachverständigen nach § 96 Abs. 7 Satz 5 der Abgabenordnung[4] durch das Finanzgericht findet vor dem dafür im Geschäftsverteilungsplan bestimmten Richter statt. [2]Über die Rechtmäßigkeit einer Verweigerung des Zeugnisses, des Gutachtens oder der Eidesleistung entscheidet das Finanzgericht durch Beschluss.

§ 159[5] **[Anwendung des EGGVG]** § 43 des Einführungsgesetzes zum Gerichtsverfassungsgesetz gilt entsprechend.

§ 160 [Beteiligung und Beiladung] Soweit der Finanzrechtsweg auf Grund des § 33 Abs. 1 Nr. 4 eröffnet wird, können die Beteiligung am Verfahren und die Beiladung durch Gesetz abweichend von den Vorschriften dieses Gesetzes geregelt werden.

---

[1] § 155 Satz 2 angef. durch G v. 24. 11. 2011 (BGBl. I S. 2302); Satz 1 geänd. durch G v. 21. 7. 2012 (BGBl. I S. 1577); Satz 1 HS 2 angef. mWv 1.11.2018 durch G v. 12.7.2018 (BGBl. I S. 1151).

[2] § 156 eingef. mWv 1. 1. 2005 durch G v. 21.12.2004 (BGBl. I S. 3599).

[3] **Habersack** Nr. **100.**

[4] Nr. **800**.

[5] § 159 eingef. mWv 19.10.2017 durch G v. 8.10.2017 (BGBl. I S. 3546).

§ 161. (Aufhebung von Vorschriften)

§§ 162 bis 183. (weggefallen)

§ 184. (1) (Inkrafttreten)[1]

(2) (Überleitungsvorschriften)

[1] Das Gesetz in seiner ursprünglichen Fassung ist am 1. 1. 1966 in Kraft getreten. Das Inkrafttreten der späteren Änderungen ergibt sich aus den jeweiligen Änderungsgesetzen.

Schreiben betr. Automatischer Austausch von Informationen über Finanzkonten in Steuersachen nach dem Finanzkonten-Informationsaustauschgesetz – FKAustG; Bekanntmachung einer vorläufigen Staatenaustauschliste im Sinne des § 1 Absatz 1 FKAustG für den automatischen Austausch von Informationen über Finanzkonten in Steuersachen zum 30. September 2023

Vom 23. Februar 2023

BMF IV B 6 – S 1315/19/10030 :051; DOK 2023/0060659

Nach den Vorgaben des Gesetzes zum automatischen Austausch von Informationen über Finanzkonten in Steuersachen (Finanzkonten-Informationsaustauschgesetz – FKAustG) werden Informationen über Finanzkonten in Steuersachen zum 30. September 2023 zwischen dem Bundeszentralamt für Steuern (BZSt) und der zuständigen Behörde des jeweils anderen Staates im Sinne des § 1 Absatz 1 FKAustG automatisch ausgetauscht (§ 27 Absatz 1 FKAustG).

Dem BZSt sind hierfür von den meldenden Finanzinstituten die Finanzkontendaten zu den meldepflichtigen Konten nach amtlich vorgeschriebenem Datensatz elektronisch im Wege der Datenfernübertragung zum 31. Juli 2023 zu übermitteln (§ 27 Absatz 2 FKAustG).

Zu den Staaten im Sinne des § 1 Absatz 1 FKAustG, mit denen der automatische Austausch von Informationen über Finanzkonten in Steuersachen erfolgt, zählen

1. Mitgliedstaaten der Europäischen Union aufgrund der Richtlinie 2011/16/EU des Rates vom 15. Februar 2011 über die Zusammenarbeit der Verwaltungsbehörden im Bereich der Besteuerung und zur Aufhebung der Richtlinie 77/799/EWG (ABl. L 64 vom 11. März 2011, Seite 1; Amtshilferichtlinie) in der Fassung der Richtlinie 2014/107/EU (ABl. L 359 vom 16. Dezember 2014, Seite 1),
2. Drittstaaten, die Vertragsparteien der von der Bundesrepublik Deutschland in Berlin unterzeichneten Mehrseitigen Vereinbarung vom 29. Oktober 2014 zwischen den zuständigen Behörden über den automatischen Austausch von Informationen über Finanzkonten (BGBl. 2015 II Seiten 1630, 1632) sind und diese in ihr nationales Recht verpflichtend aufgenommen haben sowie Vertragsparteien des Übereinkommens über die gegenseitige Amtshilfe in Steuersachen (BGBl. 2015 II Seiten 966, 967) sind und die gewährleisten, dass sie die Voraussetzungen des § 7 Absatz 1, insbesondere Buchstabe e der Mehrseitigen Vereinbarung vom 29. Oktober 2014 zwischen den zuständigen Behörden über den automatischen Austausch von Informationen über Finanzkonten erfüllen,
3. Drittstaaten, die Verträge mit der Europäischen Union zur Vereinbarung des automatischen Austauschs von Informationen über Finanzkonten im Sinne der unter Nummer 1 angeführten Richtlinie 2014/107/EU (ABl. L 359 vom 16. Dezember 2014, Seite 1) geschlossen haben, sowie
4. Drittstaaten, mit denen die Bundesrepublik Deutschland ein Abkommen über den steuerlichen Informationsaustausch geschlossen hat, nach dem ein automatischer Austausch von Informationen erfolgen kann.

Hiermit werden die Staaten im Sinne des § 1 Absatz 1 FKAustG bekannt gegeben, mit denen voraussichtlich der automatische Datenaustausch zum 30. September 2023 erfolgen wird und für welche die meldenden Finanzinstitute Finanzkontendaten zum 31. Juli 2023 dem BZSt zu übermitteln haben werden (vorläufige FKAustG-Staatenaustauschliste 2023).

Zunächst werden in die vorläufige FKAustG-Staatenaustauschliste 2023 alle Staaten aufgenommen, welche sich zum automatischen Austausch von Informationen über Finanzkonten in Steuersachen international bekannt haben. Sofern diese alle rechtlichen und tatsächlichen Voraussetzungen für den automatischen Informationsaustausch über Finanzkonten erfüllen, werden diese nach Prüfung in die finale FKAustG-Staatenaustauschliste 2023 übernommen.

Die Bekanntmachung einer finalen FKAustG-Staatenaustauschliste 2023 erfolgt im Rahmen eines weiteren BMF-Schreibens bis voraussichtlich Ende Juni 2023.

Die vorläufige FKAustG-Staatenaustauschliste 2023 wird nachfolgend dargestellt und steht auf der Internetseite des BZSt unter www.bzst.bund.de zur Ansicht und zum Abruf bereit.

Vorläufige FKAustG-Staatenaustauschliste 2023

Nr.	Staaten nach § 1 Absatz 1 FKAustG mit automatischem Informationsaustausch am 30. September 2023	Rechtsgrundlage nach § 1 Absatz 1 FKAustG
1.	Albanien	§ 1 Absatz 1 Nummer 2 FKAustG
2.	Andorra	§ 1 Absatz 1 Nummer 3 FKAustG
3.	Anguilla[1)]	§ 1 Absatz 1 Nummer 2 FKAustG
4.	Antigua und Barbuda	§ 1 Absatz 1 Nummer 2 FKAustG
5.	Argentinien	§ 1 Absatz 1 Nummer 2 FKAustG
6.	Aruba[1)]	§ 1 Absatz 1 Nummer 2 FKAustG
7.	Aserbaidschan	§ 1 Absatz 1 Nummer 2 FKAustG
8.	Australien	§ 1 Absatz 1 Nummer 2 FKAustG
9.	Bahamas[1)]	§ 1 Absatz 1 Nummer 2 FKAustG
10.	Bahrain[1)]	§ 1 Absatz 1 Nummer 2 FKAustG
11.	Barbados	§ 1 Absatz 1 Nummer 2 FKAustG
12.	Belgien	§ 1 Absatz 1 Nummer 1 FKAustG
13.	Belize[1)]	§ 1 Absatz 1 Nummer 2 FKAustG
14.	Bermuda[1)]	§ 1 Absatz 1 Nummer 2 FKAustG
15.	Brasilien	§ 1 Absatz 1 Nummer 2 FKAustG
16.	Britische Jungferninseln[1)]	§ 1 Absatz 1 Nummer 2 FKAustG
17.	Brunei Darussalam[1)]	§ 1 Absatz 1 Nummer 2 FKAustG
18.	Bulgarien	§ 1 Absatz 1 Nummer 1 FKAustG
19.	Chile	§ 1 Absatz 1 Nummer 2 FKAustG
20.	China	§ 1 Absatz 1 Nummer 2 FKAustG
21.	Cookinseln	§ 1 Absatz 1 Nummer 2 FKAustG
22.	Costa Rica	§ 1 Absatz 1 Nummer 2 FKAustG
23.	Curaçao	§ 1 Absatz 1 Nummer 2 FKAustG
24.	Dänemark	§ 1 Absatz 1 Nummer 1 FKAustG
25.	Dominica[1)]	§ 1 Absatz 1 Nummer 2 FKAustG
26.	Ecuador	§ 1 Absatz 1 Nummer 2 FKAustG
27.	Estland	§ 1 Absatz 1 Nummer 1 FKAustG
28.	Färöer	§ 1 Absatz 1 Nummer 2 FKAustG
29.	Finnland	§ 1 Absatz 1 Nummer 1 FKAustG
30.	Frankreich[2)]	§ 1 Absatz 1 Nummer 1 FKAustG
31.	Ghana	§ 1 Absatz 1 Nummer 2 FKAustG
32.	Gibraltar	§ 1 Absatz 1 Nummer 2 FKAustG
33.	Grenada	§ 1 Absatz 1 Nummer 2 FKAustG
34.	Griechenland	§ 1 Absatz 1 Nummer 1 FKAustG

Nr.	Staaten nach § 1 Absatz 1 FKAustG mit automatischem Informationsaustausch am 30. September 2023	Rechtsgrundlage nach § 1 Absatz 1 FKAustG
35.	Grönland	§ 1 Absatz 1 Nummer 2 FKAustG
36.	Guernsey	§ 1 Absatz 1 Nummer 2 FKAustG
37.	Hongkong	§ 1 Absatz 1 Nummer 2 FKAustG
38.	Indien	§ 1 Absatz 1 Nummer 2 FKAustG
39.	Indonesien	§ 1 Absatz 1 Nummer 2 FKAustG
40.	Irland	§ 1 Absatz 1 Nummer 1 FKAustG
41.	Island	§ 1 Absatz 1 Nummer 2 FKAustG
42.	Isle of Man	§ 1 Absatz 1 Nummer 2 FKAustG
43.	Israel	§ 1 Absatz 1 Nummer 2 FKAustG
44.	Italien	§ 1 Absatz 1 Nummer 1 FKAustG
45.	Jamaika	§ 1 Absatz 1 Nummer 2 FKAustG
46.	Japan	§ 1 Absatz 1 Nummer 2 FKAustG
47.	Jersey	§ 1 Absatz 1 Nummer 2 FKAustG
48.	**Jordanien**	§ 1 Absatz 1 Nummer 2 FKAustG
49.	Kaimaninseln[1)]	§ 1 Absatz 1 Nummer 2 FKAustG
50.	Kanada	§ 1 Absatz 1 Nummer 2 FKAustG
51.	Kasachstan	§ 1 Absatz 1 Nummer 2 FKAustG
52.	Katar	§ 1 Absatz 1 Nummer 2 FKAustG
53.	Kenia	§ 1 Absatz 1 Nummer 2 FKAustG
54.	Kolumbien	§ 1 Absatz 1 Nummer 2 FKAustG
55.	Korea, Republik	§ 1 Absatz 1 Nummer 2 FKAustG
56.	Kroatien	§ 1 Absatz 1 Nummer 1 FKAustG
57.	Kuwait[1)]	§ 1 Absatz 1 Nummer 2 FKAustG
58.	Lettland	§ 1 Absatz 1 Nummer 1 FKAustG
59.	Libanon[1)]	§ 1 Absatz 1 Nummer 2 FKAustG
60.	Liberia	§ 1 Absatz 1 Nummer 2 FKAustG
61.	Liechtenstein	§ 1 Absatz 1 Nummer 3 FKAustG
62.	Litauen	§ 1 Absatz 1 Nummer 1 FKAustG
63.	Luxemburg	§ 1 Absatz 1 Nummer 1 FKAustG
64.	Macau[1)]	§ 1 Absatz 1 Nummer 2 FKAustG
65.	Malaysia	§ 1 Absatz 1 Nummer 2 FKAustG
66.	Malediven	§ 1 Absatz 1 Nummer 2 FKAustG
67.	Malta	§ 1 Absatz 1 Nummer 1 FKAustG
68.	Marokko	§ 1 Absatz 1 Nummer 2 FKAustG
69.	Marshallinseln	§ 1 Absatz 1 Nummer 2 FKAustG
70.	Mauritius	§ 1 Absatz 1 Nummer 2 FKAustG
71.	Mexiko	§ 1 Absatz 1 Nummer 2 FKAustG
72.	**Moldau**	§ 1 Absatz 1 Nummer 2 FKAustG
73.	Monaco	§ 1 Absatz 1 Nummer 3 FKAustG
74.	**Montenegro**	§ 1 Absatz 1 Nummer 2 FKAustG
75.	Montserrat[1)]	§ 1 Absatz 1 Nummer 2 FKAustG

Nr.	Staaten nach § 1 Absatz 1 FKAustG mit automatischem Informationsaustausch am 30. September 2023	Rechtsgrundlage nach § 1 Absatz 1 FKAustG
76.	Nauru[1)]	§ 1 Absatz 1 Nummer 2 FKAustG
77.	Neukaledonien	§ 1 Absatz 1 Nummer 2 FKAustG
78.	Neuseeland	§ 1 Absatz 1 Nummer 2 FKAustG
79.	Niederlande[3)]	§ 1 Absatz 1 Nummer 1 FKAustG
80.	Nigeria	§ 1 Absatz 1 Nummer 2 FKAustG
81.	Niue[1)]	§ 1 Absatz 1 Nummer 2 FKAustG
82.	Norwegen	§ 1 Absatz 1 Nummer 2 FKAustG
83.	Österreich	§ 1 Absatz 1 Nummer 1 FKAustG
84.	Oman[1)]	§ 1 Absatz 1 Nummer 2 FKAustG
85.	Pakistan	§ 1 Absatz 1 Nummer 2 FKAustG
86.	Panama	§ 1 Absatz 1 Nummer 2 FKAustG
87.	Peru	§ 1 Absatz 1 Nummer 2 FKAustG
88.	Polen	§ 1 Absatz 1 Nummer 1 FKAustG
89.	Portugal	§ 1 Absatz 1 Nummer 1 FKAustG
90.	Rumänien	§ 1 Absatz 1 Nummer 1 FKAustG
91.	Russische Föderation[4)]	§ 1 Absatz 1 Nummer 2 FKAustG
92.	Samoa[1)]	§ 1 Absatz 1 Nummer 2 FKAustG
93.	San Marino	§ 1 Absatz 1 Nummer 3 FKAustG
94.	Saudi-Arabien	§ 1 Absatz 1 Nummer 2 FKAustG
95.	Schweden	§ 1 Absatz 1 Nummer 1 FKAustG
96.	Schweiz	§ 1 Absatz 1 Nummer 3 FKAustG
97.	Seychellen	§ 1 Absatz 1 Nummer 2 FKAustG
98.	Singapur	§ 1 Absatz 1 Nummer 2 FKAustG
99.	Sint Maarten	§ 1 Absatz 1 Nummer 2 FKAustG
100.	Slowakei	§ 1 Absatz 1 Nummer 1 FKAustG
101.	Slowenien	§ 1 Absatz 1 Nummer 1 FKAustG
102.	Spanien	§ 1 Absatz 1 Nummer 1 FKAustG
103.	St. Kitts und Nevis[1)]	§ 1 Absatz 1 Nummer 2 FKAustG
104.	St. Lucia	§ 1 Absatz 1 Nummer 2 FKAustG
105.	St. Vincent und die Grenadinen[1)]	§ 1 Absatz 1 Nummer 2 FKAustG
106.	Südafrika	§ 1 Absatz 1 Nummer 2 FKAustG
107.	**Thailand**	§ 1 Absatz 1 Nummer 2 FKAustG
108.	Trinidad und Tobago	§ 1 Absatz 1 Nummer 2 FKAustG
109.	Tschechien	§ 1 Absatz 1 Nummer 1 FKAustG
110.	Türkei	§ 1 Absatz 1 Nummer 2 FKAustG
111.	Turks- und Caicosinseln[1)]	§ 1 Absatz 1 Nummer 2 FKAustG
112.	**Uganda**	§ 1 Absatz 1 Nummer 2 FKAustG
113.	**Ukraine**	§ 1 Absatz 1 Nummer 2 FKAustG
114.	Ungarn	§ 1 Absatz 1 Nummer 1 FKAustG
115.	Uruguay	§ 1 Absatz 1 Nummer 2 FKAustG
116.	Vanuatu[1)]	§ 1 Absatz 1 Nummer 2 FKAustG

Nr.	Staaten nach § 1 Absatz 1 FKAustG mit automatischem Informationsaustausch am 30. September 2023	Rechtsgrundlage nach § 1 Absatz 1 FKAustG
117.	Vereinigte Arabische Emirate[1)]	§ 1 Absatz 1 Nummer 2 FKAustG
118.	Vereinigtes Königreich	§ 1 Absatz 1 Nummer 2 FKAustG
119.	Zypern	§ 1 Absatz 1 Nummer 1 FKAustG

1) **[Amtl. Anm.:]** Aufgrund einer Notifikation dieses Staates gemäß § 7 Absatz 1 Buchstabe b der Mehrseitigen Vereinbarung vom 29. Oktober 2014 zwischen den zuständigen Behörden über den automatischen Austausch von Informationen über Finanzkonten übermittelt die Bundesrepublik Deutschland nach § 2 Absatz 1.2 dieser Mehrseitigen Vereinbarung keine Finanzkonteninformationen an diesen Staat, erhält jedoch Finanzkonteninformationen von diesem. Deshalb sind auch in diesem Fall bis auf weiteres keine Finanzkontendaten durch meldende Finanzinstitute dem BZSt gemäß § 5 Absatz 1 FKAustG zu übermitteln.

2) **[Amtl. Anm.:]** Hierzu zählen auch Französisch-Guayana, Guadeloupe, Martinique, Mayotte, Réunion und Saint-Barthélemy.

3) **[Amtl. Anm.:]** Hierzu zählen auch Bonaire, Sint Eustatius und Saba.

4) **[Amtl. Anm.:]** Die Datenübermittlung an die Russische Föderation ist aktuell ausgesetzt.

Nr.	Staaten nach § 1 Absatz 1 FKAustG mit automatischem Informationsaustausch am 30. September 2023	Rechtsgrundlage nach § 1 Absatz 1 FKAustG
117.	Vereinigte Arabische Emirate[1]	§ 1 Absatz 1 Nummer 2 FKAustG
118.	Vereinigtes Königreich	§ 1 Absatz 1 Nummer 2 FKAustG
119.	Zypern	§ 1 Absatz 1 Nummer 1 FKAustG

[1] [Amtl. Anm.:] Aufgrund einer Notifikation dieses Staates gemäß § 7 Absatz 1 Buchstabe f der Mehrseitigen Vereinbarung vom 29. Oktober 2014 zwischen den zuständigen Behörden über den automatischen Austausch von Informationen über Finanzkonten übermittelt die Bundesrepublik Deutschland nach § 2 Absatz 1.2 dieser Mehrseitigen Vereinbarung keine Finanzkonteninformationen an diesen Staat, erhält jedoch Finanzkontoinformationen von diesem. Deshalb sind auch in diesem Fall bis auf weiteres keine Finanzkontendaten durch meldende Finanzinstitute dem BZSt gemäß § 5 Absatz 1 FKAustG zu übermitteln.

[2] [Amtl. Anm.:] Hierzu zählen auch Französisch-Guyana, Guadeloupe, Martinique, Mayotte, Réunion und Saint-Barthélemy.

[3] [Amtl. Anm.:] Hierzu zählen auch Bonaire, Sint Eustatius und Saba.

[4] [Amtl. Anm.:] Die Datenübermittlung an die Russische Föderation ist aktuell ausgesetzt.

835. Zivilprozessordnung

In der Fassung der Bekanntmachung vom 5. Dezember 2005 (BGBl. I S. 3202)[1]

Zuletzt geändert durch Gesetz vom 22.2.2023 (BGBl. I Nr. 51)

BGBl. III/FNA 310-4

– Auszug –

– Pfändungsschutzbestimmungen (§§ 850 bis 852) –

§ 850 Pfändungsschutz für Arbeitseinkommen. (1) Arbeitseinkommen, das in Geld zahlbar ist, kann nur nach Maßgabe der §§ 850a bis 850i gepfändet werden.

(2) Arbeitseinkommen im Sinne dieser Vorschrift sind die Dienst- und Versorgungsbezüge der Beamten, Arbeits- und Dienstlöhne, Ruhegelder und ähnliche nach dem einstweiligen oder dauernden Ausscheiden aus dem Dienst- oder Arbeitsverhältnis gewährte fortlaufende Einkünfte, ferner Hinterbliebenenbezüge sowie sonstige Vergütungen für Dienstleistungen aller Art, die die Erwerbstätigkeit des Schuldners vollständig oder zu einem wesentlichen Teil in Anspruch nehmen.

(3) Arbeitseinkommen sind auch die folgenden Bezüge, soweit sie in Geld zahlbar sind:

a) Bezüge, die ein Arbeitnehmer zum Ausgleich für Wettbewerbsbeschränkungen für die Zeit nach Beendigung seines Dienstverhältnisses beanspruchen kann;

b) Renten, die auf Grund von Versicherungsverträgen gewährt werden, wenn diese Verträge zur Versorgung des Versicherungsnehmers oder seiner unterhaltsberechtigten Angehörigen eingegangen sind.

(4) Die Pfändung des in Geld zahlbaren Arbeitseinkommens erfasst alle Vergütungen, die dem Schuldner aus der Arbeits- oder Dienstleistung zustehen, ohne Rücksicht auf ihre Benennung oder Berechnungsart.

§ 850a Unpfändbare Bezüge. Unpfändbar sind

1. zur Hälfte die für die Leistung von Mehrarbeitsstunden gezahlten Teile des Arbeitseinkommens;
2. die für die Dauer eines Urlaubs über das Arbeitseinkommen hinaus gewährten Bezüge, Zuwendungen aus Anlass eines besonderen Betriebsereignisses und Treugelder, soweit sie den Rahmen des Üblichen nicht übersteigen;

---

[1] Neubekanntmachung der Zivilprozessordnung in der im Bundesgesetzblatt Teil III, Gliederungsnummer 310-4, veröffentlichten bereinigten Fassung auf Grund des Art. 2a des EG-Vollstreckungs-Durchführungsgesetzes v. 18.8.2005 (BGBl. I S. 2477) in der ab 21.10.2005 geltenden Fassung.

3. Aufwandsentschädigungen, Auslösungsgelder und sonstige soziale Zulagen für auswärtige Beschäftigungen, das Entgelt für selbstgestelltes Arbeitsmaterial, Gefahrenzulagen sowie Schmutz- und Erschwerniszulagen, soweit diese Bezüge den Rahmen des Üblichen nicht übersteigen;
4.[1] Weihnachtsvergütungen bis *zum Betrag der Hälfte des monatlichen Arbeitseinkommens, höchstens aber bis zum Betrag von 500 Euro* [***ab 1.1.2022:*** zu der Hälfte des Betrags, dessen Höhe sich nach Aufrundung des monatlichen Freibetrages nach § 850c Absatz 1 in Verbindung mit Absatz 4 auf den nächsten vollen 10-Euro-Betrag ergibt];
5.[2] Geburtsbeihilfen sowie Beihilfen aus Anlass der Eingehung einer Ehe oder Begründung einer Lebenspartnerschaft, sofern die Vollstreckung wegen anderer als der aus Anlass der Geburt, der Eingehung einer Ehe oder der Begründung einer Lebenspartnerschaft entstandenen Ansprüche betrieben wird;
6. Erziehungsgelder, Studienbeihilfen und ähnliche Bezüge;
7. Sterbe- und Gnadenbezüge aus Arbeits- oder Dienstverhältnissen;
8. Blindenzulagen.

§ 850b Bedingt pfändbare Bezüge. (1) Unpfändbar sind ferner

1. Renten, die wegen einer Verletzung des Körpers oder der Gesundheit zu entrichten sind;
2. Unterhaltsrenten, die auf gesetzlicher Vorschrift beruhen, sowie die wegen Entziehung einer solchen Forderung zu entrichtenden Renten;
3. fortlaufende Einkünfte, die ein Schuldner aus Stiftungen oder sonst auf Grund der Fürsorge und Freigebigkeit eines Dritten oder auf Grund eines Altenteils oder Auszugsvertrags bezieht;
4.[3] Bezüge aus Witwen-, Waisen-, Hilfs- und Krankenkassen, die ausschließlich oder zu einem wesentlichen Teil zu Unterstützungszwecken gewährt werden, ferner Ansprüche aus Lebensversicherungen, die nur auf den Todesfall des Versicherungsnehmers abgeschlossen sind, wenn die Versicherungssumme *3579* [***ab 1.1.2022:*** 5400] Euro nicht übersteigt.

(2) Diese Bezüge können nach den für Arbeitseinkommen geltenden Vorschriften gepfändet werden, wenn die Vollstreckung in das sonstige bewegliche Vermögen des Schuldners zu einer vollständigen Befriedigung des Gläubigers nicht geführt hat oder voraussichtlich nicht führen wird und wenn nach den Umständen des Falles, insbesondere nach der Art des beizutreibenden Anspruchs und der Höhe der Bezüge, die Pfändung der Billigkeit entspricht.

(3) Das Vollstreckungsgericht soll vor seiner Entscheidung die Beteiligten hören.

---

[1] § 850a Nr. 4 neu gef. mWv 1.1.2022 durch G v. 7.5.2021 (BGBl. I S. 850).
[2] § 850a Nr. 5 geänd. durch G v. 20.11.2015 (BGBl. I S. 2010).
[3] § 850b Abs. 1 Nr. 1 Betrag geänd. mWv 1.1.2022 durch G v. 7.5.2021 (BGBl. I S. 850).

§ 850c[1)]* **Pfändungsgrenzen für Arbeitseinkommen.** (1) Arbeitseinkommen ist unpfändbar, wenn es, je nach dem Zeitraum, für den es gezahlt wird, nicht mehr als

1. *1178,59* [1402,28]* Euro monatlich,
2. *271,24* [322,72]* Euro wöchentlich oder
3. *54,25* [64,54]* Euro täglich

beträgt.

(2) [1] Gewährt der Schuldner auf Grund einer gesetzlichen Verpflichtung seinem Ehegatten, einem früheren Ehegatten, seinem Lebenspartner, einem früheren Lebenspartner, einem Verwandten oder nach den §§ 1615l und 1615n des Bürgerlichen Gesetzbuchs einem Elternteil Unterhalt, so erhöht sich der Betrag nach Absatz 1 für die erste Person, der Unterhalt gewährt wird, und zwar um

1. *443,57* [527,76]* Euro monatlich,
2. *102,08* [121,46]* Euro wöchentlich oder
3. *20,42* [24,29]* Euro täglich.

[2] Für die zweite bis fünfte Person, der Unterhalt gewährt wird, erhöht sich der Betrag nach Absatz 1 um je

1. *247,12* [294,02]* Euro monatlich,
2. *56,87* [67,67]* Euro wöchentlich oder
3. *11,37* [13,54]* Euro täglich.

(3) [1] Übersteigt das Arbeitseinkommen den Betrag nach Absatz 1, so ist es hinsichtlich des überschießenden Teils in Höhe von drei Zehnteln unpfändbar. [2] Gewährt der Schuldner nach Absatz 2 Unterhalt, so sind für die erste Person weitere zwei Zehntel und für die zweite bis fünfte Person jeweils ein weiteres Zehntel unpfändbar. [3] Der Teil des Arbeitseinkommens, der

1. *3613,08* [4298,81]* Euro monatlich,
2. *831,50* [989,31]* Euro wöchentlich oder
3. *166,30* [197,87]* Euro täglich

übersteigt, bleibt bei der Berechnung des unpfändbaren Betrages unberücksichtigt.

(4) [1] Das Bundesministerium der Justiz und für Verbraucherschutz[2)] macht im Bundesgesetzblatt[3)] Folgendes bekannt* (Pfändungsfreigrenzenbekanntmachung):

[1)] § 850c neu gef. mWv 8.5.2021 durch G v. 22.11.2020 (BGBl. I S. 2466); geänd. durch G v. 7.5.2021 (BGBl. I S. 850).

[2)] Bezeichnung geänd. durch VO v. 31.8.2015 (BGBl. I S. 1474).

[3)] Nachstehend abgedruckt.

*) Die unpfändbaren Beträge sind durch Bekanntmachung zu § 850c der Zivilprozessordnung (Pfändungsfreigrenzenbekanntmachung 2023) vom 15.3.2023 (BGBl. I Nr. 79) zum **1.7.2023** geändert worden.

1. die Höhe des unpfändbaren Arbeitseinkommens nach Absatz 1,
2. die Höhe der Erhöhungsbeträge nach Absatz 2,
3. die Höhe der in Absatz 3 Satz 3 genannten Höchstbeträge.

[2]Die Beträge werden jeweils zum 1. Juli eines Jahres entsprechend der im Vergleich zum jeweiligen Vorjahreszeitraum sich ergebenden prozentualen Entwicklung des Grundfreibetrages nach § 32a Absatz 1 Satz 2 Nummer 1 des Einkommensteuergesetzes angepasst; der Berechnung ist die am 1. Januar des jeweiligen Jahres geltende Fassung des § 32a Absatz 1 Satz 2 Nummer 1 des Einkommensteuergesetzes zugrunde zu legen.

(5) [1]Um den nach Absatz 3 pfändbaren Teil des Arbeitseinkommens zu berechnen, ist das Arbeitseinkommen, gegebenenfalls nach Abzug des nach Absatz 3 Satz 3 pfändbaren Betrages, auf eine Zahl abzurunden, die bei einer Auszahlung für

1. Monate bei einer Teilung durch 10 eine natürliche Zahl ergibt,
2. Wochen bei einer Teilung durch 2,5 eine natürliche Zahl ergibt,
3. Tage bei einer Teilung durch 0,5 eine natürliche Zahl ergibt.

[2]Die sich aus der Berechnung nach Satz 1 ergebenden Beträge sind in der Pfändungsfreigrenzenbekanntmachung als Tabelle enthalten. [3]Im Pfändungsbeschluss genügt die Bezugnahme auf die Tabelle.

(6) Hat eine Person, welcher der Schuldner auf Grund gesetzlicher Verpflichtung Unterhalt gewährt, eigene Einkünfte, so kann das Vollstreckungsgericht auf Antrag des Gläubigers nach billigem Ermessen bestimmen, dass diese Person bei der Berechnung des unpfändbaren Teils des Arbeitseinkommens ganz oder teilweise unberücksichtigt bleibt; soll die Person nur teilweise berücksichtigt werden, so ist Absatz 5 Satz 3 nicht anzuwenden.

§ 850d Pfändbarkeit bei Unterhaltsansprüchen. (1) [1]Wegen der Unterhaltsansprüche, die kraft Gesetzes einem Verwandten, dem Ehegatten, einem früheren Ehegatten, dem Lebenspartner, einem früheren Lebenspartner oder nach §§ 1615l, 1615n des Bürgerlichen Gesetzbuchs[1)] einem Elternteil zustehen, sind das Arbeitseinkommen und die in § 850a Nr. 1, 2 und 4 genannten Bezüge ohne die in § 850c bezeichneten Beschränkungen pfändbar. [2]Dem Schuldner ist jedoch so viel zu belassen, als er für seinen notwendigen Unterhalt und zur Erfüllung seiner laufenden gesetzlichen Unterhaltspflichten gegenüber den dem Gläubiger vorgehenden Berechtigten oder zur gleichmäßigen Befriedigung der dem Gläubiger gleichstehenden Berechtigten bedarf; von den in § 850a Nr. 1, 2 und 4 genannten Bezügen hat ihm mindestens die Hälfte des nach § 850a unpfändbaren Betrages zu verbleiben. [3]Der dem Schuldner hiernach verbleibende Teil seines Arbeitseinkommens darf den Betrag nicht übersteigen, der ihm nach den Vorschriften des § 850c gegenüber nicht bevorrechtigten Gläubigern zu verbleiben hätte. [4]Für die Pfändung wegen der Rückstände, die länger als ein Jahr vor dem Antrag auf Erlass des Pfändungsbeschlusses fällig geworden sind, gelten die Vorschriften dieses

---

[1)] **Habersack** Nr. 20.

Absatzes insoweit nicht, als nach Lage der Verhältnisse nicht anzunehmen ist, dass der Schuldner sich seiner Zahlungspflicht absichtlich entzogen hat.

(2)[1] Mehrere nach Absatz 1 Berechtigte sind mit ihren Ansprüchen in der Reihenfolge nach § 1609 des Bürgerlichen Gesetzbuchs und § 16 des Lebenspartnerschaftsgesetzes zu berücksichtigen, wobei mehrere gleich nahe Berechtigte untereinander den gleichen Rang haben.

(3) Bei der Vollstreckung wegen der in Absatz 1 bezeichneten Ansprüche sowie wegen der aus Anlass einer Verletzung des Körpers oder der Gesundheit zu zahlenden Renten kann zugleich mit der Pfändung wegen fälliger Ansprüche auch künftig fällig werdendes Arbeitseinkommen wegen der dann jeweils fällig werdenden Ansprüche gepfändet und überwiesen werden.

§ 850e Berechnung des pfändbaren Arbeitseinkommens. Für die Berechnung des pfändbaren Arbeitseinkommens gilt Folgendes:

1. [1] Nicht mitzurechnen sind die nach § 850a der Pfändung entzogenen Bezüge, ferner Beträge, die unmittelbar auf Grund steuerrechtlicher oder sozialrechtlicher Vorschriften zur Erfüllung gesetzlicher Verpflichtungen des Schuldners abzuführen sind. [2] Diesen Beträgen stehen gleich die auf den Auszahlungszeitraum entfallenden Beträge, die der Schuldner
   a) nach den Vorschriften der Sozialversicherungsgesetze zur Weiterversicherung entrichtet oder
   b) an eine Ersatzkasse oder an ein Unternehmen der privaten Krankenversicherung leistet, soweit sie den Rahmen des Üblichen nicht übersteigen.
2. [1] Mehrere Arbeitseinkommen sind auf Antrag vom Vollstreckungsgericht bei der Pfändung zusammenzurechnen. [2] Der unpfändbare Grundbetrag ist in erster Linie dem Arbeitseinkommen zu entnehmen, das die wesentliche Grundlage der Lebenshaltung des Schuldners bildet.

2a. [1] Mit Arbeitseinkommen sind auf Antrag auch Ansprüche auf laufende Geldleistungen nach dem Sozialgesetzbuch zusammenzurechnen, soweit diese der Pfändung unterworfen sind. [2] Der unpfändbare Grundbetrag ist, soweit die Pfändung nicht wegen gesetzlicher Unterhaltsansprüche erfolgt, in erster Linie den laufenden Geldleistungen nach dem Sozialgesetzbuch zu entnehmen. [3] Ansprüche auf Geldleistungen für Kinder dürfen mit Arbeitseinkommen nur zusammengerechnet werden, soweit sie nach § 76 des Einkommensteuergesetzes oder nach § 54 Abs. 5 des Ersten Buches Sozialgesetzbuch[2] gepfändet werden können.

3. [1] Erhält der Schuldner neben seinem in Geld zahlbaren Einkommen auch Naturalleistungen, so sind Geld- und Naturalleistungen zusammenzurechnen. [2] In diesem Fall ist der in Geld zahlbare Betrag insoweit pfändbar, als der nach § 850c unpfändbare Teil des Gesamteinkommens durch den Wert der dem Schuldner verbleibenden Naturalleistungen gedeckt ist.
4. [1] Trifft eine Pfändung, eine Abtretung oder eine sonstige Verfügung wegen eines der in § 850d bezeichneten Ansprüche mit einer Pfändung wegen eines sonstigen Anspruchs zusammen, so sind auf die Unterhaltsansprüche

[1] § 850d Abs. 2 neu gef. mWv 1.1.2008 durch G v. 21.12.2007 (BGBl. I S. 3189).
[2] Loseblatt-Textsammlung **Aichberger SGB RVO** Nr. 1.

zunächst die gemäß § 850d der Pfändung in erweitertem Umfang unterliegenden Teile des Arbeitseinkommens zu verrechnen. [2]Die Verrechnung nimmt auf Antrag eines Beteiligten das Vollstreckungsgericht vor. [3]Der Drittschuldner kann, solange ihm eine Entscheidung des Vollstreckungsgerichts nicht zugestellt ist, nach dem Inhalt der ihm bekannten Pfändungsbeschlüsse, Abtretungen und sonstigen Verfügungen mit befreiender Wirkung leisten.

§ 850f[1)] Änderung des unpfändbaren Betrages. (1) Das Vollstreckungsgericht kann dem Schuldner auf Antrag von dem nach den Bestimmungen der §§ 850c, 850d und 850i pfändbaren Teil seines Arbeitseinkommens einen Teil belassen, wenn

1. der Schuldner nachweist, dass bei Anwendung der Pfändungsfreigrenzen entsprechend § 850c der notwendige Lebensunterhalt im Sinne des Dritten und Vierten Kapitels des Zwölften Buches Sozialgesetzbuch oder nach Kapitel 3 Abschnitt 2 des Zweiten Buches Sozialgesetzbuch für sich und für die Personen, denen er gesetzlich zum Unterhalt verpflichtet ist, nicht gedeckt ist,
2. besondere Bedürfnisse des Schuldners aus persönlichen oder beruflichen Gründen oder
3. der besondere Umfang der gesetzlichen Unterhaltspflichten des Schuldners, insbesondere die Zahl der Unterhaltsberechtigten, dies erfordern

und überwiegende Belange des Gläubigers nicht entgegenstehen.

(2) Wird die Zwangsvollstreckung wegen einer Forderung aus einer vorsätzlich begangenen unerlaubten Handlung betrieben, so kann das Vollstreckungsgericht auf Antrag des Gläubigers den pfändbaren Teil des Arbeitseinkommens ohne Rücksicht auf die in § 850c vorgesehenen Beschränkungen bestimmen; dem Schuldner ist jedoch so viel zu belassen, wie er für seinen notwendigen Unterhalt und zur Erfüllung seiner laufenden gesetzlichen Unterhaltspflichten bedarf.

§ 850g Änderung der Unpfändbarkeitsvoraussetzungen. [1]Ändern sich die Voraussetzungen für die Bemessung des unpfändbaren Teils des Arbeitseinkommens, so hat das Vollstreckungsgericht auf Antrag des Schuldners oder des Gläubigers den Pfändungsbeschluss entsprechend zu ändern. [2]Antragsberechtigt ist auch ein Dritter, dem der Schuldner kraft Gesetzes Unterhalt zu gewähren hat. [3]Der Drittschuldner kann nach dem Inhalt des früheren Pfändungsbeschlusses mit befreiender Wirkung leisten, bis ihm der Änderungsbeschluss zugestellt wird.

§ 850h Verschleiertes Arbeitseinkommen. (1) [1]Hat sich der Empfänger der vom Schuldner geleisteten Arbeiten oder Dienste verpflichtet, Leistungen an einen Dritten zu bewirken, die nach Lage der Verhältnisse ganz oder teilweise eine Vergütung für die Leistung des Schuldners darstellen, so kann der Anspruch des Drittberechtigten insoweit auf Grund des Schuldtitels gegen den

---

[1)] § 850f Abs. 1 Buchst. a geänd. durch G v. 21.11.2016 (BGBl. I S. 2591); Abs. 1 Buchst. a bis c werden Nrn. 1 bis 3 und Nr. 1 neu gef., Abs. 3 aufgeh. mWv 8.5.2021 durch G v. 22.11.2020 (BGBl. I S. 2466; geänd. durch G v. 7.5.2021, BGBl. I S. 850).

Schuldner gepfändet werden, wie wenn der Anspruch dem Schuldner zustände. [2]Die Pfändung des Vergütungsanspruchs des Schuldners umfasst ohne weiteres den Anspruch des Drittberechtigten. [3]Der Pfändungsbeschluss ist dem Drittberechtigten ebenso wie dem Schuldner zuzustellen.

(2) [1]Leistet der Schuldner einem Dritten in einem ständigen Verhältnis Arbeiten oder Dienste, die nach Art und Umfang üblicherweise vergütet werden, unentgeltlich oder gegen eine unverhältnismäßig geringe Vergütung, so gilt im Verhältnis des Gläubigers zu dem Empfänger der Arbeits- und Dienstleistungen eine angemessene Vergütung als geschuldet. [2]Bei der Prüfung, ob diese Voraussetzungen vorliegen, sowie bei der Bemessung der Vergütung ist auf alle Umstände des Einzelfalles, insbesondere die Art der Arbeits- und Dienstleistung, die verwandtschaftlichen oder sonstigen Beziehungen zwischen dem Dienstberechtigten und dem Dienstverpflichteten und die wirtschaftliche Leistungsfähigkeit des Dienstberechtigten Rücksicht zu nehmen.

§ 850i[1)] Pfändungsschutz für sonstige Einkünfte. (1) [1]Werden nicht wiederkehrend zahlbare Vergütungen für persönlich geleistete Arbeiten oder Dienste oder sonstige Einkünfte, die kein Arbeitseinkommen sind, gepfändet, so hat das Gericht dem Schuldner auf Antrag während eines angemessenen Zeitraums so viel zu belassen, als ihm nach freier Schätzung des Gerichts verbleiben würde, wenn sein Einkommen aus laufendem Arbeits- oder Dienstlohn bestünde. [2]Bei der Entscheidung sind die wirtschaftlichen Verhältnisse des Schuldners, insbesondere seine sonstigen Verdienstmöglichkeiten, frei zu würdigen. [3]Der Antrag des Schuldners ist insoweit abzulehnen, als überwiegende Belange des Gläubigers entgegenstehen.

(2)[2)] Die Vorschriften des § 27 des Heimarbeitsgesetzes vom 14. März 1951 (BGBl. I S. 191)[3)] bleiben unberührt.

(3)[4)] Die Bestimmungen der Versicherungs-, Versorgungs- und sonstigen gesetzlichen Vorschriften über die Pfändung von Ansprüchen bestimmter Art bleiben unberührt.

§ 850k[5)] Einrichtung und Beendigung des Pfändungsschutz Kontos.

(1) [1]Eine natürliche Person kann jederzeit von dem Kreditinstitut verlangen, dass ein von ihr dort geführtes Zahlungskonto als Pfändungsschutzkonto geführt wird. [2]Satz 1 gilt auch, wenn das Zahlungskonto zum Zeitpunkt des Verlangens einen negativen Saldo aufweist. [3]Ein Pfändungsschutzkonto darf jedoch ausschließlich auf Guthabenbasis geführt werden.

---

1) § 850i Überschrift geänd., Abs. 1 neu gef. mWv 1.7.2010 durch G v. 7.7.2009 (BGBl. I S. 1707).

2) § 850i Abs. 2 aufgeh., bish. Abs. 3 und 4 werden Abs. 2 und 3 mWv 1.7.2010 durch G v. 7.7.2009 (BGBl. I S. 1707).

3) § 27 des Heimarbeitsgesetzes v. 14.3.1951 (BGBl. I S. 191) lautet:

„**§ 27 Pfändungsschutz.** Für das Entgelt, das den in Heimarbeit Beschäftigten oder den Gleichgestellten gewährt wird, gelten die Vorschriften über den Pfändungsschutz für Vergütungen, die auf Grund eines Arbeits- oder Dienstverhältnisses geschuldet werden, entsprechend."

4) § 850i Abs. 2 aufgeh., bish. Abs. 3 und 4 werden Abs. 2 und 3 mWv 1.7.2010 durch G v. 7.7.2009 (BGBl. I S. 1707).

5) § 850k neu gef. mWv 1.12.2021 durch G v. 22.11.2020 (BGBl. I S. 2466).

(2) [1] Ist Guthaben auf dem Zahlungskonto bereits gepfändet worden, kann der Schuldner die Führung dieses Kontos als Pfändungsschutzkonto zum Beginn des vierten auf sein Verlangen folgenden Geschäftstages fordern. [2] Das Vertragsverhältnis zwischen dem Kontoinhaber und dem Kreditinstitut bleibt im Übrigen unberührt.

(3) [1] Jede Person darf nur ein Pfändungsschutzkonto unterhalten. [2] Bei dem Verlangen nach Absatz 1 hat der Kunde gegenüber dem Kreditinstitut zu versichern, dass er kein weiteres Pfändungsschutzkonto unterhält.

(4) [1] Unterhält ein Schuldner entgegen Absatz 3 Satz 1 mehrere Zahlungskonten als Pfändungsschutzkonten, ordnet das Vollstreckungsgericht auf Antrag des Gläubigers an, dass nur das von dem Gläubiger in seinem Antrag bezeichnete Zahlungskonto dem Schuldner als Pfändungsschutzkonto verbleibt. [2] Der Gläubiger hat den Umstand, dass ein Schuldner entgegen Satz 1 mehrere Zahlungskonten als Pfändungsschutzkonten unterhält, durch Vorlage entsprechender Erklärungen der Drittschuldner glaubhaft zu machen. [3] Eine Anhörung des Schuldners durch das Vollstreckungsgericht unterbleibt. [4] Die Anordnung nach Satz 1 ist allen Drittschuldnern zuzustellen. [5] Mit der Zustellung der Anordnung an diejenigen Kreditinstitute, deren Zahlungskonten nicht zum Pfändungsschutzkonto bestimmt sind, entfallen die Wirkungen dieser Pfändungsschutzkonten.

(5) [1] Der Kontoinhaber kann mit einer Frist von mindestens vier Geschäftstagen zum Monatsende von dem Kreditinstitut verlangen, dass das dort geführte Pfändungsschutzkonto als Zahlungskonto ohne Pfändungsschutz geführt wird. [2] Absatz 2 Satz 2 gilt entsprechend.

§ 850l[1)] Pfändung des Gemeinschaftskontos. (1) [1] Unterhält der Schuldner, der eine natürliche Person ist, mit einer anderen natürlichen oder mit einer juristischen Person oder mit einer Mehrheit von Personen ein Gemeinschaftskonto und wird Guthaben auf diesem Konto gepfändet, so darf das Kreditinstitut erst nach Ablauf von einem Monat nach Zustellung des Überweisungsbeschlusses aus dem Guthaben an den Gläubiger leisten oder den Betrag hinterlegen. [2] Satz 1 gilt auch für künftiges Guthaben.

(2)[2)] [1] Ist der Schuldner eine natürliche Person, kann er innerhalb des Zeitraums nach Absatz 1 Satz 1 von dem Kreditinstitut verlangen, bestehendes oder künftiges Guthaben von dem Gemeinschaftskonto auf ein bei dem Kreditinstitut allein auf seinen Namen lautendes Zahlungskonto zu übertragen. [2] Wird Guthaben nach Satz 1 übertragen und verlangt der Schuldner innerhalb des Zeitraums nach Absatz 1 Satz 1, dass das Zahlungskonto als Pfändungsschutzkonto geführt wird, so *ist auf das übertragene Guthaben § 899 Absatz 1 Satz 1 und 3 entsprechend anzuwenden* [***ab 1.1.2022:*** gelten für die Einrichtung des Pfängungschutzkontos § 850k und für das übertragene Guthaben die Regelungen des Buches 8 Abschnitt 4.] [3] Für die Übertragung nach Satz 1 ist eine Mitwirkung anderer Kontoinhaber oder des Gläubigers nicht erforderlich. [4] Der Übertragungsbetrag beläuft sich auf den Kopfteil des

---

[1)] § 850l neu gef. mWv 1.12.2021 durch G v. 22.11.2020 (BGBl. I S. 2466).
[2)] § 850l Abs. 2 Satz 2 geänd. mWv 1.1.2022 durch G v. 7.5.2021 (BGBl. I S. 850).

Schuldners an dem Guthaben. [5]Sämtliche Kontoinhaber und der Gläubiger können sich auf eine von Satz 4 abweichende Aufteilung des Übertragungsbetrages einigen; die Vereinbarung ist dem Kreditinstitut in Textform mitzuteilen.

(3) Absatz 2 Satz 1 und 3 bis 5 ist auf natürliche Personen, mit denen der Schuldner das Gemeinschaftskonto unterhält, entsprechend anzuwenden.

(4) Die Wirkungen von Pfändung und Überweisung von Guthaben auf dem Gemeinschaftskonto setzen sich an dem nach Absatz 2 Satz 1 auf ein Einzelkonto des Schuldners übertragenen Guthaben fort; sie setzen sich nicht an dem Guthaben fort, das nach Absatz 3 übertragen wird.

§ 851 Nicht übertragbare Forderungen. (1) Eine Forderung ist in Ermangelung besonderer Vorschriften der Pfändung nur insoweit unterworfen, als sie übertragbar ist.

(2) Eine nach § 399 des Bürgerlichen Gesetzbuchs[1] nicht übertragbare Forderung kann insoweit gepfändet und zur Einziehung überwiesen werden, als der geschuldete Gegenstand der Pfändung unterworfen ist.

§ 851a Pfändungsschutz für Landwirte. (1) Die Pfändung von Forderungen, die einem die Landwirtschaft betreibenden Schuldner aus dem Verkauf von landwirtschaftlichen Erzeugnissen zustehen, ist auf seinen Antrag vom Vollstreckungsgericht insoweit aufzuheben, als die Einkünfte zum Unterhalt des Schuldners, seiner Familie und seiner Arbeitnehmer oder zur Aufrechterhaltung einer geordneten Wirtschaftsführung unentbehrlich sind.

(2) Die Pfändung soll unterbleiben, wenn offenkundig ist, dass die Voraussetzungen für die Aufhebung der Zwangsvollstreckung nach Absatz 1 vorliegen.

§ 851b Pfändungsschutz bei Miet- und Pachtzinsen. (1) [1]Die Pfändung von Miete und Pacht ist auf Antrag des Schuldners vom Vollstreckungsgericht insoweit aufzuheben, als diese Einkünfte für den Schuldner zur laufenden Unterhaltung des Grundstücks, zur Vornahme notwendiger Instandsetzungsarbeiten und zur Befriedigung von Ansprüchen unentbehrlich sind, die bei einer Zwangsvollstreckung in das Grundstück dem Anspruch des Gläubigers nach § 10 des Gesetzes über die Zwangsversteigerung und die Zwangsverwaltung[2] vorgehen würden. [2]Das Gleiche gilt von der Pfändung von Barmitteln und Guthaben, die aus Miet- oder Pachtzahlungen herrühren und zu den in Satz 1 bezeichneten Zwecken unentbehrlich sind.

(2)[3] [1]Wird der Antrag nicht binnen einer Frist von zwei Wochen gestellt, so ist er ohne sachliche Prüfung zurückzuweisen, wenn das Vollstreckungs-

---

[1] **Habersack** Nr. 20.
[2] **Habersack** Nr. 108.
[3] § 851b Abs. 2 neu gef. mWv 1.1.2013 durch G v. 29.7.2009 (BGBl. I S. 2258).

gericht der Überzeugung ist, dass der Schuldner den Antrag in der Absicht der Verschleppung oder aus grober Nachlässigkeit nicht früher gestellt hat. [2]Die Frist beginnt mit der Pfändung.

(3)[1)] Anordnungen nach Absatz 1 können mehrmals ergehen und, soweit es nach Lage der Verhältnisse geboten ist, auf Antrag aufgehoben oder abgeändert werden.

(4)[1)] [1]Vor den in den Absätzen 1 und 3 bezeichneten Entscheidungen ist, soweit dies ohne erhebliche Verzögerung möglich ist, der Gläubiger zu hören. [2]Die für die Entscheidung wesentlichen tatsächlichen Verhältnisse sind glaubhaft zu machen. [3]Die Pfändung soll unterbleiben, wenn offenkundig ist, dass die Voraussetzungen für die Aufhebung der Zwangsvollstreckung nach Absatz 1 vorliegen.

§ 851c[2)] Pfändungsschutz bei Altersrenten. (1) Ansprüche auf Leistungen, die auf Grund von Verträgen gewährt werden, dürfen nur wie Arbeitseinkommen gepfändet werden, wenn

1. die Leistung in regelmäßigen Zeitabständen lebenslang und nicht vor Vollendung des 60. Lebensjahres oder nur bei Eintritt der Berufsunfähigkeit gewährt wird,
2. über die Ansprüche aus dem Vertrag nicht verfügt werden darf,
3. die Bestimmung von Dritten mit Ausnahme von Hinterbliebenen als Berechtigte ausgeschlossen ist und
4. die Zahlung einer Kapitalleistung, ausgenommen eine Zahlung für den Todesfall, nicht vereinbart wurde.

(2)[3)] [1]Beträge, die der Schuldner anspart, um in Erfüllung eines Vertrages nach Absatz 1 eine angemessene Alterssicherung aufzubauen, unterliegen nicht der Pfändung, soweit sie

1. jährlich nicht mehr betragen als
   a) 6000 Euro bei einem Schuldner vom 18. bis zum vollendeten 27. Lebensjahr
   und
   b) 7000 Euro bei einem Schuldner vom 28. bis zum vollendeten 67. Lebensjahr
   und
2. einen Gesamtbetrag von 340 000 Euro nicht übersteigen.

[2]Die in Satz 1 genannten Beträge werden jeweils zum 1. Juli eines jeden fünften Jahres entsprechend der Entwicklung auf dem Kapitalmarkt, des Sterblichkeitsrisikos und der Höhe der Pfändungsfreigrenze angepasst und die angepassten Beträge vom Bundesministerium der Justiz und für Verbraucherschutz in der Pfändungsfreigrenzenbekanntmachung im Sinne des § 850c Absatz 4

[1)] § 851b Abs. 3 und 4 angef. mWv 1.1.2013 durch G v. 29.7.2009 (BGBl. I S. 2258).
[2)] § 851c eingef. mWv 31.3.2007 durch G v. 26.3.2007 (BGBl. I S. 368).
[3)] § 851c Abs. 2 Sätze 1 und 2 neu gef., Satz 4 geänd. mWv 1.1.2022 durch G v. 7.5.2021 (BGBl. I S. 850).

Satz 1 bekannt gemacht. [3]Übersteigt der Rückkaufwert der Alterssicherung den unpfändbaren Betrag, sind drei Zehntel des überschießenden Betrags unpfändbar. [4]Satz 3 gilt nicht für den Teil des Rückkaufwerts, der den dreifachen Wert des in Satz 1 Nummer 2 genannten Betrags übersteigt.

(3) § 850e Nr. 2 und 2a gilt entsprechend.

§ 851d[1)] Pfändungsschutz bei steuerlich gefördertem Altersvorsorgevermögen. Monatliche Leistungen in Form einer lebenslangen Rente oder monatlicher Ratenzahlungen im Rahmen eines Auszahlungsplans nach § 1 Abs. 1 Satz 1 Nr. 4 des Altersvorsorgeverträge-Zertifizierungsgesetzes aus steuerlich gefördertem Altersvorsorgevermögen sind wie Arbeitseinkommen pfändbar.

§ 852 Beschränkt pfändbare Forderungen. (1) Der Pflichtteilsanspruch ist der Pfändung nur unterworfen, wenn er durch Vertrag anerkannt oder rechtshängig geworden ist.

(2)[2)] Das Gleiche gilt für den nach § 528 des Bürgerlichen Gesetzbuchs[3)] dem Schenker zustehenden Anspruch auf Herausgabe des Geschenkes sowie für den Anspruch eines Ehegatten oder Lebenspartners auf den Ausgleich des Zugewinns.

(Fortsetzung nächstes Blatt)

[1)] § 851d eingef. mWv 31.3.2007 durch G v. 26.3.2007 (BGBl. I S. 368).
[2)] § 852 Abs. 2 geänd. durch G v. 20.11.2015 (BGBl. I S. 2010).
[3)] **Habersack** Nr. **20.**

Anlage[1)]
(zu § 850c)

Auszahlung für Monate

Euro	Pfändbarer Betrag bei Unterhaltspflicht für ... Personen					
Nettolohn monatlich	0	1	2	3	4	5 und mehr
bis 1 409,99	–	–	–	–	–	–
1 410,00 bis 1 419,99	5,40	–	–	–	–	–
1 420,00 bis 1 429,99	12,40	–	–	–	–	–
1 430,00 bis 1 439,99	19,40	–	–	–	–	–
1 440,00 bis 1 449,99	26,40	–	–	–	–	–
1 450,00 bis 1 459,99	33,40	–	–	–	–	–
1 460,00 bis 1 469,99	40,40	–	–	–	–	–
1 470,00 bis 1 479,99	47,40	–	–	–	–	–
1 480,00 bis 1 489,99	54,40	–	–	–	–	–
1 490,00 bis 1 499,99	61,40	–	–	–	–	–
1 500,00 bis 1 509,99	68,40	–	–	–	–	–
1 510,00 bis 1 519,99	75,40	–	–	–	–	–
1 520,00 bis 1 529,99	82,40	–	–	–	–	–
1 530,00 bis 1 539,99	89,40	–	–	–	–	–
1 540,00 bis 1 549,99	96,40	–	–	–	–	–
1 550,00 bis 1 559,99	103,40	–	–	–	–	–
1 560,00 bis 1 569,99	110,40	–	–	–	–	–
1 570,00 bis 1 579,99	117,40	–	–	–	–	–
1 580,00 bis 1 589,99	124,40	–	–	–	–	–
1 590,00 bis 1 599,99	131,40	–	–	–	–	–
1 600,00 bis 1 609,99	138,40	–	–	–	–	–
1 610,00 bis 1 619,99	145,40	–	–	–	–	–
1 620,00 bis 1 629,99	152,40	–	–	–	–	–
1 630,00 bis 1 639,99	159,40	–	–	–	–	–
1 640,00 bis 1 649,99	166,40	–	–	–	–	–
1 650,00 bis 1 659,99	173,40	–	–	–	–	–
1 660,00 bis 1 669,99	180,40	–	–	–	–	–
1 670,00 bis 1 679,99	187,40	–	–	–	–	–
1 680,00 bis 1 689,99	194,40	–	–	–	–	–
1 690,00 bis 1 699,99	201,40	–	–	–	–	–
1 700,00 bis 1 709,99	208,40	–	–	–	–	–

1) Pfändungsfreibeträge in der **ab 1.7.2023** geltenden Fassung (Anhang der Pfändungsfreigrenzenbekanntmachung 2023 v. 15.3.2023, BGBl. I Nr. 79).

Auszahlung für Monate

Euro	Pfändbarer Betrag bei Unterhaltspflicht für ... Personen					
Nettolohn monatlich	0	1	2	3	4	5 und mehr
1 710,00 bis 1 719,99	215,40	–	–	–	–	–
1 720,00 bis 1 729,99	222,40	–	–	–	–	–
1 730,00 bis 1 739,99	229,40	–	–	–	–	–
1 740,00 bis 1 749,99	236,40	–	–	–	–	–
1 750,00 bis 1 759,99	243,40	–	–	–	–	–
1 760,00 bis 1 769,99	250,40	–	–	–	–	–
1 770,00 bis 1 779,99	257,40	–	–	–	–	–
1 780,00 bis 1 789,99	264,40	–	–	–	–	–
1 790,00 bis 1 799,99	271,40	–	–	–	–	–
1 800,00 bis 1 809,99	278,40	–	–	–	–	–
1 810,00 bis 1 819,99	285,40	–	–	–	–	–
1 820,00 bis 1 829,99	292,40	–	–	–	–	–
1 830,00 bis 1 839,99	299,40	–	–	–	–	–
1 840,00 bis 1 849,99	306,40	–	–	–	–	–
1 850,00 bis 1 859,99	313,40	–	–	–	–	–
1 860,00 bis 1 869,99	320,40	–	–	–	–	–
1 870,00 bis 1 879,99	327,40	–	–	–	–	–
1 880,00 bis 1 889,99	334,40	–	–	–	–	–
1 890,00 bis 1 899,99	341,40	–	–	–	–	–
1 900,00 bis 1 909,99	348,40	–	–	–	–	–
1 910,00 bis 1 919,99	355,40	–	–	–	–	–
1 920,00 bis 1 929,99	362,40	–	–	–	–	–
1 930,00 bis 1 939,99	369,40	–	–	–	–	–
1 940,00 bis 1 949,99	376,40	4,98	–	–	–	–
1 950,00 bis 1 959,99	383,40	9,98	–	–	–	–
1 960,00 bis 1 969,99	390,40	14,98	–	–	–	–
1 970,00 bis 1 979,99	397,40	19,98	–	–	–	–
1 980,00 bis 1 989,99	404,40	24,98	–	–	–	–
1 990,00 bis 1 999,99	411,40	29,98	–	–	–	–
2 000,00 bis 2 009,99	418,40	34,98	–	–	–	–
2 010,00 bis 2 019,99	425,40	39,98	–	–	–	–
2 020,00 bis 2 029,99	432,40	44,98	–	–	–	–
2 030,00 bis 2 039,99	439,40	49,98	–	–	–	–
2 040,00 bis 2 049,99	446,40	54,98	–	–	–	–
2 050,00 bis 2 059,99	453,40	59,98	–	–	–	–
2 060,00 bis 2 069,99	460,40	64,98	–	–	–	–

Auszahlung für Monate

Euro	Pfändbarer Betrag bei Unterhaltspflicht für ... Personen					
Nettolohn monatlich	0	1	2	3	4	5 und mehr
2 070,00 bis 2 079,99	467,40	69,98	–	–	–	–
2 080,00 bis 2 089,99	474,40	74,98	–	–	–	–
2 090,00 bis 2 099,99	481,40	79,98	–	–	–	–
2 100,00 bis 2 109,99	488,40	84,98	–	–	–	–
2 110,00 bis 2 119,99	495,40	89,98	–	–	–	–
2 120,00 bis 2 129,99	502,40	94,98	–	–	–	–
2 130,00 bis 2 139,99	509,40	99,98	–	–	–	–
2 140,00 bis 2 149,99	516,40	104,98	–	–	–	–
2 150,00 bis 2 159,99	523,40	109,98	–	–	–	–
2 160,00 bis 2 169,99	530,40	114,98	–	–	–	–
2 170,00 bis 2 179,99	537,40	119,98	–	–	–	–
2 180,00 bis 2 189,99	544,40	124,98	–	–	–	–
2 190,00 bis 2 199,99	551,40	129,98	–	–	–	–
2 200,00 bis 2 209,99	558,40	134,98	–	–	–	–
2 210,00 bis 2 219,99	565,40	139,98	–	–	–	–
2 220,00 bis 2 229,99	572,40	144,98	–	–	–	–
2 230,00 bis 2 239,99	579,40	149,98	2,38	–	–	–
2 240,00 bis 2 249,99	586,40	154,98	6,38	–	–	–
2 250,00 bis 2 259,99	593,40	159,98	10,38	–	–	–
2 260,00 bis 2 269,99	600,40	164,98	14,38	–	–	–
2 270,00 bis 2 279,99	607,40	169,98	18,38	–	–	–
2 280,00 bis 2 289,99	614,40	174,98	22,38	–	–	–
2 290,00 bis 2 299,99	621,40	179,98	26,38	–	–	–
2 300,00 bis 2 309,99	628,40	184,98	30,38	–	–	–
2 310,00 bis 2 319,99	635,40	189,98	34,38	–	–	–
2 320,00 bis 2 329,99	642,40	194,98	38,38	–	–	–
2 330,00 bis 2 339,99	649,40	199,98	42,38	–	–	–
2 340,00 bis 2 349,99	656,40	204,98	46,38	–	–	–
2 350,00 bis 2 359,99	663,40	209,98	50,38	–	–	–
2 360,00 bis 2 369,99	670,40	214,98	54,38	–	–	–
2 370,00 bis 2 379,99	677,40	219,98	58,38	–	–	–
2 380,00 bis 2 389,99	684,40	224,98	62,38	–	–	–
2 390,00 bis 2 399,99	691,40	229,98	66,38	–	–	–
2 400,00 bis 2 409,99	698,40	234,98	70,38	–	–	–
2 410,00 bis 2 419,99	705,40	239,98	74,38	–	–	–
2 420,00 bis 2 429,99	712,40	244,98	78,38	–	–	–

Auszahlung für Monate

Euro	Pfändbarer Betrag bei Unterhaltspflicht für ... Personen					
Nettolohn monatlich	0	1	2	3	4	5 und mehr
2 430,00 bis 2 439,99	719,40	249,98	82,38	–	–	–
2 440,00 bis 2 449,99	726,40	254,98	86,38	–	–	–
2 450,00 bis 2 459,99	733,40	259,98	90,38	–	–	–
2 460,00 bis 2 469,99	740,40	264,98	94,38	–	–	–
2 470,00 bis 2 479,99	747,40	269,98	98,38	–	–	–
2 480,00 bis 2 489,99	754,40	274,98	102,38	–	–	–
2 490,00 bis 2 499,99	761,40	279,98	106,38	–	–	–
2 500,00 bis 2 509,99	768,40	284,98	110,38	–	–	–
2 510,00 bis 2 519,99	775,40	289,98	114,38	–	–	–
2 520,00 bis 2 529,99	782,40	294,98	118,38	0,58	–	–
2 530,00 bis 2 539,99	789,40	299,98	122,38	3,58	–	–
2 540,00 bis 2 549,99	796,40	304,98	126,38	6,58	–	–
2 550,00 bis 2 559,99	803,40	309,98	130,38	9,58	–	–
2 560,00 bis 2 569,99	810,40	314,98	134,38	12,58	–	–
2 570,00 bis 2 579,99	817,40	319,98	138,38	15,58	–	–
2 580,00 bis 2 589,99	824,40	324,98	142,38	18,58	–	–
2 590,00 bis 2 599,99	831,40	329,98	146,38	21,58	–	–
2 600,00 bis 2 609,99	838,40	334,98	150,38	24,58	–	–
2 610,00 bis 2 619,99	845,40	339,98	154,38	27,58	–	–
2 620,00 bis 2 629,99	852,40	344,98	158,38	30,58	–	–
2 630,00 bis 2 639,99	859,40	349,98	162,38	33,58	–	–
2 640,00 bis 2 649,99	866,40	354,98	166,38	36,58	–	–
2 650,00 bis 2 659,99	873,40	359,98	170,38	39,58	–	–
2 660,00 bis 2 669,99	880,40	364,98	174,38	42,58	–	–
2 670,00 bis 2 679,99	887,40	369,98	178,38	45,58	–	–
2 680,00 bis 2 689,99	894,40	374,98	182,38	48,58	–	–
2 690,00 bis 2 699,99	901,40	379,98	186,38	51,58	–	–
2 700,00 bis 2 709,99	908,40	384,98	190,38	54,58	–	–
2 710,00 bis 2 719,99	915,40	389,98	194,38	57,58	–	–
2 720,00 bis 2 729,99	922,40	394,98	198,38	60,58	–	–
2 730,00 bis 2 739,99	929,40	399,98	202,38	63,58	–	–
2 740,00 bis 2 749,99	936,40	404,98	206,38	66,58	–	–
2 750,00 bis 2 759,99	943,40	409,98	210,38	69,58	–	–
2 760,00 bis 2 769,99	950,40	414,98	214,38	72,58	–	–
2 770,00 bis 2 779,99	957,40	419,98	218,38	75,58	–	–
2 780,00 bis 2 789,99	964,40	424,98	222,38	78,58	–	–

Auszahlung für Monate

Euro	Pfändbarer Betrag bei Unterhaltspflicht für ... Personen					
Nettolohn monatlich	0	1	2	3	4	5 und mehr
2 790,00 bis 2 799,99	971,40	429,98	226,38	81,58	–	–
2 800,00 bis 2 809,99	978,40	434,98	230,38	84,58	–	–
2 810,00 bis 2 819,99	985,40	439,98	234,38	87,58	–	–
2 820,00 bis 2 829,99	992,40	444,98	238,38	90,58	1,58	–
2 830,00 bis 2 839,99	999,40	449,98	242,38	93,58	3,58	–
2 840,00 bis 2 849,99	1 006,40	454,98	246,38	96,58	5,58	–
2 850,00 bis 2 859,99	1 013,40	459,98	250,38	99,58	7,58	–
2 860,00 bis 2 869,99	1 020,40	464,98	254,38	102,58	9,58	–
2 870,00 bis 2 879,99	1 027,40	469,98	258,38	105,58	11,58	–
2 880,00 bis 2 889,99	1 034,40	474,98	262,38	108,58	13,58	–
2 890,00 bis 2 899,99	1 041,40	479,98	266,38	111,58	15,58	–
2 900,00 bis 2 909,99	1 048,40	484,98	270,38	114,58	17,58	–
2 910,00 bis 2 919,99	1 055,40	489,98	274,38	117,58	19,58	–
2 920,00 bis 2 929,99	1 062,40	494,98	278,38	120,58	21,58	–
2 930,00 bis 2 939,99	1 069,40	499,98	282,38	123,58	23,58	–
2 940,00 bis 2 949,99	1 076,40	504,98	286,38	126,58	25,58	–
2 950,00 bis 2 959,99	1 083,40	509,98	290,38	129,58	27,58	–
2 960,00 bis 2 969,99	1 090,40	514,98	294,38	132,58	29,58	–
2 970,00 bis 2 979,99	1 097,40	519,98	298,38	135,58	31,58	–
2 980,00 bis 2 989,99	1 104,40	524,98	302,38	138,58	33,58	–
2 990,00 bis 2 999,99	1 111,40	529,98	306,38	141,58	35,58	–
3 000,00 bis 3 009,99	1 118,40	534,98	310,38	144,58	37,58	–
3 010,00 bis 3 019,99	1 125,40	539,98	314,38	147,58	39,58	–
3 020,00 bis 3 029,99	1 132,40	544,98	318,38	150,58	41,58	–
3 030,00 bis 3 039,99	1 139,40	549,98	322,38	153,58	43,58	–
3 040,00 bis 3 049,99	1 146,40	554,98	326,38	156,58	45,58	–
3 050,00 bis 3 059,99	1 153,40	559,98	330,38	159,58	47,58	–
3 060,00 bis 3 069,99	1 160,40	564,98	334,38	162,58	49,58	–
3 070,00 bis 3 079,99	1 167,40	569,98	338,38	165,58	51,58	–
3 080,00 bis 3 089,99	1 174,40	574,98	342,38	168,58	53,58	–
3 090,00 bis 3 099,99	1 181,40	579,98	346,38	171,58	55,58	–
3 100,00 bis 3 109,99	1 188,40	584,98	350,38	174,58	57,58	–
3 110,00 bis 3 119,99	1 195,40	589,98	354,38	177,58	59,58	0,39
3 120,00 bis 3 129,99	1 202,40	594,98	358,38	180,58	61,58	1,39
3 130,00 bis 3 139,99	1 209,40	599,98	362,38	183,58	63,58	2,39
3 140,00 bis 3 149,99	1 216,40	604,98	366,38	186,58	65,58	3,39

Auszahlung für Monate

Euro	Pfändbarer Betrag bei Unterhaltspflicht für ... Personen					
Nettolohn monatlich	0	1	2	3	4	5 und mehr
3 150,00 bis 3 159,99	1 223,40	609,98	370,38	189,58	67,58	4,39
3 160,00 bis 3 169,99	1 230,40	614,98	374,38	192,58	69,58	5,39
3 170,00 bis 3 179,99	1 237,40	619,98	378,38	195,58	71,58	6,39
3 180,00 bis 3 189,99	1 244,40	624,98	382,38	198,58	73,58	7,39
3 190,00 bis 3 199,99	1 251,40	629,98	386,38	201,58	75,58	8,39
3 200,00 bis 3 209,99	1 258,40	634,98	390,38	204,58	77,58	9,39
3 210,00 bis 3 219,99	1 265,40	639,98	394,38	207,58	79,58	10,39
3 220,00 bis 3 229,99	1 272,40	644,98	398,38	210,58	81,58	11,39
3 230,00 bis 3 239,99	1 279,40	649,98	402,38	213,58	83,58	12,39
3 240,00 bis 3 249,99	1 286,40	654,98	406,38	216,58	85,58	13,39
3 250,00 bis 3 259,99	1 293,40	659,98	410,38	219,58	87,58	14,39
3 260,00 bis 3 269,99	1 300,40	664,98	414,38	222,58	89,58	15,39
3 270,00 bis 3 279,99	1 307,40	669,98	418,38	225,58	91,58	16,39
3 280,00 bis 3 289,99	1 314,40	674,98	422,38	228,58	93,58	17,39
3 290,00 bis 3 299,99	1 321,40	679,98	426,38	231,58	95,58	18,39
3 300,00 bis 3 309,99	1 328,40	684,98	430,38	234,58	97,58	19,39
3 310,00 bis 3 319,99	1 335,40	689,98	434,38	237,58	99,58	20,39
3 320,00 bis 3 329,99	1 342,40	694,98	438,38	240,58	101,58	21,39
3 330,00 bis 3 339,99	1 349,40	699,98	442,38	243,58	103,58	22,39
3 340,00 bis 3 349,99	1 356,40	704,98	446,38	246,58	105,58	23,39
3 350,00 bis 3 359,99	1 363,40	709,98	450,38	249,58	107,58	24,39
3 360,00 bis 3 369,99	1 370,40	714,98	454,38	252,58	109,58	25,39
3 370,00 bis 3 379,99	1 377,40	719,98	458,38	255,58	111,58	26,39
3 380,00 bis 3 389,99	1 384,40	724,98	462,38	258,58	113,58	27,39
3 390,00 bis 3 399,99	1 391,40	729,98	466,38	261,58	115,58	28,39
3 400,00 bis 3 409,99	1 398,40	734,98	470,38	264,58	117,58	29,39
3 410,00 bis 3 419,99	1 405,40	739,98	474,38	267,58	119,58	30,39
3 420,00 bis 3 429,99	1 412,40	744,98	478,38	270,58	121,58	31,39
3 430,00 bis 3 439,99	1 419,40	749,98	482,38	273,58	123,58	32,39
3 440,00 bis 3 449,99	1 426,40	754,98	486,38	276,58	125,58	33,39
3 450,00 bis 3 459,99	1 433,40	759,98	490,38	279,58	127,58	34,39
3 460,00 bis 3 469,99	1 440,40	764,98	494,38	282,58	129,58	35,39
3 470,00 bis 3 479,99	1 447,40	769,98	498,38	285,58	131,58	36,39
3 480,00 bis 3 489,99	1 454,40	774,98	502,38	288,58	133,58	37,39
3 490,00 bis 3 499,99	1 461,40	779,98	506,38	291,58	135,58	38,39
3 500,00 bis 3 509,99	1 468,40	784,98	510,38	294,58	137,58	39,39

Auszahlung für Monate

Euro	Pfändbarer Betrag bei Unterhaltspflicht für ... Personen					
Nettolohn monatlich	0	1	2	3	4	5 und mehr
3 510,00 bis 3 519,99	1 475,40	789,98	514,38	297,58	139,58	40,39
3 520,00 bis 3 529,99	1 482,40	794,98	518,38	300,58	141,58	41,39
3 530,00 bis 3 539,99	1 489,40	799,98	522,38	303,58	143,58	42,39
3 540,00 bis 3 549,99	1 496,40	804,98	526,38	306,58	145,58	43,39
3 550,00 bis 3 559,99	1 503,40	809,98	530,38	309,58	147,58	44,39
3 560,00 bis 3 569,99	1 510,40	814,98	534,38	312,58	149,58	45,39
3 570,00 bis 3 579,99	1 517,40	819,98	538,38	315,58	151,58	46,39
3 580,00 bis 3 589,99	1 524,40	824,98	542,38	318,58	153,58	47,39
3 590,00 bis 3 599,99	1 531,40	829,98	546,38	321,58	155,58	48,39
3 600,00 bis 3 609,99	1 538,40	834,98	550,38	324,58	157,58	49,39
3 610,00 bis 3 619,99	1 545,40	839,98	554,38	327,58	159,58	50,39
3 620,00 bis 3 629,99	1 552,40	844,98	558,38	330,58	161,58	51,39
3 630,00 bis 3 639,99	1 559,40	849,98	562,38	333,58	163,58	52,39
3 640,00 bis 3 649,99	1 566,40	854,98	566,38	336,58	165,58	53,39
3 650,00 bis 3 659,99	1 573,40	859,98	570,38	339,58	167,58	54,39
3 660,00 bis 3 669,99	1 580,40	864,98	574,38	342,58	169,58	55,39
3 670,00 bis 3 679,99	1 587,40	869,98	578,38	345,58	171,58	56,39
3 680,00 bis 3 689,99	1 594,40	874,98	582,38	348,58	173,58	57,39
3 690,00 bis 3 699,99	1 601,40	879,98	586,38	351,58	175,58	58,39
3 700,00 bis 3 709,99	1 608,40	884,98	590,38	354,58	177,58	59,39
3 710,00 bis 3 719,99	1 615,40	889,98	594,38	357,58	179,58	60,39
3 720,00 bis 3 729,99	1 622,40	894,98	598,38	360,58	181,58	61,39
3 730,00 bis 3 739,99	1 629,40	899,98	602,38	363,58	183,58	62,39
3 740,00 bis 3 749,99	1 636,40	904,98	606,38	366,58	185,58	63,39
3 750,00 bis 3 759,99	1 643,40	909,98	610,38	369,58	187,58	64,39
3 760,00 bis 3 769,99	1 650,40	914,98	614,38	372,58	189,58	65,39
3 770,00 bis 3 779,99	1 657,40	919,98	618,38	375,58	191,58	66,39
3 780,00 bis 3 789,99	1 664,40	924,98	622,38	378,58	193,58	67,39
3 790,00 bis 3 799,99	1 671,40	929,98	626,38	381,58	195,58	68,39
3 800,00 bis 3 809,99	1 678,40	934,98	630,38	384,58	197,58	69,39
3 810,00 bis 3 819,99	1 685,40	939,98	634,38	387,58	199,58	70,39
3 820,00 bis 3 829,99	1 692,40	944,98	638,38	390,58	201,58	71,39
3 830,00 bis 3 839,99	1 699,40	949,98	642,38	393,58	203,58	72,39
3 840,00 bis 3 849,99	1 706,40	954,98	646,38	396,58	205,58	73,39
3 850,00 bis 3 859,99	1 713,40	959,98	650,38	399,58	207,58	74,39
3 860,00 bis 3 869,99	1 720,40	964,98	654,38	402,58	209,58	75,39

Auszahlung für Monate

Euro	Pfändbarer Betrag bei Unterhaltspflicht für ... Personen					
Nettolohn monatlich	0	1	2	3	4	5 und mehr
3 870,00 bis 3 879,99	1 727,40	969,98	658,38	405,58	211,58	76,39
3 880,00 bis 3 889,99	1 734,40	974,98	662,38	408,58	213,58	77,39
3 890,00 bis 3 899,99	1 741,40	979,98	666,38	411,58	215,58	78,39
3 900,00 bis 3 909,99	1 748,40	984,98	670,38	414,58	217,58	79,39
3 910,00 bis 3 919,99	1 755,40	989,98	674,38	417,58	219,58	80,39
3 920,00 bis 3 929,99	1 762,40	994,98	678,38	420,58	221,58	81,39
3 930,00 bis 3 939,99	1 769,40	999,98	682,38	423,58	223,58	82,39
3 940,00 bis 3 949,99	1 776,40	1 004,98	686,38	426,58	225,58	83,39
3 950,00 bis 3 959,99	1 783,40	1 009,98	690,38	429,58	227,58	84,39
3 960,00 bis 3 969,99	1 790,40	1 014,98	694,38	432,58	229,58	85,39
3 970,00 bis 3 979,99	1 797,40	1 019,98	698,38	435,58	231,58	86,39
3 980,00 bis 3 989,99	1 804,40	1 024,98	702,38	438,58	233,58	87,39
3 990,00 bis 3 999,99	1 811,40	1 029,98	706,38	441,58	235,58	88,39
4 000,00 bis 4 009,99	1 818,40	1 034,98	710,38	444,58	237,58	89,39
4 010,00 bis 4 019,99	1 825,40	1 039,98	714,38	447,58	239,58	90,39
4 020,00 bis 4 029,99	1 832,40	1 044,98	718,38	450,58	241,58	91,39
4 030,00 bis 4 039,99	1 839,40	1 049,98	722,38	453,58	243,58	92,39
4 040,00 bis 4 049,99	1 846,40	1 054,98	726,38	456,58	245,58	93,39
4 050,00 bis 4 059,99	1 853,40	1 059,98	730,38	459,58	247,58	94,39
4 060,00 bis 4 069,99	1 860,40	1 064,98	734,38	462,58	249,58	95,39
4 070,00 bis 4 079,99	1 867,40	1 069,98	738,38	465,58	251,58	96,39
4 080,00 bis 4 089,99	1 874,40	1 074,98	742,38	468,58	253,58	97,39
4 090,00 bis 4 099,99	1 881,40	1 079,98	746,38	471,58	255,58	98,39
4 100,00 bis 4 109,99	1 888,40	1 084,98	750,38	474,58	257,58	99,39
4 110,00 bis 4 119,99	1 895,40	1 089,98	754,38	477,58	259,58	100,39
4 120,00 bis 4 129,99	1 902,40	1 094,98	758,38	480,58	261,58	101,39
4 130,00 bis 4 139,99	1 909,40	1 099,98	762,38	483,58	263,58	102,39
4 140,00 bis 4 149,99	1 916,40	1 104,98	766,38	486,58	265,58	103,39
4 150,00 bis 4 159,99	1 923,40	1 109,98	770,38	489,58	267,58	104,39
4 160,00 bis 4 169,99	1 930,40	1 114,98	774,38	492,58	269,58	105,39
4 170,00 bis 4 179,99	1 937,40	1 119,98	778,38	495,58	271,58	106,39
4 180,00 bis 4 189,99	1 944,40	1 124,98	782,38	498,58	273,58	107,39
4 190,00 bis 4 199,99	1 951,40	1 129,98	786,38	501,58	275,58	108,39
4 200,00 bis 4 209,99	1 958,40	1 134,98	790,38	504,58	277,58	109,39
4 210,00 bis 4 219,99	1 965,40	1 139,98	794,38	507,58	279,58	110,39
4 220,00 bis 4 229,99	1 972,40	1 144,98	798,38	510,58	281,58	111,39

Auszahlung für Monate

Euro	Pfändbarer Betrag bei Unterhaltspflicht für ... Personen					
Nettolohn monatlich	0	1	2	3	4	5 und mehr
4 230,00 bis 4 239,99	1 979,40	1 149,98	802,38	513,58	283,58	112,39
4 240,00 bis 4 249,99	1 986,40	1 154,98	806,38	516,58	285,58	113,39
4 250,00 bis 4 259,99	1 993,40	1 159,98	810,38	519,58	287,58	114,39
4 260,00 bis 4 269,99	2 000,40	1 164,98	814,38	522,58	289,58	115,39
4 270,00 bis 4 279,99	2 007,40	1 169,98	818,38	525,58	291,58	116,39
4 280,00 bis 4 289,99	2 014,40	1 174,98	822,38	528,58	293,58	117,39
4 290,00 bis 4 298,81	2 021,40	1 179,98	826,38	531,58	295,58	118,39
Der Mehrbetrag über 4 298,81 Euro ist voll pfändbar.						

Auszahlung für Wochen

Euro	Pfändbarer Betrag bei Unterhaltspflicht für ... Personen					
Nettolohn wöchentlich	0	1	2	3	4	5 und mehr
bis 324,99	–	–	–	–	–	–
325,00 bis 327,49	1,60	–	–	–	–	–
327,50 bis 329,99	3,35	–	–	–	–	–
330,00 bis 332,49	5,10	–	–	–	–	–
332,50 bis 334,99	6,85	–	–	–	–	–
335,00 bis 337,49	8,60	–	–	–	–	–
337,50 bis 339,99	10,35	–	–	–	–	–
340,00 bis 342,49	12,10	–	–	–	–	–
342,50 bis 344,99	13,85	–	–	–	–	–
345,00 bis 347,49	15,60	–	–	–	–	–
347,50 bis 349,99	17,35	–	–	–	–	–
350,00 bis 352,49	19,10	–	–	–	–	–
352,50 bis 354,99	20,85	–	–	–	–	–
355,00 bis 357,49	22,60	–	–	–	–	–
357,50 bis 359,99	24,35	–	–	–	–	–
360,00 bis 362,49	26,10	–	–	–	–	–
362,50 bis 364,99	27,85	–	–	–	–	–
365,00 bis 367,49	29,60	–	–	–	–	–
367,50 bis 369,99	31,35	–	–	–	–	–
370,00 bis 372,49	33,10	–	–	–	–	–
372,50 bis 374,99	34,85	–	–	–	–	–
375,00 bis 377,49	36,60	–	–	–	–	–
377,50 bis 379,99	38,35	–	–	–	–	–
380,00 bis 382,49	40,10	–	–	–	–	–
382,50 bis 384,99	41,85	–	–	–	–	–
385,00 bis 387,49	43,60	–	–	–	–	–
387,50 bis 389,99	45,35	–	–	–	–	–
390,00 bis 392,49	47,10	–	–	–	–	–
392,50 bis 394,99	48,85	–	–	–	–	–
395,00 bis 397,49	50,60	–	–	–	–	–
397,50 bis 399,99	52,35	–	–	–	–	–
400,00 bis 402,49	54,10	–	–	–	–	–
402,50 bis 404,99	55,85	–	–	–	–	–
405,00 bis 407,49	57,60	–	–	–	–	–
407,50 bis 409,99	59,35	–	–	–	–	–
410,00 bis 412,49	61,10	–	–	–	–	–

Auszahlung für Wochen

Euro	Pfändbarer Betrag bei Unterhaltspflicht für ... Personen					
Nettolohn wöchentlich	0	1	2	3	4	5 und mehr
412,50 bis 414,99	62,85	–	–	–	–	–
415,00 bis 417,49	64,60	–	–	–	–	–
417,50 bis 419,99	66,35	–	–	–	–	–
420,00 bis 422,49	68,10	–	–	–	–	–
422,50 bis 424,99	69,85	–	–	–	–	–
425,00 bis 427,49	71,60	–	–	–	–	–
427,50 bis 429,99	73,35	–	–	–	–	–
430,00 bis 432,49	75,10	–	–	–	–	–
432,50 bis 434,99	76,85	–	–	–	–	–
435,00 bis 437,49	78,60	–	–	–	–	–
437,50 bis 439,99	80,35	–	–	–	–	–
440,00 bis 442,49	82,10	–	–	–	–	–
442,50 bis 444,99	83,85	–	–	–	–	–
445,00 bis 447,49	85,60	0,41	–	–	–	–
447,50 bis 449,99	87,35	1,66	–	–	–	–
450,00 bis 452,49	89,10	2,91	–	–	–	–
452,50 bis 454,99	90,85	4,16	–	–	–	–
455,00 bis 457,49	92,60	5,41	–	–	–	–
457,50 bis 459,99	94,35	6,66	–	–	–	–
460,00 bis 462,49	96,10	7,91	–	–	–	–
462,50 bis 464,99	97,85	9,16	–	–	–	–
465,00 bis 467,49	99,60	10,41	–	–	–	–
467,50 bis 469,99	101,35	11,66	–	–	–	–
470,00 bis 472,49	103,10	12,91	–	–	–	–
472,50 bis 474,99	104,85	14,16	–	–	–	–
475,00 bis 477,49	106,60	15,41	–	–	–	–
477,50 bis 479,99	108,35	16,66	–	–	–	–
480,00 bis 482,49	110,10	17,91	–	–	–	–
482,50 bis 484,99	111,85	19,16	–	–	–	–
485,00 bis 487,49	113,60	20,41	–	–	–	–
487,50 bis 489,99	115,35	21,66	–	–	–	–
490,00 bis 492,49	117,10	22,91	–	–	–	–
492,50 bis 494,99	118,85	24,16	–	–	–	–
495,00 bis 497,49	120,60	25,41	–	–	–	–
497,50 bis 499,99	122,35	26,66	–	–	–	–
500,00 bis 502,49	124,10	27,91	–	–	–	–

Auszahlung für Wochen

Euro	Pfändbarer Betrag bei Unterhaltspflicht für ... Personen					
Nettolohn wöchentlich	0	1	2	3	4	5 und mehr
502,50 bis 504,99	125,85	29,16	–	–	–	–
505,00 bis 507,49	127,60	30,41	–	–	–	–
507,50 bis 509,99	129,35	31,66	–	–	–	–
510,00 bis 512,49	131,10	32,91	–	–	–	–
512,50 bis 514,99	132,85	34,16	0,26	–	–	–
515,00 bis 517,49	134,60	35,41	1,26	–	–	–
517,50 bis 519,99	136,35	36,66	2,26	–	–	–
520,00 bis 522,49	138,10	37,91	3,26	–	–	–
522,50 bis 524,99	139,85	39,16	4,26	–	–	–
525,00 bis 527,49	141,60	40,41	5,26	–	–	–
527,50 bis 529,99	143,35	41,66	6,26	–	–	–
530,00 bis 532,49	145,10	42,91	7,26	–	–	–
532,50 bis 534,99	146,85	44,16	8,26	–	–	–
535,00 bis 537,49	148,60	45,41	9,26	–	–	–
537,50 bis 539,99	150,35	46,66	10,26	–	–	–
540,00 bis 542,49	152,10	47,91	11,26	–	–	–
542,50 bis 544,99	153,85	49,16	12,26	–	–	–
545,00 bis 547,49	155,60	50,41	13,26	–	–	–
547,50 bis 549,99	157,35	51,66	14,26	–	–	–
550,00 bis 552,49	159,10	52,91	15,26	–	–	–
552,50 bis 554,99	160,85	54,16	16,26	–	–	–
555,00 bis 557,49	162,60	55,41	17,26	–	–	–
557,50 bis 559,99	164,35	56,66	18,26	–	–	–
560,00 bis 562,49	166,10	57,91	19,26	–	–	–
562,50 bis 564,99	167,85	59,16	20,26	–	–	–
565,00 bis 567,49	169,60	60,41	21,26	–	–	–
567,50 bis 569,99	171,35	61,66	22,26	–	–	–
570,00 bis 572,49	173,10	62,91	23,26	–	–	–
572,50 bis 574,99	174,85	64,16	24,26	–	–	–
575,00 bis 577,49	176,60	65,41	25,26	–	–	–
577,50 bis 579,99	178,35	66,66	26,26	–	–	–
580,00 bis 582,49	180,10	67,91	27,26	0,14	–	–
582,50 bis 584,99	181,85	69,16	28,26	0,89	–	–
585,00 bis 587,49	183,60	70,41	29,26	1,64	–	–
587,50 bis 589,99	185,35	71,66	30,26	2,39	–	–
590,00 bis 592,49	187,10	72,91	31,26	3,14	–	–

Auszahlung für Wochen

Euro	Pfändbarer Betrag bei Unterhaltspflicht für ... Personen					
Nettolohn wöchentlich	0	1	2	3	4	5 und mehr
592,50 bis 594,99	188,85	74,16	32,26	3,89	–	–
595,00 bis 597,49	190,60	75,41	33,26	4,64	–	–
597,50 bis 599,99	192,35	76,66	34,26	5,39	–	–
600,00 bis 602,49	194,10	77,91	35,26	6,14	–	–
602,50 bis 604,99	195,85	79,16	36,26	6,89	–	–
605,00 bis 607,49	197,60	80,41	37,26	7,64	–	–
607,50 bis 609,99	199,35	81,66	38,26	8,39	–	–
610,00 bis 612,49	201,10	82,91	39,26	9,14	–	–
612,50 bis 614,99	202,85	84,16	40,26	9,89	–	–
615,00 bis 617,49	204,60	85,41	41,26	10,64	–	–
617,50 bis 619,99	206,35	86,66	42,26	11,39	–	–
620,00 bis 622,49	208,10	87,91	43,26	12,14	–	–
622,50 bis 624,99	209,85	89,16	44,26	12,89	–	–
625,00 bis 627,49	211,60	90,41	45,26	13,64	–	–
627,50 bis 629,99	213,35	91,66	46,26	14,39	–	–
630,00 bis 632,49	215,10	92,91	47,26	15,14	–	–
632,50 bis 634,99	216,85	94,16	48,26	15,89	–	–
635,00 bis 637,49	218,60	95,41	49,26	16,64	–	–
637,50 bis 639,99	220,35	96,66	50,26	17,39	–	–
640,00 bis 642,49	222,10	97,91	51,26	18,14	–	–
642,50 bis 644,99	223,85	99,16	52,26	18,89	–	–
645,00 bis 647,49	225,60	100,41	53,26	19,64	–	–
647,50 bis 649,99	227,35	101,66	54,26	20,39	0,06	–
650,00 bis 652,49	229,10	102,91	55,26	21,14	0,56	–
652,50 bis 654,99	230,85	104,16	56,26	21,89	1,06	–
655,00 bis 657,49	232,60	105,41	57,26	22,64	1,56	–
657,50 bis 659,99	234,35	106,66	58,26	23,39	2,06	–
660,00 bis 662,49	236,10	107,91	59,26	24,14	2,56	–
662,50 bis 664,99	237,85	109,16	60,26	24,89	3,06	–
665,00 bis 667,49	239,60	110,41	61,26	25,64	3,56	–
667,50 bis 669,99	241,35	111,66	62,26	26,39	4,06	–
670,00 bis 672,49	243,10	112,91	63,26	27,14	4,56	–
672,50 bis 674,99	244,85	114,16	64,26	27,89	5,06	–
675,00 bis 677,49	246,60	115,41	65,26	28,64	5,56	–
677,50 bis 679,99	248,35	116,66	66,26	29,39	6,06	–
680,00 bis 682,49	250,10	117,91	67,26	30,14	6,56	–

Auszahlung für Wochen

Euro	Pfändbarer Betrag bei Unterhaltspflicht für ... Personen					
Nettolohn wöchentlich	0	1	2	3	4	5 und mehr
682,50 bis 684,99	251,85	119,16	68,26	30,89	7,06	–
685,00 bis 687,49	253,60	120,41	69,26	31,64	7,56	–
687,50 bis 689,99	255,35	121,66	70,26	32,39	8,06	–
690,00 bis 692,49	257,10	122,91	71,26	33,14	8,56	–
692,50 bis 694,99	258,85	124,16	72,26	33,89	9,06	–
695,00 bis 697,49	260,60	125,41	73,26	34,64	9,56	–
697,50 bis 699,99	262,35	126,66	74,26	35,39	10,06	–
700,00 bis 702,49	264,10	127,91	75,26	36,14	10,56	–
702,50 bis 704,99	265,85	129,16	76,26	36,89	11,06	–
705,00 bis 707,49	267,60	130,41	77,26	37,64	11,56	–
707,50 bis 709,99	269,35	131,66	78,26	38,39	12,06	–
710,00 bis 712,49	271,10	132,91	79,26	39,14	12,56	–
712,50 bis 714,99	272,85	134,16	80,26	39,89	13,06	–
715,00 bis 717,49	274,60	135,41	81,26	40,64	13,56	0,01
717,50 bis 719,99	276,35	136,66	82,26	41,39	14,06	0,26
720,00 bis 722,49	278,10	137,91	83,26	42,14	14,56	0,51
722,50 bis 724,99	279,85	139,16	84,26	42,89	15,06	0,76
725,00 bis 727,49	281,60	140,41	85,26	43,64	15,56	1,01
727,50 bis 729,99	283,35	141,66	86,26	44,39	16,06	1,26
730,00 bis 732,49	285,10	142,91	87,26	45,14	16,56	1,51
732,50 bis 734,99	286,85	144,16	88,26	45,89	17,06	1,76
735,00 bis 737,49	288,60	145,41	89,26	46,64	17,56	2,01
737,50 bis 739,99	290,35	146,66	90,26	47,39	18,06	2,26
740,00 bis 742,49	292,10	147,91	91,26	48,14	18,56	2,51
742,50 bis 744,99	293,85	149,16	92,26	48,89	19,06	2,76
745,00 bis 747,49	295,60	150,41	93,26	49,64	19,56	3,01
747,50 bis 749,99	297,35	151,66	94,26	50,39	20,06	3,26
750,00 bis 752,49	299,10	152,91	95,26	51,14	20,56	3,51
752,50 bis 754,99	300,85	154,16	96,26	51,89	21,06	3,76
755,00 bis 757,49	302,60	155,41	97,26	52,64	21,56	4,01
757,50 bis 759,99	304,35	156,66	98,26	53,39	22,06	4,26
760,00 bis 762,49	306,10	157,91	99,26	54,14	22,56	4,51
762,50 bis 764,99	307,85	159,16	100,26	54,89	23,06	4,76
765,00 bis 767,49	309,60	160,41	101,26	55,64	23,56	5,01
767,50 bis 769,99	311,35	161,66	102,26	56,39	24,06	5,26
770,00 bis 772,49	313,10	162,91	103,26	57,14	24,56	5,51

Auszahlung für Wochen

Euro	Pfändbarer Betrag bei Unterhaltspflicht für ... Personen					
Nettolohn wöchentlich	0	1	2	3	4	5 und mehr
772,50 bis 774,99	314,85	164,16	104,26	57,89	25,06	5,76
775,00 bis 777,49	316,60	165,41	105,26	58,64	25,56	6,01
777,50 bis 779,99	318,35	166,66	106,26	59,39	26,06	6,26
780,00 bis 782,49	320,10	167,91	107,26	60,14	26,56	6,51
782,50 bis 784,99	321,85	169,16	108,26	60,89	27,06	6,76
785,00 bis 787,49	323,60	170,41	109,26	61,64	27,56	7,01
787,50 bis 789,99	325,35	171,66	110,26	62,39	28,06	7,26
790,00 bis 792,49	327,10	172,91	111,26	63,14	28,56	7,51
792,50 bis 794,99	328,85	174,16	112,26	63,89	29,06	7,76
795,00 bis 797,49	330,60	175,41	113,26	64,64	29,56	8,01
797,50 bis 799,99	332,35	176,66	114,26	65,39	30,06	8,26
800,00 bis 802,49	334,10	177,91	115,26	66,14	30,56	8,51
802,50 bis 804,99	335,85	179,16	116,26	66,89	31,06	8,76
805,00 bis 807,49	337,60	180,41	117,26	67,64	31,56	9,01
807,50 bis 809,99	339,35	181,66	118,26	68,39	32,06	9,26
810,00 bis 812,49	341,10	182,91	119,26	69,14	32,56	9,51
812,50 bis 814,99	342,85	184,16	120,26	69,89	33,06	9,76
815,00 bis 817,49	344,60	185,41	121,26	70,64	33,56	10,01
817,50 bis 819,99	346,35	186,66	122,26	71,39	34,06	10,26
820,00 bis 822,49	348,10	187,91	123,26	72,14	34,56	10,51
822,50 bis 824,99	349,85	189,16	124,26	72,89	35,06	10,76
825,00 bis 827,49	351,60	190,41	125,26	73,64	35,56	11,01
827,50 bis 829,99	353,35	191,66	126,26	74,39	36,06	11,26
830,00 bis 832,49	355,10	192,91	127,26	75,14	36,56	11,51
832,50 bis 834,99	356,85	194,16	128,26	75,89	37,06	11,76
835,00 bis 837,49	358,60	195,41	129,26	76,64	37,56	12,01
837,50 bis 839,99	360,35	196,66	130,26	77,39	38,06	12,26
840,00 bis 842,49	362,10	197,91	131,26	78,14	38,56	12,51
842,50 bis 844,99	363,85	199,16	132,26	78,89	39,06	12,76
845,00 bis 847,49	365,60	200,41	133,26	79,64	39,56	13,01
847,50 bis 849,99	367,35	201,66	134,26	80,39	40,06	13,26
850,00 bis 852,49	369,10	202,91	135,26	81,14	40,56	13,51
852,50 bis 854,99	370,85	204,16	136,26	81,89	41,06	13,76
855,00 bis 857,49	372,60	205,41	137,26	82,64	41,56	14,01
857,50 bis 859,99	374,35	206,66	138,26	83,39	42,06	14,26
860,00 bis 862,49	376,10	207,91	139,26	84,14	42,56	14,51

Auszahlung für Wochen

Euro	Pfändbarer Betrag bei Unterhaltspflicht für … Personen					
Nettolohn wöchentlich	0	1	2	3	4	5 und mehr
862,50 bis 864,99	377,85	209,16	140,26	84,89	43,06	14,76
865,00 bis 867,49	379,60	210,41	141,26	85,64	43,56	15,01
867,50 bis 869,99	381,35	211,66	142,26	86,39	44,06	15,26
870,00 bis 872,49	383,10	212,91	143,26	87,14	44,56	15,51
872,50 bis 874,99	384,85	214,16	144,26	87,89	45,06	15,76
875,00 bis 877,49	386,60	215,41	145,26	88,64	45,56	16,01
877,50 bis 879,99	388,35	216,66	146,26	89,39	46,06	16,26
880,00 bis 882,49	390,10	217,91	147,26	90,14	46,56	16,51
882,50 bis 884,99	391,85	219,16	148,26	90,89	47,06	16,76
885,00 bis 887,49	393,60	220,41	149,26	91,64	47,56	17,01
887,50 bis 889,99	395,35	221,66	150,26	92,39	48,06	17,26
890,00 bis 892,49	397,10	222,91	151,26	93,14	48,56	17,51
892,50 bis 894,99	398,85	224,16	152,26	93,89	49,06	17,76
895,00 bis 897,49	400,60	225,41	153,26	94,64	49,56	18,01
897,50 bis 899,99	402,35	226,66	154,26	95,39	50,06	18,26
900,00 bis 902,49	404,10	227,91	155,26	96,14	50,56	18,51
902,50 bis 904,99	405,85	229,16	156,26	96,89	51,06	18,76
905,00 bis 907,49	407,60	230,41	157,26	97,64	51,56	19,01
907,50 bis 909,99	409,35	231,66	158,26	98,39	52,06	19,26
910,00 bis 912,49	411,10	232,91	159,26	99,14	52,56	19,51
912,50 bis 914,99	412,85	234,16	160,26	99,89	53,06	19,76
915,00 bis 917,49	414,60	235,41	161,26	100,64	53,56	20,01
917,50 bis 919,99	416,35	236,66	162,26	101,39	54,06	20,26
920,00 bis 922,49	418,10	237,91	163,26	102,14	54,56	20,51
922,50 bis 924,99	419,85	239,16	164,26	102,89	55,06	20,76
925,00 bis 927,49	421,60	240,41	165,26	103,64	55,56	21,01
927,50 bis 929,99	423,35	241,66	166,26	104,39	56,06	21,26
930,00 bis 932,49	425,10	242,91	167,26	105,14	56,56	21,51
932,50 bis 934,99	426,85	244,16	168,26	105,89	57,06	21,76
935,00 bis 937,49	428,60	245,41	169,26	106,64	57,56	22,01
937,50 bis 939,99	430,35	246,66	170,26	107,39	58,06	22,26
940,00 bis 942,49	432,10	247,91	171,26	108,14	58,56	22,51
942,50 bis 944,99	433,85	249,16	172,26	108,89	59,06	22,76
945,00 bis 947,49	435,60	250,41	173,26	109,64	59,56	23,01
947,50 bis 949,99	437,35	251,66	174,26	110,39	60,06	23,26
950,00 bis 952,49	439,10	252,91	175,26	111,14	60,56	23,51

Auszahlung für Wochen

Euro	Pfändbarer Betrag bei Unterhaltspflicht für ... Personen					
Nettolohn wöchentlich	0	1	2	3	4	5 und mehr
952,50 bis 954,99	440,85	254,16	176,26	111,89	61,06	23,76
955,00 bis 957,49	442,60	255,41	177,26	112,64	61,56	24,01
957,50 bis 959,99	444,35	256,66	178,26	113,39	62,06	24,26
960,00 bis 962,49	446,10	257,91	179,26	114,14	62,56	24,51
962,50 bis 964,99	447,85	259,16	180,26	114,89	63,06	24,76
965,00 bis 967,49	449,60	260,41	181,26	115,64	63,56	25,01
967,50 bis 969,99	451,35	261,66	182,26	116,39	64,06	25,26
970,00 bis 972,49	453,10	262,91	183,26	117,14	64,56	25,51
972,50 bis 974,99	454,85	264,16	184,26	117,89	65,06	25,76
975,00 bis 977,49	456,60	265,41	185,26	118,64	65,56	26,01
977,50 bis 979,99	458,35	266,66	186,26	119,39	66,06	26,26
980,00 bis 982,49	460,10	267,91	187,26	120,14	66,56	26,51
982,50 bis 984,99	461,85	269,16	188,26	120,89	67,06	26,76
985,00 bis 987,49	463,60	270,41	189,26	121,64	67,56	27,01
987,50 bis 989,31	465,35	271,66	190,26	122,39	68,06	27,26
Der Mehrbetrag über 989,31 Euro ist voll pfändbar.						

Auszahlung für Tage

Euro	Pfändbarer Betrag bei Unterhaltspflicht für … Personen					
Nettolohn täglich	0	1	2	3	4	5 und mehr
bis 64,99	–	–	–	–	–	–
65,00 bis 65,49	0,32	–	–	–	–	–
65,50 bis 65,99	0,67	–	–	–	–	–
66,00 bis 66,49	1,02	–	–	–	–	–
66,50 bis 66,99	1,37	–	–	–	–	–
67,00 bis 67,49	1,72	–	–	–	–	–
67,50 bis 67,99	2,07	–	–	–	–	–
68,00 bis 68,49	2,42	–	–	–	–	–
68,50 bis 68,99	2,77	–	–	–	–	–
69,00 bis 69,49	3,12	–	–	–	–	–
69,50 bis 69,99	3,47	–	–	–	–	–
70,00 bis 70,49	3,82	–	–	–	–	–
70,50 bis 70,99	4,17	–	–	–	–	–
71,00 bis 71,49	4,52	–	–	–	–	–
71,50 bis 71,99	4,87	–	–	–	–	–
72,00 bis 72,49	5,22	–	–	–	–	–
72,50 bis 72,99	5,57	–	–	–	–	–
73,00 bis 73,49	5,92	–	–	–	–	–
73,50 bis 73,99	6,27	–	–	–	–	–
74,00 bis 74,49	6,62	–	–	–	–	–
74,50 bis 74,99	6,97	–	–	–	–	–
75,00 bis 75,49	7,32	–	–	–	–	–
75,50 bis 75,99	7,67	–	–	–	–	–
76,00 bis 76,49	8,02	–	–	–	–	–
76,50 bis 76,99	8,37	–	–	–	–	–
77,00 bis 77,49	8,72	–	–	–	–	–
77,50 bis 77,99	9,07	–	–	–	–	–
78,00 bis 78,49	9,42	–	–	–	–	–
78,50 bis 78,99	9,77	–	–	–	–	–
79,00 bis 79,49	10,12	–	–	–	–	–
79,50 bis 79,99	10,47	–	–	–	–	–
80,00 bis 80,49	10,82	–	–	–	–	–
80,50 bis 80,99	11,17	–	–	–	–	–
81,00 bis 81,49	11,52	–	–	–	–	–
81,50 bis 81,99	11,87	–	–	–	–	–
82,00 bis 82,49	12,22	–	–	–	–	–

Auszahlung für Tage

Euro	Pfändbarer Betrag bei Unterhaltspflicht für ... Personen					
Nettolohn täglich	0	1	2	3	4	5 und mehr
82,50 bis 82,99	12,57	–	–	–	–	–
83,00 bis 83,49	12,92	–	–	–	–	–
83,50 bis 83,99	13,27	–	–	–	–	–
84,00 bis 84,49	13,62	–	–	–	–	–
84,50 bis 84,99	13,97	–	–	–	–	–
85,00 bis 85,49	14,32	–	–	–	–	–
85,50 bis 85,99	14,67	–	–	–	–	–
86,00 bis 86,49	15,02	–	–	–	–	–
86,50 bis 86,99	15,37	–	–	–	–	–
87,00 bis 87,49	15,72	–	–	–	–	–
87,50 bis 87,99	16,07	–	–	–	–	–
88,00 bis 88,49	16,42	–	–	–	–	–
88,50 bis 88,99	16,77	–	–	–	–	–
89,00 bis 89,49	17,12	0,09	–	–	–	–
89,50 bis 89,99	17,47	0,34	–	–	–	–
90,00 bis 90,49	17,82	0,59	–	–	–	–
90,50 bis 90,99	18,17	0,84	–	–	–	–
91,00 bis 91,49	18,52	1,09	–	–	–	–
91,50 bis 91,99	18,87	1,34	–	–	–	–
92,00 bis 92,49	19,22	1,59	–	–	–	–
92,50 bis 92,99	19,57	1,84	–	–	–	–
93,00 bis 93,49	19,92	2,09	–	–	–	–
93,50 bis 93,99	20,27	2,34	–	–	–	–
94,00 bis 94,49	20,62	2,59	–	–	–	–
94,50 bis 94,99	20,97	2,84	–	–	–	–
95,00 bis 95,49	21,32	3,09	–	–	–	–
95,50 bis 95,99	21,67	3,34	–	–	–	–
96,00 bis 96,49	22,02	3,59	–	–	–	–
96,50 bis 96,99	22,37	3,84	–	–	–	–
97,00 bis 97,49	22,72	4,09	–	–	–	–
97,50 bis 97,99	23,07	4,34	–	–	–	–
98,00 bis 98,49	23,42	4,59	–	–	–	–
98,50 bis 98,99	23,77	4,84	–	–	–	–
99,00 bis 99,49	24,12	5,09	–	–	–	–
99,50 bis 99,99	24,47	5,34	–	–	–	–

Auszahlung für Tage

Euro	Pfändbarer Betrag bei Unterhaltspflicht für ... Personen					
Nettolohn täglich	0	1	2	3	4	5 und mehr
100,00 bis 100,49	24,82	5,59	–	–	–	–
100,50 bis 100,99	25,17	5,84	–	–	–	–
101,00 bis 101,49	25,52	6,09	–	–	–	–
101,50 bis 101,99	25,87	6,34	–	–	–	–
102,00 bis 102,49	26,22	6,59	–	–	–	–
102,50 bis 102,99	26,57	6,84	0,05	–	–	–
103,00 bis 103,49	26,92	7,09	0,25	–	–	–
103,50 bis 103,99	27,27	7,34	0,45	–	–	–
104,00 bis 104,49	27,62	7,59	0,65	–	–	–
104,50 bis 104,99	27,97	7,84	0,85	–	–	–
105,00 bis 105,49	28,32	8,09	1,05	–	–	–
105,50 bis 105,99	28,67	8,34	1,25	–	–	–
106,00 bis 106,49	29,02	8,59	1,45	–	–	–
106,50 bis 106,99	29,37	8,84	1,65	–	–	–
107,00 bis 107,49	29,72	9,09	1,85	–	–	–
107,50 bis 107,99	30,07	9,34	2,05	–	–	–
108,00 bis 108,49	30,42	9,59	2,25	–	–	–
108,50 bis 108,99	30,77	9,84	2,45	–	–	–
109,00 bis 109,49	31,12	10,09	2,65	–	–	–
109,50 bis 109,99	31,47	10,34	2,85	–	–	–
110,00 bis 110,49	31,82	10,59	3,05	–	–	–
110,50 bis 110,99	32,17	10,84	3,25	–	–	–
111,00 bis 111,49	32,52	11,09	3,45	–	–	–
111,50 bis 111,99	32,87	11,34	3,65	–	–	–
112,00 bis 112,49	33,22	11,59	3,85	–	–	–
112,50 bis 112,99	33,57	11,84	4,05	–	–	–
113,00 bis 113,49	33,92	12,09	4,25	–	–	–
113,50 bis 113,99	34,27	12,34	4,45	–	–	–
114,00 bis 114,49	34,62	12,59	4,65	–	–	–
114,50 bis 114,99	34,97	12,84	4,85	–	–	–
115,00 bis 115,49	35,32	13,09	5,05	–	–	–
115,50 bis 115,99	35,67	13,34	5,25	–	–	–
116,00 bis 116,49	36,02	13,59	5,45	0,03	–	–
116,50 bis 116,99	36,37	13,84	5,65	0,18	–	–
117,00 bis 117,49	36,72	14,09	5,85	0,33	–	–
117,50 bis 117,99	37,07	14,34	6,05	0,48	–	–

Auszahlung für Tage

Euro	Pfändbarer Betrag bei Unterhaltspflicht für ... Personen					
Nettolohn täglich	0	1	2	3	4	5 und mehr
118,00 bis 118,49	37,42	14,59	6,25	0,63	–	–
118,50 bis 118,99	37,77	14,84	6,45	0,78	–	–
119,00 bis 119,49	38,12	15,09	6,65	0,93	–	–
119,50 bis 119,99	38,47	15,34	6,85	1,08	–	–
120,00 bis 120,49	38,82	15,59	7,05	1,23	–	–
120,50 bis 120,99	39,17	15,84	7,25	1,38	–	–
121,00 bis 121,49	39,52	16,09	7,45	1,53	–	–
121,50 bis 121,99	39,87	16,34	7,65	1,68	–	–
122,00 bis 122,49	40,22	16,59	7,85	1,83	–	–
122,50 bis 122,99	40,57	16,84	8,05	1,98	–	–
123,00 bis 123,49	40,92	17,09	8,25	2,13	–	–
123,50 bis 123,99	41,27	17,34	8,45	2,28	–	–
124,00 bis 124,49	41,62	17,59	8,65	2,43	–	–
124,50 bis 124,99	41,97	17,84	8,85	2,58	–	–
125,00 bis 125,49	42,32	18,09	9,05	2,73	–	–
125,50 bis 125,99	42,67	18,34	9,25	2,88	–	–
126,00 bis 126,49	43,02	18,59	9,45	3,03	–	–
126,50 bis 126,99	43,37	18,84	9,65	3,18	–	–
127,00 bis 127,49	43,72	19,09	9,85	3,33	–	–
127,50 bis 127,99	44,07	19,34	10,05	3,48	–	–
128,00 bis 128,49	44,42	19,59	10,25	3,63	–	–
128,50 bis 128,99	44,77	19,84	10,45	3,78	–	–
129,00 bis 129,49	45,12	20,09	10,65	3,93	–	–
129,50 bis 129,99	45,47	20,34	10,85	4,08	0,01	–
130,00 bis 130,49	45,82	20,59	11,05	4,23	0,11	–
130,50 bis 130,99	46,17	20,84	11,25	4,38	0,21	–
131,00 bis 131,49	46,52	21,09	11,45	4,53	0,31	–
131,50 bis 131,99	46,87	21,34	11,65	4,68	0,41	–
132,00 bis 132,49	47,22	21,59	11,85	4,83	0,51	–
132,50 bis 132,99	47,57	21,84	12,05	4,98	0,61	–
133,00 bis 133,49	47,92	22,09	12,25	5,13	0,71	–
133,50 bis 133,99	48,27	22,34	12,45	5,28	0,81	–
134,00 bis 134,49	48,62	22,59	12,65	5,43	0,91	–
134,50 bis 134,99	48,97	22,84	12,85	5,58	1,01	–
135,00 bis 135,49	49,32	23,09	13,05	5,73	1,11	–
135,50 bis 135,99	49,67	23,34	13,25	5,88	1,21	–

Auszahlung für Tage

Euro	Pfändbarer Betrag bei Unterhaltspflicht für ... Personen					
Nettolohn täglich	0	1	2	3	4	5 und mehr
136,00 bis 136,49	50,02	23,59	13,45	6,03	1,31	–
136,50 bis 136,99	50,37	23,84	13,65	6,18	1,41	–
137,00 bis 137,49	50,72	24,09	13,85	6,33	1,51	–
137,50 bis 137,99	51,07	24,34	14,05	6,48	1,61	–
138,00 bis 138,49	51,42	24,59	14,25	6,63	1,71	–
138,50 bis 138,99	51,77	24,84	14,45	6,78	1,81	–
139,00 bis 139,49	52,12	25,09	14,65	6,93	1,91	–
139,50 bis 139,99	52,47	25,34	14,85	7,08	2,01	–
140,00 bis 140,49	52,82	25,59	15,05	7,23	2,11	–
140,50 bis 140,99	53,17	25,84	15,25	7,38	2,21	–
141,00 bis 141,49	53,52	26,09	15,45	7,53	2,31	–
141,50 bis 141,99	53,87	26,34	15,65	7,68	2,41	–
142,00 bis 142,49	54,22	26,59	15,85	7,83	2,51	–
142,50 bis 142,99	54,57	26,84	16,05	7,98	2,61	–
143,00 bis 143,49	54,92	27,09	16,25	8,13	2,71	–
143,50 bis 143,99	55,27	27,34	16,45	8,28	2,81	0,05
144,00 bis 144,49	55,62	27,59	16,65	8,43	2,91	0,10
144,50 bis 144,99	55,97	27,84	16,85	8,58	3,01	0,15
145,00 bis 145,49	56,32	28,09	17,05	8,73	3,11	0,20
145,50 bis 145,99	56,67	28,34	17,25	8,88	3,21	0,25
146,00 bis 146,49	57,02	28,59	17,45	9,03	3,31	0,30
146,50 bis 146,99	57,37	28,84	17,65	9,18	3,41	0,35
147,00 bis 147,49	57,72	29,09	17,85	9,33	3,51	0,40
147,50 bis 147,99	58,07	29,34	18,05	9,48	3,61	0,45
148,00 bis 148,49	58,42	29,59	18,25	9,63	3,71	0,50
148,50 bis 148,99	58,77	29,84	18,45	9,78	3,81	0,55
149,00 bis 149,49	59,12	30,09	18,65	9,93	3,91	0,60
149,50 bis 149,99	59,47	30,34	18,85	10,08	4,01	0,65
150,00 bis 150,49	59,82	30,59	19,05	10,23	4,11	0,70
150,50 bis 150,99	60,17	30,84	19,25	10,38	4,21	0,75
151,00 bis 151,49	60,52	31,09	19,45	10,53	4,31	0,80
151,50 bis 151,99	60,87	31,34	19,65	10,68	4,41	0,85
152,00 bis 152,49	61,22	31,59	19,85	10,83	4,51	0,90
152,50 bis 152,99	61,57	31,84	20,05	10,98	4,61	0,95
153,00 bis 153,49	61,92	32,09	20,25	11,13	4,71	1,00
153,50 bis 153,99	62,27	32,34	20,45	11,28	4,81	1,05

Auszahlung für Tage

Euro	Pfändbarer Betrag bei Unterhaltspflicht für ... Personen					
Nettolohn täglich	0	1	2	3	4	5 und mehr
154,00 bis 154,49	62,62	32,59	20,65	11,43	4,91	1,10
154,50 bis 154,99	62,97	32,84	20,85	11,58	5,01	1,15
155,00 bis 155,49	63,32	33,09	21,05	11,73	5,11	1,20
155,50 bis 155,99	63,67	33,34	21,25	11,88	5,21	1,25
156,00 bis 156,49	64,02	33,59	21,45	12,03	5,31	1,30
156,50 bis 156,99	64,37	33,84	21,65	12,18	5,41	1,35
157,00 bis 157,49	64,72	34,09	21,85	12,33	5,51	1,40
157,50 bis 157,99	65,07	34,34	22,05	12,48	5,61	1,45
158,00 bis 158,49	65,42	34,59	22,25	12,63	5,71	1,50
158,50 bis 158,99	65,77	34,84	22,45	12,78	5,81	1,55
159,00 bis 159,49	66,12	35,09	22,65	12,93	5,91	1,60
159,50 bis 159,99	66,47	35,34	22,85	13,08	6,01	1,65
160,00 bis 160,49	66,82	35,59	23,05	13,23	6,11	1,70
160,50 bis 160,99	67,17	35,84	23,25	13,38	6,21	1,75
161,00 bis 161,49	67,52	36,09	23,45	13,53	6,31	1,80
161,50 bis 161,99	67,87	36,34	23,65	13,68	6,41	1,85
162,00 bis 162,49	68,22	36,59	23,85	13,83	6,51	1,90
162,50 bis 162,99	68,57	36,84	24,05	13,98	6,61	1,95
163,00 bis 163,49	68,92	37,09	24,25	14,13	6,71	2,00
163,50 bis 163,99	69,27	37,34	24,45	14,28	6,81	2,05
164,00 bis 164,49	69,62	37,59	24,65	14,43	6,91	2,10
164,50 bis 164,99	69,97	37,84	24,85	14,58	7,01	2,15
165,00 bis 165,49	70,32	38,09	25,05	14,73	7,11	2,20
165,50 bis 165,99	70,67	38,34	25,25	14,88	7,21	2,25
166,00 bis 166,49	71,02	38,59	25,45	15,03	7,31	2,30
166,50 bis 166,99	71,37	38,84	25,65	15,18	7,41	2,35
167,00 bis 167,49	71,72	39,09	25,85	15,33	7,51	2,40
167,50 bis 167,99	72,07	39,34	26,05	15,48	7,61	2,45
168,00 bis 168,49	72,42	39,59	26,25	15,63	7,71	2,50
168,50 bis 168,99	72,77	39,84	26,45	15,78	7,81	2,55
169,00 bis 169,49	73,12	40,09	26,65	15,93	7,91	2,60
169,50 bis 169,99	73,47	40,34	26,85	16,08	8,01	2,65
170,00 bis 170,49	73,82	40,59	27,05	16,23	8,11	2,70
170,50 bis 170,99	74,17	40,84	27,25	16,38	8,21	2,75
171,00 bis 171,49	74,52	41,09	27,45	16,53	8,31	2,80
171,50 bis 171,99	74,87	41,34	27,65	16,68	8,41	2,85

Auszahlung für Tage

Euro	Pfändbarer Betrag bei Unterhaltspflicht für ... Personen					
Nettolohn täglich	0	1	2	3	4	5 und mehr
172,00 bis 172,49	75,22	41,59	27,85	16,83	8,51	2,90
172,50 bis 172,99	75,57	41,84	28,05	16,98	8,61	2,95
173,00 bis 173,49	75,92	42,09	28,25	17,13	8,71	3,00
173,50 bis 173,99	76,27	42,34	28,45	17,28	8,81	3,05
174,00 bis 174,49	76,62	42,59	28,65	17,43	8,91	3,10
174,50 bis 174,99	76,97	42,84	28,85	17,58	9,01	3,15
175,00 bis 175,49	77,32	43,09	29,05	17,73	9,11	3,20
175,50 bis 175,99	77,67	43,34	29,25	17,88	9,21	3,25
176,00 bis 176,49	78,02	43,59	29,45	18,03	9,31	3,30
176,50 bis 176,99	78,37	43,84	29,65	18,18	9,41	3,35
177,00 bis 177,49	78,72	44,09	29,85	18,33	9,51	3,40
177,50 bis 177,99	79,07	44,34	30,05	18,48	9,61	3,45
178,00 bis 178,49	79,42	44,59	30,25	18,63	9,71	3,50
178,50 bis 178,99	79,77	44,84	30,45	18,78	9,81	3,55
179,00 bis 179,49	80,12	45,09	30,65	18,93	9,91	3,60
179,50 bis 179,99	80,47	45,34	30,85	19,08	10,01	3,65
180,00 bis 180,49	80,82	45,59	31,05	19,23	10,11	3,70
180,50 bis 180,99	81,17	45,84	31,25	19,38	10,21	3,75
181,00 bis 181,49	81,52	46,09	31,45	19,53	10,31	3,80
181,50 bis 181,99	81,87	46,34	31,65	19,68	10,41	3,85
182,00 bis 182,49	82,22	46,59	31,85	19,83	10,51	3,90
182,50 bis 182,99	82,57	46,84	32,05	19,98	10,61	3,95
183,00 bis 183,49	82,92	47,09	32,25	20,13	10,71	4,00
183,50 bis 183,99	83,27	47,34	32,45	20,28	10,81	4,05
184,00 bis 184,49	83,62	47,59	32,65	20,43	10,91	4,10
184,50 bis 184,99	83,97	47,84	32,85	20,58	11,01	4,15
185,00 bis 185,49	84,32	48,09	33,05	20,73	11,11	4,20
185,50 bis 185,99	84,67	48,34	33,25	20,88	11,21	4,25
186,00 bis 186,49	85,02	48,59	33,45	21,03	11,31	4,30
186,50 bis 186,99	85,37	48,84	33,65	21,18	11,41	4,35
187,00 bis 187,49	85,72	49,09	33,85	21,33	11,51	4,40
187,50 bis 187,99	86,07	49,34	34,05	21,48	11,61	4,45
188,00 bis 188,49	86,42	49,59	34,25	21,63	11,71	4,50
188,50 bis 188,99	86,77	49,84	34,45	21,78	11,81	4,55
189,00 bis 189,49	87,12	50,09	34,65	21,93	11,91	4,60
189,50 bis 189,99	87,47	50,34	34,85	22,08	12,01	4,65

Auszahlung für Tage

Euro	Pfändbarer Betrag bei Unterhaltspflicht für ... Personen					
Nettolohn täglich	0	1	2	3	4	5 und mehr
190,00 bis 190,49	87,82	50,59	35,05	22,23	12,11	4,70
190,50 bis 190,99	88,17	50,84	35,25	22,38	12,21	4,75
191,00 bis 191,49	88,52	51,09	35,45	22,53	12,31	4,80
191,50 bis 191,99	88,87	51,34	35,65	22,68	12,41	4,85
192,00 bis 192,49	89,22	51,59	35,85	22,83	12,51	4,90
192,50 bis 192,99	89,57	51,84	36,05	22,98	12,61	4,95
193,00 bis 193,49	89,92	52,09	36,25	23,13	12,71	5,00
193,50 bis 193,99	90,27	52,34	36,45	23,28	12,81	5,05
194,00 bis 194,49	90,62	52,59	36,65	23,43	12,91	5,10
194,50 bis 194,99	90,97	52,84	36,85	23,58	13,01	5,15
195,00 bis 195,49	91,32	53,09	37,05	23,73	13,11	5,20
195,50 bis 195,99	91,67	53,34	37,25	23,88	13,21	5,25
196,00 bis 196,49	92,02	53,59	37,45	24,03	13,31	5,30
196,50 bis 196,99	92,37	53,84	37,65	24,18	13,41	5,35
197,00 bis 197,49	92,72	54,09	37,85	24,33	13,51	5,40
197,50 bis 197,87	93,07	54,34	38,05	24,48	13,61	5,45
Der Mehrbetrag über 197,87 Euro ist voll pfändbar.						

Steuerberatungsgesetz (StBerG)

In der Fassung der Bekanntmachung vom 4. November 1975[1)]
(BGBl. I S. 2735)

Geändert durch Einführungsgesetz zur Abgabenordnung vom 14.12.1976 (BGBl. I S. 3341), Gesetz zur Änderung und Vereinfachung des EStG und anderer Gesetze vom 18.8.1980 (BGBl. I S. 1537), Viertes Gesetz zur Änderung des Steuerberatungsgesetzes vom 9.6.1989 (BGBl. I S. 1062), DDR-Vertragsgesetz vom 25.6.1990 (BGBl. II S. 518), Einigungsvertrag vom 31.8.1990 (BGBl. II S. 889, 970), Fünftes Gesetz zur Änderung des Steuerberatungsgesetzes vom 13.12.1990 (BGBl. I S. 2756), Steueränderungsgesetz 1992 vom 25.2.1992 (BGBl. I S. 297), FGO-Änderungsgesetz vom 21.12.1992 (BGBl. I S. 2109), Verbrauchsteuer-Binnenmarktgesetz vom 21.12.1992 (BGBl. I S. 2150), EWR-Ausführungsgesetz vom 27.4.1993 (BGBl. I S. 512, 2436, geänd. durch Gesetz vom 27.9.1993, BGBl. I S. 1666, 2436), Sechstes Gesetz zur Änderung des Steuerberatungsgesetzes vom 24.6.1994 (BGBl. I S. 1387), Gesetz zur Schaffung von Partnerschaftsgesellschaften und zur Änderung anderer Gesetze vom 25.7. 1994 (BGBl. I S. 1744), Einführungsgesetz zur Insolvenzordnung vom 5.10.1994 (BGBl. I S. 2911), Jahressteuergesetz 1996 vom 11.10.1995 (BGBl. I S. 1250), Jahressteuer-Ergänzungsgesetz 1996 vom 18.12.1995 (BGBl. I S. 1959), Umsatzsteuer-Änderungsgesetz 1997 vom 12.12.1996 (BGBl. I S. 1851), 2. Zwangsvollstreckungsnovelle vom 17.12.1997 (BGBl. I S. 3039), Gesetz zur Datenermittlung für den Verteilungsschlüssel des Gemeindeanteils am Umsatzsteueraufkommen und zur Änderung steuerlicher Vorschriften vom 23.6.1998 (BGBl. I S. 1496), Gesetz zur Änderung der Bundesrechtsanwaltsordnung, der Patentanwaltsordnung und anderer Gesetze vom 31.8.1998 (BGBl. I S. 2600), Gesetz zur Änderung des Einführungsgesetzes zur Insolvenzordnung und anderer Gesetze vom 19.12.1998 (BGBl. I S. 3836), Gesetz zur Änderung von Vorschriften über die Tätigkeit der Steuerberater vom 24.6.2000 (BGBl. I S. 874), Altersvermögensgesetz vom 26.6.2001 (BGBl. I S. 1310), Steueränderungsgesetz 2001 vom 20.12.2001 (BGBl. I S. 3794), Gesetz zur Gleichstellung behinderter Menschen und zur Änderung anderer Gesetze vom 27.4.2002 (BGBl. I S. 1467), Gesetz zur Änderung des Gesetzes über die Tätigkeit europäischer Rechtsanwälte in Deutschland und weiterer berufsrechtlicher Vorschriften für Rechts- und Patentanwälte, Steuerberater und Wirtschaftsprüfer vom 26.10.2003 (BGBl. I S. 2074), Steueränderungsgesetz 2003 vom 15.12.2003 (BGBl. I S. 2645), Kostenrechtsmodernisierungsgesetz vom 5.5.2004 (BGBl. I S. 718), Alterseinkünftegesetz vom 5.7.2004 (BGBl. I S. 1427), Gesetz zur Anpassung von Verjährungsvorschriften an das Gesetz zur Modernisierung des Schuldrechts vom 9.12.2004 (BGBl. I S. 3214), Richtlinien-Umsetzungsgesetz (EURLUmsG) vom 9.12.2004 (BGBl. I S. 3310), Gesetz zur Vereinfachung und Vereinheitlichung der Verfahrensvorschriften zur Wahl und Berufung ehrenamtlicher Richter vom 21.12.2004 (BGBl. I S. 3599), 2. Justizmodernisierungsgesetz vom 22.12.2006 (BGBl. I S. 3416), Gesetz zur Reform des Versicherungsvertragsrechts vom 23.11.2007 (BGBl. I S. 2631), Achtes Gesetz zur Änderung des Steuerberatungsgesetzes vom 8.4.2008 (BGBl. I S. 666), Gesetz zur Neuregelung des Verbots der Vereinbarung von Erfolgshonoraren vom 12.6.2008 (BGBl. I S. 1000), 4. Gesetz zur Änderung verwaltungsverfahrensrechtlicher Vorschriften vom 11.12.2008 (BGBl. I S. 2418), Jahressteuergesetz 2009 vom 19.12.2008 (BGBl. I S. 2794), Familienleistungsgesetz vom 22.12.2008 (BGBl. I S. 2955), Bürgerentlastungsgesetz Krankenversicherung vom 16.7.2009 (BGBl. I S. 1959), Gesetz zur Reform der Sachaufklärung in der Zwangsvollstreckung vom 29.7.2009 (BGBl. I S. 2258), Gesetz zur Änderung des Untersuchungshaftrechts vom 29.7.2009 (BGBl. I S. 2274), Gesetz zur Modernisierung von Verfahren im anwaltlichen und notariellen Berufsrecht vom 30.7.2009 (BGBl. I S. 2449), Jahressteuergesetz 2010 (JStG 2010) vom 8.12.2010 (BGBl. I S. 1768), Gesetz zur Umsetzung der Dienstleistungsrichtlinie in der Justiz und zur Änderung weiterer Vorschriften vom 22.12.2010 (BGBl. I S. 2248), Gesetz zur Verbesserung der Feststellung und Anerkennung im Ausland erworbener Berufsqualifikationen vom 6.12.2011 (BGBl. I S. 2515), Gesetz zur Stärkung der Rechte von Opfern sexuellen Missbrauchs (StORMG) vom 26.6.2013 (BGBl. I S. 1805), Amtshilferichtlinie-Umsetzungsgesetz

---

1) Neubekanntmachung des StBerG v. 16.8.1961 (BGBl. I S. 1301) in der ab 29.6.1975 geltenden Fassung.

(AmtshilfeRLUmsG) vom 26.6.2013 (BGBl. I S. 1809), Gesetz zur Einführung einer Partnergesellschaft mit beschränkter Berufshaftung und zur Änderung des Berufsrechts der Rechtsanwälte, Patentanwälte, Steuerberater und Wirtschaftsprüfer vom 15.7.2013 (BGBl. I S. 2386), Gesetz zur Strukturreform des Gebührenrechts des Bundes vom 7.8.2013 (BGBl. I S. 3154), Gesetz zur Änderung des Prozesskostenhilfe- und Beratungshilferechts vom 31.8.2013 (BGBl. I S. 3533), Gesetz zur Anpassung des nationalen Steuerrechts an den Beitritt Kroatiens zur EU und zur Änderung weiterer steuerlicher Vorschriften vom 25.7.2014 (BGBl. I S. 1266), Gesetz zur Stärkung des Rechts des Angeklagten auf Vertretung in der Berufungsverhandlung und über die Anerkennung von Abwesenheitsentscheidungen in der Rechtshilfe vom 17.7.2015 (BGBl. I S. 1332), Zehnte Zuständigkeitsanpassungsverordnung vom 31.8.2015 (BGBl. I S. 1474), Steueränderungsgesetz 2015 vom 2.11.2015 (BGBl. I S. 1834), Abschlussprüferaufsichtsreformgesetz (APAReG) vom 31.3.2016 (BGBl. I S. 518), Gesetz zur Umsetzung der Richtlinie 2013/55/EU des Europäischen Parlaments und des Rates vom 20. November 2013 zur Änderung der Richtlinie 2005/36/EG über die Anerkennung von Berufsqualifikationen und der Verordnung (EU) Nr. 1024/2012 über die Verwaltungszusammenarbeit mit Hilfe des Binnenmarkt-Informationssystems („IMI-Verordnung") für bundesrechtlich geregelte Heilberufe und andere Berufe vom 18.4.2016 (BGBl. I S. 886), Gesetz zur Modernisierung des Besteuerungsverfahrens vom 18.7.2016 (BGBl. I S. 1679), Gesetz zur Bekämpfung der Steuerumgehung und zur Änderung weiterer steuerlicher Vorschriften (Steuerumgehungsbekämpfungsgesetz – StUmgBG) vom 23.6.2017 (BGBl. I S. 1682), Gesetz zur Neuregelung des Schutzes von Geheimnissen bei der Mitwirkung Dritter an der Berufsauübung schweigepflichtiger Personen vom 30.10.2017 (BGBl. I S. 3618), Zweites Gesetz zur Anpassung des Datenschutzrechts an die Verordnung (EU) 2016/679 und zur Umsetzung der Richtlinie (EU) 2016/680 (Zweites Datenschutz-Anpassungs- und Umsetzungsgesetz EU – 2. DSAnpUG-EU) vom 20.11.2019 (BGBl. I S. 1626), Drittes Gesetz zur Entlastung insbesondere der mittelständischen Wirtschaft von Bürokratie (Drittes Bürokratieentlastungsgesetz) vom 22.11.2019 (BGBl. I S. 1746), Gesetz zur weiteren steuerlichen Förderung der Elektromobilität und zur Änderung weiterer steuerlicher Vorschriften vom 12.12.2019 (BGBl. I S. 2451), Gesetz zur Umsetzung der Änderungsrichtlinie zur Vierten EU-Geldwäscherichtlinie vom 12.12.2019 (BGBl. I S. 2602), Gesetz zur Einführung einer Pflicht zur Mitteilung grenzüberschreitender Steuergestaltungen vom 21.12.2019 (BGBl. I S. 2875), Gesetz zur Umsetzung der Verhältnismäßigkeitsrichtlinie (Richtlinie (EU) 2018/958) im Bereich öffentlich-rechtlicher Körperschaften vom 19.6.2020 (BGBl. I S. 1403), Jahressteuergesetz 2020 (JStG 2020) vom 21.12.2020 (BGBl. I S. 3096), Gesetz zur Modernisierung des notariellen Berufsrechts und zur Änderung weiterer Vorschriften vom 25.6.2021 (BGBl. I S. 2154), Gesetz zur Neuregelung des Berufsrechts der anwaltlichen und steuerberatenden Berufsausübungsgesellschaften sowie zur Änderung weiterer Vorschriften im Bereich der rechtsberatenden Berufe vom 7.7.2021 (BGBl. I S. 2363), Gesetz zur Förderung verbrauchergerechter Angebote im Rechtsdienstleistungsmarkt vom 10.8.2021 (BGBl. I S. 3415), Gesetz zur Modernisierung des Personengesellschaftsrechts (Personengesellschaftsrechtsmodernisierungsgesetz – MoPeG) vom 10.8.2021 (BGBl. I S. 3436), Jahressteuergesetz 2022 (JStG 2022) vom 16.12.2022 (BGBl. I S. 2294) und Gesetz zur Stärkung der Aufsicht bei Rechtsdienstleistungen und zur Änderung weiterer Vorschriften vom 10.3.2023 (BGBl. I Nr. 64)

BGBl. III/FNA 610-10

Inhaltsübersicht[1)]

Erster Teil. Vorschriften über die Hilfeleistung in Steuersachen

Erster Abschnitt. Ausübung der Hilfe in Steuersachen

Erster Unterabschnitt. Anwendungsbereich §§

Anwendungsbereich 1

[1)] Inhaltsübersicht neu gef. mWv 18.12.2019 durch G v. 12.12.2019 (BGBl. I S. 2451); geänd. mWv 29.12.2020 durch G v. 21.12.2020 (BGBl. I S. 3096); geänd. mWv 1.8.2021 durch G v. 25.6.2021 (BGBl. I S. 2154); geänd. mWv 1.8.2022 durch G v. 7.7.2021 (BGBl. I S. 2363); geänd. durch G v. 10.3.2023 (BGBl. I Nr. 64).

Zweiter Unterabschnitt. Befugnis §§

Geschäftsmäßige Hilfeleistung 2
Befugnis zu unbeschränkter Hilfeleistung in Steuersachen 3
Befugnis zu vorübergehender und gelegentlicher Hilfeleistung in Steuersachen 3a
Verzeichnis der nach § 3a zur vorübergehenden und gelegentlichen Hilfeleistung in Steuersachen befugten Personen 3b
Befugnis juristischer Personen und Vereinigungen zu vorübergehender und gelegentlicher Hilfeleistung in Steuersachen 3c
Partieller Zugang, Voraussetzungen und Antrag 3d
Erlaubnis zum partiellen Zugang 3e
Untersagung des partiellen Zugangs 3f
Elektronisches Verzeichnis der partiell zugelassenen Personen 3g
Befugnis zu beschränkter Hilfeleistung in Steuersachen 4

Dritter Unterabschnitt. Verbot und Untersagung

Verbot der unbefugten Hilfeleistung in Steuersachen, Missbrauch von Berufsbezeichnungen 5
Ausnahmen vom Verbot der unbefugten Hilfeleistung in Steuersachen 6
Untersagung der Hilfeleistung in Steuersachen 7

Vierter Unterabschnitt. Sonstige Vorschriften

Werbung 8
Vergütung 9
Erfolgshonorar 9a
Übermittlung von Daten 10
Mitteilung über den Ausgang eines Bußgeldverfahrens wegen unbefugter Hilfeleistung in Steuersachen [***ab 1.1.2025:*** (weggefallen)] 10a
Vorwarnmechanismus 10b
Verarbeitung personenbezogener Daten 11
Hilfeleistung im Abgabenrecht fremder Staaten 12

Zweiter Abschnitt. Lohnsteuerhilfevereine

Erster Unterabschnitt. Aufgaben

Zweck und Tätigkeitsbereich 13

Zweiter Unterabschnitt. Anerkennung

Voraussetzungen für die Anerkennung, Aufnahme der Tätigkeit 14
Anerkennungsbehörde, Satzung 15
Gebühren für die Anerkennung 16
Urkunde 17
Bezeichnung „Lohnsteuerhilfeverein" 18
Erlöschen der Anerkennung 19
Rücknahme und Widerruf der Anerkennung 20

Dritter Unterabschnitt. Pflichten

Aufzeichnungspflicht 21
Geschäftsprüfung 22
Ausübung der Hilfeleistung in Steuersachen im Rahmen der Befugnis nach § 4 Nummer 11, Beratungsstellen 23
Abwicklung der schwebenden Steuersachen im Rahmen der Befugnis nach § 4 Nummer 11 24
Haftungsausschluss, Haftpflichtversicherung 25
Allgemeine Pflichten der Lohnsteuerhilfevereine 26

Vierter Unterabschnitt. Aufsicht

Aufsichtsbehörde 27
Pflicht zum Erscheinen vor der Aufsichtsbehörde, Befugnisse der Aufsichtsbehörde 28

§§
Teilnahme der Aufsichtsbehörde an Mitgliederversammlungen 29
Verzeichnis der Lohnsteuerhilfevereine 30

Fünfter Unterabschnitt. Verordnungsermächtigung

Durchführungsbestimmungen zu den Vorschriften über die Lohnsteuerhilfevereine 31

Zweiter Teil. Steuerberaterordnung

Erster Abschnitt. Allgemeine Vorschriften

Steuerberater, Steuerbevollmächtigte und Berufsausübungsgesellschaften 32
Inhalt der Tätigkeit 33
Berufliche Niederlassung, weitere Beratungsstellen 34

Zweiter Abschnitt. Voraussetzungen für die Berufsausübung

Erster Unterabschnitt. Persönliche Voraussetzungen

Zulassung zur Prüfung, Befreiung von der Prüfung, organisatorische Durchführung der Prüfung, Abnahme der Prüfung, Wiederholung der Prüfung und Besetzung des Prüfungsausschusses 35
Voraussetzungen für die Zulassung zur Prüfung 36
Steuerberaterprüfung 37
Prüfung in Sonderfällen 37a
Zuständigkeit für die Zulassung zur Prüfung, für die Befreiung von der Prüfung, für die organisatorische Durchführung der Prüfung, für die Abnahme der Prüfung und für die Berufung und Abberufung des Prüfungsausschusses 37b
Voraussetzungen für die Befreiung von der Prüfung 38
Verbindliche Auskunft 38a
Gebühren für Zulassung, Prüfung, Befreiung und verbindliche Auskunft, Kostenerstattung 39
Rücknahme von Entscheidungen 39a

Zweiter Unterabschnitt. Bestellung

Bestellende Steuerberaterkammer, Bestellungsverfahren 40
Aussetzung des Bestellungsverfahrens 40a
Bestellung 41
Steuerbevollmächtigter 42
Berufsbezeichnung 43
Bezeichnung „Landwirtschaftliche Buchstelle" 44
Erlöschen der Bestellung 45
Rücknahme und Widerruf der Bestellung 46
Erlöschen der Befugnis zur Führung der Berufsbezeichnung 47
Wiederbestellung 48

Dritter Unterabschnitt. Berufsausübungsgesellschaften

Berufsausübungsgesellschaften 49
Berufsausübungsgesellschaften mit Angehörigen anderer Berufe 50
Berufspflichten bei beruflicher Zusammenarbeit 51
Berufspflichten der Berufsausübungsgesellschaft 52
Anerkennung 53
Anerkennungsverfahren; Gebühr; Anzeigepflicht 54
Erlöschen, Rücknahme und Widerruf der Anerkennung; Abwickler 55
Gesellschafter- und Kapitalstruktur von Berufsausübungsgesellschaften 55a
Geschäftsführungsorgane; Aufsichtsorgane 55b
(weggefallen) 55c
Vertretung vor Gerichten und Behörden 55d
Berufliche Niederlassung der Berufsausübungsgesellschaft 55e

Erster Teil. Vorschriften über die Hilfeleistung in Steuersachen

Erster Abschnitt. Ausübung der Hilfe in Steuersachen

Erster Unterabschnitt. Anwendungsbereich

§ 1[1] **Anwendungsbereich.** (1) Dieses Gesetz ist anzuwenden auf die Hilfeleistung

1. in Angelegenheiten, die durch Bundesrecht, Recht der Europäischen Union oder der Vertragsstaaten des Abkommens über den Europäischen Wirtschaftsraum geregelte Steuern und Vergütungen betreffen, soweit diese durch Bundesfinanzbehörden oder durch Landesfinanzbehörden verwaltet werden,
2. in Angelegenheiten, die die Realsteuern oder die Grunderwerbsteuer betreffen,
3. in Angelegenheiten, die durch Landesrecht oder auf Grund einer landesrechtlichen Ermächtigung geregelte Steuern betreffen,
4. in Monopolsachen,
5. in sonstigen von Bundesfinanzbehörden oder Landesfinanzbehörden verwalteten Angelegenheiten, soweit für diese durch Bundesgesetz oder Landesgesetz der Finanzrechtsweg eröffnet ist.

(2) Die Hilfeleistung in Steuersachen umfaßt auch

1. die Hilfeleistung in Steuerstrafsachen und in Bußgeldsachen wegen einer Steuerordnungswidrigkeit,
2. die Hilfeleistung bei der Führung von Büchern und Aufzeichnungen sowie bei der Aufstellung von Abschlüssen, die für die Besteuerung von Bedeutung sind,
3. die Hilfeleistung bei der Einziehung von Steuererstattungs- oder Vergütungsansprüchen.

(3) Die Vorschriften der einzelnen Verfahrensordnungen über die Zulassung von Bevollmächtigten und Beiständen bleiben unberührt.

(4) Das Berufsqualifikationsfeststellungsgesetz findet mit Ausnahme des § 17 keine Anwendung.

Zweiter Unterabschnitt. Befugnis

§ 2[2] **Geschäftsmäßige Hilfeleistung.** (1) [1]Die Hilfeleistung in Steuersachen darf geschäftsmäßig nur von Personen und Vereinigungen ausgeübt werden, die hierzu befugt sind. [2]Dies gilt ohne Unterschied für hauptberufliche, nebenberufliche, entgeltliche oder unentgeltliche Tätigkeiten und dient dem Schutz der Rechtssuchenden, des Rechtsverkehrs und der Rechtsordnung vor unqualifizierter Hilfeleistung in Steuersachen.

---

[1] § 1 Abs. 1 Nr. 2 geänd. durch G v. 9.6.1989 (BGBl. I S. 1062), Nr. 1 geänd. mWv 1.1.1994 (BGBl. 1993 I S. 2436) durch G v. 27.4.1993 (BGBl. I S. 512); Abs. 4 angef. mWv 1.4.2012 durch G v. 6.12.2011 (BGBl. I S. 2515); Abs. 1 Nr. 1 geänd. mWv 30.6.2013 durch G v. 26.6.2013 (BGBl. I S. 1809).

[2] § 2 neu gef. mWv 1.8.2022 durch G v. 7.7.2021 (BGBl. I S. 2363).

(2) Geschäftsmäßige Hilfeleistung in Steuersachen ist jede Tätigkeit in fremden Angelegenheiten im Anwendungsbereich dieses Gesetzes, sobald sie eine rechtliche Prüfung des Einzelfalls erfordert.

§ 3[1)] Befugnis zu unbeschränkter Hilfeleistung in Steuersachen. [1] Zur geschäftsmäßigen Hilfeleistung in Steuersachen sind befugt:

1. Steuerberater, Steuerbevollmächtigte, Rechtsanwälte, niedergelassene europäische Rechtsanwälte, Wirtschaftsprüfer und vereidigte Buchprüfer,
2. Berufsausübungsgesellschaften nach den §§ 49 und 50 und im Sinne der Bundesrechtsanwaltsordnung,
3. Gesellschaften nach § 44b Absatz 1 der Wirtschaftsprüferordnung[2)], deren Gesellschafter oder Partner ausschließlich Wirtschaftsprüfer oder vereidigte Buchprüfer sind, sowie Wirtschaftsprüfungsgesellschaften und Buchprüfungsgesellschaften.

[2] Gesellschaften nach Satz 1 Nummer 2 und 3 handeln durch ihre Gesellschafter und Vertreter, in deren Person die für die Erbringung der geschäftsmäßigen Hilfeleistung in Steuersachen gesetzlich vorgeschriebenen Voraussetzungen im Einzelfall vorliegen müssen.

§ 3a[3)] Befugnis zu vorübergehender und gelegentlicher Hilfeleistung in Steuersachen. (1) [1] Personen, die in einem anderen Mitgliedstaat der Europäischen Union oder in einem anderen Vertragsstaat des Abkommens über den Europäischen Wirtschaftsraum oder in der Schweiz beruflich niedergelassen sind und dort befugt geschäftsmäßig Hilfe in Steuersachen nach dem Recht des Niederlassungsstaates leisten, sind zur vorübergehenden und gelegentlichen geschäftsmäßigen Hilfeleistung in Steuersachen in der Bundesrepublik Deutschland befugt. [2] Die vorübergehende und gelegentliche geschäftsmäßige Hilfeleistung in Steuersachen kann vom Staat der Niederlassung aus erfolgen. [3] Der Umfang der Befugnis zur Hilfeleistung in Steuersachen im Inland richtet sich nach dem Umfang dieser Befugnis im Niederlassungsstaat. [4] Bei ihrer Tätigkeit im Inland unterliegen sie denselben Berufsregeln wie die in § 3 genannten Personen. [5] Wenn weder der Beruf noch die Ausbildung zu diesem Beruf im Staat der Niederlassung reglementiert ist, gilt die Befugnis

---

[1)] § 3 Abs. 2 aufgeh. mWv 1.7.1994 durch G v. 24.6.1994 (BGBl. I S. 1387), Nr. 2 geänd. mWv 1.3.1999 durch G v. 31.8.1998 (BGBl. I S. 2600), neu gef. mWv 1.7.2000 durch G v. 24.6.2000 (BGBl. I S. 874); Nr. 4 geänd. mWv 1.11.2003 durch G v. 26.10.2003 (BGBl. I S. 874); Nr. 3 geänd., Nr. 4 aufgeh. mWv 12.4.2008 durch G v. 8.4.2008 (BGBl. I S. 666); Nr. 2 geänd. mWv 19.7.2013 durch G v. 15.7.2013 (BGBl. I S. 2386); Nr. 2 und 3 neu gef. mWv 1.8.2022 durch G v. 7.7.2021 (BGBl. I S. 2363); Satz 2 angef., bish. Text wird Satz 1 mWv 16.3.2023 durch G v. 10.3.2023 (BGBl. I Nr. 64).

[2)] Nr. **850**.

[3)] § 3a eingef. mWv 12.4.2008 durch G v. 8.4.2008 (BGBl. I S. 666); Abs. 1 Satz 4 neu gef., Abs. 2 Sätze 1 und 2 Nr. 9 geänd., Satz 3 Nr. 7 neu gef., Satz 6 angef., Abs. 7 Satz 2 neu gef., Satz 3 angef. mWv 23.4.2016 durch G v. 18.4.2016 (BGBl. I S. 886); Abs. 6 Satz 2 angef. mWv 1.1.2017 durch G v. 18.7.2016 (BGBl. I S. 1679); Abs. 1 Satz 1 geänd., Satz 2 eingef., bish. Sätze 2–5 werden Sätze 3–6 mWv 25.6.2017 durch G v. 23.6.2017 (BGBl. I S. 1682); Abs. 6 Satz 1 neu gef., Satz 3 angef. mWv 29.12.2020, Abs. 2 Satz 2 Nr. 10 aufgeh., bish. Nr. 11–21 werden Nr. 10–20 mWv 1.1.2021 durch G v. 21.12.2020 (BGBl. I S. 3096); Abs. 2 Satz 7 angef., Abs. 7 Satz 3 geänd. mWv 1.8.2021 durch G v. 25.6.2021 (BGBl. I S. 2154); Abs. 1 Satz 1 geänd. mWv 16.3.2023 durch G v. 10.3.2023 (BGBl. I Nr. 64).

3. die Anschrift der beruflichen Niederlassung,
4. die Berufsbezeichnung, unter der die Tätigkeit im Inland erbracht werden soll,
5. die Tätigkeiten oder Tätigkeitsbereiche, die im Inland erbracht werden sollen,
6. einen Nachweis über die Berufsqualifikation,
7. eine Information über Einzelheiten zur Berufshaftpflichtversicherung oder eines anderen individuellen oder kollektiven Schutzes in Bezug auf die Berufshaftpflicht.

§ 3e[1] Erlaubnis zum partiellen Zugang. (1) [1]Die Gewährung des partiellen Zugangs berechtigt die Person zur geschäftsmäßigen Hilfeleistung in Steuersachen im gesamten Hoheitsgebiet der Bundesrepublik Deutschland, beschränkt auf die Tätigkeit, für die partieller Zugang gewährt wurde. [2]Der Umfang der Befugnis zur Hilfeleistung in Steuersachen in dem betreffenden Teilbereich im Inland richtet sich nach dem Umfang dieser Befugnis im Herkunftsmitgliedstaat. [3]Bei der Ausübung der Tätigkeit sind die Berufsbezeichnung des Herkunftsmitgliedstaates und der Herkunftsmitgliedstaat anzugeben. [4]Eine Verwechslung mit der Berufsbezeichnung nach § 43 muss ausgeschlossen sein. [5]Dem Auftraggeber ist der Umfang des Tätigkeitsbereichs vor Leistungsbeginn in Textform mitzuteilen. [6]Im Übrigen gelten die Vorschriften des Dritten Abschnitts des Zweiten Teils sowie die auf Grund von § 86 Absatz 2 Nummer 2 erlassene Satzung entsprechend.

(2) [1]Die nach § 3d Absatz 2 Satz 2 zuständige Stelle kann alle aus ihrer Sicht zur Beurteilung des Antrags auf partiellen Zugang erforderlichen Informationen bei den zuständigen Stellen im Herkunftsmitgliedstaat einholen bei berechtigten Zweifeln
1. an der Befugnis des Antragstellers zur Hilfeleistung in Steuersachen im Herkunftsmitgliedstaat (§ 3d Absatz 1 Nummer 1),
2. an der guten Führung des Antragstellers oder
3. daran, dass keine berufsbezogenen disziplinarischen oder strafrechtlichen Sanktionen gegen den Antragsteller vorliegen.

[2]§ 30 der Abgabenordnung[2] steht Satz 1 nicht entgegen.

(3) Der partielle Zugang kann verweigert werden, wenn die Verweigerung
1. durch zwingende Gründe des Allgemeininteresses gerechtfertigt ist,
2. geeignet ist, die Erreichung des verfolgten Ziels nach § 2 Absatz 1 Satz 2 zu gewährleisten, und
3. nicht über das hinausgeht, was zur Erreichung dieses Ziels erforderlich ist.

(4) [1]Die partiell zugelassene Person ist mit den Angaben nach § 3d Absatz 3 Nummer 1 bis 4, der zuständigen Stelle und dem Datum der Erteilung des partiellen Zugangs in das Berufsregister einzutragen. [2]Änderungen der Angaben nach § 3d Absatz 3 Nummer 1, 3 bis 5 und 7 sind der zuständigen Stelle

---

[1] § 3e eingef. mWv 1.8.2022 durch G v. 7.7.2021 (BGBl. I S. 2363); Abs. 1 Satz 6 geänd. mWv 16.3.2023 durch G v. 10.3.2023 (BGBl. I Nr. 64).

[2] Nr. **800**.

unverzüglich schriftlich oder elektronisch mitzuteilen. [3]Die Eintragung der partiell zugelassenen Person ist zu löschen, wenn die partiell zugelassene Person auf diese Erlaubnis verzichtet oder der partielle Zugang unanfechtbar untersagt worden ist.

(5) Das Verfahren ist gebührenfrei.

§ 3f[1)] Untersagung des partiellen Zugangs. Die zuständige Stelle kann einer partiell zugelassenen Person die weitere Hilfeleistung in Steuersachen untersagen, wenn

1. der Person im Herkunftsmitgliedstaat die Ausübung der Tätigkeit untersagt wurde,
2. die Person im Einzelfall nicht über die für die konkrete Ausübung der Berufstätigkeit im Inland erforderlichen deutschen Sprachkenntnisse verfügt,
3. die Person wiederholt eine unrichtige Berufsbezeichnung führt,
4. die Person die Befugnis zu beschränkter geschäftsmäßiger Hilfeleistung in Steuersachen nach § 3e Absatz 1 Satz 1 und 2 überschreitet oder
5. die Person besonders schwerwiegend oder wiederholt gegen die Pflichten nach § 3e Absatz 1 Satz 3 bis 6 verstößt.

§ 3g[2)] Elektronisches Verzeichnis der partiell zugelassenen Personen.

(1) [1]Die Bundessteuerberaterkammer führt ein elektronisches Verzeichnis aller Personen, denen nach § 3d Absatz 1 ein partieller Zugang erteilt worden ist und die nach § 3e Absatz 4 in das Berufsregister eingetragen sind. [2]Das Verzeichnis dient der Information der Behörden und Gerichte, der Rechtsuchenden sowie anderer am Rechtsverkehr Beteiligter. [3]Die Steuerberaterkammern geben die im Berufsregister nach § 3e Absatz 4 gespeicherten Daten im automatisierten Verfahren in das von der Bundessteuerberaterkammer geführte Verzeichnis ein. [4]Die zuständige Steuerberaterkammer trägt die datenschutzrechtliche Verantwortung für die von ihr in das Verzeichnis eingegebenen Daten, insbesondere für die Rechtmäßigkeit der Erhebung, die Vollständigkeit und die Richtigkeit der Daten. [5]Der Abruf einzelner Daten aus dem Gesamtverzeichnis steht jedermann unentgeltlich zu.

(2)[3)] In das elektronische Verzeichnis sind einzutragen

1. der Familienname und der oder die Vornamen,
2. das Geburtsdatum,
3. die Anschrift der beruflichen Niederlassung einschließlich der Anschriften aller Beratungsstellen,
4. die Berufsbezeichnung, unter der die Tätigkeit nach § 3e Absatz 1 Satz 2 im Inland zu erbringen ist, sowie
5. der Name und die Anschrift der nach § 3d Absatz 2 Satz 2 zuständigen Steuerberaterkammer.

[1)] § 3f eingef. mWv 1.8.2022 durch G v. 7.7.2021 (BGBl. I S. 2363).
[2)] § 3g eingef. mWv 1.8.2022 durch G v. 7.7.2021 (BGBl. I S. 2363).
[3)] § 3g Abs. 2 neu gef. mWv 16.3.2023 durch G v. 10.3.2023 (BGBl. I Nr. 64).

§ 4[1]) Befugnis zu beschränkter Hilfeleistung in Steuersachen. [1] Zur geschäftsmäßigen Hilfeleistung in Steuersachen sind ferner befugt:

1. Notare im Rahmen ihrer Befugnisse nach der Bundesnotarordnung,
2. Patentanwälte und Patentanwaltsgesellschaften im Rahmen ihrer Befugnisse nach der Patentanwaltsordnung,
3. Behörden und Körperschaften des öffentlichen Rechts sowie die überörtlichen Prüfungseinrichtungen für Körperschaften und Anstalten des öffentlichen Rechts im Rahmen ihrer Zuständigkeit,
4. Verwahrer und Verwalter fremden oder zu treuen Händen oder zu Sicherungszwecken übereigneten Vermögens, soweit sie hinsichtlich dieses Vermögens Hilfe in Steuersachen leisten,
5. Unternehmer, die ein Handelsgewerbe betreiben, soweit sie in unmittelbarem Zusammenhang mit einem Geschäft, das zu ihrem Handelsgewerbe gehört, ihren Kunden Hilfe in Steuersachen leisten,
6. genossenschaftliche Prüfungs- und Spitzenverbände und genossenschaftliche Treuhandstellen, soweit sie im Rahmen ihres Aufgabenbereichs den Mitgliedern der Prüfungs- und Spitzenverbände Hilfe in Steuersachen leisten,
7. als Berufsvertretung oder auf ähnlicher Grundlage gebildete Vereinigungen, soweit sie im Rahmen ihres Aufgabenbereichs ihren Mitgliedern Hilfe in Steuersachen leisten; § 95 des Bundesvertriebenengesetzes bleibt unberührt,
8. als Berufsvertretung oder auf ähnlicher Grundlage gebildete Vereine von Land- und Forstwirten, zu deren satzungsmäßiger Aufgabe die Hilfeleistung für land- und forstwirtschaftliche Betriebe im Sinne des Bewertungsgesetzes gehört, soweit sie diese Hilfe durch Personen leisten, die berechtigt sind, die Bezeichnung „Landwirtschaftliche Buchstelle" zu führen, und die Hilfe nicht die Ermittlung der Einkünfte aus selbständiger Arbeit oder aus Gewerbebetrieb betrifft, es sei denn, daß es sich hierbei um Nebeneinkünfte handelt, die üblicherweise bei Landwirten vorkommen,

---

1) § 4 Nrn. 8, 11 neu gef., Nrn. 12, 13 angef. durch G v. 9.6.1989 (BGBl. I S. 1062), Nr. 9 Buchst. a geänd. durch G v. 21.12.1992 (BGBl. I S. 2150), Nr. 11 Buchst. c neu gef. mWv 1.7.1994 durch G v. 24.6.1994 (BGBl. I S. 1387), Nr. 10 und 11 neu gef. mWv 1.1.1996 durch G v. 18.12.1995 (BGBl. I S. 1959), Nr. 9 Buchst. c angef. durch G v. 12.12.1996 (BGBl. I S. 1852), Nr. 2 geänd. mWv 1.3.1999 durch G v. 31.8.1998 (BGBl. I S. 2600), Nr. 15 angef. durch G v. 19.12.1998 (BGBl. I S. 3836), Nr. 9 Buchst. a geänd., Nrn 10 und 11 neu gef. mWv 1.7.2000, Nr. 11 geänd. mWv 1.1.2002 durch G v. 24.6.2000 (BGBl. I S. 874), Nr. 11 Satz 3, Nr. 15 geänd., Nr. 16 angef. mWv 30.6.2001 durch G v. 26.6.2001 (BGBl. I S. 1310); Nr. 11 Satz 3 geänd. mWv 23.12.2001 durch G v. 20.12.2001 (BGBl. I S. 3794); Nr. 16 neu gef. mWv 1.1.2004 durch G v. 5.7.2004 (BGBl. I S. 1427); Nr. 11 Satz 1 Buchst. a neu gef. mWv 1.1.2005 durch G v. 5.7.2004 (BGBl. I S. 1427); Nr. 11 Satz 1 Buchst. b neu gef., Nr. 11 Satz 3 geänd. mWv 16.12.2004 durch G v. 9.12.2004 (BGBl. I S. 3310); Nr. 11 Satz 1 Buchst. b geänd., Buchst. c Satz 3, Nr. 12 neu gef., Nr. 12a eingef. mWv 12.4.2008 durch G v. 8.4.2008 (BGBl. I S. 666); Nr. 16 Buchst. a geänd. mWv 1.11.2008 durch G v. 19.12.2008 (BGBl. I S. 2794); Nr. 11 Satz 3 geänd. mWv 1.1.2009 durch G v. 22.12.2008 (BGBl. I S. 2955); Nr. 11 Satz 1 Buchst. c Satz 2 angef. mWv 14.12.2010 durch G v. 8.12.2010 (BGBl. I S. 1768); Nr. 11 Satz 3 geänd. mWv 30.6.2013 durch G v. 26.6.2013 (BGBl. I S. 1809); Nr. 11 Satz 1 Buchst. b und c geänd. mWv 1.1.2020 durch G v. 22.11.2019 (BGBl. I S. 1746).

9. a) Speditionsunternehmen, soweit sie Hilfe in Eingangsabgabensachen oder bei der verbrauchsteuerlichen Behandlung von Waren im Warenverkehr mit anderen Mitgliedstaaten der Europäischen Union leisten,
   b) sonstige gewerbliche Unternehmen, soweit sie im Zusammenhang mit der Zollbehandlung Hilfe in Eingangsabgabensachen leisten,
   c) die in den Buchstaben a und b genannten Unternehmen, soweit sie für Unternehmer im Sinne des § 22a des Umsatzsteuergesetzes Hilfe in Steuersachen nach § 22b des Umsatzsteuergesetzes leisten und im Geltungsbereich dieses Gesetzes ansässig sind, nicht Kleinunternehmer im Sinne des § 19 des Umsatzsteuergesetzes und nicht von der Fiskalvertretung nach § 22e des Umsatzsteuergesetzes ausgeschlossen sind,
10. Arbeitgeber, soweit sie für ihre Arbeitnehmer Hilfe bei lohnsteuerlichen Sachverhalten oder bei Sachverhalten des Familienleistungsausgleichs im Sinne des Einkommensteuergesetzes leisten,
11.[1] Lohnsteuerhilfevereine, soweit sie für ihre Mitglieder Hilfe in Steuersachen leisten, wenn diese
   a) Einkünfte aus nichtselbständiger Arbeit, sonstige Einkünfte aus wiederkehrenden Bezügen (§ 22 Nr. 1 des Einkommensteuergesetzes), Einkünfte aus Unterhaltsleistungen (§ 22 Nr. 1a des Einkommensteuergesetzes) oder Einkünfte aus Leistungen nach § 22 Nr. 5 des Einkommensteuergesetzes erzielen,
   b) keine Einkünfte aus Land- und Forstwirtschaft, aus Gewerbebetrieb oder aus selbständiger Arbeit erzielen oder umsatzsteuerpflichtige Umsätze ausführen, es sei denn, die den Einkünften zugrunde liegenden Einnahmen sind nach § 3 Nummer 12, 26, 26a, 26b oder 72 des Einkommensteuergesetzes in voller Höhe steuerfrei, und
   c) Einnahmen aus anderen Einkunftsarten haben, die insgesamt die Höhe von achtzehntausend Euro, im Falle der Zusammenveranlagung von sechsunddreißigtausend Euro, nicht übersteigen und im Veranlagungsverfahren zu erklären sind oder auf Grund eines Antrags des Steuerpflichtigen erklärt werden. [2] An die Stelle der Einnahmen tritt in Fällen des § 20 Absatz 2 des Einkommensteuergesetzes der Gewinn im Sinne des § 20 Absatz 4 des Einkommensteuergesetzes und in den Fällen des § 23 Absatz 1 des Einkommensteuergesetzes der Gewinn im Sinne des § 23 Absatz 3 Satz 1 des Einkommensteuergesetzes; Verluste bleiben unberücksichtigt.

   [2] Die Befugnis erstreckt sich nur auf die Hilfeleistung bei der Einkommensteuer und ihren Zuschlagsteuern. [3] Soweit zulässig, berechtigt sie auch zur Hilfeleistung bei der Eigenheimzulage und der Investitionszulage nach den §§ 3 bis 4 des Investitionszulagengesetzes 1999, bei mit Kinderbetreuungskosten im Sinne von § 10 Absatz 1 Nummer 5 des Einkommensteuergesetzes sowie bei mit haushaltsnahen Beschäftigungsverhältnissen im Sinne des § 35a des Einkommensteuergesetzes zusammenhängenden Arbeitgeberaufgaben sowie zur Hilfe bei Sachverhalten des Familienleistungsausgleichs

---

[1] § 4 Nr. 11 Satz 1 Buchst. b geänd. mWv 21.12.2022 durch G v. 16.12.2022 (BGBl. I S. 2294).

im Sinne des Einkommensteuergesetzes und der sonstigen Zulagen und Prämien, auf die die Vorschriften der Abgabenordnung[1] anzuwenden sind. [4]Mitglieder, die arbeitslos geworden sind, dürfen weiterhin beraten werden.

12.[2] Kreditinstitute, soweit sie in Vertretung der Gläubiger von Kapitalerträgen Anträge auf Erstattung von Kapitalertragsteuer nach § 44a Absatz 9 oder § 50c des Einkommensteuergesetzes oder nach § 11 Absatz 1 des Investmentsteuergesetzes stellen,

13. öffentlich bestellte versicherungsmathematische Sachverständige, soweit sie in unmittelbarem Zusammenhang mit der Berechnung von Pensionsrückstellungen, versicherungstechnischen Rückstellungen und Zuführungen zu Pensions- und Unterstützungskassen ihren Auftraggebern Hilfe in Steuersachen leisten,

14. diejenigen, die Verträge im Sinne des § 2 Abs. 1 Wohnungsbau-Prämiengesetz schließen oder vermitteln, soweit sie bei der Ausfüllung von Anträgen auf Wohnungsbauprämie Hilfe leisten,

15. Stellen, die durch Landesrecht als geeignet im Sinne des § 305 Abs. 1 Nr. 1 der Insolvenzordnung anerkannt sind, im Rahmen ihres Aufgabenbereichs,

16. a) diejenigen, die Verträge im Sinne des § 1 Abs. 1 und 1a des Altersvorsorgeverträge-Zertifizierungsgesetzes schließen oder vermitteln,
    b) die in § 82 Abs. 2 Satz 1 Buchstabe a des Einkommensteuergesetzes genannten Versorgungseinrichtungen,

soweit sie im Rahmen des Vertragsabschlusses, der Durchführung des Vertrages oder der Antragstellung nach § 89 des Einkommensteuergesetzes Hilfe leisten.

Dritter Unterabschnitt. Verbot und Untersagung

§ 5[3] Verbot der unbefugten Hilfeleistung in Steuersachen, Missbrauch von Berufsbezeichnungen. (1) [1]Andere als die in den §§ 3, 3a, 3d und 4 bezeichneten Personen und Vereinigungen dürfen nicht geschäftsmäßig Hilfe in Steuersachen leisten, insbesondere nicht geschäftsmäßig Rat in Steuersachen erteilen. [2]Die in den §§ 3a, 3d und 4 bezeichneten Personen und Vereinigungen dürfen nur im Rahmen ihrer Befugnis geschäftsmäßig Hilfe in Steuersachen leisten.

---

[1] Nr. **800**.

[2] § 4 Nr. 12 neu gef., Nr. 12a aufgeh. mWv 21.12.2022 durch G v. 16.12.2022 (BGBl. I S. 2294).

[3] § 5 Abs. 2 angef. durch G v. 9.6.1989 (BGBl. I S. 1062), Abs. 2 neu gef. mWv 1.7.2000 durch G v. 24.6.2000 (BGBl. I S. 874); Überschr. neu gef., Abs. 1 Satz 1 geänd., Abs. 3 angef. mWv 12.4.2008 durch G v. 8.4.2008 (BGBl. I S. 666); Abs. 3 neu gef. mWv 19.7.2013 durch G v. 15.7.2013 (BGBl. I S. 2386); Abs. 1 Satz 2 neu gef., Abs. 2 Satz 2 angef., Abs. 3 Satz 2 aufgeh., Abs. 4 und 5 angef. mWv 29.12.2020 durch G v. 21.12.2020 (BGBl. I S. 3096); Abs. 5 geänd. mWv 1.8.2021 durch G v. 25.6.2021 (BGBl. I S. 2154); Abs. 1 Sätze 1 und 2 geänd., Abs. 4 Satz 2 angef. mWv 1.8.2022 durch G v. 7.7.2021 (BGBl. I S. 2363); Abs. 3 Nr. 2 geänd. mWv 1.1.2024 durch G v. 10.8.2021 (BGBl. I S. 3436); Abs. 2 Satz 2 geänd., Sätze 3 bis 7 angef. **mWv 1.1.2025** durch G v. 10.3.2023 (BGBl. I Nr. 64).

(2) [1] Werden den Finanzbehörden oder den Steuerberaterkammern Tatsachen bekannt, die den Verdacht begründen, dass eine Person oder Vereinigung entgegen Absatz 1 geschäftsmäßig Hilfe in Steuersachen leistet, so haben sie diese Tatsachen der für das Bußgeldverfahren zuständigen Stelle mitzuteilen. [2] Werden den Finanzbehörden [***ab 1.1.2025:*** oder dem Bundesamt für Justiz] Tatsachen bekannt, die darauf hinweisen, dass eine Person oder Vereinigung entgegen Absatz 1 geschäftsmäßig Hilfe in Steuersachen leistet, so können sie diese Tatsachen der zuständigen Steuerberaterkammer zum Zwecke der Prüfung der Geltendmachung von Ansprüchen nach den Vorschriften des Gesetzes gegen den unlauteren Wettbewerb (§ 76 Absatz 11) mitteilen. [***ab 1.1.2025:*** [3] Liegen tatsächliche Anhaltspunkte dafür vor, dass die unbefugte Hilfeleistung in Steuersachen fortgesetzt wird, so ist das Bundesamt für Justiz verpflichtet, die zuständige Steuerberaterkammer über den Ausgang eines nach § 20 Absatz 1 Nummer 1 des Rechtsdienstleistungsgesetzes eingeleiteten Bußgeldverfahrens zu unterrichten. [4] Eine entsprechende Verpflichtung besteht für die Finanzbehörden in Bezug auf Bußgeldverfahren nach § 160. [5] Zuständige Steuerberaterkammer im Sinne der Sätze 2 und 3 ist diejenige, in deren Bezirk die unbefugt hilfeleistende Person oder Vereinigung ihren Sitz hat. [6] Besteht kein Sitz im Inland, jedoch in einem der in § 3a Absatz 2 Satz 2 genannten Staaten, so ist die nach dieser Vorschrift für den jeweiligen Staat zuständige Steuerberaterkammer zuständig. [7] Kann nach den Sätzen 5 und 6 keine Zuständigkeit bestimmt werden, so ist diejenige Steuerberaterkammer zuständig, in deren Bezirk die unbefugte Hilfeleistung erbracht wurde.]

(3) Die Finanzbehörden oder die Steuerberaterkammern haben der für das Strafverfahren, das Bußgeldverfahren oder ein berufsaufsichtliches Verfahren zuständigen Stelle ihnen bekannte Tatsachen mitzuteilen, die den Verdacht begründen, dass

1. Personen, die geschäftsmäßig Hilfe in Steuersachen leisten, entgegen § 132a Absatz 1 Nummer 2 des Strafgesetzbuches die Berufsbezeichnungen „Steuerberater", „Steuerbevollmächtigter", „Rechtsanwalt", „Wirtschaftsprüfer" oder „vereidigter Buchprüfer" führen,
2. Vereinigungen, die geschäftsmäßig Hilfe in Steuersachen leisten, entgegen § 161 dieses Gesetzes unbefugt die Bezeichnungen „Steuerberatungsgesellschaft", „Lohnsteuerhilfeverein", „Landwirtschaftliche Buchstelle" oder unbefugt den Zusatz „und Partner", „Partnerschaft" (§ 2 Absatz 1 [***bis 31.12.2023:*** Satz 1] des Partnerschaftsgesellschaftsgesetzes), „mit beschränkter Berufshaftung" oder jeweilige Abkürzungen (§ 8 Absatz 4 des Partnerschaftsgesellschaftsgesetzes) oder entgegen § 133 der Wirtschaftsprüferordnung[1)] die Bezeichnungen „Wirtschaftsprüfungsgesellschaft" oder „Buchprüfungsgesellschaft" führen.

(4) [1] Werden den Finanzbehörden Tatsachen bekannt, die darauf hinweisen, dass Personen oder Vereinigungen die ihnen nach § 3a zustehende Befugnis zu vorübergehender und gelegentlicher geschäftsmäßiger Hilfeleistung in Steuersachen überschreiten, so haben die Finanzbehörden diese Tatsachen der zuständigen Steuerberaterkammer mitzuteilen. [2] Satz 1 gilt entsprechend, wenn

---

[1)] Nr. **850**.

den Finanzbehörden Tatsachen bekannt werden, die darauf hinweisen, dass Personen oder Vereinigungen die ihnen erteilte Erlaubnis zum partiellen Zugang nach § 3d überschreiten.

(5) § 30 der Abgabenordnung[1] steht den Mitteilungen nach den Absätzen 2, 3 und 4 nicht entgegen.

§ 6[2] Ausnahmen vom Verbot der unbefugten Hilfeleistung in Steuersachen. Das Verbot des § 5 gilt nicht für

1. die Erstattung wissenschaftlich begründeter Gutachten,
2. die unentgeltliche Hilfeleistung in Steuersachen für Angehörige im Sinne des § 15 der Abgabenordnung,
3. die Durchführung mechanischer Arbeitsgänge bei der Führung von Büchern und Aufzeichnungen, die für die Besteuerung von Bedeutung sind; hierzu gehören nicht das Kontieren von Belegen und das Erteilen von Buchungsanweisungen,
4. das Buchen laufender Geschäftsvorfälle, die laufende Lohnabrechnung und das Fertigen der Lohnsteuer-Anmeldungen, soweit diese Tätigkeiten verantwortlich durch Personen erbracht werden, die nach Bestehen der Abschlußprüfung in einem kaufmännischen Ausbildungsberuf oder nach Erwerb einer gleichwertigen Vorbildung mindestens drei Jahre auf dem Gebiet des Buchhaltungswesens in einem Umfang von mindestens 16 Wochenstunden praktisch tätig gewesen sind.

§ 7[3] Untersagung der Hilfeleistung in Steuersachen.

[Fassung bis 31.12.2024:]

(1) Das Finanzamt kann die Hilfeleistung in Steuersachen untersagen,

1. wenn die Tätigkeit durch eine Person oder Vereinigung ausgeübt wird, die nicht unter die §§ 3, 3a, 3d oder 4 fällt,
2. wenn bei einer Tätigkeit nach den §§ 3a, 3d, 4 oder 6 die jeweiligen Befugnisse überschritten werden,
3. wenn eine Tätigkeit als Arbeitnehmer zur Umgehung des Verbots nach § 5 missbraucht wird.

[Fassung ab 1.1.2025:]

(1) Das Finanzamt kann die Hilfeleistung in Steuersachen untersagen, wenn

1. bei einer Tätigkeit nach den §§ 3a, 3d, 4 oder 6 die jeweiligen Befugnisse überschritten werden oder
2. eine Tätigkeit als Arbeitnehmer zur Umgehung des Verbots nach § 5 missbraucht wird.

---

[1] Nr. **800**.

[2] § 6 Nr. 2 geänd. durch G v. 14.12.1976 (BGBl. I S. 3341), Nr. 4 angef. durch G v. 9.6.1989 (BGBl. I S. 1062), Nr. 4 geänd. mWv 1.7.2000 durch G v. 24.6.2000 (BGBl. I S. 874).

[3] § 7 Abs. 2 Satz 1 geänd. durch G v. 9.6.1989 (BGBl. I S. 1062), Abs. 1 Nr. 3 angef., Abs. 2 Satz 2 geänd. mWv 1.7.2000 durch G v. 24.6.2000 (BGBl. I S. 874); Abs. 1 Nr. 1 und 2 geänd., Nr. 3 aufgeh. mWv 12.4.2008 durch G v. 8.4.2008 (BGBl. I S. 666); Abs. 3 Satz 2 angef. mWv 31.7.2014 durch G v. 25.7.2014 (BGBl. I S. 1266); Abs. 1 Nr. 2 neu gef., Nr. 3 angef., Abs. 3 neu gef. mWv 29.12.2020 durch G v. 21.12.2020 (BGBl. I S. 3096); Abs. 1 Nr. 1 und 2 geänd. mWv 1.8.2022 durch G v. 7.7.2021 (BGBl. I S. 2363); Abs. 1 neu gef. **mWv 1.1.2025,** Abs. 2 Satz 2 red. angepasst durch G v. 10.3.2023 (BGBl. I Nr. 64).

(2) [1]Die für die Finanzverwaltung zuständige oberste Landesbehörde kann den in § 4 Nr. 7 bezeichneten Vereinigungen im Einvernehmen mit den fachlich beteiligten obersten Landesbehörden die Hilfeleistung in Steuersachen ganz oder teilweise untersagen, wenn eine sachgemäße Tätigkeit nicht gewährleistet ist. [2]Dies gilt nicht, wenn eine der in § 3 Satz 1 Nummer 1 aufgeführten Personen die Hilfeleistung in Steuersachen leitet.

(3) [1]Diejenige Finanzbehörde, in deren Zuständigkeitsbereich die nach Absatz 1 zu untersagende Hilfeleistung in Steuersachen geleistet wird, kann diese Hilfeleistung in Steuersachen in ihrem Zuständigkeitsbereich untersagen. [2]Die Finanzbehörde ist befugt, andere Finanzbehörden über die Untersagung nach Satz 1 zu unterrichten. [3]§ 30 der Abgabenordnung[1)] steht dem nicht entgegen.

Vierter Unterabschnitt. Sonstige Vorschriften

§ 8[2)] Werbung. (1) Auf eigene Dienste oder Dienste Dritter zur geschäftsmäßigen Hilfeleistung in Steuersachen darf hingewiesen werden, soweit über die Tätigkeit in Form und Inhalt sachlich unterrichtet wird.

(2) [1]Werbung, die auf die Erteilung eines Auftrags zur geschäftsmäßigen Hilfeleistung in Steuersachen im Einzelfall gerichtet ist, ist verboten. [2]Dies gilt nicht für die Durchführung der Tätigkeiten nach § 6 Nr. 3 und 4.

(3) Die in § 3 Satz 1 bezeichneten Personen und Gesellschaften dürfen auf ihre Befugnis zur Hilfeleistung in Steuersachen nach den für sie geltenden berufsrechtlichen Vorschriften hinweisen.

(4) [1]Die in § 6 Nr. 4 bezeichneten Personen dürfen auf ihre Befugnisse zur Hilfeleistung in Steuersachen hinweisen und sich als Buchhalter bezeichnen. [2]Personen, die den anerkannten Abschluss „Geprüfter Bilanzbuchhalter/Geprüfte Bilanzbuchhalterin" oder „Steuerfachwirt/Steuerfachwirtin" erworben haben, dürfen unter dieser Bezeichnung werben. [3]Die genannten Personen dürfen dabei nicht gegen das Gesetz gegen den unlauteren Wettbewerb verstoßen.

§ 9[3)] Vergütung. Die Abgabe oder Entgegennahme eines Teils der Gebühren oder sonstiger Vorteile für die Vermittlung von Aufträgen, gleichviel ob im Verhältnis zu einem Steuerberater oder Steuerbevollmächtigten oder zu einem Dritten gleich welcher Art, ist unzulässig.

§ 9a[4)] Erfolgshonorar. (1) [1]Vereinbarungen, durch die eine Vergütung für eine Hilfeleistung in Steuersachen oder ihre Höhe vom Ausgang der Sache oder vom Erfolg der Tätigkeit abhängig gemacht wird oder nach denen der Steuerberater oder Steuerbevollmächtigte einen Teil der zu erzielenden Steuer-

---

[1)] Nr. **800**.

[2)] § 8 Abs. 1 Satz 2 angef. durch G v. 9.6.1989 (BGBl. I S. 1062), Abs. 3 angef. mWv 1.7.1994 durch G v. 24.6.1994 (BGBl. I S. 1387), neu gef. mWv 1.7.2000 durch G v. 24.6.2000 (BGBl. I S. 874); Abs. 4 neu gef. mWv 12.4.2008 durch G v. 8.4.2008 (BGBl. I S. 666); Abs. 3 Verweis red. angepasst durch G v. 10.3.2023 (BGBl. I Nr. 64).

[3)] § 9 neu gef. mWv 1.7.1994 durch G v. 24.6.1994 (BGBl. I S. 1387); Abs. 1 aufgeh., bish. Abs. 2 wird alleiniger Wortlaut mWv 1.7.2008 durch G v. 12.6.2008 (BGBl. I S. 1000).

[4)] § 9a eingef. mWv 1.7.2008 durch G v. 12.6.2008 (BGBl. I S. 1000); Abs. 2 Satz 1 geänd. mWv 1.10.2021 durch G v. 10.8.2021 (BGBl. I S. 3415).

ermäßigung, Steuerersparnis oder Steuervergütung als Honorar erhält (Erfolgshonorar), sind unzulässig, soweit nachfolgend nichts anderes bestimmt ist. 2 Vereinbarungen, durch die der Steuerberater oder Steuerbevollmächtigte sich verpflichtet, Gerichtskosten, Verwaltungskosten oder Kosten anderer Beteiligter zu tragen, sind unzulässig.

(2) 1 Ein Erfolgshonorar darf nur für den Einzelfall und nur dann vereinbart werden, wenn der Auftraggeber bei verständiger Betrachtung ohne die Vereinbarung eines Erfolgshonorars von der Rechtsverfolgung abgehalten würde. 2 Dabei darf für den Fall des Misserfolgs vereinbart werden, dass keine oder eine geringere als die gesetzliche Vergütung zu zahlen ist, wenn für den Erfolgsfall ein angemessener Zuschlag auf die gesetzliche Vergütung vereinbart wird.

(3) 1 Die Vereinbarung bedarf der Textform. 2 Sie muss als Vergütungsvereinbarung oder in vergleichbarer Weise bezeichnet werden, von anderen Vereinbarungen deutlich abgesetzt sein und darf nicht in der Vollmacht enthalten sein. 3 Die Vereinbarung muss enthalten:

1. die voraussichtliche gesetzliche Vergütung und gegebenenfalls die erfolgsunabhängige vertragliche Vergütung, zu der der Steuerberater oder Steuerbevollmächtigte bereit wäre, den Auftrag zu übernehmen, sowie
2. die Angabe, welche Vergütung bei Eintritt welcher Bedingungen verdient sein soll.

(4) 1 In der Vereinbarung sind außerdem die wesentlichen Gründe anzugeben, die für die Bemessung des Erfolgshonorars bestimmend sind. 2 Ferner ist ein Hinweis aufzunehmen, dass die Vereinbarung keinen Einfluss auf die gegebenenfalls vom Auftraggeber zu zahlenden Gerichtskosten, Verwaltungskosten und die von ihm zu erstattenden Kosten anderer Beteiligter hat.

(5) 1 Aus einer Vergütungsvereinbarung, die nicht den Anforderungen der Absätze 2 und 3 entspricht, kann der Steuerberater oder Steuerbevollmächtigte keine höhere als die gesetzliche Vergütung fordern. 2 Die Vorschriften des bürgerlichen Rechts über die ungerechtfertigte Bereicherung bleiben unberührt.

§ 10[1] Übermittlung von Daten. (1) Gerichte und Behörden einschließlich der Berufskammern übermitteln der für die Entscheidung zuständigen Stelle diejenigen Daten über Personen und Berufsausübungsgesellschaften, deren Kenntnis aus Sicht der übermittelnden Stelle erforderlich ist für

1. die Zulassung zur Prüfung oder die Befreiung von der Prüfung zum Steuerberater,
2. die Bestellung oder Wiederbestellung oder die Rücknahme oder den Widerruf der Bestellung als Steuerberater oder Steuerbevollmächtigter,
3. die Anerkennung, die Rücknahme oder den Widerruf der Anerkennung als Berufsausübungsgesellschaft oder als Lohnsteuerhilfeverein,
4. die Einleitung oder Durchführung eines berufsaufsichtlichen Verfahrens,

---

[1] § 10 neu gef. mWv 1.8.2022 durch G v. 7.7.2021 (BGBl. I S. 2363).

5. die Überprüfung der Voraussetzungen für die Bestellung eines Beratungsstellenleiters im Sinne des § 23 Absatz 3 oder
6. eine Untersagung nach § 3f.

(2) [1] Die Übermittlung nach Absatz 1 unterbleibt,

1. soweit sie schutzwürdige Interessen einer betroffenen Person beeinträchtigen würde und das Informationsinteresse des Empfängers das Interesse der betroffenen Person an dem Unterbleiben der Übermittlung nicht überwiegt oder
2. soweit besondere gesetzliche Verwendungsregelungen entgegenstehen.

[2] Satz 1 Nummer 2 gilt nicht für die Verschwiegenheitspflichten der für eine Berufskammer eines freien Berufs im Geltungsbereich dieses Gesetzes tätigen Personen und für das Steuergeheimnis nach § 30 der Abgabenordnung.

§ 10a[1] ***Mitteilung über den Ausgang eines Bußgeldverfahrens wegen unbefugter Hilfeleistung in Steuersachen.*** *(1) [1] Liegen tatsächliche Anhaltspunkte dafür vor, das die unbefugte Hilfeleistung in Steuersachen fortgesetzt wird, sind die Finanzbehörden verpflichtet, die Steuerberaterkammer, in deren Bezirk die Person Hilfe in Steuersachen geleistet hat, über den Ausgang eines nach § 160 eingeleiteten Bußgeldverfahrens zu unterrichten und ihr die Tatsachen mitzuteilen, die für die Geltendmachung von Ansprüchen nach den Vorschriften des Gesetzes gegen den unlauteren Wettbewerb erforderlich sind. [2] § 30 der Abgabenordnung*[2] *steht dem nicht entgegen.*

(2) [1] Wird die Hilfe in Steuersachen in verschiedenen Kammerbezirken geleistet, ist die Mitteilung an die Steuerberaterkammer zu richten, in deren Bezirk die Person ihre Geschäftsleitung unterhält, hilfsweise in deren Bezirk die Tätigkeit vorwiegend ausgeübt wird. [2] Ergibt sich die örtliche Zuständigkeit einer Steuerberaterkammer nicht aus Absatz 1 Satz 1 oder Absatz 2 Satz 1, ist die Steuerberaterkammer zuständig, in deren Kammerbezirk die Finanzbehörde, die das Bußgeldverfahren nach § 160 eingeleitet hat, ihren Sitz hat.

§ 10b[3] **Vorwarnmechanismus.** (1) [1] Wird bei einer Person, die die Anerkennung einer Berufsqualifikation nach der Richtlinie 2005/36/EG des Europäischen Parlaments und des Rates vom 7. September 2005 über die Anerkennung von Berufsqualifikationen (ABl. L 255 vom 30.9.2005, S. 22) in der jeweils geltenden Fassung beantragt hat, gerichtlich festgestellt, dass sie dabei gefälschte Berufsqualifikationsnachweise verwendet hat, unterrichtet die zuständige Steuerberaterkammer, soweit die Unterrichtung nicht bereits durch das zuständige Gericht erfolgt ist, die zuständigen Behörden der anderen Mitgliedstaaten der Europäischen Union, der anderen Vertragsstaaten des Abkommens über den Europäischen Wirtschaftsraum oder der Schweiz über die Identität dieser Person, insbesondere über Name, Vorname, Geburtsdatum und Geburtsort, und den Umstand, dass diese Person gefälschte Berufsqualifikationsnachweise verwendet hat (Warnmitteilung). [2] Die Warnmitteilung erfolgt unverzüg-

---

[1] § 10a aufgeh. **mWv 1.1.2025** durch G v. 10.3.2023 (BGBl. I Nr. 64).
[2] Nr. **800**.
[3] § 10b eingef. mWv 23.4.2016 durch G v. 18.4.2016 (BGBl. I S. 886).

lich, spätestens jedoch drei Tage nach Unanfechtbarkeit der Feststellung. [3]Sie ist über das durch die Verordnung (EU) Nr. 1024/2012 des Europäischen Parlaments und des Rates vom 25. Oktober 2012 über die Verwaltungszusammenarbeit mit Hilfe des Binnenmarkt-Informationssystems und zur Aufhebung der Entscheidung 2008/49/EG der Kommission (ABl. L 316 vom 14.11.2012, S. 1) eingerichtete Binnenmarkt-Informationssystem zu übermitteln.

(2) [1]Zeitgleich mit der Warnmitteilung nach Absatz 1 Satz 1 unterrichtet die zuständige Stelle, die die Warnmitteilung getätigt hat, die betroffene Person über die Warnmitteilung und ihren Inhalt schriftlich unter Beifügung einer Rechtsbehelfsbelehrung. [2]Wird ein Rechtsbehelf gegen die Warnmitteilung eingelegt, ergänzt die Stelle, die die Warnmitteilung getätigt hat, die Warnmitteilung um einen entsprechenden Hinweis.

§ 11[1)] Verarbeitung personenbezogener Daten. (1) [1]Soweit es zur Erfüllung der Aufgaben nach diesem Gesetz erforderlich ist, dürfen personenbezogene Daten verarbeitet werden. [2]Personenbezogene Daten dürfen auch für Zwecke künftiger Verfahren nach diesem Gesetz verarbeitet werden. [3]Besondere Kategorien personenbezogener Daten gemäß Artikel 9 Absatz 1 der Verordnung (EU) 2016/679 des Europäischen Parlaments und des Rates vom 27. April 2016 zum Schutz natürlicher Personen bei der Verarbeitung personenbezogener Daten, zum freien Datenverkehr und zur Aufhebung der Richtlinie 95/46/EG (Datenschutz-Grundverordnung) (ABl. L 119 vom 4.5.2016, S. 1; L 314 vom 22.11.2016, S. 72) dürfen gemäß Artikel 9 Absatz 2 Buchstabe g der Datenschutz-Grundverordnung (EU) 2016/679 in diesem Rahmen verarbeitet werden.

(2) [1]Die Verarbeitung personenbezogener Daten durch Personen und Gesellschaften nach § 3 erfolgt unter Beachtung der für sie geltenden Berufspflichten weisungsfrei. [2]Die Personen und Gesellschaften nach § 3 sind bei Verarbeitung sämtlicher personenbezogener Daten ihrer Mandanten Verantwortliche gemäß Artikel 4 Nummer 7 der Datenschutz-Grundverordnung (EU) 2016/679. [3]Besondere Kategorien personenbezogener Daten gemäß Artikel 9 Absatz 1 der Verordnung (EU) 2016/679 dürfen gemäß Artikel 9 Absatz 2 Buchstabe g der Datenschutz-Grundverordnung (EU) 2016/679 in diesem Rahmen verarbeitet werden.

(3) § 30 der Abgabenordnung steht dem nicht entgegen.

§ 12[2)] Hilfeleistung im Abgabenrecht fremder Staaten. [1]Personen und Vereinigungen im Sinne des § 3 Satz 1 sind in Angelegenheiten, die das Abgabenrecht fremder Staaten betreffen, zur geschäftsmäßigen Hilfe in Steuersachen befugt. [2]Die entsprechenden Befugnisse Dritter auf Grund anderer Rechtsvorschriften bleiben unberührt.

[1)] § 11 neu gef. mWv 18.12.2019 durch G v. 12.12.2019 (BGBl. I S. 2451); Abs. 3 geänd. mWv 1.8.2021 durch G v. 25.6.2021 (BGBl. I S. 2154).

[2)] § 12a wird § 12 und neu gef. mWv 1.7.2000 durch G v. 24.6.2000 (BGBl. I S. 874); Satz 1 Verweis red. angepasst durch G v. 10.3.2023 (BGBl. I Nr. 64).

Zweiter Abschnitt. Lohnsteuerhilfevereine

Erster Unterabschnitt. Aufgaben

§ 13[1] **Zweck und Tätigkeitsbereich.** (1) Lohnsteuerhilfevereine sind Selbsthilfeeinrichtungen von Arbeitnehmern zur Hilfeleistung in Steuersachen im Rahmen der Befugnis nach § 4 Nr. 11 für ihre Mitglieder.

(2) Lohnsteuerhilfevereine bedürfen für ihre Tätigkeit der Anerkennung.

Zweiter Unterabschnitt. Anerkennung

§ 14[2] **Voraussetzungen für die Anerkennung, Aufnahme der Tätigkeit.** (1) [1]Ein rechtsfähiger Verein kann als Lohnsteuerhilfeverein anerkannt werden, wenn nach der Satzung

1. seine Aufgabe ausschließlich die Hilfeleistung in Steuersachen im Rahmen der Befugnis nach § 4 Nr. 11 für seine Mitglieder ist;
2. der Sitz und die Geschäftsleitung des Vereins sich in demselben Bezirk der Aufsichtsbehörde befinden;
3. der Name des Vereins keinen Bestandteil mit besonderem Werbecharakter enthält;
4. eine sachgemäße Ausübung der Hilfeleistung in Steuersachen im Rahmen der Befugnis nach § 4 Nr. 11 sichergestellt ist;
5. für die Hilfeleistung in Steuersachen im Rahmen der Befugnis nach § 4 Nr. 11 neben dem Mitgliedsbeitrag kein besonderes Entgelt erhoben wird;
6. die Anwendung der Vorschriften des § 27 Absatz 1 und 3 Satz 1 sowie der §§ 32 und 33 des Bürgerlichen Gesetzbuches nicht ausgeschlossen ist;
7. Verträge des Vereins mit Mitgliedern des Vorstands oder deren Angehörigen der Zustimmung oder Genehmigung der Mitgliederversammlung bedürfen;
8. innerhalb von drei Monaten nach Bekanntgabe des wesentlichen Inhalts der Prüfungsfeststellungen an die Mitglieder (§ 22 Abs. 7 Nr. 2) eine Mitgliederversammlung stattfinden muß, in der insbesondere eine Aussprache über das Ergebnis der Geschäftsprüfung durchzuführen und über die Entlastung des Vorstands wegen seiner Geschäftsführung während des geprüften Geschäftsjahres zu befinden ist.

[2]An die Stelle der Mitgliederversammlung kann eine Vertreterversammlung treten, sofern durch sie eine ausreichende Wahrnehmung der Interessen der Mitglieder gewährleistet ist. [3]Die Vorschriften über Mitgliederversammlungen gelten für Vertreterversammlungen sinngemäß.

---

[1] § 13 Abs. 2 geänd. mWv 1.1.1996 durch G v. 18.12.1995 (BGBl. I S. 1959), Abs. 1 geänd., Abs. 2 aufgeh., bish. Abs. 3 wird Abs. 2 mWv 1.7.2000 durch G v. 24.6.2000 (BGBl. I S. 874).

[2] § 14 Abs. 1 Nrn. 2 und 7 eingef. durch G v. 9.6.1989 (BGBl. I S. 1062), Satz 3 angef. durch G v. 13.12.1990 (BGBl. I S. 2756), Abs. 1 Nr. 1, 4, 5 und 7 sowie Abs. 2 und 3 geänd. mWv 1.7.2000 durch G v. 24.6.2000 (BGBl. I S. 874); Abs. 1 Satz 1 Nr. 2 geänd. mWv 12.4.2008 durch G v. 8.4.2008 (BGBl. I S. 666); Abs. 1 Satz 1 Nr. 6 geänd. mWv 1.1.2015 durch G v. 2.11.2015 (BGBl. I S. 1834).

(2) Die Anerkennung darf nur ausgesprochen werden, wenn das Bestehen einer Versicherung gegen die sich aus der Hilfeleistung in Steuersachen im Rahmen der Befugnis nach § 4 Nr. 11 ergebenden Haftpflichtgefahren (§ 25 Abs. 2) nachgewiesen wird.

(3) Die Hilfeleistung in Steuersachen im Rahmen der Befugnis nach § 4 Nr. 11 darf erst nach der Anerkennung als Lohnsteuerhilfeverein aufgenommen werden.

§ 15[1] Anerkennungsbehörde, Satzung. (1) Für die Entscheidung über den Antrag auf Anerkennung als Lohnsteuerhilfeverein ist die Aufsichtsbehörde zuständig, in deren Bezirk der Verein seinen Sitz hat.

(2) Dem Antrag auf Anerkennung als Lohnsteuerhilfeverein ist eine öffentlich beglaubigte Abschrift der Satzung beizufügen.

(3) [1]Der Lohnsteuerhilfeverein hat jede Satzungsänderung der für den Sitz des Vereins zuständigen Aufsichtsbehörde innerhalb eines Monats nach der Beschlußfassung anzuzeigen. [2]Der Änderungsanzeige ist eine öffentlich beglaubigte Abschrift der jeweiligen Urkunde beizufügen.

§ 16[2] Gebühren für die Anerkennung. Für die Bearbeitung des Antrags auf Anerkennung als Lohnsteuerhilfeverein hat der Verein eine Gebühr von dreihundert Euro an die Aufsichtsbehörde zu zahlen.

§ 17[3] Urkunde. Über die Anerkennung als Lohnsteuerhilfeverein stellt die Aufsichtsbehörde eine Urkunde aus.

§ 18 Bezeichnung „Lohnsteuerhilfeverein". Der Verein ist verpflichtet, die Bezeichnung „Lohnsteuerhilfeverein" in den Namen des Vereins aufzunehmen.

§ 19[4] Erlöschen der Anerkennung. (1) Die Anerkennung erlischt durch
1. Auflösung des Vereins;
2. Verzicht auf die Anerkennung;
3. Verlust der Rechtsfähigkeit.

(2) Der Verzicht ist schriftlich gegenüber der Aufsichtsbehörde zu erklären.

§ 20[5] Rücknahme und Widerruf der Anerkennung. (1) Die Aufsichtsbehörde hat die Anerkennung zurückzunehmen, wenn sich nach der Anerkennung ergibt, daß sie hätte versagt werden müssen.

---

[1] § 15 Abs. 3 Satz 2 angef. mWv 1.7.2000 durch G v. 24.6.2000 (BGBl. I S. 874); Abs. 1 und 3 Satz 1 geänd. mWv 12.4.2008 durch G v. 8.4.2008 (BGBl. I S. 666).

[2] § 16 Satz 1 geänd., bish. Satz 2 aufgeh. mWv 1.7.1994 durch G v. 24.6.1994 (BGBl. I S. 1387), geänd. mWv 1.1.2002 durch G v. 24.6.2000 (BGBl. I S. 874); geänd. mWv 12.4.2008 durch G v. 8.4.2008 (BGBl. I S. 666).

[3] § 17 geänd. mWv 12.4.2008 durch G v. 8.4.2008 (BGBl. I S. 666).

[4] § 19 Abs 2 geänd. mWv 12.4.2008 durch G v. 8.4.2008 (BGBl. I S. 666).

[5] § 20 Abs. 2 Nr. 3 geänd. mWv 1.7.2000 durch G v. 24.6.2000 (BGBl. I S. 874); Abs. 1, Abs. 2 einl. Satzteil, Nr. 1 und 3 geänd. mWv 12.4.2008 durch G v. 8.4.2008 (BGBl. I S. 666); Abs. 2 Nr. 3 Buchst. b geänd. mWv 1.1.2013 durch G v. 29.7.2009 (BGBl. I S. 2258); Abs. 2 Nr. 3 Buchst. b geänd. mWv 1.8.2021 durch G v. 25.6.2021 (BGBl. I S. 2154).

(2) Die Aufsichtsbehörde hat die Anerkennung zu widerrufen,

1. wenn die Voraussetzungen für die Anerkennung als Lohnsteuerhilfeverein nachträglich fortfallen, es sei denn, daß der Verein innerhalb einer angemessenen, von der Aufsichtsbehörde zu bestimmenden Frist den dem Gesetz entsprechenden Zustand herbeiführt;
2. wenn die tatsächliche Geschäftsführung des Lohnsteuerhilfevereins nicht mit den in § 14 bezeichneten Anforderungen an die Satzung übereinstimmt;
3. wenn eine sachgemäße Ausübung der Hilfeleistung in Steuersachen im Rahmen der Befugnis nach § 4 Nr. 11 oder eine ordnungsgemäße Geschäftsführung nicht gewährleistet ist; eine ordnungsgemäße Geschäftsführung liegt insbesondere nicht vor, wenn
   a) gegen Pflichten nach diesem Gesetz in nachhaltiger Weise verstoßen wurde oder
   b) der Lohnsteuerhilfeverein in Vermögensverfall geraten ist; ein Vermögensverfall wird vermutet, wenn ein Insolvenzverfahren über das Vermögen des Lohnsteuerhilfevereins eröffnet oder der Lohnsteuerhilfeverein in das Schuldnerverzeichnis (§ 882b der Zivilprozessordnung) eingetragen ist.

(3) Vor der Rücknahme oder dem Widerruf ist der Lohnsteuerhilfeverein zu hören.

Dritter Unterabschnitt. Pflichten

§ 21 Aufzeichnungspflicht. (1) [1]Der Lohnsteuerhilfeverein hat sämtliche Einnahmen und Ausgaben fortlaufend und vollständig aufzuzeichnen. [2]Die Aufzeichnungen sind unverzüglich und in deutscher Sprache vorzunehmen.

(2) Für einzelne Mitglieder des Lohnsteuerhilfevereins empfangene Beträge sind vom Vereinsvermögen getrennt zu erfassen und gesondert zu verwalten.

(3) Der Lohnsteuerhilfeverein hat bei Beginn seiner Tätigkeit und am Ende eines jeden Geschäftsjahres auf Grund einer für diesen Zeitpunkt vorgenommenen Bestandsaufnahme seine Vermögenswerte und Schulden aufzuzeichnen und in einer Vermögensübersicht zusammenzustellen.

(4) [1]Die Belege und sonstigen Unterlagen sind geordnet zu sammeln und sechs Jahre aufzubewahren. [2]Die Aufzeichnungen der Einnahmen und Ausgaben und die Vermögensübersichten sind zehn Jahre aufzubewahren. [3]Im übrigen gelten für die Aufbewahrung der Belege, sonstigen Unterlagen, Aufzeichnungen und Vermögensübersichten die Vorschriften des Handelsgesetzbuches über die Aufbewahrung von Bilanzen, Inventaren, Belegen und sonstigen Unterlagen entsprechend.

(5) Sonstige Vorschriften über Aufzeichnungs- und Buchführungspflichten bleiben unberührt.

§ 22[1)] Geschäftsprüfung. (1) Der Lohnsteuerhilfeverein hat die Vollständigkeit und Richtigkeit der Aufzeichnungen und der Vermögensübersicht (§ 21 Abs. 1 bis 3) sowie die Übereinstimmung der tatsächlichen Geschäftsführung mit den satzungsmäßigen Aufgaben des Lohnsteuerhilfevereins jährlich innerhalb von sechs Monaten nach Beendigung des Geschäftsjahres durch einen oder mehrere Geschäftsprüfer prüfen zu lassen.

(2) Zu Geschäftsprüfern können nur bestellt werden

1. Personen und Gesellschaften, die nach § 3 zu unbeschränkter Hilfeleistung in Steuersachen befugt sind,
2. Prüfungsverbände, zu deren satzungsmäßigem Zweck die regelmäßige oder außerordentliche Prüfung der Mitglieder gehört, wenn mindestens ein gesetzlicher Vertreter des Verbandes Steuerberater, Steuerbevollmächtigter, Rechtsanwalt, niedergelassener europäischer Rechtsanwalt, Wirtschaftsprüfer oder vereidigter Buchprüfer ist.

(3) Als Geschäftsprüfer dürfen keine Personen tätig sein, bei denen die Besorgnis der Befangenheit besteht, insbesondere weil sie Vorstandsmitglied, besonderer Vertreter oder Angestellter des zu prüfenden Lohnsteuerhilfevereins sind.

(4) [1] Den Geschäftsprüfern ist Einsicht in die Bücher und Aufzeichnungen sowie den Schriftwechsel des Vereins zu gewähren und eine Untersuchung des Kassenbestandes und der Bestände an sonstigen Vermögenswerten zu gestatten. [2] Ihnen sind alle Aufklärungen und Nachweise zu geben, die für die Durchführung einer sorgfältigen Prüfung notwendig sind.

(5) [1] Die Geschäftsprüfer sind zu gewissenhafter und unparteiischer Prüfung und zur Verschwiegenheit verpflichtet. [2] Sie dürfen Geschäftsgeheimnisse, die sie bei der Wahrnehmung ihrer Obliegenheiten erfahren haben, nicht unbefugt verwerten. [3] Wer seine Obliegenheiten vorsätzlich oder grob fahrlässig verletzt, haftet dem Lohnsteuerhilfeverein für den daraus entstehenden Schaden. [4] Mehrere Personen haften als Gesamtschuldner.

(6) Die Geschäftsprüfer haben über das Ergebnis der Prüfung dem Vorstand des Lohnsteuerhilfevereins unverzüglich schriftlich zu berichten.

(7) Der Lohnsteuerhilfeverein hat

1. innerhalb eines Monats nach Erhalt des Prüfungsberichts, spätestens jedoch neun Monate nach Beendigung des Geschäftsjahres, eine Abschrift hiervon der zuständigen Aufsichtsbehörde zuzuleiten;
2. innerhalb von sechs Monaten nach Erhalt des Prüfungsberichts den wesentlichen Inhalt der Prüfungsfeststellungen den Mitgliedern schriftlich bekanntzugeben.

---

1) § 22 Abs. 3 neu gef. durch G v. 9.6.1989 (BGBl. I S. 1062), Abs. 7 Nr. 1 geänd. durch G v. 13.12.1990 (BGBl. I S. 2756), Abs. 2 Nr. 2 geänd. mWv 1.7.2000 durch G v. 24.6.2000 (BGBl. I S. 874); Abs. 7 Nr. 1 geänd. mWv 12.4.2008 durch G v. 8.4.2008 (BGBl. I S. 666).

§ 23[1)] Ausübung der Hilfeleistung in Steuersachen im Rahmen der Befugnis nach § 4 Nummer 11, Beratungsstellen. (1) [1]Die Hilfeleistung in Steuersachen im Rahmen der Befugnis nach § 4 Nr. 11 darf nur durch Personen ausgeübt werden, die einer Beratungsstelle angehören. [2]Für jede Beratungsstelle ist ein Leiter zu bestellen. [3]Er darf gleichzeitig nur eine weitere Beratungsstelle leiten.

(2) [1]Der Lohnsteuerhilfeverein muß in dem Bezirk der Aufsichtsbehörde, in dem er seinen Sitz hat, mindestens eine Beratungsstelle unterhalten. [2]Die Unterhaltung von Beratungsstellen in Bezirken anderer Aufsichtsbehörden ist zulässig.

(3) [1]Der Lohnsteuerhilfeverein darf zum Leiter einer Beratungsstelle nur Personen bestellen, die

1. zu dem in § 3 Satz 1 Nummer 1 bezeichneten Personenkreis gehören oder
2. eine Abschlußprüfung in einem kaufmännischen Ausbildungsberuf bestanden haben oder eine andere gleichwertige Vorbildung besitzen und nach Abschluß der Ausbildung drei Jahre in einem Umfang von mindestens 16 Wochenstunden auf dem Gebiet der von den Bundes- oder Landesfinanzbehörden verwalteten Steuern praktisch tätig gewesen sind oder
3. mindestens drei Jahre auf den für die Beratungsbefugnis nach § 4 Nr. 11 einschlägigen Gebieten des Einkommensteuerrechts in einem Umfang von mindestens 16 Wochenstunden praktisch tätig gewesen sind; auf die mindestens dreijährige Tätigkeit können Ausbildungszeiten nicht angerechnet werden.

[2]Zum Leiter einer Beratungsstelle darf nicht bestellt werden, wer sich so verhalten hat, daß die Besorgnis begründet ist, er werde die Pflichten des Lohnsteuerhilfevereins nicht erfüllen.

(4) Der Lohnsteuerhilfeverein hat der für den Sitz der Beratungsstelle zuständigen Aufsichtsbehörde mitzuteilen

1. die Eröffnung, die Schließung sowie die Änderung der Anschrift einer Beratungsstelle;
2. die Bestellung oder Abberufung des Leiters einer Beratungsstelle;
3. die Personen, deren sich der Verein bei der Hilfeleistung in Steuersachen im Rahmen der Befugnis nach § 4 Nr. 11 bedient.

(5) Der Mitteilung über die Bestellung des Leiters einer Beratungsstelle ist ein Nachweis darüber beizufügen, daß die Voraussetzungen des Absatzes 3 erfüllt sind.

[1)] § 23 Abs. 1 Sätze 2 und 3, Abs. 3 Satz 2 und Abs. 6 angef., Abs. 5 geänd. durch G v. 9.6.1989 (BGBl. I S. 1062), Abs. 3 Satz 1 ersetzt durch Sätze 1 und 2 sowie Abs. 4 und 5 geänd. durch G v. 13.12.1990 (BGBl. I S. 2756), Abs. 3 Satz 1 Nr. 2 und Abs. 6 neu gef. sowie Abs. 3 Satz 2 geänd. mWv 1.7.1994 durch G v. 24.6.1994 (BGBl. I S. 1387), Überschrift, Abs. 1, Abs. 3 Nrn 1, 2 und 3 sowie Abs. 4 Nr. 3 geänd., Abs. 3 Satz 2 aufgeh., bish. Abs. 3 Satz 3 wird Abs. 3 Satz 2 mWv 1.7.2000 durch G v. 24.6.2000 (BGBl. I S. 874); Abs. 2 Sätze 1 und 2, Abs. 4 einl. Satzteil geänd. mWv 12.4.2008 durch G v. 8.4.2008 (BGBl. I S. 666); Abs. 4 Nr. 1 neu gef. mWv 1.1.2020 durch G v. 22.11.2019 (BGBl. I S. 1746); Überschrift geänd. mWv 18.12.2019 durch G v. 12.12.2019 (BGBl. I S. 2451); Abs. 3 Satz 1 Nr. 1 Verweis red. angepasst durch G v. 10.3.2023 (BGBl. I Nr. 64).

(6) Eine Beratungsstelle darf ihre Tätigkeit nur ausüben, wenn sie und der Beratungsstellenleiter nach Überprüfung der in Absatz 3 genannten Voraussetzungen bei der zuständigen Aufsichtsbehörde (§ 27 Abs. 2) im Verzeichnis der Lohnsteuerhilfevereine eingetragen sind.

§ 24[1] Abwicklung der schwebenden Steuersachen im Rahmen der Befugnis nach § 4 Nummer 11. (1) Ist die Anerkennung als Lohnsteuerhilfeverein erloschen, zurückgenommen oder widerrufen worden, so kann die Aufsichtsbehörde auf Antrag erlauben, daß der Verein einen Beauftragten zur Abwicklung der schwebenden Steuersachen im Rahmen der Befugnis nach § 4 Nr. 11 bestellt.

(2) Zum Beauftragten darf nur bestellt werden, wer die in § 23 Abs. 3 bezeichneten Voraussetzungen erfüllt.

(3) Die Erlaubnis nach Absatz 1 darf längstens für die Dauer von sechs Monaten erteilt werden; sie kann jederzeit widerrufen werden.

(4) § 70 Abs. 2 und 3 gilt sinngemäß.

(Fortsetzung nächstes Blatt)

---

[1] § 24 Abs. 4 angef. mWv 1.7.1994 durch G v. 24.6.1994 (BGBl. I S. 1387), Überschrift und Abs. 1 geänd. mWv 1.7.2000 durch G v. 24.6.2000 (BGBl. I S. 874); Abs. 1 geänd. mWv 12.4.2008 durch G v. 8.4.2008 (BGBl. I S. 666); Überschrift geänd. mWv 18.12.2019 durch G v. 12.12.2019 (BGBl. I S. 2451).

(6) Eine Beratungsstelle darf ihre Tätigkeit nur ausüben, wenn sie und der Beratungsstellenleiter nach Überprüfung der in Absatz 3 genannten Voraussetzungen bei der zuständigen Aufsichtsbehörde (§ 27 Abs. 2) im Verzeichnis der Lohnsteuerhilfevereine eingetragen sind.

§ 24[1] **Abwicklung der schwebenden Steuersachen im Rahmen der Befugnis nach § 4 Nummer 11.** (1) Ist die Anerkennung als Lohnsteuerhilfeverein erloschen, zurückgenommen oder widerrufen worden, so kann die Aufsichtsbehörde auf Antrag erlauben, daß der Verein einen Beauftragten zur Abwicklung der schwebenden Steuersachen im Rahmen der Befugnis nach § 4 Nr. 11 bestellt.

(2) Zum Beauftragten darf nur bestellt werden, wer die in § 23 Abs. 3 bezeichneten Voraussetzungen erfüllt.

(3) Die Erlaubnis nach Absatz 1 darf längstens für die Dauer von sechs Monaten erteilt werden; sie kann jederzeit widerrufen werden.

(4) § 70 Abs. 2 und 3 gilt sinngemäß.

[Fortsetzung nächstes Blatt]

---

1) § 24 Abs. 1 geänd. mWv 1.7.1994 durch G v. 24.6.1994 (BGBl. I S. 1387); Überschrift und Abs. 1 geänd. mWv 3.7.2000 durch G v. 26.6.2000 (BGBl. I S. 874); Abs. 1 geänd. mWv 12.4.2008 durch G v. 8.4.2008 (BGBl. I S. 666); Überschrift geänd. mWv 18.12.2019 durch G v. 12.12.2019 (BGBl. I S. 2451).

raterkammer zu zahlen, soweit nicht durch eine Gebührenordnung nach § 79 Abs. 2 etwas anderes bestimmt ist.

Dritter Unterabschnitt.[1] Berufsausübungsgesellschaften

§ 49[1] Berufsausübungsgesellschaften. (1) [1]Steuerberater und Steuerbevollmächtigte dürfen sich zu Berufsausübungsgesellschaften verbinden. [2]Sie dürfen sich zur Ausübung ihres Berufs auch in Berufsausübungsgesellschaften organisieren, deren einziger Gesellschafter sie sind.

(2) Berufsausübungsgesellschaften zur gemeinschaftlichen Berufsausübung in der Bundesrepublik Deutschland können die folgenden Rechtsformen haben:

1. Gesellschaften nach deutschem Recht einschließlich der Handelsgesellschaften,
2. Europäische Gesellschaften und
3. Gesellschaften, die zulässig sind nach dem Recht
   a) eines Mitgliedstaats der Europäischen Union oder
   b) eines Vertragsstaats des Abkommens über den Europäischen Wirtschaftsraum.

§ 50[1), 2)] Berufsausübungsgesellschaften mit Angehörigen anderer Berufe. (1) [1]Die Verbindung zu einer Berufsausübungsgesellschaft nach § 49 ist Steuerberatern und Steuerbevollmächtigten auch gestattet

1. mit Mitgliedern einer Steuerberaterkammer, einer Rechtsanwaltskammer oder der Patentanwaltskammer sowie mit Wirtschaftsprüfern und vereidigten Buchprüfern,
2. mit Angehörigen ausländischer Berufe, die im Ausland einen Beruf ausüben, der in Bezug auf die Ausbildung zum Beruf und die Befugnisse des Berufsträgers dem Beruf des Steuerberaters oder des Steuerbevollmächtigten vergleichbar ist und bei dem die Voraussetzungen für die Berufsausübung den Anforderungen dieses Gesetzes im Wesentlichen entsprechen,
3. mit Rechtsanwälten, Patentanwälten, Wirtschaftsprüfern und vereidigten Buchprüfern anderer Staaten, die nach der Bundesrechtsanwaltsordnung, der Patentanwaltsordnung oder der Wirtschaftsprüferordnung[3] ihren Beruf mit Rechtsanwälten, Patentanwälten, Wirtschaftsprüfern oder vereidigten Buchprüfern in der Bundesrepublik Deutschland gemeinschaftlich ausüben dürfen,
4. mit Personen, die in der Berufsausübungsgesellschaft einen freien Beruf nach § 1 Absatz 2 des Partnerschaftsgesellschaftsgesetzes ausüben, es sei denn, dass die Verbindung mit dem Beruf des Steuerberaters oder Steuerbevollmächtigten, insbesondere seiner Stellung als unabhängigem Organ der Steuerrechtspflege, nicht vereinbar ist oder das Vertrauen in seine Unabhängigkeit gefährden kann.

---

[1] Dritter UAbschnitt (§§ 49–55h) neu gef. mWv 1.8.2022 durch G v. 7.7.2021 (BGBl. I S. 2363).
[2] § 50 Abs. 1 Satz 1 Nr. 3 geänd. mWv 16.3.2023 durch G v. 10.3.2023 (BGBl. I Nr. 64).
[3] Nr. **850**.

[2] Eine Verbindung nach Satz 1 Nummer 4 kann insbesondere dann ausgeschlossen sein, wenn in der anderen Person ein Grund vorliegt, der bei einem Steuerberater oder Steuerbevollmächtigten nach § 40 Absatz 2 zur Versagung der Bestellung führen würde.

(2) Steuerberatern und Steuerbevollmächtigten ist eine Beteiligung an Berufsausübungsgesellschaften aus Staaten, die nicht Mitgliedstaat der Europäischen Union oder Vertragsstaat des Abkommens über den Europäischen Wirtschaftsraum sind, gestattet, wenn diese nach § 207a der Bundesrechtsanwaltsordnung oder § 159 der Patentanwaltsordnung im Inland zugelassen sind.

(3) [1] Unternehmensgegenstand der Berufsausübungsgesellschaft nach Absatz 1 ist insbesondere die geschäftsmäßige Hilfeleistung in Steuersachen. [2] Daneben kann die Ausübung des jeweiligen nichtsteuerberatenden Berufs treten. [3] Die §§ 51 bis 55h gelten nur für Berufsausübungsgesellschaften, die der Ausübung des Berufs des Steuerberaters oder Steuerbevollmächtigten dienen.

§ 51[1)] Berufspflichten bei beruflicher Zusammenarbeit. (1) [1] Gesellschafter, die Angehörige eines in § 50 Absatz 1 Satz 1 genannten Berufs sind, haben bei ihrer Tätigkeit für die Berufsausübungsgesellschaft die in diesem Gesetz und die in der Berufsordnung nach § 86 Absatz 2 Nummer 2 bestimmten Pflichten der in der Berufsausübungsgesellschaft tätigen Steuerberater oder Steuerbevollmächtigten sowie der Berufsausübungsgesellschaft zu beachten. [2] Sie sind insbesondere verpflichtet, die berufliche Unabhängigkeit der in der Berufsausübungsgesellschaft tätigen Steuerberater und Steuerbevollmächtigen sowie der Berufsausübungsgesellschaft zu wahren.

(2) [1] Gesellschafter, die Angehörige eines in § 50 Absatz 1 Satz 1 genannten Berufs sind, sind zur Verschwiegenheit verpflichtet. [2] Diese Pflicht bezieht sich auf alles, was ihnen bei ihrer Tätigkeit für die Berufsausübungsgesellschaft im Zusammenhang mit der Beratung und Vertretung in Steuerrechtsangelegenheiten bekannt geworden ist. [3] Nicht unter die Verschwiegenheitspflicht fallen Tatsachen, die offenkundig sind oder ihrer Bedeutung nach keiner Geheimhaltung bedürfen.

(3) § 57 Absatz 1a bis 1c und 4 gilt für Gesellschafter, die Angehörige eines in § 50 Absatz 1 Satz 1 genannten Berufs sind, entsprechend.

(4) Steuerberater und Steuerbevollmächtigte dürfen ihren Beruf nicht mit anderen Personen ausüben, wenn diese in schwerwiegender Weise oder wiederholt gegen Pflichten, die in diesem Gesetz oder in der Berufsordnung nach § 86 Absatz 2 Nummer 2 bestimmt sind, verstoßen.

(5) Im Gesellschaftsvertrag ist der Ausschluss von Gesellschaftern vorzusehen, die in schwerwiegender Weise oder wiederholt gegen Pflichten, die in diesem Gesetz oder in der Berufsordnung nach § 86 Absatz 2 Nummer 2 bestimmt sind, verstoßen.

---

1) Dritter UAbschnitt (§§ 49–55h) neu gef. mWv 1.8.2022 durch G v. 7.7.2021 (BGBl. I S. 2363).

§ 52[1] Berufspflichten der Berufsausübungsgesellschaft. (1) Die §§ 57 und 57a, 62, 62a, 63 bis 66, 69 bis 71 sowie 80 Absatz 1 Satz 1 und 2 gelten für Berufsausübungsgesellschaften sinngemäß.

(2) [1]Die Berufsausübungsgesellschaft hat durch geeignete Maßnahmen sicherzustellen, dass berufsrechtliche Verstöße frühzeitig erkannt und abgestellt werden. [2]Wenn an der Berufsausübungsgesellschaft Personen beteiligt sind, die Angehörige eines in § 50 Absatz 1 Satz 1 genannten Berufs sind, ist durch geeignete gesellschaftsvertragliche Vereinbarungen sicherzustellen, dass die Berufsausübungsgesellschaft für die Erfüllung der Berufspflichten sorgen kann.

(3) Werden in der Berufsausübungsgesellschaft auch nichtsteuerberatende Berufe ausgeübt, so gelten die Absätze 1 und 2 nur, soweit ein Bezug zur geschäftsmäßigen Hilfeleistung in Steuersachen besteht.

(4) Die persönliche berufsrechtliche Verantwortlichkeit der Gesellschafter, Organmitglieder und sonstigen Mitarbeiter der Berufsausübungsgesellschaft bleibt unberührt.

§ 53[1] · [2] Anerkennung. (1)[3] [1]Berufsausübungsgesellschaften bedürfen der Anerkennung durch die Steuerberaterkammer, in deren Kammerbezirk die Berufsausübungsgesellschaft ihren Sitz hat. [2]Keiner Anerkennung nach Satz 1 bedürfen Personengesellschaften, bei denen keine Beschränkung der Haftung der natürlichen Personen vorliegt und denen als Gesellschafter und als Mitglieder der Geschäftsführungs- und Aufsichtsorgane ausschließlich Steuerberater und Steuerbevollmächtigte oder Angehörige eines in § 50 Absatz 1 Satz 1 Nummer 1 genannten Berufs angehören, sowie Wirtschaftsprüfungsgesellschaften und Buchprüfungsgesellschaften. [3]Unberührt von Satz 2 bleibt der freiwillige Antrag auf eine Anerkennung. [4]Für Berufsausübungsgesellschaften, die ihren Sitz nicht im Inland haben, ist die Steuerberaterkammer zuständig, in deren Kammerbezirk die weitere Beratungsstelle unterhalten wird oder der Zustellungsbevollmächtigte ansässig ist.

(2) [1]Die Anerkennung ist zu erteilen, wenn

1. die Berufsausübungsgesellschaft, ihre Gesellschafter und die Mitglieder der Geschäftsführungs- und Aufsichtsorgane die Voraussetzungen der §§ 49, 50, des § 51 Absatz 5, der §§ 55a und 55b erfüllen,
2. die Berufsausübungsgesellschaft sich nicht in Vermögensverfall befindet und
3. der Abschluss der Berufshaftpflichtversicherung nachgewiesen ist oder eine vorläufige Deckungszusage vorliegt.

[2]Ein Vermögensverfall nach Satz 1 Nummer 2 wird vermutet, wenn ein Insolvenzverfahren über das Vermögen der Berufsausübungsgesellschaft eröffnet ist oder die Berufsausübungsgesellschaft in das Schuldnerverzeichnis (§ 882b der Zivilprozessordnung) eingetragen ist.

(3) Mit der Anerkennung wird die Berufsausübungsgesellschaft Mitglied der anerkennenden Steuerberaterkammer.

---

[1] Dritter UAbschnitt (§§ 49–55h) neu gef. mWv 1.8.2022 durch G v. 7.7.2021 (BGBl. I S. 2363).

[2] Vgl. hierzu § 157d.

[3] § 53 Abs. 1 Satz 4 berichtigt mWv 16.3.2023 durch G v. 10.3.2023 (BGBl. I Nr. 64).

§ 54 Anerkennungsverfahren; Gebühr; Anzeigepflicht. (1) [1]Der Antrag auf Anerkennung muss folgende Angaben enthalten:

1. Rechtsform, Name, Sitz und Gegenstand der Berufsausübungsgesellschaft,
2. die Geschäftsanschriften der Niederlassungen der Berufsausübungsgesellschaft sowie
3. Namen und Berufe der Gesellschafter, der Mitglieder der Geschäftsführungs- und Aufsichtsorgane sowie aller mittelbar beteiligten Personen.

[2]Die zuständige Steuerberaterkammer kann zur Prüfung der Voraussetzungen des § 53 Absatz 2 die Vorlage geeigneter Nachweise einschließlich des Gesellschaftsvertrags oder der Satzung verlangen.

(2) Die Entscheidung über den Antrag auf Anerkennung kann ausgesetzt werden, wenn gegen einen Gesellschafter oder ein Mitglied eines Geschäftsführungs- oder Aufsichtsorgans ein auf Rücknahme oder Widerruf seiner Bestellung gerichtetes Verfahren betrieben wird oder ein vorläufiges Berufs- oder Vertretungsverbot erlassen worden ist.

(3) Für die Bearbeitung des Antrags auf Anerkennung als Berufsausübungsgesellschaft hat die Gesellschaft eine Gebühr von fünfhundert Euro an die zuständige Steuerberaterkammer zu zahlen, sofern nicht durch eine Gebührenordnung nach § 79 Absatz 2 etwas anderes bestimmt ist.

(4) Die Anerkennung wird wirksam mit der Aushändigung einer von der zuständigen Steuerberaterkammer ausgestellten Urkunde.

(5) [1]Die anerkannte Berufsausübungsgesellschaft hat der zuständigen Steuerberaterkammer jede Änderung der nach Absatz 1 Satz 1 anzugebenden Verhältnisse unverzüglich anzuzeigen. [2]Absatz 1 Satz 2 gilt entsprechend.

§ 55[1), 2)] Erlöschen, Rücknahme und Widerruf der Anerkennung; Abwickler. (1) Die Anerkennung erlischt durch

1. Auflösung der Berufsausübungsgesellschaft oder
2. schriftlichen Verzicht auf die Rechte aus der Anerkennung gegenüber der zuständigen Steuerberaterkammer.

(2) [1]Die Anerkennung ist mit Wirkung für die Zukunft zurückzunehmen, wenn sich ergibt, dass die Anerkennung hätte versagt werden müssen. [2]Von der Rücknahme der Anerkennung kann abweichend von Satz 1 abgesehen werden, wenn die Gründe, aus denen die Anerkennung hätte versagt werden müssen, nicht mehr bestehen.

(3) [1]Die Anerkennung ist zu widerrufen, wenn die Berufsausübungsgesellschaft

1. die Voraussetzungen des § 49 Absatz 1 und 2, der §§ 50, 51 Absatz 5, der §§ 55a, 55b oder des § 55f nicht mehr erfüllt, es sei denn, dass sie innerhalb einer von der Steuerberaterkammer zu bestimmenden angemessenen Frist einen den genannten Vorschriften entsprechenden Zustand herbeiführt,

---

1) Dritter UAbschnitt (§§ 49–55h) neu gef. mWv 1.8.2022 durch G v. 7.7.2021 (BGBl. I S. 2363).

2) § 55 Abs. 4 neu gef. mWv 16.3.2023 durch G v. 10.3.2023 (BGBl. I Nr. 64).

2. in Vermögensverfall geraten ist, es sei denn, dass dadurch die Interessen der Personen, die Hilfeleistung in Steuersachen suchen, nicht gefährdet sind.

[2] Ein Vermögensverfall nach Satz 1 Nummer 2 wird vermutet, wenn ein Insolvenzverfahren über das Vermögen der Berufsausübungsgesellschaft eröffnet ist oder die Berufsausübungsgesellschaft in das Schuldnerverzeichnis (§ 882b der Zivilprozessordnung) eingetragen ist.

(4) Die Anerkennung der Berufsausübungsgesellschaft kann widerrufen werden, wenn

1. nicht innerhalb von drei Monaten nach der Anerkennung im Bezirk der Steuerberaterkammer nach § 55e Absatz 1 eine berufliche Niederlassung eingerichtet wird oder
2. keine berufliche Niederlassung nach § 55e Absatz 1 mehr besteht.

(5) [1] Ordnet die zuständige Steuerberaterkammer die sofortige Vollziehung der Verfügung an, sind § 139 Absatz 2, 4 und 5, § 140 Absatz 2 sowie § 145 entsprechend anzuwenden. [2] Wird die Anerkennung widerrufen, weil die Berufsausübungsgesellschaft die vorgeschriebene Berufshaftpflichtversicherung nicht unterhält, ist die Anordnung der sofortigen Vollziehung in der Regel zu treffen.

(6) [1] Hat die Berufsausübungsgesellschaft die Anerkennung verloren, kann für sie ein Abwickler bestellt werden, wenn die zur gesetzlichen Vertretung bestellten Personen keine hinreichende Gewähr zur ordnungsgemäßen Abwicklung der schwebenden Angelegenheiten bieten. [2] § 70 ist entsprechend anzuwenden. [3] Für die festgesetzte Vergütung des Abwicklers haften die Gesellschafter als Gesamtschuldner.

§ 55a[1) · 2)] Gesellschafter- und Kapitalstruktur von Berufsausübungsgesellschaften. (1) [1] Gesellschafter einer Berufsausübungsgesellschaft können auch sein:

1. anerkannte Berufsausübungsgesellschaften,
2. zugelassene Berufsausübungsgesellschaften im Sinne der Bundesrechtsanwaltsordnung,
3. anerkannte Wirtschaftsprüfungsgesellschaften und
4. anerkannte Buchprüfungsgesellschaften.

[2] Bei gesetzlichen Voraussetzungen, die in der Person der Gesellschafter oder der Mitglieder der Geschäftsführung erfüllt sein müssen, kommt es in den Fällen des Satzes 1 auf die Gesellschafter und die Geschäftsführung der beteiligten Gesellschaft an. [3] Haben sich Steuerberater und Steuerbevollmächtigte, Angehörige eines der in § 50 Absatz 1 Satz 1 genannten Berufe sowie Berufsausübungsgesellschaften, die die Voraussetzungen dieses Unterabschnitts erfüllen, zu einer Gesellschaft bürgerlichen Rechts zusammengeschlossen, deren Zweck ausschließlich das Halten von Anteilen an einer anerkannten Berufsausübungsgesellschaft ist, so werden ihnen die Anteile an der Berufsaus-

---

1) Dritter UAbschnitt (§§ 49–55h) neu gef. mWv 1.8.2022 durch G v. 7.7.2021 (BGBl. I S. 2363).

2) § 55a Abs. 1 Satz 2 geänd. mWv 16.3.2023 durch G v. 10.3.2023 (BGBl. I Nr. 64).

übungsgesellschaft im Verhältnis ihrer Beteiligung an der Gesellschaft bürgerlichen Rechts zugerechnet.

(2) [1]Die Übertragung von Gesellschaftsanteilen muss an die Zustimmung der Gesellschafterversammlung gebunden sein. [2]Bei Aktiengesellschaften oder Kommanditgesellschaften auf Aktien müssen die Aktien auf Namen lauten.

(3) [1]Anteile an der Berufsausübungsgesellschaft dürfen nicht für Rechnung Dritter gehalten werden. [2]Dritte dürfen nicht am Gewinn der Berufsausübungsgesellschaft beteiligt werden.

(4) Sofern Gesellschafter die Voraussetzungen des § 50 Absatz 1 nicht erfüllen, haben sie kein Stimmrecht.

(5) Gesellschafter können nur stimmberechtigte Gesellschafter zur Ausübung von Gesellschafterrechten bevollmächtigen.

§ 55b[1)·2)] Geschäftsführungsorgane; Aufsichtsorgane. (1) [1]Nur Steuerberater, Steuerbevollmächtigte oder Angehörige eines der in § 50 Absatz 1 Satz 1 genannten Berufe können Mitglieder des Geschäftsführungs- oder Aufsichtsorgans einer anerkannten Berufsausübungsgesellschaft sein. [2]Mitbestimmungsrechtliche Regelungen bleiben unberührt. [3]Bei der geschäftsmäßigen Hilfeleistung in Steuersachen sind Weisungen von Personen, die nicht den in § 3 Satz 1 Nummer 1 genannten Berufen angehören, gegenüber Personen, die den Berufen nach § 3 Satz 1 Nummer 1 angehören, unzulässig.

(2) Von der Mitgliedschaft in einem Geschäftsführungs- oder Aufsichtsorgan ist ausgeschlossen, wer einen der Versagungstatbestände des § 40 Absatz 2 erfüllt oder gegen wen eine der in Absatz 5 Satz 3 genannten Maßnahmen verhängt wurde.

(3) Dem Geschäftsführungsorgan der Berufsausübungsgesellschaft müssen Steuerberater oder Steuerbevollmächtigte in vertretungsberechtigter Zahl angehören.

(4) Die Mitglieder des Geschäftsführungs- und Aufsichtsorgans sind verpflichtet, für die Einhaltung des Berufsrechts in der Berufsausübungsgesellschaft zu sorgen.

(5) [1]Für diejenigen Mitglieder des Geschäftsführungs- und Aufsichtsorgans der Berufsausübungsgesellschaft, die keine Gesellschafter sind, gelten die Berufspflichten nach § 51 Absatz 1 bis 3 entsprechend. [2]Die §§ 81 und 82 sowie die Vorschriften des Ersten bis Vierten Unterabschnitts des Fünften Abschnitts des Zweiten Teils sind entsprechend anzuwenden. [3]An die Stelle der Ausschließung aus dem Beruf (§ 90 Absatz 1 Nummer 5) tritt

1. bei Mitgliedern eines Geschäftsführungsorgans, die nicht Steuerberater oder Steuerbevollmächtigte sind, die Aberkennung der Eignung, eine Berufsausübungsgesellschaft zu vertreten und ihre Geschäfte zu führen, und

---

1) Dritter UAbschnitt (§§ 49–55h) neu gef. mWv 1.8.2022 durch G v. 7.7.2021 (BGBl. I S. 2363).

2) § 55b Abs. 1 Satz 3 und Abs. 5 Satz 1 Verweise red. angepasst durch G v. 10.3.2023 (BGBl. I Nr. 64).

2. bei Mitgliedern eines Aufsichtsorgans, die nicht Steuerberater oder Steuerbevollmächtigte sind, die Aberkennung der Eignung, Aufsichtsfunktionen einer Berufsausübungsgesellschaft wahrzunehmen.

(6) [1] Die Unabhängigkeit der Steuerberater und Steuerbevollmächtigen, die dem Geschäftsführungsorgan der Berufsausübungsgesellschaften angehören oder in sonstiger Weise die Vertretung der Berufsausübungsgesellschaft wahrnehmen, bei der Ausübung ihres Berufs ist zu gewährleisten. [2] Einflussnahmen durch die Gesellschafter, insbesondere durch Weisungen oder vertragliche Bindungen, sind unzulässig.

(7) Auf Prokuristen und Handlungsbevollmächtigte zum gesamten Geschäftsbetrieb sind die Absätze 1, 5 und 6 entsprechend anzuwenden.

§ 55c[1) · 2)] (weggefallen)

§ 55d[1)] **Vertretung vor Gerichten und Behörden.** (1) [1] Berufsausübungsgesellschaften können als Prozess- und Verfahrensbevollmächtigte beauftragt werden. [2] Sie haben in diesem Fall die Rechte und Pflichten eines Steuerberaters.

(2) Berufsausübungsgesellschaften handeln durch ihre Gesellschafter und Vertreter, in deren Person die für die Erbringung der Hilfeleistung in Steuersachen gesetzlich vorgeschriebenen Voraussetzungen im Einzelfall vorliegen müssen.

§ 55e[1)] **Berufliche Niederlassung der Berufsausübungsgesellschaft.** (1) Die Berufsausübungsgesellschaft muss an ihrem Sitz eine berufliche Niederlassung unterhalten, in der oder in deren Nahbereich zumindest ein geschäftsführender Steuerberater oder Steuerbevollmächtigter tätig ist.

(2) Berufsausübungsgesellschaften, die keinen Sitz im Inland haben, sind verpflichtet, eine weitere Beratungsstelle im Inland zu unterhalten oder einen Zustellungsbevollmächtigten mit Sitz im Inland zu benennen.

(3) § 34 Absatz 2 ist entsprechend anzuwenden.

§ 55f[1)] **Berufshaftpflichtversicherung.** (1) Berufsausübungsgesellschaften sind verpflichtet, eine Berufshaftpflichtversicherung abzuschließen und während der Dauer ihrer Betätigung aufrechtzuerhalten.

(2) [1] Die Berufshaftpflichtversicherung muss die Haftpflichtgefahren für Vermögensschäden decken, die sich aus der Berufstätigkeit nach den §§ 33 und 57 Absatz 3 Nummer 2 und 3 ergeben. [2] § 67 Absatz 2 und 3 sowie § 67a Absatz 1 sind entsprechend anzuwenden.

(3) Für Berufsausübungsgesellschaften, bei denen rechtsformbedingt für Verbindlichkeiten der Berufsausübungsgesellschaft aus Schäden wegen fehlerhafter Berufsausübung keine natürliche Person haftet oder bei denen die Haftung der natürlichen Personen beschränkt wird, beträgt die Mindestversicherungssumme der Berufshaftpflichtversicherung eine Million Euro für jeden Versicherungsfall.

[1)] Dritter UAbschnitt (§§ 49–55h) neu gef. mWv 1.8.2022 durch G v. 7.7.2021 (BGBl. I S. 2363).

[2)] § 55c aufgeh. mWv 16.3.2023 durch G v. 10.3.2023 (BGBl. I Nr. 64).

(4) Für Berufsausübungsgesellschaften, die keinen rechtsformbedingten Ausschluss der Haftung und keine Beschränkung der Haftung der natürlichen Personen vorsehen, beträgt die Mindestversicherungssumme 500 000 Euro für jeden Versicherungsfall.

(5)[1] [1]Die Leistungen des Versicherers für alle innerhalb eines Versicherungsjahres verursachten Schäden können auf den Betrag der jeweiligen Mindestversicherungssumme, vervielfacht mit der Zahl der Gesellschafter, die Steuerberater, Steuerbevollmächtigte, Wirtschaftsprüfer oder vereidigte Buchprüfer sind, und der Geschäftsführer, die nicht Gesellschafter und Steuerberater, Steuerbevollmächtigte, Wirtschaftsprüfer oder vereidigte Buchprüfer sind, begrenzt werden. [2]Ist eine Berufsausübungsgesellschaft Gesellschafter, so ist bei der Berechnung der Jahreshöchstleistung nicht die beteiligte Berufsausübungsgesellschaft, sondern die Zahl ihrer Gesellschafter, die Steuerberater, Steuerbevollmächtigte, Wirtschaftsprüfer oder vereidigte Buchprüfer sind, und der Geschäftsführer, die nicht Gesellschafter und Steuerberater, Steuerbevollmächtigte, Wirtschaftsprüfer oder vereidigte Buchprüfer sind, maßgeblich. [3]Die Jahreshöchstleistung muss sich jedoch in jedem Fall mindestens auf den vierfachen Betrag der Mindestversicherungssumme belaufen.

§ 55g[2] Steuerberatungsgesellschaft. Berufsausübungsgesellschaften, bei denen Steuerberater und Steuerbevollmächtigte die Mehrheit der Stimmrechte innehaben und bei denen die Mehrheit der Mitglieder des Geschäftsführungsorgans Steuerberater oder Steuerbevollmächtigte sind, dürfen die Bezeichnung „Steuerberatungsgesellschaft" führen.

§ 55h[2] Bürogemeinschaft. (1) Steuerberater oder Steuerbevollmächtigte können sich zu einer Gesellschaft verbinden, die der gemeinschaftlichen Organisation der Berufstätigkeit der Gesellschafter unter gemeinschaftlicher Nutzung von Betriebsmitteln dient, jedoch nicht selbst als Vertragspartner von steuerberatenden Mandatsverträgen auftreten soll (Bürogemeinschaft).

(2) [1]Eine Bürogemeinschaft können Steuerberater oder Steuerbevollmächtigte auch mit Personen eingehen, die nicht Steuerberater oder Steuerbevollmächtigte sind, es sei denn, die Verbindung ist mit dem Beruf des Steuerberaters oder Steuerbevollmächtigten, insbesondere seiner Stellung als unabhängigem Organ der Steuerrechtspflege nicht vereinbar, und kann das Vertrauen in seine Unabhängigkeit gefährden. [2]Eine Bürogemeinschaft nach Satz 1 kann insbesondere dann ausgeschlossen sein, wenn in der anderen Person ein Grund vorliegt, der bei einem Steuerberater nach § 40 Absatz 2 Nummer 2 zur Versagung der Bestellung führen würde.

---

[1] § 55f Abs. 5 Sätze 1 und 2 geänd. mWv 16.3.2023 durch G v. 10.3.2023 (BGBl. I Nr. 64).

[2] Dritter UAbschnitt (§§ 49–55h) neu gef. mWv 1.8.2022 durch G v. 7.7.2021 (BGBl. I S. 2363).

(3) Die in der Bürogemeinschaft tätigen Steuerberater und Steuerbevollmächtigten sind verpflichtet, angemessene organisatorische, personelle und technische Maßnahmen zu treffen, die die Einhaltung ihrer Berufspflichten gewährleisten.

(4) § 51 Absatz 1, 2, 4 und 5 gilt für die Gesellschafter der Bürogemeinschaft nach Absatz 2 entsprechend.

Dritter Abschnitt. Rechte und Pflichten

§ 56[1] *(aufgehoben)*

§ 57[2] **Allgemeine Berufspflichten.** (1) [1]Steuerberater und Steuerbevollmächtigte haben ihren Beruf unabhängig, eigenverantwortlich, gewissenhaft, verschwiegen und unter Verzicht auf berufswidrige Werbung auszuüben. [2]Die Verschwiegenheitspflicht bezieht sich auf alles, was in Ausübung des Berufs bekannt geworden ist. [3]Sie gilt nicht für Tatsachen, die offenkundig sind oder ihrer Bedeutung nach keiner Geheimhaltung bedürfen.

(1a) Steuerberater und Steuerbevollmächtigte dürfen nicht tätig werden, wenn eine Kollision mit eigenen Interessen gegeben ist.

(1b) Berät oder vertritt ein Steuerberater oder Steuerbevollmächtigter mehrere Auftraggeber in derselben Sache, ist er bei Interessenkollisionen verpflichtet, auf die widerstreitenden Interessen der Auftraggeber ausdrücklich hinzuweisen und darf nur vermittelnd tätig werden.

(1c) [1]Die Absätze 1a und 1b gelten auch für Steuerberater und Steuerbevollmächtigte, die ihren Beruf gemeinschaftlich mit einem Steuerberater oder Steuerbevollmächtigten ausüben, der einem Tätigkeitsverbot nach Absatz 1a unterliegt oder der nach Absatz 1b nur vermittelnd tätig werden darf. [2]Ein Tätigkeitsverbot nach Satz 1 bleibt bestehen, wenn der dem Tätigkeitsverbot unterliegende Steuerberater oder Steuerbevollmächtigte die gemeinschaftliche Berufsausübung beendet. [3]Die Sätze 1 und 2 sind nicht anzuwenden, wenn die betroffenen Auftraggeber der Tätigkeit nach umfassender Information in Textform zugestimmt haben und geeignete Vorkehrungen die Einhaltung der Verschwiegenheit sicherstellen. [4]Ein Tätigkeitsverbot nach Absatz 1a oder Absatz 1b, das gegenüber einer Berufsausübungsgesellschaft besteht, entfällt, wenn die Voraussetzungen des Satzes 3 erfüllt sind. [5]Soweit es für die Prüfung eines Tätigkeitsverbots oder einer Beschränkung auf vermittelnde Tätigkeit erforderlich ist, dürfen der Verschwiegenheitspflicht unterliegende Tatsachen einem Steuerberater oder Steuerbevollmächtigten auch ohne Einwilligung des Auftraggebers offenbart werden.

---

[1] § 56 aufgeh. mWv 1.8.2022 durch G v. 7.7.2021 (BGBl. I S. 2363).

[2] § 57 Abs. 4 Nr. 2 geänd. durch G v. 18.8.1980 (BGBl. I S. 1537), Abs. 3 Nr. 4 angef. durch G v. 9.6.1989 (BGBl. I S. 1062), Abs. 3 Nrn. 1, 4 und 5 geänd., Abs. 3 Nr. 6 angef. mWv 1.7.2000 durch G v. 24.6.2000 (BGBl. I S. 874); Abs. 2a eingef., Abs. 4 Nr. 1 neu gef., Nr. 2 geänd. mWv 12.4.2008 durch G v. 8.4.2008 (BGBl. I S. 666); Abs. 3 Nr. 4 neu gef. mWv 18.12.2019 durch G v. 12.12.2019 (BGBl. I S. 2451); Abs. 1 Sätze 2 und 3 angef., Abs. 1a–1c eingef. mWv 1.8.2022 durch G v. 7.7.2021 (BGBl. I S. 2363).

(2) [1]Steuerberater und Steuerbevollmächtigte haben sich jeder Tätigkeit zu enthalten, die mit ihrem Beruf oder mit dem Ansehen des Berufs nicht vereinbar ist. [2]Sie haben sich auch außerhalb der Berufstätigkeit des Vertrauens und der Achtung würdig zu erweisen, die ihr Beruf erfordert.

(2a) Steuerberater und Steuerbevollmächtigte sind verpflichtet, sich fortzubilden.

(3) Mit dem Beruf eines Steuerberaters oder eines Steuerbevollmächtigten sind insbesondere vereinbar

1. die Tätigkeit als Wirtschaftsprüfer, Rechtsanwalt, niedergelassener europäischer Rechtsanwalt oder vereidigter Buchprüfer;
2. eine freiberufliche Tätigkeit, die die Wahrnehmung fremder Interessen einschließlich der Beratung zum Gegenstand hat;
3. eine wirtschaftsberatende, gutachtliche oder treuhänderische Tätigkeit sowie die Erteilung von Bescheinigungen über die Beachtung steuerrechtlicher Vorschriften in Vermögensübersichten und Erfolgsrechnungen;
4. die Tätigkeit eines Lehrers oder eines wissenschaftlichen Mitarbeiters an Hochschulen und wissenschaftlichen Instituten, sofern der wissenschaftliche Mitarbeiter ihm übertragene Aufgaben in Forschung und Lehre überwiegend selbständig erfüllt; nicht vereinbar hingegen ist die Tätigkeit eines Lehrers oder eines wissenschaftlichen Mitarbeiters an staatlichen verwaltungsinternen Fachhochschulen mit Ausbildungsgängen für den öffentlichen Dienst;
5. eine freie schriftstellerische Tätigkeit sowie eine freie Vortrags- und Lehrtätigkeit;
6. die Durchführung von Lehr- und Vortragsveranstaltungen zur Vorbereitung auf die Steuerberaterprüfung sowie die Prüfung als Wirtschaftsprüfer und vereidigter Buchprüfer und zur Fortbildung der Mitglieder der Steuerberaterkammern und deren Mitarbeiter.

(4) Als Tätigkeiten, die mit dem Beruf des Steuerberaters und des Steuerbevollmächtigten nicht vereinbar sind, gelten insbesondere

1. eine gewerbliche Tätigkeit; die zuständige Steuerberaterkammer kann von diesem Verbot Ausnahmen zulassen, soweit durch die Tätigkeit eine Verletzung von Berufspflichten nicht zu erwarten ist;
2. eine Tätigkeit als Arbeitnehmer mit Ausnahme der Fälle des Absatzes 3 Nr. 4 sowie der §§ 58 und 59. Eine Tätigkeit als Angestellter der Finanzverwaltung ist stets mit dem Beruf des Steuerberaters oder Steuerbevollmächtigten unvereinbar.

§ 57a[1)] Werbung. Werbung ist nur erlaubt, soweit sie über die berufliche Tätigkeit in Form und Inhalt sachlich unterrichtet und nicht auf die Erteilung eines Auftrags im Einzelfall gerichtet ist.

---

1) § 57a eingef. mWv 1.7.1994 durch G v. 24.6.1994 (BGBl. I S. 1387).

§ 58[1] Tätigkeit als Angestellter. [1]Steuerberater und Steuerbevollmächtigte dürfen ihren Beruf als Angestellte einer Person oder Vereinigung im Sinne des § 3 Satz 1 ausüben. [2]Sie dürfen ferner tätig werden

1. als Leiter oder als Angestellte von genossenschaftlichen Prüfungsverbänden, genossenschaftlichen Treuhandstellen oder überörtlichen Prüfungseinrichtungen für Körperschaften und Anstalten des öffentlichen Rechts,
2. als Leiter von Buchstellen oder von Beratungsstellen der Lohnsteuerhilfevereine,
3. als Angestellte von Buchstellen oder von Beratungsstellen der Lohnsteuerhilfevereine, wenn die Buchstelle, die jeweilige Geschäftsstelle der Buchstelle oder die Beratungsstelle von einem Steuerberater oder Steuerbevollmächtigten geleitet wird,
4. als Angestellte von Genossenschaften oder anderen Personenvereinigungen,
   a) deren Mitglieder ausschließlich Personen und Gesellschaften im Sinne des § 3 sind und
   b) deren Zweck ausschließlich der Betrieb von Einrichtungen zur Unterstützung der Mitglieder bei der Ausübung ihres Berufes ist,
5. als Angestellte von Berufskammern der in § 50 Absatz 1 Satz 1 genannten Berufe,

5a. als Angestellte, wenn sie im Rahmen des Angestelltenverhältnisses Tätigkeiten im Sinne des § 33 wahrnehmen. [2]Dies gilt nicht, wenn hierdurch die Pflicht zur unabhängigen und eigenverantwortlichen Berufsausübung beeinträchtigt wird. [3]Der Steuerberater oder Steuerbevollmächtigte darf für einen Auftraggeber, dem er auf Grund eines ständigen Dienst- oder ähnlichen Beschäftigungsverhältnisses seine Arbeitszeit und -kraft zur Verfügung stellen muss, nicht in seiner Eigenschaft als Steuerberater oder Steuerbevollmächtigter tätig werden. [4]Bei Mandatsübernahme hat der Steuerberater oder Steuerbevollmächtigte den Mandanten auf seine Angestelltentätigkeit hinzuweisen. [5]§ 57 Abs. 4 Nr. 2 Satz 2 bleibt unberührt,

6. als Angestellte von ausländischen Berufsangehörigen, die ihre berufliche Niederlassung im Ausland haben, wenn diese den in § 50 Absatz 1 Satz 1 genannten vergleichbar sind und die Voraussetzungen für die Berufsausübung den Anforderungen dieses Gesetzes im wesentlichen entsprechen; für Angestellte von Vereinigungen mit Sitz im Ausland gilt dies nur, soweit es sich um Vereinigungen handelt, deren Vorstandsmitglieder, Geschäftsführer,

---

[1] § 58 Abs. 2 Nr. 5 und 6 angef. durch G v. 18.8.1980 (BGBl. I S. 1537), Abs. 2 Nr. 7 und 8 angef. mWv 1.7.1994 durch G v. 24.6.1994 (BGBl. I S. 1387); Abs. 2 Nr. 1 geänd. mWv 1.3.1999 durch G v. 31.8.1998 (BGBl. I S. 2600); Abs. 1, Abs. 2 Absatzbezeichnung und Nr. 1 aufgeh., Abs. 2 Einleitungssatz, bish. Nrn. 4 und 7 geänd., bish. Nrn. 2 bis 8 werden Nrn. 1 bis 7 mWv 1.7.2000 durch G v. 24.6.2000 (BGBl. I S. 874); Satz 2 Nr. 5 neu gef., Nr. 5a eingef. mWv 12.4.2008 durch G v. 8.4.2008 (BGBl. I S. 666); Satz 2 Nr. 7 geänd., Nr. 8 angef. mWv 17.6.2016 durch G v. 31.3.2016 (BGBl. I S. 518); Satz 2 Nr. 5 und 6 geänd. mWv 1.8.2022 durch G v. 7.7.2021 (BGBl. I S. 2363); Satz 1 und Satz 2 Nr. 6 geänd. mWv 16.3.2023 durch G v. 10.3.2023 (BGBl. I Nr. 64).

persönlich haftende Gesellschafter, Mitglieder oder sonstige Anteilseigner mehrheitlich Personen sind, die im Ausland einen den in § 3 Satz 1 Nummer 1 genannten Berufen in der Ausbildung und den Befugnissen vergleichbaren Beruf ausüben und bei denen die Voraussetzungen für die Berufsausübung den Anforderungen dieses Gesetzes im Wesentlichen entsprechen,

7. als Geschäftsführer oder als Angestellte einer europäischen wirtschaftlichen Interessenvereinigung, wenn alle Geschäftsführer und alle Mitglieder Angehörige europäischer steuerberatender, wirtschaftsprüfender oder rechtsberatender Berufe sind,
8. als Angestellte des Bundesamts für Wirtschaft und Ausfuhrkontrolle, soweit es sich um eine Tätigkeit bei der Abschlussprüferaufsichtsstelle handelt. [2] § 59 steht dem nicht entgegen.

§ 59[1)] Steuerberater oder Steuerbevollmächtigte im öffentlich-rechtlichen Dienst- oder Amtsverhältnis. [1] Ist ein Steuerberater oder Steuerbevollmächtigter ein öffentlich-rechtliches Dienstverhältnis als Wahlbeamter auf Zeit oder ein öffentlich-rechtliches Amtsverhältnis eingegangen, so darf er seinen Beruf als Steuerberater oder Steuerbevollmächtigter nicht ausüben, es sei denn, daß er die ihm übertragene Aufgabe ehrenamtlich wahrnimmt. [2] Die zuständige Steuerberaterkammer kann dem Steuerberater oder Steuerbevollmächtigten auf seinen Antrag einen Vertreter bestellen oder ihm gestatten, seinen Beruf selbst auszuüben, wenn die Einhaltung der allgemeinen Berufspflichten dadurch nicht gefährdet wird.

§ 60[2)] Eigenverantwortlichkeit. (1) Eigenverantwortliche Tätigkeit nach § 57 Abs. 1 üben nur aus

1. selbständige Steuerberater oder Steuerbevollmächtigte,
2. zeichnungsberechtigte Vertreter eines Steuerberaters, eines Steuerbevollmächtigten oder einer Berufsausübungsgesellschaft,
3. Angestellte, die nach § 58 mit dem Recht der Zeichnung Hilfe in Steuersachen leisten.

(2) Eine eigenverantwortliche Tätigkeit in den Fällen des Absatzes 1 Nr. 2 und 3 übt nicht aus, wer sich als zeichnungsberechtigter Vertreter oder als Angestellter an Weisungen zu halten hat, durch die ihm die Freiheit zu pflichtmäßigem Handeln (§ 57) genommen wird.

§ 61 Ehemalige Angehörige der Finanzverwaltung. Ehemalige Beamte und Angestellte der Finanzverwaltung dürfen während eines Zeitraumes von drei Jahren nach dem Ausscheiden aus dem öffentlichen Dienst nicht für Auftraggeber tätig werden, mit deren Steuerangelegenheiten sie innerhalb der letzten drei Jahre vor dem Ausscheiden materiell befaßt waren.

---

1) § 59 Satz 2 geänd. mWv 1.7.2000 durch G v. 24.6.2000 (BGBl. I S. 874).
2) § 60 Abs. 1 Nr. 2 geänd. mWv 1.8.2022 durch G v. 7.7.2021 (BGBl. I S. 2363).

§ 62[1] **Verschwiegenheitspflicht beschäftigter Personen.** [1] Steuerberater und Steuerbevollmächtigte haben die von ihnen beschäftigten Personen in Textform zur Verschwiegenheit zu verpflichten und sie dabei über die strafrechtlichen Folgen einer Pflichtverletzung zu belehren. [2] Zudem haben sie bei ihnen in geeigneter Weise auf die Einhaltung der Verschwiegenheitspflicht hinzuwirken. [3] Den von dem Steuerberater oder Steuerbevollmächtigten beschäftigten Personen stehen die Personen gleich, die im Rahmen einer berufsvorbereitenden Tätigkeit oder einer sonstigen Hilfstätigkeit an seiner beruflichen Tätigkeit mitwirken. [4] Satz 1 gilt nicht für angestellte Personen, die im Hinblick auf die Verschwiegenheitspflicht den gleichen Anforderungen wie der Steuerberater oder Steuerbevollmächtigte unterliegen. [5] Hat sich ein Steuerberater oder Steuerbevollmächtigter mit anderen Personen, die im Hinblick auf die Verschwiegenheitspflicht den gleichen Anforderungen unterliegen wie er, zur gemeinschaftlichen Berufsausübung zusammengeschlossen und besteht zu den beschäftigten Personen ein einheitliches Beschäftigungsverhältnis, so genügt auch der Nachweis, dass eine andere dieser Personen die Verpflichtung nach Satz 1 vorgenommen hat.

§ 62a[2] **Inanspruchnahme von Dienstleistungen.** (1) [1] Steuerberater und Steuerbevollmächtigte dürfen Dienstleistern den Zugang zu Tatsachen eröffnen, auf die sich die Verpflichtung zur Verschwiegenheit gemäß § 57 Absatz 1 bezieht, soweit dies für die Inanspruchnahme der Dienstleistung erforderlich ist. [2] Dienstleister ist eine andere Person oder Stelle, die vom Steuerberater oder vom Steuerbevollmächtigten im Rahmen seiner Berufsausübung mit Dienstleistungen beauftragt wird.

(2) [1] Steuerberater und Steuerbevollmächtigte sind verpflichtet, den Dienstleister sorgfältig auszuwählen. [2] Die Zusammenarbeit muss unverzüglich beendet werden, wenn die Einhaltung der dem Dienstleister gemäß Absatz 3 zu machenden Vorgaben nicht gewährleistet ist.

(3) [1] Der Vertrag mit dem Dienstleister bedarf der Textform. [2] In ihm ist

1. der Dienstleister unter Belehrung über die strafrechtlichen Folgen einer Pflichtverletzung zur Verschwiegenheit zu verpflichten,
2. der Dienstleister zu verpflichten, sich nur insoweit Kenntnis von fremden Geheimnissen zu verschaffen, als dies zur Vertragserfüllung erforderlich ist, und
3. festzulegen, ob der Dienstleister befugt ist, weitere Personen zur Erfüllung des Vertrags heranzuziehen; für diesen Fall ist dem Dienstleister aufzuerlegen, diese Personen in Textform zur Verschwiegenheit zu verpflichten.

(4) Bei der Inanspruchnahme von Dienstleistungen, die im Ausland erbracht werden, darf der Steuerberater und der Steuerbevollmächtigte dem Dienstleister den Zugang zu fremden Geheimnissen unbeschadet der übrigen

---

[1] § 62 neu gef. mWv 9.11.2017 durch G v. 30.10.2017 (BGBl. I S. 3618); Satz 1 geänd. mWv 1.8.2021 durch G v. 25.6.2021 (BGBl. I S. 2154).

[2] § 62a eingef. mWv 9.11.2017 durch G v. 30.10.2017 (BGBl. I S. 3618).

Voraussetzungen dieser Vorschrift nur dann eröffnen, wenn der dort bestehende Schutz der Geheimnisse dem Schutz im Inland vergleichbar ist, es sei denn, dass der Schutz der Geheimnisse dies nicht gebietet.

(5) Bei der Inanspruchnahme von Dienstleistungen, die unmittelbar einem einzelnen Mandat dienen, darf der Steuerberater und der Steuerbevollmächtigte dem Dienstleister den Zugang zu fremden Geheimnissen nur dann eröffnen, wenn der Mandant darin eingewilligt hat.

(6) Die Absätze 2 und 3 gelten auch im Fall der Inanspruchnahme von Dienstleistungen, in die der Mandant eingewilligt hat, sofern der Mandant nicht ausdrücklich auf die Einhaltung der in den Absätzen 2 und 3 genannten Anforderungen verzichtet hat.

(7) [1]Die Absätze 1 bis 6 gelten nicht, soweit Dienstleistungen auf Grund besonderer gesetzlicher Vorschriften in Anspruch genommen werden. [2]Absatz 3 Satz 2 gilt nicht, soweit der Dienstleister hinsichtlich der zu erbringenden Dienstleistung gesetzlich zur Verschwiegenheit verpflichtet ist.

(8) Die Vorschriften zum Schutz personenbezogener Daten bleiben unberührt.

§ 63 Mitteilung der Ablehnung eines Auftrags. [1]Steuerberater und Steuerbevollmächtigte, die in ihrem Beruf in Anspruch genommen werden und den Auftrag nicht annehmen wollen, haben die Ablehnung unverzüglich zu erklären. [2]Sie haben den Schaden zu ersetzen, der aus einer schuldhaften Verzögerung dieser Erklärung entsteht.

§ 64[1)] Gebührenordnung. (1) [1]Steuerberater, Steuerbevollmächtigte und Berufsausübungsgesellschaften sind an eine Gebührenordnung gebunden, die das Bundesministerium der Finanzen durch Rechtsverordnung mit Zustimmung des Bundesrates erläßt. [2]Das Bundesministerium der Finanzen hat vorher die Bundessteuerberaterkammer zu hören. [3]Die Höhe der Gebühren darf den Rahmen des Angemessenen nicht übersteigen und hat sich nach

1. Zeitaufwand,
2. Wert des Objekts und
3. Art der Aufgabe

zu richten.

(2) [1]Die Abtretung von Gebührenforderungen oder die Übertragung ihrer Einziehung an Personen und Vereinigungen im Sinne des § 3 Satz 1 ist auch ohne Zustimmung des Mandanten zulässig. [2]Im Übrigen sind Abtretung oder Übertragung nur zulässig, wenn eine ausdrückliche, schriftliche Einwilligung des Mandanten vorliegt oder die Forderung rechtskräftig festgestellt ist. [3]Vor der Einwilligung ist der Mandant über die Informationspflicht des Steuerberaters oder Steuerbevollmächtigten gegenüber dem neuen Gläubiger oder Ein-

---

1) § 64 Abs. 2 angef. mWv 1.7.1994 durch G v. 24.6.1994 (BGBl. I S. 1387); Abs. 2 neu gef. mWv 12.4.2008 durch G v. 8.4.2008 (BGBl. I S. 666); Abs. 1 Satz 1 und Abs. 2 Satz 1 geänd. mWv 1.8.2022 durch G v. 7.7.2021 (BGBl. I S. 2363); Abs. 2 Satz 1 geänd. mWv 16.3.2023 durch G v. 10.3.2023 (BGBl. I Nr. 64).

ziehungsermächtigten aufzuklären. [4]Der neue Gläubiger oder Einziehungsermächtigte ist in gleicher Weise zur Verschwiegenheit verpflichtet wie der beauftragte Steuerberater oder Steuerbevollmächtigte.

§ 65[1)] Pflicht zur Übernahme einer Prozessvertretung. [1]Steuerberater haben im Verfahren vor den Gerichten der Finanzgerichtsbarkeit die Vertretung eines Beteiligten zu übernehmen, wenn sie diesem zur vorläufig unentgeltlichen Wahrnehmung der Rechte auf Grund des § 142 der Finanzgerichtsordnung[2)] beigeordnet sind. [2]Der Steuerberater kann beantragen, die Beiordnung aufzuheben, wenn hierfür wichtige Gründe vorliegen.

§ 65a[3)] Pflicht zur Übernahme der Beratungshilfe. [1]Steuerberater und Steuerbevollmächtigte sind verpflichtet, die in dem Beratungshilfegesetz vor-

(Fortsetzung nächstes Blatt)

[1)] § 65 Überschrift geänd. mWv 18.12.2019 durch G v. 12.12.2019 (BGBl. I S. 2451).
[2)] Nr. **802**.
[3)] § 65a eingef. mWv 1.1.2014 durch G v. 31.8.2013 (BGBl. I S. 3533).

§ 75[1] **Gemeinsame Steuerberaterkammer.** (1) [1]Die Steuerberaterkammern können sich durch einen übereinstimmenden Beschluß der beteiligten Kammern für den Bereich eines oder mehrerer Kammerbezirke oder mehrerer Länder zu einer gemeinsamen Steuerberaterkammer zusammenschließen. [2]Die einzelnen für den Kammerbezirk gebildeten Steuerberaterkammern werden damit aufgelöst.

(2) Ein Zusammenschluß für mehrere Länder ist zulässig, wenn eine Vereinbarung der beteiligten Länder vorliegt.

§ 76[2] **Aufgaben der Steuerberaterkammer.** (1) Die Steuerberaterkammer hat die Aufgabe, die beruflichen Belange der Gesamtheit der Mitglieder zu wahren und die Erfüllung der beruflichen Pflichten zu überwachen.

(2) Der Steuerberaterkammer obliegt insbesondere,

1. die Mitglieder der Kammer in Fragen der Berufspflichten (§ 57) zu beraten und zu belehren;
2. auf Antrag bei Streitigkeiten unter den Mitgliedern der Kammer zu vermitteln;
3. auf Antrag bei Streitigkeiten zwischen Mitgliedern der Kammer und ihren Auftraggebern zu vermitteln;
4. die Erfüllung der den Mitgliedern obliegenden Pflichten (§ 57) zu überwachen und das Recht der Rüge (§ 81) zu handhaben;
5. die Vorschlagslisten der ehrenamtlichen Beisitzer bei den Berufsgerichten den Landesjustizverwaltungen einzureichen (§ 99 Abs. 3);
6. Fürsorgeeinrichtungen für Steuerberater und Steuerbevollmächtigte sowie deren Hinterbliebene zu schaffen;
7. Gutachten zu erstatten, die ein Gericht, eine Landesfinanzbehörde oder eine andere Verwaltungsbehörde des Landes anfordert;
8. die durch Gesetz zugewiesenen Aufgaben im Bereich der Berufsbildung wahrzunehmen;
9. die berufsständischen Mitglieder der Prüfungsausschüsse für die steuerberatenden Berufe vorzuschlagen;
10. die Wahrnehmung der den Steuerberaterkammern zugewiesenen Aufgaben des Zweiten und Sechsten Abschnitts des Zweiten Teils dieses Gesetzes;

---

[1] § 75 Abs. 1 Satz 1 geänd. durch G v. 23.6.1998 (BGBl. I S. 1496), Überschrift, Abs. 1 Sätze 1 und 2 geänd. mWv 1.7.2000 durch G v. 24.6.2000 (BGBl. I S. 874); Abs. 1 Sätze 1 und 2 geänd. mWv 12.4.2008 durch G v. 8.4.2008 (BGBl. I S. 666).

[2] § 76 Abs. 5 angef. durch G v. 9.6.1989 (BGBl. I S. 1062), Abs. 3 neu gef. mWv 1.7.1994 durch G v. 24.6.1994 (BGBl. I S. 1387), Überschrift, Abs. 1, Abs. 2 und Abs. 2 Nr. 9, Abs. 3 Satz 1, bish. Abs. 4 und 5 geänd., Abs. 2 Nr. 10 angef., neuer Abs. 4 eingef., bish. Abs. 4–5 werden Abs. 5 und 6 mWv 1.7.2000 durch G v. 24.6.2000 (BGBl. I S. 874); Abs. 7 angef. mWv 18.12.2008 durch G v. 11.12.2008 (BGBl. I S. 2418); Abs. 8–10 angef. mWv 28.12.2010 durch G v. 22.12.2010 (BGBl. I S. 2248); Abs. 11 angef. mWv 31.7.2014 durch G v. 25.7.2014 (BGBl. I S. 1266); Abs. 2 Nr. 10 geänd., Nr. 11 angef. mWv 1.1.2017 durch G v. 18.7.2016 (BGBl. I S. 1679); Abs. 8 geänd. mWv 1.1.2020 durch G v. 12.12.2019 (BGBl. I S. 2602); Abs. 5 neu gef. mWv 1.8.2022 durch G v. 7.7.2021 (BGBl. I S. 2363); Abs. 11 geänd. mWv 1.1.2025 durch G v. 10.3.2023 (BGBl. I Nr. 64).

11. die Erfüllung der den Steuerberaterkammern nach § 80a Absatz 2 der Abgabenordnung[1] zugewiesenen Pflichten.

(3) [1]Die Steuerberaterkammer kann die in Absatz 2 Nr. 1 bis 3 bezeichneten Aufgaben einzelnen Mitgliedern des Vorstandes übertragen; weitere Aufgaben können Abteilungen im Sinne des § 77a übertragen werden. [2]Im Fall des Absatzes 2 Nr. 4 zweite Alternative kann der Betroffene eine Entscheidung des Vorstandes verlangen.

(4) [1]Im Einvernehmen mit der Steuerberaterkammer, die nach den Vorschriften dieses Gesetzes für die Wahrnehmung der ihr nach Absatz 2 Nr. 10 obliegenden Aufgaben örtlich zuständig ist, kann eine andere Steuerberaterkammer diese Aufgaben übernehmen. [2]Diese Vereinbarung ist in die Satzungen der beteiligten Steuerberaterkammern aufzunehmen.

(5) [1]Die Steuerberaterkammer hat die Aufgabe, das Berufsregister ihres Bezirks zu führen. [2]Die Steuerberaterkammern können sich bei der Führung des Berufsregisters einer nach § 84 gebildeten Arbeitsgemeinschaft bedienen.

(6) Die Steuerberaterkammer ist berechtigt, die Ausbildung des Berufsnachwuchses zu fördern.

(7) [1]Die Länder können durch Gesetz den Steuerberaterkammern allein oder gemeinsam mit anderen Stellen die Aufgaben einer einheitlichen Stelle im Sinne des Verwaltungsverfahrensgesetzes übertragen. [2]Das Gesetz regelt die Aufsicht und kann vorsehen, dass die Steuerberaterkammern auch für Antragsteller tätig werden, die nicht als Steuerberater tätig werden wollen.

(8) Die Steuerberaterkammer ist im Sinne des § 36 Absatz 1 Nummer 1 des Gesetzes über Ordnungswidrigkeiten Verwaltungsbehörde für Ordnungswidrigkeiten nach § 6 der Dienstleistungs-Informationspflichten-Verordnung und nach § 56 des Geldwäschegesetzes, die durch ihre Mitglieder begangen werden.

(9) Die Geldbußen aus der Ahndung von Ordnungswidrigkeiten nach Absatz 8 fließen in die Kasse der Verwaltungsbehörde, die den Bußgeldbescheid erlassen hat.

(10) [1]Die nach Absatz 9 zuständige Kasse trägt abweichend von § 105 Absatz 2 des Gesetzes über Ordnungswidrigkeiten die notwendigen Auslagen. [2]Sie ist auch ersatzpflichtig im Sinne des § 110 Absatz 4 des Gesetzes über Ordnungswidrigkeiten.

(11) Die Steuerberaterkammer hat die Aufgabe, in den Fällen *des § 160 Absatz 1* [***ab 1.1.2025:*** der geschäftsmäßigen unbefugten Hilfeleistung in Steuersachen] Ansprüche nach den Vorschriften des Gesetzes gegen den unlauteren Wettbewerb geltend zu machen, wenn Anhaltspunkte dafür vorliegen, dass die *unbefugte Hilfeleistung in Steuersachen* [***ab 1.1.2025:*** Tätigkeit] fortgesetzt wird.

§ 76a[2] Eintragung in das Berufsregister. (1) In das Berufsregister sind einzutragen:

---

[1] Nr. **800**.

[2] § 76a eingef. mWv 1.8.2022 durch G v. 7.7.2021 (BGBl. I S. 2363); Abs. 1 Nr. 1 Buchst. b geänd., Buchst. d neu gef., Nr. 2 Buchst. d und h neu gef., Buchst. l u. Abs. 2 Satz 1 geänd., Satz 3 sowie Abs. 3 Satz 3 angef. mWv 16.3.2023, Abs. 1 Nrn. 3 und 4 jew. Buchst. e eingef., jew. bish. Buchst. e wird Buchst. f und geänd. mWv 1.7.2023 durch G v. 10.3.2023 (BGBl. I Nr. 64).

1. für Steuerberater und Steuerbevollmächtigte, die in dem Bezirk der zuständigen Steuerberaterkammer (Registerbezirk) bestellt werden oder ihre berufliche Niederlassung in diesen verlegen:
   a) der Familienname, der Vorname oder die Vornamen, das Geburtsdatum und der Geburtsort des Steuerberaters oder Steuerbevollmächtigten,
   b) das Datum der Bestellung und der Name der Behörde oder der Steuerberaterkammer, die die Bestellung vorgenommen hat,
   c) die Befugnis zum Führen der Bezeichnung „Landwirtschaftliche Buchstelle" und der Bezeichnungen nach der Fachberaterordnung,
   d) die Anschrift der beruflichen Niederlassung, die geschäftlichen Telekommunikationsdaten, einschließlich der E-Mail-Adresse, und die geschäftliche Internetadresse,
   e) berufliche Zusammenschlüsse im Sinne der §§ 49, 50 und 55h,
   f) die Anschrift der weiteren Beratungsstellen, der Familienname, der Vorname oder die Vornamen und die Anschrift der die weiteren Beratungsstellen leitenden Personen,
   g) der Familienname, der Vorname oder die Vornamen und die Anschrift des Vertreters oder Zustellungsbevollmächtigten, sofern ein solcher bestellt oder benannt worden ist,
   h) das Bestehen eines Berufs- oder Vertretungsverbots im Sinne des § 90 Absatz 1 Nummer 4 oder des § 134,
   i) die Bezeichnung des besonderen elektronischen Steuerberaterpostfachs sowie
   j) alle Veränderungen der Angaben zu den Buchstaben a und c bis i;
2. für Berufsausübungsgesellschaften, die in dem Registerbezirk anerkannt werden oder die nach der Anerkennung ihren Sitz in diesen verlegen:
   a) der Name oder die Firma und die Rechtsform,
   b) das Datum der Anerkennung als Berufsausübungsgesellschaft und der Name der Behörde oder der Steuerberaterkammer, die die Anerkennung vorgenommen hat,
   c) die Befugnis zum Führen der Bezeichnung „Landwirtschaftliche Buchstelle",
   d) die Anschrift der beruflichen Niederlassung, die geschäftlichen Telekommunikationsdaten, einschließlich der E-Mail-Adresse, und die geschäftliche Internetadresse,
   e) berufliche Zusammenschlüsse im Sinne der §§ 49, 50 und 55h,
   f) folgende Angaben zu den Gesellschaftern:
      aa) bei natürlichen Personen: der Familienname, der Vorname oder die Vornamen und der in der Berufsausübungsgesellschaft ausgeübte Beruf,
      bb) bei juristischen Personen und rechtsfähigen Personengesellschaften: deren Name oder Firma, deren Sitz und, sofern gesetzlich vorgesehen, das für sie zuständige Register und die Registernummer,

g) bei juristischen Personen: zu jedem Mitglied des zur gesetzlichen Vertretung berufenen Organs der Familienname, der Vorname oder die Vornamen und der Beruf,

h) bei rechtsfähigen Personengesellschaften: der Familienname, der Vorname oder die Vornamen und der Beruf der vertretungsberechtigten Gesellschafter,

i) der Familienname, der Vorname oder die Vornamen und der Beruf der angestellten Steuerberater, Steuerbevollmächtigten, Rechtsanwälte, Wirtschaftsprüfer und vereidigten Buchprüfer, die zur Vertretung der Berufsausübungsgesellschaft berechtigt sind, sofern die Eintragung in das Berufsregister von der Berufsausübungsgesellschaft beantragt wird,

j) die Anschrift der weiteren Beratungsstellen, der Familienname, der Vorname oder die Vornamen und die Anschrift der die weiteren Beratungsstellen leitenden Personen,

k) der Familienname, der Vorname oder die Vornamen und die Anschrift des Vertreters oder Zustellungsbevollmächtigten, sofern ein solcher bestellt oder benannt worden ist,

l) *bei anerkannten Berufsausübungsgesellschaften:* das Bestehen eines Berufs- oder Vertretungsverbots im Sinne des § 90 Absatz 2 Nummer 4 oder des § 134,

m) die Bezeichnung des besonderen elektronischen Steuerberaterpostfachs der Berufsausübungsgesellschaft sowie

n) alle Veränderungen der Angaben zu den Buchstaben a und c bis m;

3. für weitere Beratungsstellen von Steuerberatern und Steuerbevollmächtigten, wenn sie im Registerbezirk errichtet werden:

a) der Familienname, der Vorname oder die Vornamen und die Anschrift des Steuerberaters oder Steuerbevollmächtigten,

b) die Befugnis zum Führen der Bezeichnung „Landwirtschaftliche Buchstelle“,

c) die Anschrift der weiteren Beratungsstellen,

d) der Familienname, der Vorname oder die Vornamen und die Anschrift der die weiteren Beratungsstellen leitenden Personen,

[***ab 1.7.2023:***

e) die Bezeichnung eines für die weitere Beratungsstelle eingerichteten weiteren besonderen elektronischen Steuerberaterpostfachs sowie]

f) alle Veränderungen der Angaben zu den Buchstaben a bis e;

4. für weitere Beratungsstellen von anerkannten Berufsausübungsgesellschaften, wenn sie im Registerbezirk errichtet werden:

a) der Name oder die Firma und die Rechtsform,

b) die Befugnis zum Führen der Bezeichnung „Landwirtschaftliche Buchstelle“,

c) die Anschrift der weiteren Beratungsstellen,

d) der Familienname, der Vorname oder die Vornamen und die Anschrift der die weiteren Beratungsstellen leitenden Personen,

[*ab 1.7.2023:*
e) die Bezeichnung eines für die weitere Beratungsstelle eingerichteten weiteren besonderen elektronischen Steuerberaterpostfachs sowie]
f) alle Veränderungen der Angaben zu den Buchstaben a bis e.

(2) [1] Für Berufsausübungsgesellschaften, die nicht anerkannt werden sollen, gilt Absatz 1 Nummer 2 und 4 mit der Maßgabe entsprechend, dass anstelle des Datums der Anerkennung der Tag der Registrierung im Berufsregister einzutragen ist. [2] Abweichend von Satz 1 ist bei Berufsausübungsgesellschaften in der Rechtsform der Partnerschaftsgesellschaft der Tag der Eintragung im Partnerschaftsregister einzutragen. [3] Die zuständige Steuerberaterkammer kann für die Prüfung der in das Berufsregister einzutragenden Tatsachen die Vorlage geeigneter Nachweise einschließlich des Gesellschaftsvertrags oder der Satzung verlangen.

(3) [1] Die zuständige Steuerberaterkammer nimmt Neueintragungen in das Berufsregister nach Absatz 1 Nummer 1 und 2 nur nach Durchführung eines Identifizierungsverfahrens vor. [2] In den Fällen des Absatzes 1 Nummer 2 sind die Mitglieder des zur gesetzlichen Vertretung berufenen Organs oder die vertretungsberechtigten Gesellschafter und Partner zu identifizieren. [3] Die Sätze 1 und 2 gelten auch, soweit Absatz 1 Nummer 2 für Berufsausübungsgesellschaften, die nicht anerkannt werden sollen, nach Absatz 2 Satz 1 entsprechend gilt.

(4) Für Berufsausübungsgesellschaften, die ihren Sitz nicht im Inland haben, gilt Absatz 1 Nummer 2 mit der Maßgabe, dass die Steuerberaterkammer des Registerbezirks zuständig ist, in dem die weitere Beratungsstelle unterhalten wird oder der Zustellungsbevollmächtigte ansässig ist.

§ 76b[1)] Löschung aus dem Berufsregister. (1) Aus dem Berufsregister sind zu löschen

1. Steuerberater und Steuerbevollmächtigte, wenn
   a) die Bestellung erloschen, vollziehbar zurückgenommen oder widerrufen ist oder
   b) die berufliche Niederlassung aus dem Registerbezirk verlegt wird;
2. anerkannte Berufsausübungsgesellschaften, wenn
   a) die Anerkennung erloschen, vollziehbar zurückgenommen oder widerrufen ist oder
   b) der Sitz aus dem Registerbezirk verlegt wird;
3. nicht anerkannte Berufsausübungsgesellschaften, wenn
   a) sie aufgelöst sind,
   b) der nach § 50 Absatz 3 Satz 1 erforderliche Unternehmensgegenstand nicht mehr besteht oder
   c) der Sitz aus dem Registerbezirk verlegt wird;
4. weitere Beratungsstellen, wenn die Beratungsstelle aufgelöst ist.

---

1) § 76b eingef. mWv 1.8.2022 durch G v. 7.7.2021 (BGBl. I S. 2363); Abs. 1 Nr. 2 einl. Satzteil geänd., Nr. 3 eingef., bish. Nr. 3 wird Nr. 4 mWv 16.3.2023 durch G v. 10.3.2023 (BGBl. I Nr. 64).

(2) [1]Die Eintragung über die Befugnis zum Führen der Bezeichnung „Landwirtschaftliche Buchstelle" ist zu löschen, wenn bei einer Berufsausübungsgesellschaft die in § 44 Absatz 3 bezeichneten Voraussetzungen weggefallen sind. [2]Die Eintragung von Bezeichnungen nach der Fachberaterordnung ist zu löschen, wenn die Bezeichnung nicht mehr geführt werden darf.

§ 76c[1)] Mitteilungspflichten; Einsicht in das Berufsregister. (1) Die in das Berufsregister einzutragenden Tatsachen sind der zuständigen Steuerberaterkammer von folgenden Personen mitzuteilen:

1. im Fall des § 76a Absatz 1 Nummer 1 von dem einzutragenden oder eingetragenen Steuerberater oder Steuerbevollmächtigten;
2. im Fall des § 76a Absatz 1 Nummer 2, auch in Verbindung mit § 76a Absatz 2, von den Mitgliedern des zur gesetzlichen Vertretung berufenen Organs oder den vertretungsberechtigten Gesellschaftern der einzutragenden oder eingetragenen Berufsausübungsgesellschaft;
3. im Fall des § 76a Absatz 1 Nummer 3 von dem Steuerberater oder Steuerbevollmächtigten, der die weitere Beratungsstelle errichtet hat;
4. im Fall des § 76a Absatz 1 Nummer 4, auch in Verbindung mit § 76a Absatz 2, von den Mitgliedern des zur gesetzlichen Vertretung berufenen Organs oder den vertretungsberechtigten Gesellschaftern der Berufsausübungsgesellschaft, die die weitere Beratungsstelle errichtet hat.

(2) Die im Berufsregister zu löschenden Tatsachen sind der zuständigen Steuerberaterkammer von folgenden Personen mitzuteilen:

1. in den Fällen des § 76b Absatz 1 Nummer 1 Buchstabe b von dem Steuerberater oder Steuerbevollmächtigten, der seine berufliche Niederlassung verlegt;
2. in den Fällen des § 76b Absatz 1 Nummer 2 Buchstabe b und Nummer 3 von den Mitgliedern des zur gesetzlichen Vertretung berufenen Organs oder den vertretungsberechtigten Gesellschaftern der Berufsausübungsgesellschaft;
3. in den Fällen des § 76b Absatz 1 Nummer 4 von den in Absatz 1 Nummer 3 oder 4 genannten Personen;
4. in den Fällen des § 76b Absatz 2 von den Mitgliedern des zur gesetzlichen Vertretung berufenen Organs oder den vertretungsberechtigten Gesellschaftern der Berufsausübungsgesellschaft.

(3) [1]Alle Eintragungen und Löschungen im Berufsregister sind den Beteiligten mitzuteilen. [2]Die Löschung von Berufsausübungsgesellschaften ist ferner dem zuständigen Registergericht mitzuteilen.

(4) Die Einsicht in das Berufsregister soll gewährt werden, soweit die die Einsicht begehrende Person hierfür ein berechtigtes Interesse darlegt.

[1)] § 76c eingef. mWv 1.8.2022 durch G v. 7.7.2021 (BGBl. I S. 2363); Abs. 1 Nrn. 1, 2 und 4, Abs. 2 Nrn. 1, 2 und 3 geänd. mWv 16.3.2023 durch G v. 10.3.2023 (BGBl. I Nr. 64).

§ 76d[1] Weitere Eintragungen in das Berufsregister. (1) In das Berufsregister sind ferner einzutragen:

1. Vereine, die nach § 44 Absatz 4 befugt sind, die Bezeichnung „Landwirtschaftliche Buchstelle" als Zusatz zum Namen zu führen, wenn sie ihren Sitz im Registerbezirk haben,
2. Buchstellen von Körperschaften des öffentlichen Rechts und Personenvereinigungen, für die nach § 44 Absatz 5 die Bezeichnung „Landwirtschaftliche Buchstelle" geführt werden darf, wenn die Buchstellen im Registerbezirk gelegen sind.

(2) Die Eintragung nach Absatz 1 ist zu löschen, wenn

1. der Verein im Sinne des § 44 Absatz 4 oder die Buchstelle der Personenvereinigung oder Körperschaft im Sinne des § 44 Absatz 5 aufgelöst ist,
2. die in § 44 Absatz 4 oder 5 bezeichneten Voraussetzungen weggefallen sind oder
3. der Sitz des Vereins im Sinne des § 44 Absatz 4 oder der Sitz der Buchstelle der Personenvereinigung oder Körperschaft im Sinne des § 44 Absatz 5 aus dem Registerbezirk verlegt wird.

(3) [1]Die Eintragung oder Löschung ist von den jeweiligen Vertretungsberechtigten des Vereins, der Personenvereinigung oder der Körperschaft zu beantragen. [2]Die Löschung kann auch von Amts wegen vorgenommen werden.

§ 76e[2] Anzeigepflichten. (1) [1]Im Januar eines jeden Kalenderjahres haben die Mitglieder des zur gesetzlichen Vertretung berufenen Organs oder die vertretungsberechtigten Gesellschafter einer Berufsausübungsgesellschaft sowie die Gesellschafter einer Gesellschaft bürgerlichen Rechts im Sinne des § 55a Absatz 1 Satz 3 eine von ihnen unterschriebene Liste der Gesellschafter bei der zuständigen Steuerberaterkammer einzureichen. [2]Aus dieser Liste müssen Name, Vornamen, Beruf, Wohnort und berufliche Niederlassung der Gesellschafter sowie deren Aktien, Stammeinlagen oder Beteiligungsverhältnisse ersichtlich sein. [3]Sind seit Einreichung der letzten Liste keine Veränderungen hinsichtlich der Person oder des Berufs der Gesellschafter und des Umfangs der Beteiligung eingetreten, so genügt die Einreichung einer entsprechenden Erklärung.

(2) Absatz 1 gilt in den Fällen des § 154 Absatz 2 Satz 1 entsprechend.

§ 77[3] Wahl des Vorstands. (1) Der Vorstand der Steuerberaterkammer wird von den Mitgliedern gewählt.

(2) Zum Mitglied des Vorstands kann nur gewählt werden, wer als Steuerberater oder Steuerbevollmächtigter persönliches Mitglied der Kammer ist.

(3) Zum Mitglied des Vorstands kann nicht gewählt werden,

1. gegen wen ein Berufs- oder Vertretungsverbot verhängt ist,

---

[1] § 76d eingef. mWv 1.8.2022 durch G v. 7.7.2021 (BGBl. I S. 2363).

[2] § 76e eingef. mWv 1.8.2022 durch G v. 7.7.2021 (BGBl. I S. 2363); Abs. 1 Satz 2 geänd. mWv 16.3.2023 durch G v. 10.3.2023 (BGBl. I Nr. 64).

[3] § 77 neu gef. mWv 1.8.2022 durch G v. 7.7.2021 (BGBl. I S. 2363).

2. gegen wen die sofortige Vollziehung der Rücknahme oder des Widerrufs der Bestellung angeordnet ist,
3. gegen wen in den letzten fünf Jahren ein Verweis (§ 90 Absatz 1 Nummer 2) oder eine Geldbuße (§ 90 Absatz 1 Nummer 3) verhängt wurde,
4. gegen wen in den letzten zehn Jahren ein Berufsverbot (§ 90 Absatz 1 Nummer 4) verhängt wurde,
5. wer in den letzten 15 Jahren aus dem Beruf ausgeschlossen wurde (§ 90 Absatz 1 Nummer 5) oder
6. bei wem in den letzten fünf Jahren nach § 92 von einer berufsgerichtlichen Maßnahme abgesehen wurde, sofern ohne die anderweitige Ahndung voraussichtlich ein Verweis oder eine Geldbuße verhängt worden wäre.

(4) Die Satzung der Steuerberaterkammer kann weitere Ausschlussgründe vorsehen.

§ 77a[1)] Abteilungen des Vorstandes. (1) [1]Der Vorstand kann mehrere Abteilungen bilden, wenn die Satzung der Steuerberaterkammer es zuläßt. [2]Er überträgt den Abteilungen die Geschäfte, die sie selbständig führen.

(2) [1]Jede Abteilung muß aus mindestens drei Mitgliedern des Vorstandes bestehen. [2]Die Mitglieder der Abteilung wählen aus ihren Reihen einen Abteilungsvorsitzenden, einen Abteilungsschriftführer und deren Stellvertreter.

(3) [1]Der Vorstand setzt die Zahl der Abteilungen und ihrer Mitglieder fest, überträgt den Abteilungen die Geschäfte und bestimmt die Mitglieder der einzelnen Abteilungen. [2]Jedes Mitglied des Vorstandes kann mehreren Abteilungen angehören.

(4) Der Vorstand kann die Abteilungen ermächtigen, ihre Sitzung außerhalb des Sitzes der Steuerberaterkammer abzuhalten.

(5) Die Abteilungen besitzen innerhalb ihrer Zuständigkeit die Rechte und Pflichten des Vorstandes.

(6) Anstelle der Abteilung entscheidet der Vorstand, wenn er es für angemessen hält oder wenn die Abteilung oder ihr Vorsitzender es beantragt.

§ 77b[2)] Ehrenamtliche Tätigkeit. [1]Die Mitglieder eines Organs oder eines Ausschusses der Steuerberaterkammer üben ihre Tätigkeit ehrenamtlich aus. [2]Sie können jedoch eine angemessene auch pauschalisierte Entschädigung für den mit ihrer Tätigkeit verbundenen Aufwand, auch für Zeitaufwand und Verdienstausfall, sowie eine Reisekostenvergütung erhalten. [3]Die Richtlinien für die Aufwandsentschädigung und die Reisekostenvergütung werden von der Mitgliederversammlung beschlossen.

[1)] § 77a eingef. mWv 1.7.1994 durch G v. 24.6.1994 (BGBl. I S. 1387), Abs. 1 und 4 geänd. mWv 1.7.2000 durch G v. 24.6.2000 (BGBl. I S. 874); Abs. 3 neu gef. mWv 12.4.2008 durch G v. 8.4.2008 (BGBl. I S. 666).

[2)] § 77b eingef. mWv 25.6.2017 durch G v. 23.6.2017 (BGBl. I S. 1682); Satz 3 angef. mWv 1.1.2021 durch G v. 12.12.2019 (BGBl. I S. 2451); Satz 2 neu gef. mWv 1.1.2020 durch G v. 21.12.2019 (BGBl. I S. 2875); Überschrift und Satz 1 neu gef. mWv 29.12.2020 durch G v. 21.12.2020 (BGBl. I S. 3096).

§ 77c[1)] Vorzeitiges Ausscheiden eines Vorstandsmitglieds. (1) Ist ein Mitglied des Vorstands nicht mehr Mitglied der Steuerberaterkammer oder verliert es seine Wählbarkeit aus den in § 77 Absatz 3 Nummer 3, 4 und 6 genannten Gründen, scheidet es aus dem Vorstand aus.

(2) Wird gegen ein Mitglied des Vorstands eine der in § 77 Absatz 3 Nummer 1 oder 2 genannten Maßnahmen verhängt oder angeordnet, ruht seine Mitgliedschaft für die Dauer der Maßnahme.

(3) Die Satzung der Steuerberaterkammer kann weitere Gründe vorsehen, die zum Ausscheiden aus dem Vorstand oder zum Ruhen der dortigen Mitgliedschaft führen.

§ 78[2)] Satzung. [1]Jede Steuerberaterkammer gibt sich ihre Satzung selbst. [2]Die Satzung bedarf der Genehmigung der Aufsichtsbehörde. [3]Die Satzung und deren Änderungen werden von der Mitgliederversammlung beschlossen.

§ 79[3)] Beiträge und Gebühren. (1) [1]Die Mitglieder sind verpflichtet, Beiträge nach Maßgabe einer Beitragsordnung zu leisten. [2]Die Beitragsordnung bedarf der Genehmigung durch die Aufsichtsbehörde. [3]Die Höhe der Beiträge bestimmt die Mitgliederversammlung. [4]Für die Verjährung des Anspruchs der Steuerberaterkammer auf Zahlung von Beiträgen sind die für die Gebühren geltenden Vorschriften entsprechend anzuwenden. [5]Wird die berufliche Niederlassung in den Bezirk einer anderen Steuerberaterkammer verlegt, ist für

(Fortsetzung nächstes Blatt)

[1)] § 77c eingef. mWv 1.8.2022 durch G v. 7.7.2021 (BGBl. I S. 2363).

[2)] § 78 Satz 1 geänd. mWv 1.7.2000 durch G v. 24.6.2000 (BGBl. I S. 874); Satz 3 angef. mWv 18.12.2019 durch G v. 12.12.2019 (BGBl. I S. 2451).

[3)] § 79 Abs. 2 Satz 1 und Abs. 3 Satz 1 geänd. mWv 1.7.2000 durch G v. 24.6.2000 (BGBl. I S. 874); Abs. 1 Satz 4, Abs. 2 Sätze 3 bis 5 angef., Abs. 3 aufgeh. mWv 12.4.2008 durch G v. 8.4.2008 (BGBl. I S. 666); Abs. 2 Satz 4 geänd. mWv 15.8.2013 durch G v. 7.8.2013 (BGBl. I S. 3154); Abs. 1 Satz 5 angef. mWv 18.12.2019 durch G v. 12.12.2019 (BGBl. I S. 2451).

(2) [1]Die Delegierten werden von den Mitgliedern der einzelnen Steuerberaterkammern in Kammerversammlungen unmittelbar gewählt. [2]Wählbar ist nur, wer persönliches Mitglied der Steuerberaterkammer ist. [3]Die Zahl der Delegierten bemißt sich nach der Zahl der Kammermitglieder. [4]Je angefangene eintausendfünfhundert Mitglieder der Steuerberaterkammer sind ein Delegierter und ein Stellvertreter, für die einzelne Steuerberaterkammer jedoch mindestens zwei Delegierte und Stellvertreter, zu wählen. [5]Maßgebend ist die Zahl der Kammermitglieder am 1. Januar des Jahres, in dem die Satzungsversammlung einberufen wird.

(3) Jedes Mitglied der Satzungsversammlung ist unabhängig und verfügt in der Satzungsversammlung über eine Stimme.

(4) [1]Die Satzungsversammlung wird durch den Präsidenten der Bundessteuerberaterkammer mit einer Frist von sechs Wochen schriftlich einberufen. [2]Der Präsident der Bundessteuerberaterkammer muß die Satzungsversammlung innerhalb von sechs Wochen einberufen, wenn mindestens fünf Steuerberaterkammern oder ein Viertel der Mitglieder der Satzungsversammlung es schriftlich beantragen und hierbei den Gegenstand angeben, über den in der Satzungsversammlung beschlossen werden soll.

(5) Den Vorsitz in der Satzungsversammlung führt der Präsident der Bundessteuerberaterkammer, bei seiner Verhinderung sein Vertreter im Amt, soweit die Geschäftsordnung nichts anderes vorsieht.

(6) [1]Die Satzungsversammlung ist beschlußfähig, wenn mindestens zwei Drittel ihrer Mitglieder anwesend sind. [2]Beschlüsse der Satzungsversammlung, die den Erlaß oder die Änderung der Berufsordnung betreffen, werden mit der Mehrheit aller Mitglieder der Satzungsversammlung gefaßt, sonstige Beschlüsse mit einfacher Mehrheit der anwesenden Mitglieder.

(7) Der Wortlaut der von der Satzungsversammlung gefaßten Beschlüsse ist in einer Niederschrift festzuhalten, die vom Vorsitzenden und von einem von der Satzungsversammlung zu bestimmenden Schriftführer zu unterzeichnen und bei der Geschäftsstelle der Bundessteuerberaterkammer zu verwahren ist.

(8) Die Satzungsversammlung kann weitere Einzelheiten des Verfahrens in einer Geschäftsordnung regeln.

§ 86b[1)] Steuerberaterverzeichnis. (1) [1]Die Bundessteuerberaterkammer führt ein elektronisches Gesamtverzeichnis aller Mitglieder der Steuerberaterkammern nach § 74 Absatz 1 sowie aller nach § 76a Absatz 2 in das Berufsregister eingetragenen Berufsausübungsgesellschaften. [2]Das Verzeichnis dient der Information der Behörden und Gerichte, der Rechtsuchenden sowie anderer am Rechtsverkehr Beteiligter. [3]Die Steuerberaterkammern geben die im Berufsregister gespeicherten Daten im automatisierten Verfahren in das von der Bundessteuerberaterkammer geführte Gesamtverzeichnis ein. [4]Die zuständige

1) § 86b eingef. mWv 1.1.2017 durch G v. 18.7.2016 (BGBl. I S. 1679); Abs. 1 Satz 1 und Abs. 2 neu gef., Abs. 3 angef. mWv 1.8.2022 durch G v. 7.7.2021 (BGBl. I S. 2363); Abs. 2 Nr. 2 Buchst. e geänd. mWv 16.3.2023 durch G v. 10.3.2023 (BGBl. I Nr. 64).

Steuerberaterkammer trägt die datenschutzrechtliche Verantwortung für die von ihr in das Gesamtverzeichnis eingegebenen Daten, insbesondere für die Rechtmäßigkeit der Erhebung, die Vollständigkeit und die Richtigkeit der Daten. [5] Der Abruf einzelner Daten aus dem Gesamtverzeichnis steht jedem unentgeltlich zu.

(2) In das Gesamtverzeichnis sind einzutragen:

1. bei Steuerberatern und Steuerbevollmächtigten:
   a) der Familienname und der Vorname oder die Vornamen,
   b) der Zeitpunkt der Bestellung,
   c) der Name und die Anschrift der zuständigen Steuerberaterkammer,
   d) die Anschrift der beruflichen Niederlassung,
   e) die geschäftlichen Telekommunikationsdaten, einschließlich der E-Mail-adresse, und die geschäftliche Internetadresse,
   f) die Berufsbezeichnung,
   g) bestehende Berufs- und Vertretungsverbote sowie
   h) sofern ein Vertreter bestellt ist, die Vertreterbestellung unter Angabe von Familiennamen und Vorname oder Vornamen und Anschrift des Vertreters;
2. bei Berufsausübungsgesellschaften:
   a) der Name oder die Firma und die Rechtsform,
   b) der Zeitpunkt der Anerkennung als Berufsausübungsgesellschaft oder der Registrierung,
   c) der Name und die Anschrift der zuständigen Steuerberaterkammer,
   d) die Anschrift der Berufsausübungsgesellschaft und die Anschriften ihrer weiteren Beratungsstellen,
   e) die geschäftlichen Telekommunikationsdaten, einschließlich der E-Mail-adresse, und die geschäftliche Internetadresse,
   f) folgende Angaben zu den Gesellschaftern:
      aa) bei natürlichen Personen: der Familienname, der Vorname oder die Vornamen und der in der Berufsausübungsgesellschaft ausgeübte Beruf,
      bb) bei juristischen Personen und rechtsfähigen Personengesellschaften: deren Name oder Firma, deren Sitz und, sofern gesetzlich vorgesehen, das für sie zuständige Register und die Registernummer,
   g) bei juristischen Personen: zu jedem Mitglied des zur gesetzlichen Vertretung berufenen Organs der Familienname, der Vorname oder die Vornamen und der Beruf,
   h) bei rechtsfähigen Personengesellschaften: die vertretungsberechtigten Gesellschafter und deren Beruf,
   i) bei ausländischen Berufsausübungsgesellschaften: der Sitz, der Ort der Hauptniederlassung und, sofern nach dem Recht des Staats ihres Sitzes vorgesehen, das für sie zuständige Register und die Registernummer,

j) bei anerkannten Berufsausübungsgesellschaften: bestehende Berufs- und Vertretungsverbote,

k) sofern ein Vertreter bestellt ist, die Angabe von Familienname, Vorname oder Vornamen und Anschrift des Vertreters.

(3)[1] [1]Die Bundessteuerberaterkammer hat in das Gesamtverzeichnis zusätzlich die Bezeichnung des besonderen elektronischen Steuerberaterpostfachs einzutragen. [2]Sie trägt die datenschutzrechtliche Verantwortung für diese Daten.

§ 86c[2] Steuerberaterplattform. (1) Die Mitglieder der Steuerberaterkammern sowie die nach § 76a Absatz 2 in das Berufsregister eingetragenen Berufsausübungsgesellschaften sind verpflichtet, sich bei der Steuerberaterplattform mit dem für sie eingerichteten Nutzerkonto zu registrieren.

(2) [1]Die Bundessteuerberaterkammer prüft die Identität des Steuerberaters, des Steuerbevollmächtigten oder der Leitungspersonen einer Berufsausübungsgesellschaft im Sinne des § 89a Nummer 1 oder 2 anhand eines elektronischen Identitätsnachweises nach § 18 des Personalausweisgesetzes oder eines gleichwertigen Verfahrens. [2]Die Bundessteuerberaterkammer greift zur Prüfung der Identität und der Berufsträgereigenschaft auf die von den Steuerberaterkammern im Berufsregister gespeicherten Daten zu.

(3) Die Bundessteuerberaterkammer hat sicherzustellen, dass der Zugang zur Steuerberaterplattform nur durch ein sicheres Verfahren mit zwei voneinander unabhängigen Sicherungsmitteln möglich ist.

(4) Die Bundessteuerberaterkammer ist befugt, eine digitale Schnittstelle zwischen der Steuerberaterplattform und der Vollmachtsdatenbank nach § 86 Absatz 2 Nummer 12 einzurichten.

(5) Die Bundessteuerberaterkammer kann von Fachsoftwareanbietern für die Nutzung der Steuerberaterplattform Nutzungsentgelte oder Lizenzgebühren verlangen.

(6) [1]Die Bundessteuerberaterkammer ist für die Einhaltung der technischen und datenschutzrechtlichen Vorgaben nach § 86f verantwortlich. [2]Sie kann gegenüber Dritten, die die Steuerberaterplattform nutzen, die Einhaltung technischer und datenschutzrechtlicher Standards vorgeben.

§ 86d[3] Besonderes elektronisches Steuerberaterpostfach. (1) [1]Die Bundessteuerberaterkammer richtet über die Steuerberaterplattform für jeden Steuerberater und Steuerbevollmächtigten ein besonderes elektronisches Steuerberaterpostfach empfangsbereit ein. [2]Nach Einrichtung eines besonderen elektronischen Steuerberaterpostfachs übermittelt die Bundessteuerberaterkammer dessen Bezeichnung an die zuständige Steuerberaterkammer zur Speicherung im Berufsregister.

(2) [1]Zum Zweck der Einrichtung des besonderen elektronischen Steuerberaterpostfachs übermittelt die Steuerberaterkammer den Familiennamen und

---

[1] Siehe hierzu § 157e.

[2] § 86c eingef. mWv 1.8.2022 durch G v. 7.7.2021 (BGBl. I S. 2363).

[3] § 86d eingef. mWv 1.8.2022 durch G v. 7.7.2021 (BGBl. I S. 2363); Abs. 7 angef. mWv 1.7.2023 durch G v. 10.3.2023 (BGBl. I Nr. 64).

den oder die Vornamen sowie eine zustellfähige Anschrift der Personen, die einen Antrag auf Aufnahme in die Steuerberaterkammer gestellt haben, an die Bundessteuerberaterkammer. 2Die übermittelten Angaben sind zu löschen, wenn der Antrag zurückgenommen oder die Aufnahme in die Steuerberaterkammer unanfechtbar versagt wurde.

(3) 1Die Bundessteuerberaterkammer hat sicherzustellen, dass der Zugang zu dem besonderen elektronischen Steuerberaterpostfach nur durch ein sicheres Verfahren mit zwei voneinander unabhängigen Sicherungsmitteln möglich ist. 2Sie hat auch Vertretern, Praxisabwicklern, Praxistreuhändern und Zustellungsbevollmächtigten die Nutzung des besonderen elektronischen Steuerberaterpostfachs zu ermöglichen; Absatz 2 gilt insoweit sinngemäß. 3Die Bundessteuerberaterkammer kann unterschiedlich ausgestaltete Zugangsberechtigungen für Kammermitglieder und andere Personen vorsehen. 4Sie ist berechtigt, die in dem besonderen elektronischen Steuerberaterpostfach gespeicherten Nachrichten nach angemessener Zeit zu löschen. 5Das besondere elektronische Steuerberaterpostfach soll barrierefrei ausgestaltet sein.

(4) 1Sobald die Mitgliedschaft in der Steuerberaterkammer aus anderen Gründen als dem Wechsel der Steuerberaterkammer erlischt, hebt die Bundessteuerberaterkammer die Zugangsberechtigung zu dem besonderen elektronischen Steuerberaterpostfach auf. 2Die Bundessteuerberaterkammer löscht das besondere elektronische Steuerberaterpostfach, sobald es nicht mehr benötigt wird.

(5) 1Die Bundessteuerberaterkammer kann auch für sich und für die Steuerberaterkammern besondere elektronische Steuerberaterpostfächer einrichten. 2Absatz 3 Satz 1 und 5 ist anzuwenden.

(6) Der Inhaber des besonderen elektronischen Steuerberaterpostfachs ist verpflichtet, die für dessen Nutzung erforderlichen technischen Einrichtungen vorzuhalten sowie Zustellungen und den Zugang von Mitteilungen über das besondere elektronische Steuerberaterpostfach zur Kenntnis zu nehmen.

[***ab 1.7.2023:***

(7) 1Die Bundessteuerberaterkammer richtet für eine im Berufsregister eingetragene weitere Beratungsstelle eines Steuerberaters oder Steuerbevollmächtigten auf dessen Antrag ein weiteres besonderes elektronisches Steuerberaterpostfach empfangsbereit ein. 2Der Antrag nach Satz 1 ist bei derjenigen Steuerberaterkammer zu stellen, bei der der Steuerberater oder Steuerbevollmächtigte bestellt ist oder bestellt werden soll. 3Die Steuerberaterkammer übermittelt der Bundessteuerberaterkammer den Familiennamen und den oder die Vornamen des Steuerberaters oder Steuerbevollmächtigten sowie die Anschrift der weiteren Beratungsstelle, für die ein weiteres besonderes elektronisches Steuerberaterpostfach eingerichtet werden soll. 4Die Bundessteuerberaterkammer hebt die Zugangsberechtigung zu einem nach Satz 1 eingerichteten weiteren besonderen elektronischen Steuerberaterpostfach auf, wenn der Steuerberater oder Steuerbevollmächtigte gegenüber der für ihn zuständigen Steuerberaterkammer erklärt, kein weiteres besonderes elektronisches Steuerberaterpostfach für die weitere Beratungsstelle mehr zu wünschen, oder wenn die weitere Beratungsstelle aufgegeben wird. 5Im Übrigen gelten Absatz 1 Satz 2, Absatz 2 Satz 2 sowie die Absätze 3, 4 und 6 entsprechend.]

§ 86e[1] Besonderes elektronisches Steuerberaterpostfach für Berufsausübungsgesellschaften. (1) Die Bundessteuerberaterkammer richtet für jede im Steuerberaterverzeichnis eingetragene Berufsausübungsgesellschaft ein besonderes elektronisches Steuerberaterpostfach empfangsbereit ein.

(2) [1]Die Steuerberaterkammer übermittelt der Bundessteuerberaterkammer zum Zweck der Einrichtung des besonderen elektronischen Steuerberaterpostfachs den Namen oder die Firma, die Rechtsform und eine zustellungsfähige Anschrift der Berufsausübungsgesellschaft sowie die Familiennamen und den oder die Vornamen und die Berufe der gesetzlich vertretungsberechtigten Steuerberater, Steuerbevollmächtigten, Rechtsanwälte, Wirtschaftsprüfer und vereidigten Buchprüfer, die befugt sind, für Berufsausübungsgesellschaften Dokumente mit einer nicht-qualifizierten elektronischen Signatur auf einem sicheren Übermittlungsweg zu versenden. [2]Satz 1 gilt entsprechend für die nach § 76a Absatz 1 Nummer 2 Buchstabe i in das Berufsregister eingetragenen Personen.

(3) Die Bundessteuerberaterkammer hebt die Zugangsberechtigung zu einem nach Absatz 1 eingerichteten besonderen elektronischen Steuerberaterpostfach auf, wenn die Registrierung oder die Anerkennung als Berufsausübungsgesellschaft aus einem anderen Grund als dem Wechsel der Steuerberaterkammer erlischt.

(4) Im Übrigen gilt für nach Absatz 1 eingerichtete besondere elektronische Steuerberaterpostfächer § 86d Absatz 1 Satz 2, Absatz 2 Satz 2, Absatz 3 und 4 Satz 2 sowie Absatz 6 entsprechend.

[*ab 1.7.2023:*

(5) [1]Für die Einrichtung weiterer besonderer elektronischer Steuerberaterpostfächer für im Berufsregister eingetragene weitere Beratungsstellen von Berufsausübungsgesellschaften gilt § 86d Absatz 7 entsprechend. [2]Bei Berufsausübungsgesellschaften, die nicht anerkannt werden sollen, ist der Antrag bei derjenigen Steuerberaterkammer zu stellen, die für deren Eintragung in das Berufsregister zuständig ist.]

§ 86f[2] Verordnungsermächtigung. Das Bundesministerium der Finanzen wird ermächtigt, durch Rechtsverordnung nach Anhörung der Bundessteuerberaterkammer und mit Zustimmung des Bundesrates die Einzelheiten zu regeln

1. der Steuerberaterplattform, insbesondere
   a) ihrer Einrichtung und der hierzu erforderlichen Datenübermittlung,
   b) ihrer technischen Ausgestaltung einschließlich ihrer Barrierefreiheit,
   c) der Einrichtung von Nutzerkonten und der Ausgestaltung des Registrierungsverfahrens,
   d) der Verwendung der Nutzerkonten,

---

[1] § 86e eingef. mWv 1.8.2022 durch G v. 7.7.2021 (BGBl. I S. 2363); siehe auch § 157e; Abs. 5 angef. mWv 1.7.2023 durch G v. 10.3.2023 (BGBl. I Nr. 64).

[2] § 86f eingef. mWv 1.8.2022 durch G v. 7.7.2021 (BGBl. I S. 2363); siehe auch § 157e.

e) der Ausgestaltung eines föderierten Ansatzes für das Identitätsmanagement und

f) der Löschung von Nutzerkonten;

2. der besonderen elektronischen Steuerberaterpostfächer, insbesondere:

a) ihrer Einrichtung und der hierzu erforderlichen Datenübermittlung,

b) ihrer technischen Ausgestaltung einschließlich ihrer Barrierefreiheit,

c) ihrer Führung,

d) der Zugangsberechtigung und der Nutzung,

e) des Löschens von Nachrichten und

f) ihrer Löschung.

§ 86g[1] Ersetzung der Schriftform. [1]Ist nach diesem Gesetz oder einer auf Grund dieses Gesetzes erlassenen Rechtsverordnung für die Abgabe einer Erklärung die Schriftform vorgeschrieben, so kann die Erklärung auch über das besondere elektronische Steuerberaterpostfach abgegeben werden, wenn Erklärender und Empfänger über ein solches verfügen. [2]Ist die Erklärung von einer natürlichen Person abzugeben, so ist das Dokument mit einer qualifizierten elektronischen Signatur zu versehen oder von ihr zu signieren und selbst zu versenden.

§ 87 Beiträge zur Bundessteuerberaterkammer. [1]Die Bundessteuerberaterkammer erhebt von den Steuerberaterkammern Beiträge nach Maßgabe einer Beitragsordnung. [2]Die Beitragsordnung bedarf der Genehmigung durch die Aufsichtsbehörde. [3]Die Höhe der Beiträge wird von der Mitgliederversammlung festgesetzt.

§ 87a[2] Wirtschaftsplan, Rechnungslegung. (1) Die Bundessteuerberaterkammer ist berechtigt, abweichend von den Bestimmungen der Bundeshaushaltsordnung einen Wirtschaftsplan aufzustellen, die Bücher nach den Regeln der kaufmännischen Buchführung zu führen und einen Jahresabschluss sowie einen Lagebericht nach handelsrechtlichen Grundsätzen zu erstellen.

(2) [1]Näheres regelt die Satzung der Bundessteuerberaterkammer. [2]§ 109 Abs. 2 der Bundeshaushaltsordnung ist anzuwenden.

(3) [1]Die §§ 7, 9 und 24 der Bundeshaushaltsordnung sowie die Vorschriften des Teils III der Bundeshaushaltsordnung gelten entsprechend mit Ausnahme der §§ 38 und 45 sowie der Bestimmungen, die eine Buchung nach Einnahmen und Ausgaben voraussetzen. [2]Das Bundesministerium der Finanzen wird ermächtigt, weitere Ausnahmen von der Anwendung der Vorschriften der Bundeshaushaltsordnung zuzulassen.

(4) Für das Prüfungsrecht des Bundesrechnungshofes gilt § 111 Abs. 1 der Bundeshaushaltsordnung.

---

[1] § 86g eingef. mWv 1.8.2022 durch G v. 7.7.2021 (BGBl. I S. 2363); siehe auch § 157e.
[2] § 87a eingef. mWv 12.4.2008 durch G v. 8.4.2008 (BGBl. I S. 666).

§ 88[1] **Staatsaufsicht.** (1) Die für die Finanzverwaltung zuständige oberste Landesbehörde führt die Aufsicht über die Steuerberaterkammern, die den Sitz im Lande haben.

(2) Das Bundesministerium der Finanzen führt die Aufsicht über die Bundessteuerberaterkammer.

(3) [1] Die Aufsicht beschränkt sich darauf, dass Gesetz und Satzung beachtet, insbesondere die den Steuerberaterkammern übertragenen Aufgaben erfüllt werden. [2] Die Aufsichtsbehörden können die hierzu erforderlichen Anordnungen und Maßnahmen treffen.

Fünfter Abschnitt. Berufsgerichtsbarkeit

Erster Unterabschnitt. Die berufsgerichtliche Ahndung von Pflichtverletzungen

§ 89[2] **Ahndung einer Pflichtverletzung.** (1) Gegen einen Steuerberater oder Steuerbevollmächtigten, der schuldhaft gegen Pflichten verstößt, die in diesem Gesetz oder in der Berufsordnung nach § 86 Absatz 2 Nummer 2 bestimmt sind, wird eine berufsgerichtliche Maßnahme verhängt.

(Fortsetzung nächstes Blatt)

---

[1] § 88 Abs. 1 geänd. durch G v. 9.6.1989 (BGBl. I S. 1062), Abs. 1 geänd., Abs. 3 neu gef. mWv 1.7.2000 durch G v. 24.6.2000 (BGBl. I S. 874).

[2] § 89 Abs. 2 geänd. mWv 1.7.1994 durch G v. 24.6.1994 (BGBl. I S. 1387); Abs. 1 und 3 neu gef., Abs. 4 und 5 angef. mWv 1.8.2022 durch G v. 7.7.2021 (BGBl. I S. 2363).

30. Juni 2000 geltenden Fassung. [2]Soweit in diesen Fällen auf Grund rechtskräftiger Gerichtsentscheidungen endgültige Bestellungen vorzunehmen sind, gilt § 40a Abs. 1 Satz 3 bis 5 in der bis zum 30. Juni 2000 geltenden Fassung weiter.

(4) Die Vorschriften dieses Gesetzes über die Zulassung zur Prüfung in der ab dem 1. Juli 2000 geltenden Fassung sind erstmals auf die Zulassung zur Prüfung im Jahr 2001 anzuwenden.

(5) Auf Prüfungen, die vor dem 1. November 2000 begonnen haben, sind die Vorschriften dieses Gesetzes in der bis zum 30. Juni 2000 geltenden Fassung weiter anzuwenden.

(6) Die den Steuerberaterkammern zugewiesenen Aufgaben des Ersten und Zweiten Unterabschnitts des Zweiten Abschnitts des Zweiten Teils dieses Gesetzes in der ab dem 1. Juli 2000 geltenden Fassung werden bis zum 31. Dezember 2000 von den bisher zuständigen Behörden der Finanzverwaltung wahrgenommen.

(7) *(aufgehoben)*

§ 157a[1)] Übergangsvorschriften anlässlich des Achten Gesetzes zur Änderung des Steuerberatungsgesetzes. (1) [1]Die Vorschriften dieses Gesetzes in der ab 12. April 2008 geltenden Fassung über die Zulassung zur Prüfung, die Befreiung von der Prüfung, die organisatorische Durchführung der Prüfung und die Abnahme der Prüfung sind erstmals für Prüfungen anzuwenden, die nach dem 31. Dezember 2008 beginnen und für Anträge auf Befreiung von der Prüfung oder auf Erteilung einer verbindlichen Auskunft über die Erfüllung einzelner Voraussetzungen für die Zulassung zur Prüfung oder über die Befreiung von der Prüfung, die nach dem 31. Dezember 2008 gestellt werden. [2]Das gilt nicht für § 36 Abs. 1, § 37 Abs. 3, § 37a Abs. 2 bis 4a, § 38 Abs. 1 und die in § 39 Abs. 1 für die Bearbeitung eines Antrags auf Befreiung von der Prüfung oder auf Erteilung einer verbindlichen Auskunft nach § 38a bestimmte Gebührenhöhe. [3]Die in § 39 Abs. 2 bestimmte Höhe der Gebühr gilt für Prüfungen, die nach dem 31. Dezember 2007 beginnen.

(2) Auf Prüfungen, die vor dem 1. November 2007 begonnen haben, sind die Vorschriften dieses Gesetzes in der bis zum 11. April 2008 geltenden Fassung weiter anzuwenden.

(3) Unabhängig von den Absätzen 1 und 2 geht am 1. Juli 2009 in den zu diesem Zeitpunkt anhängigen Rechtsstreitigkeiten wegen der Zulassung zur Prüfung, der Befreiung von der Prüfung oder der Erteilung verbindlicher Auskünfte gemäß § 38a und Überdenkungsverfahren die Zuständigkeit von der für die Finanzverwaltung zuständigen obersten Landesbehörde auf die zuständige Steuerberaterkammer über.

(4) Unabhängig von den Absätzen 1 und 2 wird ab dem 1. Juli 2009 in den zu diesem Zeitpunkt anhängigen Rechtsstreitigkeiten wegen Prüfungsentscheidungen die für die Finanzverwaltung zuständige oberste Landesbehörde durch die zuständige Steuerberaterkammer vertreten.

---

1) § 157a eingef. mWv 12.4.2008 durch G v. 8.4.2008 (BGBl. I S. 666).

§ 157b[1)] Anwendungsvorschrift. § 154 Absatz 2 Satz 2 Nummer 2 in der Fassung des Artikels 14 des Gesetzes vom 16. Juli 2009 (BGBl. I S. 1959) ist auf alle bei Inkrafttreten dieser Vorschrift nicht bestandskräftig abgeschlossenen Verfahren anzuwenden.

§ 157c[2)] Anwendungsvorschrift zu § 36 Absatz 2. § 36 Absatz 2 in der Fassung des Artikels 5 des Gesetzes vom 22. November 2019 (BGBl. I S. 1746) ist erstmals auf Prüfungen anzuwenden, die nach dem 31. Dezember 2020 beginnen.

§ 157d[3)] Anwendungsvorschrift aus Anlass des Gesetzes zur Neuregelung des Berufsrechts der anwaltlichen und steuerberatenden Berufsausübungsgesellschaften sowie zur Änderung weiterer Vorschriften im Bereich der rechtsberatenden Berufe. (1) Wenn eine Gesellschaft vor dem 1. August 2022 als Steuerberatungsgesellschaft anerkannt wurde, gilt diese Anerkennung als Anerkennung der Berufsausübungsgesellschaft im Sinne des § 53.

(2) [1]Berufsausübungsgesellschaften, die
1. am 1. August 2022 bestanden,
2. nach § 53 Absatz 1 anerkennungsbedürftig sind und
3. nicht nach Absatz 1 als anerkannt gelten,

müssen bis zum 1. November 2022 ihre Anerkennung beantragen. [2]Ihnen stehen bis zur Entscheidung der zuständigen Steuerberaterkammer über den Antrag auf Anerkennung die Befugnisse nach § 3 Satz 1 Nummer 2 und Satz 2 sowie § 55d zu.

§ 157e[4)] Anwendungsvorschrift zur Steuerberaterplattform und zu den besonderen elektronischen Steuerberaterpostfächern. § 86 Absatz 2 Nummer 10 und 11, § 86b Absatz 3 und die §§ 86c bis 86g in der am 1. August 2022 geltenden Fassung sind erstmals nach Ablauf des 31. Dezember 2022 anzuwenden.

Siebenter Abschnitt. Verordnungsermächtigung

§ 158[5)] Durchführungsbestimmungen zu den Vorschriften über Steuerberater, Steuerbevollmächtigte und Berufsausübungsgesellschaften. Die Bundesregierung wird ermächtigt, nach Anhören der Bundessteuerberaterkammer mit Zustimmung des Bundesrates durch Rechtsverordnung Bestimmungen zu erlassen

1. über
   a) das Verfahren bei der Zulassung zur Prüfung, der Befreiung von der Prüfung und der Erteilung verbindlicher Auskünfte, insbesondere über

---

[1)] § 157b eingef. mWv 23.7.2009 durch G v. 16.7.2009 (BGBl. I S. 1959).

[2)] § 157c eingef. mWv 1.1.2020 durch G v. 22.11.2019 (BGBl. I S. 1746).

[3)] § 157d eingef. mWv 1.8.2022 durch G v. 7.7.2021 (BGBl. I S. 2363); Abs. 2 Satz 2 geänd. mWv 16.3.2023 durch G v. 10.3.2023 (BGBl. I Nr. 64).

[4)] § 157e eingef. mWv 1.8.2022 durch G v. 7.7.2021 (BGBl. I S. 2363).

[5)] § 158 neu gef. mWv 12.4.2008 durch G v. 8.4.2008 (BGBl. I S. 666); Überschrift und Nr. 3 geänd. mWv 1.8.2022 durch G v. 7.7.2021 (BGBl. I S. 2363).

die Einführung von Vordrucken zur Erhebung der gemäß den §§ 36, 37a, 38 und 38a erforderlichen Angaben und Nachweise,

b) die Durchführung der Prüfung, insbesondere die Prüfungsgebiete, die schriftliche und mündliche Prüfung, das Überdenken der Prüfungsbewertung,

c) das Verfahren bei der Wiederholung der Prüfung,

d) das Verfahren der Berufung und Abberufung der Mitglieder des Prüfungsausschusses und ihrer Stellvertreter;

2. über die Bestellung;
3. über das Verfahren bei der Anerkennung als Berufsausübungsgesellschaft;
4. über die mündliche Prüfung im Sinne des § 44, insbesondere über die Prüfungsgebiete, die Befreiung von der Prüfung und das Verfahren bei der Erteilung der Bezeichnung „Landwirtschaftliche Buchstelle";
5. über Einrichtung und Führung des Berufsregisters sowie über Meldepflichten;
6. über den Abschluss und die Aufrechterhaltung der Haftpflichtversicherung, den Inhalt, den Umfang und die Ausschlüsse des Versicherungsvertrages sowie über die Mindesthöhe der Deckungssummen.

Dritter Teil. Zwangsmittel, Ordnungswidrigkeiten

Erster Abschnitt. Vollstreckung wegen Handlungen und Unterlassungen

§ 159[1] **Zwangsmittel.** Die Anwendung von Zwangsmitteln richtet sich nach der Abgabenordnung[2].

Zweiter Abschnitt. Ordnungswidrigkeiten

§ 160[3] **Unbefugte Hilfeleistung in Steuersachen.** (1) Ordnungswidrig handelt, wer *entgegen § 5 Abs. 1 oder entgegen einer vollziehbaren Untersagung nach § 7 geschäftsmäßig Hilfe in Steuersachen leistet* [***ab 1.1.2025:*** einer vollziehbaren Anordnung nach § 7 Absatz 1 oder 2 Satz 1 zuwiderhandelt.]

(2) Die Ordnungswidrigkeit kann mit einer Geldbuße bis zu *fünftausend* [***ab 1.1.2025:*** fünfzigtausend] Euro geahndet werden.

§ 161[4] **Schutz der Bezeichnungen „Steuerberatungsgesellschaft", „Lohnsteuerhilfeverein" und „Landwirtschaftliche Buchstelle".**

(1) Ordnungswidrig handelt, wer unbefugt die Bezeichnung „Steuerberatungsgesellschaft", „Lohnsteuerhilfeverein", „Landwirtschaftliche Buchstelle" oder eine einer solchen zum Verwechseln ähnliche Bezeichnung benutzt.

---

[1] § 159 neu gef. durch G v. 9.6.1989 (BGBl. I S. 1062).

[2] Nr. **800**.

[3] § 160 Abs. 1 Nr. 1 geänd. durch G v. 9.6.1989 (BGBl. I S. 1062); Abs. 2 geänd. mWv 1.1.2002 durch G v. 24.6.2000 (BGBl. I S. 874); Abs. 1 neu gef., Abs. 2 geänd. **mWv 1.1.2025** durch G v. 10.3.2023 (BGBl. I Nr. 64).

[4] § 161 Abs. 2 geänd. mWv 1.1.2002 durch G v. 24.6.2000 (BGBl. I S. 874).

(2) Die Ordnungswidrigkeit kann mit einer Geldbuße bis zu fünftausend Euro geahndet werden.

§ 162[1)] Verletzung der den Lohnsteuerhilfevereinen obliegenden Pflichten. (1) Ordnungswidrig handelt, wer

1. entgegen § 14 Absatz 1 Satz 1 Nummer 8 eine Mitgliederversammlung oder eine Vertreterversammlung nicht durchführt,
2. entgegen § 15 Abs. 3 eine Satzungsänderung der zuständigen Aufsichtsbehörde nicht oder nicht rechtzeitig anzeigt,
3. entgegen § 22 Abs. 1 die jährliche Geschäftsprüfung nicht oder nicht rechtzeitig durchführen läßt,
4. entgegen § 22 Abs. 7 Nr. 1 die Abschrift des Berichts über die Geschäftsprüfung der zuständigen Aufsichtsbehörde nicht oder nicht rechtzeitig zuleitet,
5. entgegen § 22 Abs. 7 Nr. 2 den Mitgliedern des Lohnsteuerhilfevereins den wesentlichen Inhalt der Prüfungsfeststellungen nicht oder nicht rechtzeitig bekanntgibt,
6. entgegen § 23 Abs. 3 Satz 1 zur Leitung einer Beratungsstelle eine Person bestellt, die nicht die dort bezeichneten Voraussetzungen erfüllt,
7. entgegen § 23 Abs. 4 der zuständigen Aufsichtsbehörde die Eröffnung, die Schließung oder die Änderung der Anschrift einer Beratungsstelle, die Bestellung oder Abberufung des Leiters einer Beratungsstelle oder die Personen, deren sich der Verein bei der Hilfeleistung in Steuersachen im Rahmen der Befugnis nach § 4 Nr. 11 bedient, nicht mitteilt oder
8. entgegen § 25 Abs. 2 Satz 1 nicht angemessen versichert ist oder
9. entgegen § 29 Abs. 1 die Aufsichtsbehörde nicht oder nicht rechtzeitig von Mitgliederversammlungen oder Vertreterversammlungen unterrichtet.

(2) Die Ordnungswidrigkeit nach Absatz 1 Nr. 1, 3 bis 6 und 8 kann mit einer Geldbuße bis zu fünftausend Euro, die Ordnungswidrigkeit nach Absatz 1 Nr. 2, 7 und 9 mit einer Geldbuße bis zu eintausend Euro geahndet werden.

§ 163[2)] Pflichtverletzung von Personen, deren sich der Verein bei der Hilfeleistung in Steuersachen im Rahmen der Befugnis nach § 4 Nummer 11 bedient. (1) Ordnungswidrig handelt, wer entgegen § 26

[1)] § 162 geänd. durch G v. 9.6.1989 (BGBl. I S. 1062) und v. 13.12.1990 (BGBl. I S. 2756); Abs. 1 Nr. 7 eingef., bish. Nr. 7 wird Nr. 8 sowie Abs. 2 geänd. mWv 1.7.1994 durch G v. 24.6.1994 (BGBl. I S. 1387); Abs. 1 neue Nr. 1 eingef., Abs. 1 bish. Nr. 6 und Abs. 2 geänd., Abs. 1 bish. Nrn. 1 bis 8 werden Nrn. 2 bis 9 mWv 1.7.2000, Abs. 2 geänd. mWv 1.1.2002 durch G v. 24.6.2000 (BGBl. I S. 874); Abs. 1 Nr. 2, 4 und 7 geänd. mWv 12.4.2008 durch G v. 8.4.2008 (BGBl. I S. 666); Abs. 1 Nr. 7 geänd. mWv 1.1.2020 durch G v. 22.11.2019 (BGBl. I S. 1746); Abs. 1 Nr. 1 geänd. mWv 1.8.2021 durch G v. 25.6.2021 (BGBl. I S. 2154).

[2)] § 163 Abs. 2 geänd. durch G v. 9.6.1989 (BGBl. I S. 1062), Überschrift und Abs. 1 geänd. mWv 1.7.2000, Abs. 2 geänd. mWv 1.1.2002 durch G v. 24.6.2000 (BGBl. I S. 874); Überschrift geänd. mWv 18.12.2019 durch G v. 12.12.2019 (BGBl. I S. 2451).

richtsbarkeit, der Sozialgerichtsbarkeit und der Verwaltungsgerichtsbarkeit, im Strafverfahren, berufsgerichtlichen Verfahren, Bußgeldverfahren und in Gnadensachen sind die Vorschriften des Rechtsanwaltsvergütungsgesetzes[1)·2)] sinngemäß anzuwenden.

§ 46 Vergütung bei Prozeßkostenhilfe. Für die Vergütung des im Wege der Prozeßkostenhilfe beigeordneten Steuerberaters gelten die Vorschriften des Rechtsanwaltsvergütungsgesetzes[1)·2)] sinngemäß.

Achter Abschnitt. Übergangs- und Schlußvorschriften

§ 47 Anwendung. (1) Diese Verordnung ist erstmals anzuwenden auf

1. Angelegenheiten, mit deren Bearbeitung nach dem Inkrafttreten dieser Verordnung begonnen wird,
2. die Vertretung in Verfahren vor Verwaltungsbehörden, wenn das Verfahren nach Inkrafttreten dieser Verordnung beginnt.

(2) Hat der Steuerberater vor der Verkündung der Verordnung mit dem Auftraggeber schriftliche Vereinbarungen getroffen, die den Vorschriften dieser Verordnung nicht entsprechen, so ist insoweit diese Verordnung spätestens zwei Jahre nach ihrem Inkrafttreten anzuwenden.

§ 47 a[3)] Übergangsvorschrift für Änderungen dieser Verordnung. [1]Die Vergütung ist nach bisherigem Recht zu berechnen, wenn der Auftrag zur Erledigung der Angelegenheit vor dem Inkrafttreten einer Änderung der Verordnung erteilt worden ist. [2]Hat der Steuerberater mit dem Auftraggeber schriftliche Vereinbarungen über auszuführende Tätigkeiten mit einer Geltungsdauer von mindestens einem Jahr getroffen oder eine Pauschalvergütung im Sinne des § 14 vereinbart und tritt während der Geltungsdauer dieser Vereinbarung eine Änderung der Verordnung in Kraft, so ist die Vergütung bis zum Ablauf des Jahres, in dem eine Änderung der Verordnung in Kraft tritt, nach bisherigem Recht zu berechnen. [3]Die Sätze 1 und 2 gelten auch, wenn Vorschriften geändert werden, auf die diese Verordnung verweist.

§ 48[4)] Berlin-Klausel. *(aufgehoben)*

§ 49[5)] Inkrafttreten. Diese Verordnung tritt am 1. April 1982 in Kraft.

---

1) Verweis geänd. mWv 1. 7. 2004 durch G v. 5. 5. 2004 (BGBl. I S. 718).
2) **Habersack** Nr. **117.**
3) § 47 a eingef. durch VO v. 20. 6. 1988 (BGBl. I S. 841).
4) § 48 aufgeh. durch VO v. 21. 6. 1991 (BGBl. I S. 1370).
5) § 49 betrifft das Inkrafttreten in der ursprünglichen Fassung. Das Inkrafttreten der späteren Änderungen ergibt sich aus den jeweiligen Änderungsverordnungen.

richtsbarkeit, der Sozialgerichtsbarkeit und der Verwaltungsgerichtsbarkeit, im Strafverfahren, berufsgerichtlichen Verfahren, Bußgeldverfahren und in Gnadensachen sind die Vorschriften des Rechtsanwaltsvergütungsgesetzes[1], [2] sinngemäß anzuwenden.

§ 46 Vergütung bei Prozeßkostenhilfe. Für die Vergütung des im Wege der Prozeßkostenhilfe beigeordneten Steuerberaters gelten die Vorschriften des Rechtsanwaltsvergütungsgesetzes[1], [2] sinngemäß.

Achter Abschnitt. Übergangs- und Schlußvorschriften

§ 47 Anwendung. (1) Diese Verordnung ist erstmals anzuwenden auf

1. Angelegenheiten, mit deren Bearbeitung nach dem Inkrafttreten dieser Verordnung begonnen wird;
2. die Vertretung in Verfahren vor Verwaltungsbehörden, wenn das Verfahren nach Inkrafttreten dieser Verordnung beginnt.

(2) Hat der Steuerberater vor der Verkündung der Verordnung mit dem Auftraggeber schriftliche Vereinbarungen getroffen, die den Vorschriften dieser Verordnung nicht entsprechen, so ist insoweit diese Verordnung spätestens zwei Jahre nach ihrem Inkrafttreten anzuwenden.

§ 47a[3] Übergangsvorschrift für Änderungen dieser Verordnung. [1] Die Vergütung ist nach bisherigem Recht zu berechnen, wenn der Auftrag zur Erledigung der Angelegenheit vor dem Inkrafttreten einer Änderung der Verordnung erteilt worden ist. [2] Hat der Steuerberater mit dem Auftraggeber schriftliche Vereinbarungen über auszuführende Tätigkeiten mit einer Geltungsdauer von mindestens einem Jahr getroffen oder eine Pauschalvergütung im Sinne des § 14 vereinbart und tritt während der Geltungsdauer dieser Vereinbarung eine Änderung der Verordnung in Kraft, so ist die Vergütung bis zum Ablauf des Jahres, in dem eine Änderung der Verordnung in Kraft tritt, nach bisherigem Recht zu berechnen. [3] Die Sätze 1 und 2 gelten auch, wenn Vorschriften geändert werden, auf die diese Verordnung verweist.

§ 48[4] Berlin-Klausel. *(aufgehoben)*

§ 49[5] Inkrafttreten. Diese Verordnung tritt am 1. April 1982 in Kraft.

---

[1] Verweis geänd. mWv 8. 5. 2004 durch VO v. 5. 5. 2004 (BGBl. I S. 718).
[2] Habersack Nr. 117.
[3] § 47a eingef. durch VO v. 20. 6. 1988 (BGBl. I S. 841).
[4] § 48 aufgeh. durch VO v. 21. 6. 1991 (BGBl. I S. 1370).
[5] § 49 betrifft das Inkrafttreten in der ursprünglichen Fassung. Das Inkrafttreten der späteren Änderungen ergibt sich aus den jeweiligen Änderungsverordnungen.

850. Gesetz über eine Berufsordnung der Wirtschaftsprüfer (Wirtschaftsprüferordnung – WPO)[1)]

In der Fassung der Bekanntmachung vom 5. November 1975
(BGBl. I S. 2803)

Geändert durch Gesetz zur Bereinigung wirtschaftsrechtlicher Vorschriften vom 27.2.1985 (BGBl. I S. 457), Bilanzrichtlinien-Gesetz vom 19.12.1985 (BGBl. I S. 2355), Erstes Gesetz zur Bereinigung des Verwaltungsverfahrensrechts vom 18.2.1986 (BGBl. I S. 265), Erstes Rechtsbereinigungsgesetz vom 24.4.1986 (BGBl. I S. 560), Zweites Gesetz zur Änderung der Wirtschaftsprüferordnung vom 20.7.1990 (BGBl. I S. 1462), Einigungsvertrag vom 31.8.1990 (BGBl. II S. 889, 998), Rechtspflege-Vereinfachungsgesetz vom 17.12.1990 (BGBl. I S. 2847), EWR-Ausführungsgesetz vom 27.4.1993 (BGBl. I S. 512, 2436), Drittes Gesetz zur Änderung der Wirtschaftsprüferordnung vom 15.7.1994 (BGBl. I S. 1569), Gesetz zur Schaffung von Partnerschaftsgesellschaften und zur Änderung anderer Gesetze vom 25.7.1994 (BGBl. I S. 1744), Gesetz zu dem Übereinkommen vom 15. April 1994 zur Errichtung der Welthandelsorganisation vom 30.8.1994 (BGBl. II S. 1438), Einführungsgesetz zur Insolvenzordnung vom 5.10.1994 (BGBl. I S. 2911, geänd. durch Gesetz zur Änderung des Einführungsgesetzes zur Insolvenzordnung und anderer Gesetze vom 19.12.1998, BGBl. I S. 3836), Gesetz zur Kontrolle und Transparenz im Unternehmensbereich vom 27.4.1998 (BGBl. I S. 786), Drittes Gesetz zur Änderung der Bundesnotarordnung und anderer Gesetze vom 31.8.1998 (BGBl. I S. 2585), Gesetz zur Änderung der Bundesrechtsanwaltsordnung, der Patentanwaltsordnung und anderer Gesetze vom 31.8.1998 (BGBl. I S. 2600), Kapitalgesellschaften- und Co-Richtlinie-Gesetz vom 24.2.2000 (BGBl. I S. 154), Wirtschaftsprüferordnungs-Änderungsgesetz vom 19.12.2000 (BGBl. I S. 1769), Gesetz zur Beendigung der Diskriminierung gleichgeschlechtlicher Gemeinschaften vom 16.2.2001 (BGBl. I S. 266), Euro-Bilanzgesetz vom 10.12.2001 (BGBl. I S. 3414), Gesetz zur Änderung der Strafprozessordnung vom 15.2.2002 (BGBl. I S. 682), Gesetz zur Gleichstellung behinderter Menschen und zur Änderung anderer Gesetze vom 27.4.2002 (BGBl. I S. 1467), Drittes Gesetz zur Änderung verwaltungsverfahrensrechtlicher Vorschriften vom 21.8.2002 (BGBl. I S. 3322), Gesetz zur Änderung des Gesetzes über die Tätigkeit europäischer Rechtsanwälte in Deutschland und weiterer berufsrechtlicher Vorschriften für Rechts- und Patentanwälte, Steuerberater und Wirtschaftsprüfer vom 26.10.2003 (BGBl. I S. 2074), Achte Zuständigkeitsanpassungsverordnung vom 25.11.2003 (BGBl. I S. 2304), Wirtschaftsprüfungsexamens-Reformgesetz vom 1.12.2003 (BGBl. I S. 2446)[2)], Kostenrechtsmodernisierungsgesetz vom 5.5.2004 (BGBl. I S. 718), Kommunales Optionsgesetz vom 30.7.2004 (BGBl. I S. 2014), Bilanzkontrollgesetz vom 15.12.2004 (BGBl. I S. 3408), Gesetz zur Vereinfachung und Vereinheitlichung der Verfahrensvorschriften zur Wahl und Berufung ehrenamtlicher Richter vom 21.12.2004 (BGBl. I S. 3599), Abschlussprüferaufsichtsgesetz vom 27.12.2004 (BGBl. I S. 3846), Neunte Zuständigkeitsanpassungsverordnung vom 31.10.2006 (BGBl. I S. 2407), 2. Justizmodernisierungsgesetz vom 22.12.2006 (BGBl. I S. 3416), Berufsaufsichtsreformgesetz vom 3.9.2007 (BGBl. I S. 2178), Gesetz zur Reform des Versicherungsvertragsrechts vom 23.11.2007 (BGBl. I S. 2631), Gesetz zur Neuregelung des Verbots der Vereinbarung von Erfolgshonoraren vom 12.6.2008 (BGBl. I S. 1000), FGG-Reformgesetz vom 17.12.2008 (BGBl. I S. 2586), Bilanzrechtsmodernisierungsgesetz vom 25.5.2009 (BGBl. I S. 1102), Gesetz zur Umsetzung der Dienstleistungsrichtlinie im Gewerberecht und in weiteren Rechtsvorschriften vom 17.7.2009 (BGBl. I S. 2091), Gesetz zur Reform der Sachaufklärung in der Zwangsvollstreckung vom 29.7.2009 (BGBl. I S. 2258), Gesetz zur Änderung des Untersuchungshaftrechts vom 29.7.2009 (BGBl. I S. 2274), Viertes Gesetz zur Änderung der Wirtschaftsprüferordnung vom 2.12.2010 (BGBl. I S. 1746), Gesetz zur Umsetzung der Dienstleistungsrichtlinie in der Justiz und zur Änderung weiterer Vorschriften vom 22.12.2010 (BGBl. I S. 2248), Gesetz zur Verbesserung der Feststellung und Anerkennung im Ausland erworbener Berufsqualifikationen vom 6.12.2011

---

1) Neubekanntmachung der Wirtschaftsprüferordnung v. 24.7.1961 auf Grund des Artikels 6 des G zur Änderung der Wirtschaftsprüferordnung und anderer G v. 20.8.1975 (BGBl. I S. 2258) unter Berücksichtigung des G v. 24.7.1961 (BGBl. I S. 1049).

2) In Kraft ab 1.1.2004. Siehe Übergangsregelungen in §§ 134 ff.

(BGBl. I S. 2515), Gesetz zur Stärkung der Rechte von Opfern sexuellen Missbrauchs (StORMG) vom 26.6.2013 (BGBl. I S. 1805), Gesetz zur Einführung einer Partnerschaftsgesellschaft mit beschränkter Berufshaftung und zur Änderung des Berufsrechts der Rechtsanwälte, Patentanwälte, Steuerberater und Wirtschaftsprüfer vom 15.7.2013 (BGBl. I S. 2386), Gesetz zur Strukturreform des Gebührenrechts des Bundes vom 7.8.2013 (BGBl. I S. 3154), Gesetz zur Änderung des Prozesskostenhilfe- und Beratungshilferechts vom 31.8.2013 (BGBl. I S. 3533), Zehnte Zuständigkeitsanpassungsverordnung vom 31.8.2015 (BGBl. I S. 1474), Abschlussprüferaufsichtsreformgesetz (APAReG) vom 31.3.2016 (BGBl. I S. 518)[1], Abschlussprüfungsreformgesetz (AReG) vom 10.5.2016 (BGBl. I S. 1142), Zweites Gesetz zur Novellierung von Finanzmarktvorschriften auf Grund europäischer Rechtsakte (Zweites Finanzmarktnovellierungsgesetz – 2. FiMaNoG) vom 23.6.2017 (BGBl. I S. 1693), Gesetz zur Umsetzung der Vierten EU-Geldwäscherichtlinie, zur Ausführung der EU-Geldtransferverordnung und zur Neuorganisation der Zentralstelle für Finanztransaktionsuntersuchungen vom 23.6.2017 (BGBl. I S. 1822), Gesetz zur Umsetzung der Zweiten Zahlungsdiensterichtlinie vom 17.7.2017 (BGBl. I S. 2446), Gesetz zur Neuregelung des Schutzes von Geheimnissen bei der Mitwirkung Dritter an der Berufsausübung schweigepflichtiger Personen vom 30.10.2017 (BGBl. I S. 3618), Zweites Gesetz zur Anpassung des Datenschutzrechts an die Verordnung (EU) 2016/679 und zur Umsetzung der Richtlinie (EU) 2016/680 (Zweites Datenschutz-Anpassungs- und Umsetzungsgesetz EU – 2. DSAnp-UG-EU) vom 20.11.2019 (BGBl. I S. 1626), Gesetz zur Umsetzung der Verhältnismäßigkeitsrichtlinie (Richtlinie (EU) 2018/958) im Bereich öffentlich-rechtlicher Körperschaften vom 19.6.2020 (BGBl. I S. 1403), Gesetz zur Reform des Vormundschafts- und Betreuungsrechts vom 4.5.2021 (BGBl. I S. 882) und Finanzmarktintegritätsstärkungsgesetz (FISG) vom 3.6.2021 (BGBl. I S. 1534), Gesetz zur Modernisierung des notariellen Berufsrechts und zur Änderung weiterer Vorschriften vom 25.6.2021 (BGBl. I S. 2154), Gesetz zur Neuregelung des Berufsrechts der anwaltlichen und steuerberatenden Berufsausübungsgesellschaften sowie zur Änderung weiterer Vorschriften im Bereich der rechtsberatenden Berufe vom 7.7.2021 (BGBl. I S. 2363), Gesetz zur Förderung verbrauchergerechter Angebote im Rechtsdienstleistungsmarkt vom 10.8.2021 (BGBl. I S. 3415), Gesetz zur Modernisierung des Personengesellschaftsrechts (Personengesellschaftsrechtsmodernisierungsgesetz – MoPeG) vom 10.8.2021 (BGBl. I S. 3436) und Gesetz zur Stärkung der Aufsicht bei Rechtsdienstleistungen und zur Änderung weiterer Vorschriften vom 10.3.2023 (BGBl. I Nr. 64)

BGBl. III/FNA 702-1

Inhaltsübersicht

Erster Teil. Allgemeine Vorschriften

	§§
Wirtschaftsprüfer und Wirtschaftsprüfungsgesellschaften	1
Inhalt der Tätigkeit	2
Berufliche Niederlassung	3
Wirtschaftsprüferkammer	4
Verfahren über eine einheitliche Stelle	4a
Frist für den Erlass von Verwaltungsakten	4b

Zweiter Teil. Voraussetzungen für die Berufsausübung

Erster Abschnitt. Zulassung zur Prüfung

Prüfungsstelle; Rechtsschutz	5
Verbindliche Auskunft	6
Antrag auf Zulassung zur Prüfung	7
Voraussetzungen für die Zulassung (Vorbildung)	8

[1] **[Amtl. Anm.:]** Dieses Gesetz dient der Umsetzung der Richtlinie 2014/56/EU des Europäischen Parlaments und des Rates vom 16. April 2014 zur Änderung der Richtlinie 2006/43/EG über Abschlussprüfungen von Jahresabschlüssen und konsolidierten Abschlüssen (ABl. L 158 vom 27.5.2014, S. 196) sowie der Ausführung der Verordnung (EU) Nr. 537/2014 des Europäischen Parlaments und des Rates vom 16. April 2014 über spezifische Anforderungen an die Abschlussprüfung bei Unternehmen von öffentlichem Interesse und zur Aufhebung des Beschlusses 2005/909/EG der Kommission (ABl. L 158 vom 27.5.2014, S. 77).

b) unter Verstoß gegen § 63f Absatz 1 des Genossenschaftsgesetzes in Verbindung mit § 57a Absatz 3 Satz 1 und 5 der Wirtschaftsprüferordnung, gegen § 63f Absatz 2 Satz 2 des Genossenschaftsgesetzes oder gegen § 63f Absatz 3 des Genossenschaftsgesetzes in Verbindung mit § 57a Absatz 4 der Wirtschaftsprüferordnung durchgeführt worden ist,

2. wesentliche Prüfungshemmnisse festgestellt worden sind oder
3. wesentliche Mängel im Qualitätssicherungssystem festgestellt worden sind, die das Qualitätssicherungssystem als unangemessen oder unwirksam erscheinen lassen.

[2] Erkennt die Wirtschaftsprüferkammer, dass die Eintragung zu löschen ist, so ist der Vorgang vor der Entscheidung der nach § 63 des Genossenschaftsgesetzes zuständigen Aufsichtsbehörde vorzulegen.

(6) [1] Ein genossenschaftlicher Prüfungsverband, der erstmalig eine gesetzlich vorgeschriebene Abschlussprüfung durchführt, hat dies der Wirtschaftsprüferkammer spätestens zwei Wochen nach Beginn dieser Prüfung anzuzeigen. [2] Er ist mit dem Zusatz „(vorläufige Eintragung bis zur erstmaligen Durchführung der Qualitätskontrolle)“ einzutragen. [3] Der Zusatz ist nach Durchführung der Qualitätskontrolle zu löschen.

Achter Abschnitt. Verwaltungsgerichtliches Verfahren[1]

§ 41[2] Unmittelbare Klage gegen Bescheide der Wirtschaftsprüferkammer. Vor Erhebung einer Klage gegen Bescheide der Wirtschaftsprüferkammer, die aufgrund von Vorschriften des Dritten und Fünften Abschnitts des Zweiten Teils und § 134a Abs. 1 und 2 dieses Gesetzes erlassen worden sind, bedarf es keiner Nachprüfung in einem Vorverfahren.

§ 42. (weggefallen)

Dritter Teil. Rechte und Pflichten der Wirtschaftsprüfer

§ 43[3] Allgemeine Berufspflichten. (1) [1] Berufsangehörige haben ihren Beruf unabhängig, gewissenhaft, verschwiegen und eigenverantwortlich auszuüben. [2] Sie haben sich insbesondere bei der Erstattung von Prüfungsberichten und Gutachten unparteiisch zu verhalten.

(2) [1] Berufsangehörige haben sich jeder Tätigkeit zu enthalten, die mit ihrem Beruf oder mit dem Ansehen des Berufs unvereinbar ist. [2] Sie haben sich der besonderen Berufspflichten bewusst zu sein, die ihnen aus der Befugnis erwachsen, gesetzlich vorgeschriebene Bestätigungsvermerke zu erteilen. [3] Sie haben sich auch außerhalb der Berufstätigkeit des Vertrauens und der Achtung würdig zu erweisen, die der Beruf erfordert. [4] Sie sind verpflichtet, sich fortzubilden.

---

[1] Abschnittsüberschrift eingef. mWv 1.1.2002 durch G v. 10.12.2001 (BGBl. I S. 3414).
[2] § 41 neu gef. mWv 1.1.2002 durch G v. 10.12.2001 (BGBl. I S. 3414).
[3] § 43 neu gef. mWv 17.6.2016 durch G v. 31.3.2016 (BGBl. I S. 518).

(3)[1] 1 Wer Abschlussprüfer eines Unternehmens von öffentlichem Interesse nach § 316a Satz 2 des Handelsgesetzbuchs war oder wer als verantwortlicher Prüfungspartner im Sinne der Sätze 3 oder 4 bei der Abschlussprüfung eines solchen Unternehmens tätig war, darf dort innerhalb von zwei Jahren nach der Beendigung der Prüfungstätigkeit keine wichtige Führungstätigkeit ausüben, nicht als Mitglied des Aufsichtsrats, des Prüfungsausschusses des Aufsichtsrats oder des Verwaltungsrats tätig sein und sich nicht zur Übernahme einer der vorgenannten Tätigkeiten verpflichten. 2 Satz 1 gilt mit der Maßgabe, dass die Frist ein Jahr beträgt, entsprechend für

1. Personen, die als Abschlussprüfer oder verantwortliche Prüfungspartner gesetzliche Abschlussprüfungen eines sonstigen Unternehmens durchgeführt haben,
2. Partner und Mitarbeiter des Abschlussprüfers, die zwar nicht selbst als Abschlussprüfer oder verantwortlicher Prüfungspartner tätig, aber unmittelbar am Prüfungsauftrag beteiligt waren und die als Wirtschaftsprüfer, vereidigter Buchprüfer oder EU- oder EWR-Abschlussprüfer zugelassen sind, und
3. alle anderen Berufsangehörigen, vereidigten Buchprüfer oder EU- oder EWR-Abschlussprüfer, deren Leistungen der Abschlussprüfer des Unternehmens in Anspruch nehmen oder kontrollieren kann und die unmittelbar am Prüfungsauftrag beteiligt waren.

3 Verantwortlicher Prüfungspartner ist, wer den Bestätigungsvermerk nach § 322 des Handelsgesetzbuchs unterzeichnet oder als Wirtschaftsprüfer von einer Wirtschaftsprüfungsgesellschaft als für die Durchführung einer Abschlussprüfung vorrangig verantwortlich bestimmt worden ist. 4 Als verantwortlicher Prüfungspartner gilt auf Konzernebene auch, wer als Wirtschaftsprüfer auf der Ebene bedeutender Tochterunternehmen als für die Durchführung von deren Abschlussprüfung vorrangig verantwortlich bestimmt worden ist.

(4)[2] 1 Berufsangehörige haben während der gesamten Prüfung eine kritische Grundhaltung zu wahren. 2 Dazu gehört es,

1. Angaben zu hinterfragen,
2. ungeachtet ihrer bisherigen Erfahrung mit der Aufrichtigkeit und Integrität des Führungspersonals des geprüften Unternehmens und der mit der Unternehmensüberwachung betrauten Personen die Möglichkeit in Betracht zu ziehen, dass es auf Grund von Sachverhalten oder Verhaltensweisen, die auf Unregelmäßigkeiten wie Betrug oder Unrichtigkeiten hindeuten, zu einer wesentlichen falschen Darstellung gekommen sein könnte,
3. auf Gegebenheiten zu achten, die auf eine falsche Darstellung hindeuten könnten, und
4. die Prüfungsnachweise kritisch zu beurteilen.

3 Ihre kritische Grundhaltung haben Berufsangehörige insbesondere bei der Beurteilung der Schätzungen des Unternehmens in Bezug auf Zeitwertangaben, Wertminderungen von Vermögensgegenständen, Rückstellungen und künftige

---

[1] § 43 Abs. 3 Satz 1 geänd., Sätze 3 und 4 angef. mWv 1.7.2021 durch G v. 3.6.2021 (BGBl. I S. 1534); Satz 1 neu gef. mWv 16.3.2023 durch G v. 10.3.2023 (BGBl. I Nr. 64).

[2] § 43 Abs. 4 Satz 2 neu gef., Satz 3 angef. mWv 1.7.2021 durch G v. 3.6.2021 (BGBl. I S. 1534).

fungskommission und der Widerspruchskommission sowie die von der Wirtschaftsprüferkammer Beauftragten üben ihre Tätigkeit ehrenamtlich aus. [2]Die ehrenamtlich Tätigen können eine angemessene, auch pauschalisierte Entschädigung für den mit ihrer Tätigkeit verbundenen Aufwand, auch für Zeitaufwand und Verdienstausfall, sowie eine Erstattung von Reisekosten erhalten. [3]Die Richtlinien für die Aufwandsentschädigung und die Erstattung von Reisekosten werden vom Beirat der Wirtschaftsprüferkammer beschlossen. [4]Die Sätze 1 bis 3 gelten entsprechend für

1. Mitglieder von Gremien, die nach der Satzung oder Wahlordnung nach § 60 Absatz 1 gebildet wurden,
2. Leiter von Landesvertretungen der Wirtschaftsprüferkammer (Landespräsidenten) und
3. Mitglieder von Ausschüssen, die nach dem Berufsbildungsgesetz bei der Wirtschaftsprüferkammer eingerichtet wurden.

§ 59c[1)] Verschwiegenheitspflicht; Inanspruchnahme von Dienstleistungen. (1) [1]Die Mitglieder des Vorstands, des Beirats und der Ausschüsse haben über die Angelegenheiten, die ihnen bei ihrer jeweiligen Tätigkeit über Mitglieder der Wirtschaftsprüferkammer und andere Personen bekannt werden, Verschwiegenheit zu bewahren. [2]Dies gilt auch nach ihrem Ausscheiden aus dem Vorstand, dem Beirat oder dem Ausschuss. [3]Die Verschwiegenheitspflicht gilt nicht für Tatsachen,

1. deren Weitergabe zur Erfüllung ihrer Aufgaben erforderlich ist,
2. in deren Weitergabe die Betroffenen eingewilligt haben,
3. die offenkundig sind oder
4. die ihrer Bedeutung nach keiner Geheimhaltung bedürfen.

(2) [1]Absatz 1 gilt auch für

1. Angestellte der Wirtschaftsprüferkammer,
2. Mitglieder der Wirtschaftsprüferkammer, die von der Wirtschaftsprüferkammer zur Mitarbeit im Vorstand, im Beirat oder in den Ausschüssen herangezogen werden, und
3. Mitglieder der Wirtschaftsprüferkammer, die
   a) im Verfahren nach § 62 zur Anhörung geladen werden oder
   b) im Rahmen einer Aufsichts- oder Beschwerdesache oder eines Widerrufsverfahrens um Auskunft gebeten werden.
   c)[2)] *an einer nichtöffentlichen Verhandlung nach § 99 teilgenommen haben.*

[2]Die in Satz 1 Nummer 1 und 2 genannten Personen sind in Textform über ihre Verschwiegenheitspflicht zu belehren.

(3)[3)] [1]Wurde im Rahmen eines Vertretungsverhältnisses eine Berufspflichtverletzung begangen, dürfen die in den Absätzen 1 und 2 Satz 1 Nummer 1

[1)] § 59c eingef. mWv 1.8.2021 durch G v. 25.6.2021 (BGBl. I S. 2154).

[2)] § 59c Abs. 2 Satz 1 Nr. 3 Buchst. c aufgeh. mWv 1.8.2022 durch G v. 7.7.2021 (BGBl. I S. 2363).

[3)] § 59c Abs. 3 Satz 3 geänd. mWv 16.3.2023 durch G v. 10.3.2023 (BGBl. I Nr. 64).

und 2 bezeichneten Personen den Vertretenen über ein gegen ein Mitglied der Wirtschaftsprüferkammer geführtes berufsaufsichtliches Verfahren unterrichten. [2]Abweichend von Absatz 1 dürfen die in den Absätzen 1 und 2 Satz 1 Nummer 1 und 2 bezeichneten Personen in Fällen von öffentlichem Interesse, die mögliche Pflichtverletzungen im Zusammenhang mit gesetzlichen Abschlussprüfungen betreffen, auf Anfrage darüber Auskunft geben, ob berufsaufsichtliche Verfahren eingeleitet wurden und ob diese noch andauern oder bereits abgeschlossen wurden. [3]Die Auskunft darf auch Informationen zur Art des Abschlusses und der getroffenen Maßnahmen, jedoch keine personenbezogenen Daten enthalten. [4]§ 69 bleibt unberührt.

(4) [1]In Verfahren vor Gerichten und Behörden dürfen die in Absatz 1 und 2 Satz 1 Nummer 1 und 2 genannten Personen über Angelegenheiten, die ihrer Verschwiegenheitspflicht unterliegen, ohne Genehmigung nicht aussagen. [2]Die Genehmigung zur Aussage erteilt der Vorstand der Wirtschaftsprüferkammer nach pflichtgemäßem Ermessen. [3]Die Genehmigung soll nur versagt werden, wenn dies mit Rücksicht auf die Stellung oder die Aufgaben der Wirtschaftsprüferkammer oder berechtigte Belange der Personen, über welche die Tatsachen bekannt geworden sind, unabweisbar erforderlich ist. [4]§ 28 Absatz 2 des Bundesverfassungsgerichtsgesetzes bleibt unberührt.

(5) Für die Inanspruchnahme von Dienstleistungen durch die Wirtschaftsprüferkammer gilt in Bezug auf Angelegenheiten, die der Verschwiegenheitspflicht der Wirtschaftsprüfer nach § 43 Absatz 1 unterliegen, § 50a Absatz 1 bis 4, 7 und 8 sinngemäß.

§ 60[1)] Satzung; Wirtschaftsplan. (1) [1]Die Organisation und Verwaltung der Wirtschaftsprüferkammer, insbesondere die Einrichtung von Landesgeschäftsstellen, werden in der Satzung der Wirtschaftsprüferkammer geregelt, die vom Beirat der Wirtschaftsprüferkammer beschlossen wird. [2]Die Satzung, die Wahlordnung und deren Änderungen bedürfen zu ihrer Wirksamkeit der Genehmigung des Bundesministeriums für Wirtschaft und Energie. [3]§ 57 Absatz 3b Satz 5 gilt entsprechend.

(2) [1]Die Wirtschaftsprüferkammer legt jährlich ihren Wirtschaftsplan für das darauffolgende Kalenderjahr vor Feststellung dem Bundesministerium für Wirtschaft und Energie vor. [2]Die auf die Qualitätskontrolle und die Arbeit der Berufsaufsicht bezogenen Teile des Wirtschaftsplans bedürfen der Genehmigung des Bundesministeriums für Wirtschaft und Energie.

---

1) § 60 Satz 2 geänd. mWv 1.1.1995 durch G v. 15.7.1995 (BGBl. I S. 1569); Satz 1 und 2 geänd. mWv 1.1.2001 durch G v. 19.12.2000 (BGBl. I S. 1769); Sätze 1 und 2 geänd. mWv 1.1.2004 durch G v. 1.12.2003 (BGBl. I S. 2446); Überschrift neu gef., Abs. 2 angef., bish. Wortlaut wird Abs. 1 mWv 1.1.2005 durch G v. 27.12.2004 (BGBl. I S. 3846); Abs. 1 Satz 2, Abs. 2 Sätze 1 und 2 geänd. mWv 8.11.2006 durch VO v. 31.10.2006 (BGBl. I S. 2407); Abs. 1 Satz 1 geänd. mWv 6.9.2007 durch G v. 3.9.2007 (BGBl. I S. 2178); Abs. 1 Sätze 1 und 2 geänd. mWv 9.12.2010 durch G v. 2.12.2010 (BGBl. I S. 1746); Abs. 1 Satz 2 und Abs. 2 Sätze 1 und 2 geänd. mWv 8.9.2015 durch VO v. 31.8.2015 (BGBl. I S. 1474); Abs. 2 Satz 2 geänd. mWv 17.6.2016 durch G v. 31.3.2016 (BGBl. I S. 518); Abs. 1 Satz 3 angef. mWv 1.8.2021 durch G v. 25.6.2021 (BGBl. I S. 2154).

schließlich der Prüfungsstelle, soweit diese nicht nach § 66a Absatz 1 Satz 1 von der Abschlussprüferaufsichtsstelle überwacht werden. 2 Insoweit hat es darüber zu wachen, dass die Aufgaben im Rahmen der geltenden Gesetze und Satzungen erfüllt werden. 3 Es kann unter anderem den Erlass der Satzungen nach § 57 Absatz 3 und § 57c Absatz 1 oder Änderungen dieser Satzungen anordnen und, wenn die Wirtschaftsprüferkammer dieser Anordnung nicht innerhalb einer angemessenen Frist nachkommt, im Wege der Ersatzvornahme die Satzungen oder Änderungen der Satzungen anstelle der Wirtschaftsprüferkammer erlassen.

(2) 1 Das Bundesministerium für Wirtschaft und Energie führt darüber hinaus die Rechtsaufsicht über die Abschlussprüferaufsichtsstelle; Absatz 1 Satz 2 gilt entsprechend. 2 Im Übrigen bleibt die Aufsicht des Bundesministeriums für Wirtschaft und Energie über das Bundesamt für Wirtschaft und Ausfuhrkontrolle unberührt.

§ 66a[1] Abschlussprüferaufsicht. (1) 1 Die Abschlussprüferaufsichtsstelle führt eine öffentliche fachbezogene Aufsicht über die Wirtschaftsprüferkammer, soweit diese Aufgaben nach § 4 Absatz 1 Satz 1 erfüllt, die gegenüber Berufsangehörigen und Gesellschaften wahrzunehmen sind, die zur Durchführung gesetzlich vorgeschriebener Abschlussprüfungen befugt sind oder solche ohne diese Befugnis tatsächlich durchführen; § 61a Satz 3 bleibt unberührt. 2 Die Wirtschaftsprüferkammer hat vor dem Erlass und vor Änderungen von Berufsausübungsregelungen (§ 57 Absatz 3 und § 57c) die Stellungnahme der Abschlussprüferaufsichtsstelle einzuholen und dem Bundesministerium für Wirtschaft und Energie vorzulegen.

(2) Die Abschlussprüferaufsichtsstelle ist zuständige Behörde im Sinne des Artikels 13 Absatz 1 Unterabsatz 3, der Artikel 14 und 17 Absatz 8 Unterabsatz 3 sowie des Artikels 20 Absatz 1 der Verordnung (EU) Nr. 537/2014.

(3) 1 Die Abschlussprüferaufsichtsstelle beaufsichtigt die Wirtschaftsprüferkammer, ob diese ihre in Absatz 1 Satz 1 genannten Aufgaben geeignet, angemessen und verhältnismäßig erfüllt. 2 Die Abschlussprüferaufsichtsstelle kann hierzu an Sitzungen der Wirtschaftsprüferkammer teilnehmen und hat ein Informations- und Einsichtsrecht. 3 Die Abschlussprüferaufsichtsstelle kann an Qualitätskontrollen teilnehmen. 4 Die Abschlussprüferaufsichtsstelle kann die Wirtschaftsprüferkammer beauftragen, bei Hinweisen auf Berufspflichtverletzungen und bei Anfragen im Rahmen der Zusammenarbeit nach § 66c berufsaufsichtliche Ermittlungen nach § 61a Satz 2 durchzuführen. 5 Die Abschlussprüferaufsichtsstelle kann an Ermittlungen der Wirtschaftsprüferkammer teilnehmen. 6 Zur Ausführung ihrer Aufgaben kann die Abschlussprüferaufsichtsstelle Vertreter oder Vertreterinnen der Wirtschaftsprüferkammer, Berufsangehörige und Dritte als Sachverständige fallweise zur Beratung heranziehen. 7 Soweit die Abschlussprüferaufsichtsstelle Aufträge von sachverständigen Dritten ausführen lässt, stellt sie sicher, dass bei diesen im Hinblick auf die zu Prüfenden keine Interessenkonflikte bestehen und dass die sachverständigen

---

[1] § 66a neu gef. mWv 17.6.2016 durch G v. 31.3.2016 (BGBl. I S. 518).

Dritten über eine angemessene Ausbildung sowie angemessene Kenntnisse und Erfahrungen verfügen.

(4) 1 Die Abschlussprüferaufsichtsstelle kann Entscheidungen der Wirtschaftsprüferkammer unter Angabe der Gründe zur nochmaligen Prüfung an diese zurückverweisen (Zweitprüfung). 2 Ändert die Wirtschaftsprüferkammer beanstandete Entscheidungen nicht ab, kann die Abschlussprüferaufsichtsstelle die Entscheidungen der Wirtschaftsprüferkammer aufheben und ihr Weisungen erteilen oder selbst im Wege der Ersatzvornahme Entscheidungen treffen und die erforderlichen Maßnahmen erlassen (Letztentscheidung). 3 Die Wirtschaftsprüferkammer ist verpflichtet, Vorgänge in Umsetzung der Weisungen abzuschließen. 4 Hält sie Weisungen oder Ersatzvornahmen der Abschlussprüferaufsichtsstelle für rechtswidrig, hat sie die Vorgänge dem Bundesministerium für Wirtschaft und Energie vorzulegen.

(5) 1 Die Wirtschaftsprüferkammer ist verpflichtet, auf Anforderung der Abschlussprüferaufsichtsstelle im Einzelfall oder von sich aus aufgrund genereller von der Abschlussprüferaufsichtsstelle festgelegter Kriterien über einzelne aufsichtsrelevante Vorgänge nach Sachverhaltsaufklärung zeitnah und in angemessener Form zu berichten. 2 Aufsichtsrelevant ist ein Vorgang insbesondere dann, wenn er von der Wirtschaftsprüferkammer abschließend bearbeitet wurde und eine Entscheidung mit unmittelbarer Rechtswirkung nach außen ergehen soll. 3 Ein unmittelbarer oder mittelbarer Bezug zur Durchführung einer gesetzlich vorgeschriebenen Abschlussprüfung ist nicht erforderlich.

(6)[1)] 1 Die Abschlussprüferaufsichtsstelle ermittelt bei Berufsangehörigen und Wirtschaftsprüfungsgesellschaften, die gesetzlich vorgeschriebene Abschlussprüfungen bei Unternehmen von öffentlichem Interesse nach § 316a Satz 2 des Handelsgesetzbuchs durchgeführt haben,

1. ohne besonderen Anlass gemäß Artikel 26 der Verordnung (EU) Nr. 537/2014,
2. soweit sich aus den unter Nummer 1 genannten Inspektionen oder sonstigen Umständen konkrete Anhaltspunkte für Verstöße gegen Berufspflichten bei der Durchführung von gesetzlich vorgeschriebenen Abschlussprüfungen bei Unternehmen von öffentlichem Interesse nach § 316a Satz 2 des Handelsgesetzbuchs ergeben,
3. aufgrund von Mitteilungen *der Prüfstelle nach § 342b Absatz 8 Satz 2 des Handelsgesetzbuchs,* der Bundesanstalt für Finanzdienstleistungsaufsicht nach § 110 Absatz 2 Satz 1 des Wertpapierhandelsgesetzes oder einer anderen nationalen oder internationalen Stelle.

2 Werden bei den Ermittlungen nach Satz 1 Verletzungen von Berufsrecht festgestellt, kann die Abschlussprüferaufsichtsstelle Auflagen zur Beseitigung der Mängel erteilen oder eine Sonderprüfung anordnen; § 57e Absatz 2, 3 und 5 gilt entsprechend. 3 Die Abschlussprüferaufsichtsstelle entscheidet auch

---

1) § 66a Abs. 6 Satz 1 Nr. 3 geänd. mWv 3.1.2018 durch G v. 23.6.2017 (BGBl. I S. 1693), Satzteil vor Nr. 1 geänd. mWv 1.7.2021, Nr. 3 kursiver Satzteil aufgeh. mWv 1.1.2022 durch G v. 3.6.2021 (BGBl. I S. 1534); Nr. 2 Verweis geänd. durch G v. 10.3.2023 (BGBl. I Nr. 64).

über die Verhängung von berufsaufsichtlichen Maßnahmen, Untersagungsverfügungen sowie vorläufigen Untersagungsverfügungen; die §§ 67 bis 68a, 68b Satz 1, 3 und 4, die §§ 68c sowie 69a bis 71 gelten entsprechend, § 68 Absatz 7 mit der Maßgabe, dass die Geldbußen, die nicht berufsgerichtlich überprüft werden, dem Bundeshaushalt zufließen, § 68c Absatz 3 in Verbindung mit § 62a Absatz 4 Satz 1 mit der Maßgabe, dass die Ordnungsgelder dem Bundeshaushalt zufließen.

(7) [1]Soweit Artikel 23 Absatz 3 und Artikel 26 der Verordnung (EU) Nr. 537/2014 nichts anderes regeln, gelten die §§ 62 und 62a im Inspektions- und Berufsaufsichtsverfahren entsprechend, § 62a Absatz 4 mit der Maßgabe, dass die Zwangsgelder dem Bundeshaushalt zufließen. [2]Ermittlungsmaßnahmen in Bezug auf Abschlussprüfungen von Unternehmen von öffentlichem Interesse nach § 316a Satz 2[1)] des Handelsgesetzbuchs dürfen auch gegenüber den in Artikel 23 Absatz 3 Unterabsatz 2 Buchstabe b bis e der Verordnung (EU) Nr. 537/2014 Genannten ausgeübt werden. [3]Die Abschlussprüferaufsichtsstelle kann unbeschadet des Artikels 26 Absatz 5 Unterabsatz 2 der Verordnung (EU) Nr. 537/2014 bei Tätigkeiten nach diesem Gesetz Überprüfungen oder Untersuchungen durch solche Sachverständige vornehmen lassen, die in die Entscheidungsprozesse der Abschlussprüferaufsichtsstelle nicht eingebunden sind.

(8) Die Abschlussprüferaufsichtsstelle veröffentlicht jährlich ein Arbeitsprogramm und einen Tätigkeitsbericht.

§ 66b[2)] Verschwiegenheit; Schutz von Privatgeheimnissen. (1) [1]Beamte und Angestellte, die in der Abschlussprüferaufsichtsstelle tätig sind, Mitglieder des bei ihr eingerichteten Fachbeirats und sonstige von ihr Beauftragte sind zur Verschwiegenheit verpflichtet; die Artikel 31 bis 34 der Verordnung (EU) Nr. 537/2014 und § 66c Absatz 4 und 6 bleiben unberührt. [2]Die §§ 59c und 64 gelten sinngemäß. [3]In den Fällen des § 59c Absatz 3 Satz 2 darf auch darüber Auskunft gegeben werden, ob eine der betroffenen Abschlussprüfungen Gegenstand eines Inspektionsverfahrens nach § 62b ist oder war. [4]Eine erforderliche Ausnahmegenehmigung nach § 59c Absatz 4 erteilt das Bundesministerium für Wirtschaft und Klimaschutz.

(2) Die in Absatz 1 Satz 1 genannten Personen dürfen, auch nach Beendigung ihrer Tätigkeit, ein fremdes Geheimnis, namentlich ein Geschäfts- oder Betriebsgeheimnis, das ihnen bei ihrer Tätigkeit bekannt geworden ist, nicht offenbaren und nicht verwerten.

§ 66c[3)] Zusammenarbeit mit anderen Stellen und internationale Zusammenarbeit. (1) [1]Die Abschlussprüferaufsichtsstelle *kann* [***ab 1.1.2022:*** übermittelt] den folgenden Stellen, soweit es zur Erfüllung der jeweiligen

---

1) Verweis geänd. mWv 1.7.2021 durch G v 3.6.2021 (BGBl. I S. 1534).

2) § 66b neu gef. mWv 17.6.2016 durch G v. 31.3.2016 (BGBl. I S. 518); Abs. 1 Satz 2 geänd. mWv 1.8.2021 durch G v. 25.6.2021 (BGBl. I S. 2154); Abs. 1 Satz 2 ersetzt durch Sätze 2 bis 4 durch G v. 10.3.2023 (BGBl. I Nr. 64).

3) § 66c eingef. mWv 17.6.2016 durch G v. 31.3.2016 (BGBl. I S. 518); Abs. 1 Satz 1 Nr. 2a eingef. mWv 17.6.2016 durch G v. 10.5.2016 (BGBl. I S. 1142); Abs. 1 Satz 1 Text vor Nr. 1 geänd., kursiver Satzteil aufgeh., Nr. 1 neu gef., Satz 2 neu gef. mWv 1.1.2022 durch G v. 3.6.2021 (BGBl. I S. 1534).

Aufgaben dieser Stellen erforderlich ist, vertrauliche Informationen übermitteln:

1. *der Prüfstelle nach § 342b Absatz 1 des Handelsgesetzbuchs* [***ab 1.1.2022:*** den Strafverfolgungsbehörden],
2. der Bundesanstalt für Finanzdienstleistungsaufsicht,

2a. dem Bundesamt für Justiz,

3. den Aufsichtsbehörden über die genossenschaftlichen Prüfungsverbände,
4. den Aufsichtsbehörden über die Prüfungsstellen der Sparkassen- und Giroverbände,
5. der Deutschen Bundesbank,
6. der Europäischen Zentralbank,
7. den Zentralbanken der Mitgliedstaaten der Europäischen Union sowie
8. dem Europäischen Ausschuss für Systemrisiken.

2 *An die in Satz 1 Nummer 1 genannte Stelle übermittelt die Abschlussprüferaufsichtsstelle Informationen nur, soweit konkrete Anhaltspunkte für einen Verstoß gegen Rechnungslegungsvorschriften vorliegen.* [***ab 1.1.2022:*** 2 Für den Informationsaustausch zwischen der Abschlussprüferaufsichtsstelle und der Bundesanstalt für Finanzdienstleistungsaufsicht gilt § 109a des Wertpapierhandelsgesetzes.] 3 Die in Satz 1 Nummer 1 bis 5 genannten Stellen können der Abschlussprüferaufsichtsstelle Informationen übermitteln, soweit dies zur Erfüllung der Aufgaben der Abschlussprüferaufsichtsstelle erforderlich ist.

(2) 1 Unbeschadet der Artikel 31 bis 33 der Verordnung (EU) Nr. 537/2014 hat die Abschlussprüferaufsichtsstelle in Bezug auf die in § 66a genannten Aufgaben mit den entsprechend zuständigen Stellen der Mitgliedstaaten der Europäischen Union und der Vertragsstaaten des Europäischen Wirtschaftsraums sowie den europäischen Aufsichtsbehörden zusammenzuarbeiten, soweit dies für die Wahrnehmung der jeweiligen Aufgaben der zuständigen Stellen im Einzelfall erforderlich ist. 2 In diesem Rahmen leisten die Stellen sich insbesondere Amtshilfe, tauschen Informationen aus und arbeiten bei Untersuchungen zusammen. 3 § 57 Absatz 6 Satz 2 bis 4 gilt entsprechend.

(3) 1 Die Zusammenarbeit der zuständigen Stellen der Mitgliedstaaten findet insbesondere im Rahmen des Ausschusses der Aufsichtsstellen nach Artikel 30 der Verordnung (EU) Nr. 537/2014 statt. 2 Sie erstreckt sich auch auf die Bereiche der Angleichung

1. der theoretischen und praktischen Ausbildung von Wirtschaftsprüfern sowie der Prüfungsanforderungen nach dem Zweiten Teil und
2. der Anforderungen in Bezug auf die Eignungsprüfung nach dem Neunten Teil.

(4) 1 Hat die Abschlussprüferaufsichtsstelle konkrete Hinweise darauf, dass Berufsangehörige aus anderen Mitglied- oder Vertragsstaaten gegen das Recht der Europäischen Union über die Abschlussprüfungen von Jahresabschlüssen und Konzernabschlüssen verstoßen, hat sie diese der zuständigen Stelle des anderen Mitglied- oder Vertragsstaats mitzuteilen. 2 Erhält die Abschlussprüferaufsichtsstelle entsprechende Hinweise von der zuständigen Stelle eines anderen Mitglied- oder Vertragsstaats in Bezug auf deutsche Berufsangehörige, hat sie geeignete Maßnahmen zu treffen und kann der zuständigen Stelle des an-

deren Mitglied- oder Vertragsstaats das Ergebnis mitteilen. [3]Darüber hinaus kann die zuständige Stelle eines anderen Mitglied- oder Vertragsstaats über die Abschlussprüferaufsichtsstelle Ermittlungen verlangen, an denen Vertreter der zuständigen Stelle teilnehmen dürfen, wenn diese zur Verschwiegenheit verpflichtet sind. [4]Sind Berufsangehörige oder Wirtschaftsprüfungsgesellschaften auch in einem anderen Mitglied- oder Vertragsstaat registriert, informiert die Abschlussprüferaufsichtsstelle von Amts wegen die zuständigen Behörden des anderen Mitglied- oder Vertragsstaats über das Erlöschen, die unanfechtbare Rücknahme oder den unanfechtbaren Widerruf der Bestellung der Berufsangehörigen oder die Löschung der Wirtschaftsprüfungsgesellschaften einschließlich der Gründe hierfür. [5]§ 57 Absatz 7 Satz 2 bis 4 gilt entsprechend.

(5) [1]Unbeschadet der Artikel 36 bis 38 der Verordnung (EU) Nr. 537/2014 hat die Abschlussprüferaufsichtsstelle in Bezug auf die in § 66a Absatz 1 Satz 1 genannten Aufgaben mit den entsprechend zuständigen Stellen anderer als in Absatz 2 Satz 1 genannter Staaten zusammenzuarbeiten, soweit dies für die Wahrnehmung der jeweiligen Aufgaben der zuständigen Stellen im Einzelfall erforderlich ist oder wenn von diesen Stellen Sonderuntersuchungen oder Ermittlungen erbeten werden. [2]§ 57 Absatz 6 Satz 2 bis 4 gilt entsprechend.

(6) [1]§ 57 Absatz 9 gilt entsprechend. [2]Abweichend von § 57 Absatz 9 Satz 5 können Berufsangehörige und Prüfungsgesellschaften unter den Voraussetzungen des § 57 Absatz 9 Satz 1 bis 4 selbst Arbeitsunterlagen und andere Dokumente auf Anforderung der zuständigen Stellen an diese herausgeben, wenn sie zuvor die Abschlussprüferaufsichtsstelle über die Anfrage informiert haben und die in § 57 Absatz 9 Satz 5 genannten Bedingungen erfüllt sind.

§ 67[1)] Ahndung einer Pflichtverletzung. (1) Gegen einen Wirtschaftsprüfer, der seine Pflichten schuldhaft verletzt, wird eine berufsaufsichtliche Maßnahme verhängt.

(2) Ein außerhalb des Berufs liegendes Verhalten eines Wirtschaftsprüfers ist eine berufsaufsichtlich zu ahndende Pflichtverletzung, wenn es nach den Umständen des Einzelfalls in besonderem Maße geeignet ist, Achtung und Vertrauen in einer für die Ausübung der Berufstätigkeit oder für das Ansehen des Berufs bedeutsamen Weise zu beeinträchtigen.

(3) Eine berufsaufsichtliche Maßnahme kann nicht verhängt werden, wenn der Wirtschaftsprüfer zur Zeit der Tat der Berufsaufsicht nicht unterstand.

§ 68[2)] Berufsaufsichtliche Maßnahmen. (1) [1]Der Vorstand der Wirtschaftsprüferkammer kann gegen Berufsangehörige berufsaufsichtliche Maß-

---

[1)] § 67 Abs. 1 bis 3 geänd. mWv 17.6.2016 durch G v. 31.3.2016 (BGBl. I S. 518).

[2)] § 68 neu gef. mWv 17.6.2016 durch G v. 31.3.2016 (BGBl. I S. 518); Abs. 1 Satz 2 Nrn. 2 und 4 geänd. mWv 1.7.2021 durch G v. 3.6.2021 (BGBl. I S. 1534); Abs. 1 Satz 2 Nr. 2 geänd. durch G v. 7.7.2021 (BGBl. I S. 2363); Abs. 1 Satz 2 Nr. 7 geänd. mWv 16.3.2023 durch G v. 10.3.2023 (BGBl. I Nr. 64).

nahmen verhängen, wenn diese mit ihrem Verhalten ihnen obliegende Pflichten verletzt haben. [2]Berufsaufsichtliche Maßnahmen sind:

1. Rüge,
2. Geldbuße bis zu fünfhunderttausend Euro, bei einer berufsaufsichtlichen Maßnahme gegen eine Wirtschaftsprüfungsgesellschaft bis zu einer Million Euro,
3. Verbot, auf bestimmten Tätigkeitsgebieten für die Dauer von einem Jahr bis zu fünf Jahren tätig zu werden,
4. Verbot, bei Unternehmen von öffentlichem Interesse nach § 316a Satz 2 des Handelsgesetzbuchs für die Dauer von einem Jahr bis zu drei Jahren tätig zu werden,
5. Berufsverbot von einem Jahr bis zu fünf Jahren,
6. Ausschließung aus dem Beruf und
7. Feststellung, dass der Bestätigungsvermerk nicht die Anforderungen des § 322 des Handelsgesetzbuchs und, soweit Unternehmen von öffentlichem Interesse nach § 316a Satz 2 des Handelsgesetzbuchs betroffen sind, des Artikels 10 der Verordnung (EU) Nr. 537/2014 erfüllt.

(2) [1]Die berufsaufsichtlichen Maßnahmen nach Absatz 1 können nebeneinander verhängt werden. [2]Der Vorstand der Wirtschaftsprüferkammer soll in die Entscheidung über die Verhängung berufsaufsichtlicher Maßnahmen alle Pflichtverletzungen einbeziehen, die ihm im Zeitpunkt der Verhängung der Maßnahme bekannt sind.

(3) [1]Bei der Festlegung der Art und der Höhe der Maßnahme hat der Vorstand der Wirtschaftsprüferkammer alle relevanten Umstände zu berücksichtigen. [2]Dazu gehören insbesondere die Art, die Schwere und die Dauer der Pflichtverletzung, die Verantwortung der Berufsangehörigen für die Pflichtverletzung, die Höhe etwaiger durch die Pflichtverletzung erzielter Mehrerlöse oder verhinderter Verluste, das Vorliegen früherer Verstöße und die Finanzkraft der Berufsangehörigen. [3]Zugunsten der Berufsangehörigen ist zudem zu berücksichtigen, wenn sie an der Aufklärung der Pflichtverletzung mitgewirkt haben. [4]Eine Rüge für einen fahrlässig begangenen fachlichen Fehler kann in der Regel nur verhängt werden, wenn der Fehler von einigem Gewicht ist.

(4) [1]Bevor Maßnahmen verhängt werden, sind die Berufsangehörigen anzuhören. [2]Bescheide, durch die Maßnahmen verhängt werden, sind zu begründen. [3]Sie sind mit einer Rechtsbehelfsbelehrung zu versehen und den Berufsangehörigen zuzustellen.

(5) [1]Gegen einen Bescheid nach Absatz 4 können Berufsangehörige binnen eines Monats nach der Zustellung beim Vorstand der Wirtschaftsprüferkammer Einspruch erheben. [2]Über den Einspruch entscheidet der Vorstand; Absatz 4 Satz 2 und 3 ist entsprechend anzuwenden.

(6) [1]Soweit der Einspruch nach Absatz 5 gegen eine berufsaufsichtliche Maßnahme nach Absatz 1 Satz 2 Nummer 2 bis 7 erfolgreich ist, sind die Aufwendungen für einen Rechtsanwalt oder einen sonstigen Bevollmächtigten erstattungsfähig, wenn dessen Zuziehung notwendig war. [2]Die Aufwendungen

Maßnahmen gegen die die Gesellschaft vertretenden Berufsangehörigen verhängt werden, hat der Vorstand der Wirtschaftsprüferkammer alle relevanten Umstände zu berücksichtigen. [3]§ 68 Absatz 1 Satz 2 Nummer 4 und 6 findet keine Anwendung.

Sechster Teil.[1)] Berufsgerichtsbarkeit

Erster Abschnitt.[1)] Berufsgerichtliche Entscheidung

§ 71a[1)] Antrag auf berufsgerichtliche Entscheidung. Wird der Einspruch gegen eine berufsaufsichtliche Maßnahme zurückgewiesen, so können Berufsangehörige innerhalb eines Monats nach der Zustellung schriftlich die berufsgerichtliche Entscheidung beantragen.

Zweiter Abschnitt. Gerichte

§ 72[2)] Kammer für Wirtschaftsprüfersachen. (1) In dem berufsgerichtlichen Verfahren entscheidet im ersten Rechtszug eine Kammer des Landgerichts (Kammer für Wirtschaftsprüfersachen), in dessen Bezirk die Wirtschaftsprüferkammer ihren Sitz hat.

(2) [1]Die Kammer für Wirtschaftsprüfersachen entscheidet außerhalb der Hauptverhandlung in der Besetzung von drei Mitgliedern mit Einschluß des Vorsitzenden. [2]In der Hauptverhandlung ist sie mit dem Vorsitzenden und zwei Berufsangehörigen als Beisitzern besetzt. [3]Abweichend von Satz 2 beschließt die Kammer bis zur Anberaumung der Hauptverhandlung für diese eine Besetzung mit drei Richtern mit Einschluss des Vorsitzenden und zweier Berufsangehöriger als Beisitzer, wenn dies nach dem Umfang, der Schwierigkeit oder der besonderen Bedeutung des Falles erforderlich erscheint. [4]Der Beschluss ist unanfechtbar.

§ 73[3)] Senat für Wirtschaftsprüfersachen beim Oberlandesgericht. (1) In dem berufsgerichtlichen Verfahren entscheidet im zweiten Rechtszug ein Senat des Oberlandesgerichts (Senat für Wirtschaftsprüfersachen beim Oberlandesgericht).

(2) [1]Der Senat für Wirtschaftsprüfersachen beim Oberlandesgericht entscheidet außerhalb der Hauptverhandlung in der Besetzung von drei Mitgliedern mit Einschluß des Vorsitzenden. [2]In der Hauptverhandlung wirken außerdem als Beisitzer zwei Berufsangehörige mit.

§ 74[4)] Senat für Wirtschaftsprüfersachen beim Bundesgerichtshof. (1) [1]In dem berufsgerichtlichen Verfahren entscheidet im dritten Rechtszug ein Senat des Bundesgerichtshofes (Senat für Wirtschaftsprüfersachen beim

---

1) Überschrift 6. Teil (§§ 71a–127) und 1. Abschnitt (§ 71a) neu gef. mWv 17.6.2016 durch G v. 31.3.2016 (BGBl. I S. 518).

2) § 72 Abs. 2 Satz 2 geänd. mWv 17.6.2016 durch G v. 31.3.2016 (BGBl. I S. 518); Abs. 2 Sätze 3 und 4 angef. mWv 16.3.2023 durch G v. 10.3.2023 (BGBl. I Nr. 64).

3) § 73 Abs. 2 Satz 2 geänd. mWv 17.6.2016 durch G v. 31.3.2016 (BGBl. I S. 518).

4) § 74 Abs. 2 neu gef. mWv 1.1.1995 durch G v. 15.7.1994 (BGBl. I S. 1569); Abs. 2 geänd. mWv 17.6.2016 durch G v. 31.3.2016 (BGBl. I S. 518).

Bundesgerichtshof). [2]Er gilt als Strafsenat im Sinne des § 132 des Gerichtsverfassungsgesetzes.

(2) Der Senat für Wirtschaftsprüfersachen beim Bundesgerichtshof besteht aus einem Vorsitzenden sowie zwei Mitgliedern des Bundesgerichtshofs und zwei Berufsangehörigen als Beisitzern.

§ 75[1)] Berufsangehörige als Beisitzer. (1) Die Beisitzer aus den Reihen der Berufsangehörigen sind ehrenamtliche Richter.

(2) [1]Die ehrenamtlichen Richter werden für die Gerichte des ersten und zweiten Rechtszuges von der Landesjustizverwaltung und für den Bundesgerichtshof von dem Bundesministerium der Justiz und für Verbraucherschutz auf die Dauer von fünf Jahren berufen. [2]Sie können nach Ablauf ihrer Amtszeit wieder berufen werden.

(3) [1]Die ehrenamtlichen Richter werden den Vorschlagslisten entnommen, die der Vorstand der Wirtschaftsprüferkammer im Einvernehmen mit der Abschlussprüferaufsichtsstelle der Landesjustizverwaltung für die Gerichte des ersten und zweiten Rechtszuges und dem Bundesministerium der Justiz und für Verbraucherschutz für den Bundesgerichtshof einreicht. [2]Die Landesjustizverwaltung und das Bundesministerium der Justiz und für Verbraucherschutz bestimmen, welche Zahl von Beisitzern für jedes Gericht erforderlich ist; sie haben vorher den Vorstand der Wirtschaftsprüferkammer zu hören. [3]Jede Vorschlagsliste soll mindestens die doppelte Zahl der zu berufenden Berufsangehörigen enthalten.

(4) Scheidet ein ehrenamtlicher Richter vorzeitig aus, so wird für den Rest seiner Amtszeit ein Nachfolger berufen.

(5) Die Landesjustizverwaltung und das Bundesministerium der Justiz und für Verbraucherschutz können einen von ihnen berufenen ehrenamtlichen Richter auf seinen Antrag aus dem Amt entlassen, wenn er aus gesundheitlichen Gründen auf nicht absehbare Zeit gehindert ist, sein Amt ordnungsgemäß auszuüben.

(6) Das Amt eines ehrenamtlichen Richters, der zum ehrenamtlichen Richter bei einem Gericht des höheren Rechtszuges berufen wird, endet mit seiner Ernennung.

§ 76[2)] Voraussetzungen für die Berufung zum Beisitzer und Recht zur Ablehnung. (1) [1]Zu ehrenamtlichen Richtern können nur Berufsangehörige berufen werden, die in den Vorstand der Wirtschaftsprüferkammer gewählt werden können. [2]Sie dürfen als Beisitzer nur für die Kammer für Wirtschaftsprüfersachen, den Senat für Wirtschaftsprüfersachen beim Ober-

---

[1)] § 75 Abs. 2 Satz 1, Abs. 3 Satz 1 und 2 geänd., Abs. 5 und Abs. 6 angef. mWv 1.1.1995 durch G v. 15.7.1994 (BGBl. I S. 1569), Abs. 5 geänd. mWv. 1.5.2002 durch G v. 27.4.2002 (BGBl. I S. 1467); Abs. 2 Satz 1 geänd., Abs. 5 eingef., bish. Abs. 5 und 6 werden Abs. 6 und 7 mWv 1.1.2005 durch G v. 21.12.2004 (BGBl. I S. 3599); Abs. 2 Satz 1, Abs. 3 Sätze 1 und 2 und Abs. 6 geänd. mWv 8.9.2015 durch VO v. 31.8.2015 (BGBl. I S. 1474); Überschrift und Abs. 1, Abs. 3 Sätze 1 und 3 geänd. mWv 17.6.2016 durch G v. 31.3.2016 (BGBl. I S. 518); Abs. 5 aufgeh., bish. Abs. 6 und 7 werden Abs. 5 und 6 mWv 1.8.2021 durch G v. 25.6.2021 (BGBl. I S. 2154).

[2)] § 76 Abs. 3 Nr. 3 neu gef. mWv 1.5.2002 durch G v. 27.4.2002 (BGBl. I S. 1467); Abs. 1 neu gef. mWv 17.6.2016 durch G v. 31.3.2016 (BGBl. I S. 518).

vor T 1–T 3
Einkommensteuertabellen 2023
Lohnsteuertabellen April 2023
Übergangstabellen Solidaritätszuschlag 2023

Die in dieser Sammlung enthaltenen Einkommensteuertabellen wurden nach den in § 32a EStG i. d. F. des Jahressteuergesetzes 2022 vom 16. Dezember 2022 (BGBl. I Seite 2294) vorgegebenen Berechnungsgrundlagen ermittelt. Für die Berechnung der Einkommensteuer kommt der stufenlose Steuertarif zur Anwendung. Zur Anwendung der Tabellen siehe die Vorbemerkungen zu T 1.

Die in dieser Sammlung enthaltenen Lohnsteuertabellen beruhen auf den in § 39b EStG vorgeschriebenen Berechnungsgrundlagen und sind auf Basis des vom BMF am 13.2.2023 bekannt gemachten geänderten Programmablaufplans für die Erstellung von **Lohnsteuertabellen 2023** erstellt worden.

Zur Anwendung der Tabellen siehe die Vorbemerkungen zu T 2.

Hinweis: *Die Zahlen der Tabellen sind nach amtlichen Unterlagen ermittelt. Ihre Wiedergabe erfolgt ohne Gewähr.*

Vorbemerkung

Die Berechnung der Einkommensteuer erfolgt nach einem stufenlosen Steuertarif. Dies bedeutet, dass die Einkommensteuer exakt für den sich bei der Steuerveranlagung jeweils ergebenden Einzelwert berechnet wird.

Eine jeden Einzelwert berücksichtigende Einkommensteuertabelle ist somit aus Umfangsgründen nicht mehr möglich, so dass die nach der Einkommensteuertabelle manuell abgelesene Einkommensteuer mit Ausnahme des ausgewiesenen zu versteuernden Einkommens grundsätzlich höher ist als die aufgrund eines Tabellenberechnungsprogramms nach den Formeltarifen elektronisch errechnete Einkommensteuer. Die genaue Berechnung der Einkommensteuer kann deshalb nur mit Hilfe des online zur Verfügung stehenden Berechnungsprogramms vorgenommen werden. Die nachstehenden Einkommensteuer-, Grund- und Splittingtabellen geben Ihnen für die zwischen den ausgewiesenen zu versteuernden Einkommen liegenden Werte nur Annäherungswerte. Den Wert Ihrer Einkommensteuer können Sie aber, soweit Sie keine elektronische Berechnung vornehmen, innerhalb der ausgewiesenen zu versteuernden Einkommen zumindest annäherungsweise schätzen.

Die Höhe der **Einkommensteuer** bestimmt sich für 2023 allgemein nach dem **Einkommensteuertarif,** der in § 32a EStG i. d. F. des Inflationsausgleichgesetzes 2022 vorgeschrieben ist.

Dieser Einkommensteuertarif hat folgenden **Aufbau:**

a) Null-Zone (Grundfreibetrag) für zu versteuernde Einkommen von 0 bis 10 908 Euro,

b) Untere Zone mit einem ansteigenden Steuersatz von 14 v. H. bis 23,97 v. H. für zu versteuernde Einkommen von 10 909 bis 15 999 Euro,

c) Progressionszone mit einem ansteigenden Steuersatz von 23,97 v. H. bis 42 v. H. für zu versteuernde Einkommen von 16 000 bis 62 809 Euro,

d) Proportionalzone mit einem Steuersatz von 42 v. H. für zu versteuernde Einkommen von 62 810 bis 277 825 Euro und einem Steuersatz von 45 v. H. für zu versteuernde Einkommen von 277 826 Euro an.

Dieser Einkommensteuertarif gilt für alle Personen, für die nicht das Splitting-Verfahren anzuwenden ist, d. h. grundsätzlich für alle nicht verheirateten Personen, für die getrennt lebenden und für die getrennt zu veranlagenden Ehegatten.

Ehegatten können zwischen der Einzelveranlagung (§ 26a EStG) und der Zusammenveranlagung (§ 26b EStG) wählen, wenn beide unbeschränkt einkommensteuerpflichtig sind und nicht dauernd getrennt

leben, diese Voraussetzungen zu Beginn des Veranlagungszeitraums vorgelegen haben oder im Laufe des Veranlagungszeitraums eingetreten sind und keiner der Ehegatten die Einzelveranlagung wählt. Ehegatten werden zusammen veranlagt, wenn beide Ehegatten die Zusammenveranlagung wählen. Die Wahl wird für den betreffenden Veranlagungszeitraum durch Angabe in der Steuererklärung getroffen.

Bei der Zusammenveranlagung wird das Splitting-Verfahren angewendet. Die Einkünfte der Ehegatten werden zusammengerechnet, den Ehegatten gemeinsam zugerechnet und die Ehegatten sodann gemeinsam als Steuerpflichtige behandelt.

Bei dem Splitting-Verfahren wird die Einkommensteuer für die Hälfte des gemeinsam zu versteuernden Einkommens beider Ehegatten nach dem Einkommensteuertarif gem. § 32a EStG berechnet und der ermittelte Steuerbetrag sodann verdoppelt.

Das **Splitting-Verfahren** ist auch anzuwenden

a) bei einem verwitweten Steuerpflichtigen für den Veranlagungszeitraum, der dem Kalenderjahr folgt, in dem sein Ehegatte verstorben ist, wenn der Steuerpflichtige und sein verstorbener Ehegatte im Zeitpunkt seines Todes die Voraussetzungen des § 26 Absatz 1Satz 1 erfüllt haben.

b) bei einem Steuerpflichtigen, dessen Ehe in dem Kalenderjahr, in dem er sein Einkommen bezogen hat, aufgelöst worden ist, wenn in diesem Kalenderjahr
   - der Steuerpflichtige und sein bisheriger Ehegatte die Voraussetzungen des § 26 Absatz 1 Satz 1 erfüllt haben,
   - der bisherige Ehegatte wieder geheiratet hat und er sowie sein neuer Ehegatte ebenfalls die Voraussetzungen des § 26 Absatz 1 Satz 1 erfüllen.

In den Fällen zu b) ist das Splitting-Verfahren allerdings dann nicht anzuwenden, wenn der Steuerpflichtige selber wieder geheiratet hat und getrennt oder wie ein Unverheirateter zur Einkommensteuer veranlagt wird.

Bemessungsgrundlage für die tarifliche Einkommensteuer ist das zu versteuernde Einkommen. Das zu versteuernde Einkommen ist wie folgt zu ermitteln:

Summe der Einkünfte aus den Einkunftsarten (§ 2 Abs. 1 EStG)

= Summe der Einkünfte (§ 2 Abs. 1 EStG)

./. Entlastungsbetrag für Alleinerziehende (§ 24b EStG)
./. Altersentlastungsbetrag (§ 24a EStG)
./. Freibetrag für Land- und Forstwirte (§ 13 Abs. 3 EStG)
\+ Hinzurechnungsbetrag (*§ 52 Abs. 3 Satz 5 EStG*[1] sowie § 8 Abs. 5 Satz 2 AIG)

= Gesamtbetrag der Einkünfte (§ 2 Abs. 3 EStG)

./. Verlustabzug nach § 10d EStG
./. Sonderausgaben (§§ 10, 10a, 10b, 10c EStG)
./. außergewöhnliche Belastungen (§§ 33 bis 33b EStG)
./. Steuerbegünstigung der zu Wohnzwecken genutzten Wohnungen, Gebäude und Baudenkmale sowie der schutzwürdigen Kulturgüter (§§ 10e bis 10i und § 52 Abs. 21 Satz 6 EStG i. d. F. vom 16.4.1997, BGBl. I S. 821 und § 7 FördG)
\+ Erstattungsüberhänge (§ 10 Abs. 4b Satz 3 EStG)
\+ zuzurechnendes *Einkommen* gemäß § 15 Abs. 1 AStG[2]

= Einkommen (§ 2 Abs. 4 EStG)

./. Freibeträge für Kinder (§§ 31 und 32 Abs. 6 EStG)
./. Härteausgleich nach § 46 Abs. 3 EStG, § 70 EStDV

= zu versteuerndes Einkommen (§ 2 Abs. 5 EStG)

---

[1] Jetzt § 52 Abs. 2 Satz 3 EStG.
[2] Eine Hinzurechnung entfällt ab VZ 2013.

Einkommensteuertarif nach § 32a EStG:

(1) Die tarifliche Einkommensteuer bemisst sich nach dem zu versteuernden Einkommen. Sie beträgt ab dem Veranlagungszeitraum 2023 vorbehaltlich der §§ 32b, 32d, 34, 34a, 34b und 34c jeweils in Euro für zu versteuernde Einkommen

1. bis 10 908 Euro (Grundfreibetrag):
   0;
2. von 10 909 Euro bis 15 999 Euro:
   $(979{,}18 \cdot y + 1\,400) \cdot y$;
3. von 16 000 Euro bis 62 809 Euro:
   $(192{,}59 \cdot z + 2\,397) \cdot z + 966{,}53$;
4. von 62 810 Euro bis 277 825 Euro:
   $0{,}42 \cdot x - 9972{,}98$;
5. von 277 826 Euro an:
   $0{,}45 \cdot x - 18\,307{,}73$.

Die Größe „y" ist ein Zehntausendstel des den Grundfreibetrag übersteigenden Teils des auf einen vollen Euro-Betrag abgerundeten zu versteuernden Einkommens. Die Größe „z" ist ein Zehntausendstel des 15 999 Euro übersteigenden Teils des auf einen vollen Euro-Betrag abgerundeten zu versteuernden Einkommens. Die Größe „x" ist das auf einen vollen Euro-Betrag abgerundete zu versteuernde Einkommen. Der sich ergebende Steuerbetrag ist auf den nächsten vollen Euro-Betrag abzurunden.

(2) bis (4) (weggefallen)

(5) Bei Ehegatten, die nach den §§ 26, 26b zusammen zur Einkommensteuer veranlagt werden, beträgt die tarifliche Einkommensteuer vorbehaltlich der §§ 32b, 32d, 34, 34a, 34b und 34c das Zweifache des Steuerbetrags, der sich für die Hälfte ihres gemeinsam zu versteuernden Einkommens nach Absatz 1 ergibt (Splitting-Verfahren).

(6) Das Verfahren nach Absatz 5 ist auch anzuwenden zur Berechnung der tariflichen Einkommensteuer für das zu versteuernde Einkommen

1. bei einem verwitweten Steuerpflichtigen für den Veranlagungszeitraum, der dem Kalenderjahr folgt, in dem der Ehegatte verstorben ist, wenn der Steuerpflichtige und sein verstorbener Ehegatte im Zeitpunkt seines Todes die Voraussetzungen des § 26 Absatz 1 Satz 1 erfüllt haben,
2. bei einem Steuerpflichtigen, dessen Ehe in dem Kalenderjahr, in dem er sein Einkommen bezogen hat, aufgelöst worden ist, wenn in diesem Kalenderjahr
   a) der Steuerpflichtige und sein bisheriger Ehegatte die Voraussetzungen des § 26 Absatz 1 Satz 1 erfüllt haben,
   b) der bisherige Ehegatte wieder geheiratet hat und

c) der bisherige Ehegatte und dessen neuer Ehegatte ebenfalls die Voraussetzungen des § 26 Absatz 1 Satz 1 erfüllen.

Voraussetzung für die Anwendung des Satzes 1 ist, dass der Steuerpflichtige nicht nach den §§ 26, 26a einzeln zur Einkommensteuer veranlagt wird.

laufende Nummer	zu versteuerndes Einkommen* in €	tarifliche Einkommensteuer* in €	laufende Nummer	zu versteuerndes Einkommen* in €	tarifliche Einkommensteuer* in €
1	10 908		61	13 068	348
2	10 944	5	62	13 104	354
3	10 980	10	63	13 140	361
4	11 016	15	64	13 176	367
5	11 052	20	65	13 212	374
6	11 088	25	66	13 248	381
7	11 124	30	67	13 284	387
8	11 160	35	68	13 320	394
9	11 196	41	69	13 356	401
10	11 232	46	70	13 392	408
11	11 268	51	71	13 428	414
12	11 304	56	72	13 464	421
13	11 340	62	73	13 500	428
14	11 376	67	74	13 536	435
15	11 412	73	75	13 572	442
16	11 448	78	76	13 608	449
17	11 484	83	77	13 644	456
18	11 520	89	78	13 680	463
19	11 556	94	79	13 716	470
20	11 592	100	80	13 752	477
21	11 628	105	81	13 788	484
22	11 664	111	82	13 824	491
23	11 700	117	83	13 860	498
24	11 736	122	84	13 896	505
25	11 772	128	85	13 932	512
26	11 808	133	86	13 968	520
27	11 844	139	87	14 004	527
28	11 880	145	88	14 040	534
29	11 916	151	89	14 076	541
30	11 952	156	90	14 112	549
31	11 988	162	91	14 148	556
32	12 024	168	92	14 184	563
33	12 060	174	93	14 220	571
34	12 096	180	94	14 256	578
35	12 132	186	95	14 292	585
36	12 168	191	96	14 328	593
37	12 204	197	97	14 364	600
38	12 240	203	98	14 400	608
39	12 276	209	99	14 436	615
40	12 312	215	100	14 472	623
41	12 348	221	101	14 508	630
42	12 384	227	102	14 544	638
43	12 420	234	103	14 580	646
44	12 456	240	104	14 616	653
45	12 492	246	105	14 652	661
46	12 528	252	106	14 688	669
47	12 564	258	107	14 724	676
48	12 600	264	108	14 760	684
49	12 636	271	109	14 796	692
50	12 672	277	110	14 832	700
51	12 708	283	111	14 868	707
52	12 744	290	112	14 904	715
53	12 780	296	113	14 940	723
54	12 816	302	114	14 976	731
55	12 852	309	115	15 012	739
56	12 888	315	116	15 048	747
57	12 924	322	117	15 084	755
58	12 960	328	118	15 120	763
59	12 996	335	119	15 156	771
60	13 032	341	120	15 192	779

* Die Einkommensteuer gilt nur für den ausgewiesenen Wert, Zwischenwerte sind zu schätzen — s. Vorbemerkungen

laufende Nummer	zu versteuerndes Einkommen* in €	tarifliche Einkommen-steuer* in €	laufende Nummer	zu versteuerndes Einkommen* in €	tarifliche Einkommen-steuer* in €
121	15 228	787	181	17 388	1 303
122	15 264	795	182	17 424	1 312
123	15 300	803	183	17 460	1 320
124	15 336	811	184	17 496	1 329
125	15 372	820	185	17 532	1 338
126	15 408	828	186	17 568	1 347
127	15 444	836	187	17 604	1 356
128	15 480	844	188	17 640	1 365
129	15 516	853	189	17 676	1 373
130	15 552	861	190	17 712	1 382
131	15 588	869	191	17 748	1 391
132	15 624	878	192	17 784	1 400
133	15 660	886	193	17 820	1 409
134	15 696	894	194	17 856	1 418
135	15 732	903	195	17 892	1 427
136	15 768	911	196	17 928	1 436
137	15 804	920	197	17 964	1 444
138	15 840	928	198	18 000	1 453
139	15 876	937	199	18 036	1 462
140	15 912	945	200	18 072	1 471
141	15 948	954	201	18 108	1 480
142	15 984	962	202	18 144	1 489
143	16 020	971	203	18 180	1 498
144	16 056	980	204	18 216	1 507
145	16 092	988	205	18 252	1 516
146	16 128	997	206	18 288	1 525
147	16 164	1 006	207	18 324	1 534
148	16 200	1 014	208	18 360	1 543
149	16 236	1 023	209	18 396	1 552
150	16 272	1 032	210	18 432	1 561
151	16 308	1 040	211	18 468	1 570
152	16 344	1 049	212	18 504	1 579
153	16 380	1 058	213	18 540	1 588
154	16 416	1 066	214	18 576	1 597
155	16 452	1 075	215	18 612	1 606
156	16 488	1 084	216	18 648	1 615
157	16 524	1 092	217	18 684	1 624
158	16 560	1 101	218	18 720	1 633
159	16 596	1 110	219	18 756	1 642
160	16 632	1 119	220	18 792	1 651
161	16 668	1 127	221	18 828	1 660
162	16 704	1 136	222	18 864	1 669
163	16 740	1 145	223	18 900	1 678
164	16 776	1 153	224	18 936	1 687
165	16 812	1 162	225	18 972	1 696
166	16 848	1 171	226	19 008	1 705
167	16 884	1 180	227	19 044	1 714
168	16 920	1 188	228	19 080	1 723
169	16 956	1 197	229	19 116	1 732
170	16 992	1 206	230	19 152	1 741
171	17 028	1 215	231	19 188	1 750
172	17 064	1 223	232	19 224	1 759
173	17 100	1 232	233	19 260	1 768
174	17 136	1 241	234	19 296	1 777
175	17 172	1 250	235	19 332	1 786
176	17 208	1 259	236	19 368	1 795
177	17 244	1 267	237	19 404	1 805
178	17 280	1 276	238	19 440	1 814
179	17 316	1 285	239	19 476	1 823
180	17 352	1 294	240	19 512	1 832

* Die Einkommensteuer gilt nur für den ausgewiesenen Wert, Zwischenwerte sind zu schätzen — s. Vorbemerkungen

laufende Nummer	zu versteuerndes Einkommen* in €	tarifliche Einkommensteuer* in €	laufende Nummer	zu versteuerndes Einkommen* in €	tarifliche Einkommensteuer* in €
241	19 548	1 841	301	21 708	2 397
242	19 584	1 850	302	21 744	2 407
243	19 620	1 859	303	21 780	2 416
244	19 656	1 868	304	21 816	2 426
245	19 692	1 878	305	21 852	2 435
246	19 728	1 887	306	21 888	2 444
247	19 764	1 896	307	21 924	2 454
248	19 800	1 905	308	21 960	2 463
249	19 836	1 914	309	21 996	2 473
250	19 872	1 923	310	22 032	2 482
251	19 908	1 932	311	22 068	2 492
252	19 944	1 942	312	22 104	2 501
253	19 980	1 951	313	22 140	2 511
254	20 016	1 960	314	22 176	2 520
255	20 052	1 969	315	22 212	2 530
256	20 088	1 978	316	22 248	2 539
257	20 124	1 988	317	22 284	2 549
258	20 160	1 997	318	22 320	2 558
259	20 196	2 006	319	22 356	2 568
260	20 232	2 015	320	22 392	2 577
261	20 268	2 024	321	22 428	2 587
262	20 304	2 034	322	22 464	2 596
263	20 340	2 043	323	22 500	2 606
264	20 376	2 052	324	22 536	2 615
265	20 412	2 061	325	22 572	2 625
266	20 448	2 071	326	22 608	2 634
267	20 484	2 080	327	22 644	2 644
268	20 520	2 089	328	22 680	2 653
269	20 556	2 098	329	22 716	2 663
270	20 592	2 108	330	22 752	2 673
271	20 628	2 117	331	22 788	2 682
272	20 664	2 126	332	22 824	2 692
273	20 700	2 135	333	22 860	2 701
274	20 736	2 145	334	22 896	2 711
275	20 772	2 154	335	22 932	2 720
276	20 808	2 163	336	22 968	2 730
277	20 844	2 173	337	23 004	2 740
278	20 880	2 182	338	23 040	2 749
279	20 916	2 191	339	23 076	2 759
280	20 952	2 201	340	23 112	2 768
281	20 988	2 210	341	23 148	2 778
282	21 024	2 219	342	23 184	2 788
283	21 060	2 228	343	23 220	2 797
284	21 096	2 238	344	23 256	2 807
285	21 132	2 247	345	23 292	2 817
286	21 168	2 256	346	23 328	2 826
287	21 204	2 266	347	23 364	2 836
288	21 240	2 275	348	23 400	2 846
289	21 276	2 285	349	23 436	2 855
290	21 312	2 294	350	23 472	2 865
291	21 348	2 303	351	23 508	2 875
292	21 384	2 313	352	23 544	2 884
293	21 420	2 322	353	23 580	2 894
294	21 456	2 331	354	23 616	2 904
295	21 492	2 341	355	23 652	2 913
296	21 528	2 350	356	23 688	2 923
297	21 564	2 360	357	23 724	2 933
298	21 600	2 369	358	23 760	2 942
299	21 636	2 378	359	23 796	2 952
300	21 672	2 388	360	23 832	2 962

* Die Einkommensteuer gilt nur für den ausgewiesenen Wert, Zwischenwerte sind zu schätzen – s. Vorbemerkungen

laufende Nummer	zu versteuerndes Einkommen* in €	tarifliche Einkommensteuer* in €
361	23 868	2 971
362	23 904	2 981
363	23 940	2 991
364	23 976	3 001
365	24 012	3 010
366	24 048	3 020
367	24 084	3 030
368	24 120	3 040
369	24 156	3 049
370	24 192	3 059
371	24 228	3 069
372	24 264	3 079
373	24 300	3 088
374	24 336	3 098
375	24 372	3 108
376	24 408	3 118
377	24 444	3 128
378	24 480	3 137
379	24 516	3 147
380	24 552	3 157
381	24 588	3 167
382	24 624	3 177
383	24 660	3 187
384	24 696	3 196
385	24 732	3 206
386	24 768	3 216
387	24 804	3 226
388	24 840	3 236
389	24 876	3 246
390	24 912	3 255
391	24 948	3 265
392	24 984	3 275
393	25 020	3 285
394	25 056	3 295
395	25 092	3 305
396	25 128	3 315
397	25 164	3 325
398	25 200	3 335
399	25 236	3 344
400	25 272	3 354
401	25 308	3 364
402	25 344	3 374
403	25 380	3 384
404	25 416	3 394
405	25 452	3 404
406	25 488	3 414
407	25 524	3 424
408	25 560	3 434
409	25 596	3 444
410	25 632	3 454
411	25 668	3 464
412	25 704	3 474
413	25 740	3 484
414	25 776	3 494
415	25 812	3 504
416	25 848	3 514
417	25 884	3 524
418	25 920	3 534
419	25 956	3 544
420	25 992	3 554
421	26 028	3 564
422	26 064	3 574
423	26 100	3 584
424	26 136	3 594
425	26 172	3 604
426	26 208	3 614
427	26 244	3 624
428	26 280	3 634
429	26 316	3 644
430	26 352	3 654
431	26 388	3 664
432	26 424	3 674
433	26 460	3 684
434	26 496	3 694
435	26 532	3 704
436	26 568	3 715
437	26 604	3 725
438	26 640	3 735
439	26 676	3 745
440	26 712	3 755
441	26 748	3 765
442	26 784	3 775
443	26 820	3 785
444	26 856	3 795
445	26 892	3 806
446	26 928	3 816
447	26 964	3 826
448	27 000	3 836
449	27 036	3 846
450	27 072	3 856
451	27 108	3 867
452	27 144	3 877
453	27 180	3 887
454	27 216	3 897
455	27 252	3 907
456	27 288	3 917
457	27 324	3 928
458	27 360	3 938
459	27 396	3 948
460	27 432	3 958
461	27 468	3 968
462	27 504	3 979
463	27 540	3 989
464	27 576	3 999
465	27 612	4 009
466	27 648	4 020
467	27 684	4 030
468	27 720	4 040
469	27 756	4 050
470	27 792	4 061
471	27 828	4 071
472	27 864	4 081
473	27 900	4 091
474	27 936	4 102
475	27 972	4 112
476	28 008	4 122
477	28 044	4 133
478	28 080	4 143
479	28 116	4 153
480	28 152	4 164

* Die Einkommensteuer gilt nur für den ausgewiesenen Wert, Zwischenwerte sind zu schätzen — s. Vorbemerkungen

ESt-Grundtabelle T 1a

laufende Nummer	zu versteuerndes Einkommen* in €	tarifliche Einkommen-steuer* in €
481	28 188	4 174
482	28 224	4 184
483	28 260	4 195
484	28 296	4 205
485	28 332	4 215
486	28 368	4 226
487	28 404	4 236
488	28 440	4 246
489	28 476	4 257
490	28 512	4 267
491	28 548	4 277
492	28 584	4 288
493	28 620	4 298
494	28 656	4 308
495	28 692	4 319
496	28 728	4 329
497	28 764	4 340
498	28 800	4 350
499	28 836	4 360
500	28 872	4 371
501	28 908	4 381
502	28 944	4 392
503	28 980	4 402
504	29 016	4 413
505	29 052	4 423
506	29 088	4 433
507	29 124	4 444
508	29 160	4 454
509	29 196	4 465
510	29 232	4 475
511	29 268	4 486
512	29 304	4 496
513	29 340	4 507
514	29 376	4 517
515	29 412	4 528
516	29 448	4 538
517	29 484	4 549
518	29 520	4 559
519	29 556	4 570
520	29 592	4 580
521	29 628	4 591
522	29 664	4 601
523	29 700	4 612
524	29 736	4 622
525	29 772	4 633
526	29 808	4 643
527	29 844	4 654
528	29 880	4 664
529	29 916	4 675
530	29 952	4 686
531	29 988	4 696
532	30 024	4 707
533	30 060	4 717
534	30 096	4 728
535	30 132	4 738
536	30 168	4 749
537	30 204	4 760
538	30 240	4 770
539	30 276	4 781
540	30 312	4 791
541	30 348	4 802
542	30 384	4 813
543	30 420	4 823
544	30 456	4 834
545	30 492	4 845
546	30 528	4 855
547	30 564	4 866
548	30 600	4 876
549	30 636	4 887
550	30 672	4 898
551	30 708	4 908
552	30 744	4 919
553	30 780	4 930
554	30 816	4 940
555	30 852	4 951
556	30 888	4 962
557	30 924	4 973
558	30 960	4 983
559	30 996	4 994
560	31 032	5 005
561	31 068	5 015
562	31 104	5 026
563	31 140	5 037
564	31 176	5 048
565	31 212	5 058
566	31 248	5 069
567	31 284	5 080
568	31 320	5 091
569	31 356	5 101
570	31 392	5 112
571	31 428	5 123
572	31 464	5 134
573	31 500	5 144
574	31 536	5 155
575	31 572	5 166
576	31 608	5 177
577	31 644	5 188
578	31 680	5 198
579	31 716	5 209
580	31 752	5 220
581	31 788	5 231
582	31 824	5 242
583	31 860	5 252
584	31 896	5 263
585	31 932	5 274
586	31 968	5 285
587	32 004	5 296
588	32 040	5 307
589	32 076	5 317
590	32 112	5 328
591	32 148	5 339
592	32 184	5 350
593	32 220	5 361
594	32 256	5 372
595	32 292	5 383
596	32 328	5 394
597	32 364	5 405
598	32 400	5 415
599	32 436	5 426
600	32 472	5 437

* Die Einkommensteuer gilt nur für den ausgewiesenen Wert, Zwischenwerte sind zu schätzen — s. Vorbemerkungen

laufende Nummer	zu versteuerndes Einkommen* in €	tarifliche Einkommensteuer* in €	laufende Nummer	zu versteuerndes Einkommen* in €	tarifliche Einkommensteuer* in €
601	32 508	5 448	661	34 668	6 112
602	32 544	5 459	662	34 704	6 123
603	32 580	5 470	663	34 740	6 135
604	32 616	5 481	664	34 776	6 146
605	32 652	5 492	665	34 812	6 157
606	32 688	5 503	666	34 848	6 168
607	32 724	5 514	667	34 884	6 180
608	32 760	5 525	668	34 920	6 191
609	32 796	5 536	669	34 956	6 202
610	32 832	5 547	670	34 992	6 213
611	32 868	5 558	671	35 028	6 225
612	32 904	5 569	672	35 064	6 236
613	32 940	5 580	673	35 100	6 247
614	32 976	5 590	674	35 136	6 258
615	33 012	5 601	675	35 172	6 270
616	33 048	5 612	676	35 208	6 281
617	33 084	5 623	677	35 244	6 292
618	33 120	5 634	678	35 280	6 304
619	33 156	5 645	679	35 316	6 315
620	33 192	5 656	680	35 352	6 326
621	33 228	5 668	681	35 388	6 338
622	33 264	5 679	682	35 424	6 349
623	33 300	5 690	683	35 460	6 360
624	33 336	5 701	684	35 496	6 372
625	33 372	5 712	685	35 532	6 383
626	33 408	5 723	686	35 568	6 394
627	33 444	5 734	687	35 604	6 406
628	33 480	5 745	688	35 640	6 417
629	33 516	5 756	689	35 676	6 428
630	33 552	5 767	690	35 712	6 440
631	33 588	5 778	691	35 748	6 451
632	33 624	5 789	692	35 784	6 462
633	33 660	5 800	693	35 820	6 474
634	33 696	5 811	694	35 856	6 485
635	33 732	5 822	695	35 892	6 497
636	33 768	5 833	696	35 928	6 508
637	33 804	5 844	697	35 964	6 519
638	33 840	5 856	698	36 000	6 531
639	33 876	5 867	699	36 036	6 542
640	33 912	5 878	700	36 072	6 554
641	33 948	5 889	701	36 108	6 565
642	33 984	5 900	702	36 144	6 576
643	34 020	5 911	703	36 180	6 588
644	34 056	5 922	704	36 216	6 599
645	34 092	5 933	705	36 252	6 611
646	34 128	5 945	706	36 288	6 622
647	34 164	5 956	707	36 324	6 634
648	34 200	5 967	708	36 360	6 645
649	34 236	5 978	709	36 396	6 656
650	34 272	5 989	710	36 432	6 668
651	34 308	6 000	711	36 468	6 679
652	34 344	6 011	712	36 504	6 691
653	34 380	6 023	713	36 540	6 702
654	34 416	6 034	714	36 576	6 714
655	34 452	6 045	715	36 612	6 725
656	34 488	6 056	716	36 648	6 737
657	34 524	6 067	717	36 684	6 748
658	34 560	6 079	718	36 720	6 760
659	34 596	6 090	719	36 756	6 771
660	34 632	6 101	720	36 792	6 783

* Die Einkommensteuer gilt nur für den ausgewiesenen Wert, Zwischenwerte sind zu schätzen — s. Vorbemerkungen

laufende Nummer	zu versteuerndes Einkommen* in €	tarifliche Einkommensteuer* in €	laufende Nummer	zu versteuerndes Einkommen* in €	tarifliche Einkommensteuer* in €
721	36 828	6 794	781	38 988	7 494
722	36 864	6 806	782	39 024	7 506
723	36 900	6 817	783	39 060	7 518
724	36 936	6 829	784	39 096	7 530
725	36 972	6 840	785	39 132	7 542
726	37 008	6 852	786	39 168	7 553
727	37 044	6 863	787	39 204	7 565
728	37 080	6 875	788	39 240	7 577
729	37 116	6 887	789	39 276	7 589
730	37 152	6 898	790	39 312	7 601
731	37 188	6 910	791	39 348	7 613
732	37 224	6 921	792	39 384	7 625
733	37 260	6 933	793	39 420	7 636
734	37 296	6 944	794	39 456	7 648
735	37 332	6 956	795	39 492	7 660
736	37 368	6 968	796	39 528	7 672
737	37 404	6 979	797	39 564	7 684
738	37 440	6 991	798	39 600	7 696
739	37 476	7 002	799	39 636	7 708
740	37 512	7 014	800	39 672	7 720
741	37 548	7 026	801	39 708	7 732
742	37 584	7 037	802	39 744	7 744
743	37 620	7 049	803	39 780	7 756
744	37 656	7 061	804	39 816	7 767
745	37 692	7 072	805	39 852	7 779
746	37 728	7 084	806	39 888	7 791
747	37 764	7 095	807	39 924	7 803
748	37 800	7 107	808	39 960	7 815
749	37 836	7 119	809	39 996	7 827
750	37 872	7 130	810	40 032	7 839
751	37 908	7 142	811	40 068	7 851
752	37 944	7 154	812	40 104	7 863
753	37 980	7 165	813	40 140	7 875
754	38 016	7 177	814	40 176	7 887
755	38 052	7 189	815	40 212	7 899
756	38 088	7 200	816	40 248	7 911
757	38 124	7 212	817	40 284	7 923
758	38 160	7 224	818	40 320	7 935
759	38 196	7 236	819	40 356	7 947
760	38 232	7 247	820	40 392	7 959
761	38 268	7 259	821	40 428	7 971
762	38 304	7 271	822	40 464	7 983
763	38 340	7 282	823	40 500	7 995
764	38 376	7 294	824	40 536	8 007
765	38 412	7 306	825	40 572	8 019
766	38 448	7 318	826	40 608	8 031
767	38 484	7 329	827	40 644	8 043
768	38 520	7 341	828	40 680	8 055
769	38 556	7 353	829	40 716	8 067
770	38 592	7 365	830	40 752	8 079
771	38 628	7 376	831	40 788	8 091
772	38 664	7 388	832	40 824	8 103
773	38 700	7 400	833	40 860	8 116
774	38 736	7 412	834	40 896	8 128
775	38 772	7 424	835	40 932	8 140
776	38 808	7 435	836	40 968	8 152
777	38 844	7 447	837	41 004	8 164
778	38 880	7 459	838	41 040	8 176
779	38 916	7 471	839	41 076	8 188
780	38 952	7 483	840	41 112	8 200

* Die Einkommensteuer gilt nur für den ausgewiesenen Wert, Zwischenwerte sind zu schätzen – s. Vorbemerkungen

laufende Nummer	zu versteuerndes Einkommen* in €	tarifliche Einkommen-steuer* in €	laufende Nummer	zu versteuerndes Einkommen* in €	tarifliche Einkommen-steuer* in €
841	41 148	8 212	901	43 308	8 948
842	41 184	8 224	902	43 344	8 961
843	41 220	8 237	903	43 380	8 973
844	41 256	8 249	904	43 416	8 986
845	41 292	8 261	905	43 452	8 998
846	41 328	8 273	906	43 488	9 010
847	41 364	8 285	907	43 524	9 023
848	41 400	8 297	908	43 560	9 035
849	41 436	8 309	909	43 596	9 048
850	41 472	8 322	910	43 632	9 060
851	41 508	8 334	911	43 668	9 073
852	41 544	8 346	912	43 704	9 085
853	41 580	8 358	913	43 740	9 098
854	41 616	8 370	914	43 776	9 110
855	41 652	8 382	915	43 812	9 123
856	41 688	8 395	916	43 848	9 135
857	41 724	8 407	917	43 884	9 148
858	41 760	8 419	918	43 920	9 160
859	41 796	8 431	919	43 956	9 173
860	41 832	8 443	920	43 992	9 185
861	41 868	8 456	921	44 028	9 198
862	41 904	8 468	922	44 064	9 210
863	41 940	8 480	923	44 100	9 223
864	41 976	8 492	924	44 136	9 235
865	42 012	8 505	925	44 172	9 248
866	42 048	8 517	926	44 208	9 260
867	42 084	8 529	927	44 244	9 273
868	42 120	8 541	928	44 280	9 285
869	42 156	8 554	929	44 316	9 298
870	42 192	8 566	930	44 352	9 310
871	42 228	8 578	931	44 388	9 323
872	42 264	8 590	932	44 424	9 336
873	42 300	8 603	933	44 460	9 348
874	42 336	8 615	934	44 496	9 361
875	42 372	8 627	935	44 532	9 373
876	42 408	8 639	936	44 568	9 386
877	42 444	8 652	937	44 604	9 399
878	42 480	8 664	938	44 640	9 411
879	42 516	8 676	939	44 676	9 424
880	42 552	8 689	940	44 712	9 436
881	42 588	8 701	941	44 748	9 449
882	42 624	8 713	942	44 784	9 462
883	42 660	8 726	943	44 820	9 474
884	42 696	8 738	944	44 856	9 487
885	42 732	8 750	945	44 892	9 499
886	42 768	8 763	946	44 928	9 512
887	42 804	8 775	947	44 964	9 525
888	42 840	8 787	948	45 000	9 537
889	42 876	8 800	949	45 036	9 550
890	42 912	8 812	950	45 072	9 563
891	42 948	8 824	951	45 108	9 575
892	42 984	8 837	952	45 144	9 588
893	43 020	8 849	953	45 180	9 601
894	43 056	8 862	954	45 216	9 613
895	43 092	8 874	955	45 252	9 626
896	43 128	8 886	956	45 288	9 639
897	43 164	8 899	957	45 324	9 651
898	43 200	8 911	958	45 360	9 664
899	43 236	8 923	959	45 396	9 677
900	43 272	8 936	960	45 432	9 690

* Die Einkommensteuer gilt nur für den ausgewiesenen Wert, Zwischenwerte sind zu schätzen — s. Vorbemerkungen

laufende Nummer	zu versteuerndes Einkommen* in €	tarifliche Einkommensteuer* in €
961	45 468	9 702
962	45 504	9 715
963	45 540	9 728
964	45 576	9 740
965	45 612	9 753
966	45 648	9 766
967	45 684	9 779
968	45 720	9 791
969	45 756	9 804
970	45 792	9 817
971	45 828	9 830
972	45 864	9 842
973	45 900	9 855
974	45 936	9 868
975	45 972	9 881
976	46 008	9 894
977	46 044	9 906
978	46 080	9 919
979	46 116	9 932
980	46 152	9 945
981	46 188	9 958
982	46 224	9 970
983	46 260	9 983
984	46 296	9 996
985	46 332	10 009
986	46 368	10 022
987	46 404	10 035
988	46 440	10 047
989	46 476	10 060
990	46 512	10 073
991	46 548	10 086
992	46 584	10 099
993	46 620	10 112
994	46 656	10 125
995	46 692	10 137
996	46 728	10 150
997	46 764	10 163
998	46 800	10 176
999	46 836	10 189
1 000	46 872	10 202
1 001	46 908	10 215
1 002	46 944	10 228
1 003	46 980	10 241
1 004	47 016	10 254
1 005	47 052	10 267
1 006	47 088	10 279
1 007	47 124	10 292
1 008	47 160	10 305
1 009	47 196	10 318
1 010	47 232	10 331
1 011	47 268	10 344
1 012	47 304	10 357
1 013	47 340	10 370
1 014	47 376	10 383
1 015	47 412	10 396
1 016	47 448	10 409
1 017	47 484	10 422
1 018	47 520	10 435
1 019	47 556	10 448
1 020	47 592	10 461
1 021	47 628	10 474
1 022	47 664	10 487
1 023	47 700	10 500
1 024	47 736	10 513
1 025	47 772	10 526
1 026	47 808	10 539
1 027	47 844	10 552
1 028	47 880	10 565
1 029	47 916	10 578
1 030	47 952	10 591
1 031	47 988	10 605
1 032	48 024	10 618
1 033	48 060	10 631
1 034	48 096	10 644
1 035	48 132	10 657
1 036	48 168	10 670
1 037	48 204	10 683
1 038	48 240	10 696
1 039	48 276	10 709
1 040	48 312	10 722
1 041	48 348	10 735
1 042	48 384	10 749
1 043	48 420	10 762
1 044	48 456	10 775
1 045	48 492	10 788
1 046	48 528	10 801
1 047	48 564	10 814
1 048	48 600	10 827
1 049	48 636	10 841
1 050	48 672	10 854
1 051	48 708	10 867
1 052	48 744	10 880
1 053	48 780	10 893
1 054	48 816	10 906
1 055	48 852	10 920
1 056	48 888	10 933
1 057	48 924	10 946
1 058	48 960	10 959
1 059	48 996	10 972
1 060	49 032	10 986
1 061	49 068	10 999
1 062	49 104	11 012
1 063	49 140	11 025
1 064	49 176	11 038
1 065	49 212	11 052
1 066	49 248	11 065
1 067	49 284	11 078
1 068	49 320	11 091
1 069	49 356	11 105
1 070	49 392	11 118
1 071	49 428	11 131
1 072	49 464	11 144
1 073	49 500	11 158
1 074	49 536	11 171
1 075	49 572	11 184
1 076	49 608	11 198
1 077	49 644	11 211
1 078	49 680	11 224
1 079	49 716	11 237
1 080	49 752	11 251

* Die Einkommensteuer gilt nur für den ausgewiesenen Wert, Zwischenwerte sind zu schätzen – s. Vorbemerkungen

laufende Nummer	zu versteuerndes Einkommen* in €	tarifliche Einkommensteuer* in €	laufende Nummer	zu versteuerndes Einkommen* in €	tarifliche Einkommensteuer* in €
1081	49788	11264	1141	51948	12072
1082	49824	11277	1142	51984	12086
1083	49860	11291	1143	52020	12099
1084	49896	11304	1144	52056	12113
1085	49932	11317	1145	52092	12126
1086	49968	11331	1146	52128	12140
1087	50004	11344	1147	52164	12154
1088	50040	11357	1148	52200	12167
1089	50076	11371	1149	52236	12181
1090	50112	11384	1150	52272	12195
1091	50148	11397	1151	52308	12208
1092	50184	11411	1152	52344	12222
1093	50220	11424	1153	52380	12236
1094	50256	11438	1154	52416	12249
1095	50292	11451	1155	52452	12263
1096	50328	11464	1156	52488	12277
1097	50364	11478	1157	52524	12290
1098	50400	11491	1158	52560	12304
1099	50436	11505	1159	52596	12318
1100	50472	11518	1160	52632	12331
1101	50508	11531	1161	52668	12345
1102	50544	11545	1162	52704	12359
1103	50580	11558	1163	52740	12373
1104	50616	11572	1164	52776	12386
1105	50652	11585	1165	52812	12400
1106	50688	11598	1166	52848	12414
1107	50724	11612	1167	52884	12428
1108	50760	11625	1168	52920	12441
1109	50796	11639	1169	52956	12455
1110	50832	11652	1170	52992	12469
1111	50868	11666	1171	53028	12483
1112	50904	11679	1172	53064	12496
1113	50940	11693	1173	53100	12510
1114	50976	11706	1174	53136	12524
1115	51012	11720	1175	53172	12538
1116	51048	11733	1176	53208	12551
1117	51084	11747	1177	53244	12565
1118	51120	11760	1178	53280	12579
1119	51156	11774	1179	53316	12593
1120	51192	11787	1180	53352	12607
1121	51228	11801	1181	53388	12620
1122	51264	11814	1182	53424	12634
1123	51300	11828	1183	53460	12648
1124	51336	11841	1184	53496	12662
1125	51372	11855	1185	53532	12676
1126	51408	11868	1186	53568	12690
1127	51444	11882	1187	53604	12703
1128	51480	11895	1188	53640	12717
1129	51516	11909	1189	53676	12731
1130	51552	11922	1190	53712	12745
1131	51588	11936	1191	53748	12759
1132	51624	11950	1192	53784	12773
1133	51660	11963	1193	53820	12787
1134	51696	11977	1194	53856	12800
1135	51732	11990	1195	53892	12814
1136	51768	12004	1196	53928	12828
1137	51804	12017	1197	53964	12842
1138	51840	12031	1198	54000	12856
1139	51876	12045	1199	54036	12870
1140	51912	12058	1200	54072	12884

* Die Einkommensteuer gilt nur für den ausgewiesenen Wert, Zwischenwerte sind zu schätzen — s. Vorbemerkungen

laufende Nummer	zu versteuerndes Einkommen* in €	tarifliche Einkommensteuer* in €
1 201	54 108	12 898
1 202	54 144	12 912
1 203	54 180	12 926
1 204	54 216	12 939
1 205	54 252	12 953
1 206	54 288	12 967
1 207	54 324	12 981
1 208	54 360	12 995
1 209	54 396	13 009
1 210	54 432	13 023
1 211	54 468	13 037
1 212	54 504	13 051
1 213	54 540	13 065
1 214	54 576	13 079
1 215	54 612	13 093
1 216	54 648	13 107
1 217	54 684	13 121
1 218	54 720	13 135
1 219	54 756	13 149
1 220	54 792	13 163
1 221	54 828	13 177
1 222	54 864	13 191
1 223	54 900	13 205
1 224	54 936	13 219
1 225	54 972	13 233
1 226	55 008	13 247
1 227	55 044	13 261
1 228	55 080	13 275
1 229	55 116	13 289
1 230	55 152	13 303
1 231	55 188	13 317
1 232	55 224	13 331
1 233	55 260	13 346
1 234	55 296	13 360
1 235	55 332	13 374
1 236	55 368	13 388
1 237	55 404	13 402
1 238	55 440	13 416
1 239	55 476	13 430
1 240	55 512	13 444
1 241	55 548	13 458
1 242	55 584	13 472
1 243	55 620	13 487
1 244	55 656	13 501
1 245	55 692	13 515
1 246	55 728	13 529
1 247	55 764	13 543
1 248	55 800	13 557
1 249	55 836	13 571
1 250	55 872	13 585
1 251	55 908	13 600
1 252	55 944	13 614
1 253	55 980	13 628
1 254	56 016	13 642
1 255	56 052	13 656
1 256	56 088	13 671
1 257	56 124	13 685
1 258	56 160	13 699
1 259	56 196	13 713
1 260	56 232	13 727
1 261	56 268	13 742
1 262	56 304	13 756
1 263	56 340	13 770
1 264	56 376	13 784
1 265	56 412	13 798
1 266	56 448	13 813
1 267	56 484	13 827
1 268	56 520	13 841
1 269	56 556	13 855
1 270	56 592	13 870
1 271	56 628	13 884
1 272	56 664	13 898
1 273	56 700	13 912
1 274	56 736	13 927
1 275	56 772	13 941
1 276	56 808	13 955
1 277	56 844	13 970
1 278	56 880	13 984
1 279	56 916	13 998
1 280	56 952	14 012
1 281	56 988	14 027
1 282	57 024	14 041
1 283	57 060	14 055
1 284	57 096	14 070
1 285	57 132	14 084
1 286	57 168	14 098
1 287	57 204	14 113
1 288	57 240	14 127
1 289	57 276	14 141
1 290	57 312	14 156
1 291	57 348	14 170
1 292	57 384	14 185
1 293	57 420	14 199
1 294	57 456	14 213
1 295	57 492	14 228
1 296	57 528	14 242
1 297	57 564	14 256
1 298	57 600	14 271
1 299	57 636	14 285
1 300	57 672	14 300
1 301	57 708	14 314
1 302	57 744	14 328
1 303	57 780	14 343
1 304	57 816	14 357
1 305	57 852	14 372
1 306	57 888	14 386
1 307	57 924	14 401
1 308	57 960	14 415
1 309	57 996	14 430
1 310	58 032	14 444
1 311	58 068	14 458
1 312	58 104	14 473
1 313	58 140	14 487
1 314	58 176	14 502
1 315	58 212	14 516
1 316	58 248	14 531
1 317	58 284	14 545
1 318	58 320	14 560
1 319	58 356	14 574
1 320	58 392	14 589

* Die Einkommensteuer gilt nur für den ausgewiesenen Wert, Zwischenwerte sind zu schätzen – s. Vorbemerkungen

laufende Nummer	zu versteuerndes Einkommen* in €	tarifliche Einkommen-steuer* in €	laufende Nummer	zu versteuerndes Einkommen* in €	tarifliche Einkommen-steuer* in €
1321	58428	14603	1381	60588	15483
1322	58464	14618	1382	60624	15498
1323	58500	14632	1383	60660	15513
1324	58536	14647	1384	60696	15528
1325	58572	14661	1385	60732	15542
1326	58608	14676	1386	60768	15557
1327	58644	14690	1387	60804	15572
1328	58680	14705	1388	60840	15587
1329	58716	14720	1389	60876	15602
1330	58752	14734	1390	60912	15617
1331	58788	14749	1391	60948	15631
1332	58824	14763	1392	60984	15646
1333	58860	14778	1393	61020	15661
1334	58896	14792	1394	61056	15676
1335	58932	14807	1395	61092	15691
1336	58968	14822	1396	61128	15706
1337	59004	14836	1397	61164	15721
1338	59040	14851	1398	61200	15736
1339	59076	14865	1399	61236	15750
1340	59112	14880	1400	61272	15765
1341	59148	14895	1401	61308	15780
1342	59184	14909	1402	61344	15795
1343	59220	14924	1403	61380	15810
1344	59256	14938	1404	61416	15825
1345	59292	14953	1405	61452	15840
1346	59328	14968	1406	61488	15855
1347	59364	14982	1407	61524	15870
1348	59400	14997	1408	61560	15885
1349	59436	15012	1409	61596	15900
1350	59472	15026	1410	61632	15915
1351	59508	15041	1411	61668	15930
1352	59544	15056	1412	61704	15945
1353	59580	15070	1413	61740	15960
1354	59616	15085	1414	61776	15975
1355	59652	15100	1415	61812	15990
1356	59688	15114	1416	61848	16005
1357	59724	15129	1417	61884	16020
1358	59760	15144	1418	61920	16035
1359	59796	15158	1419	61956	16050
1360	59832	15173	1420	61992	16065
1361	59868	15188	1421	62028	16080
1362	59904	15203	1422	62064	16095
1363	59940	15217	1423	62100	16110
1364	59976	15232	1424	62136	16125
1365	60012	15247	1425	62172	16140
1366	60048	15261	1426	62208	16155
1367	60084	15276	1427	62244	16170
1368	60120	15291	1428	62280	16185
1369	60156	15306	1429	62316	16200
1370	60192	15320	1430	62352	16215
1371	60228	15335	1431	62388	16230
1372	60264	15350	1432	62424	16245
1373	60300	15365	1433	62460	16260
1374	60336	15379	1434	62496	16275
1375	60372	15394	1435	62532	16290
1376	60408	15409	1436	62568	16305
1377	60444	15424	1437	62604	16320
1378	60480	15439	1438	62640	16335
1379	60516	15453	1439	62676	16351
1380	60552	15468	1440	62712	16366

* Die Einkommensteuer gilt nur für den ausgewiesenen Wert, Zwischenwerte sind zu schätzen – s. Vorbemerkungen

laufende Nummer	zu versteuerndes Einkommen* in €	tarifliche Einkommensteuer* in €	laufende Nummer	zu versteuerndes Einkommen* in €	tarifliche Einkommensteuer* in €
1441	62748	16381	1501	64908	17288
1442	62784	16396	1502	64944	17303
1443	62820	16411	1503	64980	17318
1444	62856	16426	1504	65016	17333
1445	62892	16441	1505	65052	17348
1446	62928	16456	1506	65088	17363
1447	62964	16471	1507	65124	17379
1448	63000	16487	1508	65160	17394
1449	63036	16502	1509	65196	17409
1450	63072	16517	1510	65232	17424
1451	63108	16532	1511	65268	17439
1452	63144	16547	1512	65304	17454
1453	63180	16562	1513	65340	17469
1454	63216	16577	1514	65376	17484
1455	63252	16592	1515	65412	17500
1456	63288	16607	1516	65448	17515
1457	63324	16623	1517	65484	17530
1458	63360	16638	1518	65520	17545
1459	63396	16653	1519	65556	17560
1460	63432	16668	1520	65592	17575
1461	63468	16683	1521	65628	17590
1462	63504	16698	1522	65664	17605
1463	63540	16713	1523	65700	17621
1464	63576	16728	1524	65736	17636
1465	63612	16744	1525	65772	17651
1466	63648	16759	1526	65808	17666
1467	63684	16774	1527	65844	17681
1468	63720	16789	1528	65880	17696
1469	63756	16804	1529	65916	17711
1470	63792	16819	1530	65952	17726
1471	63828	16834	1531	65988	17741
1472	63864	16849	1532	66024	17757
1473	63900	16865	1533	66060	17772
1474	63936	16880	1534	66096	17787
1475	63972	16895	1535	66132	17802
1476	64008	16910	1536	66168	17817
1477	64044	16925	1537	66204	17832
1478	64080	16940	1538	66240	17847
1479	64116	16955	1539	66276	17862
1480	64152	16970	1540	66312	17878
1481	64188	16985	1541	66348	17893
1482	64224	17001	1542	66384	17908
1483	64260	17016	1543	66420	17923
1484	64296	17031	1544	66456	17938
1485	64332	17046	1545	66492	17953
1486	64368	17061	1546	66528	17968
1487	64404	17076	1547	66564	17983
1488	64440	17091	1548	66600	17999
1489	64476	17106	1549	66636	18014
1490	64512	17122	1550	66672	18029
1491	64548	17137	1551	66708	18044
1492	64584	17152	1552	66744	18059
1493	64620	17167	1553	66780	18074
1494	64656	17182	1554	66816	18089
1495	64692	17197	1555	66852	18104
1496	64728	17212	1556	66888	18119
1497	64764	17227	1557	66924	18135
1498	64800	17243	1558	66960	18150
1499	64836	17258	1559	66996	18165
1500	64872	17273	1560	67032	18180

* Die Einkommensteuer gilt nur für den ausgewiesenen Wert, Zwischenwerte sind zu schätzen – s. Vorbemerkungen

laufende Nummer	zu versteuerndes Einkommen* in €	tarifliche Einkommensteuer* in €	laufende Nummer	zu versteuerndes Einkommen* in €	tarifliche Einkommensteuer* in €
1561	67068	18195	1621	69228	19102
1562	67104	18210	1622	69264	19117
1563	67140	18225	1623	69300	19133
1564	67176	18240	1624	69336	19148
1565	67212	18256	1625	69372	19163
1566	67248	18271	1626	69408	19178
1567	67284	18286	1627	69444	19193
1568	67320	18301	1628	69480	19208
1569	67356	18316	1629	69516	19223
1570	67392	18331	1630	69552	19238
1571	67428	18346	1631	69588	19253
1572	67464	18361	1632	69624	19269
1573	67500	18377	1633	69660	19284
1574	67536	18392	1634	69696	19299
1575	67572	18407	1635	69732	19314
1576	67608	18422	1636	69768	19329
1577	67644	18437	1637	69804	19344
1578	67680	18452	1638	69840	19359
1579	67716	18467	1639	69876	19374
1580	67752	18482	1640	69912	19390
1581	67788	18497	1641	69948	19405
1582	67824	18513	1642	69984	19420
1583	67860	18528	1643	70020	19435
1584	67896	18543	1644	70056	19450
1585	67932	18558	1645	70092	19465
1586	67968	18573	1646	70128	19480
1587	68004	18588	1647	70164	19495
1588	68040	18603	1648	70200	19511
1589	68076	18618	1649	70236	19526
1590	68112	18634	1650	70272	19541
1591	68148	18649	1651	70308	19556
1592	68184	18664	1652	70344	19571
1593	68220	18679	1653	70380	19586
1594	68256	18694	1654	70416	19601
1595	68292	18709	1655	70452	19616
1596	68328	18724	1656	70488	19631
1597	68364	18739	1657	70524	19647
1598	68400	18755	1658	70560	19662
1599	68436	18770	1659	70596	19677
1600	68472	18785	1660	70632	19692
1601	68508	18800	1661	70668	19707
1602	68544	18815	1662	70704	19722
1603	68580	18830	1663	70740	19737
1604	68616	18845	1664	70776	19752
1605	68652	18860	1665	70812	19768
1606	68688	18875	1666	70848	19783
1607	68724	18891	1667	70884	19798
1608	68760	18906	1668	70920	19813
1609	68796	18921	1669	70956	19828
1610	68832	18936	1670	70992	19843
1611	68868	18951	1671	71028	19858
1612	68904	18966	1672	71064	19873
1613	68940	18981	1673	71100	19889
1614	68976	18996	1674	71136	19904
1615	69012	19012	1675	71172	19919
1616	69048	19027	1676	71208	19934
1617	69084	19042	1677	71244	19949
1618	69120	19057	1678	71280	19964
1619	69156	19072	1679	71316	19979
1620	69192	19087	1680	71352	19994

* Die Einkommensteuer gilt nur für den ausgewiesenen Wert, Zwischenwerte sind zu schätzen — s. Vorbemerkungen

laufende Nummer	zu versteuerndes Einkommen* in €	tarifliche Einkommensteuer* in €	laufende Nummer	zu versteuerndes Einkommen* in €	tarifliche Einkommensteuer* in €
1681	71388	20009	1741	73548	20917
1682	71424	20025	1742	73584	20932
1683	71460	20040	1743	73620	20947
1684	71496	20055	1744	73656	20962
1685	71532	20070	1745	73692	20977
1686	71568	20085	1746	73728	20992
1687	71604	20100	1747	73764	21007
1688	71640	20115	1748	73800	21023
1689	71676	20130	1749	73836	21038
1690	71712	20146	1750	73872	21053
1691	71748	20161	1751	73908	21068
1692	71784	20176	1752	73944	21083
1693	71820	20191	1753	73980	21098
1694	71856	20206	1754	74016	21113
1695	71892	20221	1755	74052	21128
1696	71928	20236	1756	74088	21143
1697	71964	20251	1757	74124	21159
1698	72000	20267	1758	74160	21174
1699	72036	20282	1759	74196	21189
1700	72072	20297	1760	74232	21204
1701	72108	20312	1761	74268	21219
1702	72144	20327	1762	74304	21234
1703	72180	20342	1763	74340	21249
1704	72216	20357	1764	74376	21264
1705	72252	20372	1765	74412	21280
1706	72288	20387	1766	74448	21295
1707	72324	20403	1767	74484	21310
1708	72360	20418	1768	74520	21325
1709	72396	20433	1769	74556	21340
1710	72432	20448	1770	74592	21355
1711	72468	20463	1771	74628	21370
1712	72504	20478	1772	74664	21385
1713	72540	20493	1773	74700	21401
1714	72576	20508	1774	74736	21416
1715	72612	20524	1775	74772	21431
1716	72648	20539	1776	74808	21446
1717	72684	20554	1777	74844	21461
1718	72720	20569	1778	74880	21476
1719	72756	20584	1779	74916	21491
1720	72792	20599	1780	74952	21506
1721	72828	20614	1781	74988	21521
1722	72864	20629	1782	75024	21537
1723	72900	20645	1783	75060	21552
1724	72936	20660	1784	75096	21567
1725	72972	20675	1785	75132	21582
1726	73008	20690	1786	75168	21597
1727	73044	20705	1787	75204	21612
1728	73080	20720	1788	75240	21627
1729	73116	20735	1789	75276	21642
1730	73152	20750	1790	75312	21658
1731	73188	20765	1791	75348	21673
1732	73224	20781	1792	75384	21688
1733	73260	20796	1793	75420	21703
1734	73296	20811	1794	75456	21718
1735	73332	20826	1795	75492	21733
1736	73368	20841	1796	75528	21748
1737	73404	20856	1797	75564	21763
1738	73440	20871	1798	75600	21779
1739	73476	20886	1799	75636	21794
1740	73512	20902	1800	75672	21809

* Die Einkommensteuer gilt nur für den ausgewiesenen Wert, Zwischenwerte sind zu schätzen — s. Vorbemerkungen

laufende Nummer	zu versteuerndes Einkommen* in €	tarifliche Einkommensteuer* in €	laufende Nummer	zu versteuerndes Einkommen* in €	tarifliche Einkommensteuer* in €
1801	75708	21824	1861	77868	22731
1802	75744	21839	1862	77904	22746
1803	75780	21854	1863	77940	22761
1804	75816	21869	1864	77976	22776
1805	75852	21884	1865	78012	22792
1806	75888	21899	1866	78048	22807
1807	75924	21915	1867	78084	22822
1808	75960	21930	1868	78120	22837
1809	75996	21945	1869	78156	22852
1810	76032	21960	1870	78192	22867
1811	76068	21975	1871	78228	22882
1812	76104	21990	1872	78264	22897
1813	76140	22005	1873	78300	22913
1814	76176	22020	1874	78336	22928
1815	76212	22036	1875	78372	22943
1816	76248	22051	1876	78408	22958
1817	76284	22066	1877	78444	22973
1818	76320	22081	1878	78480	22988
1819	76356	22096	1879	78516	23003
1820	76392	22111	1880	78552	23018
1821	76428	22126	1881	78588	23033
1822	76464	22141	1882	78624	23049
1823	76500	22157	1883	78660	23064
1824	76536	22172	1884	78696	23079
1825	76572	22187	1885	78732	23094
1826	76608	22202	1886	78768	23109
1827	76644	22217	1887	78804	23124
1828	76680	22232	1888	78840	23139
1829	76716	22247	1889	78876	23154
1830	76752	22262	1890	78912	23170
1831	76788	22277	1891	78948	23185
1832	76824	22293	1892	78984	23200
1833	76860	22308	1893	79020	23215
1834	76896	22323	1894	79056	23230
1835	76932	22338	1895	79092	23245
1836	76968	22353	1896	79128	23260
1837	77004	22368	1897	79164	23275
1838	77040	22383	1898	79200	23291
1839	77076	22398	1899	79236	23306
1840	77112	22414	1900	79272	23321
1841	77148	22429	1901	79308	23336
1842	77184	22444	1902	79344	23351
1843	77220	22459	1903	79380	23366
1844	77256	22474	1904	79416	23381
1845	77292	22489	1905	79452	23396
1846	77328	22504	1906	79488	23411
1847	77364	22519	1907	79524	23427
1848	77400	22535	1908	79560	23442
1849	77436	22550	1909	79596	23457
1850	77472	22565	1910	79632	23472
1851	77508	22580	1911	79668	23487
1852	77544	22595	1912	79704	23502
1853	77580	22610	1913	79740	23517
1854	77616	22625	1914	79776	23532
1855	77652	22640	1915	79812	23548
1856	77688	22655	1916	79848	23563
1857	77724	22671	1917	79884	23578
1858	77760	22686	1918	79920	23593
1859	77796	22701	1919	79956	23608
1860	77832	22716	1920	79992	23623

* Die Einkommensteuer gilt nur für den ausgewiesenen Wert, Zwischenwerte sind zu schätzen — s. Vorbemerkungen

laufende Nummer	zu versteuerndes Einkommen* in €	tarifliche Einkommensteuer* in €	laufende Nummer	zu versteuerndes Einkommen* in €	tarifliche Einkommensteuer* in €
1 921	80 028	23 638	1 981	82 188	24 545
1 922	80 064	23 653	1 982	82 224	24 561
1 923	80 100	23 669	1 983	82 260	24 576
1 924	80 136	23 684	1 984	82 296	24 591
1 925	80 172	23 699	1 985	82 332	24 606
1 926	80 208	23 714	1 986	82 368	24 621
1 927	80 244	23 729	1 987	82 404	24 636
1 928	80 280	23 744	1 988	82 440	24 651
1 929	80 316	23 759	1 989	82 476	24 666
1 930	80 352	23 774	1 990	82 512	24 682
1 931	80 388	23 789	1 991	82 548	24 697
1 932	80 424	23 805	1 992	82 584	24 712
1 933	80 460	23 820	1 993	82 620	24 727
1 934	80 496	23 835	1 994	82 656	24 742
1 935	80 532	23 850	1 995	82 692	24 757
1 936	80 568	23 865	1 996	82 728	24 772
1 937	80 604	23 880	1 997	82 764	24 787
1 938	80 640	23 895	1 998	82 800	24 803
1 939	80 676	23 910	1 999	82 836	24 818
1 940	80 712	23 926	2 000	82 872	24 833
1 941	80 748	23 941	2 001	82 908	24 848
1 942	80 784	23 956	2 002	82 944	24 863
1 943	80 820	23 971	2 003	82 980	24 878
1 944	80 856	23 986	2 004	83 016	24 893
1 945	80 892	24 001	2 005	83 052	24 908
1 946	80 928	24 016	2 006	83 088	24 923
1 947	80 964	24 031	2 007	83 124	24 939
1 948	81 000	24 047	2 008	83 160	24 954
1 949	81 036	24 062	2 009	83 196	24 969
1 950	81 072	24 077	2 010	83 232	24 984
1 951	81 108	24 092	2 011	83 268	24 999
1 952	81 144	24 107	2 012	83 304	25 014
1 953	81 180	24 122	2 013	83 340	25 029
1 954	81 216	24 137	2 014	83 376	25 044
1 955	81 252	24 152	2 015	83 412	25 060
1 956	81 288	24 167	2 016	83 448	25 075
1 957	81 324	24 183	2 017	83 484	25 090
1 958	81 360	24 198	2 018	83 520	25 105
1 959	81 396	24 213	2 019	83 556	25 120
1 960	81 432	24 228	2 020	83 592	25 135
1 961	81 468	24 243	2 021	83 628	25 150
1 962	81 504	24 258	2 022	83 664	25 165
1 963	81 540	24 273	2 023	83 700	25 181
1 964	81 576	24 288	2 024	83 736	25 196
1 965	81 612	24 304	2 025	83 772	25 211
1 966	81 648	24 319	2 026	83 808	25 226
1 967	81 684	24 334	2 027	83 844	25 241
1 968	81 720	24 349	2 028	83 880	25 256
1 969	81 756	24 364	2 029	83 916	25 271
1 970	81 792	24 379	2 030	83 952	25 286
1 971	81 828	24 394	2 031	83 988	25 301
1 972	81 864	24 409	2 032	84 024	25 317
1 973	81 900	24 425	2 033	84 060	25 332
1 974	81 936	24 440	2 034	84 096	25 347
1 975	81 972	24 455	2 035	84 132	25 362
1 976	82 008	24 470	2 036	84 168	25 377
1 977	82 044	24 485	2 037	84 204	25 392
1 978	82 080	24 500	2 038	84 240	25 407
1 979	82 116	24 515	2 039	84 276	25 422
1 980	82 152	24 530	2 040	84 312	25 438

* Die Einkommensteuer gilt nur für den ausgewiesenen Wert, Zwischenwerte sind zu schätzen — s. Vorbemerkungen

laufende Nummer	zu versteuerndes Einkommen* in €	tarifliche Einkommensteuer* in €	laufende Nummer	zu versteuerndes Einkommen* in €	tarifliche Einkommensteuer* in €
2041	84348	25453	2101	86508	26360
2042	84384	25468	2102	86544	26375
2043	84420	25483	2103	86580	26390
2044	84456	25498	2104	86616	26405
2045	84492	25513	2105	86652	26420
2046	84528	25528	2106	86688	26435
2047	84564	25543	2107	86724	26451
2048	84600	25559	2108	86760	26466
2049	84636	25574	2109	86796	26481
2050	84672	25589	2110	86832	26496
2051	84708	25604	2111	86868	26511
2052	84744	25619	2112	86904	26526
2053	84780	25634	2113	86940	26541
2054	84816	25649	2114	86976	26556
2055	84852	25664	2115	87012	26572
2056	84888	25679	2116	87048	26587
2057	84924	25695	2117	87084	26602
2058	84960	25710	2118	87120	26617
2059	84996	25725	2119	87156	26632
2060	85032	25740	2120	87192	26647
2061	85068	25755	2121	87228	26662
2062	85104	25770	2122	87264	26677
2063	85140	25785	2123	87300	26693
2064	85176	25800	2124	87336	26708
2065	85212	25816	2125	87372	26723
2066	85248	25831	2126	87408	26738
2067	85284	25846	2127	87444	26753
2068	85320	25861	2128	87480	26768
2069	85356	25876	2129	87516	26783
2070	85392	25891	2130	87552	26798
2071	85428	25906	2131	87588	26813
2072	85464	25921	2132	87624	26829
2073	85500	25937	2133	87660	26844
2074	85536	25952	2134	87696	26859
2075	85572	25967	2135	87732	26874
2076	85608	25982	2136	87768	26889
2077	85644	25997	2137	87804	26904
2078	85680	26012	2138	87840	26919
2079	85716	26027	2139	87876	26934
2080	85752	26042	2140	87912	26950
2081	85788	26057	2141	87948	26965
2082	85824	26073	2142	87984	26980
2083	85860	26088	2143	88020	26995
2084	85896	26103	2144	88056	27010
2085	85932	26118	2145	88092	27025
2086	85968	26133	2146	88128	27040
2087	86004	26148	2147	88164	27055
2088	86040	26163	2148	88200	27071
2089	86076	26178	2149	88236	27086
2090	86112	26194	2150	88272	27101
2091	86148	26209	2151	88308	27116
2092	86184	26224	2152	88344	27131
2093	86220	26239	2153	88380	27146
2094	86256	26254	2154	88416	27161
2095	86292	26269	2155	88452	27176
2096	86328	26284	2156	88488	27191
2097	86364	26299	2157	88524	27207
2098	86400	26315	2158	88560	27222
2099	86436	26330	2159	88596	27237
2100	86472	26345	2160	88632	27252

* Die Einkommensteuer gilt nur für den ausgewiesenen Wert, Zwischenwerte sind zu schätzen — s. Vorbemerkungen

laufende Nummer	zu versteuerndes Einkommen* in €	tarifliche Einkommensteuer* in €	laufende Nummer	zu versteuerndes Einkommen* in €	tarifliche Einkommensteuer* in €
2 161	88 668	27 267	2 221	90 828	28 174
2 162	88 704	27 282	2 222	90 864	28 189
2 163	88 740	27 297	2 223	90 900	28 205
2 164	88 776	27 312	2 224	90 936	28 220
2 165	88 812	27 328	2 225	90 972	28 235
2 166	88 848	27 343	2 226	91 008	28 250
2 167	88 884	27 358	2 227	91 044	28 265
2 168	88 920	27 373	2 228	91 080	28 280
2 169	88 956	27 388	2 229	91 116	28 295
2 170	88 992	27 403	2 230	91 152	28 310
2 171	89 028	27 418	2 231	91 188	28 325
2 172	89 064	27 433	2 232	91 224	28 341
2 173	89 100	27 449	2 233	91 260	28 356
2 174	89 136	27 464	2 234	91 296	28 371
2 175	89 172	27 479	2 235	91 332	28 386
2 176	89 208	27 494	2 236	91 368	28 401
2 177	89 244	27 509	2 237	91 404	28 416
2 178	89 280	27 524	2 238	91 440	28 431
2 179	89 316	27 539	2 239	91 476	28 446
2 180	89 352	27 554	2 240	91 512	28 462
2 181	89 388	27 569	2 241	91 548	28 477
2 182	89 424	27 585	2 242	91 584	28 492
2 183	89 460	27 600	2 243	91 620	28 507
2 184	89 496	27 615	2 244	91 656	28 522
2 185	89 532	27 630	2 245	91 692	28 537
2 186	89 568	27 645	2 246	91 728	28 552
2 187	89 604	27 660	2 247	91 764	28 567
2 188	89 640	27 675	2 248	91 800	28 583
2 189	89 676	27 690	2 249	91 836	28 598
2 190	89 712	27 706	2 250	91 872	28 613
2 191	89 748	27 721	2 251	91 908	28 628
2 192	89 784	27 736	2 252	91 944	28 643
2 193	89 820	27 751	2 253	91 980	28 658
2 194	89 856	27 766	2 254	92 016	28 673
2 195	89 892	27 781	2 255	92 052	28 688
2 196	89 928	27 796	2 256	92 088	28 703
2 197	89 964	27 811	2 257	92 124	28 719
2 198	90 000	27 827	2 258	92 160	28 734
2 199	90 036	27 842	2 259	92 196	28 749
2 200	90 072	27 857	2 260	92 232	28 764
2 201	90 108	27 872	2 261	92 268	28 779
2 202	90 144	27 887	2 262	92 304	28 794
2 203	90 180	27 902	2 263	92 340	28 809
2 204	90 216	27 917	2 264	92 376	28 824
2 205	90 252	27 932	2 265	92 412	28 840
2 206	90 288	27 947	2 266	92 448	28 855
2 207	90 324	27 963	2 267	92 484	28 870
2 208	90 360	27 978	2 268	92 520	28 885
2 209	90 396	27 993	2 269	92 556	28 900
2 210	90 432	28 008	2 270	92 592	28 915
2 211	90 468	28 023	2 271	92 628	28 930
2 212	90 504	28 038	2 272	92 664	28 945
2 213	90 540	28 053	2 273	92 700	28 961
2 214	90 576	28 068	2 274	92 736	28 976
2 215	90 612	28 084	2 275	92 772	28 991
2 216	90 648	28 099	2 276	92 808	29 006
2 217	90 684	28 114	2 277	92 844	29 021
2 218	90 720	28 129	2 278	92 880	29 036
2 219	90 756	28 144	2 279	92 916	29 051
2 220	90 792	28 159	2 280	92 952	29 066

* Die Einkommensteuer gilt nur für den ausgewiesenen Wert, Zwischenwerte sind zu schätzen — s. Vorbemerkungen

laufende Nummer	zu versteuerndes Einkommen* in €	tarifliche Einkommensteuer* in €	laufende Nummer	zu versteuerndes Einkommen* in €	tarifliche Einkommensteuer* in €
2 281	92 988	29 081	2 341	95 148	29 989
2 282	93 024	29 097	2 342	95 184	30 004
2 283	93 060	29 112	2 343	95 220	30 019
2 284	93 096	29 127	2 344	95 256	30 034
2 285	93 132	29 142	2 345	95 292	30 049
2 286	93 168	29 157	2 346	95 328	30 064
2 287	93 204	29 172	2 347	95 364	30 079
2 288	93 240	29 187	2 348	95 400	30 095
2 289	93 276	29 202	2 349	95 436	30 110
2 290	93 312	29 218	2 350	95 472	30 125
2 291	93 348	29 233	2 351	95 508	30 140
2 292	93 384	29 248	2 352	95 544	30 155
2 293	93 420	29 263	2 353	95 580	30 170
2 294	93 456	29 278	2 354	95 616	30 185
2 295	93 492	29 293	2 355	95 652	30 200
2 296	93 528	29 308	2 356	95 688	30 215
2 297	93 564	29 323	2 357	95 724	30 231
2 298	93 600	29 339	2 358	95 760	30 246
2 299	93 636	29 354	2 359	95 796	30 261
2 300	93 672	29 369	2 360	95 832	30 276
2 301	93 708	29 384	2 361	95 868	30 291
2 302	93 744	29 399	2 362	95 904	30 306
2 303	93 780	29 414	2 363	95 940	30 321
2 304	93 816	29 429	2 364	95 976	30 336
2 305	93 852	29 444	2 365	96 012	30 352
2 306	93 888	29 459	2 366	96 048	30 367
2 307	93 924	29 475	2 367	96 084	30 382
2 308	93 960	29 490	2 368	96 120	30 397
2 309	93 996	29 505	2 369	96 156	30 412
2 310	94 032	29 520	2 370	96 192	30 427
2 311	94 068	29 535	2 371	96 228	30 442
2 312	94 104	29 550	2 372	96 264	30 457
2 313	94 140	29 565	2 373	96 300	30 473
2 314	94 176	29 580	2 374	96 336	30 488
2 315	94 212	29 596	2 375	96 372	30 503
2 316	94 248	29 611	2 376	96 408	30 518
2 317	94 284	29 626	2 377	96 444	30 533
2 318	94 320	29 641	2 378	96 480	30 548
2 319	94 356	29 656	2 379	96 516	30 563
2 320	94 392	29 671	2 380	96 552	30 578
2 321	94 428	29 686	2 381	96 588	30 593
2 322	94 464	29 701	2 382	96 624	30 609
2 323	94 500	29 717	2 383	96 660	30 624
2 324	94 536	29 732	2 384	96 696	30 639
2 325	94 572	29 747	2 385	96 732	30 654
2 326	94 608	29 762	2 386	96 768	30 669
2 327	94 644	29 777	2 387	96 804	30 684
2 328	94 680	29 792	2 388	96 840	30 699
2 329	94 716	29 807	2 389	96 876	30 714
2 330	94 752	29 822	2 390	96 912	30 730
2 331	94 788	29 837	2 391	96 948	30 745
2 332	94 824	29 853	2 392	96 984	30 760
2 333	94 860	29 868	2 393	97 020	30 775
2 334	94 896	29 883	2 394	97 056	30 790
2 335	94 932	29 898	2 395	97 092	30 805
2 336	94 968	29 913	2 396	97 128	30 820
2 337	95 004	29 928	2 397	97 164	30 835
2 338	95 040	29 943	2 398	97 200	30 851
2 339	95 076	29 958	2 399	97 236	30 866
2 340	95 112	29 974	2 400	97 272	30 881

* Die Einkommensteuer gilt nur für den ausgewiesenen Wert, Zwischenwerte sind zu schätzen — s. Vorbemerkungen

laufende Nummer	zu versteuerndes Einkommen* in €	tarifliche Einkommen-steuer* in €
1	21 816	–
2	21 888	10
3	21 960	20
4	22 032	30
5	22 104	40
6	22 176	50
7	22 248	60
8	22 320	70
9	22 392	82
10	22 464	92
11	22 536	102
12	22 608	112
13	22 680	124
14	22 752	134
15	22 824	146
16	22 896	156
17	22 968	166
18	23 040	178
19	23 112	188
20	23 184	200
21	23 256	210
22	23 328	222
23	23 400	234
24	23 472	244
25	23 544	256
26	23 616	266
27	23 688	278
28	23 760	290
29	23 832	302
30	23 904	312
31	23 976	324
32	24 048	336
33	24 120	348
34	24 192	360
35	24 264	372
36	24 336	382
37	24 408	394
38	24 480	406
39	24 552	418
40	24 624	430
41	24 696	442
42	24 768	454
43	24 840	468
44	24 912	480
45	24 984	492
46	25 056	504
47	25 128	516
48	25 200	528
49	25 272	542
50	25 344	554
51	25 416	566
52	25 488	580
53	25 560	592
54	25 632	604
55	25 704	618
56	25 776	630
57	25 848	644
58	25 920	656
59	25 992	670
60	26 064	682
61	26 136	696
62	26 208	708
63	26 280	722
64	26 352	734
65	26 424	748
66	26 496	762
67	26 568	774
68	26 640	788
69	26 712	802
70	26 784	816
71	26 856	828
72	26 928	842
73	27 000	856
74	27 072	870
75	27 144	884
76	27 216	898
77	27 288	912
78	27 360	926
79	27 432	940
80	27 504	954
81	27 576	968
82	27 648	982
83	27 720	996
84	27 792	1 010
85	27 864	1 024
86	27 936	1 040
87	28 008	1 054
88	28 080	1 068
89	28 152	1 082
90	28 224	1 098
91	28 296	1 112
92	28 368	1 126
93	28 440	1 142
94	28 512	1 156
95	28 584	1 170
96	28 656	1 186
97	28 728	1 200
98	28 800	1 216
99	28 872	1 230
100	28 944	1 246
101	29 016	1 260
102	29 088	1 276
103	29 160	1 292
104	29 232	1 306
105	29 304	1 322
106	29 376	1 338
107	29 448	1 352
108	29 520	1 368
109	29 592	1 384
110	29 664	1 400
111	29 736	1 414
112	29 808	1 430
113	29 880	1 446
114	29 952	1 462
115	30 024	1 478
116	30 096	1 494
117	30 168	1 510
118	30 240	1 526
119	30 312	1 542
120	30 384	1 558

* Die Einkommensteuer gilt nur für den ausgewiesenen Wert, Zwischenwerte sind zu schätzen – s. Vorbemerkungen

laufende Nummer	zu versteuerndes Einkommen* in €	tarifliche Einkommensteuer* in €	laufende Nummer	zu versteuerndes Einkommen* in €	tarifliche Einkommensteuer* in €
121	30 456	1 574	181	34 776	2 606
122	30 528	1 590	182	34 848	2 624
123	30 600	1 606	183	34 920	2 640
124	30 672	1 622	184	34 992	2 658
125	30 744	1 640	185	35 064	2 676
126	30 816	1 656	186	35 136	2 694
127	30 888	1 672	187	35 208	2 712
128	30 960	1 688	188	35 280	2 730
129	31 032	1 706	189	35 352	2 746
130	31 104	1 722	190	35 424	2 764
131	31 176	1 738	191	35 496	2 782
132	31 248	1 756	192	35 568	2 800
133	31 320	1 772	193	35 640	2 818
134	31 392	1 788	194	35 712	2 836
135	31 464	1 806	195	35 784	2 854
136	31 536	1 822	196	35 856	2 872
137	31 608	1 840	197	35 928	2 888
138	31 680	1 856	198	36 000	2 906
139	31 752	1 874	199	36 072	2 924
140	31 824	1 890	200	36 144	2 942
141	31 896	1 908	201	36 216	2 960
142	31 968	1 924	202	36 288	2 978
143	32 040	1 942	203	36 360	2 996
144	32 112	1 960	204	36 432	3 014
145	32 184	1 976	205	36 504	3 032
146	32 256	1 994	206	36 576	3 050
147	32 328	2 012	207	36 648	3 068
148	32 400	2 028	208	36 720	3 086
149	32 472	2 046	209	36 792	3 104
150	32 544	2 064	210	36 864	3 122
151	32 616	2 080	211	36 936	3 140
152	32 688	2 098	212	37 008	3 158
153	32 760	2 116	213	37 080	3 176
154	32 832	2 132	214	37 152	3 194
155	32 904	2 150	215	37 224	3 212
156	32 976	2 168	216	37 296	3 230
157	33 048	2 184	217	37 368	3 248
158	33 120	2 202	218	37 440	3 266
159	33 192	2 220	219	37 512	3 284
160	33 264	2 238	220	37 584	3 302
161	33 336	2 254	221	37 656	3 320
162	33 408	2 272	222	37 728	3 338
163	33 480	2 290	223	37 800	3 356
164	33 552	2 306	224	37 872	3 374
165	33 624	2 324	225	37 944	3 392
166	33 696	2 342	226	38 016	3 410
167	33 768	2 360	227	38 088	3 428
168	33 840	2 376	228	38 160	3 446
169	33 912	2 394	229	38 232	3 464
170	33 984	2 412	230	38 304	3 482
171	34 056	2 430	231	38 376	3 500
172	34 128	2 446	232	38 448	3 518
173	34 200	2 464	233	38 520	3 536
174	34 272	2 482	234	38 592	3 554
175	34 344	2 500	235	38 664	3 572
176	34 416	2 518	236	38 736	3 590
177	34 488	2 534	237	38 808	3 610
178	34 560	2 552	238	38 880	3 628
179	34 632	2 570	239	38 952	3 646
180	34 704	2 588	240	39 024	3 664

* Die Einkommensteuer gilt nur für den ausgewiesenen Wert, Zwischenwerte sind zu schätzen — s. Vorbemerkungen

laufende Nummer	zu versteuerndes Einkommen* in €	tarifliche Einkommensteuer* in €
241	39 096	3 682
242	39 168	3 700
243	39 240	3 718
244	39 312	3 736
245	39 384	3 756
246	39 456	3 774
247	39 528	3 792
248	39 600	3 810
249	39 672	3 828
250	39 744	3 846
251	39 816	3 864
252	39 888	3 884
253	39 960	3 902
254	40 032	3 920
255	40 104	3 938
256	40 176	3 956
257	40 248	3 976
258	40 320	3 994
259	40 392	4 012
260	40 464	4 030
261	40 536	4 048
262	40 608	4 068
263	40 680	4 086
264	40 752	4 104
265	40 824	4 122
266	40 896	4 142
267	40 968	4 160
268	41 040	4 178
269	41 112	4 196
270	41 184	4 216
271	41 256	4 234
272	41 328	4 252
273	41 400	4 270
274	41 472	4 290
275	41 544	4 308
276	41 616	4 326
277	41 688	4 346
278	41 760	4 364
279	41 832	4 382
280	41 904	4 402
281	41 976	4 420
282	42 048	4 438
283	42 120	4 456
284	42 192	4 476
285	42 264	4 494
286	42 336	4 512
287	42 408	4 532
288	42 480	4 550
289	42 552	4 570
290	42 624	4 588
291	42 696	4 606
292	42 768	4 626
293	42 840	4 644
294	42 912	4 662
295	42 984	4 682
296	43 056	4 700
297	43 128	4 720
298	43 200	4 738
299	43 272	4 756
300	43 344	4 776
301	43 416	4 794
302	43 488	4 814
303	43 560	4 832
304	43 632	4 852
305	43 704	4 870
306	43 776	4 888
307	43 848	4 908
308	43 920	4 926
309	43 992	4 946
310	44 064	4 964
311	44 136	4 984
312	44 208	5 002
313	44 280	5 022
314	44 352	5 040
315	44 424	5 060
316	44 496	5 078
317	44 568	5 098
318	44 640	5 116
319	44 712	5 136
320	44 784	5 154
321	44 856	5 174
322	44 928	5 192
323	45 000	5 212
324	45 072	5 230
325	45 144	5 250
326	45 216	5 268
327	45 288	5 288
328	45 360	5 306
329	45 432	5 326
330	45 504	5 346
331	45 576	5 364
332	45 648	5 384
333	45 720	5 402
334	45 792	5 422
335	45 864	5 440
336	45 936	5 460
337	46 008	5 480
338	46 080	5 498
339	46 152	5 518
340	46 224	5 536
341	46 296	5 556
342	46 368	5 576
343	46 440	5 594
344	46 512	5 614
345	46 584	5 634
346	46 656	5 652
347	46 728	5 672
348	46 800	5 692
349	46 872	5 710
350	46 944	5 730
351	47 016	5 750
352	47 088	5 768
353	47 160	5 788
354	47 232	5 808
355	47 304	5 826
356	47 376	5 846
357	47 448	5 866
358	47 520	5 884
359	47 592	5 904
360	47 664	5 924

* Die Einkommensteuer gilt nur für den ausgewiesenen Wert, Zwischenwerte sind zu schätzen – s. Vorbemerkungen

laufende Nummer	zu versteuerndes Einkommen* in €	tarifliche Einkommensteuer* in €
361	47 736	5 942
362	47 808	5 962
363	47 880	5 982
364	47 952	6 002
365	48 024	6 020
366	48 096	6 040
367	48 168	6 060
368	48 240	6 080
369	48 312	6 098
370	48 384	6 118
371	48 456	6 138
372	48 528	6 158
373	48 600	6 176
374	48 672	6 196
375	48 744	6 216
376	48 816	6 236
377	48 888	6 256
378	48 960	6 274
379	49 032	6 294
380	49 104	6 314
381	49 176	6 334
382	49 248	6 354
383	49 320	6 374
384	49 392	6 392
385	49 464	6 412
386	49 536	6 432
387	49 608	6 452
388	49 680	6 472
389	49 752	6 492
390	49 824	6 510
391	49 896	6 530
392	49 968	6 550
393	50 040	6 570
394	50 112	6 590
395	50 184	6 610
396	50 256	6 630
397	50 328	6 650
398	50 400	6 670
399	50 472	6 688
400	50 544	6 708
401	50 616	6 728
402	50 688	6 748
403	50 760	6 768
404	50 832	6 788
405	50 904	6 808
406	50 976	6 828
407	51 048	6 848
408	51 120	6 868
409	51 192	6 888
410	51 264	6 908
411	51 336	6 928
412	51 408	6 948
413	51 480	6 968
414	51 552	6 988
415	51 624	7 008
416	51 696	7 028
417	51 768	7 048
418	51 840	7 068
419	51 912	7 088
420	51 984	7 108
421	52 056	7 128
422	52 128	7 148
423	52 200	7 168
424	52 272	7 188
425	52 344	7 208
426	52 416	7 228
427	52 488	7 248
428	52 560	7 268
429	52 632	7 288
430	52 704	7 308
431	52 776	7 328
432	52 848	7 348
433	52 920	7 368
434	52 992	7 388
435	53 064	7 408
436	53 136	7 430
437	53 208	7 450
438	53 280	7 470
439	53 352	7 490
440	53 424	7 510
441	53 496	7 530
442	53 568	7 550
443	53 640	7 570
444	53 712	7 590
445	53 784	7 612
446	53 856	7 632
447	53 928	7 652
448	54 000	7 672
449	54 072	7 692
450	54 144	7 712
451	54 216	7 734
452	54 288	7 754
453	54 360	7 774
454	54 432	7 794
455	54 504	7 814
456	54 576	7 834
457	54 648	7 856
458	54 720	7 876
459	54 792	7 896
460	54 864	7 916
461	54 936	7 936
462	55 008	7 958
463	55 080	7 978
464	55 152	7 998
465	55 224	8 018
466	55 296	8 040
467	55 368	8 060
468	55 440	8 080
469	55 512	8 100
470	55 584	8 122
471	55 656	8 142
472	55 728	8 162
473	55 800	8 182
474	55 872	8 204
475	55 944	8 224
476	56 016	8 244
477	56 088	8 266
478	56 160	8 286
479	56 232	8 306
480	56 304	8 328

* Die Einkommensteuer gilt nur für den ausgewiesenen Wert, Zwischenwerte sind zu schätzen – s. Vorbemerkungen

laufende Nummer	zu versteuerndes Einkommen* in €	tarifliche Einkommen-steuer* in €	laufende Nummer	zu versteuerndes Einkommen* in €	tarifliche Einkommen-steuer* in €
481	56 376	8 348	541	60 696	9 604
482	56 448	8 368	542	60 768	9 626
483	56 520	8 390	543	60 840	9 646
484	56 592	8 410	544	60 912	9 668
485	56 664	8 430	545	60 984	9 690
486	56 736	8 452	546	61 056	9 710
487	56 808	8 472	547	61 128	9 732
488	56 880	8 492	548	61 200	9 752
489	56 952	8 514	549	61 272	9 774
490	57 024	8 534	550	61 344	9 796
491	57 096	8 554	551	61 416	9 816
492	57 168	8 576	552	61 488	9 838
493	57 240	8 596	553	61 560	9 860
494	57 312	8 616	554	61 632	9 880
495	57 384	8 638	555	61 704	9 902
496	57 456	8 658	556	61 776	9 924
497	57 528	8 680	557	61 848	9 946
498	57 600	8 700	558	61 920	9 966
499	57 672	8 720	559	61 992	9 988
500	57 744	8 742	560	62 064	10 010
501	57 816	8 762	561	62 136	10 030
502	57 888	8 784	562	62 208	10 052
503	57 960	8 804	563	62 280	10 074
504	58 032	8 826	564	62 352	10 096
505	58 104	8 846	565	62 424	10 116
506	58 176	8 866	566	62 496	10 138
507	58 248	8 888	567	62 568	10 160
508	58 320	8 908	568	62 640	10 182
509	58 392	8 930	569	62 712	10 202
510	58 464	8 950	570	62 784	10 224
511	58 536	8 972	571	62 856	10 246
512	58 608	8 992	572	62 928	10 268
513	58 680	9 014	573	63 000	10 288
514	58 752	9 034	574	63 072	10 310
515	58 824	9 056	575	63 144	10 332
516	58 896	9 076	576	63 216	10 354
517	58 968	9 098	577	63 288	10 376
518	59 040	9 118	578	63 360	10 396
519	59 112	9 140	579	63 432	10 418
520	59 184	9 160	580	63 504	10 440
521	59 256	9 182	581	63 576	10 462
522	59 328	9 202	582	63 648	10 484
523	59 400	9 224	583	63 720	10 504
524	59 472	9 244	584	63 792	10 526
525	59 544	9 266	585	63 864	10 548
526	59 616	9 286	586	63 936	10 570
527	59 688	9 308	587	64 008	10 592
528	59 760	9 328	588	64 080	10 614
529	59 832	9 350	589	64 152	10 634
530	59 904	9 372	590	64 224	10 656
531	59 976	9 392	591	64 296	10 678
532	60 048	9 414	592	64 368	10 700
533	60 120	9 434	593	64 440	10 722
534	60 192	9 456	594	64 512	10 744
535	60 264	9 476	595	64 584	10 766
536	60 336	9 498	596	64 656	10 788
537	60 408	9 520	597	64 728	10 810
538	60 480	9 540	598	64 800	10 830
539	60 552	9 562	599	64 872	10 852
540	60 624	9 582	600	64 944	10 874

* Die Einkommensteuer gilt nur für den ausgewiesenen Wert, Zwischenwerte sind zu schätzen — s. Vorbemerkungen

laufende Nummer	zu versteuerndes Einkommen* in €	tarifliche Einkommensteuer* in €	laufende Nummer	zu versteuerndes Einkommen* in €	tarifliche Einkommensteuer* in €
601	65 016	10 896	661	69 336	12 224
602	65 088	10 918	662	69 408	12 246
603	65 160	10 940	663	69 480	12 270
604	65 232	10 962	664	69 552	12 292
605	65 304	10 984	665	69 624	12 314
606	65 376	11 006	666	69 696	12 336
607	65 448	11 028	667	69 768	12 360
608	65 520	11 050	668	69 840	12 382
609	65 592	11 072	669	69 912	12 404
610	65 664	11 094	670	69 984	12 426
611	65 736	11 116	671	70 056	12 450
612	65 808	11 138	672	70 128	12 472
613	65 880	11 160	673	70 200	12 494
614	65 952	11 180	674	70 272	12 516
615	66 024	11 202	675	70 344	12 540
616	66 096	11 224	676	70 416	12 562
617	66 168	11 246	677	70 488	12 584
618	66 240	11 268	678	70 560	12 608
619	66 312	11 290	679	70 632	12 630
620	66 384	11 312	680	70 704	12 652
621	66 456	11 336	681	70 776	12 676
622	66 528	11 358	682	70 848	12 698
623	66 600	11 380	683	70 920	12 720
624	66 672	11 402	684	70 992	12 744
625	66 744	11 424	685	71 064	12 766
626	66 816	11 446	686	71 136	12 788
627	66 888	11 468	687	71 208	12 812
628	66 960	11 490	688	71 280	12 834
629	67 032	11 512	689	71 352	12 856
630	67 104	11 534	690	71 424	12 880
631	67 176	11 556	691	71 496	12 902
632	67 248	11 578	692	71 568	12 924
633	67 320	11 600	693	71 640	12 948
634	67 392	11 622	694	71 712	12 970
635	67 464	11 644	695	71 784	12 994
636	67 536	11 666	696	71 856	13 016
637	67 608	11 688	697	71 928	13 038
638	67 680	11 712	698	72 000	13 062
639	67 752	11 734	699	72 072	13 084
640	67 824	11 756	700	72 144	13 108
641	67 896	11 778	701	72 216	13 130
642	67 968	11 800	702	72 288	13 152
643	68 040	11 822	703	72 360	13 176
644	68 112	11 844	704	72 432	13 198
645	68 184	11 866	705	72 504	13 222
646	68 256	11 890	706	72 576	13 244
647	68 328	11 912	707	72 648	13 268
648	68 400	11 934	708	72 720	13 290
649	68 472	11 956	709	72 792	13 312
650	68 544	11 978	710	72 864	13 336
651	68 616	12 000	711	72 936	13 358
652	68 688	12 022	712	73 008	13 382
653	68 760	12 046	713	73 080	13 404
654	68 832	12 068	714	73 152	13 428
655	68 904	12 090	715	73 224	13 450
656	68 976	12 112	716	73 296	13 474
657	69 048	12 134	717	73 368	13 496
658	69 120	12 158	718	73 440	13 520
659	69 192	12 180	719	73 512	13 542
660	69 264	12 202	720	73 584	13 566

* Die Einkommensteuer gilt nur für den ausgewiesenen Wert, Zwischenwerte sind zu schätzen — s. Vorbemerkungen

laufende Nummer	zu versteuerndes Einkommen* in €	tarifliche Einkommensteuer* in €	laufende Nummer	zu versteuerndes Einkommen* in €	tarifliche Einkommensteuer* in €
721	73 656	13 588	781	77 976	14 988
722	73 728	13 612	782	78 048	15 012
723	73 800	13 634	783	78 120	15 036
724	73 872	13 658	784	78 192	15 060
725	73 944	13 680	785	78 264	15 084
726	74 016	13 704	786	78 336	15 106
727	74 088	13 726	787	78 408	15 130
728	74 160	13 750	788	78 480	15 154
729	74 232	13 774	789	78 552	15 178
730	74 304	13 796	790	78 624	15 202
731	74 376	13 820	791	78 696	15 226
732	74 448	13 842	792	78 768	15 250
733	74 520	13 866	793	78 840	15 272
734	74 592	13 888	794	78 912	15 296
735	74 664	13 912	795	78 984	15 320
736	74 736	13 936	796	79 056	15 344
737	74 808	13 958	797	79 128	15 368
738	74 880	13 982	798	79 200	15 392
739	74 952	14 004	799	79 272	15 416
740	75 024	14 028	800	79 344	15 440
741	75 096	14 052	801	79 416	15 464
742	75 168	14 074	802	79 488	15 488
743	75 240	14 098	803	79 560	15 512
744	75 312	14 122	804	79 632	15 534
745	75 384	14 144	805	79 704	15 558
746	75 456	14 168	806	79 776	15 582
747	75 528	14 190	807	79 848	15 606
748	75 600	14 214	808	79 920	15 630
749	75 672	14 238	809	79 992	15 654
750	75 744	14 260	810	80 064	15 678
751	75 816	14 284	811	80 136	15 702
752	75 888	14 308	812	80 208	15 726
753	75 960	14 330	813	80 280	15 750
754	76 032	14 354	814	80 352	15 774
755	76 104	14 378	815	80 424	15 798
756	76 176	14 400	816	80 496	15 822
757	76 248	14 424	817	80 568	15 846
758	76 320	14 448	818	80 640	15 870
759	76 392	14 472	819	80 712	15 894
760	76 464	14 494	820	80 784	15 918
761	76 536	14 518	821	80 856	15 942
762	76 608	14 542	822	80 928	15 966
763	76 680	14 564	823	81 000	15 990
764	76 752	14 588	824	81 072	16 014
765	76 824	14 612	825	81 144	16 038
766	76 896	14 636	826	81 216	16 062
767	76 968	14 658	827	81 288	16 086
768	77 040	14 682	828	81 360	16 110
769	77 112	14 706	829	81 432	16 134
770	77 184	14 730	830	81 504	16 158
771	77 256	14 752	831	81 576	16 182
772	77 328	14 776	832	81 648	16 206
773	77 400	14 800	833	81 720	16 232
774	77 472	14 824	834	81 792	16 256
775	77 544	14 848	835	81 864	16 280
776	77 616	14 870	836	81 936	16 304
777	77 688	14 894	837	82 008	16 328
778	77 760	14 918	838	82 080	16 352
779	77 832	14 942	839	82 152	16 376
780	77 904	14 966	840	82 224	16 400

* Die Einkommensteuer gilt nur für den ausgewiesenen Wert, Zwischenwerte sind zu schätzen — s. Vorbemerkungen

laufende Nummer	zu versteuerndes Einkommen* in €	tarifliche Einkommensteuer* in €	laufende Nummer	zu versteuerndes Einkommen* in €	tarifliche Einkommensteuer* in €
841	82 296	16 424	901	86 616	17 896
842	82 368	16 448	902	86 688	17 922
843	82 440	16 474	903	86 760	17 946
844	82 512	16 498	904	86 832	17 972
845	82 584	16 522	905	86 904	17 996
846	82 656	16 546	906	86 976	18 020
847	82 728	16 570	907	87 048	18 046
848	82 800	16 594	908	87 120	18 070
849	82 872	16 618	909	87 192	18 096
850	82 944	16 644	910	87 264	18 120
851	83 016	16 668	911	87 336	18 146
852	83 088	16 692	912	87 408	18 170
853	83 160	16 716	913	87 480	18 196
854	83 232	16 740	914	87 552	18 220
855	83 304	16 764	915	87 624	18 246
856	83 376	16 790	916	87 696	18 270
857	83 448	16 814	917	87 768	18 296
858	83 520	16 838	918	87 840	18 320
859	83 592	16 862	919	87 912	18 346
860	83 664	16 886	920	87 984	18 370
861	83 736	16 912	921	88 056	18 396
862	83 808	16 936	922	88 128	18 420
863	83 880	16 960	923	88 200	18 446
864	83 952	16 984	924	88 272	18 470
865	84 024	17 010	925	88 344	18 496
866	84 096	17 034	926	88 416	18 520
867	84 168	17 058	927	88 488	18 546
868	84 240	17 082	928	88 560	18 570
869	84 312	17 108	929	88 632	18 596
870	84 384	17 132	930	88 704	18 620
871	84 456	17 156	931	88 776	18 646
872	84 528	17 180	932	88 848	18 672
873	84 600	17 206	933	88 920	18 696
874	84 672	17 230	934	88 992	18 722
875	84 744	17 254	935	89 064	18 746
876	84 816	17 278	936	89 136	18 772
877	84 888	17 304	937	89 208	18 798
878	84 960	17 328	938	89 280	18 822
879	85 032	17 352	939	89 352	18 848
880	85 104	17 378	940	89 424	18 872
881	85 176	17 402	941	89 496	18 898
882	85 248	17 426	942	89 568	18 924
883	85 320	17 452	943	89 640	18 948
884	85 392	17 476	944	89 712	18 974
885	85 464	17 500	945	89 784	18 998
886	85 536	17 526	946	89 856	19 024
887	85 608	17 550	947	89 928	19 050
888	85 680	17 574	948	90 000	19 074
889	85 752	17 600	949	90 072	19 100
890	85 824	17 624	950	90 144	19 126
891	85 896	17 648	951	90 216	19 150
892	85 968	17 674	952	90 288	19 176
893	86 040	17 698	953	90 360	19 202
894	86 112	17 724	954	90 432	19 226
895	86 184	17 748	955	90 504	19 252
896	86 256	17 772	956	90 576	19 278
897	86 328	17 798	957	90 648	19 302
898	86 400	17 822	958	90 720	19 328
899	86 472	17 846	959	90 792	19 354
900	86 544	17 872	960	90 864	19 380

* Die Einkommensteuer gilt nur für den ausgewiesenen Wert, Zwischenwerte sind zu schätzen – s. Vorbemerkungen

laufende Nummer	zu versteuerndes Einkommen* in €	tarifliche Einkommensteuer* in €	laufende Nummer	zu versteuerndes Einkommen* in €	tarifliche Einkommensteuer* in €
961	90 936	19 404	1 021	95 256	20 948
962	91 008	19 430	1 022	95 328	20 974
963	91 080	19 456	1 023	95 400	21 000
964	91 152	19 480	1 024	95 472	21 026
965	91 224	19 506	1 025	95 544	21 052
966	91 296	19 532	1 026	95 616	21 078
967	91 368	19 558	1 027	95 688	21 104
968	91 440	19 582	1 028	95 760	21 130
969	91 512	19 608	1 029	95 832	21 156
970	91 584	19 634	1 030	95 904	21 182
971	91 656	19 660	1 031	95 976	21 210
972	91 728	19 684	1 032	96 048	21 236
973	91 800	19 710	1 033	96 120	21 262
974	91 872	19 736	1 034	96 192	21 288
975	91 944	19 762	1 035	96 264	21 314
976	92 016	19 788	1 036	96 336	21 340
977	92 088	19 812	1 037	96 408	21 366
978	92 160	19 838	1 038	96 480	21 392
979	92 232	19 864	1 039	96 552	21 418
980	92 304	19 890	1 040	96 624	21 444
981	92 376	19 916	1 041	96 696	21 470
982	92 448	19 940	1 042	96 768	21 498
983	92 520	19 966	1 043	96 840	21 524
984	92 592	19 992	1 044	96 912	21 550
985	92 664	20 018	1 045	96 984	21 576
986	92 736	20 044	1 046	97 056	21 602
987	92 808	20 070	1 047	97 128	21 628
988	92 880	20 094	1 048	97 200	21 654
989	92 952	20 120	1 049	97 272	21 682
990	93 024	20 146	1 050	97 344	21 708
991	93 096	20 172	1 051	97 416	21 734
992	93 168	20 198	1 052	97 488	21 760
993	93 240	20 224	1 053	97 560	21 786
994	93 312	20 250	1 054	97 632	21 812
995	93 384	20 274	1 055	97 704	21 840
996	93 456	20 300	1 056	97 776	21 866
997	93 528	20 326	1 057	97 848	21 892
998	93 600	20 352	1 058	97 920	21 918
999	93 672	20 378	1 059	97 992	21 944
1 000	93 744	20 404	1 060	98 064	21 972
1 001	93 816	20 430	1 061	98 136	21 998
1 002	93 888	20 456	1 062	98 208	22 024
1 003	93 960	20 482	1 063	98 280	22 050
1 004	94 032	20 508	1 064	98 352	22 076
1 005	94 104	20 534	1 065	98 424	22 104
1 006	94 176	20 558	1 066	98 496	22 130
1 007	94 248	20 584	1 067	98 568	22 156
1 008	94 320	20 610	1 068	98 640	22 182
1 009	94 392	20 636	1 069	98 712	22 210
1 010	94 464	20 662	1 070	98 784	22 236
1 011	94 536	20 688	1 071	98 856	22 262
1 012	94 608	20 714	1 072	98 928	22 288
1 013	94 680	20 740	1 073	99 000	22 316
1 014	94 752	20 766	1 074	99 072	22 342
1 015	94 824	20 792	1 075	99 144	22 368
1 016	94 896	20 818	1 076	99 216	22 396
1 017	94 968	20 844	1 077	99 288	22 422
1 018	95 040	20 870	1 078	99 360	22 448
1 019	95 112	20 896	1 079	99 432	22 474
1 020	95 184	20 922	1 080	99 504	22 502

* Die Einkommensteuer gilt nur für den ausgewiesenen Wert, Zwischenwerte sind zu schätzen — s. Vorbemerkungen

laufende Nummer	zu versteuerndes Einkommen* in €	tarifliche Einkommensteuer* in €	laufende Nummer	zu versteuerndes Einkommen* in €	tarifliche Einkommensteuer* in €
1 081	99 576	22 528	1 141	103 896	24 144
1 082	99 648	22 554	1 142	103 968	24 172
1 083	99 720	22 582	1 143	104 040	24 198
1 084	99 792	22 608	1 144	104 112	24 226
1 085	99 864	22 634	1 145	104 184	24 252
1 086	99 936	22 662	1 146	104 256	24 280
1 087	100 008	22 688	1 147	104 328	24 308
1 088	100 080	22 714	1 148	104 400	24 334
1 089	100 152	22 742	1 149	104 472	24 362
1 090	100 224	22 768	1 150	104 544	24 390
1 091	100 296	22 794	1 151	104 616	24 416
1 092	100 368	22 822	1 152	104 688	24 444
1 093	100 440	22 848	1 153	104 760	24 472
1 094	100 512	22 876	1 154	104 832	24 498
1 095	100 584	22 902	1 155	104 904	24 526
1 096	100 656	22 928	1 156	104 976	24 554
1 097	100 728	22 956	1 157	105 048	24 580
1 098	100 800	22 982	1 158	105 120	24 608
1 099	100 872	23 010	1 159	105 192	24 636
1 100	100 944	23 036	1 160	105 264	24 662
1 101	101 016	23 062	1 161	105 336	24 690
1 102	101 088	23 090	1 162	105 408	24 718
1 103	101 160	23 116	1 163	105 480	24 746
1 104	101 232	23 144	1 164	105 552	24 772
1 105	101 304	23 170	1 165	105 624	24 800
1 106	101 376	23 196	1 166	105 696	24 828
1 107	101 448	23 224	1 167	105 768	24 856
1 108	101 520	23 250	1 168	105 840	24 882
1 109	101 592	23 278	1 169	105 912	24 910
1 110	101 664	23 304	1 170	105 984	24 938
1 111	101 736	23 332	1 171	106 056	24 966
1 112	101 808	23 358	1 172	106 128	24 992
1 113	101 880	23 386	1 173	106 200	25 020
1 114	101 952	23 412	1 174	106 272	25 048
1 115	102 024	23 440	1 175	106 344	25 076
1 116	102 096	23 466	1 176	106 416	25 102
1 117	102 168	23 494	1 177	106 488	25 130
1 118	102 240	23 520	1 178	106 560	25 158
1 119	102 312	23 548	1 179	106 632	25 186
1 120	102 384	23 574	1 180	106 704	25 214
1 121	102 456	23 602	1 181	106 776	25 240
1 122	102 528	23 628	1 182	106 848	25 268
1 123	102 600	23 656	1 183	106 920	25 296
1 124	102 672	23 682	1 184	106 992	25 324
1 125	102 744	23 710	1 185	107 064	25 352
1 126	102 816	23 736	1 186	107 136	25 380
1 127	102 888	23 764	1 187	107 208	25 406
1 128	102 960	23 790	1 188	107 280	25 434
1 129	103 032	23 818	1 189	107 352	25 462
1 130	103 104	23 844	1 190	107 424	25 490
1 131	103 176	23 872	1 191	107 496	25 518
1 132	103 248	23 900	1 192	107 568	25 546
1 133	103 320	23 926	1 193	107 640	25 574
1 134	103 392	23 954	1 194	107 712	25 600
1 135	103 464	23 980	1 195	107 784	25 628
1 136	103 536	24 008	1 196	107 856	25 656
1 137	103 608	24 034	1 197	107 928	25 684
1 138	103 680	24 062	1 198	108 000	25 712
1 139	103 752	24 090	1 199	108 072	25 740
1 140	103 824	24 116	1 200	108 144	25 768

* Die Einkommensteuer gilt nur für den ausgewiesenen Wert, Zwischenwerte sind zu schätzen — s. Vorbemerkungen

laufende Nummer	zu versteuerndes Einkommen* in €	tarifliche Einkommensteuer* in €	laufende Nummer	zu versteuerndes Einkommen* in €	tarifliche Einkommensteuer* in €
1201	108216	25796	1261	112536	27484
1202	108288	25824	1262	112608	27512
1203	108360	25852	1263	112680	27540
1204	108432	25878	1264	112752	27568
1205	108504	25906	1265	112824	27596
1206	108576	25934	1266	112896	27626
1207	108648	25962	1267	112968	27654
1208	108720	25990	1268	113040	27682
1209	108792	26018	1269	113112	27710
1210	108864	26046	1270	113184	27740
1211	108936	26074	1271	113256	27768
1212	109008	26102	1272	113328	27796
1213	109080	26130	1273	113400	27824
1214	109152	26158	1274	113472	27854
1215	109224	26186	1275	113544	27882
1216	109296	26214	1276	113616	27910
1217	109368	26242	1277	113688	27940
1218	109440	26270	1278	113760	27968
1219	109512	26298	1279	113832	27996
1220	109584	26326	1280	113904	28024
1221	109656	26354	1281	113976	28054
1222	109728	26382	1282	114048	28082
1223	109800	26410	1283	114120	28110
1224	109872	26438	1284	114192	28140
1225	109944	26466	1285	114264	28168
1226	110016	26494	1286	114336	28196
1227	110088	26522	1287	114408	28226
1228	110160	26550	1288	114480	28254
1229	110232	26578	1289	114552	28282
1230	110304	26606	1290	114624	28312
1231	110376	26634	1291	114696	28340
1232	110448	26662	1292	114768	28370
1233	110520	26692	1293	114840	28398
1234	110592	26720	1294	114912	28426
1235	110664	26748	1295	114984	28456
1236	110736	26776	1296	115056	28484
1237	110808	26804	1297	115128	28512
1238	110880	26832	1298	115200	28542
1239	110952	26860	1299	115272	28570
1240	111024	26888	1300	115344	28600
1241	111096	26916	1301	115416	28628
1242	111168	26944	1302	115488	28656
1243	111240	26974	1303	115560	28686
1244	111312	27002	1304	115632	28714
1245	111384	27030	1305	115704	28744
1246	111456	27058	1306	115776	28772
1247	111528	27086	1307	115848	28802
1248	111600	27114	1308	115920	28830
1249	111672	27142	1309	115992	28860
1250	111744	27170	1310	116064	28888
1251	111816	27200	1311	116136	28916
1252	111888	27228	1312	116208	28946
1253	111960	27256	1313	116280	28974
1254	112032	27284	1314	116352	29004
1255	112104	27312	1315	116424	29032
1256	112176	27342	1316	116496	29062
1257	112248	27370	1317	116568	29090
1258	112320	27398	1318	116640	29120
1259	112392	27426	1319	116712	29148
1260	112464	27454	1320	116784	29178

* Die Einkommensteuer gilt nur für den ausgewiesenen Wert, Zwischenwerte sind zu schätzen — s. Vorbemerkungen

laufende Nummer	zu versteuerndes Einkommen* in €	tarifliche Einkommensteuer* in €	laufende Nummer	zu versteuerndes Einkommen* in €	tarifliche Einkommensteuer* in €
1321	116856	29206	1381	121176	30966
1322	116928	29236	1382	121248	30996
1323	117000	29264	1383	121320	31026
1324	117072	29294	1384	121392	31056
1325	117144	29322	1385	121464	31084
1326	117216	29352	1386	121536	31114
1327	117288	29380	1387	121608	31144
1328	117360	29410	1388	121680	31174
1329	117432	29440	1389	121752	31204
1330	117504	29468	1390	121824	31234
1331	117576	29498	1391	121896	31262
1332	117648	29526	1392	121968	31292
1333	117720	29556	1393	122040	31322
1334	117792	29584	1394	122112	31352
1335	117864	29614	1395	122184	31382
1336	117936	29644	1396	122256	31412
1337	118008	29672	1397	122328	31442
1338	118080	29702	1398	122400	31472
1339	118152	29730	1399	122472	31500
1340	118224	29760	1400	122544	31530
1341	118296	29790	1401	122616	31560
1342	118368	29818	1402	122688	31590
1343	118440	29848	1403	122760	31620
1344	118512	29876	1404	122832	31650
1345	118584	29906	1405	122904	31680
1346	118656	29936	1406	122976	31710
1347	118728	29964	1407	123048	31740
1348	118800	29994	1408	123120	31770
1349	118872	30024	1409	123192	31800
1350	118944	30052	1410	123264	31830
1351	119016	30082	1411	123336	31860
1352	119088	30112	1412	123408	31890
1353	119160	30140	1413	123480	31920
1354	119232	30170	1414	123552	31950
1355	119304	30200	1415	123624	31980
1356	119376	30228	1416	123696	32010
1357	119448	30258	1417	123768	32040
1358	119520	30288	1418	123840	32070
1359	119592	30316	1419	123912	32100
1360	119664	30346	1420	123984	32130
1361	119736	30376	1421	124056	32160
1362	119808	30406	1422	124128	32190
1363	119880	30434	1423	124200	32220
1364	119952	30464	1424	124272	32250
1365	120024	30494	1425	124344	32280
1366	120096	30522	1426	124416	32310
1367	120168	30552	1427	124488	32340
1368	120240	30582	1428	124560	32370
1369	120312	30612	1429	124632	32400
1370	120384	30640	1430	124704	32430
1371	120456	30670	1431	124776	32460
1372	120528	30700	1432	124848	32490
1373	120600	30730	1433	124920	32520
1374	120672	30758	1434	124992	32550
1375	120744	30788	1435	125064	32580
1376	120816	30818	1436	125136	32610
1377	120888	30848	1437	125208	32640
1378	120960	30878	1438	125280	32670
1379	121032	30906	1439	125352	32702
1380	121104	30936	1440	125424	32732

* Die Einkommensteuer gilt nur für den ausgewiesenen Wert, Zwischenwerte sind zu schätzen — s. Vorbemerkungen

laufende Nummer	zu versteuerndes Einkommen* in €	tarifliche Einkommensteuer* in €	laufende Nummer	zu versteuerndes Einkommen* in €	tarifliche Einkommensteuer* in €
1441	125 496	32 762	1501	129 816	34 576
1442	125 568	32 792	1502	129 888	34 606
1443	125 640	32 822	1503	129 960	34 636
1444	125 712	32 852	1504	130 032	34 666
1445	125 784	32 882	1505	130 104	34 696
1446	125 856	32 912	1506	130 176	34 726
1447	125 928	32 942	1507	130 248	34 758
1448	126 000	32 974	1508	130 320	34 788
1449	126 072	33 004	1509	130 392	34 818
1450	126 144	33 034	1510	130 464	34 848
1451	126 216	33 064	1511	130 536	34 878
1452	126 288	33 094	1512	130 608	34 908
1453	126 360	33 124	1513	130 680	34 938
1454	126 432	33 154	1514	130 752	34 968
1455	126 504	33 184	1515	130 824	35 000
1456	126 576	33 214	1516	130 896	35 030
1457	126 648	33 246	1517	130 968	35 060
1458	126 720	33 276	1518	131 040	35 090
1459	126 792	33 306	1519	131 112	35 120
1460	126 864	33 336	1520	131 184	35 150
1461	126 936	33 366	1521	131 256	35 180
1462	127 008	33 396	1522	131 328	35 210
1463	127 080	33 426	1523	131 400	35 242
1464	127 152	33 456	1524	131 472	35 272
1465	127 224	33 488	1525	131 544	35 302
1466	127 296	33 518	1526	131 616	35 332
1467	127 368	33 548	1527	131 688	35 362
1468	127 440	33 578	1528	131 760	35 392
1469	127 512	33 608	1529	131 832	35 422
1470	127 584	33 638	1530	131 904	35 452
1471	127 656	33 668	1531	131 976	35 482
1472	127 728	33 698	1532	132 048	35 514
1473	127 800	33 730	1533	132 120	35 544
1474	127 872	33 760	1534	132 192	35 574
1475	127 944	33 790	1535	132 264	35 604
1476	128 016	33 820	1536	132 336	35 634
1477	128 088	33 850	1537	132 408	35 664
1478	128 160	33 880	1538	132 480	35 694
1479	128 232	33 910	1539	132 552	35 724
1480	128 304	33 940	1540	132 624	35 756
1481	128 376	33 970	1541	132 696	35 786
1482	128 448	34 002	1542	132 768	35 816
1483	128 520	34 032	1543	132 840	35 846
1484	128 592	34 062	1544	132 912	35 876
1485	128 664	34 092	1545	132 984	35 906
1486	128 736	34 122	1546	133 056	35 936
1487	128 808	34 152	1547	133 128	35 966
1488	128 880	34 182	1548	133 200	35 998
1489	128 952	34 212	1549	133 272	36 028
1490	129 024	34 244	1550	133 344	36 058
1491	129 096	34 274	1551	133 416	36 088
1492	129 168	34 304	1552	133 488	36 118
1493	129 240	34 334	1553	133 560	36 148
1494	129 312	34 364	1554	133 632	36 178
1495	129 384	34 394	1555	133 704	36 208
1496	129 456	34 424	1556	133 776	36 238
1497	129 528	34 454	1557	133 848	36 270
1498	129 600	34 486	1558	133 920	36 300
1499	129 672	34 516	1559	133 992	36 330
1500	129 744	34 546	1560	134 064	36 360

* Die Einkommensteuer gilt nur für den ausgewiesenen Wert, Zwischenwerte sind zu schätzen — s. Vorbemerkungen

laufende Nummer	zu versteuerndes Einkommen* in €	tarifliche Einkommensteuer* in €	laufende Nummer	zu versteuerndes Einkommen* in €	tarifliche Einkommensteuer* in €
1561	134 136	36 390	1621	138 456	38 204
1562	134 208	36 420	1622	138 528	38 234
1563	134 280	36 450	1623	138 600	38 266
1564	134 352	36 480	1624	138 672	38 296
1565	134 424	36 512	1625	138 744	38 326
1566	134 496	36 542	1626	138 816	38 356
1567	134 568	36 572	1627	138 888	38 386
1568	134 640	36 602	1628	138 960	38 416
1569	134 712	36 632	1629	139 032	38 446
1570	134 784	36 662	1630	139 104	38 476
1571	134 856	36 692	1631	139 176	38 506
1572	134 928	36 722	1632	139 248	38 538
1573	135 000	36 754	1633	139 320	38 568
1574	135 072	36 784	1634	139 392	38 598
1575	135 144	36 814	1635	139 464	38 628
1576	135 216	36 844	1636	139 536	38 658
1577	135 288	36 874	1637	139 608	38 688
1578	135 360	36 904	1638	139 680	38 718
1579	135 432	36 934	1639	139 752	38 748
1580	135 504	36 964	1640	139 824	38 780
1581	135 576	36 994	1641	139 896	38 810
1582	135 648	37 026	1642	139 968	38 840
1583	135 720	37 056	1643	140 040	38 870
1584	135 792	37 086	1644	140 112	38 900
1585	135 864	37 116	1645	140 184	38 930
1586	135 936	37 146	1646	140 256	38 960
1587	136 008	37 176	1647	140 328	38 990
1588	136 080	37 206	1648	140 400	39 022
1589	136 152	37 236	1649	140 472	39 052
1590	136 224	37 268	1650	140 544	39 082
1591	136 296	37 298	1651	140 616	39 112
1592	136 368	37 328	1652	140 688	39 142
1593	136 440	37 358	1653	140 760	39 172
1594	136 512	37 388	1654	140 832	39 202
1595	136 584	37 418	1655	140 904	39 232
1596	136 656	37 448	1656	140 976	39 262
1597	136 728	37 478	1657	141 048	39 294
1598	136 800	37 510	1658	141 120	39 324
1599	136 872	37 540	1659	141 192	39 354
1600	136 944	37 570	1660	141 264	39 384
1601	137 016	37 600	1661	141 336	39 414
1602	137 088	37 630	1662	141 408	39 444
1603	137 160	37 660	1663	141 480	39 474
1604	137 232	37 690	1664	141 552	39 504
1605	137 304	37 720	1665	141 624	39 536
1606	137 376	37 750	1666	141 696	39 566
1607	137 448	37 782	1667	141 768	39 596
1608	137 520	37 812	1668	141 840	39 626
1609	137 592	37 842	1669	141 912	39 656
1610	137 664	37 872	1670	141 984	39 686
1611	137 736	37 902	1671	142 056	39 716
1612	137 808	37 932	1672	142 128	39 746
1613	137 880	37 962	1673	142 200	39 778
1614	137 952	37 992	1674	142 272	39 808
1615	138 024	38 024	1675	142 344	39 838
1616	138 096	38 054	1676	142 416	39 868
1617	138 168	38 084	1677	142 488	39 898
1618	138 240	38 114	1678	142 560	39 928
1619	138 312	38 144	1679	142 632	39 958
1620	138 384	38 174	1680	142 704	39 988

* Die Einkommensteuer gilt nur für den ausgewiesenen Wert, Zwischenwerte sind zu schätzen — s. Vorbemerkungen

laufende Nummer	zu versteuerndes Einkommen* in €	tarifliche Einkommen-steuer* in €
1681	142 776	40 018
1682	142 848	40 050
1683	142 920	40 080
1684	142 992	40 110
1685	143 064	40 140
1686	143 136	40 170
1687	143 208	40 200
1688	143 280	40 230
1689	143 352	40 260
1690	143 424	40 292
1691	143 496	40 322
1692	143 568	40 352
1693	143 640	40 382
1694	143 712	40 412
1695	143 784	40 442
1696	143 856	40 472
1697	143 928	40 502
1698	144 000	40 534
1699	144 072	40 564
1700	144 144	40 594
1701	144 216	40 624
1702	144 288	40 654
1703	144 360	40 684
1704	144 432	40 714
1705	144 504	40 744
1706	144 576	40 774
1707	144 648	40 806
1708	144 720	40 836
1709	144 792	40 866
1710	144 864	40 896
1711	144 936	40 926
1712	145 008	40 956
1713	145 080	40 986
1714	145 152	41 016
1715	145 224	41 048
1716	145 296	41 078
1717	145 368	41 108
1718	145 440	41 138
1719	145 512	41 168
1720	145 584	41 198
1721	145 656	41 228
1722	145 728	41 258
1723	145 800	41 290
1724	145 872	41 320
1725	145 944	41 350
1726	146 016	41 380
1727	146 088	41 410
1728	146 160	41 440
1729	146 232	41 470
1730	146 304	41 500
1731	146 376	41 530
1732	146 448	41 562
1733	146 520	41 592
1734	146 592	41 622
1735	146 664	41 652
1736	146 736	41 682
1737	146 808	41 712
1738	146 880	41 742
1739	146 952	41 772
1740	147 024	41 804
1741	147 096	41 834
1742	147 168	41 864
1743	147 240	41 894
1744	147 312	41 924
1745	147 384	41 954
1746	147 456	41 984
1747	147 528	42 014
1748	147 600	42 046
1749	147 672	42 076
1750	147 744	42 106
1751	147 816	42 136
1752	147 888	42 166
1753	147 960	42 196
1754	148 032	42 226
1755	148 104	42 256
1756	148 176	42 286
1757	148 248	42 318
1758	148 320	42 348
1759	148 392	42 378
1760	148 464	42 408
1761	148 536	42 438
1762	148 608	42 468
1763	148 680	42 498
1764	148 752	42 528
1765	148 824	42 560
1766	148 896	42 590
1767	148 968	42 620
1768	149 040	42 650
1769	149 112	42 680
1770	149 184	42 710
1771	149 256	42 740
1772	149 328	42 770
1773	149 400	42 802
1774	149 472	42 832
1775	149 544	42 862
1776	149 616	42 892
1777	149 688	42 922
1778	149 760	42 952
1779	149 832	42 982
1780	149 904	43 012
1781	149 976	43 042
1782	150 048	43 074
1783	150 120	43 104
1784	150 192	43 134
1785	150 264	43 164
1786	150 336	43 194
1787	150 408	43 224
1788	150 480	43 254
1789	150 552	43 284
1790	150 624	43 316
1791	150 696	43 346
1792	150 768	43 376
1793	150 840	43 406
1794	150 912	43 436
1795	150 984	43 466
1796	151 056	43 496
1797	151 128	43 526
1798	151 200	43 558
1799	151 272	43 588
1800	151 344	43 618

* Die Einkommensteuer gilt nur für den ausgewiesenen Wert, Zwischenwerte sind zu schätzen — s. Vorbemerkungen

laufende Nummer	zu versteuerndes Einkommen* in €	tarifliche Einkommen-steuer* in €
1801	151 416	43 648
1802	151 488	43 678
1803	151 560	43 708
1804	151 632	43 738
1805	151 704	43 768
1806	151 776	43 798
1807	151 848	43 830
1808	151 920	43 860
1809	151 992	43 890
1810	152 064	43 920
1811	152 136	43 950
1812	152 208	43 980
1813	152 280	44 010
1814	152 352	44 040
1815	152 424	44 072
1816	152 496	44 102
1817	152 568	44 132
1818	152 640	44 162
1819	152 712	44 192
1820	152 784	44 222
1821	152 856	44 252
1822	152 928	44 282
1823	153 000	44 314
1824	153 072	44 344
1825	153 144	44 374
1826	153 216	44 404
1827	153 288	44 434
1828	153 360	44 464
1829	153 432	44 494
1830	153 504	44 524
1831	153 576	44 554
1832	153 648	44 586
1833	153 720	44 616
1834	153 792	44 646
1835	153 864	44 676
1836	153 936	44 706
1837	154 008	44 736
1838	154 080	44 766
1839	154 152	44 796
1840	154 224	44 828
1841	154 296	44 858
1842	154 368	44 888
1843	154 440	44 918
1844	154 512	44 948
1845	154 584	44 978
1846	154 656	45 008
1847	154 728	45 038
1848	154 800	45 070
1849	154 872	45 100
1850	154 944	45 130
1851	155 016	45 160
1852	155 088	45 190
1853	155 160	45 220
1854	155 232	45 250
1855	155 304	45 280
1856	155 376	45 310
1857	155 448	45 342
1858	155 520	45 372
1859	155 592	45 402
1860	155 664	45 432
1861	155 736	45 462
1862	155 808	45 492
1863	155 880	45 522
1864	155 952	45 552
1865	156 024	45 584
1866	156 096	45 614
1867	156 168	45 644
1868	156 240	45 674
1869	156 312	45 704
1870	156 384	45 734
1871	156 456	45 764
1872	156 528	45 794
1873	156 600	45 826
1874	156 672	45 856
1875	156 744	45 886
1876	156 816	45 916
1877	156 888	45 946
1878	156 960	45 976
1879	157 032	46 006
1880	157 104	46 036
1881	157 176	46 066
1882	157 248	46 098
1883	157 320	46 128
1884	157 392	46 158
1885	157 464	46 188
1886	157 536	46 218
1887	157 608	46 248
1888	157 680	46 278
1889	157 752	46 308
1890	157 824	46 340
1891	157 896	46 370
1892	157 968	46 400
1893	158 040	46 430
1894	158 112	46 460
1895	158 184	46 490
1896	158 256	46 520
1897	158 328	46 550
1898	158 400	46 582
1899	158 472	46 612
1900	158 544	46 642
1901	158 616	46 672
1902	158 688	46 702
1903	158 760	46 732
1904	158 832	46 762
1905	158 904	46 792
1906	158 976	46 822
1907	159 048	46 854
1908	159 120	46 884
1909	159 192	46 914
1910	159 264	46 944
1911	159 336	46 974
1912	159 408	47 004
1913	159 480	47 034
1914	159 552	47 064
1915	159 624	47 096
1916	159 696	47 126
1917	159 768	47 156
1918	159 840	47 186
1919	159 912	47 216
1920	159 984	47 246

* Die Einkommensteuer gilt nur für den ausgewiesenen Wert, Zwischenwerte sind zu schätzen — s. Vorbemerkungen

laufende Nummer	zu versteuerndes Einkommen* in €	tarifliche Einkommensteuer* in €	laufende Nummer	zu versteuerndes Einkommen* in €	tarifliche Einkommensteuer* in €
1921	160056	47276	1981	164376	49090
1922	160128	47306	1982	164448	49122
1923	160200	47338	1983	164520	49152
1924	160272	47368	1984	164592	49182
1925	160344	47398	1985	164664	49212
1926	160416	47428	1986	164736	49242
1927	160488	47458	1987	164808	49272
1928	160560	47488	1988	164880	49302
1929	160632	47518	1989	164952	49332
1930	160704	47548	1990	165024	49364
1931	160776	47578	1991	165096	49394
1932	160848	47610	1992	165168	49424
1933	160920	47640	1993	165240	49454
1934	160992	47670	1994	165312	49484
1935	161064	47700	1995	165384	49514
1936	161136	47730	1996	165456	49544
1937	161208	47760	1997	165528	49574
1938	161280	47790	1998	165600	49606
1939	161352	47820	1999	165672	49636
1940	161424	47852	2000	165744	49666
1941	161496	47882	2001	165816	49696
1942	161568	47912	2002	165888	49726
1943	161640	47942	2003	165960	49756
1944	161712	47972	2004	166032	49786
1945	161784	48002	2005	166104	49816
1946	161856	48032	2006	166176	49846
1947	161928	48062	2007	166248	49878
1948	162000	48094	2008	166320	49908
1949	162072	48124	2009	166392	49938
1950	162144	48154	2010	166464	49968
1951	162216	48184	2011	166536	49998
1952	162288	48214	2012	166608	50028
1953	162360	48244	2013	166680	50058
1954	162432	48274	2014	166752	50088
1955	162504	48304	2015	166824	50120
1956	162576	48334	2016	166896	50150
1957	162648	48366	2017	166968	50180
1958	162720	48396	2018	167040	50210
1959	162792	48426	2019	167112	50240
1960	162864	48456	2020	167184	50270
1961	162936	48486	2021	167256	50300
1962	163008	48516	2022	167328	50330
1963	163080	48546	2023	167400	50362
1964	163152	48576	2024	167472	50392
1965	163224	48608	2025	167544	50422
1966	163296	48638	2026	167616	50452
1967	163368	48668	2027	167688	50482
1968	163440	48698	2028	167760	50512
1969	163512	48728	2029	167832	50542
1970	163584	48758	2030	167904	50572
1971	163656	48788	2031	167976	50602
1972	163728	48818	2032	168048	50634
1973	163800	48850	2033	168120	50664
1974	163872	48880	2034	168192	50694
1975	163944	48910	2035	168264	50724
1976	164016	48940	2036	168336	50754
1977	164088	48970	2037	168408	50784
1978	164160	49000	2038	168480	50814
1979	164232	49030	2039	168552	50844
1980	164304	49060	2040	168624	50876

* Die Einkommensteuer gilt nur für den ausgewiesenen Wert, Zwischenwerte sind zu schätzen – s. Vorbemerkungen

laufende Nummer	zu versteuerndes Einkommen* in €	tarifliche Einkommensteuer* in €
2041	168696	50906
2042	168768	50936
2043	168840	50966
2044	168912	50996
2045	168984	51026
2046	169056	51056
2047	169128	51086
2048	169200	51118
2049	169272	51148
2050	169344	51178
2051	169416	51208
2052	169488	51238
2053	169560	51268
2054	169632	51298
2055	169704	51328
2056	169776	51358
2057	169848	51390
2058	169920	51420
2059	169992	51450
2060	170064	51480
2061	170136	51510
2062	170208	51540
2063	170280	51570
2064	170352	51600
2065	170424	51632
2066	170496	51662
2067	170568	51692
2068	170640	51722
2069	170712	51752
2070	170784	51782
2071	170856	51812
2072	170928	51842
2073	171000	51874
2074	171072	51904
2075	171144	51934
2076	171216	51964
2077	171288	51994
2078	171360	52024
2079	171432	52054
2080	171504	52084
2081	171576	52114
2082	171648	52146
2083	171720	52176
2084	171792	52206
2085	171864	52236
2086	171936	52266
2087	172008	52296
2088	172080	52326
2089	172152	52356
2090	172224	52388
2091	172296	52418
2092	172368	52448
2093	172440	52478
2094	172512	52508
2095	172584	52538
2096	172656	52568
2097	172728	52598
2098	172800	52630
2099	172872	52660
2100	172944	52690
2101	173016	52720
2102	173088	52750
2103	173160	52780
2104	173232	52810
2105	173304	52840
2106	173376	52870
2107	173448	52902
2108	173520	52932
2109	173592	52962
2110	173664	52992
2111	173736	53022
2112	173808	53052
2113	173880	53082
2114	173952	53112
2115	174024	53144
2116	174096	53174
2117	174168	53204
2118	174240	53234
2119	174312	53264
2120	174384	53294
2121	174456	53324
2122	174528	53354
2123	174600	53386
2124	174672	53416
2125	174744	53446
2126	174816	53476
2127	174888	53506
2128	174960	53536
2129	175032	53566
2130	175104	53596
2131	175176	53626
2132	175248	53658
2133	175320	53688
2134	175392	53718
2135	175464	53748
2136	175536	53778
2137	175608	53808
2138	175680	53838
2139	175752	53868
2140	175824	53900
2141	175896	53930
2142	175968	53960
2143	176040	53990
2144	176112	54020
2145	176184	54050
2146	176256	54080
2147	176328	54110
2148	176400	54142
2149	176472	54172
2150	176544	54202
2151	176616	54232
2152	176688	54262
2153	176760	54292
2154	176832	54322
2155	176904	54352
2156	176976	54382
2157	177048	54414
2158	177120	54444
2159	177192	54474
2160	177264	54504

* Die Einkommensteuer gilt nur für den ausgewiesenen Wert, Zwischenwerte sind zu schätzen – s. Vorbemerkungen

laufende Nummer	zu versteuerndes Einkommen* in €	tarifliche Einkommensteuer* in €	laufende Nummer	zu versteuerndes Einkommen* in €	tarifliche Einkommensteuer* in €
2 161	177 336	54 534	2 221	181 656	56 348
2 162	177 408	54 564	2 222	181 728	56 378
2 163	177 480	54 594	2 223	181 800	56 410
2 164	177 552	54 624	2 224	181 872	56 440
2 165	177 624	54 656	2 225	181 944	56 470
2 166	177 696	54 686	2 226	182 016	56 500
2 167	177 768	54 716	2 227	182 088	56 530
2 168	177 840	54 746	2 228	182 160	56 560
2 169	177 912	54 776	2 229	182 232	56 590
2 170	177 984	54 806	2 230	182 304	56 620
2 171	178 056	54 836	2 231	182 376	56 650
2 172	178 128	54 866	2 232	182 448	56 682
2 173	178 200	54 898	2 233	182 520	56 712
2 174	178 272	54 928	2 234	182 592	56 742
2 175	178 344	54 958	2 235	182 664	56 772
2 176	178 416	54 988	2 236	182 736	56 802
2 177	178 488	55 018	2 237	182 808	56 832
2 178	178 560	55 048	2 238	182 880	56 862
2 179	178 632	55 078	2 239	182 952	56 892
2 180	178 704	55 108	2 240	183 024	56 924
2 181	178 776	55 138	2 241	183 096	56 954
2 182	178 848	55 170	2 242	183 168	56 984
2 183	178 920	55 200	2 243	183 240	57 014
2 184	178 992	55 230	2 244	183 312	57 044
2 185	179 064	55 260	2 245	183 384	57 074
2 186	179 136	55 290	2 246	183 456	57 104
2 187	179 208	55 320	2 247	183 528	57 134
2 188	179 280	55 350	2 248	183 600	57 166
2 189	179 352	55 380	2 249	183 672	57 196
2 190	179 424	55 412	2 250	183 744	57 226
2 191	179 496	55 442	2 251	183 816	57 256
2 192	179 568	55 472	2 252	183 888	57 286
2 193	179 640	55 502	2 253	183 960	57 316
2 194	179 712	55 532	2 254	184 032	57 346
2 195	179 784	55 562	2 255	184 104	57 376
2 196	179 856	55 592	2 256	184 176	57 406
2 197	179 928	55 622	2 257	184 248	57 438
2 198	180 000	55 654	2 258	184 320	57 468
2 199	180 072	55 684	2 259	184 392	57 498
2 200	180 144	55 714	2 260	184 464	57 528
2 201	180 216	55 744	2 261	184 536	57 558
2 202	180 288	55 774	2 262	184 608	57 588
2 203	180 360	55 804	2 263	184 680	57 618
2 204	180 432	55 834	2 264	184 752	57 648
2 205	180 504	55 864	2 265	184 824	57 680
2 206	180 576	55 894	2 266	184 896	57 710
2 207	180 648	55 926	2 267	184 968	57 740
2 208	180 720	55 956	2 268	185 040	57 770
2 209	180 792	55 986	2 269	185 112	57 800
2 210	180 864	56 016	2 270	185 184	57 830
2 211	180 936	56 046	2 271	185 256	57 860
2 212	181 008	56 076	2 272	185 328	57 890
2 213	181 080	56 106	2 273	185 400	57 922
2 214	181 152	56 136	2 274	185 472	57 952
2 215	181 224	56 168	2 275	185 544	57 982
2 216	181 296	56 198	2 276	185 616	58 012
2 217	181 368	56 228	2 277	185 688	58 042
2 218	181 440	56 258	2 278	185 760	58 072
2 219	181 512	56 288	2 279	185 832	58 102
2 220	181 584	56 318	2 280	185 904	58 132

* Die Einkommensteuer gilt nur für den ausgewiesenen Wert, Zwischenwerte sind zu schätzen — s. Vorbemerkungen

laufende Nummer	zu versteuerndes Einkommen* in €	tarifliche Einkommensteuer* in €
2 281	185 976	58 162
2 282	186 048	58 194
2 283	186 120	58 224
2 284	186 192	58 254
2 285	186 264	58 284
2 286	186 336	58 314
2 287	186 408	58 344
2 288	186 480	58 374
2 289	186 552	58 404
2 290	186 624	58 436
2 291	186 696	58 466
2 292	186 768	58 496
2 293	186 840	58 526
2 294	186 912	58 556
2 295	186 984	58 586
2 296	187 056	58 616
2 297	187 128	58 646
2 298	187 200	58 678
2 299	187 272	58 708
2 300	187 344	58 738
2 301	187 416	58 768
2 302	187 488	58 798
2 303	187 560	58 828
2 304	187 632	58 858
2 305	187 704	58 888
2 306	187 776	58 918
2 307	187 848	58 950
2 308	187 920	58 980
2 309	187 992	59 010
2 310	188 064	59 040
2 311	188 136	59 070
2 312	188 208	59 100
2 313	188 280	59 130
2 314	188 352	59 160
2 315	188 424	59 192
2 316	188 496	59 222
2 317	188 568	59 252
2 318	188 640	59 282
2 319	188 712	59 312
2 320	188 784	59 342
2 321	188 856	59 372
2 322	188 928	59 402
2 323	189 000	59 434
2 324	189 072	59 464
2 325	189 144	59 494
2 326	189 216	59 524
2 327	189 288	59 554
2 328	189 360	59 584
2 329	189 432	59 614
2 330	189 504	59 644
2 331	189 576	59 674
2 332	189 648	59 706
2 333	189 720	59 736
2 334	189 792	59 766
2 335	189 864	59 796
2 336	189 936	59 826
2 337	190 008	59 856
2 338	190 080	59 886
2 339	190 152	59 916
2 340	190 224	59 948
2 341	190 296	59 978
2 342	190 368	60 008
2 343	190 440	60 038
2 344	190 512	60 068
2 345	190 584	60 098
2 346	190 656	60 128
2 347	190 728	60 158
2 348	190 800	60 190
2 349	190 872	60 220
2 350	190 944	60 250
2 351	191 016	60 280
2 352	191 088	60 310
2 353	191 160	60 340
2 354	191 232	60 370
2 355	191 304	60 400
2 356	191 376	60 430
2 357	191 448	60 462
2 358	191 520	60 492
2 359	191 592	60 522
2 360	191 664	60 552
2 361	191 736	60 582
2 362	191 808	60 612
2 363	191 880	60 642
2 364	191 952	60 672
2 365	192 024	60 704
2 366	192 096	60 734
2 367	192 168	60 764
2 368	192 240	60 794
2 369	192 312	60 824
2 370	192 384	60 854
2 371	192 456	60 884
2 372	192 528	60 914
2 373	192 600	60 946
2 374	192 672	60 976
2 375	192 744	61 006
2 376	192 816	61 036
2 377	192 888	61 066
2 378	192 960	61 096
2 379	193 032	61 126
2 380	193 104	61 156
2 381	193 176	61 186
2 382	193 248	61 218
2 383	193 320	61 248
2 384	193 392	61 278
2 385	193 464	61 308
2 386	193 536	61 338
2 387	193 608	61 368
2 388	193 680	61 398
2 389	193 752	61 428
2 390	193 824	61 460
2 391	193 896	61 490
2 392	193 968	61 520
2 393	194 040	61 550
2 394	194 112	61 580
2 395	194 184	61 610
2 396	194 256	61 640
2 397	194 328	61 670
2 398	194 400	61 702
2 399	194 472	61 732
2 400	194 544	61 762

* Die Einkommensteuer gilt nur für den ausgewiesenen Wert, Zwischenwerte sind zu schätzen — s. Vorbemerkungen

Vorbemerkungen

Die zur manuellen Berechnung der Lohnsteuer erstellten Lohnsteuertabellen wurden auf Basis des gem. § 51 Abs. 4 Nr. 1a EStG vom BMF veröffentlichten geänderten Programmablaufplans für die Erstellung von **Lohnsteuertabellen 2023** vom 13.2.2023 berechnet. Entgegen der maschinellen Berechnung der Lohnsteuer (sogenannter Formeltarif) kommt zur manuellen Berechnung der Lohnsteuer auch weiterhin der sogenannte **Stufentarif** zur Anwendung. Die Berechnung nach diesem Stufentarif ist auch weiterhin zulässig, es kommt allerdings zu geringfügigen Abweichungen gegenüber der Berechnung nach dem sogenannten Formeltarif, also der elektronischen Berechnung. Beide Berechnungsarten werden von der Finanzverwaltung ausdrücklich gebilligt. Zur genauen Berechnung der Lohnsteuer nach dem Formeltarif benutzen Sie bitte das über den link https://ch.beck.de/lohnsteuerrechner für Sie freigeschaltete online-Berechnungsprogramm.

Die Lohnsteuertabellen 2023 sind aus dem Einkommensteuertarif gem. § 32a EStG abgeleitet und zwar die Steuerbeträge der Steuerklassen I, II und IV aus dem Einkommensteuertarif nach § 32a Abs. 1, die Steuerbeträge der Steuerklasse III aus dem in § 32a Abs. 5 festgelegten Splitting-Verfahren. Die Steuerbeträge der Steuerklassen V und VI sind aus dem Einkommensteuertarif in der Weise abgeleitet worden, dass für das zu versteuernde Einkommen jeweils der Betrag als Jahressteuer ermittelt worden ist (§ 39b Abs. 2 EStG), der sich aus dem Zweifachen des Unterschiedsbetrags zwischen dem Steuerbetrag für das Eineinviertelfache und dem Steuerbetrag für das Dreiviertelfache des abgerundeten zu versteuernden Jahresbetrags nach § 32a Abs. 1 EStG ergibt. Hierdurch wird im Ergebnis unterstellt, dass das nach der Steuerklasse V oder VI zu versteuernde Einkommen 40 v. H. des gesamten zu versteuernden Einkommens beträgt, das gesamte zu versteuernde Einkommen nach dem Einkommensteuer-Splittingtarif zu versteuern ist und bereits 60 v. H. des gesamten zu versteuernden Einkommens entsprechend versteuert werden. Im Übrigen ist besonders vorgeschrieben worden, dass die Steuerbeträge in den Steuerklassen V und VI mindestens 14 v. H. und höchstens 42 v. H. sowie für den 277 826 Euro übersteigenden Teil 45 v. H. des maßgebenden zu versteuernden Jahresbetrags betragen.

Die Beträge des zu versteuernden Einkommens sind durch Hinzurechnung verschiedener Beträge unter Bildung von Steuerklassen in Jahresarbeitslöhne umgerechnet worden (§ 39b Abs. 2 bis 3 EStG). Auf diese Weise sind folgende Beträge in die Jahreslohnsteuertabelle eingearbeitet worden:

– der tarifliche Grundfreibetrag (§ 32a Abs. 1 EStG) von 10 908 Euro in den Steuerklassen I, II und IV, von 21 816 Euro in der Steuerklasse III,
– der Arbeitnehmer-Pauschbetrag (§ 9a Satz 1 Nr. 1 Buchstabe a EStG) von 1230 Euro oder bei Versorgungsbezügen der Pauschbetrag (§ 9a Satz 1 Nr. 1 Buchstabe b) von 102 Euro in den Steuerklassen I bis V,
– der Sonderausgaben-Pauschbetrag (§ 10c Satz 1 EStG) von 36 Euro in den Steuerklassen I bis V,
– eine Vorsorgepauschale aus den Teilbeträgen
  a) für die RV bei Arbeitnehmern, die in der gesetzlichen RV pflichtversichert oder von der gesetzlichen RV nach § 6 Absatz 1 Nr. 1 SGB VI befreit sind, in den Steuerklassen I bis VI in Höhe des Betrags, der bezogen auf den Arbeitslohn 50 Prozent des Beitrags in der allgemeinen RV unter Berücksichtigung der jeweiligen Beitragsbemessungsgrenzen entspricht. Im Kalenderjahr 2023 ist der so ermittelte Betrag auf 92 v. H. begrenzt (§ 39b Abs. 4 EStG),
  b) für die KV bei Arbeitnehmern, die in der gesetzlichen KV versichert sind, in den Steuerklassen I bis VI in Höhe des Betrags, der bezogen auf den Arbeitslohn unter Berücksichtigung der Beitragsbemessungsgrenzen und den ermäßigten Beitragssatz (§ 243 SGB V) dem Arbeitnehmeranteil eines pflichtversicherten Arbeitnehmers entspricht,
  c) für die PflegeV bei Arbeitnehmern, die in der sozialen PflegeV versichert sind, in den Steuerklassen I bis VI in Höhe des Betrags, der bezogen auf den Arbeitslohn unter Berücksichtigung der Beitragsbemessungsgrenzen und den bundeseinheitlichen Beitragssatz dem Arbeitnehmeranteil eines pflichtversicherten Arbeitnehmers entspricht, erhöht um den Beitragszuschlag des Arbeitnehmers nach § 55 Absatz 3 SGB XI (Beitragszuschlag für Kinderlose), wenn die Voraussetzungen dafür vorliegen,
  d) für die KV und für die private Pflege-PflichtV bei Arbeitnehmern, die nicht unter Buchstabe b und c fallen, in den Steuerklassen I bis V in Höhe der dem Arbeitgeber mitgeteilten Beiträge im Sinne des § 10 Absatz 1 Nummer 3 EStG, etwaig vervielfältigt unter sinngemäßer Anwendung von Satz 2 auf einen Jahresbetrag, vermindert um den Betrag, der bezogen auf den Arbeitslohn unter Berücksichtigung der Beitragsbemessungsgrenzen und den ermäßigten Beitragssatz in der gesetzlichen KV sowie den bundeseinheitlichen Beitragssatz in der sozialen PflegeV dem Arbeitgeberanteil für einen pflichtversicherten Arbeitnehmer entspricht, wenn der Arbeitgeber gesetzlich verpflichtet ist, Zuschüsse zu den KV- und PflegeV-Beiträgen des Arbeitnehmers zu leisten;

– Entschädigungen im Sinne des § 24 Nummer 1 EStG sind bei Anwendung der Buchstaben a bis c nicht zu berücksichtigen; mindestens ist für die Summe der Teilbeträge nach den Buchstaben b und c oder für den Teilbetrag nach Buchstabe d ein Betrag in Höhe von 12 Prozent des Arbeitslohns, höchstens 1900 Euro in den Steuerklassen I, II, IV, V, VI und höchstens 3000 Euro in der Steuerklasse III anzusetzen,
– der Entlastungsbetrag für Alleinerziehende (§ 24b EStG) von 4260 Euro in der Steuerklasse II, der sich für jedes weitere Kind um 240 Euro erhöht.

Die **Monatslohnsteuertabellen,** die **Wochenlohnsteuertabellen** und die **Tageslohnsteuertabellen** sind nach § 39b Abs. 2 EStG aus den Jahreslohnsteuertabellen abgeleitet worden. Dabei sind die Anfangsbeträge der Arbeitslohnstufen und die Lohnsteuerbeträge für die Monatslohnsteuertabelle mit einem Zwölftel, für die Wochenlohnsteuertabelle mit $^{7}/_{360}$ und für die Tageslohnsteuertabelle mit $^{1}/_{360}$ der Jahresbeträge angesetzt worden. Für Lohnzahlungszeiträume, für die keine Lohnsteuertabellen bestehen, ist die Lohnsteuer aus den mit der Zahl der Kalendertage oder Wochen dieser Zeiträume vervielfachten Beträgen der maßgebenden Tageslohnsteuertabelle oder Wochenlohnsteuertabelle zu ermitteln.

Vor Ermittlung der Lohnsteuer aus der maßgebenden Lohnsteuertabelle hat der Arbeitgeber ggf. den auf den Lohnzahlungszeitraum entfallenden Anteil des **Versorgungs-Freibetrags** und des **Zuschlags zum Versorgungs-Freibetrag** (§ 19 Abs. 2 EStG) oder des **Altersentlastungsbetrags** (§ 24a EStG) und einen etwaigen als Lohnsteuerabzugsmerkmal für den Lohnzahlungszeitraum mitgeteilten Freibetrag (§ 39a Abs. 1 EStG) des Arbeitnehmers **vom Arbeitslohn abzuziehen** oder um einen etwaigen **Hinzurechnungsbetrag** (§ 39a Abs. 1 Nr. 7 EStG) zu erhöhen. Dabei ist der Versorgungs-Freibetrag mit 13,6 v. H. der Versorgungsbezüge, höchstens mit monatlich 85 Euro, wöchentlich 19,83 Euro und täglich 2,83 Euro zu berücksichtigen. Der Zuschlag zum Versorgungs-Freibetrag ist höchstens mit monatlich 25,50 Euro, wöchentlich 5,95 Euro und täglich mit 0,85 Euro anzusetzen. Der Altersentlastungsbetrag ist mit 13,6 v. H. des Arbeitslohns ohne etwaige Versorgungsbezüge, höchstens mit monatlich 53,83 Euro, wöchentlich 12,56 Euro und täglich 1,79 Euro zu berücksichtigen.

Die **besonderen Lohnsteuertabellen** gelten **für Arbeitnehmer, die** in der gesetzlichen Rentenversicherung **nicht versicherungspflichtig** sind, wie Beamte, Richter, Berufssoldaten, Arbeitnehmer der Sozialversicherungsträger und Geistliche der öffentlich-rechtlichen Religionsgemeinschaften, Bezieher von Ruhegehältern u. dgl. Für diesen Personenkreis sowie **Arbeitnehmer,** die **privat kranken- und pflegeversichert** sind (Lohnsteuerberechnung nach der allgemeinen Lohnsteuertabelle),

kann die Lohnsteuer nicht mehr direkt aus den Lohnsteuertabellen entnommen werden, sondern es muss zunächst eine Zwischenrechnung vorgenommen werden. Dabei werden die nachgewiesenen Basiskranken- und Pflegeversicherungsbeiträge des Arbeitnehmers um die nach den Lohnsteuertabellen für den tatsächlichen Bruttojahresarbeitslohn berücksichtigte Mindestvorsorgepauschale (BVSP) gemindert. Von dem verbleibenden Betrag ist der typisierte Arbeitgeberzuschuss (TAGZ) zur Kranken- und Pflegeversicherung abzuziehen, wenn der Arbeitgeber verpflichtet ist, einen Zuschuss zur Kranken- und Pflegeversicherung zu zahlen. Der so ermittelte Wert ist von dem maßgeblichen Bruttoarbeitslohn abzuziehen. Die Lohnsteuer ist für den geminderten Bruttoarbeitslohn in der Tabelle abzulesen. Für diese Nebenrechnung weisen die allgemeinen und besonderen Lohnsteuertabellen für privat versicherte Arbeitnehmer den typisierten Arbeitgeberzuschuss (TAGZ) und die Mindestvorsorgepauschale (BVSP) für die Basiskranken- und Pflegepflichtversicherungsbeiträge aus.

Berechnungsbeispiele

Beispiel 1: Allgemeine Lohnsteuertabelle, private KV und PflegeV

Ein Arbeitnehmer in der Steuerklasse III (keine Kinder, Beitragsbemessungsgrenze West) erhält einen Bruttojahresarbeitslohn von 75 000 Euro. Er ist in der gesetzlichen Rentenversicherung pflichtversichert und **privat kranken- und pflegeversichert.** Seine nachgewiesenen Basiskranken- und Pflegepflichtversicherungsbeiträge betragen 12 000 Euro im Jahr. Dazu erhält er einen Zuschuss von seinem Arbeitgeber.

Die Lohnsteuer nach der **allgemeinen Lohnsteuertabelle** beträgt 9752 Euro im Jahr, dabei ist durch die Berücksichtigung der Vorsorgepauschale ein Aufwand für eine Basiskranken- und Pflegepflichtversicherung von 5581 Euro berücksichtigt, der typisierte Arbeitgeberzuschuss beträgt in 2023 ebenfalls 5581 Euro. Um die nachgewiesenen Basiskranken- und Pflegepflichtversicherungsbeiträge zu berücksichtigen, sind in einer Nebenrechnung diese Beiträge um den nach der allgemeinen Lohnsteuertabelle berücksichtigten Aufwand für die gesetzliche Kranken- und soziale Pflegeversicherung und den typisierten Arbeitgeberzuschuss zu mindern. Es verbleiben (12 000 Euro – 5581 Euro – 5581 Euro =) 838 Euro, die den Bruttojahresarbeitslohn mindern. In diesem Fall ist die Lohnsteuer bei einem Bruttojahresarbeitslohn von (75 000 Euro – 838 Euro =) 74 162 Euro abzulesen. Die Lohnsteuer beträgt in der Steuerklasse III 9530 Euro.

Beispiel 2: Besondere Lohnsteuertabelle, rentenversicherungsfrei und private KV und PflegeV

Ein **Beamter** in der Steuerklasse I ohne Kinder erhält einen Jahresarbeitslohn von 15 000 Euro. Seine nachgewiesenen Basiskranken- und

Pflegepflichtversicherungsbeiträge betragen 2400 Euro im Jahr. Er erhält keinen Zuschuss von seinem Arbeitgeber.

Die Lohnsteuer nach der besonderen Lohnsteuertabelle beträgt 155 Euro im Jahr; dabei ist durch die Berücksichtigung der Mindestvorsorgepauschale bereits ein Aufwand von 1801 Euro berücksichtigt. Um die nachgewiesenen Basiskranken- und Pflege-Pflichtversicherungsbeiträge zu berücksichtigen, sind in einer Nebenrechnung diese Beiträge um die nach der besonderen Lohnsteuertabelle berücksichtigte Mindestvorsorgepauschale zu mindern. Es verbleiben (2400 Euro – 1801 Euro =) 599 Euro, die den Jahresarbeitslohn mindern. In diesem Fall ist die Lohnsteuer bei einem Jahresarbeitslohn von (15 000 Euro – 599 Euro =) 14 401 Euro abzulesen. Die Lohnsteuer beträgt in der Steuerklasse I 76 Euro.

Für Fälle, in denen die Lohnsteuertabellen keine Möglichkeit zur Berechnung anbieten, wird auf das über den link https://ch.beck.de/lohnsteuerrechner für Sie freigeschaltete online-Berechnungsprogramm verwiesen.

Für die Ermittlung der Lohnsteuer sind die Lohnsteuerabzugsmerkmale des Arbeitnehmers maßgebend. Nach § 39 Abs. 4 EStG sind dies

1. Steuerklasse (§ 38b Absatz 1) und Faktor (§ 39 f EStG),
2. Zahl der Kinderfreibeträge bei den Steuerklassen I bis IV (§ 38b Absatz 2 EStG),
3. Freibetrag und Hinzurechnungsbetrag (§ 39a EStG),
4. Höhe der Beiträge für eine private Krankenversicherung und für eine private Pflege-Pflichtversicherung (§ 39b Absatz 2 Satz 5 Nummer 3 Buchstabe d EStG) für die Dauer von zwölf Monaten, wenn der Arbeitnehmer dies beantragt,
5. Mitteilung, dass der von einem Arbeitgeber gezahlte Arbeitslohn nach einem Abkommen zur Vermeidung der Doppelbesteuerung von der Lohnsteuer freizustellen ist, wenn der Arbeitnehmer oder der Arbeitgeber dies beantragt.

Die Einreihung der Arbeitnehmer in die verschiedenen Steuerklassen ergibt sich aus § 38b EStG. In die Steuerklasse I gehören Arbeitnehmer, die unbeschränkt einkommensteuerpflichtig und ledig sind, verheiratet, verwitwet oder geschieden sind und bei denen die Voraussetzungen für die Steuerklasse III oder IV nicht erfüllt sind oder beschränkt einkommensteuerpflichtig sind. **Ehegatten,** die unbeschränkt steuerpflichtig sind, nicht dauernd getrennt leben und beide Arbeitslohn beziehen, können **wählen,** ob sie beide nach der Steuerklasse IV oder ob einer der Ehegatten nach Steuerklasse III und der andere Ehegatte nach Steuerklasse V besteuert werden sollen. Anstelle der Steuerklassenkombination III/V kann auch das **Faktorverfahren** (§ 39 f EStG) bei Ehegatten angewendet werden. Bei Ehegatten, die in die Steuerklasse IV gehören (§ 38b Abs. 1

Satz 2 Nr. 4 EStG), kann auf Antrag beider Ehegatten anstelle der Steuerklassenkombination III/V als Lohnsteuerabzugsmerkmal jeweils die Steuerklasse IV in Verbindung mit einem Faktor zur Ermittlung der Lohnsteuer berücksichtigt werden, wenn der Faktor kleiner als 1 ist. Der Faktor ist Y : X und vom Finanzamt mit drei Nachkommastellen ohne Rundung zu berechnen. „Y" ist die voraussichtliche Einkommensteuer für beide Ehegatten nach dem Splittingverfahren (§ 32a Abs. 5 EStG) unter Berücksichtigung der in § 39b Abs. 2 EStG genannten Abzugsbeträge. „X" ist die Summe der voraussichtlichen Lohnsteuer bei Anwendung der Steuerklasse IV für jeden Ehegatten. In die Bemessungsgrundlage für Y werden jeweils neben den Jahresarbeitslöhnen der ersten Dienstverhältnisse zusätzlich nur Beträge einbezogen, die nach § 39a Abs. 1 Satz 1 Nr. 1 bis 6 EStG als Freibetrag ermittelt und als Lohnsteuerabzugsmerkmal gebildet werden könnten; Freibeträge werden neben dem Faktor nicht als Lohnsteuerabzugsmerkmal gebildet. In den Fällen des § 39a Abs. 1 Satz 1 Nr. 7 EStG sind bei der Ermittlung von Y und X die Hinzurechnungsbeträge zu berücksichtigen; die Hinzurechnungsbeträge sind zusätzlich als Lohnsteuerabzugsmerkmal für das erste Dienstverhältnis zu bilden. Arbeitslöhne aus zweiten und weiteren Dienstverhältnissen (Steuerklasse VI) sind im Faktorverfahren nicht zu berücksichtigen.

Für die Einbehaltung der Lohnsteuer vom Arbeitslohn hat der Arbeitgeber Steuerklasse IV und den Faktor anzuwenden.

Bei Anwendung des Faktorverfahrens ist zwingend eine Veranlagung durchzuführen (§ 46 Abs. 2 Nr. 3a EStG), ebenso bei Vorliegen anderer Einkünfte von mehr als 410 Euro (§ 46 Abs. 2 EStG).

Die für die Ehegatten günstigste Steuerklassenkombination hängt in erster Linie von der Höhe ihrer Arbeitslöhne, vom Verhältnis dieser Arbeitslöhne zueinander und von der Inanspruchnahme eines etwaigen Freibetrags und seiner Verteilung auf die Ehegatten ab. Bei der Steuerklassenkombination III/V kann die einbehaltene Lohnsteuer im Verhältnis zur Jahressteuerschuld zu gering sein, wenn das gemeinsam zu versteuernde Einkommen der Ehegatten der progressiven Besteuerung unterliegt. Daher müssen Ehegatten, die die Steuerklassen III/V gewählt haben, in jedem Fall zur Einkommensteuer veranlagt werden.

Bei **erweiterter unbeschränkter Steuerpflicht** erhalten die Arbeitnehmer auf Antrag vom Betriebsstättenfinanzamt eine Abzugsbescheinigung und einen etwa in Betracht kommenden Freibetrag (§ 39a Abs. 1 EStG). Erweitert unbeschränkt steuerpflichtig sind zum einen deutsche Staatsangehörige, die nicht im Inland wohnen und zu einer inländischen juristischen Person des öffentlichen Rechts in einem Dienstverhältnis stehen und dafür Arbeitslohn aus einer inländischen öffentlichen Kasse beziehen sowie bestimmte zu ihrem Haushalt gehörende Angehörige (§ 1 Abs. 2 EStG). Zum anderen können auf Antrag

auch andere Staatsangehörige, die nicht im Inland wohnen, als unbeschränkt steuerpflichtig behandelt werden, soweit sie inländische Einkünfte haben, die mindestens zu 90 v. H. der deutschen Einkommensteuer unterliegen oder wenn die nicht der deutschen Einkommensteuer unterliegenden Einkünfte nicht mehr als 9744 Euro betragen, wobei eine Kürzung dieses Betrages nach den Verhältnissen des Wohnsitzstaates in Betracht kommt (§ 1 Abs. 3 EStG).

Neben der allgemeinen und besonderen Lohnsteuertabelle, die der Ermittlung der vom Arbeitgeber einzubehaltenden und abzuführenden Lohnsteuer dient, ohne dass hierbei Kinderfreibeträge zu berücksichtigen sind, besteht noch eine **Lohnsteuertabelle, in der die Kinderfreibeträge eingearbeitet** sind. Sie dient aber im Rahmen des laufenden Lohnsteuerabzugs nur dazu, die Lohnsteuer zu ermitteln, die die Bemessungsgrundlage für die sog. **Annexsteuern** darstellt (§ 51a Abs. 2a EStG), das sind die Kirchensteuer und der Solidaritätszuschlag. Ist für den Arbeitnehmer die Berücksichtigung von Freibeträgen für Kinder nach § 32 EStG günstiger als das Kindergeld, wird dies bei der Einkommensteuerveranlagung berücksichtigt und entsprechend verrechnet (§ 31 EStG).

Lohnsteuerklassen nach § 38b EStG:

(1) Für die Durchführung des Lohnsteuerabzugs werden Arbeitnehmer in Steuerklassen eingereiht. Dabei gilt Folgendes:

1. In die Steuerklasse I gehören Arbeitnehmer, die
   a) unbeschränkt einkommensteuerpflichtig und
      aa) ledig sind,
      bb) verheiratet, verwitwet oder geschieden sind und bei denen die Voraussetzungen für die Steuerklasse III oder IV nicht erfüllt sind; oder
   b) beschränkt einkommensteuerpflichtig sind;
2. in die Steuerklasse II gehören die unter Nummer 1 Buchstabe a bezeichneten Arbeitnehmer, wenn bei ihnen der Entlastungsbetrag für Alleinerziehende (§ 24b EStG) zu berücksichtigen ist;
3. in die Steuerklasse III gehören Arbeitnehmer,
   a) die verheiratet sind, wenn beide Ehegatten unbeschränkt einkommensteuerpflichtig sind und nicht dauernd getrennt leben und der Ehegatte des Arbeitnehmers auf Antrag beider Ehegatten in die Steuerklasse V eingereiht wird,
   b) die verwitwet sind, wenn sie und ihr verstorbener Ehegatte im Zeitpunkt seines Todes unbeschränkt einkommensteuerpflichtig waren und in diesem Zeitpunkt nicht dauernd getrennt gelebt haben, für das Kalenderjahr, das dem Kalenderjahr folgt, in dem der Ehegatte verstorben ist,

c) deren Ehe aufgelöst worden ist, wenn
   aa) im Kalenderjahr der Auflösung der Ehe beide Ehegatten unbeschränkt einkommensteuerpflichtig waren und nicht dauernd getrennt gelebt haben und
   bb) der andere Ehegatte wieder geheiratet hat, von seinem neuen Ehegatten nicht dauernd getrennt lebt und er und sein neuer Ehegatte unbeschränkt einkommensteuerpflichtig sind,

   für das Kalenderjahr, in dem die Ehe aufgelöst worden ist;
4. in die Steuerklasse IV gehören Arbeitnehmer, die verheiratet sind, wenn beide Ehegatten unbeschränkt einkommensteuerpflichtig sind und nicht dauernd getrennt leben; dies gilt auch, wenn einer der Ehegatten keinen Arbeitslohn bezieht und kein Antrag nach Nummer 3 Buchstabe a gestellt worden ist;
5. in die Steuerklasse V gehören die unter Nummer 4 bezeichneten Arbeitnehmer, wenn der Ehegatte des Arbeitnehmers auf Antrag beider Ehegatten in die Steuerklasse III eingereiht wird;
6. die Steuerklasse VI gilt bei Arbeitnehmern, die nebeneinander von mehreren Arbeitgebern Arbeitslohn beziehen, für die Einbehaltung der Lohnsteuer vom Arbeitslohn aus dem zweiten und einem weiteren Dienstverhältnis sowie in den Fällen des § 39c EStG.

Als unbeschränkt einkommensteuerpflichtig im Sinne der Nummern 3 und 4 gelten nur Personen, die die Voraussetzungen des § 1 Absatz 1 oder 2 oder des § 1a erfüllen.

(2) Für ein minderjähriges und nach § 1 Absatz 1 unbeschränkt einkommensteuerpflichtiges Kind im Sinne des § 32 Absatz 1 Nummer 1 und Absatz 3 werden bei der Anwendung der Steuerklassen I bis IV die Kinderfreibeträge als Lohnsteuerabzugsmerkmal nach § 39 Absatz 1 wie folgt berücksichtigt:

1. mit Zähler 0,5, wenn dem Arbeitnehmer der Kinderfreibetrag nach § 32 Absatz 6 Satz 1 zusteht, oder
2. mit Zähler 1, wenn dem Arbeitnehmer der Kinderfreibetrag zusteht, weil
   a) die Voraussetzungen des § 32 Absatz 6 Satz 2 vorliegen oder
   b) der andere Elternteil vor dem Beginn des Kalenderjahres verstorben ist oder
   c) der Arbeitnehmer allein das Kind angenommen hat.

Soweit dem Arbeitnehmer Kinderfreibeträge nach § 32 Absatz 1 bis 6 zustehen, die nicht nach Satz 1 berücksichtigt werden, ist die Zahl der Kinderfreibeträge auf Antrag vorbehaltlich des § 39a Absatz 1 Nummer 6 zu Grunde zu legen. In den Fällen des Satzes 2 können die Kinderfreibeträge für mehrere Jahre gelten, wenn nach den tatsächlichen Verhältnissen zu erwarten ist, dass die Voraussetzungen bestehen bleiben. Bei Anwendung der Steuerklassen III und IV sind auch Kinder des Ehe-

gatten bei der Zahl der Kinderfreibeträge zu berücksichtigen. Der Antrag kann nur nach amtlich vorgeschriebenem Vordruck gestellt werden.

(3) Auf Antrag des Arbeitnehmers kann abweichend von Absatz 1 oder 2 eine für ihn ungünstigere Steuerklasse oder geringere Zahl der Kinderfreibeträge als Lohnsteuerabzugsmerkmal gebildet werden. Der Wechsel von der Steuerklasse III oder V in die Steuerklasse IV ist auch auf Antrag nur eines Ehegatten möglich mit der Folge, dass beide Ehegatten in die Steuerklasse IV eingereiht werden. Diese Anträge sind nach amtlich vorgeschriebenem Vordruck zu stellen und vom Antragsteller eigenhändig zu unterschreiben.

Eine elektronische **Lohnsteuerbescheinigung** hat der Arbeitgeber bei Abschluss des Lohnkontos, d. h. bei Beendigung des Dienstverhältnisses oder am Ende des Kalenderjahres auszustellen (§ 41b Abs. 1 EStG). Arbeitgeber ohne maschinelle Lohnabrechnung, die ausschließlich Arbeitnehmer im Rahmen einer geringfügigen Beschäftigung in ihrem Privathaushalt beschäftigen und keine elektronische Lohnsteuerbescheinigung erteilen können, haben eine entsprechende Lohnsteuerbescheinigung nach amtlich vorgeschriebenem Muster auszustellen (§ 41b Abs. 3 EStG).

Erhebung des Solidaritätszuschlags

Gem. § 3 Abs. 4 SolZG ist der Solidaritätszuschlag in Höhe von 5,5 % beim Abzug vom **laufenden** Arbeitslohn nur zu erheben, wenn die Bemessungsgrundlage (Lohnsteuer) im jeweiligen Lohnzahlungszeitraum

1. bei monatlicher Lohnzahlung
   a) in der Steuerklasse III mehr als 2923,83 Euro und
   b) in den Steuerklassen I, II, IV bis VI mehr als 1461,92 Euro,
2. bei wöchentlicher Lohnzahlung
   a) in der Steuerklasse III mehr als 682,23 Euro und
   b) in den Steuerklassen I, II, IV bis VI mehr als 341,11 Euro,
3. bei täglicher Lohnzahlung
   a) in der Steuerklasse III mehr als 97,46 Euro und
   b) in den Steuerklassen I, II, IV bis VI mehr als 48,73 Euro beträgt.

Beim Lohnsteuer-Jahresausgleich ist der Solidaritätszuschlag nur zu ermitteln, wenn die Bemessungsgrundlage in Steuerklasse III mehr als 35 086 Euro und in den Steuerklassen I, II oder IV mehr als 17 543 Euro beträgt.

Der Solidaritätszuschlag beträgt darüber hinaus nicht mehr als 11,9 v. H. des Unterschiedsbetrags zwischen der Bemessungsgrundlage und den o. g. Freigrenzen. Dieser „Übergangswert“ ist den einzelnen Tabellen jeweils vorangestellten „Übergangstabellen Solidaritätszuschlag“ zu entnehmen, wobei diese auf **„Sonstige Bezüge“** nicht anzuwenden sind.

Berechnungsprogramm 2023

Grundlage des vorliegenden Programms ist der vom Bundesministerium der Finanzen bekannt gemachte Euro-Programmablaufplan für die maschinelle Berechnung der vom Arbeitslohn einzubehaltenen Lohnsteuer, des Solidaritätszuschlages und der Maßstabsteuer für die Kirchenlohnsteuer 2023 vom 13.2.2023.

Für die maschinelle Berechnung der Lohn- und Einkommensteuer kommt der *stufenlose* Steuertarif (sog. Formeltarif) zur Anwendung, mit dem die Lohn- und Einkommensteuer exakt für den sich bei der Lohnsteuerberechnung bzw. Steuerveranlagung ergebenden Einzelwert berechnet wird.

Das Berechnungsprogramm (Lohnsteuerrechner 2023) mit ausführlicher Programmanleitung erreichen Sie über den für Sie freigeschalteten link https://ch.beck.de/lohnsteuerrechner

Solidaritätszuschlag beim Lohnsteuer-Jahresausgleich durch den Arbeitgeber*

Steuerklasse III		Steuerklasse III		Steuerklasse III		Steuerklasse III	
Maßstabs-lohnsteuer €	Solidaritäts-zuschlag €	Maßstabs-lohnsteuer €	Solidaritäts-zuschlag €	Maßstabs-lohnsteuer €	Solidaritäts-zuschlag €	Maßstabs-lohnsteuer €	Solidaritäts-zuschlag €
35084,00	0,00	35976,00	105,91	36868,00	212,05	37760,00	318,20
35100,00	1,66	35992,00	107,81	36884,00	213,96	37776,00	320,11
35114,00	3,33	36006,00	109,48	36898,00	215,62	37790,00	321,77
35130,00	5,23	36022,00	111,38	36914,00	217,53	37806,00	323,68
35144,00	6,90	36036,00	113,05	36928,00	219,19	37820,00	325,34
35160,00	8,80	36052,00	114,95	36944,00	221,10	37836,00	327,25
35174,00	10,47	36066,00	116,62	36958,00	222,76	37850,00	328,91
35190,00	12,37	36082,00	118,52	36974,00	224,67	37866,00	330,82
35204,00	14,04	36098,00	120,42	36990,00	226,57	37882,00	332,72
35220,00	15,94	36112,00	122,09	37004,00	228,24	37896,00	334,39
35236,00	17,85	36128,00	123,99	37020,00	230,14	37912,00	336,29
35250,00	19,51	36142,00	125,66	37034,00	231,81	37926,00	337,96
35266,00	21,42	36158,00	127,56	37050,00	233,71	37942,00	339,86
35280,00	23,08	36172,00	129,23	37064,00	235,38	37956,00	341,53
35296,00	24,99	36188,00	131,13	37080,00	237,28	37972,00	343,43
35310,00	26,65	36202,00	132,80	37094,00	238,95	37988,00	345,33
35326,00	28,56	36218,00	134,70	37110,00	240,85	38002,00	347,00
35342,00	30,46	36234,00	136,61	37126,00	242,76	38018,00	348,90
35356,00	32,13	36248,00	138,27	37140,00	244,42	38032,00	350,57
35372,00	34,03	36264,00	140,18	37156,00	246,33	38048,00	352,47
35386,00	35,70	36278,00	141,84	37170,00	247,99	38062,00	354,14
35402,00	37,60	36294,00	143,75	37186,00	249,90	38078,00	356,04
35416,00	39,27	36308,00	145,41	37200,00	251,56	38092,00	357,71
35432,00	41,17	36324,00	147,32	37216,00	253,47	38108,00	359,61
35446,00	42,84	36338,00	148,98	37232,00	255,37	38124,00	361,52
35462,00	44,74	36354,00	150,89	37246,00	257,04	38138,00	363,18
35478,00	46,64	36370,00	152,79	37262,00	258,94	38154,00	365,09
35492,00	48,31	36384,00	154,46	37276,00	260,61	38168,00	366,75
35508,00	50,21	36400,00	156,36	37292,00	262,51	38184,00	368,66
35522,00	51,88	36414,00	158,03	37306,00	264,18	38198,00	370,32
35538,00	53,78	36430,00	159,93	37322,00	266,08	38214,00	372,23
35552,00	55,45	36444,00	161,60	37336,00	267,75	38228,00	373,89
35568,00	57,35	36460,00	163,50	37352,00	269,65	38244,00	375,80
35582,00	59,02	36476,00	165,41	37368,00	271,55	38260,00	377,70
35598,00	60,92	36490,00	167,07	37382,00	273,22	38274,00	379,37
35614,00	62,83	36506,00	168,98	37398,00	275,12	38290,00	381,27
35628,00	64,49	36520,00	170,64	37412,00	276,79	38304,00	382,94
35644,00	66,40	36536,00	172,55	37428,00	278,69	38320,00	384,84
35658,00	68,06	36550,00	174,21	37442,00	280,36	38334,00	386,51
35674,00	69,97	36566,00	176,12	37458,00	282,26	38350,00	388,41
35688,00	71,63	36580,00	177,78	37472,00	283,93	38366,00	390,32
35704,00	73,54	36596,00	179,69	37488,00	285,83	38380,00	391,98
35720,00	75,44	36612,00	181,59	37504,00	287,74	38396,00	393,89
35734,00	77,11	36626,00	183,26	37518,00	289,40	38410,00	395,55
35750,00	79,01	36642,00	185,16	37534,00	291,31	38426,00	397,46
35764,00	80,68	36656,00	186,83	37548,00	292,97	38440,00	399,12
35780,00	82,58	36672,00	188,73	37564,00	294,88	38456,00	401,03
35794,00	84,25	36686,00	190,40	37578,00	296,54	38470,00	402,69
35810,00	86,15	36702,00	192,30	37594,00	298,45	38486,00	404,60
35824,00	87,82	36716,00	193,97	37610,00	300,35	38502,00	406,50
35840,00	89,72	36732,00	195,87	37624,00	302,02	38516,00	408,17
35856,00	91,63	36748,00	197,77	37640,00	303,92	38532,00	410,07
35870,00	93,29	36762,00	199,44	37654,00	305,59	38546,00	411,74
35886,00	95,20	36778,00	201,34	37670,00	307,49	38562,00	413,64
35900,00	96,86	36792,00	203,01	37684,00	309,16	38576,00	415,31
35916,00	98,77	36808,00	204,91	37700,00	311,06	38592,00	417,21
35930,00	100,43	36822,00	206,58	37714,00	312,73	38606,00	418,88
35946,00	102,34	36838,00	208,48	37730,00	314,63	38622,00	420,78
35960,00	104,00	36854,00	210,39	37746,00	316,54	38638,00	422,68

* Nur anzuwenden bei Lohnsteuer-Jahresausgleich durch den Arbeitgeber.

Steuerklasse III		Steuerklasse III		Steuerklasse III		Steuerklasse III	
Maßstabs-lohnsteuer €	Solidaritäts-zuschlag €	Maßstabs-lohnsteuer €	Solidaritäts-zuschlag €	Maßstabs-lohnsteuer €	Solidaritäts-zuschlag €	Maßstabs-lohnsteuer €	Solidaritäts-zuschlag €
38652,00	424,35	39680,00	546,68	40708,00	669,01	41736,00	791,35
38668,00	426,25	39696,00	548,59	40724,00	670,92	41752,00	793,25
38682,00	427,92	39710,00	550,25	40738,00	672,58	41768,00	795,15
38698,00	429,82	39726,00	552,16	40754,00	674,49	41782,00	796,82
38712,00	431,49	39740,00	553,82	40770,00	676,39	41798,00	798,72
38728,00	433,39	39756,00	555,73	40784,00	678,06	41812,00	800,39
38744,00	435,30	39772,00	557,63	40800,00	679,96	41828,00	802,29
38758,00	436,96	39786,00	559,30	40814,00	681,63	41842,00	803,96
38774,00	438,87	39802,00	561,20	40830,00	683,53	41858,00	805,86
38788,00	440,53	39816,00	562,87	40844,00	685,20	41872,00	807,53
38804,00	442,44	39832,00	564,77	40860,00	687,10	41888,00	809,43
38818,00	444,10	39846,00	566,44	40874,00	688,77	41904,00	811,34
38834,00	446,01	39862,00	568,34	40890,00	690,67	41918,00	813,00
38848,00	447,67	39878,00	570,24	40906,00	692,58	41934,00	814,91
38864,00	449,58	39892,00	571,91	40920,00	694,24	41948,00	816,57
38880,00	451,48	39908,00	573,81	40936,00	696,15	41964,00	818,48
38894,00	453,15	39922,00	575,48	40950,00	697,81	41978,00	820,14
38910,00	455,05	39938,00	577,38	40966,00	699,72	41994,00	822,05
38924,00	456,72	39952,00	579,05	40980,00	701,38	42008,00	823,71
38940,00	458,62	39968,00	580,95	40996,00	703,29	42024,00	825,62
38954,00	460,29	39982,00	582,62	41012,00	705,19	42040,00	827,52
38970,00	462,19	39998,00	584,52	41026,00	706,86	42054,00	829,19
38984,00	463,86	40014,00	586,43	41042,00	708,76	42070,00	831,09
39000,00	465,76	40028,00	588,09	41056,00	710,43	42084,00	832,76
39016,00	467,67	40044,00	590,00	41072,00	712,33	42100,00	834,66
39030,00	469,33	40058,00	591,66	41086,00	714,00	42114,00	836,33
39046,00	471,24	40074,00	593,57	41102,00	715,90	42130,00	838,23
39060,00	472,90	40088,00	595,23	41116,00	717,57	42146,00	840,14
39076,00	474,81	40104,00	597,14	41132,00	719,47	42160,00	841,80
39090,00	476,47	40118,00	598,80	41148,00	721,37	42176,00	843,71
39106,00	478,38	40134,00	600,71	41162,00	723,04	42190,00	845,37
39122,00	480,28	40150,00	602,61	41178,00	724,94	42206,00	847,28
39136,00	481,95	40164,00	604,28	41192,00	726,61	42220,00	848,94
39152,00	483,85	40180,00	606,18	41208,00	728,51	42236,00	850,85
39166,00	485,52	40194,00	607,85	41222,00	730,18	42250,00	852,51
39182,00	487,42	40210,00	609,75	41238,00	732,08	42266,00	854,42
39196,00	489,09	40224,00	611,42	41252,00	733,75	42282,00	856,32
39212,00	490,99	40240,00	613,32	41268,00	735,65	42296,00	857,99
39226,00	492,66	40256,00	615,23	41284,00	737,56	42312,00	859,89
39242,00	494,56	40270,00	616,89	41298,00	739,22	42326,00	861,56
39258,00	496,46	40286,00	618,80	41314,00	741,13	42342,00	863,46
39272,00	498,13	40300,00	620,46	41328,00	742,79	42356,00	865,13
39288,00	500,03	40316,00	622,37	41344,00	744,70	42372,00	867,03
39302,00	501,70	40330,00	624,03	41358,00	746,36	42386,00	868,70
39318,00	503,60	40346,00	625,94	41374,00	748,27	42402,00	870,60
39332,00	505,27	40360,00	627,60	41390,00	750,17	42418,00	872,50
39348,00	507,17	40376,00	629,51	41404,00	751,84	42432,00	874,17
39362,00	508,84	40392,00	631,41	41420,00	753,74	42448,00	876,07
39378,00	510,74	40406,00	633,08	41434,00	755,41	42462,00	877,74
39394,00	512,65	40422,00	634,98	41450,00	757,31	42478,00	879,64
39408,00	514,31	40436,00	636,65	41464,00	758,98	42492,00	881,31
39424,00	516,22	40452,00	638,55	41480,00	760,88	42508,00	883,21
39438,00	517,88	40466,00	640,22	41494,00	762,55	42524,00	885,12
39454,00	519,79	40482,00	642,12	41510,00	764,45	42538,00	886,78
39468,00	521,45	40496,00	643,79	41526,00	766,36	42554,00	888,69
39484,00	523,36	40512,00	645,69	41540,00	768,02	42568,00	890,35
39500,00	525,26	40528,00	647,59	41556,00	769,93	42584,00	892,26
39514,00	526,93	40542,00	649,26	41570,00	771,59	42598,00	893,92
39530,00	528,83	40558,00	651,16	41586,00	773,50	42614,00	895,83
39544,00	530,50	40572,00	652,83	41600,00	775,16	42628,00	897,49
39560,00	532,40	40588,00	654,73	41616,00	777,07	42644,00	899,40
39574,00	534,07	40602,00	656,40	41630,00	778,73	42660,00	901,30
39590,00	535,97	40618,00	658,30	41646,00	780,64	42674,00	902,97
39604,00	537,64	40634,00	660,21	41662,00	782,54	42690,00	904,87
39620,00	539,54	40648,00	661,87	41676,00	784,21	42704,00	906,54
39636,00	541,45	40664,00	663,78	41692,00	786,11	42720,00	908,44
39650,00	543,11	40678,00	665,44	41706,00	787,78	42734,00	910,11
39666,00	545,02	40694,00	667,35	41722,00	789,68	42750,00	912,01

Steuerklasse III		Steuerklasse III		Steuerklasse III		Steuerklasse III	
Maßstabs-lohnsteuer €	Solidaritäts-zuschlag €	Maßstabs-lohnsteuer €	Solidaritäts-zuschlag €	Maßstabs-lohnsteuer €	Solidaritäts-zuschlag €	Maßstabs-lohnsteuer €	Solidaritäts-zuschlag €
42764,00	913,68	43794,00	1036,25	44822,00	1158,58	45850,00	1280,91
42780,00	915,58	43808,00	1037,91	44836,00	1160,25	45864,00	1282,58
42796,00	917,49	43824,00	1039,82	44852,00	1162,15	45880,00	1284,48
42810,00	919,15	43838,00	1041,48	44866,00	1163,82	45894,00	1286,15
42826,00	921,06	43854,00	1043,39	44882,00	1165,72	45910,00	1288,05
42840,00	922,72	43868,00	1045,05	44896,00	1167,39	45926,00	1289,96
42856,00	924,63	43884,00	1046,96	44912,00	1169,29	45940,00	1291,62
42870,00	926,29	43898,00	1048,62	44928,00	1171,19	45956,00	1293,53
42886,00	928,20	43914,00	1050,53	44942,00	1172,86	45970,00	1295,19
42902,00	930,10	43930,00	1052,43	44958,00	1174,76	45986,00	1297,10
42916,00	931,77	43944,00	1054,10	44972,00	1176,43	46000,00	1298,76
42932,00	933,67	43960,00	1056,00	44988,00	1178,33	46016,00	1300,67
42946,00	935,34	43974,00	1057,67	45002,00	1180,00	46030,00	1302,33
42962,00	937,24	43990,00	1059,57	45018,00	1181,90	46046,00	1304,24
42976,00	938,91	44004,00	1061,24	45032,00	1183,57	46062,00	1306,14
42992,00	940,81	44020,00	1063,14	45048,00	1185,47	46076,00	1307,81
43006,00	942,48	44036,00	1065,05	45064,00	1187,38	46092,00	1309,71
43022,00	944,38	44050,00	1066,71	45078,00	1189,04	46106,00	1311,38
43038,00	946,28	44066,00	1068,62	45094,00	1190,95	46122,00	1313,28
43052,00	947,95	44080,00	1070,28	45108,00	1192,61	46136,00	1314,95
43068,00	949,85	44096,00	1072,19	45124,00	1194,52	46152,00	1316,85
43082,00	951,52	44110,00	1073,85	45138,00	1196,18	46166,00	1318,52
43098,00	953,42	44126,00	1075,76	45154,00	1198,09	46182,00	1320,42
43112,00	955,09	44140,00	1077,42	45170,00	1199,99	46198,00	1322,32
43128,00	956,99	44156,00	1079,33	45184,00	1201,66	46212,00	1323,99
43142,00	958,66	44172,00	1081,23	45200,00	1203,56	46228,00	1325,89
43158,00	960,56	44186,00	1082,90	45214,00	1205,23	46242,00	1327,56
43174,00	962,47	44202,00	1084,80	45230,00	1207,13	46258,00	1329,46
43188,00	964,13	44216,00	1086,47	45244,00	1208,80	46272,00	1331,13
43204,00	966,04	44232,00	1088,37	45260,00	1210,70	46288,00	1333,03
43218,00	967,70	44246,00	1090,04	45274,00	1212,37	46304,00	1334,94
43234,00	969,61	44262,00	1091,94	45290,00	1214,27	46318,00	1336,60
43248,00	971,27	44276,00	1093,61	45306,00	1216,18	46334,00	1338,51
43264,00	973,18	44292,00	1095,51	45320,00	1217,84	46348,00	1340,17
43280,00	975,08	44308,00	1097,41	45336,00	1219,75	46364,00	1342,08
43294,00	976,75	44322,00	1099,08	45350,00	1221,41	46378,00	1343,74
43310,00	978,65	44338,00	1100,98	45366,00	1223,32	46394,00	1345,65
43324,00	980,32	44352,00	1102,65	45380,00	1224,98	46408,00	1347,31
43340,00	982,22	44368,00	1104,55	45396,00	1226,89	46424,00	1349,22
43354,00	983,89	44382,00	1106,22	45410,00	1228,55	46440,00	1351,12
43370,00	985,79	44398,00	1108,12	45426,00	1230,46	46454,00	1352,79
43384,00	987,46	44414,00	1110,03	45442,00	1232,36	46470,00	1354,69
43400,00	989,36	44428,00	1111,69	45456,00	1234,03	46484,00	1356,36
43416,00	991,27	44444,00	1113,60	45472,00	1235,93	46500,00	1358,26
43430,00	992,93	44458,00	1115,26	45486,00	1237,60	46514,00	1359,93
43446,00	994,84	44474,00	1117,17	45502,00	1239,50	46530,00	1361,83
43460,00	996,50	44488,00	1118,83	45516,00	1241,17	46544,00	1363,50
43476,00	998,41	44504,00	1120,74	45532,00	1243,07	46560,00	1365,40
43490,00	1000,07	44518,00	1122,40	45548,00	1244,97	46576,00	1367,31
43506,00	1001,98	44534,00	1124,31	45562,00	1246,64	46590,00	1368,97
43520,00	1003,64	44550,00	1126,21	45578,00	1248,54	46606,00	1370,88
43536,00	1005,55	44564,00	1127,88	45592,00	1250,21	46620,00	1372,54
43552,00	1007,45	44580,00	1129,78	45608,00	1252,11	46636,00	1374,45
43566,00	1009,12	44594,00	1131,45	45622,00	1253,78	46650,00	1376,11
43582,00	1011,02	44610,00	1133,35	45638,00	1255,68	46666,00	1378,02
43596,00	1012,69	44624,00	1135,02	45652,00	1257,35	46682,00	1379,92
43612,00	1014,59	44640,00	1136,92	45668,00	1259,25	46696,00	1381,59
43626,00	1016,26	44654,00	1138,59	45684,00	1261,16	46712,00	1383,49
43642,00	1018,16	44670,00	1140,49	45698,00	1262,82	46726,00	1385,16
43658,00	1020,06	44686,00	1142,40	45714,00	1264,73	46742,00	1387,06
43672,00	1021,73	44700,00	1144,06	45728,00	1266,39	46756,00	1388,73
43688,00	1023,63	44716,00	1145,97	45744,00	1268,30	46772,00	1390,63
43702,00	1025,30	44730,00	1147,63	45758,00	1269,96	46786,00	1392,30
43718,00	1027,20	44746,00	1149,54	45774,00	1271,87	46802,00	1394,20
43732,00	1028,87	44760,00	1151,20	45788,00	1273,53	46818,00	1396,10
43748,00	1030,77	44776,00	1153,11	45804,00	1275,44	46832,00	1397,77
43762,00	1032,44	44792,00	1155,01	45820,00	1277,34	46848,00	1399,67
43778,00	1034,34	44806,00	1156,68	45834,00	1279,01	46862,00	1401,34

Steuerklasse III		Steuerklasse III		Steuerklasse III		Steuerklasse III	
Maßstabs-lohnsteuer €	Solidaritäts-zuschlag €	Maßstabs-lohnsteuer €	Solidaritäts-zuschlag €	Maßstabs-lohnsteuer €	Solidaritäts-zuschlag €	Maßstabs-lohnsteuer €	Solidaritäts-zuschlag €
46878,00	1403,24	47906,00	1525,58	48934,00	1647,91	49962,00	1770,24
46892,00	1404,91	47920,00	1527,24	48950,00	1649,81	49978,00	1772,14
46908,00	1406,81	47936,00	1529,15	48964,00	1651,48	49992,00	1773,81
46922,00	1408,48	47952,00	1531,05	48980,00	1653,38	50008,00	1775,71
46938,00	1410,38	47966,00	1532,72	48994,00	1655,05	50022,00	1777,38
46954,00	1412,29	47982,00	1534,62	49010,00	1656,95	50038,00	1779,28
46968,00	1413,95	47996,00	1536,29	49024,00	1658,62	50052,00	1780,95
46984,00	1415,86	48012,00	1538,19	49040,00	1660,52	50068,00	1782,85
46998,00	1417,52	48026,00	1539,86	49054,00	1662,19	50084,00	1784,76
47014,00	1419,43	48042,00	1541,76	49070,00	1664,09	50098,00	1786,42
47028,00	1421,09	48056,00	1543,43	49086,00	1666,00	50114,00	1788,33
47044,00	1423,00	48072,00	1545,33	49100,00	1667,66	50128,00	1789,99
47060,00	1424,90	48088,00	1547,23	49116,00	1669,57	50144,00	1791,90
47074,00	1426,57	48102,00	1548,90	49130,00	1671,23	50158,00	1793,56
47090,00	1428,47	48118,00	1550,80	49146,00	1673,14	50174,00	1795,47
47104,00	1430,14	48132,00	1552,47	49160,00	1674,80	50188,00	1797,13
47120,00	1432,04	48148,00	1554,37	49176,00	1676,71	50204,00	1799,04
47134,00	1433,71	48162,00	1556,04	49190,00	1678,37	50220,00	1800,94
47150,00	1435,61	48178,00	1557,94	49206,00	1680,28	50234,00	1802,61
47164,00	1437,28	48194,00	1559,85	49222,00	1682,18	50250,00	1804,51
47180,00	1439,18	48208,00	1561,51	49236,00	1683,85	50264,00	1806,18
47196,00	1441,09	48224,00	1563,42	49252,00	1685,75	50280,00	1808,08
47210,00	1442,75	48238,00	1565,08	49266,00	1687,42	50294,00	1809,75
47226,00	1444,66	48254,00	1566,99	49282,00	1689,32	50310,00	1811,65
47240,00	1446,32	48268,00	1568,65	49296,00	1690,99	50324,00	1813,32
47256,00	1448,23	48284,00	1570,56	49312,00	1692,89	50340,00	1815,22
47270,00	1449,89	48298,00	1572,22	49328,00	1694,79	50356,00	1817,13
47286,00	1451,80	48314,00	1574,13	49342,00	1696,46	50370,00	1818,79
47300,00	1453,46	48330,00	1576,03	49358,00	1698,36	50386,00	1820,70
47316,00	1455,37	48344,00	1577,70	49372,00	1700,03	50400,00	1822,36
47332,00	1457,27	48360,00	1579,60	49388,00	1701,93	50416,00	1824,27
47346,00	1458,94	48374,00	1581,27	49402,00	1703,60	50430,00	1825,93
47362,00	1460,84	48390,00	1583,17	49418,00	1705,50	50446,00	1827,84
47376,00	1462,51	48404,00	1584,84	49432,00	1707,17	50462,00	1829,74
47392,00	1464,41	48420,00	1586,74	49448,00	1709,07	50476,00	1831,41
47406,00	1466,08	48434,00	1588,41	49464,00	1710,98	50492,00	1833,31
47422,00	1467,98	48450,00	1590,31	49478,00	1712,64	50506,00	1834,98
47438,00	1469,88	48466,00	1592,22	49494,00	1714,55	50522,00	1836,88
47452,00	1471,55	48480,00	1593,88	49508,00	1716,21	50536,00	1838,55
47468,00	1473,45	48496,00	1595,79	49524,00	1718,12	50552,00	1840,45
47482,00	1475,12	48510,00	1597,45	49538,00	1719,78	50566,00	1842,12
47498,00	1477,02	48526,00	1599,36	49554,00	1721,69	50582,00	1844,02
47512,00	1478,69	48540,00	1601,02	49568,00	1723,35	50598,00	1845,92
47528,00	1480,59	48556,00	1602,93	49584,00	1725,26	50612,00	1847,59
47542,00	1482,26	48572,00	1604,83	49600,00	1727,16	50628,00	1849,49
47558,00	1484,16	48586,00	1606,50	49614,00	1728,83	50642,00	1851,16
47574,00	1486,07	48602,00	1608,40	49630,00	1730,73	50658,00	1853,06
47588,00	1487,73	48616,00	1610,07	49644,00	1732,40	50672,00	1854,73
47604,00	1489,64	48632,00	1611,97	49660,00	1734,30	50688,00	1856,63
47618,00	1491,30	48646,00	1613,64	49674,00	1735,97	50702,00	1858,30
47634,00	1493,21	48662,00	1615,54	49690,00	1737,87	50718,00	1860,20
47648,00	1494,87	48676,00	1617,21	49706,00	1739,78	50734,00	1862,11
47664,00	1496,78	48692,00	1619,11	49720,00	1741,44	50748,00	1863,77
47678,00	1498,44	48708,00	1621,01	49736,00	1743,35	50764,00	1865,68
47694,00	1500,35	48722,00	1622,68	49750,00	1745,01	50778,00	1867,34
47710,00	1502,25	48738,00	1624,58	49766,00	1746,92	50794,00	1869,25
47724,00	1503,92	48752,00	1626,25	49780,00	1748,58	50808,00	1870,91
47740,00	1505,82	48768,00	1628,15	49796,00	1750,49	50824,00	1872,82
47754,00	1507,49	48782,00	1629,82	49810,00	1752,15	50840,00	1874,72
47770,00	1509,39	48798,00	1631,72	49826,00	1754,06	50854,00	1876,39
47784,00	1511,06	48812,00	1633,39	49842,00	1755,96	50870,00	1878,29
47800,00	1512,96	48828,00	1635,29	49856,00	1757,63	50884,00	1879,96
47816,00	1514,87	48844,00	1637,20	49872,00	1759,53	50900,00	1881,86
47830,00	1516,53	48858,00	1638,86	49886,00	1761,20	50914,00	1883,53
47846,00	1518,44	48874,00	1640,77	49902,00	1763,10	50930,00	1885,43
47860,00	1520,10	48888,00	1642,43	49916,00	1764,77	50944,00	1887,10
47876,00	1522,01	48904,00	1644,34	49932,00	1766,67	50960,00	1889,00
47890,00	1523,67	48918,00	1646,00	49946,00	1768,34	50976,00	1890,91

Steuerklasse III		Steuerklasse III		Steuerklasse III		Steuerklasse III	
Maßstabs-lohnsteuer €	Solidaritäts-zuschlag €	Maßstabs-lohnsteuer €	Solidaritäts-zuschlag €	Maßstabs-lohnsteuer €	Solidaritäts-zuschlag €	Maßstabs-lohnsteuer €	Solidaritäts-zuschlag €
50990,00	1892,57	52018,00	2014,90	53046,00	2137,24	54074,00	2259,57
51006,00	1894,48	52034,00	2016,81	53062,00	2139,14	54090,00	2261,47
51020,00	1896,14	52048,00	2018,47	53076,00	2140,81	54104,00	2263,14
51036,00	1898,05	52064,00	2020,38	53092,00	2142,71	54120,00	2265,04
51050,00	1899,71	52078,00	2022,04	53108,00	2144,61	54136,00	2266,95
51066,00	1901,62	52094,00	2023,95	53122,00	2146,28	54150,00	2268,61
51080,00	1903,28	52110,00	2025,85	53138,00	2148,18	54166,00	2270,52
51096,00	1905,19	52124,00	2027,52	53152,00	2149,85	54180,00	2272,18
51112,00	1907,09	52140,00	2029,42	53168,00	2151,75	54196,00	2274,09
51126,00	1908,76	52154,00	2031,09	53182,00	2153,42	54210,00	2275,75
51142,00	1910,66	52170,00	2032,99	53198,00	2155,32	54226,00	2277,66
51156,00	1912,33	52184,00	2034,66	53212,00	2156,99	54242,00	2279,56
51172,00	1914,23	52200,00	2036,56	53228,00	2158,89	54256,00	2281,23
51186,00	1915,90	52214,00	2038,23	53244,00	2160,80	54272,00	2283,13
51202,00	1917,80	52230,00	2040,13	53258,00	2162,46	54286,00	2284,80
51218,00	1919,70	52246,00	2042,04	53274,00	2164,37	54302,00	2286,70
51232,00	1921,37	52260,00	2043,70	53288,00	2166,03	54316,00	2288,37
51248,00	1923,27	52276,00	2045,61	53304,00	2167,94	54332,00	2290,27
51262,00	1924,94	52290,00	2047,27	53318,00	2169,60	54346,00	2291,94
51278,00	1926,84	52306,00	2049,18	53334,00	2171,51	54362,00	2293,84
51292,00	1928,51	52320,00	2050,84	53348,00	2173,17	54378,00	2295,74
51308,00	1930,41	52336,00	2052,75	53364,00	2175,08	54392,00	2297,41
51322,00	1932,08	52352,00	2054,65	53380,00	2176,98	54408,00	2299,31
51338,00	1933,98	52366,00	2056,32	53394,00	2178,65	54422,00	2300,98
51354,00	1935,89	52382,00	2058,22	53410,00	2180,55	54438,00	2302,88
51368,00	1937,55	52396,00	2059,89	53424,00	2182,22	54452,00	2304,55
51384,00	1939,46	52412,00	2061,79	53440,00	2184,12	54468,00	2306,45
51398,00	1941,12	52426,00	2063,46	53454,00	2185,79	54482,00	2308,12
51414,00	1943,03	52442,00	2065,36	53470,00	2187,69	54498,00	2310,02
51428,00	1944,69	52456,00	2067,03	53486,00	2189,60	54514,00	2311,93
51444,00	1946,60	52472,00	2068,93	53500,00	2191,26	54528,00	2313,59
51458,00	1948,26	52488,00	2070,83	53516,00	2193,17	54544,00	2315,50
51474,00	1950,17	52502,00	2072,50	53530,00	2194,83	54558,00	2317,16
51490,00	1952,07	52518,00	2074,40	53546,00	2196,74	54574,00	2319,07
51504,00	1953,74	52532,00	2076,07	53560,00	2198,40	54588,00	2320,73
51520,00	1955,64	52548,00	2077,97	53576,00	2200,31	54604,00	2322,64
51534,00	1957,31	52562,00	2079,64	53590,00	2201,97	54620,00	2324,54
51550,00	1959,21	52578,00	2081,54	53606,00	2203,88	54634,00	2326,21
51564,00	1960,88	52592,00	2083,21	53622,00	2205,78	54650,00	2328,11
51580,00	1962,78	52608,00	2085,11	53636,00	2207,45	54664,00	2329,78
51596,00	1964,69	52624,00	2087,02	53652,00	2209,35	54680,00	2331,68
51610,00	1966,35	52638,00	2088,68	53666,00	2211,02	54694,00	2333,35
51626,00	1968,26	52654,00	2090,59	53682,00	2212,92	54710,00	2335,25
51640,00	1969,92	52668,00	2092,25	53696,00	2214,59	54724,00	2336,92
51656,00	1971,83	52684,00	2094,16	53712,00	2216,49	54740,00	2338,82
51670,00	1973,49	52698,00	2095,82	53726,00	2218,16	54756,00	2340,73
51686,00	1975,40	52714,00	2097,73	53742,00	2220,06	54770,00	2342,39
51700,00	1977,06	52730,00	2099,63	53758,00	2221,96	54786,00	2344,30
51716,00	1978,97	52744,00	2101,30	53772,00	2223,63	54800,00	2345,96
51732,00	1980,87	52760,00	2103,20	53788,00	2225,53	54816,00	2347,87
51746,00	1982,54	52774,00	2104,87	53802,00	2227,20	54830,00	2349,53
51762,00	1984,44	52790,00	2106,77	53818,00	2229,10	54846,00	2351,44
51776,00	1986,11	52804,00	2108,44	53832,00	2230,77	54860,00	2353,10
51792,00	1988,01	52820,00	2110,34	53848,00	2232,67	54876,00	2355,01
51806,00	1989,68	52834,00	2112,01	53864,00	2234,58	54892,00	2356,91
51822,00	1991,58	52850,00	2113,91	53878,00	2236,24	54906,00	2358,58
51836,00	1993,25	52866,00	2115,82	53894,00	2238,15	54922,00	2360,48
51852,00	1995,15	52880,00	2117,48	53908,00	2239,81	54936,00	2362,15
51868,00	1997,05	52896,00	2119,39	53924,00	2241,72	54952,00	2364,05
51882,00	1998,72	52910,00	2121,05	53938,00	2243,38	54966,00	2365,72
51898,00	2000,62	52926,00	2122,96	53954,00	2245,29	54982,00	2367,62
51912,00	2002,29	52940,00	2124,62	53968,00	2246,95	54998,00	2369,52
51928,00	2004,19	52956,00	2126,53	53984,00	2248,86	55012,00	2371,19
51942,00	2005,86	52970,00	2128,19	54000,00	2250,76	55028,00	2373,09
51958,00	2007,76	52986,00	2130,10	54014,00	2252,43	55042,00	2374,76
51974,00	2009,67	53002,00	2132,00	54030,00	2254,33	55058,00	2376,66
51988,00	2011,33	53016,00	2133,67	54044,00	2256,00	55072,00	2378,33
52004,00	2013,24	53032,00	2135,57	54060,00	2257,90	55088,00	2380,23

Steuerklasse III		Steuerklasse III		Steuerklasse III		Steuerklasse III	
Maßstabs-lohnsteuer €	Solidaritäts-zuschlag €	Maßstabs-lohnsteuer €	Solidaritäts-zuschlag €	Maßstabs-lohnsteuer €	Solidaritäts-zuschlag €	Maßstabs-lohnsteuer €	Solidaritäts-zuschlag €
55102,00	2381,90	56132,00	2504,47	57160,00	2626,80	58188,00	2749,13
55118,00	2383,80	56146,00	2506,14	57174,00	2628,47	58202,00	2750,80
55134,00	2385,71	56162,00	2508,04	57190,00	2630,37	58218,00	2752,70
55148,00	2387,37	56176,00	2509,71	57204,00	2632,04	58232,00	2754,37
55164,00	2389,28	56192,00	2511,61	57220,00	2633,94	58248,00	2756,27
55178,00	2390,94	56206,00	2513,28	57234,00	2635,61	58262,00	2757,94
55194,00	2392,85	56222,00	2515,18	57250,00	2637,51	58278,00	2759,84
55208,00	2394,51	56236,00	2516,85	57266,00	2639,42	58294,00	2761,75
55224,00	2396,42	56252,00	2518,75	57280,00	2641,08	58308,00	2763,41
55238,00	2398,08	56268,00	2520,65	57296,00	2642,99	58324,00	2765,32
55254,00	2399,99	56282,00	2522,32	57310,00	2644,65	58338,00	2766,98
55270,00	2401,89	56298,00	2524,22	57326,00	2646,56	58354,00	2768,89
55284,00	2403,56	56312,00	2525,89	57340,00	2648,22	58368,00	2770,55
55300,00	2405,46	56328,00	2527,79	57356,00	2650,13	58384,00	2772,46
55314,00	2407,13	56342,00	2529,46	57370,00	2651,79	58400,00	2774,36
55330,00	2409,03	56358,00	2531,36	57386,00	2653,70	58414,00	2776,03
55344,00	2410,70	56372,00	2533,03	57402,00	2655,60	58430,00	2777,93
55360,00	2412,60	56388,00	2534,93	57416,00	2657,27	58444,00	2779,60
55376,00	2414,51	56404,00	2536,84	57432,00	2659,17	58460,00	2781,50
55390,00	2416,17	56418,00	2538,50	57446,00	2660,84	58474,00	2783,17
55406,00	2418,08	56434,00	2540,41	57462,00	2662,74	58490,00	2785,07
55420,00	2419,74	56448,00	2542,07	57476,00	2664,41	58504,00	2786,74
55436,00	2421,65	56464,00	2543,98	57492,00	2666,31	58520,00	2788,64
55450,00	2423,31	56478,00	2545,64	57506,00	2667,98	58536,00	2790,55
55466,00	2425,22	56494,00	2547,55	57522,00	2669,88	58550,00	2792,21
55480,00	2426,88	56510,00	2549,45	57538,00	2671,78	58566,00	2794,12
55496,00	2428,79	56524,00	2551,12	57552,00	2673,45	58580,00	2795,78
55512,00	2430,69	56540,00	2553,02	57568,00	2675,35	58596,00	2797,69
55526,00	2432,36	56554,00	2554,69	57582,00	2677,02	58610,00	2799,35
55542,00	2434,26	56570,00	2556,59	57598,00	2678,92	58626,00	2801,26
55556,00	2435,93	56584,00	2558,26	57612,00	2680,59	58640,00	2802,92
55572,00	2437,83	56600,00	2560,16	57628,00	2682,49	58656,00	2804,83
55586,00	2439,50	56614,00	2561,83	57644,00	2684,40	58672,00	2806,73
55602,00	2441,40	56630,00	2563,73	57658,00	2686,06	58686,00	2808,40
55616,00	2443,07	56646,00	2565,64	57674,00	2687,97	58702,00	2810,30
55632,00	2444,97	56660,00	2567,30	57688,00	2689,63	58716,00	2811,97
55648,00	2446,87	56676,00	2569,21	57704,00	2691,54	58732,00	2813,87
55662,00	2448,54	56690,00	2570,87	57718,00	2693,20	58746,00	2815,54
55678,00	2450,44	56706,00	2572,78	57734,00	2695,11	58762,00	2817,44
55692,00	2452,11	56720,00	2574,44	57748,00	2696,77	58778,00	2819,34
55708,00	2454,01	56736,00	2576,35	57764,00	2698,68	58792,00	2821,01
55722,00	2455,68	56750,00	2578,01	57780,00	2700,58	58808,00	2822,91
55738,00	2457,58	56766,00	2579,92	57794,00	2702,25	58822,00	2824,58
55754,00	2459,49	56782,00	2581,82	57810,00	2704,15	58838,00	2826,48
55768,00	2461,15	56796,00	2583,49	57824,00	2705,82	58852,00	2828,15
55784,00	2463,06	56812,00	2585,39	57840,00	2707,72	58868,00	2830,05
55798,00	2464,72	56826,00	2587,06	57854,00	2709,39	58882,00	2831,72
55814,00	2466,63	56842,00	2588,96	57870,00	2711,29	58898,00	2833,62
55828,00	2468,29	56856,00	2590,63	57884,00	2712,96	58914,00	2835,53
55844,00	2470,20	56872,00	2592,53	57900,00	2714,86	58928,00	2837,19
55858,00	2471,86	56888,00	2594,43	57916,00	2716,77	58944,00	2839,10
55874,00	2473,77	56902,00	2596,10	57930,00	2718,43	58958,00	2840,76
55890,00	2475,67	56918,00	2598,00	57946,00	2720,34	58974,00	2842,67
55904,00	2477,34	56932,00	2599,67	57960,00	2722,00	58988,00	2844,33
55920,00	2479,24	56948,00	2601,57	57976,00	2723,91	59004,00	2846,24
55934,00	2480,91	56962,00	2603,24	57990,00	2725,57	59018,00	2847,90
55950,00	2482,81	56978,00	2605,14	58006,00	2727,48	59034,00	2849,81
55964,00	2484,48	56992,00	2606,81	58022,00	2729,38	59050,00	2851,71
55980,00	2486,38	57008,00	2608,71	58036,00	2731,05	59064,00	2853,38
55994,00	2488,05	57024,00	2610,62	58052,00	2732,95	59080,00	2855,28
56010,00	2489,95	57038,00	2612,28	58066,00	2734,62	59094,00	2856,95
56026,00	2491,86	57054,00	2614,19	58082,00	2736,52	59110,00	2858,85
56040,00	2493,52	57068,00	2615,85	58096,00	2738,19	59124,00	2860,52
56056,00	2495,43	57084,00	2617,76	58112,00	2740,09	59140,00	2862,42
56070,00	2497,09	57098,00	2619,42	58126,00	2741,76	59156,00	2864,33
56086,00	2499,00	57114,00	2621,33	58142,00	2743,66	59170,00	2865,99
56100,00	2500,66	57128,00	2622,99	58158,00	2745,56	59186,00	2867,90
56116,00	2502,57	57144,00	2624,90	58172,00	2747,23	59200,00	2869,56

Steuerklasse III		Steuerklasse III		Steuerklasse III		Steuerklasse III	
Maßstabs-lohnsteuer €	Solidaritäts-zuschlag €	Maßstabs-lohnsteuer €	Solidaritäts-zuschlag €	Maßstabs-lohnsteuer €	Solidaritäts-zuschlag €	Maßstabs-lohnsteuer €	Solidaritäts-zuschlag €
59216,00	2871,47	60244,00	2993,80	61272,00	3116,13	62300,00	3238,46
59230,00	2873,13	60258,00	2995,46	61286,00	3117,80	62316,00	3240,37
59246,00	2875,04	60274,00	2997,37	61302,00	3119,70	62330,00	3242,03
59260,00	2876,70	60290,00	2999,27	61318,00	3121,60	62346,00	3243,94
59276,00	2878,61	60304,00	3000,94	61332,00	3123,27	62360,00	3245,60
59292,00	2880,51	60320,00	3002,84	61348,00	3125,17	62376,00	3247,51
59306,00	2882,18	60334,00	3004,51	61362,00	3126,84	62390,00	3249,17
59322,00	2884,08	60350,00	3006,41	61378,00	3128,74	62406,00	3251,08
59336,00	2885,75	60364,00	3008,08	61392,00	3130,41	62420,00	3252,74
59352,00	2887,65	60380,00	3009,98	61408,00	3132,31	62436,00	3254,65
59366,00	2889,32	60394,00	3011,65	61424,00	3134,22	62452,00	3256,55
59382,00	2891,22	60410,00	3013,55	61438,00	3135,88	62466,00	3258,22
59396,00	2892,89	60426,00	3015,46	61454,00	3137,79	62482,00	3260,12
59412,00	2894,79	60440,00	3017,12	61468,00	3139,45	62496,00	3261,79
59428,00	2896,69	60456,00	3019,03	61484,00	3141,36	62512,00	3263,69
59442,00	2898,36	60470,00	3020,69	61498,00	3143,02	62526,00	3265,36
59458,00	2900,26	60486,00	3022,60	61514,00	3144,93	62542,00	3267,26
59472,00	2901,93	60500,00	3024,26	61528,00	3146,59	62558,00	3269,16
59488,00	2903,83	60516,00	3026,17	61544,00	3148,50	62572,00	3270,83
59502,00	2905,50	60530,00	3027,83	61560,00	3150,40	62588,00	3272,73
59518,00	2907,40	60546,00	3029,74	61574,00	3152,07	62602,00	3274,40
59534,00	2909,31	60562,00	3031,64	61590,00	3153,97	62618,00	3276,30
59548,00	2910,97	60576,00	3033,31	61604,00	3155,64	62632,00	3277,97
59564,00	2912,88	60592,00	3035,21	61620,00	3157,54	62648,00	3279,87
59578,00	2914,54	60606,00	3036,88	61634,00	3159,21	62662,00	3281,54
59594,00	2916,45	60622,00	3038,78	61650,00	3161,11	62678,00	3283,44
59608,00	2918,11	60636,00	3040,45	61664,00	3162,78	62694,00	3285,35
59624,00	2920,02	60652,00	3042,35	61680,00	3164,68	62708,00	3287,01
59638,00	2921,68	60668,00	3044,25	61696,00	3166,59	62724,00	3288,92
59654,00	2923,59	60682,00	3045,92	61710,00	3168,25	62738,00	3290,58
59670,00	2925,49	60698,00	3047,82	61726,00	3170,16	62754,00	3292,49
59684,00	2927,16	60712,00	3049,49	61740,00	3171,82	62768,00	3294,15
59700,00	2929,06	60728,00	3051,39	61756,00	3173,73	62784,00	3296,06
59714,00	2930,73	60742,00	3053,06	61770,00	3175,39	62798,00	3297,72
59730,00	2932,63	60758,00	3054,96	61786,00	3177,30	62814,00	3299,63
59744,00	2934,30	60772,00	3056,63	61802,00	3179,20	62830,00	3301,53
59760,00	2936,20	60788,00	3058,53	61816,00	3180,87	62844,00	3303,20
59774,00	2937,87	60804,00	3060,44	61832,00	3182,77	62860,00	3305,10
59790,00	2939,77	60818,00	3062,10	61846,00	3184,44	62874,00	3306,77
59806,00	2941,68	60834,00	3064,01	61862,00	3186,34	62890,00	3308,67
59820,00	2943,34	60848,00	3065,67	61876,00	3188,01	62904,00	3310,34
59836,00	2945,25	60864,00	3067,58	61892,00	3189,91	62920,00	3312,24
59850,00	2946,91	60878,00	3069,24	61906,00	3191,58	62936,00	3314,15
59866,00	2948,82	60894,00	3071,15	61922,00	3193,48	62950,00	3315,81
59880,00	2950,48	60908,00	3072,81	61938,00	3195,38	62966,00	3317,72
59896,00	2952,39	60924,00	3074,72	61952,00	3197,05	62980,00	3319,38
59912,00	2954,29	60940,00	3076,62	61968,00	3198,95	62996,00	3321,29
59926,00	2955,96	60954,00	3078,29	61982,00	3200,62	63010,00	3322,95
59942,00	2957,86	60970,00	3080,19	61998,00	3202,52	63026,00	3324,86
59956,00	2959,53	60984,00	3081,86	62012,00	3204,19	63040,00	3326,52
59972,00	2961,43	61000,00	3083,76	62028,00	3206,09	63056,00	3328,43
59986,00	2963,10	61014,00	3085,43	62042,00	3207,76	63072,00	3330,33
60002,00	2965,00	61030,00	3087,33	62058,00	3209,66	63086,00	3332,00
60016,00	2966,67	61046,00	3089,24	62074,00	3211,57	63102,00	3333,90
60032,00	2968,57	61060,00	3090,90	62088,00	3213,23	63116,00	3335,57
60048,00	2970,47	61076,00	3092,81	62104,00	3215,14	63132,00	3337,47
60062,00	2972,14	61090,00	3094,47	62118,00	3216,80	63146,00	3339,14
60078,00	2974,04	61106,00	3096,38	62134,00	3218,71	63162,00	3341,04
60092,00	2975,71	61120,00	3098,04	62148,00	3220,37	63176,00	3342,71
60108,00	2977,61	61136,00	3099,95	62164,00	3222,28	63192,00	3344,61
60122,00	2979,28	61150,00	3101,61	62180,00	3224,18	63208,00	3346,51
60138,00	2981,18	61166,00	3103,52	62194,00	3225,85	63222,00	3348,18
60152,00	2982,85	61182,00	3105,42	62210,00	3227,75	63238,00	3350,08
60168,00	2984,75	61196,00	3107,09	62224,00	3229,42	63252,00	3351,75
60184,00	2986,66	61212,00	3108,99	62240,00	3231,32	63268,00	3353,65
60198,00	2988,32	61226,00	3110,66	62254,00	3232,99	63282,00	3355,32
60214,00	2990,23	61242,00	3112,56	62270,00	3234,89	63298,00	3357,22
60228,00	2991,89	61256,00	3114,23	62284,00	3236,56	63314,00	3359,13

Steuerklasse III		Steuerklasse III		Steuerklasse III		Steuerklasse III	
Maßstabs-lohnsteuer €	Solidaritäts-zuschlag €	Maßstabs-lohnsteuer €	Solidaritäts-zuschlag €	Maßstabs-lohnsteuer €	Solidaritäts-zuschlag €	Maßstabs-lohnsteuer €	Solidaritäts-zuschlag €
63328,00	3360,79	63812,00	3418,39	64296,00	3475,99	64780,00	3533,58
63344,00	3362,70	63828,00	3420,29	64310,00	3477,65	64794,00	3535,25
63358,00	3364,36	63842,00	3421,96	64326,00	3479,56	64810,00	3537,15
63374,00	3366,27	63858,00	3423,86	64342,00	3481,46	64826,00	3539,06
63388,00	3367,93	63872,00	3425,53	64356,00	3483,13	64840,00	3540,72
63404,00	3369,84	63888,00	3427,43	64372,00	3485,03	64856,00	3542,63
63418,00	3371,50	63902,00	3429,10	64386,00	3486,70	64870,00	3544,29
63434,00	3373,41	63918,00	3431,00	64402,00	3488,60	64886,00	3546,20
63450,00	3375,31	63932,00	3432,67	64416,00	3490,27	64900,00	3547,86
63464,00	3376,98	63948,00	3434,57	64432,00	3492,17	64916,00	3549,77
63480,00	3378,88	63964,00	3436,48	64448,00	3494,07	64930,00	3551,43
63494,00	3380,55	63978,00	3438,14	64462,00	3495,74	64946,00	3553,34
63510,00	3382,45	63994,00	3440,05	64478,00	3497,64	64962,00	3555,24
63524,00	3384,12	64008,00	3441,71	64492,00	3499,31	64976,00	3556,91
63540,00	3386,02	64024,00	3443,62	64508,00	3501,21	64992,00	3558,81
63554,00	3387,69	64038,00	3445,28	64522,00	3502,88	65006,00	3560,48
63570,00	3389,59	64054,00	3447,19	64538,00	3504,78	65022,00	3562,38
63586,00	3391,50	64070,00	3449,09	64552,00	3506,45	65036,00	3564,05
63600,00	3393,16	64084,00	3450,76	64568,00	3508,35	65052,00	3565,95
63616,00	3395,07	64100,00	3452,66	64584,00	3510,26	65066,00	3567,62
63630,00	3396,73	64114,00	3454,33	64598,00	3511,92	65082,00	3569,52
63646,00	3398,64	64130,00	3456,23	64614,00	3513,83	65098,00	3571,42
63660,00	3400,30	64144,00	3457,90	64628,00	3515,49	65112,00	3573,09
63676,00	3402,21	64160,00	3459,80	64644,00	3517,40	65128,00	3574,99
63692,00	3404,11	64174,00	3461,47	64658,00	3519,06	65142,00	3576,66
63706,00	3405,78	64190,00	3463,37	64674,00	3520,97	65158,00	3578,56
63722,00	3407,68	64206,00	3465,28	64688,00	3522,63	65172,00	3580,23
63736,00	3409,35	64220,00	3466,94	64704,00	3524,54	65188,00	3582,13
63752,00	3411,25	64236,00	3468,85	64720,00	3526,44	65204,00	3584,04
63766,00	3412,92	64250,00	3470,51	64734,00	3528,11	65218,00	3585,70
63782,00	3414,82	64266,00	3472,42	64750,00	3530,01	65234,00	3587,61
63796,00	3416,49	64280,00	3474,08	64764,00	3531,68	65248,00	3588,64

Steuerklasse I, II, IV, V, VI		Steuerklasse I, II, IV, V, VI		Steuerklasse I, II, IV, V, VI		Steuerklasse I, II, IV, V, VI	
Maßstabs-lohnsteuer €	Solidaritäts-zuschlag €	Maßstabs-lohnsteuer €	Solidaritäts-zuschlag €	Maßstabs-lohnsteuer €	Solidaritäts-zuschlag €	Maßstabs-lohnsteuer €	Solidaritäts-zuschlag €
17534,00	0,00	17946,00	47,95	18357,00	96,86	18768,00	145,77
17548,00	0,59	17959,00	49,50	18371,00	98,53	18782,00	147,44
17562,00	2,26	17973,00	51,17	18385,00	100,19	18796,00	149,10
17576,00	3,92	17987,00	52,83	18398,00	101,74	18810,00	150,77
17589,00	5,47	18001,00	54,50	18412,00	103,41	18823,00	152,32
17603,00	7,14	18014,00	56,04	18426,00	105,07	18837,00	153,98
17617,00	8,80	18028,00	57,71	18440,00	106,74	18851,00	155,65
17630,00	10,35	18042,00	59,38	18453,00	108,29	18865,00	157,31
17644,00	12,01	18056,00	61,04	18467,00	109,95	18878,00	158,86
17658,00	13,68	18069,00	62,59	18481,00	111,62	18892,00	160,53
17671,00	15,23	18083,00	64,26	18494,00	113,16	18906,00	162,19
17685,00	16,89	18096,00	65,80	18508,00	114,83	18920,00	163,86
17699,00	18,56	18110,00	67,47	18522,00	116,50	18933,00	165,41
17713,00	20,23	18124,00	69,13	18535,00	118,04	18947,00	167,07
17726,00	21,77	18138,00	70,80	18549,00	119,71	18961,00	168,74
17740,00	23,44	18151,00	72,35	18563,00	121,38	18974,00	170,28
17754,00	25,10	18165,00	74,01	18576,00	122,92	18988,00	171,95
17768,00	26,77	18179,00	75,68	18590,00	124,59	19002,00	173,62
17781,00	28,32	18193,00	77,35	18604,00	126,25	19015,00	175,16
17795,00	29,98	18206,00	78,89	18618,00	127,92	19029,00	176,83
17809,00	31,65	18220,00	80,56	18631,00	129,47	19043,00	178,50
17822,00	33,20	18234,00	82,22	18645,00	131,13	19057,00	180,16
17836,00	34,86	18248,00	83,89	18659,00	132,80	19070,00	181,71
17850,00	36,53	18261,00	85,44	18673,00	134,47	19084,00	183,37
17863,00	38,08	18275,00	87,10	18686,00	136,01	19098,00	185,04
17877,00	39,74	18289,00	88,77	18700,00	137,68	19112,00	186,71
17891,00	41,41	18302,00	90,32	18714,00	139,34	19125,00	188,25
17904,00	42,95	18316,00	91,98	18727,00	140,89	19139,00	189,92
17918,00	44,62	18330,00	93,65	18741,00	142,56	19153,00	191,59
17932,00	46,29	18343,00	95,20	18755,00	144,22	19166,00	193,13

Steuerklasse I, II, IV, V, VI		Steuerklasse I, II, IV, V, VI		Steuerklasse I, II, IV, V, VI		Steuerklasse I, II, IV, V, VI	
Maßstabs-lohnsteuer €	Solidaritäts-zuschlag €	Maßstabs-lohnsteuer €	Solidaritäts-zuschlag €	Maßstabs-lohnsteuer €	Solidaritäts-zuschlag €	Maßstabs-lohnsteuer €	Solidaritäts-zuschlag €
19180,00	194,80	20112,00	305,71	21108,00	424,23	22136,00	546,56
19194,00	196,46	20126,00	307,37	21123,00	426,02	22151,00	548,35
19207,00	198,01	20140,00	309,04	21138,00	427,80	22166,00	550,13
19221,00	199,68	20154,00	310,70	21153,00	429,59	22181,00	551,92
19235,00	201,34	20167,00	312,25	21168,00	431,37	22196,00	553,70
19248,00	202,89	20181,00	313,92	21183,00	433,16	22212,00	555,61
19262,00	204,56	20195,00	315,58	21199,00	435,06	22227,00	557,39
19276,00	206,22	20209,00	317,25	21214,00	436,84	22242,00	559,18
19290,00	207,89	20222,00	318,80	21229,00	438,63	22257,00	560,96
19303,00	209,44	20236,00	320,46	21244,00	440,41	22272,00	562,75
19317,00	211,10	20250,00	322,13	21259,00	442,20	22287,00	564,53
19331,00	212,77	20264,00	323,79	21274,00	443,98	22302,00	566,32
19345,00	214,43	20277,00	325,34	21289,00	445,77	22317,00	568,10
19358,00	215,98	20291,00	327,01	21304,00	447,55	22333,00	570,01
19372,00	217,65	20304,00	328,55	21319,00	449,34	22348,00	571,79
19386,00	219,31	20318,00	330,22	21335,00	451,24	22363,00	573,58
19399,00	220,86	20332,00	331,89	21350,00	453,03	22378,00	575,36
19413,00	222,53	20345,00	333,43	21365,00	454,81	22393,00	577,15
19427,00	224,19	20359,00	335,10	21380,00	456,60	22408,00	578,93
19440,00	225,74	20373,00	336,77	21395,00	458,38	22423,00	580,72
19454,00	227,40	20387,00	338,43	21410,00	460,17	22438,00	582,50
19468,00	229,07	20401,00	340,10	21425,00	461,95	22453,00	584,29
19482,00	230,74	20414,00	341,64	21440,00	463,74	22469,00	586,19
19495,00	232,28	20428,00	343,31	21456,00	465,64	22484,00	587,97
19509,00	233,95	20443,00	345,10	21471,00	467,43	22499,00	589,76
19523,00	235,62	20458,00	346,88	21486,00	469,21	22514,00	591,54
19537,00	237,28	20473,00	348,67	21501,00	471,00	22529,00	593,33
19550,00	238,83	20488,00	350,45	21516,00	472,78	22544,00	595,11
19564,00	240,49	20503,00	352,24	21531,00	474,57	22559,00	596,90
19578,00	242,16	20518,00	354,02	21546,00	476,35	22574,00	598,68
19592,00	243,83	20533,00	355,81	21561,00	478,14	22590,00	600,59
19605,00	245,37	20548,00	357,59	21577,00	480,04	22605,00	602,37
19619,00	247,04	20563,00	359,38	21592,00	481,83	22620,00	604,16
19633,00	248,71	20579,00	361,28	21607,00	483,61	22635,00	605,94
19646,00	250,25	20594,00	363,06	21622,00	485,40	22650,00	607,73
19660,00	251,92	20609,00	364,85	21637,00	487,18	22665,00	609,51
19673,00	253,47	20624,00	366,63	21652,00	488,97	22680,00	611,30
19687,00	255,13	20639,00	368,42	21667,00	490,75	22695,00	613,08
19701,00	256,80	20654,00	370,20	21682,00	492,54	22711,00	614,99
19715,00	258,46	20669,00	371,99	21697,00	494,32	22726,00	616,77
19729,00	260,13	20684,00	373,77	21713,00	496,23	22741,00	618,56
19742,00	261,68	20700,00	375,68	21728,00	498,01	22756,00	620,34
19756,00	263,34	20715,00	377,46	21743,00	499,80	22771,00	622,13
19770,00	265,01	20730,00	379,25	21758,00	501,58	22786,00	623,91
19784,00	266,67	20745,00	381,03	21773,00	503,37	22801,00	625,70
19797,00	268,22	20760,00	382,82	21788,00	505,15	22816,00	627,48
19811,00	269,89	20775,00	384,60	21803,00	506,94	22831,00	629,27
19825,00	271,55	20790,00	386,39	21818,00	508,72	22847,00	631,17
19838,00	273,10	20805,00	388,17	21834,00	510,62	22862,00	632,96
19852,00	274,77	20821,00	390,08	21849,00	512,41	22877,00	634,74
19866,00	276,43	20836,00	391,86	21864,00	514,19	22892,00	636,53
19879,00	277,98	20851,00	393,65	21879,00	515,98	22907,00	638,31
19893,00	279,65	20866,00	395,43	21894,00	517,76	22922,00	640,10
19907,00	281,31	20881,00	397,22	21909,00	519,55	22937,00	641,88
19920,00	282,86	20896,00	399,00	21924,00	521,33	22952,00	643,67
19934,00	284,52	20911,00	400,79	21939,00	523,12	22968,00	645,57
19948,00	286,19	20926,00	402,57	21955,00	525,02	22983,00	647,36
19962,00	287,86	20941,00	404,36	21970,00	526,81	22998,00	649,14
19975,00	289,40	20957,00	406,26	21985,00	528,59	23013,00	650,93
19989,00	291,07	20972,00	408,05	22000,00	530,38	23028,00	652,71
20003,00	292,74	20987,00	409,83	22015,00	532,16	23043,00	654,50
20017,00	294,40	21002,00	411,62	22030,00	533,95	23058,00	656,28
20030,00	295,95	21017,00	413,40	22045,00	535,73	23073,00	658,07
20044,00	297,61	21032,00	415,19	22060,00	537,52	23089,00	659,97
20058,00	299,28	21047,00	416,97	22075,00	539,30	23104,00	661,75
20071,00	300,83	21062,00	418,76	22091,00	541,21	23119,00	663,54
20085,00	302,49	21078,00	420,66	22106,00	542,99	23134,00	665,32
20099,00	304,16	21093,00	422,45	22121,00	544,78	23149,00	667,11

Steuerklasse I, II, IV, V, VI		Steuerklasse I, II, IV, V, VI		Steuerklasse I, II, IV, V, VI		Steuerklasse I, II, IV, V, VI	
Maßstabs-lohnsteuer €	Solidaritäts-zuschlag €	Maßstabs-lohnsteuer €	Solidaritäts-zuschlag €	Maßstabs-lohnsteuer €	Solidaritäts-zuschlag €	Maßstabs-lohnsteuer €	Solidaritäts-zuschlag €
23164,00	668,89	24192,00	791,23	25220,00	913,56	26249,00	1036,01
23179,00	670,68	24207,00	793,01	25236,00	915,46	26264,00	1037,79
23194,00	672,46	24223,00	794,92	25251,00	917,25	26279,00	1039,58
23209,00	674,25	24238,00	796,70	25266,00	919,03	26294,00	1041,36
23225,00	676,15	24253,00	798,49	25281,00	920,82	26309,00	1043,15
23240,00	677,94	24268,00	800,27	25296,00	922,60	26324,00	1044,93
23255,00	679,72	24283,00	802,06	25311,00	924,39	26339,00	1046,72
23270,00	681,51	24298,00	803,84	25326,00	926,17	26354,00	1048,50
23285,00	683,29	24313,00	805,63	25341,00	927,96	26370,00	1050,41
23300,00	685,08	24328,00	807,41	25357,00	929,86	26385,00	1052,19
23315,00	686,86	24343,00	809,20	25372,00	931,65	26400,00	1053,98
23330,00	688,65	24359,00	811,10	25387,00	933,43	26415,00	1055,76
23346,00	690,55	24374,00	812,88	25402,00	935,22	26430,00	1057,55
23361,00	692,34	24389,00	814,67	25417,00	937,00	26445,00	1059,33
23376,00	694,12	24404,00	816,45	25432,00	938,79	26460,00	1061,12
23391,00	695,91	24419,00	818,24	25447,00	940,57	26475,00	1062,90
23406,00	697,69	24434,00	820,02	25462,00	942,36	26491,00	1064,81
23421,00	699,48	24449,00	821,81	25477,00	944,14	26506,00	1066,59
23436,00	701,26	24464,00	823,59	25493,00	946,05	26521,00	1068,38
23451,00	703,05	24480,00	825,50	25508,00	947,83	26536,00	1070,16
23467,00	704,95	24495,00	827,28	25523,00	949,62	26551,00	1071,95
23482,00	706,74	24510,00	829,07	25538,00	951,40	26566,00	1073,73
23497,00	708,52	24525,00	830,85	25553,00	953,19	26581,00	1075,52
23512,00	710,31	24540,00	832,64	25568,00	954,97	26596,00	1077,30
23527,00	712,09	24555,00	834,42	25583,00	956,76	26611,00	1079,09
23542,00	713,88	24570,00	836,21	25598,00	958,54	26627,00	1080,99
23557,00	715,66	24585,00	837,99	25614,00	960,44	26642,00	1082,78
23572,00	717,45	24601,00	839,90	25629,00	962,23	26657,00	1084,56
23587,00	719,23	24616,00	841,68	25644,00	964,01	26672,00	1086,35
23603,00	721,14	24631,00	843,47	25659,00	965,80	26687,00	1088,13
23618,00	722,92	24646,00	845,25	25674,00	967,58	26702,00	1089,92
23633,00	724,71	24661,00	847,04	25689,00	969,37	26717,00	1091,70
23648,00	726,49	24676,00	848,82	25704,00	971,15	26732,00	1093,49
23663,00	728,28	24691,00	850,61	25719,00	972,94	26748,00	1095,39
23678,00	730,06	24706,00	852,39	25735,00	974,84	26763,00	1097,18
23693,00	731,85	24721,00	854,18	25750,00	976,63	26778,00	1098,96
23708,00	733,63	24737,00	856,08	25765,00	978,41	26793,00	1100,75
23724,00	735,53	24752,00	857,87	25780,00	980,20	26808,00	1102,53
23739,00	737,32	24767,00	859,65	25795,00	981,98	26823,00	1104,32
23754,00	739,10	24782,00	861,44	25810,00	983,77	26838,00	1106,10
23769,00	740,89	24797,00	863,22	25825,00	985,55	26853,00	1107,89
23784,00	742,67	24812,00	865,01	25840,00	987,34	26869,00	1109,79
23799,00	744,46	24827,00	866,79	25855,00	989,12	26884,00	1111,57
23814,00	746,24	24842,00	868,58	25871,00	991,03	26899,00	1113,36
23829,00	748,03	24858,00	870,48	25886,00	992,81	26914,00	1115,14
23845,00	749,93	24873,00	872,27	25901,00	994,60	26929,00	1116,93
23860,00	751,72	24888,00	874,05	25916,00	996,38	26944,00	1118,71
23875,00	753,50	24903,00	875,84	25931,00	998,17	26959,00	1120,50
23890,00	755,29	24918,00	877,62	25946,00	999,95	26974,00	1122,28
23905,00	757,07	24933,00	879,41	25961,00	1001,74	26989,00	1124,07
23920,00	758,86	24948,00	881,19	25976,00	1003,52	27005,00	1125,97
23935,00	760,64	24963,00	882,98	25992,00	1005,43	27020,00	1127,76
23950,00	762,43	24979,00	884,88	26007,00	1007,21	27035,00	1129,54
23965,00	764,21	24994,00	886,66	26022,00	1009,00	27050,00	1131,33
23981,00	766,12	25009,00	888,45	26037,00	1010,78	27065,00	1133,11
23996,00	767,90	25024,00	890,23	26052,00	1012,57	27080,00	1134,90
24011,00	769,69	25039,00	892,02	26067,00	1014,35	27095,00	1136,68
24026,00	771,47	25054,00	893,80	26082,00	1016,14	27110,00	1138,47
24041,00	773,26	25069,00	895,59	26097,00	1017,92	27126,00	1140,37
24056,00	775,04	25084,00	897,37	26113,00	1019,83	27141,00	1142,16
24071,00	776,83	25099,00	899,16	26128,00	1021,61	27156,00	1143,94
24086,00	778,61	25115,00	901,06	26143,00	1023,40	27171,00	1145,73
24102,00	780,52	25130,00	902,85	26158,00	1025,18	27186,00	1147,51
24117,00	782,30	25145,00	904,63	26173,00	1026,97	27201,00	1149,30
24132,00	784,09	25160,00	906,42	26188,00	1028,75	27216,00	1151,08
24147,00	785,87	25175,00	908,20	26203,00	1030,54	27231,00	1152,87
24162,00	787,66	25190,00	909,99	26218,00	1032,32	27247,00	1154,77
24177,00	789,44	25205,00	911,77	26233,00	1034,11	27262,00	1156,56

Steuerklasse I, II, IV, V, VI		Steuerklasse I, II, IV, V, VI		Steuerklasse I, II, IV, V, VI		Steuerklasse I, II, IV, V, VI	
Maßstabs-lohnsteuer €	Solidaritäts-zuschlag €	Maßstabs-lohnsteuer €	Solidaritäts-zuschlag €	Maßstabs-lohnsteuer €	Solidaritäts-zuschlag €	Maßstabs-lohnsteuer €	Solidaritäts-zuschlag €
27277,00	1158,34	28305,00	1280,67	29333,00	1403,01	30361,00	1525,34
27292,00	1160,13	28320,00	1282,46	29348,00	1404,79	30376,00	1527,12
27307,00	1161,91	28335,00	1284,24	29363,00	1406,58	30391,00	1528,91
27322,00	1163,70	28350,00	1286,03	29378,00	1408,36	30407,00	1530,81
27337,00	1165,48	28365,00	1287,81	29394,00	1410,26	30422,00	1532,60
27352,00	1167,27	28381,00	1289,72	29409,00	1412,05	30437,00	1534,38
27367,00	1169,05	28396,00	1291,50	29424,00	1413,83	30452,00	1536,17
27383,00	1170,96	28411,00	1293,29	29439,00	1415,62	30467,00	1537,95
27398,00	1172,74	28426,00	1295,07	29454,00	1417,40	30482,00	1539,74
27413,00	1174,53	28441,00	1296,86	29469,00	1419,19	30497,00	1541,52
27428,00	1176,31	28456,00	1298,64	29484,00	1420,97	30512,00	1543,31
27443,00	1178,10	28471,00	1300,43	29499,00	1422,76	30528,00	1545,21
27458,00	1179,88	28486,00	1302,21	29515,00	1424,66	30543,00	1547,00
27473,00	1181,67	28501,00	1304,00	29530,00	1426,45	30558,00	1548,78
27488,00	1183,45	28517,00	1305,90	29545,00	1428,23	30573,00	1550,57
27504,00	1185,35	28532,00	1307,69	29560,00	1430,02	30588,00	1552,35
27519,00	1187,14	28547,00	1309,47	29575,00	1431,80	30603,00	1554,14
27534,00	1188,92	28562,00	1311,26	29590,00	1433,59	30618,00	1555,92
27549,00	1190,71	28577,00	1313,04	29605,00	1435,37	30633,00	1557,71
27564,00	1192,49	28592,00	1314,83	29620,00	1437,16	30649,00	1559,61
27579,00	1194,28	28607,00	1316,61	29635,00	1438,94	30664,00	1561,39
27594,00	1196,06	28622,00	1318,40	29651,00	1440,85	30679,00	1563,18
27609,00	1197,85	28638,00	1320,30	29666,00	1442,63	30694,00	1564,96
27625,00	1199,75	28653,00	1322,09	29681,00	1444,42	30709,00	1566,75
27640,00	1201,54	28668,00	1323,87	29696,00	1446,20	30724,00	1568,53
27655,00	1203,32	28683,00	1325,66	29711,00	1447,99	30739,00	1570,32
27670,00	1205,11	28698,00	1327,44	29726,00	1449,77	30754,00	1572,10
27685,00	1206,89	28713,00	1329,23	29741,00	1451,56	30769,00	1573,89
27700,00	1208,68	28728,00	1331,01	29756,00	1453,34	30785,00	1575,79
27715,00	1210,46	28743,00	1332,80	29772,00	1455,25	30800,00	1577,58
27730,00	1212,25	28759,00	1334,70	29787,00	1457,03	30815,00	1579,36
27745,00	1214,03	28774,00	1336,48	29802,00	1458,82	30830,00	1581,15
27761,00	1215,94	28789,00	1338,27	29817,00	1460,60	30845,00	1582,93
27776,00	1217,72	28804,00	1340,05	29832,00	1462,39	30860,00	1584,72
27791,00	1219,51	28819,00	1341,84	29847,00	1464,17	30875,00	1586,50
27806,00	1221,29	28834,00	1343,62	29862,00	1465,96	30890,00	1588,29
27821,00	1223,08	28849,00	1345,41	29877,00	1467,74	30906,00	1590,19
27836,00	1224,86	28864,00	1347,19	29893,00	1469,65	30921,00	1591,98
27851,00	1226,65	28879,00	1348,98	29908,00	1471,43	30936,00	1593,76
27866,00	1228,43	28895,00	1350,88	29923,00	1473,22	30951,00	1595,55
27882,00	1230,34	28910,00	1352,67	29938,00	1475,00	30966,00	1597,33
27897,00	1232,12	28925,00	1354,45	29953,00	1476,79	30981,00	1599,12
27912,00	1233,91	28940,00	1356,24	29968,00	1478,57	30996,00	1600,90
27927,00	1235,69	28955,00	1358,02	29983,00	1480,36	31011,00	1602,69
27942,00	1237,48	28970,00	1359,81	29998,00	1482,14	31027,00	1604,59
27957,00	1239,26	28985,00	1361,59	30013,00	1483,93	31042,00	1606,38
27972,00	1241,05	29000,00	1363,38	30029,00	1485,83	31057,00	1608,16
27987,00	1242,83	29016,00	1365,28	30044,00	1487,61	31072,00	1609,95
28003,00	1244,74	29031,00	1367,07	30059,00	1489,40	31087,00	1611,73
28018,00	1246,52	29046,00	1368,85	30074,00	1491,18	31102,00	1613,52
28033,00	1248,31	29061,00	1370,64	30089,00	1492,97	31117,00	1615,30
28048,00	1250,09	29076,00	1372,42	30104,00	1494,75	31132,00	1617,09
28063,00	1251,88	29091,00	1374,21	30119,00	1496,54	31147,00	1618,87
28078,00	1253,66	29106,00	1375,99	30134,00	1498,32	31163,00	1620,78
28093,00	1255,45	29121,00	1377,78	30150,00	1500,23	31178,00	1622,56
28108,00	1257,23	29137,00	1379,68	30165,00	1502,01	31193,00	1624,35
28123,00	1259,02	29152,00	1381,47	30180,00	1503,80	31208,00	1626,13
28139,00	1260,92	29167,00	1383,25	30195,00	1505,58	31223,00	1627,92
28154,00	1262,70	29182,00	1385,04	30210,00	1507,37	31238,00	1629,70
28169,00	1264,49	29197,00	1386,82	30225,00	1509,15	31253,00	1631,49
28184,00	1266,27	29212,00	1388,61	30240,00	1510,94	31268,00	1633,27
28199,00	1268,06	29227,00	1390,39	30255,00	1512,72	31284,00	1635,17
28214,00	1269,84	29242,00	1392,18	30271,00	1514,63	31299,00	1636,96
28229,00	1271,63	29257,00	1393,96	30286,00	1516,41	31314,00	1638,74
28244,00	1273,41	29273,00	1395,87	30301,00	1518,20	31329,00	1640,53
28260,00	1275,32	29288,00	1397,65	30316,00	1519,98	31344,00	1642,31
28275,00	1277,10	29303,00	1399,44	30331,00	1521,77	31359,00	1644,10
28290,00	1278,89	29318,00	1401,22	30346,00	1523,55	31374,00	1645,88

Steuerklasse I, II, IV, V, VI		Steuerklasse I, II, IV, V, VI		Steuerklasse I, II, IV, V, VI		Steuerklasse I, II, IV, V, VI	
Maßstabs-lohnsteuer €	Solidaritäts-zuschlag €	Maßstabs-lohnsteuer €	Solidaritäts-zuschlag €	Maßstabs-lohnsteuer €	Solidaritäts-zuschlag €	Maßstabs-lohnsteuer €	Solidaritäts-zuschlag €
31389,00	1647,67	31707,00	1685,51	32024,00	1723,23	32342,00	1761,08
31405,00	1649,57	31722,00	1687,30	32040,00	1725,14	32357,00	1762,86
31420,00	1651,36	31737,00	1689,08	32055,00	1726,92	32372,00	1764,65
31435,00	1653,14	31752,00	1690,87	32070,00	1728,71	32387,00	1766,43
31450,00	1654,93	31767,00	1692,65	32085,00	1730,49	32402,00	1768,22
31465,00	1656,71	31783,00	1694,56	32100,00	1732,28	32418,00	1770,12
31480,00	1658,50	31798,00	1696,34	32115,00	1734,06	32433,00	1771,91
31495,00	1660,28	31813,00	1698,13	32130,00	1735,85	32448,00	1773,69
31510,00	1662,07	31828,00	1699,91	32145,00	1737,63	32463,00	1775,48
31525,00	1663,85	31843,00	1701,70	32161,00	1739,54	32478,00	1777,26
31541,00	1665,76	31858,00	1703,48	32176,00	1741,32	32493,00	1779,05
31556,00	1667,54	31873,00	1705,27	32191,00	1743,11	32508,00	1780,83
31571,00	1669,33	31888,00	1707,05	32206,00	1744,89	32523,00	1782,62
31586,00	1671,11	31903,00	1708,84	32221,00	1746,68	32539,00	1784,52
31601,00	1672,90	31919,00	1710,74	32236,00	1748,46	32554,00	1786,30
31616,00	1674,68	31934,00	1712,52	32251,00	1750,25	32569,00	1788,09
31631,00	1676,47	31949,00	1714,31	32266,00	1752,03	32584,00	1789,87
31646,00	1678,25	31964,00	1716,09	32281,00	1753,82	32599,00	1791,66
31662,00	1680,16	31979,00	1717,88	32297,00	1755,72	32614,00	1793,44
31677,00	1681,94	31994,00	1719,66	32312,00	1757,51	32629,00	1794,59
31692,00	1683,73	32009,00	1721,45	32327,00	1759,29		

Lohn/ Gehalt in € bis	Steuerklasse	Lohn- steuer*	BVSP**	TAGZ***
35,99	I,IV		4	3
	II		4	3
	III		4	3
	V		4	3
	VI	**3**	4	3
71,99	I,IV		8	6
	II		8	6
	III		8	6
	V		8	6
	VI	**7**	8	6
107,99	I,IV		12	10
	II		12	10
	III		12	10
	V		12	10
	VI	**11**	12	10
143,99	I,IV		17	13
	II		17	13
	III		17	13
	V		17	13
	VI	**15**	17	13
179,99	I,IV		21	16
	II		21	16
	III		21	16
	V		21	16
	VI	**19**	21	16
215,99	I,IV		25	20
	II		25	20
	III		25	20
	V		25	20
	VI	**23**	25	20
251,99	I,IV		30	23
	II		30	23
	III		30	23
	V		30	23
	VI	**27**	30	23
287,99	I,IV		34	26
	II		34	26
	III		34	26
	V		34	26
	VI	**31**	34	26
323,99	I,IV		38	30
	II		38	30
	III		38	30
	V		38	30
	VI	**35**	38	30
359,99	I,IV		43	33
	II		43	33
	III		43	33
	V		43	33
	VI	**39**	43	33
395,99	I,IV		47	36
	II		47	36
	III		47	36
	V		47	36
	VI	**43**	47	36
431,99	I,IV		51	40
	II		51	40
	III		51	40
	V		51	40
	VI	**47**	51	40
467,99	I,IV		56	43
	II		56	43
	III		56	43
	V		56	43
	VI	**51**	56	43
503,99	I,IV		60	46
	II		60	46
	III		60	46
	V		60	46
	VI	**55**	60	46
539,99	I,IV		64	50
	II		64	50
	III		64	50
	V		64	50
	VI	**59**	64	50
575,99	I,IV		69	53
	II		69	53
	III		69	53
	V		69	53
	VI	**63**	69	53
611,99	I,IV		73	57
	II		73	57
	III		73	57
	V		73	57
	VI	**67**	73	57
647,99	I,IV		77	60
	II		77	60
	III		77	60
	V		77	60
	VI	**71**	77	60
683,99	I,IV		82	63
	II		82	63
	III		82	63
	V		82	63
	VI	**75**	82	63
719,99	I,IV		86	67
	II		86	67
	III		86	67
	V		86	67
	VI	**79**	86	67
755,99	I,IV		90	70
	II		90	70
	III		90	70
	V		90	70
	VI	**83**	90	70
791,99	I,IV		95	73
	II		95	73
	III		95	73
	V		95	73
	VI	**87**	95	73
827,99	I,IV		99	77
	II		99	77
	III		99	77
	V		99	77
	VI	**91**	99	77
863,99	I,IV		103	80
	II		103	80
	III		103	80
	V		103	80
	VI	**94**	103	80

* Zur LSt-Berechnung für privat versicherte Arbeitnehmer s. Beispiele **Vorbemerkung S. 4 f.**
** Basisvorsorgepauschale KV und PV *** Typisierter Arbeitgeberzuschuss

Lohn/ Gehalt in € bis	Steuerklasse	Lohn- steuer*	BVSP**	TAGZ***
899,99	I,IV		107	83
	II		107	83
	III		107	83
	V		107	83
	VI	**98**	107	83
935,99	I,IV		112	87
	II		112	87
	III		112	87
	V		112	87
	VI	**102**	112	87
971,99	I,IV		116	90
	II		116	90
	III		116	90
	V		116	90
	VI	**106**	116	90
1 007,99	I,IV		120	93
	II		120	93
	III		120	93
	V		120	93
	VI	**110**	120	93
1 043,99	I,IV		125	97
	II		125	97
	III		125	97
	V		125	97
	VI	**114**	125	97
1 079,99	I,IV		129	100
	II		129	100
	III		129	100
	V		129	100
	VI	**118**	129	100
1 115,99	I,IV		133	104
	II		133	104
	III		133	104
	V		133	104
	VI	**122**	133	104
1 151,99	I,IV		138	107
	II		138	107
	III		138	107
	V		138	107
	VI	**126**	138	107
1 187,99	I,IV		142	110
	II		142	110
	III		142	110
	V		142	110
	VI	**130**	142	110
1 223,99	I,IV		146	114
	II		146	114
	III		146	114
	V		146	114
	VI	**134**	146	114
1 259,99	I,IV		151	117
	II		151	117
	III		151	117
	V		151	117
	VI	**138**	151	117
1 295,99	I,IV		155	120
	II		155	120
	III		155	120
	V		155	120
	VI	**142**	155	120

Lohn/ Gehalt in € bis	Steuerklasse	Lohn- steuer*	BVSP**	TAGZ***
1 331,99	I,IV		159	124
	II		159	124
	III		159	124
	V		159	124
	VI	**146**	159	124
1 367,99	I,IV		164	127
	II		164	127
	III		164	127
	V		164	127
	VI	**150**	164	127
1 403,99	I,IV		168	130
	II		168	130
	III		168	130
	V		168	130
	VI	**154**	168	130
1 439,99	I,IV		172	134
	II		172	134
	III		172	134
	V		172	134
	VI	**158**	172	134
1 475,99	I,IV		177	137
	II		177	137
	III		177	137
	V		177	137
	VI	**162**	177	137
1 511,99	I,IV		181	140
	II		181	140
	III		181	140
	V		181	140
	VI	**166**	181	140
1 547,99	I,IV		185	144
	II		185	144
	III		185	144
	V		185	144
	VI	**170**	185	144
1 583,99	I,IV		190	147
	II		190	147
	III		190	147
	V		190	147
	VI	**174**	190	147
1 619,99	I,IV		194	151
	II		194	151
	III		194	151
	V		194	151
	VI	**178**	194	151
1 655,99	I,IV		198	154
	II		198	154
	III		198	154
	V	**5**	198	154
	VI	**182**	198	154
1 691,99	I,IV		203	157
	II		203	157
	III		203	157
	V	**8**	203	157
	VI	**186**	203	157
1 727,99	I,IV		207	161
	II		207	161
	III		207	161
	V	**12**	207	161
	VI	**190**	207	161

* Zur LSt-Berechnung für privat versicherte Arbeitnehmer s. Beispiele **Vorbemerkung S. 4 f.**
** Basisvorsorgepauschale KV und PV *** Typisierter Arbeitgeberzuschuss

Lohn/ Gehalt in € bis	Steuerklasse	Lohn-steuer*	BVSP**	TAGZ***
1 763,99	I,IV		211	164
	II		211	164
	III		211	164
	V	**16**	211	164
	VI	**194**	211	164
1 799,99	I,IV		215	167
	II		215	167
	III		215	167
	V	**20**	215	167
	VI	**198**	215	167
1 835,99	I,IV		220	171
	II		220	171
	III		220	171
	V	**24**	220	171
	VI	**202**	220	171
1 871,99	I,IV		224	174
	II		224	174
	III		224	174
	V	**28**	224	174
	VI	**206**	224	174
1 907,99	I,IV		228	177
	II		228	177
	III		228	177
	V	**32**	228	177
	VI	**210**	228	177
1 943,99	I,IV		233	181
	II		233	181
	III		233	181
	V	**36**	233	181
	VI	**213**	233	181
1 979,99	I,IV		237	184
	II		237	184
	III		237	184
	V	**40**	237	184
	VI	**217**	237	184
2 015,99	I,IV		241	187
	II		241	187
	III		241	187
	V	**44**	241	187
	VI	**221**	241	187
2 051,99	I,IV		246	191
	II		246	191
	III		246	191
	V	**48**	246	191
	VI	**225**	246	191
2 087,99	I,IV		250	194
	II		250	194
	III		250	194
	V	**52**	250	194
	VI	**229**	250	194
2 123,99	I,IV		254	198
	II		254	198
	III		254	198
	V	**56**	254	198
	VI	**233**	254	198
2 159,99	I,IV		259	201
	II		259	201
	III		259	201
	V	**60**	259	201
	VI	**237**	259	201
2 195,99	I,IV		263	204
	II		263	204
	III		263	204
	V	**64**	263	204
	VI	**241**	263	204
2 231,99	I,IV		267	208
	II		267	208
	III		267	208
	V	**68**	267	208
	VI	**245**	267	208
2 267,99	I,IV		272	211
	II		272	211
	III		272	211
	V	**72**	272	211
	VI	**249**	272	211
2 303,99	I,IV		276	214
	II		276	214
	III		276	214
	V	**76**	276	214
	VI	**253**	276	214
2 339,99	I,IV		280	218
	II		280	218
	III		280	218
	V	**80**	280	218
	VI	**257**	280	218
2 375,99	I,IV		285	221
	II		285	221
	III		285	221
	V	**84**	285	221
	VI	**261**	285	221
2 411,99	I,IV		289	224
	II		289	224
	III		289	224
	V	**88**	289	224
	VI	**265**	289	224
2 447,99	I,IV		293	228
	II		293	228
	III		293	228
	V	**92**	293	228
	VI	**269**	293	228
2 483,99	I,IV		298	231
	II		298	231
	III		298	231
	V	**96**	298	231
	VI	**273**	298	231
2 519,99	I,IV		302	234
	II		302	234
	III		302	234
	V	**100**	302	234
	VI	**277**	302	234
2 555,99	I,IV		306	238
	II		306	238
	III		306	238
	V	**104**	306	238
	VI	**281**	306	238
2 591,99	I,IV		311	241
	II		311	241
	III		311	241
	V	**108**	311	241
	VI	**285**	311	241

* Zur LSt-Berechnung für privat versicherte Arbeitnehmer s. Beispiele **Vorbemerkung S. 4f.**
** Basisvorsorgepauschale KV und PV *** Typisierter Arbeitgeberzuschuss

Lohn/ Gehalt in € bis	Steuerklasse	Lohnsteuer*	BVSP**	TAGZ***
2627,99	I,IV		315	245
	II		315	245
	III		315	245
	V	**112**	315	245
	VI	**289**	315	245
2663,99	I,IV		319	248
	II		319	248
	III		319	248
	V	**116**	319	248
	VI	**293**	319	248
2699,99	I,IV		323	251
	II		323	251
	III		323	251
	V	**119**	323	251
	VI	**297**	323	251
2735,99	I,IV		328	255
	II		328	255
	III		328	255
	V	**124**	328	255
	VI	**301**	328	255
2771,99	I,IV		332	258
	II		332	258
	III		332	258
	V	**127**	332	258
	VI	**305**	332	258
2807,99	I,IV		336	261
	II		336	261
	III		336	261
	V	**131**	336	261
	VI	**309**	336	261
2843,99	I,IV		341	265
	II		341	265
	III		341	265
	V	**135**	341	265
	VI	**313**	341	265
2879,99	I,IV		345	268
	II		345	268
	III		345	268
	V	**139**	345	268
	VI	**317**	345	268
2915,99	I,IV		349	271
	II		349	271
	III		349	271
	V	**143**	349	271
	VI	**321**	349	271
2951,99	I,IV		354	275
	II		354	275
	III		354	275
	V	**147**	354	275
	VI	**325**	354	275
2987,99	I,IV		358	278
	II		358	278
	III		358	278
	V	**151**	358	278
	VI	**329**	358	278
3023,99	I,IV		362	281
	II		362	281
	III		362	281
	V	**155**	362	281
	VI	**332**	362	281

Lohn/ Gehalt in € bis	Steuerklasse	Lohnsteuer*	BVSP**	TAGZ***
3059,99	I,IV		367	285
	II		367	285
	III		367	285
	V	**159**	367	285
	VI	**336**	367	285
3095,99	I,IV		371	288
	II		371	288
	III		371	288
	V	**163**	371	288
	VI	**340**	371	288
3131,99	I,IV		375	292
	II		375	292
	III		375	292
	V	**167**	375	292
	VI	**344**	375	292
3167,99	I,IV		380	295
	II		380	295
	III		380	295
	V	**171**	380	295
	VI	**348**	380	295
3203,99	I,IV		384	298
	II		384	298
	III		384	298
	V	**175**	384	298
	VI	**352**	384	298
3239,99	I,IV		388	302
	II		388	302
	III		388	302
	V	**179**	388	302
	VI	**356**	388	302
3275,99	I,IV		393	305
	II		393	305
	III		393	305
	V	**183**	393	305
	VI	**360**	393	305
3311,99	I,IV		397	308
	II		397	308
	III		397	308
	V	**187**	397	308
	VI	**364**	397	308
3347,99	I,IV		401	312
	II		401	312
	III		401	312
	V	**191**	401	312
	VI	**368**	401	312
3383,99	I,IV		406	315
	II		406	315
	III		406	315
	V	**195**	406	315
	VI	**372**	406	315
3419,99	I,IV		410	318
	II		410	318
	III		410	318
	V	**199**	410	318
	VI	**376**	410	318
3455,99	I,IV		414	322
	II		414	322
	III		414	322
	V	**203**	414	322
	VI	**380**	414	322

* Zur LSt-Berechnung für privat versicherte Arbeitnehmer s. Beispiele **Vorbemerkung S. 4f.**
** Basisvorsorgepauschale KV und PV *** Typisierter Arbeitgeberzuschuss

Lohn/ Gehalt in € bis	Steuerklasse	Lohnsteuer*	BVSP**	TAGZ***
3491,99	I,IV		419	325
	II		419	325
	III		419	325
	V	**207**	419	325
	VI	**384**	419	325
3527,99	I,IV		423	328
	II		423	328
	III		423	328
	V	**211**	423	328
	VI	**388**	423	328
3563,99	I,IV		427	332
	II		427	332
	III		427	332
	V	**215**	427	332
	VI	**392**	427	332
3599,99	I,IV		431	335
	II		431	335
	III		431	335
	V	**219**	431	335
	VI	**396**	431	335
3635,99	I,IV		436	339
	II		436	339
	III		436	339
	V	**223**	436	339
	VI	**400**	436	339
3671,99	I,IV		440	342
	II		440	342
	III		440	342
	V	**227**	440	342
	VI	**404**	440	342
3707,99	I,IV		444	345
	II		444	345
	III		444	345
	V	**231**	444	345
	VI	**408**	444	345
3743,99	I,IV		449	349
	II		449	349
	III		449	349
	V	**235**	449	349
	VI	**412**	449	349
3779,99	I,IV		453	352
	II		453	352
	III		453	352
	V	**238**	453	352
	VI	**416**	453	352
3815,99	I,IV		457	355
	II		457	355
	III		457	355
	V	**243**	457	355
	VI	**420**	457	355
3851,99	I,IV		462	359
	II		462	359
	III		462	359
	V	**246**	462	359
	VI	**424**	462	359
3887,99	I,IV		466	362
	II		466	362
	III		466	362
	V	**250**	466	362
	VI	**428**	466	362

Lohn/ Gehalt in € bis	Steuerklasse	Lohnsteuer*	BVSP**	TAGZ***
3923,99	I,IV		470	365
	II		470	365
	III		470	365
	V	**254**	470	365
	VI	**432**	470	365
3959,99	I,IV		475	369
	II		475	369
	III		475	369
	V	**258**	475	369
	VI	**436**	475	369
3995,99	I,IV		479	372
	II		479	372
	III		479	372
	V	**262**	479	372
	VI	**440**	479	372
4031,99	I,IV		483	375
	II		483	375
	III		483	375
	V	**266**	483	375
	VI	**444**	483	375
4067,99	I,IV		488	379
	II		488	379
	III		488	379
	V	**270**	488	379
	VI	**448**	488	379
4103,99	I,IV		492	382
	II		492	382
	III		492	382
	V	**274**	492	382
	VI	**451**	492	382
4139,99	I,IV		496	386
	II		496	386
	III		496	386
	V	**278**	496	386
	VI	**455**	496	386
4175,99	I,IV		501	389
	II		501	389
	III		501	389
	V	**282**	501	389
	VI	**459**	501	389
4211,99	I,IV		505	392
	II		505	392
	III		505	392
	V	**286**	505	392
	VI	**463**	505	392
4247,99	I,IV		509	396
	II		509	396
	III		509	396
	V	**290**	509	396
	VI	**467**	509	396
4283,99	I,IV		514	399
	II		514	399
	III		514	399
	V	**294**	514	399
	VI	**471**	514	399
4319,99	I,IV		518	402
	II		518	402
	III		518	402
	V	**298**	518	402
	VI	**475**	518	402

* Zur LSt-Berechnung für privat versicherte Arbeitnehmer s. Beispiele **Vorbemerkung S. 4 f.**
** Basisvorsorgepauschale KV und PV *** Typisierter Arbeitgeberzuschuss

Lohn/ Gehalt in € bis	Steuerklasse	Lohn- steuer*	BVSP**	TAGZ***
4 355,99	I,IV		522	406
	II		522	406
	III		522	406
	V	**302**	522	406
	VI	**479**	522	406
4 391,99	I,IV		527	409
	II		527	409
	III		527	409
	V	**306**	527	409
	VI	**483**	527	409
4 427,99	I,IV		531	412
	II		531	412
	III		531	412
	V	**310**	531	412
	VI	**487**	531	412
4 463,99	I,IV		535	416
	II		535	416
	III		535	416
	V	**314**	535	416
	VI	**491**	535	416
4 499,99	I,IV		539	419
	II		539	419
	III		539	419
	V	**318**	539	419
	VI	**495**	539	419
4 535,99	I,IV		544	422
	II		544	422
	III		544	422
	V	**322**	544	422
	VI	**499**	544	422
4 571,99	I,IV		548	426
	II		548	426
	III		548	426
	V	**326**	548	426
	VI	**503**	548	426
4 607,99	I,IV		552	429
	II		552	429
	III		552	429
	V	**330**	552	429
	VI	**507**	552	429
4 643,99	I,IV		557	433
	II		557	433
	III		557	433
	V	**334**	557	433
	VI	**511**	557	433
4 679,99	I,IV		561	436
	II		561	436
	III		561	436
	V	**338**	561	436
	VI	**515**	561	436
4 715,99	I,IV		565	439
	II		565	439
	III		565	439
	V	**342**	565	439
	VI	**519**	565	439
4 751,99	I,IV		570	443
	II		570	443
	III		570	443
	V	**346**	570	443
	VI	**523**	570	443

Lohn/ Gehalt in € bis	Steuerklasse	Lohn- steuer*	BVSP**	TAGZ***
4 787,99	I,IV		574	446
	II		574	446
	III		574	446
	V	**350**	574	446
	VI	**527**	574	446
4 823,99	I,IV		578	449
	II		578	449
	III		578	449
	V	**354**	578	449
	VI	**531**	578	449
4 859,99	I,IV		583	453
	II		583	453
	III		583	453
	V	**357**	583	453
	VI	**535**	583	453
4 895,99	I,IV		587	456
	II		587	456
	III		587	456
	V	**362**	587	456
	VI	**539**	587	456
4 931,99	I,IV		591	459
	II		591	459
	III		591	459
	V	**365**	591	459
	VI	**543**	591	459
4 967,99	I,IV		596	463
	II		596	463
	III		596	463
	V	**369**	596	463
	VI	**547**	596	463
5 003,99	I,IV		600	466
	II		600	466
	III		600	466
	V	**373**	600	466
	VI	**551**	600	466
5 039,99	I,IV		604	469
	II		604	469
	III		604	469
	V	**377**	604	469
	VI	**555**	604	469
5 075,99	I,IV		609	473
	II		609	473
	III		609	473
	V	**381**	609	473
	VI	**559**	609	473
5 111,99	I,IV		613	476
	II		613	476
	III		613	476
	V	**385**	613	476
	VI	**563**	613	476
5 147,99	I,IV		617	480
	II		617	480
	III		617	480
	V	**389**	617	480
	VI	**567**	617	480
5 183,99	I,IV		622	483
	II		622	483
	III		622	483
	V	**393**	622	483
	VI	**570**	622	483

* Zur LSt-Berechnung für privat versicherte Arbeitnehmer s. Beispiele **Vorbemerkung S. 4 f.**
** Basisvorsorgepauschale KV und PV *** Typisierter Arbeitgeberzuschuss

Lohn/ Gehalt in € bis	Steuerklasse	Lohn-steuer*	BVSP**	TAGZ***
5 219,99	I,IV		626	486
	II		626	486
	III		626	486
	V	**397**	626	486
	VI	**574**	626	486
5 255,99	I,IV		630	490
	II		630	490
	III		630	490
	V	**401**	630	490
	VI	**578**	630	490
5 291,99	I,IV		635	493
	II		635	493
	III		635	493
	V	**405**	635	493
	VI	**582**	635	493
5 327,99	I,IV		639	496
	II		639	496
	III		639	496
	V	**409**	639	496
	VI	**586**	639	496
5 363,99	I,IV		643	500
	II		643	500
	III		643	500
	V	**413**	643	500
	VI	**590**	643	500
5 399,99	I,IV		647	503
	II		647	503
	III		647	503
	V	**417**	647	503
	VI	**594**	647	503
5 435,99	I,IV		652	506
	II		652	506
	III		652	506
	V	**421**	652	506
	VI	**598**	652	506
5 471,99	I,IV		656	510
	II		656	510
	III		656	510
	V	**425**	656	510
	VI	**602**	656	510
5 507,99	I,IV		660	513
	II		660	513
	III		660	513
	V	**429**	660	513
	VI	**606**	660	513
5 543,99	I,IV		665	516
	II		665	516
	III		665	516
	V	**433**	665	516
	VI	**610**	665	516
5 579,99	I,IV		669	520
	II		669	520
	III		669	520
	V	**437**	669	520
	VI	**614**	669	520
5 615,99	I,IV		673	523
	II		673	523
	III		673	523
	V	**441**	673	523
	VI	**618**	673	523

Lohn/ Gehalt in € bis	Steuerklasse	Lohn-steuer*	BVSP**	TAGZ***
5 651,99	I,IV		678	527
	II		678	527
	III		678	527
	V	**445**	678	527
	VI	**622**	678	527
5 687,99	I,IV		682	530
	II		682	530
	III		682	530
	V	**449**	682	530
	VI	**626**	682	530
5 723,99	I,IV		686	533
	II		686	533
	III		686	533
	V	**453**	686	533
	VI	**630**	686	533
5 759,99	I,IV		691	537
	II		691	537
	III		691	537
	V	**457**	691	537
	VI	**634**	691	537
5 795,99	I,IV		695	540
	II		695	540
	III		695	540
	V	**461**	695	540
	VI	**638**	695	540
5 831,99	I,IV		699	543
	II		699	543
	III		699	543
	V	**465**	699	543
	VI	**642**	699	543
5 867,99	I,IV		704	547
	II		704	547
	III		704	547
	V	**469**	704	547
	VI	**646**	704	547
5 903,99	I,IV		708	550
	II		708	550
	III		708	550
	V	**473**	708	550
	VI	**650**	708	550
5 939,99	I,IV		712	553
	II		712	553
	III		712	553
	V	**476**	712	553
	VI	**654**	712	553
5 975,99	I,IV		717	557
	II		717	557
	III		717	557
	V	**481**	717	557
	VI	**658**	717	557
6 011,99	I,IV		721	560
	II		721	560
	III		721	560
	V	**484**	721	560
	VI	**662**	721	560
6 047,99	I,IV		725	563
	II		725	563
	III		725	563
	V	**488**	725	563
	VI	**666**	725	563

* Zur LSt-Berechnung für privat versicherte Arbeitnehmer s. Beispiele **Vorbemerkung S. 4 f.**
** Basisvorsorgepauschale KV und PV *** Typisierter Arbeitgeberzuschuss

Lohn/ Gehalt in € bis	Steuerklasse	Lohn-steuer*	BVSP**	TAGZ***
6083,99	I,IV		730	567
	II		730	567
	III		730	567
	V	**492**	730	567
	VI	**670**	730	567
6119,99	I,IV		734	570
	II		734	570
	III		734	570
	V	**496**	734	570
	VI	**674**	734	570
6155,99	I,IV		738	574
	II		738	574
	III		738	574
	V	**500**	738	574
	VI	**678**	738	574
6191,99	I,IV		743	577
	II		743	577
	III		743	577
	V	**504**	743	577
	VI	**682**	743	577
6227,99	I,IV		747	580
	II		747	580
	III		747	580
	V	**508**	747	580
	VI	**686**	747	580
6263,99	I,IV		751	584
	II		751	584
	III		751	584
	V	**512**	751	584
	VI	**689**	751	584
6299,99	I,IV		755	587
	II		755	587
	III		755	587
	V	**516**	755	587
	VI	**693**	755	587
6335,99	I,IV		760	590
	II		760	590
	III		760	590
	V	**520**	760	590
	VI	**697**	760	590
6371,99	I,IV		764	594
	II		764	594
	III		764	594
	V	**524**	764	594
	VI	**701**	764	594
6407,99	I,IV		768	597
	II		768	597
	III		768	597
	V	**528**	768	597
	VI	**705**	768	597
6443,99	I,IV		773	600
	II		773	600
	III		773	600
	V	**532**	773	600
	VI	**709**	773	600
6479,99	I,IV		777	604
	II		777	604
	III		777	604
	V	**536**	777	604
	VI	**713**	777	604

Lohn/ Gehalt in € bis	Steuerklasse	Lohn-steuer*	BVSP**	TAGZ***
6515,99	I,IV		781	607
	II		781	607
	III		781	607
	V	**540**	781	607
	VI	**717**	781	607
6551,99	I,IV		786	610
	II		786	610
	III		786	610
	V	**544**	786	610
	VI	**721**	786	610
6587,99	I,IV		790	614
	II		790	614
	III		790	614
	V	**548**	790	614
	VI	**725**	790	614
6623,99	I,IV		794	617
	II		794	617
	III		794	617
	V	**552**	794	617
	VI	**729**	794	617
6659,99	I,IV		799	621
	II		799	621
	III		799	621
	V	**556**	799	621
	VI	**733**	799	621
6695,99	I,IV		803	624
	II		803	624
	III		803	624
	V	**560**	803	624
	VI	**737**	803	624
6731,99	I,IV		807	627
	II		807	627
	III		807	627
	V	**564**	807	627
	VI	**741**	807	627
6767,99	I,IV		812	631
	II		812	631
	III		812	631
	V	**568**	812	631
	VI	**745**	812	631
6803,99	I,IV		816	634
	II		816	634
	III		816	634
	V	**572**	816	634
	VI	**749**	816	634
6839,99	I,IV		820	637
	II		820	637
	III		820	637
	V	**576**	820	637
	VI	**753**	820	637
6875,99	I,IV		825	641
	II		825	641
	III		825	641
	V	**580**	825	641
	VI	**757**	825	641
6911,99	I,IV		829	644
	II		829	644
	III		829	644
	V	**584**	829	644
	VI	**761**	829	644

* Zur LSt-Berechnung für privat versicherte Arbeitnehmer s. Beispiele **Vorbemerkung S. 4f.**
** Basisvorsorgepauschale KV und PV *** Typisierter Arbeitgeberzuschuss

Lohn/ Gehalt in € bis	Steuerklasse	Lohn-steuer*	BVSP**	TAGZ***
6 947,99	I,IV		833	647
	II		833	647
	III		833	647
	V	**588**	833	647
	VI	**765**	833	647
6 983,99	I,IV		838	651
	II		838	651
	III		838	651
	V	**592**	838	651
	VI	**769**	838	651
7 019,99	I,IV		842	654
	II		842	654
	III		842	654
	V	**595**	842	654
	VI	**773**	842	654
7 055,99	I,IV		846	657
	II		846	657
	III		846	657
	V	**600**	846	657
	VI	**777**	846	657
7 091,99	I,IV		851	661
	II		851	661
	III		851	661
	V	**603**	851	661
	VI	**781**	851	661
7 127,99	I,IV		855	664
	II		855	664
	III		855	664
	V	**607**	855	664
	VI	**785**	855	664
7 163,99	I,IV		859	668
	II		859	668
	III		859	668
	V	**611**	859	668
	VI	**789**	859	668
7 199,99	I,IV		863	671
	II		863	671
	III		863	671
	V	**615**	863	671
	VI	**793**	863	671
7 235,99	I,IV		868	674
	II		868	674
	III		868	674
	V	**619**	868	674
	VI	**797**	868	674
7 271,99	I,IV		872	678
	II		872	678
	III		872	678
	V	**623**	872	678
	VI	**801**	872	678
7 307,99	I,IV		876	681
	II		876	681
	III		876	681
	V	**627**	876	681
	VI	**805**	876	681
7 343,99	I,IV		881	684
	II		881	684
	III		881	684
	V	**631**	881	684
	VI	**808**	881	684
7 379,99	I,IV		885	688
	II		885	688
	III		885	688
	V	**635**	885	688
	VI	**812**	885	688
7 415,99	I,IV		889	691
	II		889	691
	III		889	691
	V	**639**	889	691
	VI	**816**	889	691
7 451,99	I,IV		894	694
	II		894	694
	III		894	694
	V	**643**	894	694
	VI	**820**	894	694
7 487,99	I,IV		898	698
	II		898	698
	III		898	698
	V	**647**	898	698
	VI	**824**	898	698
7 523,99	I,IV		902	701
	II		902	701
	III		902	701
	V	**651**	902	701
	VI	**828**	902	701
7 559,99	I,IV		907	704
	II		907	704
	III		907	704
	V	**655**	907	704
	VI	**832**	907	704
7 595,99	I,IV		911	708
	II		911	708
	III		911	708
	V	**659**	911	708
	VI	**836**	911	708
7 631,99	I,IV		915	711
	II		915	711
	III		915	711
	V	**663**	915	711
	VI	**840**	915	711
7 667,99	I,IV		920	715
	II		920	715
	III		920	715
	V	**667**	920	715
	VI	**844**	920	715
7 703,99	I,IV		924	718
	II		924	718
	III		924	718
	V	**671**	924	718
	VI	**848**	924	718
7 739,99	I,IV		928	721
	II		928	721
	III		928	721
	V	**675**	928	721
	VI	**852**	928	721
7 775,99	I,IV		933	725
	II		933	725
	III		933	725
	V	**679**	933	725
	VI	**856**	933	725

* Zur LSt-Berechnung für privat versicherte Arbeitnehmer s. Beispiele **Vorbemerkung S. 4 f.**
** Basisvorsorgepauschale KV und PV *** Typisierter Arbeitgeberzuschuss

Lohn/ Gehalt in € bis	Steuerklasse	Lohn- steuer*	BVSP**	TAGZ***
7 811,99	I,IV		937	728
	II		937	728
	III		937	728
	V	**683**	937	728
	VI	**860**	937	728
7 847,99	I,IV		941	731
	II		941	731
	III		941	731
	V	**687**	941	731
	VI	**864**	941	731
7 883,99	I,IV		946	735
	II		946	735
	III		946	735
	V	**691**	946	735
	VI	**868**	946	735
7 919,99	I,IV		950	738
	II		950	738
	III		950	738
	V	**695**	950	738
	VI	**872**	950	738
7 955,99	I,IV		954	741
	II		954	741
	III		954	741
	V	**699**	954	741
	VI	**876**	954	741
7 991,99	I,IV		959	745
	II		959	745
	III		959	745
	V	**703**	959	745
	VI	**880**	959	745
8 027,99	I,IV		963	748
	II		963	748
	III		963	748
	V	**707**	963	748
	VI	**884**	963	748
8 063,99	I,IV		967	751
	II		967	751
	III		967	751
	V	**711**	967	751
	VI	**888**	967	751
8 099,99	I,IV		971	755
	II		971	755
	III		971	755
	V	**714**	971	755
	VI	**892**	971	755
8 135,99	I,IV		976	758
	II		976	758
	III		976	758
	V	**719**	976	758
	VI	**896**	976	758
8 171,99	I,IV		980	762
	II		980	762
	III		980	762
	V	**722**	980	762
	VI	**900**	980	762
8 207,99	I,IV		984	765
	II		984	765
	III		984	765
	V	**726**	984	765
	VI	**904**	984	765
8 243,99	I,IV		989	768
	II		989	768
	III		989	768
	V	**730**	989	768
	VI	**908**	989	768
8 279,99	I,IV		993	772
	II		993	772
	III		993	772
	V	**734**	993	772
	VI	**912**	993	772
8 315,99	I,IV		997	775
	II		997	775
	III		997	775
	V	**738**	997	775
	VI	**916**	997	775
8 351,99	I,IV		1 002	778
	II		1 002	778
	III		1 002	778
	V	**742**	1 002	778
	VI	**920**	1 002	778
8 387,99	I,IV		1 006	782
	II		1 006	782
	III		1 006	782
	V	**746**	1 006	782
	VI	**924**	1 006	782
8 423,99	I,IV		1 010	785
	II		1 010	785
	III		1 010	785
	V	**750**	1 010	785
	VI	**927**	1 010	785
8 459,99	I,IV		1 015	788
	II		1 015	788
	III		1 015	788
	V	**754**	1 015	788
	VI	**931**	1 015	788
8 495,99	I,IV		1 019	792
	II		1 019	792
	III		1 019	792
	V	**758**	1 019	792
	VI	**935**	1 019	792
8 531,99	I,IV		1 023	795
	II		1 023	795
	III		1 023	795
	V	**762**	1 023	795
	VI	**939**	1 023	795
8 567,99	I,IV		1 028	798
	II		1 028	798
	III		1 028	798
	V	**766**	1 028	798
	VI	**943**	1 028	798
8 603,99	I,IV		1 032	802
	II		1 032	802
	III		1 032	802
	V	**770**	1 032	802
	VI	**947**	1 032	802
8 639,99	I,IV		1 036	805
	II		1 036	805
	III		1 036	805
	V	**774**	1 036	805
	VI	**951**	1 036	805

* Zur LSt-Berechnung für privat versicherte Arbeitnehmer s. Beispiele **Vorbemerkung S. 4 f.**
** Basisvorsorgepauschale KV und PV *** Typisierter Arbeitgeberzuschuss

Lohn/ Gehalt in € bis	Steuerklasse	Lohn-steuer*	BVSP**	TAGZ***
8675,99	I,IV		1041	809
	II		1041	809
	III		1041	809
	V	**778**	1041	809
	VI	**955**	1041	809
8711,99	I,IV		1045	812
	II		1045	812
	III		1045	812
	V	**782**	1045	812
	VI	**959**	1045	812
8747,99	I,IV		1049	815
	II		1049	815
	III		1049	815
	V	**786**	1049	815
	VI	**963**	1049	815
8783,99	I,IV		1054	819
	II		1054	819
	III		1054	819
	V	**790**	1054	819
	VI	**967**	1054	819
8819,99	I,IV		1058	822
	II		1058	822
	III		1058	822
	V	**794**	1058	822
	VI	**971**	1058	822
8855,99	I,IV		1062	825
	II		1062	825
	III		1062	825
	V	**798**	1062	825
	VI	**975**	1062	825
8891,99	I,IV		1067	829
	II		1067	829
	III		1067	829
	V	**802**	1067	829
	VI	**979**	1067	829
8927,99	I,IV		1071	832
	II		1071	832
	III		1071	832
	V	**806**	1071	832
	VI	**983**	1071	832
8963,99	I,IV		1075	835
	II		1075	835
	III		1075	835
	V	**810**	1075	835
	VI	**987**	1075	835
8999,99	I,IV		1079	839
	II		1079	839
	III		1079	839
	V	**814**	1079	839
	VI	**991**	1079	839
9035,99	I,IV		1084	842
	II		1084	842
	III		1084	842
	V	**818**	1084	842
	VI	**995**	1084	842
9071,99	I,IV		1088	845
	II		1088	845
	III		1088	845
	V	**822**	1088	845
	VI	**999**	1088	845

Lohn/ Gehalt in € bis	Steuerklasse	Lohn-steuer*	BVSP**	TAGZ***
9107,99	I,IV		1092	849
	II		1092	849
	III		1092	849
	V	**826**	1092	849
	VI	**1003**	1092	849
9143,99	I,IV		1097	852
	II		1097	852
	III		1097	852
	V	**830**	1097	852
	VI	**1007**	1097	852
9179,99	I,IV		1101	856
	II		1101	856
	III		1101	856
	V	**833**	1101	856
	VI	**1011**	1101	856
9215,99	I,IV		1105	859
	II		1105	859
	III		1105	859
	V	**838**	1105	859
	VI	**1015**	1105	859
9251,99	I,IV		1110	862
	II		1110	862
	III		1110	862
	V	**841**	1110	862
	VI	**1019**	1110	862
9287,99	I,IV		1114	866
	II		1114	866
	III		1114	866
	V	**845**	1114	866
	VI	**1023**	1114	866
9323,99	I,IV		1118	869
	II		1118	869
	III		1118	869
	V	**849**	1118	869
	VI	**1027**	1118	869
9359,99	I,IV		1123	872
	II		1123	872
	III		1123	872
	V	**853**	1123	872
	VI	**1031**	1123	872
9395,99	I,IV		1127	876
	II		1127	876
	III		1127	876
	V	**857**	1127	876
	VI	**1035**	1127	876
9431,99	I,IV		1131	879
	II		1131	879
	III		1131	879
	V	**861**	1131	879
	VI	**1039**	1131	879
9467,99	I,IV		1136	882
	II		1136	882
	III		1136	882
	V	**865**	1136	882
	VI	**1043**	1136	882
9503,99	I,IV		1140	886
	II		1140	886
	III		1140	886
	V	**869**	1140	886
	VI	**1046**	1140	886

* Zur LSt-Berechnung für privat versicherte Arbeitnehmer s. Beispiele **Vorbemerkung S. 4 f.**
** Basisvorsorgepauschale KV und PV *** Typisierter Arbeitgeberzuschuss

Lohn/ Gehalt in € bis	Steuerklasse	Lohn- steuer*	BVSP**	TAGZ***
9 539,99	I,IV		1 144	889
	II		1 144	889
	III		1 144	889
	V	**873**	1 144	889
	VI	**1 050**	1 144	889
9 575,99	I,IV		1 149	892
	II		1 149	892
	III		1 149	892
	V	**877**	1 149	892
	VI	**1 054**	1 149	892
9 611,99	I,IV		1 153	896
	II		1 153	896
	III		1 153	896
	V	**881**	1 153	896
	VI	**1 058**	1 153	896
9 647,99	I,IV		1 157	899
	II		1 157	899
	III		1 157	899
	V	**885**	1 157	899
	VI	**1 062**	1 157	899
9 683,99	I,IV		1 162	903
	II		1 162	903
	III		1 162	903
	V	**889**	1 162	903
	VI	**1 066**	1 162	903
9 719,99	I,IV		1 166	906
	II		1 166	906
	III		1 166	906
	V	**893**	1 166	906
	VI	**1 070**	1 166	906
9 755,99	I,IV		1 170	909
	II		1 170	909
	III		1 170	909
	V	**897**	1 170	909
	VI	**1 074**	1 170	909
9 791,99	I,IV		1 175	913
	II		1 175	913
	III		1 175	913
	V	**901**	1 175	913
	VI	**1 078**	1 175	913
9 827,99	I,IV		1 179	916
	II		1 179	916
	III		1 179	916
	V	**905**	1 179	916
	VI	**1 082**	1 179	916
9 863,99	I,IV		1 183	919
	II		1 183	919
	III		1 183	919
	V	**909**	1 183	919
	VI	**1 086**	1 183	919
9 899,99	I,IV		1 187	923
	II		1 187	923
	III		1 187	923
	V	**913**	1 187	923
	VI	**1 090**	1 187	923
9 935,99	I,IV		1 192	926
	II		1 192	926
	III		1 192	926
	V	**917**	1 192	926
	VI	**1 094**	1 192	926
9 971,99	I,IV		1 196	929
	II		1 196	929
	III		1 196	929
	V	**921**	1 196	929
	VI	**1 098**	1 196	929
10 007,99	I,IV		1 200	933
	II		1 200	933
	III		1 200	933
	V	**925**	1 200	933
	VI	**1 102**	1 200	933
10 043,99	I,IV		1 205	936
	II		1 205	936
	III		1 205	936
	V	**929**	1 205	936
	VI	**1 106**	1 205	936
10 079,99	I,IV		1 209	939
	II		1 209	939
	III		1 209	939
	V	**933**	1 209	939
	VI	**1 110**	1 209	939
10 115,99	I,IV		1 213	943
	II		1 213	943
	III		1 213	943
	V	**937**	1 213	943
	VI	**1 114**	1 213	943
10 151,99	I,IV		1 218	946
	II		1 218	946
	III		1 218	946
	V	**941**	1 218	946
	VI	**1 118**	1 218	946
10 187,99	I,IV		1 222	950
	II		1 222	950
	III		1 222	950
	V	**945**	1 222	950
	VI	**1 122**	1 222	950
10 223,99	I,IV		1 226	953
	II		1 226	953
	III		1 226	953
	V	**949**	1 226	953
	VI	**1 126**	1 226	953
10 259,99	I,IV		1 231	956
	II		1 231	956
	III		1 231	956
	V	**952**	1 231	956
	VI	**1 130**	1 231	956
10 295,99	I,IV		1 235	960
	II		1 235	960
	III		1 235	960
	V	**956**	1 235	960
	VI	**1 134**	1 235	960
10 331,99	I,IV		1 239	963
	II		1 239	963
	III		1 239	963
	V	**960**	1 239	963
	VI	**1 138**	1 239	963
10 367,99	I,IV		1 244	966
	II		1 244	966
	III		1 244	966
	V	**964**	1 244	966
	VI	**1 142**	1 244	966

* Zur LSt-Berechnung für privat versicherte Arbeitnehmer s. Beispiele **Vorbemerkung S. 4 f.**
** Basisvorsorgepauschale KV und PV *** Typisierter Arbeitgeberzuschuss

Lohn/ Gehalt in € bis	Steuerklasse	Lohn- steuer*	BVSP**	TAGZ***
10 403,99	I,IV		1 248	970
	II		1 248	970
	III		1 248	970
	V	**968**	1 248	970
	VI	**1 146**	1 248	970
10 439,99	I,IV		1 252	973
	II		1 252	973
	III		1 252	973
	V	**972**	1 252	973
	VI	**1 150**	1 252	973
10 475,99	I,IV		1 257	976
	II		1 257	976
	III		1 257	976
	V	**976**	1 257	976
	VI	**1 154**	1 257	976
10 511,99	I,IV		1 261	980
	II		1 261	980
	III		1 261	980
	V	**980**	1 261	980
	VI	**1 157**	1 261	980
10 547,99	I,IV		1 265	983
	II		1 265	983
	III		1 265	983
	V	**984**	1 265	983
	VI	**1 162**	1 265	983
10 583,99	I,IV		1 270	986
	II		1 270	986
	III		1 270	986
	V	**988**	1 270	986
	VI	**1 165**	1 270	986
10 619,99	I,IV		1 274	990
	II		1 274	990
	III		1 274	990
	V	**992**	1 274	990
	VI	**1 169**	1 274	990
10 655,99	I,IV		1 278	993
	II		1 278	993
	III		1 278	993
	V	**996**	1 278	993
	VI	**1 173**	1 278	993
10 691,99	I,IV		1 283	997
	II		1 283	997
	III		1 283	997
	V	**1 000**	1 283	997
	VI	**1 177**	1 283	997
10 727,99	I,IV		1 287	1 000
	II		1 287	1 000
	III		1 287	1 000
	V	**1 004**	1 287	1 000
	VI	**1 181**	1 287	1 000
10 763,99	I,IV		1 291	1 003
	II		1 291	1 003
	III		1 291	1 003
	V	**1 008**	1 291	1 003
	VI	**1 185**	1 291	1 003
10 799,99	I,IV		1 295	1 007
	II		1 295	1 007
	III		1 295	1 007
	V	**1 012**	1 295	1 007
	VI	**1 189**	1 295	1 007
10 835,99	I,IV		1 300	1 010
	II		1 300	1 010
	III		1 300	1 010
	V	**1 016**	1 300	1 010
	VI	**1 193**	1 300	1 010
10 871,99	I,IV		1 304	1 013
	II		1 304	1 013
	III		1 304	1 013
	V	**1 020**	1 304	1 013
	VI	**1 197**	1 304	1 013
10 907,99	I,IV		1 308	1 017
	II		1 308	1 017
	III		1 308	1 017
	V	**1 024**	1 308	1 017
	VI	**1 201**	1 308	1 017
10 943,99	I,IV		1 313	1 020
	II		1 313	1 020
	III		1 313	1 020
	V	**1 028**	1 313	1 020
	VI	**1 205**	1 313	1 020
10 979,99	I,IV		1 317	1 023
	II		1 317	1 023
	III		1 317	1 023
	V	**1 032**	1 317	1 023
	VI	**1 209**	1 317	1 023
11 015,99	I,IV		1 321	1 027
	II		1 321	1 027
	III		1 321	1 027
	V	**1 036**	1 321	1 027
	VI	**1 213**	1 321	1 027
11 051,99	I,IV		1 326	1 030
	II		1 326	1 030
	III		1 326	1 030
	V	**1 040**	1 326	1 030
	VI	**1 217**	1 326	1 030
11 087,99	I,IV		1 330	1 033
	II		1 330	1 033
	III		1 330	1 033
	V	**1 044**	1 330	1 033
	VI	**1 221**	1 330	1 033
11 123,99	I,IV		1 334	1 037
	II		1 334	1 037
	III		1 334	1 037
	V	**1 048**	1 334	1 037
	VI	**1 225**	1 334	1 037
11 159,99	I,IV		1 339	1 040
	II		1 339	1 040
	III		1 339	1 040
	V	**1 052**	1 339	1 040
	VI	**1 229**	1 339	1 040
11 195,99	I,IV		1 343	1 044
	II		1 343	1 044
	III		1 343	1 044
	V	**1 056**	1 343	1 044
	VI	**1 233**	1 343	1 044
11 231,99	I,IV		1 347	1 047
	II		1 347	1 047
	III		1 347	1 047
	V	**1 060**	1 347	1 047
	VI	**1 237**	1 347	1 047

* Zur LSt-Berechnung für privat versicherte Arbeitnehmer s. Beispiele **Vorbemerkung S. 4 f.**
** Basisvorsorgepauschale KV und PV *** Typisierter Arbeitgeberzuschuss

Lohn/ Gehalt in € bis	Steuerklasse	Lohn-steuer*	BVSP**	TAGZ***
11 267,99	I,IV		1 352	1 050
	II		1 352	1 050
	III		1 352	1 050
	V	**1 064**	1 352	1 050
	VI	**1 241**	1 352	1 050
11 303,99	I,IV		1 356	1 054
	II		1 356	1 054
	III		1 356	1 054
	V	**1 068**	1 356	1 054
	VI	**1 245**	1 356	1 054
11 339,99	I,IV		1 360	1 057
	II		1 360	1 057
	III		1 360	1 057
	V	**1 071**	1 360	1 057
	VI	**1 249**	1 360	1 057
11 375,99	I,IV		1 365	1 060
	II		1 365	1 060
	III		1 365	1 060
	V	**1 075**	1 365	1 060
	VI	**1 253**	1 365	1 060
11 411,99	I,IV		1 369	1 064
	II		1 369	1 064
	III		1 369	1 064
	V	**1 079**	1 369	1 064
	VI	**1 257**	1 369	1 064
11 447,99	I,IV		1 373	1 067
	II		1 373	1 067
	III		1 373	1 067
	V	**1 083**	1 373	1 067
	VI	**1 261**	1 373	1 067
11 483,99	I,IV		1 378	1 070
	II		1 378	1 070
	III		1 378	1 070
	V	**1 087**	1 378	1 070
	VI	**1 265**	1 378	1 070
11 519,99	I,IV		1 382	1 074
	II		1 382	1 074
	III		1 382	1 074
	V	**1 091**	1 382	1 074
	VI	**1 269**	1 382	1 074
11 555,99	I,IV		1 386	1 077
	II		1 386	1 077
	III		1 386	1 077
	V	**1 095**	1 386	1 077
	VI	**1 273**	1 386	1 077
11 591,99	I,IV		1 391	1 080
	II		1 391	1 080
	III		1 391	1 080
	V	**1 099**	1 391	1 080
	VI	**1 276**	1 391	1 080
11 627,99	I,IV		1 395	1 084
	II		1 395	1 084
	III		1 395	1 084
	V	**1 103**	1 395	1 084
	VI	**1 281**	1 395	1 084
11 663,99	I,IV		1 399	1 087
	II		1 399	1 087
	III		1 399	1 087
	V	**1 107**	1 399	1 087
	VI	**1 284**	1 399	1 087

Lohn/ Gehalt in € bis	Steuerklasse	Lohn-steuer*	BVSP**	TAGZ***
11 699,99	I,IV		1 403	1 091
	II		1 403	1 091
	III		1 403	1 091
	V	**1 111**	1 403	1 091
	VI	**1 288**	1 403	1 091
11 735,99	I,IV		1 408	1 094
	II		1 408	1 094
	III		1 408	1 094
	V	**1 115**	1 408	1 094
	VI	**1 292**	1 408	1 094
11 771,99	I,IV		1 412	1 097
	II		1 412	1 097
	III		1 412	1 097
	V	**1 119**	1 412	1 097
	VI	**1 296**	1 412	1 097
11 807,99	I,IV		1 416	1 101
	II		1 416	1 101
	III		1 416	1 101
	V	**1 123**	1 416	1 101
	VI	**1 300**	1 416	1 101
11 843,99	I,IV		1 421	1 104
	II		1 421	1 104
	III		1 421	1 104
	V	**1 127**	1 421	1 104
	VI	**1 304**	1 421	1 104
11 879,99	I,IV		1 425	1 107
	II		1 425	1 107
	III		1 425	1 107
	V	**1 131**	1 425	1 107
	VI	**1 308**	1 425	1 107
11 915,99	I,IV		1 429	1 111
	II		1 429	1 111
	III		1 429	1 111
	V	**1 135**	1 429	1 111
	VI	**1 312**	1 429	1 111
11 951,99	I,IV		1 434	1 114
	II		1 434	1 114
	III		1 434	1 114
	V	**1 139**	1 434	1 114
	VI	**1 316**	1 434	1 114
11 987,99	I,IV		1 438	1 117
	II		1 438	1 117
	III		1 438	1 117
	V	**1 143**	1 438	1 117
	VI	**1 320**	1 438	1 117
12 023,99	I,IV		1 442	1 121
	II		1 442	1 121
	III		1 442	1 121
	V	**1 147**	1 442	1 121
	VI	**1 324**	1 442	1 121
12 059,99	I,IV		1 447	1 124
	II		1 447	1 124
	III		1 447	1 124
	V	**1 151**	1 447	1 124
	VI	**1 328**	1 447	1 124
12 095,99	I,IV		1 451	1 127
	II		1 451	1 127
	III		1 451	1 127
	V	**1 155**	1 451	1 127
	VI	**1 332**	1 451	1 127

* Zur LSt-Berechnung für privat versicherte Arbeitnehmer s. Beispiele **Vorbemerkung S. 4 f.**
** Basisvorsorgepauschale KV und PV *** Typisierter Arbeitgeberzuschuss

Lohn/ Gehalt in € bis	Steuerklasse	Lohn-steuer*	BVSP**	TAGZ***
12131,99	I,IV		1455	1131
	II		1455	1131
	III		1455	1131
	V	**1159**	1455	1131
	VI	**1336**	1455	1131
12167,99	I,IV		1460	1134
	II		1460	1134
	III		1460	1134
	V	**1163**	1460	1134
	VI	**1340**	1460	1134
12203,99	I,IV		1464	1138
	II		1464	1138
	III		1464	1138
	V	**1167**	1464	1138
	VI	**1344**	1464	1138
12239,99	I,IV		1468	1141
	II		1468	1141
	III		1468	1141
	V	**1171**	1468	1141
	VI	**1348**	1468	1141
12275,99	I,IV		1473	1144
	II		1473	1144
	III		1473	1144
	V	**1175**	1473	1144
	VI	**1352**	1473	1144
12311,99	I,IV		1477	1148
	II		1477	1148
	III		1477	1148
	V	**1179**	1477	1148
	VI	**1356**	1477	1148
12347,99	I,IV		1481	1151
	II		1481	1151
	III		1481	1151
	V	**1183**	1481	1151
	VI	**1360**	1481	1151
12383,99	I,IV		1486	1154
	II		1486	1154
	III		1486	1154
	V	**1187**	1486	1154
	VI	**1364**	1486	1154
12419,99	I,IV		1490	1158
	II		1490	1158
	III		1490	1158
	V	**1190**	1490	1158
	VI	**1368**	1490	1158
12455,99	I,IV		1494	1161
	II		1494	1161
	III		1494	1161
	V	**1194**	1494	1161
	VI	**1372**	1494	1161
12491,99	I,IV		1499	1164
	II		1499	1164
	III		1499	1164
	V	**1198**	1499	1164
	VI	**1376**	1499	1164
12527,99	I,IV		1503	1168
	II		1503	1168
	III		1503	1168
	V	**1202**	1503	1168
	VI	**1380**	1503	1168

Lohn/ Gehalt in € bis	Steuerklasse	Lohn-steuer*	BVSP**	TAGZ***
12563,99	I,IV		1507	1171
	II		1507	1171
	III		1507	1171
	V	**1206**	1507	1171
	VI	**1384**	1507	1171
12599,99	I,IV		1511	1174
	II		1511	1174
	III		1511	1174
	V	**1210**	1511	1174
	VI	**1388**	1511	1174
12635,99	I,IV		1516	1178
	II		1516	1178
	III		1516	1178
	V	**1214**	1516	1178
	VI	**1392**	1516	1178
12671,99	I,IV		1520	1181
	II		1520	1181
	III		1520	1181
	V	**1218**	1520	1181
	VI	**1395**	1520	1181
12707,99	I,IV		1524	1185
	II		1524	1185
	III		1524	1185
	V	**1222**	1524	1185
	VI	**1400**	1524	1185
12743,99	I,IV		1529	1188
	II		1529	1188
	III		1529	1188
	V	**1226**	1529	1188
	VI	**1403**	1529	1188
12779,99	I,IV		1533	1191
	II		1533	1191
	III		1533	1191
	V	**1230**	1533	1191
	VI	**1407**	1533	1191
12815,99	I,IV		1537	1195
	II		1537	1195
	III		1537	1195
	V	**1234**	1537	1195
	VI	**1411**	1537	1195
12851,99	I,IV		1542	1198
	II		1542	1198
	III		1542	1198
	V	**1238**	1542	1198
	VI	**1415**	1542	1198
12887,99	I,IV		1546	1201
	II		1546	1201
	III		1546	1201
	V	**1242**	1546	1201
	VI	**1419**	1546	1201
12923,99	I,IV		1550	1205
	II		1550	1205
	III		1550	1205
	V	**1246**	1550	1205
	VI	**1423**	1550	1205
12959,99	I,IV		1555	1208
	II		1555	1208
	III		1555	1208
	V	**1250**	1555	1208
	VI	**1427**	1555	1208

* Zur LSt-Berechnung für privat versicherte Arbeitnehmer s. Beispiele **Vorbemerkung S. 4f.**
** Basisvorsorgepauschale KV und PV *** Typisierter Arbeitgeberzuschuss

Lohn/ Gehalt in € bis	Steuerklasse	Lohn-steuer*	BVSP**	TAGZ***
12 995,99	I,IV		1 559	1 211
	II		1 559	1 211
	III		1 559	1 211
	V	**1 254**	1 559	1 211
	VI	**1 431**	1 559	1 211
13 031,99	I,IV		1 563	1 215
	II		1 563	1 215
	III		1 563	1 215
	V	**1 258**	1 563	1 215
	VI	**1 435**	1 563	1 215
13 067,99	I,IV		1 568	1 218
	II		1 568	1 218
	III		1 568	1 218
	V	**1 262**	1 568	1 218
	VI	**1 439**	1 568	1 218
13 103,99	I,IV		1 572	1 221
	II		1 572	1 221
	III		1 572	1 221
	V	**1 266**	1 572	1 221
	VI	**1 443**	1 572	1 221
13 139,99	I,IV		1 576	1 225
	II		1 576	1 225
	III		1 576	1 225
	V	**1 270**	1 576	1 225
	VI	**1 447**	1 576	1 225
13 175,99	I,IV		1 581	1 228
	II		1 581	1 228
	III		1 581	1 228
	V	**1 274**	1 581	1 228
	VI	**1 451**	1 581	1 228
13 211,99	I,IV		1 585	1 232
	II		1 585	1 232
	III		1 585	1 232
	V	**1 278**	1 585	1 232
	VI	**1 455**	1 585	1 232
13 247,99	I,IV		1 589	1 235
	II		1 589	1 235
	III		1 589	1 235
	V	**1 282**	1 589	1 235
	VI	**1 459**	1 589	1 235
13 283,99	I,IV		1 594	1 238
	II		1 594	1 238
	III		1 594	1 238
	V	**1 286**	1 594	1 238
	VI	**1 463**	1 594	1 238
13 319,99	I,IV		1 598	1 242
	II		1 598	1 242
	III		1 598	1 242
	V	**1 290**	1 598	1 242
	VI	**1 467**	1 598	1 242
13 355,99	I,IV		1 602	1 245
	II		1 602	1 245
	III		1 602	1 245
	V	**1 294**	1 602	1 245
	VI	**1 471**	1 602	1 245
13 391,99	I,IV		1 607	1 248
	II		1 607	1 248
	III		1 607	1 248
	V	**1 298**	1 607	1 248
	VI	**1 475**	1 607	1 248

Lohn/ Gehalt in € bis	Steuerklasse	Lohn-steuer*	BVSP**	TAGZ***
13 427,99	I,IV		1 611	1 252
	II		1 611	1 252
	III		1 611	1 252
	V	**1 302**	1 611	1 252
	VI	**1 479**	1 611	1 252
13 463,99	I,IV		1 615	1 255
	II		1 615	1 255
	III		1 615	1 255
	V	**1 306**	1 615	1 255
	VI	**1 483**	1 615	1 255
13 499,99	I,IV		1 619	1 258
	II		1 619	1 258
	III		1 619	1 258
	V	**1 309**	1 619	1 258
	VI	**1 487**	1 619	1 258
13 535,99	I,IV		1 624	1 262
	II		1 624	1 262
	III		1 624	1 262
	V	**1 313**	1 624	1 262
	VI	**1 491**	1 624	1 262
13 571,99	I,IV		1 628	1 265
	II		1 628	1 265
	III		1 628	1 265
	V	**1 317**	1 628	1 265
	VI	**1 495**	1 628	1 265
13 607,99	I,IV		1 632	1 268
	II		1 632	1 268
	III		1 632	1 268
	V	**1 321**	1 632	1 268
	VI	**1 499**	1 632	1 268
13 643,99	I,IV		1 637	1 272
	II		1 637	1 272
	III		1 637	1 272
	V	**1 325**	1 637	1 272
	VI	**1 503**	1 637	1 272
13 679,99	I,IV		1 641	1 275
	II		1 641	1 275
	III		1 641	1 275
	V	**1 329**	1 641	1 275
	VI	**1 507**	1 641	1 275
13 715,99	I,IV		1 645	1 279
	II		1 645	1 279
	III		1 645	1 279
	V	**1 333**	1 645	1 279
	VI	**1 511**	1 645	1 279
13 751,99	I,IV		1 650	1 282
	II		1 650	1 282
	III		1 650	1 282
	V	**1 337**	1 650	1 282
	VI	**1 514**	1 650	1 282
13 787,99	I,IV		1 654	1 285
	II		1 654	1 285
	III		1 654	1 285
	V	**1 341**	1 654	1 285
	VI	**1 519**	1 654	1 285
13 823,99	I,IV		1 658	1 289
	II		1 658	1 289
	III		1 658	1 289
	V	**1 345**	1 658	1 289
	VI	**1 522**	1 658	1 289

* Zur LSt-Berechnung für privat versicherte Arbeitnehmer s. Beispiele **Vorbemerkung S. 4 f.**
** Basisvorsorgepauschale KV und PV *** Typisierter Arbeitgeberzuschuss

Lohn/ Gehalt in € bis	Steuerklasse	Lohn- steuer*	BVSP**	TAGZ***
13 859,99	I,IV		1 663	1 292
	II		1 663	1 292
	III		1 663	1 292
	V	**1 349**	1 663	1 292
	VI	**1 526**	1 663	1 292
13 895,99	I,IV		1 667	1 295
	II		1 667	1 295
	III		1 667	1 295
	V	**1 353**	1 667	1 295
	VI	**1 530**	1 667	1 295
13 931,99	I,IV		1 671	1 299
	II		1 671	1 299
	III		1 671	1 299
	V	**1 357**	1 671	1 299
	VI	**1 534**	1 671	1 299
13 967,99	I,IV		1 676	1 302
	II		1 676	1 302
	III		1 676	1 302
	V	**1 361**	1 676	1 302
	VI	**1 538**	1 676	1 302
14 003,99	I,IV		1 680	1 305
	II		1 680	1 305
	III		1 680	1 305
	V	**1 365**	1 680	1 305
	VI	**1 542**	1 680	1 305
14 039,99	I,IV		1 684	1 309
	II		1 684	1 309
	III		1 684	1 309
	V	**1 369**	1 684	1 309
	VI	**1 546**	1 684	1 309
14 075,99	I,IV		1 689	1 312
	II		1 689	1 312
	III		1 689	1 312
	V	**1 373**	1 689	1 312
	VI	**1 550**	1 689	1 312
14 111,99	I,IV		1 693	1 315
	II		1 693	1 315
	III		1 693	1 315
	V	**1 377**	1 693	1 315
	VI	**1 554**	1 693	1 315
14 147,99	I,IV		1 697	1 319
	II		1 697	1 319
	III		1 697	1 319
	V	**1 381**	1 697	1 319
	VI	**1 558**	1 697	1 319
14 183,99	I,IV		1 702	1 322
	II		1 702	1 322
	III		1 702	1 322
	V	**1 385**	1 702	1 322
	VI	**1 562**	1 702	1 322
14 219,99	I,IV		1 706	1 326
	II		1 706	1 326
	III		1 706	1 326
	V	**1 389**	1 706	1 326
	VI	**1 566**	1 706	1 326
14 255,99	I,IV		1 710	1 329
	II		1 710	1 329
	III		1 710	1 329
	V	**1 393**	1 710	1 329
	VI	**1 570**	1 710	1 329
14 291,99	I,IV		1 715	1 332
	II		1 715	1 332
	III		1 715	1 332
	V	**1 397**	1 715	1 332
	VI	**1 574**	1 715	1 332
14 327,99	I,IV		1 719	1 336
	II		1 719	1 336
	III		1 719	1 336
	V	**1 401**	1 719	1 336
	VI	**1 578**	1 719	1 336
14 363,99	I,IV		1 723	1 339
	II		1 723	1 339
	III		1 723	1 339
	V	**1 405**	1 723	1 339
	VI	**1 582**	1 723	1 339
14 399,99	I,IV		1 727	1 342
	II		1 727	1 342
	III		1 727	1 342
	V	**1 409**	1 727	1 342
	VI	**1 586**	1 727	1 342
14 435,99	I,IV		1 732	1 346
	II		1 732	1 346
	III		1 732	1 346
	V	**1 413**	1 732	1 346
	VI	**1 590**	1 732	1 346
14 471,99	I,IV		1 736	1 349
	II		1 736	1 349
	III		1 736	1 349
	V	**1 417**	1 736	1 349
	VI	**1 594**	1 736	1 349
14 507,99	I,IV		1 740	1 352
	II		1 740	1 352
	III		1 740	1 352
	V	**1 421**	1 740	1 352
	VI	**1 598**	1 740	1 352
14 543,99	I,IV		1 745	1 356
	II		1 745	1 356
	III		1 745	1 356
	V	**1 425**	1 745	1 356
	VI	**1 602**	1 745	1 356
14 579,99	I,IV		1 749	1 359
	II		1 749	1 359
	III		1 749	1 359
	V	**1 428**	1 749	1 359
	VI	**1 606**	1 749	1 359
14 615,99	I,IV		1 753	1 362
	II		1 753	1 362
	III		1 753	1 362
	V	**1 432**	1 753	1 362
	VI	**1 610**	1 753	1 362
14 651,99	I,IV		1 758	1 366
	II		1 758	1 366
	III		1 758	1 366
	V	**1 436**	1 758	1 366
	VI	**1 614**	1 758	1 366
14 687,99	I,IV		1 762	1 369
	II		1 762	1 369
	III		1 762	1 369
	V	**1 440**	1 762	1 369
	VI	**1 618**	1 762	1 369

* Zur LSt-Berechnung für privat versicherte Arbeitnehmer s. Beispiele **Vorbemerkung S. 4 f.**
** Basisvorsorgepauschale KV und PV *** Typisierter Arbeitgeberzuschuss

Lohn/ Gehalt in € bis	Steuerklasse	Lohnsteuer*	BVSP**	TAGZ***
14723,99	I,IV		1766	1373
	II		1766	1373
	III		1766	1373
	V	**1444**	1766	1373
	VI	**1622**	1766	1373
14759,99	I,IV		1771	1376
	II		1771	1376
	III		1771	1376
	V	**1448**	1771	1376
	VI	**1626**	1771	1376
14795,99	I,IV		1775	1379
	II		1775	1379
	III		1775	1379
	V	**1452**	1775	1379
	VI	**1630**	1775	1379
14831,99	I,IV		1779	1383
	II		1779	1383
	III		1779	1383
	V	**1456**	1779	1383
	VI	**1633**	1779	1383
14867,99	I,IV		1784	1386
	II		1784	1386
	III		1784	1386
	V	**1460**	1784	1386
	VI	**1638**	1784	1386
14903,99	I,IV		1788	1389
	II		1788	1389
	III		1788	1389
	V	**1464**	1788	1389
	VI	**1641**	1788	1389
14939,99	I,IV		1792	1393
	II		1792	1393
	III		1792	1393
	V	**1468**	1792	1393
	VI	**1645**	1792	1393
14975,99	I,IV		1797	1396
	II		1797	1396
	III		1797	1396
	V	**1472**	1797	1396
	VI	**1649**	1797	1396
15011,99	I,IV		1801	1399
	II		1801	1399
	III		1801	1399
	V	**1476**	1801	1399
	VI	**1653**	1801	1399
15047,99	I,IV		1805	1403
	II		1805	1403
	III		1805	1403
	V	**1480**	1805	1403
	VI	**1657**	1805	1403
15083,99	I,IV		1810	1406
	II		1810	1406
	III		1810	1406
	V	**1484**	1810	1406
	VI	**1661**	1810	1406
15119,99	I,IV		1814	1409
	II		1814	1409
	III		1814	1409
	V	**1488**	1814	1409
	VI	**1665**	1814	1409
15155,99	I,IV		1818	1413
	II		1818	1413
	III		1818	1413
	V	**1492**	1818	1413
	VI	**1669**	1818	1413
15191,99	I,IV		1823	1416
	II		1823	1416
	III		1823	1416
	V	**1496**	1823	1416
	VI	**1673**	1823	1416
15227,99	I,IV		1827	1420
	II		1827	1420
	III		1827	1420
	V	**1500**	1827	1420
	VI	**1677**	1827	1420
15263,99	I,IV		1831	1423
	II		1831	1423
	III		1831	1423
	V	**1504**	1831	1423
	VI	**1681**	1831	1423
15299,99	I,IV		1835	1426
	II		1835	1426
	III		1835	1426
	V	**1508**	1835	1426
	VI	**1685**	1835	1426
15335,99	I,IV		1840	1430
	II		1840	1430
	III		1840	1430
	V	**1512**	1840	1430
	VI	**1689**	1840	1430
15371,99	I,IV		1844	1433
	II		1844	1433
	III		1844	1433
	V	**1516**	1844	1433
	VI	**1693**	1844	1433
15407,99	I,IV		1848	1436
	II		1848	1436
	III		1848	1436
	V	**1520**	1848	1436
	VI	**1697**	1848	1436
15443,99	I,IV		1853	1440
	II		1853	1440
	III		1853	1440
	V	**1524**	1853	1440
	VI	**1701**	1853	1440
15479,99	I,IV		1857	1443
	II		1857	1443
	III		1857	1443
	V	**1528**	1857	1443
	VI	**1705**	1857	1443
15515,99	I,IV	**5**	1861	1446
	II		1861	1446
	III		1861	1446
	V	**1532**	1861	1446
	VI	**1709**	1861	1446
15551,99	I,IV	**9**	1866	1450
	II		1866	1450
	III		1866	1450
	V	**1536**	1866	1450
	VI	**1713**	1866	1450

* Zur LSt-Berechnung für privat versicherte Arbeitnehmer s. Beispiele **Vorbemerkung S. 4 f.**
** Basisvorsorgepauschale KV und PV *** Typisierter Arbeitgeberzuschuss

Lohn/ Gehalt in € bis	Steuerklasse	Lohn- steuer*	BVSP**	TAGZ***
15 587,99	I,IV	**12**	1 870	1 453
	II		1 870	1 453
	III		1 870	1 453
	V	**1 540**	1 870	1 453
	VI	**1 717**	1 870	1 453
15 623,99	I,IV	**17**	1 874	1 456
	II		1 874	1 456
	III		1 874	1 456
	V	**1 544**	1 874	1 456
	VI	**1 721**	1 874	1 456
15 659,99	I,IV	**21**	1 879	1 460
	II		1 879	1 460
	III		1 879	1 460
	V	**1 547**	1 879	1 460
	VI	**1 725**	1 879	1 460
15 695,99	I,IV	**25**	1 883	1 463
	II		1 883	1 463
	III		1 883	1 463
	V	**1 551**	1 883	1 463
	VI	**1 729**	1 883	1 463
15 731,99	I,IV	**29**	1 887	1 467
	II		1 887	1 467
	III		1 887	1 467
	V	**1 555**	1 887	1 467
	VI	**1 733**	1 887	1 467
15 767,99	I,IV	**33**	1 892	1 470
	II		1 892	1 470
	III		1 892	1 470
	V	**1 559**	1 892	1 470
	VI	**1 737**	1 892	1 470
15 803,99	I,IV	**37**	1 896	1 473
	II		1 896	1 473
	III		1 896	1 473
	V	**1 563**	1 896	1 473
	VI	**1 741**	1 896	1 473
15 839,99	I,IV	**41**	1 900	1 477
	II		1 900	1 477
	III		1 900	1 477
	V	**1 567**	1 900	1 477
	VI	**1 745**	1 900	1 477
15 875,99	I,IV	**46**	1 900	1 480
	II		1 900	1 480
	III		1 905	1 480
	V	**1 572**	1 900	1 480
	VI	**1 752**	1 900	1 480
15 911,99	I,IV	**51**	1 900	1 483
	II		1 900	1 483
	III		1 909	1 483
	V	**1 577**	1 900	1 483
	VI	**1 766**	1 900	1 483
15 947,99	I,IV	**55**	1 900	1 487
	II		1 900	1 487
	III		1 913	1 487
	V	**1 581**	1 900	1 487
	VI	**1 779**	1 900	1 487
15 983,99	I,IV	**60**	1 900	1 490
	II		1 900	1 490
	III		1 918	1 490
	V	**1 586**	1 900	1 490
	VI	**1 793**	1 900	1 490
16 019,99	I,IV	**65**	1 900	1 493
	II		1 900	1 493
	III		1 922	1 493
	V	**1 590**	1 900	1 493
	VI	**1 807**	1 900	1 493
16 055,99	I,IV	**70**	1 900	1 497
	II		1 900	1 497
	III		1 926	1 497
	V	**1 595**	1 900	1 497
	VI	**1 820**	1 900	1 497
16 091,99	I,IV	**75**	1 900	1 500
	II		1 900	1 500
	III		1 931	1 500
	V	**1 599**	1 900	1 500
	VI	**1 834**	1 900	1 500
16 127,99	I,IV	**80**	1 900	1 503
	II		1 900	1 503
	III		1 935	1 503
	V	**1 604**	1 900	1 503
	VI	**1 848**	1 900	1 503
16 163,99	I,IV	**85**	1 900	1 507
	II		1 900	1 507
	III		1 939	1 507
	V	**1 609**	1 900	1 507
	VI	**1 862**	1 900	1 507
16 199,99	I,IV	**90**	1 900	1 510
	II		1 900	1 510
	III		1 943	1 510
	V	**1 613**	1 900	1 510
	VI	**1 875**	1 900	1 510
16 235,99	I,IV	**95**	1 900	1 514
	II		1 900	1 514
	III		1 948	1 514
	V	**1 618**	1 900	1 514
	VI	**1 889**	1 900	1 514
16 271,99	I,IV	**100**	1 900	1 517
	II		1 900	1 517
	III		1 952	1 517
	V	**1 622**	1 900	1 517
	VI	**1 903**	1 900	1 517
16 307,99	I,IV	**105**	1 900	1 520
	II		1 900	1 520
	III		1 956	1 520
	V	**1 627**	1 900	1 520
	VI	**1 917**	1 900	1 520
16 343,99	I,IV	**110**	1 900	1 524
	II		1 900	1 524
	III		1 961	1 524
	V	**1 631**	1 900	1 524
	VI	**1 930**	1 900	1 524
16 379,99	I,IV	**115**	1 900	1 527
	II		1 900	1 527
	III		1 965	1 527
	V	**1 636**	1 900	1 527
	VI	**1 944**	1 900	1 527
16 415,99	I,IV	**120**	1 900	1 530
	II		1 900	1 530
	III		1 969	1 530
	V	**1 641**	1 900	1 530
	VI	**1 958**	1 900	1 530

* Zur LSt-Berechnung für privat versicherte Arbeitnehmer s. Beispiele **Vorbemerkung S. 4 f.**

** Basisvorsorgepauschale KV und PV *** Typisierter Arbeitgeberzuschuss

Lohn/ Gehalt in € bis	Steuerklasse	Lohn- steuer*	BVSP**	TAGZ***
16451,99	I,IV	**125**	1900	1534
	II		1900	1534
	III		1974	1534
	V	**1645**	1900	1534
	VI	**1971**	1900	1534
16487,99	I,IV	**130**	1900	1537
	II		1900	1537
	III		1978	1537
	V	**1650**	1900	1537
	VI	**1985**	1900	1537
16523,99	I,IV	**135**	1900	1540
	II		1900	1540
	III		1982	1540
	V	**1654**	1900	1540
	VI	**1999**	1900	1540
16559,99	I,IV	**140**	1900	1544
	II		1900	1544
	III		1987	1544
	V	**1659**	1900	1544
	VI	**2012**	1900	1544
16595,99	I,IV	**146**	1900	1547
	II		1900	1547
	III		1991	1547
	V	**1663**	1900	1547
	VI	**2026**	1900	1547
16631,99	I,IV	**151**	1900	1550
	II		1900	1550
	III		1995	1550
	V	**1668**	1900	1550
	VI	**2040**	1900	1550
16667,99	I,IV	**156**	1900	1554
	II		1900	1554
	III		2000	1554
	V	**1673**	1900	1554
	VI	**2054**	1900	1554
16703,99	I,IV	**161**	1900	1557
	II		1900	1557
	III		2004	1557
	V	**1677**	1900	1557
	VI	**2067**	1900	1557
16739,99	I,IV	**167**	1900	1561
	II		1900	1561
	III		2008	1561
	V	**1682**	1900	1561
	VI	**2081**	1900	1561
16775,99	I,IV	**172**	1900	1564
	II		1900	1564
	III		2013	1564
	V	**1686**	1900	1564
	VI	**2095**	1900	1564
16811,99	I,IV	**177**	1900	1567
	II		1900	1567
	III		2017	1567
	V	**1691**	1900	1567
	VI	**2109**	1900	1567
16847,99	I,IV	**183**	1900	1571
	II		1900	1571
	III		2021	1571
	V	**1695**	1900	1571
	VI	**2122**	1900	1571

Lohn/ Gehalt in € bis	Steuerklasse	Lohn- steuer*	BVSP**	TAGZ***
16883,99	I,IV	**188**	1900	1574
	II		1900	1574
	III		2026	1574
	V	**1700**	1900	1574
	VI	**2136**	1900	1574
16919,99	I,IV	**193**	1900	1577
	II		1900	1577
	III		2030	1577
	V	**1705**	1900	1577
	VI	**2150**	1900	1577
16955,99	I,IV	**199**	1900	1581
	II		1900	1581
	III		2034	1581
	V	**1709**	1900	1581
	VI	**2164**	1900	1581
16991,99	I,IV	**204**	1900	1584
	II		1900	1584
	III		2039	1584
	V	**1714**	1900	1584
	VI	**2177**	1900	1584
17027,99	I,IV	**210**	1900	1587
	II		1900	1587
	III		2043	1587
	V	**1718**	1900	1587
	VI	**2191**	1900	1587
17063,99	I,IV	**215**	1900	1591
	II		1900	1591
	III		2047	1591
	V	**1723**	1900	1591
	VI	**2205**	1900	1591
17099,99	I,IV	**220**	1900	1594
	II		1900	1594
	III		2051	1594
	V	**1727**	1900	1594
	VI	**2218**	1900	1594
17135,99	I,IV	**226**	1900	1597
	II		1900	1597
	III		2056	1597
	V	**1732**	1900	1597
	VI	**2232**	1900	1597
17171,99	I,IV	**232**	1900	1601
	II		1900	1601
	III		2060	1601
	V	**1737**	1900	1601
	VI	**2246**	1900	1601
17207,99	I,IV	**237**	1900	1604
	II		1900	1604
	III		2064	1604
	V	**1741**	1900	1604
	VI	**2259**	1900	1604
17243,99	I,IV	**243**	1900	1608
	II		1900	1608
	III		2069	1608
	V	**1746**	1900	1608
	VI	**2273**	1900	1608
17279,99	I,IV	**248**	1900	1611
	II		1900	1611
	III		2073	1611
	V	**1755**	1900	1611
	VI	**2287**	1900	1611

* Zur LSt-Berechnung für privat versicherte Arbeitnehmer s. Beispiele **Vorbemerkung S. 4 f.**
** Basisvorsorgepauschale KV und PV *** Typisierter Arbeitgeberzuschuss

Lohn/ Gehalt in € bis	Steuerklasse	Lohn-steuer*	BVSP**	TAGZ***	Steuerklasse	Bemessungsgrundlage für Kirchensteuer und Solidaritätszuschlag – Freibeträge für ... Kinder 0,5	**1,0**	1,5	**2,0**	2,5	**3,0**
17 315,99	I,IV	**254**	1 900	1 614	I						
	II		1 900	1 614	II						
	III		2 077	1 614	III						
	V	**1 769**	1 900	1 614	IV						
	VI	**2 300**	1 900	1 614							
17 351,99	I,IV	**259**	1 900	1 618	I						
	II		1 900	1 618	II						
	III		2 082	1 618	III						
	V	**1 783**	1 900	1 618	IV						
	VI	**2 314**	1 900	1 618							
17 387,99	I,IV	**265**	1 900	1 621	I						
	II		1 900	1 621	II						
	III		2 086	1 621	III						
	V	**1 796**	1 900	1 621	IV						
	VI	**2 328**	1 900	1 621							
17 423,99	I,IV	**271**	1 900	1 624	I						
	II		1 900	1 624	II						
	III		2 090	1 624	III						
	V	**1 810**	1 900	1 624	IV						
	VI	**2 342**	1 900	1 624							
17 459,99	I,IV	**276**	1 900	1 628	I						
	II		1 900	1 628	II						
	III		2 095	1 628	III						
	V	**1 824**	1 900	1 628	IV						
	VI	**2 356**	1 900	1 628							
17 495,99	I,IV	**282**	1 900	1 631	I						
	II		1 900	1 631	II						
	III		2 099	1 631	III						
	V	**1 837**	1 900	1 631	IV						
	VI	**2 369**	1 900	1 631							
17 531,99	I,IV	**288**	1 900	1 634	I						
	II		1 900	1 634	II						
	III		2 103	1 634	III						
	V	**1 851**	1 900	1 634	IV						
	VI	**2 383**	1 900	1 634							
17 567,99	I,IV	**294**	1 900	1 638	I						
	II		1 900	1 638	II						
	III		2 108	1 638	III						
	V	**1 865**	1 900	1 638	IV						
	VI	**2 397**	1 900	1 638							
17 603,99	I,IV	**299**	1 900	1 641	I						
	II		1 900	1 641	II						
	III		2 112	1 641	III						
	V	**1 878**	1 900	1 641	IV						
	VI	**2 410**	1 900	1 641							
17 639,99	I,IV	**305**	1 900	1 644	I						
	II		1 900	1 644	II						
	III		2 116	1 644	III						
	V	**1 892**	1 900	1 644	IV						
	VI	**2 424**	1 900	1 644							
17 675,99	I,IV	**311**	1 900	1 648	I						
	II		1 900	1 648	II						
	III		2 121	1 648	III						
	V	**1 906**	1 900	1 648	IV						
	VI	**2 438**	1 900	1 648							
17 711,99	I,IV	**317**	1 900	1 651	I						
	II		1 900	1 651	II						
	III		2 125	1 651	III						
	V	**1 920**	1 900	1 651	IV						
	VI	**2 451**	1 900	1 651							

* Zur LSt-Berechnung für privat versicherte Arbeitnehmer s. Beispiele **Vorbemerkung S. 4 f.**
** Basisvorsorgepauschale KV und PV *** Typisierter Arbeitgeberzuschuss

Lohn/ Gehalt in € bis	Steuerklasse	Lohn-steuer*	BVSP**	TAGZ***	Steuerklasse	Bemessungsgrundlage für Kirchensteuer und Solidaritätszuschlag – Freibeträge für ... Kinder 0,5	1,0	1,5	2,0	2,5	3,0
17747,99	I,IV	**323**	1900	1655	I						
	II		1900	1655	II						
	III		2129	1655	III						
	V	**1933**	1900	1655	IV						
	VI	**2465**	1900	1655							
17783,99	I,IV	**329**	1900	1658	I						
	II		1900	1658	II						
	III		2134	1658	III						
	V	**1947**	1900	1658	IV						
	VI	**2479**	1900	1658							
17819,99	I,IV	**334**	1900	1661	I						
	II		1900	1661	II						
	III		2138	1661	III						
	V	**1961**	1900	1661	IV						
	VI	**2492**	1900	1661							
17855,99	I,IV	**340**	1900	1665	I						
	II		1900	1665	II						
	III		2142	1665	III						
	V	**1975**	1900	1665	IV						
	VI	**2506**	1900	1665							
17891,99	I,IV	**346**	1900	1668	I						
	II		1900	1668	II						
	III		2147	1668	III						
	V	**1988**	1900	1668	IV						
	VI	**2520**	1900	1668							
17927,99	I,IV	**352**	1900	1671	I						
	II		1900	1671	II						
	III		2151	1671	III						
	V	**2002**	1900	1671	IV						
	VI	**2534**	1900	1671							
17963,99	I,IV	**358**	1900	1675	I						
	II		1900	1675	II						
	III		2155	1675	III						
	V	**2016**	1900	1675	IV						
	VI	**2547**	1900	1675							
17999,99	I,IV	**364**	1900	1678	I						
	II		1900	1678	II						
	III		2159	1678	III						
	V	**2030**	1900	1678	IV	1					
	VI	**2561**	1900	1678							
18035,99	I,IV	**370**	1900	1681	I						
	II		1900	1681	II						
	III		2164	1681	III						
	V	**2043**	1900	1681	IV	6					
	VI	**2575**	1900	1681							
18071,99	I,IV	**376**	1900	1685	I						
	II		1900	1685	II						
	III		2168	1685	III						
	V	**2057**	1900	1685	IV	10					
	VI	**2589**	1900	1685							
18107,99	I,IV	**382**	1900	1688	I						
	II		1900	1688	II						
	III		2172	1688	III						
	V	**2070**	1900	1688	IV	15					
	VI	**2602**	1900	1688							
18143,99	I,IV	**388**	1900	1691	I						
	II		1900	1691	II						
	III		2177	1691	III						
	V	**2084**	1900	1691	IV	20					
	VI	**2616**	1900	1691							

* Zur LSt-Berechnung für privat versicherte Arbeitnehmer s. Beispiele **Vorbemerkung S. 4 f.**
** Basisvorsorgepauschale KV und PV *** Typisierter Arbeitgeberzuschuss

Lohn/ Gehalt in € bis	Steuerklasse	Lohn-steuer*	BVSP**	TAGZ***	Steuerklasse	0,5	1,0	1,5	2,0	2,5	3,0
						Bemessungsgrundlage für Kirchensteuer und Solidaritätszuschlag – Freibeträge für ... Kinder					
18 179,99	I,IV	**395**	1 900	1 695	I						
	II		1 900	1 695	II						
	III		2 181	1 695	III						
	V	**2 098**	1 900	1 695	IV	24					
	VI	**2 630**	1 900	1 695							
18 215,99	I,IV	**401**	1 900	1 698	I						
	II		1 900	1 698	II						
	III		2 185	1 698	III						
	V	**2 111**	1 900	1 698	IV	29					
	VI	**2 643**	1 900	1 698							
18 251,99	I,IV	**407**	1 900	1 701	I						
	II		1 900	1 701	II						
	III		2 190	1 701	III						
	V	**2 125**	1 900	1 701	IV	34					
	VI	**2 657**	1 900	1 701							
18 287,99	I,IV	**413**	1 900	1 705	I						
	II		1 900	1 705	II						
	III		2 194	1 705	III						
	V	**2 139**	1 900	1 705	IV	39					
	VI	**2 671**	1 900	1 705							
18 323,99	I,IV	**419**	1 900	1 708	I						
	II		1 900	1 708	II						
	III		2 198	1 708	III						
	V	**2 153**	1 900	1 708	IV	43					
	VI	**2 684**	1 900	1 708							
18 359,99	I,IV	**425**	1 900	1 712	I						
	II		1 900	1 712	II						
	III		2 203	1 712	III						
	V	**2 167**	1 900	1 712	IV	48					
	VI	**2 698**	1 900	1 712							
18 395,99	I,IV	**432**	1 900	1 715	I						
	II		1 900	1 715	II						
	III		2 207	1 715	III						
	V	**2 180**	1 900	1 715	IV	53					
	VI	**2 712**	1 900	1 715							
18 431,99	I,IV	**438**	1 900	1 718	I						
	II		1 900	1 718	II						
	III		2 211	1 718	III						
	V	**2 194**	1 900	1 718	IV	58					
	VI	**2 726**	1 900	1 718							
18 467,99	I,IV	**444**	1 900	1 722	I						
	II		1 900	1 722	II						
	III		2 216	1 722	III						
	V	**2 208**	1 900	1 722	IV	63					
	VI	**2 739**	1 900	1 722							
18 503,99	I,IV	**450**	1 900	1 725	I						
	II		1 900	1 725	II						
	III		2 220	1 725	III						
	V	**2 222**	1 900	1 725	IV	67					
	VI	**2 753**	1 900	1 725							
18 539,99	I,IV	**457**	1 900	1 728	I						
	II		1 900	1 728	II						
	III		2 224	1 728	III						
	V	**2 235**	1 900	1 728	IV	72					
	VI	**2 767**	1 900	1 728							
18 575,99	I,IV	**463**	1 900	1 732	I						
	II		1 900	1 732	II						
	III		2 229	1 732	III						
	V	**2 249**	1 900	1 732	IV	77					
	VI	**2 781**	1 900	1 732							

* Zur LSt-Berechnung für privat versicherte Arbeitnehmer s. Beispiele **Vorbemerkung S. 4 f.**
** Basisvorsorgepauschale KV und PV *** Typisierter Arbeitgeberzuschuss

Lohn/ Gehalt in € bis	Steuerklasse	Lohn-steuer*	BVSP**	TAGZ***	Steuerklasse	Bemessungsgrundlage für Kirchensteuer und Solidaritätszuschlag					
						Freibeträge für ... Kinder					
						0,5	**1,0**	1,5	**2,0**	2,5	**3,0**
18611,99	I,IV	**469**	1900	1735	I						
	II		1900	1735	II						
	III		2233	1735	III						
	V	**2263**	1900	1735	IV	82					
	VI	**2794**	1900	1735							
18647,99	I,IV	**476**	1900	1738	I						
	II		1900	1738	II						
	III		2237	1738	III						
	V	**2276**	1900	1738	IV	87					
	VI	**2808**	1900	1738							
18683,99	I,IV	**482**	1900	1742	I						
	II		1900	1742	II						
	III		2242	1742	III						
	V	**2290**	1900	1742	IV	92					
	VI	**2822**	1900	1742							
18719,99	I,IV	**489**	1900	1745	I						
	II		1900	1745	II						
	III		2246	1745	III						
	V	**2304**	1900	1745	IV	97					
	VI	**2836**	1900	1745							
18755,99	I,IV	**495**	1900	1748	I						
	II		1900	1748	II						
	III		2250	1748	III						
	V	**2317**	1900	1748	IV	102					
	VI	**2849**	1900	1748							
18791,99	I,IV	**501**	1900	1752	I						
	II		1900	1752	II						
	III		2255	1752	III						
	V	**2331**	1900	1752	IV	107					
	VI	**2863**	1900	1752							
18827,99	I,IV	**508**	1900	1755	I						
	II		1900	1755	II						
	III		2259	1755	III						
	V	**2345**	1900	1755	IV	112					
	VI	**2877**	1900	1755							
18863,99	I,IV	**514**	1900	1759	I						
	II		1900	1759	II						
	III		2263	1759	III						
	V	**2358**	1900	1759	IV	117					
	VI	**2890**	1900	1759							
18899,99	I,IV	**521**	1900	1762	I						
	II		1900	1762	II						
	III		2267	1762	III						
	V	**2372**	1900	1762	IV	122					
	VI	**2904**	1900	1762							
18935,99	I,IV	**527**	1900	1765	I						
	II		1900	1765	II						
	III		2272	1765	III						
	V	**2386**	1900	1765	IV	127					
	VI	**2917**	1900	1765							
18971,99	I,IV	**534**	1900	1769	I						
	II		1900	1769	II						
	III		2276	1769	III						
	V	**2400**	1900	1769	IV	132					
	VI	**2931**	1900	1769							
19007,99	I,IV	**541**	1900	1772	I						
	II		1900	1772	II						
	III		2280	1772	III						
	V	**2413**	1900	1772	IV	138					
	VI	**2945**	1900	1772							

* Zur LSt-Berechnung für privat versicherte Arbeitnehmer s. Beispiele **Vorbemerkung S. 4 f.**
** Basisvorsorgepauschale KV und PV *** Typisierter Arbeitgeberzuschuss

Lohn/ Gehalt in € bis	Steuerklasse	Lohn- steuer*	BVSP**	TAGZ***	Steuerklasse	Bemessungsgrundlage für Kirchensteuer und Solidaritätszuschlag – Freibeträge für ... Kinder: 0,5	1,0	1,5	2,0	2,5	3,0
19043,99	I,IV	**547**	1900	1775	I						
	II		1900	1775	II						
	III		2285	1775	III						
	V	**2427**	1900	1775	IV	143					
	VI	**2959**	1900	1775							
19079,99	I,IV	**554**	1900	1779	I						
	II		1900	1779	II						
	III		2289	1779	III						
	V	**2441**	1900	1779	IV	148					
	VI	**2972**	1900	1779							
19115,99	I,IV	**561**	1900	1782	I						
	II		1900	1782	II						
	III		2293	1782	III						
	V	**2455**	1900	1782	IV	153					
	VI	**2986**	1900	1782							
19151,99	I,IV	**567**	1900	1785	I						
	II		1900	1785	II						
	III		2298	1785	III						
	V	**2468**	1900	1785	IV	158					
	VI	**3000**	1900	1785							
19187,99	I,IV	**574**	1900	1789	I						
	II		1900	1789	II						
	III		2302	1789	III						
	V	**2482**	1900	1789	IV	164					
	VI	**3014**	1900	1789							
19223,99	I,IV	**581**	1900	1792	I						
	II		1900	1792	II						
	III		2306	1792	III						
	V	**2496**	1900	1792	IV	169					
	VI	**3028**	1900	1792							
19259,99	I,IV	**587**	1900	1795	I						
	II		1900	1795	II						
	III		2311	1795	III						
	V	**2509**	1900	1795	IV	174					
	VI	**3041**	1900	1795							
19295,99	I,IV	**594**	1900	1799	I						
	II		1900	1799	II						
	III		2315	1799	III						
	V	**2523**	1900	1799	IV	180					
	VI	**3055**	1900	1799							
19331,99	I,IV	**601**	1900	1802	I						
	II		1900	1802	II						
	III		2319	1802	III						
	V	**2537**	1900	1802	IV	185					
	VI	**3069**	1900	1802							
19367,99	I,IV	**608**	1900	1806	I						
	II		1900	1806	II						
	III		2324	1806	III						
	V	**2550**	1900	1806	IV	190					
	VI	**3082**	1900	1806							
19403,99	I,IV	**614**	1900	1809	I						
	II		1900	1809	II						
	III		2328	1809	III						
	V	**2564**	1900	1809	IV	196					
	VI	**3096**	1900	1809							
19439,99	I,IV	**621**	1900	1812	I						
	II		1900	1812	II						
	III		2332	1812	III						
	V	**2578**	1900	1812	IV	201					
	VI	**3110**	1900	1812							

* Zur LSt-Berechnung für privat versicherte Arbeitnehmer s. Beispiele **Vorbemerkung S. 4f.**
** Basisvorsorgepauschale KV und PV *** Typisierter Arbeitgeberzuschuss

Lohn/ Gehalt in € bis	Steuerklasse	Lohn- steuer*	BVSP**	TAGZ***	Steuerklasse	Bemessungsgrundlage für Kirchensteuer und Solidaritätszuschlag					
						Freibeträge für ... Kinder					
						0,5	**1,0**	1,5	**2,0**	2,5	**3,0**
19475,99	I,IV	**628**	1900	1816	I						
	II		1900	1816	II						
	III		2337	1816	III						
	V	**2592**	1900	1816	IV	207					
	VI	**3123**	1900	1816							
19511,99	I,IV	**635**	1900	1819	I						
	II		1900	1819	II						
	III		2341	1819	III						
	V	**2605**	1900	1819	IV	212					
	VI	**3137**	1900	1819							
19547,99	I,IV	**642**	1900	1822	I						
	II		1900	1822	II						
	III		2345	1822	III						
	V	**2619**	1900	1822	IV	218					
	VI	**3151**	1900	1822							
19583,99	I,IV	**649**	1900	1826	I						
	II		1900	1826	II						
	III		2350	1826	III						
	V	**2633**	1900	1826	IV	223					
	VI	**3164**	1900	1826							
19619,99	I,IV	**656**	1900	1829	I						
	II		1900	1829	II						
	III		2354	1829	III						
	V	**2647**	1900	1829	IV	228					
	VI	**3178**	1900	1829							
19655,99	I,IV	**663**	1900	1832	I						
	II		1900	1832	II						
	III		2358	1832	III						
	V	**2660**	1900	1832	IV	234					
	VI	**3192**	1900	1832							
19691,99	I,IV	**670**	1900	1836	I						
	II		1900	1836	II						
	III		2363	1836	III						
	V	**2674**	1900	1836	IV	240					
	VI	**3206**	1900	1836							
19727,99	I,IV	**677**	1900	1839	I						
	II		1900	1839	II						
	III		2367	1839	III						
	V	**2688**	1900	1839	IV	245					
	VI	**3219**	1900	1839							
19763,99	I,IV	**684**	1900	1842	I						
	II		1900	1842	II						
	III		2371	1842	III						
	V	**2701**	1900	1842	IV	251					
	VI	**3233**	1900	1842							
19799,99	I,IV	**691**	1900	1846	I						
	II		1900	1846	II						
	III		2375	1846	III						
	V	**2715**	1900	1846	IV	256					
	VI	**3247**	1900	1846							
19835,99	I,IV	**698**	1900	1849	I						
	II		1900	1849	II						
	III		2380	1849	III						
	V	**2729**	1900	1849	IV	262					
	VI	**3261**	1900	1849							
19871,99	I,IV	**705**	1900	1853	I						
	II		1900	1853	II						
	III		2384	1853	III						
	V	**2742**	1900	1853	IV	268					
	VI	**3274**	1900	1853							

* Zur LSt-Berechnung für privat versicherte Arbeitnehmer s. Beispiele **Vorbemerkung S. 4 f.**
** Basisvorsorgepauschale KV und PV *** Typisierter Arbeitgeberzuschuss

Lohn/ Gehalt in € bis	Steuerklasse	Lohn-steuer*	BVSP**	TAGZ***	Steuerklasse	Bemessungsgrundlage für Kirchensteuer und Solidaritätszuschlag – Freibeträge für ... Kinder					
						0,5	**1,0**	1,5	**2,0**	2,5	**3,0**
19907,99	I,IV	**712**	1900	1856	I						
	II		1900	1856	II						
	III		2388	1856	III						
	V	**2756**	1900	1856	IV	273					
	VI	**3288**	1900	1856							
19943,99	I,IV	**719**	1900	1859	I						
	II		1900	1859	II						
	III		2393	1859	III						
	V	**2770**	1900	1859	IV	279					
	VI	**3302**	1900	1859							
19979,99	I,IV	**726**	1900	1863	I						
	II		1900	1863	II						
	III		2397	1863	III						
	V	**2783**	1900	1863	IV	285					
	VI	**3315**	1900	1863							
20015,99	I,IV	**733**	1900	1866	I						
	II		1900	1866	II						
	III		2401	1866	III						
	V	**2797**	1900	1866	IV	290					
	VI	**3329**	1900	1866							
20051,99	I,IV	**741**	1900	1869	I						
	II		1900	1869	II						
	III		2406	1869	III						
	V	**2811**	1900	1869	IV	296					
	VI	**3343**	1900	1869							
20087,99	I,IV	**748**	1900	1873	I						
	II		1900	1873	II						
	III		2410	1873	III						
	V	**2825**	1900	1873	IV	302					
	VI	**3356**	1900	1873							
20123,99	I,IV	**755**	1900	1876	I						
	II		1900	1876	II						
	III		2414	1876	III						
	V	**2839**	1900	1876	IV	308					
	VI	**3370**	1900	1876							
20159,99	I,IV	**762**	1900	1879	I						
	II		1900	1879	II						
	III		2419	1879	III						
	V	**2852**	1900	1879	IV	314					
	VI	**3384**	1900	1879							
20195,99	I,IV	**770**	1900	1883	I						
	II		1900	1883	II						
	III		2423	1883	III						
	V	**2866**	1900	1883	IV	319					
	VI	**3398**	1900	1883							
20231,99	I,IV	**777**	1900	1886	I						
	II	**2**	1900	1886	II						
	III		2427	1886	III						
	V	**2880**	1900	1886	IV	325					
	VI	**3411**	1900	1886							
20267,99	I,IV	**784**	1900	1889	I						
	II	**6**	1900	1889	II						
	III		2432	1889	III						
	V	**2894**	1900	1889	IV	331					
	VI	**3425**	1900	1889							
20303,99	I,IV	**792**	1900	1893	I						
	II	**11**	1900	1893	II						
	III		2436	1893	III						
	V	**2907**	1900	1893	IV	337					
	VI	**3439**	1900	1893							

* Zur LSt-Berechnung für privat versicherte Arbeitnehmer s. Beispiele **Vorbemerkung S. 4f.**
** Basisvorsorgepauschale KV und PV *** Typisierter Arbeitgeberzuschuss

Lohn/ Gehalt in € bis	Steuerklasse	Lohn-steuer*	BVSP**	TAGZ***	Steuerklasse	Bemessungsgrundlage für Kirchensteuer und Solidaritätszuschlag Freibeträge für ... Kinder 0,5	1,0	1,5	2,0	2,5	3,0
20339,99	I,IV	**799**	1900	1896	I						
	II	**15**	1900	1896	II						
	III		2440	1896	III						
	V	**2921**	1900	1896	IV	343					
	VI	**3453**	1900	1896							
20375,99	I,IV	**806**	1900	1900	I						
	II	**20**	1900	1900	II						
	III		2445	1900	III						
	V	**2934**	1900	1900	IV	349					
	VI	**3466**	1900	1900							
20411,99	I,IV	**813**	1903	1903	I						
	II	**24**	1903	1903	II						
	III		2449	1903	III						
	V	**2947**	1903	1903	IV	354					
	VI	**3479**	1903	1903							
20447,99	I,IV	**820**	1906	1906	I						
	II	**28**	1906	1906	II						
	III		2453	1906	III						
	V	**2959**	1906	1906	IV	360					
	VI	**3491**	1906	1906							
20483,99	I,IV	**826**	1910	1910	I	2					
	II	**33**	1910	1910	II						
	III		2458	1910	III						
	V	**2971**	1910	1910	IV	365	2				
	VI	**3503**	1910	1910							
20519,99	I,IV	**833**	1913	1913	I	6					
	II	**37**	1913	1913	II						
	III		2462	1913	III						
	V	**2984**	1913	1913	IV	371	6				
	VI	**3516**	1913	1913							
20555,99	I,IV	**840**	1916	1916	I	10					
	II	**41**	1916	1916	II						
	III		2466	1916	III						
	V	**2996**	1916	1916	IV	376	10				
	VI	**3528**	1916	1916							
20591,99	I,IV	**846**	1920	1920	I	14					
	II	**45**	1920	1920	II						
	III		2471	1920	III						
	V	**3008**	1920	1920	IV	381	14				
	VI	**3540**	1920	1920							
20627,99	I,IV	**853**	1923	1923	I	19					
	II	**50**	1923	1923	II						
	III		2475	1923	III						
	V	**3021**	1923	1923	IV	387	19				
	VI	**3553**	1923	1923							
20663,99	I,IV	**860**	1926	1926	I	23					
	II	**54**	1926	1926	II						
	III		2479	1926	III						
	V	**3033**	1926	1926	IV	392	23				
	VI	**3565**	1926	1926							
20699,99	I,IV	**867**	1930	1930	I	27					
	II	**58**	1930	1930	II						
	III		2483	1930	III						
	V	**3045**	1930	1930	IV	398	27				
	VI	**3577**	1930	1930							
20735,99	I,IV	**873**	1933	1933	I	31					
	II	**63**	1933	1933	II						
	III		2488	1933	III						
	V	**3057**	1933	1933	IV	403	31				
	VI	**3589**	1933	1933							

* Zur LSt-Berechnung für privat versicherte Arbeitnehmer s. Beispiele **Vorbemerkung S. 4 f.**
** Basisvorsorgepauschale KV und PV *** Typisierter Arbeitgeberzuschuss

Lohn/ Gehalt in € bis	Steuerklasse	Lohn-steuer*	BVSP**	TAGZ***	Steuerklasse	Bemessungsgrundlage für Kirchensteuer und Solidaritätszuschlag – Freibeträge für ... Kinder 0,5	1,0	1,5	2,0	2,5	3,0
20 771,99	I,IV	880	1936	1936	I	35					
	II	67	1936	1936	II						
	III		2492	1936	III						
	V	3070	1936	1936	IV	409	35				
	VI	3602	1936	1936							
20 807,99	I,IV	887	1940	1940	I	40					
	II	71	1940	1940	II						
	III		2496	1940	III						
	V	3082	1940	1940	IV	414	40				
	VI	3614	1940	1940							
20 843,99	I,IV	894	1943	1943	I	44					
	II	76	1943	1943	II						
	III		2501	1943	III						
	V	3094	1943	1943	IV	420	44				
	VI	3626	1943	1943							
20 879,99	I,IV	901	1947	1947	I	48					
	II	80	1947	1947	II						
	III		2505	1947	III						
	V	3107	1947	1947	IV	425	48				
	VI	3639	1947	1947							
20 915,99	I,IV	908	1950	1950	I	52					
	II	85	1950	1950	II						
	III		2509	1950	III						
	V	3119	1950	1950	IV	431	52				
	VI	3651	1950	1950							
20 951,99	I,IV	914	1953	1953	I	57					
	II	89	1953	1953	II						
	III		2514	1953	III						
	V	3131	1953	1953	IV	437	57				
	VI	3663	1953	1953							
20 987,99	I,IV	921	1957	1957	I	61					
	II	94	1957	1957	II						
	III		2518	1957	III						
	V	3143	1957	1957	IV	442	61				
	VI	3675	1957	1957							
21 023,99	I,IV	928	1960	1960	I	66					
	II	98	1960	1960	II						
	III		2522	1960	III						
	V	3156	1960	1960	IV	448	66				
	VI	3688	1960	1960							
21 059,99	I,IV	935	1963	1963	I	70					
	II	103	1963	1963	II						
	III		2527	1963	III						
	V	3168	1963	1963	IV	454	70				
	VI	3700	1963	1963							
21 095,99	I,IV	942	1967	1967	I	74					
	II	107	1967	1967	II						
	III		2531	1967	III						
	V	3180	1967	1967	IV	459	74				
	VI	3712	1967	1967							
21 131,99	I,IV	949	1970	1970	I	79					
	II	112	1970	1970	II						
	III		2535	1970	III						
	V	3193	1970	1970	IV	465	79				
	VI	3725	1970	1970							
21 167,99	I,IV	956	1973	1973	I	83					
	II	116	1973	1973	II						
	III		2540	1973	III						
	V	3205	1973	1973	IV	471	83				
	VI	3737	1973	1973							

* Zur LSt-Berechnung für privat versicherte Arbeitnehmer s. Beispiele **Vorbemerkung S. 4f.**
** Basisvorsorgepauschale KV und PV *** Typisierter Arbeitgeberzuschuss

Lohn/ Gehalt in € bis	Steuerklasse	Lohn-steuer*	BVSP**	TAGZ***	Steuerklasse	Bemessungsgrundlage für Kirchensteuer und Solidaritätszuschlag – Freibeträge für ... Kinder 0,5	1,0	1,5	2,0	2,5	3,0
21 203,99	I,IV	**963**	1977	1977	I	87					
	II	**121**	1977	1977	II						
	III		2544	1977	III						
	V	**3217**	1977	1977	IV	476	87				
	VI	**3749**	1977	1977							
21 239,99	I,IV	**970**	1980	1980	I	92					
	II	**125**	1980	1980	II						
	III		2548	1980	III						
	V	**3230**	1980	1980	IV	482	92				
	VI	**3762**	1980	1980							
21 275,99	I,IV	**977**	1983	1983	I	96					
	II	**130**	1983	1983	II						
	III		2553	1983	III						
	V	**3242**	1983	1983	IV	488	96				
	VI	**3774**	1983	1983							
21 311,99	I,IV	**984**	1987	1987	I	101					
	II	**135**	1987	1987	II						
	III		2557	1987	III						
	V	**3254**	1987	1987	IV	494	101				
	VI	**3786**	1987	1987							
21 347,99	I,IV	**991**	1990	1990	I	105					
	II	**139**	1990	1990	II						
	III		2561	1990	III						
	V	**3266**	1990	1990	IV	499	105				
	VI	**3798**	1990	1990							
21 383,99	I,IV	**998**	1994	1994	I	110					
	II	**144**	1994	1994	II						
	III		2566	1994	III						
	V	**3279**	1994	1994	IV	505	110				
	VI	**3811**	1994	1994							
21 419,99	I,IV	**1005**	1997	1997	I	115					
	II	**148**	1997	1997	II						
	III		2570	1997	III						
	V	**3291**	1997	1997	IV	511	115				
	VI	**3823**	1997	1997							
21 455,99	I,IV	**1012**	2000	2000	I	119					
	II	**153**	2000	2000	II						
	III		2574	2000	III						
	V	**3303**	2000	2000	IV	517	119				
	VI	**3835**	2000	2000							
21 491,99	I,IV	**1020**	2004	2004	I	124					
	II	**158**	2004	2004	II						
	III		2579	2004	III						
	V	**3316**	2004	2004	IV	523	124				
	VI	**3848**	2004	2004							
21 527,99	I,IV	**1027**	2007	2007	I	128					
	II	**163**	2007	2007	II						
	III		2583	2007	III						
	V	**3328**	2007	2007	IV	529	128				
	VI	**3860**	2007	2007							
21 563,99	I,IV	**1034**	2010	2010	I	133					
	II	**167**	2010	2010	II						
	III		2587	2010	III						
	V	**3340**	2010	2010	IV	534	133				
	VI	**3872**	2010	2010							
21 599,99	I,IV	**1041**	2014	2014	I	138					
	II	**172**	2014	2014	II						
	III		2591	2014	III						
	V	**3353**	2014	2014	IV	540	138				
	VI	**3885**	2014	2014							

* Zur LSt-Berechnung für privat versicherte Arbeitnehmer s. Beispiele **Vorbemerkung S. 4 f.**
** Basisvorsorgepauschale KV und PV *** Typisierter Arbeitgeberzuschuss

Lohn/ Gehalt in € bis	Steuerklasse	Lohn-steuer*	BVSP**	TAGZ***	Steuerklasse	Bemessungsgrundlage für Kirchensteuer und Solidaritätszuschlag – Freibeträge für ... Kinder 0,5	**1,0**	1,5	**2,0**	2,5	**3,0**
21 635,99	I,IV	**1 048**	2 017	2 017	I	142					
	II	**177**	2 017	2 017	II						
	III		2 596	2 017	III						
	V	**3 365**	2 017	2 017	IV	546	142				
	VI	**3 897**	2 017	2 017							
21 671,99	I,IV	**1 055**	2 020	2 020	I	147					
	II	**182**	2 020	2 020	II						
	III		2 600	2 020	III						
	V	**3 377**	2 020	2 020	IV	552	147				
	VI	**3 909**	2 020	2 020							
21 707,99	I,IV	**1 062**	2 024	2 024	I	151					
	II	**186**	2 024	2 024	II						
	III		2 604	2 024	III						
	V	**3 390**	2 024	2 024	IV	558	151				
	VI	**3 921**	2 024	2 024							
21 743,99	I,IV	**1 069**	2 027	2 027	I	156					
	II	**191**	2 027	2 027	II						
	III		2 609	2 027	III						
	V	**3 402**	2 027	2 027	IV	564	156				
	VI	**3 934**	2 027	2 027							
21 779,99	I,IV	**1 076**	2 030	2 030	I	161					
	II	**196**	2 030	2 030	II						
	III		2 613	2 030	III						
	V	**3 414**	2 030	2 030	IV	570	161				
	VI	**3 946**	2 030	2 030							
21 815,99	I,IV	**1 083**	2 034	2 034	I	166					
	II	**201**	2 034	2 034	II						
	III		2 617	2 034	III						
	V	**3 427**	2 034	2 034	IV	576	166				
	VI	**3 958**	2 034	2 034							
21 851,99	I,IV	**1 090**	2 037	2 037	I	170					
	II	**206**	2 037	2 037	II						
	III		2 622	2 037	III						
	V	**3 439**	2 037	2 037	IV	582	170				
	VI	**3 971**	2 037	2 037							
21 887,99	I,IV	**1 097**	2 041	2 041	I	175					
	II	**211**	2 041	2 041	II						
	III		2 626	2 041	III						
	V	**3 451**	2 041	2 041	IV	588	175				
	VI	**3 983**	2 041	2 041							
21 923,99	I,IV	**1 104**	2 044	2 044	I	180					
	II	**216**	2 044	2 044	II						
	III		2 630	2 044	III						
	V	**3 463**	2 044	2 044	IV	594	180				
	VI	**3 995**	2 044	2 044							
21 959,99	I,IV	**1 111**	2 047	2 047	I	185					
	II	**220**	2 047	2 047	II						
	III		2 635	2 047	III						
	V	**3 476**	2 047	2 047	IV	600	185				
	VI	**4 007**	2 047	2 047							
21 995,99	I,IV	**1 119**	2 051	2 051	I	189					
	II	**225**	2 051	2 051	II						
	III		2 639	2 051	III						
	V	**3 488**	2 051	2 051	IV	607	189				
	VI	**4 020**	2 051	2 051							
22 031,99	I,IV	**1 126**	2 054	2 054	I	194					
	II	**230**	2 054	2 054	II						
	III		2 643	2 054	III						
	V	**3 500**	2 054	2 054	IV	613	194				
	VI	**4 032**	2 054	2 054							

* Zur LSt-Berechnung für privat versicherte Arbeitnehmer s. Beispiele **Vorbemerkung S. 4 f.**
** Basisvorsorgepauschale KV und PV *** Typisierter Arbeitgeberzuschuss

Lohn/ Gehalt in € bis	Steuerklasse	Lohn- steuer*	BVSP**	TAGZ***	Steuerklasse	Bemessungsgrundlage für Kirchensteuer und Solidaritätszuschlag					
						Freibeträge für ... Kinder					
						0,5	**1,0**	1,5	**2,0**	2,5	**3,0**
22067,99	I,IV	**1133**	2057	2057	I	199					
	II	**235**	2057	2057	II						
	III		2648	2057	III						
	V	**3513**	2057	2057	IV	619	199				
	VI	**4044**	2057	2057							
22103,99	I,IV	**1140**	2061	2061	I	204					
	II	**240**	2061	2061	II						
	III		2652	2061	III						
	V	**3525**	2061	2061	IV	625	204				
	VI	**4057**	2061	2061							
22139,99	I,IV	**1147**	2064	2064	I	209					
	II	**245**	2064	2064	II						
	III		2656	2064	III						
	V	**3537**	2064	2064	IV	631	209				
	VI	**4069**	2064	2064							
22175,99	I,IV	**1154**	2067	2067	I	214					
	II	**250**	2067	2067	II						
	III		2661	2067	III						
	V	**3550**	2067	2067	IV	637	214				
	VI	**4081**	2067	2067							
22211,99	I,IV	**1161**	2071	2071	I	219					
	II	**255**	2071	2071	II						
	III		2665	2071	III						
	V	**3562**	2071	2071	IV	643	219				
	VI	**4094**	2071	2071							
22247,99	I,IV	**1168**	2074	2074	I	224					
	II	**260**	2074	2074	II						
	III		2669	2074	III						
	V	**3574**	2074	2074	IV	650	224				
	VI	**4106**	2074	2074							
22283,99	I,IV	**1175**	2077	2077	I	228					
	II	**265**	2077	2077	II						
	III		2674	2077	III						
	V	**3587**	2077	2077	IV	656	228				
	VI	**4118**	2077	2077							
22319,99	I,IV	**1182**	2081	2081	I	233					
	II	**270**	2081	2081	II						
	III		2678	2081	III						
	V	**3599**	2081	2081	IV	662	233				
	VI	**4130**	2081	2081							
22355,99	I,IV	**1190**	2084	2084	I	238					
	II	**276**	2084	2084	II						
	III		2682	2084	III						
	V	**3611**	2084	2084	IV	668	238				
	VI	**4143**	2084	2084							
22391,99	I,IV	**1197**	2088	2088	I	243					
	II	**281**	2088	2088	II						
	III		2687	2088	III						
	V	**3623**	2088	2088	IV	675	243				
	VI	**4155**	2088	2088							
22427,99	I,IV	**1204**	2091	2091	I	248					
	II	**286**	2091	2091	II						
	III		2691	2091	III						
	V	**3636**	2091	2091	IV	681	248				
	VI	**4167**	2091	2091							
22463,99	I,IV	**1211**	2094	2094	I	254					
	II	**291**	2094	2094	II						
	III		2695	2094	III						
	V	**3648**	2094	2094	IV	687	254				
	VI	**4180**	2094	2094							

* Zur LSt-Berechnung für privat versicherte Arbeitnehmer s. Beispiele **Vorbemerkung S. 4 f.**
** Basisvorsorgepauschale KV und PV *** Typisierter Arbeitgeberzuschuss

Lohn/ Gehalt in € bis	Steuerklasse	Lohn- steuer*	BVSP**	TAGZ***	Steuerklasse	Bemessungsgrundlage für Kirchensteuer und Solidaritätszuschlag					
						Freibeträge für ... Kinder					
						0,5	**1,0**	1,5	**2,0**	2,5	**3,0**
22 499,99	I,IV	**1 218**	2 098	2 098	I	259					
	II	**296**	2 098	2 098	II						
	III		2 699	2 098	III						
	V	**3 660**	2 098	2 098	IV	694	259				
	VI	**4 192**	2 098	2 098							
22 535,99	I,IV	**1 225**	2 101	2 101	I	264					
	II	**301**	2 101	2 101	II						
	III		2 704	2 101	III						
	V	**3 673**	2 101	2 101	IV	700	264				
	VI	**4 204**	2 101	2 101							
22 571,99	I,IV	**1 232**	2 104	2 104	I	269					
	II	**307**	2 104	2 104	II						
	III		2 708	2 104	III						
	V	**3 685**	2 104	2 104	IV	706	269				
	VI	**4 217**	2 104	2 104							
22 607,99	I,IV	**1 240**	2 108	2 108	I	274					
	II	**312**	2 108	2 108	II						
	III		2 712	2 108	III						
	V	**3 697**	2 108	2 108	IV	713	274				
	VI	**4 229**	2 108	2 108							
22 643,99	I,IV	**1 247**	2 111	2 111	I	279					
	II	**317**	2 111	2 111	II						
	III		2 717	2 111	III						
	V	**3 710**	2 111	2 111	IV	719	279				
	VI	**4 241**	2 111	2 111							
22 679,99	I,IV	**1 254**	2 114	2 114	I	284					
	II	**322**	2 114	2 114	II						
	III		2 721	2 114	III						
	V	**3 722**	2 114	2 114	IV	725	284				
	VI	**4 253**	2 114	2 114							
22 715,99	I,IV	**1 261**	2 118	2 118	I	289					
	II	**328**	2 118	2 118	II						
	III		2 725	2 118	III						
	V	**3 734**	2 118	2 118	IV	732	289				
	VI	**4 266**	2 118	2 118							
22 751,99	I,IV	**1 268**	2 121	2 121	I	294					
	II	**333**	2 121	2 121	II						
	III		2 730	2 121	III						
	V	**3 747**	2 121	2 121	IV	738	294				
	VI	**4 278**	2 121	2 121							
22 787,99	I,IV	**1 275**	2 124	2 124	I	299					
	II	**338**	2 124	2 124	II						
	III		2 734	2 124	III						
	V	**3 759**	2 124	2 124	IV	745	299				
	VI	**4 290**	2 124	2 124							
22 823,99	I,IV	**1 283**	2 128	2 128	I	305					
	II	**344**	2 128	2 128	II						
	III		2 738	2 128	III						
	V	**3 771**	2 128	2 128	IV	751	305				
	VI	**4 303**	2 128	2 128							
22 859,99	I,IV	**1 290**	2 131	2 131	I	310					
	II	**349**	2 131	2 131	II						
	III		2 743	2 131	III						
	V	**3 784**	2 131	2 131	IV	758	310				
	VI	**4 315**	2 131	2 131							
22 895,99	I,IV	**1 297**	2 135	2 135	I	315					
	II	**354**	2 135	2 135	II						
	III		2 747	2 135	III						
	V	**3 796**	2 135	2 135	IV	764	315				
	VI	**4 327**	2 135	2 135							

* Zur LSt-Berechnung für privat versicherte Arbeitnehmer s. Beispiele **Vorbemerkung S. 4 f.**
** Basisvorsorgepauschale KV und PV *** Typisierter Arbeitgeberzuschuss

Lohn/ Gehalt in € bis	Steuerklasse	Lohn-steuer*	BVSP**	TAGZ***	Steuerklasse	Bemessungsgrundlage für Kirchensteuer und Solidaritätszuschlag – Freibeträge für ... Kinder 0,5	1,0	1,5	2,0	2,5	3,0
22931,99	I,IV	**1304**	2138	2138	I	320					
	II	**359**	2138	2138	II						
	III		2751	2138	III						
	V	**3808**	2138	2138	IV	771	320				
	VI	**4340**	2138	2138							
22967,99	I,IV	**1311**	2141	2141	I	326					
	II	**365**	2141	2141	II						
	III		2756	2141	III						
	V	**3820**	2141	2141	IV	777	326				
	VI	**4352**	2141	2141							
23003,99	I,IV	**1318**	2145	2145	I	331					
	II	**370**	2145	2145	II						
	III		2760	2145	III						
	V	**3833**	2145	2145	IV	784	331				
	VI	**4364**	2145	2145							
23039,99	I,IV	**1325**	2148	2148	I	336					
	II	**376**	2148	2148	II						
	III		2764	2148	III						
	V	**3845**	2148	2148	IV	790	336				
	VI	**4377**	2148	2148							
23075,99	I,IV	**1333**	2151	2151	I	342					
	II	**381**	2151	2151	II						
	III		2769	2151	III						
	V	**3857**	2151	2151	IV	797	342				
	VI	**4389**	2151	2151							
23111,99	I,IV	**1340**	2155	2155	I	347					
	II	**387**	2155	2155	II						
	III		2773	2155	III						
	V	**3870**	2155	2155	IV	804	347				
	VI	**4401**	2155	2155							
23147,99	I,IV	**1347**	2158	2158	I	352					
	II	**392**	2158	2158	II						
	III		2777	2158	III						
	V	**3882**	2158	2158	IV	810	352				
	VI	**4414**	2158	2158							
23183,99	I,IV	**1354**	2161	2161	I	357					
	II	**398**	2161	2161	II						
	III		2782	2161	III						
	V	**3894**	2161	2161	IV	817	357				
	VI	**4426**	2161	2161							
23219,99	I,IV	**1362**	2165	2165	I	363					
	II	**403**	2165	2165	II						
	III		2786	2165	III						
	V	**3907**	2165	2165	IV	824	363				
	VI	**4438**	2165	2165							
23255,99	I,IV	**1369**	2168	2168	I	368					
	II	**409**	2168	2168	II						
	III		2790	2168	III						
	V	**3919**	2168	2168	IV	830	368	4			
	VI	**4450**	2168	2168							
23291,99	I,IV	**1376**	2171	2171	I	374					
	II	**414**	2171	2171	II						
	III		2795	2171	III						
	V	**3931**	2171	2171	IV	837	374	9			
	VI	**4463**	2171	2171							
23327,99	I,IV	**1383**	2175	2175	I	379					
	II	**420**	2175	2175	II						
	III		2799	2175	III						
	V	**3944**	2175	2175	IV	844	379	13			
	VI	**4475**	2175	2175							

* Zur LSt-Berechnung für privat versicherte Arbeitnehmer s. Beispiele **Vorbemerkung S. 4 f.**
** Basisvorsorgepauschale KV und PV *** Typisierter Arbeitgeberzuschuss

Lohn/ Gehalt in € bis	Steuerklasse	Lohn-steuer*	BVSP**	TAGZ***	Steuerklasse	Bemessungsgrundlage für Kirchensteuer und Solidaritätszuschlag					
						Freibeträge für ... Kinder					
						0,5	**1,0**	1,5	**2,0**	2,5	**3,0**
23363,99	I,IV	**1390**	2178	2178	I	385					
	II	**425**	2178	2178	II						
	III		2803	2178	III						
	V	**3956**	2178	2178	IV	850	385	17			
	VI	**4487**	2178	2178							
23399,99	I,IV	**1398**	2182	2182	I	390					
	II	**431**	2182	2182	II						
	III		2807	2182	III						
	V	**3968**	2182	2182	IV	857	390	21			
	VI	**4500**	2182	2182							
23435,99	I,IV	**1405**	2185	2185	I	396					
	II	**437**	2185	2185	II						
	III		2812	2185	III						
	V	**3980**	2185	2185	IV	864	396	25			
	VI	**4512**	2185	2185							
23471,99	I,IV	**1412**	2188	2188	I	401					
	II	**442**	2188	2188	II						
	III		2816	2188	III						
	V	**3993**	2188	2188	IV	871	401	29			
	VI	**4524**	2188	2188							
23507,99	I,IV	**1419**	2192	2192	I	407					
	II	**448**	2192	2192	II						
	III		2820	2192	III						
	V	**4005**	2192	2192	IV	878	407	34			
	VI	**4537**	2192	2192							
23543,99	I,IV	**1426**	2195	2195	I	412					
	II	**453**	2195	2195	II						
	III		2825	2195	III						
	V	**4017**	2195	2195	IV	884	412	38			
	VI	**4549**	2195	2195							
23579,99	I,IV	**1434**	2198	2198	I	418					
	II	**459**	2198	2198	II						
	III		2829	2198	III						
	V	**4030**	2198	2198	IV	891	418	42			
	VI	**4561**	2198	2198							
23615,99	I,IV	**1441**	2202	2202	I	423					
	II	**465**	2202	2202	II						
	III		2833	2202	III						
	V	**4042**	2202	2202	IV	898	423	46			
	VI	**4574**	2202	2202							
23651,99	I,IV	**1448**	2205	2205	I	429					
	II	**470**	2205	2205	II						
	III		2838	2205	III						
	V	**4054**	2205	2205	IV	905	429	51			
	VI	**4586**	2205	2205							
23687,99	I,IV	**1456**	2208	2208	I	434					
	II	**476**	2208	2208	II						
	III		2842	2208	III						
	V	**4067**	2208	2208	IV	912	434	55			
	VI	**4598**	2208	2208							
23723,99	I,IV	**1463**	2212	2212	I	440					
	II	**482**	2212	2212	II						
	III		2846	2212	III						
	V	**4079**	2212	2212	IV	919	440	59			
	VI	**4610**	2212	2212							
23759,99	I,IV	**1470**	2215	2215	I	446					
	II	**488**	2215	2215	II						
	III		2851	2215	III						
	V	**4091**	2215	2215	IV	926	446	64			
	VI	**4623**	2215	2215							

* Zur LSt-Berechnung für privat versicherte Arbeitnehmer s. Beispiele **Vorbemerkung S. 4f.**
** Basisvorsorgepauschale KV und PV *** Typisierter Arbeitgeberzuschuss

Lohn/ Gehalt in € bis	Steuerklasse	Lohn-steuer*	BVSP**	TAGZ***	Steuerklasse	Bemessungsgrundlage für Kirchensteuer und Solidaritätszuschlag – Freibeträge für ... Kinder 0,5	1,0	1,5	2,0	2,5	3,0
23795,99	I,IV	**1477**	2218	2218	I	451					
	II	**494**	2218	2218	II						
	III		2855	2218	III						
	V	**4104**	2218	2218	IV	933	451	68			
	VI	**4635**	2218	2218							
23831,99	I,IV	**1485**	2222	2222	I	457					
	II	**499**	2222	2222	II						
	III		2859	2222	III						
	V	**4116**	2222	2222	IV	940	457	73			
	VI	**4647**	2222	2222							
23867,99	I,IV	**1492**	2225	2225	I	463					
	II	**505**	2225	2225	II						
	III		2864	2225	III						
	V	**4128**	2225	2225	IV	946	463	77			
	VI	**4660**	2225	2225							
23903,99	I,IV	**1499**	2229	2229	I	468					
	II	**511**	2229	2229	II						
	III		2868	2229	III						
	V	**4140**	2229	2229	IV	953	468	81			
	VI	**4672**	2229	2229							
23939,99	I,IV	**1506**	2232	2232	I	474					
	II	**517**	2232	2232	II						
	III		2872	2232	III						
	V	**4153**	2232	2232	IV	961	474	86			
	VI	**4684**	2232	2232							
23975,99	I,IV	**1514**	2235	2235	I	480					
	II	**523**	2235	2235	II						
	III		2877	2235	III						
	V	**4165**	2235	2235	IV	967	480	90			
	VI	**4697**	2235	2235							
24011,99	I,IV	**1521**	2239	2239	I	485					
	II	**528**	2239	2239	II						
	III		2881	2239	III						
	V	**4177**	2239	2239	IV	974	485	95			
	VI	**4709**	2239	2239							
24047,99	I,IV	**1528**	2242	2242	I	491					
	II	**534**	2242	2242	II						
	III		2885	2242	III						
	V	**4190**	2242	2242	IV	982	491	99			
	VI	**4721**	2242	2242							
24083,99	I,IV	**1535**	2245	2245	I	497					
	II	**540**	2245	2245	II						
	III		2890	2245	III						
	V	**4202**	2245	2245	IV	989	497	104			
	VI	**4734**	2245	2245							
24119,99	I,IV	**1543**	2249	2249	I	503					
	II	**546**	2249	2249	II						
	III		2894	2249	III						
	V	**4214**	2249	2249	IV	996	503	108			
	VI	**4746**	2249	2249							
24155,99	I,IV	**1550**	2252	2252	I	509					
	II	**552**	2252	2252	II						
	III		2898	2252	III						
	V	**4226**	2252	2252	IV	1003	509	113			
	VI	**4758**	2252	2252							
24191,99	I,IV	**1557**	2255	2255	I	515					
	II	**558**	2255	2255	II						
	III		2903	2255	III						
	V	**4239**	2255	2255	IV	1010	515	117			
	VI	**4771**	2255	2255							

* Zur LSt-Berechnung für privat versicherte Arbeitnehmer s. Beispiele **Vorbemerkung S. 4f.**
** Basisvorsorgepauschale KV und PV *** Typisierter Arbeitgeberzuschuss

Lohn/ Gehalt in € bis	Steuerklasse	Lohn-steuer*	BVSP**	TAGZ***	Steuerklasse	Bemessungsgrundlage für Kirchensteuer und Solidaritätszuschlag – Freibeträge für ... Kinder 0,5	1,0	1,5	2,0	2,5	3,0
24 227,99	I,IV	**1 565**	2 259	2 259	I	520					
	II	**564**	2 259	2 259	II						
	III		2 907	2 259	III						
	V	**4 251**	2 259	2 259	IV	1 017	520	122			
	VI	**4 783**	2 259	2 259							
24 263,99	I,IV	**1 572**	2 262	2 262	I	526					
	II	**570**	2 262	2 262	II						
	III		2 911	2 262	III						
	V	**4 263**	2 262	2 262	IV	1 024	526	126			
	VI	**4 795**	2 262	2 262							
24 299,99	I,IV	**1 579**	2 265	2 265	I	532					
	II	**576**	2 265	2 265	II						
	III		2 915	2 265	III						
	V	**4 276**	2 265	2 265	IV	1 031	532	131			
	VI	**4 807**	2 265	2 265							
24 335,99	I,IV	**1 587**	2 269	2 269	I	538					
	II	**582**	2 269	2 269	II						
	III		2 920	2 269	III						
	V	**4 288**	2 269	2 269	IV	1 038	538	136			
	VI	**4 820**	2 269	2 269							
24 371,99	I,IV	**1 594**	2 272	2 272	I	544					
	II	**588**	2 272	2 272	II						
	III		2 924	2 272	III						
	V	**4 300**	2 272	2 272	IV	1 045	544	140			
	VI	**4 832**	2 272	2 272							
24 407,99	I,IV	**1 601**	2 276	2 276	I	550					
	II	**594**	2 276	2 276	II						
	III		2 928	2 276	III						
	V	**4 313**	2 276	2 276	IV	1 052	550	145			
	VI	**4 844**	2 276	2 276							
24 443,99	I,IV	**1 609**	2 279	2 279	I	556					
	II	**600**	2 279	2 279	II						
	III		2 933	2 279	III						
	V	**4 325**	2 279	2 279	IV	1 059	556	150			
	VI	**4 857**	2 279	2 279							
24 479,99	I,IV	**1 616**	2 282	2 282	I	562					
	II	**606**	2 282	2 282	II						
	III		2 937	2 282	III						
	V	**4 337**	2 282	2 282	IV	1 066	562	154			
	VI	**4 869**	2 282	2 282							
24 515,99	I,IV	**1 623**	2 286	2 286	I	568					
	II	**612**	2 286	2 286	II						
	III		2 941	2 286	III						
	V	**4 349**	2 286	2 286	IV	1 073	568	159			
	VI	**4 881**	2 286	2 286							
24 551,99	I,IV	**1 631**	2 289	2 289	I	574					
	II	**619**	2 289	2 289	II						
	III		2 946	2 289	III						
	V	**4 362**	2 289	2 289	IV	1 080	574	164			
	VI	**4 894**	2 289	2 289							
24 587,99	I,IV	**1 638**	2 292	2 292	I	580					
	II	**625**	2 292	2 292	II						
	III		2 950	2 292	III						
	V	**4 374**	2 292	2 292	IV	1 087	580	168			
	VI	**4 906**	2 292	2 292							
24 623,99	I,IV	**1 645**	2 296	2 296	I	586					
	II	**631**	2 296	2 296	II						
	III		2 954	2 296	III						
	V	**4 386**	2 296	2 296	IV	1 094	586	173			
	VI	**4 918**	2 296	2 296							

* Zur LSt-Berechnung für privat versicherte Arbeitnehmer s. Beispiele **Vorbemerkung S. 4 f.**
** Basisvorsorgepauschale KV und PV *** Typisierter Arbeitgeberzuschuss

Lohn/ Gehalt in € bis	Steuerklasse	Lohn-steuer*	BVSP**	TAGZ***	Steuerklasse	Bemessungsgrundlage für Kirchensteuer und Solidaritätszuschlag					
						Freibeträge für ... Kinder					
						0,5	**1,0**	1,5	**2,0**	2,5	**3,0**
24659,99	I,IV	**1653**	2299	2299	I	592					
	II	**637**	2299	2299	II						
	III		2959	2299	III						
	V	**4399**	2299	2299	IV	1102	592	178			
	VI	**4931**	2299	2299							
24695,99	I,IV	**1660**	2302	2302	I	598					
	II	**643**	2302	2302	II						
	III		2963	2302	III						
	V	**4411**	2302	2302	IV	1109	598	183			
	VI	**4943**	2302	2302							
24731,99	I,IV	**1667**	2306	2306	I	604					
	II	**649**	2306	2306	II						
	III		2967	2306	III						
	V	**4423**	2306	2306	IV	1116	604	187			
	VI	**4955**	2306	2306							
24767,99	I,IV	**1674**	2309	2309	I	610					
	II	**656**	2309	2309	II						
	III		2972	2309	III						
	V	**4435**	2309	2309	IV	1123	610	192			
	VI	**4967**	2309	2309							
24803,99	I,IV	**1682**	2312	2312	I	616					
	II	**662**	2312	2312	II						
	III		2976	2312	III						
	V	**4448**	2312	2312	IV	1130	616	197			
	VI	**4980**	2312	2312							
24839,99	I,IV	**1689**	2316	2316	I	622					
	II	**668**	2316	2316	II						
	III		2980	2316	III						
	V	**4460**	2316	2316	IV	1137	622	202			
	VI	**4992**	2316	2316							
24875,99	I,IV	**1696**	2319	2319	I	629					
	II	**674**	2319	2319	II						
	III		2985	2319	III						
	V	**4472**	2319	2319	IV	1144	629	207			
	VI	**5004**	2319	2319							
24911,99	I,IV	**1704**	2323	2323	I	635					
	II	**681**	2323	2323	II						
	III		2989	2323	III						
	V	**4485**	2323	2323	IV	1151	635	212			
	VI	**5017**	2323	2323							
24947,99	I,IV	**1711**	2326	2326	I	641					
	II	**687**	2326	2326	II						
	III		2993	2326	III						
	V	**4497**	2326	2326	IV	1158	641	217			
	VI	**5029**	2326	2326							
24983,99	I,IV	**1719**	2329	2329	I	647					
	II	**693**	2329	2329	II						
	III		2998	2329	III						
	V	**4509**	2329	2329	IV	1165	647	222			
	VI	**5041**	2329	2329							
25019,99	I,IV	**1726**	2333	2333	I	653					
	II	**700**	2333	2333	II						
	III		3000	2333	III						
	V	**4522**	2333	2333	IV	1173	653	227			
	VI	**5054**	2333	2333							
25055,99	I,IV	**1733**	2336	2336	I	660					
	II	**706**	2336	2336	II						
	III		3000	2336	III						
	V	**4534**	2336	2336	IV	1180	660	232			
	VI	**5066**	2336	2336							

* Zur LSt-Berechnung für privat versicherte Arbeitnehmer s. Beispiele **Vorbemerkung S. 4f.**
** Basisvorsorgepauschale KV und PV *** Typisierter Arbeitgeberzuschuss

Lohn/ Gehalt in € bis	Steuerklasse	Lohnsteuer*	BVSP**	TAGZ***	Steuerklasse	Bemessungsgrundlage für Kirchensteuer und Solidaritätszuschlag – Freibeträge für … Kinder 0,5	1,0	1,5	2,0	2,5	3,0
25 091,99	I,IV	**1 741**	2 339	2 339	I	666					
	II	**712**	2 339	2 339	II						
	III		3 000	2 339	III						
	V	**4 546**	2 339	2 339	IV	1 187	666	236			
	VI	**5 078**	2 339	2 339							
25 127,99	I,IV	**1 748**	2 343	2 343	I	672					
	II	**719**	2 343	2 343	II						
	III		3 000	2 343	III						
	V	**4 558**	2 343	2 343	IV	1 194	672	241			
	VI	**5 090**	2 343	2 343							
25 163,99	I,IV	**1 756**	2 346	2 346	I	678					
	II	**725**	2 346	2 346	II						
	III		3 000	2 346	III						
	V	**4 571**	2 346	2 346	IV	1 201	678	247			
	VI	**5 103**	2 346	2 346							
25 199,99	I,IV	**1 763**	2 349	2 349	I	685					
	II	**732**	2 349	2 349	II						
	III		3 000	2 349	III						
	V	**4 583**	2 349	2 349	IV	1 208	685	251			
	VI	**5 115**	2 349	2 349							
25 235,99	I,IV	**1 770**	2 353	2 353	I	691					
	II	**738**	2 353	2 353	II						
	III		3 000	2 353	III						
	V	**4 595**	2 353	2 353	IV	1 215	691	256			
	VI	**5 127**	2 353	2 353							
25 271,99	I,IV	**1 778**	2 356	2 356	I	697					
	II	**745**	2 356	2 356	II						
	III		3 000	2 356	III						
	V	**4 608**	2 356	2 356	IV	1 223	697	262			
	VI	**5 140**	2 356	2 356							
25 307,99	I,IV	**1 785**	2 359	2 359	I	704					
	II	**751**	2 359	2 359	II						
	III		3 000	2 359	III						
	V	**4 620**	2 359	2 359	IV	1 230	704	267			
	VI	**5 152**	2 359	2 359							
25 343,99	I,IV	**1 792**	2 363	2 363	I	710					
	II	**758**	2 363	2 363	II						
	III		3 000	2 363	III						
	V	**4 632**	2 363	2 363	IV	1 237	710	272			
	VI	**5 164**	2 363	2 363							
25 379,99	I,IV	**1 800**	2 366	2 366	I	716					
	II	**764**	2 366	2 366	II						
	III		3 000	2 366	III						
	V	**4 645**	2 366	2 366	IV	1 244	716	277			
	VI	**5 176**	2 366	2 366							
25 415,99	I,IV	**1 807**	2 370	2 370	I	723					
	II	**771**	2 370	2 370	II						
	III		3 000	2 370	III						
	V	**4 657**	2 370	2 370	IV	1 251	723	282			
	VI	**5 189**	2 370	2 370							
25 451,99	I,IV	**1 815**	2 373	2 373	I	729					
	II	**777**	2 373	2 373	II						
	III		3 000	2 373	III						
	V	**4 669**	2 373	2 373	IV	1 258	729	287			
	VI	**5 201**	2 373	2 373							
25 487,99	I,IV	**1 822**	2 376	2 376	I	736					
	II	**784**	2 376	2 376	II						
	III		3 000	2 376	III						
	V	**4 681**	2 376	2 376	IV	1 265	736	292			
	VI	**5 213**	2 376	2 376							

* Zur LSt-Berechnung für privat versicherte Arbeitnehmer s. Beispiele **Vorbemerkung S. 4 f.**
** Basisvorsorgepauschale KV und PV *** Typisierter Arbeitgeberzuschuss

Lohn/ Gehalt in € bis	Steuerklasse	Lohn-steuer*	BVSP**	TAGZ***	Steuerklasse	Bemessungsgrundlage für Kirchensteuer und Solidaritätszuschlag – Freibeträge für ... Kinder 0,5	1,0	1,5	2,0	2,5	3,0
25 523,99	I,IV	**1 830**	2 380	2 380	I	742					
	II	**790**	2 380	2 380	II						
	III		3 000	2 380	III						
	V	**4 694**	2 380	2 380	IV	1 273	742	297			
	VI	**5 226**	2 380	2 380							
25 559,99	I,IV	**1 837**	2 383	2 383	I	749					
	II	**797**	2 383	2 383	II						
	III		3 000	2 383	III						
	V	**4 706**	2 383	2 383	IV	1 280	749	303			
	VI	**5 238**	2 383	2 383							
25 595,99	I,IV	**1 844**	2 386	2 386	I	755					
	II	**803**	2 386	2 386	II						
	III		3 000	2 386	III						
	V	**4 718**	2 386	2 386	IV	1 287	755	308			
	VI	**5 250**	2 386	2 386							
25 631,99	I,IV	**1 852**	2 390	2 390	I	762					
	II	**810**	2 390	2 390	II						
	III		3 000	2 390	III						
	V	**4 731**	2 390	2 390	IV	1 294	762	313			
	VI	**5 263**	2 390	2 390							
25 667,99	I,IV	**1 859**	2 393	2 393	I	768					
	II	**817**	2 393	2 393	II						
	III		3 000	2 393	III						
	V	**4 743**	2 393	2 393	IV	1 301	768	318			
	VI	**5 275**	2 393	2 393							
25 703,99	I,IV	**1 867**	2 396	2 396	I	775					
	II	**823**	2 396	2 396	II						
	III		3 000	2 396	III						
	V	**4 755**	2 396	2 396	IV	1 308	775	324			
	VI	**5 287**	2 396	2 396							
25 739,99	I,IV	**1 874**	2 400	2 400	I	781					
	II	**830**	2 400	2 400	II	4					
	III		3 000	2 400	III						
	V	**4 768**	2 400	2 400	IV	1 315	781	329			
	VI	**5 299**	2 400	2 400							
25 775,99	I,IV	**1 882**	2 403	2 403	I	788					
	II	**837**	2 403	2 403	II	9					
	III		3 000	2 403	III						
	V	**4 780**	2 403	2 403	IV	1 323	788	334			
	VI	**5 312**	2 403	2 403							
25 811,99	I,IV	**1 889**	2 406	2 406	I	794					
	II	**844**	2 406	2 406	II	13					
	III		3 000	2 406	III						
	V	**4 792**	2 406	2 406	IV	1 330	794	339			
	VI	**5 324**	2 406	2 406							
25 847,99	I,IV	**1 896**	2 410	2 410	I	801					
	II	**850**	2 410	2 410	II	17					
	III		3 000	2 410	III						
	V	**4 805**	2 410	2 410	IV	1 337	801	345			
	VI	**5 336**	2 410	2 410							
25 883,99	I,IV	**1 904**	2 413	2 413	I	808					
	II	**857**	2 413	2 413	II	21					
	III		3 000	2 413	III						
	V	**4 817**	2 413	2 413	IV	1 344	808	350			
	VI	**5 349**	2 413	2 413							
25 919,99	I,IV	**1 911**	2 417	2 417	I	814					
	II	**864**	2 417	2 417	II	25					
	III		3 000	2 417	III						
	V	**4 829**	2 417	2 417	IV	1 352	814	355			
	VI	**5 361**	2 417	2 417							

* Zur LSt-Berechnung für privat versicherte Arbeitnehmer s. Beispiele **Vorbemerkung S. 4 f.**
** Basisvorsorgepauschale KV und PV *** Typisierter Arbeitgeberzuschuss

Lohn/ Gehalt in € bis	Steuerklasse	Lohn- steuer*	BVSP**	TAGZ***	Steuerklasse	Bemessungsgrundlage für Kirchensteuer und Solidaritätszuschlag					
						Freibeträge für ... Kinder					
						0,5	**1,0**	1,5	**2,0**	2,5	**3,0**
25 955,99	I,IV	**1 919**	2 420	2 420	I	821					
	II	**871**	2 420	2 420	II	29					
	III		3 000	2 420	III						
	V	**4 841**	2 420	2 420	IV	1 359	821	361			
	VI	**5 373**	2 420	2 420							
25 991,99	I,IV	**1 926**	2 423	2 423	I	828	3				
	II	**878**	2 423	2 423	II	34					
	III		3 000	2 423	III						
	V	**4 854**	2 423	2 423	IV	1 366	828	366	3		
	VI	**5 386**	2 423	2 423							
26 027,99	I,IV	**1 934**	2 427	2 427	I	834	7				
	II	**884**	2 427	2 427	II	38					
	III		3 000	2 427	III						
	V	**4 866**	2 427	2 427	IV	1 373	834	372	7		
	VI	**5 398**	2 427	2 427							
26 063,99	I,IV	**1 941**	2 430	2 430	I	841	11				
	II	**891**	2 430	2 430	II	42					
	III		3 000	2 430	III						
	V	**4 878**	2 430	2 430	IV	1 380	841	377	11		
	VI	**5 410**	2 430	2 430							
26 099,99	I,IV	**1 949**	2 433	2 433	I	848	15				
	II	**898**	2 433	2 433	II	46					
	III		3 000	2 433	III						
	V	**4 891**	2 433	2 433	IV	1 387	848	382	15		
	VI	**5 422**	2 433	2 433							
26 135,99	I,IV	**1 956**	2 437	2 437	I	855	19				
	II	**905**	2 437	2 437	II	51					
	III		3 000	2 437	III						
	V	**4 903**	2 437	2 437	IV	1 395	855	388	19		
	VI	**5 435**	2 437	2 437							
26 171,99	I,IV	**1 964**	2 440	2 440	I	861	24				
	II	**912**	2 440	2 440	II	55					
	III		3 000	2 440	III						
	V	**4 915**	2 440	2 440	IV	1 402	861	393	24		
	VI	**5 447**	2 440	2 440							
26 207,99	I,IV	**1 971**	2 443	2 443	I	868	28				
	II	**918**	2 443	2 443	II	59					
	III		3 000	2 443	III						
	V	**4 928**	2 443	2 443	IV	1 409	868	399	28		
	VI	**5 459**	2 443	2 443							
26 243,99	I,IV	**1 979**	2 447	2 447	I	875	32				
	II	**926**	2 447	2 447	II	64					
	III		3 000	2 447	III						
	V	**4 940**	2 447	2 447	IV	1 417	875	404	32		
	VI	**5 472**	2 447	2 447							
26 279,99	I,IV	**1 986**	2 450	2 450	I	882	36				
	II	**932**	2 450	2 450	II	68					
	III		3 000	2 450	III						
	V	**4 952**	2 450	2 450	IV	1 424	882	410	36		
	VI	**5 484**	2 450	2 450							
26 315,99	I,IV	**1 993**	2 453	2 453	I	888	40				
	II	**939**	2 453	2 453	II	72					
	III		3 000	2 453	III						
	V	**4 965**	2 453	2 453	IV	1 431	888	415	40		
	VI	**5 496**	2 453	2 453							
26 351,99	I,IV	**2 001**	2 457	2 457	I	895	45				
	II	**946**	2 457	2 457	II	77					
	III		3 000	2 457	III						
	V	**4 977**	2 457	2 457	IV	1 438	895	421	45		
	VI	**5 508**	2 457	2 457							

* Zur LSt-Berechnung für privat versicherte Arbeitnehmer s. Beispiele **Vorbemerkung S. 4 f.**
** Basisvorsorgepauschale KV und PV *** Typisierter Arbeitgeberzuschuss

Lohn/ Gehalt in € bis	Steuerklasse	Lohn- steuer*	BVSP**	TAGZ***	Steuerklasse	Bemessungsgrundlage für Kirchensteuer und Solidaritätszuschlag – Freibeträge für … Kinder 0,5	1,0	1,5	2,0	2,5	3,0
26387,99	I,IV	**2009**	2460	2460	I	902	49				
	II	**953**	2460	2460	II	81					
	III		3000	2460	III						
	V	**4989**	2460	2460	IV	1445	902	427	49		
	VI	**5521**	2460	2460							
26423,99	I,IV	**2016**	2464	2464	I	909	53				
	II	**960**	2464	2464	II	86					
	III		3000	2464	III						
	V	**5002**	2464	2464	IV	1453	909	432	53		
	VI	**5533**	2464	2464							
26459,99	I,IV	**2023**	2467	2467	I	916	58				
	II	**967**	2467	2467	II	90					
	III		3000	2467	III						
	V	**5014**	2467	2467	IV	1460	916	438	58		
	VI	**5545**	2467	2467							
26495,99	I,IV	**2031**	2470	2470	I	923	62				
	II	**974**	2470	2470	II	95					
	III		3000	2470	III						
	V	**5026**	2470	2470	IV	1467	923	443	62		
	VI	**5558**	2470	2470							
26531,99	I,IV	**2039**	2474	2474	I	930	66				
	II	**981**	2474	2474	II	99					
	III		3000	2474	III						
	V	**5038**	2474	2474	IV	1474	930	449	66		
	VI	**5570**	2474	2474							
26567,99	I,IV	**2046**	2477	2477	I	937	71				
	II	**988**	2477	2477	II	104					
	III		3000	2477	III						
	V	**5051**	2477	2477	IV	1482	937	455	71		
	VI	**5582**	2477	2477							
26603,99	I,IV	**2054**	2480	2480	I	944	75				
	II	**996**	2480	2480	II	108					
	III		3000	2480	III						
	V	**5063**	2480	2480	IV	1489	944	460	75		
	VI	**5595**	2480	2480							
26639,99	I,IV	**2061**	2484	2484	I	951	80				
	II	**1003**	2484	2484	II	113					
	III		3000	2484	III						
	V	**5075**	2484	2484	IV	1496	951	466	80		
	VI	**5607**	2484	2484							
26675,99	I,IV	**2069**	2487	2487	I	958	84				
	II	**1009**	2487	2487	II	117					
	III		3000	2487	III						
	V	**5088**	2487	2487	IV	1503	958	472	84		
	VI	**5619**	2487	2487							
26711,99	I,IV	**2076**	2490	2490	I	965	88				
	II	**1016**	2490	2490	II	122					
	III		3000	2490	III						
	V	**5100**	2490	2490	IV	1511	965	477	88		
	VI	**5632**	2490	2490							
26747,99	I,IV	**2084**	2494	2494	I	972	93				
	II	**1024**	2494	2494	II	126					
	III		3000	2494	III						
	V	**5112**	2494	2494	IV	1518	972	483	93		
	VI	**5644**	2494	2494							
26783,99	I,IV	**2091**	2497	2497	I	979	97				
	II	**1031**	2497	2497	II	131					
	III		3000	2497	III						
	V	**5125**	2497	2497	IV	1525	979	489	97		
	VI	**5656**	2497	2497							

* Zur LSt-Berechnung für privat versicherte Arbeitnehmer s. Beispiele **Vorbemerkung S. 4f.**
** Basisvorsorgepauschale KV und PV *** Typisierter Arbeitgeberzuschuss

Lohn/ Gehalt in € bis	Steuerklasse	Lohn-steuer*	BVSP**	TAGZ***	Steuerklasse	Bemessungsgrundlage für Kirchensteuer und Solidaritätszuschlag					
						Freibeträge für ... Kinder					
						0,5	1,0	1,5	2,0	2,5	3,0
26 819,99	I,IV	**2 099**	2 500	2 500	I	986	102				
	II	**1 038**	2 500	2 500	II	135					
	III		3 000	2 500	III						
	V	**5 137**	2 500	2 500	IV	1 532	986	495	102		
	VI	**5 668**	2 500	2 500							
26 855,99	I,IV	**2 106**	2 504	2 504	I	993	106				
	II	**1 045**	2 504	2 504	II	140					
	III		3 000	2 504	III						
	V	**5 149**	2 504	2 504	IV	1 540	993	501	106		
	VI	**5 681**	2 504	2 504							
26 891,99	I,IV	**2 114**	2 507	2 507	I	1 000	111				
	II	**1 052**	2 507	2 507	II	145					
	III		3 000	2 507	III						
	V	**5 162**	2 507	2 507	IV	1 547	1 000	506	111		
	VI	**5 693**	2 507	2 507							
26 927,99	I,IV	**2 121**	2 511	2 511	I	1 007	115				
	II	**1 059**	2 511	2 511	II	149					
	III		3 000	2 511	III						
	V	**5 174**	2 511	2 511	IV	1 554	1 007	512	115		
	VI	**5 705**	2 511	2 511							
26 963,99	I,IV	**2 129**	2 514	2 514	I	1 014	120				
	II	**1 066**	2 514	2 514	II	154					
	III		3 000	2 514	III						
	V	**5 186**	2 514	2 514	IV	1 562	1 014	518	120		
	VI	**5 718**	2 514	2 514							
26 999,99	I,IV	**2 136**	2 517	2 517	I	1 021	125				
	II	**1 073**	2 517	2 517	II	159					
	III		3 000	2 517	III						
	V	**5 198**	2 517	2 517	IV	1 569	1 021	524	125		
	VI	**5 730**	2 517	2 517							
27 035,99	I,IV	**2 144**	2 521	2 521	I	1 028	129				
	II	**1 080**	2 521	2 521	II	164					
	III		3 000	2 521	III						
	V	**5 211**	2 521	2 521	IV	1 576	1 028	530	129		
	VI	**5 742**	2 521	2 521							
27 071,99	I,IV	**2 151**	2 524	2 524	I	1 035	134				
	II	**1 087**	2 524	2 524	II	168					
	III		3 000	2 524	III						
	V	**5 223**	2 524	2 524	IV	1 584	1 035	536	134		
	VI	**5 755**	2 524	2 524							
27 107,99	I,IV	**2 159**	2 527	2 527	I	1 042	138				
	II	**1 094**	2 527	2 527	II	173					
	III		3 000	2 527	III						
	V	**5 235**	2 527	2 527	IV	1 591	1 042	542	138		
	VI	**5 767**	2 527	2 527							
27 143,99	I,IV	**2 167**	2 531	2 531	I	1 049	143				
	II	**1 101**	2 531	2 531	II	178					
	III		3 000	2 531	III						
	V	**5 248**	2 531	2 531	IV	1 598	1 049	548	143		
	VI	**5 779**	2 531	2 531							
27 179,99	I,IV	**2 174**	2 534	2 534	I	1 056	148				
	II	**1 108**	2 534	2 534	II	183					
	III		3 000	2 534	III						
	V	**5 260**	2 534	2 534	IV	1 606	1 056	553	148		
	VI	**5 792**	2 534	2 534							
27 215,99	I,IV	**2 182**	2 537	2 537	I	1 063	152				
	II	**1 116**	2 537	2 537	II	187					
	III		3 000	2 537	III						
	V	**5 272**	2 537	2 537	IV	1 613	1 063	560	152		
	VI	**5 804**	2 537	2 537							

* Zur LSt-Berechnung für privat versicherte Arbeitnehmer s. Beispiele **Vorbemerkung S. 4 f.**
** Basisvorsorgepauschale KV und PV *** Typisierter Arbeitgeberzuschuss

Lohn/ Gehalt in € bis	Steuerklasse	Lohn-steuer*	BVSP**	TAGZ***	Steuerklasse	Bemessungsgrundlage für Kirchensteuer und Solidaritätszuschlag – Freibeträge für ... Kinder 0,5	1,0	1,5	2,0	2,5	3,0
27 251,99	I,IV	**2 189**	2 541	2 541	I	1 070	157				
	II	**1 123**	2 541	2 541	II	192					
	III		3 000	2 541	III						
	V	**5 285**	2 541	2 541	IV	1 620	1 070	565	157		
	VI	**5 816**	2 541	2 541							
27 287,99	I,IV	**2 197**	2 544	2 544	I	1 077	162				
	II	**1 130**	2 544	2 544	II	197					
	III		3 000	2 544	III						
	V	**5 297**	2 544	2 544	IV	1 628	1 077	571	162		
	VI	**5 828**	2 544	2 544							
27 323,99	I,IV	**2 204**	2 547	2 547	I	1 084	166				
	II	**1 137**	2 547	2 547	II	202					
	III		3 000	2 547	III						
	V	**5 309**	2 547	2 547	IV	1 635	1 084	577	166		
	VI	**5 841**	2 547	2 547							
27 359,99	I,IV	**2 212**	2 551	2 551	I	1 092	171				
	II	**1 144**	2 551	2 551	II	207					
	III		3 000	2 551	III						
	V	**5 322**	2 551	2 551	IV	1 642	1 092	584	171		
	VI	**5 853**	2 551	2 551							
27 395,99	I,IV	**2 220**	2 554	2 554	I	1 099	176				
	II	**1 151**	2 554	2 554	II	212					
	III		3 000	2 554	III						
	V	**5 334**	2 554	2 554	IV	1 650	1 099	590	176		
	VI	**5 865**	2 554	2 554							
27 431,99	I,IV	**2 227**	2 558	2 558	I	1 106	181				
	II	**1 158**	2 558	2 558	II	217					
	III		3 000	2 558	III						
	V	**5 346**	2 558	2 558	IV	1 657	1 106	596	181		
	VI	**5 878**	2 558	2 558							
27 467,99	I,IV	**2 235**	2 561	2 561	I	1 113	186				
	II	**1 165**	2 561	2 561	II	222					
	III		3 000	2 561	III						
	V	**5 359**	2 561	2 561	IV	1 664	1 113	602	186		
	VI	**5 890**	2 561	2 561							
27 503,99	I,IV	**2 242**	2 564	2 564	I	1 120	190				
	II	**1 172**	2 564	2 564	II	226					
	III		3 000	2 564	III						
	V	**5 371**	2 564	2 564	IV	1 672	1 120	608	190		
	VI	**5 902**	2 564	2 564							
27 539,99	I,IV	**2 250**	2 568	2 568	I	1 127	195				
	II	**1 179**	2 568	2 568	II	231					
	III		3 000	2 568	III						
	V	**5 383**	2 568	2 568	IV	1 679	1 127	614	195		
	VI	**5 915**	2 568	2 568							
27 575,99	I,IV	**2 258**	2 571	2 571	I	1 134	200				
	II	**1 186**	2 571	2 571	II	236					
	III		3 000	2 571	III						
	V	**5 395**	2 571	2 571	IV	1 686	1 134	620	200		
	VI	**5 927**	2 571	2 571							
27 611,99	I,IV	**2 265**	2 574	2 574	I	1 141	205				
	II	**1 194**	2 574	2 574	II	241					
	III		3 000	2 574	III						
	V	**5 408**	2 574	2 574	IV	1 694	1 141	626	205		
	VI	**5 939**	2 574	2 574							
27 647,99	I,IV	**2 273**	2 578	2 578	I	1 148	210				
	II	**1 201**	2 578	2 578	II	246					
	III		3 000	2 578	III						
	V	**5 420**	2 578	2 578	IV	1 701	1 148	632	210		
	VI	**5 952**	2 578	2 578							

* Zur LSt-Berechnung für privat versicherte Arbeitnehmer s. Beispiele **Vorbemerkung S. 4 f.**
** Basisvorsorgepauschale KV und PV *** Typisierter Arbeitgeberzuschuss

Lohn/ Gehalt in € bis	Steuerklasse	Lohn-steuer*	BVSP**	TAGZ***	Steuerklasse	Bemessungsgrundlage für Kirchensteuer und Solidaritätszuschlag					
						Freibeträge für ... Kinder					
						0,5	**1,0**	1,5	**2,0**	2,5	**3,0**
27683,99	I,IV	**2280**	2581	2581	I	1155	215				
	II	**1208**	2581	2581	II	251					
	III		3000	2581	III						
	V	**5432**	2581	2581	IV	1708	1155	638	215		
	VI	**5964**	2581	2581							
27719,99	I,IV	**2288**	2584	2584	I	1163	220				
	II	**1215**	2584	2584	II	256					
	III		3000	2584	III						
	V	**5445**	2584	2584	IV	1716	1163	645	220		
	VI	**5976**	2584	2584							
27755,99	I,IV	**2296**	2588	2588	I	1170	225				
	II	**1222**	2588	2588	II	261					
	III		3000	2588	III						
	V	**5457**	2588	2588	IV	1723	1170	651	225		
	VI	**5986**	2588	2588							
27791,99	I,IV	**2303**	2591	2591	I	1177	230				
	II	**1229**	2591	2591	II	266					
	III		3000	2591	III						
	V	**5469**	2591	2591	IV	1730	1177	657	230		
	VI	**5998**	2591	2591							
27827,99	I,IV	**2311**	2594	2594	I	1184	235				
	II	**1237**	2594	2594	II	272					
	III		3000	2594	III						
	V	**5482**	2594	2594	IV	1738	1184	663	235		
	VI	**6006**	2594	2594							
27863,99	I,IV	**2319**	2598	2598	I	1191	240				
	II	**1244**	2598	2598	II	277					
	III		3000	2598	III						
	V	**5494**	2598	2598	IV	1745	1191	670	240		
	VI	**6018**	2598	2598							
27899,99	I,IV	**2326**	2601	2601	I	1198	244				
	II	**1251**	2601	2601	II	282					
	III		3000	2601	III						
	V	**5506**	2601	2601	IV	1753	1198	676	244		
	VI	**6028**	2601	2601							
27935,99	I,IV	**2334**	2605	2605	I	1205	249				
	II	**1258**	2605	2605	II	287					
	III		3000	2605	III						
	V	**5518**	2605	2605	IV	1760	1205	682	249		
	VI	**6038**	2605	2605							
27971,99	I,IV	**2342**	2608	2608	I	1213	255				
	II	**1265**	2608	2608	II	292					
	III		3000	2608	III						
	V	**5531**	2608	2608	IV	1767	1213	689	255		
	VI	**6048**	2608	2608							
28007,99	I,IV	**2349**	2611	2611	I	1220	260				
	II	**1272**	2611	2611	II	297					
	III		3000	2611	III						
	V	**5543**	2611	2611	IV	1775	1220	695	260		
	VI	**6060**	2611	2611							
28043,99	I,IV	**2357**	2615	2615	I	1227	265				
	II	**1279**	2615	2615	II	302					
	III		3000	2615	III						
	V	**5555**	2615	2615	IV	1782	1227	701	265		
	VI	**6068**	2615	2615							
28079,99	I,IV	**2365**	2618	2618	I	1234	270				
	II	**1287**	2618	2618	II	308					
	III		3000	2618	III						
	V	**5568**	2618	2618	IV	1790	1234	708	270		
	VI	**6080**	2618	2618							

* Zur LSt-Berechnung für privat versicherte Arbeitnehmer s. Beispiele **Vorbemerkung S. 4 f.**
** Basisvorsorgepauschale KV und PV *** Typisierter Arbeitgeberzuschuss

Lohn/ Gehalt in € bis	Steuerklasse	Lohn- steuer*	BVSP**	TAGZ***	Steuerklasse	Bemessungsgrundlage für Kirchensteuer und Solidaritätszuschlag – Freibeträge für ... Kinder 0,5	1,0	1,5	2,0	2,5	3,0
28115,99	I,IV	**2372**	2621	2621	I	1241	275				
	II	**1294**	2621	2621	II	313					
	III		3000	2621	III						
	V	**5580**	2621	2621	IV	1797	1241	714	275		
	VI	**6090**	2621	2621							
28151,99	I,IV	**2380**	2625	2625	I	1248	280				
	II	**1301**	2625	2625	II	318					
	III		3000	2625	III						
	V	**5592**	2625	2625	IV	1804	1248	720	280		
	VI	**6100**	2625	2625							
28187,99	I,IV	**2387**	2628	2628	I	1255	285				
	II	**1308**	2628	2628	II	323					
	III		3000	2628	III						
	V	**5604**	2628	2628	IV	1812	1255	727	285		
	VI	**6110**	2628	2628							
28223,99	I,IV	**2395**	2631	2631	I	1263	290				
	II	**1315**	2631	2631	II	329					
	III		3000	2631	III						
	V	**5617**	2631	2631	IV	1819	1263	733	290		
	VI	**6120**	2631	2631							
28259,99	I,IV	**2403**	2635	2635	I	1270	295				
	II	**1323**	2635	2635	II	334					
	III		3000	2635	III						
	V	**5629**	2635	2635	IV	1827	1270	740	295		
	VI	**6132**	2635	2635							
28295,99	I,IV	**2410**	2638	2638	I	1277	300				
	II	**1330**	2638	2638	II	339					
	III		3000	2638	III						
	V	**5641**	2638	2638	IV	1834	1277	746	300		
	VI	**6142**	2638	2638							
28331,99	I,IV	**2418**	2641	2641	I	1284	306				
	II	**1337**	2641	2641	II	345					
	III		3000	2641	III						
	V	**5654**	2641	2641	IV	1841	1284	753	306		
	VI	**6152**	2641	2641							
28367,99	I,IV	**2426**	2645	2645	I	1291	311				
	II	**1344**	2645	2645	II	350					
	III		3000	2645	III						
	V	**5666**	2645	2645	IV	1849	1291	759	311		
	VI	**6164**	2645	2645							
28403,99	I,IV	**2433**	2648	2648	I	1298	316				
	II	**1351**	2648	2648	II	355					
	III		3000	2648	III						
	V	**5678**	2648	2648	IV	1856	1298	766	316		
	VI	**6174**	2648	2648							
28439,99	I,IV	**2441**	2652	2652	I	1306	322				
	II	**1359**	2652	2652	II	361					
	III		3000	2652	III						
	V	**5691**	2652	2652	IV	1864	1306	772	322		
	VI	**6184**	2652	2652							
28475,99	I,IV	**2449**	2655	2655	I	1313	327				
	II	**1366**	2655	2655	II	366					
	III		3000	2655	III						
	V	**5703**	2655	2655	IV	1871	1313	779	327		
	VI	**6194**	2655	2655							
28511,99	I,IV	**2456**	2658	2658	I	1320	332				
	II	**1373**	2658	2658	II	371					
	III		3000	2658	III						
	V	**5715**	2658	2658	IV	1879	1320	785	332		
	VI	**6204**	2658	2658							

* Zur LSt-Berechnung für privat versicherte Arbeitnehmer s. Beispiele **Vorbemerkung S. 4 f.**
** Basisvorsorgepauschale KV und PV *** Typisierter Arbeitgeberzuschuss

Lohn/ Gehalt in € bis	Steuerklasse	Lohnsteuer*	BVSP**	TAGZ***	Steuerklasse	Bemessungsgrundlage für Kirchensteuer und Solidaritätszuschlag – Freibeträge für … Kinder 0,5	**1,0**	1,5	**2,0**	2,5	**3,0**
28547,99	I,IV	**2464**	2662	2662	I	1327	337				
	II	**1380**	2662	2662	II	377					
	III		3000	2662	III						
	V	**5727**	2662	2662	IV	1886	1327	792	337		
	VI	**6214**	2662	2662							
28583,99	I,IV	**2472**	2665	2665	I	1334	343				
	II	**1387**	2665	2665	II	382					
	III		3000	2665	III						
	V	**5740**	2665	2665	IV	1894	1334	799	343		
	VI	**6226**	2665	2665							
28619,99	I,IV	**2480**	2668	2668	I	1341	348				
	II	**1395**	2668	2668	II	388					
	III		3000	2668	III						
	V	**5752**	2668	2668	IV	1901	1341	805	348		
	VI	**6236**	2668	2668							
28655,99	I,IV	**2487**	2672	2672	I	1349	353				
	II	**1402**	2672	2672	II	393					
	III		3000	2672	III						
	V	**5764**	2672	2672	IV	1908	1349	812	353		
	VI	**6246**	2672	2672							
28691,99	I,IV	**2495**	2675	2675	I	1356	359				
	II	**1409**	2675	2675	II	399					
	III		3000	2675	III						
	V	**5777**	2675	2675	IV	1916	1356	818	359		
	VI	**6256**	2675	2675							
28727,99	I,IV	**2503**	2678	2678	I	1363	364				
	II	**1416**	2678	2678	II	404					
	III		3000	2678	III						
	V	**5789**	2678	2678	IV	1923	1363	825	364	1	
	VI	**6268**	2678	2678							
28763,99	I,IV	**2510**	2682	2682	I	1370	369				
	II	**1423**	2682	2682	II	410					
	III		3000	2682	III						
	V	**5801**	2682	2682	IV	1931	1370	832	369	5	
	VI	**6278**	2682	2682							
28799,99	I,IV	**2518**	2685	2685	I	1378	375				
	II	**1431**	2685	2685	II	415					
	III	**4**	3000	2685	III						
	V	**5814**	2685	2685	IV	1938	1378	839	375	9	
	VI	**6288**	2685	2685							
28835,99	I,IV	**2526**	2688	2688	I	1385	380				
	II	**1438**	2688	2688	II	421					
	III	**8**	3000	2688	III						
	V	**5826**	2688	2688	IV	1946	1385	845	380	14	
	VI	**6300**	2688	2688							
28871,99	I,IV	**2534**	2692	2692	I	1392	386				
	II	**1445**	2692	2692	II	426					
	III	**14**	3000	2692	III						
	V	**5838**	2692	2692	IV	1953	1392	852	386	18	
	VI	**6308**	2692	2692							
28907,99	I,IV	**2541**	2695	2695	I	1399	391				
	II	**1452**	2695	2695	II	432					
	III	**18**	3000	2695	III						
	V	**5850**	2695	2695	IV	1960	1399	859	391	22	
	VI	**6320**	2695	2695							
28943,99	I,IV	**2549**	2699	2699	I	1406	397				
	II	**1460**	2699	2699	II	438					
	III	**22**	3000	2699	III						
	V	**5863**	2699	2699	IV	1968	1406	865	397	26	
	VI	**6332**	2699	2699							

* Zur LSt-Berechnung für privat versicherte Arbeitnehmer s. Beispiele **Vorbemerkung S. 4 f.**

** Basisvorsorgepauschale KV und PV *** Typisierter Arbeitgeberzuschuss

Lohn/ Gehalt in € bis	Steuerklasse	Lohn-steuer*	BVSP**	TAGZ***	Steuerklasse	Bemessungsgrundlage für Kirchensteuer und Solidaritätszuschlag – Freibeträge für ... Kinder 0,5	1,0	1,5	2,0	2,5	3,0
28979,99	I,IV	**2557**	2702	2702	I	1414	402				
	II	**1467**	2702	2702	II	443					
	III	**28**	3000	2702	III						
	V	**5875**	2702	2702	IV	1976	1414	872	402	30	
	VI	**6340**	2702	2702							
29015,99	I,IV	**2564**	2705	2705	I	1421	408				
	II	**1474**	2705	2705	II	449					
	III	**32**	3000	2705	III						
	V	**5887**	2705	2705	IV	1983	1421	879	408	35	
	VI	**6352**	2705	2705							
29051,99	I,IV	**2572**	2709	2709	I	1428	413				
	II	**1482**	2709	2709	II	455					
	III	**36**	3000	2709	III						
	V	**5900**	2709	2709	IV	1991	1428	886	413	39	
	VI	**6362**	2709	2709							
29087,99	I,IV	**2580**	2712	2712	I	1435	419				
	II	**1489**	2712	2712	II	460					
	III	**42**	3000	2712	III						
	V	**5912**	2712	2712	IV	1998	1435	893	419	43	
	VI	**6372**	2712	2712							
29123,99	I,IV	**2588**	2715	2715	I	1442	424				
	II	**1496**	2715	2715	II	466					
	III	**46**	3000	2715	III						
	V	**5924**	2715	2715	IV	2005	1442	899	424	47	
	VI	**6384**	2715	2715							
29159,99	I,IV	**2595**	2719	2719	I	1450	430				
	II	**1503**	2719	2719	II	472					
	III	**50**	3000	2719	III						
	V	**5936**	2719	2719	IV	2013	1450	906	430	52	
	VI	**6394**	2719	2719							
29195,99	I,IV	**2603**	2722	2722	I	1457	436				
	II	**1511**	2722	2722	II	477					
	III	**56**	3000	2722	III						
	V	**5949**	2722	2722	IV	2021	1457	913	436	56	
	VI	**6406**	2722	2722							
29231,99	I,IV	**2611**	2725	2725	I	1464	441				
	II	**1518**	2725	2725	II	483					
	III	**60**	3000	2725	III						
	V	**5961**	2725	2725	IV	2028	1464	920	441	60	
	VI	**6414**	2725	2725							
29267,99	I,IV	**2619**	2729	2729	I	1471	447				
	II	**1525**	2729	2729	II	489					
	III	**64**	3000	2729	III						
	V	**5973**	2729	2729	IV	2035	1471	927	447	65	
	VI	**6426**	2729	2729							
29303,99	I,IV	**2627**	2732	2732	I	1479	453				
	II	**1532**	2732	2732	II	495					
	III	**70**	3000	2732	III						
	V	**5984**	2732	2732	IV	2043	1479	934	453	69	
	VI	**6436**	2732	2732							
29339,99	I,IV	**2634**	2735	2735	I	1486	458				
	II	**1540**	2735	2735	II	500					
	III	**74**	3000	2735	III						
	V	**5996**	2735	2735	IV	2051	1486	941	458	73	
	VI	**6446**	2735	2735							
29375,99	I,IV	**2642**	2739	2739	I	1493	464				
	II	**1547**	2739	2739	II	506					
	III	**78**	3000	2739	III						
	V	**6006**	2739	2739	IV	2058	1493	948	464	78	
	VI	**6458**	2739	2739							

* Zur LSt-Berechnung für privat versicherte Arbeitnehmer s. Beispiele **Vorbemerkung S. 4f.**
** Basisvorsorgepauschale KV und PV *** Typisierter Arbeitgeberzuschuss

Lohn/ Gehalt in € bis	Steuerklasse	Lohn-steuer*	BVSP**	TAGZ***	Steuerklasse	Bemessungsgrundlage für Kirchensteuer und Solidaritätszuschlag – Freibeträge für ... Kinder 0,5	**1,0**	1,5	**2,0**	2,5	**3,0**
29411,99	I,IV	**2650**	2742	2742	I	1501	470				
	II	**1554**	2742	2742	II	512					
	III	**84**	3000	2742	III						
	V	**6016**	2742	2742	IV	2066	1501	955	470	82	
	VI	**6468**	2742	2742							
29447,99	I,IV	**2658**	2746	2746	I	1508	475				
	II	**1562**	2746	2746	II	518					
	III	**88**	3000	2746	III						
	V	**6026**	2746	2746	IV	2073	1508	962	475	87	
	VI	**6480**	2746	2746							
29483,99	I,IV	**2665**	2749	2749	I	1515	481				
	II	**1569**	2749	2749	II	524					
	III	**94**	3000	2749	III						
	V	**6036**	2749	2749	IV	2081	1515	969	481	91	
	VI	**6488**	2749	2749							
29519,99	I,IV	**2673**	2752	2752	I	1522	487				
	II	**1576**	2752	2752	II	530					
	III	**98**	3000	2752	III						
	V	**6046**	2752	2752	IV	2088	1522	976	487	96	
	VI	**6500**	2752	2752							
29555,99	I,IV	**2681**	2756	2756	I	1530	493				
	II	**1584**	2756	2756	II	536					
	III	**102**	3000	2756	III						
	V	**6058**	2756	2756	IV	2096	1530	983	493	100	
	VI	**6510**	2756	2756							
29591,99	I,IV	**2689**	2759	2759	I	1537	498				
	II	**1591**	2759	2759	II	541					
	III	**108**	3000	2759	III						
	V	**6066**	2759	2759	IV	2103	1537	990	498	105	
	VI	**6522**	2759	2759							
29627,99	I,IV	**2696**	2762	2762	I	1544	504				
	II	**1598**	2762	2762	II	547					
	III	**112**	3000	2762	III						
	V	**6078**	2762	2762	IV	2111	1544	997	504	109	
	VI	**6532**	2762	2762							
29663,99	I,IV	**2704**	2766	2766	I	1552	510				
	II	**1606**	2766	2766	II	553					
	III	**118**	3000	2766	III						
	V	**6088**	2766	2766	IV	2118	1552	1004	510	114	
	VI	**6542**	2766	2766							
29699,99	I,IV	**2712**	2769	2769	I	1559	516				
	II	**1613**	2769	2769	II	559					
	III	**122**	3000	2769	III						
	V	**6098**	2769	2769	IV	2126	1559	1011	516	118	
	VI	**6554**	2769	2769							
29735,99	I,IV	**2720**	2772	2772	I	1566	522				
	II	**1620**	2772	2772	II	565					
	III	**126**	3000	2772	III						
	V	**6108**	2772	2772	IV	2133	1566	1018	522	123	
	VI	**6564**	2772	2772							
29771,99	I,IV	**2728**	2776	2776	I	1573	527				
	II	**1627**	2776	2776	II	571					
	III	**132**	3000	2776	III						
	V	**6120**	2776	2776	IV	2141	1573	1025	527	127	
	VI	**6574**	2776	2776							
29807,99	I,IV	**2736**	2779	2779	I	1581	533				
	II	**1635**	2779	2779	II	577					
	III	**136**	3000	2779	III						
	V	**6130**	2779	2779	IV	2149	1581	1032	533	132	
	VI	**6584**	2779	2779							

* Zur LSt-Berechnung für privat versicherte Arbeitnehmer s. Beispiele **Vorbemerkung S. 4 f.**
** Basisvorsorgepauschale KV und PV *** Typisierter Arbeitgeberzuschuss

Lohn/ Gehalt in € bis	Steuerklasse	Lohn-steuer*	BVSP**	TAGZ***	Steuerklasse	Bemessungsgrundlage für Kirchensteuer und Solidaritätszuschlag					
						Freibeträge für ... Kinder					
						0,5	**1,0**	1,5	**2,0**	2,5	**3,0**
29843,99	I,IV	**2743**	2782	2782	I	1588	539				
	II	**1642**	2782	2782	II	583					
	III	**142**	3000	2782	III						
	V	**6140**	2782	2782	IV	2156	1588	1039	539	137	
	VI	**6596**	2782	2782							
29879,99	I,IV	**2751**	2786	2786	I	1595	545				
	II	**1649**	2786	2786	II	589					
	III	**146**	3000	2786	III						
	V	**6150**	2786	2786	IV	2164	1595	1046	545	141	
	VI	**6606**	2786	2786							
29915,99	I,IV	**2759**	2789	2789	I	1603	551				
	II	**1657**	2789	2789	II	596					
	III	**152**	3000	2789	III						
	V	**6160**	2789	2789	IV	2171	1603	1054	551	146	
	VI	**6618**	2789	2789							
29951,99	I,IV	**2767**	2793	2793	I	1610	557				
	II	**1664**	2793	2793	II	602					
	III	**156**	3000	2793	III						
	V	**6172**	2793	2793	IV	2179	1610	1061	557	151	
	VI	**6628**	2793	2793							
29987,99	I,IV	**2775**	2796	2796	I	1617	563				
	II	**1671**	2796	2796	II	608					
	III	**162**	3000	2796	III						
	V	**6180**	2796	2796	IV	2186	1617	1068	563	155	
	VI	**6638**	2796	2796							
30023,99	I,IV	**2783**	2799	2799	I	1625	569				
	II	**1679**	2799	2799	II	614					
	III	**166**	3000	2799	III						
	V	**6192**	2799	2799	IV	2194	1625	1075	569	160	
	VI	**6648**	2799	2799							
30059,99	I,IV	**2790**	2803	2803	I	1632	575				
	II	**1686**	2803	2803	II	620					
	III	**172**	3000	2803	III						
	V	**6202**	2803	2803	IV	2202	1632	1082	575	165	
	VI	**6660**	2803	2803							
30095,99	I,IV	**2798**	2806	2806	I	1639	581				
	II	**1693**	2806	2806	II	626					
	III	**176**	3000	2806	III						
	V	**6212**	2806	2806	IV	2209	1639	1089	581	169	
	VI	**6672**	2806	2806							
30131,99	I,IV	**2806**	2809	2809	I	1647	587				
	II	**1701**	2809	2809	II	632					
	III	**182**	3000	2809	III						
	V	**6224**	2809	2809	IV	2217	1647	1096	587	174	
	VI	**6682**	2809	2809							
30167,99	I,IV	**2814**	2813	2813	I	1654	593				
	II	**1708**	2813	2813	II	638					
	III	**186**	3000	2813	III						
	V	**6234**	2813	2813	IV	2224	1654	1103	593	179	
	VI	**6694**	2813	2813							
30203,99	I,IV	**2822**	2816	2816	I	1661	599				
	II	**1716**	2816	2816	II	645					
	III	**192**	3000	2816	III						
	V	**6244**	2816	2816	IV	2232	1661	1110	599	184	
	VI	**6702**	2816	2816							
30239,99	I,IV	**2829**	2819	2819	I	1669	605				
	II	**1723**	2819	2819	II	651					
	III	**196**	3000	2819	III						
	V	**6256**	2819	2819	IV	2239	1669	1117	605	188	
	VI	**6714**	2819	2819							

* Zur LSt-Berechnung für privat versicherte Arbeitnehmer s. Beispiele **Vorbemerkung S. 4 f.**
** Basisvorsorgepauschale KV und PV *** Typisierter Arbeitgeberzuschuss

Lohn/ Gehalt in € bis	Steuerklasse	Lohn-steuer*	BVSP**	TAGZ***	Steuerklasse	Bemessungsgrundlage für Kirchensteuer und Solidaritätszuschlag – Freibeträge für ... Kinder 0,5	**1,0**	1,5	**2,0**	2,5	**3,0**
30 275,99	I,IV	**2 837**	2 823	2 823	I	1 676	612				
	II	**1 730**	2 823	2 823	II	657					
	III	**200**	3 000	2 823	III						
	V	**6 266**	2 823	2 823	IV	2 247	1 676	1 124	612	193	
	VI	**6 724**	2 823	2 823							
30 311,99	I,IV	**2 845**	2 826	2 826	I	1 683	618				
	II	**1 738**	2 826	2 826	II	663					
	III	**206**	3 000	2 826	III						
	V	**6 276**	2 826	2 826	IV	2 255	1 683	1 131	618	198	
	VI	**6 736**	2 826	2 826							
30 347,99	I,IV	**2 853**	2 829	2 829	I	1 691	624				
	II	**1 745**	2 829	2 829	II	669					
	III	**212**	3 000	2 829	III						
	V	**6 286**	2 829	2 829	IV	2 262	1 691	1 138	624	203	
	VI	**6 746**	2 829	2 829							
30 383,99	I,IV	**2 861**	2 833	2 833	I	1 698	630				
	II	**1 752**	2 833	2 833	II	676					
	III	**216**	3 000	2 833	III						
	V	**6 296**	2 833	2 833	IV	2 270	1 698	1 145	630	208	
	VI	**6 758**	2 833	2 833							
30 419,99	I,IV	**2 869**	2 836	2 836	I	1 705	636				
	II	**1 760**	2 836	2 836	II	682					
	III	**220**	3 000	2 836	III						
	V	**6 308**	2 836	2 836	IV	2 278	1 705	1 153	636	213	
	VI	**6 768**	2 836	2 836							
30 455,99	I,IV	**2 877**	2 840	2 840	I	1 713	642				
	II	**1 767**	2 840	2 840	II	688					
	III	**226**	3 000	2 840	III						
	V	**6 318**	2 840	2 840	IV	2 285	1 713	1 160	642	218	
	VI	**6 778**	2 840	2 840							
30 491,99	I,IV	**2 884**	2 843	2 843	I	1 720	648				
	II	**1 774**	2 843	2 843	II	695					
	III	**232**	3 000	2 843	III						
	V	**6 328**	2 843	2 843	IV	2 293	1 720	1 167	648	223	
	VI	**6 788**	2 843	2 843							
30 527,99	I,IV	**2 893**	2 846	2 846	I	1 728	655				
	II	**1 782**	2 846	2 846	II	701					
	III	**236**	3 000	2 846	III						
	V	**6 338**	2 846	2 846	IV	2 300	1 728	1 174	655	228	
	VI	**6 800**	2 846	2 846							
30 563,99	I,IV	**2 900**	2 850	2 850	I	1 735	661				
	II	**1 789**	2 850	2 850	II	707					
	III	**242**	3 000	2 850	III						
	V	**6 350**	2 850	2 850	IV	2 308	1 735	1 181	661	233	
	VI	**6 810**	2 850	2 850							
30 599,99	I,IV	**2 908**	2 853	2 853	I	1 742	667				
	II	**1 797**	2 853	2 853	II	714					
	III	**246**	3 000	2 853	III						
	V	**6 360**	2 853	2 853	IV	2 316	1 742	1 188	667	237	
	VI	**6 822**	2 853	2 853							
30 635,99	I,IV	**2 916**	2 856	2 856	I	1 750	674				
	II	**1 804**	2 856	2 856	II	720					
	III	**252**	3 000	2 856	III						
	V	**6 370**	2 856	2 856	IV	2 323	1 750	1 195	674	243	
	VI	**6 832**	2 856	2 856							
30 671,99	I,IV	**2 924**	2 860	2 860	I	1 757	680				
	II	**1 812**	2 860	2 860	II	727					
	III	**256**	3 000	2 860	III						
	V	**6 382**	2 860	2 860	IV	2 331	1 757	1 203	680	248	
	VI	**6 844**	2 860	2 860							

* Zur LSt-Berechnung für privat versicherte Arbeitnehmer s. Beispiele **Vorbemerkung S. 4 f.**

** Basisvorsorgepauschale KV und PV *** Typisierter Arbeitgeberzuschuss

Lohn/ Gehalt in € bis	Steuerklasse	Lohn-steuer*	BVSP**	TAGZ***	Steuerklasse	Bemessungsgrundlage für Kirchensteuer und Solidaritätszuschlag – Freibeträge für ... Kinder 0,5	1,0	1,5	2,0	2,5	3,0
30 707,99	I,IV	**2 932**	2 863	2 863	I	1 764	686				
	II	**1 819**	2 863	2 863	II	733					
	III	**262**	3 000	2 863	III						
	V	**6 390**	2 863	2 863	IV	2 338	1 764	1 210	686	253	
	VI	**6 854**	2 863	2 863							
30 743,99	I,IV	**2 940**	2 866	2 866	I	1 772	692				
	II	**1 826**	2 866	2 866	II	739					
	III	**266**	3 000	2 866	III						
	V	**6 402**	2 866	2 866	IV	2 346	1 772	1 217	692	258	
	VI	**6 866**	2 866	2 866							
30 779,99	I,IV	**2 948**	2 870	2 870	I	1 779	699				
	II	**1 834**	2 870	2 870	II	746					
	III	**272**	3 000	2 870	III						
	V	**6 412**	2 870	2 870	IV	2 354	1 779	1 224	699	263	
	VI	**6 876**	2 870	2 870							
30 815,99	I,IV	**2 956**	2 873	2 873	I	1 787	705				
	II	**1 841**	2 873	2 873	II	752					
	III	**278**	3 000	2 873	III						
	V	**6 424**	2 873	2 873	IV	2 361	1 787	1 231	705	268	
	VI	**6 888**	2 873	2 873							
30 851,99	I,IV	**2 963**	2 876	2 876	I	1 794	711				
	II	**1 849**	2 876	2 876	II	759					
	III	**282**	3 000	2 876	III						
	V	**6 434**	2 876	2 876	IV	2 369	1 794	1 238	711	273	
	VI	**6 896**	2 876	2 876							
30 887,99	I,IV	**2 971**	2 880	2 880	I	1 802	718				
	II	**1 856**	2 880	2 880	II	766					
	III	**288**	3 000	2 880	III						
	V	**6 444**	2 880	2 880	IV	2 377	1 802	1 245	718	278	
	VI	**6 910**	2 880	2 880							
30 923,99	I,IV	**2 979**	2 883	2 883	I	1 809	724				
	II	**1 864**	2 883	2 883	II	772					
	III	**292**	3 000	2 883	III						
	V	**6 456**	2 883	2 883	IV	2 384	1 809	1 253	724	283	
	VI	**6 920**	2 883	2 883							
30 959,99	I,IV	**2 987**	2 887	2 887	I	1 816	731				
	II	**1 871**	2 887	2 887	II	779					
	III	**298**	3 000	2 887	III						
	V	**6 464**	2 887	2 887	IV	2 392	1 816	1 260	731	288	
	VI	**6 930**	2 887	2 887							
30 995,99	I,IV	**2 995**	2 890	2 890	I	1 824	737				
	II	**1 879**	2 890	2 890	II	785					
	III	**304**	3 000	2 890	III						
	V	**6 476**	2 890	2 890	IV	2 400	1 824	1 267	737	293	
	VI	**6 942**	2 890	2 890							
31 031,99	I,IV	**3 003**	2 893	2 893	I	1 831	744				
	II	**1 886**	2 893	2 893	II	792					
	III	**308**	3 000	2 893	III						
	V	**6 486**	2 893	2 893	IV	2 407	1 831	1 274	744	299	
	VI	**6 952**	2 893	2 893							
31 067,99	I,IV	**3 011**	2 897	2 897	I	1 838	750				
	II	**1 893**	2 897	2 897	II	798					
	III	**314**	3 000	2 897	III						
	V	**6 498**	2 897	2 897	IV	2 415	1 838	1 281	750	304	
	VI	**6 962**	2 897	2 897							
31 103,99	I,IV	**3 019**	2 900	2 900	I	1 846	756				
	II	**1 901**	2 900	2 900	II	805					
	III	**320**	3 000	2 900	III						
	V	**6 508**	2 900	2 900	IV	2 423	1 846	1 288	756	309	
	VI	**6 974**	2 900	2 900							

* Zur LSt-Berechnung für privat versicherte Arbeitnehmer s. Beispiele **Vorbemerkung S. 4 f.**
** Basisvorsorgepauschale KV und PV *** Typisierter Arbeitgeberzuschuss

Lohn/ Gehalt in € bis	Steuerklasse	Lohn- steuer*	BVSP**	TAGZ***	Steuerklasse	Bemessungsgrundlage für Kirchensteuer und Solidaritätszuschlag – Freibeträge für ... Kinder 0,5	1,0	1,5	2,0	2,5	3,0
31 139,99	I,IV	**3027**	2903	2903	I	1853	763				
	II	**1908**	2903	2903	II	812					
	III	**324**	3000	2903	III						
	V	**6518**	2903	2903	IV	2431	1853	1296	763	314	
	VI	**6984**	2903	2903							
31 175,99	I,IV	**3035**	2907	2907	I	1861	770				
	II	**1916**	2907	2907	II	818					
	III	**330**	3000	2907	III						
	V	**6530**	2907	2907	IV	2438	1861	1303	770	319	
	VI	**6996**	2907	2907							
31 211,99	I,IV	**3043**	2910	2910	I	1868	776				
	II	**1923**	2910	2910	II	825	1				
	III	**334**	3000	2910	III						
	V	**6540**	2910	2910	IV	2446	1868	1310	776	325	
	VI	**7006**	2910	2910							
31 247,99	I,IV	**3051**	2913	2913	I	1876	783				
	II	**1931**	2913	2913	II	832	5				
	III	**340**	3000	2913	III						
	V	**6552**	2913	2913	IV	2454	1876	1317	783	330	
	VI	**7018**	2913	2913							
31 283,99	I,IV	**3059**	2917	2917	I	1883	789				
	II	**1938**	2917	2917	II	838	9				
	III	**346**	3000	2917	III						
	V	**6560**	2917	2917	IV	2461	1883	1324	789	335	
	VI	**7028**	2917	2917							
31 319,99	I,IV	**3066**	2920	2920	I	1890	796				
	II	**1945**	2920	2920	II	845	13				
	III	**350**	3000	2920	III						
	V	**6572**	2920	2920	IV	2469	1890	1331	796	340	
	VI	**7040**	2920	2920							
31 355,99	I,IV	**3074**	2923	2923	I	1898	802				
	II	**1953**	2923	2923	II	852	18				
	III	**356**	3000	2923	III						
	V	**6584**	2923	2923	IV	2476	1898	1339	802	346	
	VI	**7050**	2923	2923							
31 391,99	I,IV	**3083**	2927	2927	I	1905	809				
	II	**1960**	2927	2927	II	859	22				
	III	**362**	3000	2927	III						
	V	**6594**	2927	2927	IV	2484	1905	1346	809	351	
	VI	**7062**	2927	2927							
31 427,99	I,IV	**3090**	2930	2930	I	1913	816				
	II	**1968**	2930	2930	II	865	26				
	III	**366**	3000	2930	III						
	V	**6606**	2930	2930	IV	2492	1913	1353	816	357	
	VI	**7072**	2930	2930							
31 463,99	I,IV	**3098**	2934	2934	I	1920	822				
	II	**1975**	2934	2934	II	872	30				
	III	**372**	3000	2934	III						
	V	**6614**	2934	2934	IV	2500	1920	1360	822	362	
	VI	**7084**	2934	2934							
31 499,99	I,IV	**3106**	2937	2937	I	1928	829	4			
	II	**1983**	2937	2937	II	879	35				
	III	**378**	3000	2937	III						
	V	**6626**	2937	2937	IV	2507	1928	1368	829	367	4
	VI	**7096**	2937	2937							
31 535,99	I,IV	**3114**	2940	2940	I	1935	836	8			
	II	**1990**	2940	2940	II	886	39				
	III	**382**	3000	2940	III						
	V	**6636**	2940	2940	IV	2515	1935	1375	836	373	8
	VI	**7106**	2940	2940							

* Zur LSt-Berechnung für privat versicherte Arbeitnehmer s. Beispiele **Vorbemerkung S. 4 f.**
** Basisvorsorgepauschale KV und PV *** Typisierter Arbeitgeberzuschuss

Lohn/ Gehalt in € bis	Steuerklasse	Lohn-steuer*	BVSP**	TAGZ***	Steuerklasse	Bemessungsgrundlage für Kirchensteuer und Solidaritätszuschlag — Freibeträge für ... Kinder 0,5	1,0	1,5	2,0	2,5	3,0
31 571,99	I,IV	**3 122**	2 944	2 944	I	1 943	842	12			
	II	**1 998**	2 944	2 944	II	892	43				
	III	**388**	3 000	2 944	III						
	V	**6 648**	2 944	2 944	IV	2 523	1 943	1 382	842	378	12
	VI	**7 116**	2 944	2 944							
31 607,99	I,IV	**3 130**	2 947	2 947	I	1 950	849	16			
	II	**2 005**	2 947	2 947	II	899	47				
	III	**394**	3 000	2 947	III						
	V	**6 658**	2 947	2 947	IV	2 531	1 950	1 389	849	384	16
	VI	**7 128**	2 947	2 947							
31 643,99	I,IV	**3 138**	2 950	2 950	I	1 958	856	20			
	II	**2 013**	2 950	2 950	II	906	52				
	III	**400**	3 000	2 950	III						
	V	**6 670**	2 950	2 950	IV	2 538	1 958	1 396	856	389	20
	VI	**7 140**	2 950	2 950							
31 679,99	I,IV	**3 146**	2 954	2 954	I	1 965	863	24			
	II	**2 020**	2 954	2 954	II	913	56				
	III	**404**	3 000	2 954	III						
	V	**6 678**	2 954	2 954	IV	2 546	1 965	1 403	863	395	24
	VI	**7 150**	2 954	2 954							
31 715,99	I,IV	**3 154**	2 957	2 957	I	1 972	869	29			
	II	**2 028**	2 957	2 957	II	920	60				
	III	**410**	3 000	2 957	III						
	V	**6 690**	2 957	2 957	IV	2 554	1 972	1 411	869	400	29
	VI	**7 162**	2 957	2 957							
31 751,99	I,IV	**3 162**	2 960	2 960	I	1 980	876	33			
	II	**2 035**	2 960	2 960	II	927	65				
	III	**416**	3 000	2 960	III						
	V	**6 700**	2 960	2 960	IV	2 562	1 980	1 418	876	406	33
	VI	**7 172**	2 960	2 960							
31 787,99	I,IV	**3 170**	2 964	2 964	I	1 988	883	37			
	II	**2 043**	2 964	2 964	II	934	69				
	III	**420**	3 000	2 964	III						
	V	**6 712**	2 964	2 964	IV	2 569	1 988	1 425	883	411	37
	VI	**7 184**	2 964	2 964							
31 823,99	I,IV	**3 178**	2 967	2 967	I	1 995	890	41			
	II	**2 050**	2 967	2 967	II	941	73				
	III	**426**	3 000	2 967	III						
	V	**6 722**	2 967	2 967	IV	2 577	1 995	1 432	890	417	41
	VI	**7 194**	2 967	2 967							
31 859,99	I,IV	**3 186**	2 970	2 970	I	2 003	897	46			
	II	**2 058**	2 970	2 970	II	948	78				
	III	**432**	3 000	2 970	III						
	V	**6 734**	2 970	2 970	IV	2 585	2 003	1 440	897	422	46
	VI	**7 204**	2 970	2 970							
31 895,99	I,IV	**3 194**	2 974	2 974	I	2 010	904	50			
	II	**2 065**	2 974	2 974	II	955	82				
	III	**438**	3 000	2 974	III						
	V	**6 744**	2 974	2 974	IV	2 592	2 010	1 447	904	428	50
	VI	**7 216**	2 974	2 974							
31 931,99	I,IV	**3 202**	2 977	2 977	I	2 017	910	54			
	II	**2 073**	2 977	2 977	II	962	87				
	III	**442**	3 000	2 977	III						
	V	**6 754**	2 977	2 977	IV	2 600	2 017	1 454	910	433	54
	VI	**7 226**	2 977	2 977							
31 967,99	I,IV	**3 210**	2 981	2 981	I	2 025	917	59			
	II	**2 080**	2 981	2 981	II	969	91				
	III	**448**	3 000	2 981	III						
	V	**6 766**	2 981	2 981	IV	2 608	2 025	1 461	917	439	59
	VI	**7 238**	2 981	2 981							

* Zur LSt-Berechnung für privat versicherte Arbeitnehmer s. Beispiele **Vorbemerkung S. 4 f.**
** Basisvorsorgepauschale KV und PV *** Typisierter Arbeitgeberzuschuss

Lohn/ Gehalt in € bis	Steuerklasse	Lohn-steuer*	BVSP**	TAGZ***	Steuerklasse	Bemessungsgrundlage für Kirchensteuer und Solidaritätszuschlag					
						Freibeträge für ... Kinder					
						0,5	**1,0**	1,5	**2,0**	2,5	**3,0**
32 003,99	I,IV	**3 218**	2 984	2 984	I	2 033	924	63			
	II	**2 088**	2 984	2 984	II	976	96				
	III	**454**	3 000	2 984	III						
	V	**6 776**	2 984	2 984	IV	2 616	2 033	1 469	924	445	63
	VI	**7 250**	2 984	2 984							
32 039,99	I,IV	**3 226**	2 987	2 987	I	2 040	931	67			
	II	**2 096**	2 987	2 987	II	983	100				
	III	**460**	3 000	2 987	III						
	V	**6 788**	2 987	2 987	IV	2 623	2 040	1 476	931	450	67
	VI	**7 262**	2 987	2 987							
32 075,99	I,IV	**3 234**	2 991	2 991	I	2 047	938	72			
	II	**2 103**	2 991	2 991	II	990	104				
	III	**464**	3 000	2 991	III						
	V	**6 798**	2 991	2 991	IV	2 631	2 047	1 483	938	456	72
	VI	**7 272**	2 991	2 991							
32 111,99	I,IV	**3 242**	2 994	2 994	I	2 055	945	76			
	II	**2 111**	2 994	2 994	II	997	109				
	III	**470**	3 000	2 994	III						
	V	**6 808**	2 994	2 994	IV	2 639	2 055	1 491	945	462	76
	VI	**7 282**	2 994	2 994							
32 147,99	I,IV	**3 250**	2 997	2 997	I	2 063	952	81			
	II	**2 118**	2 997	2 997	II	1 004	114				
	III	**476**	3 000	2 997	III						
	V	**6 820**	2 997	2 997	IV	2 647	2 063	1 498	952	467	81
	VI	**7 294**	2 997	2 997							
32 183,99	I,IV	**3 258**	3 001	3 001	I	2 070	959	85			
	II	**2 126**	3 001	3 001	II	1 011	118				
	III	**482**	3 001	3 001	III						
	V	**6 832**	3 001	3 001	IV	2 654	2 070	1 505	959	473	85
	VI	**7 304**	3 001	3 001							
32 219,99	I,IV	**3 266**	3 004	3 004	I	2 078	966	89			
	II	**2 133**	3 004	3 004	II	1 018	123				
	III	**486**	3 004	3 004	III						
	V	**6 842**	3 004	3 004	IV	2 662	2 078	1 512	966	479	89
	VI	**7 316**	3 004	3 004							
32 255,99	I,IV	**3 274**	3 007	3 007	I	2 085	973	94			
	II	**2 141**	3 007	3 007	II	1 025	127				
	III	**490**	3 007	3 007	III						
	V	**6 854**	3 007	3 007	IV	2 670	2 085	1 520	973	485	94
	VI	**7 328**	3 007	3 007							
32 291,99	I,IV	**3 282**	3 011	3 011	I	2 093	980	98			
	II	**2 148**	3 011	3 011	II	1 032	132				
	III	**496**	3 011	3 011	III						
	V	**6 862**	3 011	3 011	IV	2 678	2 093	1 527	980	490	98
	VI	**7 340**	3 011	3 011							
32 327,99	I,IV	**3 290**	3 014	3 014	I	2 100	987	103			
	II	**2 156**	3 014	3 014	II	1 039	136				
	III	**500**	3 014	3 014	III						
	V	**6 874**	3 014	3 014	IV	2 686	2 100	1 534	987	496	103
	VI	**7 350**	3 014	3 014							
32 363,99	I,IV	**3 299**	3 017	3 017	I	2 108	994	107			
	II	**2 164**	3 017	3 017	II	1 046	141				
	III	**506**	3 017	3 017	III						
	V	**6 884**	3 017	3 017	IV	2 694	2 108	1 541	994	502	107
	VI	**7 360**	3 017	3 017							
32 399,99	I,IV	**3 307**	3 021	3 021	I	2 115	1 001	112			
	II	**2 171**	3 021	3 021	II	1 053	146				
	III	**512**	3 021	3 021	III						
	V	**6 896**	3 021	3 021	IV	2 701	2 115	1 549	1 001	508	112
	VI	**7 372**	3 021	3 021							

* Zur LSt-Berechnung für privat versicherte Arbeitnehmer s. Beispiele **Vorbemerkung S. 4 f.**
** Basisvorsorgepauschale KV und PV *** Typisierter Arbeitgeberzuschuss

Lohn/ Gehalt in € bis	Steuerklasse	Lohnsteuer*	BVSP**	TAGZ***	Steuerklasse	Bemessungsgrundlage für Kirchensteuer und Solidaritätszuschlag – Freibeträge für ... Kinder 0,5	1,0	1,5	2,0	2,5	3,0
32435,99	I,IV	**3314**	3024	3024	I	2123	1008	116			
	II	**2179**	3024	3024	II	1060	150				
	III	**516**	3024	3024	III						
	V	**6906**	3024	3024	IV	2709	2123	1556	1008	513	116
	VI	**7382**	3024	3024							
32471,99	I,IV	**3323**	3028	3028	I	2131	1015	121			
	II	**2186**	3028	3028	II	1068	155				
	III	**522**	3028	3028	III						
	V	**6916**	3028	3028	IV	2717	2131	1563	1015	519	121
	VI	**7396**	3028	3028							
32507,99	I,IV	**3331**	3031	3031	I	2138	1022	126			
	II	**2194**	3031	3031	II	1075	160				
	III	**526**	3031	3031	III						
	V	**6928**	3031	3031	IV	2725	2138	1571	1022	525	126
	VI	**7406**	3031	3031							
32543,99	I,IV	**3339**	3034	3034	I	2145	1029	130			
	II	**2201**	3034	3034	II	1082	165				
	III	**532**	3034	3034	III						
	V	**6940**	3034	3034	IV	2732	2145	1578	1029	531	130
	VI	**7418**	3034	3034							
32579,99	I,IV	**3347**	3038	3038	I	2153	1036	135			
	II	**2209**	3038	3038	II	1089	169				
	III	**536**	3038	3038	III						
	V	**6950**	3038	3038	IV	2740	2153	1585	1036	537	135
	VI	**7428**	3038	3038							
32615,99	I,IV	**3355**	3041	3041	I	2161	1044	139			
	II	**2217**	3041	3041	II	1096	174				
	III	**542**	3041	3041	III						
	V	**6960**	3041	3041	IV	2748	2161	1593	1044	543	139
	VI	**7438**	3041	3041							
32651,99	I,IV	**3363**	3044	3044	I	2168	1051	144			
	II	**2224**	3044	3044	II	1103	179				
	III	**546**	3044	3044	III						
	V	**6972**	3044	3044	IV	2756	2168	1600	1051	549	144
	VI	**7450**	3044	3044							
32687,99	I,IV	**3371**	3048	3048	I	2176	1058	149			
	II	**2232**	3048	3048	II	1110	184				
	III	**552**	3048	3048	III						
	V	**6984**	3048	3048	IV	2764	2176	1607	1058	555	149
	VI	**7460**	3048	3048							
32723,99	I,IV	**3379**	3051	3051	I	2183	1065	153			
	II	**2239**	3051	3051	II	1117	188				
	III	**558**	3051	3051	III						
	V	**6994**	3051	3051	IV	2772	2183	1615	1065	561	153
	VI	**7472**	3051	3051							
32759,99	I,IV	**3387**	3054	3054	I	2191	1072	158			
	II	**2247**	3054	3054	II	1124	193				
	III	**562**	3054	3054	III						
	V	**7004**	3054	3054	IV	2779	2191	1622	1072	567	158
	VI	**7484**	3054	3054							
32795,99	I,IV	**3395**	3058	3058	I	2198	1079	163			
	II	**2254**	3058	3058	II	1131	198				
	III	**568**	3058	3058	III						
	V	**7016**	3058	3058	IV	2787	2198	1629	1079	573	163
	VI	**7494**	3058	3058							
32831,99	I,IV	**3403**	3061	3061	I	2206	1086	168			
	II	**2262**	3061	3061	II	1138	203				
	III	**572**	3061	3061	III						
	V	**7026**	3061	3061	IV	2795	2206	1637	1086	579	168
	VI	**7508**	3061	3061							

* Zur LSt-Berechnung für privat versicherte Arbeitnehmer s. Beispiele **Vorbemerkung S. 4f.**
** Basisvorsorgepauschale KV und PV *** Typisierter Arbeitgeberzuschuss

Lohn/ Gehalt in € bis	Steuerklasse	Lohnsteuer*	BVSP**	TAGZ***	Steuerklasse	Bemessungsgrundlage für Kirchensteuer und Solidaritätszuschlag – Freibeträge für ... Kinder 0,5	1,0	1,5	2,0	2,5	3,0
32 867,99	I,IV	**3 411**	3 064	3 064	I	2 214	1 093	172			
	II	**2 270**	3 064	3 064	II	1 145	208				
	III	**578**	3 064	3 064	III						
	V	**7 038**	3 064	3 064	IV	2 803	2 214	1 644	1 093	585	172
	VI	**7 518**	3 064	3 064							
32 903,99	I,IV	**3 419**	3 068	3 068	I	2 221	1 100	177			
	II	**2 277**	3 068	3 068	II	1 152	213				
	III	**582**	3 068	3 068	III						
	V	**7 048**	3 068	3 068	IV	2 811	2 221	1 651	1 100	591	177
	VI	**7 530**	3 068	3 068							
32 939,99	I,IV	**3 427**	3 071	3 071	I	2 229	1 107	182			
	II	**2 285**	3 071	3 071	II	1 160	218				
	III	**588**	3 071	3 071	III						
	V	**7 060**	3 071	3 071	IV	2 818	2 229	1 658	1 107	597	182
	VI	**7 540**	3 071	3 071							
32 975,99	I,IV	**3 436**	3 075	3 075	I	2 237	1 114	187			
	II	**2 293**	3 075	3 075	II	1 167	223				
	III	**592**	3 075	3 075	III						
	V	**7 070**	3 075	3 075	IV	2 827	2 237	1 666	1 114	603	187
	VI	**7 552**	3 075	3 075							
33 011,99	I,IV	**3 444**	3 078	3 078	I	2 244	1 121	191			
	II	**2 300**	3 078	3 078	II	1 174	227				
	III	**598**	3 078	3 078	III						
	V	**7 082**	3 078	3 078	IV	2 834	2 244	1 673	1 121	609	191
	VI	**7 564**	3 078	3 078							
33 047,99	I,IV	**3 452**	3 081	3 081	I	2 252	1 128	196			
	II	**2 308**	3 081	3 081	II	1 181	232				
	III	**604**	3 081	3 081	III						
	V	**7 092**	3 081	3 081	IV	2 842	2 252	1 680	1 128	615	196
	VI	**7 574**	3 081	3 081							
33 083,99	I,IV	**3 460**	3 085	3 085	I	2 259	1 136	201			
	II	**2 316**	3 085	3 085	II	1 188	237				
	III	**608**	3 085	3 085	III						
	V	**7 104**	3 085	3 085	IV	2 850	2 259	1 688	1 136	621	201
	VI	**7 584**	3 085	3 085							
33 119,99	I,IV	**3 468**	3 088	3 088	I	2 267	1 143	206			
	II	**2 323**	3 088	3 088	II	1 195	242				
	III	**614**	3 088	3 088	III						
	V	**7 114**	3 088	3 088	IV	2 858	2 267	1 695	1 143	627	206
	VI	**7 598**	3 088	3 088							
33 155,99	I,IV	**3 476**	3 091	3 091	I	2 274	1 150	211			
	II	**2 331**	3 091	3 091	II	1 202	247				
	III	**618**	3 091	3 091	III						
	V	**7 126**	3 091	3 091	IV	2 866	2 274	1 702	1 150	634	211
	VI	**7 608**	3 091	3 091							
33 191,99	I,IV	**3 485**	3 095	3 095	I	2 282	1 157	216			
	II	**2 338**	3 095	3 095	II	1 210	253				
	III	**624**	3 095	3 095	III						
	V	**7 136**	3 095	3 095	IV	2 874	2 282	1 710	1 157	640	216
	VI	**7 618**	3 095	3 095							
33 227,99	I,IV	**3 493**	3 098	3 098	I	2 290	1 164	221			
	II	**2 346**	3 098	3 098	II	1 217	258				
	III	**630**	3 098	3 098	III						
	V	**7 146**	3 098	3 098	IV	2 882	2 290	1 717	1 164	646	221
	VI	**7 630**	3 098	3 098							
33 263,99	I,IV	**3 501**	3 101	3 101	I	2 297	1 171	226			
	II	**2 354**	3 101	3 101	II	1 224	263				
	III	**634**	3 101	3 101	III						
	V	**7 158**	3 101	3 101	IV	2 889	2 297	1 725	1 171	652	226
	VI	**7 642**	3 101	3 101							

* Zur LSt-Berechnung für privat versicherte Arbeitnehmer s. Beispiele **Vorbemerkung S. 4 f.**
** Basisvorsorgepauschale KV und PV *** Typisierter Arbeitgeberzuschuss

Lohn/ Gehalt in € bis	Steuerklasse	Lohnsteuer*	BVSP**	TAGZ***	Steuerklasse	Bemessungsgrundlage für Kirchensteuer und Solidaritätszuschlag – Freibeträge für ... Kinder 0,5	1,0	1,5	2,0	2,5	3,0
33 299,99	I,IV	**3 509**	3 105	3 105	I	2 305	1 178	231			
	II	**2 361**	3 105	3 105	II	1 231	268				
	III	**640**	3 105	3 105	III						
	V	**7 168**	3 105	3 105	IV	2 897	2 305	1 732	1 178	658	231
	VI	**7 654**	3 105	3 105							
33 335,99	I,IV	**3 517**	3 108	3 108	I	2 313	1 186	236			
	II	**2 369**	3 108	3 108	II	1 238	273				
	III	**646**	3 108	3 108	III						
	V	**7 182**	3 108	3 108	IV	2 905	2 313	1 739	1 186	665	236
	VI	**7 664**	3 108	3 108							
33 371,99	I,IV	**3 525**	3 111	3 111	I	2 320	1 193	241			
	II	**2 377**	3 111	3 111	II	1 245	278				
	III	**650**	3 111	3 111	III						
	V	**7 192**	3 111	3 111	IV	2 913	2 320	1 747	1 193	671	241
	VI	**7 676**	3 111	3 111							
33 407,99	I,IV	**3 533**	3 115	3 115	I	2 328	1 200	245			
	II	**2 384**	3 115	3 115	II	1 252	283				
	III	**656**	3 115	3 115	III						
	V	**7 204**	3 115	3 115	IV	2 921	2 328	1 754	1 200	677	245
	VI	**7 688**	3 115	3 115							
33 443,99	I,IV	**3 541**	3 118	3 118	I	2 336	1 207	251			
	II	**2 392**	3 118	3 118	II	1 260	288				
	III	**662**	3 118	3 118	III						
	V	**7 214**	3 118	3 118	IV	2 929	2 336	1 762	1 207	684	251
	VI	**7 698**	3 118	3 118							
33 479,99	I,IV	**3 550**	3 122	3 122	I	2 343	1 214	256			
	II	**2 400**	3 122	3 122	II	1 267	293				
	III	**666**	3 122	3 122	III						
	V	**7 226**	3 122	3 122	IV	2 937	2 343	1 769	1 214	690	256
	VI	**7 710**	3 122	3 122							
33 515,99	I,IV	**3 558**	3 125	3 125	I	2 351	1 221	261			
	II	**2 407**	3 125	3 125	II	1 274	298				
	III	**672**	3 125	3 125	III						
	V	**7 236**	3 125	3 125	IV	2 945	2 351	1 776	1 221	696	261
	VI	**7 722**	3 125	3 125							
33 551,99	I,IV	**3 566**	3 128	3 128	I	2 358	1 228	266			
	II	**2 415**	3 128	3 128	II	1 281	304				
	III	**676**	3 128	3 128	III						
	V	**7 248**	3 128	3 128	IV	2 952	2 358	1 784	1 228	702	266
	VI	**7 732**	3 128	3 128							
33 587,99	I,IV	**3 574**	3 132	3 132	I	2 366	1 235	271			
	II	**2 423**	3 132	3 132	II	1 288	309				
	III	**682**	3 132	3 132	III						
	V	**7 258**	3 132	3 132	IV	2 960	2 366	1 791	1 235	709	271
	VI	**7 746**	3 132	3 132							
33 623,99	I,IV	**3 582**	3 135	3 135	I	2 374	1 243	276			
	II	**2 430**	3 135	3 135	II	1 295	314				
	III	**688**	3 135	3 135	III						
	V	**7 268**	3 135	3 135	IV	2 968	2 374	1 798	1 243	715	276
	VI	**7 756**	3 135	3 135							
33 659,99	I,IV	**3 590**	3 138	3 138	I	2 381	1 250	281			
	II	**2 438**	3 138	3 138	II	1 302	319				
	III	**692**	3 138	3 138	III						
	V	**7 280**	3 138	3 138	IV	2 976	2 381	1 806	1 250	722	281
	VI	**7 766**	3 138	3 138							
33 695,99	I,IV	**3 599**	3 142	3 142	I	2 389	1 257	286			
	II	**2 446**	3 142	3 142	II	1 310	325				
	III	**698**	3 142	3 142	III						
	V	**7 292**	3 142	3 142	IV	2 984	2 389	1 813	1 257	728	286
	VI	**7 780**	3 142	3 142							

* Zur LSt-Berechnung für privat versicherte Arbeitnehmer s. Beispiele **Vorbemerkung S. 4 f.**
** Basisvorsorgepauschale KV und PV *** Typisierter Arbeitgeberzuschuss

Lohn/ Gehalt in € bis	Steuerklasse	Lohn-steuer*	BVSP**	TAGZ***	Steuerklasse	Bemessungsgrundlage für Kirchensteuer und Solidaritätszuschlag – Freibeträge für … Kinder 0,5	1,0	1,5	2,0	2,5	3,0
33 731,99	I,IV	**3 607**	3 145	3 145	I	2 397	1 264	291			
	II	**2 453**	3 145	3 145	II	1 317	330				
	III	**704**	3 145	3 145	III						
	V	**7 304**	3 145	3 145	IV	2 992	2 397	1 821	1 264	735	291
	VI	**7 790**	3 145	3 145							
33 767,99	I,IV	**3 615**	3 148	3 148	I	2 404	1 271	296			
	II	**2 461**	3 148	3 148	II	1 324	335				
	III	**708**	3 148	3 148	III						
	V	**7 314**	3 148	3 148	IV	3 000	2 404	1 828	1 271	741	296
	VI	**7 800**	3 148	3 148							
33 803,99	I,IV	**3 623**	3 152	3 152	I	2 412	1 278	302			
	II	**2 469**	3 152	3 152	II	1 331	340				
	III	**714**	3 152	3 152	III						
	V	**7 324**	3 152	3 152	IV	3 008	2 412	1 836	1 278	748	302
	VI	**7 814**	3 152	3 152							
33 839,99	I,IV	**3 631**	3 155	3 155	I	2 420	1 286	307			
	II	**2 476**	3 155	3 155	II	1 339	346				
	III	**720**	3 155	3 155	III						
	V	**7 336**	3 155	3 155	IV	3 016	2 420	1 843	1 286	754	307
	VI	**7 824**	3 155	3 155							
33 875,99	I,IV	**3 639**	3 158	3 158	I	2 427	1 293	312			
	II	**2 484**	3 158	3 158	II	1 346	351				
	III	**724**	3 158	3 158	III						
	V	**7 346**	3 158	3 158	IV	3 024	2 427	1 850	1 293	760	312
	VI	**7 834**	3 158	3 158							
33 911,99	I,IV	**3 647**	3 162	3 162	I	2 435	1 300	317			
	II	**2 492**	3 162	3 162	II	1 353	356				
	III	**730**	3 162	3 162	III	4					
	V	**7 358**	3 162	3 162	IV	3 032	2 435	1 858	1 300	767	317
	VI	**7 848**	3 162	3 162							
33 947,99	I,IV	**3 656**	3 165	3 165	I	2 443	1 307	323			
	II	**2 500**	3 165	3 165	II	1 360	362				
	III	**736**	3 165	3 165	III	8					
	V	**7 370**	3 165	3 165	IV	3 040	2 443	1 865	1 307	774	323
	VI	**7 858**	3 165	3 165							
33 983,99	I,IV	**3 664**	3 169	3 169	I	2 450	1 314	328			
	II	**2 507**	3 169	3 169	II	1 367	367				
	III	**742**	3 169	3 169	III	12					
	V	**7 382**	3 169	3 169	IV	3 048	2 450	1 873	1 314	780	328
	VI	**7 870**	3 169	3 169							
34 019,99	I,IV	**3 672**	3 172	3 172	I	2 458	1 321	333			
	II	**2 515**	3 172	3 172	II	1 374	373				
	III	**746**	3 172	3 172	III	16					
	V	**7 392**	3 172	3 172	IV	3 055	2 458	1 880	1 321	787	333
	VI	**7 882**	3 172	3 172							
34 055,99	I,IV	**3 680**	3 175	3 175	I	2 466	1 329	338			
	II	**2 523**	3 175	3 175	II	1 382	378				
	III	**752**	3 175	3 175	III	20					
	V	**7 402**	3 175	3 175	IV	3 064	2 466	1 888	1 329	793	338
	VI	**7 894**	3 175	3 175							
34 091,99	I,IV	**3 688**	3 179	3 179	I	2 474	1 336	344			
	II	**2 530**	3 179	3 179	II	1 389	384				
	III	**758**	3 179	3 179	III	24					
	V	**7 414**	3 179	3 179	IV	3 071	2 474	1 895	1 336	800	344
	VI	**7 904**	3 179	3 179							
34 127,99	I,IV	**3 697**	3 182	3 182	I	2 481	1 343	349			
	II	**2 538**	3 182	3 182	II	1 396	389				
	III	**762**	3 182	3 182	III	28					
	V	**7 426**	3 182	3 182	IV	3 079	2 481	1 902	1 343	806	349
	VI	**7 916**	3 182	3 182							

* Zur LSt-Berechnung für privat versicherte Arbeitnehmer s. Beispiele **Vorbemerkung S. 4 f.**
** Basisvorsorgepauschale KV und PV *** Typisierter Arbeitgeberzuschuss

Lohn/ Gehalt in € bis	Steuerklasse	Lohn-steuer*	BVSP**	TAGZ***	Steuerklasse	Bemessungsgrundlage für Kirchensteuer und Solidaritätszuschlag – Freibeträge für ... Kinder 0,5	1,0	1,5	2,0	2,5	3,0
34 163,99	I,IV	**3 705**	3 185	3 185	I	2 489	1 350	354			
	II	**2 546**	3 185	3 185	II	1 403	394				
	III	**768**	3 185	3 185	III	32					
	V	**7 438**	3 185	3 185	IV	3 087	2 489	1 910	1 350	813	354
	VI	**7 926**	3 185	3 185							
34 199,99	I,IV	**3 713**	3 189	3 189	I	2 497	1 357	360			
	II	**2 554**	3 189	3 189	II	1 411	400				
	III	**774**	3 189	3 189	III	38					
	V	**7 448**	3 189	3 189	IV	3 095	2 497	1 917	1 357	820	360
	VI	**7 938**	3 189	3 189							
34 235,99	I,IV	**3 721**	3 192	3 192	I	2 504	1 365	365			
	II	**2 561**	3 192	3 192	II	1 418	405				
	III	**780**	3 192	3 192	III	42					
	V	**7 458**	3 192	3 192	IV	3 103	2 504	1 925	1 365	826	365
	VI	**7 950**	3 192	3 192							
34 271,99	I,IV	**3 729**	3 195	3 195	I	2 512	1 372	371			
	II	**2 569**	3 195	3 195	II	1 425	411				
	III	**784**	3 195	3 195	III	46					
	V	**7 470**	3 195	3 195	IV	3 111	2 512	1 932	1 372	833	371
	VI	**7 962**	3 195	3 195							
34 307,99	I,IV	**3 738**	3 199	3 199	I	2 520	1 379	376			
	II	**2 577**	3 199	3 199	II	1 432	417				
	III	**790**	3 199	3 199	III	50					
	V	**7 482**	3 199	3 199	IV	3 119	2 520	1 940	1 379	840	376
	VI	**7 972**	3 199	3 199							
34 343,99	I,IV	**3 746**	3 202	3 202	I	2 528	1 386	381			
	II	**2 585**	3 202	3 202	II	1 440	422				
	III	**796**	3 202	3 202	III	54					
	V	**7 494**	3 202	3 202	IV	3 127	2 528	1 947	1 386	847	381
	VI	**7 986**	3 202	3 202							
34 379,99	I,IV	**3 754**	3 205	3 205	I	2 535	1 393	387			
	II	**2 592**	3 205	3 205	II	1 447	428				
	III	**802**	3 205	3 205	III	58					
	V	**7 504**	3 205	3 205	IV	3 135	2 535	1 955	1 393	853	387
	VI	**7 996**	3 205	3 205							
34 415,99	I,IV	**3 763**	3 209	3 209	I	2 543	1 401	392			
	II	**2 600**	3 209	3 209	II	1 454	433				
	III	**806**	3 209	3 209	III	62					
	V	**7 514**	3 209	3 209	IV	3 143	2 543	1 962	1 401	860	392
	VI	**8 008**	3 209	3 209							
34 451,99	I,IV	**3 771**	3 212	3 212	I	2 551	1 408	398			
	II	**2 608**	3 212	3 212	II	1 461	439				
	III	**812**	3 212	3 212	III	66					
	V	**7 528**	3 212	3 212	IV	3 151	2 551	1 970	1 408	867	398
	VI	**8 018**	3 212	3 212							
34 487,99	I,IV	**3 779**	3 216	3 216	I	2 558	1 415	403			
	II	**2 616**	3 216	3 216	II	1 468	444				
	III	**818**	3 216	3 216	III	70					
	V	**7 538**	3 216	3 216	IV	3 159	2 558	1 977	1 415	874	403
	VI	**8 032**	3 216	3 216							
34 523,99	I,IV	**3 787**	3 219	3 219	I	2 566	1 422	409			
	II	**2 623**	3 219	3 219	II	1 476	450				
	III	**824**	3 219	3 219	III	76					
	V	**7 550**	3 219	3 219	IV	3 167	2 566	1 984	1 422	880	409
	VI	**8 042**	3 219	3 219							
34 559,99	I,IV	**3 795**	3 222	3 222	I	2 574	1 430	414			
	II	**2 631**	3 222	3 222	II	1 483	456				
	III	**828**	3 222	3 222	III	80					
	V	**7 560**	3 222	3 222	IV	3 175	2 574	1 992	1 430	887	414
	VI	**8 054**	3 222	3 222							

* Zur LSt-Berechnung für privat versicherte Arbeitnehmer s. Beispiele **Vorbemerkung S. 4 f.**
** Basisvorsorgepauschale KV und PV *** Typisierter Arbeitgeberzuschuss

Lohn/ Gehalt in € bis	Steuerklasse	Lohn-steuer*	BVSP**	TAGZ***	Steuerklasse	Bemessungsgrundlage für Kirchensteuer und Solidaritätszuschlag					
						Freibeträge für ... Kinder					
						0,5	**1,0**	1,5	**2,0**	2,5	**3,0**
34 595,99	I,IV	**3 804**	3 226	3 226	I	2 582	1 437	420			
	II	**2 639**	3 226	3 226	II	1 490	461				
	III	**834**	3 226	3 226	III	84					
	V	**7 572**	3 226	3 226	IV	3 183	2 582	2 000	1 437	894	420
	VI	**8 066**	3 226	3 226							
34 631,99	I,IV	**3 812**	3 229	3 229	I	2 589	1 444	425			
	II	**2 647**	3 229	3 229	II	1 497	467				
	III	**840**	3 229	3 229	III	88					
	V	**7 584**	3 229	3 229	IV	3 191	2 589	2 007	1 444	901	425
	VI	**8 076**	3 229	3 229							
34 667,99	I,IV	**3 820**	3 232	3 232	I	2 597	1 451	431			
	II	**2 654**	3 232	3 232	II	1 505	473				
	III	**846**	3 232	3 232	III	92					
	V	**7 594**	3 232	3 232	IV	3 199	2 597	2 015	1 451	908	431
	VI	**8 088**	3 232	3 232							
34 703,99	I,IV	**3 828**	3 236	3 236	I	2 605	1 459	437			
	II	**2 662**	3 236	3 236	II	1 512	479				
	III	**850**	3 236	3 236	III	96					
	V	**7 604**	3 236	3 236	IV	3 207	2 605	2 022	1 459	915	437
	VI	**8 102**	3 236	3 236							
34 739,99	I,IV	**3 837**	3 239	3 239	I	2 613	1 466	442			
	II	**2 670**	3 239	3 239	II	1 519	484				
	III	**856**	3 239	3 239	III	100					
	V	**7 618**	3 239	3 239	IV	3 215	2 613	2 030	1 466	922	442
	VI	**8 112**	3 239	3 239							
34 775,99	I,IV	**3 845**	3 242	3 242	I	2 620	1 473	448			
	II	**2 678**	3 242	3 242	II	1 527	490				
	III	**862**	3 242	3 242	III	104					
	V	**7 628**	3 242	3 242	IV	3 223	2 620	2 037	1 473	928	448
	VI	**8 122**	3 242	3 242							
34 811,99	I,IV	**3 853**	3 246	3 246	I	2 628	1 480	454			
	II	**2 686**	3 246	3 246	II	1 534	496				
	III	**868**	3 246	3 246	III	110					
	V	**7 638**	3 246	3 246	IV	3 231	2 628	2 045	1 480	936	454
	VI	**8 134**	3 246	3 246							
34 847,99	I,IV	**3 861**	3 249	3 249	I	2 636	1 488	459			
	II	**2 693**	3 249	3 249	II	1 541	502				
	III	**874**	3 249	3 249	III	114					
	V	**7 650**	3 249	3 249	IV	3 239	2 636	2 052	1 488	942	459
	VI	**8 148**	3 249	3 249							
34 883,99	I,IV	**3 870**	3 252	3 252	I	2 644	1 495	465			
	II	**2 701**	3 252	3 252	II	1 548	507				
	III	**878**	3 252	3 252	III	118					
	V	**7 662**	3 252	3 252	IV	3 247	2 644	2 060	1 495	949	465
	VI	**8 158**	3 252	3 252							
34 919,99	I,IV	**3 878**	3 256	3 256	I	2 652	1 502	471			
	II	**2 709**	3 256	3 256	II	1 556	513				
	III	**884**	3 256	3 256	III	122					
	V	**7 674**	3 256	3 256	IV	3 255	2 652	2 067	1 502	956	471
	VI	**8 170**	3 256	3 256							
34 955,99	I,IV	**3 886**	3 259	3 259	I	2 659	1 509	476			
	II	**2 717**	3 259	3 259	II	1 563	519				
	III	**890**	3 259	3 259	III	126					
	V	**7 684**	3 259	3 259	IV	3 263	2 659	2 075	1 509	963	476
	VI	**8 182**	3 259	3 259							
34 991,99	I,IV	**3 895**	3 263	3 263	I	2 667	1 517	482			
	II	**2 724**	3 263	3 263	II	1 570	525				
	III	**896**	3 263	3 263	III	132					
	V	**7 696**	3 263	3 263	IV	3 271	2 667	2 082	1 517	970	482
	VI	**8 194**	3 263	3 263							

* Zur LSt-Berechnung für privat versicherte Arbeitnehmer s. Beispiele **Vorbemerkung S. 4f.**
** Basisvorsorgepauschale KV und PV *** Typisierter Arbeitgeberzuschuss

Lohn/ Gehalt in € bis	Steuerklasse	Lohn- steuer*	BVSP**	TAGZ***	Steuerklasse	Bemessungsgrundlage für Kirchensteuer und Solidaritätszuschlag – Freibeträge für ... Kinder 0,5	1,0	1,5	2,0	2,5	3,0
35027,99	I,IV	**3903**	3266	3266	I	2675	1524	488			
	II	**2732**	3266	3266	II	1578	531				
	III	**902**	3266	3266	III	136					
	V	**7708**	3266	3266	IV	3279	2675	2090	1524	978	488
	VI	**8204**	3266	3266							
35063,99	I,IV	**3911**	3269	3269	I	2683	1531	494			
	II	**2740**	3269	3269	II	1585	537				
	III	**908**	3269	3269	III	140					
	V	**7718**	3269	3269	IV	3287	2683	2097	1531	984	494
	VI	**8216**	3269	3269							
35099,99	I,IV	**3919**	3273	3273	I	2690	1538	499			
	II	**2748**	3273	3273	II	1592	543				
	III	**912**	3273	3273	III	144					
	V	**7730**	3273	3273	IV	3295	2690	2105	1538	991	499
	VI	**8228**	3273	3273							
35135,99	I,IV	**3928**	3276	3276	I	2698	1546	505			
	II	**2756**	3276	3276	II	1600	549				
	III	**918**	3276	3276	III	148					
	V	**7742**	3276	3276	IV	3303	2698	2112	1546	998	505
	VI	**8240**	3276	3276							
35171,99	I,IV	**3936**	3279	3279	I	2706	1553	511			
	II	**2764**	3279	3279	II	1607	555				
	III	**924**	3279	3279	III	154					
	V	**7752**	3279	3279	IV	3311	2706	2120	1553	1006	511
	VI	**8252**	3279	3279							
35207,99	I,IV	**3944**	3283	3283	I	2714	1560	517			
	II	**2771**	3283	3283	II	1614	561				
	III	**930**	3283	3283	III	158					
	V	**7764**	3283	3283	IV	3319	2714	2127	1560	1013	517
	VI	**8264**	3283	3283							
35243,99	I,IV	**3953**	3286	3286	I	2722	1568	523			
	II	**2779**	3286	3286	II	1622	566				
	III	**936**	3286	3286	III	162					
	V	**7776**	3286	3286	IV	3327	2722	2135	1568	1020	523
	VI	**8274**	3286	3286							
35279,99	I,IV	**3961**	3289	3289	I	2730	1575	529			
	II	**2787**	3289	3289	II	1629	573				
	III	**942**	3289	3289	III	166					
	V	**7788**	3289	3289	IV	3336	2730	2143	1575	1027	529
	VI	**8286**	3289	3289							
35315,99	I,IV	**3969**	3293	3293	I	2737	1582	535			
	II	**2795**	3293	3293	II	1636	579				
	III	**948**	3293	3293	III	170					
	V	**7800**	3293	3293	IV	3344	2737	2150	1582	1034	535
	VI	**8298**	3293	3293							
35351,99	I,IV	**3978**	3296	3296	I	2745	1590	540			
	II	**2803**	3296	3296	II	1644	585				
	III	**952**	3296	3296	III	176					
	V	**7810**	3296	3296	IV	3352	2745	2158	1590	1041	540
	VI	**8310**	3296	3296							
35387,99	I,IV	**3986**	3299	3299	I	2753	1597	546			
	II	**2810**	3299	3299	II	1651	591				
	III	**958**	3299	3299	III	180					
	V	**7820**	3299	3299	IV	3360	2753	2165	1597	1048	546
	VI	**8322**	3299	3299							
35423,99	I,IV	**3994**	3303	3303	I	2761	1604	552			
	II	**2818**	3303	3303	II	1658	597				
	III	**964**	3303	3303	III	184					
	V	**7834**	3303	3303	IV	3368	2761	2173	1604	1055	552
	VI	**8334**	3303	3303							

* Zur LSt-Berechnung für privat versicherte Arbeitnehmer s. Beispiele **Vorbemerkung S. 4f.**
** Basisvorsorgepauschale KV und PV *** Typisierter Arbeitgeberzuschuss

Lohn/ Gehalt in € bis	Steuerklasse	Lohn-steuer*	BVSP**	TAGZ***	Steuerklasse	Bemessungsgrundlage für Kirchensteuer und Solidaritätszuschlag					
						Freibeträge für ... Kinder					
						0,5	**1,0**	1,5	**2,0**	2,5	**3,0**
35 459,99	I,IV	**4 003**	3 306	3 306	I	2 768	1 612	558			
	II	**2 826**	3 306	3 306	II	1 666	603				
	III	**970**	3 306	3 306	III	188					
	V	**7 844**	3 306	3 306	IV	3 376	2 768	2 180	1 612	1 062	558
	VI	**8 344**	3 306	3 306							
35 495,99	I,IV	**4 011**	3 310	3 310	I	2 776	1 619	564			
	II	**2 834**	3 310	3 310	II	1 673	609				
	III	**976**	3 310	3 310	III	192					
	V	**7 856**	3 310	3 310	IV	3 384	2 776	2 188	1 619	1 069	564
	VI	**8 358**	3 310	3 310							
35 531,99	I,IV	**4 019**	3 313	3 313	I	2 784	1 626	570			
	II	**2 842**	3 313	3 313	II	1 680	615				
	III	**982**	3 313	3 313	III	198					
	V	**7 866**	3 313	3 313	IV	3 392	2 784	2 196	1 626	1 076	570
	VI	**8 368**	3 313	3 313							
35 567,99	I,IV	**4 028**	3 316	3 316	I	2 792	1 634	576			
	II	**2 850**	3 316	3 316	II	1 688	621				
	III	**988**	3 316	3 316	III	202					
	V	**7 878**	3 316	3 316	IV	3 400	2 792	2 203	1 634	1 083	576
	VI	**8 380**	3 316	3 316							
35 603,99	I,IV	**4 036**	3 320	3 320	I	2 800	1 641	582			
	II	**2 858**	3 320	3 320	II	1 695	627				
	III	**994**	3 320	3 320	III	206					
	V	**7 890**	3 320	3 320	IV	3 408	2 800	2 211	1 641	1 090	582
	VI	**8 390**	3 320	3 320							
35 639,99	I,IV	**4 044**	3 323	3 323	I	2 808	1 648	588			
	II	**2 866**	3 323	3 323	II	1 702	634				
	III	**998**	3 323	3 323	III	212					
	V	**7 900**	3 323	3 323	IV	3 416	2 808	2 218	1 648	1 097	588
	VI	**8 404**	3 323	3 323							
35 675,99	I,IV	**4 053**	3 326	3 326	I	2 816	1 656	594			
	II	**2 873**	3 326	3 326	II	1 710	640				
	III	**1 004**	3 326	3 326	III	216					
	V	**7 914**	3 326	3 326	IV	3 424	2 816	2 226	1 656	1 104	594
	VI	**8 416**	3 326	3 326							
35 711,99	I,IV	**4 061**	3 330	3 330	I	2 823	1 663	601			
	II	**2 881**	3 330	3 330	II	1 717	646				
	III	**1 010**	3 330	3 330	III	220					
	V	**7 924**	3 330	3 330	IV	3 432	2 823	2 233	1 663	1 112	601
	VI	**8 426**	3 330	3 330							
35 747,99	I,IV	**4 069**	3 333	3 333	I	2 831	1 670	607			
	II	**2 889**	3 333	3 333	II	1 724	652				
	III	**1 016**	3 333	3 333	III	224					
	V	**7 936**	3 333	3 333	IV	3 440	2 831	2 241	1 670	1 119	607
	VI	**8 438**	3 333	3 333							
35 783,99	I,IV	**4 078**	3 336	3 336	I	2 839	1 678	613			
	II	**2 897**	3 336	3 336	II	1 732	658				
	III	**1 022**	3 336	3 336	III	230					
	V	**7 948**	3 336	3 336	IV	3 449	2 839	2 249	1 678	1 126	613
	VI	**8 452**	3 336	3 336							
35 819,99	I,IV	**4 086**	3 340	3 340	I	2 847	1 685	619			
	II	**2 905**	3 340	3 340	II	1 739	665				
	III	**1 028**	3 340	3 340	III	234					
	V	**7 958**	3 340	3 340	IV	3 457	2 847	2 256	1 685	1 133	619
	VI	**8 462**	3 340	3 340							
35 855,99	I,IV	**4 094**	3 343	3 343	I	2 855	1 692	625			
	II	**2 913**	3 343	3 343	II	1 746	671				
	III	**1 034**	3 343	3 343	III	238					
	V	**7 972**	3 343	3 343	IV	3 465	2 855	2 264	1 692	1 140	625
	VI	**8 474**	3 343	3 343							

* Zur LSt-Berechnung für privat versicherte Arbeitnehmer s. Beispiele **Vorbemerkung S. 4f.**
** Basisvorsorgepauschale KV und PV *** Typisierter Arbeitgeberzuschuss

Lohn/ Gehalt in € bis	Steuerklasse	Lohn- steuer*	BVSP**	TAGZ***	Steuerklasse	Bemessungsgrundlage für Kirchensteuer und Solidaritätszuschlag					
						Freibeträge für ... Kinder					
						0,5	**1,0**	1,5	**2,0**	2,5	**3,0**
35 891,99	I,IV	**4 103**	3 346	3 346	I	2 863	1 700	631			
	II	**2 921**	3 346	3 346	II	1 754	677				
	III	**1 040**	3 346	3 346	III	244					
	V	**7 982**	3 346	3 346	IV	3 473	2 863	2 272	1 700	1 147	631
	VI	**8 486**	3 346	3 346							
35 927,99	I,IV	**4 111**	3 350	3 350	I	2 871	1 707	637			
	II	**2 929**	3 350	3 350	II	1 761	683				
	III	**1 046**	3 350	3 350	III	248					
	V	**7 994**	3 350	3 350	IV	3 481	2 871	2 279	1 707	1 154	637
	VI	**8 500**	3 350	3 350							
35 963,99	I,IV	**4 119**	3 353	3 353	I	2 878	1 714	643			
	II	**2 936**	3 353	3 353	II	1 769	690				
	III	**1 052**	3 353	3 353	III	252					
	V	**8 004**	3 353	3 353	IV	3 489	2 878	2 287	1 714	1 161	643
	VI	**8 510**	3 353	3 353							
35 999,99	I,IV	**4 128**	3 356	3 356	I	2 886	1 722	650			
	II	**2 945**	3 356	3 356	II	1 776	696				
	III	**1 058**	3 356	3 356	III	256					
	V	**8 018**	3 356	3 356	IV	3 498	2 886	2 294	1 722	1 168	650
	VI	**8 522**	3 356	3 356							
36 035,99	I,IV	**4 136**	3 360	3 360	I	2 894	1 729	656			
	II	**2 952**	3 360	3 360	II	1 784	702				
	III	**1 064**	3 360	3 360	III	262					
	V	**8 028**	3 360	3 360	IV	3 506	2 894	2 302	1 729	1 176	656
	VI	**8 534**	3 360	3 360							
36 071,99	I,IV	**4 145**	3 363	3 363	I	2 902	1 736	662			
	II	**2 960**	3 363	3 363	II	1 791	709				
	III	**1 070**	3 363	3 363	III	266					
	V	**8 040**	3 363	3 363	IV	3 514	2 902	2 310	1 736	1 183	662
	VI	**8 544**	3 363	3 363							
36 107,99	I,IV	**4 153**	3 367	3 367	I	2 910	1 744	668			
	II	**2 968**	3 367	3 367	II	1 798	715				
	III	**1 074**	3 367	3 367	III	270					
	V	**8 052**	3 367	3 367	IV	3 522	2 910	2 317	1 744	1 190	668
	VI	**8 558**	3 367	3 367							
36 143,99	I,IV	**4 162**	3 370	3 370	I	2 918	1 751	675			
	II	**2 976**	3 370	3 370	II	1 806	722				
	III	**1 080**	3 370	3 370	III	276					
	V	**8 064**	3 370	3 370	IV	3 530	2 918	2 325	1 751	1 197	675
	VI	**8 570**	3 370	3 370							
36 179,99	I,IV	**4 170**	3 373	3 373	I	2 926	1 759	681			
	II	**2 984**	3 373	3 373	II	1 813	728				
	III	**1 088**	3 373	3 373	III	280					
	V	**8 074**	3 373	3 373	IV	3 538	2 926	2 332	1 759	1 204	681
	VI	**8 580**	3 373	3 373							
36 215,99	I,IV	**4 178**	3 377	3 377	I	2 933	1 766	687			
	II	**2 992**	3 377	3 377	II	1 820	734				
	III	**1 092**	3 377	3 377	III	284					
	V	**8 086**	3 377	3 377	IV	3 546	2 933	2 340	1 766	1 211	687
	VI	**8 592**	3 377	3 377							
36 251,99	I,IV	**4 187**	3 380	3 380	I	2 942	1 773	694			
	II	**3 000**	3 380	3 380	II	1 828	741				
	III	**1 098**	3 380	3 380	III	290					
	V	**8 098**	3 380	3 380	IV	3 555	2 942	2 348	1 773	1 218	694
	VI	**8 604**	3 380	3 380							
36 287,99	I,IV	**4 195**	3 383	3 383	I	2 949	1 781	700			
	II	**3 008**	3 383	3 383	II	1 835	747				
	III	**1 104**	3 383	3 383	III	294					
	V	**8 110**	3 383	3 383	IV	3 563	2 949	2 355	1 781	1 225	700
	VI	**8 618**	3 383	3 383							

* Zur LSt-Berechnung für privat versicherte Arbeitnehmer s. Beispiele **Vorbemerkung S. 4 f.**
** Basisvorsorgepauschale KV und PV *** Typisierter Arbeitgeberzuschuss

Lohn/ Gehalt in € bis	Steuerklasse	Lohn-steuer*	BVSP**	TAGZ***	Steuerklasse	Bemessungsgrundlage für Kirchensteuer und Solidaritätszuschlag					
						Freibeträge für ... Kinder					
						0,5	**1,0**	1,5	**2,0**	2,5	**3,0**
36 323,99	I,IV	**4 203**	3 387	3 387	I	2 957	1 788	706			
	II	**3 016**	3 387	3 387	II	1 843	754				
	III	**1 110**	3 387	3 387	III	298					
	V	**8 120**	3 387	3 387	IV	3 571	2 957	2 363	1 788	1 233	706
	VI	**8 628**	3 387	3 387							
36 359,99	I,IV	**4 212**	3 390	3 390	I	2 965	1 795	713			
	II	**3 023**	3 390	3 390	II	1 850	760				
	III	**1 116**	3 390	3 390	III	304					
	V	**8 132**	3 390	3 390	IV	3 579	2 965	2 371	1 795	1 240	713
	VI	**8 640**	3 390	3 390							
36 395,99	I,IV	**4 220**	3 393	3 393	I	2 973	1 803	719			
	II	**3 032**	3 393	3 393	II	1 858	767				
	III	**1 122**	3 393	3 393	III	308					
	V	**8 144**	3 393	3 393	IV	3 587	2 973	2 378	1 803	1 247	719
	VI	**8 652**	3 393	3 393							
36 431,99	I,IV	**4 229**	3 397	3 397	I	2 981	1 810	726			
	II	**3 039**	3 397	3 397	II	1 865	773				
	III	**1 128**	3 397	3 397	III	312					
	V	**8 156**	3 397	3 397	IV	3 595	2 981	2 386	1 810	1 254	726
	VI	**8 664**	3 397	3 397							
36 467,99	I,IV	**4 237**	3 400	3 400	I	2 989	1 818	732			
	II	**3 047**	3 400	3 400	II	1 872	780				
	III	**1 134**	3 400	3 400	III	318					
	V	**8 168**	3 400	3 400	IV	3 603	2 989	2 394	1 818	1 261	732
	VI	**8 676**	3 400	3 400							
36 503,99	I,IV	**4 246**	3 403	3 403	I	2 997	1 825	739			
	II	**3 055**	3 403	3 403	II	1 880	787				
	III	**1 140**	3 403	3 403	III	322					
	V	**8 180**	3 403	3 403	IV	3 612	2 997	2 401	1 825	1 268	739
	VI	**8 688**	3 403	3 403							
36 539,99	I,IV	**4 254**	3 407	3 407	I	3 005	1 833	745			
	II	**3 063**	3 407	3 407	II	1 887	793				
	III	**1 146**	3 407	3 407	III	326					
	V	**8 190**	3 407	3 407	IV	3 620	3 005	2 409	1 833	1 276	745
	VI	**8 700**	3 407	3 407							
36 575,99	I,IV	**4 262**	3 410	3 410	I	3 013	1 840	751			
	II	**3 071**	3 410	3 410	II	1 895	800				
	III	**1 152**	3 410	3 410	III	332					
	V	**8 202**	3 410	3 410	IV	3 628	3 013	2 417	1 840	1 283	751
	VI	**8 710**	3 410	3 410							
36 611,99	I,IV	**4 271**	3 414	3 414	I	3 021	1 848	758			
	II	**3 079**	3 414	3 414	II	1 902	806				
	III	**1 158**	3 414	3 414	III	336					
	V	**8 214**	3 414	3 414	IV	3 636	3 021	2 424	1 848	1 290	758
	VI	**8 724**	3 414	3 414							
36 647,99	I,IV	**4 279**	3 417	3 417	I	3 029	1 855	764			
	II	**3 087**	3 417	3 417	II	1 910	813				
	III	**1 164**	3 417	3 417	III	340					
	V	**8 226**	3 417	3 417	IV	3 644	3 029	2 432	1 855	1 297	764
	VI	**8 736**	3 417	3 417							
36 683,99	I,IV	**4 288**	3 420	3 420	I	3 036	1 862	771			
	II	**3 095**	3 420	3 420	II	1 917	820				
	III	**1 170**	3 420	3 420	III	346					
	V	**8 236**	3 420	3 420	IV	3 652	3 036	2 440	1 862	1 304	771
	VI	**8 748**	3 420	3 420							
36 719,99	I,IV	**4 296**	3 424	3 424	I	3 044	1 870	777			
	II	**3 103**	3 424	3 424	II	1 925	826	2			
	III	**1 176**	3 424	3 424	III	350					
	V	**8 250**	3 424	3 424	IV	3 661	3 044	2 447	1 870	1 311	777
	VI	**8 758**	3 424	3 424							

* Zur LSt-Berechnung für privat versicherte Arbeitnehmer s. Beispiele **Vorbemerkung S. 4 f.**
** Basisvorsorgepauschale KV und PV *** Typisierter Arbeitgeberzuschuss

Lohn/ Gehalt in € bis	Steuerklasse	Lohn- steuer*	BVSP**	TAGZ***	Steuerklasse	Bemessungsgrundlage für Kirchensteuer und Solidaritätszuschlag – Freibeträge für ... Kinder 0,5	1,0	1,5	2,0	2,5	3,0
36 755,99	I,IV	**4 305**	3 427	3 427	I	3 052	1 877	784			
	II	**3 111**	3 427	3 427	II	1 932	833	6			
	III	**1 182**	3 427	3 427	III	356					
	V	**8 262**	3 427	3 427	IV	3 669	3 052	2 455	1 877	1 319	784
	VI	**8 770**	3 427	3 427							
36 791,99	I,IV	**4 313**	3 430	3 430	I	3 060	1 885	791			
	II	**3 119**	3 430	3 430	II	1 940	840	10			
	III	**1 188**	3 430	3 430	III	360					
	V	**8 272**	3 430	3 430	IV	3 677	3 060	2 463	1 885	1 326	791
	VI	**8 784**	3 430	3 430							
36 827,99	I,IV	**4 321**	3 434	3 434	I	3 068	1 892	797			
	II	**3 127**	3 434	3 434	II	1 947	846	14			
	III	**1 194**	3 434	3 434	III	364					
	V	**8 284**	3 434	3 434	IV	3 685	3 068	2 470	1 892	1 333	797
	VI	**8 796**	3 434	3 434							
36 863,99	I,IV	**4 330**	3 437	3 437	I	3 076	1 900	804			
	II	**3 135**	3 437	3 437	II	1 955	853	19			
	III	**1 202**	3 437	3 437	III	370					
	V	**8 296**	3 437	3 437	IV	3 694	3 076	2 478	1 900	1 340	804
	VI	**8 808**	3 437	3 437							
36 899,99	I,IV	**4 338**	3 440	3 440	I	3 084	1 907	811			
	II	**3 143**	3 440	3 440	II	1 962	860	23			
	III	**1 208**	3 440	3 440	III	374					
	V	**8 308**	3 440	3 440	IV	3 702	3 084	2 486	1 907	1 347	811
	VI	**8 820**	3 440	3 440							
36 935,99	I,IV	**4 347**	3 444	3 444	I	3 092	1 914	817			
	II	**3 151**	3 444	3 444	II	1 969	867	27			
	III	**1 214**	3 444	3 444	III	378					
	V	**8 318**	3 444	3 444	IV	3 710	3 092	2 494	1 914	1 354	817
	VI	**8 830**	3 444	3 444							
36 971,99	I,IV	**4 355**	3 447	3 447	I	3 100	1 922	824			
	II	**3 159**	3 447	3 447	II	1 977	873	31			
	III	**1 220**	3 447	3 447	III	384					
	V	**8 330**	3 447	3 447	IV	3 718	3 100	2 501	1 922	1 362	824
	VI	**8 844**	3 447	3 447							
37 007,99	I,IV	**4 364**	3 450	3 450	I	3 108	1 929	831	5		
	II	**3 167**	3 450	3 450	II	1 984	880	35			
	III	**1 226**	3 450	3 450	III	388					
	V	**8 344**	3 450	3 450	IV	3 726	3 108	2 509	1 929	1 369	831
	VI	**8 856**	3 450	3 450							
37 043,99	I,IV	**4 372**	3 454	3 454	I	3 116	1 937	837	9		
	II	**3 175**	3 454	3 454	II	1 992	887	40			
	III	**1 232**	3 454	3 454	III	394					
	V	**8 354**	3 454	3 454	IV	3 734	3 116	2 517	1 937	1 376	837
	VI	**8 868**	3 454	3 454							
37 079,99	I,IV	**4 381**	3 457	3 457	I	3 124	1 944	844	13		
	II	**3 183**	3 457	3 457	II	1 999	894	44			
	III	**1 238**	3 457	3 457	III	398					
	V	**8 366**	3 457	3 457	IV	3 743	3 124	2 524	1 944	1 383	844
	VI	**8 880**	3 457	3 457							
37 115,99	I,IV	**4 389**	3 461	3 461	I	3 132	1 952	851	17		
	II	**3 191**	3 461	3 461	II	2 007	901	48			
	III	**1 244**	3 461	3 461	III	404					
	V	**8 378**	3 461	3 461	IV	3 751	3 132	2 532	1 952	1 391	851
	VI	**8 892**	3 461	3 461							
37 151,99	I,IV	**4 398**	3 464	3 464	I	3 140	1 959	857	21		
	II	**3 199**	3 464	3 464	II	2 014	908	52			
	III	**1 250**	3 464	3 464	III	408					
	V	**8 390**	3 464	3 464	IV	3 759	3 140	2 540	1 959	1 398	857
	VI	**8 902**	3 464	3 464							

* Zur LSt-Berechnung für privat versicherte Arbeitnehmer s. Beispiele **Vorbemerkung S. 4 f.**
** Basisvorsorgepauschale KV und PV *** Typisierter Arbeitgeberzuschuss

Lohn/ Gehalt in € bis	Steuerklasse	Lohn-steuer*	BVSP**	TAGZ***	Steuerklasse	Bemessungsgrundlage für Kirchensteuer und Solidaritätszuschlag – Freibeträge für ... Kinder 0,5	1,0	1,5	2,0	2,5	3,0
37 187,99	I,IV	**4406**	3467	3467	I	3148	1967	864	25		
	II	**3207**	3467	3467	II	2022	914	57			
	III	**1256**	3467	3467	III	414					
	V	**8402**	3467	3467	IV	3767	3148	2548	1967	1405	864
	VI	**8916**	3467	3467							
37 223,99	I,IV	**4415**	3471	3471	I	3156	1974	871	30		
	II	**3215**	3471	3471	II	2030	922	61			
	III	**1262**	3471	3471	III	418					
	V	**8414**	3471	3471	IV	3776	3156	2555	1974	1412	871
	VI	**8928**	3471	3471							
37 259,99	I,IV	**4423**	3474	3474	I	3164	1982	878	34		
	II	**3223**	3474	3474	II	2037	928	66			
	III	**1268**	3474	3474	III	422					
	V	**8424**	3474	3474	IV	3784	3164	2563	1982	1420	878
	VI	**8940**	3474	3474							
37 295,99	I,IV	**4432**	3477	3477	I	3172	1989	884	38		
	II	**3231**	3477	3477	II	2044	935	70			
	III	**1274**	3477	3477	III	428					
	V	**8438**	3477	3477	IV	3792	3172	2571	1989	1427	884
	VI	**8952**	3477	3477							
37 331,99	I,IV	**4440**	3481	3481	I	3180	1997	891	42		
	II	**3239**	3481	3481	II	2052	942	74			
	III	**1280**	3481	3481	III	432					
	V	**8448**	3481	3481	IV	3800	3180	2578	1997	1434	891
	VI	**8964**	3481	3481							
37 367,99	I,IV	**4449**	3484	3484	I	3188	2004	898	47		
	II	**3247**	3484	3484	II	2060	949	79			
	III	**1286**	3484	3484	III	438					
	V	**8460**	3484	3484	IV	3809	3188	2586	2004	1441	898
	VI	**8976**	3484	3484							
37 403,99	I,IV	**4457**	3487	3487	I	3196	2012	905	51		
	II	**3255**	3487	3487	II	2067	956	83			
	III	**1294**	3487	3487	III	442					
	V	**8472**	3487	3487	IV	3817	3196	2594	2012	1448	905
	VI	**8988**	3487	3487							
37 439,99	I,IV	**4466**	3491	3491	I	3204	2019	912	55		
	II	**3263**	3491	3491	II	2074	963	87			
	III	**1300**	3491	3491	III	448					
	V	**8484**	3491	3491	IV	3825	3204	2602	2019	1456	912
	VI	**9000**	3491	3491							
37 475,99	I,IV	**4474**	3494	3494	I	3212	2027	919	60		
	II	**3271**	3494	3494	II	2082	970	92			
	III	**1306**	3494	3494	III	452					
	V	**8496**	3494	3494	IV	3834	3212	2610	2027	1463	919
	VI	**9012**	3494	3494							
37 511,99	I,IV	**4483**	3497	3497	I	3220	2034	926	64		
	II	**3279**	3497	3497	II	2090	977	96			
	III	**1312**	3497	3497	III	458					
	V	**8508**	3497	3497	IV	3842	3220	2617	2034	1470	926
	VI	**9024**	3497	3497							
37 547,99	I,IV	**4491**	3501	3501	I	3228	2042	933	68		
	II	**3287**	3501	3501	II	2097	984	101			
	III	**1318**	3501	3501	III	462					
	V	**8518**	3501	3501	IV	3850	3228	2625	2042	1477	933
	VI	**9036**	3501	3501							
37 583,99	I,IV	**4500**	3504	3504	I	3236	2049	940	73		
	II	**3295**	3504	3504	II	2105	991	105			
	III	**1324**	3504	3504	III	468					
	V	**8532**	3504	3504	IV	3858	3236	2633	2049	1485	940
	VI	**9048**	3504	3504							

* Zur LSt-Berechnung für privat versicherte Arbeitnehmer s. Beispiele **Vorbemerkung S. 4 f.**
** Basisvorsorgepauschale KV und PV *** Typisierter Arbeitgeberzuschuss

Lohn/ Gehalt in € bis	Steuerklasse	Lohn-steuer*	BVSP**	TAGZ***	Steuerklasse	Bemessungsgrundlage für Kirchensteuer und Solidaritätszuschlag – Freibeträge für ... Kinder 0,5	**1,0**	1,5	**2,0**	2,5	**3,0**
37 619,99	I,IV	**4 508**	3 508	3 508	I	3 244	2 057	947	77		
	II	**3 303**	3 508	3 508	II	2 112	998	110			
	III	**1 330**	3 508	3 508	III	472					
	V	**8 544**	3 508	3 508	IV	3 867	3 244	2 641	2 057	1 492	947
	VI	**9 060**	3 508	3 508							
37 655,99	I,IV	**4 517**	3 511	3 511	I	3 252	2 064	954	81		
	II	**3 311**	3 511	3 511	II	2 120	1 005	115			
	III	**1 336**	3 511	3 511	III	476					
	V	**8 554**	3 511	3 511	IV	3 875	3 252	2 648	2 064	1 499	954
	VI	**9 074**	3 511	3 511							
37 691,99	I,IV	**4 525**	3 514	3 514	I	3 260	2 072	961	86		
	II	**3 319**	3 514	3 514	II	2 127	1 012	119			
	III	**1 344**	3 514	3 514	III	482					
	V	**8 566**	3 514	3 514	IV	3 883	3 260	2 656	2 072	1 506	961
	VI	**9 086**	3 514	3 514							
37 727,99	I,IV	**4 534**	3 518	3 518	I	3 268	2 079	968	90		
	II	**3 327**	3 518	3 518	II	2 135	1 020	124			
	III	**1 350**	3 518	3 518	III	488					
	V	**8 578**	3 518	3 518	IV	3 891	3 268	2 664	2 079	1 514	968
	VI	**9 098**	3 518	3 518							
37 763,99	I,IV	**4 542**	3 521	3 521	I	3 276	2 087	975	95		
	II	**3 335**	3 521	3 521	II	2 142	1 027	128			
	III	**1 356**	3 521	3 521	III	492					
	V	**8 592**	3 521	3 521	IV	3 900	3 276	2 672	2 087	1 521	975
	VI	**9 110**	3 521	3 521							
37 799,99	I,IV	**4 551**	3 524	3 524	I	3 284	2 094	982	99		
	II	**3 343**	3 524	3 524	II	2 150	1 034	133			
	III	**1 362**	3 524	3 524	III	498					
	V	**8 602**	3 524	3 524	IV	3 908	3 284	2 679	2 094	1 528	982
	VI	**9 120**	3 524	3 524							
37 835,99	I,IV	**4 560**	3 528	3 528	I	3 292	2 102	989	104		
	II	**3 352**	3 528	3 528	II	2 158	1 041	138			
	III	**1 368**	3 528	3 528	III	502					
	V	**8 614**	3 528	3 528	IV	3 916	3 292	2 687	2 102	1 536	989
	VI	**9 134**	3 528	3 528							
37 871,99	I,IV	**4 568**	3 531	3 531	I	3 300	2 109	996	108		
	II	**3 360**	3 531	3 531	II	2 165	1 048	142			
	III	**1 374**	3 531	3 531	III	508					
	V	**8 626**	3 531	3 531	IV	3 925	3 300	2 695	2 109	1 543	996
	VI	**9 146**	3 531	3 531							
37 907,99	I,IV	**4 577**	3 534	3 534	I	3 308	2 117	1 003	113		
	II	**3 368**	3 534	3 534	II	2 173	1 055	147			
	III	**1 382**	3 534	3 534	III	512					
	V	**8 636**	3 534	3 534	IV	3 933	3 308	2 703	2 117	1 550	1 003
	VI	**9 158**	3 534	3 534							
37 943,99	I,IV	**4 585**	3 538	3 538	I	3 316	2 124	1 010	117		
	II	**3 376**	3 538	3 538	II	2 180	1 062	151			
	III	**1 388**	3 538	3 538	III	518					
	V	**8 650**	3 538	3 538	IV	3 941	3 316	2 711	2 124	1 557	1 010
	VI	**9 170**	3 538	3 538							
37 979,99	I,IV	**4 594**	3 541	3 541	I	3 324	2 132	1 017	122		
	II	**3 384**	3 541	3 541	II	2 188	1 069	156			
	III	**1 394**	3 541	3 541	III	522					
	V	**8 662**	3 541	3 541	IV	3 949	3 324	2 719	2 132	1 565	1 017
	VI	**9 182**	3 541	3 541							
38 015,99	I,IV	**4 602**	3 544	3 544	I	3 332	2 140	1 024	127		
	II	**3 392**	3 544	3 544	II	2 195	1 076	161			
	III	**1 400**	3 544	3 544	III	528					
	V	**8 674**	3 544	3 544	IV	3 958	3 332	2 726	2 140	1 572	1 024
	VI	**9 194**	3 544	3 544							

* Zur LSt-Berechnung für privat versicherte Arbeitnehmer s. Beispiele **Vorbemerkung S. 4 f.**
** Basisvorsorgepauschale KV und PV *** Typisierter Arbeitgeberzuschuss

Lohn/ Gehalt in € bis	Steuerklasse	Lohn-steuer*	BVSP**	TAGZ***	Steuerklasse	Bemessungsgrundlage für Kirchensteuer und Solidaritätszuschlag					
						Freibeträge für … Kinder					
						0,5	**1,0**	1,5	**2,0**	2,5	**3,0**
38 051,99	I,IV	**4 611**	3 548	3 548	I	3 340	2 147	1 031	131		
	II	**3 400**	3 548	3 548	II	2 203	1 083	166			
	III	**1 406**	3 548	3 548	III	532					
	V	**8 684**	3 548	3 548	IV	3 966	3 340	2 734	2 147	1 579	1 031
	VI	**9 206**	3 548	3 548							
38 087,99	I,IV	**4 620**	3 551	3 551	I	3 349	2 155	1 038	136		
	II	**3 408**	3 551	3 551	II	2 211	1 090	170			
	III	**1 412**	3 551	3 551	III	538					
	V	**8 696**	3 551	3 551	IV	3 974	3 349	2 742	2 155	1 587	1 038
	VI	**9 218**	3 551	3 551							
38 123,99	I,IV	**4 628**	3 555	3 555	I	3 357	2 162	1 045	140		
	II	**3 416**	3 555	3 555	II	2 218	1 097	175			
	III	**1 420**	3 555	3 555	III	542					
	V	**8 710**	3 555	3 555	IV	3 983	3 357	2 750	2 162	1 594	1 045
	VI	**9 230**	3 555	3 555							
38 159,99	I,IV	**4 637**	3 558	3 558	I	3 365	2 170	1 052	145		
	II	**3 424**	3 558	3 558	II	2 226	1 104	180			
	III	**1 426**	3 558	3 558	III	548					
	V	**8 722**	3 558	3 558	IV	3 991	3 365	2 758	2 170	1 601	1 052
	VI	**9 242**	3 558	3 558							
38 195,99	I,IV	**4 645**	3 561	3 561	I	3 373	2 177	1 059	150		
	II	**3 432**	3 561	3 561	II	2 233	1 112	185			
	III	**1 432**	3 561	3 561	III	552					
	V	**8 734**	3 561	3 561	IV	3 999	3 373	2 766	2 177	1 609	1 059
	VI	**9 254**	3 561	3 561							
38 231,99	I,IV	**4 654**	3 565	3 565	I	3 381	2 185	1 066	154		
	II	**3 440**	3 565	3 565	II	2 241	1 119	189			
	III	**1 438**	3 565	3 565	III	558					
	V	**8 744**	3 565	3 565	IV	4 008	3 381	2 773	2 185	1 616	1 066
	VI	**9 268**	3 565	3 565							
38 267,99	I,IV	**4 662**	3 568	3 568	I	3 389	2 192	1 073	159		
	II	**3 449**	3 568	3 568	II	2 248	1 126	194			
	III	**1 444**	3 568	3 568	III	562					
	V	**8 756**	3 568	3 568	IV	4 016	3 389	2 781	2 192	1 623	1 073
	VI	**9 280**	3 568	3 568							
38 303,99	I,IV	**4 671**	3 571	3 571	I	3 397	2 200	1 080	164		
	II	**3 457**	3 571	3 571	II	2 256	1 133	199			
	III	**1 452**	3 571	3 571	III	568					
	V	**8 770**	3 571	3 571	IV	4 024	3 397	2 789	2 200	1 631	1 080
	VI	**9 292**	3 571	3 571							
38 339,99	I,IV	**4 680**	3 575	3 575	I	3 405	2 208	1 088	169		
	II	**3 465**	3 575	3 575	II	2 264	1 140	204			
	III	**1 458**	3 575	3 575	III	574					
	V	**8 782**	3 575	3 575	IV	4 033	3 405	2 797	2 208	1 638	1 088
	VI	**9 304**	3 575	3 575							
38 375,99	I,IV	**4 688**	3 578	3 578	I	3 413	2 215	1 095	173		
	II	**3 473**	3 578	3 578	II	2 271	1 147	209			
	III	**1 464**	3 578	3 578	III	578					
	V	**8 792**	3 578	3 578	IV	4 041	3 413	2 805	2 215	1 645	1 095
	VI	**9 316**	3 578	3 578							
38 411,99	I,IV	**4 697**	3 581	3 581	I	3 421	2 223	1 102	178		
	II	**3 481**	3 581	3 581	II	2 279	1 154	214			
	III	**1 470**	3 581	3 581	III	584					
	V	**8 804**	3 581	3 581	IV	4 049	3 421	2 812	2 223	1 653	1 102
	VI	**9 328**	3 581	3 581							
38 447,99	I,IV	**4 705**	3 585	3 585	I	3 429	2 231	1 109	183		
	II	**3 489**	3 585	3 585	II	2 287	1 161	219			
	III	**1 478**	3 585	3 585	III	588					
	V	**8 816**	3 585	3 585	IV	4 058	3 429	2 820	2 231	1 660	1 109
	VI	**9 342**	3 585	3 585							

* Zur LSt-Berechnung für privat versicherte Arbeitnehmer s. Beispiele **Vorbemerkung S. 4 f.**
** Basisvorsorgepauschale KV und PV *** Typisierter Arbeitgeberzuschuss

Lohn/ Gehalt in € bis	Steuerklasse	Lohn-steuer*	BVSP**	TAGZ***	Steuerklasse	Bemessungsgrundlage für Kirchensteuer und Solidaritätszuschlag – Freibeträge für … Kinder 0,5	1,0	1,5	2,0	2,5	3,0
38483,99	I,IV	**4714**	3588	3588	I	3437	2238	1116	188		
	II	**3497**	3588	3588	II	2294	1168	224			
	III	**1484**	3588	3588	III	594					
	V	**8830**	3588	3588	IV	4066	3437	2828	2238	1667	1116
	VI	**9352**	3588	3588							
38519,99	I,IV	**4723**	3591	3591	I	3445	2246	1123	192		
	II	**3505**	3591	3591	II	2302	1175	228			
	III	**1490**	3591	3591	III	600					
	V	**8842**	3591	3591	IV	4074	3445	2836	2246	1675	1123
	VI	**9364**	3591	3591							
38555,99	I,IV	**4731**	3595	3595	I	3453	2253	1130	197		
	II	**3513**	3595	3595	II	2309	1182	233			
	III	**1496**	3595	3595	III	604					
	V	**8852**	3595	3595	IV	4083	3453	2844	2253	1682	1130
	VI	**9378**	3595	3595							
38591,99	I,IV	**4740**	3598	3598	I	3462	2261	1137	202		
	II	**3522**	3598	3598	II	2317	1190	238			
	III	**1502**	3598	3598	III	610					
	V	**8864**	3598	3598	IV	4091	3462	2852	2261	1689	1137
	VI	**9392**	3598	3598							
38627,99	I,IV	**4748**	3602	3602	I	3470	2268	1144	207		
	II	**3530**	3602	3602	II	2325	1197	243			
	III	**1510**	3602	3602	III	614					
	V	**8876**	3602	3602	IV	4099	3470	2859	2268	1697	1144
	VI	**9401**	3602	3602							
38663,99	I,IV	**4757**	3605	3605	I	3478	2276	1151	212		
	II	**3538**	3605	3605	II	2332	1204	248			
	III	**1516**	3605	3605	III	620					
	V	**8890**	3605	3605	IV	4108	3478	2867	2276	1704	1151
	VI	**9413**	3605	3605							
38699,99	I,IV	**4766**	3608	3608	I	3486	2284	1159	217		
	II	**3546**	3608	3608	II	2340	1211	254			
	III	**1522**	3608	3608	III	626					
	V	**8902**	3608	3608	IV	4116	3486	2875	2284	1712	1159
	VI	**9426**	3608	3608							
38735,99	I,IV	**4774**	3612	3612	I	3494	2291	1166	222		
	II	**3554**	3612	3612	II	2348	1218	259			
	III	**1528**	3612	3612	III	630					
	V	**8914**	3612	3612	IV	4125	3494	2883	2291	1719	1166
	VI	**9438**	3612	3612							
38771,99	I,IV	**4783**	3615	3615	I	3502	2299	1173	227		
	II	**3562**	3615	3615	II	2355	1225	264			
	III	**1536**	3615	3615	III	636					
	V	**8924**	3615	3615	IV	4133	3502	2891	2299	1726	1173
	VI	**9450**	3615	3615							
38807,99	I,IV	**4792**	3618	3618	I	3511	2307	1180	232		
	II	**3571**	3618	3618	II	2363	1233	269			
	III	**1542**	3618	3618	III	640					
	V	**8938**	3618	3618	IV	4142	3511	2899	2307	1734	1180
	VI	**9463**	3618	3618							
38843,99	I,IV	**4800**	3622	3622	I	3519	2314	1187	237		
	II	**3579**	3622	3622	II	2371	1240	274			
	III	**1548**	3622	3622	III	646					
	V	**8948**	3622	3622	IV	4150	3519	2907	2314	1741	1187
	VI	**9475**	3622	3622							
38879,99	I,IV	**4809**	3625	3625	I	3527	2322	1194	242		
	II	**3587**	3625	3625	II	2378	1247	279			
	III	**1554**	3625	3625	III	652					
	V	**8960**	3625	3625	IV	4158	3527	2915	2322	1748	1194
	VI	**9487**	3625	3625							

* Zur LSt-Berechnung für privat versicherte Arbeitnehmer s. Beispiele **Vorbemerkung S. 4f.**
** Basisvorsorgepauschale KV und PV *** Typisierter Arbeitgeberzuschuss

Lohn/ Gehalt in € bis	Steuerklasse	Lohnsteuer*	BVSP**	TAGZ***	Steuerklasse	Bemessungsgrundlage für Kirchensteuer und Solidaritätszuschlag: Freibeträge für ... Kinder 0,5	**1,0**	1,5	**2,0**	2,5	**3,0**
38915,99	I,IV	**4817**	3628	3628	I	3535	2329	1201	247		
	II	**3595**	3628	3628	II	2386	1254	284			
	III	**1562**	3628	3628	III	656					
	V	**8974**	3628	3628	IV	4166	3535	2922	2329	1756	1201
	VI	**9500**	3628	3628							
38951,99	I,IV	**4826**	3632	3632	I	3543	2337	1208	252		
	II	**3603**	3632	3632	II	2394	1261	289			
	III	**1568**	3632	3632	III	662					
	V	**8986**	3632	3632	IV	4175	3543	2930	2337	1763	1208
	VI	**9512**	3632	3632							
38987,99	I,IV	**4835**	3635	3635	I	3551	2345	1215	257		
	II	**3611**	3635	3635	II	2401	1268	294			
	III	**1574**	3635	3635	III	668					
	V	**8998**	3635	3635	IV	4183	3551	2938	2345	1770	1215
	VI	**9524**	3635	3635							
39023,99	I,IV	**4843**	3638	3638	I	3559	2352	1223	262		
	II	**3619**	3638	3638	II	2409	1275	299			
	III	**1582**	3638	3638	III	672					
	V	**9010**	3638	3638	IV	4192	3559	2946	2352	1778	1223
	VI	**9537**	3638	3638							
39059,99	I,IV	**4852**	3642	3642	I	3568	2360	1230	267		
	II	**3628**	3642	3642	II	2417	1283	305			
	III	**1588**	3642	3642	III	678					
	V	**9022**	3642	3642	IV	4200	3568	2954	2360	1785	1230
	VI	**9549**	3642	3642							
39095,99	I,IV	**4861**	3645	3645	I	3576	2368	1237	272		
	II	**3636**	3645	3645	II	2424	1290	310			
	III	**1594**	3645	3645	III	684					
	V	**9034**	3645	3645	IV	4209	3576	2962	2368	1793	1237
	VI	**9561**	3645	3645							
39131,99	I,IV	**4869**	3649	3649	I	3584	2375	1244	277		
	II	**3644**	3649	3649	II	2432	1297	315			
	III	**1602**	3649	3649	III	688					
	V	**9046**	3649	3649	IV	4217	3584	2970	2375	1800	1244
	VI	**9573**	3649	3649							
39167,99	I,IV	**4878**	3652	3652	I	3592	2383	1251	282		
	II	**3652**	3652	3652	II	2439	1304	320			
	III	**1608**	3652	3652	III	694					
	V	**9058**	3652	3652	IV	4225	3592	2978	2383	1807	1251
	VI	**9586**	3652	3652							
39203,99	I,IV	**4887**	3655	3655	I	3600	2391	1258	287		
	II	**3661**	3655	3655	II	2447	1311	326			
	III	**1614**	3655	3655	III	700					
	V	**9070**	3655	3655	IV	4234	3600	2986	2391	1815	1258
	VI	**9598**	3655	3655							
39239,99	I,IV	**4895**	3659	3659	I	3608	2398	1265	292		
	II	**3669**	3659	3659	II	2455	1318	331			
	III	**1622**	3659	3659	III	704					
	V	**9082**	3659	3659	IV	4242	3608	2994	2398	1822	1265
	VI	**9610**	3659	3659							
39275,99	I,IV	**4904**	3662	3662	I	3616	2406	1273	297		
	II	**3677**	3662	3662	II	2463	1325	336			
	III	**1628**	3662	3662	III	710					
	V	**9094**	3662	3662	IV	4251	3616	3001	2406	1830	1273
	VI	**9623**	3662	3662							
39311,99	I,IV	**4913**	3665	3665	I	3625	2414	1280	303		
	II	**3685**	3665	3665	II	2470	1333	342			
	III	**1634**	3665	3665	III	716					
	V	**9106**	3665	3665	IV	4259	3625	3010	2414	1837	1280
	VI	**9635**	3665	3665							

* Zur LSt-Berechnung für privat versicherte Arbeitnehmer s. Beispiele **Vorbemerkung S. 4f.**
** Basisvorsorgepauschale KV und PV *** Typisierter Arbeitgeberzuschuss

Lohn/ Gehalt in € bis	Steuerklasse	Lohn- steuer*	BVSP**	TAGZ***	Steuerklasse	Bemessungsgrundlage für Kirchensteuer und Solidaritätszuschlag – Freibeträge für … Kinder 0,5	1,0	1,5	2,0	2,5	3,0
39 347,99	I,IV	**4 921**	3 669	3 669	I	3 633	2 421	1 287	308		
	II	**3 693**	3 669	3 669	II	2 478	1 340	347			
	III	**1 640**	3 669	3 669	III	720					
	V	**9 118**	3 669	3 669	IV	4 268	3 633	3 017	2 421	1 845	1 287
	VI	**9 647**	3 669	3 669							
39 383,99	I,IV	**4 930**	3 672	3 672	I	3 641	2 429	1 294	313		
	II	**3 701**	3 672	3 672	II	2 486	1 347	352			
	III	**1 648**	3 672	3 672	III	726					
	V	**9 132**	3 672	3 672	IV	4 276	3 641	3 025	2 429	1 852	1 294
	VI	**9 660**	3 672	3 672							
39 419,99	I,IV	**4 939**	3 675	3 675	I	3 649	2 437	1 301	318		
	II	**3 710**	3 675	3 675	II	2 494	1 354	358			
	III	**1 654**	3 675	3 675	III	732	4				
	V	**9 144**	3 675	3 675	IV	4 285	3 649	3 033	2 437	1 859	1 301
	VI	**9 672**	3 675	3 675							
39 455,99	I,IV	**4 948**	3 679	3 679	I	3 657	2 444	1 309	324		
	II	**3 718**	3 679	3 679	II	2 501	1 362	363			
	III	**1 662**	3 679	3 679	III	736	10				
	V	**9 156**	3 679	3 679	IV	4 293	3 657	3 041	2 444	1 867	1 309
	VI	**9 684**	3 679	3 679							
39 491,99	I,IV	**4 956**	3 682	3 682	I	3 666	2 452	1 316	329		
	II	**3 726**	3 682	3 682	II	2 509	1 369	368			
	III	**1 668**	3 682	3 682	III	742	14				
	V	**9 168**	3 682	3 682	IV	4 301	3 666	3 049	2 452	1 874	1 316
	VI	**9 697**	3 682	3 682							
39 527,99	I,IV	**4 965**	3 685	3 685	I	3 674	2 460	1 323	334		
	II	**3 734**	3 685	3 685	II	2 516	1 376	374			
	III	**1 674**	3 685	3 685	III	748	18				
	V	**9 180**	3 685	3 685	IV	4 310	3 674	3 057	2 460	1 882	1 323
	VI	**9 709**	3 685	3 685							
39 563,99	I,IV	**4 974**	3 689	3 689	I	3 682	2 468	1 330	340		
	II	**3 743**	3 689	3 689	II	2 524	1 383	379			
	III	**1 682**	3 689	3 689	III	754	22				
	V	**9 192**	3 689	3 689	IV	4 318	3 682	3 065	2 468	1 889	1 330
	VI	**9 721**	3 689	3 689							
39 599,99	I,IV	**4 982**	3 692	3 692	I	3 690	2 475	1 337	345		
	II	**3 751**	3 692	3 692	II	2 532	1 390	385			
	III	**1 688**	3 692	3 692	III	758	26				
	V	**9 204**	3 692	3 692	IV	4 327	3 690	3 073	2 475	1 897	1 337
	VI	**9 733**	3 692	3 692							
39 635,99	I,IV	**4 991**	3 696	3 696	I	3 698	2 483	1 344	350		
	II	**3 759**	3 696	3 696	II	2 540	1 398	390			
	III	**1 694**	3 696	3 696	III	764	30				
	V	**9 216**	3 696	3 696	IV	4 335	3 698	3 081	2 483	1 904	1 344
	VI	**9 746**	3 696	3 696							
39 671,99	I,IV	**5 000**	3 699	3 699	I	3 707	2 491	1 352	356		
	II	**3 767**	3 699	3 699	II	2 548	1 405	396			
	III	**1 702**	3 699	3 699	III	770	34				
	V	**9 228**	3 699	3 699	IV	4 344	3 707	3 089	2 491	1 912	1 352
	VI	**9 758**	3 699	3 699							
39 707,99	I,IV	**5 009**	3 702	3 702	I	3 715	2 498	1 359	361		
	II	**3 775**	3 702	3 702	II	2 555	1 412	401			
	III	**1 708**	3 702	3 702	III	774	38				
	V	**9 242**	3 702	3 702	IV	4 352	3 715	3 097	2 498	1 919	1 359
	VI	**9 770**	3 702	3 702							
39 743,99	I,IV	**5 017**	3 706	3 706	I	3 723	2 506	1 366	366		
	II	**3 784**	3 706	3 706	II	2 563	1 419	407			
	III	**1 714**	3 706	3 706	III	780	42				
	V	**9 254**	3 706	3 706	IV	4 360	3 723	3 105	2 506	1 926	1 366
	VI	**9 783**	3 706	3 706							

* Zur LSt-Berechnung für privat versicherte Arbeitnehmer s. Beispiele **Vorbemerkung S. 4 f.**
** Basisvorsorgepauschale KV und PV *** Typisierter Arbeitgeberzuschuss

Lohn/ Gehalt in € bis	Steuerklasse	Lohn-steuer*	BVSP**	TAGZ***	Steuerklasse	Bemessungsgrundlage für Kirchensteuer und Solidaritätszuschlag					
						Freibeträge für ... Kinder					
						0,5	**1,0**	1,5	**2,0**	2,5	**3,0**
39779,99	I,IV	**5026**	3709	3709	I	3731	2514	1373	372		
	II	**3792**	3709	3709	II	2571	1426	412			
	III	**1722**	3709	3709	III	786	46				
	V	**9264**	3709	3709	IV	4369	3731	3113	2514	1934	1373
	VI	**9795**	3709	3709							
39815,99	I,IV	**5035**	3712	3712	I	3740	2521	1381	377		
	II	**3800**	3712	3712	II	2578	1434	418			
	III	**1728**	3712	3712	III	792	50				
	V	**9278**	3712	3712	IV	4377	3740	3121	2521	1941	1381
	VI	**9807**	3712	3712							
39851,99	I,IV	**5043**	3716	3716	I	3748	2529	1388	383		
	II	**3808**	3716	3716	II	2586	1441	423			
	III	**1736**	3716	3716	III	796	54				
	V	**9290**	3716	3716	IV	4386	3748	3129	2529	1949	1388
	VI	**9820**	3716	3716							
39887,99	I,IV	**5052**	3719	3719	I	3756	2537	1395	388		
	II	**3817**	3719	3719	II	2594	1448	429			
	III	**1742**	3719	3719	III	802	58				
	V	**9302**	3719	3719	IV	4394	3756	3137	2537	1956	1395
	VI	**9832**	3719	3719							
39923,99	I,IV	**5061**	3722	3722	I	3764	2545	1402	394		
	II	**3825**	3722	3722	II	2602	1456	434			
	III	**1748**	3722	3722	III	808	64				
	V	**9314**	3722	3722	IV	4403	3764	3145	2545	1964	1402
	VI	**9844**	3722	3722							
39959,99	I,IV	**5070**	3726	3726	I	3772	2552	1409	399		
	II	**3833**	3726	3726	II	2609	1463	440			
	III	**1756**	3726	3726	III	814	68				
	V	**9326**	3726	3726	IV	4411	3772	3153	2552	1971	1409
	VI	**9857**	3726	3726							
39995,99	I,IV	**5078**	3729	3729	I	3781	2560	1417	404		
	II	**3841**	3729	3729	II	2617	1470	446			
	III	**1762**	3729	3729	III	818	72				
	V	**9340**	3729	3729	IV	4420	3781	3161	2560	1979	1417
	VI	**9869**	3729	3729							
40031,99	I,IV	**5087**	3732	3732	I	3789	2568	1424	410		
	II	**3850**	3732	3732	II	2625	1477	451			
	III	**1768**	3732	3732	III	824	76				
	V	**9352**	3732	3732	IV	4428	3789	3169	2568	1986	1424
	VI	**9881**	3732	3732							
40067,99	I,IV	**5096**	3736	3736	I	3797	2576	1431	416		
	II	**3858**	3736	3736	II	2633	1485	457			
	III	**1776**	3736	3736	III	830	80				
	V	**9364**	3736	3736	IV	4437	3797	3177	2576	1994	1431
	VI	**9894**	3736	3736							
40103,99	I,IV	**5105**	3739	3739	I	3805	2583	1438	421		
	II	**3866**	3739	3739	II	2640	1492	463			
	III	**1782**	3739	3739	III	836	84				
	V	**9376**	3739	3739	IV	4445	3805	3185	2583	2001	1438
	VI	**9906**	3739	3739							
40139,99	I,IV	**5113**	3743	3743	I	3813	2591	1445	427		
	II	**3874**	3743	3743	II	2648	1499	468			
	III	**1790**	3743	3743	III	842	88				
	V	**9388**	3743	3743	IV	4454	3813	3193	2591	2009	1445
	VI	**9918**	3743	3743							
40175,99	I,IV	**5122**	3746	3746	I	3822	2599	1453	432		
	II	**3883**	3746	3746	II	2656	1506	474			
	III	**1796**	3746	3746	III	846	94				
	V	**9399**	3746	3746	IV	4462	3822	3201	2599	2016	1453
	VI	**9930**	3746	3746							

* Zur LSt-Berechnung für privat versicherte Arbeitnehmer s. Beispiele **Vorbemerkung S. 4f.**

** Basisvorsorgepauschale KV und PV *** Typisierter Arbeitgeberzuschuss

Lohn/ Gehalt in € bis	Steuerklasse	Lohn-steuer*	BVSP**	TAGZ***	Steuerklasse	Bemessungsgrundlage für Kirchensteuer und Solidaritätszuschlag					
						Freibeträge für ... Kinder					
						0,5	**1,0**	1,5	**2,0**	2,5	**3,0**
40 211,99	I,IV	**5 131**	3 749	3 749	I	3 830	2 607	1 460	438		
	II	**3 891**	3 749	3 749	II	2 664	1 514	480			
	III	**1 804**	3 749	3 749	III	852	98				
	V	**9 411**	3 749	3 749	IV	4 471	3 830	3 209	2 607	2 024	1 460
	VI	**9 943**	3 749	3 749							
40 247,99	I,IV	**5 140**	3 753	3 753	I	3 838	2 614	1 467	443		
	II	**3 899**	3 753	3 753	II	2 671	1 521	485			
	III	**1 810**	3 753	3 753	III	858	102				
	V	**9 423**	3 753	3 753	IV	4 479	3 838	3 217	2 614	2 031	1 467
	VI	**9 955**	3 753	3 753							
40 283,99	I,IV	**5 149**	3 756	3 756	I	3 847	2 622	1 475	449		
	II	**3 908**	3 756	3 756	II	2 679	1 528	491			
	III	**1 818**	3 756	3 756	III	864	106				
	V	**9 436**	3 756	3 756	IV	4 488	3 847	3 225	2 622	2 039	1 475
	VI	**9 967**	3 756	3 756							
40 319,99	I,IV	**5 157**	3 759	3 759	I	3 855	2 630	1 482	455		
	II	**3 916**	3 759	3 759	II	2 687	1 535	497			
	III	**1 824**	3 759	3 759	III	868	110				
	V	**9 448**	3 759	3 759	IV	4 496	3 855	3 233	2 630	2 046	1 482
	VI	**9 980**	3 759	3 759							
40 355,99	I,IV	**5 166**	3 763	3 763	I	3 863	2 638	1 489	460		
	II	**3 924**	3 763	3 763	II	2 695	1 543	503			
	III	**1 830**	3 763	3 763	III	874	114				
	V	**9 460**	3 763	3 763	IV	4 505	3 863	3 241	2 638	2 054	1 489
	VI	**9 992**	3 763	3 763							
40 391,99	I,IV	**5 175**	3 766	3 766	I	3 872	2 645	1 496	466		
	II	**3 933**	3 766	3 766	II	2 703	1 550	509			
	III	**1 838**	3 766	3 766	III	880	120				
	V	**9 473**	3 766	3 766	IV	4 514	3 872	3 249	2 645	2 061	1 496
	VI	**10 004**	3 766	3 766							
40 427,99	I,IV	**5 184**	3 769	3 769	I	3 880	2 653	1 504	472		
	II	**3 941**	3 769	3 769	II	2 711	1 557	515			
	III	**1 844**	3 769	3 769	III	886	124				
	V	**9 485**	3 769	3 769	IV	4 522	3 880	3 257	2 653	2 069	1 504
	VI	**10 017**	3 769	3 769							
40 463,99	I,IV	**5 192**	3 773	3 773	I	3 888	2 661	1 511	478		
	II	**3 949**	3 773	3 773	II	2 718	1 565	520			
	III	**1 852**	3 773	3 773	III	892	128				
	V	**9 497**	3 773	3 773	IV	4 531	3 888	3 265	2 661	2 076	1 511
	VI	**10 029**	3 773	3 773							
40 499,99	I,IV	**5 201**	3 776	3 776	I	3 896	2 669	1 518	483		
	II	**3 957**	3 776	3 776	II	2 726	1 572	526			
	III	**1 858**	3 776	3 776	III	896	132				
	V	**9 509**	3 776	3 776	IV	4 539	3 896	3 273	2 669	2 084	1 518
	VI	**10 041**	3 776	3 776							
40 535,99	I,IV	**5 210**	3 779	3 779	I	3 905	2 677	1 526	489		
	II	**3 966**	3 779	3 779	II	2 734	1 579	532			
	III	**1 866**	3 779	3 779	III	902	136				
	V	**9 522**	3 779	3 779	IV	4 548	3 905	3 281	2 677	2 091	1 526
	VI	**10 054**	3 779	3 779							
40 571,99	I,IV	**5 219**	3 783	3 783	I	3 913	2 684	1 533	495		
	II	**3 974**	3 783	3 783	II	2 742	1 587	538			
	III	**1 872**	3 783	3 783	III	908	140				
	V	**9 534**	3 783	3 783	IV	4 556	3 913	3 289	2 684	2 099	1 533
	VI	**10 066**	3 783	3 783							
40 607,99	I,IV	**5 227**	3 786	3 786	I	3 921	2 692	1 540	501		
	II	**3 982**	3 786	3 786	II	2 750	1 594	544			
	III	**1 880**	3 786	3 786	III	914	146				
	V	**9 546**	3 786	3 786	IV	4 565	3 921	3 297	2 692	2 106	1 540
	VI	**10 078**	3 786	3 786							

* Zur LSt-Berechnung für privat versicherte Arbeitnehmer s. Beispiele **Vorbemerkung S. 4 f.**
** Basisvorsorgepauschale KV und PV *** Typisierter Arbeitgeberzuschuss

Lohn/ Gehalt in € bis	Steuerklasse	Lohnsteuer*	BVSP**	TAGZ***	Steuerklasse	Bemessungsgrundlage für Kirchensteuer und Solidaritätszuschlag					
						Freibeträge für ... Kinder					
						0,5	**1,0**	1,5	**2,0**	2,5	**3,0**
40 643,99	I,IV	**5 236**	3 790	3 790	I	3 930	2 700	1 547	507		
	II	**3 991**	3 790	3 790	II	2 758	1 601	550			
	III	**1 886**	3 790	3 790	III	920	150				
	V	**9 559**	3 790	3 790	IV	4 573	3 930	3 305	2 700	2 114	1 547
	VI	**10 090**	3 790	3 790							
40 679,99	I,IV	**5 245**	3 793	3 793	I	3 938	2 708	1 555	512		
	II	**3 999**	3 793	3 793	II	2 765	1 609	556			
	III	**1 894**	3 793	3 793	III	926	154				
	V	**9 571**	3 793	3 793	IV	4 582	3 938	3 313	2 708	2 122	1 555
	VI	**10 103**	3 793	3 793							
40 715,99	I,IV	**5 254**	3 796	3 796	I	3 946	2 715	1 562	518		
	II	**4 007**	3 796	3 796	II	2 773	1 616	562			
	III	**1 900**	3 796	3 796	III	932	158				
	V	**9 583**	3 796	3 796	IV	4 590	3 946	3 321	2 715	2 129	1 562
	VI	**10 115**	3 796	3 796							
40 751,99	I,IV	**5 263**	3 800	3 800	I	3 954	2 723	1 569	524		
	II	**4 016**	3 800	3 800	II	2 781	1 623	568			
	III	**1 908**	3 800	3 800	III	936	162				
	V	**9 595**	3 800	3 800	IV	4 599	3 954	3 329	2 723	2 136	1 569
	VI	**10 127**	3 800	3 800							
40 787,99	I,IV	**5 272**	3 803	3 803	I	3 963	2 731	1 577	530		
	II	**4 024**	3 803	3 803	II	2 789	1 631	574			
	III	**1 914**	3 803	3 803	III	942	168				
	V	**9 608**	3 803	3 803	IV	4 608	3 963	3 337	2 731	2 144	1 577
	VI	**10 140**	3 803	3 803							
40 823,99	I,IV	**5 280**	3 806	3 806	I	3 971	2 739	1 584	536		
	II	**4 032**	3 806	3 806	II	2 797	1 638	580			
	III	**1 922**	3 806	3 806	III	948	172				
	V	**9 620**	3 806	3 806	IV	4 616	3 971	3 345	2 739	2 152	1 584
	VI	**10 152**	3 806	3 806							
40 859,99	I,IV	**5 289**	3 810	3 810	I	3 979	2 747	1 591	542		
	II	**4 041**	3 810	3 810	II	2 804	1 645	586			
	III	**1 928**	3 810	3 810	III	954	176				
	V	**9 632**	3 810	3 810	IV	4 625	3 979	3 353	2 747	2 159	1 591
	VI	**10 164**	3 810	3 810							
40 895,99	I,IV	**5 298**	3 813	3 813	I	3 988	2 755	1 599	548		
	II	**4 049**	3 813	3 813	II	2 812	1 653	592			
	III	**1 936**	3 813	3 813	III	960	180				
	V	**9 645**	3 813	3 813	IV	4 633	3 988	3 362	2 755	2 167	1 599
	VI	**10 177**	3 813	3 813							
40 931,99	I,IV	**5 307**	3 816	3 816	I	3 996	2 762	1 606	554		
	II	**4 058**	3 816	3 816	II	2 820	1 660	598			
	III	**1 942**	3 816	3 816	III	966	186				
	V	**9 657**	3 816	3 816	IV	4 642	3 996	3 370	2 762	2 174	1 606
	VI	**10 189**	3 816	3 816							
40 967,99	I,IV	**5 316**	3 820	3 820	I	4 004	2 770	1 613	560		
	II	**4 066**	3 820	3 820	II	2 828	1 667	604			
	III	**1 950**	3 820	3 820	III	972	190				
	V	**9 669**	3 820	3 820	IV	4 650	4 004	3 378	2 770	2 182	1 613
	VI	**10 201**	3 820	3 820							
41 003,99	I,IV	**5 325**	3 823	3 823	I	4 013	2 778	1 621	566		
	II	**4 074**	3 823	3 823	II	2 836	1 675	610			
	III	**1 956**	3 823	3 823	III	978	194				
	V	**9 682**	3 823	3 823	IV	4 659	4 013	3 386	2 778	2 190	1 621
	VI	**10 214**	3 823	3 823							
41 039,99	I,IV	**5 333**	3 826	3 826	I	4 021	2 786	1 628	572		
	II	**4 083**	3 826	3 826	II	2 844	1 682	616			
	III	**1 964**	3 826	3 826	III	982	198				
	V	**9 694**	3 826	3 826	IV	4 668	4 021	3 394	2 786	2 197	1 628
	VI	**10 226**	3 826	3 826							

* Zur LSt-Berechnung für privat versicherte Arbeitnehmer s. Beispiele **Vorbemerkung S. 4 f.**
** Basisvorsorgepauschale KV und PV *** Typisierter Arbeitgeberzuschuss

Lohn/ Gehalt in € bis	Steuerklasse	Lohn-steuer*	BVSP**	TAGZ***	Steuerklasse	Bemessungsgrundlage für Kirchensteuer und Solidaritätszuschlag – Freibeträge für ... Kinder 0,5	1,0	1,5	2,0	2,5	3,0
41 075,99	I,IV	**5 342**	3 830	3 830	I	4 029	2 794	1 635	578		
	II	**4 091**	3 830	3 830	II	2 851	1 689	622			
	III	**1 970**	3 830	3 830	III	988	204				
	V	**9 706**	3 830	3 830	IV	4 676	4 029	3 402	2 794	2 205	1 635
	VI	**10 238**	3 830	3 830							
41 111,99	I,IV	**5 351**	3 833	3 833	I	4 038	2 801	1 642	584		
	II	**4 099**	3 833	3 833	II	2 859	1 696	629			
	III	**1 978**	3 833	3 833	III	994	208				
	V	**9 718**	3 833	3 833	IV	4 685	4 038	3 410	2 801	2 212	1 642
	VI	**10 250**	3 833	3 833							
41 147,99	I,IV	**5 360**	3 837	3 837	I	4 046	2 809	1 650	590		
	II	**4 108**	3 837	3 837	II	2 867	1 704	635			
	III	**1 984**	3 837	3 837	III	1 000	212				
	V	**9 731**	3 837	3 837	IV	4 693	4 046	3 418	2 809	2 220	1 650
	VI	**10 263**	3 837	3 837							
41 183,99	I,IV	**5 369**	3 840	3 840	I	4 054	2 817	1 657	596		
	II	**4 116**	3 840	3 840	II	2 875	1 711	641			
	III	**1 992**	3 840	3 840	III	1 006	216				
	V	**9 743**	3 840	3 840	IV	4 702	4 054	3 426	2 817	2 227	1 657
	VI	**10 275**	3 840	3 840							
41 219,99	I,IV	**5 378**	3 843	3 843	I	4 063	2 825	1 664	602		
	II	**4 124**	3 843	3 843	II	2 883	1 719	647			
	III	**1 998**	3 843	3 843	III	1 012	220				
	V	**9 755**	3 843	3 843	IV	4 710	4 063	3 434	2 825	2 235	1 664
	VI	**10 287**	3 843	3 843							
41 255,99	I,IV	**5 387**	3 847	3 847	I	4 071	2 833	1 672	608		
	II	**4 133**	3 847	3 847	II	2 891	1 726	653			
	III	**2 006**	3 847	3 847	III	1 018	226				
	V	**9 768**	3 847	3 847	IV	4 719	4 071	3 442	2 833	2 243	1 672
	VI	**10 300**	3 847	3 847							
41 291,99	I,IV	**5 395**	3 850	3 850	I	4 079	2 841	1 679	614		
	II	**4 141**	3 850	3 850	II	2 899	1 733	660			
	III	**2 012**	3 850	3 850	III	1 024	230				
	V	**9 780**	3 850	3 850	IV	4 728	4 079	3 450	2 841	2 250	1 679
	VI	**10 312**	3 850	3 850							
41 327,99	I,IV	**5 404**	3 853	3 853	I	4 088	2 848	1 686	620		
	II	**4 150**	3 853	3 853	II	2 907	1 741	666			
	III	**2 020**	3 853	3 853	III	1 030	234				
	V	**9 792**	3 853	3 853	IV	4 736	4 088	3 458	2 848	2 258	1 686
	VI	**10 324**	3 853	3 853							
41 363,99	I,IV	**5 413**	3 857	3 857	I	4 096	2 856	1 694	626		
	II	**4 158**	3 857	3 857	II	2 914	1 748	672			
	III	**2 026**	3 857	3 857	III	1 036	240				
	V	**9 804**	3 857	3 857	IV	4 745	4 096	3 467	2 856	2 265	1 694
	VI	**10 336**	3 857	3 857							
41 399,99	I,IV	**5 422**	3 860	3 860	I	4 105	2 864	1 701	633		
	II	**4 166**	3 860	3 860	II	2 922	1 756	678			
	III	**2 034**	3 860	3 860	III	1 042	244				
	V	**9 817**	3 860	3 860	IV	4 754	4 105	3 475	2 864	2 273	1 701
	VI	**10 349**	3 860	3 860							
41 435,99	I,IV	**5 431**	3 863	3 863	I	4 113	2 872	1 708	639		
	II	**4 175**	3 863	3 863	II	2 930	1 763	685			
	III	**2 040**	3 863	3 863	III	1 046	248				
	V	**9 829**	3 863	3 863	IV	4 762	4 113	3 483	2 872	2 281	1 708
	VI	**10 361**	3 863	3 863							
41 471,99	I,IV	**5 440**	3 867	3 867	I	4 121	2 880	1 716	645		
	II	**4 183**	3 867	3 867	II	2 938	1 770	691			
	III	**2 048**	3 867	3 867	III	1 052	254				
	V	**9 841**	3 867	3 867	IV	4 771	4 121	3 491	2 880	2 288	1 716
	VI	**10 373**	3 867	3 867							

* Zur LSt-Berechnung für privat versicherte Arbeitnehmer s. Beispiele **Vorbemerkung S. 4 f.**
** Basisvorsorgepauschale KV und PV *** Typisierter Arbeitgeberzuschuss

Lohn/ Gehalt in € bis	Steuerklasse	Lohn- steuer*	BVSP**	TAGZ***	Steuerklasse	Bemessungsgrundlage für Kirchensteuer und Solidaritätszuschlag					
						Freibeträge für ... Kinder					
						0,5	**1,0**	1,5	**2,0**	2,5	**3,0**
41 507,99	I,IV	**5 449**	3 870	3 870	I	4 130	2 888	1 723	651		
	II	**4 192**	3 870	3 870	II	2 946	1 778	697			
	III	**2 056**	3 870	3 870	III	1 058	258				
	V	**9 854**	3 870	3 870	IV	4 780	4 130	3 499	2 888	2 296	1 723
	VI	**10 386**	3 870	3 870							
41 543,99	I,IV	**5 458**	3 873	3 873	I	4 138	2 896	1 731	657		
	II	**4 200**	3 873	3 873	II	2 954	1 785	704			
	III	**2 062**	3 873	3 873	III	1 064	262				
	V	**9 866**	3 873	3 873	IV	4 788	4 138	3 507	2 896	2 304	1 731
	VI	**10 398**	3 873	3 873							
41 579,99	I,IV	**5 466**	3 877	3 877	I	4 146	2 904	1 738	663		
	II	**4 208**	3 877	3 877	II	2 962	1 792	710			
	III	**2 070**	3 877	3 877	III	1 070	266				
	V	**9 878**	3 877	3 877	IV	4 797	4 146	3 515	2 904	2 311	1 738
	VI	**10 410**	3 877	3 877							
41 615,99	I,IV	**5 475**	3 880	3 880	I	4 155	2 912	1 745	670		
	II	**4 217**	3 880	3 880	II	2 970	1 800	717			
	III	**2 076**	3 880	3 880	III	1 076	272				
	V	**9 891**	3 880	3 880	IV	4 806	4 155	3 524	2 912	2 319	1 745
	VI	**10 423**	3 880	3 880							
41 651,99	I,IV	**5 484**	3 884	3 884	I	4 163	2 919	1 753	676		
	II	**4 225**	3 884	3 884	II	2 978	1 807	723			
	III	**2 082**	3 884	3 884	III	1 082	276				
	V	**9 903**	3 884	3 884	IV	4 814	4 163	3 532	2 919	2 326	1 753
	VI	**10 435**	3 884	3 884							
41 687,99	I,IV	**5 493**	3 887	3 887	I	4 172	2 927	1 760	682		
	II	**4 234**	3 887	3 887	II	2 986	1 815	729			
	III	**2 090**	3 887	3 887	III	1 088	280				
	V	**9 915**	3 887	3 887	IV	4 823	4 172	3 540	2 927	2 334	1 760
	VI	**10 447**	3 887	3 887							
41 723,99	I,IV	**5 502**	3 890	3 890	I	4 180	2 935	1 767	689		
	II	**4 242**	3 890	3 890	II	2 993	1 822	736			
	III	**2 096**	3 890	3 890	III	1 094	286				
	V	**9 928**	3 890	3 890	IV	4 831	4 180	3 548	2 935	2 342	1 767
	VI	**10 459**	3 890	3 890							
41 759,99	I,IV	**5 511**	3 894	3 894	I	4 188	2 943	1 775	695		
	II	**4 251**	3 894	3 894	II	3 001	1 830	742			
	III	**2 104**	3 894	3 894	III	1 100	290				
	V	**9 940**	3 894	3 894	IV	4 840	4 188	3 556	2 943	2 349	1 775
	VI	**10 472**	3 894	3 894							
41 795,99	I,IV	**5 520**	3 897	3 897	I	4 197	2 951	1 782	701		
	II	**4 259**	3 897	3 897	II	3 009	1 837	749			
	III	**2 112**	3 897	3 897	III	1 106	294				
	V	**9 952**	3 897	3 897	IV	4 849	4 197	3 564	2 951	2 357	1 782
	VI	**10 484**	3 897	3 897							
41 831,99	I,IV	**5 529**	3 900	3 900	I	4 205	2 959	1 790	708		
	II	**4 267**	3 900	3 900	II	3 017	1 844	755			
	III	**2 118**	3 900	3 900	III	1 112	300				
	V	**9 964**	3 900	3 900	IV	4 857	4 205	3 572	2 959	2 365	1 790
	VI	**10 496**	3 900	3 900							
41 867,99	I,IV	**5 538**	3 904	3 904	I	4 214	2 967	1 797	714		
	II	**4 276**	3 904	3 904	II	3 025	1 852	762			
	III	**2 126**	3 904	3 904	III	1 118	304				
	V	**9 977**	3 904	3 904	IV	4 866	4 214	3 581	2 967	2 372	1 797
	VI	**10 509**	3 904	3 904							
41 903,99	I,IV	**5 547**	3 907	3 907	I	4 222	2 975	1 805	721		
	II	**4 284**	3 907	3 907	II	3 033	1 859	768			
	III	**2 132**	3 907	3 907	III	1 124	308				
	V	**9 989**	3 907	3 907	IV	4 875	4 222	3 589	2 975	2 380	1 805
	VI	**10 521**	3 907	3 907							

* Zur LSt-Berechnung für privat versicherte Arbeitnehmer s. Beispiele **Vorbemerkung S. 4f.**
** Basisvorsorgepauschale KV und PV *** Typisierter Arbeitgeberzuschuss

Lohn/ Gehalt in € bis	Steuerklasse	Lohn- steuer*	BVSP**	TAGZ***	Steuerklasse	Bemessungsgrundlage für Kirchensteuer und Solidaritätszuschlag – Freibeträge für … Kinder 0,5	1,0	1,5	2,0	2,5	3,0
41 939,99	I,IV	**5 555**	3 910	3 910	I	4 230	2 983	1 812	727		
	II	**4 293**	3 910	3 910	II	3 041	1 867	775			
	III	**2 140**	3 910	3 910	III	1 130	314				
	V	**10 001**	3 910	3 910	IV	4 883	4 230	3 597	2 983	2 388	1 812
	VI	**10 533**	3 910	3 910							
41 975,99	I,IV	**5 564**	3 914	3 914	I	4 239	2 990	1 819	733		
	II	**4 301**	3 914	3 914	II	3 049	1 874	781			
	III	**2 146**	3 914	3 914	III	1 136	318				
	V	**10 014**	3 914	3 914	IV	4 892	4 239	3 605	2 990	2 395	1 819
	VI	**10 545**	3 914	3 914							
42 011,99	I,IV	**5 573**	3 917	3 917	I	4 247	2 999	1 827	740		
	II	**4 310**	3 917	3 917	II	3 057	1 882	788			
	III	**2 154**	3 917	3 917	III	1 142	322				
	V	**10 026**	3 917	3 917	IV	4 901	4 247	3 613	2 999	2 403	1 827
	VI	**10 558**	3 917	3 917							
42 047,99	I,IV	**5 582**	3 920	3 920	I	4 256	3 006	1 834	746		
	II	**4 318**	3 920	3 920	II	3 065	1 889	794			
	III	**2 160**	3 920	3 920	III	1 148	328				
	V	**10 038**	3 920	3 920	IV	4 909	4 256	3 621	3 006	2 411	1 834
	VI	**10 570**	3 920	3 920							
42 083,99	I,IV	**5 591**	3 924	3 924	I	4 264	3 014	1 841	753		
	II	**4 326**	3 924	3 924	II	3 073	1 896	801			
	III	**2 168**	3 924	3 924	III	1 154	332				
	V	**10 051**	3 924	3 924	IV	4 918	4 264	3 629	3 014	2 418	1 841
	VI	**10 582**	3 924	3 924							
42 119,99	I,IV	**5 600**	3 927	3 927	I	4 273	3 022	1 849	759		
	II	**4 335**	3 927	3 927	II	3 081	1 904	808			
	III	**2 176**	3 927	3 927	III	1 160	338				
	V	**10 063**	3 927	3 927	IV	4 927	4 273	3 638	3 022	2 426	1 849
	VI	**10 595**	3 927	3 927							
42 155,99	I,IV	**5 609**	3 931	3 931	I	4 281	3 030	1 856	766		
	II	**4 343**	3 931	3 931	II	3 089	1 911	814			
	III	**2 182**	3 931	3 931	III	1 166	342				
	V	**10 075**	3 931	3 931	IV	4 935	4 281	3 646	3 030	2 434	1 856
	VI	**10 607**	3 931	3 931							
42 191,99	I,IV	**5 618**	3 934	3 934	I	4 289	3 038	1 864	772		
	II	**4 352**	3 934	3 934	II	3 097	1 919	821			
	III	**2 190**	3 934	3 934	III	1 172	346				
	V	**10 088**	3 934	3 934	IV	4 944	4 289	3 654	3 038	2 441	1 864
	VI	**10 619**	3 934	3 934							
42 227,99	I,IV	**5 627**	3 937	3 937	I	4 298	3 046	1 871	779		
	II	**4 360**	3 937	3 937	II	3 105	1 926	828	3		
	III	**2 196**	3 937	3 937	III	1 178	352				
	V	**10 100**	3 937	3 937	IV	4 953	4 298	3 662	3 046	2 449	1 871
	VI	**10 632**	3 937	3 937							
42 263,99	I,IV	**5 636**	3 941	3 941	I	4 306	3 054	1 879	785		
	II	**4 369**	3 941	3 941	II	3 113	1 934	834	7		
	III	**2 204**	3 941	3 941	III	1 184	356				
	V	**10 112**	3 941	3 941	IV	4 962	4 306	3 671	3 054	2 457	1 879
	VI	**10 644**	3 941	3 941							
42 299,99	I,IV	**5 645**	3 944	3 944	I	4 315	3 062	1 886	792		
	II	**4 377**	3 944	3 944	II	3 121	1 941	841	11		
	III	**2 210**	3 944	3 944	III	1 190	360				
	V	**10 125**	3 944	3 944	IV	4 970	4 315	3 679	3 062	2 464	1 886
	VI	**10 656**	3 944	3 944							
42 335,99	I,IV	**5 654**	3 947	3 947	I	4 323	3 070	1 894	799		
	II	**4 386**	3 947	3 947	II	3 128	1 949	848	15		
	III	**2 218**	3 947	3 947	III	1 196	366				
	V	**10 137**	3 947	3 947	IV	4 979	4 323	3 687	3 070	2 472	1 894
	VI	**10 668**	3 947	3 947							

* Zur LSt-Berechnung für privat versicherte Arbeitnehmer s. Beispiele **Vorbemerkung S. 4 f.**
** Basisvorsorgepauschale KV und PV *** Typisierter Arbeitgeberzuschuss

Lohn/ Gehalt in € bis	Steuerklasse	Lohn- steuer*	BVSP**	TAGZ***	Steuerklasse	Bemessungsgrundlage für Kirchensteuer und Solidaritätszuschlag – Freibeträge für ... Kinder 0,5	1,0	1,5	2,0	2,5	3,0
42 371,99	I,IV	**5 663**	3 951	3 951	I	4 332	3 078	1 901	805		
	II	**4 394**	3 951	3 951	II	3 137	1 956	855	19		
	III	**2 224**	3 951	3 951	III	1 202	370				
	V	**10 149**	3 951	3 951	IV	4 988	4 332	3 695	3 078	2 480	1 901
	VI	**10 681**	3 951	3 951							
42 407,99	I,IV	**5 672**	3 954	3 954	I	4 340	3 086	1 909	812		
	II	**4 403**	3 954	3 954	II	3 145	1 964	861	24		
	III	**2 232**	3 954	3 954	III	1 208	376				
	V	**10 161**	3 954	3 954	IV	4 996	4 340	3 703	3 086	2 487	1 909
	VI	**10 693**	3 954	3 954							
42 443,99	I,IV	**5 681**	3 957	3 957	I	4 349	3 094	1 916	818		
	II	**4 411**	3 957	3 957	II	3 152	1 971	868	28		
	III	**2 238**	3 957	3 957	III	1 214	380				
	V	**10 174**	3 957	3 957	IV	5 005	4 349	3 711	3 094	2 495	1 916
	VI	**10 705**	3 957	3 957							
42 479,99	I,IV	**5 690**	3 961	3 961	I	4 357	3 102	1 924	825	1	
	II	**4 420**	3 961	3 961	II	3 161	1 979	875	32		
	III	**2 246**	3 961	3 961	III	1 220	384				
	V	**10 186**	3 961	3 961	IV	5 014	4 357	3 720	3 102	2 503	1 924
	VI	**10 718**	3 961	3 961							
42 515,99	I,IV	**5 699**	3 964	3 964	I	4 366	3 110	1 931	832	5	
	II	**4 428**	3 964	3 964	II	3 169	1 986	882	36		
	III	**2 254**	3 964	3 964	III	1 226	390				
	V	**10 198**	3 964	3 964	IV	5 023	4 366	3 728	3 110	2 511	1 931
	VI	**10 730**	3 964	3 964							
42 551,99	I,IV	**5 708**	3 967	3 967	I	4 374	3 118	1 938	839	9	
	II	**4 437**	3 967	3 967	II	3 176	1 993	888	40		
	III	**2 260**	3 967	3 967	III	1 232	394				
	V	**10 211**	3 967	3 967	IV	5 031	4 374	3 736	3 118	2 518	1 938
	VI	**10 742**	3 967	3 967							
42 587,99	I,IV	**5 717**	3 971	3 971	I	4 382	3 125	1 946	845	14	
	II	**4 445**	3 971	3 971	II	3 184	2 001	895	45		
	III	**2 268**	3 971	3 971	III	1 238	400				
	V	**10 223**	3 971	3 971	IV	5 040	4 382	3 744	3 125	2 526	1 946
	VI	**10 755**	3 971	3 971							
42 623,99	I,IV	**5 726**	3 974	3 974	I	4 391	3 134	1 953	852	18	
	II	**4 454**	3 974	3 974	II	3 193	2 009	902	49		
	III	**2 274**	3 974	3 974	III	1 246	404				
	V	**10 235**	3 974	3 974	IV	5 049	4 391	3 753	3 134	2 534	1 953
	VI	**10 767**	3 974	3 974							
42 659,99	I,IV	**5 735**	3 978	3 978	I	4 399	3 142	1 961	859	22	
	II	**4 462**	3 978	3 978	II	3 200	2 016	909	53		
	III	**2 282**	3 978	3 978	III	1 252	410				
	V	**10 248**	3 978	3 978	IV	5 057	4 399	3 761	3 142	2 541	1 961
	VI	**10 779**	3 978	3 978							
42 695,99	I,IV	**5 744**	3 981	3 981	I	4 408	3 149	1 968	865	26	
	II	**4 471**	3 981	3 981	II	3 208	2 023	916	58		
	III	**2 288**	3 981	3 981	III	1 258	414				
	V	**10 260**	3 981	3 981	IV	5 066	4 408	3 769	3 149	2 549	1 968
	VI	**10 791**	3 981	3 981							
42 731,99	I,IV	**5 753**	3 984	3 984	I	4 417	3 158	1 976	872	30	
	II	**4 479**	3 984	3 984	II	3 217	2 031	923	62		
	III	**2 296**	3 984	3 984	III	1 264	420				
	V	**10 272**	3 984	3 984	IV	5 075	4 417	3 777	3 158	2 557	1 976
	VI	**10 804**	3 984	3 984							
42 767,99	I,IV	**5 762**	3 988	3 988	I	4 425	3 166	1 983	879	35	
	II	**4 488**	3 988	3 988	II	3 225	2 039	930	66		
	III	**2 302**	3 988	3 988	III	1 270	424				
	V	**10 285**	3 988	3 988	IV	5 084	4 425	3 786	3 166	2 565	1 983
	VI	**10 816**	3 988	3 988							

* Zur LSt-Berechnung für privat versicherte Arbeitnehmer s. Beispiele **Vorbemerkung S. 4 f.**
** Basisvorsorgepauschale KV und PV *** Typisierter Arbeitgeberzuschuss

Lohn/ Gehalt in € bis	Steuerklasse	Lohnsteuer*	BVSP**	TAGZ***	Steuerklasse	Bemessungsgrundlage für Kirchensteuer und Solidaritätszuschlag 0,5	Freibeträge für ... Kinder 1,0	1,5	2,0	2,5	3,0
42 803,99	I,IV	**5 771**	3 991	3 991	I	4 433	3 173	1 991	886	39	
	II	**4 496**	3 991	3 991	II	3 232	2 046	937	71		
	III	**2 310**	3 991	3 991	III	1 276	428				
	V	**10 297**	3 991	3 991	IV	5 092	4 433	3 794	3 173	2 572	1 991
	VI	**10 828**	3 991	3 991							
42 839,99	I,IV	**5 780**	3 994	3 994	I	4 442	3 182	1 998	893	43	
	II	**4 505**	3 994	3 994	II	3 241	2 054	944	75		
	III	**2 318**	3 994	3 994	III	1 282	434				
	V	**10 309**	3 994	3 994	IV	5 101	4 442	3 802	3 182	2 580	1 998
	VI	**10 841**	3 994	3 994							
42 875,99	I,IV	**5 789**	3 998	3 998	I	4 451	3 190	2 006	900	47	
	II	**4 513**	3 998	3 998	II	3 249	2 061	951	80		
	III	**2 324**	3 998	3 998	III	1 288	438				
	V	**10 321**	3 998	3 998	IV	5 110	4 451	3 810	3 190	2 588	2 006
	VI	**10 853**	3 998	3 998							
42 911,99	I,IV	**5 798**	4 001	4 001	I	4 459	3 197	2 013	906	52	
	II	**4 522**	4 001	4 001	II	3 257	2 069	958	84		
	III	**2 332**	4 001	4 001	III	1 294	444				
	V	**10 334**	4 001	4 001	IV	5 119	4 459	3 819	3 197	2 596	2 013
	VI	**10 865**	4 001	4 001							
42 947,99	I,IV	**5 807**	4 004	4 004	I	4 467	3 205	2 021	913	56	
	II	**4 530**	4 004	4 004	II	3 265	2 076	965	88		
	III	**2 338**	4 004	4 004	III	1 300	448				
	V	**10 346**	4 004	4 004	IV	5 127	4 467	3 827	3 205	2 603	2 021
	VI	**10 878**	4 004	4 004							
42 983,99	I,IV	**5 816**	4 008	4 008	I	4 476	3 214	2 028	920	60	
	II	**4 539**	4 008	4 008	II	3 273	2 084	972	93		
	III	**2 346**	4 008	4 008	III	1 306	454				
	V	**10 358**	4 008	4 008	IV	5 136	4 476	3 835	3 214	2 611	2 028
	VI	**10 890**	4 008	4 008							
43 019,99	I,IV	**5 825**	4 011	4 011	I	4 485	3 222	2 036	927	65	
	II	**4 547**	4 011	4 011	II	3 281	2 091	979	97		
	III	**2 352**	4 011	4 011	III	1 314	458				
	V	**10 371**	4 011	4 011	IV	5 145	4 485	3 843	3 222	2 619	2 036
	VI	**10 902**	4 011	4 011							
43 055,99	I,IV	**5 834**	4 014	4 014	I	4 493	3 229	2 043	934	69	
	II	**4 556**	4 014	4 014	II	3 289	2 099	986	102		
	III	**2 360**	4 014	4 014	III	1 320	464				
	V	**10 383**	4 014	4 014	IV	5 154	4 493	3 852	3 229	2 627	2 043
	VI	**10 915**	4 014	4 014							
43 091,99	I,IV	**5 843**	4 018	4 018	I	4 502	3 238	2 051	941	74	
	II	**4 565**	4 018	4 018	II	3 297	2 106	993	106		
	III	**2 366**	4 018	4 018	III	1 326	468				
	V	**10 395**	4 018	4 018	IV	5 163	4 502	3 860	3 238	2 635	2 051
	VI	**10 927**	4 018	4 018							
43 127,99	I,IV	**5 852**	4 021	4 021	I	4 510	3 246	2 058	948	78	
	II	**4 573**	4 021	4 021	II	3 305	2 114	1 000	111		
	III	**2 374**	4 021	4 021	III	1 332	474				
	V	**10 408**	4 021	4 021	IV	5 171	4 510	3 868	3 246	2 642	2 058
	VI	**10 939**	4 021	4 021							
43 163,99	I,IV	**5 861**	4 025	4 025	I	4 519	3 254	2 066	955	82	
	II	**4 582**	4 025	4 025	II	3 313	2 121	1 007	115		
	III	**2 380**	4 025	4 025	III	1 338	478				
	V	**10 420**	4 025	4 025	IV	5 180	4 519	3 876	3 254	2 650	2 066
	VI	**10 951**	4 025	4 025							
43 199,99	I,IV	**5 870**	4 028	4 028	I	4 527	3 262	2 073	962	87	
	II	**4 590**	4 028	4 028	II	3 321	2 129	1 014	120		
	III	**2 388**	4 028	4 028	III	1 344	484				
	V	**10 432**	4 028	4 028	IV	5 189	4 527	3 885	3 262	2 658	2 073
	VI	**10 964**	4 028	4 028							

* Zur LSt-Berechnung für privat versicherte Arbeitnehmer s. Beispiele **Vorbemerkung S. 4 f.**
** Basisvorsorgepauschale KV und PV *** Typisierter Arbeitgeberzuschuss

Lohn/ Gehalt in € bis	Steuerklasse	Lohnsteuer*	BVSP**	TAGZ***	Steuerklasse	Bemessungsgrundlage für Kirchensteuer und Solidaritätszuschlag – Freibeträge für ... Kinder 0,5	1,0	1,5	2,0	2,5	3,0
43 235,99	I,IV	**5 879**	4 031	4 031	I	4 536	3 270	2 081	969	91	
	II	**4 599**	4 031	4 031	II	3 329	2 136	1 021	125		
	III	**2 396**	4 031	4 031	III	1 350	488				
	V	**10 445**	4 031	4 031	IV	5 198	4 536	3 893	3 270	2 666	2 081
	VI	**10 976**	4 031	4 031							
43 271,99	I,IV	**5 888**	4 035	4 035	I	4 544	3 278	2 088	976	96	
	II	**4 607**	4 035	4 035	II	3 337	2 144	1 028	129		
	III	**2 402**	4 035	4 035	III	1 356	494				
	V	**10 457**	4 035	4 035	IV	5 206	4 544	3 901	3 278	2 673	2 088
	VI	**10 988**	4 035	4 035							
43 307,99	I,IV	**5 897**	4 038	4 038	I	4 553	3 286	2 096	983	100	
	II	**4 616**	4 038	4 038	II	3 345	2 151	1 035	134		
	III	**2 410**	4 038	4 038	III	1 364	498				
	V	**10 469**	4 038	4 038	IV	5 215	4 553	3 910	3 286	2 681	2 096
	VI	**11 001**	4 038	4 038							
43 343,99	I,IV	**5 906**	4 041	4 041	I	4 561	3 294	2 103	990	105	
	II	**4 625**	4 041	4 041	II	3 353	2 159	1 042	138		
	III	**2 416**	4 041	4 041	III	1 370	504				
	V	**10 482**	4 041	4 041	IV	5 224	4 561	3 918	3 294	2 689	2 103
	VI	**11 013**	4 041	4 041							
43 379,99	I,IV	**5 915**	4 045	4 045	I	4 570	3 302	2 111	997	109	
	II	**4 633**	4 045	4 045	II	3 361	2 167	1 049	143		
	III	**2 424**	4 045	4 045	III	1 376	508				
	V	**10 494**	4 045	4 045	IV	5 233	4 570	3 926	3 302	2 697	2 111
	VI	**11 025**	4 045	4 045							
43 415,99	I,IV	**5 924**	4 048	4 048	I	4 578	3 310	2 118	1 004	114	
	II	**4 642**	4 048	4 048	II	3 369	2 174	1 056	148		
	III	**2 430**	4 048	4 048	III	1 382	514				
	V	**10 506**	4 048	4 048	IV	5 242	4 578	3 934	3 310	2 704	2 118
	VI	**11 038**	4 048	4 048							
43 451,99	I,IV	**5 933**	4 051	4 051	I	4 587	3 318	2 126	1 011	118	
	II	**4 650**	4 051	4 051	II	3 378	2 182	1 063	152		
	III	**2 438**	4 051	4 051	III	1 388	518				
	V	**10 518**	4 051	4 051	IV	5 251	4 587	3 943	3 318	2 712	2 126
	VI	**11 050**	4 051	4 051							
43 487,99	I,IV	**5 942**	4 055	4 055	I	4 596	3 326	2 134	1 018	123	
	II	**4 659**	4 055	4 055	II	3 386	2 189	1 070	157		
	III	**2 446**	4 055	4 055	III	1 394	524				
	V	**10 531**	4 055	4 055	IV	5 259	4 596	3 951	3 326	2 720	2 134
	VI	**11 062**	4 055	4 055							
43 523,99	I,IV	**5 951**	4 058	4 058	I	4 604	3 334	2 141	1 025	127	
	II	**4 667**	4 058	4 058	II	3 394	2 197	1 077	162		
	III	**2 452**	4 058	4 058	III	1 402	528				
	V	**10 543**	4 058	4 058	IV	5 268	4 604	3 959	3 334	2 728	2 141
	VI	**11 075**	4 058	4 058							
43 559,99	I,IV	**5 960**	4 061	4 061	I	4 613	3 342	2 149	1 032	132	
	II	**4 676**	4 061	4 061	II	3 402	2 204	1 084	166		
	III	**2 460**	4 061	4 061	III	1 408	534				
	V	**10 555**	4 061	4 061	IV	5 277	4 613	3 968	3 342	2 736	2 149
	VI	**11 087**	4 061	4 061							
43 595,99	I,IV	**5 970**	4 065	4 065	I	4 621	3 350	2 156	1 040	137	
	II	**4 685**	4 065	4 065	II	3 410	2 212	1 092	171		
	III	**2 466**	4 065	4 065	III	1 414	538				
	V	**10 568**	4 065	4 065	IV	5 286	4 621	3 976	3 350	2 744	2 156
	VI	**11 099**	4 065	4 065							
43 631,99	I,IV	**5 979**	4 068	4 068	I	4 630	3 358	2 164	1 047	141	
	II	**4 693**	4 068	4 068	II	3 418	2 220	1 099	176		
	III	**2 474**	4 068	4 068	III	1 420	544				
	V	**10 580**	4 068	4 068	IV	5 295	4 630	3 984	3 358	2 751	2 164
	VI	**11 112**	4 068	4 068							

* Zur LSt-Berechnung für privat versicherte Arbeitnehmer s. Beispiele **Vorbemerkung S. 4 f.**
** Basisvorsorgepauschale KV und PV *** Typisierter Arbeitgeberzuschuss

Lohn/ Gehalt in € bis	Steuerklasse	Lohn-steuer*	BVSP**	TAGZ***	Steuerklasse	Bemessungsgrundlage für Kirchensteuer und Solidaritätszuschlag – Freibeträge für ... Kinder 0,5	1,0	1,5	2,0	2,5	3,0
43667,99	I,IV	**5988**	4072	4072	I	4638	3366	2171	1054	146	
	II	**4702**	4072	4072	II	3426	2227	1106	181		
	III	**2480**	4072	4072	III	1426	548				
	V	**10592**	4072	4072	IV	5303	4638	3993	3366	2759	2171
	VI	**11124**	4072	4072							
43703,99	I,IV	**5997**	4075	4075	I	4647	3374	2179	1061	151	
	II	**4710**	4075	4075	II	3434	2235	1113	186		
	III	**2488**	4075	4075	III	1434	554				
	V	**10605**	4075	4075	IV	5312	4647	4001	3374	2767	2179
	VI	**11136**	4075	4075							
43739,99	I,IV	**6006**	4078	4078	I	4656	3382	2187	1068	155	
	II	**4719**	4078	4078	II	3442	2242	1120	190		
	III	**2496**	4078	4078	III	1440	560				
	V	**10617**	4078	4078	IV	5321	4656	4009	3382	2775	2187
	VI	**11148**	4078	4078							
43775,99	I,IV	**6015**	4082	4082	I	4664	3390	2194	1075	160	
	II	**4728**	4082	4082	II	3450	2250	1127	195		
	III	**2502**	4082	4082	III	1446	564				
	V	**10629**	4082	4082	IV	5330	4664	4018	3390	2783	2194
	VI	**11161**	4082	4082							
43811,99	I,IV	**6024**	4085	4085	I	4673	3399	2202	1082	165	
	II	**4736**	4085	4085	II	3458	2258	1134	200		
	III	**2510**	4085	4085	III	1452	570				
	V	**10642**	4085	4085	IV	5339	4673	4026	3399	2791	2202
	VI	**11173**	4085	4085							
43847,99	I,IV	**6033**	4088	4088	I	4681	3407	2209	1089	170	
	II	**4745**	4088	4088	II	3467	2265	1141	205		
	III	**2516**	4088	4088	III	1460	574				
	V	**10654**	4088	4088	IV	5348	4681	4034	3407	2798	2209
	VI	**11185**	4088	4088							
43883,99	I,IV	**6042**	4092	4092	I	4690	3415	2217	1096	174	
	II	**4753**	4092	4092	II	3475	2273	1148	210		
	III	**2524**	4092	4092	III	1466	580				
	V	**10666**	4092	4092	IV	5356	4690	4043	3415	2806	2217
	VI	**11198**	4092	4092							
43919,99	I,IV	**6051**	4095	4095	I	4698	3423	2224	1103	179	
	II	**4762**	4095	4095	II	3483	2280	1155	215		
	III	**2530**	4095	4095	III	1472	584				
	V	**10678**	4095	4095	IV	5365	4698	4051	3423	2814	2224
	VI	**11210**	4095	4095							
43955,99	I,IV	**6061**	4098	4098	I	4707	3431	2232	1110	184	
	II	**4771**	4098	4098	II	3491	2288	1163	220		
	III	**2538**	4098	4098	III	1478	590				
	V	**10691**	4098	4098	IV	5374	4707	4060	3431	2822	2232
	VI	**11222**	4098	4098							
43991,99	I,IV	**6070**	4102	4102	I	4716	3439	2240	1117	189	
	II	**4779**	4102	4102	II	3499	2296	1170	225		
	III	**2546**	4102	4102	III	1484	594				
	V	**10703**	4102	4102	IV	5383	4716	4068	3439	2830	2240
	VI	**11235**	4102	4102							
44027,99	I,IV	**6079**	4105	4105	I	4724	3447	2247	1124	193	
	II	**4788**	4105	4105	II	3507	2303	1177	230		
	III	**2552**	4105	4105	III	1492	600				
	V	**10715**	4105	4105	IV	5392	4724	4076	3447	2837	2247
	VI	**11247**	4105	4105							
44063,99	I,IV	**6088**	4108	4108	I	4733	3455	2255	1132	198	
	II	**4797**	4108	4108	II	3515	2311	1184	235		
	III	**2560**	4108	4108	III	1498	606				
	V	**10728**	4108	4108	IV	5401	4733	4085	3455	2846	2255
	VI	**11259**	4108	4108							

* Zur LSt-Berechnung für privat versicherte Arbeitnehmer s. Beispiele **Vorbemerkung S. 4f.**
** Basisvorsorgepauschale KV und PV *** Typisierter Arbeitgeberzuschuss

Lohn/ Gehalt in € bis	Steuerklasse	Lohn-steuer*	BVSP**	TAGZ***	Steuerklasse	Bemessungsgrundlage für Kirchensteuer und Solidaritätszuschlag – Freibeträge für ... Kinder 0,5	**1,0**	1,5	**2,0**	2,5	**3,0**
44 099,99	I,IV	**6 097**	4 112	4 112	I	4 742	3 463	2 262	1 139	203	
	II	**4 805**	4 112	4 112	II	3 523	2 319	1 191	240		
	III	**2 566**	4 112	4 112	III	1 504	610				
	V	**10 740**	4 112	4 112	IV	5 410	4 742	4 093	3 463	2 853	2 262
	VI	**11 272**	4 112	4 112							
44 135,99	I,IV	**6 106**	4 115	4 115	I	4 750	3 471	2 270	1 146	208	
	II	**4 814**	4 115	4 115	II	3 531	2 326	1 198	244		
	III	**2 574**	4 115	4 115	III	1 510	616				
	V	**10 752**	4 115	4 115	IV	5 418	4 750	4 101	3 471	2 861	2 270
	VI	**11 284**	4 115	4 115							
44 171,99	I,IV	**6 115**	4 119	4 119	I	4 759	3 480	2 278	1 153	213	
	II	**4 822**	4 119	4 119	II	3 539	2 334	1 205	249		
	III	**2 580**	4 119	4 119	III	1 516	620				
	V	**10 764**	4 119	4 119	IV	5 427	4 759	4 109	3 480	2 869	2 278
	VI	**11 296**	4 119	4 119							
44 207,99	I,IV	**6 124**	4 122	4 122	I	4 768	3 488	2 285	1 160	218	
	II	**4 831**	4 122	4 122	II	3 548	2 342	1 213	255		
	III	**2 588**	4 122	4 122	III	1 524	626				
	V	**10 777**	4 122	4 122	IV	5 436	4 768	4 118	3 488	2 877	2 285
	VI	**11 308**	4 122	4 122							
44 243,99	I,IV	**6 133**	4 125	4 125	I	4 776	3 496	2 293	1 167	223	
	II	**4 840**	4 125	4 125	II	3 556	2 349	1 220	260		
	III	**2 596**	4 125	4 125	III	1 530	632				
	V	**10 789**	4 125	4 125	IV	5 445	4 776	4 126	3 496	2 885	2 293
	VI	**11 321**	4 125	4 125							
44 279,99	I,IV	**6 142**	4 129	4 129	I	4 785	3 504	2 300	1 174	228	
	II	**4 848**	4 129	4 129	II	3 564	2 357	1 227	265		
	III	**2 602**	4 129	4 129	III	1 536	636				
	V	**10 801**	4 129	4 129	IV	5 454	4 785	4 135	3 504	2 893	2 300
	VI	**11 333**	4 129	4 129							
44 315,99	I,IV	**6 152**	4 132	4 132	I	4 793	3 512	2 308	1 181	233	
	II	**4 857**	4 132	4 132	II	3 572	2 365	1 234	270		
	III	**2 610**	4 132	4 132	III	1 544	642				
	V	**10 814**	4 132	4 132	IV	5 463	4 793	4 143	3 512	2 901	2 308
	VI	**11 345**	4 132	4 132							
44 351,99	I,IV	**6 161**	4 135	4 135	I	4 802	3 520	2 316	1 188	238	
	II	**4 866**	4 135	4 135	II	3 580	2 372	1 241	275		
	III	**2 618**	4 135	4 135	III	1 550	648				
	V	**10 826**	4 135	4 135	IV	5 472	4 802	4 152	3 520	2 908	2 316
	VI	**11 358**	4 135	4 135							
44 387,99	I,IV	**6 170**	4 139	4 139	I	4 811	3 528	2 323	1 195	243	
	II	**4 874**	4 139	4 139	II	3 588	2 380	1 248	280		
	III	**2 624**	4 139	4 139	III	1 556	652				
	V	**10 838**	4 139	4 139	IV	5 481	4 811	4 160	3 528	2 916	2 323
	VI	**11 370**	4 139	4 139							
44 423,99	I,IV	**6 179**	4 142	4 142	I	4 819	3 537	2 331	1 203	248	
	II	**4 883**	4 142	4 142	II	3 597	2 388	1 255	285		
	III	**2 632**	4 142	4 142	III	1 562	658				
	V	**10 851**	4 142	4 142	IV	5 490	4 819	4 168	3 537	2 924	2 331
	VI	**11 382**	4 142	4 142							
44 459,99	I,IV	**6 188**	4 145	4 145	I	4 828	3 545	2 339	1 210	253	
	II	**4 892**	4 145	4 145	II	3 605	2 395	1 263	290		
	III	**2 638**	4 145	4 145	III	1 570	664				
	V	**10 863**	4 145	4 145	IV	5 499	4 828	4 177	3 545	2 932	2 339
	VI	**11 395**	4 145	4 145							
44 495,99	I,IV	**6 197**	4 149	4 149	I	4 837	3 553	2 346	1 217	258	
	II	**4 900**	4 149	4 149	II	3 613	2 403	1 270	295		
	III	**2 646**	4 149	4 149	III	1 576	668				
	V	**10 875**	4 149	4 149	IV	5 507	4 837	4 185	3 553	2 940	2 346
	VI	**11 407**	4 149	4 149							

* Zur LSt-Berechnung für privat versicherte Arbeitnehmer s. Beispiele **Vorbemerkung S. 4 f.**
** Basisvorsorgepauschale KV und PV *** Typisierter Arbeitgeberzuschuss

Lohn/ Gehalt in € bis	Steuerklasse	Lohn-steuer*	BVSP**	TAGZ***	Steuerklasse	Bemessungsgrundlage für Kirchensteuer und Solidaritätszuschlag – Freibeträge für ... Kinder 0,5	1,0	1,5	2,0	2,5	3,0
44531,99	I,IV	**6207**	4152	4152	I	4845	3561	2354	1224	263	
	II	**4909**	4152	4152	II	3621	2410	1277	300		
	III	**2652**	4152	4152	III	1582	674				
	V	**10887**	4152	4152	IV	5516	4845	4193	3561	2948	2354
	VI	**11419**	4152	4152							
44567,99	I,IV	**6216**	4155	4155	I	4854	3569	2362	1231	268	
	II	**4918**	4155	4155	II	3629	2418	1284	306		
	III	**2660**	4155	4155	III	1590	680				
	V	**10900**	4155	4155	IV	5525	4854	4202	3569	2956	2362
	VI	**11432**	4155	4155							
44603,99	I,IV	**6225**	4159	4159	I	4863	3577	2369	1238	273	
	II	**4927**	4159	4159	II	3638	2426	1291	311		
	III	**2668**	4159	4159	III	1596	684				
	V	**10912**	4159	4159	IV	5534	4863	4210	3577	2964	2369
	VI	**11444**	4159	4159							
44639,99	I,IV	**6234**	4162	4162	I	4871	3585	2377	1245	278	
	II	**4935**	4162	4162	II	3646	2433	1298	316		
	III	**2674**	4162	4162	III	1602	690				
	V	**10924**	4162	4162	IV	5543	4871	4219	3585	2971	2377
	VI	**11456**	4162	4162							
44675,99	I,IV	**6243**	4166	4166	I	4880	3594	2385	1253	283	
	II	**4944**	4166	4166	II	3654	2441	1306	322		
	III	**2682**	4166	4166	III	1610	696				
	V	**10937**	4166	4166	IV	5552	4880	4227	3594	2980	2385
	VI	**11469**	4166	4166							
44711,99	I,IV	**6253**	4169	4169	I	4889	3602	2392	1260	288	
	II	**4953**	4169	4169	II	3662	2449	1313	327		
	III	**2688**	4169	4169	III	1616	700				
	V	**10949**	4169	4169	IV	5561	4889	4236	3602	2987	2392
	VI	**11481**	4169	4169							
44747,99	I,IV	**6262**	4172	4172	I	4897	3610	2400	1267	293	
	II	**4961**	4172	4172	II	3670	2456	1320	332		
	III	**2696**	4172	4172	III	1622	706				
	V	**10961**	4172	4172	IV	5570	4897	4244	3610	2995	2400
	VI	**11493**	4172	4172							
44783,99	I,IV	**6271**	4176	4176	I	4906	3618	2407	1274	299	
	II	**4970**	4176	4176	II	3678	2464	1327	337		
	III	**2704**	4176	4176	III	1628	710				
	V	**10973**	4176	4176	IV	5579	4906	4252	3618	3003	2407
	VI	**11505**	4176	4176							
44819,99	I,IV	**6280**	4179	4179	I	4915	3626	2415	1281	304	
	II	**4979**	4179	4179	II	3687	2472	1334	343		
	III	**2710**	4179	4179	III	1636	716				
	V	**10986**	4179	4179	IV	5588	4915	4261	3626	3011	2415
	VI	**11518**	4179	4179							
44855,99	I,IV	**6289**	4182	4182	I	4923	3635	2423	1288	309	
	II	**4987**	4182	4182	II	3695	2480	1341	348		
	III	**2718**	4182	4182	III	1642	722				
	V	**10998**	4182	4182	IV	5597	4923	4269	3635	3019	2423
	VI	**11530**	4182	4182							
44891,99	I,IV	**6298**	4186	4186	I	4932	3643	2431	1296	314	
	II	**4996**	4186	4186	II	3703	2487	1349	353		
	III	**2724**	4186	4186	III	1648	728	2			
	V	**11010**	4186	4186	IV	5605	4932	4278	3643	3027	2431
	VI	**11542**	4186	4186							
44927,99	I,IV	**6308**	4189	4189	I	4941	3651	2438	1303	320	
	II	**5005**	4189	4189	II	3711	2495	1356	359		
	III	**2732**	4189	4189	III	1656	732	6			
	V	**11023**	4189	4189	IV	5615	4941	4286	3651	3035	2438
	VI	**11555**	4189	4189							

* Zur LSt-Berechnung für privat versicherte Arbeitnehmer s. Beispiele **Vorbemerkung S. 4 f.**
** Basisvorsorgepauschale KV und PV *** Typisierter Arbeitgeberzuschuss

Lohn/ Gehalt in € bis	Steuerklasse	Lohn-steuer*	BVSP**	TAGZ***	Steuerklasse	Bemessungsgrundlage für Kirchensteuer und Solidaritätszuschlag					
						Freibeträge für ... Kinder					
						0,5	**1,0**	1,5	**2,0**	2,5	**3,0**
44 963,99	I,IV	**6 317**	4 192	4 192	I	4 949	3 659	2 446	1 310	325	
	II	**5 014**	4 192	4 192	II	3 720	2 503	1 363	364		
	III	**2 740**	4 192	4 192	III	1 662	738	10			
	V	**11 035**	4 192	4 192	IV	5 623	4 949	4 295	3 659	3 043	2 446
	VI	**11 567**	4 192	4 192							
44 999,99	I,IV	**6 326**	4 196	4 196	I	4 958	3 667	2 454	1 317	330	
	II	**5 022**	4 196	4 196	II	3 728	2 510	1 370	369		
	III	**2 746**	4 196	4 196	III	1 668	744	14			
	V	**11 047**	4 196	4 196	IV	5 632	4 958	4 303	3 667	3 051	2 454
	VI	**11 579**	4 196	4 196							
45 035,99	I,IV	**6 335**	4 199	4 199	I	4 967	3 676	2 461	1 325	335	
	II	**5 031**	4 199	4 199	II	3 736	2 518	1 378	375		
	III	**2 754**	4 199	4 199	III	1 676	748	18			
	V	**11 060**	4 199	4 199	IV	5 642	4 967	4 312	3 676	3 059	2 461
	VI	**11 592**	4 199	4 199							
45 071,99	I,IV	**6 345**	4 202	4 202	I	4 976	3 684	2 469	1 332	341	
	II	**5 040**	4 202	4 202	II	3 744	2 526	1 385	380		
	III	**2 762**	4 202	4 202	III	1 682	754	22			
	V	**11 072**	4 202	4 202	IV	5 650	4 976	4 320	3 684	3 067	2 469
	VI	**11 604**	4 202	4 202							
45 107,99	I,IV	**6 354**	4 206	4 206	I	4 984	3 692	2 477	1 339	346	
	II	**5 048**	4 206	4 206	II	3 752	2 534	1 392	386		
	III	**2 768**	4 206	4 206	III	1 688	760	26			
	V	**11 084**	4 206	4 206	IV	5 659	4 984	4 328	3 692	3 075	2 477
	VI	**11 616**	4 206	4 206							
45 143,99	I,IV	**6 363**	4 209	4 209	I	4 993	3 700	2 484	1 346	351	
	II	**5 057**	4 209	4 209	II	3 761	2 541	1 399	391		
	III	**2 776**	4 209	4 209	III	1 696	766	30			
	V	**11 096**	4 209	4 209	IV	5 668	4 993	4 337	3 700	3 083	2 484
	VI	**11 628**	4 209	4 209							
45 179,99	I,IV	**6 372**	4 213	4 213	I	5 002	3 708	2 492	1 353	357	
	II	**5 066**	4 213	4 213	II	3 769	2 549	1 406	397		
	III	**2 782**	4 213	4 213	III	1 702	770	34			
	V	**11 109**	4 213	4 213	IV	5 677	5 002	4 345	3 708	3 091	2 492
	VI	**11 641**	4 213	4 213							
45 215,99	I,IV	**6 381**	4 216	4 216	I	5 010	3 717	2 500	1 360	362	
	II	**5 075**	4 216	4 216	II	3 777	2 557	1 414	402		
	III	**2 790**	4 216	4 216	III	1 710	776	38			
	V	**11 121**	4 216	4 216	IV	5 686	5 010	4 354	3 717	3 099	2 500
	VI	**11 653**	4 216	4 216							
45 251,99	I,IV	**6 390**	4 219	4 219	I	5 019	3 725	2 507	1 368	367	
	II	**5 083**	4 219	4 219	II	3 785	2 564	1 421	408		
	III	**2 798**	4 219	4 219	III	1 716	782	44			
	V	**11 133**	4 219	4 219	IV	5 695	5 019	4 362	3 725	3 106	2 507
	VI	**11 665**	4 219	4 219							
45 287,99	I,IV	**6 400**	4 223	4 223	I	5 028	3 733	2 515	1 375	373	
	II	**5 092**	4 223	4 223	II	3 794	2 572	1 428	413		
	III	**2 804**	4 223	4 223	III	1 724	788	48			
	V	**11 146**	4 223	4 223	IV	5 704	5 028	4 371	3 733	3 115	2 515
	VI	**11 678**	4 223	4 223							
45 323,99	I,IV	**6 409**	4 226	4 226	I	5 037	3 741	2 523	1 382	378	
	II	**5 101**	4 226	4 226	II	3 802	2 580	1 435	419		
	III	**2 812**	4 226	4 226	III	1 730	792	52			
	V	**11 158**	4 226	4 226	IV	5 713	5 037	4 379	3 741	3 122	2 523
	VI	**11 690**	4 226	4 226							
45 359,99	I,IV	**6 418**	4 229	4 229	I	5 045	3 749	2 531	1 389	384	
	II	**5 110**	4 229	4 229	II	3 810	2 588	1 442	424		
	III	**2 818**	4 229	4 229	III	1 736	798	56			
	V	**11 170**	4 229	4 229	IV	5 722	5 045	4 388	3 749	3 130	2 531
	VI	**11 702**	4 229	4 229							

* Zur LSt-Berechnung für privat versicherte Arbeitnehmer s. Beispiele **Vorbemerkung S. 4 f.**
** Basisvorsorgepauschale KV und PV *** Typisierter Arbeitgeberzuschuss

Lohn/ Gehalt in € bis	Steuerklasse	Lohn- steuer*	BVSP**	TAGZ***	Steuerklasse	Bemessungsgrundlage für Kirchensteuer und Solidaritätszuschlag — Freibeträge für ... Kinder 0,5	1,0	1,5	2,0	2,5	3,0
45 395,99	I,IV	**6 428**	4 233	4 233	I	5 054	3 758	2 539	1 397	389	
	II	**5 119**	4 233	4 233	II	3 819	2 596	1 450	430		
	III	**2 826**	4 233	4 233	III	1 744	804	60			
	V	**11 183**	4 233	4 233	IV	5 731	5 054	4 396	3 758	3 139	2 539
	VI	**11 715**	4 233	4 233							
45 431,99	I,IV	**6 437**	4 236	4 236	I	5 063	3 766	2 546	1 404	395	
	II	**5 127**	4 236	4 236	II	3 827	2 603	1 457	436		
	III	**2 834**	4 236	4 236	III	1 750	808	64			
	V	**11 195**	4 236	4 236	IV	5 740	5 063	4 405	3 766	3 146	2 546
	VI	**11 727**	4 236	4 236							
45 467,99	I,IV	**6 446**	4 239	4 239	I	5 071	3 774	2 554	1 411	400	
	II	**5 136**	4 239	4 239	II	3 835	2 611	1 464	441		
	III	**2 840**	4 239	4 239	III	1 756	814	68			
	V	**11 207**	4 239	4 239	IV	5 749	5 071	4 413	3 774	3 154	2 554
	VI	**11 739**	4 239	4 239							
45 503,99	I,IV	**6 455**	4 243	4 243	I	5 080	3 782	2 562	1 418	406	
	II	**5 145**	4 243	4 243	II	3 843	2 619	1 471	447		
	III	**2 848**	4 243	4 243	III	1 764	820	72			
	V	**11 219**	4 243	4 243	IV	5 758	5 080	4 422	3 782	3 162	2 562
	VI	**11 751**	4 243	4 243							
45 539,99	I,IV	**6 465**	4 246	4 246	I	5 089	3 791	2 569	1 425	411	
	II	**5 154**	4 246	4 246	II	3 852	2 627	1 479	453		
	III	**2 854**	4 246	4 246	III	1 770	826	76			
	V	**11 232**	4 246	4 246	IV	5 767	5 089	4 430	3 791	3 170	2 569
	VI	**11 764**	4 246	4 246							
45 575,99	I,IV	**6 474**	4 249	4 249	I	5 098	3 799	2 577	1 433	417	
	II	**5 162**	4 249	4 249	II	3 860	2 634	1 486	458		
	III	**2 862**	4 249	4 249	III	1 778	832	82			
	V	**11 244**	4 249	4 249	IV	5 776	5 098	4 439	3 799	3 178	2 577
	VI	**11 776**	4 249	4 249							
45 611,99	I,IV	**6 483**	4 253	4 253	I	5 106	3 807	2 585	1 440	422	
	II	**5 171**	4 253	4 253	II	3 868	2 642	1 493	464		
	III	**2 870**	4 253	4 253	III	1 784	836	86			
	V	**11 256**	4 253	4 253	IV	5 785	5 106	4 447	3 807	3 186	2 585
	VI	**11 788**	4 253	4 253							
45 647,99	I,IV	**6 492**	4 256	4 256	I	5 115	3 815	2 593	1 447	428	
	II	**5 180**	4 256	4 256	II	3 876	2 650	1 501	470		
	III	**2 876**	4 256	4 256	III	1 790	842	90			
	V	**11 269**	4 256	4 256	IV	5 794	5 115	4 456	3 815	3 194	2 593
	VI	**11 801**	4 256	4 256							
45 683,99	I,IV	**6 502**	4 260	4 260	I	5 124	3 824	2 600	1 454	434	
	II	**5 189**	4 260	4 260	II	3 885	2 658	1 508	475		
	III	**2 884**	4 260	4 260	III	1 798	848	94			
	V	**11 281**	4 260	4 260	IV	5 803	5 124	4 464	3 824	3 202	2 600
	VI	**11 813**	4 260	4 260							
45 719,99	I,IV	**6 511**	4 263	4 263	I	5 133	3 832	2 608	1 462	439	
	II	**5 197**	4 263	4 263	II	3 893	2 665	1 515	481		
	III	**2 890**	4 263	4 263	III	1 804	854	98			
	V	**11 293**	4 263	4 263	IV	5 812	5 133	4 473	3 832	3 210	2 608
	VI	**11 825**	4 263	4 263							
45 755,99	I,IV	**6 520**	4 266	4 266	I	5 141	3 840	2 616	1 469	445	
	II	**5 206**	4 266	4 266	II	3 901	2 673	1 522	487		
	III	**2 898**	4 266	4 266	III	1 812	860	102			
	V	**11 306**	4 266	4 266	IV	5 821	5 141	4 481	3 840	3 218	2 616
	VI	**11 837**	4 266	4 266							
45 791,99	I,IV	**6 529**	4 270	4 270	I	5 150	3 848	2 624	1 476	450	
	II	**5 215**	4 270	4 270	II	3 910	2 681	1 530	493		
	III	**2 906**	4 270	4 270	III	1 818	864	108			
	V	**11 318**	4 270	4 270	IV	5 830	5 150	4 490	3 848	3 226	2 624
	VI	**11 850**	4 270	4 270							

* Zur LSt-Berechnung für privat versicherte Arbeitnehmer s. Beispiele **Vorbemerkung S. 4 f.**
** Basisvorsorgepauschale KV und PV *** Typisierter Arbeitgeberzuschuss

Lohn/ Gehalt in € bis	Steuerklasse	Lohn-steuer*	BVSP**	TAGZ***	Steuerklasse	Bemessungsgrundlage für Kirchensteuer und Solidaritätszuschlag – Freibeträge für ... Kinder 0,5	**1,0**	1,5	**2,0**	2,5	**3,0**
45 827,99	I,IV	**6 539**	4 273	4 273	I	5 159	3 857	2 631	1 483	456	
	II	**5 224**	4 273	4 273	II	3 918	2 689	1 537	498		
	III	**2 912**	4 273	4 273	III	1 826	870	112			
	V	**11 330**	4 273	4 273	IV	5 839	5 159	4 498	3 857	3 234	2 631
	VI	**11 862**	4 273	4 273							
45 863,99	I,IV	**6 548**	4 276	4 276	I	5 168	3 865	2 639	1 491	462	
	II	**5 233**	4 276	4 276	II	3 926	2 696	1 544	504		
	III	**2 920**	4 276	4 276	III	1 832	876	116			
	V	**11 343**	4 276	4 276	IV	5 848	5 168	4 507	3 865	3 242	2 639
	VI	**11 874**	4 276	4 276							
45 899,99	I,IV	**6 557**	4 280	4 280	I	5 177	3 873	2 647	1 498	467	
	II	**5 242**	4 280	4 280	II	3 934	2 704	1 552	510		
	III	**2 928**	4 280	4 280	III	1 840	882	120			
	V	**11 355**	4 280	4 280	IV	5 857	5 177	4 515	3 873	3 251	2 647
	VI	**11 887**	4 280	4 280							
45 935,99	I,IV	**6 567**	4 283	4 283	I	5 185	3 882	2 655	1 505	473	
	II	**5 250**	4 283	4 283	II	3 943	2 712	1 559	516		
	III	**2 934**	4 283	4 283	III	1 846	886	124			
	V	**11 367**	4 283	4 283	IV	5 866	5 185	4 524	3 882	3 258	2 655
	VI	**11 899**	4 283	4 283							
45 971,99	I,IV	**6 576**	4 286	4 286	I	5 194	3 890	2 662	1 512	479	
	II	**5 259**	4 286	4 286	II	3 951	2 720	1 566	522		
	III	**2 942**	4 286	4 286	III	1 854	892	128			
	V	**11 379**	4 286	4 286	IV	5 875	5 194	4 532	3 890	3 266	2 662
	VI	**11 911**	4 286	4 286							
46 007,99	I,IV	**6 585**	4 290	4 290	I	5 203	3 898	2 670	1 520	485	
	II	**5 268**	4 290	4 290	II	3 959	2 728	1 574	528		
	III	**2 950**	4 290	4 290	III	1 860	898	134			
	V	**11 392**	4 290	4 290	IV	5 885	5 203	4 541	3 898	3 275	2 670
	VI	**11 924**	4 290	4 290							
46 043,99	I,IV	**6 594**	4 293	4 293	I	5 212	3 906	2 678	1 527	490	
	II	**5 277**	4 293	4 293	II	3 968	2 736	1 581	533		
	III	**2 956**	4 293	4 293	III	1 866	904	138			
	V	**11 404**	4 293	4 293	IV	5 893	5 212	4 549	3 906	3 283	2 678
	VI	**11 936**	4 293	4 293							
46 079,99	I,IV	**6 604**	4 296	4 296	I	5 221	3 915	2 686	1 534	496	
	II	**5 286**	4 296	4 296	II	3 976	2 743	1 588	539		
	III	**2 964**	4 296	4 296	III	1 874	910	142			
	V	**11 416**	4 296	4 296	IV	5 902	5 221	4 558	3 915	3 291	2 686
	VI	**11 948**	4 296	4 296							
46 115,99	I,IV	**6 613**	4 300	4 300	I	5 229	3 923	2 694	1 541	502	
	II	**5 294**	4 300	4 300	II	3 984	2 751	1 595	545		
	III	**2 970**	4 300	4 300	III	1 880	916	146			
	V	**11 429**	4 300	4 300	IV	5 911	5 229	4 566	3 923	3 299	2 694
	VI	**11 960**	4 300	4 300							
46 151,99	I,IV	**6 622**	4 303	4 303	I	5 238	3 931	2 702	1 549	508	
	II	**5 303**	4 303	4 303	II	3 993	2 759	1 603	551		
	III	**2 978**	4 303	4 303	III	1 888	920	150			
	V	**11 441**	4 303	4 303	IV	5 921	5 238	4 575	3 931	3 307	2 702
	VI	**11 973**	4 303	4 303							
46 187,99	I,IV	**6 632**	4 307	4 307	I	5 247	3 940	2 709	1 556	514	
	II	**5 312**	4 307	4 307	II	4 001	2 767	1 610	557		
	III	**2 986**	4 307	4 307	III	1 894	926	156			
	V	**11 453**	4 307	4 307	IV	5 930	5 247	4 584	3 940	3 315	2 709
	VI	**11 985**	4 307	4 307							
46 223,99	I,IV	**6 641**	4 310	4 310	I	5 256	3 948	2 717	1 563	519	
	II	**5 321**	4 310	4 310	II	4 009	2 775	1 617	563		
	III	**2 992**	4 310	4 310	III	1 902	932	160			
	V	**11 466**	4 310	4 310	IV	5 939	5 256	4 592	3 948	3 323	2 717
	VI	**11 997**	4 310	4 310							

* Zur LSt-Berechnung für privat versicherte Arbeitnehmer s. Beispiele **Vorbemerkung S. 4f.**
** Basisvorsorgepauschale KV und PV *** Typisierter Arbeitgeberzuschuss

Lohn/ Gehalt in € bis	Steuerklasse	Lohn-steuer*	BVSP**	TAGZ***	Steuerklasse	Bemessungsgrundlage für Kirchensteuer und Solidaritätszuschlag – Freibeträge für ... Kinder 0,5	1,0	1,5	2,0	2,5	3,0
46 259,99	I,IV	**6 650**	4 313	4 313	I	5 265	3 956	2 725	1 571	525	
	II	**5 330**	4 313	4 313	II	4 018	2 783	1 625	569		
	III	**3 000**	4 313	4 313	III	1 908	938	164			
	V	**11 478**	4 313	4 313	IV	5 948	5 265	4 601	3 956	3 331	2 725
	VI	**12 010**	4 313	4 313							
46 295,99	I,IV	**6 660**	4 317	4 317	I	5 273	3 965	2 733	1 578	531	
	II	**5 339**	4 317	4 317	II	4 026	2 790	1 632	575		
	III	**3 008**	4 317	4 317	III	1 916	944	168			
	V	**11 490**	4 317	4 317	IV	5 957	5 273	4 609	3 965	3 339	2 733
	VI	**12 022**	4 317	4 317							
46 331,99	I,IV	**6 669**	4 320	4 320	I	5 282	3 973	2 740	1 585	537	
	II	**5 347**	4 320	4 320	II	4 034	2 798	1 639	581		
	III	**3 014**	4 320	4 320	III	1 922	950	172			
	V	**11 503**	4 320	4 320	IV	5 966	5 282	4 618	3 973	3 347	2 740
	VI	**12 034**	4 320	4 320							
46 367,99	I,IV	**6 678**	4 323	4 323	I	5 291	3 981	2 748	1 593	543	
	II	**5 356**	4 323	4 323	II	4 042	2 806	1 647	587		
	III	**3 022**	4 323	4 323	III	1 930	956	178			
	V	**11 515**	4 323	4 323	IV	5 975	5 291	4 626	3 981	3 355	2 748
	VI	**12 046**	4 323	4 323							
46 403,99	I,IV	**6 688**	4 327	4 327	I	5 300	3 989	2 756	1 600	549	
	II	**5 365**	4 327	4 327	II	4 051	2 814	1 654	593		
	III	**3 030**	4 327	4 327	III	1 936	962	182			
	V	**11 527**	4 327	4 327	IV	5 984	5 300	4 635	3 989	3 363	2 756
	VI	**12 059**	4 327	4 327							
46 439,99	I,IV	**6 697**	4 330	4 330	I	5 309	3 998	2 764	1 607	555	
	II	**5 374**	4 330	4 330	II	4 059	2 822	1 661	599		
	III	**3 036**	4 330	4 330	III	1 944	966	186			
	V	**11 539**	4 330	4 330	IV	5 993	5 309	4 644	3 998	3 371	2 764
	VI	**12 071**	4 330	4 330							
46 475,99	I,IV	**6 706**	4 333	4 333	I	5 317	4 006	2 772	1 615	561	
	II	**5 383**	4 333	4 333	II	4 068	2 829	1 669	605		
	III	**3 044**	4 333	4 333	III	1 950	972	190			
	V	**11 552**	4 333	4 333	IV	6 002	5 317	4 652	4 006	3 379	2 772
	VI	**12 083**	4 333	4 333							
46 511,99	I,IV	**6 716**	4 337	4 337	I	5 327	4 015	2 780	1 622	567	
	II	**5 392**	4 337	4 337	II	4 076	2 837	1 676	612		
	III	**3 052**	4 337	4 337	III	1 958	978	196			
	V	**11 564**	4 337	4 337	IV	6 011	5 327	4 661	4 015	3 387	2 780
	VI	**12 096**	4 337	4 337							
46 547,99	I,IV	**6 725**	4 340	4 340	I	5 335	4 023	2 787	1 629	573	
	II	**5 401**	4 340	4 340	II	4 084	2 845	1 683	618		
	III	**3 058**	4 340	4 340	III	1 964	984	200			
	V	**11 576**	4 340	4 340	IV	6 020	5 335	4 669	4 023	3 395	2 787
	VI	**12 108**	4 340	4 340							
46 583,99	I,IV	**6 734**	4 343	4 343	I	5 344	4 031	2 795	1 637	579	
	II	**5 409**	4 343	4 343	II	4 093	2 853	1 691	624		
	III	**3 066**	4 343	4 343	III	1 972	990	204			
	V	**11 589**	4 343	4 343	IV	6 029	5 344	4 678	4 031	3 403	2 795
	VI	**12 120**	4 343	4 343							
46 619,99	I,IV	**6 744**	4 347	4 347	I	5 353	4 040	2 803	1 644	585	
	II	**5 418**	4 347	4 347	II	4 101	2 861	1 698	630		
	III	**3 072**	4 347	4 347	III	1 980	996	208			
	V	**11 601**	4 347	4 347	IV	6 039	5 353	4 687	4 040	3 412	2 803
	VI	**12 133**	4 347	4 347							
46 655,99	I,IV	**6 753**	4 350	4 350	I	5 362	4 048	2 811	1 651	591	
	II	**5 427**	4 350	4 350	II	4 109	2 869	1 705	636		
	III	**3 080**	4 350	4 350	III	1 986	1 002	212			
	V	**11 613**	4 350	4 350	IV	6 048	5 362	4 695	4 048	3 420	2 811
	VI	**12 145**	4 350	4 350							

* Zur LSt-Berechnung für privat versicherte Arbeitnehmer s. Beispiele **Vorbemerkung S. 4 f.**
** Basisvorsorgepauschale KV und PV *** Typisierter Arbeitgeberzuschuss

Lohn/ Gehalt in € bis	Steuerklasse	Lohn-steuer*	BVSP**	TAGZ***	Steuerklasse	Bemessungsgrundlage für Kirchensteuer und Solidaritätszuschlag – Freibeträge für ... Kinder 0,5	**1,0**	1,5	**2,0**	2,5	**3,0**
46691,99	I,IV	**6762**	4354	4354	I	5371	4056	2819	1659	597	
	II	**5436**	4354	4354	II	4118	2877	1713	642		
	III	**3088**	4354	4354	III	1994	1008	218			
	V	**11626**	4354	4354	IV	6057	5371	4704	4056	3428	2819
	VI	**12157**	4354	4354							
46727,99	I,IV	**6772**	4357	4357	I	5379	4064	2827	1666	603	
	II	**5445**	4357	4357	II	4126	2884	1720	648		
	III	**3094**	4357	4357	III	2000	1012	222			
	V	**11638**	4357	4357	IV	6066	5379	4712	4064	3436	2827
	VI	**12169**	4357	4357							
46763,99	I,IV	**6781**	4360	4360	I	5388	4073	2835	1673	609	
	II	**5454**	4360	4360	II	4135	2893	1728	655		
	III	**3102**	4360	4360	III	2006	1018	226			
	V	**11650**	4360	4360	IV	6075	5388	4721	4073	3444	2835
	VI	**12182**	4360	4360							
46799,99	I,IV	**6790**	4364	4364	I	5397	4081	2842	1681	615	
	II	**5463**	4364	4364	II	4143	2900	1735	661		
	III	**3110**	4364	4364	III	2014	1024	232			
	V	**11663**	4364	4364	IV	6084	5397	4730	4081	3452	2842
	VI	**12194**	4364	4364							
46835,99	I,IV	**6800**	4367	4367	I	5406	4089	2850	1688	621	
	II	**5472**	4367	4367	II	4151	2908	1742	667		
	III	**3116**	4367	4367	III	2020	1030	236			
	V	**11675**	4367	4367	IV	6093	5406	4738	4089	3460	2850
	VI	**12206**	4367	4367							
46871,99	I,IV	**6809**	4370	4370	I	5415	4098	2858	1695	628	
	II	**5481**	4370	4370	II	4160	2916	1750	674		
	III	**3124**	4370	4370	III	2028	1036	240			
	V	**11687**	4370	4370	IV	6103	5415	4747	4098	3468	2858
	VI	**12219**	4370	4370							
46907,99	I,IV	**6819**	4374	4374	I	5424	4106	2866	1703	634	
	II	**5489**	4374	4374	II	4168	2924	1757	680		
	III	**3132**	4374	4374	III	2036	1042	244			
	V	**11700**	4374	4374	IV	6112	5424	4755	4106	3476	2866
	VI	**12231**	4374	4374							
46943,99	I,IV	**6828**	4377	4377	I	5433	4115	2874	1710	640	
	II	**5498**	4377	4377	II	4176	2932	1764	686		
	III	**3138**	4377	4377	III	2042	1048	250			
	V	**11712**	4377	4377	IV	6121	5433	4764	4115	3485	2874
	VI	**12243**	4377	4377							
46979,99	I,IV	**6837**	4380	4380	I	5441	4123	2882	1717	646	
	II	**5507**	4380	4380	II	4185	2940	1772	692		
	III	**3146**	4380	4380	III	2050	1054	254			
	V	**11724**	4380	4380	IV	6130	5441	4773	4123	3493	2882
	VI	**12256**	4380	4380							
47015,99	I,IV	**6847**	4384	4384	I	5451	4131	2890	1725	652	
	II	**5516**	4384	4384	II	4193	2948	1779	699		
	III	**3154**	4384	4384	III	2056	1060	258			
	V	**11736**	4384	4384	IV	6139	5451	4781	4131	3501	2890
	VI	**12268**	4384	4384							
47051,99	I,IV	**6856**	4387	4387	I	5459	4140	2897	1732	659	
	II	**5525**	4387	4387	II	4202	2956	1787	705		
	III	**3160**	4387	4387	III	2064	1066	264			
	V	**11749**	4387	4387	IV	6148	5459	4790	4140	3509	2897
	VI	**12280**	4387	4387							
47087,99	I,IV	**6865**	4390	4390	I	5468	4148	2905	1739	665	
	II	**5534**	4390	4390	II	4210	2963	1794	711		
	III	**3168**	4390	4390	III	2070	1072	268			
	V	**11761**	4390	4390	IV	6157	5468	4798	4148	3517	2905
	VI	**12293**	4390	4390							

* Zur LSt-Berechnung für privat versicherte Arbeitnehmer s. Beispiele **Vorbemerkung S. 4f.**
** Basisvorsorgepauschale KV und PV *** Typisierter Arbeitgeberzuschuss

Lohn/ Gehalt in € bis	Steuerklasse	Lohn- steuer*	BVSP**	TAGZ***	Steuerklasse	Bemessungsgrundlage für Kirchensteuer und Solidaritätszuschlag – Freibeträge für ... Kinder 0,5	1,0	1,5	2,0	2,5	3,0
47 123,99	I,IV	**6 875**	4 394	4 394	I	5 477	4 157	2 913	1 747	671	
	II	**5 543**	4 394	4 394	II	4 219	2 971	1 802	718		
	III	**3 176**	4 394	4 394	III	2 078	1 078	272			
	V	**11 773**	4 394	4 394	IV	6 167	5 477	4 807	4 157	3 525	2 913
	VI	**12 305**	4 394	4 394							
47 159,99	I,IV	**6 884**	4 397	4 397	I	5 486	4 165	2 921	1 754	677	
	II	**5 552**	4 397	4 397	II	4 227	2 979	1 809	724		
	III	**3 182**	4 397	4 397	III	2 084	1 084	276			
	V	**11 786**	4 397	4 397	IV	6 176	5 486	4 816	4 165	3 533	2 921
	VI	**12 317**	4 397	4 397							
47 195,99	I,IV	**6 894**	4 401	4 401	I	5 495	4 173	2 929	1 762	684	
	II	**5 561**	4 401	4 401	II	4 235	2 987	1 816	731		
	III	**3 190**	4 401	4 401	III	2 092	1 090	282			
	V	**11 798**	4 401	4 401	IV	6 185	5 495	4 824	4 173	3 541	2 929
	VI	**12 330**	4 401	4 401							
47 231,99	I,IV	**6 903**	4 404	4 404	I	5 504	4 182	2 937	1 769	690	
	II	**5 570**	4 404	4 404	II	4 244	2 995	1 824	737		
	III	**3 198**	4 404	4 404	III	2 098	1 096	286			
	V	**11 810**	4 404	4 404	IV	6 194	5 504	4 833	4 182	3 550	2 937
	VI	**12 342**	4 404	4 404							
47 267,99	I,IV	**6 913**	4 407	4 407	I	5 513	4 190	2 945	1 776	696	
	II	**5 579**	4 407	4 407	II	4 252	3 003	1 831	744		
	III	**3 204**	4 407	4 407	III	2 106	1 102	290			
	V	**11 823**	4 407	4 407	IV	6 203	5 513	4 842	4 190	3 558	2 945
	VI	**12 354**	4 407	4 407							
47 303,99	I,IV	**6 922**	4 411	4 411	I	5 522	4 199	2 953	1 784	703	
	II	**5 587**	4 411	4 411	II	4 261	3 011	1 838	750		
	III	**3 212**	4 411	4 411	III	2 112	1 108	296			
	V	**11 835**	4 411	4 411	IV	6 212	5 522	4 850	4 199	3 566	2 953
	VI	**12 366**	4 411	4 411							
47 339,99	I,IV	**6 931**	4 414	4 414	I	5 530	4 207	2 960	1 791	709	
	II	**5 596**	4 414	4 414	II	4 269	3 019	1 846	756		
	III	**3 218**	4 414	4 414	III	2 120	1 114	300			
	V	**11 847**	4 414	4 414	IV	6 221	5 530	4 859	4 207	3 574	2 960
	VI	**12 379**	4 414	4 414							
47 375,99	I,IV	**6 941**	4 417	4 417	I	5 540	4 215	2 969	1 799	716	
	II	**5 605**	4 417	4 417	II	4 278	3 027	1 853	763		
	III	**3 226**	4 417	4 417	III	2 126	1 120	304			
	V	**11 860**	4 417	4 417	IV	6 231	5 540	4 868	4 215	3 582	2 969
	VI	**12 391**	4 417	4 417							
47 411,99	I,IV	**6 950**	4 421	4 421	I	5 548	4 224	2 976	1 806	722	
	II	**5 614**	4 421	4 421	II	4 286	3 035	1 861	770		
	III	**3 234**	4 421	4 421	III	2 134	1 126	310			
	V	**11 872**	4 421	4 421	IV	6 240	5 548	4 876	4 224	3 590	2 976
	VI	**12 403**	4 421	4 421							
47 447,99	I,IV	**6 960**	4 424	4 424	I	5 557	4 232	2 984	1 813	728	
	II	**5 623**	4 424	4 424	II	4 294	3 043	1 868	776		
	III	**3 240**	4 424	4 424	III	2 140	1 130	314			
	V	**11 884**	4 424	4 424	IV	6 249	5 557	4 885	4 232	3 599	2 984
	VI	**12 416**	4 424	4 424							
47 483,99	I,IV	**6 969**	4 427	4 427	I	5 566	4 241	2 992	1 821	735	
	II	**5 632**	4 427	4 427	II	4 303	3 051	1 876	783		
	III	**3 248**	4 427	4 427	III	2 148	1 138	320			
	V	**11 896**	4 427	4 427	IV	6 258	5 566	4 894	4 241	3 607	2 992
	VI	**12 428**	4 427	4 427							
47 519,99	I,IV	**6 979**	4 431	4 431	I	5 575	4 249	3 000	1 828	741	
	II	**5 641**	4 431	4 431	II	4 311	3 059	1 883	789		
	III	**3 256**	4 431	4 431	III	2 156	1 144	324			
	V	**11 909**	4 431	4 431	IV	6 267	5 575	4 903	4 249	3 615	3 000
	VI	**12 440**	4 431	4 431							

* Zur LSt-Berechnung für privat versicherte Arbeitnehmer s. Beispiele **Vorbemerkung S. 4 f.**
** Basisvorsorgepauschale KV und PV *** Typisierter Arbeitgeberzuschuss

Lohn/ Gehalt in € bis	Steuerklasse	Lohnsteuer*	BVSP**	TAGZ***	Steuerklasse	Bemessungsgrundlage für Kirchensteuer und Solidaritätszuschlag – Freibeträge für … Kinder 0,5	1,0	1,5	2,0	2,5	3,0
47 555,99	I,IV	**6 988**	4 434	4 434	I	5 584	4 257	3 008	1 836	748	
	II	**5 650**	4 434	4 434	II	4 320	3 066	1 890	796		
	III	**3 262**	4 434	4 434	III	2 162	1 148	328			
	V	**11 921**	4 434	4 434	IV	6 276	5 584	4 911	4 257	3 623	3 008
	VI	**12 453**	4 434	4 434							
47 591,99	I,IV	**6 998**	4 437	4 437	I	5 593	4 266	3 016	1 843	754	
	II	**5 659**	4 437	4 437	II	4 328	3 075	1 898	803		
	III	**3 270**	4 437	4 437	III	2 170	1 156	334			
	V	**11 933**	4 437	4 437	IV	6 286	5 593	4 920	4 266	3 631	3 016
	VI	**12 465**	4 437	4 437							
47 627,99	I,IV	**7 007**	4 441	4 441	I	5 602	4 274	3 024	1 851	761	
	II	**5 668**	4 441	4 441	II	4 337	3 083	1 905	809		
	III	**3 278**	4 441	4 441	III	2 176	1 162	338			
	V	**11 946**	4 441	4 441	IV	6 295	5 602	4 929	4 274	3 640	3 024
	VI	**12 477**	4 441	4 441							
47 663,99	I,IV	**7 016**	4 444	4 444	I	5 611	4 283	3 032	1 858	767	
	II	**5 677**	4 444	4 444	II	4 345	3 090	1 913	816		
	III	**3 284**	4 444	4 444	III	2 184	1 168	342			
	V	**11 958**	4 444	4 444	IV	6 304	5 611	4 937	4 283	3 648	3 032
	VI	**12 490**	4 444	4 444							
47 699,99	I,IV	**7 026**	4 448	4 448	I	5 620	4 291	3 040	1 865	774	
	II	**5 686**	4 448	4 448	II	4 353	3 098	1 920	822		
	III	**3 292**	4 448	4 448	III	2 190	1 174	348			
	V	**11 970**	4 448	4 448	IV	6 313	5 620	4 946	4 291	3 656	3 040
	VI	**12 502**	4 448	4 448							
47 735,99	I,IV	**7 035**	4 451	4 451	I	5 629	4 300	3 048	1 873	780	
	II	**5 695**	4 451	4 451	II	4 362	3 106	1 928	829	4	
	III	**3 300**	4 451	4 451	III	2 198	1 180	352			
	V	**11 983**	4 451	4 451	IV	6 322	5 629	4 955	4 300	3 664	3 048
	VI	**12 514**	4 451	4 451							
47 771,99	I,IV	**7 045**	4 454	4 454	I	5 638	4 308	3 056	1 880	787	
	II	**5 704**	4 454	4 454	II	4 371	3 114	1 935	836	8	
	III	**3 306**	4 454	4 454	III	2 204	1 186	356			
	V	**11 995**	4 454	4 454	IV	6 332	5 638	4 963	4 308	3 672	3 056
	VI	**12 526**	4 454	4 454							
47 807,99	I,IV	**7 054**	4 458	4 458	I	5 647	4 317	3 064	1 888	793	
	II	**5 713**	4 458	4 458	II	4 379	3 122	1 943	842	12	
	III	**3 314**	4 458	4 458	III	2 212	1 192	362			
	V	**12 007**	4 458	4 458	IV	6 341	5 647	4 972	4 317	3 680	3 064
	VI	**12 539**	4 458	4 458							
47 843,99	I,IV	**7 064**	4 461	4 461	I	5 656	4 325	3 072	1 895	800	
	II	**5 722**	4 461	4 461	II	4 388	3 130	1 950	849	16	
	III	**3 322**	4 461	4 461	III	2 220	1 198	366			
	V	**12 020**	4 461	4 461	IV	6 350	5 656	4 981	4 325	3 689	3 072
	VI	**12 551**	4 461	4 461							
47 879,99	I,IV	**7 073**	4 464	4 464	I	5 665	4 334	3 080	1 903	807	
	II	**5 731**	4 464	4 464	II	4 396	3 138	1 958	856	20	
	III	**3 328**	4 464	4 464	III	2 226	1 204	372			
	V	**12 032**	4 464	4 464	IV	6 359	5 665	4 990	4 334	3 697	3 080
	VI	**12 563**	4 464	4 464							
47 915,99	I,IV	**7 082**	4 468	4 468	I	5 674	4 342	3 087	1 910	813	
	II	**5 740**	4 468	4 468	II	4 404	3 146	1 965	863	24	
	III	**3 336**	4 468	4 468	III	2 234	1 210	376			
	V	**12 044**	4 468	4 468	IV	6 368	5 674	4 998	4 342	3 705	3 087
	VI	**12 576**	4 468	4 468							
47 951,99	I,IV	**7 092**	4 471	4 471	I	5 683	4 350	3 095	1 917	820	
	II	**5 749**	4 471	4 471	II	4 413	3 154	1 972	869	29	
	III	**3 344**	4 471	4 471	III	2 240	1 216	380			
	V	**12 056**	4 471	4 471	IV	6 378	5 683	5 007	4 350	3 713	3 095
	VI	**12 588**	4 471	4 471							

* Zur LSt-Berechnung für privat versicherte Arbeitnehmer s. Beispiele **Vorbemerkung S. 4 f.**
** Basisvorsorgepauschale KV und PV *** Typisierter Arbeitgeberzuschuss

Lohn/ Gehalt in € bis	Steuerklasse	Lohn-steuer*	BVSP**	TAGZ***	Steuerklasse	Bemessungsgrundlage für Kirchensteuer und Solidaritätszuschlag – Freibeträge für ... Kinder 0,5	1,0	1,5	2,0	2,5	3,0
47 987,99	I,IV	**7 102**	4 474	4 474	I	5 692	4 359	3 103	1 925	827	2
	II	**5 758**	4 474	4 474	II	4 422	3 162	1 980	876	33	
	III	**3 350**	4 474	4 474	III	2 248	1 222	386			
	V	**12 069**	4 474	4 474	IV	6 387	5 692	5 016	4 359	3 722	3 103
	VI	**12 600**	4 474	4 474							
48 023,99	I,IV	**7 111**	4 478	4 478	I	5 701	4 367	3 111	1 932	833	6
	II	**5 767**	4 478	4 478	II	4 430	3 170	1 988	883	37	
	III	**3 358**	4 478	4 478	III	2 254	1 228	390			
	V	**12 081**	4 478	4 478	IV	6 396	5 701	5 024	4 367	3 730	3 111
	VI	**12 613**	4 478	4 478							
48 059,99	I,IV	**7 120**	4 481	4 481	I	5 709	4 376	3 119	1 940	840	10
	II	**5 776**	4 481	4 481	II	4 438	3 178	1 995	890	41	
	III	**3 366**	4 481	4 481	III	2 262	1 234	396			
	V	**12 093**	4 481	4 481	IV	6 405	5 709	5 033	4 376	3 738	3 119
	VI	**12 625**	4 481	4 481							
48 095,99	I,IV	**7 130**	4 484	4 484	I	5 719	4 384	3 127	1 947	847	15
	II	**5 785**	4 484	4 484	II	4 447	3 186	2 003	897	46	
	III	**3 372**	4 484	4 484	III	2 268	1 240	400			
	V	**12 106**	4 484	4 484	IV	6 415	5 719	5 042	4 384	3 746	3 127
	VI	**12 637**	4 484	4 484							
48 131,99	I,IV	**7 139**	4 488	4 488	I	5 728	4 393	3 135	1 955	853	19
	II	**5 794**	4 488	4 488	II	4 455	3 194	2 010	904	50	
	III	**3 380**	4 488	4 488	III	2 276	1 246	406			
	V	**12 118**	4 488	4 488	IV	6 424	5 728	5 051	4 393	3 754	3 135
	VI	**12 650**	4 488	4 488							
48 167,99	I,IV	**7 149**	4 491	4 491	I	5 736	4 401	3 143	1 962	860	23
	II	**5 803**	4 491	4 491	II	4 464	3 202	2 017	910	54	
	III	**3 388**	4 491	4 491	III	2 282	1 252	410			
	V	**12 130**	4 491	4 491	IV	6 433	5 736	5 059	4 401	3 763	3 143
	VI	**12 662**	4 491	4 491							
48 203,99	I,IV	**7 159**	4 495	4 495	I	5 746	4 410	3 151	1 970	867	27
	II	**5 812**	4 495	4 495	II	4 473	3 210	2 025	918	59	
	III	**3 394**	4 495	4 495	III	2 290	1 258	416			
	V	**12 143**	4 495	4 495	IV	6 442	5 746	5 068	4 410	3 771	3 151
	VI	**12 674**	4 495	4 495							
48 239,99	I,IV	**7 168**	4 498	4 498	I	5 755	4 418	3 159	1 977	874	31
	II	**5 821**	4 498	4 498	II	4 481	3 218	2 033	924	63	
	III	**3 402**	4 498	4 498	III	2 298	1 266	420			
	V	**12 155**	4 498	4 498	IV	6 452	5 755	5 077	4 418	3 779	3 159
	VI	**12 687**	4 498	4 498							
48 275,99	I,IV	**7 177**	4 501	4 501	I	5 763	4 427	3 167	1 985	881	36
	II	**5 830**	4 501	4 501	II	4 489	3 226	2 040	931	67	
	III	**3 410**	4 501	4 501	III	2 304	1 270	424			
	V	**12 167**	4 501	4 501	IV	6 461	5 763	5 085	4 427	3 787	3 167
	VI	**12 699**	4 501	4 501							
48 311,99	I,IV	**7 187**	4 505	4 505	I	5 772	4 435	3 175	1 992	887	40
	II	**5 839**	4 505	4 505	II	4 498	3 234	2 047	938	72	
	III	**3 416**	4 505	4 505	III	2 312	1 278	430			
	V	**12 179**	4 505	4 505	IV	6 470	5 772	5 094	4 435	3 795	3 175
	VI	**12 711**	4 505	4 505							
48 347,99	I,IV	**7 197**	4 508	4 508	I	5 782	4 444	3 183	2 000	894	44
	II	**5 848**	4 508	4 508	II	4 507	3 242	2 055	945	76	
	III	**3 424**	4 508	4 508	III	2 318	1 284	434			
	V	**12 192**	4 508	4 508	IV	6 479	5 782	5 103	4 444	3 804	3 183
	VI	**12 723**	4 508	4 508							
48 383,99	I,IV	**7 206**	4 511	4 511	I	5 791	4 452	3 191	2 007	901	48
	II	**5 857**	4 511	4 511	II	4 515	3 250	2 063	952	81	
	III	**3 432**	4 511	4 511	III	2 326	1 290	440			
	V	**12 204**	4 511	4 511	IV	6 489	5 791	5 112	4 452	3 812	3 191
	VI	**12 736**	4 511	4 511							

* Zur LSt-Berechnung für privat versicherte Arbeitnehmer s. Beispiele **Vorbemerkung S. 4 f.**
** Basisvorsorgepauschale KV und PV *** Typisierter Arbeitgeberzuschuss

Lohn/ Gehalt in € bis	Steuerklasse	Lohn-steuer*	BVSP**	TAGZ***	Steuerklasse	Bemessungsgrundlage für Kirchensteuer und Solidaritätszuschlag – Freibeträge für ... Kinder 0,5	**1,0**	1,5	**2,0**	2,5	**3,0**
48 419,99	I,IV	**7 215**	4 515	4 515	I	5 799	4 461	3 199	2 015	908	53
	II	**5 866**	4 515	4 515	II	4 524	3 258	2 070	959	85	
	III	**3 440**	4 515	4 515	III	2 332	1 296	444			
	V	**12 216**	4 515	4 515	IV	6 498	5 799	5 120	4 461	3 820	3 199
	VI	**12 748**	4 515	4 515							
48 455,99	I,IV	**7 225**	4 518	4 518	I	5 809	4 469	3 207	2 022	915	57
	II	**5 875**	4 518	4 518	II	4 532	3 266	2 078	966	89	
	III	**3 446**	4 518	4 518	III	2 340	1 302	450			
	V	**12 229**	4 518	4 518	IV	6 507	5 809	5 129	4 469	3 829	3 207
	VI	**12 760**	4 518	4 518							
48 491,99	I,IV	**7 235**	4 521	4 521	I	5 818	4 478	3 215	2 030	922	61
	II	**5 884**	4 521	4 521	II	4 541	3 274	2 085	973	94	
	III	**3 454**	4 521	4 521	III	2 346	1 308	454			
	V	**12 241**	4 521	4 521	IV	6 516	5 818	5 138	4 478	3 837	3 215
	VI	**12 773**	4 521	4 521							
48 527,99	I,IV	**7 244**	4 525	4 525	I	5 827	4 486	3 223	2 037	929	66
	II	**5 893**	4 525	4 525	II	4 549	3 282	2 093	980	98	
	III	**3 462**	4 525	4 525	III	2 354	1 314	460			
	V	**12 253**	4 525	4 525	IV	6 526	5 827	5 147	4 486	3 845	3 223
	VI	**12 785**	4 525	4 525							
48 563,99	I,IV	**7 253**	4 528	4 528	I	5 835	4 495	3 231	2 045	936	70
	II	**5 902**	4 528	4 528	II	4 558	3 290	2 100	987	103	
	III	**3 468**	4 528	4 528	III	2 360	1 320	464			
	V	**12 265**	4 528	4 528	IV	6 535	5 835	5 155	4 495	3 853	3 231
	VI	**12 797**	4 528	4 528							
48 599,99	I,IV	**7 263**	4 531	4 531	I	5 845	4 503	3 239	2 052	943	74
	II	**5 911**	4 531	4 531	II	4 566	3 299	2 108	994	107	
	III	**3 476**	4 531	4 531	III	2 368	1 326	470			
	V	**12 278**	4 531	4 531	IV	6 544	5 845	5 164	4 503	3 862	3 239
	VI	**12 810**	4 531	4 531							
48 635,99	I,IV	**7 273**	4 535	4 535	I	5 854	4 512	3 247	2 060	950	79
	II	**5 920**	4 535	4 535	II	4 575	3 307	2 115	1 001	112	
	III	**3 484**	4 535	4 535	III	2 376	1 334	474			
	V	**12 290**	4 535	4 535	IV	6 554	5 854	5 173	4 512	3 870	3 247
	VI	**12 822**	4 535	4 535							
48 671,99	I,IV	**7 282**	4 538	4 538	I	5 863	4 520	3 255	2 067	956	83
	II	**5 929**	4 538	4 538	II	4 583	3 314	2 123	1 008	116	
	III	**3 490**	4 538	4 538	III	2 382	1 340	480			
	V	**12 302**	4 538	4 538	IV	6 563	5 863	5 182	4 520	3 878	3 255
	VI	**12 834**	4 538	4 538							
48 707,99	I,IV	**7 292**	4 542	4 542	I	5 872	4 529	3 263	2 075	964	88
	II	**5 939**	4 542	4 542	II	4 592	3 323	2 131	1 015	121	
	III	**3 498**	4 542	4 542	III	2 390	1 346	484			
	V	**12 315**	4 542	4 542	IV	6 572	5 872	5 191	4 529	3 887	3 263
	VI	**12 847**	4 542	4 542							
48 743,99	I,IV	**7 301**	4 545	4 545	I	5 881	4 538	3 271	2 082	971	92
	II	**5 948**	4 545	4 545	II	4 601	3 331	2 138	1 022	126	
	III	**3 506**	4 545	4 545	III	2 396	1 352	490			
	V	**12 327**	4 545	4 545	IV	6 581	5 881	5 200	4 538	3 895	3 271
	VI	**12 859**	4 545	4 545							
48 779,99	I,IV	**7 311**	4 548	4 548	I	5 890	4 546	3 279	2 090	978	97
	II	**5 957**	4 548	4 548	II	4 609	3 339	2 145	1 029	130	
	III	**3 512**	4 548	4 548	III	2 404	1 358	494			
	V	**12 339**	4 548	4 548	IV	6 591	5 890	5 208	4 546	3 903	3 279
	VI	**12 871**	4 548	4 548							
48 815,99	I,IV	**7 321**	4 552	4 552	I	5 899	4 555	3 288	2 098	985	101
	II	**5 966**	4 552	4 552	II	4 618	3 347	2 153	1 037	135	
	III	**3 520**	4 552	4 552	III	2 410	1 364	500			
	V	**12 352**	4 552	4 552	IV	6 600	5 899	5 217	4 555	3 911	3 288
	VI	**12 883**	4 552	4 552							

* Zur LSt-Berechnung für privat versicherte Arbeitnehmer s. Beispiele **Vorbemerkung S. 4 f.**
** Basisvorsorgepauschale KV und PV *** Typisierter Arbeitgeberzuschuss

Lohn/ Gehalt in € bis	Steuerklasse	Lohn-steuer*	BVSP**	TAGZ***	Steuerklasse	Bemessungsgrundlage für Kirchensteuer und Solidaritätszuschlag – Freibeträge für ... Kinder 0,5	1,0	1,5	2,0	2,5	3,0
48851,99	I,IV	**7330**	4555	4555	I	5908	4563	3296	2105	992	106
	II	**5975**	4555	4555	II	4626	3355	2161	1044	139	
	III	**3528**	4555	4555	III	2418	1372	504			
	V	**12364**	4555	4555	IV	6609	5908	5226	4563	3920	3296
	VI	**12896**	4555	4555							
48887,99	I,IV	**7339**	4558	4558	I	5917	4572	3303	2112	999	110
	II	**5984**	4558	4558	II	4635	3363	2168	1051	144	
	III	**3534**	4558	4558	III	2426	1378	510			
	V	**12376**	4558	4558	IV	6619	5917	5235	4572	3928	3303
	VI	**12908**	4558	4558							
48923,99	I,IV	**7349**	4562	4562	I	5926	4580	3311	2120	1006	115
	II	**5993**	4562	4562	II	4643	3371	2176	1058	149	
	III	**3542**	4562	4562	III	2432	1384	514			
	V	**12388**	4562	4562	IV	6628	5926	5243	4580	3936	3311
	VI	**12920**	4562	4562							
48959,99	I,IV	**7359**	4565	4565	I	5935	4589	3320	2128	1013	119
	II	**6002**	4565	4565	II	4652	3379	2183	1065	153	
	III	**3550**	4565	4565	III	2440	1390	520			
	V	**12401**	4565	4565	IV	6637	5935	5252	4589	3945	3320
	VI	**12933**	4565	4565							
48995,99	I,IV	**7368**	4568	4568	I	5944	4597	3328	2135	1020	124
	II	**6011**	4568	4568	II	4661	3387	2191	1072	158	
	III	**3558**	4568	4568	III	2446	1396	524			
	V	**12413**	4568	4568	IV	6647	5944	5261	4597	3953	3328
	VI	**12945**	4568	4568							
49031,99	I,IV	**7378**	4572	4572	I	5953	4606	3336	2143	1027	128
	II	**6020**	4572	4572	II	4669	3395	2198	1079	163	
	III	**3564**	4572	4572	III	2454	1402	530			
	V	**12425**	4572	4572	IV	6656	5953	5270	4606	3961	3336
	VI	**12957**	4572	4572							
49067,99	I,IV	**7388**	4575	4575	I	5962	4615	3344	2150	1034	133
	II	**6029**	4575	4575	II	4678	3403	2206	1086	168	
	III	**3572**	4575	4575	III	2462	1410	534			
	V	**12438**	4575	4575	IV	6665	5962	5279	4615	3970	3344
	VI	**12970**	4575	4575							
49103,99	I,IV	**7397**	4578	4578	I	5971	4623	3352	2158	1041	138
	II	**6038**	4578	4578	II	4686	3411	2214	1093	172	
	III	**3580**	4578	4578	III	2468	1416	540			
	V	**12450**	4578	4578	IV	6675	5971	5288	4623	3978	3352
	VI	**12982**	4578	4578							
49139,99	I,IV	**7406**	4582	4582	I	5980	4632	3360	2165	1048	142
	II	**6047**	4582	4582	II	4695	3419	2221	1100	177	
	III	**3586**	4582	4582	III	2476	1422	544			
	V	**12462**	4582	4582	IV	6684	5980	5296	4632	3986	3360
	VI	**12994**	4582	4582							
49175,99	I,IV	**7416**	4585	4585	I	5989	4640	3368	2173	1055	147
	II	**6057**	4585	4585	II	4703	3427	2229	1107	182	
	III	**3594**	4585	4585	III	2482	1428	550			
	V	**12474**	4585	4585	IV	6693	5989	5305	4640	3994	3368
	VI	**13006**	4585	4585							
49211,99	I,IV	**7426**	4589	4589	I	5999	4649	3376	2181	1062	152
	II	**6066**	4589	4589	II	4712	3436	2237	1114	187	
	III	**3602**	4589	4589	III	2490	1434	554			
	V	**12487**	4589	4589	IV	6703	5999	5314	4649	4003	3376
	VI	**13019**	4589	4589							
49247,99	I,IV	**7435**	4592	4592	I	6008	4657	3384	2188	1069	156
	II	**6075**	4592	4592	II	4721	3444	2244	1121	191	
	III	**3610**	4592	4592	III	2496	1442	560			
	V	**12499**	4592	4592	IV	6712	6008	5323	4657	4011	3384
	VI	**13031**	4592	4592							

* Zur LSt-Berechnung für privat versicherte Arbeitnehmer s. Beispiele **Vorbemerkung S. 4 f.**
** Basisvorsorgepauschale KV und PV *** Typisierter Arbeitgeberzuschuss

Lohn/ Gehalt in € bis	Steuerklasse	Lohn-steuer*	BVSP**	TAGZ***	Steuerklasse	Bemessungsgrundlage für Kirchensteuer und Solidaritätszuschlag – Freibeträge für ... Kinder 0,5	**1,0**	1,5	**2,0**	2,5	**3,0**
49 283,99	I,IV	**7445**	4595	4595	I	6017	4666	3392	2196	1076	161
	II	**6084**	4595	4595	II	4729	3452	2252	1128	196	
	III	**3616**	4595	4595	III	2504	1448	566			
	V	**12511**	4595	4595	IV	6721	6017	5332	4666	4019	3392
	VI	**13043**	4595	4595							
49 319,99	I,IV	**7455**	4599	4599	I	6026	4675	3400	2203	1083	166
	II	**6093**	4599	4599	II	4738	3460	2259	1136	201	
	III	**3624**	4599	4599	III	2510	1454	570			
	V	**12524**	4599	4599	IV	6731	6026	5341	4675	4028	3400
	VI	**13056**	4599	4599							
49 355,99	I,IV	**7464**	4602	4602	I	6035	4683	3408	2211	1090	171
	II	**6102**	4602	4602	II	4747	3468	2267	1143	206	
	III	**3632**	4602	4602	III	2518	1460	576			
	V	**12536**	4602	4602	IV	6740	6035	5349	4683	4036	3408
	VI	**13068**	4602	4602							
49 391,99	I,IV	**7474**	4605	4605	I	6044	4692	3416	2218	1097	175
	II	**6111**	4605	4605	II	4755	3476	2274	1150	211	
	III	**3638**	4605	4605	III	2526	1466	580			
	V	**12548**	4605	4605	IV	6749	6044	5358	4692	4044	3416
	VI	**13080**	4605	4605							
49 427,99	I,IV	**7483**	4609	4609	I	6053	4700	3425	2226	1105	180
	II	**6121**	4609	4609	II	4764	3485	2282	1157	216	
	III	**3646**	4609	4609	III	2532	1474	586			
	V	**12561**	4609	4609	IV	6759	6053	5367	4700	4053	3425
	VI	**13093**	4609	4609							
49 463,99	I,IV	**7493**	4612	4612	I	6062	4709	3433	2234	1112	185
	II	**6130**	4612	4612	II	4773	3493	2290	1164	221	
	III	**3654**	4612	4612	III	2540	1480	592			
	V	**12573**	4612	4612	IV	6768	6062	5376	4709	4061	3433
	VI	**13105**	4612	4612							
49 499,99	I,IV	**7503**	4615	4615	I	6071	4718	3441	2241	1119	190
	II	**6139**	4615	4615	II	4781	3501	2297	1171	226	
	III	**3660**	4615	4615	III	2546	1486	596			
	V	**12585**	4615	4615	IV	6777	6071	5385	4718	4069	3441
	VI	**13117**	4615	4615							
49 535,99	I,IV	**7512**	4619	4619	I	6080	4726	3449	2249	1126	194
	II	**6148**	4619	4619	II	4790	3509	2305	1178	231	
	III	**3668**	4619	4619	III	2554	1492	602			
	V	**12597**	4619	4619	IV	6787	6080	5394	4726	4078	3449
	VI	**13129**	4619	4619							
49 571,99	I,IV	**7522**	4622	4622	I	6090	4735	3457	2256	1133	199
	II	**6157**	4622	4622	II	4798	3517	2313	1186	236	
	III	**3676**	4622	4622	III	2562	1500	606			
	V	**12610**	4622	4622	IV	6796	6090	5403	4735	4086	3457
	VI	**13142**	4622	4622							
49 607,99	I,IV	**7531**	4625	4625	I	6099	4743	3465	2264	1140	204
	II	**6166**	4625	4625	II	4807	3525	2320	1193	241	
	III	**3682**	4625	4625	III	2568	1506	612			
	V	**12622**	4625	4625	IV	6805	6099	5411	4743	4095	3465
	VI	**13154**	4625	4625							
49 643,99	I,IV	**7541**	4629	4629	I	6108	4752	3473	2272	1147	209
	II	**6175**	4629	4629	II	4816	3533	2328	1200	245	
	III	**3690**	4629	4629	III	2576	1512	616			
	V	**12634**	4629	4629	IV	6815	6108	5420	4752	4103	3473
	VI	**13166**	4629	4629							
49 679,99	I,IV	**7551**	4632	4632	I	6117	4761	3481	2279	1154	214
	II	**6185**	4632	4632	II	4824	3541	2336	1207	251	
	III	**3698**	4632	4632	III	2582	1518	622			
	V	**12647**	4632	4632	IV	6824	6117	5429	4761	4111	3481
	VI	**13179**	4632	4632							

* Zur LSt-Berechnung für privat versicherte Arbeitnehmer s. Beispiele **Vorbemerkung S. 4 f.**

** Basisvorsorgepauschale KV und PV *** Typisierter Arbeitgeberzuschuss

Lohn/ Gehalt in € bis	Steuerklasse	Lohnsteuer*	BVSP**	TAGZ***	Steuerklasse	Bemessungsgrundlage für Kirchensteuer und Solidaritätszuschlag					
						Freibeträge für ... Kinder					
						0,5	**1,0**	1,5	**2,0**	2,5	**3,0**
49715,99	I,IV	**7560**	4636	4636	I	6126	4769	3490	2287	1161	219
	II	**6194**	4636	4636	II	4833	3550	2343	1214	256	
	III	**3706**	4636	4636	III	2590	1524	628			
	V	**12659**	4636	4636	IV	6834	6126	5438	4769	4120	3490
	VI	**13191**	4636	4636							
49751,99	I,IV	**7570**	4639	4639	I	6135	4778	3498	2294	1168	224
	II	**6203**	4639	4639	II	4842	3558	2351	1221	261	
	III	**3712**	4639	4639	III	2598	1532	632			
	V	**12671**	4639	4639	IV	6843	6135	5447	4778	4128	3498
	VI	**13203**	4639	4639							
49787,99	I,IV	**7579**	4642	4642	I	6144	4786	3506	2302	1176	229
	II	**6212**	4642	4642	II	4850	3566	2358	1228	266	
	III	**3720**	4642	4642	III	2604	1538	638			
	V	**12684**	4642	4642	IV	6852	6144	5456	4786	4136	3506
	VI	**13215**	4642	4642							
49823,99	I,IV	**7589**	4646	4646	I	6154	4795	3514	2310	1183	234
	II	**6221**	4646	4646	II	4859	3574	2366	1235	271	
	III	**3728**	4646	4646	III	2612	1544	644			
	V	**12696**	4646	4646	IV	6862	6154	5465	4795	4145	3514
	VI	**13228**	4646	4646							
49859,99	I,IV	**7599**	4649	4649	I	6163	4804	3522	2317	1190	239
	II	**6230**	4649	4649	II	4868	3582	2374	1243	276	
	III	**3736**	4649	4649	III	2618	1552	648			
	V	**12708**	4649	4649	IV	6871	6163	5474	4804	4153	3522
	VI	**13240**	4649	4649							
49895,99	I,IV	**7608**	4652	4652	I	6172	4812	3530	2325	1197	244
	II	**6239**	4652	4652	II	4876	3590	2381	1250	281	
	III	**3742**	4652	4652	III	2626	1558	654			
	V	**12721**	4652	4652	IV	6880	6172	5482	4812	4162	3530
	VI	**13252**	4652	4652							
49931,99	I,IV	**7618**	4656	4656	I	6181	4821	3538	2333	1204	249
	II	**6249**	4656	4656	II	4885	3599	2389	1257	286	
	III	**3750**	4656	4656	III	2632	1564	658			
	V	**12733**	4656	4656	IV	6890	6181	5492	4821	4170	3538
	VI	**13265**	4656	4656							
49967,99	I,IV	**7628**	4659	4659	I	6190	4830	3546	2340	1211	254
	II	**6258**	4659	4659	II	4894	3607	2397	1264	291	
	III	**3758**	4659	4659	III	2640	1570	664			
	V	**12745**	4659	4659	IV	6899	6190	5500	4830	4178	3546
	VI	**13277**	4659	4659							
50003,99	I,IV	**7637**	4662	4662	I	6199	4838	3555	2348	1218	259
	II	**6267**	4662	4662	II	4902	3615	2404	1271	296	
	III	**3764**	4662	4662	III	2648	1578	670			
	V	**12757**	4662	4662	IV	6909	6199	5509	4838	4187	3555
	VI	**13289**	4662	4662							
50039,99	I,IV	**7647**	4666	4666	I	6209	4847	3563	2356	1226	264
	II	**6276**	4666	4666	II	4911	3623	2412	1278	302	
	III	**3772**	4666	4666	III	2654	1584	674			
	V	**12770**	4666	4666	IV	6918	6209	5518	4847	4195	3563
	VI	**13302**	4666	4666							
50075,99	I,IV	**7657**	4669	4669	I	6218	4856	3571	2363	1233	269
	II	**6285**	4669	4669	II	4920	3631	2420	1286	307	
	III	**3780**	4669	4669	III	2662	1590	680			
	V	**12782**	4669	4669	IV	6928	6218	5527	4856	4204	3571
	VI	**13314**	4669	4669							
50111,99	I,IV	**7667**	4672	4672	I	6227	4864	3579	2371	1240	274
	II	**6295**	4672	4672	II	4928	3639	2427	1293	312	
	III	**3788**	4672	4672	III	2668	1598	686			
	V	**12794**	4672	4672	IV	6937	6227	5536	4864	4212	3579
	VI	**13326**	4672	4672							

* Zur LSt-Berechnung für privat versicherte Arbeitnehmer s. Beispiele **Vorbemerkung S. 4f.**
** Basisvorsorgepauschale KV und PV *** Typisierter Arbeitgeberzuschuss

Lohn/ Gehalt in € bis	Steuerklasse	Lohn- steuer*	BVSP**	TAGZ***	Steuerklasse	Bemessungsgrundlage für Kirchensteuer und Solidaritätszuschlag					
						Freibeträge für ... Kinder					
						0,5	**1,0**	1,5	**2,0**	2,5	**3,0**
50 147,99	I,IV	**7 676**	4 676	4 676	I	6 236	4 873	3 587	2 378	1 247	279
	II	**6 304**	4 676	4 676	II	4 937	3 647	2 435	1 300	317	
	III	**3 794**	4 676	4 676	III	2 676	1 604	690			
	V	**12 807**	4 676	4 676	IV	6 946	6 236	5 545	4 873	4 220	3 587
	VI	**13 338**	4 676	4 676							
50 183,99	I,IV	**7 686**	4 679	4 679	I	6 245	4 882	3 595	2 386	1 254	284
	II	**6 313**	4 679	4 679	II	4 946	3 656	2 443	1 307	323	
	III	**3 802**	4 679	4 679	III	2 684	1 610	696			
	V	**12 819**	4 679	4 679	IV	6 956	6 245	5 554	4 882	4 229	3 595
	VI	**13 351**	4 679	4 679							
50 219,99	I,IV	**7 696**	4 683	4 683	I	6 254	4 890	3 604	2 394	1 261	289
	II	**6 322**	4 683	4 683	II	4 954	3 664	2 450	1 314	328	
	III	**3 810**	4 683	4 683	III	2 690	1 616	702			
	V	**12 831**	4 683	4 683	IV	6 965	6 254	5 563	4 890	4 237	3 604
	VI	**13 363**	4 683	4 683							
50 255,99	I,IV	**7 705**	4 686	4 686	I	6 263	4 899	3 612	2 401	1 268	294
	II	**6 331**	4 686	4 686	II	4 963	3 672	2 458	1 321	333	
	III	**3 818**	4 686	4 686	III	2 698	1 624	706			
	V	**12 844**	4 686	4 686	IV	6 975	6 263	5 572	4 899	4 246	3 612
	VI	**13 375**	4 686	4 686							
50 291,99	I,IV	**7 715**	4 689	4 689	I	6 273	4 908	3 620	2 409	1 276	300
	II	**6 341**	4 689	4 689	II	4 972	3 680	2 466	1 329	338	
	III	**3 824**	4 689	4 689	III	2 706	1 630	712			
	V	**12 856**	4 689	4 689	IV	6 984	6 273	5 581	4 908	4 254	3 620
	VI	**13 388**	4 689	4 689							
50 327,99	I,IV	**7 725**	4 693	4 693	I	6 282	4 916	3 628	2 417	1 283	305
	II	**6 350**	4 693	4 693	II	4 981	3 688	2 474	1 336	344	
	III	**3 832**	4 693	4 693	III	2 712	1 636	718			
	V	**12 868**	4 693	4 693	IV	6 994	6 282	5 590	4 916	4 263	3 628
	VI	**13 400**	4 693	4 693							
50 363,99	I,IV	**7 734**	4 696	4 696	I	6 291	4 925	3 636	2 424	1 290	310
	II	**6 359**	4 696	4 696	II	4 989	3 697	2 481	1 343	349	
	III	**3 840**	4 696	4 696	III	2 720	1 644	722			
	V	**12 881**	4 696	4 696	IV	7 003	6 291	5 598	4 925	4 271	3 636
	VI	**13 412**	4 696	4 696							
50 399,99	I,IV	**7 744**	4 699	4 699	I	6 301	4 934	3 645	2 432	1 297	315
	II	**6 368**	4 699	4 699	II	4 998	3 705	2 489	1 350	355	
	III	**3 848**	4 699	4 699	III	2 726	1 650	728	2		
	V	**12 893**	4 699	4 699	IV	7 013	6 301	5 608	4 934	4 280	3 645
	VI	**13 425**	4 699	4 699							
50 435,99	I,IV	**7 754**	4 703	4 703	I	6 310	4 943	3 653	2 440	1 304	321
	II	**6 378**	4 703	4 703	II	5 007	3 713	2 497	1 357	360	
	III	**3 854**	4 703	4 703	III	2 734	1 656	734	6		
	V	**12 905**	4 703	4 703	IV	7 022	6 310	5 616	4 943	4 288	3 653
	VI	**13 437**	4 703	4 703							
50 471,99	I,IV	**7 763**	4 706	4 706	I	6 319	4 951	3 661	2 448	1 312	326
	II	**6 387**	4 706	4 706	II	5 015	3 721	2 504	1 365	365	
	III	**3 862**	4 706	4 706	III	2 740	1 664	740	10		
	V	**12 918**	4 706	4 706	IV	7 031	6 319	5 625	4 951	4 296	3 661
	VI	**13 449**	4 706	4 706							
50 507,99	I,IV	**7 773**	4 709	4 709	I	6 328	4 960	3 669	2 455	1 319	331
	II	**6 396**	4 709	4 709	II	5 024	3 729	2 512	1 372	371	
	III	**3 868**	4 709	4 709	III	2 748	1 670	744	14		
	V	**12 930**	4 709	4 709	IV	7 041	6 328	5 634	4 960	4 305	3 669
	VI	**13 461**	4 709	4 709							
50 543,99	I,IV	**7 783**	4 713	4 713	I	6 337	4 969	3 677	2 463	1 326	337
	II	**6 405**	4 713	4 713	II	5 033	3 738	2 520	1 379	376	
	III	**3 876**	4 713	4 713	III	2 756	1 678	750	18		
	V	**12 942**	4 713	4 713	IV	7 050	6 337	5 643	4 969	4 313	3 677
	VI	**13 474**	4 713	4 713							

* Zur LSt-Berechnung für privat versicherte Arbeitnehmer s. Beispiele **Vorbemerkung S. 4 f.**
** Basisvorsorgepauschale KV und PV *** Typisierter Arbeitgeberzuschuss

Lohn/ Gehalt in € bis	Steuerklasse	Lohn-steuer*	BVSP**	TAGZ***	Steuerklasse	Bemessungsgrundlage für Kirchensteuer und Solidaritätszuschlag					
						Freibeträge für ... Kinder					
						0,5	**1,0**	1,5	**2,0**	2,5	**3,0**
50 579,99	I,IV	**7 793**	4 716	4 716	I	6 346	4 977	3 685	2 471	1 333	342
	II	**6 414**	4 716	4 716	II	5 042	3 746	2 528	1 386	381	
	III	**3 884**	4 716	4 716	III	2 762	1 684	756	24		
	V	**12 954**	4 716	4 716	IV	7 060	6 346	5 652	4 977	4 322	3 685
	VI	**13 486**	4 716	4 716							
50 615,99	I,IV	**7 802**	4 719	4 719	I	6 356	4 986	3 694	2 478	1 340	347
	II	**6 424**	4 719	4 719	II	5 050	3 754	2 535	1 393	387	
	III	**3 892**	4 719	4 719	III	2 770	1 690	760	28		
	V	**12 967**	4 719	4 719	IV	7 069	6 356	5 661	4 986	4 330	3 694
	VI	**13 498**	4 719	4 719							
50 651,99	I,IV	**7 812**	4 723	4 723	I	6 365	4 995	3 702	2 486	1 348	353
	II	**6 433**	4 723	4 723	II	5 059	3 763	2 543	1 401	392	
	III	**3 900**	4 723	4 723	III	2 776	1 698	766	32		
	V	**12 979**	4 723	4 723	IV	7 079	6 365	5 670	4 995	4 339	3 702
	VI	**13 511**	4 723	4 723							
50 687,99	I,IV	**7 822**	4 726	4 726	I	6 374	5 003	3 710	2 494	1 355	358
	II	**6 442**	4 726	4 726	II	5 068	3 771	2 551	1 408	398	
	III	**3 906**	4 726	4 726	III	2 784	1 704	772	36		
	V	**12 991**	4 726	4 726	IV	7 088	6 374	5 679	5 003	4 347	3 710
	VI	**13 523**	4 726	4 726							
50 723,99	I,IV	**7 831**	4 730	4 730	I	6 383	5 012	3 718	2 501	1 362	363
	II	**6 451**	4 730	4 730	II	5 077	3 779	2 558	1 415	403	
	III	**3 914**	4 730	4 730	III	2 792	1 710	778	40		
	V	**13 004**	4 730	4 730	IV	7 098	6 383	5 688	5 012	4 356	3 718
	VI	**13 535**	4 730	4 730							
50 759,99	I,IV	**7 841**	4 733	4 733	I	6 392	5 021	3 726	2 509	1 369	368
	II	**6 460**	4 733	4 733	II	5 085	3 787	2 566	1 422	409	
	III	**3 922**	4 733	4 733	III	2 798	1 718	782	44		
	V	**13 016**	4 733	4 733	IV	7 107	6 392	5 697	5 021	4 364	3 726
	VI	**13 548**	4 733	4 733							
50 795,99	I,IV	**7 851**	4 736	4 736	I	6 402	5 030	3 735	2 517	1 376	374
	II	**6 470**	4 736	4 736	II	5 094	3 795	2 574	1 430	414	
	III	**3 930**	4 736	4 736	III	2 806	1 724	788	48		
	V	**13 028**	4 736	4 736	IV	7 117	6 402	5 706	5 030	4 373	3 735
	VI	**13 560**	4 736	4 736							
50 831,99	I,IV	**7 861**	4 740	4 740	I	6 411	5 038	3 743	2 525	1 384	379
	II	**6 479**	4 740	4 740	II	5 103	3 804	2 582	1 437	420	
	III	**3 936**	4 740	4 740	III	2 812	1 730	794	52		
	V	**13 041**	4 740	4 740	IV	7 126	6 411	5 715	5 038	4 381	3 743
	VI	**13 572**	4 740	4 740							
50 867,99	I,IV	**7 870**	4 743	4 743	I	6 420	5 047	3 751	2 532	1 391	385
	II	**6 488**	4 743	4 743	II	5 111	3 812	2 589	1 444	425	
	III	**3 944**	4 743	4 743	III	2 820	1 738	800	56		
	V	**13 053**	4 743	4 743	IV	7 136	6 420	5 724	5 047	4 389	3 751
	VI	**13 584**	4 743	4 743							
50 903,99	I,IV	**7 880**	4 746	4 746	I	6 430	5 056	3 759	2 540	1 398	390
	II	**6 498**	4 746	4 746	II	5 120	3 820	2 597	1 451	431	
	III	**3 952**	4 746	4 746	III	2 828	1 744	804	60		
	V	**13 065**	4 746	4 746	IV	7 145	6 430	5 733	5 056	4 398	3 759
	VI	**13 597**	4 746	4 746							
50 939,99	I,IV	**7 890**	4 750	4 750	I	6 439	5 065	3 768	2 548	1 405	396
	II	**6 507**	4 750	4 750	II	5 129	3 828	2 605	1 459	437	
	III	**3 958**	4 750	4 750	III	2 834	1 752	810	66		
	V	**13 078**	4 750	4 750	IV	7 155	6 439	5 742	5 065	4 406	3 768
	VI	**13 609**	4 750	4 750							
50 975,99	I,IV	**7 900**	4 753	4 753	I	6 448	5 073	3 776	2 555	1 412	401
	II	**6 516**	4 753	4 753	II	5 138	3 837	2 613	1 466	442	
	III	**3 966**	4 753	4 753	III	2 842	1 758	816	70		
	V	**13 090**	4 753	4 753	IV	7 164	6 448	5 751	5 073	4 415	3 776
	VI	**13 621**	4 753	4 753							

* Zur LSt-Berechnung für privat versicherte Arbeitnehmer s. Beispiele **Vorbemerkung S. 4 f.**
** Basisvorsorgepauschale KV und PV *** Typisierter Arbeitgeberzuschuss

Lohn/ Gehalt in € bis	Steuerklasse	Lohn- steuer*	BVSP**	TAGZ***	Steuerklasse	Bemessungsgrundlage für Kirchensteuer und Solidaritätszuschlag					
						Freibeträge für ... Kinder					
						0,5	**1,0**	1,5	**2,0**	2,5	**3,0**
51 011,99	I,IV	**7 910**	4 756	4 756	I	6 457	5 082	3 784	2 563	1 420	407
	II	**6 526**	4 756	4 756	II	5 147	3 845	2 621	1 473	448	
	III	**3 974**	4 756	4 756	III	2 850	1 766	822	74		
	V	**13 102**	4 756	4 756	IV	7 174	6 457	5 760	5 082	4 424	3 784
	VI	**13 634**	4 756	4 756							
51 047,99	I,IV	**7 919**	4 760	4 760	I	6 466	5 091	3 792	2 571	1 427	412
	II	**6 535**	4 760	4 760	II	5 155	3 853	2 628	1 480	454	
	III	**3 982**	4 760	4 760	III	2 856	1 772	826	78		
	V	**13 114**	4 760	4 760	IV	7 183	6 466	5 769	5 091	4 432	3 792
	VI	**13 646**	4 760	4 760							
51 083,99	I,IV	**7 929**	4 763	4 763	I	6 476	5 100	3 801	2 579	1 434	418
	II	**6 544**	4 763	4 763	II	5 164	3 861	2 636	1 488	459	
	III	**3 988**	4 763	4 763	III	2 864	1 778	832	82		
	V	**13 127**	4 763	4 763	IV	7 193	6 476	5 778	5 100	4 440	3 801
	VI	**13 658**	4 763	4 763							
51 119,99	I,IV	**7 939**	4 766	4 766	I	6 485	5 108	3 809	2 586	1 441	423
	II	**6 553**	4 766	4 766	II	5 173	3 870	2 644	1 495	465	
	III	**3 996**	4 766	4 766	III	2 870	1 786	838	86		
	V	**13 139**	4 766	4 766	IV	7 202	6 485	5 787	5 108	4 449	3 809
	VI	**13 671**	4 766	4 766							
51 155,99	I,IV	**7 949**	4 770	4 770	I	6 494	5 117	3 817	2 594	1 449	429
	II	**6 563**	4 770	4 770	II	5 182	3 878	2 652	1 502	471	
	III	**4 004**	4 770	4 770	III	2 878	1 792	844	90		
	V	**13 151**	4 770	4 770	IV	7 212	6 494	5 796	5 117	4 458	3 817
	VI	**13 683**	4 770	4 770							
51 191,99	I,IV	**7 958**	4 773	4 773	I	6 503	5 126	3 825	2 602	1 456	435
	II	**6 572**	4 773	4 773	II	5 191	3 886	2 659	1 509	476	
	III	**4 012**	4 773	4 773	III	2 886	1 800	850	94		
	V	**13 164**	4 773	4 773	IV	7 221	6 503	5 805	5 126	4 466	3 825
	VI	**13 695**	4 773	4 773							
51 227,99	I,IV	**7 968**	4 777	4 777	I	6 513	5 134	3 834	2 610	1 463	440
	II	**6 581**	4 777	4 777	II	5 199	3 895	2 667	1 517	482	
	III	**4 018**	4 777	4 777	III	2 892	1 806	854	100		
	V	**13 176**	4 777	4 777	IV	7 231	6 513	5 814	5 134	4 474	3 834
	VI	**13 708**	4 777	4 777							
51 263,99	I,IV	**7 978**	4 780	4 780	I	6 522	5 143	3 842	2 618	1 470	446
	II	**6 591**	4 780	4 780	II	5 208	3 903	2 675	1 524	488	
	III	**4 026**	4 780	4 780	III	2 900	1 812	860	104		
	V	**13 188**	4 780	4 780	IV	7 240	6 522	5 823	5 143	4 483	3 842
	VI	**13 720**	4 780	4 780							
51 299,99	I,IV	**7 988**	4 783	4 783	I	6 531	5 152	3 850	2 625	1 478	452
	II	**6 600**	4 783	4 783	II	5 217	3 911	2 683	1 531	494	
	III	**4 034**	4 783	4 783	III	2 908	1 820	866	108		
	V	**13 201**	4 783	4 783	IV	7 250	6 531	5 832	5 152	4 492	3 850
	VI	**13 732**	4 783	4 783							
51 335,99	I,IV	**7 997**	4 787	4 787	I	6 541	5 161	3 858	2 633	1 485	457
	II	**6 609**	4 787	4 787	II	5 226	3 919	2 690	1 538	499	
	III	**4 042**	4 787	4 787	III	2 914	1 826	872	112		
	V	**13 213**	4 787	4 787	IV	7 259	6 541	5 841	5 161	4 500	3 858
	VI	**13 744**	4 787	4 787							
51 371,99	I,IV	**8 007**	4 790	4 790	I	6 550	5 170	3 867	2 641	1 492	463
	II	**6 618**	4 790	4 790	II	5 234	3 928	2 698	1 546	505	
	III	**4 048**	4 790	4 790	III	2 922	1 834	876	116		
	V	**13 225**	4 790	4 790	IV	7 269	6 550	5 850	5 170	4 508	3 867
	VI	**13 757**	4 790	4 790							
51 407,99	I,IV	**8 017**	4 793	4 793	I	6 559	5 179	3 875	2 649	1 499	469
	II	**6 628**	4 793	4 793	II	5 243	3 936	2 706	1 553	511	
	III	**4 056**	4 793	4 793	III	2 930	1 840	882	120		
	V	**13 238**	4 793	4 793	IV	7 279	6 559	5 859	5 179	4 517	3 875
	VI	**13 769**	4 793	4 793							

* Zur LSt-Berechnung für privat versicherte Arbeitnehmer s. Beispiele **Vorbemerkung S. 4 f.**
** Basisvorsorgepauschale KV und PV *** Typisierter Arbeitgeberzuschuss

Lohn/ Gehalt in € bis	Steuerklasse	Lohn- steuer*	BVSP**	TAGZ***	Steuerklasse	Bemessungsgrundlage für Kirchensteuer und Solidaritätszuschlag					
						Freibeträge für ... Kinder					
						0,5	**1,0**	1,5	**2,0**	2,5	**3,0**
51 443,99	I,IV	**8027**	4797	4797	I	6568	5187	3883	2656	1507	474
	II	**6637**	4797	4797	II	5252	3944	2714	1560	517	
	III	**4064**	4797	4797	III	2936	1848	888	126		
	V	**13250**	4797	4797	IV	7288	6568	5868	5187	4526	3883
	VI	**13781**	4797	4797							
51 479,99	I,IV	**8036**	4800	4800	I	6578	5196	3891	2664	1514	480
	II	**6646**	4800	4800	II	5261	3953	2722	1568	523	
	III	**4072**	4800	4800	III	2944	1854	894	130		
	V	**13262**	4800	4800	IV	7297	6578	5877	5196	4534	3891
	VI	**13794**	4800	4800							
51 515,99	I,IV	**8047**	4803	4803	I	6587	5205	3900	2672	1521	486
	II	**6656**	4803	4803	II	5270	3961	2730	1575	529	
	III	**4080**	4803	4803	III	2950	1862	900	134		
	V	**13275**	4803	4803	IV	7307	6587	5886	5205	4543	3900
	VI	**13806**	4803	4803							
51 551,99	I,IV	**8056**	4807	4807	I	6596	5214	3908	2680	1529	492
	II	**6665**	4807	4807	II	5279	3969	2737	1582	535	
	III	**4086**	4807	4807	III	2958	1868	906	138		
	V	**13287**	4807	4807	IV	7317	6596	5895	5214	4551	3908
	VI	**13818**	4807	4807							
51 587,99	I,IV	**8066**	4810	4810	I	6606	5222	3916	2687	1536	497
	II	**6674**	4810	4810	II	5287	3978	2745	1590	540	
	III	**4094**	4810	4810	III	2966	1876	910	142		
	V	**13299**	4810	4810	IV	7326	6606	5904	5222	4560	3916
	VI	**13831**	4810	4810							
51 623,99	I,IV	**8076**	4813	4813	I	6615	5231	3925	2695	1543	503
	II	**6684**	4813	4813	II	5296	3986	2753	1597	547	
	III	**4102**	4813	4813	III	2972	1882	916	148		
	V	**13311**	4813	4813	IV	7336	6615	5914	5231	4568	3925
	VI	**13843**	4813	4813							
51 659,99	I,IV	**8086**	4817	4817	I	6624	5240	3933	2703	1550	509
	II	**6693**	4817	4817	II	5305	3994	2761	1604	552	
	III	**4108**	4817	4817	III	2980	1890	922	152		
	V	**13324**	4817	4817	IV	7345	6624	5923	5240	4577	3933
	VI	**13855**	4817	4817							
51 695,99	I,IV	**8095**	4820	4820	I	6634	5249	3941	2711	1558	515
	II	**6702**	4820	4820	II	5314	4003	2768	1612	558	
	III	**4116**	4820	4820	III	2988	1896	928	156		
	V	**13336**	4820	4820	IV	7355	6634	5932	5249	4585	3941
	VI	**13868**	4820	4820							
51 731,99	I,IV	**8105**	4824	4824	I	6643	5258	3949	2719	1565	521
	II	**6712**	4824	4824	II	5323	4011	2776	1619	564	
	III	**4124**	4824	4824	III	2994	1902	934	160		
	V	**13348**	4824	4824	IV	7364	6643	5940	5258	4594	3949
	VI	**13880**	4824	4824							
51 767,99	I,IV	**8115**	4827	4827	I	6652	5267	3958	2727	1572	527
	II	**6721**	4827	4827	II	5332	4019	2784	1626	570	
	III	**4132**	4827	4827	III	3002	1910	940	164		
	V	**13361**	4827	4827	IV	7374	6652	5950	5267	4603	3958
	VI	**13892**	4827	4827							
51 803,99	I,IV	**8125**	4830	4830	I	6662	5275	3966	2734	1580	532
	II	**6730**	4830	4830	II	5340	4028	2792	1634	576	
	III	**4140**	4830	4830	III	3008	1918	946	170		
	V	**13373**	4830	4830	IV	7384	6662	5959	5275	4611	3966
	VI	**13905**	4830	4830							
51 839,99	I,IV	**8135**	4834	4834	I	6671	5284	3974	2742	1587	538
	II	**6740**	4834	4834	II	5349	4036	2800	1641	582	
	III	**4146**	4834	4834	III	3016	1924	950	174		
	V	**13385**	4834	4834	IV	7393	6671	5968	5284	4620	3974
	VI	**13917**	4834	4834							

* Zur LSt-Berechnung für privat versicherte Arbeitnehmer s. Beispiele **Vorbemerkung S. 4 f.**
** Basisvorsorgepauschale KV und PV *** Typisierter Arbeitgeberzuschuss

Lohn/ Gehalt in € bis	Steuerklasse	**Lohn-steuer***	BVSP**	TAGZ***	Steuerklasse	Bemessungsgrundlage für Kirchensteuer und Solidaritätszuschlag					
						Freibeträge für ... Kinder					
						0,5	**1,0**	1,5	**2,0**	2,5	**3,0**
51875,99	I,IV	**8145**	4837	4837	I	6680	5293	3983	2750	1594	544
	II	**6749**	4837	4837	II	5358	4044	2808	1648	588	
	III	**4154**	4837	4837	III	3024	1932	956	178		
	V	**13398**	4837	4837	IV	7403	6680	5977	5293	4628	3983
	VI	**13929**	4837	4837							
51911,99	I,IV	**8154**	4840	4840	I	6690	5302	3991	2758	1602	550
	II	**6758**	4840	4840	II	5367	4053	2816	1656	594	
	III	**4162**	4840	4840	III	3030	1938	962	182		
	V	**13410**	4840	4840	IV	7412	6690	5986	5302	4637	3991
	VI	**13941**	4840	4840							
51947,99	I,IV	**8164**	4844	4844	I	6699	5311	3999	2766	1609	556
	II	**6768**	4844	4844	II	5376	4061	2823	1663	601	
	III	**4168**	4844	4844	III	3038	1946	968	186		
	V	**13422**	4844	4844	IV	7422	6699	5995	5311	4645	3999
	VI	**13954**	4844	4844							
51983,99	I,IV	**8174**	4847	4847	I	6708	5319	4008	2773	1616	562
	II	**6777**	4847	4847	II	5385	4069	2831	1670	607	
	III	**4176**	4847	4847	III	3046	1952	974	192		
	V	**13434**	4847	4847	IV	7431	6708	6004	5319	4654	4008
	VI	**13966**	4847	4847							
52019,99	I,IV	**8184**	4850	4850	I	6718	5328	4016	2781	1624	568
	II	**6787**	4850	4850	II	5394	4078	2839	1678	613	
	III	**4184**	4850	4850	III	3052	1960	980	196		
	V	**13447**	4850	4850	IV	7441	6718	6013	5328	4663	4016
	VI	**13978**	4850	4850							
52055,99	I,IV	**8194**	4854	4854	I	6727	5337	4024	2789	1631	574
	II	**6796**	4854	4854	II	5402	4086	2847	1685	619	
	III	**4192**	4854	4854	III	3060	1966	986	200		
	V	**13459**	4854	4854	IV	7451	6727	6022	5337	4671	4024
	VI	**13991**	4854	4854							
52091,99	I,IV	**8204**	4857	4857	I	6736	5346	4033	2797	1638	580
	II	**6805**	4857	4857	II	5411	4094	2855	1692	625	
	III	**4200**	4857	4857	III	3066	1974	992	204		
	V	**13471**	4857	4857	IV	7460	6736	6031	5346	4680	4033
	VI	**14003**	4857	4857							
52127,99	I,IV	**8214**	4860	4860	I	6746	5355	4041	2805	1646	586
	II	**6815**	4860	4860	II	5420	4103	2863	1700	631	
	III	**4206**	4860	4860	III	3074	1980	998	210		
	V	**13484**	4860	4860	IV	7470	6746	6041	5355	4688	4041
	VI	**14015**	4860	4860							
52163,99	I,IV	**8223**	4864	4864	I	6755	5364	4050	2813	1653	592
	II	**6824**	4864	4864	II	5429	4111	2871	1707	637	
	III	**4214**	4864	4864	III	3082	1988	1002	214		
	V	**13496**	4864	4864	IV	7480	6755	6050	5364	4697	4050
	VI	**14028**	4864	4864							
52199,99	I,IV	**8233**	4867	4867	I	6764	5372	4058	2820	1660	598
	II	**6833**	4867	4867	II	5438	4119	2878	1714	643	
	III	**4222**	4867	4867	III	3088	1994	1008	218		
	V	**13508**	4867	4867	IV	7489	6764	6059	5372	4705	4058
	VI	**14040**	4867	4867							
52235,99	I,IV	**8243**	4871	4871	I	6774	5382	4066	2828	1668	604
	II	**6843**	4871	4871	II	5447	4128	2886	1722	650	
	III	**4230**	4871	4871	III	3096	2002	1014	224		
	V	**13521**	4871	4871	IV	7499	6774	6068	5382	4714	4066
	VI	**14052**	4871	4871							
52271,99	I,IV	**8253**	4874	4874	I	6783	5390	4075	2836	1675	610
	II	**6852**	4874	4874	II	5456	4136	2894	1729	656	
	III	**4236**	4874	4874	III	3104	2008	1020	228		
	V	**13533**	4874	4874	IV	7508	6783	6077	5390	4723	4075
	VI	**14065**	4874	4874							

* Zur LSt-Berechnung für privat versicherte Arbeitnehmer s. Beispiele **Vorbemerkung S. 4 f.**

** Basisvorsorgepauschale KV und PV *** Typisierter Arbeitgeberzuschuss

Lohn/ Gehalt in € bis	Steuerklasse	Lohn- steuer*	BVSP**	TAGZ***	Steuerklasse	Bemessungsgrundlage für Kirchensteuer und Solidaritätszuschlag					
						Freibeträge für ... Kinder					
						0,5	**1,0**	1,5	**2,0**	2,5	**3,0**
52 307,99	I,IV	**8 263**	4 877	4 877	I	6 792	5 399	4 083	2 844	1 682	617
	II	**6 862**	4 877	4 877	II	5 465	4 145	2 902	1 736	662	
	III	**4 244**	4 877	4 877	III	3 110	2 016	1 026	232		
	V	**13 545**	4 877	4 877	IV	7 518	6 792	6 086	5 399	4 731	4 083
	VI	**14 077**	4 877	4 877							
52 343,99	I,IV	**8 273**	4 881	4 881	I	6 802	5 408	4 091	2 852	1 689	623
	II	**6 871**	4 881	4 881	II	5 473	4 153	2 910	1 744	668	
	III	**4 252**	4 881	4 881	III	3 118	2 022	1 032	236		
	V	**13 557**	4 881	4 881	IV	7 527	6 802	6 095	5 408	4 740	4 091
	VI	**14 089**	4 881	4 881							
52 379,99	I,IV	**8 283**	4 884	4 884	I	6 811	5 417	4 100	2 860	1 697	629
	II	**6 880**	4 884	4 884	II	5 482	4 162	2 918	1 751	675	
	III	**4 260**	4 884	4 884	III	3 126	2 030	1 038	242		
	V	**13 570**	4 884	4 884	IV	7 537	6 811	6 104	5 417	4 749	4 100
	VI	**14 101**	4 884	4 884							
52 415,99	I,IV	**8 293**	4 887	4 887	I	6 821	5 426	4 108	2 868	1 704	635
	II	**6 890**	4 887	4 887	II	5 491	4 170	2 926	1 759	681	
	III	**4 268**	4 887	4 887	III	3 132	2 036	1 044	246		
	V	**13 582**	4 887	4 887	IV	7 547	6 821	6 113	5 426	4 757	4 108
	VI	**14 114**	4 887	4 887							
52 451,99	I,IV	**8 302**	4 891	4 891	I	6 830	5 434	4 116	2 875	1 712	641
	II	**6 899**	4 891	4 891	II	5 500	4 178	2 933	1 766	687	
	III	**4 274**	4 891	4 891	III	3 140	2 044	1 050	250		
	V	**13 594**	4 891	4 891	IV	7 556	6 830	6 123	5 434	4 766	4 116
	VI	**14 126**	4 891	4 891							
52 487,99	I,IV	**8 312**	4 894	4 894	I	6 839	5 444	4 125	2 883	1 719	648
	II	**6 909**	4 894	4 894	II	5 509	4 187	2 942	1 773	694	
	III	**4 282**	4 894	4 894	III	3 148	2 050	1 056	254		
	V	**13 607**	4 894	4 894	IV	7 566	6 839	6 132	5 444	4 775	4 125
	VI	**14 138**	4 894	4 894							
52 523,99	I,IV	**8 322**	4 897	4 897	I	6 849	5 452	4 133	2 891	1 726	654
	II	**6 918**	4 897	4 897	II	5 518	4 195	2 949	1 781	700	
	III	**4 290**	4 897	4 897	III	3 154	2 058	1 062	260		
	V	**13 619**	4 897	4 897	IV	7 576	6 849	6 141	5 452	4 783	4 133
	VI	**14 151**	4 897	4 897							
52 559,99	I,IV	**8 332**	4 901	4 901	I	6 858	5 461	4 142	2 899	1 734	660
	II	**6 927**	4 901	4 901	II	5 527	4 203	2 957	1 788	706	
	III	**4 298**	4 901	4 901	III	3 162	2 064	1 066	264		
	V	**13 631**	4 901	4 901	IV	7 585	6 858	6 150	5 461	4 792	4 142
	VI	**14 163**	4 901	4 901							
52 595,99	I,IV	**8 342**	4 904	4 904	I	6 868	5 470	4 150	2 907	1 741	666
	II	**6 937**	4 904	4 904	II	5 536	4 212	2 965	1 796	713	
	III	**4 304**	4 904	4 904	III	3 170	2 072	1 072	268		
	V	**13 644**	4 904	4 904	IV	7 595	6 868	6 159	5 470	4 801	4 150
	VI	**14 175**	4 904	4 904							
52 631,99	I,IV	**8 352**	4 907	4 907	I	6 877	5 479	4 158	2 915	1 749	672
	II	**6 946**	4 907	4 907	II	5 545	4 220	2 973	1 803	719	
	III	**4 312**	4 907	4 907	III	3 176	2 080	1 078	274		
	V	**13 656**	4 907	4 907	IV	7 605	6 877	6 168	5 479	4 809	4 158
	VI	**14 188**	4 907	4 907							
52 667,99	I,IV	**8 362**	4 911	4 911	I	6 886	5 488	4 167	2 923	1 756	679
	II	**6 956**	4 911	4 911	II	5 554	4 229	2 981	1 810	726	
	III	**4 320**	4 911	4 911	III	3 184	2 086	1 084	278		
	V	**13 668**	4 911	4 911	IV	7 614	6 886	6 177	5 488	4 818	4 167
	VI	**14 200**	4 911	4 911							
52 703,99	I,IV	**8 372**	4 914	4 914	I	6 896	5 497	4 175	2 930	1 763	685
	II	**6 965**	4 914	4 914	II	5 562	4 237	2 989	1 818	732	
	III	**4 328**	4 914	4 914	III	3 192	2 094	1 090	282		
	V	**13 680**	4 914	4 914	IV	7 624	6 896	6 186	5 497	4 826	4 175
	VI	**14 212**	4 914	4 914							

* Zur LSt-Berechnung für privat versicherte Arbeitnehmer s. Beispiele **Vorbemerkung S. 4 f.**
** Basisvorsorgepauschale KV und PV *** Typisierter Arbeitgeberzuschuss

Lohn/ Gehalt in € bis	Steuerklasse	Lohn-steuer*	BVSP**	TAGZ***	Steuerklasse	Bemessungsgrundlage für Kirchensteuer und Solidaritätszuschlag – Freibeträge für ... Kinder 0,5	1,0	1,5	2,0	2,5	3,0
52 739,99	I,IV	**8 382**	4 918	4 918	I	6 905	5 506	4 184	2 939	1 771	691
	II	**6 975**	4 918	4 918	II	5 572	4 246	2 997	1 825	739	
	III	**4 336**	4 918	4 918	III	3 198	2 100	1 096	288		
	V	**13 693**	4 918	4 918	IV	7 634	6 905	6 196	5 506	4 835	4 184
	VI	**14 225**	4 918	4 918							
52 775,99	I,IV	**8 392**	4 921	4 921	I	6 915	5 515	4 192	2 946	1 778	698
	II	**6 984**	4 921	4 921	II	5 580	4 254	3 005	1 833	745	
	III	**4 342**	4 921	4 921	III	3 206	2 108	1 102	292		
	V	**13 705**	4 921	4 921	IV	7 643	6 915	6 205	5 515	4 844	4 192
	VI	**14 237**	4 921	4 921							
52 811,99	I,IV	**8 401**	4 924	4 924	I	6 924	5 523	4 200	2 954	1 785	704
	II	**6 993**	4 924	4 924	II	5 589	4 262	3 013	1 840	751	
	III	**4 350**	4 924	4 924	III	3 214	2 114	1 108	296		
	V	**13 717**	4 924	4 924	IV	7 653	6 924	6 214	5 523	4 852	4 200
	VI	**14 249**	4 924	4 924							
52 847,99	I,IV	**8 412**	4 928	4 928	I	6 933	5 533	4 209	2 962	1 793	710
	II	**7 003**	4 928	4 928	II	5 598	4 271	3 021	1 848	758	
	III	**4 358**	4 928	4 928	III	3 220	2 122	1 114	302		
	V	**13 730**	4 928	4 928	IV	7 663	6 933	6 223	5 533	4 861	4 209
	VI	**14 262**	4 928	4 928							
52 883,99	I,IV	**8 421**	4 931	4 931	I	6 943	5 541	4 217	2 970	1 800	717
	II	**7 012**	4 931	4 931	II	5 607	4 279	3 029	1 855	764	
	III	**4 366**	4 931	4 931	III	3 228	2 128	1 120	306		
	V	**13 742**	4 931	4 931	IV	7 672	6 943	6 232	5 541	4 870	4 217
	VI	**14 274**	4 931	4 931							
52 919,99	I,IV	**8 431**	4 934	4 934	I	6 952	5 550	4 226	2 978	1 808	723
	II	**7 022**	4 934	4 934	II	5 616	4 288	3 036	1 862	771	
	III	**4 374**	4 934	4 934	III	3 236	2 136	1 126	310		
	V	**13 754**	4 934	4 934	IV	7 682	6 952	6 242	5 550	4 878	4 226
	VI	**14 286**	4 934	4 934							
52 955,99	I,IV	**8 441**	4 938	4 938	I	6 961	5 559	4 234	2 986	1 815	730
	II	**7 031**	4 938	4 938	II	5 625	4 296	3 044	1 870	777	
	III	**4 380**	4 938	4 938	III	3 242	2 142	1 132	316		
	V	**13 766**	4 938	4 938	IV	7 692	6 961	6 251	5 559	4 887	4 234
	VI	**14 298**	4 938	4 938							
52 991,99	I,IV	**8 451**	4 941	4 941	I	6 971	5 568	4 242	2 994	1 822	736
	II	**7 041**	4 941	4 941	II	5 634	4 305	3 052	1 877	784	
	III	**4 388**	4 941	4 941	III	3 250	2 150	1 138	320		
	V	**13 779**	4 941	4 941	IV	7 702	6 971	6 260	5 568	4 896	4 242
	VI	**14 311**	4 941	4 941							
53 027,99	I,IV	**8 461**	4 944	4 944	I	6 980	5 577	4 251	3 002	1 830	743
	II	**7 050**	4 944	4 944	II	5 643	4 313	3 060	1 885	791	
	III	**4 396**	4 944	4 944	III	3 258	2 156	1 144	324		
	V	**13 791**	4 944	4 944	IV	7 711	6 980	6 269	5 577	4 904	4 251
	VI	**14 323**	4 944	4 944							
53 063,99	I,IV	**8 471**	4 948	4 948	I	6 990	5 586	4 259	3 010	1 837	749
	II	**7 060**	4 948	4 948	II	5 652	4 321	3 068	1 892	797	
	III	**4 404**	4 948	4 948	III	3 264	2 164	1 150	330		
	V	**13 803**	4 948	4 948	IV	7 721	6 990	6 278	5 586	4 913	4 259
	VI	**14 335**	4 948	4 948							
53 099,99	I,IV	**8 481**	4 951	4 951	I	7 000	5 595	4 268	3 018	1 845	756
	II	**7 069**	4 951	4 951	II	5 661	4 330	3 076	1 900	804	
	III	**4 410**	4 951	4 951	III	3 272	2 170	1 156	334		
	V	**13 816**	4 951	4 951	IV	7 731	7 000	6 288	5 595	4 922	4 268
	VI	**14 348**	4 951	4 951							
53 135,99	I,IV	**8 491**	4 954	4 954	I	7 009	5 604	4 276	3 026	1 852	762
	II	**7 079**	4 954	4 954	II	5 670	4 338	3 084	1 907	811	
	III	**4 418**	4 954	4 954	III	3 280	2 178	1 162	340		
	V	**13 828**	4 954	4 954	IV	7 740	7 009	6 297	5 604	4 930	4 276
	VI	**14 360**	4 954	4 954							

* Zur LSt-Berechnung für privat versicherte Arbeitnehmer s. Beispiele **Vorbemerkung S. 4 f.**
** Basisvorsorgepauschale KV und PV *** Typisierter Arbeitgeberzuschuss

Lohn/ Gehalt in € bis	Steuerklasse	Lohn-steuer*	BVSP**	TAGZ***	Steuerklasse	Bemessungsgrundlage für Kirchensteuer und Solidaritätszuschlag – Freibeträge für ... Kinder 0,5	**1,0**	1,5	**2,0**	2,5	**3,0**
53 171,99	I,IV	**8 501**	4 958	4 958	I	7 018	5 613	4 285	3 033	1 859	768
	II	**7 088**	4 958	4 958	II	5 679	4 347	3 092	1 914	817	
	III	**4 426**	4 958	4 958	III	3 286	2 184	1 168	344		
	V	**13 840**	4 958	4 958	IV	7 750	7 018	6 306	5 613	4 939	4 285
	VI	**14 372**	4 958	4 958							
53 207,99	I,IV	**8 511**	4 961	4 961	I	7 028	5 622	4 293	3 042	1 867	775
	II	**7 098**	4 961	4 961	II	5 688	4 356	3 100	1 922	824	
	III	**4 434**	4 961	4 961	III	3 294	2 192	1 174	348		
	V	**13 853**	4 961	4 961	IV	7 760	7 028	6 315	5 622	4 948	4 293
	VI	**14 385**	4 961	4 961							
53 243,99	I,IV	**8 521**	4 965	4 965	I	7 037	5 631	4 302	3 049	1 874	782
	II	**7 107**	4 965	4 965	II	5 697	4 364	3 108	1 929	831	5
	III	**4 442**	4 965	4 965	III	3 302	2 200	1 180	354		
	V	**13 865**	4 965	4 965	IV	7 769	7 037	6 324	5 631	4 957	4 302
	VI	**14 397**	4 965	4 965							
53 279,99	I,IV	**8 531**	4 968	4 968	I	7 047	5 640	4 310	3 057	1 882	788
	II	**7 116**	4 968	4 968	II	5 706	4 372	3 116	1 937	837	9
	III	**4 448**	4 968	4 968	III	3 308	2 206	1 186	358		
	V	**13 877**	4 968	4 968	IV	7 779	7 047	6 333	5 640	4 965	4 310
	VI	**14 409**	4 968	4 968							
53 315,99	I,IV	**8 541**	4 971	4 971	I	7 056	5 649	4 318	3 065	1 889	795
	II	**7 126**	4 971	4 971	II	5 715	4 381	3 124	1 944	844	13
	III	**4 456**	4 971	4 971	III	3 316	2 214	1 192	362		
	V	**13 889**	4 971	4 971	IV	7 789	7 056	6 343	5 649	4 974	4 318
	VI	**14 421**	4 971	4 971							
53 351,99	I,IV	**8 551**	4 975	4 975	I	7 066	5 658	4 327	3 073	1 897	801
	II	**7 136**	4 975	4 975	II	5 724	4 389	3 132	1 952	851	17
	III	**4 464**	4 975	4 975	III	3 324	2 220	1 198	368		
	V	**13 902**	4 975	4 975	IV	7 799	7 066	6 352	5 658	4 983	4 327
	VI	**14 434**	4 975	4 975							
53 387,99	I,IV	**8 561**	4 978	4 978	I	7 075	5 667	4 335	3 081	1 904	808
	II	**7 145**	4 978	4 978	II	5 733	4 398	3 140	1 959	857	21
	III	**4 472**	4 978	4 978	III	3 330	2 228	1 204	372		
	V	**13 914**	4 978	4 978	IV	7 808	7 075	6 361	5 667	4 991	4 335
	VI	**14 446**	4 978	4 978							
53 423,99	I,IV	**8 571**	4 981	4 981	I	7 084	5 675	4 344	3 089	1 912	815
	II	**7 154**	4 981	4 981	II	5 742	4 406	3 148	1 967	864	25
	III	**4 480**	4 981	4 981	III	3 338	2 234	1 210	378		
	V	**13 926**	4 981	4 981	IV	7 818	7 084	6 370	5 675	5 000	4 344
	VI	**14 458**	4 981	4 981							
53 459,99	I,IV	**8 581**	4 985	4 985	I	7 094	5 685	4 352	3 097	1 919	821
	II	**7 164**	4 985	4 985	II	5 751	4 415	3 156	1 974	871	30
	III	**4 488**	4 985	4 985	III	3 346	2 242	1 218	382		
	V	**13 939**	4 985	4 985	IV	7 828	7 094	6 380	5 685	5 009	4 352
	VI	**14 471**	4 985	4 985							
53 495,99	I,IV	**8 591**	4 988	4 988	I	7 104	5 694	4 361	3 105	1 927	828
	II	**7 174**	4 988	4 988	II	5 760	4 423	3 164	1 982	878	34
	III	**4 494**	4 988	4 988	III	3 352	2 248	1 224	386		
	V	**13 951**	4 988	4 988	IV	7 837	7 104	6 389	5 694	5 017	4 361
	VI	**14 483**	4 988	4 988							
53 531,99	I,IV	**8 601**	4 991	4 991	I	7 113	5 702	4 369	3 113	1 934	835
	II	**7 183**	4 991	4 991	II	5 769	4 432	3 172	1 989	884	38
	III	**4 502**	4 991	4 991	III	3 360	2 256	1 230	392		
	V	**13 963**	4 991	4 991	IV	7 847	7 113	6 398	5 702	5 026	4 369
	VI	**14 495**	4 991	4 991							
53 567,99	I,IV	**8 610**	4 995	4 995	I	7 122	5 711	4 377	3 121	1 941	841
	II	**7 192**	4 995	4 995	II	5 778	4 440	3 180	1 997	891	42
	III	**4 510**	4 995	4 995	III	3 366	2 262	1 236	396		
	V	**13 975**	4 995	4 995	IV	7 857	7 122	6 407	5 711	5 035	4 377
	VI	**14 507**	4 995	4 995							

* Zur LSt-Berechnung für privat versicherte Arbeitnehmer s. Beispiele **Vorbemerkung S. 4 f.**
** Basisvorsorgepauschale KV und PV *** Typisierter Arbeitgeberzuschuss

Lohn/ Gehalt in € bis	Steuerklasse	Lohn-steuer*	BVSP**	TAGZ***	Steuerklasse	Bemessungsgrundlage für Kirchensteuer und Solidaritätszuschlag – Freibeträge für ... Kinder 0,5	1,0	1,5	2,0	2,5	3,0
53 603,99	I,IV	**8 621**	4 998	4 998	I	7 132	5 721	4 386	3 129	1 949	848
	II	**7 202**	4 998	4 998	II	5 787	4 449	3 188	2 004	898	47
	III	**4 518**	4 998	4 998	III	3 374	2 270	1 242	402		
	V	**13 988**	4 998	4 998	IV	7 867	7 132	6 417	5 721	5 044	4 386
	VI	**14 520**	4 998	4 998							
53 639,99	I,IV	**8 631**	5 001	5 001	I	7 141	5 729	4 395	3 137	1 956	855
	II	**7 212**	5 001	5 001	II	5 796	4 457	3 196	2 012	905	51
	III	**4 524**	5 001	5 001	III	3 382	2 278	1 248	406		
	V	**14 000**	5 001	5 001	IV	7 876	7 141	6 426	5 729	5 052	4 395
	VI	**14 532**	5 001	5 001							
53 675,99	I,IV	**8 640**	5 005	5 005	I	7 151	5 738	4 403	3 145	1 964	862
	II	**7 221**	5 005	5 005	II	5 805	4 466	3 204	2 019	912	55
	III	**4 532**	5 005	5 005	III	3 388	2 284	1 254	412		
	V	**14 012**	5 005	5 005	IV	7 886	7 151	6 435	5 738	5 061	4 403
	VI	**14 544**	5 005	5 005							
53 711,99	I,IV	**8 651**	5 008	5 008	I	7 161	5 748	4 412	3 153	1 971	868
	II	**7 231**	5 008	5 008	II	5 814	4 474	3 212	2 027	919	60
	III	**4 540**	5 008	5 008	III	3 396	2 292	1 260	416		
	V	**14 025**	5 008	5 008	IV	7 896	7 161	6 444	5 748	5 070	4 412
	VI	**14 557**	5 008	5 008							
53 747,99	I,IV	**8 661**	5 012	5 012	I	7 170	5 756	4 420	3 161	1 979	875
	II	**7 240**	5 012	5 012	II	5 823	4 483	3 220	2 034	926	64
	III	**4 548**	5 012	5 012	III	3 404	2 298	1 266	422		
	V	**14 037**	5 012	5 012	IV	7 906	7 170	6 454	5 756	5 079	4 420
	VI	**14 569**	5 012	5 012							
53 783,99	I,IV	**8 671**	5 015	5 015	I	7 179	5 765	4 428	3 169	1 986	882
	II	**7 250**	5 015	5 015	II	5 832	4 491	3 228	2 042	933	68
	III	**4 556**	5 015	5 015	III	3 410	2 306	1 272	426		
	V	**14 049**	5 015	5 015	IV	7 915	7 179	6 463	5 765	5 087	4 428
	VI	**14 581**	5 015	5 015							
53 819,99	I,IV	**8 681**	5 018	5 018	I	7 189	5 775	4 437	3 177	1 994	889
	II	**7 259**	5 018	5 018	II	5 841	4 500	3 236	2 049	940	73
	III	**4 562**	5 018	5 018	III	3 418	2 312	1 278	430		
	V	**14 062**	5 018	5 018	IV	7 925	7 189	6 472	5 775	5 096	4 437
	VI	**14 594**	5 018	5 018							
53 855,99	I,IV	**8 691**	5 022	5 022	I	7 199	5 783	4 446	3 185	2 001	896
	II	**7 269**	5 022	5 022	II	5 850	4 508	3 244	2 057	947	77
	III	**4 570**	5 022	5 022	III	3 426	2 320	1 284	436		
	V	**14 074**	5 022	5 022	IV	7 935	7 199	6 481	5 783	5 105	4 446
	VI	**14 606**	5 022	5 022							
53 891,99	I,IV	**8 701**	5 025	5 025	I	7 208	5 792	4 454	3 193	2 009	902
	II	**7 278**	5 025	5 025	II	5 859	4 517	3 252	2 064	954	81
	III	**4 578**	5 025	5 025	III	3 434	2 326	1 290	440		
	V	**14 086**	5 025	5 025	IV	7 945	7 208	6 491	5 792	5 114	4 454
	VI	**14 618**	5 025	5 025							
53 927,99	I,IV	**8 711**	5 028	5 028	I	7 217	5 801	4 462	3 201	2 016	909
	II	**7 288**	5 028	5 028	II	5 868	4 525	3 260	2 072	961	86
	III	**4 586**	5 028	5 028	III	3 440	2 334	1 298	446		
	V	**14 099**	5 028	5 028	IV	7 954	7 217	6 500	5 801	5 122	4 462
	VI	**14 630**	5 028	5 028							
53 963,99	I,IV	**8 721**	5 032	5 032	I	7 227	5 811	4 471	3 209	2 024	916
	II	**7 297**	5 032	5 032	II	5 877	4 534	3 268	2 079	968	90
	III	**4 594**	5 032	5 032	III	3 448	2 342	1 304	450		
	V	**14 111**	5 032	5 032	IV	7 964	7 227	6 509	5 811	5 131	4 471
	VI	**14 643**	5 032	5 032							
53 999,99	I,IV	**8 731**	5 035	5 035	I	7 237	5 819	4 480	3 217	2 031	923
	II	**7 307**	5 035	5 035	II	5 886	4 542	3 276	2 087	975	95
	III	**4 600**	5 035	5 035	III	3 456	2 348	1 310	456		
	V	**14 123**	5 035	5 035	IV	7 974	7 237	6 518	5 819	5 140	4 480
	VI	**14 655**	5 035	5 035							

* Zur LSt-Berechnung für privat versicherte Arbeitnehmer s. Beispiele **Vorbemerkung S. 4f.**
** Basisvorsorgepauschale KV und PV *** Typisierter Arbeitgeberzuschuss

Lohn/ Gehalt in € bis	Steuerklasse	Lohn-steuer*	BVSP**	TAGZ***	Steuerklasse	Bemessungsgrundlage für Kirchensteuer und Solidaritätszuschlag – Freibeträge für ... Kinder 0,5	1,0	1,5	2,0	2,5	3,0
54035,99	I,IV	**8741**	5038	5038	I	7246	5828	4488	3225	2039	930
	II	**7316**	5038	5038	II	5895	4551	3284	2094	982	99
	III	**4608**	5038	5038	III	3462	2356	1316	460		
	V	**14136**	5038	5038	IV	7984	7246	6528	5828	5149	4488
	VI	**14667**	5038	5038							
54071,99	I,IV	**8751**	5042	5042	I	7256	5838	4497	3233	2046	937
	II	**7326**	5042	5042	II	5904	4560	3292	2102	989	104
	III	**4616**	5042	5042	III	3470	2362	1322	466		
	V	**14148**	5042	5042	IV	7994	7256	6537	5838	5158	4497
	VI	**14680**	5042	5042							
54107,99	I,IV	**8761**	5045	5045	I	7265	5847	4505	3241	2054	944
	II	**7336**	5045	5045	II	5913	4568	3300	2109	996	108
	III	**4624**	5045	5045	III	3478	2370	1328	470		
	V	**14160**	5045	5045	IV	8003	7265	6546	5847	5166	4505
	VI	**14692**	5045	5045							
54143,99	I,IV	**8771**	5048	5048	I	7275	5856	4514	3249	2061	951
	II	**7345**	5048	5048	II	5922	4577	3308	2117	1003	113
	III	**4632**	5048	5048	III	3484	2376	1334	476		
	V	**14172**	5048	5048	IV	8013	7275	6555	5856	5175	4514
	VI	**14704**	5048	5048							
54179,99	I,IV	**8781**	5052	5052	I	7284	5864	4522	3257	2069	958
	II	**7355**	5052	5052	II	5931	4585	3316	2124	1010	117
	III	**4638**	5052	5052	III	3492	2384	1340	480		
	V	**14185**	5052	5052	IV	8023	7284	6565	5864	5184	4522
	VI	**14716**	5052	5052							
54215,99	I,IV	**8791**	5055	5055	I	7294	5874	4531	3265	2076	965
	II	**7364**	5055	5055	II	5940	4594	3324	2132	1017	122
	III	**4646**	5055	5055	III	3500	2390	1348	486		
	V	**14197**	5055	5055	IV	8033	7294	6574	5874	5193	4531
	VI	**14729**	5055	5055							
54251,99	I,IV	**8801**	5058	5058	I	7303	5883	4539	3273	2084	972
	II	**7374**	5058	5058	II	5949	4602	3332	2140	1024	127
	III	**4654**	5058	5058	III	3508	2398	1354	490		
	V	**14209**	5058	5058	IV	8043	7303	6583	5883	5201	4539
	VI	**14741**	5058	5058							
54287,99	I,IV	**8811**	5062	5062	I	7313	5892	4548	3281	2091	979
	II	**7383**	5062	5062	II	5958	4611	3340	2147	1031	131
	III	**4662**	5062	5062	III	3514	2406	1360	496		
	V	**14222**	5062	5062	IV	8052	7313	6593	5892	5210	4548
	VI	**14753**	5062	5062							
54323,99	I,IV	**8821**	5065	5065	I	7323	5901	4556	3289	2099	986
	II	**7393**	5065	5065	II	5968	4620	3349	2155	1038	136
	III	**4670**	5065	5065	III	3522	2412	1366	500		
	V	**14234**	5065	5065	IV	8062	7323	6602	5901	5219	4556
	VI	**14766**	5065	5065							
54359,99	I,IV	**8831**	5069	5069	I	7332	5910	4565	3297	2107	993
	II	**7403**	5069	5069	II	5977	4628	3357	2162	1045	140
	III	**4678**	5069	5069	III	3530	2420	1372	506		
	V	**14246**	5069	5069	IV	8072	7332	6611	5910	5228	4565
	VI	**14778**	5069	5069							
54395,99	I,IV	**8841**	5072	5072	I	7341	5919	4573	3305	2114	1000
	II	**7412**	5072	5072	II	5986	4637	3365	2170	1052	145
	III	**4684**	5072	5072	III	3536	2426	1378	510		
	V	**14259**	5072	5072	IV	8082	7341	6620	5919	5236	4573
	VI	**14790**	5072	5072							
54431,99	I,IV	**8852**	5075	5075	I	7351	5928	4582	3313	2122	1007
	II	**7422**	5075	5075	II	5995	4645	3373	2177	1059	150
	III	**4692**	5075	5075	III	3544	2434	1384	516		
	V	**14271**	5075	5075	IV	8092	7351	6630	5928	5245	4582
	VI	**14803**	5075	5075							

* Zur LSt-Berechnung für privat versicherte Arbeitnehmer s. Beispiele **Vorbemerkung S. 4 f.**
** Basisvorsorgepauschale KV und PV *** Typisierter Arbeitgeberzuschuss

Lohn/ Gehalt in € bis	Steuerklasse	Lohn-steuer*	BVSP**	TAGZ***	Steuerklasse	Bemessungsgrundlage für Kirchensteuer und Solidaritätszuschlag – Freibeträge für ... Kinder 0,5	**1,0**	1,5	**2,0**	2,5	**3,0**
54467,99	I,IV	**8862**	5079	5079	I	7361	5937	4591	3321	2129	1014
	II	**7431**	5079	5079	II	6004	4654	3381	2185	1066	154
	III	**4700**	5079	5079	III	3552	2442	1392	520		
	V	**14283**	5079	5079	IV	8101	7361	6639	5937	5254	4591
	VI	**14815**	5079	5079							
54503,99	I,IV	**8871**	5082	5082	I	7370	5946	4599	3329	2137	1021
	II	**7441**	5082	5082	II	6013	4662	3389	2192	1073	159
	III	**4708**	5082	5082	III	3558	2448	1398	526		
	V	**14296**	5082	5082	IV	8111	7370	6648	5946	5263	4599
	VI	**14827**	5082	5082							
54539,99	I,IV	**8881**	5085	5085	I	7380	5955	4608	3337	2144	1028
	II	**7450**	5085	5085	II	6022	4671	3397	2200	1080	164
	III	**4716**	5085	5085	III	3566	2456	1404	530		
	V	**14308**	5085	5085	IV	8121	7380	6658	5955	5272	4608
	VI	**14839**	5085	5085							
54575,99	I,IV	**8892**	5089	5089	I	7389	5964	4616	3346	2152	1035
	II	**7460**	5089	5089	II	6031	4680	3405	2208	1088	169
	III	**4724**	5089	5089	III	3574	2462	1410	536		
	V	**14320**	5089	5089	IV	8131	7389	6667	5964	5281	4616
	VI	**14852**	5089	5089							
54611,99	I,IV	**8902**	5092	5092	I	7399	5973	4625	3354	2159	1042
	II	**7470**	5092	5092	II	6040	4688	3413	2215	1095	173
	III	**4730**	5092	5092	III	3580	2470	1416	540		
	V	**14332**	5092	5092	IV	8141	7399	6676	5973	5289	4625
	VI	**14864**	5092	5092							
54647,99	I,IV	**8912**	5095	5095	I	7408	5982	4633	3362	2167	1049
	II	**7479**	5095	5095	II	6049	4697	3421	2223	1102	178
	III	**4738**	5095	5095	III	3588	2476	1424	546		
	V	**14345**	5095	5095	IV	8150	7408	6686	5982	5298	4633
	VI	**14876**	5095	5095							
54683,99	I,IV	**8922**	5099	5099	I	7418	5992	4642	3370	2175	1057
	II	**7489**	5099	5099	II	6059	4705	3429	2231	1109	183
	III	**4746**	5099	5099	III	3596	2484	1430	552		
	V	**14357**	5099	5099	IV	8161	7418	6695	5992	5307	4642
	VI	**14889**	5099	5099							
54719,99	I,IV	**8932**	5102	5102	I	7428	6001	4651	3378	2182	1064
	II	**7499**	5102	5102	II	6068	4714	3437	2238	1116	188
	III	**4754**	5102	5102	III	3604	2490	1436	556		
	V	**14369**	5102	5102	IV	8170	7428	6705	6001	5316	4651
	VI	**14901**	5102	5102							
54755,99	I,IV	**8942**	5105	5105	I	7437	6010	4659	3386	2190	1071
	II	**7508**	5105	5105	II	6077	4723	3445	2246	1123	192
	III	**4762**	5105	5105	III	3610	2498	1442	562		
	V	**14382**	5105	5105	IV	8180	7437	6714	6010	5325	4659
	VI	**14913**	5105	5105							
54791,99	I,IV	**8952**	5109	5109	I	7447	6019	4668	3394	2197	1078
	II	**7518**	5109	5109	II	6086	4731	3454	2253	1130	197
	III	**4770**	5109	5109	III	3618	2506	1448	566		
	V	**14394**	5109	5109	IV	8190	7447	6723	6019	5334	4668
	VI	**14926**	5109	5109							
54827,99	I,IV	**8962**	5112	5112	I	7457	6028	4676	3402	2205	1085
	II	**7527**	5112	5112	II	6095	4740	3462	2261	1137	202
	III	**4776**	5112	5112	III	3626	2512	1456	572		
	V	**14406**	5112	5112	IV	8200	7457	6733	6028	5343	4676
	VI	**14938**	5112	5112							
54863,99	I,IV	**8972**	5116	5116	I	7466	6037	4685	3410	2212	1092
	II	**7537**	5116	5116	II	6104	4748	3470	2268	1144	207
	III	**4784**	5116	5116	III	3632	2520	1462	576		
	V	**14419**	5116	5116	IV	8210	7466	6742	6037	5351	4685
	VI	**14950**	5116	5116							

* Zur LSt-Berechnung für privat versicherte Arbeitnehmer s. Beispiele **Vorbemerkung S. 4f.**
** Basisvorsorgepauschale KV und PV *** Typisierter Arbeitgeberzuschuss

Lohn/Gehalt in € bis	Steuerklasse	Lohnsteuer*	BVSP**	TAGZ***	Steuerklasse	Bemessungsgrundlage für Kirchensteuer und Solidaritätszuschlag – Freibeträge für ... Kinder 0,5	1,0	1,5	2,0	2,5	3,0
54 899,99	I,IV	**8 982**	5 119	5 119	I	7 476	6 046	4 693	3 418	2 220	1 099
	II	**7 547**	5 119	5 119	II	6 113	4 757	3 478	2 276	1 151	212
	III	**4 792**	5 119	5 119	III	3 640	2 526	1 468	582		
	V	**14 431**	5 119	5 119	IV	8 219	7 476	6 751	6 046	5 360	4 693
	VI	**14 962**	5 119	5 119							
54 935,99	I,IV	**8 993**	5 122	5 122	I	7 485	6 055	4 702	3 426	2 228	1 106
	II	**7 556**	5 122	5 122	II	6 123	4 766	3 486	2 284	1 159	217
	III	**4 800**	5 122	5 122	III	3 648	2 534	1 474	586		
	V	**14 443**	5 122	5 122	IV	8 229	7 485	6 761	6 055	5 369	4 702
	VI	**14 975**	5 122	5 122							
54 971,99	I,IV	**9 003**	5 126	5 126	I	7 495	6 064	4 711	3 434	2 235	1 113
	II	**7 566**	5 126	5 126	II	6 132	4 774	3 494	2 291	1 166	222
	III	**4 808**	5 126	5 126	III	3 656	2 542	1 482	592		
	V	**14 456**	5 126	5 126	IV	8 239	7 495	6 770	6 064	5 378	4 711
	VI	**14 987**	5 126	5 126							
55 007,99	I,IV	**9 013**	5 129	5 129	I	7 504	6 073	4 719	3 442	2 243	1 120
	II	**7 576**	5 129	5 129	II	6 141	4 783	3 502	2 299	1 173	227
	III	**4 814**	5 129	5 129	III	3 662	2 548	1 488	598		
	V	**14 468**	5 129	5 129	IV	8 249	7 504	6 779	6 073	5 387	4 719
	VI	**14 999**	5 129	5 129							
55 043,99	I,IV	**9 023**	5 132	5 132	I	7 514	6 083	4 728	3 451	2 251	1 127
	II	**7 585**	5 132	5 132	II	6 150	4 792	3 511	2 307	1 180	232
	III	**4 822**	5 132	5 132	III	3 670	2 556	1 494	602		
	V	**14 480**	5 132	5 132	IV	8 259	7 514	6 789	6 083	5 396	4 728
	VI	**15 012**	5 132	5 132							
55 079,99	I,IV	**9 033**	5 136	5 136	I	7 524	6 092	4 737	3 459	2 258	1 135
	II	**7 595**	5 136	5 136	II	6 159	4 800	3 519	2 314	1 187	237
	III	**4 830**	5 136	5 136	III	3 678	2 562	1 500	608		
	V	**14 493**	5 136	5 136	IV	8 269	7 524	6 798	6 092	5 405	4 737
	VI	**15 024**	5 136	5 136							
55 115,99	I,IV	**9 043**	5 139	5 139	I	7 533	6 101	4 745	3 467	2 266	1 142
	II	**7 604**	5 139	5 139	II	6 168	4 809	3 527	2 322	1 194	242
	III	**4 838**	5 139	5 139	III	3 684	2 570	1 506	612		
	V	**14 505**	5 139	5 139	IV	8 279	7 533	6 807	6 101	5 413	4 745
	VI	**15 036**	5 139	5 139							
55 151,99	I,IV	**9 053**	5 142	5 142	I	7 543	6 110	4 754	3 475	2 273	1 149
	II	**7 614**	5 142	5 142	II	6 177	4 817	3 535	2 329	1 201	247
	III	**4 846**	5 142	5 142	III	3 692	2 576	1 514	618		
	V	**14 517**	5 142	5 142	IV	8 288	7 543	6 817	6 110	5 422	4 754
	VI	**15 049**	5 142	5 142							
55 187,99	I,IV	**9 064**	5 146	5 146	I	7 553	6 119	4 763	3 483	2 281	1 156
	II	**7 624**	5 146	5 146	II	6 186	4 826	3 543	2 337	1 208	252
	III	**4 854**	5 146	5 146	III	3 700	2 584	1 520	624		
	V	**14 529**	5 146	5 146	IV	8 299	7 553	6 826	6 119	5 431	4 763
	VI	**15 061**	5 146	5 146							
55 223,99	I,IV	**9 074**	5 149	5 149	I	7 562	6 128	4 771	3 491	2 288	1 163
	II	**7 634**	5 149	5 149	II	6 196	4 835	3 551	2 345	1 215	257
	III	**4 862**	5 149	5 149	III	3 706	2 592	1 526	628		
	V	**14 542**	5 149	5 149	IV	8 308	7 562	6 836	6 128	5 440	4 771
	VI	**15 073**	5 149	5 149							
55 259,99	I,IV	**9 084**	5 152	5 152	I	7 572	6 137	4 780	3 499	2 296	1 170
	II	**7 643**	5 152	5 152	II	6 205	4 843	3 559	2 352	1 223	262
	III	**4 868**	5 152	5 152	III	3 714	2 598	1 532	634		
	V	**14 554**	5 152	5 152	IV	8 318	7 572	6 845	6 137	5 449	4 780
	VI	**15 086**	5 152	5 152							
55 295,99	I,IV	**9 094**	5 156	5 156	I	7 582	6 147	4 788	3 508	2 304	1 177
	II	**7 653**	5 156	5 156	II	6 214	4 852	3 568	2 360	1 230	267
	III	**4 876**	5 156	5 156	III	3 722	2 606	1 540	640		
	V	**14 566**	5 156	5 156	IV	8 328	7 582	6 855	6 147	5 458	4 788
	VI	**15 098**	5 156	5 156							

* Zur LSt-Berechnung für privat versicherte Arbeitnehmer s. Beispiele **Vorbemerkung S. 4 f.**
** Basisvorsorgepauschale KV und PV *** Typisierter Arbeitgeberzuschuss

Lohn/ Gehalt in € bis	Steuerklasse	Lohn-steuer*	BVSP**	TAGZ***	Steuerklasse	Bemessungsgrundlage für Kirchensteuer und Solidaritätszuschlag – Freibeträge für ... Kinder 0,5	1,0	1,5	2,0	2,5	3,0
55 331,99	I,IV	**9 104**	5 159	5 159	I	7 591	6 156	4 797	3 516	2 311	1 184
	II	**7 663**	5 159	5 159	II	6 223	4 861	3 576	2 368	1 237	272
	III	**4 884**	5 159	5 159	III	3 730	2 612	1 546	644		
	V	**14 579**	5 159	5 159	IV	8 338	7 591	6 864	6 156	5 467	4 797
	VI	**15 110**	5 159	5 159							
55 367,99	I,IV	**9 114**	5 163	5 163	I	7 601	6 165	4 806	3 524	2 319	1 191
	II	**7 672**	5 163	5 163	II	6 232	4 869	3 584	2 375	1 244	277
	III	**4 892**	5 163	5 163	III	3 736	2 620	1 552	650		
	V	**14 591**	5 163	5 163	IV	8 348	7 601	6 873	6 165	5 475	4 806
	VI	**15 123**	5 163	5 163							
55 403,99	I,IV	**9 125**	5 166	5 166	I	7 611	6 174	4 814	3 532	2 327	1 199
	II	**7 682**	5 166	5 166	II	6 242	4 878	3 592	2 383	1 251	282
	III	**4 900**	5 166	5 166	III	3 744	2 628	1 560	654		
	V	**14 603**	5 166	5 166	IV	8 358	7 611	6 883	6 174	5 485	4 814
	VI	**15 135**	5 166	5 166							
55 439,99	I,IV	**9 135**	5 169	5 169	I	7 620	6 183	4 823	3 540	2 334	1 206
	II	**7 692**	5 169	5 169	II	6 251	4 887	3 600	2 391	1 258	287
	III	**4 908**	5 169	5 169	III	3 752	2 634	1 566	660		
	V	**14 616**	5 169	5 169	IV	8 368	7 620	6 892	6 183	5 493	4 823
	VI	**15 147**	5 169	5 169							
55 475,99	I,IV	**9 145**	5 173	5 173	I	7 630	6 192	4 832	3 548	2 342	1 213
	II	**7 701**	5 173	5 173	II	6 260	4 895	3 608	2 398	1 265	292
	III	**4 916**	5 173	5 173	III	3 760	2 642	1 572	666		
	V	**14 628**	5 173	5 173	IV	8 378	7 630	6 901	6 192	5 502	4 832
	VI	**15 159**	5 173	5 173							
55 511,99	I,IV	**9 155**	5 176	5 176	I	7 639	6 201	4 840	3 556	2 349	1 220
	II	**7 711**	5 176	5 176	II	6 269	4 904	3 616	2 406	1 273	297
	III	**4 922**	5 176	5 176	III	3 766	2 648	1 578	670		
	V	**14 640**	5 176	5 176	IV	8 388	7 639	6 911	6 201	5 511	4 840
	VI	**15 172**	5 176	5 176							
55 547,99	I,IV	**9 165**	5 179	5 179	I	7 649	6 211	4 849	3 565	2 357	1 227
	II	**7 721**	5 179	5 179	II	6 278	4 913	3 625	2 414	1 280	303
	III	**4 930**	5 179	5 179	III	3 774	2 656	1 586	676		
	V	**14 653**	5 179	5 179	IV	8 398	7 649	6 920	6 211	5 520	4 849
	VI	**15 184**	5 179	5 179							
55 583,99	I,IV	**9 175**	5 183	5 183	I	7 659	6 220	4 858	3 573	2 365	1 234
	II	**7 730**	5 183	5 183	II	6 287	4 921	3 633	2 421	1 287	308
	III	**4 938**	5 183	5 183	III	3 782	2 664	1 592	682		
	V	**14 665**	5 183	5 183	IV	8 408	7 659	6 930	6 220	5 529	4 858
	VI	**15 196**	5 183	5 183							
55 619,99	I,IV	**9 185**	5 186	5 186	I	7 669	6 229	4 866	3 581	2 372	1 241
	II	**7 740**	5 186	5 186	II	6 296	4 930	3 641	2 429	1 294	313
	III	**4 946**	5 186	5 186	III	3 788	2 670	1 598	686		
	V	**14 677**	5 186	5 186	IV	8 417	7 669	6 939	6 229	5 538	4 866
	VI	**15 209**	5 186	5 186							
55 655,99	I,IV	**9 196**	5 189	5 189	I	7 678	6 238	4 875	3 589	2 380	1 249
	II	**7 750**	5 189	5 189	II	6 306	4 939	3 649	2 437	1 301	318
	III	**4 954**	5 189	5 189	III	3 796	2 678	1 606	692		
	V	**14 689**	5 189	5 189	IV	8 427	7 678	6 949	6 238	5 547	4 875
	VI	**15 221**	5 189	5 189							
55 691,99	I,IV	**9 206**	5 193	5 193	I	7 688	6 247	4 884	3 597	2 388	1 256
	II	**7 759**	5 193	5 193	II	6 315	4 948	3 657	2 444	1 309	324
	III	**4 962**	5 193	5 193	III	3 804	2 684	1 612	698		
	V	**14 702**	5 193	5 193	IV	8 437	7 688	6 958	6 247	5 556	4 884
	VI	**15 233**	5 193	5 193							
55 727,99	I,IV	**9 216**	5 196	5 196	I	7 698	6 256	4 892	3 605	2 395	1 263
	II	**7 769**	5 196	5 196	II	6 324	4 956	3 666	2 452	1 316	329
	III	**4 968**	5 196	5 196	III	3 810	2 692	1 618	702		
	V	**14 714**	5 196	5 196	IV	8 447	7 698	6 967	6 256	5 565	4 892
	VI	**15 246**	5 196	5 196							

* Zur LSt-Berechnung für privat versicherte Arbeitnehmer s. Beispiele **Vorbemerkung S. 4 f.**
** Basisvorsorgepauschale KV und PV *** Typisierter Arbeitgeberzuschuss

Lohn/Gehalt in € bis	Steuerklasse	Lohnsteuer*	BVSP**	TAGZ***	Steuerklasse	Bemessungsgrundlage für Kirchensteuer und Solidaritätszuschlag – Freibeträge für ... Kinder 0,5	1,0	1,5	2,0	2,5	3,0
55 763,99	I,IV	**9 226**	5 199	5 199	I	7 707	6 265	4 901	3 613	2 403	1 270
	II	**7 779**	5 199	5 199	II	6 333	4 965	3 674	2 460	1 323	334
	III	**4 976**	5 199	5 199	III	3 818	2 700	1 626	708		
	V	**14 726**	5 199	5 199	IV	8 457	7 707	6 977	6 265	5 573	4 901
	VI	**15 258**	5 199	5 199							
55 799,99	I,IV	**9 237**	5 203	5 203	I	7 717	6 275	4 910	3 622	2 411	1 277
	II	**7 789**	5 203	5 203	II	6 343	4 974	3 682	2 468	1 330	340
	III	**4 984**	5 203	5 203	III	3 826	2 706	1 632	714		
	V	**14 739**	5 203	5 203	IV	8 467	7 717	6 986	6 275	5 583	4 910
	VI	**15 270**	5 203	5 203							
55 835,99	I,IV	**9 247**	5 206	5 206	I	7 727	6 284	4 918	3 630	2 418	1 284
	II	**7 798**	5 206	5 206	II	6 352	4 982	3 690	2 475	1 337	345
	III	**4 992**	5 206	5 206	III	3 834	2 714	1 638	718		
	V	**14 751**	5 206	5 206	IV	8 477	7 727	6 996	6 284	5 591	4 918
	VI	**15 283**	5 206	5 206							
55 871,99	I,IV	**9 257**	5 210	5 210	I	7 736	6 293	4 927	3 638	2 426	1 291
	II	**7 808**	5 210	5 210	II	6 361	4 991	3 698	2 483	1 344	350
	III	**5 000**	5 210	5 210	III	3 840	2 720	1 646	724		
	V	**14 763**	5 210	5 210	IV	8 487	7 736	7 005	6 293	5 600	4 927
	VI	**15 295**	5 210	5 210							
55 907,99	I,IV	**9 267**	5 213	5 213	I	7 746	6 302	4 936	3 646	2 434	1 299
	II	**7 818**	5 213	5 213	II	6 370	5 000	3 707	2 491	1 352	356
	III	**5 008**	5 213	5 213	III	3 848	2 728	1 652	730	4	
	V	**14 776**	5 213	5 213	IV	8 497	7 746	7 015	6 302	5 609	4 936
	VI	**15 307**	5 213	5 213							
55 943,99	I,IV	**9 277**	5 216	5 216	I	7 756	6 312	4 944	3 654	2 442	1 306
	II	**7 827**	5 216	5 216	II	6 379	5 009	3 715	2 498	1 359	361
	III	**5 014**	5 216	5 216	III	3 856	2 736	1 658	734	8	
	V	**14 788**	5 216	5 216	IV	8 507	7 756	7 024	6 312	5 618	4 944
	VI	**15 319**	5 216	5 216							
55 979,99	I,IV	**9 287**	5 220	5 220	I	7 765	6 321	4 953	3 662	2 449	1 313
	II	**7 837**	5 220	5 220	II	6 389	5 017	3 723	2 506	1 366	366
	III	**5 022**	5 220	5 220	III	3 864	2 742	1 666	740	12	
	V	**14 800**	5 220	5 220	IV	8 517	7 765	7 033	6 321	5 627	4 953
	VI	**15 332**	5 220	5 220							
56 015,99	I,IV	**9 298**	5 223	5 223	I	7 775	6 330	4 962	3 671	2 457	1 320
	II	**7 847**	5 223	5 223	II	6 398	5 026	3 731	2 514	1 373	372
	III	**5 030**	5 223	5 223	III	3 872	2 750	1 672	746	16	
	V	**14 813**	5 223	5 223	IV	8 527	7 775	7 043	6 330	5 636	4 962
	VI	**15 344**	5 223	5 223							
56 051,99	I,IV	**9 308**	5 226	5 226	I	7 785	6 339	4 970	3 679	2 465	1 327
	II	**7 857**	5 226	5 226	II	6 407	5 035	3 740	2 521	1 381	377
	III	**5 038**	5 226	5 226	III	3 878	2 756	1 678	752	20	
	V	**14 825**	5 226	5 226	IV	8 537	7 785	7 052	6 339	5 645	4 970
	VI	**15 356**	5 226	5 226							
56 087,99	I,IV	**9 318**	5 230	5 230	I	7 795	6 348	4 979	3 687	2 472	1 335
	II	**7 866**	5 230	5 230	II	6 416	5 043	3 748	2 529	1 388	383
	III	**5 046**	5 230	5 230	III	3 886	2 764	1 686	756	24	
	V	**14 837**	5 230	5 230	IV	8 547	7 795	7 062	6 348	5 654	4 979
	VI	**15 369**	5 230	5 230							
56 123,99	I,IV	**9 328**	5 233	5 233	I	7 804	6 357	4 988	3 695	2 480	1 342
	II	**7 876**	5 233	5 233	II	6 425	5 052	3 756	2 537	1 395	388
	III	**5 054**	5 233	5 233	III	3 892	2 770	1 692	762	28	
	V	**14 849**	5 233	5 233	IV	8 557	7 804	7 071	6 357	5 663	4 988
	VI	**15 381**	5 233	5 233							
56 159,99	I,IV	**9 339**	5 236	5 236	I	7 814	6 367	4 997	3 704	2 488	1 349
	II	**7 886**	5 236	5 236	II	6 435	5 061	3 764	2 545	1 402	394
	III	**5 062**	5 236	5 236	III	3 900	2 778	1 698	768	32	
	V	**14 862**	5 236	5 236	IV	8 567	7 814	7 081	6 367	5 672	4 997
	VI	**15 393**	5 236	5 236							

* Zur LSt-Berechnung für privat versicherte Arbeitnehmer s. Beispiele **Vorbemerkung S. 4 f.**
** Basisvorsorgepauschale KV und PV *** Typisierter Arbeitgeberzuschuss

Lohn/ Gehalt in € bis	Steuerklasse	Lohn- steuer*	BVSP**	TAGZ***	Steuerklasse	Bemessungsgrundlage für Kirchensteuer und Solidaritätszuschlag					
						Freibeträge für ... Kinder					
						0,5	**1,0**	1,5	**2,0**	2,5	**3,0**
56195,99	I,IV	**9349**	5240	5240	I	7824	6376	5005	3712	2495	1356
	II	**7896**	5240	5240	II	6444	5070	3772	2552	1409	399
	III	**5070**	5240	5240	III	3908	2786	1706	772	36	
	V	**14874**	5240	5240	IV	8577	7824	7090	6376	5681	5005
	VI	**15406**	5240	5240							
56231,99	I,IV	**9359**	5243	5243	I	7833	6385	5014	3720	2503	1363
	II	**7905**	5243	5243	II	6453	5078	3781	2560	1417	404
	III	**5076**	5243	5243	III	3916	2792	1712	778	40	
	V	**14886**	5243	5243	IV	8587	7833	7100	6385	5690	5014
	VI	**15418**	5243	5243							
56267,99	I,IV	**9369**	5246	5246	I	7843	6395	5023	3728	2511	1371
	II	**7915**	5246	5246	II	6463	5087	3789	2568	1424	410
	III	**5084**	5246	5246	III	3924	2800	1718	784	44	
	V	**14899**	5246	5246	IV	8597	7843	7109	6395	5699	5023
	VI	**15430**	5246	5246							
56303,99	I,IV	**9380**	5250	5250	I	7853	6404	5031	3736	2519	1378
	II	**7925**	5250	5250	II	6472	5096	3797	2576	1431	416
	III	**5092**	5250	5250	III	3930	2808	1726	790	50	
	V	**14911**	5250	5250	IV	8607	7853	7119	6404	5708	5031
	VI	**15443**	5250	5250							
56339,99	I,IV	**9390**	5253	5253	I	7863	6413	5040	3745	2526	1385
	II	**7935**	5253	5253	II	6481	5105	3805	2583	1438	421
	III	**5100**	5253	5253	III	3938	2814	1732	794	54	
	V	**14923**	5253	5253	IV	8617	7863	7128	6413	5717	5040
	VI	**15455**	5253	5253							
56375,99	I,IV	**9400**	5257	5257	I	7872	6422	5049	3753	2534	1392
	II	**7944**	5257	5257	II	6490	5113	3813	2591	1445	427
	III	**5108**	5257	5257	III	3946	2822	1740	800	58	
	V	**14935**	5257	5257	IV	8626	7872	7138	6422	5726	5049
	VI	**15467**	5257	5257							
56411,99	I,IV	**9410**	5260	5260	I	7882	6431	5058	3761	2542	1400
	II	**7954**	5260	5260	II	6500	5122	3822	2599	1453	432
	III	**5116**	5260	5260	III	3954	2830	1746	806	62	
	V	**14948**	5260	5260	IV	8637	7882	7147	6431	5735	5058
	VI	**15480**	5260	5260							
56447,99	I,IV	**9421**	5263	5263	I	7892	6441	5066	3769	2549	1407
	II	**7964**	5263	5263	II	6509	5131	3830	2607	1460	438
	III	**5124**	5263	5263	III	3960	2836	1752	812	66	
	V	**14960**	5263	5263	IV	8647	7892	7157	6441	5744	5066
	VI	**15492**	5263	5263							
56483,99	I,IV	**9431**	5267	5267	I	7902	6450	5075	3777	2557	1414
	II	**7974**	5267	5267	II	6518	5140	3838	2614	1467	443
	III	**5132**	5267	5267	III	3968	2844	1760	816	70	
	V	**14972**	5267	5267	IV	8657	7902	7166	6450	5753	5075
	VI	**15504**	5267	5267							
56519,99	I,IV	**9441**	5270	5270	I	7912	6459	5084	3786	2565	1421
	II	**7984**	5270	5270	II	6528	5149	3847	2622	1475	449
	III	**5138**	5270	5270	III	3976	2850	1766	822	74	
	V	**14985**	5270	5270	IV	8667	7912	7176	6459	5762	5084
	VI	**15516**	5270	5270							
56555,99	I,IV	**9451**	5273	5273	I	7921	6468	5093	3794	2573	1428
	II	**7993**	5273	5273	II	6537	5157	3855	2630	1482	455
	III	**5146**	5273	5273	III	3982	2858	1774	828	78	
	V	**14997**	5273	5273	IV	8677	7921	7185	6468	5771	5093
	VI	**15529**	5273	5273							
56591,99	I,IV	**9462**	5277	5277	I	7931	6478	5101	3802	2580	1436
	II	**8003**	5277	5277	II	6546	5166	3863	2638	1489	460
	III	**5154**	5277	5277	III	3990	2866	1780	834	84	
	V	**15009**	5277	5277	IV	8687	7931	7195	6478	5780	5101
	VI	**15541**	5277	5277							

* Zur LSt-Berechnung für privat versicherte Arbeitnehmer s. Beispiele **Vorbemerkung S. 4 f.**
** Basisvorsorgepauschale KV und PV *** Typisierter Arbeitgeberzuschuss

Lohn/ Gehalt in € bis	Steuerklasse	Lohn- steuer*	BVSP**	TAGZ***	Steuerklasse	Bemessungsgrundlage für Kirchensteuer und Solidaritätszuschlag – Freibeträge für ... Kinder 0,5	1,0	1,5	2,0	2,5	3,0
56627,99	I,IV	**9472**	5280	5280	I	7941	6487	5110	3811	2588	1443
	II	**8013**	5280	5280	II	6555	5175	3872	2645	1496	466
	III	**5162**	5280	5280	III	3998	2872	1788	840	88	
	V	**15022**	5280	5280	IV	8697	7941	7204	6487	5789	5110
	VI	**15553**	5280	5280							
56663,99	I,IV	**9482**	5283	5283	I	7951	6496	5119	3819	2596	1450
	II	**8023**	5283	5283	II	6565	5184	3880	2653	1504	472
	III	**5170**	5283	5283	III	4006	2880	1794	844	92	
	V	**15034**	5283	5283	IV	8707	7951	7214	6496	5798	5119
	VI	**15566**	5283	5283							
56699,99	I,IV	**9492**	5287	5287	I	7960	6505	5128	3827	2604	1457
	II	**8032**	5287	5287	II	6574	5192	3888	2661	1511	478
	III	**5178**	5287	5287	III	4012	2886	1800	850	96	
	V	**15046**	5287	5287	IV	8717	7960	7223	6505	5807	5128
	VI	**15578**	5287	5287							
56735,99	I,IV	**9503**	5290	5290	I	7970	6515	5136	3835	2611	1465
	II	**8042**	5290	5290	II	6583	5201	3896	2669	1518	483
	III	**5184**	5290	5290	III	4020	2894	1808	856	100	
	V	**15058**	5290	5290	IV	8727	7970	7233	6515	5816	5136
	VI	**15590**	5290	5290							
56771,99	I,IV	**9513**	5293	5293	I	7980	6524	5145	3844	2619	1472
	II	**8052**	5293	5293	II	6593	5210	3905	2677	1526	489
	III	**5192**	5293	5293	III	4028	2902	1814	862	104	
	V	**15071**	5293	5293	IV	8737	7980	7242	6524	5825	5145
	VI	**15603**	5293	5293							
56807,99	I,IV	**9523**	5297	5297	I	7990	6533	5154	3852	2627	1479
	II	**8062**	5297	5297	II	6602	5219	3913	2684	1533	495
	III	**5200**	5297	5297	III	4036	2908	1822	868	108	
	V	**15083**	5297	5297	IV	8747	7990	7252	6533	5834	5154
	VI	**15615**	5297	5297							
56843,99	I,IV	**9533**	5300	5300	I	7999	6542	5163	3860	2635	1486
	II	**8072**	5300	5300	II	6611	5227	3921	2692	1540	501
	III	**5208**	5300	5300	III	4042	2916	1828	872	112	
	V	**15095**	5300	5300	IV	8757	7999	7261	6542	5843	5163
	VI	**15627**	5300	5300							
56879,99	I,IV	**9544**	5304	5304	I	8009	6552	5172	3869	2643	1494
	II	**8082**	5304	5304	II	6620	5236	3930	2700	1547	507
	III	**5216**	5304	5304	III	4050	2924	1836	878	118	
	V	**15108**	5304	5304	IV	8767	8009	7271	6552	5852	5172
	VI	**15640**	5304	5304							
56915,99	I,IV	**9554**	5307	5307	I	8019	6561	5180	3877	2650	1501
	II	**8091**	5307	5307	II	6630	5245	3938	2708	1555	512
	III	**5224**	5307	5307	III	4058	2930	1842	884	122	
	V	**15120**	5307	5307	IV	8777	8019	7280	6561	5861	5180
	VI	**15652**	5307	5307							
56951,99	I,IV	**9564**	5310	5310	I	8029	6570	5189	3885	2658	1508
	II	**8101**	5310	5310	II	6639	5254	3946	2715	1562	518
	III	**5232**	5310	5310	III	4066	2938	1848	890	126	
	V	**15132**	5310	5310	IV	8787	8029	7290	6570	5870	5189
	VI	**15664**	5310	5310							
56987,99	I,IV	**9575**	5314	5314	I	8038	6580	5198	3893	2666	1515
	II	**8111**	5314	5314	II	6648	5263	3954	2723	1569	524
	III	**5240**	5314	5314	III	4072	2944	1856	896	130	
	V	**15144**	5314	5314	IV	8797	8038	7299	6580	5879	5198
	VI	**15676**	5314	5314							
57023,99	I,IV	**9585**	5317	5317	I	8049	6589	5207	3902	2674	1523
	II	**8121**	5317	5317	II	6658	5272	3963	2731	1577	530
	III	**5248**	5317	5317	III	4080	2952	1862	900	134	
	V	**15157**	5317	5317	IV	8807	8049	7309	6589	5888	5207
	VI	**15689**	5317	5317							

* Zur LSt-Berechnung für privat versicherte Arbeitnehmer s. Beispiele **Vorbemerkung S. 4f.**
** Basisvorsorgepauschale KV und PV *** Typisierter Arbeitgeberzuschuss

Lohn/ Gehalt in € bis	Steuerklasse	Lohn-steuer*	BVSP**	TAGZ***	Steuerklasse	Bemessungsgrundlage für Kirchensteuer und Solidaritätszuschlag					
						Freibeträge für ... Kinder					
						0,5	**1,0**	1,5	**2,0**	2,5	**3,0**
57 059,99	I,IV	**9 595**	5 320	5 320	I	8 058	6 598	5 215	3 910	2 681	1 530
	II	**8 131**	5 320	5 320	II	6 667	5 280	3 971	2 739	1 584	536
	III	**5 254**	5 320	5 320	III	4 088	2 960	1 870	906	140	
	V	**15 169**	5 320	5 320	IV	8 817	8 058	7 319	6 598	5 897	5 215
	VI	**15 701**	5 320	5 320							
57 095,99	I,IV	**9 606**	5 324	5 324	I	8 068	6 607	5 224	3 918	2 689	1 537
	II	**8 140**	5 324	5 324	II	6 676	5 289	3 979	2 747	1 591	542
	III	**5 262**	5 324	5 324	III	4 096	2 966	1 876	912	144	
	V	**15 181**	5 324	5 324	IV	8 827	8 068	7 328	6 607	5 906	5 224
	VI	**15 713**	5 324	5 324							
57 131,99	I,IV	**9 616**	5 327	5 327	I	8 078	6 617	5 233	3 927	2 697	1 545
	II	**8 150**	5 327	5 327	II	6 686	5 298	3 988	2 755	1 599	548
	III	**5 270**	5 327	5 327	III	4 104	2 974	1 884	918	148	
	V	**15 194**	5 327	5 327	IV	8 837	8 078	7 338	6 617	5 915	5 233
	VI	**15 726**	5 327	5 327							
57 167,99	I,IV	**9 626**	5 330	5 330	I	8 088	6 626	5 242	3 935	2 705	1 552
	II	**8 160**	5 330	5 330	II	6 695	5 307	3 996	2 762	1 606	554
	III	**5 278**	5 330	5 330	III	4 110	2 982	1 890	924	152	
	V	**15 206**	5 330	5 330	IV	8 847	8 088	7 347	6 626	5 924	5 242
	VI	**15 738**	5 330	5 330							
57 203,99	I,IV	**9 637**	5 334	5 334	I	8 097	6 635	5 251	3 943	2 712	1 559
	II	**8 170**	5 334	5 334	II	6 704	5 316	4 004	2 770	1 613	560
	III	**5 286**	5 334	5 334	III	4 118	2 988	1 898	930	156	
	V	**15 218**	5 334	5 334	IV	8 857	8 097	7 357	6 635	5 933	5 251
	VI	**15 750**	5 334	5 334							
57 239,99	I,IV	**9 647**	5 337	5 337	I	8 108	6 645	5 260	3 951	2 720	1 567
	II	**8 180**	5 337	5 337	II	6 714	5 325	4 013	2 778	1 621	566
	III	**5 294**	5 337	5 337	III	4 126	2 996	1 904	934	162	
	V	**15 231**	5 337	5 337	IV	8 868	8 108	7 367	6 645	5 943	5 260
	VI	**15 763**	5 337	5 337							
57 275,99	I,IV	**9 657**	5 340	5 340	I	8 117	6 654	5 268	3 960	2 728	1 574
	II	**8 190**	5 340	5 340	II	6 723	5 333	4 021	2 786	1 628	572
	III	**5 302**	5 340	5 340	III	4 132	3 002	1 912	940	166	
	V	**15 243**	5 340	5 340	IV	8 878	8 117	7 376	6 654	5 952	5 268
	VI	**15 775**	5 340	5 340							
57 311,99	I,IV	**9 668**	5 344	5 344	I	8 127	6 663	5 277	3 968	2 736	1 581
	II	**8 200**	5 344	5 344	II	6 732	5 342	4 029	2 794	1 635	578
	III	**5 310**	5 344	5 344	III	4 140	3 010	1 918	946	170	
	V	**15 255**	5 344	5 344	IV	8 888	8 127	7 386	6 663	5 961	5 277
	VI	**15 787**	5 344	5 344							
57 347,99	I,IV	**9 678**	5 347	5 347	I	8 137	6 673	5 286	3 976	2 744	1 588
	II	**8 209**	5 347	5 347	II	6 742	5 351	4 038	2 801	1 642	584
	III	**5 316**	5 347	5 347	III	4 148	3 018	1 926	952	174	
	V	**15 267**	5 347	5 347	IV	8 898	8 137	7 395	6 673	5 970	5 286
	VI	**15 799**	5 347	5 347							
57 383,99	I,IV	**9 688**	5 351	5 351	I	8 147	6 682	5 295	3 985	2 752	1 596
	II	**8 219**	5 351	5 351	II	6 751	5 360	4 046	2 809	1 650	590
	III	**5 324**	5 351	5 351	III	4 156	3 024	1 932	958	178	
	V	**15 280**	5 351	5 351	IV	8 908	8 147	7 405	6 682	5 979	5 295
	VI	**15 812**	5 351	5 351							
57 419,99	I,IV	**9 699**	5 354	5 354	I	8 157	6 691	5 304	3 993	2 759	1 603
	II	**8 229**	5 354	5 354	II	6 760	5 369	4 054	2 817	1 657	596
	III	**5 332**	5 354	5 354	III	4 164	3 032	1 940	964	184	
	V	**15 292**	5 354	5 354	IV	8 918	8 157	7 414	6 691	5 988	5 304
	VI	**15 824**	5 354	5 354							
57 455,99	I,IV	**9 709**	5 357	5 357	I	8 166	6 701	5 312	4 001	2 767	1 610
	II	**8 239**	5 357	5 357	II	6 770	5 378	4 063	2 825	1 664	602
	III	**5 340**	5 357	5 357	III	4 170	3 040	1 946	970	188	
	V	**15 304**	5 357	5 357	IV	8 928	8 166	7 424	6 701	5 997	5 312
	VI	**15 836**	5 357	5 357							

* Zur LSt-Berechnung für privat versicherte Arbeitnehmer s. Beispiele **Vorbemerkung S. 4 f.**
** Basisvorsorgepauschale KV und PV *** Typisierter Arbeitgeberzuschuss

Lohn/ Gehalt in € bis	Steuerklasse	Lohn-steuer*	BVSP**	TAGZ***	Steuerklasse	Bemessungsgrundlage für Kirchensteuer und Solidaritätszuschlag – Freibeträge für ... Kinder 0,5	1,0	1,5	2,0	2,5	3,0
57491,99	I,IV	**9720**	5361	5361	I	8176	6710	5321	4010	2775	1618
	II	**8249**	5361	5361	II	6779	5387	4071	2833	1672	608
	III	**5348**	5361	5361	III	4178	3046	1954	974	192	
	V	**15317**	5361	5361	IV	8938	8176	7434	6710	6006	5321
	VI	**15849**	5361	5361							
57527,99	I,IV	**9730**	5364	5364	I	8186	6720	5330	4018	2783	1625
	II	**8259**	5364	5364	II	6789	5395	4079	2841	1679	614
	III	**5356**	5364	5364	III	4186	3054	1960	980	196	
	V	**15329**	5364	5364	IV	8948	8186	7443	6720	6015	5330
	VI	**15861**	5364	5364							
57563,99	I,IV	**9740**	5367	5367	I	8196	6729	5339	4026	2791	1632
	II	**8269**	5367	5367	II	6798	5404	4088	2848	1686	620
	III	**5364**	5367	5367	III	4194	3062	1968	986	202	
	V	**15341**	5367	5367	IV	8958	8196	7453	6729	6024	5339
	VI	**15873**	5367	5367							
57599,99	I,IV	**9751**	5371	5371	I	8206	6738	5348	4035	2799	1640
	II	**8279**	5371	5371	II	6807	5413	4096	2857	1694	626
	III	**5372**	5371	5371	III	4200	3068	1974	992	206	
	V	**15354**	5371	5371	IV	8969	8206	7462	6738	6034	5348
	VI	**15886**	5371	5371							
57635,99	I,IV	**9761**	5374	5374	I	8216	6748	5357	4043	2806	1647
	II	**8288**	5374	5374	II	6817	5422	4105	2864	1701	633
	III	**5380**	5374	5374	III	4208	3076	1982	998	210	
	V	**15366**	5374	5374	IV	8979	8216	7472	6748	6043	5357
	VI	**15898**	5374	5374							
57671,99	I,IV	**9771**	5377	5377	I	8225	6757	5365	4051	2814	1654
	II	**8298**	5377	5377	II	6826	5431	4113	2872	1708	639
	III	**5388**	5377	5377	III	4216	3082	1988	1004	214	
	V	**15378**	5377	5377	IV	8989	8225	7482	6757	6052	5365
	VI	**15910**	5377	5377							
57707,99	I,IV	**9781**	5381	5381	I	8235	6766	5374	4060	2822	1662
	II	**8308**	5381	5381	II	6835	5440	4121	2880	1716	645
	III	**5396**	5381	5381	III	4224	3090	1996	1010	220	
	V	**15390**	5381	5381	IV	8999	8235	7491	6766	6061	5374
	VI	**15922**	5381	5381							
57743,99	I,IV	**9792**	5384	5384	I	8245	6776	5383	4068	2830	1669
	II	**8318**	5384	5384	II	6845	5449	4130	2888	1723	651
	III	**5404**	5384	5384	III	4232	3098	2004	1016	224	
	V	**15403**	5384	5384	IV	9009	8245	7501	6776	6070	5383
	VI	**15935**	5384	5384							
57779,99	I,IV	**9802**	5387	5387	I	8255	6785	5392	4076	2838	1676
	II	**8328**	5387	5387	II	6854	5458	4138	2896	1731	657
	III	**5410**	5387	5387	III	4238	3104	2010	1022	228	
	V	**15415**	5387	5387	IV	9019	8255	7510	6785	6079	5392
	VI	**15947**	5387	5387							
57815,99	I,IV	**9813**	5391	5391	I	8265	6794	5401	4085	2846	1684
	II	**8338**	5391	5391	II	6863	5466	4146	2904	1738	663
	III	**5418**	5391	5391	III	4246	3112	2018	1028	234	
	V	**15427**	5391	5391	IV	9029	8265	7520	6794	6088	5401
	VI	**15959**	5391	5391							
57851,99	I,IV	**9823**	5394	5394	I	8275	6804	5410	4093	2854	1691
	II	**8348**	5394	5394	II	6873	5475	4155	2912	1745	670
	III	**5426**	5394	5394	III	4254	3120	2024	1034	238	
	V	**15440**	5394	5394	IV	9039	8275	7530	6804	6097	5410
	VI	**15972**	5394	5394							
57887,99	I,IV	**9834**	5398	5398	I	8285	6813	5419	4101	2861	1698
	II	**8358**	5398	5398	II	6882	5484	4163	2919	1753	676
	III	**5434**	5398	5398	III	4262	3126	2030	1038	242	
	V	**15452**	5398	5398	IV	9050	8285	7539	6813	6106	5419
	VI	**15984**	5398	5398							

* Zur LSt-Berechnung für privat versicherte Arbeitnehmer s. Beispiele **Vorbemerkung S. 4f.**
** Basisvorsorgepauschale KV und PV *** Typisierter Arbeitgeberzuschuss

Lohn/ Gehalt in € bis	Steuerklasse	Lohn- steuer*	BVSP**	TAGZ***	Steuerklasse	Bemessungsgrundlage für Kirchensteuer und Solidaritätszuschlag					
						Freibeträge für ... Kinder					
						0,5	**1,0**	1,5	**2,0**	2,5	**3,0**
57 923,99	I,IV	**9 844**	5 401	5 401	I	8 295	6 822	5 428	4 110	2 869	1 706
	II	**8 368**	5 401	5 401	II	6 892	5 493	4 172	2 927	1 760	682
	III	**5 442**	5 401	5 401	III	4 268	3 134	2 038	1 044	246	
	V	**15 464**	5 401	5 401	IV	9 060	8 295	7 549	6 822	6 115	5 428
	VI	**15 996**	5 401	5 401							
57 959,99	I,IV	**9 854**	5 404	5 404	I	8 304	6 832	5 436	4 118	2 877	1 713
	II	**8 377**	5 404	5 404	II	6 901	5 502	4 180	2 935	1 767	689
	III	**5 450**	5 404	5 404	III	4 276	3 142	2 044	1 050	252	
	V	**15 477**	5 404	5 404	IV	9 070	8 304	7 558	6 832	6 124	5 436
	VI	**16 008**	5 404	5 404							
57 995,99	I,IV	**9 865**	5 408	5 408	I	8 314	6 841	5 445	4 127	2 885	1 721
	II	**8 388**	5 408	5 408	II	6 911	5 511	4 188	2 943	1 775	695
	III	**5 458**	5 408	5 408	III	4 284	3 148	2 052	1 056	256	
	V	**15 489**	5 408	5 408	IV	9 080	8 314	7 568	6 841	6 134	5 445
	VI	**16 021**	5 408	5 408							
58 031,99	I,IV	**9 875**	5 411	5 411	I	8 324	6 851	5 454	4 135	2 893	1 728
	II	**8 397**	5 411	5 411	II	6 920	5 520	4 197	2 951	1 782	701
	III	**5 466**	5 411	5 411	III	4 292	3 156	2 060	1 062	260	
	V	**15 501**	5 411	5 411	IV	9 090	8 324	7 578	6 851	6 143	5 454
	VI	**16 033**	5 411	5 411							
58 067,99	I,IV	**9 885**	5 414	5 414	I	8 334	6 860	5 463	4 143	2 901	1 735
	II	**8 407**	5 414	5 414	II	6 929	5 529	4 205	2 959	1 790	708
	III	**5 472**	5 414	5 414	III	4 298	3 164	2 066	1 068	264	
	V	**15 514**	5 414	5 414	IV	9 100	8 334	7 587	6 860	6 152	5 463
	VI	**16 045**	5 414	5 414							
58 103,99	I,IV	**9 896**	5 418	5 418	I	8 344	6 870	5 472	4 152	2 909	1 743
	II	**8 417**	5 418	5 418	II	6 939	5 538	4 214	2 967	1 797	714
	III	**5 480**	5 418	5 418	III	4 306	3 170	2 074	1 074	270	
	V	**15 526**	5 418	5 418	IV	9 110	8 344	7 597	6 870	6 161	5 472
	VI	**16 058**	5 418	5 418							
58 139,99	I,IV	**9 906**	5 421	5 421	I	8 354	6 879	5 481	4 160	2 916	1 750
	II	**8 427**	5 421	5 421	II	6 948	5 547	4 222	2 975	1 805	721
	III	**5 488**	5 421	5 421	III	4 314	3 178	2 080	1 080	274	
	V	**15 538**	5 421	5 421	IV	9 121	8 354	7 607	6 879	6 170	5 481
	VI	**16 070**	5 421	5 421							
58 175,99	I,IV	**9 917**	5 424	5 424	I	8 364	6 888	5 490	4 168	2 924	1 757
	II	**8 437**	5 424	5 424	II	6 958	5 555	4 230	2 983	1 812	727
	III	**5 496**	5 424	5 424	III	4 322	3 186	2 088	1 086	278	
	V	**15 550**	5 424	5 424	IV	9 131	8 364	7 616	6 888	6 179	5 490
	VI	**16 082**	5 424	5 424							
58 211,99	I,IV	**9 927**	5 428	5 428	I	8 374	6 898	5 499	4 177	2 932	1 765
	II	**8 447**	5 428	5 428	II	6 967	5 565	4 239	2 991	1 819	733
	III	**5 504**	5 428	5 428	III	4 330	3 192	2 094	1 092	284	
	V	**15 563**	5 428	5 428	IV	9 141	8 374	7 626	6 898	6 189	5 499
	VI	**16 095**	5 428	5 428							
58 247,99	I,IV	**9 938**	5 431	5 431	I	8 384	6 907	5 508	4 185	2 940	1 772
	II	**8 457**	5 431	5 431	II	6 977	5 573	4 247	2 999	1 827	740
	III	**5 512**	5 431	5 431	III	4 336	3 200	2 102	1 098	288	
	V	**15 575**	5 431	5 431	IV	9 151	8 384	7 636	6 907	6 198	5 508
	VI	**16 107**	5 431	5 431							
58 283,99	I,IV	**9 948**	5 434	5 434	I	8 394	6 916	5 516	4 194	2 948	1 780
	II	**8 467**	5 434	5 434	II	6 986	5 582	4 256	3 006	1 834	746
	III	**5 520**	5 434	5 434	III	4 344	3 208	2 108	1 104	292	
	V	**15 587**	5 434	5 434	IV	9 161	8 394	7 645	6 916	6 207	5 516
	VI	**16 119**	5 434	5 434							
58 319,99	I,IV	**9 958**	5 438	5 438	I	8 403	6 926	5 525	4 202	2 956	1 787
	II	**8 477**	5 438	5 438	II	6 995	5 591	4 264	3 014	1 841	753
	III	**5 528**	5 438	5 438	III	4 352	3 214	2 116	1 110	298	
	V	**15 600**	5 438	5 438	IV	9 171	8 403	7 655	6 926	6 216	5 525
	VI	**16 131**	5 438	5 438							

* Zur LSt-Berechnung für privat versicherte Arbeitnehmer s. Beispiele **Vorbemerkung S. 4 f.**
** Basisvorsorgepauschale KV und PV *** Typisierter Arbeitgeberzuschuss

Lohn/ Gehalt in € bis	Steuerklasse	Lohn-steuer*	BVSP**	TAGZ***	Steuerklasse	Bemessungsgrundlage für Kirchensteuer und Solidaritätszuschlag – Freibeträge für ... Kinder 0,5	1,0	1,5	2,0	2,5	3,0
58 355,99	I,IV	**9 969**	5 441	5 441	I	8 414	6 935	5 534	4 211	2 964	1 794
	II	**8 487**	5 441	5 441	II	7 005	5 600	4 273	3 022	1 849	759
	III	**5 536**	5 441	5 441	III	4 360	3 222	2 122	1 116	302	
	V	**15 612**	5 441	5 441	IV	9 182	8 414	7 665	6 935	6 225	5 534
	VI	**16 144**	5 441	5 441							
58 391,99	I,IV	**9 979**	5 445	5 445	I	8 423	6 945	5 543	4 219	2 972	1 802
	II	**8 497**	5 445	5 445	II	7 014	5 609	4 281	3 030	1 856	766
	III	**5 544**	5 445	5 445	III	4 366	3 230	2 130	1 122	306	
	V	**15 624**	5 445	5 445	IV	9 192	8 423	7 674	6 945	6 234	5 543
	VI	**16 156**	5 445	5 445							
58 427,99	I,IV	**9 990**	5 448	5 448	I	8 433	6 954	5 552	4 227	2 980	1 809
	II	**8 507**	5 448	5 448	II	7 024	5 618	4 289	3 038	1 864	772
	III	**5 552**	5 448	5 448	III	4 374	3 236	2 136	1 128	312	
	V	**15 637**	5 448	5 448	IV	9 202	8 433	7 684	6 954	6 243	5 552
	VI	**16 168**	5 448	5 448							
58 463,99	I,IV	**10 000**	5 451	5 451	I	8 443	6 964	5 561	4 236	2 988	1 817
	II	**8 517**	5 451	5 451	II	7 033	5 627	4 298	3 046	1 871	779
	III	**5 560**	5 451	5 451	III	4 382	3 244	2 144	1 134	316	
	V	**15 649**	5 451	5 451	IV	9 212	8 443	7 694	6 964	6 253	5 561
	VI	**16 181**	5 451	5 451							
58 499,99	I,IV	**10 011**	5 455	5 455	I	8 453	6 973	5 570	4 244	2 996	1 824
	II	**8 527**	5 455	5 455	II	7 043	5 636	4 306	3 054	1 879	785
	III	**5 566**	5 455	5 455	III	4 390	3 252	2 150	1 140	322	
	V	**15 661**	5 455	5 455	IV	9 222	8 453	7 704	6 973	6 262	5 570
	VI	**16 193**	5 455	5 455							
58 535,99	I,IV	**10 021**	5 458	5 458	I	8 463	6 982	5 579	4 253	3 003	1 831
	II	**8 537**	5 458	5 458	II	7 052	5 645	4 315	3 062	1 886	792
	III	**5 574**	5 458	5 458	III	4 398	3 258	2 158	1 146	326	
	V	**15 674**	5 458	5 458	IV	9 232	8 463	7 713	6 982	6 271	5 579
	VI	**16 205**	5 458	5 458							
58 571,99	I,IV	**10 031**	5 461	5 461	I	8 473	6 992	5 588	4 261	3 011	1 839
	II	**8 546**	5 461	5 461	II	7 061	5 654	4 323	3 070	1 894	799
	III	**5 582**	5 461	5 461	III	4 404	3 266	2 164	1 152	330	
	V	**15 686**	5 461	5 461	IV	9 242	8 473	7 723	6 992	6 280	5 588
	VI	**16 217**	5 461	5 461							
58 607,99	I,IV	**10 042**	5 465	5 465	I	8 483	7 001	5 597	4 270	3 019	1 846
	II	**8 557**	5 465	5 465	II	7 071	5 663	4 332	3 078	1 901	805
	III	**5 590**	5 465	5 465	III	4 412	3 274	2 172	1 158	336	
	V	**15 698**	5 465	5 465	IV	9 253	8 483	7 733	7 001	6 290	5 597
	VI	**16 230**	5 465	5 465							
58 643,99	I,IV	**10 052**	5 468	5 468	I	8 493	7 011	5 606	4 278	3 027	1 854
	II	**8 566**	5 468	5 468	II	7 081	5 672	4 340	3 086	1 909	812
	III	**5 598**	5 468	5 468	III	4 420	3 280	2 180	1 164	340	
	V	**15 711**	5 468	5 468	IV	9 263	8 493	7 742	7 011	6 299	5 606
	VI	**16 242**	5 468	5 468							
58 679,99	I,IV	**10 063**	5 471	5 471	I	8 503	7 020	5 615	4 286	3 035	1 861
	II	**8 576**	5 471	5 471	II	7 090	5 681	4 349	3 094	1 916	818
	III	**5 606**	5 471	5 471	III	4 428	3 288	2 186	1 170	344	
	V	**15 723**	5 471	5 471	IV	9 273	8 503	7 752	7 020	6 308	5 615
	VI	**16 254**	5 471	5 471							
58 715,99	I,IV	**10 073**	5 475	5 475	I	8 513	7 030	5 624	4 295	3 043	1 869
	II	**8 587**	5 475	5 475	II	7 100	5 690	4 357	3 102	1 924	825
	III	**5 614**	5 475	5 475	III	4 436	3 296	2 194	1 176	350	
	V	**15 735**	5 475	5 475	IV	9 284	8 513	7 762	7 030	6 317	5 624
	VI	**16 267**	5 475	5 475							
58 751,99	I,IV	**10 084**	5 478	5 478	I	8 523	7 039	5 633	4 303	3 051	1 876
	II	**8 596**	5 478	5 478	II	7 109	5 699	4 366	3 110	1 931	832
	III	**5 622**	5 478	5 478	III	4 442	3 302	2 200	1 182	354	
	V	**15 747**	5 478	5 478	IV	9 294	8 523	7 771	7 039	6 326	5 633
	VI	**16 279**	5 478	5 478							

* Zur LSt-Berechnung für privat versicherte Arbeitnehmer s. Beispiele **Vorbemerkung S. 4 f.**
** Basisvorsorgepauschale KV und PV *** Typisierter Arbeitgeberzuschuss

Lohn/ Gehalt in € bis	Steuerklasse	Lohn- steuer*	BVSP**	TAGZ***	Steuerklasse	Bemessungsgrundlage für Kirchensteuer und Solidaritätszuschlag – Freibeträge für ... Kinder 0,5	1,0	1,5	2,0	2,5	3,0
58 787,99	I,IV	**10 094**	5 481	5 481	I	8 533	7 049	5 642	4 312	3 059	1 883
	II	**8 606**	5 481	5 481	II	7 118	5 708	4 374	3 118	1 938	839
	III	**5 630**	5 481	5 481	III	4 450	3 310	2 208	1 188	358	
	V	**15 760**	5 481	5 481	IV	9 304	8 533	7 781	7 049	6 335	5 642
	VI	**16 291**	5 481	5 481							
58 823,99	I,IV	**10 105**	5 485	5 485	I	8 543	7 058	5 651	4 320	3 067	1 891
	II	**8 617**	5 485	5 485	II	7 128	5 717	4 383	3 126	1 946	845
	III	**5 638**	5 485	5 485	III	4 458	3 318	2 214	1 194	364	
	V	**15 772**	5 485	5 485	IV	9 314	8 543	7 791	7 058	6 345	5 651
	VI	**16 304**	5 485	5 485							
58 859,99	I,IV	**10 115**	5 488	5 488	I	8 553	7 068	5 660	4 329	3 075	1 898
	II	**8 626**	5 488	5 488	II	7 138	5 726	4 391	3 134	1 953	852
	III	**5 646**	5 488	5 488	III	4 466	3 324	2 222	1 200	368	
	V	**15 784**	5 488	5 488	IV	9 324	8 553	7 801	7 068	6 354	5 660
	VI	**16 316**	5 488	5 488							
58 895,99	I,IV	**10 126**	5 492	5 492	I	8 563	7 077	5 668	4 337	3 083	1 906
	II	**8 636**	5 492	5 492	II	7 147	5 735	4 399	3 142	1 961	859
	III	**5 654**	5 492	5 492	III	4 474	3 332	2 228	1 206	374	
	V	**15 797**	5 492	5 492	IV	9 335	8 563	7 810	7 077	6 363	5 668
	VI	**16 328**	5 492	5 492							
58 931,99	I,IV	**10 136**	5 495	5 495	I	8 573	7 086	5 677	4 345	3 091	1 913
	II	**8 646**	5 495	5 495	II	7 156	5 744	4 408	3 149	1 968	865
	III	**5 662**	5 495	5 495	III	4 480	3 340	2 236	1 212	378	
	V	**15 809**	5 495	5 495	IV	9 345	8 573	7 820	7 086	6 372	5 677
	VI	**16 341**	5 495	5 495							
58 967,99	I,IV	**10 147**	5 498	5 498	I	8 583	7 096	5 686	4 354	3 099	1 921
	II	**8 657**	5 498	5 498	II	7 166	5 753	4 417	3 158	1 976	872
	III	**5 670**	5 498	5 498	III	4 488	3 346	2 244	1 218	384	
	V	**15 821**	5 498	5 498	IV	9 355	8 583	7 830	7 096	6 382	5 686
	VI	**16 353**	5 498	5 498							
59 003,99	I,IV	**10 157**	5 502	5 502	I	8 593	7 105	5 695	4 362	3 107	1 928
	II	**8 666**	5 502	5 502	II	7 175	5 762	4 425	3 166	1 983	879
	III	**5 676**	5 502	5 502	III	4 496	3 354	2 250	1 224	388	
	V	**15 834**	5 502	5 502	IV	9 365	8 593	7 839	7 105	6 391	5 695
	VI	**16 365**	5 502	5 502							
59 039,99	I,IV	**10 168**	5 505	5 505	I	8 603	7 115	5 704	4 371	3 115	1 936
	II	**8 676**	5 505	5 505	II	7 185	5 771	4 433	3 173	1 991	886
	III	**5 684**	5 505	5 505	III	4 504	3 362	2 258	1 230	392	
	V	**15 846**	5 505	5 505	IV	9 375	8 603	7 849	7 115	6 400	5 704
	VI	**16 377**	5 505	5 505							
59 075,99	I,IV	**10 178**	5 508	5 508	I	8 613	7 125	5 713	4 380	3 123	1 943
	II	**8 687**	5 508	5 508	II	7 195	5 780	4 442	3 182	1 998	893
	III	**5 692**	5 508	5 508	III	4 512	3 368	2 264	1 236	398	
	V	**15 858**	5 508	5 508	IV	9 386	8 613	7 859	7 125	6 409	5 713
	VI	**16 390**	5 508	5 508							
59 111,99	I,IV	**10 189**	5 512	5 512	I	8 623	7 134	5 722	4 388	3 131	1 951
	II	**8 697**	5 512	5 512	II	7 204	5 789	4 451	3 190	2 006	900
	III	**5 700**	5 512	5 512	III	4 518	3 376	2 272	1 242	402	
	V	**15 871**	5 512	5 512	IV	9 396	8 623	7 869	7 134	6 419	5 722
	VI	**16 402**	5 512	5 512							
59 147,99	I,IV	**10 199**	5 515	5 515	I	8 633	7 143	5 731	4 396	3 139	1 958
	II	**8 706**	5 515	5 515	II	7 213	5 798	4 459	3 197	2 013	906
	III	**5 708**	5 515	5 515	III	4 526	3 384	2 278	1 250	408	
	V	**15 883**	5 515	5 515	IV	9 406	8 633	7 878	7 143	6 428	5 731
	VI	**16 414**	5 515	5 515							
59 183,99	I,IV	**10 209**	5 518	5 518	I	8 643	7 153	5 740	4 405	3 146	1 965
	II	**8 716**	5 518	5 518	II	7 223	5 807	4 467	3 205	2 021	913
	III	**5 716**	5 518	5 518	III	4 534	3 390	2 286	1 254	412	
	V	**15 895**	5 518	5 518	IV	9 416	8 643	7 888	7 153	6 437	5 740
	VI	**16 427**	5 518	5 518							

* Zur LSt-Berechnung für privat versicherte Arbeitnehmer s. Beispiele **Vorbemerkung S. 4 f.**
** Basisvorsorgepauschale KV und PV *** Typisierter Arbeitgeberzuschuss

Lohn/ Gehalt in € bis	Steuerklasse	Lohn-steuer*	BVSP**	TAGZ***	Steuerklasse	Bemessungsgrundlage für Kirchensteuer und Solidaritätszuschlag — Freibeträge für ... Kinder 0,5	1,0	1,5	2,0	2,5	3,0
59 219,99	I,IV	**10 220**	5 522	5 522	I	8 653	7 162	5 749	4 413	3 155	1 973
	II	**8 727**	5 522	5 522	II	7 233	5 816	4 476	3 214	2 028	920
	III	**5 724**	5 522	5 522	III	4 542	3 398	2 292	1 262	418	
	V	**15 907**	5 522	5 522	IV	9 427	8 653	7 898	7 162	6 446	5 749
	VI	**16 439**	5 522	5 522							
59 255,99	I,IV	**10 231**	5 525	5 525	I	8 663	7 172	5 758	4 422	3 163	1 980
	II	**8 737**	5 525	5 525	II	7 242	5 825	4 485	3 222	2 036	927
	III	**5 732**	5 525	5 525	III	4 550	3 406	2 300	1 268	422	
	V	**15 920**	5 525	5 525	IV	9 437	8 663	7 908	7 172	6 455	5 758
	VI	**16 451**	5 525	5 525							
59 291,99	I,IV	**10 241**	5 528	5 528	I	8 673	7 181	5 767	4 430	3 170	1 988
	II	**8 747**	5 528	5 528	II	7 251	5 834	4 493	3 229	2 043	934
	III	**5 740**	5 528	5 528	III	4 556	3 412	2 306	1 274	426	
	V	**15 932**	5 528	5 528	IV	9 447	8 673	7 917	7 181	6 465	5 767
	VI	**16 464**	5 528	5 528							
59 327,99	I,IV	**10 252**	5 532	5 532	I	8 683	7 191	5 776	4 439	3 179	1 995
	II	**8 757**	5 532	5 532	II	7 261	5 843	4 502	3 238	2 051	941
	III	**5 748**	5 532	5 532	III	4 564	3 420	2 314	1 280	432	
	V	**15 944**	5 532	5 532	IV	9 458	8 683	7 927	7 191	6 474	5 776
	VI	**16 476**	5 532	5 532							
59 363,99	I,IV	**10 262**	5 535	5 535	I	8 693	7 200	5 785	4 447	3 187	2 003
	II	**8 767**	5 535	5 535	II	7 271	5 852	4 510	3 246	2 058	948
	III	**5 756**	5 535	5 535	III	4 572	3 428	2 322	1 286	436	
	V	**15 957**	5 535	5 535	IV	9 468	8 693	7 937	7 200	6 483	5 785
	VI	**16 488**	5 535	5 535							
59 399,99	I,IV	**10 273**	5 539	5 539	I	8 703	7 210	5 794	4 456	3 194	2 010
	II	**8 777**	5 539	5 539	II	7 280	5 861	4 519	3 254	2 066	955
	III	**5 764**	5 539	5 539	III	4 580	3 434	2 328	1 292	442	
	V	**15 969**	5 539	5 539	IV	9 478	8 703	7 947	7 210	6 492	5 794
	VI	**16 501**	5 539	5 539							
59 435,99	I,IV	**10 283**	5 542	5 542	I	8 713	7 220	5 803	4 464	3 203	2 018
	II	**8 787**	5 542	5 542	II	7 290	5 870	4 527	3 262	2 073	962
	III	**5 772**	5 542	5 542	III	4 588	3 442	2 336	1 298	446	
	V	**15 981**	5 542	5 542	IV	9 489	8 713	7 957	7 220	6 502	5 803
	VI	**16 513**	5 542	5 542							
59 471,99	I,IV	**10 294**	5 545	5 545	I	8 723	7 229	5 812	4 473	3 211	2 025
	II	**8 797**	5 545	5 545	II	7 299	5 879	4 536	3 270	2 081	969
	III	**5 780**	5 545	5 545	III	4 596	3 450	2 342	1 304	452	
	V	**15 994**	5 545	5 545	IV	9 499	8 723	7 966	7 229	6 511	5 812
	VI	**16 525**	5 545	5 545							
59 507,99	I,IV	**10 304**	5 549	5 549	I	8 733	7 238	5 821	4 481	3 219	2 033
	II	**8 807**	5 549	5 549	II	7 309	5 888	4 544	3 278	2 088	976
	III	**5 786**	5 549	5 549	III	4 602	3 456	2 350	1 310	456	
	V	**16 006**	5 549	5 549	IV	9 509	8 733	7 976	7 238	6 520	5 821
	VI	**16 537**	5 549	5 549							
59 543,99	I,IV	**10 315**	5 552	5 552	I	8 743	7 248	5 830	4 490	3 226	2 040
	II	**8 817**	5 552	5 552	II	7 318	5 897	4 553	3 286	2 096	983
	III	**5 794**	5 552	5 552	III	4 610	3 464	2 356	1 318	462	
	V	**16 018**	5 552	5 552	IV	9 519	8 743	7 986	7 248	6 529	5 830
	VI	**16 550**	5 552	5 552							
59 579,99	I,IV	**10 326**	5 555	5 555	I	8 753	7 258	5 840	4 498	3 235	2 048
	II	**8 827**	5 555	5 555	II	7 328	5 906	4 561	3 294	2 103	990
	III	**5 802**	5 555	5 555	III	4 618	3 472	2 364	1 324	466	
	V	**16 031**	5 555	5 555	IV	9 530	8 753	7 996	7 258	6 539	5 840
	VI	**16 562**	5 555	5 555							
59 615,99	I,IV	**10 336**	5 559	5 559	I	8 763	7 267	5 848	4 507	3 243	2 055
	II	**8 837**	5 559	5 559	II	7 338	5 915	4 570	3 302	2 111	997
	III	**5 810**	5 559	5 559	III	4 626	3 478	2 372	1 330	472	
	V	**16 043**	5 559	5 559	IV	9 540	8 763	8 005	7 267	6 548	5 848
	VI	**16 574**	5 559	5 559							

* Zur LSt-Berechnung für privat versicherte Arbeitnehmer s. Beispiele **Vorbemerkung S. 4 f.**
** Basisvorsorgepauschale KV und PV *** Typisierter Arbeitgeberzuschuss

Lohn/ Gehalt in € bis	Steuerklasse	Lohn-steuer*	BVSP**	TAGZ***	Steuerklasse	Bemessungsgrundlage für Kirchensteuer und Solidaritätszuschlag – Freibeträge für ... Kinder 0,5	1,0	1,5	2,0	2,5	3,0
59 651,99	I,IV	**10 346**	5 562	5 562	I	8 773	7 277	5 857	4 515	3 251	2 063
	II	**8 847**	5 562	5 562	II	7 347	5 924	4 578	3 310	2 118	1 004
	III	**5 818**	5 562	5 562	III	4 634	3 486	2 378	1 336	476	
	V	**16 055**	5 562	5 562	IV	9 550	8 773	8 015	7 277	6 557	5 857
	VI	**16 587**	5 562	5 562							
59 687,99	I,IV	**10 357**	5 565	5 565	I	8 783	7 286	5 867	4 524	3 259	2 071
	II	**8 857**	5 565	5 565	II	7 357	5 933	4 587	3 318	2 126	1 011
	III	**5 826**	5 565	5 565	III	4 640	3 494	2 386	1 342	482	
	V	**16 068**	5 565	5 565	IV	9 561	8 783	8 025	7 286	6 567	5 867
	VI	**16 599**	5 565	5 565							
59 723,99	I,IV	**10 368**	5 569	5 569	I	8 793	7 296	5 876	4 533	3 267	2 078
	II	**8 867**	5 569	5 569	II	7 366	5 942	4 596	3 326	2 134	1 018
	III	**5 834**	5 569	5 569	III	4 648	3 502	2 392	1 348	486	
	V	**16 080**	5 569	5 569	IV	9 571	8 793	8 035	7 296	6 576	5 876
	VI	**16 611**	5 569	5 569							
59 759,99	I,IV	**10 378**	5 572	5 572	I	8 803	7 305	5 885	4 541	3 275	2 085
	II	**8 877**	5 572	5 572	II	7 376	5 951	4 604	3 334	2 141	1 025
	III	**5 842**	5 572	5 572	III	4 656	3 508	2 400	1 354	492	
	V	**16 092**	5 572	5 572	IV	9 581	8 803	8 045	7 305	6 585	5 885
	VI	**16 624**	5 572	5 572							
59 795,99	I,IV	**10 389**	5 575	5 575	I	8 813	7 315	5 894	4 550	3 283	2 093
	II	**8 888**	5 575	5 575	II	7 386	5 961	4 613	3 342	2 149	1 033
	III	**5 850**	5 575	5 575	III	4 664	3 516	2 408	1 362	496	
	V	**16 104**	5 575	5 575	IV	9 592	8 813	8 055	7 315	6 595	5 894
	VI	**16 636**	5 575	5 575							
59 831,99	I,IV	**10 399**	5 579	5 579	I	8 823	7 324	5 903	4 558	3 291	2 101
	II	**8 898**	5 579	5 579	II	7 395	5 970	4 621	3 350	2 156	1 040
	III	**5 858**	5 579	5 579	III	4 672	3 524	2 414	1 368	502	
	V	**16 117**	5 579	5 579	IV	9 602	8 823	8 064	7 324	6 604	5 903
	VI	**16 648**	5 579	5 579							
59 867,99	I,IV	**10 411**	5 581	5 581	I	8 834	7 335	5 912	4 567	3 299	2 109
	II	**8 908**	5 581	5 581	II	7 405	5 979	4 630	3 359	2 164	1 047
	III	**5 866**	5 581	5 581	III	4 680	3 532	2 422	1 374	506	
	V	**16 130**	5 581	5 581	IV	9 613	8 834	8 075	7 335	6 614	5 912
	VI	**16 661**	5 581	5 581							
59 903,99	I,IV	**10 422**	5 581	5 581	I	8 845	7 345	5 922	4 577	3 308	2 117
	II	**8 919**	5 581	5 581	II	7 416	5 989	4 640	3 368	2 173	1 055
	III	**5 874**	5 581	5 581	III	4 688	3 540	2 430	1 382	512	
	V	**16 143**	5 581	5 581	IV	9 624	8 845	8 085	7 345	6 624	5 922
	VI	**16 675**	5 581	5 581							
59 939,99	I,IV	**10 434**	5 581	5 581	I	8 856	7 356	5 932	4 586	3 317	2 125
	II	**8 931**	5 581	5 581	II	7 426	5 999	4 649	3 377	2 181	1 063
	III	**5 884**	5 581	5 581	III	4 696	3 548	2 438	1 388	518	
	V	**16 157**	5 581	5 581	IV	9 636	8 856	8 096	7 356	6 634	5 932
	VI	**16 689**	5 581	5 581							
59 975,99	I,IV	**10 446**	5 581	5 581	I	8 868	7 367	5 943	4 596	3 326	2 134
	II	**8 942**	5 581	5 581	II	7 437	6 010	4 659	3 386	2 190	1 071
	III	**5 892**	5 581	5 581	III	4 706	3 556	2 446	1 396	524	
	V	**16 171**	5 581	5 581	IV	9 647	8 868	8 108	7 367	6 645	5 943
	VI	**16 703**	5 581	5 581							
60 011,99	I,IV	**10 458**	5 581	5 581	I	8 879	7 377	5 953	4 605	3 335	2 142
	II	**8 953**	5 581	5 581	II	7 448	6 020	4 668	3 395	2 198	1 078
	III	**5 902**	5 581	5 581	III	4 714	3 564	2 454	1 402	530	
	V	**16 184**	5 581	5 581	IV	9 658	8 879	8 118	7 377	6 655	5 953
	VI	**16 716**	5 581	5 581							
60 047,99	I,IV	**10 469**	5 581	5 581	I	8 890	7 388	5 963	4 615	3 344	2 151
	II	**8 965**	5 581	5 581	II	7 459	6 030	4 678	3 404	2 206	1 086
	III	**5 910**	5 581	5 581	III	4 722	3 572	2 462	1 410	534	
	V	**16 198**	5 581	5 581	IV	9 670	8 890	8 129	7 388	6 666	5 963
	VI	**16 730**	5 581	5 581							

* Zur LSt-Berechnung für privat versicherte Arbeitnehmer s. Beispiele **Vorbemerkung S. 4 f.**
** Basisvorsorgepauschale KV und PV *** Typisierter Arbeitgeberzuschuss

Lohn/ Gehalt in € bis	Steuerklasse	Lohn- steuer*	BVSP**	TAGZ***	Steuerklasse	Bemessungsgrundlage für Kirchensteuer und Solidaritätszuschlag					
						Freibeträge für ... Kinder					
						0,5	**1,0**	1,5	**2,0**	2,5	**3,0**
60083,99	I,IV	**10481**	5581	5581	I	8901	7399	5973	4625	3353	2159
	II	**8976**	5581	5581	II	7469	6040	4688	3413	2215	1094
	III	**5920**	5581	5581	III	4730	3580	2470	1416	540	
	V	**16212**	5581	5581	IV	9682	8901	8140	7399	6676	5973
	VI	**16744**	5581	5581							
60119,99	I,IV	**10493**	5581	5581	I	8912	7409	5983	4634	3362	2167
	II	**8987**	5581	5581	II	7480	6050	4697	3422	2223	1102
	III	**5928**	5581	5581	III	4740	3588	2478	1424	546	
	V	**16225**	5581	5581	IV	9693	8912	8151	7409	6686	5983
	VI	**16757**	5581	5581							
60155,99	I,IV	**10505**	5581	5581	I	8924	7420	5993	4644	3371	2176
	II	**8998**	5581	5581	II	7491	6060	4707	3431	2232	1110
	III	**5936**	5581	5581	III	4748	3596	2486	1430	552	
	V	**16239**	5581	5581	IV	9705	8924	8162	7420	6697	5993
	VI	**16771**	5581	5581							
60191,99	I,IV	**10517**	5581	5581	I	8935	7431	6003	4653	3380	2184
	II	**9010**	5581	5581	II	7502	6071	4717	3440	2240	1118
	III	**5946**	5581	5581	III	4756	3606	2494	1438	558	
	V	**16253**	5581	5581	IV	9716	8935	8173	7431	6707	6003
	VI	**16785**	5581	5581							
60227,99	I,IV	**10528**	5581	5581	I	8946	7441	6013	4663	3389	2193
	II	**9021**	5581	5581	II	7512	6080	4726	3449	2249	1126
	III	**5954**	5581	5581	III	4764	3614	2502	1446	564	
	V	**16267**	5581	5581	IV	9728	8946	8184	7441	6718	6013
	VI	**16798**	5581	5581							
60263,99	I,IV	**10540**	5581	5581	I	8958	7452	6024	4672	3398	2201
	II	**9032**	5581	5581	II	7523	6091	4736	3458	2257	1134
	III	**5962**	5581	5581	III	4774	3622	2508	1452	568	
	V	**16280**	5581	5581	IV	9739	8958	8195	7452	6728	6024
	VI	**16812**	5581	5581							
60299,99	I,IV	**10552**	5581	5581	I	8969	7463	6034	4682	3407	2210
	II	**9044**	5581	5581	II	7534	6101	4745	3467	2266	1142
	III	**5972**	5581	5581	III	4782	3630	2518	1460	574	
	V	**16294**	5581	5581	IV	9751	8969	8206	7463	6739	6034
	VI	**16826**	5581	5581							
60335,99	I,IV	**10564**	5581	5581	I	8980	7473	6044	4691	3416	2218
	II	**9055**	5581	5581	II	7544	6111	4755	3476	2274	1150
	III	**5980**	5581	5581	III	4790	3638	2526	1466	580	
	V	**16308**	5581	5581	IV	9762	8980	8217	7473	6749	6044
	VI	**16839**	5581	5581							
60371,99	I,IV	**10576**	5581	5581	I	8991	7484	6054	4701	3425	2227
	II	**9066**	5581	5581	II	7555	6121	4765	3485	2283	1158
	III	**5990**	5581	5581	III	4798	3646	2532	1474	586	
	V	**16322**	5581	5581	IV	9774	8991	8228	7484	6759	6054
	VI	**16853**	5581	5581							
60407,99	I,IV	**10588**	5581	5581	I	9003	7495	6064	4711	3434	2235
	II	**9078**	5581	5581	II	7566	6132	4774	3494	2291	1166
	III	**5998**	5581	5581	III	4808	3656	2542	1482	592	
	V	**16335**	5581	5581	IV	9786	9003	8239	7495	6770	6064
	VI	**16867**	5581	5581							
60443,99	I,IV	**10599**	5581	5581	I	9014	7505	6074	4720	3443	2244
	II	**9089**	5581	5581	II	7577	6142	4784	3503	2300	1173
	III	**6008**	5581	5581	III	4816	3664	2550	1488	598	
	V	**16349**	5581	5581	IV	9797	9014	8250	7505	6780	6074
	VI	**16881**	5581	5581							
60479,99	I,IV	**10611**	5581	5581	I	9025	7516	6085	4730	3452	2252
	II	**9100**	5581	5581	II	7587	6152	4793	3512	2308	1181
	III	**6016**	5581	5581	III	4824	3672	2556	1496	604	
	V	**16363**	5581	5581	IV	9809	9025	8261	7516	6791	6085
	VI	**16894**	5581	5581							

* Zur LSt-Berechnung für privat versicherte Arbeitnehmer s. Beispiele **Vorbemerkung S. 4 f.**
** Basisvorsorgepauschale KV und PV *** Typisierter Arbeitgeberzuschuss

Lohn/ Gehalt in € bis	Steuerklasse	Lohn-steuer*	BVSP**	TAGZ***	Steuerklasse	Bemessungsgrundlage für Kirchensteuer und Solidaritätszuschlag – Freibeträge für ... Kinder 0,5	1,0	1,5	2,0	2,5	3,0
60 515,99	I,IV	**10 623**	5 581	5 581	I	9 037	7 527	6 095	4 740	3 462	2 261
	II	**9 112**	5 581	5 581	II	7 598	6 162	4 803	3 521	2 317	1 189
	III	**6 026**	5 581	5 581	III	4 834	3 680	2 566	1 502	610	
	V	**16 377**	5 581	5 581	IV	9 820	9 037	8 272	7 527	6 801	6 095
	VI	**16 908**	5 581	5 581							
60 551,99	I,IV	**10 635**	5 581	5 581	I	9 048	7 538	6 105	4 749	3 470	2 269
	II	**9 123**	5 581	5 581	II	7 609	6 172	4 813	3 530	2 325	1 197
	III	**6 034**	5 581	5 581	III	4 842	3 688	2 574	1 510	616	
	V	**16 390**	5 581	5 581	IV	9 832	9 048	8 283	7 538	6 812	6 105
	VI	**16 922**	5 581	5 581							
60 587,99	I,IV	**10 647**	5 581	5 581	I	9 059	7 549	6 115	4 759	3 480	2 278
	II	**9 134**	5 581	5 581	II	7 620	6 182	4 822	3 539	2 334	1 205
	III	**6 042**	5 581	5 581	III	4 850	3 696	2 580	1 516	620	
	V	**16 404**	5 581	5 581	IV	9 843	9 059	8 294	7 549	6 822	6 115
	VI	**16 936**	5 581	5 581							
60 623,99	I,IV	**10 659**	5 581	5 581	I	9 070	7 559	6 125	4 768	3 488	2 286
	II	**9 145**	5 581	5 581	II	7 630	6 192	4 832	3 548	2 342	1 213
	III	**6 052**	5 581	5 581	III	4 858	3 704	2 588	1 524	626	
	V	**16 417**	5 581	5 581	IV	9 855	9 070	8 305	7 559	6 832	6 125
	VI	**16 949**	5 581	5 581							
60 659,99	I,IV	**10 671**	5 581	5 581	I	9 082	7 570	6 135	4 778	3 498	2 294
	II	**9 157**	5 581	5 581	II	7 641	6 203	4 842	3 558	2 351	1 221
	III	**6 060**	5 581	5 581	III	4 868	3 712	2 598	1 532	632	
	V	**16 431**	5 581	5 581	IV	9 867	9 082	8 316	7 570	6 843	6 135
	VI	**16 963**	5 581	5 581							
60 695,99	I,IV	**10 683**	5 581	5 581	I	9 093	7 581	6 146	4 788	3 507	2 303
	II	**9 168**	5 581	5 581	II	7 652	6 213	4 851	3 567	2 359	1 229
	III	**6 070**	5 581	5 581	III	4 876	3 722	2 604	1 538	638	
	V	**16 445**	5 581	5 581	IV	9 878	9 093	8 327	7 581	6 854	6 146
	VI	**16 977**	5 581	5 581							
60 731,99	I,IV	**10 694**	5 581	5 581	I	9 104	7 591	6 156	4 797	3 516	2 311
	II	**9 179**	5 581	5 581	II	7 663	6 223	4 861	3 576	2 368	1 237
	III	**6 078**	5 581	5 581	III	4 884	3 730	2 612	1 546	644	
	V	**16 459**	5 581	5 581	IV	9 890	9 104	8 338	7 591	6 864	6 156
	VI	**16 990**	5 581	5 581							
60 767,99	I,IV	**10 706**	5 581	5 581	I	9 116	7 602	6 166	4 807	3 525	2 320
	II	**9 191**	5 581	5 581	II	7 673	6 233	4 871	3 585	2 376	1 245
	III	**6 086**	5 581	5 581	III	4 894	3 738	2 622	1 554	650	
	V	**16 472**	5 581	5 581	IV	9 901	9 116	8 349	7 602	6 874	6 166
	VI	**17 004**	5 581	5 581							
60 803,99	I,IV	**10 718**	5 581	5 581	I	9 127	7 613	6 176	4 816	3 534	2 329
	II	**9 202**	5 581	5 581	II	7 684	6 244	4 880	3 594	2 385	1 253
	III	**6 096**	5 581	5 581	III	4 902	3 746	2 628	1 560	656	
	V	**16 486**	5 581	5 581	IV	9 913	9 127	8 360	7 613	6 885	6 176
	VI	**17 018**	5 581	5 581							
60 839,99	I,IV	**10 730**	5 581	5 581	I	9 138	7 624	6 186	4 826	3 543	2 337
	II	**9 213**	5 581	5 581	II	7 695	6 254	4 890	3 603	2 393	1 261
	III	**6 104**	5 581	5 581	III	4 910	3 754	2 636	1 568	662	
	V	**16 500**	5 581	5 581	IV	9 924	9 138	8 371	7 624	6 895	6 186
	VI	**17 031**	5 581	5 581							
60 875,99	I,IV	**10 742**	5 581	5 581	I	9 150	7 635	6 197	4 836	3 552	2 346
	II	**9 225**	5 581	5 581	II	7 706	6 264	4 900	3 612	2 402	1 269
	III	**6 114**	5 581	5 581	III	4 918	3 762	2 646	1 576	668	
	V	**16 514**	5 581	5 581	IV	9 936	9 150	8 382	7 635	6 906	6 197
	VI	**17 045**	5 581	5 581							
60 911,99	I,IV	**10 754**	5 581	5 581	I	9 161	7 645	6 207	4 845	3 561	2 354
	II	**9 236**	5 581	5 581	II	7 717	6 274	4 909	3 621	2 411	1 277
	III	**6 122**	5 581	5 581	III	4 928	3 770	2 652	1 582	674	
	V	**16 527**	5 581	5 581	IV	9 948	9 161	8 394	7 645	6 916	6 207
	VI	**17 059**	5 581	5 581							

* Zur LSt-Berechnung für privat versicherte Arbeitnehmer s. Beispiele **Vorbemerkung S. 4 f.**
** Basisvorsorgepauschale KV und PV *** Typisierter Arbeitgeberzuschuss

Lohn/ Gehalt in € bis	Steuerklasse	Lohn- steuer*	BVSP**	TAGZ***	Steuerklasse	Bemessungsgrundlage für Kirchensteuer und Solidaritätszuschlag – Freibeträge für ... Kinder 0,5	1,0	1,5	2,0	2,5	3,0
60 947,99	I,IV	**10 766**	5 581	5 581	I	9 172	7 656	6 217	4 855	3 570	2 362
	II	**9 247**	5 581	5 581	II	7 727	6 285	4 919	3 630	2 419	1 285
	III	**6 130**	5 581	5 581	III	4 936	3 778	2 660	1 590	680	
	V	**16 541**	5 581	5 581	IV	9 959	9 172	8 404	7 656	6 927	6 217
	VI	**17 073**	5 581	5 581							
60 983,99	I,IV	**10 778**	5 581	5 581	I	9 184	7 667	6 227	4 865	3 579	2 371
	II	**9 259**	5 581	5 581	II	7 738	6 295	4 929	3 640	2 428	1 293
	III	**6 140**	5 581	5 581	III	4 944	3 788	2 670	1 598	686	
	V	**16 555**	5 581	5 581	IV	9 971	9 184	8 416	7 667	6 937	6 227
	VI	**17 086**	5 581	5 581							
61 019,99	I,IV	**10 790**	5 581	5 581	I	9 195	7 678	6 237	4 874	3 588	2 380
	II	**9 270**	5 581	5 581	II	7 749	6 305	4 938	3 649	2 436	1 301
	III	**6 148**	5 581	5 581	III	4 952	3 796	2 678	1 604	692	
	V	**16 569**	5 581	5 581	IV	9 983	9 195	8 427	7 678	6 948	6 237
	VI	**17 100**	5 581	5 581							
61 055,99	I,IV	**10 801**	5 581	5 581	I	9 206	7 688	6 248	4 884	3 597	2 388
	II	**9 282**	5 581	5 581	II	7 760	6 315	4 948	3 658	2 445	1 309
	III	**6 158**	5 581	5 581	III	4 962	3 804	2 684	1 612	698	
	V	**16 582**	5 581	5 581	IV	9 994	9 206	8 438	7 688	6 958	6 248
	VI	**17 114**	5 581	5 581							
61 091,99	I,IV	**10 814**	5 581	5 581	I	9 218	7 699	6 258	4 894	3 607	2 397
	II	**9 293**	5 581	5 581	II	7 771	6 326	4 958	3 667	2 453	1 317
	III	**6 166**	5 581	5 581	III	4 970	3 812	2 694	1 620	704	
	V	**16 596**	5 581	5 581	IV	10 006	9 218	8 449	7 699	6 969	6 258
	VI	**17 128**	5 581	5 581							
61 127,99	I,IV	**10 826**	5 581	5 581	I	9 229	7 710	6 268	4 903	3 616	2 405
	II	**9 305**	5 581	5 581	II	7 782	6 336	4 968	3 676	2 462	1 325
	III	**6 176**	5 581	5 581	III	4 978	3 820	2 702	1 626	710	
	V	**16 610**	5 581	5 581	IV	10 018	9 229	8 460	7 710	6 980	6 268
	VI	**17 141**	5 581	5 581							
61 163,99	I,IV	**10 837**	5 581	5 581	I	9 240	7 721	6 278	4 913	3 625	2 414
	II	**9 316**	5 581	5 581	II	7 792	6 346	4 977	3 685	2 470	1 333
	III	**6 184**	5 581	5 581	III	4 988	3 828	2 708	1 634	716	
	V	**16 623**	5 581	5 581	IV	10 029	9 240	8 471	7 721	6 990	6 278
	VI	**17 155**	5 581	5 581							
61 199,99	I,IV	**10 849**	5 581	5 581	I	9 252	7 732	6 289	4 923	3 634	2 422
	II	**9 327**	5 581	5 581	II	7 803	6 356	4 987	3 694	2 479	1 341
	III	**6 194**	5 581	5 581	III	4 996	3 838	2 718	1 642	722	
	V	**16 637**	5 581	5 581	IV	10 041	9 252	8 482	7 732	7 000	6 289
	VI	**17 169**	5 581	5 581							
61 235,99	I,IV	**10 861**	5 581	5 581	I	9 263	7 743	6 299	4 932	3 643	2 431
	II	**9 339**	5 581	5 581	II	7 814	6 367	4 997	3 704	2 488	1 349
	III	**6 202**	5 581	5 581	III	5 004	3 846	2 726	1 650	728	2
	V	**16 651**	5 581	5 581	IV	10 053	9 263	8 493	7 743	7 011	6 299
	VI	**17 183**	5 581	5 581							
61 271,99	I,IV	**10 873**	5 581	5 581	I	9 275	7 753	6 309	4 942	3 652	2 439
	II	**9 350**	5 581	5 581	II	7 825	6 377	5 006	3 713	2 496	1 357
	III	**6 210**	5 581	5 581	III	5 012	3 854	2 734	1 656	734	6
	V	**16 664**	5 581	5 581	IV	10 064	9 275	8 504	7 753	7 021	6 309
	VI	**17 196**	5 581	5 581							
61 307,99	I,IV	**10 885**	5 581	5 581	I	9 286	7 764	6 319	4 952	3 661	2 448
	II	**9 361**	5 581	5 581	II	7 836	6 387	5 016	3 722	2 505	1 365
	III	**6 220**	5 581	5 581	III	5 022	3 862	2 742	1 664	740	12
	V	**16 678**	5 581	5 581	IV	10 076	9 286	8 515	7 764	7 032	6 319
	VI	**17 210**	5 581	5 581							
61 343,99	I,IV	**10 897**	5 581	5 581	I	9 298	7 775	6 330	4 962	3 671	2 457
	II	**9 373**	5 581	5 581	II	7 847	6 398	5 026	3 731	2 514	1 373
	III	**6 228**	5 581	5 581	III	5 030	3 870	2 750	1 672	746	16
	V	**16 692**	5 581	5 581	IV	10 088	9 298	8 527	7 775	7 043	6 330
	VI	**17 224**	5 581	5 581							

* Zur LSt-Berechnung für privat versicherte Arbeitnehmer s. Beispiele **Vorbemerkung S. 4 f.**
** Basisvorsorgepauschale KV und PV *** Typisierter Arbeitgeberzuschuss

Lohn/ Gehalt in € bis	Steuerklasse	Lohnsteuer*	BVSP**	TAGZ***	Steuerklasse	Bemessungsgrundlage für Kirchensteuer und Solidaritätszuschlag – Freibeträge für ... Kinder 0,5	1,0	1,5	2,0	2,5	3,0
61 379,99	I,IV	**10 909**	5 581	5 581	I	9 309	7 786	6 340	4 971	3 680	2 465
	II	**9 384**	5 581	5 581	II	7 857	6 408	5 035	3 740	2 522	1 381
	III	**6 238**	5 581	5 581	III	5 038	3 878	2 758	1 678	752	20
	V	**16 705**	5 581	5 581	IV	10 099	9 309	8 538	7 786	7 053	6 340
	VI	**17 237**	5 581	5 581							
61 415,99	I,IV	**10 921**	5 581	5 581	I	9 320	7 797	6 350	4 981	3 689	2 474
	II	**9 396**	5 581	5 581	II	7 868	6 418	5 045	3 749	2 531	1 389
	III	**6 246**	5 581	5 581	III	5 048	3 888	2 766	1 686	758	24
	V	**16 719**	5 581	5 581	IV	10 111	9 320	8 549	7 797	7 064	6 350
	VI	**17 251**	5 581	5 581							
61 451,99	I,IV	**10 933**	5 581	5 581	I	9 331	7 807	6 360	4 990	3 698	2 482
	II	**9 407**	5 581	5 581	II	7 879	6 428	5 055	3 758	2 539	1 397
	III	**6 256**	5 581	5 581	III	5 056	3 896	2 774	1 694	764	30
	V	**16 733**	5 581	5 581	IV	10 122	9 331	8 560	7 807	7 074	6 360
	VI	**17 265**	5 581	5 581							
61 487,99	I,IV	**10 945**	5 581	5 581	I	9 343	7 818	6 371	5 000	3 707	2 491
	II	**9 418**	5 581	5 581	II	7 890	6 439	5 065	3 768	2 548	1 405
	III	**6 264**	5 581	5 581	III	5 064	3 904	2 782	1 702	770	34
	V	**16 747**	5 581	5 581	IV	10 134	9 343	8 571	7 818	7 085	6 371
	VI	**17 278**	5 581	5 581							
61 523,99	I,IV	**10 957**	5 581	5 581	I	9 354	7 829	6 381	5 010	3 716	2 500
	II	**9 430**	5 581	5 581	II	7 901	6 449	5 074	3 777	2 557	1 413
	III	**6 274**	5 581	5 581	III	5 074	3 912	2 790	1 710	776	38
	V	**16 761**	5 581	5 581	IV	10 146	9 354	8 582	7 829	7 095	6 381
	VI	**17 292**	5 581	5 581							
61 559,99	I,IV	**10 969**	5 581	5 581	I	9 366	7 840	6 391	5 020	3 725	2 508
	II	**9 441**	5 581	5 581	II	7 912	6 459	5 084	3 786	2 565	1 421
	III	**6 282**	5 581	5 581	III	5 082	3 920	2 798	1 716	782	44
	V	**16 774**	5 581	5 581	IV	10 158	9 366	8 593	7 840	7 106	6 391
	VI	**17 306**	5 581	5 581							
61 595,99	I,IV	**10 981**	5 581	5 581	I	9 377	7 851	6 401	5 029	3 734	2 517
	II	**9 453**	5 581	5 581	II	7 923	6 470	5 094	3 795	2 574	1 429
	III	**6 290**	5 581	5 581	III	5 090	3 928	2 806	1 724	788	48
	V	**16 788**	5 581	5 581	IV	10 169	9 377	8 604	7 851	7 116	6 401
	VI	**17 320**	5 581	5 581							
61 631,99	I,IV	**10 993**	5 581	5 581	I	9 389	7 862	6 412	5 039	3 744	2 525
	II	**9 464**	5 581	5 581	II	7 934	6 480	5 104	3 804	2 582	1 438
	III	**6 300**	5 581	5 581	III	5 100	3 938	2 814	1 732	794	52
	V	**16 802**	5 581	5 581	IV	10 181	9 389	8 616	7 862	7 127	6 412
	VI	**17 333**	5 581	5 581							
61 667,99	I,IV	**11 005**	5 581	5 581	I	9 400	7 872	6 422	5 049	3 753	2 534
	II	**9 476**	5 581	5 581	II	7 944	6 490	5 113	3 813	2 591	1 445
	III	**6 308**	5 581	5 581	III	5 108	3 946	2 822	1 740	800	58
	V	**16 815**	5 581	5 581	IV	10 193	9 400	8 626	7 872	7 138	6 422
	VI	**17 347**	5 581	5 581							
61 703,99	I,IV	**11 017**	5 581	5 581	I	9 411	7 883	6 432	5 059	3 762	2 543
	II	**9 487**	5 581	5 581	II	7 955	6 501	5 123	3 823	2 600	1 454
	III	**6 318**	5 581	5 581	III	5 116	3 954	2 830	1 746	806	62
	V	**16 829**	5 581	5 581	IV	10 204	9 411	8 638	7 883	7 148	6 432
	VI	**17 361**	5 581	5 581							
61 739,99	I,IV	**11 029**	5 581	5 581	I	9 423	7 894	6 443	5 068	3 771	2 551
	II	**9 499**	5 581	5 581	II	7 966	6 511	5 133	3 832	2 608	1 462
	III	**6 326**	5 581	5 581	III	5 126	3 962	2 838	1 754	812	68
	V	**16 843**	5 581	5 581	IV	10 216	9 423	8 649	7 894	7 159	6 443
	VI	**17 375**	5 581	5 581							
61 775,99	I,IV	**11 041**	5 581	5 581	I	9 434	7 905	6 453	5 078	3 780	2 560
	II	**9 510**	5 581	5 581	II	7 977	6 521	5 143	3 841	2 617	1 470
	III	**6 336**	5 581	5 581	III	5 134	3 970	2 846	1 762	818	72
	V	**16 856**	5 581	5 581	IV	10 228	9 434	8 660	7 905	7 169	6 453
	VI	**17 388**	5 581	5 581							

* Zur LSt-Berechnung für privat versicherte Arbeitnehmer s. Beispiele **Vorbemerkung S. 4 f.**
** Basisvorsorgepauschale KV und PV *** Typisierter Arbeitgeberzuschuss

Lohn/ Gehalt in € bis	Steuerklasse	Lohn- steuer*	BVSP**	TAGZ***	Steuerklasse	Bemessungsgrundlage für Kirchensteuer und Solidaritätszuschlag – Freibeträge für ... Kinder 0,5	1,0	1,5	2,0	2,5	3,0
61 811,99	I,IV	**11 053**	5 581	5 581	I	9 446	7 916	6 463	5 088	3 790	2 568
	II	**9 522**	5 581	5 581	II	7 988	6 532	5 152	3 850	2 626	1 478
	III	**6 344**	5 581	5 581	III	5 142	3 978	2 854	1 770	824	76
	V	**16 870**	5 581	5 581	IV	10 240	9 446	8 671	7 916	7 180	6 463
	VI	**17 402**	5 581	5 581							
61 847,99	I,IV	**11 065**	5 581	5 581	I	9 457	7 927	6 474	5 098	3 799	2 577
	II	**9 533**	5 581	5 581	II	7 999	6 542	5 162	3 860	2 634	1 486
	III	**6 354**	5 581	5 581	III	5 152	3 988	2 862	1 778	832	82
	V	**16 884**	5 581	5 581	IV	10 251	9 457	8 683	7 927	7 191	6 474
	VI	**17 416**	5 581	5 581							
61 883,99	I,IV	**11 077**	5 581	5 581	I	9 469	7 938	6 484	5 107	3 808	2 586
	II	**9 544**	5 581	5 581	II	8 010	6 552	5 172	3 869	2 643	1 494
	III	**6 362**	5 581	5 581	III	5 160	3 996	2 870	1 784	838	86
	V	**16 897**	5 581	5 581	IV	10 263	9 469	8 693	7 938	7 201	6 484
	VI	**17 429**	5 581	5 581							
61 919,99	I,IV	**11 089**	5 581	5 581	I	9 480	7 949	6 494	5 117	3 817	2 594
	II	**9 556**	5 581	5 581	II	8 021	6 563	5 182	3 878	2 652	1 502
	III	**6 370**	5 581	5 581	III	5 168	4 004	2 878	1 792	844	90
	V	**16 911**	5 581	5 581	IV	10 275	9 480	8 705	7 949	7 212	6 494
	VI	**17 443**	5 581	5 581							
61 955,99	I,IV	**11 101**	5 581	5 581	I	9 492	7 960	6 505	5 127	3 826	2 603
	II	**9 568**	5 581	5 581	II	8 032	6 573	5 192	3 887	2 660	1 510
	III	**6 380**	5 581	5 581	III	5 178	4 012	2 886	1 800	850	96
	V	**16 925**	5 581	5 581	IV	10 287	9 492	8 716	7 960	7 223	6 505
	VI	**17 457**	5 581	5 581							
61 991,99	I,IV	**11 113**	5 581	5 581	I	9 503	7 970	6 515	5 137	3 835	2 612
	II	**9 579**	5 581	5 581	II	8 043	6 583	5 201	3 896	2 669	1 518
	III	**6 388**	5 581	5 581	III	5 186	4 020	2 894	1 808	856	100
	V	**16 939**	5 581	5 581	IV	10 298	9 503	8 727	7 970	7 233	6 515
	VI	**17 470**	5 581	5 581							
62 027,99	I,IV	**11 125**	5 581	5 581	I	9 515	7 981	6 525	5 146	3 845	2 620
	II	**9 590**	5 581	5 581	II	8 054	6 594	5 211	3 906	2 678	1 527
	III	**6 398**	5 581	5 581	III	5 194	4 028	2 902	1 816	862	104
	V	**16 952**	5 581	5 581	IV	10 310	9 515	8 738	7 981	7 244	6 525
	VI	**17 484**	5 581	5 581							
62 063,99	I,IV	**11 137**	5 581	5 581	I	9 526	7 992	6 536	5 156	3 854	2 629
	II	**9 602**	5 581	5 581	II	8 065	6 604	5 221	3 915	2 686	1 535
	III	**6 406**	5 581	5 581	III	5 202	4 038	2 910	1 824	868	110
	V	**16 966**	5 581	5 581	IV	10 322	9 526	8 750	7 992	7 254	6 536
	VI	**17 498**	5 581	5 581							
62 099,99	I,IV	**11 149**	5 581	5 581	I	9 537	8 003	6 546	5 166	3 863	2 638
	II	**9 613**	5 581	5 581	II	8 075	6 614	5 231	3 924	2 695	1 543
	III	**6 416**	5 581	5 581	III	5 212	4 046	2 918	1 830	874	114
	V	**16 980**	5 581	5 581	IV	10 333	9 537	8 761	8 003	7 265	6 546
	VI	**17 511**	5 581	5 581							
62 135,99	I,IV	**11 161**	5 581	5 581	I	9 549	8 014	6 556	5 176	3 872	2 646
	II	**9 625**	5 581	5 581	II	8 086	6 625	5 241	3 934	2 704	1 551
	III	**6 424**	5 581	5 581	III	5 220	4 054	2 926	1 838	880	120
	V	**16 994**	5 581	5 581	IV	10 345	9 549	8 772	8 014	7 276	6 556
	VI	**17 525**	5 581	5 581							
62 171,99	I,IV	**11 173**	5 581	5 581	I	9 561	8 025	6 567	5 186	3 882	2 655
	II	**9 637**	5 581	5 581	II	8 097	6 635	5 251	3 943	2 712	1 559
	III	**6 434**	5 581	5 581	III	5 228	4 062	2 934	1 846	888	124
	V	**17 007**	5 581	5 581	IV	10 357	9 561	8 783	8 025	7 286	6 567
	VI	**17 539**	5 581	5 581							
62 207,99	I,IV	**11 185**	5 581	5 581	I	9 572	8 036	6 577	5 195	3 891	2 664
	II	**9 648**	5 581	5 581	II	8 108	6 646	5 260	3 952	2 721	1 567
	III	**6 442**	5 581	5 581	III	5 238	4 070	2 942	1 854	894	130
	V	**17 021**	5 581	5 581	IV	10 369	9 572	8 794	8 036	7 297	6 577
	VI	**17 553**	5 581	5 581							

* Zur LSt-Berechnung für privat versicherte Arbeitnehmer s. Beispiele **Vorbemerkung S. 4 f.**
** Basisvorsorgepauschale KV und PV *** Typisierter Arbeitgeberzuschuss

Lohn/ Gehalt in € bis	Steuerklasse	Lohn- steuer*	BVSP**	TAGZ***	Steuerklasse	Bemessungsgrundlage für Kirchensteuer und Solidaritätszuschlag – Freibeträge für … Kinder 0,5	**1,0**	1,5	**2,0**	2,5	**3,0**
62 243,99	I,IV	**11 197**	5 581	5 581	I	9 583	8 047	6 587	5 205	3 900	2 672
	II	**9 660**	5 581	5 581	II	8 119	6 656	5 270	3 961	2 730	1 575
	III	**6 452**	5 581	5 581	III	5 246	4 080	2 950	1 862	900	134
	V	**17 035**	5 581	5 581	IV	10 381	9 583	8 806	8 047	7 308	6 587
	VI	**17 566**	5 581	5 581							
62 279,99	I,IV	**11 209**	5 581	5 581	I	9 595	8 058	6 598	5 215	3 909	2 681
	II	**9 671**	5 581	5 581	II	8 130	6 666	5 280	3 970	2 738	1 583
	III	**6 460**	5 581	5 581	III	5 254	4 088	2 958	1 870	906	138
	V	**17 048**	5 581	5 581	IV	10 392	9 595	8 816	8 058	7 318	6 598
	VI	**17 580**	5 581	5 581							
62 315,99	I,IV	**11 221**	5 581	5 581	I	9 606	8 069	6 608	5 225	3 919	2 690
	II	**9 682**	5 581	5 581	II	8 141	6 677	5 290	3 980	2 747	1 592
	III	**6 470**	5 581	5 581	III	5 264	4 096	2 968	1 878	912	144
	V	**17 062**	5 581	5 581	IV	10 404	9 606	8 828	8 069	7 329	6 608
	VI	**17 594**	5 581	5 581							
62 351,99	I,IV	**11 233**	5 581	5 581	I	9 618	8 080	6 619	5 235	3 928	2 698
	II	**9 694**	5 581	5 581	II	8 152	6 687	5 300	3 989	2 756	1 600
	III	**6 478**	5 581	5 581	III	5 272	4 104	2 976	1 884	918	148
	V	**17 076**	5 581	5 581	IV	10 416	9 618	8 839	8 080	7 339	6 619
	VI	**17 608**	5 581	5 581							
62 387,99	I,IV	**11 245**	5 581	5 581	I	9 629	8 090	6 629	5 244	3 937	2 707
	II	**9 705**	5 581	5 581	II	8 163	6 698	5 309	3 998	2 764	1 608
	III	**6 486**	5 581	5 581	III	5 280	4 112	2 984	1 892	924	154
	V	**17 089**	5 581	5 581	IV	10 428	9 629	8 850	8 090	7 350	6 629
	VI	**17 621**	5 581	5 581							
62 423,99	I,IV	**11 257**	5 581	5 581	I	9 641	8 101	6 639	5 254	3 946	2 716
	II	**9 717**	5 581	5 581	II	8 174	6 708	5 319	4 008	2 773	1 616
	III	**6 496**	5 581	5 581	III	5 290	4 122	2 992	1 900	932	158
	V	**17 103**	5 581	5 581	IV	10 439	9 641	8 862	8 101	7 361	6 639
	VI	**17 635**	5 581	5 581							
62 459,99	I,IV	**11 270**	5 581	5 581	I	9 652	8 113	6 650	5 264	3 956	2 724
	II	**9 729**	5 581	5 581	II	8 185	6 719	5 329	4 017	2 782	1 624
	III	**6 504**	5 581	5 581	III	5 298	4 130	3 000	1 908	938	164
	V	**17 117**	5 581	5 581	IV	10 451	9 652	8 873	8 113	7 371	6 650
	VI	**17 649**	5 581	5 581							
62 495,99	I,IV	**11 281**	5 581	5 581	I	9 664	8 123	6 660	5 274	3 965	2 733
	II	**9 740**	5 581	5 581	II	8 196	6 729	5 339	4 026	2 791	1 632
	III	**6 514**	5 581	5 581	III	5 306	4 138	3 008	1 916	944	168
	V	**17 131**	5 581	5 581	IV	10 463	9 664	8 884	8 123	7 382	6 660
	VI	**17 662**	5 581	5 581							
62 531,99	I,IV	**11 294**	5 581	5 581	I	9 675	8 134	6 670	5 284	3 974	2 742
	II	**9 752**	5 581	5 581	II	8 207	6 739	5 349	4 036	2 799	1 641
	III	**6 524**	5 581	5 581	III	5 316	4 146	3 016	1 924	950	174
	V	**17 144**	5 581	5 581	IV	10 475	9 675	8 895	8 134	7 393	6 670
	VI	**17 676**	5 581	5 581							
62 567,99	I,IV	**11 306**	5 581	5 581	I	9 687	8 145	6 681	5 294	3 984	2 751
	II	**9 763**	5 581	5 581	II	8 218	6 750	5 359	4 045	2 808	1 649
	III	**6 532**	5 581	5 581	III	5 324	4 154	3 024	1 932	956	178
	V	**17 158**	5 581	5 581	IV	10 487	9 687	8 907	8 145	7 404	6 681
	VI	**17 690**	5 581	5 581							
62 603,99	I,IV	**11 318**	5 581	5 581	I	9 698	8 156	6 691	5 303	3 993	2 759
	II	**9 775**	5 581	5 581	II	8 229	6 760	5 369	4 054	2 817	1 657
	III	**6 540**	5 581	5 581	III	5 332	4 162	3 032	1 940	964	184
	V	**17 172**	5 581	5 581	IV	10 498	9 698	8 918	8 156	7 414	6 691
	VI	**17 703**	5 581	5 581							
62 639,99	I,IV	**11 330**	5 581	5 581	I	9 710	8 167	6 702	5 313	4 002	2 768
	II	**9 786**	5 581	5 581	II	8 240	6 771	5 378	4 064	2 826	1 665
	III	**6 550**	5 581	5 581	III	5 342	4 172	3 040	1 948	970	188
	V	**17 186**	5 581	5 581	IV	10 510	9 710	8 929	8 167	7 425	6 702
	VI	**17 717**	5 581	5 581							

* Zur LSt-Berechnung für privat versicherte Arbeitnehmer s. Beispiele **Vorbemerkung S. 4 f.**
** Basisvorsorgepauschale KV und PV *** Typisierter Arbeitgeberzuschuss

Lohn/ Gehalt in € bis	Steuerklasse	Lohnsteuer*	BVSP**	TAGZ***	Steuerklasse	Bemessungsgrundlage für Kirchensteuer und Solidaritätszuschlag – Freibeträge für ... Kinder 0,5	1,0	1,5	2,0	2,5	3,0
62 675,99	I,IV	**11 342**	5 581	5 581	I	9 722	8 178	6 712	5 323	4 011	2 777
	II	**9 798**	5 581	5 581	II	8 251	6 781	5 388	4 073	2 835	1 673
	III	**6 558**	5 581	5 581	III	5 350	4 180	3 048	1 956	976	194
	V	**17 199**	5 581	5 581	IV	10 522	9 722	8 940	8 178	7 436	6 712
	VI	**17 731**	5 581	5 581							
62 711,99	I,IV	**11 354**	5 581	5 581	I	9 733	8 189	6 722	5 333	4 020	2 785
	II	**9 809**	5 581	5 581	II	8 262	6 791	5 398	4 082	2 843	1 681
	III	**6 568**	5 581	5 581	III	5 358	4 188	3 056	1 962	982	198
	V	**17 213**	5 581	5 581	IV	10 534	9 733	8 951	8 189	7 446	6 722
	VI	**17 745**	5 581	5 581							
62 747,99	I,IV	**11 366**	5 581	5 581	I	9 745	8 200	6 733	5 343	4 030	2 794
	II	**9 821**	5 581	5 581	II	8 273	6 802	5 408	4 091	2 852	1 690
	III	**6 576**	5 581	5 581	III	5 368	4 196	3 064	1 970	990	204
	V	**17 227**	5 581	5 581	IV	10 546	9 745	8 963	8 200	7 457	6 733
	VI	**17 758**	5 581	5 581							
62 783,99	I,IV	**11 379**	5 581	5 581	I	9 756	8 211	6 743	5 353	4 039	2 803
	II	**9 833**	5 581	5 581	II	8 284	6 813	5 418	4 101	2 861	1 698
	III	**6 586**	5 581	5 581	III	5 376	4 204	3 072	1 978	996	208
	V	**17 241**	5 581	5 581	IV	10 558	9 756	8 974	8 211	7 468	6 743
	VI	**17 772**	5 581	5 581							
62 819,99	I,IV	**11 390**	5 581	5 581	I	9 768	8 222	6 754	5 362	4 048	2 812
	II	**9 844**	5 581	5 581	II	8 295	6 823	5 428	4 110	2 869	1 706
	III	**6 594**	5 581	5 581	III	5 384	4 214	3 080	1 986	1 002	214
	V	**17 254**	5 581	5 581	IV	10 569	9 768	8 985	8 222	7 478	6 754
	VI	**17 786**	5 581	5 581							
62 855,99	I,IV	**11 403**	5 581	5 581	I	9 779	8 233	6 764	5 372	4 058	2 820
	II	**9 856**	5 581	5 581	II	8 306	6 833	5 438	4 119	2 878	1 714
	III	**6 604**	5 581	5 581	III	5 394	4 222	3 088	1 994	1 008	218
	V	**17 268**	5 581	5 581	IV	10 581	9 779	8 997	8 233	7 489	6 764
	VI	**17 800**	5 581	5 581							
62 891,99	I,IV	**11 415**	5 581	5 581	I	9 791	8 244	6 775	5 382	4 067	2 829
	II	**9 868**	5 581	5 581	II	8 317	6 844	5 448	4 129	2 887	1 723
	III	**6 612**	5 581	5 581	III	5 402	4 230	3 096	2 002	1 014	224
	V	**17 282**	5 581	5 581	IV	10 593	9 791	9 008	8 244	7 500	6 775
	VI	**17 813**	5 581	5 581							
62 927,99	I,IV	**11 427**	5 581	5 581	I	9 802	8 255	6 785	5 392	4 076	2 838
	II	**9 879**	5 581	5 581	II	8 328	6 854	5 458	4 138	2 896	1 731
	III	**6 622**	5 581	5 581	III	5 410	4 238	3 104	2 010	1 022	228
	V	**17 295**	5 581	5 581	IV	10 605	9 802	9 019	8 255	7 510	6 785
	VI	**17 827**	5 581	5 581							
62 963,99	I,IV	**11 439**	5 581	5 581	I	9 814	8 266	6 796	5 402	4 086	2 847
	II	**9 891**	5 581	5 581	II	8 339	6 865	5 468	4 148	2 905	1 739
	III	**6 630**	5 581	5 581	III	5 420	4 248	3 114	2 018	1 028	234
	V	**17 309**	5 581	5 581	IV	10 617	9 814	9 030	8 266	7 521	6 796
	VI	**17 841**	5 581	5 581							
62 999,99	I,IV	**11 451**	5 581	5 581	I	9 826	8 277	6 806	5 412	4 095	2 855
	II	**9 902**	5 581	5 581	II	8 350	6 875	5 478	4 157	2 914	1 747
	III	**6 640**	5 581	5 581	III	5 428	4 256	3 122	2 026	1 034	238
	V	**17 323**	5 581	5 581	IV	10 629	9 826	9 042	8 277	7 532	6 806
	VI	**17 855**	5 581	5 581							
63 035,99	I,IV	**11 463**	5 581	5 581	I	9 837	8 288	6 816	5 422	4 104	2 864
	II	**9 914**	5 581	5 581	II	8 361	6 886	5 487	4 166	2 922	1 755
	III	**6 648**	5 581	5 581	III	5 436	4 264	3 130	2 034	1 040	244
	V	**17 336**	5 581	5 581	IV	10 641	9 837	9 053	8 288	7 543	6 816
	VI	**17 868**	5 581	5 581							
63 071,99	I,IV	**11 475**	5 581	5 581	I	9 849	8 299	6 827	5 432	4 114	2 873
	II	**9 926**	5 581	5 581	II	8 372	6 896	5 497	4 176	2 931	1 764
	III	**6 658**	5 581	5 581	III	5 446	4 272	3 138	2 042	1 048	248
	V	**17 350**	5 581	5 581	IV	10 652	9 849	9 064	8 299	7 553	6 827
	VI	**17 882**	5 581	5 581							

* Zur LSt-Berechnung für privat versicherte Arbeitnehmer s. Beispiele **Vorbemerkung S. 4 f.**
** Basisvorsorgepauschale KV und PV *** Typisierter Arbeitgeberzuschuss

Lohn/ Gehalt in € bis	Steuerklasse	Lohn-steuer*	BVSP**	TAGZ***	Steuerklasse	Bemessungsgrundlage für Kirchensteuer und Solidaritätszuschlag					
						Freibeträge für ... Kinder					
						0,5	**1,0**	1,5	**2,0**	2,5	**3,0**
63107,99	I,IV	**11487**	5581	5581	I	9860	8310	6837	5441	4123	2882
	II	**9937**	5581	5581	II	8383	6906	5507	4185	2940	1772
	III	**6666**	5581	5581	III	5454	4280	3146	2050	1054	254
	V	**17364**	5581	5581	IV	10664	9860	9075	8310	7564	6837
	VI	**17895**	5581	5581							
63143,99	I,IV	**11500**	5581	5581	I	9872	8321	6848	5451	4132	2890
	II	**9949**	5581	5581	II	8394	6917	5517	4194	2949	1780
	III	**6676**	5581	5581	III	5462	4288	3154	2056	1060	258
	V	**17377**	5581	5581	IV	10676	9872	9087	8321	7575	6848
	VI	**17909**	5581	5581							
63179,99	I,IV	**11512**	5581	5581	I	9884	8332	6858	5461	4142	2899
	II	**9960**	5581	5581	II	8405	6928	5527	4204	2957	1788
	III	**6684**	5581	5581	III	5472	4298	3162	2066	1068	264
	V	**17391**	5581	5581	IV	10688	9884	9098	8332	7586	6858
	VI	**17923**	5581	5581							
63215,99	I,IV	**11524**	5581	5581	I	9895	8343	6869	5471	4151	2908
	II	**9972**	5581	5581	II	8416	6938	5537	4213	2966	1796
	III	**6694**	5581	5581	III	5480	4306	3170	2072	1074	270
	V	**17405**	5581	5581	IV	10700	9895	9109	8343	7596	6869
	VI	**17937**	5581	5581							
63251,99	I,IV	**11536**	5581	5581	I	9907	8354	6879	5481	4160	2917
	II	**9984**	5581	5581	II	8427	6949	5547	4222	2975	1805
	III	**6702**	5581	5581	III	5488	4314	3178	2080	1080	274
	V	**17419**	5581	5581	IV	10712	9907	9121	8354	7607	6879
	VI	**17950**	5581	5581							
63287,99	I,IV	**11548**	5581	5581	I	9918	8366	6890	5491	4170	2926
	II	**9995**	5581	5581	II	8439	6959	5557	4232	2984	1813
	III	**6712**	5581	5581	III	5498	4322	3186	2088	1088	280
	V	**17433**	5581	5581	IV	10724	9918	9132	8366	7618	6890
	VI	**17964**	5581	5581							
63323,99	I,IV	**11560**	5581	5581	I	9930	8376	6900	5501	4179	2934
	II	**10007**	5581	5581	II	8450	6970	5567	4241	2993	1821
	III	**6720**	5581	5581	III	5506	4332	3194	2096	1094	284
	V	**17446**	5581	5581	IV	10735	9930	9143	8376	7629	6900
	VI	**17978**	5581	5581							
63359,99	I,IV	**11573**	5581	5581	I	9942	8388	6911	5511	4188	2943
	II	**10018**	5581	5581	II	8461	6980	5577	4251	3001	1830
	III	**6730**	5581	5581	III	5516	4340	3202	2104	1100	290
	V	**17460**	5581	5581	IV	10747	9942	9155	8388	7639	6911
	VI	**17992**	5581	5581							
63395,99	I,IV	**11585**	5581	5581	I	9953	8399	6921	5521	4198	2952
	II	**10030**	5581	5581	II	8472	6991	5587	4260	3010	1838
	III	**6738**	5581	5581	III	5524	4348	3212	2112	1106	296
	V	**17474**	5581	5581	IV	10760	9953	9166	8399	7650	6921
	VI	**18005**	5581	5581							
63431,99	I,IV	**11597**	5581	5581	I	9965	8410	6932	5531	4207	2961
	II	**10042**	5581	5581	II	8483	7001	5597	4269	3019	1846
	III	**6748**	5581	5581	III	5532	4356	3220	2120	1114	300
	V	**17487**	5581	5581	IV	10771	9965	9177	8410	7661	6932
	VI	**18019**	5581	5581							
63467,99	I,IV	**11609**	5581	5581	I	9976	8421	6942	5541	4217	2970
	II	**10053**	5581	5581	II	8494	7012	5607	4279	3028	1854
	III	**6756**	5581	5581	III	5542	4364	3228	2128	1120	306
	V	**17501**	5581	5581	IV	10783	9976	9189	8421	7672	6942
	VI	**18033**	5581	5581							
63503,99	I,IV	**11622**	5581	5581	I	9988	8432	6953	5551	4226	2979
	II	**10065**	5581	5581	II	8505	7022	5617	4288	3037	1863
	III	**6766**	5581	5581	III	5550	4374	3236	2136	1126	312
	V	**17515**	5581	5581	IV	10795	9988	9200	8432	7683	6953
	VI	**18047**	5581	5581							

* Zur LSt-Berechnung für privat versicherte Arbeitnehmer s. Beispiele **Vorbemerkung S. 4 f.**
** Basisvorsorgepauschale KV und PV *** Typisierter Arbeitgeberzuschuss

Lohn/ Gehalt in € bis	Steuerklasse	Lohn-steuer*	BVSP**	TAGZ***	Steuerklasse	Bemessungsgrundlage für Kirchensteuer und Solidaritätszuschlag – Freibeträge für ... Kinder 0,5	1,0	1,5	2,0	2,5	3,0
63 539,99	I,IV	**11 634**	5 581	5 581	I	10 000	8 443	6 963	5 561	4 235	2 987
	II	**10 077**	5 581	5 581	II	8 516	7 033	5 627	4 297	3 046	1 871
	III	**6 774**	5 581	5 581	III	5 558	4 382	3 244	2 144	1 134	316
	V	**17 528**	5 581	5 581	IV	10 807	10 000	9 212	8 443	7 693	6 963
	VI	**18 060**	5 581	5 581							
63 575,99	I,IV	**11 646**	5 581	5 581	I	10 011	8 454	6 974	5 571	4 245	2 996
	II	**10 088**	5 581	5 581	II	8 527	7 043	5 637	4 307	3 055	1 879
	III	**6 784**	5 581	5 581	III	5 568	4 390	3 252	2 152	1 140	322
	V	**17 542**	5 581	5 581	IV	10 819	10 011	9 223	8 454	7 704	6 974
	VI	**18 074**	5 581	5 581							
63 611,99	I,IV	**11 658**	5 581	5 581	I	10 023	8 465	6 984	5 581	4 254	3 005
	II	**10 100**	5 581	5 581	II	8 539	7 054	5 647	4 317	3 064	1 888
	III	**6 792**	5 581	5 581	III	5 576	4 398	3 260	2 160	1 146	326
	V	**17 556**	5 581	5 581	IV	10 831	10 023	9 234	8 465	7 715	6 984
	VI	**18 088**	5 581	5 581							
63 647,99	I,IV	**11 670**	5 581	5 581	I	10 035	8 476	6 995	5 590	4 263	3 014
	II	**10 112**	5 581	5 581	II	8 549	7 064	5 656	4 326	3 072	1 896
	III	**6 802**	5 581	5 581	III	5 586	4 408	3 268	2 168	1 154	332
	V	**17 569**	5 581	5 581	IV	10 843	10 035	9 246	8 476	7 726	6 995
	VI	**18 101**	5 581	5 581							
63 683,99	I,IV	**11 683**	5 581	5 581	I	10 046	8 487	7 005	5 601	4 273	3 023
	II	**10 123**	5 581	5 581	II	8 561	7 075	5 667	4 335	3 081	1 904
	III	**6 810**	5 581	5 581	III	5 594	4 416	3 276	2 176	1 160	338
	V	**17 583**	5 581	5 581	IV	10 855	10 046	9 257	8 487	7 737	7 005
	VI	**18 115**	5 581	5 581							
63 719,99	I,IV	**11 695**	5 581	5 581	I	10 058	8 498	7 016	5 611	4 282	3 032
	II	**10 135**	5 581	5 581	II	8 572	7 086	5 677	4 345	3 090	1 913
	III	**6 820**	5 581	5 581	III	5 602	4 424	3 284	2 184	1 168	342
	V	**17 597**	5 581	5 581	IV	10 867	10 058	9 269	8 498	7 748	7 016
	VI	**18 129**	5 581	5 581							
63 755,99	I,IV	**11 707**	5 581	5 581	I	10 070	8 509	7 026	5 620	4 292	3 040
	II	**10 147**	5 581	5 581	II	8 583	7 096	5 686	4 354	3 099	1 921
	III	**6 828**	5 581	5 581	III	5 612	4 432	3 292	2 192	1 174	348
	V	**17 611**	5 581	5 581	IV	10 879	10 070	9 280	8 509	7 758	7 026
	VI	**18 142**	5 581	5 581							
63 791,99	I,IV	**11 719**	5 581	5 581	I	10 081	8 521	7 037	5 630	4 301	3 049
	II	**10 159**	5 581	5 581	II	8 594	7 107	5 697	4 364	3 108	1 929
	III	**6 838**	5 581	5 581	III	5 620	4 440	3 300	2 198	1 180	354
	V	**17 624**	5 581	5 581	IV	10 891	10 081	9 291	8 521	7 769	7 037
	VI	**18 156**	5 581	5 581							
63 827,99	I,IV	**11 731**	5 581	5 581	I	10 093	8 531	7 047	5 640	4 310	3 058
	II	**10 170**	5 581	5 581	II	8 605	7 117	5 706	4 373	3 116	1 937
	III	**6 846**	5 581	5 581	III	5 628	4 450	3 308	2 206	1 186	358
	V	**17 638**	5 581	5 581	IV	10 902	10 093	9 302	8 531	7 780	7 047
	VI	**18 170**	5 581	5 581							
63 863,99	I,IV	**11 744**	5 581	5 581	I	10 105	8 543	7 058	5 650	4 320	3 067
	II	**10 182**	5 581	5 581	II	8 616	7 128	5 717	4 382	3 125	1 946
	III	**6 856**	5 581	5 581	III	5 638	4 458	3 318	2 214	1 194	364
	V	**17 652**	5 581	5 581	IV	10 914	10 105	9 314	8 543	7 791	7 058
	VI	**18 183**	5 581	5 581							
63 899,99	I,IV	**11 756**	5 581	5 581	I	10 116	8 554	7 069	5 660	4 330	3 076
	II	**10 194**	5 581	5 581	II	8 628	7 138	5 727	4 392	3 134	1 954
	III	**6 864**	5 581	5 581	III	5 646	4 466	3 326	2 222	1 200	370
	V	**17 666**	5 581	5 581	IV	10 927	10 116	9 325	8 554	7 802	7 069
	VI	**18 197**	5 581	5 581							
63 935,99	I,IV	**11 768**	5 581	5 581	I	10 128	8 565	7 079	5 670	4 339	3 084
	II	**10 205**	5 581	5 581	II	8 638	7 149	5 736	4 401	3 143	1 962
	III	**6 874**	5 581	5 581	III	5 654	4 474	3 334	2 230	1 208	374
	V	**17 679**	5 581	5 581	IV	10 938	10 128	9 337	8 565	7 812	7 079
	VI	**18 211**	5 581	5 581							

* Zur LSt-Berechnung für privat versicherte Arbeitnehmer s. Beispiele **Vorbemerkung S. 4 f.**
** Basisvorsorgepauschale KV und PV *** Typisierter Arbeitgeberzuschuss

Lohn/ Gehalt in € bis	Steuerklasse	Lohn-steuer*	BVSP**	TAGZ***	Steuerklasse	Bemessungsgrundlage für Kirchensteuer und Solidaritätszuschlag					
						Freibeträge für ... Kinder					
						0,5	**1,0**	1,5	**2,0**	2,5	**3,0**
63 971,99	I,IV	**11 780**	5 581	5 581	I	10 140	8 576	7 090	5 680	4 348	3 093
	II	**10 217**	5 581	5 581	II	8 650	7 160	5 747	4 411	3 152	1 971
	III	**6 882**	5 581	5 581	III	5 664	4 484	3 342	2 238	1 214	380
	V	**17 693**	5 581	5 581	IV	10 950	10 140	9 348	8 576	7 823	7 090
	VI	**18 225**	5 581	5 581							
64 007,99	I,IV	**11 793**	5 581	5 581	I	10 151	8 587	7 100	5 690	4 358	3 102
	II	**10 229**	5 581	5 581	II	8 661	7 170	5 757	4 420	3 161	1 979
	III	**6 892**	5 581	5 581	III	5 672	4 492	3 350	2 246	1 220	386
	V	**17 707**	5 581	5 581	IV	10 962	10 151	9 360	8 587	7 834	7 100
	VI	**18 238**	5 581	5 581							
64 043,99	I,IV	**11 805**	5 581	5 581	I	10 163	8 598	7 111	5 700	4 367	3 111
	II	**10 240**	5 581	5 581	II	8 672	7 181	5 767	4 430	3 170	1 987
	III	**6 900**	5 581	5 581	III	5 680	4 500	3 358	2 254	1 228	390
	V	**17 720**	5 581	5 581	IV	10 974	10 163	9 371	8 598	7 845	7 111
	VI	**18 252**	5 581	5 581							
64 079,99	I,IV	**11 817**	5 581	5 581	I	10 175	8 609	7 121	5 710	4 377	3 120
	II	**10 252**	5 581	5 581	II	8 683	7 191	5 777	4 439	3 179	1 996
	III	**6 910**	5 581	5 581	III	5 690	4 508	3 366	2 262	1 234	396
	V	**17 734**	5 581	5 581	IV	10 986	10 175	9 382	8 609	7 856	7 121
	VI	**18 266**	5 581	5 581							
64 115,99	I,IV	**11 830**	5 581	5 581	I	10 187	8 621	7 132	5 721	4 386	3 129
	II	**10 264**	5 581	5 581	II	8 694	7 202	5 787	4 449	3 188	2 004
	III	**6 918**	5 581	5 581	III	5 698	4 518	3 374	2 270	1 242	402
	V	**17 748**	5 581	5 581	IV	10 998	10 187	9 394	8 621	7 867	7 132
	VI	**18 280**	5 581	5 581							
64 151,99	I,IV	**11 842**	5 581	5 581	I	10 198	8 632	7 142	5 730	4 395	3 138
	II	**10 276**	5 581	5 581	II	8 705	7 212	5 797	4 458	3 197	2 012
	III	**6 928**	5 581	5 581	III	5 708	4 526	3 382	2 278	1 248	406
	V	**17 761**	5 581	5 581	IV	11 010	10 198	9 405	8 632	7 877	7 142
	VI	**18 293**	5 581	5 581							
64 187,99	I,IV	**11 854**	5 581	5 581	I	10 210	8 643	7 153	5 740	4 405	3 147
	II	**10 287**	5 581	5 581	II	8 717	7 223	5 807	4 468	3 206	2 021
	III	**6 936**	5 581	5 581	III	5 716	4 534	3 390	2 286	1 256	412
	V	**17 775**	5 581	5 581	IV	11 022	10 210	9 417	8 643	7 888	7 153
	VI	**18 307**	5 581	5 581							
64 223,99	I,IV	**11 866**	5 581	5 581	I	10 222	8 654	7 164	5 751	4 415	3 156
	II	**10 299**	5 581	5 581	II	8 728	7 234	5 817	4 477	3 215	2 029
	III	**6 946**	5 581	5 581	III	5 724	4 542	3 398	2 294	1 262	418
	V	**17 789**	5 581	5 581	IV	11 034	10 222	9 428	8 654	7 899	7 164
	VI	**18 321**	5 581	5 581							
64 259,99	I,IV	**11 878**	5 581	5 581	I	10 233	8 665	7 174	5 760	4 424	3 164
	II	**10 311**	5 581	5 581	II	8 739	7 244	5 827	4 487	3 223	2 037
	III	**6 954**	5 581	5 581	III	5 734	4 550	3 406	2 302	1 268	424
	V	**17 803**	5 581	5 581	IV	11 046	10 233	9 439	8 665	7 910	7 174
	VI	**18 334**	5 581	5 581							
64 295,99	I,IV	**11 891**	5 581	5 581	I	10 245	8 676	7 185	5 771	4 433	3 173
	II	**10 323**	5 581	5 581	II	8 750	7 255	5 837	4 496	3 232	2 046
	III	**6 964**	5 581	5 581	III	5 742	4 560	3 416	2 310	1 276	428
	V	**17 816**	5 581	5 581	IV	11 058	10 245	9 451	8 676	7 921	7 185
	VI	**18 348**	5 581	5 581							
64 331,99	I,IV	**11 903**	5 581	5 581	I	10 257	8 688	7 196	5 781	4 443	3 182
	II	**10 335**	5 581	5 581	II	8 762	7 266	5 847	4 506	3 242	2 054
	III	**6 972**	5 581	5 581	III	5 752	4 568	3 424	2 318	1 282	434
	V	**17 830**	5 581	5 581	IV	11 070	10 257	9 463	8 688	7 932	7 196
	VI	**18 362**	5 581	5 581							
64 367,99	I,IV	**11 915**	5 581	5 581	I	10 268	8 699	7 206	5 791	4 452	3 191
	II	**10 346**	5 581	5 581	II	8 773	7 276	5 857	4 515	3 250	2 063
	III	**6 982**	5 581	5 581	III	5 760	4 576	3 432	2 326	1 290	440
	V	**17 844**	5 581	5 581	IV	11 082	10 268	9 474	8 699	7 943	7 206
	VI	**18 375**	5 581	5 581							

* Zur LSt-Berechnung für privat versicherte Arbeitnehmer s. Beispiele **Vorbemerkung S. 4 f.**
** Basisvorsorgepauschale KV und PV *** Typisierter Arbeitgeberzuschuss

Lohn/ Gehalt in € bis	Steuerklasse	Lohn- steuer*	BVSP**	TAGZ***	Steuerklasse	Bemessungsgrundlage für Kirchensteuer und Solidaritätszuschlag – Freibeträge für ... Kinder 0,5	1,0	1,5	2,0	2,5	3,0
64403,99	I,IV	**11928**	5581	5581	I	10280	8710	7217	5801	4462	3200
	II	**10358**	5581	5581	II	8784	7287	5867	4525	3259	2071
	III	**6992**	5581	5581	III	5768	4586	3440	2334	1296	446
	V	**17858**	5581	5581	IV	11094	10280	9485	8710	7954	7217
	VI	**18389**	5581	5581							
64439,99	I,IV	**11940**	5581	5581	I	10292	8721	7227	5811	4471	3209
	II	**10370**	5581	5581	II	8795	7298	5877	4534	3268	2080
	III	**7000**	5581	5581	III	5778	4594	3448	2342	1304	450
	V	**17871**	5581	5581	IV	11106	10292	9497	8721	7965	7227
	VI	**18403**	5581	5581							
64475,99	I,IV	**11952**	5581	5581	I	10304	8732	7238	5821	4481	3218
	II	**10381**	5581	5581	II	8806	7308	5887	4544	3277	2088
	III	**7008**	5581	5581	III	5786	4602	3456	2350	1310	456
	V	**17885**	5581	5581	IV	11118	10304	9508	8732	7975	7238
	VI	**18417**	5581	5581							
64511,99	I,IV	**11965**	5581	5581	I	10315	8743	7249	5831	4490	3227
	II	**10393**	5581	5581	II	8818	7319	5898	4553	3286	2096
	III	**7018**	5581	5581	III	5796	4610	3464	2358	1318	462
	V	**17899**	5581	5581	IV	11130	10315	9520	8743	7986	7249
	VI	**18430**	5581	5581							
64547,99	I,IV	**11977**	5581	5581	I	10327	8755	7259	5841	4500	3236
	II	**10405**	5581	5581	II	8829	7330	5908	4563	3295	2105
	III	**7028**	5581	5581	III	5804	4620	3472	2366	1324	468
	V	**17913**	5581	5581	IV	11143	10327	9531	8755	7997	7259
	VI	**18444**	5581	5581							
64583,99	I,IV	**11989**	5581	5581	I	10339	8766	7270	5851	4509	3245
	II	**10417**	5581	5581	II	8840	7340	5918	4572	3304	2113
	III	**7036**	5581	5581	III	5812	4628	3480	2372	1332	472
	V	**17926**	5581	5581	IV	11154	10339	9543	8766	8008	7270
	VI	**18458**	5581	5581							
64619,99	I,IV	**12002**	5581	5581	I	10351	8777	7280	5861	4519	3254
	II	**10429**	5581	5581	II	8851	7351	5928	4582	3313	2122
	III	**7046**	5581	5581	III	5822	4636	3490	2382	1338	478
	V	**17940**	5581	5581	IV	11167	10351	9554	8777	8019	7280
	VI	**18472**	5581	5581							
64655,99	I,IV	**12014**	5581	5581	I	10362	8788	7291	5871	4528	3263
	II	**10440**	5581	5581	II	8862	7361	5938	4591	3322	2130
	III	**7054**	5581	5581	III	5830	4644	3498	2390	1346	484
	V	**17953**	5581	5581	IV	11178	10362	9565	8788	8030	7291
	VI	**18485**	5581	5581							
64691,99	I,IV	**12026**	5581	5581	I	10374	8799	7302	5881	4538	3272
	II	**10452**	5581	5581	II	8874	7372	5948	4601	3331	2138
	III	**7064**	5581	5581	III	5838	4652	3506	2396	1352	490
	V	**17967**	5581	5581	IV	11191	10374	9577	8799	8041	7302
	VI	**18499**	5581	5581							
64727,99	I,IV	**12039**	5581	5581	I	10386	8811	7312	5891	4547	3281
	II	**10464**	5581	5581	II	8885	7383	5958	4611	3340	2147
	III	**7072**	5581	5581	III	5848	4662	3514	2406	1360	496
	V	**17981**	5581	5581	IV	11203	10386	9589	8811	8052	7312
	VI	**18513**	5581	5581							
64763,99	I,IV	**12051**	5581	5581	I	10398	8822	7323	5901	4557	3289
	II	**10476**	5581	5581	II	8896	7393	5968	4620	3349	2155
	III	**7082**	5581	5581	III	5856	4670	3522	2412	1366	500
	V	**17994**	5581	5581	IV	11215	10398	9600	8822	8063	7323
	VI	**18526**	5581	5581							
64799,99	I,IV	**12063**	5581	5581	I	10410	8833	7334	5911	4566	3299
	II	**10488**	5581	5581	II	8907	7404	5978	4630	3358	2164
	III	**7090**	5581	5581	III	5866	4678	3530	2420	1374	506
	V	**18008**	5581	5581	IV	11227	10410	9612	8833	8074	7334
	VI	**18540**	5581	5581							

* Zur LSt-Berechnung für privat versicherte Arbeitnehmer s. Beispiele **Vorbemerkung S. 4 f.**
** Basisvorsorgepauschale KV und PV *** Typisierter Arbeitgeberzuschuss

Lohn/ Gehalt in € bis	Steuerklasse	Lohn-steuer*	BVSP**	TAGZ***	Steuerklasse	Bemessungsgrundlage für Kirchensteuer und Solidaritätszuschlag					
						Freibeträge für ... Kinder					
						0,5	**1,0**	1,5	**2,0**	2,5	**3,0**
64 835,99	I,IV	**12 076**	5 581	5 581	I	10 421	8 844	7 344	5 922	4 576	3 308
	II	**10 499**	5 581	5 581	II	8 919	7 415	5 989	4 639	3 367	2 172
	III	**7 100**	5 581	5 581	III	5 874	4 688	3 538	2 428	1 380	512
	V	**18 022**	5 581	5 581	IV	11 239	10 421	9 623	8 844	8 085	7 344
	VI	**18 554**	5 581	5 581							
64 871,99	I,IV	**12 088**	5 581	5 581	I	10 433	8 855	7 355	5 932	4 585	3 316
	II	**10 511**	5 581	5 581	II	8 930	7 425	5 998	4 649	3 376	2 180
	III	**7 110**	5 581	5 581	III	5 884	4 696	3 546	2 436	1 388	518
	V	**18 036**	5 581	5 581	IV	11 251	10 433	9 634	8 855	8 095	7 355
	VI	**18 567**	5 581	5 581							
64 907,99	I,IV	**12 100**	5 581	5 581	I	10 445	8 867	7 366	5 942	4 595	3 325
	II	**10 523**	5 581	5 581	II	8 941	7 436	6 009	4 658	3 385	2 189
	III	**7 118**	5 581	5 581	III	5 892	4 704	3 556	2 444	1 394	522
	V	**18 049**	5 581	5 581	IV	11 263	10 445	9 646	8 867	8 106	7 366
	VI	**18 581**	5 581	5 581							
64 943,99	I,IV	**12 113**	5 581	5 581	I	10 457	8 878	7 376	5 952	4 605	3 335
	II	**10 535**	5 581	5 581	II	8 952	7 447	6 019	4 668	3 394	2 197
	III	**7 128**	5 581	5 581	III	5 900	4 712	3 564	2 452	1 402	528
	V	**18 063**	5 581	5 581	IV	11 275	10 457	9 658	8 878	8 118	7 376
	VI	**18 595**	5 581	5 581							
64 979,99	I,IV	**12 125**	5 581	5 581	I	10 468	8 889	7 387	5 962	4 614	3 343
	II	**10 547**	5 581	5 581	II	8 963	7 458	6 029	4 677	3 403	2 206
	III	**7 136**	5 581	5 581	III	5 910	4 722	3 572	2 460	1 408	534
	V	**18 077**	5 581	5 581	IV	11 287	10 468	9 669	8 889	8 128	7 387
	VI	**18 609**	5 581	5 581							
65 015,99	I,IV	**12 137**	5 581	5 581	I	10 480	8 900	7 398	5 972	4 624	3 352
	II	**10 559**	5 581	5 581	II	8 975	7 468	6 039	4 687	3 412	2 214
	III	**7 146**	5 581	5 581	III	5 918	4 730	3 580	2 468	1 416	540
	V	**18 091**	5 581	5 581	IV	11 299	10 480	9 681	8 900	8 139	7 398
	VI	**18 622**	5 581	5 581							
65 051,99	I,IV	**12 150**	5 581	5 581	I	10 492	8 912	7 408	5 982	4 633	3 362
	II	**10 570**	5 581	5 581	II	8 986	7 479	6 049	4 697	3 421	2 223
	III	**7 154**	5 581	5 581	III	5 928	4 738	3 588	2 476	1 424	546
	V	**18 105**	5 581	5 581	IV	11 311	10 492	9 692	8 912	8 150	7 408
	VI	**18 636**	5 581	5 581							
65 087,99	I,IV	**12 162**	5 581	5 581	I	10 504	8 923	7 419	5 992	4 643	3 370
	II	**10 582**	5 581	5 581	II	8 997	7 490	6 059	4 706	3 430	2 231
	III	**7 164**	5 581	5 581	III	5 936	4 746	3 596	2 484	1 430	552
	V	**18 118**	5 581	5 581	IV	11 323	10 504	9 704	8 923	8 161	7 419
	VI	**18 650**	5 581	5 581							
65 123,99	I,IV	**12 175**	5 581	5 581	I	10 516	8 934	7 430	6 002	4 652	3 379
	II	**10 594**	5 581	5 581	II	9 009	7 501	6 070	4 716	3 439	2 240
	III	**7 172**	5 581	5 581	III	5 944	4 756	3 604	2 492	1 438	558
	V	**18 132**	5 581	5 581	IV	11 335	10 516	9 715	8 934	8 172	7 430
	VI	**18 664**	5 581	5 581							
65 159,99	I,IV	**12 187**	5 581	5 581	I	10 528	8 946	7 441	6 013	4 662	3 389
	II	**10 606**	5 581	5 581	II	9 020	7 511	6 080	4 725	3 448	2 248
	III	**7 182**	5 581	5 581	III	5 954	4 764	3 614	2 500	1 444	562
	V	**18 146**	5 581	5 581	IV	11 348	10 528	9 727	8 946	8 183	7 441
	VI	**18 677**	5 581	5 581							
65 195,99	I,IV	**12 199**	5 581	5 581	I	10 539	8 957	7 451	6 023	4 671	3 397
	II	**10 618**	5 581	5 581	II	9 031	7 522	6 090	4 735	3 457	2 256
	III	**7 190**	5 581	5 581	III	5 962	4 772	3 622	2 508	1 452	568
	V	**18 159**	5 581	5 581	IV	11 360	10 539	9 738	8 957	8 194	7 451
	VI	**18 691**	5 581	5 581							
65 231,99	I,IV	**12 212**	5 581	5 581	I	10 551	8 968	7 462	6 033	4 681	3 406
	II	**10 630**	5 581	5 581	II	9 043	7 533	6 100	4 745	3 466	2 265
	III	**7 200**	5 581	5 581	III	5 972	4 780	3 630	2 516	1 458	574
	V	**18 173**	5 581	5 581	IV	11 372	10 551	9 750	8 968	8 205	7 462
	VI	**18 705**	5 581	5 581							

* Zur LSt-Berechnung für privat versicherte Arbeitnehmer s. Beispiele **Vorbemerkung S. 4f.**
** Basisvorsorgepauschale KV und PV *** Typisierter Arbeitgeberzuschuss

Lohn/ Gehalt in € bis	Steuerklasse	Lohn-steuer*	BVSP**	TAGZ***	Steuerklasse	Bemessungsgrundlage für Kirchensteuer und Solidaritätszuschlag – Freibeträge für ... Kinder 0,5	1,0	1,5	2,0	2,5	3,0
65 267,99	I,IV	**12 224**	5 581	5 581	I	10 563	8 979	7 473	6 043	4 691	3 416
	II	**10 642**	5 581	5 581	II	9 054	7 544	6 110	4 754	3 475	2 274
	III	**7 210**	5 581	5 581	III	5 980	4 790	3 638	2 524	1 466	580
	V	**18 187**	5 581	5 581	IV	11 384	10 563	9 762	8 979	8 216	7 473
	VI	**18 719**	5 581	5 581							
65 303,99	I,IV	**12 236**	5 581	5 581	I	10 575	8 990	7 483	6 053	4 700	3 424
	II	**10 653**	5 581	5 581	II	9 065	7 554	6 120	4 764	3 484	2 282
	III	**7 218**	5 581	5 581	III	5 988	4 798	3 646	2 532	1 474	586
	V	**18 200**	5 581	5 581	IV	11 396	10 575	9 773	8 990	8 227	7 483
	VI	**18 732**	5 581	5 581							
65 339,99	I,IV	**12 249**	5 581	5 581	I	10 587	9 002	7 494	6 063	4 710	3 434
	II	**10 665**	5 581	5 581	II	9 077	7 565	6 131	4 773	3 493	2 291
	III	**7 228**	5 581	5 581	III	5 998	4 806	3 654	2 540	1 480	592
	V	**18 214**	5 581	5 581	IV	11 408	10 587	9 785	9 002	8 238	7 494
	VI	**18 746**	5 581	5 581							
65 375,99	I,IV	**12 261**	5 581	5 581	I	10 599	9 013	7 505	6 074	4 720	3 443
	II	**10 677**	5 581	5 581	II	9 088	7 576	6 141	4 783	3 503	2 299
	III	**7 236**	5 581	5 581	III	6 006	4 816	3 662	2 548	1 488	598
	V	**18 228**	5 581	5 581	IV	11 420	10 599	9 796	9 013	8 249	7 505
	VI	**18 760**	5 581	5 581							
65 411,99	I,IV	**12 274**	5 581	5 581	I	10 610	9 024	7 515	6 084	4 729	3 452
	II	**10 689**	5 581	5 581	II	9 099	7 586	6 151	4 793	3 511	2 307
	III	**7 246**	5 581	5 581	III	6 016	4 824	3 670	2 556	1 494	604
	V	**18 241**	5 581	5 581	IV	11 432	10 610	9 808	9 024	8 260	7 515
	VI	**18 773**	5 581	5 581							
65 447,99	I,IV	**12 286**	5 581	5 581	I	10 622	9 036	7 526	6 094	4 739	3 461
	II	**10 701**	5 581	5 581	II	9 110	7 597	6 161	4 802	3 521	2 316
	III	**7 254**	5 581	5 581	III	6 024	4 832	3 678	2 564	1 502	608
	V	**18 255**	5 581	5 581	IV	11 445	10 622	9 819	9 036	8 271	7 526
	VI	**18 787**	5 581	5 581							
65 483,99	I,IV	**12 298**	5 581	5 581	I	10 634	9 047	7 537	6 104	4 748	3 470
	II	**10 713**	5 581	5 581	II	9 122	7 608	6 171	4 812	3 529	2 324
	III	**7 264**	5 581	5 581	III	6 032	4 840	3 688	2 572	1 508	614
	V	**18 269**	5 581	5 581	IV	11 457	10 634	9 831	9 047	8 282	7 537
	VI	**18 800**	5 581	5 581							
65 519,99	I,IV	**12 311**	5 581	5 581	I	10 646	9 058	7 548	6 114	4 758	3 479
	II	**10 725**	5 581	5 581	II	9 133	7 619	6 181	4 821	3 539	2 333
	III	**7 272**	5 581	5 581	III	6 042	4 850	3 696	2 580	1 516	620
	V	**18 283**	5 581	5 581	IV	11 469	10 646	9 842	9 058	8 293	7 548
	VI	**18 814**	5 581	5 581							
65 555,99	I,IV	**12 323**	5 581	5 581	I	10 658	9 070	7 558	6 124	4 768	3 488
	II	**10 737**	5 581	5 581	II	9 144	7 630	6 192	4 831	3 548	2 342
	III	**7 282**	5 581	5 581	III	6 050	4 858	3 704	2 588	1 524	626
	V	**18 296**	5 581	5 581	IV	11 481	10 658	9 854	9 070	8 304	7 558
	VI	**18 828**	5 581	5 581							
65 591,99	I,IV	**12 336**	5 581	5 581	I	10 670	9 081	7 569	6 134	4 777	3 497
	II	**10 748**	5 581	5 581	II	9 156	7 640	6 202	4 841	3 557	2 350
	III	**7 290**	5 581	5 581	III	6 060	4 866	3 712	2 596	1 530	632
	V	**18 310**	5 581	5 581	IV	11 493	10 670	9 865	9 081	8 315	7 569
	VI	**18 842**	5 581	5 581							
65 627,99	I,IV	**12 348**	5 581	5 581	I	10 682	9 092	7 580	6 145	4 787	3 506
	II	**10 760**	5 581	5 581	II	9 167	7 651	6 212	4 850	3 566	2 359
	III	**7 300**	5 581	5 581	III	6 068	4 876	3 720	2 604	1 538	638
	V	**18 324**	5 581	5 581	IV	11 505	10 682	9 877	9 092	8 326	7 580
	VI	**18 855**	5 581	5 581							
65 663,99	I,IV	**12 361**	5 581	5 581	I	10 694	9 104	7 591	6 155	4 796	3 515
	II	**10 772**	5 581	5 581	II	9 179	7 662	6 222	4 860	3 575	2 367
	III	**7 310**	5 581	5 581	III	6 078	4 884	3 728	2 612	1 546	644
	V	**18 338**	5 581	5 581	IV	11 518	10 694	9 889	9 104	8 337	7 591
	VI	**18 869**	5 581	5 581							

* Zur LSt-Berechnung für privat versicherte Arbeitnehmer s. Beispiele **Vorbemerkung S. 4 f.**
** Basisvorsorgepauschale KV und PV *** Typisierter Arbeitgeberzuschuss

Lohn/ Gehalt in € bis	Steuerklasse	Lohn- steuer*	BVSP**	TAGZ***	Steuerklasse	Bemessungsgrundlage für Kirchensteuer und Solidaritätszuschlag					
						Freibeträge für ... Kinder					
						0,5	**1,0**	1,5	**2,0**	2,5	**3,0**
65 699,99	I,IV	**12 373**	5 581	5 581	I	10 705	9 115	7 601	6 165	4 806	3 524
	II	**10 784**	5 581	5 581	II	9 190	7 672	6 232	4 870	3 584	2 376
	III	**7 318**	5 581	5 581	III	6 086	4 892	3 736	2 620	1 552	650
	V	**18 351**	5 581	5 581	IV	11 529	10 705	9 900	9 115	8 348	7 601
	VI	**18 883**	5 581	5 581							
65 735,99	I,IV	**12 386**	5 581	5 581	I	10 717	9 126	7 612	6 175	4 816	3 533
	II	**10 796**	5 581	5 581	II	9 201	7 683	6 243	4 879	3 593	2 384
	III	**7 328**	5 581	5 581	III	6 096	4 900	3 746	2 628	1 560	656
	V	**18 365**	5 581	5 581	IV	11 542	10 717	9 912	9 126	8 359	7 612
	VI	**18 897**	5 581	5 581							
65 771,99	I,IV	**12 398**	5 581	5 581	I	10 729	9 138	7 623	6 186	4 825	3 542
	II	**10 808**	5 581	5 581	II	9 213	7 694	6 253	4 889	3 602	2 393
	III	**7 336**	5 581	5 581	III	6 104	4 910	3 754	2 636	1 568	662
	V	**18 379**	5 581	5 581	IV	11 554	10 729	9 924	9 138	8 371	7 623
	VI	**18 910**	5 581	5 581							
65 807,99	I,IV	**12 410**	5 581	5 581	I	10 741	9 149	7 634	6 196	4 835	3 551
	II	**10 820**	5 581	5 581	II	9 224	7 705	6 263	4 899	3 611	2 401
	III	**7 346**	5 581	5 581	III	6 112	4 918	3 762	2 644	1 574	668
	V	**18 392**	5 581	5 581	IV	11 566	10 741	9 935	9 149	8 381	7 634
	VI	**18 924**	5 581	5 581							
65 843,99	I,IV	**12 423**	5 581	5 581	I	10 753	9 160	7 644	6 206	4 845	3 560
	II	**10 832**	5 581	5 581	II	9 235	7 716	6 274	4 908	3 621	2 410
	III	**7 356**	5 581	5 581	III	6 122	4 926	3 770	2 652	1 582	674
	V	**18 406**	5 581	5 581	IV	11 578	10 753	9 947	9 160	8 393	7 644
	VI	**18 938**	5 581	5 581							
65 879,99	I,IV	**12 436**	5 581	5 581	I	10 765	9 172	7 655	6 216	4 854	3 570
	II	**10 844**	5 581	5 581	II	9 247	7 727	6 284	4 918	3 630	2 418
	III	**7 364**	5 581	5 581	III	6 130	4 936	3 778	2 660	1 590	680
	V	**18 420**	5 581	5 581	IV	11 591	10 765	9 959	9 172	8 404	7 655
	VI	**18 952**	5 581	5 581							
65 915,99	I,IV	**12 448**	5 581	5 581	I	10 777	9 183	7 666	6 226	4 864	3 578
	II	**10 856**	5 581	5 581	II	9 258	7 737	6 294	4 928	3 639	2 427
	III	**7 374**	5 581	5 581	III	6 138	4 944	3 786	2 668	1 596	684
	V	**18 433**	5 581	5 581	IV	11 603	10 777	9 970	9 183	8 415	7 666
	VI	**18 965**	5 581	5 581							
65 951,99	I,IV	**12 460**	5 581	5 581	I	10 789	9 194	7 677	6 237	4 874	3 588
	II	**10 868**	5 581	5 581	II	9 269	7 748	6 304	4 938	3 648	2 435
	III	**7 382**	5 581	5 581	III	6 148	4 952	3 796	2 676	1 604	692
	V	**18 447**	5 581	5 581	IV	11 615	10 789	9 982	9 194	8 426	7 677
	VI	**18 979**	5 581	5 581							
65 987,99	I,IV	**12 473**	5 581	5 581	I	10 801	9 206	7 688	6 247	4 883	3 597
	II	**10 880**	5 581	5 581	II	9 281	7 759	6 315	4 947	3 657	2 444
	III	**7 392**	5 581	5 581	III	6 156	4 960	3 804	2 684	1 612	696
	V	**18 461**	5 581	5 581	IV	11 627	10 801	9 994	9 206	8 437	7 688
	VI	**18 993**	5 581	5 581							
66 023,99	I,IV	**12 485**	5 581	5 581	I	10 812	9 217	7 698	6 257	4 893	3 606
	II	**10 891**	5 581	5 581	II	9 292	7 770	6 325	4 957	3 666	2 453
	III	**7 400**	5 581	5 581	III	6 166	4 970	3 812	2 692	1 618	702
	V	**18 475**	5 581	5 581	IV	11 639	10 812	10 005	9 217	8 448	7 698
	VI	**19 006**	5 581	5 581							
66 059,99	I,IV	**12 498**	5 581	5 581	I	10 824	9 228	7 709	6 267	4 903	3 615
	II	**10 903**	5 581	5 581	II	9 303	7 781	6 335	4 967	3 675	2 461
	III	**7 410**	5 581	5 581	III	6 174	4 978	3 820	2 700	1 626	710
	V	**18 488**	5 581	5 581	IV	11 652	10 824	10 017	9 228	8 459	7 709
	VI	**19 020**	5 581	5 581							
66 095,99	I,IV	**12 510**	5 581	5 581	I	10 837	9 240	7 720	6 278	4 912	3 624
	II	**10 916**	5 581	5 581	II	9 315	7 792	6 345	4 976	3 685	2 470
	III	**7 420**	5 581	5 581	III	6 184	4 986	3 828	2 708	1 634	714
	V	**18 502**	5 581	5 581	IV	11 664	10 837	10 028	9 240	8 470	7 720
	VI	**19 034**	5 581	5 581							

* Zur LSt-Berechnung für privat versicherte Arbeitnehmer s. Beispiele **Vorbemerkung S. 4 f.**
** Basisvorsorgepauschale KV und PV *** Typisierter Arbeitgeberzuschuss

Lohn/ Gehalt in € bis	Steuerklasse	Lohn-steuer*	BVSP**	TAGZ***	Steuerklasse	Bemessungsgrundlage für Kirchensteuer und Solidaritätszuschlag – Freibeträge für ... Kinder 0,5	1,0	1,5	2,0	2,5	3,0
66131,99	I,IV	**12523**	5581	5581	I	10848	9251	7731	6288	4922	3633
	II	**10927**	5581	5581	II	9326	7802	6356	4986	3694	2478
	III	**7428**	5581	5581	III	6192	4994	3836	2716	1640	720
	V	**18516**	5581	5581	IV	11676	10848	10040	9251	8481	7731
	VI	**19047**	5581	5581							
66167,99	I,IV	**12535**	5581	5581	I	10860	9262	7742	6298	4932	3642
	II	**10939**	5581	5581	II	9338	7813	6366	4996	3703	2487
	III	**7438**	5581	5581	III	6202	5004	3846	2724	1648	728
	V	**18530**	5581	5581	IV	11688	10860	10052	9262	8492	7742
	VI	**19061**	5581	5581							
66203,99	I,IV	**12548**	5581	5581	I	10872	9274	7753	6308	4941	3652
	II	**10951**	5581	5581	II	9349	7824	6376	5006	3712	2496
	III	**7446**	5581	5581	III	6210	5012	3854	2732	1656	732
	V	**18543**	5581	5581	IV	11701	10872	10063	9274	8504	7753
	VI	**19075**	5581	5581							
66239,99	I,IV	**12560**	5581	5581	I	10884	9285	7763	6318	4951	3661
	II	**10963**	5581	5581	II	9360	7835	6386	5015	3721	2504
	III	**7456**	5581	5581	III	6218	5020	3862	2740	1664	738
	V	**18557**	5581	5581	IV	11713	10884	10075	9285	8514	7763
	VI	**19089**	5581	5581							
66275,99	I,IV	**12573**	5581	5581	I	10896	9297	7774	6329	4961	3670
	II	**10975**	5581	5581	II	9372	7846	6397	5025	3730	2513
	III	**7466**	5581	5581	III	6228	5030	3870	2748	1672	746
	V	**18571**	5581	5581	IV	11725	10896	10087	9297	8526	7774
	VI	**19102**	5581	5581							
66311,99	I,IV	**12585**	5581	5581	I	10908	9308	7785	6339	4970	3679
	II	**10987**	5581	5581	II	9383	7856	6407	5034	3739	2521
	III	**7474**	5581	5581	III	6236	5038	3878	2756	1678	752
	V	**18584**	5581	5581	IV	11737	10908	10098	9308	8537	7785
	VI	**19116**	5581	5581							
66347,99	I,IV	**12598**	5581	5581	I	10920	9319	7796	6349	4980	3688
	II	**10999**	5581	5581	II	9395	7867	6417	5044	3749	2530
	III	**7482**	5581	5581	III	6246	5046	3886	2764	1686	756
	V	**18598**	5581	5581	IV	11749	10920	10110	9319	8548	7796
	VI	**19130**	5581	5581							
66383,99	I,IV	**12610**	5581	5581	I	10932	9331	7807	6360	4990	3697
	II	**11011**	5581	5581	II	9406	7878	6428	5054	3758	2539
	III	**7492**	5581	5581	III	6254	5056	3894	2772	1694	764
	V	**18612**	5581	5581	IV	11762	10932	10122	9331	8559	7807
	VI	**19144**	5581	5581							
66419,99	I,IV	**12623**	5581	5581	I	10944	9342	7817	6370	4999	3706
	II	**11023**	5581	5581	II	9417	7889	6438	5064	3767	2547
	III	**7502**	5581	5581	III	6264	5064	3904	2780	1700	770
	V	**18625**	5581	5581	IV	11774	10944	10133	9342	8570	7817
	VI	**19157**	5581	5581							
66455,99	I,IV	**12635**	5581	5581	I	10956	9353	7828	6380	5009	3715
	II	**11035**	5581	5581	II	9429	7900	6448	5074	3776	2556
	III	**7510**	5581	5581	III	6272	5072	3912	2788	1708	776
	V	**18639**	5581	5581	IV	11786	10956	10145	9353	8581	7828
	VI	**19171**	5581	5581							
66491,99	I,IV	**12648**	5581	5581	I	10968	9365	7839	6390	5019	3725
	II	**11047**	5581	5581	II	9441	7911	6459	5083	3785	2564
	III	**7520**	5581	5581	III	6282	5082	3920	2798	1716	782
	V	**18653**	5581	5581	IV	11798	10968	10157	9365	8592	7839
	VI	**19185**	5581	5581							
66527,99	I,IV	**12660**	5581	5581	I	10980	9376	7850	6401	5028	3734
	II	**11059**	5581	5581	II	9452	7922	6469	5093	3794	2573
	III	**7530**	5581	5581	III	6290	5090	3928	2804	1724	788
	V	**18666**	5581	5581	IV	11810	10980	10168	9376	8603	7850
	VI	**19198**	5581	5581							

* Zur LSt-Berechnung für privat versicherte Arbeitnehmer s. Beispiele **Vorbemerkung S. 4 f.**
** Basisvorsorgepauschale KV und PV *** Typisierter Arbeitgeberzuschuss

Lohn/ Gehalt in € bis	Steuerklasse	Lohn- steuer*	BVSP**	TAGZ***	Steuerklasse	Bemessungsgrundlage für Kirchensteuer und Solidaritätszuschlag					
						Freibeträge für ... Kinder					
						0,5	**1,0**	1,5	**2,0**	2,5	**3,0**
66 563,99	I,IV	**12 673**	5 581	5 581	I	10 992	9 388	7 861	6 411	5 038	3 743
	II	**11 071**	5 581	5 581	II	9 463	7 933	6 479	5 103	3 804	2 582
	III	**7 538**	5 581	5 581	III	6 298	5 098	3 936	2 812	1 730	794
	V	**18 680**	5 581	5 581	IV	11 823	10 992	10 180	9 388	8 615	7 861
	VI	**19 212**	5 581	5 581							
66 599,99	I,IV	**12 686**	5 581	5 581	I	11 004	9 399	7 872	6 421	5 048	3 752
	II	**11 083**	5 581	5 581	II	9 475	7 944	6 490	5 113	3 813	2 590
	III	**7 548**	5 581	5 581	III	6 308	5 108	3 944	2 822	1 738	800
	V	**18 694**	5 581	5 581	IV	11 835	11 004	10 192	9 399	8 626	7 872
	VI	**19 226**	5 581	5 581							
66 635,99	I,IV	**12 698**	5 581	5 581	I	11 016	9 410	7 882	6 431	5 058	3 761
	II	**11 095**	5 581	5 581	II	9 486	7 954	6 500	5 122	3 822	2 599
	III	**7 556**	5 581	5 581	III	6 316	5 116	3 954	2 830	1 746	806
	V	**18 708**	5 581	5 581	IV	11 847	11 016	10 203	9 410	8 637	7 882
	VI	**19 239**	5 581	5 581							
66 671,99	I,IV	**12 711**	5 581	5 581	I	11 028	9 422	7 893	6 442	5 068	3 770
	II	**11 107**	5 581	5 581	II	9 498	7 965	6 510	5 132	3 831	2 608
	III	**7 566**	5 581	5 581	III	6 326	5 124	3 962	2 838	1 754	812
	V	**18 721**	5 581	5 581	IV	11 860	11 028	10 215	9 422	8 648	7 893
	VI	**19 253**	5 581	5 581							
66 707,99	I,IV	**12 723**	5 581	5 581	I	11 040	9 434	7 904	6 452	5 077	3 780
	II	**11 119**	5 581	5 581	II	9 509	7 976	6 521	5 142	3 841	2 616
	III	**7 576**	5 581	5 581	III	6 334	5 134	3 970	2 846	1 762	818
	V	**18 735**	5 581	5 581	IV	11 872	11 040	10 227	9 434	8 659	7 904
	VI	**19 267**	5 581	5 581							
66 743,99	I,IV	**12 736**	5 581	5 581	I	11 052	9 445	7 915	6 462	5 087	3 789
	II	**11 131**	5 581	5 581	II	9 521	7 987	6 531	5 152	3 850	2 625
	III	**7 584**	5 581	5 581	III	6 344	5 142	3 978	2 854	1 768	824
	V	**18 749**	5 581	5 581	IV	11 884	11 052	10 239	9 445	8 670	7 915
	VI	**19 281**	5 581	5 581							
66 779,99	I,IV	**12 748**	5 581	5 581	I	11 064	9 456	7 926	6 473	5 097	3 798
	II	**11 143**	5 581	5 581	II	9 532	7 998	6 541	5 161	3 859	2 634
	III	**7 594**	5 581	5 581	III	6 352	5 150	3 986	2 862	1 776	830
	V	**18 763**	5 581	5 581	IV	11 896	11 064	10 250	9 456	8 681	7 926
	VI	**19 294**	5 581	5 581							
66 815,99	I,IV	**12 761**	5 581	5 581	I	11 076	9 468	7 937	6 483	5 107	3 807
	II	**11 155**	5 581	5 581	II	9 544	8 009	6 552	5 171	3 868	2 642
	III	**7 602**	5 581	5 581	III	6 362	5 160	3 996	2 870	1 784	836
	V	**18 777**	5 581	5 581	IV	11 909	11 076	10 262	9 468	8 693	7 937
	VI	**19 308**	5 581	5 581							
66 851,99	I,IV	**12 773**	5 581	5 581	I	11 088	9 479	7 948	6 493	5 116	3 816
	II	**11 167**	5 581	5 581	II	9 555	8 020	6 562	5 181	3 877	2 651
	III	**7 612**	5 581	5 581	III	6 370	5 168	4 004	2 878	1 792	844
	V	**18 790**	5 581	5 581	IV	11 921	11 088	10 274	9 479	8 704	7 948
	VI	**19 322**	5 581	5 581							
66 887,99	I,IV	**12 786**	5 581	5 581	I	11 100	9 491	7 959	6 504	5 126	3 826
	II	**11 179**	5 581	5 581	II	9 567	8 031	6 572	5 191	3 887	2 660
	III	**7 620**	5 581	5 581	III	6 380	5 176	4 012	2 886	1 800	850
	V	**18 804**	5 581	5 581	IV	11 933	11 100	10 286	9 491	8 715	7 959
	VI	**19 336**	5 581	5 581							
66 923,99	I,IV	**12 799**	5 581	5 581	I	11 112	9 502	7 970	6 514	5 136	3 835
	II	**11 192**	5 581	5 581	II	9 578	8 042	6 583	5 201	3 896	2 668
	III	**7 630**	5 581	5 581	III	6 388	5 184	4 020	2 894	1 808	856
	V	**18 818**	5 581	5 581	IV	11 946	11 112	10 297	9 502	8 726	7 970
	VI	**19 349**	5 581	5 581							
66 959,99	I,IV	**12 811**	5 581	5 581	I	11 124	9 513	7 980	6 524	5 146	3 844
	II	**11 203**	5 581	5 581	II	9 589	8 053	6 593	5 210	3 905	2 677
	III	**7 640**	5 581	5 581	III	6 398	5 194	4 028	2 902	1 814	862
	V	**18 831**	5 581	5 581	IV	11 958	11 124	10 309	9 513	8 737	7 980
	VI	**19 363**	5 581	5 581							

* Zur LSt-Berechnung für privat versicherte Arbeitnehmer s. Beispiele **Vorbemerkung S. 4 f.**
** Basisvorsorgepauschale KV und PV *** Typisierter Arbeitgeberzuschuss

Lohn/ Gehalt in € bis	Steuerklasse	Lohn-steuer*	BVSP**	TAGZ***	Steuerklasse	Bemessungsgrundlage für Kirchensteuer und Solidaritätszuschlag — Freibeträge für ... Kinder 0,5	1,0	1,5	2,0	2,5	3,0
66 995,99	I,IV	**12 824**	5 581	5 581	I	11 136	9 525	7 991	6 535	5 155	3 853
	II	**11 216**	5 581	5 581	II	9 601	8 064	6 603	5 220	3 914	2 686
	III	**7 648**	5 581	5 581	III	6 406	5 202	4 036	2 910	1 822	868
	V	**18 845**	5 581	5 581	IV	11 970	11 136	10 321	9 525	8 749	7 991
	VI	**19 377**	5 581	5 581							
67 031,99	I,IV	**12 837**	5 581	5 581	I	11 148	9 537	8 002	6 545	5 165	3 863
	II	**11 228**	5 581	5 581	II	9 613	8 075	6 614	5 230	3 924	2 694
	III	**7 658**	5 581	5 581	III	6 416	5 210	4 046	2 918	1 830	874
	V	**18 859**	5 581	5 581	IV	11 983	11 148	10 333	9 537	8 760	8 002
	VI	**19 391**	5 581	5 581							
67 067,99	I,IV	**12 849**	5 581	5 581	I	11 160	9 548	8 013	6 555	5 175	3 872
	II	**11 240**	5 581	5 581	II	9 624	8 085	6 624	5 240	3 933	2 703
	III	**7 668**	5 581	5 581	III	6 424	5 220	4 054	2 926	1 838	880
	V	**18 872**	5 581	5 581	IV	11 995	11 160	10 344	9 548	8 771	8 013
	VI	**19 404**	5 581	5 581							
67 103,99	I,IV	**12 862**	5 581	5 581	I	11 172	9 560	8 024	6 566	5 185	3 881
	II	**11 252**	5 581	5 581	II	9 636	8 096	6 634	5 250	3 942	2 712
	III	**7 676**	5 581	5 581	III	6 432	5 228	4 062	2 934	1 846	886
	V	**18 886**	5 581	5 581	IV	12 007	11 172	10 356	9 560	8 782	8 024
	VI	**19 418**	5 581	5 581							
67 139,99	I,IV	**12 874**	5 581	5 581	I	11 184	9 571	8 035	6 576	5 194	3 890
	II	**11 264**	5 581	5 581	II	9 647	8 107	6 645	5 259	3 951	2 720
	III	**7 686**	5 581	5 581	III	6 442	5 236	4 070	2 942	1 854	892
	V	**18 900**	5 581	5 581	IV	12 019	11 184	10 368	9 571	8 793	8 035
	VI	**19 431**	5 581	5 581							
67 175,99	I,IV	**12 887**	5 581	5 581	I	11 196	9 582	8 046	6 587	5 204	3 899
	II	**11 276**	5 581	5 581	II	9 658	8 118	6 655	5 269	3 961	2 729
	III	**7 694**	5 581	5 581	III	6 450	5 246	4 078	2 950	1 862	900
	V	**18 913**	5 581	5 581	IV	12 032	11 196	10 380	9 582	8 804	8 046
	VI	**19 445**	5 581	5 581							
67 211,99	I,IV	**12 900**	5 581	5 581	I	11 208	9 594	8 057	6 597	5 214	3 909
	II	**11 288**	5 581	5 581	II	9 670	8 129	6 666	5 279	3 970	2 738
	III	**7 704**	5 581	5 581	III	6 460	5 254	4 086	2 958	1 868	906
	V	**18 927**	5 581	5 581	IV	12 044	11 208	10 391	9 594	8 816	8 057
	VI	**19 459**	5 581	5 581							
67 247,99	I,IV	**12 912**	5 581	5 581	I	11 220	9 605	8 068	6 607	5 224	3 918
	II	**11 300**	5 581	5 581	II	9 681	8 140	6 676	5 289	3 979	2 746
	III	**7 712**	5 581	5 581	III	6 468	5 262	4 094	2 966	1 876	912
	V	**18 941**	5 581	5 581	IV	12 056	11 220	10 403	9 605	8 827	8 068
	VI	**19 472**	5 581	5 581							
67 283,99	I,IV	**12 925**	5 581	5 581	I	11 232	9 617	8 079	6 618	5 234	3 927
	II	**11 312**	5 581	5 581	II	9 693	8 151	6 686	5 299	3 988	2 755
	III	**7 722**	5 581	5 581	III	6 478	5 272	4 104	2 974	1 884	918
	V	**18 955**	5 581	5 581	IV	12 069	11 232	10 415	9 617	8 838	8 079
	VI	**19 486**	5 581	5 581							
67 319,99	I,IV	**12 938**	5 581	5 581	I	11 244	9 629	8 090	6 628	5 244	3 936
	II	**11 324**	5 581	5 581	II	9 705	8 162	6 697	5 309	3 998	2 764
	III	**7 732**	5 581	5 581	III	6 486	5 280	4 112	2 982	1 892	924
	V	**18 968**	5 581	5 581	IV	12 081	11 244	10 427	9 629	8 849	8 090
	VI	**19 500**	5 581	5 581							
67 355,99	I,IV	**12 950**	5 581	5 581	I	11 256	9 640	8 100	6 638	5 253	3 945
	II	**11 336**	5 581	5 581	II	9 716	8 173	6 707	5 318	4 007	2 772
	III	**7 740**	5 581	5 581	III	6 496	5 288	4 120	2 990	1 900	930
	V	**18 982**	5 581	5 581	IV	12 093	11 256	10 438	9 640	8 860	8 100
	VI	**19 514**	5 581	5 581							
67 391,99	I,IV	**12 963**	5 581	5 581	I	11 268	9 651	8 112	6 649	5 263	3 955
	II	**11 348**	5 581	5 581	II	9 728	8 184	6 718	5 328	4 016	2 781
	III	**7 750**	5 581	5 581	III	6 504	5 298	4 128	2 998	1 908	938
	V	**18 996**	5 581	5 581	IV	12 106	11 268	10 450	9 651	8 872	8 112
	VI	**19 527**	5 581	5 581							

* Zur LSt-Berechnung für privat versicherte Arbeitnehmer s. Beispiele **Vorbemerkung S. 4 f.**
** Basisvorsorgepauschale KV und PV *** Typisierter Arbeitgeberzuschuss

Lohn/ Gehalt in € bis	Steuerklasse	Lohn-steuer*	BVSP**	TAGZ***	Steuerklasse	Bemessungsgrundlage für Kirchensteuer und Solidaritätszuschlag – Freibeträge für ... Kinder 0,5	1,0	1,5	2,0	2,5	3,0
67427,99	I,IV	**12975**	5581	5581	I	11281	9663	8123	6659	5273	3964
	II	**11361**	5581	5581	II	9739	8195	6728	5338	4026	2790
	III	**7760**	5581	5581	III	6514	5306	4138	3006	1916	944
	V	**19010**	5581	5581	IV	12118	11281	10462	9663	8883	8123
	VI	**19541**	5581	5581							
67463,99	I,IV	**12988**	5581	5581	I	11293	9674	8133	6669	5283	3973
	II	**11373**	5581	5581	II	9751	8206	6738	5348	4035	2799
	III	**7768**	5581	5581	III	6522	5314	4146	3014	1922	950
	V	**19023**	5581	5581	IV	12131	11293	10474	9674	8894	8133
	VI	**19555**	5581	5581							
67499,99	I,IV	**13001**	5581	5581	I	11305	9686	8144	6680	5293	3983
	II	**11385**	5581	5581	II	9762	8217	6749	5358	4044	2807
	III	**7778**	5581	5581	III	6532	5324	4154	3024	1932	956
	V	**19037**	5581	5581	IV	12143	11305	10486	9686	8906	8144
	VI	**19569**	5581	5581							
67535,99	I,IV	**13013**	5581	5581	I	11317	9698	8155	6691	5303	3992
	II	**11397**	5581	5581	II	9774	8228	6759	5368	4054	2816
	III	**7786**	5581	5581	III	6540	5332	4162	3032	1938	962
	V	**19051**	5581	5581	IV	12156	11317	10498	9698	8917	8155
	VI	**19582**	5581	5581							
67571,99	I,IV	**13026**	5581	5581	I	11329	9709	8166	6701	5312	4001
	II	**11409**	5581	5581	II	9785	8239	6770	5378	4063	2825
	III	**7796**	5581	5581	III	6548	5340	4170	3040	1946	970
	V	**19064**	5581	5581	IV	12168	11329	10509	9709	8928	8166
	VI	**19596**	5581	5581							
67607,99	I,IV	**13039**	5581	5581	I	11341	9721	8177	6711	5322	4011
	II	**11421**	5581	5581	II	9797	8250	6780	5388	4072	2834
	III	**7806**	5581	5581	III	6558	5350	4180	3048	1954	976
	V	**19078**	5581	5581	IV	12180	11341	10521	9721	8939	8177
	VI	**19610**	5581	5581							
67643,99	I,IV	**13051**	5581	5581	I	11353	9732	8188	6722	5332	4020
	II	**11433**	5581	5581	II	9809	8261	6791	5398	4081	2843
	III	**7814**	5581	5581	III	6566	5358	4188	3056	1962	982
	V	**19092**	5581	5581	IV	12193	11353	10533	9732	8951	8188
	VI	**19624**	5581	5581							
67679,99	I,IV	**13064**	5581	5581	I	11365	9744	8199	6732	5342	4029
	II	**11445**	5581	5581	II	9820	8272	6801	5407	4091	2851
	III	**7824**	5581	5581	III	6576	5366	4196	3064	1970	988
	V	**19105**	5581	5581	IV	12205	11365	10545	9744	8962	8199
	VI	**19637**	5581	5581							
67715,99	I,IV	**13077**	5581	5581	I	11377	9755	8210	6743	5352	4038
	II	**11458**	5581	5581	II	9832	8283	6812	5417	4100	2860
	III	**7834**	5581	5581	III	6586	5376	4204	3072	1978	996
	V	**19119**	5581	5581	IV	12217	11377	10557	9755	8973	8210
	VI	**19651**	5581	5581							
67751,99	I,IV	**13090**	5581	5581	I	11390	9767	8221	6753	5362	4048
	II	**11470**	5581	5581	II	9843	8294	6822	5427	4109	2869
	III	**7842**	5581	5581	III	6594	5384	4212	3080	1986	1002
	V	**19133**	5581	5581	IV	12230	11390	10569	9767	8985	8221
	VI	**19665**	5581	5581							
67787,99	I,IV	**13102**	5581	5581	I	11402	9778	8232	6763	5372	4057
	II	**11482**	5581	5581	II	9855	8305	6832	5437	4119	2877
	III	**7852**	5581	5581	III	6602	5392	4220	3088	1994	1008
	V	**19147**	5581	5581	IV	12242	11402	10580	9778	8996	8232
	VI	**19678**	5581	5581							
67823,99	I,IV	**13115**	5581	5581	I	11414	9790	8243	6774	5382	4066
	II	**11494**	5581	5581	II	9867	8316	6843	5447	4128	2886
	III	**7860**	5581	5581	III	6612	5402	4230	3096	2002	1014
	V	**19160**	5581	5581	IV	12255	11414	10592	9790	9007	8243
	VI	**19692**	5581	5581							

* Zur LSt-Berechnung für privat versicherte Arbeitnehmer s. Beispiele **Vorbemerkung S. 4f.**
** Basisvorsorgepauschale KV und PV *** Typisierter Arbeitgeberzuschuss

Lohn/ Gehalt in € bis	Steuerklasse	Lohn-steuer*	BVSP**	TAGZ***	Steuerklasse	Bemessungsgrundlage für Kirchensteuer und Solidaritätszuschlag: Freibeträge für ... Kinder 0,5	1,0	1,5	2,0	2,5	3,0
67 859,99	I,IV	**13 128**	5 581	5 581	I	11 426	9 802	8 254	6 784	5 391	4 076
	II	**11 506**	5 581	5 581	II	9 878	8 327	6 854	5 457	4 137	2 895
	III	**7 870**	5 581	5 581	III	6 620	5 410	4 238	3 104	2 010	1 020
	V	**19 174**	5 581	5 581	IV	12 267	11 426	10 604	9 802	9 018	8 254
	VI	**19 706**	5 581	5 581							
67 895,99	I,IV	**13 140**	5 581	5 581	I	11 438	9 813	8 265	6 795	5 401	4 085
	II	**11 518**	5 581	5 581	II	9 890	8 338	6 864	5 467	4 147	2 904
	III	**7 880**	5 581	5 581	III	6 630	5 418	4 246	3 112	2 018	1 028
	V	**19 188**	5 581	5 581	IV	12 279	11 438	10 616	9 813	9 029	8 265
	VI	**19 719**	5 581	5 581							
67 931,99	I,IV	**13 153**	5 581	5 581	I	11 450	9 825	8 276	6 805	5 411	4 094
	II	**11 531**	5 581	5 581	II	9 901	8 349	6 874	5 477	4 156	2 913
	III	**7 888**	5 581	5 581	III	6 638	5 428	4 254	3 120	2 026	1 034
	V	**19 202**	5 581	5 581	IV	12 292	11 450	10 628	9 825	9 041	8 276
	VI	**19 733**	5 581	5 581							
67 967,99	I,IV	**13 165**	5 581	5 581	I	11 462	9 836	8 287	6 815	5 421	4 103
	II	**11 543**	5 581	5 581	II	9 913	8 360	6 885	5 486	4 165	2 921
	III	**7 898**	5 581	5 581	III	6 648	5 436	4 264	3 128	2 032	1 040
	V	**19 215**	5 581	5 581	IV	12 304	11 462	10 639	9 836	9 052	8 287
	VI	**19 747**	5 581	5 581							
68 003,99	I,IV	**13 178**	5 581	5 581	I	11 474	9 848	8 298	6 826	5 431	4 113
	II	**11 555**	5 581	5 581	II	9 924	8 371	6 895	5 496	4 175	2 930
	III	**7 906**	5 581	5 581	III	6 656	5 444	4 272	3 136	2 040	1 046
	V	**19 229**	5 581	5 581	IV	12 317	11 474	10 651	9 848	9 063	8 298
	VI	**19 761**	5 581	5 581							
68 039,99	I,IV	**13 191**	5 581	5 581	I	11 487	9 859	8 309	6 837	5 441	4 122
	II	**11 567**	5 581	5 581	II	9 936	8 382	6 906	5 506	4 184	2 939
	III	**7 916**	5 581	5 581	III	6 666	5 454	4 280	3 146	2 048	1 054
	V	**19 243**	5 581	5 581	IV	12 329	11 487	10 663	9 859	9 075	8 309
	VI	**19 774**	5 581	5 581							
68 075,99	I,IV	**13 203**	5 581	5 581	I	11 499	9 871	8 320	6 847	5 451	4 131
	II	**11 579**	5 581	5 581	II	9 948	8 393	6 916	5 516	4 193	2 948
	III	**7 926**	5 581	5 581	III	6 674	5 462	4 288	3 154	2 056	1 060
	V	**19 256**	5 581	5 581	IV	12 341	11 499	10 675	9 871	9 086	8 320
	VI	**19 788**	5 581	5 581							
68 111,99	I,IV	**13 216**	5 581	5 581	I	11 511	9 883	8 331	6 857	5 461	4 141
	II	**11 591**	5 581	5 581	II	9 959	8 404	6 927	5 526	4 203	2 957
	III	**7 934**	5 581	5 581	III	6 684	5 470	4 296	3 162	2 064	1 066
	V	**19 270**	5 581	5 581	IV	12 354	11 511	10 687	9 883	9 097	8 331
	VI	**19 802**	5 581	5 581							
68 147,99	I,IV	**13 229**	5 581	5 581	I	11 523	9 894	8 343	6 868	5 471	4 150
	II	**11 604**	5 581	5 581	II	9 971	8 416	6 937	5 536	4 212	2 966
	III	**7 944**	5 581	5 581	III	6 692	5 480	4 306	3 170	2 072	1 074
	V	**19 284**	5 581	5 581	IV	12 367	11 523	10 699	9 894	9 109	8 343
	VI	**19 816**	5 581	5 581							
68 183,99	I,IV	**13 242**	5 581	5 581	I	11 535	9 906	8 353	6 878	5 480	4 160
	II	**11 616**	5 581	5 581	II	9 982	8 426	6 948	5 546	4 222	2 974
	III	**7 954**	5 581	5 581	III	6 702	5 488	4 314	3 178	2 080	1 080
	V	**19 297**	5 581	5 581	IV	12 379	11 535	10 711	9 906	9 120	8 353
	VI	**19 829**	5 581	5 581							
68 219,99	I,IV	**13 255**	5 581	5 581	I	11 547	9 917	8 365	6 889	5 490	4 169
	II	**11 628**	5 581	5 581	II	9 994	8 438	6 958	5 556	4 231	2 983
	III	**7 962**	5 581	5 581	III	6 710	5 496	4 322	3 186	2 088	1 086
	V	**19 311**	5 581	5 581	IV	12 391	11 547	10 723	9 917	9 131	8 365
	VI	**19 843**	5 581	5 581							
68 255,99	I,IV	**13 267**	5 581	5 581	I	11 560	9 929	8 376	6 899	5 500	4 178
	II	**11 640**	5 581	5 581	II	10 006	8 449	6 969	5 566	4 240	2 992
	III	**7 972**	5 581	5 581	III	6 720	5 506	4 330	3 194	2 096	1 094
	V	**19 325**	5 581	5 581	IV	12 404	11 560	10 735	9 929	9 143	8 376
	VI	**19 857**	5 581	5 581							

* Zur LSt-Berechnung für privat versicherte Arbeitnehmer s. Beispiele **Vorbemerkung S. 4 f.**
** Basisvorsorgepauschale KV und PV *** Typisierter Arbeitgeberzuschuss

Lohn/ Gehalt in € bis	Steuerklasse	Lohn-steuer*	BVSP**	TAGZ***	Steuerklasse	Bemessungsgrundlage für Kirchensteuer und Solidaritätszuschlag — Freibeträge für ... Kinder 0,5	**1,0**	1,5	**2,0**	2,5	**3,0**
68 291,99	I,IV	**13 280**	5 581	5 581	I	11 572	9 940	8 387	6 910	5 510	4 188
	II	**11 652**	5 581	5 581	II	10 017	8 460	6 979	5 576	4 250	3 001
	III	**7 982**	5 581	5 581	III	6 728	5 514	4 338	3 202	2 104	1 100
	V	**19 338**	5 581	5 581	IV	12 416	11 572	10 746	9 940	9 154	8 387
	VI	**19 870**	5 581	5 581							
68 327,99	I,IV	**13 293**	5 581	5 581	I	11 584	9 952	8 398	6 920	5 520	4 197
	II	**11 665**	5 581	5 581	II	10 029	8 471	6 990	5 586	4 259	3 010
	III	**7 990**	5 581	5 581	III	6 738	5 524	4 348	3 210	2 112	1 106
	V	**19 352**	5 581	5 581	IV	12 429	11 584	10 758	9 952	9 165	8 398
	VI	**19 884**	5 581	5 581							
68 363,99	I,IV	**13 306**	5 581	5 581	I	11 596	9 964	8 409	6 931	5 530	4 207
	II	**11 677**	5 581	5 581	II	10 041	8 482	7 000	5 596	4 269	3 019
	III	**8 000**	5 581	5 581	III	6 746	5 532	4 356	3 218	2 120	1 114
	V	**19 366**	5 581	5 581	IV	12 441	11 596	10 770	9 964	9 177	8 409
	VI	**19 898**	5 581	5 581							
68 399,99	I,IV	**13 318**	5 581	5 581	I	11 608	9 975	8 420	6 941	5 540	4 216
	II	**11 689**	5 581	5 581	II	10 052	8 493	7 011	5 606	4 278	3 027
	III	**8 010**	5 581	5 581	III	6 756	5 540	4 364	3 226	2 128	1 120
	V	**19 380**	5 581	5 581	IV	12 454	11 608	10 782	9 975	9 188	8 420
	VI	**19 911**	5 581	5 581							
68 435,99	I,IV	**13 331**	5 581	5 581	I	11 621	9 987	8 431	6 952	5 550	4 225
	II	**11 701**	5 581	5 581	II	10 064	8 504	7 021	5 616	4 287	3 036
	III	**8 018**	5 581	5 581	III	6 764	5 550	4 372	3 234	2 136	1 126
	V	**19 393**	5 581	5 581	IV	12 466	11 621	10 794	9 987	9 199	8 431
	VI	**19 925**	5 581	5 581							
68 471,99	I,IV	**13 344**	5 581	5 581	I	11 633	9 999	8 442	6 962	5 560	4 235
	II	**11 714**	5 581	5 581	II	10 076	8 515	7 032	5 626	4 297	3 045
	III	**8 028**	5 581	5 581	III	6 774	5 558	4 382	3 244	2 144	1 132
	V	**19 407**	5 581	5 581	IV	12 479	11 633	10 806	9 999	9 211	8 442
	VI	**19 939**	5 581	5 581							
68 507,99	I,IV	**13 356**	5 581	5 581	I	11 645	10 010	8 453	6 973	5 570	4 244
	II	**11 726**	5 581	5 581	II	10 087	8 526	7 042	5 636	4 306	3 054
	III	**8 038**	5 581	5 581	III	6 782	5 566	4 390	3 252	2 150	1 140
	V	**19 421**	5 581	5 581	IV	12 491	11 645	10 818	10 010	9 222	8 453
	VI	**19 953**	5 581	5 581							
68 543,99	I,IV	**13 369**	5 581	5 581	I	11 657	10 022	8 464	6 983	5 580	4 253
	II	**11 738**	5 581	5 581	II	10 099	8 538	7 053	5 646	4 316	3 063
	III	**8 046**	5 581	5 581	III	6 792	5 576	4 398	3 260	2 158	1 146
	V	**19 435**	5 581	5 581	IV	12 504	11 657	10 830	10 022	9 233	8 464
	VI	**19 966**	5 581	5 581							
68 579,99	I,IV	**13 382**	5 581	5 581	I	11 669	10 034	8 475	6 994	5 590	4 263
	II	**11 750**	5 581	5 581	II	10 111	8 549	7 064	5 656	4 325	3 072
	III	**8 056**	5 581	5 581	III	6 800	5 584	4 406	3 268	2 166	1 154
	V	**19 449**	5 581	5 581	IV	12 516	11 669	10 842	10 034	9 245	8 475
	VI	**19 980**	5 581	5 581							
68 615,99	I,IV	**13 395**	5 581	5 581	I	11 681	10 045	8 486	7 004	5 600	4 272
	II	**11 762**	5 581	5 581	II	10 122	8 560	7 074	5 666	4 334	3 080
	III	**8 064**	5 581	5 581	III	6 810	5 594	4 414	3 276	2 174	1 160
	V	**19 462**	5 581	5 581	IV	12 528	11 681	10 854	10 045	9 256	8 486
	VI	**19 994**	5 581	5 581							
68 651,99	I,IV	**13 408**	5 581	5 581	I	11 694	10 057	8 497	7 015	5 610	4 282
	II	**11 775**	5 581	5 581	II	10 134	8 571	7 085	5 676	4 344	3 089
	III	**8 074**	5 581	5 581	III	6 818	5 602	4 424	3 284	2 182	1 166
	V	**19 476**	5 581	5 581	IV	12 541	11 694	10 866	10 057	9 268	8 497
	VI	**20 008**	5 581	5 581							
68 687,99	I,IV	**13 421**	5 581	5 581	I	11 706	10 069	8 509	7 026	5 620	4 291
	II	**11 787**	5 581	5 581	II	10 146	8 582	7 095	5 686	4 353	3 098
	III	**8 084**	5 581	5 581	III	6 828	5 610	4 432	3 292	2 190	1 174
	V	**19 490**	5 581	5 581	IV	12 554	11 706	10 878	10 069	9 279	8 509
	VI	**20 021**	5 581	5 581							

* Zur LSt-Berechnung für privat versicherte Arbeitnehmer s. Beispiele **Vorbemerkung S. 4 f.**
** Basisvorsorgepauschale KV und PV *** Typisierter Arbeitgeberzuschuss

Lohn/ Gehalt in € bis	Steuerklasse	Lohn-steuer*	BVSP**	TAGZ***	Steuerklasse	Bemessungsgrundlage für Kirchensteuer und Solidaritätszuschlag – Freibeträge für ... Kinder 0,5	1,0	1,5	2,0	2,5	3,0
68723,99	I,IV	**13433**	5581	5581	I	11718	10080	8520	7036	5630	4300
	II	**11799**	5581	5581	II	10158	8593	7106	5696	4363	3107
	III	**8092**	5581	5581	III	6836	5620	4440	3300	2198	1180
	V	**19503**	5581	5581	IV	12566	11718	10890	10080	9290	8520
	VI	**20035**	5581	5581							
68759,99	I,IV	**13446**	5581	5581	I	11730	10092	8531	7047	5640	4310
	II	**11812**	5581	5581	II	10169	8604	7116	5706	4372	3116
	III	**8102**	5581	5581	III	6846	5628	4448	3308	2206	1186
	V	**19517**	5581	5581	IV	12579	11730	10902	10092	9302	8531
	VI	**20049**	5581	5581							
68795,99	I,IV	**13459**	5581	5581	I	11742	10103	8542	7057	5649	4319
	II	**11824**	5581	5581	II	10181	8615	7127	5716	4382	3125
	III	**8112**	5581	5581	III	6854	5636	4456	3316	2214	1194
	V	**19530**	5581	5581	IV	12591	11742	10913	10103	9313	8542
	VI	**20062**	5581	5581							
68831,99	I,IV	**13472**	5581	5581	I	11755	10115	8553	7068	5660	4329
	II	**11836**	5581	5581	II	10193	8626	7138	5726	4391	3134
	III	**8120**	5581	5581	III	6864	5646	4466	3324	2222	1200
	V	**19544**	5581	5581	IV	12604	11755	10925	10115	9324	8553
	VI	**20076**	5581	5581							
68867,99	I,IV	**13485**	5581	5581	I	11767	10127	8564	7078	5670	4338
	II	**11848**	5581	5581	II	10204	8638	7148	5736	4401	3143
	III	**8130**	5581	5581	III	6872	5654	4474	3332	2230	1206
	V	**19558**	5581	5581	IV	12616	11767	10938	10127	9336	8564
	VI	**20090**	5581	5581							
68903,99	I,IV	**13497**	5581	5581	I	11779	10139	8575	7089	5679	4347
	II	**11860**	5581	5581	II	10216	8649	7159	5746	4410	3151
	III	**8138**	5581	5581	III	6882	5662	4482	3340	2238	1214
	V	**19572**	5581	5581	IV	12629	11779	10949	10139	9347	8575
	VI	**20103**	5581	5581							
68939,99	I,IV	**13510**	5581	5581	I	11792	10150	8586	7099	5690	4357
	II	**11873**	5581	5581	II	10228	8660	7169	5756	4419	3160
	III	**8148**	5581	5581	III	6890	5672	4492	3350	2246	1220
	V	**19585**	5581	5581	IV	12641	11792	10961	10150	9359	8586
	VI	**20117**	5581	5581							
68975,99	I,IV	**13523**	5581	5581	I	11804	10162	8597	7110	5700	4366
	II	**11885**	5581	5581	II	10240	8671	7180	5766	4429	3169
	III	**8158**	5581	5581	III	6900	5680	4500	3358	2254	1228
	V	**19599**	5581	5581	IV	12654	11804	10973	10162	9370	8597
	VI	**20131**	5581	5581							
69011,99	I,IV	**13536**	5581	5581	I	11816	10174	8608	7120	5709	4376
	II	**11897**	5581	5581	II	10251	8682	7190	5776	4438	3178
	III	**8166**	5581	5581	III	6908	5688	4508	3366	2262	1234
	V	**19613**	5581	5581	IV	12666	11816	10985	10174	9381	8608
	VI	**20144**	5581	5581							
69047,99	I,IV	**13549**	5581	5581	I	11828	10185	8620	7131	5720	4385
	II	**11910**	5581	5581	II	10263	8693	7201	5786	4448	3187
	III	**8176**	5581	5581	III	6918	5698	4516	3374	2270	1242
	V	**19627**	5581	5581	IV	12679	11828	10997	10185	9393	8620
	VI	**20158**	5581	5581							
69083,99	I,IV	**13562**	5581	5581	I	11841	10197	8631	7142	5730	4395
	II	**11922**	5581	5581	II	10275	8705	7212	5796	4458	3196
	III	**8186**	5581	5581	III	6926	5706	4524	3382	2278	1248
	V	**19640**	5581	5581	IV	12692	11841	11009	10197	9404	8631
	VI	**20172**	5581	5581							
69119,99	I,IV	**13574**	5581	5581	I	11853	10209	8642	7152	5740	4404
	II	**11934**	5581	5581	II	10286	8716	7222	5806	4467	3205
	III	**8194**	5581	5581	III	6936	5716	4534	3390	2286	1254
	V	**19654**	5581	5581	IV	12704	11853	11021	10209	9416	8642
	VI	**20186**	5581	5581							

* Zur LSt-Berechnung für privat versicherte Arbeitnehmer s. Beispiele **Vorbemerkung S. 4f.**
** Basisvorsorgepauschale KV und PV *** Typisierter Arbeitgeberzuschuss

Lohn/ Gehalt in € bis	Steuerklasse	Lohnsteuer*	BVSP**	TAGZ***	Steuerklasse	Bemessungsgrundlage für Kirchensteuer und Solidaritätszuschlag — Freibeträge für ... Kinder 0,5	1,0	1,5	2,0	2,5	3,0
69155,99	I,IV	**13587**	5581	5581	I	11865	10221	8653	7163	5750	4414
	II	**11947**	5581	5581	II	10298	8727	7233	5816	4476	3214
	III	**8204**	5581	5581	III	6946	5724	4542	3398	2294	1262
	V	**19668**	5581	5581	IV	12717	11865	11033	10221	9427	8653
	VI	**20199**	5581	5581							
69191,99	I,IV	**13600**	5581	5581	I	11878	10232	8664	7174	5760	4423
	II	**11959**	5581	5581	II	10310	8738	7244	5826	4486	3223
	III	**8214**	5581	5581	III	6954	5732	4550	3406	2302	1268
	V	**19682**	5581	5581	IV	12729	11878	11045	10232	9439	8664
	VI	**20213**	5581	5581							
69227,99	I,IV	**13613**	5581	5581	I	11890	10244	8675	7184	5770	4433
	II	**11971**	5581	5581	II	10322	8749	7254	5836	4495	3232
	III	**8222**	5581	5581	III	6962	5742	4558	3414	2308	1276
	V	**19695**	5581	5581	IV	12742	11890	11057	10244	9450	8675
	VI	**20227**	5581	5581							
69263,99	I,IV	**13626**	5581	5581	I	11902	10256	8687	7195	5780	4442
	II	**11984**	5581	5581	II	10333	8761	7265	5846	4505	3241
	III	**8232**	5581	5581	III	6972	5750	4568	3424	2318	1282
	V	**19709**	5581	5581	IV	12754	11902	11069	10256	9462	8687
	VI	**20241**	5581	5581							
69299,99	I,IV	**13639**	5581	5581	I	11915	10268	8698	7205	5790	4452
	II	**11996**	5581	5581	II	10345	8772	7276	5856	4515	3250
	III	**8242**	5581	5581	III	6982	5760	4576	3432	2324	1290
	V	**19723**	5581	5581	IV	12767	11915	11081	10268	9473	8698
	VI	**20254**	5581	5581							
69335,99	I,IV	**13651**	5581	5581	I	11927	10279	8709	7216	5800	4461
	II	**12008**	5581	5581	II	10357	8783	7286	5866	4524	3258
	III	**8250**	5581	5581	III	6990	5768	4584	3440	2332	1296
	V	**19736**	5581	5581	IV	12779	11927	11093	10279	9484	8709
	VI	**20268**	5581	5581							
69371,99	I,IV	**13664**	5581	5581	I	11939	10291	8720	7226	5810	4471
	II	**12021**	5581	5581	II	10369	8794	7297	5877	4533	3268
	III	**8260**	5581	5581	III	7000	5778	4594	3448	2340	1304
	V	**19750**	5581	5581	IV	12792	11939	11105	10291	9496	8720
	VI	**20282**	5581	5581							
69407,99	I,IV	**13677**	5581	5581	I	11951	10303	8731	7237	5820	4480
	II	**12033**	5581	5581	II	10381	8806	7308	5887	4543	3277
	III	**8270**	5581	5581	III	7008	5786	4602	3456	2348	1310
	V	**19764**	5581	5581	IV	12805	11951	11118	10303	9508	8731
	VI	**20296**	5581	5581							
69443,99	I,IV	**13690**	5581	5581	I	11964	10314	8742	7248	5830	4489
	II	**12045**	5581	5581	II	10392	8816	7318	5897	4552	3285
	III	**8278**	5581	5581	III	7018	5794	4610	3464	2356	1316
	V	**19777**	5581	5581	IV	12817	11964	11129	10314	9519	8742
	VI	**20309**	5581	5581							
69479,99	I,IV	**13703**	5581	5581	I	11976	10326	8754	7258	5840	4499
	II	**12058**	5581	5581	II	10404	8828	7329	5907	4562	3294
	III	**8288**	5581	5581	III	7026	5804	4618	3472	2364	1324
	V	**19791**	5581	5581	IV	12830	11976	11141	10326	9530	8754
	VI	**20323**	5581	5581							
69515,99	I,IV	**13716**	5581	5581	I	11988	10338	8765	7269	5850	4509
	II	**12070**	5581	5581	II	10416	8839	7339	5917	4572	3303
	III	**8298**	5581	5581	III	7036	5812	4626	3480	2372	1330
	V	**19805**	5581	5581	IV	12843	11988	11154	10338	9542	8765
	VI	**20337**	5581	5581							
69551,99	I,IV	**13729**	5581	5581	I	12000	10350	8776	7279	5860	4518
	II	**12082**	5581	5581	II	10428	8850	7350	5927	4581	3312
	III	**8308**	5581	5581	III	7044	5820	4636	3488	2380	1338
	V	**19819**	5581	5581	IV	12855	12000	11165	10350	9553	8776
	VI	**20350**	5581	5581							

* Zur LSt-Berechnung für privat versicherte Arbeitnehmer s. Beispiele **Vorbemerkung S. 4 f.**
** Basisvorsorgepauschale KV und PV *** Typisierter Arbeitgeberzuschuss

Lohn/ Gehalt in € bis	Steuerklasse	Lohn-steuer*	BVSP**	TAGZ***	Steuerklasse	Bemessungsgrundlage für Kirchensteuer und Solidaritätszuschlag – Freibeträge für ... Kinder 0,5	1,0	1,5	2,0	2,5	3,0
69 587,99	I,IV	**13 742**	5 581	5 581	I	12 013	10 362	8 787	7 290	5 870	4 528
	II	**12 095**	5 581	5 581	II	10 439	8 862	7 361	5 937	4 591	3 321
	III	**8 316**	5 581	5 581	III	7 054	5 830	4 644	3 498	2 388	1 344
	V	**19 832**	5 581	5 581	IV	12 868	12 013	11 178	10 362	9 565	8 787
	VI	**20 364**	5 581	5 581							
69 623,99	I,IV	**13 754**	5 581	5 581	I	12 025	10 373	8 798	7 301	5 880	4 537
	II	**12 107**	5 581	5 581	II	10 451	8 873	7 371	5 947	4 600	3 330
	III	**8 326**	5 581	5 581	III	7 062	5 838	4 652	3 506	2 396	1 352
	V	**19 846**	5 581	5 581	IV	12 880	12 025	11 189	10 373	9 576	8 798
	VI	**20 378**	5 581	5 581							
69 659,99	I,IV	**13 767**	5 581	5 581	I	12 038	10 385	8 810	7 311	5 890	4 547
	II	**12 119**	5 581	5 581	II	10 463	8 884	7 382	5 957	4 610	3 339
	III	**8 336**	5 581	5 581	III	7 072	5 846	4 660	3 514	2 404	1 358
	V	**19 860**	5 581	5 581	IV	12 893	12 038	11 202	10 385	9 588	8 810
	VI	**20 391**	5 581	5 581							
69 695,99	I,IV	**13 780**	5 581	5 581	I	12 050	10 397	8 821	7 322	5 901	4 556
	II	**12 132**	5 581	5 581	II	10 475	8 895	7 393	5 967	4 619	3 348
	III	**8 344**	5 581	5 581	III	7 082	5 856	4 670	3 522	2 412	1 366
	V	**19 874**	5 581	5 581	IV	12 905	12 050	11 214	10 397	9 599	8 821
	VI	**20 405**	5 581	5 581							
69 731,99	I,IV	**13 793**	5 581	5 581	I	12 062	10 408	8 832	7 333	5 910	4 566
	II	**12 144**	5 581	5 581	II	10 486	8 906	7 403	5 977	4 629	3 357
	III	**8 354**	5 581	5 581	III	7 090	5 864	4 678	3 530	2 420	1 372
	V	**19 887**	5 581	5 581	IV	12 918	12 062	11 226	10 408	9 611	8 832
	VI	**20 419**	5 581	5 581							
69 767,99	I,IV	**13 806**	5 581	5 581	I	12 075	10 420	8 843	7 343	5 921	4 575
	II	**12 156**	5 581	5 581	II	10 498	8 918	7 414	5 988	4 638	3 366
	III	**8 364**	5 581	5 581	III	7 100	5 874	4 686	3 538	2 428	1 380
	V	**19 901**	5 581	5 581	IV	12 931	12 075	11 238	10 420	9 622	8 843
	VI	**20 433**	5 581	5 581							
69 803,99	I,IV	**13 819**	5 581	5 581	I	12 087	10 432	8 855	7 354	5 931	4 585
	II	**12 169**	5 581	5 581	II	10 510	8 929	7 425	5 998	4 648	3 375
	III	**8 372**	5 581	5 581	III	7 108	5 882	4 696	3 546	2 436	1 388
	V	**19 915**	5 581	5 581	IV	12 943	12 087	11 250	10 432	9 634	8 855
	VI	**20 446**	5 581	5 581							
69 839,99	I,IV	**13 832**	5 581	5 581	I	12 099	10 444	8 866	7 365	5 941	4 594
	II	**12 181**	5 581	5 581	II	10 522	8 940	7 435	6 008	4 657	3 384
	III	**8 382**	5 581	5 581	III	7 118	5 892	4 704	3 554	2 444	1 394
	V	**19 928**	5 581	5 581	IV	12 956	12 099	11 262	10 444	9 645	8 866
	VI	**20 460**	5 581	5 581							
69 875,99	I,IV	**13 845**	5 581	5 581	I	12 112	10 456	8 877	7 375	5 951	4 604
	II	**12 193**	5 581	5 581	II	10 534	8 951	7 446	6 018	4 667	3 393
	III	**8 392**	5 581	5 581	III	7 126	5 900	4 712	3 562	2 452	1 400
	V	**19 942**	5 581	5 581	IV	12 969	12 112	11 274	10 456	9 657	8 877
	VI	**20 474**	5 581	5 581							
69 911,99	I,IV	**13 858**	5 581	5 581	I	12 124	10 468	8 888	7 386	5 961	4 613
	II	**12 206**	5 581	5 581	II	10 546	8 963	7 457	6 028	4 677	3 402
	III	**8 402**	5 581	5 581	III	7 136	5 908	4 720	3 572	2 460	1 408
	V	**19 956**	5 581	5 581	IV	12 981	12 124	11 286	10 468	9 668	8 888
	VI	**20 488**	5 581	5 581							
69 947,99	I,IV	**13 870**	5 581	5 581	I	12 136	10 479	8 899	7 397	5 971	4 623
	II	**12 218**	5 581	5 581	II	10 557	8 974	7 467	6 038	4 686	3 411
	III	**8 410**	5 581	5 581	III	7 144	5 918	4 730	3 580	2 468	1 416
	V	**19 969**	5 581	5 581	IV	12 994	12 136	11 298	10 479	9 680	8 899
	VI	**20 501**	5 581	5 581							
69 983,99	I,IV	**13 884**	5 581	5 581	I	12 149	10 491	8 911	7 407	5 981	4 632
	II	**12 231**	5 581	5 581	II	10 569	8 985	7 478	6 048	4 696	3 420
	III	**8 420**	5 581	5 581	III	7 154	5 926	4 738	3 588	2 476	1 422
	V	**19 983**	5 581	5 581	IV	13 006	12 149	11 310	10 491	9 691	8 911
	VI	**20 515**	5 581	5 581							

* Zur LSt-Berechnung für privat versicherte Arbeitnehmer s. Beispiele **Vorbemerkung S. 4 f.**
** Basisvorsorgepauschale KV und PV *** Typisierter Arbeitgeberzuschuss

Lohn/ Gehalt in € bis	Steuerklasse	Lohn-steuer*	BVSP**	TAGZ***	Steuerklasse	Bemessungsgrundlage für Kirchensteuer und Solidaritätszuschlag – Freibeträge für ... Kinder 0,5	1,0	1,5	2,0	2,5	3,0
70019,99	I,IV	**13897**	5581	5581	I	12161	10503	8922	7418	5992	4642
	II	**12243**	5581	5581	II	10581	8997	7489	6059	4705	3429
	III	**8430**	5581	5581	III	7164	5936	4746	3596	2484	1430
	V	**19997**	5581	5581	IV	13019	12161	11323	10503	9703	8922
	VI	**20529**	5581	5581							
70055,99	I,IV	**13909**	5581	5581	I	12173	10515	8933	7429	6002	4651
	II	**12255**	5581	5581	II	10593	9008	7500	6069	4715	3438
	III	**8438**	5581	5581	III	7172	5944	4754	3604	2492	1436
	V	**20010**	5581	5581	IV	13032	12173	11334	10515	9714	8933
	VI	**20542**	5581	5581							
70091,99	I,IV	**13922**	5581	5581	I	12186	10527	8945	7440	6012	4661
	II	**12268**	5581	5581	II	10605	9019	7510	6079	4725	3447
	III	**8448**	5581	5581	III	7180	5952	4764	3612	2500	1444
	V	**20024**	5581	5581	IV	13044	12186	11347	10527	9726	8945
	VI	**20556**	5581	5581							
70127,99	I,IV	**13935**	5581	5581	I	12198	10539	8956	7450	6022	4671
	II	**12280**	5581	5581	II	10617	9030	7521	6089	4734	3457
	III	**8458**	5581	5581	III	7190	5962	4772	3620	2508	1452
	V	**20038**	5581	5581	IV	13057	12198	11359	10539	9738	8956
	VI	**20570**	5581	5581							
70163,99	I,IV	**13948**	5581	5581	I	12211	10550	8967	7461	6032	4680
	II	**12293**	5581	5581	II	10629	9042	7532	6099	4744	3465
	III	**8466**	5581	5581	III	7200	5970	4780	3628	2516	1458
	V	**20052**	5581	5581	IV	13070	12211	11371	10550	9749	8967
	VI	**20583**	5581	5581							
70199,99	I,IV	**13961**	5581	5581	I	12223	10562	8978	7472	6042	4690
	II	**12305**	5581	5581	II	10641	9053	7543	6109	4753	3475
	III	**8476**	5581	5581	III	7208	5980	4788	3636	2524	1466
	V	**20065**	5581	5581	IV	13083	12223	11383	10562	9761	8978
	VI	**20597**	5581	5581							
70235,99	I,IV	**13974**	5581	5581	I	12236	10574	8990	7483	6052	4700
	II	**12318**	5581	5581	II	10652	9064	7553	6120	4763	3484
	III	**8486**	5581	5581	III	7218	5988	4798	3646	2532	1472
	V	**20079**	5581	5581	IV	13095	12236	11395	10574	9772	8990
	VI	**20611**	5581	5581							
70271,99	I,IV	**13987**	5581	5581	I	12248	10586	9001	7493	6062	4709
	II	**12330**	5581	5581	II	10664	9075	7564	6130	4773	3493
	III	**8494**	5581	5581	III	7226	5998	4806	3654	2540	1480
	V	**20093**	5581	5581	IV	13108	12248	11407	10586	9784	9001
	VI	**20625**	5581	5581							
70307,99	I,IV	**14000**	5581	5581	I	12260	10598	9012	7504	6073	4719
	II	**12343**	5581	5581	II	10676	9087	7575	6140	4782	3502
	III	**8504**	5581	5581	III	7236	6006	4814	3662	2548	1486
	V	**20107**	5581	5581	IV	13121	12260	11419	10598	9795	9012
	VI	**20638**	5581	5581							
70343,99	I,IV	**14013**	5581	5581	I	12273	10610	9024	7515	6083	4728
	II	**12355**	5581	5581	II	10688	9098	7586	6150	4792	3511
	III	**8514**	5581	5581	III	7246	6014	4824	3670	2556	1494
	V	**20121**	5581	5581	IV	13133	12273	11432	10610	9807	9024
	VI	**20652**	5581	5581							
70379,99	I,IV	**14026**	5581	5581	I	12285	10621	9035	7525	6093	4738
	II	**12367**	5581	5581	II	10700	9109	7596	6160	4801	3520
	III	**8522**	5581	5581	III	7254	6024	4832	3678	2564	1502
	V	**20134**	5581	5581	IV	13146	12285	11444	10621	9818	9035
	VI	**20666**	5581	5581							
70415,99	I,IV	**14039**	5581	5581	I	12298	10633	9046	7536	6103	4748
	II	**12380**	5581	5581	II	10712	9121	7607	6171	4811	3529
	III	**8532**	5581	5581	III	7262	6032	4840	3686	2572	1508
	V	**20148**	5581	5581	IV	13159	12298	11456	10633	9830	9046
	VI	**20680**	5581	5581							

* Zur LSt-Berechnung für privat versicherte Arbeitnehmer s. Beispiele **Vorbemerkung S. 4f.**
** Basisvorsorgepauschale KV und PV *** Typisierter Arbeitgeberzuschuss

Lohn/ Gehalt in € bis	Steuerklasse	Lohn-steuer*	BVSP**	TAGZ***	Steuerklasse	Bemessungsgrundlage für Kirchensteuer und Solidaritätszuschlag – Freibeträge für ... Kinder 0,5	1,0	1,5	2,0	2,5	3,0
70451,99	I,IV	**14052**	5581	5581	I	12310	10645	9057	7547	6113	4757
	II	**12392**	5581	5581	II	10723	9132	7618	6181	4821	3538
	III	**8542**	5581	5581	III	7272	6040	4848	3694	2580	1516
	V	**20161**	5581	5581	IV	13171	12310	11468	10645	9841	9057
	VI	**20693**	5581	5581							
70487,99	I,IV	**14065**	5581	5581	I	12322	10657	9069	7557	6123	4767
	II	**12405**	5581	5581	II	10735	9143	7629	6191	4830	3547
	III	**8552**	5581	5581	III	7282	6050	4858	3704	2588	1524
	V	**20175**	5581	5581	IV	13184	12322	11480	10657	9853	9069
	VI	**20707**	5581	5581							
70523,99	I,IV	**14078**	5581	5581	I	12335	10669	9080	7568	6134	4776
	II	**12417**	5581	5581	II	10747	9155	7639	6201	4840	3556
	III	**8560**	5581	5581	III	7290	6058	4866	3712	2596	1530
	V	**20189**	5581	5581	IV	13197	12335	11492	10669	9865	9080
	VI	**20721**	5581	5581							
70559,99	I,IV	**14091**	5581	5581	I	12347	10680	9091	7579	6144	4786
	II	**12429**	5581	5581	II	10759	9166	7650	6211	4850	3565
	III	**8570**	5581	5581	III	7300	6068	4874	3720	2604	1538
	V	**20202**	5581	5581	IV	13209	12347	11504	10680	9876	9091
	VI	**20734**	5581	5581							
70595,99	I,IV	**14104**	5581	5581	I	12360	10692	9103	7590	6154	4796
	II	**12442**	5581	5581	II	10771	9177	7661	6222	4859	3574
	III	**8580**	5581	5581	III	7308	6076	4884	3728	2612	1544
	V	**20216**	5581	5581	IV	13222	12360	11516	10692	9888	9103
	VI	**20748**	5581	5581							
70631,99	I,IV	**14117**	5581	5581	I	12372	10705	9114	7601	6164	4805
	II	**12455**	5581	5581	II	10783	9189	7672	6232	4869	3583
	III	**8588**	5581	5581	III	7318	6086	4892	3736	2620	1552
	V	**20230**	5581	5581	IV	13235	12372	11529	10705	9900	9114
	VI	**20762**	5581	5581							
70667,99	I,IV	**14130**	5581	5581	I	12384	10716	9125	7611	6174	4815
	II	**12467**	5581	5581	II	10795	9200	7682	6242	4879	3592
	III	**8598**	5581	5581	III	7326	6094	4900	3744	2628	1560
	V	**20244**	5581	5581	IV	13248	12384	11541	10716	9911	9125
	VI	**20775**	5581	5581							
70703,99	I,IV	**14143**	5581	5581	I	12397	10728	9136	7622	6185	4824
	II	**12480**	5581	5581	II	10807	9212	7693	6252	4888	3602
	III	**8608**	5581	5581	III	7336	6104	4908	3752	2636	1566
	V	**20257**	5581	5581	IV	13260	12397	11553	10728	9923	9136
	VI	**20789**	5581	5581							
70739,99	I,IV	**14156**	5581	5581	I	12410	10740	9148	7633	6195	4834
	II	**12492**	5581	5581	II	10819	9223	7704	6263	4898	3611
	III	**8616**	5581	5581	III	7346	6112	4918	3762	2644	1574
	V	**20271**	5581	5581	IV	13273	12410	11565	10740	9934	9148
	VI	**20803**	5581	5581							
70775,99	I,IV	**14169**	5581	5581	I	12422	10752	9159	7643	6205	4844
	II	**12504**	5581	5581	II	10831	9234	7715	6273	4908	3620
	III	**8626**	5581	5581	III	7354	6120	4926	3770	2652	1582
	V	**20285**	5581	5581	IV	13286	12422	11577	10752	9946	9159
	VI	**20816**	5581	5581							
70811,99	I,IV	**14182**	5581	5581	I	12434	10764	9171	7654	6215	4853
	II	**12517**	5581	5581	II	10843	9246	7726	6283	4917	3629
	III	**8636**	5581	5581	III	7364	6130	4934	3778	2660	1588
	V	**20299**	5581	5581	IV	13299	12434	11590	10764	9958	9171
	VI	**20830**	5581	5581							
70847,99	I,IV	**14195**	5581	5581	I	12447	10776	9182	7665	6226	4863
	II	**12530**	5581	5581	II	10855	9257	7737	6293	4927	3638
	III	**8646**	5581	5581	III	7372	6138	4942	3786	2668	1596
	V	**20312**	5581	5581	IV	13312	12447	11602	10776	9969	9182
	VI	**20844**	5581	5581							

* Zur LSt-Berechnung für privat versicherte Arbeitnehmer s. Beispiele **Vorbemerkung S. 4 f.**
** Basisvorsorgepauschale KV und PV *** Typisierter Arbeitgeberzuschuss

Lohn/ Gehalt in € bis	Steuerklasse	Lohn-steuer*	BVSP**	TAGZ***	Steuerklasse	Bemessungsgrundlage für Kirchensteuer und Solidaritätszuschlag – Freibeträge für ... Kinder 0,5	1,0	1,5	2,0	2,5	3,0
70 883,99	I,IV	**14 208**	5 581	5 581	I	12 459	10 788	9 193	7 676	6 236	4 873
	II	**12 542**	5 581	5 581	II	10 866	9 268	7 747	6 303	4 937	3 647
	III	**8 654**	5 581	5 581	III	7 382	6 148	4 952	3 794	2 676	1 604
	V	**20 326**	5 581	5 581	IV	13 324	12 459	11 614	10 788	9 981	9 193
	VI	**20 858**	5 581	5 581							
70 919,99	I,IV	**14 221**	5 581	5 581	I	12 472	10 800	9 205	7 687	6 246	4 882
	II	**12 555**	5 581	5 581	II	10 879	9 280	7 758	6 314	4 946	3 656
	III	**8 664**	5 581	5 581	III	7 390	6 156	4 960	3 802	2 684	1 612
	V	**20 340**	5 581	5 581	IV	13 337	12 472	11 626	10 800	9 992	9 205
	VI	**20 871**	5 581	5 581							
70 955,99	I,IV	**14 234**	5 581	5 581	I	12 484	10 812	9 216	7 698	6 256	4 892
	II	**12 567**	5 581	5 581	II	10 891	9 291	7 769	6 324	4 956	3 666
	III	**8 674**	5 581	5 581	III	7 400	6 166	4 968	3 810	2 692	1 618
	V	**20 354**	5 581	5 581	IV	13 350	12 484	11 638	10 812	10 004	9 216
	VI	**20 885**	5 581	5 581							
70 991,99	I,IV	**14 247**	5 581	5 581	I	12 497	10 823	9 227	7 708	6 266	4 902
	II	**12 579**	5 581	5 581	II	10 902	9 302	7 780	6 334	4 966	3 674
	III	**8 682**	5 581	5 581	III	7 408	6 174	4 978	3 820	2 700	1 626
	V	**20 367**	5 581	5 581	IV	13 362	12 497	11 650	10 823	10 016	9 227
	VI	**20 899**	5 581	5 581							
71 027,99	I,IV	**14 260**	5 581	5 581	I	12 509	10 835	9 239	7 719	6 277	4 911
	II	**12 592**	5 581	5 581	II	10 914	9 314	7 791	6 345	4 976	3 684
	III	**8 692**	5 581	5 581	III	7 418	6 182	4 986	3 828	2 708	1 634
	V	**20 381**	5 581	5 581	IV	13 375	12 509	11 663	10 835	10 027	9 239
	VI	**20 913**	5 581	5 581							
71 063,99	I,IV	**14 274**	5 581	5 581	I	12 522	10 847	9 250	7 730	6 287	4 921
	II	**12 605**	5 581	5 581	II	10 927	9 325	7 802	6 355	4 985	3 693
	III	**8 702**	5 581	5 581	III	7 428	6 192	4 994	3 836	2 716	1 640
	V	**20 395**	5 581	5 581	IV	13 388	12 522	11 675	10 847	10 039	9 250
	VI	**20 926**	5 581	5 581							
71 099,99	I,IV	**14 286**	5 581	5 581	I	12 534	10 859	9 261	7 741	6 297	4 931
	II	**12 617**	5 581	5 581	II	10 938	9 337	7 812	6 365	4 995	3 702
	III	**8 712**	5 581	5 581	III	7 436	6 200	5 002	3 844	2 724	1 648
	V	**20 408**	5 581	5 581	IV	13 401	12 534	11 687	10 859	10 051	9 261
	VI	**20 940**	5 581	5 581							
71 135,99	I,IV	**14 300**	5 581	5 581	I	12 547	10 871	9 273	7 752	6 307	4 940
	II	**12 630**	5 581	5 581	II	10 950	9 348	7 823	6 375	5 005	3 711
	III	**8 720**	5 581	5 581	III	7 446	6 210	5 012	3 852	2 732	1 656
	V	**20 422**	5 581	5 581	IV	13 414	12 547	11 699	10 871	10 062	9 273
	VI	**20 954**	5 581	5 581							
71 171,99	I,IV	**14 313**	5 581	5 581	I	12 559	10 883	9 284	7 762	6 318	4 950
	II	**12 642**	5 581	5 581	II	10 962	9 360	7 834	6 386	5 014	3 720
	III	**8 730**	5 581	5 581	III	7 454	6 218	5 020	3 860	2 740	1 662
	V	**20 436**	5 581	5 581	IV	13 427	12 559	11 712	10 883	10 074	9 284
	VI	**20 968**	5 581	5 581							
71 207,99	I,IV	**14 326**	5 581	5 581	I	12 572	10 895	9 295	7 773	6 328	4 960
	II	**12 655**	5 581	5 581	II	10 974	9 371	7 845	6 396	5 024	3 729
	III	**8 740**	5 581	5 581	III	7 464	6 226	5 028	3 868	2 748	1 670
	V	**20 449**	5 581	5 581	IV	13 439	12 572	11 724	10 895	10 086	9 295
	VI	**20 981**	5 581	5 581							
71 243,99	I,IV	**14 339**	5 581	5 581	I	12 584	10 907	9 307	7 784	6 338	4 970
	II	**12 667**	5 581	5 581	II	10 986	9 382	7 856	6 406	5 034	3 739
	III	**8 750**	5 581	5 581	III	7 474	6 236	5 038	3 878	2 756	1 678
	V	**20 463**	5 581	5 581	IV	13 452	12 584	11 736	10 907	10 097	9 307
	VI	**20 995**	5 581	5 581							
71 279,99	I,IV	**14 352**	5 581	5 581	I	12 597	10 919	9 318	7 795	6 348	4 979
	II	**12 680**	5 581	5 581	II	10 998	9 394	7 866	6 416	5 043	3 748
	III	**8 758**	5 581	5 581	III	7 482	6 244	5 046	3 886	2 764	1 686
	V	**20 477**	5 581	5 581	IV	13 465	12 597	11 748	10 919	10 109	9 318
	VI	**21 008**	5 581	5 581							

* Zur LSt-Berechnung für privat versicherte Arbeitnehmer s. Beispiele **Vorbemerkung S. 4f.**
** Basisvorsorgepauschale KV und PV *** Typisierter Arbeitgeberzuschuss

Lohn/ Gehalt in € bis	Steuerklasse	Lohn- steuer*	BVSP**	TAGZ***	Steuerklasse	Bemessungsgrundlage für Kirchensteuer und Solidaritätszuschlag – Freibeträge für ... Kinder 0,5	**1,0**	1,5	**2,0**	2,5	**3,0**
71 315,99	I,IV	**14 365**	5 581	5 581	I	12 609	10 931	9 330	7 806	6 359	4 989
	II	**12 692**	5 581	5 581	II	11 010	9 405	7 877	6 427	5 053	3 757
	III	**8 768**	5 581	5 581	III	7 492	6 254	5 054	3 894	2 772	1 692
	V	**20 491**	5 581	5 581	IV	13 477	12 609	11 760	10 931	10 121	9 330
	VI	**21 022**	5 581	5 581							
71 351,99	I,IV	**14 378**	5 581	5 581	I	12 622	10 943	9 341	7 817	6 369	4 999
	II	**12 705**	5 581	5 581	II	11 022	9 417	7 888	6 437	5 063	3 766
	III	**8 778**	5 581	5 581	III	7 500	6 262	5 064	3 902	2 780	1 700
	V	**20 504**	5 581	5 581	IV	13 490	12 622	11 773	10 943	10 132	9 341
	VI	**21 036**	5 581	5 581							
71 387,99	I,IV	**14 391**	5 581	5 581	I	12 634	10 955	9 352	7 827	6 379	5 008
	II	**12 717**	5 581	5 581	II	11 034	9 428	7 899	6 447	5 073	3 775
	III	**8 786**	5 581	5 581	III	7 510	6 272	5 072	3 910	2 788	1 708
	V	**20 518**	5 581	5 581	IV	13 503	12 634	11 785	10 955	10 144	9 352
	VI	**21 050**	5 581	5 581							
71 423,99	I,IV	**14 404**	5 581	5 581	I	12 647	10 967	9 364	7 838	6 390	5 018
	II	**12 730**	5 581	5 581	II	11 046	9 439	7 910	6 458	5 082	3 784
	III	**8 796**	5 581	5 581	III	7 518	6 280	5 080	3 918	2 796	1 716
	V	**20 532**	5 581	5 581	IV	13 516	12 647	11 797	10 967	10 156	9 364
	VI	**21 063**	5 581	5 581							
71 459,99	I,IV	**14 417**	5 581	5 581	I	12 660	10 979	9 375	7 849	6 400	5 028
	II	**12 743**	5 581	5 581	II	11 058	9 451	7 921	6 468	5 092	3 794
	III	**8 806**	5 581	5 581	III	7 528	6 290	5 090	3 928	2 804	1 724
	V	**20 546**	5 581	5 581	IV	13 529	12 660	11 810	10 979	10 168	9 375
	VI	**21 077**	5 581	5 581							
71 495,99	I,IV	**14 430**	5 581	5 581	I	12 672	10 991	9 387	7 860	6 410	5 037
	II	**12 755**	5 581	5 581	II	11 070	9 462	7 932	6 478	5 102	3 803
	III	**8 816**	5 581	5 581	III	7 538	6 298	5 098	3 936	2 812	1 730
	V	**20 559**	5 581	5 581	IV	13 541	12 672	11 822	10 991	10 179	9 387
	VI	**21 091**	5 581	5 581							
71 531,99	I,IV	**14 444**	5 581	5 581	I	12 685	11 003	9 398	7 871	6 420	5 047
	II	**12 768**	5 581	5 581	II	11 082	9 474	7 943	6 489	5 112	3 812
	III	**8 824**	5 581	5 581	III	7 546	6 308	5 106	3 944	2 820	1 738
	V	**20 573**	5 581	5 581	IV	13 554	12 685	11 834	11 003	10 191	9 398
	VI	**21 105**	5 581	5 581							
71 567,99	I,IV	**14 457**	5 581	5 581	I	12 697	11 015	9 410	7 882	6 431	5 057
	II	**12 780**	5 581	5 581	II	11 094	9 485	7 954	6 499	5 122	3 821
	III	**8 834**	5 581	5 581	III	7 556	6 316	5 116	3 952	2 828	1 746
	V	**20 587**	5 581	5 581	IV	13 567	12 697	11 846	11 015	10 203	9 410
	VI	**21 118**	5 581	5 581							
71 603,99	I,IV	**14 470**	5 581	5 581	I	12 710	11 027	9 421	7 892	6 441	5 067
	II	**12 793**	5 581	5 581	II	11 106	9 497	7 964	6 509	5 131	3 830
	III	**8 844**	5 581	5 581	III	7 566	6 326	5 124	3 960	2 836	1 754
	V	**20 600**	5 581	5 581	IV	13 580	12 710	11 858	11 027	10 214	9 421
	VI	**21 132**	5 581	5 581							
71 639,99	I,IV	**14 483**	5 581	5 581	I	12 722	11 039	9 432	7 903	6 451	5 077
	II	**12 805**	5 581	5 581	II	11 118	9 508	7 975	6 520	5 141	3 840
	III	**8 852**	5 581	5 581	III	7 574	6 334	5 132	3 968	2 844	1 760
	V	**20 614**	5 581	5 581	IV	13 593	12 722	11 871	11 039	10 226	9 432
	VI	**21 146**	5 581	5 581							
71 675,99	I,IV	**14 496**	5 581	5 581	I	12 735	11 051	9 444	7 914	6 462	5 086
	II	**12 818**	5 581	5 581	II	11 130	9 520	7 986	6 530	5 151	3 849
	III	**8 862**	5 581	5 581	III	7 584	6 344	5 142	3 978	2 852	1 768
	V	**20 628**	5 581	5 581	IV	13 606	12 735	11 883	11 051	10 238	9 444
	VI	**21 160**	5 581	5 581							
71 711,99	I,IV	**14 509**	5 581	5 581	I	12 747	11 063	9 455	7 925	6 472	5 096
	II	**12 831**	5 581	5 581	II	11 142	9 531	7 997	6 540	5 161	3 858
	III	**8 872**	5 581	5 581	III	7 592	6 352	5 150	3 986	2 860	1 776
	V	**20 641**	5 581	5 581	IV	13 619	12 747	11 895	11 063	10 249	9 455
	VI	**21 173**	5 581	5 581							

* Zur LSt-Berechnung für privat versicherte Arbeitnehmer s. Beispiele **Vorbemerkung S. 4 f.**
** Basisvorsorgepauschale KV und PV *** Typisierter Arbeitgeberzuschuss

Lohn/ Gehalt in € bis	Steuerklasse	Lohn-steuer*	BVSP**	TAGZ***	Steuerklasse	Bemessungsgrundlage für Kirchensteuer und Solidaritätszuschlag – Freibeträge für ... Kinder 0,5	1,0	1,5	2,0	2,5	3,0
71 747,99	I,IV	**14 522**	5 581	5 581	I	12 760	11 075	9 467	7 936	6 482	5 106
	II	**12 843**	5 581	5 581	II	11 154	9 543	8 008	6 551	5 170	3 867
	III	**8 882**	5 581	5 581	III	7 602	6 360	5 158	3 994	2 868	1 784
	V	**20 655**	5 581	5 581	IV	13 632	12 760	11 908	11 075	10 261	9 467
	VI	**21 187**	5 581	5 581							
71 783,99	I,IV	**14 536**	5 581	5 581	I	12 773	11 087	9 478	7 947	6 493	5 116
	II	**12 856**	5 581	5 581	II	11 167	9 554	8 019	6 561	5 180	3 877
	III	**8 892**	5 581	5 581	III	7 612	6 370	5 166	4 002	2 878	1 792
	V	**20 669**	5 581	5 581	IV	13 645	12 773	11 920	11 087	10 273	9 478
	VI	**21 201**	5 581	5 581							
71 819,99	I,IV	**14 549**	5 581	5 581	I	12 785	11 099	9 490	7 958	6 503	5 125
	II	**12 868**	5 581	5 581	II	11 178	9 565	8 030	6 571	5 190	3 886
	III	**8 900**	5 581	5 581	III	7 620	6 378	5 176	4 010	2 884	1 798
	V	**20 682**	5 581	5 581	IV	13 657	12 785	11 932	11 099	10 285	9 490
	VI	**21 214**	5 581	5 581							
71 855,99	I,IV	**14 562**	5 581	5 581	I	12 798	11 111	9 501	7 969	6 513	5 135
	II	**12 881**	5 581	5 581	II	11 191	9 577	8 041	6 582	5 200	3 895
	III	**8 910**	5 581	5 581	III	7 630	6 388	5 184	4 020	2 892	1 806
	V	**20 696**	5 581	5 581	IV	13 670	12 798	11 945	11 111	10 296	9 501
	VI	**21 228**	5 581	5 581							
71 891,99	I,IV	**14 575**	5 581	5 581	I	12 810	11 123	9 513	7 980	6 524	5 145
	II	**12 894**	5 581	5 581	II	11 203	9 589	8 052	6 592	5 210	3 904
	III	**8 920**	5 581	5 581	III	7 638	6 396	5 192	4 028	2 902	1 814
	V	**20 710**	5 581	5 581	IV	13 683	12 810	11 957	11 123	10 308	9 513
	VI	**21 242**	5 581	5 581							
71 927,99	I,IV	**14 588**	5 581	5 581	I	12 823	11 135	9 524	7 990	6 534	5 155
	II	**12 906**	5 581	5 581	II	11 215	9 600	8 063	6 602	5 219	3 913
	III	**8 928**	5 581	5 581	III	7 648	6 406	5 202	4 036	2 910	1 822
	V	**20 724**	5 581	5 581	IV	13 696	12 823	11 969	11 135	10 320	9 524
	VI	**21 255**	5 581	5 581							
71 963,99	I,IV	**14 601**	5 581	5 581	I	12 836	11 147	9 536	8 001	6 544	5 164
	II	**12 919**	5 581	5 581	II	11 227	9 612	8 074	6 613	5 229	3 923
	III	**8 938**	5 581	5 581	III	7 656	6 414	5 210	4 044	2 918	1 830
	V	**20 737**	5 581	5 581	IV	13 709	12 836	11 982	11 147	10 332	9 536
	VI	**21 269**	5 581	5 581							
71 999,99	I,IV	**14 615**	5 581	5 581	I	12 848	11 159	9 547	8 012	6 555	5 174
	II	**12 932**	5 581	5 581	II	11 239	9 623	8 085	6 623	5 239	3 932
	III	**8 948**	5 581	5 581	III	7 666	6 424	5 218	4 052	2 926	1 838
	V	**20 751**	5 581	5 581	IV	13 722	12 848	11 994	11 159	10 344	9 547
	VI	**21 283**	5 581	5 581							
72 035,99	I,IV	**14 627**	5 581	5 581	I	12 861	11 171	9 558	8 023	6 565	5 184
	II	**12 944**	5 581	5 581	II	11 251	9 634	8 095	6 634	5 249	3 941
	III	**8 958**	5 581	5 581	III	7 676	6 432	5 228	4 062	2 934	1 844
	V	**20 765**	5 581	5 581	IV	13 734	12 861	12 006	11 171	10 355	9 558
	VI	**21 297**	5 581	5 581							
72 071,99	I,IV	**14 641**	5 581	5 581	I	12 873	11 183	9 570	8 034	6 575	5 194
	II	**12 957**	5 581	5 581	II	11 263	9 646	8 106	6 644	5 259	3 951
	III	**8 966**	5 581	5 581	III	7 684	6 440	5 236	4 070	2 942	1 852
	V	**20 779**	5 581	5 581	IV	13 747	12 873	12 019	11 183	10 367	9 570
	VI	**21 310**	5 581	5 581							
72 107,99	I,IV	**14 654**	5 581	5 581	I	12 886	11 195	9 581	8 045	6 586	5 203
	II	**12 969**	5 581	5 581	II	11 275	9 657	8 117	6 654	5 268	3 960
	III	**8 976**	5 581	5 581	III	7 694	6 450	5 244	4 078	2 950	1 860
	V	**20 792**	5 581	5 581	IV	13 760	12 886	12 031	11 195	10 378	9 581
	VI	**21 324**	5 581	5 581							
72 143,99	I,IV	**14 667**	5 581	5 581	I	12 899	11 207	9 593	8 056	6 596	5 213
	II	**12 982**	5 581	5 581	II	11 287	9 669	8 128	6 665	5 278	3 969
	III	**8 986**	5 581	5 581	III	7 704	6 458	5 254	4 086	2 958	1 868
	V	**20 806**	5 581	5 581	IV	13 773	12 899	12 043	11 207	10 390	9 593
	VI	**21 338**	5 581	5 581							

* Zur LSt-Berechnung für privat versicherte Arbeitnehmer s. Beispiele **Vorbemerkung S. 4 f.**
** Basisvorsorgepauschale KV und PV *** Typisierter Arbeitgeberzuschuss

Lohn/Gehalt in € bis	Steuerklasse	Lohnsteuer*	BVSP**	TAGZ***	Steuerklasse	Bemessungsgrundlage für Kirchensteuer und Solidaritätszuschlag – Freibeträge für ... Kinder 0,5	1,0	1,5	2,0	2,5	3,0
72179,99	I,IV	**14680**	5581	5581	I	12911	11219	9605	8067	6607	5223
	II	**12995**	5581	5581	II	11299	9681	8139	6675	5288	3978
	III	**8996**	5581	5581	III	7712	6468	5262	4094	2966	1876
	V	**20820**	5581	5581	IV	13786	12911	12056	11219	10402	9605
	VI	**21352**	5581	5581							
72215,99	I,IV	**14693**	5581	5581	I	12924	11231	9616	8078	6617	5233
	II	**13007**	5581	5581	II	11311	9692	8150	6685	5298	3988
	III	**9004**	5581	5581	III	7722	6476	5270	4102	2974	1884
	V	**20833**	5581	5581	IV	13799	12924	12068	11231	10414	9616
	VI	**21365**	5581	5581							
72251,99	I,IV	**14707**	5581	5581	I	12936	11243	9627	8089	6627	5243
	II	**13020**	5581	5581	II	11323	9704	8161	6696	5308	3997
	III	**9014**	5581	5581	III	7730	6486	5280	4112	2982	1892
	V	**20847**	5581	5581	IV	13812	12936	12080	11243	10426	9627
	VI	**21379**	5581	5581							
72287,99	I,IV	**14720**	5581	5581	I	12949	11256	9639	8100	6638	5253
	II	**13033**	5581	5581	II	11335	9715	8172	6706	5318	4006
	III	**9024**	5581	5581	III	7740	6494	5288	4120	2990	1900
	V	**20861**	5581	5581	IV	13825	12949	12093	11256	10438	9639
	VI	**21393**	5581	5581							
72323,99	I,IV	**14733**	5581	5581	I	12962	11267	9650	8111	6648	5262
	II	**13045**	5581	5581	II	11347	9727	8183	6717	5327	4015
	III	**9034**	5581	5581	III	7748	6504	5296	4128	2998	1906
	V	**20874**	5581	5581	IV	13838	12962	12105	11267	10449	9650
	VI	**21406**	5581	5581							
72359,99	I,IV	**14746**	5581	5581	I	12974	11280	9662	8122	6658	5272
	II	**13058**	5581	5581	II	11360	9738	8194	6727	5337	4025
	III	**9042**	5581	5581	III	7758	6512	5306	4136	3006	1914
	V	**20888**	5581	5581	IV	13851	12974	12117	11280	10461	9662
	VI	**21420**	5581	5581							
72395,99	I,IV	**14760**	5581	5581	I	12987	11292	9674	8133	6669	5282
	II	**13071**	5581	5581	II	11372	9750	8205	6738	5347	4034
	III	**9052**	5581	5581	III	7768	6522	5314	4144	3014	1922
	V	**20902**	5581	5581	IV	13864	12987	12130	11292	10473	9674
	VI	**21434**	5581	5581							
72431,99	I,IV	**14773**	5581	5581	I	13000	11304	9685	8143	6679	5292
	II	**13083**	5581	5581	II	11384	9761	8216	6748	5357	4043
	III	**9062**	5581	5581	III	7776	6530	5322	4152	3022	1930
	V	**20916**	5581	5581	IV	13876	13000	12142	11304	10485	9685
	VI	**21447**	5581	5581							
72467,99	I,IV	**14786**	5581	5581	I	13012	11316	9697	8154	6690	5302
	II	**13096**	5581	5581	II	11396	9773	8227	6758	5367	4053
	III	**9072**	5581	5581	III	7786	6540	5332	4162	3030	1938
	V	**20929**	5581	5581	IV	13889	13012	12154	11316	10497	9697
	VI	**21461**	5581	5581							
72503,99	I,IV	**14799**	5581	5581	I	13025	11328	9708	8166	6700	5312
	II	**13109**	5581	5581	II	11408	9785	8238	6769	5377	4062
	III	**9080**	5581	5581	III	7796	6548	5340	4170	3038	1946
	V	**20943**	5581	5581	IV	13903	13025	12167	11328	10509	9708
	VI	**21475**	5581	5581							
72539,99	I,IV	**14812**	5581	5581	I	13038	11340	9720	8176	6710	5321
	II	**13121**	5581	5581	II	11420	9796	8249	6779	5387	4071
	III	**9090**	5581	5581	III	7804	6558	5348	4178	3046	1954
	V	**20957**	5581	5581	IV	13915	13038	12179	11340	10520	9720
	VI	**21488**	5581	5581							
72575,99	I,IV	**14826**	5581	5581	I	13050	11352	9731	8187	6721	5331
	II	**13134**	5581	5581	II	11432	9808	8260	6790	5397	4081
	III	**9100**	5581	5581	III	7814	6566	5358	4186	3056	1962
	V	**20971**	5581	5581	IV	13928	13050	12192	11352	10532	9731
	VI	**21502**	5581	5581							

* Zur LSt-Berechnung für privat versicherte Arbeitnehmer s. Beispiele **Vorbemerkung S. 4f.**
** Basisvorsorgepauschale KV und PV *** Typisierter Arbeitgeberzuschuss

Lohn/ Gehalt in € bis	Steuerklasse	Lohn- steuer*	BVSP**	TAGZ***	Steuerklasse	Bemessungsgrundlage für Kirchensteuer und Solidaritätszuschlag – Freibeträge für ... Kinder 0,5	1,0	1,5	2,0	2,5	3,0
72611,99	I,IV	**14839**	5581	5581	I	13063	11364	9743	8199	6731	5341
	II	**13147**	5581	5581	II	11445	9819	8271	6800	5407	4090
	III	**9110**	5581	5581	III	7822	6576	5366	4196	3064	1970
	V	**20984**	5581	5581	IV	13941	13063	12204	11364	10544	9743
	VI	**21516**	5581	5581							
72647,99	I,IV	**14852**	5581	5581	I	13076	11376	9754	8209	6742	5351
	II	**13159**	5581	5581	II	11457	9831	8282	6811	5416	4099
	III	**9118**	5581	5581	III	7832	6584	5374	4204	3070	1978
	V	**20998**	5581	5581	IV	13954	13076	12216	11376	10556	9754
	VI	**21530**	5581	5581							
72683,99	I,IV	**14865**	5581	5581	I	13088	11389	9766	8220	6752	5361
	II	**13172**	5581	5581	II	11469	9842	8293	6821	5426	4109
	III	**9128**	5581	5581	III	7842	6594	5384	4212	3080	1986
	V	**21012**	5581	5581	IV	13967	13088	12229	11389	10568	9766
	VI	**21543**	5581	5581							
72719,99	I,IV	**14879**	5581	5581	I	13101	11401	9778	8232	6763	5371
	II	**13185**	5581	5581	II	11481	9854	8304	6832	5436	4118
	III	**9138**	5581	5581	III	7850	6602	5392	4220	3088	1994
	V	**21026**	5581	5581	IV	13980	13101	12241	11401	10580	9778
	VI	**21557**	5581	5581							
72755,99	I,IV	**14892**	5581	5581	I	13114	11413	9789	8242	6773	5381
	II	**13198**	5581	5581	II	11493	9865	8315	6842	5446	4127
	III	**9148**	5581	5581	III	7860	6610	5400	4228	3096	2000
	V	**21039**	5581	5581	IV	13993	13114	12253	11413	10591	9789
	VI	**21571**	5581	5581							
72791,99	I,IV	**14905**	5581	5581	I	13126	11425	9801	8253	6783	5391
	II	**13210**	5581	5581	II	11505	9877	8326	6853	5456	4137
	III	**9158**	5581	5581	III	7870	6620	5410	4238	3104	2008
	V	**21053**	5581	5581	IV	14006	13126	12266	11425	10603	9801
	VI	**21585**	5581	5581							
72827,99	I,IV	**14918**	5581	5581	I	13139	11437	9812	8264	6794	5400
	II	**13223**	5581	5581	II	11517	9889	8337	6863	5466	4146
	III	**9166**	5581	5581	III	7878	6628	5418	4246	3112	2016
	V	**21066**	5581	5581	IV	14019	13139	12278	11437	10615	9812
	VI	**21598**	5581	5581							
72863,99	I,IV	**14932**	5581	5581	I	13152	11449	9824	8275	6804	5410
	II	**13236**	5581	5581	II	11529	9900	8348	6873	5476	4155
	III	**9176**	5581	5581	III	7888	6638	5426	4254	3120	2024
	V	**21080**	5581	5581	IV	14032	13152	12291	11449	10627	9824
	VI	**21612**	5581	5581							
72899,99	I,IV	**14945**	5581	5581	I	13165	11461	9835	8286	6815	5420
	II	**13249**	5581	5581	II	11542	9912	8359	6884	5486	4165
	III	**9186**	5581	5581	III	7898	6648	5436	4262	3128	2032
	V	**21094**	5581	5581	IV	14045	13165	12303	11461	10639	9835
	VI	**21626**	5581	5581							
72935,99	I,IV	**14958**	5581	5581	I	13177	11473	9847	8297	6825	5430
	II	**13261**	5581	5581	II	11554	9923	8370	6894	5495	4174
	III	**9196**	5581	5581	III	7906	6656	5444	4270	3136	2040
	V	**21108**	5581	5581	IV	14058	13177	12315	11473	10650	9847
	VI	**21639**	5581	5581							
72971,99	I,IV	**14971**	5581	5581	I	13190	11486	9858	8308	6836	5440
	II	**13274**	5581	5581	II	11566	9935	8381	6905	5506	4183
	III	**9204**	5581	5581	III	7916	6664	5452	4280	3144	2048
	V	**21121**	5581	5581	IV	14071	13190	12328	11486	10662	9858
	VI	**21653**	5581	5581							
73007,99	I,IV	**14985**	5581	5581	I	13203	11498	9870	8320	6846	5450
	II	**13287**	5581	5581	II	11578	9947	8393	6915	5516	4193
	III	**9214**	5581	5581	III	7926	6674	5462	4288	3152	2056
	V	**21135**	5581	5581	IV	14084	13203	12341	11498	10674	9870
	VI	**21667**	5581	5581							

* Zur LSt-Berechnung für privat versicherte Arbeitnehmer s. Beispiele **Vorbemerkung S. 4f.**
** Basisvorsorgepauschale KV und PV *** Typisierter Arbeitgeberzuschuss

Lohn/ Gehalt in € bis	Steuerklasse	Lohn-steuer*	BVSP**	TAGZ***	Steuerklasse	Bemessungsgrundlage für Kirchensteuer und Solidaritätszuschlag – Freibeträge für ... Kinder 0,5	1,0	1,5	2,0	2,5	3,0
73 043,99	I,IV	**14 998**	5 581	5 581	I	13 215	11 510	9 881	8 330	6 856	5 460
	II	**13 299**	5 581	5 581	II	11 590	9 958	8 403	6 926	5 525	4 202
	III	**9 224**	5 581	5 581	III	7 934	6 682	5 470	4 296	3 160	2 064
	V	**21 149**	5 581	5 581	IV	14 097	13 215	12 353	11 510	10 686	9 881
	VI	**21 680**	5 581	5 581							
73 079,99	I,IV	**15 011**	5 581	5 581	I	13 228	11 522	9 893	8 342	6 867	5 470
	II	**13 312**	5 581	5 581	II	11 603	9 970	8 415	6 936	5 535	4 211
	III	**9 234**	5 581	5 581	III	7 944	6 692	5 478	4 304	3 168	2 072
	V	**21 163**	5 581	5 581	IV	14 110	13 228	12 365	11 522	10 698	9 893
	VI	**21 694**	5 581	5 581							
73 115,99	I,IV	**15 025**	5 581	5 581	I	13 241	11 534	9 905	8 353	6 878	5 480
	II	**13 325**	5 581	5 581	II	11 615	9 982	8 426	6 947	5 545	4 221
	III	**9 244**	5 581	5 581	III	7 952	6 702	5 488	4 314	3 178	2 080
	V	**21 176**	5 581	5 581	IV	14 123	13 241	12 378	11 534	10 710	9 905
	VI	**21 708**	5 581	5 581							
73 151,99	I,IV	**15 038**	5 581	5 581	I	13 253	11 546	9 916	8 363	6 888	5 489
	II	**13 338**	5 581	5 581	II	11 627	9 993	8 437	6 957	5 555	4 230
	III	**9 252**	5 581	5 581	III	7 962	6 710	5 496	4 322	3 186	2 088
	V	**21 190**	5 581	5 581	IV	14 136	13 253	12 390	11 546	10 722	9 916
	VI	**21 722**	5 581	5 581							
73 187,99	I,IV	**15 051**	5 581	5 581	I	13 266	11 559	9 928	8 375	6 898	5 499
	II	**13 351**	5 581	5 581	II	11 639	10 005	8 448	6 968	5 565	4 240
	III	**9 262**	5 581	5 581	III	7 972	6 718	5 504	4 330	3 194	2 096
	V	**21 204**	5 581	5 581	IV	14 149	13 266	12 403	11 559	10 734	9 928
	VI	**21 735**	5 581	5 581							
73 223,99	I,IV	**15 065**	5 581	5 581	I	13 279	11 571	9 940	8 386	6 909	5 509
	II	**13 364**	5 581	5 581	II	11 652	10 017	8 459	6 979	5 575	4 249
	III	**9 272**	5 581	5 581	III	7 980	6 728	5 514	4 338	3 202	2 104
	V	**21 218**	5 581	5 581	IV	14 162	13 279	12 415	11 571	10 746	9 940
	VI	**21 749**	5 581	5 581							
73 259,99	I,IV	**15 078**	5 581	5 581	I	13 292	11 583	9 951	8 397	6 919	5 519
	II	**13 376**	5 581	5 581	II	11 663	10 028	8 470	6 989	5 585	4 258
	III	**9 282**	5 581	5 581	III	7 990	6 736	5 522	4 346	3 210	2 110
	V	**21 231**	5 581	5 581	IV	14 175	13 292	12 428	11 583	10 757	9 951
	VI	**21 763**	5 581	5 581							
73 295,99	I,IV	**15 091**	5 581	5 581	I	13 304	11 595	9 963	8 408	6 930	5 529
	II	**13 389**	5 581	5 581	II	11 676	10 040	8 481	7 000	5 595	4 268
	III	**9 290**	5 581	5 581	III	7 998	6 746	5 532	4 354	3 218	2 118
	V	**21 245**	5 581	5 581	IV	14 188	13 304	12 440	11 595	10 769	9 963
	VI	**21 777**	5 581	5 581							
73 331,99	I,IV	**15 105**	5 581	5 581	I	13 317	11 607	9 975	8 419	6 941	5 539
	II	**13 402**	5 581	5 581	II	11 688	10 052	8 492	7 010	5 605	4 277
	III	**9 300**	5 581	5 581	III	8 008	6 756	5 540	4 364	3 226	2 126
	V	**21 259**	5 581	5 581	IV	14 201	13 317	12 453	11 607	10 781	9 975
	VI	**21 790**	5 581	5 581							
73 367,99	I,IV	**15 118**	5 581	5 581	I	13 330	11 619	9 986	8 430	6 951	5 549
	II	**13 414**	5 581	5 581	II	11 700	10 063	8 503	7 020	5 615	4 287
	III	**9 310**	5 581	5 581	III	8 018	6 764	5 548	4 372	3 234	2 134
	V	**21 272**	5 581	5 581	IV	14 214	13 330	12 465	11 619	10 793	9 986
	VI	**21 804**	5 581	5 581							
73 403,99	I,IV	**15 131**	5 581	5 581	I	13 343	11 632	9 998	8 441	6 961	5 559
	II	**13 427**	5 581	5 581	II	11 713	10 075	8 514	7 031	5 625	4 296
	III	**9 320**	5 581	5 581	III	8 026	6 772	5 558	4 380	3 242	2 142
	V	**21 286**	5 581	5 581	IV	14 227	13 343	12 478	11 632	10 805	9 998
	VI	**21 818**	5 581	5 581							
73 439,99	I,IV	**15 145**	5 581	5 581	I	13 356	11 644	10 010	8 452	6 972	5 569
	II	**13 440**	5 581	5 581	II	11 725	10 087	8 526	7 042	5 635	4 306
	III	**9 330**	5 581	5 581	III	8 036	6 782	5 566	4 390	3 250	2 150
	V	**21 300**	5 581	5 581	IV	14 240	13 356	12 490	11 644	10 817	10 010
	VI	**21 832**	5 581	5 581							

* Zur LSt-Berechnung für privat versicherte Arbeitnehmer s. Beispiele **Vorbemerkung S. 4 f.**
** Basisvorsorgepauschale KV und PV *** Typisierter Arbeitgeberzuschuss

Lohn/ Gehalt in € bis	Steuerklasse	Lohnsteuer*	BVSP**	TAGZ***	Steuerklasse	Bemessungsgrundlage für Kirchensteuer und Solidaritätszuschlag – Freibeträge für ... Kinder 0,5	1,0	1,5	2,0	2,5	3,0
73 475,99	I,IV	**15 158**	5 581	5 581	I	13 368	11 656	10 021	8 463	6 982	5 579
	II	**13 453**	5 581	5 581	II	11 737	10 098	8 537	7 052	5 645	4 315
	III	**9 338**	5 581	5 581	III	8 046	6 790	5 574	4 398	3 258	2 158
	V	**21 313**	5 581	5 581	IV	14 253	13 368	12 502	11 656	10 829	10 021
	VI	**21 845**	5 581	5 581							
73 511,99	I,IV	**15 171**	5 581	5 581	I	13 381	11 668	10 033	8 474	6 993	5 589
	II	**13 466**	5 581	5 581	II	11 749	10 110	8 548	7 063	5 655	4 324
	III	**9 348**	5 581	5 581	III	8 054	6 800	5 584	4 406	3 266	2 166
	V	**21 327**	5 581	5 581	IV	14 266	13 381	12 515	11 668	10 841	10 033
	VI	**21 859**	5 581	5 581							
73 547,99	I,IV	**15 185**	5 581	5 581	I	13 394	11 681	10 045	8 486	7 004	5 599
	II	**13 479**	5 581	5 581	II	11 762	10 122	8 559	7 073	5 665	4 334
	III	**9 358**	5 581	5 581	III	8 064	6 810	5 592	4 414	3 276	2 174
	V	**21 341**	5 581	5 581	IV	14 280	13 394	12 528	11 681	10 853	10 045
	VI	**21 873**	5 581	5 581							
73 583,99	I,IV	**15 198**	5 581	5 581	I	13 407	11 693	10 056	8 496	7 014	5 609
	II	**13 491**	5 581	5 581	II	11 774	10 133	8 570	7 084	5 675	4 343
	III	**9 368**	5 581	5 581	III	8 074	6 818	5 602	4 422	3 284	2 182
	V	**21 354**	5 581	5 581	IV	14 292	13 407	12 540	11 693	10 865	10 056
	VI	**21 886**	5 581	5 581							
73 619,99	I,IV	**15 211**	5 581	5 581	I	13 419	11 705	10 068	8 508	7 025	5 619
	II	**13 504**	5 581	5 581	II	11 786	10 145	8 581	7 094	5 685	4 353
	III	**9 376**	5 581	5 581	III	8 082	6 826	5 610	4 432	3 292	2 190
	V	**21 368**	5 581	5 581	IV	14 306	13 419	12 553	11 705	10 877	10 068
	VI	**21 900**	5 581	5 581							
73 655,99	I,IV	**15 224**	5 581	5 581	I	13 432	11 717	10 079	8 518	7 035	5 629
	II	**13 517**	5 581	5 581	II	11 798	10 156	8 592	7 105	5 695	4 362
	III	**9 386**	5 581	5 581	III	8 092	6 836	5 618	4 440	3 300	2 198
	V	**21 382**	5 581	5 581	IV	14 318	13 432	12 565	11 717	10 888	10 079
	VI	**21 913**	5 581	5 581							
73 691,99	I,IV	**15 238**	5 581	5 581	I	13 445	11 729	10 091	8 530	7 046	5 639
	II	**13 530**	5 581	5 581	II	11 810	10 168	8 603	7 115	5 705	4 371
	III	**9 396**	5 581	5 581	III	8 102	6 846	5 628	4 448	3 308	2 206
	V	**21 396**	5 581	5 581	IV	14 332	13 445	12 578	11 729	10 901	10 091
	VI	**21 927**	5 581	5 581							
73 727,99	I,IV	**15 251**	5 581	5 581	I	13 458	11 742	10 103	8 541	7 056	5 649
	II	**13 543**	5 581	5 581	II	11 823	10 180	8 615	7 126	5 715	4 381
	III	**9 406**	5 581	5 581	III	8 110	6 854	5 636	4 456	3 316	2 214
	V	**21 409**	5 581	5 581	IV	14 345	13 458	12 590	11 742	10 913	10 103
	VI	**21 941**	5 581	5 581							
73 763,99	I,IV	**15 264**	5 581	5 581	I	13 470	11 754	10 114	8 552	7 067	5 659
	II	**13 555**	5 581	5 581	II	11 835	10 192	8 625	7 137	5 725	4 390
	III	**9 416**	5 581	5 581	III	8 120	6 862	5 644	4 464	3 324	2 222
	V	**21 423**	5 581	5 581	IV	14 358	13 470	12 602	11 754	10 924	10 114
	VI	**21 955**	5 581	5 581							
73 799,99	I,IV	**15 278**	5 581	5 581	I	13 483	11 766	10 126	8 563	7 077	5 669
	II	**13 568**	5 581	5 581	II	11 847	10 203	8 637	7 147	5 735	4 400
	III	**9 426**	5 581	5 581	III	8 130	6 872	5 654	4 474	3 332	2 230
	V	**21 437**	5 581	5 581	IV	14 371	13 483	12 615	11 766	10 936	10 126
	VI	**21 969**	5 581	5 581							
73 835,99	I,IV	**15 291**	5 581	5 581	I	13 496	11 778	10 138	8 574	7 088	5 679
	II	**13 581**	5 581	5 581	II	11 860	10 215	8 648	7 158	5 745	4 409
	III	**9 434**	5 581	5 581	III	8 138	6 880	5 662	4 482	3 340	2 238
	V	**21 451**	5 581	5 581	IV	14 384	13 496	12 628	11 778	10 949	10 138
	VI	**21 982**	5 581	5 581							
73 871,99	I,IV	**15 304**	5 581	5 581	I	13 509	11 790	10 149	8 585	7 098	5 689
	II	**13 594**	5 581	5 581	II	11 872	10 227	8 659	7 168	5 755	4 419
	III	**9 444**	5 581	5 581	III	8 148	6 890	5 670	4 490	3 348	2 244
	V	**21 464**	5 581	5 581	IV	14 397	13 509	12 640	11 790	10 960	10 149
	VI	**21 996**	5 581	5 581							

* Zur LSt-Berechnung für privat versicherte Arbeitnehmer s. Beispiele **Vorbemerkung S. 4f.**
** Basisvorsorgepauschale KV und PV *** Typisierter Arbeitgeberzuschuss

Lohn/ Gehalt in € bis	Steuerklasse	Lohnsteuer*	BVSP**	TAGZ***	Steuerklasse	Bemessungsgrundlage für Kirchensteuer und Solidaritätszuschlag – Freibeträge für ... Kinder 0,5	1,0	1,5	2,0	2,5	3,0
73 907,99	I,IV	**15 318**	5 581	5 581	I	13 522	11 803	10 161	8 596	7 109	5 699
	II	**13 607**	5 581	5 581	II	11 884	10 239	8 670	7 179	5 765	4 428
	III	**9 454**	5 581	5 581	III	8 158	6 900	5 680	4 498	3 356	2 254
	V	**21 478**	5 581	5 581	IV	14 410	13 522	12 653	11 803	10 972	10 161
	VI	**22 010**	5 581	5 581							
73 943,99	I,IV	**15 331**	5 581	5 581	I	13 535	11 815	10 173	8 608	7 120	5 709
	II	**13 620**	5 581	5 581	II	11 896	10 250	8 681	7 190	5 775	4 438
	III	**9 464**	5 581	5 581	III	8 166	6 908	5 688	4 508	3 364	2 260
	V	**21 492**	5 581	5 581	IV	14 423	13 535	12 665	11 815	10 984	10 173
	VI	**22 024**	5 581	5 581							
73 979,99	I,IV	**15 345**	5 581	5 581	I	13 547	11 827	10 184	8 619	7 130	5 719
	II	**13 632**	5 581	5 581	II	11 909	10 262	8 692	7 200	5 785	4 447
	III	**9 472**	5 581	5 581	III	8 176	6 916	5 696	4 516	3 372	2 268
	V	**21 505**	5 581	5 581	IV	14 436	13 547	12 678	11 827	10 996	10 184
	VI	**22 037**	5 581	5 581							
74 015,99	I,IV	**15 358**	5 581	5 581	I	13 560	11 840	10 196	8 630	7 141	5 729
	II	**13 645**	5 581	5 581	II	11 921	10 274	8 704	7 211	5 795	4 457
	III	**9 482**	5 581	5 581	III	8 186	6 926	5 706	4 524	3 382	2 276
	V	**21 519**	5 581	5 581	IV	14 450	13 560	12 690	11 840	11 008	10 196
	VI	**22 051**	5 581	5 581							
74 051,99	I,IV	**15 372**	5 581	5 581	I	13 573	11 852	10 208	8 641	7 151	5 739
	II	**13 658**	5 581	5 581	II	11 933	10 286	8 715	7 222	5 805	4 466
	III	**9 492**	5 581	5 581	III	8 194	6 936	5 714	4 532	3 390	2 284
	V	**21 533**	5 581	5 581	IV	14 463	13 573	12 703	11 852	11 020	10 208
	VI	**22 065**	5 581	5 581							
74 087,99	I,IV	**15 385**	5 581	5 581	I	13 586	11 864	10 220	8 652	7 162	5 749
	II	**13 671**	5 581	5 581	II	11 945	10 297	8 726	7 232	5 815	4 476
	III	**9 502**	5 581	5 581	III	8 204	6 944	5 724	4 542	3 398	2 292
	V	**21 546**	5 581	5 581	IV	14 476	13 586	12 715	11 864	11 032	10 220
	VI	**22 078**	5 581	5 581							
74 123,99	I,IV	**15 398**	5 581	5 581	I	13 599	11 877	10 231	8 663	7 173	5 759
	II	**13 684**	5 581	5 581	II	11 958	10 309	8 737	7 243	5 825	4 485
	III	**9 512**	5 581	5 581	III	8 214	6 954	5 732	4 550	3 406	2 300
	V	**21 560**	5 581	5 581	IV	14 489	13 599	12 728	11 877	11 044	10 231
	VI	**22 092**	5 581	5 581							
74 159,99	I,IV	**15 412**	5 581	5 581	I	13 612	11 889	10 243	8 675	7 183	5 769
	II	**13 697**	5 581	5 581	II	11 970	10 321	8 749	7 253	5 835	4 495
	III	**9 520**	5 581	5 581	III	8 222	6 962	5 742	4 558	3 414	2 308
	V	**21 574**	5 581	5 581	IV	14 502	13 612	12 741	11 889	11 056	10 243
	VI	**22 106**	5 581	5 581							
74 195,99	I,IV	**15 425**	5 581	5 581	I	13 624	11 901	10 255	8 686	7 194	5 779
	II	**13 710**	5 581	5 581	II	11 982	10 332	8 760	7 264	5 845	4 504
	III	**9 530**	5 581	5 581	III	8 232	6 972	5 750	4 566	3 422	2 316
	V	**21 588**	5 581	5 581	IV	14 515	13 624	12 753	11 901	11 068	10 255
	VI	**22 119**	5 581	5 581							
74 231,99	I,IV	**15 439**	5 581	5 581	I	13 637	11 913	10 267	8 697	7 204	5 789
	II	**13 723**	5 581	5 581	II	11 995	10 344	8 771	7 275	5 856	4 514
	III	**9 540**	5 581	5 581	III	8 242	6 980	5 758	4 576	3 430	2 324
	V	**21 601**	5 581	5 581	IV	14 528	13 637	12 766	11 913	11 080	10 267
	VI	**22 133**	5 581	5 581							
74 267,99	I,IV	**15 452**	5 581	5 581	I	13 650	11 926	10 278	8 708	7 215	5 799
	II	**13 736**	5 581	5 581	II	12 007	10 356	8 782	7 285	5 866	4 523
	III	**9 550**	5 581	5 581	III	8 250	6 990	5 768	4 584	3 438	2 332
	V	**21 615**	5 581	5 581	IV	14 542	13 650	12 778	11 926	11 092	10 278
	VI	**22 147**	5 581	5 581							
74 303,99	I,IV	**15 465**	5 581	5 581	I	13 663	11 938	10 290	8 719	7 225	5 809
	II	**13 748**	5 581	5 581	II	12 019	10 368	8 793	7 296	5 876	4 533
	III	**9 560**	5 581	5 581	III	8 260	6 998	5 776	4 592	3 446	2 340
	V	**21 629**	5 581	5 581	IV	14 555	13 663	12 791	11 938	11 104	10 290
	VI	**22 160**	5 581	5 581							

* Zur LSt-Berechnung für privat versicherte Arbeitnehmer s. Beispiele **Vorbemerkung S. 4 f.**
** Basisvorsorgepauschale KV und PV *** Typisierter Arbeitgeberzuschuss

Lohn/ Gehalt in € bis	Steuerklasse	Lohn-steuer*	BVSP**	TAGZ***	Steuerklasse	Bemessungsgrundlage für Kirchensteuer und Solidaritätszuschlag – Freibeträge für ... Kinder 0,5	1,0	1,5	2,0	2,5	3,0
74339,99	I,IV	**15479**	5581	5581	I	13676	11950	10302	8730	7236	5819
	II	**13761**	5581	5581	II	12032	10380	8804	7307	5886	4542
	III	**9570**	5581	5581	III	8270	7008	5786	4600	3456	2348
	V	**21643**	5581	5581	IV	14568	13676	12804	11950	11116	10302
	VI	**22174**	5581	5581							
74375,99	I,IV	**15493**	5581	5581	I	13689	11963	10314	8742	7247	5829
	II	**13774**	5581	5581	II	12044	10391	8816	7317	5896	4552
	III	**9578**	5581	5581	III	8278	7016	5794	4610	3464	2356
	V	**21656**	5581	5581	IV	14581	13689	12816	11963	11129	10314
	VI	**22188**	5581	5581							
74411,99	I,IV	**15506**	5581	5581	I	13702	11975	10325	8753	7257	5839
	II	**13787**	5581	5581	II	12056	10403	8827	7328	5906	4561
	III	**9588**	5581	5581	III	8288	7026	5802	4618	3472	2364
	V	**21670**	5581	5581	IV	14594	13702	12829	11975	11140	10325
	VI	**22202**	5581	5581							
74447,99	I,IV	**15519**	5581	5581	I	13715	11987	10337	8764	7268	5849
	II	**13800**	5581	5581	II	12069	10415	8838	7339	5916	4571
	III	**9598**	5581	5581	III	8298	7036	5812	4626	3480	2372
	V	**21684**	5581	5581	IV	14607	13715	12841	11987	11153	10337
	VI	**22215**	5581	5581							
74483,99	I,IV	**15532**	5581	5581	I	13727	11999	10349	8775	7279	5859
	II	**13813**	5581	5581	II	12081	10426	8849	7349	5926	4580
	III	**9608**	5581	5581	III	8306	7044	5820	4634	3488	2380
	V	**21697**	5581	5581	IV	14620	13727	12854	11999	11164	10349
	VI	**22229**	5581	5581							
74519,99	I,IV	**15546**	5581	5581	I	13740	12012	10360	8786	7289	5869
	II	**13826**	5581	5581	II	12093	10438	8860	7360	5936	4590
	III	**9618**	5581	5581	III	8316	7052	5828	4644	3496	2388
	V	**21711**	5581	5581	IV	14634	13740	12866	12012	11177	10360
	VI	**22243**	5581	5581							
74555,99	I,IV	**15560**	5581	5581	I	13753	12024	10372	8798	7300	5880
	II	**13839**	5581	5581	II	12106	10450	8872	7371	5946	4599
	III	**9628**	5581	5581	III	8326	7062	5838	4652	3504	2396
	V	**21725**	5581	5581	IV	14647	13753	12879	12024	11189	10372
	VI	**22257**	5581	5581							
74591,99	I,IV	**15573**	5581	5581	I	13766	12036	10384	8809	7310	5889
	II	**13851**	5581	5581	II	12118	10462	8883	7381	5956	4609
	III	**9636**	5581	5581	III	8334	7072	5846	4660	3512	2404
	V	**21738**	5581	5581	IV	14660	13766	12892	12036	11200	10384
	VI	**22270**	5581	5581							
74627,99	I,IV	**15586**	5581	5581	I	13779	12049	10396	8820	7321	5900
	II	**13865**	5581	5581	II	12131	10474	8894	7392	5967	4618
	III	**9646**	5581	5581	III	8344	7080	5856	4668	3520	2412
	V	**21752**	5581	5581	IV	14673	13779	12904	12049	11213	10396
	VI	**22284**	5581	5581							
74663,99	I,IV	**15600**	5581	5581	I	13792	12061	10408	8831	7332	5910
	II	**13878**	5581	5581	II	12143	10486	8906	7403	5977	4628
	III	**9656**	5581	5581	III	8354	7090	5864	4678	3530	2420
	V	**21766**	5581	5581	IV	14686	13792	12917	12061	11225	10408
	VI	**22298**	5581	5581							
74699,99	I,IV	**15613**	5581	5581	I	13805	12073	10419	8842	7342	5920
	II	**13890**	5581	5581	II	12155	10497	8917	7413	5987	4637
	III	**9666**	5581	5581	III	8362	7098	5872	4686	3538	2428
	V	**21780**	5581	5581	IV	14699	13805	12929	12073	11237	10419
	VI	**22311**	5581	5581							
74735,99	I,IV	**15627**	5581	5581	I	13818	12086	10431	8854	7353	5930
	II	**13903**	5581	5581	II	12168	10509	8928	7424	5997	4647
	III	**9674**	5581	5581	III	8372	7108	5882	4694	3546	2436
	V	**21793**	5581	5581	IV	14713	13818	12942	12086	11249	10431
	VI	**22325**	5581	5581							

* Zur LSt-Berechnung für privat versicherte Arbeitnehmer s. Beispiele **Vorbemerkung S. 4 f.**
** Basisvorsorgepauschale KV und PV *** Typisierter Arbeitgeberzuschuss

Lohn/ Gehalt in € bis	Steuerklasse	Lohn-steuer*	BVSP**	TAGZ***	Steuerklasse	Bemessungsgrundlage für Kirchensteuer und Solidaritätszuschlag – Freibeträge für ... Kinder 0,5	1,0	1,5	2,0	2,5	3,0
74771,99	I,IV	**15641**	5581	5581	I	13831	12098	10443	8865	7364	5940
	II	**13916**	5581	5581	II	12180	10521	8939	7435	6007	4657
	III	**9684**	5581	5581	III	8382	7116	5890	4704	3554	2444
	V	**21807**	5581	5581	IV	14726	13831	12955	12098	11261	10443
	VI	**22339**	5581	5581							
74807,99	I,IV	**15654**	5581	5581	I	13844	12110	10455	8876	7374	5950
	II	**13929**	5581	5581	II	12192	10533	8950	7445	6017	4666
	III	**9694**	5581	5581	III	8390	7126	5900	4712	3562	2452
	V	**21821**	5581	5581	IV	14739	13844	12967	12110	11273	10455
	VI	**22352**	5581	5581							
74843,99	I,IV	**15667**	5581	5581	I	13857	12123	10467	8887	7385	5960
	II	**13942**	5581	5581	II	12205	10545	8962	7456	6027	4676
	III	**9704**	5581	5581	III	8400	7134	5908	4720	3570	2460
	V	**21835**	5581	5581	IV	14752	13857	12980	12123	11285	10467
	VI	**22366**	5581	5581							
74879,99	I,IV	**15681**	5581	5581	I	13870	12135	10478	8899	7396	5971
	II	**13955**	5581	5581	II	12217	10557	8973	7467	6038	4686
	III	**9714**	5581	5581	III	8410	7144	5918	4728	3578	2468
	V	**21848**	5581	5581	IV	14766	13870	12993	12135	11297	10478
	VI	**22380**	5581	5581							
74915,99	I,IV	**15694**	5581	5581	I	13882	12148	10490	8910	7406	5980
	II	**13968**	5581	5581	II	12230	10568	8984	7477	6047	4695
	III	**9724**	5581	5581	III	8418	7152	5926	4736	3586	2476
	V	**21862**	5581	5581	IV	14779	13882	13005	12148	11309	10490
	VI	**22394**	5581	5581							
74951,99	I,IV	**15708**	5581	5581	I	13895	12160	10502	8921	7417	5991
	II	**13981**	5581	5581	II	12242	10580	8996	7488	6058	4705
	III	**9732**	5581	5581	III	8428	7162	5934	4746	3594	2484
	V	**21876**	5581	5581	IV	14792	13895	13018	12160	11321	10502
	VI	**22407**	5581	5581							
74987,99	I,IV	**15722**	5581	5581	I	13908	12173	10514	8932	7428	6001
	II	**13994**	5581	5581	II	12255	10592	9007	7499	6068	4714
	III	**9742**	5581	5581	III	8438	7172	5944	4754	3604	2492
	V	**21890**	5581	5581	IV	14805	13908	13031	12173	11334	10514
	VI	**22421**	5581	5581							
75023,99	I,IV	**15735**	5581	5581	I	13921	12185	10526	8943	7439	6011
	II	**14007**	5581	5581	II	12267	10604	9018	7509	6078	4724
	III	**9752**	5581	5581	III	8448	7180	5952	4762	3612	2500
	V	**21903**	5581	5581	IV	14818	13921	13043	12185	11346	10526
	VI	**22435**	5581	5581							
75059,99	I,IV	**15748**	5581	5581	I	13934	12197	10537	8955	7449	6021
	II	**14020**	5581	5581	II	12279	10616	9029	7520	6088	4733
	III	**9762**	5581	5581	III	8456	7190	5960	4770	3620	2508
	V	**21917**	5581	5581	IV	14832	13934	13056	12197	11358	10537
	VI	**22449**	5581	5581							
75095,99	I,IV	**15762**	5581	5581	I	13947	12210	10549	8966	7460	6031
	II	**14033**	5581	5581	II	12292	10628	9041	7531	6099	4743
	III	**9772**	5581	5581	III	8466	7198	5970	4780	3628	2516
	V	**21931**	5581	5581	IV	14845	13947	13069	12210	11370	10549
	VI	**22462**	5581	5581							
75131,99	I,IV	**15775**	5581	5581	I	13960	12222	10561	8977	7471	6041
	II	**14046**	5581	5581	II	12304	10639	9052	7542	6108	4753
	III	**9782**	5581	5581	III	8476	7208	5978	4788	3636	2524
	V	**21944**	5581	5581	IV	14858	13960	13081	12222	11382	10561
	VI	**22476**	5581	5581							
75167,99	I,IV	**15789**	5581	5581	I	13973	12234	10573	8989	7482	6052
	II	**14059**	5581	5581	II	12317	10651	9063	7552	6119	4762
	III	**9790**	5581	5581	III	8484	7216	5988	4796	3644	2530
	V	**21958**	5581	5581	IV	14871	13973	13094	12234	11394	10573
	VI	**22490**	5581	5581							

* Zur LSt-Berechnung für privat versicherte Arbeitnehmer s. Beispiele **Vorbemerkung S. 4f.**
** Basisvorsorgepauschale KV und PV *** Typisierter Arbeitgeberzuschuss

Lohn/ Gehalt in € bis	Steuerklasse	Lohnsteuer*	BVSP**	TAGZ***	Steuerklasse	Bemessungsgrundlage für Kirchensteuer und Solidaritätszuschlag – Freibeträge für ... Kinder 0,5	1,0	1,5	2,0	2,5	3,0
75 203,99	I,IV	**15 803**	5 581	5 581	I	13 986	12 247	10 585	9 000	7 492	6 062
	II	**14 072**	5 581	5 581	II	12 329	10 663	9 075	7 563	6 129	4 772
	III	**9 800**	5 581	5 581	III	8 494	7 226	5 996	4 806	3 654	2 540
	V	**21 972**	5 581	5 581	IV	14 885	13 986	13 107	12 247	11 406	10 585
	VI	**22 504**	5 581	5 581							
75 239,99	I,IV	**15 816**	5 581	5 581	I	13 999	12 259	10 597	9 011	7 503	6 072
	II	**14 085**	5 581	5 581	II	12 341	10 675	9 086	7 574	6 139	4 781
	III	**9 810**	5 581	5 581	III	8 504	7 234	6 006	4 814	3 662	2 548
	V	**21 985**	5 581	5 581	IV	14 898	13 999	13 119	12 259	11 418	10 597
	VI	**22 517**	5 581	5 581							
75 275,99	I,IV	**15 830**	5 581	5 581	I	14 012	12 272	10 609	9 023	7 514	6 082
	II	**14 098**	5 581	5 581	II	12 354	10 687	9 097	7 585	6 149	4 791
	III	**9 820**	5 581	5 581	III	8 512	7 244	6 014	4 822	3 670	2 554
	V	**21 999**	5 581	5 581	IV	14 911	14 012	13 132	12 272	11 430	10 609
	VI	**22 531**	5 581	5 581							
75 311,99	I,IV	**15 843**	5 581	5 581	I	14 025	12 284	10 620	9 034	7 524	6 092
	II	**14 111**	5 581	5 581	II	12 366	10 699	9 108	7 595	6 159	4 801
	III	**9 830**	5 581	5 581	III	8 522	7 252	6 022	4 830	3 678	2 562
	V	**22 013**	5 581	5 581	IV	14 924	14 025	13 145	12 284	11 442	10 620
	VI	**22 544**	5 581	5 581							
75 347,99	I,IV	**15 857**	5 581	5 581	I	14 038	12 296	10 632	9 045	7 535	6 102
	II	**14 124**	5 581	5 581	II	12 379	10 711	9 120	7 606	6 170	4 810
	III	**9 840**	5 581	5 581	III	8 532	7 262	6 032	4 840	3 686	2 572
	V	**22 026**	5 581	5 581	IV	14 938	14 038	13 158	12 296	11 455	10 632
	VI	**22 558**	5 581	5 581							
75 383,99	I,IV	**15 870**	5 581	5 581	I	14 051	12 309	10 644	9 056	7 546	6 113
	II	**14 137**	5 581	5 581	II	12 391	10 723	9 131	7 617	6 180	4 820
	III	**9 848**	5 581	5 581	III	8 540	7 272	6 040	4 848	3 694	2 578
	V	**22 040**	5 581	5 581	IV	14 951	14 051	13 170	12 309	11 467	10 644
	VI	**22 572**	5 581	5 581							
75 419,99	I,IV	**15 884**	5 581	5 581	I	14 064	12 321	10 656	9 068	7 556	6 123
	II	**14 150**	5 581	5 581	II	12 404	10 734	9 142	7 628	6 190	4 829
	III	**9 858**	5 581	5 581	III	8 550	7 280	6 048	4 856	3 702	2 586
	V	**22 054**	5 581	5 581	IV	14 964	14 064	13 183	12 321	11 479	10 656
	VI	**22 585**	5 581	5 581							
75 455,99	I,IV	**15 897**	5 581	5 581	I	14 077	12 334	10 668	9 079	7 567	6 133
	II	**14 163**	5 581	5 581	II	12 416	10 746	9 154	7 638	6 200	4 839
	III	**9 868**	5 581	5 581	III	8 560	7 290	6 058	4 866	3 710	2 596
	V	**22 068**	5 581	5 581	IV	14 977	14 077	13 196	12 334	11 491	10 668
	VI	**22 599**	5 581	5 581							
75 491,99	I,IV	**15 911**	5 581	5 581	I	14 090	12 346	10 680	9 090	7 578	6 143
	II	**14 176**	5 581	5 581	II	12 429	10 758	9 165	7 649	6 211	4 849
	III	**9 878**	5 581	5 581	III	8 570	7 298	6 066	4 874	3 718	2 602
	V	**22 081**	5 581	5 581	IV	14 991	14 090	13 209	12 346	11 503	10 680
	VI	**22 613**	5 581	5 581							
75 527,99	I,IV	**15 924**	5 581	5 581	I	14 103	12 359	10 691	9 101	7 589	6 153
	II	**14 189**	5 581	5 581	II	12 441	10 770	9 176	7 660	6 221	4 858
	III	**9 888**	5 581	5 581	III	8 578	7 308	6 076	4 882	3 728	2 610
	V	**22 095**	5 581	5 581	IV	15 004	14 103	13 221	12 359	11 515	10 691
	VI	**22 627**	5 581	5 581							
75 563,99	I,IV	**15 938**	5 581	5 581	I	14 116	12 371	10 703	9 113	7 600	6 163
	II	**14 202**	5 581	5 581	II	12 454	10 782	9 188	7 671	6 231	4 868
	III	**9 898**	5 581	5 581	III	8 588	7 318	6 084	4 890	3 736	2 620
	V	**22 109**	5 581	5 581	IV	15 017	14 116	13 234	12 371	11 528	10 703
	VI	**22 641**	5 581	5 581							
75 599,99	I,IV	**15 952**	5 581	5 581	I	14 129	12 384	10 715	9 124	7 610	6 174
	II	**14 215**	5 581	5 581	II	12 466	10 794	9 199	7 682	6 241	4 878
	III	**9 908**	5 581	5 581	III	8 598	7 326	6 094	4 900	3 744	2 626
	V	**22 123**	5 581	5 581	IV	15 031	14 129	13 247	12 384	11 540	10 715
	VI	**22 654**	5 581	5 581							

* Zur LSt-Berechnung für privat versicherte Arbeitnehmer s. Beispiele **Vorbemerkung S. 4 f.**
** Basisvorsorgepauschale KV und PV *** Typisierter Arbeitgeberzuschuss

Lohn/ Gehalt in € bis	Steuerklasse	Lohnsteuer*	BVSP**	TAGZ***	Steuerklasse	Bemessungsgrundlage für Kirchensteuer und Solidaritätszuschlag – Freibeträge für ... Kinder 0,5	1,0	1,5	2,0	2,5	3,0
75 635,99	I,IV	**15 965**	5 581	5 581	I	14 142	12 396	10 727	9 135	7 621	6 184
	II	**14 228**	5 581	5 581	II	12 478	10 806	9 210	7 692	6 251	4 887
	III	**9 916**	5 581	5 581	III	8 606	7 334	6 102	4 908	3 752	2 634
	V	**22 136**	5 581	5 581	IV	15 044	14 142	13 259	12 396	11 552	10 727
	VI	**22 668**	5 581	5 581							
75 671,99	I,IV	**15 979**	5 581	5 581	I	14 155	12 408	10 739	9 147	7 632	6 194
	II	**14 241**	5 581	5 581	II	12 491	10 818	9 222	7 703	6 262	4 897
	III	**9 926**	5 581	5 581	III	8 616	7 344	6 112	4 916	3 760	2 644
	V	**22 150**	5 581	5 581	IV	15 057	14 155	13 272	12 408	11 564	10 739
	VI	**22 682**	5 581	5 581							
75 707,99	I,IV	**15 992**	5 581	5 581	I	14 168	12 421	10 751	9 158	7 643	6 204
	II	**14 254**	5 581	5 581	II	12 504	10 830	9 233	7 714	6 272	4 907
	III	**9 936**	5 581	5 581	III	8 626	7 354	6 120	4 926	3 768	2 650
	V	**22 164**	5 581	5 581	IV	15 071	14 168	13 285	12 421	11 576	10 751
	VI	**22 696**	5 581	5 581							
75 743,99	I,IV	**16 006**	5 581	5 581	I	14 181	12 433	10 763	9 169	7 653	6 214
	II	**14 267**	5 581	5 581	II	12 516	10 842	9 245	7 725	6 282	4 916
	III	**9 946**	5 581	5 581	III	8 634	7 362	6 128	4 934	3 776	2 658
	V	**22 177**	5 581	5 581	IV	15 084	14 181	13 297	12 433	11 588	10 763
	VI	**22 709**	5 581	5 581							
75 779,99	I,IV	**16 020**	5 581	5 581	I	14 194	12 446	10 775	9 181	7 664	6 225
	II	**14 280**	5 581	5 581	II	12 528	10 854	9 256	7 736	6 292	4 926
	III	**9 956**	5 581	5 581	III	8 644	7 372	6 138	4 942	3 786	2 668
	V	**22 191**	5 581	5 581	IV	15 097	14 194	13 310	12 446	11 601	10 775
	VI	**22 723**	5 581	5 581							
75 815,99	I,IV	**16 033**	5 581	5 581	I	14 207	12 458	10 787	9 192	7 675	6 235
	II	**14 294**	5 581	5 581	II	12 541	10 866	9 268	7 747	6 303	4 936
	III	**9 966**	5 581	5 581	III	8 654	7 380	6 146	4 950	3 794	2 676
	V	**22 205**	5 581	5 581	IV	15 111	14 207	13 323	12 458	11 613	10 787
	VI	**22 737**	5 581	5 581							
75 851,99	I,IV	**16 047**	5 581	5 581	I	14 220	12 471	10 799	9 204	7 686	6 245
	II	**14 306**	5 581	5 581	II	12 553	10 877	9 279	7 757	6 313	4 946
	III	**9 974**	5 581	5 581	III	8 664	7 390	6 156	4 960	3 802	2 682
	V	**22 218**	5 581	5 581	IV	15 124	14 220	13 336	12 471	11 625	10 799
	VI	**22 750**	5 581	5 581							
75 887,99	I,IV	**16 060**	5 581	5 581	I	14 233	12 483	10 811	9 215	7 697	6 255
	II	**14 320**	5 581	5 581	II	12 566	10 890	9 290	7 768	6 323	4 955
	III	**9 984**	5 581	5 581	III	8 672	7 400	6 164	4 968	3 810	2 692
	V	**22 232**	5 581	5 581	IV	15 137	14 233	13 349	12 483	11 637	10 811
	VI	**22 764**	5 581	5 581							
75 923,99	I,IV	**16 074**	5 581	5 581	I	14 246	12 496	10 823	9 226	7 708	6 266
	II	**14 333**	5 581	5 581	II	12 579	10 902	9 302	7 779	6 333	4 965
	III	**9 994**	5 581	5 581	III	8 682	7 408	6 174	4 976	3 818	2 700
	V	**22 246**	5 581	5 581	IV	15 151	14 246	13 362	12 496	11 650	10 823
	VI	**22 778**	5 581	5 581							
75 959,99	I,IV	**16 087**	5 581	5 581	I	14 259	12 508	10 834	9 238	7 718	6 276
	II	**14 346**	5 581	5 581	II	12 591	10 913	9 313	7 790	6 344	4 975
	III	**10 004**	5 581	5 581	III	8 692	7 418	6 182	4 984	3 826	2 706
	V	**22 260**	5 581	5 581	IV	15 164	14 259	13 374	12 508	11 662	10 834
	VI	**22 791**	5 581	5 581							
75 995,99	I,IV	**16 101**	5 581	5 581	I	14 272	12 521	10 846	9 249	7 729	6 286
	II	**14 359**	5 581	5 581	II	12 604	10 925	9 324	7 801	6 354	4 984
	III	**10 014**	5 581	5 581	III	8 702	7 426	6 192	4 994	3 836	2 716
	V	**22 273**	5 581	5 581	IV	15 177	14 272	13 387	12 521	11 674	10 846
	VI	**22 805**	5 581	5 581							
76 031,99	I,IV	**16 115**	5 581	5 581	I	14 286	12 533	10 858	9 261	7 740	6 296
	II	**14 372**	5 581	5 581	II	12 616	10 938	9 336	7 812	6 364	4 994
	III	**10 024**	5 581	5 581	III	8 710	7 436	6 200	5 002	3 844	2 724
	V	**22 287**	5 581	5 581	IV	15 191	14 286	13 400	12 533	11 686	10 858
	VI	**22 819**	5 581	5 581							

* Zur LSt-Berechnung für privat versicherte Arbeitnehmer s. Beispiele **Vorbemerkung S. 4 f.**
** Basisvorsorgepauschale KV und PV *** Typisierter Arbeitgeberzuschuss

Lohn/ Gehalt in € bis	Steuerklasse	Lohn-steuer*	BVSP**	TAGZ***	Steuerklasse	Bemessungsgrundlage für Kirchensteuer und Solidaritätszuschlag – Freibeträge für ... Kinder 0,5	1,0	1,5	2,0	2,5	3,0
76067,99	I,IV	**16128**	5581	5581	I	14298	12546	10870	9272	7751	6306
	II	**14385**	5581	5581	II	12629	10949	9347	7822	6374	5004
	III	**10034**	5581	5581	III	8720	7444	6208	5010	3852	2732
	V	**22301**	5581	5581	IV	15204	14298	13412	12546	11698	10870
	VI	**22832**	5581	5581							
76103,99	I,IV	**16142**	5581	5581	I	14312	12558	10882	9283	7761	6317
	II	**14398**	5581	5581	II	12641	10961	9359	7833	6385	5014
	III	**10044**	5581	5581	III	8730	7454	6218	5020	3860	2740
	V	**22315**	5581	5581	IV	15217	14312	13425	12558	11711	10882
	VI	**22846**	5581	5581							
76139,99	I,IV	**16155**	5581	5581	I	14324	12571	10894	9294	7772	6327
	II	**14411**	5581	5581	II	12653	10973	9370	7844	6395	5023
	III	**10052**	5581	5581	III	8738	7464	6226	5028	3868	2748
	V	**22328**	5581	5581	IV	15230	14324	13438	12571	11723	10894
	VI	**22860**	5581	5581							
76175,99	I,IV	**16169**	5581	5581	I	14338	12583	10906	9306	7783	6337
	II	**14424**	5581	5581	II	12666	10985	9381	7855	6405	5033
	III	**10062**	5581	5581	III	8748	7472	6236	5036	3876	2756
	V	**22342**	5581	5581	IV	15244	14338	13451	12583	11735	10906
	VI	**22874**	5581	5581							
76211,99	I,IV	**16183**	5581	5581	I	14351	12596	10918	9317	7794	6348
	II	**14438**	5581	5581	II	12679	10997	9393	7866	6416	5043
	III	**10072**	5581	5581	III	8758	7482	6244	5046	3886	2764
	V	**22356**	5581	5581	IV	15257	14351	13464	12596	11747	10918
	VI	**22887**	5581	5581							
76247,99	I,IV	**16196**	5581	5581	I	14364	12608	10930	9329	7805	6358
	II	**14450**	5581	5581	II	12691	11009	9404	7876	6426	5052
	III	**10082**	5581	5581	III	8768	7490	6254	5054	3894	2772
	V	**22369**	5581	5581	IV	15270	14364	13476	12608	11759	10930
	VI	**22901**	5581	5581							
76283,99	I,IV	**16210**	5581	5581	I	14377	12621	10942	9340	7816	6368
	II	**14464**	5581	5581	II	12704	11021	9416	7887	6436	5062
	III	**10092**	5581	5581	III	8776	7500	6262	5062	3902	2780
	V	**22383**	5581	5581	IV	15284	14377	13489	12621	11772	10942
	VI	**22915**	5581	5581							
76319,99	I,IV	**16224**	5581	5581	I	14390	12634	10954	9352	7826	6378
	II	**14477**	5581	5581	II	12717	11033	9427	7898	6447	5072
	III	**10102**	5581	5581	III	8786	7510	6272	5072	3910	2788
	V	**22397**	5581	5581	IV	15297	14390	13502	12634	11784	10954
	VI	**22929**	5581	5581							
76355,99	I,IV	**16237**	5581	5581	I	14403	12646	10966	9363	7837	6389
	II	**14490**	5581	5581	II	12729	11045	9438	7909	6457	5082
	III	**10112**	5581	5581	III	8796	7518	6280	5080	3918	2796
	V	**22410**	5581	5581	IV	15311	14403	13515	12646	11796	10966
	VI	**22942**	5581	5581							
76391,99	I,IV	**16251**	5581	5581	I	14416	12658	10978	9374	7848	6399
	II	**14503**	5581	5581	II	12742	11057	9450	7920	6467	5091
	III	**10120**	5581	5581	III	8804	7528	6288	5088	3926	2804
	V	**22424**	5581	5581	IV	15324	14416	13528	12658	11809	10978
	VI	**22956**	5581	5581							
76427,99	I,IV	**16265**	5581	5581	I	14430	12671	10990	9386	7859	6409
	II	**14516**	5581	5581	II	12754	11069	9462	7931	6478	5101
	III	**10130**	5581	5581	III	8814	7536	6298	5098	3936	2812
	V	**22438**	5581	5581	IV	15338	14430	13541	12671	11821	10990
	VI	**22970**	5581	5581							
76463,99	I,IV	**16278**	5581	5581	I	14442	12683	11002	9397	7870	6419
	II	**14529**	5581	5581	II	12767	11081	9473	7942	6488	5111
	III	**10140**	5581	5581	III	8824	7546	6306	5106	3944	2820
	V	**22452**	5581	5581	IV	15351	14442	13553	12683	11833	11002
	VI	**22983**	5581	5581							

* Zur LSt-Berechnung für privat versicherte Arbeitnehmer s. Beispiele **Vorbemerkung S. 4 f.**
** Basisvorsorgepauschale KV und PV *** Typisierter Arbeitgeberzuschuss

Lohn/ Gehalt in € bis	Steuerklasse	Lohn-steuer*	BVSP**	TAGZ***	Steuerklasse	Bemessungsgrundlage für Kirchensteuer und Solidaritätszuschlag – Freibeträge für ... Kinder 0,5	**1,0**	1,5	**2,0**	2,5	**3,0**
76499,99	I,IV	**16292**	5581	5581	I	14456	12696	11014	9409	7881	6430
	II	**14542**	5581	5581	II	12779	11093	9484	7953	6498	5121
	III	**10150**	5581	5581	III	8834	7554	6316	5114	3952	2828
	V	**22465**	5581	5581	IV	15364	14456	13566	12696	11845	11014
	VI	**22997**	5581	5581							
76535,99	I,IV	**16306**	5581	5581	I	14469	12709	11026	9420	7892	6440
	II	**14556**	5581	5581	II	12792	11105	9496	7964	6509	5131
	III	**10160**	5581	5581	III	8844	7564	6324	5124	3960	2836
	V	**22479**	5581	5581	IV	15378	14469	13579	12709	11858	11026
	VI	**23011**	5581	5581							
76571,99	I,IV	**16320**	5581	5581	I	14482	12721	11038	9431	7902	6450
	II	**14569**	5581	5581	II	12804	11117	9507	7974	6519	5140
	III	**10170**	5581	5581	III	8852	7574	6334	5132	3968	2844
	V	**22493**	5581	5581	IV	15391	14482	13592	12721	11870	11038
	VI	**23024**	5581	5581							
76607,99	I,IV	**16333**	5581	5581	I	14495	12734	11050	9443	7913	6461
	II	**14582**	5581	5581	II	12817	11129	9519	7985	6529	5150
	III	**10180**	5581	5581	III	8862	7582	6342	5140	3976	2852
	V	**22507**	5581	5581	IV	15405	14495	13605	12734	11882	11050
	VI	**23038**	5581	5581							
76643,99	I,IV	**16347**	5581	5581	I	14508	12747	11062	9455	7924	6471
	II	**14595**	5581	5581	II	12830	11141	9530	7996	6540	5160
	III	**10190**	5581	5581	III	8872	7592	6352	5150	3986	2860
	V	**22520**	5581	5581	IV	15418	14508	13618	12747	11895	11062
	VI	**23052**	5581	5581							
76679,99	I,IV	**16361**	5581	5581	I	14521	12759	11074	9466	7935	6481
	II	**14608**	5581	5581	II	12842	11153	9542	8007	6550	5170
	III	**10200**	5581	5581	III	8880	7602	6360	5158	3994	2868
	V	**22534**	5581	5581	IV	15431	14521	13630	12759	11907	11074
	VI	**23066**	5581	5581							
76715,99	I,IV	**16374**	5581	5581	I	14534	12772	11086	9477	7946	6492
	II	**14621**	5581	5581	II	12855	11165	9553	8018	6560	5179
	III	**10208**	5581	5581	III	8890	7610	6368	5166	4002	2876
	V	**22548**	5581	5581	IV	15445	14534	13643	12772	11919	11086
	VI	**23079**	5581	5581							
76751,99	I,IV	**16388**	5581	5581	I	14548	12784	11098	9489	7957	6502
	II	**14635**	5581	5581	II	12868	11178	9565	8029	6571	5189
	III	**10218**	5581	5581	III	8900	7620	6378	5174	4010	2884
	V	**22562**	5581	5581	IV	15458	14548	13656	12784	11931	11098
	VI	**23093**	5581	5581							
76787,99	I,IV	**16402**	5581	5581	I	14561	12797	11110	9500	7968	6512
	II	**14648**	5581	5581	II	12880	11189	9576	8040	6581	5199
	III	**10228**	5581	5581	III	8910	7628	6386	5184	4018	2892
	V	**22575**	5581	5581	IV	15472	14561	13669	12797	11944	11110
	VI	**23107**	5581	5581							
76823,99	I,IV	**16416**	5581	5581	I	14574	12809	11122	9512	7979	6523
	II	**14661**	5581	5581	II	12893	11202	9588	8051	6591	5209
	III	**10238**	5581	5581	III	8918	7638	6396	5192	4026	2900
	V	**22589**	5581	5581	IV	15485	14574	13682	12809	11956	11122
	VI	**23121**	5581	5581							
76859,99	I,IV	**16429**	5581	5581	I	14587	12822	11134	9523	7990	6533
	II	**14674**	5581	5581	II	12905	11214	9599	8062	6602	5219
	III	**10248**	5581	5581	III	8928	7648	6404	5200	4036	2908
	V	**22603**	5581	5581	IV	15499	14587	13695	12822	11968	11134
	VI	**23134**	5581	5581							
76895,99	I,IV	**16443**	5581	5581	I	14600	12834	11146	9535	8000	6543
	II	**14687**	5581	5581	II	12918	11226	9611	8073	6612	5228
	III	**10258**	5581	5581	III	8938	7656	6414	5210	4044	2916
	V	**22616**	5581	5581	IV	15512	14600	13708	12834	11981	11146
	VI	**23148**	5581	5581							

* Zur LSt-Berechnung für privat versicherte Arbeitnehmer s. Beispiele **Vorbemerkung S. 4 f.**
** Basisvorsorgepauschale KV und PV *** Typisierter Arbeitgeberzuschuss

Lohn/ Gehalt in € bis	Steuerklasse	**Lohn-steuer***	BVSP**	TAGZ***	Steuerklasse	Bemessungsgrundlage für Kirchensteuer und Solidaritätszuschlag – Freibeträge für ... Kinder 0,5	**1,0**	1,5	**2,0**	2,5	**3,0**
76931,99	I,IV	**16457**	5581	5581	I	14613	12847	11158	9546	8011	6554
	II	**14701**	5581	5581	II	12931	11238	9622	8084	6622	5238
	III	**10268**	5581	5581	III	8946	7666	6422	5218	4052	2924
	V	**22630**	5581	5581	IV	15525	14613	13721	12847	11993	11158
	VI	**23162**	5581	5581							
76967,99	I,IV	**16470**	5581	5581	I	14626	12859	11170	9557	8022	6564
	II	**14714**	5581	5581	II	12943	11250	9633	8094	6633	5248
	III	**10276**	5581	5581	III	8956	7674	6432	5226	4060	2932
	V	**22643**	5581	5581	IV	15539	14626	13733	12859	12005	11170
	VI	**23175**	5581	5581							
77003,99	I,IV	**16484**	5581	5581	I	14640	12872	11182	9569	8033	6574
	II	**14727**	5581	5581	II	12956	11262	9645	8105	6643	5258
	III	**10286**	5581	5581	III	8966	7684	6440	5236	4068	2940
	V	**22657**	5581	5581	IV	15552	14640	13746	12872	12017	11182
	VI	**23189**	5581	5581							
77039,99	I,IV	**16498**	5581	5581	I	14653	12885	11194	9581	8044	6585
	II	**14740**	5581	5581	II	12969	11274	9657	8117	6654	5268
	III	**10296**	5581	5581	III	8976	7692	6450	5244	4078	2948
	V	**22671**	5581	5581	IV	15566	14653	13759	12885	12030	11194
	VI	**23203**	5581	5581							
77075,99	I,IV	**16511**	5581	5581	I	14666	12897	11206	9592	8055	6595
	II	**14753**	5581	5581	II	12981	11286	9668	8127	6664	5277
	III	**10306**	5581	5581	III	8984	7702	6458	5252	4086	2956
	V	**22685**	5581	5581	IV	15579	14666	13772	12897	12042	11206
	VI	**23216**	5581	5581							
77111,99	I,IV	**16525**	5581	5581	I	14679	12910	11218	9603	8066	6606
	II	**14766**	5581	5581	II	12994	11298	9680	8138	6674	5287
	III	**10316**	5581	5581	III	8994	7712	6468	5262	4094	2966
	V	**22698**	5581	5581	IV	15593	14679	13785	12910	12055	11218
	VI	**23230**	5581	5581							
77147,99	I,IV	**16539**	5581	5581	I	14692	12923	11230	9615	8077	6616
	II	**14780**	5581	5581	II	13006	11310	9691	8149	6685	5297
	III	**10326**	5581	5581	III	9004	7720	6476	5270	4102	2974
	V	**22712**	5581	5581	IV	15606	14692	13798	12923	12067	11230
	VI	**23244**	5581	5581							
77183,99	I,IV	**16552**	5581	5581	I	14705	12935	11242	9626	8088	6626
	II	**14793**	5581	5581	II	13019	11322	9703	8160	6695	5307
	III	**10336**	5581	5581	III	9014	7730	6484	5278	4110	2982
	V	**22726**	5581	5581	IV	15619	14705	13811	12935	12079	11242
	VI	**23257**	5581	5581							
77219,99	I,IV	**16566**	5581	5581	I	14719	12948	11254	9638	8099	6637
	II	**14806**	5581	5581	II	13032	11334	9714	8171	6705	5317
	III	**10346**	5581	5581	III	9024	7740	6494	5288	4120	2990
	V	**22740**	5581	5581	IV	15633	14719	13824	12948	12092	11254
	VI	**23271**	5581	5581							
77255,99	I,IV	**16580**	5581	5581	I	14732	12961	11267	9650	8110	6647
	II	**14820**	5581	5581	II	13044	11347	9726	8182	6716	5327
	III	**10356**	5581	5581	III	9032	7748	6502	5296	4128	2998
	V	**22753**	5581	5581	IV	15647	14732	13837	12961	12104	11267
	VI	**23285**	5581	5581							
77291,99	I,IV	**16594**	5581	5581	I	14745	12973	11278	9661	8121	6657
	II	**14832**	5581	5581	II	13057	11358	9737	8193	6726	5336
	III	**10364**	5581	5581	III	9042	7758	6512	5304	4136	3006
	V	**22767**	5581	5581	IV	15660	14745	13849	12973	12116	11278
	VI	**23299**	5581	5581							
77327,99	I,IV	**16607**	5581	5581	I	14758	12986	11291	9673	8132	6668
	II	**14846**	5581	5581	II	13070	11371	9749	8204	6737	5346
	III	**10376**	5581	5581	III	9052	7766	6520	5314	4144	3014
	V	**22781**	5581	5581	IV	15674	14758	13863	12986	12129	11291
	VI	**23313**	5581	5581							

* Zur LSt-Berechnung für privat versicherte Arbeitnehmer s. Beispiele **Vorbemerkung S. 4 f.**

** Basisvorsorgepauschale KV und PV *** Typisierter Arbeitgeberzuschuss

Lohn/ Gehalt in € bis	Steuerklasse	Lohn-steuer*	BVSP**	TAGZ***	Steuerklasse	Bemessungsgrundlage für Kirchensteuer und Solidaritätszuschlag – Freibeträge für ... Kinder 0,5	1,0	1,5	2,0	2,5	3,0
77 363,99	I,IV	**16 621**	5 581	5 581	I	14 772	12 999	11 303	9 684	8 143	6 678
	II	**14 859**	5 581	5 581	II	13 083	11 383	9 761	8 215	6 747	5 356
	III	**10 384**	5 581	5 581	III	9 062	7 776	6 530	5 322	4 152	3 022
	V	**22 795**	5 581	5 581	IV	15 687	14 772	13 876	12 999	12 141	11 303
	VI	**23 326**	5 581	5 581							
77 399,99	I,IV	**16 635**	5 581	5 581	I	14 785	13 011	11 315	9 696	8 153	6 689
	II	**14 872**	5 581	5 581	II	13 095	11 395	9 772	8 226	6 758	5 366
	III	**10 394**	5 581	5 581	III	9 070	7 786	6 538	5 330	4 160	3 030
	V	**22 808**	5 581	5 581	IV	15 700	14 785	13 888	13 011	12 153	11 315
	VI	**23 340**	5 581	5 581							
77 435,99	I,IV	**16 649**	5 581	5 581	I	14 798	13 024	11 327	9 707	8 165	6 699
	II	**14 886**	5 581	5 581	II	13 108	11 407	9 784	8 237	6 768	5 376
	III	**10 404**	5 581	5 581	III	9 080	7 794	6 548	5 340	4 170	3 038
	V	**22 822**	5 581	5 581	IV	15 714	14 798	13 901	13 024	12 166	11 327
	VI	**23 354**	5 581	5 581							
77 471,99	I,IV	**16 663**	5 581	5 581	I	14 811	13 037	11 339	9 719	8 176	6 710
	II	**14 899**	5 581	5 581	II	13 121	11 419	9 795	8 248	6 779	5 386
	III	**10 414**	5 581	5 581	III	9 090	7 804	6 556	5 348	4 178	3 046
	V	**22 836**	5 581	5 581	IV	15 728	14 811	13 914	13 037	12 178	11 339
	VI	**23 368**	5 581	5 581							
77 507,99	I,IV	**16 676**	5 581	5 581	I	14 824	13 049	11 351	9 730	8 186	6 720
	II	**14 912**	5 581	5 581	II	13 133	11 431	9 807	8 259	6 789	5 396
	III	**10 424**	5 581	5 581	III	9 098	7 812	6 566	5 356	4 186	3 054
	V	**22 849**	5 581	5 581	IV	15 741	14 824	13 927	13 049	12 190	11 351
	VI	**23 381**	5 581	5 581							
77 543,99	I,IV	**16 690**	5 581	5 581	I	14 838	13 062	11 363	9 742	8 198	6 730
	II	**14 925**	5 581	5 581	II	13 146	11 444	9 818	8 270	6 799	5 406
	III	**10 434**	5 581	5 581	III	9 108	7 822	6 574	5 366	4 194	3 062
	V	**22 863**	5 581	5 581	IV	15 755	14 838	13 940	13 062	12 203	11 363
	VI	**23 395**	5 581	5 581							
77 579,99	I,IV	**16 704**	5 581	5 581	I	14 851	13 075	11 376	9 753	8 209	6 741
	II	**14 939**	5 581	5 581	II	13 159	11 456	9 830	8 281	6 810	5 416
	III	**10 444**	5 581	5 581	III	9 118	7 832	6 584	5 374	4 202	3 070
	V	**22 877**	5 581	5 581	IV	15 768	14 851	13 953	13 075	12 216	11 376
	VI	**23 409**	5 581	5 581							
77 615,99	I,IV	**16 717**	5 581	5 581	I	14 864	13 087	11 387	9 765	8 219	6 751
	II	**14 952**	5 581	5 581	II	13 171	11 468	9 841	8 292	6 820	5 425
	III	**10 454**	5 581	5 581	III	9 128	7 840	6 592	5 382	4 212	3 078
	V	**22 890**	5 581	5 581	IV	15 782	14 864	13 966	13 087	12 228	11 387
	VI	**23 422**	5 581	5 581							
77 651,99	I,IV	**16 731**	5 581	5 581	I	14 878	13 100	11 400	9 777	8 231	6 762
	II	**14 965**	5 581	5 581	II	13 184	11 480	9 853	8 303	6 831	5 435
	III	**10 464**	5 581	5 581	III	9 138	7 850	6 602	5 392	4 220	3 086
	V	**22 904**	5 581	5 581	IV	15 795	14 878	13 979	13 100	12 240	11 400
	VI	**23 436**	5 581	5 581							
77 687,99	I,IV	**16 745**	5 581	5 581	I	14 891	13 113	11 412	9 788	8 242	6 772
	II	**14 979**	5 581	5 581	II	13 197	11 492	9 865	8 314	6 841	5 445
	III	**10 472**	5 581	5 581	III	9 146	7 860	6 610	5 400	4 228	3 094
	V	**22 918**	5 581	5 581	IV	15 809	14 891	13 992	13 113	12 253	11 412
	VI	**23 450**	5 581	5 581							
77 723,99	I,IV	**16 758**	5 581	5 581	I	14 904	13 125	11 424	9 800	8 252	6 782
	II	**14 992**	5 581	5 581	II	13 209	11 504	9 876	8 325	6 852	5 455
	III	**10 482**	5 581	5 581	III	9 156	7 868	6 620	5 408	4 236	3 102
	V	**22 932**	5 581	5 581	IV	15 822	14 904	14 005	13 125	12 265	11 424
	VI	**23 463**	5 581	5 581							
77 759,99	I,IV	**16 772**	5 581	5 581	I	14 917	13 138	11 436	9 811	8 264	6 793
	II	**15 005**	5 581	5 581	II	13 222	11 516	9 888	8 336	6 862	5 465
	III	**10 492**	5 581	5 581	III	9 166	7 878	6 628	5 418	4 246	3 112
	V	**22 945**	5 581	5 581	IV	15 836	14 917	14 018	13 138	12 277	11 436
	VI	**23 477**	5 581	5 581							

* Zur LSt-Berechnung für privat versicherte Arbeitnehmer s. Beispiele **Vorbemerkung S. 4 f.**
** Basisvorsorgepauschale KV und PV *** Typisierter Arbeitgeberzuschuss

Lohn/ Gehalt in € bis	Steuerklasse	Lohn-steuer*	BVSP**	TAGZ***	Steuerklasse	Bemessungsgrundlage für Kirchensteuer und Solidaritätszuschlag – Freibeträge für ... Kinder 0,5	1,0	1,5	2,0	2,5	3,0
77795,99	I,IV	**16786**	5581	5581	I	14930	13151	11448	9823	8274	6803
	II	**15018**	5581	5581	II	13235	11528	9899	8347	6872	5475
	III	**10502**	5581	5581	III	9176	7888	6638	5426	4254	3120
	V	**22959**	5581	5581	IV	15849	14930	14031	13151	12290	11448
	VI	**23491**	5581	5581							
77831,99	I,IV	**16799**	5581	5581	I	14944	13163	11460	9834	8285	6814
	II	**15032**	5581	5581	II	13248	11541	9911	8358	6883	5485
	III	**10512**	5581	5581	III	9184	7896	6646	5434	4262	3128
	V	**22973**	5581	5581	IV	15863	14944	14044	13163	12302	11460
	VI	**23504**	5581	5581							
77867,99	I,IV	**16813**	5581	5581	I	14957	13176	11473	9846	8297	6824
	II	**15045**	5581	5581	II	13260	11553	9923	8370	6894	5495
	III	**10522**	5581	5581	III	9194	7906	6656	5444	4270	3136
	V	**22987**	5581	5581	IV	15876	14957	14057	13176	12315	11473
	VI	**23518**	5581	5581							
77903,99	I,IV	**16827**	5581	5581	I	14970	13189	11484	9857	8307	6835
	II	**15058**	5581	5581	II	13273	11565	9934	8380	6904	5505
	III	**10532**	5581	5581	III	9204	7914	6664	5452	4278	3144
	V	**23000**	5581	5581	IV	15890	14970	14070	13189	12327	11484
	VI	**23532**	5581	5581							
77939,99	I,IV	**16841**	5581	5581	I	14984	13202	11497	9869	8319	6845
	II	**15071**	5581	5581	II	13286	11577	9946	8392	6915	5515
	III	**10542**	5581	5581	III	9214	7924	6672	5460	4286	3152
	V	**23014**	5581	5581	IV	15903	14984	14083	13202	12339	11497
	VI	**23546**	5581	5581							
77975,99	I,IV	**16854**	5581	5581	I	14997	13214	11509	9881	8330	6856
	II	**15085**	5581	5581	II	13299	11590	9958	8403	6925	5525
	III	**10552**	5581	5581	III	9224	7934	6682	5470	4296	3160
	V	**23028**	5581	5581	IV	15917	14997	14096	13214	12352	11509
	VI	**23559**	5581	5581							
78011,99	I,IV	**16868**	5581	5581	I	15010	13227	11521	9892	8340	6866
	II	**15098**	5581	5581	II	13311	11601	9969	8414	6935	5534
	III	**10562**	5581	5581	III	9232	7942	6692	5478	4304	3168
	V	**23041**	5581	5581	IV	15930	15010	14109	13227	12364	11521
	VI	**23573**	5581	5581							
78047,99	I,IV	**16882**	5581	5581	I	15023	13240	11533	9904	8352	6877
	II	**15111**	5581	5581	II	13324	11614	9981	8425	6946	5544
	III	**10572**	5581	5581	III	9242	7952	6700	5486	4312	3176
	V	**23055**	5581	5581	IV	15944	15023	14122	13240	12377	11533
	VI	**23587**	5581	5581							
78083,99	I,IV	**16896**	5581	5581	I	15037	13253	11545	9916	8363	6887
	II	**15125**	5581	5581	II	13337	11626	9992	8436	6957	5555
	III	**10582**	5581	5581	III	9252	7962	6710	5496	4320	3184
	V	**23069**	5581	5581	IV	15958	15037	14135	13253	12389	11545
	VI	**23601**	5581	5581							
78119,99	I,IV	**16909**	5581	5581	I	15050	13265	11557	9927	8374	6898
	II	**15138**	5581	5581	II	13349	11638	10004	8447	6967	5564
	III	**10590**	5581	5581	III	9262	7970	6718	5504	4330	3192
	V	**23082**	5581	5581	IV	15971	15050	14148	13265	12402	11557
	VI	**23614**	5581	5581							
78155,99	I,IV	**16923**	5581	5581	I	15063	13278	11570	9939	8385	6908
	II	**15151**	5581	5581	II	13362	11650	10016	8458	6978	5574
	III	**10600**	5581	5581	III	9270	7980	6726	5512	4338	3200
	V	**23096**	5581	5581	IV	15985	15063	14161	13278	12414	11570
	VI	**23628**	5581	5581							
78191,99	I,IV	**16937**	5581	5581	I	15077	13291	11582	9950	8396	6919
	II	**15165**	5581	5581	II	13375	11663	10027	8469	6988	5584
	III	**10610**	5581	5581	III	9280	7990	6736	5522	4346	3210
	V	**23110**	5581	5581	IV	15999	15077	14174	13291	12427	11582
	VI	**23642**	5581	5581							

* Zur LSt-Berechnung für privat versicherte Arbeitnehmer s. Beispiele **Vorbemerkung S. 4 f.**
** Basisvorsorgepauschale KV und PV *** Typisierter Arbeitgeberzuschuss

Lohn/ Gehalt in € bis	Steuerklasse	Lohn-steuer*	BVSP**	TAGZ***	Steuerklasse	Bemessungsgrundlage für Kirchensteuer und Solidaritätszuschlag – Freibeträge für ... Kinder 0,5	1,0	1,5	2,0	2,5	3,0
78227,99	I,IV	**16950**	5581	5581	I	15090	13303	11594	9962	8407	6929
	II	**15178**	5581	5581	II	13388	11675	10039	8480	6999	5594
	III	**10620**	5581	5581	III	9290	7998	6746	5530	4354	3218
	V	**23124**	5581	5581	IV	16012	15090	14187	13303	12439	11594
	VI	**23655**	5581	5581							
78263,99	I,IV	**16964**	5581	5581	I	15103	13316	11606	9974	8418	6940
	II	**15191**	5581	5581	II	13401	11687	10051	8491	7009	5604
	III	**10630**	5581	5581	III	9300	8008	6754	5540	4362	3226
	V	**23137**	5581	5581	IV	16026	15103	14200	13316	12452	11606
	VI	**23669**	5581	5581							
78299,99	I,IV	**16978**	5581	5581	I	15117	13329	11619	9985	8429	6950
	II	**15205**	5581	5581	II	13414	11699	10062	8503	7020	5614
	III	**10640**	5581	5581	III	9310	8018	6764	5548	4372	3234
	V	**23151**	5581	5581	IV	16040	15117	14213	13329	12464	11619
	VI	**23683**	5581	5581							
78335,99	I,IV	**16991**	5581	5581	I	15130	13342	11631	9997	8440	6961
	II	**15218**	5581	5581	II	13426	11711	10074	8513	7030	5624
	III	**10650**	5581	5581	III	9318	8026	6772	5556	4380	3242
	V	**23165**	5581	5581	IV	16053	15130	14226	13342	12476	11631
	VI	**23696**	5581	5581							
78371,99	I,IV	**17005**	5581	5581	I	15143	13355	11643	10008	8451	6971
	II	**15232**	5581	5581	II	13439	11724	10086	8525	7041	5634
	III	**10660**	5581	5581	III	9328	8036	6780	5566	4388	3250
	V	**23179**	5581	5581	IV	16067	15143	14239	13355	12489	11643
	VI	**23710**	5581	5581							
78407,99	I,IV	**17019**	5581	5581	I	15157	13367	11655	10020	8462	6982
	II	**15245**	5581	5581	II	13452	11736	10097	8536	7051	5644
	III	**10670**	5581	5581	III	9338	8044	6790	5574	4396	3258
	V	**23192**	5581	5581	IV	16080	15157	14252	13367	12502	11655
	VI	**23724**	5581	5581							
78443,99	I,IV	**17033**	5581	5581	I	15170	13380	11667	10032	8473	6992
	II	**15258**	5581	5581	II	13465	11748	10109	8547	7062	5654
	III	**10680**	5581	5581	III	9348	8054	6800	5582	4406	3266
	V	**23206**	5581	5581	IV	16094	15170	14265	13380	12514	11667
	VI	**23738**	5581	5581							
78479,99	I,IV	**17046**	5581	5581	I	15183	13393	11680	10043	8485	7003
	II	**15272**	5581	5581	II	13477	11760	10121	8558	7072	5664
	III	**10690**	5581	5581	III	9356	8064	6808	5592	4414	3274
	V	**23220**	5581	5581	IV	16107	15183	14278	13393	12527	11680
	VI	**23751**	5581	5581							
78515,99	I,IV	**17060**	5581	5581	I	15197	13406	11692	10055	8496	7013
	II	**15285**	5581	5581	II	13490	11773	10132	8569	7083	5674
	III	**10700**	5581	5581	III	9366	8072	6818	5600	4422	3282
	V	**23234**	5581	5581	IV	16121	15197	14292	13406	12539	11692
	VI	**23765**	5581	5581							
78551,99	I,IV	**17074**	5581	5581	I	15210	13418	11704	10067	8507	7024
	II	**15298**	5581	5581	II	13503	11785	10144	8580	7093	5684
	III	**10710**	5581	5581	III	9376	8082	6826	5610	4430	3290
	V	**23247**	5581	5581	IV	16135	15210	14304	13418	12551	11704
	VI	**23779**	5581	5581							
78587,99	I,IV	**17088**	5581	5581	I	15223	13431	11716	10078	8518	7034
	II	**15312**	5581	5581	II	13516	11797	10156	8591	7104	5694
	III	**10718**	5581	5581	III	9386	8092	6836	5618	4438	3298
	V	**23261**	5581	5581	IV	16148	15223	14318	13431	12564	11716
	VI	**23793**	5581	5581							
78623,99	I,IV	**17101**	5581	5581	I	15236	13444	11728	10090	8529	7045
	II	**15325**	5581	5581	II	13529	11809	10167	8602	7115	5704
	III	**10728**	5581	5581	III	9396	8100	6844	5626	4448	3306
	V	**23274**	5581	5581	IV	16162	15236	14330	13444	12576	11728
	VI	**23806**	5581	5581							

* Zur LSt-Berechnung für privat versicherte Arbeitnehmer s. Beispiele **Vorbemerkung S. 4f.**
** Basisvorsorgepauschale KV und PV *** Typisierter Arbeitgeberzuschuss

Lohn/ Gehalt in € bis	Steuerklasse	Lohn-steuer*	BVSP**	TAGZ***	Steuerklasse	Bemessungsgrundlage für Kirchensteuer und Solidaritätszuschlag – Freibeträge für ... Kinder 0,5	**1,0**	1,5	**2,0**	2,5	**3,0**
78659,99	I,IV	**17115**	5581	5581	I	15250	13457	11741	10102	8540	7055
	II	**15338**	5581	5581	II	13541	11822	10179	8614	7125	5714
	III	**10738**	5581	5581	III	9406	8110	6854	5636	4456	3316
	V	**23288**	5581	5581	IV	16176	15250	14344	13457	12589	11741
	VI	**23820**	5581	5581							
78695,99	I,IV	**17129**	5581	5581	I	15263	13470	11753	10113	8551	7066
	II	**15352**	5581	5581	II	13554	11834	10191	8625	7136	5724
	III	**10748**	5581	5581	III	9414	8120	6862	5644	4464	3324
	V	**23302**	5581	5581	IV	16189	15263	14357	13470	12602	11753
	VI	**23834**	5581	5581							
78731,99	I,IV	**17142**	5581	5581	I	15277	13482	11765	10125	8562	7076
	II	**15365**	5581	5581	II	13567	11846	10202	8636	7146	5734
	III	**10758**	5581	5581	III	9424	8128	6872	5652	4472	3332
	V	**23315**	5581	5581	IV	16203	15277	14370	13482	12614	11765
	VI	**23847**	5581	5581							
78767,99	I,IV	**17156**	5581	5581	I	15290	13495	11777	10137	8573	7087
	II	**15379**	5581	5581	II	13580	11858	10214	8647	7157	5744
	III	**10768**	5581	5581	III	9434	8138	6880	5662	4482	3340
	V	**23329**	5581	5581	IV	16217	15290	14383	13495	12627	11777
	VI	**23861**	5581	5581							
78803,99	I,IV	**17170**	5581	5581	I	15304	13508	11790	10149	8585	7098
	II	**15392**	5581	5581	II	13593	11871	10226	8658	7168	5754
	III	**10778**	5581	5581	III	9444	8146	6890	5670	4490	3348
	V	**23343**	5581	5581	IV	16230	15304	14396	13508	12639	11790
	VI	**23875**	5581	5581							
78839,99	I,IV	**17183**	5581	5581	I	15317	13521	11802	10160	8595	7108
	II	**15405**	5581	5581	II	13606	11883	10237	8669	7178	5764
	III	**10788**	5581	5581	III	9452	8156	6898	5678	4498	3356
	V	**23357**	5581	5581	IV	16244	15317	14409	13521	12652	11802
	VI	**23888**	5581	5581							
78875,99	I,IV	**17197**	5581	5581	I	15330	13534	11814	10172	8607	7119
	II	**15419**	5581	5581	II	13619	11895	10249	8680	7189	5774
	III	**10798**	5581	5581	III	9462	8166	6908	5688	4506	3364
	V	**23370**	5581	5581	IV	16258	15330	14422	13534	12664	11814
	VI	**23902**	5581	5581							
78911,99	I,IV	**17211**	5581	5581	I	15344	13547	11827	10184	8618	7129
	II	**15432**	5581	5581	II	13632	11908	10261	8692	7199	5784
	III	**10808**	5581	5581	III	9472	8174	6916	5696	4516	3372
	V	**23384**	5581	5581	IV	16271	15344	14436	13547	12677	11827
	VI	**23916**	5581	5581							
78947,99	I,IV	**17224**	5581	5581	I	15357	13559	11839	10195	8629	7140
	II	**15446**	5581	5581	II	13644	11920	10273	8703	7210	5794
	III	**10818**	5581	5581	III	9482	8184	6926	5706	4524	3380
	V	**23398**	5581	5581	IV	16285	15357	14448	13559	12689	11839
	VI	**23929**	5581	5581							
78983,99	I,IV	**17238**	5581	5581	I	15370	13572	11851	10207	8640	7150
	II	**15459**	5581	5581	II	13657	11932	10285	8714	7221	5804
	III	**10828**	5581	5581	III	9492	8194	6934	5714	4532	3388
	V	**23412**	5581	5581	IV	16299	15370	14462	13572	12702	11851
	VI	**23943**	5581	5581							
79019,99	I,IV	**17252**	5581	5581	I	15384	13585	11863	10219	8651	7161
	II	**15473**	5581	5581	II	13670	11945	10296	8725	7231	5815
	III	**10838**	5581	5581	III	9500	8202	6944	5722	4540	3396
	V	**23425**	5581	5581	IV	16312	15384	14475	13585	12715	11863
	VI	**23957**	5581	5581							
79055,99	I,IV	**17266**	5581	5581	I	15397	13598	11875	10230	8662	7172
	II	**15486**	5581	5581	II	13683	11957	10308	8736	7242	5824
	III	**10848**	5581	5581	III	9510	8212	6952	5732	4548	3404
	V	**23439**	5581	5581	IV	16326	15397	14488	13598	12727	11875
	VI	**23971**	5581	5581							

* Zur LSt-Berechnung für privat versicherte Arbeitnehmer s. Beispiele **Vorbemerkung S. 4f.**
** Basisvorsorgepauschale KV und PV *** Typisierter Arbeitgeberzuschuss

Lohn/ Gehalt in € bis	Steuerklasse	Lohnsteuer*	BVSP**	TAGZ***	Steuerklasse	Bemessungsgrundlage für Kirchensteuer und Solidaritätszuschlag – Freibeträge für ... Kinder 0,5	1,0	1,5	2,0	2,5	3,0
79091,99	I,IV	**17279**	5581	5581	I	15411	13611	11888	10242	8674	7182
	II	**15500**	5581	5581	II	13696	11969	10320	8748	7252	5835
	III	**10858**	5581	5581	III	9520	8222	6962	5740	4558	3414
	V	**23453**	5581	5581	IV	16340	15411	14501	13611	12740	11888
	VI	**23985**	5581	5581							
79127,99	I,IV	**17293**	5581	5581	I	15424	13624	11900	10254	8685	7193
	II	**15513**	5581	5581	II	13709	11982	10332	8759	7263	5845
	III	**10868**	5581	5581	III	9530	8230	6970	5750	4566	3422
	V	**23467**	5581	5581	IV	16353	15424	14514	13624	12752	11900
	VI	**23998**	5581	5581							
79163,99	I,IV	**17307**	5581	5581	I	15437	13636	11912	10265	8696	7203
	II	**15526**	5581	5581	II	13721	11994	10343	8770	7274	5855
	III	**10876**	5581	5581	III	9540	8240	6980	5758	4574	3430
	V	**23480**	5581	5581	IV	16367	15437	14527	13636	12765	11912
	VI	**24012**	5581	5581							
79199,99	I,IV	**17321**	5581	5581	I	15451	13649	11925	10277	8707	7214
	II	**15540**	5581	5581	II	13734	12006	10355	8781	7284	5865
	III	**10888**	5581	5581	III	9550	8250	6990	5766	4584	3438
	V	**23494**	5581	5581	IV	16381	15451	14540	13649	12777	11925
	VI	**24026**	5581	5581							
79235,99	I,IV	**17335**	5581	5581	I	15465	13662	11937	10289	8718	7225
	II	**15553**	5581	5581	II	13747	12019	10367	8792	7295	5875
	III	**10896**	5581	5581	III	9558	8258	6998	5776	4592	3446
	V	**23508**	5581	5581	IV	16395	15465	14554	13662	12790	11937
	VI	**24040**	5581	5581							
79271,99	I,IV	**17348**	5581	5581	I	15478	13675	11949	10301	8729	7235
	II	**15567**	5581	5581	II	13760	12031	10378	8803	7306	5885
	III	**10906**	5581	5581	III	9568	8268	7006	5784	4600	3454
	V	**23521**	5581	5581	IV	16408	15478	14567	13675	12802	11949
	VI	**24053**	5581	5581							
79307,99	I,IV	**17362**	5581	5581	I	15491	13688	11962	10313	8741	7246
	II	**15580**	5581	5581	II	13773	12043	10390	8815	7316	5895
	III	**10916**	5581	5581	III	9578	8278	7016	5794	4608	3462
	V	**23535**	5581	5581	IV	16422	15491	14580	13688	12815	11962
	VI	**24067**	5581	5581							
79343,99	I,IV	**17376**	5581	5581	I	15505	13701	11974	10324	8752	7257
	II	**15594**	5581	5581	II	13786	12056	10402	8826	7327	5905
	III	**10926**	5581	5581	III	9588	8288	7026	5802	4616	3470
	V	**23549**	5581	5581	IV	16436	15505	14593	13701	12828	11974
	VI	**24081**	5581	5581							
79379,99	I,IV	**17389**	5581	5581	I	15518	13714	11986	10336	8763	7267
	II	**15607**	5581	5581	II	13799	12068	10414	8837	7338	5915
	III	**10936**	5581	5581	III	9596	8296	7034	5810	4626	3478
	V	**23562**	5581	5581	IV	16449	15518	14606	13714	12840	11986
	VI	**24094**	5581	5581							
79415,99	I,IV	**17403**	5581	5581	I	15532	13727	11999	10348	8774	7278
	II	**15621**	5581	5581	II	13812	12080	10426	8848	7348	5925
	III	**10946**	5581	5581	III	9606	8306	7044	5820	4634	3488
	V	**23576**	5581	5581	IV	16463	15532	14619	13727	12853	11999
	VI	**24108**	5581	5581							
79451,99	I,IV	**17416**	5581	5581	I	15545	13739	12011	10359	8785	7288
	II	**15634**	5581	5581	II	13825	12092	10437	8859	7359	5935
	III	**10956**	5581	5581	III	9616	8316	7052	5828	4642	3496
	V	**23590**	5581	5581	IV	16476	15545	14632	13739	12865	12011
	VI	**24121**	5581	5581							
79487,99	I,IV	**17430**	5581	5581	I	15558	13752	12023	10371	8797	7299
	II	**15648**	5581	5581	II	13838	12105	10449	8871	7370	5945
	III	**10966**	5581	5581	III	9626	8324	7062	5836	4650	3504
	V	**23604**	5581	5581	IV	16490	15558	14646	13752	12878	12023
	VI	**24135**	5581	5581							

* Zur LSt-Berechnung für privat versicherte Arbeitnehmer s. Beispiele **Vorbemerkung S. 4f.**
** Basisvorsorgepauschale KV und PV *** Typisierter Arbeitgeberzuschuss

Lohn/ Gehalt in € bis	Steuerklasse	Lohn-steuer*	BVSP**	TAGZ***	Steuerklasse	Bemessungsgrundlage für Kirchensteuer und Solidaritätszuschlag					
						Freibeträge für ... Kinder					
						0,5	**1,0**	1,5	**2,0**	2,5	**3,0**
79523,99	I,IV	**17444**	5581	5581	I	15572	13765	12036	10383	8808	7310
	II	**15661**	5581	5581	II	13851	12117	10461	8882	7380	5956
	III	**10976**	5581	5581	III	9636	8334	7070	5846	4660	3512
	V	**23617**	5581	5581	IV	16504	15572	14659	13765	12891	12036
	VI	**24149**	5581	5581							
79559,99	I,IV	**17458**	5581	5581	I	15585	13778	12048	10395	8819	7320
	II	**15674**	5581	5581	II	13863	12129	10473	8893	7391	5966
	III	**10986**	5581	5581	III	9646	8344	7080	5854	4668	3520
	V	**23631**	5581	5581	IV	16518	15585	14672	13778	12903	12048
	VI	**24163**	5581	5581							
79595,99	I,IV	**17471**	5581	5581	I	15599	13791	12060	10407	8830	7331
	II	**15688**	5581	5581	II	13876	12142	10485	8905	7402	5976
	III	**10996**	5581	5581	III	9654	8352	7088	5864	4676	3528
	V	**23645**	5581	5581	IV	16531	15599	14685	13791	12916	12060
	VI	**24176**	5581	5581							
79631,99	I,IV	**17485**	5581	5581	I	15612	13804	12073	10419	8842	7342
	II	**15702**	5581	5581	II	13889	12154	10497	8916	7412	5986
	III	**11006**	5581	5581	III	9664	8362	7098	5872	4686	3536
	V	**23659**	5581	5581	IV	16545	15612	14699	13804	12929	12073
	VI	**24190**	5581	5581							
79667,99	I,IV	**17499**	5581	5581	I	15626	13817	12085	10430	8853	7352
	II	**15715**	5581	5581	II	13902	12167	10508	8927	7423	5996
	III	**11016**	5581	5581	III	9674	8372	7106	5880	4694	3544
	V	**23672**	5581	5581	IV	16559	15626	14711	13817	12941	12085
	VI	**24204**	5581	5581							
79703,99	I,IV	**17513**	5581	5581	I	15639	13830	12097	10442	8864	7363
	II	**15729**	5581	5581	II	13915	12179	10520	8938	7434	6006
	III	**11026**	5581	5581	III	9684	8380	7116	5890	4702	3552
	V	**23686**	5581	5581	IV	16573	15639	14725	13830	12954	12097
	VI	**24218**	5581	5581							
79739,99	I,IV	**17526**	5581	5581	I	15653	13843	12110	10454	8875	7374
	II	**15742**	5581	5581	II	13928	12192	10532	8950	7444	6016
	III	**11036**	5581	5581	III	9694	8390	7126	5898	4710	3562
	V	**23700**	5581	5581	IV	16586	15653	14738	13843	12967	12110
	VI	**24231**	5581	5581							
79775,99	I,IV	**17540**	5581	5581	I	15666	13855	12122	10465	8886	7384
	II	**15755**	5581	5581	II	13941	12204	10544	8961	7455	6026
	III	**11046**	5581	5581	III	9704	8400	7134	5908	4720	3570
	V	**23713**	5581	5581	IV	16600	15666	14751	13855	12979	12122
	VI	**24245**	5581	5581							
79811,99	I,IV	**17554**	5581	5581	I	15680	13868	12134	10477	8898	7395
	II	**15769**	5581	5581	II	13954	12216	10556	8972	7466	6037
	III	**11056**	5581	5581	III	9712	8408	7142	5916	4728	3578
	V	**23727**	5581	5581	IV	16614	15680	14764	13868	12992	12134
	VI	**24259**	5581	5581							
79847,99	I,IV	**17568**	5581	5581	I	15693	13882	12147	10489	8909	7406
	II	**15783**	5581	5581	II	13967	12229	10568	8983	7477	6047
	III	**11066**	5581	5581	III	9722	8418	7152	5926	4736	3586
	V	**23741**	5581	5581	IV	16628	15693	14778	13882	13005	12147
	VI	**24273**	5581	5581							
79883,99	I,IV	**17581**	5581	5581	I	15707	13894	12159	10501	8920	7416
	II	**15796**	5581	5581	II	13980	12241	10579	8995	7487	6057
	III	**11076**	5581	5581	III	9732	8428	7162	5934	4744	3594
	V	**23754**	5581	5581	IV	16641	15707	14791	13894	13017	12159
	VI	**24286**	5581	5581							
79919,99	I,IV	**17595**	5581	5581	I	15720	13907	12171	10513	8931	7427
	II	**15810**	5581	5581	II	13993	12253	10591	9006	7498	6067
	III	**11086**	5581	5581	III	9742	8436	7170	5942	4754	3602
	V	**23768**	5581	5581	IV	16655	15720	14804	13907	13030	12171
	VI	**24300**	5581	5581							

* Zur LSt-Berechnung für privat versicherte Arbeitnehmer s. Beispiele **Vorbemerkung S. 4f.**
** Basisvorsorgepauschale KV und PV *** Typisierter Arbeitgeberzuschuss

Lohn/ Gehalt in € bis	Steuerklasse	Lohnsteuer*	BVSP**	TAGZ***	Steuerklasse	Bemessungsgrundlage für Kirchensteuer und Solidaritätszuschlag – Freibeträge für … Kinder 0,5	1,0	1,5	2,0	2,5	3,0
79 955,99	I,IV	**17 609**	5 581	5 581	I	15 734	13 920	12 184	10 525	8 943	7 438
	II	**15 823**	5 581	5 581	II	14 006	12 266	10 603	9 017	7 509	6 077
	III	**11 096**	5 581	5 581	III	9 752	8 446	7 180	5 952	4 762	3 612
	V	**23 782**	5 581	5 581	IV	16 669	15 734	14 818	13 920	13 043	12 184
	VI	**24 314**	5 581	5 581							
79 991,99	I,IV	**17 622**	5 581	5 581	I	15 747	13 933	12 196	10 536	8 954	7 448
	II	**15 837**	5 581	5 581	II	14 019	12 278	10 615	9 028	7 519	6 087
	III	**11 106**	5 581	5 581	III	9 762	8 456	7 188	5 960	4 770	3 620
	V	**23 796**	5 581	5 581	IV	16 682	15 747	14 830	13 933	13 055	12 196
	VI	**24 327**	5 581	5 581							
80 027,99	I,IV	**17 636**	5 581	5 581	I	15 761	13 946	12 209	10 548	8 965	7 459
	II	**15 850**	5 581	5 581	II	14 032	12 291	10 627	9 040	7 530	6 098
	III	**11 116**	5 581	5 581	III	9 770	8 464	7 198	5 968	4 778	3 628
	V	**23 809**	5 581	5 581	IV	16 696	15 761	14 844	13 946	13 068	12 209
	VI	**24 341**	5 581	5 581							
80 063,99	I,IV	**17 650**	5 581	5 581	I	15 774	13 959	12 221	10 560	8 977	7 470
	II	**15 864**	5 581	5 581	II	14 045	12 303	10 639	9 051	7 541	6 108
	III	**11 126**	5 581	5 581	III	9 780	8 474	7 208	5 978	4 788	3 636
	V	**23 823**	5 581	5 581	IV	16 710	15 774	14 857	13 959	13 081	12 221
	VI	**24 355**	5 581	5 581							
80 099,99	I,IV	**17 663**	5 581	5 581	I	15 788	13 972	12 233	10 572	8 988	7 481
	II	**15 877**	5 581	5 581	II	14 058	12 315	10 650	9 062	7 551	6 118
	III	**11 136**	5 581	5 581	III	9 790	8 484	7 216	5 986	4 796	3 644
	V	**23 837**	5 581	5 581	IV	16 723	15 788	14 870	13 972	13 093	12 233
	VI	**24 368**	5 581	5 581							
80 135,99	I,IV	**17 677**	5 581	5 581	I	15 801	13 985	12 246	10 584	8 999	7 491
	II	**15 891**	5 581	5 581	II	14 071	12 328	10 662	9 074	7 562	6 128
	III	**11 146**	5 581	5 581	III	9 800	8 494	7 224	5 996	4 804	3 652
	V	**23 851**	5 581	5 581	IV	16 737	15 801	14 884	13 985	13 106	12 246
	VI	**24 382**	5 581	5 581							
80 171,99	I,IV	**17 691**	5 581	5 581	I	15 815	13 998	12 258	10 596	9 010	7 502
	II	**15 905**	5 581	5 581	II	14 084	12 341	10 674	9 085	7 573	6 138
	III	**11 156**	5 581	5 581	III	9 810	8 502	7 234	6 004	4 814	3 660
	V	**23 864**	5 581	5 581	IV	16 751	15 815	14 897	13 998	13 119	12 258
	VI	**24 396**	5 581	5 581							
80 207,99	I,IV	**17 705**	5 581	5 581	I	15 828	14 011	12 271	10 607	9 022	7 513
	II	**15 918**	5 581	5 581	II	14 097	12 353	10 686	9 096	7 584	6 148
	III	**11 166**	5 581	5 581	III	9 820	8 512	7 244	6 014	4 822	3 668
	V	**23 878**	5 581	5 581	IV	16 765	15 828	14 910	14 011	13 131	12 271
	VI	**24 410**	5 581	5 581							
80 243,99	I,IV	**17 718**	5 581	5 581	I	15 842	14 024	12 283	10 619	9 033	7 524
	II	**15 932**	5 581	5 581	II	14 110	12 365	10 698	9 108	7 595	6 159
	III	**11 174**	5 581	5 581	III	9 828	8 522	7 252	6 022	4 830	3 676
	V	**23 892**	5 581	5 581	IV	16 778	15 842	14 923	14 024	13 144	12 283
	VI	**24 423**	5 581	5 581							
80 279,99	I,IV	**17 732**	5 581	5 581	I	15 855	14 037	12 295	10 631	9 044	7 534
	II	**15 945**	5 581	5 581	II	14 123	12 378	10 710	9 119	7 605	6 169
	III	**11 184**	5 581	5 581	III	9 838	8 530	7 262	6 030	4 838	3 686
	V	**23 905**	5 581	5 581	IV	16 792	15 855	14 936	14 037	13 156	12 295
	VI	**24 437**	5 581	5 581							
80 315,99	I,IV	**17 746**	5 581	5 581	I	15 869	14 050	12 308	10 643	9 055	7 545
	II	**15 959**	5 581	5 581	II	14 136	12 390	10 722	9 130	7 616	6 179
	III	**11 196**	5 581	5 581	III	9 848	8 540	7 270	6 040	4 848	3 694
	V	**23 919**	5 581	5 581	IV	16 806	15 869	14 950	14 050	13 169	12 308
	VI	**24 451**	5 581	5 581							
80 351,99	I,IV	**17 760**	5 581	5 581	I	15 883	14 063	12 320	10 655	9 067	7 556
	II	**15 972**	5 581	5 581	II	14 149	12 403	10 734	9 142	7 627	6 189
	III	**11 204**	5 581	5 581	III	9 858	8 550	7 280	6 048	4 856	3 702
	V	**23 933**	5 581	5 581	IV	16 820	15 883	14 963	14 063	13 182	12 320
	VI	**24 465**	5 581	5 581							

* Zur LSt-Berechnung für privat versicherte Arbeitnehmer s. Beispiele **Vorbemerkung S. 4 f.**
** Basisvorsorgepauschale KV und PV *** Typisierter Arbeitgeberzuschuss

Lohn/ Gehalt in € bis	Steuerklasse	Lohn- steuer*	BVSP**	TAGZ***	Steuerklasse	Bemessungsgrundlage für Kirchensteuer und Solidaritätszuschlag – Freibeträge für ... Kinder 0,5	1,0	1,5	2,0	2,5	3,0
80 387,99	I,IV	**17 773**	5 581	5 581	I	15 896	14 076	12 333	10 667	9 078	7 566
	II	**15 986**	5 581	5 581	II	14 162	12 415	10 745	9 153	7 637	6 199
	III	**11 214**	5 581	5 581	III	9 868	8 558	7 288	6 058	4 864	3 710
	V	**23 946**	5 581	5 581	IV	16 833	15 896	14 976	14 076	13 195	12 333
	VI	**24 478**	5 581	5 581							
80 423,99	I,IV	**17 787**	5 581	5 581	I	15 910	14 089	12 345	10 679	9 089	7 577
	II	**16 000**	5 581	5 581	II	14 175	12 428	10 757	9 164	7 648	6 210
	III	**11 224**	5 581	5 581	III	9 878	8 568	7 298	6 066	4 874	3 718
	V	**23 960**	5 581	5 581	IV	16 847	15 910	14 990	14 089	13 207	12 345
	VI	**24 492**	5 581	5 581							
80 459,99	I,IV	**17 801**	5 581	5 581	I	15 923	14 102	12 358	10 691	9 101	7 588
	II	**16 013**	5 581	5 581	II	14 188	12 440	10 769	9 176	7 659	6 220
	III	**11 234**	5 581	5 581	III	9 886	8 578	7 308	6 074	4 882	3 726
	V	**23 974**	5 581	5 581	IV	16 861	15 923	15 003	14 102	13 220	12 358
	VI	**24 506**	5 581	5 581							
80 495,99	I,IV	**17 814**	5 581	5 581	I	15 937	14 115	12 370	10 702	9 112	7 599
	II	**16 027**	5 581	5 581	II	14 201	12 452	10 781	9 187	7 670	6 230
	III	**11 244**	5 581	5 581	III	9 896	8 586	7 316	6 084	4 890	3 734
	V	**23 987**	5 581	5 581	IV	16 874	15 937	15 016	14 115	13 233	12 370
	VI	**24 519**	5 581	5 581							
80 531,99	I,IV	**17 828**	5 581	5 581	I	15 950	14 128	12 383	10 714	9 123	7 609
	II	**16 040**	5 581	5 581	II	14 214	12 465	10 793	9 198	7 681	6 240
	III	**11 254**	5 581	5 581	III	9 906	8 596	7 326	6 092	4 898	3 744
	V	**24 001**	5 581	5 581	IV	16 888	15 950	15 030	14 128	13 246	12 383
	VI	**24 533**	5 581	5 581							
80 567,99	I,IV	**17 842**	5 581	5 581	I	15 964	14 141	12 395	10 726	9 135	7 620
	II	**16 054**	5 581	5 581	II	14 227	12 478	10 805	9 210	7 692	6 251
	III	**11 264**	5 581	5 581	III	9 916	8 606	7 334	6 102	4 908	3 752
	V	**24 015**	5 581	5 581	IV	16 902	15 964	15 043	14 141	13 258	12 395
	VI	**24 547**	5 581	5 581							
80 603,99	I,IV	**17 855**	5 581	5 581	I	15 977	14 154	12 407	10 738	9 146	7 631
	II	**16 067**	5 581	5 581	II	14 240	12 490	10 817	9 221	7 702	6 261
	III	**11 274**	5 581	5 581	III	9 926	8 616	7 344	6 110	4 916	3 760
	V	**24 029**	5 581	5 581	IV	16 915	15 977	15 056	14 154	13 271	12 407
	VI	**24 560**	5 581	5 581							
80 639,99	I,IV	**17 869**	5 581	5 581	I	15 991	14 167	12 420	10 750	9 157	7 642
	II	**16 081**	5 581	5 581	II	14 253	12 502	10 829	9 232	7 713	6 271
	III	**11 284**	5 581	5 581	III	9 936	8 624	7 352	6 120	4 924	3 768
	V	**24 042**	5 581	5 581	IV	16 929	15 991	15 069	14 167	13 284	12 420
	VI	**24 574**	5 581	5 581							
80 675,99	I,IV	**17 883**	5 581	5 581	I	16 005	14 180	12 433	10 762	9 169	7 653
	II	**16 095**	5 581	5 581	II	14 266	12 515	10 841	9 244	7 724	6 281
	III	**11 294**	5 581	5 581	III	9 946	8 634	7 362	6 128	4 932	3 776
	V	**24 056**	5 581	5 581	IV	16 943	16 005	15 083	14 180	13 297	12 433
	VI	**24 588**	5 581	5 581							
80 711,99	I,IV	**17 896**	5 581	5 581	I	16 018	14 193	12 445	10 774	9 180	7 663
	II	**16 108**	5 581	5 581	II	14 279	12 527	10 853	9 255	7 735	6 291
	III	**11 304**	5 581	5 581	III	9 954	8 644	7 370	6 136	4 942	3 784
	V	**24 070**	5 581	5 581	IV	16 957	16 018	15 096	14 193	13 309	12 445
	VI	**24 601**	5 581	5 581							
80 747,99	I,IV	**17 910**	5 581	5 581	I	16 032	14 206	12 457	10 786	9 191	7 674
	II	**16 122**	5 581	5 581	II	14 292	12 540	10 865	9 267	7 746	6 302
	III	**11 314**	5 581	5 581	III	9 964	8 654	7 380	6 146	4 950	3 794
	V	**24 084**	5 581	5 581	IV	16 970	16 032	15 109	14 206	13 322	12 457
	VI	**24 615**	5 581	5 581							
80 783,99	I,IV	**17 924**	5 581	5 581	I	16 046	14 219	12 470	10 798	9 203	7 685
	II	**16 136**	5 581	5 581	II	14 306	12 553	10 877	9 278	7 756	6 312
	III	**11 324**	5 581	5 581	III	9 974	8 662	7 390	6 154	4 958	3 802
	V	**24 097**	5 581	5 581	IV	16 984	16 046	15 123	14 219	13 335	12 470
	VI	**24 629**	5 581	5 581							

* Zur LSt-Berechnung für privat versicherte Arbeitnehmer s. Beispiele **Vorbemerkung S. 4 f.**
** Basisvorsorgepauschale KV und PV *** Typisierter Arbeitgeberzuschuss

Lohn/ Gehalt in € bis	Steuerklasse	Lohnsteuer*	BVSP**	TAGZ***	Steuerklasse	Bemessungsgrundlage für Kirchensteuer und Solidaritätszuschlag – Freibeträge für ... Kinder 0,5	1,0	1,5	2,0	2,5	3,0
80 819,99	I,IV	**17 938**	5 581	5 581	I	16 059	14 232	12 482	10 809	9 214	7 696
	II	**16 149**	5 581	5 581	II	14 318	12 565	10 888	9 289	7 767	6 322
	III	**11 334**	5 581	5 581	III	9 984	8 672	7 398	6 164	4 968	3 810
	V	**24 111**	5 581	5 581	IV	16 998	16 059	15 136	14 232	13 347	12 482
	VI	**24 643**	5 581	5 581							
80 855,99	I,IV	**17 951**	5 581	5 581	I	16 073	14 245	12 495	10 822	9 225	7 707
	II	**16 163**	5 581	5 581	II	14 332	12 578	10 901	9 301	7 778	6 333
	III	**11 344**	5 581	5 581	III	9 994	8 682	7 408	6 172	4 976	3 818
	V	**24 125**	5 581	5 581	IV	17 012	16 073	15 149	14 245	13 360	12 495
	VI	**24 657**	5 581	5 581							
80 891,99	I,IV	**17 965**	5 581	5 581	I	16 087	14 258	12 507	10 834	9 237	7 717
	II	**16 177**	5 581	5 581	II	14 345	12 590	10 913	9 312	7 789	6 343
	III	**11 354**	5 581	5 581	III	10 004	8 690	7 416	6 182	4 984	3 826
	V	**24 139**	5 581	5 581	IV	17 025	16 087	15 163	14 258	13 373	12 507
	VI	**24 670**	5 581	5 581							
80 927,99	I,IV	**17 979**	5 581	5 581	I	16 100	14 271	12 520	10 845	9 248	7 728
	II	**16 190**	5 581	5 581	II	14 358	12 602	10 924	9 323	7 800	6 353
	III	**11 364**	5 581	5 581	III	10 012	8 700	7 426	6 190	4 992	3 834
	V	**24 152**	5 581	5 581	IV	17 039	16 100	15 176	14 271	13 386	12 520
	VI	**24 684**	5 581	5 581							
80 963,99	I,IV	**17 993**	5 581	5 581	I	16 114	14 284	12 532	10 857	9 260	7 739
	II	**16 204**	5 581	5 581	II	14 371	12 615	10 936	9 335	7 811	6 363
	III	**11 374**	5 581	5 581	III	10 024	8 710	7 436	6 200	5 002	3 842
	V	**24 166**	5 581	5 581	IV	17 053	16 114	15 189	14 284	13 399	12 532
	VI	**24 698**	5 581	5 581							
80 999,99	I,IV	**18 007**	5 581	5 581	I	16 128	14 298	12 545	10 869	9 271	7 750
	II	**16 218**	5 581	5 581	II	14 384	12 628	10 949	9 346	7 822	6 374
	III	**11 384**	5 581	5 581	III	10 032	8 720	7 444	6 208	5 010	3 852
	V	**24 180**	5 581	5 581	IV	17 067	16 128	15 203	14 298	13 412	12 545
	VI	**24 712**	5 581	5 581							
81 035,99	I,IV	**18 020**	5 581	5 581	I	16 141	14 310	12 557	10 881	9 282	7 760
	II	**16 231**	5 581	5 581	II	14 397	12 640	10 960	9 358	7 832	6 384
	III	**11 394**	5 581	5 581	III	10 042	8 728	7 454	6 216	5 018	3 860
	V	**24 193**	5 581	5 581	IV	17 080	16 141	15 216	14 310	13 424	12 557
	VI	**24 725**	5 581	5 581							
81 071,99	I,IV	**18 034**	5 581	5 581	I	16 155	14 324	12 570	10 893	9 294	7 771
	II	**16 245**	5 581	5 581	II	14 410	12 653	10 972	9 369	7 843	6 394
	III	**11 404**	5 581	5 581	III	10 052	8 738	7 462	6 226	5 028	3 868
	V	**24 207**	5 581	5 581	IV	17 094	16 155	15 230	14 324	13 437	12 570
	VI	**24 739**	5 581	5 581							
81 107,99	I,IV	**18 047**	5 581	5 581	I	16 168	14 336	12 582	10 905	9 305	7 782
	II	**16 258**	5 581	5 581	II	14 423	12 665	10 984	9 380	7 854	6 404
	III	**11 414**	5 581	5 581	III	10 062	8 748	7 472	6 234	5 036	3 876
	V	**24 221**	5 581	5 581	IV	17 107	16 168	15 243	14 336	13 450	12 582
	VI	**24 752**	5 581	5 581							
81 143,99	I,IV	**18 061**	5 581	5 581	I	16 182	14 350	12 595	10 917	9 316	7 793
	II	**16 272**	5 581	5 581	II	14 436	12 678	10 996	9 392	7 865	6 415
	III	**11 424**	5 581	5 581	III	10 072	8 756	7 480	6 244	5 044	3 884
	V	**24 234**	5 581	5 581	IV	17 121	16 182	15 256	14 350	13 463	12 595
	VI	**24 766**	5 581	5 581							
81 179,99	I,IV	**18 075**	5 581	5 581	I	16 196	14 363	12 607	10 929	9 328	7 804
	II	**16 286**	5 581	5 581	II	14 450	12 690	11 008	9 403	7 876	6 425
	III	**11 434**	5 581	5 581	III	10 082	8 766	7 490	6 252	5 054	3 892
	V	**24 248**	5 581	5 581	IV	17 135	16 196	15 270	14 363	13 476	12 607
	VI	**24 780**	5 581	5 581							
81 215,99	I,IV	**18 088**	5 581	5 581	I	16 209	14 376	12 620	10 941	9 339	7 815
	II	**16 299**	5 581	5 581	II	14 462	12 703	11 020	9 415	7 886	6 435
	III	**11 444**	5 581	5 581	III	10 090	8 776	7 500	6 262	5 062	3 902
	V	**24 262**	5 581	5 581	IV	17 148	16 209	15 283	14 376	13 488	12 620
	VI	**24 793**	5 581	5 581							

* Zur LSt-Berechnung für privat versicherte Arbeitnehmer s. Beispiele **Vorbemerkung S. 4 f.**
** Basisvorsorgepauschale KV und PV *** Typisierter Arbeitgeberzuschuss

Lohn/ Gehalt in € bis	Steuerklasse	Lohn-steuer*	BVSP**	TAGZ***	Steuerklasse	Bemessungsgrundlage für Kirchensteuer und Solidaritätszuschlag – Freibeträge für ... Kinder 0,5	**1,0**	1,5	**2,0**	2,5	**3,0**
81 251,99	I,IV	**18 102**	5 581	5 581	I	16 223	14 389	12 632	10 953	9 351	7 825
	II	**16 313**	5 581	5 581	II	14 476	12 715	11 032	9 426	7 897	6 446
	III	**11 454**	5 581	5 581	III	10 100	8 786	7 508	6 270	5 070	3 910
	V	**24 276**	5 581	5 581	IV	17 162	16 223	15 296	14 389	13 501	12 632
	VI	**24 807**	5 581	5 581							
81 287,99	I,IV	**18 116**	5 581	5 581	I	16 237	14 402	12 645	10 965	9 362	7 836
	II	**16 327**	5 581	5 581	II	14 489	12 728	11 044	9 438	7 908	6 456
	III	**11 464**	5 581	5 581	III	10 110	8 794	7 518	6 280	5 080	3 918
	V	**24 289**	5 581	5 581	IV	17 176	16 237	15 310	14 402	13 514	12 645
	VI	**24 821**	5 581	5 581							
81 323,99	I,IV	**18 130**	5 581	5 581	I	16 250	14 415	12 657	10 977	9 373	7 847
	II	**16 340**	5 581	5 581	II	14 502	12 740	11 056	9 449	7 919	6 466
	III	**11 474**	5 581	5 581	III	10 120	8 804	7 526	6 288	5 088	3 926
	V	**24 303**	5 581	5 581	IV	17 190	16 250	15 323	14 415	13 527	12 657
	VI	**24 835**	5 581	5 581							
81 359,99	I,IV	**18 143**	5 581	5 581	I	16 264	14 428	12 670	10 989	9 385	7 858
	II	**16 354**	5 581	5 581	II	14 515	12 753	11 068	9 460	7 930	6 477
	III	**11 484**	5 581	5 581	III	10 130	8 814	7 536	6 296	5 096	3 934
	V	**24 317**	5 581	5 581	IV	17 203	16 264	15 336	14 428	13 540	12 670
	VI	**24 848**	5 581	5 581							
81 395,99	I,IV	**18 157**	5 581	5 581	I	16 278	14 442	12 683	11 001	9 396	7 869
	II	**16 368**	5 581	5 581	II	14 528	12 766	11 080	9 472	7 941	6 487
	III	**11 496**	5 581	5 581	III	10 140	8 824	7 546	6 306	5 106	3 942
	V	**24 331**	5 581	5 581	IV	17 217	16 278	15 350	14 442	13 552	12 683
	VI	**24 862**	5 581	5 581							
81 431,99	I,IV	**18 171**	5 581	5 581	I	16 291	14 454	12 695	11 013	9 408	7 880
	II	**16 382**	5 581	5 581	II	14 541	12 778	11 092	9 483	7 952	6 497
	III	**11 504**	5 581	5 581	III	10 150	8 832	7 554	6 314	5 114	3 952
	V	**24 344**	5 581	5 581	IV	17 231	16 291	15 363	14 454	13 565	12 695
	VI	**24 876**	5 581	5 581							
81 467,99	I,IV	**18 185**	5 581	5 581	I	16 305	14 468	12 708	11 025	9 419	7 891
	II	**16 395**	5 581	5 581	II	14 555	12 791	11 104	9 495	7 963	6 508
	III	**11 514**	5 581	5 581	III	10 158	8 842	7 564	6 324	5 122	3 960
	V	**24 358**	5 581	5 581	IV	17 245	16 305	15 377	14 468	13 578	12 708
	VI	**24 890**	5 581	5 581							
81 503,99	I,IV	**18 198**	5 581	5 581	I	16 319	14 481	12 720	11 037	9 431	7 902
	II	**16 409**	5 581	5 581	II	14 568	12 804	11 116	9 506	7 974	6 518
	III	**11 526**	5 581	5 581	III	10 170	8 852	7 572	6 332	5 132	3 968
	V	**24 372**	5 581	5 581	IV	17 258	16 319	15 390	14 481	13 591	12 720
	VI	**24 903**	5 581	5 581							
81 539,99	I,IV	**18 212**	5 581	5 581	I	16 332	14 494	12 733	11 049	9 442	7 912
	II	**16 423**	5 581	5 581	II	14 581	12 816	11 128	9 518	7 984	6 528
	III	**11 534**	5 581	5 581	III	10 178	8 862	7 582	6 342	5 140	3 976
	V	**24 385**	5 581	5 581	IV	17 272	16 332	15 403	14 494	13 604	12 733
	VI	**24 917**	5 581	5 581							
81 575,99	I,IV	**18 226**	5 581	5 581	I	16 346	14 507	12 745	11 061	9 453	7 923
	II	**16 437**	5 581	5 581	II	14 594	12 829	11 140	9 529	7 995	6 539
	III	**11 544**	5 581	5 581	III	10 188	8 870	7 590	6 350	5 148	3 984
	V	**24 399**	5 581	5 581	IV	17 286	16 346	15 417	14 507	13 617	12 745
	VI	**24 931**	5 581	5 581							
81 611,99	I,IV	**18 240**	5 581	5 581	I	16 360	14 520	12 758	11 073	9 465	7 934
	II	**16 450**	5 581	5 581	II	14 607	12 841	11 153	9 541	8 006	6 549
	III	**11 556**	5 581	5 581	III	10 198	8 880	7 600	6 360	5 156	3 994
	V	**24 413**	5 581	5 581	IV	17 300	16 360	15 430	14 520	13 630	12 758
	VI	**24 945**	5 581	5 581							
81 647,99	I,IV	**18 253**	5 581	5 581	I	16 373	14 533	12 770	11 085	9 476	7 945
	II	**16 464**	5 581	5 581	II	14 620	12 854	11 164	9 552	8 017	6 559
	III	**11 566**	5 581	5 581	III	10 208	8 890	7 610	6 368	5 166	4 002
	V	**24 426**	5 581	5 581	IV	17 313	16 373	15 444	14 533	13 642	12 770
	VI	**24 958**	5 581	5 581							

* Zur LSt-Berechnung für privat versicherte Arbeitnehmer s. Beispiele **Vorbemerkung S. 4 f.**
** Basisvorsorgepauschale KV und PV *** Typisierter Arbeitgeberzuschuss

Lohn/ Gehalt in € bis	Steuerklasse	Lohn- steuer*	BVSP**	TAGZ***	Steuerklasse	Bemessungsgrundlage für Kirchensteuer und Solidaritätszuschlag					
						Freibeträge für ... Kinder					
						0,5	**1,0**	1,5	**2,0**	2,5	**3,0**
81 683,99	I,IV	**18 267**	5 581	5 581	I	16 387	14 547	12 783	11 097	9 488	7 956
	II	**16 478**	5 581	5 581	II	14 634	12 866	11 177	9 564	8 028	6 570
	III	**11 574**	5 581	5 581	III	10 218	8 898	7 618	6 376	5 174	4 010
	V	**24 440**	5 581	5 581	IV	17 327	16 387	15 457	14 547	13 655	12 783
	VI	**24 972**	5 581	5 581							
81 719,99	I,IV	**18 281**	5 581	5 581	I	16 401	14 560	12 796	11 109	9 499	7 967
	II	**16 492**	5 581	5 581	II	14 647	12 879	11 189	9 575	8 039	6 580
	III	**11 586**	5 581	5 581	III	10 228	8 908	7 628	6 386	5 182	4 018
	V	**24 454**	5 581	5 581	IV	17 341	16 401	15 471	14 560	13 668	12 796
	VI	**24 986**	5 581	5 581							
81 755,99	I,IV	**18 294**	5 581	5 581	I	16 414	14 573	12 808	11 121	9 511	7 978
	II	**16 505**	5 581	5 581	II	14 660	12 892	11 200	9 587	8 050	6 590
	III	**11 596**	5 581	5 581	III	10 238	8 918	7 638	6 394	5 192	4 026
	V	**24 468**	5 581	5 581	IV	17 354	16 414	15 484	14 573	13 681	12 808
	VI	**24 999**	5 581	5 581							
81 791,99	I,IV	**18 308**	5 581	5 581	I	16 428	14 586	12 821	11 133	9 522	7 989
	II	**16 519**	5 581	5 581	II	14 673	12 904	11 213	9 598	8 061	6 601
	III	**11 606**	5 581	5 581	III	10 246	8 928	7 646	6 404	5 200	4 034
	V	**24 481**	5 581	5 581	IV	17 368	16 428	15 497	14 586	13 694	12 821
	VI	**25 013**	5 581	5 581							
81 827,99	I,IV	**18 322**	5 581	5 581	I	16 442	14 599	12 833	11 145	9 533	7 999
	II	**16 532**	5 581	5 581	II	14 686	12 917	11 224	9 609	8 072	6 611
	III	**11 614**	5 581	5 581	III	10 256	8 936	7 656	6 412	5 208	4 042
	V	**24 495**	5 581	5 581	IV	17 382	16 442	15 511	14 599	13 706	12 833
	VI	**25 027**	5 581	5 581							
81 863,99	I,IV	**18 335**	5 581	5 581	I	16 455	14 612	12 846	11 157	9 545	8 010
	II	**16 546**	5 581	5 581	II	14 699	12 929	11 237	9 621	8 083	6 621
	III	**11 626**	5 581	5 581	III	10 266	8 946	7 664	6 422	5 218	4 052
	V	**24 509**	5 581	5 581	IV	17 395	16 455	15 524	14 612	13 719	12 846
	VI	**25 040**	5 581	5 581							
81 899,99	I,IV	**18 349**	5 581	5 581	I	16 469	14 625	12 859	11 169	9 557	8 021
	II	**16 560**	5 581	5 581	II	14 713	12 942	11 249	9 633	8 094	6 632
	III	**11 636**	5 581	5 581	III	10 276	8 956	7 674	6 430	5 226	4 060
	V	**24 523**	5 581	5 581	IV	17 409	16 469	15 538	14 625	13 732	12 859
	VI	**25 054**	5 581	5 581							
81 935,99	I,IV	**18 363**	5 581	5 581	I	16 483	14 638	12 871	11 181	9 568	8 032
	II	**16 573**	5 581	5 581	II	14 726	12 955	11 261	9 644	8 104	6 642
	III	**11 646**	5 581	5 581	III	10 286	8 964	7 682	6 440	5 234	4 068
	V	**24 536**	5 581	5 581	IV	17 423	16 483	15 551	14 638	13 745	12 871
	VI	**25 068**	5 581	5 581							
81 971,99	I,IV	**18 377**	5 581	5 581	I	16 497	14 652	12 884	11 193	9 580	8 043
	II	**16 587**	5 581	5 581	II	14 739	12 967	11 273	9 656	8 116	6 653
	III	**11 656**	5 581	5 581	III	10 296	8 974	7 692	6 448	5 244	4 076
	V	**24 550**	5 581	5 581	IV	17 437	16 497	15 565	14 652	13 758	12 884
	VI	**25 082**	5 581	5 581							
82 007,99	I,IV	**18 390**	5 581	5 581	I	16 510	14 665	12 897	11 205	9 591	8 054
	II	**16 601**	5 581	5 581	II	14 752	12 980	11 285	9 667	8 127	6 663
	III	**11 666**	5 581	5 581	III	10 306	8 984	7 702	6 458	5 252	4 084
	V	**24 564**	5 581	5 581	IV	17 450	16 510	15 578	14 665	13 771	12 897
	VI	**25 095**	5 581	5 581							
82 043,99	I,IV	**18 404**	5 581	5 581	I	16 524	14 678	12 909	11 217	9 602	8 065
	II	**16 615**	5 581	5 581	II	14 765	12 993	11 297	9 679	8 137	6 673
	III	**11 676**	5 581	5 581	III	10 316	8 994	7 710	6 466	5 260	4 092
	V	**24 577**	5 581	5 581	IV	17 464	16 524	15 591	14 678	13 784	12 909
	VI	**25 109**	5 581	5 581							
82 079,99	I,IV	**18 418**	5 581	5 581	I	16 538	14 691	12 922	11 229	9 614	8 076
	II	**16 628**	5 581	5 581	II	14 779	13 005	11 309	9 690	8 148	6 684
	III	**11 686**	5 581	5 581	III	10 326	9 004	7 720	6 476	5 270	4 102
	V	**24 591**	5 581	5 581	IV	17 478	16 538	15 605	14 691	13 797	12 922
	VI	**25 123**	5 581	5 581							

* Zur LSt-Berechnung für privat versicherte Arbeitnehmer s. Beispiele **Vorbemerkung S. 4 f.**
** Basisvorsorgepauschale KV und PV *** Typisierter Arbeitgeberzuschuss

Lohn/ Gehalt in € bis	Steuerklasse	Lohn-steuer*	BVSP**	TAGZ***	Steuerklasse	Bemessungsgrundlage für Kirchensteuer und Solidaritätszuschlag					
						Freibeträge für ... Kinder					
						0,5	**1,0**	1,5	**2,0**	2,5	**3,0**
82 115,99	I,IV	**18 432**	5 581	5 581	I	16 552	14 705	12 934	11 241	9 626	8 087
	II	**16 642**	5 581	5 581	II	14 792	13 018	11 321	9 702	8 160	6 694
	III	**11 696**	5 581	5 581	III	10 334	9 012	7 730	6 484	5 278	4 110
	V	**24 605**	5 581	5 581	IV	17 492	16 552	15 619	14 705	13 810	12 934
	VI	**25 137**	5 581	5 581							
82 151,99	I,IV	**18 445**	5 581	5 581	I	16 565	14 718	12 947	11 253	9 637	8 098
	II	**16 656**	5 581	5 581	II	14 805	13 031	11 333	9 713	8 170	6 705
	III	**11 706**	5 581	5 581	III	10 344	9 022	7 738	6 492	5 286	4 118
	V	**24 618**	5 581	5 581	IV	17 505	16 565	15 632	14 718	13 823	12 947
	VI	**25 150**	5 581	5 581							
82 187,99	I,IV	**18 459**	5 581	5 581	I	16 579	14 731	12 960	11 266	9 649	8 109
	II	**16 670**	5 581	5 581	II	14 818	13 043	11 346	9 725	8 181	6 715
	III	**11 716**	5 581	5 581	III	10 354	9 032	7 748	6 502	5 296	4 126
	V	**24 632**	5 581	5 581	IV	17 519	16 579	15 645	14 731	13 836	12 960
	VI	**25 164**	5 581	5 581							
82 223,99	I,IV	**18 473**	5 581	5 581	I	16 593	14 744	12 972	11 278	9 660	8 120
	II	**16 684**	5 581	5 581	II	14 832	13 056	11 358	9 737	8 192	6 726
	III	**11 726**	5 581	5 581	III	10 364	9 042	7 756	6 510	5 304	4 134
	V	**24 646**	5 581	5 581	IV	17 533	16 593	15 659	14 744	13 849	12 972
	VI	**25 178**	5 581	5 581							
82 259,99	I,IV	**18 486**	5 581	5 581	I	16 606	14 757	12 985	11 290	9 672	8 131
	II	**16 697**	5 581	5 581	II	14 845	13 069	11 370	9 748	8 203	6 736
	III	**11 736**	5 581	5 581	III	10 374	9 050	7 766	6 520	5 312	4 144
	V	**24 659**	5 581	5 581	IV	17 546	16 606	15 672	14 757	13 861	12 985
	VI	**25 191**	5 581	5 581							
82 295,99	I,IV	**18 500**	5 581	5 581	I	16 620	14 771	12 998	11 302	9 683	8 142
	II	**16 711**	5 581	5 581	II	14 858	13 081	11 382	9 760	8 214	6 746
	III	**11 746**	5 581	5 581	III	10 384	9 060	7 776	6 530	5 322	4 152
	V	**24 673**	5 581	5 581	IV	17 560	16 620	15 686	14 771	13 874	12 998
	VI	**25 205**	5 581	5 581							
82 331,99	I,IV	**18 514**	5 581	5 581	I	16 634	14 784	13 010	11 314	9 695	8 153
	II	**16 725**	5 581	5 581	II	14 871	13 094	11 394	9 771	8 225	6 757
	III	**11 756**	5 581	5 581	III	10 394	9 070	7 784	6 538	5 330	4 160
	V	**24 687**	5 581	5 581	IV	17 574	16 634	15 700	14 784	13 887	13 010
	VI	**25 219**	5 581	5 581							
82 367,99	I,IV	**18 527**	5 581	5 581	I	16 647	14 797	13 023	11 326	9 706	8 164
	II	**16 738**	5 581	5 581	II	14 884	13 107	11 406	9 783	8 236	6 767
	III	**11 766**	5 581	5 581	III	10 404	9 080	7 794	6 546	5 338	4 168
	V	**24 701**	5 581	5 581	IV	17 587	16 647	15 713	14 797	13 900	13 023
	VI	**25 232**	5 581	5 581							
82 403,99	I,IV	**18 541**	5 581	5 581	I	16 661	14 810	13 036	11 338	9 718	8 175
	II	**16 752**	5 581	5 581	II	14 898	13 119	11 418	9 794	8 247	6 778
	III	**11 776**	5 581	5 581	III	10 414	9 090	7 804	6 556	5 348	4 178
	V	**24 714**	5 581	5 581	IV	17 601	16 661	15 726	14 810	13 913	13 036
	VI	**25 246**	5 581	5 581							
82 439,99	I,IV	**18 555**	5 581	5 581	I	16 675	14 824	13 048	11 350	9 729	8 186
	II	**16 766**	5 581	5 581	II	14 911	13 132	11 430	9 806	8 258	6 788
	III	**11 786**	5 581	5 581	III	10 424	9 098	7 812	6 564	5 356	4 186
	V	**24 728**	5 581	5 581	IV	17 615	16 675	15 740	14 824	13 926	13 048
	VI	**25 260**	5 581	5 581							
82 475,99	I,IV	**18 568**	5 581	5 581	I	16 689	14 837	13 061	11 362	9 741	8 197
	II	**16 779**	5 581	5 581	II	14 924	13 145	11 442	9 817	8 269	6 798
	III	**11 796**	5 581	5 581	III	10 432	9 108	7 822	6 574	5 364	4 194
	V	**24 742**	5 581	5 581	IV	17 629	16 689	15 753	14 837	13 939	13 061
	VI	**25 273**	5 581	5 581							
82 511,99	I,IV	**18 582**	5 581	5 581	I	16 702	14 850	13 074	11 374	9 752	8 208
	II	**16 793**	5 581	5 581	II	14 938	13 158	11 455	9 829	8 280	6 809
	III	**11 806**	5 581	5 581	III	10 442	9 118	7 830	6 582	5 374	4 202
	V	**24 756**	5 581	5 581	IV	17 642	16 702	15 767	14 850	13 952	13 074
	VI	**25 287**	5 581	5 581							

* Zur LSt-Berechnung für privat versicherte Arbeitnehmer s. Beispiele **Vorbemerkung S. 4f.**
** Basisvorsorgepauschale KV und PV *** Typisierter Arbeitgeberzuschuss

Lohn/ Gehalt in € bis	Steuerklasse	Lohn-steuer*	BVSP**	TAGZ***	Steuerklasse	Bemessungsgrundlage für Kirchensteuer und Solidaritätszuschlag – Freibeträge für ... Kinder 0,5	1,0	1,5	2,0	2,5	3,0
82547,99	I,IV	**18596**	5581	5581	I	16716	14863	13086	11387	9764	8219
	II	**16807**	5581	5581	II	14951	13170	11467	9841	8292	6820
	III	**11816**	5581	5581	III	10452	9126	7840	6592	5382	4210
	V	**24769**	5581	5581	IV	17656	16716	15781	14863	13965	13086
	VI	**25301**	5581	5581							
82583,99	I,IV	**18610**	5581	5581	I	16730	14876	13099	11399	9775	8229
	II	**16820**	5581	5581	II	14964	13183	11479	9852	8302	6830
	III	**11826**	5581	5581	III	10462	9136	7850	6600	5390	4218
	V	**24783**	5581	5581	IV	17670	16730	15794	14876	13978	13099
	VI	**25315**	5581	5581							
82619,99	I,IV	**18623**	5581	5581	I	16744	14890	13112	11411	9787	8241
	II	**16834**	5581	5581	II	14977	13196	11491	9864	8313	6840
	III	**11838**	5581	5581	III	10472	9146	7858	6610	5400	4228
	V	**24797**	5581	5581	IV	17684	16744	15808	14890	13991	13112
	VI	**25329**	5581	5581							
82655,99	I,IV	**18637**	5581	5581	I	16757	14903	13124	11423	9798	8251
	II	**16848**	5581	5581	II	14990	13208	11503	9875	8324	6851
	III	**11846**	5581	5581	III	10482	9156	7868	6618	5408	4236
	V	**24810**	5581	5581	IV	17697	16757	15821	14903	14004	13124
	VI	**25342**	5581	5581							
82691,99	I,IV	**18651**	5581	5581	I	16771	14916	13137	11435	9810	8263
	II	**16862**	5581	5581	II	15004	13221	11515	9887	8335	6861
	III	**11856**	5581	5581	III	10492	9164	7876	6628	5416	4244
	V	**24824**	5581	5581	IV	17711	16771	15835	14916	14017	13137
	VI	**25356**	5581	5581							
82727,99	I,IV	**18665**	5581	5581	I	16785	14929	13150	11447	9822	8274
	II	**16875**	5581	5581	II	15017	13234	11528	9899	8347	6872
	III	**11868**	5581	5581	III	10502	9174	7886	6636	5426	4252
	V	**24838**	5581	5581	IV	17725	16785	15848	14929	14030	13150
	VI	**25370**	5581	5581							
82763,99	I,IV	**18678**	5581	5581	I	16798	14942	13162	11459	9833	8284
	II	**16889**	5581	5581	II	15030	13246	11540	9910	8357	6882
	III	**11878**	5581	5581	III	10512	9184	7896	6646	5434	4262
	V	**24851**	5581	5581	IV	17738	16798	15862	14942	14043	13162
	VI	**25383**	5581	5581							
82799,99	I,IV	**18692**	5581	5581	I	16812	14956	13175	11471	9845	8296
	II	**16903**	5581	5581	II	15044	13259	11552	9922	8369	6893
	III	**11888**	5581	5581	III	10522	9194	7904	6654	5442	4270
	V	**24865**	5581	5581	IV	17752	16812	15875	14956	14056	13175
	VI	**25397**	5581	5581							
82835,99	I,IV	**18706**	5581	5581	I	16826	14969	13188	11484	9857	8307
	II	**16917**	5581	5581	II	15057	13272	11564	9933	8380	6903
	III	**11898**	5581	5581	III	10532	9204	7914	6664	5452	4278
	V	**24879**	5581	5581	IV	17766	16826	15889	14969	14069	13188
	VI	**25411**	5581	5581							
82871,99	I,IV	**18719**	5581	5581	I	16839	14982	13200	11496	9868	8318
	II	**16930**	5581	5581	II	15070	13285	11576	9945	8391	6914
	III	**11908**	5581	5581	III	10540	9212	7924	6672	5460	4286
	V	**24893**	5581	5581	IV	17779	16839	15902	14982	14082	13200
	VI	**25424**	5581	5581							
82907,99	I,IV	**18733**	5581	5581	I	16853	14996	13213	11508	9880	8329
	II	**16944**	5581	5581	II	15084	13297	11588	9956	8402	6924
	III	**11918**	5581	5581	III	10550	9222	7932	6682	5468	4294
	V	**24906**	5581	5581	IV	17793	16853	15916	14996	14095	13213
	VI	**25438**	5581	5581							
82943,99	I,IV	**18747**	5581	5581	I	16867	15009	13226	11520	9891	8340
	II	**16958**	5581	5581	II	15097	13310	11601	9968	8413	6935
	III	**11928**	5581	5581	III	10560	9232	7942	6690	5478	4304
	V	**24920**	5581	5581	IV	17807	16867	15930	15009	14108	13226
	VI	**25452**	5581	5581							

* Zur LSt-Berechnung für privat versicherte Arbeitnehmer s. Beispiele **Vorbemerkung S. 4f.**
** Basisvorsorgepauschale KV und PV *** Typisierter Arbeitgeberzuschuss

Lohn/ Gehalt in € bis	Steuerklasse	Lohn-steuer*	BVSP**	TAGZ***	Steuerklasse	Bemessungsgrundlage für Kirchensteuer und Solidaritätszuschlag					
						Freibeträge für ... Kinder					
						0,5	**1,0**	1,5	**2,0**	2,5	**3,0**
82979,99	I,IV	**18760**	5581	5581	I	16880	15022	13239	11532	9903	8351
	II	**16971**	5581	5581	II	15110	13323	11613	9980	8424	6945
	III	**11938**	5581	5581	III	10570	9242	7952	6700	5486	4312
	V	**24934**	5581	5581	IV	17820	16880	15943	15022	14121	13239
	VI	**25465**	5581	5581							
83015,99	I,IV	**18774**	5581	5581	I	16894	15036	13251	11544	9915	8362
	II	**16985**	5581	5581	II	15124	13336	11625	9991	8435	6956
	III	**11948**	5581	5581	III	10580	9250	7960	6708	5494	4320
	V	**24948**	5581	5581	IV	17834	16894	15957	15036	14134	13251
	VI	**25479**	5581	5581							
83051,99	I,IV	**18788**	5581	5581	I	16908	15049	13264	11557	9926	8373
	II	**16999**	5581	5581	II	15137	13349	11637	10003	8446	6966
	III	**11958**	5581	5581	III	10590	9260	7970	6718	5504	4328
	V	**24961**	5581	5581	IV	17848	16908	15970	15049	14147	13264
	VI	**25493**	5581	5581							
83087,99	I,IV	**18802**	5581	5581	I	16922	15062	13277	11569	9938	8384
	II	**17012**	5581	5581	II	15150	13361	11649	10015	8457	6977
	III	**11968**	5581	5581	III	10600	9270	7978	6726	5512	4336
	V	**24975**	5581	5581	IV	17862	16922	15984	15062	14160	13277
	VI	**25507**	5581	5581							
83123,99	I,IV	**18815**	5581	5581	I	16936	15076	13290	11581	9949	8395
	II	**17026**	5581	5581	II	15164	13374	11662	10026	8468	6987
	III	**11978**	5581	5581	III	10610	9280	7988	6736	5520	4346
	V	**24989**	5581	5581	IV	17875	16936	15997	15076	14173	13290
	VI	**25520**	5581	5581							
83159,99	I,IV	**18829**	5581	5581	I	16949	15089	13303	11593	9961	8406
	II	**17040**	5581	5581	II	15177	13387	11674	10038	8479	6998
	III	**11988**	5581	5581	III	10620	9290	7998	6744	5530	4354
	V	**25003**	5581	5581	IV	17889	16949	16011	15089	14186	13303
	VI	**25534**	5581	5581							
83195,99	I,IV	**18843**	5581	5581	I	16963	15102	13315	11605	9973	8417
	II	**17054**	5581	5581	II	15190	13400	11686	10050	8490	7008
	III	**11998**	5581	5581	III	10630	9298	8006	6754	5538	4362
	V	**25016**	5581	5581	IV	17903	16963	16025	15102	14199	13315
	VI	**25548**	5581	5581							
83231,99	I,IV	**18857**	5581	5581	I	16977	15116	13328	11618	9984	8428
	II	**17067**	5581	5581	II	15204	13412	11698	10061	8501	7019
	III	**12008**	5581	5581	III	10640	9308	8016	6762	5548	4370
	V	**25030**	5581	5581	IV	17917	16977	16038	15116	14212	13328
	VI	**25562**	5581	5581							
83267,99	I,IV	**18870**	5581	5581	I	16991	15129	13341	11630	9996	8439
	II	**17081**	5581	5581	II	15217	13425	11711	10073	8513	7030
	III	**12020**	5581	5581	III	10650	9318	8026	6772	5556	4380
	V	**25044**	5581	5581	IV	17930	16991	16052	15129	14225	13341
	VI	**25575**	5581	5581							
83303,99	I,IV	**18884**	5581	5581	I	17004	15142	13353	11642	10007	8450
	II	**17095**	5581	5581	II	15230	13438	11723	10085	8524	7040
	III	**12030**	5581	5581	III	10660	9328	8034	6780	5564	4388
	V	**25057**	5581	5581	IV	17944	17004	16065	15142	14238	13353
	VI	**25589**	5581	5581							
83339,99	I,IV	**18898**	5581	5581	I	17018	15156	13366	11654	10019	8461
	II	**17109**	5581	5581	II	15244	13451	11735	10096	8535	7050
	III	**12040**	5581	5581	III	10668	9336	8044	6790	5574	4396
	V	**25071**	5581	5581	IV	17958	17018	16079	15156	14251	13366
	VI	**25603**	5581	5581							
83375,99	I,IV	**18912**	5581	5581	I	17032	15169	13379	11666	10031	8473
	II	**17122**	5581	5581	II	15257	13464	11747	10108	8546	7061
	III	**12050**	5581	5581	III	10680	9346	8054	6798	5582	4404
	V	**25085**	5581	5581	IV	17972	17032	16093	15169	14264	13379
	VI	**25617**	5581	5581							

* Zur LSt-Berechnung für privat versicherte Arbeitnehmer s. Beispiele **Vorbemerkung S. 4f.**
** Basisvorsorgepauschale KV und PV *** Typisierter Arbeitgeberzuschuss

Lohn/ Gehalt in € bis	Steuerklasse	Lohn- steuer*	BVSP**	TAGZ***	Steuerklasse	Bemessungsgrundlage für Kirchensteuer und Solidaritätszuschlag – Freibeträge für ... Kinder 0,5	1,0	1,5	2,0	2,5	3,0
83 411,99	I,IV	**18 925**	5 581	5 581	I	17 045	15 182	13 392	11 678	10 042	8 483
	II	**17 136**	5 581	5 581	II	15 270	13 476	11 759	10 120	8 557	7 071
	III	**12 060**	5 581	5 581	III	10 688	9 356	8 062	6 808	5 590	4 412
	V	**25 098**	5 581	5 581	IV	17 985	17 045	16 106	15 182	14 277	13 392
	VI	**25 630**	5 581	5 581							
83 447,99	I,IV	**18 939**	5 581	5 581	I	17 059	15 196	13 405	11 691	10 054	8 495
	II	**17 150**	5 581	5 581	II	15 284	13 489	11 772	10 131	8 568	7 082
	III	**12 070**	5 581	5 581	III	10 698	9 366	8 072	6 816	5 600	4 422
	V	**25 112**	5 581	5 581	IV	17 999	17 059	16 120	15 196	14 290	13 405
	VI	**25 644**	5 581	5 581							
83 483,99	I,IV	**18 952**	5 581	5 581	I	17 072	15 209	13 417	11 703	10 066	8 506
	II	**17 163**	5 581	5 581	II	15 297	13 502	11 784	10 143	8 579	7 093
	III	**12 080**	5 581	5 581	III	10 708	9 376	8 080	6 826	5 608	4 430
	V	**25 126**	5 581	5 581	IV	18 012	17 072	16 133	15 209	14 303	13 417
	VI	**25 657**	5 581	5 581							
83 519,99	I,IV	**18 966**	5 581	5 581	I	17 086	15 222	13 430	11 715	10 077	8 517
	II	**17 177**	5 581	5 581	II	15 311	13 515	11 796	10 155	8 590	7 103
	III	**12 090**	5 581	5 581	III	10 718	9 386	8 090	6 834	5 618	4 438
	V	**25 140**	5 581	5 581	IV	18 026	17 086	16 147	15 222	14 316	13 430
	VI	**25 671**	5 581	5 581							
83 555,99	I,IV	**18 980**	5 581	5 581	I	17 100	15 236	13 443	11 727	10 089	8 528
	II	**17 191**	5 581	5 581	II	15 324	13 528	11 809	10 166	8 602	7 114
	III	**12 100**	5 581	5 581	III	10 728	9 394	8 100	6 844	5 626	4 446
	V	**25 153**	5 581	5 581	IV	18 040	17 100	16 161	15 236	14 330	13 443
	VI	**25 685**	5 581	5 581							
83 591,99	I,IV	**18 994**	5 581	5 581	I	17 114	15 249	13 456	11 739	10 101	8 539
	II	**17 204**	5 581	5 581	II	15 337	13 540	11 821	10 178	8 612	7 124
	III	**12 110**	5 581	5 581	III	10 738	9 404	8 108	6 852	5 634	4 454
	V	**25 167**	5 581	5 581	IV	18 054	17 114	16 174	15 249	14 342	13 456
	VI	**25 699**	5 581	5 581							
83 627,99	I,IV	**19 007**	5 581	5 581	I	17 127	15 262	13 468	11 752	10 112	8 550
	II	**17 218**	5 581	5 581	II	15 351	13 553	11 833	10 190	8 624	7 135
	III	**12 120**	5 581	5 581	III	10 748	9 414	8 118	6 862	5 644	4 464
	V	**25 181**	5 581	5 581	IV	18 067	17 127	16 188	15 262	14 356	13 468
	VI	**25 712**	5 581	5 581							
83 663,99	I,IV	**19 021**	5 581	5 581	I	17 141	15 276	13 481	11 764	10 124	8 561
	II	**17 232**	5 581	5 581	II	15 364	13 566	11 845	10 202	8 635	7 146
	III	**12 130**	5 581	5 581	III	10 758	9 424	8 128	6 870	5 652	4 472
	V	**25 195**	5 581	5 581	IV	18 081	17 141	16 202	15 276	14 369	13 481
	VI	**25 726**	5 581	5 581							
83 699,99	I,IV	**19 035**	5 581	5 581	I	17 155	15 289	13 494	11 776	10 136	8 572
	II	**17 245**	5 581	5 581	II	15 377	13 579	11 857	10 213	8 646	7 156
	III	**12 140**	5 581	5 581	III	10 768	9 432	8 136	6 880	5 660	4 480
	V	**25 208**	5 581	5 581	IV	18 095	17 155	16 215	15 289	14 382	13 494
	VI	**25 740**	5 581	5 581							
83 735,99	I,IV	**19 049**	5 581	5 581	I	17 169	15 302	13 507	11 789	10 147	8 584
	II	**17 259**	5 581	5 581	II	15 391	13 592	11 870	10 225	8 657	7 167
	III	**12 150**	5 581	5 581	III	10 778	9 442	8 146	6 888	5 670	4 490
	V	**25 222**	5 581	5 581	IV	18 109	17 169	16 229	15 302	14 395	13 507
	VI	**25 754**	5 581	5 581							
83 771,99	I,IV	**19 062**	5 581	5 581	I	17 182	15 316	13 520	11 801	10 159	8 595
	II	**17 273**	5 581	5 581	II	15 405	13 605	11 882	10 237	8 668	7 177
	III	**12 160**	5 581	5 581	III	10 788	9 452	8 156	6 898	5 678	4 498
	V	**25 236**	5 581	5 581	IV	18 122	17 182	16 243	15 316	14 408	13 520
	VI	**25 767**	5 581	5 581							
83 807,99	I,IV	**19 076**	5 581	5 581	I	17 196	15 329	13 532	11 813	10 171	8 606
	II	**17 287**	5 581	5 581	II	15 418	13 617	11 894	10 248	8 679	7 188
	III	**12 170**	5 581	5 581	III	10 796	9 462	8 164	6 906	5 686	4 506
	V	**25 249**	5 581	5 581	IV	18 136	17 196	16 256	15 329	14 421	13 532
	VI	**25 781**	5 581	5 581							

* Zur LSt-Berechnung für privat versicherte Arbeitnehmer s. Beispiele **Vorbemerkung S. 4 f.**
** Basisvorsorgepauschale KV und PV *** Typisierter Arbeitgeberzuschuss

Lohn/ Gehalt in € bis	Steuerklasse	Lohn-steuer*	BVSP**	TAGZ***	Steuerklasse	Bemessungsgrundlage für Kirchensteuer und Solidaritätszuschlag – Freibeträge für ... Kinder 0,5	1,0	1,5	2,0	2,5	3,0
83 843,99	I,IV	**19 090**	5 581	5 581	I	17 210	15 343	13 545	11 825	10 183	8 617
	II	**17 300**	5 581	5 581	II	15 431	13 630	11 907	10 260	8 691	7 199
	III	**12 182**	5 581	5 581	III	10 808	9 472	8 174	6 916	5 696	4 514
	V	**25 263**	5 581	5 581	IV	18 150	17 210	16 270	15 343	14 434	13 545
	VI	**25 795**	5 581	5 581							
83 879,99	I,IV	**19 104**	5 581	5 581	I	17 224	15 356	13 558	11 838	10 194	8 628
	II	**17 314**	5 581	5 581	II	15 445	13 643	11 919	10 272	8 702	7 209
	III	**12 192**	5 581	5 581	III	10 816	9 480	8 184	6 924	5 704	4 522
	V	**25 277**	5 581	5 581	IV	18 164	17 224	16 284	15 356	14 448	13 558
	VI	**25 809**	5 581	5 581							
83 915,99	I,IV	**19 117**	5 581	5 581	I	17 237	15 369	13 571	11 850	10 206	8 639
	II	**17 328**	5 581	5 581	II	15 458	13 656	11 931	10 283	8 713	7 220
	III	**12 202**	5 581	5 581	III	10 826	9 490	8 192	6 934	5 714	4 532
	V	**25 290**	5 581	5 581	IV	18 177	17 237	16 297	15 369	14 460	13 571
	VI	**25 822**	5 581	5 581							
83 951,99	I,IV	**19 131**	5 581	5 581	I	17 251	15 383	13 584	11 862	10 218	8 650
	II	**17 342**	5 581	5 581	II	15 472	13 669	11 944	10 295	8 724	7 230
	III	**12 212**	5 581	5 581	III	10 836	9 500	8 202	6 942	5 722	4 540
	V	**25 304**	5 581	5 581	IV	18 191	17 251	16 311	15 383	14 474	13 584
	VI	**25 836**	5 581	5 581							
83 987,99	I,IV	**19 145**	5 581	5 581	I	17 265	15 396	13 597	11 875	10 230	8 662
	II	**17 356**	5 581	5 581	II	15 485	13 682	11 956	10 307	8 736	7 241
	III	**12 222**	5 581	5 581	III	10 846	9 510	8 212	6 952	5 730	4 548
	V	**25 318**	5 581	5 581	IV	18 205	17 265	16 325	15 396	14 487	13 597
	VI	**25 850**	5 581	5 581							
84 023,99	I,IV	**19 158**	5 581	5 581	I	17 278	15 409	13 609	11 887	10 241	8 673
	II	**17 369**	5 581	5 581	II	15 498	13 695	11 968	10 319	8 747	7 251
	III	**12 232**	5 581	5 581	III	10 856	9 520	8 220	6 960	5 740	4 556
	V	**25 331**	5 581	5 581	IV	18 218	17 278	16 338	15 409	14 500	13 609
	VI	**25 863**	5 581	5 581							
84 059,99	I,IV	**19 172**	5 581	5 581	I	17 292	15 423	13 622	11 899	10 253	8 684
	II	**17 383**	5 581	5 581	II	15 512	13 708	11 981	10 331	8 758	7 262
	III	**12 242**	5 581	5 581	III	10 866	9 530	8 230	6 970	5 748	4 566
	V	**25 345**	5 581	5 581	IV	18 232	17 292	16 352	15 423	14 513	13 622
	VI	**25 877**	5 581	5 581							
84 095,99	I,IV	**19 186**	5 581	5 581	I	17 306	15 437	13 635	11 912	10 265	8 695
	II	**17 397**	5 581	5 581	II	15 525	13 721	11 993	10 342	8 769	7 273
	III	**12 252**	5 581	5 581	III	10 876	9 538	8 240	6 980	5 758	4 574
	V	**25 359**	5 581	5 581	IV	18 246	17 306	16 366	15 437	14 526	13 635
	VI	**25 891**	5 581	5 581							
84 131,99	I,IV	**19 199**	5 581	5 581	I	17 319	15 450	13 648	11 924	10 276	8 706
	II	**17 410**	5 581	5 581	II	15 539	13 733	12 005	10 354	8 780	7 283
	III	**12 262**	5 581	5 581	III	10 886	9 548	8 248	6 988	5 766	4 582
	V	**25 373**	5 581	5 581	IV	18 259	17 319	16 380	15 450	14 539	13 648
	VI	**25 904**	5 581	5 581							
84 167,99	I,IV	**19 213**	5 581	5 581	I	17 333	15 463	13 661	11 936	10 288	8 717
	II	**17 424**	5 581	5 581	II	15 552	13 746	12 017	10 366	8 791	7 294
	III	**12 274**	5 581	5 581	III	10 896	9 558	8 258	6 998	5 774	4 590
	V	**25 386**	5 581	5 581	IV	18 273	17 333	16 393	15 463	14 553	13 661
	VI	**25 918**	5 581	5 581							
84 203,99	I,IV	**19 227**	5 581	5 581	I	17 347	15 477	13 674	11 948	10 300	8 729
	II	**17 438**	5 581	5 581	II	15 566	13 759	12 030	10 378	8 803	7 305
	III	**12 284**	5 581	5 581	III	10 906	9 568	8 268	7 006	5 784	4 600
	V	**25 400**	5 581	5 581	IV	18 287	17 347	16 407	15 477	14 566	13 674
	VI	**25 932**	5 581	5 581							
84 239,99	I,IV	**19 240**	5 581	5 581	I	17 361	15 490	13 687	11 961	10 312	8 740
	II	**17 451**	5 581	5 581	II	15 579	13 772	12 042	10 389	8 814	7 315
	III	**12 294**	5 581	5 581	III	10 916	9 576	8 276	7 016	5 792	4 608
	V	**25 414**	5 581	5 581	IV	18 301	17 361	16 421	15 490	14 579	13 687
	VI	**25 945**	5 581	5 581							

* Zur LSt-Berechnung für privat versicherte Arbeitnehmer s. Beispiele **Vorbemerkung S. 4 f.**
** Basisvorsorgepauschale KV und PV *** Typisierter Arbeitgeberzuschuss

Lohn/ Gehalt in € bis	Steuerklasse	Lohn-steuer*	BVSP**	TAGZ***	Steuerklasse	Bemessungsgrundlage für Kirchensteuer und Solidaritätszuschlag – Freibeträge für ... Kinder 0,5	1,0	1,5	2,0	2,5	3,0
84 275,99	I,IV	**19 254**	5 581	5 581	I	17 374	15 504	13 700	11 973	10 323	8 751
	II	**17 465**	5 581	5 581	II	15 593	13 785	12 055	10 401	8 825	7 326
	III	**12 304**	5 581	5 581	III	10 926	9 586	8 286	7 024	5 802	4 616
	V	**25 428**	5 581	5 581	IV	18 314	17 374	16 434	15 504	14 592	13 700
	VI	**25 959**	5 581	5 581							
84 311,99	I,IV	**19 268**	5 581	5 581	I	17 388	15 517	13 712	11 985	10 335	8 762
	II	**17 479**	5 581	5 581	II	15 606	13 798	12 067	10 413	8 836	7 337
	III	**12 314**	5 581	5 581	III	10 936	9 596	8 296	7 034	5 810	4 624
	V	**25 441**	5 581	5 581	IV	18 328	17 388	16 448	15 517	14 605	13 712
	VI	**25 973**	5 581	5 581							
84 347,99	I,IV	**19 282**	5 581	5 581	I	17 402	15 530	13 725	11 997	10 347	8 773
	II	**17 492**	5 581	5 581	II	15 619	13 811	12 079	10 425	8 847	7 347
	III	**12 324**	5 581	5 581	III	10 946	9 606	8 304	7 042	5 818	4 634
	V	**25 455**	5 581	5 581	IV	18 342	17 402	16 462	15 530	14 618	13 725
	VI	**25 987**	5 581	5 581							
84 383,99	I,IV	**19 295**	5 581	5 581	I	17 416	15 544	13 738	12 010	10 359	8 785
	II	**17 506**	5 581	5 581	II	15 633	13 824	12 092	10 437	8 859	7 358
	III	**12 334**	5 581	5 581	III	10 956	9 616	8 314	7 052	5 828	4 642
	V	**25 469**	5 581	5 581	IV	18 356	17 416	16 476	15 544	14 632	13 738
	VI	**26 001**	5 581	5 581							
84 419,99	I,IV	**19 309**	5 581	5 581	I	17 429	15 557	13 751	12 022	10 370	8 796
	II	**17 520**	5 581	5 581	II	15 646	13 836	12 104	10 448	8 870	7 369
	III	**12 344**	5 581	5 581	III	10 966	9 626	8 324	7 060	5 836	4 650
	V	**25 482**	5 581	5 581	IV	18 369	17 429	16 489	15 557	14 644	13 751
	VI	**26 014**	5 581	5 581							
84 455,99	I,IV	**19 323**	5 581	5 581	I	17 443	15 571	13 764	12 034	10 382	8 807
	II	**17 534**	5 581	5 581	II	15 660	13 849	12 116	10 460	8 881	7 379
	III	**12 354**	5 581	5 581	III	10 976	9 634	8 332	7 070	5 844	4 658
	V	**25 496**	5 581	5 581	IV	18 383	17 443	16 503	15 571	14 658	13 764
	VI	**26 028**	5 581	5 581							
84 491,99	I,IV	**19 337**	5 581	5 581	I	17 457	15 584	13 777	12 047	10 394	8 818
	II	**17 547**	5 581	5 581	II	15 674	13 863	12 129	10 472	8 892	7 390
	III	**12 364**	5 581	5 581	III	10 986	9 644	8 342	7 078	5 854	4 668
	V	**25 510**	5 581	5 581	IV	18 397	17 457	16 517	15 584	14 671	13 777
	VI	**26 042**	5 581	5 581							
84 527,99	I,IV	**19 350**	5 581	5 581	I	17 470	15 598	13 790	12 059	10 406	8 829
	II	**17 561**	5 581	5 581	II	15 687	13 875	12 141	10 484	8 903	7 401
	III	**12 374**	5 581	5 581	III	10 996	9 654	8 352	7 088	5 862	4 676
	V	**25 523**	5 581	5 581	IV	18 410	17 470	16 530	15 598	14 684	13 790
	VI	**26 055**	5 581	5 581							
84 563,99	I,IV	**19 364**	5 581	5 581	I	17 484	15 611	13 803	12 072	10 417	8 841
	II	**17 575**	5 581	5 581	II	15 700	13 888	12 153	10 495	8 915	7 411
	III	**12 384**	5 581	5 581	III	11 004	9 664	8 360	7 096	5 872	4 684
	V	**25 537**	5 581	5 581	IV	18 424	17 484	16 544	15 611	14 697	13 803
	VI	**26 069**	5 581	5 581							
84 599,99	I,IV	**19 378**	5 581	5 581	I	17 498	15 625	13 816	12 084	10 429	8 852
	II	**17 589**	5 581	5 581	II	15 714	13 901	12 166	10 507	8 926	7 422
	III	**12 396**	5 581	5 581	III	11 016	9 674	8 370	7 106	5 880	4 694
	V	**25 551**	5 581	5 581	IV	18 438	17 498	16 558	15 625	14 711	13 816
	VI	**26 083**	5 581	5 581							
84 635,99	I,IV	**19 391**	5 581	5 581	I	17 511	15 638	13 828	12 096	10 441	8 863
	II	**17 602**	5 581	5 581	II	15 727	13 914	12 178	10 519	8 937	7 433
	III	**12 406**	5 581	5 581	III	11 026	9 684	8 380	7 116	5 890	4 702
	V	**25 565**	5 581	5 581	IV	18 451	17 511	16 571	15 638	14 724	13 828
	VI	**26 096**	5 581	5 581							
84 671,99	I,IV	**19 405**	5 581	5 581	I	17 525	15 652	13 842	12 109	10 453	8 874
	II	**17 616**	5 581	5 581	II	15 741	13 927	12 190	10 531	8 949	7 443
	III	**12 416**	5 581	5 581	III	11 034	9 692	8 390	7 124	5 898	4 710
	V	**25 578**	5 581	5 581	IV	18 465	17 525	16 585	15 652	14 737	13 842
	VI	**26 110**	5 581	5 581							

* Zur LSt-Berechnung für privat versicherte Arbeitnehmer s. Beispiele **Vorbemerkung S. 4 f.**
** Basisvorsorgepauschale KV und PV *** Typisierter Arbeitgeberzuschuss

Lohn/ Gehalt in € bis	Steuerklasse	Lohnsteuer*	BVSP**	TAGZ***	Steuerklasse	Bemessungsgrundlage für Kirchensteuer und Solidaritätszuschlag – Freibeträge für ... Kinder 0,5	1,0	1,5	2,0	2,5	3,0
84 707,99	I,IV	**19 419**	5 581	5 581	I	17 539	15 665	13 855	12 121	10 465	8 886
	II	**17 630**	5 581	5 581	II	15 755	13 940	12 203	10 543	8 960	7 454
	III	**12 426**	5 581	5 581	III	11 046	9 702	8 398	7 134	5 906	4 718
	V	**25 592**	5 581	5 581	IV	18 479	17 539	16 599	15 665	14 750	13 855
	VI	**26 124**	5 581	5 581							
84 743,99	I,IV	**19 432**	5 581	5 581	I	17 552	15 679	13 867	12 133	10 476	8 897
	II	**17 643**	5 581	5 581	II	15 768	13 953	12 215	10 555	8 971	7 465
	III	**12 436**	5 581	5 581	III	11 054	9 712	8 408	7 142	5 916	4 728
	V	**25 606**	5 581	5 581	IV	18 492	17 552	16 613	15 679	14 763	13 867
	VI	**26 137**	5 581	5 581							
84 779,99	I,IV	**19 446**	5 581	5 581	I	17 566	15 692	13 880	12 146	10 488	8 908
	II	**17 657**	5 581	5 581	II	15 782	13 966	12 228	10 566	8 982	7 476
	III	**12 446**	5 581	5 581	III	11 064	9 722	8 418	7 152	5 924	4 736
	V	**25 620**	5 581	5 581	IV	18 506	17 566	16 626	15 692	14 777	13 880
	VI	**26 151**	5 581	5 581							
84 815,99	I,IV	**19 460**	5 581	5 581	I	17 580	15 706	13 893	12 158	10 500	8 919
	II	**17 671**	5 581	5 581	II	15 795	13 979	12 240	10 578	8 994	7 486
	III	**12 456**	5 581	5 581	III	11 074	9 732	8 426	7 160	5 934	4 744
	V	**25 633**	5 581	5 581	IV	18 520	17 580	16 640	15 706	14 790	13 893
	VI	**26 165**	5 581	5 581							
84 851,99	I,IV	**19 474**	5 581	5 581	I	17 594	15 719	13 906	12 170	10 512	8 930
	II	**17 684**	5 581	5 581	II	15 808	13 992	12 252	10 590	9 005	7 497
	III	**12 466**	5 581	5 581	III	11 084	9 742	8 436	7 170	5 942	4 752
	V	**25 647**	5 581	5 581	IV	18 534	17 594	16 654	15 719	14 803	13 906
	VI	**26 179**	5 581	5 581							
84 887,99	I,IV	**19 487**	5 581	5 581	I	17 608	15 733	13 919	12 183	10 524	8 942
	II	**17 698**	5 581	5 581	II	15 822	14 005	12 265	10 602	9 016	7 508
	III	**12 476**	5 581	5 581	III	11 094	9 750	8 446	7 178	5 950	4 762
	V	**25 661**	5 581	5 581	IV	18 547	17 608	16 668	15 733	14 816	13 919
	VI	**26 192**	5 581	5 581							
84 923,99	I,IV	**19 501**	5 581	5 581	I	17 621	15 746	13 932	12 195	10 536	8 953
	II	**17 712**	5 581	5 581	II	15 836	14 018	12 277	10 614	9 028	7 519
	III	**12 488**	5 581	5 581	III	11 104	9 760	8 456	7 188	5 960	4 770
	V	**25 675**	5 581	5 581	IV	18 561	17 621	16 681	15 746	14 830	13 932
	VI	**26 206**	5 581	5 581							
84 959,99	I,IV	**19 515**	5 581	5 581	I	17 635	15 760	13 945	12 208	10 547	8 964
	II	**17 726**	5 581	5 581	II	15 849	14 031	12 290	10 626	9 039	7 529
	III	**12 498**	5 581	5 581	III	11 114	9 770	8 464	7 198	5 968	4 778
	V	**25 688**	5 581	5 581	IV	18 575	17 635	16 695	15 760	14 843	13 945
	VI	**26 220**	5 581	5 581							
84 995,99	I,IV	**19 529**	5 581	5 581	I	17 649	15 773	13 958	12 220	10 559	8 976
	II	**17 739**	5 581	5 581	II	15 863	14 044	12 302	10 638	9 050	7 540
	III	**12 508**	5 581	5 581	III	11 124	9 780	8 474	7 206	5 978	4 786
	V	**25 702**	5 581	5 581	IV	18 589	17 649	16 709	15 773	14 856	13 958
	VI	**26 234**	5 581	5 581							
85 031,99	I,IV	**19 542**	5 581	5 581	I	17 663	15 787	13 971	12 233	10 571	8 987
	II	**17 753**	5 581	5 581	II	15 876	14 057	12 315	10 650	9 062	7 551
	III	**12 518**	5 581	5 581	III	11 134	9 790	8 484	7 216	5 986	4 796
	V	**25 716**	5 581	5 581	IV	18 602	17 663	16 723	15 787	14 869	13 971
	VI	**26 247**	5 581	5 581							
85 067,99	I,IV	**19 556**	5 581	5 581	I	17 676	15 800	13 984	12 245	10 583	8 998
	II	**17 767**	5 581	5 581	II	15 890	14 070	12 327	10 661	9 073	7 561
	III	**12 528**	5 581	5 581	III	11 144	9 800	8 492	7 224	5 994	4 804
	V	**25 729**	5 581	5 581	IV	18 616	17 676	16 736	15 800	14 882	13 984
	VI	**26 261**	5 581	5 581							
85 103,99	I,IV	**19 570**	5 581	5 581	I	17 690	15 814	13 997	12 257	10 595	9 009
	II	**17 781**	5 581	5 581	II	15 903	14 083	12 339	10 673	9 084	7 572
	III	**12 538**	5 581	5 581	III	11 154	9 808	8 502	7 234	6 004	4 812
	V	**25 743**	5 581	5 581	IV	18 630	17 690	16 750	15 814	14 896	13 997
	VI	**26 275**	5 581	5 581							

* Zur LSt-Berechnung für privat versicherte Arbeitnehmer s. Beispiele **Vorbemerkung S. 4 f.**
** Basisvorsorgepauschale KV und PV *** Typisierter Arbeitgeberzuschuss

Lohn/ Gehalt in € bis	Steuerklasse	Lohnsteuer*	BVSP**	TAGZ***	Steuerklasse	Bemessungsgrundlage für Kirchensteuer und Solidaritätszuschlag: Freibeträge für ... Kinder 0,5	1,0	1,5	2,0	2,5	3,0
85 139,99	I,IV	**19 583**	5 581	5 581	I	17 703	15 827	14 010	12 269	10 606	9 020
West	II	**17 794**	5 581	5 581	II	15 917	14 096	12 352	10 685	9 095	7 583
	III	**12 548**	5 581	5 581	III	11 164	9 818	8 510	7 242	6 012	4 820
	V	**25 756**	5 581	5 581	IV	18 643	17 703	16 763	15 827	14 909	14 010
	VI	**26 288**	5 581	5 581							
85 139,99	I,IV	**19 583**	5 581	5 581	I	17 703	15 827	14 010	12 269	10 606	9 020
Ost	II	**17 794**	5 581	5 581	II	15 917	14 096	12 352	10 685	9 095	7 583
	III	**12 548**	5 581	5 581	III	11 164	9 818	8 510	7 242	6 012	4 820
	V	**25 756**	5 581	5 581	IV	18 643	17 703	16 763	15 827	14 909	14 010
	VI	**26 288**	5 581	5 581							
85 175,99	I,IV	**19 597**	5 581	5 581	I	17 717	15 841	14 023	12 282	10 618	9 032
West	II	**17 808**	5 581	5 581	II	15 930	14 109	12 364	10 697	9 107	7 594
	III	**12 558**	5 581	5 581	III	11 174	9 828	8 520	7 252	6 022	4 830
	V	**25 770**	5 581	5 581	IV	18 657	17 717	16 777	15 841	14 922	14 023
	VI	**26 302**	5 581	5 581							
85 175,99	I,IV	**19 597**	5 581	5 581	I	17 717	15 841	14 023	12 282	10 618	9 032
Ost	II	**17 808**	5 581	5 581	II	15 930	14 109	12 364	10 697	9 107	7 594
	III	**12 558**	5 581	5 581	III	11 174	9 828	8 520	7 252	6 022	4 830
	V	**25 770**	5 581	5 581	IV	18 657	17 717	16 777	15 841	14 922	14 023
	VI	**26 302**	5 581	5 581							
85 211,99	I,IV	**19 611**	5 581	5 581	I	17 731	15 854	14 036	12 295	10 630	9 043
West	II	**17 822**	5 581	5 581	II	15 944	14 122	12 377	10 709	9 118	7 604
	III	**12 570**	5 581	5 581	III	11 184	9 838	8 530	7 260	6 030	4 838
	V	**25 784**	5 581	5 581	IV	18 671	17 731	16 791	15 854	14 936	14 036
	VI	**26 316**	5 581	5 581							
85 211,99	I,IV	**19 611**	5 581	5 581	I	17 731	15 855	14 036	12 295	10 631	9 044
Ost	II	**17 822**	5 581	5 581	II	15 945	14 122	12 377	10 709	9 118	7 605
	III	**12 570**	5 581	5 581	III	11 184	9 838	8 530	7 262	6 030	4 838
	V	**25 785**	5 581	5 581	IV	18 671	17 731	16 791	15 855	14 936	14 036
	VI	**26 316**	5 581	5 581							
85 247,99	I,IV	**19 624**	5 581	5 581	I	17 744	15 868	14 049	12 307	10 642	9 054
West	II	**17 835**	5 581	5 581	II	15 958	14 135	12 389	10 721	9 129	7 615
	III	**12 580**	5 581	5 581	III	11 194	9 848	8 540	7 270	6 038	4 846
	V	**25 798**	5 581	5 581	IV	18 684	17 744	16 804	15 868	14 949	14 049
	VI	**26 329**	5 581	5 581							
85 247,99	I,IV	**19 626**	5 581	5 581	I	17 747	15 870	14 051	12 309	10 644	9 056
Ost	II	**17 837**	5 581	5 581	II	15 960	14 137	12 391	10 722	9 131	7 617
	III	**12 580**	5 581	5 581	III	11 196	9 848	8 540	7 272	6 040	4 848
	V	**25 800**	5 581	5 581	IV	18 686	17 747	16 807	15 870	14 951	14 051
	VI	**26 331**	5 581	5 581							
85 283,99	I,IV	**19 638**	5 581	5 581	I	17 758	15 881	14 062	12 319	10 654	9 066
West	II	**17 849**	5 581	5 581	II	15 971	14 148	12 402	10 733	9 141	7 626
	III	**12 590**	5 581	5 581	III	11 204	9 858	8 548	7 280	6 048	4 856
	V	**25 812**	5 581	5 581	IV	18 698	17 758	16 818	15 881	14 962	14 062
	VI	**26 343**	5 581	5 581							
85 283,99	I,IV	**19 642**	5 581	5 581	I	17 762	15 885	14 065	12 322	10 657	9 069
Ost	II	**17 852**	5 581	5 581	II	15 975	14 151	12 405	10 735	9 143	7 629
	III	**12 592**	5 581	5 581	III	11 206	9 860	8 552	7 282	6 050	4 858
	V	**25 815**	5 581	5 581	IV	18 702	17 762	16 822	15 885	14 965	14 065
	VI	**26 347**	5 581	5 581							
85 319,99	I,IV	**19 652**	5 581	5 581	I	17 772	15 895	14 075	12 332	10 666	9 077
West	II	**17 863**	5 581	5 581	II	15 985	14 161	12 414	10 745	9 152	7 637
	III	**12 600**	5 581	5 581	III	11 214	9 866	8 558	7 288	6 056	4 864
	V	**25 825**	5 581	5 581	IV	18 712	17 772	16 832	15 895	14 975	14 075
	VI	**26 357**	5 581	5 581							
85 319,99	I,IV	**19 657**	5 581	5 581	I	17 777	15 900	14 079	12 336	10 670	9 081
Ost	II	**17 867**	5 581	5 581	II	15 990	14 165	12 418	10 749	9 156	7 640
	III	**12 604**	5 581	5 581	III	11 218	9 870	8 562	7 292	6 060	4 866
	V	**25 830**	5 581	5 581	IV	18 717	17 777	16 837	15 900	14 980	14 079
	VI	**26 362**	5 581	5 581							

* Zur LSt-Berechnung für privat versicherte Arbeitnehmer s. Beispiele **Vorbemerkung S. 4f.**
** Basisvorsorgepauschale KV und PV *** Typisierter Arbeitgeberzuschuss

Lohn/ Gehalt in € bis	Steuerklasse	Lohn-steuer*	BVSP**	TAGZ***	Steuerklasse	Bemessungsgrundlage für Kirchensteuer und Solidaritätszuschlag – Freibeträge für ... Kinder 0,5	1,0	1,5	2,0	2,5	3,0
85 355,99	I,IV	**19 666**	5 581	5 581	I	17 786	15 908	14 088	12 344	10 678	9 088
West	II	**17 876**	5 581	5 581	II	15 998	14 174	12 426	10 756	9 163	7 647
	III	**12 610**	5 581	5 581	III	11 224	9 876	8 568	7 296	6 066	4 872
	V	**25 839**	5 581	5 581	IV	18 726	17 786	16 846	15 908	14 988	14 088
	VI	**26 371**	5 581	5 581							
85 355,99	I,IV	**19 672**	5 581	5 581	I	17 792	15 915	14 094	12 350	10 683	9 093
Ost	II	**17 883**	5 581	5 581	II	16 005	14 180	12 432	10 762	9 168	7 652
	III	**12 614**	5 581	5 581	III	11 228	9 880	8 572	7 302	6 070	4 876
	V	**25 845**	5 581	5 581	IV	18 732	17 792	16 852	15 915	14 995	14 094
	VI	**26 377**	5 581	5 581							
85 391,99	I,IV	**19 679**	5 581	5 581	I	17 799	15 922	14 101	12 357	10 690	9 100
West	II	**17 890**	5 581	5 581	II	16 012	14 187	12 439	10 768	9 175	7 658
	III	**12 620**	5 581	5 581	III	11 234	9 886	8 578	7 306	6 074	4 880
	V	**25 853**	5 581	5 581	IV	18 739	17 799	16 859	15 922	15 002	14 101
	VI	**26 384**	5 581	5 581							
85 391,99	I,IV	**19 687**	5 581	5 581	I	17 807	15 930	14 108	12 363	10 696	9 106
Ost	II	**17 898**	5 581	5 581	II	16 020	14 194	12 446	10 775	9 181	7 664
	III	**12 626**	5 581	5 581	III	11 240	9 892	8 582	7 312	6 080	4 886
	V	**25 860**	5 581	5 581	IV	18 747	17 807	16 867	15 930	15 009	14 108
	VI	**26 392**	5 581	5 581							
85 427,99	I,IV	**19 693**	5 581	5 581	I	17 813	15 936	14 114	12 369	10 702	9 111
West	II	**17 904**	5 581	5 581	II	16 026	14 200	12 452	10 780	9 186	7 669
	III	**12 630**	5 581	5 581	III	11 244	9 896	8 586	7 316	6 084	4 890
	V	**25 867**	5 581	5 581	IV	18 753	17 813	16 873	15 936	15 015	14 114
	VI	**26 398**	5 581	5 581							
85 427,99	I,IV	**19 702**	5 581	5 581	I	17 822	15 945	14 122	12 377	10 709	9 118
Ost	II	**17 913**	5 581	5 581	II	16 035	14 208	12 460	10 788	9 193	7 676
	III	**12 638**	5 581	5 581	III	11 250	9 902	8 592	7 322	6 090	4 896
	V	**25 875**	5 581	5 581	IV	18 762	17 822	16 882	15 945	15 024	14 122
	VI	**26 407**	5 581	5 581							
85 463,99	I,IV	**19 707**	5 581	5 581	I	17 827	15 949	14 127	12 381	10 713	9 122
West	II	**17 917**	5 581	5 581	II	16 039	14 213	12 464	10 792	9 197	7 680
	III	**12 640**	5 581	5 581	III	11 254	9 906	8 596	7 324	6 092	4 898
	V	**25 880**	5 581	5 581	IV	18 767	17 827	16 887	15 949	15 028	14 127
	VI	**26 412**	5 581	5 581							
85 463,99	I,IV	**19 717**	5 581	5 581	I	17 837	15 960	14 137	12 391	10 722	9 131
Ost	II	**17 928**	5 581	5 581	II	16 050	14 223	12 473	10 801	9 206	7 688
	III	**12 648**	5 581	5 581	III	11 262	9 914	8 604	7 332	6 098	4 904
	V	**25 890**	5 581	5 581	IV	18 777	17 837	16 897	15 960	15 038	14 137
	VI	**26 422**	5 581	5 581							
85 499,99	I,IV	**19 721**	5 581	5 581	I	17 841	15 963	14 140	12 394	10 725	9 134
West	II	**17 931**	5 581	5 581	II	16 053	14 226	12 476	10 804	9 209	7 691
	III	**12 652**	5 581	5 581	III	11 264	9 916	8 606	7 334	6 100	4 906
	V	**25 894**	5 581	5 581	IV	18 781	17 841	16 901	15 963	15 042	14 140
	VI	**26 426**	5 581	5 581							
85 499,99	I,IV	**19 732**	5 581	5 581	I	17 852	15 975	14 151	12 405	10 735	9 143
Ost	II	**17 943**	5 581	5 581	II	16 065	14 237	12 487	10 814	9 218	7 700
	III	**12 660**	5 581	5 581	III	11 272	9 924	8 614	7 342	6 108	4 914
	V	**25 906**	5 581	5 581	IV	18 792	17 852	16 912	15 975	15 053	14 151
	VI	**26 437**	5 581	5 581							
85 535,99	I,IV	**19 734**	5 581	5 581	I	17 854	15 977	14 153	12 407	10 737	9 145
West	II	**17 945**	5 581	5 581	II	16 067	14 239	12 489	10 816	9 220	7 702
	III	**12 662**	5 581	5 581	III	11 274	9 924	8 614	7 342	6 110	4 916
	V	**25 908**	5 581	5 581	IV	18 794	17 854	16 915	15 977	15 055	14 153
	VI	**26 439**	5 581	5 581							
85 535,99	I,IV	**19 747**	5 581	5 581	I	17 867	15 990	14 165	12 418	10 749	9 156
Ost	II	**17 958**	5 581	5 581	II	16 080	14 252	12 501	10 827	9 231	7 712
	III	**12 672**	5 581	5 581	III	11 284	9 934	8 624	7 352	6 118	4 924
	V	**25 921**	5 581	5 581	IV	18 807	17 867	16 928	15 990	15 068	14 165
	VI	**26 452**	5 581	5 581							

* Zur LSt-Berechnung für privat versicherte Arbeitnehmer s. Beispiele **Vorbemerkung S. 4 f.**
** Basisvorsorgepauschale KV und PV *** Typisierter Arbeitgeberzuschuss

Lohn/ Gehalt in € bis	Steuerklasse	Lohn-steuer*	BVSP**	TAGZ***	Steuerklasse	Bemessungsgrundlage für Kirchensteuer und Solidaritätszuschlag – Freibeträge für ... Kinder 0,5	1,0	1,5	2,0	2,5	3,0
85571,99 West	I,IV	**19748**	5581	5581	I	17868	15990	14166	12419	10749	9156
	II	**17959**	5581	5581	II	16080	14252	12501	10828	9231	7712
	III	**12672**	5581	5581	III	11284	9934	8624	7352	6118	4924
	V	**25921**	5581	5581	IV	18808	17868	16928	15990	15068	14166
	VI	**26453**	5581	5581							
85571,99 Ost	I,IV	**19763**	5581	5581	I	17883	16005	14180	12432	10762	9168
	II	**17973**	5581	5581	II	16095	14266	12515	10841	9244	7724
	III	**12682**	5581	5581	III	11294	9946	8634	7362	6128	4932
	V	**25936**	5581	5581	IV	18823	17883	16943	16005	15082	14180
	VI	**26468**	5581	5581							
85607,99 West	I,IV	**19762**	5581	5581	I	17882	16004	14179	12431	10761	9168
	II	**17972**	5581	5581	II	16094	14265	12514	10840	9243	7723
	III	**12682**	5581	5581	III	11294	9944	8634	7362	6128	4932
	V	**25935**	5581	5581	IV	18822	17882	16942	16004	15082	14179
	VI	**26467**	5581	5581							
85607,99 Ost	I,IV	**19778**	5581	5581	I	17898	16020	14194	12446	10775	9181
	II	**17988**	5581	5581	II	16110	14280	12528	10854	9256	7736
	III	**12694**	5581	5581	III	11306	9956	8644	7372	6138	4942
	V	**25951**	5581	5581	IV	18838	17898	16958	16020	15097	14194
	VI	**26483**	5581	5581							
85643,99 West	I,IV	**19776**	5581	5581	I	17896	16017	14192	12444	10773	9179
	II	**17986**	5581	5581	II	16107	14278	12527	10852	9254	7734
	III	**12692**	5581	5581	III	11304	9954	8642	7370	6136	4940
	V	**25949**	5581	5581	IV	18836	17896	16956	16017	15095	14192
	VI	**26481**	5581	5581							
85643,99 Ost	I,IV	**19793**	5581	5581	I	17913	16035	14208	12460	10788	9193
	II	**18004**	5581	5581	II	16125	14295	12542	10867	9269	7748
	III	**12706**	5581	5581	III	11316	9966	8654	7382	6148	4952
	V	**25966**	5581	5581	IV	18853	17913	16973	16035	15112	14208
	VI	**26498**	5581	5581							
85679,99 West	I,IV	**19789**	5581	5581	I	17909	16031	14205	12456	10785	9190
	II	**18000**	5581	5581	II	16121	14291	12539	10864	9265	7745
	III	**12702**	5581	5581	III	11314	9964	8652	7380	6144	4950
	V	**25962**	5581	5581	IV	18849	17909	16969	16031	15108	14205
	VI	**26494**	5581	5581							
85679,99 Ost	I,IV	**19808**	5581	5581	I	17928	16050	14223	12473	10801	9206
	II	**18019**	5581	5581	II	16140	14309	12556	10880	9281	7759
	III	**12716**	5581	5581	III	11328	9978	8666	7392	6158	4962
	V	**25981**	5581	5581	IV	18868	17928	16988	16050	15127	14223
	VI	**26513**	5581	5581							
85715,99 West	I,IV	**19803**	5581	5581	I	17923	16045	14218	12469	10797	9202
	II	**18014**	5581	5581	II	16135	14304	12551	10876	9277	7756
	III	**12712**	5581	5581	III	11324	9974	8662	7388	6154	4958
	V	**25976**	5581	5581	IV	18863	17923	16983	16045	15122	14218
	VI	**26508**	5581	5581							
85715,99 Ost	I,IV	**19823**	5581	5581	I	17943	16065	14237	12487	10814	9218
	II	**18034**	5581	5581	II	16155	14324	12570	10893	9294	7771
	III	**12728**	5581	5581	III	11338	9988	8676	7402	6168	4970
	V	**25996**	5581	5581	IV	18883	17943	17003	16065	15141	14237
	VI	**26528**	5581	5581							
85751,99 West	I,IV	**19817**	5581	5581	I	17937	16058	14231	12481	10809	9213
	II	**18028**	5581	5581	II	16148	14318	12564	10888	9288	7766
	III	**12722**	5581	5581	III	11334	9984	8672	7398	6162	4966
	V	**25990**	5581	5581	IV	18877	17937	16997	16058	15135	14231
	VI	**26522**	5581	5581							
85751,99 Ost	I,IV	**19838**	5581	5581	I	17958	16080	14252	12501	10827	9231
	II	**18049**	5581	5581	II	16170	14338	12584	10906	9306	7783
	III	**12740**	5581	5581	III	11350	9998	8686	7412	6176	4980
	V	**26011**	5581	5581	IV	18898	17958	17018	16080	15156	14252
	VI	**26543**	5581	5581							

* Zur LSt-Berechnung für privat versicherte Arbeitnehmer s. Beispiele **Vorbemerkung S. 4 f.**
** Basisvorsorgepauschale KV und PV *** Typisierter Arbeitgeberzuschuss

Lohn/ Gehalt in € bis	Steuerklasse	Lohn-steuer*	BVSP**	TAGZ***	Steuerklasse	Bemessungsgrundlage für Kirchensteuer und Solidaritätszuschlag – Freibeträge für ... Kinder 0,5	**1,0**	1,5	**2,0**	2,5	**3,0**
85 787,99	I,IV	**19 830**	5 581	5 581	I	17 950	16 072	14 244	12 494	10 820	9 224
West	II	**18 041**	5 581	5 581	II	16 162	14 330	12 576	10 899	9 300	7 777
	III	**12 734**	5 581	5 581	III	11 344	9 992	8 680	7 406	6 172	4 974
	V	**26 003**	5 581	5 581	IV	18 890	17 950	17 010	16 072	15 148	14 244
	VI	**26 535**	5 581	5 581							
85 787,99	I,IV	**19 853**	5 581	5 581	I	17 973	16 095	14 266	12 515	10 841	9 244
Ost	II	**18 064**	5 581	5 581	II	16 185	14 353	12 597	10 920	9 319	7 795
	III	**12 750**	5 581	5 581	III	11 360	10 010	8 696	7 422	6 186	4 990
	V	**26 027**	5 581	5 581	IV	18 913	17 973	17 033	16 095	15 171	14 266
	VI	**26 558**	5 581	5 581							
85 823,99	I,IV	**19 844**	5 581	5 581	I	17 964	16 085	14 257	12 506	10 832	9 236
West	II	**18 055**	5 581	5 581	II	16 176	14 344	12 589	10 911	9 311	7 788
	III	**12 744**	5 581	5 581	III	11 354	10 002	8 690	7 416	6 180	4 984
	V	**26 017**	5 581	5 581	IV	18 904	17 964	17 024	16 085	15 162	14 257
	VI	**26 549**	5 581	5 581							
85 823,99	I,IV	**19 868**	5 581	5 581	I	17 988	16 110	14 280	12 528	10 854	9 256
Ost	II	**18 079**	5 581	5 581	II	16 200	14 367	12 611	10 933	9 331	7 807
	III	**12 762**	5 581	5 581	III	11 372	10 020	8 706	7 432	6 196	5 000
	V	**26 042**	5 581	5 581	IV	18 928	17 988	17 048	16 110	15 185	14 280
	VI	**26 573**	5 581	5 581							
85 859,99	I,IV	**19 858**	5 581	5 581	I	17 978	16 099	14 270	12 519	10 845	9 247
West	II	**18 069**	5 581	5 581	II	16 189	14 357	12 602	10 924	9 323	7 799
	III	**12 754**	5 581	5 581	III	11 364	10 012	8 700	7 426	6 190	4 992
	V	**26 031**	5 581	5 581	IV	18 918	17 978	17 038	16 099	15 175	14 270
	VI	**26 563**	5 581	5 581							
85 859,99	I,IV	**19 883**	5 581	5 581	I	18 004	16 125	14 295	12 542	10 867	9 269
Ost	II	**18 094**	5 581	5 581	II	16 215	14 381	12 625	10 946	9 344	7 819
	III	**12 774**	5 581	5 581	III	11 382	10 030	8 718	7 442	6 206	5 008
	V	**26 057**	5 581	5 581	IV	18 944	18 004	17 064	16 125	15 200	14 295
	VI	**26 589**	5 581	5 581							
85 895,99	I,IV	**19 871**	5 581	5 581	I	17 991	16 112	14 283	12 531	10 856	9 259
West	II	**18 082**	5 581	5 581	II	16 203	14 370	12 614	10 935	9 334	7 810
	III	**12 764**	5 581	5 581	III	11 374	10 022	8 708	7 434	6 198	5 000
	V	**26 045**	5 581	5 581	IV	18 931	17 991	17 051	16 112	15 188	14 283
	VI	**26 576**	5 581	5 581							
85 895,99	I,IV	**19 899**	5 581	5 581	I	18 019	16 140	14 309	12 556	10 880	9 281
Ost	II	**18 109**	5 581	5 581	II	16 230	14 396	12 639	10 959	9 357	7 831
	III	**12 784**	5 581	5 581	III	11 394	10 042	8 728	7 452	6 216	5 018
	V	**26 072**	5 581	5 581	IV	18 959	18 019	17 079	16 140	15 215	14 309
	VI	**26 604**	5 581	5 581							
85 931,99	I,IV	**19 885**	5 581	5 581	I	18 005	16 126	14 296	12 544	10 868	9 270
West	II	**18 096**	5 581	5 581	II	16 217	14 383	12 627	10 947	9 345	7 821
	III	**12 774**	5 581	5 581	III	11 384	10 032	8 718	7 444	6 208	5 010
	V	**26 058**	5 581	5 581	IV	18 945	18 005	17 065	16 126	15 202	14 296
	VI	**26 590**	5 581	5 581							
85 931,99	I,IV	**19 914**	5 581	5 581	I	18 034	16 155	14 324	12 570	10 893	9 294
Ost	II	**18 125**	5 581	5 581	II	16 245	14 410	12 653	10 972	9 369	7 843
	III	**12 796**	5 581	5 581	III	11 404	10 052	8 738	7 462	6 226	5 028
	V	**26 087**	5 581	5 581	IV	18 974	18 034	17 094	16 155	15 230	14 324
	VI	**26 619**	5 581	5 581							
85 967,99	I,IV	**19 899**	5 581	5 581	I	18 019	16 140	14 309	12 556	10 880	9 281
West	II	**18 109**	5 581	5 581	II	16 230	14 396	12 639	10 959	9 357	7 831
	III	**12 784**	5 581	5 581	III	11 394	10 042	8 728	7 452	6 216	5 018
	V	**26 072**	5 581	5 581	IV	18 959	18 019	17 079	16 140	15 215	14 309
	VI	**26 604**	5 581	5 581							
85 967,99	I,IV	**19 929**	5 581	5 581	I	18 049	16 170	14 338	12 584	10 906	9 306
Ost	II	**18 140**	5 581	5 581	II	16 260	14 425	12 667	10 986	9 382	7 855
	III	**12 808**	5 581	5 581	III	11 416	10 062	8 748	7 472	6 236	5 038
	V	**26 102**	5 581	5 581	IV	18 989	18 049	17 109	16 170	15 244	14 338
	VI	**26 634**	5 581	5 581							

* Zur LSt-Berechnung für privat versicherte Arbeitnehmer s. Beispiele **Vorbemerkung S. 4f.**
** Basisvorsorgepauschale KV und PV *** Typisierter Arbeitgeberzuschuss

Lohn/ Gehalt in € bis	Steuerklasse	Lohn- steuer*	BVSP**	TAGZ***	Steuerklasse	Bemessungsgrundlage für Kirchensteuer und Solidaritätszuschlag – Freibeträge für ... Kinder 0,5	1,0	1,5	2,0	2,5	3,0
86003,99 West	I,IV	**19912**	5581	5581	I	18033	16153	14322	12569	10892	9293
	II	**18123**	5581	5581	II	16244	14409	12652	10971	9368	7842
	III	**12794**	5581	5581	III	11404	10052	8738	7462	6224	5026
	V	**26086**	5581	5581	IV	18973	18033	17093	16153	15228	14322
	VI	**26617**	5581	5581							
86003,99 Ost	I,IV	**19944**	5581	5581	I	18064	16185	14353	12597	10920	9319
	II	**18155**	5581	5581	II	16275	14439	12680	10999	9394	7867
	III	**12818**	5581	5581	III	11426	10074	8760	7482	6246	5046
	V	**26117**	5581	5581	IV	19004	18064	17124	16185	15259	14353
	VI	**26649**	5581	5581							
86039,99 West	I,IV	**19926**	5581	5581	I	18046	16167	14336	12581	10904	9304
	II	**18137**	5581	5581	II	16258	14422	12664	10983	9380	7853
	III	**12806**	5581	5581	III	11414	10062	8746	7472	6234	5036
	V	**26100**	5581	5581	IV	18986	18046	17106	16167	15242	14336
	VI	**26631**	5581	5581							
86039,99 Ost	I,IV	**19959**	5581	5581	I	18079	16200	14367	12611	10933	9331
	II	**18170**	5581	5581	II	16290	14454	12694	11012	9407	7879
	III	**12830**	5581	5581	III	11438	10084	8770	7494	6256	5056
	V	**26132**	5581	5581	IV	19019	18079	17139	16200	15274	14367
	VI	**26664**	5581	5581							
86075,99 West	I,IV	**19940**	5581	5581	I	18060	16181	14348	12594	10916	9315
	II	**18151**	5581	5581	II	16271	14435	12677	10995	9391	7864
	III	**12816**	5581	5581	III	11424	10070	8756	7480	6242	5044
	V	**26113**	5581	5581	IV	19000	18060	17120	16181	15255	14348
	VI	**26645**	5581	5581							
86075,99 Ost	I,IV	**19974**	5581	5581	I	18094	16215	14381	12625	10946	9344
	II	**18185**	5581	5581	II	16305	14468	12708	11025	9420	7891
	III	**12842**	5581	5581	III	11448	10096	8780	7504	6266	5066
	V	**26148**	5581	5581	IV	19034	18094	17154	16215	15288	14381
	VI	**26679**	5581	5581							
86111,99 West	I,IV	**19954**	5581	5581	I	18074	16194	14362	12606	10928	9327
	II	**18164**	5581	5581	II	16285	14448	12689	11007	9402	7875
	III	**12826**	5581	5581	III	11434	10080	8766	7490	6252	5052
	V	**26127**	5581	5581	IV	19014	18074	17134	16194	15268	14362
	VI	**26659**	5581	5581							
86111,99 Ost	I,IV	**19989**	5581	5581	I	18109	16230	14396	12639	10959	9357
	II	**18200**	5581	5581	II	16320	14483	12722	11038	9432	7903
	III	**12852**	5581	5581	III	11460	10106	8790	7514	6274	5076
	V	**26163**	5581	5581	IV	19049	18109	17169	16230	15303	14396
	VI	**26694**	5581	5581							
86147,99 West	I,IV	**19967**	5581	5581	I	18088	16208	14375	12619	10940	9338
	II	**18178**	5581	5581	II	16299	14462	12702	11019	9414	7886
	III	**12836**	5581	5581	III	11444	10090	8776	7498	6260	5062
	V	**26141**	5581	5581	IV	19028	18088	17148	16208	15282	14375
	VI	**26673**	5581	5581							
86147,99 Ost	I,IV	**20004**	5581	5581	I	18125	16245	14410	12653	10972	9369
	II	**18215**	5581	5581	II	16335	14497	12736	11052	9445	7915
	III	**12864**	5581	5581	III	11472	10116	8800	7524	6284	5084
	V	**26178**	5581	5581	IV	19064	18125	17185	16245	15318	14410
	VI	**26709**	5581	5581							
86183,99 West	I,IV	**19981**	5581	5581	I	18101	16222	14388	12631	10952	9350
	II	**18192**	5581	5581	II	16312	14475	12714	11031	9425	7896
	III	**12846**	5581	5581	III	11454	10100	8784	7508	6270	5070
	V	**26154**	5581	5581	IV	19041	18101	17161	16222	15295	14388
	VI	**26686**	5581	5581							
86183,99 Ost	I,IV	**20020**	5581	5581	I	18140	16260	14425	12667	10986	9382
	II	**18230**	5581	5581	II	16351	14511	12750	11065	9457	7927
	III	**12876**	5581	5581	III	11482	10128	8812	7534	6294	5094
	V	**26193**	5581	5581	IV	19080	18140	17200	16260	15333	14425
	VI	**26725**	5581	5581							

* Zur LSt-Berechnung für privat versicherte Arbeitnehmer s. Beispiele **Vorbemerkung S. 4 f.**
** Basisvorsorgepauschale KV und PV *** Typisierter Arbeitgeberzuschuss

Lohn/ Gehalt in € bis	Steuerklasse	Lohn-steuer*	BVSP**	TAGZ***	Steuerklasse	Bemessungsgrundlage für Kirchensteuer und Solidaritätszuschlag					
						Freibeträge für … Kinder					
						0,5	**1,0**	1,5	**2,0**	2,5	**3,0**
86 219,99 West	I,IV	**19 995**	5 581	5 581	I	18 115	16 235	14 401	12 644	10 964	9 361
	II	**18 206**	5 581	5 581	II	16 326	14 488	12 727	11 043	9 437	7 907
	III	**12 856**	5 581	5 581	III	11 464	10 110	8 794	7 516	6 278	5 078
	V	**26 168**	5 581	5 581	IV	19 055	18 115	17 175	16 235	15 309	14 401
	VI	**26 700**	5 581	5 581							
86 219,99 Ost	I,IV	**20 035**	5 581	5 581	I	18 155	16 275	14 439	12 680	10 999	9 394
	II	**18 245**	5 581	5 581	II	16 366	14 526	12 763	11 078	9 470	7 939
	III	**12 886**	5 581	5 581	III	11 494	10 138	8 822	7 544	6 304	5 104
	V	**26 208**	5 581	5 581	IV	19 095	18 155	17 215	16 275	15 347	14 439
	VI	**26 740**	5 581	5 581							
86 255,99 West	I,IV	**20 009**	5 581	5 581	I	18 129	16 249	14 414	12 657	10 976	9 373
	II	**18 219**	5 581	5 581	II	16 340	14 501	12 740	11 055	9 448	7 918
	III	**12 868**	5 581	5 581	III	11 474	10 120	8 804	7 526	6 288	5 088
	V	**26 182**	5 581	5 581	IV	19 069	18 129	17 189	16 249	15 322	14 414
	VI	**26 714**	5 581	5 581							
86 255,99 Ost	I,IV	**20 050**	5 581	5 581	I	18 170	16 290	14 454	12 694	11 012	9 407
	II	**18 261**	5 581	5 581	II	16 381	14 540	12 777	11 091	9 483	7 951
	III	**12 898**	5 581	5 581	III	11 504	10 148	8 832	7 554	6 314	5 114
	V	**26 223**	5 581	5 581	IV	19 110	18 170	17 230	16 290	15 362	14 454
	VI	**26 755**	5 581	5 581							
86 291,99 West	I,IV	**20 022**	5 581	5 581	I	18 142	16 263	14 427	12 669	10 988	9 384
	II	**18 233**	5 581	5 581	II	16 353	14 514	12 752	11 067	9 459	7 929
	III	**12 878**	5 581	5 581	III	11 484	10 130	8 812	7 536	6 296	5 096
	V	**26 195**	5 581	5 581	IV	19 082	18 142	17 202	16 263	15 335	14 427
	VI	**26 727**	5 581	5 581							
86 291,99 Ost	I,IV	**20 065**	5 581	5 581	I	18 185	16 305	14 468	12 708	11 025	9 420
	II	**18 276**	5 581	5 581	II	16 396	14 555	12 791	11 105	9 495	7 963
	III	**12 910**	5 581	5 581	III	11 516	10 160	8 842	7 564	6 324	5 122
	V	**26 238**	5 581	5 581	IV	19 125	18 185	17 245	16 305	15 377	14 468
	VI	**26 770**	5 581	5 581							
86 327,99 West	I,IV	**20 036**	5 581	5 581	I	18 156	16 276	14 440	12 682	11 000	9 395
	II	**18 247**	5 581	5 581	II	16 367	14 527	12 765	11 079	9 471	7 940
	III	**12 888**	5 581	5 581	III	11 494	10 138	8 822	7 544	6 304	5 104
	V	**26 209**	5 581	5 581	IV	19 096	18 156	17 216	16 276	15 349	14 440
	VI	**26 741**	5 581	5 581							
86 327,99 Ost	I,IV	**20 080**	5 581	5 581	I	18 200	16 320	14 483	12 722	11 038	9 432
	II	**18 291**	5 581	5 581	II	16 411	14 569	12 805	11 118	9 508	7 975
	III	**12 920**	5 581	5 581	III	11 526	10 170	8 852	7 574	6 334	5 132
	V	**26 253**	5 581	5 581	IV	19 140	18 200	17 260	16 320	15 392	14 483
	VI	**26 785**	5 581	5 581							
86 363,99 West	I,IV	**20 050**	5 581	5 581	I	18 170	16 290	14 454	12 694	11 012	9 407
	II	**18 261**	5 581	5 581	II	16 381	14 540	12 777	11 091	9 483	7 951
	III	**12 898**	5 581	5 581	III	11 504	10 148	8 832	7 554	6 314	5 114
	V	**26 223**	5 581	5 581	IV	19 110	18 170	17 230	16 290	15 362	14 454
	VI	**26 755**	5 581	5 581							
86 363,99 Ost	I,IV	**20 095**	5 581	5 581	I	18 215	16 335	14 497	12 736	11 052	9 445
	II	**18 306**	5 581	5 581	II	16 426	14 584	12 819	11 131	9 521	7 987
	III	**12 932**	5 581	5 581	III	11 538	10 182	8 864	7 584	6 344	5 142
	V	**26 268**	5 581	5 581	IV	19 155	18 215	17 275	16 335	15 407	14 497
	VI	**26 800**	5 581	5 581							
86 399,99 West	I,IV	**20 063**	5 581	5 581	I	18 183	16 304	14 466	12 707	11 024	9 418
	II	**18 274**	5 581	5 581	II	16 394	14 553	12 790	11 103	9 494	7 962
	III	**12 908**	5 581	5 581	III	11 514	10 158	8 842	7 562	6 322	5 122
	V	**26 237**	5 581	5 581	IV	19 123	18 183	17 243	16 304	15 375	14 466
	VI	**26 768**	5 581	5 581							
86 399,99 Ost	I,IV	**20 110**	5 581	5 581	I	18 230	16 351	14 511	12 750	11 065	9 457
	II	**18 321**	5 581	5 581	II	16 441	14 598	12 833	11 144	9 533	7 999
	III	**12 944**	5 581	5 581	III	11 548	10 192	8 874	7 594	6 354	5 152
	V	**26 284**	5 581	5 581	IV	19 170	18 230	17 290	16 351	15 421	14 511
	VI	**26 815**	5 581	5 581							

* Zur LSt-Berechnung für privat versicherte Arbeitnehmer s. Beispiele **Vorbemerkung S. 4 f.**
** Basisvorsorgepauschale KV und PV *** Typisierter Arbeitgeberzuschuss

Lohn/ Gehalt in € bis	Steuerklasse	Lohn- steuer*	BVSP**	TAGZ***	Steuerklasse	Bemessungsgrundlage für Kirchensteuer und Solidaritätszuschlag					
						Freibeträge für ... Kinder					
						0,5	**1,0**	1,5	**2,0**	2,5	**3,0**
86435,99	I,IV	**20077**	5581	5581	I	18197	16317	14480	12719	11036	9430
West	II	**18288**	5581	5581	II	16408	14567	12802	11115	9505	7973
	III	**12918**	5581	5581	III	11524	10168	8850	7572	6332	5130
	V	**26250**	5581	5581	IV	19137	18197	17257	16317	15389	14480
	VI	**26782**	5581	5581							
86435,99	I,IV	**20125**	5581	5581	I	18245	16366	14526	12763	11078	9470
Ost	II	**18336**	5581	5581	II	16456	14613	12847	11158	9546	8011
	III	**12956**	5581	5581	III	11560	10202	8884	7604	6364	5160
	V	**26299**	5581	5581	IV	19185	18245	17306	16366	15436	14526
	VI	**26830**	5581	5581							
86471,99	I,IV	**20091**	5581	5581	I	18211	16331	14493	12732	11048	9441
West	II	**18302**	5581	5581	II	16422	14580	12815	11127	9517	7984
	III	**12930**	5581	5581	III	11534	10178	8860	7582	6340	5138
	V	**26264**	5581	5581	IV	19151	18211	17271	16331	15402	14493
	VI	**26796**	5581	5581							
86471,99	I,IV	**20141**	5581	5581	I	18261	16381	14540	12777	11091	9483
Ost	II	**18351**	5581	5581	II	16471	14627	12861	11171	9558	8023
	III	**12966**	5581	5581	III	11570	10214	8894	7614	6374	5170
	V	**26314**	5581	5581	IV	19201	18261	17321	16381	15451	14540
	VI	**26846**	5581	5581							
86507,99	I,IV	**20104**	5581	5581	I	18224	16345	14506	12744	11060	9452
West	II	**18315**	5581	5581	II	16435	14593	12827	11139	9528	7994
	III	**12940**	5581	5581	III	11544	10188	8870	7590	6350	5148
	V	**26278**	5581	5581	IV	19164	18224	17285	16345	15416	14506
	VI	**26809**	5581	5581							
86507,99	I,IV	**20156**	5581	5581	I	18276	16396	14555	12791	11105	9495
Ost	II	**18366**	5581	5581	II	16487	14642	12875	11184	9571	8035
	III	**12978**	5581	5581	III	11582	10224	8906	7624	6382	5180
	V	**26329**	5581	5581	IV	19216	18276	17336	16396	15466	14555
	VI	**26861**	5581	5581							
86543,99	I,IV	**20118**	5581	5581	I	18238	16359	14519	12757	11072	9464
West	II	**18329**	5581	5581	II	16449	14606	12840	11151	9540	8005
	III	**12950**	5581	5581	III	11554	10198	8880	7600	6358	5156
	V	**26292**	5581	5581	IV	19178	18238	17298	16359	15429	14519
	VI	**26823**	5581	5581							
86543,99	I,IV	**20171**	5581	5581	I	18291	16411	14569	12805	11118	9508
Ost	II	**18382**	5581	5581	II	16502	14657	12888	11198	9584	8047
	III	**12990**	5581	5581	III	11592	10234	8916	7634	6392	5190
	V	**26344**	5581	5581	IV	19231	18291	17351	16411	15481	14569
	VI	**26876**	5581	5581							
86579,99	I,IV	**20132**	5581	5581	I	18252	16372	14532	12770	11084	9476
West	II	**18343**	5581	5581	II	16463	14619	12853	11164	9551	8016
	III	**12960**	5581	5581	III	11564	10208	8888	7608	6368	5164
	V	**26305**	5581	5581	IV	19192	18252	17312	16372	15443	14532
	VI	**26837**	5581	5581							
86579,99	I,IV	**20186**	5581	5581	I	18306	16426	14584	12819	11131	9521
Ost	II	**18397**	5581	5581	II	16517	14671	12902	11211	9596	8059
	III	**13000**	5581	5581	III	11604	10246	8926	7646	6402	5198
	V	**26359**	5581	5581	IV	19246	18306	17366	16426	15495	14584
	VI	**26891**	5581	5581							
86615,99	I,IV	**20146**	5581	5581	I	18266	16386	14545	12782	11096	9487
West	II	**18356**	5581	5581	II	16476	14632	12865	11175	9563	8027
	III	**12970**	5581	5581	III	11574	10216	8898	7618	6376	5174
	V	**26319**	5581	5581	IV	19206	18266	17326	16386	15456	14545
	VI	**26851**	5581	5581							
86615,99	I,IV	**20201**	5581	5581	I	18321	16441	14598	12833	11144	9533
Ost	II	**18412**	5581	5581	II	16532	14686	12916	11224	9609	8071
	III	**13012**	5581	5581	III	11614	10256	8936	7656	6412	5208
	V	**26374**	5581	5581	IV	19261	18321	17381	16441	15510	14598
	VI	**26906**	5581	5581							

* Zur LSt-Berechnung für privat versicherte Arbeitnehmer s. Beispiele **Vorbemerkung S. 4 f.**
** Basisvorsorgepauschale KV und PV *** Typisierter Arbeitgeberzuschuss

Lohn/ Gehalt in € bis	Steuerklasse	Lohn-steuer*	BVSP**	TAGZ***	Steuerklasse	Bemessungsgrundlage für Kirchensteuer und Solidaritätszuschlag					
						Freibeträge für ... Kinder					
						0,5	**1,0**	1,5	**2,0**	2,5	**3,0**
86651,99	I,IV	**20159**	5581	5581	I	18280	16400	14559	12795	11108	9498
West	II	**18370**	5581	5581	II	16490	14646	12878	11188	9574	8038
	III	**12980**	5581	5581	III	11584	10226	8908	7626	6386	5182
	V	**26333**	5581	5581	IV	19219	18280	17340	16400	15469	14559
	VI	**26864**	5581	5581							
86651,99	I,IV	**20216**	5581	5581	I	18336	16456	14613	12847	11158	9546
Ost	II	**18427**	5581	5581	II	16547	14700	12930	11237	9622	8083
	III	**13024**	5581	5581	III	11626	10268	8946	7666	6422	5218
	V	**26389**	5581	5581	IV	19276	18336	17396	16456	15525	14613
	VI	**26921**	5581	5581							
86687,99	I,IV	**20173**	5581	5581	I	18293	16413	14572	12807	11120	9510
West	II	**18384**	5581	5581	II	16504	14659	12891	11200	9586	8049
	III	**12992**	5581	5581	III	11594	10236	8918	7636	6394	5190
	V	**26347**	5581	5581	IV	19233	18293	17353	16413	15483	14572
	VI	**26878**	5581	5581							
86687,99	I,IV	**20231**	5581	5581	I	18351	16471	14627	12861	11171	9558
Ost	II	**18442**	5581	5581	II	16562	14715	12944	11251	9634	8095
	III	**13034**	5581	5581	III	11638	10278	8958	7676	6432	5228
	V	**26405**	5581	5581	IV	19291	18351	17411	16471	15540	14627
	VI	**26936**	5581	5581							
86723,99	I,IV	**20187**	5581	5581	I	18307	16427	14585	12820	11132	9521
West	II	**18398**	5581	5581	II	16518	14672	12903	11212	9597	8060
	III	**13002**	5581	5581	III	11604	10246	8926	7646	6404	5200
	V	**26360**	5581	5581	IV	19247	18307	17367	16427	15496	14585
	VI	**26892**	5581	5581							
86723,99	I,IV	**20246**	5581	5581	I	18366	16487	14642	12875	11184	9571
Ost	II	**18457**	5581	5581	II	16577	14729	12958	11264	9647	8108
	III	**13046**	5581	5581	III	11648	10288	8968	7686	6442	5236
	V	**26420**	5581	5581	IV	19306	18366	17426	16487	15555	14642
	VI	**26951**	5581	5581							
86759,99	I,IV	**20201**	5581	5581	I	18321	16441	14598	12832	11144	9533
West	II	**18411**	5581	5581	II	16531	14685	12916	11224	9609	8071
	III	**13012**	5581	5581	III	11614	10256	8936	7654	6412	5208
	V	**26374**	5581	5581	IV	19261	18321	17381	16441	15510	14598
	VI	**26906**	5581	5581							
86759,99	I,IV	**20261**	5581	5581	I	18382	16502	14657	12888	11198	9584
Ost	II	**18472**	5581	5581	II	16592	14744	12972	11277	9660	8120
	III	**13058**	5581	5581	III	11660	10300	8978	7696	6452	5246
	V	**26435**	5581	5581	IV	19322	18382	17442	16502	15570	14657
	VI	**26967**	5581	5581							
86795,99	I,IV	**20214**	5581	5581	I	18334	16454	14611	12845	11156	9544
West	II	**18425**	5581	5581	II	16545	14698	12928	11236	9620	8082
	III	**13022**	5581	5581	III	11624	10266	8946	7664	6420	5216
	V	**26387**	5581	5581	IV	19274	18334	17394	16454	15523	14611
	VI	**26919**	5581	5581							
86795,99	I,IV	**20277**	5581	5581	I	18397	16517	14671	12902	11211	9596
Ost	II	**18487**	5581	5581	II	16607	14758	12986	11291	9673	8132
	III	**13070**	5581	5581	III	11670	10310	8988	7706	6462	5256
	V	**26450**	5581	5581	IV	19337	18397	17457	16517	15584	14671
	VI	**26982**	5581	5581							
86831,99	I,IV	**20228**	5581	5581	I	18348	16468	14624	12858	11168	9556
West	II	**18439**	5581	5581	II	16559	14711	12941	11248	9632	8093
	III	**13032**	5581	5581	III	11634	10276	8956	7674	6430	5226
	V	**26401**	5581	5581	IV	19288	18348	17408	16468	15537	14624
	VI	**26933**	5581	5581							
86831,99	I,IV	**20292**	5581	5581	I	18412	16532	14686	12916	11224	9609
Ost	II	**18503**	5581	5581	II	16623	14773	13000	11304	9685	8144
	III	**13080**	5581	5581	III	11682	10322	9000	7716	6472	5266
	V	**26465**	5581	5581	IV	19352	18412	17472	16532	15599	14686
	VI	**26997**	5581	5581							

* Zur LSt-Berechnung für privat versicherte Arbeitnehmer s. Beispiele **Vorbemerkung S. 4f.**
** Basisvorsorgepauschale KV und PV *** Typisierter Arbeitgeberzuschuss

Lohn/ Gehalt in € bis	Steuerklasse	Lohn-steuer*	BVSP**	TAGZ***	Steuerklasse	Bemessungsgrundlage für Kirchensteuer und Solidaritätszuschlag – Freibeträge für ... Kinder 0,5	1,0	1,5	2,0	2,5	3,0
86 867,99 West	I,IV	**20 242**	5 581	5 581	I	18 362	16 482	14 638	12 870	11 180	9 567
	II	**18 453**	5 581	5 581	II	16 573	14 725	12 954	11 260	9 643	8 104
	III	**13 042**	5 581	5 581	III	11 644	10 286	8 964	7 682	6 438	5 234
	V	**26 415**	5 581	5 581	IV	19 302	18 362	17 422	16 482	15 550	14 638
	VI	**26 947**	5 581	5 581							
86 867,99 Ost	I,IV	**20 307**	5 581	5 581	I	18 427	16 547	14 700	12 930	11 237	9 622
	II	**18 518**	5 581	5 581	II	16 638	14 788	13 014	11 317	9 698	8 156
	III	**13 092**	5 581	5 581	III	11 692	10 332	9 010	7 726	6 482	5 276
	V	**26 480**	5 581	5 581	IV	19 367	18 427	17 487	16 547	15 614	14 700
	VI	**27 012**	5 581	5 581							
86 903,99 West	I,IV	**20 255**	5 581	5 581	I	18 375	16 495	14 650	12 883	11 192	9 579
	II	**18 466**	5 581	5 581	II	16 586	14 738	12 966	11 272	9 655	8 115
	III	**13 052**	5 581	5 581	III	11 654	10 294	8 974	7 692	6 448	5 242
	V	**26 428**	5 581	5 581	IV	19 315	18 375	17 435	16 495	15 563	14 650
	VI	**26 960**	5 581	5 581							
86 903,99 Ost	I,IV	**20 322**	5 581	5 581	I	18 442	16 562	14 715	12 944	11 251	9 634
	II	**18 533**	5 581	5 581	II	16 653	14 802	13 028	11 331	9 711	8 168
	III	**13 104**	5 581	5 581	III	11 704	10 342	9 020	7 736	6 492	5 284
	V	**26 495**	5 581	5 581	IV	19 382	18 442	17 502	16 562	15 629	14 715
	VI	**27 027**	5 581	5 581							
86 939,99 West	I,IV	**20 269**	5 581	5 581	I	18 389	16 509	14 664	12 895	11 204	9 590
	II	**18 480**	5 581	5 581	II	16 600	14 751	12 979	11 284	9 666	8 126
	III	**13 064**	5 581	5 581	III	11 664	10 304	8 984	7 700	6 456	5 252
	V	**26 442**	5 581	5 581	IV	19 329	18 389	17 449	16 509	15 577	14 664
	VI	**26 974**	5 581	5 581							
86 939,99 Ost	I,IV	**20 337**	5 581	5 581	I	18 457	16 577	14 729	12 958	11 264	9 647
	II	**18 548**	5 581	5 581	II	16 668	14 817	13 042	11 344	9 723	8 180
	III	**13 114**	5 581	5 581	III	11 714	10 354	9 030	7 746	6 502	5 294
	V	**26 510**	5 581	5 581	IV	19 397	18 457	17 517	16 577	15 644	14 729
	VI	**27 042**	5 581	5 581							
86 975,99 West	I,IV	**20 283**	5 581	5 581	I	18 403	16 523	14 677	12 908	11 216	9 602
	II	**18 494**	5 581	5 581	II	16 614	14 764	12 992	11 296	9 678	8 137
	III	**13 074**	5 581	5 581	III	11 674	10 314	8 992	7 710	6 466	5 260
	V	**26 456**	5 581	5 581	IV	19 343	18 403	17 463	16 523	15 591	14 677
	VI	**26 988**	5 581	5 581							
86 975,99 Ost	I,IV	**20 352**	5 581	5 581	I	18 472	16 592	14 744	12 972	11 277	9 660
	II	**18 563**	5 581	5 581	II	16 683	14 831	13 056	11 357	9 736	8 192
	III	**13 126**	5 581	5 581	III	11 726	10 364	9 042	7 756	6 510	5 304
	V	**26 526**	5 581	5 581	IV	19 412	18 472	17 532	16 592	15 659	14 744
	VI	**27 057**	5 581	5 581							
87 011,99 West	I,IV	**20 296**	5 581	5 581	I	18 416	16 537	14 690	12 921	11 228	9 613
	II	**18 507**	5 581	5 581	II	16 627	14 777	13 004	11 308	9 689	8 147
	III	**13 084**	5 581	5 581	III	11 684	10 324	9 002	7 718	6 474	5 268
	V	**26 470**	5 581	5 581	IV	19 356	18 416	17 476	16 537	15 604	14 690
	VI	**27 001**	5 581	5 581							
87 011,99 Ost	I,IV	**20 367**	5 581	5 581	I	18 487	16 607	14 758	12 986	11 291	9 673
	II	**18 578**	5 581	5 581	II	16 698	14 846	13 070	11 371	9 749	8 204
	III	**13 138**	5 581	5 581	III	11 736	10 376	9 052	7 766	6 520	5 314
	V	**26 541**	5 581	5 581	IV	19 427	18 487	17 547	16 607	15 674	14 758
	VI	**27 072**	5 581	5 581							
87 047,99 West	I,IV	**20 310**	5 581	5 581	I	18 430	16 550	14 703	12 933	11 240	9 625
	II	**18 521**	5 581	5 581	II	16 641	14 791	13 017	11 320	9 701	8 159
	III	**13 094**	5 581	5 581	III	11 696	10 334	9 012	7 728	6 484	5 278
	V	**26 484**	5 581	5 581	IV	19 370	18 430	17 490	16 550	15 617	14 703
	VI	**27 015**	5 581	5 581							
87 047,99 Ost	I,IV	**20 382**	5 581	5 581	I	18 503	16 623	14 773	13 000	11 304	9 685
	II	**18 593**	5 581	5 581	II	16 713	14 860	13 084	11 384	9 762	8 216
	III	**13 148**	5 581	5 581	III	11 748	10 386	9 062	7 778	6 530	5 322
	V	**26 556**	5 581	5 581	IV	19 442	18 503	17 563	16 623	15 688	14 773
	VI	**27 087**	5 581	5 581							

* Zur LSt-Berechnung für privat versicherte Arbeitnehmer s. Beispiele **Vorbemerkung S. 4 f.**
** Basisvorsorgepauschale KV und PV *** Typisierter Arbeitgeberzuschuss

Lohn/ Gehalt in € bis	Steuerklasse	Lohn-steuer*	BVSP**	TAGZ***	Steuerklasse	Bemessungsgrundlage für Kirchensteuer und Solidaritätszuschlag – Freibeträge für ... Kinder 0,5	1,0	1,5	2,0	2,5	3,0
87 083,99 West	I,IV	**20 324**	5 581	5 581	I	18 444	16 564	14 717	12 946	11 253	9 636
	II	**18 535**	5 581	5 581	II	16 655	14 804	13 030	11 333	9 712	8 170
	III	**13 104**	5 581	5 581	III	11 704	10 344	9 022	7 738	6 492	5 286
	V	**26 497**	5 581	5 581	IV	19 384	18 444	17 504	16 564	15 631	14 717
	VI	**27 029**	5 581	5 581							
87 083,99 Ost	I,IV	**20 398**	5 581	5 581	I	18 518	16 638	14 788	13 014	11 317	9 698
	II	**18 608**	5 581	5 581	II	16 728	14 875	13 098	11 397	9 774	8 228
	III	**13 160**	5 581	5 581	III	11 760	10 396	9 072	7 788	6 540	5 332
	V	**26 571**	5 581	5 581	IV	19 458	18 518	17 578	16 638	15 703	14 788
	VI	**27 103**	5 581	5 581							
87 119,99 West	I,IV	**20 338**	5 581	5 581	I	18 458	16 578	14 730	12 958	11 264	9 648
	II	**18 548**	5 581	5 581	II	16 668	14 817	13 042	11 344	9 724	8 180
	III	**13 114**	5 581	5 581	III	11 714	10 354	9 030	7 746	6 502	5 294
	V	**26 511**	5 581	5 581	IV	19 398	18 458	17 518	16 578	15 644	14 730
	VI	**27 043**	5 581	5 581							
87 119,99 Ost	I,IV	**20 413**	5 581	5 581	I	18 533	16 653	14 802	13 028	11 331	9 711
	II	**18 623**	5 581	5 581	II	16 744	14 890	13 112	11 411	9 787	8 241
	III	**13 172**	5 581	5 581	III	11 770	10 408	9 084	7 798	6 550	5 342
	V	**26 586**	5 581	5 581	IV	19 473	18 533	17 593	16 653	15 718	14 802
	VI	**27 118**	5 581	5 581							
87 155,99 West	I,IV	**20 351**	5 581	5 581	I	18 471	16 592	14 743	12 971	11 277	9 659
	II	**18 562**	5 581	5 581	II	16 682	14 830	13 055	11 357	9 735	8 191
	III	**13 126**	5 581	5 581	III	11 726	10 364	9 040	7 756	6 510	5 304
	V	**26 525**	5 581	5 581	IV	19 411	18 471	17 531	16 592	15 658	14 743
	VI	**27 056**	5 581	5 581							
87 155,99 Ost	I,IV	**20 428**	5 581	5 581	I	18 548	16 668	14 817	13 042	11 344	9 723
	II	**18 639**	5 581	5 581	II	16 759	14 904	13 126	11 424	9 800	8 253
	III	**13 184**	5 581	5 581	III	11 782	10 418	9 094	7 808	6 560	5 352
	V	**26 601**	5 581	5 581	IV	19 488	18 548	17 608	16 668	15 733	14 817
	VI	**27 133**	5 581	5 581							
87 191,99 West	I,IV	**20 365**	5 581	5 581	I	18 485	16 605	14 756	12 984	11 289	9 671
	II	**18 576**	5 581	5 581	II	16 696	14 844	13 068	11 369	9 747	8 203
	III	**13 136**	5 581	5 581	III	11 736	10 374	9 050	7 766	6 520	5 312
	V	**26 539**	5 581	5 581	IV	19 425	18 485	17 545	16 605	15 671	14 756
	VI	**27 070**	5 581	5 581							
87 191,99 Ost	I,IV	**20 443**	5 581	5 581	I	18 563	16 683	14 831	13 056	11 357	9 736
	II	**18 654**	5 581	5 581	II	16 774	14 919	13 140	11 438	9 813	8 265
	III	**13 194**	5 581	5 581	III	11 792	10 430	9 104	7 818	6 570	5 362
	V	**26 616**	5 581	5 581	IV	19 503	18 563	17 623	16 683	15 748	14 831
	VI	**27 148**	5 581	5 581							
87 227,99 West	I,IV	**20 379**	5 581	5 581	I	18 499	16 619	14 769	12 996	11 301	9 682
	II	**18 589**	5 581	5 581	II	16 710	14 857	13 080	11 381	9 758	8 213
	III	**13 146**	5 581	5 581	III	11 746	10 382	9 060	7 774	6 528	5 320
	V	**26 552**	5 581	5 581	IV	19 439	18 499	17 559	16 619	15 685	14 769
	VI	**27 084**	5 581	5 581							
87 227,99 Ost	I,IV	**20 458**	5 581	5 581	I	18 578	16 698	14 846	13 070	11 371	9 749
	II	**18 669**	5 581	5 581	II	16 789	14 934	13 154	11 451	9 825	8 277
	III	**13 206**	5 581	5 581	III	11 804	10 440	9 114	7 828	6 580	5 370
	V	**26 631**	5 581	5 581	IV	19 518	18 578	17 638	16 698	15 763	14 846
	VI	**27 163**	5 581	5 581							
87 263,99 West	I,IV	**20 393**	5 581	5 581	I	18 513	16 633	14 783	13 009	11 313	9 694
	II	**18 603**	5 581	5 581	II	16 723	14 870	13 093	11 393	9 770	8 224
	III	**13 156**	5 581	5 581	III	11 756	10 394	9 070	7 784	6 538	5 330
	V	**26 566**	5 581	5 581	IV	19 453	18 513	17 573	16 633	15 698	14 783
	VI	**27 098**	5 581	5 581							
87 263,99 Ost	I,IV	**20 473**	5 581	5 581	I	18 593	16 713	14 860	13 084	11 384	9 762
	II	**18 684**	5 581	5 581	II	16 804	14 948	13 168	11 464	9 838	8 289
	III	**13 218**	5 581	5 581	III	11 814	10 450	9 126	7 838	6 590	5 380
	V	**26 646**	5 581	5 581	IV	19 533	18 593	17 653	16 713	15 778	14 860
	VI	**27 178**	5 581	5 581							

* Zur LSt-Berechnung für privat versicherte Arbeitnehmer s. Beispiele **Vorbemerkung S. 4f.**
** Basisvorsorgepauschale KV und PV *** Typisierter Arbeitgeberzuschuss

Lohn/ Gehalt in € bis	Steuerklasse	Lohnsteuer*	BVSP**	TAGZ***	Steuerklasse	Bemessungsgrundlage für Kirchensteuer und Solidaritätszuschlag – Freibeträge für ... Kinder 0,5	1,0	1,5	2,0	2,5	3,0
87 299,99 West	I,IV	**20 406**	5 581	5 581	I	18 526	16 647	14 796	13 022	11 325	9 705
	II	**18 617**	5 581	5 581	II	16 737	14 884	13 106	11 405	9 782	8 236
	III	**13 166**	5 581	5 581	III	11 766	10 402	9 078	7 792	6 546	5 338
	V	**26 580**	5 581	5 581	IV	19 466	18 526	17 587	16 647	15 712	14 796
	VI	**27 111**	5 581	5 581							
87 299,99 Ost	I,IV	**20 488**	5 581	5 581	I	18 608	16 728	14 875	13 098	11 397	9 774
	II	**18 699**	5 581	5 581	II	16 819	14 963	13 182	11 478	9 851	8 301
	III	**13 228**	5 581	5 581	III	11 826	10 462	9 136	7 848	6 600	5 390
	V	**26 662**	5 581	5 581	IV	19 548	18 608	17 668	16 728	15 793	14 875
	VI	**27 193**	5 581	5 581							
87 335,99 West	I,IV	**20 420**	5 581	5 581	I	18 540	16 660	14 809	13 034	11 337	9 717
	II	**18 631**	5 581	5 581	II	16 751	14 897	13 118	11 417	9 793	8 246
	III	**13 176**	5 581	5 581	III	11 776	10 412	9 088	7 802	6 554	5 346
	V	**26 593**	5 581	5 581	IV	19 480	18 540	17 600	16 660	15 725	14 809
	VI	**27 125**	5 581	5 581							
87 335,99 Ost	I,IV	**20 503**	5 581	5 581	I	18 623	16 744	14 890	13 112	11 411	9 787
	II	**18 714**	5 581	5 581	II	16 834	14 977	13 196	11 491	9 864	8 313
	III	**13 240**	5 581	5 581	III	11 838	10 472	9 146	7 858	6 610	5 400
	V	**26 677**	5 581	5 581	IV	19 563	18 623	17 684	16 744	15 808	14 890
	VI	**27 208**	5 581	5 581							
87 371,99 West	I,IV	**20 434**	5 581	5 581	I	18 554	16 674	14 822	13 047	11 349	9 728
	II	**18 644**	5 581	5 581	II	16 765	14 910	13 131	11 429	9 805	8 257
	III	**13 188**	5 581	5 581	III	11 786	10 422	9 098	7 812	6 564	5 356
	V	**26 607**	5 581	5 581	IV	19 494	18 554	17 614	16 674	15 739	14 822
	VI	**27 139**	5 581	5 581							
87 371,99 Ost	I,IV	**20 519**	5 581	5 581	I	18 639	16 759	14 904	13 126	11 424	9 800
	II	**18 729**	5 581	5 581	II	16 849	14 992	13 210	11 505	9 876	8 326
	III	**13 252**	5 581	5 581	III	11 848	10 484	9 156	7 868	6 620	5 408
	V	**26 692**	5 581	5 581	IV	19 579	18 639	17 699	16 759	15 823	14 904
	VI	**27 224**	5 581	5 581							
87 407,99 West	I,IV	**20 448**	5 581	5 581	I	18 568	16 688	14 836	13 060	11 361	9 740
	II	**18 658**	5 581	5 581	II	16 778	14 923	13 144	11 442	9 817	8 269
	III	**13 198**	5 581	5 581	III	11 796	10 432	9 108	7 820	6 572	5 364
	V	**26 621**	5 581	5 581	IV	19 508	18 568	17 628	16 688	15 753	14 836
	VI	**27 153**	5 581	5 581							
87 407,99 Ost	I,IV	**20 534**	5 581	5 581	I	18 654	16 774	14 919	13 140	11 438	9 813
	II	**18 744**	5 581	5 581	II	16 865	15 007	13 224	11 518	9 889	8 338
	III	**13 264**	5 581	5 581	III	11 860	10 494	9 168	7 880	6 630	5 418
	V	**26 707**	5 581	5 581	IV	19 594	18 654	17 714	16 774	15 837	14 919
	VI	**27 239**	5 581	5 581							
87 443,99 West	I,IV	**20 461**	5 581	5 581	I	18 581	16 701	14 849	13 072	11 373	9 751
	II	**18 672**	5 581	5 581	II	16 792	14 936	13 156	11 454	9 828	8 279
	III	**13 208**	5 581	5 581	III	11 806	10 442	9 116	7 830	6 582	5 372
	V	**26 634**	5 581	5 581	IV	19 521	18 581	17 641	16 701	15 766	14 849
	VI	**27 166**	5 581	5 581							
87 443,99 Ost	I,IV	**20 549**	5 581	5 581	I	18 669	16 789	14 934	13 154	11 451	9 825
	II	**18 760**	5 581	5 581	II	16 880	15 021	13 238	11 531	9 902	8 350
	III	**13 274**	5 581	5 581	III	11 870	10 504	9 178	7 890	6 640	5 428
	V	**26 722**	5 581	5 581	IV	19 609	18 669	17 729	16 789	15 852	14 934
	VI	**27 254**	5 581	5 581							
87 479,99 West	I,IV	**20 475**	5 581	5 581	I	18 595	16 715	14 862	13 085	11 386	9 763
	II	**18 686**	5 581	5 581	II	16 806	14 950	13 169	11 466	9 840	8 291
	III	**13 218**	5 581	5 581	III	11 816	10 452	9 126	7 840	6 592	5 382
	V	**26 648**	5 581	5 581	IV	19 535	18 595	17 655	16 715	15 779	14 862
	VI	**27 180**	5 581	5 581							
87 479,99 Ost	I,IV	**20 564**	5 581	5 581	I	18 684	16 804	14 948	13 168	11 464	9 838
	II	**18 775**	5 581	5 581	II	16 895	15 036	13 252	11 545	9 915	8 362
	III	**13 286**	5 581	5 581	III	11 882	10 516	9 188	7 900	6 650	5 438
	V	**26 737**	5 581	5 581	IV	19 624	18 684	17 744	16 804	15 867	14 948
	VI	**27 269**	5 581	5 581							

* Zur LSt-Berechnung für privat versicherte Arbeitnehmer s. Beispiele **Vorbemerkung S. 4 f.**
** Basisvorsorgepauschale KV und PV *** Typisierter Arbeitgeberzuschuss

Lohn/ Gehalt in € bis	Steuerklasse	Lohn-steuer*	BVSP**	TAGZ***	Steuerklasse	Bemessungsgrundlage für Kirchensteuer und Solidaritätszuschlag – Freibeträge für ... Kinder 0,5	1,0	1,5	2,0	2,5	3,0
87 515,99	I,IV	**20 489**	5 581	5 581	I	18 609	16 729	14 875	13 098	11 398	9 775
West	II	**18 700**	5 581	5 581	II	16 820	14 963	13 182	11 478	9 851	8 302
	III	**13 228**	5 581	5 581	III	11 826	10 462	9 136	7 848	6 600	5 390
	V	**26 662**	5 581	5 581	IV	19 549	18 609	17 669	16 729	15 793	14 875
	VI	**27 194**	5 581	5 581							
87 515,99	I,IV	**20 579**	5 581	5 581	I	18 699	16 819	14 963	13 182	11 478	9 851
Ost	II	**18 790**	5 581	5 581	II	16 910	15 051	13 266	11 558	9 928	8 374
	III	**13 298**	5 581	5 581	III	11 892	10 526	9 198	7 910	6 660	5 448
	V	**26 752**	5 581	5 581	IV	19 639	18 699	17 759	16 819	15 882	14 963
	VI	**27 284**	5 581	5 581							
87 551,99	I,IV	**20 502**	5 581	5 581	I	18 622	16 742	14 888	13 110	11 410	9 786
West	II	**18 713**	5 581	5 581	II	16 833	14 976	13 195	11 490	9 863	8 312
	III	**13 240**	5 581	5 581	III	11 836	10 472	9 146	7 858	6 608	5 398
	V	**26 675**	5 581	5 581	IV	19 562	18 622	17 682	16 742	15 806	14 888
	VI	**27 207**	5 581	5 581							
87 551,99	I,IV	**20 594**	5 581	5 581	I	18 714	16 834	14 977	13 196	11 491	9 864
Ost	II	**18 805**	5 581	5 581	II	16 925	15 065	13 280	11 572	9 940	8 387
	III	**13 310**	5 581	5 581	III	11 904	10 538	9 210	7 920	6 670	5 456
	V	**26 767**	5 581	5 581	IV	19 654	18 714	17 774	16 834	15 897	14 977
	VI	**27 299**	5 581	5 581							
87 587,99	I,IV	**20 516**	5 581	5 581	I	18 636	16 756	14 902	13 123	11 422	9 798
West	II	**18 727**	5 581	5 581	II	16 847	14 990	13 207	11 502	9 874	8 324
	III	**13 250**	5 581	5 581	III	11 846	10 482	9 154	7 868	6 618	5 408
	V	**26 689**	5 581	5 581	IV	19 576	18 636	17 696	16 756	15 820	14 902
	VI	**27 221**	5 581	5 581							
87 587,99	I,IV	**20 609**	5 581	5 581	I	18 729	16 849	14 992	13 210	11 505	9 876
Ost	II	**18 820**	5 581	5 581	II	16 940	15 080	13 294	11 585	9 953	8 399
	III	**13 320**	5 581	5 581	III	11 916	10 548	9 220	7 930	6 680	5 466
	V	**26 783**	5 581	5 581	IV	19 669	18 729	17 789	16 849	15 912	14 992
	VI	**27 314**	5 581	5 581							
87 623,99	I,IV	**20 531**	5 581	5 581	I	18 651	16 771	14 916	13 137	11 435	9 810
West	II	**18 742**	5 581	5 581	II	16 862	15 004	13 221	11 515	9 887	8 335
	III	**13 260**	5 581	5 581	III	11 856	10 492	9 164	7 876	6 628	5 416
	V	**26 704**	5 581	5 581	IV	19 591	18 651	17 711	16 771	15 835	14 916
	VI	**27 236**	5 581	5 581							
87 623,99	I,IV	**20 624**	5 581	5 581	I	18 744	16 865	15 007	13 224	11 518	9 889
Ost	II	**18 835**	5 581	5 581	II	16 955	15 095	13 308	11 598	9 966	8 411
	III	**13 332**	5 581	5 581	III	11 926	10 558	9 230	7 940	6 688	5 476
	V	**26 798**	5 581	5 581	IV	19 684	18 744	17 804	16 865	15 927	15 007
	VI	**27 329**	5 581	5 581							
87 659,99	I,IV	**20 546**	5 581	5 581	I	18 666	16 786	14 931	13 151	11 448	9 823
West	II	**18 757**	5 581	5 581	II	16 877	15 019	13 235	11 529	9 900	8 348
	III	**13 272**	5 581	5 581	III	11 868	10 502	9 176	7 888	6 638	5 426
	V	**26 719**	5 581	5 581	IV	19 606	18 666	17 726	16 786	15 850	14 931
	VI	**27 251**	5 581	5 581							
87 659,99	I,IV	**20 639**	5 581	5 581	I	18 760	16 880	15 021	13 238	11 531	9 902
Ost	II	**18 850**	5 581	5 581	II	16 970	15 109	13 322	11 612	9 979	8 423
	III	**13 344**	5 581	5 581	III	11 938	10 570	9 240	7 950	6 698	5 486
	V	**26 813**	5 581	5 581	IV	19 700	18 760	17 820	16 880	15 942	15 021
	VI	**27 345**	5 581	5 581							
87 695,99	I,IV	**20 561**	5 581	5 581	I	18 681	16 801	14 945	13 165	11 462	9 836
West	II	**18 772**	5 581	5 581	II	16 892	15 033	13 249	11 542	9 912	8 360
	III	**13 284**	5 581	5 581	III	11 880	10 514	9 186	7 898	6 648	5 436
	V	**26 734**	5 581	5 581	IV	19 621	18 681	17 741	16 801	15 864	14 945
	VI	**27 266**	5 581	5 581							
87 695,99	I,IV	**20 655**	5 581	5 581	I	18 775	16 895	15 036	13 252	11 545	9 915
Ost	II	**18 865**	5 581	5 581	II	16 985	15 124	13 336	11 625	9 992	8 435
	III	**13 354**	5 581	5 581	III	11 948	10 580	9 252	7 960	6 708	5 496
	V	**26 828**	5 581	5 581	IV	19 715	18 775	17 835	16 895	15 957	15 036
	VI	**27 360**	5 581	5 581							

* Zur LSt-Berechnung für privat versicherte Arbeitnehmer s. Beispiele **Vorbemerkung S. 4 f.**
** Basisvorsorgepauschale KV und PV *** Typisierter Arbeitgeberzuschuss

Lohn/ Gehalt in € bis	Steuerklasse	Lohn-steuer*	BVSP**	TAGZ***	Steuerklasse	Bemessungsgrundlage für Kirchensteuer und Solidaritätszuschlag – Freibeträge für ... Kinder 0,5	1,0	1,5	2,0	2,5	3,0
87 731,99 West	I,IV	**20 576**	5 581	5 581	I	18 696	16 816	14 960	13 179	11 475	9 848
	II	**18 787**	5 581	5 581	II	16 907	15 048	13 263	11 556	9 925	8 372
	III	**13 296**	5 581	5 581	III	11 890	10 524	9 196	7 908	6 658	5 446
	V	**26 749**	5 581	5 581	IV	19 636	18 696	17 756	16 816	15 879	14 960
	VI	**27 281**	5 581	5 581							
87 731,99 Ost	I,IV	**20 670**	5 581	5 581	I	18 790	16 910	15 051	13 266	11 558	9 928
	II	**18 881**	5 581	5 581	II	17 001	15 139	13 350	11 639	10 005	8 448
	III	**13 366**	5 581	5 581	III	11 960	10 592	9 262	7 972	6 718	5 504
	V	**26 843**	5 581	5 581	IV	19 730	18 790	17 850	16 910	15 972	15 051
	VI	**27 375**	5 581	5 581							
87 767,99 West	I,IV	**20 591**	5 581	5 581	I	18 711	16 831	14 975	13 193	11 489	9 861
	II	**18 802**	5 581	5 581	II	16 922	15 063	13 277	11 569	9 938	8 384
	III	**13 306**	5 581	5 581	III	11 902	10 534	9 206	7 918	6 666	5 454
	V	**26 764**	5 581	5 581	IV	19 651	18 711	17 771	16 831	15 894	14 975
	VI	**27 296**	5 581	5 581							
87 767,99 Ost	I,IV	**20 685**	5 581	5 581	I	18 805	16 925	15 065	13 280	11 572	9 940
	II	**18 896**	5 581	5 581	II	17 016	15 153	13 364	11 652	10 017	8 460
	III	**13 378**	5 581	5 581	III	11 970	10 602	9 272	7 982	6 728	5 514
	V	**26 858**	5 581	5 581	IV	19 745	18 805	17 865	16 925	15 987	15 065
	VI	**27 390**	5 581	5 581							
87 803,99 West	I,IV	**20 606**	5 581	5 581	I	18 726	16 846	14 989	13 207	11 502	9 874
	II	**18 817**	5 581	5 581	II	16 937	15 077	13 291	11 582	9 951	8 396
	III	**13 318**	5 581	5 581	III	11 912	10 546	9 218	7 928	6 676	5 464
	V	**26 780**	5 581	5 581	IV	19 666	18 726	17 786	16 846	15 909	14 989
	VI	**27 311**	5 581	5 581							
87 803,99 Ost	I,IV	**20 700**	5 581	5 581	I	18 820	16 940	15 080	13 294	11 585	9 953
	II	**18 911**	5 581	5 581	II	17 031	15 168	13 378	11 666	10 030	8 472
	III	**13 390**	5 581	5 581	III	11 982	10 614	9 284	7 992	6 738	5 524
	V	**26 873**	5 581	5 581	IV	19 760	18 820	17 880	16 940	16 002	15 080
	VI	**27 405**	5 581	5 581							
87 839,99 West	I,IV	**20 621**	5 581	5 581	I	18 742	16 862	15 004	13 221	11 515	9 887
	II	**18 832**	5 581	5 581	II	16 952	15 092	13 305	11 596	9 964	8 409
	III	**13 330**	5 581	5 581	III	11 924	10 556	9 228	7 938	6 686	5 474
	V	**26 795**	5 581	5 581	IV	19 681	18 742	17 802	16 862	15 924	15 004
	VI	**27 326**	5 581	5 581							
87 839,99 Ost	I,IV	**20 715**	5 581	5 581	I	18 835	16 955	15 095	13 308	11 598	9 966
	II	**18 926**	5 581	5 581	II	17 046	15 183	13 392	11 679	10 043	8 484
	III	**13 400**	5 581	5 581	III	11 994	10 624	9 294	8 002	6 748	5 534
	V	**26 888**	5 581	5 581	IV	19 775	18 835	17 895	16 955	16 017	15 095
	VI	**27 420**	5 581	5 581							
87 875,99 West	I,IV	**20 637**	5 581	5 581	I	18 757	16 877	15 019	13 235	11 529	9 900
	II	**18 847**	5 581	5 581	II	16 967	15 107	13 319	11 609	9 976	8 421
	III	**13 340**	5 581	5 581	III	11 934	10 568	9 238	7 948	6 696	5 484
	V	**26 810**	5 581	5 581	IV	19 697	18 757	17 817	16 877	15 939	15 019
	VI	**27 342**	5 581	5 581							
87 875,99 Ost	I,IV	**20 730**	5 581	5 581	I	18 850	16 970	15 109	13 322	11 612	9 979
	II	**18 941**	5 581	5 581	II	17 061	15 198	13 407	11 693	10 056	8 496
	III	**13 412**	5 581	5 581	III	12 004	10 634	9 304	8 012	6 758	5 544
	V	**26 904**	5 581	5 581	IV	19 790	18 850	17 910	16 970	16 032	15 109
	VI	**27 435**	5 581	5 581							
87 911,99 West	I,IV	**20 652**	5 581	5 581	I	18 772	16 892	15 033	13 249	11 542	9 912
	II	**18 862**	5 581	5 581	II	16 983	15 121	13 333	11 623	9 989	8 433
	III	**13 352**	5 581	5 581	III	11 946	10 578	9 250	7 958	6 706	5 494
	V	**26 825**	5 581	5 581	IV	19 712	18 772	17 832	16 892	15 954	15 033
	VI	**27 357**	5 581	5 581							
87 911,99 Ost	I,IV	**20 745**	5 581	5 581	I	18 865	16 985	15 124	13 336	11 625	9 992
	II	**18 956**	5 581	5 581	II	17 076	15 212	13 421	11 706	10 069	8 509
	III	**13 424**	5 581	5 581	III	12 016	10 646	9 314	8 022	6 768	5 552
	V	**26 919**	5 581	5 581	IV	19 805	18 865	17 925	16 985	16 047	15 124
	VI	**27 450**	5 581	5 581							

* Zur LSt-Berechnung für privat versicherte Arbeitnehmer s. Beispiele **Vorbemerkung S. 4 f.**
** Basisvorsorgepauschale KV und PV *** Typisierter Arbeitgeberzuschuss

Lohn/ Gehalt in € bis	Steuerklasse	Lohnsteuer*	BVSP**	TAGZ***	Steuerklasse	Bemessungsgrundlage für Kirchensteuer und Solidaritätszuschlag – Freibeträge für ... Kinder 0,5	**1,0**	1,5	**2,0**	2,5	**3,0**
87 947,99	I,IV	**20 667**	5 581	5 581	I	18 787	16 907	15 048	13 263	11 556	9 925
West	II	**18 878**	5 581	5 581	II	16 998	15 136	13 347	11 636	10 002	8 445
	III	**13 364**	5 581	5 581	III	11 958	10 590	9 260	7 968	6 716	5 502
	V	**26 840**	5 581	5 581	IV	19 727	18 787	17 847	16 907	15 969	15 048
	VI	**27 372**	5 581	5 581							
87 947,99	I,IV	**20 760**	5 581	5 581	I	18 881	17 001	15 139	13 350	11 639	10 005
Ost	II	**18 971**	5 581	5 581	II	17 091	15 227	13 435	11 720	10 082	8 521
	III	**13 436**	5 581	5 581	III	12 026	10 656	9 326	8 032	6 778	5 562
	V	**26 934**	5 581	5 581	IV	19 820	18 881	17 941	17 001	16 062	15 139
	VI	**27 465**	5 581	5 581							
87 983,99	I,IV	**20 682**	5 581	5 581	I	18 802	16 922	15 063	13 277	11 569	9 938
West	II	**18 893**	5 581	5 581	II	17 013	15 151	13 362	11 650	10 015	8 457
	III	**13 376**	5 581	5 581	III	11 968	10 600	9 270	7 978	6 726	5 512
	V	**26 855**	5 581	5 581	IV	19 742	18 802	17 862	16 922	15 984	15 063
	VI	**27 387**	5 581	5 581							
87 983,99	I,IV	**20 776**	5 581	5 581	I	18 896	17 016	15 153	13 364	11 652	10 017
Ost	II	**18 986**	5 581	5 581	II	17 106	15 242	13 449	11 733	10 095	8 533
	III	**13 446**	5 581	5 581	III	12 038	10 668	9 336	8 042	6 788	5 572
	V	**26 949**	5 581	5 581	IV	19 836	18 896	17 956	17 016	16 077	15 153
	VI	**27 481**	5 581	5 581							
88 019,99	I,IV	**20 697**	5 581	5 581	I	18 817	16 937	15 077	13 291	11 582	9 951
West	II	**18 908**	5 581	5 581	II	17 028	15 165	13 376	11 663	10 028	8 470
	III	**13 386**	5 581	5 581	III	11 980	10 610	9 280	7 990	6 736	5 522
	V	**26 870**	5 581	5 581	IV	19 757	18 817	17 877	16 937	15 999	15 077
	VI	**27 402**	5 581	5 581							
88 019,99	I,IV	**20 791**	5 581	5 581	I	18 911	17 031	15 168	13 378	11 666	10 030
Ost	II	**19 001**	5 581	5 581	II	17 122	15 257	13 463	11 747	10 107	8 545
	III	**13 458**	5 581	5 581	III	12 050	10 678	9 346	8 052	6 798	5 582
	V	**26 964**	5 581	5 581	IV	19 851	18 911	17 971	17 031	16 092	15 168
	VI	**27 496**	5 581	5 581							
88 055,99	I,IV	**20 712**	5 581	5 581	I	18 832	16 952	15 092	13 305	11 596	9 964
West	II	**18 923**	5 581	5 581	II	17 043	15 180	13 390	11 677	10 041	8 482
	III	**13 398**	5 581	5 581	III	11 990	10 622	9 292	8 000	6 746	5 532
	V	**26 885**	5 581	5 581	IV	19 772	18 832	17 892	16 952	16 014	15 092
	VI	**27 417**	5 581	5 581							
88 055,99	I,IV	**20 806**	5 581	5 581	I	18 926	17 046	15 183	13 392	11 679	10 043
Ost	II	**19 017**	5 581	5 581	II	17 137	15 271	13 477	11 760	10 120	8 558
	III	**13 470**	5 581	5 581	III	12 060	10 690	9 356	8 064	6 808	5 592
	V	**26 979**	5 581	5 581	IV	19 866	18 926	17 986	17 046	16 107	15 183
	VI	**27 511**	5 581	5 581							
88 091,99	I,IV	**20 727**	5 581	5 581	I	18 847	16 967	15 107	13 319	11 609	9 976
West	II	**18 938**	5 581	5 581	II	17 058	15 195	13 404	11 690	10 053	8 494
	III	**13 410**	5 581	5 581	III	12 002	10 632	9 302	8 010	6 756	5 542
	V	**26 901**	5 581	5 581	IV	19 787	18 847	17 907	16 967	16 029	15 107
	VI	**27 432**	5 581	5 581							
88 091,99	I,IV	**20 821**	5 581	5 581	I	18 941	17 061	15 198	13 407	11 693	10 056
Ost	II	**19 032**	5 581	5 581	II	17 152	15 286	13 491	11 774	10 133	8 570
	III	**13 482**	5 581	5 581	III	12 072	10 700	9 368	8 074	6 818	5 602
	V	**26 994**	5 581	5 581	IV	19 881	18 941	18 001	17 061	16 122	15 198
	VI	**27 526**	5 581	5 581							
88 127,99	I,IV	**20 742**	5 581	5 581	I	18 862	16 983	15 121	13 333	11 623	9 989
West	II	**18 953**	5 581	5 581	II	17 073	15 209	13 418	11 704	10 066	8 506
	III	**13 422**	5 581	5 581	III	12 014	10 644	9 312	8 020	6 766	5 550
	V	**26 916**	5 581	5 581	IV	19 802	18 862	17 923	16 983	16 044	15 121
	VI	**27 447**	5 581	5 581							
88 127,99	I,IV	**20 836**	5 581	5 581	I	18 956	17 076	15 212	13 421	11 706	10 069
Ost	II	**19 047**	5 581	5 581	II	17 167	15 301	13 505	11 787	10 146	8 582
	III	**13 492**	5 581	5 581	III	12 082	10 712	9 378	8 084	6 828	5 610
	V	**27 009**	5 581	5 581	IV	19 896	18 956	18 016	17 076	16 137	15 212
	VI	**27 541**	5 581	5 581							

* Zur LSt-Berechnung für privat versicherte Arbeitnehmer s. Beispiele **Vorbemerkung S. 4 f.**
** Basisvorsorgepauschale KV und PV *** Typisierter Arbeitgeberzuschuss

Lohn/ Gehalt in € bis	Steuerklasse	Lohn- steuer*	BVSP**	TAGZ***	Steuerklasse	Bemessungsgrundlage für Kirchensteuer und Solidaritätszuschlag – Freibeträge für ... Kinder 0,5	1,0	1,5	2,0	2,5	3,0
88 163,99 West	I,IV	**20 758**	5 581	5 581	I	18 878	16 998	15 136	13 347	11 636	10 002
	II	**18 968**	5 581	5 581	II	17 088	15 224	13 432	11 717	10 079	8 518
	III	**13 432**	5 581	5 581	III	12 024	10 654	9 322	8 030	6 776	5 560
	V	**26 931**	5 581	5 581	IV	19 818	18 878	17 938	16 998	16 059	15 136
	VI	**27 463**	5 581	5 581							
88 163,99 Ost	I,IV	**20 851**	5 581	5 581	I	18 971	17 091	15 227	13 435	11 720	10 082
	II	**19 062**	5 581	5 581	II	17 182	15 315	13 519	11 801	10 159	8 594
	III	**13 504**	5 581	5 581	III	12 094	10 722	9 388	8 094	6 838	5 620
	V	**27 024**	5 581	5 581	IV	19 911	18 971	18 031	17 091	16 152	15 227
	VI	**27 556**	5 581	5 581							
88 199,99 West	I,IV	**20 773**	5 581	5 581	I	18 893	17 013	15 151	13 362	11 650	10 015
	II	**18 983**	5 581	5 581	II	17 104	15 239	13 446	11 730	10 092	8 531
	III	**13 444**	5 581	5 581	III	12 036	10 666	9 334	8 040	6 786	5 570
	V	**26 946**	5 581	5 581	IV	19 833	18 893	17 953	17 013	16 074	15 151
	VI	**27 478**	5 581	5 581							
88 199,99 Ost	I,IV	**20 866**	5 581	5 581	I	18 986	17 106	15 242	13 449	11 733	10 095
	II	**19 077**	5 581	5 581	II	17 197	15 330	13 534	11 814	10 172	8 607
	III	**13 516**	5 581	5 581	III	12 104	10 732	9 400	8 104	6 848	5 630
	V	**27 040**	5 581	5 581	IV	19 926	18 986	18 046	17 106	16 167	15 242
	VI	**27 571**	5 581	5 581							
88 235,99 West	I,IV	**20 788**	5 581	5 581	I	18 908	17 028	15 165	13 376	11 663	10 028
	II	**18 999**	5 581	5 581	II	17 119	15 254	13 460	11 744	10 105	8 543
	III	**13 456**	5 581	5 581	III	12 046	10 676	9 344	8 050	6 796	5 580
	V	**26 961**	5 581	5 581	IV	19 848	18 908	17 968	17 028	16 089	15 165
	VI	**27 493**	5 581	5 581							
88 235,99 Ost	I,IV	**20 881**	5 581	5 581	I	19 001	17 122	15 257	13 463	11 747	10 107
	II	**19 092**	5 581	5 581	II	17 212	15 345	13 548	11 828	10 185	8 619
	III	**13 528**	5 581	5 581	III	12 116	10 744	9 410	8 114	6 858	5 640
	V	**27 055**	5 581	5 581	IV	19 941	19 001	18 062	17 122	16 182	15 257
	VI	**27 586**	5 581	5 581							
88 271,99 West	I,IV	**20 803**	5 581	5 581	I	18 923	17 043	15 180	13 390	11 677	10 041
	II	**19 014**	5 581	5 581	II	17 134	15 268	13 474	11 757	10 118	8 555
	III	**13 468**	5 581	5 581	III	12 058	10 686	9 354	8 060	6 806	5 590
	V	**26 976**	5 581	5 581	IV	19 863	18 923	17 983	17 043	16 104	15 180
	VI	**27 508**	5 581	5 581							
88 271,99 Ost	I,IV	**20 897**	5 581	5 581	I	19 017	17 137	15 271	13 477	11 760	10 120
	II	**19 107**	5 581	5 581	II	17 227	15 360	13 562	11 841	10 198	8 631
	III	**13 538**	5 581	5 581	III	12 128	10 754	9 420	8 124	6 868	5 650
	V	**27 070**	5 581	5 581	IV	19 957	19 017	18 077	17 137	16 197	15 271
	VI	**27 602**	5 581	5 581							
88 307,99 West	I,IV	**20 818**	5 581	5 581	I	18 938	17 058	15 195	13 404	11 690	10 053
	II	**19 029**	5 581	5 581	II	17 149	15 283	13 488	11 771	10 131	8 568
	III	**13 478**	5 581	5 581	III	12 068	10 698	9 366	8 072	6 816	5 598
	V	**26 991**	5 581	5 581	IV	19 878	18 938	17 998	17 058	16 119	15 195
	VI	**27 523**	5 581	5 581							
88 307,99 Ost	I,IV	**20 912**	5 581	5 581	I	19 032	17 152	15 286	13 491	11 774	10 133
	II	**19 122**	5 581	5 581	II	17 243	15 375	13 576	11 855	10 211	8 644
	III	**13 550**	5 581	5 581	III	12 138	10 766	9 430	8 136	6 878	5 658
	V	**27 085**	5 581	5 581	IV	19 972	19 032	18 092	17 152	16 212	15 286
	VI	**27 617**	5 581	5 581							
88 343,99 West	I,IV	**20 833**	5 581	5 581	I	18 953	17 073	15 209	13 418	11 704	10 066
	II	**19 044**	5 581	5 581	II	17 164	15 298	13 503	11 784	10 144	8 580
	III	**13 490**	5 581	5 581	III	12 080	10 708	9 376	8 082	6 826	5 608
	V	**27 006**	5 581	5 581	IV	19 893	18 953	18 013	17 073	16 134	15 209
	VI	**27 538**	5 581	5 581							
88 343,99 Ost	I,IV	**20 927**	5 581	5 581	I	19 047	17 167	15 301	13 505	11 787	10 146
	II	**19 138**	5 581	5 581	II	17 258	15 389	13 590	11 868	10 223	8 656
	III	**13 562**	5 581	5 581	III	12 150	10 776	9 442	8 146	6 888	5 668
	V	**27 100**	5 581	5 581	IV	19 987	19 047	18 107	17 167	16 227	15 301
	VI	**27 632**	5 581	5 581							

* Zur LSt-Berechnung für privat versicherte Arbeitnehmer s. Beispiele **Vorbemerkung S. 4 f.**
** Basisvorsorgepauschale KV und PV *** Typisierter Arbeitgeberzuschuss

Lohn/ Gehalt in € bis	Steuerklasse	Lohn-steuer*	BVSP**	TAGZ***	Steuerklasse	Bemessungsgrundlage für Kirchensteuer und Solidaritätszuschlag					
						Freibeträge für ... Kinder					
						0,5	**1,0**	1,5	**2,0**	2,5	**3,0**
88 379,99	I,IV	**20 848**	5 581	5 581	I	18 968	17 088	15 224	13 432	11 717	10 079
West	II	**19 059**	5 581	5 581	II	17 179	15 313	13 517	11 798	10 156	8 592
	III	**13 502**	5 581	5 581	III	12 092	10 720	9 386	8 092	6 836	5 618
	V	**27 022**	5 581	5 581	IV	19 908	18 968	18 028	17 088	16 149	15 224
	VI	**27 553**	5 581	5 581							
88 379,99	I,IV	**20 942**	5 581	5 581	I	19 062	17 182	15 315	13 519	11 801	10 159
Ost	II	**19 153**	5 581	5 581	II	17 273	15 404	13 604	11 882	10 236	8 668
	III	**13 574**	5 581	5 581	III	12 160	10 788	9 452	8 156	6 898	5 678
	V	**27 115**	5 581	5 581	IV	20 002	19 062	18 122	17 182	16 242	15 315
	VI	**27 647**	5 581	5 581							
88 415,99	I,IV	**20 863**	5 581	5 581	I	18 983	17 104	15 239	13 446	11 730	10 092
West	II	**19 074**	5 581	5 581	II	17 194	15 327	13 531	11 812	10 169	8 604
	III	**13 514**	5 581	5 581	III	12 102	10 730	9 396	8 102	6 846	5 628
	V	**27 037**	5 581	5 581	IV	19 923	18 983	18 043	17 104	16 164	15 239
	VI	**27 568**	5 581	5 581							
88 415,99	I,IV	**20 957**	5 581	5 581	I	19 077	17 197	15 330	13 534	11 814	10 172
Ost	II	**19 168**	5 581	5 581	II	17 288	15 419	13 619	11 895	10 249	8 680
	III	**13 584**	5 581	5 581	III	12 172	10 798	9 462	8 166	6 908	5 688
	V	**27 130**	5 581	5 581	IV	20 017	19 077	18 137	17 197	16 258	15 330
	VI	**27 662**	5 581	5 581							
88 451,99	I,IV	**20 878**	5 581	5 581	I	18 999	17 119	15 254	13 460	11 744	10 105
West	II	**19 089**	5 581	5 581	II	17 209	15 342	13 545	11 825	10 182	8 617
	III	**13 524**	5 581	5 581	III	12 114	10 742	9 408	8 112	6 856	5 638
	V	**27 052**	5 581	5 581	IV	19 939	18 999	18 059	17 119	16 179	15 254
	VI	**27 583**	5 581	5 581							
88 451,99	I,IV	**20 972**	5 581	5 581	I	19 092	17 212	15 345	13 548	11 828	10 185
Ost	II	**19 183**	5 581	5 581	II	17 303	15 434	13 633	11 909	10 262	8 693
	III	**13 596**	5 581	5 581	III	12 184	10 810	9 474	8 176	6 918	5 698
	V	**27 145**	5 581	5 581	IV	20 032	19 092	18 152	17 212	16 273	15 345
	VI	**27 677**	5 581	5 581							
88 487,99	I,IV	**20 894**	5 581	5 581	I	19 014	17 134	15 268	13 474	11 757	10 118
West	II	**19 104**	5 581	5 581	II	17 224	15 357	13 559	11 839	10 195	8 629
	III	**13 536**	5 581	5 581	III	12 124	10 752	9 418	8 122	6 866	5 648
	V	**27 067**	5 581	5 581	IV	19 954	19 014	18 074	17 134	16 194	15 268
	VI	**27 599**	5 581	5 581							
88 487,99	I,IV	**20 987**	5 581	5 581	I	19 107	17 227	15 360	13 562	11 841	10 198
Ost	II	**19 198**	5 581	5 581	II	17 318	15 448	13 647	11 922	10 275	8 705
	III	**13 608**	5 581	5 581	III	12 194	10 820	9 484	8 186	6 928	5 708
	V	**27 161**	5 581	5 581	IV	20 047	19 107	18 167	17 227	16 288	15 360
	VI	**27 692**	5 581	5 581							
88 523,99	I,IV	**20 909**	5 581	5 581	I	19 029	17 149	15 283	13 488	11 771	10 131
West	II	**19 120**	5 581	5 581	II	17 240	15 372	13 573	11 852	10 208	8 641
	III	**13 548**	5 581	5 581	III	12 136	10 764	9 428	8 132	6 876	5 656
	V	**27 082**	5 581	5 581	IV	19 969	19 029	18 089	17 149	16 209	15 283
	VI	**27 614**	5 581	5 581							
88 523,99	I,IV	**21 002**	5 581	5 581	I	19 122	17 243	15 375	13 576	11 855	10 211
Ost	II	**19 213**	5 581	5 581	II	17 333	15 463	13 661	11 936	10 288	8 717
	III	**13 620**	5 581	5 581	III	12 206	10 830	9 494	8 196	6 938	5 716
	V	**27 176**	5 581	5 581	IV	20 062	19 122	18 182	17 243	16 303	15 375
	VI	**27 707**	5 581	5 581							
88 559,99	I,IV	**20 924**	5 581	5 581	I	19 044	17 164	15 298	13 503	11 784	10 144
West	II	**19 135**	5 581	5 581	II	17 255	15 386	13 587	11 866	10 221	8 653
	III	**13 560**	5 581	5 581	III	12 148	10 774	9 440	8 142	6 886	5 666
	V	**27 097**	5 581	5 581	IV	19 984	19 044	18 104	17 164	16 224	15 298
	VI	**27 629**	5 581	5 581							
88 559,99	I,IV	**21 017**	5 581	5 581	I	19 138	17 258	15 389	13 590	11 868	10 223
Ost	II	**19 228**	5 581	5 581	II	17 348	15 478	13 675	11 950	10 301	8 730
	III	**13 630**	5 581	5 581	III	12 216	10 842	9 506	8 206	6 948	5 726
	V	**27 191**	5 581	5 581	IV	20 078	19 138	18 198	17 258	16 318	15 389
	VI	**27 723**	5 581	5 581							

* Zur LSt-Berechnung für privat versicherte Arbeitnehmer s. Beispiele **Vorbemerkung S. 4 f.**
** Basisvorsorgepauschale KV und PV *** Typisierter Arbeitgeberzuschuss

Lohn/ Gehalt in € bis	Steuerklasse	**Lohn-steuer***	BVSP**	TAGZ***	Steuerklasse	Bemessungsgrundlage für Kirchensteuer und Solidaritätszuschlag – Freibeträge für ... Kinder 0,5	**1,0**	1,5	**2,0**	2,5	**3,0**
88 595,99 West	I,IV	**20 939**	5 581	5 581	I	19 059	17 179	15 313	13 517	11 798	10 156
	II	**19 150**	5 581	5 581	II	17 270	15 401	13 602	11 879	10 234	8 666
	III	**13 570**	5 581	5 581	III	12 158	10 784	9 450	8 154	6 896	5 676
	V	**27 112**	5 581	5 581	IV	19 999	19 059	18 119	17 179	16 240	15 313
	VI	**27 644**	5 581	5 581							
88 595,99 Ost	I,IV	**21 033**	5 581	5 581	I	19 153	17 273	15 404	13 604	11 882	10 236
	II	**19 243**	5 581	5 581	II	17 363	15 493	13 689	11 963	10 314	8 742
	III	**13 642**	5 581	5 581	III	12 228	10 852	9 516	8 218	6 958	5 736
	V	**27 206**	5 581	5 581	IV	20 093	19 153	18 213	17 273	16 333	15 404
	VI	**27 738**	5 581	5 581							
88 631,99 West	I,IV	**20 954**	5 581	5 581	I	19 074	17 194	15 327	13 531	11 812	10 169
	II	**19 165**	5 581	5 581	II	17 285	15 416	13 616	11 893	10 247	8 678
	III	**13 582**	5 581	5 581	III	12 170	10 796	9 460	8 164	6 906	5 686
	V	**27 127**	5 581	5 581	IV	20 014	19 074	18 134	17 194	16 255	15 327
	VI	**27 659**	5 581	5 581							
88 631,99 Ost	I,IV	**21 048**	5 581	5 581	I	19 168	17 288	15 419	13 619	11 895	10 249
	II	**19 259**	5 581	5 581	II	17 379	15 508	13 704	11 977	10 327	8 754
	III	**13 654**	5 581	5 581	III	12 240	10 864	9 526	8 228	6 968	5 746
	V	**27 221**	5 581	5 581	IV	20 108	19 168	18 228	17 288	16 348	15 419
	VI	**27 753**	5 581	5 581							
88 667,99 West	I,IV	**20 969**	5 581	5 581	I	19 089	17 209	15 342	13 545	11 825	10 182
	II	**19 180**	5 581	5 581	II	17 300	15 431	13 630	11 906	10 260	8 690
	III	**13 594**	5 581	5 581	III	12 180	10 806	9 470	8 174	6 916	5 696
	V	**27 142**	5 581	5 581	IV	20 029	19 089	18 149	17 209	16 270	15 342
	VI	**27 674**	5 581	5 581							
88 667,99 Ost	I,IV	**21 063**	5 581	5 581	I	19 183	17 303	15 434	13 633	11 909	10 262
	II	**19 274**	5 581	5 581	II	17 394	15 523	13 718	11 990	10 340	8 767
	III	**13 666**	5 581	5 581	III	12 250	10 874	9 536	8 238	6 978	5 756
	V	**27 236**	5 581	5 581	IV	20 123	19 183	18 243	17 303	16 363	15 434
	VI	**27 768**	5 581	5 581							
88 703,99 West	I,IV	**20 984**	5 581	5 581	I	19 104	17 224	15 357	13 559	11 839	10 195
	II	**19 195**	5 581	5 581	II	17 315	15 446	13 644	11 920	10 273	8 703
	III	**13 606**	5 581	5 581	III	12 192	10 818	9 482	8 184	6 926	5 706
	V	**27 158**	5 581	5 581	IV	20 044	19 104	18 164	17 224	16 285	15 357
	VI	**27 689**	5 581	5 581							
88 703,99 Ost	I,IV	**21 078**	5 581	5 581	I	19 198	17 318	15 448	13 647	11 922	10 275
	II	**19 289**	5 581	5 581	II	17 409	15 537	13 732	12 004	10 353	8 779
	III	**13 676**	5 581	5 581	III	12 262	10 886	9 548	8 248	6 988	5 766
	V	**27 251**	5 581	5 581	IV	20 138	19 198	18 258	17 318	16 378	15 448
	VI	**27 783**	5 581	5 581							
88 739,99 West	I,IV	**20 999**	5 581	5 581	I	19 120	17 240	15 372	13 573	11 852	10 208
	II	**19 210**	5 581	5 581	II	17 330	15 460	13 658	11 933	10 286	8 715
	III	**13 616**	5 581	5 581	III	12 204	10 828	9 492	8 194	6 936	5 714
	V	**27 173**	5 581	5 581	IV	20 059	19 120	18 180	17 240	16 300	15 372
	VI	**27 704**	5 581	5 581							
88 739,99 Ost	I,IV	**21 093**	5 581	5 581	I	19 213	17 333	15 463	13 661	11 936	10 288
	II	**19 304**	5 581	5 581	II	17 424	15 552	13 746	12 017	10 366	8 791
	III	**13 688**	5 581	5 581	III	12 274	10 896	9 558	8 258	6 998	5 774
	V	**27 266**	5 581	5 581	IV	20 153	19 213	18 273	17 333	16 393	15 463
	VI	**27 798**	5 581	5 581							
88 775,99 West	I,IV	**21 015**	5 581	5 581	I	19 135	17 255	15 386	13 587	11 866	10 221
	II	**19 225**	5 581	5 581	II	17 345	15 475	13 673	11 947	10 299	8 727
	III	**13 628**	5 581	5 581	III	12 214	10 840	9 502	8 204	6 946	5 724
	V	**27 188**	5 581	5 581	IV	20 075	19 135	18 195	17 255	16 315	15 386
	VI	**27 720**	5 581	5 581							
88 775,99 Ost	I,IV	**21 108**	5 581	5 581	I	19 228	17 348	15 478	13 675	11 950	10 301
	II	**19 319**	5 581	5 581	II	17 439	15 567	13 760	12 031	10 379	8 804
	III	**13 700**	5 581	5 581	III	12 284	10 908	9 568	8 268	7 008	5 784
	V	**27 282**	5 581	5 581	IV	20 168	19 228	18 288	17 348	16 408	15 478
	VI	**27 813**	5 581	5 581							

* Zur LSt-Berechnung für privat versicherte Arbeitnehmer s. Beispiele **Vorbemerkung S. 4 f.**
** Basisvorsorgepauschale KV und PV *** Typisierter Arbeitgeberzuschuss

Lohn/ Gehalt in € bis	Steuerklasse	Lohn- steuer*	BVSP**	TAGZ***	Steuerklasse	Bemessungsgrundlage für Kirchensteuer und Solidaritätszuschlag					
						Freibeträge für ... Kinder					
						0,5	**1,0**	1,5	**2,0**	2,5	**3,0**
88 811,99 West	I,IV	**21 030**	5 581	5 581	I	19 150	17 270	15 401	13 602	11 879	10 234
	II	**19 240**	5 581	5 581	II	17 361	15 490	13 687	11 961	10 312	8 740
	III	**13 640**	5 581	5 581	III	12 226	10 850	9 514	8 214	6 956	5 734
	V	**27 203**	5 581	5 581	IV	20 090	19 150	18 210	17 270	16 330	15 401
	VI	**27 735**	5 581	5 581							
88 811,99 Ost	I,IV	**21 123**	5 581	5 581	I	19 243	17 363	15 493	13 689	11 963	10 314
	II	**19 334**	5 581	5 581	II	17 454	15 582	13 775	12 045	10 392	8 816
	III	**13 712**	5 581	5 581	III	12 296	10 918	9 580	8 278	7 018	5 794
	V	**27 297**	5 581	5 581	IV	20 183	19 243	18 303	17 363	16 424	15 493
	VI	**27 828**	5 581	5 581							
88 847,99 West	I,IV	**21 045**	5 581	5 581	I	19 165	17 285	15 416	13 616	11 893	10 247
	II	**19 256**	5 581	5 581	II	17 376	15 505	13 701	11 974	10 324	8 752
	III	**13 652**	5 581	5 581	III	12 236	10 862	9 524	8 226	6 966	5 744
	V	**27 218**	5 581	5 581	IV	20 105	19 165	18 225	17 285	16 345	15 416
	VI	**27 750**	5 581	5 581							
88 847,99 Ost	I,IV	**21 138**	5 581	5 581	I	19 259	17 379	15 508	13 704	11 977	10 327
	II	**19 349**	5 581	5 581	II	17 469	15 597	13 789	12 058	10 405	8 829
	III	**13 724**	5 581	5 581	III	12 306	10 930	9 590	8 290	7 028	5 804
	V	**27 312**	5 581	5 581	IV	20 198	19 259	18 319	17 379	16 439	15 508
	VI	**27 843**	5 581	5 581							
88 883,99 West	I,IV	**21 060**	5 581	5 581	I	19 180	17 300	15 431	13 630	11 906	10 260
	II	**19 271**	5 581	5 581	II	17 391	15 520	13 715	11 988	10 337	8 764
	III	**13 662**	5 581	5 581	III	12 248	10 872	9 534	8 236	6 976	5 754
	V	**27 233**	5 581	5 581	IV	20 120	19 180	18 240	17 300	16 360	15 431
	VI	**27 765**	5 581	5 581							
88 883,99 Ost	I,IV	**21 154**	5 581	5 581	I	19 274	17 394	15 523	13 718	11 990	10 340
	II	**19 364**	5 581	5 581	II	17 484	15 612	13 803	12 072	10 418	8 841
	III	**13 734**	5 581	5 581	III	12 318	10 940	9 600	8 300	7 038	5 814
	V	**27 327**	5 581	5 581	IV	20 214	19 274	18 334	17 394	16 454	15 523
	VI	**27 859**	5 581	5 581							
88 919,99 West	I,IV	**21 075**	5 581	5 581	I	19 195	17 315	15 446	13 644	11 920	10 273
	II	**19 286**	5 581	5 581	II	17 406	15 535	13 729	12 001	10 350	8 777
	III	**13 674**	5 581	5 581	III	12 260	10 882	9 546	8 246	6 986	5 764
	V	**27 248**	5 581	5 581	IV	20 135	19 195	18 255	17 315	16 375	15 446
	VI	**27 780**	5 581	5 581							
88 919,99 Ost	I,IV	**21 169**	5 581	5 581	I	19 289	17 409	15 537	13 732	12 004	10 353
	II	**19 379**	5 581	5 581	II	17 500	15 626	13 817	12 086	10 431	8 853
	III	**13 746**	5 581	5 581	III	12 330	10 950	9 612	8 310	7 048	5 824
	V	**27 342**	5 581	5 581	IV	20 229	19 289	18 349	17 409	16 469	15 537
	VI	**27 874**	5 581	5 581							
88 955,99 West	I,IV	**21 090**	5 581	5 581	I	19 210	17 330	15 460	13 658	11 933	10 286
	II	**19 301**	5 581	5 581	II	17 421	15 549	13 744	12 015	10 363	8 789
	III	**13 686**	5 581	5 581	III	12 270	10 894	9 556	8 256	6 996	5 772
	V	**27 263**	5 581	5 581	IV	20 150	19 210	18 270	17 330	16 390	15 460
	VI	**27 795**	5 581	5 581							
88 955,99 Ost	I,IV	**21 184**	5 581	5 581	I	19 304	17 424	15 552	13 746	12 017	10 366
	II	**19 395**	5 581	5 581	II	17 515	15 641	13 832	12 099	10 444	8 866
	III	**13 758**	5 581	5 581	III	12 340	10 962	9 622	8 320	7 058	5 832
	V	**27 357**	5 581	5 581	IV	20 244	19 304	18 364	17 424	16 484	15 552
	VI	**27 889**	5 581	5 581							
88 991,99 West	I,IV	**21 105**	5 581	5 581	I	19 225	17 345	15 475	13 673	11 947	10 299
	II	**19 316**	5 581	5 581	II	17 436	15 564	13 758	12 028	10 376	8 801
	III	**13 698**	5 581	5 581	III	12 282	10 904	9 566	8 266	7 006	5 782
	V	**27 279**	5 581	5 581	IV	20 165	19 225	18 285	17 345	16 406	15 475
	VI	**27 810**	5 581	5 581							
88 991,99 Ost	I,IV	**21 199**	5 581	5 581	I	19 319	17 439	15 567	13 760	12 031	10 379
	II	**19 410**	5 581	5 581	II	17 530	15 656	13 846	12 113	10 457	8 878
	III	**13 770**	5 581	5 581	III	12 352	10 972	9 632	8 330	7 068	5 842
	V	**27 372**	5 581	5 581	IV	20 259	19 319	18 379	17 439	16 499	15 567
	VI	**27 904**	5 581	5 581							

* Zur LSt-Berechnung für privat versicherte Arbeitnehmer s. Beispiele **Vorbemerkung S. 4 f.**
** Basisvorsorgepauschale KV und PV *** Typisierter Arbeitgeberzuschuss

Lohn/ Gehalt in € bis	Steuerklasse	Lohn-steuer*	BVSP**	TAGZ***	Steuerklasse	Bemessungsgrundlage für Kirchensteuer und Solidaritätszuschlag – Freibeträge für ... Kinder 0,5	1,0	1,5	2,0	2,5	3,0
89027,99 West	I,IV	**21120**	5581	5581	I	19240	17361	15490	13687	11961	10312
	II	**19331**	5581	5581	II	17451	15579	13772	12042	10389	8814
	III	**13710**	5581	5581	III	12294	10916	9576	8276	7016	5792
	V	**27294**	5581	5581	IV	20180	19240	18301	17361	16421	15490
	VI	**27825**	5581	5581							
89027,99 Ost	I,IV	**21214**	5581	5581	I	19334	17454	15582	13775	12045	10392
	II	**19425**	5581	5581	II	17545	15671	13860	12126	10470	8890
	III	**13780**	5581	5581	III	12362	10984	9642	8340	7078	5852
	V	**27387**	5581	5581	IV	20274	19334	18394	17454	16514	15582
	VI	**27919**	5581	5581							
89063,99 West	I,IV	**21136**	5581	5581	I	19256	17376	15505	13701	11974	10324
	II	**19346**	5581	5581	II	17466	15594	13786	12056	10402	8826
	III	**13720**	5581	5581	III	12304	10926	9588	8288	7026	5802
	V	**27309**	5581	5581	IV	20196	19256	18316	17376	16436	15505
	VI	**27841**	5581	5581							
89063,99 Ost	I,IV	**21229**	5581	5581	I	19349	17469	15597	13789	12058	10405
	II	**19440**	5581	5581	II	17560	15686	13874	12140	10483	8903
	III	**13792**	5581	5581	III	12374	10994	9654	8352	7088	5862
	V	**27402**	5581	5581	IV	20289	19349	18409	17469	16529	15597
	VI	**27934**	5581	5581							
89099,99 West	I,IV	**21151**	5581	5581	I	19271	17391	15520	13715	11988	10337
	II	**19361**	5581	5581	II	17482	15609	13800	12069	10415	8838
	III	**13732**	5581	5581	III	12316	10938	9598	8298	7036	5812
	V	**27324**	5581	5581	IV	20211	19271	18331	17391	16451	15520
	VI	**27856**	5581	5581							
89099,99 Ost	I,IV	**21244**	5581	5581	I	19364	17484	15612	13803	12072	10418
	II	**19455**	5581	5581	II	17575	15701	13889	12154	10496	8915
	III	**13804**	5581	5581	III	12386	11006	9664	8362	7098	5872
	V	**27418**	5581	5581	IV	20304	19364	18424	17484	16544	15612
	VI	**27949**	5581	5581							
89135,99 West	I,IV	**21166**	5581	5581	I	19286	17406	15535	13729	12001	10350
	II	**19377**	5581	5581	II	17497	15624	13815	12083	10428	8851
	III	**13744**	5581	5581	III	12326	10948	9608	8308	7046	5822
	V	**27339**	5581	5581	IV	20226	19286	18346	17406	16466	15535
	VI	**27871**	5581	5581							
89135,99 Ost	I,IV	**21259**	5581	5581	I	19379	17500	15626	13817	12086	10431
	II	**19470**	5581	5581	II	17590	15716	13903	12167	10509	8928
	III	**13816**	5581	5581	III	12396	11016	9674	8372	7108	5882
	V	**27433**	5581	5581	IV	20319	19379	18440	17500	16560	15626
	VI	**27964**	5581	5581							
89171,99 West	I,IV	**21181**	5581	5581	I	19301	17421	15549	13744	12015	10363
	II	**19392**	5581	5581	II	17512	15638	13829	12096	10441	8863
	III	**13756**	5581	5581	III	12338	10960	9620	8318	7056	5830
	V	**27354**	5581	5581	IV	20241	19301	18361	17421	16481	15549
	VI	**27886**	5581	5581							
89171,99 Ost	I,IV	**21275**	5581	5581	I	19395	17515	15641	13832	12099	10444
	II	**19485**	5581	5581	II	17605	15731	13917	12181	10522	8940
	III	**13828**	5581	5581	III	12408	11028	9686	8382	7118	5892
	V	**27448**	5581	5581	IV	20335	19395	18455	17515	16575	15641
	VI	**27980**	5581	5581							
89207,99 West	I,IV	**21196**	5581	5581	I	19316	17436	15564	13758	12028	10376
	II	**19407**	5581	5581	II	17527	15653	13843	12110	10454	8876
	III	**13766**	5581	5581	III	12350	10970	9630	8328	7066	5840
	V	**27369**	5581	5581	IV	20256	19316	18376	17436	16496	15564
	VI	**27901**	5581	5581							
89207,99 Ost	I,IV	**21290**	5581	5581	I	19410	17530	15656	13846	12113	10457
	II	**19500**	5581	5581	II	17621	15746	13931	12195	10535	8952
	III	**13838**	5581	5581	III	12420	11038	9696	8392	7128	5900
	V	**27463**	5581	5581	IV	20350	19410	18470	17530	16590	15656
	VI	**27995**	5581	5581							

* Zur LSt-Berechnung für privat versicherte Arbeitnehmer s. Beispiele **Vorbemerkung S. 4 f.**
** Basisvorsorgepauschale KV und PV *** Typisierter Arbeitgeberzuschuss

Lohn/ Gehalt in € bis	Steuerklasse	Lohnsteuer*	BVSP**	TAGZ***	Steuerklasse	Bemessungsgrundlage für Kirchensteuer und Solidaritätszuschlag					
							Freibeträge für ... Kinder				
						0,5	**1,0**	1,5	**2,0**	2,5	**3,0**
89243,99	I,IV	**21211**	5581	5581	I	19331	17451	15579	13772	12042	10389
West	II	**19422**	5581	5581	II	17542	15668	13857	12124	10467	8888
	III	**13778**	5581	5581	III	12360	10982	9640	8338	7076	5850
	V	**27384**	5581	5581	IV	20271	19331	18391	17451	16511	15579
	VI	**27916**	5581	5581							
89243,99	I,IV	**21305**	5581	5581	I	19425	17545	15671	13860	12126	10470
Ost	II	**19516**	5581	5581	II	17636	15760	13946	12208	10548	8965
	III	**13850**	5581	5581	III	12430	11050	9706	8402	7138	5910
	V	**27478**	5581	5581	IV	20365	19425	18485	17545	16605	15671
	VI	**28010**	5581	5581							
89279,99	I,IV	**21226**	5581	5581	I	19346	17466	15594	13786	12056	10402
West	II	**19437**	5581	5581	II	17557	15683	13872	12137	10480	8900
	III	**13790**	5581	5581	III	12372	10992	9652	8348	7086	5860
	V	**27400**	5581	5581	IV	20286	19346	18406	17466	16526	15594
	VI	**27931**	5581	5581							
89279,99	I,IV	**21320**	5581	5581	I	19440	17560	15686	13874	12140	10483
Ost	II	**19531**	5581	5581	II	17651	15775	13960	12222	10561	8977
	III	**13862**	5581	5581	III	12442	11060	9718	8414	7148	5920
	V	**27493**	5581	5581	IV	20380	19440	18500	17560	16620	15686
	VI	**28025**	5581	5581							
89315,99	I,IV	**21241**	5581	5581	I	19361	17482	15609	13800	12069	10415
West	II	**19452**	5581	5581	II	17572	15698	13886	12151	10493	8913
	III	**13802**	5581	5581	III	12382	11004	9662	8360	7096	5870
	V	**27415**	5581	5581	IV	20301	19361	18421	17482	16542	15609
	VI	**27946**	5581	5581							
89315,99	I,IV	**21335**	5581	5581	I	19455	17575	15701	13889	12154	10496
Ost	II	**19546**	5581	5581	II	17666	15790	13974	12236	10574	8990
	III	**13874**	5581	5581	III	12454	11072	9728	8424	7158	5930
	V	**27508**	5581	5581	IV	20395	19455	18515	17575	16635	15701
	VI	**28040**	5581	5581							
89351,99	I,IV	**21256**	5581	5581	I	19377	17497	15624	13815	12083	10428
West	II	**19467**	5581	5581	II	17587	15713	13900	12165	10506	8925
	III	**13812**	5581	5581	III	12394	11014	9672	8370	7106	5880
	V	**27430**	5581	5581	IV	20317	19377	18437	17497	16557	15624
	VI	**27961**	5581	5581							
89351,99	I,IV	**21350**	5581	5581	I	19470	17590	15716	13903	12167	10509
Ost	II	**19561**	5581	5581	II	17681	15805	13989	12249	10587	9002
	III	**13886**	5581	5581	III	12464	11082	9738	8434	7168	5940
	V	**27523**	5581	5581	IV	20410	19470	18530	17590	16650	15716
	VI	**28055**	5581	5581							
89387,99	I,IV	**21272**	5581	5581	I	19392	17512	15638	13829	12096	10441
West	II	**19482**	5581	5581	II	17602	15728	13914	12178	10519	8938
	III	**13824**	5581	5581	III	12406	11026	9684	8380	7116	5890
	V	**27445**	5581	5581	IV	20332	19392	18452	17512	16572	15638
	VI	**27977**	5581	5581							
89387,99	I,IV	**21365**	5581	5581	I	19485	17605	15731	13917	12181	10522
Ost	II	**19576**	5581	5581	II	17696	15820	14003	12263	10600	9015
	III	**13896**	5581	5581	III	12476	11094	9750	8444	7178	5950
	V	**27539**	5581	5581	IV	20425	19485	18545	17605	16665	15731
	VI	**28070**	5581	5581							
89423,99	I,IV	**21287**	5581	5581	I	19407	17527	15653	13843	12110	10454
West	II	**19498**	5581	5581	II	17618	15743	13929	12192	10532	8950
	III	**13836**	5581	5581	III	12416	11036	9694	8390	7126	5898
	V	**27460**	5581	5581	IV	20347	19407	18467	17527	16587	15653
	VI	**27992**	5581	5581							
89423,99	I,IV	**21380**	5581	5581	I	19500	17621	15746	13931	12195	10535
Ost	II	**19591**	5581	5581	II	17711	15835	14017	12277	10613	9027
	III	**13908**	5581	5581	III	12486	11104	9760	8454	7188	5960
	V	**27554**	5581	5581	IV	20440	19500	18560	17621	16681	15746
	VI	**28085**	5581	5581							

* Zur LSt-Berechnung für privat versicherte Arbeitnehmer s. Beispiele **Vorbemerkung S. 4 f.**
** Basisvorsorgepauschale KV und PV *** Typisierter Arbeitgeberzuschuss

Lohn/ Gehalt in € bis	Steuerklasse	Lohn-steuer*	BVSP**	TAGZ***	Steuerklasse	Bemessungsgrundlage für Kirchensteuer und Solidaritätszuschlag – Freibeträge für ... Kinder 0,5	1,0	1,5	2,0	2,5	3,0
89459,99	I,IV	**21302**	5581	5581	I	19422	17542	15668	13857	12124	10467
West	II	**19513**	5581	5581	II	17633	15758	13943	12206	10545	8962
	III	**13848**	5581	5581	III	12428	11046	9704	8400	7136	5908
	V	**27475**	5581	5581	IV	20362	19422	18482	17542	16602	15668
	VI	**28007**	5581	5581							
89459,99	I,IV	**21395**	5581	5581	I	19516	17636	15760	13946	12208	10548
Ost	II	**19606**	5581	5581	II	17726	15850	14032	12290	10626	9039
	III	**13920**	5581	5581	III	12498	11116	9770	8464	7198	5968
	V	**27569**	5581	5581	IV	20456	19516	18576	17636	16696	15760
	VI	**28101**	5581	5581							
89495,99	I,IV	**21317**	5581	5581	I	19437	17557	15683	13872	12137	10480
West	II	**19528**	5581	5581	II	17648	15772	13957	12219	10559	8975
	III	**13860**	5581	5581	III	12440	11058	9716	8410	7146	5918
	V	**27490**	5581	5581	IV	20377	19437	18497	17557	16617	15683
	VI	**28022**	5581	5581							
89495,99	I,IV	**21411**	5581	5581	I	19531	17651	15775	13960	12222	10561
Ost	II	**19621**	5581	5581	II	17741	15865	14046	12304	10639	9052
	III	**13932**	5581	5581	III	12510	11126	9782	8476	7208	5978
	V	**27584**	5581	5581	IV	20471	19531	18591	17651	16711	15775
	VI	**28116**	5581	5581							
89531,99	I,IV	**21332**	5581	5581	I	19452	17572	15698	13886	12151	10493
West	II	**19543**	5581	5581	II	17663	15787	13972	12233	10572	8987
	III	**13870**	5581	5581	III	12450	11068	9726	8422	7156	5928
	V	**27505**	5581	5581	IV	20392	19452	18512	17572	16632	15698
	VI	**28037**	5581	5581							
89531,99	I,IV	**21426**	5581	5581	I	19546	17666	15790	13974	12236	10574
Ost	II	**19637**	5581	5581	II	17757	15880	14060	12318	10652	9064
	III	**13942**	5581	5581	III	12520	11138	9792	8486	7218	5988
	V	**27599**	5581	5581	IV	20486	19546	18606	17666	16726	15790
	VI	**28131**	5581	5581							
89567,99	I,IV	**21347**	5581	5581	I	19467	17587	15713	13900	12165	10506
West	II	**19558**	5581	5581	II	17678	15802	13986	12247	10585	9000
	III	**13882**	5581	5581	III	12462	11080	9736	8432	7166	5938
	V	**27520**	5581	5581	IV	20407	19467	18527	17587	16647	15713
	VI	**28052**	5581	5581							
89567,99	I,IV	**21441**	5581	5581	I	19561	17681	15805	13989	12249	10587
Ost	II	**19652**	5581	5581	II	17772	15895	14075	12331	10666	9077
	III	**13954**	5581	5581	III	12532	11148	9802	8496	7228	5998
	V	**27614**	5581	5581	IV	20501	19561	18621	17681	16741	15805
	VI	**28146**	5581	5581							
89603,99	I,IV	**21362**	5581	5581	I	19482	17602	15728	13914	12178	10519
West	II	**19573**	5581	5581	II	17693	15817	14000	12260	10598	9012
	III	**13894**	5581	5581	III	12474	11090	9748	8442	7176	5948
	V	**27536**	5581	5581	IV	20422	19482	18542	17602	16663	15728
	VI	**28067**	5581	5581							
89603,99	I,IV	**21456**	5581	5581	I	19576	17696	15820	14003	12263	10600
Ost	II	**19667**	5581	5581	II	17787	15910	14089	12345	10679	9089
	III	**13966**	5581	5581	III	12544	11160	9814	8506	7238	6008
	V	**27629**	5581	5581	IV	20516	19576	18636	17696	16756	15820
	VI	**28161**	5581	5581							
89639,99	I,IV	**21377**	5581	5581	I	19498	17618	15743	13929	12192	10532
West	II	**19588**	5581	5581	II	17708	15832	14014	12274	10611	9025
	III	**13906**	5581	5581	III	12484	11102	9758	8452	7186	5958
	V	**27551**	5581	5581	IV	20437	19498	18558	17618	16678	15743
	VI	**28082**	5581	5581							
89639,99	I,IV	**21471**	5581	5581	I	19591	17711	15835	14017	12277	10613
Ost	II	**19682**	5581	5581	II	17802	15925	14103	12359	10692	9102
	III	**13978**	5581	5581	III	12554	11170	9824	8516	7248	6018
	V	**27644**	5581	5581	IV	20531	19591	18651	17711	16771	15835
	VI	**28176**	5581	5581							

* Zur LSt-Berechnung für privat versicherte Arbeitnehmer s. Beispiele **Vorbemerkung S. 4f.**
** Basisvorsorgepauschale KV und PV *** Typisierter Arbeitgeberzuschuss

Lohn/ Gehalt in € bis	Steuerklasse	Lohn- steuer*	BVSP**	TAGZ***	Steuerklasse	Bemessungsgrundlage für Kirchensteuer und Solidaritätszuschlag					
						Freibeträge für ... Kinder					
						0,5	**1,0**	1,5	**2,0**	2,5	**3,0**
89 675,99 West	I,IV	**21 393**	5 581	5 581	I	19 513	17 633	15 758	13 943	12 206	10 545
	II	**19 603**	5 581	5 581	II	17 723	15 847	14 029	12 288	10 624	9 037
	III	**13 918**	5 581	5 581	III	12 496	11 112	9 768	8 462	7 196	5 966
	V	**27 566**	5 581	5 581	IV	20 453	19 513	18 573	17 633	16 693	15 758
	VI	**28 098**	5 581	5 581							
89 675,99 Ost	I,IV	**21 486**	5 581	5 581	I	19 606	17 726	15 850	14 032	12 290	10 626
	II	**19 697**	5 581	5 581	II	17 817	15 940	14 118	12 373	10 705	9 114
	III	**13 990**	5 581	5 581	III	12 566	11 180	9 834	8 526	7 258	6 028
	V	**27 660**	5 581	5 581	IV	20 546	19 606	18 666	17 726	16 786	15 850
	VI	**28 191**	5 581	5 581							
89 711,99 West	I,IV	**21 408**	5 581	5 581	I	19 528	17 648	15 772	13 957	12 219	10 559
	II	**19 618**	5 581	5 581	II	17 739	15 862	14 043	12 301	10 637	9 050
	III	**13 928**	5 581	5 581	III	12 506	11 124	9 778	8 472	7 206	5 976
	V	**27 581**	5 581	5 581	IV	20 468	19 528	18 588	17 648	16 708	15 772
	VI	**28 113**	5 581	5 581							
89 711,99 Ost	I,IV	**21 501**	5 581	5 581	I	19 621	17 741	15 865	14 046	12 304	10 639
	II	**19 712**	5 581	5 581	II	17 832	15 955	14 132	12 386	10 718	9 127
	III	**14 000**	5 581	5 581	III	12 578	11 192	9 846	8 538	7 268	6 038
	V	**27 675**	5 581	5 581	IV	20 561	19 621	18 681	17 741	16 802	15 865
	VI	**28 206**	5 581	5 581							
89 747,99 West	I,IV	**21 423**	5 581	5 581	I	19 543	17 663	15 787	13 972	12 233	10 572
	II	**19 634**	5 581	5 581	II	17 754	15 877	14 057	12 315	10 650	9 062
	III	**13 940**	5 581	5 581	III	12 518	11 134	9 790	8 484	7 216	5 986
	V	**27 596**	5 581	5 581	IV	20 483	19 543	18 603	17 663	16 723	15 787
	VI	**28 128**	5 581	5 581							
89 747,99 Ost	I,IV	**21 516**	5 581	5 581	I	19 637	17 757	15 880	14 060	12 318	10 652
	II	**19 727**	5 581	5 581	II	17 847	15 970	14 146	12 400	10 731	9 139
	III	**14 012**	5 581	5 581	III	12 588	11 202	9 856	8 548	7 278	6 046
	V	**27 690**	5 581	5 581	IV	20 576	19 637	18 697	17 757	16 817	15 880
	VI	**28 221**	5 581	5 581							
89 783,99 West	I,IV	**21 438**	5 581	5 581	I	19 558	17 678	15 802	13 986	12 247	10 585
	II	**19 649**	5 581	5 581	II	17 769	15 892	14 072	12 329	10 663	9 074
	III	**13 952**	5 581	5 581	III	12 530	11 146	9 800	8 494	7 226	5 996
	V	**27 611**	5 581	5 581	IV	20 498	19 558	18 618	17 678	16 738	15 802
	VI	**28 143**	5 581	5 581							
89 783,99 Ost	I,IV	**21 532**	5 581	5 581	I	19 652	17 772	15 895	14 075	12 331	10 666
	II	**19 742**	5 581	5 581	II	17 862	15 985	14 161	12 414	10 744	9 152
	III	**14 024**	5 581	5 581	III	12 600	11 214	9 866	8 558	7 288	6 056
	V	**27 705**	5 581	5 581	IV	20 592	19 652	18 712	17 772	16 832	15 895
	VI	**28 237**	5 581	5 581							
89 819,99 West	I,IV	**21 453**	5 581	5 581	I	19 573	17 693	15 817	14 000	12 260	10 598
	II	**19 664**	5 581	5 581	II	17 784	15 907	14 086	12 343	10 676	9 087
	III	**13 964**	5 581	5 581	III	12 540	11 156	9 810	8 504	7 236	6 006
	V	**27 626**	5 581	5 581	IV	20 513	19 573	18 633	17 693	16 753	15 817
	VI	**28 158**	5 581	5 581							
89 819,99 Ost	I,IV	**21 547**	5 581	5 581	I	19 667	17 787	15 910	14 089	12 345	10 679
	II	**19 757**	5 581	5 581	II	17 878	16 000	14 175	12 428	10 757	9 164
	III	**14 036**	5 581	5 581	III	12 612	11 224	9 878	8 568	7 298	6 066
	V	**27 720**	5 581	5 581	IV	20 607	19 667	18 727	17 787	16 847	15 910
	VI	**28 252**	5 581	5 581							
89 855,99 West	I,IV	**21 468**	5 581	5 581	I	19 588	17 708	15 832	14 014	12 274	10 611
	II	**19 679**	5 581	5 581	II	17 799	15 922	14 100	12 356	10 689	9 099
	III	**13 976**	5 581	5 581	III	12 552	11 168	9 822	8 514	7 246	6 016
	V	**27 641**	5 581	5 581	IV	20 528	19 588	18 648	17 708	16 768	15 832
	VI	**28 173**	5 581	5 581							
89 855,99 Ost	I,IV	**21 562**	5 581	5 581	I	19 682	17 802	15 925	14 103	12 359	10 692
	II	**19 773**	5 581	5 581	II	17 893	16 015	14 189	12 441	10 770	9 177
	III	**14 048**	5 581	5 581	III	12 622	11 236	9 888	8 578	7 308	6 076
	V	**27 735**	5 581	5 581	IV	20 622	19 682	18 742	17 802	16 862	15 925
	VI	**28 267**	5 581	5 581							

* Zur LSt-Berechnung für privat versicherte Arbeitnehmer s. Beispiele **Vorbemerkung S. 4 f.**
** Basisvorsorgepauschale KV und PV *** Typisierter Arbeitgeberzuschuss

Lohn/ Gehalt in € bis	Steuerklasse	Lohn-steuer*	BVSP**	TAGZ***	Steuerklasse	Bemessungsgrundlage für Kirchensteuer und Solidaritätszuschlag – Freibeträge für ... Kinder 0,5	**1,0**	1,5	**2,0**	2,5	**3,0**
89 891,99 West	I,IV	**21 483**	5 581	5 581	I	19 603	17 723	15 847	14 029	12 288	10 624
	II	**19 694**	5 581	5 581	II	17 814	15 937	14 115	12 370	10 702	9 112
	III	**13 986**	5 581	5 581	III	12 564	11 178	9 832	8 524	7 256	6 026
	V	**27 657**	5 581	5 581	IV	20 543	19 603	18 663	17 723	16 783	15 847
	VI	**28 188**	5 581	5 581							
89 891,99 Ost	I,IV	**21 577**	5 581	5 581	I	19 697	17 817	15 940	14 118	12 373	10 705
	II	**19 788**	5 581	5 581	II	17 908	16 030	14 204	12 455	10 784	9 189
	III	**14 060**	5 581	5 581	III	12 634	11 246	9 898	8 590	7 318	6 086
	V	**27 750**	5 581	5 581	IV	20 637	19 697	18 757	17 817	16 877	15 940
	VI	**28 282**	5 581	5 581							
89 927,99 West	I,IV	**21 498**	5 581	5 581	I	19 618	17 739	15 862	14 043	12 301	10 637
	II	**19 709**	5 581	5 581	II	17 829	15 952	14 129	12 384	10 715	9 124
	III	**13 998**	5 581	5 581	III	12 574	11 190	9 842	8 536	7 266	6 034
	V	**27 672**	5 581	5 581	IV	20 558	19 618	18 679	17 739	16 799	15 862
	VI	**28 203**	5 581	5 581							
89 927,99 Ost	I,IV	**21 592**	5 581	5 581	I	19 712	17 832	15 955	14 132	12 386	10 718
	II	**19 803**	5 581	5 581	II	17 923	16 045	14 218	12 469	10 797	9 202
	III	**14 070**	5 581	5 581	III	12 644	11 258	9 910	8 600	7 328	6 096
	V	**27 765**	5 581	5 581	IV	20 652	19 712	18 772	17 832	16 892	15 955
	VI	**28 297**	5 581	5 581							
89 963,99 West	I,IV	**21 514**	5 581	5 581	I	19 634	17 754	15 877	14 057	12 315	10 650
	II	**19 724**	5 581	5 581	II	17 844	15 967	14 143	12 397	10 729	9 137
	III	**14 010**	5 581	5 581	III	12 586	11 200	9 854	8 546	7 276	6 044
	V	**27 687**	5 581	5 581	IV	20 574	19 634	18 694	17 754	16 814	15 877
	VI	**28 219**	5 581	5 581							
89 963,99 Ost	I,IV	**21 607**	5 581	5 581	I	19 727	17 847	15 970	14 146	12 400	10 731
	II	**19 818**	5 581	5 581	II	17 938	16 060	14 232	12 483	10 810	9 214
	III	**14 082**	5 581	5 581	III	12 656	11 268	9 920	8 610	7 338	6 106
	V	**27 780**	5 581	5 581	IV	20 667	19 727	18 787	17 847	16 907	15 970
	VI	**28 312**	5 581	5 581							
89 999,99 West	I,IV	**21 529**	5 581	5 581	I	19 649	17 769	15 892	14 072	12 329	10 663
	II	**19 739**	5 581	5 581	II	17 860	15 982	14 158	12 411	10 742	9 149
	III	**14 022**	5 581	5 581	III	12 598	11 212	9 864	8 556	7 286	6 054
	V	**27 702**	5 581	5 581	IV	20 589	19 649	18 709	17 769	16 829	15 892
	VI	**28 234**	5 581	5 581							
89 999,99 Ost	I,IV	**21 622**	5 581	5 581	I	19 742	17 862	15 985	14 161	12 414	10 744
	II	**19 833**	5 581	5 581	II	17 953	16 075	14 247	12 496	10 823	9 227
	III	**14 094**	5 581	5 581	III	12 668	11 280	9 930	8 620	7 348	6 116
	V	**27 796**	5 581	5 581	IV	20 682	19 742	18 802	17 862	16 922	15 985
	VI	**28 327**	5 581	5 581							
90 035,99 West	I,IV	**21 544**	5 581	5 581	I	19 664	17 784	15 907	14 086	12 343	10 676
	II	**19 755**	5 581	5 581	II	17 875	15 997	14 172	12 425	10 755	9 162
	III	**14 034**	5 581	5 581	III	12 608	11 222	9 876	8 566	7 296	6 064
	V	**27 717**	5 581	5 581	IV	20 604	19 664	18 724	17 784	16 844	15 907
	VI	**28 249**	5 581	5 581							
90 035,99 Ost	I,IV	**21 637**	5 581	5 581	I	19 757	17 878	16 000	14 175	12 428	10 757
	II	**19 848**	5 581	5 581	II	17 968	16 090	14 261	12 510	10 836	9 239
	III	**14 106**	5 581	5 581	III	12 678	11 290	9 942	8 630	7 358	6 124
	V	**27 811**	5 581	5 581	IV	20 697	19 757	18 818	17 878	16 938	16 000
	VI	**28 342**	5 581	5 581							
90 071,99 West	I,IV	**21 559**	5 581	5 581	I	19 679	17 799	15 922	14 100	12 356	10 689
	II	**19 770**	5 581	5 581	II	17 890	16 012	14 187	12 439	10 768	9 174
	III	**14 044**	5 581	5 581	III	12 620	11 234	9 886	8 576	7 306	6 074
	V	**27 732**	5 581	5 581	IV	20 619	19 679	18 739	17 799	16 859	15 922
	VI	**28 264**	5 581	5 581							
90 071,99 Ost	I,IV	**21 653**	5 581	5 581	I	19 773	17 893	16 015	14 189	12 441	10 770
	II	**19 863**	5 581	5 581	II	17 983	16 105	14 276	12 524	10 849	9 252
	III	**14 118**	5 581	5 581	III	12 690	11 302	9 952	8 642	7 368	6 134
	V	**27 826**	5 581	5 581	IV	20 713	19 773	18 833	17 893	16 953	16 015
	VI	**28 358**	5 581	5 581							

* Zur LSt-Berechnung für privat versicherte Arbeitnehmer s. Beispiele **Vorbemerkung S. 4 f.**
** Basisvorsorgepauschale KV und PV *** Typisierter Arbeitgeberzuschuss

Lohn/ Gehalt in € bis	Steuerklasse	**Lohn-steuer***	BVSP**	TAGZ***	Steuerklasse	Bemessungsgrundlage für Kirchensteuer und Solidaritätszuschlag – Freibeträge für ... Kinder 0,5	**1,0**	1,5	**2,0**	2,5	**3,0**
90107,99	I,IV	**21574**	5581	5581	I	19694	17814	15937	14115	12370	10702
West	II	**19785**	5581	5581	II	17905	16027	14201	12452	10781	9187
	III	**14056**	5581	5581	III	12632	11244	9896	8586	7316	6084
	V	**27747**	5581	5581	IV	20634	19694	18754	17814	16874	15937
	VI	**28279**	5581	5581							
90107,99	I,IV	**21668**	5581	5581	I	19788	17908	16030	14204	12455	10784
Ost	II	**19878**	5581	5581	II	17999	16120	14290	12538	10862	9264
	III	**14128**	5581	5581	III	12702	11312	9962	8652	7378	6144
	V	**27841**	5581	5581	IV	20728	19788	18848	17908	16968	16030
	VI	**28373**	5581	5581							
90143,99	I,IV	**21589**	5581	5581	I	19709	17829	15952	14129	12384	10715
West	II	**19800**	5581	5581	II	17920	16042	14215	12466	10794	9199
	III	**14068**	5581	5581	III	12642	11256	9908	8598	7326	6094
	V	**27762**	5581	5581	IV	20649	19709	18769	17829	16889	15952
	VI	**28294**	5581	5581							
90143,99	I,IV	**21683**	5581	5581	I	19803	17923	16045	14218	12469	10797
Ost	II	**19894**	5581	5581	II	18014	16135	14304	12551	10876	9277
	III	**14140**	5581	5581	III	12712	11324	9974	8662	7388	6154
	V	**27856**	5581	5581	IV	20743	19803	18863	17923	16983	16045
	VI	**28388**	5581	5581							
90179,99	I,IV	**21604**	5581	5581	I	19724	17844	15967	14143	12397	10729
West	II	**19815**	5581	5581	II	17935	16057	14230	12480	10807	9212
	III	**14080**	5581	5581	III	12654	11266	9918	8608	7336	6104
	V	**27778**	5581	5581	IV	20664	19724	18784	17844	16904	15967
	VI	**28309**	5581	5581							
90179,99	I,IV	**21698**	5581	5581	I	19818	17938	16060	14232	12483	10810
Ost	II	**19909**	5581	5581	II	18029	16150	14319	12565	10889	9290
	III	**14152**	5581	5581	III	12724	11336	9984	8672	7398	6164
	V	**27871**	5581	5581	IV	20758	19818	18878	17938	16998	16060
	VI	**28403**	5581	5581							
90215,99	I,IV	**21619**	5581	5581	I	19739	17860	15982	14158	12411	10742
West	II	**19830**	5581	5581	II	17950	16072	14244	12494	10820	9224
	III	**14092**	5581	5581	III	12666	11278	9928	8618	7346	6112
	V	**27793**	5581	5581	IV	20679	19739	18799	17860	16920	15982
	VI	**28324**	5581	5581							
90215,99	I,IV	**21713**	5581	5581	I	19833	17953	16075	14247	12496	10823
Ost	II	**19924**	5581	5581	II	18044	16165	14333	12579	10902	9302
	III	**14164**	5581	5581	III	12736	11346	9996	8682	7408	6174
	V	**27886**	5581	5581	IV	20773	19833	18893	17953	17013	16075
	VI	**28418**	5581	5581							
90251,99	I,IV	**21634**	5581	5581	I	19755	17875	15997	14172	12425	10755
West	II	**19845**	5581	5581	II	17965	16087	14258	12507	10834	9237
	III	**14102**	5581	5581	III	12676	11288	9940	8628	7356	6122
	V	**27808**	5581	5581	IV	20695	19755	18815	17875	16935	15997
	VI	**28339**	5581	5581							
90251,99	I,IV	**21728**	5581	5581	I	19848	17968	16090	14261	12510	10836
Ost	II	**19939**	5581	5581	II	18059	16180	14348	12593	10915	9315
	III	**14176**	5581	5581	III	12746	11358	10006	8694	7420	6184
	V	**27901**	5581	5581	IV	20788	19848	18908	17968	17028	16090
	VI	**28433**	5581	5581							
90287,99	I,IV	**21650**	5581	5581	I	19770	17890	16012	14187	12439	10768
West	II	**19860**	5581	5581	II	17980	16102	14273	12521	10847	9249
	III	**14114**	5581	5581	III	12688	11300	9950	8638	7366	6132
	V	**27823**	5581	5581	IV	20710	19770	18830	17890	16950	16012
	VI	**28355**	5581	5581							
90287,99	I,IV	**21743**	5581	5581	I	19863	17983	16105	14276	12524	10849
Ost	II	**19954**	5581	5581	II	18074	16195	14362	12607	10928	9327
	III	**14186**	5581	5581	III	12758	11368	10016	8704	7430	6194
	V	**27917**	5581	5581	IV	20803	19863	18923	17983	17043	16105
	VI	**28448**	5581	5581							

* Zur LSt-Berechnung für privat versicherte Arbeitnehmer s. Beispiele **Vorbemerkung S. 4f.**
** Basisvorsorgepauschale KV und PV *** Typisierter Arbeitgeberzuschuss

Lohn/ Gehalt in € bis	Steuerklasse	Lohnsteuer*	BVSP**	TAGZ***	Steuerklasse	Bemessungsgrundlage für Kirchensteuer und Solidaritätszuschlag – Freibeträge für ... Kinder 0,5	1,0	1,5	2,0	2,5	3,0
90 323,99 West	I,IV	**21 665**	5 581	5 581	I	19 785	17 905	16 027	14 201	12 452	10 781
	II	**19 876**	5 581	5 581	II	17 996	16 117	14 287	12 535	10 860	9 262
	III	**14 126**	5 581	5 581	III	12 700	11 310	9 960	8 650	7 376	6 142
	V	**27 838**	5 581	5 581	IV	20 725	19 785	18 845	17 905	16 965	16 027
	VI	**28 370**	5 581	5 581							
90 323,99 Ost	I,IV	**21 758**	5 581	5 581	I	19 878	17 999	16 120	14 290	12 538	10 862
	II	**19 969**	5 581	5 581	II	18 089	16 210	14 377	12 620	10 942	9 340
	III	**14 198**	5 581	5 581	III	12 770	11 380	10 028	8 714	7 440	6 204
	V	**27 932**	5 581	5 581	IV	20 818	19 878	18 938	17 999	17 059	16 120
	VI	**28 463**	5 581	5 581							
90 359,99 West	I,IV	**21 680**	5 581	5 581	I	19 800	17 920	16 042	14 215	12 466	10 794
	II	**19 891**	5 581	5 581	II	18 011	16 132	14 302	12 549	10 873	9 275
	III	**14 138**	5 581	5 581	III	12 710	11 322	9 972	8 660	7 386	6 152
	V	**27 853**	5 581	5 581	IV	20 740	19 800	18 860	17 920	16 980	16 042
	VI	**28 385**	5 581	5 581							
90 359,99 Ost	I,IV	**21 773**	5 581	5 581	I	19 894	18 014	16 135	14 304	12 551	10 876
	II	**19 984**	5 581	5 581	II	18 104	16 225	14 391	12 634	10 955	9 352
	III	**14 210**	5 581	5 581	III	12 780	11 390	10 038	8 724	7 450	6 212
	V	**27 947**	5 581	5 581	IV	20 834	19 894	18 954	18 014	17 074	16 135
	VI	**28 479**	5 581	5 581							
90 395,99 West	I,IV	**21 695**	5 581	5 581	I	19 815	17 935	16 057	14 230	12 480	10 807
	II	**19 906**	5 581	5 581	II	18 026	16 147	14 316	12 563	10 886	9 287
	III	**14 150**	5 581	5 581	III	12 722	11 332	9 982	8 670	7 396	6 162
	V	**27 868**	5 581	5 581	IV	20 755	19 815	18 875	17 935	16 995	16 057
	VI	**28 400**	5 581	5 581							
90 395,99 Ost	I,IV	**21 789**	5 581	5 581	I	19 909	18 029	16 150	14 319	12 565	10 889
	II	**19 999**	5 581	5 581	II	18 119	16 240	14 405	12 648	10 968	9 365
	III	**14 222**	5 581	5 581	III	12 792	11 402	10 048	8 734	7 460	6 222
	V	**27 962**	5 581	5 581	IV	20 849	19 909	18 969	18 029	17 089	16 150
	VI	**28 494**	5 581	5 581							
90 431,99 West	I,IV	**21 710**	5 581	5 581	I	19 830	17 950	16 072	14 244	12 494	10 820
	II	**19 921**	5 581	5 581	II	18 041	16 162	14 330	12 576	10 899	9 300
	III	**14 162**	5 581	5 581	III	12 734	11 344	9 992	8 680	7 406	6 172
	V	**27 883**	5 581	5 581	IV	20 770	19 830	18 890	17 950	17 010	16 072
	VI	**28 415**	5 581	5 581							
90 431,99 Ost	I,IV	**21 804**	5 581	5 581	I	19 924	18 044	16 165	14 333	12 579	10 902
	II	**20 015**	5 581	5 581	II	18 135	16 255	14 420	12 662	10 981	9 378
	III	**14 234**	5 581	5 581	III	12 804	11 412	10 060	8 746	7 470	6 232
	V	**27 977**	5 581	5 581	IV	20 864	19 924	18 984	18 044	17 104	16 165
	VI	**28 509**	5 581	5 581							
90 467,99 West	I,IV	**21 725**	5 581	5 581	I	19 845	17 965	16 087	14 258	12 507	10 834
	II	**19 936**	5 581	5 581	II	18 056	16 177	14 345	12 590	10 913	9 312
	III	**14 172**	5 581	5 581	III	12 744	11 354	10 004	8 690	7 416	6 182
	V	**27 898**	5 581	5 581	IV	20 785	19 845	18 905	17 965	17 025	16 087
	VI	**28 430**	5 581	5 581							
90 467,99 Ost	I,IV	**21 819**	5 581	5 581	I	19 939	18 059	16 180	14 348	12 593	10 915
	II	**20 030**	5 581	5 581	II	18 150	16 270	14 434	12 676	10 994	9 390
	III	**14 246**	5 581	5 581	III	12 814	11 424	10 070	8 756	7 480	6 242
	V	**27 992**	5 581	5 581	IV	20 879	19 939	18 999	18 059	17 119	16 180
	VI	**28 524**	5 581	5 581							
90 503,99 West	I,IV	**21 740**	5 581	5 581	I	19 860	17 980	16 102	14 273	12 521	10 847
	II	**19 951**	5 581	5 581	II	18 071	16 192	14 359	12 604	10 926	9 325
	III	**14 184**	5 581	5 581	III	12 756	11 366	10 014	8 702	7 426	6 192
	V	**27 914**	5 581	5 581	IV	20 800	19 860	18 920	17 980	17 041	16 102
	VI	**28 445**	5 581	5 581							
90 503,99 Ost	I,IV	**21 834**	5 581	5 581	I	19 954	18 074	16 195	14 362	12 607	10 928
	II	**20 045**	5 581	5 581	II	18 165	16 285	14 449	12 690	11 008	9 403
	III	**14 256**	5 581	5 581	III	12 826	11 434	10 080	8 766	7 490	6 252
	V	**28 007**	5 581	5 581	IV	20 894	19 954	19 014	18 074	17 134	16 195
	VI	**28 539**	5 581	5 581							

* Zur LSt-Berechnung für privat versicherte Arbeitnehmer s. Beispiele **Vorbemerkung S. 4 f.**
** Basisvorsorgepauschale KV und PV *** Typisierter Arbeitgeberzuschuss

Lohn/ Gehalt in € bis	Steuerklasse	Lohn- steuer*	BVSP**	TAGZ***	Steuerklasse	Bemessungsgrundlage für Kirchensteuer und Solidaritätszuschlag – Freibeträge für ... Kinder 0,5	**1,0**	1,5	**2,0**	2,5	**3,0**
90 539,99	I,IV	**21 755**	5 581	5 581	I	19 876	17 996	16 117	14 287	12 535	10 860
West	II	**19 966**	5 581	5 581	II	18 086	16 207	14 374	12 618	10 939	9 337
	III	**14 196**	5 581	5 581	III	12 768	11 376	10 024	8 712	7 436	6 200
	V	**27 929**	5 581	5 581	IV	20 815	19 876	18 936	17 996	17 056	16 117
	VI	**28 460**	5 581	5 581							
90 539,99	I,IV	**21 849**	5 581	5 581	I	19 969	18 089	16 210	14 377	12 620	10 942
Ost	II	**20 060**	5 581	5 581	II	18 180	16 300	14 463	12 703	11 021	9 415
	III	**14 268**	5 581	5 581	III	12 838	11 446	10 092	8 776	7 500	6 262
	V	**28 022**	5 581	5 581	IV	20 909	19 969	19 029	18 089	17 149	16 210
	VI	**28 554**	5 581	5 581							
90 575,99	I,IV	**21 771**	5 581	5 581	I	19 891	18 011	16 132	14 302	12 549	10 873
West	II	**19 981**	5 581	5 581	II	18 101	16 222	14 388	12 632	10 952	9 350
	III	**14 208**	5 581	5 581	III	12 778	11 388	10 036	8 722	7 448	6 210
	V	**27 944**	5 581	5 581	IV	20 831	19 891	18 951	18 011	17 071	16 132
	VI	**28 476**	5 581	5 581							
90 575,99	I,IV	**21 864**	5 581	5 581	I	19 984	18 104	16 225	14 391	12 634	10 955
Ost	II	**20 075**	5 581	5 581	II	18 195	16 315	14 478	12 717	11 034	9 428
	III	**14 280**	5 581	5 581	III	12 848	11 456	10 102	8 786	7 510	6 272
	V	**28 038**	5 581	5 581	IV	20 924	19 984	19 044	18 104	17 164	16 225
	VI	**28 569**	5 581	5 581							
90 611,99	I,IV	**21 786**	5 581	5 581	I	19 906	18 026	16 147	14 316	12 563	10 886
West	II	**19 996**	5 581	5 581	II	18 117	16 237	14 403	12 645	10 965	9 362
	III	**14 220**	5 581	5 581	III	12 790	11 398	10 046	8 732	7 458	6 220
	V	**27 959**	5 581	5 581	IV	20 846	19 906	18 966	18 026	17 086	16 147
	VI	**28 491**	5 581	5 581							
90 611,99	I,IV	**21 879**	5 581	5 581	I	19 999	18 119	16 240	14 405	12 648	10 968
Ost	II	**20 090**	5 581	5 581	II	18 210	16 330	14 492	12 731	11 047	9 441
	III	**14 292**	5 581	5 581	III	12 860	11 468	10 114	8 798	7 520	6 282
	V	**28 053**	5 581	5 581	IV	20 939	19 999	19 059	18 119	17 180	16 240
	VI	**28 584**	5 581	5 581							
90 647,99	I,IV	**21 801**	5 581	5 581	I	19 921	18 041	16 162	14 330	12 576	10 899
West	II	**20 012**	5 581	5 581	II	18 132	16 252	14 417	12 659	10 979	9 375
	III	**14 230**	5 581	5 581	III	12 802	11 410	10 056	8 742	7 468	6 230
	V	**27 974**	5 581	5 581	IV	20 861	19 921	18 981	18 041	17 101	16 162
	VI	**28 506**	5 581	5 581							
90 647,99	I,IV	**21 894**	5 581	5 581	I	20 015	18 135	16 255	14 420	12 662	10 981
Ost	II	**20 105**	5 581	5 581	II	18 225	16 346	14 507	12 745	11 060	9 453
	III	**14 304**	5 581	5 581	III	12 872	11 478	10 124	8 808	7 530	6 292
	V	**28 068**	5 581	5 581	IV	20 954	20 015	19 075	18 135	17 195	16 255
	VI	**28 599**	5 581	5 581							
90 683,99	I,IV	**21 816**	5 581	5 581	I	19 936	18 056	16 177	14 345	12 590	10 913
West	II	**20 027**	5 581	5 581	II	18 147	16 267	14 432	12 673	10 992	9 388
	III	**14 242**	5 581	5 581	III	12 812	11 420	10 068	8 754	7 478	6 240
	V	**27 989**	5 581	5 581	IV	20 876	19 936	18 996	18 056	17 116	16 177
	VI	**28 521**	5 581	5 581							
90 683,99	I,IV	**21 910**	5 581	5 581	I	20 030	18 150	16 270	14 434	12 676	10 994
Ost	II	**20 120**	5 581	5 581	II	18 240	16 361	14 521	12 759	11 074	9 466
	III	**14 316**	5 581	5 581	III	12 884	11 490	10 134	8 818	7 540	6 302
	V	**28 083**	5 581	5 581	IV	20 970	20 030	19 090	18 150	17 210	16 270
	VI	**28 615**	5 581	5 581							
90 719,99	I,IV	**21 831**	5 581	5 581	I	19 951	18 071	16 192	14 359	12 604	10 926
West	II	**20 042**	5 581	5 581	II	18 162	16 282	14 446	12 687	11 005	9 400
	III	**14 254**	5 581	5 581	III	12 824	11 432	10 078	8 764	7 488	6 250
	V	**28 004**	5 581	5 581	IV	20 891	19 951	19 011	18 071	17 131	16 192
	VI	**28 536**	5 581	5 581							
90 719,99	I,IV	**21 925**	5 581	5 581	I	20 045	18 165	16 285	14 449	12 690	11 008
Ost	II	**20 135**	5 581	5 581	II	18 256	16 376	14 536	12 773	11 087	9 478
	III	**14 326**	5 581	5 581	III	12 894	11 500	10 146	8 828	7 550	6 310
	V	**28 098**	5 581	5 581	IV	20 985	20 045	19 105	18 165	17 225	16 285
	VI	**28 630**	5 581	5 581							

* Zur LSt-Berechnung für privat versicherte Arbeitnehmer s. Beispiele **Vorbemerkung S. 4 f.**
** Basisvorsorgepauschale KV und PV *** Typisierter Arbeitgeberzuschuss

Lohn/ Gehalt in € bis	Steuerklasse	Lohnsteuer*	BVSP**	TAGZ***	Steuerklasse	Bemessungsgrundlage für Kirchensteuer und Solidaritätszuschlag – Freibeträge für ... Kinder 0,5	1,0	1,5	2,0	2,5	3,0
90 755,99	I,IV	**21 846**	5 581	5 581	I	19 966	18 086	16 207	14 374	12 618	10 939
West	II	**20 057**	5 581	5 581	II	18 177	16 297	14 460	12 701	11 018	9 413
	III	**14 266**	5 581	5 581	III	12 836	11 442	10 090	8 774	7 498	6 260
	V	**28 019**	5 581	5 581	IV	20 906	19 966	19 026	18 086	17 146	16 207
	VI	**28 551**	5 581	5 581							
90 755,99	I,IV	**21 940**	5 581	5 581	I	20 060	18 180	16 300	14 463	12 703	11 021
Ost	II	**20 151**	5 581	5 581	II	18 271	16 391	14 550	12 787	11 100	9 491
	III	**14 338**	5 581	5 581	III	12 906	11 512	10 156	8 838	7 560	6 320
	V	**28 113**	5 581	5 581	IV	21 000	20 060	19 120	18 180	17 240	16 300
	VI	**28 645**	5 581	5 581							
90 791,99	I,IV	**21 861**	5 581	5 581	I	19 981	18 101	16 222	14 388	12 632	10 952
West	II	**20 072**	5 581	5 581	II	18 192	16 312	14 475	12 715	11 031	9 425
	III	**14 278**	5 581	5 581	III	12 846	11 454	10 100	8 784	7 508	6 270
	V	**28 035**	5 581	5 581	IV	20 921	19 981	19 041	18 101	17 161	16 222
	VI	**28 566**	5 581	5 581							
90 791,99	I,IV	**21 955**	5 581	5 581	I	20 075	18 195	16 315	14 478	12 717	11 034
Ost	II	**20 166**	5 581	5 581	II	18 286	16 406	14 565	12 800	11 113	9 504
	III	**14 350**	5 581	5 581	III	12 918	11 522	10 166	8 850	7 570	6 330
	V	**28 128**	5 581	5 581	IV	21 015	20 075	19 135	18 195	17 255	16 315
	VI	**28 660**	5 581	5 581							
90 827,99	I,IV	**21 876**	5 581	5 581	I	19 996	18 117	16 237	14 403	12 645	10 965
West	II	**20 087**	5 581	5 581	II	18 207	16 327	14 489	12 728	11 045	9 438
	III	**14 290**	5 581	5 581	III	12 858	11 464	10 110	8 794	7 518	6 280
	V	**28 050**	5 581	5 581	IV	20 936	19 996	19 057	18 117	17 177	16 237
	VI	**28 581**	5 581	5 581							
90 827,99	I,IV	**21 970**	5 581	5 581	I	20 090	18 210	16 330	14 492	12 731	11 047
Ost	II	**20 181**	5 581	5 581	II	18 301	16 421	14 579	12 814	11 127	9 516
	III	**14 362**	5 581	5 581	III	12 928	11 534	10 178	8 860	7 580	6 340
	V	**28 143**	5 581	5 581	IV	21 030	20 090	19 150	18 210	17 270	16 330
	VI	**28 675**	5 581	5 581							
90 863,99	I,IV	**21 892**	5 581	5 581	I	20 012	18 132	16 252	14 417	12 659	10 979
West	II	**20 102**	5 581	5 581	II	18 222	16 343	14 504	12 742	11 058	9 451
	III	**14 300**	5 581	5 581	III	12 870	11 476	10 122	8 806	7 528	6 290
	V	**28 065**	5 581	5 581	IV	20 952	20 012	19 072	18 132	17 192	16 252
	VI	**28 597**	5 581	5 581							
90 863,99	I,IV	**21 985**	5 581	5 581	I	20 105	18 225	16 346	14 507	12 745	11 060
Ost	II	**20 196**	5 581	5 581	II	18 316	16 436	14 594	12 828	11 140	9 529
	III	**14 374**	5 581	5 581	III	12 940	11 544	10 188	8 870	7 590	6 350
	V	**28 158**	5 581	5 581	IV	21 045	20 105	19 165	18 225	17 285	16 346
	VI	**28 690**	5 581	5 581							
90 899,99	I,IV	**21 907**	5 581	5 581	I	20 027	18 147	16 267	14 432	12 673	10 992
West	II	**20 117**	5 581	5 581	II	18 238	16 358	14 518	12 756	11 071	9 463
	III	**14 312**	5 581	5 581	III	12 880	11 488	10 132	8 816	7 538	6 298
	V	**28 080**	5 581	5 581	IV	20 967	20 027	19 087	18 147	17 207	16 267
	VI	**28 612**	5 581	5 581							
90 899,99	I,IV	**22 000**	5 581	5 581	I	20 120	18 240	16 361	14 521	12 759	11 074
Ost	II	**20 211**	5 581	5 581	II	18 331	16 451	14 608	12 842	11 153	9 542
	III	**14 386**	5 581	5 581	III	12 952	11 556	10 200	8 880	7 602	6 360
	V	**28 174**	5 581	5 581	IV	21 060	20 120	19 180	18 240	17 300	16 361
	VI	**28 705**	5 581	5 581							
90 935,99	I,IV	**21 922**	5 581	5 581	I	20 042	18 162	16 282	14 446	12 687	11 005
West	II	**20 133**	5 581	5 581	II	18 253	16 373	14 533	12 770	11 084	9 476
	III	**14 324**	5 581	5 581	III	12 892	11 498	10 142	8 826	7 548	6 308
	V	**28 095**	5 581	5 581	IV	20 982	20 042	19 102	18 162	17 222	16 282
	VI	**28 627**	5 581	5 581							
90 935,99	I,IV	**22 015**	5 581	5 581	I	20 135	18 256	16 376	14 536	12 773	11 087
Ost	II	**20 226**	5 581	5 581	II	18 346	16 466	14 623	12 856	11 167	9 554
	III	**14 398**	5 581	5 581	III	12 962	11 566	10 210	8 892	7 612	6 370
	V	**28 189**	5 581	5 581	IV	21 075	20 135	19 196	18 256	17 316	16 376
	VI	**28 720**	5 581	5 581							

* Zur LSt-Berechnung für privat versicherte Arbeitnehmer s. Beispiele **Vorbemerkung S. 4 f.**
** Basisvorsorgepauschale KV und PV *** Typisierter Arbeitgeberzuschuss

Solidaritätszuschlag für Monatslohnsteuerbeträge

Steuerklasse III		Steuerklasse III		Steuerklasse III		Steuerklasse III	
Maßstabs-lohnsteuer €	Solidaritäts-zuschlag €	Maßstabs-lohnsteuer €	Solidaritäts-zuschlag €	Maßstabs-lohnsteuer €	Solidaritäts-zuschlag €	Maßstabs-lohnsteuer €	Solidaritäts-zuschlag €
2923,66	0,00	3004,33	9,57	3085,00	19,17	3165,66	28,77
2925,00	0,13	3005,50	9,71	3086,16	19,31	3166,83	28,91
2926,16	0,27	3006,83	9,87	3087,50	19,47	3168,16	29,07
2927,50	0,43	3008,16	10,03	3088,66	19,61	3169,33	29,21
2928,66	0,57	3009,33	10,17	3090,00	19,77	3170,66	29,37
2930,00	0,73	3010,66	10,33	3091,16	19,91	3171,83	29,51
2931,16	0,87	3011,83	10,47	3092,50	20,07	3173,16	29,67
2932,50	1,03	3013,16	10,63	3093,83	20,23	3174,33	29,80
2933,66	1,17	3014,33	10,76	3095,00	20,36	3175,66	29,96
2935,00	1,32	3015,66	10,92	3096,33	20,52	3177,00	30,12
2936,33	1,48	3016,83	11,06	3097,50	20,66	3178,16	30,26
2937,50	1,62	3018,16	11,22	3098,83	20,82	3179,50	30,42
2938,83	1,78	3019,50	11,38	3100,00	20,96	3180,66	30,56
2940,00	1,92	3020,66	11,52	3101,33	21,12	3182,00	30,72
2941,33	2,08	3022,00	11,68	3102,66	21,28	3183,16	30,86
2942,50	2,22	3023,16	11,82	3103,83	21,42	3184,50	31,01
2943,83	2,38	3024,50	11,97	3105,16	21,57	3185,66	31,15
2945,16	2,53	3025,66	12,11	3106,33	21,71	3187,00	31,31
2946,33	2,67	3027,00	12,27	3107,66	21,87	3188,33	31,47
2947,66	2,83	3028,16	12,41	3108,83	22,01	3189,50	31,61
2948,83	2,97	3029,50	12,57	3110,16	22,17	3190,83	31,77
2950,16	3,13	3030,83	12,73	3111,33	22,31	3192,00	31,91
2951,33	3,27	3032,00	12,87	3112,66	22,47	3193,33	32,07
2952,66	3,43	3033,33	13,03	3114,00	22,62	3194,50	32,20
2953,83	3,57	3034,50	13,16	3115,16	22,76	3195,83	32,36
2955,16	3,72	3035,83	13,32	3116,50	22,92	3197,16	32,52
2956,50	3,88	3037,00	13,46	3117,66	23,06	3198,33	32,66
2957,66	4,02	3038,33	13,62	3119,00	23,22	3199,66	32,82
2959,00	4,18	3039,66	13,78	3120,16	23,36	3200,83	32,96
2960,16	4,32	3040,83	13,92	3121,50	23,52	3202,16	33,12
2961,50	4,48	3042,16	14,08	3122,66	23,66	3203,33	33,26
2962,66	4,62	3043,33	14,22	3124,00	23,81	3204,66	33,41
2964,00	4,77	3044,66	14,37	3125,33	23,97	3205,83	33,55
2965,16	4,91	3045,83	14,51	3126,50	24,11	3207,16	33,71
2966,50	5,07	3047,16	14,67	3127,83	24,27	3208,50	33,87
2967,83	5,23	3048,33	14,81	3129,00	24,41	3209,66	34,01
2969,00	5,37	3049,66	14,97	3130,33	24,57	3211,00	34,17
2970,33	5,53	3051,00	15,13	3131,50	24,71	3212,16	34,31
2971,50	5,67	3052,16	15,27	3132,83	24,87	3213,50	34,47
2972,83	5,83	3053,50	15,43	3134,16	25,02	3214,66	34,60
2974,00	5,96	3054,66	15,56	3135,33	25,16	3216,00	34,76
2975,33	6,12	3056,00	15,72	3136,66	25,32	3217,16	34,90
2976,66	6,28	3057,16	15,86	3137,83	25,46	3218,50	35,06
2977,83	6,42	3058,50	16,02	3139,16	25,62	3219,83	35,22
2979,16	6,58	3059,66	16,16	3140,33	25,76	3221,00	35,36
2980,33	6,72	3061,00	16,32	3141,66	25,92	3222,33	35,52
2981,66	6,88	3062,33	16,48	3142,83	26,06	3223,50	35,66
2982,83	7,02	3063,50	16,62	3144,16	26,21	3224,83	35,81
2984,16	7,17	3064,83	16,77	3145,50	26,37	3226,00	35,95
2985,33	7,31	3066,00	16,91	3146,66	26,51	3227,33	36,11
2986,66	7,47	3067,33	17,07	3148,00	26,67	3228,66	36,27
2988,00	7,63	3068,50	17,21	3149,16	26,81	3229,83	36,41
2989,16	7,77	3069,83	17,37	3150,50	26,97	3231,16	36,57
2990,50	7,93	3071,16	17,53	3151,66	27,11	3232,33	36,71
2991,66	8,07	3072,33	17,67	3153,00	27,27	3233,66	36,87
2993,00	8,23	3073,66	17,83	3154,16	27,40	3234,83	37,00
2994,16	8,36	3074,83	17,96	3155,50	27,56	3236,16	37,16
2995,50	8,52	3076,16	18,12	3156,83	27,72	3237,33	37,30
2996,66	8,66	3077,33	18,26	3158,00	27,86	3238,66	37,46
2998,00	8,82	3078,66	18,42	3159,33	28,02	3240,00	37,62
2999,33	8,98	3079,83	18,56	3160,50	28,16	3241,16	37,76
3000,50	9,12	3081,16	18,72	3161,83	28,32	3242,50	37,92
3001,83	9,28	3082,50	18,88	3163,00	28,46	3243,66	38,06
3003,00	9,42	3083,66	19,02	3164,33	28,61	3245,00	38,21

Steuerklasse III		Steuerklasse III		Steuerklasse III		Steuerklasse III	
Maßstabs-lohnsteuer €	Solidaritäts-zuschlag €	Maßstabs-lohnsteuer €	Solidaritäts-zuschlag €	Maßstabs-lohnsteuer €	Solidaritäts-zuschlag €	Maßstabs-lohnsteuer €	Solidaritäts-zuschlag €
3246,16	38,35	3331,83	48,55	3417,66	58,76	3503,33	68,96
3247,50	38,51	3333,16	48,71	3418,83	58,90	3504,50	69,09
3248,66	38,65	3334,50	48,86	3420,16	59,06	3505,83	69,25
3250,00	38,81	3335,66	49,00	3421,33	59,20	3507,00	69,39
3251,33	38,97	3337,00	49,16	3422,66	59,36	3508,33	69,55
3252,50	39,11	3338,16	49,30	3423,83	59,50	3509,50	69,69
3253,83	39,27	3339,50	49,46	3425,16	59,65	3510,83	69,85
3255,00	39,40	3340,66	49,60	3426,33	59,79	3512,16	70,01
3256,33	39,56	3342,00	49,76	3427,66	59,95	3513,33	70,15
3257,50	39,70	3343,16	49,90	3429,00	60,11	3514,66	70,30
3258,83	39,86	3344,50	50,05	3430,16	60,25	3515,83	70,44
3260,16	40,02	3345,83	50,21	3431,50	60,41	3517,16	70,60
3261,33	40,16	3347,00	50,35	3432,66	60,55	3518,33	70,74
3262,66	40,32	3348,33	50,51	3434,00	60,70	3519,66	70,90
3263,83	40,46	3349,50	50,65	3435,16	60,84	3520,83	71,04
3265,16	40,61	3350,83	50,81	3436,50	61,00	3522,16	71,20
3266,33	40,75	3352,00	50,95	3437,66	61,14	3523,50	71,36
3267,66	40,91	3353,33	51,11	3439,00	61,30	3524,66	71,49
3268,83	41,05	3354,66	51,26	3440,33	61,46	3526,00	71,65
3270,16	41,21	3355,83	51,40	3441,50	61,60	3527,16	71,79
3271,50	41,37	3357,16	51,56	3442,83	61,76	3528,50	71,95
3272,66	41,51	3358,33	51,70	3444,00	61,89	3529,66	72,09
3274,00	41,66	3359,66	51,86	3445,33	62,05	3531,00	72,25
3275,16	41,80	3360,83	52,00	3446,50	62,19	3532,16	72,39
3276,50	41,96	3362,16	52,16	3447,83	62,35	3533,50	72,55
3277,66	42,10	3363,33	52,30	3449,16	62,51	3534,83	72,70
3279,00	42,26	3364,66	52,45	3450,33	62,65	3536,00	72,84
3280,16	42,40	3366,00	52,61	3451,66	62,81	3537,33	73,00
3281,50	42,56	3367,16	52,75	3452,83	62,95	3538,50	73,14
3282,83	42,72	3368,50	52,91	3454,16	63,10	3539,83	73,30
3284,00	42,85	3369,66	53,05	3455,33	63,24	3541,00	73,44
3285,33	43,01	3371,00	53,21	3456,66	63,40	3542,33	73,60
3286,50	43,15	3372,16	53,35	3457,83	63,54	3543,66	73,76
3287,83	43,31	3373,50	53,51	3459,16	63,70	3544,83	73,89
3289,00	43,45	3374,66	53,64	3460,50	63,86	3546,16	74,05
3290,33	43,61	3376,00	53,80	3461,66	64,00	3547,33	74,19
3291,66	43,77	3377,33	53,96	3463,00	64,16	3548,66	74,35
3292,83	43,91	3378,50	54,10	3464,16	64,29	3549,83	74,49
3294,16	44,06	3379,83	54,26	3465,50	64,45	3551,16	74,65
3295,33	44,20	3381,00	54,40	3466,66	64,59	3552,33	74,79
3296,66	44,36	3382,33	54,56	3468,00	64,75	3553,66	74,95
3297,83	44,50	3383,50	54,70	3469,16	64,89	3555,00	75,10
3299,16	44,66	3384,83	54,85	3470,50	65,05	3556,16	75,24
3300,33	44,80	3386,16	55,01	3471,83	65,21	3557,50	75,40
3301,66	44,96	3387,33	55,15	3473,00	65,35	3558,66	75,54
3303,00	45,12	3388,66	55,31	3474,33	65,50	3560,00	75,70
3304,16	45,25	3389,83	55,45	3475,50	65,64	3561,16	75,84
3305,50	45,41	3391,16	55,61	3476,83	65,80	3562,50	76,00
3306,66	45,55	3392,33	55,75	3478,00	65,94	3563,66	76,14
3308,00	45,71	3393,66	55,91	3479,33	66,10	3565,00	76,29
3309,16	45,85	3394,83	56,04	3480,66	66,26	3566,33	76,45
3310,50	46,01	3396,16	56,20	3481,83	66,40	3567,50	76,59
3311,66	46,15	3397,50	56,36	3483,16	66,56	3568,83	76,75
3313,00	46,31	3398,66	56,50	3484,33	66,69	3570,00	76,89
3314,33	46,46	3400,00	56,66	3485,66	66,85	3571,33	77,05
3315,50	46,60	3401,16	56,80	3486,83	66,99	3572,50	77,19
3316,83	46,76	3402,50	56,96	3488,16	67,15	3573,83	77,35
3318,00	46,90	3403,66	57,10	3489,33	67,29	3575,16	77,50
3319,33	47,06	3405,00	57,25	3490,66	67,45	3576,33	77,64
3320,50	47,20	3406,16	57,39	3492,00	67,61	3577,66	77,80
3321,83	47,36	3407,50	57,55	3493,16	67,75	3578,83	77,94
3323,16	47,52	3408,83	57,71	3494,50	67,90	3580,16	78,10
3324,33	47,65	3410,00	57,85	3495,66	68,04	3581,33	78,24
3325,66	47,81	3411,33	58,01	3497,00	68,20	3582,66	78,40
3326,83	47,95	3412,50	58,15	3498,16	68,34	3583,83	78,54
3328,16	48,11	3413,83	58,31	3499,50	68,50	3585,16	78,69
3329,33	48,25	3415,00	58,44	3500,66	68,64	3586,50	78,85
3330,66	48,41	3416,33	58,60	3502,00	68,80	3587,66	78,99

Steuerklasse III		Steuerklasse III		Steuerklasse III		Steuerklasse III	
Maßstabs-lohnsteuer €	Solidaritäts-zuschlag €	Maßstabs-lohnsteuer €	Solidaritäts-zuschlag €	Maßstabs-lohnsteuer €	Solidaritäts-zuschlag €	Maßstabs-lohnsteuer €	Solidaritäts-zuschlag €
3589,00	79,15	3674,66	89,34	3760,33	99,54	3846,00	109,73
3590,16	79,29	3675,83	89,48	3761,50	99,68	3847,16	109,87
3591,50	79,45	3677,16	89,64	3762,83	99,84	3848,50	110,03
3592,66	79,59	3678,33	89,78	3764,16	99,99	3849,83	110,19
3594,00	79,74	3679,66	89,94	3765,33	100,13	3851,00	110,33
3595,16	79,88	3681,00	90,10	3766,66	100,29	3852,33	110,49
3596,50	80,04	3682,16	90,24	3767,83	100,43	3853,50	110,63
3597,83	80,20	3683,50	90,40	3769,16	100,59	3854,83	110,78
3599,00	80,34	3684,66	90,53	3770,33	100,73	3856,00	110,92
3600,33	80,50	3686,00	90,69	3771,66	100,89	3857,33	111,08
3601,50	80,64	3687,16	90,83	3772,83	101,03	3858,66	111,24
3602,83	80,80	3688,50	90,99	3774,16	101,18	3859,83	111,38
3604,00	80,93	3689,66	91,13	3775,50	101,34	3861,16	111,54
3605,33	81,09	3691,00	91,29	3776,66	101,48	3862,33	111,68
3606,66	81,25	3692,33	91,45	3778,00	101,64	3863,66	111,84
3607,83	81,39	3693,50	91,59	3779,16	101,78	3864,83	111,97
3609,16	81,55	3694,83	91,74	3780,50	101,94	3866,16	112,13
3610,33	81,69	3696,00	91,88	3781,66	102,08	3867,33	112,27
3611,66	81,85	3697,33	92,04	3783,00	102,24	3868,66	112,43
3612,83	81,99	3698,50	92,18	3784,16	102,37	3870,00	112,59
3614,16	82,14	3699,83	92,34	3785,50	102,53	3871,16	112,73
3615,33	82,28	3701,16	92,50	3786,83	102,69	3872,50	112,89
3616,66	82,44	3702,33	92,64	3788,00	102,83	3873,66	113,03
3618,00	82,60	3703,66	92,80	3789,33	102,99	3875,00	113,18
3619,16	82,74	3704,83	92,93	3790,50	103,13	3876,16	113,32
3620,50	82,90	3706,16	93,09	3791,83	103,29	3877,50	113,48
3621,66	83,04	3707,33	93,23	3793,00	103,43	3878,66	113,62
3623,00	83,20	3708,66	93,39	3794,33	103,58	3880,00	113,78
3624,16	83,33	3709,83	93,53	3795,66	103,74	3881,33	113,94
3625,50	83,49	3711,16	93,69	3796,83	103,88	3882,50	114,08
3626,66	83,63	3712,50	93,85	3798,16	104,04	3883,83	114,24
3628,00	83,79	3713,66	93,99	3799,33	104,18	3885,00	114,37
3629,33	83,95	3715,00	94,14	3800,66	104,34	3886,33	114,53
3630,50	84,09	3716,16	94,28	3801,83	104,48	3887,50	114,67
3631,83	84,25	3717,50	94,44	3803,16	104,64	3888,83	114,83
3633,00	84,39	3718,66	94,58	3804,33	104,77	3890,16	114,99
3634,33	84,54	3720,00	94,74	3805,66	104,93	3891,33	115,13
3635,50	84,68	3721,16	94,88	3807,00	105,09	3892,66	115,29
3636,83	84,84	3722,50	95,04	3808,16	105,23	3893,83	115,43
3638,16	85,00	3723,83	95,20	3809,50	105,39	3895,16	115,58
3639,33	85,14	3725,00	95,33	3810,66	105,53	3896,33	115,72
3640,66	85,30	3726,33	95,49	3812,00	105,69	3897,66	115,88
3641,83	85,44	3727,50	95,63	3813,16	105,83	3898,83	116,02
3643,16	85,60	3728,83	95,79	3814,50	105,98	3900,16	116,18
3644,33	85,73	3730,00	95,93	3815,66	106,12	3901,50	116,34
3645,66	85,89	3731,33	96,09	3817,00	106,28	3902,66	116,48
3646,83	86,03	3732,66	96,25	3818,33	106,44	3904,00	116,63
3648,16	86,19	3733,83	96,39	3819,50	106,58	3905,16	116,77
3649,50	86,35	3735,16	96,54	3820,83	106,74	3906,50	116,93
3650,66	86,49	3736,33	96,68	3822,00	106,88	3907,66	117,07
3652,00	86,65	3737,66	96,84	3823,33	107,04	3909,00	117,23
3653,16	86,79	3738,83	96,98	3824,50	107,17	3910,16	117,37
3654,50	86,94	3740,16	97,14	3825,83	107,33	3911,50	117,53
3655,66	87,08	3741,33	97,28	3827,16	107,49	3912,83	117,69
3657,00	87,24	3742,66	97,44	3828,33	107,63	3914,00	117,82
3658,16	87,38	3744,00	97,59	3829,66	107,79	3915,33	117,98
3659,50	87,54	3745,16	97,73	3830,83	107,93	3916,50	118,12
3660,83	87,70	3746,50	97,89	3832,16	108,09	3917,83	118,28
3662,00	87,84	3747,66	98,03	3833,33	108,23	3919,00	118,42
3663,33	88,00	3749,00	98,19	3834,66	108,38	3920,33	118,58
3664,50	88,13	3750,16	98,33	3835,83	108,52	3921,66	118,74
3665,83	88,29	3751,50	98,49	3837,16	108,68	3922,83	118,88
3667,00	88,43	3752,66	98,63	3838,50	108,84	3924,16	119,03
3668,33	88,59	3754,00	98,78	3839,66	108,98	3925,33	119,17
3669,66	88,75	3755,33	98,94	3841,00	109,14	3926,66	119,33
3670,83	88,89	3756,50	99,08	3842,16	109,28	3927,83	119,47
3672,16	89,05	3757,83	99,24	3843,50	109,44	3929,16	119,63
3673,33	89,19	3759,00	99,38	3844,66	109,57	3930,33	119,77

Steuerklasse III		Steuerklasse III		Steuerklasse III		Steuerklasse III	
Maßstabs-lohnsteuer €	Solidaritäts-zuschlag €	Maßstabs-lohnsteuer €	Solidaritäts-zuschlag €	Maßstabs-lohnsteuer €	Solidaritäts-zuschlag €	Maßstabs-lohnsteuer €	Solidaritäts-zuschlag €
3931,66	119,93	4017,33	130,12	4103,00	140,32	4188,66	150,51
3933,00	120,09	4018,66	130,28	4104,33	140,47	4190,00	150,67
3934,16	120,22	4019,83	130,42	4105,50	140,61	4191,16	150,81
3935,50	120,38	4021,16	130,58	4106,83	140,77	4192,50	150,97
3936,66	120,52	4022,33	130,72	4108,00	140,91	4193,66	151,11
3938,00	120,68	4023,66	130,88	4109,33	141,07	4195,00	151,26
3939,16	120,82	4024,83	131,01	4110,66	141,23	4196,33	151,42
3940,50	120,98	4026,16	131,17	4111,83	141,37	4197,50	151,56
3941,66	121,12	4027,50	131,33	4113,16	141,53	4198,83	151,72
3943,00	121,28	4028,66	131,47	4114,33	141,66	4200,00	151,86
3944,33	121,43	4030,00	131,63	4115,66	141,82	4201,33	152,02
3945,50	121,57	4031,16	131,77	4116,83	141,96	4202,50	152,16
3946,83	121,73	4032,50	131,93	4118,16	142,12	4203,83	152,32
3948,00	121,87	4033,66	132,07	4119,33	142,26	4205,16	152,47
3949,33	122,03	4035,00	132,22	4120,66	142,42	4206,33	152,61
3950,50	122,17	4036,16	132,36	4122,00	142,58	4207,66	152,77
3951,83	122,33	4037,50	132,52	4123,16	142,72	4208,83	152,91
3953,16	122,49	4038,83	132,68	4124,50	142,87	4210,16	153,07
3954,33	122,62	4040,00	132,82	4125,66	143,01	4211,33	153,21
3955,66	122,78	4041,33	132,98	4127,00	143,17	4212,66	153,37
3956,83	122,92	4042,50	133,12	4128,16	143,31	4213,83	153,51
3958,16	123,08	4043,83	133,28	4129,50	143,47	4215,16	153,66
3959,33	123,22	4045,00	133,41	4130,66	143,61	4216,50	153,82
3960,66	123,38	4046,33	133,57	4132,00	143,77	4217,66	153,96
3961,83	123,52	4047,66	133,73	4133,33	143,93	4219,00	154,12
3963,16	123,68	4048,83	133,87	4134,50	144,06	4220,16	154,26
3964,50	123,83	4050,16	134,03	4135,83	144,22	4221,50	154,42
3965,66	123,97	4051,33	134,17	4137,00	144,36	4222,66	154,56
3967,00	124,13	4052,66	134,33	4138,33	144,52	4224,00	154,71
3968,16	124,27	4053,83	134,47	4139,50	144,66	4225,16	154,85
3969,50	124,43	4055,16	134,62	4140,83	144,82	4226,50	155,01
3970,66	124,57	4056,33	134,76	4142,16	144,98	4227,83	155,17
3972,00	124,73	4057,66	134,92	4143,33	145,12	4229,00	155,31
3973,16	124,87	4059,00	135,08	4144,66	145,27	4230,33	155,47
3974,50	125,02	4060,16	135,22	4145,83	145,41	4231,50	155,61
3975,83	125,18	4061,50	135,38	4147,16	145,57	4232,83	155,77
3977,00	125,32	4062,66	135,52	4148,33	145,71	4234,00	155,90
3978,33	125,48	4064,00	135,67	4149,66	145,87	4235,33	156,06
3979,50	125,62	4065,16	135,81	4150,83	146,01	4236,66	156,22
3980,83	125,78	4066,50	135,97	4152,16	146,17	4237,83	156,36
3982,00	125,92	4067,66	136,11	4153,50	146,33	4239,16	156,52
3983,33	126,08	4069,00	136,27	4154,66	146,46	4240,33	156,66
3984,66	126,23	4070,33	136,43	4156,00	146,62	4241,66	156,82
3985,83	126,37	4071,50	136,57	4157,16	146,76	4242,83	156,96
3987,16	126,53	4072,83	136,73	4158,50	146,92	4244,16	157,11
3988,33	126,67	4074,00	136,86	4159,66	147,06	4245,33	157,25
3989,66	126,83	4075,33	137,02	4161,00	147,22	4246,66	157,41
3990,83	126,97	4076,50	137,16	4162,16	147,36	4248,00	157,57
3992,16	127,13	4077,83	137,32	4163,50	147,52	4249,16	157,71
3993,33	127,27	4079,16	137,48	4164,83	147,67	4250,50	157,87
3994,66	127,42	4080,33	137,62	4166,00	147,81	4251,66	158,01
3996,00	127,58	4081,66	137,78	4167,33	147,97	4253,00	158,17
3997,16	127,72	4082,83	137,92	4168,50	148,11	4254,16	158,30
3998,50	127,88	4084,16	138,07	4169,83	148,27	4255,50	158,46
3999,66	128,02	4085,33	138,21	4171,00	148,41	4256,66	158,60
4001,00	128,18	4086,66	138,37	4172,33	148,57	4258,00	158,76
4002,16	128,32	4087,83	138,51	4173,66	148,73	4259,33	158,92
4003,50	128,48	4089,16	138,67	4174,83	148,86	4260,50	159,06
4004,66	128,61	4090,50	138,83	4176,16	149,02	4261,83	159,22
4006,00	128,77	4091,66	138,97	4177,33	149,16	4263,00	159,36
4007,33	128,93	4093,00	139,13	4178,66	149,32	4264,33	159,51
4008,50	129,07	4094,16	139,26	4179,83	149,46	4265,50	159,65
4009,83	129,23	4095,50	139,42	4181,16	149,62	4266,83	159,81
4011,00	129,37	4096,66	139,56	4182,33	149,76	4268,16	159,97
4012,33	129,53	4098,00	139,72	4183,66	149,92	4269,33	160,11
4013,50	129,67	4099,16	139,86	4185,00	150,07	4270,66	160,27
4014,83	129,82	4100,50	140,02	4186,16	150,21	4271,83	160,41
4016,16	129,98	4101,83	140,18	4187,50	150,37	4273,16	160,57

Steuerklasse III		Steuerklasse III		Steuerklasse III		Steuerklasse III	
Maßstabs-lohnsteuer €	Solidaritäts-zuschlag €	Maßstabs-lohnsteuer €	Solidaritäts-zuschlag €	Maßstabs-lohnsteuer €	Solidaritäts-zuschlag €	Maßstabs-lohnsteuer €	Solidaritäts-zuschlag €
4274,33	160,70	4360,00	170,90	4445,66	181,09	4531,50	191,31
4275,66	160,86	4361,33	171,06	4447,00	181,25	4532,66	191,45
4276,83	161,00	4362,66	171,22	4448,33	181,41	4534,00	191,60
4278,16	161,16	4363,83	171,36	4449,50	181,55	4535,16	191,74
4279,50	161,32	4365,16	171,51	4450,83	181,71	4536,50	191,90
4280,66	161,46	4366,33	171,65	4452,00	181,85	4537,66	192,04
4282,00	161,62	4367,66	171,81	4453,33	182,01	4539,00	192,20
4283,16	161,76	4368,83	171,95	4454,50	182,14	4540,16	192,34
4284,50	161,91	4370,16	172,11	4455,83	182,30	4541,50	192,50
4285,66	162,05	4371,33	172,25	4457,16	182,46	4542,83	192,66
4287,00	162,21	4372,66	172,41	4458,33	182,60	4544,00	192,79
4288,16	162,35	4374,00	172,56	4459,66	182,76	4545,33	192,95
4289,50	162,51	4375,16	172,70	4460,83	182,90	4546,50	193,09
4290,83	162,67	4376,50	172,86	4462,16	183,06	4547,83	193,25
4292,00	162,81	4377,66	173,00	4463,33	183,20	4549,00	193,39
4293,33	162,97	4379,00	173,16	4464,66	183,35	4550,33	193,55
4294,50	163,10	4380,16	173,30	4465,83	183,49	4551,66	193,71
4295,83	163,26	4381,50	173,46	4467,16	183,65	4552,83	193,85
4297,00	163,40	4382,66	173,60	4468,50	183,81	4554,16	194,00
4298,33	163,56	4384,00	173,75	4469,66	183,95	4555,33	194,14
4299,66	163,72	4385,33	173,91	4471,00	184,11	4556,66	194,30
4300,83	163,86	4386,50	174,05	4472,16	184,25	4557,83	194,44
4302,16	164,02	4387,83	174,21	4473,50	184,41	4559,16	194,60
4303,33	164,16	4389,00	174,35	4474,66	184,54	4560,33	194,74
4304,66	164,31	4390,33	174,51	4476,00	184,70	4561,66	194,90
4305,83	164,45	4391,50	174,65	4477,16	184,84	4563,00	195,06
4307,16	164,61	4392,83	174,81	4478,50	185,00	4564,16	195,19
4308,33	164,75	4394,16	174,96	4479,83	185,16	4565,50	195,35
4309,66	164,91	4395,33	175,10	4481,00	185,30	4566,66	195,49
4311,00	165,07	4396,66	175,26	4482,33	185,46	4568,00	195,65
4312,16	165,21	4397,83	175,40	4483,50	185,60	4569,16	195,79
4313,50	165,37	4399,16	175,56	4484,83	185,75	4570,50	195,95
4314,66	165,50	4400,33	175,70	4486,00	185,89	4571,66	196,09
4316,00	165,66	4401,66	175,86	4487,33	186,05	4573,00	196,25
4317,16	165,80	4402,83	176,00	4488,66	186,21	4574,33	196,40
4318,50	165,96	4404,16	176,15	4489,83	186,35	4575,50	196,54
4319,66	166,10	4405,50	176,31	4491,16	186,51	4576,83	196,70
4321,00	166,26	4406,66	176,45	4492,33	186,65	4578,00	196,84
4322,33	166,42	4408,00	176,61	4493,66	186,81	4579,33	197,00
4323,50	166,56	4409,16	176,75	4494,83	186,94	4580,50	197,14
4324,83	166,71	4410,50	176,91	4496,16	187,10	4581,83	197,30
4326,00	166,85	4411,66	177,05	4497,33	187,24	4583,16	197,46
4327,33	167,01	4413,00	177,21	4498,66	187,40	4584,33	197,59
4328,50	167,15	4414,16	177,34	4500,00	187,56	4585,66	197,75
4329,83	167,31	4415,50	177,50	4501,16	187,70	4586,83	197,89
4331,16	167,47	4416,83	177,66	4502,50	187,86	4588,16	198,05
4332,33	167,61	4418,00	177,80	4503,66	188,00	4589,33	198,19
4333,66	167,77	4419,33	177,96	4505,00	188,15	4590,66	198,35
4334,83	167,90	4420,50	178,10	4506,16	188,29	4591,83	198,49
4336,16	168,06	4421,83	178,26	4507,50	188,45	4593,16	198,65
4337,33	168,20	4423,00	178,40	4508,66	188,59	4594,50	198,80
4338,66	168,36	4424,33	178,55	4510,00	188,75	4595,66	198,94
4339,83	168,50	4425,66	178,71	4511,33	188,91	4597,00	199,10
4341,16	168,66	4426,83	178,85	4512,50	189,05	4598,16	199,24
4342,50	168,82	4428,16	179,01	4513,83	189,21	4599,50	199,40
4343,66	168,96	4429,33	179,15	4515,00	189,34	4600,66	199,54
4345,00	169,11	4430,66	179,31	4516,33	189,50	4602,00	199,70
4346,16	169,25	4431,83	179,45	4517,50	189,64	4603,16	199,84
4347,50	169,41	4433,16	179,61	4518,83	189,80	4604,50	199,99
4348,66	169,55	4434,33	179,74	4520,16	189,96	4605,83	200,15
4350,00	169,71	4435,66	179,90	4521,33	190,10	4607,00	200,29
4351,16	169,85	4437,00	180,06	4522,66	190,26	4608,33	200,45
4352,50	170,01	4438,16	180,20	4523,83	190,40	4609,50	200,59
4353,83	170,17	4439,50	180,36	4525,16	190,55	4610,83	200,75
4355,00	170,30	4440,66	180,50	4526,33	190,69	4612,00	200,89
4356,33	170,46	4442,00	180,66	4527,66	190,85	4613,33	201,05
4357,50	170,60	4443,16	180,80	4528,83	190,99	4614,66	201,20
4358,83	170,76	4444,50	180,95	4530,16	191,15	4615,83	201,34

Steuerklasse III		Steuerklasse III		Steuerklasse III		Steuerklasse III	
Maßstabs-lohnsteuer €	Solidaritäts-zuschlag €	Maßstabs-lohnsteuer €	Solidaritäts-zuschlag €	Maßstabs-lohnsteuer €	Solidaritäts-zuschlag €	Maßstabs-lohnsteuer €	Solidaritäts-zuschlag €
4617,16	201,50	4702,83	211,70	4788,50	221,89	4874,16	232,08
4618,33	201,64	4704,00	211,83	4789,66	222,03	4875,33	232,22
4619,66	201,80	4705,33	211,99	4791,00	222,19	4876,66	232,38
4620,83	201,94	4706,50	212,13	4792,16	222,33	4878,00	232,54
4622,16	202,10	4707,83	212,29	4793,50	222,49	4879,16	232,68
4623,33	202,24	4709,16	212,45	4794,83	222,64	4880,50	232,84
4624,66	202,39	4710,33	212,59	4796,00	222,78	4881,66	232,98
4626,00	202,55	4711,66	212,75	4797,33	222,94	4883,00	233,14
4627,16	202,69	4712,83	212,89	4798,50	223,08	4884,16	233,27
4628,50	202,85	4714,16	213,04	4799,83	223,24	4885,50	233,43
4629,66	202,99	4715,33	213,18	4801,00	223,38	4886,66	233,57
4631,00	203,15	4716,66	213,34	4802,33	223,54	4888,00	233,73
4632,16	203,29	4717,83	213,48	4803,66	223,70	4889,33	233,89
4633,50	203,45	4719,16	213,64	4804,83	223,83	4890,50	234,03
4634,66	203,58	4720,50	213,80	4806,16	223,99	4891,83	234,19
4636,00	203,74	4721,66	213,94	4807,33	224,13	4893,00	234,33
4637,33	203,90	4723,00	214,10	4808,66	224,29	4894,33	234,48
4638,50	204,04	4724,16	214,23	4809,83	224,43	4895,50	234,62
4639,83	204,20	4725,50	214,39	4811,16	224,59	4896,83	234,78
4641,00	204,34	4726,66	214,53	4812,33	224,73	4898,16	234,94
4642,33	204,50	4728,00	214,69	4813,66	224,89	4899,33	235,08
4643,50	204,64	4729,16	214,83	4815,00	225,04	4900,66	235,24
4644,83	204,79	4730,50	214,99	4816,16	225,18	4901,83	235,38
4646,16	204,95	4731,83	215,15	4817,50	225,34	4903,16	235,54
4647,33	205,09	4733,00	215,29	4818,66	225,48	4904,33	235,67
4648,66	205,25	4734,33	215,44	4820,00	225,64	4905,66	235,83
4649,83	205,39	4735,50	215,58	4821,16	225,78	4906,83	235,97
4651,16	205,55	4736,83	215,74	4822,50	225,94	4908,16	236,13
4652,33	205,69	4738,00	215,88	4823,66	226,08	4909,50	236,29
4653,66	205,85	4739,33	216,04	4825,00	226,23	4910,66	236,43
4654,83	205,98	4740,66	216,20	4826,33	226,39	4912,00	236,59
4656,16	206,14	4741,83	216,34	4827,50	226,53	4913,16	236,73
4657,50	206,30	4743,16	216,50	4828,83	226,69	4914,50	236,88
4658,66	206,44	4744,33	216,63	4830,00	226,83	4915,66	237,02
4660,00	206,60	4745,66	216,79	4831,33	226,99	4917,00	237,18
4661,16	206,74	4746,83	216,93	4832,50	227,13	4918,16	237,32
4662,50	206,90	4748,16	217,09	4833,83	227,29	4919,50	237,48
4663,66	207,04	4749,33	217,23	4835,16	227,44	4920,83	237,64
4665,00	207,19	4750,66	217,39	4836,33	227,58	4922,00	237,78
4666,16	207,33	4752,00	217,55	4837,66	227,74	4923,33	237,94
4667,50	207,49	4753,16	217,69	4838,83	227,88	4924,50	238,07
4668,83	207,65	4754,50	217,84	4840,16	228,04	4925,83	238,23
4670,00	207,79	4755,66	217,98	4841,33	228,18	4927,00	238,37
4671,33	207,95	4757,00	218,14	4842,66	228,34	4928,33	238,53
4672,50	208,09	4758,16	218,28	4843,83	228,48	4929,66	238,69
4673,83	208,25	4759,50	218,44	4845,16	228,63	4930,83	238,83
4675,00	208,38	4760,66	218,58	4846,50	228,79	4932,16	238,99
4676,33	208,54	4762,00	218,74	4847,66	228,93	4933,33	239,13
4677,66	208,70	4763,33	218,90	4849,00	229,09	4934,66	239,28
4678,83	208,84	4764,50	219,03	4850,16	229,23	4935,83	239,42
4680,16	209,00	4765,83	219,19	4851,50	229,39	4937,16	239,58
4681,33	209,14	4767,00	219,33	4852,66	229,53	4938,33	239,72
4682,66	209,30	4768,33	219,49	4854,00	229,68	4939,66	239,88
4683,83	209,44	4769,50	219,63	4855,16	229,82	4941,00	240,04
4685,16	209,59	4770,83	219,79	4856,50	229,98	4942,16	240,18
4686,33	209,73	4772,16	219,95	4857,83	230,14	4943,50	240,34
4687,66	209,89	4773,33	220,09	4859,00	230,28	4944,66	240,47
4689,00	210,05	4774,66	220,24	4860,33	230,44	4946,00	240,63
4690,16	210,19	4775,83	220,38	4861,50	230,58	4947,16	240,77
4691,50	210,35	4777,16	220,54	4862,83	230,74	4948,50	240,93
4692,66	210,49	4778,33	220,68	4864,00	230,87	4949,66	241,07
4694,00	210,64	4779,66	220,84	4865,33	231,03	4951,00	241,23
4695,16	210,78	4780,83	220,98	4866,66	231,19	4952,33	241,39
4696,50	210,94	4782,16	221,14	4867,83	231,33	4953,50	241,53
4697,66	211,08	4783,50	221,30	4869,16	231,49	4954,83	241,68
4699,00	211,24	4784,66	221,43	4870,33	231,63	4956,00	241,82
4700,33	211,40	4786,00	221,59	4871,66	231,79	4957,33	241,98
4701,50	211,54	4787,16	221,73	4872,83	231,93	4958,50	242,12

Steuerklasse III		Steuerklasse III		Steuerklasse III		Steuerklasse III	
Maßstabs-lohnsteuer €	Solidaritäts-zuschlag €	Maßstabs-lohnsteuer €	Solidaritäts-zuschlag €	Maßstabs-lohnsteuer €	Solidaritäts-zuschlag €	Maßstabs-lohnsteuer €	Solidaritäts-zuschlag €
4959,83	242,28	5045,50	252,47	5131,16	262,67	5216,83	272,86
4961,16	242,44	5046,83	252,63	5132,50	262,83	5218,16	273,02
4962,33	242,58	5048,00	252,77	5133,66	262,97	5219,33	273,16
4963,66	242,74	5049,33	252,93	5135,00	263,12	5220,66	273,32
4964,83	242,87	5050,50	253,07	5136,16	263,26	5221,83	273,46
4966,16	243,03	5051,83	253,23	5137,50	263,42	5223,16	273,62
4967,33	243,17	5053,00	253,37	5138,66	263,56	5224,50	273,77
4968,66	243,33	5054,33	253,52	5140,00	263,72	5225,66	273,91
4969,83	243,47	5055,66	253,68	5141,33	263,88	5227,00	274,07
4971,16	243,63	5056,83	253,82	5142,50	264,02	5228,16	274,21
4972,50	243,79	5058,16	253,98	5143,83	264,18	5229,50	274,37
4973,66	243,93	5059,33	254,12	5145,00	264,31	5230,66	274,51
4975,00	244,08	5060,66	254,28	5146,33	264,47	5232,00	274,67
4976,16	244,22	5061,83	254,42	5147,50	264,61	5233,16	274,81
4977,50	244,38	5063,16	254,58	5148,83	264,77	5234,50	274,96
4978,66	244,52	5064,33	254,71	5150,16	264,93	5235,83	275,12
4980,00	244,68	5065,66	254,87	5151,33	265,07	5237,00	275,26
4981,16	244,82	5067,00	255,03	5152,66	265,23	5238,33	275,42
4982,50	244,98	5068,16	255,17	5153,83	265,37	5239,50	275,56
4983,83	245,14	5069,50	255,33	5155,16	265,52	5240,83	275,72
4985,00	245,27	5070,66	255,47	5156,33	265,66	5242,00	275,86
4986,33	245,43	5072,00	255,63	5157,66	265,82	5243,33	276,02
4987,50	245,57	5073,16	255,77	5158,83	265,96	5244,66	276,17
4988,83	245,73	5074,50	255,92	5160,16	266,12	5245,83	276,31
4990,00	245,87	5075,66	256,06	5161,50	266,28	5247,16	276,47
4991,33	246,03	5077,00	256,22	5162,66	266,42	5248,33	276,61
4992,66	246,19	5078,33	256,38	5164,00	266,57	5249,66	276,77
4993,83	246,33	5079,50	256,52	5165,16	266,71	5250,83	276,91
4995,16	246,48	5080,83	256,68	5166,50	266,87	5252,16	277,07
4996,33	246,62	5082,00	256,82	5167,66	267,01	5253,33	277,21
4997,66	246,78	5083,33	256,98	5169,00	267,17	5254,66	277,36
4998,83	246,92	5084,50	257,11	5170,16	267,31	5256,00	277,52
5000,16	247,08	5085,83	257,27	5171,50	267,47	5257,16	277,66
5001,33	247,22	5087,16	257,43	5172,83	267,63	5258,50	277,82
5002,66	247,38	5088,33	257,57	5174,00	267,76	5259,66	277,96
5004,00	247,53	5089,66	257,73	5175,33	267,92	5261,00	278,12
5005,16	247,67	5090,83	257,87	5176,50	268,06	5262,16	278,26
5006,50	247,83	5092,16	258,03	5177,83	268,22	5263,50	278,42
5007,66	247,97	5093,33	258,17	5179,00	268,36	5264,66	278,55
5009,00	248,13	5094,66	258,32	5180,33	268,52	5266,00	278,71
5010,16	248,27	5095,83	258,46	5181,66	268,68	5267,33	278,87
5011,50	248,43	5097,16	258,62	5182,83	268,82	5268,50	279,01
5012,66	248,57	5098,50	258,78	5184,16	268,97	5269,83	279,17
5014,00	248,72	5099,66	258,92	5185,33	269,11	5271,00	279,31
5015,33	248,88	5101,00	259,08	5186,66	269,27	5272,33	279,47
5016,50	249,02	5102,16	259,22	5187,83	269,41	5273,50	279,61
5017,83	249,18	5103,50	259,38	5189,16	269,57	5274,83	279,76
5019,00	249,32	5104,66	259,51	5190,33	269,71	5276,16	279,92
5020,33	249,48	5106,00	259,67	5191,66	269,87	5277,33	280,06
5021,50	249,62	5107,16	259,81	5193,00	270,03	5278,66	280,22
5022,83	249,78	5108,50	259,97	5194,16	270,16	5279,83	280,36
5024,16	249,93	5109,83	260,13	5195,50	270,32	5281,16	280,52
5025,33	250,07	5111,00	260,27	5196,66	270,46	5282,33	280,66
5026,66	250,23	5112,33	260,43	5198,00	270,62	5283,66	280,82
5027,83	250,37	5113,50	260,57	5199,16	270,76	5284,83	280,95
5029,16	250,53	5114,83	260,72	5200,50	270,92	5286,16	281,11
5030,33	250,67	5116,00	260,86	5201,66	271,06	5287,50	281,27
5031,66	250,83	5117,33	261,02	5203,00	271,22	5288,66	281,41
5032,83	250,97	5118,66	261,18	5204,33	271,37	5290,00	281,57
5034,16	251,12	5119,83	261,32	5205,50	271,51	5291,16	281,71
5035,50	251,28	5121,16	261,48	5206,83	271,67	5292,50	281,87
5036,66	251,42	5122,33	261,62	5208,00	271,81	5293,66	282,01
5038,00	251,58	5123,66	261,78	5209,33	271,97	5295,00	282,16
5039,16	251,72	5124,83	261,91	5210,50	272,11	5296,16	282,30
5040,50	251,88	5126,16	262,07	5211,83	272,27	5297,50	282,46
5041,66	252,02	5127,33	262,21	5213,16	272,43	5298,83	282,62
5043,00	252,18	5128,66	262,37	5214,33	272,56	5300,00	282,76
5044,16	252,31	5130,00	262,53	5215,66	272,72	5301,33	282,92

Steuerklasse III	
Maßstabs-lohnsteuer €	Solidaritäts-zuschlag €
5302,50	283,06
5303,83	283,22
5305,00	283,35
5306,33	283,51
5307,66	283,67
5308,83	283,81
5310,16	283,97
5311,33	284,11
5312,66	284,27
5313,83	284,41
5315,16	284,56
5316,33	284,70
5317,66	284,86
5319,00	285,02
5320,16	285,16
5321,50	285,32
5322,66	285,46
5324,00	285,61
5325,16	285,75
5326,50	285,91
5327,66	286,05
5329,00	286,21
5330,33	286,37
5331,50	286,51
5332,83	286,67
5334,00	286,80
5335,33	286,96
5336,50	287,10

Steuerklasse III	
Maßstabs-lohnsteuer €	Solidaritäts-zuschlag €
5337,83	287,26
5339,16	287,42
5340,33	287,56
5341,66	287,72
5342,83	287,86
5344,16	288,01
5345,33	288,15
5346,66	288,31
5347,83	288,45
5349,16	288,61
5350,50	288,77
5351,66	288,91
5353,00	289,07
5354,16	289,20
5355,50	289,36
5356,66	289,50
5358,00	289,66
5359,16	289,80
5360,50	289,96
5361,83	290,12
5363,00	290,26
5364,33	290,41
5365,50	290,55
5366,83	290,71
5368,00	290,85
5369,33	291,01
5370,66	291,17
5371,83	291,31

Steuerklasse III	
Maßstabs-lohnsteuer €	Solidaritäts-zuschlag €
5373,16	291,47
5374,33	291,60
5375,66	291,76
5376,83	291,90
5378,16	292,06
5379,33	292,20
5380,66	292,36
5382,00	292,52
5383,16	292,66
5384,50	292,81
5385,66	292,95
5387,00	293,11
5388,16	293,25
5389,50	293,41
5390,66	293,55
5392,00	293,71
5393,33	293,87
5394,50	294,00
5395,83	294,16
5397,00	294,30
5398,33	294,46
5399,50	294,60
5400,83	294,76
5402,16	294,92
5403,33	295,06
5404,66	295,21
5405,83	295,35
5407,16	295,51

Steuerklasse III	
Maßstabs-lohnsteuer €	Solidaritäts-zuschlag €
5408,33	295,65
5409,66	295,81
5410,83	295,95
5412,16	296,11
5413,50	296,27
5414,66	296,40
5416,00	296,56
5417,16	296,70
5418,50	296,86
5419,66	297,00
5421,00	297,16
5422,16	297,30
5423,50	297,46
5424,83	297,61
5426,00	297,75
5427,33	297,91
5428,50	298,05
5429,83	298,21
5431,00	298,35
5432,33	298,51
5433,66	298,67
5434,83	298,80
5436,16	298,96
5437,33	299,05

Steuerklasse I, II, IV, V, VI	
Maßstabs-lohnsteuer €	Solidaritäts-zuschlag €
1461,16	0,00
1462,33	0,04
1463,50	0,18
1464,66	0,32
1465,75	0,45
1466,91	0,59
1468,08	0,73
1469,16	0,86
1470,33	1,00
1471,50	1,14
1472,58	1,26
1473,75	1,40
1474,91	1,54
1476,08	1,68
1477,16	1,81
1478,33	1,95
1479,50	2,09
1480,66	2,23
1481,75	2,36
1482,91	2,49
1484,08	2,63
1485,16	2,76
1486,33	2,90
1487,50	3,04
1488,58	3,17
1489,75	3,31
1490,91	3,45
1492,00	3,57
1493,16	3,71
1494,33	3,85
1495,50	3,99
1496,58	4,12
1497,75	4,26
1498,91	4,40

Steuerklasse I, II, IV, V, VI	
Maßstabs-lohnsteuer €	Solidaritäts-zuschlag €
1500,08	4,54
1501,16	4,67
1502,33	4,80
1503,50	4,94
1504,66	5,08
1505,75	5,21
1506,91	5,35
1508,00	5,48
1509,16	5,62
1510,33	5,76
1511,50	5,90
1512,58	6,02
1513,75	6,16
1514,91	6,30
1516,08	6,44
1517,16	6,57
1518,33	6,71
1519,50	6,85
1520,66	6,99
1521,75	7,12
1522,91	7,25
1524,08	7,39
1525,16	7,52
1526,33	7,66
1527,50	7,80
1528,58	7,93
1529,75	8,07
1530,91	8,21
1532,08	8,34
1533,16	8,47
1534,33	8,61
1535,50	8,75
1536,66	8,89
1537,75	9,02

Steuerklasse I, II, IV, V, VI	
Maßstabs-lohnsteuer €	Solidaritäts-zuschlag €
1538,91	9,16
1540,08	9,30
1541,16	9,43
1542,33	9,56
1543,50	9,70
1544,58	9,83
1545,75	9,97
1546,91	10,11
1548,00	10,24
1549,16	10,38
1550,33	10,52
1551,50	10,66
1552,58	10,78
1553,75	10,92
1554,91	11,06
1556,08	11,20
1557,16	11,33
1558,33	11,47
1559,50	11,61
1560,58	11,74
1561,75	11,88
1562,91	12,01
1564,00	12,14
1565,16	12,28
1566,33	12,42
1567,50	12,56
1568,58	12,69
1569,75	12,83
1570,91	12,97
1572,08	13,10
1573,16	13,23
1574,33	13,37
1575,50	13,51
1576,66	13,65

Steuerklasse I, II, IV, V, VI	
Maßstabs-lohnsteuer €	Solidaritäts-zuschlag €
1577,75	13,78
1578,91	13,92
1580,08	14,06
1581,16	14,19
1582,33	14,32
1583,50	14,46
1584,58	14,59
1585,75	14,73
1586,91	14,87
1588,08	15,01
1589,16	15,14
1590,33	15,28
1591,50	15,42
1592,66	15,55
1593,75	15,68
1594,91	15,82
1596,08	15,96
1597,16	16,09
1598,33	16,23
1599,50	16,37
1600,58	16,50
1601,75	16,64
1602,91	16,77
1604,00	16,90
1605,16	17,04
1606,33	17,18
1607,50	17,32
1608,58	17,45
1609,75	17,59
1610,91	17,73
1612,08	17,86
1613,16	17,99
1614,33	18,13
1615,50	18,27

Steuerklasse I, II, IV, V, VI		Steuerklasse I, II, IV, V, VI		Steuerklasse I, II, IV, V, VI		Steuerklasse I, II, IV, V, VI	
Maßstabs-lohnsteuer €	Solidaritäts-zuschlag €	Maßstabs-lohnsteuer €	Solidaritäts-zuschlag €	Maßstabs-lohnsteuer €	Solidaritäts-zuschlag €	Maßstabs-lohnsteuer €	Solidaritäts-zuschlag €
1616,58	18,40	1694,33	27,65	1779,16	37,75	1864,83	47,94
1617,75	18,54	1695,41	27,78	1780,41	37,90	1866,08	48,09
1618,91	18,68	1696,58	27,92	1781,66	38,05	1867,33	48,24
1620,00	18,81	1697,75	28,06	1782,91	38,19	1868,58	48,39
1621,16	18,95	1698,91	28,20	1784,16	38,34	1869,83	48,54
1622,33	19,08	1700,08	28,34	1785,41	38,49	1871,08	48,69
1623,50	19,22	1701,16	28,47	1786,66	38,64	1872,41	48,84
1624,58	19,35	1702,33	28,60	1788,00	38,80	1873,66	48,99
1625,75	19,49	1703,58	28,75	1789,25	38,95	1874,91	49,14
1626,91	19,63	1704,83	28,90	1790,50	39,10	1876,16	49,29
1628,08	19,77	1706,08	29,05	1791,75	39,25	1877,41	49,44
1629,16	19,90	1707,33	29,20	1793,00	39,39	1878,66	49,59
1630,33	20,04	1708,58	29,35	1794,25	39,54	1879,91	49,74
1631,50	20,18	1709,83	29,50	1795,50	39,69	1881,16	49,89
1632,66	20,31	1711,08	29,65	1796,75	39,84	1882,50	50,04
1633,75	20,44	1712,33	29,79	1798,08	40,00	1883,75	50,19
1634,91	20,58	1713,58	29,94	1799,33	40,15	1885,00	50,34
1636,08	20,72	1714,91	30,10	1800,58	40,30	1886,25	50,49
1637,16	20,85	1716,16	30,25	1801,83	40,45	1887,50	50,64
1638,33	20,99	1717,41	30,40	1803,08	40,59	1888,75	50,79
1639,41	21,12	1718,66	30,55	1804,33	40,74	1890,00	50,94
1640,58	21,26	1719,91	30,70	1805,58	40,89	1891,25	51,09
1641,75	21,40	1721,16	30,85	1806,83	41,04	1892,58	51,24
1642,91	21,53	1722,41	30,99	1808,08	41,19	1893,83	51,39
1644,08	21,67	1723,66	31,14	1809,41	41,35	1895,08	51,54
1645,16	21,80	1725,00	31,30	1810,66	41,50	1896,33	51,69
1646,33	21,94	1726,25	31,45	1811,91	41,65	1897,58	51,84
1647,50	22,08	1727,50	31,60	1813,16	41,79	1898,83	51,99
1648,66	22,22	1728,75	31,75	1814,41	41,94	1900,08	52,14
1649,75	22,35	1730,00	31,90	1815,66	42,09	1901,33	52,29
1650,91	22,49	1731,25	32,05	1816,91	42,24	1902,58	52,43
1652,08	22,62	1732,50	32,19	1818,16	42,39	1903,91	52,59
1653,16	22,75	1733,75	32,34	1819,50	42,55	1905,16	52,74
1654,33	22,89	1735,08	32,50	1820,75	42,70	1906,41	52,89
1655,50	23,03	1736,33	32,65	1822,00	42,84	1907,66	53,04
1656,58	23,16	1737,58	32,80	1823,25	42,99	1908,91	53,19
1657,75	23,30	1738,83	32,95	1824,50	43,14	1910,16	53,34
1658,91	23,44	1740,08	33,10	1825,75	43,29	1911,41	53,49
1660,00	23,57	1741,33	33,25	1827,00	43,44	1912,66	53,63
1661,16	23,71	1742,58	33,39	1828,25	43,59	1914,00	53,79
1662,33	23,84	1743,83	33,54	1829,58	43,75	1915,25	53,94
1663,50	23,98	1745,08	33,69	1830,83	43,90	1916,50	54,09
1664,58	24,11	1746,41	33,85	1832,08	44,04	1917,75	54,24
1665,75	24,25	1747,66	34,00	1833,33	44,19	1919,00	54,39
1666,91	24,39	1748,91	34,15	1834,58	44,34	1920,25	54,54
1668,08	24,53	1750,16	34,30	1835,83	44,49	1921,50	54,69
1669,16	24,66	1751,41	34,45	1837,08	44,64	1922,75	54,83
1670,33	24,80	1752,66	34,59	1838,33	44,79	1924,08	54,99
1671,50	24,94	1753,91	34,74	1839,58	44,94	1925,33	55,14
1672,58	25,06	1755,16	34,89	1840,91	45,10	1926,58	55,29
1673,75	25,20	1756,50	35,05	1842,16	45,24	1927,83	55,44
1674,91	25,34	1757,75	35,20	1843,41	45,39	1929,08	55,59
1676,00	25,47	1759,00	35,35	1844,66	45,54	1930,33	55,74
1677,16	25,61	1760,25	35,50	1845,91	45,69	1931,58	55,89
1678,33	25,75	1761,50	35,65	1847,16	45,84	1932,83	56,03
1679,50	25,89	1762,75	35,79	1848,41	45,99	1934,08	56,18
1680,58	26,02	1764,00	35,94	1849,66	46,14	1935,41	56,34
1681,75	26,16	1765,25	36,09	1851,00	46,30	1936,66	56,49
1682,91	26,29	1766,58	36,25	1852,25	46,44	1937,91	56,64
1684,08	26,43	1767,83	36,40	1853,50	46,59	1939,16	56,79
1685,16	26,56	1769,08	36,55	1854,75	46,74	1940,41	56,94
1686,33	26,70	1770,33	36,70	1856,00	46,89	1941,66	57,09
1687,50	26,84	1771,58	36,85	1857,25	47,04	1942,91	57,23
1688,66	26,98	1772,83	36,99	1858,50	47,19	1944,16	57,38
1689,75	27,11	1774,08	37,14	1859,75	47,34	1945,50	57,54
1690,91	27,25	1775,33	37,29	1861,08	47,50	1946,75	57,69
1692,00	27,37	1776,58	37,44	1862,33	47,64	1948,00	57,84
1693,16	27,51	1777,91	37,60	1863,58	47,79	1949,25	57,99

Steuerklasse I, II, IV, V, VI		Steuerklasse I, II, IV, V, VI		Steuerklasse I, II, IV, V, VI		Steuerklasse I, II, IV, V, VI	
Maßstabs-lohnsteuer €	Solidaritäts-zuschlag €	Maßstabs-lohnsteuer €	Solidaritäts-zuschlag €	Maßstabs-lohnsteuer €	Solidaritäts-zuschlag €	Maßstabs-lohnsteuer €	Solidaritäts-zuschlag €
1950,50	58,14	2036,16	68,33	2121,83	78,53	2207,58	88,73
1951,75	58,29	2037,41	68,48	2123,08	78,67	2208,83	88,88
1953,00	58,43	2038,66	68,63	2124,41	78,83	2210,08	89,03
1954,25	58,58	2040,00	68,79	2125,66	78,98	2211,33	89,18
1955,58	58,74	2041,25	68,94	2126,91	79,13	2212,58	89,32
1956,83	58,89	2042,50	69,08	2128,16	79,28	2213,83	89,47
1958,08	59,04	2043,75	69,23	2129,41	79,43	2215,08	89,62
1959,33	59,19	2045,00	69,38	2130,66	79,58	2216,33	89,77
1960,58	59,34	2046,25	69,53	2131,91	79,73	2217,58	89,92
1961,83	59,49	2047,50	69,68	2133,16	79,87	2218,91	90,08
1963,08	59,63	2048,75	69,83	2134,50	80,03	2220,16	90,23
1964,33	59,78	2050,08	69,99	2135,75	80,18	2221,41	90,38
1965,58	59,93	2051,33	70,14	2137,00	80,33	2222,66	90,52
1966,91	60,09	2052,58	70,28	2138,25	80,48	2223,91	90,67
1968,16	60,24	2053,83	70,43	2139,50	80,63	2225,16	90,82
1969,41	60,39	2055,08	70,58	2140,75	80,78	2226,41	90,97
1970,66	60,54	2056,33	70,73	2142,00	80,92	2227,66	91,12
1971,91	60,69	2057,58	70,88	2143,25	81,07	2229,00	91,28
1973,16	60,83	2058,83	71,03	2144,58	81,23	2230,25	91,43
1974,41	60,98	2060,08	71,18	2145,83	81,38	2231,50	91,58
1975,66	61,13	2061,41	71,34	2147,08	81,53	2232,75	91,72
1977,00	61,29	2062,66	71,48	2148,33	81,68	2234,00	91,87
1978,25	61,44	2063,91	71,63	2149,58	81,83	2235,25	92,02
1979,50	61,59	2065,16	71,78	2150,83	81,98	2236,50	92,17
1980,75	61,74	2066,41	71,93	2152,08	82,12	2237,75	92,32
1982,00	61,88	2067,66	72,08	2153,33	82,27	2239,08	92,48
1983,25	62,03	2068,91	72,23	2154,58	82,42	2240,33	92,63
1984,50	62,18	2070,16	72,38	2155,91	82,58	2241,58	92,78
1985,75	62,33	2071,50	72,54	2157,16	82,73	2242,83	92,92
1987,08	62,49	2072,75	72,68	2158,41	82,88	2244,08	93,07
1988,33	62,64	2074,00	72,83	2159,66	83,03	2245,33	93,22
1989,58	62,79	2075,25	72,98	2160,91	83,18	2246,58	93,37
1990,83	62,94	2076,50	73,13	2162,16	83,32	2247,83	93,52
1992,08	63,08	2077,75	73,28	2163,41	83,47	2249,08	93,67
1993,33	63,23	2079,00	73,43	2164,66	83,62	2250,41	93,83
1994,58	63,38	2080,25	73,58	2166,00	83,78	2251,66	93,98
1995,83	63,53	2081,58	73,74	2167,25	83,93	2252,91	94,12
1997,08	63,68	2082,83	73,88	2168,50	84,08	2254,16	94,27
1998,41	63,84	2084,08	74,03	2169,75	84,23	2255,41	94,42
1999,66	63,99	2085,33	74,18	2171,00	84,38	2256,66	94,57
2000,91	64,14	2086,58	74,33	2172,25	84,52	2257,91	94,72
2002,16	64,28	2087,83	74,48	2173,50	84,67	2259,16	94,87
2003,41	64,43	2089,08	74,63	2174,75	84,82	2260,50	95,03
2004,66	64,58	2090,33	74,78	2176,08	84,98	2261,75	95,18
2005,91	64,73	2091,58	74,93	2177,33	85,13	2263,00	95,32
2007,16	64,88	2092,91	75,08	2178,58	85,28	2264,25	95,47
2008,50	65,04	2094,16	75,23	2179,83	85,43	2265,50	95,62
2009,75	65,19	2095,41	75,38	2181,08	85,58	2266,75	95,77
2011,00	65,34	2096,66	75,53	2182,33	85,72	2268,00	95,92
2012,25	65,48	2097,91	75,68	2183,58	85,87	2269,25	96,07
2013,50	65,63	2099,16	75,83	2184,83	86,02	2270,58	96,23
2014,75	65,78	2100,41	75,98	2186,08	86,17	2271,83	96,38
2016,00	65,93	2101,66	76,13	2187,41	86,33	2273,08	96,52
2017,25	66,08	2103,00	76,28	2188,66	86,48	2274,33	96,67
2018,58	66,24	2104,25	76,43	2189,91	86,63	2275,58	96,82
2019,83	66,39	2105,50	76,58	2191,16	86,78	2276,83	96,97
2021,08	66,54	2106,75	76,73	2192,41	86,92	2278,08	97,12
2022,33	66,68	2108,00	76,88	2193,66	87,07	2279,33	97,27
2023,58	66,83	2109,25	77,03	2194,91	87,22	2280,58	97,42
2024,83	66,98	2110,50	77,18	2196,16	87,37	2281,91	97,58
2026,08	67,13	2111,75	77,33	2197,50	87,53	2283,16	97,72
2027,33	67,28	2113,08	77,48	2198,75	87,68	2284,41	97,87
2028,58	67,43	2114,33	77,63	2200,00	87,83	2285,66	98,02
2029,91	67,59	2115,58	77,78	2201,25	87,98	2286,91	98,17
2031,16	67,74	2116,83	77,93	2202,50	88,12	2288,16	98,32
2032,41	67,88	2118,08	78,08	2203,75	88,27	2289,41	98,47
2033,66	68,03	2119,33	78,23	2205,00	88,42	2290,66	98,62
2034,91	68,18	2120,58	78,38	2206,25	88,57	2292,00	98,77

Steuerklasse I, II, IV, V, VI		Steuerklasse I, II, IV, V, VI		Steuerklasse I, II, IV, V, VI		Steuerklasse I, II, IV, V, VI	
Maßstabs-lohnsteuer €	Solidaritäts-zuschlag €	Maßstabs-lohnsteuer €	Solidaritäts-zuschlag €	Maßstabs-lohnsteuer €	Solidaritäts-zuschlag €	Maßstabs-lohnsteuer €	Solidaritäts-zuschlag €
2293,25	98,92	2378,91	109,12	2464,58	119,31	2550,25	129,51
2294,50	99,07	2380,16	109,27	2465,83	119,46	2551,50	129,66
2295,75	99,22	2381,41	109,42	2467,08	119,61	2552,75	129,80
2297,00	99,37	2382,66	109,56	2468,33	119,76	2554,08	129,96
2298,25	99,52	2383,91	109,71	2469,58	119,91	2555,33	130,11
2299,50	99,67	2385,16	109,86	2470,91	120,07	2556,58	130,26
2300,75	99,82	2386,50	110,02	2472,16	120,21	2557,83	130,41
2302,08	99,97	2387,75	110,17	2473,41	120,36	2559,08	130,56
2303,33	100,12	2389,00	110,32	2474,66	120,51	2560,33	130,71
2304,58	100,27	2390,25	110,47	2475,91	120,66	2561,58	130,86
2305,83	100,42	2391,50	110,62	2477,16	120,81	2562,83	131,00
2307,08	100,57	2392,75	110,76	2478,41	120,96	2564,08	131,15
2308,33	100,72	2394,00	110,91	2479,66	121,11	2565,41	131,31
2309,58	100,87	2395,25	111,06	2481,00	121,27	2566,66	131,46
2310,83	101,02	2396,58	111,22	2482,25	121,41	2567,91	131,61
2312,08	101,16	2397,83	111,37	2483,50	121,56	2569,16	131,76
2313,41	101,32	2399,08	111,52	2484,75	121,71	2570,41	131,91
2314,66	101,47	2400,33	111,67	2486,00	121,86	2571,66	132,06
2315,91	101,62	2401,58	111,82	2487,25	122,01	2572,91	132,20
2317,16	101,77	2402,83	111,96	2488,50	122,16	2574,16	132,35
2318,41	101,92	2404,08	112,11	2489,75	122,31	2575,50	132,51
2319,66	102,07	2405,33	112,26	2491,08	122,47	2576,75	132,66
2320,91	102,22	2406,58	112,41	2492,33	122,61	2578,00	132,81
2322,16	102,36	2407,91	112,57	2493,58	122,76	2579,25	132,96
2323,50	102,52	2409,16	112,72	2494,83	122,91	2580,50	133,11
2324,75	102,67	2410,41	112,87	2496,08	123,06	2581,75	133,26
2326,00	102,82	2411,66	113,02	2497,33	123,21	2583,00	133,40
2327,25	102,97	2412,91	113,16	2498,58	123,36	2584,25	133,55
2328,50	103,12	2414,16	113,31	2499,83	123,51	2585,58	133,71
2329,75	103,27	2415,41	113,46	2501,08	123,66	2586,83	133,86
2331,00	103,42	2416,66	113,61	2502,41	123,81	2588,08	134,01
2332,25	103,56	2418,00	113,77	2503,66	123,96	2589,33	134,16
2333,58	103,72	2419,25	113,92	2504,91	124,11	2590,58	134,31
2334,83	103,87	2420,50	114,07	2506,16	124,26	2591,83	134,46
2336,08	104,02	2421,75	114,22	2507,41	124,41	2593,08	134,60
2337,33	104,17	2423,00	114,36	2508,66	124,56	2594,33	134,75
2338,58	104,32	2424,25	114,51	2509,91	124,71	2595,58	134,90
2339,83	104,47	2425,50	114,66	2511,16	124,86	2596,91	135,06
2341,08	104,62	2426,75	114,81	2512,50	125,01	2598,16	135,21
2342,33	104,76	2428,08	114,97	2513,75	125,16	2599,41	135,36
2343,58	104,91	2429,33	115,12	2515,00	125,31	2600,66	135,51
2344,91	105,07	2430,58	115,27	2516,25	125,46	2601,91	135,66
2346,16	105,22	2431,83	115,42	2517,50	125,61	2603,16	135,80
2347,41	105,37	2433,08	115,56	2518,75	125,76	2604,41	135,95
2348,66	105,52	2434,33	115,71	2520,00	125,91	2605,66	136,10
2349,91	105,67	2435,58	115,86	2521,25	126,06	2607,00	136,26
2351,16	105,82	2436,83	116,01	2522,58	126,21	2608,25	136,41
2352,41	105,96	2438,08	116,16	2523,83	126,36	2609,50	136,56
2353,66	106,11	2439,41	116,32	2525,08	126,51	2610,75	136,71
2355,00	106,27	2440,66	116,47	2526,33	126,66	2612,00	136,85
2356,25	106,42	2441,91	116,62	2527,58	126,81	2613,25	137,00
2357,50	106,57	2443,16	116,76	2528,83	126,96	2614,50	137,15
2358,75	106,72	2444,41	116,91	2530,08	127,11	2615,75	137,30
2360,00	106,87	2445,66	117,06	2531,33	127,26	2617,08	137,46
2361,25	107,02	2446,91	117,21	2532,58	127,40	2618,33	137,61
2362,50	107,16	2448,16	117,36	2533,91	127,56	2619,58	137,76
2363,75	107,31	2449,50	117,52	2535,16	127,71	2620,83	137,91
2365,08	107,47	2450,75	117,67	2536,41	127,86	2622,08	138,05
2366,33	107,62	2452,00	117,81	2537,66	128,01	2623,33	138,20
2367,58	107,77	2453,25	117,96	2538,91	128,16	2624,58	138,35
2368,83	107,92	2454,50	118,11	2540,16	128,31	2625,83	138,50
2370,08	108,07	2455,75	118,26	2541,41	128,46	2627,08	138,65
2371,33	108,22	2457,00	118,41	2542,66	128,60	2628,41	138,81
2372,58	108,36	2458,25	118,56	2544,00	128,76	2629,66	138,96
2373,83	108,51	2459,58	118,72	2545,25	128,91	2630,91	139,11
2375,08	108,66	2460,83	118,87	2546,50	129,06	2632,16	139,25
2376,41	108,82	2462,08	119,01	2547,75	129,21	2633,41	139,40
2377,66	108,97	2463,33	119,16	2549,00	129,36	2634,66	139,55

Steuerklasse I, II, IV, V, VI		Steuerklasse I, II, IV, V, VI		Steuerklasse I, II, IV, V, VI		Steuerklasse I, II, IV, V, VI	
Maßstabs-lohnsteuer €	Solidaritäts-zuschlag €	Maßstabs-lohnsteuer €	Solidaritäts-zuschlag €	Maßstabs-lohnsteuer €	Solidaritäts-zuschlag €	Maßstabs-lohnsteuer €	Solidaritäts-zuschlag €
2635,91	139,70	2657,33	142,25	2678,75	144,80	2700,16	147,35
2637,16	139,85	2658,58	142,40	2680,08	144,96	2701,50	147,51
2638,50	140,01	2659,91	142,56	2681,33	145,11	2702,75	147,65
2639,75	140,16	2661,16	142,71	2682,58	145,25	2704,00	147,80
2641,00	140,31	2662,41	142,85	2683,83	145,40	2705,25	147,95
2642,25	140,45	2663,66	143,00	2685,08	145,55	2706,50	148,10
2643,50	140,60	2664,91	143,15	2686,33	145,70	2707,75	148,25
2644,75	140,75	2666,16	143,30	2687,58	145,85	2709,00	148,40
2646,00	140,90	2667,41	143,45	2688,83	146,00	2710,25	148,55
2647,25	141,05	2668,66	143,60	2690,08	146,15	2711,58	148,71
2648,58	141,21	2670,00	143,76	2691,41	146,31	2712,83	148,85
2649,83	141,36	2671,25	143,91	2692,66	146,45	2714,08	149,00
2651,08	141,51	2672,50	144,05	2693,91	146,60	2715,33	149,15
2652,33	141,65	2673,75	144,20	2695,16	146,75	2716,58	149,30
2653,58	141,80	2675,00	144,35	2696,41	146,90	2717,83	149,45
2654,83	141,95	2676,25	144,50	2697,66	147,05	2719,08	149,54
2656,08	142,10	2677,50	144,65	2698,91	147,20		

Lohn/ Gehalt in € bis	Steuerklasse	Lohn- steuer*	BVSP**	TAGZ***
2,99	I,IV		0,33	0,25
	II		0,33	0,25
	III		0,33	0,25
	V		0,33	0,25
	VI	**0,25**	0,33	0,25
5,99	I,IV		0,66	0,50
	II		0,66	0,50
	III		0,66	0,50
	V		0,66	0,50
	VI	**0,58**	0,66	0,50
8,99	I,IV		1,00	0,83
	II		1,00	0,83
	III		1,00	0,83
	V		1,00	0,83
	VI	**0,91**	1,00	0,83
11,99	I,IV		1,41	1,08
	II		1,41	1,08
	III		1,41	1,08
	V		1,41	1,08
	VI	**1,25**	1,41	1,08
14,99	I,IV		1,75	1,33
	II		1,75	1,33
	III		1,75	1,33
	V		1,75	1,33
	VI	**1,58**	1,75	1,33
17,99	I,IV		2,08	1,66
	II		2,08	1,66
	III		2,08	1,66
	V		2,08	1,66
	VI	**1,91**	2,08	1,66
20,99	I,IV		2,50	1,91
	II		2,50	1,91
	III		2,50	1,91
	V		2,50	1,91
	VI	**2,25**	2,50	1,91
23,99	I,IV		2,83	2,16
	II		2,83	2,16
	III		2,83	2,16
	V		2,83	2,16
	VI	**2,58**	2,83	2,16
26,99	I,IV		3,16	2,50
	II		3,16	2,50
	III		3,16	2,50
	V		3,16	2,50
	VI	**2,91**	3,16	2,50
29,99	I,IV		3,58	2,75
	II		3,58	2,75
	III		3,58	2,75
	V		3,58	2,75
	VI	**3,25**	3,58	2,75
32,99	I,IV		3,91	3,00
	II		3,91	3,00
	III		3,91	3,00
	V		3,91	3,00
	VI	**3,58**	3,91	3,00
35,99	I,IV		4,25	3,33
	II		4,25	3,33
	III		4,25	3,33
	V		4,25	3,33
	VI	**3,91**	4,25	3,33
38,99	I,IV		4,66	3,58
	II		4,66	3,58
	III		4,66	3,58
	V		4,66	3,58
	VI	**4,25**	4,66	3,58
41,99	I,IV		5,00	3,83
	II		5,00	3,83
	III		5,00	3,83
	V		5,00	3,83
	VI	**4,58**	5,00	3,83
44,99	I,IV		5,33	4,16
	II		5,33	4,16
	III		5,33	4,16
	V		5,33	4,16
	VI	**4,91**	5,33	4,16
47,99	I,IV		5,75	4,41
	II		5,75	4,41
	III		5,75	4,41
	V		5,75	4,41
	VI	**5,25**	5,75	4,41
50,99	I,IV		6,08	4,75
	II		6,08	4,75
	III		6,08	4,75
	V		6,08	4,75
	VI	**5,58**	6,08	4,75
53,99	I,IV		6,41	5,00
	II		6,41	5,00
	III		6,41	5,00
	V		6,41	5,00
	VI	**5,91**	6,41	5,00
56,99	I,IV		6,83	5,25
	II		6,83	5,25
	III		6,83	5,25
	V		6,83	5,25
	VI	**6,25**	6,83	5,25
59,99	I,IV		7,16	5,58
	II		7,16	5,58
	III		7,16	5,58
	V		7,16	5,58
	VI	**6,58**	7,16	5,58
62,99	I,IV		7,50	5,83
	II		7,50	5,83
	III		7,50	5,83
	V		7,50	5,83
	VI	**6,91**	7,50	5,83
65,99	I,IV		7,91	6,08
	II		7,91	6,08
	III		7,91	6,08
	V		7,91	6,08
	VI	**7,25**	7,91	6,08
68,99	I,IV		8,25	6,41
	II		8,25	6,41
	III		8,25	6,41
	V		8,25	6,41
	VI	**7,58**	8,25	6,41
71,99	I,IV		8,58	6,66
	II		8,58	6,66
	III		8,58	6,66
	V		8,58	6,66
	VI	**7,83**	8,58	6,66

* Zur LSt-Berechnung für privat versicherte Arbeitnehmer s. Beispiele **Vorbemerkung S. 4 f.**
** Basisvorsorgepauschale KV und PV *** Typisierter Arbeitgeberzuschuss

Lohn/ Gehalt in € bis	Steuerklasse	Lohn-steuer*	BVSP**	TAGZ***
74,99	I,IV		8,91	6,91
	II		8,91	6,91
	III		8,91	6,91
	V		8,91	6,91
	VI	**8,16**	8,91	6,91
77,99	I,IV		9,33	7,25
	II		9,33	7,25
	III		9,33	7,25
	V		9,33	7,25
	VI	**8,50**	9,33	7,25
80,99	I,IV		9,66	7,50
	II		9,66	7,50
	III		9,66	7,50
	V		9,66	7,50
	VI	**8,83**	9,66	7,50
83,99	I,IV		10,00	7,75
	II		10,00	7,75
	III		10,00	7,75
	V		10,00	7,75
	VI	**9,16**	10,00	7,75
86,99	I,IV		10,41	8,08
	II		10,41	8,08
	III		10,41	8,08
	V		10,41	8,08
	VI	**9,50**	10,41	8,08
89,99	I,IV		10,75	8,33
	II		10,75	8,33
	III		10,75	8,33
	V		10,75	8,33
	VI	**9,83**	10,75	8,33
92,99	I,IV		11,08	8,66
	II		11,08	8,66
	III		11,08	8,66
	V		11,08	8,66
	VI	**10,16**	11,08	8,66
95,99	I,IV		11,50	8,91
	II		11,50	8,91
	III		11,50	8,91
	V		11,50	8,91
	VI	**10,50**	11,50	8,91
98,99	I,IV		11,83	9,16
	II		11,83	9,16
	III		11,83	9,16
	V		11,83	9,16
	VI	**10,83**	11,83	9,16
101,99	I,IV		12,16	9,50
	II		12,16	9,50
	III		12,16	9,50
	V		12,16	9,50
	VI	**11,16**	12,16	9,50
104,99	I,IV		12,58	9,75
	II		12,58	9,75
	III		12,58	9,75
	V		12,58	9,75
	VI	**11,50**	12,58	9,75
107,99	I,IV		12,91	10,00
	II		12,91	10,00
	III		12,91	10,00
	V		12,91	10,00
	VI	**11,83**	12,91	10,00

Lohn/ Gehalt in € bis	Steuerklasse	Lohn-steuer*	BVSP**	TAGZ***
110,99	I,IV		13,25	10,33
	II		13,25	10,33
	III		13,25	10,33
	V		13,25	10,33
	VI	**12,16**	13,25	10,33
113,99	I,IV		13,66	10,58
	II		13,66	10,58
	III		13,66	10,58
	V		13,66	10,58
	VI	**12,50**	13,66	10,58
116,99	I,IV		14,00	10,83
	II		14,00	10,83
	III		14,00	10,83
	V		14,00	10,83
	VI	**12,83**	14,00	10,83
119,99	I,IV		14,33	11,16
	II		14,33	11,16
	III		14,33	11,16
	V		14,33	11,16
	VI	**13,16**	14,33	11,16
122,99	I,IV		14,75	11,41
	II		14,75	11,41
	III		14,75	11,41
	V		14,75	11,41
	VI	**13,50**	14,75	11,41
125,99	I,IV		15,08	11,66
	II		15,08	11,66
	III		15,08	11,66
	V		15,08	11,66
	VI	**13,83**	15,08	11,66
128,99	I,IV		15,41	12,00
	II		15,41	12,00
	III		15,41	12,00
	V		15,41	12,00
	VI	**14,16**	15,41	12,00
131,99	I,IV		15,83	12,25
	II		15,83	12,25
	III		15,83	12,25
	V		15,83	12,25
	VI	**14,50**	15,83	12,25
134,99	I,IV		16,16	12,58
	II		16,16	12,58
	III		16,16	12,58
	V		16,16	12,58
	VI	**14,83**	16,16	12,58
137,99	I,IV		16,50	12,83
	II		16,50	12,83
	III		16,50	12,83
	V	**0,41**	16,50	12,83
	VI	**15,16**	16,50	12,83
140,99	I,IV		16,91	13,08
	II		16,91	13,08
	III		16,91	13,08
	V	**0,66**	16,91	13,08
	VI	**15,50**	16,91	13,08
143,99	I,IV		17,25	13,41
	II		17,25	13,41
	III		17,25	13,41
	V	**1,00**	17,25	13,41
	VI	**15,83**	17,25	13,41

* Zur LSt-Berechnung für privat versicherte Arbeitnehmer s. Beispiele **Vorbemerkung S. 4 f.**
** Basisvorsorgepauschale KV und PV *** Typisierter Arbeitgeberzuschuss

Lohn/ Gehalt in € bis	Steuerklasse	Lohn-steuer*	BVSP**	TAGZ***
146,99	I,IV		17,58	13,66
	II		17,58	13,66
	III		17,58	13,66
	V	**1,33**	17,58	13,66
	VI	**16,16**	17,58	13,66
149,99	I,IV		17,91	13,91
	II		17,91	13,91
	III		17,91	13,91
	V	**1,66**	17,91	13,91
	VI	**16,50**	17,91	13,91
152,99	I,IV		18,33	14,25
	II		18,33	14,25
	III		18,33	14,25
	V	**2,00**	18,33	14,25
	VI	**16,83**	18,33	14,25
155,99	I,IV		18,66	14,50
	II		18,66	14,50
	III		18,66	14,50
	V	**2,33**	18,66	14,50
	VI	**17,16**	18,66	14,50
158,99	I,IV		19,00	14,75
	II		19,00	14,75
	III		19,00	14,75
	V	**2,66**	19,00	14,75
	VI	**17,50**	19,00	14,75
161,99	I,IV		19,41	15,08
	II		19,41	15,08
	III		19,41	15,08
	V	**3,00**	19,41	15,08
	VI	**17,75**	19,41	15,08
164,99	I,IV		19,75	15,33
	II		19,75	15,33
	III		19,75	15,33
	V	**3,33**	19,75	15,33
	VI	**18,08**	19,75	15,33
167,99	I,IV		20,08	15,58
	II		20,08	15,58
	III		20,08	15,58
	V	**3,66**	20,08	15,58
	VI	**18,41**	20,08	15,58
170,99	I,IV		20,50	15,91
	II		20,50	15,91
	III		20,50	15,91
	V	**4,00**	20,50	15,91
	VI	**18,75**	20,50	15,91
173,99	I,IV		20,83	16,16
	II		20,83	16,16
	III		20,83	16,16
	V	**4,33**	20,83	16,16
	VI	**19,08**	20,83	16,16
176,99	I,IV		21,16	16,50
	II		21,16	16,50
	III		21,16	16,50
	V	**4,66**	21,16	16,50
	VI	**19,41**	21,16	16,50
179,99	I,IV		21,58	16,75
	II		21,58	16,75
	III		21,58	16,75
	V	**5,00**	21,58	16,75
	VI	**19,75**	21,58	16,75

Lohn/ Gehalt in € bis	Steuerklasse	Lohn-steuer*	BVSP**	TAGZ***
182,99	I,IV		21,91	17,00
	II		21,91	17,00
	III		21,91	17,00
	V	**5,33**	21,91	17,00
	VI	**20,08**	21,91	17,00
185,99	I,IV		22,25	17,33
	II		22,25	17,33
	III		22,25	17,33
	V	**5,66**	22,25	17,33
	VI	**20,41**	22,25	17,33
188,99	I,IV		22,66	17,58
	II		22,66	17,58
	III		22,66	17,58
	V	**6,00**	22,66	17,58
	VI	**20,75**	22,66	17,58
191,99	I,IV		23,00	17,83
	II		23,00	17,83
	III		23,00	17,83
	V	**6,33**	23,00	17,83
	VI	**21,08**	23,00	17,83
194,99	I,IV		23,33	18,16
	II		23,33	18,16
	III		23,33	18,16
	V	**6,66**	23,33	18,16
	VI	**21,41**	23,33	18,16
197,99	I,IV		23,75	18,41
	II		23,75	18,41
	III		23,75	18,41
	V	**7,00**	23,75	18,41
	VI	**21,75**	23,75	18,41
200,99	I,IV		24,08	18,66
	II		24,08	18,66
	III		24,08	18,66
	V	**7,33**	24,08	18,66
	VI	**22,08**	24,08	18,66
203,99	I,IV		24,41	19,00
	II		24,41	19,00
	III		24,41	19,00
	V	**7,66**	24,41	19,00
	VI	**22,41**	24,41	19,00
206,99	I,IV		24,83	19,25
	II		24,83	19,25
	III		24,83	19,25
	V	**8,00**	24,83	19,25
	VI	**22,75**	24,83	19,25
209,99	I,IV		25,16	19,50
	II		25,16	19,50
	III		25,16	19,50
	V	**8,33**	25,16	19,50
	VI	**23,08**	25,16	19,50
212,99	I,IV		25,50	19,83
	II		25,50	19,83
	III		25,50	19,83
	V	**8,66**	25,50	19,83
	VI	**23,41**	25,50	19,83
215,99	I,IV		25,91	20,08
	II		25,91	20,08
	III		25,91	20,08
	V	**9,00**	25,91	20,08
	VI	**23,75**	25,91	20,08

* Zur LSt-Berechnung für privat versicherte Arbeitnehmer s. Beispiele **Vorbemerkung S. 4 f.**
** Basisvorsorgepauschale KV und PV *** Typisierter Arbeitgeberzuschuss

Lohn/ Gehalt in € bis	Steuerklasse	Lohn- steuer*	BVSP**	TAGZ***
218,99	I,IV		26,25	20,41
	II		26,25	20,41
	III		26,25	20,41
	V	**9,33**	26,25	20,41
	VI	**24,08**	26,25	20,41
221,99	I,IV		26,58	20,66
	II		26,58	20,66
	III		26,58	20,66
	V	**9,66**	26,58	20,66
	VI	**24,41**	26,58	20,66
224,99	I,IV		26,91	20,91
	II		26,91	20,91
	III		26,91	20,91
	V	**9,91**	26,91	20,91
	VI	**24,75**	26,91	20,91
227,99	I,IV		27,33	21,25
	II		27,33	21,25
	III		27,33	21,25
	V	**10,33**	27,33	21,25
	VI	**25,08**	27,33	21,25
230,99	I,IV		27,66	21,50
	II		27,66	21,50
	III		27,66	21,50
	V	**10,58**	27,66	21,50
	VI	**25,41**	27,66	21,50
233,99	I,IV		28,00	21,75
	II		28,00	21,75
	III		28,00	21,75
	V	**10,91**	28,00	21,75
	VI	**25,75**	28,00	21,75
236,99	I,IV		28,41	22,08
	II		28,41	22,08
	III		28,41	22,08
	V	**11,25**	28,41	22,08
	VI	**26,08**	28,41	22,08
239,99	I,IV		28,75	22,33
	II		28,75	22,33
	III		28,75	22,33
	V	**11,58**	28,75	22,33
	VI	**26,41**	28,75	22,33
242,99	I,IV		29,08	22,58
	II		29,08	22,58
	III		29,08	22,58
	V	**11,91**	29,08	22,58
	VI	**26,75**	29,08	22,58
245,99	I,IV		29,50	22,91
	II		29,50	22,91
	III		29,50	22,91
	V	**12,25**	29,50	22,91
	VI	**27,08**	29,50	22,91
248,99	I,IV		29,83	23,16
	II		29,83	23,16
	III		29,83	23,16
	V	**12,58**	29,83	23,16
	VI	**27,41**	29,83	23,16
251,99	I,IV		30,16	23,41
	II		30,16	23,41
	III		30,16	23,41
	V	**12,91**	30,16	23,41
	VI	**27,66**	30,16	23,41
254,99	I,IV		30,58	23,75
	II		30,58	23,75
	III		30,58	23,75
	V	**13,25**	30,58	23,75
	VI	**28,00**	30,58	23,75
257,99	I,IV		30,91	24,00
	II		30,91	24,00
	III		30,91	24,00
	V	**13,58**	30,91	24,00
	VI	**28,33**	30,91	24,00
260,99	I,IV		31,25	24,33
	II		31,25	24,33
	III		31,25	24,33
	V	**13,91**	31,25	24,33
	VI	**28,66**	31,25	24,33
263,99	I,IV		31,66	24,58
	II		31,66	24,58
	III		31,66	24,58
	V	**14,25**	31,66	24,58
	VI	**29,00**	31,66	24,58
266,99	I,IV		32,00	24,83
	II		32,00	24,83
	III		32,00	24,83
	V	**14,58**	32,00	24,83
	VI	**29,33**	32,00	24,83
269,99	I,IV		32,33	25,16
	II		32,33	25,16
	III		32,33	25,16
	V	**14,91**	32,33	25,16
	VI	**29,66**	32,33	25,16
272,99	I,IV		32,75	25,41
	II		32,75	25,41
	III		32,75	25,41
	V	**15,25**	32,75	25,41
	VI	**30,00**	32,75	25,41
275,99	I,IV		33,08	25,66
	II		33,08	25,66
	III		33,08	25,66
	V	**15,58**	33,08	25,66
	VI	**30,33**	33,08	25,66
278,99	I,IV		33,41	26,00
	II		33,41	26,00
	III		33,41	26,00
	V	**15,91**	33,41	26,00
	VI	**30,66**	33,41	26,00
281,99	I,IV		33,83	26,25
	II		33,83	26,25
	III		33,83	26,25
	V	**16,25**	33,83	26,25
	VI	**31,00**	33,83	26,25
284,99	I,IV		34,16	26,50
	II		34,16	26,50
	III		34,16	26,50
	V	**16,58**	34,16	26,50
	VI	**31,33**	34,16	26,50
287,99	I,IV		34,50	26,83
	II		34,50	26,83
	III		34,50	26,83
	V	**16,91**	34,50	26,83
	VI	**31,66**	34,50	26,83

* Zur LSt-Berechnung für privat versicherte Arbeitnehmer s. Beispiele **Vorbemerkung S. 4 f.**
** Basisvorsorgepauschale KV und PV *** Typisierter Arbeitgeberzuschuss

Lohn/ Gehalt in € bis	Steuerklasse	Lohnsteuer*	BVSP**	TAGZ***
290,99	I,IV		34,91	27,08
	II		34,91	27,08
	III		34,91	27,08
	V	**17,25**	34,91	27,08
	VI	**32,00**	34,91	27,08
293,99	I,IV		35,25	27,33
	II		35,25	27,33
	III		35,25	27,33
	V	**17,58**	35,25	27,33
	VI	**32,33**	35,25	27,33
296,99	I,IV		35,58	27,66
	II		35,58	27,66
	III		35,58	27,66
	V	**17,91**	35,58	27,66
	VI	**32,66**	35,58	27,66
299,99	I,IV		35,91	27,91
	II		35,91	27,91
	III		35,91	27,91
	V	**18,25**	35,91	27,91
	VI	**33,00**	35,91	27,91
302,99	I,IV		36,33	28,25
	II		36,33	28,25
	III		36,33	28,25
	V	**18,58**	36,33	28,25
	VI	**33,33**	36,33	28,25
305,99	I,IV		36,66	28,50
	II		36,66	28,50
	III		36,66	28,50
	V	**18,91**	36,66	28,50
	VI	**33,66**	36,66	28,50
308,99	I,IV		37,00	28,75
	II		37,00	28,75
	III		37,00	28,75
	V	**19,25**	37,00	28,75
	VI	**34,00**	37,00	28,75
311,99	I,IV		37,41	29,08
	II		37,41	29,08
	III		37,41	29,08
	V	**19,58**	37,41	29,08
	VI	**34,33**	37,41	29,08
314,99	I,IV		37,75	29,33
	II		37,75	29,33
	III		37,75	29,33
	V	**19,83**	37,75	29,33
	VI	**34,66**	37,75	29,33
317,99	I,IV		38,08	29,58
	II		38,08	29,58
	III		38,08	29,58
	V	**20,25**	38,08	29,58
	VI	**35,00**	38,08	29,58
320,99	I,IV		38,50	29,91
	II		38,50	29,91
	III		38,50	29,91
	V	**20,50**	38,50	29,91
	VI	**35,33**	38,50	29,91
323,99	I,IV		38,83	30,16
	II		38,83	30,16
	III		38,83	30,16
	V	**20,83**	38,83	30,16
	VI	**35,66**	38,83	30,16

Lohn/ Gehalt in € bis	Steuerklasse	Lohnsteuer*	BVSP**	TAGZ***
326,99	I,IV		39,16	30,41
	II		39,16	30,41
	III		39,16	30,41
	V	**21,16**	39,16	30,41
	VI	**36,00**	39,16	30,41
329,99	I,IV		39,58	30,75
	II		39,58	30,75
	III		39,58	30,75
	V	**21,50**	39,58	30,75
	VI	**36,33**	39,58	30,75
332,99	I,IV		39,91	31,00
	II		39,91	31,00
	III		39,91	31,00
	V	**21,83**	39,91	31,00
	VI	**36,66**	39,91	31,00
335,99	I,IV		40,25	31,25
	II		40,25	31,25
	III		40,25	31,25
	V	**22,16**	40,25	31,25
	VI	**37,00**	40,25	31,25
338,99	I,IV		40,66	31,58
	II		40,66	31,58
	III		40,66	31,58
	V	**22,50**	40,66	31,58
	VI	**37,33**	40,66	31,58
341,99	I,IV		41,00	31,83
	II		41,00	31,83
	III		41,00	31,83
	V	**22,83**	41,00	31,83
	VI	**37,58**	41,00	31,83
344,99	I,IV		41,33	32,16
	II		41,33	32,16
	III		41,33	32,16
	V	**23,16**	41,33	32,16
	VI	**37,91**	41,33	32,16
347,99	I,IV		41,75	32,41
	II		41,75	32,41
	III		41,75	32,41
	V	**23,50**	41,75	32,41
	VI	**38,25**	41,75	32,41
350,99	I,IV		42,08	32,66
	II		42,08	32,66
	III		42,08	32,66
	V	**23,83**	42,08	32,66
	VI	**38,58**	42,08	32,66
353,99	I,IV		42,41	33,00
	II		42,41	33,00
	III		42,41	33,00
	V	**24,16**	42,41	33,00
	VI	**38,91**	42,41	33,00
356,99	I,IV		42,83	33,25
	II		42,83	33,25
	III		42,83	33,25
	V	**24,50**	42,83	33,25
	VI	**39,25**	42,83	33,25
359,99	I,IV		43,16	33,50
	II		43,16	33,50
	III		43,16	33,50
	V	**24,83**	43,16	33,50
	VI	**39,58**	43,16	33,50

* Zur LSt-Berechnung für privat versicherte Arbeitnehmer s. Beispiele **Vorbemerkung S. 4 f.**
** Basisvorsorgepauschale KV und PV *** Typisierter Arbeitgeberzuschuss

Lohn/ Gehalt in € bis	Steuerklasse	Lohnsteuer*	BVSP**	TAGZ***
362,99	I,IV		43,50	33,83
	II		43,50	33,83
	III		43,50	33,83
	V	**25,16**	43,50	33,83
	VI	**39,91**	43,50	33,83
365,99	I,IV		43,91	34,08
	II		43,91	34,08
	III		43,91	34,08
	V	**25,50**	43,91	34,08
	VI	**40,25**	43,91	34,08
368,99	I,IV		44,25	34,33
	II		44,25	34,33
	III		44,25	34,33
	V	**25,83**	44,25	34,33
	VI	**40,58**	44,25	34,33
371,99	I,IV		44,58	34,66
	II		44,58	34,66
	III		44,58	34,66
	V	**26,16**	44,58	34,66
	VI	**40,91**	44,58	34,66
374,99	I,IV		44,91	34,91
	II		44,91	34,91
	III		44,91	34,91
	V	**26,50**	44,91	34,91
	VI	**41,25**	44,91	34,91
377,99	I,IV		45,33	35,16
	II		45,33	35,16
	III		45,33	35,16
	V	**26,83**	45,33	35,16
	VI	**41,58**	45,33	35,16
380,99	I,IV		45,66	35,50
	II		45,66	35,50
	III		45,66	35,50
	V	**27,16**	45,66	35,50
	VI	**41,91**	45,66	35,50
383,99	I,IV		46,00	35,75
	II		46,00	35,75
	III		46,00	35,75
	V	**27,50**	46,00	35,75
	VI	**42,25**	46,00	35,75
386,99	I,IV		46,41	36,08
	II		46,41	36,08
	III		46,41	36,08
	V	**27,83**	46,41	36,08
	VI	**42,58**	46,41	36,08
389,99	I,IV		46,75	36,33
	II		46,75	36,33
	III		46,75	36,33
	V	**28,16**	46,75	36,33
	VI	**42,91**	46,75	36,33
392,99	I,IV		47,08	36,58
	II		47,08	36,58
	III		47,08	36,58
	V	**28,50**	47,08	36,58
	VI	**43,25**	47,08	36,58
395,99	I,IV		47,50	36,91
	II		47,50	36,91
	III		47,50	36,91
	V	**28,83**	47,50	36,91
	VI	**43,58**	47,50	36,91
398,99	I,IV		47,83	37,16
	II		47,83	37,16
	III		47,83	37,16
	V	**29,16**	47,83	37,16
	VI	**43,91**	47,83	37,16
401,99	I,IV		48,16	37,41
	II		48,16	37,41
	III		48,16	37,41
	V	**29,50**	48,16	37,41
	VI	**44,25**	48,16	37,41
404,99	I,IV		48,58	37,75
	II		48,58	37,75
	III		48,58	37,75
	V	**29,75**	48,58	37,75
	VI	**44,58**	48,58	37,75
407,99	I,IV		48,91	38,00
	II		48,91	38,00
	III		48,91	38,00
	V	**30,16**	48,91	38,00
	VI	**44,91**	48,91	38,00
410,99	I,IV		49,25	38,25
	II		49,25	38,25
	III		49,25	38,25
	V	**30,41**	49,25	38,25
	VI	**45,25**	49,25	38,25
413,99	I,IV		49,66	38,58
	II		49,66	38,58
	III		49,66	38,58
	V	**30,75**	49,66	38,58
	VI	**45,58**	49,66	38,58
416,99	I,IV		50,00	38,83
	II		50,00	38,83
	III		50,00	38,83
	V	**31,08**	50,00	38,83
	VI	**45,91**	50,00	38,83
419,99	I,IV		50,33	39,08
	II		50,33	39,08
	III		50,33	39,08
	V	**31,41**	50,33	39,08
	VI	**46,25**	50,33	39,08
422,99	I,IV		50,75	39,41
	II		50,75	39,41
	III		50,75	39,41
	V	**31,75**	50,75	39,41
	VI	**46,58**	50,75	39,41
425,99	I,IV		51,08	39,66
	II		51,08	39,66
	III		51,08	39,66
	V	**32,08**	51,08	39,66
	VI	**46,91**	51,08	39,66
428,99	I,IV		51,41	40,00
	II		51,41	40,00
	III		51,41	40,00
	V	**32,41**	51,41	40,00
	VI	**47,25**	51,41	40,00
431,99	I,IV		51,83	40,25
	II		51,83	40,25
	III		51,83	40,25
	V	**32,75**	51,83	40,25
	VI	**47,50**	51,83	40,25

* Zur LSt-Berechnung für privat versicherte Arbeitnehmer s. Beispiele **Vorbemerkung S. 4 f.**
** Basisvorsorgepauschale KV und PV *** Typisierter Arbeitgeberzuschuss

Lohn/ Gehalt in € bis	Steuerklasse	Lohnsteuer*	BVSP**	TAGZ***
434,99	I,IV		52,16	40,50
	II		52,16	40,50
	III		52,16	40,50
	V	**33,08**	52,16	40,50
	VI	**47,83**	52,16	40,50
437,99	I,IV		52,50	40,83
	II		52,50	40,83
	III		52,50	40,83
	V	**33,41**	52,50	40,83
	VI	**48,16**	52,50	40,83
440,99	I,IV		52,91	41,08
	II		52,91	41,08
	III		52,91	41,08
	V	**33,75**	52,91	41,08
	VI	**48,50**	52,91	41,08
443,99	I,IV		53,25	41,33
	II		53,25	41,33
	III		53,25	41,33
	V	**34,08**	53,25	41,33
	VI	**48,83**	53,25	41,33
446,99	I,IV		53,58	41,66
	II		53,58	41,66
	III		53,58	41,66
	V	**34,41**	53,58	41,66
	VI	**49,16**	53,58	41,66
449,99	I,IV		53,91	41,91
	II		53,91	41,91
	III		53,91	41,91
	V	**34,75**	53,91	41,91
	VI	**49,50**	53,91	41,91
452,99	I,IV		54,33	42,16
	II		54,33	42,16
	III		54,33	42,16
	V	**35,08**	54,33	42,16
	VI	**49,83**	54,33	42,16
455,99	I,IV		54,66	42,50
	II		54,66	42,50
	III		54,66	42,50
	V	**35,41**	54,66	42,50
	VI	**50,16**	54,66	42,50
458,99	I,IV		55,00	42,75
	II		55,00	42,75
	III		55,00	42,75
	V	**35,75**	55,00	42,75
	VI	**50,50**	55,00	42,75
461,99	I,IV		55,41	43,00
	II		55,41	43,00
	III		55,41	43,00
	V	**36,08**	55,41	43,00
	VI	**50,83**	55,41	43,00
464,99	I,IV		55,75	43,33
	II		55,75	43,33
	III		55,75	43,33
	V	**36,41**	55,75	43,33
	VI	**51,16**	55,75	43,33
467,99	I,IV		56,08	43,58
	II		56,08	43,58
	III		56,08	43,58
	V	**36,75**	56,08	43,58
	VI	**51,50**	56,08	43,58

Lohn/ Gehalt in € bis	Steuerklasse	Lohnsteuer*	BVSP**	TAGZ***
470,99	I,IV		56,50	43,91
	II		56,50	43,91
	III		56,50	43,91
	V	**37,08**	56,50	43,91
	VI	**51,83**	56,50	43,91
473,99	I,IV		56,83	44,16
	II		56,83	44,16
	III		56,83	44,16
	V	**37,41**	56,83	44,16
	VI	**52,16**	56,83	44,16
476,99	I,IV		57,16	44,41
	II		57,16	44,41
	III		57,16	44,41
	V	**37,75**	57,16	44,41
	VI	**52,50**	57,16	44,41
479,99	I,IV		57,58	44,75
	II		57,58	44,75
	III		57,58	44,75
	V	**38,08**	57,58	44,75
	VI	**52,83**	57,58	44,75
482,99	I,IV		57,91	45,00
	II		57,91	45,00
	III		57,91	45,00
	V	**38,41**	57,91	45,00
	VI	**53,16**	57,91	45,00
485,99	I,IV		58,25	45,25
	II		58,25	45,25
	III		58,25	45,25
	V	**38,75**	58,25	45,25
	VI	**53,50**	58,25	45,25
488,99	I,IV		58,66	45,58
	II		58,66	45,58
	III		58,66	45,58
	V	**39,08**	58,66	45,58
	VI	**53,83**	58,66	45,58
491,99	I,IV		59,00	45,83
	II		59,00	45,83
	III		59,00	45,83
	V	**39,41**	59,00	45,83
	VI	**54,16**	59,00	45,83
494,99	I,IV		59,33	46,08
	II		59,33	46,08
	III		59,33	46,08
	V	**39,66**	59,33	46,08
	VI	**54,50**	59,33	46,08
497,99	I,IV		59,75	46,41
	II		59,75	46,41
	III		59,75	46,41
	V	**40,08**	59,75	46,41
	VI	**54,83**	59,75	46,41
500,99	I,IV		60,08	46,66
	II		60,08	46,66
	III		60,08	46,66
	V	**40,33**	60,08	46,66
	VI	**55,16**	60,08	46,66
503,99	I,IV		60,41	46,91
	II		60,41	46,91
	III		60,41	46,91
	V	**40,66**	60,41	46,91
	VI	**55,50**	60,41	46,91

* Zur LSt-Berechnung für privat versicherte Arbeitnehmer s. Beispiele **Vorbemerkung S. 4 f.**

** Basisvorsorgepauschale KV und PV *** Typisierter Arbeitgeberzuschuss

Lohn/ Gehalt in € bis	Steuerklasse	Lohn- steuer*	BVSP**	TAGZ***
506,99	I,IV		60,83	47,25
	II		60,83	47,25
	III		60,83	47,25
	V	**41,00**	60,83	47,25
	VI	**55,83**	60,83	47,25
509,99	I,IV		61,16	47,50
	II		61,16	47,50
	III		61,16	47,50
	V	**41,33**	61,16	47,50
	VI	**56,16**	61,16	47,50
512,99	I,IV		61,50	47,83
	II		61,50	47,83
	III		61,50	47,83
	V	**41,66**	61,50	47,83
	VI	**56,50**	61,50	47,83
515,99	I,IV		61,91	48,08
	II		61,91	48,08
	III		61,91	48,08
	V	**42,00**	61,91	48,08
	VI	**56,83**	61,91	48,08
518,99	I,IV		62,25	48,33
	II		62,25	48,33
	III		62,25	48,33
	V	**42,33**	62,25	48,33
	VI	**57,16**	62,25	48,33
521,99	I,IV		62,58	48,66
	II		62,58	48,66
	III		62,58	48,66
	V	**42,66**	62,58	48,66
	VI	**57,41**	62,58	48,66
524,99	I,IV		62,91	48,91
	II		62,91	48,91
	III		62,91	48,91
	V	**43,00**	62,91	48,91
	VI	**57,75**	62,91	48,91
527,99	I,IV		63,33	49,16
	II		63,33	49,16
	III		63,33	49,16
	V	**43,33**	63,33	49,16
	VI	**58,08**	63,33	49,16
530,99	I,IV		63,66	49,50
	II		63,66	49,50
	III		63,66	49,50
	V	**43,66**	63,66	49,50
	VI	**58,41**	63,66	49,50
533,99	I,IV		64,00	49,75
	II		64,00	49,75
	III		64,00	49,75
	V	**44,00**	64,00	49,75
	VI	**58,75**	64,00	49,75
536,99	I,IV		64,41	50,00
	II		64,41	50,00
	III		64,41	50,00
	V	**44,33**	64,41	50,00
	VI	**59,08**	64,41	50,00
539,99	I,IV		64,75	50,33
	II		64,75	50,33
	III		64,75	50,33
	V	**44,66**	64,75	50,33
	VI	**59,41**	64,75	50,33

Lohn/ Gehalt in € bis	Steuerklasse	Lohn- steuer*	BVSP**	TAGZ***
542,99	I,IV		65,08	50,58
	II		65,08	50,58
	III		65,08	50,58
	V	**45,00**	65,08	50,58
	VI	**59,75**	65,08	50,58
545,99	I,IV		65,50	50,83
	II		65,50	50,83
	III		65,50	50,83
	V	**45,33**	65,50	50,83
	VI	**60,08**	65,50	50,83
548,99	I,IV		65,83	51,16
	II		65,83	51,16
	III		65,83	51,16
	V	**45,66**	65,83	51,16
	VI	**60,41**	65,83	51,16
551,99	I,IV		66,16	51,41
	II		66,16	51,41
	III		66,16	51,41
	V	**46,00**	66,16	51,41
	VI	**60,75**	66,16	51,41
554,99	I,IV		66,58	51,75
	II		66,58	51,75
	III		66,58	51,75
	V	**46,33**	66,58	51,75
	VI	**61,08**	66,58	51,75
557,99	I,IV		66,91	52,00
	II		66,91	52,00
	III		66,91	52,00
	V	**46,66**	66,91	52,00
	VI	**61,41**	66,91	52,00
560,99	I,IV		67,25	52,25
	II		67,25	52,25
	III		67,25	52,25
	V	**47,00**	67,25	52,25
	VI	**61,75**	67,25	52,25
563,99	I,IV		67,66	52,58
	II		67,66	52,58
	III		67,66	52,58
	V	**47,33**	67,66	52,58
	VI	**62,08**	67,66	52,58
566,99	I,IV		68,00	52,83
	II		68,00	52,83
	III		68,00	52,83
	V	**47,66**	68,00	52,83
	VI	**62,41**	68,00	52,83
569,99	I,IV		68,33	53,08
	II		68,33	53,08
	III		68,33	53,08
	V	**48,00**	68,33	53,08
	VI	**62,75**	68,33	53,08
572,99	I,IV		68,75	53,41
	II		68,75	53,41
	III		68,75	53,41
	V	**48,33**	68,75	53,41
	VI	**63,08**	68,75	53,41
575,99	I,IV		69,08	53,66
	II		69,08	53,66
	III		69,08	53,66
	V	**48,66**	69,08	53,66
	VI	**63,41**	69,08	53,66

* Zur LSt-Berechnung für privat versicherte Arbeitnehmer s. Beispiele **Vorbemerkung S. 4 f.**
** Basisvorsorgepauschale KV und PV *** Typisierter Arbeitgeberzuschuss

Lohn/ Gehalt in € bis	Steuerklasse	Lohn-steuer*	BVSP**	TAGZ***
578,99	I,IV		69,41	53,91
	II		69,41	53,91
	III		69,41	53,91
	V	**49,00**	69,41	53,91
	VI	**63,75**	69,41	53,91
581,99	I,IV		69,83	54,25
	II		69,83	54,25
	III		69,83	54,25
	V	**49,33**	69,83	54,25
	VI	**64,08**	69,83	54,25
584,99	I,IV		70,16	54,50
	II		70,16	54,50
	III		70,16	54,50
	V	**49,58**	70,16	54,50
	VI	**64,41**	70,16	54,50
587,99	I,IV		70,50	54,75
	II		70,50	54,75
	III		70,50	54,75
	V	**50,00**	70,50	54,75
	VI	**64,75**	70,50	54,75
590,99	I,IV		70,91	55,08
	II		70,91	55,08
	III		70,91	55,08
	V	**50,25**	70,91	55,08
	VI	**65,08**	70,91	55,08
593,99	I,IV		71,25	55,33
	II		71,25	55,33
	III		71,25	55,33
	V	**50,58**	71,25	55,33
	VI	**65,41**	71,25	55,33
596,99	I,IV		71,58	55,66
	II		71,58	55,66
	III		71,58	55,66
	V	**50,91**	71,58	55,66
	VI	**65,75**	71,58	55,66
599,99	I,IV		71,91	55,91
	II		71,91	55,91
	III		71,91	55,91
	V	**51,25**	71,91	55,91
	VI	**66,08**	71,91	55,91
602,99	I,IV		72,33	56,16
	II		72,33	56,16
	III		72,33	56,16
	V	**51,58**	72,33	56,16
	VI	**66,41**	72,33	56,16
605,99	I,IV		72,66	56,50
	II		72,66	56,50
	III		72,66	56,50
	V	**51,91**	72,66	56,50
	VI	**66,75**	72,66	56,50
608,99	I,IV		73,00	56,75
	II		73,00	56,75
	III		73,00	56,75
	V	**52,25**	73,00	56,75
	VI	**67,08**	73,00	56,75
611,99	I,IV		73,41	57,00
	II		73,41	57,00
	III		73,41	57,00
	V	**52,58**	73,41	57,00
	VI	**67,33**	73,41	57,00

Lohn/ Gehalt in € bis	Steuerklasse	Lohn-steuer*	BVSP**	TAGZ***
614,99	I,IV		73,75	57,33
	II		73,75	57,33
	III		73,75	57,33
	V	**52,91**	73,75	57,33
	VI	**67,66**	73,75	57,33
617,99	I,IV		74,08	57,58
	II		74,08	57,58
	III		74,08	57,58
	V	**53,25**	74,08	57,58
	VI	**68,00**	74,08	57,58
620,99	I,IV		74,50	57,83
	II		74,50	57,83
	III		74,50	57,83
	V	**53,58**	74,50	57,83
	VI	**68,33**	74,50	57,83
623,99	I,IV		74,83	58,16
	II		74,83	58,16
	III		74,83	58,16
	V	**53,91**	74,83	58,16
	VI	**68,66**	74,83	58,16
626,99	I,IV		75,16	58,41
	II		75,16	58,41
	III		75,16	58,41
	V	**54,25**	75,16	58,41
	VI	**69,00**	75,16	58,41
629,99	I,IV		75,58	58,66
	II		75,58	58,66
	III		75,58	58,66
	V	**54,58**	75,58	58,66
	VI	**69,33**	75,58	58,66
632,99	I,IV		75,91	59,00
	II		75,91	59,00
	III		75,91	59,00
	V	**54,91**	75,91	59,00
	VI	**69,66**	75,91	59,00
635,99	I,IV		76,25	59,25
	II		76,25	59,25
	III		76,25	59,25
	V	**55,25**	76,25	59,25
	VI	**70,00**	76,25	59,25
638,99	I,IV		76,66	59,58
	II		76,66	59,58
	III		76,66	59,58
	V	**55,58**	76,66	59,58
	VI	**70,33**	76,66	59,58
641,99	I,IV		77,00	59,83
	II		77,00	59,83
	III		77,00	59,83
	V	**55,91**	77,00	59,83
	VI	**70,66**	77,00	59,83
644,99	I,IV		77,33	60,08
	II		77,33	60,08
	III		77,33	60,08
	V	**56,25**	77,33	60,08
	VI	**71,00**	77,33	60,08
647,99	I,IV		77,75	60,41
	II		77,75	60,41
	III		77,75	60,41
	V	**56,58**	77,75	60,41
	VI	**71,33**	77,75	60,41

* Zur LSt-Berechnung für privat versicherte Arbeitnehmer s. Beispiele **Vorbemerkung S. 4 f.**
** Basisvorsorgepauschale KV und PV *** Typisierter Arbeitgeberzuschuss

Lohn/ Gehalt in € bis	Steuerklasse	Lohnsteuer*	BVSP**	TAGZ***
650,99	I,IV		78,08	60,66
	II		78,08	60,66
	III		78,08	60,66
	V	**56,91**	78,08	60,66
	VI	**71,66**	78,08	60,66
653,99	I,IV		78,41	60,91
	II		78,41	60,91
	III		78,41	60,91
	V	**57,25**	78,41	60,91
	VI	**72,00**	78,41	60,91
656,99	I,IV		78,83	61,25
	II		78,83	61,25
	III		78,83	61,25
	V	**57,58**	78,83	61,25
	VI	**72,33**	78,83	61,25
659,99	I,IV		79,16	61,50
	II		79,16	61,50
	III		79,16	61,50
	V	**57,91**	79,16	61,50
	VI	**72,66**	79,16	61,50
662,99	I,IV		79,50	61,75
	II		79,50	61,75
	III		79,50	61,75
	V	**58,25**	79,50	61,75
	VI	**73,00**	79,50	61,75
665,99	I,IV		79,91	62,08
	II		79,91	62,08
	III		79,91	62,08
	V	**58,58**	79,91	62,08
	VI	**73,33**	79,91	62,08
668,99	I,IV		80,25	62,33
	II		80,25	62,33
	III		80,25	62,33
	V	**58,91**	80,25	62,33
	VI	**73,66**	80,25	62,33
671,99	I,IV		80,58	62,58
	II		80,58	62,58
	III		80,58	62,58
	V	**59,25**	80,58	62,58
	VI	**74,00**	80,58	62,58
674,99	I,IV		80,91	62,91
	II		80,91	62,91
	III		80,91	62,91
	V	**59,50**	80,91	62,91
	VI	**74,33**	80,91	62,91
677,99	I,IV		81,33	63,16
	II		81,33	63,16
	III		81,33	63,16
	V	**59,91**	81,33	63,16
	VI	**74,66**	81,33	63,16
680,99	I,IV		81,66	63,50
	II		81,66	63,50
	III		81,66	63,50
	V	**60,16**	81,66	63,50
	VI	**75,00**	81,66	63,50
683,99	I,IV		82,00	63,75
	II		82,00	63,75
	III		82,00	63,75
	V	**60,50**	82,00	63,75
	VI	**75,33**	82,00	63,75

Lohn/ Gehalt in € bis	Steuerklasse	Lohnsteuer*	BVSP**	TAGZ***
686,99	I,IV		82,41	64,00
	II		82,41	64,00
	III		82,41	64,00
	V	**60,83**	82,41	64,00
	VI	**75,66**	82,41	64,00
689,99	I,IV		82,75	64,33
	II		82,75	64,33
	III		82,75	64,33
	V	**61,16**	82,75	64,33
	VI	**76,00**	82,75	64,33
692,99	I,IV		83,08	64,58
	II		83,08	64,58
	III		83,08	64,58
	V	**61,50**	83,08	64,58
	VI	**76,33**	83,08	64,58
695,99	I,IV		83,50	64,83
	II		83,50	64,83
	III		83,50	64,83
	V	**61,83**	83,50	64,83
	VI	**76,66**	83,50	64,83
698,99	I,IV		83,83	65,16
	II		83,83	65,16
	III		83,83	65,16
	V	**62,16**	83,83	65,16
	VI	**77,00**	83,83	65,16
701,99	I,IV		84,16	65,41
	II		84,16	65,41
	III		84,16	65,41
	V	**62,50**	84,16	65,41
	VI	**77,25**	84,16	65,41
704,99	I,IV		84,58	65,66
	II		84,58	65,66
	III		84,58	65,66
	V	**62,83**	84,58	65,66
	VI	**77,58**	84,58	65,66
707,99	I,IV		84,91	66,00
	II		84,91	66,00
	III		84,91	66,00
	V	**63,16**	84,91	66,00
	VI	**77,91**	84,91	66,00
710,99	I,IV		85,25	66,25
	II		85,25	66,25
	III		85,25	66,25
	V	**63,50**	85,25	66,25
	VI	**78,25**	85,25	66,25
713,99	I,IV		85,66	66,50
	II		85,66	66,50
	III		85,66	66,50
	V	**63,83**	85,66	66,50
	VI	**78,58**	85,66	66,50
716,99	I,IV		86,00	66,83
	II		86,00	66,83
	III		86,00	66,83
	V	**64,16**	86,00	66,83
	VI	**78,91**	86,00	66,83
719,99	I,IV		86,33	67,08
	II		86,33	67,08
	III		86,33	67,08
	V	**64,50**	86,33	67,08
	VI	**79,25**	86,33	67,08

* Zur LSt-Berechnung für privat versicherte Arbeitnehmer s. Beispiele **Vorbemerkung S. 4 f.**

** Basisvorsorgepauschale KV und PV *** Typisierter Arbeitgeberzuschuss

Lohn/ Gehalt in € bis	Steuerklasse	Lohn- steuer*	BVSP**	TAGZ***
722,99	I,IV		86,75	67,41
	II		86,75	67,41
	III		86,75	67,41
	V	**64,83**	86,75	67,41
	VI	**79,58**	86,75	67,41
725,99	I,IV		87,08	67,66
	II		87,08	67,66
	III		87,08	67,66
	V	**65,16**	87,08	67,66
	VI	**79,91**	87,08	67,66
728,99	I,IV		87,41	67,91
	II		87,41	67,91
	III		87,41	67,91
	V	**65,50**	87,41	67,91
	VI	**80,25**	87,41	67,91
731,99	I,IV		87,83	68,25
	II		87,83	68,25
	III		87,83	68,25
	V	**65,83**	87,83	68,25
	VI	**80,58**	87,83	68,25
734,99	I,IV		88,16	68,50
	II		88,16	68,50
	III		88,16	68,50
	V	**66,16**	88,16	68,50
	VI	**80,91**	88,16	68,50
737,99	I,IV		88,50	68,75
	II		88,50	68,75
	III		88,50	68,75
	V	**66,50**	88,50	68,75
	VI	**81,25**	88,50	68,75
740,99	I,IV		88,91	69,08
	II		88,91	69,08
	III		88,91	69,08
	V	**66,83**	88,91	69,08
	VI	**81,58**	88,91	69,08
743,99	I,IV		89,25	69,33
	II		89,25	69,33
	III		89,25	69,33
	V	**67,16**	89,25	69,33
	VI	**81,91**	89,25	69,33
746,99	I,IV		89,58	69,58
	II		89,58	69,58
	III		89,58	69,58
	V	**67,50**	89,58	69,58
	VI	**82,25**	89,58	69,58
749,99	I,IV		89,91	69,91
	II		89,91	69,91
	III		89,91	69,91
	V	**67,83**	89,91	69,91
	VI	**82,58**	89,91	69,91
752,99	I,IV		90,33	70,16
	II		90,33	70,16
	III		90,33	70,16
	V	**68,16**	90,33	70,16
	VI	**82,91**	90,33	70,16
755,99	I,IV		90,66	70,41
	II		90,66	70,41
	III		90,66	70,41
	V	**68,50**	90,66	70,41
	VI	**83,25**	90,66	70,41

Lohn/ Gehalt in € bis	Steuerklasse	Lohn- steuer*	BVSP**	TAGZ***
758,99	I,IV		91,00	70,75
	II		91,00	70,75
	III		91,00	70,75
	V	**68,83**	91,00	70,75
	VI	**83,58**	91,00	70,75
761,99	I,IV		91,41	71,00
	II		91,41	71,00
	III		91,41	71,00
	V	**69,16**	91,41	71,00
	VI	**83,91**	91,41	71,00
764,99	I,IV		91,75	71,33
	II		91,75	71,33
	III		91,75	71,33
	V	**69,41**	91,75	71,33
	VI	**84,25**	91,75	71,33
767,99	I,IV		92,08	71,58
	II		92,08	71,58
	III		92,08	71,58
	V	**69,83**	92,08	71,58
	VI	**84,58**	92,08	71,58
770,99	I,IV		92,50	71,83
	II		92,50	71,83
	III		92,50	71,83
	V	**70,08**	92,50	71,83
	VI	**84,91**	92,50	71,83
773,99	I,IV		92,83	72,16
	II		92,83	72,16
	III		92,83	72,16
	V	**70,41**	92,83	72,16
	VI	**85,25**	92,83	72,16
776,99	I,IV		93,16	72,41
	II		93,16	72,41
	III		93,16	72,41
	V	**70,75**	93,16	72,41
	VI	**85,58**	93,16	72,41
779,99	I,IV		93,58	72,66
	II		93,58	72,66
	III		93,58	72,66
	V	**71,08**	93,58	72,66
	VI	**85,91**	93,58	72,66
782,99	I,IV		93,91	73,00
	II		93,91	73,00
	III		93,91	73,00
	V	**71,41**	93,91	73,00
	VI	**86,25**	93,91	73,00
785,99	I,IV		94,25	73,25
	II		94,25	73,25
	III		94,25	73,25
	V	**71,75**	94,25	73,25
	VI	**86,58**	94,25	73,25
788,99	I,IV		94,66	73,50
	II		94,66	73,50
	III		94,66	73,50
	V	**72,08**	94,66	73,50
	VI	**86,91**	94,66	73,50
791,99	I,IV		95,00	73,83
	II		95,00	73,83
	III		95,00	73,83
	V	**72,41**	95,00	73,83
	VI	**87,16**	95,00	73,83

* Zur LSt-Berechnung für privat versicherte Arbeitnehmer s. Beispiele **Vorbemerkung S. 4 f.**
** Basisvorsorgepauschale KV und PV *** Typisierter Arbeitgeberzuschuss

Lohn/ Gehalt in € bis	Steuerklasse	Lohn- steuer*	BVSP**	TAGZ***
794,99	I,IV		95,33	74,08
	II		95,33	74,08
	III		95,33	74,08
	V	**72,75**	95,33	74,08
	VI	**87,50**	95,33	74,08
797,99	I,IV		95,75	74,33
	II		95,75	74,33
	III		95,75	74,33
	V	**73,08**	95,75	74,33
	VI	**87,83**	95,75	74,33
800,99	I,IV		96,08	74,66
	II		96,08	74,66
	III		96,08	74,66
	V	**73,41**	96,08	74,66
	VI	**88,16**	96,08	74,66
803,99	I,IV		96,41	74,91
	II		96,41	74,91
	III		96,41	74,91
	V	**73,75**	96,41	74,91
	VI	**88,50**	96,41	74,91
806,99	I,IV		96,83	75,25
	II		96,83	75,25
	III		96,83	75,25
	V	**74,08**	96,83	75,25
	VI	**88,83**	96,83	75,25
809,99	I,IV		97,16	75,50
	II		97,16	75,50
	III		97,16	75,50
	V	**74,41**	97,16	75,50
	VI	**89,16**	97,16	75,50
812,99	I,IV		97,50	75,75
	II		97,50	75,75
	III		97,50	75,75
	V	**74,75**	97,50	75,75
	VI	**89,50**	97,50	75,75
815,99	I,IV		97,91	76,08
	II		97,91	76,08
	III		97,91	76,08
	V	**75,08**	97,91	76,08
	VI	**89,83**	97,91	76,08
818,99	I,IV		98,25	76,33
	II		98,25	76,33
	III		98,25	76,33
	V	**75,41**	98,25	76,33
	VI	**90,16**	98,25	76,33
821,99	I,IV		98,58	76,58
	II		98,58	76,58
	III		98,58	76,58
	V	**75,75**	98,58	76,58
	VI	**90,50**	98,58	76,58
824,99	I,IV		98,91	76,91
	II		98,91	76,91
	III		98,91	76,91
	V	**76,08**	98,91	76,91
	VI	**90,83**	98,91	76,91
827,99	I,IV		99,33	77,16
	II		99,33	77,16
	III		99,33	77,16
	V	**76,41**	99,33	77,16
	VI	**91,16**	99,33	77,16
830,99	I,IV		99,66	77,41
	II		99,66	77,41
	III		99,66	77,41
	V	**76,75**	99,66	77,41
	VI	**91,50**	99,66	77,41
833,99	I,IV		100,00	77,75
	II		100,00	77,75
	III		100,00	77,75
	V	**77,08**	100,00	77,75
	VI	**91,83**	100,00	77,75
836,99	I,IV		100,41	78,00
	II		100,41	78,00
	III		100,41	78,00
	V	**77,41**	100,41	78,00
	VI	**92,16**	100,41	78,00
839,99	I,IV		100,75	78,25
	II		100,75	78,25
	III		100,75	78,25
	V	**77,75**	100,75	78,25
	VI	**92,50**	100,75	78,25
842,99	I,IV		101,08	78,58
	II		101,08	78,58
	III		101,08	78,58
	V	**78,08**	101,08	78,58
	VI	**92,83**	101,08	78,58
845,99	I,IV		101,50	78,83
	II		101,50	78,83
	III		101,50	78,83
	V	**78,41**	101,50	78,83
	VI	**93,16**	101,50	78,83
848,99	I,IV		101,83	79,16
	II		101,83	79,16
	III		101,83	79,16
	V	**78,75**	101,83	79,16
	VI	**93,50**	101,83	79,16
851,99	I,IV		102,16	79,41
	II		102,16	79,41
	III		102,16	79,41
	V	**79,08**	102,16	79,41
	VI	**93,83**	102,16	79,41
854,99	I,IV		102,58	79,66
	II		102,58	79,66
	III		102,58	79,66
	V	**79,33**	102,58	79,66
	VI	**94,16**	102,58	79,66
857,99	I,IV		102,91	80,00
	II		102,91	80,00
	III		102,91	80,00
	V	**79,66**	102,91	80,00
	VI	**94,50**	102,91	80,00
860,99	I,IV		103,25	80,25
	II		103,25	80,25
	III		103,25	80,25
	V	**80,00**	103,25	80,25
	VI	**94,83**	103,25	80,25
863,99	I,IV		103,66	80,50
	II		103,66	80,50
	III		103,66	80,50
	V	**80,33**	103,66	80,50
	VI	**95,16**	103,66	80,50

* Zur LSt-Berechnung für privat versicherte Arbeitnehmer s. Beispiele **Vorbemerkung S. 4 f.**
** Basisvorsorgepauschale KV und PV *** Typisierter Arbeitgeberzuschuss

Lohn/ Gehalt in € bis	Steuerklasse	Lohn- steuer*	BVSP**	TAGZ***
866,99	I,IV		104,00	80,83
	II		104,00	80,83
	III		104,00	80,83
	V	**80,66**	104,00	80,83
	VI	**95,50**	104,00	80,83
869,99	I,IV		104,33	81,08
	II		104,33	81,08
	III		104,33	81,08
	V	**81,00**	104,33	81,08
	VI	**95,83**	104,33	81,08
872,99	I,IV		104,75	81,33
	II		104,75	81,33
	III		104,75	81,33
	V	**81,33**	104,75	81,33
	VI	**96,16**	104,75	81,33
875,99	I,IV		105,08	81,66
	II		105,08	81,66
	III		105,08	81,66
	V	**81,66**	105,08	81,66
	VI	**96,41**	105,08	81,66
878,99	I,IV		105,41	81,91
	II		105,41	81,91
	III		105,41	81,91
	V	**82,00**	105,41	81,91
	VI	**96,83**	105,41	81,91
881,99	I,IV		105,83	82,16
	II		105,83	82,16
	III		105,83	82,16
	V	**82,33**	105,83	82,16
	VI	**97,08**	105,83	82,16
884,99	I,IV		106,16	82,50
	II		106,16	82,50
	III		106,16	82,50
	V	**82,66**	106,16	82,50
	VI	**97,41**	106,16	82,50
887,99	I,IV		106,50	82,75
	II		106,50	82,75
	III		106,50	82,75
	V	**83,00**	106,50	82,75
	VI	**97,75**	106,50	82,75
890,99	I,IV		106,91	83,08
	II		106,91	83,08
	III		106,91	83,08
	V	**83,33**	106,91	83,08
	VI	**98,08**	106,91	83,08
893,99	I,IV		107,25	83,33
	II		107,25	83,33
	III		107,25	83,33
	V	**83,66**	107,25	83,33
	VI	**98,41**	107,25	83,33
896,99	I,IV		107,58	83,58
	II		107,58	83,58
	III		107,58	83,58
	V	**84,00**	107,58	83,58
	VI	**98,75**	107,58	83,58
899,99	I,IV		107,91	83,91
	II		107,91	83,91
	III		107,91	83,91
	V	**84,33**	107,91	83,91
	VI	**99,08**	107,91	83,91
902,99	I,IV		108,33	84,16
	II		108,33	84,16
	III		108,33	84,16
	V	**84,66**	108,33	84,16
	VI	**99,41**	108,33	84,16
905,99	I,IV		108,66	84,41
	II		108,66	84,41
	III		108,66	84,41
	V	**85,00**	108,66	84,41
	VI	**99,75**	108,66	84,41
908,99	I,IV		109,00	84,75
	II		109,00	84,75
	III		109,00	84,75
	V	**85,33**	109,00	84,75
	VI	**100,08**	109,00	84,75
911,99	I,IV		109,41	85,00
	II		109,41	85,00
	III		109,41	85,00
	V	**85,66**	109,41	85,00
	VI	**100,41**	109,41	85,00
914,99	I,IV		109,75	85,25
	II		109,75	85,25
	III		109,75	85,25
	V	**86,00**	109,75	85,25
	VI	**100,75**	109,75	85,25
917,99	I,IV		110,08	85,58
	II		110,08	85,58
	III		110,08	85,58
	V	**86,33**	110,08	85,58
	VI	**101,08**	110,08	85,58
920,99	I,IV		110,50	85,83
	II		110,50	85,83
	III		110,50	85,83
	V	**86,66**	110,50	85,83
	VI	**101,41**	110,50	85,83
923,99	I,IV		110,83	86,08
	II		110,83	86,08
	III		110,83	86,08
	V	**87,00**	110,83	86,08
	VI	**101,75**	110,83	86,08
926,99	I,IV		111,16	86,41
	II		111,16	86,41
	III		111,16	86,41
	V	**87,33**	111,16	86,41
	VI	**102,08**	111,16	86,41
929,99	I,IV		111,58	86,66
	II		111,58	86,66
	III		111,58	86,66
	V	**87,66**	111,58	86,66
	VI	**102,41**	111,58	86,66
932,99	I,IV		111,91	87,00
	II		111,91	87,00
	III		111,91	87,00
	V	**88,00**	111,91	87,00
	VI	**102,75**	111,91	87,00
935,99	I,IV		112,25	87,25
	II		112,25	87,25
	III		112,25	87,25
	V	**88,33**	112,25	87,25
	VI	**103,08**	112,25	87,25

* Zur LSt-Berechnung für privat versicherte Arbeitnehmer s. Beispiele **Vorbemerkung S. 4 f.**
** Basisvorsorgepauschale KV und PV *** Typisierter Arbeitgeberzuschuss

Lohn/ Gehalt in € bis	Steuerklasse	Lohn- steuer*	BVSP**	TAGZ***
938,99	I,IV		112,66	87,50
	II		112,66	87,50
	III		112,66	87,50
	V	**88,66**	112,66	87,50
	VI	**103,41**	112,66	87,50
941,99	I,IV		113,00	87,83
	II		113,00	87,83
	III		113,00	87,83
	V	**89,00**	113,00	87,83
	VI	**103,75**	113,00	87,83
944,99	I,IV		113,33	88,08
	II		113,33	88,08
	III		113,33	88,08
	V	**89,25**	113,33	88,08
	VI	**104,08**	113,33	88,08
947,99	I,IV		113,75	88,33
	II		113,75	88,33
	III		113,75	88,33
	V	**89,58**	113,75	88,33
	VI	**104,41**	113,75	88,33
950,99	I,IV		114,08	88,66
	II		114,08	88,66
	III		114,08	88,66
	V	**89,91**	114,08	88,66
	VI	**104,75**	114,08	88,66
953,99	I,IV		114,41	88,91
	II		114,41	88,91
	III		114,41	88,91
	V	**90,25**	114,41	88,91
	VI	**105,08**	114,41	88,91
956,99	I,IV		114,83	89,16
	II		114,83	89,16
	III		114,83	89,16
	V	**90,58**	114,83	89,16
	VI	**105,41**	114,83	89,16
959,99	I,IV		115,16	89,50
	II		115,16	89,50
	III		115,16	89,50
	V	**90,91**	115,16	89,50
	VI	**105,75**	115,16	89,50
962,99	I,IV		115,50	89,75
	II		115,50	89,75
	III		115,50	89,75
	V	**91,25**	115,50	89,75
	VI	**106,08**	115,50	89,75
965,99	I,IV		115,91	90,00
	II		115,91	90,00
	III		115,91	90,00
	V	**91,58**	115,91	90,00
	VI	**106,33**	115,91	90,00
968,99	I,IV		116,25	90,33
	II		116,25	90,33
	III		116,25	90,33
	V	**91,91**	116,25	90,33
	VI	**106,75**	116,25	90,33
971,99	I,IV		116,58	90,58
	II		116,58	90,58
	III		116,58	90,58
	V	**92,25**	116,58	90,58
	VI	**107,00**	116,58	90,58
974,99	I,IV		116,91	90,91
	II		116,91	90,91
	III		116,91	90,91
	V	**92,58**	116,91	90,91
	VI	**107,33**	116,91	90,91
977,99	I,IV		117,33	91,16
	II		117,33	91,16
	III		117,33	91,16
	V	**92,91**	117,33	91,16
	VI	**107,66**	117,33	91,16
980,99	I,IV		117,66	91,41
	II		117,66	91,41
	III		117,66	91,41
	V	**93,25**	117,66	91,41
	VI	**108,00**	117,66	91,41
983,99	I,IV		118,00	91,75
	II		118,00	91,75
	III		118,00	91,75
	V	**93,58**	118,00	91,75
	VI	**108,33**	118,00	91,75
986,99	I,IV		118,41	92,00
	II		118,41	92,00
	III		118,41	92,00
	V	**93,91**	118,41	92,00
	VI	**108,66**	118,41	92,00
989,99	I,IV		118,75	92,25
	II		118,75	92,25
	III		118,75	92,25
	V	**94,25**	118,75	92,25
	VI	**109,00**	118,75	92,25
992,99	I,IV		119,08	92,58
	II		119,08	92,58
	III		119,08	92,58
	V	**94,58**	119,08	92,58
	VI	**109,33**	119,08	92,58
995,99	I,IV		119,50	92,83
	II		119,50	92,83
	III		119,50	92,83
	V	**94,91**	119,50	92,83
	VI	**109,66**	119,50	92,83
998,99	I,IV		119,83	93,08
	II		119,83	93,08
	III		119,83	93,08
	V	**95,25**	119,83	93,08
	VI	**110,00**	119,83	93,08
1 001,99	I,IV		120,16	93,41
	II		120,16	93,41
	III		120,16	93,41
	V	**95,58**	120,16	93,41
	VI	**110,33**	120,16	93,41
1 004,99	I,IV		120,58	93,66
	II		120,58	93,66
	III		120,58	93,66
	V	**95,91**	120,58	93,66
	VI	**110,66**	120,58	93,66
1 007,99	I,IV		120,91	93,91
	II		120,91	93,91
	III		120,91	93,91
	V	**96,25**	120,91	93,91
	VI	**111,00**	120,91	93,91

* Zur LSt-Berechnung für privat versicherte Arbeitnehmer s. Beispiele **Vorbemerkung S. 4 f.**
** Basisvorsorgepauschale KV und PV *** Typisierter Arbeitgeberzuschuss

Lohn/ Gehalt in € bis	Steuerklasse	Lohn- steuer*	BVSP**	TAGZ***
1 010,99	I,IV		121,25	94,25
	II		121,25	94,25
	III		121,25	94,25
	V	**96,58**	121,25	94,25
	VI	**111,33**	121,25	94,25
1 013,99	I,IV		121,66	94,50
	II		121,66	94,50
	III		121,66	94,50
	V	**96,91**	121,66	94,50
	VI	**111,66**	121,66	94,50
1 016,99	I,IV		122,00	94,83
	II		122,00	94,83
	III		122,00	94,83
	V	**97,25**	122,00	94,83
	VI	**112,00**	122,00	94,83
1 019,99	I,IV		122,33	95,08
	II		122,33	95,08
	III		122,33	95,08
	V	**97,58**	122,33	95,08
	VI	**112,33**	122,33	95,08
1 022,99	I,IV		122,75	95,33
	II		122,75	95,33
	III		122,75	95,33
	V	**97,91**	122,75	95,33
	VI	**112,66**	122,75	95,33
1 025,99	I,IV		123,08	95,66
	II		123,08	95,66
	III		123,08	95,66
	V	**98,25**	123,08	95,66
	VI	**113,00**	123,08	95,66
1 028,99	I,IV		123,41	95,91
	II		123,41	95,91
	III		123,41	95,91
	V	**98,58**	123,41	95,91
	VI	**113,33**	123,41	95,91
1 031,99	I,IV		123,83	96,16
	II		123,83	96,16
	III		123,83	96,16
	V	**98,91**	123,83	96,16
	VI	**113,66**	123,83	96,16
1 034,99	I,IV		124,16	96,50
	II		124,16	96,50
	III		124,16	96,50
	V	**99,16**	124,16	96,50
	VI	**114,00**	124,16	96,50
1 037,99	I,IV		124,50	96,75
	II		124,50	96,75
	III		124,50	96,75
	V	**99,50**	124,50	96,75
	VI	**114,33**	124,50	96,75
1 040,99	I,IV		124,91	97,00
	II		124,91	97,00
	III		124,91	97,00
	V	**99,83**	124,91	97,00
	VI	**114,66**	124,91	97,00
1 043,99	I,IV		125,25	97,33
	II		125,25	97,33
	III		125,25	97,33
	V	**100,16**	125,25	97,33
	VI	**115,00**	125,25	97,33
1 046,99	I,IV		125,58	97,58
	II		125,58	97,58
	III		125,58	97,58
	V	**100,50**	125,58	97,58
	VI	**115,33**	125,58	97,58
1 049,99	I,IV		125,91	97,83
	II		125,91	97,83
	III		125,91	97,83
	V	**100,83**	125,91	97,83
	VI	**115,66**	125,91	97,83
1 052,99	I,IV		126,33	98,16
	II		126,33	98,16
	III		126,33	98,16
	V	**101,16**	126,33	98,16
	VI	**116,00**	126,33	98,16
1 055,99	I,IV		126,66	98,41
	II		126,66	98,41
	III		126,66	98,41
	V	**101,50**	126,66	98,41
	VI	**116,25**	126,66	98,41
1 058,99	I,IV		127,00	98,75
	II		127,00	98,75
	III		127,00	98,75
	V	**101,83**	127,00	98,75
	VI	**116,66**	127,00	98,75
1 061,99	I,IV		127,41	99,00
	II		127,41	99,00
	III		127,41	99,00
	V	**102,16**	127,41	99,00
	VI	**116,91**	127,41	99,00
1 064,99	I,IV		127,75	99,25
	II		127,75	99,25
	III		127,75	99,25
	V	**102,50**	127,75	99,25
	VI	**117,25**	127,75	99,25
1 067,99	I,IV		128,08	99,58
	II		128,08	99,58
	III		128,08	99,58
	V	**102,83**	128,08	99,58
	VI	**117,58**	128,08	99,58
1 070,99	I,IV		128,50	99,83
	II		128,50	99,83
	III		128,50	99,83
	V	**103,16**	128,50	99,83
	VI	**117,91**	128,50	99,83
1 073,99	I,IV		128,83	100,08
	II		128,83	100,08
	III		128,83	100,08
	V	**103,50**	128,83	100,08
	VI	**118,25**	128,83	100,08
1 076,99	I,IV		129,16	100,41
	II		129,16	100,41
	III		129,16	100,41
	V	**103,83**	129,16	100,41
	VI	**118,58**	129,16	100,41
1 079,99	I,IV		129,58	100,66
	II		129,58	100,66
	III		129,58	100,66
	V	**104,16**	129,58	100,66
	VI	**118,91**	129,58	100,66

* Zur LSt-Berechnung für privat versicherte Arbeitnehmer s. Beispiele **Vorbemerkung S. 4 f.**
** Basisvorsorgepauschale KV und PV *** Typisierter Arbeitgeberzuschuss

Lohn/ Gehalt in € bis	Steuerklasse	Lohn- steuer*	BVSP**	TAGZ***
1 082,99	I,IV		129,91	100,91
	II		129,91	100,91
	III		129,91	100,91
	V	**104,50**	129,91	100,91
	VI	**119,25**	129,91	100,91
1 085,99	I,IV		130,25	101,25
	II		130,25	101,25
	III		130,25	101,25
	V	**104,83**	130,25	101,25
	VI	**119,58**	130,25	101,25
1 088,99	I,IV		130,66	101,50
	II		130,66	101,50
	III		130,66	101,50
	V	**105,16**	130,66	101,50
	VI	**119,91**	130,66	101,50
1 091,99	I,IV		131,00	101,75
	II		131,00	101,75
	III		131,00	101,75
	V	**105,50**	131,00	101,75
	VI	**120,25**	131,00	101,75
1 094,99	I,IV		131,33	102,08
	II		131,33	102,08
	III		131,33	102,08
	V	**105,83**	131,33	102,08
	VI	**120,58**	131,33	102,08
1 097,99	I,IV		131,75	102,33
	II		131,75	102,33
	III		131,75	102,33
	V	**106,16**	131,75	102,33
	VI	**120,91**	131,75	102,33
1 100,99	I,IV		132,08	102,66
	II		132,08	102,66
	III		132,08	102,66
	V	**106,50**	132,08	102,66
	VI	**121,25**	132,08	102,66
1 103,99	I,IV		132,41	102,91
	II		132,41	102,91
	III		132,41	102,91
	V	**106,83**	132,41	102,91
	VI	**121,58**	132,41	102,91
1 106,99	I,IV		132,83	103,16
	II		132,83	103,16
	III		132,83	103,16
	V	**107,16**	132,83	103,16
	VI	**121,91**	132,83	103,16
1 109,99	I,IV		133,16	103,50
	II		133,16	103,50
	III		133,16	103,50
	V	**107,50**	133,16	103,50
	VI	**122,25**	133,16	103,50
1 112,99	I,IV		133,50	103,75
	II		133,50	103,75
	III		133,50	103,75
	V	**107,83**	133,50	103,75
	VI	**122,58**	133,50	103,75
1 115,99	I,IV		133,91	104,00
	II		133,91	104,00
	III		133,91	104,00
	V	**108,16**	133,91	104,00
	VI	**122,91**	133,91	104,00

Lohn/ Gehalt in € bis	Steuerklasse	Lohn- steuer*	BVSP**	TAGZ***
1 118,99	I,IV		134,25	104,33
	II		134,25	104,33
	III		134,25	104,33
	V	**108,50**	134,25	104,33
	VI	**123,25**	134,25	104,33
1 121,99	I,IV		134,58	104,58
	II		134,58	104,58
	III		134,58	104,58
	V	**108,83**	134,58	104,58
	VI	**123,58**	134,58	104,58
1 124,99	I,IV		134,91	104,83
	II		134,91	104,83
	III		134,91	104,83
	V	**109,08**	134,91	104,83
	VI	**123,91**	134,91	104,83
1 127,99	I,IV		135,33	105,16
	II		135,33	105,16
	III		135,33	105,16
	V	**109,41**	135,33	105,16
	VI	**124,25**	135,33	105,16
1 130,99	I,IV		135,66	105,41
	II		135,66	105,41
	III		135,66	105,41
	V	**109,75**	135,66	105,41
	VI	**124,58**	135,66	105,41
1 133,99	I,IV		136,00	105,66
	II		136,00	105,66
	III		136,00	105,66
	V	**110,08**	136,00	105,66
	VI	**124,91**	136,00	105,66
1 136,99	I,IV		136,41	106,00
	II		136,41	106,00
	III		136,41	106,00
	V	**110,41**	136,41	106,00
	VI	**125,25**	136,41	106,00
1 139,99	I,IV		136,75	106,25
	II		136,75	106,25
	III		136,75	106,25
	V	**110,75**	136,75	106,25
	VI	**125,58**	136,75	106,25
1 142,99	I,IV		137,08	106,58
	II		137,08	106,58
	III		137,08	106,58
	V	**111,08**	137,08	106,58
	VI	**125,91**	137,08	106,58
1 145,99	I,IV		137,50	106,83
	II		137,50	106,83
	III		137,50	106,83
	V	**111,41**	137,50	106,83
	VI	**126,16**	137,50	106,83
1 148,99	I,IV		137,83	107,08
	II		137,83	107,08
	III		137,83	107,08
	V	**111,75**	137,83	107,08
	VI	**126,58**	137,83	107,08
1 151,99	I,IV		138,16	107,41
	II		138,16	107,41
	III		138,16	107,41
	V	**112,08**	138,16	107,41
	VI	**126,83**	138,16	107,41

* Zur LSt-Berechnung für privat versicherte Arbeitnehmer s. Beispiele **Vorbemerkung S. 4 f.**
** Basisvorsorgepauschale KV und PV *** Typisierter Arbeitgeberzuschuss

Lohn/ Gehalt in € bis	Steuerklasse	Lohn- steuer*	BVSP**	TAGZ***
1 154,99	I,IV		138,58	107,66
	II		138,58	107,66
	III		138,58	107,66
	V	**112,41**	138,58	107,66
	VI	**127,16**	138,58	107,66
1 157,99	I,IV		138,91	107,91
	II		138,91	107,91
	III		138,91	107,91
	V	**112,75**	138,91	107,91
	VI	**127,50**	138,91	107,91
1 160,99	I,IV		139,25	108,25
	II		139,25	108,25
	III		139,25	108,25
	V	**113,08**	139,25	108,25
	VI	**127,83**	139,25	108,25
1 163,99	I,IV		139,66	108,50
	II		139,66	108,50
	III		139,66	108,50
	V	**113,41**	139,66	108,50
	VI	**128,16**	139,66	108,50
1 166,99	I,IV		140,00	108,75
	II		140,00	108,75
	III		140,00	108,75
	V	**113,75**	140,00	108,75
	VI	**128,50**	140,00	108,75
1 169,99	I,IV		140,33	109,08
	II		140,33	109,08
	III		140,33	109,08
	V	**114,08**	140,33	109,08
	VI	**128,83**	140,33	109,08
1 172,99	I,IV		140,75	109,33
	II		140,75	109,33
	III		140,75	109,33
	V	**114,41**	140,75	109,33
	VI	**129,16**	140,75	109,33
1 175,99	I,IV		141,08	109,58
	II		141,08	109,58
	III		141,08	109,58
	V	**114,75**	141,08	109,58
	VI	**129,50**	141,08	109,58
1 178,99	I,IV		141,41	109,91
	II		141,41	109,91
	III		141,41	109,91
	V	**115,08**	141,41	109,91
	VI	**129,83**	141,41	109,91
1 181,99	I,IV		141,83	110,16
	II		141,83	110,16
	III		141,83	110,16
	V	**115,41**	141,83	110,16
	VI	**130,16**	141,83	110,16
1 184,99	I,IV		142,16	110,50
	II		142,16	110,50
	III		142,16	110,50
	V	**115,75**	142,16	110,50
	VI	**130,50**	142,16	110,50
1 187,99	I,IV		142,50	110,75
	II		142,50	110,75
	III		142,50	110,75
	V	**116,08**	142,50	110,75
	VI	**130,83**	142,50	110,75
1 190,99	I,IV		142,91	111,00
	II		142,91	111,00
	III		142,91	111,00
	V	**116,41**	142,91	111,00
	VI	**131,16**	142,91	111,00
1 193,99	I,IV		143,25	111,33
	II		143,25	111,33
	III		143,25	111,33
	V	**116,75**	143,25	111,33
	VI	**131,50**	143,25	111,33
1 196,99	I,IV		143,58	111,58
	II		143,58	111,58
	III		143,58	111,58
	V	**117,08**	143,58	111,58
	VI	**131,83**	143,58	111,58
1 199,99	I,IV		143,91	111,83
	II		143,91	111,83
	III		143,91	111,83
	V	**117,41**	143,91	111,83
	VI	**132,16**	143,91	111,83
1 202,99	I,IV		144,33	112,16
	II		144,33	112,16
	III		144,33	112,16
	V	**117,75**	144,33	112,16
	VI	**132,50**	144,33	112,16
1 205,99	I,IV		144,66	112,41
	II		144,66	112,41
	III		144,66	112,41
	V	**118,08**	144,66	112,41
	VI	**132,83**	144,66	112,41
1 208,99	I,IV		145,00	112,66
	II		145,00	112,66
	III		145,00	112,66
	V	**118,41**	145,00	112,66
	VI	**133,16**	145,00	112,66
1 211,99	I,IV		145,41	113,00
	II		145,41	113,00
	III		145,41	113,00
	V	**118,75**	145,41	113,00
	VI	**133,50**	145,41	113,00
1 214,99	I,IV		145,75	113,25
	II		145,75	113,25
	III		145,75	113,25
	V	**119,00**	145,75	113,25
	VI	**133,83**	145,75	113,25
1 217,99	I,IV		146,08	113,50
	II		146,08	113,50
	III		146,08	113,50
	V	**119,33**	146,08	113,50
	VI	**134,16**	146,08	113,50
1 220,99	I,IV		146,50	113,83
	II		146,50	113,83
	III		146,50	113,83
	V	**119,66**	146,50	113,83
	VI	**134,50**	146,50	113,83
1 223,99	I,IV		146,83	114,08
	II		146,83	114,08
	III		146,83	114,08
	V	**120,00**	146,83	114,08
	VI	**134,83**	146,83	114,08

* Zur LSt-Berechnung für privat versicherte Arbeitnehmer s. Beispiele **Vorbemerkung S. 4f.**
** Basisvorsorgepauschale KV und PV *** Typisierter Arbeitgeberzuschuss

Lohn/ Gehalt in € bis	Steuerklasse	Lohn- steuer*	BVSP**	TAGZ***
1 226,99	I,IV		147,16	114,41
	II		147,16	114,41
	III		147,16	114,41
	V	**120,33**	147,16	114,41
	VI	**135,16**	147,16	114,41
1 229,99	I,IV		147,58	114,66
	II		147,58	114,66
	III		147,58	114,66
	V	**120,66**	147,58	114,66
	VI	**135,50**	147,58	114,66
1 232,99	I,IV		147,91	114,91
	II		147,91	114,91
	III		147,91	114,91
	V	**121,00**	147,91	114,91
	VI	**135,83**	147,91	114,91
1 235,99	I,IV		148,25	115,25
	II		148,25	115,25
	III		148,25	115,25
	V	**121,33**	148,25	115,25
	VI	**136,08**	148,25	115,25
1 238,99	I,IV		148,66	115,50
	II		148,66	115,50
	III		148,66	115,50
	V	**121,66**	148,66	115,50
	VI	**136,50**	148,66	115,50
1 241,99	I,IV		149,00	115,75
	II		149,00	115,75
	III		149,00	115,75
	V	**122,00**	149,00	115,75
	VI	**136,75**	149,00	115,75
1 244,99	I,IV		149,33	116,08
	II		149,33	116,08
	III		149,33	116,08
	V	**122,33**	149,33	116,08
	VI	**137,08**	149,33	116,08
1 247,99	I,IV		149,75	116,33
	II		149,75	116,33
	III		149,75	116,33
	V	**122,66**	149,75	116,33
	VI	**137,41**	149,75	116,33
1 250,99	I,IV		150,08	116,58
	II		150,08	116,58
	III		150,08	116,58
	V	**123,00**	150,08	116,58
	VI	**137,75**	150,08	116,58
1 253,99	I,IV		150,41	116,91
	II		150,41	116,91
	III		150,41	116,91
	V	**123,33**	150,41	116,91
	VI	**138,08**	150,41	116,91
1 256,99	I,IV		150,83	117,16
	II		150,83	117,16
	III		150,83	117,16
	V	**123,66**	150,83	117,16
	VI	**138,41**	150,83	117,16
1 259,99	I,IV		151,16	117,41
	II		151,16	117,41
	III		151,16	117,41
	V	**124,00**	151,16	117,41
	VI	**138,75**	151,16	117,41

Lohn/ Gehalt in € bis	Steuerklasse	Lohn- steuer*	BVSP**	TAGZ***
1 262,99	I,IV		151,50	117,75
	II		151,50	117,75
	III		151,50	117,75
	V	**124,33**	151,50	117,75
	VI	**139,08**	151,50	117,75
1 265,99	I,IV		151,91	118,00
	II		151,91	118,00
	III		151,91	118,00
	V	**124,66**	151,91	118,00
	VI	**139,41**	151,91	118,00
1 268,99	I,IV		152,25	118,33
	II		152,25	118,33
	III		152,25	118,33
	V	**125,00**	152,25	118,33
	VI	**139,75**	152,25	118,33
1 271,99	I,IV		152,58	118,58
	II		152,58	118,58
	III		152,58	118,58
	V	**125,33**	152,58	118,58
	VI	**140,08**	152,58	118,58
1 274,99	I,IV		152,91	118,83
	II		152,91	118,83
	III		152,91	118,83
	V	**125,66**	152,91	118,83
	VI	**140,41**	152,91	118,83
1 277,99	I,IV		153,33	119,16
	II		153,33	119,16
	III		153,33	119,16
	V	**126,00**	153,33	119,16
	VI	**140,75**	153,33	119,16
1 280,99	I,IV		153,66	119,41
	II		153,66	119,41
	III		153,66	119,41
	V	**126,33**	153,66	119,41
	VI	**141,08**	153,66	119,41
1 283,99	I,IV		154,00	119,66
	II		154,00	119,66
	III		154,00	119,66
	V	**126,66**	154,00	119,66
	VI	**141,41**	154,00	119,66
1 286,99	I,IV		154,41	120,00
	II		154,41	120,00
	III		154,41	120,00
	V	**127,00**	154,41	120,00
	VI	**141,75**	154,41	120,00
1 289,99	I,IV		154,75	120,25
	II		154,75	120,25
	III		154,75	120,25
	V	**127,33**	154,75	120,25
	VI	**142,08**	154,75	120,25
1 292,99	I,IV	**0,41**	155,08	120,50
	II		155,08	120,50
	III		155,08	120,50
	V	**127,66**	155,08	120,50
	VI	**142,41**	155,08	120,50
1 295,99	I,IV	**0,75**	155,50	120,83
	II		155,50	120,83
	III		155,50	120,83
	V	**128,00**	155,50	120,83
	VI	**142,75**	155,50	120,83

* Zur LSt-Berechnung für privat versicherte Arbeitnehmer s. Beispiele **Vorbemerkung S. 4 f.**
** Basisvorsorgepauschale KV und PV *** Typisierter Arbeitgeberzuschuss

Lohn/ Gehalt in € bis	Steuerklasse	Lohn-steuer*	BVSP**	TAGZ***
1 298,99	I,IV	**1,00**	155,83	121,08
	II		155,83	121,08
	III		155,83	121,08
	V	**128,33**	155,83	121,08
	VI	**143,08**	155,83	121,08
1 301,99	I,IV	**1,41**	156,16	121,33
	II		156,16	121,33
	III		156,16	121,33
	V	**128,66**	156,16	121,33
	VI	**143,41**	156,16	121,33
1 304,99	I,IV	**1,75**	156,58	121,66
	II		156,58	121,66
	III		156,58	121,66
	V	**128,91**	156,58	121,66
	VI	**143,75**	156,58	121,66
1 307,99	I,IV	**2,08**	156,91	121,91
	II		156,91	121,91
	III		156,91	121,91
	V	**129,25**	156,91	121,91
	VI	**144,08**	156,91	121,91
1 310,99	I,IV	**2,41**	157,25	122,25
	II		157,25	122,25
	III		157,25	122,25
	V	**129,58**	157,25	122,25
	VI	**144,41**	157,25	122,25
1 313,99	I,IV	**2,75**	157,66	122,50
	II		157,66	122,50
	III		157,66	122,50
	V	**129,91**	157,66	122,50
	VI	**144,75**	157,66	122,50
1 316,99	I,IV	**3,08**	158,00	122,75
	II		158,00	122,75
	III		158,00	122,75
	V	**130,25**	158,00	122,75
	VI	**145,08**	158,00	122,75
1 319,99	I,IV	**3,41**	158,33	123,08
	II		158,33	123,08
	III		158,33	123,08
	V	**130,58**	158,33	123,08
	VI	**145,41**	158,33	123,08
1 322,99	I,IV	**3,83**	158,33	123,33
	II		158,33	123,33
	III		158,75	123,33
	V	**131,00**	158,33	123,33
	VI	**146,00**	158,33	123,33
1 325,99	I,IV	**4,25**	158,33	123,58
	II		158,33	123,58
	III		159,08	123,58
	V	**131,41**	158,33	123,58
	VI	**147,16**	158,33	123,58
1 328,99	I,IV	**4,58**	158,33	123,91
	II		158,33	123,91
	III		159,41	123,91
	V	**131,75**	158,33	123,91
	VI	**148,25**	158,33	123,91
1 331,99	I,IV	**5,00**	158,33	124,16
	II		158,33	124,16
	III		159,83	124,16
	V	**132,16**	158,33	124,16
	VI	**149,41**	158,33	124,16
1 334,99	I,IV	**5,41**	158,33	124,41
	II		158,33	124,41
	III		160,16	124,41
	V	**132,50**	158,33	124,41
	VI	**150,58**	158,33	124,41
1 337,99	I,IV	**5,83**	158,33	124,75
	II		158,33	124,75
	III		160,50	124,75
	V	**132,91**	158,33	124,75
	VI	**151,66**	158,33	124,75
1 340,99	I,IV	**6,25**	158,33	125,00
	II		158,33	125,00
	III		160,91	125,00
	V	**133,25**	158,33	125,00
	VI	**152,83**	158,33	125,00
1 343,99	I,IV	**6,66**	158,33	125,25
	II		158,33	125,25
	III		161,25	125,25
	V	**133,66**	158,33	125,25
	VI	**154,00**	158,33	125,25
1 346,99	I,IV	**7,08**	158,33	125,58
	II		158,33	125,58
	III		161,58	125,58
	V	**134,08**	158,33	125,58
	VI	**155,16**	158,33	125,58
1 349,99	I,IV	**7,50**	158,33	125,83
	II		158,33	125,83
	III		161,91	125,83
	V	**134,41**	158,33	125,83
	VI	**156,25**	158,33	125,83
1 352,99	I,IV	**7,91**	158,33	126,16
	II		158,33	126,16
	III		162,33	126,16
	V	**134,83**	158,33	126,16
	VI	**157,41**	158,33	126,16
1 355,99	I,IV	**8,33**	158,33	126,41
	II		158,33	126,41
	III		162,66	126,41
	V	**135,16**	158,33	126,41
	VI	**158,58**	158,33	126,41
1 358,99	I,IV	**8,75**	158,33	126,66
	II		158,33	126,66
	III		163,00	126,66
	V	**135,58**	158,33	126,66
	VI	**159,75**	158,33	126,66
1 361,99	I,IV	**9,16**	158,33	127,00
	II		158,33	127,00
	III		163,41	127,00
	V	**135,91**	158,33	127,00
	VI	**160,83**	158,33	127,00
1 364,99	I,IV	**9,58**	158,33	127,25
	II		158,33	127,25
	III		163,75	127,25
	V	**136,33**	158,33	127,25
	VI	**162,00**	158,33	127,25
1 367,99	I,IV	**10,00**	158,33	127,50
	II		158,33	127,50
	III		164,08	127,50
	V	**136,75**	158,33	127,50
	VI	**163,16**	158,33	127,50

* Zur LSt-Berechnung für privat versicherte Arbeitnehmer s. Beispiele **Vorbemerkung S. 4 f.**
** Basisvorsorgepauschale KV und PV *** Typisierter Arbeitgeberzuschuss

Lohn/ Gehalt in € bis	Steuerklasse	Lohn-steuer*	BVSP**	TAGZ***
1 370,99	I,IV	**10,41**	158,33	127,83
	II		158,33	127,83
	III		164,50	127,83
	V	**137,08**	158,33	127,83
	VI	**164,25**	158,33	127,83
1 373,99	I,IV	**10,83**	158,33	128,08
	II		158,33	128,08
	III		164,83	128,08
	V	**137,50**	158,33	128,08
	VI	**165,41**	158,33	128,08
1 376,99	I,IV	**11,25**	158,33	128,33
	II		158,33	128,33
	III		165,16	128,33
	V	**137,83**	158,33	128,33
	VI	**166,58**	158,33	128,33
1 379,99	I,IV	**11,66**	158,33	128,66
	II		158,33	128,66
	III		165,58	128,66
	V	**138,25**	158,33	128,66
	VI	**167,66**	158,33	128,66
1 382,99	I,IV	**12,16**	158,33	128,91
	II		158,33	128,91
	III		165,91	128,91
	V	**138,58**	158,33	128,91
	VI	**168,83**	158,33	128,91
1 385,99	I,IV	**12,58**	158,33	129,16
	II		158,33	129,16
	III		166,25	129,16
	V	**139,00**	158,33	129,16
	VI	**170,00**	158,33	129,16
1 388,99	I,IV	**13,00**	158,33	129,50
	II		158,33	129,50
	III		166,66	129,50
	V	**139,41**	158,33	129,50
	VI	**171,16**	158,33	129,50
1 391,99	I,IV	**13,41**	158,33	129,75
	II		158,33	129,75
	III		167,00	129,75
	V	**139,75**	158,33	129,75
	VI	**172,25**	158,33	129,75
1 394,99	I,IV	**13,91**	158,33	130,08
	II		158,33	130,08
	III		167,33	130,08
	V	**140,16**	158,33	130,08
	VI	**173,41**	158,33	130,08
1 397,99	I,IV	**14,33**	158,33	130,33
	II		158,33	130,33
	III		167,75	130,33
	V	**140,50**	158,33	130,33
	VI	**174,58**	158,33	130,33
1 400,99	I,IV	**14,75**	158,33	130,58
	II		158,33	130,58
	III		168,08	130,58
	V	**140,91**	158,33	130,58
	VI	**175,75**	158,33	130,58
1 403,99	I,IV	**15,25**	158,33	130,91
	II		158,33	130,91
	III		168,41	130,91
	V	**141,25**	158,33	130,91
	VI	**176,83**	158,33	130,91
1 406,99	I,IV	**15,66**	158,33	131,16
	II		158,33	131,16
	III		168,83	131,16
	V	**141,66**	158,33	131,16
	VI	**178,00**	158,33	131,16
1 409,99	I,IV	**16,08**	158,33	131,41
	II		158,33	131,41
	III		169,16	131,41
	V	**142,08**	158,33	131,41
	VI	**179,16**	158,33	131,41
1 412,99	I,IV	**16,58**	158,33	131,75
	II		158,33	131,75
	III		169,50	131,75
	V	**142,41**	158,33	131,75
	VI	**180,33**	158,33	131,75
1 415,99	I,IV	**17,00**	158,33	132,00
	II		158,33	132,00
	III		169,91	132,00
	V	**142,83**	158,33	132,00
	VI	**181,41**	158,33	132,00
1 418,99	I,IV	**17,50**	158,33	132,25
	II		158,33	132,25
	III		170,25	132,25
	V	**143,16**	158,33	132,25
	VI	**182,58**	158,33	132,25
1 421,99	I,IV	**17,91**	158,33	132,58
	II		158,33	132,58
	III		170,58	132,58
	V	**143,58**	158,33	132,58
	VI	**183,75**	158,33	132,58
1 424,99	I,IV	**18,33**	158,33	132,83
	II		158,33	132,83
	III		170,91	132,83
	V	**143,91**	158,33	132,83
	VI	**184,83**	158,33	132,83
1 427,99	I,IV	**18,83**	158,33	133,08
	II		158,33	133,08
	III		171,33	133,08
	V	**144,33**	158,33	133,08
	VI	**186,00**	158,33	133,08
1 430,99	I,IV	**19,33**	158,33	133,41
	II		158,33	133,41
	III		171,66	133,41
	V	**144,75**	158,33	133,41
	VI	**187,16**	158,33	133,41
1 433,99	I,IV	**19,75**	158,33	133,66
	II		158,33	133,66
	III		172,00	133,66
	V	**145,08**	158,33	133,66
	VI	**188,25**	158,33	133,66
1 436,99	I,IV	**20,25**	158,33	134,00
	II		158,33	134,00
	III		172,41	134,00
	V	**145,50**	158,33	134,00
	VI	**189,41**	158,33	134,00
1 439,99	I,IV	**20,66**	158,33	134,25
	II		158,33	134,25
	III		172,75	134,25
	V	**146,25**	158,33	134,25
	VI	**190,58**	158,33	134,25

* Zur LSt-Berechnung für privat versicherte Arbeitnehmer s. Beispiele **Vorbemerkung S. 4 f.**
** Basisvorsorgepauschale KV und PV *** Typisierter Arbeitgeberzuschuss

Lohn/ Gehalt in € bis	Steuerklasse	Lohnsteuer*	BVSP**	TAGZ***	Steuerklasse	Bemessungsgrundlage für Kirchensteuer und Solidaritätszuschlag – Freibeträge für ... Kinder 0,5	1,0	1,5	2,0	2,5	3,0
1 442,99	I,IV	**21,16**	158,33	134,50	I						
	II		158,33	134,50	II						
	III		173,08	134,50	III						
	V	**147,41**	158,33	134,50	IV						
	VI	**191,66**	158,33	134,50							
1 445,99	I,IV	**21,58**	158,33	134,83	I						
	II		158,33	134,83	II						
	III		173,50	134,83	III						
	V	**148,58**	158,33	134,83	IV						
	VI	**192,83**	158,33	134,83							
1 448,99	I,IV	**22,08**	158,33	135,08	I						
	II		158,33	135,08	II						
	III		173,83	135,08	III						
	V	**149,66**	158,33	135,08	IV						
	VI	**194,00**	158,33	135,08							
1 451,99	I,IV	**22,58**	158,33	135,33	I						
	II		158,33	135,33	II						
	III		174,16	135,33	III						
	V	**150,83**	158,33	135,33	IV						
	VI	**195,16**	158,33	135,33							
1 454,99	I,IV	**23,00**	158,33	135,66	I						
	II		158,33	135,66	II						
	III		174,58	135,66	III						
	V	**152,00**	158,33	135,66	IV						
	VI	**196,33**	158,33	135,66							
1 457,99	I,IV	**23,50**	158,33	135,91	I						
	II		158,33	135,91	II						
	III		174,91	135,91	III						
	V	**153,08**	158,33	135,91	IV						
	VI	**197,41**	158,33	135,91							
1 460,99	I,IV	**24,00**	158,33	136,16	I						
	II		158,33	136,16	II						
	III		175,25	136,16	III						
	V	**154,25**	158,33	136,16	IV						
	VI	**198,58**	158,33	136,16							
1 463,99	I,IV	**24,50**	158,33	136,50	I						
	II		158,33	136,50	II						
	III		175,66	136,50	III						
	V	**155,41**	158,33	136,50	IV						
	VI	**199,75**	158,33	136,50							
1 466,99	I,IV	**24,91**	158,33	136,75	I						
	II		158,33	136,75	II						
	III		176,00	136,75	III						
	V	**156,50**	158,33	136,75	IV						
	VI	**200,83**	158,33	136,75							
1 469,99	I,IV	**25,41**	158,33	137,00	I						
	II		158,33	137,00	II						
	III		176,33	137,00	III						
	V	**157,66**	158,33	137,00	IV						
	VI	**202,00**	158,33	137,00							
1 472,99	I,IV	**25,91**	158,33	137,33	I						
	II		158,33	137,33	II						
	III		176,75	137,33	III						
	V	**158,83**	158,33	137,33	IV						
	VI	**203,16**	158,33	137,33							
1 475,99	I,IV	**26,41**	158,33	137,58	I						
	II		158,33	137,58	II						
	III		177,08	137,58	III						
	V	**160,00**	158,33	137,58	IV						
	VI	**204,25**	158,33	137,58							

* Zur LSt-Berechnung für privat versicherte Arbeitnehmer s. Beispiele **Vorbemerkung S. 4f.**
** Basisvorsorgepauschale KV und PV *** Typisierter Arbeitgeberzuschuss

Lohn/ Gehalt in € bis	Steuerklasse	Lohn-steuer*	BVSP**	TAGZ***	Steuerklasse	Bemessungsgrundlage für Kirchensteuer und Solidaritätszuschlag – Freibeträge für ... Kinder 0,5	1,0	1,5	2,0	2,5	3,0
1478,99	I,IV	**26,91**	158,33	137,91	I						
	II		158,33	137,91	II						
	III		177,41	137,91	III						
	V	**161,08**	158,33	137,91	IV						
	VI	**205,41**	158,33	137,91							
1481,99	I,IV	**27,41**	158,33	138,16	I						
	II		158,33	138,16	II						
	III		177,83	138,16	III						
	V	**162,25**	158,33	138,16	IV						
	VI	**206,58**	158,33	138,16							
1484,99	I,IV	**27,83**	158,33	138,41	I						
	II		158,33	138,41	II						
	III		178,16	138,41	III						
	V	**163,41**	158,33	138,41	IV						
	VI	**207,66**	158,33	138,41							
1487,99	I,IV	**28,33**	158,33	138,75	I						
	II		158,33	138,75	II						
	III		178,50	138,75	III						
	V	**164,58**	158,33	138,75	IV						
	VI	**208,83**	158,33	138,75							
1490,99	I,IV	**28,83**	158,33	139,00	I						
	II		158,33	139,00	II						
	III		178,91	139,00	III						
	V	**165,66**	158,33	139,00	IV						
	VI	**210,00**	158,33	139,00							
1493,99	I,IV	**29,33**	158,33	139,25	I						
	II		158,33	139,25	II						
	III		179,25	139,25	III						
	V	**166,83**	158,33	139,25	IV						
	VI	**211,16**	158,33	139,25							
1496,99	I,IV	**29,83**	158,33	139,58	I						
	II		158,33	139,58	II						
	III		179,58	139,58	III						
	V	**168,00**	158,33	139,58	IV						
	VI	**212,25**	158,33	139,58							
1499,99	I,IV	**30,33**	158,33	139,83	I						
	II		158,33	139,83	II						
	III		179,91	139,83	III						
	V	**169,16**	158,33	139,83	IV	0,08					
	VI	**213,41**	158,33	139,83							
1502,99	I,IV	**30,83**	158,33	140,08	I						
	II		158,33	140,08	II						
	III		180,33	140,08	III						
	V	**170,25**	158,33	140,08	IV	0,50					
	VI	**214,58**	158,33	140,08							
1505,99	I,IV	**31,33**	158,33	140,41	I						
	II		158,33	140,41	II						
	III		180,66	140,41	III						
	V	**171,41**	158,33	140,41	IV	0,83					
	VI	**215,75**	158,33	140,41							
1508,99	I,IV	**31,83**	158,33	140,66	I						
	II		158,33	140,66	II						
	III		181,00	140,66	III						
	V	**172,50**	158,33	140,66	IV	1,25					
	VI	**216,83**	158,33	140,66							
1511,99	I,IV	**32,33**	158,33	140,91	I						
	II		158,33	140,91	II						
	III		181,41	140,91	III						
	V	**173,66**	158,33	140,91	IV	1,66					
	VI	**218,00**	158,33	140,91							

* Zur LSt-Berechnung für privat versicherte Arbeitnehmer s. Beispiele **Vorbemerkung S. 4 f.**
** Basisvorsorgepauschale KV und PV *** Typisierter Arbeitgeberzuschuss

Lohn/ Gehalt in € bis	Steuerklasse	Lohn-steuer*	BVSP**	TAGZ***	Steuerklasse	Bemessungsgrundlage für Kirchensteuer und Solidaritätszuschlag — Freibeträge für … Kinder 0,5	**1,0**	1,5	**2,0**	2,5	**3,0**
1514,99	I,IV	**32,91**	158,33	141,25	I						
	II		158,33	141,25	II						
	III		181,75	141,25	III						
	V	**174,83**	158,33	141,25	IV	2,00					
	VI	**219,16**	158,33	141,25							
1517,99	I,IV	**33,41**	158,33	141,50	I						
	II		158,33	141,50	II						
	III		182,08	141,50	III						
	V	**175,91**	158,33	141,50	IV	2,41					
	VI	**220,25**	158,33	141,50							
1520,99	I,IV	**33,91**	158,33	141,75	I						
	II		158,33	141,75	II						
	III		182,50	141,75	III						
	V	**177,08**	158,33	141,75	IV	2,83					
	VI	**221,41**	158,33	141,75							
1523,99	I,IV	**34,41**	158,33	142,08	I						
	II		158,33	142,08	II						
	III		182,83	142,08	III						
	V	**178,25**	158,33	142,08	IV	3,25					
	VI	**222,58**	158,33	142,08							
1526,99	I,IV	**34,91**	158,33	142,33	I						
	II		158,33	142,33	II						
	III		183,16	142,33	III						
	V	**179,41**	158,33	142,33	IV	3,58					
	VI	**223,66**	158,33	142,33							
1529,99	I,IV	**35,41**	158,33	142,66	I						
	II		158,33	142,66	II						
	III		183,58	142,66	III						
	V	**180,58**	158,33	142,66	IV	4,00					
	VI	**224,83**	158,33	142,66							
1532,99	I,IV	**36,00**	158,33	142,91	I						
	II		158,33	142,91	II						
	III		183,91	142,91	III						
	V	**181,66**	158,33	142,91	IV	4,41					
	VI	**226,00**	158,33	142,91							
1535,99	I,IV	**36,50**	158,33	143,16	I						
	II		158,33	143,16	II						
	III		184,25	143,16	III						
	V	**182,83**	158,33	143,16	IV	4,83					
	VI	**227,16**	158,33	143,16							
1538,99	I,IV	**37,00**	158,33	143,50	I						
	II		158,33	143,50	II						
	III		184,66	143,50	III						
	V	**184,00**	158,33	143,50	IV	5,25					
	VI	**228,25**	158,33	143,50							
1541,99	I,IV	**37,50**	158,33	143,75	I						
	II		158,33	143,75	II						
	III		185,00	143,75	III						
	V	**185,16**	158,33	143,75	IV	5,58					
	VI	**229,41**	158,33	143,75							
1544,99	I,IV	**38,08**	158,33	144,00	I						
	II		158,33	144,00	II						
	III		185,33	144,00	III						
	V	**186,25**	158,33	144,00	IV	6,00					
	VI	**230,58**	158,33	144,00							
1547,99	I,IV	**38,58**	158,33	144,33	I						
	II		158,33	144,33	II						
	III		185,75	144,33	III						
	V	**187,41**	158,33	144,33	IV	6,41					
	VI	**231,75**	158,33	144,33							

* Zur LSt-Berechnung für privat versicherte Arbeitnehmer s. Beispiele **Vorbemerkung S. 4f.**
** Basisvorsorgepauschale KV und PV *** Typisierter Arbeitgeberzuschuss

Lohn/ Gehalt in € bis	Steuerklasse	Lohn-steuer*	BVSP**	TAGZ***	Steuerklasse	Bemessungsgrundlage für Kirchensteuer und Solidaritätszuschlag – Freibeträge für ... Kinder 0,5	1,0	1,5	2,0	2,5	3,0
1 550,99	I,IV	**39,08**	158,33	144,58	I						
	II		158,33	144,58	II						
	III		186,08	144,58	III						
	V	**188,58**	158,33	144,58	IV	6,83					
	VI	**232,83**	158,33	144,58							
1 553,99	I,IV	**39,66**	158,33	144,83	I						
	II		158,33	144,83	II						
	III		186,41	144,83	III						
	V	**189,66**	158,33	144,83	IV	7,25					
	VI	**234,00**	158,33	144,83							
1 556,99	I,IV	**40,16**	158,33	145,16	I						
	II		158,33	145,16	II						
	III		186,83	145,16	III						
	V	**190,83**	158,33	145,16	IV	7,66					
	VI	**235,16**	158,33	145,16							
1 559,99	I,IV	**40,75**	158,33	145,41	I						
	II		158,33	145,41	II						
	III		187,16	145,41	III						
	V	**192,00**	158,33	145,41	IV	8,08					
	VI	**236,33**	158,33	145,41							
1 562,99	I,IV	**41,25**	158,33	145,66	I						
	II		158,33	145,66	II						
	III		187,50	145,66	III						
	V	**193,08**	158,33	145,66	IV	8,50					
	VI	**237,41**	158,33	145,66							
1 565,99	I,IV	**41,75**	158,33	146,00	I						
	II		158,33	146,00	II						
	III		187,91	146,00	III						
	V	**194,25**	158,33	146,00	IV	8,91					
	VI	**238,58**	158,33	146,00							
1 568,99	I,IV	**42,33**	158,33	146,25	I						
	II		158,33	146,25	II						
	III		188,25	146,25	III						
	V	**195,41**	158,33	146,25	IV	9,33					
	VI	**239,75**	158,33	146,25							
1 571,99	I,IV	**42,83**	158,33	146,58	I						
	II		158,33	146,58	II						
	III		188,58	146,58	III						
	V	**196,50**	158,33	146,58	IV	9,75					
	VI	**240,83**	158,33	146,58							
1 574,99	I,IV	**43,41**	158,33	146,83	I						
	II		158,33	146,83	II						
	III		188,91	146,83	III						
	V	**197,66**	158,33	146,83	IV	10,16					
	VI	**242,00**	158,33	146,83							
1 577,99	I,IV	**43,91**	158,33	147,08	I						
	II		158,33	147,08	II						
	III		189,33	147,08	III						
	V	**198,83**	158,33	147,08	IV	10,58					
	VI	**243,08**	158,33	147,08							
1 580,99	I,IV	**44,50**	158,33	147,41	I						
	II		158,33	147,41	II						
	III		189,66	147,41	III						
	V	**200,00**	158,33	147,41	IV	11,00					
	VI	**244,25**	158,33	147,41							
1 583,99	I,IV	**45,08**	158,33	147,66	I						
	II		158,33	147,66	II						
	III		190,00	147,66	III						
	V	**201,08**	158,33	147,66	IV	11,50					
	VI	**245,41**	158,33	147,66							

* Zur LSt-Berechnung für privat versicherte Arbeitnehmer s. Beispiele **Vorbemerkung S. 4 f.**
** Basisvorsorgepauschale KV und PV *** Typisierter Arbeitgeberzuschuss

Lohn/ Gehalt in € bis	Steuerklasse	Lohn-steuer*	BVSP**	TAGZ***	Steuerklasse	Bemessungsgrundlage für Kirchensteuer und Solidaritätszuschlag – Freibeträge für ... Kinder 0,5	**1,0**	1,5	**2,0**	2,5	**3,0**
1 586,99	I,IV	**45,58**	158,33	147,91	I						
	II		158,33	147,91	II						
	III		190,41	147,91	III						
	V	**202,25**	158,33	147,91	IV	11,91					
	VI	**246,58**	158,33	147,91							
1 589,99	I,IV	**46,16**	158,33	148,25	I						
	II		158,33	148,25	II						
	III		190,75	148,25	III						
	V	**203,41**	158,33	148,25	IV	12,33					
	VI	**247,66**	158,33	148,25							
1 592,99	I,IV	**46,75**	158,33	148,50	I						
	II		158,33	148,50	II						
	III		191,08	148,50	III						
	V	**204,58**	158,33	148,50	IV	12,75					
	VI	**248,83**	158,33	148,50							
1 595,99	I,IV	**47,25**	158,33	148,75	I						
	II		158,33	148,75	II						
	III		191,50	148,75	III						
	V	**205,66**	158,33	148,75	IV	13,16					
	VI	**250,00**	158,33	148,75							
1 598,99	I,IV	**47,83**	158,33	149,08	I						
	II		158,33	149,08	II						
	III		191,83	149,08	III						
	V	**206,83**	158,33	149,08	IV	13,66					
	VI	**251,16**	158,33	149,08							
1 601,99	I,IV	**48,41**	158,33	149,33	I						
	II		158,33	149,33	II						
	III		192,16	149,33	III						
	V	**208,00**	158,33	149,33	IV	14,08					
	VI	**252,33**	158,33	149,33							
1 604,99	I,IV	**48,91**	158,33	149,58	I						
	II		158,33	149,58	II						
	III		192,58	149,58	III						
	V	**209,08**	158,33	149,58	IV	14,50					
	VI	**253,41**	158,33	149,58							
1 607,99	I,IV	**49,50**	158,33	149,91	I						
	II		158,33	149,91	II						
	III		192,91	149,91	III						
	V	**210,25**	158,33	149,91	IV	15,00					
	VI	**254,58**	158,33	149,91							
1 610,99	I,IV	**50,08**	158,33	150,16	I						
	II		158,33	150,16	II						
	III		193,25	150,16	III						
	V	**211,41**	158,33	150,16	IV	15,41					
	VI	**255,75**	158,33	150,16							
1 613,99	I,IV	**50,66**	158,33	150,50	I						
	II		158,33	150,50	II						
	III		193,66	150,50	III						
	V	**212,50**	158,33	150,50	IV	15,83					
	VI	**256,83**	158,33	150,50							
1 616,99	I,IV	**51,16**	158,33	150,75	I						
	II		158,33	150,75	II						
	III		194,00	150,75	III						
	V	**213,66**	158,33	150,75	IV	16,33					
	VI	**258,00**	158,33	150,75							
1 619,99	I,IV	**51,75**	158,33	151,00	I						
	II		158,33	151,00	II						
	III		194,33	151,00	III						
	V	**214,83**	158,33	151,00	IV	16,75					
	VI	**259,16**	158,33	151,00							

* Zur LSt-Berechnung für privat versicherte Arbeitnehmer s. Beispiele **Vorbemerkung S. 4 f.**
** Basisvorsorgepauschale KV und PV *** Typisierter Arbeitgeberzuschuss

Lohn/ Gehalt in € bis	Steuerklasse	Lohn-steuer*	BVSP**	TAGZ***	Steuerklasse	Bemessungsgrundlage für Kirchensteuer und Solidaritätszuschlag – Freibeträge für ... Kinder 0,5	**1,0**	1,5	**2,0**	2,5	**3,0**
1 622,99	I,IV	**52,33**	158,33	151,33	I						
	II		158,33	151,33	II						
	III		194,75	151,33	III						
	V	**216,00**	158,33	151,33	IV	17,25					
	VI	**260,25**	158,33	151,33							
1 625,99	I,IV	**52,91**	158,33	151,58	I						
	II		158,33	151,58	II						
	III		195,08	151,58	III						
	V	**217,08**	158,33	151,58	IV	17,66					
	VI	**261,41**	158,33	151,58							
1 628,99	I,IV	**53,50**	158,33	151,83	I						
	II		158,33	151,83	II						
	III		195,41	151,83	III						
	V	**218,25**	158,33	151,83	IV	18,16					
	VI	**262,58**	158,33	151,83							
1 631,99	I,IV	**54,08**	158,33	152,16	I						
	II		158,33	152,16	II						
	III		195,83	152,16	III						
	V	**219,41**	158,33	152,16	IV	18,58					
	VI	**263,66**	158,33	152,16							
1 634,99	I,IV	**54,66**	158,33	152,41	I						
	II		158,33	152,41	II						
	III		196,16	152,41	III						
	V	**220,58**	158,33	152,41	IV	19,00					
	VI	**264,83**	158,33	152,41							
1 637,99	I,IV	**55,25**	158,33	152,66	I						
	II		158,33	152,66	II						
	III		196,50	152,66	III						
	V	**221,66**	158,33	152,66	IV	19,50					
	VI	**266,00**	158,33	152,66							
1 640,99	I,IV	**55,83**	158,33	153,00	I						
	II		158,33	153,00	II						
	III		196,91	153,00	III						
	V	**222,83**	158,33	153,00	IV	20,00					
	VI	**267,16**	158,33	153,00							
1 643,99	I,IV	**56,41**	158,33	153,25	I						
	II		158,33	153,25	II						
	III		197,25	153,25	III						
	V	**224,00**	158,33	153,25	IV	20,41					
	VI	**268,25**	158,33	153,25							
1 646,99	I,IV	**57,00**	158,33	153,50	I						
	II		158,33	153,50	II						
	III		197,58	153,50	III						
	V	**225,08**	158,33	153,50	IV	20,91					
	VI	**269,41**	158,33	153,50							
1 649,99	I,IV	**57,58**	158,33	153,83	I						
	II		158,33	153,83	II						
	III		197,91	153,83	III						
	V	**226,25**	158,33	153,83	IV	21,33					
	VI	**270,58**	158,33	153,83							
1 652,99	I,IV	**58,16**	158,33	154,08	I						
	II		158,33	154,08	II						
	III		198,33	154,08	III						
	V	**227,41**	158,33	154,08	IV	21,83					
	VI	**271,75**	158,33	154,08							
1 655,99	I,IV	**58,75**	158,33	154,41	I						
	II		158,33	154,41	II						
	III		198,66	154,41	III						
	V	**228,50**	158,33	154,41	IV	22,33					
	VI	**272,83**	158,33	154,41							

* Zur LSt-Berechnung für privat versicherte Arbeitnehmer s. Beispiele **Vorbemerkung S. 4 f.**
** Basisvorsorgepauschale KV und PV *** Typisierter Arbeitgeberzuschuss

Lohn/ Gehalt in € bis	Steuerklasse	Lohn- steuer*	BVSP**	TAGZ***	Steuerklasse	Bemessungsgrundlage für Kirchensteuer und Solidaritätszuschlag – Freibeträge für ... Kinder 0,5	1,0	1,5	2,0	2,5	3,0
1 658,99	I,IV	**59,33**	158,33	154,66	I						
	II		158,33	154,66	II						
	III		199,00	154,66	III						
	V	**229,66**	158,33	154,66	IV	22,75					
	VI	**274,00**	158,33	154,66							
1 661,99	I,IV	**59,91**	158,33	154,91	I						
	II		158,33	154,91	II						
	III		199,41	154,91	III						
	V	**230,83**	158,33	154,91	IV	23,25					
	VI	**275,16**	158,33	154,91							
1 664,99	I,IV	**60,50**	158,33	155,25	I						
	II		158,33	155,25	II						
	III		199,75	155,25	III						
	V	**231,91**	158,33	155,25	IV	23,75					
	VI	**276,25**	158,33	155,25							
1 667,99	I,IV	**61,08**	158,33	155,50	I						
	II		158,33	155,50	II						
	III		200,08	155,50	III						
	V	**233,08**	158,33	155,50	IV	24,16					
	VI	**277,41**	158,33	155,50							
1 670,99	I,IV	**61,75**	158,33	155,75	I						
	II		158,33	155,75	II						
	III		200,50	155,75	III						
	V	**234,25**	158,33	155,75	IV	24,66					
	VI	**278,58**	158,33	155,75							
1 673,99	I,IV	**62,33**	158,33	156,08	I						
	II		158,33	156,08	II						
	III		200,83	156,08	III						
	V	**235,41**	158,33	156,08	IV	25,16					
	VI	**279,66**	158,33	156,08							
1 676,99	I,IV	**62,91**	158,33	156,33	I						
	II		158,33	156,33	II						
	III		201,16	156,33	III						
	V	**236,58**	158,33	156,33	IV	25,66					
	VI	**280,83**	158,33	156,33							
1 679,99	I,IV	**63,50**	158,33	156,58	I						
	II		158,33	156,58	II						
	III		201,58	156,58	III						
	V	**237,66**	158,33	156,58	IV	26,16					
	VI	**282,00**	158,33	156,58							
1 682,99	I,IV	**64,16**	158,33	156,91	I						
	II		158,33	156,91	II						
	III		201,91	156,91	III						
	V	**238,83**	158,33	156,91	IV	26,58					
	VI	**283,16**	158,33	156,91							
1 685,99	I,IV	**64,75**	158,33	157,16	I						
	II	**0,16**	158,33	157,16	II						
	III		202,25	157,16	III						
	V	**240,00**	158,33	157,16	IV	27,08					
	VI	**284,25**	158,33	157,16							
1 688,99	I,IV	**65,33**	158,33	157,41	I						
	II	**0,50**	158,33	157,41	II						
	III		202,66	157,41	III						
	V	**241,16**	158,33	157,41	IV	27,58					
	VI	**285,41**	158,33	157,41							
1 691,99	I,IV	**66,00**	158,33	157,75	I						
	II	**0,91**	158,33	157,75	II						
	III		203,00	157,75	III						
	V	**242,25**	158,33	157,75	IV	28,08					
	VI	**286,58**	158,33	157,75							

* Zur LSt-Berechnung für privat versicherte Arbeitnehmer s. Beispiele **Vorbemerkung S. 4 f.**

** Basisvorsorgepauschale KV und PV *** Typisierter Arbeitgeberzuschuss

Lohn/ Gehalt in € bis	Steuerklasse	Lohn-steuer*	BVSP**	TAGZ***	Steuerklasse	Bemessungsgrundlage für Kirchensteuer und Solidaritätszuschlag – Freibeträge für ... Kinder 0,5	1,0	1,5	2,0	2,5	3,0
1 694,99	I,IV	**66,58**	158,33	158,00	I						
	II	**1,25**	158,33	158,00	II						
	III		203,33	158,00	III						
	V	**243,41**	158,33	158,00	IV	28,58					
	VI	**287,75**	158,33	158,00							
1 697,99	I,IV	**67,16**	158,33	158,33	I						
	II	**1,66**	158,33	158,33	II						
	III		203,75	158,33	III						
	V	**244,50**	158,33	158,33	IV	29,08					
	VI	**288,83**	158,33	158,33							
1 700,99	I,IV	**67,75**	158,58	158,58	I						
	II	**2,00**	158,58	158,58	II						
	III		204,08	158,58	III						
	V	**245,58**	158,58	158,58	IV	29,50					
	VI	**289,91**	158,58	158,58							
1 703,99	I,IV	**68,33**	158,83	158,83	I						
	II	**2,33**	158,83	158,83	II						
	III		204,41	158,83	III						
	V	**246,58**	158,83	158,83	IV	30,00					
	VI	**290,91**	158,83	158,83							
1 706,99	I,IV	**68,83**	159,16	159,16	I	0,16					
	II	**2,75**	159,16	159,16	II						
	III		204,83	159,16	III						
	V	**247,58**	159,16	159,16	IV	30,41	0,16				
	VI	**291,91**	159,16	159,16							
1 709,99	I,IV	**69,41**	159,41	159,41	I	0,50					
	II	**3,08**	159,41	159,41	II						
	III		205,16	159,41	III						
	V	**248,66**	159,41	159,41	IV	30,91	0,50				
	VI	**293,00**	159,41	159,41							
1 712,99	I,IV	**70,00**	159,66	159,66	I	0,83					
	II	**3,41**	159,66	159,66	II						
	III		205,50	159,66	III						
	V	**249,66**	159,66	159,66	IV	31,33	0,83				
	VI	**294,00**	159,66	159,66							
1 715,99	I,IV	**70,50**	160,00	160,00	I	1,16					
	II	**3,75**	160,00	160,00	II						
	III		205,91	160,00	III						
	V	**250,66**	160,00	160,00	IV	31,75	1,16				
	VI	**295,00**	160,00	160,00							
1 718,99	I,IV	**71,08**	160,25	160,25	I	1,58					
	II	**4,16**	160,25	160,25	II						
	III		206,25	160,25	III						
	V	**251,75**	160,25	160,25	IV	32,25	1,58				
	VI	**296,08**	160,25	160,25							
1 721,99	I,IV	**71,66**	160,50	160,50	I	1,91					
	II	**4,50**	160,50	160,50	II						
	III		206,58	160,50	III						
	V	**252,75**	160,50	160,50	IV	32,66	1,91				
	VI	**297,08**	160,50	160,50							
1 724,99	I,IV	**72,25**	160,83	160,83	I	2,25					
	II	**4,83**	160,83	160,83	II						
	III		206,91	160,83	III						
	V	**253,75**	160,83	160,83	IV	33,16	2,25				
	VI	**298,08**	160,83	160,83							
1 727,99	I,IV	**72,75**	161,08	161,08	I	2,58					
	II	**5,25**	161,08	161,08	II						
	III		207,33	161,08	III						
	V	**254,75**	161,08	161,08	IV	33,58	2,58				
	VI	**299,08**	161,08	161,08							

* Zur LSt-Berechnung für privat versicherte Arbeitnehmer s. Beispiele **Vorbemerkung S. 4 f.**
** Basisvorsorgepauschale KV und PV *** Typisierter Arbeitgeberzuschuss

Lohn/ Gehalt in € bis	Steuerklasse	Lohn-steuer*	BVSP**	TAGZ***	Steuerklasse	Bemessungsgrundlage für Kirchensteuer und Solidaritätszuschlag – Freibeträge für ... Kinder 0,5	1,0	1,5	2,0	2,5	3,0
1 730,99	I,IV	**73,33**	161,33	161,33	I	2,91					
	II	**5,58**	161,33	161,33	II						
	III		207,66	161,33	III						
	V	**255,83**	161,33	161,33	IV	34,08	2,91				
	VI	**300,16**	161,33	161,33							
1 733,99	I,IV	**73,91**	161,66	161,66	I	3,33					
	II	**5,91**	161,66	161,66	II						
	III		208,00	161,66	III						
	V	**256,83**	161,66	161,66	IV	34,50	3,33				
	VI	**301,16**	161,66	161,66							
1 736,99	I,IV	**74,50**	161,91	161,91	I	3,66					
	II	**6,33**	161,91	161,91	II						
	III		208,41	161,91	III						
	V	**257,83**	161,91	161,91	IV	35,00	3,66				
	VI	**302,16**	161,91	161,91							
1 739,99	I,IV	**75,08**	162,25	162,25	I	4,00					
	II	**6,66**	162,25	162,25	II						
	III		208,75	162,25	III						
	V	**258,91**	162,25	162,25	IV	35,41	4,00				
	VI	**303,25**	162,25	162,25							
1 742,99	I,IV	**75,66**	162,50	162,50	I	4,33					
	II	**7,08**	162,50	162,50	II						
	III		209,08	162,50	III						
	V	**259,91**	162,50	162,50	IV	35,91	4,33				
	VI	**304,25**	162,50	162,50							
1 745,99	I,IV	**76,16**	162,75	162,75	I	4,75					
	II	**7,41**	162,75	162,75	II						
	III		209,50	162,75	III						
	V	**260,91**	162,75	162,75	IV	36,41	4,75				
	VI	**305,25**	162,75	162,75							
1 748,99	I,IV	**76,75**	163,08	163,08	I	5,08					
	II	**7,83**	163,08	163,08	II						
	III		209,83	163,08	III						
	V	**261,91**	163,08	163,08	IV	36,83	5,08				
	VI	**306,25**	163,08	163,08							
1 751,99	I,IV	**77,33**	163,33	163,33	I	5,50					
	II	**8,16**	163,33	163,33	II						
	III		210,16	163,33	III						
	V	**263,00**	163,33	163,33	IV	37,33	5,50				
	VI	**307,33**	163,33	163,33							
1 754,99	I,IV	**77,91**	163,58	163,58	I	5,83					
	II	**8,58**	163,58	163,58	II						
	III		210,58	163,58	III						
	V	**264,00**	163,58	163,58	IV	37,83	5,83				
	VI	**308,33**	163,58	163,58							
1 757,99	I,IV	**78,50**	163,91	163,91	I	6,16					
	II	**8,91**	163,91	163,91	II						
	III		210,91	163,91	III						
	V	**265,00**	163,91	163,91	IV	38,25	6,16				
	VI	**309,33**	163,91	163,91							
1 760,99	I,IV	**79,08**	164,16	164,16	I	6,58					
	II	**9,33**	164,16	164,16	II						
	III		211,25	164,16	III						
	V	**266,08**	164,16	164,16	IV	38,75	6,58				
	VI	**310,41**	164,16	164,16							
1 763,99	I,IV	**79,66**	164,41	164,41	I	6,91					
	II	**9,66**	164,41	164,41	II						
	III		211,66	164,41	III						
	V	**267,08**	164,41	164,41	IV	39,25	6,91				
	VI	**311,41**	164,41	164,41							

* Zur LSt-Berechnung für privat versicherte Arbeitnehmer s. Beispiele **Vorbemerkung S. 4 f.**
** Basisvorsorgepauschale KV und PV *** Typisierter Arbeitgeberzuschuss

Lohn/ Gehalt in € bis	Steuerklasse	Lohn-steuer*	BVSP**	TAGZ***	Steuerklasse	Bemessungsgrundlage für Kirchensteuer und Solidaritätszuschlag – Freibeträge für ... Kinder 0,5	1,0	1,5	2,0	2,5	3,0
1 766,99	I,IV	**80,25**	164,75	164,75	I	7,25					
	II	**10,08**	164,75	164,75	II						
	III		212,00	164,75	III						
	V	**268,08**	164,75	164,75	IV	39,66	7,25				
	VI	**312,41**	164,75	164,75							
1 769,99	I,IV	**80,83**	165,00	165,00	I	7,66					
	II	**10,41**	165,00	165,00	II						
	III		212,33	165,00	III						
	V	**269,16**	165,00	165,00	IV	40,16	7,66				
	VI	**313,50**	165,00	165,00							
1 772,99	I,IV	**81,41**	165,25	165,25	I	8,00					
	II	**10,83**	165,25	165,25	II						
	III		212,75	165,25	III						
	V	**270,16**	165,25	165,25	IV	40,66	8,00				
	VI	**314,50**	165,25	165,25							
1 775,99	I,IV	**82,00**	165,58	165,58	I	8,41					
	II	**11,25**	165,58	165,58	II						
	III		213,08	165,58	III						
	V	**271,16**	165,58	165,58	IV	41,16	8,41				
	VI	**315,50**	165,58	165,58							
1 778,99	I,IV	**82,58**	165,83	165,83	I	8,75					
	II	**11,58**	165,83	165,83	II						
	III		213,41	165,83	III						
	V	**272,16**	165,83	165,83	IV	41,58	8,75				
	VI	**316,50**	165,83	165,83							
1 781,99	I,IV	**83,16**	166,16	166,16	I	9,16					
	II	**12,00**	166,16	166,16	II						
	III		213,83	166,16	III						
	V	**273,25**	166,16	166,16	IV	42,08	9,16				
	VI	**317,58**	166,16	166,16							
1 784,99	I,IV	**83,75**	166,41	166,41	I	9,58					
	II	**12,33**	166,41	166,41	II						
	III		214,16	166,41	III						
	V	**274,25**	166,41	166,41	IV	42,58	9,58				
	VI	**318,58**	166,41	166,41							
1 787,99	I,IV	**84,33**	166,66	166,66	I	9,91					
	II	**12,75**	166,66	166,66	II						
	III		214,50	166,66	III						
	V	**275,25**	166,66	166,66	IV	43,08	9,91				
	VI	**319,58**	166,66	166,66							
1 790,99	I,IV	**85,00**	167,00	167,00	I	10,33					
	II	**13,16**	167,00	167,00	II						
	III		214,91	167,00	III						
	V	**276,33**	167,00	167,00	IV	43,58	10,33				
	VI	**320,66**	167,00	167,00							
1 793,99	I,IV	**85,58**	167,25	167,25	I	10,66					
	II	**13,58**	167,25	167,25	II						
	III		215,25	167,25	III						
	V	**277,33**	167,25	167,25	IV	44,08	10,66				
	VI	**321,66**	167,25	167,25							
1 796,99	I,IV	**86,16**	167,50	167,50	I	11,08					
	II	**13,91**	167,50	167,50	II						
	III		215,58	167,50	III						
	V	**278,33**	167,50	167,50	IV	44,50	11,08				
	VI	**322,66**	167,50	167,50							
1 799,99	I,IV	**86,75**	167,83	167,83	I	11,50					
	II	**14,33**	167,83	167,83	II						
	III		215,91	167,83	III						
	V	**279,41**	167,83	167,83	IV	45,00	11,50				
	VI	**323,75**	167,83	167,83							

* Zur LSt-Berechnung für privat versicherte Arbeitnehmer s. Beispiele **Vorbemerkung S. 4f.**
** Basisvorsorgepauschale KV und PV *** Typisierter Arbeitgeberzuschuss

Lohn/ Gehalt in € bis	Steuerklasse	Lohn-steuer*	BVSP**	TAGZ***	Steuerklasse	Bemessungsgrundlage für Kirchensteuer und Solidaritätszuschlag					
						Freibeträge für ... Kinder					
						0,5	**1,0**	1,5	**2,0**	2,5	**3,0**
1 802,99	I,IV	**87,33**	168,08	168,08	I	11,83					
	II	**14,75**	168,08	168,08	II						
	III		216,33	168,08	III						
	V	**280,41**	168,08	168,08	IV	45,50	11,83				
	VI	**324,75**	168,08	168,08							
1 805,99	I,IV	**87,91**	168,33	168,33	I	12,25					
	II	**15,16**	168,33	168,33	II						
	III		216,66	168,33	III						
	V	**281,41**	168,33	168,33	IV	46,00	12,25				
	VI	**325,75**	168,33	168,33							
1 808,99	I,IV	**88,50**	168,66	168,66	I	12,58					
	II	**15,50**	168,66	168,66	II						
	III		217,00	168,66	III						
	V	**282,50**	168,66	168,66	IV	46,50	12,58				
	VI	**326,75**	168,66	168,66							
1 811,99	I,IV	**89,08**	168,91	168,91	I	13,00					
	II	**15,91**	168,91	168,91	II						
	III		217,41	168,91	III						
	V	**283,50**	168,91	168,91	IV	47,00	13,00				
	VI	**327,83**	168,91	168,91							
1 814,99	I,IV	**89,66**	169,16	169,16	I	13,41					
	II	**16,33**	169,16	169,16	II						
	III		217,75	169,16	III						
	V	**284,50**	169,16	169,16	IV	47,50	13,41				
	VI	**328,83**	169,16	169,16							
1 817,99	I,IV	**90,25**	169,50	169,50	I	13,83					
	II	**16,75**	169,50	169,50	II						
	III		218,08	169,50	III						
	V	**285,58**	169,50	169,50	IV	48,00	13,83				
	VI	**329,83**	169,50	169,50							
1 820,99	I,IV	**90,83**	169,75	169,75	I	14,16					
	II	**17,16**	169,75	169,75	II						
	III		218,50	169,75	III						
	V	**286,58**	169,75	169,75	IV	48,50	14,16				
	VI	**330,91**	169,75	169,75							
1 823,99	I,IV	**91,41**	170,08	170,08	I	14,58					
	II	**17,58**	170,08	170,08	II						
	III		218,83	170,08	III						
	V	**287,58**	170,08	170,08	IV	49,00	14,58				
	VI	**331,91**	170,08	170,08							
1 826,99	I,IV	**92,00**	170,33	170,33	I	15,00					
	II	**18,00**	170,33	170,33	II						
	III		219,16	170,33	III						
	V	**288,58**	170,33	170,33	IV	49,50	15,00				
	VI	**332,91**	170,33	170,33							
1 829,99	I,IV	**92,58**	170,58	170,58	I	15,41					
	II	**18,33**	170,58	170,58	II						
	III		219,58	170,58	III						
	V	**289,66**	170,58	170,58	IV	50,00	15,41				
	VI	**333,91**	170,58	170,58							
1 832,99	I,IV	**93,25**	170,91	170,91	I	15,75					
	II	**18,75**	170,91	170,91	II						
	III		219,91	170,91	III						
	V	**290,66**	170,91	170,91	IV	50,58	15,75				
	VI	**335,00**	170,91	170,91							
1 835,99	I,IV	**93,83**	171,16	171,16	I	16,16					
	II	**19,16**	171,16	171,16	II						
	III		220,25	171,16	III						
	V	**291,66**	171,16	171,16	IV	51,08	16,16				
	VI	**336,00**	171,16	171,16							

* Zur LSt-Berechnung für privat versicherte Arbeitnehmer s. Beispiele **Vorbemerkung S. 4 f.**
** Basisvorsorgepauschale KV und PV *** Typisierter Arbeitgeberzuschuss

Lohn/ Gehalt in € bis	Steuerklasse	Lohn-steuer*	BVSP**	TAGZ***	Steuerklasse	Bemessungsgrundlage für Kirchensteuer und Solidaritätszuschlag					
						Freibeträge für ... Kinder					
						0,5	**1,0**	1,5	**2,0**	2,5	**3,0**
1 838,99	I,IV	**94,41**	171,41	171,41	I	16,58					
	II	**19,58**	171,41	171,41	II						
	III		220,66	171,41	III						
	V	**292,75**	171,41	171,41	IV	51,58	16,58				
	VI	**337,00**	171,41	171,41							
1 841,99	I,IV	**95,00**	171,75	171,75	I	17,00					
	II	**20,00**	171,75	171,75	II						
	III		221,00	171,75	III						
	V	**293,75**	171,75	171,75	IV	52,08	17,00				
	VI	**338,08**	171,75	171,75							
1 844,99	I,IV	**95,58**	172,00	172,00	I	17,41					
	II	**20,41**	172,00	172,00	II						
	III		221,33	172,00	III						
	V	**294,75**	172,00	172,00	IV	52,58	17,41				
	VI	**339,08**	172,00	172,00							
1 847,99	I,IV	**96,16**	172,25	172,25	I	17,83					
	II	**20,83**	172,25	172,25	II						
	III		221,75	172,25	III						
	V	**295,83**	172,25	172,25	IV	53,08	17,83				
	VI	**340,08**	172,25	172,25							
1 850,99	I,IV	**96,75**	172,58	172,58	I	18,25					
	II	**21,25**	172,58	172,58	II						
	III		222,08	172,58	III						
	V	**296,83**	172,58	172,58	IV	53,58	18,25				
	VI	**341,16**	172,58	172,58							
1 853,99	I,IV	**97,33**	172,83	172,83	I	18,66					
	II	**21,66**	172,83	172,83	II						
	III		222,41	172,83	III						
	V	**297,83**	172,83	172,83	IV	54,16	18,66				
	VI	**342,16**	172,83	172,83							
1 856,99	I,IV	**97,91**	173,08	173,08	I	19,00					
	II	**22,08**	173,08	173,08	II						
	III		222,83	173,08	III						
	V	**298,91**	173,08	173,08	IV	54,66	19,00				
	VI	**343,16**	173,08	173,08							
1 859,99	I,IV	**98,50**	173,41	173,41	I	19,41					
	II	**22,50**	173,41	173,41	II						
	III		223,16	173,41	III						
	V	**299,91**	173,41	173,41	IV	55,16	19,41				
	VI	**344,16**	173,41	173,41							
1 862,99	I,IV	**99,16**	173,66	173,66	I	19,83					
	II	**23,00**	173,66	173,66	II						
	III		223,50	173,66	III						
	V	**300,91**	173,66	173,66	IV	55,66	19,83				
	VI	**345,25**	173,66	173,66							
1 865,99	I,IV	**99,75**	174,00	174,00	I	20,25					
	II	**23,41**	174,00	174,00	II						
	III		223,91	174,00	III						
	V	**301,91**	174,00	174,00	IV	56,25	20,25				
	VI	**346,25**	174,00	174,00							
1 868,99	I,IV	**100,33**	174,25	174,25	I	20,66					
	II	**23,83**	174,25	174,25	II						
	III		224,25	174,25	III						
	V	**303,00**	174,25	174,25	IV	56,75	20,66				
	VI	**347,25**	174,25	174,25							
1 871,99	I,IV	**100,91**	174,50	174,50	I	21,16					
	II	**24,25**	174,50	174,50	II						
	III		224,58	174,50	III						
	V	**304,00**	174,50	174,50	IV	57,25	21,16				
	VI	**348,33**	174,50	174,50							

* Zur LSt-Berechnung für privat versicherte Arbeitnehmer s. Beispiele **Vorbemerkung S. 4 f.**
** Basisvorsorgepauschale KV und PV *** Typisierter Arbeitgeberzuschuss

Lohn/ Gehalt in € bis	Steuerklasse	Lohn- steuer*	BVSP**	TAGZ***	Steuerklasse	Bemessungsgrundlage für Kirchensteuer und Solidaritätszuschlag – Freibeträge für ... Kinder 0,5	1,0	1,5	2,0	2,5	3,0
1 874,99	I,IV	**101,50**	174,83	174,83	I	21,58					
	II	**24,66**	174,83	174,83	II						
	III		224,91	174,83	III						
	V	**305,00**	174,83	174,83	IV	57,83	21,58				
	VI	**349,33**	174,83	174,83							
1 877,99	I,IV	**102,08**	175,08	175,08	I	22,00					
	II	**25,08**	175,08	175,08	II						
	III		225,33	175,08	III						
	V	**306,08**	175,08	175,08	IV	58,33	22,00				
	VI	**350,33**	175,08	175,08							
1 880,99	I,IV	**102,66**	175,33	175,33	I	22,41					
	II	**25,58**	175,33	175,33	II						
	III		225,66	175,33	III						
	V	**307,08**	175,33	175,33	IV	58,83	22,41				
	VI	**351,41**	175,33	175,33							
1 883,99	I,IV	**103,33**	175,66	175,66	I	22,83					
	II	**26,00**	175,66	175,66	II						
	III		226,00	175,66	III						
	V	**308,08**	175,66	175,66	IV	59,41	22,83				
	VI	**352,41**	175,66	175,66							
1 886,99	I,IV	**103,91**	175,91	175,91	I	23,25					
	II	**26,41**	175,91	175,91	II						
	III		226,41	175,91	III						
	V	**309,16**	175,91	175,91	IV	59,91	23,25				
	VI	**353,41**	175,91	175,91							
1 889,99	I,IV	**104,50**	176,16	176,16	I	23,66					
	II	**26,83**	176,16	176,16	II						
	III		226,75	176,16	III						
	V	**310,16**	176,16	176,16	IV	60,41	23,66				
	VI	**354,41**	176,16	176,16							
1 892,99	I,IV	**105,08**	176,50	176,50	I	24,08					
	II	**27,33**	176,50	176,50	II						
	III		227,08	176,50	III						
	V	**311,16**	176,50	176,50	IV	61,00	24,08				
	VI	**355,50**	176,50	176,50							
1 895,99	I,IV	**105,66**	176,75	176,75	I	24,50					
	II	**27,75**	176,75	176,75	II						
	III		227,50	176,75	III						
	V	**312,25**	176,75	176,75	IV	61,50	24,50				
	VI	**356,50**	176,75	176,75							
1 898,99	I,IV	**106,25**	177,00	177,00	I	24,91					
	II	**28,16**	177,00	177,00	II						
	III		227,83	177,00	III						
	V	**313,25**	177,00	177,00	IV	62,08	24,91				
	VI	**357,50**	177,00	177,00							
1 901,99	I,IV	**106,91**	177,33	177,33	I	25,41					
	II	**28,66**	177,33	177,33	II						
	III		228,16	177,33	III						
	V	**314,25**	177,33	177,33	IV	62,58	25,41				
	VI	**358,58**	177,33	177,33							
1 904,99	I,IV	**107,50**	177,58	177,58	I	25,83					
	II	**29,08**	177,58	177,58	II						
	III		228,58	177,58	III						
	V	**315,33**	177,58	177,58	IV	63,16	25,83				
	VI	**359,58**	177,58	177,58							
1 907,99	I,IV	**108,08**	177,91	177,91	I	26,25					
	II	**29,50**	177,91	177,91	II						
	III		228,91	177,91	III						
	V	**316,33**	177,91	177,91	IV	63,66	26,25				
	VI	**360,58**	177,91	177,91							

* Zur LSt-Berechnung für privat versicherte Arbeitnehmer s. Beispiele **Vorbemerkung S. 4 f.**
** Basisvorsorgepauschale KV und PV *** Typisierter Arbeitgeberzuschuss

Lohn/ Gehalt in € bis	Steuerklasse	Lohn- steuer*	BVSP**	TAGZ***	Steuerklasse	Bemessungsgrundlage für Kirchensteuer und Solidaritätszuschlag					
						Freibeträge für ... Kinder					
						0,5	1,0	1,5	2,0	2,5	3,0
1910,99	I,IV	**108,66**	178,16	178,16	I	26,66					
	II	**29,91**	178,16	178,16	II						
	III		229,25	178,16	III						
	V	**317,33**	178,16	178,16	IV	64,25	26,66				
	VI	**361,66**	178,16	178,16							
1913,99	I,IV	**109,25**	178,41	178,41	I	27,16					
	II	**30,41**	178,41	178,41	II						
	III		229,66	178,41	III						
	V	**318,33**	178,41	178,41	IV	64,75	27,16				
	VI	**362,66**	178,41	178,41							
1916,99	I,IV	**109,83**	178,75	178,75	I	27,58					
	II	**30,83**	178,75	178,75	II						
	III		230,00	178,75	III						
	V	**319,41**	178,75	178,75	IV	65,33	27,58				
	VI	**363,66**	178,75	178,75							
1919,99	I,IV	**110,41**	179,00	179,00	I	28,00					
	II	**31,33**	179,00	179,00	II						
	III		230,33	179,00	III						
	V	**320,41**	179,00	179,00	IV	65,83	28,00				
	VI	**364,75**	179,00	179,00							
1922,99	I,IV	**111,08**	179,25	179,25	I	28,50					
	II	**31,75**	179,25	179,25	II						
	III		230,75	179,25	III						
	V	**321,41**	179,25	179,25	IV	66,41	28,50				
	VI	**365,75**	179,25	179,25							
1925,99	I,IV	**111,66**	179,58	179,58	I	28,91					
	II	**32,25**	179,58	179,58	II						
	III		231,08	179,58	III						
	V	**322,50**	179,58	179,58	IV	67,00	28,91				
	VI	**366,75**	179,58	179,58							
1928,99	I,IV	**112,25**	179,83	179,83	I	29,33					
	II	**32,66**	179,83	179,83	II						
	III		231,41	179,83	III						
	V	**323,50**	179,83	179,83	IV	67,50	29,33				
	VI	**367,83**	179,83	179,83							
1931,99	I,IV	**112,83**	180,08	180,08	I	29,75					
	II	**33,16**	180,08	180,08	II						
	III		231,83	180,08	III						
	V	**324,50**	180,08	180,08	IV	68,08	29,75				
	VI	**368,83**	180,08	180,08							
1934,99	I,IV	**113,50**	180,41	180,41	I	30,25					
	II	**33,58**	180,41	180,41	II						
	III		232,16	180,41	III						
	V	**325,58**	180,41	180,41	IV	68,66	30,25				
	VI	**369,83**	180,41	180,41							
1937,99	I,IV	**114,08**	180,66	180,66	I	30,66					
	II	**34,08**	180,66	180,66	II						
	III		232,50	180,66	III						
	V	**326,58**	180,66	180,66	IV	69,16	30,66	0,33			
	VI	**370,83**	180,66	180,66							
1940,99	I,IV	**114,66**	180,91	180,91	I	31,16					
	II	**34,50**	180,91	180,91	II						
	III		232,91	180,91	III						
	V	**327,58**	180,91	180,91	IV	69,75	31,16	0,75			
	VI	**371,91**	180,91	180,91							
1943,99	I,IV	**115,25**	181,25	181,25	I	31,58					
	II	**35,00**	181,25	181,25	II						
	III		233,25	181,25	III						
	V	**328,66**	181,25	181,25	IV	70,33	31,58	1,08			
	VI	**372,91**	181,25	181,25							

* Zur LSt-Berechnung für privat versicherte Arbeitnehmer s. Beispiele **Vorbemerkung S. 4 f.**
** Basisvorsorgepauschale KV und PV *** Typisierter Arbeitgeberzuschuss

Lohn/ Gehalt in € bis	Steuerklasse	Lohn-steuer*	BVSP**	TAGZ***	Steuerklasse	Bemessungsgrundlage für Kirchensteuer und Solidaritätszuschlag – Freibeträge für ... Kinder 0,5	**1,0**	1,5	**2,0**	2,5	**3,0**
1946,99	I,IV	**115,83**	181,50	181,50	I	32,08					
	II	**35,41**	181,50	181,50	II						
	III		233,58	181,50	III						
	V	**329,66**	181,50	181,50	IV	70,83	32,08	1,41			
	VI	**373,91**	181,50	181,50							
1949,99	I,IV	**116,50**	181,83	181,83	I	32,50					
	II	**35,91**	181,83	181,83	II						
	III		233,91	181,83	III						
	V	**330,66**	181,83	181,83	IV	71,41	32,50	1,75			
	VI	**375,00**	181,83	181,83							
1952,99	I,IV	**117,08**	182,08	182,08	I	33,00					
	II	**36,41**	182,08	182,08	II						
	III		234,33	182,08	III						
	V	**331,66**	182,08	182,08	IV	72,00	33,00	2,08			
	VI	**376,00**	182,08	182,08							
1955,99	I,IV	**117,66**	182,33	182,33	I	33,41					
	II	**36,83**	182,33	182,33	II						
	III		234,66	182,33	III						
	V	**332,75**	182,33	182,33	IV	72,58	33,41	2,41			
	VI	**377,00**	182,33	182,33							
1958,99	I,IV	**118,25**	182,66	182,66	I	33,91					
	II	**37,33**	182,66	182,66	II						
	III		235,00	182,66	III						
	V	**333,75**	182,66	182,66	IV	73,16	33,91	2,83			
	VI	**378,08**	182,66	182,66							
1961,99	I,IV	**118,83**	182,91	182,91	I	34,33					
	II	**37,75**	182,91	182,91	II						
	III		235,41	182,91	III						
	V	**334,75**	182,91	182,91	IV	73,66	34,33	3,16			
	VI	**379,08**	182,91	182,91							
1964,99	I,IV	**119,50**	183,16	183,16	I	34,83					
	II	**38,25**	183,16	183,16	II						
	III		235,75	183,16	III						
	V	**335,83**	183,16	183,16	IV	74,25	34,83	3,50			
	VI	**380,08**	183,16	183,16							
1967,99	I,IV	**120,08**	183,50	183,50	I	35,25					
	II	**38,75**	183,50	183,50	II						
	III		236,08	183,50	III						
	V	**336,83**	183,50	183,50	IV	74,83	35,25	3,83			
	VI	**381,16**	183,50	183,50							
1970,99	I,IV	**120,66**	183,75	183,75	I	35,75					
	II	**39,16**	183,75	183,75	II						
	III		236,50	183,75	III						
	V	**337,83**	183,75	183,75	IV	75,41	35,75	4,25			
	VI	**382,16**	183,75	183,75							
1973,99	I,IV	**121,33**	184,00	184,00	I	36,16					
	II	**39,66**	184,00	184,00	II						
	III		236,83	184,00	III						
	V	**338,91**	184,00	184,00	IV	76,00	36,16	4,58			
	VI	**383,16**	184,00	184,00							
1976,99	I,IV	**121,91**	184,33	184,33	I	36,66					
	II	**40,16**	184,33	184,33	II						
	III		237,16	184,33	III						
	V	**339,91**	184,33	184,33	IV	76,58	36,66	4,91			
	VI	**384,16**	184,33	184,33							
1979,99	I,IV	**122,50**	184,58	184,58	I	37,16					
	II	**40,66**	184,58	184,58	II						
	III		237,58	184,58	III						
	V	**340,91**	184,58	184,58	IV	77,16	37,16	5,33			
	VI	**385,25**	184,58	184,58							

* Zur LSt-Berechnung für privat versicherte Arbeitnehmer s. Beispiele **Vorbemerkung S. 4 f.**
** Basisvorsorgepauschale KV und PV *** Typisierter Arbeitgeberzuschuss

Lohn/ Gehalt in € bis	Steuerklasse	Lohn-steuer*	BVSP**	TAGZ***	Steuerklasse	Bemessungsgrundlage für Kirchensteuer und Solidaritätszuschlag – Freibeträge für ... Kinder 0,5	1,0	1,5	2,0	2,5	3,0
1982,99	I,IV	**123,08**	184,83	184,83	I	37,58					
	II	**41,16**	184,83	184,83	II						
	III		237,91	184,83	III						
	V	**342,00**	184,83	184,83	IV	77,75	37,58	5,66			
	VI	**386,25**	184,83	184,83							
1985,99	I,IV	**123,75**	185,16	185,16	I	38,08					
	II	**41,58**	185,16	185,16	II						
	III		238,25	185,16	III						
	V	**343,00**	185,16	185,16	IV	78,33	38,08	6,08			
	VI	**387,25**	185,16	185,16							
1988,99	I,IV	**124,33**	185,41	185,41	I	38,58					
	II	**42,08**	185,41	185,41	II						
	III		238,66	185,41	III						
	V	**344,00**	185,41	185,41	IV	78,83	38,58	6,41			
	VI	**388,33**	185,41	185,41							
1991,99	I,IV	**124,91**	185,75	185,75	I	39,00					
	II	**42,58**	185,75	185,75	II						
	III		239,00	185,75	III						
	V	**345,00**	185,75	185,75	IV	79,41	39,00	6,75			
	VI	**389,33**	185,75	185,75							
1994,99	I,IV	**125,50**	186,00	186,00	I	39,50					
	II	**43,08**	186,00	186,00	II						
	III		239,33	186,00	III						
	V	**346,08**	186,00	186,00	IV	80,08	39,50	7,16			
	VI	**390,33**	186,00	186,00							
1997,99	I,IV	**126,16**	186,25	186,25	I	40,00					
	II	**43,58**	186,25	186,25	II						
	III		239,75	186,25	III						
	V	**347,08**	186,25	186,25	IV	80,58	40,00	7,50			
	VI	**391,41**	186,25	186,25							
2000,99	I,IV	**126,75**	186,58	186,58	I	40,41					
	II	**44,00**	186,58	186,58	II						
	III		240,08	186,58	III						
	V	**348,08**	186,58	186,58	IV	81,16	40,41	7,91			
	VI	**392,41**	186,58	186,58							
2003,99	I,IV	**127,33**	186,83	186,83	I	40,91					
	II	**44,50**	186,83	186,83	II						
	III		240,41	186,83	III						
	V	**349,16**	186,83	186,83	IV	81,83	40,91	8,25			
	VI	**393,41**	186,83	186,83							
2006,99	I,IV	**127,91**	187,08	187,08	I	41,41					
	II	**45,00**	187,08	187,08	II						
	III		240,83	187,08	III						
	V	**350,16**	187,08	187,08	IV	82,41	41,41	8,66			
	VI	**394,50**	187,08	187,08							
2009,99	I,IV	**128,58**	187,41	187,41	I	41,91					
	II	**45,50**	187,41	187,41	II						
	III		241,16	187,41	III						
	V	**351,16**	187,41	187,41	IV	83,00	41,91	9,00			
	VI	**395,50**	187,41	187,41							
2012,99	I,IV	**129,16**	187,66	187,66	I	42,41					
	II	**46,00**	187,66	187,66	II						
	III		241,50	187,66	III						
	V	**352,16**	187,66	187,66	IV	83,58	42,41	9,41			
	VI	**396,50**	187,66	187,66							
2015,99	I,IV	**129,75**	187,91	187,91	I	42,91					
	II	**46,50**	187,91	187,91	II						
	III		241,91	187,91	III						
	V	**353,25**	187,91	187,91	IV	84,16	42,91	9,75			
	VI	**397,58**	187,91	187,91							

* Zur LSt-Berechnung für privat versicherte Arbeitnehmer s. Beispiele **Vorbemerkung S. 4 f.**
** Basisvorsorgepauschale KV und PV *** Typisierter Arbeitgeberzuschuss

Lohn/ Gehalt in € bis	Steuerklasse	Lohn-steuer*	BVSP**	TAGZ***	Steuerklasse	Bemessungsgrundlage für Kirchensteuer und Solidaritätszuschlag – Freibeträge für ... Kinder 0,5	1,0	1,5	2,0	2,5	3,0
2018,99	I,IV	**130,41**	188,25	188,25	I	43,33					
	II	**47,00**	188,25	188,25	II						
	III		242,25	188,25	III						
	V	**354,25**	188,25	188,25	IV	84,75	43,33	10,16			
	VI	**398,58**	188,25	188,25							
2021,99	I,IV	**131,00**	188,50	188,50	I	43,83					
	II	**47,50**	188,50	188,50	II						
	III		242,58	188,50	III						
	V	**355,25**	188,50	188,50	IV	85,33	43,83	10,50			
	VI	**399,58**	188,50	188,50							
2024,99	I,IV	**131,58**	188,75	188,75	I	44,33					
	II	**48,00**	188,75	188,75	II						
	III		242,91	188,75	III						
	V	**356,33**	188,75	188,75	IV	85,91	44,33	10,91			
	VI	**400,58**	188,75	188,75							
2027,99	I,IV	**132,25**	189,08	189,08	I	44,83					
	II	**48,50**	189,08	189,08	II						
	III		243,33	189,08	III						
	V	**357,33**	189,08	189,08	IV	86,50	44,83	11,33			
	VI	**401,66**	189,08	189,08							
2030,99	I,IV	**132,83**	189,33	189,33	I	45,33					
	II	**49,00**	189,33	189,33	II						
	III		243,66	189,33	III						
	V	**358,33**	189,33	189,33	IV	87,08	45,33	11,66			
	VI	**402,66**	189,33	189,33							
2033,99	I,IV	**133,41**	189,66	189,66	I	45,83					
	II	**49,50**	189,66	189,66	II						
	III		244,00	189,66	III						
	V	**359,41**	189,66	189,66	IV	87,66	45,83	12,08			
	VI	**403,66**	189,66	189,66							
2036,99	I,IV	**134,08**	189,91	189,91	I	46,33					
	II	**50,00**	189,91	189,91	II						
	III		244,41	189,91	III						
	V	**360,41**	189,91	189,91	IV	88,25	46,33	12,50			
	VI	**404,75**	189,91	189,91							
2039,99	I,IV	**134,66**	190,16	190,16	I	46,83					
	II	**50,50**	190,16	190,16	II						
	III		244,75	190,16	III						
	V	**361,41**	190,16	190,16	IV	88,83	46,83	12,83			
	VI	**405,75**	190,16	190,16							
2042,99	I,IV	**135,25**	190,50	190,50	I	47,33					
	II	**51,00**	190,50	190,50	II						
	III		245,08	190,50	III						
	V	**362,41**	190,50	190,50	IV	89,41	47,33	13,25			
	VI	**406,75**	190,50	190,50							
2045,99	I,IV	**135,91**	190,75	190,75	I	47,83					
	II	**51,58**	190,75	190,75	II						
	III		245,50	190,75	III						
	V	**363,50**	190,75	190,75	IV	90,00	47,83	13,66			
	VI	**407,83**	190,75	190,75							
2048,99	I,IV	**136,50**	191,00	191,00	I	48,33					
	II	**52,08**	191,00	191,00	II						
	III		245,83	191,00	III						
	V	**364,50**	191,00	191,00	IV	90,58	48,33	14,00			
	VI	**408,83**	191,00	191,00							
2051,99	I,IV	**137,08**	191,33	191,33	I	48,83					
	II	**52,58**	191,33	191,33	II						
	III		246,16	191,33	III						
	V	**365,50**	191,33	191,33	IV	91,16	48,83	14,41			
	VI	**409,83**	191,33	191,33							

* Zur LSt-Berechnung für privat versicherte Arbeitnehmer s. Beispiele **Vorbemerkung S. 4 f.**
** Basisvorsorgepauschale KV und PV *** Typisierter Arbeitgeberzuschuss

Lohn/ Gehalt in € bis	Steuerklasse	Lohn-steuer*	BVSP**	TAGZ***	Steuerklasse	Bemessungsgrundlage für Kirchensteuer und Solidaritätszuschlag – Freibeträge für ... Kinder 0,5	1,0	1,5	2,0	2,5	3,0
2054,99	I,IV	**137,75**	191,58	191,58	I	49,33					
	II	**53,08**	191,58	191,58	II						
	III		246,58	191,58	III						
	V	**366,58**	191,58	191,58	IV	91,83	49,33	14,83			
	VI	**410,91**	191,58	191,58							
2057,99	I,IV	**138,33**	191,83	191,83	I	49,83					
	II	**53,58**	191,83	191,83	II						
	III		246,91	191,83	III						
	V	**367,58**	191,83	191,83	IV	92,41	49,83	15,25			
	VI	**411,91**	191,83	191,83							
2060,99	I,IV	**138,91**	192,16	192,16	I	50,33					
	II	**54,08**	192,16	192,16	II						
	III		247,25	192,16	III						
	V	**368,58**	192,16	192,16	IV	93,00	50,33	15,58			
	VI	**412,91**	192,16	192,16							
2063,99	I,IV	**139,50**	192,41	192,41	I	50,83					
	II	**54,66**	192,41	192,41	II						
	III		247,66	192,41	III						
	V	**369,58**	192,41	192,41	IV	93,58	50,83	16,00			
	VI	**413,91**	192,41	192,41							
2066,99	I,IV	**140,16**	192,66	192,66	I	51,33					
	II	**55,16**	192,66	192,66	II						
	III		248,00	192,66	III						
	V	**370,66**	192,66	192,66	IV	94,16	51,33	16,41			
	VI	**415,00**	192,66	192,66							
2069,99	I,IV	**140,75**	193,00	193,00	I	51,83					
	II	**55,66**	193,00	193,00	II						
	III		248,33	193,00	III						
	V	**371,66**	193,00	193,00	IV	94,75	51,83	16,83			
	VI	**416,00**	193,00	193,00							
2072,99	I,IV	**141,33**	193,25	193,25	I	52,41					
	II	**56,16**	193,25	193,25	II						
	III		248,75	193,25	III						
	V	**372,66**	193,25	193,25	IV	95,33	52,41	17,25			
	VI	**417,00**	193,25	193,25							
2075,99	I,IV	**142,00**	193,58	193,58	I	52,91					
	II	**56,75**	193,58	193,58	II						
	III		249,08	193,58	III						
	V	**373,75**	193,58	193,58	IV	95,91	52,91	17,66			
	VI	**418,08**	193,58	193,58							
2078,99	I,IV	**142,58**	193,83	193,83	I	53,41					
	II	**57,25**	193,83	193,83	II						
	III		249,41	193,83	III						
	V	**374,75**	193,83	193,83	IV	96,50	53,41	18,08			
	VI	**419,08**	193,83	193,83							
2081,99	I,IV	**143,25**	194,08	194,08	I	53,91					
	II	**57,75**	194,08	194,08	II						
	III		249,83	194,08	III						
	V	**375,75**	194,08	194,08	IV	97,08	53,91	18,50			
	VI	**420,08**	194,08	194,08							
2084,99	I,IV	**143,83**	194,41	194,41	I	54,41					
	II	**58,33**	194,41	194,41	II						
	III		250,00	194,41	III						
	V	**376,83**	194,41	194,41	IV	97,75	54,41	18,91			
	VI	**421,16**	194,41	194,41							
2087,99	I,IV	**144,41**	194,66	194,66	I	55,00					
	II	**58,83**	194,66	194,66	II						
	III		250,00	194,66	III						
	V	**377,83**	194,66	194,66	IV	98,33	55,00	19,33			
	VI	**422,16**	194,66	194,66							

* Zur LSt-Berechnung für privat versicherte Arbeitnehmer s. Beispiele **Vorbemerkung S. 4 f.**
** Basisvorsorgepauschale KV und PV *** Typisierter Arbeitgeberzuschuss

Lohn/ Gehalt in € bis	Steuerklasse	Lohn-steuer*	BVSP**	TAGZ***	Steuerklasse	Bemessungsgrundlage für Kirchensteuer und Solidaritätszuschlag					
						Freibeträge für ... Kinder					
						0,5	**1,0**	1,5	**2,0**	2,5	**3,0**
2090,99	I,IV	**145,08**	194,91	194,91	I	55,50					
	II	**59,33**	194,91	194,91	II						
	III		250,00	194,91	III						
	V	**378,83**	194,91	194,91	IV	98,91	55,50	19,66			
	VI	**423,16**	194,91	194,91							
2093,99	I,IV	**145,66**	195,25	195,25	I	56,00					
	II	**59,91**	195,25	195,25	II						
	III		250,00	195,25	III						
	V	**379,83**	195,25	195,25	IV	99,50	56,00	20,08			
	VI	**424,16**	195,25	195,25							
2096,99	I,IV	**146,33**	195,50	195,50	I	56,50					
	II	**60,41**	195,50	195,50	II						
	III		250,00	195,50	III						
	V	**380,91**	195,50	195,50	IV	100,08	56,50	20,58			
	VI	**425,25**	195,50	195,50							
2099,99	I,IV	**146,91**	195,75	195,75	I	57,08					
	II	**61,00**	195,75	195,75	II						
	III		250,00	195,75	III						
	V	**381,91**	195,75	195,75	IV	100,66	57,08	20,91			
	VI	**426,25**	195,75	195,75							
2102,99	I,IV	**147,50**	196,08	196,08	I	57,58					
	II	**61,50**	196,08	196,08	II						
	III		250,00	196,08	III						
	V	**382,91**	196,08	196,08	IV	101,25	57,58	21,33			
	VI	**427,25**	196,08	196,08							
2105,99	I,IV	**148,16**	196,33	196,33	I	58,08					
	II	**62,08**	196,33	196,33	II						
	III		250,00	196,33	III						
	V	**384,00**	196,33	196,33	IV	101,91	58,08	21,83			
	VI	**428,33**	196,33	196,33							
2108,99	I,IV	**148,75**	196,58	196,58	I	58,66					
	II	**62,58**	196,58	196,58	II						
	III		250,00	196,58	III						
	V	**385,00**	196,58	196,58	IV	102,50	58,66	22,25			
	VI	**429,33**	196,58	196,58							
2111,99	I,IV	**149,33**	196,91	196,91	I	59,16					
	II	**63,16**	196,91	196,91	II						
	III		250,00	196,91	III						
	V	**386,00**	196,91	196,91	IV	103,08	59,16	22,66			
	VI	**430,33**	196,91	196,91							
2114,99	I,IV	**150,00**	197,16	197,16	I	59,66					
	II	**63,66**	197,16	197,16	II						
	III		250,00	197,16	III						
	V	**387,08**	197,16	197,16	IV	103,66	59,66	23,08			
	VI	**431,33**	197,16	197,16							
2117,99	I,IV	**150,58**	197,50	197,50	I	60,25					
	II	**64,25**	197,50	197,50	II						
	III		250,00	197,50	III						
	V	**388,08**	197,50	197,50	IV	104,25	60,25	23,50			
	VI	**432,41**	197,50	197,50							
2120,99	I,IV	**151,25**	197,75	197,75	I	60,75					
	II	**64,75**	197,75	197,75	II						
	III		250,00	197,75	III						
	V	**389,08**	197,75	197,75	IV	104,83	60,75	23,91			
	VI	**433,41**	197,75	197,75							
2123,99	I,IV	**151,83**	198,00	198,00	I	61,33					
	II	**65,33**	198,00	198,00	II						
	III		250,00	198,00	III						
	V	**390,08**	198,00	198,00	IV	105,41	61,33	24,33			
	VI	**434,41**	198,00	198,00							

* Zur LSt-Berechnung für privat versicherte Arbeitnehmer s. Beispiele **Vorbemerkung S. 4 f.**
** Basisvorsorgepauschale KV und PV *** Typisierter Arbeitgeberzuschuss

Lohn/ Gehalt in € bis	Steuerklasse	Lohn- steuer*	BVSP**	TAGZ***	Steuerklasse	Bemessungsgrundlage für Kirchensteuer und Solidaritätszuschlag – Freibeträge für ... Kinder 0,5	1,0	1,5	2,0	2,5	3,0
2126,99	I,IV	**152,50**	198,33	198,33	I	61,83					
	II	**65,83**	198,33	198,33	II						
	III		250,00	198,33	III						
	V	**391,16**	198,33	198,33	IV	106,08	61,83	24,75			
	VI	**435,50**	198,33	198,33							
2129,99	I,IV	**153,08**	198,58	198,58	I	62,41					
	II	**66,41**	198,58	198,58	II						
	III		250,00	198,58	III						
	V	**392,16**	198,58	198,58	IV	106,66	62,41	25,25			
	VI	**436,50**	198,58	198,58							
2132,99	I,IV	**153,66**	198,83	198,83	I	62,91					
	II	**66,91**	198,83	198,83	II						
	III		250,00	198,83	III						
	V	**393,16**	198,83	198,83	IV	107,25	62,91	25,66			
	VI	**437,50**	198,83	198,83							
2135,99	I,IV	**154,33**	199,16	199,16	I	63,50					
	II	**67,50**	199,16	199,16	II						
	III		250,00	199,16	III						
	V	**394,25**	199,16	199,16	IV	107,83	63,50	26,08			
	VI	**438,58**	199,16	199,16							
2138,99	I,IV	**154,91**	199,41	199,41	I	64,00					
	II	**68,08**	199,41	199,41	II						
	III		250,00	199,41	III						
	V	**395,25**	199,41	199,41	IV	108,41	64,00	26,50			
	VI	**439,58**	199,41	199,41							
2141,99	I,IV	**155,58**	199,66	199,66	I	64,58					
	II	**68,58**	199,66	199,66	II						
	III		250,00	199,66	III						
	V	**396,25**	199,66	199,66	IV	109,00	64,58	27,00			
	VI	**440,58**	199,66	199,66							
2144,99	I,IV	**156,16**	200,00	200,00	I	65,08					
	II	**69,16**	200,00	200,00	II	0,33					
	III		250,00	200,00	III						
	V	**397,33**	200,00	200,00	IV	109,58	65,08	27,41			
	VI	**441,58**	200,00	200,00							
2147,99	I,IV	**156,83**	200,25	200,25	I	65,66					
	II	**69,75**	200,25	200,25	II	0,75					
	III		250,00	200,25	III						
	V	**398,33**	200,25	200,25	IV	110,25	65,66	27,83			
	VI	**442,66**	200,25	200,25							
2150,99	I,IV	**157,41**	200,50	200,50	I	66,16					
	II	**70,33**	200,50	200,50	II	1,08					
	III		250,00	200,50	III						
	V	**399,33**	200,50	200,50	IV	110,83	66,16	28,25			
	VI	**443,66**	200,50	200,50							
2153,99	I,IV	**158,00**	200,83	200,83	I	66,75					
	II	**70,83**	200,83	200,83	II	1,41					
	III		250,00	200,83	III						
	V	**400,41**	200,83	200,83	IV	111,41	66,75	28,75			
	VI	**444,66**	200,83	200,83							
2156,99	I,IV	**158,66**	201,08	201,08	I	67,33					
	II	**71,41**	201,08	201,08	II	1,75					
	III		250,00	201,08	III						
	V	**401,41**	201,08	201,08	IV	112,00	67,33	29,16			
	VI	**445,75**	201,08	201,08							
2159,99	I,IV	**159,25**	201,41	201,41	I	67,83					
	II	**72,00**	201,41	201,41	II	2,08					
	III		250,00	201,41	III						
	V	**402,41**	201,41	201,41	IV	112,66	67,83	29,58			
	VI	**446,75**	201,41	201,41							

* Zur LSt-Berechnung für privat versicherte Arbeitnehmer s. Beispiele **Vorbemerkung S. 4f.**
** Basisvorsorgepauschale KV und PV *** Typisierter Arbeitgeberzuschuss

Lohn/ Gehalt in € bis	Steuerklasse	Lohn-steuer*	BVSP**	TAGZ***	Steuerklasse	Bemessungsgrundlage für Kirchensteuer und Solidaritätszuschlag — Freibeträge für ... Kinder 0,5	1,0	1,5	2,0	2,5	3,0
2162,99	I,IV	**159,91**	201,66	201,66	I	68,41					
	II	**72,58**	201,66	201,66	II	2,41					
	III		250,00	201,66	III						
	V	**403,41**	201,66	201,66	IV	113,25	68,41	30,08			
	VI	**447,75**	201,66	201,66							
2165,99	I,IV	**160,50**	201,91	201,91	I	69,00	0,25				
	II	**73,16**	201,91	201,91	II	2,83					
	III		250,00	201,91	III						
	V	**404,50**	201,91	201,91	IV	113,83	69,00	30,50	0,25		
	VI	**448,83**	201,91	201,91							
2168,99	I,IV	**161,16**	202,25	202,25	I	69,50	0,58				
	II	**73,66**	202,25	202,25	II	3,16					
	III		250,00	202,25	III						
	V	**405,50**	202,25	202,25	IV	114,41	69,50	31,00	0,58		
	VI	**449,83**	202,25	202,25							
2171,99	I,IV	**161,75**	202,50	202,50	I	70,08	0,91				
	II	**74,25**	202,50	202,50	II	3,50					
	III		250,00	202,50	III						
	V	**406,50**	202,50	202,50	IV	115,00	70,08	31,41	0,91		
	VI	**450,83**	202,50	202,50							
2174,99	I,IV	**162,41**	202,75	202,75	I	70,66	1,25				
	II	**74,83**	202,75	202,75	II	3,83					
	III		250,00	202,75	III						
	V	**407,58**	202,75	202,75	IV	115,58	70,66	31,83	1,25		
	VI	**451,83**	202,75	202,75							
2177,99	I,IV	**163,00**	203,08	203,08	I	71,25	1,58				
	II	**75,41**	203,08	203,08	II	4,25					
	III		250,00	203,08	III						
	V	**408,58**	203,08	203,08	IV	116,25	71,25	32,33	1,58		
	VI	**452,91**	203,08	203,08							
2180,99	I,IV	**163,66**	203,33	203,33	I	71,75	2,00				
	II	**76,00**	203,33	203,33	II	4,58					
	III		250,00	203,33	III						
	V	**409,58**	203,33	203,33	IV	116,83	71,75	32,75	2,00		
	VI	**453,91**	203,33	203,33							
2183,99	I,IV	**164,25**	203,58	203,58	I	72,33	2,33				
	II	**76,50**	203,58	203,58	II	4,91					
	III		250,00	203,58	III						
	V	**410,66**	203,58	203,58	IV	117,41	72,33	33,25	2,33		
	VI	**454,91**	203,58	203,58							
2186,99	I,IV	**164,91**	203,91	203,91	I	72,91	2,66				
	II	**77,16**	203,91	203,91	II	5,33					
	III		250,00	203,91	III						
	V	**411,66**	203,91	203,91	IV	118,08	72,91	33,66	2,66		
	VI	**456,00**	203,91	203,91							
2189,99	I,IV	**165,50**	204,16	204,16	I	73,50	3,00				
	II	**77,66**	204,16	204,16	II	5,66					
	III		250,00	204,16	III						
	V	**412,66**	204,16	204,16	IV	118,66	73,50	34,16	3,00		
	VI	**457,00**	204,16	204,16							
2192,99	I,IV	**166,08**	204,41	204,41	I	74,00	3,33				
	II	**78,25**	204,41	204,41	II	6,00					
	III		250,00	204,41	III						
	V	**413,75**	204,41	204,41	IV	119,25	74,00	34,58	3,33		
	VI	**458,00**	204,41	204,41							
2195,99	I,IV	**166,75**	204,75	204,75	I	74,58	3,75				
	II	**78,83**	204,75	204,75	II	6,41					
	III		250,00	204,75	III						
	V	**414,75**	204,75	204,75	IV	119,83	74,58	35,08	3,75		
	VI	**459,00**	204,75	204,75							

* Zur LSt-Berechnung für privat versicherte Arbeitnehmer s. Beispiele **Vorbemerkung S. 4 f.**
** Basisvorsorgepauschale KV und PV *** Typisierter Arbeitgeberzuschuss

Lohn/ Gehalt in € bis	Steuerklasse	Lohn-steuer*	BVSP**	TAGZ***	Steuerklasse	Bemessungsgrundlage für Kirchensteuer und Solidaritätszuschlag – Freibeträge für ... Kinder 0,5	1,0	1,5	2,0	2,5	3,0
2198,99	I,IV	**167,41**	205,00	205,00	I	75,16	4,08				
	II	**79,41**	205,00	205,00	II	6,75					
	III		250,00	205,00	III						
	V	**415,75**	205,00	205,00	IV	120,41	75,16	35,58	4,08		
	VI	**460,08**	205,00	205,00							
2201,99	I,IV	**168,00**	205,33	205,33	I	75,75	4,41				
	II	**80,00**	205,33	205,33	II	7,16					
	III		250,00	205,33	III						
	V	**416,83**	205,33	205,33	IV	121,08	75,75	36,00	4,41		
	VI	**461,08**	205,33	205,33							
2204,99	I,IV	**168,58**	205,58	205,58	I	76,33	4,83				
	II	**80,58**	205,58	205,58	II	7,50					
	III		250,00	205,58	III						
	V	**417,83**	205,58	205,58	IV	121,66	76,33	36,50	4,83		
	VI	**462,08**	205,58	205,58							
2207,99	I,IV	**169,25**	205,83	205,83	I	76,91	5,16				
	II	**81,16**	205,83	205,83	II	7,91					
	III		250,00	205,83	III						
	V	**418,83**	205,83	205,83	IV	122,25	76,91	36,91	5,16		
	VI	**463,16**	205,83	205,83							
2210,99	I,IV	**169,91**	206,16	206,16	I	77,50	5,50				
	II	**81,75**	206,16	206,16	II	8,25					
	III		250,00	206,16	III						
	V	**419,83**	206,16	206,16	IV	122,83	77,50	37,41	5,50		
	VI	**464,16**	206,16	206,16							
2213,99	I,IV	**170,50**	206,41	206,41	I	78,08	5,91				
	II	**82,33**	206,41	206,41	II	8,66					
	III		250,00	206,41	III						
	V	**420,91**	206,41	206,41	IV	123,50	78,08	37,91	5,91		
	VI	**465,16**	206,41	206,41							
2216,99	I,IV	**171,16**	206,66	206,66	I	78,66	6,25				
	II	**83,00**	206,66	206,66	II	9,00					
	III		250,00	206,66	III						
	V	**421,91**	206,66	206,66	IV	124,08	78,66	38,33	6,25		
	VI	**466,25**	206,66	206,66							
2219,99	I,IV	**171,75**	207,00	207,00	I	79,25	6,66				
	II	**83,58**	207,00	207,00	II	9,41					
	III		250,00	207,00	III						
	V	**422,91**	207,00	207,00	IV	124,66	79,25	38,83	6,66		
	VI	**467,25**	207,00	207,00							
2222,99	I,IV	**172,41**	207,25	207,25	I	79,83	7,00				
	II	**84,08**	207,25	207,25	II	9,75					
	III		250,00	207,25	III						
	V	**424,00**	207,25	207,25	IV	125,25	79,83	39,33	7,00		
	VI	**468,25**	207,25	207,25							
2225,99	I,IV	**173,00**	207,50	207,50	I	80,41	7,33				
	II	**84,66**	207,50	207,50	II	10,16					
	III		250,00	207,50	III						
	V	**425,00**	207,50	207,50	IV	125,91	80,41	39,75	7,33		
	VI	**469,33**	207,50	207,50							
2228,99	I,IV	**173,66**	207,83	207,83	I	81,00	7,75				
	II	**85,33**	207,83	207,83	II	10,50					
	III		250,00	207,83	III						
	V	**426,00**	207,83	207,83	IV	126,50	81,00	40,25	7,75		
	VI	**470,33**	207,83	207,83							
2231,99	I,IV	**174,25**	208,08	208,08	I	81,58	8,08				
	II	**85,91**	208,08	208,08	II	10,91					
	III		250,00	208,08	III						
	V	**427,08**	208,08	208,08	IV	127,08	81,58	40,75	8,08		
	VI	**471,33**	208,08	208,08							

* Zur LSt-Berechnung für privat versicherte Arbeitnehmer s. Beispiele **Vorbemerkung S. 4 f.**
** Basisvorsorgepauschale KV und PV *** Typisierter Arbeitgeberzuschuss

Lohn/ Gehalt in € bis	Steuerklasse	Lohn-steuer*	BVSP**	TAGZ***	Steuerklasse	Bemessungsgrundlage für Kirchensteuer und Solidaritätszuschlag – Freibeträge für ... Kinder 0,5	**1,0**	1,5	**2,0**	2,5	**3,0**
2234,99	I,IV	**174,91**	208,33	208,33	I	82,16	8,50				
	II	**86,50**	208,33	208,33	II	11,25					
	III		250,00	208,33	III						
	V	**428,08**	208,33	208,33	IV	127,66	82,16	41,25	8,50		
	VI	**472,33**	208,33	208,33							
2237,99	I,IV	**175,50**	208,66	208,66	I	82,75	8,83				
	II	**87,08**	208,66	208,66	II	11,66					
	III		250,00	208,66	III						
	V	**429,08**	208,66	208,66	IV	128,33	82,75	41,75	8,83		
	VI	**473,41**	208,66	208,66							
2240,99	I,IV	**176,16**	208,91	208,91	I	83,33	9,25				
	II	**87,66**	208,91	208,91	II	12,08					
	III		250,00	208,91	III						
	V	**430,16**	208,91	208,91	IV	128,91	83,33	42,16	9,25		
	VI	**474,41**	208,91	208,91							
2243,99	I,IV	**176,75**	209,25	209,25	I	83,91	9,58				
	II	**88,25**	209,25	209,25	II	12,41					
	III		250,00	209,25	III						
	V	**431,16**	209,25	209,25	IV	129,50	83,91	42,66	9,58		
	VI	**475,41**	209,25	209,25							
2246,99	I,IV	**177,41**	209,50	209,50	I	84,50	10,00				
	II	**88,83**	209,50	209,50	II	12,83					
	III		250,00	209,50	III						
	V	**432,16**	209,50	209,50	IV	130,16	84,50	43,16	10,00		
	VI	**476,50**	209,50	209,50							
2249,99	I,IV	**178,00**	209,75	209,75	I	85,08	10,41				
	II	**89,41**	209,75	209,75	II	13,25					
	III		250,00	209,75	III						
	V	**433,16**	209,75	209,75	IV	130,75	85,08	43,66	10,41		
	VI	**477,50**	209,75	209,75							
2252,99	I,IV	**178,66**	210,08	210,08	I	85,66	10,75				
	II	**90,00**	210,08	210,08	II	13,66					
	III		250,00	210,08	III						
	V	**434,25**	210,08	210,08	IV	131,33	85,66	44,16	10,75		
	VI	**478,50**	210,08	210,08							
2255,99	I,IV	**179,25**	210,33	210,33	I	86,25	11,16				
	II	**90,58**	210,33	210,33	II	14,00					
	III		250,00	210,33	III						
	V	**435,25**	210,33	210,33	IV	132,00	86,25	44,66	11,16		
	VI	**479,58**	210,33	210,33							
2258,99	I,IV	**179,91**	210,58	210,58	I	86,83	11,50				
	II	**91,16**	210,58	210,58	II	14,41					
	III		250,00	210,58	III						
	V	**436,25**	210,58	210,58	IV	132,58	86,83	45,16	11,50		
	VI	**480,58**	210,58	210,58							
2261,99	I,IV	**180,58**	210,91	210,91	I	87,41	11,91				
	II	**91,75**	210,91	210,91	II	14,83					
	III		250,00	210,91	III						
	V	**437,33**	210,91	210,91	IV	133,16	87,41	45,66	11,91		
	VI	**481,58**	210,91	210,91							
2264,99	I,IV	**181,16**	211,16	211,16	I	88,00	12,33				
	II	**92,33**	211,16	211,16	II	15,25					
	III		250,00	211,16	III						
	V	**438,33**	211,16	211,16	IV	133,83	88,00	46,08	12,33		
	VI	**482,66**	211,16	211,16							
2267,99	I,IV	**181,83**	211,41	211,41	I	88,58	12,66				
	II	**93,00**	211,41	211,41	II	15,58					
	III		250,00	211,41	III						
	V	**439,33**	211,41	211,41	IV	134,41	88,58	46,66	12,66		
	VI	**483,66**	211,41	211,41							

* Zur LSt-Berechnung für privat versicherte Arbeitnehmer s. Beispiele **Vorbemerkung S. 4f.**
** Basisvorsorgepauschale KV und PV *** Typisierter Arbeitgeberzuschuss

Lohn/ Gehalt in € bis	Steuerklasse	Lohn-steuer*	BVSP**	TAGZ***	Steuerklasse	Bemessungsgrundlage für Kirchensteuer und Solidaritätszuschlag – Freibeträge für ... Kinder 0,5	1,0	1,5	2,0	2,5	3,0
2270,99	I,IV	**182,41**	211,75	211,75	I	89,16	13,08				
	II	**93,58**	211,75	211,75	II	16,00					
	III		250,00	211,75	III						
	V	**440,41**	211,75	211,75	IV	135,00	89,16	47,08	13,08		
	VI	**484,66**	211,75	211,75							
2273,99	I,IV	**183,08**	212,00	212,00	I	89,75	13,50				
	II	**94,16**	212,00	212,00	II	16,41					
	III		250,00	212,00	III						
	V	**441,41**	212,00	212,00	IV	135,66	89,75	47,58	13,50		
	VI	**485,66**	212,00	212,00							
2276,99	I,IV	**183,66**	212,25	212,25	I	90,33	13,83				
	II	**94,75**	212,25	212,25	II	16,83					
	III		250,00	212,25	III						
	V	**442,41**	212,25	212,25	IV	136,25	90,33	48,08	13,83		
	VI	**486,75**	212,25	212,25							
2279,99	I,IV	**184,33**	212,58	212,58	I	91,00	14,25				
	II	**95,33**	212,58	212,58	II	17,25					
	III		250,00	212,58	III						
	V	**443,50**	212,58	212,58	IV	136,83	91,00	48,66	14,25		
	VI	**487,75**	212,58	212,58							
2282,99	I,IV	**185,00**	212,83	212,83	I	91,58	14,66				
	II	**95,91**	212,83	212,83	II	17,66					
	III		250,00	212,83	III						
	V	**444,50**	212,83	212,83	IV	137,50	91,58	49,16	14,66		
	VI	**488,75**	212,83	212,83							
2285,99	I,IV	**185,58**	213,16	213,16	I	92,16	15,08				
	II	**96,50**	213,16	213,16	II	18,08					
	III		250,00	213,16	III						
	V	**445,50**	213,16	213,16	IV	138,08	92,16	49,66	15,08		
	VI	**489,83**	213,16	213,16							
2288,99	I,IV	**186,25**	213,41	213,41	I	92,75	15,50				
	II	**97,08**	213,41	213,41	II	18,50					
	III		250,00	213,41	III						
	V	**446,58**	213,41	213,41	IV	138,66	92,75	50,16	15,50		
	VI	**490,83**	213,41	213,41							
2291,99	I,IV	**186,83**	213,66	213,66	I	93,33	15,83				
	II	**97,66**	213,66	213,66	II	18,83					
	III		250,00	213,66	III						
	V	**447,58**	213,66	213,66	IV	139,33	93,33	50,66	15,83		
	VI	**491,83**	213,66	213,66							
2294,99	I,IV	**187,50**	214,00	214,00	I	93,91	16,25				
	II	**98,25**	214,00	214,00	II	19,25					
	III		250,00	214,00	III						
	V	**448,58**	214,00	214,00	IV	139,91	93,91	51,16	16,25		
	VI	**492,91**	214,00	214,00							
2297,99	I,IV	**188,16**	214,25	214,25	I	94,50	16,66				
	II	**98,83**	214,25	214,25	II	19,66					
	III		250,00	214,25	III						
	V	**449,58**	214,25	214,25	IV	140,50	94,50	51,66	16,66		
	VI	**493,91**	214,25	214,25							
2300,99	I,IV	**188,75**	214,50	214,50	I	95,08	17,08				
	II	**99,50**	214,50	214,50	II	20,08					
	III		250,00	214,50	III						
	V	**450,66**	214,50	214,50	IV	141,16	95,08	52,16	17,08		
	VI	**494,91**	214,50	214,50							
2303,99	I,IV	**189,41**	214,83	214,83	I	95,66	17,50				
	II	**100,08**	214,83	214,83	II	20,50					
	III		250,00	214,83	III						
	V	**451,66**	214,83	214,83	IV	141,75	95,66	52,66	17,50		
	VI	**496,00**	214,83	214,83							

* Zur LSt-Berechnung für privat versicherte Arbeitnehmer s. Beispiele **Vorbemerkung S. 4 f.**
** Basisvorsorgepauschale KV und PV *** Typisierter Arbeitgeberzuschuss

Lohn/ Gehalt in € bis	Steuerklasse	Lohn-steuer*	BVSP**	TAGZ***	Steuerklasse	Bemessungsgrundlage für Kirchensteuer und Solidaritätszuschlag – Freibeträge für ... Kinder 0,5	**1,0**	1,5	**2,0**	2,5	**3,0**
2 306,99	I,IV	**190,00**	215,08	215,08	I	96,25	17,91				
	II	**100,66**	215,08	215,08	II	20,91					
	III		250,00	215,08	III						
	V	**452,66**	215,08	215,08	IV	142,33	96,25	53,16	17,91		
	VI	**497,00**	215,08	215,08							
2 309,99	I,IV	**190,66**	215,33	215,33	I	96,91	18,33				
	II	**101,25**	215,33	215,33	II	21,33					
	III		250,00	215,33	III						
	V	**453,75**	215,33	215,33	IV	143,00	96,91	53,75	18,33		
	VI	**498,00**	215,33	215,33							
2 312,99	I,IV	**191,33**	215,66	215,66	I	97,50	18,75				
	II	**101,83**	215,66	215,66	II	21,75					
	III		250,00	215,66	III						
	V	**454,75**	215,66	215,66	IV	143,58	97,50	54,25	18,75		
	VI	**498,83**	215,66	215,66							
2 315,99	I,IV	**191,91**	215,91	215,91	I	98,08	19,16				
	II	**102,41**	215,91	215,91	II	22,16					
	III		250,00	215,91	III						
	V	**455,75**	215,91	215,91	IV	144,16	98,08	54,75	19,16		
	VI	**499,83**	215,91	215,91							
2 318,99	I,IV	**192,58**	216,16	216,16	I	98,66	19,58				
	II	**103,08**	216,16	216,16	II	22,66					
	III		250,00	216,16	III						
	V	**456,83**	216,16	216,16	IV	144,83	98,66	55,25	19,58		
	VI	**500,50**	216,16	216,16							
2 321,99	I,IV	**193,25**	216,50	216,50	I	99,25	20,00				
	II	**103,66**	216,50	216,50	II	23,08					
	III		250,00	216,50	III						
	V	**457,83**	216,50	216,50	IV	145,41	99,25	55,83	20,00		
	VI	**501,50**	216,50	216,50							
2 324,99	I,IV	**193,83**	216,75	216,75	I	99,83	20,33				
	II	**104,25**	216,75	216,75	II	23,50					
	III		250,00	216,75	III						
	V	**458,83**	216,75	216,75	IV	146,08	99,83	56,33	20,33		
	VI	**502,33**	216,75	216,75							
2 327,99	I,IV	**194,50**	217,08	217,08	I	100,41	20,75				
	II	**104,83**	217,08	217,08	II	23,91					
	III		250,00	217,08	III						
	V	**459,83**	217,08	217,08	IV	146,66	100,41	56,83	20,75		
	VI	**503,16**	217,08	217,08							
2 330,99	I,IV	**195,16**	217,33	217,33	I	101,08	21,25				
	II	**105,41**	217,33	217,33	II	24,33					
	III		250,00	217,33	III						
	V	**460,91**	217,33	217,33	IV	147,25	101,08	57,41	21,25		
	VI	**504,00**	217,33	217,33							
2 333,99	I,IV	**195,75**	217,58	217,58	I	101,66	21,66				
	II	**106,00**	217,58	217,58	II	24,75					
	III		250,00	217,58	III						
	V	**461,91**	217,58	217,58	IV	147,91	101,66	57,91	21,66		
	VI	**505,00**	217,58	217,58							
2 336,99	I,IV	**196,41**	217,91	217,91	I	102,25	22,08				
	II	**106,58**	217,91	217,91	II	25,16					
	III		250,00	217,91	III						
	V	**462,91**	217,91	217,91	IV	148,50	102,25	58,41	22,08		
	VI	**505,66**	217,91	217,91							
2 339,99	I,IV	**197,08**	218,16	218,16	I	102,83	22,50				
	II	**107,25**	218,16	218,16	II	25,66					
	III		250,00	218,16	III						
	V	**464,00**	218,16	218,16	IV	149,16	102,83	59,00	22,50		
	VI	**506,66**	218,16	218,16							

* Zur LSt-Berechnung für privat versicherte Arbeitnehmer s. Beispiele **Vorbemerkung S. 4f.**
** Basisvorsorgepauschale KV und PV *** Typisierter Arbeitgeberzuschuss

Lohn/ Gehalt in € bis	Steuerklasse	Lohn-steuer*	BVSP**	TAGZ***	Steuerklasse	Bemessungsgrundlage für Kirchensteuer und Solidaritätszuschlag					
						Freibeträge für ... Kinder					
						0,5	**1,0**	1,5	**2,0**	2,5	**3,0**
2342,99	I,IV	**197,66**	218,41	218,41	I	103,41	22,91				
	II	**107,83**	218,41	218,41	II	26,08					
	III		250,00	218,41	III						
	V	**465,00**	218,41	218,41	IV	149,75	103,41	59,50	22,91		
	VI	**507,50**	218,41	218,41							
2345,99	I,IV	**198,33**	218,75	218,75	I	104,00	23,33				
	II	**108,41**	218,75	218,75	II	26,50					
	III		250,00	218,75	III						
	V	**466,00**	218,75	218,75	IV	150,33	104,00	60,00	23,33		
	VI	**508,33**	218,75	218,75							
2348,99	I,IV	**198,91**	219,00	219,00	I	104,58	23,75				
	II	**109,00**	219,00	219,00	II	26,91					
	III		250,00	219,00	III						
	V	**467,00**	219,00	219,00	IV	151,00	104,58	60,58	23,75		
	VI	**509,16**	219,00	219,00							
2351,99	I,IV	**199,58**	219,25	219,25	I	105,25	24,16				
	II	**109,58**	219,25	219,25	II	27,41					
	III		250,00	219,25	III						
	V	**468,08**	219,25	219,25	IV	151,58	105,25	61,08	24,16		
	VI	**510,00**	219,25	219,25							
2354,99	I,IV	**200,25**	219,58	219,58	I	105,83	24,58				
	II	**110,25**	219,58	219,58	II	27,83					
	III		250,00	219,58	III						
	V	**469,08**	219,58	219,58	IV	152,25	105,83	61,66	24,58		
	VI	**511,00**	219,58	219,58							
2357,99	I,IV	**200,83**	219,83	219,83	I	106,41	25,00				
	II	**110,83**	219,83	219,83	II	28,25					
	III		250,00	219,83	III						
	V	**470,08**	219,83	219,83	IV	152,83	106,41	62,16	25,00		
	VI	**511,83**	219,83	219,83							
2360,99	I,IV	**201,50**	220,08	220,08	I	107,00	25,50				
	II	**111,41**	220,08	220,08	II	28,75					
	III		250,00	220,08	III						
	V	**471,16**	220,08	220,08	IV	153,41	107,00	62,75	25,50		
	VI	**512,66**	220,08	220,08							
2363,99	I,IV	**202,16**	220,41	220,41	I	107,58	25,91				
	II	**112,00**	220,41	220,41	II	29,16					
	III		250,00	220,41	III						
	V	**472,16**	220,41	220,41	IV	154,08	107,58	63,25	25,91		
	VI	**513,66**	220,41	220,41							
2366,99	I,IV	**202,75**	220,66	220,66	I	108,16	26,33				
	II	**112,58**	220,66	220,66	II	29,58					
	III		250,00	220,66	III						
	V	**473,16**	220,66	220,66	IV	154,66	108,16	63,83	26,33		
	VI	**514,50**	220,66	220,66							
2369,99	I,IV	**203,41**	221,00	221,00	I	108,83	26,83				
	II	**113,25**	221,00	221,00	II	30,08					
	III		250,00	221,00	III						
	V	**474,25**	221,00	221,00	IV	155,33	108,83	64,33	26,83		
	VI	**515,33**	221,00	221,00							
2372,99	I,IV	**204,08**	221,25	221,25	I	109,41	27,25				
	II	**113,83**	221,25	221,25	II	30,50					
	III		250,00	221,25	III						
	V	**475,25**	221,25	221,25	IV	155,91	109,41	64,91	27,25		
	VI	**516,16**	221,25	221,25							
2375,99	I,IV	**204,66**	221,50	221,50	I	110,00	27,66				
	II	**114,41**	221,50	221,50	II	30,91					
	III		250,00	221,50	III						
	V	**476,25**	221,50	221,50	IV	156,58	110,00	65,41	27,66		
	VI	**517,00**	221,50	221,50							

* Zur LSt-Berechnung für privat versicherte Arbeitnehmer s. Beispiele **Vorbemerkung S. 4f.**
** Basisvorsorgepauschale KV und PV *** Typisierter Arbeitgeberzuschuss

Lohn/ Gehalt in € bis	Steuerklasse	Lohn-steuer*	BVSP**	TAGZ***	Steuerklasse	Bemessungsgrundlage für Kirchensteuer und Solidaritätszuschlag – Freibeträge für ... Kinder 0,5	**1,0**	1,5	**2,0**	2,5	**3,0**
2378,99	I,IV	**205,33**	221,83	221,83	I	110,58	28,08				
	II	**115,00**	221,83	221,83	II	31,41					
	III		250,00	221,83	III						
	V	**477,25**	221,83	221,83	IV	157,16	110,58	66,00	28,08		
	VI	**517,83**	221,83	221,83							
2381,99	I,IV	**206,00**	222,08	222,08	I	111,16	28,58				
	II	**115,58**	222,08	222,08	II	31,83					
	III		250,00	222,08	III						
	V	**478,33**	222,08	222,08	IV	157,83	111,16	66,58	28,58		
	VI	**518,83**	222,08	222,08							
2384,99	I,IV	**206,66**	222,33	222,33	I	111,75	29,00				
	II	**116,25**	222,33	222,33	II	32,33					
	III		250,00	222,33	III						
	V	**479,33**	222,33	222,33	IV	158,41	111,75	67,08	29,00		
	VI	**519,66**	222,33	222,33							
2387,99	I,IV	**207,25**	222,66	222,66	I	112,41	29,41				
	II	**116,83**	222,66	222,66	II	32,75					
	III		250,00	222,66	III						
	V	**480,33**	222,66	222,66	IV	159,00	112,41	67,66	29,41		
	VI	**520,50**	222,66	222,66							
2390,99	I,IV	**207,91**	222,91	222,91	I	113,00	29,91				
	II	**117,41**	222,91	222,91	II	33,25					
	III		250,00	222,91	III						
	V	**481,41**	222,91	222,91	IV	159,66	113,00	68,16	29,91		
	VI	**521,33**	222,91	222,91							
2393,99	I,IV	**208,58**	223,16	223,16	I	113,58	30,33				
	II	**118,00**	223,16	223,16	II	33,66					
	III		250,00	223,16	III						
	V	**482,41**	223,16	223,16	IV	160,25	113,58	68,75	30,33	0,08	
	VI	**522,33**	223,16	223,16							
2396,99	I,IV	**209,16**	223,50	223,50	I	114,16	30,75				
	II	**118,58**	223,50	223,50	II	34,16					
	III		250,00	223,50	III						
	V	**483,41**	223,50	223,50	IV	160,91	114,16	69,33	30,75	0,41	
	VI	**523,16**	223,50	223,50							
2399,99	I,IV	**209,83**	223,75	223,75	I	114,83	31,25				
	II	**119,25**	223,75	223,75	II	34,58					
	III	**0,33**	250,00	223,75	III						
	V	**484,50**	223,75	223,75	IV	161,50	114,83	69,91	31,25	0,75	
	VI	**524,00**	223,75	223,75							
2402,99	I,IV	**210,50**	224,00	224,00	I	115,41	31,66				
	II	**119,83**	224,00	224,00	II	35,08					
	III	**0,66**	250,00	224,00	III						
	V	**485,50**	224,00	224,00	IV	162,16	115,41	70,41	31,66	1,16	
	VI	**525,00**	224,00	224,00							
2405,99	I,IV	**211,16**	224,33	224,33	I	116,00	32,16				
	II	**120,41**	224,33	224,33	II	35,50					
	III	**1,16**	250,00	224,33	III						
	V	**486,50**	224,33	224,33	IV	162,75	116,00	71,00	32,16	1,50	
	VI	**525,66**	224,33	224,33							
2408,99	I,IV	**211,75**	224,58	224,58	I	116,58	32,58				
	II	**121,00**	224,58	224,58	II	36,00					
	III	**1,50**	250,00	224,58	III						
	V	**487,50**	224,58	224,58	IV	163,33	116,58	71,58	32,58	1,83	
	VI	**526,66**	224,58	224,58							
2411,99	I,IV	**212,41**	224,91	224,91	I	117,16	33,08				
	II	**121,66**	224,91	224,91	II	36,50					
	III	**1,83**	250,00	224,91	III						
	V	**488,58**	224,91	224,91	IV	164,00	117,16	72,08	33,08	2,16	
	VI	**527,66**	224,91	224,91							

* Zur LSt-Berechnung für privat versicherte Arbeitnehmer s. Beispiele **Vorbemerkung S. 4 f.**
** Basisvorsorgepauschale KV und PV *** Typisierter Arbeitgeberzuschuss

Lohn/ Gehalt in € bis	Steuerklasse	Lohn-steuer*	BVSP**	TAGZ***	Steuerklasse	Bemessungsgrundlage für Kirchensteuer und Solidaritätszuschlag – Freibeträge für ... Kinder 0,5	1,0	1,5	2,0	2,5	3,0
2414,99	I,IV	**213,08**	225,16	225,16	I	117,83	33,50				
	II	**122,25**	225,16	225,16	II	36,91					
	III	**2,33**	250,00	225,16	III						
	V	**489,58**	225,16	225,16	IV	164,66	117,83	72,66	33,50	2,50	
	VI	**528,33**	225,16	225,16							
2417,99	I,IV	**213,66**	225,41	225,41	I	118,41	34,00				
	II	**122,83**	225,41	225,41	II	37,41					
	III	**2,66**	250,00	225,41	III						
	V	**490,58**	225,41	225,41	IV	165,25	118,41	73,25	34,00	2,91	
	VI	**529,33**	225,41	225,41							
2420,99	I,IV	**214,33**	225,75	225,75	I	119,00	34,41				
	II	**123,50**	225,75	225,75	II	37,91					
	III	**3,00**	250,00	225,75	III						
	V	**491,66**	225,75	225,75	IV	165,91	119,00	73,83	34,41	3,25	
	VI	**530,16**	225,75	225,75							
2423,99	I,IV	**215,00**	226,00	226,00	I	119,58	34,91				
	II	**124,08**	226,00	226,00	II	38,33					
	III	**3,50**	250,00	226,00	III						
	V	**492,66**	226,00	226,00	IV	166,50	119,58	74,41	34,91	3,58	
	VI	**531,00**	226,00	226,00							
2426,99	I,IV	**215,66**	226,25	226,25	I	120,16	35,33				
	II	**124,66**	226,25	226,25	II	38,83					
	III	**3,83**	250,00	226,25	III						
	V	**493,66**	226,25	226,25	IV	167,08	120,16	74,91	35,33	3,91	
	VI	**532,00**	226,25	226,25							
2429,99	I,IV	**216,25**	226,58	226,58	I	120,83	35,83				
	II	**125,25**	226,58	226,58	II	39,33					
	III	**4,16**	250,00	226,58	III						
	V	**494,66**	226,58	226,58	IV	167,75	120,83	75,50	35,83	4,33	
	VI	**532,83**	226,58	226,58							
2432,99	I,IV	**216,91**	226,83	226,83	I	121,41	36,33				
	II	**125,91**	226,83	226,83	II	39,75					
	III	**4,66**	250,00	226,83	III						
	V	**495,75**	226,83	226,83	IV	168,41	121,41	76,08	36,33	4,66	
	VI	**533,83**	226,83	226,83							
2435,99	I,IV	**217,58**	227,08	227,08	I	122,00	36,75				
	II	**126,50**	227,08	227,08	II	40,25					
	III	**5,00**	250,00	227,08	III						
	V	**496,75**	227,08	227,08	IV	169,00	122,00	76,66	36,75	5,00	
	VI	**534,50**	227,08	227,08							
2438,99	I,IV	**218,25**	227,41	227,41	I	122,58	37,25				
	II	**127,08**	227,41	227,41	II	40,75					
	III	**5,33**	250,00	227,41	III						
	V	**497,75**	227,41	227,41	IV	169,58	122,58	77,25	37,25	5,41	
	VI	**535,50**	227,41	227,41							
2441,99	I,IV	**218,91**	227,66	227,66	I	123,25	37,75				
	II	**127,66**	227,66	227,66	II	41,25					
	III	**5,83**	250,00	227,66	III						
	V	**498,66**	227,66	227,66	IV	170,25	123,25	77,83	37,75	5,75	
	VI	**536,33**	227,66	227,66							
2444,99	I,IV	**219,50**	227,91	227,91	I	123,83	38,16				
	II	**128,33**	227,91	227,91	II	41,66					
	III	**6,16**	250,00	227,91	III						
	V	**499,66**	227,91	227,91	IV	170,91	123,83	78,41	38,16	6,08	
	VI	**537,16**	227,91	227,91							
2447,99	I,IV	**220,16**	228,25	228,25	I	124,41	38,66				
	II	**128,91**	228,25	228,25	II	42,16					
	III	**6,50**	250,00	228,25	III						
	V	**500,50**	228,25	228,25	IV	171,50	124,41	79,00	38,66	6,50	
	VI	**538,16**	228,25	228,25							

* Zur LSt-Berechnung für privat versicherte Arbeitnehmer s. Beispiele **Vorbemerkung S. 4f.**
** Basisvorsorgepauschale KV und PV *** Typisierter Arbeitgeberzuschuss

Lohn/ Gehalt in € bis	Steuerklasse	Lohn-steuer*	BVSP**	TAGZ***	Steuerklasse	Bemessungsgrundlage für Kirchensteuer und Solidaritätszuschlag					
						Freibeträge für ... Kinder					
						0,5	**1,0**	1,5	**2,0**	2,5	**3,0**
2450,99	I,IV	**220,83**	228,50	228,50	I	125,08	39,16				
	II	**129,50**	228,50	228,50	II	42,66					
	III	**7,00**	250,00	228,50	III						
	V	**501,33**	228,50	228,50	IV	172,16	125,08	79,58	39,16	6,83	
	VI	**539,00**	228,50	228,50							
2453,99	I,IV	**221,50**	228,83	228,83	I	125,66	39,58				
	II	**130,16**	228,83	228,83	II	43,16					
	III	**7,33**	250,00	228,83	III						
	V	**502,16**	228,83	228,83	IV	172,75	125,66	80,16	39,58	7,25	
	VI	**540,00**	228,83	228,83							
2456,99	I,IV	**222,08**	229,08	229,08	I	126,25	40,08				
	II	**130,75**	229,08	229,08	II	43,66					
	III	**7,83**	250,00	229,08	III						
	V	**503,00**	229,08	229,08	IV	173,41	126,25	80,75	40,08	7,58	
	VI	**540,66**	229,08	229,08							
2459,99	I,IV	**222,75**	229,33	229,33	I	126,83	40,58				
	II	**131,33**	229,33	229,33	II	44,16					
	III	**8,16**	250,00	229,33	III						
	V	**503,83**	229,33	229,33	IV	174,00	126,83	81,33	40,58	8,00	
	VI	**541,66**	229,33	229,33							
2462,99	I,IV	**223,41**	229,66	229,66	I	127,50	41,08				
	II	**132,00**	229,66	229,66	II	44,66					
	III	**8,50**	250,00	229,66	III						
	V	**504,83**	229,66	229,66	IV	174,66	127,50	81,91	41,08	8,33	
	VI	**542,50**	229,66	229,66							
2465,99	I,IV	**224,08**	229,91	229,91	I	128,08	41,50				
	II	**132,58**	229,91	229,91	II	45,08					
	III	**9,00**	250,00	229,91	III						
	V	**505,50**	229,91	229,91	IV	175,25	128,08	82,50	41,50	8,75	
	VI	**543,50**	229,91	229,91							
2468,99	I,IV	**224,66**	230,16	230,16	I	128,66	42,00				
	II	**133,16**	230,16	230,16	II	45,58					
	III	**9,33**	250,00	230,16	III						
	V	**506,50**	230,16	230,16	IV	175,91	128,66	83,08	42,00	9,08	
	VI	**544,33**	230,16	230,16							
2471,99	I,IV	**225,33**	230,50	230,50	I	129,33	42,50				
	II	**133,83**	230,50	230,50	II	46,08					
	III	**9,83**	250,00	230,50	III						
	V	**507,33**	230,50	230,50	IV	176,50	129,33	83,66	42,50	9,50	
	VI	**545,16**	230,50	230,50							
2474,99	I,IV	**226,00**	230,75	230,75	I	129,91	43,00				
	II	**134,41**	230,75	230,75	II	46,58					
	III	**10,16**	250,00	230,75	III						
	V	**508,16**	230,75	230,75	IV	177,16	129,91	84,25	43,00	9,83	
	VI	**546,16**	230,75	230,75							
2477,99	I,IV	**226,66**	231,00	231,00	I	130,50	43,50				
	II	**135,00**	231,00	231,00	II	47,08					
	III	**10,50**	250,00	231,00	III						
	V	**509,00**	231,00	231,00	IV	177,75	130,50	84,83	43,50	10,25	
	VI	**547,00**	231,00	231,00							
2480,99	I,IV	**227,33**	231,33	231,33	I	131,08	43,91				
	II	**135,58**	231,33	231,33	II	47,58					
	III	**11,00**	250,00	231,33	III						
	V	**510,00**	231,33	231,33	IV	178,41	131,08	85,41	43,91	10,58	
	VI	**547,83**	231,33	231,33							
2483,99	I,IV	**228,00**	231,58	231,58	I	131,75	44,41				
	II	**136,25**	231,58	231,58	II	48,08					
	III	**11,33**	250,00	231,58	III						
	V	**510,83**	231,58	231,58	IV	179,08	131,75	86,00	44,41	11,00	
	VI	**548,66**	231,58	231,58							

* Zur LSt-Berechnung für privat versicherte Arbeitnehmer s. Beispiele **Vorbemerkung S. 4 f.**
** Basisvorsorgepauschale KV und PV *** Typisierter Arbeitgeberzuschuss

Lohn/ Gehalt in € bis	Steuerklasse	Lohn- steuer*	BVSP**	TAGZ***	Steuerklasse	Bemessungsgrundlage für Kirchensteuer und Solidaritätszuschlag					
						Freibeträge für ... Kinder					
						0,5	**1,0**	1,5	**2,0**	2,5	**3,0**
2486,99	I,IV	**228,58**	231,83	231,83	I	132,33	44,91				
	II	**136,83**	231,83	231,83	II	48,58					
	III	**11,83**	250,00	231,83	III						
	V	**511,66**	231,83	231,83	IV	179,66	132,33	86,58	44,91	11,41	
	VI	**549,66**	231,83	231,83							
2489,99	I,IV	**229,25**	232,16	232,16	I	132,91	45,41				
	II	**137,41**	232,16	232,16	II	49,08					
	III	**12,16**	250,00	232,16	III						
	V	**512,50**	232,16	232,16	IV	180,33	132,91	87,16	45,41	11,75	
	VI	**550,50**	232,16	232,16							
2492,99	I,IV	**229,91**	232,41	232,41	I	133,58	45,91				
	II	**138,08**	232,41	232,41	II	49,66					
	III	**12,66**	250,00	232,41	III						
	V	**513,33**	232,41	232,41	IV	180,91	133,58	87,83	45,91	12,16	
	VI	**551,50**	232,41	232,41							
2495,99	I,IV	**230,58**	232,75	232,75	I	134,16	46,41				
	II	**138,66**	232,75	232,75	II	50,16					
	III	**13,00**	250,00	232,75	III						
	V	**514,33**	232,75	232,75	IV	181,58	134,16	88,41	46,41	12,58	
	VI	**552,33**	232,75	232,75							
2498,99	I,IV	**231,25**	233,00	233,00	I	134,75	46,91				
	II	**139,25**	233,00	233,00	II	50,66					
	III	**13,50**	250,00	233,00	III						
	V	**515,00**	233,00	233,00	IV	182,16	134,75	89,00	46,91	12,91	
	VI	**553,16**	233,00	233,00							
2501,99	I,IV	**231,91**	233,25	233,25	I	135,41	47,41				
	II	**139,91**	233,25	233,25	II	51,16					
	III	**13,83**	250,00	233,25	III						
	V	**516,00**	233,25	233,25	IV	182,83	135,41	89,58	47,41	13,33	
	VI	**554,00**	233,25	233,25							
2504,99	I,IV	**232,50**	233,58	233,58	I	136,00	47,91				
	II	**140,50**	233,58	233,58	II	51,66					
	III	**14,33**	250,00	233,58	III						
	V	**516,83**	233,58	233,58	IV	183,50	136,00	90,16	47,91	13,75	
	VI	**555,00**	233,58	233,58							
2507,99	I,IV	**233,16**	233,83	233,83	I	136,58	48,41				
	II	**141,08**	233,83	233,83	II	52,16					
	III	**14,66**	250,00	233,83	III						
	V	**517,66**	233,83	233,83	IV	184,08	136,58	90,75	48,41	14,08	
	VI	**556,00**	233,83	233,83							
2510,99	I,IV	**233,83**	234,08	234,08	I	137,25	48,91				
	II	**141,75**	234,08	234,08	II	52,66					
	III	**15,16**	250,00	234,08	III						
	V	**518,66**	234,08	234,08	IV	184,75	137,25	91,33	48,91	14,50	
	VI	**556,83**	234,08	234,08							
2513,99	I,IV	**234,50**	234,41	234,41	I	137,83	49,41				
	II	**142,33**	234,41	234,41	II	53,16					
	III	**15,50**	250,00	234,41	III						
	V	**519,50**	234,41	234,41	IV	185,33	137,83	91,91	49,41	14,91	
	VI	**557,83**	234,41	234,41							
2516,99	I,IV	**235,16**	234,66	234,66	I	138,41	49,91				
	II	**143,00**	234,66	234,66	II	53,75					
	III	**16,00**	250,00	234,66	III						
	V	**520,33**	234,66	234,66	IV	186,00	138,41	92,50	49,91	15,33	
	VI	**558,50**	234,66	234,66							
2519,99	I,IV	**235,75**	234,91	234,91	I	139,08	50,41				
	II	**143,58**	234,91	234,91	II	54,25					
	III	**16,33**	250,00	234,91	III						
	V	**521,33**	234,91	234,91	IV	186,58	139,08	93,08	50,41	15,66	
	VI	**559,50**	234,91	234,91							

* Zur LSt-Berechnung für privat versicherte Arbeitnehmer s. Beispiele **Vorbemerkung S. 4f.**
** Basisvorsorgepauschale KV und PV *** Typisierter Arbeitgeberzuschuss

Lohn/ Gehalt in € bis	Steuerklasse	Lohn-steuer*	BVSP**	TAGZ***	Steuerklasse	Bemessungsgrundlage für Kirchensteuer und Solidaritätszuschlag – Freibeträge für ... Kinder 0,5	1,0	1,5	2,0	2,5	3,0
2522,99	I,IV	**236,41**	235,25	235,25	I	139,66	51,00				
	II	**144,16**	235,25	235,25	II	54,75					
	III	**16,66**	250,00	235,25	III						
	V	**522,16**	235,25	235,25	IV	187,25	139,66	93,66	51,00	16,08	
	VI	**560,33**	235,25	235,25							
2525,99	I,IV	**237,08**	235,50	235,50	I	140,25	51,50				
	II	**144,83**	235,50	235,50	II	55,25					
	III	**17,16**	250,00	235,50	III						
	V	**523,00**	235,50	235,50	IV	187,91	140,25	94,25	51,50	16,50	
	VI	**561,33**	235,50	235,50							
2528,99	I,IV	**237,75**	235,75	235,75	I	140,91	52,00				
	II	**145,41**	235,75	235,75	II	55,75					
	III	**17,66**	250,00	235,75	III						
	V	**523,83**	235,75	235,75	IV	188,50	140,91	94,83	52,00	16,91	
	VI	**562,16**	235,75	235,75							
2531,99	I,IV	**238,41**	236,08	236,08	I	141,50	52,50				
	II	**146,00**	236,08	236,08	II	56,33					
	III	**18,00**	250,00	236,08	III						
	V	**524,66**	236,08	236,08	IV	189,16	141,50	95,41	52,50	17,33	
	VI	**563,16**	236,08	236,08							
2534,99	I,IV	**239,08**	236,33	236,33	I	142,08	53,00				
	II	**146,66**	236,33	236,33	II	56,83					
	III	**18,33**	250,00	236,33	III						
	V	**525,66**	236,33	236,33	IV	189,83	142,08	96,08	53,00	17,75	
	VI	**564,00**	236,33	236,33							
2537,99	I,IV	**239,75**	236,66	236,66	I	142,75	53,50				
	II	**147,25**	236,66	236,66	II	57,33					
	III	**18,83**	250,00	236,66	III						
	V	**526,50**	236,66	236,66	IV	190,41	142,75	96,66	53,50	18,16	
	VI	**564,83**	236,66	236,66							
2540,99	I,IV	**240,33**	236,91	236,91	I	143,33	54,00				
	II	**147,83**	236,91	236,91	II	57,91					
	III	**19,33**	250,00	236,91	III						
	V	**527,33**	236,91	236,91	IV	191,08	143,33	97,25	54,00	18,58	
	VI	**565,66**	236,91	236,91							
2543,99	I,IV	**241,08**	237,16	237,16	I	144,00	54,58				
	II	**148,50**	237,16	237,16	II	58,41					
	III	**19,66**	250,00	237,16	III						
	V	**528,16**	237,16	237,16	IV	191,66	144,00	97,83	54,58	19,00	
	VI	**566,66**	237,16	237,16							
2546,99	I,IV	**241,66**	237,50	237,50	I	144,58	55,08				
	II	**149,08**	237,50	237,50	II	58,91					
	III	**20,16**	250,00	237,50	III						
	V	**529,16**	237,50	237,50	IV	192,33	144,58	98,41	55,08	19,41	
	VI	**567,50**	237,50	237,50							
2549,99	I,IV	**242,33**	237,75	237,75	I	145,16	55,58				
	II	**149,75**	237,75	237,75	II	59,50					
	III	**20,50**	250,00	237,75	III						
	V	**530,00**	237,75	237,75	IV	193,00	145,16	99,00	55,58	19,75	
	VI	**568,50**	237,75	237,75							
2552,99	I,IV	**243,00**	238,00	238,00	I	145,83	56,16				
	II	**150,33**	238,00	238,00	II	60,00					
	III	**21,00**	250,00	238,00	III						
	V	**530,83**	238,00	238,00	IV	193,58	145,83	99,58	56,16	20,25	
	VI	**569,33**	238,00	238,00							
2555,99	I,IV	**243,66**	238,33	238,33	I	146,41	56,66				
	II	**151,00**	238,33	238,33	II	60,58					
	III	**21,33**	250,00	238,33	III						
	V	**531,83**	238,33	238,33	IV	194,25	146,41	100,25	56,66	20,66	
	VI	**570,33**	238,33	238,33							

* Zur LSt-Berechnung für privat versicherte Arbeitnehmer s. Beispiele **Vorbemerkung S. 4 f.**
** Basisvorsorgepauschale KV und PV *** Typisierter Arbeitgeberzuschuss

Lohn/ Gehalt in € bis	Steuerklasse	Lohn-steuer*	BVSP**	TAGZ***	Steuerklasse	Bemessungsgrundlage für Kirchensteuer und Solidaritätszuschlag – Freibeträge für ... Kinder 0,5	1,0	1,5	2,0	2,5	3,0
2558,99	I,IV	**244,33**	238,58	238,58	I	147,00	57,16				
	II	**151,58**	238,58	238,58	II	61,08					
	III	**21,83**	250,00	238,58	III						
	V	**532,50**	238,58	238,58	IV	194,83	147,00	100,83	57,16	21,08	
	VI	**571,16**	238,58	238,58							
2561,99	I,IV	**245,00**	238,83	238,83	I	147,66	57,66				
	II	**152,16**	238,83	238,83	II	61,58					
	III	**22,16**	250,00	238,83	III						
	V	**533,50**	238,83	238,83	IV	195,50	147,66	101,41	57,66	21,50	
	VI	**572,16**	238,83	238,83							
2564,99	I,IV	**245,66**	239,16	239,16	I	148,25	58,25				
	II	**152,83**	239,16	239,16	II	62,16					
	III	**22,66**	250,00	239,16	III						
	V	**534,33**	239,16	239,16	IV	196,16	148,25	102,00	58,25	21,91	
	VI	**573,00**	239,16	239,16							
2567,99	I,IV	**246,33**	239,41	239,41	I	148,91	58,75				
	II	**153,41**	239,41	239,41	II	62,66					
	III	**23,16**	250,00	239,41	III						
	V	**535,33**	239,41	239,41	IV	196,75	148,91	102,58	58,75	22,33	
	VI	**574,00**	239,41	239,41							
2570,99	I,IV	**246,91**	239,66	239,66	I	149,50	59,25				
	II	**154,08**	239,66	239,66	II	63,25					
	III	**23,50**	250,00	239,66	III						
	V	**536,16**	239,66	239,66	IV	197,41	149,50	103,16	59,25	22,75	
	VI	**574,66**	239,66	239,66							
2573,99	I,IV	**247,58**	240,00	240,00	I	150,16	59,83				
	II	**154,66**	240,00	240,00	II	63,83					
	III	**24,00**	250,00	240,00	III						
	V	**537,00**	240,00	240,00	IV	198,08	150,16	103,75	59,83	23,16	
	VI	**575,83**	240,00	240,00							
2576,99	I,IV	**248,25**	240,25	240,25	I	150,75	60,33				
	II	**155,33**	240,25	240,25	II	64,33					
	III	**24,33**	250,00	240,25	III						
	V	**538,00**	240,25	240,25	IV	198,66	150,75	104,41	60,33	23,58	
	VI	**576,66**	240,25	240,25							
2579,99	I,IV	**248,91**	240,58	240,58	I	151,33	60,91				
	II	**155,91**	240,58	240,58	II	64,91					
	III	**24,83**	250,00	240,58	III						
	V	**538,66**	240,58	240,58	IV	199,33	151,33	105,00	60,91	24,00	
	VI	**577,50**	240,58	240,58							
2582,99	I,IV	**249,58**	240,83	240,83	I	152,00	61,41				
	II	**156,58**	240,83	240,83	II	65,41					
	III	**25,33**	250,00	240,83	III						
	V	**539,66**	240,83	240,83	IV	200,00	152,00	105,58	61,41	24,41	
	VI	**578,50**	240,83	240,83							
2585,99	I,IV	**250,25**	241,08	241,08	I	152,58	62,00				
	II	**157,16**	241,08	241,08	II	66,00					
	III	**25,66**	250,00	241,08	III						
	V	**540,50**	241,08	241,08	IV	200,58	152,58	106,16	62,00	24,91	
	VI	**579,33**	241,08	241,08							
2588,99	I,IV	**250,91**	241,41	241,41	I	153,16	62,50				
	II	**157,75**	241,41	241,41	II	66,50					
	III	**26,16**	250,00	241,41	III						
	V	**541,50**	241,41	241,41	IV	201,25	153,16	106,75	62,50	25,33	
	VI	**580,16**	241,41	241,41							
2591,99	I,IV	**251,58**	241,66	241,66	I	153,83	63,00				
	II	**158,41**	241,66	241,66	II	67,08					
	III	**26,66**	250,00	241,66	III						
	V	**542,33**	241,66	241,66	IV	201,91	153,83	107,33	63,00	25,75	
	VI	**581,16**	241,66	241,66							

* Zur LSt-Berechnung für privat versicherte Arbeitnehmer s. Beispiele **Vorbemerkung S. 4f.**
** Basisvorsorgepauschale KV und PV *** Typisierter Arbeitgeberzuschuss

Lohn/ Gehalt in € bis	Steuerklasse	Lohn- steuer*	BVSP**	TAGZ***	Steuerklasse	Bemessungsgrundlage für Kirchensteuer und Solidaritätszuschlag					
						Freibeträge für ... Kinder					
						0,5	**1,0**	1,5	**2,0**	2,5	**3,0**
2594,99	I,IV	**252,25**	241,91	241,91	I	154,41	63,58				
	II	**159,00**	241,91	241,91	II	67,66					
	III	**27,00**	250,00	241,91	III						
	V	**543,16**	241,91	241,91	IV	202,58	154,41	108,00	63,58	26,16	
	VI	**582,00**	241,91	241,91							
2597,99	I,IV	**252,91**	242,25	242,25	I	155,08	64,16				
	II	**159,66**	242,25	242,25	II	68,16					
	III	**27,50**	250,00	242,25	III						
	V	**544,16**	242,25	242,25	IV	203,16	155,08	108,58	64,16	26,58	
	VI	**583,00**	242,25	242,25							
2600,99	I,IV	**253,58**	242,50	242,50	I	155,66	64,66				
	II	**160,25**	242,50	242,50	II	68,75	0,08				
	III	**27,83**	250,00	242,50	III						
	V	**545,00**	242,50	242,50	IV	203,83	155,66	109,16	64,66	27,08	
	VI	**583,83**	242,50	242,50							
2603,99	I,IV	**254,25**	242,75	242,75	I	156,33	65,25				
	II	**160,91**	242,75	242,75	II	69,33	0,41				
	III	**28,33**	250,00	242,75	III						
	V	**546,00**	242,75	242,75	IV	204,50	156,33	109,75	65,25	27,50	
	VI	**584,83**	242,75	242,75							
2606,99	I,IV	**254,91**	243,08	243,08	I	156,91	65,75				
	II	**161,50**	243,08	243,08	II	69,83	0,75				
	III	**28,83**	250,00	243,08	III						
	V	**546,66**	243,08	243,08	IV	205,08	156,91	110,33	65,75	27,91	
	VI	**585,66**	243,08	243,08							
2609,99	I,IV	**255,50**	243,33	243,33	I	157,50	66,33				
	II	**162,08**	243,33	243,33	II	70,41	1,08				
	III	**29,16**	250,00	243,33	III						
	V	**547,66**	243,33	243,33	IV	205,75	157,50	110,91	66,33	28,33	
	VI	**586,66**	243,33	243,33							
2612,99	I,IV	**256,16**	243,58	243,58	I	158,16	66,83				
	II	**162,75**	243,58	243,58	II	71,00	1,50				
	III	**29,66**	250,00	243,58	III						
	V	**548,66**	243,58	243,58	IV	206,33	158,16	111,58	66,83	28,83	
	VI	**587,50**	243,58	243,58							
2615,99	I,IV	**256,91**	243,91	243,91	I	158,75	67,41				
	II	**163,33**	243,91	243,91	II	71,58	1,83				
	III	**30,16**	250,00	243,91	III						
	V	**549,50**	243,91	243,91	IV	207,00	158,75	112,16	67,41	29,25	
	VI	**588,50**	243,91	243,91							
2618,99	I,IV	**257,50**	244,16	244,16	I	159,41	68,00				
	II	**164,00**	244,16	244,16	II	72,08	2,16				
	III	**30,50**	250,00	244,16	III						
	V	**550,50**	244,16	244,16	IV	207,66	159,41	112,75	68,00	29,75	
	VI	**589,33**	244,16	244,16							
2621,99	I,IV	**258,16**	244,50	244,50	I	160,00	68,50				
	II	**164,58**	244,50	244,50	II	72,66	2,50				
	III	**31,00**	250,00	244,50	III						
	V	**551,16**	244,50	244,50	IV	208,33	160,00	113,33	68,50	30,16	
	VI	**590,33**	244,50	244,50							
2624,99	I,IV	**258,83**	244,75	244,75	I	160,66	69,08	0,33			
	II	**165,25**	244,75	244,75	II	73,25	2,91				
	III	**31,50**	250,00	244,75	III						
	V	**552,16**	244,75	244,75	IV	208,91	160,66	114,00	69,08	30,58	0,33
	VI	**591,33**	244,75	244,75							
2627,99	I,IV	**259,50**	245,00	245,00	I	161,25	69,66	0,66			
	II	**165,83**	245,00	245,00	II	73,83	3,25				
	III	**31,83**	250,00	245,00	III						
	V	**553,00**	245,00	245,00	IV	209,58	161,25	114,58	69,66	31,08	0,66
	VI	**592,16**	245,00	245,00							

* Zur LSt-Berechnung für privat versicherte Arbeitnehmer s. Beispiele **Vorbemerkung S. 4 f.**
** Basisvorsorgepauschale KV und PV *** Typisierter Arbeitgeberzuschuss

Lohn/ Gehalt in € bis	Steuerklasse	Lohn-steuer*	BVSP**	TAGZ***	Steuerklasse	Bemessungsgrundlage für Kirchensteuer und Solidaritätszuschlag – Freibeträge für ... Kinder 0,5	1,0	1,5	2,0	2,5	3,0
2630,99	I,IV	**260,16**	245,33	245,33	I	161,91	70,16	1,00			
	II	**166,50**	245,33	245,33	II	74,33	3,58				
	III	**32,33**	250,00	245,33	III						
	V	**554,00**	245,33	245,33	IV	210,25	161,91	115,16	70,16	31,50	1,00
	VI	**593,00**	245,33	245,33							
2633,99	I,IV	**260,83**	245,58	245,58	I	162,50	70,75	1,33			
	II	**167,08**	245,58	245,58	II	74,91	3,91				
	III	**32,83**	250,00	245,58	III						
	V	**554,83**	245,58	245,58	IV	210,91	162,50	115,75	70,75	32,00	1,33
	VI	**594,00**	245,58	245,58							
2636,99	I,IV	**261,50**	245,83	245,83	I	163,16	71,33	1,66			
	II	**167,75**	245,83	245,83	II	75,50	4,33				
	III	**33,33**	250,00	245,83	III						
	V	**555,83**	245,83	245,83	IV	211,50	163,16	116,33	71,33	32,41	1,66
	VI	**595,00**	245,83	245,83							
2639,99	I,IV	**262,16**	246,16	246,16	I	163,75	71,91	2,00			
	II	**168,33**	246,16	246,16	II	76,08	4,66				
	III	**33,66**	250,00	246,16	III						
	V	**556,50**	246,16	246,16	IV	212,16	163,75	116,91	71,91	32,91	2,00
	VI	**595,83**	246,16	246,16							
2642,99	I,IV	**262,83**	246,41	246,41	I	164,33	72,41	2,41			
	II	**169,00**	246,41	246,41	II	76,66	5,00				
	III	**34,16**	250,00	246,41	III						
	V	**557,50**	246,41	246,41	IV	212,83	164,33	117,58	72,41	33,33	2,41
	VI	**596,83**	246,41	246,41							
2645,99	I,IV	**263,50**	246,66	246,66	I	165,00	73,00	2,75			
	II	**169,58**	246,66	246,66	II	77,25	5,41				
	III	**34,66**	250,00	246,66	III						
	V	**558,33**	246,66	246,66	IV	213,50	165,00	118,16	73,00	33,83	2,75
	VI	**597,66**	246,66	246,66							
2648,99	I,IV	**264,16**	247,00	247,00	I	165,66	73,58	3,08			
	II	**170,25**	247,00	247,00	II	77,83	5,75				
	III	**35,00**	250,00	247,00	III						
	V	**559,33**	247,00	247,00	IV	214,08	165,66	118,75	73,58	34,25	3,08
	VI	**598,66**	247,00	247,00							
2651,99	I,IV	**264,83**	247,25	247,25	I	166,25	74,16	3,41			
	II	**170,83**	247,25	247,25	II	78,41	6,08				
	III	**35,50**	250,00	247,25	III						
	V	**560,16**	247,25	247,25	IV	214,75	166,25	119,33	74,16	34,75	3,41
	VI	**599,50**	247,25	247,25							
2654,99	I,IV	**265,50**	247,50	247,50	I	166,91	74,75	3,83			
	II	**171,50**	247,50	247,50	II	79,00	6,50				
	III	**36,00**	250,00	247,50	III						
	V	**561,16**	247,50	247,50	IV	215,41	166,91	120,00	74,75	35,16	3,83
	VI	**600,33**	247,50	247,50							
2657,99	I,IV	**266,16**	247,83	247,83	I	167,50	75,33	4,16			
	II	**172,08**	247,83	247,83	II	79,58	6,83				
	III	**36,50**	250,00	247,83	III						
	V	**562,00**	247,83	247,83	IV	216,00	167,50	120,58	75,33	35,66	4,16
	VI	**601,33**	247,83	247,83							
2660,99	I,IV	**266,83**	248,08	248,08	I	168,08	75,83	4,50			
	II	**172,75**	248,08	248,08	II	80,16	7,25				
	III	**36,83**	250,00	248,08	III						
	V	**562,83**	248,08	248,08	IV	216,66	168,08	121,16	75,83	36,08	4,50
	VI	**602,16**	248,08	248,08							
2663,99	I,IV	**267,50**	248,41	248,41	I	168,75	76,41	4,91			
	II	**173,33**	248,41	248,41	II	80,75	7,58				
	III	**37,33**	250,00	248,41	III						
	V	**563,83**	248,41	248,41	IV	217,33	168,75	121,75	76,41	36,58	4,91
	VI	**603,16**	248,41	248,41							

* Zur LSt-Berechnung für privat versicherte Arbeitnehmer s. Beispiele **Vorbemerkung S. 4f.**
** Basisvorsorgepauschale KV und PV *** Typisierter Arbeitgeberzuschuss

Lohn/ Gehalt in € bis	Steuerklasse	Lohnsteuer*	BVSP**	TAGZ***	Steuerklasse	Bemessungsgrundlage für Kirchensteuer und Solidaritätszuschlag – Freibeträge für ... Kinder 0,5	1,0	1,5	2,0	2,5	3,0
2666,99	I,IV	**268,16**	248,66	248,66	I	169,41	77,00	5,25			
	II	**174,00**	248,66	248,66	II	81,33	8,00				
	III	**37,83**	250,00	248,66	III						
	V	**564,66**	248,66	248,66	IV	218,00	169,41	122,41	77,00	37,08	5,25
	VI	**604,16**	248,66	248,66							
2669,99	I,IV	**268,83**	248,91	248,91	I	170,00	77,58	5,58			
	II	**174,66**	248,91	248,91	II	81,91	8,33				
	III	**38,33**	250,00	248,91	III						
	V	**565,66**	248,91	248,91	IV	218,58	170,00	123,00	77,58	37,50	5,58
	VI	**605,16**	248,91	248,91							
2672,99	I,IV	**269,50**	249,25	249,25	I	170,58	78,16	6,00			
	II	**175,25**	249,25	249,25	II	82,50	8,66				
	III	**38,66**	250,00	249,25	III						
	V	**566,50**	249,25	249,25	IV	219,25	170,58	123,58	78,16	38,00	6,00
	VI	**606,00**	249,25	249,25							
2675,99	I,IV	**270,16**	249,50	249,50	I	171,25	78,75	6,33			
	II	**175,91**	249,50	249,50	II	83,08	9,08				
	III	**39,16**	250,00	249,50	III						
	V	**567,33**	249,50	249,50	IV	219,91	171,25	124,25	78,75	38,50	6,33
	VI	**606,83**	249,50	249,50							
2678,99	I,IV	**270,83**	249,75	249,75	I	171,91	79,33	6,75			
	II	**176,50**	249,75	249,75	II	83,66	9,50				
	III	**39,66**	250,00	249,75	III						
	V	**568,33**	249,75	249,75	IV	220,58	171,91	124,83	79,33	38,91	6,75
	VI	**607,83**	249,75	249,75							
2681,99	I,IV	**271,50**	250,08	250,08	I	172,50	79,91	7,08			
	II	**177,16**	250,08	250,08	II	84,25	9,83				
	III	**40,16**	250,08	250,08	III						
	V	**569,33**	250,08	250,08	IV	221,16	172,50	125,41	79,91	39,41	7,08
	VI	**608,66**	250,08	250,08							
2684,99	I,IV	**272,16**	250,33	250,33	I	173,16	80,50	7,41			
	II	**177,75**	250,33	250,33	II	84,83	10,25				
	III	**40,50**	250,33	250,33	III						
	V	**570,16**	250,33	250,33	IV	221,83	173,16	126,00	80,50	39,91	7,41
	VI	**609,66**	250,33	250,33							
2687,99	I,IV	**272,83**	250,58	250,58	I	173,75	81,08	7,83			
	II	**178,41**	250,58	250,58	II	85,41	10,58				
	III	**40,83**	250,58	250,58	III						
	V	**571,16**	250,58	250,58	IV	222,50	173,75	126,66	81,08	40,41	7,83
	VI	**610,66**	250,58	250,58							
2690,99	I,IV	**273,50**	250,91	250,91	I	174,41	81,66	8,16			
	II	**179,00**	250,91	250,91	II	86,00	11,00				
	III	**41,33**	250,91	250,91	III						
	V	**571,83**	250,91	250,91	IV	223,16	174,41	127,25	81,66	40,83	8,16
	VI	**611,66**	250,91	250,91							
2693,99	I,IV	**274,16**	251,16	251,16	I	175,00	82,25	8,58			
	II	**179,66**	251,16	251,16	II	86,58	11,33				
	III	**41,66**	251,16	251,16	III						
	V	**572,83**	251,16	251,16	IV	223,83	175,00	127,83	82,25	41,33	8,58
	VI	**612,50**	251,16	251,16							
2696,99	I,IV	**274,91**	251,41	251,41	I	175,66	82,83	8,91			
	II	**180,33**	251,41	251,41	II	87,16	11,75				
	III	**42,16**	251,41	251,41	III						
	V	**573,66**	251,41	251,41	IV	224,50	175,66	128,41	82,83	41,83	8,91
	VI	**613,33**	251,41	251,41							
2699,99	I,IV	**275,58**	251,75	251,75	I	176,25	83,41	9,33			
	II	**180,91**	251,75	251,75	II	87,75	12,16				
	III	**42,66**	251,75	251,75	III						
	V	**574,66**	251,75	251,75	IV	225,08	176,25	129,08	83,41	42,33	9,33
	VI	**614,33**	251,75	251,75							

* Zur LSt-Berechnung für privat versicherte Arbeitnehmer s. Beispiele **Vorbemerkung S. 4f.**
** Basisvorsorgepauschale KV und PV *** Typisierter Arbeitgeberzuschuss

Lohn/ Gehalt in € bis	Steuerklasse	Lohn- steuer*	BVSP**	TAGZ***	Steuerklasse	Bemessungsgrundlage für Kirchensteuer und Solidaritätszuschlag – Freibeträge für ... Kinder 0,5	1,0	1,5	2,0	2,5	3,0
2702,99	I,IV	**276,16**	252,00	252,00	I	176,91	84,00	9,66			
	II	**181,58**	252,00	252,00	II	88,33	12,50				
	III	**43,00**	252,00	252,00	III						
	V	**575,50**	252,00	252,00	IV	225,75	176,91	129,66	84,00	42,75	9,66
	VI	**615,16**	252,00	252,00							
2705,99	I,IV	**276,91**	252,33	252,33	I	177,58	84,58	10,08			
	II	**182,16**	252,33	252,33	II	89,00	12,91				
	III	**43,50**	252,33	252,33	III						
	V	**576,33**	252,33	252,33	IV	226,41	177,58	130,25	84,58	43,25	10,08
	VI	**616,33**	252,33	252,33							
2708,99	I,IV	**277,58**	252,58	252,58	I	178,16	85,16	10,50			
	II	**182,83**	252,58	252,58	II	89,58	13,33				
	III	**43,83**	252,58	252,58	III						
	V	**577,33**	252,58	252,58	IV	227,08	178,16	130,91	85,16	43,75	10,50
	VI	**617,16**	252,58	252,58							
2711,99	I,IV	**278,25**	252,83	252,83	I	178,75	85,75	10,83			
	II	**183,41**	252,83	252,83	II	90,16	13,75				
	III	**44,33**	252,83	252,83	III						
	V	**578,33**	252,83	252,83	IV	227,66	178,75	131,50	85,75	44,25	10,83
	VI	**618,16**	252,83	252,83							
2714,99	I,IV	**278,91**	253,16	253,16	I	179,41	86,33	11,25			
	II	**184,08**	253,16	253,16	II	90,75	14,08				
	III	**44,66**	253,16	253,16	III						
	V	**579,16**	253,16	253,16	IV	228,33	179,41	132,08	86,33	44,75	11,25
	VI	**619,00**	253,16	253,16							
2717,99	I,IV	**279,58**	253,41	253,41	I	180,08	87,00	11,58			
	II	**184,75**	253,41	253,41	II	91,33	14,50				
	III	**45,16**	253,41	253,41	III						
	V	**580,00**	253,41	253,41	IV	229,00	180,08	132,75	87,00	45,25	11,58
	VI	**619,83**	253,41	253,41							
2720,99	I,IV	**280,25**	253,66	253,66	I	180,66	87,58	12,00			
	II	**185,33**	253,66	253,66	II	91,91	14,91				
	III	**45,50**	253,66	253,66	III						
	V	**581,00**	253,66	253,66	IV	229,66	180,66	133,33	87,58	45,75	12,00
	VI	**620,83**	253,66	253,66							
2723,99	I,IV	**280,91**	254,00	254,00	I	181,33	88,16	12,41			
	II	**186,00**	254,00	254,00	II	92,50	15,33				
	III	**46,00**	254,00	254,00	III						
	V	**582,00**	254,00	254,00	IV	230,33	181,33	133,91	88,16	46,25	12,41
	VI	**621,66**	254,00	254,00							
2726,99	I,IV	**281,58**	254,25	254,25	I	181,91	88,75	12,75			
	II	**186,58**	254,25	254,25	II	93,08	15,66				
	III	**46,50**	254,25	254,25	III						
	V	**582,83**	254,25	254,25	IV	231,00	181,91	134,58	88,75	46,75	12,75
	VI	**622,66**	254,25	254,25							
2729,99	I,IV	**282,25**	254,50	254,50	I	182,58	89,33	13,16			
	II	**187,25**	254,50	254,50	II	93,66	16,08				
	III	**46,83**	254,50	254,50	III						
	V	**583,66**	254,50	254,50	IV	231,58	182,58	135,16	89,33	47,25	13,16
	VI	**623,66**	254,50	254,50							
2732,99	I,IV	**282,91**	254,83	254,83	I	183,16	89,91	13,58			
	II	**187,83**	254,83	254,83	II	94,25	16,50				
	III	**47,33**	254,83	254,83	III						
	V	**584,66**	254,83	254,83	IV	232,25	183,16	135,75	89,91	47,75	13,58
	VI	**624,50**	254,83	254,83							
2735,99	I,IV	**283,58**	255,08	255,08	I	183,83	90,50	14,00			
	II	**188,50**	255,08	255,08	II	94,83	16,91				
	III	**47,66**	255,08	255,08	III						
	V	**585,50**	255,08	255,08	IV	232,91	183,83	136,41	90,50	48,25	14,00
	VI	**625,66**	255,08	255,08							

* Zur LSt-Berechnung für privat versicherte Arbeitnehmer s. Beispiele **Vorbemerkung S. 4 f.**
** Basisvorsorgepauschale KV und PV *** Typisierter Arbeitgeberzuschuss

Lohn/ Gehalt in € bis	Steuerklasse	Lohn-steuer*	BVSP**	TAGZ***	Steuerklasse	Bemessungsgrundlage für Kirchensteuer und Solidaritätszuschlag					
						Freibeträge für ... Kinder					
						0,5	**1,0**	1,5	**2,0**	2,5	**3,0**
2738,99	I,IV	**284,25**	255,33	255,33	I	184,50	91,08	14,33			
	II	**189,16**	255,33	255,33	II	95,41	17,33				
	III	**48,16**	255,33	255,33	III						
	V	**586,50**	255,33	255,33	IV	233,58	184,50	137,00	91,08	48,75	14,33
	VI	**626,50**	255,33	255,33							
2741,99	I,IV	**284,91**	255,66	255,66	I	185,08	91,66	14,75			
	II	**189,75**	255,66	255,66	II	96,00	17,75				
	III	**48,50**	255,66	255,66	III						
	V	**587,33**	255,66	255,66	IV	234,25	185,08	137,58	91,66	49,25	14,75
	VI	**627,50**	255,66	255,66							
2744,99	I,IV	**285,58**	255,91	255,91	I	185,75	92,25	15,16			
	II	**190,41**	255,91	255,91	II	96,66	18,16				
	III	**49,00**	255,91	255,91	III						
	V	**588,33**	255,91	255,91	IV	234,83	185,75	138,16	92,25	49,75	15,16
	VI	**628,33**	255,91	255,91							
2747,99	I,IV	**286,33**	256,25	256,25	I	186,41	92,83	15,58			
	II	**191,08**	256,25	256,25	II	97,25	18,58				
	III	**49,33**	256,25	256,25	III						
	V	**589,16**	256,25	256,25	IV	235,58	186,41	138,83	92,83	50,25	15,58
	VI	**629,33**	256,25	256,25							
2750,99	I,IV	**287,00**	256,50	256,50	I	187,00	93,41	15,91			
	II	**191,66**	256,50	256,50	II	97,83	18,91				
	III	**49,83**	256,50	256,50	III						
	V	**590,16**	256,50	256,50	IV	236,16	187,00	139,41	93,41	50,75	15,91
	VI	**630,33**	256,50	256,50							
2753,99	I,IV	**287,66**	256,75	256,75	I	187,66	94,00	16,33			
	II	**192,33**	256,75	256,75	II	98,41	19,33				
	III	**50,33**	256,75	256,75	III						
	V	**591,00**	256,75	256,75	IV	236,83	187,66	140,00	94,00	51,25	16,33
	VI	**631,16**	256,75	256,75							
2756,99	I,IV	**288,33**	257,08	257,08	I	188,25	94,66	16,75			
	II	**193,00**	257,08	257,08	II	99,00	19,75				
	III	**50,66**	257,08	257,08	III						
	V	**592,00**	257,08	257,08	IV	237,50	188,25	140,66	94,66	51,75	16,75
	VI	**632,00**	257,08	257,08							
2759,99	I,IV	**289,00**	257,33	257,33	I	188,91	95,25	17,16			
	II	**193,58**	257,33	257,33	II	99,58	20,16				
	III	**51,16**	257,33	257,33	III						
	V	**592,83**	257,33	257,33	IV	238,16	188,91	141,25	95,25	52,25	17,16
	VI	**633,16**	257,33	257,33							
2762,99	I,IV	**289,66**	257,58	257,58	I	189,50	95,83	17,58			
	II	**194,25**	257,58	257,58	II	100,16	20,58				
	III	**51,50**	257,58	257,58	III						
	V	**593,83**	257,58	257,58	IV	238,83	189,50	141,83	95,83	52,83	17,58
	VI	**634,00**	257,58	257,58							
2765,99	I,IV	**290,41**	257,91	257,91	I	190,16	96,41	18,00			
	II	**194,83**	257,91	257,91	II	100,83	21,08				
	III	**52,00**	257,91	257,91	III						
	V	**594,66**	257,91	257,91	IV	239,50	190,16	142,50	96,41	53,33	18,00
	VI	**634,83**	257,91	257,91							
2768,99	I,IV	**291,08**	258,16	258,16	I	190,83	97,00	18,41			
	II	**195,50**	258,16	258,16	II	101,41	21,50				
	III	**52,50**	258,16	258,16	III						
	V	**595,50**	258,16	258,16	IV	240,16	190,83	143,08	97,00	53,83	18,41
	VI	**635,83**	258,16	258,16							
2771,99	I,IV	**291,75**	258,41	258,41	I	191,41	97,58	18,83			
	II	**196,16**	258,41	258,41	II	102,00	21,91				
	III	**52,83**	258,41	258,41	III						
	V	**596,50**	258,41	258,41	IV	240,75	191,41	143,75	97,58	54,33	18,83
	VI	**636,83**	258,41	258,41							

* Zur LSt-Berechnung für privat versicherte Arbeitnehmer s. Beispiele **Vorbemerkung S. 4 f.**
** Basisvorsorgepauschale KV und PV *** Typisierter Arbeitgeberzuschuss

Lohn/ Gehalt in € bis	Steuerklasse	Lohn- steuer*	BVSP**	TAGZ***	Steuerklasse	Bemessungsgrundlage für Kirchensteuer und Solidaritätszuschlag					
						Freibeträge für ... Kinder					
						0,5	**1,0**	1,5	**2,0**	2,5	**3,0**
2774,99	I,IV	**292,41**	258,75	258,75	I	192,08	98,16	19,25			
	II	**196,75**	258,75	258,75	II	102,58	22,33				
	III	**53,33**	258,75	258,75	III						
	V	**597,33**	258,75	258,75	IV	241,41	192,08	144,33	98,16	54,83	19,25
	VI	**637,83**	258,75	258,75							
2777,99	I,IV	**293,08**	259,00	259,00	I	192,75	98,83	19,66			
	II	**197,41**	259,00	259,00	II	103,16	22,75				
	III	**53,83**	259,00	259,00	III						
	V	**598,50**	259,00	259,00	IV	242,08	192,75	144,91	98,83	55,41	19,66
	VI	**638,66**	259,00	259,00							
2780,99	I,IV	**293,75**	259,25	259,25	I	193,33	99,41	20,08			
	II	**198,08**	259,25	259,25	II	103,75	23,16				
	III	**54,16**	259,25	259,25	III						
	V	**599,33**	259,25	259,25	IV	242,75	193,33	145,58	99,41	55,91	20,08
	VI	**639,66**	259,25	259,25							
2783,99	I,IV	**294,41**	259,58	259,58	I	194,00	100,00	20,41			
	II	**198,66**	259,58	259,58	II	104,33	23,58				
	III	**54,66**	259,58	259,58	III						
	V	**600,33**	259,58	259,58	IV	243,41	194,00	146,16	100,00	56,41	20,41
	VI	**640,66**	259,58	259,58							
2786,99	I,IV	**295,08**	259,83	259,83	I	194,66	100,58	20,91			
	II	**199,33**	259,83	259,83	II	105,00	24,00				
	III	**55,16**	259,83	259,83	III						
	V	**601,16**	259,83	259,83	IV	244,08	194,66	146,83	100,58	57,00	20,91
	VI	**641,50**	259,83	259,83							
2789,99	I,IV	**295,83**	260,16	260,16	I	195,25	101,16	21,33			
	II	**200,00**	260,16	260,16	II	105,58	24,41				
	III	**55,50**	260,16	260,16	III						
	V	**602,16**	260,16	260,16	IV	244,75	195,25	147,41	101,16	57,50	21,33
	VI	**642,50**	260,16	260,16							
2792,99	I,IV	**296,50**	260,41	260,41	I	195,91	101,75	21,75			
	II	**200,58**	260,41	260,41	II	106,16	24,83				
	III	**56,00**	260,41	260,41	III						
	V	**603,00**	260,41	260,41	IV	245,41	195,91	148,00	101,75	58,00	21,75
	VI	**643,50**	260,41	260,41							
2795,99	I,IV	**297,16**	260,66	260,66	I	196,50	102,33	22,16			
	II	**201,25**	260,66	260,66	II	106,75	25,33				
	III	**56,33**	260,66	260,66	III						
	V	**604,00**	260,66	260,66	IV	246,00	196,50	148,66	102,33	58,50	22,16
	VI	**644,33**	260,66	260,66							
2798,99	I,IV	**297,83**	261,00	261,00	I	197,16	102,91	22,58			
	II	**201,91**	261,00	261,00	II	107,33	25,75				
	III	**56,83**	261,00	261,00	III						
	V	**604,83**	261,00	261,00	IV	246,66	197,16	149,25	102,91	59,08	22,58
	VI	**645,50**	261,00	261,00							
2801,99	I,IV	**298,50**	261,25	261,25	I	197,83	103,58	23,00			
	II	**202,50**	261,25	261,25	II	107,91	26,16				
	III	**57,33**	261,25	261,25	III						
	V	**605,66**	261,25	261,25	IV	247,33	197,83	149,83	103,58	59,58	23,00
	VI	**646,33**	261,25	261,25							
2804,99	I,IV	**299,16**	261,50	261,50	I	198,41	104,16	23,41			
	II	**203,16**	261,50	261,50	II	108,50	26,58				
	III	**57,66**	261,50	261,50	III						
	V	**606,66**	261,50	261,50	IV	248,00	198,41	150,50	104,16	60,16	23,41
	VI	**647,16**	261,50	261,50							
2807,99	I,IV	**299,91**	261,83	261,83	I	199,08	104,75	23,83			
	II	**203,83**	261,83	261,83	II	109,16	27,08				
	III	**58,16**	261,83	261,83	III						
	V	**607,66**	261,83	261,83	IV	248,66	199,08	151,08	104,75	60,66	23,83
	VI	**648,33**	261,83	261,83							

* Zur LSt-Berechnung für privat versicherte Arbeitnehmer s. Beispiele **Vorbemerkung S. 4f.**
** Basisvorsorgepauschale KV und PV *** Typisierter Arbeitgeberzuschuss

Lohn/ Gehalt in € bis	Steuerklasse	Lohnsteuer*	BVSP**	TAGZ***	Steuerklasse	Bemessungsgrundlage für Kirchensteuer und Solidaritätszuschlag – Freibeträge für ... Kinder 0,5	1,0	1,5	2,0	2,5	3,0
2810,99	I,IV	**300,58**	262,08	262,08	I	199,75	105,33	24,25			
	II	**204,41**	262,08	262,08	II	109,75	27,50				
	III	**58,66**	262,08	262,08	III						
	V	**608,66**	262,08	262,08	IV	249,33	199,75	151,75	105,33	61,25	24,25
	VI	**649,16**	262,08	262,08							
2813,99	I,IV	**301,25**	262,33	262,33	I	200,33	105,91	24,66			
	II	**205,08**	262,33	262,33	II	110,33	27,91				
	III	**59,00**	262,33	262,33	III						
	V	**609,50**	262,33	262,33	IV	250,00	200,33	152,33	105,91	61,75	24,66
	VI	**650,00**	262,33	262,33							
2816,99	I,IV	**301,91**	262,66	262,66	I	201,00	106,50	25,16			
	II	**205,75**	262,66	262,66	II	110,91	28,33				
	III	**59,50**	262,66	262,66	III						
	V	**610,33**	262,66	262,66	IV	250,66	201,00	153,00	106,50	62,33	25,16
	VI	**651,16**	262,66	262,66							
2819,99	I,IV	**302,58**	262,91	262,91	I	201,66	107,16	25,58			
	II	**206,33**	262,91	262,91	II	111,58	28,83				
	III	**60,00**	262,91	262,91	III						
	V	**611,33**	262,91	262,91	IV	251,33	201,66	153,58	107,16	62,83	25,58
	VI	**652,00**	262,91	262,91							
2822,99	I,IV	**303,25**	263,16	263,16	I	202,25	107,75	26,00			
	II	**207,00**	263,16	263,16	II	112,16	29,25				
	III	**60,33**	263,16	263,16	III						
	V	**612,16**	263,16	263,16	IV	252,00	202,25	154,16	107,75	63,33	26,00
	VI	**652,83**	263,16	263,16							
2825,99	I,IV	**303,91**	263,50	263,50	I	202,91	108,33	26,41			
	II	**207,66**	263,50	263,50	II	112,75	29,66				
	III	**60,83**	263,50	263,50	III	0,33					
	V	**613,16**	263,50	263,50	IV	252,66	202,91	154,83	108,33	63,91	26,41
	VI	**654,00**	263,50	263,50							
2828,99	I,IV	**304,66**	263,75	263,75	I	203,58	108,91	26,91			
	II	**208,33**	263,75	263,75	II	113,33	30,16				
	III	**61,33**	263,75	263,75	III	0,66					
	V	**614,16**	263,75	263,75	IV	253,33	203,58	155,41	108,91	64,50	26,91
	VI	**654,83**	263,75	263,75							
2831,99	I,IV	**305,33**	264,08	264,08	I	204,16	109,50	27,33			
	II	**208,91**	264,08	264,08	II	113,91	30,58				
	III	**61,83**	264,08	264,08	III	1,00					
	V	**615,16**	264,08	264,08	IV	254,00	204,16	156,08	109,50	65,00	27,33
	VI	**655,83**	264,08	264,08							
2834,99	I,IV	**306,00**	264,33	264,33	I	204,83	110,08	27,75			
	II	**209,58**	264,33	264,33	II	114,50	31,08				
	III	**62,16**	264,33	264,33	III	1,33					
	V	**616,00**	264,33	264,33	IV	254,58	204,83	156,66	110,08	65,58	27,75
	VI	**656,83**	264,33	264,33							
2837,99	I,IV	**306,66**	264,58	264,58	I	205,50	110,75	28,16			
	II	**210,25**	264,58	264,58	II	115,16	31,50				
	III	**62,66**	264,58	264,58	III	1,66					
	V	**616,83**	264,58	264,58	IV	255,33	205,50	157,33	110,75	66,08	28,16
	VI	**657,83**	264,58	264,58							
2840,99	I,IV	**307,33**	264,91	264,91	I	206,16	111,33	28,66			
	II	**210,83**	264,91	264,91	II	115,75	32,00				
	III	**63,16**	264,91	264,91	III	2,00					
	V	**617,83**	264,91	264,91	IV	255,91	206,16	157,91	111,33	66,66	28,66
	VI	**658,66**	264,91	264,91							
2843,99	I,IV	**308,08**	265,16	265,16	I	206,75	111,91	29,08			
	II	**211,50**	265,16	265,16	II	116,33	32,41				
	III	**63,50**	265,16	265,16	III	2,33					
	V	**618,83**	265,16	265,16	IV	256,58	206,75	158,50	111,91	67,16	29,08
	VI	**659,66**	265,16	265,16							

* Zur LSt-Berechnung für privat versicherte Arbeitnehmer s. Beispiele **Vorbemerkung S. 4f.**
** Basisvorsorgepauschale KV und PV *** Typisierter Arbeitgeberzuschuss

Lohn/ Gehalt in € bis	Steuerklasse	Lohn-steuer*	BVSP**	TAGZ***	Steuerklasse	Bemessungsgrundlage für Kirchensteuer und Solidaritätszuschlag					
						Freibeträge für ... Kinder					
						0,5	**1,0**	1,5	**2,0**	2,5	**3,0**
2846,99	I,IV	**308,75**	265,41	265,41	I	207,41	112,50	29,50			
	II	**212,16**	265,41	265,41	II	116,91	32,83				
	III	**64,00**	265,41	265,41	III	2,66					
	V	**619,83**	265,41	265,41	IV	257,25	207,41	159,16	112,50	67,75	29,50
	VI	**660,50**	265,41	265,41							
2849,99	I,IV	**309,41**	265,75	265,75	I	208,08	113,08	30,00			
	II	**212,83**	265,75	265,75	II	117,58	33,33				
	III	**64,50**	265,75	265,75	III	3,16					
	V	**620,66**	265,75	265,75	IV	257,91	208,08	159,75	113,08	68,33	30,00
	VI	**661,50**	265,75	265,75							
2852,99	I,IV	**310,08**	266,00	266,00	I	208,66	113,75	30,41			
	II	**213,41**	266,00	266,00	II	118,16	33,75				
	III	**65,00**	266,00	266,00	III	3,50					
	V	**621,50**	266,00	266,00	IV	258,58	208,66	160,41	113,75	68,83	30,41
	VI	**662,50**	266,00	266,00							
2855,99	I,IV	**310,75**	266,25	266,25	I	209,33	114,33	30,91			
	II	**214,08**	266,25	266,25	II	118,75	34,25				
	III	**65,33**	266,25	266,25	III	3,83					
	V	**622,50**	266,25	266,25	IV	259,25	209,33	161,00	114,33	69,41	30,91
	VI	**663,50**	266,25	266,25							
2858,99	I,IV	**311,50**	266,58	266,58	I	210,00	114,91	31,33			
	II	**214,75**	266,58	266,58	II	119,33	34,75				
	III	**65,83**	266,58	266,58	III	4,16					
	V	**623,50**	266,58	266,58	IV	259,91	210,00	161,66	114,91	70,00	31,33
	VI	**664,33**	266,58	266,58							
2861,99	I,IV	**312,16**	266,83	266,83	I	210,66	115,50	31,75			
	II	**215,41**	266,83	266,83	II	120,00	35,16				
	III	**66,33**	266,83	266,83	III	4,50					
	V	**624,50**	266,83	266,83	IV	260,58	210,66	162,25	115,50	70,58	31,75
	VI	**665,50**	266,83	266,83							
2864,99	I,IV	**312,83**	267,08	267,08	I	211,25	116,08	32,25			
	II	**216,00**	267,08	267,08	II	120,58	35,66				
	III	**66,83**	267,08	267,08	III	4,83					
	V	**625,33**	267,08	267,08	IV	261,25	211,25	162,91	116,08	71,08	32,25
	VI	**666,33**	267,08	267,08							
2867,99	I,IV	**313,58**	267,41	267,41	I	211,91	116,75	32,66			
	II	**216,66**	267,41	267,41	II	121,16	36,08				
	III	**67,16**	267,41	267,41	III	5,16					
	V	**626,16**	267,41	267,41	IV	261,91	211,91	163,50	116,75	71,66	32,66
	VI	**667,33**	267,41	267,41							
2870,99	I,IV	**314,25**	267,66	267,66	I	212,58	117,33	33,16			
	II	**217,33**	267,66	267,66	II	121,75	36,58				
	III	**67,66**	267,66	267,66	III	5,50					
	V	**627,33**	267,66	267,66	IV	262,58	212,58	164,16	117,33	72,25	33,16
	VI	**668,16**	267,66	267,66							
2873,99	I,IV	**314,91**	268,00	268,00	I	213,16	117,91	33,58			
	II	**218,00**	268,00	268,00	II	122,33	37,00				
	III	**68,16**	268,00	268,00	III	5,83					
	V	**628,16**	268,00	268,00	IV	263,25	213,16	164,75	117,91	72,83	33,58
	VI	**669,33**	268,00	268,00							
2876,99	I,IV	**315,58**	268,25	268,25	I	213,83	118,50	34,08			
	II	**218,58**	268,25	268,25	II	123,00	37,50				
	III	**68,66**	268,25	268,25	III	6,33					
	V	**629,16**	268,25	268,25	IV	263,91	213,83	165,33	118,50	73,33	34,08
	VI	**670,16**	268,25	268,25							
2879,99	I,IV	**316,25**	268,50	268,50	I	214,50	119,16	34,50			
	II	**219,25**	268,50	268,50	II	123,58	38,00				
	III	**69,00**	268,50	268,50	III	6,66					
	V	**630,00**	268,50	268,50	IV	264,58	214,50	166,00	119,16	73,91	34,50
	VI	**671,16**	268,50	268,50							

* Zur LSt-Berechnung für privat versicherte Arbeitnehmer s. Beispiele **Vorbemerkung S. 4f.**
** Basisvorsorgepauschale KV und PV *** Typisierter Arbeitgeberzuschuss

Lohn/ Gehalt in € bis	Steuerklasse	Lohn-steuer*	BVSP**	TAGZ***	Steuerklasse	Bemessungsgrundlage für Kirchensteuer und Solidaritätszuschlag – Freibeträge für ... Kinder 0,5	1,0	1,5	2,0	2,5	3,0
2882,99	I,IV	**317,00**	268,83	268,83	I	215,16	119,75	35,00			
	II	**219,91**	268,83	268,83	II	124,16	38,41				
	III	**69,50**	268,83	268,83	III	7,00					
	V	**631,00**	268,83	268,83	IV	265,25	215,16	166,66	119,75	74,50	35,00
	VI	**672,16**	268,83	268,83							
2885,99	I,IV	**317,66**	269,08	269,08	I	215,75	120,33	35,41			
	II	**220,58**	269,08	269,08	II	124,75	38,91				
	III	**70,00**	269,08	269,08	III	7,33					
	V	**632,00**	269,08	269,08	IV	265,91	215,75	167,25	120,33	75,08	35,41
	VI	**673,00**	269,08	269,08							
2888,99	I,IV	**318,33**	269,33	269,33	I	216,41	120,91	35,91			
	II	**221,16**	269,33	269,33	II	125,41	39,41				
	III	**70,50**	269,33	269,33	III	7,66					
	V	**632,83**	269,33	269,33	IV	266,58	216,41	167,91	120,91	75,66	35,91
	VI	**674,00**	269,33	269,33							
2891,99	I,IV	**319,00**	269,66	269,66	I	217,08	121,58	36,41			
	II	**221,83**	269,66	269,66	II	126,00	39,91				
	III	**70,83**	269,66	269,66	III	8,00					
	V	**633,66**	269,66	269,66	IV	267,25	217,08	168,50	121,58	76,25	36,41
	VI	**675,16**	269,66	269,66							
2894,99	I,IV	**319,75**	269,91	269,91	I	217,75	122,16	36,83			
	II	**222,50**	269,91	269,91	II	126,58	40,33				
	III	**71,33**	269,91	269,91	III	8,33					
	V	**634,83**	269,91	269,91	IV	267,91	217,75	169,16	122,16	76,83	36,83
	VI	**676,00**	269,91	269,91							
2897,99	I,IV	**320,41**	270,16	270,16	I	218,33	122,75	37,33			
	II	**223,16**	270,16	270,16	II	127,25	40,83				
	III	**71,83**	270,16	270,16	III	8,66					
	V	**635,66**	270,16	270,16	IV	268,58	218,33	169,75	122,75	77,33	37,33
	VI	**676,83**	270,16	270,16							
2900,99	I,IV	**321,08**	270,50	270,50	I	219,00	123,33	37,83			
	II	**223,83**	270,50	270,50	II	127,83	41,33				
	III	**72,33**	270,50	270,50	III	9,16					
	V	**636,50**	270,50	270,50	IV	269,25	219,00	170,41	123,33	78,00	37,83
	VI	**677,83**	270,50	270,50							
2903,99	I,IV	**321,75**	270,75	270,75	I	219,66	124,00	38,25			
	II	**224,41**	270,75	270,75	II	128,41	41,83				
	III	**72,83**	270,75	270,75	III	9,50					
	V	**637,50**	270,75	270,75	IV	269,91	219,66	171,00	124,00	78,50	38,25
	VI	**679,00**	270,75	270,75							
2906,99	I,IV	**322,50**	271,00	271,00	I	220,33	124,58	38,75			
	II	**225,08**	271,00	271,00	II	129,00	42,25				
	III	**73,16**	271,00	271,00	III	9,83					
	V	**638,50**	271,00	271,00	IV	270,58	220,33	171,66	124,58	79,08	38,75
	VI	**679,83**	271,00	271,00							
2909,99	I,IV	**323,16**	271,33	271,33	I	221,00	125,16	39,25			
	II	**225,75**	271,33	271,33	II	129,66	42,75				
	III	**73,66**	271,33	271,33	III	10,16					
	V	**639,50**	271,33	271,33	IV	271,25	221,00	172,25	125,16	79,66	39,25
	VI	**680,83**	271,33	271,33							
2912,99	I,IV	**323,83**	271,58	271,58	I	221,58	125,75	39,66			
	II	**226,41**	271,58	271,58	II	130,25	43,25				
	III	**74,16**	271,58	271,58	III	10,50					
	V	**640,33**	271,58	271,58	IV	271,91	221,58	172,91	125,75	80,25	39,66
	VI	**681,83**	271,58	271,58							
2915,99	I,IV	**324,58**	271,91	271,91	I	222,25	126,41	40,16			
	II	**227,00**	271,91	271,91	II	130,83	43,75				
	III	**74,66**	271,91	271,91	III	11,00					
	V	**641,33**	271,91	271,91	IV	272,58	222,25	173,50	126,41	80,83	40,16
	VI	**682,83**	271,91	271,91							

* Zur LSt-Berechnung für privat versicherte Arbeitnehmer s. Beispiele **Vorbemerkung S. 4 f.**

** Basisvorsorgepauschale KV und PV *** Typisierter Arbeitgeberzuschuss

Lohn/ Gehalt in € bis	Steuerklasse	Lohn-steuer*	BVSP**	TAGZ***	Steuerklasse	Bemessungsgrundlage für Kirchensteuer und Solidaritätszuschlag – Freibeträge für ... Kinder 0,5	1,0	1,5	2,0	2,5	3,0
2918,99	I,IV	**325,25**	272,16	272,16	I	222,91	127,00	40,66			
	II	**227,66**	272,16	272,16	II	131,50	44,25				
	III	**75,16**	272,16	272,16	III	11,33					
	V	**642,33**	272,16	272,16	IV	273,25	222,91	174,16	127,00	81,50	40,66
	VI	**683,66**	272,16	272,16							
2921,99	I,IV	**325,91**	272,41	272,41	I	223,58	127,58	41,16			
	II	**228,33**	272,41	272,41	II	132,08	44,75				
	III	**75,66**	272,41	272,41	III	11,66					
	V	**643,16**	272,41	272,41	IV	273,91	223,58	174,75	127,58	82,00	41,16
	VI	**684,66**	272,41	272,41							
2924,99	I,IV	**326,58**	272,75	272,75	I	224,16	128,16	41,58			
	II	**229,00**	272,75	272,75	II	132,66	45,25				
	III	**76,00**	272,75	272,75	III	12,00					
	V	**644,16**	272,75	272,75	IV	274,58	224,16	175,41	128,16	82,58	41,58
	VI	**685,66**	272,75	272,75							
2927,99	I,IV	**327,33**	273,00	273,00	I	224,83	128,83	42,08			
	II	**229,66**	273,00	273,00	II	133,33	45,75				
	III	**76,50**	273,00	273,00	III	12,33					
	V	**645,16**	273,00	273,00	IV	275,25	224,83	176,00	128,83	83,16	42,08
	VI	**686,66**	273,00	273,00							
2930,99	I,IV	**328,00**	273,25	273,25	I	225,50	129,41	42,58			
	II	**230,33**	273,25	273,25	II	133,91	46,25				
	III	**77,00**	273,25	273,25	III	12,83					
	V	**646,00**	273,25	273,25	IV	275,91	225,50	176,66	129,41	83,83	42,58
	VI	**687,66**	273,25	273,25							
2933,99	I,IV	**328,66**	273,58	273,58	I	226,16	130,00	43,08			
	II	**230,91**	273,58	273,58	II	134,50	46,75				
	III	**77,50**	273,58	273,58	III	13,16					
	V	**647,00**	273,58	273,58	IV	276,58	226,16	177,25	130,00	84,41	43,08
	VI	**688,66**	273,58	273,58							
2936,99	I,IV	**329,41**	273,83	273,83	I	226,83	130,66	43,58			
	II	**231,58**	273,83	273,83	II	135,16	47,16				
	III	**78,00**	273,83	273,83	III	13,50					
	V	**648,00**	273,83	273,83	IV	277,25	226,83	177,91	130,66	85,00	43,58
	VI	**689,50**	273,83	273,83							
2939,99	I,IV	**330,08**	274,08	274,08	I	227,50	131,25	44,08			
	II	**232,25**	274,08	274,08	II	135,75	47,75				
	III	**78,50**	274,08	274,08	III	13,83					
	V	**649,00**	274,08	274,08	IV	278,00	227,50	178,58	131,25	85,58	44,08
	VI	**690,50**	274,08	274,08							
2942,99	I,IV	**330,75**	274,41	274,41	I	228,08	131,83	44,58			
	II	**232,91**	274,41	274,41	II	136,33	48,25				
	III	**79,00**	274,41	274,41	III	14,16					
	V	**650,00**	274,41	274,41	IV	278,66	228,08	179,16	131,83	86,16	44,58
	VI	**691,50**	274,41	274,41							
2945,99	I,IV	**331,50**	274,66	274,66	I	228,75	132,50	45,00			
	II	**233,58**	274,66	274,66	II	137,00	48,75				
	III	**79,33**	274,66	274,66	III	14,66					
	V	**650,83**	274,66	274,66	IV	279,33	228,75	179,83	132,50	86,75	45,00
	VI	**692,50**	274,66	274,66							
2948,99	I,IV	**332,16**	274,91	274,91	I	229,41	133,08	45,50			
	II	**234,16**	274,91	274,91	II	137,58	49,25				
	III	**79,83**	274,91	274,91	III	15,00					
	V	**651,66**	274,91	274,91	IV	280,00	229,41	180,41	133,08	87,33	45,50
	VI	**693,50**	274,91	274,91							
2951,99	I,IV	**332,83**	275,25	275,25	I	230,08	133,66	46,00			
	II	**234,83**	275,25	275,25	II	138,16	49,75				
	III	**80,33**	275,25	275,25	III	15,33					
	V	**652,83**	275,25	275,25	IV	280,66	230,08	181,08	133,66	87,91	46,00
	VI	**694,50**	275,25	275,25							

* Zur LSt-Berechnung für privat versicherte Arbeitnehmer s. Beispiele **Vorbemerkung S. 4 f.**
** Basisvorsorgepauschale KV und PV *** Typisierter Arbeitgeberzuschuss

Lohn/ Gehalt in € bis	Steuerklasse	Lohnsteuer*	BVSP**	TAGZ***	Steuerklasse	Bemessungsgrundlage für Kirchensteuer und Solidaritätszuschlag – Freibeträge für ... Kinder 0,5	**1,0**	1,5	**2,0**	2,5	**3,0**
2954,99	I,IV	**333,58**	275,50	275,50	I	230,66	134,33	46,50			
	II	**235,50**	275,50	275,50	II	138,83	50,25				
	III	**80,83**	275,50	275,50	III	15,66					
	V	**653,66**	275,50	275,50	IV	281,33	230,66	181,66	134,33	88,50	46,50
	VI	**695,33**	275,50	275,50							
2957,99	I,IV	**334,25**	275,83	275,83	I	231,33	134,91	47,00			
	II	**236,16**	275,83	275,83	II	139,41	50,75				
	III	**81,33**	275,83	275,83	III	16,00					
	V	**654,66**	275,83	275,83	IV	282,00	231,33	182,33	134,91	89,08	47,00
	VI	**696,50**	275,83	275,83							
2960,99	I,IV	**334,91**	276,08	276,08	I	232,00	135,50	47,50			
	II	**236,83**	276,08	276,08	II	140,00	51,25				
	III	**81,83**	276,08	276,08	III	16,50					
	V	**655,50**	276,08	276,08	IV	282,66	232,00	183,00	135,50	89,66	47,50
	VI	**697,33**	276,08	276,08							
2963,99	I,IV	**335,66**	276,33	276,33	I	232,66	136,16	48,00			
	II	**237,50**	276,33	276,33	II	140,66	51,75				
	III	**82,33**	276,33	276,33	III	16,83					
	V	**656,50**	276,33	276,33	IV	283,33	232,66	183,58	136,16	90,25	48,00
	VI	**698,33**	276,33	276,33							
2966,99	I,IV	**336,33**	276,66	276,66	I	233,33	136,75	48,50			
	II	**238,16**	276,66	276,66	II	141,25	52,25				
	III	**82,83**	276,66	276,66	III	17,16					
	V	**657,50**	276,66	276,66	IV	284,00	233,33	184,25	136,75	90,83	48,50
	VI	**699,16**	276,66	276,66							
2969,99	I,IV	**337,00**	276,91	276,91	I	234,00	137,33	49,00			
	II	**238,83**	276,91	276,91	II	141,83	52,83				
	III	**83,16**	276,91	276,91	III	17,66					
	V	**658,33**	276,91	276,91	IV	284,66	234,00	184,83	137,33	91,41	49,00
	VI	**700,33**	276,91	276,91							
2972,99	I,IV	**337,75**	277,16	277,16	I	234,66	138,00	49,50			
	II	**239,41**	277,16	277,16	II	142,50	53,33				
	III	**83,66**	277,16	277,16	III	18,00					
	V	**659,50**	277,16	277,16	IV	285,33	234,66	185,50	138,00	92,00	49,50
	VI	**701,33**	277,16	277,16							
2975,99	I,IV	**338,41**	277,50	277,50	I	235,25	138,58	50,08			
	II	**240,08**	277,50	277,50	II	143,08	53,83				
	III	**84,16**	277,50	277,50	III	18,33					
	V	**660,33**	277,50	277,50	IV	286,00	235,25	186,08	138,58	92,66	50,08
	VI	**702,16**	277,50	277,50							
2978,99	I,IV	**339,08**	277,75	277,75	I	235,91	139,16	50,58			
	II	**240,75**	277,75	277,75	II	143,66	54,33				
	III	**84,66**	277,75	277,75	III	18,66					
	V	**661,33**	277,75	277,75	IV	286,66	235,91	186,75	139,16	93,25	50,58
	VI	**703,16**	277,75	277,75							
2981,99	I,IV	**339,83**	278,00	278,00	I	236,58	139,83	51,08			
	II	**241,41**	278,00	278,00	II	144,33	54,83				
	III	**85,16**	278,00	278,00	III	19,16					
	V	**662,33**	278,00	278,00	IV	287,41	236,58	187,41	139,83	93,83	51,08
	VI	**704,33**	278,00	278,00							
2984,99	I,IV	**340,50**	278,33	278,33	I	237,25	140,41	51,58			
	II	**242,08**	278,33	278,33	II	144,91	55,41				
	III	**85,66**	278,33	278,33	III	19,50					
	V	**663,16**	278,33	278,33	IV	288,08	237,25	188,00	140,41	94,41	51,58
	VI	**705,16**	278,33	278,33							
2987,99	I,IV	**341,16**	278,58	278,58	I	237,91	141,00	52,08			
	II	**242,75**	278,58	278,58	II	145,50	55,91				
	III	**86,16**	278,58	278,58	III	19,83					
	V	**664,33**	278,58	278,58	IV	288,75	237,91	188,66	141,00	95,00	52,08
	VI	**706,16**	278,58	278,58							

* Zur LSt-Berechnung für privat versicherte Arbeitnehmer s. Beispiele **Vorbemerkung S. 4 f.**
** Basisvorsorgepauschale KV und PV *** Typisierter Arbeitgeberzuschuss

Lohn/ Gehalt in € bis	Steuerklasse	Lohnsteuer*	BVSP**	TAGZ***	Steuerklasse	Bemessungsgrundlage für Kirchensteuer und Solidaritätszuschlag					
						Freibeträge für ... Kinder					
						0,5	**1,0**	1,5	**2,0**	2,5	**3,0**
2990,99	I,IV	**341,91**	278,83	278,83	I	238,58	141,66	52,58			
	II	**243,41**	278,83	278,83	II	146,16	56,41				
	III	**86,66**	278,83	278,83	III	20,33					
	V	**665,16**	278,83	278,83	IV	289,41	238,58	189,33	141,66	95,58	52,58
	VI	**707,16**	278,83	278,83							
2993,99	I,IV	**342,58**	279,16	279,16	I	239,25	142,25	53,08			
	II	**244,08**	279,16	279,16	II	146,75	56,91				
	III	**87,16**	279,16	279,16	III	20,66					
	V	**666,16**	279,16	279,16	IV	290,08	239,25	189,91	142,25	96,16	53,08
	VI	**708,33**	279,16	279,16							
2996,99	I,IV	**343,25**	279,41	279,41	I	239,83	142,83	53,58			
	II	**244,66**	279,41	279,41	II	147,41	57,50				
	III	**87,66**	279,41	279,41	III	21,00					
	V	**667,00**	279,41	279,41	IV	290,75	239,83	190,58	142,83	96,75	53,58
	VI	**709,16**	279,41	279,41							
2999,99	I,IV	**344,00**	279,66	279,66	I	240,50	143,50	54,16			
	II	**245,41**	279,66	279,66	II	148,00	58,00				
	III	**88,16**	279,66	279,66	III	21,33					
	V	**668,16**	279,66	279,66	IV	291,50	240,50	191,16	143,50	97,33	54,16
	VI	**710,16**	279,66	279,66							
3002,99	I,IV	**344,66**	280,00	280,00	I	241,16	144,08	54,66			
	II	**246,00**	280,00	280,00	II	148,66	58,50				
	III	**88,66**	280,00	280,00	III	21,83					
	V	**669,00**	280,00	280,00	IV	292,16	241,16	191,83	144,08	98,00	54,66
	VI	**711,16**	280,00	280,00							
3005,99	I,IV	**345,41**	280,25	280,25	I	241,83	144,66	55,16			
	II	**246,66**	280,25	280,25	II	149,25	59,08				
	III	**89,16**	280,25	280,25	III	22,16					
	V	**670,00**	280,25	280,25	IV	292,83	241,83	192,50	144,66	98,58	55,16
	VI	**712,00**	280,25	280,25							
3008,99	I,IV	**346,08**	280,58	280,58	I	242,50	145,33	55,66			
	II	**247,33**	280,58	280,58	II	149,83	59,58				
	III	**89,50**	280,58	280,58	III	22,50					
	V	**671,00**	280,58	280,58	IV	293,50	242,50	193,08	145,33	99,16	55,66
	VI	**713,16**	280,58	280,58							
3011,99	I,IV	**346,83**	280,83	280,83	I	243,16	145,91	56,25			
	II	**248,00**	280,83	280,83	II	150,50	60,16				
	III	**90,00**	280,83	280,83	III	23,00					
	V	**672,00**	280,83	280,83	IV	294,16	243,16	193,75	145,91	99,75	56,25
	VI	**714,16**	280,83	280,83							
3014,99	I,IV	**347,50**	281,08	281,08	I	243,83	146,58	56,75			
	II	**248,66**	281,08	281,08	II	151,08	60,66				
	III	**90,66**	281,08	281,08	III	23,33					
	V	**672,83**	281,08	281,08	IV	294,83	243,83	194,33	146,58	100,33	56,75
	VI	**715,00**	281,08	281,08							
3017,99	I,IV	**348,16**	281,41	281,41	I	244,41	147,16	57,25			
	II	**249,33**	281,41	281,41	II	151,66	61,16				
	III	**91,00**	281,41	281,41	III	23,66					
	V	**673,83**	281,41	281,41	IV	295,50	244,41	195,00	147,16	100,91	57,25
	VI	**716,00**	281,41	281,41							
3020,99	I,IV	**348,91**	281,66	281,66	I	245,16	147,75	57,83			
	II	**250,00**	281,66	281,66	II	152,33	61,75				
	III	**91,50**	281,66	281,66	III	24,16					
	V	**674,83**	281,66	281,66	IV	296,25	245,16	195,66	147,75	101,50	57,83
	VI	**717,00**	281,66	281,66							
3023,99	I,IV	**349,58**	281,91	281,91	I	245,75	148,41	58,33			
	II	**250,66**	281,91	281,91	II	152,91	62,25				
	III	**92,00**	281,91	281,91	III	24,50					
	V	**675,83**	281,91	281,91	IV	296,91	245,75	196,25	148,41	102,08	58,33
	VI	**718,16**	281,91	281,91							

* Zur LSt-Berechnung für privat versicherte Arbeitnehmer s. Beispiele **Vorbemerkung S. 4f.**
** Basisvorsorgepauschale KV und PV *** Typisierter Arbeitgeberzuschuss

Lohn/ Gehalt in € bis	Steuerklasse	Lohn-steuer*	BVSP**	TAGZ***	Steuerklasse	Bemessungsgrundlage für Kirchensteuer und Solidaritätszuschlag					
						Freibeträge für ... Kinder					
						0,5	**1,0**	1,5	**2,0**	2,5	**3,0**
3026,99	I,IV	**350,25**	282,25	282,25	I	246,41	149,00	58,83			
	II	**251,33**	282,25	282,25	II	153,58	62,83				
	III	**92,50**	282,25	282,25	III	24,83					
	V	**676,66**	282,25	282,25	IV	297,58	246,41	196,91	149,00	102,75	58,83
	VI	**719,00**	282,25	282,25							
3029,99	I,IV	**351,00**	282,50	282,50	I	247,08	149,58	59,41			
	II	**251,91**	282,50	282,50	II	154,16	63,33				
	III	**93,00**	282,50	282,50	III	25,33					
	V	**677,66**	282,50	282,50	IV	298,25	247,08	197,58	149,58	103,33	59,41
	VI	**720,00**	282,50	282,50							
3032,99	I,IV	**351,66**	282,75	282,75	I	247,75	150,25	59,91			
	II	**252,66**	282,75	282,75	II	154,83	63,91				
	III	**93,50**	282,75	282,75	III	25,66					
	V	**678,66**	282,75	282,75	IV	298,91	247,75	198,16	150,25	103,91	59,91
	VI	**721,00**	282,75	282,75							
3035,99	I,IV	**352,41**	283,08	283,08	I	248,41	150,83	60,50			
	II	**253,25**	283,08	283,08	II	155,41	64,41				
	III	**94,00**	283,08	283,08	III	26,00					
	V	**679,66**	283,08	283,08	IV	299,58	248,41	198,83	150,83	104,50	60,50
	VI	**722,00**	283,08	283,08							
3038,99	I,IV	**353,08**	283,33	283,33	I	249,08	151,50	61,00			
	II	**253,91**	283,33	283,33	II	156,00	65,00				
	III	**94,50**	283,33	283,33	III	26,50					
	V	**680,66**	283,33	283,33	IV	300,25	249,08	199,50	151,50	105,08	61,00
	VI	**723,00**	283,33	283,33							
3041,99	I,IV	**353,83**	283,58	283,58	I	249,75	152,08	61,58			
	II	**254,58**	283,58	283,58	II	156,66	65,58				
	III	**95,00**	283,58	283,58	III	26,83					
	V	**681,66**	283,58	283,58	IV	301,00	249,75	200,08	152,08	105,66	61,58
	VI	**724,00**	283,58	283,58							
3044,99	I,IV	**354,50**	283,91	283,91	I	250,41	152,75	62,08			
	II	**255,25**	283,91	283,91	II	157,25	66,08				
	III	**95,50**	283,91	283,91	III	27,16					
	V	**682,50**	283,91	283,91	IV	301,66	250,41	200,75	152,75	106,33	62,08
	VI	**725,00**	283,91	283,91							
3047,99	I,IV	**355,16**	284,16	284,16	I	251,08	153,33	62,58			
	II	**255,91**	284,16	284,16	II	157,91	66,66				
	III	**96,00**	284,16	284,16	III	27,66					
	V	**683,50**	284,16	284,16	IV	302,33	251,08	201,41	153,33	106,91	62,58
	VI	**725,83**	284,16	284,16							
3050,99	I,IV	**355,91**	284,50	284,50	I	251,75	154,00	63,16			
	II	**256,58**	284,50	284,50	II	158,50	67,16				
	III	**96,50**	284,50	284,50	III	28,00					
	V	**684,50**	284,50	284,50	IV	303,00	251,75	202,00	154,00	107,50	63,16
	VI	**727,00**	284,50	284,50							
3053,99	I,IV	**356,58**	284,75	284,75	I	252,41	154,58	63,66			
	II	**257,25**	284,75	284,75	II	159,16	67,75				
	III	**97,00**	284,75	284,75	III	28,33					
	V	**685,50**	284,75	284,75	IV	303,66	252,41	202,66	154,58	108,08	63,66
	VI	**728,00**	284,75	284,75							
3056,99	I,IV	**357,33**	285,00	285,00	I	253,00	155,16	64,25			
	II	**257,91**	285,00	285,00	II	159,75	68,33				
	III	**97,50**	285,00	285,00	III	28,83					
	V	**686,33**	285,00	285,00	IV	304,33	253,00	203,33	155,16	108,66	64,25
	VI	**729,00**	285,00	285,00							
3059,99	I,IV	**358,00**	285,33	285,33	I	253,66	155,83	64,75			
	II	**258,58**	285,33	285,33	II	160,41	68,83	0,16			
	III	**98,00**	285,33	285,33	III	29,16					
	V	**687,50**	285,33	285,33	IV	305,08	253,66	203,91	155,83	109,25	64,75
	VI	**729,83**	285,33	285,33							

* Zur LSt-Berechnung für privat versicherte Arbeitnehmer s. Beispiele **Vorbemerkung S. 4f.**
** Basisvorsorgepauschale KV und PV *** Typisierter Arbeitgeberzuschuss

Lohn/ Gehalt in € bis	Steuerklasse	Lohn- steuer*	BVSP**	TAGZ***	Steuerklasse	Bemessungsgrundlage für Kirchensteuer und Solidaritätszuschlag					
						Freibeträge für ... Kinder					
						0,5	**1,0**	1,5	**2,0**	2,5	**3,0**
3062,99	I,IV	**358,75**	285,58	285,58	I	254,33	156,41	65,33			
	II	**259,25**	285,58	285,58	II	161,00	69,41	0,50			
	III	**98,50**	285,58	285,58	III	29,66					
	V	**688,50**	285,58	285,58	IV	305,75	254,33	204,58	156,41	109,91	65,33
	VI	**730,83**	285,58	285,58							
3065,99	I,IV	**359,41**	285,83	285,83	I	255,00	157,08	65,91			
	II	**259,91**	285,83	285,83	II	161,66	70,00	0,83			
	III	**99,00**	285,83	285,83	III	30,00					
	V	**689,33**	285,83	285,83	IV	306,41	255,00	205,25	157,08	110,50	65,91
	VI	**732,00**	285,83	285,83							
3068,99	I,IV	**360,08**	286,16	286,16	I	255,66	157,66	66,41			
	II	**260,58**	286,16	286,16	II	162,25	70,50	1,16			
	III	**99,50**	286,16	286,16	III	30,33					
	V	**690,33**	286,16	286,16	IV	307,08	255,66	205,83	157,66	111,08	66,41
	VI	**733,00**	286,16	286,16							
3071,99	I,IV	**360,83**	286,41	286,41	I	256,33	158,33	67,00			
	II	**261,25**	286,41	286,41	II	162,91	71,08	1,58			
	III	**100,16**	286,41	286,41	III	30,83					
	V	**691,33**	286,41	286,41	IV	307,83	256,33	206,50	158,33	111,66	67,00
	VI	**734,00**	286,41	286,41							
3074,99	I,IV	**361,50**	286,66	286,66	I	257,00	158,91	67,58			
	II	**261,91**	286,66	286,66	II	163,50	71,66	1,91			
	III	**100,66**	286,66	286,66	III	31,16					
	V	**692,33**	286,66	286,66	IV	308,50	257,00	207,16	158,91	112,25	67,58
	VI	**735,00**	286,66	286,66							
3077,99	I,IV	**362,25**	287,00	287,00	I	257,66	159,50	68,08			
	II	**262,58**	287,00	287,00	II	164,08	72,25	2,25			
	III	**101,16**	287,00	287,00	III	31,50					
	V	**693,16**	287,00	287,00	IV	309,16	257,66	207,83	159,50	112,83	68,08
	VI	**735,83**	287,00	287,00							
3080,99	I,IV	**362,91**	287,25	287,25	I	258,33	160,16	68,66			
	II	**263,25**	287,25	287,25	II	164,75	72,75	2,58			
	III	**101,66**	287,25	287,25	III	32,00					
	V	**694,16**	287,25	287,25	IV	309,83	258,33	208,41	160,16	113,50	68,66
	VI	**737,00**	287,25	287,25							
3083,99	I,IV	**363,66**	287,50	287,50	I	259,00	160,75	69,25	0,41		
	II	**263,91**	287,50	287,50	II	165,33	73,33	2,91			
	III	**102,16**	287,50	287,50	III	32,33					
	V	**695,33**	287,50	287,50	IV	310,50	259,00	209,08	160,75	114,08	69,25
	VI	**738,00**	287,50	287,50							
3086,99	I,IV	**364,33**	287,83	287,83	I	259,66	161,41	69,75	0,75		
	II	**264,58**	287,83	287,83	II	166,00	73,91	3,33			
	III	**102,66**	287,83	287,83	III	32,83					
	V	**696,16**	287,83	287,83	IV	311,16	259,66	209,75	161,41	114,66	69,75
	VI	**739,00**	287,83	287,83							
3089,99	I,IV	**365,08**	288,08	288,08	I	260,33	162,00	70,33	1,08		
	II	**265,25**	288,08	288,08	II	166,58	74,50	3,66			
	III	**103,16**	288,08	288,08	III	33,16					
	V	**697,16**	288,08	288,08	IV	311,91	260,33	210,33	162,00	115,25	70,33
	VI	**740,00**	288,08	288,08							
3092,99	I,IV	**365,75**	288,41	288,41	I	261,00	162,66	70,91	1,41		
	II	**265,91**	288,41	288,41	II	167,25	75,08	4,00			
	III	**103,66**	288,41	288,41	III	33,66					
	V	**698,16**	288,41	288,41	IV	312,58	261,00	211,00	162,66	115,91	70,91
	VI	**741,00**	288,41	288,41							
3095,99	I,IV	**366,50**	288,66	288,66	I	261,66	163,25	71,41	1,75		
	II	**266,58**	288,66	288,66	II	167,83	75,66	4,33			
	III	**104,16**	288,66	288,66	III	34,00					
	V	**699,16**	288,66	288,66	IV	313,25	261,66	211,66	163,25	116,50	71,41
	VI	**741,83**	288,66	288,66							

* Zur LSt-Berechnung für privat versicherte Arbeitnehmer s. Beispiele **Vorbemerkung S. 4f.**
** Basisvorsorgepauschale KV und PV *** Typisierter Arbeitgeberzuschuss

Lohn/ Gehalt in € bis	Steuerklasse	Lohn-steuer*	BVSP**	TAGZ***	Steuerklasse	Bemessungsgrundlage für Kirchensteuer und Solidaritätszuschlag					
						Freibeträge für ... Kinder					
						0,5	**1,0**	1,5	**2,0**	2,5	**3,0**
3098,99	I,IV	**367,16**	288,91	288,91	I	262,33	163,91	72,00	2,08		
	II	**267,25**	288,91	288,91	II	168,50	76,16	4,75			
	III	**104,66**	288,91	288,91	III	34,50					
	V	**700,16**	288,91	288,91	IV	313,91	262,33	212,33	163,91	117,08	72,00
	VI	**743,00**	288,91	288,91							
3101,99	I,IV	**367,91**	289,25	289,25	I	263,00	164,50	72,58	2,50		
	II	**267,91**	289,25	289,25	II	169,16	76,83	5,08			
	III	**105,16**	289,25	289,25	III	34,83					
	V	**701,16**	289,25	289,25	IV	314,66	263,00	212,91	164,50	117,66	72,58
	VI	**744,00**	289,25	289,25							
3104,99	I,IV	**368,58**	289,50	289,50	I	263,66	165,16	73,16	2,83		
	II	**268,58**	289,50	289,50	II	169,75	77,33	5,50			
	III	**105,66**	289,50	289,50	III	35,16					
	V	**702,00**	289,50	289,50	IV	315,33	263,66	213,58	165,16	118,33	73,16
	VI	**745,00**	289,50	289,50							
3107,99	I,IV	**369,33**	289,75	289,75	I	264,33	165,75	73,66	3,16		
	II	**269,25**	289,75	289,75	II	170,33	77,91	5,83			
	III	**106,16**	289,75	289,75	III	35,66					
	V	**703,16**	289,75	289,75	IV	316,00	264,33	214,25	165,75	118,91	73,66
	VI	**746,00**	289,75	289,75							
3110,99	I,IV	**370,00**	290,08	290,08	I	265,00	166,41	74,25	3,50		
	II	**269,91**	290,08	290,08	II	171,00	78,50	6,16			
	III	**106,66**	290,08	290,08	III	36,00					
	V	**704,00**	290,08	290,08	IV	316,66	265,00	214,83	166,41	119,50	74,25
	VI	**747,00**	290,08	290,08							
3113,99	I,IV	**370,75**	290,33	290,33	I	265,66	167,00	74,83	3,91		
	II	**270,58**	290,33	290,33	II	171,66	79,08	6,58			
	III	**107,16**	290,33	290,33	III	36,50					
	V	**705,00**	290,33	290,33	IV	317,41	265,66	215,50	167,00	120,08	74,83
	VI	**748,00**	290,33	290,33							
3116,99	I,IV	**371,41**	290,58	290,58	I	266,33	167,66	75,41	4,25		
	II	**271,25**	290,58	290,58	II	172,25	79,66	6,91			
	III	**107,83**	290,58	290,58	III	36,83					
	V	**706,00**	290,58	290,58	IV	318,08	266,33	216,16	167,66	120,66	75,41
	VI	**749,00**	290,58	290,58							
3119,99	I,IV	**372,16**	290,91	290,91	I	267,00	168,25	76,00	4,58		
	II	**271,91**	290,91	290,91	II	172,83	80,25	7,25			
	III	**108,33**	290,91	290,91	III	37,33					
	V	**707,00**	290,91	290,91	IV	318,75	267,00	216,83	168,25	121,33	76,00
	VI	**750,00**	290,91	290,91							
3122,99	I,IV	**372,83**	291,16	291,16	I	267,66	168,91	76,58	5,00		
	II	**272,58**	291,16	291,16	II	173,50	80,83	7,66			
	III	**108,83**	291,16	291,16	III	37,66					
	V	**708,00**	291,16	291,16	IV	319,50	267,66	217,50	168,91	121,91	76,58
	VI	**751,00**	291,16	291,16							
3125,99	I,IV	**373,58**	291,41	291,41	I	268,33	169,50	77,16	5,33		
	II	**273,25**	291,41	291,41	II	174,16	81,41	8,00			
	III	**109,33**	291,41	291,41	III	38,16					
	V	**709,00**	291,41	291,41	IV	320,16	268,33	218,08	169,50	122,50	77,16
	VI	**752,00**	291,41	291,41							
3128,99	I,IV	**374,25**	291,75	291,75	I	269,00	170,16	77,75	5,66		
	II	**273,91**	291,75	291,75	II	174,75	82,00	8,41			
	III	**109,83**	291,75	291,75	III	38,50					
	V	**709,83**	291,75	291,75	IV	320,83	269,00	218,75	170,16	123,08	77,75
	VI	**753,00**	291,75	291,75							
3131,99	I,IV	**375,00**	292,00	292,00	I	269,66	170,75	78,33	6,08		
	II	**274,58**	292,00	292,00	II	175,41	82,58	8,75			
	III	**110,33**	292,00	292,00	III	39,00					
	V	**711,00**	292,00	292,00	IV	321,50	269,66	219,41	170,75	123,75	78,33
	VI	**754,00**	292,00	292,00							

* Zur LSt-Berechnung für privat versicherte Arbeitnehmer s. Beispiele **Vorbemerkung S. 4f.**
** Basisvorsorgepauschale KV und PV *** Typisierter Arbeitgeberzuschuss

Lohn/ Gehalt in € bis	Steuerklasse	Lohn-steuer*	BVSP**	TAGZ***	Steuerklasse	Bemessungsgrundlage für Kirchensteuer und Solidaritätszuschlag					
						Freibeträge für ... Kinder					
						0,5	**1,0**	1,5	**2,0**	2,5	**3,0**
3134,99	I,IV	**375,66**	292,33	292,33	I	270,33	171,41	78,91	6,41		
	II	**275,25**	292,33	292,33	II	176,00	83,16	9,16			
	III	**110,83**	292,33	292,33	III	39,33					
	V	**712,00**	292,33	292,33	IV	322,25	270,33	220,08	171,41	124,33	78,91
	VI	**755,00**	292,33	292,33							
3137,99	I,IV	**376,41**	292,58	292,58	I	271,00	172,00	79,50	6,75		
	II	**275,91**	292,58	292,58	II	176,66	83,75	9,58			
	III	**111,33**	292,58	292,58	III	39,66					
	V	**712,83**	292,58	292,58	IV	322,91	271,00	220,66	172,00	124,91	79,50
	VI	**756,16**	292,58	292,58							
3140,99	I,IV	**377,08**	292,83	292,83	I	271,66	172,66	80,08	7,16		
	II	**276,58**	292,83	292,83	II	177,25	84,33	9,91			
	III	**112,00**	292,83	292,83	III	40,16					
	V	**713,83**	292,83	292,83	IV	323,58	271,66	221,33	172,66	125,50	80,08
	VI	**757,16**	292,83	292,83							
3143,99	I,IV	**377,83**	293,16	293,16	I	272,33	173,25	80,66	7,50		
	II	**277,25**	293,16	293,16	II	177,91	85,00	10,33			
	III	**112,50**	293,16	293,16	III	40,66					
	V	**714,83**	293,16	293,16	IV	324,25	272,33	222,00	173,25	126,16	80,66
	VI	**758,16**	293,16	293,16							
3146,99	I,IV	**378,50**	293,41	293,41	I	273,00	173,91	81,25	7,91		
	II	**277,91**	293,41	293,41	II	178,50	85,58	10,66			
	III	**113,00**	293,41	293,41	III	41,00					
	V	**716,00**	293,41	293,41	IV	325,00	273,00	222,66	173,91	126,75	81,25
	VI	**759,16**	293,41	293,41							
3149,99	I,IV	**379,25**	293,66	293,66	I	273,66	174,50	81,83	8,25		
	II	**278,58**	293,66	293,66	II	179,16	86,16	11,08			
	III	**113,50**	293,66	293,66	III	41,50					
	V	**716,83**	293,66	293,66	IV	325,66	273,66	223,25	174,50	127,33	81,83
	VI	**760,00**	293,66	293,66							
3152,99	I,IV	**380,00**	294,00	294,00	I	274,33	175,16	82,41	8,66		
	II	**279,33**	294,00	294,00	II	179,83	86,75	11,50			
	III	**114,00**	294,00	294,00	III	41,83					
	V	**717,83**	294,00	294,00	IV	326,33	274,33	223,91	175,16	128,00	82,41
	VI	**761,16**	294,00	294,00							
3155,99	I,IV	**380,66**	294,25	294,25	I	275,00	175,75	83,00	9,00		
	II	**280,00**	294,25	294,25	II	180,41	87,33	11,83			
	III	**114,50**	294,25	294,25	III	42,33					
	V	**718,83**	294,25	294,25	IV	327,08	275,00	224,58	175,75	128,58	83,00
	VI	**762,16**	294,25	294,25							
3158,99	I,IV	**381,41**	294,50	294,50	I	275,66	176,41	83,58	9,41		
	II	**280,66**	294,50	294,50	II	181,08	87,91	12,25			
	III	**115,16**	294,50	294,50	III	42,66					
	V	**719,66**	294,50	294,50	IV	327,75	275,66	225,25	176,41	129,16	83,58
	VI	**763,16**	294,50	294,50							
3161,99	I,IV	**382,08**	294,83	294,83	I	276,33	177,00	84,16	9,75		
	II	**281,33**	294,83	294,83	II	181,66	88,50	12,58			
	III	**115,66**	294,83	294,83	III	43,16					
	V	**720,83**	294,83	294,83	IV	328,41	276,33	225,91	177,00	129,75	84,16
	VI	**764,16**	294,83	294,83							
3164,99	I,IV	**382,83**	295,08	295,08	I	277,00	177,66	84,75	10,16		
	II	**282,00**	295,08	295,08	II	182,33	89,08	13,00			
	III	**116,16**	295,08	295,08	III	43,50					
	V	**721,83**	295,08	295,08	IV	329,08	277,00	226,58	177,66	130,41	84,75
	VI	**765,16**	295,08	295,08							
3167,99	I,IV	**383,50**	295,33	295,33	I	277,66	178,33	85,33	10,58		
	II	**282,66**	295,33	295,33	II	182,91	89,66	13,41			
	III	**116,66**	295,33	295,33	III	44,00					
	V	**722,83**	295,33	295,33	IV	329,83	277,66	227,16	178,33	131,00	85,33
	VI	**766,16**	295,33	295,33							

* Zur LSt-Berechnung für privat versicherte Arbeitnehmer s. Beispiele **Vorbemerkung S. 4 f.**
** Basisvorsorgepauschale KV und PV *** Typisierter Arbeitgeberzuschuss

Lohn/ Gehalt in € bis	Steuerklasse	Lohn-steuer*	BVSP**	TAGZ***	Steuerklasse	Bemessungsgrundlage für Kirchensteuer und Solidaritätszuschlag – Freibeträge für ... Kinder 0,5	**1,0**	1,5	**2,0**	2,5	**3,0**
3170,99	I,IV	**384,25**	295,66	295,66	I	278,33	178,91	85,91	10,91		
	II	**283,33**	295,66	295,66	II	183,58	90,25	13,83			
	III	**117,16**	295,66	295,66	III	44,33					
	V	**723,66**	295,66	295,66	IV	330,50	278,33	227,83	178,91	131,58	85,91
	VI	**767,16**	295,66	295,66							
3173,99	I,IV	**385,00**	295,91	295,91	I	279,08	179,58	86,50	11,33		
	II	**284,00**	295,91	295,91	II	184,25	90,83	14,16			
	III	**117,66**	295,91	295,91	III	44,83					
	V	**724,66**	295,91	295,91	IV	331,16	279,08	228,50	179,58	132,25	86,50
	VI	**768,16**	295,91	295,91							
3176,99	I,IV	**385,66**	296,25	296,25	I	279,75	180,16	87,08	11,66		
	II	**284,66**	296,25	296,25	II	184,83	91,41	14,58			
	III	**118,33**	296,25	296,25	III	45,16					
	V	**725,83**	296,25	296,25	IV	331,91	279,75	229,16	180,16	132,83	87,08
	VI	**769,16**	296,25	296,25							
3179,99	I,IV	**386,41**	296,50	296,50	I	280,41	180,83	87,66	12,08		
	II	**285,33**	296,50	296,50	II	185,50	92,00	15,00			
	III	**118,83**	296,50	296,50	III	45,66					
	V	**726,83**	296,50	296,50	IV	332,58	280,41	229,83	180,83	133,41	87,66
	VI	**770,16**	296,50	296,50							
3182,99	I,IV	**387,08**	296,75	296,75	I	281,08	181,41	88,25	12,50		
	II	**286,00**	296,75	296,75	II	186,08	92,66	15,41			
	III	**119,33**	296,75	296,75	III	46,00					
	V	**727,83**	296,75	296,75	IV	333,25	281,08	230,50	181,41	134,08	88,25
	VI	**771,16**	296,75	296,75							
3185,99	I,IV	**387,83**	297,08	297,08	I	281,75	182,08	88,83	12,83		
	II	**286,66**	297,08	297,08	II	186,75	93,25	15,75			
	III	**119,83**	297,08	297,08	III	46,50					
	V	**728,66**	297,08	297,08	IV	334,00	281,75	231,08	182,08	134,66	88,83
	VI	**772,33**	297,08	297,08							
3188,99	I,IV	**388,50**	297,33	297,33	I	282,41	182,66	89,41	13,25		
	II	**287,41**	297,33	297,33	II	187,33	93,83	16,16			
	III	**120,33**	297,33	297,33	III	46,83					
	V	**729,66**	297,33	297,33	IV	334,66	282,41	231,75	182,66	135,25	89,41
	VI	**773,33**	297,33	297,33							
3191,99	I,IV	**389,25**	297,58	297,58	I	283,08	183,33	90,00	13,66		
	II	**288,08**	297,58	297,58	II	188,00	94,41	16,58			
	III	**121,00**	297,58	297,58	III	47,33					
	V	**730,83**	297,58	297,58	IV	335,33	283,08	232,41	183,33	135,91	90,00
	VI	**774,33**	297,58	297,58							
3194,99	I,IV	**390,00**	297,91	297,91	I	283,75	184,00	90,66	14,08		
	II	**288,75**	297,91	297,91	II	188,66	95,00	17,00			
	III	**121,50**	297,91	297,91	III	47,83					
	V	**731,83**	297,91	297,91	IV	336,08	283,75	233,08	184,00	136,50	90,66
	VI	**775,33**	297,91	297,91							
3197,99	I,IV	**390,66**	298,16	298,16	I	284,41	184,58	91,25	14,41		
	II	**289,41**	298,16	298,16	II	189,25	95,58	17,41			
	III	**122,00**	298,16	298,16	III	48,16					
	V	**732,66**	298,16	298,16	IV	336,75	284,41	233,75	184,58	137,08	91,25
	VI	**776,33**	298,16	298,16							
3200,99	I,IV	**391,41**	298,41	298,41	I	285,08	185,25	91,83	14,83		
	II	**290,08**	298,41	298,41	II	189,91	96,16	17,83			
	III	**122,50**	298,41	298,41	III	48,66					
	V	**733,66**	298,41	298,41	IV	337,41	285,08	234,33	185,25	137,75	91,83
	VI	**777,33**	298,41	298,41							
3203,99	I,IV	**392,08**	298,75	298,75	I	285,75	185,91	92,41	15,25		
	II	**290,75**	298,75	298,75	II	190,58	96,75	18,25			
	III	**123,16**	298,75	298,75	III	49,00					
	V	**734,66**	298,75	298,75	IV	338,16	285,75	235,00	185,91	138,33	92,41
	VI	**778,50**	298,75	298,75							

* Zur LSt-Berechnung für privat versicherte Arbeitnehmer s. Beispiele **Vorbemerkung S. 4 f.**
** Basisvorsorgepauschale KV und PV *** Typisierter Arbeitgeberzuschuss

Lohn/ Gehalt in € bis	Steuerklasse	Lohn- steuer*	BVSP**	TAGZ***	Steuerklasse	Bemessungsgrundlage für Kirchensteuer und Solidaritätszuschlag – Freibeträge für ... Kinder 0,5	1,0	1,5	2,0	2,5	3,0
3206,99	I,IV	**392,83**	299,00	299,00	I	286,41	186,50	93,00	15,66		
	II	**291,41**	299,00	299,00	II	191,16	97,33	18,66			
	III	**123,66**	299,00	299,00	III	49,50					
	V	**735,83**	299,00	299,00	IV	338,83	286,41	235,66	186,50	138,91	93,00
	VI	**779,33**	299,00	299,00							
3209,99	I,IV	**393,58**	299,25	299,25	I	287,08	187,16	93,58	16,00		
	II	**292,08**	299,25	299,25	II	191,83	97,91	19,00			
	III	**124,16**	299,25	299,25	III	50,00					
	V	**736,83**	299,25	299,25	IV	339,50	287,08	236,33	187,16	139,58	93,58
	VI	**780,33**	299,25	299,25							
3212,99	I,IV	**394,25**	299,58	299,58	I	287,75	187,75	94,16	16,41		
	II	**292,75**	299,58	299,58	II	192,41	98,50	19,41			
	III	**124,66**	299,58	299,58	III	50,33					
	V	**737,66**	299,58	299,58	IV	340,25	287,75	237,00	187,75	140,16	94,16
	VI	**781,50**	299,58	299,58							
3215,99	I,IV	**395,00**	299,83	299,83	I	288,50	188,41	94,75	16,83		
	II	**293,50**	299,83	299,83	II	193,08	99,16	19,83			
	III	**125,16**	299,83	299,83	III	50,83					
	V	**738,66**	299,83	299,83	IV	340,91	288,50	237,66	188,41	140,75	94,75
	VI	**782,66**	299,83	299,83							
3218,99	I,IV	**395,66**	300,16	300,16	I	289,16	189,00	95,33	17,25		
	II	**294,16**	300,16	300,16	II	193,75	99,75	20,25			
	III	**125,83**	300,16	300,16	III	51,16					
	V	**739,66**	300,16	300,16	IV	341,58	289,16	238,25	189,00	141,41	95,33
	VI	**783,41**	300,16	300,16							
3221,99	I,IV	**396,41**	300,41	300,41	I	289,83	189,66	95,91	17,66		
	II	**294,83**	300,41	300,41	II	194,33	100,33	20,66			
	III	**126,33**	300,41	300,41	III	51,66					
	V	**740,83**	300,41	300,41	IV	342,33	289,83	238,91	189,66	142,00	95,91
	VI	**784,41**	300,41	300,41							
3224,99	I,IV	**397,16**	300,66	300,66	I	290,50	190,33	96,58	18,08		
	II	**295,50**	300,66	300,66	II	195,00	100,91	21,16			
	III	**126,83**	300,66	300,66	III	52,16					
	V	**741,83**	300,66	300,66	IV	343,00	290,50	239,58	190,33	142,66	96,58
	VI	**785,50**	300,66	300,66							
3227,99	I,IV	**397,83**	301,00	301,00	I	291,16	190,91	97,16	18,50		
	II	**296,16**	301,00	301,00	II	195,66	101,50	21,58			
	III	**127,33**	301,00	301,00	III	52,50					
	V	**742,83**	301,00	301,00	IV	343,75	291,16	240,25	190,91	143,25	97,16
	VI	**786,50**	301,00	301,00							
3230,99	I,IV	**398,58**	301,25	301,25	I	291,83	191,58	97,75	18,91		
	II	**296,83**	301,25	301,25	II	196,25	102,08	22,00			
	III	**128,00**	301,25	301,25	III	53,00					
	V	**743,66**	301,25	301,25	IV	344,41	291,83	240,91	191,58	143,83	97,75
	VI	**787,50**	301,25	301,25							
3233,99	I,IV	**399,33**	301,50	301,50	I	292,58	192,25	98,33	19,33		
	II	**297,58**	301,50	301,50	II	196,91	102,75	22,41			
	III	**128,50**	301,50	301,50	III	53,33					
	V	**744,83**	301,50	301,50	IV	345,16	292,58	241,58	192,25	144,50	98,33
	VI	**788,58**	301,50	301,50							
3236,99	I,IV	**400,00**	301,83	301,83	I	293,25	192,83	98,91	19,75		
	II	**298,25**	301,83	301,83	II	197,58	103,33	22,83			
	III	**129,00**	301,83	301,83	III	53,83					
	V	**745,66**	301,83	301,83	IV	345,83	293,25	242,25	192,83	145,08	98,91
	VI	**789,58**	301,83	301,83							
3239,99	I,IV	**400,75**	302,08	302,08	I	293,91	193,50	99,50	20,16		
	II	**298,91**	302,08	302,08	II	198,16	103,91	23,25			
	III	**129,50**	302,08	302,08	III	54,33					
	V	**746,66**	302,08	302,08	IV	346,50	293,91	242,91	193,50	145,66	99,50
	VI	**790,58**	302,08	302,08							

* Zur LSt-Berechnung für privat versicherte Arbeitnehmer s. Beispiele **Vorbemerkung S. 4f.**
** Basisvorsorgepauschale KV und PV *** Typisierter Arbeitgeberzuschuss

Lohn/ Gehalt in € bis	Steuerklasse	Lohn- steuer*	BVSP**	TAGZ***	Steuerklasse	Bemessungsgrundlage für Kirchensteuer und Solidaritätszuschlag – Freibeträge für ... Kinder 0,5	**1,0**	1,5	**2,0**	2,5	**3,0**
3242,99	I,IV	**401,41**	302,33	302,33	I	294,58	194,08	100,08	20,58		
	II	**299,58**	302,33	302,33	II	198,83	104,50	23,66			
	III	**130,16**	302,33	302,33	III	54,66					
	V	**747,83**	302,33	302,33	IV	347,16	294,58	243,50	194,08	146,33	100,08
	VI	**791,66**	302,33	302,33							
3245,99	I,IV	**402,16**	302,66	302,66	I	295,25	194,75	100,66	21,00		
	II	**300,25**	302,66	302,66	II	199,50	105,08	24,08			
	III	**130,66**	302,66	302,66	III	55,16					
	V	**748,83**	302,66	302,66	IV	347,91	295,25	244,16	194,75	146,91	100,66
	VI	**792,66**	302,66	302,66							
3248,99	I,IV	**402,91**	302,91	302,91	I	295,91	195,41	101,25	21,41		
	II	**300,91**	302,91	302,91	II	200,08	105,66	24,50			
	III	**131,16**	302,91	302,91	III	55,66					
	V	**749,83**	302,91	302,91	IV	348,58	295,91	244,83	195,41	147,50	101,25
	VI	**793,66**	302,91	302,91							
3251,99	I,IV	**403,58**	303,16	303,16	I	296,58	196,00	101,91	21,83		
	II	**301,58**	303,16	303,16	II	200,75	106,25	24,91			
	III	**131,83**	303,16	303,16	III	56,00					
	V	**750,83**	303,16	303,16	IV	349,33	296,58	245,50	196,00	148,16	101,91
	VI	**794,75**	303,16	303,16							
3254,99	I,IV	**404,33**	303,50	303,50	I	297,33	196,66	102,50	22,25		
	II	**302,33**	303,50	303,50	II	201,41	106,91	25,41			
	III	**132,33**	303,50	303,50	III	56,50					
	V	**751,83**	303,50	303,50	IV	350,00	297,33	246,16	196,66	148,75	102,50
	VI	**795,75**	303,50	303,50							
3257,99	I,IV	**405,08**	303,75	303,75	I	298,00	197,33	103,08	22,66		
	II	**303,00**	303,75	303,75	II	202,00	107,50	25,83			
	III	**132,83**	303,75	303,75	III	57,00					
	V	**752,83**	303,75	303,75	IV	350,75	298,00	246,83	197,33	149,41	103,08
	VI	**796,75**	303,75	303,75							
3260,99	I,IV	**405,75**	304,08	304,08	I	298,66	197,91	103,66	23,08		
	II	**303,66**	304,08	304,08	II	202,66	108,08	26,25			
	III	**133,50**	304,08	304,08	III	57,33					
	V	**753,83**	304,08	304,08	IV	351,41	298,66	247,50	197,91	150,00	103,66
	VI	**797,75**	304,08	304,08							
3263,99	I,IV	**406,50**	304,33	304,33	I	299,33	198,58	104,25	23,50		
	II	**304,33**	304,33	304,33	II	203,25	108,66	26,66			
	III	**134,00**	304,33	304,33	III	57,83					
	V	**754,83**	304,33	304,33	IV	352,08	299,33	248,16	198,58	150,58	104,25
	VI	**798,83**	304,33	304,33							
3266,99	I,IV	**407,25**	304,58	304,58	I	300,00	199,25	104,83	23,91		
	II	**305,08**	304,58	304,58	II	203,91	109,25	27,16			
	III	**134,50**	304,58	304,58	III	58,33					
	V	**755,83**	304,58	304,58	IV	352,83	300,00	248,83	199,25	151,25	104,83
	VI	**799,83**	304,58	304,58							
3269,99	I,IV	**407,91**	304,91	304,91	I	300,66	199,83	105,41	24,33		
	II	**305,75**	304,91	304,91	II	204,58	109,83	27,58			
	III	**135,16**	304,91	304,91	III	58,66					
	V	**756,83**	304,91	304,91	IV	353,50	300,66	249,50	199,83	151,83	105,41
	VI	**800,83**	304,91	304,91							
3272,99	I,IV	**408,66**	305,16	305,16	I	301,33	200,50	106,08	24,75		
	II	**306,41**	305,16	305,16	II	205,25	110,41	28,00			
	III	**135,66**	305,16	305,16	III	59,16					
	V	**757,83**	305,16	305,16	IV	354,25	301,33	250,08	200,50	152,50	106,08
	VI	**801,91**	305,16	305,16							
3275,99	I,IV	**409,41**	305,41	305,41	I	302,08	201,16	106,66	25,25		
	II	**307,08**	305,41	305,41	II	205,83	111,08	28,50			
	III	**136,16**	305,41	305,41	III	59,66					
	V	**758,83**	305,41	305,41	IV	354,91	302,08	250,83	201,16	153,08	106,66
	VI	**802,91**	305,41	305,41							

* Zur LSt-Berechnung für privat versicherte Arbeitnehmer s. Beispiele **Vorbemerkung S. 4f.**
** Basisvorsorgepauschale KV und PV *** Typisierter Arbeitgeberzuschuss

Lohn/ Gehalt in € bis	Steuerklasse	Lohn-steuer*	BVSP**	TAGZ***	Steuerklasse	Bemessungsgrundlage für Kirchensteuer und Solidaritätszuschlag – Freibeträge für ... Kinder 0,5	1,0	1,5	2,0	2,5	3,0
3278,99	I,IV	**410,08**	305,75	305,75	I	302,75	201,75	107,25	25,66		
	II	**307,75**	305,75	305,75	II	206,50	111,66	28,91			
	III	**136,66**	305,75	305,75	III	60,00					
	V	**759,83**	305,75	305,75	IV	355,66	302,75	251,41	201,75	153,75	107,25
	VI	**803,91**	305,75	305,75							
3281,99	I,IV	**410,83**	306,00	306,00	I	303,41	202,41	107,83	26,08		
	II	**308,41**	306,00	306,00	II	207,16	112,25	29,33			
	III	**137,33**	306,00	306,00	III	60,50					
	V	**761,00**	306,00	306,00	IV	356,33	303,41	252,08	202,41	154,33	107,83
	VI	**805,00**	306,00	306,00							
3284,99	I,IV	**411,58**	306,25	306,25	I	304,08	203,08	108,41	26,50		
	II	**309,16**	306,25	306,25	II	207,83	112,83	29,83			
	III	**137,83**	306,25	306,25	III	61,00	0,33				
	V	**762,00**	306,25	306,25	IV	357,08	304,08	252,75	203,08	154,91	108,41
	VI	**806,00**	306,25	306,25							
3287,99	I,IV	**412,33**	306,58	306,58	I	304,75	203,66	109,08	27,00		
	II	**309,83**	306,58	306,58	II	208,41	113,50	30,25			
	III	**138,50**	306,58	306,58	III	61,33	0,83				
	V	**763,00**	306,58	306,58	IV	357,75	304,75	253,41	203,66	155,58	109,08
	VI	**807,00**	306,58	306,58							
3290,99	I,IV	**413,00**	306,83	306,83	I	305,50	204,33	109,66	27,41		
	II	**310,50**	306,83	306,83	II	209,08	114,08	30,66			
	III	**139,00**	306,83	306,83	III	61,83	1,16				
	V	**764,00**	306,83	306,83	IV	358,41	305,50	254,08	204,33	156,16	109,66
	VI	**808,08**	306,83	306,83							
3293,99	I,IV	**413,75**	307,08	307,08	I	306,16	205,00	110,25	27,83		
	II	**311,16**	307,08	307,08	II	209,66	114,66	31,16			
	III	**139,50**	307,08	307,08	III	62,33	1,50				
	V	**765,00**	307,08	307,08	IV	359,16	306,16	254,75	205,00	156,83	110,25
	VI	**809,08**	307,08	307,08							
3296,99	I,IV	**414,50**	307,41	307,41	I	306,83	205,66	110,83	28,33		
	II	**311,91**	307,41	307,41	II	210,33	115,25	31,58			
	III	**140,16**	307,41	307,41	III	62,83	1,83				
	V	**766,00**	307,41	307,41	IV	359,83	306,83	255,41	205,66	157,41	110,83
	VI	**810,08**	307,41	307,41							
3299,99	I,IV	**415,16**	307,66	307,66	I	307,50	206,25	111,41	28,75		
	II	**312,58**	307,66	307,66	II	211,00	115,83	32,08			
	III	**140,66**	307,66	307,66	III	63,16	2,16				
	V	**767,00**	307,66	307,66	IV	360,58	307,50	256,08	206,25	158,08	111,41
	VI	**811,08**	307,66	307,66							
3302,99	I,IV	**415,91**	308,00	308,00	I	308,16	206,91	112,00	29,16		
	II	**313,25**	308,00	308,00	II	211,66	116,50	32,50			
	III	**141,16**	308,00	308,00	III	63,66	2,50				
	V	**768,00**	308,00	308,00	IV	361,25	308,16	256,75	206,91	158,66	112,00
	VI	**812,16**	308,00	308,00							
3305,99	I,IV	**416,66**	308,25	308,25	I	308,91	207,58	112,66	29,66		
	II	**313,91**	308,25	308,25	II	212,33	117,08	33,00			
	III	**141,83**	308,25	308,25	III	64,16	2,83				
	V	**769,00**	308,25	308,25	IV	362,00	308,91	257,41	207,58	159,33	112,66
	VI	**813,16**	308,25	308,25							
3308,99	I,IV	**417,41**	308,50	308,50	I	309,58	208,16	113,25	30,08		
	II	**314,58**	308,50	308,50	II	212,91	117,66	33,41			
	III	**142,33**	308,50	308,50	III	64,50	3,16				
	V	**770,16**	308,50	308,50	IV	362,66	309,58	258,08	208,16	159,91	113,25
	VI	**814,16**	308,50	308,50							
3311,99	I,IV	**418,08**	308,83	308,83	I	310,25	208,83	113,83	30,50		
	II	**315,33**	308,83	308,83	II	213,58	118,25	33,91			
	III	**142,83**	308,83	308,83	III	65,00	3,50				
	V	**771,16**	308,83	308,83	IV	363,33	310,25	258,75	208,83	160,50	113,83
	VI	**815,25**	308,83	308,83							

* Zur LSt-Berechnung für privat versicherte Arbeitnehmer s. Beispiele **Vorbemerkung S. 4 f.**
** Basisvorsorgepauschale KV und PV *** Typisierter Arbeitgeberzuschuss

Lohn/ Gehalt in € bis	Steuerklasse	Lohn- steuer*	BVSP**	TAGZ***	Steuerklasse	Bemessungsgrundlage für Kirchensteuer und Solidaritätszuschlag: Freibeträge für ... Kinder 0,5	**1,0**	1,5	**2,0**	2,5	**3,0**
3314,99	I,IV	**418,83**	309,08	309,08	I	310,91	209,50	114,41	31,00		
	II	**316,00**	309,08	309,08	II	214,25	118,83	34,33			
	III	**143,50**	309,08	309,08	III	65,50	3,83				
	V	**772,00**	309,08	309,08	IV	364,08	310,91	259,41	209,50	161,16	114,41
	VI	**816,25**	309,08	309,08							
3317,99	I,IV	**419,58**	309,33	309,33	I	311,66	210,08	115,08	31,41		
	II	**316,66**	309,33	309,33	II	214,83	119,50	34,83			
	III	**144,00**	309,33	309,33	III	66,00	4,16				
	V	**773,16**	309,33	309,33	IV	364,75	311,66	260,08	210,08	161,75	115,08
	VI	**817,25**	309,33	309,33							
3320,99	I,IV	**420,25**	309,66	309,66	I	312,33	210,75	115,66	31,91		
	II	**317,33**	309,66	309,66	II	215,50	120,08	35,25			
	III	**144,66**	309,66	309,66	III	66,33	4,50				
	V	**774,16**	309,66	309,66	IV	365,50	312,33	260,75	210,75	162,41	115,66
	VI	**818,33**	309,66	309,66							
3323,99	I,IV	**421,00**	309,91	309,91	I	313,00	211,41	116,25	32,33		
	II	**318,08**	309,91	309,91	II	216,16	120,66	35,75			
	III	**145,16**	309,91	309,91	III	66,83	4,83				
	V	**775,16**	309,91	309,91	IV	366,16	313,00	261,41	211,41	163,00	116,25
	VI	**819,33**	309,91	309,91							
3326,99	I,IV	**421,75**	310,16	310,16	I	313,66	212,08	116,83	32,83		
	II	**318,75**	310,16	310,16	II	216,83	121,33	36,16			
	III	**145,66**	310,16	310,16	III	67,33	5,33				
	V	**776,16**	310,16	310,16	IV	366,91	313,66	262,08	212,08	163,66	116,83
	VI	**820,33**	310,16	310,16							
3329,99	I,IV	**422,50**	310,50	310,50	I	314,33	212,66	117,41	33,25		
	II	**319,41**	310,50	310,50	II	217,41	121,91	36,66			
	III	**146,33**	310,50	310,50	III	67,83	5,66				
	V	**777,16**	310,50	310,50	IV	367,58	314,33	262,75	212,66	164,25	117,41
	VI	**821,41**	310,50	310,50							
3332,99	I,IV	**423,16**	310,75	310,75	I	315,08	213,33	118,08	33,66		
	II	**320,08**	310,75	310,75	II	218,08	122,50	37,16			
	III	**146,83**	310,75	310,75	III	68,16	6,00				
	V	**778,33**	310,75	310,75	IV	368,33	315,08	263,41	213,33	164,91	118,08
	VI	**822,41**	310,75	310,75							
3335,99	I,IV	**423,91**	311,00	311,00	I	315,75	214,00	118,66	34,16		
	II	**320,83**	311,00	311,00	II	218,75	123,08	37,58			
	III	**147,33**	311,00	311,00	III	68,66	6,33				
	V	**779,33**	311,00	311,00	IV	369,00	315,75	264,08	214,00	165,50	118,66
	VI	**823,41**	311,00	311,00							
3338,99	I,IV	**424,66**	311,33	311,33	I	316,41	214,66	119,25	34,66		
	II	**321,50**	311,33	311,33	II	219,41	123,75	38,08			
	III	**148,00**	311,33	311,33	III	69,16	6,66				
	V	**780,33**	311,33	311,33	IV	369,75	316,41	264,75	214,66	166,16	119,25
	VI	**824,50**	311,33	311,33							
3341,99	I,IV	**425,41**	311,58	311,58	I	317,08	215,25	119,83	35,08		
	II	**322,16**	311,58	311,58	II	220,00	124,33	38,58			
	III	**148,50**	311,58	311,58	III	69,66	7,00				
	V	**781,33**	311,58	311,58	IV	370,41	317,08	265,41	215,25	166,75	119,83
	VI	**825,50**	311,58	311,58							
3344,99	I,IV	**426,08**	311,91	311,91	I	317,75	215,91	120,41	35,58		
	II	**322,83**	311,91	311,91	II	220,66	124,91	39,00			
	III	**149,16**	311,91	311,91	III	70,16	7,33				
	V	**782,33**	311,91	311,91	IV	371,16	317,75	266,08	215,91	167,41	120,41
	VI	**826,50**	311,91	311,91							
3347,99	I,IV	**426,83**	312,16	312,16	I	318,50	216,58	121,08	36,00		
	II	**323,58**	312,16	312,16	II	221,33	125,50	39,50			
	III	**149,66**	312,16	312,16	III	70,50	7,83				
	V	**783,25**	312,16	312,16	IV	371,83	318,50	266,75	216,58	168,00	121,08
	VI	**827,50**	312,16	312,16							

* Zur LSt-Berechnung für privat versicherte Arbeitnehmer s. Beispiele **Vorbemerkung S. 4 f.**
** Basisvorsorgepauschale KV und PV *** Typisierter Arbeitgeberzuschuss

Lohn/ Gehalt in € bis	Steuerklasse	Lohn-steuer*	BVSP**	TAGZ***	Steuerklasse	Bemessungsgrundlage für Kirchensteuer und Solidaritätszuschlag – Freibeträge für ... Kinder 0,5	1,0	1,5	2,0	2,5	3,0
3350,99	I,IV	**427,58**	312,41	312,41	I	319,16	217,25	121,66	36,50		
	II	**324,25**	312,41	312,41	II	222,00	126,16	40,00			
	III	**150,33**	312,41	312,41	III	71,00	8,16				
	V	**784,25**	312,41	312,41	IV	372,58	319,16	267,41	217,25	168,66	121,66
	VI	**828,58**	312,41	312,41							
3353,99	I,IV	**428,33**	312,75	312,75	I	319,83	217,83	122,25	36,91		
	II	**324,91**	312,75	312,75	II	222,58	126,75	40,41			
	III	**150,83**	312,75	312,75	III	71,50	8,50				
	V	**785,25**	312,75	312,75	IV	373,25	319,83	268,08	217,83	169,25	122,25
	VI	**829,58**	312,75	312,75							
3356,99	I,IV	**429,08**	313,00	313,00	I	320,58	218,50	122,91	37,41		
	II	**325,66**	313,00	313,00	II	223,25	127,33	40,91			
	III	**151,50**	313,00	313,00	III	72,00	8,83				
	V	**786,33**	313,00	313,00	IV	374,00	320,58	268,75	218,50	169,91	122,91
	VI	**830,58**	313,00	313,00							
3359,99	I,IV	**429,75**	313,25	313,25	I	321,25	219,16	123,50	37,91		
	II	**326,33**	313,25	313,25	II	223,91	127,91	41,41			
	III	**152,00**	313,25	313,25	III	72,33	9,16				
	V	**787,33**	313,25	313,25	IV	374,66	321,25	269,41	219,16	170,50	123,50
	VI	**831,66**	313,25	313,25							
3362,99	I,IV	**430,50**	313,58	313,58	I	321,91	219,83	124,08	38,33		
	II	**327,00**	313,58	313,58	II	224,58	128,58	41,91			
	III	**152,50**	313,58	313,58	III	72,83	9,50				
	V	**788,33**	313,58	313,58	IV	375,41	321,91	270,08	219,83	171,16	124,08
	VI	**832,66**	313,58	313,58							
3365,99	I,IV	**431,25**	313,83	313,83	I	322,66	220,41	124,66	38,83		
	II	**327,75**	313,83	313,83	II	225,25	129,16	42,41			
	III	**153,16**	313,83	313,83	III	73,33	10,00				
	V	**789,41**	313,83	313,83	IV	376,16	322,66	270,75	220,41	171,75	124,66
	VI	**833,66**	313,83	313,83							
3368,99	I,IV	**432,00**	314,08	314,08	I	323,33	221,08	125,33	39,33		
	II	**328,41**	314,08	314,08	II	225,91	129,75	42,91			
	III	**153,66**	314,08	314,08	III	73,83	10,33				
	V	**790,41**	314,08	314,08	IV	376,83	323,33	271,41	221,08	172,41	125,33
	VI	**834,75**	314,08	314,08							
3371,99	I,IV	**432,66**	314,41	314,41	I	324,00	221,75	125,91	39,83		
	II	**329,08**	314,41	314,41	II	226,50	130,41	43,33			
	III	**154,33**	314,41	314,41	III	74,33	10,66				
	V	**791,41**	314,41	314,41	IV	377,58	324,00	272,08	221,75	173,00	125,91
	VI	**835,75**	314,41	314,41							
3374,99	I,IV	**433,41**	314,66	314,66	I	324,66	222,41	126,50	40,25		
	II	**329,75**	314,66	314,66	II	227,16	131,00	43,83			
	III	**154,83**	314,66	314,66	III	74,66	11,00				
	V	**792,41**	314,66	314,66	IV	378,25	324,66	272,75	222,41	173,66	126,50
	VI	**836,75**	314,66	314,66							
3377,99	I,IV	**434,16**	314,91	314,91	I	325,41	223,08	127,16	40,75		
	II	**330,50**	314,91	314,91	II	227,83	131,58	44,33			
	III	**155,50**	314,91	314,91	III	75,16	11,33				
	V	**793,50**	314,91	314,91	IV	379,00	325,41	273,41	223,08	174,25	127,16
	VI	**837,83**	314,91	314,91							
3380,99	I,IV	**434,91**	315,25	315,25	I	326,08	223,66	127,75	41,25		
	II	**331,16**	315,25	315,25	II	228,50	132,25	44,83			
	III	**156,00**	315,25	315,25	III	75,66	11,66				
	V	**794,50**	315,25	315,25	IV	379,66	326,08	274,08	223,66	174,91	127,75
	VI	**838,83**	315,25	315,25							
3383,99	I,IV	**435,58**	315,50	315,50	I	326,75	224,33	128,33	41,75		
	II	**331,83**	315,50	315,50	II	229,16	132,83	45,33			
	III	**156,66**	315,50	315,50	III	76,16	12,16				
	V	**795,50**	315,50	315,50	IV	380,41	326,75	274,75	224,33	175,50	128,33
	VI	**839,83**	315,50	315,50							

* Zur LSt-Berechnung für privat versicherte Arbeitnehmer s. Beispiele **Vorbemerkung S. 4f.**
** Basisvorsorgepauschale KV und PV *** Typisierter Arbeitgeberzuschuss

Lohn/ Gehalt in € bis	Steuerklasse	**Lohn-steuer***	BVSP**	TAGZ***	Steuerklasse	Bemessungsgrundlage für Kirchensteuer und Solidaritätszuschlag – Freibeträge für ... Kinder 0,5	**1,0**	1,5	**2,0**	2,5	**3,0**
3386,99	I,IV	**436,33**	315,83	315,83	I	327,50	225,00	128,91	42,25		
	II	**332,58**	315,83	315,83	II	229,83	133,41	45,83			
	III	**157,16**	315,83	315,83	III	76,66	12,50				
	V	**796,58**	315,83	315,83	IV	381,08	327,50	275,41	225,00	176,16	128,91
	VI	**840,83**	315,83	315,83							
3389,99	I,IV	**437,08**	316,08	316,08	I	328,16	225,66	129,58	42,66		
	II	**333,25**	316,08	316,08	II	230,41	134,08	46,33			
	III	**157,83**	316,08	316,08	III	77,16	12,83				
	V	**797,58**	316,08	316,08	IV	381,83	328,16	276,08	225,66	176,83	129,58
	VI	**841,91**	316,08	316,08							
3392,99	I,IV	**437,83**	316,33	316,33	I	328,83	226,25	130,16	43,16		
	II	**333,91**	316,33	316,33	II	231,08	134,66	46,83			
	III	**158,33**	316,33	316,33	III	77,66	13,16				
	V	**798,58**	316,33	316,33	IV	382,50	328,83	276,75	226,25	177,41	130,16
	VI	**842,91**	316,33	316,33							
3395,99	I,IV	**438,58**	316,66	316,66	I	329,50	226,91	130,75	43,66		
	II	**334,66**	316,66	316,66	II	231,75	135,25	47,33			
	III	**159,00**	316,66	316,66	III	78,00	13,50				
	V	**799,58**	316,66	316,66	IV	383,25	329,50	277,41	226,91	178,00	130,75
	VI	**843,91**	316,66	316,66							
3398,99	I,IV	**439,33**	316,91	316,91	I	330,25	227,58	131,41	44,16		
	II	**335,33**	316,91	316,91	II	232,41	135,91	47,83			
	III	**159,50**	316,91	316,91	III	78,50	14,00				
	V	**800,66**	316,91	316,91	IV	384,00	330,25	278,08	227,58	178,66	131,41
	VI	**845,00**	316,91	316,91							
3401,99	I,IV	**440,00**	317,16	317,16	I	330,91	228,25	132,00	44,66		
	II	**336,00**	317,16	317,16	II	233,08	136,50	48,33			
	III	**160,16**	317,16	317,16	III	79,00	14,33				
	V	**801,66**	317,16	317,16	IV	384,66	330,91	278,75	228,25	179,33	132,00
	VI	**846,00**	317,16	317,16							
3404,99	I,IV	**440,75**	317,50	317,50	I	331,58	228,91	132,58	45,16		
	II	**336,75**	317,50	317,50	II	233,66	137,08	48,83			
	III	**160,66**	317,50	317,50	III	79,50	14,66				
	V	**802,66**	317,50	317,50	IV	385,41	331,58	279,41	228,91	179,91	132,58
	VI	**847,00**	317,50	317,50							
3407,99	I,IV	**441,50**	317,75	317,75	I	332,33	229,58	133,25	45,66		
	II	**337,41**	317,75	317,75	II	234,33	137,75	49,33			
	III	**161,33**	317,75	317,75	III	80,00	15,00				
	V	**803,75**	317,75	317,75	IV	386,08	332,33	280,16	229,58	180,58	133,25
	VI	**848,08**	317,75	317,75							
3410,99	I,IV	**442,25**	318,00	318,00	I	333,00	230,16	133,83	46,16		
	II	**338,16**	318,00	318,00	II	235,00	138,33	49,83			
	III	**161,83**	318,00	318,00	III	80,50	15,50				
	V	**804,75**	318,00	318,00	IV	386,83	333,00	280,83	230,16	181,16	133,83
	VI	**849,08**	318,00	318,00							
3413,99	I,IV	**443,00**	318,33	318,33	I	333,66	230,83	134,41	46,66		
	II	**338,83**	318,33	318,33	II	235,66	138,91	50,33			
	III	**162,50**	318,33	318,33	III	81,00	15,83				
	V	**805,75**	318,33	318,33	IV	387,50	333,66	281,50	230,83	181,83	134,41
	VI	**850,08**	318,33	318,33							
3416,99	I,IV	**443,75**	318,58	318,58	I	334,41	231,50	135,08	47,16		
	II	**339,50**	318,58	318,58	II	236,33	139,58	50,83			
	III	**163,00**	318,58	318,58	III	81,50	16,16				
	V	**806,83**	318,58	318,58	IV	388,25	334,41	282,16	231,50	182,50	135,08
	VI	**851,16**	318,58	318,58							
3419,99	I,IV	**444,41**	318,83	318,83	I	335,08	232,16	135,66	47,66		
	II	**340,25**	318,83	318,83	II	237,00	140,16	51,33			
	III	**163,66**	318,83	318,83	III	81,83	16,50				
	V	**807,83**	318,83	318,83	IV	389,00	335,08	282,83	232,16	183,08	135,66
	VI	**852,16**	318,83	318,83							

* Zur LSt-Berechnung für privat versicherte Arbeitnehmer s. Beispiele **Vorbemerkung S. 4 f.**
** Basisvorsorgepauschale KV und PV *** Typisierter Arbeitgeberzuschuss

Lohn/ Gehalt in € bis	Steuerklasse	Lohn-steuer*	BVSP**	TAGZ***	Steuerklasse	Bemessungsgrundlage für Kirchensteuer und Solidaritätszuschlag – Freibeträge für ... Kinder 0,5	1,0	1,5	2,0	2,5	3,0
3422,99	I,IV	**445,16**	319,16	319,16	I	335,75	232,83	136,25	48,16		
	II	**340,91**	319,16	319,16	II	237,58	140,75	51,83			
	III	**164,16**	319,16	319,16	III	82,33	17,00				
	V	**808,83**	319,16	319,16	IV	389,66	335,75	283,50	232,83	183,75	136,25
	VI	**853,16**	319,16	319,16							
3425,99	I,IV	**445,91**	319,41	319,41	I	336,50	233,41	136,83	48,66		
	II	**341,58**	319,41	319,41	II	238,25	141,33	52,41			
	III	**164,83**	319,41	319,41	III	82,83	17,33				
	V	**809,83**	319,41	319,41	IV	390,41	336,50	284,16	233,41	184,33	136,83
	VI	**854,16**	319,41	319,41							
3428,99	I,IV	**446,66**	319,75	319,75	I	337,16	234,08	137,50	49,16		
	II	**342,33**	319,75	319,75	II	238,91	142,00	52,91			
	III	**165,33**	319,75	319,75	III	83,33	17,66				
	V	**810,91**	319,75	319,75	IV	391,08	337,16	284,83	234,08	185,00	137,50
	VI	**855,25**	319,75	319,75							
3431,99	I,IV	**447,41**	320,00	320,00	I	337,83	234,75	138,08	49,66		
	II	**343,00**	320,00	320,00	II	239,58	142,58	53,41			
	III	**166,00**	320,00	320,00	III	83,83	18,00				
	V	**811,91**	320,00	320,00	IV	391,83	337,83	285,50	234,75	185,58	138,08
	VI	**856,25**	320,00	320,00							
3434,99	I,IV	**448,16**	320,25	320,25	I	338,58	235,41	138,66	50,16		
	II	**343,66**	320,25	320,25	II	240,25	143,25	53,91			
	III	**166,50**	320,25	320,25	III	84,33	18,33				
	V	**812,91**	320,25	320,25	IV	392,50	338,58	286,16	235,41	186,25	138,66
	VI	**857,25**	320,25	320,25							
3437,99	I,IV	**448,91**	320,58	320,58	I	339,25	236,08	139,33	50,66		
	II	**344,41**	320,58	320,58	II	240,91	143,83	54,41			
	III	**167,16**	320,58	320,58	III	84,83	18,83				
	V	**814,00**	320,58	320,58	IV	393,25	339,25	286,83	236,08	186,91	139,33
	VI	**858,33**	320,58	320,58							
3440,99	I,IV	**449,58**	320,83	320,83	I	339,91	236,75	139,91	51,16		
	II	**345,08**	320,83	320,83	II	241,58	144,41	55,00			
	III	**167,66**	320,83	320,83	III	85,33	19,16				
	V	**815,00**	320,83	320,83	IV	394,00	339,91	287,50	236,75	187,50	139,91
	VI	**859,33**	320,83	320,83							
3443,99	I,IV	**450,33**	321,08	321,08	I	340,66	237,33	140,50	51,66		
	II	**345,83**	321,08	321,08	II	242,25	145,08	55,50			
	III	**168,33**	321,08	321,08	III	85,83	19,50				
	V	**816,00**	321,08	321,08	IV	394,66	340,66	288,16	237,33	188,16	140,50
	VI	**860,33**	321,08	321,08							
3446,99	I,IV	**451,08**	321,41	321,41	I	341,33	238,00	141,16	52,16		
	II	**346,50**	321,41	321,41	II	242,83	145,66	56,00			
	III	**168,83**	321,41	321,41	III	86,33	20,00				
	V	**817,00**	321,41	321,41	IV	395,41	341,33	288,91	238,00	188,75	141,16
	VI	**861,33**	321,41	321,41							
3449,99	I,IV	**451,83**	321,66	321,66	I	342,08	238,66	141,75	52,75		
	II	**347,16**	321,66	321,66	II	243,50	146,33	56,50			
	III	**169,50**	321,66	321,66	III	86,83	20,33				
	V	**818,08**	321,66	321,66	IV	396,16	342,08	289,58	238,66	189,41	141,75
	VI	**862,41**	321,66	321,66							
3452,99	I,IV	**452,58**	321,91	321,91	I	342,75	239,33	142,33	53,25		
	II	**347,91**	321,91	321,91	II	244,16	146,91	57,08			
	III	**170,00**	321,91	321,91	III	87,16	20,66				
	V	**819,08**	321,91	321,91	IV	396,83	342,75	290,25	239,33	190,08	142,33
	VI	**863,41**	321,91	321,91							
3455,99	I,IV	**453,33**	322,25	322,25	I	343,41	240,00	143,00	53,75		
	II	**348,58**	322,25	322,25	II	244,83	147,50	57,58			
	III	**170,66**	322,25	322,25	III	87,66	21,16				
	V	**820,08**	322,25	322,25	IV	397,58	343,41	290,91	240,00	190,66	143,00
	VI	**864,41**	322,25	322,25							

* Zur LSt-Berechnung für privat versicherte Arbeitnehmer s. Beispiele **Vorbemerkung S. 4 f.**
** Basisvorsorgepauschale KV und PV *** Typisierter Arbeitgeberzuschuss

Lohn/ Gehalt in € bis	Steuerklasse	Lohn-steuer*	BVSP**	TAGZ***	Steuerklasse	Bemessungsgrundlage für Kirchensteuer und Solidaritätszuschlag – Freibeträge für ... Kinder 0,5	1,0	1,5	2,0	2,5	3,0
3458,99	I,IV	**454,08**	322,50	322,50	I	344,16	240,66	143,58	54,25		
	II	**349,33**	322,50	322,50	II	245,50	148,16	58,08			
	III	**171,33**	322,50	322,50	III	88,16	21,50				
	V	**821,16**	322,50	322,50	IV	398,33	344,16	291,58	240,66	191,33	143,58
	VI	**865,50**	322,50	322,50							
3461,99	I,IV	**454,83**	322,75	322,75	I	344,83	241,33	144,25	54,75		
	II	**350,00**	322,75	322,75	II	246,16	148,75	58,66			
	III	**171,83**	322,75	322,75	III	88,66	21,83				
	V	**822,16**	322,75	322,75	IV	399,00	344,83	292,25	241,33	192,00	144,25
	VI	**866,50**	322,75	322,75							
3464,99	I,IV	**455,50**	323,08	323,08	I	345,50	242,00	144,83	55,25		
	II	**350,66**	323,08	323,08	II	246,83	149,33	59,16			
	III	**172,50**	323,08	323,08	III	89,16	22,16				
	V	**823,16**	323,08	323,08	IV	399,75	345,50	292,91	242,00	192,58	144,83
	VI	**867,50**	323,08	323,08							
3467,99	I,IV	**456,25**	323,33	323,33	I	346,25	242,66	145,41	55,83		
	II	**351,41**	323,33	323,33	II	247,50	150,00	59,75			
	III	**173,00**	323,33	323,33	III	89,66	22,66				
	V	**824,25**	323,33	323,33	IV	400,50	346,25	293,66	242,66	193,25	145,41
	VI	**868,58**	323,33	323,33							
3470,99	I,IV	**457,00**	323,66	323,66	I	346,91	243,25	146,08	56,33		
	II	**352,08**	323,66	323,66	II	248,16	150,58	60,25			
	III	**173,50**	323,66	323,66	III	90,16	23,00				
	V	**825,25**	323,66	323,66	IV	401,16	346,91	294,33	243,25	193,83	146,08
	VI	**869,58**	323,66	323,66							
3473,99	I,IV	**457,75**	323,91	323,91	I	347,66	243,91	146,66	56,83		
	II	**352,83**	323,91	323,91	II	248,83	151,25	60,75			
	III	**174,16**	323,91	323,91	III	90,66	23,33				
	V	**826,25**	323,91	323,91	IV	401,91	347,66	295,00	243,91	194,50	146,66
	VI	**870,58**	323,91	323,91							
3476,99	I,IV	**458,50**	324,16	324,16	I	348,33	244,58	147,25	57,41		
	II	**353,50**	324,16	324,16	II	249,41	151,83	61,33			
	III	**174,66**	324,16	324,16	III	91,16	23,83				
	V	**827,33**	324,16	324,16	IV	402,58	348,33	295,66	244,58	195,16	147,25
	VI	**871,58**	324,16	324,16							
3479,99	I,IV	**459,25**	324,50	324,50	I	349,00	245,25	147,91	57,91		
	II	**354,25**	324,50	324,50	II	250,08	152,50	61,83			
	III	**175,33**	324,50	324,50	III	91,66	24,16				
	V	**828,33**	324,50	324,50	IV	403,33	349,00	296,33	245,25	195,75	147,91
	VI	**872,66**	324,50	324,50							
3482,99	I,IV	**460,00**	324,75	324,75	I	349,75	245,91	148,50	58,41		
	II	**354,91**	324,75	324,75	II	250,75	153,08	62,41			
	III	**176,00**	324,75	324,75	III	92,16	24,50				
	V	**829,33**	324,75	324,75	IV	404,08	349,75	297,00	245,91	196,41	148,50
	VI	**873,66**	324,75	324,75							
3485,99	I,IV	**460,75**	325,00	325,00	I	350,41	246,58	149,16	59,00		
	II	**355,58**	325,00	325,00	II	251,41	153,66	62,91			
	III	**176,50**	325,00	325,00	III	92,66	25,00				
	V	**830,33**	325,00	325,00	IV	404,75	350,41	297,66	246,58	197,08	149,16
	VI	**874,66**	325,00	325,00							
3488,99	I,IV	**461,50**	325,33	325,33	I	351,16	247,25	149,75	59,50		
	II	**356,33**	325,33	325,33	II	252,08	154,33	63,50			
	III	**177,16**	325,33	325,33	III	93,16	25,33				
	V	**831,41**	325,33	325,33	IV	405,50	351,16	298,41	247,25	197,66	149,75
	VI	**875,75**	325,33	325,33							
3491,99	I,IV	**462,25**	325,58	325,58	I	351,83	247,91	150,41	60,08		
	II	**357,00**	325,58	325,58	II	252,75	154,91	64,00			
	III	**177,66**	325,58	325,58	III	93,66	25,66				
	V	**832,41**	325,58	325,58	IV	406,25	351,83	299,08	247,91	198,33	150,41
	VI	**876,75**	325,58	325,58							

* Zur LSt-Berechnung für privat versicherte Arbeitnehmer s. Beispiele **Vorbemerkung S. 4 f.**
** Basisvorsorgepauschale KV und PV *** Typisierter Arbeitgeberzuschuss

Lohn/ Gehalt in € bis	Steuerklasse	Lohn-steuer*	BVSP**	TAGZ***	Steuerklasse	Bemessungsgrundlage für Kirchensteuer und Solidaritätszuschlag – Freibeträge für ... Kinder 0,5	1,0	1,5	2,0	2,5	3,0
3494,99	I,IV	**462,91**	325,83	325,83	I	352,50	248,58	151,00	60,58		
	II	**357,75**	325,83	325,83	II	253,41	155,58	64,58			
	III	**178,33**	325,83	325,83	III	94,16	26,16				
	V	**833,41**	325,83	325,83	IV	406,91	352,50	299,75	248,58	199,00	151,00
	VI	**877,75**	325,83	325,83							
3497,99	I,IV	**463,66**	326,16	326,16	I	353,25	249,16	151,58	61,08		
	II	**358,41**	326,16	326,16	II	254,08	156,16	65,08			
	III	**178,83**	326,16	326,16	III	94,66	26,50				
	V	**834,50**	326,16	326,16	IV	407,66	353,25	300,41	249,16	199,58	151,58
	VI	**878,75**	326,16	326,16							
3500,99	I,IV	**464,41**	326,41	326,41	I	353,91	249,91	152,25	61,66		
	II	**359,16**	326,41	326,41	II	254,75	156,83	65,66			
	III	**179,50**	326,41	326,41	III	95,16	26,83				
	V	**835,50**	326,41	326,41	IV	408,41	353,91	301,08	249,91	200,25	152,25
	VI	**879,83**	326,41	326,41							
3503,99	I,IV	**465,16**	326,66	326,66	I	354,66	250,50	152,83	62,16		
	II	**359,83**	326,66	326,66	II	255,41	157,41	66,16			
	III	**180,00**	326,66	326,66	III	95,66	27,33				
	V	**836,50**	326,66	326,66	IV	409,08	354,66	301,75	250,50	200,91	152,83
	VI	**880,83**	326,66	326,66							
3506,99	I,IV	**465,91**	327,00	327,00	I	355,33	251,16	153,41	62,75		
	II	**360,50**	327,00	327,00	II	256,08	158,00	66,75			
	III	**180,66**	327,00	327,00	III	96,16	27,66				
	V	**837,58**	327,00	327,00	IV	409,83	355,33	302,41	251,16	201,50	153,41
	VI	**881,83**	327,00	327,00							
3509,99	I,IV	**466,66**	327,25	327,25	I	356,08	251,83	154,08	63,25		
	II	**361,25**	327,25	327,25	II	256,75	158,66	67,33			
	III	**181,33**	327,25	327,25	III	96,66	28,16				
	V	**838,58**	327,25	327,25	IV	410,58	356,08	303,16	251,83	202,16	154,08
	VI	**882,91**	327,25	327,25							
3512,99	I,IV	**467,41**	327,58	327,58	I	356,75	252,50	154,66	63,83		
	II	**361,91**	327,58	327,58	II	257,41	159,25	67,83			
	III	**181,83**	327,58	327,58	III	97,16	28,50				
	V	**839,58**	327,58	327,58	IV	411,25	356,75	303,83	252,50	202,83	154,66
	VI	**883,91**	327,58	327,58							
3515,99	I,IV	**468,16**	327,83	327,83	I	357,41	253,16	155,33	64,33		
	II	**362,66**	327,83	327,83	II	258,08	159,91	68,41			
	III	**182,50**	327,83	327,83	III	97,66	28,83				
	V	**840,66**	327,83	327,83	IV	412,00	357,41	304,50	253,16	203,41	155,33
	VI	**884,91**	327,83	327,83							
3518,99	I,IV	**468,91**	328,08	328,08	I	358,16	253,83	155,91	64,91		
	II	**363,33**	328,08	328,08	II	258,75	160,50	69,00	0,25		
	III	**183,00**	328,08	328,08	III	98,16	29,33				
	V	**841,66**	328,08	328,08	IV	412,75	358,16	305,16	253,83	204,08	155,91
	VI	**886,00**	328,08	328,08							
3521,99	I,IV	**469,66**	328,41	328,41	I	358,83	254,50	156,58	65,41		
	II	**364,08**	328,41	328,41	II	259,41	161,16	69,50	0,58		
	III	**183,66**	328,41	328,41	III	98,66	29,66				
	V	**842,66**	328,41	328,41	IV	413,50	358,83	305,91	254,50	204,75	156,58
	VI	**887,00**	328,41	328,41							
3524,99	I,IV	**470,41**	328,66	328,66	I	359,58	255,16	157,16	66,00		
	II	**364,75**	328,66	328,66	II	260,08	161,75	70,08	0,91		
	III	**184,16**	328,66	328,66	III	99,16	30,00				
	V	**843,75**	328,66	328,66	IV	414,16	359,58	306,58	255,16	205,33	157,16
	VI	**888,00**	328,66	328,66							
3527,99	I,IV	**471,16**	328,91	328,91	I	360,25	255,83	157,83	66,58		
	II	**365,50**	328,91	328,91	II	260,66	162,41	70,66	1,25		
	III	**184,83**	328,91	328,91	III	99,66	30,50				
	V	**844,75**	328,91	328,91	IV	414,91	360,25	307,25	255,83	206,00	157,83
	VI	**889,00**	328,91	328,91							

* Zur LSt-Berechnung für privat versicherte Arbeitnehmer s. Beispiele **Vorbemerkung S. 4 f.**
** Basisvorsorgepauschale KV und PV *** Typisierter Arbeitgeberzuschuss

Lohn/ Gehalt in € bis	Steuerklasse	Lohn-steuer*	BVSP**	TAGZ***	Steuerklasse	Bemessungsgrundlage für Kirchensteuer und Solidaritätszuschlag – Freibeträge für ... Kinder 0,5	1,0	1,5	2,0	2,5	3,0
3530,99	I,IV	**471,91**	329,25	329,25	I	361,00	256,50	158,41	67,08		
	II	**366,16**	329,25	329,25	II	261,41	163,00	71,25	1,58		
	III	**185,33**	329,25	329,25	III	100,16	30,83				
	V	**845,75**	329,25	329,25	IV	415,66	361,00	307,91	256,50	206,66	158,41
	VI	**890,08**	329,25	329,25							
3533,99	I,IV	**472,66**	329,50	329,50	I	361,66	257,16	159,08	67,66		
	II	**366,91**	329,50	329,50	II	262,08	163,66	71,75	2,00		
	III	**186,00**	329,50	329,50	III	100,66	31,33				
	V	**846,75**	329,50	329,50	IV	416,33	361,66	308,58	257,16	207,25	159,08
	VI	**891,08**	329,50	329,50							
3536,99	I,IV	**473,41**	329,75	329,75	I	362,41	257,83	159,66	68,16		
	II	**367,58**	329,75	329,75	II	262,66	164,25	72,33	2,33		
	III	**186,50**	329,75	329,75	III	101,16	31,66				
	V	**847,83**	329,75	329,75	IV	417,08	362,41	309,25	257,83	207,91	159,66
	VI	**892,08**	329,75	329,75							
3539,99	I,IV	**474,16**	330,08	330,08	I	363,08	258,50	160,33	68,75	0,08	
	II	**368,33**	330,08	330,08	II	263,41	164,91	72,91	2,66		
	III	**187,16**	330,08	330,08	III	101,66	32,00				
	V	**848,83**	330,08	330,08	IV	417,83	363,08	310,00	258,50	208,58	160,33
	VI	**893,16**	330,08	330,08							
3542,99	I,IV	**474,91**	330,33	330,33	I	363,83	259,16	160,91	69,33	0,41	
	II	**369,00**	330,33	330,33	II	264,08	165,50	73,50	3,00		
	III	**187,83**	330,33	330,33	III	102,16	32,50				
	V	**849,83**	330,33	330,33	IV	418,58	363,83	310,66	259,16	209,25	160,91
	VI	**894,16**	330,33	330,33							
3545,99	I,IV	**475,66**	330,58	330,58	I	364,50	259,83	161,50	69,91	0,75	
	II	**369,75**	330,58	330,58	II	264,66	166,08	74,00	3,33		
	III	**188,33**	330,58	330,58	III	102,66	32,83				
	V	**850,91**	330,58	330,58	IV	419,25	364,50	311,33	259,83	209,83	161,50
	VI	**895,16**	330,58	330,58							
3548,99	I,IV	**476,41**	330,91	330,91	I	365,16	260,41	162,16	70,41	1,16	
	II	**370,41**	330,91	330,91	II	265,33	166,75	74,58	3,75		
	III	**189,00**	330,91	330,91	III	103,16	33,33				
	V	**851,91**	330,91	330,91	IV	420,00	365,16	312,00	260,41	210,50	162,16
	VI	**896,25**	330,91	330,91							
3551,99	I,IV	**477,16**	331,16	331,16	I	365,91	261,16	162,75	71,00	1,50	
	II	**371,16**	331,16	331,16	II	266,08	167,41	75,16	4,08		
	III	**189,50**	331,16	331,16	III	103,83	33,66				
	V	**852,91**	331,16	331,16	IV	420,75	365,91	312,75	261,16	211,16	162,75
	VI	**897,25**	331,16	331,16							
3554,99	I,IV	**477,91**	331,50	331,50	I	366,58	261,83	163,41	71,58	1,83	
	II	**371,83**	331,50	331,50	II	266,66	168,00	75,75	4,41		
	III	**190,16**	331,50	331,50	III	104,33	34,16				
	V	**854,00**	331,50	331,50	IV	421,41	366,58	313,41	261,83	211,75	163,41
	VI	**898,25**	331,50	331,50							
3557,99	I,IV	**478,66**	331,75	331,75	I	367,33	262,41	164,00	72,08	2,16	
	II	**372,58**	331,75	331,75	II	267,33	168,58	76,33	4,83		
	III	**190,66**	331,75	331,75	III	104,83	34,50				
	V	**855,00**	331,75	331,75	IV	422,16	367,33	314,08	262,41	212,41	164,00
	VI	**899,25**	331,75	331,75							
3560,99	I,IV	**479,41**	332,00	332,00	I	368,08	263,16	164,66	72,66	2,50	
	II	**373,25**	332,00	332,00	II	268,08	169,25	76,91	5,16		
	III	**191,33**	332,00	332,00	III	105,33	35,00				
	V	**856,00**	332,00	332,00	IV	422,91	368,08	314,75	263,16	213,08	164,66
	VI	**900,33**	332,00	332,00							
3563,99	I,IV	**480,16**	332,33	332,33	I	368,75	263,83	165,25	73,25	2,91	
	II	**374,00**	332,33	332,33	II	268,75	169,91	77,50	5,50		
	III	**191,83**	332,33	332,33	III	105,83	35,33				
	V	**857,08**	332,33	332,33	IV	423,66	368,75	315,50	263,83	213,75	165,25
	VI	**901,33**	332,33	332,33							

* Zur LSt-Berechnung für privat versicherte Arbeitnehmer s. Beispiele **Vorbemerkung S. 4f.**
** Basisvorsorgepauschale KV und PV *** Typisierter Arbeitgeberzuschuss

Lohn/ Gehalt in € bis	Steuerklasse	Lohn- steuer*	BVSP**	TAGZ***	Steuerklasse	Bemessungsgrundlage für Kirchensteuer und Solidaritätszuschlag – Freibeträge für ... Kinder 0,5	1,0	1,5	2,0	2,5	3,0
3566,99	I,IV	**480,91**	332,58	332,58	I	369,41	264,41	165,91	73,83	3,25	
	II	**374,66**	332,58	332,58	II	269,33	170,50	78,08	5,91		
	III	**192,50**	332,58	332,58	III	106,33	35,66				
	V	**858,08**	332,58	332,58	IV	424,33	369,41	316,16	264,41	214,33	165,91
	VI	**902,33**	332,58	332,58							
3569,99	I,IV	**481,66**	332,83	332,83	I	370,16	265,16	166,50	74,41	3,58	
	II	**375,41**	332,83	332,83	II	270,08	171,16	78,66	6,25		
	III	**193,16**	332,83	332,83	III	106,83	36,16				
	V	**859,08**	332,83	332,83	IV	425,08	370,16	316,83	265,16	215,00	166,50
	VI	**903,41**	332,83	332,83							
3572,99	I,IV	**482,41**	333,16	333,16	I	370,91	265,83	167,16	75,00	3,91	
	II	**376,08**	333,16	333,16	II	270,75	171,75	79,25	6,66		
	III	**193,66**	333,16	333,16	III	107,33	36,50				
	V	**860,08**	333,16	333,16	IV	425,83	370,91	317,50	265,83	215,66	167,16
	VI	**904,41**	333,16	333,16							
3575,99	I,IV	**483,16**	333,41	333,41	I	371,58	266,41	167,75	75,50	4,33	
	II	**376,83**	333,41	333,41	II	271,41	172,41	79,83	7,00		
	III	**194,33**	333,41	333,41	III	107,83	37,00				
	V	**861,16**	333,41	333,41	IV	426,58	371,58	318,25	266,41	216,33	167,75
	VI	**905,41**	333,41	333,41							
3578,99	I,IV	**483,91**	333,66	333,66	I	372,25	267,08	168,41	76,08	4,66	
	II	**377,50**	333,66	333,66	II	272,08	173,00	80,41	7,33		
	III	**194,83**	333,66	333,66	III	108,33	37,33				
	V	**862,16**	333,66	333,66	IV	427,25	372,25	318,91	267,08	216,91	168,41
	VI	**906,50**	333,66	333,66							
3581,99	I,IV	**484,66**	334,00	334,00	I	373,00	267,83	169,00	76,66	5,00	
	II	**378,25**	334,00	334,00	II	272,75	173,66	81,00	7,75		
	III	**195,50**	334,00	334,00	III	108,83	37,83				
	V	**863,16**	334,00	334,00	IV	428,00	373,00	319,58	267,83	217,58	169,00
	VI	**907,50**	334,00	334,00							
3584,99	I,IV	**485,41**	334,25	334,25	I	373,75	268,50	169,66	77,25	5,41	
	II	**378,91**	334,25	334,25	II	273,41	174,25	81,58	8,08		
	III	**196,00**	334,25	334,25	III	109,50	38,16				
	V	**864,25**	334,25	334,25	IV	428,75	373,75	320,25	268,50	218,25	169,66
	VI	**908,50**	334,25	334,25							
3587,99	I,IV	**486,16**	334,50	334,50	I	374,41	269,08	170,25	77,83	5,75	
	II	**379,66**	334,50	334,50	II	274,08	174,91	82,16	8,50		
	III	**196,66**	334,50	334,50	III	110,00	38,66				
	V	**865,25**	334,50	334,50	IV	429,50	374,41	321,00	269,08	218,91	170,25
	VI	**909,58**	334,50	334,50							
3590,99	I,IV	**486,91**	334,83	334,83	I	375,16	269,83	170,91	78,41	6,16	
	II	**380,41**	334,83	334,83	II	274,75	175,50	82,75	8,83		
	III	**197,16**	334,83	334,83	III	110,50	39,00				
	V	**866,25**	334,83	334,83	IV	430,25	375,16	321,66	269,83	219,58	170,91
	VI	**910,58**	334,83	334,83							
3593,99	I,IV	**487,66**	335,08	335,08	I	375,83	270,50	171,50	79,00	6,50	
	II	**381,08**	335,08	335,08	II	275,41	176,16	83,33	9,25		
	III	**197,83**	335,08	335,08	III	111,00	39,50				
	V	**867,33**	335,08	335,08	IV	430,91	375,83	322,33	270,50	220,16	171,50
	VI	**911,58**	335,08	335,08							
3596,99	I,IV	**488,41**	335,41	335,41	I	376,58	271,16	172,16	79,58	6,83	
	II	**381,83**	335,41	335,41	II	276,08	176,75	83,91	9,58		
	III	**198,33**	335,41	335,41	III	111,50	39,83				
	V	**868,33**	335,41	335,41	IV	431,66	376,58	323,00	271,16	220,83	172,16
	VI	**912,58**	335,41	335,41							
3599,99	I,IV	**489,16**	335,66	335,66	I	377,25	271,83	172,75	80,16	7,25	
	II	**382,50**	335,66	335,66	II	276,75	177,41	84,50	10,00		
	III	**199,00**	335,66	335,66	III	112,00	40,33				
	V	**869,33**	335,66	335,66	IV	432,41	377,25	323,75	271,83	221,50	172,75
	VI	**913,66**	335,66	335,66							

* Zur LSt-Berechnung für privat versicherte Arbeitnehmer s. Beispiele **Vorbemerkung S. 4 f.**
** Basisvorsorgepauschale KV und PV *** Typisierter Arbeitgeberzuschuss

Lohn/ Gehalt in € bis	Steuerklasse	Lohn- steuer*	BVSP**	TAGZ***	Steuerklasse	Bemessungsgrundlage für Kirchensteuer und Solidaritätszuschlag					
						Freibeträge für ... Kinder					
						0,5	**1,0**	1,5	**2,0**	2,5	**3,0**
3602,99	I,IV	**489,91**	335,91	335,91	I	378,00	272,50	173,41	80,75	7,58	
	II	**383,25**	335,91	335,91	II	277,41	178,00	85,08	10,41		
	III	**199,66**	335,91	335,91	III	112,50	40,66				
	V	**870,41**	335,91	335,91	IV	433,16	378,00	324,41	272,50	222,16	173,41
	VI	**914,66**	335,91	335,91							
3605,99	I,IV	**490,66**	336,25	336,25	I	378,66	273,16	174,00	81,33	8,00	
	II	**383,91**	336,25	336,25	II	278,08	178,66	85,66	10,75		
	III	**200,16**	336,25	336,25	III	113,00	41,16				
	V	**871,41**	336,25	336,25	IV	433,83	378,66	325,08	273,16	222,75	174,00
	VI	**915,66**	336,25	336,25							
3608,99	I,IV	**491,41**	336,50	336,50	I	379,41	273,83	174,66	81,91	8,33	
	II	**384,66**	336,50	336,50	II	278,75	179,25	86,25	11,16		
	III	**200,83**	336,50	336,50	III	113,66	41,50				
	V	**872,41**	336,50	336,50	IV	434,58	379,41	325,83	273,83	223,41	174,66
	VI	**916,75**	336,50	336,50							
3611,99	I,IV	**492,16**	336,75	336,75	I	380,08	274,50	175,25	82,50	8,75	
	II	**385,41**	336,75	336,75	II	279,41	179,91	86,83	11,50		
	III	**201,33**	336,75	336,75	III	114,16	42,00				
	V	**873,50**	336,75	336,75	IV	435,33	380,08	326,50	274,50	224,08	175,25
	VI	**917,75**	336,75	336,75							
3614,99	I,IV	**492,91**	337,08	337,08	I	380,83	275,16	175,91	83,08	9,08	
	II	**386,08**	337,08	337,08	II	280,08	180,58	87,41	11,91		
	III	**202,00**	337,08	337,08	III	114,66	42,33				
	V	**874,50**	337,08	337,08	IV	436,08	380,83	327,16	275,16	224,75	175,91
	VI	**918,75**	337,08	337,08							
3617,99	I,IV	**493,66**	337,33	337,33	I	381,50	275,83	176,50	83,66	9,50	
	II	**386,83**	337,33	337,33	II	280,75	181,16	88,00	12,33		
	III	**202,50**	337,33	337,33	III	115,16	42,83				
	V	**875,50**	337,33	337,33	IV	436,83	381,50	327,83	275,83	225,33	176,50
	VI	**919,83**	337,33	337,33							
3620,99	I,IV	**494,41**	337,58	337,58	I	382,25	276,50	177,16	84,25	9,83	
	II	**387,50**	337,58	337,58	II	281,50	181,83	88,58	12,66		
	III	**203,16**	337,58	337,58	III	115,66	43,16				
	V	**876,50**	337,58	337,58	IV	437,58	382,25	328,58	276,50	226,00	177,16
	VI	**920,83**	337,58	337,58							
3623,99	I,IV	**495,16**	337,91	337,91	I	383,00	277,16	177,83	84,83	10,25	
	II	**388,25**	337,91	337,91	II	282,16	182,41	89,16	13,08		
	III	**203,83**	337,91	337,91	III	116,16	43,66				
	V	**877,58**	337,91	337,91	IV	438,25	383,00	329,25	277,16	226,66	177,83
	VI	**921,83**	337,91	337,91							
3626,99	I,IV	**495,91**	338,16	338,16	I	383,66	277,83	178,41	85,41	10,58	
	II	**388,91**	338,16	338,16	II	282,83	183,08	89,75	13,50		
	III	**204,33**	338,16	338,16	III	116,83	44,00				
	V	**878,58**	338,16	338,16	IV	439,00	383,66	329,91	277,83	227,33	178,41
	VI	**922,91**	338,16	338,16							
3629,99	I,IV	**496,66**	338,41	338,41	I	384,41	278,50	179,08	86,00	11,00	
	II	**389,66**	338,41	338,41	II	283,50	183,66	90,33	13,83		
	III	**205,00**	338,41	338,41	III	117,33	44,50				
	V	**879,58**	338,41	338,41	IV	439,75	384,41	330,66	278,50	228,00	179,08
	VI	**923,91**	338,41	338,41							
3632,99	I,IV	**497,50**	338,75	338,75	I	385,08	279,16	179,66	86,66	11,41	
	II	**390,41**	338,75	338,75	II	284,16	184,33	91,00	14,25		
	III	**205,50**	338,75	338,75	III	117,83	44,83				
	V	**880,66**	338,75	338,75	IV	440,50	385,08	331,33	279,16	228,66	179,66
	VI	**924,91**	338,75	338,75							
3635,99	I,IV	**498,25**	339,00	339,00	I	385,83	279,83	180,33	87,25	11,75	
	II	**391,08**	339,00	339,00	II	284,83	185,00	91,58	14,66		
	III	**206,16**	339,00	339,00	III	118,33	45,33				
	V	**881,66**	339,00	339,00	IV	441,25	385,83	332,00	279,83	229,25	180,33
	VI	**926,00**	339,00	339,00							

* Zur LSt-Berechnung für privat versicherte Arbeitnehmer s. Beispiele **Vorbemerkung S. 4f.**
** Basisvorsorgepauschale KV und PV *** Typisierter Arbeitgeberzuschuss

Lohn/ Gehalt in € bis	Steuerklasse	Lohn-steuer*	BVSP**	TAGZ***	Steuerklasse	Bemessungsgrundlage für Kirchensteuer und Solidaritätszuschlag – Freibeträge für ... Kinder 0,5	1,0	1,5	2,0	2,5	3,0
3638,99	I,IV	**499,00**	339,33	339,33	I	386,50	280,50	180,91	87,83	12,16	
	II	**391,83**	339,33	339,33	II	285,50	185,58	92,16	15,08		
	III	**206,66**	339,33	339,33	III	118,83	45,66				
	V	**882,66**	339,33	339,33	IV	441,91	386,50	332,75	280,50	229,91	180,91
	VI	**927,00**	339,33	339,33							
3641,99	I,IV	**499,75**	339,58	339,58	I	387,25	281,16	181,58	88,41	12,58	
	II	**392,50**	339,58	339,58	II	286,16	186,25	92,75	15,50		
	III	**207,33**	339,58	339,58	III	119,50	46,16				
	V	**883,75**	339,58	339,58	IV	442,66	387,25	333,41	281,16	230,58	181,58
	VI	**928,00**	339,58	339,58							
3644,99	I,IV	**500,50**	339,83	339,83	I	388,00	281,83	182,25	89,00	12,91	
	II	**393,25**	339,83	339,83	II	286,83	186,83	93,33	15,83		
	III	**208,00**	339,83	339,83	III	120,00	46,66				
	V	**884,75**	339,83	339,83	IV	443,41	388,00	334,08	281,83	231,25	182,25
	VI	**929,00**	339,83	339,83							
3647,99	I,IV	**501,25**	340,16	340,16	I	388,66	282,50	182,83	89,58	13,33	
	II	**394,00**	340,16	340,16	II	287,50	187,50	93,91	16,25		
	III	**208,50**	340,16	340,16	III	120,50	47,00				
	V	**885,75**	340,16	340,16	IV	444,16	388,66	334,83	282,50	231,91	182,83
	VI	**930,08**	340,16	340,16							
3650,99	I,IV	**502,00**	340,41	340,41	I	389,41	283,25	183,50	90,16	13,75	
	II	**394,66**	340,41	340,41	II	288,16	188,16	94,50	16,66		
	III	**209,16**	340,41	340,41	III	121,00	47,50				
	V	**886,83**	340,41	340,41	IV	444,91	389,41	335,50	283,25	232,58	183,50
	VI	**931,08**	340,41	340,41							
3653,99	I,IV	**502,75**	340,66	340,66	I	390,08	283,91	184,08	90,75	14,16	
	II	**395,41**	340,66	340,66	II	288,91	188,75	95,08	17,08		
	III	**209,66**	340,66	340,66	III	121,66	47,83				
	V	**887,83**	340,66	340,66	IV	445,66	390,08	336,16	283,91	233,16	184,08
	VI	**932,08**	340,66	340,66							
3656,99	I,IV	**503,50**	341,00	341,00	I	390,83	284,58	184,75	91,33	14,50	
	II	**396,08**	341,00	341,00	II	289,58	189,41	95,66	17,50		
	III	**210,33**	341,00	341,00	III	122,16	48,33				
	V	**888,83**	341,00	341,00	IV	446,33	390,83	336,91	284,58	233,83	184,75
	VI	**933,16**	341,00	341,00							
3659,99	I,IV	**504,25**	341,25	341,25	I	391,50	285,25	185,33	91,91	14,91	
	II	**396,83**	341,25	341,25	II	290,25	190,00	96,25	17,91		
	III	**210,83**	341,25	341,25	III	122,66	48,66				
	V	**889,83**	341,25	341,25	IV	447,08	391,50	337,58	285,25	234,50	185,33
	VI	**934,16**	341,25	341,25							
3662,99	I,IV	**505,08**	341,50	341,50	I	392,25	285,91	186,00	92,50	15,33	
	II	**397,58**	341,50	341,50	II	290,91	190,66	96,91	18,33		
	III	**211,50**	341,50	341,50	III	123,16	49,16				
	V	**890,91**	341,50	341,50	IV	447,83	392,25	338,33	285,91	235,16	186,00
	VI	**935,16**	341,50	341,50							
3665,99	I,IV	**505,83**	341,83	341,83	I	393,00	286,58	186,66	93,08	15,75	
	II	**398,25**	341,83	341,83	II	291,58	191,33	97,50	18,75		
	III	**212,16**	341,83	341,83	III	123,66	49,50				
	V	**891,91**	341,83	341,83	IV	448,58	393,00	339,00	286,58	235,83	186,66
	VI	**936,25**	341,83	341,83							
3668,99	I,IV	**506,58**	342,08	342,08	I	393,66	287,25	187,25	93,66	16,08	
	II	**399,00**	342,08	342,08	II	292,25	191,91	98,08	19,16		
	III	**212,66**	342,08	342,08	III	124,33	50,00				
	V	**892,91**	342,08	342,08	IV	449,33	393,66	339,66	287,25	236,41	187,25
	VI	**937,25**	342,08	342,08							
3671,99	I,IV	**507,33**	342,33	342,33	I	394,41	287,91	187,91	94,33	16,50	
	II	**399,75**	342,33	342,33	II	292,91	192,58	98,66	19,58		
	III	**213,33**	342,33	342,33	III	124,83	50,50				
	V	**894,00**	342,33	342,33	IV	450,08	394,41	340,41	287,91	237,16	187,91
	VI	**938,25**	342,33	342,33							

* Zur LSt-Berechnung für privat versicherte Arbeitnehmer s. Beispiele **Vorbemerkung S. 4 f.**
** Basisvorsorgepauschale KV und PV *** Typisierter Arbeitgeberzuschuss

Lohn/ Gehalt in € bis	Steuerklasse	**Lohn-steuer***	BVSP**	TAGZ***	Steuerklasse	Bemessungsgrundlage für Kirchensteuer und Solidaritätszuschlag – Freibeträge für ... Kinder 0,5	**1,0**	1,5	**2,0**	2,5	**3,0**
3674,99	I,IV	**508,08**	342,66	342,66	I	395,16	288,58	188,50	94,91	16,91	
	II	**400,41**	342,66	342,66	II	293,58	193,25	99,25	20,00		
	III	**213,83**	342,66	342,66	III	125,33	50,83				
	V	**895,00**	342,66	342,66	IV	450,83	395,16	341,08	288,58	237,75	188,50
	VI	**939,33**	342,66	342,66							
3677,99	I,IV	**508,83**	342,91	342,91	I	395,83	289,25	189,16	95,50	17,33	
	II	**401,16**	342,91	342,91	II	294,25	193,83	99,83	20,33		
	III	**214,50**	342,91	342,91	III	125,83	51,33				
	V	**896,00**	342,91	342,91	IV	451,50	395,83	341,75	289,25	238,41	189,16
	VI	**940,33**	342,91	342,91							
3680,99	I,IV	**509,58**	343,25	343,25	I	396,58	290,00	189,83	96,08	17,75	
	II	**401,83**	343,25	343,25	II	294,91	194,50	100,41	20,75		
	III	**215,00**	343,25	343,25	III	126,33	51,66				
	V	**897,00**	343,25	343,25	IV	452,25	396,58	342,41	290,00	239,08	189,83
	VI	**941,33**	343,25	343,25							
3683,99	I,IV	**510,33**	343,50	343,50	I	397,33	290,66	190,41	96,66	18,16	
	II	**402,58**	343,50	343,50	II	295,66	195,16	101,08	21,25		
	III	**215,66**	343,50	343,50	III	127,00	52,16				
	V	**898,08**	343,50	343,50	IV	453,00	397,33	343,16	290,66	239,75	190,41
	VI	**942,33**	343,50	343,50							
3686,99	I,IV	**511,08**	343,75	343,75	I	398,00	291,33	191,08	97,25	18,58	
	II	**403,33**	343,75	343,75	II	296,33	195,75	101,66	21,66		
	III	**216,33**	343,75	343,75	III	127,50	52,66				
	V	**899,08**	343,75	343,75	IV	453,75	398,00	343,83	291,33	240,41	191,08
	VI	**943,41**	343,75	343,75							
3689,99	I,IV	**511,83**	344,08	344,08	I	398,75	292,00	191,66	97,83	19,00	
	II	**404,00**	344,08	344,08	II	297,00	196,41	102,25	22,08		
	III	**216,83**	344,08	344,08	III	128,00	53,00				
	V	**900,08**	344,08	344,08	IV	454,50	398,75	344,58	292,00	241,08	191,66
	VI	**944,41**	344,08	344,08							
3692,99	I,IV	**512,66**	344,33	344,33	I	399,41	292,66	192,33	98,41	19,41	
	II	**404,75**	344,33	344,33	II	297,66	197,08	102,83	22,50		
	III	**217,50**	344,33	344,33	III	128,66	53,50				
	V	**901,16**	344,33	344,33	IV	455,25	399,41	345,25	292,66	241,75	192,33
	VI	**945,41**	344,33	344,33							
3695,99	I,IV	**513,41**	344,58	344,58	I	400,16	293,33	193,00	99,00	19,83	
	II	**405,50**	344,58	344,58	II	298,33	197,66	103,41	22,91		
	III	**218,16**	344,58	344,58	III	129,16	54,00				
	V	**902,16**	344,58	344,58	IV	456,00	400,16	346,00	293,33	242,33	193,00
	VI	**946,50**	344,58	344,58							
3698,99	I,IV	**514,16**	344,91	344,91	I	400,91	294,00	193,58	99,58	20,25	
	II	**406,16**	344,91	344,91	II	299,00	198,33	104,00	23,33		
	III	**218,66**	344,91	344,91	III	129,66	54,33				
	V	**903,16**	344,91	344,91	IV	456,75	400,91	346,66	294,00	243,00	193,58
	VI	**947,50**	344,91	344,91							
3701,99	I,IV	**514,91**	345,16	345,16	I	401,58	294,75	194,25	100,25	20,66	
	II	**406,91**	345,16	345,16	II	299,75	199,00	104,58	23,75		
	III	**219,33**	345,16	345,16	III	130,16	54,83				
	V	**904,25**	345,16	345,16	IV	457,50	401,58	347,33	294,75	243,66	194,25
	VI	**948,50**	345,16	345,16							
3704,99	I,IV	**515,66**	345,41	345,41	I	402,33	295,41	194,91	100,83	21,08	
	II	**407,66**	345,41	345,41	II	300,41	199,58	105,25	24,16		
	III	**219,83**	345,41	345,41	III	130,83	55,33				
	V	**905,25**	345,41	345,41	IV	458,25	402,33	348,08	295,41	244,33	194,91
	VI	**949,58**	345,41	345,41							
3707,99	I,IV	**516,41**	345,75	345,75	I	403,08	296,08	195,50	101,41	21,50	
	II	**408,33**	345,75	345,75	II	301,08	200,25	105,83	24,58		
	III	**220,50**	345,75	345,75	III	131,33	55,66				
	V	**906,25**	345,75	345,75	IV	458,91	403,08	348,75	296,08	245,00	195,50
	VI	**950,58**	345,75	345,75							

* Zur LSt-Berechnung für privat versicherte Arbeitnehmer s. Beispiele **Vorbemerkung S. 4 f.**
** Basisvorsorgepauschale KV und PV *** Typisierter Arbeitgeberzuschuss

Lohn/ Gehalt in € bis	Steuerklasse	Lohn- steuer*	BVSP**	TAGZ***	Steuerklasse	Bemessungsgrundlage für Kirchensteuer und Solidaritätszuschlag — Freibeträge für ... Kinder 0,5	1,0	1,5	2,0	2,5	3,0
3710,99	I,IV	**517,25**	346,00	346,00	I	403,75	296,75	196,16	102,00	21,91	
	II	**409,08**	346,00	346,00	II	301,75	200,83	106,41	25,00		
	III	**221,00**	346,00	346,00	III	131,83	56,16				
	V	**907,25**	346,00	346,00	IV	459,66	403,75	349,41	296,75	245,66	196,16
	VI	**951,58**	346,00	346,00							
3713,99	I,IV	**518,00**	346,25	346,25	I	404,50	297,41	196,83	102,58	22,33	
	II	**409,83**	346,25	346,25	II	302,41	201,50	107,00	25,50		
	III	**221,66**	346,25	346,25	III	132,50	56,66				
	V	**908,33**	346,25	346,25	IV	460,41	404,50	350,16	297,41	246,33	196,83
	VI	**952,66**	346,25	346,25							
3716,99	I,IV	**518,75**	346,58	346,58	I	405,25	298,08	197,41	103,16	22,75	
	II	**410,58**	346,58	346,58	II	303,16	202,16	107,58	25,91		
	III	**222,33**	346,58	346,58	III	133,00	57,00				
	V	**909,33**	346,58	346,58	IV	461,16	405,25	350,83	298,08	247,00	197,41
	VI	**953,66**	346,58	346,58							
3719,99	I,IV	**519,50**	346,83	346,83	I	405,91	298,75	198,08	103,75	23,16	
	II	**411,25**	346,83	346,83	II	303,83	202,75	108,16	26,33		
	III	**222,83**	346,83	346,83	III	133,50	57,50				
	V	**910,33**	346,83	346,83	IV	461,91	405,91	351,58	298,75	247,58	198,08
	VI	**954,66**	346,83	346,83							
3722,99	I,IV	**520,25**	347,16	347,16	I	406,66	299,50	198,75	104,41	23,58	
	II	**412,00**	347,16	347,16	II	304,50	203,41	108,83	26,83		
	III	**223,50**	347,16	347,16	III	134,16	58,00				
	V	**911,41**	347,16	347,16	IV	462,66	406,66	352,25	299,50	248,33	198,75
	VI	**955,75**	347,16	347,16							
3725,99	I,IV	**521,08**	347,41	347,41	I	407,41	300,16	199,33	105,00	24,00	
	II	**412,75**	347,41	347,41	II	305,16	204,08	109,41	27,25		
	III	**224,00**	347,41	347,41	III	134,66	58,33				
	V	**912,41**	347,41	347,41	IV	463,41	407,41	353,00	300,16	248,91	199,33
	VI	**956,75**	347,41	347,41							
3728,99	I,IV	**521,83**	347,66	347,66	I	408,08	300,83	200,00	105,58	24,41	
	II	**413,41**	347,66	347,66	II	305,83	204,66	110,00	27,66		
	III	**224,66**	347,66	347,66	III	135,16	58,83				
	V	**913,41**	347,66	347,66	IV	464,16	408,08	353,66	300,83	249,58	200,00
	VI	**957,75**	347,66	347,66							
3731,99	I,IV	**522,58**	348,00	348,00	I	408,83	301,50	200,58	106,16	24,91	
	II	**414,16**	348,00	348,00	II	306,50	205,33	110,58	28,08		
	III	**225,33**	348,00	348,00	III	135,66	59,16				
	V	**914,41**	348,00	348,00	IV	464,91	408,83	354,33	301,50	250,25	200,58
	VI	**958,75**	348,00	348,00							
3734,99	I,IV	**523,33**	348,25	348,25	I	409,58	302,16	201,25	106,75	25,33	
	II	**414,91**	348,25	348,25	II	307,25	206,00	111,16	28,58		
	III	**225,83**	348,25	348,25	III	136,33	59,66				
	V	**915,50**	348,25	348,25	IV	465,66	409,58	355,08	302,16	250,91	201,25
	VI	**959,83**	348,25	348,25							
3737,99	I,IV	**524,08**	348,50	348,50	I	410,25	302,91	201,91	107,33	25,75	
	II	**415,58**	348,50	348,50	II	307,91	206,66	111,75	29,00		
	III	**226,50**	348,50	348,50	III	136,83	60,16				
	V	**916,50**	348,50	348,50	IV	466,41	410,25	355,75	302,91	251,58	201,91
	VI	**960,83**	348,50	348,50							
3740,99	I,IV	**524,83**	348,83	348,83	I	411,00	303,58	202,58	108,00	26,16	
	II	**416,33**	348,83	348,83	II	308,58	207,25	112,41	29,41		
	III	**227,00**	348,83	348,83	III	137,33	60,66	0,16			
	V	**917,50**	348,83	348,83	IV	467,08	411,00	356,50	303,58	252,25	202,58
	VI	**961,83**	348,83	348,83							
3743,99	I,IV	**525,66**	349,08	349,08	I	411,75	304,25	203,16	108,58	26,66	
	II	**417,08**	349,08	349,08	II	309,25	207,91	113,00	29,91		
	III	**227,66**	349,08	349,08	III	138,00	61,00	0,50			
	V	**918,58**	349,08	349,08	IV	467,91	411,75	357,16	304,25	252,91	203,16
	VI	**962,91**	349,08	349,08							

* Zur LSt-Berechnung für privat versicherte Arbeitnehmer s. Beispiele **Vorbemerkung S. 4f.**
** Basisvorsorgepauschale KV und PV *** Typisierter Arbeitgeberzuschuss

Lohn/ Gehalt in € bis	Steuerklasse	Lohn-steuer*	BVSP**	TAGZ***	Steuerklasse	0,5	1,0	1,5	2,0	2,5	3,0
						Bemessungsgrundlage für Kirchensteuer und Solidaritätszuschlag – Freibeträge für ... Kinder					
3746,99	I,IV	**526,41**	349,33	349,33	I	412,41	304,91	203,83	109,16	27,08	
	II	**417,83**	349,33	349,33	II	310,00	208,58	113,58	30,33		
	III	**228,33**	349,33	349,33	III	138,50	61,50	0,83			
	V	**919,58**	349,33	349,33	IV	468,58	412,41	357,91	304,91	253,58	203,83
	VI	**963,91**	349,33	349,33							
3749,99	I,IV	**527,16**	349,66	349,66	I	413,16	305,58	204,50	109,75	27,50	
	II	**418,50**	349,66	349,66	II	310,66	209,16	114,16	30,75		
	III	**228,83**	349,66	349,66	III	139,00	62,00	1,16			
	V	**920,58**	349,66	349,66	IV	469,33	413,16	358,58	305,58	254,25	204,50
	VI	**964,91**	349,66	349,66							
3752,99	I,IV	**527,91**	349,91	349,91	I	413,91	306,33	205,08	110,41	27,91	
	II	**419,25**	349,91	349,91	II	311,33	209,83	114,83	31,25		
	III	**229,50**	349,91	349,91	III	139,66	62,33	1,50			
	V	**921,66**	349,91	349,91	IV	470,16	413,91	359,33	306,33	254,91	205,08
	VI	**966,00**	349,91	349,91							
3755,99	I,IV	**528,75**	350,16	350,16	I	414,66	307,00	205,75	111,00	28,41	
	II	**420,00**	350,16	350,16	II	312,00	210,50	115,41	31,66		
	III	**230,16**	350,16	350,16	III	140,16	62,83	1,83			
	V	**922,66**	350,16	350,16	IV	470,83	414,66	360,00	307,00	255,58	205,75
	VI	**967,00**	350,16	350,16							
3758,99	I,IV	**529,50**	350,50	350,50	I	415,33	307,66	206,41	111,58	28,83	
	II	**420,66**	350,50	350,50	II	312,66	211,16	116,00	32,16		
	III	**230,66**	350,50	350,50	III	140,66	63,33	2,16			
	V	**923,66**	350,50	350,50	IV	471,58	415,33	360,66	307,66	256,25	206,41
	VI	**968,00**	350,50	350,50							
3761,99	I,IV	**530,25**	350,75	350,75	I	416,08	308,33	207,00	112,16	29,25	
	II	**421,41**	350,75	350,75	II	313,41	211,75	116,58	32,58		
	III	**231,33**	350,75	350,75	III	141,33	63,83	2,50			
	V	**924,66**	350,75	350,75	IV	472,33	416,08	361,41	308,33	256,91	207,00
	VI	**969,00**	350,75	350,75							
3764,99	I,IV	**531,00**	351,08	351,08	I	416,83	309,00	207,66	112,75	29,75	
	II	**422,16**	351,08	351,08	II	314,08	212,41	117,16	33,08		
	III	**231,83**	351,08	351,08	III	141,83	64,16	2,83			
	V	**925,75**	351,08	351,08	IV	473,08	416,83	362,08	309,00	257,58	207,66
	VI	**970,08**	351,08	351,08							
3767,99	I,IV	**531,75**	351,33	351,33	I	417,50	309,75	208,33	113,33	30,16	
	II	**422,91**	351,33	351,33	II	314,75	213,08	117,83	33,50		
	III	**232,50**	351,33	351,33	III	142,50	64,66	3,16			
	V	**926,75**	351,33	351,33	IV	473,83	417,50	362,83	309,75	258,25	208,33
	VI	**971,08**	351,33	351,33							
3770,99	I,IV	**532,50**	351,58	351,58	I	418,25	310,41	208,91	114,00	30,58	
	II	**423,58**	351,58	351,58	II	315,41	213,66	118,41	34,00		
	III	**233,16**	351,58	351,58	III	143,00	65,16	3,66			
	V	**927,75**	351,58	351,58	IV	474,58	418,25	363,50	310,41	258,83	208,91
	VI	**972,08**	351,58	351,58							
3773,99	I,IV	**533,33**	351,91	351,91	I	419,00	311,08	209,58	114,58	31,08	
	II	**424,33**	351,91	351,91	II	316,16	214,33	119,00	34,41		
	III	**233,66**	351,91	351,91	III	143,66	65,66	4,00			
	V	**928,83**	351,91	351,91	IV	475,33	419,00	364,25	311,08	259,58	209,58
	VI	**973,16**	351,91	351,91							
3776,99	I,IV	**534,08**	352,16	352,16	I	419,75	311,75	210,25	115,16	31,50	
	II	**425,08**	352,16	352,16	II	316,83	215,00	119,58	34,91		
	III	**234,33**	352,16	352,16	III	144,16	66,00	4,33			
	V	**929,83**	352,16	352,16	IV	476,08	419,75	364,91	311,75	260,16	210,25
	VI	**974,16**	352,16	352,16							
3779,99	I,IV	**534,83**	352,41	352,41	I	420,41	312,41	210,91	115,75	32,00	
	II	**425,83**	352,41	352,41	II	317,50	215,66	120,16	35,33		
	III	**234,83**	352,41	352,41	III	144,66	66,50	4,66			
	V	**930,83**	352,41	352,41	IV	476,83	420,41	365,66	312,41	260,83	210,91
	VI	**975,16**	352,41	352,41							

* Zur LSt-Berechnung für privat versicherte Arbeitnehmer s. Beispiele **Vorbemerkung S. 4 f.**
** Basisvorsorgepauschale KV und PV *** Typisierter Arbeitgeberzuschuss

Lohn/ Gehalt in € bis	Steuerklasse	Lohn-steuer*	BVSP**	TAGZ***	Steuerklasse	Bemessungsgrundlage für Kirchensteuer und Solidaritätszuschlag – Freibeträge für ... Kinder 0,5	1,0	1,5	2,0	2,5	3,0
3782,99	I,IV	**535,66**	352,75	352,75	I	421,16	313,16	211,58	116,41	32,41	
	II	**426,58**	352,75	352,75	II	318,25	216,33	120,83	35,83		
	III	**235,50**	352,75	352,75	III	145,33	67,00	5,00			
	V	**931,91**	352,75	352,75	IV	477,58	421,16	366,33	313,16	261,58	211,58
	VI	**976,25**	352,75	352,75							
3785,99	I,IV	**536,41**	353,00	353,00	I	421,91	313,83	212,16	117,00	32,91	
	II	**427,25**	353,00	353,00	II	318,91	216,91	121,41	36,33		
	III	**236,16**	353,00	353,00	III	145,83	67,33	5,33			
	V	**932,91**	353,00	353,00	IV	478,33	421,91	367,08	313,83	262,16	212,16
	VI	**977,25**	353,00	353,00							
3788,99	I,IV	**537,16**	353,25	353,25	I	422,58	314,50	212,83	117,58	33,33	
	II	**428,00**	353,25	353,25	II	319,58	217,58	122,00	36,75		
	III	**236,66**	353,25	353,25	III	146,33	67,83	5,66			
	V	**933,91**	353,25	353,25	IV	479,08	422,58	367,75	314,50	262,83	212,83
	VI	**978,25**	353,25	353,25							
3791,99	I,IV	**537,91**	353,58	353,58	I	423,33	315,16	213,50	118,16	33,83	
	II	**428,75**	353,58	353,58	II	320,25	218,25	122,58	37,25		
	III	**237,33**	353,58	353,58	III	147,00	68,33	6,00			
	V	**934,91**	353,58	353,58	IV	479,83	423,33	368,50	315,16	263,50	213,50
	VI	**979,25**	353,58	353,58							
3794,99	I,IV	**538,75**	353,83	353,83	I	424,08	315,91	214,08	118,75	34,25	
	II	**429,50**	353,83	353,83	II	321,00	218,91	123,25	37,75		
	III	**237,83**	353,83	353,83	III	147,50	68,83	6,33			
	V	**936,00**	353,83	353,83	IV	480,58	424,08	369,16	315,91	264,16	214,08
	VI	**980,33**	353,83	353,83							
3797,99	I,IV	**539,50**	354,08	354,08	I	424,83	316,58	214,75	119,41	34,75	
	II	**430,16**	354,08	354,08	II	321,66	219,50	123,83	38,16		
	III	**238,50**	354,08	354,08	III	148,16	69,33	6,83			
	V	**937,00**	354,08	354,08	IV	481,33	424,83	369,91	316,58	264,83	214,75
	VI	**981,33**	354,08	354,08							
3800,99	I,IV	**540,25**	354,41	354,41	I	425,50	317,25	215,41	120,00	35,16	
	II	**430,91**	354,41	354,41	II	322,33	220,16	124,41	38,66		
	III	**239,16**	354,41	354,41	III	148,66	69,66	7,16			
	V	**938,00**	354,41	354,41	IV	482,08	425,50	370,58	317,25	265,50	215,41
	VI	**982,33**	354,41	354,41							
3803,99	I,IV	**541,00**	354,66	354,66	I	426,25	317,91	216,08	120,58	35,66	
	II	**431,66**	354,66	354,66	II	323,00	220,83	125,08	39,16		
	III	**239,66**	354,66	354,66	III	149,16	70,16	7,50			
	V	**939,08**	354,66	354,66	IV	482,83	426,25	371,33	317,91	266,16	216,08
	VI	**983,41**	354,66	354,66							
3806,99	I,IV	**541,83**	355,00	355,00	I	427,00	318,66	216,66	121,16	36,16	
	II	**432,41**	355,00	355,00	II	323,75	221,50	125,66	39,58		
	III	**240,33**	355,00	355,00	III	149,83	70,66	7,83			
	V	**940,08**	355,00	355,00	IV	483,58	427,00	372,00	318,66	266,83	216,66
	VI	**984,41**	355,00	355,00							
3809,99	I,IV	**542,58**	355,25	355,25	I	427,75	319,33	217,33	121,83	36,58	
	II	**433,08**	355,25	355,25	II	324,41	222,08	126,25	40,08		
	III	**240,83**	355,25	355,25	III	150,33	71,16	8,16			
	V	**941,08**	355,25	355,25	IV	484,33	427,75	372,75	319,33	267,50	217,33
	VI	**985,41**	355,25	355,25							
3812,99	I,IV	**543,33**	355,50	355,50	I	428,41	320,00	218,00	122,41	37,08	
	II	**433,83**	355,50	355,50	II	325,08	222,75	126,83	40,58		
	III	**241,50**	355,50	355,50	III	151,00	71,66	8,50			
	V	**942,16**	355,50	355,50	IV	485,08	428,41	373,41	320,00	268,16	218,00
	VI	**986,41**	355,50	355,50							
3815,99	I,IV	**544,08**	355,83	355,83	I	429,16	320,66	218,66	123,00	37,50	
	II	**434,58**	355,83	355,83	II	325,83	223,41	127,50	41,08		
	III	**242,16**	355,83	355,83	III	151,50	72,00	9,00			
	V	**943,16**	355,83	355,83	IV	485,83	429,16	374,16	320,66	268,83	218,66
	VI	**987,50**	355,83	355,83							

* Zur LSt-Berechnung für privat versicherte Arbeitnehmer s. Beispiele **Vorbemerkung S. 4 f.**
** Basisvorsorgepauschale KV und PV *** Typisierter Arbeitgeberzuschuss

Lohn/ Gehalt in € bis	Steuerklasse	Lohnsteuer*	BVSP**	TAGZ***	Steuerklasse	Bemessungsgrundlage für Kirchensteuer und Solidaritätszuschlag – Freibeträge für ... Kinder 0,5	1,0	1,5	2,0	2,5	3,0
3818,99	I,IV	**544,91**	356,08	356,08	I	429,91	321,41	219,25	123,58	38,00	
	II	**435,33**	356,08	356,08	II	326,50	224,08	128,08	41,50		
	III	**242,66**	356,08	356,08	III	152,16	72,50	9,33			
	V	**944,16**	356,08	356,08	IV	486,58	429,91	374,83	321,41	269,50	219,25
	VI	**988,50**	356,08	356,08							
3821,99	I,IV	**545,66**	356,33	356,33	I	430,66	322,08	219,91	124,25	38,50	
	II	**436,08**	356,33	356,33	II	327,16	224,66	128,66	42,00		
	III	**243,33**	356,33	356,33	III	152,66	73,00	9,66			
	V	**945,25**	356,33	356,33	IV	487,33	430,66	375,58	322,08	270,16	219,91
	VI	**989,50**	356,33	356,33							
3824,99	I,IV	**546,41**	356,66	356,66	I	431,41	322,75	220,58	124,83	38,91	
	II	**436,83**	356,66	356,66	II	327,83	225,33	129,33	42,50		
	III	**244,00**	356,66	356,66	III	153,33	73,50	10,00			
	V	**946,25**	356,66	356,66	IV	488,08	431,41	376,25	322,75	270,91	220,58
	VI	**990,58**	356,66	356,66							
3827,99	I,IV	**547,25**	356,91	356,91	I	432,08	323,50	221,25	125,41	39,41	
	II	**437,50**	356,91	356,91	II	328,58	226,00	129,91	43,00		
	III	**244,50**	356,91	356,91	III	153,83	73,83	10,33			
	V	**947,25**	356,91	356,91	IV	488,83	432,08	377,00	323,50	271,50	221,25
	VI	**991,58**	356,91	356,91							
3830,99	I,IV	**548,00**	357,16	357,16	I	432,83	324,16	221,83	126,00	39,91	
	II	**438,25**	357,16	357,16	II	329,25	226,66	130,50	43,50		
	III	**245,16**	357,16	357,16	III	154,50	74,33	10,66			
	V	**948,25**	357,16	357,16	IV	489,58	432,83	377,66	324,16	272,16	221,83
	VI	**992,58**	357,16	357,16							
3833,99	I,IV	**548,75**	357,50	357,50	I	433,58	324,83	222,50	126,66	40,41	
	II	**439,00**	357,50	357,50	II	329,91	227,33	131,16	44,00		
	III	**245,83**	357,50	357,50	III	155,00	74,83	11,16			
	V	**949,33**	357,50	357,50	IV	490,41	433,58	378,41	324,83	272,91	222,50
	VI	**993,66**	357,50	357,50							
3836,99	I,IV	**549,50**	357,75	357,75	I	434,33	325,50	223,16	127,25	40,83	
	II	**439,75**	357,75	357,75	II	330,66	228,00	131,75	44,41		
	III	**246,33**	357,75	357,75	III	155,50	75,33	11,50			
	V	**950,33**	357,75	357,75	IV	491,08	434,33	379,08	325,50	273,58	223,16
	VI	**994,66**	357,75	357,75							
3839,99	I,IV	**550,33**	358,00	358,00	I	435,08	326,25	223,83	127,83	41,33	
	II	**440,50**	358,00	358,00	II	331,33	228,58	132,33	44,91		
	III	**247,00**	358,00	358,00	III	156,16	75,83	11,83			
	V	**951,33**	358,00	358,00	IV	491,83	435,08	379,83	326,25	274,25	223,83
	VI	**995,66**	358,00	358,00							
3842,99	I,IV	**551,08**	358,33	358,33	I	435,75	326,91	224,50	128,41	41,83	
	II	**441,16**	358,33	358,33	II	332,00	229,25	132,91	45,41		
	III	**247,50**	358,33	358,33	III	156,66	76,33	12,16			
	V	**952,41**	358,33	358,33	IV	492,58	435,75	380,50	326,91	274,91	224,50
	VI	**996,66**	358,33	358,33							
3845,99	I,IV	**551,83**	358,58	358,58	I	436,50	327,58	225,16	129,08	42,33	
	II	**441,91**	358,58	358,58	II	332,75	229,91	133,58	45,91		
	III	**248,16**	358,58	358,58	III	157,33	76,66	12,50			
	V	**953,41**	358,58	358,58	IV	493,41	436,50	381,25	327,58	275,58	225,16
	VI	**997,75**	358,58	358,58							
3848,99	I,IV	**552,66**	358,91	358,91	I	437,25	328,33	225,75	129,66	42,83	
	II	**442,66**	358,91	358,91	II	333,41	230,58	134,16	46,41		
	III	**248,83**	358,91	358,91	III	157,83	77,16	13,00			
	V	**954,41**	358,91	358,91	IV	494,16	437,25	382,00	328,33	276,25	225,75
	VI	**998,75**	358,91	358,91							
3851,99	I,IV	**553,41**	359,16	359,16	I	438,00	329,00	226,41	130,25	43,25	
	II	**443,41**	359,16	359,16	II	334,08	231,25	134,75	46,91		
	III	**249,33**	359,16	359,16	III	158,50	77,66	13,33			
	V	**955,50**	359,16	359,16	IV	494,91	438,00	382,66	329,00	276,91	226,41
	VI	**999,75**	359,16	359,16							

* Zur LSt-Berechnung für privat versicherte Arbeitnehmer s. Beispiele **Vorbemerkung S. 4 f.**
** Basisvorsorgepauschale KV und PV *** Typisierter Arbeitgeberzuschuss

Lohn/ Gehalt in € bis	Steuerklasse	Lohn-steuer*	BVSP**	TAGZ***	Steuerklasse	Bemessungsgrundlage für Kirchensteuer und Solidaritätszuschlag – Freibeträge für ... Kinder 0,5	1,0	1,5	2,0	2,5	3,0
3854,99	I,IV	**554,16**	359,41	359,41	I	438,75	329,66	227,08	130,91	43,75	
	II	**444,16**	359,41	359,41	II	334,83	231,91	135,41	47,41		
	III	**250,00**	359,41	359,41	III	159,00	78,16	13,66			
	V	**956,50**	359,41	359,41	IV	495,66	438,75	383,41	329,66	277,58	227,08
	VI	**1000,83**	359,41	359,41							
3857,99	I,IV	**555,00**	359,75	359,75	I	439,41	330,41	227,75	131,50	44,25	
	II	**444,91**	359,75	359,75	II	335,50	232,50	136,00	47,91		
	III	**250,66**	359,75	359,75	III	159,66	78,66	14,00			
	V	**957,50**	359,75	359,75	IV	496,41	439,41	384,08	330,41	278,25	227,75
	VI	**1001,83**	359,75	359,75							
3860,99	I,IV	**555,75**	360,00	360,00	I	440,16	331,08	228,33	132,08	44,75	
	II	**445,58**	360,00	360,00	II	336,16	233,16	136,58	48,41		
	III	**251,16**	360,00	360,00	III	160,16	79,16	14,33			
	V	**958,58**	360,00	360,00	IV	497,16	440,16	384,83	331,08	278,91	228,33
	VI	**1002,83**	360,00	360,00							
3863,99	I,IV	**556,50**	360,25	360,25	I	440,91	331,75	229,00	132,75	45,25	
	II	**446,33**	360,25	360,25	II	336,83	233,83	137,25	48,91		
	III	**251,83**	360,25	360,25	III	160,83	79,66	14,83			
	V	**959,58**	360,25	360,25	IV	497,91	440,91	385,50	331,75	279,58	229,00
	VI	**1003,83**	360,25	360,25							
3866,99	I,IV	**557,33**	360,58	360,58	I	441,66	332,41	229,66	133,33	45,75	
	II	**447,08**	360,58	360,58	II	337,58	234,50	137,83	49,41		
	III	**252,50**	360,58	360,58	III	161,33	80,16	15,16			
	V	**960,58**	360,58	360,58	IV	498,66	441,66	386,25	332,41	280,25	229,66
	VI	**1004,91**	360,58	360,58							
3869,99	I,IV	**558,08**	360,83	360,83	I	442,41	333,16	230,33	133,91	46,25	
	II	**447,83**	360,83	360,83	II	338,25	235,16	138,41	49,91		
	III	**253,00**	360,83	360,83	III	162,00	80,50	15,50			
	V	**961,58**	360,83	360,83	IV	499,41	442,41	387,00	333,16	280,91	230,33
	VI	**1005,91**	360,83	360,83							
3872,99	I,IV	**558,83**	361,08	361,08	I	443,08	333,83	231,00	134,58	46,75	
	II	**448,58**	361,08	361,08	II	339,00	235,75	139,08	50,41		
	III	**253,66**	361,08	361,08	III	162,50	81,00	15,83			
	V	**962,66**	361,08	361,08	IV	500,16	443,08	387,66	333,83	281,58	231,00
	VI	**1006,91**	361,08	361,08							
3875,99	I,IV	**559,66**	361,41	361,41	I	443,91	334,58	231,66	135,16	47,25	
	II	**449,33**	361,41	361,41	II	339,66	236,41	139,66	51,00		
	III	**254,33**	361,41	361,41	III	163,16	81,50	16,33			
	V	**963,66**	361,41	361,41	IV	500,91	443,91	388,41	334,58	282,25	231,66
	VI	**1008,00**	361,41	361,41							
3878,99	I,IV	**560,41**	361,66	361,66	I	444,58	335,25	232,25	135,75	47,75	
	II	**450,08**	361,66	361,66	II	340,33	237,08	140,25	51,50		
	III	**254,83**	361,66	361,66	III	163,66	82,00	16,66			
	V	**964,66**	361,66	361,66	IV	501,66	444,58	389,08	335,25	282,91	232,25
	VI	**1009,00**	361,66	361,66							
3881,99	I,IV	**561,16**	361,91	361,91	I	445,33	335,91	232,91	136,41	48,25	
	II	**450,75**	361,91	361,91	II	341,08	237,75	140,91	52,00		
	III	**255,50**	361,91	361,91	III	164,33	82,50	17,00			
	V	**965,75**	361,91	361,91	IV	502,41	445,33	389,83	335,91	283,58	232,91
	VI	**1010,00**	361,91	361,91							
3884,99	I,IV	**562,00**	362,25	362,25	I	446,08	336,66	233,58	137,00	48,75	
	II	**451,50**	362,25	362,25	II	341,75	238,41	141,50	52,50		
	III	**256,00**	362,25	362,25	III	165,00	83,00	17,33			
	V	**966,75**	362,25	362,25	IV	503,25	446,08	390,58	336,66	284,33	233,58
	VI	**1011,08**	362,25	362,25							
3887,99	I,IV	**562,75**	362,50	362,50	I	446,83	337,33	234,25	137,58	49,25	
	II	**452,25**	362,50	362,50	II	342,41	239,08	142,08	53,00		
	III	**256,66**	362,50	362,50	III	165,50	83,50	17,66			
	V	**967,75**	362,50	362,50	IV	504,00	446,83	391,25	337,33	285,00	234,25
	VI	**1012,08**	362,50	362,50							

* Zur LSt-Berechnung für privat versicherte Arbeitnehmer s. Beispiele **Vorbemerkung S. 4 f.**
** Basisvorsorgepauschale KV und PV *** Typisierter Arbeitgeberzuschuss

Lohn/ Gehalt in € bis	Steuerklasse	Lohn-steuer*	BVSP**	TAGZ***	Steuerklasse	Bemessungsgrundlage für Kirchensteuer und Solidaritätszuschlag: Freibeträge für … Kinder 0,5	**1,0**	1,5	**2,0**	2,5	**3,0**
3890,99	I,IV	**563,50**	362,83	362,83	I	447,58	338,00	234,91	138,25	49,75	
	II	**453,00**	362,83	362,83	II	343,16	239,75	142,75	53,50		
	III	**257,33**	362,83	362,83	III	166,16	84,00	18,16			
	V	**968,83**	362,83	362,83	IV	504,75	447,58	392,00	338,00	285,66	234,91
	VI	**1013,08**	362,83	362,83							
3893,99	I,IV	**564,33**	363,08	363,08	I	448,25	338,66	235,58	138,83	50,25	
	II	**453,75**	363,08	363,08	II	343,83	240,33	143,33	54,00		
	III	**257,83**	363,08	363,08	III	166,66	84,33	18,50			
	V	**969,83**	363,08	363,08	IV	505,50	448,25	392,66	338,66	286,33	235,58
	VI	**1014,08**	363,08	363,08							
3896,99	I,IV	**565,08**	363,33	363,33	I	449,00	339,41	236,25	139,41	50,75	
	II	**454,50**	363,33	363,33	II	344,58	241,08	144,00	54,58		
	III	**258,50**	363,33	363,33	III	167,16	84,83	18,83			
	V	**970,83**	363,33	363,33	IV	506,25	449,00	393,41	339,41	287,00	236,25
	VI	**1015,16**	363,33	363,33							
3899,99	I,IV	**565,83**	363,66	363,66	I	449,75	340,08	236,83	140,08	51,25	
	II	**455,25**	363,66	363,66	II	345,25	241,66	144,58	55,08		
	III	**259,16**	363,66	363,66	III	167,83	85,33	19,33			
	V	**971,91**	363,66	363,66	IV	507,00	449,75	394,16	340,08	287,66	236,83
	VI	**1016,16**	363,66	363,66							
3902,99	I,IV	**566,66**	363,91	363,91	I	450,50	340,75	237,50	140,66	51,75	
	II	**456,00**	363,91	363,91	II	345,91	242,33	145,16	55,58		
	III	**259,66**	363,91	363,91	III	168,33	85,83	19,66			
	V	**972,91**	363,91	363,91	IV	507,75	450,50	394,83	340,75	288,33	237,50
	VI	**1017,16**	363,91	363,91							
3905,99	I,IV	**567,41**	364,16	364,16	I	451,25	341,50	238,16	141,25	52,33	
	II	**456,75**	364,16	364,16	II	346,66	243,00	145,83	56,16		
	III	**260,33**	364,16	364,16	III	169,00	86,33	20,00			
	V	**973,91**	364,16	364,16	IV	508,58	451,25	395,58	341,50	289,00	238,16
	VI	**1018,25**	364,16	364,16							
3908,99	I,IV	**568,25**	364,50	364,50	I	452,00	342,16	238,83	141,91	52,83	
	II	**457,41**	364,50	364,50	II	347,33	243,66	146,41	56,66		
	III	**261,00**	364,50	364,50	III	169,66	86,83	20,33			
	V	**975,00**	364,50	364,50	IV	509,33	452,00	396,25	342,16	289,66	238,83
	VI	**1019,25**	364,50	364,50							
3911,99	I,IV	**569,00**	364,75	364,75	I	452,75	342,91	239,50	142,50	53,33	
	II	**458,16**	364,75	364,75	II	348,00	244,33	147,00	57,16		
	III	**261,50**	364,75	364,75	III	170,16	87,33	20,83			
	V	**976,00**	364,75	364,75	IV	510,08	452,75	397,00	342,91	290,41	239,50
	VI	**1020,25**	364,75	364,75							
3914,99	I,IV	**569,75**	365,00	365,00	I	453,41	343,58	240,16	143,08	53,83	
	II	**458,91**	365,00	365,00	II	348,75	245,00	147,66	57,66		
	III	**262,16**	365,00	365,00	III	170,83	87,83	21,16			
	V	**977,00**	365,00	365,00	IV	510,83	453,41	397,75	343,58	291,08	240,16
	VI	**1021,33**	365,00	365,00							
3917,99	I,IV	**570,58**	365,33	365,33	I	454,25	344,25	240,83	143,75	54,33	
	II	**459,66**	365,33	365,33	II	349,41	245,66	148,25	58,25		
	III	**262,83**	365,33	365,33	III	171,33	88,33	21,50			
	V	**978,00**	365,33	365,33	IV	511,58	454,25	398,41	344,25	291,75	240,83
	VI	**1022,33**	365,33	365,33							
3920,99	I,IV	**571,33**	365,58	365,58	I	454,91	345,00	241,41	144,33	54,91	
	II	**460,41**	365,58	365,58	II	350,16	246,33	148,91	58,75		
	III	**263,33**	365,58	365,58	III	172,00	88,83	22,00			
	V	**979,08**	365,58	365,58	IV	512,33	454,91	399,16	345,00	292,41	241,41
	VI	**1023,33**	365,58	365,58							
3923,99	I,IV	**572,08**	365,83	365,83	I	455,66	345,66	242,08	144,91	55,41	
	II	**461,16**	365,83	365,83	II	350,83	246,91	149,50	59,25		
	III	**264,00**	365,83	365,83	III	172,50	89,33	22,33			
	V	**980,08**	365,83	365,83	IV	513,08	455,66	399,83	345,66	293,08	242,08
	VI	**1024,41**	365,83	365,83							

* Zur LSt-Berechnung für privat versicherte Arbeitnehmer s. Beispiele **Vorbemerkung S. 4 f.**
** Basisvorsorgepauschale KV und PV *** Typisierter Arbeitgeberzuschuss

Lohn/ Gehalt in € bis	Steuerklasse	Lohn-steuer*	BVSP**	TAGZ***	Steuerklasse	Bemessungsgrundlage für Kirchensteuer und Solidaritätszuschlag					
						Freibeträge für ... Kinder					
						0,5	**1,0**	1,5	**2,0**	2,5	**3,0**
3926,99	I,IV	**572,91**	366,16	366,16	I	456,41	346,41	242,75	145,58	55,91	
	II	**461,91**	366,16	366,16	II	351,58	247,58	150,16	59,83		
	III	**264,66**	366,16	366,16	III	173,16	89,83	22,66			
	V	**981,08**	366,16	366,16	IV	513,91	456,41	400,58	346,41	293,75	242,75
	VI	**1025,41**	366,16	366,16							
3929,99	I,IV	**573,66**	366,41	366,41	I	457,16	347,08	243,41	146,16	56,41	
	II	**462,66**	366,41	366,41	II	352,25	248,25	150,75	60,33		
	III	**265,16**	366,41	366,41	III	173,66	90,33	23,00			
	V	**982,16**	366,41	366,41	IV	514,66	457,16	401,33	347,08	294,41	243,41
	VI	**1026,41**	366,41	366,41							
3932,99	I,IV	**574,50**	366,75	366,75	I	457,91	347,75	244,08	146,83	57,00	
	II	**463,41**	366,75	366,75	II	352,91	248,91	151,33	60,91		
	III	**265,83**	366,75	366,75	III	174,33	90,83	23,50			
	V	**983,16**	366,75	366,75	IV	515,41	457,91	402,00	347,75	295,08	244,08
	VI	**1027,50**	366,75	366,75							
3935,99	I,IV	**575,25**	367,00	367,00	I	458,66	348,50	244,75	147,41	57,50	
	II	**464,16**	367,00	367,00	II	353,66	249,58	152,00	61,41		
	III	**266,50**	367,00	367,00	III	174,83	91,33	23,83			
	V	**984,16**	367,00	367,00	IV	516,16	458,66	402,75	348,50	295,83	244,75
	VI	**1028,50**	367,00	367,00							
3938,99	I,IV	**576,08**	367,25	367,25	I	459,41	349,16	245,41	148,00	58,00	
	II	**464,91**	367,25	367,25	II	354,33	250,25	152,58	62,00		
	III	**267,00**	367,25	367,25	III	175,50	91,83	24,16			
	V	**985,25**	367,25	367,25	IV	516,91	459,41	403,50	349,16	296,50	245,41
	VI	**1029,50**	367,25	367,25							
3941,99	I,IV	**576,83**	367,58	367,58	I	460,16	349,91	246,08	148,66	58,58	
	II	**465,58**	367,58	367,58	II	355,08	250,91	153,16	62,50		
	III	**267,66**	367,58	367,58	III	176,00	92,33	24,66			
	V	**986,25**	367,58	367,58	IV	517,66	460,16	404,16	349,91	297,16	246,08
	VI	**1030,50**	367,58	367,58							
3944,99	I,IV	**577,58**	367,83	367,83	I	460,83	350,58	246,66	149,25	59,08	
	II	**466,33**	367,83	367,83	II	355,75	251,58	153,83	63,00		
	III	**268,16**	367,83	367,83	III	176,66	92,83	25,00			
	V	**987,25**	367,83	367,83	IV	518,41	460,83	404,91	350,58	297,83	246,66
	VI	**1031,58**	367,83	367,83							
3947,99	I,IV	**578,41**	368,08	368,08	I	461,66	351,25	247,41	149,91	59,66	
	II	**467,08**	368,08	368,08	II	356,50	252,25	154,41	63,58		
	III	**268,83**	368,08	368,08	III	177,16	93,33	25,33			
	V	**988,33**	368,08	368,08	IV	519,25	461,66	405,66	351,25	298,50	247,41
	VI	**1032,58**	368,08	368,08							
3950,99	I,IV	**579,16**	368,41	368,41	I	462,33	352,00	248,00	150,50	60,16	
	II	**467,83**	368,41	368,41	II	357,16	252,91	155,08	64,16		
	III	**269,50**	368,41	368,41	III	177,83	93,83	25,83			
	V	**989,33**	368,41	368,41	IV	520,00	462,33	406,33	352,00	299,16	248,00
	VI	**1033,58**	368,41	368,41							
3953,99	I,IV	**580,00**	368,66	368,66	I	463,08	352,66	248,66	151,08	60,66	
	II	**468,58**	368,66	368,66	II	357,83	253,58	155,66	64,66		
	III	**270,00**	368,66	368,66	III	178,33	94,16	26,16			
	V	**990,33**	368,66	368,66	IV	520,75	463,08	407,08	352,66	299,91	248,66
	VI	**1034,66**	368,66	368,66							
3956,99	I,IV	**580,75**	368,91	368,91	I	463,83	353,41	249,33	151,75	61,25	
	II	**469,33**	368,91	368,91	II	358,58	254,25	156,33	65,25		
	III	**270,66**	368,91	368,91	III	179,00	94,83	26,66			
	V	**991,33**	368,91	368,91	IV	521,50	463,83	407,83	353,41	300,58	249,33
	VI	**1035,66**	368,91	368,91							
3959,99	I,IV	**581,58**	369,25	369,25	I	464,58	354,08	250,00	152,33	61,75	
	II	**470,08**	369,25	369,25	II	359,25	254,91	156,91	65,75		
	III	**271,33**	369,25	369,25	III	179,66	95,33	27,00			
	V	**992,41**	369,25	369,25	IV	522,25	464,58	408,58	354,08	301,25	250,00
	VI	**1036,66**	369,25	369,25							

* Zur LSt-Berechnung für privat versicherte Arbeitnehmer s. Beispiele **Vorbemerkung S. 4f.**
** Basisvorsorgepauschale KV und PV *** Typisierter Arbeitgeberzuschuss

Lohn/ Gehalt in € bis	Steuerklasse	Lohn- steuer*	BVSP**	TAGZ***	Steuerklasse	Bemessungsgrundlage für Kirchensteuer und Solidaritätszuschlag					
						Freibeträge für ... Kinder					
						0,5	**1,0**	1,5	**2,0**	2,5	**3,0**
3962,99	I,IV	**582,33**	369,50	369,50	I	465,33	354,75	250,66	153,00	62,33	
	II	**470,83**	369,50	369,50	II	360,00	255,50	157,50	66,33		
	III	**271,83**	369,50	369,50	III	180,16	95,66	27,33			
	V	**993,41**	369,50	369,50	IV	523,00	465,33	409,25	354,75	301,91	250,66
	VI	**1037,75**	369,50	369,50							
3965,99	I,IV	**583,16**	369,75	369,75	I	466,08	355,50	251,33	153,58	62,83	
	II	**471,58**	369,75	369,75	II	360,66	256,25	158,16	66,91		
	III	**272,50**	369,75	369,75	III	180,83	96,33	27,83			
	V	**994,41**	369,75	369,75	IV	523,83	466,08	410,00	355,50	302,58	251,33
	VI	**1038,75**	369,75	369,75							
3968,99	I,IV	**583,91**	370,08	370,08	I	466,83	356,16	252,00	154,25	63,41	
	II	**472,33**	370,08	370,08	II	361,41	256,91	158,75	67,41		
	III	**273,16**	370,08	370,08	III	181,33	96,83	28,16			
	V	**995,50**	370,08	370,08	IV	524,58	466,83	410,75	356,16	303,33	252,00
	VI	**1039,75**	370,08	370,08							
3971,99	I,IV	**584,66**	370,33	370,33	I	467,58	356,91	252,66	154,83	63,91	
	II	**473,08**	370,33	370,33	II	362,08	257,50	159,41	68,00		
	III	**273,66**	370,33	370,33	III	182,00	97,33	28,50			
	V	**996,50**	370,33	370,33	IV	525,33	467,58	411,41	356,91	304,00	252,66
	VI	**1040,83**	370,33	370,33							
3974,99	I,IV	**585,50**	370,66	370,66	I	468,33	357,58	253,33	155,41	64,50	
	II	**473,83**	370,66	370,66	II	362,75	258,16	160,00	68,50		
	III	**274,33**	370,66	370,66	III	182,50	97,83	29,00			
	V	**997,50**	370,66	370,66	IV	526,08	468,33	412,16	357,58	304,66	253,33
	VI	**1041,83**	370,66	370,66							
3977,99	I,IV	**586,25**	370,91	370,91	I	469,08	358,33	254,00	156,08	65,00	
	II	**474,58**	370,91	370,91	II	363,50	258,83	160,66	69,08	0,33	
	III	**275,00**	370,91	370,91	III	183,16	98,33	29,33			
	V	**998,58**	370,91	370,91	IV	526,83	469,08	412,91	358,33	305,33	254,00
	VI	**1042,83**	370,91	370,91							
3980,99	I,IV	**587,08**	371,16	371,16	I	469,83	359,00	254,66	156,66	65,58	
	II	**475,33**	371,16	371,16	II	364,25	259,50	161,25	69,66	0,66	
	III	**275,50**	371,16	371,16	III	183,66	98,83	29,66			
	V	**999,58**	371,16	371,16	IV	527,66	469,83	413,58	359,00	306,00	254,66
	VI	**1043,83**	371,16	371,16							
3983,99	I,IV	**587,83**	371,50	371,50	I	470,58	359,75	255,33	157,33	66,08	
	II	**476,08**	371,50	371,50	II	364,91	260,16	161,91	70,16	1,00	
	III	**276,16**	371,50	371,50	III	184,33	99,33	30,16			
	V	**1000,58**	371,50	371,50	IV	528,41	470,58	414,33	359,75	306,66	255,33
	VI	**1044,91**	371,50	371,50							
3986,99	I,IV	**588,66**	371,75	371,75	I	471,33	360,41	256,00	157,91	66,66	
	II	**476,83**	371,75	371,75	II	365,66	260,83	162,50	70,75	1,33	
	III	**276,83**	371,75	371,75	III	185,00	99,83	30,50			
	V	**1001,66**	371,75	371,75	IV	529,16	471,33	415,08	360,41	307,41	256,00
	VI	**1045,91**	371,75	371,75							
3989,99	I,IV	**589,41**	372,00	372,00	I	472,08	361,16	256,66	158,58	67,25	
	II	**477,58**	372,00	372,00	II	366,33	261,50	163,16	71,33	1,66	
	III	**277,33**	372,00	372,00	III	185,50	100,33	31,00			
	V	**1002,66**	372,00	372,00	IV	529,91	472,08	415,83	361,16	308,08	256,66
	VI	**1046,91**	372,00	372,00							
3992,99	I,IV	**590,16**	372,33	372,33	I	472,83	361,83	257,25	159,16	67,75	
	II	**478,33**	372,33	372,33	II	367,00	262,16	163,75	71,91	2,00	
	III	**278,00**	372,33	372,33	III	186,16	100,83	31,33			
	V	**1003,66**	372,33	372,33	IV	530,66	472,83	416,50	361,83	308,75	257,25
	VI	**1048,00**	372,33	372,33							
3995,99	I,IV	**591,00**	372,58	372,58	I	473,58	362,50	257,91	159,75	68,33	
	II	**479,08**	372,58	372,58	II	367,75	262,83	164,33	72,41	2,41	
	III	**278,66**	372,58	372,58	III	186,66	101,33	31,66			
	V	**1004,66**	372,58	372,58	IV	531,50	473,58	417,25	362,50	309,41	257,91
	VI	**1049,00**	372,58	372,58							

* Zur LSt-Berechnung für privat versicherte Arbeitnehmer s. Beispiele **Vorbemerkung S. 4f.**
** Basisvorsorgepauschale KV und PV *** Typisierter Arbeitgeberzuschuss

Lohn/ Gehalt in € bis	Steuerklasse	Lohn-steuer*	BVSP**	TAGZ***	Steuerklasse	Bemessungsgrundlage für Kirchensteuer und Solidaritätszuschlag – Freibeträge für ... Kinder 0,5	1,0	1,5	2,0	2,5	3,0
3998,99	I,IV	**591,83**	372,83	372,83	I	474,33	363,25	258,58	160,41	68,91	0,16
	II	**479,83**	372,83	372,83	II	368,50	263,50	165,00	73,00	2,75	
	III	**279,16**	372,83	372,83	III	187,33	101,83	32,16			
	V	**1005,75**	372,83	372,83	IV	532,25	474,33	418,00	363,25	310,16	258,58
	VI	**1050,00**	372,83	372,83							
4001,99	I,IV	**592,58**	373,16	373,16	I	475,08	363,91	259,25	161,00	69,41	0,50
	II	**480,58**	373,16	373,16	II	369,16	264,16	165,66	73,58	3,08	
	III	**279,83**	373,16	373,16	III	187,83	102,33	32,50			
	V	**1006,75**	373,16	373,16	IV	533,00	475,08	418,66	363,91	310,83	259,25
	VI	**1051,08**	373,16	373,16							
4004,99	I,IV	**593,33**	373,41	373,41	I	475,75	364,66	259,91	161,66	70,00	0,83
	II	**481,33**	373,41	373,41	II	369,83	264,83	166,25	74,16	3,41	
	III	**280,50**	373,41	373,41	III	188,50	102,83	33,00			
	V	**1007,75**	373,41	373,41	IV	533,75	475,75	419,41	364,66	311,50	259,91
	VI	**1052,08**	373,41	373,41							
4007,99	I,IV	**594,16**	373,66	373,66	I	476,58	365,33	260,58	162,25	70,58	1,25
	II	**482,08**	373,66	373,66	II	370,58	265,50	166,91	74,75	3,83	
	III	**281,00**	373,66	373,66	III	189,00	103,33	33,33			
	V	**1008,83**	373,66	373,66	IV	534,58	476,58	420,16	365,33	312,16	260,58
	VI	**1053,08**	373,66	373,66							
4010,99	I,IV	**594,91**	374,00	374,00	I	477,33	366,08	261,25	162,91	71,08	1,58
	II	**482,83**	374,00	374,00	II	371,25	266,16	167,50	75,33	4,16	
	III	**281,66**	374,00	374,00	III	189,66	103,83	33,83			
	V	**1009,83**	374,00	374,00	IV	535,33	477,33	420,91	366,08	312,83	261,25
	VI	**1054,16**	374,00	374,00							
4013,99	I,IV	**595,75**	374,25	374,25	I	478,00	366,75	261,91	163,50	71,66	1,91
	II	**483,58**	374,25	374,25	II	372,00	266,83	168,08	75,83	4,50	
	III	**282,33**	374,25	374,25	III	190,16	104,33	34,16			
	V	**1010,83**	374,25	374,25	IV	536,08	478,00	421,58	366,75	313,58	261,91
	VI	**1055,16**	374,25	374,25							
4016,99	I,IV	**596,58**	374,58	374,58	I	478,83	367,50	262,58	164,16	72,25	2,25
	II	**484,33**	374,58	374,58	II	372,75	267,50	168,75	76,50	4,91	
	III	**282,83**	374,58	374,58	III	190,83	104,83	34,66			
	V	**1011,91**	374,58	374,58	IV	536,83	478,83	422,33	367,50	314,25	262,58
	VI	**1056,16**	374,58	374,58							
4019,99	I,IV	**597,33**	374,83	374,83	I	479,58	368,16	263,25	164,75	72,83	2,58
	II	**485,08**	374,83	374,83	II	373,41	268,16	169,41	77,00	5,25	
	III	**283,50**	374,83	374,83	III	191,50	105,50	35,00			
	V	**1012,91**	374,83	374,83	IV	537,66	479,58	423,08	368,16	314,91	263,25
	VI	**1057,25**	374,83	374,83							
4022,99	I,IV	**598,08**	375,08	375,08	I	480,25	368,91	263,91	165,41	73,41	3,00
	II	**485,83**	375,08	375,08	II	374,08	268,83	170,00	77,58	5,58	
	III	**284,16**	375,08	375,08	III	192,00	105,83	35,33			
	V	**1013,91**	375,08	375,08	IV	538,41	480,25	423,75	368,91	315,58	263,91
	VI	**1058,25**	375,08	375,08							
4025,99	I,IV	**598,91**	375,41	375,41	I	481,00	369,58	264,58	166,00	73,91	3,33
	II	**486,58**	375,41	375,41	II	374,83	269,50	170,58	78,16	6,00	
	III	**284,66**	375,41	375,41	III	192,66	106,50	35,83			
	V	**1014,91**	375,41	375,41	IV	539,16	481,00	424,50	369,58	316,25	264,58
	VI	**1059,25**	375,41	375,41							
4028,99	I,IV	**599,75**	375,66	375,66	I	481,83	370,33	265,25	166,66	74,50	3,66
	II	**487,33**	375,66	375,66	II	375,58	270,16	171,25	78,75	6,33	
	III	**285,33**	375,66	375,66	III	193,16	107,00	36,16			
	V	**1016,00**	375,66	375,66	IV	539,91	481,83	425,25	370,33	317,00	265,25
	VI	**1060,25**	375,66	375,66							
4031,99	I,IV	**600,50**	375,91	375,91	I	482,58	371,00	265,91	167,25	75,08	4,00
	II	**488,08**	375,91	375,91	II	376,25	270,83	171,91	79,33	6,75	
	III	**286,00**	375,91	375,91	III	193,83	107,50	36,66			
	V	**1017,00**	375,91	375,91	IV	540,75	482,58	426,00	371,00	317,66	265,91
	VI	**1061,33**	375,91	375,91							

* Zur LSt-Berechnung für privat versicherte Arbeitnehmer s. Beispiele **Vorbemerkung S. 4f.**
** Basisvorsorgepauschale KV und PV *** Typisierter Arbeitgeberzuschuss

Lohn/ Gehalt in € bis	Steuerklasse	Lohnsteuer*	BVSP**	TAGZ***	Steuerklasse	Bemessungsgrundlage für Kirchensteuer und Solidaritätszuschlag – Freibeträge für ... Kinder 0,5	1,0	1,5	2,0	2,5	3,0
4034,99	I,IV	**601,25**	376,25	376,25	I	483,25	371,75	266,58	167,91	75,66	4,41
	II	**488,83**	376,25	376,25	II	377,00	271,50	172,50	79,91	7,08	
	III	**286,66**	376,25	376,25	III	194,33	108,00	37,00			
	V	**1018,00**	376,25	376,25	IV	541,50	483,25	426,66	371,75	318,33	266,58
	VI	**1062,33**	376,25	376,25							
4037,99	I,IV	**602,08**	376,50	376,50	I	484,08	372,41	267,25	168,50	76,25	4,75
	II	**489,58**	376,50	376,50	II	377,66	272,16	173,16	80,50	7,41	
	III	**287,16**	376,50	376,50	III	195,00	108,50	37,50			
	V	**1019,08**	376,50	376,50	IV	542,25	484,08	427,41	372,41	319,08	267,25
	VI	**1063,33**	376,50	376,50							
4040,99	I,IV	**602,91**	376,75	376,75	I	484,83	373,16	267,91	169,16	76,83	5,08
	II	**490,33**	376,75	376,75	II	378,41	272,83	173,75	81,08	7,83	
	III	**287,83**	376,75	376,75	III	195,50	109,00	37,83			
	V	**1020,08**	376,75	376,75	IV	543,00	484,83	428,16	373,16	319,75	267,91
	VI	**1064,41**	376,75	376,75							
4043,99	I,IV	**603,66**	377,08	377,08	I	485,58	373,83	268,58	169,75	77,41	5,50
	II	**491,08**	377,08	377,08	II	379,08	273,50	174,41	81,66	8,16	
	III	**288,50**	377,08	377,08	III	196,16	109,50	38,33			
	V	**1021,08**	377,08	377,08	IV	543,83	485,58	428,91	373,83	320,41	268,58
	VI	**1065,41**	377,08	377,08							
4046,99	I,IV	**604,41**	377,33	377,33	I	486,25	374,58	269,25	170,41	78,00	5,83
	II	**491,83**	377,33	377,33	II	379,83	274,16	175,00	82,25	8,58	
	III	**289,00**	377,33	377,33	III	196,66	110,00	38,66			
	V	**1022,08**	377,33	377,33	IV	544,58	486,25	429,58	374,58	321,08	269,25
	VI	**1066,41**	377,33	377,33							
4049,99	I,IV	**605,25**	377,58	377,58	I	487,08	375,25	269,91	171,00	78,58	6,16
	II	**492,58**	377,58	377,58	II	380,50	274,91	175,66	82,83	8,91	
	III	**289,66**	377,58	377,58	III	197,33	110,50	39,16			
	V	**1023,16**	377,58	377,58	IV	545,33	487,08	430,33	375,25	321,83	269,91
	VI	**1067,50**	377,58	377,58							
4052,99	I,IV	**606,08**	377,91	377,91	I	487,83	376,00	270,58	171,66	79,16	6,58
	II	**493,33**	377,91	377,91	II	381,25	275,58	176,25	83,41	9,33	
	III	**290,33**	377,91	377,91	III	198,00	111,16	39,50			
	V	**1024,16**	377,91	377,91	IV	546,16	487,83	431,08	376,00	322,50	270,58
	VI	**1068,50**	377,91	377,91							
4055,99	I,IV	**606,83**	378,16	378,16	I	488,58	376,66	271,25	172,25	79,66	6,91
	II	**494,08**	378,16	378,16	II	381,91	276,16	176,91	84,00	9,66	
	III	**290,83**	378,16	378,16	III	198,50	111,66	40,00			
	V	**1025,16**	378,16	378,16	IV	546,91	488,58	431,83	376,66	323,16	271,25
	VI	**1069,50**	378,16	378,16							
4058,99	I,IV	**607,66**	378,50	378,50	I	489,33	377,41	271,91	172,91	80,33	7,33
	II	**494,91**	378,50	378,50	II	382,66	276,91	177,58	84,58	10,08	
	III	**291,50**	378,50	378,50	III	199,16	112,16	40,33			
	V	**1026,25**	378,50	378,50	IV	547,66	489,33	432,58	377,41	323,91	271,91
	VI	**1070,58**	378,50	378,50							
4061,99	I,IV	**608,41**	378,75	378,75	I	490,08	378,16	272,58	173,50	80,91	7,66
	II	**495,66**	378,75	378,75	II	383,41	277,58	178,16	85,16	10,50	
	III	**292,16**	378,75	378,75	III	199,66	112,66	40,83			
	V	**1027,25**	378,75	378,75	IV	548,41	490,08	433,33	378,16	324,58	272,58
	VI	**1071,58**	378,75	378,75							
4064,99	I,IV	**609,25**	379,00	379,00	I	490,83	378,83	273,25	174,16	81,50	8,08
	II	**496,41**	379,00	379,00	II	384,08	278,25	178,75	85,75	10,83	
	III	**292,66**	379,00	379,00	III	200,33	113,16	41,16			
	V	**1028,25**	379,00	379,00	IV	549,25	490,83	434,00	378,83	325,25	273,25
	VI	**1072,58**	379,00	379,00							
4067,99	I,IV	**610,08**	379,33	379,33	I	491,58	379,58	274,00	174,83	82,08	8,41
	II	**497,16**	379,33	379,33	II	384,83	278,91	179,41	86,41	11,25	
	III	**293,33**	379,33	379,33	III	200,83	113,66	41,66			
	V	**1029,33**	379,33	379,33	IV	550,00	491,58	434,75	379,58	325,91	274,00
	VI	**1073,58**	379,33	379,33							

* Zur LSt-Berechnung für privat versicherte Arbeitnehmer s. Beispiele **Vorbemerkung S. 4f.**
** Basisvorsorgepauschale KV und PV *** Typisierter Arbeitgeberzuschuss

Lohn/ Gehalt in € bis	Steuerklasse	Lohn-steuer*	BVSP**	TAGZ***	Steuerklasse	Bemessungsgrundlage für Kirchensteuer und Solidaritätszuschlag – Freibeträge für ... Kinder 0,5	1,0	1,5	2,0	2,5	3,0
4070,99	I,IV	**610,83**	379,58	379,58	I	492,33	380,25	274,66	175,41	82,66	8,83
	II	**497,91**	379,58	379,58	II	385,50	279,58	180,08	87,00	11,58	
	III	**294,00**	379,58	379,58	III	201,50	114,33	42,00			
	V	**1030,33**	379,58	379,58	IV	550,75	492,33	435,50	380,25	326,66	274,66
	VI	**1074,66**	379,58	379,58							
4073,99	I,IV	**611,58**	379,83	379,83	I	493,08	381,00	275,25	176,00	83,25	9,16
	II	**498,66**	379,83	379,83	II	386,25	280,25	180,66	87,58	12,00	
	III	**294,50**	379,83	379,83	III	202,16	114,83	42,50			
	V	**1031,33**	379,83	379,83	IV	551,58	493,08	436,25	381,00	327,33	275,25
	VI	**1075,66**	379,83	379,83							
4076,99	I,IV	**612,41**	380,16	380,16	I	493,83	381,66	275,91	176,66	83,83	9,58
	II	**499,41**	380,16	380,16	II	386,91	280,91	181,33	88,16	12,41	
	III	**295,16**	380,16	380,16	III	202,66	115,33	42,83			
	V	**1032,33**	380,16	380,16	IV	552,33	493,83	436,91	381,66	328,00	275,91
	VI	**1076,66**	380,16	380,16							
4079,99	I,IV	**613,25**	380,41	380,41	I	494,58	382,41	276,66	177,33	84,41	9,91
	II	**500,16**	380,41	380,41	II	387,66	281,58	181,91	88,75	12,75	
	III	**295,83**	380,41	380,41	III	203,33	115,83	43,33			
	V	**1033,41**	380,41	380,41	IV	553,08	494,58	437,66	382,41	328,75	276,66
	VI	**1077,75**	380,41	380,41							
4082,99	I,IV	**614,00**	380,66	380,66	I	495,33	383,08	277,33	177,91	85,00	10,33
	II	**500,91**	380,66	380,66	II	388,41	282,25	182,58	89,33	13,16	
	III	**296,50**	380,66	380,66	III	203,83	116,33	43,66			
	V	**1034,41**	380,66	380,66	IV	553,91	495,33	438,41	383,08	329,41	277,33
	VI	**1078,75**	380,66	380,66							
4085,99	I,IV	**614,83**	381,00	381,00	I	496,08	383,83	278,00	178,58	85,58	10,66
	II	**501,66**	381,00	381,00	II	389,08	282,91	183,16	89,91	13,58	
	III	**297,00**	381,00	381,00	III	204,50	116,83	44,16			
	V	**1035,41**	381,00	381,00	IV	554,66	496,08	439,16	383,83	330,08	278,00
	VI	**1079,75**	381,00	381,00							
4088,99	I,IV	**615,66**	381,25	381,25	I	496,83	384,58	278,66	179,16	86,16	11,08
	II	**502,41**	381,25	381,25	II	389,83	283,58	183,83	90,50	14,00	
	III	**297,66**	381,25	381,25	III	205,16	117,50	44,50			
	V	**1036,50**	381,25	381,25	IV	555,41	496,83	439,91	384,58	330,83	278,66
	VI	**1080,83**	381,25	381,25							
4091,99	I,IV	**616,41**	381,50	381,50	I	497,58	385,25	279,33	179,83	86,75	11,50
	II	**503,16**	381,50	381,50	II	390,50	284,25	184,50	91,08	14,33	
	III	**298,33**	381,50	381,50	III	205,66	118,00	45,00			
	V	**1037,50**	381,50	381,50	IV	556,25	497,58	440,66	385,25	331,50	279,33
	VI	**1081,83**	381,50	381,50							
4094,99	I,IV	**617,16**	381,83	381,83	I	498,33	386,00	280,00	180,41	87,33	11,83
	II	**503,91**	381,83	381,83	II	391,25	284,91	185,08	91,66	14,75	
	III	**298,83**	381,83	381,83	III	206,33	118,50	45,33			
	V	**1038,50**	381,83	381,83	IV	557,00	498,33	441,33	386,00	332,16	280,00
	VI	**1082,83**	381,83	381,83							
4097,99	I,IV	**618,00**	382,08	382,08	I	499,08	386,66	280,66	181,08	87,91	12,25
	II	**504,75**	382,08	382,08	II	391,91	285,58	185,75	92,25	15,16	
	III	**299,50**	382,08	382,08	III	206,83	119,00	45,83			
	V	**1039,50**	382,08	382,08	IV	557,75	499,08	442,08	386,66	332,83	280,66
	VI	**1083,83**	382,08	382,08							
4100,99	I,IV	**618,83**	382,41	382,41	I	499,91	387,41	281,33	181,75	88,50	12,66
	II	**505,50**	382,41	382,41	II	392,66	286,33	186,41	92,83	15,58	
	III	**300,16**	382,41	382,41	III	207,50	119,50	46,16			
	V	**1040,58**	382,41	382,41	IV	558,58	499,91	442,83	387,41	333,58	281,33
	VI	**1084,91**	382,41	382,41							
4103,99	I,IV	**619,58**	382,66	382,66	I	500,66	388,08	282,00	182,33	89,08	13,00
	II	**506,25**	382,66	382,66	II	393,41	287,00	187,00	93,41	15,91	
	III	**300,83**	382,66	382,66	III	208,00	120,16	46,66			
	V	**1041,58**	382,66	382,66	IV	559,33	500,66	443,58	388,08	334,25	282,00
	VI	**1085,91**	382,66	382,66							

* Zur LSt-Berechnung für privat versicherte Arbeitnehmer s. Beispiele **Vorbemerkung S. 4f.**
** Basisvorsorgepauschale KV und PV *** Typisierter Arbeitgeberzuschuss

Lohn/ Gehalt in € bis	Steuerklasse	Lohnsteuer*	BVSP**	TAGZ***	Steuerklasse	Bemessungsgrundlage für Kirchensteuer und Solidaritätszuschlag – Freibeträge für ... Kinder 0,5	1,0	1,5	2,0	2,5	3,0
4106,99	I,IV	**620,41**	382,91	382,91	I	501,41	388,83	282,66	183,00	89,66	13,41
	II	**507,00**	382,91	382,91	II	394,08	287,66	187,66	94,00	16,33	
	III	**301,33**	382,91	382,91	III	208,66	120,66	47,16			
	V	**1042,58**	382,91	382,91	IV	560,08	501,41	444,33	388,83	334,91	282,66
	VI	**1086,91**	382,91	382,91							
4109,99	I,IV	**621,25**	383,25	383,25	I	502,16	389,58	283,33	183,58	90,25	13,83
	II	**507,75**	383,25	383,25	II	394,83	288,33	188,25	94,66	16,75	
	III	**302,00**	383,25	383,25	III	209,16	121,16	47,50			
	V	**1043,66**	383,25	383,25	IV	560,91	502,16	445,08	389,58	335,66	283,33
	VI	**1088,00**	383,25	383,25							
4112,99	I,IV	**622,00**	383,50	383,50	I	502,91	390,25	284,00	184,25	90,83	14,25
	II	**508,50**	383,50	383,50	II	395,58	289,00	188,91	95,25	17,16	
	III	**302,66**	383,50	383,50	III	209,83	121,66	48,00			
	V	**1044,66**	383,50	383,50	IV	561,66	502,91	445,75	390,25	336,33	284,00
	VI	**1089,00**	383,50	383,50							
4115,99	I,IV	**622,83**	383,75	383,75	I	503,66	391,00	284,66	184,83	91,41	14,58
	II	**509,25**	383,75	383,75	II	396,25	289,66	189,50	95,83	17,58	
	III	**303,16**	383,75	383,75	III	210,50	122,16	48,33			
	V	**1045,66**	383,75	383,75	IV	562,41	503,66	446,50	391,00	337,00	284,66
	VI	**1090,00**	383,75	383,75							
4118,99	I,IV	**623,58**	384,08	384,08	I	504,41	391,66	285,41	185,50	92,08	15,00
	II	**510,08**	384,08	384,08	II	397,00	290,41	190,16	96,41	18,00	
	III	**303,83**	384,08	384,08	III	211,00	122,83	48,83			
	V	**1046,75**	384,08	384,08	IV	563,25	504,41	447,25	391,66	337,75	285,41
	VI	**1091,08**	384,08	384,08							
4121,99	I,IV	**624,41**	384,33	384,33	I	505,16	392,41	286,08	186,16	92,66	15,41
	II	**510,83**	384,33	384,33	II	397,75	291,08	190,83	97,00	18,41	
	III	**304,50**	384,33	384,33	III	211,66	123,33	49,33			
	V	**1047,75**	384,33	384,33	IV	564,00	505,16	448,00	392,41	338,41	286,08
	VI	**1092,08**	384,33	384,33							
4124,99	I,IV	**625,25**	384,58	384,58	I	505,91	393,16	286,75	186,75	93,25	15,83
	II	**511,58**	384,58	384,58	II	398,41	291,75	191,41	97,58	18,83	
	III	**305,00**	384,58	384,58	III	212,16	123,83	49,66			
	V	**1048,75**	384,58	384,58	IV	564,75	505,91	448,75	393,16	339,08	286,75
	VI	**1093,08**	384,58	384,58							
4127,99	I,IV	**626,00**	384,91	384,91	I	506,66	393,83	287,41	187,41	93,83	16,16
	II	**512,33**	384,91	384,91	II	399,16	292,41	192,08	98,16	19,25	
	III	**305,66**	384,91	384,91	III	212,83	124,33	50,16			
	V	**1049,75**	384,91	384,91	IV	565,58	506,66	449,50	393,83	339,83	287,41
	VI	**1094,08**	384,91	384,91							
4130,99	I,IV	**626,83**	385,16	385,16	I	507,50	394,58	288,08	188,00	94,41	16,58
	II	**513,08**	385,16	385,16	II	399,83	293,08	192,75	98,83	19,66	
	III	**306,33**	385,16	385,16	III	213,50	125,00	50,50			
	V	**1050,83**	385,16	385,16	IV	566,33	507,50	450,25	394,58	340,50	288,08
	VI	**1095,16**	385,16	385,16							
4133,99	I,IV	**627,58**	385,41	385,41	I	508,25	395,25	288,75	188,66	95,00	17,00
	II	**513,83**	385,41	385,41	II	400,58	293,75	193,33	99,41	20,08	
	III	**306,83**	385,41	385,41	III	214,00	125,50	51,00			
	V	**1051,83**	385,41	385,41	IV	567,08	508,25	450,91	395,25	341,25	288,75
	VI	**1096,16**	385,41	385,41							
4136,99	I,IV	**628,41**	385,75	385,75	I	509,00	396,00	289,41	189,33	95,58	17,41
	II	**514,58**	385,75	385,75	II	401,33	294,41	194,00	100,00	20,41	
	III	**307,50**	385,75	385,75	III	214,66	126,00	51,33			
	V	**1052,83**	385,75	385,75	IV	567,91	509,00	451,66	396,00	341,91	289,41
	VI	**1097,16**	385,75	385,75							
4139,99	I,IV	**629,25**	386,00	386,00	I	509,75	396,75	290,08	189,91	96,16	17,83
	II	**515,41**	386,00	386,00	II	402,00	295,08	194,66	100,58	20,91	
	III	**308,16**	386,00	386,00	III	215,16	126,50	51,83			
	V	**1053,91**	386,00	386,00	IV	568,66	509,75	452,41	396,75	342,58	290,08
	VI	**1098,25**	386,00	386,00							

* Zur LSt-Berechnung für privat versicherte Arbeitnehmer s. Beispiele **Vorbemerkung S. 4 f.**
** Basisvorsorgepauschale KV und PV *** Typisierter Arbeitgeberzuschuss

Lohn/ Gehalt in € bis	Steuerklasse	Lohn-steuer*	BVSP**	TAGZ***	Steuerklasse	Bemessungsgrundlage für Kirchensteuer und Solidaritätszuschlag — Freibeträge für ... Kinder 0,5	1,0	1,5	2,0	2,5	3,0
4142,99	I,IV	**630,00**	386,33	386,33	I	510,50	397,41	290,83	190,58	96,75	18,25
	II	**516,16**	386,33	386,33	II	402,75	295,83	195,25	101,16	21,33	
	III	**308,83**	386,33	386,33	III	215,83	127,00	52,33			
	V	**1054,91**	386,33	386,33	IV	569,50	510,50	453,16	397,41	343,33	290,83
	VI	**1099,25**	386,33	386,33							
4145,99	I,IV	**630,83**	386,58	386,58	I	511,25	398,16	291,50	191,16	97,33	18,66
	II	**516,91**	386,58	386,58	II	403,50	296,50	195,91	101,75	21,75	
	III	**309,33**	386,58	386,58	III	216,50	127,66	52,66			
	V	**1055,91**	386,58	386,58	IV	570,25	511,25	453,91	398,16	344,00	291,50
	VI	**1100,25**	386,58	386,58							
4148,99	I,IV	**631,58**	386,83	386,83	I	512,00	398,83	292,16	191,83	98,00	19,08
	II	**517,66**	386,83	386,83	II	404,16	297,16	196,50	102,33	22,16	
	III	**310,00**	386,83	386,83	III	217,00	128,16	53,16			
	V	**1057,00**	386,83	386,83	IV	571,00	512,00	454,66	398,83	344,66	292,16
	VI	**1101,25**	386,83	386,83							
4151,99	I,IV	**632,41**	387,16	387,16	I	512,83	399,58	292,83	192,50	98,58	19,50
	II	**518,41**	387,16	387,16	II	404,91	297,83	197,16	102,91	22,58	
	III	**310,66**	387,16	387,16	III	217,66	128,66	53,66			
	V	**1058,00**	387,16	387,16	IV	571,83	512,83	455,41	399,58	345,41	292,83
	VI	**1102,33**	387,16	387,16							
4154,99	I,IV	**633,25**	387,41	387,41	I	513,58	400,33	293,50	193,08	99,16	19,91
	II	**519,16**	387,41	387,41	II	405,66	298,50	197,83	103,58	23,00	
	III	**311,33**	387,41	387,41	III	218,16	129,33	54,00			
	V	**1059,00**	387,41	387,41	IV	572,58	513,58	456,16	400,33	346,08	293,50
	VI	**1103,33**	387,41	387,41							
4157,99	I,IV	**634,00**	387,66	387,66	I	514,33	401,00	294,16	193,75	99,75	20,33
	II	**519,91**	387,66	387,66	II	406,33	299,16	198,41	104,16	23,41	
	III	**311,83**	387,66	387,66	III	218,83	129,83	54,50			
	V	**1060,08**	387,66	387,66	IV	573,33	514,33	456,83	401,00	346,83	294,16
	VI	**1104,33**	387,66	387,66							
4160,99	I,IV	**634,83**	388,00	388,00	I	515,08	401,75	294,83	194,41	100,33	20,75
	II	**520,75**	388,00	388,00	II	407,08	299,91	199,08	104,75	23,83	
	III	**312,50**	388,00	388,00	III	219,33	130,33	54,83			
	V	**1061,08**	388,00	388,00	IV	574,16	515,08	457,66	401,75	347,50	294,83
	VI	**1105,41**	388,00	388,00							
4163,99	I,IV	**635,66**	388,25	388,25	I	515,83	402,50	295,50	195,00	100,91	21,16
	II	**521,50**	388,25	388,25	II	407,83	300,58	199,75	105,33	24,25	
	III	**313,16**	388,25	388,25	III	220,00	130,83	55,33			
	V	**1062,08**	388,25	388,25	IV	574,91	515,83	458,33	402,50	348,16	295,50
	VI	**1106,41**	388,25	388,25							
4166,99	I,IV	**636,41**	388,50	388,50	I	516,58	403,16	296,25	195,66	101,50	21,58
	II	**522,25**	388,50	388,50	II	408,50	301,25	200,33	105,91	24,66	
	III	**313,66**	388,50	388,50	III	220,66	131,50	55,83			
	V	**1063,08**	388,50	388,50	IV	575,75	516,58	459,08	403,16	348,91	296,25
	VI	**1107,41**	388,50	388,50							
4169,99	I,IV	**637,25**	388,83	388,83	I	517,41	403,91	296,91	196,33	102,16	22,00
	II	**523,00**	388,83	388,83	II	409,25	301,91	201,00	106,50	25,16	
	III	**314,33**	388,83	388,83	III	221,16	132,00	56,16			
	V	**1064,16**	388,83	388,83	IV	576,50	517,41	459,83	403,91	349,58	296,91
	VI	**1108,50**	388,83	388,83							
4172,99	I,IV	**638,08**	389,08	389,08	I	518,16	404,66	297,58	196,91	102,75	22,41
	II	**523,75**	389,08	389,08	II	410,00	302,58	201,66	107,16	25,58	
	III	**315,00**	389,08	389,08	III	221,83	132,50	56,66			
	V	**1065,16**	389,08	389,08	IV	577,33	518,16	460,58	404,66	350,33	297,58
	VI	**1109,50**	389,08	389,08							
4175,99	I,IV	**638,91**	389,33	389,33	I	518,91	405,33	298,25	197,58	103,33	22,83
	II	**524,58**	389,33	389,33	II	410,66	303,25	202,25	107,75	26,00	
	III	**315,66**	389,33	389,33	III	222,33	133,16	57,16			
	V	**1066,16**	389,33	389,33	IV	578,08	518,91	461,33	405,33	351,00	298,25
	VI	**1110,50**	389,33	389,33							

* Zur LSt-Berechnung für privat versicherte Arbeitnehmer s. Beispiele **Vorbemerkung S. 4 f.**
** Basisvorsorgepauschale KV und PV *** Typisierter Arbeitgeberzuschuss

Lohn/ Gehalt in € bis	Steuerklasse	Lohn- steuer*	BVSP**	TAGZ***	Steuerklasse	Bemessungsgrundlage für Kirchensteuer und Solidaritätszuschlag					
						Freibeträge für ... Kinder					
						0,5	**1,0**	1,5	**2,0**	2,5	**3,0**
4178,99	I,IV	**639,66**	389,66	389,66	I	519,66	406,08	298,91	198,16	103,91	23,25
	II	**525,33**	389,66	389,66	II	411,41	303,91	202,91	108,33	26,41	
	III	**316,16**	389,66	389,66	III	223,00	133,66	57,50			
	V	**1067,25**	389,66	389,66	IV	578,83	519,66	462,08	406,08	351,66	298,91
	VI	**1111,50**	389,66	389,66							
4181,99	I,IV	**640,50**	389,91	389,91	I	520,41	406,83	299,58	198,83	104,50	23,66
	II	**526,08**	389,91	389,91	II	412,16	304,66	203,58	108,91	26,91	
	III	**316,83**	389,91	389,91	III	223,66	134,16	58,00			
	V	**1068,25**	389,91	389,91	IV	579,66	520,41	462,83	406,83	352,41	299,58
	VI	**1112,58**	389,91	389,91							
4184,99	I,IV	**641,33**	390,25	390,25	I	521,16	407,50	300,33	199,50	105,08	24,08
	II	**526,83**	390,25	390,25	II	412,83	305,33	204,16	109,50	27,33	
	III	**317,50**	390,25	390,25	III	224,16	134,66	58,50			
	V	**1069,25**	390,25	390,25	IV	580,41	521,16	463,58	407,50	353,08	300,33
	VI	**1113,58**	390,25	390,25							
4187,99	I,IV	**642,08**	390,50	390,50	I	521,91	408,25	301,00	200,08	105,66	24,50
	II	**527,58**	390,50	390,50	II	413,58	306,00	204,83	110,08	27,75	
	III	**318,16**	390,50	390,50	III	224,83	135,33	58,83			
	V	**1070,33**	390,50	390,50	IV	581,25	521,91	464,33	408,25	353,83	301,00
	VI	**1114,58**	390,50	390,50							
4190,99	I,IV	**642,91**	390,75	390,75	I	522,75	409,00	301,66	200,75	106,33	25,00
	II	**528,41**	390,75	390,75	II	414,33	306,66	205,50	110,75	28,16	
	III	**318,66**	390,75	390,75	III	225,50	135,83	59,33			
	V	**1071,33**	390,75	390,75	IV	582,00	522,75	465,08	409,00	354,50	301,66
	VI	**1115,66**	390,75	390,75							
4193,99	I,IV	**643,75**	391,08	391,08	I	523,50	409,66	302,33	201,41	106,91	25,41
	II	**529,16**	391,08	391,08	II	415,08	307,33	206,16	111,33	28,66	
	III	**319,33**	391,08	391,08	III	226,00	136,33	59,83			
	V	**1072,33**	391,08	391,08	IV	582,83	523,50	465,83	409,66	355,25	302,33
	VI	**1116,66**	391,08	391,08							
4196,99	I,IV	**644,50**	391,33	391,33	I	524,25	410,41	303,00	202,00	107,50	25,83
	II	**529,91**	391,33	391,33	II	415,75	308,08	206,75	111,91	29,08	
	III	**320,00**	391,33	391,33	III	226,66	137,00	60,16			
	V	**1073,41**	391,33	391,33	IV	583,58	524,25	466,50	410,41	355,91	303,00
	VI	**1117,66**	391,33	391,33							
4199,99	I,IV	**645,33**	391,58	391,58	I	525,08	411,16	303,75	202,66	108,08	26,25
	II	**530,66**	391,58	391,58	II	416,50	308,75	207,41	112,50	29,58	
	III	**320,66**	391,58	391,58	III	227,16	137,50	60,66	0,16		
	V	**1074,41**	391,58	391,58	IV	584,41	525,08	467,33	411,16	356,66	303,75
	VI	**1118,75**	391,58	391,58							
4202,99	I,IV	**646,16**	391,91	391,91	I	525,83	411,91	304,41	203,33	108,66	26,75
	II	**531,50**	391,91	391,91	II	417,25	309,41	208,08	113,08	30,00	
	III	**321,16**	391,91	391,91	III	227,83	138,00	61,16	0,50		
	V	**1075,41**	391,91	391,91	IV	585,16	525,83	468,00	411,91	357,33	304,41
	VI	**1119,75**	391,91	391,91							
4205,99	I,IV	**646,91**	392,16	392,16	I	526,58	412,58	305,08	204,00	109,33	27,16
	II	**532,25**	392,16	392,16	II	417,91	310,08	208,66	113,75	30,41	
	III	**321,83**	392,16	392,16	III	228,33	138,66	61,66	0,83		
	V	**1076,50**	392,16	392,16	IV	585,91	526,58	468,75	412,58	358,00	305,08
	VI	**1120,75**	392,16	392,16							
4208,99	I,IV	**647,75**	392,41	392,41	I	527,33	413,33	305,75	204,58	109,91	27,58
	II	**533,00**	392,41	392,41	II	418,66	310,75	209,33	114,33	30,91	
	III	**322,33**	392,41	392,41	III	229,00	139,16	62,00	1,16		
	V	**1077,50**	392,41	392,41	IV	586,75	527,33	469,50	413,33	358,75	305,75
	VI	**1121,75**	392,41	392,41							
4211,99	I,IV	**648,58**	392,75	392,75	I	528,08	414,08	306,41	205,25	110,50	28,08
	II	**533,75**	392,75	392,75	II	419,41	311,50	210,00	114,91	31,33	
	III	**323,00**	392,75	392,75	III	229,66	139,83	62,50	1,50		
	V	**1078,50**	392,75	392,75	IV	587,50	528,08	470,25	414,08	359,41	306,41
	VI	**1122,83**	392,75	392,75							

* Zur LSt-Berechnung für privat versicherte Arbeitnehmer s. Beispiele **Vorbemerkung S. 4 f.**
** Basisvorsorgepauschale KV und PV *** Typisierter Arbeitgeberzuschuss

Lohn/ Gehalt in € bis	Steuerklasse	Lohn- steuer*	BVSP**	TAGZ***	Steuerklasse	Bemessungsgrundlage für Kirchensteuer und Solidaritätszuschlag					
						Freibeträge für ... Kinder					
						0,5	**1,0**	1,5	**2,0**	2,5	**3,0**
4 214,99	I,IV	**649,41**	393,00	393,00	I	528,83	414,75	307,08	205,91	111,08	28,50
	II	**534,50**	393,00	393,00	II	420,16	312,16	210,66	115,50	31,75	
	III	**323,66**	393,00	393,00	III	230,16	140,33	63,00	2,00		
	V	**1 079,50**	393,00	393,00	IV	588,33	528,83	471,00	414,75	360,16	307,08
	VI	**1 123,83**	393,00	393,00							
4 217,99	I,IV	**650,16**	393,25	393,25	I	529,66	415,50	307,83	206,50	111,66	28,91
	II	**535,33**	393,25	393,25	II	420,83	312,83	211,25	116,08	32,25	
	III	**324,33**	393,25	393,25	III	230,83	140,83	63,33	2,33		
	V	**1 080,58**	393,25	393,25	IV	589,08	529,66	471,75	415,50	360,83	307,83
	VI	**1 124,83**	393,25	393,25							
4 220,99	I,IV	**651,00**	393,58	393,58	I	530,41	416,25	308,50	207,16	112,33	29,41
	II	**536,08**	393,58	393,58	II	421,58	313,58	211,91	116,75	32,66	
	III	**325,00**	393,58	393,58	III	231,33	141,50	63,83	2,66		
	V	**1 081,58**	393,58	393,58	IV	589,91	530,41	472,50	416,25	361,58	308,50
	VI	**1 125,91**	393,58	393,58							
4 223,99	I,IV	**651,83**	393,83	393,83	I	531,16	416,91	309,16	207,83	112,91	29,83
	II	**536,83**	393,83	393,83	II	422,33	314,25	212,58	117,33	33,16	
	III	**325,50**	393,83	393,83	III	232,00	142,00	64,33	3,00		
	V	**1 082,58**	393,83	393,83	IV	590,66	531,16	473,25	416,91	362,25	309,16
	VI	**1 126,91**	393,83	393,83							
4 226,99	I,IV	**652,58**	394,16	394,16	I	531,91	417,66	309,83	208,41	113,50	30,25
	II	**537,58**	394,16	394,16	II	423,08	314,91	213,16	117,91	33,58	
	III	**326,16**	394,16	394,16	III	232,66	142,50	64,83	3,33		
	V	**1 083,66**	394,16	394,16	IV	591,50	531,91	474,00	417,66	363,00	309,83
	VI	**1 127,91**	394,16	394,16							
4 229,99	I,IV	**653,41**	394,41	394,41	I	532,66	418,41	310,50	209,08	114,08	30,66
	II	**538,33**	394,41	394,41	II	423,75	315,58	213,83	118,50	34,08	
	III	**326,83**	394,41	394,41	III	233,16	143,16	65,16	3,66		
	V	**1 084,66**	394,41	394,41	IV	592,25	532,66	474,75	418,41	363,66	310,50
	VI	**1 129,00**	394,41	394,41							
4 232,99	I,IV	**654,25**	394,66	394,66	I	533,50	419,16	311,25	209,75	114,66	31,16
	II	**539,16**	394,66	394,66	II	424,50	316,25	214,50	119,16	34,50	
	III	**327,50**	394,66	394,66	III	233,83	143,66	65,66	4,00		
	V	**1 085,66**	394,66	394,66	IV	593,08	533,50	475,50	419,16	364,41	311,25
	VI	**1 130,00**	394,66	394,66							
4 235,99	I,IV	**655,08**	395,00	395,00	I	534,25	419,83	311,91	210,41	115,33	31,58
	II	**539,91**	395,00	395,00	II	425,25	317,00	215,16	119,75	35,00	
	III	**328,00**	395,00	395,00	III	234,33	144,16	66,16	4,33		
	V	**1 086,75**	395,00	395,00	IV	593,83	534,25	476,25	419,83	365,08	311,91
	VI	**1 131,00**	395,00	395,00							
4 238,99	I,IV	**655,83**	395,25	395,25	I	535,00	420,58	312,58	211,00	115,91	32,08
	II	**540,66**	395,25	395,25	II	425,91	317,66	215,75	120,33	35,41	
	III	**328,66**	395,25	395,25	III	235,00	144,83	66,66	4,66		
	V	**1 087,75**	395,25	395,25	IV	594,66	535,00	477,00	420,58	365,75	312,58
	VI	**1 132,00**	395,25	395,25							
4 241,99	I,IV	**656,66**	395,50	395,50	I	535,83	421,33	313,25	211,66	116,50	32,50
	II	**541,50**	395,50	395,50	II	426,66	318,33	216,41	120,91	35,91	
	III	**329,33**	395,50	395,50	III	235,66	145,33	67,00	5,00		
	V	**1 088,75**	395,50	395,50	IV	595,41	535,83	477,75	421,33	366,50	313,25
	VI	**1 133,08**	395,50	395,50							
4 244,99	I,IV	**657,50**	395,83	395,83	I	536,58	422,08	314,00	212,33	117,08	33,00
	II	**542,25**	395,83	395,83	II	427,41	319,00	217,08	121,58	36,41	
	III	**329,83**	395,83	395,83	III	236,16	146,00	67,50	5,50		
	V	**1 089,83**	395,83	395,83	IV	596,25	536,58	478,50	422,08	367,16	314,00
	VI	**1 134,08**	395,83	395,83							
4 247,99	I,IV	**658,33**	396,08	396,08	I	537,33	422,75	314,66	212,91	117,66	33,41
	II	**543,00**	396,08	396,08	II	428,16	319,75	217,75	122,16	36,83	
	III	**330,50**	396,08	396,08	III	236,83	146,50	68,00	5,83		
	V	**1 090,83**	396,08	396,08	IV	597,00	537,33	479,25	422,75	367,91	314,66
	VI	**1 135,08**	396,08	396,08							

* Zur LSt-Berechnung für privat versicherte Arbeitnehmer s. Beispiele **Vorbemerkung S. 4 f.**
** Basisvorsorgepauschale KV und PV *** Typisierter Arbeitgeberzuschuss

Lohn/ Gehalt in € bis	Steuerklasse	Lohn-steuer*	BVSP**	TAGZ***	Steuerklasse	Bemessungsgrundlage für Kirchensteuer und Solidaritätszuschlag – Freibeträge für ... Kinder 0,5	1,0	1,5	2,0	2,5	3,0
4250,99	I,IV	**659,16**	396,33	396,33	I	538,08	423,50	315,33	213,58	118,33	33,91
	II	**543,83**	396,33	396,33	II	428,91	320,41	218,41	122,75	37,33	
	III	**331,16**	396,33	396,33	III	237,50	147,16	68,50	6,16		
	V	**1091,83**	396,33	396,33	IV	597,83	538,08	480,00	423,50	368,66	315,33
	VI	**1136,16**	396,33	396,33							
4253,99	I,IV	**659,91**	396,66	396,66	I	538,83	424,25	316,00	214,25	118,91	34,33
	II	**544,58**	396,66	396,66	II	429,58	321,08	219,00	123,33	37,83	
	III	**331,83**	396,66	396,66	III	238,00	147,66	68,83	6,50		
	V	**1092,83**	396,66	396,66	IV	598,58	538,83	480,75	424,25	369,33	316,00
	VI	**1137,16**	396,66	396,66							
4256,99	I,IV	**660,75**	396,91	396,91	I	539,66	425,00	316,75	214,91	119,50	34,83
	II	**545,33**	396,91	396,91	II	430,33	321,75	219,66	124,00	38,25	
	III	**332,33**	396,91	396,91	III	238,66	148,16	69,33	6,83		
	V	**1093,91**	396,91	396,91	IV	599,41	539,66	481,50	425,00	370,00	316,75
	VI	**1138,16**	396,91	396,91							
4259,99	I,IV	**661,58**	397,16	397,16	I	540,41	425,66	317,41	215,50	120,08	35,25
	II	**546,08**	397,16	397,16	II	431,08	322,50	220,33	124,58	38,75	
	III	**333,00**	397,16	397,16	III	239,16	148,83	69,83	7,16		
	V	**1094,91**	397,16	397,16	IV	600,16	540,41	482,25	425,66	370,75	317,41
	VI	**1139,25**	397,16	397,16							
4262,99	I,IV	**662,41**	397,50	397,50	I	541,16	426,41	318,08	216,16	120,75	35,75
	II	**546,91**	397,50	397,50	II	431,83	323,16	221,00	125,16	39,25	
	III	**333,66**	397,50	397,50	III	239,83	149,33	70,33	7,50		
	V	**1095,91**	397,50	397,50	IV	601,00	541,16	483,00	426,41	371,50	318,08
	VI	**1140,25**	397,50	397,50							
4265,99	I,IV	**663,16**	397,75	397,75	I	541,91	427,16	318,75	216,83	121,33	36,25
	II	**547,66**	397,75	397,75	II	432,58	323,83	221,58	125,75	39,66	
	III	**334,33**	397,75	397,75	III	240,50	150,00	70,83	7,83		
	V	**1097,00**	397,75	397,75	IV	601,75	541,91	483,75	427,16	372,16	318,75
	VI	**1141,25**	397,75	397,75							
4268,99	I,IV	**664,00**	398,08	398,08	I	542,75	427,83	319,50	217,50	121,91	36,66
	II	**548,41**	398,08	398,08	II	433,25	324,58	222,25	126,41	40,16	
	III	**334,83**	398,08	398,08	III	241,00	150,50	71,16	8,33		
	V	**1098,00**	398,08	398,08	IV	602,58	542,75	484,50	427,83	372,83	319,50
	VI	**1142,33**	398,08	398,08							
4271,99	I,IV	**664,83**	398,33	398,33	I	543,50	428,58	320,16	218,16	122,50	37,16
	II	**549,25**	398,33	398,33	II	434,00	325,25	222,91	127,00	40,66	
	III	**335,50**	398,33	398,33	III	241,66	151,00	71,66	8,66		
	V	**1099,00**	398,33	398,33	IV	603,33	543,50	485,25	428,58	373,58	320,16
	VI	**1143,33**	398,33	398,33							
4274,99	I,IV	**665,66**	398,58	398,58	I	544,25	429,33	320,83	218,75	123,16	37,66
	II	**550,00**	398,58	398,58	II	434,75	325,91	223,58	127,58	41,16	
	III	**336,16**	398,58	398,58	III	242,33	151,66	72,16	9,00		
	V	**1100,08**	398,58	398,58	IV	604,16	544,25	486,00	429,33	374,33	320,83
	VI	**1144,33**	398,58	398,58							
4277,99	I,IV	**666,41**	398,91	398,91	I	545,08	430,08	321,50	219,41	123,75	38,08
	II	**550,75**	398,91	398,91	II	435,50	326,58	224,16	128,16	41,58	
	III	**336,83**	398,91	398,91	III	242,83	152,16	72,66	9,33		
	V	**1101,08**	398,91	398,91	IV	604,91	545,08	486,75	430,08	375,00	321,50
	VI	**1145,33**	398,91	398,91							
4280,99	I,IV	**667,25**	399,16	399,16	I	545,83	430,83	322,25	220,08	124,33	38,58
	II	**551,50**	399,16	399,16	II	436,16	327,33	224,83	128,83	42,08	
	III	**337,33**	399,16	399,16	III	243,50	152,83	73,00	9,66		
	V	**1102,08**	399,16	399,16	IV	605,75	545,83	487,50	430,83	375,66	322,25
	VI	**1146,41**	399,16	399,16							
4283,99	I,IV	**668,08**	399,41	399,41	I	546,58	431,58	322,91	220,75	124,91	39,08
	II	**552,33**	399,41	399,41	II	436,91	328,00	225,50	129,41	42,58	
	III	**338,00**	399,41	399,41	III	244,16	153,33	73,50	10,00		
	V	**1103,16**	399,41	399,41	IV	606,58	546,58	488,25	431,58	376,41	322,91
	VI	**1147,41**	399,41	399,41							

* Zur LSt-Berechnung für privat versicherte Arbeitnehmer s. Beispiele **Vorbemerkung S. 4 f.**
** Basisvorsorgepauschale KV und PV *** Typisierter Arbeitgeberzuschuss

Lohn/ Gehalt in € bis	Steuerklasse	Lohn- steuer*	BVSP**	TAGZ***	Steuerklasse	Bemessungsgrundlage für Kirchensteuer und Solidaritätszuschlag – Freibeträge für … Kinder 0,5	1,0	1,5	2,0	2,5	3,0
4 286,99	I,IV	**668,91**	399,75	399,75	I	547,33	432,25	323,58	221,33	125,58	39,50
	II	**553,08**	399,75	399,75	II	437,66	328,66	226,16	130,00	43,08	
	III	**338,66**	399,75	399,75	III	244,66	154,00	74,00	10,50		
	V	**1 104,16**	399,75	399,75	IV	607,33	547,33	489,00	432,25	377,16	323,58
	VI	**1 148,41**	399,75	399,75							
4 289,99	I,IV	**669,66**	400,00	400,00	I	548,16	433,00	324,25	222,00	126,16	40,00
	II	**553,83**	400,00	400,00	II	438,41	329,41	226,83	130,66	43,58	
	III	**339,33**	400,00	400,00	III	245,33	154,50	74,50	10,83		
	V	**1 105,16**	400,00	400,00	IV	608,08	548,16	489,75	433,00	377,83	324,25
	VI	**1 149,50**	400,00	400,00							
4 292,99	I,IV	**670,58**	400,25	400,25	I	548,91	433,75	325,00	222,66	126,75	40,50
	II	**554,66**	400,25	400,25	II	439,16	330,08	227,50	131,25	44,08	
	III	**340,00**	400,25	400,25	III	245,83	155,16	75,00	11,16		
	V	**1 106,25**	400,25	400,25	IV	608,91	548,91	490,50	433,75	378,58	325,00
	VI	**1 150,50**	400,25	400,25							
4 295,99	I,IV	**671,33**	400,58	400,58	I	549,66	434,50	325,66	223,33	127,41	41,00
	II	**555,41**	400,58	400,58	II	439,91	330,75	228,08	131,83	44,58	
	III	**340,50**	400,58	400,58	III	246,50	155,66	75,50	11,50		
	V	**1 107,25**	400,58	400,58	IV	609,75	549,66	491,25	434,50	379,25	325,66
	VI	**1 151,50**	400,58	400,58							
4 298,99	I,IV	**672,16**	400,83	400,83	I	550,50	435,16	326,33	223,91	128,00	41,41
	II	**556,16**	400,83	400,83	II	440,58	331,50	228,75	132,50	45,00	
	III	**341,16**	400,83	400,83	III	247,16	156,33	75,83	11,83		
	V	**1 108,25**	400,83	400,83	IV	610,50	550,50	492,00	435,16	380,00	326,33
	VI	**1 152,58**	400,83	400,83							
4 301,99	I,IV	**673,00**	401,08	401,08	I	551,25	435,91	327,08	224,58	128,58	41,91
	II	**557,00**	401,08	401,08	II	441,33	332,16	229,41	133,08	45,58	
	III	**341,83**	401,08	401,08	III	247,66	156,83	76,33	12,33		
	V	**1 109,25**	401,08	401,08	IV	611,33	551,25	492,83	435,91	380,66	327,08
	VI	**1 153,58**	401,08	401,08							
4 304,99	I,IV	**673,83**	401,41	401,41	I	552,00	436,66	327,75	225,25	129,16	42,41
	II	**557,75**	401,41	401,41	II	442,08	332,83	230,08	133,66	46,00	
	III	**342,33**	401,41	401,41	III	248,33	157,50	76,83	12,66		
	V	**1 110,33**	401,41	401,41	IV	612,08	552,00	493,58	436,66	381,41	327,75
	VI	**1 154,58**	401,41	401,41							
4 307,99	I,IV	**674,58**	401,66	401,66	I	552,83	437,41	328,41	225,91	129,83	42,91
	II	**558,50**	401,66	401,66	II	442,83	333,58	230,66	134,33	46,50	
	III	**343,00**	401,66	401,66	III	249,00	158,00	77,33	13,00		
	V	**1 111,33**	401,66	401,66	IV	612,91	552,83	494,33	437,41	382,08	328,41
	VI	**1 155,66**	401,66	401,66							
4 310,99	I,IV	**675,41**	402,00	402,00	I	553,58	438,16	329,08	226,58	130,41	43,41
	II	**559,33**	402,00	402,00	II	443,58	334,25	231,33	134,91	47,00	
	III	**343,66**	402,00	402,00	III	249,50	158,50	77,83	13,33		
	V	**1 112,33**	402,00	402,00	IV	613,66	553,58	495,00	438,16	382,83	329,08
	VI	**1 156,66**	402,00	402,00							
4 313,99	I,IV	**676,25**	402,25	402,25	I	554,33	438,91	329,83	227,25	131,00	43,91
	II	**560,08**	402,25	402,25	II	444,33	334,91	232,00	135,50	47,50	
	III	**344,33**	402,25	402,25	III	250,16	159,16	78,33	13,66		
	V	**1 113,41**	402,25	402,25	IV	614,50	554,33	495,83	438,91	383,58	329,83
	VI	**1 157,66**	402,25	402,25							
4 316,99	I,IV	**677,08**	402,50	402,50	I	555,16	439,58	330,50	227,83	131,66	44,33
	II	**560,83**	402,50	402,50	II	445,00	335,66	232,66	136,16	48,00	
	III	**345,00**	402,50	402,50	III	250,66	159,83	78,83	14,16		
	V	**1 114,41**	402,50	402,50	IV	615,33	555,16	496,58	439,58	384,25	330,50
	VI	**1 158,75**	402,50	402,50							
4 319,99	I,IV	**677,91**	402,83	402,83	I	555,91	440,33	331,16	228,50	132,25	44,83
	II	**561,66**	402,83	402,83	II	445,75	336,33	233,33	136,75	48,50	
	III	**345,50**	402,83	402,83	III	251,33	160,33	79,16	14,50		
	V	**1 115,41**	402,83	402,83	IV	616,08	555,91	497,33	440,33	385,00	331,16
	VI	**1 159,75**	402,83	402,83							

* Zur LSt-Berechnung für privat versicherte Arbeitnehmer s. Beispiele **Vorbemerkung S. 4 f.**
** Basisvorsorgepauschale KV und PV *** Typisierter Arbeitgeberzuschuss

Lohn/ Gehalt in € bis	Steuerklasse	Lohn-steuer*	BVSP**	TAGZ***	Steuerklasse	Bemessungsgrundlage für Kirchensteuer und Solidaritätszuschlag – Freibeträge für ... Kinder 0,5	**1,0**	1,5	**2,0**	2,5	**3,0**
4322,99	I,IV	**678,75**	403,08	403,08	I	556,66	441,08	331,91	229,16	132,83	45,33
	II	**562,41**	403,08	403,08	II	446,50	337,00	234,00	137,33	49,00	
	III	**346,16**	403,08	403,08	III	252,00	161,00	79,66	14,83		
	V	**1116,50**	403,08	403,08	IV	616,91	556,66	498,08	441,08	385,66	331,91
	VI	**1160,75**	403,08	403,08							
4325,99	I,IV	**679,50**	403,33	403,33	I	557,50	441,83	332,58	229,83	133,50	45,83
	II	**563,16**	403,33	403,33	II	447,25	337,75	234,66	138,00	49,50	
	III	**346,83**	403,33	403,33	III	252,50	161,50	80,16	15,16		
	V	**1117,50**	403,33	403,33	IV	617,66	557,50	498,83	441,83	386,41	332,58
	VI	**1161,75**	403,33	403,33							
4328,99	I,IV	**680,33**	403,66	403,66	I	558,25	442,58	333,25	230,50	134,08	46,33
	II	**564,00**	403,66	403,66	II	448,00	338,41	235,25	138,58	50,08	
	III	**347,33**	403,66	403,66	III	253,16	162,16	80,66	15,50		
	V	**1118,50**	403,66	403,66	IV	618,50	558,25	499,58	442,58	387,08	333,25
	VI	**1162,83**	403,66	403,66							
4331,99	I,IV	**681,16**	403,91	403,91	I	559,00	443,25	334,00	231,08	134,66	46,83
	II	**564,75**	403,91	403,91	II	448,75	339,08	235,91	139,16	50,58	
	III	**348,00**	403,91	403,91	III	253,83	162,66	81,16	16,00		
	V	**1119,50**	403,91	403,91	IV	619,25	559,00	500,33	443,25	387,83	334,00
	VI	**1163,83**	403,91	403,91							
4334,99	I,IV	**682,00**	404,16	404,16	I	559,83	444,00	334,66	231,75	135,33	47,33
	II	**565,58**	404,16	404,16	II	449,50	339,83	236,58	139,83	51,08	
	III	**348,66**	404,16	404,16	III	254,33	163,33	81,66	16,33		
	V	**1120,58**	404,16	404,16	IV	620,08	559,83	501,08	444,00	388,58	334,66
	VI	**1164,83**	404,16	404,16							
4337,99	I,IV	**682,83**	404,50	404,50	I	560,58	444,75	335,33	232,41	135,91	47,83
	II	**566,33**	404,50	404,50	II	450,16	340,50	237,25	140,41	51,58	
	III	**349,33**	404,50	404,50	III	255,00	163,83	82,16	16,66		
	V	**1121,58**	404,50	404,50	IV	620,91	560,58	501,83	444,75	389,25	335,33
	VI	**1165,91**	404,50	404,50							
4340,99	I,IV	**683,66**	404,75	404,75	I	561,33	445,50	336,08	233,08	136,50	48,33
	II	**567,08**	404,75	404,75	II	450,91	341,16	237,91	141,00	52,08	
	III	**350,00**	404,75	404,75	III	255,50	164,50	82,66	17,00		
	V	**1122,58**	404,75	404,75	IV	621,66	561,33	502,58	445,50	390,00	336,08
	VI	**1166,91**	404,75	404,75							
4343,99	I,IV	**684,50**	405,00	405,00	I	562,16	446,25	336,75	233,75	137,16	48,83
	II	**567,91**	405,00	405,00	II	451,66	341,91	238,58	141,66	52,58	
	III	**350,50**	405,00	405,00	III	256,16	165,00	83,16	17,50		
	V	**1123,66**	405,00	405,00	IV	622,50	562,16	503,41	446,25	390,66	336,75
	VI	**1167,91**	405,00	405,00							
4346,99	I,IV	**685,25**	405,33	405,33	I	562,91	447,00	337,50	234,41	137,75	49,33
	II	**568,66**	405,33	405,33	II	452,41	342,58	239,25	142,25	53,08	
	III	**351,16**	405,33	405,33	III	256,83	165,66	83,50	17,83		
	V	**1124,66**	405,33	405,33	IV	623,33	562,91	504,16	447,00	391,41	337,50
	VI	**1169,00**	405,33	405,33							
4349,99	I,IV	**686,08**	405,58	405,58	I	563,66	447,66	338,16	235,00	138,33	49,83
	II	**569,41**	405,58	405,58	II	453,16	343,25	239,83	142,83	53,58	
	III	**351,83**	405,58	405,58	III	257,33	166,16	84,00	18,16		
	V	**1125,66**	405,58	405,58	IV	624,08	563,66	504,91	447,66	392,08	338,16
	VI	**1170,00**	405,58	405,58							
4352,99	I,IV	**686,91**	405,91	405,91	I	564,50	448,50	338,83	235,66	139,00	50,33
	II	**570,25**	405,91	405,91	II	453,91	344,00	240,50	143,50	54,16	
	III	**352,50**	405,91	405,91	III	258,00	166,83	84,50	18,66		
	V	**1126,75**	405,91	405,91	IV	624,91	564,50	505,66	448,50	392,83	338,83
	VI	**1171,00**	405,91	405,91							
4355,99	I,IV	**687,75**	406,16	406,16	I	565,25	449,16	339,58	236,33	139,58	50,83
	II	**571,00**	406,16	406,16	II	454,66	344,66	241,16	144,08	54,66	
	III	**353,00**	406,16	406,16	III	258,66	167,33	85,00	19,00		
	V	**1127,75**	406,16	406,16	IV	625,66	565,25	506,41	449,16	393,58	339,58
	VI	**1172,08**	406,16	406,16							

* Zur LSt-Berechnung für privat versicherte Arbeitnehmer s. Beispiele **Vorbemerkung S. 4 f.**
** Basisvorsorgepauschale KV und PV *** Typisierter Arbeitgeberzuschuss

Lohn/ Gehalt in € bis	Steuerklasse	Lohn-steuer*	BVSP**	TAGZ***	Steuerklasse	Bemessungsgrundlage für Kirchensteuer und Solidaritätszuschlag – Freibeträge für ... Kinder 0,5	1,0	1,5	2,0	2,5	3,0
4 358,99	I,IV	**688,58**	406,41	406,41	I	566,00	449,91	340,25	237,00	140,16	51,41
	II	**571,83**	406,41	406,41	II	455,41	345,41	241,83	144,66	55,16	
	III	**353,66**	406,41	406,41	III	259,16	168,00	85,50	19,33		
	V	**1 128,75**	406,41	406,41	IV	626,50	566,00	507,16	449,91	394,25	340,25
	VI	**1 173,08**	406,41	406,41							
4 361,99	I,IV	**689,41**	406,75	406,75	I	566,83	450,66	340,91	237,66	140,75	51,91
	II	**572,58**	406,75	406,75	II	456,08	346,08	242,50	145,33	55,66	
	III	**354,33**	406,75	406,75	III	259,83	168,50	86,00	19,66		
	V	**1 129,75**	406,75	406,75	IV	627,25	566,83	507,91	450,66	395,00	340,91
	VI	**1 174,08**	406,75	406,75							
4 364,99	I,IV	**690,25**	407,00	407,00	I	567,58	451,41	341,66	238,33	141,41	52,41
	II	**573,33**	407,00	407,00	II	456,83	346,83	243,16	145,91	56,25	
	III	**355,00**	407,00	407,00	III	260,50	169,16	86,50	20,16		
	V	**1 130,83**	407,00	407,00	IV	628,08	567,58	508,66	451,41	395,75	341,66
	VI	**1 175,08**	407,00	407,00							
4 367,99	I,IV	**691,08**	407,25	407,25	I	568,41	452,16	342,33	239,00	142,00	52,91
	II	**574,16**	407,25	407,25	II	457,58	347,50	243,83	146,58	56,75	
	III	**355,66**	407,25	407,25	III	261,00	169,66	87,00	20,50		
	V	**1 131,83**	407,25	407,25	IV	628,91	568,41	509,41	452,16	396,41	342,33
	VI	**1 176,16**	407,25	407,25							
4 370,99	I,IV	**691,83**	407,58	407,58	I	569,16	452,83	343,00	239,58	142,66	53,41
	II	**574,91**	407,58	407,58	II	458,33	348,16	244,41	147,16	57,25	
	III	**356,16**	407,58	407,58	III	261,66	170,33	87,50	20,83		
	V	**1 132,83**	407,58	407,58	IV	629,66	569,16	510,25	452,83	397,16	343,00
	VI	**1 177,16**	407,58	407,58							
4 373,99	I,IV	**692,66**	407,83	407,83	I	569,91	453,66	343,75	240,25	143,25	54,00
	II	**575,75**	407,83	407,83	II	459,08	348,91	245,16	147,75	57,83	
	III	**356,83**	407,83	407,83	III	262,33	170,83	88,00	21,16		
	V	**1 133,91**	407,83	407,83	IV	630,50	569,91	511,00	453,66	397,91	343,75
	VI	**1 178,16**	407,83	407,83							
4 376,99	I,IV	**693,50**	408,08	408,08	I	570,75	454,33	344,41	240,91	143,83	54,50
	II	**576,50**	408,08	408,08	II	459,83	349,58	245,75	148,41	58,33	
	III	**357,50**	408,08	408,08	III	262,83	171,50	88,50	21,66		
	V	**1 134,91**	408,08	408,08	IV	631,33	570,75	511,75	454,33	398,58	344,41
	VI	**1 179,25**	408,08	408,08							
4 379,99	I,IV	**694,33**	408,41	408,41	I	571,50	455,08	345,16	241,58	144,50	55,00
	II	**577,25**	408,41	408,41	II	460,58	350,25	246,41	149,00	58,83	
	III	**358,16**	408,41	408,41	III	263,50	172,00	88,83	22,00		
	V	**1 135,91**	408,41	408,41	IV	632,08	571,50	512,50	455,08	399,33	345,16
	VI	**1 180,25**	408,41	408,41							
4 382,99	I,IV	**695,16**	408,66	408,66	I	572,33	455,83	345,83	242,25	145,08	55,50
	II	**578,08**	408,66	408,66	II	461,33	351,00	247,08	149,66	59,41	
	III	**358,66**	408,66	408,66	III	264,16	172,66	89,33	22,33		
	V	**1 137,00**	408,66	408,66	IV	632,91	572,33	513,25	455,83	400,08	345,83
	VI	**1 181,25**	408,66	408,66							
4 385,99	I,IV	**696,00**	408,91	408,91	I	573,08	456,58	346,50	242,91	145,75	56,00
	II	**578,83**	408,91	408,91	II	462,08	351,66	247,75	150,25	59,91	
	III	**359,33**	408,91	408,91	III	264,66	173,33	89,83	22,83		
	V	**1 138,00**	408,91	408,91	IV	633,75	573,08	514,00	456,58	400,75	346,50
	VI	**1 182,33**	408,91	408,91							
4 388,99	I,IV	**696,83**	409,25	409,25	I	573,83	457,33	347,25	243,58	146,33	56,58
	II	**579,66**	409,25	409,25	II	462,83	352,41	248,41	150,83	60,50	
	III	**360,00**	409,25	409,25	III	265,33	173,83	90,33	23,16		
	V	**1 139,00**	409,25	409,25	IV	634,50	573,83	514,75	457,33	401,50	347,25
	VI	**1 183,33**	409,25	409,25							
4 391,99	I,IV	**697,66**	409,50	409,50	I	574,66	458,08	347,91	244,16	146,91	57,08
	II	**580,41**	409,50	409,50	II	463,50	353,08	249,08	151,50	61,00	
	III	**360,66**	409,50	409,50	III	266,00	174,50	90,83	23,50		
	V	**1 140,00**	409,50	409,50	IV	635,33	574,66	515,50	458,08	402,16	347,91
	VI	**1 184,33**	409,50	409,50							

* Zur LSt-Berechnung für privat versicherte Arbeitnehmer s. Beispiele **Vorbemerkung S. 4 f.**
** Basisvorsorgepauschale KV und PV *** Typisierter Arbeitgeberzuschuss

Lohn/ Gehalt in € bis	Steuerklasse	Lohn-steuer*	BVSP**	TAGZ***	Steuerklasse	Bemessungsgrundlage für Kirchensteuer und Solidaritätszuschlag – Freibeträge für ... Kinder 0,5	**1,0**	1,5	**2,0**	2,5	**3,0**
4394,99	I,IV	**698,50**	409,83	409,83	I	575,41	458,83	348,66	244,91	147,58	57,58
	II	**581,25**	409,83	409,83	II	464,33	353,83	249,75	152,08	61,58	
	III	**361,33**	409,83	409,83	III	266,50	175,00	91,33	24,00		
	V	**1141,08**	409,83	409,83	IV	636,16	575,41	516,33	458,83	402,91	348,66
	VI	**1185,41**	409,83	409,83							
4397,99	I,IV	**699,33**	410,08	410,08	I	576,25	459,58	349,33	245,50	148,16	58,16
	II	**582,00**	410,08	410,08	II	465,00	354,50	250,41	152,75	62,08	
	III	**361,83**	410,08	410,08	III	267,16	175,66	91,83	24,33		
	V	**1142,08**	410,08	410,08	IV	636,91	576,25	517,08	459,58	403,66	349,33
	VI	**1186,41**	410,08	410,08							
4400,99	I,IV	**700,08**	410,33	410,33	I	577,00	460,25	350,00	246,16	148,75	58,66
	II	**582,75**	410,33	410,33	II	465,75	355,16	251,08	153,33	62,58	
	III	**362,50**	410,33	410,33	III	267,83	176,16	92,33	24,66		
	V	**1143,08**	410,33	410,33	IV	637,75	577,00	517,83	460,25	404,33	350,00
	VI	**1187,41**	410,33	410,33							
4403,99	I,IV	**701,00**	410,66	410,66	I	577,75	461,08	350,75	246,83	149,41	59,16
	II	**583,58**	410,66	410,66	II	466,50	355,91	251,75	154,00	63,16	
	III	**363,16**	410,66	410,66	III	268,33	176,83	92,83	25,16		
	V	**1144,16**	410,66	410,66	IV	638,58	577,75	518,58	461,08	405,08	350,75
	VI	**1188,50**	410,66	410,66							
4406,99	I,IV	**701,75**	410,91	410,91	I	578,58	461,75	351,41	247,50	150,00	59,75
	II	**584,33**	410,91	410,91	II	467,25	356,58	252,41	154,58	63,66	
	III	**363,83**	410,91	410,91	III	269,00	177,33	93,33	25,50		
	V	**1145,16**	410,91	410,91	IV	639,33	578,58	519,33	461,75	405,83	351,41
	VI	**1189,50**	410,91	410,91							
4409,99	I,IV	**702,58**	411,16	411,16	I	579,33	462,50	352,16	248,16	150,66	60,25
	II	**585,16**	411,16	411,16	II	468,00	357,33	253,00	155,16	64,25	
	III	**364,50**	411,16	411,16	III	269,66	178,00	93,83	25,83		
	V	**1146,16**	411,16	411,16	IV	640,16	579,33	520,16	462,50	406,50	352,16
	VI	**1190,50**	411,16	411,16							
4412,99	I,IV	**703,41**	411,50	411,50	I	580,08	463,25	352,83	248,83	151,25	60,83
	II	**585,91**	411,50	411,50	II	468,75	358,00	253,66	155,83	64,75	
	III	**365,00**	411,50	411,50	III	270,16	178,50	94,33	26,33		
	V	**1147,16**	411,50	411,50	IV	641,00	580,08	520,91	463,25	407,25	352,83
	VI	**1191,50**	411,50	411,50							
4415,99	I,IV	**704,25**	411,75	411,75	I	580,91	464,00	353,50	249,50	151,83	61,33
	II	**586,75**	411,75	411,75	II	469,50	358,75	254,33	156,41	65,33	
	III	**365,66**	411,75	411,75	III	270,83	179,16	94,83	26,66		
	V	**1148,25**	411,75	411,75	IV	641,83	580,91	521,66	464,00	408,00	353,50
	VI	**1192,58**	411,75	411,75							
4418,99	I,IV	**705,08**	412,00	412,00	I	581,66	464,75	354,25	250,16	152,50	61,91
	II	**587,50**	412,00	412,00	II	470,25	359,41	255,00	157,08	65,91	
	III	**366,33**	412,00	412,00	III	271,50	179,66	95,33	27,00		
	V	**1149,25**	412,00	412,00	IV	642,58	581,66	522,41	464,75	408,66	354,25
	VI	**1193,58**	412,00	412,00							
4421,99	I,IV	**705,91**	412,33	412,33	I	582,50	465,50	354,91	250,83	153,08	62,41
	II	**588,33**	412,33	412,33	II	471,00	360,08	255,66	157,66	66,41	
	III	**367,00**	412,33	412,33	III	272,00	180,33	95,83	27,50		
	V	**1150,25**	412,33	412,33	IV	643,41	582,50	523,16	465,50	409,41	354,91
	VI	**1194,58**	412,33	412,33							
4424,99	I,IV	**706,75**	412,58	412,58	I	583,33	466,25	355,66	251,50	153,75	63,00
	II	**589,08**	412,58	412,58	II	471,75	360,83	256,33	158,33	67,00	
	III	**367,50**	412,58	412,58	III	272,66	180,83	96,33	27,83		
	V	**1151,33**	412,58	412,58	IV	644,25	583,33	524,00	466,25	410,16	355,66
	VI	**1195,66**	412,58	412,58							
4427,99	I,IV	**707,58**	412,83	412,83	I	584,08	467,00	356,33	252,16	154,33	63,50
	II	**589,91**	412,83	412,83	II	472,50	361,50	257,00	158,91	67,58	
	III	**368,16**	412,83	412,83	III	273,33	181,50	96,83	28,33		
	V	**1152,33**	412,83	412,83	IV	645,00	584,08	524,75	467,00	410,83	356,33
	VI	**1196,66**	412,83	412,83							

* Zur LSt-Berechnung für privat versicherte Arbeitnehmer s. Beispiele **Vorbemerkung S. 4f.**
** Basisvorsorgepauschale KV und PV *** Typisierter Arbeitgeberzuschuss

Lohn/ Gehalt in € bis	Steuerklasse	Lohn- steuer*	BVSP**	TAGZ***	Steuerklasse	Bemessungsgrundlage für Kirchensteuer und Solidaritätszuschlag – Freibeträge für ... Kinder 0,5	1,0	1,5	2,0	2,5	3,0
4430,99	I,IV	**708,41**	413,16	413,16	I	584,83	467,75	357,08	252,75	154,91	64,00
	II	**590,66**	413,16	413,16	II	473,25	362,25	257,66	159,50	68,08	
	III	**368,83**	413,16	413,16	III	273,83	182,00	97,33	28,66		
	V	**1 153,33**	413,16	413,16	IV	645,83	584,83	525,50	467,75	411,58	357,08
	VI	**1 197,66**	413,16	413,16							
4433,99	I,IV	**709,25**	413,41	413,41	I	585,66	468,50	357,75	253,50	155,58	64,58
	II	**591,50**	413,41	413,41	II	474,00	363,00	258,33	160,16	68,66	
	III	**369,50**	413,41	413,41	III	274,50	182,66	97,83	29,00		
	V	**1 154,41**	413,41	413,41	IV	646,66	585,66	526,25	468,50	412,33	357,75
	VI	**1 198,75**	413,41	413,41							
4436,99	I,IV	**710,08**	413,75	413,75	I	586,41	469,25	358,50	254,08	156,16	65,16
	II	**592,25**	413,75	413,75	II	474,75	363,66	259,00	160,75	69,25	0,41
	III	**370,16**	413,75	413,75	III	275,16	183,33	98,33	29,50		
	V	**1 155,41**	413,75	413,75	IV	647,41	586,41	527,00	469,25	413,08	358,50
	VI	**1 199,75**	413,75	413,75							
4439,99	I,IV	**710,91**	414,00	414,00	I	587,25	470,00	359,16	254,75	156,83	65,66
	II	**593,00**	414,00	414,00	II	475,50	364,33	259,66	161,41	69,75	0,75
	III	**370,66**	414,00	414,00	III	275,66	183,83	98,83	29,83		
	V	**1 156,41**	414,00	414,00	IV	648,25	587,25	527,75	470,00	413,75	359,16
	VI	**1 200,75**	414,00	414,00							
4442,99	I,IV	**711,75**	414,25	414,25	I	588,00	470,75	359,83	255,41	157,41	66,25
	II	**593,83**	414,25	414,25	II	476,25	365,08	260,33	162,00	70,33	1,08
	III	**371,33**	414,25	414,25	III	276,33	184,50	99,33	30,16		
	V	**1 157,41**	414,25	414,25	IV	649,08	588,00	528,58	470,75	414,50	359,83
	VI	**1 201,75**	414,25	414,25							
4445,99	I,IV	**712,58**	414,58	414,58	I	588,83	471,50	360,58	256,08	158,08	66,75
	II	**594,66**	414,58	414,58	II	477,00	365,75	261,00	162,66	70,91	1,41
	III	**372,00**	414,58	414,58	III	277,00	185,00	99,83	30,66		
	V	**1 158,50**	414,58	414,58	IV	649,91	588,83	529,33	471,50	415,25	360,58
	VI	**1 202,83**	414,58	414,58							
4448,99	I,IV	**713,41**	414,83	414,83	I	589,58	472,25	361,25	256,75	158,66	67,33
	II	**595,41**	414,83	414,83	II	477,75	366,50	261,66	163,25	71,41	1,75
	III	**372,66**	414,83	414,83	III	277,50	185,66	100,33	31,00		
	V	**1 159,50**	414,83	414,83	IV	650,66	589,58	530,08	472,25	415,91	361,25
	VI	**1 203,83**	414,83	414,83							
4451,99	I,IV	**714,25**	415,08	415,08	I	590,33	472,91	362,00	257,41	159,33	67,91
	II	**596,16**	415,08	415,08	II	478,50	367,16	262,33	163,91	72,00	2,08
	III	**373,33**	415,08	415,08	III	278,16	186,16	100,83	31,50		
	V	**1 160,50**	415,08	415,08	IV	651,50	590,33	530,83	472,91	416,66	362,00
	VI	**1 204,83**	415,08	415,08							
4454,99	I,IV	**715,08**	415,41	415,41	I	591,16	473,75	362,66	258,08	159,91	68,41
	II	**597,00**	415,41	415,41	II	479,25	367,91	263,00	164,50	72,58	2,50
	III	**374,00**	415,41	415,41	III	278,83	186,83	101,50	31,83		
	V	**1 161,58**	415,41	415,41	IV	652,33	591,16	531,66	473,75	417,41	362,66
	VI	**1 205,91**	415,41	415,41							
4457,99	I,IV	**715,91**	415,66	415,66	I	592,00	474,50	363,41	258,75	160,58	69,00
	II	**597,83**	415,66	415,66	II	480,00	368,58	263,66	165,16	73,16	2,83
	III	**374,50**	415,66	415,66	III	279,33	187,33	102,00	32,16		
	V	**1 162,58**	415,66	415,66	IV	653,08	592,00	532,41	474,50	418,08	363,41
	VI	**1 206,91**	415,66	415,66							
4460,99	I,IV	**716,75**	415,91	415,91	I	592,75	475,16	364,08	259,41	161,16	69,58
	II	**598,58**	415,91	415,91	II	480,75	369,33	264,33	165,75	73,66	3,16
	III	**375,16**	415,91	415,91	III	280,00	188,00	102,50	32,66		
	V	**1 163,58**	415,91	415,91	IV	653,91	592,75	533,16	475,16	418,83	364,08
	VI	**1 207,91**	415,91	415,91							
4463,99	I,IV	**717,50**	416,25	416,25	I	593,50	475,91	364,75	260,08	161,75	70,08
	II	**599,33**	416,25	416,25	II	481,50	370,00	265,00	166,41	74,25	3,50
	III	**375,83**	416,25	416,25	III	280,50	188,50	103,00	33,00		
	V	**1 164,58**	416,25	416,25	IV	654,75	593,50	533,91	475,91	419,58	364,75
	VI	**1 208,91**	416,25	416,25							

* Zur LSt-Berechnung für privat versicherte Arbeitnehmer s. Beispiele **Vorbemerkung S. 4f.**
** Basisvorsorgepauschale KV und PV *** Typisierter Arbeitgeberzuschuss

Lohn/ Gehalt in € bis	Steuerklasse	Lohn-steuer*	BVSP**	TAGZ***	Steuerklasse	Bemessungsgrundlage für Kirchensteuer und Solidaritätszuschlag – Freibeträge für ... Kinder 0,5	**1,0**	1,5	**2,0**	2,5	**3,0**
4466,99	I,IV	**718,41**	416,50	416,50	I	594,33	476,75	365,50	260,75	162,41	70,66
	II	**600,16**	416,50	416,50	II	482,25	370,75	265,66	167,00	74,83	3,91
	III	**376,50**	416,50	416,50	III	281,16	189,16	103,50	33,50		
	V	**1165,66**	416,50	416,50	IV	655,58	594,33	534,75	476,75	420,33	365,50
	VI	**1210,00**	416,50	416,50							
4469,99	I,IV	**719,25**	416,75	416,75	I	595,08	477,41	366,25	261,41	163,00	71,25
	II	**601,00**	416,75	416,75	II	483,00	371,41	266,33	167,66	75,41	4,25
	III	**377,00**	416,75	416,75	III	281,83	189,83	104,00	33,83		
	V	**1166,66**	416,75	416,75	IV	656,33	595,08	535,50	477,41	421,00	366,25
	VI	**1211,00**	416,75	416,75							
4472,99	I,IV	**720,00**	417,08	417,08	I	595,91	478,16	366,91	262,08	163,66	71,83
	II	**601,75**	417,08	417,08	II	483,75	372,16	267,00	168,25	76,00	4,58
	III	**377,66**	417,08	417,08	III	282,33	190,33	104,50	34,33		
	V	**1167,66**	417,08	417,08	IV	657,16	595,91	536,25	478,16	421,75	366,91
	VI	**1212,00**	417,08	417,08							
4475,99	I,IV	**720,91**	417,33	417,33	I	596,75	479,00	367,66	262,75	164,25	72,33
	II	**602,58**	417,33	417,33	II	484,50	372,83	267,66	168,91	76,58	5,00
	III	**378,33**	417,33	417,33	III	283,00	191,00	105,00	34,66		
	V	**1168,75**	417,33	417,33	IV	658,00	596,75	537,00	479,00	422,50	367,66
	VI	**1213,08**	417,33	417,33							
4478,99	I,IV	**721,75**	417,66	417,66	I	597,50	479,66	368,33	263,41	164,91	72,91
	II	**603,33**	417,66	417,66	II	485,25	373,58	268,33	169,50	77,16	5,33
	III	**379,00**	417,66	417,66	III	283,66	191,50	105,50	35,16		
	V	**1169,75**	417,66	417,66	IV	658,83	597,50	537,83	479,66	423,25	368,33
	VI	**1214,08**	417,66	417,66							
4481,99	I,IV	**722,58**	417,91	417,91	I	598,25	480,41	369,00	264,08	165,50	73,50
	II	**604,16**	417,91	417,91	II	486,00	374,25	269,00	170,16	77,75	5,66
	III	**379,66**	417,91	417,91	III	284,16	192,16	106,00	35,50		
	V	**1170,75**	417,91	417,91	IV	659,58	598,25	538,58	480,41	423,91	369,00
	VI	**1215,08**	417,91	417,91							
4484,99	I,IV	**723,41**	418,16	418,16	I	599,08	481,25	369,75	264,75	166,16	74,08
	II	**604,91**	418,16	418,16	II	486,75	375,00	269,66	170,75	78,33	6,08
	III	**380,16**	418,16	418,16	III	284,83	192,66	106,50	35,83		
	V	**1171,83**	418,16	418,16	IV	660,41	599,08	539,33	481,25	424,66	369,75
	VI	**1216,16**	418,16	418,16							
4487,99	I,IV	**724,25**	418,50	418,50	I	599,91	481,91	370,50	265,41	166,75	74,66
	II	**605,75**	418,50	418,50	II	487,50	375,66	270,33	171,41	78,91	6,41
	III	**380,83**	418,50	418,50	III	285,50	193,33	107,00	36,33		
	V	**1172,83**	418,50	418,50	IV	661,25	599,91	540,08	481,91	425,41	370,50
	VI	**1217,16**	418,50	418,50							
4490,99	I,IV	**725,08**	418,75	418,75	I	600,66	482,66	371,16	266,08	167,41	75,16
	II	**606,50**	418,75	418,75	II	488,25	376,41	271,00	172,00	79,50	6,75
	III	**381,50**	418,75	418,75	III	286,16	193,83	107,50	36,66		
	V	**1173,83**	418,75	418,75	IV	662,08	600,66	540,91	482,66	426,16	371,16
	VI	**1218,16**	418,75	418,75							
4493,99	I,IV	**725,91**	419,00	419,00	I	601,41	483,41	371,83	266,75	168,00	75,75
	II	**607,33**	419,00	419,00	II	489,00	377,08	271,66	172,66	80,08	7,16
	III	**382,16**	419,00	419,00	III	286,66	194,50	108,16	37,16		
	V	**1174,91**	419,00	419,00	IV	662,83	601,41	541,66	483,41	426,83	371,83
	VI	**1219,16**	419,00	419,00							
4496,99	I,IV	**726,75**	419,33	419,33	I	602,25	484,25	372,58	267,41	168,66	76,33
	II	**608,08**	419,33	419,33	II	489,75	377,83	272,33	173,25	80,66	7,50
	III	**382,83**	419,33	419,33	III	287,33	195,16	108,66	37,50		
	V	**1175,91**	419,33	419,33	IV	663,66	602,25	542,41	484,25	427,58	372,58
	VI	**1220,25**	419,33	419,33							
4499,99	I,IV	**727,58**	419,58	419,58	I	603,08	484,91	373,33	268,08	169,25	76,91
	II	**608,91**	419,58	419,58	II	490,50	378,50	273,00	173,91	81,25	7,91
	III	**383,33**	419,58	419,58	III	288,00	195,66	109,16	38,00		
	V	**1176,91**	419,58	419,58	IV	664,50	603,08	543,16	484,91	428,33	373,33
	VI	**1221,25**	419,58	419,58							

* Zur LSt-Berechnung für privat versicherte Arbeitnehmer s. Beispiele **Vorbemerkung S. 4f.**
** Basisvorsorgepauschale KV und PV *** Typisierter Arbeitgeberzuschuss

Lohn/ Gehalt in € bis	Steuerklasse	Lohn-steuer*	BVSP**	TAGZ***	Steuerklasse	Bemessungsgrundlage für Kirchensteuer und Solidaritätszuschlag					
						Freibeträge für ... Kinder					
						0,5	**1,0**	1,5	**2,0**	2,5	**3,0**
4502,99	I,IV	**728,41**	419,83	419,83	I	603,83	485,66	374,00	268,75	169,91	77,50
	II	**609,66**	419,83	419,83	II	491,25	379,25	273,66	174,50	81,83	8,25
	III	**384,00**	419,83	419,83	III	288,50	196,33	109,66	38,33		
	V	**1178,00**	419,83	419,83	IV	665,33	603,83	544,00	485,66	429,08	374,00
	VI	**1222,25**	419,83	419,83							
4505,99	I,IV	**729,25**	420,16	420,16	I	604,66	486,50	374,75	269,41	170,50	78,08
	II	**610,50**	420,16	420,16	II	492,00	380,00	274,33	175,16	82,41	8,66
	III	**384,66**	420,16	420,16	III	289,16	196,83	110,16	38,83		
	V	**1179,00**	420,16	420,16	IV	666,16	604,66	544,75	486,50	429,83	374,75
	VI	**1223,33**	420,16	420,16							
4508,99	I,IV	**730,08**	420,41	420,41	I	605,41	487,25	375,41	270,08	171,16	78,66
	II	**611,33**	420,41	420,41	II	492,75	380,66	275,00	175,75	83,00	9,00
	III	**385,33**	420,41	420,41	III	289,83	197,50	110,66	39,16		
	V	**1180,00**	420,41	420,41	IV	666,91	605,41	545,50	487,25	430,50	375,41
	VI	**1224,33**	420,41	420,41							
4511,99	I,IV	**730,91**	420,66	420,66	I	606,25	488,00	376,16	270,75	171,75	79,25
	II	**612,08**	420,66	420,66	II	493,50	381,41	275,66	176,41	83,58	9,41
	III	**386,00**	420,66	420,66	III	290,33	198,00	111,16	39,66		
	V	**1181,00**	420,66	420,66	IV	667,75	606,25	546,25	488,00	431,25	376,16
	VI	**1225,33**	420,66	420,66							
4514,99	I,IV	**731,75**	421,00	421,00	I	607,00	488,66	376,83	271,41	172,41	79,83
	II	**612,91**	421,00	421,00	II	494,25	382,08	276,33	177,00	84,16	9,75
	III	**386,50**	421,00	421,00	III	291,00	198,66	111,66	40,00		
	V	**1182,08**	421,00	421,00	IV	668,58	607,00	547,08	488,66	432,00	376,83
	VI	**1226,33**	421,00	421,00							
4517,99	I,IV	**732,58**	421,25	421,25	I	607,83	489,50	377,58	272,08	173,00	80,41
	II	**613,66**	421,25	421,25	II	495,00	382,83	277,00	177,66	84,75	10,16
	III	**387,16**	421,25	421,25	III	291,66	199,16	112,33	40,50		
	V	**1183,08**	421,25	421,25	IV	669,41	607,83	547,83	489,50	432,75	377,58
	VI	**1227,41**	421,25	421,25							
4520,99	I,IV	**733,41**	421,50	421,50	I	608,58	490,25	378,25	272,75	173,66	81,00
	II	**614,50**	421,50	421,50	II	495,75	383,50	277,66	178,33	85,33	10,58
	III	**387,83**	421,50	421,50	III	292,33	199,83	112,83	40,83		
	V	**1184,08**	421,50	421,50	IV	670,25	608,58	548,58	490,25	433,41	378,25
	VI	**1228,41**	421,50	421,50							
4523,99	I,IV	**734,25**	421,83	421,83	I	609,41	491,00	379,00	273,41	174,25	81,58
	II	**615,25**	421,83	421,83	II	496,50	384,25	278,33	178,91	85,91	10,91
	III	**388,50**	421,83	421,83	III	292,83	200,50	113,33	41,33		
	V	**1185,16**	421,83	421,83	IV	671,00	609,41	549,41	491,00	434,16	379,00
	VI	**1229,41**	421,83	421,83							
4526,99	I,IV	**735,08**	422,08	422,08	I	610,25	491,75	379,66	274,08	174,91	82,16
	II	**616,08**	422,08	422,08	II	497,33	385,00	279,08	179,58	86,50	11,33
	III	**389,16**	422,08	422,08	III	293,50	201,00	113,83	41,66		
	V	**1186,16**	422,08	422,08	IV	671,83	610,25	550,16	491,75	434,91	379,66
	VI	**1230,50**	422,08	422,08							
4529,99	I,IV	**735,91**	422,41	422,41	I	611,00	492,50	380,41	274,75	175,58	82,75
	II	**616,91**	422,41	422,41	II	498,08	385,66	279,75	180,16	87,08	11,66
	III	**389,83**	422,41	422,41	III	294,16	201,66	114,33	42,16		
	V	**1187,16**	422,41	422,41	IV	672,66	611,00	550,91	492,50	435,66	380,41
	VI	**1231,50**	422,41	422,41							
4532,99	I,IV	**736,75**	422,66	422,66	I	611,75	493,25	381,08	275,41	176,16	83,33
	II	**617,66**	422,66	422,66	II	498,83	386,41	280,41	180,83	87,66	12,08
	III	**390,33**	422,66	422,66	III	294,66	202,16	114,83	42,50		
	V	**1188,25**	422,66	422,66	IV	673,50	611,75	551,66	493,25	436,33	381,08
	VI	**1232,50**	422,66	422,66							
4535,99	I,IV	**737,66**	422,91	422,91	I	612,58	494,00	381,83	276,08	176,83	83,91
	II	**618,50**	422,91	422,91	II	499,58	387,08	281,08	181,41	88,25	12,50
	III	**391,00**	422,91	422,91	III	295,33	202,83	115,33	43,00		
	V	**1189,25**	422,91	422,91	IV	674,33	612,58	552,50	494,00	437,08	381,83
	VI	**1233,58**	422,91	422,91							

* Zur LSt-Berechnung für privat versicherte Arbeitnehmer s. Beispiele **Vorbemerkung S. 4f.**
** Basisvorsorgepauschale KV und PV *** Typisierter Arbeitgeberzuschuss

Lohn/ Gehalt in € bis	Steuerklasse	Lohn-steuer*	BVSP**	TAGZ***	Steuerklasse	Bemessungsgrundlage für Kirchensteuer und Solidaritätszuschlag – Freibeträge für ... Kinder 0,5	1,0	1,5	2,0	2,5	3,0
4538,99	I,IV	**738,50**	423,25	423,25	I	613,41	494,75	382,58	276,75	177,41	84,50
	II	**619,25**	423,25	423,25	II	500,33	387,83	281,75	182,08	88,83	12,83
	III	**391,66**	423,25	423,25	III	296,00	203,50	116,00	43,33		
	V	**1 190,25**	423,25	423,25	IV	675,08	613,41	553,25	494,75	437,83	382,58
	VI	**1 234,58**	423,25	423,25							
4541,99	I,IV	**739,25**	423,50	423,50	I	614,16	495,50	383,25	277,41	178,08	85,08
	II	**620,08**	423,50	423,50	II	501,08	388,50	282,41	182,66	89,41	13,25
	III	**392,33**	423,50	423,50	III	296,50	204,00	116,50	43,83		
	V	**1 191,33**	423,50	423,50	IV	675,91	614,16	554,00	495,50	438,58	383,25
	VI	**1 235,58**	423,50	423,50							
4544,99	I,IV	**740,08**	423,75	423,75	I	615,00	496,25	384,00	278,08	178,66	85,66
	II	**620,83**	423,75	423,75	II	501,83	389,25	283,08	183,33	90,00	13,66
	III	**393,00**	423,75	423,75	III	297,16	204,66	117,00	44,16		
	V	**1 192,33**	423,75	423,75	IV	676,75	615,00	554,83	496,25	439,33	384,00
	VI	**1 236,58**	423,75	423,75							
4547,99	I,IV	**741,00**	424,08	424,08	I	615,75	497,00	384,66	278,83	179,33	86,25
	II	**621,66**	424,08	424,08	II	502,58	390,00	283,75	184,00	90,66	14,08
	III	**393,66**	424,08	424,08	III	297,83	205,16	117,50	44,66		
	V	**1 193,33**	424,08	424,08	IV	677,58	615,75	555,58	497,00	440,08	384,66
	VI	**1 237,66**	424,08	424,08							
4550,99	I,IV	**741,83**	424,33	424,33	I	616,58	497,75	385,41	279,50	179,91	86,83
	II	**622,50**	424,33	424,33	II	503,33	390,66	284,41	184,58	91,25	14,41
	III	**394,16**	424,33	424,33	III	298,33	205,83	118,00	45,00		
	V	**1 194,33**	424,33	424,33	IV	678,41	616,58	556,33	497,75	440,75	385,41
	VI	**1 238,66**	424,33	424,33							
4553,99	I,IV	**742,66**	424,58	424,58	I	617,33	498,50	386,08	280,16	180,58	87,41
	II	**623,25**	424,58	424,58	II	504,08	391,41	285,08	185,25	91,83	14,83
	III	**394,83**	424,58	424,58	III	299,00	206,33	118,66	45,50		
	V	**1 195,41**	424,58	424,58	IV	679,16	617,33	557,16	498,50	441,50	386,08
	VI	**1 239,66**	424,58	424,58							
4556,99	I,IV	**743,50**	424,91	424,91	I	618,16	499,33	386,83	280,83	181,25	88,08
	II	**624,08**	424,91	424,91	II	504,91	392,08	285,75	185,91	92,41	15,25
	III	**395,50**	424,91	424,91	III	299,66	207,00	119,16	46,00		
	V	**1 196,41**	424,91	424,91	IV	680,08	618,16	557,91	499,33	442,25	386,83
	VI	**1 240,75**	424,91	424,91							
4559,99	I,IV	**744,33**	425,16	425,16	I	619,00	500,08	387,58	281,50	181,83	88,66
	II	**624,91**	425,16	425,16	II	505,66	392,83	286,41	186,50	93,00	15,66
	III	**396,16**	425,16	425,16	III	300,33	207,50	119,66	46,33		
	V	**1 197,41**	425,16	425,16	IV	680,83	619,00	558,75	500,08	443,00	387,58
	VI	**1 241,75**	425,16	425,16							
4562,99	I,IV	**745,16**	425,41	425,41	I	619,75	500,83	388,25	282,16	182,50	89,25
	II	**625,66**	425,41	425,41	II	506,41	393,58	287,08	187,16	93,58	16,00
	III	**396,83**	425,41	425,41	III	300,83	208,16	120,16	46,83		
	V	**1 198,50**	425,41	425,41	IV	681,66	619,75	559,50	500,83	443,75	388,25
	VI	**1 242,75**	425,41	425,41							
4565,99	I,IV	**746,00**	425,75	425,75	I	620,58	501,58	389,00	282,83	183,08	89,83
	II	**626,50**	425,75	425,75	II	507,16	394,25	287,83	187,75	94,16	16,41
	III	**397,50**	425,75	425,75	III	301,50	208,83	120,66	47,16		
	V	**1 199,50**	425,75	425,75	IV	682,50	620,58	560,25	501,58	444,50	389,00
	VI	**1 243,83**	425,75	425,75							
4568,99	I,IV	**746,83**	426,00	426,00	I	621,41	502,33	389,66	283,50	183,75	90,41
	II	**627,25**	426,00	426,00	II	507,91	395,00	288,50	188,41	94,75	16,83
	III	**398,00**	426,00	426,00	III	302,16	209,33	121,33	47,66		
	V	**1 200,50**	426,00	426,00	IV	683,33	621,41	561,08	502,33	445,25	389,66
	VI	**1 244,83**	426,00	426,00							
4571,99	I,IV	**747,66**	426,33	426,33	I	622,16	503,08	390,41	284,16	184,33	91,00
	II	**628,08**	426,33	426,33	II	508,66	395,66	289,16	189,00	95,33	17,25
	III	**398,66**	426,33	426,33	III	302,66	210,00	121,83	48,00		
	V	**1 201,58**	426,33	426,33	IV	684,16	622,16	561,83	503,08	445,91	390,41
	VI	**1 245,83**	426,33	426,33							

* Zur LSt-Berechnung für privat versicherte Arbeitnehmer s. Beispiele **Vorbemerkung S. 4f.**
** Basisvorsorgepauschale KV und PV *** Typisierter Arbeitgeberzuschuss

Lohn/ Gehalt in € bis	Steuerklasse	Lohn- steuer*	BVSP**	TAGZ***	Steuerklasse	Bemessungsgrundlage für Kirchensteuer und Solidaritätszuschlag – Freibeträge für ... Kinder 0,5	1,0	1,5	2,0	2,5	3,0
4574,99	I,IV	**748,50**	426,58	426,58	I	623,00	503,83	391,08	284,83	185,00	91,58
	II	**628,91**	426,58	426,58	II	509,41	396,41	289,83	189,66	95,91	17,66
	III	**399,33**	426,58	426,58	III	303,33	210,50	122,33	48,50		
	V	**1202,58**	426,58	426,58	IV	684,91	623,00	562,58	503,83	446,66	391,08
	VI	**1246,83**	426,58	426,58							
4577,99	I,IV	**749,41**	426,83	426,83	I	623,75	504,58	391,83	285,50	185,66	92,16
	II	**629,66**	426,83	426,83	II	510,25	397,16	290,50	190,33	96,58	18,08
	III	**400,00**	426,83	426,83	III	304,00	211,16	122,83	48,83		
	V	**1203,58**	426,83	426,83	IV	685,75	623,75	563,41	504,58	447,41	391,83
	VI	**1247,91**	426,83	426,83							
4580,99	I,IV	**750,25**	427,16	427,16	I	624,58	505,33	392,58	286,16	186,25	92,75
	II	**630,50**	427,16	427,16	II	511,00	397,83	291,16	190,91	97,16	18,50
	III	**400,66**	427,16	427,16	III	304,66	211,83	123,50	49,33		
	V	**1204,66**	427,16	427,16	IV	686,58	624,58	564,16	505,33	448,16	392,58
	VI	**1248,91**	427,16	427,16							
4583,99	I,IV	**751,08**	427,41	427,41	I	625,33	506,08	393,25	286,83	186,91	93,33
	II	**631,33**	427,41	427,41	II	511,75	398,58	291,83	191,58	97,75	18,91
	III	**401,16**	427,41	427,41	III	305,16	212,33	124,00	49,83		
	V	**1205,66**	427,41	427,41	IV	687,41	625,33	564,91	506,08	448,91	393,25
	VI	**1249,91**	427,41	427,41							
4586,99	I,IV	**751,91**	427,66	427,66	I	626,16	506,91	394,00	287,58	187,58	93,91
	II	**632,08**	427,66	427,66	II	512,50	399,33	292,58	192,25	98,33	19,33
	III	**401,83**	427,66	427,66	III	305,83	213,00	124,50	50,16		
	V	**1206,66**	427,66	427,66	IV	688,25	626,16	565,75	506,91	449,66	394,00
	VI	**1251,00**	427,66	427,66							
4589,99	I,IV	**752,75**	428,00	428,00	I	627,00	507,66	394,75	288,25	188,16	94,58
	II	**632,91**	428,00	428,00	II	513,25	400,00	293,25	192,83	98,91	19,75
	III	**402,50**	428,00	428,00	III	306,50	213,50	125,00	50,66		
	V	**1207,75**	428,00	428,00	IV	689,08	627,00	566,50	507,66	450,41	394,75
	VI	**1252,00**	428,00	428,00							
4592,99	I,IV	**753,58**	428,25	428,25	I	627,75	508,41	395,41	288,91	188,83	95,16
	II	**633,66**	428,25	428,25	II	514,00	400,75	293,91	193,50	99,50	20,16
	III	**403,16**	428,25	428,25	III	307,00	214,16	125,50	51,00		
	V	**1208,75**	428,25	428,25	IV	689,91	627,75	567,25	508,41	451,08	395,41
	VI	**1253,00**	428,25	428,25							
4595,99	I,IV	**754,41**	428,50	428,50	I	628,58	509,16	396,16	289,58	189,41	95,75
	II	**634,50**	428,50	428,50	II	514,75	401,41	294,58	194,08	100,08	20,58
	III	**403,83**	428,50	428,50	III	307,66	214,66	126,16	51,50		
	V	**1209,75**	428,50	428,50	IV	690,66	628,58	568,08	509,16	451,83	396,16
	VI	**1254,08**	428,50	428,50							
4598,99	I,IV	**755,33**	428,83	428,83	I	629,41	509,91	396,91	290,25	190,08	96,33
	II	**635,33**	428,83	428,83	II	515,50	402,16	295,25	194,75	100,66	21,00
	III	**404,50**	428,83	428,83	III	308,33	215,33	126,66	52,00		
	V	**1210,75**	428,83	428,83	IV	691,58	629,41	568,83	509,91	452,58	396,91
	VI	**1255,08**	428,83	428,83							
4601,99	I,IV	**756,16**	429,08	429,08	I	630,16	510,66	397,58	290,91	190,66	96,91
	II	**636,16**	429,08	429,08	II	516,33	402,91	295,91	195,41	101,25	21,41
	III	**405,16**	429,08	429,08	III	308,83	216,00	127,16	52,33		
	V	**1211,83**	429,08	429,08	IV	692,33	630,16	569,66	510,66	453,33	397,58
	VI	**1256,08**	429,08	429,08							
4604,99	I,IV	**757,00**	429,33	429,33	I	631,00	511,41	398,33	291,58	191,33	97,50
	II	**636,91**	429,33	429,33	II	517,08	403,58	296,58	196,00	101,91	21,83
	III	**405,66**	429,33	429,33	III	309,50	216,50	127,66	52,83		
	V	**1212,83**	429,33	429,33	IV	693,16	631,00	570,41	511,41	454,08	398,33
	VI	**1257,16**	429,33	429,33							
4607,99	I,IV	**757,83**	429,66	429,66	I	631,83	512,25	399,00	292,33	192,00	98,08
	II	**637,75**	429,66	429,66	II	517,83	404,33	297,33	196,66	102,50	22,25
	III	**406,33**	429,66	429,66	III	310,16	217,16	128,33	53,33		
	V	**1213,83**	429,66	429,66	IV	694,00	631,83	571,25	512,25	454,83	399,00
	VI	**1258,16**	429,66	429,66							

* Zur LSt-Berechnung für privat versicherte Arbeitnehmer s. Beispiele **Vorbemerkung S. 4f.**
** Basisvorsorgepauschale KV und PV *** Typisierter Arbeitgeberzuschuss

Lohn/ Gehalt in € bis	Steuerklasse	Lohn-steuer*	BVSP**	TAGZ***	Steuerklasse	Bemessungsgrundlage für Kirchensteuer und Solidaritätszuschlag – Freibeträge für ... Kinder 0,5	**1,0**	1,5	**2,0**	2,5	**3,0**
4610,99	I,IV	**758,66**	429,91	429,91	I	632,58	513,00	399,75	293,00	192,58	98,66
	II	**638,58**	429,91	429,91	II	518,58	405,08	298,00	197,33	103,08	22,66
	III	**407,00**	429,91	429,91	III	310,83	217,66	128,83	53,66		
	V	**1214,91**	429,91	429,91	IV	694,83	632,58	572,00	513,00	455,58	399,75
	VI	**1259,16**	429,91	429,91							
4613,99	I,IV	**759,50**	430,25	430,25	I	633,41	513,75	400,50	293,66	193,25	99,25
	II	**639,33**	430,25	430,25	II	519,33	405,75	298,66	197,91	103,66	23,08
	III	**407,66**	430,25	430,25	III	311,33	218,33	129,33	54,16		
	V	**1215,91**	430,25	430,25	IV	695,66	633,41	572,75	513,75	456,25	400,50
	VI	**1260,25**	430,25	430,25							
4616,99	I,IV	**760,41**	430,50	430,50	I	634,25	514,50	401,16	294,33	193,91	99,91
	II	**640,16**	430,50	430,50	II	520,16	406,50	299,33	198,58	104,25	23,50
	III	**408,33**	430,50	430,50	III	312,00	219,00	130,00	54,50		
	V	**1216,91**	430,50	430,50	IV	696,50	634,25	573,58	514,50	457,08	401,16
	VI	**1261,25**	430,50	430,50							
4619,99	I,IV	**761,25**	430,75	430,75	I	635,00	515,25	401,91	295,00	194,50	100,50
	II	**641,00**	430,75	430,75	II	520,91	407,25	300,00	199,25	104,83	23,91
	III	**409,00**	430,75	430,75	III	312,66	219,50	130,50	55,00		
	V	**1218,00**	430,75	430,75	IV	697,33	635,00	574,33	515,25	457,75	401,91
	VI	**1262,25**	430,75	430,75							
4622,99	I,IV	**762,08**	431,08	431,08	I	635,83	516,00	402,66	295,66	195,16	101,08
	II	**641,75**	431,08	431,08	II	521,66	407,91	300,66	199,83	105,41	24,33
	III	**409,66**	431,08	431,08	III	313,33	220,16	131,00	55,50		
	V	**1219,00**	431,08	431,08	IV	698,16	635,83	575,08	516,00	458,50	402,66
	VI	**1263,25**	431,08	431,08							
4625,99	I,IV	**762,91**	431,33	431,33	I	636,58	516,75	403,33	296,33	195,75	101,66
	II	**642,58**	431,33	431,33	II	522,41	408,66	301,33	200,50	106,08	24,75
	III	**410,16**	431,33	431,33	III	313,83	220,66	131,50	55,83		
	V	**1220,00**	431,33	431,33	IV	699,00	636,58	575,91	516,75	459,25	403,33
	VI	**1264,33**	431,33	431,33							
4628,99	I,IV	**763,75**	431,58	431,58	I	637,41	517,58	404,08	297,08	196,41	102,25
	II	**643,41**	431,58	431,58	II	523,16	409,41	302,08	201,16	106,66	25,25
	III	**410,83**	431,58	431,58	III	314,50	221,33	132,16	56,33		
	V	**1221,08**	431,58	431,58	IV	699,83	637,41	576,66	517,58	460,00	404,08
	VI	**1265,33**	431,58	431,58							
4631,99	I,IV	**764,58**	431,91	431,91	I	638,25	518,33	404,83	297,75	197,08	102,83
	II	**644,16**	431,91	431,91	II	523,91	410,08	302,75	201,75	107,25	25,66
	III	**411,50**	431,91	431,91	III	315,16	222,00	132,66	56,83		
	V	**1222,08**	431,91	431,91	IV	700,66	638,25	577,50	518,33	460,75	404,83
	VI	**1266,33**	431,91	431,91							
4634,99	I,IV	**765,41**	432,16	432,16	I	639,08	519,08	405,50	298,41	197,66	103,41
	II	**645,00**	432,16	432,16	II	524,66	410,83	303,41	202,41	107,83	26,08
	III	**412,16**	432,16	432,16	III	315,66	222,50	133,16	57,16		
	V	**1223,08**	432,16	432,16	IV	701,41	639,08	578,25	519,08	461,50	405,50
	VI	**1267,41**	432,16	432,16							
4637,99	I,IV	**766,33**	432,41	432,41	I	639,83	519,83	406,25	299,08	198,33	104,08
	II	**645,83**	432,41	432,41	II	525,50	411,58	304,08	203,08	108,41	26,50
	III	**412,83**	432,41	432,41	III	316,33	223,16	133,83	57,66		
	V	**1224,08**	432,41	432,41	IV	702,25	639,83	579,08	519,83	462,25	406,25
	VI	**1268,41**	432,41	432,41							
4640,99	I,IV	**767,16**	432,75	432,75	I	640,66	520,58	407,00	299,75	199,00	104,66
	II	**646,58**	432,75	432,75	II	526,25	412,33	304,75	203,66	109,08	27,00
	III	**413,50**	432,75	432,75	III	317,00	223,66	134,33	58,16		
	V	**1225,16**	432,75	432,75	IV	703,08	640,66	579,83	520,58	463,00	407,00
	VI	**1269,41**	432,75	432,75							
4643,99	I,IV	**768,00**	433,00	433,00	I	641,50	521,33	407,66	300,41	199,58	105,25
	II	**647,41**	433,00	433,00	II	527,00	413,00	305,50	204,33	109,66	27,41
	III	**414,00**	433,00	433,00	III	317,50	224,33	134,83	58,50		
	V	**1226,16**	433,00	433,00	IV	703,91	641,50	580,58	521,33	463,75	407,66
	VI	**1270,50**	433,00	433,00							

* Zur LSt-Berechnung für privat versicherte Arbeitnehmer s. Beispiele **Vorbemerkung S. 4 f.**
** Basisvorsorgepauschale KV und PV *** Typisierter Arbeitgeberzuschuss

Lohn/ Gehalt in € bis	Steuerklasse	Lohnsteuer*	BVSP**	TAGZ***	Steuerklasse	Bemessungsgrundlage für Kirchensteuer und Solidaritätszuschlag – Freibeträge für ... Kinder 0,5	1,0	1,5	2,0	2,5	3,0
4646,99	I,IV	**768,83**	433,25	433,25	I	642,25	522,08	408,41	301,08	200,25	105,83
	II	**648,25**	433,25	433,25	II	527,75	413,75	306,16	205,00	110,25	27,83
	III	**414,66**	433,25	433,25	III	318,16	225,00	135,50	59,00		
	V	**1227,16**	433,25	433,25	IV	704,75	642,25	581,41	522,08	464,41	408,41
	VI	**1271,50**	433,25	433,25							
4649,99	I,IV	**769,75**	433,58	433,58	I	643,08	522,91	409,16	301,83	200,91	106,41
	II	**649,08**	433,58	433,58	II	528,58	414,50	306,83	205,66	110,83	28,33
	III	**415,33**	433,58	433,58	III	318,83	225,50	136,00	59,50		
	V	**1228,25**	433,58	433,58	IV	705,58	643,08	582,16	522,91	465,25	409,16
	VI	**1272,50**	433,58	433,58							
4652,99	I,IV	**770,58**	433,83	433,83	I	643,91	523,66	409,83	302,50	201,50	107,00
	II	**649,83**	433,83	433,83	II	529,33	415,16	307,50	206,25	111,41	28,75
	III	**416,00**	433,83	433,83	III	319,50	226,16	136,50	59,83		
	V	**1229,25**	433,83	433,83	IV	706,41	643,91	583,00	523,66	465,91	409,83
	VI	**1273,58**	433,83	433,83							
4655,99	I,IV	**771,41**	434,16	434,16	I	644,66	524,41	410,58	303,16	202,16	107,58
	II	**650,66**	434,16	434,16	II	530,08	415,91	308,16	206,91	112,00	29,16
	III	**416,66**	434,16	434,16	III	320,00	226,66	137,16	60,33		
	V	**1230,25**	434,16	434,16	IV	707,25	644,66	583,75	524,41	466,66	410,58
	VI	**1274,58**	434,16	434,16							
4658,99	I,IV	**772,25**	434,41	434,41	I	645,50	525,16	411,33	303,83	202,83	108,25
	II	**651,50**	434,41	434,41	II	530,83	416,66	308,91	207,58	112,66	29,66
	III	**417,33**	434,41	434,41	III	320,66	227,33	137,66	60,83	0,33	
	V	**1231,33**	434,41	434,41	IV	708,08	645,50	584,58	525,16	467,41	411,33
	VI	**1275,58**	434,41	434,41							
4661,99	I,IV	**773,08**	434,66	434,66	I	646,33	526,00	412,00	304,50	203,50	108,83
	II	**652,25**	434,66	434,66	II	531,58	417,41	309,58	208,16	113,25	30,08
	III	**417,83**	434,66	434,66	III	321,33	228,00	138,16	61,16	0,66	
	V	**1232,33**	434,66	434,66	IV	708,91	646,33	585,33	526,00	468,16	412,00
	VI	**1276,58**	434,66	434,66							
4664,99	I,IV	**773,91**	435,00	435,00	I	647,08	526,75	412,75	305,16	204,08	109,41
	II	**653,08**	435,00	435,00	II	532,41	418,08	310,25	208,83	113,83	30,50
	III	**418,50**	435,00	435,00	III	322,00	228,50	138,83	61,66	1,00	
	V	**1233,33**	435,00	435,00	IV	709,75	647,08	586,08	526,75	468,91	412,75
	VI	**1277,66**	435,00	435,00							
4667,99	I,IV	**774,83**	435,25	435,25	I	647,91	527,50	413,50	305,91	204,75	110,00
	II	**653,91**	435,25	435,25	II	533,16	418,83	310,91	209,50	114,41	31,00
	III	**419,16**	435,25	435,25	III	322,66	229,16	139,33	62,16	1,33	
	V	**1234,41**	435,25	435,25	IV	710,58	647,91	586,91	527,50	469,66	413,50
	VI	**1278,66**	435,25	435,25							
4670,99	I,IV	**775,66**	435,50	435,50	I	648,75	528,25	414,16	306,58	205,41	110,58
	II	**654,75**	435,50	435,50	II	533,91	419,58	311,66	210,08	115,08	31,41
	III	**419,83**	435,50	435,50	III	323,16	229,66	139,83	62,66	1,66	
	V	**1235,41**	435,50	435,50	IV	711,41	648,75	587,66	528,25	470,41	414,16
	VI	**1279,66**	435,50	435,50							
4673,99	I,IV	**776,50**	435,83	435,83	I	649,58	529,00	414,91	307,25	206,00	111,25
	II	**655,50**	435,83	435,83	II	534,66	420,25	312,33	210,75	115,66	31,91
	III	**420,50**	435,83	435,83	III	323,83	230,33	140,50	63,00	2,00	
	V	**1236,41**	435,83	435,83	IV	712,25	649,58	588,50	529,00	471,16	414,91
	VI	**1280,75**	435,83	435,83							
4676,99	I,IV	**777,33**	436,08	436,08	I	650,33	529,75	415,66	307,91	206,66	111,83
	II	**656,33**	436,08	436,08	II	535,41	421,00	313,00	211,41	116,25	32,33
	III	**421,16**	436,08	436,08	III	324,33	230,83	141,00	63,50	2,33	
	V	**1237,41**	436,08	436,08	IV	713,08	650,33	589,25	529,75	471,91	415,66
	VI	**1281,75**	436,08	436,08							
4679,99	I,IV	**778,25**	436,33	436,33	I	651,16	530,58	416,41	308,66	207,33	112,41
	II	**657,16**	436,33	436,33	II	536,25	421,75	313,66	212,08	116,83	32,83
	III	**421,83**	436,33	436,33	III	325,00	231,50	141,50	64,00	2,66	
	V	**1238,50**	436,33	436,33	IV	713,91	651,16	590,08	530,58	472,66	416,41
	VI	**1282,75**	436,33	436,33							

* Zur LSt-Berechnung für privat versicherte Arbeitnehmer s. Beispiele **Vorbemerkung S. 4f.**
** Basisvorsorgepauschale KV und PV *** Typisierter Arbeitgeberzuschuss

Lohn/Gehalt in € bis	Steuerklasse	Lohnsteuer*	BVSP**	TAGZ***	Steuerklasse	Bemessungsgrundlage für Kirchensteuer und Solidaritätszuschlag – Freibeträge für ... Kinder 0,5	1,0	1,5	2,0	2,5	3,0
4682,99	I,IV	**779,08**	436,66	436,66	I	652,00	531,33	417,08	309,33	207,91	113,00
	II	**658,00**	436,66	436,66	II	537,00	422,50	314,33	212,66	117,41	33,25
	III	**422,50**	436,66	436,66	III	325,66	232,16	142,16	64,33	3,00	
	V	**1 239,50**	436,66	436,66	IV	714,75	652,00	590,83	531,33	473,41	417,08
	VI	**1 283,83**	436,66	436,66							
4685,99	I,IV	**779,91**	436,91	436,91	I	652,75	532,08	417,83	310,00	208,58	113,58
	II	**658,75**	436,91	436,91	II	537,75	423,16	315,08	213,33	118,08	33,66
	III	**423,00**	436,91	436,91	III	326,33	232,66	142,66	64,83	3,33	
	V	**1 240,50**	436,91	436,91	IV	715,58	652,75	591,66	532,08	474,16	417,83
	VI	**1 284,83**	436,91	436,91							
4688,99	I,IV	**780,75**	437,16	437,16	I	653,58	532,91	418,58	310,66	209,25	114,25
	II	**659,58**	437,16	437,16	II	538,58	423,91	315,75	214,00	118,66	34,16
	III	**423,66**	437,16	437,16	III	327,00	233,33	143,16	65,33	3,66	
	V	**1 241,58**	437,16	437,16	IV	716,41	653,58	592,41	532,91	474,91	418,58
	VI	**1 285,83**	437,16	437,16							
4691,99	I,IV	**781,66**	437,50	437,50	I	654,41	533,66	419,25	311,33	209,91	114,83
	II	**660,41**	437,50	437,50	II	539,33	424,66	316,41	214,66	119,25	34,66
	III	**424,33**	437,50	437,50	III	327,50	234,00	143,83	65,83	4,16	
	V	**1 242,58**	437,50	437,50	IV	717,25	654,41	593,25	533,66	475,66	419,25
	VI	**1 286,91**	437,50	437,50							
4694,99	I,IV	**782,50**	437,75	437,75	I	655,25	534,41	420,00	312,08	210,50	115,41
	II	**661,25**	437,75	437,75	II	540,08	425,41	317,08	215,25	119,83	35,08
	III	**425,00**	437,75	437,75	III	328,16	234,50	144,33	66,16	4,50	
	V	**1 243,58**	437,75	437,75	IV	718,08	655,25	594,00	534,41	476,41	420,00
	VI	**1 287,91**	437,75	437,75							
4697,99	I,IV	**783,33**	438,08	438,08	I	656,00	535,16	420,75	312,75	211,16	116,00
	II	**662,00**	438,08	438,08	II	540,83	426,08	317,75	215,91	120,41	35,58
	III	**425,66**	438,08	438,08	III	328,83	235,16	145,00	66,66	4,83	
	V	**1 244,58**	438,08	438,08	IV	718,83	656,00	594,83	535,16	477,16	420,75
	VI	**1 288,91**	438,08	438,08							
4700,99	I,IV	**784,16**	438,33	438,33	I	656,83	535,91	421,50	313,41	211,83	116,66
	II	**662,83**	438,33	438,33	II	541,66	426,83	318,50	216,58	121,08	36,00
	III	**426,33**	438,33	438,33	III	329,50	235,83	145,50	67,16	5,16	
	V	**1 245,66**	438,33	438,33	IV	719,75	656,83	595,58	535,91	477,91	421,50
	VI	**1 290,00**	438,33	438,33							
4703,99	I,IV	**785,08**	438,58	438,58	I	657,66	536,75	422,16	314,08	212,41	117,25
	II	**663,66**	438,58	438,58	II	542,41	427,58	319,16	217,25	121,66	36,50
	III	**427,00**	438,58	438,58	III	330,00	236,33	146,00	67,66	5,50	
	V	**1 246,66**	438,58	438,58	IV	720,58	657,66	596,41	536,75	478,66	422,16
	VI	**1 291,00**	438,58	438,58							
4706,99	I,IV	**785,91**	438,91	438,91	I	658,50	537,50	422,91	314,75	213,08	117,83
	II	**664,50**	438,91	438,91	II	543,16	428,33	319,83	217,83	122,25	36,91
	III	**427,66**	438,91	438,91	III	330,66	237,00	146,66	68,00	5,83	
	V	**1 247,66**	438,91	438,91	IV	721,41	658,50	597,16	537,50	479,41	422,91
	VI	**1 292,00**	438,91	438,91							
4709,99	I,IV	**786,75**	439,16	439,16	I	659,33	538,25	423,66	315,50	213,75	118,41
	II	**665,33**	439,16	439,16	II	544,00	429,08	320,58	218,50	122,91	37,41
	III	**428,16**	439,16	439,16	III	331,33	237,50	147,16	68,50	6,16	
	V	**1 248,75**	439,16	439,16	IV	722,25	659,33	598,00	538,25	480,16	423,66
	VI	**1 293,00**	439,16	439,16							
4712,99	I,IV	**787,58**	439,41	439,41	I	660,08	539,00	424,41	316,16	214,41	119,00
	II	**666,08**	439,41	439,41	II	544,75	429,75	321,25	219,16	123,50	37,91
	III	**428,83**	439,41	439,41	III	331,83	238,16	147,83	69,00	6,50	
	V	**1 249,75**	439,41	439,41	IV	723,08	660,08	598,75	539,00	480,91	424,41
	VI	**1 294,08**	439,41	439,41							
4715,99	I,IV	**788,50**	439,75	439,75	I	660,91	539,83	425,08	316,83	215,00	119,66
	II	**666,91**	439,75	439,75	II	545,50	430,50	321,91	219,83	124,08	38,33
	III	**429,50**	439,75	439,75	III	332,50	238,83	148,33	69,50	7,00	
	V	**1 250,75**	439,75	439,75	IV	723,91	660,91	599,58	539,83	481,66	425,08
	VI	**1 295,08**	439,75	439,75							

* Zur LSt-Berechnung für privat versicherte Arbeitnehmer s. Beispiele **Vorbemerkung S. 4f.**
** Basisvorsorgepauschale KV und PV *** Typisierter Arbeitgeberzuschuss

Lohn/ Gehalt in € bis	Steuerklasse	Lohn-steuer*	BVSP**	TAGZ***	Steuerklasse	Bemessungsgrundlage für Kirchensteuer und Solidaritätszuschlag					
						Freibeträge für ... Kinder					
						0,5	**1,0**	1,5	**2,0**	2,5	**3,0**
4 718,99	I,IV	**789,33**	440,00	440,00	I	661,75	540,58	425,83	317,58	215,66	120,25
	II	**667,75**	440,00	440,00	II	546,25	431,25	322,66	220,41	124,66	38,83
	III	**430,16**	440,00	440,00	III	333,16	239,33	149,00	70,00	7,33	
	V	**1 251,83**	440,00	440,00	IV	724,75	661,75	600,33	540,58	482,41	425,83
	VI	**1 296,08**	440,00	440,00							
4 721,99	I,IV	**790,16**	440,25	440,25	I	662,58	541,33	426,58	318,25	216,33	120,83
	II	**668,58**	440,25	440,25	II	547,08	432,00	323,33	221,08	125,33	39,33
	III	**430,83**	440,25	440,25	III	333,83	240,00	149,50	70,33	7,66	
	V	**1 252,83**	440,25	440,25	IV	725,58	662,58	601,16	541,33	483,16	426,58
	VI	**1 297,16**	440,25	440,25							
4 724,99	I,IV	**791,00**	440,58	440,58	I	663,33	542,08	427,33	318,91	217,00	121,41
	II	**669,33**	440,58	440,58	II	547,83	432,66	324,00	221,75	125,91	39,83
	III	**431,50**	440,58	440,58	III	334,33	240,50	150,00	70,83	8,00	
	V	**1 253,83**	440,58	440,58	IV	726,41	663,33	601,91	542,08	483,91	427,33
	VI	**1 298,16**	440,58	440,58							
4 727,99	I,IV	**791,91**	440,83	440,83	I	664,16	542,91	428,00	319,58	217,58	122,08
	II	**670,16**	440,83	440,83	II	548,58	433,41	324,66	222,41	126,50	40,25
	III	**432,00**	440,83	440,83	III	335,00	241,16	150,66	71,33	8,33	
	V	**1 254,83**	440,83	440,83	IV	727,25	664,16	602,75	542,91	484,66	428,00
	VI	**1 299,16**	440,83	440,83							
4 730,99	I,IV	**792,75**	441,08	441,08	I	665,00	543,66	428,75	320,33	218,25	122,66
	II	**671,00**	441,08	441,08	II	549,41	434,16	325,41	223,08	127,16	40,75
	III	**432,66**	441,08	441,08	III	335,66	241,83	151,16	71,83	8,66	
	V	**1 255,91**	441,08	441,08	IV	728,08	665,00	603,50	543,66	485,41	428,75
	VI	**1 300,25**	441,08	441,08							
4 733,99	I,IV	**793,58**	441,41	441,41	I	665,83	544,41	429,50	321,00	218,91	123,25
	II	**671,83**	441,41	441,41	II	550,16	434,91	326,08	223,66	127,75	41,25
	III	**433,33**	441,41	441,41	III	336,33	242,33	151,83	72,33	9,00	
	V	**1 256,91**	441,41	441,41	IV	728,91	665,83	604,33	544,41	486,16	429,50
	VI	**1 301,25**	441,41	441,41							
4 736,99	I,IV	**794,41**	441,66	441,66	I	666,58	545,16	430,25	321,66	219,58	123,83
	II	**672,66**	441,66	441,66	II	550,91	435,58	326,75	224,33	128,33	41,75
	III	**434,00**	441,66	441,66	III	336,83	243,00	152,33	72,66	9,33	
	V	**1 257,91**	441,66	441,66	IV	729,75	666,58	605,08	545,16	486,91	430,25
	VI	**1 302,25**	441,66	441,66							
4 739,99	I,IV	**795,33**	442,00	442,00	I	667,41	546,00	431,00	322,41	220,25	124,50
	II	**673,50**	442,00	442,00	II	551,66	436,33	327,50	225,00	128,91	42,25
	III	**434,66**	442,00	442,00	III	337,50	243,66	153,00	73,16	9,83	
	V	**1 259,00**	442,00	442,00	IV	730,58	667,41	605,91	546,00	487,66	431,00
	VI	**1 303,33**	442,00	442,00							
4 742,99	I,IV	**796,16**	442,25	442,25	I	668,25	546,75	431,66	323,08	220,83	125,08
	II	**674,25**	442,25	442,25	II	552,50	437,08	328,16	225,66	129,58	42,66
	III	**435,33**	442,25	442,25	III	338,16	244,16	153,50	73,66	10,16	
	V	**1 260,00**	442,25	442,25	IV	731,41	668,25	606,66	546,75	488,41	431,66
	VI	**1 304,33**	442,25	442,25							
4 745,99	I,IV	**797,00**	442,50	442,50	I	669,08	547,50	432,41	323,75	221,50	125,66
	II	**675,08**	442,50	442,50	II	553,25	437,83	328,83	226,25	130,16	43,16
	III	**436,00**	442,50	442,50	III	338,83	244,83	154,00	74,16	10,50	
	V	**1 261,00**	442,50	442,50	IV	732,25	669,08	607,50	547,50	489,16	432,41
	VI	**1 305,33**	442,50	442,50							
4 748,99	I,IV	**797,91**	442,83	442,83	I	669,83	548,33	433,16	324,41	222,16	126,25
	II	**675,91**	442,83	442,83	II	554,00	438,58	329,50	226,91	130,75	43,66
	III	**436,66**	442,83	442,83	III	339,33	245,33	154,66	74,66	10,83	
	V	**1 262,00**	442,83	442,83	IV	733,08	669,83	608,25	548,33	489,91	433,16
	VI	**1 306,33**	442,83	442,83							
4 751,99	I,IV	**798,75**	443,08	443,08	I	670,75	549,08	433,91	325,16	222,83	126,91
	II	**676,75**	443,08	443,08	II	554,83	439,33	330,25	227,58	131,41	44,16
	III	**437,33**	443,08	443,08	III	340,00	246,00	155,16	75,00	11,16	
	V	**1 263,08**	443,08	443,08	IV	733,91	670,75	609,08	549,08	490,66	433,91
	VI	**1 307,41**	443,08	443,08							

* Zur LSt-Berechnung für privat versicherte Arbeitnehmer s. Beispiele **Vorbemerkung S. 4 f.**
** Basisvorsorgepauschale KV und PV *** Typisierter Arbeitgeberzuschuss

Lohn/ Gehalt in € bis	Steuerklasse	Lohn-steuer*	BVSP**	TAGZ***	Steuerklasse	Bemessungsgrundlage für Kirchensteuer und Solidaritätszuschlag					
						Freibeträge für ... Kinder					
						0,5	**1,0**	1,5	**2,0**	2,5	**3,0**
4 754,99	I,IV	**799,58**	443,33	443,33	I	671,50	549,83	434,58	325,83	223,41	127,50
	II	**677,58**	443,33	443,33	II	555,58	440,00	330,91	228,25	132,00	44,66
	III	**437,83**	443,33	443,33	III	340,66	246,66	155,83	75,50	11,66	
	V	**1 264,08**	443,33	443,33	IV	734,75	671,50	609,91	549,83	491,41	434,58
	VI	**1 308,41**	443,33	443,33							
4 757,99	I,IV	**800,50**	443,66	443,66	I	672,33	550,58	435,33	326,50	224,08	128,08
	II	**678,33**	443,66	443,66	II	556,33	440,75	331,58	228,91	132,58	45,16
	III	**438,50**	443,66	443,66	III	341,33	247,16	156,33	76,00	12,00	
	V	**1 265,08**	443,66	443,66	IV	735,58	672,33	610,66	550,58	492,16	435,33
	VI	**1 309,41**	443,66	443,66							
4 760,99	I,IV	**801,33**	443,91	443,91	I	673,16	551,41	436,08	327,25	224,75	128,75
	II	**679,16**	443,91	443,91	II	557,16	441,50	332,33	229,58	133,25	45,66
	III	**439,16**	443,91	443,91	III	342,00	247,83	157,00	76,50	12,33	
	V	**1 266,16**	443,91	443,91	IV	736,41	673,16	611,50	551,41	492,91	436,08
	VI	**1 310,50**	443,91	443,91							
4 763,99	I,IV	**802,16**	444,16	444,16	I	674,00	552,16	436,83	327,91	225,41	129,33
	II	**680,00**	444,16	444,16	II	557,91	442,25	333,00	230,16	133,83	46,16
	III	**439,83**	444,16	444,16	III	342,50	248,50	157,50	77,00	12,66	
	V	**1 267,16**	444,16	444,16	IV	737,25	674,00	612,25	552,16	493,66	436,83
	VI	**1 311,50**	444,16	444,16							
4 766,99	I,IV	**803,08**	444,50	444,50	I	674,75	552,91	437,58	328,58	226,00	129,91
	II	**680,83**	444,50	444,50	II	558,66	443,00	333,66	230,83	134,41	46,66
	III	**440,50**	444,50	444,50	III	343,16	249,00	158,16	77,50	13,00	
	V	**1 268,16**	444,50	444,50	IV	738,08	674,75	613,08	552,91	494,41	437,58
	VI	**1 312,50**	444,50	444,50							
4 769,99	I,IV	**803,91**	444,75	444,75	I	675,66	553,75	438,33	329,25	226,66	130,58
	II	**681,66**	444,75	444,75	II	559,50	443,75	334,41	231,50	135,08	47,16
	III	**441,16**	444,75	444,75	III	343,83	249,66	158,66	77,83	13,50	
	V	**1 269,25**	444,75	444,75	IV	739,00	675,66	613,91	553,75	495,25	438,33
	VI	**1 313,58**	444,75	444,75							
4 772,99	I,IV	**804,75**	445,00	445,00	I	676,41	554,50	439,00	330,00	227,33	131,16
	II	**682,50**	445,00	445,00	II	560,25	444,41	335,08	232,16	135,66	47,66
	III	**441,83**	445,00	445,00	III	344,33	250,16	159,33	78,33	13,83	
	V	**1 270,25**	445,00	445,00	IV	739,83	676,41	614,66	554,50	496,00	439,00
	VI	**1 314,58**	445,00	445,00							
4 775,99	I,IV	**805,66**	445,33	445,33	I	677,25	555,25	439,75	330,66	228,00	131,75
	II	**683,33**	445,33	445,33	II	561,00	445,16	335,75	232,83	136,25	48,16
	III	**442,50**	445,33	445,33	III	345,00	250,83	159,83	78,83	14,16	
	V	**1 271,25**	445,33	445,33	IV	740,66	677,25	615,50	555,25	496,75	439,75
	VI	**1 315,58**	445,33	445,33							
4 778,99	I,IV	**806,50**	445,58	445,58	I	678,08	556,08	440,50	331,33	228,66	132,33
	II	**684,08**	445,58	445,58	II	561,83	445,91	336,50	233,41	136,83	48,66
	III	**443,00**	445,58	445,58	III	345,66	251,50	160,50	79,33	14,50	
	V	**1 272,25**	445,58	445,58	IV	741,50	678,08	616,25	556,08	497,50	440,50
	VI	**1 316,58**	445,58	445,58							
4 781,99	I,IV	**807,33**	445,91	445,91	I	678,91	556,83	441,25	332,08	229,33	133,00
	II	**684,91**	445,91	445,91	II	562,58	446,66	337,16	234,08	137,50	49,16
	III	**443,66**	445,91	445,91	III	346,33	252,00	161,00	79,83	14,83	
	V	**1 273,33**	445,91	445,91	IV	742,33	678,91	617,08	556,83	498,25	441,25
	VI	**1 317,66**	445,91	445,91							
4 784,99	I,IV	**808,25**	446,16	446,16	I	679,75	557,58	442,00	332,75	229,91	133,58
	II	**685,75**	446,16	446,16	II	563,33	447,41	337,83	234,75	138,08	49,66
	III	**444,33**	446,16	446,16	III	347,00	252,66	161,66	80,33	15,33	
	V	**1 274,33**	446,16	446,16	IV	743,16	679,75	617,83	557,58	499,00	442,00
	VI	**1 318,66**	446,16	446,16							
4 787,99	I,IV	**809,08**	446,41	446,41	I	680,50	558,41	442,66	333,41	230,58	134,16
	II	**686,58**	446,41	446,41	II	564,16	448,16	338,58	235,41	138,66	50,16
	III	**445,00**	446,41	446,41	III	347,50	253,33	162,16	80,83	15,66	
	V	**1 275,33**	446,41	446,41	IV	744,00	680,50	618,66	558,41	499,75	442,66
	VI	**1 319,66**	446,41	446,41							

* Zur LSt-Berechnung für privat versicherte Arbeitnehmer s. Beispiele **Vorbemerkung S. 4f.**
** Basisvorsorgepauschale KV und PV *** Typisierter Arbeitgeberzuschuss

Lohn/ Gehalt in € bis	Steuerklasse	Lohn- steuer*	BVSP**	TAGZ***	Steuerklasse	Bemessungsgrundlage für Kirchensteuer und Solidaritätszuschlag					
						Freibeträge für ... Kinder					
						0,5	**1,0**	1,5	**2,0**	2,5	**3,0**
4 790,99	I,IV	**810,00**	446,75	446,75	I	681,33	559,16	443,41	334,16	231,25	134,83
	II	**687,41**	446,75	446,75	II	564,91	448,91	339,25	236,08	139,33	50,66
	III	**445,66**	446,75	446,75	III	348,16	253,83	162,83	81,16	16,00	
	V	**1 276,41**	446,75	446,75	IV	744,83	681,33	619,50	559,16	500,50	443,41
	VI	**1 320,75**	446,75	446,75							
4 793,99	I,IV	**810,83**	447,00	447,00	I	682,16	560,00	444,16	334,83	231,91	135,41
	II	**688,25**	447,00	447,00	II	565,75	449,58	339,91	236,75	139,91	51,16
	III	**446,33**	447,00	447,00	III	348,83	254,50	163,33	81,66	16,33	
	V	**1 277,41**	447,00	447,00	IV	745,66	682,16	620,25	560,00	501,25	444,16
	VI	**1 321,75**	447,00	447,00							
4 796,99	I,IV	**811,66**	447,25	447,25	I	683,00	560,75	444,91	335,50	232,58	136,00
	II	**689,08**	447,25	447,25	II	566,50	450,33	340,66	237,33	140,50	51,66
	III	**447,00**	447,25	447,25	III	349,50	255,16	164,00	82,16	16,83	
	V	**1 278,41**	447,25	447,25	IV	746,50	683,00	621,08	560,75	502,00	444,91
	VI	**1 322,75**	447,25	447,25							
4 799,99	I,IV	**812,58**	447,58	447,58	I	683,83	561,50	445,66	336,25	233,25	136,66
	II	**689,91**	447,58	447,58	II	567,25	451,08	341,33	238,08	141,16	52,16
	III	**447,66**	447,58	447,58	III	350,00	255,66	164,50	82,66	17,16	
	V	**1 279,50**	447,58	447,58	IV	747,41	683,83	621,83	561,50	502,83	445,66
	VI	**1 323,83**	447,58	447,58							
4 802,99	I,IV	**813,41**	447,83	447,83	I	684,66	562,33	446,41	336,91	233,83	137,25
	II	**690,66**	447,83	447,83	II	568,08	451,83	342,08	238,66	141,75	52,75
	III	**448,33**	447,83	447,83	III	350,66	256,33	165,16	83,16	17,50	
	V	**1 280,50**	447,83	447,83	IV	748,25	684,66	622,66	562,33	503,58	446,41
	VI	**1 324,83**	447,83	447,83							
4 805,99	I,IV	**814,25**	448,08	448,08	I	685,41	563,08	447,08	337,58	234,50	137,83
	II	**691,50**	448,08	448,08	II	568,83	452,58	342,75	239,33	142,33	53,25
	III	**449,00**	448,08	448,08	III	351,33	256,83	165,66	83,66	17,83	
	V	**1 281,50**	448,08	448,08	IV	749,08	685,41	623,50	563,08	504,33	447,08
	VI	**1 325,83**	448,08	448,08							
4 808,99	I,IV	**815,08**	448,41	448,41	I	686,25	563,83	447,83	338,33	235,16	138,50
	II	**692,33**	448,41	448,41	II	569,58	453,33	343,41	240,00	143,00	53,75
	III	**449,66**	448,41	448,41	III	352,00	257,50	166,33	84,16	18,33	
	V	**1 282,50**	448,41	448,41	IV	749,91	686,25	624,25	563,83	505,08	447,83
	VI	**1 326,83**	448,41	448,41							
4 811,99	I,IV	**816,00**	448,66	448,66	I	687,08	564,66	448,58	339,00	235,83	139,08
	II	**693,16**	448,66	448,66	II	570,41	454,08	344,16	240,66	143,58	54,25
	III	**450,33**	448,66	448,66	III	352,66	258,16	167,00	84,66	18,66	
	V	**1 283,58**	448,66	448,66	IV	750,75	687,08	625,08	564,66	505,83	448,58
	VI	**1 327,91**	448,66	448,66							
4 814,99	I,IV	**816,83**	448,91	448,91	I	687,91	565,41	449,33	339,66	236,50	139,66
	II	**694,00**	448,91	448,91	II	571,16	454,83	344,83	241,33	144,25	54,75
	III	**450,83**	448,91	448,91	III	353,16	258,66	167,50	85,16	19,00	
	V	**1 284,58**	448,91	448,91	IV	751,58	687,91	625,83	565,41	506,58	449,33
	VI	**1 328,91**	448,91	448,91							
4 817,99	I,IV	**817,75**	449,25	449,25	I	688,75	566,16	450,08	340,41	237,16	140,33
	II	**694,83**	449,25	449,25	II	571,91	455,50	345,50	242,00	144,83	55,25
	III	**451,50**	449,25	449,25	III	353,83	259,33	168,16	85,66	19,50	
	V	**1 285,58**	449,25	449,25	IV	752,41	688,75	626,66	566,16	507,33	450,08
	VI	**1 329,91**	449,25	449,25							
4 820,99	I,IV	**818,58**	449,50	449,50	I	689,58	567,00	450,83	341,08	237,83	140,91
	II	**695,66**	449,50	449,50	II	572,75	456,25	346,25	242,66	145,41	55,83
	III	**452,16**	449,50	449,50	III	354,50	260,00	168,66	86,16	19,83	
	V	**1 286,66**	449,50	449,50	IV	753,25	689,58	627,50	567,00	508,08	450,83
	VI	**1 331,00**	449,50	449,50							
4 823,99	I,IV	**819,50**	449,83	449,83	I	690,41	567,75	451,58	341,75	238,41	141,50
	II	**696,50**	449,83	449,83	II	573,50	457,00	346,91	243,25	146,08	56,33
	III	**452,83**	449,83	449,83	III	355,16	260,50	169,16	86,50	20,16	
	V	**1 287,66**	449,83	449,83	IV	754,16	690,41	628,25	567,75	508,83	451,58
	VI	**1 332,00**	449,83	449,83							

* Zur LSt-Berechnung für privat versicherte Arbeitnehmer s. Beispiele **Vorbemerkung S. 4 f.**
** Basisvorsorgepauschale KV und PV *** Typisierter Arbeitgeberzuschuss

Lohn/ Gehalt in € bis	Steuerklasse	Lohn-steuer*	BVSP**	TAGZ***	Steuerklasse	Bemessungsgrundlage für Kirchensteuer und Solidaritätszuschlag					
						Freibeträge für ... Kinder					
						0,5	**1,0**	1,5	**2,0**	2,5	**3,0**
4 826,99	I,IV	**820,33**	450,08	450,08	I	691,25	568,50	452,33	342,50	239,08	142,16
	II	**697,33**	450,08	450,08	II	574,33	457,75	347,66	243,91	146,66	56,83
	III	**453,50**	450,08	450,08	III	355,66	261,16	169,83	87,00	20,50	
	V	**1 288,66**	450,08	450,08	IV	755,00	691,25	629,08	568,50	509,58	452,33
	VI	**1 333,00**	450,08	450,08							
4 829,99	I,IV	**821,16**	450,33	450,33	I	692,00	569,33	453,00	343,16	239,75	142,75
	II	**698,08**	450,33	450,33	II	575,08	458,50	348,33	244,58	147,25	57,41
	III	**454,16**	450,33	450,33	III	356,33	261,83	170,33	87,50	21,00	
	V	**1 289,75**	450,33	450,33	IV	755,83	692,00	629,83	569,33	510,33	453,00
	VI	**1 334,00**	450,33	450,33							
4 832,99	I,IV	**822,08**	450,66	450,66	I	692,83	570,08	453,75	343,91	240,41	143,41
	II	**699,00**	450,66	450,66	II	575,91	459,25	349,00	245,25	147,91	57,91
	III	**454,83**	450,66	450,66	III	357,00	262,33	171,00	88,00	21,33	
	V	**1 290,75**	450,66	450,66	IV	756,66	692,83	630,66	570,08	511,16	453,75
	VI	**1 335,08**	450,66	450,66							
4 835,99	I,IV	**822,91**	450,91	450,91	I	693,66	570,91	454,50	344,58	241,08	144,00
	II	**699,75**	450,91	450,91	II	576,66	460,00	349,75	245,91	148,50	58,41
	III	**455,50**	450,91	450,91	III	357,66	263,00	171,66	88,50	21,66	
	V	**1 291,75**	450,91	450,91	IV	757,50	693,66	631,50	570,91	511,91	454,50
	VI	**1 336,08**	450,91	450,91							
4 838,99	I,IV	**823,75**	451,16	451,16	I	694,50	571,66	455,25	345,25	241,75	144,58
	II	**700,58**	451,16	451,16	II	577,41	460,75	350,41	246,58	149,16	59,00
	III	**456,00**	451,16	451,16	III	358,16	263,66	172,16	89,00	22,00	
	V	**1 292,83**	451,16	451,16	IV	758,33	694,50	632,25	571,66	512,66	455,25
	VI	**1 337,08**	451,16	451,16							
4 841,99	I,IV	**824,66**	451,50	451,50	I	695,33	572,50	456,00	346,00	242,41	145,25
	II	**701,41**	451,50	451,50	II	578,25	461,50	351,16	247,25	149,75	59,50
	III	**456,66**	451,50	451,50	III	358,83	264,16	172,83	89,50	22,50	
	V	**1 293,83**	451,50	451,50	IV	759,16	695,33	633,08	572,50	513,41	456,00
	VI	**1 338,16**	451,50	451,50							
4 844,99	I,IV	**825,50**	451,75	451,75	I	696,16	573,25	456,75	346,66	243,00	145,83
	II	**702,25**	451,75	451,75	II	579,00	462,25	351,83	247,91	150,41	60,08
	III	**457,33**	451,75	451,75	III	359,50	264,83	173,33	90,00	22,83	
	V	**1 294,83**	451,75	451,75	IV	760,08	696,16	633,91	573,25	514,16	456,75
	VI	**1 339,16**	451,75	451,75							
4 847,99	I,IV	**826,41**	452,00	452,00	I	697,00	574,00	457,50	347,33	243,66	146,41
	II	**703,08**	452,00	452,00	II	579,83	462,91	352,50	248,58	151,00	60,58
	III	**458,00**	452,00	452,00	III	360,16	265,50	174,00	90,50	23,16	
	V	**1 295,83**	452,00	452,00	IV	760,91	697,00	634,66	574,00	514,91	457,50
	VI	**1 340,16**	452,00	452,00							
4 850,99	I,IV	**827,25**	452,33	452,33	I	697,83	574,83	458,25	348,08	244,33	147,08
	II	**703,91**	452,33	452,33	II	580,58	463,75	353,25	249,25	151,58	61,08
	III	**458,66**	452,33	452,33	III	360,83	266,00	174,50	91,00	23,66	
	V	**1 296,91**	452,33	452,33	IV	761,75	697,83	635,50	574,83	515,75	458,25
	VI	**1 341,25**	452,33	452,33							
4 853,99	I,IV	**828,16**	452,58	452,58	I	698,66	575,58	459,00	348,75	245,00	147,66
	II	**704,75**	452,58	452,58	II	581,41	464,41	353,91	249,91	152,25	61,66
	III	**459,33**	452,58	452,58	III	361,33	266,66	175,16	91,50	24,00	
	V	**1 297,91**	452,58	452,58	IV	762,58	698,66	636,33	575,58	516,50	459,00
	VI	**1 342,25**	452,58	452,58							
4 856,99	I,IV	**829,00**	452,83	452,83	I	699,50	576,33	459,66	349,50	245,66	148,33
	II	**705,58**	452,83	452,83	II	582,16	465,16	354,66	250,50	152,83	62,16
	III	**460,00**	452,83	452,83	III	362,00	267,33	175,66	92,00	24,33	
	V	**1 298,91**	452,83	452,83	IV	763,41	699,50	637,08	576,33	517,25	459,66
	VI	**1 343,25**	452,83	452,83							
4 859,99	I,IV	**829,83**	453,16	453,16	I	700,25	577,16	460,41	350,16	246,33	148,91
	II	**706,41**	453,16	453,16	II	582,91	465,91	355,33	251,16	153,41	62,75
	III	**460,66**	453,16	453,16	III	362,66	267,83	176,33	92,50	24,83	
	V	**1 300,00**	453,16	453,16	IV	764,25	700,25	637,91	577,16	518,00	460,41
	VI	**1 344,25**	453,16	453,16							

* Zur LSt-Berechnung für privat versicherte Arbeitnehmer s. Beispiele **Vorbemerkung S. 4 f.**
** Basisvorsorgepauschale KV und PV *** Typisierter Arbeitgeberzuschuss

Lohn/ Gehalt in € bis	Steuerklasse	Lohn-steuer*	BVSP**	TAGZ***	Steuerklasse	Bemessungsgrundlage für Kirchensteuer und Solidaritätszuschlag – Freibeträge für ... Kinder 0,5	1,0	1,5	2,0	2,5	3,0
4 862,99	I,IV	**830,75**	453,41	453,41	I	701,16	577,91	461,16	350,91	247,00	149,50
	II	**707,25**	453,41	453,41	II	583,75	466,66	356,08	251,83	154,08	63,25
	III	**461,33**	453,41	453,41	III	363,33	268,50	176,83	93,00	25,16	
	V	**1 301,00**	453,41	453,41	IV	765,16	701,16	638,75	577,91	518,75	461,16
	VI	**1 345,33**	453,41	453,41							
4 865,99	I,IV	**831,58**	453,75	453,75	I	701,91	578,75	461,91	351,58	247,66	150,16
	II	**708,08**	453,75	453,75	II	584,50	467,41	356,75	252,50	154,66	63,83
	III	**462,00**	453,75	453,75	III	363,83	269,16	177,50	93,50	25,50	
	V	**1 302,00**	453,75	453,75	IV	766,00	701,91	639,50	578,75	519,50	461,91
	VI	**1 346,33**	453,75	453,75							
4 868,99	I,IV	**832,50**	454,00	454,00	I	702,75	579,50	462,66	352,25	248,33	150,75
	II	**708,91**	454,00	454,00	II	585,33	468,16	357,41	253,16	155,33	64,33
	III	**462,66**	454,00	454,00	III	364,50	269,66	178,00	94,00	26,00	
	V	**1 303,08**	454,00	454,00	IV	766,83	702,75	640,33	579,50	520,25	462,66
	VI	**1 347,33**	454,00	454,00							
4 871,99	I,IV	**833,33**	454,25	454,25	I	703,58	580,33	463,41	353,00	249,00	151,41
	II	**709,75**	454,25	454,25	II	586,08	468,91	358,16	253,83	155,91	64,91
	III	**463,33**	454,25	454,25	III	365,16	270,33	178,66	94,50	26,33	
	V	**1 304,08**	454,25	454,25	IV	767,66	703,58	641,16	580,33	521,08	463,41
	VI	**1 348,41**	454,25	454,25							
4 874,99	I,IV	**834,25**	454,58	454,58	I	704,41	581,08	464,16	353,66	249,66	152,00
	II	**710,58**	454,58	454,58	II	586,91	469,66	358,83	254,50	156,58	65,41
	III	**463,83**	454,58	454,58	III	365,83	271,00	179,16	95,00	26,83	
	V	**1 305,08**	454,58	454,58	IV	768,50	704,41	642,00	581,08	521,83	464,16
	VI	**1 349,41**	454,58	454,58							
4 877,99	I,IV	**835,08**	454,83	454,83	I	705,25	581,83	464,91	354,41	250,25	152,58
	II	**711,41**	454,83	454,83	II	587,66	470,41	359,58	255,16	157,16	66,00
	III	**464,50**	454,83	454,83	III	366,50	271,50	179,83	95,50	27,16	
	V	**1 306,16**	454,83	454,83	IV	769,33	705,25	642,75	581,83	522,58	464,91
	VI	**1 350,41**	454,83	454,83							
4 880,99	I,IV	**835,91**	455,08	455,08	I	706,08	582,66	465,66	355,08	250,91	153,25
	II	**712,16**	455,08	455,08	II	588,41	471,16	360,25	255,83	157,83	66,58
	III	**465,16**	455,08	455,08	III	367,00	272,16	180,33	96,00	27,50	
	V	**1 307,16**	455,08	455,08	IV	770,16	706,08	643,58	582,66	523,33	465,66
	VI	**1 351,41**	455,08	455,08							
4 883,99	I,IV	**836,83**	455,41	455,41	I	706,91	583,41	466,41	355,83	251,58	153,83
	II	**713,08**	455,41	455,41	II	589,25	471,91	361,00	256,50	158,41	67,08
	III	**465,83**	455,41	455,41	III	367,66	272,83	181,00	96,50	28,00	
	V	**1 308,16**	455,41	455,41	IV	771,08	706,91	644,41	583,41	524,16	466,41
	VI	**1 352,50**	455,41	455,41							
4 886,99	I,IV	**837,66**	455,66	455,66	I	707,75	584,25	467,16	356,50	252,25	154,50
	II	**713,83**	455,66	455,66	II	590,08	472,66	361,66	257,16	159,08	67,66
	III	**466,50**	455,66	455,66	III	368,33	273,33	181,66	97,00	28,33	
	V	**1 309,25**	455,66	455,66	IV	771,91	707,75	645,16	584,25	524,91	467,16
	VI	**1 353,50**	455,66	455,66							
4 889,99	I,IV	**838,58**	455,91	455,91	I	708,58	585,00	467,91	357,16	252,91	155,08
	II	**714,66**	455,91	455,91	II	590,83	473,41	362,41	257,83	159,66	68,16
	III	**467,16**	455,91	455,91	III	369,00	274,00	182,16	97,50	28,66	
	V	**1 310,25**	455,91	455,91	IV	772,75	708,58	646,00	585,00	525,66	467,91
	VI	**1 354,50**	455,91	455,91							
4 892,99	I,IV	**839,41**	456,25	456,25	I	709,41	585,83	468,66	357,91	253,58	155,75
	II	**715,58**	456,25	456,25	II	591,66	474,16	363,08	258,50	160,33	68,75
	III	**467,83**	456,25	456,25	III	369,66	274,66	182,83	98,00	29,16	
	V	**1 311,25**	456,25	456,25	IV	773,66	709,41	646,83	585,83	526,41	468,66
	VI	**1 355,58**	456,25	456,25							
4 895,99	I,IV	**840,33**	456,50	456,50	I	710,25	586,58	469,41	358,58	254,25	156,33
	II	**716,33**	456,50	456,50	II	592,41	474,91	363,83	259,16	160,91	69,33
	III	**468,50**	456,50	456,50	III	370,16	275,16	183,33	98,50	29,50	
	V	**1 312,25**	456,50	456,50	IV	774,50	710,25	647,58	586,58	527,16	469,41
	VI	**1 356,58**	456,50	456,50							

* Zur LSt-Berechnung für privat versicherte Arbeitnehmer s. Beispiele **Vorbemerkung S. 4 f.**
** Basisvorsorgepauschale KV und PV *** Typisierter Arbeitgeberzuschuss

Lohn/ Gehalt in € bis	Steuerklasse	Lohn-steuer*	BVSP**	TAGZ***	Steuerklasse	Bemessungsgrundlage für Kirchensteuer und Solidaritätszuschlag – Freibeträge für ... Kinder 0,5	**1,0**	1,5	**2,0**	2,5	**3,0**
4 898,99	I,IV	**841,16**	456,75	456,75	I	711,08	587,41	470,16	359,33	254,91	156,91
	II	**717,16**	456,75	456,75	II	593,16	475,66	364,50	259,83	161,50	69,91
	III	**469,16**	456,75	456,75	III	370,83	275,83	184,00	99,00	29,83	
	V	**1 313,33**	456,75	456,75	IV	775,33	711,08	648,41	587,41	527,91	470,16
	VI	**1 357,58**	456,75	456,75							
4 901,99	I,IV	**842,08**	457,08	457,08	I	711,91	588,16	470,91	360,00	255,58	157,58
	II	**718,08**	457,08	457,08	II	594,00	476,41	365,25	260,50	162,16	70,41
	III	**469,83**	457,08	457,08	III	371,50	276,50	184,50	99,50	30,33	
	V	**1 314,33**	457,08	457,08	IV	776,16	711,91	649,25	588,16	528,75	470,91
	VI	**1 358,66**	457,08	457,08							
4 904,99	I,IV	**842,91**	457,33	457,33	I	712,75	589,00	471,66	360,75	256,25	158,16
	II	**718,83**	457,33	457,33	II	594,83	477,16	365,91	261,16	162,75	71,00
	III	**470,50**	457,33	457,33	III	372,16	277,00	185,16	100,00	30,66	
	V	**1 315,33**	457,33	457,33	IV	777,00	712,75	650,08	589,00	529,50	471,66
	VI	**1 359,66**	457,33	457,33							
4 907,99	I,IV	**843,83**	457,66	457,66	I	713,58	589,75	472,33	361,41	256,91	158,83
	II	**719,66**	457,66	457,66	II	595,58	477,91	366,58	261,83	163,41	71,58
	III	**471,16**	457,66	457,66	III	372,83	277,66	185,66	100,50	31,16	
	V	**1 316,41**	457,66	457,66	IV	777,91	713,58	650,83	589,75	530,25	472,33
	VI	**1 360,66**	457,66	457,66							
4 910,99	I,IV	**844,66**	457,91	457,91	I	714,41	590,50	473,08	362,08	257,58	159,41
	II	**720,50**	457,91	457,91	II	596,33	478,66	367,33	262,41	164,00	72,08
	III	**471,83**	457,91	457,91	III	373,33	278,33	186,33	101,00	31,50	
	V	**1 317,41**	457,91	457,91	IV	778,75	714,41	651,66	590,50	531,00	473,08
	VI	**1 361,75**	457,91	457,91							
4 913,99	I,IV	**845,58**	458,16	458,16	I	715,25	591,33	473,83	362,83	258,25	160,08
	II	**721,41**	458,16	458,16	II	597,16	479,41	368,08	263,16	164,66	72,66
	III	**472,50**	458,16	458,16	III	374,00	278,83	187,00	101,50	32,00	
	V	**1 318,41**	458,16	458,16	IV	779,58	715,25	652,50	591,33	531,83	473,83
	VI	**1 362,75**	458,16	458,16							
4 916,99	I,IV	**846,41**	458,50	458,50	I	716,08	592,08	474,58	363,50	258,91	160,66
	II	**722,16**	458,50	458,50	II	597,91	480,16	368,75	263,83	165,25	73,25
	III	**473,00**	458,50	458,50	III	374,66	279,50	187,50	102,00	32,33	
	V	**1 319,50**	458,50	458,50	IV	780,41	716,08	653,25	592,08	532,58	474,58
	VI	**1 363,75**	458,50	458,50							
4 919,99	I,IV	**847,33**	458,75	458,75	I	716,91	592,91	475,33	364,25	259,58	161,33
	II	**723,00**	458,75	458,75	II	598,75	480,91	369,41	264,41	165,91	73,83
	III	**473,66**	458,75	458,75	III	375,33	280,16	188,16	102,50	32,66	
	V	**1 320,50**	458,75	458,75	IV	781,25	716,91	654,08	592,91	533,33	475,33
	VI	**1 364,75**	458,75	458,75							
4 922,99	I,IV	**848,16**	459,00	459,00	I	717,75	593,75	476,08	365,00	260,25	161,91
	II	**723,91**	459,00	459,00	II	599,58	481,66	370,16	265,16	166,50	74,41
	III	**474,33**	459,00	459,00	III	376,00	280,66	188,66	103,00	33,16	
	V	**1 321,50**	459,00	459,00	IV	782,16	717,75	654,91	593,75	534,08	476,08
	VI	**1 365,83**	459,00	459,00							
4 925,99	I,IV	**849,08**	459,33	459,33	I	718,58	594,50	476,83	365,66	260,91	162,58
	II	**724,75**	459,33	459,33	II	600,33	482,41	370,91	265,83	167,16	75,00
	III	**475,00**	459,33	459,33	III	376,50	281,33	189,33	103,50	33,50	
	V	**1 322,58**	459,33	459,33	IV	783,00	718,58	655,75	594,50	534,91	476,83
	VI	**1 366,83**	459,33	459,33							
4 928,99	I,IV	**849,91**	459,58	459,58	I	719,41	595,25	477,58	366,33	261,58	163,16
	II	**725,50**	459,58	459,58	II	601,08	483,16	371,58	266,41	167,75	75,50
	III	**475,66**	459,58	459,58	III	377,16	282,00	189,83	104,16	34,00	
	V	**1 323,58**	459,58	459,58	IV	783,83	719,41	656,50	595,25	535,66	477,58
	VI	**1 367,83**	459,58	459,58							
4 931,99	I,IV	**850,75**	459,83	459,83	I	720,25	596,08	478,33	367,08	262,16	163,75
	II	**726,33**	459,83	459,83	II	601,91	483,91	372,25	267,08	168,41	76,08
	III	**476,33**	459,83	459,83	III	377,83	282,50	190,50	104,50	34,33	
	V	**1 324,58**	459,83	459,83	IV	784,66	720,25	657,33	596,08	536,41	478,33
	VI	**1 368,91**	459,83	459,83							

* Zur LSt-Berechnung für privat versicherte Arbeitnehmer s. Beispiele **Vorbemerkung S. 4 f.**
** Basisvorsorgepauschale KV und PV *** Typisierter Arbeitgeberzuschuss

Lohn/ Gehalt in € bis	Steuerklasse	Lohn- steuer*	BVSP**	TAGZ***	Steuerklasse	Bemessungsgrundlage für Kirchensteuer und Solidaritätszuschlag: Freibeträge für … Kinder 0,5	1,0	1,5	2,0	2,5	3,0
4934,99	I,IV	**851,66**	460,16	460,16	I	721,08	596,83	479,08	367,75	262,91	164,41
	II	**727,25**	460,16	460,16	II	602,75	484,66	373,00	267,83	169,00	76,66
	III	**477,00**	460,16	460,16	III	378,50	283,16	191,00	105,16	34,83	
	V	**1 325,58**	460,16	460,16	IV	785,58	721,08	658,16	596,83	537,16	479,08
	VI	**1 369,91**	460,16	460,16							
4937,99	I,IV	**852,58**	460,41	460,41	I	721,91	597,66	479,83	368,50	263,58	165,00
	II	**728,08**	460,41	460,41	II	603,50	485,41	373,75	268,50	169,66	77,25
	III	**477,66**	460,41	460,41	III	379,16	283,83	191,66	105,66	35,16	
	V	**1 326,66**	460,41	460,41	IV	786,41	721,91	659,00	597,66	537,91	479,83
	VI	**1 370,91**	460,41	460,41							
4940,99	I,IV	**853,41**	460,66	460,66	I	722,75	598,41	480,58	369,16	264,16	165,66
	II	**728,91**	460,66	460,66	II	604,25	486,16	374,41	269,08	170,25	77,83
	III	**478,33**	460,66	460,66	III	379,66	284,33	192,16	106,16	35,50	
	V	**1 327,66**	460,66	460,66	IV	787,25	722,75	659,75	598,41	538,75	480,58
	VI	**1 372,00**	460,66	460,66							
4943,99	I,IV	**854,33**	461,00	461,00	I	723,58	599,25	481,33	369,91	264,91	166,25
	II	**729,75**	461,00	461,00	II	605,08	486,91	375,16	269,83	170,91	78,41
	III	**479,00**	461,00	461,00	III	380,33	285,00	192,83	106,66	36,00	
	V	**1 328,66**	461,00	461,00	IV	788,16	723,58	660,58	599,25	539,50	481,33
	VI	**1 373,00**	461,00	461,00							
4946,99	I,IV	**855,16**	461,25	461,25	I	724,41	600,00	482,08	370,58	265,58	166,91
	II	**730,58**	461,25	461,25	II	605,91	487,66	375,83	270,50	171,50	79,00
	III	**479,66**	461,25	461,25	III	381,00	285,66	193,50	107,16	36,33	
	V	**1 329,75**	461,25	461,25	IV	789,00	724,41	661,41	600,00	540,25	482,08
	VI	**1 374,00**	461,25	461,25							
4949,99	I,IV	**856,08**	461,58	461,58	I	725,25	600,83	482,83	371,33	266,16	167,50
	II	**731,41**	461,58	461,58	II	606,66	488,41	376,58	271,16	172,16	79,58
	III	**480,33**	461,58	461,58	III	381,66	286,16	194,00	107,66	36,83	
	V	**1 330,75**	461,58	461,58	IV	789,83	725,25	662,25	600,83	541,00	482,83
	VI	**1 375,08**	461,58	461,58							
4952,99	I,IV	**856,91**	461,83	461,83	I	726,08	601,66	483,58	372,00	266,91	168,16
	II	**732,25**	461,83	461,83	II	607,50	489,16	377,25	271,83	172,75	80,16
	III	**481,00**	461,83	461,83	III	382,33	286,83	194,66	108,16	37,16	
	V	**1 331,75**	461,83	461,83	IV	790,75	726,08	663,08	601,66	541,83	483,58
	VI	**1 376,08**	461,83	461,83							
4955,99	I,IV	**857,83**	462,08	462,08	I	726,91	602,41	484,33	372,75	267,58	168,75
	II	**733,08**	462,08	462,08	II	608,25	489,91	378,00	272,50	173,41	80,75
	III	**481,66**	462,08	462,08	III	383,00	287,50	195,16	108,66	37,66	
	V	**1 332,83**	462,08	462,08	IV	791,58	726,91	663,83	602,41	542,58	484,33
	VI	**1 377,08**	462,08	462,08							
4958,99	I,IV	**858,66**	462,41	462,41	I	727,75	603,16	485,08	373,41	268,25	169,41
	II	**733,91**	462,41	462,41	II	609,08	490,66	378,66	273,16	174,00	81,33
	III	**482,16**	462,41	462,41	III	383,50	288,00	195,83	109,16	38,00	
	V	**1 333,83**	462,41	462,41	IV	792,41	727,75	664,66	603,16	543,33	485,08
	VI	**1 378,08**	462,41	462,41							
4961,99	I,IV	**859,58**	462,66	462,66	I	728,58	604,00	485,83	374,16	268,83	170,00
	II	**734,75**	462,66	462,66	II	609,83	491,41	379,41	273,83	174,66	81,91
	III	**482,83**	462,66	462,66	III	384,16	288,66	196,33	109,83	38,50	
	V	**1 334,83**	462,66	462,66	IV	793,25	728,58	665,50	604,00	544,08	485,83
	VI	**1 379,16**	462,66	462,66							
4964,99	I,IV	**860,50**	462,91	462,91	I	729,41	604,83	486,66	374,83	269,58	170,66
	II	**735,58**	462,91	462,91	II	610,66	492,16	380,08	274,50	175,25	82,50
	III	**483,50**	462,91	462,91	III	384,83	289,33	197,00	110,33	38,83	
	V	**1 335,91**	462,91	462,91	IV	794,16	729,41	666,33	604,83	544,91	486,66
	VI	**1 380,16**	462,91	462,91							
4967,99	I,IV	**861,33**	463,25	463,25	I	730,25	605,58	487,33	375,58	270,25	171,25
	II	**736,41**	463,25	463,25	II	611,50	492,91	380,83	275,16	175,91	83,08
	III	**484,16**	463,25	463,25	III	385,50	289,83	197,66	110,83	39,33	
	V	**1 336,91**	463,25	463,25	IV	795,00	730,25	667,08	605,58	545,66	487,33
	VI	**1 381,16**	463,25	463,25							

* Zur LSt-Berechnung für privat versicherte Arbeitnehmer s. Beispiele **Vorbemerkung S. 4 f.**
** Basisvorsorgepauschale KV und PV *** Typisierter Arbeitgeberzuschuss

Lohn/ Gehalt in € bis	Steuerklasse	**Lohn-steuer***	BVSP**	TAGZ***	Steuerklasse	Bemessungsgrundlage für Kirchensteuer und Solidaritätszuschlag – Freibeträge für ... Kinder 0,5	**1,0**	1,5	**2,0**	2,5	**3,0**
4970,99	I,IV	**862,16**	463,50	463,50	I	731,08	606,41	488,08	376,25	270,91	171,91
	II	**737,25**	463,50	463,50	II	612,25	493,66	381,50	275,83	176,50	83,66
	III	**484,83**	463,50	463,50	III	386,16	290,50	198,16	111,33	39,66	
	V	**1337,91**	463,50	463,50	IV	795,83	731,08	667,91	606,41	546,41	488,08
	VI	**1382,25**	463,50	463,50							
4973,99	I,IV	**863,08**	463,75	463,75	I	731,91	607,16	488,91	377,00	271,58	172,58
	II	**738,08**	463,75	463,75	II	613,08	494,41	382,25	276,50	177,16	84,25
	III	**485,50**	463,75	463,75	III	386,66	291,16	198,83	111,83	40,16	
	V	**1339,00**	463,75	463,75	IV	796,75	731,91	668,75	607,16	547,25	488,91
	VI	**1383,25**	463,75	463,75							
4976,99	I,IV	**864,00**	464,08	464,08	I	732,75	608,00	489,66	377,75	272,25	173,16
	II	**738,91**	464,08	464,08	II	613,83	495,16	383,00	277,16	177,83	84,83
	III	**486,16**	464,08	464,08	III	387,33	291,83	199,33	112,33	40,50	
	V	**1340,00**	464,08	464,08	IV	797,58	732,75	669,58	608,00	548,00	489,66
	VI	**1384,25**	464,08	464,08							
4979,99	I,IV	**864,83**	464,33	464,33	I	733,58	608,75	490,41	378,41	272,91	173,75
	II	**739,75**	464,33	464,33	II	614,66	495,91	383,66	277,83	178,41	85,41
	III	**486,83**	464,33	464,33	III	388,00	292,33	200,00	112,83	41,00	
	V	**1341,00**	464,33	464,33	IV	798,41	733,58	670,41	608,75	548,75	490,41
	VI	**1385,33**	464,33	464,33							
4982,99	I,IV	**865,75**	464,58	464,58	I	734,41	609,58	491,16	379,16	273,58	174,41
	II	**740,66**	464,58	464,58	II	615,50	496,75	384,41	278,50	179,08	86,08
	III	**487,50**	464,58	464,58	III	388,66	293,00	200,66	113,50	41,33	
	V	**1342,00**	464,58	464,58	IV	799,33	734,41	671,25	609,58	549,58	491,16
	VI	**1386,33**	464,58	464,58							
4985,99	I,IV	**866,58**	464,91	464,91	I	735,25	610,33	491,91	379,83	274,25	175,08
	II	**741,50**	464,91	464,91	II	616,25	497,50	385,08	279,16	179,66	86,66
	III	**488,16**	464,91	464,91	III	389,33	293,66	201,16	114,00	41,83	
	V	**1343,08**	464,91	464,91	IV	800,16	735,25	672,00	610,33	550,33	491,91
	VI	**1387,33**	464,91	464,91							
4988,99	I,IV	**867,58**	465,08	465,08	I	736,16	611,25	492,66	380,58	274,91	175,75
	II	**742,33**	465,08	465,08	II	617,08	498,25	385,83	279,91	180,33	87,25
	III	**488,83**	465,08	465,08	III	390,00	294,33	201,83	114,50	42,16	
	V	**1344,16**	465,08	465,08	IV	801,08	736,16	672,91	611,25	551,16	492,66
	VI	**1388,41**	465,08	465,08							
4991,99	I,IV	**868,50**	465,08	465,08	I	737,08	612,08	493,50	381,41	275,66	176,41
	II	**743,25**	465,08	465,08	II	618,00	499,08	386,66	280,66	181,08	87,91
	III	**489,50**	465,08	465,08	III	390,66	295,00	202,50	115,16	42,66	
	V	**1345,25**	465,08	465,08	IV	802,00	737,08	673,75	612,08	552,00	493,50
	VI	**1389,58**	465,08	465,08							
4994,99	I,IV	**869,50**	465,08	465,08	I	738,00	613,00	494,33	382,16	276,41	177,08
	II	**744,25**	465,08	465,08	II	618,83	499,91	387,41	281,41	181,75	88,58
	III	**490,33**	465,08	465,08	III	391,33	295,66	203,16	115,66	43,16	
	V	**1346,41**	465,08	465,08	IV	803,00	738,00	674,66	613,00	552,83	494,33
	VI	**1390,75**	465,08	465,08							
4997,99	I,IV	**870,50**	465,08	465,08	I	739,00	613,91	495,25	383,00	277,16	177,83
	II	**745,16**	465,08	465,08	II	619,75	500,83	388,25	282,16	182,50	89,25
	III	**491,00**	465,08	465,08	III	392,16	296,33	203,83	116,33	43,66	
	V	**1347,58**	465,08	465,08	IV	803,91	739,00	675,66	613,91	553,75	495,25
	VI	**1391,91**	465,08	465,08							
5000,99	I,IV	**871,50**	465,08	465,08	I	739,91	614,75	496,08	383,75	277,91	178,50
	II	**746,08**	465,08	465,08	II	620,66	501,66	389,00	282,91	183,16	89,83
	III	**491,83**	465,08	465,08	III	392,83	297,00	204,50	116,83	44,16	
	V	**1348,66**	465,08	465,08	IV	804,83	739,91	676,50	614,75	554,58	496,08
	VI	**1393,00**	465,08	465,08							
5003,99	I,IV	**872,41**	465,08	465,08	I	740,83	615,66	496,91	384,58	278,66	179,25
	II	**747,08**	465,08	465,08	II	621,58	502,50	389,83	283,66	183,83	90,50
	III	**492,50**	465,08	465,08	III	393,50	297,66	205,16	117,50	44,50	
	V	**1349,83**	465,08	465,08	IV	805,83	740,83	677,41	615,66	555,50	496,91
	VI	**1394,16**	465,08	465,08							

* Zur LSt-Berechnung für privat versicherte Arbeitnehmer s. Beispiele **Vorbemerkung S. 4f.**
** Basisvorsorgepauschale KV und PV *** Typisierter Arbeitgeberzuschuss

Lohn/ Gehalt in € bis	Steuerklasse	Lohn- steuer*	BVSP**	TAGZ***	Steuerklasse	Bemessungsgrundlage für Kirchensteuer und Solidaritätszuschlag — Freibeträge für ... Kinder 0,5	1,0	1,5	2,0	2,5	3,0
5006,99	I,IV	**873,41**	465,08	465,08	I	741,75	616,58	497,75	385,41	279,41	179,91
	II	**748,00**	465,08	465,08	II	622,41	503,33	390,66	284,41	184,58	91,16
	III	**493,33**	465,08	465,08	III	394,16	298,33	205,83	118,00	45,00	
	V	**1351,00**	465,08	465,08	IV	806,83	741,75	678,33	616,58	556,33	497,75
	VI	**1395,33**	465,08	465,08							
5009,99	I,IV	**874,41**	465,08	465,08	I	742,66	617,41	498,58	386,16	280,16	180,58
	II	**748,91**	465,08	465,08	II	623,33	504,16	391,41	285,16	185,25	91,83
	III	**494,00**	465,08	465,08	III	395,00	299,00	206,50	118,66	45,50	
	V	**1352,08**	465,08	465,08	IV	807,75	742,66	679,25	617,41	557,16	498,58
	VI	**1396,41**	465,08	465,08							
5012,99	I,IV	**875,41**	465,08	465,08	I	743,66	618,33	499,41	387,00	280,91	181,33
	II	**749,83**	465,08	465,08	II	624,25	505,00	392,25	285,91	186,00	92,50
	III	**494,66**	465,08	465,08	III	395,66	299,66	207,16	119,16	46,00	
	V	**1353,25**	465,08	465,08	IV	808,75	743,66	680,16	618,33	558,08	499,41
	VI	**1397,58**	465,08	465,08							
5015,99	I,IV	**876,41**	465,08	465,08	I	744,58	619,25	500,25	387,75	281,66	182,00
	II	**750,83**	465,08	465,08	II	625,16	505,91	393,08	286,66	186,66	93,16
	III	**495,50**	465,08	465,08	III	396,33	300,50	207,83	119,83	46,50	
	V	**1354,41**	465,08	465,08	IV	809,66	744,58	681,08	619,25	558,91	500,25
	VI	**1398,75**	465,08	465,08							
5018,99	I,IV	**877,33**	465,08	465,08	I	745,50	620,08	501,08	388,58	282,41	182,75
	II	**751,75**	465,08	465,08	II	626,00	506,66	393,83	287,41	187,41	93,83
	III	**496,16**	465,08	465,08	III	397,00	301,16	208,50	120,50	47,00	
	V	**1355,58**	465,08	465,08	IV	810,66	745,50	682,00	620,08	559,83	501,08
	VI	**1399,83**	465,08	465,08							
5021,99	I,IV	**878,33**	465,08	465,08	I	746,50	621,00	502,00	389,33	283,16	183,41
	II	**752,66**	465,08	465,08	II	626,91	507,58	394,66	288,16	188,08	94,50
	III	**496,83**	465,08	465,08	III	397,83	301,83	209,00	121,00	47,33	
	V	**1356,66**	465,08	465,08	IV	811,58	746,50	682,91	621,00	560,66	502,00
	VI	**1401,00**	465,08	465,08							
5024,99	I,IV	**879,33**	465,08	465,08	I	747,41	621,91	502,83	390,16	283,91	184,16
	II	**753,66**	465,08	465,08	II	627,83	508,41	395,41	288,91	188,83	95,16
	III	**497,66**	465,08	465,08	III	398,50	302,50	209,83	121,66	47,83	
	V	**1357,83**	465,08	465,08	IV	812,58	747,41	683,83	621,91	561,58	502,83
	VI	**1402,16**	465,08	465,08							
5027,99	I,IV	**880,33**	465,08	465,08	I	748,33	622,75	503,66	390,91	284,66	184,83
	II	**754,58**	465,08	465,08	II	628,66	509,25	396,25	289,66	189,50	95,83
	III	**498,33**	465,08	465,08	III	399,16	303,16	210,50	122,16	48,33	
	V	**1359,00**	465,08	465,08	IV	813,50	748,33	684,75	622,75	562,41	503,66
	VI	**1403,25**	465,08	465,08							
5030,99	I,IV	**881,33**	465,08	465,08	I	749,25	623,66	504,50	391,75	285,41	185,58
	II	**755,50**	465,08	465,08	II	629,58	510,08	397,08	290,41	190,25	96,50
	III	**499,16**	465,08	465,08	III	399,83	303,83	211,00	122,83	48,83	
	V	**1360,16**	465,08	465,08	IV	814,50	749,25	685,66	623,66	563,25	504,50
	VI	**1404,41**	465,08	465,08							
5033,99	I,IV	**882,33**	465,08	465,08	I	750,25	624,58	505,33	392,58	286,16	186,25
	II	**756,50**	465,08	465,08	II	630,50	511,00	397,83	291,16	190,91	97,16
	III	**499,83**	465,08	465,08	III	400,66	304,66	211,83	123,50	49,33	
	V	**1361,25**	465,08	465,08	IV	815,50	750,25	686,58	624,58	564,16	505,33
	VI	**1405,58**	465,08	465,08							
5036,99	I,IV	**883,25**	465,08	465,08	I	751,16	625,41	506,16	393,33	286,91	187,00
	II	**757,41**	465,08	465,08	II	631,41	511,83	398,66	291,91	191,66	97,75
	III	**500,66**	465,08	465,08	III	401,33	305,33	212,50	124,00	49,83	
	V	**1362,41**	465,08	465,08	IV	816,41	751,16	687,50	625,41	565,00	506,16
	VI	**1406,75**	465,08	465,08							
5039,99	I,IV	**884,25**	465,08	465,08	I	752,08	626,33	507,08	394,16	287,66	187,66
	II	**758,33**	465,08	465,08	II	632,25	512,66	399,41	292,66	192,33	98,41
	III	**501,33**	465,08	465,08	III	402,00	306,00	213,00	124,66	50,33	
	V	**1363,58**	465,08	465,08	IV	817,41	752,08	688,41	626,33	565,91	507,08
	VI	**1407,83**	465,08	465,08							

* Zur LSt-Berechnung für privat versicherte Arbeitnehmer s. Beispiele **Vorbemerkung S. 4f.**
** Basisvorsorgepauschale KV und PV *** Typisierter Arbeitgeberzuschuss

Lohn/ Gehalt in € bis	Steuerklasse	Lohn-steuer*	BVSP**	TAGZ***	Steuerklasse	Bemessungsgrundlage für Kirchensteuer und Solidaritätszuschlag					
						Freibeträge für ... Kinder					
						0,5	**1,0**	1,5	**2,0**	2,5	**3,0**
5 042,99	I,IV	**885,25**	465,08	465,08	I	753,08	627,25	507,91	395,00	288,50	188,41
	II	**759,33**	465,08	465,08	II	633,16	513,50	400,25	293,41	193,08	99,08
	III	**502,16**	465,08	465,08	III	402,83	306,66	213,83	125,16	50,83	
	V	**1 364,75**	465,08	465,08	IV	818,33	753,08	689,33	627,25	566,75	507,91
	VI	**1 409,00**	465,08	465,08							
5 045,99	I,IV	**886,25**	465,08	465,08	I	754,00	628,16	508,75	395,75	289,16	189,08
	II	**760,25**	465,08	465,08	II	634,08	514,33	401,08	294,16	193,75	99,75
	III	**502,83**	465,08	465,08	III	403,50	307,33	214,50	125,83	51,33	
	V	**1 365,83**	465,08	465,08	IV	819,33	754,00	690,25	628,16	567,66	508,75
	VI	**1 410,16**	465,08	465,08							
5 048,99	I,IV	**887,25**	465,08	465,08	I	754,91	629,08	509,58	396,58	290,00	189,83
	II	**761,16**	465,08	465,08	II	635,00	515,16	401,83	294,91	194,50	100,41
	III	**503,50**	465,08	465,08	III	404,16	308,00	215,00	126,33	51,66	
	V	**1 367,00**	465,08	465,08	IV	820,25	754,91	691,16	629,08	568,50	509,58
	VI	**1 411,33**	465,08	465,08							
5 051,99	I,IV	**888,25**	465,08	465,08	I	755,83	629,91	510,41	397,33	290,66	190,50
	II	**762,08**	465,08	465,08	II	635,83	516,00	402,66	295,66	195,16	101,08
	III	**504,33**	465,08	465,08	III	404,83	308,66	215,66	127,00	52,16	
	V	**1 368,08**	465,08	465,08	IV	821,25	755,83	692,08	629,91	569,33	510,41
	VI	**1 412,41**	465,08	465,08							
5 054,99	I,IV	**889,25**	465,08	465,08	I	756,83	630,83	511,25	398,16	291,50	191,16
	II	**763,08**	465,08	465,08	II	636,75	516,91	403,50	296,50	195,91	101,75
	III	**505,00**	465,08	465,08	III	405,66	309,33	216,50	127,66	52,66	
	V	**1 369,25**	465,08	465,08	IV	822,25	756,83	693,00	630,83	570,25	511,25
	VI	**1 413,58**	465,08	465,08							
5 057,99	I,IV	**890,25**	465,08	465,08	I	757,75	631,75	512,16	399,00	292,25	191,91
	II	**764,00**	465,08	465,08	II	637,66	517,75	404,25	297,25	196,58	102,41
	III	**505,83**	465,08	465,08	III	406,33	310,16	217,00	128,16	53,16	
	V	**1 370,41**	465,08	465,08	IV	823,16	757,75	693,91	631,75	571,16	512,16
	VI	**1 414,75**	465,08	465,08							
5 060,99	I,IV	**891,16**	465,08	465,08	I	758,66	632,58	513,00	399,75	293,00	192,58
	II	**764,91**	465,08	465,08	II	638,58	518,58	405,08	298,00	197,33	103,08
	III	**506,50**	465,08	465,08	III	407,00	310,83	217,66	128,83	53,66	
	V	**1 371,58**	465,08	465,08	IV	824,16	758,66	694,83	632,58	572,00	513,00
	VI	**1 415,83**	465,08	465,08							
5 063,99	I,IV	**892,16**	465,08	465,08	I	759,66	633,50	513,83	400,58	293,75	193,33
	II	**765,91**	465,08	465,08	II	639,41	519,41	405,91	298,75	198,00	103,75
	III	**507,16**	465,08	465,08	III	407,83	311,50	218,50	129,50	54,16	
	V	**1 372,66**	465,08	465,08	IV	825,08	759,66	695,75	633,50	572,83	513,83
	VI	**1 417,00**	465,08	465,08							
5 066,99	I,IV	**893,16**	465,08	465,08	I	760,58	634,41	514,66	401,33	294,50	194,08
	II	**766,83**	465,08	465,08	II	640,33	520,33	406,66	299,50	198,75	104,41
	III	**508,00**	465,08	465,08	III	408,50	312,16	219,00	130,00	54,66	
	V	**1 373,83**	465,08	465,08	IV	826,08	760,58	696,66	634,41	573,75	514,66
	VI	**1 418,16**	465,08	465,08							
5 069,99	I,IV	**894,16**	465,08	465,08	I	761,50	635,33	515,50	402,16	295,25	194,75
	II	**767,75**	465,08	465,08	II	641,25	521,16	407,50	300,25	199,41	105,08
	III	**508,66**	465,08	465,08	III	409,16	312,83	219,66	130,66	55,16	
	V	**1 375,00**	465,08	465,08	IV	827,00	761,50	697,58	635,33	574,58	515,50
	VI	**1 419,25**	465,08	465,08							
5 072,99	I,IV	**895,16**	465,08	465,08	I	762,50	636,25	516,41	403,00	296,00	195,50
	II	**768,75**	465,08	465,08	II	642,16	522,00	408,33	301,00	200,16	105,75
	III	**509,50**	465,08	465,08	III	409,83	313,50	220,50	131,33	55,66	
	V	**1 376,16**	465,08	465,08	IV	828,00	762,50	698,50	636,25	575,50	516,41
	VI	**1 420,41**	465,08	465,08							
5 075,99	I,IV	**896,16**	465,08	465,08	I	763,41	637,08	517,25	403,75	296,75	196,16
	II	**769,66**	465,08	465,08	II	643,08	522,83	409,08	301,75	200,91	106,41
	III	**510,16**	465,08	465,08	III	410,66	314,16	221,00	131,83	56,16	
	V	**1 377,25**	465,08	465,08	IV	829,00	763,41	699,50	637,08	576,33	517,25
	VI	**1 421,58**	465,08	465,08							

* Zur LSt-Berechnung für privat versicherte Arbeitnehmer s. Beispiele **Vorbemerkung S. 4f.**
** Basisvorsorgepauschale KV und PV *** Typisierter Arbeitgeberzuschuss

Lohn/ Gehalt in € bis	Steuerklasse	Lohn- steuer*	BVSP**	TAGZ***	Steuerklasse	Bemessungsgrundlage für Kirchensteuer und Solidaritätszuschlag – Freibeträge für ... Kinder 0,5	1,0	1,5	2,0	2,5	3,0
5 078,99	I,IV	**897,16**	465,08	465,08	I	764,33	638,00	518,08	404,58	297,50	196,83
	II	**770,58**	465,08	465,08	II	643,91	523,75	409,91	302,50	201,58	107,08
	III	**510,83**	465,08	465,08	III	411,33	314,83	221,66	132,50	56,66	
	V	**1 378,41**	465,08	465,08	IV	829,91	764,33	700,33	638,00	577,25	518,08
	VI	**1 422,75**	465,08	465,08							
5 081,99	I,IV	**898,16**	465,08	465,08	I	765,33	638,91	518,91	405,41	298,25	197,58
	II	**771,58**	465,08	465,08	II	644,83	524,58	410,75	303,33	202,33	107,75
	III	**511,66**	465,08	465,08	III	412,00	315,66	222,50	133,16	57,16	
	V	**1 379,58**	465,08	465,08	IV	830,91	765,33	701,33	638,91	578,08	518,91
	VI	**1 423,83**	465,08	465,08							
5 084,99	I,IV	**899,16**	465,08	465,08	I	766,25	639,83	519,75	406,16	299,00	198,33
	II	**772,50**	465,08	465,08	II	645,75	525,41	411,50	304,08	203,00	108,41
	III	**512,33**	465,08	465,08	III	412,66	316,33	223,16	133,66	57,66	
	V	**1 380,75**	465,08	465,08	IV	831,91	766,25	702,25	639,83	579,00	519,75
	VI	**1 425,00**	465,08	465,08							
5 087,99	I,IV	**900,08**	465,08	465,08	I	767,16	640,66	520,66	407,00	299,75	199,00
	II	**773,50**	465,08	465,08	II	646,66	526,25	412,33	304,83	203,75	109,08
	III	**513,16**	465,08	465,08	III	413,50	317,00	223,66	134,33	58,16	
	V	**1 381,83**	465,08	465,08	IV	832,83	767,16	703,16	640,66	579,83	520,66
	VI	**1 426,16**	465,08	465,08							
5 090,99	I,IV	**901,16**	465,08	465,08	I	768,16	641,58	521,50	407,83	300,58	199,75
	II	**774,41**	465,08	465,08	II	647,58	527,16	413,16	305,58	204,41	109,75
	III	**513,83**	465,08	465,08	III	414,16	317,66	224,50	135,00	58,66	
	V	**1 383,00**	465,08	465,08	IV	833,83	768,16	704,08	641,58	580,75	521,50
	VI	**1 427,33**	465,08	465,08							
5 093,99	I,IV	**902,16**	465,08	465,08	I	769,08	642,50	522,33	408,58	301,33	200,41
	II	**775,41**	465,08	465,08	II	648,50	528,00	414,00	306,33	205,16	110,41
	III	**514,66**	465,08	465,08	III	414,83	318,33	225,16	135,50	59,16	
	V	**1 384,16**	465,08	465,08	IV	834,83	769,08	705,00	642,50	581,66	522,33
	VI	**1 428,41**	465,08	465,08							
5 096,99	I,IV	**903,08**	465,08	465,08	I	770,00	643,41	523,16	409,41	302,08	201,16
	II	**776,33**	465,08	465,08	II	649,33	528,83	414,75	307,08	205,83	111,08
	III	**515,33**	465,08	465,08	III	415,66	319,00	225,66	136,16	59,66	
	V	**1 385,25**	465,08	465,08	IV	835,75	770,00	705,91	643,41	582,50	523,16
	VI	**1 429,58**	465,08	465,08							
5 099,99	I,IV	**904,08**	465,08	465,08	I	771,00	644,33	524,08	410,25	302,83	201,83
	II	**777,25**	465,08	465,08	II	650,25	529,66	415,58	307,83	206,58	111,75
	III	**516,16**	465,08	465,08	III	416,33	319,83	226,50	136,83	60,16	
	V	**1 386,41**	465,08	465,08	IV	836,75	771,00	706,83	644,33	583,33	524,08
	VI	**1 430,75**	465,08	465,08							
5 102,99	I,IV	**905,08**	465,08	465,08	I	771,91	645,25	524,91	411,00	303,58	202,58
	II	**778,25**	465,08	465,08	II	651,16	530,58	416,41	308,66	207,33	112,41
	III	**516,83**	465,08	465,08	III	417,00	320,50	227,16	137,50	60,66	0,16
	V	**1 387,58**	465,08	465,08	IV	837,75	771,91	707,75	645,25	584,25	524,91
	VI	**1 431,91**	465,08	465,08							
5 105,99	I,IV	**906,08**	465,08	465,08	I	772,91	646,08	525,75	411,83	304,33	203,25
	II	**779,16**	465,08	465,08	II	652,08	531,41	417,16	309,41	208,00	113,08
	III	**517,50**	465,08	465,08	III	417,66	321,16	227,83	138,00	61,16	0,50
	V	**1 388,66**	465,08	465,08	IV	838,66	772,91	708,66	646,08	585,08	525,75
	VI	**1 433,00**	465,08	465,08							
5 108,99	I,IV	**907,08**	465,08	465,08	I	773,83	647,00	526,58	412,66	305,08	204,00
	II	**780,08**	465,08	465,08	II	653,00	532,25	418,00	310,16	208,75	113,75
	III	**518,33**	465,08	465,08	III	418,50	321,83	228,50	138,66	61,66	1,00
	V	**1 389,83**	465,08	465,08	IV	839,66	773,83	709,58	647,00	586,00	526,58
	VI	**1 434,16**	465,08	465,08							
5 111,99	I,IV	**908,08**	465,08	465,08	I	774,83	647,91	527,50	413,50	305,91	204,75
	II	**781,08**	465,08	465,08	II	653,91	533,16	418,83	310,91	209,50	114,41
	III	**519,00**	465,08	465,08	III	419,16	322,50	229,16	139,33	62,16	1,33
	V	**1 391,00**	465,08	465,08	IV	840,66	774,83	710,58	647,91	586,91	527,50
	VI	**1 435,33**	465,08	465,08							

* Zur LSt-Berechnung für privat versicherte Arbeitnehmer s. Beispiele **Vorbemerkung S. 4 f.**
** Basisvorsorgepauschale KV und PV *** Typisierter Arbeitgeberzuschuss

Lohn/ Gehalt in € bis	Steuerklasse	Lohnsteuer*	BVSP**	TAGZ***	Steuerklasse	Bemessungsgrundlage für Kirchensteuer und Solidaritätszuschlag – Freibeträge für … Kinder 0,5	1,0	1,5	2,0	2,5	3,0
5114,99	I,IV	**909,08**	465,08	465,08	I	775,75	648,83	528,33	414,25	306,66	205,41
	II	**782,00**	465,08	465,08	II	654,75	534,00	419,58	311,66	210,16	115,08
	III	**519,83**	465,08	465,08	III	419,83	323,16	229,83	139,83	62,66	1,66
	V	**1392,08**	465,08	465,08	IV	841,58	775,75	711,50	648,83	587,75	528,33
	VI	**1436,41**	465,08	465,08							
5117,99	I,IV	**910,08**	465,08	465,08	I	776,66	649,75	529,16	415,08	307,41	206,16
	II	**783,00**	465,08	465,08	II	655,66	534,83	420,41	312,41	210,91	115,75
	III	**520,50**	465,08	465,08	III	420,66	324,00	230,50	140,50	63,16	2,00
	V	**1393,25**	465,08	465,08	IV	842,58	776,66	712,41	649,75	588,66	529,16
	VI	**1437,58**	465,08	465,08							
5120,99	I,IV	**911,08**	465,08	465,08	I	777,58	650,58	530,00	415,83	308,16	206,83
	II	**783,91**	465,08	465,08	II	656,58	535,66	421,25	313,16	211,58	116,41
	III	**521,33**	465,08	465,08	III	421,33	324,66	231,16	141,16	63,66	2,50
	V	**1394,41**	465,08	465,08	IV	843,50	777,58	713,33	650,58	589,50	530,00
	VI	**1438,75**	465,08	465,08							
5123,99	I,IV	**912,08**	465,08	465,08	I	778,58	651,50	530,91	416,66	308,91	207,58
	II	**784,83**	465,08	465,08	II	657,50	536,58	422,08	314,00	212,33	117,08
	III	**522,00**	465,08	465,08	III	422,00	325,33	231,83	141,83	64,16	2,83
	V	**1395,58**	465,08	465,08	IV	844,50	778,58	714,25	651,50	590,41	530,91
	VI	**1439,83**	465,08	465,08							
5126,99	I,IV	**913,08**	465,08	465,08	I	779,50	652,41	531,75	417,50	309,66	208,33
	II	**785,83**	465,08	465,08	II	658,41	537,41	422,83	314,75	213,08	117,75
	III	**522,83**	465,08	465,08	III	422,83	326,00	232,50	142,50	64,66	3,16
	V	**1396,75**	465,08	465,08	IV	845,50	779,50	715,16	652,41	591,25	531,75
	VI	**1441,00**	465,08	465,08							
5129,99	I,IV	**914,08**	465,08	465,08	I	780,50	653,33	532,58	418,33	310,41	209,00
	II	**786,75**	465,08	465,08	II	659,33	538,25	423,66	315,50	213,75	118,41
	III	**523,50**	465,08	465,08	III	423,50	326,66	233,16	143,00	65,16	3,66
	V	**1397,83**	465,08	465,08	IV	846,50	780,50	716,08	653,33	592,16	532,58
	VI	**1442,16**	465,08	465,08							
5132,99	I,IV	**915,08**	465,08	465,08	I	781,41	654,25	533,41	419,08	311,16	209,75
	II	**787,75**	465,08	465,08	II	660,25	539,16	424,50	316,25	214,50	119,08
	III	**524,16**	465,08	465,08	III	424,16	327,33	233,83	143,66	65,66	4,00
	V	**1399,00**	465,08	465,08	IV	847,41	781,41	717,00	654,25	593,00	533,41
	VI	**1443,33**	465,08	465,08							
5135,99	I,IV	**916,08**	465,08	465,08	I	782,41	655,16	534,33	419,91	312,00	210,41
	II	**788,66**	465,08	465,08	II	661,16	540,00	425,33	317,00	215,16	119,83
	III	**525,00**	465,08	465,08	III	425,00	328,16	234,50	144,33	66,16	4,33
	V	**1400,16**	465,08	465,08	IV	848,41	782,41	718,00	655,16	593,91	534,33
	VI	**1444,41**	465,08	465,08							
5138,99	I,IV	**917,08**	465,08	465,08	I	783,33	656,00	535,16	420,75	312,75	211,16
	II	**789,66**	465,08	465,08	II	662,00	540,83	426,08	317,75	215,91	120,41
	III	**525,66**	465,08	465,08	III	425,66	328,83	235,16	145,00	66,66	4,83
	V	**1401,25**	465,08	465,08	IV	849,41	783,33	718,83	656,00	594,83	535,16
	VI	**1445,58**	465,08	465,08							
5141,99	I,IV	**918,08**	465,08	465,08	I	784,25	656,91	536,00	421,58	313,50	211,91
	II	**790,58**	465,08	465,08	II	662,91	541,75	426,91	318,58	216,66	121,16
	III	**526,50**	465,08	465,08	III	426,33	329,50	235,83	145,50	67,16	5,16
	V	**1402,41**	465,08	465,08	IV	850,33	784,25	719,83	656,91	595,66	536,00
	VI	**1446,75**	465,08	465,08							
5144,99	I,IV	**919,08**	465,08	465,08	I	785,25	657,83	536,91	422,33	314,25	212,58
	II	**791,58**	465,08	465,08	II	663,83	542,58	427,75	319,33	217,33	121,83
	III	**527,16**	465,08	465,08	III	427,16	330,16	236,50	146,16	67,66	5,66
	V	**1403,58**	465,08	465,08	IV	851,33	785,25	720,75	657,83	596,58	536,91
	VI	**1447,91**	465,08	465,08							
5147,99	I,IV	**920,08**	465,08	465,08	I	786,16	658,75	537,75	423,16	315,00	213,33
	II	**792,50**	465,08	465,08	II	664,75	543,41	428,58	320,08	218,08	122,50
	III	**528,00**	465,08	465,08	III	427,83	330,83	237,16	146,83	68,16	6,00
	V	**1404,66**	465,08	465,08	IV	852,33	786,16	721,66	658,75	597,41	537,75
	VI	**1449,00**	465,08	465,08							

* Zur LSt-Berechnung für privat versicherte Arbeitnehmer s. Beispiele **Vorbemerkung S. 4 f.**
** Basisvorsorgepauschale KV und PV *** Typisierter Arbeitgeberzuschuss

Lohn/ Gehalt in € bis	Steuerklasse	Lohn-steuer*	BVSP**	TAGZ***	Steuerklasse	Bemessungsgrundlage für Kirchensteuer und Solidaritätszuschlag – Freibeträge für ... Kinder 0,5	1,0	1,5	2,0	2,5	3,0
5150,99	I,IV	**921,08**	465,08	465,08	I	787,16	659,66	538,58	424,00	315,83	214,00
	II	**793,50**	465,08	465,08	II	665,66	544,33	429,33	320,83	218,83	123,16
	III	**528,66**	465,08	465,08	III	428,50	331,50	237,83	147,50	68,66	6,33
	V	**1405,83**	465,08	465,08	IV	853,33	787,16	722,58	659,66	598,33	538,58
	VI	**1450,16**	465,08	465,08							
5153,99	I,IV	**922,08**	465,08	465,08	I	788,08	660,58	539,50	424,83	316,58	214,75
	II	**794,41**	465,08	465,08	II	666,58	545,16	430,16	321,66	219,50	123,83
	III	**529,50**	465,08	465,08	III	429,33	332,33	238,50	148,16	69,33	6,83
	V	**1407,00**	465,08	465,08	IV	854,25	788,08	723,58	660,58	599,25	539,50
	VI	**1451,33**	465,08	465,08							
5156,99	I,IV	**923,08**	465,08	465,08	I	789,08	661,50	540,33	425,58	317,33	215,50
	II	**795,33**	465,08	465,08	II	667,50	546,00	431,00	322,41	220,25	124,50
	III	**530,16**	465,08	465,08	III	430,00	333,00	239,16	148,66	69,83	7,16
	V	**1408,08**	465,08	465,08	IV	855,25	789,08	724,41	661,50	600,08	540,33
	VI	**1452,41**	465,08	465,08							
5159,99	I,IV	**924,08**	465,08	465,08	I	790,00	662,41	541,16	426,41	318,08	216,16
	II	**796,33**	465,08	465,08	II	668,41	546,91	431,83	323,16	221,00	125,16
	III	**530,83**	465,08	465,08	III	430,66	333,66	239,83	149,33	70,33	7,50
	V	**1409,25**	465,08	465,08	IV	856,25	790,00	725,41	662,41	601,00	541,16
	VI	**1453,58**	465,08	465,08							
5162,99	I,IV	**925,08**	465,08	465,08	I	791,00	663,33	542,08	427,25	318,83	216,91
	II	**797,33**	465,08	465,08	II	669,33	547,75	432,66	323,91	221,66	125,83
	III	**531,66**	465,08	465,08	III	431,50	334,33	240,50	150,00	70,83	8,00
	V	**1410,41**	465,08	465,08	IV	857,25	791,00	726,33	663,33	601,91	542,08
	VI	**1454,75**	465,08	465,08							
5165,99	I,IV	**926,08**	465,08	465,08	I	791,91	664,16	542,91	428,08	319,58	217,66
	II	**798,25**	465,08	465,08	II	670,25	548,58	433,41	324,66	222,41	126,50
	III	**532,33**	465,08	465,08	III	432,16	335,00	241,16	150,66	71,33	8,33
	V	**1411,58**	465,08	465,08	IV	858,16	791,91	727,25	664,16	602,75	542,91
	VI	**1455,83**	465,08	465,08							
5168,99	I,IV	**927,08**	465,08	465,08	I	792,91	665,08	543,75	428,83	320,41	218,33
	II	**799,16**	465,08	465,08	II	671,16	549,50	434,25	325,50	223,16	127,25
	III	**533,16**	465,08	465,08	III	432,83	335,66	241,83	151,33	71,83	8,66
	V	**1412,66**	465,08	465,08	IV	859,16	792,91	728,16	665,08	603,66	543,75
	VI	**1457,00**	465,08	465,08							
5171,99	I,IV	**928,08**	465,08	465,08	I	793,83	666,00	544,66	429,66	321,16	219,08
	II	**800,16**	465,08	465,08	II	672,08	550,33	435,08	326,25	223,83	127,91
	III	**533,83**	465,08	465,08	III	433,50	336,50	242,50	152,00	72,33	9,16
	V	**1413,83**	465,08	465,08	IV	860,16	793,83	729,16	666,00	604,50	544,66
	VI	**1458,16**	465,08	465,08							
5174,99	I,IV	**929,08**	465,08	465,08	I	794,75	666,91	545,50	430,50	321,91	219,83
	II	**801,08**	465,08	465,08	II	672,91	551,16	435,91	327,00	224,58	128,58
	III	**534,66**	465,08	465,08	III	434,33	337,16	243,16	152,50	72,83	9,50
	V	**1415,00**	465,08	465,08	IV	861,08	794,75	730,08	666,91	605,41	545,50
	VI	**1459,25**	465,08	465,08							
5177,99	I,IV	**930,08**	465,08	465,08	I	795,75	667,83	546,33	431,33	322,66	220,50
	II	**802,08**	465,08	465,08	II	673,83	552,08	436,75	327,83	225,33	129,25
	III	**535,33**	465,08	465,08	III	435,00	337,83	243,83	153,16	73,33	10,00
	V	**1416,16**	465,08	465,08	IV	862,08	795,75	731,00	667,83	606,33	546,33
	VI	**1460,41**	465,08	465,08							
5180,99	I,IV	**931,08**	465,08	465,08	I	796,75	668,75	547,25	432,16	323,50	221,25
	II	**803,08**	465,08	465,08	II	674,75	552,91	437,58	328,58	226,00	129,91
	III	**536,16**	465,08	465,08	III	435,66	338,50	244,50	153,83	74,00	10,33
	V	**1417,25**	465,08	465,08	IV	863,08	796,75	731,91	668,75	607,16	547,25
	VI	**1461,58**	465,08	465,08							
5183,99	I,IV	**932,08**	465,08	465,08	I	797,66	669,66	548,08	432,91	324,25	222,00
	II	**804,00**	465,08	465,08	II	675,66	553,83	438,33	329,33	226,75	130,58
	III	**536,83**	465,08	465,08	III	436,50	339,16	245,16	154,50	74,50	10,83
	V	**1418,41**	465,08	465,08	IV	864,08	797,66	732,83	669,66	608,08	548,08
	VI	**1462,75**	465,08	465,08							

* Zur LSt-Berechnung für privat versicherte Arbeitnehmer s. Beispiele **Vorbemerkung S. 4f.**
** Basisvorsorgepauschale KV und PV *** Typisierter Arbeitgeberzuschuss

Lohn/ Gehalt in € bis	Steuerklasse	Lohn-steuer*	BVSP**	TAGZ***	Steuerklasse	Bemessungsgrundlage für Kirchensteuer und Solidaritätszuschlag – Freibeträge für ... Kinder 0,5	**1,0**	1,5	**2,0**	2,5	**3,0**
5186,99	I,IV	**933,08**	465,08	465,08	I	798,58	670,58	548,91	433,75	325,00	222,66
	II	**805,00**	465,08	465,08	II	676,58	554,66	439,16	330,08	227,50	131,25
	III	**537,66**	465,08	465,08	III	437,16	340,00	245,83	155,16	75,00	11,16
	V	**1419,58**	465,08	465,08	IV	865,08	798,58	733,83	670,58	609,00	548,91
	VI	**1463,83**	465,08	465,08							
5189,99	I,IV	**934,08**	465,08	465,08	I	799,58	671,50	549,83	434,58	325,75	223,41
	II	**805,91**	465,08	465,08	II	677,50	555,50	440,00	330,83	228,16	131,91
	III	**538,33**	465,08	465,08	III	437,83	340,66	246,50	155,83	75,50	11,50
	V	**1420,66**	465,08	465,08	IV	866,00	799,58	734,66	671,50	609,83	549,83
	VI	**1465,00**	465,08	465,08							
5192,99	I,IV	**935,08**	465,08	465,08	I	800,50	672,41	550,66	435,41	326,58	224,16
	II	**806,83**	465,08	465,08	II	678,41	556,41	440,83	331,66	228,91	132,66
	III	**539,16**	465,08	465,08	III	438,66	341,33	247,33	156,50	76,00	12,00
	V	**1421,83**	465,08	465,08	IV	867,00	800,50	735,66	672,41	610,75	550,66
	VI	**1466,16**	465,08	465,08							
5195,99	I,IV	**936,08**	465,08	465,08	I	801,50	673,33	551,58	436,25	327,33	224,83
	II	**807,83**	465,08	465,08	II	679,33	557,25	441,66	332,41	229,66	133,33
	III	**539,83**	465,08	465,08	III	439,33	342,00	248,00	157,00	76,50	12,33
	V	**1423,00**	465,08	465,08	IV	868,00	801,50	736,58	673,33	611,58	551,58
	VI	**1467,33**	465,08	465,08							
5198,99	I,IV	**937,08**	465,08	465,08	I	802,41	674,16	552,41	437,00	328,08	225,58
	II	**808,75**	465,08	465,08	II	680,25	558,16	442,41	333,16	230,33	134,00
	III	**540,50**	465,08	465,08	III	440,00	342,66	248,66	157,66	77,00	12,83
	V	**1424,08**	465,08	465,08	IV	869,00	802,41	737,50	674,16	612,50	552,41
	VI	**1468,41**	465,08	465,08							
5201,99	I,IV	**938,08**	465,08	465,08	I	803,41	675,08	553,25	437,83	328,83	226,33
	II	**809,75**	465,08	465,08	II	681,16	559,00	443,25	334,00	231,08	134,66
	III	**541,33**	465,08	465,08	III	440,83	343,50	249,33	158,33	77,66	13,16
	V	**1425,25**	465,08	465,08	IV	869,91	803,41	738,50	675,08	613,41	553,25
	VI	**1469,58**	465,08	465,08							
5204,99	I,IV	**939,16**	465,08	465,08	I	804,33	676,08	554,16	438,66	329,66	227,00
	II	**810,75**	465,08	465,08	II	682,08	559,91	444,08	334,75	231,83	135,33
	III	**542,00**	465,08	465,08	III	441,50	344,16	250,00	159,00	78,16	13,66
	V	**1426,41**	465,08	465,08	IV	870,91	804,33	739,41	676,08	614,25	554,16
	VI	**1470,75**	465,08	465,08							
5207,99	I,IV	**940,08**	465,08	465,08	I	805,33	676,91	555,00	439,50	330,41	227,75
	II	**811,66**	465,08	465,08	II	683,00	560,75	444,91	335,50	232,58	136,00
	III	**542,83**	465,08	465,08	III	442,16	344,83	250,66	159,66	78,66	14,00
	V	**1427,58**	465,08	465,08	IV	871,91	805,33	740,33	676,91	615,16	555,00
	VI	**1471,83**	465,08	465,08							
5210,99	I,IV	**941,16**	465,08	465,08	I	806,25	677,83	555,83	440,33	331,16	228,50
	II	**812,66**	465,08	465,08	II	683,91	561,58	445,75	336,33	233,25	136,75
	III	**543,66**	465,08	465,08	III	443,00	345,50	251,33	160,33	79,16	14,50
	V	**1428,66**	465,08	465,08	IV	872,91	806,25	741,25	677,83	616,08	555,83
	VI	**1473,00**	465,08	465,08							
5213,99	I,IV	**942,16**	465,08	465,08	I	807,25	678,75	556,75	441,16	332,00	229,25
	II	**813,58**	465,08	465,08	II	684,83	562,50	446,58	337,08	234,00	137,41
	III	**544,33**	465,08	465,08	III	443,66	346,16	252,00	161,00	79,66	14,83
	V	**1429,83**	465,08	465,08	IV	873,91	807,25	742,25	678,75	617,00	556,75
	VI	**1474,16**	465,08	465,08							
5216,99	I,IV	**943,16**	465,08	465,08	I	808,16	679,66	557,58	441,91	332,75	229,91
	II	**814,58**	465,08	465,08	II	685,75	563,33	447,41	337,83	234,75	138,08
	III	**545,00**	465,08	465,08	III	444,33	346,83	252,66	161,66	80,33	15,33
	V	**1431,00**	465,08	465,08	IV	874,83	808,16	743,16	679,66	617,83	557,58
	VI	**1475,25**	465,08	465,08							
5219,99	I,IV	**944,16**	465,08	465,08	I	809,16	680,58	558,50	442,75	333,50	230,66
	II	**815,50**	465,08	465,08	II	686,66	564,25	448,16	338,66	235,50	138,75
	III	**545,83**	465,08	465,08	III	445,16	347,66	253,33	162,33	80,83	15,66
	V	**1432,16**	465,08	465,08	IV	875,83	809,16	744,08	680,58	618,75	558,50
	VI	**1476,41**	465,08	465,08							

* Zur LSt-Berechnung für privat versicherte Arbeitnehmer s. Beispiele **Vorbemerkung S. 4f.**
** Basisvorsorgepauschale KV und PV *** Typisierter Arbeitgeberzuschuss

Lohn/ Gehalt in € bis	Steuerklasse	Lohn- steuer*	BVSP**	TAGZ***	Steuerklasse	Bemessungsgrundlage für Kirchensteuer und Solidaritätszuschlag – Freibeträge für ... Kinder 0,5	1,0	1,5	2,0	2,5	3,0
5 222,99	I,IV	**945,16**	465,08	465,08	I	810,16	681,50	559,33	443,58	334,25	231,41
	II	**816,50**	465,08	465,08	II	687,58	565,08	449,00	339,41	236,25	139,41
	III	**546,50**	465,08	465,08	III	445,83	348,33	254,00	163,00	81,33	16,16
	V	**1 433,25**	465,08	465,08	IV	876,83	810,16	745,00	681,50	619,66	559,33
	VI	**1 477,58**	465,08	465,08							
5 225,99	I,IV	**946,16**	465,08	465,08	I	811,08	682,41	560,16	444,41	335,00	232,08
	II	**817,41**	465,08	465,08	II	688,50	565,91	449,83	340,16	236,91	140,08
	III	**547,33**	465,08	465,08	III	446,50	349,00	254,66	163,50	81,83	16,50
	V	**1 434,41**	465,08	465,08	IV	877,83	811,08	745,91	682,41	620,50	560,16
	VI	**1 478,75**	465,08	465,08							
5 228,99	I,IV	**947,16**	465,08	465,08	I	812,08	683,33	561,08	445,25	335,83	232,83
	II	**818,41**	465,08	465,08	II	689,41	566,83	450,66	340,91	237,66	140,83
	III	**548,00**	465,08	465,08	III	447,33	349,66	255,33	164,16	82,50	17,00
	V	**1 435,58**	465,08	465,08	IV	878,83	812,08	746,91	683,33	621,41	561,08
	VI	**1 479,83**	465,08	465,08							
5 231,99	I,IV	**948,25**	465,08	465,08	I	813,00	684,25	561,91	446,08	336,58	233,58
	II	**819,41**	465,08	465,08	II	690,33	567,75	451,50	341,75	238,41	141,50
	III	**548,83**	465,08	465,08	III	448,00	350,33	256,00	164,83	83,00	17,33
	V	**1 436,75**	465,08	465,08	IV	879,83	813,00	747,83	684,25	622,33	561,91
	VI	**1 481,00**	465,08	465,08							
5 234,99	I,IV	**949,16**	465,08	465,08	I	814,00	685,16	562,83	446,83	337,33	234,33
	II	**820,33**	465,08	465,08	II	691,25	568,58	452,33	342,50	239,08	142,16
	III	**549,50**	465,08	465,08	III	448,66	351,16	256,66	165,50	83,50	17,83
	V	**1 437,83**	465,08	465,08	IV	880,75	814,00	748,75	685,16	623,16	562,83
	VI	**1 482,16**	465,08	465,08							
5 237,99	I,IV	**950,25**	465,08	465,08	I	814,91	686,08	563,66	447,66	338,16	235,00
	II	**821,33**	465,08	465,08	II	692,16	569,41	453,16	343,25	239,83	142,83
	III	**550,33**	465,08	465,08	III	449,50	351,83	257,33	166,16	84,00	18,16
	V	**1 439,00**	465,08	465,08	IV	881,75	814,91	749,75	686,08	624,08	563,66
	VI	**1 483,33**	465,08	465,08							
5 240,99	I,IV	**951,25**	465,08	465,08	I	815,91	687,00	564,58	448,50	338,91	235,75
	II	**822,33**	465,08	465,08	II	693,08	570,33	454,00	344,08	240,58	143,58
	III	**551,00**	465,08	465,08	III	450,16	352,50	258,00	166,83	84,50	18,66
	V	**1 440,16**	465,08	465,08	IV	882,75	815,91	750,66	687,00	625,00	564,58
	VI	**1 484,41**	465,08	465,08							
5 243,99	I,IV	**952,25**	465,08	465,08	I	816,83	687,91	565,41	449,33	339,66	236,50
	II	**823,25**	465,08	465,08	II	694,00	571,16	454,83	344,83	241,33	144,25
	III	**551,83**	465,08	465,08	III	450,83	353,16	258,66	167,50	85,16	19,00
	V	**1 441,25**	465,08	465,08	IV	883,75	816,83	751,58	687,91	625,83	565,41
	VI	**1 485,58**	465,08	465,08							
5 246,99	I,IV	**953,25**	465,08	465,08	I	817,83	688,83	566,33	450,16	340,50	237,25
	II	**824,25**	465,08	465,08	II	694,91	572,08	455,66	345,66	242,08	144,91
	III	**552,50**	465,08	465,08	III	451,66	354,00	259,50	168,16	85,66	19,50
	V	**1 442,41**	465,08	465,08	IV	884,75	817,83	752,50	688,83	626,75	566,33
	VI	**1 486,75**	465,08	465,08							
5 249,99	I,IV	**954,25**	465,08	465,08	I	818,83	689,75	567,16	451,00	341,25	237,91
	II	**825,16**	465,08	465,08	II	695,83	572,91	456,50	346,41	242,83	145,58
	III	**553,33**	465,08	465,08	III	452,33	354,66	260,16	168,83	86,16	19,83
	V	**1 443,58**	465,08	465,08	IV	885,75	818,83	753,50	689,75	627,66	567,16
	VI	**1 487,91**	465,08	465,08							
5 252,99	I,IV	**955,25**	465,08	465,08	I	819,75	690,66	568,00	451,83	342,00	238,66
	II	**826,16**	465,08	465,08	II	696,75	573,83	457,25	347,16	243,50	146,25
	III	**554,00**	465,08	465,08	III	453,00	355,33	260,83	169,50	86,66	20,33
	V	**1 444,66**	465,08	465,08	IV	886,75	819,75	754,41	690,66	628,58	568,00
	VI	**1 489,00**	465,08	465,08							
5 255,99	I,IV	**956,25**	465,08	465,08	I	820,75	691,58	568,91	452,66	342,83	239,41
	II	**827,16**	465,08	465,08	II	697,66	574,66	458,08	348,00	244,25	147,00
	III	**554,83**	465,08	465,08	III	453,83	356,00	261,50	170,16	87,33	20,66
	V	**1 445,83**	465,08	465,08	IV	887,66	820,75	755,33	691,58	629,41	568,91
	VI	**1 490,16**	465,08	465,08							

* Zur LSt-Berechnung für privat versicherte Arbeitnehmer s. Beispiele **Vorbemerkung S. 4 f.**
** Basisvorsorgepauschale KV und PV *** Typisierter Arbeitgeberzuschuss

Lohn/ Gehalt in € bis	Steuerklasse	Lohn-steuer*	BVSP**	TAGZ***	Steuerklasse	Bemessungsgrundlage für Kirchensteuer und Solidaritätszuschlag – Freibeträge für ... Kinder 0,5	**1,0**	1,5	**2,0**	2,5	**3,0**
5 258,99	I,IV	**957,25**	465,08	465,08	I	821,66	692,50	569,75	453,41	343,58	240,16
	II	**828,08**	465,08	465,08	II	698,58	575,50	458,91	348,75	245,00	147,66
	III	**555,50**	465,08	465,08	III	454,50	356,66	262,16	170,83	87,83	21,16
	V	**1 447,00**	465,08	465,08	IV	888,66	821,66	756,25	692,50	630,33	569,75
	VI	**1 491,25**	465,08	465,08							
5 261,99	I,IV	**958,33**	465,08	465,08	I	822,66	693,41	570,66	454,25	344,33	240,83
	II	**829,08**	465,08	465,08	II	699,50	576,41	459,75	349,50	245,75	148,33
	III	**556,33**	465,08	465,08	III	455,16	357,33	262,83	171,33	88,33	21,50
	V	**1 448,08**	465,08	465,08	IV	889,66	822,66	757,25	693,41	631,25	570,66
	VI	**1 492,41**	465,08	465,08							
5 264,99	I,IV	**959,33**	465,08	465,08	I	823,66	694,33	571,50	455,08	345,16	241,58
	II	**830,00**	465,08	465,08	II	700,41	577,33	460,58	350,33	246,41	149,00
	III	**557,00**	465,08	465,08	III	456,00	358,16	263,50	172,16	89,00	22,00
	V	**1 449,25**	465,08	465,08	IV	890,66	823,66	758,16	694,33	632,16	571,50
	VI	**1 493,58**	465,08	465,08							
5 267,99	I,IV	**960,33**	465,08	465,08	I	824,58	695,25	572,41	455,91	345,91	242,33
	II	**831,00**	465,08	465,08	II	701,33	578,16	461,41	351,08	247,16	149,66
	III	**557,83**	465,08	465,08	III	456,66	358,83	264,16	172,66	89,50	22,50
	V	**1 450,41**	465,08	465,08	IV	891,66	824,58	759,08	695,25	633,00	572,41
	VI	**1 494,75**	465,08	465,08							
5 270,99	I,IV	**961,33**	465,08	465,08	I	825,58	696,16	573,25	456,75	346,66	243,08
	II	**832,00**	465,08	465,08	II	702,25	579,08	462,25	351,83	247,91	150,41
	III	**558,50**	465,08	465,08	III	457,33	359,50	264,83	173,33	90,00	22,83
	V	**1 451,58**	465,08	465,08	IV	892,66	825,58	760,08	696,16	633,91	573,25
	VI	**1 495,83**	465,08	465,08							
5 273,99	I,IV	**962,33**	465,08	465,08	I	826,50	697,16	574,16	457,58	347,50	243,83
	II	**832,91**	465,08	465,08	II	703,25	579,91	463,08	352,66	248,66	151,08
	III	**559,33**	465,08	465,08	III	458,16	360,16	265,50	174,00	90,66	23,33
	V	**1 452,75**	465,08	465,08	IV	893,66	826,50	761,00	697,16	634,83	574,16
	VI	**1 497,00**	465,08	465,08							
5 276,99	I,IV	**963,33**	465,08	465,08	I	827,50	698,00	575,00	458,41	348,25	244,50
	II	**833,91**	465,08	465,08	II	704,16	580,83	463,91	353,41	249,41	151,75
	III	**560,00**	465,08	465,08	III	458,83	361,00	266,16	174,66	91,16	23,66
	V	**1 453,83**	465,08	465,08	IV	894,58	827,50	761,91	698,00	635,75	575,00
	VI	**1 498,16**	465,08	465,08							
5 279,99	I,IV	**964,41**	465,08	465,08	I	828,50	699,00	575,91	459,25	349,00	245,25
	II	**834,83**	465,08	465,08	II	705,08	581,66	464,75	354,25	250,08	152,50
	III	**560,83**	465,08	465,08	III	459,66	361,66	266,83	175,33	91,66	24,16
	V	**1 455,00**	465,08	465,08	IV	895,58	828,50	762,91	699,00	636,58	575,91
	VI	**1 499,33**	465,08	465,08							
5 282,99	I,IV	**965,41**	465,08	465,08	I	829,41	699,91	576,75	460,08	349,83	246,00
	II	**835,83**	465,08	465,08	II	706,00	582,58	465,58	355,00	250,83	153,16
	III	**561,50**	465,08	465,08	III	460,33	362,33	267,66	176,00	92,16	24,66
	V	**1 456,16**	465,08	465,08	IV	896,66	829,41	763,83	699,91	637,50	576,75
	VI	**1 500,41**	465,08	465,08							
5 285,99	I,IV	**966,41**	465,08	465,08	I	830,41	700,83	577,66	460,91	350,58	246,75
	II	**836,83**	465,08	465,08	II	706,91	583,41	466,41	355,75	251,58	153,83
	III	**562,33**	465,08	465,08	III	461,00	363,00	268,33	176,66	92,83	25,00
	V	**1 457,25**	465,08	465,08	IV	897,58	830,41	764,75	700,83	638,41	577,66
	VI	**1 501,58**	465,08	465,08							
5 288,99	I,IV	**967,41**	465,08	465,08	I	831,33	701,75	578,50	461,75	351,41	247,50
	II	**837,75**	465,08	465,08	II	707,83	584,33	467,25	356,58	252,33	154,50
	III	**563,00**	465,08	465,08	III	461,83	363,66	269,00	177,33	93,33	25,50
	V	**1 458,41**	465,08	465,08	IV	898,58	831,33	765,75	701,75	639,33	578,50
	VI	**1 502,75**	465,08	465,08							
5 291,99	I,IV	**968,50**	465,08	465,08	I	832,33	702,66	579,41	462,58	352,16	248,25
	II	**838,75**	465,08	465,08	II	708,75	585,16	468,08	357,33	253,08	155,25
	III	**563,83**	465,08	465,08	III	462,50	364,50	269,66	178,00	93,83	26,00
	V	**1 459,58**	465,08	465,08	IV	899,58	832,33	766,66	702,66	640,25	579,41
	VI	**1 503,91**	465,08	465,08							

* Zur LSt-Berechnung für privat versicherte Arbeitnehmer s. Beispiele **Vorbemerkung S. 4 f.**
** Basisvorsorgepauschale KV und PV *** Typisierter Arbeitgeberzuschuss

Lohn/ Gehalt in € bis	Steuerklasse	Lohn-steuer*	BVSP**	TAGZ***	Steuerklasse	Bemessungsgrundlage für Kirchensteuer und Solidaritätszuschlag – Freibeträge für ... Kinder 0,5	**1,0**	1,5	**2,0**	2,5	**3,0**
5 294,99	I,IV	**969,50**	465,08	465,08	I	833,33	703,58	580,25	463,41	352,91	248,91
	II	**839,75**	465,08	465,08	II	709,66	586,08	468,91	358,08	253,83	155,91
	III	**564,50**	465,08	465,08	III	463,16	365,16	270,33	178,66	94,50	26,33
	V	**1 460,66**	465,08	465,08	IV	900,58	833,33	767,66	703,58	641,08	580,25
	VI	**1 505,00**	465,08	465,08							
5 297,99	I,IV	**970,50**	465,08	465,08	I	834,25	704,50	581,16	464,25	353,75	249,66
	II	**840,66**	465,08	465,08	II	710,58	586,91	469,75	358,91	254,58	156,58
	III	**565,33**	465,08	465,08	III	464,00	365,83	271,00	179,33	95,00	26,83
	V	**1 461,83**	465,08	465,08	IV	901,58	834,25	768,58	704,50	642,00	581,16
	VI	**1 506,16**	465,08	465,08							
5 300,99	I,IV	**971,50**	465,08	465,08	I	835,25	705,41	582,00	465,08	354,50	250,41
	II	**841,66**	465,08	465,08	II	711,58	587,83	470,58	359,75	255,33	157,33
	III	**566,00**	465,08	465,08	III	464,66	366,50	271,66	180,00	95,50	27,16
	V	**1 463,00**	465,08	465,08	IV	902,58	835,25	769,50	705,41	642,91	582,00
	VI	**1 507,33**	465,08	465,08							
5 303,99	I,IV	**972,50**	465,08	465,08	I	836,25	706,33	582,91	465,83	355,25	251,16
	II	**842,66**	465,08	465,08	II	712,41	588,66	471,33	360,50	256,00	158,00
	III	**566,83**	465,08	465,08	III	465,50	367,33	272,33	180,66	96,16	27,66
	V	**1 464,08**	465,08	465,08	IV	903,58	836,25	770,50	706,33	643,83	582,91
	VI	**1 508,41**	465,08	465,08							
5 306,99	I,IV	**973,58**	465,08	465,08	I	837,16	707,25	583,75	466,75	356,08	251,91
	II	**843,58**	465,08	465,08	II	713,41	589,58	472,25	361,25	256,75	158,66
	III	**567,50**	465,08	465,08	III	466,16	368,00	273,00	181,33	96,66	28,16
	V	**1 465,25**	465,08	465,08	IV	904,58	837,16	771,41	707,25	644,75	583,75
	VI	**1 509,58**	465,08	465,08							
5 309,99	I,IV	**974,58**	465,08	465,08	I	838,16	708,16	584,66	467,58	356,83	252,66
	II	**844,58**	465,08	465,08	II	714,33	590,50	473,08	362,08	257,50	159,41
	III	**568,33**	465,08	465,08	III	466,83	368,66	273,66	182,00	97,33	28,50
	V	**1 466,41**	465,08	465,08	IV	905,58	838,16	772,41	708,16	645,66	584,66
	VI	**1 510,75**	465,08	465,08							
5 312,99	I,IV	**975,58**	465,08	465,08	I	839,16	709,08	585,50	468,33	357,66	253,33
	II	**845,58**	465,08	465,08	II	715,25	591,33	473,83	362,83	258,25	160,08
	III	**569,00**	465,08	465,08	III	467,66	369,33	274,33	182,66	97,83	29,00
	V	**1 467,58**	465,08	465,08	IV	906,58	839,16	773,33	709,08	646,50	585,50
	VI	**1 511,83**	465,08	465,08							
5 315,99	I,IV	**976,58**	465,08	465,08	I	840,08	710,08	586,41	469,16	358,41	254,08
	II	**846,58**	465,08	465,08	II	716,16	592,25	474,75	363,66	259,00	160,75
	III	**569,83**	465,08	465,08	III	468,33	370,00	275,00	183,16	98,33	29,50
	V	**1 468,66**	465,08	465,08	IV	907,58	840,08	774,25	710,08	647,41	586,41
	VI	**1 513,00**	465,08	465,08							
5 318,99	I,IV	**977,58**	465,08	465,08	I	841,08	710,91	587,25	470,00	359,16	254,83
	II	**847,50**	465,08	465,08	II	717,08	593,08	475,50	364,41	259,66	161,41
	III	**570,50**	465,08	465,08	III	469,00	370,83	275,66	183,83	98,83	29,83
	V	**1 469,83**	465,08	465,08	IV	908,50	841,08	775,16	710,91	648,33	587,25
	VI	**1 514,16**	465,08	465,08							
5 321,99	I,IV	**978,66**	465,08	465,08	I	842,08	711,91	588,16	470,83	360,00	255,58
	II	**848,50**	465,08	465,08	II	718,00	594,00	476,41	365,16	260,41	162,16
	III	**571,33**	465,08	465,08	III	469,83	371,50	276,50	184,50	99,50	30,33
	V	**1 471,00**	465,08	465,08	IV	909,50	842,08	776,16	711,91	649,25	588,16
	VI	**1 515,25**	465,08	465,08							
5 324,99	I,IV	**979,66**	465,08	465,08	I	843,00	712,83	589,08	471,66	360,83	256,33
	II	**849,50**	465,08	465,08	II	719,00	594,83	477,25	366,00	261,16	162,83
	III	**572,00**	465,08	465,08	III	470,50	372,16	277,16	185,16	100,00	30,83
	V	**1 472,16**	465,08	465,08	IV	910,58	843,00	777,08	712,83	650,16	589,08
	VI	**1 516,41**	465,08	465,08							
5 327,99	I,IV	**980,66**	465,08	465,08	I	844,00	713,75	589,91	472,50	361,58	257,00
	II	**850,41**	465,08	465,08	II	719,83	595,75	478,00	366,75	261,91	163,50
	III	**572,83**	465,08	465,08	III	471,16	372,83	277,83	185,83	100,66	31,16
	V	**1 473,25**	465,08	465,08	IV	911,50	844,00	778,08	713,75	651,00	589,91
	VI	**1 517,58**	465,08	465,08							

* Zur LSt-Berechnung für privat versicherte Arbeitnehmer s. Beispiele **Vorbemerkung S. 4 f.**
** Basisvorsorgepauschale KV und PV *** Typisierter Arbeitgeberzuschuss

Lohn/ Gehalt in € bis	Steuerklasse	Lohn-steuer*	BVSP**	TAGZ***	Steuerklasse	Bemessungsgrundlage für Kirchensteuer und Solidaritätszuschlag – Freibeträge für ... Kinder 0,5	**1,0**	1,5	**2,0**	2,5	**3,0**
5 330,99	I,IV	**981,66**	465,08	465,08	I	845,00	714,66	590,83	473,33	362,33	257,75
	II	**851,41**	465,08	465,08	II	720,83	596,66	478,91	367,58	262,66	164,25
	III	**573,50**	465,08	465,08	III	472,00	373,66	278,50	186,50	101,16	31,66
	V	**1 474,41**	465,08	465,08	IV	912,50	845,00	779,00	714,66	651,91	590,83
	VI	**1 518,75**	465,08	465,08							
5 333,99	I,IV	**982,75**	465,08	465,08	I	845,91	715,58	591,66	474,16	363,16	258,50
	II	**852,41**	465,08	465,08	II	721,75	597,50	479,75	368,33	263,41	164,91
	III	**574,33**	465,08	465,08	III	472,66	374,33	279,16	187,16	101,66	32,16
	V	**1 475,58**	465,08	465,08	IV	913,50	845,91	780,00	715,58	652,83	591,66
	VI	**1 519,83**	465,08	465,08							
5 336,99	I,IV	**983,75**	465,08	465,08	I	846,91	716,50	592,58	475,00	363,91	259,25
	II	**853,33**	465,08	465,08	II	722,66	598,41	480,58	369,16	264,16	165,58
	III	**575,00**	465,08	465,08	III	473,33	375,00	279,83	187,83	102,33	32,50
	V	**1 476,66**	465,08	465,08	IV	914,50	846,91	780,91	716,50	653,75	592,58
	VI	**1 521,00**	465,08	465,08							
5 339,99	I,IV	**984,75**	465,08	465,08	I	847,91	717,41	593,41	475,83	364,75	260,00
	II	**854,33**	465,08	465,08	II	723,58	599,25	481,41	369,91	264,91	166,33
	III	**575,83**	465,08	465,08	III	474,16	375,66	280,50	188,50	102,83	33,00
	V	**1 477,83**	465,08	465,08	IV	915,50	847,91	781,83	717,41	654,66	593,41
	VI	**1 522,16**	465,08	465,08							
5 342,99	I,IV	**985,83**	465,08	465,08	I	848,91	718,41	594,33	476,75	365,50	260,75
	II	**855,33**	465,08	465,08	II	724,50	600,16	482,25	370,75	265,66	167,00
	III	**576,50**	465,08	465,08	III	474,83	376,50	281,16	189,16	103,50	33,50
	V	**1 479,00**	465,08	465,08	IV	916,50	848,91	782,83	718,41	655,58	594,33
	VI	**1 523,33**	465,08	465,08							
5 345,99	I,IV	**986,83**	465,08	465,08	I	849,83	719,33	595,16	477,50	366,25	261,50
	II	**856,33**	465,08	465,08	II	725,41	601,00	483,08	371,50	266,41	167,66
	III	**577,33**	465,08	465,08	III	475,66	377,16	281,83	189,83	104,00	33,83
	V	**1 480,08**	465,08	465,08	IV	917,50	849,83	783,75	719,33	656,41	595,16
	VI	**1 524,41**	465,08	465,08							
5 348,99	I,IV	**987,83**	465,08	465,08	I	850,83	720,25	596,08	478,33	367,08	262,25
	II	**857,25**	465,08	465,08	II	726,41	601,91	483,91	372,33	267,16	168,41
	III	**578,00**	465,08	465,08	III	476,33	377,83	282,50	190,50	104,66	34,33
	V	**1 481,25**	465,08	465,08	IV	918,50	850,83	784,75	720,25	657,33	596,08
	VI	**1 525,58**	465,08	465,08							
5 351,99	I,IV	**988,83**	465,08	465,08	I	851,83	721,16	597,00	479,25	367,91	263,00
	II	**858,25**	465,08	465,08	II	727,33	602,83	484,75	373,08	267,91	169,08
	III	**578,83**	465,08	465,08	III	477,00	378,50	283,16	191,16	105,16	34,83
	V	**1 482,41**	465,08	465,08	IV	919,50	851,83	785,66	721,16	658,25	597,00
	VI	**1 526,75**	465,08	465,08							
5 354,99	I,IV	**989,83**	465,08	465,08	I	852,75	722,08	597,83	480,00	368,66	263,66
	II	**859,25**	465,08	465,08	II	728,25	603,66	485,58	373,91	268,58	169,75
	III	**579,50**	465,08	465,08	III	477,83	379,16	283,83	191,83	105,66	35,33
	V	**1 483,58**	465,08	465,08	IV	920,50	852,75	786,58	722,08	659,16	597,83
	VI	**1 527,83**	465,08	465,08							
5 357,99	I,IV	**990,91**	465,08	465,08	I	853,75	723,00	598,75	480,91	369,41	264,41
	II	**860,25**	465,08	465,08	II	729,16	604,58	486,41	374,66	269,33	170,50
	III	**580,33**	465,08	465,08	III	478,50	380,00	284,66	192,50	106,33	35,66
	V	**1 484,66**	465,08	465,08	IV	921,50	853,75	787,58	723,00	660,08	598,75
	VI	**1 529,00**	465,08	465,08							
5 360,99	I,IV	**991,91**	465,08	465,08	I	854,75	724,00	599,66	481,75	370,25	265,16
	II	**861,25**	465,08	465,08	II	730,16	605,50	487,25	375,50	270,16	171,16
	III	**581,00**	465,08	465,08	III	479,33	380,66	285,33	193,16	106,83	36,16
	V	**1 485,83**	465,08	465,08	IV	922,50	854,75	788,58	724,00	661,00	599,66
	VI	**1 530,16**	465,08	465,08							
5 363,99	I,IV	**992,91**	465,08	465,08	I	855,66	724,91	600,50	482,58	371,00	265,91
	II	**862,16**	465,08	465,08	II	731,08	606,33	488,08	376,25	270,83	171,91
	III	**581,83**	465,08	465,08	III	480,00	381,33	286,00	193,83	107,50	36,66
	V	**1 487,00**	465,08	465,08	IV	923,50	855,66	789,50	724,91	661,91	600,50
	VI	**1 531,25**	465,08	465,08							

* Zur LSt-Berechnung für privat versicherte Arbeitnehmer s. Beispiele **Vorbemerkung S. 4 f.**

** Basisvorsorgepauschale KV und PV   *** Typisierter Arbeitgeberzuschuss

Lohn/ Gehalt in € bis	Steuerklasse	Lohn-steuer*	BVSP**	TAGZ***	Steuerklasse	Bemessungsgrundlage für Kirchensteuer und Solidaritätszuschlag – Freibeträge für ... Kinder 0,5	1,0	1,5	2,0	2,5	3,0
5 366,99	I,IV	**994,00**	465,08	465,08	I	856,66	725,83	601,41	483,41	371,83	266,66
	II	**863,16**	465,08	465,08	II	732,00	607,25	488,91	377,08	271,58	172,58
	III	**582,66**	465,08	465,08	III	480,66	382,16	286,66	194,50	108,00	37,16
	V	**1 488,16**	465,08	465,08	IV	924,50	856,66	790,41	725,83	662,83	601,41
	VI	**1 532,41**	465,08	465,08							
5 369,99	I,IV	**995,00**	465,08	465,08	I	857,66	726,75	602,25	484,25	372,58	267,41
	II	**864,16**	465,08	465,08	II	732,91	608,16	489,75	377,83	272,33	173,33
	III	**583,33**	465,08	465,08	III	481,50	382,83	287,33	195,16	108,66	37,50
	V	**1 489,25**	465,08	465,08	IV	925,50	857,66	791,41	726,75	663,75	602,25
	VI	**1 533,58**	465,08	465,08							
5 372,99	I,IV	**996,00**	465,08	465,08	I	858,66	727,66	603,16	485,08	373,41	268,16
	II	**865,08**	465,08	465,08	II	733,83	609,00	490,58	378,66	273,08	174,00
	III	**584,00**	465,08	465,08	III	482,16	383,50	288,00	195,83	109,16	38,00
	V	**1 490,41**	465,08	465,08	IV	926,50	858,66	792,33	727,66	664,58	603,16
	VI	**1 534,75**	465,08	465,08							
5 375,99	I,IV	**997,08**	465,08	465,08	I	859,58	728,58	604,08	485,91	374,16	268,91
	II	**866,08**	465,08	465,08	II	734,83	609,91	491,50	379,41	273,83	174,66
	III	**584,83**	465,08	465,08	III	483,00	384,16	288,66	196,50	109,83	38,50
	V	**1 491,58**	465,08	465,08	IV	927,50	859,58	793,33	728,58	665,50	604,08
	VI	**1 535,83**	465,08	465,08							
5 378,99	I,IV	**998,08**	465,08	465,08	I	860,58	729,58	604,91	486,75	375,00	269,66
	II	**867,08**	465,08	465,08	II	735,75	610,83	492,33	380,25	274,58	175,41
	III	**585,66**	465,08	465,08	III	483,66	385,00	289,33	197,16	110,33	39,00
	V	**1 492,75**	465,08	465,08	IV	928,58	860,58	794,25	729,58	666,41	604,91
	VI	**1 537,00**	465,08	465,08							
5 381,99	I,IV	**999,08**	465,08	465,08	I	861,58	730,50	605,83	487,58	375,75	270,41
	II	**868,08**	465,08	465,08	II	736,66	611,66	493,16	381,00	275,33	176,08
	III	**586,33**	465,08	465,08	III	484,33	385,66	290,00	197,66	111,00	39,33
	V	**1 493,83**	465,08	465,08	IV	929,50	861,58	795,25	730,50	667,33	605,83
	VI	**1 538,16**	465,08	465,08							
5 384,99	I,IV	**1 000,16**	465,08	465,08	I	862,58	731,41	606,66	488,41	376,58	271,16
	II	**869,08**	465,08	465,08	II	737,58	612,58	494,00	381,83	276,08	176,83
	III	**587,16**	465,08	465,08	III	485,16	386,33	290,83	198,50	111,50	39,83
	V	**1 495,00**	465,08	465,08	IV	930,58	862,58	796,16	731,41	668,25	606,66
	VI	**1 539,33**	465,08	465,08							
5 387,99	I,IV	**1 001,16**	465,08	465,08	I	863,50	732,33	607,58	489,25	377,33	271,91
	II	**870,00**	465,08	465,08	II	738,50	613,41	494,83	382,58	276,83	177,50
	III	**587,83**	465,08	465,08	III	485,83	387,00	291,50	199,16	112,16	40,33
	V	**1 496,08**	465,08	465,08	IV	931,50	863,50	797,08	732,33	669,16	607,58
	VI	**1 540,41**	465,08	465,08							
5 390,99	I,IV	**1 002,16**	465,08	465,08	I	864,50	733,25	608,50	490,08	378,16	272,66
	II	**871,00**	465,08	465,08	II	739,50	614,33	495,66	383,41	277,58	178,16
	III	**588,66**	465,08	465,08	III	486,50	387,66	292,16	199,66	112,66	40,83
	V	**1 497,25**	465,08	465,08	IV	932,58	864,50	798,08	733,25	670,08	608,50
	VI	**1 541,58**	465,08	465,08							
5 393,99	I,IV	**1 003,25**	465,08	465,08	I	865,50	734,25	609,33	490,91	378,91	273,41
	II	**872,00**	465,08	465,08	II	740,41	615,25	496,50	384,25	278,33	178,91
	III	**589,33**	465,08	465,08	III	487,33	388,50	292,83	200,50	113,33	41,33
	V	**1 498,41**	465,08	465,08	IV	933,58	865,50	799,08	734,25	671,00	609,33
	VI	**1 542,75**	465,08	465,08							
5 396,99	I,IV	**1 004,25**	465,08	465,08	I	866,50	735,16	610,25	491,75	379,75	274,08
	II	**873,00**	465,08	465,08	II	741,33	616,08	497,33	385,00	279,08	179,58
	III	**590,16**	465,08	465,08	III	488,00	389,16	293,50	201,00	113,83	41,66
	V	**1 499,50**	465,08	465,08	IV	934,58	866,50	800,00	735,16	671,91	610,25
	VI	**1 543,83**	465,08	465,08							
5 399,99	I,IV	**1 005,25**	465,08	465,08	I	867,50	736,08	611,16	492,58	380,50	274,91
	II	**874,00**	465,08	465,08	II	742,25	617,00	498,16	385,83	279,83	180,33
	III	**590,83**	465,08	465,08	III	488,83	389,83	294,16	201,66	114,50	42,16
	V	**1 500,66**	465,08	465,08	IV	935,58	867,50	801,00	736,08	672,83	611,16
	VI	**1 545,00**	465,08	465,08							

* Zur LSt-Berechnung für privat versicherte Arbeitnehmer s. Beispiele **Vorbemerkung S. 4 f.**
** Basisvorsorgepauschale KV und PV *** Typisierter Arbeitgeberzuschuss

Lohn/ Gehalt in € bis	Steuerklasse	Lohn-steuer*	BVSP**	TAGZ***	Steuerklasse	Bemessungsgrundlage für Kirchensteuer und Solidaritätszuschlag					
						Freibeträge für ... Kinder					
						0,5	**1,0**	1,5	**2,0**	2,5	**3,0**
5402,99	I,IV	**1006,33**	465,08	465,08	I	868,41	737,00	612,00	493,50	381,33	275,66
	II	**874,91**	465,08	465,08	II	743,25	617,91	499,08	386,58	280,58	181,00
	III	**591,66**	465,08	465,08	III	489,50	390,66	294,83	202,33	115,00	42,66
	V	**1501,83**	465,08	465,08	IV	936,58	868,41	801,91	737,00	673,75	612,00
	VI	**1546,16**	465,08	465,08							
5405,99	I,IV	**1007,33**	465,08	465,08	I	869,41	737,91	612,91	494,33	382,08	276,33
	II	**875,91**	465,08	465,08	II	744,16	618,75	499,83	387,41	281,33	181,66
	III	**592,50**	465,08	465,08	III	490,33	391,33	295,50	203,00	115,66	43,16
	V	**1503,00**	465,08	465,08	IV	937,58	869,41	802,83	737,91	674,58	612,91
	VI	**1547,25**	465,08	465,08							
5408,99	I,IV	**1008,33**	465,08	465,08	I	870,41	738,91	613,83	495,16	382,91	277,08
	II	**876,91**	465,08	465,08	II	745,08	619,66	500,75	388,16	282,08	182,41
	III	**593,16**	465,08	465,08	III	491,00	392,00	296,33	203,66	116,16	43,50
	V	**1504,08**	465,08	465,08	IV	938,58	870,41	803,83	738,91	675,50	613,83
	VI	**1548,41**	465,08	465,08							
5411,99	I,IV	**1009,41**	465,08	465,08	I	871,41	739,83	614,66	496,00	383,75	277,91
	II	**877,91**	465,08	465,08	II	746,00	620,58	501,58	389,00	282,83	183,08
	III	**594,00**	465,08	465,08	III	491,66	392,66	297,00	204,33	116,83	44,00
	V	**1505,25**	465,08	465,08	IV	939,58	871,41	804,83	739,83	676,50	614,66
	VI	**1549,58**	465,08	465,08							
5414,99	I,IV	**1010,41**	465,08	465,08	I	872,33	740,75	615,58	496,83	384,50	278,58
	II	**878,91**	465,08	465,08	II	746,91	621,50	502,41	389,75	283,58	183,83
	III	**594,66**	465,08	465,08	III	492,50	393,50	297,66	205,00	117,33	44,50
	V	**1506,41**	465,08	465,08	IV	940,58	872,33	805,75	740,75	677,33	615,58
	VI	**1550,75**	465,08	465,08							
5417,99	I,IV	**1011,41**	465,08	465,08	I	873,33	741,66	616,50	497,66	385,33	279,33
	II	**879,91**	465,08	465,08	II	747,91	622,33	503,25	390,58	284,33	184,50
	III	**595,50**	465,08	465,08	III	493,16	394,16	298,33	205,66	118,00	45,00
	V	**1507,58**	465,08	465,08	IV	941,58	873,33	806,75	741,66	678,25	616,50
	VI	**1551,83**	465,08	465,08							
5420,99	I,IV	**1012,50**	465,08	465,08	I	874,33	742,66	617,33	498,50	386,08	280,16
	II	**880,83**	465,08	465,08	II	748,83	623,25	504,08	391,41	285,08	185,25
	III	**596,16**	465,08	465,08	III	494,00	394,83	299,00	206,33	118,66	45,50
	V	**1508,75**	465,08	465,08	IV	942,58	874,33	807,66	742,66	679,16	617,33
	VI	**1553,00**	465,08	465,08							
5423,99	I,IV	**1013,50**	465,08	465,08	I	875,33	743,58	618,25	499,33	386,91	280,83
	II	**881,83**	465,08	465,08	II	749,75	624,16	504,91	392,16	285,83	185,91
	III	**597,00**	465,08	465,08	III	494,66	395,50	299,66	207,00	119,16	46,00
	V	**1509,83**	465,08	465,08	IV	943,58	875,33	808,66	743,58	680,08	618,25
	VI	**1554,16**	465,08	465,08							
5426,99	I,IV	**1014,58**	465,08	465,08	I	876,33	744,50	619,16	500,16	387,66	281,58
	II	**882,83**	465,08	465,08	II	750,75	625,08	505,83	393,00	286,58	186,66
	III	**597,66**	465,08	465,08	III	495,33	396,33	300,33	207,66	119,83	46,50
	V	**1511,00**	465,08	465,08	IV	944,58	876,33	809,58	744,50	681,00	619,16
	VI	**1555,33**	465,08	465,08							
5429,99	I,IV	**1015,58**	465,08	465,08	I	877,33	745,50	620,08	501,08	388,50	282,41
	II	**883,83**	465,08	465,08	II	751,66	625,91	506,66	393,75	287,33	187,33
	III	**598,50**	465,08	465,08	III	496,16	397,00	301,16	208,33	120,33	46,83
	V	**1512,16**	465,08	465,08	IV	945,66	877,33	810,58	745,50	681,91	620,08
	VI	**1556,41**	465,08	465,08							
5432,99	I,IV	**1016,58**	465,08	465,08	I	878,25	746,41	620,91	501,91	389,25	283,08
	II	**884,83**	465,08	465,08	II	752,58	626,83	507,50	394,58	288,08	188,00
	III	**599,16**	465,08	465,08	III	496,83	397,66	301,83	209,00	121,00	47,33
	V	**1513,25**	465,08	465,08	IV	946,66	878,25	811,50	746,41	682,83	620,91
	VI	**1557,58**	465,08	465,08							
5435,99	I,IV	**1017,66**	465,08	465,08	I	879,25	747,33	621,83	502,75	390,08	283,83
	II	**885,83**	465,08	465,08	II	753,58	627,75	508,33	395,41	288,83	188,75
	III	**600,00**	465,08	465,08	III	497,66	398,33	302,50	209,66	121,50	47,83
	V	**1514,41**	465,08	465,08	IV	947,66	879,25	812,50	747,33	683,75	621,83
	VI	**1558,75**	465,08	465,08							

* Zur LSt-Berechnung für privat versicherte Arbeitnehmer s. Beispiele **Vorbemerkung S. 4f.**
** Basisvorsorgepauschale KV und PV *** Typisierter Arbeitgeberzuschuss

Lohn/ Gehalt in € bis	Steuerklasse	Lohnsteuer*	BVSP**	TAGZ***	Steuerklasse	Bemessungsgrundlage für Kirchensteuer und Solidaritätszuschlag – Freibeträge für ... Kinder 0,5	**1,0**	1,5	**2,0**	2,5	**3,0**
5438,99	I,IV	**1018,66**	465,08	465,08	I	880,25	748,25	622,75	503,58	390,91	284,66
	II	**886,83**	465,08	465,08	II	754,50	628,66	509,16	396,16	289,58	189,50
	III	**600,83**	465,08	465,08	III	498,33	399,16	303,16	210,33	122,16	48,33
	V	**1515,58**	465,08	465,08	IV	948,66	880,25	813,50	748,25	684,66	622,75
	VI	**1559,91**	465,08	465,08							
5441,99	I,IV	**1019,66**	465,08	465,08	I	881,25	749,16	623,58	504,41	391,66	285,33
	II	**887,75**	465,08	465,08	II	755,41	629,50	510,00	397,00	290,33	190,16
	III	**601,50**	465,08	465,08	III	499,00	399,83	303,83	211,00	122,83	48,83
	V	**1516,66**	465,08	465,08	IV	949,66	881,25	814,41	749,16	685,58	623,58
	VI	**1561,00**	465,08	465,08							
5444,99	I,IV	**1020,75**	465,08	465,08	I	882,25	750,16	624,50	505,25	392,50	286,16
	II	**888,75**	465,08	465,08	II	756,41	630,41	510,91	397,75	291,08	190,91
	III	**602,33**	465,08	465,08	III	499,83	400,50	304,50	211,66	123,33	49,33
	V	**1517,83**	465,08	465,08	IV	950,66	882,25	815,41	750,16	686,50	624,50
	VI	**1562,16**	465,08	465,08							
5447,99	I,IV	**1021,75**	465,08	465,08	I	883,25	751,08	625,41	506,16	393,33	286,91
	II	**889,75**	465,08	465,08	II	757,33	631,33	511,75	398,58	291,91	191,58
	III	**603,00**	465,08	465,08	III	500,50	401,33	305,16	212,33	124,00	49,83
	V	**1519,00**	465,08	465,08	IV	951,66	883,25	816,33	751,08	687,41	625,41
	VI	**1563,33**	465,08	465,08							
5450,99	I,IV	**1022,83**	465,08	465,08	I	884,16	752,00	626,25	507,00	394,08	287,66
	II	**890,75**	465,08	465,08	II	758,25	632,16	512,58	399,41	292,58	192,25
	III	**603,83**	465,08	465,08	III	501,33	402,00	305,83	213,00	124,50	50,33
	V	**1520,08**	465,08	465,08	IV	952,66	884,16	817,33	752,00	688,33	626,25
	VI	**1564,41**	465,08	465,08							
5453,99	I,IV	**1023,83**	465,08	465,08	I	885,16	753,00	627,16	507,83	394,91	288,41
	II	**891,75**	465,08	465,08	II	759,16	633,08	513,41	400,16	293,41	193,00
	III	**604,50**	465,08	465,08	III	502,00	402,66	306,50	213,66	125,16	50,66
	V	**1521,25**	465,08	465,08	IV	953,75	885,16	818,25	753,00	689,25	627,16
	VI	**1565,58**	465,08	465,08							
5456,99	I,IV	**1024,83**	465,08	465,08	I	886,16	753,91	628,08	508,66	395,66	289,16
	II	**892,75**	465,08	465,08	II	760,16	634,00	514,25	401,00	294,08	193,66
	III	**605,33**	465,08	465,08	III	502,66	403,33	307,33	214,33	125,66	51,16
	V	**1522,41**	465,08	465,08	IV	954,75	886,16	819,25	753,91	690,16	628,08
	VI	**1566,66**	465,08	465,08							
5459,99	I,IV	**1025,91**	465,08	465,08	I	887,16	754,83	629,00	509,50	396,50	289,91
	II	**893,75**	465,08	465,08	II	761,08	634,91	515,08	401,75	294,91	194,41
	III	**606,00**	465,08	465,08	III	503,50	404,16	308,00	215,00	126,33	51,66
	V	**1523,58**	465,08	465,08	IV	955,75	887,16	820,16	754,83	691,08	629,00
	VI	**1567,83**	465,08	465,08							
5462,99	I,IV	**1026,91**	465,08	465,08	I	888,16	755,83	629,83	510,33	397,33	290,66
	II	**894,75**	465,08	465,08	II	762,00	635,83	516,00	402,58	295,66	195,16
	III	**606,83**	465,08	465,08	III	504,16	404,83	308,66	215,66	127,00	52,16
	V	**1524,66**	465,08	465,08	IV	956,75	888,16	821,16	755,83	692,00	629,83
	VI	**1569,00**	465,08	465,08							
5465,99	I,IV	**1028,00**	465,08	465,08	I	889,16	756,75	630,75	511,16	398,08	291,41
	II	**895,66**	465,08	465,08	II	763,00	636,66	516,83	403,41	296,41	195,83
	III	**607,50**	465,08	465,08	III	505,00	405,50	309,33	216,33	127,50	52,66
	V	**1525,83**	465,08	465,08	IV	957,75	889,16	822,08	756,75	692,91	630,75
	VI	**1570,16**	465,08	465,08							
5468,99	I,IV	**1029,00**	465,08	465,08	I	890,16	757,66	631,66	512,08	398,91	292,16
	II	**896,66**	465,08	465,08	II	763,91	637,58	517,66	404,16	297,16	196,58
	III	**608,33**	465,08	465,08	III	505,66	406,33	310,00	217,00	128,16	53,16
	V	**1527,00**	465,08	465,08	IV	958,75	890,16	823,08	757,66	693,83	631,66
	VI	**1571,25**	465,08	465,08							
5471,99	I,IV	**1030,08**	465,08	465,08	I	891,16	758,66	632,58	512,91	399,66	292,91
	II	**897,66**	465,08	465,08	II	764,91	638,50	518,50	405,00	297,91	197,25
	III	**609,16**	465,08	465,08	III	506,50	407,00	310,66	217,66	128,83	53,66
	V	**1528,16**	465,08	465,08	IV	959,83	891,16	824,08	758,66	694,75	632,58
	VI	**1572,41**	465,08	465,08							

* Zur LSt-Berechnung für privat versicherte Arbeitnehmer s. Beispiele **Vorbemerkung S. 4f.**
** Basisvorsorgepauschale KV und PV *** Typisierter Arbeitgeberzuschuss

Lohn/ Gehalt in € bis	Steuerklasse	Lohn-steuer*	BVSP**	TAGZ***	Steuerklasse	Bemessungsgrundlage für Kirchensteuer und Solidaritätszuschlag					
						Freibeträge für ... Kinder					
						0,5	**1,0**	1,5	**2,0**	2,5	**3,0**
5474,99	I,IV	**1031,08**	465,08	465,08	I	892,08	759,58	633,41	513,75	400,50	293,66
	II	**898,66**	465,08	465,08	II	765,83	639,33	519,33	405,83	298,66	198,00
	III	**609,83**	465,08	465,08	III	507,16	407,66	311,33	218,33	129,33	54,16
	V	**1529,25**	465,08	465,08	IV	960,75	892,08	825,00	759,58	695,66	633,41
	VI	**1573,58**	465,08	465,08							
5477,99	I,IV	**1032,16**	465,08	465,08	I	893,08	760,50	634,33	514,58	401,33	294,41
	II	**899,66**	465,08	465,08	II	766,75	640,25	520,25	406,58	299,41	198,66
	III	**610,66**	465,08	465,08	III	508,00	408,33	312,16	219,00	130,00	54,66
	V	**1530,41**	465,08	465,08	IV	961,83	893,08	826,00	760,50	696,58	634,33
	VI	**1574,75**	465,08	465,08							
5480,99	I,IV	**1033,16**	465,08	465,08	I	894,08	761,50	635,25	515,50	402,08	295,16
	II	**900,66**	465,08	465,08	II	767,75	641,16	521,08	407,41	300,16	199,41
	III	**611,33**	465,08	465,08	III	508,66	409,16	312,83	219,66	130,66	55,16
	V	**1531,58**	465,08	465,08	IV	962,83	894,08	827,00	761,50	697,58	635,25
	VI	**1575,83**	465,08	465,08							
5483,99	I,IV	**1034,16**	465,08	465,08	I	895,08	762,41	636,16	516,33	402,91	295,91
	II	**901,66**	465,08	465,08	II	768,66	642,08	521,91	408,25	300,91	200,08
	III	**612,16**	465,08	465,08	III	509,33	409,83	313,50	220,33	131,16	55,66
	V	**1532,66**	465,08	465,08	IV	963,83	895,08	827,91	762,41	698,41	636,16
	VI	**1577,00**	465,08	465,08							
5486,99	I,IV	**1035,25**	465,08	465,08	I	896,08	763,33	637,00	517,16	403,75	296,66
	II	**902,66**	465,08	465,08	II	769,58	643,00	522,83	409,00	301,75	200,83
	III	**613,00**	465,08	465,08	III	510,16	410,50	314,16	221,00	131,83	56,16
	V	**1533,83**	465,08	465,08	IV	964,83	896,08	828,91	763,33	699,41	637,00
	VI	**1578,16**	465,08	465,08							
5489,99	I,IV	**1036,33**	465,08	465,08	I	897,08	764,33	637,91	518,00	404,50	297,50
	II	**903,66**	465,08	465,08	II	770,58	643,91	523,66	409,83	302,50	201,50
	III	**613,66**	465,08	465,08	III	510,83	411,33	314,83	221,66	132,50	56,66
	V	**1535,00**	465,08	465,08	IV	965,91	897,08	829,91	764,33	700,33	637,91
	VI	**1579,33**	465,08	465,08							
5492,99	I,IV	**1037,33**	465,08	465,08	I	898,08	765,25	638,83	518,83	405,33	298,16
	II	**904,66**	465,08	465,08	II	771,50	644,75	524,50	410,66	303,25	202,25
	III	**614,50**	465,08	465,08	III	511,50	412,00	315,50	222,33	133,00	57,00
	V	**1536,08**	465,08	465,08	IV	966,91	898,08	830,83	765,25	701,25	638,83
	VI	**1580,41**	465,08	465,08							
5495,99	I,IV	**1038,33**	465,08	465,08	I	899,08	766,16	639,75	519,75	406,16	299,00
	II	**905,66**	465,08	465,08	II	772,41	645,66	525,33	411,50	304,00	202,91
	III	**615,16**	465,08	465,08	III	512,33	412,66	316,33	223,00	133,66	57,66
	V	**1537,25**	465,08	465,08	IV	967,91	899,08	831,83	766,16	702,16	639,75
	VI	**1581,58**	465,08	465,08							
5498,99	I,IV	**1039,41**	465,08	465,08	I	900,08	767,16	640,66	520,58	406,91	299,75
	II	**906,66**	465,08	465,08	II	773,41	646,58	526,25	412,25	304,75	203,66
	III	**616,00**	465,08	465,08	III	513,00	413,33	317,00	223,66	134,33	58,00
	V	**1538,41**	465,08	465,08	IV	968,91	900,08	832,83	767,16	703,08	640,66
	VI	**1582,75**	465,08	465,08							
5501,99	I,IV	**1040,41**	465,08	465,08	I	901,00	768,08	641,50	521,41	407,75	300,50
	II	**907,58**	465,08	465,08	II	774,33	647,50	527,08	413,08	305,50	204,41
	III	**616,66**	465,08	465,08	III	513,83	414,16	317,66	224,33	134,83	58,50
	V	**1539,58**	465,08	465,08	IV	969,91	901,00	833,75	768,08	704,00	641,50
	VI	**1583,83**	465,08	465,08							
5504,99	I,IV	**1041,50**	465,08	465,08	I	902,00	769,00	642,41	522,25	408,58	301,25
	II	**908,58**	465,08	465,08	II	775,25	648,41	527,91	413,91	306,25	205,08
	III	**617,50**	465,08	465,08	III	514,50	414,83	318,33	225,00	135,50	59,16
	V	**1540,66**	465,08	465,08	IV	971,00	902,00	834,75	769,00	704,91	642,41
	VI	**1585,00**	465,08	465,08							
5507,99	I,IV	**1042,50**	465,08	465,08	I	903,08	770,00	643,33	523,16	409,33	302,00
	II	**909,66**	465,08	465,08	II	776,25	649,33	528,75	414,66	307,08	205,83
	III	**618,33**	465,08	465,08	III	515,33	415,50	319,00	225,66	136,16	59,50
	V	**1541,83**	465,08	465,08	IV	972,00	903,08	835,66	770,00	705,83	643,33
	VI	**1586,16**	465,08	465,08							

* Zur LSt-Berechnung für privat versicherte Arbeitnehmer s. Beispiele **Vorbemerkung S. 4f.**
** Basisvorsorgepauschale KV und PV *** Typisierter Arbeitgeberzuschuss

Lohn/ Gehalt in € bis	Steuerklasse	Lohnsteuer*	BVSP**	TAGZ***	Steuerklasse	Bemessungsgrundlage für Kirchensteuer und Solidaritätszuschlag – Freibeträge für ... Kinder 0,5	1,0	1,5	2,0	2,5	3,0
5510,99	I,IV	**1043,58**	465,08	465,08	I	904,00	770,91	644,25	524,00	410,16	302,75
	II	**910,58**	465,08	465,08	II	777,16	650,16	529,66	415,50	307,83	206,50
	III	**619,00**	465,08	465,08	III	516,00	416,16	319,66	226,33	136,66	60,00
	V	**1543,00**	465,08	465,08	IV	973,00	904,00	836,66	770,91	706,75	644,25
	VI	**1587,25**	465,08	465,08							
5513,99	I,IV	**1044,58**	465,08	465,08	I	905,00	771,83	645,16	524,83	411,00	303,50
	II	**911,58**	465,08	465,08	II	778,16	651,08	530,50	416,33	308,58	207,25
	III	**619,83**	465,08	465,08	III	516,83	417,00	320,50	227,00	137,33	60,66
	V	**1544,16**	465,08	465,08	IV	974,00	905,00	837,66	771,83	707,66	645,16
	VI	**1588,41**	465,08	465,08							
5516,99	I,IV	**1045,66**	465,08	465,08	I	906,00	772,83	646,08	525,66	411,75	304,33
	II	**912,58**	465,08	465,08	II	779,08	652,00	531,33	417,16	309,33	208,00
	III	**620,50**	465,08	465,08	III	517,50	417,66	321,16	227,66	138,00	61,00
	V	**1545,25**	465,08	465,08	IV	975,08	906,00	838,58	772,83	708,66	646,08
	VI	**1589,58**	465,08	465,08							
5519,99	I,IV	**1046,66**	465,08	465,08	I	907,00	773,75	646,91	526,50	412,58	305,08
	II	**913,58**	465,08	465,08	II	780,00	652,91	532,16	417,91	310,08	208,66
	III	**621,33**	465,08	465,08	III	518,16	418,33	321,83	228,33	138,66	61,50
	V	**1546,41**	465,08	465,08	IV	976,08	907,00	839,58	773,75	709,50	646,91
	VI	**1590,75**	465,08	465,08							
5522,99	I,IV	**1047,75**	465,08	465,08	I	908,00	774,75	647,83	527,41	413,41	305,83
	II	**914,58**	465,08	465,08	II	781,00	653,83	533,08	418,75	310,83	209,41
	III	**622,16**	465,08	465,08	III	519,00	419,16	322,50	229,00	139,33	62,16
	V	**1547,58**	465,08	465,08	IV	977,08	908,00	840,58	774,75	710,50	647,83
	VI	**1591,83**	465,08	465,08							
5525,99	I,IV	**1048,75**	465,08	465,08	I	909,00	775,66	648,75	528,25	414,16	306,58
	II	**915,58**	465,08	465,08	II	781,91	654,66	533,91	419,50	311,58	210,08
	III	**622,83**	465,08	465,08	III	519,66	419,83	323,16	229,66	139,83	62,66
	V	**1548,66**	465,08	465,08	IV	978,08	909,00	841,50	775,66	711,41	648,75
	VI	**1593,00**	465,08	465,08							
5528,99	I,IV	**1049,83**	465,08	465,08	I	910,00	776,58	649,66	529,08	415,00	307,33
	II	**916,58**	465,08	465,08	II	782,91	655,58	534,75	420,33	312,41	210,83
	III	**623,50**	465,08	465,08	III	520,50	420,50	323,83	230,33	140,50	63,00
	V	**1549,83**	465,08	465,08	IV	979,08	910,00	842,50	776,58	712,33	649,66
	VI	**1594,16**	465,08	465,08							
5531,99	I,IV	**1050,83**	465,08	465,08	I	911,00	777,58	650,58	530,00	415,83	308,08
	II	**917,58**	465,08	465,08	II	783,83	656,50	535,66	421,16	313,16	211,58
	III	**624,33**	465,08	465,08	III	521,16	421,33	324,50	231,00	141,16	63,66
	V	**1551,00**	465,08	465,08	IV	980,16	911,00	843,50	777,58	713,25	650,58
	VI	**1595,33**	465,08	465,08							
5534,99	I,IV	**1051,91**	465,08	465,08	I	912,00	778,50	651,41	530,83	416,58	308,83
	II	**918,58**	465,08	465,08	II	784,75	657,41	536,50	422,00	313,91	212,25
	III	**625,16**	465,08	465,08	III	522,00	422,00	325,33	231,66	141,66	64,16
	V	**1552,08**	465,08	465,08	IV	981,16	912,00	844,41	778,50	714,16	651,41
	VI	**1596,41**	465,08	465,08							
5537,99	I,IV	**1052,91**	465,08	465,08	I	913,00	779,41	652,33	531,66	417,41	309,58
	II	**919,58**	465,08	465,08	II	785,75	658,33	537,33	422,83	314,66	213,00
	III	**625,83**	465,08	465,08	III	522,66	422,66	326,00	232,33	142,33	64,66
	V	**1553,25**	465,08	465,08	IV	982,16	913,00	845,41	779,41	715,08	652,33
	VI	**1597,58**	465,08	465,08							
5540,99	I,IV	**1054,00**	465,08	465,08	I	914,00	780,41	653,25	532,50	418,25	310,41
	II	**920,58**	465,08	465,08	II	786,75	659,25	538,25	423,58	315,41	213,66
	III	**626,66**	465,08	465,08	III	523,50	423,50	326,66	233,16	143,00	65,16
	V	**1554,41**	465,08	465,08	IV	983,16	914,00	846,41	780,41	716,00	653,25
	VI	**1598,75**	465,08	465,08							
5543,99	I,IV	**1055,00**	465,08	465,08	I	915,00	781,33	654,16	533,41	419,00	311,16
	II	**921,58**	465,08	465,08	II	787,66	660,16	539,08	424,41	316,16	214,41
	III	**627,50**	465,08	465,08	III	524,16	424,16	327,33	233,66	143,66	65,66
	V	**1555,50**	465,08	465,08	IV	984,16	915,00	847,33	781,33	716,91	654,16
	VI	**1599,83**	465,08	465,08							

* Zur LSt-Berechnung für privat versicherte Arbeitnehmer s. Beispiele **Vorbemerkung S. 4f.**
** Basisvorsorgepauschale KV und PV *** Typisierter Arbeitgeberzuschuss

Lohn/ Gehalt in € bis	Steuerklasse	Lohn-steuer*	BVSP**	TAGZ***	Steuerklasse	Bemessungsgrundlage für Kirchensteuer und Solidaritätszuschlag					
						Freibeträge für ... Kinder					
						0,5	**1,0**	1,5	**2,0**	2,5	**3,0**
5 546,99	I,IV	**1 056,08**	465,08	465,08	I	916,00	782,33	655,08	534,25	419,83	311,91
	II	**922,58**	465,08	465,08	II	788,58	661,08	539,91	425,25	317,00	215,16
	III	**628,16**	465,08	465,08	III	524,83	424,83	328,00	234,33	144,16	66,16
	V	**1 556,66**	465,08	465,08	IV	985,25	916,00	848,33	782,33	717,91	655,08
	VI	**1 601,00**	465,08	465,08							
5 549,99	I,IV	**1 057,16**	465,08	465,08	I	917,00	783,25	656,00	535,08	420,66	312,66
	II	**923,58**	465,08	465,08	II	789,58	662,00	540,83	426,08	317,75	215,83
	III	**629,00**	465,08	465,08	III	525,66	425,66	328,66	235,16	144,83	66,66
	V	**1 557,83**	465,08	465,08	IV	986,25	917,00	849,33	783,25	718,83	656,00
	VI	**1 602,16**	465,08	465,08							
5 552,99	I,IV	**1 058,16**	465,08	465,08	I	918,00	784,16	656,83	535,91	421,50	313,41
	II	**924,58**	465,08	465,08	II	790,50	662,83	541,66	426,83	318,50	216,58
	III	**629,66**	465,08	465,08	III	526,33	426,33	329,50	235,83	145,50	67,16
	V	**1 559,00**	465,08	465,08	IV	987,25	918,00	850,25	784,16	719,75	656,83
	VI	**1 603,25**	465,08	465,08							
5 555,99	I,IV	**1 059,25**	465,08	465,08	I	919,00	785,16	657,75	536,83	422,33	314,16
	II	**925,58**	465,08	465,08	II	791,50	663,75	542,50	427,66	319,25	217,33
	III	**630,50**	465,08	465,08	III	527,16	427,00	330,16	236,50	146,16	67,66
	V	**1 560,08**	465,08	465,08	IV	988,33	919,00	851,25	785,16	720,66	657,75
	VI	**1 604,41**	465,08	465,08							
5 558,99	I,IV	**1 060,25**	465,08	465,08	I	920,00	786,16	658,66	537,66	423,08	315,00
	II	**926,58**	465,08	465,08	II	792,41	664,66	543,41	428,50	320,08	218,00
	III	**631,33**	465,08	465,08	III	527,83	427,83	330,83	237,16	146,83	68,16
	V	**1 561,25**	465,08	465,08	IV	989,33	920,00	852,25	786,16	721,58	658,66
	VI	**1 605,58**	465,08	465,08							
5 561,99	I,IV	**1 061,33**	465,08	465,08	I	921,00	787,08	659,58	538,50	423,91	315,75
	II	**927,58**	465,08	465,08	II	793,41	665,58	544,25	429,33	320,83	218,75
	III	**632,00**	465,08	465,08	III	528,66	428,50	331,50	237,83	147,33	68,66
	V	**1 562,41**	465,08	465,08	IV	990,33	921,00	853,25	787,08	722,50	659,58
	VI	**1 606,75**	465,08	465,08							
5 564,99	I,IV	**1 062,33**	465,08	465,08	I	922,00	788,00	660,50	539,41	424,75	316,50
	II	**928,58**	465,08	465,08	II	794,33	666,50	545,08	430,08	321,58	219,50
	III	**632,83**	465,08	465,08	III	529,33	429,16	332,16	238,50	148,00	69,16
	V	**1 563,58**	465,08	465,08	IV	991,33	922,00	854,16	788,00	723,41	660,50
	VI	**1 607,83**	465,08	465,08							
5 567,99	I,IV	**1 063,41**	465,08	465,08	I	923,00	789,00	661,41	540,25	425,58	317,25
	II	**929,58**	465,08	465,08	II	795,33	667,41	546,00	430,91	322,33	220,16
	III	**633,50**	465,08	465,08	III	530,16	430,00	333,00	239,16	148,66	69,66
	V	**1 564,75**	465,08	465,08	IV	992,41	923,00	855,16	789,00	724,41	661,41
	VI	**1 609,00**	465,08	465,08							
5 570,99	I,IV	**1 064,41**	465,08	465,08	I	924,00	789,91	662,33	541,08	426,33	318,00
	II	**930,58**	465,08	465,08	II	796,25	668,33	546,83	431,75	323,08	220,91
	III	**634,33**	465,08	465,08	III	530,83	430,66	333,66	239,83	149,33	70,33
	V	**1 565,83**	465,08	465,08	IV	993,41	924,00	856,16	789,91	725,33	662,33
	VI	**1 610,16**	465,08	465,08							
5 573,99	I,IV	**1 065,50**	465,08	465,08	I	925,00	790,91	663,25	542,00	427,16	318,83
	II	**931,58**	465,08	465,08	II	797,25	669,25	547,66	432,58	323,91	221,66
	III	**635,00**	465,08	465,08	III	531,66	431,33	334,33	240,50	150,00	70,83
	V	**1 567,00**	465,08	465,08	IV	994,41	925,00	857,16	790,91	726,25	663,25
	VI	**1 611,33**	465,08	465,08							
5 576,99	I,IV	**1 066,58**	465,08	465,08	I	926,00	791,83	664,16	542,83	428,00	319,58
	II	**932,66**	465,08	465,08	II	798,16	670,16	548,58	433,41	324,66	222,33
	III	**635,83**	465,08	465,08	III	532,33	432,00	335,00	241,16	150,66	71,33
	V	**1 568,16**	465,08	465,08	IV	995,50	926,00	858,08	791,83	727,16	664,16
	VI	**1 612,41**	465,08	465,08							
5 579,99	I,IV	**1 067,58**	465,08	465,08	I	927,00	792,75	665,00	543,66	428,83	320,33
	II	**933,58**	465,08	465,08	II	799,08	671,08	549,41	434,16	325,41	223,08
	III	**636,66**	465,08	465,08	III	533,16	432,83	335,66	241,83	151,16	71,83
	V	**1 569,25**	465,08	465,08	IV	996,50	927,00	859,08	792,75	728,08	665,00
	VI	**1 613,58**	465,08	465,08							

* Zur LSt-Berechnung für privat versicherte Arbeitnehmer s. Beispiele **Vorbemerkung S. 4 f.**
** Basisvorsorgepauschale KV und PV *** Typisierter Arbeitgeberzuschuss

Lohn/ Gehalt in € bis	Steuerklasse	Lohn- steuer*	BVSP**	TAGZ***	Steuerklasse	Bemessungsgrundlage für Kirchensteuer und Solidaritätszuschlag					
						Freibeträge für ... Kinder					
						0,5	**1,0**	1,5	**2,0**	2,5	**3,0**
5582,99	I,IV	**1068,66**	465,08	465,08	I	928,00	793,75	665,91	544,58	429,58	321,08
	II	**934,66**	465,08	465,08	II	800,08	672,00	550,25	435,00	326,16	223,83
	III	**637,33**	465,08	465,08	III	533,83	433,50	336,33	242,50	151,83	72,33
	V	**1570,41**	465,08	465,08	IV	997,50	928,00	860,08	793,75	729,08	665,91
	VI	**1614,75**	465,08	465,08							
5585,99	I,IV	**1069,75**	465,08	465,08	I	929,00	794,75	666,83	545,41	430,41	321,91
	II	**935,66**	465,08	465,08	II	801,08	672,91	551,16	435,83	327,00	224,50
	III	**638,16**	465,08	465,08	III	534,66	434,16	337,16	243,16	152,50	72,83
	V	**1571,58**	465,08	465,08	IV	998,58	929,00	861,08	794,75	730,00	666,83
	VI	**1615,91**	465,08	465,08							
5588,99	I,IV	**1070,75**	465,08	465,08	I	930,00	795,66	667,75	546,25	431,25	322,66
	II	**936,66**	465,08	465,08	II	802,00	673,75	552,00	436,66	327,75	225,25
	III	**639,00**	465,08	465,08	III	535,33	435,00	337,83	243,83	153,16	73,33
	V	**1572,66**	465,08	465,08	IV	999,58	930,00	862,00	795,66	730,91	667,75
	VI	**1617,00**	465,08	465,08							
5591,99	I,IV	**1071,83**	465,08	465,08	I	931,00	796,66	668,66	547,16	432,08	323,41
	II	**937,66**	465,08	465,08	II	803,00	674,66	552,83	437,50	328,50	226,00
	III	**639,66**	465,08	465,08	III	536,00	435,66	338,50	244,50	153,83	73,83
	V	**1573,83**	465,08	465,08	IV	1000,58	931,00	863,00	796,66	731,83	668,66
	VI	**1618,16**	465,08	465,08							
5594,99	I,IV	**1072,83**	465,08	465,08	I	932,00	797,58	669,58	548,00	432,83	324,16
	II	**938,66**	465,08	465,08	II	803,91	675,58	553,75	438,25	329,25	226,66
	III	**640,50**	465,08	465,08	III	536,83	436,33	339,16	245,16	154,50	74,33
	V	**1575,00**	465,08	465,08	IV	1001,58	932,00	864,00	797,58	732,75	669,58
	VI	**1619,25**	465,08	465,08							
5597,99	I,IV	**1073,91**	465,08	465,08	I	933,00	798,50	670,50	548,91	433,66	324,91
	II	**939,66**	465,08	465,08	II	804,83	676,50	554,58	439,08	330,08	227,41
	III	**641,16**	465,08	465,08	III	537,50	437,16	339,83	245,83	155,16	75,00
	V	**1576,08**	465,08	465,08	IV	1002,66	933,00	865,00	798,50	733,66	670,50
	VI	**1620,41**	465,08	465,08							
5600,99	I,IV	**1075,00**	465,08	465,08	I	934,00	799,50	671,41	549,75	434,50	325,75
	II	**940,66**	465,08	465,08	II	805,83	677,41	555,50	439,91	330,83	228,16
	III	**642,00**	465,08	465,08	III	538,33	437,83	340,50	246,50	155,66	75,50
	V	**1577,25**	465,08	465,08	IV	1003,66	934,00	865,91	799,50	734,66	671,41
	VI	**1621,58**	465,08	465,08							
5603,99	I,IV	**1076,00**	465,08	465,08	I	935,00	800,41	672,33	550,58	435,33	326,50
	II	**941,66**	465,08	465,08	II	806,75	678,33	556,33	440,75	331,58	228,83
	III	**642,66**	465,08	465,08	III	539,00	438,50	341,16	247,16	156,33	76,00
	V	**1578,41**	465,08	465,08	IV	1004,66	935,00	866,91	800,41	735,58	672,33
	VI	**1622,66**	465,08	465,08							
5606,99	I,IV	**1077,08**	465,08	465,08	I	936,00	801,41	673,25	551,50	436,16	327,25
	II	**942,66**	465,08	465,08	II	807,75	679,25	557,16	441,58	332,33	229,58
	III	**643,50**	465,08	465,08	III	539,83	439,33	342,00	247,83	157,00	76,50
	V	**1579,58**	465,08	465,08	IV	1005,75	936,00	867,91	801,41	736,50	673,25
	VI	**1623,83**	465,08	465,08							
5609,99	I,IV	**1078,16**	465,08	465,08	I	937,00	802,41	674,16	552,33	437,00	328,00
	II	**943,66**	465,08	465,08	II	808,75	680,16	558,08	442,41	333,16	230,33
	III	**644,33**	465,08	465,08	III	540,50	440,00	342,66	248,50	157,66	77,00
	V	**1580,66**	465,08	465,08	IV	1006,75	937,00	868,91	802,41	737,41	674,16
	VI	**1625,00**	465,08	465,08							
5612,99	I,IV	**1079,16**	465,08	465,08	I	938,00	803,33	675,00	553,16	437,75	328,75
	II	**944,66**	465,08	465,08	II	809,66	681,08	558,91	443,16	333,91	231,00
	III	**645,00**	465,08	465,08	III	541,33	440,66	343,33	249,16	158,33	77,50
	V	**1581,83**	465,08	465,08	IV	1007,75	938,00	869,83	803,33	738,33	675,00
	VI	**1626,16**	465,08	465,08							
5615,99	I,IV	**1080,25**	465,08	465,08	I	939,00	804,25	676,00	554,08	438,58	329,58
	II	**945,66**	465,08	465,08	II	810,66	682,00	559,83	444,00	334,66	231,75
	III	**645,83**	465,08	465,08	III	542,00	441,50	344,00	249,83	159,00	78,16
	V	**1583,00**	465,08	465,08	IV	1008,83	939,00	870,83	804,25	739,33	676,00
	VI	**1627,25**	465,08	465,08							

* Zur LSt-Berechnung für privat versicherte Arbeitnehmer s. Beispiele **Vorbemerkung S. 4 f.**
** Basisvorsorgepauschale KV und PV *** Typisierter Arbeitgeberzuschuss

Lohn/ Gehalt in € bis	Steuerklasse	Lohn-steuer*	BVSP**	TAGZ***	Steuerklasse	Bemessungsgrundlage für Kirchensteuer und Solidaritätszuschlag – Freibeträge für ... Kinder 0,5	1,0	1,5	2,0	2,5	3,0
5 618,99	I,IV	**1 081,25**	465,08	465,08	I	940,08	805,25	676,91	554,91	439,41	330,33
	II	**946,75**	465,08	465,08	II	811,58	682,91	560,66	444,83	335,50	232,50
	III	**646,66**	465,08	465,08	III	542,83	442,16	344,83	250,50	159,66	78,66
	V	**1 584,16**	465,08	465,08	IV	1 009,83	940,08	871,83	805,25	740,25	676,91
	VI	**1 628,41**	465,08	465,08							
5 621,99	I,IV	**1 082,33**	465,08	465,08	I	941,08	806,16	677,75	555,75	440,25	331,08
	II	**947,75**	465,08	465,08	II	812,58	683,83	561,50	445,66	336,25	233,25
	III	**647,33**	465,08	465,08	III	543,50	442,83	345,50	251,16	160,16	79,16
	V	**1 585,25**	465,08	465,08	IV	1 010,91	941,08	872,83	806,16	741,16	677,75
	VI	**1 629,58**	465,08	465,08							
5 624,99	I,IV	**1 083,41**	465,08	465,08	I	942,08	807,16	678,66	556,66	441,08	331,91
	II	**948,75**	465,08	465,08	II	813,50	684,75	562,41	446,50	337,00	233,91
	III	**648,16**	465,08	465,08	III	544,33	443,66	346,16	252,00	161,00	79,66
	V	**1 586,41**	465,08	465,08	IV	1 011,91	942,08	873,83	807,16	742,16	678,66
	VI	**1 630,75**	465,08	465,08							
5 627,99	I,IV	**1 084,41**	465,08	465,08	I	943,08	808,16	679,58	557,58	441,91	332,66
	II	**949,75**	465,08	465,08	II	814,50	685,66	563,25	447,33	337,83	234,66
	III	**648,83**	465,08	465,08	III	545,00	444,33	346,83	252,66	161,50	80,16
	V	**1 587,58**	465,08	465,08	IV	1 013,00	943,08	874,83	808,16	743,08	679,58
	VI	**1 631,83**	465,08	465,08							
5 630,99	I,IV	**1 085,50**	465,08	465,08	I	944,08	809,08	680,50	558,41	442,66	333,41
	II	**950,75**	465,08	465,08	II	815,41	686,58	564,16	448,16	338,58	235,41
	III	**649,66**	465,08	465,08	III	545,66	445,00	347,50	253,33	162,16	80,83
	V	**1 588,66**	465,08	465,08	IV	1 014,00	944,08	875,75	809,08	744,00	680,50
	VI	**1 633,00**	465,08	465,08							
5 633,99	I,IV	**1 086,58**	465,08	465,08	I	945,08	810,08	681,41	559,25	443,50	334,25
	II	**951,75**	465,08	465,08	II	816,41	687,50	565,00	449,00	339,33	236,16
	III	**650,50**	465,08	465,08	III	546,50	445,83	348,33	254,00	162,83	81,33
	V	**1 589,83**	465,08	465,08	IV	1 015,00	945,08	876,75	810,08	744,91	681,41
	VI	**1 634,16**	465,08	465,08							
5 636,99	I,IV	**1 087,58**	465,08	465,08	I	946,08	811,00	682,33	560,16	444,33	335,00
	II	**952,75**	465,08	465,08	II	817,41	688,41	565,91	449,83	340,08	236,91
	III	**651,16**	465,08	465,08	III	547,16	446,50	349,00	254,66	163,50	81,83
	V	**1 591,00**	465,08	465,08	IV	1 016,08	946,08	877,75	811,00	745,91	682,33
	VI	**1 635,33**	465,08	465,08							
5 639,99	I,IV	**1 088,66**	465,08	465,08	I	947,08	812,00	683,25	561,00	445,16	335,75
	II	**953,75**	465,08	465,08	II	818,33	689,33	566,75	450,58	340,91	237,58
	III	**652,00**	465,08	465,08	III	548,00	447,16	349,66	255,33	164,16	82,33
	V	**1 592,08**	465,08	465,08	IV	1 017,08	947,08	878,75	812,00	746,83	683,25
	VI	**1 636,41**	465,08	465,08							
5 642,99	I,IV	**1 089,75**	465,08	465,08	I	948,08	812,91	684,16	561,91	446,00	336,50
	II	**954,83**	465,08	465,08	II	819,33	690,25	567,66	451,41	341,66	238,33
	III	**652,83**	465,08	465,08	III	548,83	448,00	350,33	256,00	164,83	83,00
	V	**1 593,25**	465,08	465,08	IV	1 018,08	948,08	879,75	812,91	747,75	684,16
	VI	**1 637,58**	465,08	465,08							
5 645,99	I,IV	**1 090,83**	465,08	465,08	I	949,16	813,91	685,08	562,75	446,83	337,33
	II	**955,83**	465,08	465,08	II	820,25	691,16	568,50	452,25	342,41	239,08
	III	**653,50**	465,08	465,08	III	549,50	448,66	351,00	256,66	165,50	83,50
	V	**1 594,41**	465,08	465,08	IV	1 019,16	949,16	880,75	813,91	748,75	685,08
	VI	**1 638,75**	465,08	465,08							
5 648,99	I,IV	**1 091,83**	465,08	465,08	I	950,16	814,83	686,00	563,58	447,66	338,08
	II	**956,83**	465,08	465,08	II	821,25	692,08	569,33	453,08	343,25	239,75
	III	**654,33**	465,08	465,08	III	550,16	449,33	351,66	257,33	166,16	84,00
	V	**1 595,58**	465,08	465,08	IV	1 020,16	950,16	881,66	814,83	749,66	686,00
	VI	**1 639,83**	465,08	465,08							
5 651,99	I,IV	**1 092,91**	465,08	465,08	I	951,16	815,83	686,91	564,50	448,50	338,83
	II	**957,83**	465,08	465,08	II	822,25	693,00	570,25	453,91	344,00	240,50
	III	**655,00**	465,08	465,08	III	551,00	450,16	352,50	258,00	166,83	84,50
	V	**1 596,66**	465,08	465,08	IV	1 021,25	951,16	882,66	815,83	750,58	686,91
	VI	**1 641,00**	465,08	465,08							

* Zur LSt-Berechnung für privat versicherte Arbeitnehmer s. Beispiele **Vorbemerkung S. 4 f.**
** Basisvorsorgepauschale KV und PV *** Typisierter Arbeitgeberzuschuss

Lohn/ Gehalt in € bis	Steuerklasse	Lohnsteuer*	BVSP**	TAGZ***	Steuerklasse	Bemessungsgrundlage für Kirchensteuer und Solidaritätszuschlag – Freibeträge für ... Kinder 0,5	1,0	1,5	2,0	2,5	3,0
5 654,99	I,IV	**1 094,00**	465,08	465,08	I	952,16	816,83	687,83	565,33	449,25	339,66
	II	**958,83**	465,08	465,08	II	823,16	693,91	571,16	454,75	344,75	241,25
	III	**655,83**	465,08	465,08	III	551,66	450,83	353,16	258,66	167,50	85,00
	V	**1 597,83**	465,08	465,08	IV	1 022,25	952,16	883,66	816,83	751,50	687,83
	VI	**1 642,16**	465,08	465,08							
5 657,99	I,IV	**1 095,00**	465,08	465,08	I	953,16	817,75	688,75	566,25	450,08	340,41
	II	**959,83**	465,08	465,08	II	824,16	694,83	572,00	455,58	345,58	242,00
	III	**656,66**	465,08	465,08	III	552,50	451,50	353,83	259,33	168,16	85,66
	V	**1 599,00**	465,08	465,08	IV	1 023,25	953,16	884,66	817,75	752,41	688,75
	VI	**1 643,25**	465,08	465,08							
5 660,99	I,IV	**1 096,08**	465,08	465,08	I	954,16	818,75	689,66	567,08	450,91	341,16
	II	**960,91**	465,08	465,08	II	825,08	695,75	572,83	456,41	346,33	242,75
	III	**657,33**	465,08	465,08	III	553,16	452,33	354,50	260,00	168,83	86,16
	V	**1 600,16**	465,08	465,08	IV	1 024,33	954,16	885,66	818,75	753,41	689,66
	VI	**1 644,41**	465,08	465,08							
5 663,99	I,IV	**1 097,08**	465,08	465,08	I	955,16	819,66	690,58	567,91	451,75	341,91
	II	**961,91**	465,08	465,08	II	826,08	696,66	573,75	457,16	347,08	243,41
	III	**658,16**	465,08	465,08	III	554,00	453,00	355,33	260,66	169,33	86,66
	V	**1 601,25**	465,08	465,08	IV	1 025,33	955,16	886,58	819,66	754,33	690,58
	VI	**1 645,58**	465,08	465,08							
5 666,99	I,IV	**1 098,16**	465,08	465,08	I	956,16	820,66	691,50	568,83	452,58	342,75
	II	**962,91**	465,08	465,08	II	827,00	697,58	574,58	458,00	347,91	244,16
	III	**658,83**	465,08	465,08	III	554,66	453,66	356,00	261,33	170,00	87,16
	V	**1 602,41**	465,08	465,08	IV	1 026,41	956,16	887,58	820,66	755,25	691,50
	VI	**1 646,75**	465,08	465,08							
5 669,99	I,IV	**1 099,25**	465,08	465,08	I	957,25	821,58	692,41	569,75	453,41	343,50
	II	**963,91**	465,08	465,08	II	828,00	698,50	575,50	458,83	348,66	244,91
	III	**659,66**	465,08	465,08	III	555,50	454,50	356,66	262,16	170,66	87,83
	V	**1 603,58**	465,08	465,08	IV	1 027,41	957,25	888,58	821,58	756,25	692,41
	VI	**1 647,83**	465,08	465,08							
5 672,99	I,IV	**1 100,25**	465,08	465,08	I	958,25	822,58	693,33	570,58	454,25	344,25
	II	**964,91**	465,08	465,08	II	829,00	699,41	576,33	459,66	349,41	245,66
	III	**660,50**	465,08	465,08	III	556,16	455,16	357,33	262,83	171,33	88,33
	V	**1 604,66**	465,08	465,08	IV	1 028,41	958,25	889,58	822,58	757,16	693,33
	VI	**1 649,00**	465,08	465,08							
5 675,99	I,IV	**1 101,33**	465,08	465,08	I	959,25	823,58	694,25	571,41	455,08	345,08
	II	**965,91**	465,08	465,08	II	829,91	700,33	577,25	460,50	350,25	246,41
	III	**661,16**	465,08	465,08	III	557,00	455,83	358,00	263,50	172,00	88,83
	V	**1 605,83**	465,08	465,08	IV	1 029,50	959,25	890,58	823,58	758,08	694,25
	VI	**1 650,16**	465,08	465,08							
5 678,99	I,IV	**1 102,41**	465,08	465,08	I	960,25	824,50	695,25	572,33	455,91	345,83
	II	**967,00**	465,08	465,08	II	830,91	701,33	578,08	461,33	351,00	247,16
	III	**662,00**	465,08	465,08	III	557,66	456,66	358,83	264,16	172,66	89,50
	V	**1 607,00**	465,08	465,08	IV	1 030,58	960,25	891,58	824,50	759,08	695,25
	VI	**1 651,33**	465,08	465,08							
5 681,99	I,IV	**1 103,50**	465,08	465,08	I	961,25	825,50	696,08	573,16	456,66	346,66
	II	**968,00**	465,08	465,08	II	831,83	702,16	579,00	462,16	351,83	247,83
	III	**662,83**	465,08	465,08	III	558,50	457,33	359,50	264,83	173,33	90,00
	V	**1 608,08**	465,08	465,08	IV	1 031,58	961,25	892,58	825,50	760,00	696,08
	VI	**1 652,41**	465,08	465,08							
5 684,99	I,IV	**1 104,58**	465,08	465,08	I	962,25	826,41	697,08	574,08	457,50	347,41
	II	**969,00**	465,08	465,08	II	832,83	703,16	579,83	463,00	352,58	248,58
	III	**663,50**	465,08	465,08	III	559,16	458,00	360,16	265,50	174,00	90,50
	V	**1 609,25**	465,08	465,08	IV	1 032,58	962,25	893,58	826,41	760,91	697,08
	VI	**1 653,58**	465,08	465,08							
5 687,99	I,IV	**1 105,58**	465,08	465,08	I	963,33	827,41	698,00	574,91	458,33	348,16
	II	**970,00**	465,08	465,08	II	833,83	704,08	580,75	463,83	353,33	249,33
	III	**664,33**	465,08	465,08	III	560,00	458,83	360,83	266,16	174,66	91,16
	V	**1 610,41**	465,08	465,08	IV	1 033,66	963,33	894,58	827,41	761,91	698,00
	VI	**1 654,75**	465,08	465,08							

* Zur LSt-Berechnung für privat versicherte Arbeitnehmer s. Beispiele **Vorbemerkung S. 4 f.**
** Basisvorsorgepauschale KV und PV *** Typisierter Arbeitgeberzuschuss

Lohn/ Gehalt in € bis	Steuerklasse	Lohn-steuer*	BVSP**	TAGZ***	Steuerklasse	Bemessungsgrundlage für Kirchensteuer und Solidaritätszuschlag – Freibeträge für ... Kinder 0,5	**1,0**	1,5	**2,0**	2,5	**3,0**
5 690,99	I,IV	**1 106,66**	465,08	465,08	I	964,33	828,33	698,91	575,83	459,16	349,00
	II	**971,00**	465,08	465,08	II	834,75	705,00	581,58	464,66	354,16	250,08
	III	**665,16**	465,08	465,08	III	560,66	459,50	361,50	266,83	175,33	91,66
	V	**1 611,50**	465,08	465,08	IV	1 034,66	964,33	895,50	828,33	762,83	698,91
	VI	**1 655,83**	465,08	465,08							
5 693,99	I,IV	**1 107,75**	465,08	465,08	I	965,33	829,33	699,83	576,66	460,00	349,75
	II	**972,08**	465,08	465,08	II	835,75	705,91	582,50	465,50	354,91	250,83
	III	**665,83**	465,08	465,08	III	561,50	460,33	362,33	267,50	176,00	92,16
	V	**1 612,66**	465,08	465,08	IV	1 035,75	965,33	896,50	829,33	763,75	699,83
	VI	**1 657,00**	465,08	465,08							
5 696,99	I,IV	**1 108,83**	465,08	465,08	I	966,33	830,33	700,75	577,58	460,83	350,58
	II	**973,08**	465,08	465,08	II	836,75	706,83	583,33	466,33	355,75	251,58
	III	**666,66**	465,08	465,08	III	562,16	461,00	363,00	268,16	176,66	92,83
	V	**1 613,83**	465,08	465,08	IV	1 036,75	966,33	897,50	830,33	764,75	700,75
	VI	**1 658,16**	465,08	465,08							
5 699,99	I,IV	**1 109,83**	465,08	465,08	I	967,33	831,25	701,66	578,41	461,66	351,33
	II	**974,08**	465,08	465,08	II	837,66	707,75	584,25	467,16	356,50	252,25
	III	**667,50**	465,08	465,08	III	563,00	461,66	363,66	268,83	177,33	93,33
	V	**1 615,00**	465,08	465,08	IV	1 037,83	967,33	898,50	831,25	765,66	701,66
	VI	**1 659,25**	465,08	465,08							
5 702,99	I,IV	**1 110,91**	465,08	465,08	I	968,41	832,25	702,58	579,33	462,50	352,08
	II	**975,08**	465,08	465,08	II	838,66	708,66	585,08	468,00	357,25	253,00
	III	**668,16**	465,08	465,08	III	563,66	462,50	364,33	269,50	178,00	93,83
	V	**1 616,08**	465,08	465,08	IV	1 038,83	968,41	899,50	832,25	766,58	702,58
	VI	**1 660,41**	465,08	465,08							
5 705,99	I,IV	**1 112,00**	465,08	465,08	I	969,41	833,25	703,50	580,16	463,33	352,91
	II	**976,16**	465,08	465,08	II	839,66	709,58	586,00	468,83	358,08	253,75
	III	**669,00**	465,08	465,08	III	564,50	463,16	365,16	270,33	178,66	94,33
	V	**1 617,25**	465,08	465,08	IV	1 039,91	969,41	900,50	833,25	767,58	703,50
	VI	**1 661,58**	465,08	465,08							
5 708,99	I,IV	**1 113,00**	465,08	465,08	I	970,41	834,16	704,41	581,08	464,16	353,66
	II	**977,16**	465,08	465,08	II	840,58	710,50	586,83	469,66	358,83	254,50
	III	**669,83**	465,08	465,08	III	565,16	463,83	365,83	271,00	179,16	95,00
	V	**1 618,41**	465,08	465,08	IV	1 040,91	970,41	901,50	834,16	768,50	704,41
	VI	**1 662,75**	465,08	465,08							
5 711,99	I,IV	**1 114,08**	465,08	465,08	I	971,41	835,16	705,33	581,91	465,00	354,41
	II	**978,16**	465,08	465,08	II	841,58	711,50	587,75	470,50	359,66	255,25
	III	**670,50**	465,08	465,08	III	566,00	464,66	366,50	271,66	179,83	95,50
	V	**1 619,58**	465,08	465,08	IV	1 042,00	971,41	902,50	835,16	769,41	705,33
	VI	**1 663,83**	465,08	465,08							
5 714,99	I,IV	**1 115,16**	465,08	465,08	I	972,41	836,16	706,25	582,83	465,83	355,25
	II	**979,16**	465,08	465,08	II	842,58	712,41	588,66	471,33	360,41	256,00
	III	**671,33**	465,08	465,08	III	566,66	465,33	367,16	272,33	180,50	96,16
	V	**1 620,75**	465,08	465,08	IV	1 043,00	972,41	903,50	836,16	770,41	706,25
	VI	**1 665,00**	465,08	465,08							
5 717,99	I,IV	**1 116,25**	465,08	465,08	I	973,41	837,08	707,16	583,66	466,66	356,00
	II	**980,16**	465,08	465,08	II	843,50	713,33	589,50	472,16	361,16	256,66
	III	**672,00**	465,08	465,08	III	567,50	466,16	367,83	273,00	181,16	96,66
	V	**1 621,83**	465,08	465,08	IV	1 044,00	973,41	904,50	837,08	771,33	707,16
	VI	**1 666,16**	465,08	465,08							
5 720,99	I,IV	**1 117,33**	465,08	465,08	I	974,50	838,08	708,08	584,58	467,50	356,83
	II	**981,25**	465,08	465,08	II	844,50	714,25	590,41	473,00	362,00	257,41
	III	**672,83**	465,08	465,08	III	568,16	466,83	368,66	273,66	181,83	97,16
	V	**1 623,00**	465,08	465,08	IV	1 045,08	974,50	905,50	838,08	772,33	708,08
	VI	**1 667,33**	465,08	465,08							
5 723,99	I,IV	**1 118,41**	465,08	465,08	I	975,50	839,08	709,08	585,50	468,33	357,58
	II	**982,25**	465,08	465,08	II	845,50	715,16	591,25	473,83	362,75	258,16
	III	**673,66**	465,08	465,08	III	569,00	467,50	369,33	274,33	182,50	97,83
	V	**1 624,16**	465,08	465,08	IV	1 046,16	975,50	906,50	839,08	773,25	709,08
	VI	**1 668,41**	465,08	465,08							

* Zur LSt-Berechnung für privat versicherte Arbeitnehmer s. Beispiele **Vorbemerkung S. 4 f.**
** Basisvorsorgepauschale KV und PV *** Typisierter Arbeitgeberzuschuss

Lohn/ Gehalt in € bis	Steuerklasse	Lohn- steuer*	BVSP**	TAGZ***	Steuerklasse	Bemessungsgrundlage für Kirchensteuer und Solidaritätszuschlag – Freibeträge für ... Kinder 0,5	1,0	1,5	2,0	2,5	3,0
5 726,99	I,IV	**1 119,41**	465,08	465,08	I	976,50	840,00	710,00	586,33	469,16	358,33
	II	**983,25**	465,08	465,08	II	846,50	716,08	592,16	474,66	363,58	258,91
	III	**674,33**	465,08	465,08	III	569,66	468,33	370,00	275,00	183,16	98,33
	V	**1 625,25**	465,08	465,08	IV	1 047,16	976,50	907,50	840,00	774,16	710,00
	VI	**1 669,58**	465,08	465,08							
5 729,99	I,IV	**1 120,50**	465,08	465,08	I	977,50	841,00	710,91	587,25	470,00	359,16
	II	**984,33**	465,08	465,08	II	847,41	717,00	593,00	475,50	364,33	259,66
	III	**675,16**	465,08	465,08	III	570,50	469,00	370,66	275,66	183,83	98,83
	V	**1 626,41**	465,08	465,08	IV	1 048,25	977,50	908,50	841,00	775,16	710,91
	VI	**1 670,75**	465,08	465,08							
5 732,99	I,IV	**1 121,58**	465,08	465,08	I	978,50	841,91	711,83	588,08	470,75	359,91
	II	**985,33**	465,08	465,08	II	848,41	717,91	593,91	476,33	365,16	260,41
	III	**676,00**	465,08	465,08	III	571,16	469,66	371,33	276,33	184,50	99,50
	V	**1 627,50**	465,08	465,08	IV	1 049,25	978,50	909,41	841,91	776,08	711,83
	VI	**1 671,83**	465,08	465,08							
5 735,99	I,IV	**1 122,66**	465,08	465,08	I	979,58	842,91	712,75	589,00	471,66	360,75
	II	**986,33**	465,08	465,08	II	849,41	718,83	594,83	477,16	365,91	261,16
	III	**676,66**	465,08	465,08	III	572,00	470,50	372,16	277,00	185,16	100,00
	V	**1 628,66**	465,08	465,08	IV	1 050,33	979,58	910,41	842,91	777,00	712,75
	VI	**1 673,00**	465,08	465,08							
5 738,99	I,IV	**1 123,75**	465,08	465,08	I	980,58	843,91	713,66	589,83	472,50	361,50
	II	**987,33**	465,08	465,08	II	850,33	719,83	595,66	478,00	366,75	261,91
	III	**677,50**	465,08	465,08	III	572,66	471,16	372,83	277,66	185,83	100,50
	V	**1 629,83**	465,08	465,08	IV	1 051,33	980,58	911,50	843,91	778,00	713,66
	VI	**1 674,16**	465,08	465,08							
5 741,99	I,IV	**1 124,75**	465,08	465,08	I	981,58	844,91	714,58	590,75	473,25	362,25
	II	**988,33**	465,08	465,08	II	851,33	720,75	596,58	478,83	367,50	262,58
	III	**678,16**	465,08	465,08	III	573,50	471,83	373,50	278,33	186,50	101,16
	V	**1 631,00**	465,08	465,08	IV	1 052,41	981,58	912,41	844,91	778,91	714,58
	VI	**1 675,25**	465,08	465,08							
5 744,99	I,IV	**1 125,83**	465,08	465,08	I	982,66	845,83	715,50	591,58	474,16	363,08
	II	**989,41**	465,08	465,08	II	852,33	721,66	597,41	479,66	368,25	263,33
	III	**679,00**	465,08	465,08	III	574,16	472,66	374,33	279,16	187,16	101,66
	V	**1 632,08**	465,08	465,08	IV	1 053,41	982,66	913,41	845,83	779,91	715,50
	VI	**1 676,41**	465,08	465,08							
5 747,99	I,IV	**1 126,91**	465,08	465,08	I	983,66	846,83	716,41	592,50	475,00	363,83
	II	**990,41**	465,08	465,08	II	853,33	722,58	598,33	480,50	369,08	264,08
	III	**679,83**	465,08	465,08	III	575,00	473,33	375,00	279,83	187,83	102,33
	V	**1 633,25**	465,08	465,08	IV	1 054,50	983,66	914,41	846,83	780,83	716,41
	VI	**1 677,58**	465,08	465,08							
5 750,99	I,IV	**1 128,00**	465,08	465,08	I	984,66	847,83	717,33	593,33	475,75	364,66
	II	**991,41**	465,08	465,08	II	854,25	723,50	599,16	481,33	369,83	264,83
	III	**680,50**	465,08	465,08	III	575,66	474,00	375,66	280,50	188,50	102,83
	V	**1 634,41**	465,08	465,08	IV	1 055,50	984,66	915,41	847,83	781,75	717,33
	VI	**1 678,66**	465,08	465,08							
5 753,99	I,IV	**1 129,08**	465,08	465,08	I	985,66	848,75	718,33	594,25	476,66	365,41
	II	**992,50**	465,08	465,08	II	855,25	724,41	600,08	482,16	370,66	265,58
	III	**681,33**	465,08	465,08	III	576,50	474,83	376,33	281,16	189,16	103,50
	V	**1 635,58**	465,08	465,08	IV	1 056,58	985,66	916,41	848,75	782,75	718,33
	VI	**1 679,83**	465,08	465,08							
5 756,99	I,IV	**1 130,16**	465,08	465,08	I	986,75	849,75	719,25	595,16	477,50	366,25
	II	**993,50**	465,08	465,08	II	856,25	725,41	601,00	483,00	371,50	266,33
	III	**682,16**	465,08	465,08	III	577,16	475,50	377,00	281,83	189,83	104,00
	V	**1 636,66**	465,08	465,08	IV	1 057,66	986,75	917,41	849,75	783,66	719,25
	VI	**1 681,00**	465,08	465,08							
5 759,99	I,IV	**1 131,16**	465,08	465,08	I	987,75	850,75	720,16	596,00	478,33	367,00
	II	**994,50**	465,08	465,08	II	857,16	726,33	601,83	483,83	372,25	267,08
	III	**682,83**	465,08	465,08	III	578,00	476,33	377,83	282,50	190,50	104,50
	V	**1 637,83**	465,08	465,08	IV	1 058,66	987,75	918,41	850,75	784,66	720,16
	VI	**1 682,16**	465,08	465,08							

* Zur LSt-Berechnung für privat versicherte Arbeitnehmer s. Beispiele **Vorbemerkung S. 4 f.**
** Basisvorsorgepauschale KV und PV *** Typisierter Arbeitgeberzuschuss

Lohn/ Gehalt in € bis	Steuerklasse	Lohn-steuer*	BVSP**	TAGZ***	Steuerklasse	Bemessungsgrundlage für Kirchensteuer und Solidaritätszuschlag – Freibeträge für ... Kinder 0,5	1,0	1,5	2,0	2,5	3,0
5762,99	I,IV	**1132,25**	465,08	465,08	I	988,75	851,75	721,08	596,91	479,16	367,83
	II	**995,58**	465,08	465,08	II	858,16	727,25	602,75	484,66	373,00	267,83
	III	**683,66**	465,08	465,08	III	578,83	477,00	378,50	283,16	191,16	105,16
	V	**1639,00**	465,08	465,08	IV	1059,75	988,75	919,41	851,75	785,58	721,08
	VI	**1683,25**	465,08	465,08							
5765,99	I,IV	**1133,33**	465,08	465,08	I	989,83	852,66	722,00	597,83	480,00	368,58
	II	**996,58**	465,08	465,08	II	859,16	728,16	603,66	485,50	373,83	268,58
	III	**684,50**	465,08	465,08	III	579,50	477,66	379,16	283,83	191,83	105,66
	V	**1640,16**	465,08	465,08	IV	1060,75	989,83	920,41	852,66	786,58	722,00
	VI	**1684,41**	465,08	465,08							
5768,99	I,IV	**1134,41**	465,08	465,08	I	990,83	853,66	722,91	598,66	480,83	369,41
	II	**997,58**	465,08	465,08	II	860,16	729,08	604,50	486,33	374,58	269,33
	III	**685,16**	465,08	465,08	III	580,16	478,50	379,83	284,50	192,33	106,33
	V	**1641,25**	465,08	465,08	IV	1061,83	990,83	921,41	853,66	787,50	722,91
	VI	**1685,58**	465,08	465,08							
5771,99	I,IV	**1135,50**	465,08	465,08	I	991,83	854,66	723,91	599,58	481,66	370,16
	II	**998,66**	465,08	465,08	II	861,08	730,08	605,41	487,16	375,41	270,08
	III	**686,00**	465,08	465,08	III	581,00	479,16	380,66	285,33	193,16	106,83
	V	**1642,41**	465,08	465,08	IV	1062,83	991,83	922,41	854,66	788,50	723,91
	VI	**1686,75**	465,08	465,08							
5774,99	I,IV	**1136,58**	465,08	465,08	I	992,91	855,66	724,83	600,41	482,50	371,00
	II	**999,66**	465,08	465,08	II	862,08	731,00	606,33	488,00	376,25	270,83
	III	**686,83**	465,08	465,08	III	581,83	480,00	381,33	286,00	193,66	107,50
	V	**1643,58**	465,08	465,08	IV	1063,91	992,91	923,41	855,66	789,41	724,83
	VI	**1687,83**	465,08	465,08							
5777,99	I,IV	**1137,58**	465,08	465,08	I	993,91	856,58	725,75	601,33	483,33	371,75
	II	**1000,66**	465,08	465,08	II	863,08	731,91	607,16	488,83	377,00	271,50
	III	**687,50**	465,08	465,08	III	582,50	480,66	382,00	286,66	194,33	108,00
	V	**1644,66**	465,08	465,08	IV	1064,91	993,91	924,41	856,58	790,33	725,75
	VI	**1689,00**	465,08	465,08							
5780,99	I,IV	**1138,66**	465,08	465,08	I	994,91	857,58	726,66	602,16	484,16	372,58
	II	**1001,75**	465,08	465,08	II	864,08	732,83	608,08	489,75	377,75	272,33
	III	**688,33**	465,08	465,08	III	583,33	481,50	382,83	287,33	195,00	108,66
	V	**1645,83**	465,08	465,08	IV	1066,00	994,91	925,41	857,58	791,33	726,66
	VI	**1690,16**	465,08	465,08							
5783,99	I,IV	**1139,75**	465,08	465,08	I	995,91	858,58	727,58	603,08	485,00	373,33
	II	**1002,75**	465,08	465,08	II	865,08	733,83	609,00	490,58	378,58	273,08
	III	**689,16**	465,08	465,08	III	584,00	482,16	383,50	288,00	195,66	109,16
	V	**1647,00**	465,08	465,08	IV	1067,08	995,91	926,50	858,58	792,33	727,58
	VI	**1691,33**	465,08	465,08							
5786,99	I,IV	**1140,83**	465,08	465,08	I	997,00	859,50	728,50	604,00	485,83	374,08
	II	**1003,75**	465,08	465,08	II	866,00	734,66	609,83	491,41	379,33	273,75
	III	**689,83**	465,08	465,08	III	584,83	482,83	384,16	288,66	196,33	109,66
	V	**1648,08**	465,08	465,08	IV	1068,08	997,00	927,41	859,50	793,25	728,50
	VI	**1692,41**	465,08	465,08							
5789,99	I,IV	**1141,91**	465,08	465,08	I	998,00	860,50	729,50	604,83	486,66	374,91
	II	**1004,83**	465,08	465,08	II	867,00	735,66	610,75	492,25	380,16	274,50
	III	**690,66**	465,08	465,08	III	585,50	483,66	384,83	289,33	197,00	110,33
	V	**1649,25**	465,08	465,08	IV	1069,16	998,00	928,41	860,50	794,16	729,50
	VI	**1693,58**	465,08	465,08							
5792,99	I,IV	**1143,00**	465,08	465,08	I	999,00	861,50	730,41	605,75	487,50	375,75
	II	**1005,83**	465,08	465,08	II	868,00	736,58	611,58	493,08	381,00	275,25
	III	**691,50**	465,08	465,08	III	586,33	484,33	385,50	290,00	197,66	110,83
	V	**1650,41**	465,08	465,08	IV	1070,25	999,00	929,50	861,50	795,16	730,41
	VI	**1694,75**	465,08	465,08							
5795,99	I,IV	**1144,08**	465,08	465,08	I	1000,00	862,50	731,33	606,58	488,33	376,50
	II	**1006,83**	465,08	465,08	II	869,00	737,50	612,50	493,91	381,75	276,00
	III	**692,33**	465,08	465,08	III	587,00	485,00	386,33	290,66	198,33	111,50
	V	**1651,58**	465,08	465,08	IV	1071,25	1000,00	930,41	862,50	796,08	731,33
	VI	**1695,83**	465,08	465,08							

* Zur LSt-Berechnung für privat versicherte Arbeitnehmer s. Beispiele **Vorbemerkung S. 4 f.**
** Basisvorsorgepauschale KV und PV *** Typisierter Arbeitgeberzuschuss

Lohn/ Gehalt in € bis	Steuerklasse	Lohn- steuer*	BVSP**	TAGZ***	Steuerklasse	Bemessungsgrundlage für Kirchensteuer und Solidaritätszuschlag – Freibeträge für ... Kinder 0,5	1,0	1,5	2,0	2,5	3,0
5798,99	I,IV	**1145,16**	465,08	465,08	I	1001,08	863,50	732,25	607,50	489,16	377,33
	II	**1007,91**	465,08	465,08	II	869,91	738,50	613,41	494,75	382,58	276,75
	III	**693,00**	465,08	465,08	III	587,83	485,83	387,00	291,50	199,00	112,00
	V	**1652,66**	465,08	465,08	IV	1072,33	1001,08	931,50	863,50	797,08	732,25
	VI	**1697,00**	465,08	465,08							
5801,99	I,IV	**1146,16**	465,08	465,08	I	1002,08	864,41	733,16	608,41	490,00	378,08
	II	**1008,91**	465,08	465,08	II	870,91	739,41	614,25	495,58	383,33	277,50
	III	**693,83**	465,08	465,08	III	588,50	486,50	387,66	292,16	199,66	112,66
	V	**1653,83**	465,08	465,08	IV	1073,33	1002,08	932,41	864,41	798,00	733,16
	VI	**1698,16**	465,08	465,08							
5804,99	I,IV	**1147,25**	465,08	465,08	I	1003,16	865,41	734,16	609,25	490,83	378,91
	II	**1009,91**	465,08	465,08	II	871,91	740,33	615,16	496,41	384,16	278,25
	III	**694,66**	465,08	465,08	III	589,33	487,16	388,33	292,83	200,33	113,16
	V	**1655,00**	465,08	465,08	IV	1074,41	1003,16	933,50	865,41	799,00	734,16
	VI	**1699,25**	465,08	465,08							
5807,99	I,IV	**1148,33**	465,08	465,08	I	1004,16	866,41	735,08	610,16	491,75	379,66
	II	**1011,00**	465,08	465,08	II	872,91	741,25	616,08	497,25	384,91	279,00
	III	**695,33**	465,08	465,08	III	590,16	488,00	389,16	293,50	201,00	113,83
	V	**1656,16**	465,08	465,08	IV	1075,41	1004,16	934,50	866,41	799,91	735,08
	VI	**1700,41**	465,08	465,08							
5810,99	I,IV	**1149,41**	465,08	465,08	I	1005,16	867,33	736,00	611,08	492,50	380,50
	II	**1012,00**	465,08	465,08	II	873,83	742,16	616,91	498,08	385,75	279,75
	III	**696,16**	465,08	465,08	III	590,83	488,66	389,83	294,16	201,66	114,33
	V	**1657,25**	465,08	465,08	IV	1076,50	1005,16	935,50	867,33	800,91	736,00
	VI	**1701,58**	465,08	465,08							
5813,99	I,IV	**1150,50**	465,08	465,08	I	1006,25	868,33	736,91	611,91	493,41	381,25
	II	**1013,00**	465,08	465,08	II	874,83	743,16	617,83	499,00	386,50	280,50
	III	**697,00**	465,08	465,08	III	591,66	489,50	390,50	294,83	202,33	115,00
	V	**1658,41**	465,08	465,08	IV	1077,58	1006,25	936,50	868,33	801,83	736,91
	VI	**1702,75**	465,08	465,08							
5816,99	I,IV	**1151,58**	465,08	465,08	I	1007,25	869,33	737,91	612,83	494,25	382,08
	II	**1014,08**	465,08	465,08	II	875,83	744,08	618,75	499,83	387,33	281,25
	III	**697,66**	465,08	465,08	III	592,33	490,16	391,33	295,50	203,00	115,66
	V	**1659,58**	465,08	465,08	IV	1078,58	1007,25	937,50	869,33	802,83	737,91
	VI	**1703,83**	465,08	465,08							
5819,99	I,IV	**1152,66**	465,08	465,08	I	1008,25	870,33	738,83	613,75	495,08	382,83
	II	**1015,08**	465,08	465,08	II	876,83	745,00	619,58	500,66	388,08	282,00
	III	**698,50**	465,08	465,08	III	593,16	491,00	392,00	296,16	203,66	116,16
	V	**1660,66**	465,08	465,08	IV	1079,66	1008,25	938,50	870,33	803,75	738,83
	VI	**1705,00**	465,08	465,08							
5822,99	I,IV	**1153,75**	465,08	465,08	I	1009,33	871,33	739,75	614,58	495,91	383,66
	II	**1016,08**	465,08	465,08	II	877,83	745,91	620,50	501,50	388,91	282,75
	III	**699,33**	465,08	465,08	III	593,83	491,66	392,66	296,83	204,33	116,66
	V	**1661,83**	465,08	465,08	IV	1080,75	1009,33	939,50	871,33	804,75	739,75
	VI	**1706,16**	465,08	465,08							
5825,99	I,IV	**1154,83**	465,08	465,08	I	1010,33	872,33	740,66	615,50	496,75	384,41
	II	**1017,16**	465,08	465,08	II	878,83	746,91	621,41	502,33	389,75	283,50
	III	**700,16**	465,08	465,08	III	594,66	492,33	393,33	297,66	205,00	117,33
	V	**1663,00**	465,08	465,08	IV	1081,75	1010,33	940,50	872,33	805,66	740,66
	VI	**1707,33**	465,08	465,08							
5828,99	I,IV	**1155,83**	465,08	465,08	I	1011,33	873,25	741,58	616,41	497,58	385,25
	II	**1018,16**	465,08	465,08	II	879,75	747,83	622,25	503,16	390,50	284,25
	III	**700,83**	465,08	465,08	III	595,33	493,16	394,16	298,33	205,66	118,00
	V	**1664,08**	465,08	465,08	IV	1082,83	1011,33	941,50	873,25	806,66	741,58
	VI	**1708,41**	465,08	465,08							
5831,99	I,IV	**1157,00**	465,08	465,08	I	1012,41	874,25	742,58	617,25	498,41	386,00
	II	**1019,25**	465,08	465,08	II	880,75	748,75	623,16	504,00	391,33	285,00
	III	**701,66**	465,08	465,08	III	596,16	493,83	394,83	299,00	206,33	118,50
	V	**1665,25**	465,08	465,08	IV	1083,83	1012,41	942,50	874,25	807,58	742,58
	VI	**1709,58**	465,08	465,08							

* Zur LSt-Berechnung für privat versicherte Arbeitnehmer s. Beispiele **Vorbemerkung S. 4 f.**
** Basisvorsorgepauschale KV und PV *** Typisierter Arbeitgeberzuschuss

Lohn/ Gehalt in € bis	Steuerklasse	Lohn-steuer*	BVSP**	TAGZ***	Steuerklasse	Bemessungsgrundlage für Kirchensteuer und Solidaritätszuschlag – Freibeträge für ... Kinder 0,5	**1,0**	1,5	**2,0**	2,5	**3,0**
5 834,99	I,IV	**1 158,08**	465,08	465,08	I	1 013,41	875,25	743,50	618,16	499,33	386,83
	II	**1 020,25**	465,08	465,08	II	881,75	749,75	624,08	504,91	392,08	285,75
	III	**702,50**	465,08	465,08	III	597,00	494,66	395,50	299,66	207,00	119,16
	V	**1 666,41**	465,08	465,08	IV	1 084,91	1 013,41	943,58	875,25	808,58	743,50
	VI	**1 710,75**	465,08	465,08							
5 837,99	I,IV	**1 159,08**	465,08	465,08	I	1 014,41	876,25	744,41	619,08	500,16	387,58
	II	**1 021,25**	465,08	465,08	II	882,75	750,66	625,00	505,75	392,91	286,50
	III	**703,16**	465,08	465,08	III	597,66	495,33	396,16	300,33	207,66	119,66
	V	**1 667,50**	465,08	465,08	IV	1 086,00	1 014,41	944,50	876,25	809,50	744,41
	VI	**1 711,83**	465,08	465,08							
5 840,99	I,IV	**1 160,16**	465,08	465,08	I	1 015,50	877,25	745,41	620,00	501,00	388,41
	II	**1 022,33**	465,08	465,08	II	883,75	751,58	625,83	506,58	393,75	287,25
	III	**704,00**	465,08	465,08	III	598,33	496,00	397,00	301,00	208,33	120,33
	V	**1 668,66**	465,08	465,08	IV	1 087,00	1 015,50	945,58	877,25	810,50	745,41
	VI	**1 713,00**	465,08	465,08							
5 843,99	I,IV	**1 161,25**	465,08	465,08	I	1 016,50	878,25	746,33	620,83	501,83	389,25
	II	**1 023,33**	465,08	465,08	II	884,75	752,50	626,75	507,41	394,50	288,08
	III	**704,83**	465,08	465,08	III	599,16	496,83	397,66	301,66	209,00	121,00
	V	**1 669,83**	465,08	465,08	IV	1 088,08	1 016,50	946,58	878,25	811,50	746,33
	VI	**1 714,16**	465,08	465,08							
5 846,99	I,IV	**1 162,33**	465,08	465,08	I	1 017,58	879,16	747,25	621,75	502,66	390,00
	II	**1 024,41**	465,08	465,08	II	885,75	753,50	627,66	508,25	395,33	288,75
	III	**705,50**	465,08	465,08	III	600,00	497,50	398,33	302,33	209,66	121,50
	V	**1 671,00**	465,08	465,08	IV	1 089,16	1 017,58	947,58	879,16	812,41	747,25
	VI	**1 715,25**	465,08	465,08							
5 849,99	I,IV	**1 163,41**	465,08	465,08	I	1 018,58	880,16	748,16	622,66	503,50	390,83
	II	**1 025,41**	465,08	465,08	II	886,75	754,41	628,58	509,08	396,08	289,58
	III	**706,33**	465,08	465,08	III	600,66	498,33	399,00	303,00	210,33	122,16
	V	**1 672,08**	465,08	465,08	IV	1 090,25	1 018,58	948,58	880,16	813,41	748,16
	VI	**1 716,41**	465,08	465,08							
5 852,99	I,IV	**1 164,50**	465,08	465,08	I	1 019,66	881,16	749,16	623,58	504,33	391,66
	II	**1 026,50**	465,08	465,08	II	887,66	755,33	629,41	510,00	396,91	290,33
	III	**707,16**	465,08	465,08	III	601,50	499,00	399,83	303,83	211,00	122,66
	V	**1 673,25**	465,08	465,08	IV	1 091,25	1 019,66	949,58	881,16	814,33	749,16
	VI	**1 717,58**	465,08	465,08							
5 855,99	I,IV	**1 165,58**	465,08	465,08	I	1 020,66	882,16	750,08	624,41	505,16	392,41
	II	**1 027,50**	465,08	465,08	II	888,66	756,25	630,33	510,83	397,75	291,08
	III	**707,83**	465,08	465,08	III	602,16	499,83	400,50	304,50	211,66	123,33
	V	**1 674,41**	465,08	465,08	IV	1 092,33	1 020,66	950,58	882,16	815,33	750,08
	VI	**1 718,75**	465,08	465,08							
5 858,99	I,IV	**1 166,66**	465,08	465,08	I	1 021,66	883,16	751,00	625,33	506,08	393,25
	II	**1 028,58**	465,08	465,08	II	889,66	757,25	631,25	511,66	398,50	291,83
	III	**708,66**	465,08	465,08	III	603,00	500,50	401,16	305,16	212,33	123,83
	V	**1 675,58**	465,08	465,08	IV	1 093,41	1 021,66	951,58	883,16	816,25	751,00
	VI	**1 719,83**	465,08	465,08							
5 861,99	I,IV	**1 167,75**	465,08	465,08	I	1 022,75	884,16	752,00	626,25	506,91	394,00
	II	**1 029,58**	465,08	465,08	II	890,66	758,16	632,16	512,50	399,33	292,58
	III	**709,50**	465,08	465,08	III	603,83	501,16	402,00	305,83	213,00	124,50
	V	**1 676,75**	465,08	465,08	IV	1 094,41	1 022,75	952,66	884,16	817,25	752,00
	VI	**1 721,00**	465,08	465,08							
5 864,99	I,IV	**1 168,83**	465,08	465,08	I	1 023,75	885,08	752,91	627,08	507,75	394,83
	II	**1 030,58**	465,08	465,08	II	891,66	759,08	633,00	513,33	400,08	293,33
	III	**710,16**	465,08	465,08	III	604,50	502,00	402,66	306,50	213,66	125,16
	V	**1 677,83**	465,08	465,08	IV	1 095,50	1 023,75	953,66	885,08	818,16	752,91
	VI	**1 722,16**	465,08	465,08							
5 867,99	I,IV	**1 169,91**	465,08	465,08	I	1 024,83	886,08	753,83	628,00	508,58	395,66
	II	**1 031,66**	465,08	465,08	II	892,66	760,08	633,91	514,25	400,91	294,08
	III	**711,00**	465,08	465,08	III	605,16	502,66	403,33	307,16	214,33	125,66
	V	**1 679,00**	465,08	465,08	IV	1 096,58	1 024,83	954,66	886,08	819,16	753,83
	VI	**1 723,33**	465,08	465,08							

* Zur LSt-Berechnung für privat versicherte Arbeitnehmer s. Beispiele **Vorbemerkung S. 4 f.**
** Basisvorsorgepauschale KV und PV *** Typisierter Arbeitgeberzuschuss

Lohn/ Gehalt in € bis	Steuerklasse	Lohn-steuer*	BVSP**	TAGZ***	Steuerklasse	Bemessungsgrundlage für Kirchensteuer und Solidaritätszuschlag – Freibeträge für ... Kinder 0,5	1,0	1,5	2,0	2,5	3,0
5 870,99	I,IV	**1 171,00**	465,08	465,08	I	1 025,83	887,08	754,75	628,91	509,41	396,41
	II	**1 032,66**	465,08	465,08	II	893,58	761,00	634,83	515,08	401,75	294,83
	III	**711,83**	465,08	465,08	III	606,00	503,33	404,00	307,83	215,00	126,33
	V	**1 680,08**	465,08	465,08	IV	1 097,58	1 025,83	955,66	887,08	820,08	754,75
	VI	**1 724,41**	465,08	465,08							
5 873,99	I,IV	**1 172,08**	465,08	465,08	I	1 026,83	888,08	755,75	629,75	510,25	397,25
	II	**1 033,75**	465,08	465,08	II	894,58	761,91	635,75	515,91	402,50	295,58
	III	**712,66**	465,08	465,08	III	606,83	504,16	404,83	308,66	215,66	127,00
	V	**1 681,25**	465,08	465,08	IV	1 098,66	1 026,83	956,66	888,08	821,08	755,75
	VI	**1 725,58**	465,08	465,08							
5 876,99	I,IV	**1 173,16**	465,08	465,08	I	1 027,91	889,08	756,66	630,66	511,16	398,00
	II	**1 034,75**	465,08	465,08	II	895,58	762,91	636,58	516,75	403,33	296,33
	III	**713,33**	465,08	465,08	III	607,50	504,83	405,50	309,33	216,33	127,50
	V	**1 682,41**	465,08	465,08	IV	1 099,75	1 027,91	957,66	889,08	822,08	756,66
	VI	**1 726,75**	465,08	465,08							
5 879,99	I,IV	**1 174,25**	465,08	465,08	I	1 028,91	890,00	757,58	631,58	512,00	398,83
	II	**1 035,75**	465,08	465,08	II	896,58	763,83	637,50	517,58	404,16	297,08
	III	**714,16**	465,08	465,08	III	608,33	505,66	406,16	310,00	217,00	128,16
	V	**1 683,50**	465,08	465,08	IV	1 100,75	1 028,91	958,66	890,00	823,00	757,58
	VI	**1 727,83**	465,08	465,08							
5 882,99	I,IV	**1 175,33**	465,08	465,08	I	1 030,00	891,00	758,58	632,50	512,83	399,66
	II	**1 036,83**	465,08	465,08	II	897,58	764,75	638,41	518,50	404,91	297,83
	III	**715,00**	465,08	465,08	III	609,00	506,33	407,00	310,66	217,66	128,66
	V	**1 684,66**	465,08	465,08	IV	1 101,83	1 030,00	959,66	891,00	824,00	758,58
	VI	**1 729,00**	465,08	465,08							
5 885,99	I,IV	**1 176,41**	465,08	465,08	I	1 031,00	892,08	759,50	633,41	513,66	400,41
	II	**1 037,91**	465,08	465,08	II	898,58	765,75	639,33	519,33	405,75	298,58
	III	**715,66**	465,08	465,08	III	609,83	507,16	407,66	311,33	218,33	129,33
	V	**1 685,83**	465,08	465,08	IV	1 102,91	1 031,00	960,75	892,08	825,00	759,50
	VI	**1 730,16**	465,08	465,08							
5 888,99	I,IV	**1 177,50**	465,08	465,08	I	1 032,00	893,00	760,41	634,25	514,50	401,25
	II	**1 038,91**	465,08	465,08	II	899,58	766,66	640,16	520,16	406,58	299,33
	III	**716,50**	465,08	465,08	III	610,50	507,83	408,33	312,00	219,00	130,00
	V	**1 687,00**	465,08	465,08	IV	1 104,00	1 032,00	961,75	893,00	825,91	760,41
	VI	**1 731,25**	465,08	465,08							
5 891,99	I,IV	**1 178,58**	465,08	465,08	I	1 033,08	894,00	761,33	635,16	515,41	402,00
	II	**1 040,00**	465,08	465,08	II	900,58	767,66	641,08	521,00	407,33	300,16
	III	**717,33**	465,08	465,08	III	611,33	508,66	409,00	312,66	219,66	130,50
	V	**1 688,08**	465,08	465,08	IV	1 105,00	1 033,08	962,75	894,00	826,91	761,33
	VI	**1 732,41**	465,08	465,08							
5 894,99	I,IV	**1 179,66**	465,08	465,08	I	1 034,16	895,00	762,33	636,08	516,25	402,83
	II	**1 041,00**	465,08	465,08	II	901,58	768,58	642,00	521,91	408,16	300,91
	III	**718,00**	465,08	465,08	III	612,16	509,33	409,83	313,50	220,33	131,16
	V	**1 689,25**	465,08	465,08	IV	1 106,08	1 034,16	963,75	895,00	827,83	762,33
	VI	**1 733,58**	465,08	465,08							
5 897,99	I,IV	**1 180,75**	465,08	465,08	I	1 035,16	896,00	763,25	636,91	517,08	403,66
	II	**1 042,00**	465,08	465,08	II	902,58	769,50	642,91	522,75	409,00	301,66
	III	**718,83**	465,08	465,08	III	612,83	510,00	410,50	314,16	221,00	131,83
	V	**1 690,41**	465,08	465,08	IV	1 107,16	1 035,16	964,75	896,00	828,83	763,25
	VI	**1 734,66**	465,08	465,08							
5 900,99	I,IV	**1 181,83**	465,08	465,08	I	1 036,16	897,00	764,25	637,83	517,91	404,41
	II	**1 043,08**	465,08	465,08	II	903,58	770,50	643,83	523,58	409,75	302,41
	III	**719,66**	465,08	465,08	III	613,66	510,83	411,16	314,83	221,66	132,33
	V	**1 691,58**	465,08	465,08	IV	1 108,25	1 036,16	965,83	897,00	829,83	764,25
	VI	**1 735,83**	465,08	465,08							
5 903,99	I,IV	**1 182,91**	465,08	465,08	I	1 037,25	898,00	765,16	638,75	518,83	405,25
	II	**1 044,16**	465,08	465,08	II	904,58	771,41	644,75	524,41	410,58	303,16
	III	**720,50**	465,08	465,08	III	614,33	511,50	411,83	315,50	222,33	133,00
	V	**1 692,66**	465,08	465,08	IV	1 109,33	1 037,25	966,83	898,00	830,75	765,16
	VI	**1 737,00**	465,08	465,08							

* Zur LSt-Berechnung für privat versicherte Arbeitnehmer s. Beispiele **Vorbemerkung S. 4 f.**
** Basisvorsorgepauschale KV und PV *** Typisierter Arbeitgeberzuschuss

Lohn/ Gehalt in € bis	Steuerklasse	Lohn-steuer*	BVSP**	TAGZ***	Steuerklasse	Bemessungsgrundlage für Kirchensteuer und Solidaritätszuschlag – Freibeträge für ... Kinder 0,5	1,0	1,5	2,0	2,5	3,0
5906,99	I,IV	**1184,00**	465,08	465,08	I	1038,25	899,00	766,08	639,66	519,66	406,08
	II	**1045,16**	465,08	465,08	II	905,50	772,33	645,58	525,25	411,41	303,91
	III	**721,16**	465,08	465,08	III	615,16	512,33	412,66	316,16	223,00	133,66
	V	**1693,83**	465,08	465,08	IV	1110,33	1038,25	967,83	899,00	831,75	766,08
	VI	**1738,16**	465,08	465,08							
5909,99	I,IV	**1185,08**	465,08	465,08	I	1039,33	900,00	767,08	640,58	520,50	406,83
	II	**1046,25**	465,08	465,08	II	906,58	773,33	646,50	526,16	412,16	304,66
	III	**722,00**	465,08	465,08	III	615,83	513,00	413,33	316,83	223,66	134,33
	V	**1695,00**	465,08	465,08	IV	1111,41	1039,33	968,83	900,00	832,66	767,08
	VI	**1739,25**	465,08	465,08							
5912,99	I,IV	**1186,16**	465,08	465,08	I	1040,33	901,00	768,00	641,50	521,33	407,66
	II	**1047,25**	465,08	465,08	II	907,58	774,25	647,41	527,00	413,00	305,50
	III	**722,83**	465,08	465,08	III	616,66	513,83	414,00	317,50	224,33	134,83
	V	**1696,16**	465,08	465,08	IV	1112,50	1040,33	969,83	901,00	833,66	768,00
	VI	**1740,41**	465,08	465,08							
5915,99	I,IV	**1187,25**	465,08	465,08	I	1041,41	901,91	768,91	642,33	522,16	408,50
	II	**1048,25**	465,08	465,08	II	908,50	775,16	648,33	527,83	413,83	306,16
	III	**723,50**	465,08	465,08	III	617,33	514,50	414,83	318,33	225,00	135,50
	V	**1697,25**	465,08	465,08	IV	1113,50	1041,41	970,83	901,91	834,66	768,91
	VI	**1741,58**	465,08	465,08							
5918,99	I,IV	**1188,33**	465,08	465,08	I	1042,41	902,91	769,91	643,25	523,08	409,25
	II	**1049,33**	465,08	465,08	II	909,50	776,16	649,25	528,75	414,66	307,00
	III	**724,33**	465,08	465,08	III	618,16	515,16	415,50	319,00	225,66	136,16
	V	**1698,41**	465,08	465,08	IV	1114,58	1042,41	971,91	902,91	835,58	769,91
	VI	**1742,75**	465,08	465,08							
5921,99	I,IV	**1189,50**	465,08	465,08	I	1043,50	903,91	770,83	644,16	523,91	410,08
	II	**1050,41**	465,08	465,08	II	910,58	777,08	650,16	529,58	415,41	307,75
	III	**725,16**	465,08	465,08	III	619,00	516,00	416,16	319,66	226,33	136,66
	V	**1699,58**	465,08	465,08	IV	1115,66	1043,50	972,91	903,91	836,58	770,83
	VI	**1743,83**	465,08	465,08							
5924,99	I,IV	**1190,50**	465,08	465,08	I	1044,50	904,91	771,75	645,08	524,75	410,91
	II	**1051,41**	465,08	465,08	II	911,50	778,08	651,00	530,41	416,25	308,50
	III	**726,00**	465,08	465,08	III	619,66	516,66	416,83	320,33	227,00	137,33
	V	**1700,66**	465,08	465,08	IV	1116,75	1044,50	973,91	904,91	837,58	771,75
	VI	**1745,00**	465,08	465,08							
5927,99	I,IV	**1191,66**	465,08	465,08	I	1045,58	905,91	772,75	646,00	525,58	411,66
	II	**1052,50**	465,08	465,08	II	912,50	779,00	651,91	531,25	417,08	309,25
	III	**726,66**	465,08	465,08	III	620,50	517,50	417,66	321,00	227,66	138,00
	V	**1701,83**	465,08	465,08	IV	1117,83	1045,58	974,91	905,91	838,50	772,75
	VI	**1746,16**	465,08	465,08							
5930,99	I,IV	**1192,75**	465,08	465,08	I	1046,58	906,91	773,66	646,83	526,50	412,50
	II	**1053,50**	465,08	465,08	II	913,50	780,00	652,83	532,16	417,83	310,00
	III	**727,50**	465,08	465,08	III	621,16	518,16	418,33	321,66	228,33	138,50
	V	**1703,00**	465,08	465,08	IV	1118,91	1046,58	976,00	906,91	839,50	773,66
	VI	**1747,33**	465,08	465,08							
5933,99	I,IV	**1193,83**	465,08	465,08	I	1047,66	907,91	774,58	647,75	527,33	413,33
	II	**1054,58**	465,08	465,08	II	914,50	780,91	653,75	533,00	418,66	310,75
	III	**728,33**	465,08	465,08	III	622,00	518,83	419,00	322,33	229,00	139,16
	V	**1704,08**	465,08	465,08	IV	1119,91	1047,66	977,00	907,91	840,50	774,58
	VI	**1748,41**	465,08	465,08							
5936,99	I,IV	**1194,91**	465,08	465,08	I	1048,66	908,91	775,58	648,66	528,16	414,16
	II	**1055,58**	465,08	465,08	II	915,50	781,83	654,66	533,83	419,50	311,58
	III	**729,16**	465,08	465,08	III	622,83	519,66	419,83	323,16	229,66	139,83
	V	**1705,25**	465,08	465,08	IV	1121,00	1048,66	978,00	908,91	841,41	775,58
	VI	**1749,58**	465,08	465,08							
5939,99	I,IV	**1196,00**	465,08	465,08	I	1049,75	909,91	776,50	649,58	529,00	414,91
	II	**1056,66**	465,08	465,08	II	916,50	782,83	655,50	534,66	420,25	312,33
	III	**729,83**	465,08	465,08	III	623,50	520,33	420,50	323,83	230,33	140,50
	V	**1706,41**	465,08	465,08	IV	1122,08	1049,75	979,00	909,91	842,41	776,50
	VI	**1750,66**	465,08	465,08							

* Zur LSt-Berechnung für privat versicherte Arbeitnehmer s. Beispiele **Vorbemerkung S. 4f.**
** Basisvorsorgepauschale KV und PV *** Typisierter Arbeitgeberzuschuss

Lohn/ Gehalt in € bis	Steuerklasse	Lohn-steuer*	BVSP**	TAGZ***	Steuerklasse	Bemessungsgrundlage für Kirchensteuer und Solidaritätszuschlag – Freibeträge für … Kinder 0,5	1,0	1,5	2,0	2,5	3,0
5 942,99	I,IV	**1 197,08**	465,08	465,08	I	1 050,75	910,91	777,50	650,50	529,91	415,75
	II	**1 057,66**	465,08	465,08	II	917,50	783,75	656,41	535,58	421,08	313,08
	III	**730,66**	465,08	465,08	III	624,33	521,16	421,16	324,50	231,00	141,00
	V	**1 707,58**	465,08	465,08	IV	1 123,08	1 050,75	980,00	910,91	843,41	777,50
	VI	**1 751,83**	465,08	465,08							
5 945,99	I,IV	**1 198,16**	465,08	465,08	I	1 051,83	911,91	778,41	651,41	530,75	416,58
	II	**1 058,75**	465,08	465,08	II	918,50	784,75	657,33	536,41	421,91	313,83
	III	**731,50**	465,08	465,08	III	625,00	521,83	422,00	325,16	231,66	141,66
	V	**1 708,66**	465,08	465,08	IV	1 124,16	1 051,83	981,08	911,91	844,33	778,41
	VI	**1 753,00**	465,08	465,08							
5 948,99	I,IV	**1 199,25**	465,08	465,08	I	1 052,83	912,91	779,33	652,25	531,58	417,33
	II	**1 059,75**	465,08	465,08	II	919,50	785,66	658,25	537,25	422,75	314,58
	III	**732,16**	465,08	465,08	III	625,83	522,66	422,66	325,83	232,33	142,33
	V	**1 709,83**	465,08	465,08	IV	1 125,25	1 052,83	982,08	912,91	845,33	779,33
	VI	**1 754,16**	465,08	465,08							
5 951,99	I,IV	**1 200,33**	465,08	465,08	I	1 053,91	913,91	780,33	653,16	532,50	418,16
	II	**1 060,83**	465,08	465,08	II	920,50	786,58	659,16	538,16	423,50	315,33
	III	**733,00**	465,08	465,08	III	626,50	523,33	423,33	326,50	233,00	143,00
	V	**1 711,00**	465,08	465,08	IV	1 126,33	1 053,91	983,08	913,91	846,33	780,33
	VI	**1 755,25**	465,08	465,08							
5 954,99	I,IV	**1 201,41**	465,08	465,08	I	1 055,00	914,91	781,25	654,08	533,33	419,00
	II	**1 061,91**	465,08	465,08	II	921,50	787,58	660,08	539,00	424,33	316,16
	III	**733,83**	465,08	465,08	III	627,33	524,16	424,16	327,33	233,66	143,66
	V	**1 712,16**	465,08	465,08	IV	1 127,41	1 055,00	984,16	914,91	847,33	781,25
	VI	**1 756,41**	465,08	465,08							
5 957,99	I,IV	**1 202,50**	465,08	465,08	I	1 056,00	915,91	782,25	655,00	534,16	419,75
	II	**1 062,91**	465,08	465,08	II	922,50	788,50	661,00	539,83	425,16	316,91
	III	**734,66**	465,08	465,08	III	628,16	524,83	424,83	328,00	234,33	144,16
	V	**1 713,25**	465,08	465,08	IV	1 128,41	1 056,00	985,16	915,91	848,25	782,25
	VI	**1 757,58**	465,08	465,08							
5 960,99	I,IV	**1 203,66**	465,08	465,08	I	1 057,08	916,91	783,16	655,91	535,00	420,58
	II	**1 064,00**	465,08	465,08	II	923,50	789,50	661,91	540,75	426,00	317,66
	III	**735,33**	465,08	465,08	III	628,83	525,66	425,50	328,66	235,00	144,83
	V	**1 714,41**	465,08	465,08	IV	1 129,50	1 057,08	986,16	916,91	849,25	783,16
	VI	**1 758,75**	465,08	465,08							
5 963,99	I,IV	**1 204,75**	465,08	465,08	I	1 058,08	917,91	784,16	656,83	535,91	421,41
	II	**1 065,00**	465,08	465,08	II	924,50	790,41	662,83	541,58	426,83	318,41
	III	**736,16**	465,08	465,08	III	629,66	526,33	426,33	329,33	235,66	145,50
	V	**1 715,58**	465,08	465,08	IV	1 130,58	1 058,08	987,16	917,91	850,25	784,16
	VI	**1 759,83**	465,08	465,08							
5 966,99	I,IV	**1 205,83**	465,08	465,08	I	1 059,16	918,91	785,08	657,66	536,75	422,25
	II	**1 066,08**	465,08	465,08	II	925,50	791,41	663,66	542,41	427,58	319,16
	III	**737,00**	465,08	465,08	III	630,50	527,16	427,00	330,00	236,33	146,16
	V	**1 716,66**	465,08	465,08	IV	1 131,66	1 059,16	988,16	918,91	851,16	785,08
	VI	**1 761,00**	465,08	465,08							
5 969,99	I,IV	**1 206,91**	465,08	465,08	I	1 060,16	919,91	786,00	658,58	537,58	423,08
	II	**1 067,08**	465,08	465,08	II	926,50	792,33	664,58	543,33	428,41	320,00
	III	**737,66**	465,08	465,08	III	631,16	527,83	427,66	330,66	237,00	146,66
	V	**1 717,83**	465,08	465,08	IV	1 132,75	1 060,16	989,25	919,91	852,16	786,00
	VI	**1 762,16**	465,08	465,08							
5 972,99	I,IV	**1 208,00**	465,08	465,08	I	1 061,25	920,91	787,00	659,50	538,50	423,83
	II	**1 068,16**	465,08	465,08	II	927,50	793,33	665,50	544,16	429,25	320,75
	III	**738,50**	465,08	465,08	III	632,00	528,66	428,50	331,50	237,66	147,33
	V	**1 719,00**	465,08	465,08	IV	1 133,83	1 061,25	990,25	920,91	853,16	787,00
	VI	**1 763,33**	465,08	465,08							
5 975,99	I,IV	**1 209,08**	465,08	465,08	I	1 062,25	921,91	787,91	660,41	539,33	424,66
	II	**1 069,25**	465,08	465,08	II	928,50	794,25	666,41	545,00	430,08	321,50
	III	**739,33**	465,08	465,08	III	632,66	529,33	429,16	332,16	238,33	148,00
	V	**1 720,08**	465,08	465,08	IV	1 134,91	1 062,25	991,25	921,91	854,08	787,91
	VI	**1 764,41**	465,08	465,08							

* Zur LSt-Berechnung für privat versicherte Arbeitnehmer s. Beispiele **Vorbemerkung S. 4 f.**
** Basisvorsorgepauschale KV und PV *** Typisierter Arbeitgeberzuschuss

Lohn/ Gehalt in € bis	Steuerklasse	Lohn-steuer*	BVSP**	TAGZ***	Steuerklasse	Bemessungsgrundlage für Kirchensteuer und Solidaritätszuschlag – Freibeträge für ... Kinder 0,5	**1,0**	1,5	**2,0**	2,5	**3,0**
5 978,99	I,IV	**1 210,16**	465,08	465,08	I	1 063,33	922,91	788,91	661,33	540,16	425,50
	II	**1 070,25**	465,08	465,08	II	929,50	795,25	667,33	545,91	430,83	322,25
	III	**740,16**	465,08	465,08	III	633,50	530,00	429,83	332,83	239,00	148,66
	V	**1 721,25**	465,08	465,08	IV	1 136,00	1 063,33	992,33	922,91	855,08	788,91
	VI	**1 765,58**	465,08	465,08							
5 981,99	I,IV	**1 211,33**	465,08	465,08	I	1 064,41	923,91	789,83	662,25	541,08	426,33
	II	**1 071,33**	465,08	465,08	II	930,58	796,16	668,25	546,75	431,66	323,08
	III	**741,00**	465,08	465,08	III	634,33	530,83	430,50	333,50	239,83	149,33
	V	**1 722,41**	465,08	465,08	IV	1 137,08	1 064,41	993,33	923,91	856,08	789,83
	VI	**1 766,75**	465,08	465,08							
5 984,99	I,IV	**1 212,41**	465,08	465,08	I	1 065,41	924,91	790,83	663,16	541,91	427,08
	II	**1 072,33**	465,08	465,08	II	931,50	797,08	669,16	547,58	432,50	323,83
	III	**741,66**	465,08	465,08	III	635,00	531,50	431,33	334,16	240,33	149,83
	V	**1 723,50**	465,08	465,08	IV	1 138,08	1 065,41	994,33	924,91	857,08	790,83
	VI	**1 767,83**	465,08	465,08							
5 987,99	I,IV	**1 213,50**	465,08	465,08	I	1 066,50	925,91	791,75	664,08	542,75	427,91
	II	**1 073,41**	465,08	465,08	II	932,58	798,08	670,08	548,50	433,33	324,58
	III	**742,50**	465,08	465,08	III	635,83	532,33	432,00	335,00	241,00	150,50
	V	**1 724,66**	465,08	465,08	IV	1 139,16	1 066,50	995,41	925,91	858,00	791,75
	VI	**1 769,00**	465,08	465,08							
5 990,99	I,IV	**1 214,58**	465,08	465,08	I	1 067,50	926,91	792,75	665,00	543,66	428,75
	II	**1 074,50**	465,08	465,08	II	933,58	799,08	671,00	549,33	434,16	325,33
	III	**743,33**	465,08	465,08	III	636,50	533,00	432,66	335,66	241,83	151,16
	V	**1 725,83**	465,08	465,08	IV	1 140,25	1 067,50	996,41	926,91	859,00	792,75
	VI	**1 770,16**	465,08	465,08							
5 993,99	I,IV	**1 215,66**	465,08	465,08	I	1 068,58	927,91	793,66	665,83	544,50	429,58
	II	**1 075,50**	465,08	465,08	II	934,58	800,00	671,91	550,16	434,91	326,08
	III	**744,00**	465,08	465,08	III	637,33	533,83	433,50	336,33	242,50	151,83
	V	**1 727,00**	465,08	465,08	IV	1 141,33	1 068,58	997,41	927,91	860,00	793,66
	VI	**1 771,25**	465,08	465,08							
5 996,99	I,IV	**1 216,75**	465,08	465,08	I	1 069,66	928,91	794,66	666,75	545,33	430,33
	II	**1 076,58**	465,08	465,08	II	935,58	801,00	672,83	551,08	435,75	326,91
	III	**744,83**	465,08	465,08	III	638,00	534,50	434,16	337,00	243,16	152,50
	V	**1 728,08**	465,08	465,08	IV	1 142,41	1 069,66	998,50	928,91	861,00	794,66
	VI	**1 772,41**	465,08	465,08							
5 999,99	I,IV	**1 217,91**	465,08	465,08	I	1 070,66	929,91	795,58	667,66	546,25	431,16
	II	**1 077,66**	465,08	465,08	II	936,58	801,91	673,75	551,91	436,58	327,66
	III	**745,66**	465,08	465,08	III	638,83	535,33	434,83	337,66	243,83	153,16
	V	**1 729,25**	465,08	465,08	IV	1 143,50	1 070,66	999,50	929,91	862,00	795,58
	VI	**1 773,58**	465,08	465,08							
6 002,99	I,IV	**1 218,91**	465,08	465,08	I	1 071,75	930,91	796,50	668,58	547,08	432,00
	II	**1 078,66**	465,08	465,08	II	937,58	802,83	674,58	552,83	437,41	328,41
	III	**746,50**	465,08	465,08	III	639,66	536,00	435,66	338,50	244,50	153,66
	V	**1 730,41**	465,08	465,08	IV	1 144,50	1 071,75	1 000,50	930,91	862,91	796,50
	VI	**1 774,75**	465,08	465,08							
6 005,99	I,IV	**1 220,08**	465,08	465,08	I	1 072,75	931,91	797,50	669,50	547,91	432,83
	II	**1 079,75**	465,08	465,08	II	938,58	803,83	675,50	553,66	438,25	329,25
	III	**747,16**	465,08	465,08	III	640,33	536,66	436,33	339,16	245,16	154,33
	V	**1 731,58**	465,08	465,08	IV	1 145,58	1 072,75	1 001,58	931,91	863,91	797,50
	VI	**1 775,83**	465,08	465,08							
6 008,99	I,IV	**1 221,16**	465,08	465,08	I	1 073,83	932,91	798,41	670,41	548,83	433,58
	II	**1 080,75**	465,08	465,08	II	939,58	804,75	676,41	554,50	439,00	330,00
	III	**748,00**	465,08	465,08	III	641,16	537,50	437,00	339,83	245,83	155,00
	V	**1 732,66**	465,08	465,08	IV	1 146,66	1 073,83	1 002,58	932,91	864,83	798,41
	VI	**1 777,00**	465,08	465,08							
6 011,99	I,IV	**1 222,25**	465,08	465,08	I	1 074,91	933,91	799,41	671,33	549,66	434,41
	II	**1 081,83**	465,08	465,08	II	940,58	805,75	677,33	555,41	439,83	330,75
	III	**748,83**	465,08	465,08	III	642,00	538,16	437,83	340,50	246,50	155,66
	V	**1 733,83**	465,08	465,08	IV	1 147,75	1 074,91	1 003,58	933,91	865,83	799,41
	VI	**1 778,16**	465,08	465,08							

* Zur LSt-Berechnung für privat versicherte Arbeitnehmer s. Beispiele **Vorbemerkung S. 4f.**
** Basisvorsorgepauschale KV und PV *** Typisierter Arbeitgeberzuschuss

Lohn/ Gehalt in € bis	Steuerklasse	Lohn- steuer*	BVSP**	TAGZ***	Steuerklasse	Bemessungsgrundlage für Kirchensteuer und Solidaritätszuschlag					
						Freibeträge für ... Kinder					
						0,5	**1,0**	1,5	**2,0**	2,5	**3,0**
6014,99	I,IV	**1223,33**	465,08	465,08	I	1075,91	934,91	800,41	672,25	550,58	435,25
	II	**1082,91**	465,08	465,08	II	941,58	806,75	678,25	556,25	440,66	331,50
	III	**749,66**	465,08	465,08	III	642,66	539,00	438,50	341,16	247,16	156,33
	V	**1735,00**	465,08	465,08	IV	1148,83	1075,91	1004,66	934,91	866,83	800,41
	VI	**1779,33**	465,08	465,08							
6017,99	I,IV	**1224,41**	465,08	465,08	I	1077,00	935,91	801,33	673,16	551,41	436,08
	II	**1083,91**	465,08	465,08	II	942,58	807,66	679,16	557,08	441,50	332,33
	III	**750,33**	465,08	465,08	III	643,50	539,66	439,16	341,83	247,83	157,00
	V	**1736,08**	465,08	465,08	IV	1149,91	1077,00	1005,66	935,91	867,83	801,33
	VI	**1780,41**	465,08	465,08							
6020,99	I,IV	**1225,58**	465,08	465,08	I	1078,00	936,91	802,25	674,08	552,25	436,91
	II	**1085,00**	465,08	465,08	II	943,58	808,66	680,08	558,00	442,33	333,08
	III	**751,16**	465,08	465,08	III	644,16	540,50	440,00	342,66	248,50	157,66
	V	**1737,25**	465,08	465,08	IV	1151,00	1078,00	1006,66	936,91	868,83	802,25
	VI	**1781,58**	465,08	465,08							
6023,99	I,IV	**1226,66**	465,08	465,08	I	1079,08	938,00	803,25	675,00	553,16	437,75
	II	**1086,08**	465,08	465,08	II	944,58	809,58	681,00	558,83	443,16	333,83
	III	**752,00**	465,08	465,08	III	645,00	541,16	440,66	343,33	249,16	158,33
	V	**1738,41**	465,08	465,08	IV	1152,08	1079,08	1007,75	938,00	869,83	803,25
	VI	**1782,75**	465,08	465,08							
6026,99	I,IV	**1227,75**	465,08	465,08	I	1080,16	938,91	804,16	675,91	554,00	438,50
	II	**1087,08**	465,08	465,08	II	945,58	810,58	681,91	559,75	443,91	334,58
	III	**752,83**	465,08	465,08	III	645,66	542,00	441,33	344,00	249,83	158,83
	V	**1739,50**	465,08	465,08	IV	1153,16	1080,16	1008,75	938,91	870,75	804,16
	VI	**1783,83**	465,08	465,08							
6029,99	I,IV	**1228,83**	465,08	465,08	I	1081,16	940,00	805,16	676,83	554,83	439,33
	II	**1088,16**	465,08	465,08	II	946,66	811,50	682,83	560,58	444,75	335,41
	III	**753,50**	465,08	465,08	III	646,50	542,66	442,16	344,66	250,50	159,50
	V	**1740,66**	465,08	465,08	IV	1154,25	1081,16	1009,75	940,00	871,75	805,16
	VI	**1785,00**	465,08	465,08							
6032,99	I,IV	**1230,00**	465,08	465,08	I	1082,25	941,00	806,16	677,75	555,75	440,16
	II	**1089,25**	465,08	465,08	II	947,66	812,50	683,75	561,50	445,58	336,16
	III	**754,33**	465,08	465,08	III	647,33	543,50	442,83	345,33	251,16	160,16
	V	**1741,83**	465,08	465,08	IV	1155,33	1082,25	1010,83	941,00	872,75	806,16
	VI	**1786,16**	465,08	465,08							
6035,99	I,IV	**1231,08**	465,08	465,08	I	1083,33	942,00	807,08	678,58	556,58	441,00
	II	**1090,25**	465,08	465,08	II	948,66	813,41	684,66	562,33	446,41	336,91
	III	**755,16**	465,08	465,08	III	648,00	544,16	443,50	346,00	251,83	160,83
	V	**1743,00**	465,08	465,08	IV	1156,33	1083,33	1011,83	942,00	873,75	807,08
	VI	**1787,25**	465,08	465,08							
6038,99	I,IV	**1232,16**	465,08	465,08	I	1084,33	943,00	808,08	679,50	557,50	441,83
	II	**1091,33**	465,08	465,08	II	949,66	814,41	685,58	563,16	447,25	337,75
	III	**756,00**	465,08	465,08	III	648,83	545,00	444,33	346,83	252,50	161,50
	V	**1744,08**	465,08	465,08	IV	1157,41	1084,33	1012,83	943,00	874,75	808,08
	VI	**1788,41**	465,08	465,08							
6041,99	I,IV	**1233,25**	465,08	465,08	I	1085,41	944,00	809,00	680,50	558,33	442,66
	II	**1092,41**	465,08	465,08	II	950,66	815,41	686,50	564,08	448,08	338,50
	III	**756,66**	465,08	465,08	III	649,66	545,66	445,00	347,50	253,16	162,16
	V	**1745,25**	465,08	465,08	IV	1158,58	1085,41	1013,91	944,00	875,75	809,00
	VI	**1789,58**	465,08	465,08							
6044,99	I,IV	**1234,33**	465,08	465,08	I	1086,50	945,00	810,00	681,33	559,16	443,41
	II	**1093,41**	465,08	465,08	II	951,66	816,33	687,41	564,91	448,91	339,25
	III	**757,50**	465,08	465,08	III	650,33	546,50	445,66	348,16	253,83	162,83
	V	**1746,41**	465,08	465,08	IV	1159,58	1086,50	1014,91	945,00	876,66	810,00
	VI	**1790,66**	465,08	465,08							
6047,99	I,IV	**1235,50**	465,08	465,08	I	1087,50	946,00	810,91	682,25	560,08	444,25
	II	**1094,50**	465,08	465,08	II	952,66	817,33	688,33	565,83	449,75	340,08
	III	**758,33**	465,08	465,08	III	651,16	547,16	446,50	348,83	254,66	163,50
	V	**1747,58**	465,08	465,08	IV	1160,66	1087,50	1016,00	946,00	877,66	810,91
	VI	**1791,83**	465,08	465,08							

* Zur LSt-Berechnung für privat versicherte Arbeitnehmer s. Beispiele **Vorbemerkung S. 4f.**
** Basisvorsorgepauschale KV und PV *** Typisierter Arbeitgeberzuschuss

Lohn/ Gehalt in € bis	Steuerklasse	Lohn- steuer*	BVSP**	TAGZ***	Steuerklasse	Bemessungsgrundlage für Kirchensteuer und Solidaritätszuschlag – Freibeträge für ... Kinder 0,5	1,0	1,5	2,0	2,5	3,0
6050,99	I,IV	**1236,58**	465,08	465,08	I	1088,58	947,00	811,91	683,25	560,91	445,08
	II	**1095,58**	465,08	465,08	II	953,75	818,25	689,25	566,66	450,58	340,83
	III	**759,16**	465,08	465,08	III	651,83	548,00	447,16	349,66	255,33	164,16
	V	**1748,66**	465,08	465,08	IV	1161,75	1088,58	1017,00	947,00	878,66	811,91
	VI	**1793,00**	465,08	465,08							
6053,99	I,IV	**1237,66**	465,08	465,08	I	1089,66	948,00	812,83	684,08	561,83	445,91
	II	**1096,58**	465,08	465,08	II	954,75	819,25	690,16	567,58	451,33	341,58
	III	**759,83**	465,08	465,08	III	652,66	548,66	447,83	350,33	255,83	164,83
	V	**1749,83**	465,08	465,08	IV	1162,83	1089,66	1018,00	948,00	879,66	812,83
	VI	**1794,16**	465,08	465,08							
6056,99	I,IV	**1238,75**	465,08	465,08	I	1090,66	949,08	813,83	685,00	562,66	446,75
	II	**1097,66**	465,08	465,08	II	955,75	820,16	691,08	568,41	452,16	342,41
	III	**760,66**	465,08	465,08	III	653,50	549,50	448,66	351,00	256,66	165,50
	V	**1751,00**	465,08	465,08	IV	1163,91	1090,66	1019,08	949,08	880,66	813,83
	VI	**1795,25**	465,08	465,08							
6059,99	I,IV	**1239,91**	465,08	465,08	I	1091,75	950,08	814,83	686,00	563,58	447,58
	II	**1098,75**	465,08	465,08	II	956,75	821,16	692,00	569,33	453,00	343,16
	III	**761,50**	465,08	465,08	III	654,16	550,16	449,33	351,66	257,33	166,16
	V	**1752,16**	465,08	465,08	IV	1165,00	1091,75	1020,08	950,08	881,66	814,83
	VI	**1796,41**	465,08	465,08							
6062,99	I,IV	**1241,00**	465,08	465,08	I	1092,83	951,08	815,75	686,83	564,41	448,41
	II	**1099,83**	465,08	465,08	II	957,75	822,08	692,91	570,16	453,83	343,91
	III	**762,33**	465,08	465,08	III	655,00	550,83	450,00	352,33	258,00	166,66
	V	**1753,25**	465,08	465,08	IV	1166,08	1092,83	1021,08	951,08	882,58	815,75
	VI	**1797,58**	465,08	465,08							
6065,99	I,IV	**1242,08**	465,08	465,08	I	1093,83	952,08	816,75	687,75	565,25	449,25
	II	**1100,83**	465,08	465,08	II	958,75	823,08	693,83	571,08	454,66	344,75
	III	**763,16**	465,08	465,08	III	655,83	551,66	450,83	353,16	258,66	167,33
	V	**1754,41**	465,08	465,08	IV	1167,16	1093,83	1022,16	952,08	883,58	816,75
	VI	**1798,75**	465,08	465,08							
6068,99	I,IV	**1243,16**	465,08	465,08	I	1094,91	953,08	817,66	688,66	566,16	450,00
	II	**1101,91**	465,08	465,08	II	959,75	824,08	694,75	571,91	455,50	345,50
	III	**763,83**	465,08	465,08	III	656,50	552,33	451,50	353,83	259,33	168,00
	V	**1755,50**	465,08	465,08	IV	1168,25	1094,91	1023,16	953,08	884,58	817,66
	VI	**1799,83**	465,08	465,08							
6071,99	I,IV	**1244,33**	465,08	465,08	I	1096,00	954,08	818,66	689,58	567,00	450,83
	II	**1103,00**	465,08	465,08	II	960,75	825,00	695,66	572,75	456,33	346,25
	III	**764,66**	465,08	465,08	III	657,33	553,16	452,16	354,50	260,00	168,66
	V	**1756,66**	465,08	465,08	IV	1169,33	1096,00	1024,25	954,08	885,58	818,66
	VI	**1801,00**	465,08	465,08							
6074,99	I,IV	**1245,41**	465,08	465,08	I	1097,08	955,08	819,58	690,50	567,91	451,66
	II	**1104,08**	465,08	465,08	II	961,83	826,00	696,58	573,66	457,16	347,08
	III	**765,50**	465,08	465,08	III	658,16	554,00	453,00	355,16	260,66	169,33
	V	**1757,83**	465,08	465,08	IV	1170,41	1097,08	1025,25	955,08	886,58	819,58
	VI	**1802,16**	465,08	465,08							
6077,99	I,IV	**1246,50**	465,08	465,08	I	1098,08	956,08	820,58	691,41	568,75	452,50
	II	**1105,08**	465,08	465,08	II	962,83	826,91	697,50	574,50	457,91	347,83
	III	**766,33**	465,08	465,08	III	658,83	554,66	453,66	355,83	261,33	170,00
	V	**1759,00**	465,08	465,08	IV	1171,50	1098,08	1026,25	956,08	887,50	820,58
	VI	**1803,25**	465,08	465,08							
6080,99	I,IV	**1247,58**	465,08	465,08	I	1099,16	957,16	821,50	692,33	569,66	453,33
	II	**1106,16**	465,08	465,08	II	963,83	827,91	698,41	575,41	458,83	348,58
	III	**767,00**	465,08	465,08	III	659,66	555,33	454,33	356,66	262,00	170,66
	V	**1760,08**	465,08	465,08	IV	1172,58	1099,16	1027,33	957,16	888,50	821,50
	VI	**1804,41**	465,08	465,08							
6083,99	I,IV	**1248,75**	465,08	465,08	I	1100,25	958,16	822,50	693,33	570,50	454,16
	II	**1107,25**	465,08	465,08	II	964,83	828,91	699,41	576,25	459,66	349,41
	III	**767,83**	465,08	465,08	III	660,50	556,16	455,16	357,33	262,66	171,33
	V	**1761,25**	465,08	465,08	IV	1173,66	1100,25	1028,41	958,16	889,50	822,50
	VI	**1805,58**	465,08	465,08							

* Zur LSt-Berechnung für privat versicherte Arbeitnehmer s. Beispiele **Vorbemerkung S. 4 f.**
** Basisvorsorgepauschale KV und PV *** Typisierter Arbeitgeberzuschuss

Lohn/ Gehalt in € bis	Steuerklasse	Lohn-steuer*	BVSP**	TAGZ***	Steuerklasse	Bemessungsgrundlage für Kirchensteuer und Solidaritätszuschlag					
						Freibeträge für ... Kinder					
						0,5	**1,0**	1,5	**2,0**	2,5	**3,0**
6086,99	I,IV	**1249,83**	465,08	465,08	I	1101,25	959,16	823,41	694,16	571,33	455,00
	II	**1108,25**	465,08	465,08	II	965,83	829,83	700,25	577,16	460,41	350,16
	III	**768,66**	465,08	465,08	III	661,16	556,83	455,83	358,00	263,33	172,00
	V	**1762,41**	465,08	465,08	IV	1174,75	1101,25	1029,41	959,16	890,50	823,41
	VI	**1806,66**	465,08	465,08							
6089,99	I,IV	**1250,91**	465,08	465,08	I	1102,33	960,16	824,41	695,16	572,25	455,83
	II	**1109,33**	465,08	465,08	II	966,91	830,83	701,25	578,00	461,25	350,91
	III	**769,50**	465,08	465,08	III	662,00	557,66	456,50	358,66	264,00	172,66
	V	**1763,58**	465,08	465,08	IV	1175,83	1102,33	1030,41	960,16	891,50	824,41
	VI	**1807,83**	465,08	465,08							
6092,99	I,IV	**1252,08**	465,08	465,08	I	1103,41	961,16	825,41	696,08	573,16	456,66
	II	**1110,41**	465,08	465,08	II	967,91	831,83	702,16	578,91	462,08	351,75
	III	**770,33**	465,08	465,08	III	662,66	558,50	457,33	359,50	264,83	173,33
	V	**1764,66**	465,08	465,08	IV	1176,91	1103,41	1031,50	961,16	892,50	825,41
	VI	**1809,00**	465,08	465,08							
6095,99	I,IV	**1253,16**	465,08	465,08	I	1104,41	962,16	826,33	696,91	574,00	457,41
	II	**1111,50**	465,08	465,08	II	968,91	832,75	703,08	579,75	462,91	352,50
	III	**771,00**	465,08	465,08	III	663,50	559,16	458,00	360,16	265,50	174,00
	V	**1765,83**	465,08	465,08	IV	1178,00	1104,41	1032,50	962,16	893,50	826,33
	VI	**1810,16**	465,08	465,08							
6098,99	I,IV	**1254,25**	465,08	465,08	I	1105,50	963,25	827,33	697,91	574,83	458,25
	II	**1112,58**	465,08	465,08	II	969,91	833,75	704,00	580,66	463,75	353,33
	III	**771,83**	465,08	465,08	III	664,33	559,83	458,66	360,83	266,16	174,66
	V	**1767,00**	465,08	465,08	IV	1179,08	1105,50	1033,58	963,25	894,50	827,33
	VI	**1811,25**	465,08	465,08							
6101,99	I,IV	**1255,41**	465,08	465,08	I	1106,58	964,25	828,33	698,83	575,75	459,08
	II	**1113,66**	465,08	465,08	II	971,00	834,75	704,91	581,58	464,58	354,08
	III	**772,66**	465,08	465,08	III	665,00	560,66	459,50	361,50	266,83	175,33
	V	**1768,16**	465,08	465,08	IV	1180,16	1106,58	1034,58	964,25	895,50	828,33
	VI	**1812,41**	465,08	465,08							
6104,99	I,IV	**1256,50**	465,08	465,08	I	1107,66	965,25	829,25	699,75	576,58	459,91
	II	**1114,66**	465,08	465,08	II	971,91	835,66	705,83	582,41	465,41	354,83
	III	**773,50**	465,08	465,08	III	665,83	561,33	460,16	362,16	267,50	175,83
	V	**1769,25**	465,08	465,08	IV	1181,25	1107,66	1035,66	965,25	896,41	829,25
	VI	**1813,58**	465,08	465,08							
6107,99	I,IV	**1257,58**	465,08	465,08	I	1108,66	966,25	830,25	700,66	577,50	460,75
	II	**1115,75**	465,08	465,08	II	973,00	836,66	706,75	583,33	466,25	355,66
	III	**774,16**	465,08	465,08	III	666,50	562,16	461,00	362,83	268,16	176,50
	V	**1770,41**	465,08	465,08	IV	1182,33	1108,66	1036,66	966,25	897,41	830,25
	VI	**1814,75**	465,08	465,08							
6110,99	I,IV	**1258,75**	465,08	465,08	I	1109,75	967,25	831,25	701,58	578,41	461,58
	II	**1116,83**	465,08	465,08	II	974,00	837,66	707,66	584,16	467,08	356,41
	III	**775,00**	465,08	465,08	III	667,33	563,00	461,66	363,66	268,83	177,16
	V	**1771,58**	465,08	465,08	IV	1183,41	1109,75	1037,75	967,25	898,41	831,25
	VI	**1815,83**	465,08	465,08							
6113,99	I,IV	**1259,83**	465,08	465,08	I	1110,83	968,25	832,16	702,50	579,25	462,41
	II	**1117,83**	465,08	465,08	II	975,00	838,58	708,58	585,00	467,91	357,25
	III	**775,83**	465,08	465,08	III	668,16	563,66	462,33	364,33	269,50	177,83
	V	**1772,66**	465,08	465,08	IV	1184,50	1110,83	1038,75	968,25	899,41	832,16
	VI	**1817,00**	465,08	465,08							
6116,99	I,IV	**1260,91**	465,08	465,08	I	1111,91	969,33	833,16	703,41	580,08	463,25
	II	**1118,91**	465,08	465,08	II	976,08	839,58	709,50	585,91	468,75	358,00
	III	**776,66**	465,08	465,08	III	668,83	564,33	463,16	365,00	270,16	178,50
	V	**1773,83**	465,08	465,08	IV	1185,58	1111,91	1039,83	969,33	900,41	833,16
	VI	**1818,16**	465,08	465,08							
6119,99	I,IV	**1262,08**	465,08	465,08	I	1113,00	970,33	834,16	704,33	581,00	464,08
	II	**1120,00**	465,08	465,08	II	977,08	840,58	710,50	586,83	469,58	358,83
	III	**777,50**	465,08	465,08	III	669,66	565,16	463,83	365,83	270,83	179,16
	V	**1775,00**	465,08	465,08	IV	1186,66	1113,00	1040,83	970,33	901,41	834,16
	VI	**1819,33**	465,08	465,08							

* Zur LSt-Berechnung für privat versicherte Arbeitnehmer s. Beispiele **Vorbemerkung S. 4f.**
** Basisvorsorgepauschale KV und PV *** Typisierter Arbeitgeberzuschuss

Lohn/ Gehalt in € bis	Steuerklasse	Lohn-steuer*	BVSP**	TAGZ***	Steuerklasse	Bemessungsgrundlage für Kirchensteuer und Solidaritätszuschlag – Freibeträge für ... Kinder 0,5	1,0	1,5	2,0	2,5	3,0
6122,99	I,IV	**1263,16**	465,08	465,08	I	1114,00	971,33	835,08	705,25	581,83	464,91
	II	**1121,08**	465,08	465,08	II	978,08	841,50	711,41	587,66	470,41	359,58
	III	**778,16**	465,08	465,08	III	670,50	565,83	464,50	366,50	271,50	179,83
	V	**1776,08**	465,08	465,08	IV	1187,75	1114,00	1041,83	971,33	902,41	835,08
	VI	**1820,41**	465,08	465,08							
6125,99	I,IV	**1264,25**	465,08	465,08	I	1115,08	972,33	836,08	706,16	582,75	465,75
	II	**1122,16**	465,08	465,08	II	979,08	842,50	712,33	588,58	471,25	360,33
	III	**779,00**	465,08	465,08	III	671,16	566,66	465,33	367,16	272,16	180,50
	V	**1777,25**	465,08	465,08	IV	1188,83	1115,08	1042,91	972,33	903,41	836,08
	VI	**1821,58**	465,08	465,08							
6128,99	I,IV	**1265,41**	465,08	465,08	I	1116,16	973,41	837,08	707,16	583,66	466,58
	II	**1123,25**	465,08	465,08	II	980,16	843,50	713,25	589,41	472,08	361,16
	III	**779,83**	465,08	465,08	III	672,00	567,50	466,00	367,83	273,00	181,16
	V	**1778,41**	465,08	465,08	IV	1190,00	1116,16	1044,00	973,41	904,41	837,08
	VI	**1822,75**	465,08	465,08							
6131,99	I,IV	**1266,50**	465,08	465,08	I	1117,25	974,41	838,00	708,00	584,50	467,41
	II	**1124,25**	465,08	465,08	II	981,16	844,41	714,16	590,33	472,91	361,91
	III	**780,66**	465,08	465,08	III	672,83	568,16	466,83	368,50	273,66	181,83
	V	**1779,50**	465,08	465,08	IV	1191,00	1117,25	1045,00	974,41	905,41	838,00
	VI	**1823,83**	465,08	465,08							
6134,99	I,IV	**1267,58**	465,08	465,08	I	1118,25	975,41	839,00	709,00	585,41	468,25
	II	**1125,33**	465,08	465,08	II	982,16	845,41	715,08	591,16	473,75	362,75
	III	**781,33**	465,08	465,08	III	673,50	568,83	467,50	369,33	274,33	182,50
	V	**1780,66**	465,08	465,08	IV	1192,16	1118,25	1046,08	975,41	906,41	839,00
	VI	**1825,00**	465,08	465,08							
6137,99	I,IV	**1268,66**	465,08	465,08	I	1119,33	976,41	839,91	709,83	586,25	469,08
	II	**1126,41**	465,08	465,08	II	983,16	846,33	716,00	592,08	474,58	363,50
	III	**782,16**	465,08	465,08	III	674,33	569,66	468,16	370,00	275,00	183,16
	V	**1781,83**	465,08	465,08	IV	1193,16	1119,33	1047,08	976,41	907,33	839,91
	VI	**1826,08**	465,08	465,08							
6140,99	I,IV	**1269,83**	465,08	465,08	I	1120,41	977,41	840,91	710,83	587,16	469,91
	II	**1127,50**	465,08	465,08	II	984,16	847,33	716,91	592,91	475,41	364,25
	III	**783,00**	465,08	465,08	III	675,16	570,50	469,00	370,66	275,66	183,83
	V	**1783,00**	465,08	465,08	IV	1194,33	1120,41	1048,16	977,41	908,41	840,91
	VI	**1827,25**	465,08	465,08							
6143,99	I,IV	**1270,91**	465,08	465,08	I	1121,50	978,50	841,91	711,75	588,00	470,75
	II	**1128,58**	465,08	465,08	II	985,25	848,33	717,91	593,83	476,25	365,08
	III	**783,83**	465,08	465,08	III	675,83	571,16	469,66	371,33	276,33	184,50
	V	**1784,08**	465,08	465,08	IV	1195,41	1121,50	1049,16	978,50	909,41	841,91
	VI	**1828,41**	465,08	465,08							
6146,99	I,IV	**1272,00**	465,08	465,08	I	1122,50	979,50	842,83	712,66	588,91	471,58
	II	**1129,58**	465,08	465,08	II	986,25	849,33	718,75	594,75	477,08	365,83
	III	**784,66**	465,08	465,08	III	676,66	571,83	470,33	372,00	277,00	185,16
	V	**1785,25**	465,08	465,08	IV	1196,50	1122,50	1050,16	979,50	910,33	842,83
	VI	**1829,58**	465,08	465,08							
6149,99	I,IV	**1273,16**	465,08	465,08	I	1123,58	980,50	843,83	713,58	589,75	472,41
	II	**1130,66**	465,08	465,08	II	987,25	850,25	719,75	595,58	477,91	366,66
	III	**785,50**	465,08	465,08	III	677,50	572,66	471,16	372,83	277,66	185,83
	V	**1786,41**	465,08	465,08	IV	1197,58	1123,58	1051,25	980,50	911,33	843,83
	VI	**1830,75**	465,08	465,08							
6152,99	I,IV	**1274,25**	465,08	465,08	I	1124,66	981,50	844,83	714,50	590,66	473,25
	II	**1131,75**	465,08	465,08	II	988,33	851,25	720,66	596,50	478,75	367,41
	III	**786,16**	465,08	465,08	III	678,16	573,33	471,83	373,50	278,33	186,50
	V	**1787,58**	465,08	465,08	IV	1198,66	1124,66	1052,33	981,50	912,41	844,83
	VI	**1831,83**	465,08	465,08							
6155,99	I,IV	**1275,33**	465,08	465,08	I	1125,75	982,50	845,75	715,41	591,50	474,08
	II	**1132,83**	465,08	465,08	II	989,33	852,25	721,58	597,33	479,58	368,25
	III	**787,00**	465,08	465,08	III	679,00	574,16	472,50	374,16	279,00	187,00
	V	**1788,66**	465,08	465,08	IV	1199,75	1125,75	1053,33	982,50	913,33	845,75
	VI	**1833,00**	465,08	465,08							

* Zur LSt-Berechnung für privat versicherte Arbeitnehmer s. Beispiele **Vorbemerkung S. 4 f.**
** Basisvorsorgepauschale KV und PV *** Typisierter Arbeitgeberzuschuss

Lohn/ Gehalt in € bis	Steuerklasse	Lohn- steuer*	BVSP**	TAGZ***	Steuerklasse	Bemessungsgrundlage für Kirchensteuer und Solidaritätszuschlag – Freibeträge für ... Kinder 0,5	1,0	1,5	2,0	2,5	3,0
6158,99	I,IV	**1276,50**	465,08	465,08	I	1126,83	983,58	846,75	716,33	592,41	474,91
	II	**1133,91**	465,08	465,08	II	990,33	853,25	722,50	598,25	480,41	369,00
	III	**787,83**	465,08	465,08	III	679,83	575,00	473,33	374,83	279,66	187,83
	V	**1789,83**	465,08	465,08	IV	1200,83	1126,83	1054,41	983,58	914,33	846,75
	VI	**1834,16**	465,08	465,08							
6161,99	I,IV	**1277,58**	465,08	465,08	I	1127,91	984,58	847,75	717,33	593,33	475,75
	II	**1135,00**	465,08	465,08	II	991,33	854,16	723,41	599,16	481,25	369,83
	III	**788,66**	465,08	465,08	III	680,50	575,66	474,00	375,66	280,33	188,33
	V	**1791,00**	465,08	465,08	IV	1201,91	1127,91	1055,41	984,58	915,33	847,75
	VI	**1835,33**	465,08	465,08							
6164,99	I,IV	**1278,75**	465,08	465,08	I	1128,91	985,58	848,66	718,25	594,16	476,58
	II	**1136,00**	465,08	465,08	II	992,41	855,16	724,33	600,00	482,08	370,58
	III	**789,33**	465,08	465,08	III	681,33	576,33	474,66	376,33	281,00	189,00
	V	**1792,08**	465,08	465,08	IV	1203,00	1128,91	1056,50	985,58	916,33	848,66
	VI	**1836,41**	465,08	465,08							
6167,99	I,IV	**1279,83**	465,08	465,08	I	1130,00	986,66	849,66	719,16	595,08	477,41
	II	**1137,08**	465,08	465,08	II	993,41	856,16	725,33	600,91	482,91	371,41
	III	**790,16**	465,08	465,08	III	682,16	577,16	475,50	377,00	281,83	189,66
	V	**1793,25**	465,08	465,08	IV	1204,16	1130,00	1057,50	986,66	917,33	849,66
	VI	**1837,58**	465,08	465,08							
6170,99	I,IV	**1281,00**	465,08	465,08	I	1131,08	987,66	850,66	720,08	595,91	478,25
	II	**1138,16**	465,08	465,08	II	994,41	857,16	726,25	601,83	483,75	372,16
	III	**791,00**	465,08	465,08	III	682,83	578,00	476,16	377,66	282,50	190,33
	V	**1794,41**	465,08	465,08	IV	1205,25	1131,08	1058,58	987,66	918,33	850,66
	VI	**1838,75**	465,08	465,08							
6173,99	I,IV	**1282,08**	465,08	465,08	I	1132,16	988,66	851,66	721,00	596,83	479,08
	II	**1139,25**	465,08	465,08	II	995,41	858,08	727,16	602,66	484,58	373,00
	III	**791,83**	465,08	465,08	III	683,66	578,66	477,00	378,50	283,16	191,00
	V	**1795,50**	465,08	465,08	IV	1206,33	1132,16	1059,58	988,66	919,33	851,66
	VI	**1839,83**	465,08	465,08							
6176,99	I,IV	**1283,16**	465,08	465,08	I	1133,25	989,75	852,58	721,91	597,75	479,91
	II	**1140,33**	465,08	465,08	II	996,50	859,08	728,08	603,58	485,41	373,75
	III	**792,66**	465,08	465,08	III	684,50	579,50	477,66	379,16	283,83	191,66
	V	**1796,66**	465,08	465,08	IV	1207,41	1133,25	1060,66	989,75	920,33	852,58
	VI	**1841,00**	465,08	465,08							
6179,99	I,IV	**1284,33**	465,08	465,08	I	1134,33	990,75	853,58	722,91	598,58	480,75
	II	**1141,41**	465,08	465,08	II	997,50	860,08	729,08	604,41	486,25	374,58
	III	**793,33**	465,08	465,08	III	685,16	580,16	478,50	379,83	284,50	192,33
	V	**1797,83**	465,08	465,08	IV	1208,50	1134,33	1061,75	990,75	921,33	853,58
	VI	**1842,16**	465,08	465,08							
6182,99	I,IV	**1285,41**	465,08	465,08	I	1135,33	991,75	854,58	723,83	599,50	481,58
	II	**1142,50**	465,08	465,08	II	998,50	861,00	730,00	605,33	487,08	375,33
	III	**794,16**	465,08	465,08	III	686,00	581,00	479,16	380,50	285,16	193,00
	V	**1799,00**	465,08	465,08	IV	1209,58	1135,33	1062,75	991,75	922,33	854,58
	VI	**1843,25**	465,08	465,08							
6185,99	I,IV	**1286,58**	465,08	465,08	I	1136,41	992,75	855,58	724,75	600,33	482,41
	II	**1143,58**	465,08	465,08	II	999,58	862,00	730,91	606,25	488,00	376,16
	III	**795,00**	465,08	465,08	III	686,83	581,66	479,83	381,33	285,83	193,66
	V	**1800,08**	465,08	465,08	IV	1210,66	1136,41	1063,83	992,75	923,33	855,58
	VI	**1844,41**	465,08	465,08							
6188,99	I,IV	**1287,66**	465,08	465,08	I	1137,50	993,83	856,50	725,66	601,25	483,25
	II	**1144,66**	465,08	465,08	II	1000,58	863,00	731,83	607,08	488,83	376,91
	III	**795,83**	465,08	465,08	III	687,50	582,50	480,66	382,00	286,50	194,33
	V	**1801,25**	465,08	465,08	IV	1211,83	1137,50	1064,83	993,83	924,33	856,50
	VI	**1845,58**	465,08	465,08							
6191,99	I,IV	**1288,75**	465,08	465,08	I	1138,58	994,83	857,50	726,58	602,08	484,08
	II	**1145,66**	465,08	465,08	II	1001,58	864,00	732,75	608,00	489,66	377,75
	III	**796,66**	465,08	465,08	III	688,33	583,16	481,33	382,66	287,16	195,00
	V	**1802,41**	465,08	465,08	IV	1212,91	1138,58	1065,91	994,83	925,33	857,50
	VI	**1846,66**	465,08	465,08							

* Zur LSt-Berechnung für privat versicherte Arbeitnehmer s. Beispiele **Vorbemerkung S. 4 f.**
** Basisvorsorgepauschale KV und PV *** Typisierter Arbeitgeberzuschuss

Lohn/ Gehalt in € bis	Steuerklasse	Lohn-steuer*	BVSP**	TAGZ***	Steuerklasse	Bemessungsgrundlage für Kirchensteuer und Solidaritätszuschlag – Freibeträge für ... Kinder 0,5	**1,0**	1,5	**2,0**	2,5	**3,0**
6 194,99	I,IV	**1 289,91**	465,08	465,08	I	1 139,66	995,83	858,50	727,50	603,00	484,91
	II	**1 146,75**	465,08	465,08	II	1 002,66	865,00	733,66	608,91	490,50	378,50
	III	**797,50**	465,08	465,08	III	689,16	584,00	482,16	383,33	288,00	195,66
	V	**1 803,58**	465,08	465,08	IV	1 214,00	1 139,66	1 067,00	995,83	926,33	858,50
	VI	**1 847,83**	465,08	465,08							
6 197,99	I,IV	**1 291,08**	465,08	465,08	I	1 140,75	996,91	859,50	728,50	603,91	485,75
	II	**1 147,83**	465,08	465,08	II	1 003,66	865,91	734,66	609,75	491,33	379,33
	III	**798,16**	465,08	465,08	III	689,83	584,66	482,83	384,16	288,66	196,33
	V	**1 804,66**	465,08	465,08	IV	1 215,08	1 140,75	1 068,00	996,91	927,41	859,50
	VI	**1 849,00**	465,08	465,08							
6 200,99	I,IV	**1 292,16**	465,08	465,08	I	1 141,83	997,91	860,41	729,41	604,75	486,58
	II	**1 148,91**	465,08	465,08	II	1 004,66	866,91	735,58	610,66	492,16	380,08
	III	**799,00**	465,08	465,08	III	690,66	585,50	483,50	384,83	289,33	197,00
	V	**1 805,83**	465,08	465,08	IV	1 216,16	1 141,83	1 069,08	997,91	928,33	860,41
	VI	**1 850,16**	465,08	465,08							
6 203,99	I,IV	**1 293,25**	465,08	465,08	I	1 142,91	998,91	861,41	730,33	605,66	487,41
	II	**1 150,00**	465,08	465,08	II	1 005,75	867,91	736,50	611,58	493,00	380,91
	III	**799,83**	465,08	465,08	III	691,50	586,33	484,33	385,50	290,00	197,66
	V	**1 807,00**	465,08	465,08	IV	1 217,25	1 142,91	1 070,08	998,91	929,41	861,41
	VI	**1 851,25**	465,08	465,08							
6 206,99	I,IV	**1 294,33**	465,08	465,08	I	1 143,91	999,91	862,41	731,25	606,58	488,25
	II	**1 151,08**	465,08	465,08	II	1 006,75	868,83	737,41	612,41	493,83	381,66
	III	**800,66**	465,08	465,08	III	692,16	587,00	485,00	386,16	290,66	198,33
	V	**1 808,08**	465,08	465,08	IV	1 218,33	1 143,91	1 071,16	999,91	930,33	862,41
	VI	**1 852,41**	465,08	465,08							
6 209,99	I,IV	**1 295,50**	465,08	465,08	I	1 145,00	1 001,00	863,33	732,16	607,41	489,08
	II	**1 152,16**	465,08	465,08	II	1 007,75	869,83	738,33	613,33	494,66	382,50
	III	**801,50**	465,08	465,08	III	693,00	587,66	485,66	387,00	291,33	199,00
	V	**1 809,25**	465,08	465,08	IV	1 219,50	1 145,00	1 072,16	1 001,00	931,41	863,33
	VI	**1 853,58**	465,08	465,08							
6 212,99	I,IV	**1 296,66**	465,08	465,08	I	1 146,08	1 002,00	864,33	733,16	608,33	490,00
	II	**1 153,25**	465,08	465,08	II	1 008,83	870,83	739,33	614,25	495,50	383,25
	III	**802,33**	465,08	465,08	III	693,83	588,50	486,50	387,66	292,00	199,66
	V	**1 810,41**	465,08	465,08	IV	1 220,58	1 146,08	1 073,25	1 002,00	932,41	864,33
	VI	**1 854,75**	465,08	465,08							
6 215,99	I,IV	**1 297,75**	465,08	465,08	I	1 147,16	1 003,00	865,33	734,08	609,16	490,75
	II	**1 154,25**	465,08	465,08	II	1 009,83	871,83	740,25	615,08	496,33	384,08
	III	**803,00**	465,08	465,08	III	694,50	589,33	487,16	388,33	292,66	200,33
	V	**1 811,50**	465,08	465,08	IV	1 221,66	1 147,16	1 074,33	1 003,00	933,33	865,33
	VI	**1 855,83**	465,08	465,08							
6 218,99	I,IV	**1 298,83**	465,08	465,08	I	1 148,25	1 004,08	866,33	735,00	610,08	491,66
	II	**1 155,41**	465,08	465,08	II	1 010,91	872,83	741,16	616,00	497,25	384,83
	III	**803,83**	465,08	465,08	III	695,33	590,00	488,00	389,00	293,33	201,00
	V	**1 812,66**	465,08	465,08	IV	1 222,75	1 148,25	1 075,33	1 004,08	934,41	866,33
	VI	**1 857,00**	465,08	465,08							
6 221,99	I,IV	**1 300,00**	465,08	465,08	I	1 149,33	1 005,08	867,33	735,91	611,00	492,50
	II	**1 156,50**	465,08	465,08	II	1 011,91	873,83	742,16	616,91	498,08	385,66
	III	**804,66**	465,08	465,08	III	696,16	590,83	488,66	389,83	294,16	201,66
	V	**1 813,83**	465,08	465,08	IV	1 223,83	1 149,33	1 076,41	1 005,08	935,41	867,33
	VI	**1 858,16**	465,08	465,08							
6 224,99	I,IV	**1 301,08**	465,08	465,08	I	1 150,41	1 006,08	868,25	736,83	611,83	493,33
	II	**1 157,50**	465,08	465,08	II	1 012,91	874,75	743,08	617,75	498,91	386,41
	III	**805,50**	465,08	465,08	III	696,83	591,50	489,33	390,50	294,83	202,33
	V	**1 815,00**	465,08	465,08	IV	1 224,91	1 150,41	1 077,41	1 006,08	936,41	868,25
	VI	**1 859,25**	465,08	465,08							
6 227,99	I,IV	**1 302,25**	465,08	465,08	I	1 151,50	1 007,16	869,25	737,83	612,75	494,16
	II	**1 158,58**	465,08	465,08	II	1 014,00	875,75	744,00	618,66	499,75	387,25
	III	**806,16**	465,08	465,08	III	697,66	592,33	490,16	391,16	295,50	203,00
	V	**1 816,08**	465,08	465,08	IV	1 226,08	1 151,50	1 078,50	1 007,16	937,41	869,25
	VI	**1 860,41**	465,08	465,08							

* Zur LSt-Berechnung für privat versicherte Arbeitnehmer s. Beispiele **Vorbemerkung S. 4 f.**
** Basisvorsorgepauschale KV und PV *** Typisierter Arbeitgeberzuschuss

Lohn/ Gehalt in € bis	Steuerklasse	Lohn-steuer*	BVSP**	TAGZ***	Steuerklasse	Bemessungsgrundlage für Kirchensteuer und Solidaritätszuschlag – Freibeträge für ... Kinder 0,5	1,0	1,5	2,0	2,5	3,0
6230,99	I,IV	**1303,41**	465,08	465,08	I	1152,58	1008,16	870,25	738,75	613,66	495,00
	II	**1159,66**	465,08	465,08	II	1015,00	876,75	744,91	619,58	500,58	388,08
	III	**807,00**	465,08	465,08	III	698,50	593,00	490,83	392,00	296,16	203,66
	V	**1817,25**	465,08	465,08	IV	1227,16	1152,58	1079,58	1008,16	938,41	870,25
	VI	**1861,58**	465,08	465,08							
6233,99	I,IV	**1304,50**	465,08	465,08	I	1153,66	1009,16	871,25	739,66	614,50	495,83
	II	**1160,75**	465,08	465,08	II	1016,00	877,75	745,83	620,41	501,41	388,83
	III	**807,83**	465,08	465,08	III	699,16	593,83	491,66	392,66	296,83	204,33
	V	**1818,41**	465,08	465,08	IV	1228,25	1153,66	1080,58	1009,16	939,41	871,25
	VI	**1862,66**	465,08	465,08							
6236,99	I,IV	**1305,58**	465,08	465,08	I	1154,75	1010,25	872,25	740,58	615,41	496,66
	II	**1161,83**	465,08	465,08	II	1017,08	878,75	746,83	621,33	502,25	389,66
	III	**808,66**	465,08	465,08	III	700,00	594,50	492,33	393,33	297,50	205,00
	V	**1819,58**	465,08	465,08	IV	1229,33	1154,75	1081,66	1010,25	940,41	872,25
	VI	**1863,83**	465,08	465,08							
6239,99	I,IV	**1306,75**	465,08	465,08	I	1155,83	1011,25	873,16	741,58	616,33	497,58
	II	**1162,91**	465,08	465,08	II	1018,08	879,75	747,75	622,25	503,16	390,50
	III	**809,50**	465,08	465,08	III	700,83	595,33	493,16	394,00	298,16	205,66
	V	**1820,66**	465,08	465,08	IV	1230,50	1155,83	1082,75	1011,25	941,41	873,16
	VI	**1865,00**	465,08	465,08							
6242,99	I,IV	**1307,83**	465,08	465,08	I	1156,83	1012,33	874,16	742,50	617,16	498,33
	II	**1164,00**	465,08	465,08	II	1019,16	880,66	748,66	623,08	503,91	391,25
	III	**810,33**	465,08	465,08	III	701,50	596,00	493,83	394,66	298,83	206,33
	V	**1821,83**	465,08	465,08	IV	1231,58	1156,83	1083,75	1012,33	942,41	874,16
	VI	**1866,16**	465,08	465,08							
6245,99	I,IV	**1309,00**	465,08	465,08	I	1157,91	1013,33	875,16	743,41	618,08	499,25
	II	**1165,08**	465,08	465,08	II	1020,16	881,66	749,66	624,00	504,83	392,08
	III	**811,00**	465,08	465,08	III	702,33	596,83	494,50	395,50	299,50	207,00
	V	**1823,00**	465,08	465,08	IV	1232,66	1157,91	1084,83	1013,33	943,41	875,16
	VI	**1867,25**	465,08	465,08							
6248,99	I,IV	**1310,16**	465,08	465,08	I	1159,00	1014,41	876,16	744,33	619,00	500,08
	II	**1166,16**	465,08	465,08	II	1021,25	882,66	750,58	624,91	505,66	392,83
	III	**811,83**	465,08	465,08	III	703,16	597,66	495,33	396,16	300,33	207,66
	V	**1824,16**	465,08	465,08	IV	1233,75	1159,00	1085,91	1014,41	944,50	876,16
	VI	**1868,41**	465,08	465,08							
6251,99	I,IV	**1311,25**	465,08	465,08	I	1160,08	1015,41	877,16	745,25	619,91	500,91
	II	**1167,25**	465,08	465,08	II	1022,25	883,66	751,50	625,75	506,50	393,66
	III	**812,66**	465,08	465,08	III	704,00	598,33	496,00	396,83	301,00	208,33
	V	**1825,25**	465,08	465,08	IV	1234,83	1160,08	1086,91	1015,41	945,50	877,16
	VI	**1869,58**	465,08	465,08							
6254,99	I,IV	**1312,33**	465,08	465,08	I	1161,16	1016,41	878,08	746,25	620,75	501,75
	II	**1168,33**	465,08	465,08	II	1023,25	884,66	752,41	626,66	507,33	394,41
	III	**813,50**	465,08	465,08	III	704,66	599,16	496,66	397,50	301,66	209,00
	V	**1826,41**	465,08	465,08	IV	1236,00	1161,16	1088,00	1016,41	946,50	878,08
	VI	**1870,75**	465,08	465,08							
6257,99	I,IV	**1313,50**	465,08	465,08	I	1162,25	1017,50	879,08	747,16	621,66	502,58
	II	**1169,41**	465,08	465,08	II	1024,33	885,66	753,41	627,58	508,25	395,25
	III	**814,33**	465,08	465,08	III	705,50	599,83	497,50	398,33	302,33	209,66
	V	**1827,58**	465,08	465,08	IV	1237,08	1162,25	1089,08	1017,50	947,50	879,08
	VI	**1871,83**	465,08	465,08							
6260,99	I,IV	**1314,58**	465,08	465,08	I	1163,33	1018,50	880,08	748,08	622,58	503,41
	II	**1170,50**	465,08	465,08	II	1025,33	886,58	754,33	628,50	509,00	396,08
	III	**815,16**	465,08	465,08	III	706,33	600,66	498,16	399,00	303,00	210,33
	V	**1828,66**	465,08	465,08	IV	1238,16	1163,33	1090,08	1018,50	948,50	880,08
	VI	**1873,00**	465,08	465,08							
6263,99	I,IV	**1315,75**	465,08	465,08	I	1164,41	1019,50	881,08	749,08	623,50	504,33
	II	**1171,58**	465,08	465,08	II	1026,41	887,58	755,25	629,33	509,91	396,83
	III	**815,83**	465,08	465,08	III	707,00	601,33	499,00	399,66	303,66	210,83
	V	**1829,83**	465,08	465,08	IV	1239,25	1164,41	1091,16	1019,50	949,50	881,08
	VI	**1874,16**	465,08	465,08							

* Zur LSt-Berechnung für privat versicherte Arbeitnehmer s. Beispiele **Vorbemerkung S. 4f.**
** Basisvorsorgepauschale KV und PV *** Typisierter Arbeitgeberzuschuss

Lohn/ Gehalt in € bis	Steuerklasse	Lohn- steuer*	BVSP**	TAGZ***	Steuerklasse	Bemessungsgrundlage für Kirchensteuer und Solidaritätszuschlag – Freibeträge für ... Kinder 0,5	**1,0**	1,5	**2,0**	2,5	**3,0**
6 266,99	I,IV	**1 316,91**	465,08	465,08	I	1 165,50	1 020,58	882,08	750,00	624,33	505,16
	II	**1 172,66**	465,08	465,08	II	1 027,41	888,58	756,25	630,25	510,75	397,66
	III	**816,66**	465,08	465,08	III	707,83	602,16	499,66	400,50	304,50	211,66
	V	**1 831,00**	465,08	465,08	IV	1 240,41	1 165,50	1 092,25	1 020,58	950,50	882,08
	VI	**1 875,33**	465,08	465,08							
6 269,99	I,IV	**1 318,00**	465,08	465,08	I	1 166,58	1 021,58	883,08	750,91	625,25	506,00
	II	**1 173,75**	465,08	465,08	II	1 028,41	889,58	757,16	631,16	511,58	398,41
	III	**817,50**	465,08	465,08	III	708,66	602,83	500,50	401,16	305,16	212,33
	V	**1 832,08**	465,08	465,08	IV	1 241,50	1 166,58	1 093,25	1 021,58	951,50	883,08
	VI	**1 876,41**	465,08	465,08							
6 272,99	I,IV	**1 319,16**	465,08	465,08	I	1 167,66	1 022,66	884,08	751,91	626,16	506,83
	II	**1 174,83**	465,08	465,08	II	1 029,50	890,58	758,08	632,08	512,41	399,25
	III	**818,33**	465,08	465,08	III	709,33	603,66	501,16	401,83	305,83	212,83
	V	**1 833,25**	465,08	465,08	IV	1 242,58	1 167,66	1 094,33	1 022,66	952,50	884,08
	VI	**1 877,58**	465,08	465,08							
6 275,99	I,IV	**1 320,25**	465,08	465,08	I	1 168,75	1 023,66	885,00	752,83	627,00	507,66
	II	**1 175,91**	465,08	465,08	II	1 030,50	891,58	759,00	632,91	513,25	400,08
	III	**819,16**	465,08	465,08	III	710,16	604,33	501,83	402,50	306,50	213,50
	V	**1 834,41**	465,08	465,08	IV	1 243,66	1 168,75	1 095,41	1 023,66	953,50	885,00
	VI	**1 878,66**	465,08	465,08							
6 278,99	I,IV	**1 321,41**	465,08	465,08	I	1 169,83	1 024,66	886,00	753,75	627,91	508,50
	II	**1 177,00**	465,08	465,08	II	1 031,58	892,58	760,00	633,83	514,16	400,83
	III	**820,00**	465,08	465,08	III	711,00	605,16	502,66	403,33	307,16	214,33
	V	**1 835,50**	465,08	465,08	IV	1 244,83	1 169,83	1 096,50	1 024,66	954,58	886,00
	VI	**1 879,83**	465,08	465,08							
6 281,99	I,IV	**1 322,50**	465,08	465,08	I	1 170,91	1 025,75	887,00	754,66	628,83	509,41
	II	**1 178,08**	465,08	465,08	II	1 032,58	893,58	760,91	634,75	515,00	401,66
	III	**820,66**	465,08	465,08	III	711,66	606,00	503,33	404,00	307,83	214,83
	V	**1 836,66**	465,08	465,08	IV	1 245,91	1 170,91	1 097,50	1 025,75	955,58	887,00
	VI	**1 881,00**	465,08	465,08							
6 284,99	I,IV	**1 323,66**	465,08	465,08	I	1 172,00	1 026,75	888,00	755,66	629,66	510,25
	II	**1 179,16**	465,08	465,08	II	1 033,66	894,50	761,83	635,66	515,83	402,41
	III	**821,50**	465,08	465,08	III	712,50	606,66	504,00	404,66	308,50	215,50
	V	**1 837,83**	465,08	465,08	IV	1 247,00	1 172,00	1 098,58	1 026,75	956,58	888,00
	VI	**1 882,08**	465,08	465,08							
6 287,99	I,IV	**1 324,75**	465,08	465,08	I	1 173,08	1 027,83	889,00	756,58	630,58	511,08
	II	**1 180,25**	465,08	465,08	II	1 034,66	895,50	762,83	636,50	516,66	403,25
	III	**822,33**	465,08	465,08	III	713,33	607,50	504,83	405,50	309,16	216,33
	V	**1 839,00**	465,08	465,08	IV	1 248,08	1 173,08	1 099,66	1 027,83	957,58	889,00
	VI	**1 883,25**	465,08	465,08							
6 290,99	I,IV	**1 325,91**	465,08	465,08	I	1 174,16	1 028,83	890,00	757,50	631,50	511,91
	II	**1 181,33**	465,08	465,08	II	1 035,75	896,50	763,75	637,41	517,58	404,08
	III	**823,16**	465,08	465,08	III	714,16	608,16	505,50	406,16	309,83	216,83
	V	**1 840,08**	465,08	465,08	IV	1 249,25	1 174,16	1 100,75	1 028,83	958,58	890,00
	VI	**1 884,41**	465,08	465,08							
6 293,99	I,IV	**1 327,00**	465,08	465,08	I	1 175,25	1 029,91	890,91	758,41	632,41	512,75
	II	**1 182,41**	465,08	465,08	II	1 036,75	897,50	764,66	638,33	518,41	404,83
	III	**824,00**	465,08	465,08	III	714,83	609,00	506,33	406,83	310,66	217,50
	V	**1 841,25**	465,08	465,08	IV	1 250,33	1 175,25	1 101,75	1 029,91	959,58	890,91
	VI	**1 885,58**	465,08	465,08							
6 296,99	I,IV	**1 328,16**	465,08	465,08	I	1 176,33	1 030,91	891,91	759,41	633,33	513,58
	II	**1 183,50**	465,08	465,08	II	1 037,83	898,50	765,66	639,25	519,25	405,66
	III	**824,83**	465,08	465,08	III	715,66	609,83	507,00	407,50	311,33	218,33
	V	**1 842,41**	465,08	465,08	IV	1 251,41	1 176,33	1 102,83	1 030,91	960,66	891,91
	VI	**1 886,75**	465,08	465,08							
6 299,99	I,IV	**1 329,33**	465,08	465,08	I	1 177,41	1 032,00	892,91	760,33	634,16	514,50
	II	**1 184,58**	465,08	465,08	II	1 038,83	899,50	766,58	640,16	520,08	406,50
	III	**825,66**	465,08	465,08	III	716,50	610,50	507,83	408,33	312,00	218,83
	V	**1 843,58**	465,08	465,08	IV	1 252,58	1 177,41	1 103,91	1 032,00	961,66	892,91
	VI	**1 887,83**	465,08	465,08							

* Zur LSt-Berechnung für privat versicherte Arbeitnehmer s. Beispiele **Vorbemerkung S. 4 f.**
** Basisvorsorgepauschale KV und PV *** Typisierter Arbeitgeberzuschuss

Lohn/ Gehalt in € bis	Steuerklasse	Lohn-steuer*	BVSP**	TAGZ***	Steuerklasse	Bemessungsgrundlage für Kirchensteuer und Solidaritätszuschlag – Freibeträge für ... Kinder 0,5	1,0	1,5	2,0	2,5	3,0
6 302,99	I,IV	**1 330,41**	465,08	465,08	I	1 178,50	1 033,00	893,91	761,25	635,08	515,33
	II	**1 185,66**	465,08	465,08	II	1 039,83	900,50	767,50	641,00	520,91	407,25
	III	**826,33**	465,08	465,08	III	717,16	611,16	508,50	409,00	312,66	219,50
	V	**1 844,66**	465,08	465,08	IV	1 253,66	1 178,50	1 104,91	1 033,00	962,66	893,91
	VI	**1 889,00**	465,08	465,08							
6 305,99	I,IV	**1 331,58**	465,08	465,08	I	1 179,58	1 034,00	894,91	762,25	636,00	516,16
	II	**1 186,75**	465,08	465,08	II	1 040,91	901,50	768,50	641,91	521,83	408,08
	III	**827,16**	465,08	465,08	III	718,00	612,00	509,33	409,66	313,33	220,33
	V	**1 845,83**	465,08	465,08	IV	1 254,75	1 179,58	1 106,00	1 034,00	963,66	894,91
	VI	**1 890,16**	465,08	465,08							
6 308,99	I,IV	**1 332,66**	465,08	465,08	I	1 180,66	1 035,08	895,91	763,16	636,91	517,00
	II	**1 187,83**	465,08	465,08	II	1 042,00	902,50	769,41	642,83	522,66	408,91
	III	**828,00**	465,08	465,08	III	718,83	612,83	510,00	410,50	314,00	220,83
	V	**1 847,00**	465,08	465,08	IV	1 255,91	1 180,66	1 107,08	1 035,08	964,66	895,91
	VI	**1 891,33**	465,08	465,08							
6 311,99	I,IV	**1 333,83**	465,08	465,08	I	1 181,75	1 036,08	896,91	764,08	637,75	517,83
	II	**1 188,91**	465,08	465,08	II	1 043,00	903,50	770,41	643,75	523,50	409,66
	III	**828,83**	465,08	465,08	III	719,50	613,50	510,66	411,16	314,66	221,50
	V	**1 848,08**	465,08	465,08	IV	1 257,00	1 181,75	1 108,08	1 036,08	965,66	896,91
	VI	**1 892,41**	465,08	465,08							
6 314,99	I,IV	**1 335,00**	465,08	465,08	I	1 182,83	1 037,16	897,91	765,08	638,66	518,75
	II	**1 190,00**	465,08	465,08	II	1 044,00	904,50	771,33	644,66	524,33	410,50
	III	**829,66**	465,08	465,08	III	720,33	614,33	511,50	411,83	315,50	222,33
	V	**1 849,25**	465,08	465,08	IV	1 258,08	1 182,83	1 109,16	1 037,16	966,75	897,91
	VI	**1 893,58**	465,08	465,08							
6 317,99	I,IV	**1 336,08**	465,08	465,08	I	1 183,91	1 038,16	898,91	766,00	639,58	519,58
	II	**1 191,16**	465,08	465,08	II	1 045,08	905,50	772,33	645,58	525,25	411,33
	III	**830,50**	465,08	465,08	III	721,16	615,00	512,16	412,50	316,16	223,00
	V	**1 850,41**	465,08	465,08	IV	1 259,25	1 183,91	1 110,25	1 038,16	967,75	898,91
	VI	**1 894,75**	465,08	465,08							
6 320,99	I,IV	**1 337,25**	465,08	465,08	I	1 185,00	1 039,25	899,91	767,00	640,50	520,41
	II	**1 192,16**	465,08	465,08	II	1 046,08	906,41	773,25	646,41	526,08	412,16
	III	**831,16**	465,08	465,08	III	722,00	615,83	513,00	413,33	316,83	223,50
	V	**1 851,50**	465,08	465,08	IV	1 260,33	1 185,00	1 111,33	1 039,25	968,75	899,91
	VI	**1 895,83**	465,08	465,08							
6 323,99	I,IV	**1 338,33**	465,08	465,08	I	1 186,08	1 040,25	900,91	767,91	641,41	521,25
	II	**1 193,33**	465,08	465,08	II	1 047,16	907,50	774,16	647,33	526,91	412,91
	III	**832,00**	465,08	465,08	III	722,66	616,66	513,66	414,00	317,50	224,33
	V	**1 852,66**	465,08	465,08	IV	1 261,41	1 186,08	1 112,41	1 040,25	969,75	900,91
	VI	**1 897,00**	465,08	465,08							
6 326,99	I,IV	**1 339,50**	465,08	465,08	I	1 187,16	1 041,33	901,91	768,83	642,33	522,16
	II	**1 194,41**	465,08	465,08	II	1 048,25	908,50	775,16	648,25	527,75	413,75
	III	**832,83**	465,08	465,08	III	723,50	617,33	514,50	414,66	318,16	225,00
	V	**1 853,83**	465,08	465,08	IV	1 262,58	1 187,16	1 113,50	1 041,33	970,83	901,91
	VI	**1 898,16**	465,08	465,08							
6 329,99	I,IV	**1 340,58**	465,08	465,08	I	1 188,25	1 042,33	902,83	769,83	643,16	523,00
	II	**1 195,50**	465,08	465,08	II	1 049,25	909,41	776,08	649,16	528,66	414,58
	III	**833,66**	465,08	465,08	III	724,33	618,16	515,16	415,33	318,83	225,50
	V	**1 855,00**	465,08	465,08	IV	1 263,66	1 188,25	1 114,50	1 042,33	971,83	902,83
	VI	**1 899,25**	465,08	465,08							
6 332,99	I,IV	**1 341,75**	465,08	465,08	I	1 189,33	1 043,41	903,83	770,75	644,08	523,83
	II	**1 196,58**	465,08	465,08	II	1 050,33	910,41	777,00	650,08	529,50	415,33
	III	**834,50**	465,08	465,08	III	725,16	618,83	516,00	416,16	319,66	226,33
	V	**1 856,08**	465,08	465,08	IV	1 264,75	1 189,33	1 115,58	1 043,41	972,83	903,83
	VI	**1 900,41**	465,08	465,08							
6 335,99	I,IV	**1 342,91**	465,08	465,08	I	1 190,50	1 044,41	904,83	771,75	645,00	524,66
	II	**1 197,66**	465,08	465,08	II	1 051,33	911,50	778,00	651,00	530,33	416,16
	III	**835,33**	465,08	465,08	III	725,83	619,66	516,66	416,83	320,33	227,00
	V	**1 857,25**	465,08	465,08	IV	1 265,91	1 190,50	1 116,66	1 044,41	973,83	904,83
	VI	**1 901,58**	465,08	465,08							

* Zur LSt-Berechnung für privat versicherte Arbeitnehmer s. Beispiele **Vorbemerkung S. 4f.**
** Basisvorsorgepauschale KV und PV *** Typisierter Arbeitgeberzuschuss

Lohn/ Gehalt in € bis	Steuerklasse	Lohn-steuer*	BVSP**	TAGZ***	Steuerklasse	Bemessungsgrundlage für Kirchensteuer und Solidaritätszuschlag – Freibeträge für ... Kinder 0,5	1,0	1,5	2,0	2,5	3,0
6 338,99	I,IV	**1 344,00**	465,08	465,08	I	1 191,50	1 045,50	905,83	772,66	645,91	525,50
	II	**1 198,75**	465,08	465,08	II	1 052,41	912,41	778,91	651,83	531,16	417,00
	III	**836,16**	465,08	465,08	III	726,66	620,33	517,33	417,50	321,00	227,66
	V	**1 858,41**	465,08	465,08	IV	1 267,00	1 191,50	1 117,66	1 045,50	974,83	905,83
	VI	**1 902,66**	465,08	465,08							
6 341,99	I,IV	**1 345,16**	465,08	465,08	I	1 192,66	1 046,50	906,83	773,58	646,75	526,41
	II	**1 199,83**	465,08	465,08	II	1 053,41	913,41	779,91	652,75	532,08	417,83
	III	**837,00**	465,08	465,08	III	727,50	621,16	518,16	418,33	321,66	228,33
	V	**1 859,58**	465,08	465,08	IV	1 268,08	1 192,66	1 118,75	1 046,50	975,91	906,83
	VI	**1 903,83**	465,08	465,08							
6 344,99	I,IV	**1 346,25**	465,08	465,08	I	1 193,66	1 047,58	907,83	774,50	647,66	527,25
	II	**1 200,91**	465,08	465,08	II	1 054,41	914,41	780,83	653,66	532,91	418,58
	III	**837,66**	465,08	465,08	III	728,16	622,00	518,83	419,00	322,33	229,00
	V	**1 860,66**	465,08	465,08	IV	1 269,16	1 193,66	1 119,83	1 047,58	976,91	907,83
	VI	**1 905,00**	465,08	465,08							
6 347,99	I,IV	**1 347,41**	465,08	465,08	I	1 194,83	1 048,58	908,83	775,50	648,58	528,08
	II	**1 202,00**	465,08	465,08	II	1 055,50	915,41	781,75	654,58	533,75	419,41
	III	**838,50**	465,08	465,08	III	729,00	622,66	519,66	419,66	323,00	229,66
	V	**1 861,83**	465,08	465,08	IV	1 270,33	1 194,83	1 120,91	1 048,58	977,91	908,83
	VI	**1 906,16**	465,08	465,08							
6 350,99	I,IV	**1 348,58**	465,08	465,08	I	1 195,91	1 049,66	909,83	776,41	649,50	529,00
	II	**1 203,16**	465,08	465,08	II	1 056,58	916,41	782,75	655,50	534,66	420,25
	III	**839,33**	465,08	465,08	III	729,83	623,50	520,33	420,50	323,83	230,33
	V	**1 863,00**	465,08	465,08	IV	1 271,41	1 195,91	1 122,00	1 049,66	978,91	909,83
	VI	**1 907,25**	465,08	465,08							
6 353,99	I,IV	**1 349,66**	465,08	465,08	I	1 197,00	1 050,66	910,83	777,41	650,41	529,83
	II	**1 204,16**	465,08	465,08	II	1 057,58	917,41	783,66	656,33	535,50	421,00
	III	**840,16**	465,08	465,08	III	730,66	624,16	521,16	421,16	324,50	231,00
	V	**1 864,08**	465,08	465,08	IV	1 272,50	1 197,00	1 123,00	1 050,66	979,91	910,83
	VI	**1 908,41**	465,08	465,08							
6 356,99	I,IV	**1 350,83**	465,08	465,08	I	1 198,08	1 051,75	911,83	778,33	651,33	530,66
	II	**1 205,33**	465,08	465,08	II	1 058,66	918,41	784,66	657,25	536,33	421,83
	III	**841,00**	465,08	465,08	III	731,33	625,00	521,83	421,83	325,16	231,66
	V	**1 865,25**	465,08	465,08	IV	1 273,66	1 198,08	1 124,08	1 051,75	981,00	911,83
	VI	**1 909,58**	465,08	465,08							
6 359,99	I,IV	**1 352,00**	465,08	465,08	I	1 199,16	1 052,83	912,83	779,33	652,16	531,50
	II	**1 206,41**	465,08	465,08	II	1 059,75	919,41	785,58	658,16	537,25	422,66
	III	**841,83**	465,08	465,08	III	732,16	625,83	522,66	422,66	325,83	232,33
	V	**1 866,41**	465,08	465,08	IV	1 274,75	1 199,16	1 125,16	1 052,83	982,00	912,83
	VI	**1 910,75**	465,08	465,08							
6 362,99	I,IV	**1 353,08**	465,08	465,08	I	1 200,25	1 053,83	913,83	780,25	653,08	532,41
	II	**1 207,50**	465,08	465,08	II	1 060,75	920,41	786,50	659,08	538,08	423,50
	III	**842,66**	465,08	465,08	III	733,00	626,50	523,33	423,33	326,50	233,00
	V	**1 867,50**	465,08	465,08	IV	1 275,91	1 200,25	1 126,25	1 053,83	983,00	913,83
	VI	**1 911,83**	465,08	465,08							
6 365,99	I,IV	**1 354,25**	465,08	465,08	I	1 201,33	1 054,83	914,83	781,16	654,00	533,25
	II	**1 208,58**	465,08	465,08	II	1 061,83	921,41	787,50	660,00	538,91	424,25
	III	**843,33**	465,08	465,08	III	733,66	627,33	524,00	424,00	327,16	233,66
	V	**1 868,66**	465,08	465,08	IV	1 277,00	1 201,33	1 127,33	1 054,83	984,08	914,83
	VI	**1 913,00**	465,08	465,08							
6 368,99	I,IV	**1 355,41**	465,08	465,08	I	1 202,50	1 055,91	915,83	782,16	654,91	534,08
	II	**1 209,66**	465,08	465,08	II	1 062,83	922,41	788,50	660,91	539,83	425,08
	III	**844,16**	465,08	465,08	III	734,50	628,00	524,83	424,83	328,00	234,33
	V	**1 869,83**	465,08	465,08	IV	1 278,16	1 202,50	1 128,41	1 055,91	985,08	915,83
	VI	**1 914,16**	465,08	465,08							
6 371,99	I,IV	**1 356,50**	465,08	465,08	I	1 203,50	1 056,91	916,83	783,08	655,83	534,91
	II	**1 210,75**	465,08	465,08	II	1 063,91	923,41	789,41	661,83	540,66	425,91
	III	**845,00**	465,08	465,08	III	735,33	628,83	525,50	425,50	328,66	235,00
	V	**1 871,00**	465,08	465,08	IV	1 279,25	1 203,50	1 129,41	1 056,91	986,08	916,83
	VI	**1 915,25**	465,08	465,08							

* Zur LSt-Berechnung für privat versicherte Arbeitnehmer s. Beispiele **Vorbemerkung S. 4f.**
** Basisvorsorgepauschale KV und PV *** Typisierter Arbeitgeberzuschuss

Lohn/ Gehalt in € bis	Steuerklasse	Lohn-steuer*	BVSP**	TAGZ***	Steuerklasse	Bemessungsgrundlage für Kirchensteuer und Solidaritätszuschlag — Freibeträge für ... Kinder 0,5	1,0	1,5	2,0	2,5	3,0
6374,99	I,IV	**1357,66**	465,08	465,08	I	1204,66	1058,00	917,83	784,08	656,75	535,83
	II	**1211,83**	465,08	465,08	II	1064,91	924,41	790,33	662,75	541,50	426,75
	III	**845,83**	465,08	465,08	III	736,16	629,50	526,33	426,16	329,33	235,66
	V	**1872,08**	465,08	465,08	IV	1280,33	1204,66	1130,50	1058,00	987,08	917,83
	VI	**1916,41**	465,08	465,08							
6377,99	I,IV	**1358,83**	465,08	465,08	I	1205,75	1059,08	918,83	785,00	657,66	536,66
	II	**1213,00**	465,08	465,08	II	1066,00	925,41	791,33	663,66	542,41	427,58
	III	**846,66**	465,08	465,08	III	737,00	630,33	527,00	427,00	330,00	236,33
	V	**1873,25**	465,08	465,08	IV	1281,50	1205,75	1131,58	1059,08	988,16	918,83
	VI	**1917,58**	465,08	465,08							
6380,99	I,IV	**1360,00**	465,08	465,08	I	1206,83	1060,08	919,83	785,91	658,50	537,50
	II	**1214,08**	465,08	465,08	II	1067,00	926,41	792,25	664,50	543,25	428,33
	III	**847,50**	465,08	465,08	III	737,66	631,16	527,83	427,66	330,66	237,00
	V	**1874,41**	465,08	465,08	IV	1282,58	1206,83	1132,66	1060,08	989,16	919,83
	VI	**1918,66**	465,08	465,08							
6383,99	I,IV	**1361,08**	465,08	465,08	I	1207,91	1061,16	920,83	786,91	659,41	538,41
	II	**1215,16**	465,08	465,08	II	1068,08	927,41	793,25	665,41	544,08	429,16
	III	**848,33**	465,08	465,08	III	738,50	631,83	528,50	428,33	331,33	237,66
	V	**1875,58**	465,08	465,08	IV	1283,75	1207,91	1133,75	1061,16	990,16	920,83
	VI	**1919,83**	465,08	465,08							
6386,99	I,IV	**1362,25**	465,08	465,08	I	1209,00	1062,25	921,83	787,91	660,33	539,25
	II	**1216,25**	465,08	465,08	II	1069,16	928,41	794,16	666,33	545,00	430,00
	III	**849,16**	465,08	465,08	III	739,33	632,66	529,33	429,16	332,16	238,33
	V	**1876,66**	465,08	465,08	IV	1284,83	1209,00	1134,83	1062,25	991,25	921,83
	VI	**1921,00**	465,08	465,08							
6389,99	I,IV	**1363,41**	465,08	465,08	I	1210,08	1063,25	922,83	788,83	661,25	540,08
	II	**1217,33**	465,08	465,08	II	1070,16	929,41	795,16	667,25	545,83	430,83
	III	**850,00**	465,08	465,08	III	740,00	633,50	530,00	429,83	332,83	239,00
	V	**1877,83**	465,08	465,08	IV	1285,91	1210,08	1135,83	1063,25	992,25	922,83
	VI	**1922,16**	465,08	465,08							
6392,99	I,IV	**1364,50**	465,08	465,08	I	1211,16	1064,33	923,83	789,75	662,16	541,00
	II	**1218,41**	465,08	465,08	II	1071,25	930,41	796,08	668,16	546,66	431,58
	III	**850,66**	465,08	465,08	III	740,83	634,16	530,66	430,50	333,50	239,66
	V	**1879,00**	465,08	465,08	IV	1287,08	1211,16	1136,91	1064,33	993,25	923,83
	VI	**1923,25**	465,08	465,08							
6395,99	I,IV	**1365,66**	465,08	465,08	I	1212,33	1065,33	924,83	790,75	663,08	541,83
	II	**1219,58**	465,08	465,08	II	1072,33	931,50	797,08	669,08	547,58	432,41
	III	**851,50**	465,08	465,08	III	741,66	635,00	531,50	431,16	334,16	240,33
	V	**1880,16**	465,08	465,08	IV	1288,16	1212,33	1138,00	1065,33	994,25	924,83
	VI	**1924,41**	465,08	465,08							
6398,99	I,IV	**1366,83**	465,08	465,08	I	1213,41	1066,41	925,83	791,66	664,00	542,66
	II	**1220,66**	465,08	465,08	II	1073,33	932,41	798,00	670,00	548,41	433,25
	III	**852,33**	465,08	465,08	III	742,50	635,66	532,16	432,00	334,83	241,00
	V	**1881,25**	465,08	465,08	IV	1289,33	1213,41	1139,08	1066,41	995,33	925,83
	VI	**1925,58**	465,08	465,08							
6401,99	I,IV	**1368,00**	465,08	465,08	I	1214,50	1067,41	926,83	792,66	664,91	543,58
	II	**1221,75**	465,08	465,08	II	1074,41	933,50	799,00	670,91	549,25	434,08
	III	**853,16**	465,08	465,08	III	743,16	636,50	533,00	432,66	335,50	241,66
	V	**1882,41**	465,08	465,08	IV	1290,41	1214,50	1140,16	1067,41	996,33	926,83
	VI	**1926,75**	465,08	465,08							
6404,99	I,IV	**1369,08**	465,08	465,08	I	1215,58	1068,50	927,83	793,58	665,83	544,41
	II	**1222,83**	465,08	465,08	II	1075,41	934,50	799,91	671,83	550,16	434,91
	III	**854,00**	465,08	465,08	III	744,00	637,33	533,66	433,33	336,33	242,33
	V	**1883,58**	465,08	465,08	IV	1291,58	1215,58	1141,25	1068,50	997,33	927,83
	VI	**1927,83**	465,08	465,08							
6407,99	I,IV	**1370,25**	465,08	465,08	I	1216,66	1069,50	928,83	794,58	666,66	545,25
	II	**1223,91**	465,08	465,08	II	1076,50	935,50	800,91	672,75	551,00	435,66
	III	**854,83**	465,08	465,08	III	744,83	638,00	534,50	434,16	337,00	243,00
	V	**1884,66**	465,08	465,08	IV	1292,66	1216,66	1142,33	1069,50	998,41	928,83
	VI	**1929,00**	465,08	465,08							

* Zur LSt-Berechnung für privat versicherte Arbeitnehmer s. Beispiele **Vorbemerkung S. 4f.**
** Basisvorsorgepauschale KV und PV *** Typisierter Arbeitgeberzuschuss

Lohn/ Gehalt in € bis	Steuerklasse	Lohn-steuer*	BVSP**	TAGZ***	Steuerklasse	Bemessungsgrundlage für Kirchensteuer und Solidaritätszuschlag – Freibeträge für ... Kinder 0,5	1,0	1,5	2,0	2,5	3,0
6410,99	I,IV	**1371,41**	465,08	465,08	I	1217,75	1070,58	929,83	795,50	667,58	546,16
	II	**1225,08**	465,08	465,08	II	1077,58	936,50	801,83	673,66	551,83	436,50
	III	**855,66**	465,08	465,08	III	745,50	638,83	535,16	434,83	337,66	243,66
	V	**1885,83**	465,08	465,08	IV	1293,75	1217,75	1143,41	1070,58	999,41	929,83
	VI	**1930,16**	465,08	465,08							
6413,99	I,IV	**1372,50**	465,08	465,08	I	1218,83	1071,58	930,83	796,41	668,50	547,00
	II	**1226,16**	465,08	465,08	II	1078,58	937,50	802,75	674,50	552,75	437,33
	III	**856,33**	465,08	465,08	III	746,33	639,50	536,00	435,50	338,33	244,33
	V	**1886,91**	465,08	465,08	IV	1294,91	1218,83	1144,41	1071,58	1000,41	930,83
	VI	**1931,25**	465,08	465,08							
6416,99	I,IV	**1373,66**	465,08	465,08	I	1220,00	1072,66	931,83	797,41	669,41	547,83
	II	**1227,25**	465,08	465,08	II	1079,66	938,50	803,75	675,41	553,58	438,16
	III	**857,16**	465,08	465,08	III	747,16	640,33	536,66	436,33	339,00	245,00
	V	**1888,08**	465,08	465,08	IV	1296,00	1220,00	1145,50	1072,66	1001,41	931,83
	VI	**1932,41**	465,08	465,08							
6419,99	I,IV	**1374,83**	465,08	465,08	I	1221,08	1073,75	932,83	798,41	670,33	548,75
	II	**1228,33**	465,08	465,08	II	1080,75	939,50	804,75	676,41	554,50	439,00
	III	**858,00**	465,08	465,08	III	748,00	641,00	537,50	437,00	339,83	245,66
	V	**1889,25**	465,08	465,08	IV	1297,16	1221,08	1146,58	1073,75	1002,50	932,83
	VI	**1933,58**	465,08	465,08							
6422,99	I,IV	**1375,91**	465,08	465,08	I	1222,16	1074,75	933,83	799,33	671,25	549,58
	II	**1229,41**	465,08	465,08	II	1081,75	940,50	805,66	677,25	555,33	439,75
	III	**858,83**	465,08	465,08	III	748,66	641,83	538,16	437,66	340,50	246,33
	V	**1890,41**	465,08	465,08	IV	1298,25	1222,16	1147,66	1074,75	1003,50	933,83
	VI	**1934,66**	465,08	465,08							
6425,99	I,IV	**1377,08**	465,08	465,08	I	1223,25	1075,83	934,83	800,25	672,16	550,50
	II	**1230,50**	465,08	465,08	II	1082,83	941,50	806,66	678,16	556,16	440,58
	III	**859,66**	465,08	465,08	III	749,50	642,66	539,00	438,50	341,16	247,16
	V	**1891,50**	465,08	465,08	IV	1299,41	1223,25	1148,75	1075,83	1004,58	934,83
	VI	**1935,83**	465,08	465,08							
6428,99	I,IV	**1378,25**	465,08	465,08	I	1224,33	1076,91	935,83	801,25	673,08	551,33
	II	**1231,66**	465,08	465,08	II	1083,83	942,50	807,58	679,08	557,08	441,41
	III	**860,50**	465,08	465,08	III	750,33	643,33	539,66	439,16	341,83	247,83
	V	**1892,66**	465,08	465,08	IV	1300,50	1224,33	1149,83	1076,91	1005,58	935,83
	VI	**1937,00**	465,08	465,08							
6431,99	I,IV	**1379,33**	465,08	465,08	I	1225,41	1077,91	936,83	802,16	674,00	552,16
	II	**1232,75**	465,08	465,08	II	1084,91	943,50	808,58	680,00	557,91	442,25
	III	**861,33**	465,08	465,08	III	751,16	644,16	540,33	439,83	342,50	248,50
	V	**1893,83**	465,08	465,08	IV	1301,58	1225,41	1150,91	1077,91	1006,58	936,83
	VI	**1938,08**	465,08	465,08							
6434,99	I,IV	**1380,50**	465,08	465,08	I	1226,58	1079,00	937,83	803,16	674,91	553,08
	II	**1233,83**	465,08	465,08	II	1086,00	944,50	809,50	680,91	558,75	443,08
	III	**862,16**	465,08	465,08	III	752,00	645,00	541,16	440,66	343,33	249,16
	V	**1895,00**	465,08	465,08	IV	1302,75	1226,58	1152,00	1079,00	1007,66	937,83
	VI	**1939,25**	465,08	465,08							
6437,99	I,IV	**1381,66**	465,08	465,08	I	1227,66	1080,08	938,91	804,16	675,83	553,91
	II	**1235,00**	465,08	465,08	II	1087,00	945,58	810,50	681,83	559,66	443,91
	III	**863,00**	465,08	465,08	III	752,66	645,66	541,83	441,33	344,00	249,83
	V	**1896,08**	465,08	465,08	IV	1303,91	1227,66	1153,08	1080,08	1008,66	938,91
	VI	**1940,41**	465,08	465,08							
6440,99	I,IV	**1382,83**	465,08	465,08	I	1228,75	1081,08	939,83	805,08	676,75	554,75
	II	**1236,00**	465,08	465,08	II	1088,08	946,50	811,41	682,75	560,50	444,66
	III	**863,66**	465,08	465,08	III	753,50	646,50	542,66	442,00	344,66	250,50
	V	**1897,25**	465,08	465,08	IV	1305,00	1228,75	1154,08	1081,08	1009,66	939,83
	VI	**1941,58**	465,08	465,08							
6443,99	I,IV	**1383,91**	465,08	465,08	I	1229,83	1082,16	940,91	806,08	677,66	555,66
	II	**1237,16**	465,08	465,08	II	1089,16	947,58	812,41	683,66	561,41	445,50
	III	**864,66**	465,08	465,08	III	754,33	647,16	543,33	442,83	345,33	251,16
	V	**1898,41**	465,08	465,08	IV	1306,16	1229,83	1155,25	1082,16	1010,75	940,91
	VI	**1942,75**	465,08	465,08							

* Zur LSt-Berechnung für privat versicherte Arbeitnehmer s. Beispiele **Vorbemerkung S. 4f.**
** Basisvorsorgepauschale KV und PV *** Typisierter Arbeitgeberzuschuss

Lohn/ Gehalt in € bis	Steuerklasse	Lohnsteuer*	BVSP**	TAGZ***	Steuerklasse	Bemessungsgrundlage für Kirchensteuer und Solidaritätszuschlag – Freibeträge für ... Kinder 0,5	1,0	1,5	2,0	2,5	3,0
6446,99	I,IV	**1385,08**	465,08	465,08	I	1231,00	1083,25	941,91	807,00	678,58	556,50
	II	**1238,25**	465,08	465,08	II	1090,25	948,58	813,41	684,58	562,25	446,33
	III	**865,33**	465,08	465,08	III	755,16	648,00	544,16	443,50	346,00	251,83
	V	**1899,58**	465,08	465,08	IV	1307,25	1231,00	1156,33	1083,25	1011,75	941,91
	VI	**1943,83**	465,08	465,08							
6449,99	I,IV	**1386,25**	465,08	465,08	I	1232,08	1084,25	942,91	808,00	679,41	557,41
	II	**1239,33**	465,08	465,08	II	1091,25	949,58	814,33	685,50	563,16	447,16
	III	**866,16**	465,08	465,08	III	755,83	648,83	544,83	444,16	346,66	252,50
	V	**1900,66**	465,08	465,08	IV	1308,33	1232,08	1157,33	1084,25	1012,75	942,91
	VI	**1945,00**	465,08	465,08							
6452,99	I,IV	**1387,41**	465,08	465,08	I	1233,16	1085,33	943,91	808,91	680,41	558,25
	II	**1240,50**	465,08	465,08	II	1092,33	950,58	815,33	686,41	564,00	448,00
	III	**867,00**	465,08	465,08	III	756,66	649,50	545,66	445,00	347,50	253,16
	V	**1901,83**	465,08	465,08	IV	1309,50	1233,16	1158,41	1085,33	1013,83	943,91
	VI	**1946,16**	465,08	465,08							
6455,99	I,IV	**1388,58**	465,08	465,08	I	1234,25	1086,41	944,91	809,91	681,33	559,16
	II	**1241,58**	465,08	465,08	II	1093,41	951,58	816,25	687,33	564,91	448,83
	III	**867,83**	465,08	465,08	III	757,50	650,33	546,33	445,66	348,16	253,83
	V	**1903,00**	465,08	465,08	IV	1310,66	1234,25	1159,50	1086,41	1014,83	944,91
	VI	**1947,33**	465,08	465,08							
6458,99	I,IV	**1389,66**	465,08	465,08	I	1235,33	1087,41	945,91	810,83	682,16	560,00
	II	**1242,66**	465,08	465,08	II	1094,41	952,58	817,25	688,25	565,75	449,66
	III	**868,66**	465,08	465,08	III	758,16	651,00	547,16	446,33	348,83	254,50
	V	**1904,08**	465,08	465,08	IV	1311,75	1235,33	1160,58	1087,41	1015,83	945,91
	VI	**1948,41**	465,08	465,08							
6461,99	I,IV	**1390,83**	465,08	465,08	I	1236,50	1088,50	946,91	811,83	683,16	560,83
	II	**1243,75**	465,08	465,08	II	1095,50	953,66	818,16	689,16	566,58	450,50
	III	**869,50**	465,08	465,08	III	759,00	651,83	547,83	447,16	349,50	255,16
	V	**1905,25**	465,08	465,08	IV	1312,91	1236,50	1161,66	1088,50	1016,91	946,91
	VI	**1949,58**	465,08	465,08							
6464,99	I,IV	**1392,00**	465,08	465,08	I	1237,58	1089,58	948,00	812,75	684,08	561,75
	II	**1244,91**	465,08	465,08	II	1096,58	954,66	819,16	690,08	567,50	451,33
	III	**870,33**	465,08	465,08	III	759,83	652,66	548,66	447,83	350,16	255,83
	V	**1906,41**	465,08	465,08	IV	1314,00	1237,58	1162,75	1089,58	1018,00	948,00
	VI	**1950,75**	465,08	465,08							
6467,99	I,IV	**1393,08**	465,08	465,08	I	1238,66	1090,58	948,91	813,75	684,91	562,58
	II	**1246,00**	465,08	465,08	II	1097,58	955,66	820,08	691,00	568,33	452,08
	III	**871,16**	465,08	465,08	III	760,66	653,33	549,33	448,50	351,00	256,50
	V	**1907,50**	465,08	465,08	IV	1315,16	1238,66	1163,83	1090,58	1019,00	948,91
	VI	**1951,83**	465,08	465,08							
6470,99	I,IV	**1394,25**	465,08	465,08	I	1239,83	1091,66	950,00	814,75	685,91	563,50
	II	**1247,08**	465,08	465,08	II	1098,66	956,66	821,08	691,91	569,25	452,91
	III	**872,00**	465,08	465,08	III	761,50	654,16	550,16	449,33	351,66	257,16
	V	**1908,66**	465,08	465,08	IV	1316,25	1239,83	1164,91	1091,66	1020,00	950,00
	VI	**1953,00**	465,08	465,08							
6473,99	I,IV	**1395,41**	465,08	465,08	I	1240,91	1092,75	951,00	815,66	686,83	564,33
	II	**1248,25**	465,08	465,08	II	1099,75	957,66	822,08	692,83	570,08	453,75
	III	**872,66**	465,08	465,08	III	762,16	655,00	550,83	450,00	352,33	257,83
	V	**1909,83**	465,08	465,08	IV	1317,41	1240,91	1166,00	1092,75	1021,08	951,00
	VI	**1954,16**	465,08	465,08							
6476,99	I,IV	**1396,50**	465,08	465,08	I	1242,00	1093,75	952,00	816,66	687,66	565,16
	II	**1249,33**	465,08	465,08	II	1100,75	958,66	823,00	693,75	571,00	454,58
	III	**873,50**	465,08	465,08	III	763,00	655,66	551,66	450,66	353,00	258,50
	V	**1911,00**	465,08	465,08	IV	1318,50	1242,00	1167,08	1093,75	1022,08	952,00
	VI	**1955,25**	465,08	465,08							
6479,99	I,IV	**1397,66**	465,08	465,08	I	1243,08	1094,83	953,00	817,58	688,66	566,08
	II	**1250,41**	465,08	465,08	II	1101,83	959,66	824,00	694,66	571,83	455,41
	III	**874,33**	465,08	465,08	III	763,83	656,50	552,33	451,50	353,83	259,33
	V	**1912,08**	465,08	465,08	IV	1319,66	1243,08	1168,16	1094,83	1023,08	953,00
	VI	**1956,41**	465,08	465,08							

* Zur LSt-Berechnung für privat versicherte Arbeitnehmer s. Beispiele **Vorbemerkung S. 4f.**
** Basisvorsorgepauschale KV und PV *** Typisierter Arbeitgeberzuschuss

Lohn/ Gehalt in € bis	Steuerklasse	Lohn-steuer*	BVSP**	TAGZ***	Steuerklasse	Bemessungsgrundlage für Kirchensteuer und Solidaritätszuschlag – Freibeträge für … Kinder 0,5	1,0	1,5	2,0	2,5	3,0
6482,99	I,IV	**1398,83**	465,08	465,08	I	1244,16	1095,91	954,00	818,58	689,50	566,91
	II	**1251,50**	465,08	465,08	II	1102,91	960,66	824,91	695,58	572,66	456,25
	III	**875,16**	465,08	465,08	III	764,66	657,33	553,16	452,16	354,50	260,00
	V	**1913,25**	465,08	465,08	IV	1320,75	1244,16	1169,25	1095,91	1024,16	954,00
	VI	**1957,58**	465,08	465,08							
6485,99	I,IV	**1399,91**	465,08	465,08	I	1245,33	1096,91	955,00	819,50	690,41	567,83
	II	**1252,66**	465,08	465,08	II	1104,00	961,75	825,91	696,50	573,58	457,08
	III	**876,00**	465,08	465,08	III	765,33	658,00	553,83	452,83	355,16	260,66
	V	**1914,41**	465,08	465,08	IV	1321,91	1245,33	1170,33	1096,91	1025,16	955,00
	VI	**1958,66**	465,08	465,08							
6488,99	I,IV	**1401,08**	465,08	465,08	I	1246,41	1098,00	956,08	820,50	691,41	568,66
	II	**1253,75**	465,08	465,08	II	1105,00	962,75	826,91	697,50	574,50	457,91
	III	**876,83**	465,08	465,08	III	766,16	658,83	554,66	453,66	355,83	261,33
	V	**1915,58**	465,08	465,08	IV	1323,00	1246,41	1171,41	1098,00	1026,25	956,08
	VI	**1959,83**	465,08	465,08							
6491,99	I,IV	**1402,25**	465,08	465,08	I	1247,50	1099,08	957,00	821,41	692,25	569,58
	II	**1254,83**	465,08	465,08	II	1106,08	963,75	827,83	698,33	575,33	458,75
	III	**877,66**	465,08	465,08	III	767,00	659,50	555,33	454,33	356,50	262,00
	V	**1916,66**	465,08	465,08	IV	1324,16	1247,50	1172,50	1099,08	1027,25	957,00
	VI	**1961,00**	465,08	465,08							
6494,99	I,IV	**1403,41**	465,08	465,08	I	1248,66	1100,16	958,08	822,41	693,25	570,41
	II	**1255,91**	465,08	465,08	II	1107,16	964,75	828,83	699,33	576,25	459,58
	III	**878,50**	465,08	465,08	III	767,83	660,33	556,00	455,00	357,16	262,66
	V	**1917,83**	465,08	465,08	IV	1325,25	1248,66	1173,58	1100,16	1028,25	958,08
	VI	**1962,16**	465,08	465,08							
6497,99	I,IV	**1404,50**	465,08	465,08	I	1249,75	1101,16	959,08	823,41	694,16	571,33
	II	**1257,08**	465,08	465,08	II	1108,25	965,83	829,83	700,25	577,08	460,41
	III	**879,33**	465,08	465,08	III	768,66	661,16	556,83	455,83	358,00	263,33
	V	**1919,00**	465,08	465,08	IV	1326,41	1249,75	1174,66	1101,16	1029,33	959,08
	VI	**1963,25**	465,08	465,08							
6500,99	I,IV	**1405,66**	465,08	465,08	I	1250,83	1102,25	960,08	824,33	695,00	572,16
	II	**1258,16**	465,08	465,08	II	1109,25	966,75	830,75	701,16	577,91	461,16
	III	**880,16**	465,08	465,08	III	769,33	661,83	557,66	456,50	358,66	264,00
	V	**1920,08**	465,08	465,08	IV	1327,50	1250,83	1175,75	1102,25	1030,33	960,08
	VI	**1964,41**	465,08	465,08							
6503,99	I,IV	**1406,83**	465,08	465,08	I	1251,91	1103,33	961,08	825,33	696,00	573,08
	II	**1259,25**	465,08	465,08	II	1110,33	967,83	831,75	702,08	578,83	462,00
	III	**881,00**	465,08	465,08	III	770,16	662,66	558,33	457,16	359,33	264,66
	V	**1921,25**	465,08	465,08	IV	1328,66	1251,91	1176,83	1103,33	1031,41	961,08
	VI	**1965,58**	465,08	465,08							
6506,99	I,IV	**1408,00**	465,08	465,08	I	1253,08	1104,41	962,08	826,33	696,91	573,91
	II	**1260,41**	465,08	465,08	II	1111,41	968,83	832,66	703,00	579,75	462,91
	III	**881,83**	465,08	465,08	III	771,00	663,50	559,16	458,00	360,00	265,33
	V	**1922,41**	465,08	465,08	IV	1329,83	1253,08	1177,91	1104,41	1032,41	962,08
	VI	**1966,75**	465,08	465,08							
6509,99	I,IV	**1409,08**	465,08	465,08	I	1254,16	1105,41	963,08	827,25	697,83	574,83
	II	**1261,50**	465,08	465,08	II	1112,41	969,83	833,66	703,91	580,58	463,66
	III	**882,50**	465,08	465,08	III	771,83	664,16	559,83	458,66	360,83	266,00
	V	**1923,50**	465,08	465,08	IV	1330,91	1254,16	1179,00	1105,41	1033,50	963,08
	VI	**1967,83**	465,08	465,08							
6512,99	I,IV	**1410,25**	465,08	465,08	I	1255,25	1106,50	964,16	828,25	698,75	575,66
	II	**1262,58**	465,08	465,08	II	1113,50	970,83	834,66	704,83	581,50	464,50
	III	**883,33**	465,08	465,08	III	772,50	665,00	560,50	459,33	361,50	266,66
	V	**1924,66**	465,08	465,08	IV	1332,08	1255,25	1180,08	1106,50	1034,50	964,16
	VI	**1969,00**	465,08	465,08							
6515,99	I,IV	**1411,41**	465,08	465,08	I	1256,41	1107,58	965,16	829,16	699,66	576,58
	II	**1263,75**	465,08	465,08	II	1114,58	971,91	835,58	705,75	582,33	465,33
	III	**884,16**	465,08	465,08	III	773,33	665,83	561,33	460,16	362,16	267,50
	V	**1925,83**	465,08	465,08	IV	1333,25	1256,41	1181,16	1107,58	1035,58	965,16
	VI	**1970,16**	465,08	465,08							

* Zur LSt-Berechnung für privat versicherte Arbeitnehmer s. Beispiele **Vorbemerkung S. 4 f.**
** Basisvorsorgepauschale KV und PV *** Typisierter Arbeitgeberzuschuss

Lohn/ Gehalt in € bis	Steuerklasse	Lohn-steuer*	BVSP**	TAGZ***	Steuerklasse	Bemessungsgrundlage für Kirchensteuer und Solidaritätszuschlag					
						Freibeträge für ... Kinder					
						0,5	**1,0**	1,5	**2,0**	2,5	**3,0**
6518,99	I,IV	**1412,50**	465,08	465,08	I	1257,50	1108,58	966,16	830,16	700,58	577,41
	II	**1264,83**	465,08	465,08	II	1115,66	972,91	836,58	706,66	583,25	466,16
	III	**885,00**	465,08	465,08	III	774,16	666,50	562,16	460,83	362,83	268,16
	V	**1927,00**	465,08	465,08	IV	1334,33	1257,50	1182,25	1108,58	1036,58	966,16
	VI	**1971,25**	465,08	465,08							
6521,99	I,IV	**1413,66**	465,08	465,08	I	1258,58	1109,66	967,16	831,16	701,50	578,33
	II	**1265,91**	465,08	465,08	II	1116,75	973,91	837,58	707,58	584,08	467,00
	III	**885,83**	465,08	465,08	III	775,00	667,33	562,83	461,66	363,50	268,83
	V	**1928,08**	465,08	465,08	IV	1335,50	1258,58	1183,33	1109,66	1037,66	967,16
	VI	**1972,41**	465,08	465,08							
6524,99	I,IV	**1414,83**	465,08	465,08	I	1259,75	1110,75	968,25	832,08	702,41	579,16
	II	**1267,08**	465,08	465,08	II	1117,83	974,91	838,50	708,58	585,00	467,83
	III	**886,66**	465,08	465,08	III	775,83	668,16	563,66	462,33	364,33	269,50
	V	**1929,25**	465,08	465,08	IV	1336,66	1259,75	1184,41	1110,75	1038,66	968,25
	VI	**1973,58**	465,08	465,08							
6527,99	I,IV	**1415,91**	465,08	465,08	I	1260,83	1111,83	969,25	833,08	703,33	580,08
	II	**1268,16**	465,08	465,08	II	1118,83	975,91	839,50	709,41	585,83	468,66
	III	**887,50**	465,08	465,08	III	776,50	668,83	564,33	463,00	365,00	270,16
	V	**1930,41**	465,08	465,08	IV	1337,75	1260,83	1185,50	1111,83	1039,66	969,25
	VI	**1974,66**	465,08	465,08							
6530,99	I,IV	**1417,08**	465,08	465,08	I	1261,91	1112,91	970,25	834,00	704,25	580,91
	II	**1269,33**	465,08	465,08	II	1119,91	977,00	840,50	710,41	586,75	469,50
	III	**888,33**	465,08	465,08	III	777,33	669,66	565,00	463,83	365,66	270,83
	V	**1931,58**	465,08	465,08	IV	1338,91	1261,91	1186,58	1112,91	1040,75	970,25
	VI	**1975,83**	465,08	465,08							
6533,99	I,IV	**1418,25**	465,08	465,08	I	1263,08	1113,91	971,25	835,00	705,16	581,83
	II	**1270,41**	465,08	465,08	II	1121,00	978,00	841,41	711,33	587,58	470,33
	III	**889,16**	465,08	465,08	III	778,16	670,33	565,83	464,50	366,33	271,50
	V	**1932,66**	465,08	465,08	IV	1340,00	1263,08	1187,66	1113,91	1041,83	971,25
	VI	**1977,00**	465,08	465,08							
6536,99	I,IV	**1419,41**	465,08	465,08	I	1264,16	1115,00	972,25	836,00	706,08	582,66
	II	**1271,50**	465,08	465,08	II	1122,08	979,00	842,41	712,25	588,50	471,16
	III	**890,00**	465,08	465,08	III	779,00	671,16	566,66	465,16	367,16	272,16
	V	**1933,83**	465,08	465,08	IV	1341,16	1264,16	1188,75	1115,00	1042,83	972,25
	VI	**1978,16**	465,08	465,08							
6539,99	I,IV	**1420,50**	465,08	465,08	I	1265,25	1116,08	973,33	836,91	707,08	583,58
	II	**1272,66**	465,08	465,08	II	1123,08	980,00	843,41	713,16	589,33	472,00
	III	**890,83**	465,08	465,08	III	779,66	672,00	567,33	466,00	367,83	272,83
	V	**1935,00**	465,08	465,08	IV	1342,25	1265,25	1189,83	1116,08	1043,91	973,33
	VI	**1979,25**	465,08	465,08							
6542,99	I,IV	**1421,66**	465,08	465,08	I	1266,41	1117,16	974,33	837,91	708,00	584,41
	II	**1273,75**	465,08	465,08	II	1124,16	981,08	844,33	714,08	590,25	472,83
	III	**891,66**	465,08	465,08	III	780,50	672,66	568,16	466,66	368,50	273,50
	V	**1936,16**	465,08	465,08	IV	1343,41	1266,41	1191,00	1117,16	1044,91	974,33
	VI	**1980,41**	465,08	465,08							
6545,99	I,IV	**1422,83**	465,08	465,08	I	1267,50	1118,16	975,33	838,91	708,91	585,33
	II	**1274,83**	465,08	465,08	II	1125,25	982,08	845,33	715,00	591,08	473,66
	III	**892,50**	465,08	465,08	III	781,33	673,50	568,83	467,50	369,16	274,16
	V	**1937,25**	465,08	465,08	IV	1344,58	1267,50	1192,00	1118,16	1045,91	975,33
	VI	**1981,58**	465,08	465,08							
6548,99	I,IV	**1424,00**	465,08	465,08	I	1268,58	1119,25	976,33	839,83	709,83	586,16
	II	**1276,00**	465,08	465,08	II	1126,33	983,08	846,33	715,91	592,00	474,50
	III	**893,16**	465,08	465,08	III	782,16	674,33	569,66	468,16	369,83	274,83
	V	**1938,41**	465,08	465,08	IV	1345,66	1268,58	1193,16	1119,25	1047,00	976,33
	VI	**1982,75**	465,08	465,08							
6551,99	I,IV	**1425,08**	465,08	465,08	I	1269,66	1120,33	977,33	840,83	710,75	587,08
	II	**1277,08**	465,08	465,08	II	1127,41	984,08	847,25	716,83	592,91	475,33
	III	**894,00**	465,08	465,08	III	783,00	675,00	570,33	468,83	370,66	275,50
	V	**1939,50**	465,08	465,08	IV	1346,83	1269,66	1194,16	1120,33	1048,00	977,33
	VI	**1983,83**	465,08	465,08							

* Zur LSt-Berechnung für privat versicherte Arbeitnehmer s. Beispiele **Vorbemerkung S. 4f.**
** Basisvorsorgepauschale KV und PV *** Typisierter Arbeitgeberzuschuss

Lohn/ Gehalt in € bis	Steuerklasse	Lohn-steuer*	BVSP**	TAGZ***	Steuerklasse	Bemessungsgrundlage für Kirchensteuer und Solidaritätszuschlag					
						Freibeträge für ... Kinder					
						0,5	**1,0**	1,5	**2,0**	2,5	**3,0**
6554,99	I,IV	**1426,25**	465,08	465,08	I	1270,83	1121,41	978,41	841,83	711,66	587,91
	II	**1278,16**	465,08	465,08	II	1128,41	985,16	848,25	717,83	593,75	476,16
	III	**894,83**	465,08	465,08	III	783,83	675,83	571,16	469,66	371,33	276,33
	V	**1940,66**	465,08	465,08	IV	1348,00	1270,83	1195,33	1121,41	1049,08	978,41
	VI	**1985,00**	465,08	465,08							
6557,99	I,IV	**1427,41**	465,08	465,08	I	1271,91	1122,50	979,41	842,75	712,58	588,83
	II	**1279,33**	465,08	465,08	II	1129,50	986,16	849,25	718,75	594,66	477,00
	III	**895,66**	465,08	465,08	III	784,50	676,66	571,83	470,33	372,00	277,00
	V	**1941,83**	465,08	465,08	IV	1349,08	1271,91	1196,41	1122,50	1050,16	979,41
	VI	**1986,16**	465,08	465,08							
6560,99	I,IV	**1428,50**	465,08	465,08	I	1273,08	1123,50	980,41	843,75	713,50	589,66
	II	**1280,41**	465,08	465,08	II	1130,58	987,16	850,16	719,66	595,50	477,83
	III	**896,50**	465,08	465,08	III	785,33	677,33	572,66	471,00	372,66	277,66
	V	**1942,91**	465,08	465,08	IV	1350,25	1273,08	1197,50	1123,50	1051,16	980,41
	VI	**1987,25**	465,08	465,08							
6563,99	I,IV	**1429,66**	465,08	465,08	I	1274,16	1124,58	981,41	844,75	714,41	590,58
	II	**1281,58**	465,08	465,08	II	1131,66	988,16	851,16	720,58	596,41	478,66
	III	**897,33**	465,08	465,08	III	786,16	678,16	573,33	471,83	373,50	278,33
	V	**1944,08**	465,08	465,08	IV	1351,41	1274,16	1198,58	1124,58	1052,25	981,41
	VI	**1988,41**	465,08	465,08							
6566,99	I,IV	**1430,83**	465,08	465,08	I	1275,33	1125,66	982,50	845,75	715,41	591,50
	II	**1282,66**	465,08	465,08	II	1132,75	989,25	852,16	721,50	597,33	479,50
	III	**898,16**	465,08	465,08	III	787,00	678,83	574,16	472,50	374,16	279,00
	V	**1945,25**	465,08	465,08	IV	1352,50	1275,33	1199,66	1125,66	1053,25	982,50
	VI	**1989,58**	465,08	465,08							
6569,99	I,IV	**1431,91**	465,08	465,08	I	1276,41	1126,75	983,50	846,66	716,25	592,33
	II	**1283,75**	465,08	465,08	II	1133,83	990,25	853,08	722,41	598,16	480,33
	III	**899,00**	465,08	465,08	III	787,66	679,66	574,83	473,16	374,83	279,66
	V	**1946,41**	465,08	465,08	IV	1353,66	1276,41	1200,75	1126,75	1054,33	983,50
	VI	**1990,66**	465,08	465,08							
6572,99	I,IV	**1433,08**	465,08	465,08	I	1277,50	1127,83	984,50	847,66	717,25	593,25
	II	**1284,91**	465,08	465,08	II	1134,91	991,25	854,08	723,33	599,08	481,16
	III	**899,83**	465,08	465,08	III	788,50	680,50	575,66	474,00	375,50	280,33
	V	**1947,50**	465,08	465,08	IV	1354,83	1277,50	1201,83	1127,83	1055,33	984,50
	VI	**1991,83**	465,08	465,08							
6575,99	I,IV	**1434,25**	465,08	465,08	I	1278,66	1128,91	985,58	848,66	718,16	594,08
	II	**1286,00**	465,08	465,08	II	1136,00	992,33	855,08	724,33	599,91	482,00
	III	**900,66**	465,08	465,08	III	789,33	681,16	576,33	474,66	376,33	281,00
	V	**1948,66**	465,08	465,08	IV	1355,91	1278,66	1203,00	1128,91	1056,41	985,58
	VI	**1993,00**	465,08	465,08							
6578,99	I,IV	**1435,33**	465,08	465,08	I	1279,75	1129,91	986,58	849,58	719,08	595,00
	II	**1287,16**	465,08	465,08	II	1137,00	993,33	856,08	725,25	600,83	482,83
	III	**901,50**	465,08	465,08	III	790,16	682,00	577,16	475,50	377,00	281,66
	V	**1949,83**	465,08	465,08	IV	1357,08	1279,75	1204,00	1129,91	1057,41	986,58
	VI	**1994,08**	465,08	465,08							
6581,99	I,IV	**1436,50**	465,08	465,08	I	1280,83	1131,00	987,58	850,58	720,00	595,83
	II	**1288,25**	465,08	465,08	II	1138,08	994,33	857,08	726,16	601,75	483,66
	III	**902,33**	465,08	465,08	III	791,00	682,83	577,83	476,16	377,66	282,33
	V	**1951,00**	465,08	465,08	IV	1358,25	1280,83	1205,16	1131,00	1058,50	987,58
	VI	**1995,25**	465,08	465,08							
6584,99	I,IV	**1437,66**	465,08	465,08	I	1282,00	1132,08	988,58	851,58	720,91	596,75
	II	**1289,41**	465,08	465,08	II	1139,16	995,41	858,00	727,08	602,58	484,58
	III	**903,16**	465,08	465,08	III	791,66	683,50	578,66	476,83	378,33	283,00
	V	**1952,08**	465,08	465,08	IV	1359,33	1282,00	1206,25	1132,08	1059,58	988,58
	VI	**1996,41**	465,08	465,08							
6587,99	I,IV	**1438,83**	465,08	465,08	I	1283,08	1133,16	989,58	852,50	721,83	597,66
	II	**1290,50**	465,08	465,08	II	1140,25	996,41	859,00	728,00	603,50	485,33
	III	**904,00**	465,08	465,08	III	792,50	684,33	579,33	477,66	379,00	283,66
	V	**1953,25**	465,08	465,08	IV	1360,50	1283,08	1207,33	1133,16	1060,58	989,58
	VI	**1997,58**	465,08	465,08							

* Zur LSt-Berechnung für private versicherte Arbeitnehmer s. Beispiele **Vorbemerkung S. 4f.**
** Basisvorsorgepauschale KV und PV *** Typisierter Arbeitgeberzuschuss

Lohn/ Gehalt in € bis	Steuerklasse	Lohn- steuer*	BVSP**	TAGZ***	Steuerklasse	Bemessungsgrundlage für Kirchensteuer und Solidaritätszuschlag					
						Freibeträge für ... Kinder					
						0,5	**1,0**	1,5	**2,0**	2,5	**3,0**
6 590,99	I,IV	**1 439,91**	465,08	465,08	I	1 284,25	1 134,25	990,66	853,50	722,83	598,50
	II	**1 291,66**	465,08	465,08	II	1 141,33	997,41	860,00	729,00	604,33	486,25
	III	**904,83**	465,08	465,08	III	793,33	685,16	580,16	478,33	379,83	284,50
	V	**1 954,41**	465,08	465,08	IV	1 361,66	1 284,25	1 208,41	1 134,25	1 061,66	990,66
	VI	**1 998,75**	465,08	465,08							
6 593,99	I,IV	**1 441,08**	465,08	465,08	I	1 285,33	1 135,33	991,66	854,50	723,75	599,41
	II	**1 292,75**	465,08	465,08	II	1 142,41	998,50	861,00	729,91	605,25	487,08
	III	**905,66**	465,08	465,08	III	794,16	685,83	580,83	479,16	380,50	285,16
	V	**1 955,58**	465,08	465,08	IV	1 362,75	1 285,33	1 209,50	1 135,33	1 062,66	991,66
	VI	**1 999,83**	465,08	465,08							
6 596,99	I,IV	**1 442,25**	465,08	465,08	I	1 286,41	1 136,33	992,66	855,41	724,66	600,25
	II	**1 293,83**	465,08	465,08	II	1 143,41	999,50	861,91	730,83	606,16	487,91
	III	**906,33**	465,08	465,08	III	795,00	686,66	581,66	479,83	381,16	285,83
	V	**1 956,66**	465,08	465,08	IV	1 363,91	1 286,41	1 210,58	1 136,33	1 063,75	992,66
	VI	**2 001,00**	465,08	465,08							
6 599,99	I,IV	**1 443,41**	465,08	465,08	I	1 287,58	1 137,41	993,75	856,41	725,58	601,16
	II	**1 295,00**	465,08	465,08	II	1 144,50	1 000,50	862,91	731,75	607,00	488,75
	III	**907,33**	465,08	465,08	III	795,83	687,50	582,50	480,50	382,00	286,50
	V	**1 957,83**	465,08	465,08	IV	1 365,08	1 287,58	1 211,66	1 137,41	1 064,75	993,75
	VI	**2 002,16**	465,08	465,08							
6 602,99	I,IV	**1 444,58**	465,08	465,08	I	1 288,75	1 138,50	994,75	857,41	726,50	602,08
	II	**1 296,08**	465,08	465,08	II	1 145,58	1 001,58	863,91	732,66	607,91	489,58
	III	**908,00**	465,08	465,08	III	796,50	688,16	583,16	481,33	382,66	287,16
	V	**1 959,00**	465,08	465,08	IV	1 366,25	1 288,75	1 212,83	1 138,50	1 065,83	994,75
	VI	**2 003,33**	465,08	465,08							
6 605,99	I,IV	**1 445,66**	465,08	465,08	I	1 289,83	1 139,58	995,75	858,41	727,41	602,91
	II	**1 297,25**	465,08	465,08	II	1 146,66	1 002,58	864,83	733,58	608,83	490,41
	III	**908,83**	465,08	465,08	III	797,33	689,00	583,83	482,00	383,33	287,83
	V	**1 960,08**	465,08	465,08	IV	1 367,33	1 289,83	1 213,91	1 139,58	1 066,83	995,75
	VI	**2 004,41**	465,08	465,08							
6 608,99	I,IV	**1 446,83**	465,08	465,08	I	1 290,91	1 140,66	996,83	859,41	728,41	603,83
	II	**1 298,33**	465,08	465,08	II	1 147,75	1 003,58	865,83	734,58	609,66	491,25
	III	**909,66**	465,08	465,08	III	798,16	689,83	584,66	482,83	384,00	288,50
	V	**1 961,25**	465,08	465,08	IV	1 368,50	1 290,91	1 215,00	1 140,66	1 067,91	996,83
	VI	**2 005,58**	465,08	465,08							
6 611,99	I,IV	**1 448,00**	465,08	465,08	I	1 292,08	1 141,75	997,83	860,33	729,33	604,75
	II	**1 299,50**	465,08	465,08	II	1 148,83	1 004,66	866,83	735,50	610,58	492,08
	III	**910,50**	465,08	465,08	III	799,00	690,66	585,50	483,50	384,66	289,16
	V	**1 962,41**	465,08	465,08	IV	1 369,66	1 292,08	1 216,08	1 141,75	1 069,00	997,83
	VI	**2 006,75**	465,08	465,08							
6 614,99	I,IV	**1 449,08**	465,08	465,08	I	1 293,16	1 142,83	998,83	861,33	730,25	605,58
	II	**1 300,58**	465,08	465,08	II	1 149,91	1 005,66	867,83	736,41	611,50	492,91
	III	**911,33**	465,08	465,08	III	799,66	691,33	586,16	484,16	385,50	289,83
	V	**1 963,50**	465,08	465,08	IV	1 370,75	1 293,16	1 217,16	1 142,83	1 070,00	998,83
	VI	**2 007,83**	465,08	465,08							
6 617,99	I,IV	**1 450,25**	465,08	465,08	I	1 294,33	1 143,91	999,91	862,33	731,16	606,50
	II	**1 301,75**	465,08	465,08	II	1 151,00	1 006,66	868,83	737,33	612,33	493,75
	III	**912,16**	465,08	465,08	III	800,50	692,16	587,00	485,00	386,16	290,66
	V	**1 964,66**	465,08	465,08	IV	1 371,91	1 294,33	1 218,25	1 143,91	1 071,08	999,91
	VI	**2 009,00**	465,08	465,08							
6 620,99	I,IV	**1 451,33**	465,08	465,08	I	1 295,41	1 144,91	1 000,91	863,25	732,08	607,33
	II	**1 302,83**	465,08	465,08	II	1 152,08	1 007,66	869,75	738,25	613,25	494,58
	III	**913,00**	465,08	465,08	III	801,33	693,00	587,66	485,66	386,83	291,33
	V	**1 965,83**	465,08	465,08	IV	1 373,00	1 295,41	1 219,33	1 144,91	1 072,08	1 000,91
	VI	**2 010,08**	465,08	465,08							
6 623,99	I,IV	**1 452,50**	465,08	465,08	I	1 296,50	1 146,00	1 001,91	864,25	733,08	608,25
	II	**1 304,00**	465,08	465,08	II	1 153,16	1 008,75	870,75	739,25	614,16	495,41
	III	**913,83**	465,08	465,08	III	802,16	693,66	588,50	486,33	387,50	292,00
	V	**1 967,00**	465,08	465,08	IV	1 374,16	1 296,50	1 220,50	1 146,00	1 073,16	1 001,91
	VI	**2 011,25**	465,08	465,08							

* Zur LSt-Berechnung für privat versicherte Arbeitnehmer s. Beispiele **Vorbemerkung S. 4f.**
** Basisvorsorgepauschale KV und PV *** Typisierter Arbeitgeberzuschuss

Lohn/ Gehalt in € bis	Steuerklasse	Lohn-steuer*	BVSP**	TAGZ***	Steuerklasse	Bemessungsgrundlage für Kirchensteuer und Solidaritätszuschlag					
						Freibeträge für ... Kinder					
						0,5	**1,0**	1,5	**2,0**	2,5	**3,0**
6626,99	I,IV	**1453,66**	465,08	465,08	I	1297,66	1147,08	1003,00	865,25	734,00	609,16
	II	**1305,08**	465,08	465,08	II	1154,25	1009,75	871,75	740,16	615,00	496,33
	III	**914,66**	465,08	465,08	III	803,00	694,50	589,16	487,16	388,33	292,66
	V	**1968,08**	465,08	465,08	IV	1375,33	1297,66	1221,58	1147,08	1074,25	1003,00
	VI	**2012,41**	465,08	465,08							
6629,99	I,IV	**1454,83**	465,08	465,08	I	1298,75	1148,16	1004,00	866,25	734,91	610,00
	II	**1306,16**	465,08	465,08	II	1155,25	1010,75	872,75	741,08	615,91	497,16
	III	**915,50**	465,08	465,08	III	803,83	695,33	590,00	487,83	389,00	293,33
	V	**1969,25**	465,08	465,08	IV	1376,50	1298,75	1222,66	1148,16	1075,25	1004,00
	VI	**2013,58**	465,08	465,08							
6632,99	I,IV	**1455,91**	465,08	465,08	I	1299,91	1149,25	1005,00	867,25	735,83	610,91
	II	**1307,33**	465,08	465,08	II	1156,33	1011,83	873,75	742,08	616,83	498,00
	III	**916,33**	465,08	465,08	III	804,50	696,00	590,66	488,66	389,66	294,00
	V	**1970,41**	465,08	465,08	IV	1377,58	1299,91	1223,75	1149,25	1076,33	1005,00
	VI	**2014,66**	465,08	465,08							
6635,99	I,IV	**1457,08**	465,08	465,08	I	1301,00	1150,33	1006,08	868,25	736,83	611,83
	II	**1308,50**	465,08	465,08	II	1157,41	1012,83	874,75	743,00	617,66	498,83
	III	**917,16**	465,08	465,08	III	805,33	696,83	591,50	489,33	390,50	294,66
	V	**1971,58**	465,08	465,08	IV	1378,75	1301,00	1224,91	1150,33	1077,41	1006,08
	VI	**2015,83**	465,08	465,08							
6638,99	I,IV	**1458,25**	465,08	465,08	I	1302,16	1151,41	1007,08	869,16	737,75	612,66
	II	**1309,58**	465,08	465,08	II	1158,50	1013,91	875,66	743,91	618,58	499,66
	III	**918,00**	465,08	465,08	III	806,16	697,66	592,16	490,00	391,16	295,33
	V	**1972,66**	465,08	465,08	IV	1379,91	1302,16	1225,91	1151,41	1078,41	1007,08
	VI	**2017,00**	465,08	465,08							
6641,99	I,IV	**1459,41**	465,08	465,08	I	1303,25	1152,50	1008,08	870,16	738,66	613,58
	II	**1310,75**	465,08	465,08	II	1159,58	1014,91	876,66	744,83	619,50	500,50
	III	**918,83**	465,08	465,08	III	807,00	698,33	593,00	490,83	391,83	296,00
	V	**1973,83**	465,08	465,08	IV	1381,08	1303,25	1227,08	1152,50	1079,50	1008,08
	VI	**2018,16**	465,08	465,08							
6644,99	I,IV	**1460,50**	465,08	465,08	I	1304,41	1153,58	1009,16	871,16	739,58	614,50
	II	**1311,83**	465,08	465,08	II	1160,66	1016,00	877,66	745,83	620,33	501,33
	III	**919,66**	465,08	465,08	III	807,83	699,16	593,83	491,50	392,50	296,83
	V	**1975,00**	465,08	465,08	IV	1382,16	1304,41	1228,16	1153,58	1080,58	1009,16
	VI	**2019,25**	465,08	465,08							
6647,99	I,IV	**1461,66**	465,08	465,08	I	1305,50	1154,58	1010,16	872,08	740,50	615,33
	II	**1312,91**	465,08	465,08	II	1161,75	1017,00	878,66	746,75	621,25	502,16
	III	**920,50**	465,08	465,08	III	808,66	700,00	594,50	492,33	393,33	297,50
	V	**1976,08**	465,08	465,08	IV	1383,33	1305,50	1229,25	1154,58	1081,58	1010,16
	VI	**2020,41**	465,08	465,08							
6650,99	I,IV	**1462,83**	465,08	465,08	I	1306,66	1155,66	1011,16	873,08	741,50	616,25
	II	**1314,08**	465,08	465,08	II	1162,83	1018,00	879,66	747,66	622,16	503,08
	III	**921,33**	465,08	465,08	III	809,33	700,66	595,16	493,00	394,00	298,16
	V	**1977,25**	465,08	465,08	IV	1384,50	1306,66	1230,33	1155,66	1082,66	1011,16
	VI	**2021,58**	465,08	465,08							
6653,99	I,IV	**1464,00**	465,08	465,08	I	1307,75	1156,83	1012,25	874,08	742,41	617,16
	II	**1315,25**	465,08	465,08	II	1163,91	1019,08	880,66	748,58	623,08	503,91
	III	**922,16**	465,08	465,08	III	810,16	701,50	596,00	493,83	394,66	298,83
	V	**1978,41**	465,08	465,08	IV	1385,66	1307,75	1231,50	1156,83	1083,75	1012,25
	VI	**2022,75**	465,08	465,08							
6656,99	I,IV	**1465,08**	465,08	465,08	I	1308,91	1157,83	1013,25	875,08	743,33	618,00
	II	**1316,33**	465,08	465,08	II	1165,00	1020,08	881,58	749,58	623,91	504,75
	III	**923,00**	465,08	465,08	III	811,00	702,33	596,83	494,50	395,33	299,50
	V	**1979,50**	465,08	465,08	IV	1386,75	1308,91	1232,58	1157,83	1084,75	1013,25
	VI	**2023,83**	465,08	465,08							
6659,99	I,IV	**1466,25**	465,08	465,08	I	1310,00	1158,91	1014,25	876,08	744,25	618,91
	II	**1317,50**	465,08	465,08	II	1166,08	1021,08	882,58	750,50	624,83	505,58
	III	**923,83**	465,08	465,08	III	811,83	703,00	597,50	495,16	396,16	300,16
	V	**1980,66**	465,08	465,08	IV	1387,91	1310,00	1233,66	1158,91	1085,83	1014,25
	VI	**2025,00**	465,08	465,08							

* Zur LSt-Berechnung für privat versicherte Arbeitnehmer s. Beispiele **Vorbemerkung S. 4f.**
** Basisvorsorgepauschale KV und PV *** Typisierter Arbeitgeberzuschuss

Lohn/ Gehalt in € bis	Steuerklasse	Lohn- steuer*	BVSP**	TAGZ***	Steuerklasse	Bemessungsgrundlage für Kirchensteuer und Solidaritätszuschlag – Freibeträge für ... Kinder: 0,5	1,0	1,5	2,0	2,5	3,0
6 662,99	I,IV	**1 467,41**	465,08	465,08	I	1 311,16	1 160,00	1 015,33	877,08	745,25	619,83
	II	**1 318,58**	465,08	465,08	II	1 167,16	1 022,16	883,58	751,41	625,75	506,41
	III	**924,66**	465,08	465,08	III	812,66	703,83	598,33	496,00	396,83	301,00
	V	**1 981,83**	465,08	465,08	IV	1 389,08	1 311,16	1 234,83	1 160,00	1 086,91	1 015,33
	VI	**2 026,16**	465,08	465,08							
6 665,99	I,IV	**1 468,50**	465,08	465,08	I	1 312,25	1 161,08	1 016,33	878,00	746,16	620,66
	II	**1 319,75**	465,08	465,08	II	1 168,25	1 023,16	884,58	752,33	626,58	507,25
	III	**925,50**	465,08	465,08	III	813,50	704,66	599,00	496,66	397,50	301,66
	V	**1 983,00**	465,08	465,08	IV	1 390,16	1 312,25	1 235,83	1 161,08	1 087,91	1 016,33
	VI	**2 027,25**	465,08	465,08							
6 668,99	I,IV	**1 469,66**	465,08	465,08	I	1 313,41	1 162,16	1 017,41	879,00	747,08	621,58
	II	**1 320,83**	465,08	465,08	II	1 169,33	1 024,25	885,58	753,33	627,50	508,16
	III	**926,33**	465,08	465,08	III	814,16	705,33	599,83	497,33	398,16	302,33
	V	**1 984,08**	465,08	465,08	IV	1 391,33	1 313,41	1 237,00	1 162,16	1 089,00	1 017,41
	VI	**2 028,41**	465,08	465,08							
6 671,99	I,IV	**1 470,83**	465,08	465,08	I	1 314,50	1 163,25	1 018,41	880,00	748,08	622,50
	II	**1 322,00**	465,08	465,08	II	1 170,41	1 025,25	886,58	754,25	628,41	509,00
	III	**927,16**	465,08	465,08	III	815,00	706,16	600,66	498,16	399,00	303,00
	V	**1 985,25**	465,08	465,08	IV	1 392,50	1 314,50	1 238,08	1 163,25	1 090,08	1 018,41
	VI	**2 029,58**	465,08	465,08							
6 674,99	I,IV	**1 471,91**	465,08	465,08	I	1 315,66	1 164,33	1 019,41	881,00	749,00	623,41
	II	**1 323,08**	465,08	465,08	II	1 171,50	1 026,25	887,50	755,16	629,25	509,83
	III	**928,00**	465,08	465,08	III	815,83	707,00	601,33	498,83	399,66	303,66
	V	**1 986,41**	465,08	465,08	IV	1 393,58	1 315,66	1 239,16	1 164,33	1 091,08	1 019,41
	VI	**2 030,66**	465,08	465,08							
6 677,99	I,IV	**1 473,08**	465,08	465,08	I	1 316,75	1 165,41	1 020,50	882,00	749,91	624,25
	II	**1 324,25**	465,08	465,08	II	1 172,58	1 027,33	888,50	756,16	630,16	510,66
	III	**928,83**	465,08	465,08	III	816,66	707,83	602,00	499,66	400,33	304,33
	V	**1 987,58**	465,08	465,08	IV	1 394,75	1 316,75	1 240,33	1 165,41	1 092,16	1 020,50
	VI	**2 031,83**	465,08	465,08							
6 680,99	I,IV	**1 474,25**	465,08	465,08	I	1 317,91	1 166,50	1 021,50	883,00	750,83	625,16
	II	**1 325,41**	465,08	465,08	II	1 173,66	1 028,41	889,50	757,08	631,08	511,50
	III	**929,66**	465,08	465,08	III	817,50	708,50	602,83	500,33	401,16	305,00
	V	**1 988,66**	465,08	465,08	IV	1 395,91	1 317,91	1 241,41	1 166,50	1 093,25	1 021,50
	VI	**2 033,00**	465,08	465,08							
6 683,99	I,IV	**1 475,41**	465,08	465,08	I	1 319,00	1 167,58	1 022,58	883,91	751,83	626,08
	II	**1 326,50**	465,08	465,08	II	1 174,75	1 029,41	890,50	758,00	632,00	512,33
	III	**930,50**	465,08	465,08	III	818,33	709,33	603,66	501,16	401,83	305,66
	V	**1 989,83**	465,08	465,08	IV	1 397,08	1 319,00	1 242,50	1 167,58	1 094,25	1 022,58
	VI	**2 034,16**	465,08	465,08							
6 686,99	I,IV	**1 476,50**	465,08	465,08	I	1 320,16	1 168,66	1 023,58	884,91	752,75	627,00
	II	**1 327,66**	465,08	465,08	II	1 175,83	1 030,41	891,50	759,00	632,91	513,25
	III	**931,16**	465,08	465,08	III	819,00	710,16	604,33	501,83	402,50	306,33
	V	**1 991,00**	465,08	465,08	IV	1 398,16	1 320,16	1 243,58	1 168,66	1 095,33	1 023,58
	VI	**2 035,25**	465,08	465,08							
6 689,99	I,IV	**1 477,66**	465,08	465,08	I	1 321,25	1 169,75	1 024,58	885,91	753,66	627,83
	II	**1 328,75**	465,08	465,08	II	1 176,91	1 031,50	892,50	759,91	633,75	514,08
	III	**932,00**	465,08	465,08	III	819,83	710,83	605,16	502,50	403,16	307,16
	V	**1 992,08**	465,08	465,08	IV	1 399,33	1 321,25	1 244,66	1 169,75	1 096,33	1 024,58
	VI	**2 036,41**	465,08	465,08							
6 692,99	I,IV	**1 478,83**	465,08	465,08	I	1 322,41	1 170,83	1 025,66	886,91	754,58	628,75
	II	**1 329,91**	465,08	465,08	II	1 178,00	1 032,50	893,50	760,83	634,66	514,91
	III	**933,00**	465,08	465,08	III	820,66	711,66	605,83	503,33	404,00	307,83
	V	**1 993,25**	465,08	465,08	IV	1 400,50	1 322,41	1 245,83	1 170,83	1 097,41	1 025,66
	VI	**2 037,58**	465,08	465,08							
6 695,99	I,IV	**1 480,00**	465,08	465,08	I	1 323,58	1 171,91	1 026,66	887,91	755,58	629,66
	II	**1 331,00**	465,08	465,08	II	1 179,08	1 033,58	894,50	761,83	635,58	515,75
	III	**933,66**	465,08	465,08	III	821,50	712,50	606,66	504,00	404,66	308,50
	V	**1 994,41**	465,08	465,08	IV	1 401,66	1 323,58	1 246,91	1 171,91	1 098,50	1 026,66
	VI	**2 038,75**	465,08	465,08							

* Zur LSt-Berechnung für privat versicherte Arbeitnehmer s. Beispiele **Vorbemerkung S. 4 f.**
** Basisvorsorgepauschale KV und PV *** Typisierter Arbeitgeberzuschuss

Lohn/ Gehalt in € bis	Steuerklasse	Lohn-steuer*	BVSP**	TAGZ***	Steuerklasse	Bemessungsgrundlage für Kirchensteuer und Solidaritätszuschlag – Freibeträge für ... Kinder 0,5	1,0	1,5	2,0	2,5	3,0
6698,99	I,IV	**1481,08**	465,08	465,08	I	1324,66	1173,00	1027,75	888,91	756,50	630,50
	II	**1332,16**	465,08	465,08	II	1180,16	1034,58	895,41	762,75	636,41	516,58
	III	**934,50**	465,08	465,08	III	822,33	713,16	607,33	504,83	405,33	309,16
	V	**1995,50**	465,08	465,08	IV	1402,75	1324,66	1248,00	1173,00	1099,58	1027,75
	VI	**2039,83**	465,08	465,08							
6701,99	I,IV	**1482,25**	465,08	465,08	I	1325,83	1174,08	1028,75	889,91	757,41	631,41
	II	**1333,33**	465,08	465,08	II	1181,25	1035,66	896,41	763,66	637,33	517,50
	III	**935,33**	465,08	465,08	III	823,16	714,00	608,16	505,50	406,16	309,83
	V	**1996,66**	465,08	465,08	IV	1403,91	1325,83	1249,16	1174,08	1100,58	1028,75
	VI	**2041,00**	465,08	465,08							
6704,99	I,IV	**1483,41**	465,08	465,08	I	1326,91	1175,16	1029,83	890,91	758,41	632,33
	II	**1334,41**	465,08	465,08	II	1182,33	1036,66	897,41	764,66	638,25	518,33
	III	**936,16**	465,08	465,08	III	823,83	714,83	609,00	506,16	406,83	310,50
	V	**1997,83**	465,08	465,08	IV	1405,08	1326,91	1250,25	1175,16	1101,66	1029,83
	VI	**2042,16**	465,08	465,08							
6707,99	I,IV	**1484,50**	465,08	465,08	I	1328,08	1176,25	1030,83	891,83	759,33	633,25
	II	**1335,58**	465,08	465,08	II	1183,41	1037,66	898,41	765,58	639,16	519,16
	III	**937,00**	465,08	465,08	III	824,66	715,50	609,66	507,00	407,50	311,16
	V	**1998,91**	465,08	465,08	IV	1406,16	1328,08	1251,33	1176,25	1102,75	1030,83
	VI	**2043,25**	465,08	465,08							
6710,99	I,IV	**1485,66**	465,08	465,08	I	1329,16	1177,33	1031,91	892,83	760,25	634,08
	II	**1336,66**	465,08	465,08	II	1184,50	1038,75	899,41	766,50	640,08	520,00
	III	**937,83**	465,08	465,08	III	825,50	716,33	610,50	507,66	408,16	312,00
	V	**2000,08**	465,08	465,08	IV	1407,33	1329,16	1252,50	1177,33	1103,83	1031,91
	VI	**2044,41**	465,08	465,08							
6713,99	I,IV	**1486,83**	465,08	465,08	I	1330,33	1178,41	1032,91	893,83	761,25	635,00
	II	**1337,83**	465,08	465,08	II	1185,58	1039,83	900,41	767,50	641,00	520,91
	III	**938,66**	465,08	465,08	III	826,33	717,16	611,16	508,50	409,00	312,66
	V	**2001,25**	465,08	465,08	IV	1408,50	1330,33	1253,58	1178,41	1104,83	1032,91
	VI	**2045,58**	465,08	465,08							
6716,99	I,IV	**1487,91**	465,08	465,08	I	1331,41	1179,50	1033,91	894,83	762,16	635,91
	II	**1338,91**	465,08	465,08	II	1186,66	1040,83	901,41	768,41	641,83	521,75
	III	**939,50**	465,08	465,08	III	827,16	718,00	612,00	509,16	409,66	313,33
	V	**2002,41**	465,08	465,08	IV	1409,58	1331,41	1254,66	1179,50	1105,91	1033,91
	VI	**2046,66**	465,08	465,08							
6719,99	I,IV	**1489,08**	465,08	465,08	I	1332,58	1180,58	1035,00	895,83	763,08	636,83
	II	**1340,08**	465,08	465,08	II	1187,75	1041,83	902,41	769,33	642,75	522,58
	III	**940,33**	465,08	465,08	III	828,00	718,66	612,66	510,00	410,33	314,00
	V	**2003,50**	465,08	465,08	IV	1410,75	1332,58	1255,75	1180,58	1107,00	1035,00
	VI	**2047,83**	465,08	465,08							
6722,99	I,IV	**1490,25**	465,08	465,08	I	1333,75	1181,66	1036,08	896,83	764,08	637,75
	II	**1341,25**	465,08	465,08	II	1188,83	1042,91	903,41	770,33	643,66	523,41
	III	**941,16**	465,08	465,08	III	828,83	719,50	613,50	510,66	411,00	314,66
	V	**2004,66**	465,08	465,08	IV	1411,91	1333,75	1256,91	1181,66	1108,08	1036,08
	VI	**2049,00**	465,08	465,08							
6725,99	I,IV	**1491,33**	465,08	465,08	I	1334,83	1182,75	1037,08	897,83	765,00	638,58
	II	**1342,33**	465,08	465,08	II	1189,91	1043,91	904,41	771,25	644,58	524,25
	III	**942,00**	465,08	465,08	III	829,50	720,33	614,16	511,33	411,83	315,33
	V	**2005,83**	465,08	465,08	IV	1413,08	1334,83	1258,00	1182,75	1109,08	1037,08
	VI	**2050,08**	465,08	465,08							
6728,99	I,IV	**1492,50**	465,08	465,08	I	1336,00	1183,83	1038,08	898,83	765,91	639,50
	II	**1343,50**	465,08	465,08	II	1191,00	1045,00	905,41	772,25	645,50	525,16
	III	**942,83**	465,08	465,08	III	830,33	721,16	615,00	512,16	412,50	316,16
	V	**2007,00**	465,08	465,08	IV	1414,16	1336,00	1259,08	1183,83	1110,16	1038,08
	VI	**2051,25**	465,08	465,08							
6731,99	I,IV	**1493,66**	465,08	465,08	I	1337,16	1184,91	1039,16	899,83	766,91	640,41
	II	**1344,66**	465,08	465,08	II	1192,16	1046,08	906,41	773,16	646,33	526,00
	III	**943,66**	465,08	465,08	III	831,16	721,83	615,83	512,83	413,16	316,83
	V	**2008,08**	465,08	465,08	IV	1415,33	1337,16	1260,25	1184,91	1111,25	1039,16
	VI	**2052,41**	465,08	465,08							

* Zur LSt-Berechnung für privat versicherte Arbeitnehmer s. Beispiele **Vorbemerkung S. 4 f.**
** Basisvorsorgepauschale KV und PV *** Typisierter Arbeitgeberzuschuss

Lohn/ Gehalt in € bis	Steuerklasse	Lohn- steuer*	BVSP**	TAGZ***	Steuerklasse	Bemessungsgrundlage für Kirchensteuer und Solidaritätszuschlag – Freibeträge für ... Kinder 0,5	1,0	1,5	2,0	2,5	3,0
6734,99	I,IV	**1494,83**	465,08	465,08	I	1338,25	1186,00	1040,16	900,75	767,83	641,33
	II	**1345,75**	465,08	465,08	II	1193,16	1047,08	907,33	774,08	647,25	526,83
	III	**944,50**	465,08	465,08	III	832,00	722,66	616,50	513,66	414,00	317,50
	V	**2009,25**	465,08	465,08	IV	1416,50	1338,25	1261,33	1186,00	1112,25	1040,16
	VI	**2053,58**	465,08	465,08							
6737,99	I,IV	**1495,91**	465,08	465,08	I	1339,41	1187,08	1041,25	901,83	768,75	642,25
	II	**1346,91**	465,08	465,08	II	1194,33	1048,16	908,41	775,08	648,16	527,75
	III	**945,33**	465,08	465,08	III	832,83	723,50	617,33	514,33	414,66	318,16
	V	**2010,41**	465,08	465,08	IV	1417,66	1339,41	1262,41	1187,08	1113,33	1041,25
	VI	**2054,75**	465,08	465,08							
6740,99	I,IV	**1497,08**	465,08	465,08	I	1340,58	1188,16	1042,25	902,83	769,75	643,08
	II	**1348,08**	465,08	465,08	II	1195,41	1049,16	909,41	776,00	649,08	528,58
	III	**946,16**	465,08	465,08	III	833,66	724,16	618,00	515,16	415,33	318,83
	V	**2011,58**	465,08	465,08	IV	1418,75	1340,58	1263,58	1188,16	1114,41	1042,25
	VI	**2055,83**	465,08	465,08							
6743,99	I,IV	**1498,25**	465,08	465,08	I	1341,66	1189,25	1043,33	903,75	770,66	644,00
	II	**1349,16**	465,08	465,08	II	1196,50	1050,16	910,33	776,91	650,00	529,41
	III	**947,00**	465,08	465,08	III	834,33	725,00	618,83	515,83	416,00	319,50
	V	**2012,66**	465,08	465,08	IV	1419,91	1341,66	1264,66	1189,25	1115,50	1043,33
	VI	**2057,00**	465,08	465,08							
6746,99	I,IV	**1499,41**	465,08	465,08	I	1342,83	1190,33	1044,33	904,75	771,66	644,91
	II	**1350,33**	465,08	465,08	II	1197,58	1051,25	911,33	777,91	650,91	530,25
	III	**947,83**	465,08	465,08	III	835,33	725,83	619,66	516,66	416,83	320,16
	V	**2013,83**	465,08	465,08	IV	1421,08	1342,83	1265,75	1190,33	1116,58	1044,33
	VI	**2058,16**	465,08	465,08							
6749,99	I,IV	**1500,58**	465,08	465,08	I	1344,00	1191,50	1045,41	905,75	772,58	645,83
	II	**1351,50**	465,08	465,08	II	1198,66	1052,33	912,41	778,83	651,83	531,16
	III	**948,66**	465,08	465,08	III	836,00	726,66	620,33	517,33	417,50	321,00
	V	**2015,00**	465,08	465,08	IV	1422,25	1344,00	1266,91	1191,50	1117,66	1045,41
	VI	**2059,33**	465,08	465,08							
6752,99	I,IV	**1501,66**	465,08	465,08	I	1345,08	1192,50	1046,41	906,75	773,50	646,66
	II	**1352,58**	465,08	465,08	II	1199,75	1053,33	913,33	779,83	652,66	532,00
	III	**949,50**	465,08	465,08	III	836,83	727,33	621,16	518,00	418,16	321,66
	V	**2016,08**	465,08	465,08	IV	1423,33	1345,08	1268,00	1192,50	1118,66	1046,41
	VI	**2060,41**	465,08	465,08							
6755,99	I,IV	**1502,83**	465,08	465,08	I	1346,25	1193,66	1047,50	907,75	774,50	647,58
	II	**1353,75**	465,08	465,08	II	1200,83	1054,41	914,33	780,75	653,58	532,83
	III	**950,33**	465,08	465,08	III	837,66	728,16	621,83	518,83	419,00	322,33
	V	**2017,25**	465,08	465,08	IV	1424,50	1346,25	1269,16	1193,66	1119,75	1047,50
	VI	**2061,58**	465,08	465,08							
6758,99	I,IV	**1503,91**	465,08	465,08	I	1347,33	1194,66	1048,50	908,75	775,41	648,50
	II	**1354,83**	465,08	465,08	II	1201,91	1055,41	915,33	781,66	654,50	533,66
	III	**951,16**	465,08	465,08	III	838,50	729,00	622,66	519,50	419,66	323,00
	V	**2018,41**	465,08	465,08	IV	1425,58	1347,33	1270,25	1194,66	1120,83	1048,50
	VI	**2062,66**	465,08	465,08							
6761,99	I,IV	**1505,08**	465,08	465,08	I	1348,50	1195,83	1049,58	909,75	776,33	649,41
	II	**1356,00**	465,08	465,08	II	1203,00	1056,50	916,33	782,66	655,41	534,58
	III	**952,00**	465,08	465,08	III	839,33	729,66	623,33	520,33	420,33	323,66
	V	**2019,50**	465,08	465,08	IV	1426,75	1348,50	1271,33	1195,83	1121,91	1049,58
	VI	**2063,83**	465,08	465,08							
6764,99	I,IV	**1506,25**	465,08	465,08	I	1349,66	1196,91	1050,58	910,75	777,33	650,33
	II	**1357,16**	465,08	465,08	II	1204,16	1057,50	917,33	783,58	656,33	535,41
	III	**952,83**	465,08	465,08	III	840,16	730,50	624,16	521,00	421,16	324,33
	V	**2020,66**	465,08	465,08	IV	1427,91	1349,66	1272,50	1196,91	1123,00	1050,58
	VI	**2065,00**	465,08	465,08							
6767,99	I,IV	**1507,33**	465,08	465,08	I	1350,75	1198,00	1051,66	911,75	778,25	651,25
	II	**1358,25**	465,08	465,08	II	1205,16	1058,58	918,33	784,58	657,16	536,25
	III	**953,66**	465,08	465,08	III	840,83	731,33	625,00	521,83	421,83	325,16
	V	**2021,83**	465,08	465,08	IV	1429,00	1350,75	1273,58	1198,00	1124,00	1051,66
	VI	**2066,08**	465,08	465,08							

* Zur LSt-Berechnung für privat versicherte Arbeitnehmer s. Beispiele **Vorbemerkung S. 4f.**
** Basisvorsorgepauschale KV und PV *** Typisierter Arbeitgeberzuschuss

Lohn/ Gehalt in € bis	Steuerklasse	Lohn- steuer*	BVSP**	TAGZ***	Steuerklasse	Bemessungsgrundlage für Kirchensteuer und Solidaritätszuschlag – Freibeträge für ... Kinder 0,5	1,0	1,5	2,0	2,5	3,0
6 770,99	I,IV	**1 508,50**	465,08	465,08	I	1 351,91	1 199,08	1 052,66	912,75	779,25	652,08
	II	**1 359,41**	465,08	465,08	II	1 206,33	1 059,58	919,33	785,50	658,08	537,16
	III	**954,50**	465,08	465,08	III	841,66	732,16	625,66	522,50	422,50	325,83
	V	**2 023,00**	465,08	465,08	IV	1 430,16	1 351,91	1 274,66	1 199,08	1 125,08	1 052,66
	VI	**2 067,25**	465,08	465,08							
6 773,99	I,IV	**1 509,66**	465,08	465,08	I	1 353,08	1 200,16	1 053,75	913,75	780,16	653,00
	II	**1 360,58**	465,08	465,08	II	1 207,41	1 060,66	920,33	786,50	659,00	538,00
	III	**955,33**	465,08	465,08	III	842,50	732,83	626,50	523,33	423,33	326,50
	V	**2 024,08**	465,08	465,08	IV	1 431,33	1 353,08	1 275,83	1 200,16	1 126,16	1 053,75
	VI	**2 068,41**	465,08	465,08							
6 776,99	I,IV	**1 510,83**	465,08	465,08	I	1 354,16	1 201,25	1 054,75	914,75	781,08	653,91
	II	**1 361,66**	465,08	465,08	II	1 208,50	1 061,66	921,33	787,41	659,91	538,83
	III	**956,16**	465,08	465,08	III	843,33	733,66	627,16	524,00	424,00	327,16
	V	**2 025,25**	465,08	465,08	IV	1 432,50	1 354,16	1 276,91	1 201,25	1 127,25	1 054,75
	VI	**2 069,58**	465,08	465,08							
6 779,99	I,IV	**1 511,91**	465,08	465,08	I	1 355,33	1 202,33	1 055,83	915,75	782,08	654,83
	II	**1 362,83**	465,08	465,08	II	1 209,58	1 062,75	922,33	788,33	660,83	539,75
	III	**957,00**	465,08	465,08	III	844,16	734,50	628,00	524,66	424,66	327,83
	V	**2 026,41**	465,08	465,08	IV	1 433,58	1 355,33	1 278,00	1 202,33	1 128,33	1 055,83
	VI	**2 070,66**	465,08	465,08							
6 782,99	I,IV	**1 513,08**	465,08	465,08	I	1 356,50	1 203,50	1 056,91	916,75	783,00	655,75
	II	**1 364,00**	465,08	465,08	II	1 210,66	1 063,83	923,33	789,33	661,75	540,58
	III	**958,00**	465,08	465,08	III	845,00	735,33	628,83	525,50	425,50	328,50
	V	**2 027,58**	465,08	465,08	IV	1 434,75	1 356,50	1 279,16	1 203,50	1 129,33	1 056,91
	VI	**2 071,83**	465,08	465,08							
6 785,99	I,IV	**1 514,25**	465,08	465,08	I	1 357,58	1 204,50	1 057,91	917,75	784,00	656,66
	II	**1 365,16**	465,08	465,08	II	1 211,75	1 064,83	924,33	790,25	662,66	541,41
	III	**958,66**	465,08	465,08	III	845,83	736,00	629,50	526,16	426,16	329,33
	V	**2 028,66**	465,08	465,08	IV	1 435,91	1 357,58	1 280,25	1 204,50	1 130,41	1 057,91
	VI	**2 073,00**	465,08	465,08							
6 788,99	I,IV	**1 515,41**	465,08	465,08	I	1 358,75	1 205,66	1 059,00	918,75	784,91	657,58
	II	**1 366,25**	465,08	465,08	II	1 212,91	1 065,91	925,33	791,25	663,58	542,33
	III	**959,50**	465,08	465,08	III	846,50	736,83	630,33	527,00	426,83	330,00
	V	**2 029,83**	465,08	465,08	IV	1 437,08	1 358,75	1 281,41	1 205,66	1 131,50	1 059,00
	VI	**2 074,16**	465,08	465,08							
6 791,99	I,IV	**1 516,50**	465,08	465,08	I	1 359,91	1 206,75	1 060,00	919,75	785,91	658,50
	II	**1 367,41**	465,08	465,08	II	1 214,00	1 067,00	926,33	792,16	664,50	543,16
	III	**960,50**	465,08	465,08	III	847,50	737,66	631,00	527,66	427,66	330,66
	V	**2 031,00**	465,08	465,08	IV	1 438,16	1 359,91	1 282,50	1 206,75	1 132,58	1 060,00
	VI	**2 075,25**	465,08	465,08							
6 794,99	I,IV	**1 517,66**	465,08	465,08	I	1 361,00	1 207,83	1 061,08	920,75	786,83	659,33
	II	**1 368,58**	465,08	465,08	II	1 215,08	1 068,00	927,33	793,16	665,33	544,00
	III	**961,16**	465,08	465,08	III	848,16	738,50	631,83	528,50	428,33	331,33
	V	**2 032,08**	465,08	465,08	IV	1 439,33	1 361,00	1 283,58	1 207,83	1 133,66	1 061,08
	VI	**2 076,41**	465,08	465,08							
6 797,99	I,IV	**1 518,83**	465,08	465,08	I	1 362,16	1 208,91	1 062,08	921,75	787,75	660,25
	II	**1 369,75**	465,08	465,08	II	1 216,16	1 069,08	928,33	794,08	666,25	544,91
	III	**962,00**	465,08	465,08	III	849,00	739,16	632,50	529,16	429,00	332,00
	V	**2 033,25**	465,08	465,08	IV	1 440,50	1 362,16	1 284,75	1 208,91	1 134,75	1 062,08
	VI	**2 077,58**	465,08	465,08							
6 800,99	I,IV	**1 520,00**	465,08	465,08	I	1 363,33	1 210,00	1 063,16	922,75	788,75	661,16
	II	**1 370,83**	465,08	465,08	II	1 217,25	1 070,08	929,41	795,08	667,16	545,75
	III	**963,00**	465,08	465,08	III	849,83	740,00	633,33	530,00	429,66	332,83
	V	**2 034,41**	465,08	465,08	IV	1 441,66	1 363,33	1 285,83	1 210,00	1 135,83	1 063,16
	VI	**2 078,75**	465,08	465,08							
6 803,99	I,IV	**1 521,08**	465,08	465,08	I	1 364,41	1 211,08	1 064,16	923,75	789,66	662,08
	II	**1 372,00**	465,08	465,08	II	1 218,33	1 071,16	930,33	796,00	668,08	546,58
	III	**963,83**	465,08	465,08	III	850,66	740,83	634,16	530,66	430,50	333,50
	V	**2 035,50**	465,08	465,08	IV	1 442,75	1 364,41	1 287,00	1 211,08	1 136,83	1 064,16
	VI	**2 079,83**	465,08	465,08							

* Zur LSt-Berechnung für privat versicherte Arbeitnehmer s. Beispiele **Vorbemerkung S. 4 f.**
** Basisvorsorgepauschale KV und PV *** Typisierter Arbeitgeberzuschuss

Lohn/ Gehalt in € bis	Steuerklasse	Lohn- steuer*	BVSP**	TAGZ***	Steuerklasse	Bemessungsgrundlage für Kirchensteuer und Solidaritätszuschlag					
						Freibeträge für ... Kinder					
						0,5	**1,0**	1,5	**2,0**	2,5	**3,0**
6806,99	I,IV	**1522,25**	465,08	465,08	I	1365,58	1212,25	1065,25	924,75	790,66	663,00
	II	**1373,16**	465,08	465,08	II	1219,50	1072,16	931,41	797,00	669,00	547,50
	III	**964,50**	465,08	465,08	III	851,50	741,50	634,83	531,33	431,16	334,16
	V	**2036,66**	465,08	465,08	IV	1443,91	1365,58	1288,08	1212,25	1137,91	1065,25
	VI	**2081,00**	465,08	465,08							
6809,99	I,IV	**1523,41**	465,08	465,08	I	1366,75	1213,33	1066,33	925,75	791,58	663,91
	II	**1374,33**	465,08	465,08	II	1220,58	1073,25	932,41	797,91	669,91	548,33
	III	**965,50**	465,08	465,08	III	852,33	742,33	635,66	532,16	431,83	334,83
	V	**2037,83**	465,08	465,08	IV	1445,08	1366,75	1289,25	1213,33	1139,00	1066,33
	VI	**2082,16**	465,08	465,08							
6812,99	I,IV	**1524,50**	465,08	465,08	I	1367,83	1214,41	1067,33	926,75	792,58	664,83
	II	**1375,41**	465,08	465,08	II	1221,66	1074,33	933,33	798,91	670,83	549,16
	III	**966,33**	465,08	465,08	III	853,16	743,16	636,50	532,83	432,66	335,50
	V	**2039,00**	465,08	465,08	IV	1446,16	1367,83	1290,33	1214,41	1140,08	1067,33
	VI	**2083,25**	465,08	465,08							
6815,99	I,IV	**1525,66**	465,08	465,08	I	1369,00	1215,50	1068,41	927,75	793,50	665,75
	II	**1376,58**	465,08	465,08	II	1222,75	1075,33	934,41	799,83	671,75	550,08
	III	**967,16**	465,08	465,08	III	853,83	744,00	637,16	533,66	433,33	336,16
	V	**2040,08**	465,08	465,08	IV	1447,33	1369,00	1291,41	1215,50	1141,16	1068,41
	VI	**2084,41**	465,08	465,08							
6818,99	I,IV	**1526,83**	465,08	465,08	I	1370,16	1216,58	1069,41	928,75	794,41	666,58
	II	**1377,66**	465,08	465,08	II	1223,83	1076,41	935,33	800,75	672,66	550,91
	III	**967,83**	465,08	465,08	III	854,66	744,66	638,00	534,33	434,00	336,83
	V	**2041,25**	465,08	465,08	IV	1448,50	1370,16	1292,58	1216,58	1142,16	1069,41
	VI	**2085,58**	465,08	465,08							
6821,99	I,IV	**1527,91**	465,08	465,08	I	1371,25	1217,66	1070,50	929,75	795,41	667,50
	II	**1378,83**	465,08	465,08	II	1224,91	1077,41	936,41	801,75	673,58	551,75
	III	**968,83**	465,08	465,08	III	855,50	745,50	638,66	535,16	434,83	337,66
	V	**2042,41**	465,08	465,08	IV	1449,58	1371,25	1293,66	1217,66	1143,25	1070,50
	VI	**2086,66**	465,08	465,08							
6824,99	I,IV	**1529,08**	465,08	465,08	I	1372,41	1218,75	1071,58	930,75	796,41	668,41
	II	**1380,00**	465,08	465,08	II	1226,08	1078,50	937,41	802,75	674,50	552,66
	III	**969,66**	465,08	465,08	III	856,33	746,33	639,50	535,83	435,50	338,33
	V	**2043,58**	465,08	465,08	IV	1450,75	1372,41	1294,83	1218,75	1144,33	1071,58
	VI	**2087,83**	465,08	465,08							
6827,99	I,IV	**1530,25**	465,08	465,08	I	1373,58	1219,83	1072,58	931,75	797,33	669,33
	II	**1381,08**	465,08	465,08	II	1227,16	1079,58	938,41	803,66	675,33	553,50
	III	**970,50**	465,08	465,08	III	857,16	747,00	640,16	536,66	436,16	339,00
	V	**2044,66**	465,08	465,08	IV	1451,91	1373,58	1295,91	1219,83	1145,41	1072,58
	VI	**2089,00**	465,08	465,08							
6830,99	I,IV	**1531,41**	465,08	465,08	I	1374,75	1221,00	1073,66	932,75	798,33	670,25
	II	**1382,25**	465,08	465,08	II	1228,25	1080,58	939,41	804,66	676,33	554,41
	III	**971,33**	465,08	465,08	III	858,00	747,83	641,00	537,33	437,00	339,66
	V	**2045,83**	465,08	465,08	IV	1453,08	1374,75	1297,08	1221,00	1146,50	1073,66
	VI	**2090,16**	465,08	465,08							
6833,99	I,IV	**1532,50**	465,08	465,08	I	1375,83	1222,08	1074,75	933,75	799,25	671,16
	II	**1383,41**	465,08	465,08	II	1229,33	1081,66	940,41	805,58	677,25	555,25
	III	**972,16**	465,08	465,08	III	858,83	748,66	641,83	538,16	437,66	340,33
	V	**2047,00**	465,08	465,08	IV	1454,16	1375,83	1298,16	1222,08	1147,58	1074,75
	VI	**2091,25**	465,08	465,08							
6836,99	I,IV	**1533,66**	465,08	465,08	I	1377,00	1223,16	1075,75	934,75	800,16	672,08
	II	**1384,58**	465,08	465,08	II	1230,41	1082,75	941,41	806,58	678,08	556,08
	III	**973,00**	465,08	465,08	III	859,66	749,50	642,50	538,83	438,33	341,00
	V	**2048,08**	465,08	465,08	IV	1455,33	1377,00	1299,25	1223,16	1148,66	1075,75
	VI	**2092,41**	465,08	465,08							
6839,99	I,IV	**1534,83**	465,08	465,08	I	1378,16	1224,25	1076,83	935,75	801,16	673,00
	II	**1385,66**	465,08	465,08	II	1231,58	1083,75	942,41	807,50	679,00	557,00
	III	**973,83**	465,08	465,08	III	860,50	750,33	643,33	539,66	439,16	341,83
	V	**2049,25**	465,08	465,08	IV	1456,50	1378,16	1300,41	1224,25	1149,75	1076,83
	VI	**2093,58**	465,08	465,08							

* Zur LSt-Berechnung für privat versicherte Arbeitnehmer s. Beispiele **Vorbemerkung S. 4 f.**
** Basisvorsorgepauschale KV und PV *** Typisierter Arbeitgeberzuschuss

Lohn/ Gehalt in € bis	Steuerklasse	Lohn-steuer*	BVSP**	TAGZ***	Steuerklasse	Bemessungsgrundlage für Kirchensteuer und Solidaritätszuschlag					
						Freibeträge für ... Kinder					
						0,5	**1,0**	1,5	**2,0**	2,5	**3,0**
6842,99	I,IV	**1536,00**	465,08	465,08	I	1379,33	1225,41	1077,83	936,75	802,16	673,91
	II	**1386,83**	465,08	465,08	II	1232,66	1084,83	943,41	808,50	680,00	557,83
	III	**974,66**	465,08	465,08	III	861,16	751,00	644,16	540,33	439,83	342,50
	V	**2050,41**	465,08	465,08	IV	1457,66	1379,33	1301,58	1225,41	1150,83	1077,83
	VI	**2094,75**	465,08	465,08							
6845,99	I,IV	**1537,08**	465,08	465,08	I	1380,41	1226,50	1078,91	937,75	803,08	674,83
	II	**1388,00**	465,08	465,08	II	1233,75	1085,91	944,41	809,41	680,83	558,75
	III	**975,50**	465,08	465,08	III	862,00	751,83	644,83	541,00	440,50	343,16
	V	**2051,50**	465,08	465,08	IV	1458,75	1380,41	1302,66	1226,50	1151,91	1078,91
	VI	**2095,83**	465,08	465,08							
6848,99	I,IV	**1538,25**	465,08	465,08	I	1381,58	1227,58	1080,00	938,83	804,08	675,75
	II	**1389,16**	465,08	465,08	II	1234,83	1086,91	945,50	810,41	681,75	559,58
	III	**976,33**	465,08	465,08	III	862,83	752,66	645,66	541,83	441,33	343,83
	V	**2052,66**	465,08	465,08	IV	1459,91	1381,58	1303,75	1227,58	1153,00	1080,00
	VI	**2097,00**	465,08	465,08							
6851,99	I,IV	**1539,41**	465,08	465,08	I	1382,75	1228,66	1081,00	939,83	805,00	676,66
	II	**1390,33**	465,08	465,08	II	1236,00	1088,00	946,50	811,41	682,66	560,50
	III	**977,16**	465,08	465,08	III	863,66	753,50	646,33	542,50	442,00	344,50
	V	**2053,83**	465,08	465,08	IV	1461,08	1382,75	1304,91	1228,66	1154,08	1081,00
	VI	**2098,16**	465,08	465,08							
6854,99	I,IV	**1540,50**	465,08	465,08	I	1383,83	1229,75	1082,08	940,83	806,00	677,58
	II	**1391,41**	465,08	465,08	II	1237,08	1089,08	947,50	812,33	683,58	561,33
	III	**978,00**	465,08	465,08	III	864,50	754,16	647,16	543,33	442,66	345,33
	V	**2054,91**	465,08	465,08	IV	1462,16	1383,83	1306,00	1229,75	1155,08	1082,08
	VI	**2099,25**	465,08	465,08							
6857,99	I,IV	**1541,66**	465,08	465,08	I	1385,00	1230,91	1083,16	941,83	806,91	678,50
	II	**1392,58**	465,08	465,08	II	1238,16	1090,08	948,50	813,33	684,50	562,16
	III	**978,83**	465,08	465,08	III	865,33	755,00	648,00	544,16	443,50	346,00
	V	**2056,08**	465,08	465,08	IV	1463,33	1385,00	1307,16	1230,91	1156,16	1083,16
	VI	**2100,41**	465,08	465,08							
6860,99	I,IV	**1542,83**	465,08	465,08	I	1386,16	1232,00	1084,16	942,83	807,91	679,41
	II	**1393,75**	465,08	465,08	II	1239,25	1091,16	949,50	814,25	685,41	563,08
	III	**979,66**	465,08	465,08	III	866,16	755,83	648,66	544,83	444,16	346,66
	V	**2057,25**	465,08	465,08	IV	1464,50	1386,16	1308,33	1232,00	1157,25	1084,16
	VI	**2101,58**	465,08	465,08							
6863,99	I,IV	**1543,91**	465,08	465,08	I	1387,25	1233,08	1085,25	943,83	808,83	680,33
	II	**1394,83**	465,08	465,08	II	1240,33	1092,25	950,50	815,25	686,33	563,91
	III	**980,50**	465,08	465,08	III	867,00	756,66	649,50	545,50	444,83	347,33
	V	**2058,41**	465,08	465,08	IV	1465,58	1387,25	1309,41	1233,08	1158,33	1085,25
	VI	**2102,66**	465,08	465,08							
6866,99	I,IV	**1545,08**	465,08	465,08	I	1388,41	1234,16	1086,33	944,83	809,83	681,25
	II	**1396,00**	465,08	465,08	II	1241,50	1093,25	951,50	816,16	687,25	564,83
	III	**981,33**	465,08	465,08	III	867,83	757,50	650,33	546,33	445,66	348,16
	V	**2059,50**	465,08	465,08	IV	1466,75	1388,41	1310,50	1234,16	1159,41	1086,33
	VI	**2103,83**	465,08	465,08							
6869,99	I,IV	**1546,25**	465,08	465,08	I	1389,58	1235,33	1087,33	945,83	810,75	682,16
	II	**1397,16**	465,08	465,08	II	1242,58	1094,33	952,50	817,16	688,16	565,66
	III	**982,16**	465,08	465,08	III	868,66	758,16	651,00	547,00	446,33	348,83
	V	**2060,66**	465,08	465,08	IV	1467,91	1389,58	1311,66	1235,33	1160,50	1087,33
	VI	**2105,00**	465,08	465,08							
6872,99	I,IV	**1547,33**	465,08	465,08	I	1390,75	1236,41	1088,41	946,83	811,75	683,08
	II	**1398,25**	465,08	465,08	II	1243,66	1095,41	953,50	818,08	689,08	566,50
	III	**983,00**	465,08	465,08	III	869,33	759,00	651,83	547,83	447,00	349,50
	V	**2061,83**	465,08	465,08	IV	1469,08	1390,75	1312,75	1236,41	1161,58	1088,41
	VI	**2106,08**	465,08	465,08							
6875,99	I,IV	**1548,50**	465,08	465,08	I	1391,83	1237,50	1089,50	947,83	812,66	684,00
	II	**1399,41**	465,08	465,08	II	1244,83	1096,50	954,58	819,08	690,00	567,41
	III	**983,83**	465,08	465,08	III	870,16	759,83	652,50	548,50	447,83	350,16
	V	**2063,00**	465,08	465,08	IV	1470,16	1391,83	1313,91	1237,50	1162,66	1089,50
	VI	**2107,25**	465,08	465,08							

* Zur LSt-Berechnung für privat versicherte Arbeitnehmer s. Beispiele **Vorbemerkung S. 4f.**
** Basisvorsorgepauschale KV und PV *** Typisierter Arbeitgeberzuschuss

Lohn/ Gehalt in € bis	Steuerklasse	Lohn-steuer*	BVSP**	TAGZ***	Steuerklasse	Bemessungsgrundlage für Kirchensteuer und Solidaritätszuschlag – Freibeträge für ... Kinder 0,5	1,0	1,5	2,0	2,5	3,0
6878,99	I,IV	**1549,66**	465,08	465,08	I	1393,00	1238,58	1090,50	948,91	813,66	684,91
	II	**1400,58**	465,08	465,08	II	1245,91	1097,50	955,58	820,08	691,00	568,33
	III	**984,66**	465,08	465,08	III	871,00	760,50	653,33	549,33	448,50	350,83
	V	**2064,08**	465,08	465,08	IV	1471,33	1393,00	1315,08	1238,58	1163,75	1090,50
	VI	**2108,41**	465,08	465,08							
6881,99	I,IV	**1550,83**	465,08	465,08	I	1394,16	1239,66	1091,58	949,91	814,58	685,75
	II	**1401,66**	465,08	465,08	II	1247,00	1098,58	956,58	821,00	691,83	569,16
	III	**985,50**	465,08	465,08	III	871,83	761,33	654,16	550,00	449,16	351,50
	V	**2065,25**	465,08	465,08	IV	1472,50	1394,16	1316,16	1239,66	1164,83	1091,58
	VI	**2109,58**	465,08	465,08							
6884,99	I,IV	**1551,91**	465,08	465,08	I	1395,33	1240,83	1092,66	950,91	815,58	686,75
	II	**1402,83**	465,08	465,08	II	1248,08	1099,66	957,58	822,00	692,75	570,00
	III	**986,50**	465,08	465,08	III	872,66	762,16	654,83	550,83	450,00	352,33
	V	**2066,41**	465,08	465,08	IV	1473,66	1395,33	1317,33	1240,83	1165,91	1092,66
	VI	**2110,75**	465,08	465,08							
6887,99	I,IV	**1553,08**	465,08	465,08	I	1396,41	1241,91	1093,66	951,91	816,50	687,58
	II	**1404,00**	465,08	465,08	II	1249,16	1100,66	958,58	822,91	693,66	570,91
	III	**987,16**	465,08	465,08	III	873,50	763,00	655,66	551,50	450,66	353,00
	V	**2067,50**	465,08	465,08	IV	1474,75	1396,41	1318,41	1241,91	1167,00	1093,66
	VI	**2111,83**	465,08	465,08							
6890,99	I,IV	**1554,25**	465,08	465,08	I	1397,58	1243,00	1094,75	952,91	817,50	688,58
	II	**1405,16**	465,08	465,08	II	1250,33	1101,75	959,58	823,91	694,58	571,75
	III	**988,00**	465,08	465,08	III	874,33	763,66	656,33	552,33	451,33	353,66
	V	**2068,66**	465,08	465,08	IV	1475,91	1397,58	1319,58	1243,00	1168,08	1094,75
	VI	**2113,00**	465,08	465,08							
6893,99	I,IV	**1555,41**	465,08	465,08	I	1398,75	1244,08	1095,83	953,91	818,50	689,50
	II	**1406,25**	465,08	465,08	II	1251,41	1102,83	960,66	824,91	695,58	572,66
	III	**989,00**	465,08	465,08	III	875,16	764,50	657,16	553,00	452,16	354,33
	V	**2069,83**	465,08	465,08	IV	1477,08	1398,75	1320,66	1244,08	1169,16	1095,83
	VI	**2114,16**	465,08	465,08							
6896,99	I,IV	**1556,50**	465,08	465,08	I	1399,83	1245,16	1096,83	954,91	819,41	690,33
	II	**1407,41**	465,08	465,08	II	1252,50	1103,83	961,66	825,83	696,41	573,50
	III	**989,83**	465,08	465,08	III	876,00	765,33	658,00	553,83	452,83	355,16
	V	**2070,91**	465,08	465,08	IV	1478,16	1399,83	1321,83	1245,16	1170,25	1096,83
	VI	**2115,25**	465,08	465,08							
6899,99	I,IV	**1557,66**	465,08	465,08	I	1401,00	1246,33	1097,91	955,91	820,41	691,33
	II	**1408,58**	465,08	465,08	II	1253,66	1104,91	962,66	826,83	697,41	574,41
	III	**990,66**	465,08	465,08	III	876,83	766,16	658,66	554,50	453,50	355,83
	V	**2072,08**	465,08	465,08	IV	1479,33	1401,00	1322,91	1246,33	1171,33	1097,91
	VI	**2116,41**	465,08	465,08							
6902,99	I,IV	**1558,83**	465,08	465,08	I	1402,16	1247,41	1099,00	957,00	821,41	692,25
	II	**1409,75**	465,08	465,08	II	1254,75	1106,00	963,66	827,75	698,33	575,25
	III	**991,50**	465,08	465,08	III	877,66	767,00	659,50	555,33	454,33	356,50
	V	**2073,25**	465,08	465,08	IV	1480,50	1402,16	1324,08	1247,41	1172,41	1099,00
	VI	**2117,58**	465,08	465,08							
6905,99	I,IV	**1559,91**	465,08	465,08	I	1403,25	1248,50	1100,00	958,00	822,33	693,16
	II	**1410,83**	465,08	465,08	II	1255,83	1107,08	964,66	828,75	699,25	576,16
	III	**992,33**	465,08	465,08	III	878,33	767,66	660,33	556,00	455,00	357,16
	V	**2074,41**	465,08	465,08	IV	1481,58	1403,25	1325,16	1248,50	1173,50	1100,00
	VI	**2118,66**	465,08	465,08							
6908,99	I,IV	**1561,08**	465,08	465,08	I	1404,41	1249,66	1101,08	959,00	823,33	694,08
	II	**1412,00**	465,08	465,08	II	1257,00	1108,08	965,66	829,66	700,16	577,00
	III	**993,16**	465,08	465,08	III	879,16	768,50	661,00	556,83	455,66	357,83
	V	**2075,50**	465,08	465,08	IV	1482,75	1404,41	1326,33	1249,66	1174,58	1101,08
	VI	**2119,83**	465,08	465,08							
6911,99	I,IV	**1562,25**	465,08	465,08	I	1405,58	1250,75	1102,16	960,00	824,25	695,00
	II	**1413,16**	465,08	465,08	II	1258,08	1109,16	966,75	830,66	701,08	577,91
	III	**994,00**	465,08	465,08	III	880,00	769,33	661,83	557,50	456,50	358,66
	V	**2076,66**	465,08	465,08	IV	1483,91	1405,58	1327,50	1250,75	1175,66	1102,16
	VI	**2121,00**	465,08	465,08							

* Zur LSt-Berechnung für privat versicherte Arbeitnehmer s. Beispiele **Vorbemerkung S. 4f.**
** Basisvorsorgepauschale KV und PV *** Typisierter Arbeitgeberzuschuss

Lohn/ Gehalt in € bis	Steuerklasse	Lohn-steuer*	BVSP**	TAGZ***	Steuerklasse	Bemessungsgrundlage für Kirchensteuer und Solidaritätszuschlag – Freibeträge für ... Kinder 0,5	1,0	1,5	2,0	2,5	3,0
6914,99	I,IV	**1563,33**	465,08	465,08	I	1406,66	1251,83	1103,25	961,00	825,25	695,91
	II	**1414,25**	465,08	465,08	II	1259,16	1110,25	967,75	831,66	702,00	578,75
	III	**994,83**	465,08	465,08	III	880,83	770,16	662,66	558,33	457,16	359,33
	V	**2077,83**	465,08	465,08	IV	1485,00	1406,66	1328,58	1251,83	1176,75	1103,25
	VI	**2122,08**	465,08	465,08							
6917,99	I,IV	**1564,50**	465,08	465,08	I	1407,83	1253,00	1104,25	962,00	826,25	696,83
	II	**1415,41**	465,08	465,08	II	1260,33	1111,33	968,75	832,58	702,91	579,66
	III	**995,66**	465,08	465,08	III	881,66	770,83	663,33	559,00	457,83	360,00
	V	**2079,00**	465,08	465,08	IV	1486,16	1407,83	1329,75	1253,00	1177,83	1104,25
	VI	**2123,25**	465,08	465,08							
6920,99	I,IV	**1565,66**	465,08	465,08	I	1409,00	1254,08	1105,33	963,08	827,16	697,75
	II	**1416,58**	465,08	465,08	II	1261,41	1112,41	969,75	833,58	703,83	580,50
	III	**996,50**	465,08	465,08	III	882,50	771,66	664,16	559,83	458,66	360,66
	V	**2080,08**	465,08	465,08	IV	1487,33	1409,00	1330,83	1254,08	1178,91	1105,33
	VI	**2124,41**	465,08	465,08							
6923,99	I,IV	**1566,83**	465,08	465,08	I	1410,16	1255,16	1106,41	964,08	828,16	698,66
	II	**1417,66**	465,08	465,08	II	1262,50	1113,41	970,75	834,58	704,75	581,41
	III	**997,33**	465,08	465,08	III	883,33	772,50	664,83	560,50	459,33	361,33
	V	**2081,25**	465,08	465,08	IV	1488,50	1410,16	1332,00	1255,16	1180,00	1106,41
	VI	**2125,58**	465,08	465,08							
6926,99	I,IV	**1567,91**	465,08	465,08	I	1411,33	1256,33	1107,50	965,08	829,08	699,58
	II	**1418,83**	465,08	465,08	II	1263,66	1114,50	971,83	835,50	705,66	582,25
	III	**998,16**	465,08	465,08	III	884,16	773,33	665,66	561,33	460,00	362,16
	V	**2082,41**	465,08	465,08	IV	1489,58	1411,33	1333,08	1256,33	1181,08	1107,50
	VI	**2126,66**	465,08	465,08							
6929,99	I,IV	**1569,08**	465,08	465,08	I	1412,41	1257,41	1108,58	966,08	830,08	700,50
	II	**1420,00**	465,08	465,08	II	1264,75	1115,58	972,83	836,50	706,58	583,16
	III	**999,00**	465,08	465,08	III	885,00	774,16	666,50	562,00	460,83	362,83
	V	**2083,58**	465,08	465,08	IV	1490,75	1412,41	1334,25	1257,41	1182,16	1108,58
	VI	**2127,83**	465,08	465,08							
6932,99	I,IV	**1570,25**	465,08	465,08	I	1413,58	1258,50	1109,58	967,08	831,08	701,41
	II	**1421,16**	465,08	465,08	II	1265,83	1116,66	973,83	837,50	707,50	584,00
	III	**999,83**	465,08	465,08	III	885,83	774,83	667,16	562,83	461,50	363,50
	V	**2084,66**	465,08	465,08	IV	1491,91	1413,58	1335,41	1258,50	1183,25	1109,58
	VI	**2129,00**	465,08	465,08							
6935,99	I,IV	**1571,41**	465,08	465,08	I	1414,75	1259,66	1110,66	968,16	832,00	702,33
	II	**1422,25**	465,08	465,08	II	1267,00	1117,66	974,83	838,41	708,41	584,91
	III	**1000,66**	465,08	465,08	III	886,66	775,66	668,00	563,50	462,33	364,16
	V	**2085,83**	465,08	465,08	IV	1493,08	1414,75	1336,50	1259,66	1184,33	1110,66
	VI	**2130,16**	465,08	465,08							
6938,99	I,IV	**1572,50**	465,08	465,08	I	1415,91	1260,75	1111,75	969,16	833,00	703,25
	II	**1423,41**	465,08	465,08	II	1268,08	1118,75	975,91	839,41	709,41	585,83
	III	**1001,66**	465,08	465,08	III	887,50	776,50	668,83	564,33	463,00	365,00
	V	**2087,00**	465,08	465,08	IV	1494,16	1415,91	1337,66	1260,75	1185,41	1111,75
	VI	**2131,25**	465,08	465,08							
6941,99	I,IV	**1573,66**	465,08	465,08	I	1417,00	1261,83	1112,75	970,16	833,91	704,16
	II	**1424,58**	465,08	465,08	II	1269,16	1119,83	976,91	840,41	710,33	586,66
	III	**1002,50**	465,08	465,08	III	888,33	777,33	669,50	565,00	463,66	365,66
	V	**2088,08**	465,08	465,08	IV	1495,33	1417,00	1338,75	1261,83	1186,50	1112,75
	VI	**2132,41**	465,08	465,08							
6944,99	I,IV	**1574,83**	465,08	465,08	I	1418,16	1263,00	1113,83	971,16	834,91	705,08
	II	**1425,75**	465,08	465,08	II	1270,33	1120,91	977,91	841,33	711,25	587,50
	III	**1003,33**	465,08	465,08	III	889,00	778,00	670,33	565,83	464,50	366,33
	V	**2089,25**	465,08	465,08	IV	1496,50	1418,16	1339,91	1263,00	1187,58	1113,83
	VI	**2133,58**	465,08	465,08							
6947,99	I,IV	**1576,00**	465,08	465,08	I	1419,33	1264,08	1114,91	972,16	835,91	706,08
	II	**1426,83**	465,08	465,08	II	1271,41	1122,00	978,91	842,33	712,16	588,41
	III	**1004,16**	465,08	465,08	III	890,00	778,83	671,16	566,50	465,16	367,00
	V	**2090,41**	465,08	465,08	IV	1497,66	1419,33	1341,08	1264,08	1188,66	1114,91
	VI	**2134,75**	465,08	465,08							

* Zur LSt-Berechnung für privat versicherte Arbeitnehmer s. Beispiele **Vorbemerkung S. 4 f.**
** Basisvorsorgepauschale KV und PV *** Typisierter Arbeitgeberzuschuss

Lohn/ Gehalt in € bis	Steuerklasse	Lohn-steuer*	BVSP**	TAGZ***	Steuerklasse	Bemessungsgrundlage für Kirchensteuer und Solidaritätszuschlag					
						Freibeträge für ... Kinder					
						0,5	**1,0**	1,5	**2,0**	2,5	**3,0**
6950,99	I,IV	**1577,08**	465,08	465,08	I	1420,41	1265,16	1116,00	973,16	836,83	706,91
	II	**1428,00**	465,08	465,08	II	1272,50	1123,00	979,91	843,33	713,08	589,25
	III	**1005,00**	465,08	465,08	III	890,66	779,66	671,83	567,33	465,83	367,66
	V	**2091,50**	465,08	465,08	IV	1498,75	1420,41	1342,16	1265,16	1189,75	1116,00
	VI	**2135,83**	465,08	465,08							
6953,99	I,IV	**1578,25**	465,08	465,08	I	1421,58	1266,33	1117,08	974,25	837,83	707,91
	II	**1429,16**	465,08	465,08	II	1273,66	1124,08	981,00	844,25	714,00	590,16
	III	**1005,83**	465,08	465,08	III	891,50	780,50	672,66	568,00	466,66	368,50
	V	**2092,66**	465,08	465,08	IV	1499,91	1421,58	1343,33	1266,33	1190,83	1117,08
	VI	**2137,00**	465,08	465,08							
6956,99	I,IV	**1579,33**	465,08	465,08	I	1422,66	1267,41	1118,08	975,25	838,83	708,83
	II	**1430,25**	465,08	465,08	II	1274,75	1125,16	982,00	845,25	714,91	591,08
	III	**1006,66**	465,08	465,08	III	892,33	781,33	673,33	568,83	467,33	369,16
	V	**2093,83**	465,08	465,08	IV	1501,00	1422,66	1344,41	1267,41	1191,91	1118,08
	VI	**2138,08**	465,08	465,08							
6959,99	I,IV	**1580,50**	465,08	465,08	I	1423,83	1268,50	1119,16	976,25	839,75	709,75
	II	**1431,41**	465,08	465,08	II	1275,91	1126,25	983,00	846,25	715,83	591,91
	III	**1007,50**	465,08	465,08	III	893,16	782,16	674,16	569,50	468,16	369,83
	V	**2095,00**	465,08	465,08	IV	1502,16	1423,83	1345,58	1268,50	1193,00	1119,16
	VI	**2139,25**	465,08	465,08							
6962,99	I,IV	**1581,66**	465,08	465,08	I	1425,00	1269,66	1120,25	977,25	840,75	710,66
	II	**1432,58**	465,08	465,08	II	1277,00	1127,33	984,08	847,16	716,83	592,83
	III	**1008,33**	465,08	465,08	III	894,00	782,83	675,00	570,33	468,83	370,50
	V	**2096,08**	465,08	465,08	IV	1503,33	1425,00	1346,75	1269,66	1194,16	1120,25
	VI	**2140,41**	465,08	465,08							
6965,99	I,IV	**1582,83**	465,08	465,08	I	1426,16	1270,75	1121,33	978,25	841,75	711,58
	II	**1433,66**	465,08	465,08	II	1278,08	1128,33	985,08	848,16	717,66	593,66
	III	**1009,16**	465,08	465,08	III	894,83	783,66	675,66	571,00	469,50	371,16
	V	**2097,25**	465,08	465,08	IV	1504,50	1426,16	1347,83	1270,75	1195,16	1121,33
	VI	**2141,58**	465,08	465,08							
6968,99	I,IV	**1583,91**	465,08	465,08	I	1427,25	1271,83	1122,33	979,33	842,66	712,50
	II	**1434,83**	465,08	465,08	II	1279,25	1129,41	986,08	849,16	718,66	594,58
	III	**1010,00**	465,08	465,08	III	895,66	784,50	676,50	571,83	470,33	372,00
	V	**2098,41**	465,08	465,08	IV	1505,58	1427,25	1349,00	1271,83	1196,33	1122,33
	VI	**2142,66**	465,08	465,08							
6971,99	I,IV	**1585,08**	465,08	465,08	I	1428,41	1273,00	1123,41	980,33	843,66	713,41
	II	**1436,00**	465,08	465,08	II	1280,33	1130,50	987,08	850,16	719,58	595,50
	III	**1010,83**	465,08	465,08	III	896,50	785,33	677,33	572,50	471,00	372,66
	V	**2099,58**	465,08	465,08	IV	1506,75	1428,41	1350,16	1273,00	1197,41	1123,41
	VI	**2143,83**	465,08	465,08							
6974,99	I,IV	**1586,25**	465,08	465,08	I	1429,58	1274,08	1124,50	981,33	844,66	714,33
	II	**1437,08**	465,08	465,08	II	1281,41	1131,58	988,08	851,08	720,50	596,33
	III	**1011,66**	465,08	465,08	III	897,33	786,00	678,00	573,33	471,66	373,33
	V	**2100,66**	465,08	465,08	IV	1507,91	1429,58	1351,25	1274,08	1198,50	1124,50
	VI	**2145,00**	465,08	465,08							
6977,99	I,IV	**1587,41**	465,08	465,08	I	1430,75	1275,16	1125,58	982,41	845,58	715,33
	II	**1438,25**	465,08	465,08	II	1282,58	1132,66	989,16	852,08	721,41	597,25
	III	**1012,50**	465,08	465,08	III	898,16	786,83	678,83	574,00	472,50	374,16
	V	**2101,83**	465,08	465,08	IV	1509,08	1430,75	1352,41	1275,16	1199,58	1125,58
	VI	**2146,16**	465,08	465,08							
6980,99	I,IV	**1588,50**	465,08	465,08	I	1431,83	1276,33	1126,66	983,41	846,58	716,25
	II	**1439,41**	465,08	465,08	II	1283,75	1133,75	990,16	853,08	722,33	598,08
	III	**1013,33**	465,08	465,08	III	899,00	787,66	679,66	574,83	473,16	374,83
	V	**2103,00**	465,08	465,08	IV	1510,16	1431,83	1353,58	1276,33	1200,66	1126,66
	VI	**2147,25**	465,08	465,08							
6983,99	I,IV	**1589,66**	465,08	465,08	I	1433,00	1277,41	1127,66	984,41	847,58	717,16
	II	**1440,58**	465,08	465,08	II	1284,83	1134,75	991,16	854,00	723,25	599,00
	III	**1014,16**	465,08	465,08	III	899,66	788,50	680,33	575,50	473,83	375,50
	V	**2104,08**	465,08	465,08	IV	1511,33	1433,00	1354,66	1277,41	1201,75	1127,66
	VI	**2148,41**	465,08	465,08							

* Zur LSt-Berechnung für privat versicherte Arbeitnehmer s. Beispiele **Vorbemerkung S. 4f.**
** Basisvorsorgepauschale KV und PV *** Typisierter Arbeitgeberzuschuss

Lohn/ Gehalt in € bis	Steuerklasse	Lohn-steuer*	BVSP**	TAGZ***	Steuerklasse	Bemessungsgrundlage für Kirchensteuer und Solidaritätszuschlag					
						Freibeträge für ... Kinder					
						0,5	**1,0**	1,5	**2,0**	2,5	**3,0**
6986,99	I,IV	**1590,83**	465,08	465,08	I	1 434,16	1 278,58	1 128,75	985,41	848,58	718,08
	II	**1441,66**	465,08	465,08	II	1 285,91	1 135,83	992,25	855,00	724,25	599,91
	III	**1015,16**	465,08	465,08	III	900,66	789,33	681,16	576,33	474,66	376,16
	V	**2105,25**	465,08	465,08	IV	1 512,50	1 434,16	1 355,83	1 278,58	1 202,83	1 128,75
	VI	**2149,58**	465,08	465,08							
6989,99	I,IV	**1592,00**	465,08	465,08	I	1 435,33	1 279,66	1 129,83	986,50	849,50	719,00
	II	**1442,83**	465,08	465,08	II	1 287,08	1 136,91	993,25	856,00	725,16	600,75
	III	**1016,00**	465,08	465,08	III	901,33	790,00	682,00	577,00	475,33	376,83
	V	**2106,41**	465,08	465,08	IV	1 513,66	1 435,33	1 357,00	1 279,66	1 204,00	1 129,83
	VI	**2150,75**	465,08	465,08							
6992,99	I,IV	**1593,08**	465,08	465,08	I	1 436,41	1 280,75	1 130,91	987,50	850,50	719,91
	II	**1444,00**	465,08	465,08	II	1 288,16	1 138,00	994,25	856,91	726,08	601,66
	III	**1016,83**	465,08	465,08	III	902,16	790,83	682,66	577,83	476,16	377,66
	V	**2107,50**	465,08	465,08	IV	1 514,75	1 436,41	1 358,08	1 280,75	1 205,00	1 130,91
	VI	**2151,83**	465,08	465,08							
6995,99	I,IV	**1594,25**	465,08	465,08	I	1 437,58	1 281,91	1 132,00	988,50	851,50	720,83
	II	**1445,16**	465,08	465,08	II	1 289,33	1 139,08	995,33	857,91	727,00	602,50
	III	**1017,66**	465,08	465,08	III	903,00	791,66	683,50	578,50	476,83	378,33
	V	**2108,66**	465,08	465,08	IV	1 515,91	1 437,58	1 359,25	1 281,91	1 206,16	1 132,00
	VI	**2153,00**	465,08	465,08							
6998,99	I,IV	**1595,41**	465,08	465,08	I	1 438,75	1 283,00	1 133,08	989,58	852,50	721,83
	II	**1446,33**	465,08	465,08	II	1 290,41	1 140,16	996,33	858,91	728,00	603,41
	III	**1018,50**	465,08	465,08	III	903,83	792,50	684,33	579,33	477,50	379,00
	V	**2109,83**	465,08	465,08	IV	1 517,08	1 438,75	1 360,41	1 283,00	1 207,25	1 133,08
	VI	**2154,16**	465,08	465,08							
7001,99	I,IV	**1596,50**	465,08	465,08	I	1 439,83	1 284,08	1 134,08	990,58	853,41	722,75
	II	**1447,41**	465,08	465,08	II	1 291,50	1 141,25	997,33	859,91	728,91	604,25
	III	**1019,33**	465,08	465,08	III	904,66	793,33	685,00	580,00	478,33	379,66
	V	**2110,91**	465,08	465,08	IV	1 518,16	1 439,83	1 361,50	1 284,08	1 208,33	1 134,08
	VI	**2155,25**	465,08	465,08							
7004,99	I,IV	**1597,66**	465,08	465,08	I	1 441,00	1 285,25	1 135,16	991,58	854,41	723,66
	II	**1448,58**	465,08	465,08	II	1 292,66	1 142,33	998,41	860,91	729,83	605,16
	III	**1020,16**	465,08	465,08	III	905,50	794,16	685,83	580,83	479,00	380,50
	V	**2112,08**	465,08	465,08	IV	1 519,33	1 441,00	1 362,66	1 285,25	1 209,41	1 135,16
	VI	**2156,41**	465,08	465,08							
7007,99	I,IV	**1598,83**	465,08	465,08	I	1 442,16	1 286,41	1 136,25	992,66	855,41	724,58
	II	**1449,75**	465,08	465,08	II	1 293,75	1 143,41	999,41	861,83	730,75	606,08
	III	**1021,00**	465,08	465,08	III	906,33	794,83	686,66	581,66	479,83	381,16
	V	**2113,25**	465,08	465,08	IV	1 520,50	1 442,16	1 363,83	1 286,41	1 210,50	1 136,25
	VI	**2157,58**	465,08	465,08							
7010,99	I,IV	**1599,91**	465,08	465,08	I	1 443,25	1 287,50	1 137,33	993,66	856,33	725,50
	II	**1450,83**	465,08	465,08	II	1 294,91	1 144,41	1 000,41	862,83	731,66	606,91
	III	**1021,83**	465,08	465,08	III	907,16	795,66	687,33	582,33	480,50	381,83
	V	**2114,41**	465,08	465,08	IV	1 521,58	1 443,25	1 365,00	1 287,50	1 211,58	1 137,33
	VI	**2158,66**	465,08	465,08							
7013,99	I,IV	**1601,08**	465,08	465,08	I	1 444,41	1 288,58	1 138,41	994,66	857,33	726,41
	II	**1452,00**	465,08	465,08	II	1 296,00	1 145,50	1 001,41	863,83	732,58	607,83
	III	**1022,83**	465,08	465,08	III	908,00	796,50	688,16	583,16	481,16	382,50
	V	**2115,50**	465,08	465,08	IV	1 522,75	1 444,41	1 366,08	1 288,58	1 212,75	1 138,41
	VI	**2159,83**	465,08	465,08							
7016,99	I,IV	**1602,25**	465,08	465,08	I	1 445,58	1 289,75	1 139,50	995,66	858,33	727,41
	II	**1453,16**	465,08	465,08	II	1 297,16	1 146,58	1 002,50	864,83	733,58	608,75
	III	**1023,66**	465,08	465,08	III	908,83	797,33	689,00	583,83	482,00	383,33
	V	**2116,66**	465,08	465,08	IV	1 523,91	1 445,58	1 367,25	1 289,75	1 213,83	1 139,50
	VI	**2161,00**	465,08	465,08							
7019,99	I,IV	**1603,33**	465,08	465,08	I	1 446,75	1 290,83	1 140,58	996,75	859,33	728,33
	II	**1454,25**	465,08	465,08	II	1 298,25	1 147,66	1 003,50	865,75	734,50	609,58
	III	**1024,50**	465,08	465,08	III	909,66	798,00	689,66	584,66	482,66	384,00
	V	**2117,83**	465,08	465,08	IV	1 525,08	1 446,75	1 368,41	1 290,83	1 214,91	1 140,58
	VI	**2162,08**	465,08	465,08							

* Zur LSt-Berechnung für privat versicherte Arbeitnehmer s. Beispiele **Vorbemerkung S. 4 f.**
** Basisvorsorgepauschale KV und PV *** Typisierter Arbeitgeberzuschuss

Lohn/ Gehalt in € bis	Steuerklasse	Lohn-steuer*	BVSP**	TAGZ***	Steuerklasse	0,5	1,0	1,5	2,0	2,5	3,0
						Bemessungsgrundlage für Kirchensteuer und Solidaritätszuschlag – Freibeträge für ... Kinder					
7022,99	I,IV	**1604,50**	465,08	465,08	I	1447,83	1292,00	1141,66	997,75	860,25	729,25
	II	**1455,41**	465,08	465,08	II	1299,41	1148,75	1004,58	866,75	735,41	610,50
	III	**1025,33**	465,08	465,08	III	910,50	798,83	690,50	585,33	483,50	384,66
	V	**2119,00**	465,08	465,08	IV	1526,16	1447,83	1369,50	1292,00	1216,00	1141,66
	VI	**2163,25**	465,08	465,08							
7025,99	I,IV	**1605,66**	465,08	465,08	I	1449,00	1293,08	1142,66	998,75	861,25	730,16
	II	**1456,58**	465,08	465,08	II	1300,50	1149,83	1005,58	867,75	736,33	611,41
	III	**1026,16**	465,08	465,08	III	911,33	799,66	691,33	586,16	484,16	385,33
	V	**2120,08**	465,08	465,08	IV	1527,33	1449,00	1370,66	1293,08	1217,08	1142,66
	VI	**2164,41**	465,08	465,08							
7028,99	I,IV	**1606,83**	465,08	465,08	I	1450,16	1294,16	1143,75	999,75	862,25	731,08
	II	**1457,66**	465,08	465,08	II	1301,58	1150,91	1006,58	868,75	737,25	612,25
	III	**1027,00**	465,08	465,08	III	912,16	800,50	692,00	586,83	484,83	386,16
	V	**2121,25**	465,08	465,08	IV	1528,50	1450,16	1371,83	1294,16	1218,16	1143,75
	VI	**2165,58**	465,08	465,08							
7031,99	I,IV	**1607,91**	465,08	465,08	I	1451,33	1295,33	1144,83	1000,83	863,25	732,08
	II	**1458,83**	465,08	465,08	II	1302,75	1152,00	1007,66	869,75	738,25	613,16
	III	**1027,83**	465,08	465,08	III	913,00	801,33	692,83	587,66	485,66	386,83
	V	**2122,41**	465,08	465,08	IV	1529,66	1451,33	1373,00	1295,33	1219,33	1144,83
	VI	**2166,75**	465,08	465,08							
7034,99	I,IV	**1609,08**	465,08	465,08	I	1452,41	1296,41	1145,91	1001,83	864,16	733,00
	II	**1460,00**	465,08	465,08	II	1303,83	1153,00	1008,66	870,66	739,16	614,08
	III	**1028,66**	465,08	465,08	III	913,83	802,16	693,66	588,33	486,33	387,50
	V	**2123,50**	465,08	465,08	IV	1530,75	1452,41	1374,08	1296,41	1220,33	1145,91
	VI	**2167,83**	465,08	465,08							
7037,99	I,IV	**1610,25**	465,08	465,08	I	1453,58	1297,58	1147,00	1002,83	865,16	733,91
	II	**1461,16**	465,08	465,08	II	1305,00	1154,08	1009,66	871,66	740,08	614,91
	III	**1029,50**	465,08	465,08	III	914,66	802,83	694,33	589,16	487,00	388,16
	V	**2124,66**	465,08	465,08	IV	1531,91	1453,58	1375,25	1297,58	1221,50	1147,00
	VI	**2169,00**	465,08	465,08							
7040,99	I,IV	**1611,41**	465,08	465,08	I	1454,75	1298,66	1148,08	1003,91	866,16	734,83
	II	**1462,25**	465,08	465,08	II	1306,16	1155,25	1010,75	872,66	741,00	615,83
	III	**1030,33**	465,08	465,08	III	915,50	803,66	695,16	589,83	487,83	389,00
	V	**2125,83**	465,08	465,08	IV	1533,08	1454,75	1376,41	1298,66	1222,58	1148,08
	VI	**2170,16**	465,08	465,08							
7043,99	I,IV	**1612,50**	465,08	465,08	I	1455,83	1299,83	1149,16	1004,91	867,16	735,75
	II	**1463,41**	465,08	465,08	II	1307,25	1156,25	1011,75	873,66	741,91	616,75
	III	**1031,16**	465,08	465,08	III	916,33	804,50	696,00	590,66	488,50	389,66
	V	**2126,91**	465,08	465,08	IV	1534,16	1455,83	1377,50	1299,83	1223,66	1149,16
	VI	**2171,25**	465,08	465,08							
7046,99	I,IV	**1613,66**	465,08	465,08	I	1457,00	1300,91	1150,25	1006,00	868,08	736,75
	II	**1464,58**	465,08	465,08	II	1308,33	1157,33	1012,75	874,58	742,91	617,58
	III	**1032,00**	465,08	465,08	III	917,00	805,33	696,66	591,33	489,33	390,33
	V	**2128,08**	465,08	465,08	IV	1535,33	1457,00	1378,66	1300,91	1224,75	1150,25
	VI	**2172,41**	465,08	465,08							
7049,99	I,IV	**1614,83**	465,08	465,08	I	1458,16	1302,08	1151,33	1007,00	869,08	737,66
	II	**1465,75**	465,08	465,08	II	1309,50	1158,41	1013,83	875,58	743,83	618,50
	III	**1033,00**	465,08	465,08	III	918,00	806,16	697,50	592,16	490,00	391,16
	V	**2129,25**	465,08	465,08	IV	1536,50	1458,16	1379,83	1302,08	1225,91	1151,33
	VI	**2173,58**	465,08	465,08							
7052,99	I,IV	**1615,91**	465,08	465,08	I	1459,25	1303,16	1152,33	1008,00	870,08	738,58
	II	**1466,83**	465,08	465,08	II	1310,58	1159,50	1014,83	876,58	744,75	619,41
	III	**1033,83**	465,08	465,08	III	918,83	807,00	698,33	593,00	490,83	391,83
	V	**2130,41**	465,08	465,08	IV	1537,58	1459,25	1380,91	1303,16	1227,00	1152,33
	VI	**2174,66**	465,08	465,08							
7055,99	I,IV	**1617,08**	465,08	465,08	I	1460,41	1304,33	1153,50	1009,08	871,08	739,50
	II	**1468,00**	465,08	465,08	II	1311,75	1160,58	1015,83	877,58	745,75	620,25
	III	**1034,66**	465,08	465,08	III	919,50	807,66	699,16	593,66	491,50	392,50
	V	**2131,50**	465,08	465,08	IV	1538,75	1460,41	1382,08	1304,33	1228,08	1153,50
	VI	**2175,83**	465,08	465,08							

* Zur LSt-Berechnung für privat versicherte Arbeitnehmer s. Beispiele **Vorbemerkung S. 4f.**
** Basisvorsorgepauschale KV und PV *** Typisierter Arbeitgeberzuschuss

Lohn/ Gehalt in € bis	Steuerklasse	Lohn- steuer*	BVSP**	TAGZ***	Steuerklasse	Bemessungsgrundlage für Kirchensteuer und Solidaritätszuschlag – Freibeträge für ... Kinder 0,5	1,0	1,5	2,0	2,5	3,0
7058,99	I,IV	**1618,25**	465,08	465,08	I	1461,58	1305,41	1154,58	1010,08	872,08	740,50
	II	**1469,16**	465,08	465,08	II	1312,91	1161,66	1016,91	878,58	746,66	621,16
	III	**1035,50**	465,08	465,08	III	920,50	808,50	699,83	594,50	492,16	393,16
	V	**2132,66**	465,08	465,08	IV	1539,91	1461,58	1383,25	1305,41	1229,16	1154,58
	VI	**2177,00**	465,08	465,08							
7061,99	I,IV	**1619,33**	465,08	465,08	I	1462,66	1306,58	1155,58	1011,08	873,00	741,41
	II	**1470,25**	465,08	465,08	II	1314,00	1162,75	1017,91	879,58	747,58	622,08
	III	**1036,33**	465,08	465,08	III	921,16	809,33	700,66	595,16	493,00	394,00
	V	**2133,83**	465,08	465,08	IV	1541,00	1462,66	1384,41	1306,58	1230,25	1155,58
	VI	**2178,08**	465,08	465,08							
7064,99	I,IV	**1620,50**	465,08	465,08	I	1463,83	1307,66	1156,66	1012,16	874,00	742,33
	II	**1471,41**	465,08	465,08	II	1315,16	1163,83	1019,00	880,50	748,50	623,00
	III	**1037,16**	465,08	465,08	III	922,00	810,16	701,50	596,00	493,66	394,66
	V	**2135,00**	465,08	465,08	IV	1542,16	1463,83	1385,50	1307,66	1231,41	1156,66
	VI	**2179,25**	465,08	465,08							
7067,99	I,IV	**1621,66**	465,08	465,08	I	1465,00	1308,83	1157,75	1013,16	875,00	743,25
	II	**1472,58**	465,08	465,08	II	1316,25	1164,91	1020,00	881,50	749,50	623,83
	III	**1038,00**	465,08	465,08	III	922,83	811,00	702,16	596,66	494,50	395,33
	V	**2136,08**	465,08	465,08	IV	1543,33	1465,00	1386,66	1308,83	1232,50	1157,75
	VI	**2180,41**	465,08	465,08							
7070,99	I,IV	**1622,83**	465,08	465,08	I	1466,16	1309,91	1158,83	1014,16	876,00	744,16
	II	**1473,66**	465,08	465,08	II	1317,33	1166,00	1021,00	882,50	750,41	624,75
	III	**1038,83**	465,08	465,08	III	923,66	811,83	703,00	597,50	495,16	396,00
	V	**2137,25**	465,08	465,08	IV	1544,50	1466,16	1387,83	1309,91	1233,58	1158,83
	VI	**2181,58**	465,08	465,08							
7073,99	I,IV	**1623,91**	465,08	465,08	I	1467,33	1311,08	1159,91	1015,25	877,00	745,16
	II	**1474,83**	465,08	465,08	II	1318,50	1167,08	1022,08	883,50	751,33	625,66
	III	**1039,66**	465,08	465,08	III	924,50	812,50	703,83	598,16	495,83	396,83
	V	**2138,41**	465,08	465,08	IV	1545,58	1467,33	1389,00	1311,08	1234,66	1159,91
	VI	**2182,66**	465,08	465,08							
7076,99	I,IV	**1625,08**	465,08	465,08	I	1468,41	1312,16	1161,00	1016,25	878,00	746,08
	II	**1476,00**	465,08	465,08	II	1319,66	1168,16	1023,08	884,50	752,33	626,58
	III	**1040,66**	465,08	465,08	III	925,33	813,33	704,66	599,00	496,66	397,50
	V	**2139,58**	465,08	465,08	IV	1546,75	1468,41	1390,08	1312,16	1235,83	1161,00
	VI	**2183,83**	465,08	465,08							
7079,99	I,IV	**1626,25**	465,08	465,08	I	1469,58	1313,33	1162,08	1017,33	878,91	747,00
	II	**1477,16**	465,08	465,08	II	1320,75	1169,25	1024,16	885,50	753,25	627,41
	III	**1041,50**	465,08	465,08	III	926,16	814,16	705,33	599,83	497,33	398,16
	V	**2140,66**	465,08	465,08	IV	1547,91	1469,58	1391,25	1313,33	1236,91	1162,08
	VI	**2185,00**	465,08	465,08							
7082,99	I,IV	**1627,41**	465,08	465,08	I	1470,75	1314,41	1163,16	1018,33	879,91	748,00
	II	**1478,25**	465,08	465,08	II	1321,91	1170,33	1025,16	886,50	754,16	628,33
	III	**1042,33**	465,08	465,08	III	927,00	815,00	706,16	600,50	498,16	398,83
	V	**2141,83**	465,08	465,08	IV	1549,08	1470,75	1392,41	1314,41	1238,00	1163,16
	VI	**2186,16**	465,08	465,08							
7085,99	I,IV	**1628,50**	465,08	465,08	I	1471,91	1315,58	1164,25	1019,41	880,91	748,91
	II	**1479,41**	465,08	465,08	II	1323,00	1171,41	1026,25	887,50	755,16	629,25
	III	**1043,16**	465,08	465,08	III	927,83	815,83	707,00	601,33	498,83	399,66
	V	**2143,00**	465,08	465,08	IV	1550,16	1471,91	1393,58	1315,58	1239,08	1164,25
	VI	**2187,25**	465,08	465,08							
7088,99	I,IV	**1629,66**	465,08	465,08	I	1473,00	1316,66	1165,33	1020,41	881,91	749,83
	II	**1480,58**	465,08	465,08	II	1324,16	1172,50	1027,25	888,41	756,08	630,08
	III	**1044,00**	465,08	465,08	III	928,66	816,66	707,66	602,00	499,50	400,33
	V	**2144,08**	465,08	465,08	IV	1551,33	1473,00	1394,66	1316,66	1240,16	1165,33
	VI	**2188,41**	465,08	465,08							
7091,99	I,IV	**1630,83**	465,08	465,08	I	1474,16	1317,83	1166,41	1021,41	882,91	750,75
	II	**1481,75**	465,08	465,08	II	1325,25	1173,58	1028,25	889,41	757,00	631,00
	III	**1044,83**	465,08	465,08	III	929,50	817,33	708,50	602,83	500,33	401,00
	V	**2145,25**	465,08	465,08	IV	1552,50	1474,16	1395,83	1317,83	1241,33	1166,41
	VI	**2189,58**	465,08	465,08							

* Zur LSt-Berechnung für privat versicherte Arbeitnehmer s. Beispiele **Vorbemerkung S. 4 f.**
** Basisvorsorgepauschale KV und PV *** Typisierter Arbeitgeberzuschuss

Lohn/ Gehalt in € bis	Steuerklasse	Lohn-steuer*	BVSP**	TAGZ***	Steuerklasse	Bemessungsgrundlage für Kirchensteuer und Solidaritätszuschlag					
						Freibeträge für ... Kinder					
						0,5	**1,0**	1,5	**2,0**	2,5	**3,0**
7094,99	I,IV	**1631,91**	465,08	465,08	I	1475,25	1318,91	1167,50	1022,41	883,83	751,66
West	II	**1482,83**	465,08	465,08	II	1326,41	1174,66	1029,33	890,41	757,91	631,91
	III	**1045,66**	465,08	465,08	III	930,33	818,16	709,16	603,50	501,00	401,66
	V	**2146,33**	465,08	465,08	IV	1553,58	1475,25	1396,91	1318,91	1242,41	1167,50
	VI	**2190,66**	465,08	465,08							
7094,99	I,IV	**1631,91**	465,08	465,08	I	1475,25	1318,91	1167,50	1022,41	883,83	751,66
Ost	II	**1482,83**	465,08	465,08	II	1326,41	1174,66	1029,33	890,41	757,91	631,91
	III	**1045,66**	465,08	465,08	III	930,33	818,16	709,16	603,50	501,00	401,66
	V	**2146,33**	465,08	465,08	IV	1553,58	1475,25	1396,91	1318,91	1242,41	1167,50
	VI	**2190,66**	465,08	465,08							
7097,99	I,IV	**1633,08**	465,08	465,08	I	1476,41	1320,08	1168,58	1023,50	884,83	752,66
West	II	**1484,00**	465,08	465,08	II	1327,50	1175,75	1030,33	891,41	758,91	632,83
	III	**1046,50**	465,08	465,08	III	931,16	819,00	710,00	604,33	501,83	402,50
	V	**2147,50**	465,08	465,08	IV	1554,75	1476,41	1398,08	1320,08	1243,50	1168,58
	VI	**2191,83**	465,08	465,08							
7097,99	I,IV	**1633,08**	465,08	465,08	I	1476,41	1320,08	1168,58	1023,50	884,83	752,66
Ost	II	**1484,00**	465,08	465,08	II	1327,50	1175,75	1030,33	891,41	758,91	632,83
	III	**1046,50**	465,08	465,08	III	931,16	819,00	710,00	604,33	501,83	402,50
	V	**2147,50**	465,08	465,08	IV	1554,75	1476,41	1398,08	1320,08	1243,50	1168,58
	VI	**2191,83**	465,08	465,08							
7100,99	I,IV	**1634,25**	465,08	465,08	I	1477,58	1321,16	1169,66	1024,58	885,83	753,58
West	II	**1485,16**	465,08	465,08	II	1328,66	1176,83	1031,41	892,41	759,83	633,66
	III	**1047,50**	465,08	465,08	III	932,00	819,83	710,83	605,00	502,50	403,16
	V	**2148,66**	465,08	465,08	IV	1555,91	1477,58	1399,25	1321,16	1244,66	1169,66
	VI	**2193,00**	465,08	465,08							
7100,99	I,IV	**1634,25**	465,08	465,08	I	1477,58	1321,25	1169,66	1024,58	885,91	753,66
Ost	II	**1485,16**	465,08	465,08	II	1328,75	1176,83	1031,41	892,41	759,83	633,75
	III	**1047,50**	465,08	465,08	III	932,00	819,83	710,83	605,16	502,50	403,16
	V	**2148,75**	465,08	465,08	IV	1555,91	1477,58	1399,25	1321,25	1244,66	1169,66
	VI	**2193,00**	465,08	465,08							
7103,99	I,IV	**1635,33**	465,08	465,08	I	1478,66	1322,33	1170,75	1025,58	886,83	754,50
West	II	**1486,25**	465,08	465,08	II	1329,83	1177,91	1032,41	893,41	760,75	634,58
	III	**1048,33**	465,08	465,08	III	932,83	820,66	711,66	605,83	503,16	403,83
	V	**2149,83**	465,08	465,08	IV	1557,00	1478,66	1400,33	1322,33	1245,75	1170,75
	VI	**2194,08**	465,08	465,08							
7103,99	I,IV	**1635,50**	465,08	465,08	I	1478,91	1322,50	1170,91	1025,75	887,00	754,66
Ost	II	**1486,41**	465,08	465,08	II	1330,00	1178,08	1032,58	893,50	760,91	634,75
	III	**1048,33**	465,08	465,08	III	933,00	820,66	711,66	606,00	503,33	404,00
	V	**2150,00**	465,08	465,08	IV	1557,16	1478,91	1400,58	1322,50	1245,91	1170,91
	VI	**2194,25**	465,08	465,08							
7106,99	I,IV	**1636,50**	465,08	465,08	I	1479,83	1323,41	1171,83	1026,58	887,83	755,50
West	II	**1487,41**	465,08	465,08	II	1330,91	1179,00	1033,50	894,41	761,75	635,50
	III	**1049,16**	465,08	465,08	III	933,66	821,50	712,33	606,66	504,00	404,66
	V	**2151,00**	465,08	465,08	IV	1558,16	1479,83	1401,50	1323,41	1246,83	1171,83
	VI	**2195,25**	465,08	465,08							
7106,99	I,IV	**1636,83**	465,08	465,08	I	1480,16	1323,75	1172,08	1026,83	888,08	755,75
Ost	II	**1487,66**	465,08	465,08	II	1331,25	1179,25	1033,75	894,58	761,91	635,75
	III	**1049,33**	465,08	465,08	III	933,83	821,66	712,66	606,83	504,16	404,83
	V	**2151,25**	465,08	465,08	IV	1558,50	1480,16	1401,83	1323,75	1247,08	1172,08
	VI	**2195,58**	465,08	465,08							
7109,99	I,IV	**1637,66**	465,08	465,08	I	1481,00	1324,58	1172,91	1027,66	888,83	756,41
West	II	**1488,58**	465,08	465,08	II	1332,08	1180,08	1034,50	895,41	762,66	636,41
	III	**1050,00**	465,08	465,08	III	934,50	822,16	713,16	607,33	504,66	405,33
	V	**2152,08**	465,08	465,08	IV	1559,33	1481,00	1402,66	1324,58	1247,91	1172,91
	VI	**2196,41**	465,08	465,08							
7109,99	I,IV	**1638,08**	465,08	465,08	I	1481,41	1325,00	1173,25	1028,00	889,16	756,75
Ost	II	**1488,91**	465,08	465,08	II	1332,50	1180,41	1034,83	895,75	763,00	636,66
	III	**1050,33**	465,08	465,08	III	934,83	822,50	713,50	607,66	505,00	405,50
	V	**2152,50**	465,08	465,08	IV	1559,75	1481,41	1403,08	1325,00	1248,33	1173,25
	VI	**2196,83**	465,08	465,08							

* Zur LSt-Berechnung für privat versicherte Arbeitnehmer s. Beispiele **Vorbemerkung S. 4f.**
** Basisvorsorgepauschale KV und PV *** Typisierter Arbeitgeberzuschuss

Lohn/ Gehalt in € bis	Steuerklasse	Lohn-steuer*	BVSP**	TAGZ***	Steuerklasse	Bemessungsgrundlage für Kirchensteuer und Solidaritätszuschlag					
						Freibeträge für ... Kinder					
						0,5	**1,0**	1,5	**2,0**	2,5	**3,0**
7112,99	I,IV	**1638,83**	465,08	465,08	I	1482,16	1325,66	1174,00	1028,66	889,83	757,33
West	II	**1489,66**	465,08	465,08	II	1333,16	1181,16	1035,50	896,33	763,58	637,25
	III	**1050,83**	465,08	465,08	III	935,33	823,00	714,00	608,00	505,50	406,00
	V	**2153,25**	465,08	465,08	IV	1560,50	1482,16	1403,83	1325,66	1249,00	1174,00
	VI	**2197,58**	465,08	465,08							
7112,99	I,IV	**1639,33**	465,08	465,08	I	1482,66	1326,25	1174,50	1029,16	890,25	757,75
Ost	II	**1490,25**	465,08	465,08	II	1333,75	1181,66	1036,00	896,83	764,00	637,66
	III	**1051,16**	465,08	465,08	III	935,66	823,33	714,33	608,50	505,83	406,33
	V	**2153,75**	465,08	465,08	IV	1561,00	1482,66	1404,33	1326,25	1249,58	1174,50
	VI	**2198,08**	465,08	465,08							
7115,99	I,IV	**1639,91**	465,08	465,08	I	1483,25	1326,83	1175,08	1029,75	890,83	758,33
West	II	**1490,83**	465,08	465,08	II	1334,33	1182,25	1036,58	897,33	764,58	638,16
	III	**1051,66**	465,08	465,08	III	936,16	823,83	714,83	608,83	506,16	406,66
	V	**2154,41**	465,08	465,08	IV	1561,58	1483,25	1404,91	1326,83	1250,16	1175,08
	VI	**2198,66**	465,08	465,08							
7115,99	I,IV	**1640,58**	465,08	465,08	I	1483,91	1327,50	1175,66	1030,25	891,33	758,83
Ost	II	**1491,50**	465,08	465,08	II	1335,00	1182,83	1037,16	897,91	765,08	638,66
	III	**1052,16**	465,08	465,08	III	936,66	824,33	715,16	609,33	506,66	407,16
	V	**2155,00**	465,08	465,08	IV	1562,25	1483,91	1405,58	1327,50	1250,75	1175,66
	VI	**2199,33**	465,08	465,08							
7118,99	I,IV	**1641,08**	465,08	465,08	I	1484,41	1328,00	1176,16	1030,75	891,83	759,25
West	II	**1492,00**	465,08	465,08	II	1335,50	1183,33	1037,66	898,33	765,50	639,08
	III	**1052,50**	465,08	465,08	III	937,00	824,66	715,50	609,66	507,00	407,50
	V	**2155,58**	465,08	465,08	IV	1562,75	1484,41	1406,08	1328,00	1251,25	1176,16
	VI	**2199,83**	465,08	465,08							
7118,99	I,IV	**1641,83**	465,08	465,08	I	1485,16	1328,75	1176,83	1031,41	892,41	759,83
Ost	II	**1492,75**	465,08	465,08	II	1336,25	1184,00	1038,33	899,00	766,08	639,66
	III	**1053,16**	465,08	465,08	III	937,50	825,16	716,00	610,16	507,50	408,00
	V	**2156,25**	465,08	465,08	IV	1563,50	1485,16	1406,83	1328,75	1252,00	1176,83
	VI	**2200,58**	465,08	465,08							
7121,99	I,IV	**1642,25**	465,08	465,08	I	1485,58	1329,08	1177,25	1031,75	892,75	760,16
West	II	**1493,08**	465,08	465,08	II	1336,58	1184,41	1038,66	899,33	766,41	640,00
	III	**1053,33**	465,08	465,08	III	937,83	825,50	716,33	610,33	507,66	408,16
	V	**2156,66**	465,08	465,08	IV	1563,91	1485,58	1407,25	1329,08	1252,33	1177,25
	VI	**2201,00**	465,08	465,08							
7121,99	I,IV	**1643,08**	465,08	465,08	I	1486,41	1330,00	1178,08	1032,58	893,50	760,91
Ost	II	**1494,00**	465,08	465,08	II	1337,50	1185,25	1039,41	900,08	767,16	640,66
	III	**1054,00**	465,08	465,08	III	938,50	826,16	717,00	611,00	508,16	408,66
	V	**2157,50**	465,08	465,08	IV	1564,75	1486,41	1408,08	1330,00	1253,16	1178,08
	VI	**2201,83**	465,08	465,08							
7124,99	I,IV	**1643,41**	465,08	465,08	I	1486,75	1330,25	1178,33	1032,83	893,75	761,16
West	II	**1494,25**	465,08	465,08	II	1337,75	1185,50	1039,66	900,33	767,41	640,91
	III	**1054,33**	465,08	465,08	III	938,66	826,33	717,16	611,16	508,33	408,83
	V	**2157,83**	465,08	465,08	IV	1565,08	1486,75	1408,41	1330,25	1253,50	1178,33
	VI	**2202,16**	465,08	465,08							
7124,99	I,IV	**1644,33**	465,08	465,08	I	1487,66	1331,25	1179,25	1033,75	894,58	761,91
Ost	II	**1495,25**	465,08	465,08	II	1338,75	1186,41	1040,58	901,16	768,16	641,66
	III	**1055,00**	465,08	465,08	III	939,33	827,00	717,83	611,83	509,00	409,50
	V	**2158,83**	465,08	465,08	IV	1566,00	1487,66	1409,33	1331,25	1254,41	1179,25
	VI	**2203,08**	465,08	465,08							
7127,99	I,IV	**1644,50**	465,08	465,08	I	1487,83	1331,41	1179,41	1033,91	894,75	762,08
West	II	**1495,41**	465,08	465,08	II	1338,91	1186,58	1040,75	901,33	768,33	641,83
	III	**1055,16**	465,08	465,08	III	939,50	827,00	717,83	611,83	509,16	409,66
	V	**2159,00**	465,08	465,08	IV	1566,16	1487,83	1409,58	1331,41	1254,58	1179,41
	VI	**2203,25**	465,08	465,08							
7127,99	I,IV	**1645,58**	465,08	465,08	I	1488,91	1332,50	1180,41	1034,83	895,75	763,00
Ost	II	**1496,50**	465,08	465,08	II	1340,00	1187,66	1041,75	902,25	769,25	642,66
	III	**1056,00**	465,08	465,08	III	940,33	827,83	718,66	612,66	509,83	410,33
	V	**2160,08**	465,08	465,08	IV	1567,25	1488,91	1410,66	1332,50	1255,66	1180,41
	VI	**2204,33**	465,08	465,08							

* Zur LSt-Berechnung für privat versicherte Arbeitnehmer s. Beispiele **Vorbemerkung S. 4 f.**
** Basisvorsorgepauschale KV und PV *** Typisierter Arbeitgeberzuschuss

Lohn/ Gehalt in € bis	Steuerklasse	Lohn- steuer*	BVSP**	TAGZ***	Steuerklasse	Bemessungsgrundlage für Kirchensteuer und Solidaritätszuschlag – Freibeträge für ... Kinder 0,5	1,0	1,5	2,0	2,5	3,0
7130,99 West	I,IV	**1645,66**	465,08	465,08	I	1489,00	1332,50	1180,50	1034,91	895,75	763,00
	II	**1496,58**	465,08	465,08	II	1340,00	1187,66	1041,75	902,33	769,25	642,66
	III	**1056,00**	465,08	465,08	III	940,33	827,83	718,66	612,66	509,83	410,33
	V	**2160,08**	465,08	465,08	IV	1567,33	1489,00	1410,66	1332,50	1255,66	1180,50
	VI	**2204,41**	465,08	465,08							
7130,99 Ost	I,IV	**1646,91**	465,08	465,08	I	1490,25	1333,75	1181,66	1036,00	896,83	764,00
	II	**1497,75**	465,08	465,08	II	1341,25	1188,83	1042,91	903,41	770,33	643,66
	III	**1056,83**	465,08	465,08	III	941,16	828,83	719,50	613,50	510,66	411,00
	V	**2161,33**	465,08	465,08	IV	1568,58	1490,25	1411,91	1333,75	1256,83	1181,66
	VI	**2205,66**	465,08	465,08							
7133,99 West	I,IV	**1646,83**	465,08	465,08	I	1490,16	1333,66	1181,58	1035,91	896,75	764,00
	II	**1497,66**	465,08	465,08	II	1341,16	1188,75	1042,83	903,33	770,25	643,58
	III	**1056,83**	465,08	465,08	III	941,16	828,66	719,50	613,50	510,66	411,00
	V	**2161,25**	465,08	465,08	IV	1568,50	1490,16	1411,83	1333,66	1256,83	1181,58
	VI	**2205,58**	465,08	465,08							
7133,99 Ost	I,IV	**1648,16**	465,08	465,08	I	1491,50	1335,00	1182,83	1037,16	897,91	765,08
	II	**1499,00**	465,08	465,08	II	1342,50	1190,00	1044,00	904,50	771,33	644,66
	III	**1057,83**	465,08	465,08	III	942,16	829,66	720,33	614,33	511,50	411,83
	V	**2162,58**	465,08	465,08	IV	1569,83	1491,50	1413,16	1335,00	1258,08	1182,83
	VI	**2206,91**	465,08	465,08							
7136,99 West	I,IV	**1648,00**	465,08	465,08	I	1491,33	1334,75	1182,66	1037,00	897,75	764,91
	II	**1498,83**	465,08	465,08	II	1342,25	1189,83	1043,91	904,33	771,16	644,50
	III	**1057,66**	465,08	465,08	III	942,00	829,50	720,16	614,16	511,33	411,66
	V	**2162,41**	465,08	465,08	IV	1569,66	1491,33	1413,00	1334,75	1257,91	1182,66
	VI	**2206,75**	465,08	465,08							
7136,99 Ost	I,IV	**1649,41**	465,08	465,08	I	1492,75	1336,25	1184,00	1038,33	899,00	766,08
	II	**1500,33**	465,08	465,08	II	1343,75	1191,25	1045,16	905,58	772,41	645,66
	III	**1058,83**	465,08	465,08	III	943,00	830,50	721,16	615,16	512,33	412,66
	V	**2163,83**	465,08	465,08	IV	1571,08	1492,75	1414,41	1336,25	1259,33	1184,00
	VI	**2208,16**	465,08	465,08							
7139,99 West	I,IV	**1649,08**	465,08	465,08	I	1492,41	1335,91	1183,75	1038,00	898,75	765,83
	II	**1500,00**	465,08	465,08	II	1343,41	1190,91	1044,91	905,33	772,08	645,41
	III	**1058,50**	465,08	465,08	III	942,83	830,33	721,00	615,00	512,00	412,50
	V	**2163,50**	465,08	465,08	IV	1570,75	1492,41	1414,08	1335,91	1259,00	1183,75
	VI	**2207,83**	465,08	465,08							
7139,99 Ost	I,IV	**1650,66**	465,08	465,08	I	1494,00	1337,50	1185,25	1039,41	900,08	767,16
	II	**1501,58**	465,08	465,08	II	1345,00	1192,41	1046,33	906,66	773,41	646,58
	III	**1059,66**	465,08	465,08	III	944,00	831,50	722,16	616,00	513,16	413,50
	V	**2165,08**	465,08	465,08	IV	1572,33	1494,00	1415,66	1337,50	1260,58	1185,25
	VI	**2209,41**	465,08	465,08							
7142,99 West	I,IV	**1650,25**	465,08	465,08	I	1493,58	1337,08	1184,83	1039,08	899,75	766,83
	II	**1501,16**	465,08	465,08	II	1344,58	1192,00	1045,91	906,33	773,08	646,33
	III	**1059,33**	465,08	465,08	III	943,66	831,16	721,83	615,66	512,83	413,16
	V	**2164,66**	465,08	465,08	IV	1571,91	1493,58	1415,25	1337,08	1260,16	1184,83
	VI	**2209,00**	465,08	465,08							
7142,99 Ost	I,IV	**1651,91**	465,08	465,08	I	1495,25	1338,75	1186,41	1040,58	901,16	768,16
	II	**1502,83**	465,08	465,08	II	1346,25	1193,66	1047,50	907,75	774,50	647,58
	III	**1060,66**	465,08	465,08	III	944,83	832,33	723,00	616,83	514,00	414,16
	V	**2166,33**	465,08	465,08	IV	1573,58	1495,25	1416,91	1338,75	1261,75	1186,41
	VI	**2210,66**	465,08	465,08							
7145,99 West	I,IV	**1651,41**	465,08	465,08	I	1494,75	1338,16	1185,91	1040,08	900,75	767,75
	II	**1502,33**	465,08	465,08	II	1345,66	1193,16	1047,00	907,33	774,00	647,16
	III	**1060,16**	465,08	465,08	III	944,50	832,00	722,66	616,50	513,50	413,83
	V	**2165,83**	465,08	465,08	IV	1573,08	1494,75	1416,41	1338,16	1261,25	1185,91
	VI	**2210,16**	465,08	465,08							
7145,99 Ost	I,IV	**1653,16**	465,08	465,08	I	1496,50	1340,00	1187,66	1041,75	902,25	769,25
	II	**1504,08**	465,08	465,08	II	1347,50	1194,83	1048,66	908,83	775,50	648,58
	III	**1061,66**	465,08	465,08	III	945,83	833,16	723,83	617,66	514,66	415,00
	V	**2167,58**	465,08	465,08	IV	1574,83	1496,50	1418,16	1340,00	1263,00	1187,66
	VI	**2211,91**	465,08	465,08							

* Zur LSt-Berechnung für privat versicherte Arbeitnehmer s. Beispiele **Vorbemerkung S. 4f.**
** Basisvorsorgepauschale KV und PV *** Typisierter Arbeitgeberzuschuss

Lohn/ Gehalt in € bis	Steuerklasse	Lohn-steuer*	BVSP**	TAGZ***	Steuerklasse	Bemessungsgrundlage für Kirchensteuer und Solidaritätszuschlag – Freibeträge für ... Kinder 0,5	1,0	1,5	2,0	2,5	3,0
7148,99 West	I,IV	**1652,50**	465,08	465,08	I	1495,83	1339,33	1187,00	1041,16	901,66	768,66
	II	**1503,41**	465,08	465,08	II	1346,83	1194,16	1048,00	908,25	775,00	648,08
	III	**1061,16**	465,08	465,08	III	945,33	832,66	723,33	617,16	514,33	414,50
	V	**2166,91**	465,08	465,08	IV	1574,16	1495,83	1417,50	1339,33	1262,33	1187,00
	VI	**2211,25**	465,08	465,08							
7148,99 Ost	I,IV	**1654,41**	465,08	465,08	I	1497,75	1341,25	1188,83	1042,91	903,41	770,33
	II	**1505,33**	465,08	465,08	II	1348,75	1196,08	1049,75	910,00	776,58	649,58
	III	**1062,50**	465,08	465,08	III	946,66	834,16	724,66	618,50	515,50	415,83
	V	**2168,91**	465,08	465,08	IV	1576,08	1497,75	1419,41	1341,25	1264,25	1188,83
	VI	**2213,16**	465,08	465,08							
7151,99 West	I,IV	**1653,66**	465,08	465,08	I	1497,00	1340,41	1188,08	1042,16	902,66	769,66
	II	**1504,58**	465,08	465,08	II	1348,00	1195,33	1049,08	909,25	775,91	649,00
	III	**1062,00**	465,08	465,08	III	946,16	833,50	724,16	618,00	515,00	415,33
	V	**2168,08**	465,08	465,08	IV	1575,33	1497,00	1418,66	1340,41	1263,50	1188,08
	VI	**2212,41**	465,08	465,08							
7151,99 Ost	I,IV	**1655,66**	465,08	465,08	I	1499,00	1342,50	1190,00	1044,00	904,50	771,33
	II	**1506,58**	465,08	465,08	II	1350,00	1197,25	1050,91	911,08	777,58	650,58
	III	**1063,50**	465,08	465,08	III	947,66	835,00	725,50	619,33	516,33	416,66
	V	**2170,16**	465,08	465,08	IV	1577,33	1499,00	1420,66	1342,50	1265,41	1190,00
	VI	**2214,41**	465,08	465,08							
7154,99 West	I,IV	**1654,83**	465,08	465,08	I	1498,16	1341,58	1189,16	1043,25	903,75	770,58
	II	**1505,75**	465,08	465,08	II	1349,08	1196,41	1050,16	910,33	776,91	649,91
	III	**1062,83**	465,08	465,08	III	947,00	834,33	725,00	618,83	515,83	416,00
	V	**2169,25**	465,08	465,08	IV	1576,50	1498,16	1419,83	1341,58	1264,58	1189,16
	VI	**2213,58**	465,08	465,08							
7154,99 Ost	I,IV	**1656,91**	465,08	465,08	I	1500,33	1343,75	1191,25	1045,16	905,58	772,41
	II	**1507,83**	465,08	465,08	II	1351,25	1198,41	1052,08	912,16	778,66	651,58
	III	**1064,50**	465,08	465,08	III	948,50	835,83	726,50	620,16	517,16	417,33
	V	**2171,41**	465,08	465,08	IV	1578,66	1500,33	1422,00	1343,75	1266,66	1191,25
	VI	**2215,75**	465,08	465,08							
7157,99 West	I,IV	**1655,91**	465,08	465,08	I	1499,25	1342,66	1190,25	1044,25	904,66	771,58
	II	**1506,83**	465,08	465,08	II	1350,25	1197,50	1051,16	911,25	777,83	650,83
	III	**1063,66**	465,08	465,08	III	947,83	835,16	725,66	619,50	516,50	416,66
	V	**2170,41**	465,08	465,08	IV	1577,58	1499,25	1420,91	1342,66	1265,66	1190,25
	VI	**2214,66**	465,08	465,08							
7157,99 Ost	I,IV	**1658,25**	465,08	465,08	I	1501,58	1345,00	1192,41	1046,33	906,66	773,41
	II	**1509,08**	465,08	465,08	II	1352,50	1199,66	1053,25	913,25	779,75	652,58
	III	**1065,33**	465,08	465,08	III	949,50	836,83	727,33	621,00	518,00	418,16
	V	**2172,66**	465,08	465,08	IV	1579,91	1501,58	1423,25	1345,00	1267,91	1192,41
	VI	**2217,00**	465,08	465,08							
7160,99 West	I,IV	**1657,08**	465,08	465,08	I	1500,41	1343,83	1191,33	1045,33	905,66	772,50
	II	**1508,00**	465,08	465,08	II	1351,41	1198,58	1052,25	912,25	778,75	651,75
	III	**1064,50**	465,08	465,08	III	948,66	836,00	726,50	620,33	517,33	417,50
	V	**2171,50**	465,08	465,08	IV	1578,75	1500,41	1422,08	1343,83	1266,83	1191,33
	VI	**2215,83**	465,08	465,08							
7160,99 Ost	I,IV	**1659,50**	465,08	465,08	I	1502,83	1346,25	1193,66	1047,50	907,75	774,50
	II	**1510,41**	465,08	465,08	II	1353,75	1200,83	1054,41	914,33	780,75	653,58
	III	**1066,33**	465,08	465,08	III	950,33	837,66	728,16	621,83	518,83	419,00
	V	**2173,91**	465,08	465,08	IV	1581,16	1502,83	1424,50	1346,25	1269,16	1193,66
	VI	**2218,25**	465,08	465,08							
7163,99 West	I,IV	**1658,25**	465,08	465,08	I	1501,58	1345,00	1192,41	1046,33	906,66	773,41
	II	**1509,08**	465,08	465,08	II	1352,50	1199,66	1053,25	913,25	779,75	652,58
	III	**1065,33**	465,08	465,08	III	949,50	836,83	727,33	621,00	518,00	418,16
	V	**2172,66**	465,08	465,08	IV	1579,91	1501,58	1423,25	1345,00	1267,91	1192,41
	VI	**2217,00**	465,08	465,08							
7163,99 Ost	I,IV	**1660,75**	465,08	465,08	I	1504,08	1347,50	1194,83	1048,66	908,83	775,50
	II	**1511,66**	465,08	465,08	II	1355,00	1202,08	1055,58	915,50	781,83	654,58
	III	**1067,33**	465,08	465,08	III	951,33	838,50	729,00	622,66	519,66	419,83
	V	**2175,16**	465,08	465,08	IV	1582,41	1504,08	1425,75	1347,50	1270,33	1194,83
	VI	**2219,50**	465,08	465,08							

* Zur LSt-Berechnung für privat versicherte Arbeitnehmer s. Beispiele **Vorbemerkung S. 4f.**
** Basisvorsorgepauschale KV und PV *** Typisierter Arbeitgeberzuschuss

Lohn/ Gehalt in € bis	Steuerklasse	Lohn-steuer*	BVSP**	TAGZ***	Steuerklasse	Bemessungsgrundlage für Kirchensteuer und Solidaritätszuschlag – Freibeträge für ... Kinder 0,5	1,0	1,5	2,0	2,5	3,0
7166,99	I,IV	**1659,33**	465,08	465,08	I	1502,75	1346,08	1193,50	1047,41	907,66	774,41
West	II	**1510,25**	465,08	465,08	II	1353,66	1200,75	1054,33	914,25	780,66	653,50
	III	**1066,16**	465,08	465,08	III	950,33	837,66	728,16	621,83	518,66	418,83
	V	**2173,83**	465,08	465,08	IV	1581,08	1502,75	1424,41	1346,08	1269,00	1193,50
	VI	**2218,08**	465,08	465,08							
7166,99	I,IV	**1662,00**	465,08	465,08	I	1505,33	1348,75	1196,08	1049,75	910,00	776,58
Ost	II	**1512,91**	465,08	465,08	II	1356,25	1203,25	1056,66	916,58	782,83	655,58
	III	**1068,16**	465,08	465,08	III	952,16	839,50	730,00	623,50	520,50	420,50
	V	**2176,41**	465,08	465,08	IV	1583,66	1505,33	1427,00	1348,75	1271,58	1196,08
	VI	**2220,75**	465,08	465,08							
7169,99	I,IV	**1660,50**	465,08	465,08	I	1503,83	1347,25	1194,66	1048,41	908,66	775,33
West	II	**1511,41**	465,08	465,08	II	1354,83	1201,83	1055,33	915,25	781,66	654,41
	III	**1067,16**	465,08	465,08	III	951,16	838,50	728,83	622,66	519,50	419,66
	V	**2175,00**	465,08	465,08	IV	1582,16	1503,83	1425,50	1347,25	1270,16	1194,66
	VI	**2219,25**	465,08	465,08							
7169,99	I,IV	**1663,25**	465,08	465,08	I	1506,58	1350,00	1197,25	1050,91	911,08	777,58
Ost	II	**1514,16**	465,08	465,08	II	1357,50	1204,50	1057,83	917,66	783,91	656,58
	III	**1069,16**	465,08	465,08	III	953,16	840,33	730,83	624,50	521,33	421,33
	V	**2177,66**	465,08	465,08	IV	1584,91	1506,58	1428,25	1350,00	1272,83	1197,25
	VI	**2222,00**	465,08	465,08							
7172,99	I,IV	**1661,66**	465,08	465,08	I	1505,00	1348,41	1195,66	1049,50	909,66	776,25
West	II	**1512,58**	465,08	465,08	II	1355,91	1202,91	1056,41	916,25	782,58	655,33
	III	**1068,00**	465,08	465,08	III	952,00	839,16	729,66	623,33	520,16	420,33
	V	**2176,08**	465,08	465,08	IV	1583,33	1505,00	1426,66	1348,41	1271,25	1195,66
	VI	**2220,41**	465,08	465,08							
7172,99	I,IV	**1664,50**	465,08	465,08	I	1507,83	1351,25	1198,41	1052,08	912,16	778,66
Ost	II	**1515,41**	465,08	465,08	II	1358,75	1205,66	1059,00	918,75	785,00	657,58
	III	**1070,16**	465,08	465,08	III	954,00	841,33	731,66	625,33	522,16	422,16
	V	**2179,00**	465,08	465,08	IV	1586,16	1507,83	1429,50	1351,25	1274,00	1198,41
	VI	**2223,25**	465,08	465,08							
7175,99	I,IV	**1662,83**	465,08	465,08	I	1506,16	1349,50	1196,83	1050,50	910,66	777,25
West	II	**1513,66**	465,08	465,08	II	1357,08	1204,00	1057,41	917,25	783,50	656,25
	III	**1068,83**	465,08	465,08	III	952,83	840,00	730,50	624,16	521,00	421,00
	V	**2177,25**	465,08	465,08	IV	1584,50	1506,16	1427,83	1349,50	1272,33	1196,83
	VI	**2221,58**	465,08	465,08							
7175,99	I,IV	**1665,75**	465,08	465,08	I	1509,08	1352,50	1199,66	1053,25	913,25	779,75
Ost	II	**1516,66**	465,08	465,08	II	1360,00	1206,91	1060,16	919,83	786,00	658,58
	III	**1071,00**	465,08	465,08	III	955,00	842,16	732,50	626,16	522,83	423,00
	V	**2180,25**	465,08	465,08	IV	1587,41	1509,08	1430,75	1352,50	1275,25	1199,66
	VI	**2224,50**	465,08	465,08							
7178,99	I,IV	**1663,91**	465,08	465,08	I	1507,33	1350,66	1197,91	1051,58	911,66	778,16
West	II	**1514,83**	465,08	465,08	II	1358,25	1205,16	1058,50	918,25	784,50	657,16
	III	**1069,66**	465,08	465,08	III	953,66	840,83	731,33	624,83	521,66	421,83
	V	**2178,41**	465,08	465,08	IV	1585,66	1507,33	1429,00	1350,66	1273,50	1197,91
	VI	**2222,75**	465,08	465,08							
7178,99	I,IV	**1667,00**	465,08	465,08	I	1510,41	1353,75	1200,83	1054,41	914,33	780,75
Ost	II	**1517,91**	465,08	465,08	II	1361,25	1208,08	1061,33	921,00	787,08	659,58
	III	**1072,00**	465,08	465,08	III	956,00	843,00	733,33	627,00	523,66	423,66
	V	**2181,50**	465,08	465,08	IV	1588,66	1510,41	1432,08	1353,75	1276,50	1200,83
	VI	**2225,75**	465,08	465,08							
7181,99	I,IV	**1665,08**	465,08	465,08	I	1508,41	1351,83	1199,00	1052,58	912,66	779,16
West	II	**1516,00**	465,08	465,08	II	1359,33	1206,25	1059,50	919,25	785,41	658,00
	III	**1070,50**	465,08	465,08	III	954,50	841,66	732,00	625,66	522,50	422,50
	V	**2179,50**	465,08	465,08	IV	1586,75	1508,41	1430,08	1351,83	1274,58	1199,00
	VI	**2223,83**	465,08	465,08							
7181,99	I,IV	**1668,33**	465,08	465,08	I	1511,66	1355,00	1202,08	1055,58	915,50	781,83
Ost	II	**1519,16**	465,08	465,08	II	1362,58	1209,25	1062,50	922,08	788,08	660,58
	III	**1073,00**	465,08	465,08	III	956,83	844,00	734,33	627,83	524,50	424,50
	V	**2182,75**	465,08	465,08	IV	1590,00	1511,66	1433,33	1355,00	1277,75	1202,08
	VI	**2227,08**	465,08	465,08							

* Zur LSt-Berechnung für privat versicherte Arbeitnehmer s. Beispiele **Vorbemerkung S. 4f.**
** Basisvorsorgepauschale KV und PV *** Typisierter Arbeitgeberzuschuss

Lohn/ Gehalt in € bis	Steuerklasse	**Lohn-steuer***	BVSP**	TAGZ***	Steuerklasse	Bemessungsgrundlage für Kirchensteuer und Solidaritätszuschlag – Freibeträge für ... Kinder 0,5	**1,0**	1,5	**2,0**	2,5	**3,0**
7184,99 West	I,IV	**1666,25**	465,08	465,08	I	1509,58	1352,91	1200,08	1053,66	913,66	780,08
	II	**1517,16**	465,08	465,08	II	1360,50	1207,33	1060,58	920,25	786,41	658,91
	III	**1071,33**	465,08	465,08	III	955,33	842,50	732,83	626,33	523,16	423,16
	V	**2180,66**	465,08	465,08	IV	1587,91	1509,58	1431,25	1352,91	1275,75	1200,08
	VI	**2225,00**	465,08	465,08							
7184,99 Ost	I,IV	**1669,58**	465,08	465,08	I	1512,91	1356,25	1203,25	1056,66	916,58	782,83
	II	**1520,41**	465,08	465,08	II	1363,83	1210,50	1063,58	923,16	789,16	661,58
	III	**1073,83**	465,08	465,08	III	957,83	844,83	735,16	628,66	525,33	425,33
	V	**2184,00**	465,08	465,08	IV	1591,25	1512,91	1434,58	1356,25	1278,91	1203,25
	VI	**2228,33**	465,08	465,08							
7187,99 West	I,IV	**1667,41**	465,08	465,08	I	1510,75	1354,08	1201,16	1054,75	914,66	781,08
	II	**1518,25**	465,08	465,08	II	1361,66	1208,41	1061,66	921,25	787,33	659,83
	III	**1072,33**	465,08	465,08	III	956,16	843,33	733,66	627,16	524,00	424,00
	V	**2181,83**	465,08	465,08	IV	1589,08	1510,75	1432,41	1354,08	1276,83	1201,16
	VI	**2226,16**	465,08	465,08							
7187,99 Ost	I,IV	**1670,83**	465,08	465,08	I	1514,16	1357,50	1204,50	1057,83	917,66	783,91
	II	**1521,75**	465,08	465,08	II	1365,08	1211,66	1064,75	924,25	790,25	662,58
	III	**1074,83**	465,08	465,08	III	958,66	845,66	736,00	629,50	526,16	426,16
	V	**2185,25**	465,08	465,08	IV	1592,50	1514,16	1435,83	1357,50	1280,16	1204,50
	VI	**2229,58**	465,08	465,08							
7190,99 West	I,IV	**1668,50**	465,08	465,08	I	1511,83	1355,25	1202,25	1055,75	915,66	782,00
	II	**1519,41**	465,08	465,08	II	1362,75	1209,50	1062,66	922,25	788,25	660,75
	III	**1073,16**	465,08	465,08	III	957,00	844,16	734,33	628,00	524,66	424,66
	V	**2182,91**	465,08	465,08	IV	1590,16	1511,83	1433,50	1355,25	1277,91	1202,25
	VI	**2227,25**	465,08	465,08							
7190,99 Ost	I,IV	**1672,08**	465,08	465,08	I	1515,41	1358,75	1205,66	1059,00	918,75	785,00
	II	**1523,00**	465,08	465,08	II	1366,33	1212,91	1065,91	925,41	791,25	663,58
	III	**1075,83**	465,08	465,08	III	959,66	846,66	736,83	630,33	527,00	426,83
	V	**2186,50**	465,08	465,08	IV	1593,75	1515,41	1437,08	1358,75	1281,41	1205,66
	VI	**2230,83**	465,08	465,08							
7193,99 West	I,IV	**1669,66**	465,08	465,08	I	1513,00	1356,33	1203,33	1056,83	916,66	782,91
	II	**1520,58**	465,08	465,08	II	1363,91	1210,58	1063,75	923,25	789,25	661,66
	III	**1074,00**	465,08	465,08	III	957,83	844,83	735,16	628,66	525,33	425,33
	V	**2184,08**	465,08	465,08	IV	1591,33	1513,00	1434,66	1356,33	1279,08	1203,33
	VI	**2228,41**	465,08	465,08							
7193,99 Ost	I,IV	**1673,33**	465,08	465,08	I	1516,66	1360,00	1206,91	1060,16	919,83	786,00
	II	**1524,25**	465,08	465,08	II	1367,58	1214,08	1067,08	926,50	792,33	664,58
	III	**1076,66**	465,08	465,08	III	960,50	847,50	737,66	631,16	527,83	427,66
	V	**2187,75**	465,08	465,08	IV	1595,00	1516,66	1438,33	1360,00	1282,66	1206,91
	VI	**2232,08**	465,08	465,08							
7196,99 West	I,IV	**1670,83**	465,08	465,08	I	1514,16	1357,50	1204,50	1057,83	917,66	783,91
	II	**1521,75**	465,08	465,08	II	1365,08	1211,66	1064,75	924,25	790,25	662,58
	III	**1074,83**	465,08	465,08	III	958,66	845,66	736,00	629,50	526,16	426,16
	V	**2185,25**	465,08	465,08	IV	1592,50	1514,16	1435,83	1357,50	1280,16	1204,50
	VI	**2229,58**	465,08	465,08							
7196,99 Ost	I,IV	**1674,58**	465,08	465,08	I	1517,91	1361,25	1208,08	1061,33	921,00	787,08
	II	**1525,50**	465,08	465,08	II	1368,83	1215,33	1068,25	927,58	793,41	665,58
	III	**1077,66**	465,08	465,08	III	961,50	848,50	738,66	632,00	528,66	428,50
	V	**2189,00**	465,08	465,08	IV	1596,25	1517,91	1439,58	1361,25	1283,91	1208,08
	VI	**2233,33**	465,08	465,08							
7199,99 West	I,IV	**1671,91**	465,08	465,08	I	1515,25	1358,66	1205,50	1058,91	918,66	784,83
	II	**1522,83**	465,08	465,08	II	1366,16	1212,75	1065,83	925,25	791,16	663,50
	III	**1075,66**	465,08	465,08	III	959,50	846,50	736,83	630,16	526,83	426,83
	V	**2186,41**	465,08	465,08	IV	1593,58	1515,25	1436,91	1358,66	1281,25	1205,50
	VI	**2230,66**	465,08	465,08							
7199,99 Ost	I,IV	**1675,83**	465,08	465,08	I	1519,16	1362,58	1209,25	1062,50	922,08	788,08
	II	**1526,75**	465,08	465,08	II	1370,08	1216,50	1069,41	928,66	794,41	666,58
	III	**1078,66**	465,08	465,08	III	962,33	849,33	739,50	632,83	529,50	429,33
	V	**2190,33**	465,08	465,08	IV	1597,50	1519,16	1440,83	1362,58	1285,08	1209,25
	VI	**2234,58**	465,08	465,08							

* Zur LSt-Berechnung für privat versicherte Arbeitnehmer s. Beispiele **Vorbemerkung S. 4f.**
** Basisvorsorgepauschale KV und PV *** Typisierter Arbeitgeberzuschuss

Lohn/ Gehalt in € bis	Steuerklasse	Lohn- steuer*	BVSP**	TAGZ***	Steuerklasse	Bemessungsgrundlage für Kirchensteuer und Solidaritätszuschlag					
						Freibeträge für ... Kinder					
						0,5	**1,0**	1,5	**2,0**	2,5	**3,0**
7 202,99	I,IV	**1 673,08**	465,08	465,08	I	1 516,41	1 359,75	1 206,66	1 059,91	919,66	785,83
West	II	**1 524,00**	465,08	465,08	II	1 367,33	1 213,91	1 066,83	926,25	792,08	664,41
	III	**1 076,50**	465,08	465,08	III	960,33	847,33	737,50	631,00	527,66	427,50
	V	**2 187,50**	465,08	465,08	IV	1 594,75	1 516,41	1 438,08	1 359,75	1 282,41	1 206,66
	VI	**2 231,83**	465,08	465,08							
7 202,99	I,IV	**1 677,08**	465,08	465,08	I	1 520,41	1 363,83	1 210,50	1 063,58	923,16	789,16
Ost	II	**1 528,00**	465,08	465,08	II	1 371,33	1 217,75	1 070,58	929,83	795,50	667,58
	III	**1 079,66**	465,08	465,08	III	963,33	850,16	740,33	633,66	530,33	430,00
	V	**2 191,58**	465,08	465,08	IV	1 598,75	1 520,41	1 442,16	1 363,83	1 286,33	1 210,50
	VI	**2 235,83**	465,08	465,08							
7 205,99	I,IV	**1 674,25**	465,08	465,08	I	1 517,58	1 360,91	1 207,75	1 061,00	920,66	786,75
West	II	**1 525,16**	465,08	465,08	II	1 368,50	1 215,00	1 067,91	927,25	793,08	665,33
	III	**1 077,50**	465,08	465,08	III	961,16	848,16	738,33	631,83	528,33	428,16
	V	**2 188,66**	465,08	465,08	IV	1 595,91	1 517,58	1 439,25	1 360,91	1 283,50	1 207,75
	VI	**2 233,00**	465,08	465,08							
7 205,99	I,IV	**1 678,41**	465,08	465,08	I	1 521,75	1 365,08	1 211,66	1 064,75	924,25	790,25
Ost	II	**1 529,25**	465,08	465,08	II	1 372,58	1 218,91	1 071,75	930,91	796,50	668,58
	III	**1 080,50**	465,08	465,08	III	964,16	851,16	741,16	634,50	531,16	430,83
	V	**2 192,83**	465,08	465,08	IV	1 600,08	1 521,75	1 443,41	1 365,08	1 287,58	1 211,66
	VI	**2 237,16**	465,08	465,08							
7 208,99	I,IV	**1 675,33**	465,08	465,08	I	1 518,66	1 362,08	1 208,83	1 062,00	921,66	787,66
West	II	**1 526,25**	465,08	465,08	II	1 369,58	1 216,08	1 068,91	928,25	794,00	666,16
	III	**1 078,33**	465,08	465,08	III	962,00	849,00	739,16	632,50	529,16	429,00
	V	**2 189,83**	465,08	465,08	IV	1 597,00	1 518,66	1 440,41	1 362,08	1 284,66	1 208,83
	VI	**2 234,08**	465,08	465,08							
7 208,99	I,IV	**1 679,66**	465,08	465,08	I	1 523,00	1 366,33	1 212,91	1 065,91	925,41	791,25
Ost	II	**1 530,50**	465,08	465,08	II	1 373,91	1 220,16	1 072,91	932,00	797,58	669,58
	III	**1 081,50**	465,08	465,08	III	965,16	852,00	742,16	635,33	531,83	431,66
	V	**2 194,08**	465,08	465,08	IV	1 601,33	1 523,00	1 444,66	1 366,33	1 288,83	1 212,91
	VI	**2 238,41**	465,08	465,08							
7 211,99	I,IV	**1 676,50**	465,08	465,08	I	1 519,83	1 363,25	1 209,91	1 063,08	922,66	788,66
West	II	**1 527,41**	465,08	465,08	II	1 370,75	1 217,16	1 070,00	929,25	795,00	667,08
	III	**1 079,16**	465,08	465,08	III	962,83	849,83	740,00	633,33	529,83	429,66
	V	**2 191,00**	465,08	465,08	IV	1 598,16	1 519,83	1 441,50	1 363,25	1 285,75	1 209,91
	VI	**2 235,25**	465,08	465,08							
7 211,99	I,IV	**1 680,91**	465,08	465,08	I	1 524,25	1 367,58	1 214,08	1 067,08	926,50	792,33
Ost	II	**1 531,83**	465,08	465,08	II	1 375,16	1 221,41	1 074,00	933,16	798,66	670,58
	III	**1 082,50**	465,08	465,08	III	966,00	852,83	743,00	636,16	532,66	432,50
	V	**2 195,33**	465,08	465,08	IV	1 602,58	1 524,25	1 445,91	1 367,58	1 290,08	1 214,08
	VI	**2 239,66**	465,08	465,08							
7 214,99	I,IV	**1 677,66**	465,08	465,08	I	1 521,00	1 364,33	1 211,00	1 064,16	923,66	789,66
West	II	**1 528,58**	465,08	465,08	II	1 371,91	1 218,25	1 071,08	930,33	795,91	668,00
	III	**1 080,00**	465,08	465,08	III	963,66	850,66	740,66	634,00	530,66	430,33
	V	**2 192,08**	465,08	465,08	IV	1 599,33	1 521,00	1 442,66	1 364,33	1 286,91	1 211,00
	VI	**2 236,41**	465,08	465,08							
7 214,99	I,IV	**1 682,16**	465,08	465,08	I	1 525,50	1 368,83	1 215,33	1 068,25	927,58	793,41
Ost	II	**1 533,08**	465,08	465,08	II	1 376,41	1 222,58	1 075,16	934,25	799,66	671,58
	III	**1 083,33**	465,08	465,08	III	967,00	853,83	743,83	637,16	533,50	433,16
	V	**2 196,58**	465,08	465,08	IV	1 603,83	1 525,50	1 447,16	1 368,83	1 291,25	1 215,33
	VI	**2 240,91**	465,08	465,08							
7 217,99	I,IV	**1 678,83**	465,08	465,08	I	1 522,16	1 365,50	1 212,08	1 065,16	924,66	790,58
West	II	**1 529,66**	465,08	465,08	II	1 373,00	1 219,33	1 072,08	931,25	796,91	668,91
	III	**1 080,83**	465,08	465,08	III	964,50	851,33	741,50	634,83	531,33	431,16
	V	**2 193,25**	465,08	465,08	IV	1 600,50	1 522,16	1 443,83	1 365,50	1 288,00	1 212,08
	VI	**2 237,58**	465,08	465,08							
7 217,99	I,IV	**1 683,41**	465,08	465,08	I	1 526,75	1 370,08	1 216,50	1 069,41	928,66	794,41
Ost	II	**1 534,33**	465,08	465,08	II	1 377,66	1 223,83	1 076,33	935,33	800,75	672,58
	III	**1 084,33**	465,08	465,08	III	967,83	854,66	744,66	638,00	534,33	434,00
	V	**2 197,83**	465,08	465,08	IV	1 605,08	1 526,75	1 448,41	1 370,08	1 292,50	1 216,50
	VI	**2 242,16**	465,08	465,08							

* Zur LSt-Berechnung für privat versicherte Arbeitnehmer s. Beispiele **Vorbemerkung S. 4 f.**
** Basisvorsorgepauschale KV und PV *** Typisierter Arbeitgeberzuschuss

Lohn/ Gehalt in € bis	Steuerklasse	Lohn-steuer*	BVSP**	TAGZ***	Steuerklasse	Bemessungsgrundlage für Kirchensteuer und Solidaritätszuschlag – Freibeträge für ... Kinder 0,5	1,0	1,5	2,0	2,5	3,0
7220,99 West	I,IV	**1679,91**	465,08	465,08	I	1523,33	1366,66	1213,25	1066,25	925,66	791,50
	II	**1530,83**	465,08	465,08	II	1374,16	1220,50	1073,16	932,33	797,83	669,83
	III	**1081,66**	465,08	465,08	III	965,33	852,16	742,33	635,50	532,16	431,83
	V	**2194,41**	465,08	465,08	IV	1601,58	1523,33	1445,00	1366,66	1289,08	1213,25
	VI	**2238,66**	465,08	465,08							
7220,99 Ost	I,IV	**1684,66**	465,08	465,08	I	1528,00	1371,33	1217,75	1070,58	929,83	795,50
	II	**1535,58**	465,08	465,08	II	1378,91	1225,00	1077,50	936,41	801,83	673,58
	III	**1085,33**	465,08	465,08	III	968,83	855,66	745,50	638,83	535,16	434,83
	V	**2199,08**	465,08	465,08	IV	1606,33	1528,00	1449,66	1371,33	1293,75	1217,75
	VI	**2243,41**	465,08	465,08							
7223,99 West	I,IV	**1681,08**	465,08	465,08	I	1524,41	1367,75	1214,33	1067,25	926,66	792,50
	II	**1532,00**	465,08	465,08	II	1375,33	1221,58	1074,25	933,33	798,83	670,75
	III	**1082,66**	465,08	465,08	III	966,16	853,00	743,16	636,33	532,83	432,50
	V	**2195,58**	465,08	465,08	IV	1602,75	1524,41	1446,08	1367,75	1290,25	1214,33
	VI	**2239,83**	465,08	465,08							
7223,99 Ost	I,IV	**1685,91**	465,08	465,08	I	1529,25	1372,58	1218,91	1071,75	930,91	796,50
	II	**1536,83**	465,08	465,08	II	1380,16	1226,25	1078,66	937,58	802,83	674,58
	III	**1086,16**	465,08	465,08	III	969,83	856,50	746,50	639,66	536,00	435,66
	V	**2200,41**	465,08	465,08	IV	1607,58	1529,25	1450,91	1372,58	1295,00	1218,91
	VI	**2244,66**	465,08	465,08							
7226,99 West	I,IV	**1682,25**	465,08	465,08	I	1525,58	1368,91	1215,41	1068,33	927,66	793,41
	II	**1533,16**	465,08	465,08	II	1376,50	1222,66	1075,25	934,33	799,75	671,66
	III	**1083,50**	465,08	465,08	III	967,00	853,83	743,83	637,16	533,66	433,33
	V	**2196,66**	465,08	465,08	IV	1603,91	1525,58	1447,25	1368,91	1291,33	1215,41
	VI	**2241,00**	465,08	465,08							
7226,99 Ost	I,IV	**1687,16**	465,08	465,08	I	1530,50	1373,91	1220,16	1072,91	932,00	797,58
	II	**1538,08**	465,08	465,08	II	1381,41	1227,41	1079,83	938,66	803,91	675,66
	III	**1087,16**	465,08	465,08	III	970,66	857,33	747,33	640,50	536,83	436,33
	V	**2201,66**	465,08	465,08	IV	1608,83	1530,50	1452,16	1373,91	1296,25	1220,16
	VI	**2245,91**	465,08	465,08							
7229,99 West	I,IV	**1683,41**	465,08	465,08	I	1526,75	1370,08	1216,50	1069,33	928,66	794,41
	II	**1534,25**	465,08	465,08	II	1377,58	1223,75	1076,33	935,33	800,75	672,58
	III	**1084,33**	465,08	465,08	III	967,83	854,66	744,66	637,83	534,33	434,00
	V	**2197,83**	465,08	465,08	IV	1605,08	1526,75	1448,41	1370,08	1292,50	1216,50
	VI	**2242,16**	465,08	465,08							
7229,99 Ost	I,IV	**1688,41**	465,08	465,08	I	1531,83	1375,16	1221,41	1074,00	933,16	798,66
	II	**1539,33**	465,08	465,08	II	1382,66	1228,66	1081,00	939,75	805,00	676,66
	III	**1088,16**	465,08	465,08	III	971,66	858,33	748,16	641,33	537,66	437,16
	V	**2202,91**	465,08	465,08	IV	1610,16	1531,83	1453,50	1375,16	1297,50	1221,41
	VI	**2247,25**	465,08	465,08							
7232,99 West	I,IV	**1684,50**	465,08	465,08	I	1527,83	1371,16	1217,58	1070,41	929,66	795,33
	II	**1535,41**	465,08	465,08	II	1378,75	1224,83	1077,33	936,33	801,66	673,50
	III	**1085,16**	465,08	465,08	III	968,66	855,50	745,50	638,66	535,00	434,66
	V	**2198,91**	465,08	465,08	IV	1606,16	1527,83	1449,50	1371,16	1293,58	1217,58
	VI	**2243,25**	465,08	465,08							
7232,99 Ost	I,IV	**1689,75**	465,08	465,08	I	1533,08	1376,41	1222,58	1075,16	934,25	799,66
	II	**1540,58**	465,08	465,08	II	1383,91	1229,83	1082,16	940,91	806,08	677,66
	III	**1089,16**	465,08	465,08	III	972,50	859,16	749,00	642,16	538,50	438,00
	V	**2204,16**	465,08	465,08	IV	1611,41	1533,08	1454,75	1376,41	1298,66	1222,58
	VI	**2248,50**	465,08	465,08							
7235,99 West	I,IV	**1685,66**	465,08	465,08	I	1529,00	1372,33	1218,66	1071,50	930,66	796,33
	II	**1536,58**	465,08	465,08	II	1379,91	1225,91	1078,41	937,33	802,66	674,41
	III	**1086,00**	465,08	465,08	III	969,50	856,33	746,33	639,50	535,83	435,50
	V	**2200,08**	465,08	465,08	IV	1607,33	1529,00	1450,66	1372,33	1294,75	1218,66
	VI	**2244,41**	465,08	465,08							
7235,99 Ost	I,IV	**1691,00**	465,08	465,08	I	1534,33	1377,66	1223,83	1076,33	935,33	800,75
	II	**1541,91**	465,08	465,08	II	1385,25	1231,08	1083,33	942,00	807,08	678,66
	III	**1090,00**	465,08	465,08	III	973,50	860,16	750,00	643,00	539,33	438,83
	V	**2205,41**	465,08	465,08	IV	1612,66	1534,33	1456,00	1377,66	1299,91	1223,83
	VI	**2249,75**	465,08	465,08							

* Zur LSt-Berechnung für privat versicherte Arbeitnehmer s. Beispiele **Vorbemerkung S. 4 f.**
** Basisvorsorgepauschale KV und PV *** Typisierter Arbeitgeberzuschuss

Lohn/ Gehalt in € bis	Steuerklasse	Lohn-steuer*	BVSP**	TAGZ***	Steuerklasse	Bemessungsgrundlage für Kirchensteuer und Solidaritätszuschlag – Freibeträge für ... Kinder 0,5	1,0	1,5	2,0	2,5	3,0
7 238,99 West	I,IV	**1 686,83**	465,08	465,08	I	1 530,16	1 373,50	1 219,83	1 072,50	931,66	797,25
	II	**1 537,75**	465,08	465,08	II	1 381,08	1 227,08	1 079,50	938,33	803,58	675,33
	III	**1 086,83**	465,08	465,08	III	970,33	857,16	747,00	640,16	536,50	436,16
	V	**2 201,25**	465,08	465,08	IV	1 608,50	1 530,16	1 451,83	1 373,50	1 295,83	1 219,83
	VI	**2 245,58**	465,08	465,08							
7 238,99 Ost	I,IV	**1 692,25**	465,08	465,08	I	1 535,58	1 378,91	1 225,00	1 077,50	936,41	801,83
	II	**1 543,16**	465,08	465,08	II	1 386,50	1 232,33	1 084,50	943,08	808,16	679,66
	III	**1 091,00**	465,08	465,08	III	974,33	861,00	750,83	643,83	540,16	439,66
	V	**2 206,66**	465,08	465,08	IV	1 613,91	1 535,58	1 457,25	1 378,91	1 301,16	1 225,00
	VI	**2 251,00**	465,08	465,08							
7 241,99 West	I,IV	**1 687,91**	465,08	465,08	I	1 531,25	1 374,58	1 220,83	1 073,58	932,66	798,25
	II	**1 538,83**	465,08	465,08	II	1 382,16	1 228,16	1 080,50	939,33	804,58	676,25
	III	**1 087,66**	465,08	465,08	III	971,16	857,83	747,83	641,00	537,33	436,83
	V	**2 202,33**	465,08	465,08	IV	1 609,58	1 531,25	1 452,91	1 374,58	1 296,91	1 220,83
	VI	**2 246,66**	465,08	465,08							
7 241,99 Ost	I,IV	**1 693,50**	465,08	465,08	I	1 536,83	1 380,16	1 226,25	1 078,66	937,58	802,83
	II	**1 544,41**	465,08	465,08	II	1 387,75	1 233,50	1 085,66	944,25	809,25	680,66
	III	**1 092,00**	465,08	465,08	III	975,33	861,83	751,66	644,66	541,00	440,33
	V	**2 207,91**	465,08	465,08	IV	1 615,16	1 536,83	1 458,50	1 380,16	1 302,41	1 226,25
	VI	**2 252,25**	465,08	465,08							
7 244,99 West	I,IV	**1 689,08**	465,08	465,08	I	1 532,41	1 375,75	1 222,00	1 074,58	933,66	799,16
	II	**1 540,00**	465,08	465,08	II	1 383,33	1 229,25	1 081,58	940,33	805,50	677,16
	III	**1 088,66**	465,08	465,08	III	972,00	858,66	748,66	641,66	538,00	437,66
	V	**2 203,50**	465,08	465,08	IV	1 610,75	1 532,41	1 454,08	1 375,75	1 298,08	1 222,00
	VI	**2 247,83**	465,08	465,08							
7 244,99 Ost	I,IV	**1 694,75**	465,08	465,08	I	1 538,08	1 381,41	1 227,41	1 079,83	938,66	803,91
	II	**1 545,66**	465,08	465,08	II	1 389,00	1 234,75	1 086,83	945,33	810,25	681,66
	III	**1 092,83**	465,08	465,08	III	976,16	862,83	752,50	645,50	541,83	441,16
	V	**2 209,16**	465,08	465,08	IV	1 616,41	1 538,08	1 459,75	1 381,41	1 303,66	1 227,41
	VI	**2 253,50**	465,08	465,08							
7 247,99 West	I,IV	**1 690,25**	465,08	465,08	I	1 533,58	1 376,91	1 223,08	1 075,66	934,66	800,16
	II	**1 541,16**	465,08	465,08	II	1 384,50	1 230,33	1 082,66	941,33	806,50	678,08
	III	**1 089,50**	465,08	465,08	III	972,83	859,50	749,33	642,50	538,83	438,33
	V	**2 204,66**	465,08	465,08	IV	1 611,91	1 533,58	1 455,25	1 376,91	1 299,25	1 223,08
	VI	**2 249,00**	465,08	465,08							
7 247,99 Ost	I,IV	**1 696,00**	465,08	465,08	I	1 539,33	1 382,66	1 228,66	1 081,00	939,75	805,00
	II	**1 546,91**	465,08	465,08	II	1 390,25	1 235,91	1 088,00	946,41	811,33	682,66
	III	**1 093,83**	465,08	465,08	III	977,16	863,66	753,50	646,33	542,50	442,00
	V	**2 210,50**	465,08	465,08	IV	1 617,66	1 539,33	1 461,00	1 382,66	1 304,91	1 228,66
	VI	**2 254,75**	465,08	465,08							
7 250,99 West	I,IV	**1 691,33**	465,08	465,08	I	1 534,66	1 378,08	1 224,16	1 076,75	935,66	801,08
	II	**1 542,25**	465,08	465,08	II	1 385,58	1 231,41	1 083,66	942,33	807,41	678,91
	III	**1 090,33**	465,08	465,08	III	973,66	860,33	750,16	643,16	539,50	439,00
	V	**2 205,83**	465,08	465,08	IV	1 613,00	1 534,66	1 456,33	1 378,08	1 300,33	1 224,16
	VI	**2 250,08**	465,08	465,08							
7 250,99 Ost	I,IV	**1 697,25**	465,08	465,08	I	1 540,58	1 383,91	1 229,83	1 082,16	940,91	806,08
	II	**1 548,16**	465,08	465,08	II	1 391,50	1 237,16	1 089,16	947,58	812,41	683,66
	III	**1 094,83**	465,08	465,08	III	978,00	864,66	754,33	647,16	543,33	442,83
	V	**2 211,75**	465,08	465,08	IV	1 618,91	1 540,58	1 462,25	1 383,91	1 306,16	1 229,83
	VI	**2 256,00**	465,08	465,08							
7 253,99 West	I,IV	**1 692,50**	465,08	465,08	I	1 535,83	1 379,16	1 225,25	1 077,75	936,66	802,08
	II	**1 543,41**	465,08	465,08	II	1 386,75	1 232,58	1 084,75	943,33	808,41	679,91
	III	**1 091,16**	465,08	465,08	III	974,66	861,16	751,00	644,00	540,33	439,83
	V	**2 207,00**	465,08	465,08	IV	1 614,16	1 535,83	1 457,50	1 379,16	1 301,41	1 225,25
	VI	**2 251,25**	465,08	465,08							
7 253,99 Ost	I,IV	**1 698,50**	465,08	465,08	I	1 541,91	1 385,25	1 231,08	1 083,33	942,00	807,08
	II	**1 549,41**	465,08	465,08	II	1 392,75	1 238,33	1 090,33	948,66	813,50	684,66
	III	**1 095,66**	465,08	465,08	III	979,00	865,50	755,16	648,16	544,16	443,50
	V	**2 213,00**	465,08	465,08	IV	1 620,16	1 541,91	1 463,58	1 385,25	1 307,33	1 231,08
	VI	**2 257,25**	465,08	465,08							

* Zur LSt-Berechnung für privat versicherte Arbeitnehmer s. Beispiele **Vorbemerkung S. 4 f.**
** Basisvorsorgepauschale KV und PV *** Typisierter Arbeitgeberzuschuss

Lohn/ Gehalt in € bis	Steuerklasse	Lohn-steuer*	BVSP**	TAGZ***	Steuerklasse	Bemessungsgrundlage für Kirchensteuer und Solidaritätszuschlag					
						Freibeträge für ... Kinder					
						0,5	**1,0**	1,5	**2,0**	2,5	**3,0**
7 256,99	I,IV	**1 693,66**	465,08	465,08	I	1 537,00	1 380,33	1 226,41	1 078,83	937,75	803,00
West	II	**1 544,58**	465,08	465,08	II	1 387,91	1 233,66	1 085,83	944,41	809,33	680,83
	III	**1 092,00**	465,08	465,08	III	975,33	862,00	751,83	644,83	541,00	440,50
	V	**2 208,08**	465,08	465,08	IV	1 615,33	1 537,00	1 458,66	1 380,33	1 302,58	1 226,41
	VI	**2 252,41**	465,08	465,08							
7 256,99	I,IV	**1 699,83**	465,08	465,08	I	1 543,16	1 386,50	1 232,33	1 084,50	943,08	808,16
Ost	II	**1 550,66**	465,08	465,08	II	1 394,00	1 239,58	1 091,50	949,75	814,50	685,66
	III	**1 096,66**	465,08	465,08	III	980,00	866,33	756,00	649,00	545,00	444,33
	V	**2 214,25**	465,08	465,08	IV	1 621,50	1 543,16	1 464,83	1 386,50	1 308,58	1 232,33
	VI	**2 258,58**	465,08	465,08							
7 259,99	I,IV	**1 694,83**	465,08	465,08	I	1 538,16	1 381,50	1 227,50	1 079,83	938,66	804,00
West	II	**1 545,66**	465,08	465,08	II	1 389,00	1 234,75	1 086,83	945,33	810,33	681,66
	III	**1 092,83**	465,08	465,08	III	976,16	862,83	752,50	645,50	541,83	441,16
	V	**2 209,25**	465,08	465,08	IV	1 616,50	1 538,16	1 459,83	1 381,50	1 303,66	1 227,50
	VI	**2 253,58**	465,08	465,08							
7 259,99	I,IV	**1 701,08**	465,08	465,08	I	1 544,41	1 387,75	1 233,50	1 085,66	944,25	809,25
Ost	II	**1 551,91**	465,08	465,08	II	1 395,33	1 240,83	1 092,66	950,91	815,58	686,75
	III	**1 097,66**	465,08	465,08	III	980,83	867,33	757,00	649,83	545,83	445,16
	V	**2 215,50**	465,08	465,08	IV	1 622,75	1 544,41	1 466,08	1 387,75	1 309,83	1 233,50
	VI	**2 259,83**	465,08	465,08							
7 262,99	I,IV	**1 695,91**	465,08	465,08	I	1 539,25	1 382,66	1 228,58	1 080,91	939,75	804,91
West	II	**1 546,83**	465,08	465,08	II	1 390,16	1 235,83	1 087,91	946,41	811,25	682,58
	III	**1 093,83**	465,08	465,08	III	977,16	863,66	753,33	646,33	542,50	442,00
	V	**2 210,41**	465,08	465,08	IV	1 617,58	1 539,25	1 460,91	1 382,66	1 304,83	1 228,58
	VI	**2 254,66**	465,08	465,08							
7 262,99	I,IV	**1 702,33**	465,08	465,08	I	1 545,66	1 389,00	1 234,75	1 086,83	945,33	810,25
Ost	II	**1 553,25**	465,08	465,08	II	1 396,58	1 242,00	1 093,83	952,00	816,66	687,75
	III	**1 098,66**	465,08	465,08	III	981,83	868,16	757,83	650,66	546,66	446,00
	V	**2 216,75**	465,08	465,08	IV	1 624,00	1 545,66	1 467,33	1 389,00	1 311,08	1 234,75
	VI	**2 261,08**	465,08	465,08							
7 265,99	I,IV	**1 697,08**	465,08	465,08	I	1 540,41	1 383,75	1 229,66	1 082,00	940,75	805,91
West	II	**1 548,00**	465,08	465,08	II	1 391,33	1 237,00	1 089,00	947,41	812,25	683,58
	III	**1 094,66**	465,08	465,08	III	978,00	864,50	754,16	647,16	543,33	442,66
	V	**2 211,58**	465,08	465,08	IV	1 618,75	1 540,41	1 462,08	1 383,75	1 305,91	1 229,66
	VI	**2 255,83**	465,08	465,08							
7 265,99	I,IV	**1 703,58**	465,08	465,08	I	1 546,91	1 390,25	1 235,91	1 088,00	946,41	811,33
Ost	II	**1 554,50**	465,08	465,08	II	1 397,83	1 243,25	1 095,00	953,16	817,75	688,75
	III	**1 099,50**	465,08	465,08	III	982,66	869,16	758,66	651,50	547,50	446,83
	V	**2 218,00**	465,08	465,08	IV	1 625,25	1 546,91	1 468,58	1 390,25	1 312,33	1 235,91
	VI	**2 262,33**	465,08	465,08							
7 268,99	I,IV	**1 698,25**	465,08	465,08	I	1 541,58	1 384,91	1 230,75	1 083,00	941,75	806,83
West	II	**1 549,08**	465,08	465,08	II	1 392,50	1 238,08	1 090,00	948,41	813,16	684,41
	III	**1 095,50**	465,08	465,08	III	978,83	865,16	755,00	647,83	544,00	443,33
	V	**2 212,66**	465,08	465,08	IV	1 619,91	1 541,58	1 463,25	1 384,91	1 307,08	1 230,75
	VI	**2 257,00**	465,08	465,08							
7 268,99	I,IV	**1 704,83**	465,08	465,08	I	1 548,16	1 391,50	1 237,16	1 089,16	947,58	812,41
Ost	II	**1 555,75**	465,08	465,08	II	1 399,08	1 244,50	1 096,16	954,25	818,75	689,75
	III	**1 100,50**	465,08	465,08	III	983,66	870,00	759,50	652,33	548,33	447,50
	V	**2 219,25**	465,08	465,08	IV	1 626,50	1 548,16	1 469,83	1 391,50	1 313,58	1 237,16
	VI	**2 263,58**	465,08	465,08							
7 271,99	I,IV	**1 699,41**	465,08	465,08	I	1 542,75	1 386,08	1 231,91	1 084,08	942,75	807,83
West	II	**1 550,25**	465,08	465,08	II	1 393,58	1 239,16	1 091,08	949,41	814,16	685,33
	III	**1 096,33**	465,08	465,08	III	979,66	866,16	755,83	648,66	544,83	444,16
	V	**2 213,83**	465,08	465,08	IV	1 621,08	1 542,75	1 464,41	1 386,08	1 308,16	1 231,91
	VI	**2 258,16**	465,08	465,08							
7 271,99	I,IV	**1 706,08**	465,08	465,08	I	1 549,41	1 392,75	1 238,33	1 090,33	948,66	813,50
Ost	II	**1 557,00**	465,08	465,08	II	1 400,33	1 245,66	1 097,33	955,33	819,83	690,75
	III	**1 101,50**	465,08	465,08	III	984,50	870,83	760,50	653,16	549,16	448,33
	V	**2 220,50**	465,08	465,08	IV	1 627,75	1 549,41	1 471,08	1 392,75	1 314,83	1 238,33
	VI	**2 264,83**	465,08	465,08							

* Zur LSt-Berechnung für privat versicherte Arbeitnehmer s. Beispiele **Vorbemerkung S. 4 f.**
** Basisvorsorgepauschale KV und PV *** Typisierter Arbeitgeberzuschuss

Lohn/ Gehalt in € bis	Steuerklasse	Lohn-steuer*	BVSP**	TAGZ***	Steuerklasse	Bemessungsgrundlage für Kirchensteuer und Solidaritätszuschlag – Freibeträge für ... Kinder 0,5	1,0	1,5	2,0	2,5	3,0
7 274,99 West	I,IV	**1 700,50**	465,08	465,08	I	1 543,83	1 387,25	1 233,00	1 085,16	943,75	808,75
	II	**1 551,41**	465,08	465,08	II	1 394,75	1 240,33	1 092,16	950,41	815,16	686,33
	III	**1 097,16**	465,08	465,08	III	980,50	866,83	756,50	649,33	545,50	444,83
	V	**2 215,00**	465,08	465,08	IV	1 622,16	1 543,83	1 465,58	1 387,25	1 309,33	1 233,00
	VI	**2 259,25**	465,08	465,08							
7 274,99 Ost	I,IV	**1 707,33**	465,08	465,08	I	1 550,66	1 394,00	1 239,58	1 091,50	949,75	814,50
	II	**1 558,25**	465,08	465,08	II	1 401,58	1 246,91	1 098,50	956,50	820,91	691,75
	III	**1 102,33**	465,08	465,08	III	985,50	871,83	761,33	654,00	550,00	449,16
	V	**2 221,83**	465,08	465,08	IV	1 629,00	1 550,66	1 472,33	1 394,00	1 316,08	1 239,58
	VI	**2 266,08**	465,08	465,08							
7 277,99 West	I,IV	**1 701,66**	465,08	465,08	I	1 545,00	1 388,33	1 234,08	1 086,16	944,75	809,75
	II	**1 552,58**	465,08	465,08	II	1 395,91	1 241,41	1 093,16	951,41	816,08	687,16
	III	**1 098,00**	465,08	465,08	III	981,33	867,66	757,33	650,16	546,16	445,50
	V	**2 216,08**	465,08	465,08	IV	1 623,33	1 545,00	1 466,66	1 388,33	1 310,41	1 234,08
	VI	**2 260,41**	465,08	465,08							
7 277,99 Ost	I,IV	**1 708,58**	465,08	465,08	I	1 551,91	1 395,33	1 240,83	1 092,66	950,91	815,58
	II	**1 559,50**	465,08	465,08	II	1 402,83	1 248,08	1 099,66	957,58	822,00	692,75
	III	**1 103,33**	465,08	465,08	III	986,50	872,66	762,16	654,83	550,83	450,00
	V	**2 223,08**	465,08	465,08	IV	1 630,25	1 551,91	1 473,66	1 395,33	1 317,33	1 240,83
	VI	**2 267,33**	465,08	465,08							
7 280,99 West	I,IV	**1 702,83**	465,08	465,08	I	1 546,16	1 389,50	1 235,16	1 087,25	945,75	810,66
	II	**1 553,66**	465,08	465,08	II	1 397,08	1 242,50	1 094,25	952,41	817,08	688,08
	III	**1 099,00**	465,08	465,08	III	982,16	868,50	758,16	651,00	547,00	446,33
	V	**2 217,25**	465,08	465,08	IV	1 624,50	1 546,16	1 467,83	1 389,50	1 311,58	1 235,16
	VI	**2 261,58**	465,08	465,08							
7 280,99 Ost	I,IV	**1 709,91**	465,08	465,08	I	1 553,25	1 396,58	1 242,00	1 093,83	952,00	816,66
	II	**1 560,75**	465,08	465,08	II	1 404,08	1 249,33	1 100,83	958,75	823,00	693,83
	III	**1 104,33**	465,08	465,08	III	987,33	873,66	763,00	655,66	551,66	450,66
	V	**2 224,33**	465,08	465,08	IV	1 631,58	1 553,25	1 474,91	1 396,58	1 318,58	1 242,00
	VI	**2 268,66**	465,08	465,08							
7 283,99 West	I,IV	**1 704,00**	465,08	465,08	I	1 547,33	1 390,66	1 236,33	1 088,33	946,75	811,66
	II	**1 554,83**	465,08	465,08	II	1 398,16	1 243,58	1 095,33	953,50	818,08	689,08
	III	**1 099,83**	465,08	465,08	III	983,00	869,33	759,00	651,66	547,66	447,00
	V	**2 218,41**	465,08	465,08	IV	1 625,66	1 547,33	1 469,00	1 390,66	1 312,75	1 236,33
	VI	**2 262,75**	465,08	465,08							
7 283,99 Ost	I,IV	**1 711,16**	465,08	465,08	I	1 554,50	1 397,83	1 243,25	1 095,00	953,16	817,75
	II	**1 562,00**	465,08	465,08	II	1 405,41	1 250,58	1 102,00	959,83	824,08	694,83
	III	**1 105,33**	465,08	465,08	III	988,33	874,50	764,00	656,66	552,50	451,50
	V	**2 225,58**	465,08	465,08	IV	1 632,83	1 554,50	1 476,16	1 397,83	1 319,75	1 243,25
	VI	**2 269,91**	465,08	465,08							
7 286,99 West	I,IV	**1 705,08**	465,08	465,08	I	1 548,41	1 391,75	1 237,41	1 089,33	947,75	812,58
	II	**1 556,00**	465,08	465,08	II	1 399,33	1 244,66	1 096,33	954,50	819,00	689,91
	III	**1 100,66**	465,08	465,08	III	983,83	870,16	759,66	652,50	548,50	447,66
	V	**2 219,50**	465,08	465,08	IV	1 626,75	1 548,41	1 470,08	1 391,75	1 313,83	1 237,41
	VI	**2 263,83**	465,08	465,08							
7 286,99 Ost	I,IV	**1 712,41**	465,08	465,08	I	1 555,75	1 399,08	1 244,50	1 096,16	954,25	818,75
	II	**1 563,33**	465,08	465,08	II	1 406,66	1 251,75	1 103,16	960,91	825,16	695,83
	III	**1 106,16**	465,08	465,08	III	989,16	875,33	764,83	657,50	553,33	452,33
	V	**2 226,83**	465,08	465,08	IV	1 634,08	1 555,75	1 477,41	1 399,08	1 321,00	1 244,50
	VI	**2 271,16**	465,08	465,08							
7 289,99 West	I,IV	**1 706,25**	465,08	465,08	I	1 549,58	1 392,91	1 238,50	1 090,41	948,83	813,58
	II	**1 557,16**	465,08	465,08	II	1 400,50	1 245,83	1 097,41	955,50	820,00	690,91
	III	**1 101,50**	465,08	465,08	III	984,66	871,00	760,50	653,33	549,33	448,50
	V	**2 220,66**	465,08	465,08	IV	1 627,91	1 549,58	1 471,25	1 392,91	1 314,91	1 238,50
	VI	**2 265,00**	465,08	465,08							
7 289,99 Ost	I,IV	**1 713,66**	465,08	465,08	I	1 557,00	1 400,33	1 245,66	1 097,33	955,33	819,83
	II	**1 564,58**	465,08	465,08	II	1 407,91	1 253,00	1 104,33	962,08	826,25	696,83
	III	**1 107,16**	465,08	465,08	III	990,16	876,33	765,66	658,33	554,16	453,16
	V	**2 228,08**	465,08	465,08	IV	1 635,33	1 557,00	1 478,66	1 400,33	1 322,25	1 245,66
	VI	**2 272,41**	465,08	465,08							

* Zur LSt-Berechnung für privat versicherte Arbeitnehmer s. Beispiele **Vorbemerkung S. 4 f.**
** Basisvorsorgepauschale KV und PV *** Typisierter Arbeitgeberzuschuss

Lohn/ Gehalt in € bis	Steuerklasse	**Lohn-steuer***	BVSP**	TAGZ***	Steuerklasse	Bemessungsgrundlage für Kirchensteuer und Solidaritätszuschlag: Freibeträge für ... Kinder 0,5	**1,0**	1,5	**2,0**	2,5	**3,0**
7 292,99	I,IV	**1 707,41**	465,08	465,08	I	1 550,75	1 394,08	1 239,58	1 091,50	949,83	814,58
West	II	**1 558,33**	465,08	465,08	II	1 401,66	1 246,91	1 098,50	956,50	820,91	691,83
	III	**1 102,33**	465,08	465,08	III	985,50	871,83	761,33	654,00	550,00	449,16
	V	**2 221,83**	465,08	465,08	IV	1 629,08	1 550,75	1 472,41	1 394,08	1 316,08	1 239,58
	VI	**2 266,16**	465,08	465,08							
7 292,99	I,IV	**1 714,91**	465,08	465,08	I	1 558,25	1 401,58	1 246,91	1 098,50	956,50	820,91
Ost	II	**1 565,83**	465,08	465,08	II	1 409,16	1 254,25	1 105,50	963,16	827,33	697,83
	III	**1 108,16**	465,08	465,08	III	991,00	877,16	766,50	659,16	555,00	454,00
	V	**2 229,33**	465,08	465,08	IV	1 636,58	1 558,25	1 479,91	1 401,58	1 323,50	1 246,91
	VI	**2 273,66**	465,08	465,08							
7 295,99	I,IV	**1 708,50**	465,08	465,08	I	1 551,83	1 395,16	1 240,66	1 092,50	950,83	815,50
West	II	**1 559,41**	465,08	465,08	II	1 402,75	1 248,00	1 099,58	957,50	821,91	692,66
	III	**1 103,33**	465,08	465,08	III	986,33	872,66	762,16	654,83	550,66	449,83
	V	**2 222,91**	465,08	465,08	IV	1 630,16	1 551,83	1 473,50	1 395,16	1 317,16	1 240,66
	VI	**2 267,25**	465,08	465,08							
7 295,99	I,IV	**1 716,16**	465,08	465,08	I	1 559,50	1 402,83	1 248,08	1 099,66	957,58	822,00
Ost	II	**1 567,08**	465,08	465,08	II	1 410,41	1 255,41	1 106,66	964,33	828,33	698,91
	III	**1 109,16**	465,08	465,08	III	992,00	878,16	767,50	660,00	555,83	454,66
	V	**2 230,58**	465,08	465,08	IV	1 637,83	1 559,50	1 481,16	1 402,83	1 324,75	1 248,08
	VI	**2 274,91**	465,08	465,08							
7 298,99	I,IV	**1 709,66**	465,08	465,08	I	1 553,00	1 396,33	1 241,83	1 093,58	951,83	816,50
West	II	**1 560,58**	465,08	465,08	II	1 403,91	1 249,16	1 100,58	958,50	822,83	693,66
	III	**1 104,16**	465,08	465,08	III	987,16	873,50	762,83	655,66	551,50	450,66
	V	**2 224,08**	465,08	465,08	IV	1 631,33	1 553,00	1 474,66	1 396,33	1 318,33	1 241,83
	VI	**2 268,41**	465,08	465,08							
7 298,99	I,IV	**1 717,41**	465,08	465,08	I	1 560,75	1 404,08	1 249,33	1 100,83	958,75	823,00
Ost	II	**1 568,33**	465,08	465,08	II	1 411,66	1 256,66	1 107,83	965,41	829,41	699,91
	III	**1 110,00**	465,08	465,08	III	993,00	879,00	768,33	660,83	556,66	455,50
	V	**2 231,91**	465,08	465,08	IV	1 639,08	1 560,75	1 482,41	1 404,08	1 326,00	1 249,33
	VI	**2 276,16**	465,08	465,08							
7 301,99	I,IV	**1 710,91**	465,08	465,08	I	1 554,25	1 397,58	1 243,00	1 094,75	952,91	817,50
West	II	**1 561,83**	465,08	465,08	II	1 405,16	1 250,33	1 101,75	959,58	823,91	694,58
	III	**1 105,00**	465,08	465,08	III	988,00	874,33	763,66	656,33	552,33	451,33
	V	**2 225,33**	465,08	465,08	IV	1 632,58	1 554,25	1 475,91	1 397,58	1 319,58	1 243,00
	VI	**2 269,66**	465,08	465,08							
7 301,99	I,IV	**1 718,66**	465,08	465,08	I	1 562,00	1 405,41	1 250,58	1 102,00	959,83	824,08
Ost	II	**1 569,58**	465,08	465,08	II	1 412,91	1 257,91	1 109,00	966,50	830,50	700,91
	III	**1 111,00**	465,08	465,08	III	993,83	879,83	769,16	661,66	557,33	456,33
	V	**2 233,16**	465,08	465,08	IV	1 640,33	1 562,00	1 483,66	1 405,41	1 327,25	1 250,58
	VI	**2 277,41**	465,08	465,08							
7 304,99	I,IV	**1 712,16**	465,08	465,08	I	1 555,50	1 398,83	1 244,25	1 095,91	954,00	818,58
West	II	**1 563,08**	465,08	465,08	II	1 406,41	1 251,58	1 102,91	960,75	825,00	695,66
	III	**1 106,00**	465,08	465,08	III	989,00	875,16	764,66	657,33	553,16	452,16
	V	**2 226,58**	465,08	465,08	IV	1 633,83	1 555,50	1 477,16	1 398,83	1 320,83	1 244,25
	VI	**2 270,91**	465,08	465,08							
7 304,99	I,IV	**1 719,91**	465,08	465,08	I	1 563,33	1 406,66	1 251,75	1 103,16	960,91	825,16
Ost	II	**1 570,83**	465,08	465,08	II	1 414,16	1 259,08	1 110,16	967,66	831,58	701,91
	III	**1 112,00**	465,08	465,08	III	994,83	880,83	770,00	662,50	558,16	457,16
	V	**2 234,41**	465,08	465,08	IV	1 641,66	1 563,33	1 485,00	1 406,66	1 328,50	1 251,75
	VI	**2 278,75**	465,08	465,08							
7 307,99	I,IV	**1 713,41**	465,08	465,08	I	1 556,75	1 400,08	1 245,41	1 097,08	955,16	819,66
West	II	**1 564,33**	465,08	465,08	II	1 407,66	1 252,75	1 104,08	961,83	826,00	696,66
	III	**1 107,00**	465,08	465,08	III	990,00	876,16	765,50	658,16	554,00	453,00
	V	**2 227,83**	465,08	465,08	IV	1 635,08	1 556,75	1 478,41	1 400,08	1 322,00	1 245,41
	VI	**2 272,16**	465,08	465,08							
7 307,99	I,IV	**1 721,25**	465,08	465,08	I	1 564,58	1 407,91	1 253,00	1 104,33	962,08	826,25
Ost	II	**1 572,08**	465,08	465,08	II	1 415,41	1 260,33	1 111,33	968,75	832,66	702,91
	III	**1 112,83**	465,08	465,08	III	995,66	881,66	771,00	663,33	559,00	458,00
	V	**2 235,66**	465,08	465,08	IV	1 642,91	1 564,58	1 486,25	1 407,91	1 329,75	1 253,00
	VI	**2 280,00**	465,08	465,08							

* Zur LSt-Berechnung für privat versicherte Arbeitnehmer s. Beispiele **Vorbemerkung S. 4 f.**
** Basisvorsorgepauschale KV und PV *** Typisierter Arbeitgeberzuschuss

Lohn/ Gehalt in € bis	Steuerklasse	Lohnsteuer*	BVSP**	TAGZ***	Steuerklasse	Bemessungsgrundlage für Kirchensteuer und Solidaritätszuschlag – Freibeträge für ... Kinder 0,5	**1,0**	1,5	**2,0**	2,5	**3,0**
7310,99	I,IV	**1714,66**	465,08	465,08	I	1558,00	1401,33	1246,66	1098,25	956,25	820,66
West	II	**1565,58**	465,08	465,08	II	1408,91	1254,00	1105,25	963,00	827,08	697,66
	III	**1108,00**	465,08	465,08	III	990,83	877,00	766,33	659,00	554,83	453,83
	V	**2229,08**	465,08	465,08	IV	1636,33	1558,00	1479,66	1401,33	1323,25	1246,66
	VI	**2273,41**	465,08	465,08							
7310,99	I,IV	**1722,50**	465,08	465,08	I	1565,83	1409,16	1254,25	1105,50	963,16	827,33
Ost	II	**1573,41**	465,08	465,08	II	1416,75	1261,58	1112,50	969,91	833,75	704,00
	III	**1113,83**	465,08	465,08	III	996,66	882,66	771,83	664,33	559,83	458,66
	V	**2236,91**	465,08	465,08	IV	1644,16	1565,83	1487,50	1409,16	1331,00	1254,25
	VI	**2281,25**	465,08	465,08							
7313,99	I,IV	**1715,91**	465,08	465,08	I	1559,25	1402,58	1247,91	1099,41	957,41	821,75
West	II	**1566,83**	465,08	465,08	II	1410,16	1255,25	1106,41	964,08	828,16	698,66
	III	**1108,83**	465,08	465,08	III	991,83	877,83	767,16	659,83	555,50	454,50
	V	**2230,33**	465,08	465,08	IV	1637,58	1559,25	1480,91	1402,58	1324,50	1247,91
	VI	**2274,66**	465,08	465,08							
7313,99	I,IV	**1723,75**	465,08	465,08	I	1567,08	1410,41	1255,41	1106,66	964,33	828,33
Ost	II	**1574,66**	465,08	465,08	II	1418,00	1262,75	1113,66	971,00	834,75	705,00
	III	**1114,83**	465,08	465,08	III	997,50	883,50	772,66	665,16	560,66	459,50
	V	**2238,16**	465,08	465,08	IV	1645,41	1567,08	1488,75	1410,41	1332,25	1255,41
	VI	**2282,50**	465,08	465,08							
7316,99	I,IV	**1717,16**	465,08	465,08	I	1560,50	1403,83	1249,08	1100,58	958,50	822,83
West	II	**1568,08**	465,08	465,08	II	1411,41	1256,41	1107,58	965,16	829,25	699,66
	III	**1109,83**	465,08	465,08	III	992,66	878,83	768,16	660,66	556,33	455,33
	V	**2231,66**	465,08	465,08	IV	1638,83	1560,50	1482,16	1403,83	1325,75	1249,08
	VI	**2275,91**	465,08	465,08							
7316,99	I,IV	**1725,00**	465,08	465,08	I	1568,33	1411,66	1256,66	1107,83	965,41	829,41
Ost	II	**1575,91**	465,08	465,08	II	1419,25	1264,00	1114,83	972,16	835,83	706,00
	III	**1115,83**	465,08	465,08	III	998,50	884,50	773,66	666,00	561,50	460,33
	V	**2239,41**	465,08	465,08	IV	1646,66	1568,33	1490,00	1411,66	1333,50	1256,66
	VI	**2283,75**	465,08	465,08							
7319,99	I,IV	**1718,41**	465,08	465,08	I	1561,83	1405,16	1250,33	1101,75	959,58	823,91
West	II	**1569,33**	465,08	465,08	II	1412,66	1257,66	1108,75	966,33	830,33	700,75
	III	**1110,83**	465,08	465,08	III	993,66	879,66	769,00	661,50	557,16	456,16
	V	**2232,91**	465,08	465,08	IV	1640,08	1561,83	1483,50	1405,16	1327,00	1250,33
	VI	**2277,16**	465,08	465,08							
7319,99	I,IV	**1726,25**	465,08	465,08	I	1569,58	1412,91	1257,91	1109,00	966,50	830,50
Ost	II	**1577,16**	465,08	465,08	II	1420,50	1265,25	1116,00	973,25	836,91	707,00
	III	**1116,66**	465,08	465,08	III	999,50	885,33	774,50	666,83	562,33	461,16
	V	**2240,66**	465,08	465,08	IV	1647,91	1569,58	1491,25	1412,91	1334,75	1257,91
	VI	**2285,00**	465,08	465,08							
7322,99	I,IV	**1719,75**	465,08	465,08	I	1563,08	1406,41	1251,58	1102,91	960,75	825,00
West	II	**1570,58**	465,08	465,08	II	1413,91	1258,91	1109,91	967,41	831,33	701,75
	III	**1111,66**	465,08	465,08	III	994,50	880,66	769,83	662,33	558,00	457,00
	V	**2234,16**	465,08	465,08	IV	1641,41	1563,08	1484,75	1406,41	1328,25	1251,58
	VI	**2278,50**	465,08	465,08							
7322,99	I,IV	**1727,50**	465,08	465,08	I	1570,83	1414,16	1259,08	1110,16	967,66	831,58
Ost	II	**1578,41**	465,08	465,08	II	1421,75	1266,50	1117,25	974,41	838,00	708,00
	III	**1117,66**	465,08	465,08	III	1000,33	886,16	775,33	667,66	563,16	462,00
	V	**2242,00**	465,08	465,08	IV	1649,16	1570,83	1492,50	1414,16	1336,00	1259,08
	VI	**2286,25**	465,08	465,08							
7325,99	I,IV	**1721,00**	465,08	465,08	I	1564,33	1407,66	1252,75	1104,08	961,83	826,00
West	II	**1571,83**	465,08	465,08	II	1415,25	1260,08	1111,08	968,58	832,41	702,75
	III	**1112,66**	465,08	465,08	III	995,50	881,50	770,83	663,16	558,83	457,83
	V	**2235,41**	465,08	465,08	IV	1642,66	1564,33	1486,00	1407,66	1329,50	1252,75
	VI	**2279,75**	465,08	465,08							
7325,99	I,IV	**1728,75**	465,08	465,08	I	1572,08	1415,41	1260,33	1111,33	968,75	832,66
Ost	II	**1579,66**	465,08	465,08	II	1423,00	1267,66	1118,41	975,50	839,08	709,08
	III	**1118,66**	465,08	465,08	III	1001,33	887,16	776,16	668,50	564,00	462,66
	V	**2243,25**	465,08	465,08	IV	1650,41	1572,08	1493,75	1415,41	1337,25	1260,33
	VI	**2287,50**	465,08	465,08							

* Zur LSt-Berechnung für privat versicherte Arbeitnehmer s. Beispiele **Vorbemerkung S. 4 f.**
** Basisvorsorgepauschale KV und PV *** Typisierter Arbeitgeberzuschuss

Lohn/ Gehalt in € bis	Steuerklasse	Lohn-steuer*	BVSP**	TAGZ***	Steuerklasse	Bemessungsgrundlage für Kirchensteuer und Solidaritätszuschlag					
						Freibeträge für ... Kinder					
						0,5	**1,0**	1,5	**2,0**	2,5	**3,0**
7328,99 West	I,IV	**1722,25**	465,08	465,08	I	1565,58	1408,91	1254,00	1105,25	963,00	827,08
	II	**1573,16**	465,08	465,08	II	1416,50	1261,33	1112,25	969,66	833,50	703,75
	III	**1113,66**	465,08	465,08	III	996,50	882,50	771,66	664,00	559,66	458,50
	V	**2236,66**	465,08	465,08	IV	1643,91	1565,58	1487,25	1408,91	1330,75	1254,00
	VI	**2281,00**	465,08	465,08							
7328,99 Ost	I,IV	**1730,00**	465,08	465,08	I	1573,41	1416,75	1261,58	1112,50	969,91	833,75
	II	**1580,91**	465,08	465,08	II	1424,25	1268,91	1119,58	976,66	840,16	710,08
	III	**1119,66**	465,08	465,08	III	1002,16	888,00	777,16	669,33	564,83	463,50
	V	**2244,50**	465,08	465,08	IV	1651,66	1573,41	1495,08	1416,75	1338,50	1261,58
	VI	**2288,75**	465,08	465,08							
7331,99 West	I,IV	**1723,50**	465,08	465,08	I	1566,83	1410,16	1255,25	1106,41	964,08	828,16
	II	**1574,41**	465,08	465,08	II	1417,75	1262,58	1113,50	970,83	834,58	704,75
	III	**1114,66**	465,08	465,08	III	997,33	883,33	772,50	664,83	560,50	459,33
	V	**2237,91**	465,08	465,08	IV	1645,16	1566,83	1488,50	1410,16	1332,00	1255,25
	VI	**2282,25**	465,08	465,08							
7331,99 Ost	I,IV	**1731,33**	465,08	465,08	I	1574,66	1418,00	1262,75	1113,66	971,00	834,75
	II	**1582,16**	465,08	465,08	II	1425,50	1270,16	1120,75	977,75	841,25	711,08
	III	**1120,50**	465,08	465,08	III	1003,16	889,00	778,00	670,16	565,66	464,33
	V	**2245,75**	465,08	465,08	IV	1653,00	1574,66	1496,33	1418,00	1339,75	1262,75
	VI	**2290,08**	465,08	465,08							
7334,99 West	I,IV	**1724,75**	465,08	465,08	I	1568,08	1411,41	1256,41	1107,58	965,16	829,25
	II	**1575,66**	465,08	465,08	II	1419,00	1263,75	1114,66	971,91	835,66	705,83
	III	**1115,50**	465,08	465,08	III	998,33	884,16	773,33	665,83	561,33	460,16
	V	**2239,16**	465,08	465,08	IV	1646,41	1568,08	1489,75	1411,41	1333,25	1256,41
	VI	**2283,50**	465,08	465,08							
7334,99 Ost	I,IV	**1732,58**	465,08	465,08	I	1575,91	1419,25	1264,00	1114,83	972,16	835,83
	II	**1583,41**	465,08	465,08	II	1426,83	1271,41	1121,91	978,91	842,25	712,08
	III	**1121,50**	465,08	465,08	III	1004,16	889,83	778,83	671,00	566,50	465,16
	V	**2247,00**	465,08	465,08	IV	1654,25	1575,91	1497,58	1419,25	1341,00	1264,00
	VI	**2291,33**	465,08	465,08							
7337,99 West	I,IV	**1726,00**	465,08	465,08	I	1569,33	1412,66	1257,66	1108,75	966,33	830,33
	II	**1576,91**	465,08	465,08	II	1420,25	1265,00	1115,83	973,08	836,75	706,83
	III	**1116,50**	465,08	465,08	III	999,16	885,16	774,33	666,66	562,16	461,00
	V	**2240,41**	465,08	465,08	IV	1647,66	1569,33	1491,00	1412,66	1334,50	1257,66
	VI	**2284,75**	465,08	465,08							
7337,99 Ost	I,IV	**1733,83**	465,08	465,08	I	1577,16	1420,50	1265,25	1116,00	973,25	836,91
	II	**1584,75**	465,08	465,08	II	1428,08	1272,58	1123,08	980,00	843,33	713,16
	III	**1122,50**	465,08	465,08	III	1005,00	890,83	779,66	672,00	567,33	466,00
	V	**2248,25**	465,08	465,08	IV	1655,50	1577,16	1498,83	1420,50	1342,25	1265,25
	VI	**2292,58**	465,08	465,08							
7340,99 West	I,IV	**1727,25**	465,08	465,08	I	1570,58	1413,91	1258,91	1109,91	967,41	831,33
	II	**1578,16**	465,08	465,08	II	1421,50	1266,25	1117,00	974,16	837,75	707,83
	III	**1117,50**	465,08	465,08	III	1000,16	886,00	775,16	667,50	563,00	461,83
	V	**2241,75**	465,08	465,08	IV	1648,91	1570,58	1492,25	1413,91	1335,75	1258,91
	VI	**2286,00**	465,08	465,08							
7340,99 Ost	I,IV	**1735,08**	465,08	465,08	I	1578,41	1421,75	1266,50	1117,25	974,41	838,00
	II	**1586,00**	465,08	465,08	II	1429,33	1273,83	1124,25	981,16	844,41	714,16
	III	**1123,50**	465,08	465,08	III	1006,00	891,66	780,66	672,83	568,16	466,83
	V	**2249,50**	465,08	465,08	IV	1656,75	1578,41	1500,08	1421,75	1343,50	1266,50
	VI	**2293,83**	465,08	465,08							
7343,99 West	I,IV	**1728,50**	465,08	465,08	I	1571,83	1415,25	1260,08	1111,08	968,58	832,41
	II	**1579,41**	465,08	465,08	II	1422,75	1267,41	1118,16	975,33	838,83	708,83
	III	**1118,50**	465,08	465,08	III	1001,16	887,00	776,00	668,33	563,83	462,50
	V	**2243,00**	465,08	465,08	IV	1650,16	1571,83	1493,58	1415,25	1337,00	1260,08
	VI	**2287,25**	465,08	465,08							
7343,99 Ost	I,IV	**1736,33**	465,08	465,08	I	1579,66	1423,00	1267,66	1118,41	975,50	839,08
	II	**1587,25**	465,08	465,08	II	1430,58	1275,08	1125,41	982,25	845,50	715,16
	III	**1124,33**	465,08	465,08	III	1006,83	892,66	781,50	673,66	569,00	467,50
	V	**2250,75**	465,08	465,08	IV	1658,00	1579,66	1501,33	1423,00	1344,75	1267,66
	VI	**2295,08**	465,08	465,08							

* Zur LSt-Berechnung für privat versicherte Arbeitnehmer s. Beispiele **Vorbemerkung S. 4f.**
** Basisvorsorgepauschale KV und PV *** Typisierter Arbeitgeberzuschuss

Lohn/ Gehalt in € bis	Steuerklasse	Lohn-steuer*	BVSP**	TAGZ***	Steuerklasse	Bemessungsgrundlage für Kirchensteuer und Solidaritätszuschlag – Freibeträge für ... Kinder 0,5	**1,0**	1,5	**2,0**	2,5	**3,0**
7 346,99	I,IV	**1 729,83**	465,08	465,08	I	1 573,16	1 416,50	1 261,33	1 112,25	969,66	833,50
West	II	**1 580,66**	465,08	465,08	II	1 424,00	1 268,66	1 119,33	976,41	839,91	709,83
	III	**1 119,33**	465,08	465,08	III	1 002,00	887,83	776,83	669,16	564,66	463,33
	V	**2 244,25**	465,08	465,08	IV	1 651,50	1 573,16	1 494,83	1 416,50	1 338,25	1 261,33
	VI	**2 288,58**	465,08	465,08							
7 346,99	I,IV	**1 737,58**	465,08	465,08	I	1 580,91	1 424,25	1 268,91	1 119,58	976,66	840,16
Ost	II	**1 588,50**	465,08	465,08	II	1 431,83	1 276,25	1 126,58	983,41	846,58	716,16
	III	**1 125,33**	465,08	465,08	III	1 007,83	893,50	782,33	674,50	569,83	468,33
	V	**2 252,00**	465,08	465,08	IV	1 659,25	1 580,91	1 502,58	1 424,25	1 346,00	1 268,91
	VI	**2 296,33**	465,08	465,08							
7 349,99	I,IV	**1 731,08**	465,08	465,08	I	1 574,41	1 417,75	1 262,58	1 113,50	970,83	834,58
West	II	**1 581,91**	465,08	465,08	II	1 425,33	1 269,91	1 120,50	977,50	841,00	710,91
	III	**1 120,33**	465,08	465,08	III	1 003,00	888,83	777,83	670,00	565,50	464,16
	V	**2 245,50**	465,08	465,08	IV	1 652,75	1 574,41	1 496,08	1 417,75	1 339,50	1 262,58
	VI	**2 289,83**	465,08	465,08							
7 349,99	I,IV	**1 738,83**	465,08	465,08	I	1 582,16	1 425,50	1 270,16	1 120,75	977,75	841,25
Ost	II	**1 589,75**	465,08	465,08	II	1 433,08	1 277,50	1 127,83	984,50	847,66	717,25
	III	**1 126,33**	465,08	465,08	III	1 008,66	894,33	783,33	675,33	570,66	469,16
	V	**2 253,33**	465,08	465,08	IV	1 660,50	1 582,16	1 503,83	1 425,50	1 347,25	1 270,16
	VI	**2 297,58**	465,08	465,08							
7 352,99	I,IV	**1 732,33**	465,08	465,08	I	1 575,66	1 419,00	1 263,75	1 114,66	971,91	835,66
West	II	**1 583,25**	465,08	465,08	II	1 426,58	1 271,16	1 121,66	978,66	842,08	711,91
	III	**1 121,33**	465,08	465,08	III	1 003,83	889,66	778,66	670,83	566,33	465,00
	V	**2 246,75**	465,08	465,08	IV	1 654,00	1 575,66	1 497,33	1 419,00	1 340,75	1 263,75
	VI	**2 291,08**	465,08	465,08							
7 352,99	I,IV	**1 740,08**	465,08	465,08	I	1 583,41	1 426,83	1 271,41	1 121,91	978,91	842,25
Ost	II	**1 591,00**	465,08	465,08	II	1 434,33	1 278,75	1 129,00	985,66	848,75	718,25
	III	**1 127,33**	465,08	465,08	III	1 009,66	895,33	784,16	676,16	571,50	470,00
	V	**2 254,58**	465,08	465,08	IV	1 661,75	1 583,41	1 505,16	1 426,83	1 348,50	1 271,41
	VI	**2 298,83**	465,08	465,08							
7 355,99	I,IV	**1 733,58**	465,08	465,08	I	1 576,91	1 420,25	1 265,00	1 115,83	973,08	836,75
West	II	**1 584,50**	465,08	465,08	II	1 427,83	1 272,33	1 122,83	979,75	843,16	712,91
	III	**1 122,33**	465,08	465,08	III	1 004,83	890,50	779,50	671,66	567,16	465,83
	V	**2 248,00**	465,08	465,08	IV	1 655,25	1 576,91	1 498,58	1 420,25	1 342,00	1 265,00
	VI	**2 292,33**	465,08	465,08							
7 355,99	I,IV	**1 741,41**	465,08	465,08	I	1 584,75	1 428,08	1 272,58	1 123,08	980,00	843,33
Ost	II	**1 592,25**	465,08	465,08	II	1 435,58	1 280,00	1 130,16	986,75	849,83	719,25
	III	**1 128,16**	465,08	465,08	III	1 010,66	896,16	785,00	677,00	572,33	470,83
	V	**2 255,83**	465,08	465,08	IV	1 663,08	1 584,75	1 506,41	1 428,08	1 349,75	1 272,58
	VI	**2 300,16**	465,08	465,08							
7 358,99	I,IV	**1 734,83**	465,08	465,08	I	1 578,16	1 421,50	1 266,25	1 117,00	974,16	837,75
West	II	**1 585,75**	465,08	465,08	II	1 429,08	1 273,58	1 124,00	980,91	844,25	714,00
	III	**1 123,16**	465,08	465,08	III	1 005,66	891,50	780,50	672,66	568,00	466,50
	V	**2 249,25**	465,08	465,08	IV	1 656,50	1 578,16	1 499,83	1 421,50	1 343,25	1 266,25
	VI	**2 293,58**	465,08	465,08							
7 358,99	I,IV	**1 742,66**	465,08	465,08	I	1 586,00	1 429,33	1 273,83	1 124,25	981,16	844,41
Ost	II	**1 593,50**	465,08	465,08	II	1 436,91	1 281,25	1 131,33	987,91	850,91	720,33
	III	**1 129,16**	465,08	465,08	III	1 011,50	897,16	785,83	678,00	573,16	471,50
	V	**2 257,08**	465,08	465,08	IV	1 664,33	1 586,00	1 507,66	1 429,33	1 351,00	1 273,83
	VI	**2 301,41**	465,08	465,08							
7 361,99	I,IV	**1 736,08**	465,08	465,08	I	1 579,41	1 422,75	1 267,41	1 118,16	975,33	838,83
West	II	**1 587,00**	465,08	465,08	II	1 430,33	1 274,83	1 125,25	982,00	845,33	715,00
	III	**1 124,16**	465,08	465,08	III	1 006,66	892,33	781,33	673,50	568,83	467,33
	V	**2 250,50**	465,08	465,08	IV	1 657,75	1 579,41	1 501,08	1 422,75	1 344,50	1 267,41
	VI	**2 294,83**	465,08	465,08							
7 361,99	I,IV	**1 743,91**	465,08	465,08	I	1 587,25	1 430,58	1 275,08	1 125,41	982,25	845,50
Ost	II	**1 594,83**	465,08	465,08	II	1 438,16	1 282,41	1 132,50	989,00	851,91	721,33
	III	**1 130,16**	465,08	465,08	III	1 012,50	898,00	786,83	678,83	574,00	472,33
	V	**2 258,33**	465,08	465,08	IV	1 665,58	1 587,25	1 508,91	1 430,58	1 352,25	1 275,08
	VI	**2 302,66**	465,08	465,08							

* Zur LSt-Berechnung für privat versicherte Arbeitnehmer s. Beispiele **Vorbemerkung S. 4 f.**
** Basisvorsorgepauschale KV und PV *** Typisierter Arbeitgeberzuschuss

Lohn/ Gehalt in € bis	Steuerklasse	Lohn-steuer*	BVSP**	TAGZ***	Steuerklasse	0,5	1,0	1,5	2,0	2,5	3,0
						Bemessungsgrundlage für Kirchensteuer und Solidaritätszuschlag – Freibeträge für ... Kinder					
7 364,99	I,IV	**1 737,33**	465,08	465,08	I	1 580,66	1 424,00	1 268,66	1 119,33	976,41	839,91
West	II	**1 588,25**	465,08	465,08	II	1 431,58	1 276,08	1 126,41	983,16	846,33	716,00
	III	**1 125,16**	465,08	465,08	III	1 007,66	893,33	782,16	674,33	569,66	468,16
	V	**2 251,83**	465,08	465,08	IV	1 659,00	1 580,66	1 502,33	1 424,00	1 345,75	1 268,66
	VI	**2 296,08**	465,08	465,08							
7 364,99	I,IV	**1 745,16**	465,08	465,08	I	1 588,50	1 431,83	1 276,25	1 126,58	983,41	846,58
Ost	II	**1 596,08**	465,08	465,08	II	1 439,41	1 283,66	1 133,66	990,16	853,00	722,33
	III	**1 131,16**	465,08	465,08	III	1 013,33	899,00	787,66	679,66	574,83	473,16
	V	**2 259,58**	465,08	465,08	IV	1 666,83	1 588,50	1 510,16	1 431,83	1 353,50	1 276,25
	VI	**2 303,91**	465,08	465,08							
7 367,99	I,IV	**1 738,58**	465,08	465,08	I	1 581,91	1 425,33	1 269,91	1 120,50	977,50	841,00
West	II	**1 589,50**	465,08	465,08	II	1 432,83	1 277,25	1 127,58	984,33	847,41	717,00
	III	**1 126,16**	465,08	465,08	III	1 008,50	894,16	783,00	675,16	570,50	469,00
	V	**2 253,08**	465,08	465,08	IV	1 660,25	1 581,91	1 503,58	1 425,33	1 347,00	1 269,91
	VI	**2 297,33**	465,08	465,08							
7 367,99	I,IV	**1 746,41**	465,08	465,08	I	1 589,75	1 433,08	1 277,50	1 127,83	984,50	847,66
Ost	II	**1 597,33**	465,08	465,08	II	1 440,66	1 284,91	1 134,91	991,25	854,08	723,33
	III	**1 132,00**	465,08	465,08	III	1 014,33	899,83	788,50	680,50	575,66	474,00
	V	**2 260,83**	465,08	465,08	IV	1 668,08	1 589,75	1 511,41	1 433,08	1 354,83	1 277,50
	VI	**2 305,16**	465,08	465,08							
7 370,99	I,IV	**1 739,83**	465,08	465,08	I	1 583,25	1 426,58	1 271,16	1 121,66	978,66	842,08
West	II	**1 590,75**	465,08	465,08	II	1 434,08	1 278,50	1 128,75	985,41	848,50	718,08
	III	**1 127,00**	465,08	465,08	III	1 009,50	895,16	784,00	676,00	571,33	469,83
	V	**2 254,33**	465,08	465,08	IV	1 661,58	1 583,25	1 504,91	1 426,58	1 348,25	1 271,16
	VI	**2 298,58**	465,08	465,08							
7 370,99	I,IV	**1 747,66**	465,08	465,08	I	1 591,00	1 434,33	1 278,75	1 129,00	985,66	848,75
Ost	II	**1 598,58**	465,08	465,08	II	1 441,91	1 286,16	1 136,08	992,41	855,16	724,41
	III	**1 133,00**	465,08	465,08	III	1 015,33	900,83	789,50	681,33	576,50	474,83
	V	**2 262,08**	465,08	465,08	IV	1 669,33	1 591,00	1 512,66	1 434,33	1 356,08	1 278,75
	VI	**2 306,41**	465,08	465,08							
7 373,99	I,IV	**1 741,16**	465,08	465,08	I	1 584,50	1 427,83	1 272,33	1 122,83	979,75	843,16
West	II	**1 592,00**	465,08	465,08	II	1 435,33	1 279,75	1 129,91	986,58	849,58	719,08
	III	**1 128,00**	465,08	465,08	III	1 010,33	896,00	784,83	676,83	572,16	470,66
	V	**2 255,58**	465,08	465,08	IV	1 662,83	1 584,50	1 506,16	1 427,83	1 349,50	1 272,33
	VI	**2 299,91**	465,08	465,08							
7 373,99	I,IV	**1 748,91**	465,08	465,08	I	1 592,25	1 435,58	1 280,00	1 130,16	986,75	849,83
Ost	II	**1 599,83**	465,08	465,08	II	1 443,16	1 287,33	1 137,25	993,50	856,25	725,41
	III	**1 134,00**	465,08	465,08	III	1 016,16	901,66	790,33	682,16	577,33	475,66
	V	**2 263,41**	465,08	465,08	IV	1 670,58	1 592,25	1 513,91	1 435,58	1 357,33	1 280,00
	VI	**2 307,66**	465,08	465,08							
7 376,99	I,IV	**1 742,41**	465,08	465,08	I	1 585,75	1 429,08	1 273,58	1 124,00	980,91	844,25
West	II	**1 593,33**	465,08	465,08	II	1 436,66	1 281,00	1 131,08	987,66	850,66	720,08
	III	**1 129,00**	465,08	465,08	III	1 011,33	897,00	785,66	677,66	573,00	471,33
	V	**2 256,83**	465,08	465,08	IV	1 664,08	1 585,75	1 507,41	1 429,08	1 350,75	1 273,58
	VI	**2 301,16**	465,08	465,08							
7 376,99	I,IV	**1 750,16**	465,08	465,08	I	1 593,50	1 436,91	1 281,25	1 131,33	987,91	850,91
Ost	II	**1 601,08**	465,08	465,08	II	1 444,41	1 288,58	1 138,41	994,66	857,33	726,41
	III	**1 135,00**	465,08	465,08	III	1 017,16	902,50	791,16	683,00	578,16	476,33
	V	**2 264,66**	465,08	465,08	IV	1 671,83	1 593,50	1 515,16	1 436,91	1 358,58	1 281,25
	VI	**2 308,91**	465,08	465,08							
7 379,99	I,IV	**1 743,66**	465,08	465,08	I	1 587,00	1 430,33	1 274,83	1 125,25	982,00	845,33
West	II	**1 594,58**	465,08	465,08	II	1 437,91	1 282,16	1 132,25	988,83	851,75	721,08
	III	**1 130,00**	465,08	465,08	III	1 012,33	897,83	786,66	678,50	573,83	472,16
	V	**2 258,08**	465,08	465,08	IV	1 665,33	1 587,00	1 508,66	1 430,33	1 352,00	1 274,83
	VI	**2 302,41**	465,08	465,08							
7 379,99	I,IV	**1 751,41**	465,08	465,08	I	1 594,83	1 438,16	1 282,41	1 132,50	989,00	851,91
Ost	II	**1 602,33**	465,08	465,08	II	1 445,66	1 289,83	1 139,58	995,83	858,41	727,50
	III	**1 135,83**	465,08	465,08	III	1 018,00	903,50	792,16	683,83	579,00	477,16
	V	**2 265,91**	465,08	465,08	IV	1 673,16	1 594,83	1 516,50	1 438,16	1 359,83	1 282,41
	VI	**2 310,25**	465,08	465,08							

* Zur LSt-Berechnung für privat versicherte Arbeitnehmer s. Beispiele **Vorbemerkung S. 4f.**
** Basisvorsorgepauschale KV und PV *** Typisierter Arbeitgeberzuschuss

Lohn/ Gehalt in € bis	Steuerklasse	Lohn- steuer*	BVSP**	TAGZ***	Steuerklasse	Bemessungsgrundlage für Kirchensteuer und Solidaritätszuschlag – Freibeträge für ... Kinder 0,5	1,0	1,5	2,0	2,5	3,0
7 382,99 West	I,IV	**1 744,91**	465,08	465,08	I	1 588,25	1 431,58	1 276,08	1 126,41	983,16	846,33
	II	**1 595,83**	465,08	465,08	II	1 439,16	1 283,41	1 133,50	989,91	852,83	722,16
	III	**1 130,83**	465,08	465,08	III	1 013,16	898,66	787,50	679,50	574,66	473,00
	V	**2 259,33**	465,08	465,08	IV	1 666,58	1 588,25	1 509,91	1 431,58	1 353,33	1 276,08
	VI	**2 303,66**	465,08	465,08							
7 382,99 Ost	I,IV	**1 752,75**	465,08	465,08	I	1 596,08	1 439,41	1 283,66	1 133,66	990,16	853,00
	II	**1 603,58**	465,08	465,08	II	1 446,91	1 291,08	1 140,75	996,91	859,50	728,50
	III	**1 136,83**	465,08	465,08	III	1 019,00	904,33	793,00	684,83	579,83	478,00
	V	**2 267,16**	465,08	465,08	IV	1 674,41	1 596,08	1 517,75	1 439,41	1 361,08	1 283,66
	VI	**2 311,50**	465,08	465,08							
7 385,99 West	I,IV	**1 746,16**	465,08	465,08	I	1 589,50	1 432,83	1 277,25	1 127,58	984,33	847,41
	II	**1 597,08**	465,08	465,08	II	1 440,41	1 284,66	1 134,66	991,08	853,91	723,16
	III	**1 131,83**	465,08	465,08	III	1 014,16	899,66	788,33	680,33	575,50	473,83
	V	**2 260,58**	465,08	465,08	IV	1 667,83	1 589,50	1 511,16	1 432,83	1 354,58	1 277,25
	VI	**2 304,91**	465,08	465,08							
7 385,99 Ost	I,IV	**1 754,00**	465,08	465,08	I	1 597,33	1 440,66	1 284,91	1 134,91	991,25	854,08
	II	**1 604,91**	465,08	465,08	II	1 448,25	1 292,33	1 142,00	998,08	860,58	729,50
	III	**1 137,83**	465,08	465,08	III	1 020,00	905,33	793,83	685,66	580,66	478,83
	V	**2 268,41**	465,08	465,08	IV	1 675,66	1 597,33	1 519,00	1 440,66	1 362,33	1 284,91
	VI	**2 312,75**	465,08	465,08							
7 388,99 West	I,IV	**1 747,41**	465,08	465,08	I	1 590,75	1 434,08	1 278,50	1 128,75	985,41	848,50
	II	**1 598,33**	465,08	465,08	II	1 441,66	1 285,91	1 135,83	992,16	855,00	724,16
	III	**1 132,83**	465,08	465,08	III	1 015,00	900,50	789,16	681,16	576,33	474,66
	V	**2 261,83**	465,08	465,08	IV	1 669,08	1 590,75	1 512,41	1 434,08	1 355,83	1 278,50
	VI	**2 306,16**	465,08	465,08							
7 388,99 Ost	I,IV	**1 755,25**	465,08	465,08	I	1 598,58	1 441,91	1 286,16	1 136,08	992,41	855,16
	II	**1 606,16**	465,08	465,08	II	1 449,50	1 293,58	1 143,16	999,16	861,66	730,58
	III	**1 138,83**	465,08	465,08	III	1 020,83	906,16	794,66	686,50	581,50	479,66
	V	**2 269,66**	465,08	465,08	IV	1 676,91	1 598,58	1 520,25	1 441,91	1 363,58	1 286,16
	VI	**2 314,00**	465,08	465,08							
7 391,99 West	I,IV	**1 748,66**	465,08	465,08	I	1 592,00	1 435,33	1 279,75	1 129,91	986,58	849,58
	II	**1 599,58**	465,08	465,08	II	1 442,91	1 287,16	1 137,00	993,33	856,08	725,25
	III	**1 133,83**	465,08	465,08	III	1 016,00	901,50	790,16	682,00	577,16	475,50
	V	**2 263,16**	465,08	465,08	IV	1 670,33	1 592,00	1 513,66	1 435,33	1 357,08	1 279,75
	VI	**2 307,41**	465,08	465,08							
7 391,99 Ost	I,IV	**1 756,50**	465,08	465,08	I	1 599,83	1 443,16	1 287,33	1 137,25	993,50	856,25
	II	**1 607,41**	465,08	465,08	II	1 450,75	1 294,75	1 144,33	1 000,33	862,75	731,58
	III	**1 139,66**	465,08	465,08	III	1 021,83	907,16	795,66	687,33	582,33	480,50
	V	**2 270,91**	465,08	465,08	IV	1 678,16	1 599,83	1 521,50	1 443,16	1 364,83	1 287,33
	VI	**2 315,25**	465,08	465,08							
7 394,99 West	I,IV	**1 749,91**	465,08	465,08	I	1 593,33	1 436,66	1 281,00	1 131,08	987,66	850,66
	II	**1 600,83**	465,08	465,08	II	1 444,16	1 288,33	1 138,16	994,41	857,16	726,25
	III	**1 134,66**	465,08	465,08	III	1 017,00	902,33	791,00	682,83	578,00	476,16
	V	**2 264,41**	465,08	465,08	IV	1 671,58	1 593,33	1 515,00	1 436,66	1 358,33	1 281,00
	VI	**2 308,66**	465,08	465,08							
7 394,99 Ost	I,IV	**1 757,75**	465,08	465,08	I	1 601,08	1 444,41	1 288,58	1 138,41	994,66	857,33
	II	**1 608,66**	465,08	465,08	II	1 452,00	1 296,00	1 145,50	1 001,41	863,83	732,58
	III	**1 140,66**	465,08	465,08	III	1 022,83	908,00	796,50	688,16	583,16	481,16
	V	**2 272,16**	465,08	465,08	IV	1 679,41	1 601,08	1 522,75	1 444,41	1 366,08	1 288,58
	VI	**2 316,50**	465,08	465,08							
7 397,99 West	I,IV	**1 751,25**	465,08	465,08	I	1 594,58	1 437,91	1 282,16	1 132,25	988,83	851,75
	II	**1 602,08**	465,08	465,08	II	1 445,41	1 289,58	1 139,41	995,58	858,25	727,25
	III	**1 135,66**	465,08	465,08	III	1 017,83	903,33	791,83	683,66	578,83	477,00
	V	**2 265,66**	465,08	465,08	IV	1 672,91	1 594,58	1 516,25	1 437,91	1 359,58	1 282,16
	VI	**2 310,00**	465,08	465,08							
7 397,99 Ost	I,IV	**1 759,00**	465,08	465,08	I	1 602,33	1 445,66	1 289,83	1 139,58	995,83	858,41
	II	**1 609,91**	465,08	465,08	II	1 453,25	1 297,25	1 146,66	1 002,58	864,91	733,66
	III	**1 141,66**	465,08	465,08	III	1 023,66	909,00	797,33	689,00	584,00	482,00
	V	**2 273,50**	465,08	465,08	IV	1 680,66	1 602,33	1 524,00	1 445,66	1 367,33	1 289,83
	VI	**2 317,75**	465,08	465,08							

* Zur LSt-Berechnung für privat versicherte Arbeitnehmer s. Beispiele **Vorbemerkung S. 4f.**
** Basisvorsorgepauschale KV und PV *** Typisierter Arbeitgeberzuschuss

Lohn/ Gehalt in € bis	Steuerklasse	Lohnsteuer*	BVSP**	TAGZ***	Steuerklasse	Bemessungsgrundlage für Kirchensteuer und Solidaritätszuschlag – Freibeträge für ... Kinder 0,5	1,0	1,5	2,0	2,5	3,0
7400,99 West	I,IV	**1752,50**	465,08	465,08	I	1595,83	1439,16	1283,41	1133,50	989,91	852,83
	II	**1603,33**	465,08	465,08	II	1446,75	1290,83	1140,58	996,75	859,33	728,33
	III	**1136,66**	465,08	465,08	III	1018,83	904,16	792,83	684,50	579,66	477,83
	V	**2266,91**	465,08	465,08	IV	1674,16	1595,83	1517,50	1439,16	1360,83	1283,41
	VI	**2311,25**	465,08	465,08							
7400,99 Ost	I,IV	**1760,25**	465,08	465,08	I	1603,58	1446,91	1291,08	1140,75	996,91	859,50
	II	**1611,16**	465,08	465,08	II	1454,50	1298,50	1147,91	1003,75	866,00	734,66
	III	**1142,66**	465,08	465,08	III	1024,66	909,83	798,33	689,83	584,83	482,83
	V	**2274,75**	465,08	465,08	IV	1681,91	1603,58	1525,25	1446,91	1368,66	1291,08
	VI	**2319,00**	465,08	465,08							
7403,99 West	I,IV	**1753,75**	465,08	465,08	I	1597,08	1440,41	1284,66	1134,66	991,08	853,91
	II	**1604,66**	465,08	465,08	II	1448,00	1292,08	1141,75	997,83	860,33	729,33
	III	**1137,66**	465,08	465,08	III	1019,66	905,16	793,66	685,50	580,50	478,66
	V	**2268,16**	465,08	465,08	IV	1675,41	1597,08	1518,75	1440,41	1362,08	1284,66
	VI	**2312,50**	465,08	465,08							
7403,99 Ost	I,IV	**1761,50**	465,08	465,08	I	1604,91	1448,25	1292,33	1142,00	998,08	860,58
	II	**1612,41**	465,08	465,08	II	1455,75	1299,75	1149,08	1004,83	867,08	735,75
	III	**1143,66**	465,08	465,08	III	1025,50	910,83	799,16	690,83	585,66	483,66
	V	**2276,00**	465,08	465,08	IV	1683,16	1604,91	1526,58	1448,25	1369,91	1292,33
	VI	**2320,25**	465,08	465,08							
7406,99 West	I,IV	**1755,00**	465,08	465,08	I	1598,33	1441,66	1285,91	1135,83	992,16	855,00
	II	**1605,91**	465,08	465,08	II	1449,25	1293,33	1142,91	999,00	861,41	730,33
	III	**1138,50**	465,08	465,08	III	1020,66	906,00	794,50	686,33	581,33	479,50
	V	**2269,41**	465,08	465,08	IV	1676,66	1598,33	1520,00	1441,66	1363,33	1285,91
	VI	**2313,75**	465,08	465,08							
7406,99 Ost	I,IV	**1762,83**	465,08	465,08	I	1606,16	1449,50	1293,58	1143,16	999,16	861,66
	II	**1613,66**	465,08	465,08	II	1457,00	1301,00	1150,25	1006,00	868,16	736,75
	III	**1144,50**	465,08	465,08	III	1026,50	911,66	800,00	691,66	586,50	484,50
	V	**2277,25**	465,08	465,08	IV	1684,50	1606,16	1527,83	1449,50	1371,16	1293,58
	VI	**2321,58**	465,08	465,08							
7409,99 West	I,IV	**1756,25**	465,08	465,08	I	1599,58	1442,91	1287,16	1137,00	993,33	856,08
	II	**1607,16**	465,08	465,08	II	1450,50	1294,58	1144,08	1000,08	862,50	731,41
	III	**1139,50**	465,08	465,08	III	1021,66	906,83	795,50	687,16	582,16	480,33
	V	**2270,66**	465,08	465,08	IV	1677,91	1599,58	1521,25	1442,91	1364,58	1287,16
	VI	**2315,00**	465,08	465,08							
7409,99 Ost	I,IV	**1764,08**	465,08	465,08	I	1607,41	1450,75	1294,75	1144,33	1000,33	862,75
	II	**1614,91**	465,08	465,08	II	1458,33	1302,16	1151,41	1007,16	869,25	737,75
	III	**1145,50**	465,08	465,08	III	1027,50	912,50	801,00	692,50	587,33	485,33
	V	**2278,50**	465,08	465,08	IV	1685,75	1607,41	1529,08	1450,75	1372,41	1294,75
	VI	**2322,83**	465,08	465,08							
7412,99 West	I,IV	**1757,50**	465,08	465,08	I	1600,83	1444,16	1288,33	1138,16	994,41	857,16
	II	**1608,41**	465,08	465,08	II	1451,75	1295,75	1145,33	1001,25	863,58	732,41
	III	**1140,50**	465,08	465,08	III	1022,50	907,83	796,33	688,00	583,00	481,00
	V	**2271,91**	465,08	465,08	IV	1679,16	1600,83	1522,50	1444,16	1365,83	1288,33
	VI	**2316,25**	465,08	465,08							
7412,99 Ost	I,IV	**1765,33**	465,08	465,08	I	1608,66	1452,00	1296,00	1145,50	1001,41	863,83
	II	**1616,25**	465,08	465,08	II	1459,58	1303,41	1152,66	1008,25	870,33	738,83
	III	**1146,50**	465,08	465,08	III	1028,33	913,50	801,83	693,33	588,16	486,00
	V	**2279,75**	465,08	465,08	IV	1687,00	1608,66	1530,33	1452,00	1373,66	1296,00
	VI	**2324,08**	465,08	465,08							
7415,99 West	I,IV	**1758,75**	465,08	465,08	I	1602,08	1445,41	1289,58	1139,41	995,58	858,25
	II	**1609,66**	465,08	465,08	II	1453,00	1297,00	1146,50	1002,33	864,66	733,41
	III	**1141,50**	465,08	465,08	III	1023,50	908,66	797,16	688,83	583,83	481,83
	V	**2273,25**	465,08	465,08	IV	1680,41	1602,08	1523,75	1445,41	1367,16	1289,58
	VI	**2317,50**	465,08	465,08							
7415,99 Ost	I,IV	**1766,58**	465,08	465,08	I	1609,91	1453,25	1297,25	1146,66	1002,58	864,91
	II	**1617,50**	465,08	465,08	II	1460,83	1304,66	1153,83	1009,41	871,41	739,83
	III	**1147,50**	465,08	465,08	III	1029,33	914,33	802,66	694,16	589,00	486,83
	V	**2281,00**	465,08	465,08	IV	1688,25	1609,91	1531,58	1453,25	1374,91	1297,25
	VI	**2325,33**	465,08	465,08							

* Zur LSt-Berechnung für privat versicherte Arbeitnehmer s. Beispiele **Vorbemerkung S. 4f.**
** Basisvorsorgepauschale KV und PV *** Typisierter Arbeitgeberzuschuss

Lohn/Gehalt in € bis	Steuerklasse	Lohnsteuer*	BVSP**	TAGZ***	Steuerklasse	Bemessungsgrundlage für Kirchensteuer und Solidaritätszuschlag – Freibeträge für ... Kinder 0,5	1,0	1,5	2,0	2,5	3,0
7418,99	I,IV	**1760,00**	465,08	465,08	I	1603,33	1446,75	1290,83	1140,58	996,75	859,33
West	II	**1610,91**	465,08	465,08	II	1454,25	1298,25	1147,66	1003,50	865,75	734,50
	III	**1142,50**	465,08	465,08	III	1024,50	909,66	798,00	689,66	584,66	482,66
	V	**2274,50**	465,08	465,08	IV	1681,66	1603,33	1525,08	1446,75	1368,41	1290,83
	VI	**2318,75**	465,08	465,08							
7418,99	I,IV	**1767,83**	465,08	465,08	I	1611,16	1454,50	1298,50	1147,91	1003,75	866,00
Ost	II	**1618,75**	465,08	465,08	II	1462,08	1305,91	1155,00	1010,50	872,50	740,83
	III	**1148,33**	465,08	465,08	III	1030,16	915,33	803,50	695,00	589,83	487,66
	V	**2282,25**	465,08	465,08	IV	1689,50	1611,16	1532,83	1454,50	1376,16	1298,50
	VI	**2326,58**	465,08	465,08							
7421,99	I,IV	**1761,33**	465,08	465,08	I	1604,66	1448,00	1292,08	1141,75	997,83	860,33
West	II	**1612,16**	465,08	465,08	II	1455,50	1299,50	1148,83	1004,66	866,83	735,50
	III	**1143,33**	465,08	465,08	III	1025,33	910,50	799,00	690,66	585,50	483,50
	V	**2275,75**	465,08	465,08	IV	1683,00	1604,66	1526,33	1448,00	1369,66	1292,08
	VI	**2320,08**	465,08	465,08							
7421,99	I,IV	**1769,08**	465,08	465,08	I	1612,41	1455,75	1299,75	1149,08	1004,83	867,08
Ost	II	**1620,00**	465,08	465,08	II	1463,33	1307,16	1156,16	1011,66	873,58	741,91
	III	**1149,33**	465,08	465,08	III	1031,16	916,16	804,50	696,00	590,66	488,50
	V	**2283,50**	465,08	465,08	IV	1690,75	1612,41	1534,08	1455,75	1377,41	1299,75
	VI	**2327,83**	465,08	465,08							
7424,99	I,IV	**1762,58**	465,08	465,08	I	1605,91	1449,25	1293,33	1142,91	999,00	861,41
West	II	**1613,41**	465,08	465,08	II	1456,83	1300,75	1150,00	1005,75	867,91	736,50
	III	**1144,33**	465,08	465,08	III	1026,33	911,50	799,83	691,50	586,33	484,33
	V	**2277,00**	465,08	465,08	IV	1684,25	1605,91	1527,58	1449,25	1370,91	1293,33
	VI	**2321,33**	465,08	465,08							
7424,99	I,IV	**1770,33**	465,08	465,08	I	1613,66	1457,00	1301,00	1150,25	1006,00	868,16
Ost	II	**1621,25**	465,08	465,08	II	1464,58	1308,41	1157,41	1012,83	874,66	742,91
	III	**1150,33**	465,08	465,08	III	1032,16	917,16	805,33	696,83	591,50	489,33
	V	**2284,83**	465,08	465,08	IV	1692,00	1613,66	1535,33	1457,00	1378,66	1301,00
	VI	**2329,08**	465,08	465,08							
7427,99	I,IV	**1763,83**	465,08	465,08	I	1607,16	1450,50	1294,58	1144,08	1000,08	862,50
West	II	**1614,75**	465,08	465,08	II	1458,08	1302,00	1151,25	1006,91	869,00	737,58
	III	**1145,33**	465,08	465,08	III	1027,16	912,33	800,66	692,33	587,16	485,16
	V	**2278,25**	465,08	465,08	IV	1685,50	1607,16	1528,83	1450,50	1372,16	1294,58
	VI	**2322,58**	465,08	465,08							
7427,99	I,IV	**1771,58**	465,08	465,08	I	1614,91	1458,33	1302,16	1151,41	1007,16	869,25
Ost	II	**1622,50**	465,08	465,08	II	1465,83	1309,66	1158,58	1013,91	875,75	744,00
	III	**1151,33**	465,08	465,08	III	1033,00	918,00	806,16	697,66	592,33	490,16
	V	**2286,08**	465,08	465,08	IV	1693,25	1614,91	1536,66	1458,33	1380,00	1302,16
	VI	**2330,33**	465,08	465,08							
7430,99	I,IV	**1765,08**	465,08	465,08	I	1608,41	1451,75	1295,75	1145,33	1001,25	863,58
West	II	**1616,00**	465,08	465,08	II	1459,33	1303,16	1152,41	1008,00	870,08	738,58
	III	**1146,33**	465,08	465,08	III	1028,16	913,33	801,66	693,16	588,00	485,83
	V	**2279,50**	465,08	465,08	IV	1686,75	1608,41	1530,08	1451,75	1373,41	1295,75
	VI	**2323,83**	465,08	465,08							
7430,99	I,IV	**1772,91**	465,08	465,08	I	1616,25	1459,58	1303,41	1152,66	1008,25	870,33
Ost	II	**1623,75**	465,08	465,08	II	1467,08	1310,91	1159,75	1015,08	876,83	745,00
	III	**1152,33**	465,08	465,08	III	1034,00	919,00	807,16	698,50	593,16	491,00
	V	**2287,33**	465,08	465,08	IV	1694,58	1616,25	1537,91	1459,58	1381,25	1303,41
	VI	**2331,66**	465,08	465,08							
7433,99	I,IV	**1766,33**	465,08	465,08	I	1609,66	1453,00	1297,00	1146,50	1002,33	864,66
West	II	**1617,25**	465,08	465,08	II	1460,58	1304,41	1153,58	1009,16	871,16	739,66
	III	**1147,16**	465,08	465,08	III	1029,16	914,16	802,50	694,00	588,83	486,66
	V	**2280,75**	465,08	465,08	IV	1688,00	1609,66	1531,33	1453,00	1374,66	1297,00
	VI	**2325,08**	465,08	465,08							
7433,99	I,IV	**1774,16**	465,08	465,08	I	1617,50	1460,83	1304,66	1153,83	1009,41	871,41
Ost	II	**1625,00**	465,08	465,08	II	1468,41	1312,16	1160,91	1016,25	877,91	746,00
	III	**1153,16**	465,08	465,08	III	1035,00	919,83	808,00	699,33	594,00	491,66
	V	**2288,58**	465,08	465,08	IV	1695,83	1617,50	1539,16	1460,83	1382,50	1304,66
	VI	**2332,91**	465,08	465,08							

* Zur LSt-Berechnung für privat versicherte Arbeitnehmer s. Beispiele **Vorbemerkung S. 4f.**
** Basisvorsorgepauschale KV und PV *** Typisierter Arbeitgeberzuschuss

Lohn/ Gehalt in € bis	Steuerklasse	Lohn- steuer*	BVSP**	TAGZ***	Steuerklasse	Bemessungsgrundlage für Kirchensteuer und Solidaritätszuschlag – Freibeträge für ... Kinder 0,5	1,0	1,5	2,0	2,5	3,0
7436,99	I,IV	**1767,58**	465,08	465,08	I	1610,91	1454,25	1298,25	1147,66	1003,50	865,75
West	II	**1618,50**	465,08	465,08	II	1461,83	1305,66	1154,75	1010,33	872,25	740,66
	III	**1148,16**	465,08	465,08	III	1030,00	915,16	803,33	694,83	589,66	487,50
	V	**2282,00**	465,08	465,08	IV	1689,25	1610,91	1532,58	1454,25	1375,91	1298,25
	VI	**2326,33**	465,08	465,08							
7436,99	I,IV	**1775,41**	465,08	465,08	I	1618,75	1462,08	1305,91	1155,00	1010,50	872,50
Ost	II	**1626,33**	465,08	465,08	II	1469,66	1313,33	1162,16	1017,33	879,00	747,08
	III	**1154,16**	465,08	465,08	III	1035,83	920,83	808,83	700,16	594,83	492,50
	V	**2289,83**	465,08	465,08	IV	1697,08	1618,75	1540,41	1462,08	1383,75	1305,91
	VI	**2334,16**	465,08	465,08							
7439,99	I,IV	**1768,83**	465,08	465,08	I	1612,16	1455,50	1299,50	1148,83	1004,66	866,83
West	II	**1619,75**	465,08	465,08	II	1463,08	1306,91	1156,00	1011,41	873,33	741,66
	III	**1149,16**	465,08	465,08	III	1031,00	916,00	804,33	695,66	590,50	488,33
	V	**2283,33**	465,08	465,08	IV	1690,50	1612,16	1533,83	1455,50	1377,16	1299,50
	VI	**2327,58**	465,08	465,08							
7439,99	I,IV	**1776,66**	465,08	465,08	I	1620,00	1463,33	1307,16	1156,16	1011,66	873,58
Ost	II	**1627,58**	465,08	465,08	II	1470,91	1314,58	1163,33	1018,50	880,08	748,08
	III	**1155,16**	465,08	465,08	III	1036,83	921,66	809,83	701,16	595,66	493,33
	V	**2291,08**	465,08	465,08	IV	1698,33	1620,00	1541,66	1463,33	1385,00	1307,16
	VI	**2335,41**	465,08	465,08							
7442,99	I,IV	**1770,08**	465,08	465,08	I	1613,41	1456,83	1300,75	1150,00	1005,75	867,91
West	II	**1621,00**	465,08	465,08	II	1464,33	1308,16	1157,16	1012,58	874,41	742,75
	III	**1150,16**	465,08	465,08	III	1031,83	917,00	805,16	696,66	591,33	489,16
	V	**2284,58**	465,08	465,08	IV	1691,75	1613,41	1535,08	1456,83	1378,50	1300,75
	VI	**2328,83**	465,08	465,08							
7442,99	I,IV	**1777,91**	465,08	465,08	I	1621,25	1464,58	1308,41	1157,41	1012,83	874,66
Ost	II	**1628,83**	465,08	465,08	II	1472,16	1315,83	1164,50	1019,66	881,16	749,16
	III	**1156,16**	465,08	465,08	III	1037,83	922,66	810,66	702,00	596,50	494,16
	V	**2292,33**	465,08	465,08	IV	1699,58	1621,25	1542,91	1464,58	1386,25	1308,41
	VI	**2336,66**	465,08	465,08							
7445,99	I,IV	**1771,33**	465,08	465,08	I	1614,75	1458,08	1302,00	1151,25	1006,91	869,00
West	II	**1622,25**	465,08	465,08	II	1465,58	1309,41	1158,33	1013,75	875,50	743,75
	III	**1151,00**	465,08	465,08	III	1032,83	917,83	806,00	697,50	592,16	490,00
	V	**2285,83**	465,08	465,08	IV	1693,08	1614,75	1536,41	1458,08	1379,75	1302,00
	VI	**2330,08**	465,08	465,08							
7445,99	I,IV	**1779,16**	465,08	465,08	I	1622,50	1465,83	1309,66	1158,58	1013,91	875,75
Ost	II	**1630,08**	465,08	465,08	II	1473,41	1317,08	1165,75	1020,75	882,25	750,16
	III	**1157,16**	465,08	465,08	III	1038,66	923,50	811,50	702,83	597,33	495,00
	V	**2293,58**	465,08	465,08	IV	1700,83	1622,50	1544,16	1465,83	1387,50	1309,66
	VI	**2337,91**	465,08	465,08							
7448,99	I,IV	**1772,66**	465,08	465,08	I	1616,00	1459,33	1303,16	1152,41	1008,00	870,08
West	II	**1623,50**	465,08	465,08	II	1466,83	1310,66	1159,50	1014,83	876,58	744,83
	III	**1152,00**	465,08	465,08	III	1033,83	918,83	807,00	698,33	593,00	490,83
	V	**2287,08**	465,08	465,08	IV	1694,33	1616,00	1537,66	1459,33	1381,00	1303,16
	VI	**2331,41**	465,08	465,08							
7448,99	I,IV	**1780,41**	465,08	465,08	I	1623,75	1467,08	1310,91	1159,75	1015,08	876,83
Ost	II	**1631,33**	465,08	465,08	II	1474,66	1318,33	1166,91	1021,91	883,33	751,25
	III	**1158,00**	465,08	465,08	III	1039,66	924,50	812,50	703,66	598,16	495,83
	V	**2294,91**	465,08	465,08	IV	1702,08	1623,75	1545,41	1467,08	1388,75	1310,91
	VI	**2339,16**	465,08	465,08							
7451,99	I,IV	**1773,91**	465,08	465,08	I	1617,25	1460,58	1304,41	1153,58	1009,16	871,16
West	II	**1624,83**	465,08	465,08	II	1468,16	1311,91	1160,75	1016,00	877,66	745,83
	III	**1153,00**	465,08	465,08	III	1034,66	919,66	807,83	699,16	593,83	491,50
	V	**2288,33**	465,08	465,08	IV	1695,58	1617,25	1538,91	1460,58	1382,25	1304,41
	VI	**2332,66**	465,08	465,08							
7451,99	I,IV	**1781,66**	465,08	465,08	I	1625,00	1468,41	1312,16	1160,91	1016,25	877,91
Ost	II	**1632,58**	465,08	465,08	II	1475,91	1319,58	1168,08	1023,08	884,41	752,25
	III	**1159,00**	465,08	465,08	III	1040,50	925,33	813,33	704,50	599,00	496,66
	V	**2296,16**	465,08	465,08	IV	1703,33	1625,00	1546,66	1468,41	1390,08	1312,16
	VI	**2340,41**	465,08	465,08							

* Zur LSt-Berechnung für privat versicherte Arbeitnehmer s. Beispiele **Vorbemerkung S. 4f.**
** Basisvorsorgepauschale KV und PV *** Typisierter Arbeitgeberzuschuss

Lohn/ Gehalt in € bis	Steuerklasse	Lohn-steuer*	BVSP**	TAGZ***	Steuerklasse	Bemessungsgrundlage für Kirchensteuer und Solidaritätszuschlag					
						Freibeträge für ... Kinder					
						0,5	**1,0**	1,5	**2,0**	2,5	**3,0**
7 454,99 West	I,IV	**1 775,16**	465,08	465,08	I	1 618,50	1 461,83	1 305,66	1 154,75	1 010,33	872,25
	II	**1 626,08**	465,08	465,08	II	1 469,41	1 313,16	1 161,91	1 017,16	878,75	746,83
	III	**1 154,00**	465,08	465,08	III	1 035,66	920,50	808,66	700,00	594,66	492,33
	V	**2 289,58**	465,08	465,08	IV	1 696,83	1 618,50	1 540,16	1 461,83	1 383,50	1 305,66
	VI	**2 333,91**	465,08	465,08							
7 454,99 Ost	I,IV	**1 782,91**	465,08	465,08	I	1 626,33	1 469,66	1 313,33	1 162,16	1 017,33	879,00
	II	**1 633,83**	465,08	465,08	II	1 477,16	1 320,83	1 169,33	1 024,16	885,50	753,25
	III	**1 160,00**	465,08	465,08	III	1 041,50	926,33	814,16	705,33	599,83	497,33
	V	**2 297,41**	465,08	465,08	IV	1 704,66	1 626,33	1 548,00	1 469,66	1 391,33	1 313,33
	VI	**2 341,75**	465,08	465,08							
7 457,99 West	I,IV	**1 776,41**	465,08	465,08	I	1 619,75	1 463,08	1 306,91	1 156,00	1 011,41	873,33
	II	**1 627,33**	465,08	465,08	II	1 470,66	1 314,33	1 163,08	1 018,25	879,91	747,91
	III	**1 155,00**	465,08	465,08	III	1 036,66	921,50	809,66	700,83	595,50	493,16
	V	**2 290,83**	465,08	465,08	IV	1 698,08	1 619,75	1 541,41	1 463,08	1 384,75	1 306,91
	VI	**2 335,16**	465,08	465,08							
7 457,99 Ost	I,IV	**1 784,25**	465,08	465,08	I	1 627,58	1 470,91	1 314,58	1 163,33	1 018,50	880,08
	II	**1 635,08**	465,08	465,08	II	1 478,41	1 322,08	1 170,50	1 025,33	886,58	754,33
	III	**1 161,00**	465,08	465,08	III	1 042,50	927,16	815,16	706,33	600,66	498,16
	V	**2 298,66**	465,08	465,08	IV	1 705,91	1 627,58	1 549,25	1 470,91	1 392,58	1 314,58
	VI	**2 343,00**	465,08	465,08							
7 460,99 West	I,IV	**1 777,66**	465,08	465,08	I	1 621,00	1 464,33	1 308,16	1 157,16	1 012,58	874,41
	II	**1 628,58**	465,08	465,08	II	1 471,91	1 315,58	1 164,33	1 019,41	881,00	748,91
	III	**1 155,83**	465,08	465,08	III	1 037,50	922,33	810,50	701,83	596,33	494,00
	V	**2 292,08**	465,08	465,08	IV	1 699,33	1 621,00	1 542,66	1 464,33	1 386,00	1 308,16
	VI	**2 336,41**	465,08	465,08							
7 460,99 Ost	I,IV	**1 785,50**	465,08	465,08	I	1 628,83	1 472,16	1 315,83	1 164,50	1 019,66	881,16
	II	**1 636,41**	465,08	465,08	II	1 479,75	1 323,33	1 171,66	1 026,50	887,66	755,33
	III	**1 161,83**	465,08	465,08	III	1 043,33	928,16	816,00	707,16	601,50	499,00
	V	**2 299,91**	465,08	465,08	IV	1 707,16	1 628,83	1 550,50	1 472,16	1 393,83	1 315,83
	VI	**2 344,25**	465,08	465,08							
7 463,99 West	I,IV	**1 778,91**	465,08	465,08	I	1 622,25	1 465,58	1 309,41	1 158,33	1 013,75	875,50
	II	**1 629,83**	465,08	465,08	II	1 473,16	1 316,83	1 165,50	1 020,58	882,08	750,00
	III	**1 156,83**	465,08	465,08	III	1 038,50	923,33	811,33	702,66	597,16	494,83
	V	**2 293,33**	465,08	465,08	IV	1 700,58	1 622,25	1 543,91	1 465,58	1 387,25	1 309,41
	VI	**2 337,66**	465,08	465,08							
7 463,99 Ost	I,IV	**1 786,75**	465,08	465,08	I	1 630,08	1 473,41	1 317,08	1 165,75	1 020,75	882,25
	II	**1 637,66**	465,08	465,08	II	1 481,00	1 324,58	1 172,91	1 027,58	888,83	756,41
	III	**1 162,83**	465,08	465,08	III	1 044,33	929,00	816,83	708,00	602,33	499,83
	V	**2 301,16**	465,08	465,08	IV	1 708,41	1 630,08	1 551,75	1 473,41	1 395,08	1 317,08
	VI	**2 345,50**	465,08	465,08							
7 466,99 West	I,IV	**1 780,16**	465,08	465,08	I	1 623,50	1 466,83	1 310,66	1 159,50	1 014,83	876,58
	II	**1 631,08**	465,08	465,08	II	1 474,41	1 318,08	1 166,66	1 021,66	883,16	751,00
	III	**1 157,83**	465,08	465,08	III	1 039,50	924,16	812,33	703,50	598,00	495,66
	V	**2 294,66**	465,08	465,08	IV	1 701,83	1 623,50	1 545,16	1 466,83	1 388,58	1 310,66
	VI	**2 338,91**	465,08	465,08							
7 466,99 Ost	I,IV	**1 788,00**	465,08	465,08	I	1 631,33	1 474,66	1 318,33	1 166,91	1 021,91	883,33
	II	**1 638,91**	465,08	465,08	II	1 482,25	1 325,83	1 174,08	1 028,75	889,91	757,41
	III	**1 163,83**	465,08	465,08	III	1 045,33	930,00	817,83	708,83	603,16	500,66
	V	**2 302,41**	465,08	465,08	IV	1 709,66	1 631,33	1 553,00	1 474,66	1 396,33	1 318,33
	VI	**2 346,75**	465,08	465,08							
7 469,99 West	I,IV	**1 781,41**	465,08	465,08	I	1 624,83	1 468,16	1 311,91	1 160,75	1 016,00	877,66
	II	**1 632,33**	465,08	465,08	II	1 475,66	1 319,33	1 167,83	1 022,83	884,25	752,08
	III	**1 158,83**	465,08	465,08	III	1 040,33	925,16	813,16	704,33	598,83	496,50
	V	**2 295,91**	465,08	465,08	IV	1 703,08	1 624,83	1 546,50	1 468,16	1 389,83	1 311,91
	VI	**2 340,16**	465,08	465,08							
7 469,99 Ost	I,IV	**1 789,25**	465,08	465,08	I	1 632,58	1 475,91	1 319,58	1 168,08	1 023,08	884,41
	II	**1 640,16**	465,08	465,08	II	1 483,50	1 327,08	1 175,25	1 029,91	891,00	758,50
	III	**1 164,83**	465,08	465,08	III	1 046,16	930,83	818,66	709,66	604,00	501,50
	V	**2 303,66**	465,08	465,08	IV	1 710,91	1 632,58	1 554,25	1 475,91	1 397,58	1 319,58
	VI	**2 348,00**	465,08	465,08							

* Zur LSt-Berechnung für privat versicherte Arbeitnehmer s. Beispiele **Vorbemerkung S. 4 f.**
** Basisvorsorgepauschale KV und PV *** Typisierter Arbeitgeberzuschuss

Lohn/ Gehalt in € bis	Steuerklasse	Lohn-steuer*	BVSP**	TAGZ***	Steuerklasse	Bemessungsgrundlage für Kirchensteuer und Solidaritätszuschlag					
						Freibeträge für ... Kinder					
						0,5	**1,0**	1,5	**2,0**	2,5	**3,0**
7472,99 West	I,IV	**1782,75**	465,08	465,08	I	1626,08	1469,41	1313,16	1161,91	1017,16	878,75
	II	**1633,58**	465,08	465,08	II	1476,91	1320,58	1169,08	1024,00	885,33	753,08
	III	**1159,83**	465,08	465,08	III	1041,33	926,00	814,00	705,16	599,66	497,16
	V	**2297,16**	465,08	465,08	IV	1704,41	1626,08	1547,75	1469,41	1391,08	1313,16
	VI	**2341,50**	465,08	465,08							
7472,99 Ost	I,IV	**1790,50**	465,08	465,08	I	1633,83	1477,16	1320,83	1169,33	1024,16	885,50
	II	**1641,41**	465,08	465,08	II	1484,75	1328,33	1176,50	1031,08	892,08	759,50
	III	**1165,83**	465,08	465,08	III	1047,16	931,66	819,50	710,50	604,83	502,33
	V	**2305,00**	465,08	465,08	IV	1712,16	1633,83	1555,50	1477,16	1398,83	1320,83
	VI	**2349,25**	465,08	465,08							
7475,99 West	I,IV	**1784,00**	465,08	465,08	I	1627,33	1470,66	1314,33	1163,08	1018,25	879,91
	II	**1634,83**	465,08	465,08	II	1478,25	1321,83	1170,25	1025,08	886,41	754,16
	III	**1160,66**	465,08	465,08	III	1042,16	927,00	814,83	706,00	600,50	498,00
	V	**2298,41**	465,08	465,08	IV	1705,66	1627,33	1549,00	1470,66	1392,33	1314,33
	VI	**2342,75**	465,08	465,08							
7475,99 Ost	I,IV	**1791,75**	465,08	465,08	I	1635,08	1478,41	1322,08	1170,50	1025,33	886,58
	II	**1642,66**	465,08	465,08	II	1486,00	1329,58	1177,66	1032,16	893,16	760,58
	III	**1166,66**	465,08	465,08	III	1048,16	932,66	820,50	711,50	605,66	503,16
	V	**2306,25**	465,08	465,08	IV	1713,41	1635,08	1556,75	1478,41	1400,16	1322,08
	VI	**2350,50**	465,08	465,08							
7478,99 West	I,IV	**1785,25**	465,08	465,08	I	1628,58	1471,91	1315,58	1164,33	1019,41	881,00
	II	**1636,16**	465,08	465,08	II	1479,50	1323,08	1171,41	1026,25	887,50	755,16
	III	**1161,66**	465,08	465,08	III	1043,16	927,83	815,83	707,00	601,33	498,83
	V	**2299,66**	465,08	465,08	IV	1706,91	1628,58	1550,25	1471,91	1393,58	1315,58
	VI	**2344,00**	465,08	465,08							
7478,99 Ost	I,IV	**1793,00**	465,08	465,08	I	1636,41	1479,75	1323,33	1171,66	1026,50	887,66
	II	**1643,91**	465,08	465,08	II	1487,25	1330,83	1178,83	1033,33	894,25	761,58
	III	**1167,66**	465,08	465,08	III	1049,00	933,50	821,33	712,33	606,50	503,83
	V	**2307,50**	465,08	465,08	IV	1714,66	1636,41	1558,08	1479,75	1401,41	1323,33
	VI	**2351,75**	465,08	465,08							
7481,99 West	I,IV	**1786,50**	465,08	465,08	I	1629,83	1473,16	1316,83	1165,50	1020,58	882,08
	II	**1637,41**	465,08	465,08	II	1480,75	1324,33	1172,66	1027,41	888,58	756,16
	III	**1162,66**	465,08	465,08	III	1044,16	928,83	816,66	707,83	602,16	499,66
	V	**2300,91**	465,08	465,08	IV	1708,16	1629,83	1551,50	1473,16	1394,83	1316,83
	VI	**2345,25**	465,08	465,08							
7481,99 Ost	I,IV	**1794,33**	465,08	465,08	I	1637,66	1481,00	1324,58	1172,91	1027,58	888,83
	II	**1645,16**	465,08	465,08	II	1488,50	1332,08	1180,08	1034,50	895,33	762,66
	III	**1168,66**	465,08	465,08	III	1050,00	934,50	822,16	713,16	607,33	504,66
	V	**2308,75**	465,08	465,08	IV	1716,00	1637,66	1559,33	1481,00	1402,66	1324,58
	VI	**2353,08**	465,08	465,08							
7484,99 West	I,IV	**1787,75**	465,08	465,08	I	1631,08	1474,41	1318,08	1166,66	1021,66	883,16
	II	**1638,66**	465,08	465,08	II	1482,00	1325,58	1173,83	1028,58	889,66	757,25
	III	**1163,66**	465,08	465,08	III	1045,00	929,66	817,50	708,66	603,00	500,50
	V	**2302,16**	465,08	465,08	IV	1709,41	1631,08	1552,75	1474,41	1396,08	1318,08
	VI	**2346,50**	465,08	465,08							
7484,99 Ost	I,IV	**1795,58**	465,08	465,08	I	1638,91	1482,25	1325,83	1174,08	1028,75	889,91
	II	**1646,41**	465,08	465,08	II	1489,83	1333,33	1181,25	1035,66	896,41	763,66
	III	**1169,66**	465,08	465,08	III	1051,00	935,33	823,16	714,00	608,16	505,50
	V	**2310,00**	465,08	465,08	IV	1717,25	1638,91	1560,58	1482,25	1403,91	1325,83
	VI	**2354,33**	465,08	465,08							
7487,99 West	I,IV	**1789,00**	465,08	465,08	I	1632,33	1475,66	1319,33	1167,83	1022,83	884,25
	II	**1639,91**	465,08	465,08	II	1483,25	1326,83	1175,00	1029,66	890,75	758,25
	III	**1164,66**	465,08	465,08	III	1046,00	930,66	818,50	709,50	603,83	501,33
	V	**2303,41**	465,08	465,08	IV	1710,66	1632,33	1554,00	1475,66	1397,33	1319,33
	VI	**2347,75**	465,08	465,08							
7487,99 Ost	I,IV	**1796,83**	465,08	465,08	I	1640,16	1483,50	1327,08	1175,25	1029,91	891,00
	II	**1647,75**	465,08	465,08	II	1491,08	1334,58	1182,41	1036,75	897,50	764,75
	III	**1170,66**	465,08	465,08	III	1051,83	936,33	824,00	714,83	609,00	506,33
	V	**2311,25**	465,08	465,08	IV	1718,50	1640,16	1561,83	1483,50	1405,16	1327,08
	VI	**2355,58**	465,08	465,08							

* Zur LSt-Berechnung für privat versicherte Arbeitnehmer s. Beispiele **Vorbemerkung S. 4 f.**
** Basisvorsorgepauschale KV und PV *** Typisierter Arbeitgeberzuschuss

Lohn/ Gehalt in € bis	Steuerklasse	Lohn-steuer*	BVSP**	TAGZ***	Steuerklasse	Bemessungsgrundlage für Kirchensteuer und Solidaritätszuschlag – Freibeträge für ... Kinder 0,5	1,0	1,5	2,0	2,5	3,0
7490,99	I,IV	**1790,25**	465,08	465,08	I	1633,58	1476,91	1320,58	1169,08	1024,00	885,33
West	II	**1641,16**	465,08	465,08	II	1484,50	1328,08	1176,25	1030,83	891,83	759,33
	III	**1165,50**	465,08	465,08	III	1047,00	931,50	819,33	710,33	604,66	502,16
	V	**2304,75**	465,08	465,08	IV	1711,91	1633,58	1555,25	1476,91	1398,58	1320,58
	VI	**2349,00**	465,08	465,08							
7490,99	I,IV	**1798,08**	465,08	465,08	I	1641,41	1484,75	1328,33	1176,50	1031,08	892,08
Ost	II	**1649,00**	465,08	465,08	II	1492,33	1335,83	1183,66	1037,91	898,66	765,75
	III	**1171,66**	465,08	465,08	III	1052,83	937,16	824,83	715,83	609,83	507,16
	V	**2312,50**	465,08	465,08	IV	1719,75	1641,41	1563,08	1484,75	1406,41	1328,33
	VI	**2356,83**	465,08	465,08							
7493,99	I,IV	**1791,50**	465,08	465,08	I	1634,83	1478,25	1321,83	1170,25	1025,08	886,41
West	II	**1642,41**	465,08	465,08	II	1485,75	1329,33	1177,41	1032,00	892,91	760,33
	III	**1166,50**	465,08	465,08	III	1047,83	932,50	820,16	711,33	605,50	502,83
	V	**2306,00**	465,08	465,08	IV	1713,16	1634,83	1556,58	1478,25	1399,91	1321,83
	VI	**2350,25**	465,08	465,08							
7493,99	I,IV	**1799,33**	465,08	465,08	I	1642,66	1486,00	1329,58	1177,66	1032,16	893,16
Ost	II	**1650,25**	465,08	465,08	II	1493,58	1337,08	1184,83	1039,08	899,75	766,83
	III	**1172,50**	465,08	465,08	III	1053,66	938,16	825,83	716,66	610,66	508,00
	V	**2313,75**	465,08	465,08	IV	1721,00	1642,66	1564,33	1486,00	1407,66	1329,58
	VI	**2358,08**	465,08	465,08							
7496,99	I,IV	**1792,83**	465,08	465,08	I	1636,16	1479,50	1323,08	1171,41	1026,25	887,50
West	II	**1643,66**	465,08	465,08	II	1487,00	1330,58	1178,58	1033,08	894,08	761,41
	III	**1167,50**	465,08	465,08	III	1048,83	933,33	821,16	712,16	606,33	503,66
	V	**2307,25**	465,08	465,08	IV	1714,50	1636,16	1557,83	1479,50	1401,16	1323,08
	VI	**2351,58**	465,08	465,08							
7496,99	I,IV	**1800,58**	465,08	465,08	I	1643,91	1487,25	1330,83	1178,83	1033,33	894,25
Ost	II	**1651,50**	465,08	465,08	II	1494,83	1338,33	1186,00	1040,25	900,83	767,83
	III	**1173,50**	465,08	465,08	III	1054,66	939,00	826,66	717,50	611,50	508,83
	V	**2315,00**	465,08	465,08	IV	1722,25	1643,91	1565,58	1487,25	1408,91	1330,83
	VI	**2359,33**	465,08	465,08							
7499,99	I,IV	**1794,08**	465,08	465,08	I	1637,41	1480,75	1324,33	1172,66	1027,41	888,58
West	II	**1644,91**	465,08	465,08	II	1488,33	1331,83	1179,83	1034,25	895,16	762,41
	III	**1168,50**	465,08	465,08	III	1049,83	934,33	822,00	713,00	607,16	504,50
	V	**2308,50**	465,08	465,08	IV	1715,75	1637,41	1559,08	1480,75	1402,41	1324,33
	VI	**2352,83**	465,08	465,08							
7499,99	I,IV	**1801,83**	465,08	465,08	I	1645,16	1488,50	1332,08	1180,08	1034,50	895,33
Ost	II	**1652,75**	465,08	465,08	II	1496,08	1339,58	1187,25	1041,33	901,91	768,91
	III	**1174,50**	465,08	465,08	III	1055,66	940,00	827,50	718,33	612,33	509,66
	V	**2316,33**	465,08	465,08	IV	1723,50	1645,16	1566,83	1488,50	1410,16	1332,08
	VI	**2360,58**	465,08	465,08							
7502,99	I,IV	**1795,33**	465,08	465,08	I	1638,66	1482,00	1325,58	1173,83	1028,58	889,66
West	II	**1646,25**	465,08	465,08	II	1489,58	1333,08	1181,00	1035,41	896,25	763,50
	III	**1169,50**	465,08	465,08	III	1050,66	935,16	823,00	713,83	608,00	505,33
	V	**2309,75**	465,08	465,08	IV	1717,00	1638,66	1560,33	1482,00	1403,66	1325,58
	VI	**2354,08**	465,08	465,08							
7502,99	I,IV	**1803,08**	465,08	465,08	I	1646,41	1489,83	1333,33	1181,25	1035,66	896,41
Ost	II	**1654,00**	465,08	465,08	II	1497,33	1340,83	1188,41	1042,50	903,00	769,91
	III	**1175,50**	465,08	465,08	III	1056,50	940,83	828,50	719,16	613,16	510,33
	V	**2317,58**	465,08	465,08	IV	1724,75	1646,41	1568,16	1489,83	1411,50	1333,33
	VI	**2361,83**	465,08	465,08							
7505,99	I,IV	**1796,58**	465,08	465,08	I	1639,91	1483,25	1326,83	1175,00	1029,66	890,75
West	II	**1647,50**	465,08	465,08	II	1490,83	1334,33	1182,25	1036,58	897,33	764,50
	III	**1170,33**	465,08	465,08	III	1051,66	936,16	823,83	714,66	608,83	506,16
	V	**2311,00**	465,08	465,08	IV	1718,25	1639,91	1561,58	1483,25	1404,91	1326,83
	VI	**2355,33**	465,08	465,08							
7505,99	I,IV	**1804,41**	465,08	465,08	I	1647,75	1491,08	1334,58	1182,41	1036,75	897,50
Ost	II	**1655,25**	465,08	465,08	II	1498,58	1342,08	1189,66	1043,66	904,08	771,00
	III	**1176,50**	465,08	465,08	III	1057,50	941,83	829,33	720,16	614,00	511,16
	V	**2318,83**	465,08	465,08	IV	1726,08	1647,75	1569,41	1491,08	1412,75	1334,58
	VI	**2363,16**	465,08	465,08							

* Zur LSt-Berechnung für privat versicherte Arbeitnehmer s. Beispiele **Vorbemerkung S. 4f.**
** Basisvorsorgepauschale KV und PV *** Typisierter Arbeitgeberzuschuss

Lohn/ Gehalt in € bis	Steuerklasse	**Lohn-steuer***	BVSP**	TAGZ***	Steuerklasse	Bemessungsgrundlage für Kirchensteuer und Solidaritätszuschlag – Freibeträge für ... Kinder 0,5	**1,0**	1,5	**2,0**	2,5	**3,0**
7508,99 West	I,IV	**1797,83**	465,08	465,08	I	1641,16	1484,50	1328,08	1176,25	1030,83	891,83
	II	**1648,75**	465,08	465,08	II	1492,08	1335,58	1183,41	1037,66	898,41	765,58
	III	**1171,33**	465,08	465,08	III	1052,66	937,00	824,66	715,50	609,66	507,00
	V	**2312,25**	465,08	465,08	IV	1719,50	1641,16	1562,83	1484,50	1406,16	1328,08
	VI	**2356,58**	465,08	465,08							
7508,99 Ost	I,IV	**1805,66**	465,08	465,08	I	1649,00	1492,33	1335,83	1183,66	1037,91	898,66
	II	**1656,50**	465,08	465,08	II	1499,91	1343,33	1190,83	1044,83	905,16	772,00
	III	**1177,33**	465,08	465,08	III	1058,50	942,66	830,16	721,00	614,83	512,00
	V	**2320,08**	465,08	465,08	IV	1727,33	1649,00	1570,66	1492,33	1414,00	1335,83
	VI	**2364,41**	465,08	465,08							
7511,99 West	I,IV	**1799,08**	465,08	465,08	I	1642,41	1485,75	1329,33	1177,41	1032,00	892,91
	II	**1650,00**	465,08	465,08	II	1493,33	1336,83	1184,58	1038,83	899,50	766,58
	III	**1172,33**	465,08	465,08	III	1053,50	938,00	825,66	716,50	610,50	507,83
	V	**2313,50**	465,08	465,08	IV	1720,75	1642,41	1564,08	1485,75	1407,41	1329,33
	VI	**2357,83**	465,08	465,08							
7511,99 Ost	I,IV	**1806,91**	465,08	465,08	I	1650,25	1493,58	1337,08	1184,83	1039,08	899,75
	II	**1657,83**	465,08	465,08	II	1501,16	1344,58	1192,00	1045,91	906,33	773,08
	III	**1178,33**	465,08	465,08	III	1059,33	943,66	831,16	721,83	615,66	512,83
	V	**2321,33**	465,08	465,08	IV	1728,58	1650,25	1571,91	1493,58	1415,25	1337,08
	VI	**2365,66**	465,08	465,08							
7514,99 West	I,IV	**1800,33**	465,08	465,08	I	1643,66	1487,00	1330,58	1178,58	1033,08	894,08
	II	**1651,25**	465,08	465,08	II	1494,58	1338,08	1185,83	1040,00	900,58	767,66
	III	**1173,33**	465,08	465,08	III	1054,50	938,83	826,50	717,33	611,33	508,66
	V	**2314,83**	465,08	465,08	IV	1722,00	1643,66	1565,33	1487,00	1408,66	1330,58
	VI	**2359,08**	465,08	465,08							
7514,99 Ost	I,IV	**1808,16**	465,08	465,08	I	1651,50	1494,83	1338,33	1186,00	1040,25	900,83
	II	**1659,08**	465,08	465,08	II	1502,41	1345,83	1193,25	1047,08	907,41	774,16
	III	**1179,33**	465,08	465,08	III	1060,33	944,66	832,00	722,66	616,50	513,66
	V	**2322,58**	465,08	465,08	IV	1729,83	1651,50	1573,16	1494,83	1416,50	1338,33
	VI	**2366,91**	465,08	465,08							
7517,99 West	I,IV	**1801,58**	465,08	465,08	I	1644,91	1488,33	1331,83	1179,83	1034,25	895,16
	II	**1652,50**	465,08	465,08	II	1495,83	1339,33	1187,00	1041,16	901,66	768,66
	III	**1174,33**	465,08	465,08	III	1055,50	939,83	827,33	718,16	612,16	509,33
	V	**2316,08**	465,08	465,08	IV	1723,25	1644,91	1566,58	1488,33	1410,00	1331,83
	VI	**2360,33**	465,08	465,08							
7517,99 Ost	I,IV	**1809,41**	465,08	465,08	I	1652,75	1496,08	1339,58	1187,25	1041,33	901,91
	II	**1660,33**	465,08	465,08	II	1503,66	1347,08	1194,41	1048,25	908,50	775,16
	III	**1180,33**	465,08	465,08	III	1061,33	945,50	833,00	723,50	617,33	514,50
	V	**2323,83**	465,08	465,08	IV	1731,08	1652,75	1574,41	1496,08	1417,75	1339,58
	VI	**2368,16**	465,08	465,08							
7520,99 West	I,IV	**1802,83**	465,08	465,08	I	1646,25	1489,58	1333,08	1181,00	1035,41	896,25
	II	**1653,75**	465,08	465,08	II	1497,08	1340,58	1188,16	1042,25	902,83	769,75
	III	**1175,16**	465,08	465,08	III	1056,33	940,66	828,33	719,00	613,00	510,16
	V	**2317,33**	465,08	465,08	IV	1724,58	1646,25	1567,91	1489,58	1411,25	1333,08
	VI	**2361,58**	465,08	465,08							
7520,99 Ost	I,IV	**1810,66**	465,08	465,08	I	1654,00	1497,33	1340,83	1188,41	1042,50	903,00
	II	**1661,58**	465,08	465,08	II	1504,91	1348,33	1195,66	1049,41	909,58	776,25
	III	**1181,33**	465,08	465,08	III	1062,16	946,50	833,83	724,50	618,33	515,33
	V	**2325,08**	465,08	465,08	IV	1732,33	1654,00	1575,66	1497,33	1419,00	1340,83
	VI	**2369,41**	465,08	465,08							
7523,99 West	I,IV	**1804,16**	465,08	465,08	I	1647,50	1490,83	1334,33	1182,25	1036,58	897,33
	II	**1655,00**	465,08	465,08	II	1498,33	1341,83	1189,41	1043,41	903,91	770,75
	III	**1176,16**	465,08	465,08	III	1057,33	941,66	829,16	719,83	613,83	511,00
	V	**2318,58**	465,08	465,08	IV	1725,83	1647,50	1569,16	1490,83	1412,50	1334,33
	VI	**2362,91**	465,08	465,08							
7523,99 Ost	I,IV	**1811,91**	465,08	465,08	I	1655,25	1498,58	1342,08	1189,66	1043,66	904,08
	II	**1662,83**	465,08	465,08	II	1506,16	1349,58	1196,83	1050,58	910,66	777,25
	III	**1182,16**	465,08	465,08	III	1063,16	947,33	834,66	725,33	619,16	516,16
	V	**2326,41**	465,08	465,08	IV	1733,58	1655,25	1576,91	1498,58	1420,25	1342,08
	VI	**2370,66**	465,08	465,08							

* Zur LSt-Berechnung für privat versicherte Arbeitnehmer s. Beispiele **Vorbemerkung S. 4f.**
** Basisvorsorgepauschale KV und PV *** Typisierter Arbeitgeberzuschuss

Lohn/ Gehalt in € bis	Steuerklasse	Lohn-steuer*	BVSP**	TAGZ***	Steuerklasse	Bemessungsgrundlage für Kirchensteuer und Solidaritätszuschlag					
						Freibeträge für ... Kinder					
						0,5	**1,0**	1,5	**2,0**	2,5	**3,0**
7 526,99	I,IV	**1 805,41**	465,08	465,08	I	1 648,75	1 492,08	1 335,58	1 183,41	1 037,66	898,41
West	II	**1 656,33**	465,08	465,08	II	1 499,66	1 343,08	1 190,58	1 044,58	905,00	771,83
	III	**1 177,16**	465,08	465,08	III	1 058,33	942,50	830,00	720,83	614,66	511,83
	V	**2 319,83**	465,08	465,08	IV	1 727,08	1 648,75	1 570,41	1 492,08	1 413,75	1 335,58
	VI	**2 364,16**	465,08	465,08							
7 526,99	I,IV	**1 813,16**	465,08	465,08	I	1 656,50	1 499,91	1 343,33	1 190,83	1 044,83	905,16
Ost	II	**1 664,08**	465,08	465,08	II	1 507,41	1 350,83	1 198,08	1 051,66	911,83	778,33
	III	**1 183,16**	465,08	465,08	III	1 064,16	948,33	835,66	726,16	620,00	517,00
	V	**2 327,66**	465,08	465,08	IV	1 734,83	1 656,50	1 578,16	1 499,91	1 421,58	1 343,33
	VI	**2 371,91**	465,08	465,08							
7 529,99	I,IV	**1 806,66**	465,08	465,08	I	1 650,00	1 493,33	1 336,83	1 184,58	1 038,83	899,50
West	II	**1 657,58**	465,08	465,08	II	1 500,91	1 344,33	1 191,83	1 045,75	906,08	772,91
	III	**1 178,16**	465,08	465,08	III	1 059,16	943,50	831,00	721,66	615,50	512,66
	V	**2 321,08**	465,08	465,08	IV	1 728,33	1 650,00	1 571,66	1 493,33	1 415,00	1 336,83
	VI	**2 365,41**	465,08	465,08							
7 529,99	I,IV	**1 814,41**	465,08	465,08	I	1 657,83	1 501,16	1 344,58	1 192,00	1 045,91	906,33
Ost	II	**1 665,33**	465,08	465,08	II	1 508,66	1 352,08	1 199,25	1 052,83	912,91	779,33
	III	**1 184,16**	465,08	465,08	III	1 065,00	949,16	836,50	727,00	620,83	517,66
	V	**2 328,91**	465,08	465,08	IV	1 736,16	1 657,83	1 579,50	1 501,16	1 422,83	1 344,58
	VI	**2 373,25**	465,08	465,08							
7 532,99	I,IV	**1 807,91**	465,08	465,08	I	1 651,25	1 494,58	1 338,08	1 185,83	1 040,00	900,58
West	II	**1 658,83**	465,08	465,08	II	1 502,16	1 345,58	1 193,00	1 046,91	907,16	773,91
	III	**1 179,16**	465,08	465,08	III	1 060,16	944,33	831,83	722,50	616,33	513,50
	V	**2 322,33**	465,08	465,08	IV	1 729,58	1 651,25	1 572,91	1 494,58	1 416,25	1 338,08
	VI	**2 366,66**	465,08	465,08							
7 532,99	I,IV	**1 815,75**	465,08	465,08	I	1 659,08	1 502,41	1 345,83	1 193,25	1 047,08	907,41
Ost	II	**1 666,58**	465,08	465,08	II	1 509,91	1 353,33	1 200,41	1 054,00	914,00	780,41
	III	**1 185,16**	465,08	465,08	III	1 066,00	950,16	837,33	727,83	621,66	518,50
	V	**2 330,16**	465,08	465,08	IV	1 737,41	1 659,08	1 580,75	1 502,41	1 424,08	1 345,83
	VI	**2 374,50**	465,08	465,08							
7 535,99	I,IV	**1 809,16**	465,08	465,08	I	1 652,50	1 495,83	1 339,33	1 187,00	1 041,16	901,66
West	II	**1 660,08**	465,08	465,08	II	1 503,41	1 346,83	1 194,16	1 048,00	908,25	775,00
	III	**1 180,16**	465,08	465,08	III	1 061,16	945,33	832,66	723,33	617,16	514,33
	V	**2 323,58**	465,08	465,08	IV	1 730,83	1 652,50	1 574,16	1 495,83	1 417,50	1 339,33
	VI	**2 367,91**	465,08	465,08							
7 535,99	I,IV	**1 817,00**	465,08	465,08	I	1 660,33	1 503,66	1 347,08	1 194,41	1 048,25	908,50
Ost	II	**1 667,91**	465,08	465,08	II	1 511,25	1 354,58	1 201,66	1 055,16	915,08	781,50
	III	**1 186,16**	465,08	465,08	III	1 067,00	951,00	838,33	728,83	622,50	519,33
	V	**2 331,41**	465,08	465,08	IV	1 738,66	1 660,33	1 582,00	1 503,66	1 425,33	1 347,08
	VI	**2 375,75**	465,08	465,08							
7 538,99	I,IV	**1 810,41**	465,08	465,08	I	1 653,75	1 497,08	1 340,58	1 188,16	1 042,25	902,83
West	II	**1 661,33**	465,08	465,08	II	1 504,66	1 348,08	1 195,41	1 049,16	909,41	776,00
	III	**1 181,00**	465,08	465,08	III	1 062,00	946,16	833,66	724,16	618,00	515,16
	V	**2 324,83**	465,08	465,08	IV	1 732,08	1 653,75	1 575,41	1 497,08	1 418,75	1 340,58
	VI	**2 369,16**	465,08	465,08							
7 538,99	I,IV	**1 818,25**	465,08	465,08	I	1 661,58	1 504,91	1 348,33	1 195,66	1 049,41	909,58
Ost	II	**1 669,16**	465,08	465,08	II	1 512,50	1 355,83	1 202,83	1 056,33	916,16	782,50
	III	**1 187,16**	465,08	465,08	III	1 067,83	952,00	839,16	729,66	623,33	520,16
	V	**2 332,66**	465,08	465,08	IV	1 739,91	1 661,58	1 583,25	1 504,91	1 426,58	1 348,33
	VI	**2 377,00**	465,08	465,08							
7 541,99	I,IV	**1 811,66**	465,08	465,08	I	1 655,00	1 498,33	1 341,83	1 189,41	1 043,41	903,91
West	II	**1 662,58**	465,08	465,08	II	1 505,91	1 349,33	1 196,58	1 050,33	910,50	777,08
	III	**1 182,00**	465,08	465,08	III	1 063,00	947,16	834,50	725,16	618,83	516,00
	V	**2 326,16**	465,08	465,08	IV	1 733,33	1 655,00	1 576,66	1 498,33	1 420,08	1 341,83
	VI	**2 370,41**	465,08	465,08							
7 541,99	I,IV	**1 819,50**	465,08	465,08	I	1 662,83	1 506,16	1 349,58	1 196,83	1 050,58	910,66
Ost	II	**1 670,41**	465,08	465,08	II	1 513,75	1 357,08	1 204,08	1 057,50	917,33	783,58
	III	**1 188,00**	465,08	465,08	III	1 068,83	952,83	840,00	730,50	624,16	521,00
	V	**2 333,91**	465,08	465,08	IV	1 741,16	1 662,83	1 584,50	1 506,16	1 427,83	1 349,58
	VI	**2 378,25**	465,08	465,08							

* Zur LSt-Berechnung für privat versicherte Arbeitnehmer s. Beispiele **Vorbemerkung S. 4f.**
** Basisvorsorgepauschale KV und PV *** Typisierter Arbeitgeberzuschuss

Lohn/ Gehalt in € bis	Steuerklasse	**Lohn-steuer***	BVSP**	TAGZ***	Steuerklasse	Bemessungsgrundlage für Kirchensteuer und Solidaritätszuschlag					
						Freibeträge für ... Kinder					
						0,5	**1,0**	1,5	**2,0**	2,5	**3,0**
7 544,99	I,IV	**1 812,91**	465,08	465,08	I	1 656,33	1 499,66	1 343,08	1 190,58	1 044,58	905,00
West	II	**1 663,83**	465,08	465,08	II	1 507,16	1 350,58	1 197,83	1 051,50	911,58	778,08
	III	**1 183,00**	465,08	465,08	III	1 064,00	948,00	835,33	726,00	619,66	516,66
	V	**2 327,41**	465,08	465,08	IV	1 734,58	1 656,33	1 578,00	1 499,66	1 421,33	1 343,08
	VI	**2 371,66**	465,08	465,08							
7 544,99	I,IV	**1 820,75**	465,08	465,08	I	1 664,08	1 507,41	1 350,83	1 198,08	1 051,66	911,83
Ost	II	**1 671,66**	465,08	465,08	II	1 515,00	1 358,33	1 205,25	1 058,58	918,41	784,58
	III	**1 189,00**	465,08	465,08	III	1 069,83	953,83	841,00	731,33	625,00	521,83
	V	**2 335,16**	465,08	465,08	IV	1 742,41	1 664,08	1 585,75	1 507,41	1 429,08	1 350,83
	VI	**2 379,50**	465,08	465,08							
7 547,99	I,IV	**1 814,25**	465,08	465,08	I	1 657,58	1 500,91	1 344,33	1 191,83	1 045,75	906,08
West	II	**1 665,08**	465,08	465,08	II	1 508,41	1 351,83	1 199,00	1 052,66	912,66	779,16
	III	**1 184,00**	465,08	465,08	III	1 064,83	949,00	836,33	726,83	620,66	517,50
	V	**2 328,66**	465,08	465,08	IV	1 735,91	1 657,58	1 579,25	1 500,91	1 422,58	1 344,33
	VI	**2 373,00**	465,08	465,08							
7 547,99	I,IV	**1 822,00**	465,08	465,08	I	1 665,33	1 508,66	1 352,08	1 199,25	1 052,83	912,91
Ost	II	**1 672,91**	465,08	465,08	II	1 516,25	1 359,58	1 206,50	1 059,75	919,50	785,66
	III	**1 190,00**	465,08	465,08	III	1 070,66	954,66	841,83	732,16	625,83	522,66
	V	**2 336,50**	465,08	465,08	IV	1 743,66	1 665,33	1 587,00	1 508,66	1 430,33	1 352,08
	VI	**2 380,75**	465,08	465,08							
7 550,99	I,IV	**1 815,50**	465,08	465,08	I	1 658,83	1 502,16	1 345,58	1 193,00	1 046,91	907,16
West	II	**1 666,33**	465,08	465,08	II	1 509,75	1 353,08	1 200,25	1 053,75	913,75	780,16
	III	**1 185,00**	465,08	465,08	III	1 065,83	949,83	837,16	727,66	621,50	518,33
	V	**2 329,91**	465,08	465,08	IV	1 737,16	1 658,83	1 580,50	1 502,16	1 423,83	1 345,58
	VI	**2 374,25**	465,08	465,08							
7 550,99	I,IV	**1 823,25**	465,08	465,08	I	1 666,58	1 509,91	1 353,33	1 200,41	1 054,00	914,00
Ost	II	**1 674,16**	465,08	465,08	II	1 517,50	1 360,83	1 207,66	1 060,91	920,58	786,75
	III	**1 191,00**	465,08	465,08	III	1 071,66	955,66	842,83	733,16	626,66	523,50
	V	**2 337,75**	465,08	465,08	IV	1 744,91	1 666,58	1 588,25	1 509,91	1 431,66	1 353,33
	VI	**2 382,00**	465,08	465,08							
7 553,99	I,IV	**1 816,75**	465,08	465,08	I	1 660,08	1 503,41	1 346,83	1 194,16	1 048,00	908,25
West	II	**1 667,66**	465,08	465,08	II	1 511,00	1 354,33	1 201,41	1 054,91	914,91	781,25
	III	**1 185,83**	465,08	465,08	III	1 066,83	950,83	838,00	728,50	622,33	519,16
	V	**2 331,16**	465,08	465,08	IV	1 738,41	1 660,08	1 581,75	1 503,41	1 425,08	1 346,83
	VI	**2 375,50**	465,08	465,08							
7 553,99	I,IV	**1 824,50**	465,08	465,08	I	1 667,91	1 511,25	1 354,58	1 201,66	1 055,16	915,08
Ost	II	**1 675,41**	465,08	465,08	II	1 518,75	1 362,16	1 208,91	1 062,08	921,66	787,75
	III	**1 192,00**	465,08	465,08	III	1 072,66	956,50	843,66	734,00	627,50	524,33
	V	**2 339,00**	465,08	465,08	IV	1 746,16	1 667,91	1 589,58	1 511,25	1 432,91	1 354,58
	VI	**2 383,25**	465,08	465,08							
7 556,99	I,IV	**1 818,00**	465,08	465,08	I	1 661,33	1 504,66	1 348,08	1 195,41	1 049,16	909,41
West	II	**1 668,91**	465,08	465,08	II	1 512,25	1 355,58	1 202,66	1 056,08	916,00	782,33
	III	**1 186,83**	465,08	465,08	III	1 067,66	951,66	839,00	729,50	623,16	520,00
	V	**2 332,41**	465,08	465,08	IV	1 739,66	1 661,33	1 583,00	1 504,66	1 426,33	1 348,08
	VI	**2 376,75**	465,08	465,08							
7 556,99	I,IV	**1 825,83**	465,08	465,08	I	1 669,16	1 512,50	1 355,83	1 202,83	1 056,33	916,16
Ost	II	**1 676,66**	465,08	465,08	II	1 520,00	1 363,41	1 210,08	1 063,25	922,83	788,83
	III	**1 193,00**	465,08	465,08	III	1 073,66	957,50	844,50	734,83	628,33	525,16
	V	**2 340,25**	465,08	465,08	IV	1 747,50	1 669,16	1 590,83	1 512,50	1 434,16	1 355,83
	VI	**2 384,58**	465,08	465,08							
7 559,99	I,IV	**1 819,25**	465,08	465,08	I	1 662,58	1 505,91	1 349,33	1 196,58	1 050,33	910,50
West	II	**1 670,16**	465,08	465,08	II	1 513,50	1 356,83	1 203,83	1 057,25	917,08	783,33
	III	**1 187,83**	465,08	465,08	III	1 068,66	952,66	839,83	730,33	624,00	520,83
	V	**2 333,66**	465,08	465,08	IV	1 740,91	1 662,58	1 584,25	1 505,91	1 427,58	1 349,33
	VI	**2 378,00**	465,08	465,08							
7 559,99	I,IV	**1 827,08**	465,08	465,08	I	1 670,41	1 513,75	1 357,08	1 204,08	1 057,50	917,33
Ost	II	**1 677,91**	465,08	465,08	II	1 521,33	1 364,66	1 211,33	1 064,41	923,91	789,83
	III	**1 193,83**	465,08	465,08	III	1 074,50	958,33	845,50	735,66	629,16	525,83
	V	**2 341,50**	465,08	465,08	IV	1 748,75	1 670,41	1 592,08	1 513,75	1 435,41	1 357,08
	VI	**2 385,83**	465,08	465,08							

* Zur LSt-Berechnung für privat versicherte Arbeitnehmer s. Beispiele **Vorbemerkung S. 4 f.**
** Basisvorsorgepauschale KV und PV *** Typisierter Arbeitgeberzuschuss

Lohn/ Gehalt in € bis	Steuerklasse	Lohn- steuer*	BVSP**	TAGZ***	Steuerklasse	Bemessungsgrundlage für Kirchensteuer und Solidaritätszuschlag – Freibeträge für ... Kinder 0,5	**1,0**	1,5	**2,0**	2,5	**3,0**
7562,99 West	I,IV	**1820,50**	465,08	465,08	I	1663,83	1507,16	1350,58	1197,83	1051,50	911,58
	II	**1671,41**	465,08	465,08	II	1514,75	1358,08	1205,00	1058,41	918,16	784,41
	III	**1188,83**	465,08	465,08	III	1069,66	953,50	840,83	731,16	624,83	521,66
	V	**2334,91**	465,08	465,08	IV	1742,16	1663,83	1585,50	1507,16	1428,83	1350,58
	VI	**2379,25**	465,08	465,08							
7562,99 Ost	I,IV	**1828,33**	465,08	465,08	I	1671,66	1515,00	1358,33	1205,25	1058,58	918,41
	II	**1679,25**	465,08	465,08	II	1522,58	1365,91	1212,50	1065,58	925,00	790,91
	III	**1194,83**	465,08	465,08	III	1075,50	959,33	846,33	736,50	630,00	526,66
	V	**2342,75**	465,08	465,08	IV	1750,00	1671,66	1593,33	1515,00	1436,66	1358,33
	VI	**2387,08**	465,08	465,08							
7565,99 West	I,IV	**1821,75**	465,08	465,08	I	1665,08	1508,41	1351,83	1199,00	1052,66	912,66
	II	**1672,66**	465,08	465,08	II	1516,00	1359,33	1206,25	1059,58	919,25	785,41
	III	**1189,83**	465,08	465,08	III	1070,50	954,50	841,66	732,00	625,66	522,50
	V	**2336,25**	465,08	465,08	IV	1743,41	1665,08	1586,75	1508,41	1430,08	1351,83
	VI	**2380,50**	465,08	465,08							
7565,99 Ost	I,IV	**1829,58**	465,08	465,08	I	1672,91	1516,25	1359,58	1206,50	1059,75	919,50
	II	**1680,50**	465,08	465,08	II	1523,83	1367,16	1213,75	1066,66	926,08	792,00
	III	**1195,83**	465,08	465,08	III	1076,50	960,16	847,16	737,50	630,83	527,50
	V	**2344,00**	465,08	465,08	IV	1751,25	1672,91	1594,58	1516,25	1437,91	1359,58
	VI	**2388,33**	465,08	465,08							
7568,99 West	I,IV	**1823,00**	465,08	465,08	I	1666,33	1509,75	1353,08	1200,25	1053,75	913,75
	II	**1673,91**	465,08	465,08	II	1517,25	1360,58	1207,41	1060,66	920,41	786,50
	III	**1190,83**	465,08	465,08	III	1071,50	955,33	842,50	732,83	626,50	523,33
	V	**2337,50**	465,08	465,08	IV	1744,66	1666,33	1588,08	1509,75	1431,41	1353,08
	VI	**2381,75**	465,08	465,08							
7568,99 Ost	I,IV	**1830,83**	465,08	465,08	I	1674,16	1517,50	1360,83	1207,66	1060,91	920,58
	II	**1681,75**	465,08	465,08	II	1525,08	1368,41	1214,91	1067,83	927,25	793,00
	III	**1196,83**	465,08	465,08	III	1077,33	961,16	848,16	738,33	631,66	528,33
	V	**2345,25**	465,08	465,08	IV	1752,50	1674,16	1595,83	1517,50	1439,16	1360,83
	VI	**2389,58**	465,08	465,08							
7571,99 West	I,IV	**1824,33**	465,08	465,08	I	1667,66	1511,00	1354,33	1201,41	1054,91	914,91
	II	**1675,16**	465,08	465,08	II	1518,50	1361,91	1208,66	1061,83	921,50	787,58
	III	**1191,66**	465,08	465,08	III	1072,50	956,33	843,50	733,83	627,33	524,16
	V	**2338,75**	465,08	465,08	IV	1746,00	1667,66	1589,33	1511,00	1432,66	1354,33
	VI	**2383,08**	465,08	465,08							
7571,99 Ost	I,IV	**1832,08**	465,08	465,08	I	1675,41	1518,75	1362,16	1208,91	1062,08	921,66
	II	**1683,00**	465,08	465,08	II	1526,33	1369,66	1216,16	1069,00	928,33	794,08
	III	**1197,83**	465,08	465,08	III	1078,33	962,00	849,00	739,16	632,50	529,16
	V	**2346,50**	465,08	465,08	IV	1753,75	1675,41	1597,08	1518,75	1440,41	1362,16
	VI	**2390,83**	465,08	465,08							
7574,99 West	I,IV	**1825,58**	465,08	465,08	I	1668,91	1512,25	1355,58	1202,66	1056,08	916,00
	II	**1676,41**	465,08	465,08	II	1519,83	1363,16	1209,83	1063,00	922,58	788,58
	III	**1192,66**	465,08	465,08	III	1073,33	957,33	844,33	734,66	628,16	524,83
	V	**2340,00**	465,08	465,08	IV	1747,25	1668,91	1590,58	1512,25	1433,91	1355,58
	VI	**2384,33**	465,08	465,08							
7574,99 Ost	I,IV	**1833,33**	465,08	465,08	I	1676,66	1520,00	1363,41	1210,08	1063,25	922,83
	II	**1684,25**	465,08	465,08	II	1527,58	1370,91	1217,33	1070,16	929,41	795,16
	III	**1198,83**	465,08	465,08	III	1079,33	963,00	850,00	740,00	633,50	530,00
	V	**2347,83**	465,08	465,08	IV	1755,00	1676,66	1598,33	1520,00	1441,66	1363,41
	VI	**2392,08**	465,08	465,08							
7577,99 West	I,IV	**1826,83**	465,08	465,08	I	1670,16	1513,50	1356,83	1203,83	1057,25	917,08
	II	**1677,75**	465,08	465,08	II	1521,08	1364,41	1211,08	1064,16	923,66	789,66
	III	**1193,66**	465,08	465,08	III	1074,33	958,16	845,16	735,50	629,00	525,66
	V	**2341,25**	465,08	465,08	IV	1748,50	1670,16	1591,83	1513,50	1435,16	1356,83
	VI	**2385,58**	465,08	465,08							
7577,99 Ost	I,IV	**1834,58**	465,08	465,08	I	1677,91	1521,33	1364,66	1211,33	1064,41	923,91
	II	**1685,50**	465,08	465,08	II	1528,83	1372,16	1218,58	1071,33	930,58	796,16
	III	**1199,83**	465,08	465,08	III	1080,16	963,83	850,83	741,00	634,33	530,83
	V	**2349,08**	465,08	465,08	IV	1756,25	1677,91	1599,66	1521,33	1443,00	1364,66
	VI	**2393,33**	465,08	465,08							

* Zur LSt-Berechnung für privat versicherte Arbeitnehmer s. Beispiele **Vorbemerkung S. 4f.**
** Basisvorsorgepauschale KV und PV *** Typisierter Arbeitgeberzuschuss

Lohn/ Gehalt in € bis	Steuerklasse	Lohn-steuer*	BVSP**	TAGZ***	Steuerklasse	Bemessungsgrundlage für Kirchensteuer und Solidaritätszuschlag					
						Freibeträge für ... Kinder					
						0,5	**1,0**	1,5	**2,0**	2,5	**3,0**
7 580,99 West	I,IV	**1 828,08**	465,08	465,08	I	1 671,41	1 514,75	1 358,08	1 205,00	1 058,41	918,16
	II	**1 679,00**	465,08	465,08	II	1 522,33	1 365,66	1 212,25	1 065,33	924,83	790,75
	III	**1 194,66**	465,08	465,08	III	1 075,33	959,16	846,16	736,33	629,83	526,50
	V	**2 342,50**	465,08	465,08	IV	1 749,75	1 671,41	1 593,08	1 514,75	1 436,41	1 358,08
	VI	**2 386,83**	465,08	465,08							
7 580,99 Ost	I,IV	**1 835,91**	465,08	465,08	I	1 679,25	1 522,58	1 365,91	1 212,50	1 065,58	925,00
	II	**1 686,75**	465,08	465,08	II	1 530,08	1 373,41	1 219,75	1 072,50	931,66	797,25
	III	**1 200,66**	465,08	465,08	III	1 081,16	964,83	851,66	741,83	635,16	531,66
	V	**2 350,33**	465,08	465,08	IV	1 757,58	1 679,25	1 600,91	1 522,58	1 444,25	1 365,91
	VI	**2 394,66**	465,08	465,08							
7 583,99 West	I,IV	**1 829,33**	465,08	465,08	I	1 672,66	1 516,00	1 359,33	1 206,25	1 059,58	919,25
	II	**1 680,25**	465,08	465,08	II	1 523,58	1 366,91	1 213,50	1 066,50	925,91	791,75
	III	**1 195,66**	465,08	465,08	III	1 076,16	960,00	847,00	737,33	630,66	527,33
	V	**2 343,75**	465,08	465,08	IV	1 751,00	1 672,66	1 594,33	1 516,00	1 437,66	1 359,33
	VI	**2 388,08**	465,08	465,08							
7 583,99 Ost	I,IV	**1 837,16**	465,08	465,08	I	1 680,50	1 523,83	1 367,16	1 213,75	1 066,66	926,08
	II	**1 688,00**	465,08	465,08	II	1 531,41	1 374,75	1 221,00	1 073,66	932,75	798,33
	III	**1 201,66**	465,08	465,08	III	1 082,16	965,83	852,66	742,66	636,00	532,50
	V	**2 351,58**	465,08	465,08	IV	1 758,83	1 680,50	1 602,16	1 523,83	1 445,50	1 367,16
	VI	**2 395,91**	465,08	465,08							
7 586,99 West	I,IV	**1 830,58**	465,08	465,08	I	1 673,91	1 517,25	1 360,58	1 207,41	1 060,66	920,41
	II	**1 681,50**	465,08	465,08	II	1 524,83	1 368,16	1 214,66	1 067,66	927,00	792,83
	III	**1 196,66**	465,08	465,08	III	1 077,16	961,00	848,00	738,16	631,50	528,16
	V	**2 345,00**	465,08	465,08	IV	1 752,25	1 673,91	1 595,58	1 517,25	1 438,91	1 360,58
	VI	**2 389,33**	465,08	465,08							
7 586,99 Ost	I,IV	**1 838,41**	465,08	465,08	I	1 681,75	1 525,08	1 368,41	1 214,91	1 067,83	927,25
	II	**1 689,33**	465,08	465,08	II	1 532,66	1 376,00	1 222,16	1 074,83	933,83	799,33
	III	**1 202,66**	465,08	465,08	III	1 083,00	966,66	853,50	743,50	636,83	533,33
	V	**2 352,83**	465,08	465,08	IV	1 760,08	1 681,75	1 603,41	1 525,08	1 446,75	1 368,41
	VI	**2 397,16**	465,08	465,08							
7 589,99 West	I,IV	**1 831,83**	465,08	465,08	I	1 675,16	1 518,50	1 361,91	1 208,66	1 061,83	921,50
	II	**1 682,75**	465,08	465,08	II	1 526,08	1 369,41	1 215,91	1 068,83	928,08	793,83
	III	**1 197,66**	465,08	465,08	III	1 078,16	961,83	848,83	739,00	632,33	529,00
	V	**2 346,33**	465,08	465,08	IV	1 753,50	1 675,16	1 596,83	1 518,50	1 440,16	1 361,91
	VI	**2 390,58**	465,08	465,08							
7 589,99 Ost	I,IV	**1 839,66**	465,08	465,08	I	1 683,00	1 526,33	1 369,66	1 216,16	1 069,00	928,33
	II	**1 690,58**	465,08	465,08	II	1 533,91	1 377,25	1 223,41	1 076,00	935,00	800,41
	III	**1 203,66**	465,08	465,08	III	1 084,00	967,66	854,33	744,50	637,66	534,16
	V	**2 354,08**	465,08	465,08	IV	1 761,33	1 683,00	1 604,66	1 526,33	1 448,00	1 369,66
	VI	**2 398,41**	465,08	465,08							
7 592,99 West	I,IV	**1 833,08**	465,08	465,08	I	1 676,41	1 519,83	1 363,16	1 209,83	1 063,00	922,58
	II	**1 684,00**	465,08	465,08	II	1 527,33	1 370,66	1 217,08	1 069,91	929,25	794,91
	III	**1 198,50**	465,08	465,08	III	1 079,00	962,83	849,66	739,83	633,16	529,83
	V	**2 347,58**	465,08	465,08	IV	1 754,75	1 676,41	1 598,08	1 519,83	1 441,50	1 363,16
	VI	**2 391,83**	465,08	465,08							
7 592,99 Ost	I,IV	**1 840,91**	465,08	465,08	I	1 684,25	1 527,58	1 370,91	1 217,33	1 070,16	929,41
	II	**1 691,83**	465,08	465,08	II	1 535,16	1 378,50	1 224,58	1 077,16	936,08	801,50
	III	**1 204,66**	465,08	465,08	III	1 085,00	968,50	855,33	745,33	638,50	534,83
	V	**2 355,33**	465,08	465,08	IV	1 762,58	1 684,25	1 605,91	1 527,58	1 449,25	1 370,91
	VI	**2 399,66**	465,08	465,08							
7 595,99 West	I,IV	**1 834,33**	465,08	465,08	I	1 677,75	1 521,08	1 364,41	1 211,08	1 064,16	923,66
	II	**1 685,25**	465,08	465,08	II	1 528,58	1 371,91	1 218,33	1 071,08	930,33	796,00
	III	**1 199,50**	465,08	465,08	III	1 080,00	963,66	850,66	740,66	634,00	530,66
	V	**2 348,83**	465,08	465,08	IV	1 756,08	1 677,75	1 599,41	1 521,08	1 442,75	1 364,41
	VI	**2 393,08**	465,08	465,08							
7 595,99 Ost	I,IV	**1 842,16**	465,08	465,08	I	1 685,50	1 528,83	1 372,16	1 218,58	1 071,33	930,58
	II	**1 693,08**	465,08	465,08	II	1 536,41	1 379,75	1 225,83	1 078,25	937,16	802,50
	III	**1 205,66**	465,08	465,08	III	1 086,00	969,50	856,16	746,16	639,33	535,66
	V	**2 356,58**	465,08	465,08	IV	1 763,83	1 685,50	1 607,16	1 528,83	1 450,50	1 372,16
	VI	**2 400,91**	465,08	465,08							

* Zur LSt-Berechnung für privat versicherte Arbeitnehmer s. Beispiele **Vorbemerkung S. 4 f.**
** Basisvorsorgepauschale KV und PV *** Typisierter Arbeitgeberzuschuss

Lohn/ Gehalt in € bis	Steuerklasse	Lohn-steuer*	BVSP**	TAGZ***	Steuerklasse	Bemessungsgrundlage für Kirchensteuer und Solidaritätszuschlag – Freibeträge für ... Kinder 0,5	1,0	1,5	2,0	2,5	3,0
7 598,99	I,IV	**1 835,66**	465,08	465,08	I	1 679,00	1 522,33	1 365,66	1 212,25	1 065,33	924,83
West	II	**1 686,50**	465,08	465,08	II	1 529,83	1 373,25	1 219,50	1 072,25	931,41	797,00
	III	**1 200,50**	465,08	465,08	III	1 081,00	964,66	851,50	741,66	635,00	531,50
	V	**2 350,08**	465,08	465,08	IV	1 757,33	1 679,00	1 600,66	1 522,33	1 444,00	1 365,66
	VI	**2 394,41**	465,08	465,08							
7 598,99	I,IV	**1 843,41**	465,08	465,08	I	1 686,75	1 530,08	1 373,41	1 219,75	1 072,50	931,66
Ost	II	**1 694,33**	465,08	465,08	II	1 537,66	1 381,00	1 227,00	1 079,41	938,33	803,58
	III	**1 206,50**	465,08	465,08	III	1 086,83	970,33	857,16	747,00	640,16	536,50
	V	**2 357,91**	465,08	465,08	IV	1 765,08	1 686,75	1 608,41	1 530,08	1 451,75	1 373,41
	VI	**2 402,16**	465,08	465,08							
7 601,99	I,IV	**1 836,91**	465,08	465,08	I	1 680,25	1 523,58	1 366,91	1 213,50	1 066,50	925,91
West	II	**1 687,83**	465,08	465,08	II	1 531,16	1 374,50	1 220,75	1 073,41	932,58	798,08
	III	**1 201,50**	465,08	465,08	III	1 081,83	965,50	852,33	742,50	635,83	532,33
	V	**2 351,33**	465,08	465,08	IV	1 758,58	1 680,25	1 601,91	1 523,58	1 445,25	1 366,91
	VI	**2 395,66**	465,08	465,08							
7 601,99	I,IV	**1 844,66**	465,08	465,08	I	1 688,00	1 531,41	1 374,75	1 221,00	1 073,66	932,75
Ost	II	**1 695,58**	465,08	465,08	II	1 538,91	1 382,25	1 228,25	1 080,58	939,41	804,66
	III	**1 207,50**	465,08	465,08	III	1 087,83	971,33	858,00	747,83	641,00	537,33
	V	**2 359,16**	465,08	465,08	IV	1 766,33	1 688,00	1 609,66	1 531,41	1 453,08	1 374,75
	VI	**2 403,41**	465,08	465,08							
7 604,99	I,IV	**1 838,16**	465,08	465,08	I	1 681,50	1 524,83	1 368,16	1 214,66	1 067,66	927,00
West	II	**1 689,08**	465,08	465,08	II	1 532,41	1 375,75	1 221,91	1 074,58	933,66	799,16
	III	**1 202,50**	465,08	465,08	III	1 082,83	966,50	853,33	743,33	636,66	533,16
	V	**2 352,58**	465,08	465,08	IV	1 759,83	1 681,50	1 603,16	1 524,83	1 446,50	1 368,16
	VI	**2 396,91**	465,08	465,08							
7 604,99	I,IV	**1 845,91**	465,08	465,08	I	1 689,33	1 532,66	1 376,00	1 222,16	1 074,83	933,83
Ost	II	**1 696,83**	465,08	465,08	II	1 540,16	1 383,50	1 229,50	1 081,75	940,50	805,66
	III	**1 208,50**	465,08	465,08	III	1 088,83	972,16	858,83	748,83	641,83	538,16
	V	**2 360,41**	465,08	465,08	IV	1 767,66	1 689,33	1 611,00	1 532,66	1 454,33	1 376,00
	VI	**2 404,75**	465,08	465,08							
7 607,99	I,IV	**1 839,41**	465,08	465,08	I	1 682,75	1 526,08	1 369,41	1 215,91	1 068,83	928,08
West	II	**1 690,33**	465,08	465,08	II	1 533,66	1 377,00	1 223,16	1 075,75	934,75	800,16
	III	**1 203,50**	465,08	465,08	III	1 083,83	967,33	854,16	744,16	637,50	533,83
	V	**2 353,83**	465,08	465,08	IV	1 761,08	1 682,75	1 604,41	1 526,08	1 447,75	1 369,41
	VI	**2 398,16**	465,08	465,08							
7 607,99	I,IV	**1 847,25**	465,08	465,08	I	1 690,58	1 533,91	1 377,25	1 223,41	1 076,00	935,00
Ost	II	**1 698,08**	465,08	465,08	II	1 541,41	1 384,83	1 230,66	1 082,91	941,66	806,75
	III	**1 209,50**	465,08	465,08	III	1 089,66	973,16	859,83	749,66	642,66	539,00
	V	**2 361,66**	465,08	465,08	IV	1 768,91	1 690,58	1 612,25	1 533,91	1 455,58	1 377,25
	VI	**2 406,00**	465,08	465,08							
7 610,99	I,IV	**1 840,66**	465,08	465,08	I	1 684,00	1 527,33	1 370,66	1 217,08	1 069,91	929,25
West	II	**1 691,58**	465,08	465,08	II	1 534,91	1 378,25	1 224,33	1 076,91	935,83	801,25
	III	**1 204,33**	465,08	465,08	III	1 084,83	968,33	855,16	745,16	638,33	534,66
	V	**2 355,08**	465,08	465,08	IV	1 762,33	1 684,00	1 605,66	1 527,33	1 449,00	1 370,66
	VI	**2 399,41**	465,08	465,08							
7 610,99	I,IV	**1 848,50**	465,08	465,08	I	1 691,83	1 535,16	1 378,50	1 224,58	1 077,16	936,08
Ost	II	**1 699,41**	465,08	465,08	II	1 542,75	1 386,08	1 231,91	1 084,08	942,75	807,83
	III	**1 210,50**	465,08	465,08	III	1 090,66	974,00	860,66	750,50	643,50	539,83
	V	**2 362,91**	465,08	465,08	IV	1 770,16	1 691,83	1 613,50	1 535,16	1 456,83	1 378,50
	VI	**2 407,25**	465,08	465,08							
7 613,99	I,IV	**1 841,91**	465,08	465,08	I	1 685,25	1 528,58	1 371,91	1 218,33	1 071,08	930,33
West	II	**1 692,83**	465,08	465,08	II	1 536,16	1 379,50	1 225,58	1 078,08	937,00	802,33
	III	**1 205,33**	465,08	465,08	III	1 085,66	969,16	856,00	746,00	639,16	535,50
	V	**2 356,33**	465,08	465,08	IV	1 763,58	1 685,25	1 606,91	1 528,58	1 450,25	1 371,91
	VI	**2 400,66**	465,08	465,08							
7 613,99	I,IV	**1 849,75**	465,08	465,08	I	1 693,08	1 536,41	1 379,75	1 225,83	1 078,25	937,16
Ost	II	**1 700,66**	465,08	465,08	II	1 544,00	1 387,33	1 233,08	1 085,25	943,83	808,83
	III	**1 211,50**	465,08	465,08	III	1 091,66	975,00	861,66	751,33	644,50	540,66
	V	**2 364,16**	465,08	465,08	IV	1 771,41	1 693,08	1 614,75	1 536,41	1 458,08	1 379,75
	VI	**2 408,50**	465,08	465,08							

* Zur LSt-Berechnung für privat versicherte Arbeitnehmer s. Beispiele **Vorbemerkung S. 4 f.**
** Basisvorsorgepauschale KV und PV *** Typisierter Arbeitgeberzuschuss

Lohn/ Gehalt in € bis	Steuerklasse	**Lohn-steuer***	BVSP**	TAGZ***	Steuerklasse	Bemessungsgrundlage für Kirchensteuer und Solidaritätszuschlag – Freibeträge für ... Kinder 0,5	**1,0**	1,5	**2,0**	2,5	**3,0**
7616,99 West	I,IV	**1843,16**	465,08	465,08	I	1686,50	1529,83	1373,25	1219,50	1072,25	931,41
	II	**1694,08**	465,08	465,08	II	1537,41	1380,75	1226,83	1079,25	938,08	803,33
	III	**1206,33**	465,08	465,08	III	1086,66	970,16	856,83	746,83	640,00	536,33
	V	**2357,66**	465,08	465,08	IV	1764,83	1686,50	1608,16	1529,83	1451,58	1373,25
	VI	**2401,91**	465,08	465,08							
7616,99 Ost	I,IV	**1851,00**	465,08	465,08	I	1694,33	1537,66	1381,00	1227,00	1079,41	938,33
	II	**1701,91**	465,08	465,08	II	1545,25	1388,58	1234,33	1086,41	945,00	809,91
	III	**1212,50**	465,08	465,08	III	1092,50	976,00	862,50	752,33	645,33	541,50
	V	**2365,41**	465,08	465,08	IV	1772,66	1694,33	1616,00	1537,66	1459,33	1381,00
	VI	**2409,75**	465,08	465,08							
7619,99 West	I,IV	**1844,41**	465,08	465,08	I	1687,83	1531,16	1374,50	1220,75	1073,41	932,58
	II	**1695,33**	465,08	465,08	II	1538,66	1382,00	1228,00	1080,41	939,16	804,41
	III	**1207,33**	465,08	465,08	III	1087,66	971,16	857,83	747,66	640,83	537,16
	V	**2358,91**	465,08	465,08	IV	1766,08	1687,83	1609,50	1531,16	1452,83	1374,50
	VI	**2403,16**	465,08	465,08							
7619,99 Ost	I,IV	**1852,25**	465,08	465,08	I	1695,58	1538,91	1382,25	1228,25	1080,58	939,41
	II	**1703,16**	465,08	465,08	II	1546,50	1389,83	1235,50	1087,58	946,08	811,00
	III	**1213,33**	465,08	465,08	III	1093,50	976,83	863,33	753,16	646,16	542,33
	V	**2366,66**	465,08	465,08	IV	1773,91	1695,58	1617,25	1538,91	1460,58	1382,25
	VI	**2411,00**	465,08	465,08							
7622,99 West	I,IV	**1845,75**	465,08	465,08	I	1689,08	1532,41	1375,75	1221,91	1074,58	933,66
	II	**1696,58**	465,08	465,08	II	1539,91	1383,33	1229,25	1081,58	940,33	805,50
	III	**1208,33**	465,08	465,08	III	1088,50	972,00	858,66	748,66	641,66	538,00
	V	**2360,16**	465,08	465,08	IV	1767,41	1689,08	1610,75	1532,41	1454,08	1375,75
	VI	**2404,50**	465,08	465,08							
7622,99 Ost	I,IV	**1853,50**	465,08	465,08	I	1696,83	1540,16	1383,50	1229,50	1081,75	940,50
	II	**1704,41**	465,08	465,08	II	1547,75	1391,08	1236,75	1088,75	947,16	812,08
	III	**1214,33**	465,08	465,08	III	1094,50	977,83	864,33	754,00	647,00	543,16
	V	**2368,00**	465,08	465,08	IV	1775,16	1696,83	1618,50	1540,16	1461,83	1383,50
	VI	**2412,25**	465,08	465,08							
7625,99 West	I,IV	**1847,00**	465,08	465,08	I	1690,33	1533,66	1377,00	1223,16	1075,75	934,75
	II	**1697,83**	465,08	465,08	II	1541,25	1384,58	1230,41	1082,75	941,41	806,58
	III	**1209,33**	465,08	465,08	III	1089,50	973,00	859,66	749,50	642,50	538,83
	V	**2361,41**	465,08	465,08	IV	1768,66	1690,33	1612,00	1533,66	1455,33	1377,00
	VI	**2405,75**	465,08	465,08							
7625,99 Ost	I,IV	**1854,75**	465,08	465,08	I	1698,08	1541,41	1384,83	1230,66	1082,91	941,66
	II	**1705,66**	465,08	465,08	II	1549,00	1392,33	1238,00	1089,91	948,33	813,08
	III	**1215,33**	465,08	465,08	III	1095,50	978,66	865,16	754,83	647,83	544,00
	V	**2369,25**	465,08	465,08	IV	1776,41	1698,08	1619,75	1541,41	1463,16	1384,83
	VI	**2413,50**	465,08	465,08							
7628,99 West	I,IV	**1848,25**	465,08	465,08	I	1691,58	1534,91	1378,25	1224,33	1076,91	935,83
	II	**1699,16**	465,08	465,08	II	1542,50	1385,83	1231,66	1083,83	942,50	807,58
	III	**1210,33**	465,08	465,08	III	1090,50	973,83	860,50	750,33	643,33	539,66
	V	**2362,66**	465,08	465,08	IV	1769,91	1691,58	1613,25	1534,91	1456,58	1378,25
	VI	**2407,00**	465,08	465,08							
7628,99 Ost	I,IV	**1856,00**	465,08	465,08	I	1699,41	1542,75	1386,08	1231,91	1084,08	942,75
	II	**1706,91**	465,08	465,08	II	1550,25	1393,58	1239,16	1091,08	949,41	814,16
	III	**1216,33**	465,08	465,08	III	1096,33	979,66	866,16	755,83	648,66	544,83
	V	**2370,50**	465,08	465,08	IV	1777,66	1699,41	1621,08	1542,75	1464,41	1386,08
	VI	**2414,75**	465,08	465,08							
7631,99 West	I,IV	**1849,50**	465,08	465,08	I	1692,83	1536,16	1379,50	1225,58	1078,08	937,00
	II	**1700,41**	465,08	465,08	II	1543,75	1387,08	1232,83	1085,00	943,66	808,66
	III	**1211,16**	465,08	465,08	III	1091,33	974,83	861,33	751,16	644,16	540,50
	V	**2363,91**	465,08	465,08	IV	1771,16	1692,83	1614,50	1536,16	1457,83	1379,50
	VI	**2408,25**	465,08	465,08							
7631,99 Ost	I,IV	**1857,33**	465,08	465,08	I	1700,66	1544,00	1387,33	1233,08	1085,25	943,83
	II	**1708,16**	465,08	465,08	II	1551,50	1394,91	1240,41	1092,25	950,50	815,25
	III	**1217,33**	465,08	465,08	III	1097,33	980,50	867,00	756,66	649,50	545,66
	V	**2371,75**	465,08	465,08	IV	1779,00	1700,66	1622,33	1544,00	1465,66	1387,33
	VI	**2416,08**	465,08	465,08							

* Zur LSt-Berechnung für privat versicherte Arbeitnehmer s. Beispiele **Vorbemerkung S. 4f.**
** Basisvorsorgepauschale KV und PV *** Typisierter Arbeitgeberzuschuss

Lohn/ Gehalt in € bis	Steuerklasse	Lohn-steuer*	BVSP**	TAGZ***	Steuerklasse	Bemessungsgrundlage für Kirchensteuer und Solidaritätszuschlag – Freibeträge für ... Kinder 0,5	1,0	1,5	2,0	2,5	3,0
7634,99	I,IV	**1850,75**	465,08	465,08	I	1694,08	1537,41	1380,75	1226,83	1079,25	938,08
West	II	**1701,66**	465,08	465,08	II	1545,00	1388,33	1234,08	1086,16	944,75	809,75
	III	**1212,16**	465,08	465,08	III	1092,33	975,66	862,33	752,00	645,00	541,33
	V	**2365,16**	465,08	465,08	IV	1772,41	1694,08	1615,75	1537,41	1459,08	1380,75
	VI	**2409,50**	465,08	465,08							
7634,99	I,IV	**1858,58**	465,08	465,08	I	1701,91	1545,25	1388,58	1234,33	1086,41	945,00
Ost	II	**1709,41**	465,08	465,08	II	1552,83	1396,16	1241,58	1093,41	951,66	816,33
	III	**1218,33**	465,08	465,08	III	1098,33	981,50	867,83	757,50	650,33	546,50
	V	**2373,00**	465,08	465,08	IV	1780,25	1701,91	1623,58	1545,25	1466,91	1388,58
	VI	**2417,33**	465,08	465,08							
7637,99	I,IV	**1852,00**	465,08	465,08	I	1695,33	1538,66	1382,00	1228,00	1080,41	939,16
West	II	**1702,91**	465,08	465,08	II	1546,25	1389,58	1235,33	1087,33	945,83	810,75
	III	**1213,16**	465,08	465,08	III	1093,33	976,66	863,16	753,00	646,00	542,16
	V	**2366,41**	465,08	465,08	IV	1773,66	1695,33	1617,00	1538,66	1460,33	1382,00
	VI	**2410,75**	465,08	465,08							
7637,99	I,IV	**1859,83**	465,08	465,08	I	1703,16	1546,50	1389,83	1235,50	1087,58	946,08
Ost	II	**1710,75**	465,08	465,08	II	1554,08	1397,41	1242,83	1094,58	952,75	817,33
	III	**1219,33**	465,08	465,08	III	1099,16	982,33	868,83	758,33	651,16	547,16
	V	**2374,25**	465,08	465,08	IV	1781,50	1703,16	1624,83	1546,50	1468,16	1389,83
	VI	**2418,58**	465,08	465,08							
7640,99	I,IV	**1853,25**	465,08	465,08	I	1696,58	1539,91	1383,33	1229,25	1081,58	940,33
West	II	**1704,16**	465,08	465,08	II	1547,50	1390,83	1236,50	1088,50	947,00	811,83
	III	**1214,16**	465,08	465,08	III	1094,33	977,50	864,16	753,83	646,83	543,00
	V	**2367,75**	465,08	465,08	IV	1774,91	1696,58	1618,25	1539,91	1461,58	1383,33
	VI	**2412,00**	465,08	465,08							
7640,99	I,IV	**1861,08**	465,08	465,08	I	1704,41	1547,75	1391,08	1236,75	1088,75	947,16
Ost	II	**1712,00**	465,08	465,08	II	1555,33	1398,66	1244,08	1095,75	953,83	818,41
	III	**1220,33**	465,08	465,08	III	1100,16	983,33	869,66	759,33	652,00	548,00
	V	**2375,50**	465,08	465,08	IV	1782,75	1704,41	1626,08	1547,75	1469,41	1391,08
	VI	**2419,83**	465,08	465,08							
7643,99	I,IV	**1854,50**	465,08	465,08	I	1697,83	1541,25	1384,58	1230,41	1082,75	941,41
West	II	**1705,41**	465,08	465,08	II	1548,75	1392,08	1237,75	1089,66	948,08	812,91
	III	**1215,16**	465,08	465,08	III	1095,16	978,50	865,00	754,66	647,66	543,83
	V	**2369,00**	465,08	465,08	IV	1776,16	1697,83	1619,58	1541,25	1462,91	1384,58
	VI	**2413,25**	465,08	465,08							
7643,99	I,IV	**1862,33**	465,08	465,08	I	1705,66	1549,00	1392,33	1238,00	1089,91	948,33
Ost	II	**1713,25**	465,08	465,08	II	1556,58	1399,91	1245,25	1096,91	955,00	819,50
	III	**1221,16**	465,08	465,08	III	1101,16	984,33	870,66	760,16	652,83	548,83
	V	**2376,75**	465,08	465,08	IV	1784,00	1705,66	1627,33	1549,00	1470,66	1392,33
	VI	**2421,08**	465,08	465,08							
7646,99	I,IV	**1855,83**	465,08	465,08	I	1699,16	1542,50	1385,83	1231,66	1083,83	942,50
West	II	**1706,66**	465,08	465,08	II	1550,00	1393,33	1238,91	1090,83	949,16	814,00
	III	**1216,16**	465,08	465,08	III	1096,16	979,50	865,83	755,50	648,50	544,66
	V	**2370,25**	465,08	465,08	IV	1777,50	1699,16	1620,83	1542,50	1464,16	1385,83
	VI	**2414,58**	465,08	465,08							
7646,99	I,IV	**1863,58**	465,08	465,08	I	1706,91	1550,25	1393,58	1239,16	1091,08	949,41
Ost	II	**1714,50**	465,08	465,08	II	1557,83	1401,16	1246,50	1098,08	956,08	820,58
	III	**1222,16**	465,08	465,08	III	1102,16	985,16	871,50	761,00	653,83	549,66
	V	**2378,00**	465,08	465,08	IV	1785,25	1706,91	1628,58	1550,25	1471,91	1393,58
	VI	**2422,33**	465,08	465,08							
7649,99	I,IV	**1857,08**	465,08	465,08	I	1700,41	1543,75	1387,08	1232,83	1085,00	943,66
West	II	**1707,91**	465,08	465,08	II	1551,33	1394,66	1240,16	1092,00	950,33	815,00
	III	**1217,16**	465,08	465,08	III	1097,16	980,33	866,83	756,50	649,33	545,33
	V	**2371,50**	465,08	465,08	IV	1778,75	1700,41	1622,08	1543,75	1465,41	1387,08
	VI	**2415,83**	465,08	465,08							
7649,99	I,IV	**1864,83**	465,08	465,08	I	1708,16	1551,50	1394,91	1240,41	1092,25	950,50
Ost	II	**1715,75**	465,08	465,08	II	1559,08	1402,41	1247,75	1099,25	957,25	821,58
	III	**1223,16**	465,08	465,08	III	1103,00	986,16	872,33	761,83	654,66	550,50
	V	**2379,33**	465,08	465,08	IV	1786,50	1708,16	1629,83	1551,50	1473,16	1394,91
	VI	**2423,58**	465,08	465,08							

* Zur LSt-Berechnung für privat versicherte Arbeitnehmer s. Beispiele **Vorbemerkung S. 4f.**
** Basisvorsorgepauschale KV und PV *** Typisierter Arbeitgeberzuschuss

Lohn/ Gehalt in € bis	Steuerklasse	Lohn-steuer*	BVSP**	TAGZ***	Steuerklasse	Bemessungsgrundlage für Kirchensteuer und Solidaritätszuschlag – Freibeträge für ... Kinder 0,5	1,0	1,5	2,0	2,5	3,0
7 652,99	I,IV	**1 858,33**	465,08	465,08	I	1 701,66	1 545,00	1 388,33	1 234,08	1 086,16	944,75
West	II	**1 709,25**	465,08	465,08	II	1 552,58	1 395,91	1 241,41	1 093,16	951,41	816,08
	III	**1 218,00**	465,08	465,08	III	1 098,00	981,33	867,66	757,33	650,16	546,16
	V	**2 372,75**	465,08	465,08	IV	1 780,00	1 701,66	1 623,33	1 545,00	1 466,66	1 388,33
	VI	**2 417,08**	465,08	465,08							
7 652,99	I,IV	**1 866,08**	465,08	465,08	I	1 709,41	1 552,83	1 396,16	1 241,58	1 093,41	951,66
Ost	II	**1 717,00**	465,08	465,08	II	1 560,33	1 403,66	1 248,91	1 100,41	958,33	822,66
	III	**1 224,16**	465,08	465,08	III	1 104,00	987,00	873,33	762,83	655,50	551,33
	V	**2 380,58**	465,08	465,08	IV	1 787,75	1 709,41	1 631,16	1 552,83	1 474,50	1 396,16
	VI	**2 424,83**	465,08	465,08							
7 655,99	I,IV	**1 859,58**	465,08	465,08	I	1 702,91	1 546,25	1 389,58	1 235,33	1 087,33	945,83
West	II	**1 710,50**	465,08	465,08	II	1 553,83	1 397,16	1 242,58	1 094,33	952,50	817,16
	III	**1 219,00**	465,08	465,08	III	1 099,00	982,16	868,66	758,16	651,00	547,00
	V	**2 374,00**	465,08	465,08	IV	1 781,25	1 702,91	1 624,58	1 546,25	1 467,91	1 389,58
	VI	**2 418,33**	465,08	465,08							
7 655,99	I,IV	**1 867,41**	465,08	465,08	I	1 710,75	1 554,08	1 397,41	1 242,83	1 094,58	952,75
Ost	II	**1 718,25**	465,08	465,08	II	1 561,58	1 404,91	1 250,16	1 101,58	959,41	823,75
	III	**1 225,16**	465,08	465,08	III	1 105,00	988,00	874,16	763,66	656,33	552,16
	V	**2 381,83**	465,08	465,08	IV	1 789,08	1 710,75	1 632,41	1 554,08	1 475,75	1 397,41
	VI	**2 426,16**	465,08	465,08							
7 658,99	I,IV	**1 860,83**	465,08	465,08	I	1 704,16	1 547,50	1 390,83	1 236,50	1 088,50	947,00
West	II	**1 711,75**	465,08	465,08	II	1 555,08	1 398,41	1 243,83	1 095,50	953,66	818,25
	III	**1 220,00**	465,08	465,08	III	1 100,00	983,16	869,50	759,00	651,83	547,83
	V	**2 375,25**	465,08	465,08	IV	1 782,50	1 704,16	1 625,83	1 547,50	1 469,16	1 390,83
	VI	**2 419,58**	465,08	465,08							
7 658,99	I,IV	**1 868,66**	465,08	465,08	I	1 712,00	1 555,33	1 398,66	1 244,08	1 095,75	953,83
Ost	II	**1 719,50**	465,08	465,08	II	1 562,91	1 406,25	1 251,33	1 102,75	960,58	824,83
	III	**1 226,16**	465,08	465,08	III	1 105,83	988,83	875,16	764,50	657,16	553,00
	V	**2 383,08**	465,08	465,08	IV	1 790,33	1 712,00	1 633,66	1 555,33	1 477,00	1 398,66
	VI	**2 427,41**	465,08	465,08							
7 661,99	I,IV	**1 862,08**	465,08	465,08	I	1 705,41	1 548,75	1 392,08	1 237,75	1 089,66	948,08
West	II	**1 713,00**	465,08	465,08	II	1 556,33	1 399,66	1 245,00	1 096,66	954,75	819,25
	III	**1 221,00**	465,08	465,08	III	1 101,00	984,00	870,33	760,00	652,66	548,66
	V	**2 376,50**	465,08	465,08	IV	1 783,75	1 705,41	1 627,08	1 548,75	1 470,41	1 392,08
	VI	**2 420,83**	465,08	465,08							
7 661,99	I,IV	**1 869,91**	465,08	465,08	I	1 713,25	1 556,58	1 399,91	1 245,25	1 096,91	955,00
Ost	II	**1 720,83**	465,08	465,08	II	1 564,16	1 407,50	1 252,58	1 103,91	961,66	825,91
	III	**1 227,16**	465,08	465,08	III	1 106,83	989,83	876,00	765,33	658,00	553,83
	V	**2 384,33**	465,08	465,08	IV	1 791,58	1 713,25	1 634,91	1 556,58	1 478,25	1 399,91
	VI	**2 428,66**	465,08	465,08							
7 664,99	I,IV	**1 863,33**	465,08	465,08	I	1 706,66	1 550,00	1 393,33	1 238,91	1 090,83	949,16
West	II	**1 714,25**	465,08	465,08	II	1 557,58	1 400,91	1 246,25	1 097,83	955,91	820,33
	III	**1 222,00**	465,08	465,08	III	1 101,83	985,00	871,33	760,83	653,50	549,50
	V	**2 377,83**	465,08	465,08	IV	1 785,00	1 706,66	1 628,33	1 550,00	1 471,66	1 393,33
	VI	**2 422,08**	465,08	465,08							
7 664,99	I,IV	**1 871,16**	465,08	465,08	I	1 714,50	1 557,83	1 401,16	1 246,50	1 098,08	956,08
Ost	II	**1 722,08**	465,08	465,08	II	1 565,41	1 408,75	1 253,83	1 105,08	962,83	826,91
	III	**1 228,16**	465,08	465,08	III	1 107,83	990,83	876,83	766,33	658,83	554,66
	V	**2 385,58**	465,08	465,08	IV	1 792,83	1 714,50	1 636,16	1 557,83	1 479,50	1 401,16
	VI	**2 429,91**	465,08	465,08							
7 667,99	I,IV	**1 864,58**	465,08	465,08	I	1 707,91	1 551,33	1 394,66	1 240,16	1 092,00	950,33
West	II	**1 715,50**	465,08	465,08	II	1 558,83	1 402,16	1 247,50	1 099,00	957,00	821,41
	III	**1 223,00**	465,08	465,08	III	1 102,83	985,83	872,16	761,66	654,50	550,33
	V	**2 379,08**	465,08	465,08	IV	1 786,25	1 707,91	1 629,58	1 551,33	1 473,00	1 394,66
	VI	**2 423,33**	465,08	465,08							
7 667,99	I,IV	**1 872,41**	465,08	465,08	I	1 715,75	1 559,08	1 402,41	1 247,75	1 099,25	957,25
Ost	II	**1 723,33**	465,08	465,08	II	1 566,66	1 410,00	1 255,00	1 106,25	963,91	828,00
	III	**1 229,00**	465,08	465,08	III	1 108,83	991,66	877,83	767,16	659,66	555,50
	V	**2 386,83**	465,08	465,08	IV	1 794,08	1 715,75	1 637,41	1 559,08	1 480,75	1 402,41
	VI	**2 431,16**	465,08	465,08							

* Zur LSt-Berechnung für privat versicherte Arbeitnehmer s. Beispiele **Vorbemerkung S. 4 f.**
** Basisvorsorgepauschale KV und PV *** Typisierter Arbeitgeberzuschuss

Lohn/Gehalt in € bis	Steuerklasse	Lohnsteuer*	BVSP**	TAGZ***	Steuerklasse	Bemessungsgrundlage für Kirchensteuer und Solidaritätszuschlag					
						Freibeträge für ... Kinder					
						0,5	**1,0**	1,5	**2,0**	2,5	**3,0**
7670,99	I,IV	**1865,83**	465,08	465,08	I	1709,25	1552,58	1395,91	1241,41	1093,16	951,41
West	II	**1716,75**	465,08	465,08	II	1560,08	1403,41	1248,66	1100,16	958,08	822,50
	III	**1224,00**	465,08	465,08	III	1103,83	986,83	873,16	762,50	655,33	551,16
	V	**2380,33**	465,08	465,08	IV	1787,58	1709,25	1630,91	1552,58	1474,25	1395,91
	VI	**2424,58**	465,08	465,08							
7670,99	I,IV	**1873,66**	465,08	465,08	I	1717,00	1560,33	1403,66	1248,91	1100,41	958,33
Ost	II	**1724,58**	465,08	465,08	II	1567,91	1411,25	1256,25	1107,41	965,08	829,08
	III	**1230,00**	465,08	465,08	III	1109,66	992,66	878,66	768,00	660,50	556,33
	V	**2388,08**	465,08	465,08	IV	1795,33	1717,00	1638,66	1560,33	1482,00	1403,66
	VI	**2432,41**	465,08	465,08							
7673,99	I,IV	**1867,16**	465,08	465,08	I	1710,50	1553,83	1397,16	1242,58	1094,33	952,50
West	II	**1718,00**	465,08	465,08	II	1561,33	1404,75	1249,91	1101,33	959,25	823,58
	III	**1225,00**	465,08	465,08	III	1104,66	987,83	874,00	763,50	656,16	552,00
	V	**2381,58**	465,08	465,08	IV	1788,83	1710,50	1632,16	1553,83	1475,50	1397,16
	VI	**2425,91**	465,08	465,08							
7673,99	I,IV	**1874,91**	465,08	465,08	I	1718,25	1561,58	1404,91	1250,16	1101,58	959,41
Ost	II	**1725,83**	465,08	465,08	II	1569,16	1412,50	1257,50	1108,58	966,16	830,16
	III	**1231,00**	465,08	465,08	III	1110,66	993,50	879,66	768,83	661,33	557,16
	V	**2389,41**	465,08	465,08	IV	1796,58	1718,25	1639,91	1561,58	1483,25	1404,91
	VI	**2433,66**	465,08	465,08							
7676,99	I,IV	**1868,41**	465,08	465,08	I	1711,75	1555,08	1398,41	1243,83	1095,50	953,66
West	II	**1719,33**	465,08	465,08	II	1562,66	1406,00	1251,16	1102,50	960,33	824,58
	III	**1225,83**	465,08	465,08	III	1105,66	988,66	874,83	764,33	657,00	552,83
	V	**2382,83**	465,08	465,08	IV	1790,08	1711,75	1633,41	1555,08	1476,75	1398,41
	VI	**2427,16**	465,08	465,08							
7676,99	I,IV	**1876,16**	465,08	465,08	I	1719,50	1562,91	1406,25	1251,33	1102,75	960,58
Ost	II	**1727,08**	465,08	465,08	II	1570,41	1413,75	1258,75	1109,75	967,25	831,25
	III	**1232,00**	465,08	465,08	III	1111,66	994,50	880,50	769,83	662,33	558,00
	V	**2390,66**	465,08	465,08	IV	1797,83	1719,50	1641,16	1562,91	1484,58	1406,25
	VI	**2434,91**	465,08	465,08							
7679,99	I,IV	**1869,66**	465,08	465,08	I	1713,00	1556,33	1399,66	1245,00	1096,66	954,75
West	II	**1720,58**	465,08	465,08	II	1563,91	1407,25	1252,33	1103,66	961,50	825,66
	III	**1226,83**	465,08	465,08	III	1106,66	989,66	875,83	765,16	657,83	553,66
	V	**2384,08**	465,08	465,08	IV	1791,33	1713,00	1634,66	1556,33	1478,00	1399,66
	VI	**2428,41**	465,08	465,08							
7679,99	I,IV	**1877,41**	465,08	465,08	I	1720,83	1564,16	1407,50	1252,58	1103,91	961,66
Ost	II	**1728,33**	465,08	465,08	II	1571,66	1415,00	1259,91	1110,91	968,41	832,25
	III	**1233,00**	465,08	465,08	III	1112,66	995,33	881,50	770,66	663,16	558,83
	V	**2391,91**	465,08	465,08	IV	1799,16	1720,83	1642,50	1564,16	1485,83	1407,50
	VI	**2436,25**	465,08	465,08							
7682,99	I,IV	**1870,91**	465,08	465,08	I	1714,25	1557,58	1400,91	1246,25	1097,83	955,91
West	II	**1721,83**	465,08	465,08	II	1565,16	1408,50	1253,58	1104,83	962,58	826,75
	III	**1227,83**	465,08	465,08	III	1107,66	990,50	876,66	766,00	658,66	554,50
	V	**2385,33**	465,08	465,08	IV	1792,58	1714,25	1635,91	1557,58	1479,25	1400,91
	VI	**2429,66**	465,08	465,08							
7682,99	I,IV	**1878,75**	465,08	465,08	I	1722,08	1565,41	1408,75	1253,83	1105,08	962,83
Ost	II	**1729,58**	465,08	465,08	II	1572,91	1416,33	1261,16	1112,16	969,50	833,33
	III	**1234,00**	465,08	465,08	III	1113,50	996,33	882,33	771,50	664,00	559,66
	V	**2393,16**	465,08	465,08	IV	1800,41	1722,08	1643,75	1565,41	1487,08	1408,75
	VI	**2437,50**	465,08	465,08							
7685,99	I,IV	**1872,16**	465,08	465,08	I	1715,50	1558,83	1402,16	1247,50	1099,00	957,00
West	II	**1723,08**	465,08	465,08	II	1566,41	1409,75	1254,83	1106,00	963,75	827,83
	III	**1228,83**	465,08	465,08	III	1108,50	991,50	877,66	767,00	659,50	555,33
	V	**2386,58**	465,08	465,08	IV	1793,83	1715,50	1637,16	1558,83	1480,50	1402,16
	VI	**2430,91**	465,08	465,08							
7685,99	I,IV	**1880,00**	465,08	465,08	I	1723,33	1566,66	1410,00	1255,00	1106,25	963,91
Ost	II	**1730,91**	465,08	465,08	II	1574,25	1417,58	1262,41	1113,33	970,66	834,41
	III	**1235,00**	465,08	465,08	III	1114,50	997,33	883,16	772,50	664,83	560,50
	V	**2394,41**	465,08	465,08	IV	1801,66	1723,33	1645,00	1566,66	1488,33	1410,00
	VI	**2438,75**	465,08	465,08							

* Zur LSt-Berechnung für privat versicherte Arbeitnehmer s. Beispiele **Vorbemerkung S. 4 f.**
** Basisvorsorgepauschale KV und PV *** Typisierter Arbeitgeberzuschuss

Lohn/ Gehalt in € bis	Steuerklasse	Lohn-steuer*	BVSP**	TAGZ***	Steuerklasse	Bemessungsgrundlage für Kirchensteuer und Solidaritätszuschlag					
						Freibeträge für ... Kinder					
						0,5	**1,0**	1,5	**2,0**	2,5	**3,0**
7688,99 West	I,IV	**1873,41**	465,08	465,08	I	1716,75	1560,08	1403,41	1248,66	1100,16	958,08
	II	**1724,33**	465,08	465,08	II	1567,66	1411,00	1256,00	1107,25	964,83	828,91
	III	**1229,83**	465,08	465,08	III	1109,50	992,33	878,50	767,83	660,33	556,16
	V	**2387,83**	465,08	465,08	IV	1795,08	1716,75	1638,41	1560,08	1481,75	1403,41
	VI	**2432,16**	465,08	465,08							
7688,99 Ost	I,IV	**1881,25**	465,08	465,08	I	1724,58	1567,91	1411,25	1256,25	1107,41	965,08
	II	**1732,16**	465,08	465,08	II	1575,50	1418,83	1263,58	1114,50	971,75	835,50
	III	**1236,00**	465,08	465,08	III	1115,50	998,16	884,16	773,33	665,66	561,33
	V	**2395,66**	465,08	465,08	IV	1802,91	1724,58	1646,25	1567,91	1489,58	1411,25
	VI	**2440,00**	465,08	465,08							
7691,99 West	I,IV	**1874,66**	465,08	465,08	I	1718,00	1561,33	1404,75	1249,91	1101,33	959,25
	II	**1725,58**	465,08	465,08	II	1568,91	1412,25	1257,25	1108,41	965,91	829,91
	III	**1230,83**	465,08	465,08	III	1110,50	993,33	879,33	768,66	661,16	557,00
	V	**2389,16**	465,08	465,08	IV	1796,33	1718,00	1639,66	1561,33	1483,08	1404,75
	VI	**2433,41**	465,08	465,08							
7691,99 Ost	I,IV	**1882,50**	465,08	465,08	I	1725,83	1569,16	1412,50	1257,50	1108,58	966,16
	II	**1733,41**	465,08	465,08	II	1576,75	1420,08	1264,83	1115,66	972,91	836,58
	III	**1237,00**	465,08	465,08	III	1116,33	999,16	885,00	774,16	666,50	562,16
	V	**2396,91**	465,08	465,08	IV	1804,16	1725,83	1647,50	1569,16	1490,83	1412,50
	VI	**2441,25**	465,08	465,08							
7694,99 West	I,IV	**1875,91**	465,08	465,08	I	1719,33	1562,66	1406,00	1251,16	1102,50	960,33
	II	**1726,83**	465,08	465,08	II	1570,16	1413,50	1258,50	1109,58	967,08	831,00
	III	**1231,83**	465,08	465,08	III	1111,50	994,33	880,33	769,66	662,00	557,83
	V	**2390,41**	465,08	465,08	IV	1797,58	1719,33	1641,00	1562,66	1484,33	1406,00
	VI	**2434,66**	465,08	465,08							
7694,99 Ost	I,IV	**1883,75**	465,08	465,08	I	1727,08	1570,41	1413,75	1258,75	1109,75	967,25
	II	**1734,66**	465,08	465,08	II	1578,00	1421,33	1266,08	1116,83	974,00	837,66
	III	**1237,83**	465,08	465,08	III	1117,33	1000,00	886,00	775,00	667,33	563,00
	V	**2398,16**	465,08	465,08	IV	1805,41	1727,08	1648,75	1570,41	1492,08	1413,75
	VI	**2442,50**	465,08	465,08							
7697,99 West	I,IV	**1877,25**	465,08	465,08	I	1720,58	1563,91	1407,25	1252,33	1103,66	961,50
	II	**1728,08**	465,08	465,08	II	1571,41	1414,83	1259,66	1110,75	968,16	832,08
	III	**1232,83**	465,08	465,08	III	1112,33	995,16	881,16	770,50	663,00	558,66
	V	**2391,66**	465,08	465,08	IV	1798,91	1720,58	1642,25	1563,91	1485,58	1407,25
	VI	**2436,00**	465,08	465,08							
7697,99 Ost	I,IV	**1885,00**	465,08	465,08	I	1728,33	1571,66	1415,00	1259,91	1110,91	968,41
	II	**1735,91**	465,08	465,08	II	1579,25	1422,58	1267,25	1118,00	975,16	838,75
	III	**1238,83**	465,08	465,08	III	1118,33	1001,00	886,83	776,00	668,16	563,66
	V	**2399,50**	465,08	465,08	IV	1806,66	1728,33	1650,00	1571,66	1493,33	1415,00
	VI	**2443,75**	465,08	465,08							
7700,99 West	I,IV	**1878,50**	465,08	465,08	I	1721,83	1565,16	1408,50	1253,58	1104,83	962,58
	II	**1729,33**	465,08	465,08	II	1572,75	1416,08	1260,91	1111,91	969,33	833,16
	III	**1233,83**	465,08	465,08	III	1113,33	996,16	882,16	771,33	663,83	559,50
	V	**2392,91**	465,08	465,08	IV	1800,16	1721,83	1643,50	1565,16	1486,83	1408,50
	VI	**2437,25**	465,08	465,08							
7700,99 Ost	I,IV	**1886,25**	465,08	465,08	I	1729,58	1572,91	1416,33	1261,16	1112,16	969,50
	II	**1737,16**	465,08	465,08	II	1580,50	1423,83	1268,50	1119,16	976,25	839,75
	III	**1239,83**	465,08	465,08	III	1119,33	1001,83	887,83	776,83	669,16	564,50
	V	**2400,75**	465,08	465,08	IV	1807,91	1729,58	1651,25	1572,91	1494,66	1416,33
	VI	**2445,00**	465,08	465,08							
7703,99 West	I,IV	**1879,75**	465,08	465,08	I	1723,08	1566,41	1409,75	1254,83	1106,00	963,75
	II	**1730,66**	465,08	465,08	II	1574,00	1417,33	1262,16	1113,08	970,41	834,25
	III	**1234,66**	465,08	465,08	III	1114,33	997,00	883,00	772,16	664,66	560,33
	V	**2394,16**	465,08	465,08	IV	1801,41	1723,08	1644,75	1566,41	1488,08	1409,75
	VI	**2438,50**	465,08	465,08							
7703,99 Ost	I,IV	**1887,50**	465,08	465,08	I	1730,91	1574,25	1417,58	1262,41	1113,33	970,66
	II	**1738,41**	465,08	465,08	II	1581,75	1425,08	1269,75	1120,33	977,41	840,83
	III	**1240,83**	465,08	465,08	III	1120,16	1002,83	888,66	777,66	670,00	565,33
	V	**2402,00**	465,08	465,08	IV	1809,16	1730,91	1652,58	1574,25	1495,91	1417,58
	VI	**2446,25**	465,08	465,08							

* Zur LSt-Berechnung für privat versicherte Arbeitnehmer s. Beispiele **Vorbemerkung S. 4 f.**
** Basisvorsorgepauschale KV und PV *** Typisierter Arbeitgeberzuschuss

Lohn/ Gehalt in € bis	Steuerklasse	Lohn-steuer*	BVSP**	TAGZ***	Steuerklasse	Bemessungsgrundlage für Kirchensteuer und Solidaritätszuschlag – Freibeträge für ... Kinder 0,5	1,0	1,5	2,0	2,5	3,0
7706,99 West	I,IV	**1881,00**	465,08	465,08	I	1724,33	1567,66	1411,00	1256,00	1107,25	964,83
	II	**1731,91**	465,08	465,08	II	1575,25	1418,58	1263,33	1114,25	971,58	835,25
	III	**1235,66**	465,08	465,08	III	1115,16	998,00	884,00	773,16	665,50	561,00
	V	**2395,41**	465,08	465,08	IV	1802,66	1724,33	1646,00	1567,66	1489,33	1411,00
	VI	**2439,75**	465,08	465,08							
7706,99 Ost	I,IV	**1888,83**	465,08	465,08	I	1732,16	1575,50	1418,83	1263,58	1114,50	971,75
	II	**1739,66**	465,08	465,08	II	1583,00	1426,41	1271,00	1121,50	978,50	841,91
	III	**1241,83**	465,08	465,08	III	1121,16	1003,83	889,50	778,50	670,83	566,16
	V	**2403,25**	465,08	465,08	IV	1810,50	1732,16	1653,83	1575,50	1497,16	1418,83
	VI	**2447,58**	465,08	465,08							
7709,99 West	I,IV	**1882,25**	465,08	465,08	I	1725,58	1568,91	1412,25	1257,25	1108,41	965,91
	II	**1733,16**	465,08	465,08	II	1576,50	1419,83	1264,58	1115,41	972,66	836,33
	III	**1236,66**	465,08	465,08	III	1116,16	998,83	884,83	774,00	666,33	561,83
	V	**2396,66**	465,08	465,08	IV	1803,91	1725,58	1647,25	1568,91	1490,58	1412,25
	VI	**2441,00**	465,08	465,08							
7709,99 Ost	I,IV	**1890,08**	465,08	465,08	I	1733,41	1576,75	1420,08	1264,83	1115,66	972,91
	II	**1740,91**	465,08	465,08	II	1584,33	1427,66	1272,16	1122,66	979,66	843,00
	III	**1242,83**	465,08	465,08	III	1122,16	1004,66	890,50	779,50	671,66	567,00
	V	**2404,50**	465,08	465,08	IV	1811,75	1733,41	1655,08	1576,75	1498,41	1420,08
	VI	**2448,83**	465,08	465,08							
7712,99 West	I,IV	**1883,50**	465,08	465,08	I	1726,83	1570,16	1413,50	1258,50	1109,58	967,08
	II	**1734,41**	465,08	465,08	II	1577,75	1421,08	1265,83	1116,58	973,83	837,41
	III	**1237,66**	465,08	465,08	III	1117,16	999,83	885,66	774,83	667,16	562,66
	V	**2397,91**	465,08	465,08	IV	1805,16	1726,83	1648,50	1570,16	1491,83	1413,50
	VI	**2442,25**	465,08	465,08							
7712,99 Ost	I,IV	**1891,33**	465,08	465,08	I	1734,66	1578,00	1421,33	1266,08	1116,83	974,00
	II	**1742,25**	465,08	465,08	II	1585,58	1428,91	1273,41	1123,91	980,75	844,08
	III	**1243,83**	465,08	465,08	III	1123,16	1005,66	891,33	780,33	672,50	567,83
	V	**2405,75**	465,08	465,08	IV	1813,00	1734,66	1656,33	1578,00	1499,66	1421,33
	VI	**2450,08**	465,08	465,08							
7715,99 West	I,IV	**1884,75**	465,08	465,08	I	1728,08	1571,41	1414,83	1259,66	1110,75	968,16
	II	**1735,66**	465,08	465,08	II	1579,00	1422,33	1267,08	1117,75	974,91	838,50
	III	**1238,66**	465,08	465,08	III	1118,16	1000,83	886,66	775,66	668,00	563,50
	V	**2399,25**	465,08	465,08	IV	1806,41	1728,08	1649,75	1571,41	1493,08	1414,83
	VI	**2443,50**	465,08	465,08							
7715,99 Ost	I,IV	**1892,58**	465,08	465,08	I	1735,91	1579,25	1422,58	1267,25	1118,00	975,16
	II	**1743,50**	465,08	465,08	II	1586,83	1430,16	1274,66	1125,08	981,91	845,16
	III	**1244,83**	465,08	465,08	III	1124,00	1006,50	892,33	781,16	673,33	568,66
	V	**2407,00**	465,08	465,08	IV	1814,25	1735,91	1657,58	1579,25	1500,91	1422,58
	VI	**2451,33**	465,08	465,08							
7718,99 West	I,IV	**1886,00**	465,08	465,08	I	1729,33	1572,75	1416,08	1260,91	1111,91	969,33
	II	**1736,91**	465,08	465,08	II	1580,25	1423,58	1268,25	1118,91	976,08	839,58
	III	**1239,66**	465,08	465,08	III	1119,00	1001,66	887,50	776,66	668,83	564,33
	V	**2400,50**	465,08	465,08	IV	1807,66	1729,33	1651,08	1572,75	1494,41	1416,08
	VI	**2444,75**	465,08	465,08							
7718,99 Ost	I,IV	**1893,83**	465,08	465,08	I	1737,16	1580,50	1423,83	1268,50	1119,16	976,25
	II	**1744,75**	465,08	465,08	II	1588,08	1431,41	1275,91	1126,25	983,00	846,25
	III	**1245,83**	465,08	465,08	III	1125,00	1007,50	893,16	782,16	674,16	569,50
	V	**2408,25**	465,08	465,08	IV	1815,50	1737,16	1658,83	1580,50	1502,16	1423,83
	VI	**2452,58**	465,08	465,08							
7721,99 West	I,IV	**1887,33**	465,08	465,08	I	1730,66	1574,00	1417,33	1262,16	1113,08	970,41
	II	**1738,16**	465,08	465,08	II	1581,50	1424,83	1269,50	1120,08	977,16	840,66
	III	**1240,66**	465,08	465,08	III	1120,00	1002,66	888,50	777,50	669,83	565,16
	V	**2401,75**	465,08	465,08	IV	1809,00	1730,66	1652,33	1574,00	1495,66	1417,33
	VI	**2446,08**	465,08	465,08							
7721,99 Ost	I,IV	**1895,08**	465,08	465,08	I	1738,41	1581,75	1425,08	1269,75	1120,33	977,41
	II	**1746,00**	465,08	465,08	II	1589,33	1432,66	1277,08	1127,41	984,16	847,33
	III	**1246,83**	465,08	465,08	III	1126,00	1008,50	894,16	783,00	675,00	570,33
	V	**2409,50**	465,08	465,08	IV	1816,75	1738,41	1660,08	1581,75	1503,41	1425,08
	VI	**2453,83**	465,08	465,08							

* Zur LSt-Berechnung für privat versicherte Arbeitnehmer s. Beispiele **Vorbemerkung S. 4 f.**
** Basisvorsorgepauschale KV und PV *** Typisierter Arbeitgeberzuschuss

Lohn/ Gehalt in € bis	Steuerklasse	Lohn-steuer*	BVSP**	TAGZ***	Steuerklasse	Bemessungsgrundlage für Kirchensteuer und Solidaritätszuschlag – Freibeträge für ... Kinder 0,5	1,0	1,5	2,0	2,5	3,0
7 724,99 West	I,IV	**1 888,58**	465,08	465,08	I	1 731,91	1 575,25	1 418,58	1 263,33	1 114,25	971,58
	II	**1 739,41**	465,08	465,08	II	1 582,83	1 426,16	1 270,75	1 121,33	978,25	841,75
	III	**1 241,66**	465,08	465,08	III	1 121,00	1 003,50	889,33	778,33	670,66	566,00
	V	**2 403,00**	465,08	465,08	IV	1 810,25	1 731,91	1 653,58	1 575,25	1 496,91	1 418,58
	VI	**2 447,33**	465,08	465,08							
7 724,99 Ost	I,IV	**1 896,33**	465,08	465,08	I	1 739,66	1 583,00	1 426,41	1 271,00	1 121,50	978,50
	II	**1 747,25**	465,08	465,08	II	1 590,58	1 433,91	1 278,33	1 128,58	985,25	848,33
	III	**1 247,66**	465,08	465,08	III	1 127,00	1 009,33	895,00	783,83	676,00	571,16
	V	**2 410,83**	465,08	465,08	IV	1 818,00	1 739,66	1 661,33	1 583,00	1 504,66	1 426,41
	VI	**2 455,08**	465,08	465,08							
7 727,99 West	I,IV	**1 889,83**	465,08	465,08	I	1 733,16	1 576,50	1 419,83	1 264,58	1 115,41	972,66
	II	**1 740,75**	465,08	465,08	II	1 584,08	1 427,41	1 271,91	1 122,50	979,41	842,75
	III	**1 242,66**	465,08	465,08	III	1 122,00	1 004,50	890,33	779,33	671,50	566,83
	V	**2 404,25**	465,08	465,08	IV	1 811,50	1 733,16	1 654,83	1 576,50	1 498,16	1 419,83
	VI	**2 448,58**	465,08	465,08							
7 727,99 Ost	I,IV	**1 897,58**	465,08	465,08	I	1 740,91	1 584,33	1 427,66	1 272,16	1 122,66	979,66
	II	**1 748,50**	465,08	465,08	II	1 591,83	1 435,16	1 279,58	1 129,75	986,41	849,41
	III	**1 248,66**	465,08	465,08	III	1 127,83	1 010,33	895,83	784,66	676,83	572,00
	V	**2 412,08**	465,08	465,08	IV	1 819,25	1 740,91	1 662,66	1 584,33	1 506,00	1 427,66
	VI	**2 456,33**	465,08	465,08							
7 730,99 West	I,IV	**1 891,08**	465,08	465,08	I	1 734,41	1 577,75	1 421,08	1 265,83	1 116,58	973,83
	II	**1 742,00**	465,08	465,08	II	1 585,33	1 428,66	1 273,16	1 123,66	980,50	843,83
	III	**1 243,66**	465,08	465,08	III	1 122,83	1 005,50	891,16	780,16	672,33	567,66
	V	**2 405,50**	465,08	465,08	IV	1 812,75	1 734,41	1 656,08	1 577,75	1 499,41	1 421,08
	VI	**2 449,83**	465,08	465,08							
7 730,99 Ost	I,IV	**1 898,91**	465,08	465,08	I	1 742,25	1 585,58	1 428,91	1 273,41	1 123,91	980,75
	II	**1 749,75**	465,08	465,08	II	1 593,08	1 436,41	1 280,83	1 130,91	987,50	850,50
	III	**1 249,66**	465,08	465,08	III	1 128,83	1 011,16	896,83	785,66	677,66	572,83
	V	**2 413,33**	465,08	465,08	IV	1 820,58	1 742,25	1 663,91	1 585,58	1 507,25	1 428,91
	VI	**2 457,66**	465,08	465,08							
7 733,99 West	I,IV	**1 892,33**	465,08	465,08	I	1 735,66	1 579,00	1 422,33	1 267,08	1 117,75	974,91
	II	**1 743,25**	465,08	465,08	II	1 586,58	1 429,91	1 274,41	1 124,83	981,66	844,91
	III	**1 244,50**	465,08	465,08	III	1 123,83	1 006,33	892,00	781,00	673,16	568,50
	V	**2 406,75**	465,08	465,08	IV	1 814,00	1 735,66	1 657,33	1 579,00	1 500,66	1 422,33
	VI	**2 451,08**	465,08	465,08							
7 733,99 Ost	I,IV	**1 900,16**	465,08	465,08	I	1 743,50	1 586,83	1 430,16	1 274,66	1 125,08	981,91
	II	**1 751,00**	465,08	465,08	II	1 594,41	1 437,75	1 282,00	1 132,08	988,66	851,58
	III	**1 250,66**	465,08	465,08	III	1 129,83	1 012,16	897,66	786,50	678,50	573,66
	V	**2 414,58**	465,08	465,08	IV	1 821,83	1 743,50	1 665,16	1 586,83	1 508,50	1 430,16
	VI	**2 458,91**	465,08	465,08							
7 736,99 West	I,IV	**1 893,58**	465,08	465,08	I	1 736,91	1 580,25	1 423,58	1 268,25	1 118,91	976,08
	II	**1 744,50**	465,08	465,08	II	1 587,83	1 431,16	1 275,66	1 126,00	982,75	846,00
	III	**1 245,50**	465,08	465,08	III	1 124,83	1 007,33	893,00	781,83	674,00	569,33
	V	**2 408,00**	465,08	465,08	IV	1 815,25	1 736,91	1 658,58	1 580,25	1 501,91	1 423,58
	VI	**2 452,33**	465,08	465,08							
7 736,99 Ost	I,IV	**1 901,41**	465,08	465,08	I	1 744,75	1 588,08	1 431,41	1 275,91	1 126,25	983,00
	II	**1 752,33**	465,08	465,08	II	1 595,66	1 439,00	1 283,25	1 133,33	989,75	852,66
	III	**1 251,66**	465,08	465,08	III	1 130,83	1 013,16	898,66	787,33	679,33	574,50
	V	**2 415,83**	465,08	465,08	IV	1 823,08	1 744,75	1 666,41	1 588,08	1 509,75	1 431,41
	VI	**2 460,16**	465,08	465,08							
7 739,99 West	I,IV	**1 894,83**	465,08	465,08	I	1 738,16	1 581,50	1 424,83	1 269,50	1 120,08	977,16
	II	**1 745,75**	465,08	465,08	II	1 589,08	1 432,41	1 276,83	1 127,16	983,91	847,08
	III	**1 246,50**	465,08	465,08	III	1 125,83	1 008,16	893,83	782,83	674,83	570,16
	V	**2 409,33**	465,08	465,08	IV	1 816,50	1 738,16	1 659,83	1 581,50	1 503,16	1 424,83
	VI	**2 453,58**	465,08	465,08							
7 739,99 Ost	I,IV	**1 902,66**	465,08	465,08	I	1 746,00	1 589,33	1 432,66	1 277,08	1 127,41	984,16
	II	**1 753,58**	465,08	465,08	II	1 596,91	1 440,25	1 284,50	1 134,50	990,91	853,75
	III	**1 252,66**	465,08	465,08	III	1 131,66	1 014,00	899,50	788,33	680,16	575,33
	V	**2 417,08**	465,08	465,08	IV	1 824,33	1 746,00	1 667,66	1 589,33	1 511,00	1 432,66
	VI	**2 461,41**	465,08	465,08							

* Zur LSt-Berechnung für privat versicherte Arbeitnehmer s. Beispiele **Vorbemerkung S. 4f.**
** Basisvorsorgepauschale KV und PV *** Typisierter Arbeitgeberzuschuss

Lohn/ Gehalt in € bis	Steuerklasse	Lohn- steuer*	BVSP**	TAGZ***	Steuerklasse	Bemessungsgrundlage für Kirchensteuer und Solidaritätszuschlag – Freibeträge für ... Kinder 0,5	1,0	1,5	2,0	2,5	3,0
7742,99	I,IV	**1896,08**	465,08	465,08	I	1739,41	1582,83	1426,16	1270,75	1121,33	978,25
West	II	**1747,00**	465,08	465,08	II	1590,33	1433,66	1278,08	1128,33	985,08	848,16
	III	**1247,50**	465,08	465,08	III	1126,66	1009,16	894,83	783,66	675,66	571,00
	V	**2410,58**	465,08	465,08	IV	1817,75	1739,41	1661,08	1582,83	1504,50	1426,16
	VI	**2454,83**	465,08	465,08							
7742,99	I,IV	**1903,91**	465,08	465,08	I	1747,25	1590,58	1433,91	1278,33	1128,58	985,25
Ost	II	**1754,83**	465,08	465,08	II	1598,16	1441,50	1285,75	1135,66	992,00	854,83
	III	**1253,66**	465,08	465,08	III	1132,66	1015,00	900,50	789,16	681,00	576,16
	V	**2418,33**	465,08	465,08	IV	1825,58	1747,25	1668,91	1590,58	1512,25	1433,91
	VI	**2462,66**	465,08	465,08							
7745,99	I,IV	**1897,33**	465,08	465,08	I	1740,75	1584,08	1427,41	1271,91	1122,50	979,41
West	II	**1748,25**	465,08	465,08	II	1591,58	1434,91	1279,33	1129,50	986,16	849,25
	III	**1248,50**	465,08	465,08	III	1127,66	1010,16	895,66	784,50	676,66	571,83
	V	**2411,83**	465,08	465,08	IV	1819,08	1740,75	1662,41	1584,08	1505,75	1427,41
	VI	**2456,08**	465,08	465,08							
7745,99	I,IV	**1905,16**	465,08	465,08	I	1748,50	1591,83	1435,16	1279,58	1129,75	986,41
Ost	II	**1756,08**	465,08	465,08	II	1599,41	1442,75	1287,00	1136,83	993,16	855,91
	III	**1254,66**	465,08	465,08	III	1133,66	1015,83	901,33	790,00	681,83	577,00
	V	**2419,58**	465,08	465,08	IV	1826,83	1748,50	1670,16	1591,83	1513,50	1435,16
	VI	**2463,91**	465,08	465,08							
7748,99	I,IV	**1898,66**	465,08	465,08	I	1742,00	1585,33	1428,66	1273,16	1123,66	980,50
West	II	**1749,50**	465,08	465,08	II	1592,83	1436,25	1280,58	1130,75	987,33	850,33
	III	**1249,50**	465,08	465,08	III	1128,66	1011,00	896,66	785,50	677,50	572,66
	V	**2413,08**	465,08	465,08	IV	1820,33	1742,00	1663,66	1585,33	1507,00	1428,66
	VI	**2457,41**	465,08	465,08							
7748,99	I,IV	**1906,41**	465,08	465,08	I	1749,75	1593,08	1436,41	1280,83	1130,91	987,50
Ost	II	**1757,33**	465,08	465,08	II	1600,66	1444,00	1288,16	1138,00	994,25	857,00
	III	**1255,66**	465,08	465,08	III	1134,66	1016,83	902,33	790,83	682,83	577,83
	V	**2420,91**	465,08	465,08	IV	1828,08	1749,75	1671,41	1593,08	1514,75	1436,41
	VI	**2465,16**	465,08	465,08							
7751,99	I,IV	**1899,91**	465,08	465,08	I	1743,25	1586,58	1429,91	1274,41	1124,83	981,66
West	II	**1750,83**	465,08	465,08	II	1594,16	1437,50	1281,83	1131,91	988,41	851,41
	III	**1250,50**	465,08	465,08	III	1129,66	1012,00	897,50	786,33	678,33	573,50
	V	**2414,33**	465,08	465,08	IV	1821,58	1743,25	1664,91	1586,58	1508,25	1429,91
	VI	**2458,66**	465,08	465,08							
7751,99	I,IV	**1907,66**	465,08	465,08	I	1751,00	1594,41	1437,75	1282,00	1132,08	988,66
Ost	II	**1758,58**	465,08	465,08	II	1601,91	1445,25	1289,41	1139,25	995,41	858,08
	III	**1256,66**	465,08	465,08	III	1135,50	1017,83	903,16	791,83	683,66	578,66
	V	**2422,16**	465,08	465,08	IV	1829,33	1751,00	1672,66	1594,41	1516,08	1437,75
	VI	**2466,41**	465,08	465,08							
7754,99	I,IV	**1901,16**	465,08	465,08	I	1744,50	1587,83	1431,16	1275,66	1126,00	982,75
West	II	**1752,08**	465,08	465,08	II	1595,41	1438,75	1283,00	1133,08	989,58	852,50
	III	**1251,50**	465,08	465,08	III	1130,50	1012,83	898,50	787,16	679,16	574,33
	V	**2415,58**	465,08	465,08	IV	1822,83	1744,50	1666,16	1587,83	1509,50	1431,16
	VI	**2459,91**	465,08	465,08							
7754,99	I,IV	**1908,91**	465,08	465,08	I	1752,33	1595,66	1439,00	1283,25	1133,33	989,75
Ost	II	**1759,83**	465,08	465,08	II	1603,16	1446,50	1290,66	1140,41	996,58	859,16
	III	**1257,66**	465,08	465,08	III	1136,50	1018,66	904,00	792,66	684,50	579,50
	V	**2423,41**	465,08	465,08	IV	1830,66	1752,33	1674,00	1595,66	1517,33	1439,00
	VI	**2467,75**	465,08	465,08							
7757,99	I,IV	**1902,41**	465,08	465,08	I	1745,75	1589,08	1432,41	1276,83	1127,16	983,91
West	II	**1753,33**	465,08	465,08	II	1596,66	1440,00	1284,25	1134,25	990,66	853,50
	III	**1252,50**	465,08	465,08	III	1131,50	1013,83	899,33	788,00	680,00	575,16
	V	**2416,83**	465,08	465,08	IV	1824,08	1745,75	1667,41	1589,08	1510,75	1432,41
	VI	**2461,16**	465,08	465,08							
7757,99	I,IV	**1910,25**	465,08	465,08	I	1753,58	1596,91	1440,25	1284,50	1134,50	990,91
Ost	II	**1761,08**	465,08	465,08	II	1604,41	1447,83	1291,91	1141,58	997,66	860,25
	III	**1258,50**	465,08	465,08	III	1137,50	1019,66	905,00	793,50	685,33	580,33
	V	**2424,66**	465,08	465,08	IV	1831,91	1753,58	1675,25	1596,91	1518,58	1440,25
	VI	**2469,00**	465,08	465,08							

* Zur LSt-Berechnung für privat versicherte Arbeitnehmer s. Beispiele **Vorbemerkung S. 4 f.**
** Basisvorsorgepauschale KV und PV *** Typisierter Arbeitgeberzuschuss

Lohn/ Gehalt in € bis	Steuerklasse	**Lohn-steuer***	BVSP**	TAGZ***	Steuerklasse	Bemessungsgrundlage für Kirchensteuer und Solidaritätszuschlag – Freibeträge für ... Kinder 0,5	**1,0**	1,5	**2,0**	2,5	**3,0**
7 760,99 West	I,IV	**1 903,66**	465,08	465,08	I	1 747,00	1 590,33	1 433,66	1 278,08	1 128,33	985,08
	II	**1 754,58**	465,08	465,08	II	1 597,91	1 441,25	1 285,50	1 135,41	991,83	854,58
	III	**1 253,50**	465,08	465,08	III	1 132,50	1 014,83	900,16	789,00	680,83	576,00
	V	**2 418,08**	465,08	465,08	IV	1 825,33	1 747,00	1 668,66	1 590,33	1 512,00	1 433,66
	VI	**2 462,41**	465,08	465,08							
7 760,99 Ost	I,IV	**1 911,50**	465,08	465,08	I	1 754,83	1 598,16	1 441,50	1 285,75	1 135,66	992,00
	II	**1 762,41**	465,08	465,08	II	1 605,75	1 449,08	1 293,16	1 142,75	998,83	861,33
	III	**1 259,50**	465,08	465,08	III	1 138,50	1 020,50	905,83	794,50	686,16	581,16
	V	**2 425,91**	465,08	465,08	IV	1 833,16	1 754,83	1 676,50	1 598,16	1 519,83	1 441,50
	VI	**2 470,25**	465,08	465,08							
7 763,99 West	I,IV	**1 904,91**	465,08	465,08	I	1 748,25	1 591,58	1 434,91	1 279,33	1 129,50	986,16
	II	**1 755,83**	465,08	465,08	II	1 599,16	1 442,50	1 286,75	1 136,58	992,91	855,66
	III	**1 254,50**	465,08	465,08	III	1 133,50	1 015,66	901,16	789,83	681,66	576,83
	V	**2 419,33**	465,08	465,08	IV	1 826,58	1 748,25	1 669,91	1 591,58	1 513,25	1 434,91
	VI	**2 463,66**	465,08	465,08							
7 763,99 Ost	I,IV	**1 912,75**	465,08	465,08	I	1 756,08	1 599,41	1 442,75	1 287,00	1 136,83	993,16
	II	**1 763,66**	465,08	465,08	II	1 607,00	1 450,33	1 294,33	1 143,91	999,91	862,41
	III	**1 260,50**	465,08	465,08	III	1 139,50	1 021,50	906,83	795,33	687,00	582,00
	V	**2 427,16**	465,08	465,08	IV	1 834,41	1 756,08	1 677,75	1 599,41	1 521,08	1 442,75
	VI	**2 471,50**	465,08	465,08							
7 766,99 West	I,IV	**1 906,16**	465,08	465,08	I	1 749,50	1 592,83	1 436,25	1 280,58	1 130,75	987,33
	II	**1 757,08**	465,08	465,08	II	1 600,41	1 443,75	1 287,91	1 137,83	994,08	856,75
	III	**1 255,33**	465,08	465,08	III	1 134,33	1 016,66	902,00	790,66	682,50	577,66
	V	**2 420,66**	465,08	465,08	IV	1 827,83	1 749,50	1 671,16	1 592,83	1 514,58	1 436,25
	VI	**2 464,91**	465,08	465,08							
7 766,99 Ost	I,IV	**1 914,00**	465,08	465,08	I	1 757,33	1 600,66	1 444,00	1 288,16	1 138,00	994,25
	II	**1 764,91**	465,08	465,08	II	1 608,25	1 451,58	1 295,58	1 145,16	1 001,08	863,50
	III	**1 261,50**	465,08	465,08	III	1 140,33	1 022,50	907,66	796,16	687,83	582,83
	V	**2 428,41**	465,08	465,08	IV	1 835,66	1 757,33	1 679,00	1 600,66	1 522,33	1 444,00
	VI	**2 472,75**	465,08	465,08							
7 769,99 West	I,IV	**1 907,41**	465,08	465,08	I	1 750,83	1 594,16	1 437,50	1 281,83	1 131,91	988,41
	II	**1 758,33**	465,08	465,08	II	1 601,66	1 445,00	1 289,16	1 139,00	995,16	857,83
	III	**1 256,33**	465,08	465,08	III	1 135,33	1 017,50	903,00	791,66	683,50	578,50
	V	**2 421,91**	465,08	465,08	IV	1 829,08	1 750,83	1 672,50	1 594,16	1 515,83	1 437,50
	VI	**2 466,16**	465,08	465,08							
7 769,99 Ost	I,IV	**1 915,25**	465,08	465,08	I	1 758,58	1 601,91	1 445,25	1 289,41	1 139,25	995,41
	II	**1 766,16**	465,08	465,08	II	1 609,50	1 452,83	1 296,83	1 146,33	1 002,25	864,58
	III	**1 262,50**	465,08	465,08	III	1 141,33	1 023,33	908,66	797,16	688,83	583,66
	V	**2 429,66**	465,08	465,08	IV	1 836,91	1 758,58	1 680,25	1 601,91	1 523,58	1 445,25
	VI	**2 474,00**	465,08	465,08							
7 772,99 West	I,IV	**1 908,75**	465,08	465,08	I	1 752,08	1 595,41	1 438,75	1 283,00	1 133,08	989,58
	II	**1 759,58**	465,08	465,08	II	1 602,91	1 446,33	1 290,41	1 140,16	996,33	858,91
	III	**1 257,33**	465,08	465,08	III	1 136,33	1 018,50	903,83	792,50	684,33	579,33
	V	**2 423,16**	465,08	465,08	IV	1 830,41	1 752,08	1 673,75	1 595,41	1 517,08	1 438,75
	VI	**2 467,50**	465,08	465,08							
7 772,99 Ost	I,IV	**1 916,50**	465,08	465,08	I	1 759,83	1 603,16	1 446,50	1 290,66	1 140,41	996,58
	II	**1 767,41**	465,08	465,08	II	1 610,75	1 454,08	1 298,08	1 147,50	1 003,33	865,66
	III	**1 263,50**	465,08	465,08	III	1 142,33	1 024,33	909,50	798,00	689,66	584,50
	V	**2 431,00**	465,08	465,08	IV	1 838,16	1 759,83	1 681,50	1 603,16	1 524,83	1 446,50
	VI	**2 475,25**	465,08	465,08							
7 775,99 West	I,IV	**1 910,00**	465,08	465,08	I	1 753,33	1 596,66	1 440,00	1 284,25	1 134,25	990,66
	II	**1 760,83**	465,08	465,08	II	1 604,25	1 447,58	1 291,66	1 141,33	997,50	860,00
	III	**1 258,33**	465,08	465,08	III	1 137,33	1 019,50	904,83	793,33	685,16	580,16
	V	**2 424,41**	465,08	465,08	IV	1 831,66	1 753,33	1 675,00	1 596,66	1 518,33	1 440,00
	VI	**2 468,75**	465,08	465,08							
7 775,99 Ost	I,IV	**1 917,75**	465,08	465,08	I	1 761,08	1 604,41	1 447,83	1 291,91	1 141,58	997,66
	II	**1 768,66**	465,08	465,08	II	1 612,00	1 455,33	1 299,33	1 148,66	1 004,50	866,66
	III	**1 264,50**	465,08	465,08	III	1 143,33	1 025,33	910,50	798,83	690,50	585,33
	V	**2 432,25**	465,08	465,08	IV	1 839,41	1 761,08	1 682,75	1 604,41	1 526,16	1 447,83
	VI	**2 476,50**	465,08	465,08							

* Zur LSt-Berechnung für privat versicherte Arbeitnehmer s. Beispiele **Vorbemerkung S. 4f.**
** Basisvorsorgepauschale KV und PV *** Typisierter Arbeitgeberzuschuss

Lohn/ Gehalt in € bis	Steuerklasse	Lohn-steuer*	BVSP**	TAGZ***	Steuerklasse	Bemessungsgrundlage für Kirchensteuer und Solidaritätszuschlag					
						Freibeträge für ... Kinder					
						0,5	**1,0**	1,5	**2,0**	2,5	**3,0**
7778,99	I,IV	**1911,25**	465,08	465,08	I	1754,58	1597,91	1441,25	1285,50	1135,41	991,83
West	II	**1762,16**	465,08	465,08	II	1605,50	1448,83	1292,91	1142,50	998,58	861,08
	III	**1259,33**	465,08	465,08	III	1138,33	1020,33	905,66	794,16	686,00	581,00
	V	**2425,66**	465,08	465,08	IV	1832,91	1754,58	1676,25	1597,91	1519,58	1441,25
	VI	**2470,00**	465,08	465,08							
7778,99	I,IV	**1919,00**	465,08	465,08	I	1762,41	1605,75	1449,08	1293,16	1142,75	998,83
Ost	II	**1769,91**	465,08	465,08	II	1613,25	1456,58	1300,58	1149,83	1005,58	867,75
	III	**1265,50**	465,08	465,08	III	1144,16	1026,16	911,33	799,66	691,33	586,16
	V	**2433,50**	465,08	465,08	IV	1840,66	1762,41	1684,08	1605,75	1527,41	1449,08
	VI	**2477,75**	465,08	465,08							
7781,99	I,IV	**1912,50**	465,08	465,08	I	1755,83	1599,16	1442,50	1286,75	1136,58	992,91
West	II	**1763,41**	465,08	465,08	II	1606,75	1450,08	1294,16	1143,75	999,75	862,16
	III	**1260,33**	465,08	465,08	III	1139,16	1021,33	906,66	795,16	686,83	581,83
	V	**2426,91**	465,08	465,08	IV	1834,16	1755,83	1677,50	1599,16	1520,83	1442,50
	VI	**2471,25**	465,08	465,08							
7781,99	I,IV	**1920,33**	465,08	465,08	I	1763,66	1607,00	1450,33	1294,33	1143,91	999,91
Ost	II	**1771,16**	465,08	465,08	II	1614,50	1457,91	1301,83	1151,08	1006,75	868,83
	III	**1266,50**	465,08	465,08	III	1145,16	1027,16	912,33	800,66	692,16	587,00
	V	**2434,75**	465,08	465,08	IV	1842,00	1763,66	1685,33	1607,00	1528,66	1450,33
	VI	**2479,08**	465,08	465,08							
7784,99	I,IV	**1913,75**	465,08	465,08	I	1757,08	1600,41	1443,75	1287,91	1137,83	994,08
West	II	**1764,66**	465,08	465,08	II	1608,00	1451,33	1295,33	1144,91	1000,83	863,25
	III	**1261,33**	465,08	465,08	III	1140,16	1022,16	907,50	796,00	687,66	582,66
	V	**2428,16**	465,08	465,08	IV	1835,41	1757,08	1678,75	1600,41	1522,08	1443,75
	VI	**2472,50**	465,08	465,08							
7784,99	I,IV	**1921,58**	465,08	465,08	I	1764,91	1608,25	1451,58	1295,58	1145,16	1001,08
Ost	II	**1772,41**	465,08	465,08	II	1615,83	1459,16	1303,00	1152,25	1007,91	869,91
	III	**1267,50**	465,08	465,08	III	1146,16	1028,00	913,16	801,50	693,00	587,83
	V	**2436,00**	465,08	465,08	IV	1843,25	1764,91	1686,58	1608,25	1529,91	1451,58
	VI	**2480,33**	465,08	465,08							
7787,99	I,IV	**1915,00**	465,08	465,08	I	1758,33	1601,66	1445,00	1289,16	1139,00	995,16
West	II	**1765,91**	465,08	465,08	II	1609,25	1452,58	1296,58	1146,08	1002,00	864,33
	III	**1262,33**	465,08	465,08	III	1141,16	1023,16	908,50	796,83	688,50	583,50
	V	**2429,41**	465,08	465,08	IV	1836,66	1758,33	1680,00	1601,66	1523,33	1445,00
	VI	**2473,75**	465,08	465,08							
7787,99	I,IV	**1922,83**	465,08	465,08	I	1766,16	1609,50	1452,83	1296,83	1146,33	1002,25
Ost	II	**1773,75**	465,08	465,08	II	1617,08	1460,41	1304,25	1153,41	1009,00	871,00
	III	**1268,50**	465,08	465,08	III	1147,16	1029,00	914,16	802,33	694,00	588,66
	V	**2437,25**	465,08	465,08	IV	1844,50	1766,16	1687,83	1609,50	1531,16	1452,83
	VI	**2481,58**	465,08	465,08							
7790,99	I,IV	**1916,25**	465,08	465,08	I	1759,58	1602,91	1446,33	1290,41	1140,16	996,33
West	II	**1767,16**	465,08	465,08	II	1610,50	1453,83	1297,83	1147,25	1003,16	865,41
	III	**1263,33**	465,08	465,08	III	1142,16	1024,16	909,33	797,83	689,50	584,33
	V	**2430,75**	465,08	465,08	IV	1837,91	1759,58	1681,25	1602,91	1524,58	1446,33
	VI	**2475,00**	465,08	465,08							
7790,99	I,IV	**1924,08**	465,08	465,08	I	1767,41	1610,75	1454,08	1298,08	1147,50	1003,33
Ost	II	**1775,00**	465,08	465,08	II	1618,33	1461,66	1305,50	1154,58	1010,16	872,08
	III	**1269,50**	465,08	465,08	III	1148,16	1030,00	915,00	803,33	694,83	589,50
	V	**2438,50**	465,08	465,08	IV	1845,75	1767,41	1689,08	1610,75	1532,41	1454,08
	VI	**2482,83**	465,08	465,08							
7793,99	I,IV	**1917,50**	465,08	465,08	I	1760,83	1604,25	1447,58	1291,66	1141,33	997,50
West	II	**1768,41**	465,08	465,08	II	1611,75	1455,08	1299,08	1148,41	1004,25	866,50
	III	**1264,33**	465,08	465,08	III	1143,00	1025,00	910,16	798,66	690,33	585,16
	V	**2432,00**	465,08	465,08	IV	1839,16	1760,83	1682,58	1604,25	1525,91	1447,58
	VI	**2476,25**	465,08	465,08							
7793,99	I,IV	**1925,33**	465,08	465,08	I	1768,66	1612,00	1455,33	1299,33	1148,66	1004,50
Ost	II	**1776,25**	465,08	465,08	II	1619,58	1462,91	1306,75	1155,83	1011,25	873,16
	III	**1270,50**	465,08	465,08	III	1149,00	1030,83	915,83	804,16	695,66	590,33
	V	**2439,75**	465,08	465,08	IV	1847,00	1768,66	1690,33	1612,00	1533,66	1455,33
	VI	**2484,08**	465,08	465,08							

* Zur LSt-Berechnung für privat versicherte Arbeitnehmer s. Beispiele **Vorbemerkung S. 4 f.**
** Basisvorsorgepauschale KV und PV *** Typisierter Arbeitgeberzuschuss

Lohn/ Gehalt in € bis	Steuerklasse	Lohnsteuer*	BVSP**	TAGZ***	Steuerklasse	Bemessungsgrundlage für Kirchensteuer und Solidaritätszuschlag					
						Freibeträge für ... Kinder					
						0,5	**1,0**	1,5	**2,0**	2,5	**3,0**
7 796,99	I,IV	**1 918,83**	465,08	465,08	I	1 762,16	1 605,50	1 448,83	1 292,91	1 142,50	998,58
West	II	**1 769,66**	465,08	465,08	II	1 613,00	1 456,33	1 300,33	1 149,66	1 005,41	867,58
	III	**1 265,33**	465,08	465,08	III	1 144,00	1 026,00	911,16	799,50	691,16	586,00
	V	**2 433,25**	465,08	465,08	IV	1 840,50	1 762,16	1 683,83	1 605,50	1 527,16	1 448,83
	VI	**2 477,58**	465,08	465,08							
7 796,99	I,IV	**1 926,58**	465,08	465,08	I	1 769,91	1 613,25	1 456,58	1 300,58	1 149,83	1 005,58
Ost	II	**1 777,50**	465,08	465,08	II	1 620,83	1 464,16	1 308,00	1 157,00	1 012,41	874,33
	III	**1 271,50**	465,08	465,08	III	1 150,00	1 031,83	916,83	805,00	696,50	591,16
	V	**2 441,00**	465,08	465,08	IV	1 848,25	1 769,91	1 691,58	1 613,25	1 534,91	1 456,58
	VI	**2 485,33**	465,08	465,08							
7 799,99	I,IV	**1 920,08**	465,08	465,08	I	1 763,41	1 606,75	1 450,08	1 294,16	1 143,75	999,75
West	II	**1 770,91**	465,08	465,08	II	1 614,33	1 457,66	1 301,58	1 150,83	1 006,50	868,66
	III	**1 266,33**	465,08	465,08	III	1 145,00	1 027,00	912,00	800,50	692,00	586,83
	V	**2 434,50**	465,08	465,08	IV	1 841,75	1 763,41	1 685,08	1 606,75	1 528,41	1 450,08
	VI	**2 478,83**	465,08	465,08							
7 799,99	I,IV	**1 927,83**	465,08	465,08	I	1 771,16	1 614,50	1 457,91	1 301,83	1 151,08	1 006,75
Ost	II	**1 778,75**	465,08	465,08	II	1 622,08	1 465,41	1 309,25	1 158,16	1 013,58	875,41
	III	**1 272,50**	465,08	465,08	III	1 151,00	1 032,83	917,66	806,00	697,33	592,00
	V	**2 442,33**	465,08	465,08	IV	1 849,50	1 771,16	1 692,83	1 614,50	1 536,16	1 457,91
	VI	**2 486,58**	465,08	465,08							
7 802,99	I,IV	**1 921,33**	465,08	465,08	I	1 764,66	1 608,00	1 451,33	1 295,33	1 144,91	1 000,83
West	II	**1 772,25**	465,08	465,08	II	1 615,58	1 458,91	1 302,75	1 152,00	1 007,66	869,75
	III	**1 267,33**	465,08	465,08	III	1 146,00	1 027,83	913,00	801,33	692,83	587,66
	V	**2 435,75**	465,08	465,08	IV	1 843,00	1 764,66	1 686,33	1 608,00	1 529,66	1 451,33
	VI	**2 480,08**	465,08	465,08							
7 802,99	I,IV	**1 929,08**	465,08	465,08	I	1 772,41	1 615,83	1 459,16	1 303,00	1 152,25	1 007,91
Ost	II	**1 780,00**	465,08	465,08	II	1 623,33	1 466,66	1 310,50	1 159,33	1 014,66	876,50
	III	**1 273,33**	465,08	465,08	III	1 152,00	1 033,66	918,66	806,83	698,16	592,83
	V	**2 443,58**	465,08	465,08	IV	1 850,75	1 772,41	1 694,16	1 615,83	1 537,50	1 459,16
	VI	**2 487,83**	465,08	465,08							
7 805,99	I,IV	**1 922,58**	465,08	465,08	I	1 765,91	1 609,25	1 452,58	1 296,58	1 146,08	1 002,00
West	II	**1 773,50**	465,08	465,08	II	1 616,83	1 460,16	1 304,00	1 153,16	1 008,83	870,83
	III	**1 268,16**	465,08	465,08	III	1 146,83	1 028,83	913,83	802,16	693,66	588,50
	V	**2 437,00**	465,08	465,08	IV	1 844,25	1 765,91	1 687,58	1 609,25	1 530,91	1 452,58
	VI	**2 481,33**	465,08	465,08							
7 805,99	I,IV	**1 930,41**	465,08	465,08	I	1 773,75	1 617,08	1 460,41	1 304,25	1 153,41	1 009,00
Ost	II	**1 781,25**	465,08	465,08	II	1 624,58	1 467,91	1 311,75	1 160,58	1 015,83	877,58
	III	**1 274,33**	465,08	465,08	III	1 152,83	1 034,66	919,50	807,66	699,16	593,66
	V	**2 444,83**	465,08	465,08	IV	1 852,08	1 773,75	1 695,41	1 617,08	1 538,75	1 460,41
	VI	**2 489,16**	465,08	465,08							
7 808,99	I,IV	**1 923,83**	465,08	465,08	I	1 767,16	1 610,50	1 453,83	1 297,83	1 147,25	1 003,16
West	II	**1 774,75**	465,08	465,08	II	1 618,08	1 461,41	1 305,25	1 154,41	1 009,91	871,91
	III	**1 269,16**	465,08	465,08	III	1 147,83	1 029,66	914,83	803,16	694,66	589,33
	V	**2 438,25**	465,08	465,08	IV	1 845,50	1 767,16	1 688,83	1 610,50	1 532,16	1 453,83
	VI	**2 482,58**	465,08	465,08							
7 808,99	I,IV	**1 931,66**	465,08	465,08	I	1 775,00	1 618,33	1 461,66	1 305,50	1 154,58	1 010,16
Ost	II	**1 782,50**	465,08	465,08	II	1 625,91	1 469,25	1 312,91	1 161,75	1 017,00	878,66
	III	**1 275,33**	465,08	465,08	III	1 153,83	1 035,50	920,50	808,66	700,00	594,50
	V	**2 446,08**	465,08	465,08	IV	1 853,33	1 775,00	1 696,66	1 618,33	1 540,00	1 461,66
	VI	**2 490,41**	465,08	465,08							
7 811,99	I,IV	**1 925,08**	465,08	465,08	I	1 768,41	1 611,75	1 455,08	1 299,08	1 148,41	1 004,25
West	II	**1 776,00**	465,08	465,08	II	1 619,33	1 462,66	1 306,50	1 155,58	1 011,08	873,00
	III	**1 270,16**	465,08	465,08	III	1 148,83	1 030,66	915,66	804,00	695,50	590,16
	V	**2 439,50**	465,08	465,08	IV	1 846,75	1 768,41	1 690,08	1 611,75	1 533,41	1 455,08
	VI	**2 483,83**	465,08	465,08							
7 811,99	I,IV	**1 932,91**	465,08	465,08	I	1 776,25	1 619,58	1 462,91	1 306,75	1 155,83	1 011,25
Ost	II	**1 783,83**	465,08	465,08	II	1 627,16	1 470,50	1 314,16	1 162,91	1 018,08	879,75
	III	**1 276,33**	465,08	465,08	III	1 154,83	1 036,50	921,33	809,50	700,83	595,33
	V	**2 447,33**	465,08	465,08	IV	1 854,58	1 776,25	1 697,91	1 619,58	1 541,25	1 462,91
	VI	**2 491,66**	465,08	465,08							

* Zur LSt-Berechnung für privat versicherte Arbeitnehmer s. Beispiele **Vorbemerkung S. 4f.**
** Basisvorsorgepauschale KV und PV *** Typisierter Arbeitgeberzuschuss

Lohn/ Gehalt in € bis	Steuerklasse	Lohn-steuer*	BVSP**	TAGZ***	Steuerklasse	Bemessungsgrundlage für Kirchensteuer und Solidaritätszuschlag – Freibeträge für ... Kinder 0,5	**1,0**	1,5	**2,0**	2,5	**3,0**
7814,99	I,IV	**1926,33**	465,08	465,08	I	1769,66	1613,00	1456,33	1300,33	1149,66	1005,41
West	II	**1777,25**	465,08	465,08	II	1620,58	1463,91	1307,75	1156,75	1012,16	874,08
	III	**1271,16**	465,08	465,08	III	1149,83	1031,66	916,66	804,83	696,33	591,00
	V	**2440,83**	465,08	465,08	IV	1848,00	1769,66	1691,33	1613,00	1534,66	1456,33
	VI	**2485,08**	465,08	465,08							
7814,99	I,IV	**1934,16**	465,08	465,08	I	1777,50	1620,83	1464,16	1308,00	1157,00	1012,41
Ost	II	**1785,08**	465,08	465,08	II	1628,41	1471,75	1315,41	1164,16	1019,25	880,83
	III	**1277,33**	465,08	465,08	III	1155,83	1037,50	922,33	810,33	701,66	596,16
	V	**2448,58**	465,08	465,08	IV	1855,83	1777,50	1699,16	1620,83	1542,50	1464,16
	VI	**2492,91**	465,08	465,08							
7817,99	I,IV	**1927,58**	465,08	465,08	I	1770,91	1614,33	1457,66	1301,58	1150,83	1006,50
West	II	**1778,50**	465,08	465,08	II	1621,83	1465,16	1309,00	1157,91	1013,33	875,16
	III	**1272,16**	465,08	465,08	III	1150,83	1032,50	917,50	805,66	697,16	591,83
	V	**2442,08**	465,08	465,08	IV	1849,25	1770,91	1692,58	1614,33	1536,00	1457,66
	VI	**2486,33**	465,08	465,08							
7817,99	I,IV	**1935,41**	465,08	465,08	I	1778,75	1622,08	1465,41	1309,25	1158,16	1013,58
Ost	II	**1786,33**	465,08	465,08	II	1629,66	1473,00	1316,66	1165,33	1020,41	881,91
	III	**1278,33**	465,08	465,08	III	1156,83	1038,33	923,16	811,33	702,50	597,00
	V	**2449,83**	465,08	465,08	IV	1857,08	1778,75	1700,41	1622,08	1543,75	1465,41
	VI	**2494,16**	465,08	465,08							
7820,99	I,IV	**1928,83**	465,08	465,08	I	1772,25	1615,58	1458,91	1302,75	1152,00	1007,66
West	II	**1779,75**	465,08	465,08	II	1623,08	1466,41	1310,25	1159,16	1014,50	876,25
	III	**1273,16**	465,08	465,08	III	1151,66	1033,50	918,50	806,66	698,00	592,66
	V	**2443,33**	465,08	465,08	IV	1850,58	1772,25	1693,91	1615,58	1537,25	1458,91
	VI	**2487,58**	465,08	465,08							
7820,99	I,IV	**1936,66**	465,08	465,08	I	1780,00	1623,33	1466,66	1310,50	1159,33	1014,66
Ost	II	**1787,58**	465,08	465,08	II	1630,91	1474,25	1317,91	1166,50	1021,50	883,00
	III	**1279,33**	465,08	465,08	III	1157,66	1039,33	924,16	812,16	703,33	597,83
	V	**2451,08**	465,08	465,08	IV	1858,33	1780,00	1701,66	1623,33	1545,00	1466,66
	VI	**2495,41**	465,08	465,08							
7823,99	I,IV	**1930,16**	465,08	465,08	I	1773,50	1616,83	1460,16	1304,00	1153,16	1008,83
West	II	**1781,00**	465,08	465,08	II	1624,33	1467,75	1311,50	1160,33	1015,58	877,33
	III	**1274,16**	465,08	465,08	III	1152,66	1034,50	919,33	807,50	698,83	593,50
	V	**2444,58**	465,08	465,08	IV	1851,83	1773,50	1695,16	1616,83	1538,50	1460,16
	VI	**2488,91**	465,08	465,08							
7823,99	I,IV	**1937,91**	465,08	465,08	I	1781,25	1624,58	1467,91	1311,75	1160,58	1015,83
Ost	II	**1788,83**	465,08	465,08	II	1632,16	1475,50	1319,16	1167,66	1022,66	884,08
	III	**1280,33**	465,08	465,08	III	1158,66	1040,33	925,00	813,00	704,33	598,66
	V	**2452,41**	465,08	465,08	IV	1859,58	1781,25	1702,91	1624,58	1546,25	1467,91
	VI	**2496,66**	465,08	465,08							
7826,99	I,IV	**1931,41**	465,08	465,08	I	1774,75	1618,08	1461,41	1305,25	1154,41	1009,91
West	II	**1782,33**	465,08	465,08	II	1625,66	1469,00	1312,75	1161,50	1016,75	878,41
	III	**1275,16**	465,08	465,08	III	1153,66	1035,33	920,33	808,33	699,83	594,33
	V	**2445,83**	465,08	465,08	IV	1853,08	1774,75	1696,41	1618,08	1539,75	1461,41
	VI	**2490,16**	465,08	465,08							
7826,99	I,IV	**1939,16**	465,08	465,08	I	1782,50	1625,91	1469,25	1312,91	1161,75	1017,00
Ost	II	**1790,08**	465,08	465,08	II	1633,41	1476,75	1320,41	1168,91	1023,83	885,16
	III	**1281,33**	465,08	465,08	III	1159,66	1041,16	926,00	814,00	705,16	599,50
	V	**2453,66**	465,08	465,08	IV	1860,83	1782,50	1704,16	1625,91	1547,58	1469,25
	VI	**2497,91**	465,08	465,08							
7829,99	I,IV	**1932,66**	465,08	465,08	I	1776,00	1619,33	1462,66	1306,50	1155,58	1011,08
West	II	**1783,58**	465,08	465,08	II	1626,91	1470,25	1313,91	1162,75	1017,91	879,50
	III	**1276,16**	465,08	465,08	III	1154,66	1036,33	921,16	809,33	700,66	595,16
	V	**2447,08**	465,08	465,08	IV	1854,33	1776,00	1697,66	1619,33	1541,00	1462,66
	VI	**2491,41**	465,08	465,08							
7829,99	I,IV	**1940,41**	465,08	465,08	I	1783,83	1627,16	1470,50	1314,16	1162,91	1018,08
Ost	II	**1791,33**	465,08	465,08	II	1634,66	1478,00	1321,66	1170,08	1024,91	886,25
	III	**1282,33**	465,08	465,08	III	1160,66	1042,16	926,83	814,83	706,00	600,33
	V	**2454,91**	465,08	465,08	IV	1862,16	1783,83	1705,50	1627,16	1548,83	1470,50
	VI	**2499,25**	465,08	465,08							

* Zur LSt-Berechnung für privat versicherte Arbeitnehmer s. Beispiele **Vorbemerkung S. 4f.**
** Basisvorsorgepauschale KV und PV *** Typisierter Arbeitgeberzuschuss

Lohn/ Gehalt in € bis	Steuerklasse	Lohn- steuer*	BVSP**	TAGZ***	Steuerklasse	Bemessungsgrundlage für Kirchensteuer und Solidaritätszuschlag					
						Freibeträge für ... Kinder					
						0,5	**1,0**	1,5	**2,0**	2,5	**3,0**
7 832,99	I,IV	**1 933,91**	465,08	465,08	I	1 777,25	1 620,58	1 463,91	1 307,75	1 156,75	1 012,16
West	II	**1 784,83**	465,08	465,08	II	1 628,16	1 471,50	1 315,16	1 163,91	1 019,00	880,58
	III	**1 277,16**	465,08	465,08	III	1 155,50	1 037,16	922,16	810,16	701,50	596,00
	V	**2 448,33**	465,08	465,08	IV	1 855,58	1 777,25	1 698,91	1 620,58	1 542,25	1 463,91
	VI	**2 492,66**	465,08	465,08							
7 832,99	I,IV	**1 941,75**	465,08	465,08	I	1 785,08	1 628,41	1 471,75	1 315,41	1 164,16	1 019,25
Ost	II	**1 792,58**	465,08	465,08	II	1 635,91	1 479,33	1 322,91	1 171,25	1 026,08	887,33
	III	**1 283,33**	465,08	465,08	III	1 161,66	1 043,00	927,83	815,66	706,83	601,16
	V	**2 456,16**	465,08	465,08	IV	1 863,41	1 785,08	1 706,75	1 628,41	1 550,08	1 471,75
	VI	**2 500,50**	465,08	465,08							
7 835,99	I,IV	**1 935,16**	465,08	465,08	I	1 778,50	1 621,83	1 465,16	1 309,00	1 157,91	1 013,33
West	II	**1 786,08**	465,08	465,08	II	1 629,41	1 472,75	1 316,41	1 165,08	1 020,16	881,66
	III	**1 278,16**	465,08	465,08	III	1 156,50	1 038,16	923,00	811,00	702,33	596,83
	V	**2 449,58**	465,08	465,08	IV	1 856,83	1 778,50	1 700,16	1 621,83	1 543,50	1 465,16
	VI	**2 493,91**	465,08	465,08							
7 835,99	I,IV	**1 943,00**	465,08	465,08	I	1 786,33	1 629,66	1 473,00	1 316,66	1 165,33	1 020,41
Ost	II	**1 793,91**	465,08	465,08	II	1 637,25	1 480,58	1 324,16	1 172,50	1 027,25	888,41
	III	**1 284,33**	465,08	465,08	III	1 162,50	1 044,00	928,66	816,66	707,66	602,00
	V	**2 457,41**	465,08	465,08	IV	1 864,66	1 786,33	1 708,00	1 629,66	1 551,33	1 473,00
	VI	**2 501,75**	465,08	465,08							
7 838,99	I,IV	**1 936,41**	465,08	465,08	I	1 779,75	1 623,08	1 466,41	1 310,25	1 159,16	1 014,50
West	II	**1 787,33**	465,08	465,08	II	1 630,66	1 474,00	1 317,66	1 166,25	1 021,33	882,75
	III	**1 279,16**	465,08	465,08	III	1 157,50	1 039,16	924,00	812,00	703,16	597,66
	V	**2 450,83**	465,08	465,08	IV	1 858,08	1 779,75	1 701,41	1 623,08	1 544,75	1 466,41
	VI	**2 495,16**	465,08	465,08							
7 838,99	I,IV	**1 944,25**	465,08	465,08	I	1 787,58	1 630,91	1 474,25	1 317,91	1 166,50	1 021,50
Ost	II	**1 795,16**	465,08	465,08	II	1 638,50	1 481,83	1 325,41	1 173,66	1 028,41	889,50
	III	**1 285,33**	465,08	465,08	III	1 163,50	1 045,00	929,66	817,50	708,50	602,83
	V	**2 458,66**	465,08	465,08	IV	1 865,91	1 787,58	1 709,25	1 630,91	1 552,58	1 474,25
	VI	**2 503,00**	465,08	465,08							
7 841,99	I,IV	**1 937,66**	465,08	465,08	I	1 781,00	1 624,33	1 467,75	1 311,50	1 160,33	1 015,58
West	II	**1 788,58**	465,08	465,08	II	1 631,91	1 475,25	1 318,91	1 167,50	1 022,41	883,83
	III	**1 280,16**	465,08	465,08	III	1 158,50	1 040,00	924,83	812,83	704,00	598,50
	V	**2 452,16**	465,08	465,08	IV	1 859,33	1 781,00	1 702,66	1 624,33	1 546,08	1 467,75
	VI	**2 496,41**	465,08	465,08							
7 841,99	I,IV	**1 945,50**	465,08	465,08	I	1 788,83	1 632,16	1 475,50	1 319,16	1 167,66	1 022,66
Ost	II	**1 796,41**	465,08	465,08	II	1 639,75	1 483,08	1 326,66	1 174,83	1 029,50	890,58
	III	**1 286,33**	465,08	465,08	III	1 164,50	1 045,83	930,50	818,33	709,50	603,66
	V	**2 459,91**	465,08	465,08	IV	1 867,16	1 788,83	1 710,50	1 632,16	1 553,83	1 475,50
	VI	**2 504,25**	465,08	465,08							
7 844,99	I,IV	**1 938,91**	465,08	465,08	I	1 782,33	1 625,66	1 469,00	1 312,75	1 161,50	1 016,75
West	II	**1 789,83**	465,08	465,08	II	1 633,16	1 476,50	1 320,16	1 168,66	1 023,58	884,91
	III	**1 281,16**	465,08	465,08	III	1 159,50	1 041,00	925,83	813,66	705,00	599,33
	V	**2 453,41**	465,08	465,08	IV	1 860,58	1 782,33	1 704,00	1 625,66	1 547,33	1 469,00
	VI	**2 497,66**	465,08	465,08							
7 844,99	I,IV	**1 946,75**	465,08	465,08	I	1 790,08	1 633,41	1 476,75	1 320,41	1 168,91	1 023,83
Ost	II	**1 797,66**	465,08	465,08	II	1 641,00	1 484,33	1 327,91	1 176,08	1 030,66	891,75
	III	**1 287,33**	465,08	465,08	III	1 165,50	1 046,83	931,50	819,33	710,33	604,50
	V	**2 461,16**	465,08	465,08	IV	1 868,41	1 790,08	1 711,75	1 633,41	1 555,08	1 476,75
	VI	**2 505,50**	465,08	465,08							
7 847,99	I,IV	**1 940,25**	465,08	465,08	I	1 783,58	1 626,91	1 470,25	1 313,91	1 162,75	1 017,91
West	II	**1 791,08**	465,08	465,08	II	1 634,41	1 477,83	1 321,41	1 169,83	1 024,75	886,08
	III	**1 282,16**	465,08	465,08	III	1 160,33	1 042,00	926,66	814,66	705,83	600,16
	V	**2 454,66**	465,08	465,08	IV	1 861,91	1 783,58	1 705,25	1 626,91	1 548,58	1 470,25
	VI	**2 499,00**	465,08	465,08							
7 847,99	I,IV	**1 948,00**	465,08	465,08	I	1 791,33	1 634,66	1 478,00	1 321,66	1 170,08	1 024,91
Ost	II	**1 798,91**	465,08	465,08	II	1 642,25	1 485,58	1 329,16	1 177,25	1 031,83	892,83
	III	**1 288,33**	465,08	465,08	III	1 166,50	1 047,83	932,33	820,16	711,16	605,33
	V	**2 462,50**	465,08	465,08	IV	1 869,66	1 791,33	1 713,00	1 634,66	1 556,33	1 478,00
	VI	**2 506,75**	465,08	465,08							

* Zur LSt-Berechnung für privat versicherte Arbeitnehmer s. Beispiele **Vorbemerkung S. 4f.**
** Basisvorsorgepauschale KV und PV *** Typisierter Arbeitgeberzuschuss

Lohn/ Gehalt in € bis	Steuerklasse	Lohn- steuer*	BVSP**	TAGZ***	Steuerklasse	Bemessungsgrundlage für Kirchensteuer und Solidaritätszuschlag					
						Freibeträge für ... Kinder					
						0,5	**1,0**	1,5	**2,0**	2,5	**3,0**
7850,99	I,IV	**1941,50**	465,08	465,08	I	1784,83	1628,16	1471,50	1315,16	1163,91	1019,00
West	II	**1792,33**	465,08	465,08	II	1635,75	1479,08	1322,66	1171,08	1025,91	887,16
	III	**1283,16**	465,08	465,08	III	1161,33	1042,83	927,50	815,50	706,66	601,00
	V	**2455,91**	465,08	465,08	IV	1863,16	1784,83	1706,50	1628,16	1549,83	1471,50
	VI	**2500,25**	465,08	465,08							
7850,99	I,IV	**1949,25**	465,08	465,08	I	1792,58	1635,91	1479,33	1322,91	1171,25	1026,08
Ost	II	**1800,16**	465,08	465,08	II	1643,50	1486,83	1330,41	1178,41	1033,00	893,91
	III	**1289,33**	465,08	465,08	III	1167,33	1048,66	933,33	821,00	712,00	606,16
	V	**2463,75**	465,08	465,08	IV	1870,91	1792,58	1714,25	1635,91	1557,66	1479,33
	VI	**2508,00**	465,08	465,08							
7853,99	I,IV	**1942,75**	465,08	465,08	I	1786,08	1629,41	1472,75	1316,41	1165,08	1020,16
West	II	**1793,66**	465,08	465,08	II	1637,00	1480,33	1323,91	1172,25	1027,00	888,25
	III	**1284,16**	465,08	465,08	III	1162,33	1043,83	928,50	816,33	707,50	601,83
	V	**2457,16**	465,08	465,08	IV	1864,41	1786,08	1707,75	1629,41	1551,08	1472,75
	VI	**2501,50**	465,08	465,08							
7853,99	I,IV	**1950,50**	465,08	465,08	I	1793,91	1637,25	1480,58	1324,16	1172,50	1027,25
Ost	II	**1801,41**	465,08	465,08	II	1644,75	1488,08	1331,66	1179,66	1034,08	895,00
	III	**1290,33**	465,08	465,08	III	1168,33	1049,66	934,16	822,00	712,83	607,00
	V	**2465,00**	465,08	465,08	IV	1872,16	1793,91	1715,58	1637,25	1558,91	1480,58
	VI	**2509,25**	465,08	465,08							
7856,99	I,IV	**1944,00**	465,08	465,08	I	1787,33	1630,66	1474,00	1317,66	1166,25	1021,33
West	II	**1794,91**	465,08	465,08	II	1638,25	1481,58	1325,16	1173,41	1028,16	889,33
	III	**1285,00**	465,08	465,08	III	1163,33	1044,83	929,33	817,33	708,33	602,66
	V	**2458,41**	465,08	465,08	IV	1865,66	1787,33	1709,00	1630,66	1552,33	1474,00
	VI	**2502,75**	465,08	465,08							
7856,99	I,IV	**1951,83**	465,08	465,08	I	1795,16	1638,50	1481,83	1325,41	1173,66	1028,41
Ost	II	**1802,66**	465,08	465,08	II	1646,00	1489,41	1332,91	1180,83	1035,25	896,08
	III	**1291,33**	465,08	465,08	III	1169,33	1050,66	935,16	822,83	713,66	607,83
	V	**2466,25**	465,08	465,08	IV	1873,50	1795,16	1716,83	1638,50	1560,16	1481,83
	VI	**2510,58**	465,08	465,08							
7859,99	I,IV	**1945,25**	465,08	465,08	I	1788,58	1631,91	1475,25	1318,91	1167,50	1022,41
West	II	**1796,16**	465,08	465,08	II	1639,50	1482,83	1326,41	1174,66	1029,33	890,41
	III	**1286,00**	465,08	465,08	III	1164,33	1045,66	930,33	818,16	709,16	603,50
	V	**2459,66**	465,08	465,08	IV	1866,91	1788,58	1710,25	1631,91	1553,58	1475,25
	VI	**2504,00**	465,08	465,08							
7859,99	I,IV	**1953,08**	465,08	465,08	I	1796,41	1639,75	1483,08	1326,66	1174,83	1029,50
Ost	II	**1803,91**	465,08	465,08	II	1647,33	1490,66	1334,16	1182,08	1036,41	897,16
	III	**1292,33**	465,08	465,08	III	1170,33	1051,50	936,00	823,66	714,66	608,66
	V	**2467,50**	465,08	465,08	IV	1874,75	1796,41	1718,08	1639,75	1561,41	1483,08
	VI	**2511,83**	465,08	465,08							
7862,99	I,IV	**1946,50**	465,08	465,08	I	1789,83	1633,16	1476,50	1320,16	1168,66	1023,58
West	II	**1797,41**	465,08	465,08	II	1640,75	1484,08	1327,66	1175,83	1030,41	891,50
	III	**1287,00**	465,08	465,08	III	1165,16	1046,66	931,16	819,00	710,16	604,33
	V	**2460,91**	465,08	465,08	IV	1868,16	1789,83	1711,50	1633,16	1554,83	1476,50
	VI	**2505,25**	465,08	465,08							
7862,99	I,IV	**1954,33**	465,08	465,08	I	1797,66	1641,00	1484,33	1327,91	1176,08	1030,66
Ost	II	**1805,25**	465,08	465,08	II	1648,58	1491,91	1335,41	1183,25	1037,50	898,25
	III	**1293,16**	465,08	465,08	III	1171,33	1052,50	937,00	824,66	715,50	609,50
	V	**2468,75**	465,08	465,08	IV	1876,00	1797,66	1719,33	1641,00	1562,66	1484,33
	VI	**2513,08**	465,08	465,08							
7865,99	I,IV	**1947,75**	465,08	465,08	I	1791,08	1634,41	1477,83	1321,41	1169,83	1024,75
West	II	**1798,66**	465,08	465,08	II	1642,00	1485,33	1328,91	1177,00	1031,58	892,58
	III	**1288,00**	465,08	465,08	III	1166,16	1047,50	932,16	820,00	711,00	605,16
	V	**2462,25**	465,08	465,08	IV	1869,41	1791,08	1712,75	1634,41	1556,08	1477,83
	VI	**2506,50**	465,08	465,08							
7865,99	I,IV	**1955,58**	465,08	465,08	I	1798,91	1642,25	1485,58	1329,16	1177,25	1031,83
Ost	II	**1806,50**	465,08	465,08	II	1649,83	1493,16	1336,66	1184,41	1038,66	899,33
	III	**1294,16**	465,08	465,08	III	1172,16	1053,50	937,83	825,50	716,33	610,33
	V	**2470,00**	465,08	465,08	IV	1877,25	1798,91	1720,58	1642,25	1563,91	1485,58
	VI	**2514,33**	465,08	465,08							

* Zur LSt-Berechnung für privat versicherte Arbeitnehmer s. Beispiele **Vorbemerkung S. 4f.**
** Basisvorsorgepauschale KV und PV *** Typisierter Arbeitgeberzuschuss

Lohn/ Gehalt in € bis	Steuerklasse	Lohn-steuer*	BVSP**	TAGZ***	Steuerklasse	Bemessungsgrundlage für Kirchensteuer und Solidaritätszuschlag – Freibeträge für ... Kinder 0,5	1,0	1,5	2,0	2,5	3,0
7 868,99 West	I,IV	**1 949,00**	465,08	465,08	I	1 792,33	1 635,75	1 479,08	1 322,66	1 171,08	1 025,91
	II	**1 799,91**	465,08	465,08	II	1 643,25	1 486,58	1 330,16	1 178,25	1 032,75	893,66
	III	**1 289,00**	465,08	465,08	III	1 167,16	1 048,50	933,00	820,83	711,83	606,00
	V	**2 463,50**	465,08	465,08	IV	1 870,66	1 792,33	1 714,08	1 635,75	1 557,41	1 479,08
	VI	**2 507,75**	465,08	465,08							
7 868,99 Ost	I,IV	**1 956,83**	465,08	465,08	I	1 800,16	1 643,50	1 486,83	1 330,41	1 178,41	1 033,00
	II	**1 807,75**	465,08	465,08	II	1 651,08	1 494,41	1 337,91	1 185,66	1 039,83	900,41
	III	**1 295,16**	465,08	465,08	III	1 173,16	1 054,33	938,83	826,33	717,16	611,16
	V	**2 471,25**	465,08	465,08	IV	1 878,50	1 800,16	1 721,83	1 643,50	1 565,16	1 486,83
	VI	**2 515,58**	465,08	465,08							
7 871,99 West	I,IV	**1 950,33**	465,08	465,08	I	1 793,66	1 637,00	1 480,33	1 323,91	1 172,25	1 027,00
	II	**1 801,16**	465,08	465,08	II	1 644,50	1 487,83	1 331,41	1 179,41	1 033,91	894,75
	III	**1 290,00**	465,08	465,08	III	1 168,16	1 049,50	934,00	821,66	712,66	606,83
	V	**2 464,75**	465,08	465,08	IV	1 872,00	1 793,66	1 715,33	1 637,00	1 558,66	1 480,33
	VI	**2 509,08**	465,08	465,08							
7 871,99 Ost	I,IV	**1 958,08**	465,08	465,08	I	1 801,41	1 644,75	1 488,08	1 331,66	1 179,66	1 034,08
	II	**1 809,00**	465,08	465,08	II	1 652,33	1 495,66	1 339,16	1 186,83	1 041,00	901,58
	III	**1 296,16**	465,08	465,08	III	1 174,16	1 055,33	939,66	827,33	718,00	612,16
	V	**2 472,50**	465,08	465,08	IV	1 879,75	1 801,41	1 723,08	1 644,75	1 566,41	1 488,08
	VI	**2 516,83**	465,08	465,08							
7 874,99 West	I,IV	**1 951,58**	465,08	465,08	I	1 794,91	1 638,25	1 481,58	1 325,16	1 173,41	1 028,16
	II	**1 802,41**	465,08	465,08	II	1 645,83	1 489,16	1 332,66	1 180,58	1 035,00	895,83
	III	**1 291,00**	465,08	465,08	III	1 169,16	1 050,33	934,83	822,66	713,50	607,66
	V	**2 466,00**	465,08	465,08	IV	1 873,25	1 794,91	1 716,58	1 638,25	1 559,91	1 481,58
	VI	**2 510,33**	465,08	465,08							
7 874,99 Ost	I,IV	**1 959,33**	465,08	465,08	I	1 802,66	1 646,00	1 489,41	1 332,91	1 180,83	1 035,25
	II	**1 810,25**	465,08	465,08	II	1 653,58	1 496,91	1 340,41	1 188,00	1 042,16	902,66
	III	**1 297,16**	465,08	465,08	III	1 175,16	1 056,33	940,66	828,16	719,00	613,00
	V	**2 473,83**	465,08	465,08	IV	1 881,00	1 802,66	1 724,33	1 646,00	1 567,66	1 489,41
	VI	**2 518,08**	465,08	465,08							
7 877,99 West	I,IV	**1 952,83**	465,08	465,08	I	1 796,16	1 639,50	1 482,83	1 326,41	1 174,66	1 029,33
	II	**1 803,75**	465,08	465,08	II	1 647,08	1 490,41	1 333,91	1 181,83	1 036,16	897,00
	III	**1 292,00**	465,08	465,08	III	1 170,00	1 051,33	935,83	823,50	714,50	608,50
	V	**2 467,25**	465,08	465,08	IV	1 874,50	1 796,16	1 717,83	1 639,50	1 561,16	1 482,83
	VI	**2 511,58**	465,08	465,08							
7 877,99 Ost	I,IV	**1 960,58**	465,08	465,08	I	1 803,91	1 647,33	1 490,66	1 334,16	1 182,08	1 036,41
	II	**1 811,50**	465,08	465,08	II	1 654,83	1 498,16	1 341,66	1 189,25	1 043,25	903,75
	III	**1 298,16**	465,08	465,08	III	1 176,16	1 057,16	941,50	829,00	719,83	613,83
	V	**2 475,08**	465,08	465,08	IV	1 882,25	1 803,91	1 725,66	1 647,33	1 569,00	1 490,66
	VI	**2 519,33**	465,08	465,08							
7 880,99 West	I,IV	**1 954,08**	465,08	465,08	I	1 797,41	1 640,75	1 484,08	1 327,66	1 175,83	1 030,41
	II	**1 805,00**	465,08	465,08	II	1 648,33	1 491,66	1 335,16	1 183,00	1 037,33	898,08
	III	**1 293,00**	465,08	465,08	III	1 171,00	1 052,33	936,66	824,33	715,33	609,33
	V	**2 468,50**	465,08	465,08	IV	1 875,75	1 797,41	1 719,08	1 640,75	1 562,41	1 484,08
	VI	**2 512,83**	465,08	465,08							
7 880,99 Ost	I,IV	**1 961,91**	465,08	465,08	I	1 805,25	1 648,58	1 491,91	1 335,41	1 183,25	1 037,50
	II	**1 812,75**	465,08	465,08	II	1 656,08	1 499,41	1 342,91	1 190,41	1 044,41	904,83
	III	**1 299,16**	465,08	465,08	III	1 177,00	1 058,16	942,50	830,00	720,66	614,66
	V	**2 476,33**	465,08	465,08	IV	1 883,58	1 805,25	1 726,91	1 648,58	1 570,25	1 491,91
	VI	**2 520,66**	465,08	465,08							
7 883,99 West	I,IV	**1 955,33**	465,08	465,08	I	1 798,66	1 642,00	1 485,33	1 328,91	1 177,00	1 031,58
	II	**1 806,25**	465,08	465,08	II	1 649,58	1 492,91	1 336,41	1 184,16	1 038,50	899,16
	III	**1 294,00**	465,08	465,08	III	1 172,00	1 053,16	937,66	825,33	716,16	610,16
	V	**2 469,75**	465,08	465,08	IV	1 877,00	1 798,66	1 720,33	1 642,00	1 563,66	1 485,33
	VI	**2 514,08**	465,08	465,08							
7 883,99 Ost	I,IV	**1 963,16**	465,08	465,08	I	1 806,50	1 649,83	1 493,16	1 336,66	1 184,41	1 038,66
	II	**1 814,00**	465,08	465,08	II	1 657,41	1 500,75	1 344,16	1 191,66	1 045,58	905,91
	III	**1 300,16**	465,08	465,08	III	1 178,00	1 059,16	943,33	830,83	721,50	615,50
	V	**2 477,58**	465,08	465,08	IV	1 884,83	1 806,50	1 728,16	1 649,83	1 571,50	1 493,16
	VI	**2 521,91**	465,08	465,08							

* Zur LSt-Berechnung für privat versicherte Arbeitnehmer s. Beispiele **Vorbemerkung S. 4f.**
** Basisvorsorgepauschale KV und PV *** Typisierter Arbeitgeberzuschuss

Lohn/ Gehalt in € bis	Steuerklasse	Lohn-steuer*	BVSP**	TAGZ***	Steuerklasse	Bemessungsgrundlage für Kirchensteuer und Solidaritätszuschlag – Freibeträge für ... Kinder 0,5	1,0	1,5	2,0	2,5	3,0
7 886,99 West	I,IV	**1 956,58**	465,08	465,08	I	1 799,91	1 643,25	1 486,58	1 330,16	1 178,25	1 032,75
	II	**1 807,50**	465,08	465,08	II	1 650,83	1 494,16	1 337,66	1 185,41	1 039,58	900,25
	III	**1 295,00**	465,08	465,08	III	1 173,00	1 054,16	938,50	826,16	717,00	611,00
	V	**2 471,00**	465,08	465,08	IV	1 878,25	1 799,91	1 721,58	1 643,25	1 564,91	1 486,58
	VI	**2 515,33**	465,08	465,08							
7 886,99 Ost	I,IV	**1 964,41**	465,08	465,08	I	1 807,75	1 651,08	1 494,41	1 337,91	1 185,66	1 039,83
	II	**1 815,33**	465,08	465,08	II	1 658,66	1 502,00	1 345,41	1 192,83	1 046,75	907,00
	III	**1 301,16**	465,08	465,08	III	1 179,00	1 060,00	944,33	831,66	722,33	616,33
	V	**2 478,83**	465,08	465,08	IV	1 886,08	1 807,75	1 729,41	1 651,08	1 572,75	1 494,41
	VI	**2 523,16**	465,08	465,08							
7 889,99 West	I,IV	**1 957,83**	465,08	465,08	I	1 801,16	1 644,50	1 487,83	1 331,41	1 179,41	1 033,91
	II	**1 808,75**	465,08	465,08	II	1 652,08	1 495,41	1 338,91	1 186,58	1 040,75	901,33
	III	**1 296,00**	465,08	465,08	III	1 174,00	1 055,16	939,50	827,00	717,83	611,83
	V	**2 472,33**	465,08	465,08	IV	1 879,50	1 801,16	1 722,83	1 644,50	1 566,16	1 487,83
	VI	**2 516,58**	465,08	465,08							
7 889,99 Ost	I,IV	**1 965,66**	465,08	465,08	I	1 809,00	1 652,33	1 495,66	1 339,16	1 186,83	1 041,00
	II	**1 816,58**	465,08	465,08	II	1 659,91	1 503,25	1 346,66	1 194,00	1 047,83	908,16
	III	**1 302,16**	465,08	465,08	III	1 180,00	1 061,00	945,16	832,66	723,33	617,16
	V	**2 480,08**	465,08	465,08	IV	1 887,33	1 809,00	1 730,66	1 652,33	1 574,00	1 495,66
	VI	**2 524,41**	465,08	465,08							
7 892,99 West	I,IV	**1 959,08**	465,08	465,08	I	1 802,41	1 645,83	1 489,16	1 332,66	1 180,58	1 035,00
	II	**1 810,00**	465,08	465,08	II	1 653,33	1 496,66	1 340,16	1 187,83	1 041,91	902,41
	III	**1 297,00**	465,08	465,08	III	1 175,00	1 056,00	940,33	828,00	718,66	612,66
	V	**2 473,58**	465,08	465,08	IV	1 880,75	1 802,41	1 724,08	1 645,83	1 567,50	1 489,16
	VI	**2 517,83**	465,08	465,08							
7 892,99 Ost	I,IV	**1 966,91**	465,08	465,08	I	1 810,25	1 653,58	1 496,91	1 340,41	1 188,00	1 042,16
	II	**1 817,83**	465,08	465,08	II	1 661,16	1 504,50	1 347,91	1 195,25	1 049,00	909,25
	III	**1 303,16**	465,08	465,08	III	1 181,00	1 062,00	946,16	833,50	724,16	618,00
	V	**2 481,33**	465,08	465,08	IV	1 888,58	1 810,25	1 731,91	1 653,58	1 575,25	1 496,91
	VI	**2 525,66**	465,08	465,08							
7 895,99 West	I,IV	**1 960,33**	465,08	465,08	I	1 803,75	1 647,08	1 490,41	1 333,91	1 181,83	1 036,16
	II	**1 811,25**	465,08	465,08	II	1 654,58	1 497,91	1 341,41	1 189,00	1 043,08	903,50
	III	**1 298,00**	465,08	465,08	III	1 175,83	1 057,00	941,33	828,83	719,66	613,50
	V	**2 474,83**	465,08	465,08	IV	1 882,08	1 803,75	1 725,41	1 647,08	1 568,75	1 490,41
	VI	**2 519,08**	465,08	465,08							
7 895,99 Ost	I,IV	**1 968,16**	465,08	465,08	I	1 811,50	1 654,83	1 498,16	1 341,66	1 189,25	1 043,25
	II	**1 819,08**	465,08	465,08	II	1 662,41	1 505,75	1 349,16	1 196,41	1 050,16	910,33
	III	**1 304,16**	465,08	465,08	III	1 182,00	1 062,83	947,00	834,33	725,00	618,83
	V	**2 482,58**	465,08	465,08	IV	1 889,83	1 811,50	1 733,16	1 654,83	1 576,50	1 498,16
	VI	**2 526,91**	465,08	465,08							
7 898,99 West	I,IV	**1 961,66**	465,08	465,08	I	1 805,00	1 648,33	1 491,66	1 335,16	1 183,00	1 037,33
	II	**1 812,50**	465,08	465,08	II	1 655,83	1 499,25	1 342,66	1 190,16	1 044,16	904,66
	III	**1 299,00**	465,08	465,08	III	1 176,83	1 058,00	942,16	829,83	720,50	614,50
	V	**2 476,08**	465,08	465,08	IV	1 883,33	1 805,00	1 726,66	1 648,33	1 570,00	1 491,66
	VI	**2 520,41**	465,08	465,08							
7 898,99 Ost	I,IV	**1 969,41**	465,08	465,08	I	1 812,75	1 656,08	1 499,41	1 342,91	1 190,41	1 044,41
	II	**1 820,33**	465,08	465,08	II	1 663,66	1 507,00	1 350,41	1 197,66	1 051,33	911,41
	III	**1 305,16**	465,08	465,08	III	1 182,83	1 063,83	948,00	835,33	725,83	619,66
	V	**2 483,91**	465,08	465,08	IV	1 891,08	1 812,75	1 734,41	1 656,08	1 577,75	1 499,41
	VI	**2 528,16**	465,08	465,08							
7 901,99 West	I,IV	**1 962,91**	465,08	465,08	I	1 806,25	1 649,58	1 492,91	1 336,41	1 184,16	1 038,50
	II	**1 813,83**	465,08	465,08	II	1 657,16	1 500,50	1 343,91	1 191,41	1 045,33	905,75
	III	**1 300,00**	465,08	465,08	III	1 177,83	1 058,83	943,16	830,66	721,33	615,33
	V	**2 477,33**	465,08	465,08	IV	1 884,58	1 806,25	1 727,91	1 649,58	1 571,25	1 492,91
	VI	**2 521,66**	465,08	465,08							
7 901,99 Ost	I,IV	**1 970,66**	465,08	465,08	I	1 814,00	1 657,41	1 500,75	1 344,16	1 191,66	1 045,58
	II	**1 821,58**	465,08	465,08	II	1 664,91	1 508,25	1 351,66	1 198,83	1 052,50	912,50
	III	**1 306,16**	465,08	465,08	III	1 183,83	1 064,83	948,83	836,16	726,66	620,50
	V	**2 485,16**	465,08	465,08	IV	1 892,33	1 814,00	1 735,66	1 657,41	1 579,08	1 500,75
	VI	**2 529,41**	465,08	465,08							

* Zur LSt-Berechnung für privat versicherte Arbeitnehmer s. Beispiele **Vorbemerkung S. 4 f.**

** Basisvorsorgepauschale KV und PV *** Typisierter Arbeitgeberzuschuss

Lohn/ Gehalt in € bis	Steuerklasse	Lohn-steuer*	BVSP**	TAGZ***	Steuerklasse	Bemessungsgrundlage für Kirchensteuer und Solidaritätszuschlag – Freibeträge für ... Kinder 0,5	**1,0**	1,5	**2,0**	2,5	**3,0**
7904,99	I,IV	**1964,16**	465,08	465,08	I	1807,50	1650,83	1494,16	1337,66	1185,41	1039,58
West	II	**1815,08**	465,08	465,08	II	1658,41	1501,75	1345,16	1192,58	1046,50	906,83
	III	**1301,00**	465,08	465,08	III	1178,83	1059,83	944,00	831,50	722,16	616,16
	V	**2478,58**	465,08	465,08	IV	1885,83	1807,50	1729,16	1650,83	1572,50	1494,16
	VI	**2522,91**	465,08	465,08							
7904,99	I,IV	**1971,91**	465,08	465,08	I	1815,33	1658,66	1502,00	1345,41	1192,83	1046,75
Ost	II	**1822,83**	465,08	465,08	II	1666,16	1509,50	1352,91	1200,08	1053,58	913,66
	III	**1307,16**	465,08	465,08	III	1184,83	1065,66	949,83	837,16	727,66	621,33
	V	**2486,41**	465,08	465,08	IV	1893,66	1815,33	1737,00	1658,66	1580,33	1502,00
	VI	**2530,75**	465,08	465,08							
7907,99	I,IV	**1965,41**	465,08	465,08	I	1808,75	1652,08	1495,41	1338,91	1186,58	1040,75
West	II	**1816,33**	465,08	465,08	II	1659,66	1503,00	1346,41	1193,83	1047,66	907,91
	III	**1302,00**	465,08	465,08	III	1179,83	1060,83	945,00	832,50	723,00	617,00
	V	**2479,83**	465,08	465,08	IV	1887,08	1808,75	1730,41	1652,08	1573,75	1495,41
	VI	**2524,16**	465,08	465,08							
7907,99	I,IV	**1973,25**	465,08	465,08	I	1816,58	1659,91	1503,25	1346,66	1194,00	1047,83
Ost	II	**1824,08**	465,08	465,08	II	1667,41	1510,83	1354,16	1201,25	1054,75	914,75
	III	**1308,16**	465,08	465,08	III	1185,83	1066,66	950,66	838,00	728,50	622,16
	V	**2487,66**	465,08	465,08	IV	1894,91	1816,58	1738,25	1659,91	1581,58	1503,25
	VI	**2532,00**	465,08	465,08							
7910,99	I,IV	**1966,66**	465,08	465,08	I	1810,00	1653,33	1496,66	1340,16	1187,83	1041,91
West	II	**1817,58**	465,08	465,08	II	1660,91	1504,25	1347,66	1195,00	1048,83	909,00
	III	**1303,00**	465,08	465,08	III	1180,66	1061,66	945,83	833,33	724,00	617,83
	V	**2481,08**	465,08	465,08	IV	1888,33	1810,00	1731,66	1653,33	1575,00	1496,66
	VI	**2525,41**	465,08	465,08							
7910,99	I,IV	**1974,50**	465,08	465,08	I	1817,83	1661,16	1504,50	1347,91	1195,25	1049,00
Ost	II	**1825,41**	465,08	465,08	II	1668,75	1512,08	1355,41	1202,50	1055,91	915,83
	III	**1309,16**	465,08	465,08	III	1186,83	1067,66	951,66	838,83	729,33	623,00
	V	**2488,91**	465,08	465,08	IV	1896,16	1817,83	1739,50	1661,16	1582,83	1504,50
	VI	**2533,25**	465,08	465,08							
7913,99	I,IV	**1967,91**	465,08	465,08	I	1811,25	1654,58	1497,91	1341,41	1189,00	1043,08
West	II	**1818,83**	465,08	465,08	II	1662,16	1505,50	1348,91	1196,25	1049,91	910,08
	III	**1304,00**	465,08	465,08	III	1181,66	1062,66	946,83	834,16	724,83	618,66
	V	**2482,33**	465,08	465,08	IV	1889,58	1811,25	1732,91	1654,58	1576,25	1497,91
	VI	**2526,66**	465,08	465,08							
7913,99	I,IV	**1975,75**	465,08	465,08	I	1819,08	1662,41	1505,75	1349,16	1196,41	1050,16
Ost	II	**1826,66**	465,08	465,08	II	1670,00	1513,33	1356,66	1203,66	1057,08	916,91
	III	**1310,16**	465,08	465,08	III	1187,83	1068,50	952,50	839,83	730,16	623,83
	V	**2490,16**	465,08	465,08	IV	1897,41	1819,08	1740,75	1662,41	1584,08	1505,75
	VI	**2534,50**	465,08	465,08							
7916,99	I,IV	**1969,16**	465,08	465,08	I	1812,50	1655,83	1499,25	1342,66	1190,16	1044,16
West	II	**1820,08**	465,08	465,08	II	1663,41	1506,75	1350,16	1197,41	1051,08	911,25
	III	**1305,00**	465,08	465,08	III	1182,66	1063,66	947,66	835,16	725,66	619,50
	V	**2483,66**	465,08	465,08	IV	1890,83	1812,50	1734,16	1655,83	1577,58	1499,25
	VI	**2527,91**	465,08	465,08							
7916,99	I,IV	**1977,00**	465,08	465,08	I	1820,33	1663,66	1507,00	1350,41	1197,66	1051,33
Ost	II	**1827,91**	465,08	465,08	II	1671,25	1514,58	1357,91	1204,83	1058,25	918,00
	III	**1311,16**	465,08	465,08	III	1188,66	1069,50	953,50	840,66	731,00	624,66
	V	**2491,41**	465,08	465,08	IV	1898,66	1820,33	1742,00	1663,66	1585,33	1507,00
	VI	**2535,75**	465,08	465,08							
7919,99	I,IV	**1970,41**	465,08	465,08	I	1813,83	1657,16	1500,50	1343,91	1191,41	1045,33
West	II	**1821,33**	465,08	465,08	II	1664,66	1508,00	1351,41	1198,58	1052,25	912,33
	III	**1306,00**	465,08	465,08	III	1183,66	1064,50	948,66	836,00	726,50	620,33
	V	**2484,91**	465,08	465,08	IV	1892,08	1813,83	1735,50	1657,16	1578,83	1500,50
	VI	**2529,16**	465,08	465,08							
7919,99	I,IV	**1978,25**	465,08	465,08	I	1821,58	1664,91	1508,25	1351,66	1198,83	1052,50
Ost	II	**1829,16**	465,08	465,08	II	1672,50	1515,83	1359,16	1206,08	1059,41	919,16
	III	**1312,16**	465,08	465,08	III	1189,66	1070,50	954,33	841,50	732,00	625,50
	V	**2492,66**	465,08	465,08	IV	1899,91	1821,58	1743,25	1664,91	1586,58	1508,25
	VI	**2537,00**	465,08	465,08							

* Zur LSt-Berechnung für privat versicherte Arbeitnehmer s. Beispiele **Vorbemerkung S. 4 f.**

** Basisvorsorgepauschale KV und PV *** Typisierter Arbeitgeberzuschuss

Lohn/ Gehalt in € bis	Steuerklasse	Lohnsteuer*	BVSP**	TAGZ***	Steuerklasse	Bemessungsgrundlage für Kirchensteuer und Solidaritätszuschlag – Freibeträge für … Kinder 0,5	1,0	1,5	2,0	2,5	3,0
7922,99 West	I,IV	**1971,75**	465,08	465,08	I	1815,08	1658,41	1501,75	1345,16	1192,58	1046,50
	II	**1822,58**	465,08	465,08	II	1665,91	1509,33	1352,66	1199,83	1053,41	913,41
	III	**1307,00**	465,08	465,08	III	1184,66	1065,50	949,66	836,83	727,33	621,16
	V	**2486,16**	465,08	465,08	IV	1893,41	1815,08	1736,75	1658,41	1580,08	1501,75
	VI	**2530,50**	465,08	465,08							
7922,99 Ost	I,IV	**1979,50**	465,08	465,08	I	1822,83	1666,16	1509,50	1352,91	1200,08	1053,58
	II	**1830,41**	465,08	465,08	II	1673,75	1517,08	1360,41	1207,25	1060,58	920,25
	III	**1313,16**	465,08	465,08	III	1190,66	1071,33	955,33	842,50	732,83	626,33
	V	**2494,00**	465,08	465,08	IV	1901,16	1822,83	1744,50	1666,16	1587,83	1509,50
	VI	**2538,25**	465,08	465,08							
7925,99 West	I,IV	**1973,00**	465,08	465,08	I	1816,33	1659,66	1503,00	1346,41	1193,83	1047,66
	II	**1823,83**	465,08	465,08	II	1667,25	1510,58	1353,91	1201,00	1054,58	914,50
	III	**1308,00**	465,08	465,08	III	1185,66	1066,50	950,50	837,83	728,33	622,00
	V	**2487,41**	465,08	465,08	IV	1894,66	1816,33	1738,00	1659,66	1581,33	1503,00
	VI	**2531,75**	465,08	465,08							
7925,99 Ost	I,IV	**1980,75**	465,08	465,08	I	1824,08	1667,41	1510,83	1354,16	1201,25	1054,75
	II	**1831,66**	465,08	465,08	II	1675,00	1518,33	1361,66	1208,50	1061,66	921,33
	III	**1314,16**	465,08	465,08	III	1191,66	1072,33	956,16	843,33	733,66	627,16
	V	**2495,25**	465,08	465,08	IV	1902,41	1824,08	1745,75	1667,41	1589,16	1510,83
	VI	**2539,50**	465,08	465,08							
7928,99 West	I,IV	**1974,25**	465,08	465,08	I	1817,58	1660,91	1504,25	1347,66	1195,00	1048,83
	II	**1825,16**	465,08	465,08	II	1668,50	1511,83	1355,16	1202,25	1055,66	915,58
	III	**1309,00**	465,08	465,08	III	1186,50	1067,33	951,50	838,66	729,16	622,83
	V	**2488,66**	465,08	465,08	IV	1895,91	1817,58	1739,25	1660,91	1582,58	1504,25
	VI	**2533,00**	465,08	465,08							
7928,99 Ost	I,IV	**1982,00**	465,08	465,08	I	1825,41	1668,75	1512,08	1355,41	1202,50	1055,91
	II	**1832,91**	465,08	465,08	II	1676,25	1519,58	1363,00	1209,66	1062,83	922,41
	III	**1315,16**	465,08	465,08	III	1192,66	1073,33	957,16	844,16	734,50	628,00
	V	**2496,50**	465,08	465,08	IV	1903,66	1825,41	1747,08	1668,75	1590,41	1512,08
	VI	**2540,75**	465,08	465,08							
7931,99 West	I,IV	**1975,50**	465,08	465,08	I	1818,83	1662,16	1505,50	1348,91	1196,25	1049,91
	II	**1826,41**	465,08	465,08	II	1669,75	1513,08	1356,41	1203,41	1056,83	916,75
	III	**1310,00**	465,08	465,08	III	1187,50	1068,33	952,33	839,50	730,00	623,66
	V	**2489,91**	465,08	465,08	IV	1897,16	1818,83	1740,50	1662,16	1583,83	1505,50
	VI	**2534,25**	465,08	465,08							
7931,99 Ost	I,IV	**1983,33**	465,08	465,08	I	1826,66	1670,00	1513,33	1356,66	1203,66	1057,08
	II	**1834,16**	465,08	465,08	II	1677,50	1520,91	1364,25	1210,91	1064,00	923,58
	III	**1316,16**	465,08	465,08	III	1193,66	1074,16	958,00	845,16	735,50	629,00
	V	**2497,75**	465,08	465,08	IV	1905,00	1826,66	1748,33	1670,00	1591,66	1513,33
	VI	**2542,08**	465,08	465,08							
7934,99 West	I,IV	**1976,75**	465,08	465,08	I	1820,08	1663,41	1506,75	1350,16	1197,41	1051,08
	II	**1827,66**	465,08	465,08	II	1671,00	1514,33	1357,66	1204,66	1058,00	917,83
	III	**1311,00**	465,08	465,08	III	1188,50	1069,33	953,33	840,50	730,83	624,50
	V	**2491,16**	465,08	465,08	IV	1898,41	1820,08	1741,75	1663,41	1585,08	1506,75
	VI	**2535,50**	465,08	465,08							
7934,99 Ost	I,IV	**1984,58**	465,08	465,08	I	1827,91	1671,25	1514,58	1357,91	1204,83	1058,25
	II	**1835,41**	465,08	465,08	II	1678,83	1522,16	1365,50	1212,08	1065,16	924,66
	III	**1317,16**	465,08	465,08	III	1194,50	1075,16	959,00	846,00	736,33	629,83
	V	**2499,00**	465,08	465,08	IV	1906,25	1827,91	1749,58	1671,25	1592,91	1514,58
	VI	**2543,33**	465,08	465,08							
7937,99 West	I,IV	**1978,00**	465,08	465,08	I	1821,33	1664,66	1508,00	1351,41	1198,58	1052,25
	II	**1828,91**	465,08	465,08	II	1672,25	1515,58	1358,91	1205,83	1059,16	918,91
	III	**1312,00**	465,08	465,08	III	1189,50	1070,16	954,16	841,33	731,83	625,33
	V	**2492,41**	465,08	465,08	IV	1899,66	1821,33	1743,00	1664,66	1586,33	1508,00
	VI	**2536,75**	465,08	465,08							
7937,99 Ost	I,IV	**1985,83**	465,08	465,08	I	1829,16	1672,50	1515,83	1359,16	1206,08	1059,41
	II	**1836,75**	465,08	465,08	II	1680,08	1523,41	1366,75	1213,33	1066,33	925,75
	III	**1318,16**	465,08	465,08	III	1195,50	1076,16	959,83	847,00	737,16	630,66
	V	**2500,25**	465,08	465,08	IV	1907,50	1829,16	1750,83	1672,50	1594,16	1515,83
	VI	**2544,58**	465,08	465,08							

* Zur LSt-Berechnung für privat versicherte Arbeitnehmer s. Beispiele **Vorbemerkung S. 4f.**
** Basisvorsorgepauschale KV und PV *** Typisierter Arbeitgeberzuschuss

Lohn/ Gehalt in € bis	Steuerklasse	Lohn-steuer*	BVSP**	TAGZ***	Steuerklasse	Bemessungsgrundlage für Kirchensteuer und Solidaritätszuschlag – Freibeträge für ... Kinder 0,5	1,0	1,5	2,0	2,5	3,0
7940,99 West	I,IV	**1979,25**	465,08	465,08	I	1822,58	1665,91	1509,33	1352,66	1199,83	1053,41
	II	**1830,16**	465,08	465,08	II	1673,50	1516,83	1360,16	1207,08	1060,33	920,00
	III	**1313,00**	465,08	465,08	III	1190,50	1071,16	955,16	842,33	732,66	626,16
	V	**2493,75**	465,08	465,08	IV	1900,91	1822,58	1744,25	1665,91	1587,58	1509,33
	VI	**2538,00**	465,08	465,08							
7940,99 Ost	I,IV	**1987,08**	465,08	465,08	I	1830,41	1673,75	1517,08	1360,41	1207,25	1060,58
	II	**1838,00**	465,08	465,08	II	1681,33	1524,66	1368,00	1214,50	1067,50	926,83
	III	**1319,16**	465,08	465,08	III	1196,50	1077,00	960,83	847,83	738,00	631,50
	V	**2501,50**	465,08	465,08	IV	1908,75	1830,41	1752,08	1673,75	1595,41	1517,08
	VI	**2545,83**	465,08	465,08							
7943,99 West	I,IV	**1980,50**	465,08	465,08	I	1823,83	1667,25	1510,58	1353,91	1201,00	1054,58
	II	**1831,41**	465,08	465,08	II	1674,75	1518,08	1361,50	1208,25	1061,50	921,08
	III	**1314,00**	465,08	465,08	III	1191,50	1072,16	956,00	843,16	733,50	627,00
	V	**2495,00**	465,08	465,08	IV	1902,16	1823,83	1745,58	1667,25	1588,91	1510,58
	VI	**2539,25**	465,08	465,08							
7943,99 Ost	I,IV	**1988,33**	465,08	465,08	I	1831,66	1675,00	1518,33	1361,66	1208,50	1061,66
	II	**1839,25**	465,08	465,08	II	1682,58	1525,91	1369,25	1215,75	1068,66	928,00
	III	**1320,16**	465,08	465,08	III	1197,50	1078,00	961,83	848,66	738,83	632,33
	V	**2502,75**	465,08	465,08	IV	1910,00	1831,66	1753,33	1675,00	1596,66	1518,33
	VI	**2547,08**	465,08	465,08							
7946,99 West	I,IV	**1981,83**	465,08	465,08	I	1825,16	1668,50	1511,83	1355,16	1202,25	1055,66
	II	**1832,66**	465,08	465,08	II	1676,00	1519,33	1362,75	1209,50	1062,66	922,25
	III	**1315,00**	465,08	465,08	III	1192,33	1073,00	957,00	844,00	734,33	627,83
	V	**2496,25**	465,08	465,08	IV	1903,50	1825,16	1746,83	1668,50	1590,16	1511,83
	VI	**2540,58**	465,08	465,08							
7946,99 Ost	I,IV	**1989,58**	465,08	465,08	I	1832,91	1676,25	1519,58	1363,00	1209,66	1062,83
	II	**1840,50**	465,08	465,08	II	1683,83	1527,16	1370,50	1216,91	1069,75	929,08
	III	**1321,16**	465,08	465,08	III	1198,50	1079,00	962,66	849,66	739,83	633,16
	V	**2504,00**	465,08	465,08	IV	1911,25	1832,91	1754,58	1676,25	1597,91	1519,58
	VI	**2548,33**	465,08	465,08							
7949,99 West	I,IV	**1983,08**	465,08	465,08	I	1826,41	1669,75	1513,08	1356,41	1203,41	1056,83
	II	**1833,91**	465,08	465,08	II	1677,33	1520,66	1364,00	1210,66	1063,75	923,33
	III	**1316,00**	465,08	465,08	III	1193,33	1074,00	957,83	845,00	735,16	628,66
	V	**2497,50**	465,08	465,08	IV	1904,75	1826,41	1748,08	1669,75	1591,41	1513,08
	VI	**2541,83**	465,08	465,08							
7949,99 Ost	I,IV	**1990,83**	465,08	465,08	I	1834,16	1677,50	1520,91	1364,25	1210,91	1064,00
	II	**1841,75**	465,08	465,08	II	1685,08	1528,41	1371,75	1218,16	1070,91	930,16
	III	**1322,16**	465,08	465,08	III	1199,50	1079,83	963,66	850,50	740,66	634,00
	V	**2505,33**	465,08	465,08	IV	1912,50	1834,16	1755,83	1677,50	1599,16	1520,91
	VI	**2549,58**	465,08	465,08							
7952,99 West	I,IV	**1984,33**	465,08	465,08	I	1827,66	1671,00	1514,33	1357,66	1204,66	1058,00
	II	**1835,25**	465,08	465,08	II	1678,58	1521,91	1365,25	1211,83	1064,91	924,41
	III	**1317,00**	465,08	465,08	III	1194,33	1075,00	958,83	845,83	736,16	629,50
	V	**2498,75**	465,08	465,08	IV	1906,00	1827,66	1749,33	1671,00	1592,66	1514,33
	VI	**2543,08**	465,08	465,08							
7952,99 Ost	I,IV	**1992,08**	465,08	465,08	I	1835,41	1678,83	1522,16	1365,50	1212,08	1065,16
	II	**1843,00**	465,08	465,08	II	1686,33	1529,66	1373,00	1219,33	1072,08	931,25
	III	**1323,16**	465,08	465,08	III	1200,33	1080,83	964,50	851,33	741,50	634,83
	V	**2506,58**	465,08	465,08	IV	1913,75	1835,41	1757,16	1678,83	1600,50	1522,16
	VI	**2550,83**	465,08	465,08							
7955,99 West	I,IV	**1985,58**	465,08	465,08	I	1828,91	1672,25	1515,58	1358,91	1205,83	1059,16
	II	**1836,50**	465,08	465,08	II	1679,83	1523,16	1366,50	1213,08	1066,08	925,50
	III	**1318,00**	465,08	465,08	III	1195,33	1075,83	959,66	846,66	737,00	630,50
	V	**2500,00**	465,08	465,08	IV	1907,25	1828,91	1750,58	1672,25	1593,91	1515,58
	VI	**2544,33**	465,08	465,08							
7955,99 Ost	I,IV	**1993,41**	465,08	465,08	I	1836,75	1680,08	1523,41	1366,75	1213,33	1066,33
	II	**1844,25**	465,08	465,08	II	1687,58	1530,91	1374,33	1220,58	1073,25	932,41
	III	**1324,16**	465,08	465,08	III	1201,33	1081,83	965,50	852,33	742,33	635,66
	V	**2507,83**	465,08	465,08	IV	1915,08	1836,75	1758,41	1680,08	1601,75	1523,41
	VI	**2552,16**	465,08	465,08							

* Zur LSt-Berechnung für privat versicherte Arbeitnehmer s. Beispiele **Vorbemerkung S. 4f.**
** Basisvorsorgepauschale KV und PV *** Typisierter Arbeitgeberzuschuss

Lohn/ Gehalt in € bis	Steuerklasse	Lohn-steuer*	BVSP**	TAGZ***	Steuerklasse	Bemessungsgrundlage für Kirchensteuer und Solidaritätszuschlag – Freibeträge für ... Kinder 0,5	1,0	1,5	2,0	2,5	3,0
7958,99 West	I,IV	**1986,83**	465,08	465,08	I	1830,16	1673,50	1516,83	1360,16	1207,08	1060,33
	II	**1837,75**	465,08	465,08	II	1681,08	1524,41	1367,75	1214,25	1067,25	926,66
	III	**1319,00**	465,08	465,08	III	1196,33	1076,83	960,66	847,66	737,83	631,33
	V	**2501,25**	465,08	465,08	IV	1908,50	1830,16	1751,83	1673,50	1595,16	1516,83
	VI	**2545,58**	465,08	465,08							
7958,99 Ost	I,IV	**1994,66**	465,08	465,08	I	1838,00	1681,33	1524,66	1368,00	1214,50	1067,50
	II	**1845,50**	465,08	465,08	II	1688,91	1532,25	1375,58	1221,75	1074,41	933,50
	III	**1325,16**	465,08	465,08	III	1202,33	1082,83	966,33	853,16	743,33	636,50
	V	**2509,08**	465,08	465,08	IV	1916,33	1838,00	1759,66	1681,33	1603,00	1524,66
	VI	**2553,41**	465,08	465,08							
7961,99 West	I,IV	**1988,08**	465,08	465,08	I	1831,41	1674,75	1518,08	1361,50	1208,25	1061,50
	II	**1839,00**	465,08	465,08	II	1682,33	1525,66	1369,00	1215,50	1068,41	927,75
	III	**1320,00**	465,08	465,08	III	1197,33	1077,83	961,50	848,50	738,66	632,16
	V	**2502,50**	465,08	465,08	IV	1909,75	1831,41	1753,08	1674,75	1596,41	1518,08
	VI	**2546,83**	465,08	465,08							
7961,99 Ost	I,IV	**1995,91**	465,08	465,08	I	1839,25	1682,58	1525,91	1369,25	1215,75	1068,66
	II	**1846,83**	465,08	465,08	II	1690,16	1533,50	1376,83	1223,00	1075,58	934,58
	III	**1326,16**	465,08	465,08	III	1203,33	1083,66	967,33	854,16	744,16	637,33
	V	**2510,33**	465,08	465,08	IV	1917,58	1839,25	1760,91	1682,58	1604,25	1525,91
	VI	**2554,66**	465,08	465,08							
7964,99 West	I,IV	**1989,33**	465,08	465,08	I	1832,66	1676,00	1519,33	1362,75	1209,50	1062,66
	II	**1840,25**	465,08	465,08	II	1683,58	1526,91	1370,25	1216,66	1069,58	928,83
	III	**1321,00**	465,08	465,08	III	1198,16	1078,66	962,50	849,50	739,50	633,00
	V	**2503,83**	465,08	465,08	IV	1911,00	1832,66	1754,33	1676,00	1597,66	1519,33
	VI	**2548,08**	465,08	465,08							
7964,99 Ost	I,IV	**1997,16**	465,08	465,08	I	1840,50	1683,83	1527,16	1370,50	1216,91	1069,75
	II	**1848,08**	465,08	465,08	II	1691,41	1534,75	1378,08	1224,16	1076,75	935,75
	III	**1327,16**	465,08	465,08	III	1204,33	1084,66	968,16	855,00	745,00	638,16
	V	**2511,58**	465,08	465,08	IV	1918,83	1840,50	1762,16	1683,83	1605,50	1527,16
	VI	**2555,91**	465,08	465,08							
7967,99 West	I,IV	**1990,58**	465,08	465,08	I	1833,91	1677,33	1520,66	1364,00	1210,66	1063,75
	II	**1841,50**	465,08	465,08	II	1684,83	1528,16	1371,50	1217,91	1070,75	930,00
	III	**1322,00**	465,08	465,08	III	1199,16	1079,66	963,33	850,33	740,50	633,83
	V	**2505,08**	465,08	465,08	IV	1912,25	1833,91	1755,58	1677,33	1599,00	1520,66
	VI	**2549,33**	465,08	465,08							
7967,99 Ost	I,IV	**1998,41**	465,08	465,08	I	1841,75	1685,08	1528,41	1371,75	1218,16	1070,91
	II	**1849,33**	465,08	465,08	II	1692,66	1536,00	1379,33	1225,41	1077,91	936,83
	III	**1328,16**	465,08	465,08	III	1205,33	1085,66	969,16	855,83	745,83	639,00
	V	**2512,83**	465,08	465,08	IV	1920,08	1841,75	1763,41	1685,08	1606,75	1528,41
	VI	**2557,16**	465,08	465,08							
7970,99 West	I,IV	**1991,83**	465,08	465,08	I	1835,25	1678,58	1521,91	1365,25	1211,83	1064,91
	II	**1842,75**	465,08	465,08	II	1686,08	1529,41	1372,83	1219,16	1071,91	931,08
	III	**1323,00**	465,08	465,08	III	1200,16	1080,66	964,33	851,16	741,33	634,66
	V	**2506,33**	465,08	465,08	IV	1913,58	1835,25	1756,91	1678,58	1600,25	1521,91
	VI	**2550,58**	465,08	465,08							
7970,99 Ost	I,IV	**1999,66**	465,08	465,08	I	1843,00	1686,33	1529,66	1373,00	1219,33	1072,08
	II	**1850,58**	465,08	465,08	II	1693,91	1537,25	1380,58	1226,66	1079,08	937,91
	III	**1329,16**	465,08	465,08	III	1206,33	1086,50	970,00	856,83	746,66	639,83
	V	**2514,08**	465,08	465,08	IV	1921,33	1843,00	1764,66	1686,33	1608,00	1529,66
	VI	**2558,41**	465,08	465,08							
7973,99 West	I,IV	**1993,16**	465,08	465,08	I	1836,50	1679,83	1523,16	1366,50	1213,08	1066,08
	II	**1844,00**	465,08	465,08	II	1687,33	1530,75	1374,08	1220,33	1073,00	932,16
	III	**1324,00**	465,08	465,08	III	1201,16	1081,66	965,16	852,16	742,16	635,50
	V	**2507,58**	465,08	465,08	IV	1914,83	1836,50	1758,16	1679,83	1601,50	1523,16
	VI	**2551,91**	465,08	465,08							
7973,99 Ost	I,IV	**2000,91**	465,08	465,08	I	1844,25	1687,58	1530,91	1374,33	1220,58	1073,25
	II	**1851,83**	465,08	465,08	II	1695,16	1538,50	1381,83	1227,83	1080,25	939,00
	III	**1330,16**	465,08	465,08	III	1207,16	1087,50	971,00	857,66	747,66	640,83
	V	**2515,41**	465,08	465,08	IV	1922,58	1844,25	1765,91	1687,58	1609,25	1530,91
	VI	**2559,66**	465,08	465,08							

* Zur LSt-Berechnung für privat versicherte Arbeitnehmer s. Beispiele **Vorbemerkung S. 4 f.**
** Basisvorsorgepauschale KV und PV *** Typisierter Arbeitgeberzuschuss

Lohn/ Gehalt in € bis	Steuerklasse	Lohn- steuer*	BVSP**	TAGZ***	Steuerklasse	Bemessungsgrundlage für Kirchensteuer und Solidaritätszuschlag					
						Freibeträge für ... Kinder					
						0,5	**1,0**	1,5	**2,0**	2,5	**3,0**
7976,99	I,IV	**1994,41**	465,08	465,08	I	1837,75	1681,08	1524,41	1367,75	1214,25	1067,25
West	II	**1845,33**	465,08	465,08	II	1688,66	1532,00	1375,33	1221,58	1074,16	933,25
	III	**1325,00**	465,08	465,08	III	1202,16	1082,50	966,16	853,00	743,00	636,33
	V	**2508,83**	465,08	465,08	IV	1916,08	1837,75	1759,41	1681,08	1602,75	1524,41
	VI	**2553,16**	465,08	465,08							
7976,99	I,IV	**2002,16**	465,08	465,08	I	1845,50	1688,91	1532,25	1375,58	1221,75	1074,41
Ost	II	**1853,08**	465,08	465,08	II	1696,41	1539,75	1383,08	1229,08	1081,41	940,16
	III	**1331,16**	465,08	465,08	III	1208,16	1088,50	971,83	858,66	748,50	641,66
	V	**2516,66**	465,08	465,08	IV	1923,83	1845,50	1767,16	1688,91	1610,58	1532,25
	VI	**2560,91**	465,08	465,08							
7979,99	I,IV	**1995,66**	465,08	465,08	I	1839,00	1682,33	1525,66	1369,00	1215,50	1068,41
West	II	**1846,58**	465,08	465,08	II	1689,91	1533,25	1376,58	1222,75	1075,33	934,41
	III	**1326,00**	465,08	465,08	III	1203,16	1083,50	967,16	853,83	744,00	637,16
	V	**2510,08**	465,08	465,08	IV	1917,33	1839,00	1760,66	1682,33	1604,00	1525,66
	VI	**2554,41**	465,08	465,08							
7979,99	I,IV	**2003,41**	465,08	465,08	I	1846,83	1690,16	1533,50	1376,83	1223,00	1075,58
Ost	II	**1854,33**	465,08	465,08	II	1697,66	1541,00	1384,41	1230,25	1082,58	941,25
	III	**1332,16**	465,08	465,08	III	1209,16	1089,33	972,83	859,50	749,33	642,50
	V	**2517,91**	465,08	465,08	IV	1925,16	1846,83	1768,50	1690,16	1611,83	1533,50
	VI	**2562,25**	465,08	465,08							
7982,99	I,IV	**1996,91**	465,08	465,08	I	1840,25	1683,58	1526,91	1370,25	1216,66	1069,58
West	II	**1847,83**	465,08	465,08	II	1691,16	1534,50	1377,83	1224,00	1076,50	935,50
	III	**1327,00**	465,08	465,08	III	1204,16	1084,50	968,00	854,83	744,83	638,00
	V	**2511,33**	465,08	465,08	IV	1918,58	1840,25	1761,91	1683,58	1605,25	1526,91
	VI	**2555,66**	465,08	465,08							
7982,99	I,IV	**2004,75**	465,08	465,08	I	1848,08	1691,41	1534,75	1378,08	1224,16	1076,75
Ost	II	**1855,58**	465,08	465,08	II	1698,91	1542,33	1385,66	1231,50	1083,75	942,33
	III	**1333,16**	465,08	465,08	III	1210,16	1090,33	973,83	860,33	750,16	643,33
	V	**2519,16**	465,08	465,08	IV	1926,41	1848,08	1769,75	1691,41	1613,08	1534,75
	VI	**2563,50**	465,08	465,08							
7985,99	I,IV	**1998,16**	465,08	465,08	I	1841,50	1684,83	1528,16	1371,50	1217,91	1070,75
West	II	**1849,08**	465,08	465,08	II	1692,41	1535,75	1379,08	1225,16	1077,66	936,58
	III	**1328,00**	465,08	465,08	III	1205,00	1085,33	969,00	855,66	745,66	638,83
	V	**2512,58**	465,08	465,08	IV	1919,83	1841,50	1763,16	1684,83	1606,50	1528,16
	VI	**2556,91**	465,08	465,08							
7985,99	I,IV	**2006,00**	465,08	465,08	I	1849,33	1692,66	1536,00	1379,33	1225,41	1077,91
Ost	II	**1856,91**	465,08	465,08	II	1700,25	1543,58	1386,91	1232,66	1084,91	943,50
	III	**1334,16**	465,08	465,08	III	1211,16	1091,33	974,66	861,33	751,16	644,16
	V	**2520,41**	465,08	465,08	IV	1927,66	1849,33	1771,00	1692,66	1614,33	1536,00
	VI	**2564,75**	465,08	465,08							
7988,99	I,IV	**1999,41**	465,08	465,08	I	1842,75	1686,08	1529,41	1372,83	1219,16	1071,91
West	II	**1850,33**	465,08	465,08	II	1693,66	1537,00	1380,33	1226,41	1078,83	937,75
	III	**1329,00**	465,08	465,08	III	1206,00	1086,33	969,83	856,66	746,50	639,66
	V	**2513,83**	465,08	465,08	IV	1921,08	1842,75	1764,41	1686,08	1607,75	1529,41
	VI	**2558,16**	465,08	465,08							
7988,99	I,IV	**2007,25**	465,08	465,08	I	1850,58	1693,91	1537,25	1380,58	1226,66	1079,08
Ost	II	**1858,16**	465,08	465,08	II	1701,50	1544,83	1388,16	1233,91	1086,00	944,58
	III	**1335,16**	465,08	465,08	III	1212,16	1092,33	975,66	862,16	752,00	645,00
	V	**2521,66**	465,08	465,08	IV	1928,91	1850,58	1772,25	1693,91	1615,58	1537,25
	VI	**2566,00**	465,08	465,08							
7991,99	I,IV	**2000,66**	465,08	465,08	I	1844,00	1687,33	1530,75	1374,08	1220,33	1073,00
West	II	**1851,58**	465,08	465,08	II	1694,91	1538,25	1381,58	1227,58	1080,00	938,83
	III	**1330,00**	465,08	465,08	III	1207,00	1087,33	970,83	857,50	747,50	640,50
	V	**2515,16**	465,08	465,08	IV	1922,33	1844,00	1765,66	1687,33	1609,08	1530,75
	VI	**2559,41**	465,08	465,08							
7991,99	I,IV	**2008,50**	465,08	465,08	I	1851,83	1695,16	1538,50	1381,83	1227,83	1080,25
Ost	II	**1859,41**	465,08	465,08	II	1702,75	1546,08	1389,41	1235,16	1087,16	945,66
	III	**1336,16**	465,08	465,08	III	1213,16	1093,16	976,50	863,16	752,83	645,83
	V	**2522,91**	465,08	465,08	IV	1930,16	1851,83	1773,50	1695,16	1616,83	1538,50
	VI	**2567,25**	465,08	465,08							

* Zur LSt-Berechnung für privat versicherte Arbeitnehmer s. Beispiele **Vorbemerkung S. 4 f.**
** Basisvorsorgepauschale KV und PV *** Typisierter Arbeitgeberzuschuss

Lohn/ Gehalt in € bis	Steuerklasse	Lohn-steuer*	BVSP**	TAGZ***	Steuerklasse	Bemessungsgrundlage für Kirchensteuer und Solidaritätszuschlag					
						Freibeträge für ... Kinder					
						0,5	**1,0**	1,5	**2,0**	2,5	**3,0**
7994,99	I,IV	**2001,91**	465,08	465,08	I	1845,33	1688,66	1532,00	1375,33	1221,58	1074,16
West	II	**1852,83**	465,08	465,08	II	1696,16	1539,50	1382,83	1228,83	1081,16	939,91
	III	**1331,00**	465,08	465,08	III	1208,00	1088,16	971,66	858,33	748,33	641,33
	V	**2516,41**	465,08	465,08	IV	1923,58	1845,33	1767,00	1688,66	1610,33	1532,00
	VI	**2560,66**	465,08	465,08							
7994,99	I,IV	**2009,75**	465,08	465,08	I	1853,08	1696,41	1539,75	1383,08	1229,08	1081,41
Ost	II	**1860,66**	465,08	465,08	II	1704,00	1547,33	1390,66	1236,33	1088,33	946,83
	III	**1337,16**	465,08	465,08	III	1214,00	1094,16	977,50	864,00	753,66	646,66
	V	**2524,16**	465,08	465,08	IV	1931,41	1853,08	1774,75	1696,41	1618,08	1539,75
	VI	**2568,50**	465,08	465,08							
7997,99	I,IV	**2003,25**	465,08	465,08	I	1846,58	1689,91	1533,25	1376,58	1222,75	1075,33
West	II	**1854,08**	465,08	465,08	II	1697,41	1540,83	1384,16	1230,00	1082,33	941,08
	III	**1332,00**	465,08	465,08	III	1209,00	1089,16	972,66	859,33	749,16	642,33
	V	**2517,66**	465,08	465,08	IV	1924,91	1846,58	1768,25	1689,91	1611,58	1533,25
	VI	**2562,00**	465,08	465,08							
7997,99	I,IV	**2011,00**	465,08	465,08	I	1854,33	1697,66	1541,00	1384,41	1230,25	1082,58
Ost	II	**1861,91**	465,08	465,08	II	1705,25	1548,58	1391,91	1237,58	1089,50	947,91
	III	**1338,16**	465,08	465,08	III	1215,00	1095,16	978,33	864,83	754,66	647,50
	V	**2525,50**	465,08	465,08	IV	1932,66	1854,33	1776,00	1697,66	1619,33	1541,00
	VI	**2569,75**	465,08	465,08							
8000,99	I,IV	**2004,50**	465,08	465,08	I	1847,83	1691,16	1534,50	1377,83	1224,00	1076,50
West	II	**1855,33**	465,08	465,08	II	1698,75	1542,08	1385,41	1231,25	1083,50	942,16
	III	**1333,00**	465,08	465,08	III	1210,00	1090,16	973,50	860,16	750,00	643,16
	V	**2518,91**	465,08	465,08	IV	1926,16	1847,83	1769,50	1691,16	1612,83	1534,50
	VI	**2563,25**	465,08	465,08							
8000,99	I,IV	**2012,25**	465,08	465,08	I	1855,58	1698,91	1542,33	1385,66	1231,50	1083,75
Ost	II	**1863,16**	465,08	465,08	II	1706,50	1549,83	1393,16	1238,75	1090,66	949,08
	III	**1339,16**	465,08	465,08	III	1216,00	1096,00	979,33	865,83	755,50	648,33
	V	**2526,75**	465,08	465,08	IV	1933,91	1855,58	1777,25	1698,91	1620,66	1542,33
	VI	**2571,00**	465,08	465,08							
8003,99	I,IV	**2005,75**	465,08	465,08	I	1849,08	1692,41	1535,75	1379,08	1225,16	1077,66
West	II	**1856,66**	465,08	465,08	II	1700,00	1543,33	1386,66	1232,50	1084,66	943,25
	III	**1334,00**	465,08	465,08	III	1210,83	1091,16	974,50	861,16	750,83	644,00
	V	**2520,16**	465,08	465,08	IV	1927,41	1849,08	1770,75	1692,41	1614,08	1535,75
	VI	**2564,50**	465,08	465,08							
8003,99	I,IV	**2013,50**	465,08	465,08	I	1856,91	1700,25	1543,58	1386,91	1232,66	1084,91
Ost	II	**1864,41**	465,08	465,08	II	1707,75	1551,08	1394,41	1240,00	1091,83	950,16
	III	**1340,16**	465,08	465,08	III	1217,00	1097,00	980,16	866,66	756,33	649,16
	V	**2528,00**	465,08	465,08	IV	1935,16	1856,91	1778,58	1700,25	1621,91	1543,58
	VI	**2572,25**	465,08	465,08							
8006,99	I,IV	**2007,00**	465,08	465,08	I	1850,33	1693,66	1537,00	1380,33	1226,41	1078,83
West	II	**1857,91**	465,08	465,08	II	1701,25	1544,58	1387,91	1233,66	1085,83	944,41
	III	**1335,00**	465,08	465,08	III	1211,83	1092,00	975,33	862,00	751,83	644,83
	V	**2521,41**	465,08	465,08	IV	1928,66	1850,33	1772,00	1693,66	1615,33	1537,00
	VI	**2565,75**	465,08	465,08							
8006,99	I,IV	**2014,83**	465,08	465,08	I	1858,16	1701,50	1544,83	1388,16	1233,91	1086,00
Ost	II	**1865,66**	465,08	465,08	II	1709,00	1552,41	1395,75	1241,25	1093,00	951,25
	III	**1341,16**	465,08	465,08	III	1218,00	1098,00	981,16	867,66	757,16	650,00
	V	**2529,25**	465,08	465,08	IV	1936,50	1858,16	1779,83	1701,50	1623,16	1544,83
	VI	**2573,58**	465,08	465,08							
8009,99	I,IV	**2008,25**	465,08	465,08	I	1851,58	1694,91	1538,25	1381,58	1227,58	1080,00
West	II	**1859,16**	465,08	465,08	II	1702,50	1545,83	1389,16	1234,91	1087,00	945,50
	III	**1336,00**	465,08	465,08	III	1212,83	1093,00	976,33	862,83	752,66	645,66
	V	**2522,66**	465,08	465,08	IV	1929,91	1851,58	1773,25	1694,91	1616,58	1538,25
	VI	**2567,00**	465,08	465,08							
8009,99	I,IV	**2016,08**	465,08	465,08	I	1859,41	1702,75	1546,08	1389,41	1235,16	1087,16
Ost	II	**1866,91**	465,08	465,08	II	1710,33	1553,66	1397,00	1242,41	1094,16	952,41
	III	**1342,16**	465,08	465,08	III	1219,00	1098,83	982,16	868,50	758,16	651,00
	V	**2530,50**	465,08	465,08	IV	1937,75	1859,41	1781,08	1702,75	1624,41	1546,08
	VI	**2574,83**	465,08	465,08							

* Zur LSt-Berechnung für privat versicherte Arbeitnehmer s. Beispiele **Vorbemerkung S. 4f.**
** Basisvorsorgepauschale KV und PV *** Typisierter Arbeitgeberzuschuss

Lohn/ Gehalt in € bis	Steuerklasse	Lohn-steuer*	BVSP**	TAGZ***	Steuerklasse	Bemessungsgrundlage für Kirchensteuer und Solidaritätszuschlag – Freibeträge für ... Kinder 0,5	1,0	1,5	2,0	2,5	3,0
8012,99	I,IV	**2009,50**	465,08	465,08	I	1852,83	1696,16	1539,50	1382,83	1228,83	1081,16
West	II	**1860,41**	465,08	465,08	II	1703,75	1547,08	1390,41	1236,08	1088,16	946,58
	III	**1337,00**	465,08	465,08	III	1213,83	1094,00	977,33	863,83	753,50	646,50
	V	**2523,91**	465,08	465,08	IV	1931,16	1852,83	1774,50	1696,16	1617,83	1539,50
	VI	**2568,25**	465,08	465,08							
8012,99	I,IV	**2017,33**	465,08	465,08	I	1860,66	1704,00	1547,33	1390,66	1236,33	1088,33
Ost	II	**1868,25**	465,08	465,08	II	1711,58	1554,91	1398,25	1243,66	1095,33	953,50
	III	**1343,16**	465,08	465,08	III	1220,00	1099,83	983,00	869,33	759,00	651,83
	V	**2531,75**	465,08	465,08	IV	1939,00	1860,66	1782,33	1704,00	1625,66	1547,33
	VI	**2576,08**	465,08	465,08							
8015,99	I,IV	**2010,75**	465,08	465,08	I	1854,08	1697,41	1540,83	1384,16	1230,00	1082,33
West	II	**1861,66**	465,08	465,08	II	1705,00	1548,33	1391,66	1237,33	1089,33	947,75
	III	**1338,00**	465,08	465,08	III	1214,83	1094,83	978,16	864,66	754,33	647,33
	V	**2525,25**	465,08	465,08	IV	1932,41	1854,08	1775,75	1697,41	1619,08	1540,83
	VI	**2569,50**	465,08	465,08							
8015,99	I,IV	**2018,58**	465,08	465,08	I	1861,91	1705,25	1548,58	1391,91	1237,58	1089,50
Ost	II	**1869,50**	465,08	465,08	II	1712,83	1556,16	1399,50	1244,83	1096,50	954,58
	III	**1344,16**	465,08	465,08	III	1220,83	1100,83	984,00	870,33	759,83	652,66
	V	**2533,00**	465,08	465,08	IV	1940,25	1861,91	1783,58	1705,25	1626,91	1548,58
	VI	**2577,33**	465,08	465,08							
8018,99	I,IV	**2012,00**	465,08	465,08	I	1855,33	1698,75	1542,08	1385,41	1231,25	1083,50
West	II	**1862,91**	465,08	465,08	II	1706,25	1549,58	1392,91	1238,58	1090,50	948,83
	III	**1339,00**	465,08	465,08	III	1215,83	1095,83	979,16	865,66	755,33	648,16
	V	**2526,50**	465,08	465,08	IV	1933,66	1855,33	1777,08	1698,75	1620,41	1542,08
	VI	**2570,75**	465,08	465,08							
8018,99	I,IV	**2019,83**	465,08	465,08	I	1863,16	1706,50	1549,83	1393,16	1238,75	1090,66
Ost	II	**1870,75**	465,08	465,08	II	1714,08	1557,41	1400,75	1246,08	1097,66	955,75
	III	**1345,16**	465,08	465,08	III	1221,83	1101,83	984,83	871,16	760,66	653,50
	V	**2534,25**	465,08	465,08	IV	1941,50	1863,16	1784,83	1706,50	1628,16	1549,83
	VI	**2578,58**	465,08	465,08							
8021,99	I,IV	**2013,33**	465,08	465,08	I	1856,66	1700,00	1543,33	1386,66	1232,50	1084,66
West	II	**1864,16**	465,08	465,08	II	1707,50	1550,83	1394,25	1239,75	1091,66	949,91
	III	**1340,00**	465,08	465,08	III	1216,83	1096,83	980,00	866,50	756,16	649,00
	V	**2527,75**	465,08	465,08	IV	1935,00	1856,66	1778,33	1700,00	1621,66	1543,33
	VI	**2572,08**	465,08	465,08							
8021,99	I,IV	**2021,08**	465,08	465,08	I	1864,41	1707,75	1551,08	1394,41	1240,00	1091,83
Ost	II	**1872,00**	465,08	465,08	II	1715,33	1558,66	1402,00	1247,33	1098,83	956,83
	III	**1346,16**	465,08	465,08	III	1222,83	1102,66	985,83	872,16	761,66	654,33
	V	**2535,50**	465,08	465,08	IV	1942,75	1864,41	1786,08	1707,75	1629,41	1551,08
	VI	**2579,83**	465,08	465,08							
8024,99	I,IV	**2014,58**	465,08	465,08	I	1857,91	1701,25	1544,58	1387,91	1233,66	1085,83
West	II	**1865,41**	465,08	465,08	II	1708,83	1552,16	1395,50	1241,00	1092,83	951,08
	III	**1341,00**	465,08	465,08	III	1217,83	1097,83	981,00	867,33	757,00	649,83
	V	**2529,00**	465,08	465,08	IV	1936,25	1857,91	1779,58	1701,25	1622,91	1544,58
	VI	**2573,33**	465,08	465,08							
8024,99	I,IV	**2022,33**	465,08	465,08	I	1865,66	1709,00	1552,41	1395,75	1241,25	1093,00
Ost	II	**1873,25**	465,08	465,08	II	1716,58	1559,91	1403,25	1248,50	1100,00	958,00
	III	**1347,16**	465,08	465,08	III	1223,83	1103,66	986,66	873,00	762,50	655,16
	V	**2536,83**	465,08	465,08	IV	1944,00	1865,66	1787,33	1709,00	1630,66	1552,41
	VI	**2581,08**	465,08	465,08							
8027,99	I,IV	**2015,83**	465,08	465,08	I	1859,16	1702,50	1545,83	1389,16	1234,91	1087,00
West	II	**1866,75**	465,08	465,08	II	1710,08	1553,41	1396,75	1242,16	1094,00	952,16
	III	**1342,00**	465,08	465,08	III	1218,66	1098,66	981,83	868,33	757,83	650,66
	V	**2530,25**	465,08	465,08	IV	1937,50	1859,16	1780,83	1702,50	1624,16	1545,83
	VI	**2574,58**	465,08	465,08							
8027,99	I,IV	**2023,58**	465,08	465,08	I	1866,91	1710,33	1553,66	1397,00	1242,41	1094,16
Ost	II	**1874,50**	465,08	465,08	II	1717,83	1561,16	1404,50	1249,75	1101,16	959,08
	III	**1348,16**	465,08	465,08	III	1224,83	1104,66	987,66	873,83	763,33	656,00
	V	**2538,08**	465,08	465,08	IV	1945,25	1866,91	1788,66	1710,33	1632,00	1553,66
	VI	**2582,33**	465,08	465,08							

* Zur LSt-Berechnung für privat versicherte Arbeitnehmer s. Beispiele **Vorbemerkung S. 4 f.**
** Basisvorsorgepauschale KV und PV *** Typisierter Arbeitgeberzuschuss

Lohn/ Gehalt in € bis	Steuerklasse	Lohn- steuer*	BVSP**	TAGZ***	Steuerklasse	Bemessungsgrundlage für Kirchensteuer und Solidaritätszuschlag					
						Freibeträge für ... Kinder					
						0,5	**1,0**	1,5	**2,0**	2,5	**3,0**
8030,99	I,IV	**2017,08**	465,08	465,08	I	1860,41	1703,75	1547,08	1390,41	1236,08	1088,16
West	II	**1868,00**	465,08	465,08	II	1711,33	1554,66	1398,00	1243,41	1095,16	953,25
	III	**1343,00**	465,08	465,08	III	1219,66	1099,66	982,83	869,16	758,83	651,66
	V	**2531,50**	465,08	465,08	IV	1938,75	1860,41	1782,08	1703,75	1625,41	1547,08
	VI	**2575,83**	465,08	465,08							
8030,99	I,IV	**2024,91**	465,08	465,08	I	1868,25	1711,58	1554,91	1398,25	1243,66	1095,33
Ost	II	**1875,75**	465,08	465,08	II	1719,08	1562,41	1405,83	1251,00	1102,33	960,16
	III	**1349,16**	465,08	465,08	III	1225,83	1105,66	988,66	874,83	764,16	656,83
	V	**2539,33**	465,08	465,08	IV	1946,58	1868,25	1789,91	1711,58	1633,25	1554,91
	VI	**2583,66**	465,08	465,08							
8033,99	I,IV	**2018,33**	465,08	465,08	I	1861,66	1705,00	1548,33	1391,66	1237,33	1089,33
West	II	**1869,25**	465,08	465,08	II	1712,58	1555,91	1399,25	1244,66	1096,33	954,41
	III	**1344,00**	465,08	465,08	III	1220,66	1100,66	983,66	870,16	759,66	652,50
	V	**2532,75**	465,08	465,08	IV	1940,00	1861,66	1783,33	1705,00	1626,66	1548,33
	VI	**2577,08**	465,08	465,08							
8033,99	I,IV	**2026,16**	465,08	465,08	I	1869,50	1712,83	1556,16	1399,50	1244,83	1096,50
Ost	II	**1877,00**	465,08	465,08	II	1720,41	1563,75	1407,08	1252,16	1103,50	961,33
	III	**1350,16**	465,08	465,08	III	1226,83	1106,50	989,50	875,66	765,16	657,66
	V	**2540,58**	465,08	465,08	IV	1947,83	1869,50	1791,16	1712,83	1634,50	1556,16
	VI	**2584,91**	465,08	465,08							
8036,99	I,IV	**2019,58**	465,08	465,08	I	1862,91	1706,25	1549,58	1392,91	1238,58	1090,50
West	II	**1870,50**	465,08	465,08	II	1713,83	1557,16	1400,50	1245,83	1097,50	955,50
	III	**1345,00**	465,08	465,08	III	1221,66	1101,50	984,66	871,00	760,50	653,33
	V	**2534,00**	465,08	465,08	IV	1941,25	1862,91	1784,58	1706,25	1627,91	1549,58
	VI	**2578,33**	465,08	465,08							
8036,99	I,IV	**2027,41**	465,08	465,08	I	1870,75	1714,08	1557,41	1400,75	1246,08	1097,66
Ost	II	**1878,33**	465,08	465,08	II	1721,66	1565,00	1408,33	1253,41	1104,66	962,41
	III	**1351,33**	465,08	465,08	III	1227,83	1107,50	990,50	876,66	766,00	658,50
	V	**2541,83**	465,08	465,08	IV	1949,08	1870,75	1792,41	1714,08	1635,75	1557,41
	VI	**2586,16**	465,08	465,08							
8039,99	I,IV	**2020,83**	465,08	465,08	I	1864,16	1707,50	1550,83	1394,25	1239,75	1091,66
West	II	**1871,75**	465,08	465,08	II	1715,08	1558,41	1401,75	1247,08	1098,66	956,66
	III	**1346,00**	465,08	465,08	III	1222,66	1102,50	985,66	871,83	761,33	654,16
	V	**2535,33**	465,08	465,08	IV	1942,50	1864,16	1785,83	1707,50	1629,16	1550,83
	VI	**2579,58**	465,08	465,08							
8039,99	I,IV	**2028,66**	465,08	465,08	I	1872,00	1715,33	1558,66	1402,00	1247,33	1098,83
Ost	II	**1879,58**	465,08	465,08	II	1722,91	1566,25	1409,58	1254,66	1105,91	963,58
	III	**1352,33**	465,08	465,08	III	1228,66	1108,50	991,33	877,50	766,83	659,50
	V	**2543,08**	465,08	465,08	IV	1950,33	1872,00	1793,66	1715,33	1637,00	1558,66
	VI	**2587,41**	465,08	465,08							
8042,99	I,IV	**2022,08**	465,08	465,08	I	1865,41	1708,83	1552,16	1395,50	1241,00	1092,83
West	II	**1873,00**	465,08	465,08	II	1716,33	1559,66	1403,00	1248,25	1099,83	957,75
	III	**1347,00**	465,08	465,08	III	1223,66	1103,50	986,50	872,83	762,33	655,00
	V	**2536,58**	465,08	465,08	IV	1943,75	1865,41	1787,08	1708,83	1630,50	1552,16
	VI	**2580,83**	465,08	465,08							
8042,99	I,IV	**2029,91**	465,08	465,08	I	1873,25	1716,58	1559,91	1403,25	1248,50	1100,00
Ost	II	**1880,83**	465,08	465,08	II	1724,16	1567,50	1410,83	1255,83	1107,08	964,66
	III	**1353,33**	465,08	465,08	III	1229,66	1109,33	992,33	878,33	767,66	660,33
	V	**2544,33**	465,08	465,08	IV	1951,58	1873,25	1794,91	1716,58	1638,25	1559,91
	VI	**2588,66**	465,08	465,08							
8045,99	I,IV	**2023,33**	465,08	465,08	I	1866,75	1710,08	1553,41	1396,75	1242,16	1094,00
West	II	**1874,25**	465,08	465,08	II	1717,58	1560,91	1404,33	1249,50	1101,00	958,83
	III	**1348,00**	465,08	465,08	III	1224,66	1104,50	987,50	873,66	763,16	655,83
	V	**2537,83**	465,08	465,08	IV	1945,08	1866,75	1788,41	1710,08	1631,75	1553,41
	VI	**2582,08**	465,08	465,08							
8045,99	I,IV	**2031,16**	465,08	465,08	I	1874,50	1717,83	1561,16	1404,50	1249,75	1101,16
Ost	II	**1882,08**	465,08	465,08	II	1725,41	1568,75	1412,08	1257,08	1108,25	965,83
	III	**1354,33**	465,08	465,08	III	1230,66	1110,33	993,16	879,33	768,66	661,16
	V	**2545,58**	465,08	465,08	IV	1952,83	1874,50	1796,16	1717,83	1639,50	1561,16
	VI	**2589,91**	465,08	465,08							

* Zur LSt-Berechnung für privat versicherte Arbeitnehmer s. Beispiele **Vorbemerkung S. 4 f.**
** Basisvorsorgepauschale KV und PV *** Typisierter Arbeitgeberzuschuss

Lohn/ Gehalt in € bis	Steuerklasse	Lohn-steuer*	BVSP**	TAGZ***	Steuerklasse	Bemessungsgrundlage für Kirchensteuer und Solidaritätszuschlag – Freibeträge für ... Kinder 0,5	1,0	1,5	2,0	2,5	3,0
8048,99 West	I,IV	**2024,66**	465,08	465,08	I	1868,00	1711,33	1554,66	1398,00	1243,41	1095,16
	II	**1875,50**	465,08	465,08	II	1718,83	1562,25	1405,58	1250,75	1102,16	960,00
	III	**1349,00**	465,08	465,08	III	1225,66	1105,33	988,33	874,66	764,00	656,66
	V	**2539,08**	465,08	465,08	IV	1946,33	1868,00	1789,66	1711,33	1633,00	1554,66
	VI	**2583,41**	465,08	465,08							
8048,99 Ost	I,IV	**2032,41**	465,08	465,08	I	1875,75	1719,08	1562,41	1405,83	1251,00	1102,33
	II	**1883,33**	465,08	465,08	II	1726,66	1570,00	1413,33	1258,33	1109,41	966,91
	III	**1355,33**	465,08	465,08	III	1231,66	1111,33	994,16	880,16	769,50	662,00
	V	**2546,91**	465,08	465,08	IV	1954,08	1875,75	1797,41	1719,08	1640,75	1562,41
	VI	**2591,16**	465,08	465,08							
8051,99 West	I,IV	**2025,91**	465,08	465,08	I	1869,25	1712,58	1555,91	1399,25	1244,66	1096,33
	II	**1876,83**	465,08	465,08	II	1720,16	1563,50	1406,83	1251,91	1103,33	961,08
	III	**1350,00**	465,08	465,08	III	1226,50	1106,33	989,33	875,50	764,83	657,50
	V	**2540,33**	465,08	465,08	IV	1947,58	1869,25	1790,91	1712,58	1634,25	1555,91
	VI	**2584,66**	465,08	465,08							
8051,99 Ost	I,IV	**2033,66**	465,08	465,08	I	1877,00	1720,41	1563,75	1407,08	1252,16	1103,50
	II	**1884,58**	465,08	465,08	II	1727,91	1571,25	1414,58	1259,50	1110,58	968,00
	III	**1356,33**	465,08	465,08	III	1232,66	1112,33	995,16	881,16	770,33	662,83
	V	**2548,16**	465,08	465,08	IV	1955,33	1877,00	1798,66	1720,41	1642,08	1563,75
	VI	**2592,41**	465,08	465,08							
8054,99 West	I,IV	**2027,16**	465,08	465,08	I	1870,50	1713,83	1557,16	1400,50	1245,83	1097,50
	II	**1878,08**	465,08	465,08	II	1721,41	1564,75	1408,08	1253,16	1104,50	962,25
	III	**1351,00**	465,08	465,08	III	1227,50	1107,33	990,16	876,33	765,83	658,33
	V	**2541,58**	465,08	465,08	IV	1948,83	1870,50	1792,16	1713,83	1635,50	1557,16
	VI	**2585,91**	465,08	465,08							
8054,99 Ost	I,IV	**2034,91**	465,08	465,08	I	1878,33	1721,66	1565,00	1408,33	1253,41	1104,66
	II	**1885,83**	465,08	465,08	II	1729,16	1572,50	1415,91	1260,75	1111,75	969,16
	III	**1357,33**	465,08	465,08	III	1233,66	1113,16	996,00	882,00	771,16	663,66
	V	**2549,41**	465,08	465,08	IV	1956,66	1878,33	1800,00	1721,66	1643,33	1565,00
	VI	**2593,75**	465,08	465,08							
8057,99 West	I,IV	**2028,41**	465,08	465,08	I	1871,75	1715,08	1558,41	1401,75	1247,08	1098,66
	II	**1879,33**	465,08	465,08	II	1722,66	1566,00	1409,33	1254,41	1105,66	963,33
	III	**1352,00**	465,08	465,08	III	1228,50	1108,16	991,16	877,33	766,66	659,16
	V	**2542,83**	465,08	465,08	IV	1950,08	1871,75	1793,41	1715,08	1636,75	1558,41
	VI	**2587,16**	465,08	465,08							
8057,99 Ost	I,IV	**2036,25**	465,08	465,08	I	1879,58	1722,91	1566,25	1409,58	1254,66	1105,91
	II	**1887,08**	465,08	465,08	II	1730,41	1573,83	1417,16	1262,00	1112,91	970,25
	III	**1358,33**	465,08	465,08	III	1234,66	1114,16	997,00	883,00	772,16	664,50
	V	**2550,66**	465,08	465,08	IV	1957,91	1879,58	1801,25	1722,91	1644,58	1566,25
	VI	**2595,00**	465,08	465,08							
8060,99 West	I,IV	**2029,66**	465,08	465,08	I	1873,00	1716,33	1559,66	1403,00	1248,25	1099,83
	II	**1880,58**	465,08	465,08	II	1723,91	1567,25	1410,58	1255,58	1106,83	964,41
	III	**1353,00**	465,08	465,08	III	1229,50	1109,16	992,16	878,16	767,50	660,16
	V	**2544,08**	465,08	465,08	IV	1951,33	1873,00	1794,66	1716,33	1638,00	1559,66
	VI	**2588,41**	465,08	465,08							
8060,99 Ost	I,IV	**2037,50**	465,08	465,08	I	1880,83	1724,16	1567,50	1410,83	1255,83	1107,08
	II	**1888,41**	465,08	465,08	II	1731,75	1575,08	1418,41	1263,16	1114,08	971,41
	III	**1359,33**	465,08	465,08	III	1235,66	1115,16	997,83	883,83	773,00	665,33
	V	**2551,91**	465,08	465,08	IV	1959,16	1880,83	1802,50	1724,16	1645,83	1567,50
	VI	**2596,25**	465,08	465,08							
8063,99 West	I,IV	**2030,91**	465,08	465,08	I	1874,25	1717,58	1560,91	1404,33	1249,50	1101,00
	II	**1881,83**	465,08	465,08	II	1725,16	1568,50	1411,83	1256,83	1108,00	965,58
	III	**1354,00**	465,08	465,08	III	1230,50	1110,16	993,00	879,16	768,50	661,00
	V	**2545,33**	465,08	465,08	IV	1952,58	1874,25	1795,91	1717,58	1639,25	1560,91
	VI	**2589,66**	465,08	465,08							
8063,99 Ost	I,IV	**2038,75**	465,08	465,08	I	1882,08	1725,41	1568,75	1412,08	1257,08	1108,25
	II	**1889,66**	465,08	465,08	II	1733,00	1576,33	1419,66	1264,41	1115,25	972,50
	III	**1360,33**	465,08	465,08	III	1236,66	1116,16	998,83	884,66	773,83	666,16
	V	**2553,16**	465,08	465,08	IV	1960,41	1882,08	1803,75	1725,41	1647,08	1568,75
	VI	**2597,50**	465,08	465,08							

* Zur LSt-Berechnung für privat versicherte Arbeitnehmer s. Beispiele **Vorbemerkung S. 4 f.**
** Basisvorsorgepauschale KV und PV *** Typisierter Arbeitgeberzuschuss

Lohn/ Gehalt in € bis	Steuerklasse	Lohn- steuer*	BVSP**	TAGZ***	Steuerklasse	Bemessungsgrundlage für Kirchensteuer und Solidaritätszuschlag – Freibeträge für ... Kinder 0,5	1,0	1,5	2,0	2,5	3,0
8066,99	I,IV	**2032,16**	465,08	465,08	I	1875,50	1718,83	1562,25	1405,58	1250,75	1102,16
West	II	**1883,08**	465,08	465,08	II	1726,41	1569,75	1413,08	1258,08	1109,16	966,66
	III	**1355,00**	465,08	465,08	III	1231,50	1111,16	994,00	880,00	769,33	661,83
	V	**2546,66**	465,08	465,08	IV	1953,83	1875,50	1797,16	1718,83	1640,58	1562,25
	VI	**2590,91**	465,08	465,08							
8066,99	I,IV	**2040,00**	465,08	465,08	I	1883,33	1726,66	1570,00	1413,33	1258,33	1109,41
Ost	II	**1890,91**	465,08	465,08	II	1734,25	1577,58	1420,91	1265,66	1116,41	973,66
	III	**1361,33**	465,08	465,08	III	1237,50	1117,00	999,66	885,66	774,83	667,16
	V	**2554,41**	465,08	465,08	IV	1961,66	1883,33	1805,00	1726,66	1648,33	1570,00
	VI	**2598,75**	465,08	465,08							
8069,99	I,IV	**2033,41**	465,08	465,08	I	1876,83	1720,16	1563,50	1406,83	1251,91	1103,33
West	II	**1884,33**	465,08	465,08	II	1727,66	1571,00	1414,33	1259,25	1110,33	967,83
	III	**1356,00**	465,08	465,08	III	1232,50	1112,00	994,83	881,00	770,16	662,66
	V	**2547,91**	465,08	465,08	IV	1955,08	1876,83	1798,50	1720,16	1641,83	1563,50
	VI	**2592,16**	465,08	465,08							
8069,99	I,IV	**2041,25**	465,08	465,08	I	1884,58	1727,91	1571,25	1414,58	1259,50	1110,58
Ost	II	**1892,16**	465,08	465,08	II	1735,50	1578,83	1422,16	1266,91	1117,58	974,75
	III	**1362,33**	465,08	465,08	III	1238,50	1118,00	1000,66	886,50	775,66	668,00
	V	**2555,66**	465,08	465,08	IV	1962,91	1884,58	1806,25	1727,91	1649,58	1571,25
	VI	**2600,00**	465,08	465,08							
8072,99	I,IV	**2034,75**	465,08	465,08	I	1878,08	1721,41	1564,75	1408,08	1253,16	1104,50
West	II	**1885,58**	465,08	465,08	II	1728,91	1572,33	1415,66	1260,50	1111,50	968,91
	III	**1357,00**	465,08	465,08	III	1233,50	1113,00	995,83	881,83	771,00	663,50
	V	**2549,16**	465,08	465,08	IV	1956,41	1878,08	1799,75	1721,41	1643,08	1564,75
	VI	**2593,50**	465,08	465,08							
8072,99	I,IV	**2042,50**	465,08	465,08	I	1885,83	1729,16	1572,50	1415,91	1260,75	1111,75
Ost	II	**1893,41**	465,08	465,08	II	1736,75	1580,08	1423,41	1268,08	1118,75	975,91
	III	**1363,33**	465,08	465,08	III	1239,50	1119,00	1001,66	887,50	776,50	668,83
	V	**2557,00**	465,08	465,08	IV	1964,16	1885,83	1807,50	1729,16	1650,83	1572,50
	VI	**2601,25**	465,08	465,08							
8075,99	I,IV	**2036,00**	465,08	465,08	I	1879,33	1722,66	1566,00	1409,33	1254,41	1105,66
West	II	**1886,83**	465,08	465,08	II	1730,25	1573,58	1416,91	1261,75	1112,66	970,08
	III	**1358,00**	465,08	465,08	III	1234,33	1114,00	996,66	882,66	772,00	664,33
	V	**2550,41**	465,08	465,08	IV	1957,66	1879,33	1801,00	1722,66	1644,33	1566,00
	VI	**2594,75**	465,08	465,08							
8075,99	I,IV	**2043,75**	465,08	465,08	I	1887,08	1730,41	1573,83	1417,16	1262,00	1112,91
Ost	II	**1894,66**	465,08	465,08	II	1738,00	1581,33	1424,66	1269,33	1119,91	977,00
	III	**1364,33**	465,08	465,08	III	1240,50	1120,00	1002,50	888,33	777,33	669,66
	V	**2558,25**	465,08	465,08	IV	1965,41	1887,08	1808,75	1730,41	1652,16	1573,83
	VI	**2602,50**	465,08	465,08							
8078,99	I,IV	**2037,25**	465,08	465,08	I	1880,58	1723,91	1567,25	1410,58	1255,58	1106,83
West	II	**1888,16**	465,08	465,08	II	1731,50	1574,83	1418,16	1263,00	1113,83	971,16
	III	**1359,00**	465,08	465,08	III	1235,33	1115,00	997,66	883,66	772,83	665,16
	V	**2551,66**	465,08	465,08	IV	1958,91	1880,58	1802,25	1723,91	1645,58	1567,25
	VI	**2596,00**	465,08	465,08							
8078,99	I,IV	**2045,00**	465,08	465,08	I	1888,41	1731,75	1575,08	1418,41	1263,16	1114,08
Ost	II	**1895,91**	465,08	465,08	II	1739,25	1582,58	1425,91	1270,58	1121,16	978,16
	III	**1365,33**	465,08	465,08	III	1241,50	1120,83	1003,50	889,33	778,33	670,50
	V	**2559,50**	465,08	465,08	IV	1966,66	1888,41	1810,08	1731,75	1653,41	1575,08
	VI	**2603,75**	465,08	465,08							
8081,99	I,IV	**2038,50**	465,08	465,08	I	1881,83	1725,16	1568,50	1411,83	1256,83	1108,00
West	II	**1889,41**	465,08	465,08	II	1732,75	1576,08	1419,41	1264,16	1115,00	972,33
	III	**1360,16**	465,08	465,08	III	1236,33	1115,83	998,66	884,50	773,66	666,00
	V	**2552,91**	465,08	465,08	IV	1960,16	1881,83	1803,50	1725,16	1646,83	1568,50
	VI	**2597,25**	465,08	465,08							
8081,99	I,IV	**2046,33**	465,08	465,08	I	1889,66	1733,00	1576,33	1419,66	1264,41	1115,25
Ost	II	**1897,16**	465,08	465,08	II	1740,50	1583,91	1427,25	1271,75	1122,33	979,25
	III	**1366,33**	465,08	465,08	III	1242,50	1121,83	1004,33	890,16	779,16	671,33
	V	**2560,75**	465,08	465,08	IV	1968,00	1889,66	1811,33	1733,00	1654,66	1576,33
	VI	**2605,08**	465,08	465,08							

* Zur LSt-Berechnung für privat versicherte Arbeitnehmer s. Beispiele **Vorbemerkung S. 4f.**
** Basisvorsorgepauschale KV und PV *** Typisierter Arbeitgeberzuschuss

Lohn/ Gehalt in € bis	Steuerklasse	Lohn-steuer*	BVSP**	TAGZ***	Steuerklasse	Bemessungsgrundlage für Kirchensteuer und Solidaritätszuschlag – Freibeträge für ... Kinder 0,5	**1,0**	1,5	**2,0**	2,5	**3,0**
8084,99 West	I,IV	**2039,75**	465,08	465,08	I	1883,08	1726,41	1569,75	1413,08	1258,08	1109,16
	II	**1890,66**	465,08	465,08	II	1734,00	1577,33	1420,66	1265,41	1116,16	973,41
	III	**1361,16**	465,08	465,08	III	1237,33	1116,83	999,50	885,50	774,50	666,83
	V	**2554,16**	465,08	465,08	IV	1961,41	1883,08	1804,75	1726,41	1648,08	1569,75
	VI	**2598,50**	465,08	465,08							
8084,99 Ost	I,IV	**2047,58**	465,08	465,08	I	1890,91	1734,25	1577,58	1420,91	1265,66	1116,41
	II	**1898,41**	465,08	465,08	II	1741,83	1585,16	1428,50	1273,00	1123,50	980,41
	III	**1367,33**	465,08	465,08	III	1243,50	1122,83	1005,33	891,00	780,00	672,16
	V	**2562,00**	465,08	465,08	IV	1969,25	1890,91	1812,58	1734,25	1655,91	1577,58
	VI	**2606,33**	465,08	465,08							
8087,99 West	I,IV	**2041,00**	465,08	465,08	I	1884,33	1727,66	1571,00	1414,33	1259,25	1110,33
	II	**1891,91**	465,08	465,08	II	1735,25	1578,58	1421,91	1266,66	1117,41	974,58
	III	**1362,16**	465,08	465,08	III	1238,33	1117,83	1000,50	886,33	775,50	667,83
	V	**2555,41**	465,08	465,08	IV	1962,66	1884,33	1806,00	1727,66	1649,33	1571,00
	VI	**2599,75**	465,08	465,08							
8087,99 Ost	I,IV	**2048,83**	465,08	465,08	I	1892,16	1735,50	1578,83	1422,16	1266,91	1117,58
	II	**1899,75**	465,08	465,08	II	1743,08	1586,41	1429,75	1274,25	1124,66	981,50
	III	**1368,33**	465,08	465,08	III	1244,50	1123,83	1006,33	892,00	781,00	673,00
	V	**2563,25**	465,08	465,08	IV	1970,50	1892,16	1813,83	1735,50	1657,16	1578,83
	VI	**2607,58**	465,08	465,08							
8090,99 West	I,IV	**2042,25**	465,08	465,08	I	1885,58	1728,91	1572,33	1415,66	1260,50	1111,50
	II	**1893,16**	465,08	465,08	II	1736,50	1579,83	1423,16	1267,83	1118,58	975,66
	III	**1363,16**	465,08	465,08	III	1239,33	1118,83	1001,33	887,33	776,33	668,66
	V	**2556,75**	465,08	465,08	IV	1963,91	1885,58	1807,25	1728,91	1650,58	1572,33
	VI	**2601,00**	465,08	465,08							
8090,99 Ost	I,IV	**2050,08**	465,08	465,08	I	1893,41	1736,75	1580,08	1423,41	1268,08	1118,75
	II	**1901,00**	465,08	465,08	II	1744,33	1587,66	1431,00	1275,50	1125,83	982,66
	III	**1369,33**	465,08	465,08	III	1245,50	1124,66	1007,16	892,83	781,83	674,00
	V	**2564,50**	465,08	465,08	IV	1971,75	1893,41	1815,08	1736,75	1658,41	1580,08
	VI	**2608,83**	465,08	465,08							
8093,99 West	I,IV	**2043,50**	465,08	465,08	I	1886,83	1730,25	1573,58	1416,91	1261,75	1112,66
	II	**1894,41**	465,08	465,08	II	1737,75	1581,08	1424,41	1269,08	1119,75	976,75
	III	**1364,16**	465,08	465,08	III	1240,33	1119,66	1002,33	888,16	777,16	669,50
	V	**2558,00**	465,08	465,08	IV	1965,16	1886,83	1808,58	1730,25	1651,91	1573,58
	VI	**2602,25**	465,08	465,08							
8093,99 Ost	I,IV	**2051,33**	465,08	465,08	I	1894,66	1738,00	1581,33	1424,66	1269,33	1119,91
	II	**1902,25**	465,08	465,08	II	1745,58	1588,91	1432,25	1276,66	1127,00	983,75
	III	**1370,33**	465,08	465,08	III	1246,50	1125,66	1008,16	893,83	782,66	674,83
	V	**2565,75**	465,08	465,08	IV	1973,00	1894,66	1816,33	1738,00	1659,66	1581,33
	VI	**2610,08**	465,08	465,08							
8096,99 West	I,IV	**2044,83**	465,08	465,08	I	1888,16	1731,50	1574,83	1418,16	1263,00	1113,83
	II	**1895,66**	465,08	465,08	II	1739,00	1582,33	1425,75	1270,33	1120,91	977,91
	III	**1365,16**	465,08	465,08	III	1241,33	1120,66	1003,33	889,00	778,00	670,33
	V	**2559,25**	465,08	465,08	IV	1966,50	1888,16	1809,83	1731,50	1653,16	1574,83
	VI	**2603,58**	465,08	465,08							
8096,99 Ost	I,IV	**2052,58**	465,08	465,08	I	1895,91	1739,25	1582,58	1425,91	1270,58	1121,16
	II	**1903,50**	465,08	465,08	II	1746,83	1590,16	1433,50	1277,91	1128,16	984,91
	III	**1371,33**	465,08	465,08	III	1247,33	1126,66	1009,00	894,66	783,50	675,66
	V	**2567,00**	465,08	465,08	IV	1974,25	1895,91	1817,58	1739,25	1660,91	1582,58
	VI	**2611,33**	465,08	465,08							
8099,99 West	I,IV	**2046,08**	465,08	465,08	I	1889,41	1732,75	1576,08	1419,41	1264,16	1115,00
	II	**1896,91**	465,08	465,08	II	1740,33	1583,66	1427,00	1271,58	1122,08	979,00
	III	**1366,16**	465,08	465,08	III	1242,33	1121,66	1004,16	890,00	779,00	671,16
	V	**2560,50**	465,08	465,08	IV	1967,75	1889,41	1811,08	1732,75	1654,41	1576,08
	VI	**2604,83**	465,08	465,08							
8099,99 Ost	I,IV	**2053,83**	465,08	465,08	I	1897,16	1740,50	1583,91	1427,25	1271,75	1122,33
	II	**1904,75**	465,08	465,08	II	1748,08	1591,41	1434,75	1279,16	1129,33	986,00
	III	**1372,50**	465,08	465,08	III	1248,33	1127,66	1010,00	895,66	784,50	676,50
	V	**2568,33**	465,08	465,08	IV	1975,50	1897,16	1818,83	1740,50	1662,16	1583,91
	VI	**2612,58**	465,08	465,08							

* Zur LSt-Berechnung für privat versicherte Arbeitnehmer s. Beispiele **Vorbemerkung S. 4f.**
** Basisvorsorgepauschale KV und PV *** Typisierter Arbeitgeberzuschuss

Lohn/ Gehalt in € bis	Steuerklasse	Lohn-steuer*	BVSP**	TAGZ***	Steuerklasse	Bemessungsgrundlage für Kirchensteuer und Solidaritätszuschlag – Freibeträge für ... Kinder 0,5	**1,0**	1,5	**2,0**	2,5	**3,0**
8102,99 West	I,IV	**2047,33**	465,08	465,08	I	1890,66	1734,00	1577,33	1420,66	1265,41	1116,16
	II	**1898,25**	465,08	465,08	II	1741,58	1584,91	1428,25	1272,75	1123,25	980,16
	III	**1367,16**	465,08	465,08	III	1243,33	1122,50	1005,16	890,83	779,83	672,00
	V	**2561,75**	465,08	465,08	IV	1969,00	1890,66	1812,33	1734,00	1655,66	1577,33
	VI	**2606,08**	465,08	465,08							
8102,99 Ost	I,IV	**2055,08**	465,08	465,08	I	1898,41	1741,83	1585,16	1428,50	1273,00	1123,50
	II	**1906,00**	465,08	465,08	II	1749,33	1592,66	1436,00	1280,41	1130,58	987,16
	III	**1373,50**	465,08	465,08	III	1249,33	1128,50	1011,00	896,50	785,33	677,33
	V	**2569,58**	465,08	465,08	IV	1976,75	1898,41	1820,16	1741,83	1663,50	1585,16
	VI	**2613,83**	465,08	465,08							
8105,99 West	I,IV	**2048,58**	465,08	465,08	I	1891,91	1735,25	1578,58	1421,91	1266,66	1117,41
	II	**1899,50**	465,08	465,08	II	1742,83	1586,16	1429,50	1274,00	1124,41	981,25
	III	**1368,16**	465,08	465,08	III	1244,16	1123,50	1006,00	891,83	780,66	672,83
	V	**2563,00**	465,08	465,08	IV	1970,25	1891,91	1813,58	1735,25	1656,91	1578,58
	VI	**2607,33**	465,08	465,08							
8105,99 Ost	I,IV	**2056,41**	465,08	465,08	I	1899,75	1743,08	1586,41	1429,75	1274,25	1124,66
	II	**1907,25**	465,08	465,08	II	1750,58	1593,91	1437,33	1281,58	1131,75	988,25
	III	**1374,50**	465,08	465,08	III	1250,33	1129,50	1011,83	897,50	786,16	678,16
	V	**2570,83**	465,08	465,08	IV	1978,08	1899,75	1821,41	1743,08	1664,75	1586,41
	VI	**2615,16**	465,08	465,08							
8108,99 West	I,IV	**2049,83**	465,08	465,08	I	1893,16	1736,50	1579,83	1423,16	1267,83	1118,58
	II	**1900,75**	465,08	465,08	II	1744,08	1587,41	1430,75	1275,25	1125,58	982,41
	III	**1369,16**	465,08	465,08	III	1245,16	1124,50	1007,00	892,66	781,66	673,66
	V	**2564,25**	465,08	465,08	IV	1971,50	1893,16	1814,83	1736,50	1658,16	1579,83
	VI	**2608,58**	465,08	465,08							
8108,99 Ost	I,IV	**2057,66**	465,08	465,08	I	1901,00	1744,33	1587,66	1431,00	1275,50	1125,83
	II	**1908,50**	465,08	465,08	II	1751,91	1595,25	1438,58	1282,83	1132,91	989,41
	III	**1375,50**	465,08	465,08	III	1251,33	1130,50	1012,83	898,33	787,16	679,00
	V	**2572,08**	465,08	465,08	IV	1979,33	1901,00	1822,66	1744,33	1666,00	1587,66
	VI	**2616,41**	465,08	465,08							
8111,99 West	I,IV	**2051,08**	465,08	465,08	I	1894,41	1737,75	1581,08	1424,41	1269,08	1119,75
	II	**1902,00**	465,08	465,08	II	1745,33	1588,66	1432,00	1276,50	1126,75	983,50
	III	**1370,16**	465,08	465,08	III	1246,16	1125,50	1007,83	893,66	782,50	674,66
	V	**2565,50**	465,08	465,08	IV	1972,75	1894,41	1816,08	1737,75	1659,41	1581,08
	VI	**2609,83**	465,08	465,08							
8111,99 Ost	I,IV	**2058,91**	465,08	465,08	I	1902,25	1745,58	1588,91	1432,25	1276,66	1127,00
	II	**1909,83**	465,08	465,08	II	1753,16	1596,50	1439,83	1284,08	1134,08	990,50
	III	**1376,50**	465,08	465,08	III	1252,33	1131,50	1013,66	899,16	788,00	679,83
	V	**2573,33**	465,08	465,08	IV	1980,58	1902,25	1823,91	1745,58	1667,25	1588,91
	VI	**2617,66**	465,08	465,08							
8114,99 West	I,IV	**2052,33**	465,08	465,08	I	1895,66	1739,00	1582,33	1425,75	1270,33	1120,91
	II	**1903,25**	465,08	465,08	II	1746,58	1589,91	1433,25	1277,66	1128,00	984,66
	III	**1371,16**	465,08	465,08	III	1247,16	1126,33	1008,83	894,50	783,33	675,50
	V	**2566,83**	465,08	465,08	IV	1974,00	1895,66	1817,33	1739,00	1660,66	1582,33
	VI	**2611,08**	465,08	465,08							
8114,99 Ost	I,IV	**2060,16**	465,08	465,08	I	1903,50	1746,83	1590,16	1433,50	1277,91	1128,16
	II	**1911,08**	465,08	465,08	II	1754,41	1597,75	1441,08	1285,33	1135,25	991,66
	III	**1377,50**	465,08	465,08	III	1253,33	1132,33	1014,66	900,16	788,83	680,83
	V	**2574,58**	465,08	465,08	IV	1981,83	1903,50	1825,16	1746,83	1668,50	1590,16
	VI	**2618,91**	465,08	465,08							
8117,99 West	I,IV	**2053,58**	465,08	465,08	I	1896,91	1740,33	1583,66	1427,00	1271,58	1122,08
	II	**1904,50**	465,08	465,08	II	1747,83	1591,16	1434,50	1278,91	1129,16	985,83
	III	**1372,16**	465,08	465,08	III	1248,16	1127,33	1009,83	895,33	784,16	676,33
	V	**2568,08**	465,08	465,08	IV	1975,25	1896,91	1818,58	1740,33	1662,00	1583,66
	VI	**2612,33**	465,08	465,08							
8117,99 Ost	I,IV	**2061,41**	465,08	465,08	I	1904,75	1748,08	1591,41	1434,75	1279,16	1129,33
	II	**1912,33**	465,08	465,08	II	1755,66	1599,00	1442,33	1286,58	1136,41	992,75
	III	**1378,50**	465,08	465,08	III	1254,33	1133,33	1015,66	901,00	789,66	681,66
	V	**2575,83**	465,08	465,08	IV	1983,08	1904,75	1826,41	1748,08	1669,75	1591,41
	VI	**2620,16**	465,08	465,08							

* Zur LSt-Berechnung für privat versicherte Arbeitnehmer s. Beispiele **Vorbemerkung S. 4 f.**
** Basisvorsorgepauschale KV und PV *** Typisierter Arbeitgeberzuschuss

Lohn/ Gehalt in € bis	Steuerklasse	Lohnsteuer*	BVSP**	TAGZ***	Steuerklasse	Bemessungsgrundlage für Kirchensteuer und Solidaritätszuschlag – Freibeträge für ... Kinder 0,5	1,0	1,5	2,0	2,5	3,0
8120,99 West	I,IV	**2054,83**	465,08	465,08	I	1898,25	1741,58	1584,91	1428,25	1272,75	1123,25
	II	**1905,75**	465,08	465,08	II	1749,08	1592,41	1435,83	1280,16	1130,33	986,91
	III	**1373,16**	465,08	465,08	III	1249,16	1128,33	1010,66	896,33	785,16	677,16
	V	**2569,33**	465,08	465,08	IV	1976,58	1898,25	1819,91	1741,58	1663,25	1584,91
	VI	**2613,58**	465,08	465,08							
8120,99 Ost	I,IV	**2062,66**	465,08	465,08	I	1906,00	1749,33	1592,66	1436,00	1280,41	1130,58
	II	**1913,58**	465,08	465,08	II	1756,91	1600,25	1443,58	1287,75	1137,66	993,91
	III	**1379,50**	465,08	465,08	III	1255,33	1134,33	1016,50	902,00	790,66	682,50
	V	**2577,08**	465,08	465,08	IV	1984,33	1906,00	1827,66	1749,33	1671,00	1592,66
	VI	**2621,41**	465,08	465,08							
8123,99 West	I,IV	**2056,16**	465,08	465,08	I	1899,50	1742,83	1586,16	1429,50	1274,00	1124,41
	II	**1907,00**	465,08	465,08	II	1750,33	1593,75	1437,08	1281,41	1131,50	988,08
	III	**1374,16**	465,08	465,08	III	1250,16	1129,33	1011,66	897,16	786,00	678,00
	V	**2570,58**	465,08	465,08	IV	1977,83	1899,50	1821,16	1742,83	1664,50	1586,16
	VI	**2614,91**	465,08	465,08							
8123,99 Ost	I,IV	**2063,91**	465,08	465,08	I	1907,25	1750,58	1593,91	1437,33	1281,58	1131,75
	II	**1914,83**	465,08	465,08	II	1758,16	1601,50	1444,83	1289,00	1138,83	995,08
	III	**1380,50**	465,08	465,08	III	1256,33	1135,33	1017,50	902,83	791,50	683,33
	V	**2578,41**	465,08	465,08	IV	1985,58	1907,25	1828,91	1750,58	1672,25	1593,91
	VI	**2622,66**	465,08	465,08							
8126,99 West	I,IV	**2057,41**	465,08	465,08	I	1900,75	1744,08	1587,41	1430,75	1275,25	1125,58
	II	**1908,33**	465,08	465,08	II	1751,66	1595,00	1438,33	1282,58	1132,66	989,16
	III	**1375,16**	465,08	465,08	III	1251,16	1130,16	1012,50	898,16	786,83	678,83
	V	**2571,83**	465,08	465,08	IV	1979,08	1900,75	1822,41	1744,08	1665,75	1587,41
	VI	**2616,16**	465,08	465,08							
8126,99 Ost	I,IV	**2065,16**	465,08	465,08	I	1908,50	1751,91	1595,25	1438,58	1282,83	1132,91
	II	**1916,08**	465,08	465,08	II	1759,41	1602,75	1446,08	1290,25	1140,00	996,16
	III	**1381,50**	465,08	465,08	III	1257,33	1136,16	1018,33	903,83	792,33	684,16
	V	**2579,66**	465,08	465,08	IV	1986,83	1908,50	1830,16	1751,91	1673,58	1595,25
	VI	**2623,91**	465,08	465,08							
8129,99 West	I,IV	**2058,66**	465,08	465,08	I	1902,00	1745,33	1588,66	1432,00	1276,50	1126,75
	II	**1909,58**	465,08	465,08	II	1752,91	1596,25	1439,58	1283,83	1133,83	990,33
	III	**1376,16**	465,08	465,08	III	1252,16	1131,16	1013,50	899,00	787,83	679,66
	V	**2573,08**	465,08	465,08	IV	1980,33	1902,00	1823,66	1745,33	1667,00	1588,66
	VI	**2617,41**	465,08	465,08							
8129,99 Ost	I,IV	**2066,41**	465,08	465,08	I	1909,83	1753,16	1596,50	1439,83	1284,08	1134,08
	II	**1917,33**	465,08	465,08	II	1760,66	1604,00	1447,41	1291,50	1141,16	997,33
	III	**1382,50**	465,08	465,08	III	1258,33	1137,16	1019,33	904,66	793,33	685,00
	V	**2580,91**	465,08	465,08	IV	1988,16	1909,83	1831,50	1753,16	1674,83	1596,50
	VI	**2625,25**	465,08	465,08							
8132,99 West	I,IV	**2059,91**	465,08	465,08	I	1903,25	1746,58	1589,91	1433,25	1277,66	1128,00
	II	**1910,83**	465,08	465,08	II	1754,16	1597,50	1440,83	1285,08	1135,08	991,41
	III	**1377,33**	465,08	465,08	III	1253,16	1132,16	1014,50	900,00	788,66	680,50
	V	**2574,33**	465,08	465,08	IV	1981,58	1903,25	1824,91	1746,58	1668,25	1589,91
	VI	**2618,66**	465,08	465,08							
8132,99 Ost	I,IV	**2067,75**	465,08	465,08	I	1911,08	1754,41	1597,75	1441,08	1285,33	1135,25
	II	**1918,58**	465,08	465,08	II	1761,91	1605,33	1448,66	1292,75	1142,33	998,41
	III	**1383,50**	465,08	465,08	III	1259,16	1138,16	1020,33	905,66	794,16	685,83
	V	**2582,16**	465,08	465,08	IV	1989,41	1911,08	1832,75	1754,41	1676,08	1597,75
	VI	**2626,50**	465,08	465,08							
8135,99 West	I,IV	**2061,16**	465,08	465,08	I	1904,50	1747,83	1591,16	1434,50	1278,91	1129,16
	II	**1912,08**	465,08	465,08	II	1755,41	1598,75	1442,08	1286,33	1136,25	992,58
	III	**1378,33**	465,08	465,08	III	1254,16	1133,16	1015,33	900,83	789,50	681,50
	V	**2575,58**	465,08	465,08	IV	1982,83	1904,50	1826,16	1747,83	1669,50	1591,16
	VI	**2619,91**	465,08	465,08							
8135,99 Ost	I,IV	**2069,00**	465,08	465,08	I	1912,33	1755,66	1599,00	1442,33	1286,58	1136,41
	II	**1919,91**	465,08	465,08	II	1763,25	1606,58	1449,91	1294,00	1143,58	999,58
	III	**1384,50**	465,08	465,08	III	1260,16	1139,16	1021,16	906,50	795,00	686,83
	V	**2583,41**	465,08	465,08	IV	1990,66	1912,33	1834,00	1755,66	1677,33	1599,00
	VI	**2627,75**	465,08	465,08							

* Zur LSt-Berechnung für privat versicherte Arbeitnehmer s. Beispiele **Vorbemerkung S. 4 f.**
** Basisvorsorgepauschale KV und PV *** Typisierter Arbeitgeberzuschuss

Lohn/ Gehalt in € bis	Steuerklasse	Lohn- steuer*	BVSP**	TAGZ***	Steuerklasse	Bemessungsgrundlage für Kirchensteuer und Solidaritätszuschlag					
						Freibeträge für ... Kinder					
						0,5	**1,0**	1,5	**2,0**	2,5	**3,0**
8138,99 West	I,IV	**2062,41**	465,08	465,08	I	1905,75	1749,08	1592,41	1435,83	1280,16	1130,33
	II	**1913,33**	465,08	465,08	II	1756,66	1600,00	1443,33	1287,58	1137,41	993,66
	III	**1379,33**	465,08	465,08	III	1255,00	1134,16	1016,33	901,83	790,50	682,33
	V	**2576,83**	465,08	465,08	IV	1984,08	1905,75	1827,41	1749,08	1670,75	1592,41
	VI	**2621,16**	465,08	465,08							
8138,99 Ost	I,IV	**2070,25**	465,08	465,08	I	1913,58	1756,91	1600,25	1443,58	1287,75	1137,66
	II	**1921,16**	465,08	465,08	II	1764,50	1607,83	1451,16	1295,16	1144,75	1000,66
	III	**1385,50**	465,08	465,08	III	1261,16	1140,00	1022,16	907,33	795,83	687,66
	V	**2584,66**	465,08	465,08	IV	1991,91	1913,58	1835,25	1756,91	1678,58	1600,25
	VI	**2629,00**	465,08	465,08							
8141,99 West	I,IV	**2063,66**	465,08	465,08	I	1907,00	1750,33	1593,75	1437,08	1281,41	1131,50
	II	**1914,58**	465,08	465,08	II	1757,91	1601,25	1444,58	1288,75	1138,58	994,83
	III	**1380,33**	465,08	465,08	III	1256,00	1135,00	1017,33	902,66	791,33	683,16
	V	**2578,16**	465,08	465,08	IV	1985,33	1907,00	1828,66	1750,33	1672,08	1593,75
	VI	**2622,41**	465,08	465,08							
8141,99 Ost	I,IV	**2071,50**	465,08	465,08	I	1914,83	1758,16	1601,50	1444,83	1289,00	1138,83
	II	**1922,41**	465,08	465,08	II	1765,75	1609,08	1452,41	1296,41	1145,91	1001,83
	III	**1386,66**	465,08	465,08	III	1262,16	1141,00	1023,00	908,33	796,83	688,50
	V	**2585,91**	465,08	465,08	IV	1993,16	1914,83	1836,50	1758,16	1679,83	1601,50
	VI	**2630,25**	465,08	465,08							
8144,99 West	I,IV	**2064,91**	465,08	465,08	I	1908,33	1751,66	1595,00	1438,33	1282,58	1132,66
	II	**1915,83**	465,08	465,08	II	1759,16	1602,50	1445,83	1290,00	1139,75	995,91
	III	**1381,33**	465,08	465,08	III	1257,00	1136,00	1018,16	903,50	792,16	684,00
	V	**2579,41**	465,08	465,08	IV	1986,58	1908,33	1830,00	1751,66	1673,33	1595,00
	VI	**2623,66**	465,08	465,08							
8144,99 Ost	I,IV	**2072,75**	465,08	465,08	I	1916,08	1759,41	1602,75	1446,08	1290,25	1140,00
	II	**1923,66**	465,08	465,08	II	1767,00	1610,33	1453,66	1297,66	1147,08	1003,00
	III	**1387,66**	465,08	465,08	III	1263,16	1142,00	1024,00	909,16	797,66	689,33
	V	**2587,16**	465,08	465,08	IV	1994,41	1916,08	1837,75	1759,41	1681,08	1602,75
	VI	**2631,50**	465,08	465,08							
8147,99 West	I,IV	**2066,25**	465,08	465,08	I	1909,58	1752,91	1596,25	1439,58	1283,83	1133,83
	II	**1917,08**	465,08	465,08	II	1760,41	1603,83	1447,16	1291,25	1140,91	997,08
	III	**1382,33**	465,08	465,08	III	1258,00	1137,00	1019,16	904,50	793,00	684,83
	V	**2580,66**	465,08	465,08	IV	1987,91	1909,58	1831,25	1752,91	1674,58	1596,25
	VI	**2625,00**	465,08	465,08							
8147,99 Ost	I,IV	**2074,00**	465,08	465,08	I	1917,33	1760,66	1604,00	1447,41	1291,50	1141,16
	II	**1924,91**	465,08	465,08	II	1768,25	1611,58	1454,91	1298,91	1148,25	1004,08
	III	**1388,66**	465,08	465,08	III	1264,16	1143,00	1025,00	910,16	798,50	690,16
	V	**2588,50**	465,08	465,08	IV	1995,66	1917,33	1839,00	1760,66	1682,33	1604,00
	VI	**2632,75**	465,08	465,08							
8150,99 West	I,IV	**2067,50**	465,08	465,08	I	1910,83	1754,16	1597,50	1440,83	1285,08	1135,08
	II	**1918,33**	465,08	465,08	II	1761,75	1605,08	1448,41	1292,50	1142,16	998,25
	III	**1383,33**	465,08	465,08	III	1259,00	1138,00	1020,00	905,33	794,00	685,66
	V	**2581,91**	465,08	465,08	IV	1989,16	1910,83	1832,50	1754,16	1675,83	1597,50
	VI	**2626,25**	465,08	465,08							
8150,99 Ost	I,IV	**2075,25**	465,08	465,08	I	1918,58	1761,91	1605,33	1448,66	1292,75	1142,33
	II	**1926,16**	465,08	465,08	II	1769,50	1612,83	1456,16	1300,16	1149,50	1005,25
	III	**1389,66**	465,08	465,08	III	1265,16	1143,83	1025,83	911,00	799,50	691,00
	V	**2589,75**	465,08	465,08	IV	1996,91	1918,58	1840,25	1761,91	1683,66	1605,33
	VI	**2634,00**	465,08	465,08							
8153,99 West	I,IV	**2068,75**	465,08	465,08	I	1912,08	1755,41	1598,75	1442,08	1286,33	1136,25
	II	**1919,66**	465,08	465,08	II	1763,00	1606,33	1449,66	1293,75	1143,33	999,33
	III	**1384,33**	465,08	465,08	III	1260,00	1138,83	1021,00	906,33	794,83	686,50
	V	**2583,16**	465,08	465,08	IV	1990,41	1912,08	1833,75	1755,41	1677,08	1598,75
	VI	**2627,50**	465,08	465,08							
8153,99 Ost	I,IV	**2076,50**	465,08	465,08	I	1919,91	1763,25	1606,58	1449,91	1294,00	1143,58
	II	**1927,41**	465,08	465,08	II	1770,75	1614,08	1457,41	1301,41	1150,66	1006,33
	III	**1390,66**	465,08	465,08	III	1266,16	1144,83	1026,83	912,00	800,33	692,00
	V	**2591,00**	465,08	465,08	IV	1998,16	1919,91	1841,58	1763,25	1684,91	1606,58
	VI	**2635,25**	465,08	465,08							

* Zur LSt-Berechnung für privat versicherte Arbeitnehmer s. Beispiele **Vorbemerkung S. 4f.**
** Basisvorsorgepauschale KV und PV *** Typisierter Arbeitgeberzuschuss

Lohn/ Gehalt in € bis	Steuerklasse	Lohn-steuer*	BVSP**	TAGZ***	Steuerklasse	Bemessungsgrundlage für Kirchensteuer und Solidaritätszuschlag – Freibeträge für ... Kinder 0,5	**1,0**	1,5	**2,0**	2,5	**3,0**
8156,99 West	I,IV	**2070,00**	465,08	465,08	I	1913,33	1756,66	1600,00	1443,33	1287,58	1137,41
	II	**1920,91**	465,08	465,08	II	1764,25	1607,58	1450,91	1294,91	1144,50	1000,50
	III	**1385,33**	465,08	465,08	III	1261,00	1139,83	1022,00	907,16	795,66	687,50
	V	**2584,41**	465,08	465,08	IV	1991,66	1913,33	1835,00	1756,66	1678,33	1600,00
	VI	**2628,75**	465,08	465,08							
8156,99 Ost	I,IV	**2077,83**	465,08	465,08	I	1921,16	1764,50	1607,83	1451,16	1295,16	1144,75
	II	**1928,66**	465,08	465,08	II	1772,00	1615,41	1458,75	1302,58	1151,83	1007,50
	III	**1391,66**	465,08	465,08	III	1267,16	1145,83	1027,83	912,83	801,16	692,83
	V	**2592,25**	465,08	465,08	IV	1999,50	1921,16	1842,83	1764,50	1686,16	1607,83
	VI	**2636,58**	465,08	465,08							
8159,99 West	I,IV	**2071,25**	465,08	465,08	I	1914,58	1757,91	1601,25	1444,58	1288,75	1138,58
	II	**1922,16**	465,08	465,08	II	1765,50	1608,83	1452,16	1296,16	1145,66	1001,58
	III	**1386,33**	465,08	465,08	III	1262,00	1140,83	1022,83	908,16	796,66	688,33
	V	**2585,66**	465,08	465,08	IV	1992,91	1914,58	1836,25	1757,91	1679,58	1601,25
	VI	**2630,00**	465,08	465,08							
8159,99 Ost	I,IV	**2079,08**	465,08	465,08	I	1922,41	1765,75	1609,08	1452,41	1296,41	1145,91
	II	**1929,91**	465,08	465,08	II	1773,33	1616,66	1460,00	1303,83	1153,00	1008,66
	III	**1392,66**	465,08	465,08	III	1268,16	1146,83	1028,66	913,83	802,16	693,66
	V	**2593,50**	465,08	465,08	IV	2000,75	1922,41	1844,08	1765,75	1687,41	1609,08
	VI	**2637,83**	465,08	465,08							
8162,99 West	I,IV	**2072,50**	465,08	465,08	I	1915,83	1759,16	1602,50	1445,83	1290,00	1139,75
	II	**1923,41**	465,08	465,08	II	1766,75	1610,08	1453,41	1297,41	1146,83	1002,75
	III	**1387,33**	465,08	465,08	III	1263,00	1141,83	1023,83	909,00	797,50	689,16
	V	**2586,91**	465,08	465,08	IV	1994,16	1915,83	1837,50	1759,16	1680,83	1602,50
	VI	**2631,25**	465,08	465,08							
8162,99 Ost	I,IV	**2080,33**	465,08	465,08	I	1923,66	1767,00	1610,33	1453,66	1297,66	1147,08
	II	**1931,25**	465,08	465,08	II	1774,58	1617,91	1461,25	1305,08	1154,25	1009,75
	III	**1393,66**	465,08	465,08	III	1269,16	1147,83	1029,66	914,66	803,00	694,50
	V	**2594,75**	465,08	465,08	IV	2002,00	1923,66	1845,33	1767,00	1688,66	1610,33
	VI	**2639,08**	465,08	465,08							
8165,99 West	I,IV	**2073,75**	465,08	465,08	I	1917,08	1760,41	1603,83	1447,16	1291,25	1140,91
	II	**1924,66**	465,08	465,08	II	1768,00	1611,33	1454,66	1298,66	1148,08	1003,91
	III	**1388,33**	465,08	465,08	III	1264,00	1142,66	1024,66	910,00	798,33	690,00
	V	**2588,25**	465,08	465,08	IV	1995,41	1917,08	1838,75	1760,41	1682,08	1603,83
	VI	**2632,50**	465,08	465,08							
8165,99 Ost	I,IV	**2081,58**	465,08	465,08	I	1924,91	1768,25	1611,58	1454,91	1298,91	1148,25
	II	**1932,50**	465,08	465,08	II	1775,83	1619,16	1462,50	1306,33	1155,41	1010,91
	III	**1394,66**	465,08	465,08	III	1270,16	1148,66	1030,50	915,66	803,83	695,33
	V	**2596,00**	465,08	465,08	IV	2003,25	1924,91	1846,58	1768,25	1689,91	1611,58
	VI	**2640,33**	465,08	465,08							
8168,99 West	I,IV	**2075,00**	465,08	465,08	I	1918,33	1761,75	1605,08	1448,41	1292,50	1142,16
	II	**1925,91**	465,08	465,08	II	1769,25	1612,58	1455,91	1299,91	1149,25	1005,00
	III	**1389,33**	465,08	465,08	III	1265,00	1143,66	1025,66	910,83	799,33	690,83
	V	**2589,50**	465,08	465,08	IV	1996,66	1918,33	1840,08	1761,75	1683,41	1605,08
	VI	**2633,75**	465,08	465,08							
8168,99 Ost	I,IV	**2082,83**	465,08	465,08	I	1926,16	1769,50	1612,83	1456,16	1300,16	1149,50
	II	**1933,75**	465,08	465,08	II	1777,08	1620,41	1463,75	1307,58	1156,58	1012,08
	III	**1395,66**	465,08	465,08	III	1271,16	1149,66	1031,50	916,50	804,83	696,16
	V	**2597,25**	465,08	465,08	IV	2004,50	1926,16	1847,83	1769,50	1691,16	1612,83
	VI	**2641,58**	465,08	465,08							
8171,99 West	I,IV	**2076,33**	465,08	465,08	I	1919,66	1763,00	1606,33	1449,66	1293,75	1143,33
	II	**1927,16**	465,08	465,08	II	1770,50	1613,83	1457,25	1301,16	1150,41	1006,16
	III	**1390,50**	465,08	465,08	III	1266,00	1144,66	1026,66	911,83	800,16	691,66
	V	**2590,75**	465,08	465,08	IV	1998,00	1919,66	1841,33	1763,00	1684,66	1606,33
	VI	**2635,08**	465,08	465,08							
8171,99 Ost	I,IV	**2084,08**	465,08	465,08	I	1927,41	1770,75	1614,08	1457,41	1301,41	1150,66
	II	**1935,00**	465,08	465,08	II	1778,33	1621,66	1465,00	1308,83	1157,75	1013,16
	III	**1396,66**	465,08	465,08	III	1272,16	1150,66	1032,50	917,50	805,66	697,00
	V	**2598,50**	465,08	465,08	IV	2005,75	1927,41	1849,08	1770,75	1692,41	1614,08
	VI	**2642,83**	465,08	465,08							

* Zur LSt-Berechnung für privat versicherte Arbeitnehmer s. Beispiele **Vorbemerkung S. 4f.**
** Basisvorsorgepauschale KV und PV *** Typisierter Arbeitgeberzuschuss

Lohn/ Gehalt in € bis	Steuerklasse	Lohnsteuer*	BVSP**	TAGZ***	Steuerklasse	Bemessungsgrundlage für Kirchensteuer und Solidaritätszuschlag – Freibeträge für ... Kinder 0,5	1,0	1,5	2,0	2,5	3,0
8174,99 West	I,IV	**2077,58**	465,08	465,08	I	1920,91	1764,25	1607,58	1450,91	1294,91	1144,50
	II	**1928,41**	465,08	465,08	II	1771,83	1615,16	1458,50	1302,41	1151,58	1007,25
	III	**1391,50**	465,08	465,08	III	1267,00	1145,66	1027,50	912,66	801,00	692,66
	V	**2592,00**	465,08	465,08	IV	1999,25	1920,91	1842,58	1764,25	1685,91	1607,58
	VI	**2636,33**	465,08	465,08							
8174,99 Ost	I,IV	**2085,33**	465,08	465,08	I	1928,66	1772,00	1615,41	1458,75	1302,58	1151,83
	II	**1936,25**	465,08	465,08	II	1779,58	1622,91	1466,25	1310,08	1159,00	1014,33
	III	**1397,83**	465,08	465,08	III	1273,00	1151,66	1033,33	918,33	806,50	698,00
	V	**2599,83**	465,08	465,08	IV	2007,00	1928,66	1850,33	1772,00	1693,66	1615,41
	VI	**2644,08**	465,08	465,08							
8177,99 West	I,IV	**2078,83**	465,08	465,08	I	1922,16	1765,50	1608,83	1452,16	1296,16	1145,66
	II	**1929,75**	465,08	465,08	II	1773,08	1616,41	1459,75	1303,58	1152,83	1008,41
	III	**1392,50**	465,08	465,08	III	1267,83	1146,66	1028,50	913,66	801,83	693,50
	V	**2593,25**	465,08	465,08	IV	2000,50	1922,16	1843,83	1765,50	1687,16	1608,83
	VI	**2637,58**	465,08	465,08							
8177,99 Ost	I,IV	**2086,58**	465,08	465,08	I	1929,91	1773,33	1616,66	1460,00	1303,83	1153,00
	II	**1937,50**	465,08	465,08	II	1780,83	1624,16	1467,50	1311,33	1160,16	1015,50
	III	**1398,83**	465,08	465,08	III	1274,00	1152,50	1034,33	919,33	807,50	698,83
	V	**2601,08**	465,08	465,08	IV	2008,25	1929,91	1851,66	1773,33	1695,00	1616,66
	VI	**2645,33**	465,08	465,08							
8180,99 West	I,IV	**2080,08**	465,08	465,08	I	1923,41	1766,75	1610,08	1453,41	1297,41	1146,83
	II	**1931,00**	465,08	465,08	II	1774,33	1617,66	1461,00	1304,83	1154,00	1009,58
	III	**1393,50**	465,08	465,08	III	1268,83	1147,50	1029,33	914,50	802,83	694,33
	V	**2594,50**	465,08	465,08	IV	2001,75	1923,41	1845,08	1766,75	1688,41	1610,08
	VI	**2638,83**	465,08	465,08							
8180,99 Ost	I,IV	**2087,91**	465,08	465,08	I	1931,25	1774,58	1617,91	1461,25	1305,08	1154,25
	II	**1938,75**	465,08	465,08	II	1782,08	1625,41	1468,83	1312,50	1161,33	1016,58
	III	**1399,83**	465,08	465,08	III	1275,00	1153,50	1035,33	920,16	808,33	699,66
	V	**2602,33**	465,08	465,08	IV	2009,58	1931,25	1852,91	1774,58	1696,25	1617,91
	VI	**2646,66**	465,08	465,08							
8183,99 West	I,IV	**2081,33**	465,08	465,08	I	1924,66	1768,00	1611,33	1454,66	1298,66	1148,08
	II	**1932,25**	465,08	465,08	II	1775,58	1618,91	1462,25	1306,08	1155,16	1010,66
	III	**1394,50**	465,08	465,08	III	1269,83	1148,50	1030,33	915,33	803,66	695,16
	V	**2595,75**	465,08	465,08	IV	2003,00	1924,66	1846,33	1768,00	1689,66	1611,33
	VI	**2640,08**	465,08	465,08							
8183,99 Ost	I,IV	**2089,16**	465,08	465,08	I	1932,50	1775,83	1619,16	1462,50	1306,33	1155,41
	II	**1940,00**	465,08	465,08	II	1783,41	1626,75	1470,08	1313,75	1162,58	1017,75
	III	**1400,83**	465,08	465,08	III	1276,00	1154,50	1036,16	921,16	809,16	700,50
	V	**2603,58**	465,08	465,08	IV	2010,83	1932,50	1854,16	1775,83	1697,50	1619,16
	VI	**2647,91**	465,08	465,08							
8186,99 West	I,IV	**2082,58**	465,08	465,08	I	1925,91	1769,25	1612,58	1455,91	1299,91	1149,25
	II	**1933,50**	465,08	465,08	II	1776,83	1620,16	1463,50	1307,33	1156,33	1011,83
	III	**1395,50**	465,08	465,08	III	1270,83	1149,50	1031,33	916,33	804,50	696,00
	V	**2597,00**	465,08	465,08	IV	2004,25	1925,91	1847,58	1769,25	1690,91	1612,58
	VI	**2641,33**	465,08	465,08							
8186,99 Ost	I,IV	**2090,41**	465,08	465,08	I	1933,75	1777,08	1620,41	1463,75	1307,58	1156,58
	II	**1941,33**	465,08	465,08	II	1784,66	1628,00	1471,33	1315,00	1163,75	1018,91
	III	**1401,83**	465,08	465,08	III	1277,00	1155,50	1037,16	922,00	810,00	701,33
	V	**2604,83**	465,08	465,08	IV	2012,08	1933,75	1855,41	1777,08	1698,75	1620,41
	VI	**2649,16**	465,08	465,08							
8189,99 West	I,IV	**2083,83**	465,08	465,08	I	1927,16	1770,50	1613,83	1457,25	1301,16	1150,41
	II	**1934,75**	465,08	465,08	II	1778,08	1621,41	1464,75	1308,58	1157,58	1013,00
	III	**1396,50**	465,08	465,08	III	1271,83	1150,50	1032,16	917,16	805,50	696,83
	V	**2598,33**	465,08	465,08	IV	2005,50	1927,16	1848,83	1770,50	1692,16	1613,83
	VI	**2642,58**	465,08	465,08							
8189,99 Ost	I,IV	**2091,66**	465,08	465,08	I	1935,00	1778,33	1621,66	1465,00	1308,83	1157,75
	II	**1942,58**	465,08	465,08	II	1785,91	1629,25	1472,58	1316,25	1164,91	1020,00
	III	**1402,83**	465,08	465,08	III	1278,00	1156,50	1038,00	922,83	811,00	702,16
	V	**2606,08**	465,08	465,08	IV	2013,33	1935,00	1856,66	1778,33	1700,00	1621,66
	VI	**2650,41**	465,08	465,08							

* Zur LSt-Berechnung für privat versicherte Arbeitnehmer s. Beispiele **Vorbemerkung S. 4 f.**
** Basisvorsorgepauschale KV und PV *** Typisierter Arbeitgeberzuschuss

Lohn/ Gehalt in € bis	Steuerklasse	**Lohn- steuer***	BVSP**	TAGZ***	Steuerklasse	Bemessungsgrundlage für Kirchensteuer und Solidaritätszuschlag – Freibeträge für ... Kinder 0,5	**1,0**	1,5	**2,0**	2,5	**3,0**
8192,99	I,IV	**2085,08**	465,08	465,08	I	1928,41	1771,83	1615,16	1458,50	1302,41	1151,58
West	II	**1936,00**	465,08	465,08	II	1779,33	1622,66	1466,00	1309,83	1158,75	1014,08
	III	**1397,50**	465,08	465,08	III	1272,83	1151,33	1033,16	918,16	806,33	697,66
	V	**2599,58**	465,08	465,08	IV	2006,75	1928,41	1850,08	1771,83	1693,50	1615,16
	VI	**2643,83**	465,08	465,08							
8192,99	I,IV	**2092,91**	465,08	465,08	I	1936,25	1779,58	1622,91	1466,25	1310,08	1159,00
Ost	II	**1943,83**	465,08	465,08	II	1787,16	1630,50	1473,83	1317,50	1166,08	1021,16
	III	**1403,83**	465,08	465,08	III	1279,00	1157,33	1039,00	923,83	811,83	703,16
	V	**2607,33**	465,08	465,08	IV	2014,58	1936,25	1857,91	1779,58	1701,25	1622,91
	VI	**2651,66**	465,08	465,08							
8195,99	I,IV	**2086,33**	465,08	465,08	I	1929,75	1773,08	1616,41	1459,75	1303,58	1152,83
West	II	**1937,25**	465,08	465,08	II	1780,58	1623,91	1467,33	1311,08	1159,91	1015,25
	III	**1398,50**	465,08	465,08	III	1273,83	1152,33	1034,16	919,00	807,16	698,66
	V	**2600,83**	465,08	465,08	IV	2008,08	1929,75	1851,41	1773,08	1694,75	1616,41
	VI	**2645,08**	465,08	465,08							
8195,99	I,IV	**2094,16**	465,08	465,08	I	1937,50	1780,83	1624,16	1467,50	1311,33	1160,16
Ost	II	**1945,08**	465,08	465,08	II	1788,41	1631,75	1475,08	1318,75	1167,33	1022,33
	III	**1404,83**	465,08	465,08	III	1280,00	1158,33	1040,00	924,66	812,66	704,00
	V	**2608,58**	465,08	465,08	IV	2015,83	1937,50	1859,16	1780,83	1702,50	1624,16
	VI	**2652,91**	465,08	465,08							
8198,99	I,IV	**2087,66**	465,08	465,08	I	1931,00	1774,33	1617,66	1461,00	1304,83	1154,00
West	II	**1938,50**	465,08	465,08	II	1781,83	1625,25	1468,58	1312,33	1161,08	1016,41
	III	**1399,50**	465,08	465,08	III	1274,83	1153,33	1035,00	920,00	808,16	699,50
	V	**2602,08**	465,08	465,08	IV	2009,33	1931,00	1852,66	1774,33	1696,00	1617,66
	VI	**2646,41**	465,08	465,08							
8198,99	I,IV	**2095,41**	465,08	465,08	I	1938,75	1782,08	1625,41	1468,83	1312,50	1161,33
Ost	II	**1946,33**	465,08	465,08	II	1789,66	1633,00	1476,33	1320,00	1168,50	1023,41
	III	**1405,83**	465,08	465,08	III	1281,00	1159,33	1040,83	925,66	813,66	704,83
	V	**2609,91**	465,08	465,08	IV	2017,08	1938,75	1860,41	1782,08	1703,75	1625,41
	VI	**2654,16**	465,08	465,08							
8201,99	I,IV	**2088,91**	465,08	465,08	I	1932,25	1775,58	1618,91	1462,25	1306,08	1155,16
West	II	**1939,83**	465,08	465,08	II	1783,16	1626,50	1469,83	1313,50	1162,33	1017,50
	III	**1400,50**	465,08	465,08	III	1275,83	1154,33	1036,00	920,83	809,00	700,33
	V	**2603,33**	465,08	465,08	IV	2010,58	1932,25	1853,91	1775,58	1697,25	1618,91
	VI	**2647,66**	465,08	465,08							
8201,99	I,IV	**2096,66**	465,08	465,08	I	1940,00	1783,41	1626,75	1470,08	1313,75	1162,58
Ost	II	**1947,58**	465,08	465,08	II	1790,91	1634,25	1477,58	1321,25	1169,66	1024,58
	III	**1406,83**	465,08	465,08	III	1282,00	1160,33	1041,83	926,50	814,50	705,66
	V	**2611,16**	465,08	465,08	IV	2018,33	1940,00	1861,66	1783,41	1705,08	1626,75
	VI	**2655,41**	465,08	465,08							
8204,99	I,IV	**2090,16**	465,08	465,08	I	1933,50	1776,83	1620,16	1463,50	1307,33	1156,33
West	II	**1941,08**	465,08	465,08	II	1784,41	1627,75	1471,08	1314,75	1163,50	1018,66
	III	**1401,66**	465,08	465,08	III	1276,83	1155,33	1037,00	921,83	809,83	701,16
	V	**2604,58**	465,08	465,08	IV	2011,83	1933,50	1855,16	1776,83	1698,50	1620,16
	VI	**2648,91**	465,08	465,08							
8204,99	I,IV	**2097,91**	465,08	465,08	I	1941,33	1784,66	1628,00	1471,33	1315,00	1163,75
Ost	II	**1948,83**	465,08	465,08	II	1792,16	1635,50	1478,91	1322,50	1170,91	1025,75
	III	**1408,00**	465,08	465,08	III	1283,00	1161,33	1042,83	927,50	815,33	706,50
	V	**2612,41**	465,08	465,08	IV	2019,66	1941,33	1863,00	1784,66	1706,33	1628,00
	VI	**2656,75**	465,08	465,08							
8207,99	I,IV	**2091,41**	465,08	465,08	I	1934,75	1778,08	1621,41	1464,75	1308,58	1157,58
West	II	**1942,33**	465,08	465,08	II	1785,66	1629,00	1472,33	1316,00	1164,66	1019,83
	III	**1402,66**	465,08	465,08	III	1277,83	1156,16	1037,83	922,66	810,83	702,00
	V	**2605,83**	465,08	465,08	IV	2013,08	1934,75	1856,41	1778,08	1699,75	1621,41
	VI	**2650,16**	465,08	465,08							
8207,99	I,IV	**2099,25**	465,08	465,08	I	1942,58	1785,91	1629,25	1472,58	1316,25	1164,91
Ost	II	**1950,08**	465,08	465,08	II	1793,41	1636,83	1480,16	1323,75	1172,08	1026,83
	III	**1409,00**	465,08	465,08	III	1284,00	1162,16	1043,66	928,33	816,33	707,33
	V	**2613,66**	465,08	465,08	IV	2020,91	1942,58	1864,25	1785,91	1707,58	1629,25
	VI	**2658,00**	465,08	465,08							

* Zur LSt-Berechnung für privat versicherte Arbeitnehmer s. Beispiele **Vorbemerkung S. 4f.**
** Basisvorsorgepauschale KV und PV *** Typisierter Arbeitgeberzuschuss

Lohn/ Gehalt in € bis	Steuerklasse	Lohn-steuer*	BVSP**	TAGZ***	Steuerklasse	Bemessungsgrundlage für Kirchensteuer und Solidaritätszuschlag – Freibeträge für ... Kinder 0,5	1,0	1,5	2,0	2,5	3,0
8210,99	I,IV	**2092,66**	465,08	465,08	I	1936,00	1779,33	1622,66	1466,00	1309,83	1158,75
West	II	**1943,58**	465,08	465,08	II	1786,91	1630,25	1473,58	1317,25	1165,91	1020,91
	III	**1403,66**	465,08	465,08	III	1278,83	1157,16	1038,83	923,66	811,66	702,83
	V	**2607,08**	465,08	465,08	IV	2014,33	1936,00	1857,66	1779,33	1701,00	1622,66
	VI	**2651,41**	465,08	465,08							
8210,99	I,IV	**2100,50**	465,08	465,08	I	1943,83	1787,16	1630,50	1473,83	1317,50	1166,08
Ost	II	**1951,41**	465,08	465,08	II	1794,75	1638,08	1481,41	1325,00	1173,25	1028,00
	III	**1410,00**	465,08	465,08	III	1285,00	1163,16	1044,66	929,33	817,16	708,33
	V	**2614,91**	465,08	465,08	IV	2022,16	1943,83	1865,50	1787,16	1708,83	1630,50
	VI	**2659,25**	465,08	465,08							
8213,99	I,IV	**2093,91**	465,08	465,08	I	1937,25	1780,58	1623,91	1467,33	1311,08	1159,91
West	II	**1944,83**	465,08	465,08	II	1788,16	1631,50	1474,83	1318,50	1167,08	1022,08
	III	**1404,66**	465,08	465,08	III	1279,83	1158,16	1039,66	924,50	812,50	703,83
	V	**2608,33**	465,08	465,08	IV	2015,58	1937,25	1858,91	1780,58	1702,25	1623,91
	VI	**2652,66**	465,08	465,08							
8213,99	I,IV	**2101,75**	465,08	465,08	I	1945,08	1788,41	1631,75	1475,08	1318,75	1167,33
Ost	II	**1952,66**	465,08	465,08	II	1796,00	1639,33	1482,66	1326,25	1174,50	1029,16
	III	**1411,00**	465,08	465,08	III	1286,00	1164,16	1045,66	930,16	818,00	709,16
	V	**2616,16**	465,08	465,08	IV	2023,41	1945,08	1866,75	1788,41	1710,08	1631,75
	VI	**2660,50**	465,08	465,08							
8216,99	I,IV	**2095,16**	465,08	465,08	I	1938,50	1781,83	1625,25	1468,58	1312,33	1161,08
West	II	**1946,08**	465,08	465,08	II	1789,41	1632,75	1476,08	1319,75	1168,25	1023,25
	III	**1405,66**	465,08	465,08	III	1280,83	1159,16	1040,66	925,50	813,50	704,66
	V	**2609,66**	465,08	465,08	IV	2016,83	1938,50	1860,16	1781,83	1703,58	1625,25
	VI	**2653,91**	465,08	465,08							
8216,99	I,IV	**2103,00**	465,08	465,08	I	1946,33	1789,66	1633,00	1476,33	1320,00	1168,50
Ost	II	**1953,91**	465,08	465,08	II	1797,25	1640,58	1483,91	1327,50	1175,66	1030,25
	III	**1412,00**	465,08	465,08	III	1287,00	1165,16	1046,50	931,16	819,00	710,00
	V	**2617,41**	465,08	465,08	IV	2024,66	1946,33	1868,00	1789,66	1711,33	1633,00
	VI	**2661,75**	465,08	465,08							
8219,99	I,IV	**2096,41**	465,08	465,08	I	1939,83	1783,16	1626,50	1469,83	1313,50	1162,33
West	II	**1947,33**	465,08	465,08	II	1790,66	1634,00	1477,33	1321,00	1169,50	1024,33
	III	**1406,66**	465,08	465,08	III	1281,83	1160,16	1041,66	926,33	814,33	705,50
	V	**2610,91**	465,08	465,08	IV	2018,08	1939,83	1861,50	1783,16	1704,83	1626,50
	VI	**2655,16**	465,08	465,08							
8219,99	I,IV	**2104,25**	465,08	465,08	I	1947,58	1790,91	1634,25	1477,58	1321,25	1169,66
Ost	II	**1955,16**	465,08	465,08	II	1798,50	1641,83	1485,16	1328,75	1176,83	1031,41
	III	**1413,00**	465,08	465,08	III	1288,00	1166,16	1047,50	932,00	819,83	710,83
	V	**2618,66**	465,08	465,08	IV	2025,91	1947,58	1869,25	1790,91	1712,58	1634,25
	VI	**2663,00**	465,08	465,08							
8222,99	I,IV	**2097,75**	465,08	465,08	I	1941,08	1784,41	1627,75	1471,08	1314,75	1163,50
West	II	**1948,58**	465,08	465,08	II	1791,91	1635,33	1478,66	1322,25	1170,66	1025,50
	III	**1407,66**	465,08	465,08	III	1282,83	1161,00	1042,50	927,33	815,16	706,33
	V	**2612,16**	465,08	465,08	IV	2019,41	1941,08	1862,75	1784,41	1706,08	1627,75
	VI	**2656,50**	465,08	465,08							
8222,99	I,IV	**2105,50**	465,08	465,08	I	1948,83	1792,16	1635,50	1478,91	1322,50	1170,91
Ost	II	**1956,41**	465,08	465,08	II	1799,75	1643,08	1486,41	1330,00	1178,08	1032,58
	III	**1414,00**	465,08	465,08	III	1289,00	1167,00	1048,33	933,00	820,66	711,66
	V	**2620,00**	465,08	465,08	IV	2027,16	1948,83	1870,50	1792,16	1713,83	1635,50
	VI	**2664,25**	465,08	465,08							
8225,99	I,IV	**2099,00**	465,08	465,08	I	1942,33	1785,66	1629,00	1472,33	1316,00	1164,66
West	II	**1949,83**	465,08	465,08	II	1793,25	1636,58	1479,91	1323,50	1171,83	1026,66
	III	**1408,66**	465,08	465,08	III	1283,83	1162,00	1043,50	928,16	816,16	707,16
	V	**2613,41**	465,08	465,08	IV	2020,66	1942,33	1864,00	1785,66	1707,33	1629,00
	VI	**2657,75**	465,08	465,08							
8225,99	I,IV	**2106,75**	465,08	465,08	I	1950,08	1793,41	1636,83	1480,16	1323,75	1172,08
Ost	II	**1957,66**	465,08	465,08	II	1801,00	1644,33	1487,66	1331,25	1179,25	1033,75
	III	**1415,00**	465,08	465,08	III	1290,00	1168,00	1049,33	933,83	821,66	712,66
	V	**2621,25**	465,08	465,08	IV	2028,41	1950,08	1871,75	1793,41	1715,16	1636,83
	VI	**2665,50**	465,08	465,08							

* Zur LSt-Berechnung für privat versicherte Arbeitnehmer s. Beispiele **Vorbemerkung S. 4f.**

** Basisvorsorgepauschale KV und PV *** Typisierter Arbeitgeberzuschuss

Lohn/ Gehalt in € bis	Steuerklasse	Lohn-steuer*	BVSP**	TAGZ***	Steuerklasse	Bemessungsgrundlage für Kirchensteuer und Solidaritätszuschlag – Freibeträge für ... Kinder 0,5	1,0	1,5	2,0	2,5	3,0
8228,99	I,IV	**2100,25**	465,08	465,08	I	1943,58	1786,91	1630,25	1473,58	1317,25	1165,91
West	II	**1951,16**	465,08	465,08	II	1794,50	1637,83	1481,16	1324,75	1173,08	1027,75
	III	**1409,66**	465,08	465,08	III	1284,66	1163,00	1044,50	929,16	817,00	708,16
	V	**2614,66**	465,08	465,08	IV	2021,91	1943,58	1865,25	1786,91	1708,58	1630,25
	VI	**2659,00**	465,08	465,08							
8228,99	I,IV	**2108,00**	465,08	465,08	I	1951,41	1794,75	1638,08	1481,41	1325,00	1173,25
Ost	II	**1958,91**	465,08	465,08	II	1802,25	1645,58	1488,91	1332,50	1180,41	1034,83
	III	**1416,00**	465,08	465,08	III	1291,00	1169,00	1050,33	934,83	822,50	713,50
	V	**2622,50**	465,08	465,08	IV	2029,66	1951,41	1873,08	1794,75	1716,41	1638,08
	VI	**2666,75**	465,08	465,08							
8231,99	I,IV	**2101,50**	465,08	465,08	I	1944,83	1788,16	1631,50	1474,83	1318,50	1167,08
West	II	**1952,41**	465,08	465,08	II	1795,75	1639,08	1482,41	1326,00	1174,25	1028,91
	III	**1410,66**	465,08	465,08	III	1285,66	1164,00	1045,33	930,00	817,83	709,00
	V	**2615,91**	465,08	465,08	IV	2023,16	1944,83	1866,50	1788,16	1709,83	1631,50
	VI	**2660,25**	465,08	465,08							
8231,99	I,IV	**2109,33**	465,08	465,08	I	1952,66	1796,00	1639,33	1482,66	1326,25	1174,50
Ost	II	**1960,16**	465,08	465,08	II	1803,50	1646,91	1490,25	1333,75	1181,66	1036,00
	III	**1417,16**	465,08	465,08	III	1292,00	1170,00	1051,16	935,66	823,33	714,33
	V	**2623,75**	465,08	465,08	IV	2031,00	1952,66	1874,33	1796,00	1717,66	1639,33
	VI	**2668,08**	465,08	465,08							
8234,99	I,IV	**2102,75**	465,08	465,08	I	1946,08	1789,41	1632,75	1476,08	1319,75	1168,25
West	II	**1953,66**	465,08	465,08	II	1797,00	1640,33	1483,66	1327,25	1175,41	1030,08
	III	**1411,83**	465,08	465,08	III	1286,66	1165,00	1046,33	931,00	818,83	709,83
	V	**2617,16**	465,08	465,08	IV	2024,41	1946,08	1867,75	1789,41	1711,08	1632,75
	VI	**2661,50**	465,08	465,08							
8234,99	I,IV	**2110,58**	465,08	465,08	I	1953,91	1797,25	1640,58	1483,91	1327,50	1175,66
Ost	II	**1961,41**	465,08	465,08	II	1804,83	1648,16	1491,50	1335,00	1182,83	1037,16
	III	**1418,16**	465,08	465,08	III	1292,83	1171,00	1052,16	936,66	824,33	715,16
	V	**2625,00**	465,08	465,08	IV	2032,25	1953,91	1875,58	1797,25	1718,91	1640,58
	VI	**2669,33**	465,08	465,08							
8237,99	I,IV	**2104,00**	465,08	465,08	I	1947,33	1790,66	1634,00	1477,33	1321,00	1169,50
West	II	**1954,91**	465,08	465,08	II	1798,25	1641,58	1484,91	1328,50	1176,66	1031,25
	III	**1412,83**	465,08	465,08	III	1287,66	1165,83	1047,33	931,83	819,66	710,66
	V	**2618,41**	465,08	465,08	IV	2025,66	1947,33	1869,00	1790,66	1712,33	1634,00
	VI	**2662,75**	465,08	465,08							
8237,99	I,IV	**2111,83**	465,08	465,08	I	1955,16	1798,50	1641,83	1485,16	1328,75	1176,83
Ost	II	**1962,75**	465,08	465,08	II	1806,08	1649,41	1492,75	1336,25	1184,00	1038,33
	III	**1419,16**	465,08	465,08	III	1293,83	1171,83	1053,16	937,50	825,16	716,00
	V	**2626,25**	465,08	465,08	IV	2033,50	1955,16	1876,83	1798,50	1720,16	1641,83
	VI	**2670,58**	465,08	465,08							
8240,99	I,IV	**2105,25**	465,08	465,08	I	1948,58	1791,91	1635,33	1478,66	1322,25	1170,66
West	II	**1956,16**	465,08	465,08	II	1799,50	1642,83	1486,16	1329,75	1177,83	1032,33
	III	**1413,83**	465,08	465,08	III	1288,66	1166,83	1048,16	932,83	820,50	711,50
	V	**2619,75**	465,08	465,08	IV	2026,91	1948,58	1870,25	1791,91	1713,58	1635,33
	VI	**2664,00**	465,08	465,08							
8240,99	I,IV	**2113,08**	465,08	465,08	I	1956,41	1799,75	1643,08	1486,41	1330,00	1178,08
Ost	II	**1964,00**	465,08	465,08	II	1807,33	1650,66	1494,00	1337,50	1185,25	1039,41
	III	**1420,16**	465,08	465,08	III	1294,83	1172,83	1054,00	938,50	826,16	717,00
	V	**2627,50**	465,08	465,08	IV	2034,75	1956,41	1878,08	1799,75	1721,41	1643,08
	VI	**2671,83**	465,08	465,08							
8243,99	I,IV	**2106,50**	465,08	465,08	I	1949,83	1793,25	1636,58	1479,91	1323,50	1171,83
West	II	**1957,41**	465,08	465,08	II	1800,75	1644,08	1487,41	1331,00	1179,00	1033,50
	III	**1414,83**	465,08	465,08	III	1289,66	1167,83	1049,16	933,66	821,50	712,33
	V	**2621,00**	465,08	465,08	IV	2028,16	1949,83	1871,58	1793,25	1714,91	1636,58
	VI	**2665,25**	465,08	465,08							
8243,99	I,IV	**2114,33**	465,08	465,08	I	1957,66	1801,00	1644,33	1487,66	1331,25	1179,25
Ost	II	**1965,25**	465,08	465,08	II	1808,58	1651,91	1495,25	1338,75	1186,41	1040,58
	III	**1421,16**	465,08	465,08	III	1295,83	1173,83	1055,00	939,33	827,00	717,83
	V	**2628,75**	465,08	465,08	IV	2036,00	1957,66	1879,33	1801,00	1722,66	1644,33
	VI	**2673,08**	465,08	465,08							

* Zur LSt-Berechnung für privat versicherte Arbeitnehmer s. Beispiele **Vorbemerkung S. 4f.**
** Basisvorsorgepauschale KV und PV *** Typisierter Arbeitgeberzuschuss

Lohn/ Gehalt in € bis	Steuerklasse	Lohn-steuer*	BVSP**	TAGZ***	Steuerklasse	Bemessungsgrundlage für Kirchensteuer und Solidaritätszuschlag					
						Freibeträge für ... Kinder					
						0,5	**1,0**	1,5	**2,0**	2,5	**3,0**
8246,99	I,IV	**2107,83**	465,08	465,08	I	1951,16	1794,50	1637,83	1481,16	1324,75	1173,08
West	II	**1958,66**	465,08	465,08	II	1802,00	1645,33	1488,75	1332,25	1180,25	1034,66
	III	**1415,83**	465,08	465,08	III	1290,66	1168,83	1050,16	934,66	822,33	713,33
	V	**2622,25**	465,08	465,08	IV	2029,50	1951,16	1872,83	1794,50	1716,16	1637,83
	VI	**2666,58**	465,08	465,08							
8246,99	I,IV	**2115,58**	465,08	465,08	I	1958,91	1802,25	1645,58	1488,91	1332,50	1180,41
Ost	II	**1966,50**	465,08	465,08	II	1809,83	1653,16	1496,50	1340,00	1187,66	1041,75
	III	**1422,16**	465,08	465,08	III	1296,83	1174,83	1056,00	940,33	827,83	718,66
	V	**2630,00**	465,08	465,08	IV	2037,25	1958,91	1880,58	1802,25	1723,91	1645,58
	VI	**2674,33**	465,08	465,08							
8249,99	I,IV	**2109,08**	465,08	465,08	I	1952,41	1795,75	1639,08	1482,41	1326,00	1174,25
West	II	**1959,91**	465,08	465,08	II	1803,33	1646,66	1490,00	1333,50	1181,41	1035,75
	III	**1416,83**	465,08	465,08	III	1291,66	1169,83	1051,00	935,50	823,16	714,16
	V	**2623,50**	465,08	465,08	IV	2030,75	1952,41	1874,08	1795,75	1717,41	1639,08
	VI	**2667,83**	465,08	465,08							
8249,99	I,IV	**2116,83**	465,08	465,08	I	1960,16	1803,50	1646,91	1490,25	1333,75	1181,66
Ost	II	**1967,75**	465,08	465,08	II	1811,08	1654,41	1497,75	1341,25	1188,83	1042,91
	III	**1423,16**	465,08	465,08	III	1297,83	1175,83	1056,83	941,16	828,83	719,50
	V	**2631,33**	465,08	465,08	IV	2038,50	1960,16	1881,83	1803,50	1725,16	1646,91
	VI	**2675,58**	465,08	465,08							
8252,99	I,IV	**2110,33**	465,08	465,08	I	1953,66	1797,00	1640,33	1483,66	1327,25	1175,41
West	II	**1961,25**	465,08	465,08	II	1804,58	1647,91	1491,25	1334,75	1182,58	1036,91
	III	**1417,83**	465,08	465,08	III	1292,66	1170,66	1052,00	936,50	824,16	715,00
	V	**2624,75**	465,08	465,08	IV	2032,00	1953,66	1875,33	1797,00	1718,66	1640,33
	VI	**2669,08**	465,08	465,08							
8252,99	I,IV	**2118,08**	465,08	465,08	I	1961,41	1804,83	1648,16	1491,50	1335,00	1182,83
Ost	II	**1969,00**	465,08	465,08	II	1812,33	1655,66	1499,00	1342,50	1190,00	1044,00
	III	**1424,16**	465,08	465,08	III	1298,83	1176,83	1057,83	942,16	829,66	720,33
	V	**2632,58**	465,08	465,08	IV	2039,75	1961,41	1883,16	1804,83	1726,50	1648,16
	VI	**2676,83**	465,08	465,08							
8255,99	I,IV	**2111,58**	465,08	465,08	I	1954,91	1798,25	1641,58	1484,91	1328,50	1176,66
West	II	**1962,50**	465,08	465,08	II	1805,83	1649,16	1492,50	1336,00	1183,83	1038,08
	III	**1418,83**	465,08	465,08	III	1293,66	1171,66	1052,83	937,33	825,00	715,83
	V	**2626,00**	465,08	465,08	IV	2033,25	1954,91	1876,58	1798,25	1719,91	1641,58
	VI	**2670,33**	465,08	465,08							
8255,99	I,IV	**2119,41**	465,08	465,08	I	1962,75	1806,08	1649,41	1492,75	1336,25	1184,00
Ost	II	**1970,25**	465,08	465,08	II	1813,58	1656,91	1500,33	1343,75	1191,25	1045,16
	III	**1425,16**	465,08	465,08	III	1299,83	1177,66	1058,83	943,00	830,50	721,16
	V	**2633,83**	465,08	465,08	IV	2041,08	1962,75	1884,41	1806,08	1727,75	1649,41
	VI	**2678,16**	465,08	465,08							
8258,99	I,IV	**2112,83**	465,08	465,08	I	1956,16	1799,50	1642,83	1486,16	1329,75	1177,83
West	II	**1963,75**	465,08	465,08	II	1807,08	1650,41	1493,75	1337,25	1185,00	1039,25
	III	**1420,00**	465,08	465,08	III	1294,66	1172,66	1053,83	938,33	825,83	716,66
	V	**2627,25**	465,08	465,08	IV	2034,50	1956,16	1877,83	1799,50	1721,16	1642,83
	VI	**2671,58**	465,08	465,08							
8258,99	I,IV	**2120,66**	465,08	465,08	I	1964,00	1807,33	1650,66	1494,00	1337,50	1185,25
Ost	II	**1971,50**	465,08	465,08	II	1814,91	1658,25	1501,58	1345,00	1192,41	1046,33
	III	**1426,33**	465,08	465,08	III	1300,83	1178,66	1059,66	944,00	831,50	722,16
	V	**2635,08**	465,08	465,08	IV	2042,33	1964,00	1885,66	1807,33	1729,00	1650,66
	VI	**2679,41**	465,08	465,08							
8261,99	I,IV	**2114,08**	465,08	465,08	I	1957,41	1800,75	1644,08	1487,41	1331,00	1179,00
West	II	**1965,00**	465,08	465,08	II	1808,33	1651,66	1495,00	1338,50	1186,16	1040,33
	III	**1421,00**	465,08	465,08	III	1295,66	1173,66	1054,83	939,16	826,83	717,66
	V	**2628,50**	465,08	465,08	IV	2035,75	1957,41	1879,08	1800,75	1722,41	1644,08
	VI	**2672,83**	465,08	465,08							
8261,99	I,IV	**2121,91**	465,08	465,08	I	1965,25	1808,58	1651,91	1495,25	1338,75	1186,41
Ost	II	**1972,83**	465,08	465,08	II	1816,16	1659,50	1502,83	1346,25	1193,66	1047,50
	III	**1427,33**	465,08	465,08	III	1301,83	1179,66	1060,66	944,83	832,33	723,00
	V	**2636,33**	465,08	465,08	IV	2043,58	1965,25	1886,91	1808,58	1730,25	1651,91
	VI	**2680,66**	465,08	465,08							

* Zur LSt-Berechnung für privat versicherte Arbeitnehmer s. Beispiele **Vorbemerkung S. 4 f.**
** Basisvorsorgepauschale KV und PV *** Typisierter Arbeitgeberzuschuss

Lohn/ Gehalt in € bis	Steuerklasse	Lohnsteuer*	BVSP**	TAGZ***	Steuerklasse	Bemessungsgrundlage für Kirchensteuer und Solidaritätszuschlag – Freibeträge für ... Kinder 0,5	1,0	1,5	2,0	2,5	3,0
8 264,99	I,IV	**2 115,33**	465,08	465,08	I	1 958,66	1 802,00	1 645,33	1 488,75	1 332,25	1 180,25
West	II	**1 966,25**	465,08	465,08	II	1 809,58	1 652,91	1 496,25	1 339,75	1 187,41	1 041,50
	III	**1 422,00**	465,08	465,08	III	1 296,66	1 174,66	1 055,66	940,16	827,66	718,50
	V	**2 629,83**	465,08	465,08	IV	2 037,00	1 958,66	1 880,33	1 802,00	1 723,66	1 645,33
	VI	**2 674,08**	465,08	465,08							
8 264,99	I,IV	**2 123,16**	465,08	465,08	I	1 966,50	1 809,83	1 653,16	1 496,50	1 340,00	1 187,66
Ost	II	**1 974,08**	465,08	465,08	II	1 817,41	1 660,75	1 504,08	1 347,50	1 194,83	1 048,66
	III	**1 428,33**	465,08	465,08	III	1 302,83	1 180,66	1 061,66	945,83	833,16	723,83
	V	**2 637,58**	465,08	465,08	IV	2 044,83	1 966,50	1 888,16	1 809,83	1 731,50	1 653,16
	VI	**2 681,91**	465,08	465,08							
8 267,99	I,IV	**2 116,58**	465,08	465,08	I	1 959,91	1 803,33	1 646,66	1 490,00	1 333,50	1 181,41
West	II	**1 967,50**	465,08	465,08	II	1 810,83	1 654,16	1 497,50	1 341,00	1 188,58	1 042,66
	III	**1 423,00**	465,08	465,08	III	1 297,66	1 175,50	1 056,66	941,00	828,50	719,33
	V	**2 631,08**	465,08	465,08	IV	2 038,25	1 959,91	1 881,58	1 803,33	1 725,00	1 646,66
	VI	**2 675,33**	465,08	465,08							
8 267,99	I,IV	**2 124,41**	465,08	465,08	I	1 967,75	1 811,08	1 654,41	1 497,75	1 341,25	1 188,83
Ost	II	**1 975,33**	465,08	465,08	II	1 818,66	1 662,00	1 505,33	1 348,75	1 196,08	1 049,75
	III	**1 429,33**	465,08	465,08	III	1 303,83	1 181,66	1 062,50	946,66	834,16	724,66
	V	**2 638,83**	465,08	465,08	IV	2 046,08	1 967,75	1 889,41	1 811,08	1 732,75	1 654,41
	VI	**2 683,16**	465,08	465,08							
8 270,99	I,IV	**2 117,83**	465,08	465,08	I	1 961,25	1 804,58	1 647,91	1 491,25	1 334,75	1 182,58
West	II	**1 968,75**	465,08	465,08	II	1 812,08	1 655,41	1 498,83	1 342,25	1 189,83	1 043,83
	III	**1 424,00**	465,08	465,08	III	1 298,66	1 176,50	1 057,66	942,00	829,50	720,16
	V	**2 632,33**	465,08	465,08	IV	2 039,58	1 961,25	1 882,91	1 804,58	1 726,25	1 647,91
	VI	**2 676,58**	465,08	465,08							
8 270,99	I,IV	**2 125,66**	465,08	465,08	I	1 969,00	1 812,33	1 655,66	1 499,00	1 342,50	1 190,00
Ost	II	**1 976,58**	465,08	465,08	II	1 819,91	1 663,25	1 506,58	1 350,00	1 197,25	1 050,91
	III	**1 430,33**	465,08	465,08	III	1 304,83	1 182,50	1 063,50	947,66	835,00	725,50
	V	**2 640,08**	465,08	465,08	IV	2 047,33	1 969,00	1 890,66	1 812,33	1 734,00	1 655,66
	VI	**2 684,41**	465,08	465,08							
8 273,99	I,IV	**2 119,16**	465,08	465,08	I	1 962,50	1 805,83	1 649,16	1 492,50	1 336,00	1 183,83
West	II	**1 970,00**	465,08	465,08	II	1 813,33	1 656,75	1 500,08	1 343,50	1 191,00	1 045,00
	III	**1 425,00**	465,08	465,08	III	1 299,66	1 177,50	1 058,50	942,83	830,33	721,00
	V	**2 633,58**	465,08	465,08	IV	2 040,83	1 962,50	1 884,16	1 805,83	1 727,50	1 649,16
	VI	**2 677,91**	465,08	465,08							
8 273,99	I,IV	**2 126,91**	465,08	465,08	I	1 970,25	1 813,58	1 656,91	1 500,33	1 343,75	1 191,25
Ost	II	**1 977,83**	465,08	465,08	II	1 821,16	1 664,50	1 507,83	1 351,25	1 198,41	1 052,08
	III	**1 431,33**	465,08	465,08	III	1 305,83	1 183,50	1 064,50	948,50	835,83	726,50
	V	**2 641,41**	465,08	465,08	IV	2 048,58	1 970,25	1 891,91	1 813,58	1 735,25	1 656,91
	VI	**2 685,66**	465,08	465,08							
8 276,99	I,IV	**2 120,41**	465,08	465,08	I	1 963,75	1 807,08	1 650,41	1 493,75	1 337,25	1 185,00
West	II	**1 971,33**	465,08	465,08	II	1 814,66	1 658,00	1 501,33	1 344,75	1 192,16	1 046,08
	III	**1 426,00**	465,08	465,08	III	1 300,66	1 178,50	1 059,50	943,83	831,16	722,00
	V	**2 634,83**	465,08	465,08	IV	2 042,08	1 963,75	1 885,41	1 807,08	1 728,75	1 650,41
	VI	**2 679,16**	465,08	465,08							
8 276,99	I,IV	**2 128,16**	465,08	465,08	I	1 971,50	1 814,91	1 658,25	1 501,58	1 345,00	1 192,41
Ost	II	**1 979,08**	465,08	465,08	II	1 822,41	1 665,75	1 509,08	1 352,50	1 199,66	1 053,25
	III	**1 432,33**	465,08	465,08	III	1 306,83	1 184,50	1 065,33	949,50	836,83	727,33
	V	**2 642,66**	465,08	465,08	IV	2 049,83	1 971,50	1 893,16	1 814,91	1 736,58	1 658,25
	VI	**2 686,91**	465,08	465,08							
8 279,99	I,IV	**2 121,66**	465,08	465,08	I	1 965,00	1 808,33	1 651,66	1 495,00	1 338,50	1 186,16
West	II	**1 972,58**	465,08	465,08	II	1 815,91	1 659,25	1 502,58	1 346,00	1 193,41	1 047,25
	III	**1 427,00**	465,08	465,08	III	1 301,66	1 179,50	1 060,50	944,66	832,16	722,83
	V	**2 636,08**	465,08	465,08	IV	2 043,33	1 965,00	1 886,66	1 808,33	1 730,00	1 651,66
	VI	**2 680,41**	465,08	465,08							
8 279,99	I,IV	**2 129,41**	465,08	465,08	I	1 972,83	1 816,16	1 659,50	1 502,83	1 346,25	1 193,66
Ost	II	**1 980,33**	465,08	465,08	II	1 823,66	1 667,00	1 510,41	1 353,75	1 200,83	1 054,41
	III	**1 433,50**	465,08	465,08	III	1 307,83	1 185,50	1 066,33	950,33	837,66	728,16
	V	**2 643,91**	465,08	465,08	IV	2 051,16	1 972,83	1 894,50	1 816,16	1 737,83	1 659,50
	VI	**2 688,25**	465,08	465,08							

* Zur LSt-Berechnung für privat versicherte Arbeitnehmer s. Beispiele **Vorbemerkung S. 4 f.**
** Basisvorsorgepauschale KV und PV *** Typisierter Arbeitgeberzuschuss

Lohn/ Gehalt in € bis	Steuerklasse	Lohn-steuer*	BVSP**	TAGZ***	Steuerklasse	Bemessungsgrundlage für Kirchensteuer und Solidaritätszuschlag – Freibeträge für ... Kinder 0,5	1,0	1,5	2,0	2,5	3,0
8 282,99 West	I,IV	**2 122,91**	465,08	465,08	I	1 966,25	1 809,58	1 652,91	1 496,25	1 339,75	1 187,41
	II	**1 973,83**	465,08	465,08	II	1 817,16	1 660,50	1 503,83	1 347,25	1 194,58	1 048,41
	III	**1 428,16**	465,08	465,08	III	1 302,66	1 180,33	1 061,33	945,66	833,00	723,66
	V	**2 637,33**	465,08	465,08	IV	2 044,58	1 966,25	1 887,91	1 809,58	1 731,25	1 652,91
	VI	**2 681,66**	465,08	465,08							
8 282,99 Ost	I,IV	**2 130,75**	465,08	465,08	I	1 974,08	1 817,41	1 660,75	1 504,08	1 347,50	1 194,83
	II	**1 981,58**	465,08	465,08	II	1 824,91	1 668,33	1 511,66	1 355,00	1 202,08	1 055,58
	III	**1 434,50**	465,08	465,08	III	1 308,83	1 186,50	1 067,33	951,33	838,50	729,00
	V	**2 645,16**	465,08	465,08	IV	2 052,41	1 974,08	1 895,75	1 817,41	1 739,08	1 660,75
	VI	**2 689,50**	465,08	465,08							
8 285,99 West	I,IV	**2 124,16**	465,08	465,08	I	1 967,50	1 810,83	1 654,16	1 497,50	1 341,00	1 188,58
	II	**1 975,08**	465,08	465,08	II	1 818,41	1 661,75	1 505,08	1 348,50	1 195,83	1 049,58
	III	**1 429,16**	465,08	465,08	III	1 303,66	1 181,33	1 062,33	946,50	833,83	724,50
	V	**2 638,58**	465,08	465,08	IV	2 045,83	1 967,50	1 889,16	1 810,83	1 732,50	1 654,16
	VI	**2 682,91**	465,08	465,08							
8 285,99 Ost	I,IV	**2 132,00**	465,08	465,08	I	1 975,33	1 818,66	1 662,00	1 505,33	1 348,75	1 196,08
	II	**1 982,91**	465,08	465,08	II	1 826,25	1 669,58	1 512,91	1 356,25	1 203,25	1 056,66
	III	**1 435,50**	465,08	465,08	III	1 309,83	1 187,50	1 068,16	952,16	839,50	730,00
	V	**2 646,41**	465,08	465,08	IV	2 053,66	1 975,33	1 897,00	1 818,66	1 740,33	1 662,00
	VI	**2 690,75**	465,08	465,08							
8 288,99 West	I,IV	**2 125,41**	465,08	465,08	I	1 968,75	1 812,08	1 655,41	1 498,83	1 342,25	1 189,83
	II	**1 976,33**	465,08	465,08	II	1 819,66	1 663,00	1 506,33	1 349,75	1 197,00	1 050,75
	III	**1 430,16**	465,08	465,08	III	1 304,66	1 182,33	1 063,33	947,50	834,83	725,33
	V	**2 639,83**	465,08	465,08	IV	2 047,08	1 968,75	1 890,41	1 812,08	1 733,75	1 655,41
	VI	**2 684,16**	465,08	465,08							
8 288,99 Ost	I,IV	**2 133,25**	465,08	465,08	I	1 976,58	1 819,91	1 663,25	1 506,58	1 350,00	1 197,25
	II	**1 984,16**	465,08	465,08	II	1 827,50	1 670,83	1 514,16	1 357,50	1 204,50	1 057,83
	III	**1 436,50**	465,08	465,08	III	1 310,83	1 188,33	1 069,16	953,16	840,33	730,83
	V	**2 647,66**	465,08	465,08	IV	2 054,91	1 976,58	1 898,25	1 819,91	1 741,58	1 663,25
	VI	**2 692,00**	465,08	465,08							
8 291,99 West	I,IV	**2 126,66**	465,08	465,08	I	1 970,00	1 813,33	1 656,75	1 500,08	1 343,50	1 191,00
	II	**1 977,58**	465,08	465,08	II	1 820,91	1 664,25	1 507,58	1 351,00	1 198,25	1 051,83
	III	**1 431,16**	465,08	465,08	III	1 305,66	1 183,33	1 064,16	948,33	835,66	726,33
	V	**2 641,16**	465,08	465,08	IV	2 048,33	1 970,00	1 891,66	1 813,33	1 735,08	1 656,75
	VI	**2 685,41**	465,08	465,08							
8 291,99 Ost	I,IV	**2 134,50**	465,08	465,08	I	1 977,83	1 821,16	1 664,50	1 507,83	1 351,25	1 198,41
	II	**1 985,41**	465,08	465,08	II	1 828,75	1 672,08	1 515,41	1 358,75	1 205,66	1 059,00
	III	**1 437,50**	465,08	465,08	III	1 311,83	1 189,33	1 070,16	954,00	841,33	731,66
	V	**2 648,91**	465,08	465,08	IV	2 056,16	1 977,83	1 899,50	1 821,16	1 742,83	1 664,50
	VI	**2 693,25**	465,08	465,08							
8 294,99 West	I,IV	**2 127,91**	465,08	465,08	I	1 971,33	1 814,66	1 658,00	1 501,33	1 344,75	1 192,16
	II	**1 978,83**	465,08	465,08	II	1 822,16	1 665,50	1 508,83	1 352,25	1 199,41	1 053,00
	III	**1 432,16**	465,08	465,08	III	1 306,66	1 184,33	1 065,16	949,33	836,66	727,16
	V	**2 642,41**	465,08	465,08	IV	2 049,58	1 971,33	1 893,00	1 814,66	1 736,33	1 658,00
	VI	**2 686,66**	465,08	465,08							
8 294,99 Ost	I,IV	**2 135,75**	465,08	465,08	I	1 979,08	1 822,41	1 665,75	1 509,08	1 352,50	1 199,66
	II	**1 986,66**	465,08	465,08	II	1 830,00	1 673,33	1 516,66	1 360,00	1 206,91	1 060,16
	III	**1 438,50**	465,08	465,08	III	1 312,83	1 190,33	1 071,00	955,00	842,16	732,50
	V	**2 650,16**	465,08	465,08	IV	2 057,41	1 979,08	1 900,75	1 822,41	1 744,08	1 665,75
	VI	**2 694,50**	465,08	465,08							
8 297,99 West	I,IV	**2 129,25**	465,08	465,08	I	1 972,58	1 815,91	1 659,25	1 502,58	1 346,00	1 193,41
	II	**1 980,08**	465,08	465,08	II	1 823,41	1 666,83	1 510,16	1 353,50	1 200,58	1 054,16
	III	**1 433,16**	465,08	465,08	III	1 307,66	1 185,33	1 066,16	950,16	837,50	728,00
	V	**2 643,66**	465,08	465,08	IV	2 050,91	1 972,58	1 894,25	1 815,91	1 737,58	1 659,25
	VI	**2 688,00**	465,08	465,08							
8 297,99 Ost	I,IV	**2 137,00**	465,08	465,08	I	1 980,33	1 823,66	1 667,00	1 510,41	1 353,75	1 200,83
	II	**1 987,91**	465,08	465,08	II	1 831,25	1 674,58	1 517,91	1 361,25	1 208,08	1 061,33
	III	**1 439,50**	465,08	465,08	III	1 313,83	1 191,33	1 072,00	956,00	843,00	733,33
	V	**2 651,50**	465,08	465,08	IV	2 058,66	1 980,33	1 902,00	1 823,66	1 745,33	1 667,00
	VI	**2 695,75**	465,08	465,08							

* Zur LSt-Berechnung für privat versicherte Arbeitnehmer s. Beispiele **Vorbemerkung S. 4 f.**
** Basisvorsorgepauschale KV und PV *** Typisierter Arbeitgeberzuschuss

Lohn/ Gehalt in € bis	Steuerklasse	**Lohnsteuer***	BVSP**	TAGZ***	Steuerklasse	Bemessungsgrundlage für Kirchensteuer und Solidaritätszuschlag – Freibeträge für ... Kinder 0,5	**1,0**	1,5	**2,0**	2,5	**3,0**
8 300,99	I,IV	**2 130,50**	465,08	465,08	I	1 973,83	1 817,16	1 660,50	1 503,83	1 347,25	1 194,58
West	II	**1 981,33**	465,08	465,08	II	1 824,75	1 668,08	1 511,41	1 354,75	1 201,83	1 055,33
	III	**1 434,16**	465,08	465,08	III	1 308,66	1 186,16	1 067,00	951,16	838,33	728,83
	V	**2 644,91**	465,08	465,08	IV	2 052,16	1 973,83	1 895,50	1 817,16	1 738,83	1 660,50
	VI	**2 689,25**	465,08	465,08							
8 300,99	I,IV	**2 138,25**	465,08	465,08	I	1 981,58	1 824,91	1 668,33	1 511,66	1 355,00	1 202,08
Ost	II	**1 989,16**	465,08	465,08	II	1 832,50	1 675,83	1 519,16	1 362,58	1 209,25	1 062,50
	III	**1 440,66**	465,08	465,08	III	1 314,83	1 192,33	1 073,00	956,83	844,00	734,33
	V	**2 652,75**	465,08	465,08	IV	2 059,91	1 981,58	1 903,25	1 824,91	1 746,66	1 668,33
	VI	**2 697,00**	465,08	465,08							
8 303,99	I,IV	**2 131,75**	465,08	465,08	I	1 975,08	1 818,41	1 661,75	1 505,08	1 348,50	1 195,83
West	II	**1 982,66**	465,08	465,08	II	1 826,00	1 669,33	1 512,66	1 356,00	1 203,00	1 056,50
	III	**1 435,16**	465,08	465,08	III	1 309,66	1 187,16	1 068,00	952,00	839,33	729,66
	V	**2 646,16**	465,08	465,08	IV	2 053,41	1 975,08	1 896,75	1 818,41	1 740,08	1 661,75
	VI	**2 690,50**	465,08	465,08							
8 303,99	I,IV	**2 139,50**	465,08	465,08	I	1 982,91	1 826,25	1 669,58	1 512,91	1 356,25	1 203,25
Ost	II	**1 990,41**	465,08	465,08	II	1 833,75	1 677,08	1 520,41	1 363,83	1 210,50	1 063,58
	III	**1 441,66**	465,08	465,08	III	1 315,83	1 193,33	1 073,83	957,83	844,83	735,16
	V	**2 654,00**	465,08	465,08	IV	2 061,16	1 982,91	1 904,58	1 826,25	1 747,91	1 669,58
	VI	**2 698,25**	465,08	465,08							
8 306,99	I,IV	**2 133,00**	465,08	465,08	I	1 976,33	1 819,66	1 663,00	1 506,33	1 349,75	1 197,00
West	II	**1 983,91**	465,08	465,08	II	1 827,25	1 670,58	1 513,91	1 357,25	1 204,25	1 057,66
	III	**1 436,33**	465,08	465,08	III	1 310,66	1 188,16	1 069,00	953,00	840,16	730,66
	V	**2 647,41**	465,08	465,08	IV	2 054,66	1 976,33	1 898,00	1 819,66	1 741,33	1 663,00
	VI	**2 691,75**	465,08	465,08							
8 306,99	I,IV	**2 140,83**	465,08	465,08	I	1 984,16	1 827,50	1 670,83	1 514,16	1 357,50	1 204,50
Ost	II	**1 991,66**	465,08	465,08	II	1 835,00	1 678,41	1 521,75	1 365,08	1 211,66	1 064,75
	III	**1 442,66**	465,08	465,08	III	1 316,83	1 194,16	1 074,83	958,66	845,66	736,00
	V	**2 655,25**	465,08	465,08	IV	2 062,50	1 984,16	1 905,83	1 827,50	1 749,16	1 670,83
	VI	**2 699,58**	465,08	465,08							
8 309,99	I,IV	**2 134,25**	465,08	465,08	I	1 977,58	1 820,91	1 664,25	1 507,58	1 351,00	1 198,25
West	II	**1 985,16**	465,08	465,08	II	1 828,50	1 671,83	1 515,16	1 358,50	1 205,41	1 058,75
	III	**1 437,33**	465,08	465,08	III	1 311,66	1 189,16	1 069,83	953,83	841,00	731,50
	V	**2 648,66**	465,08	465,08	IV	2 055,91	1 977,58	1 899,25	1 820,91	1 742,58	1 664,25
	VI	**2 693,00**	465,08	465,08							
8 309,99	I,IV	**2 142,08**	465,08	465,08	I	1 985,41	1 828,75	1 672,08	1 515,41	1 358,75	1 205,66
Ost	II	**1 992,91**	465,08	465,08	II	1 836,33	1 679,66	1 523,00	1 366,33	1 212,91	1 065,91
	III	**1 443,66**	465,08	465,08	III	1 317,83	1 195,16	1 075,83	959,66	846,66	736,83
	V	**2 656,50**	465,08	465,08	IV	2 063,75	1 985,41	1 907,08	1 828,75	1 750,41	1 672,08
	VI	**2 700,83**	465,08	465,08							
8 312,99	I,IV	**2 135,50**	465,08	465,08	I	1 978,83	1 822,16	1 665,50	1 508,83	1 352,25	1 199,41
West	II	**1 986,41**	465,08	465,08	II	1 829,75	1 673,08	1 516,41	1 359,75	1 206,66	1 059,91
	III	**1 438,33**	465,08	465,08	III	1 312,66	1 190,16	1 070,83	954,83	842,00	732,33
	V	**2 649,91**	465,08	465,08	IV	2 057,16	1 978,83	1 900,50	1 822,16	1 743,83	1 665,50
	VI	**2 694,25**	465,08	465,08							
8 312,99	I,IV	**2 143,33**	465,08	465,08	I	1 986,66	1 830,00	1 673,33	1 516,66	1 360,00	1 206,91
Ost	II	**1 994,25**	465,08	465,08	II	1 837,58	1 680,91	1 524,25	1 367,58	1 214,08	1 067,08
	III	**1 444,66**	465,08	465,08	III	1 318,83	1 196,16	1 076,66	960,50	847,50	737,66
	V	**2 657,75**	465,08	465,08	IV	2 065,00	1 986,66	1 908,33	1 830,00	1 751,66	1 673,33
	VI	**2 702,08**	465,08	465,08							
8 315,99	I,IV	**2 136,75**	465,08	465,08	I	1 980,08	1 823,41	1 666,83	1 510,16	1 353,50	1 200,58
West	II	**1 987,66**	465,08	465,08	II	1 831,00	1 674,33	1 517,66	1 361,08	1 207,83	1 061,08
	III	**1 439,33**	465,08	465,08	III	1 313,66	1 191,16	1 071,83	955,66	842,83	733,16
	V	**2 651,25**	465,08	465,08	IV	2 058,41	1 980,08	1 901,75	1 823,41	1 745,08	1 666,83
	VI	**2 695,50**	465,08	465,08							
8 315,99	I,IV	**2 144,58**	465,08	465,08	I	1 987,91	1 831,25	1 674,58	1 517,91	1 361,25	1 208,08
Ost	II	**1 995,50**	465,08	465,08	II	1 838,83	1 682,16	1 525,50	1 368,83	1 215,33	1 068,25
	III	**1 445,66**	465,08	465,08	III	1 319,83	1 197,16	1 077,66	961,50	848,50	738,66
	V	**2 659,00**	465,08	465,08	IV	2 066,25	1 987,91	1 909,58	1 831,25	1 752,91	1 674,58
	VI	**2 703,33**	465,08	465,08							

* Zur LSt-Berechnung für privat versicherte Arbeitnehmer s. Beispiele **Vorbemerkung S. 4 f.**
** Basisvorsorgepauschale KV und PV *** Typisierter Arbeitgeberzuschuss

Lohn/ Gehalt in € bis	Steuerklasse	Lohn- steuer*	BVSP**	TAGZ***	Steuerklasse	Bemessungsgrundlage für Kirchensteuer und Solidaritätszuschlag					
						Freibeträge für ... Kinder					
						0,5	**1,0**	1,5	**2,0**	2,5	**3,0**
8318,99	I,IV	**2138,00**	465,08	465,08	I	1981,33	1824,75	1668,08	1511,41	1354,75	1201,83
West	II	**1988,91**	465,08	465,08	II	1832,25	1675,58	1518,91	1362,33	1209,08	1062,25
	III	**1440,33**	465,08	465,08	III	1314,66	1192,00	1072,66	956,66	843,66	734,00
	V	**2652,50**	465,08	465,08	IV	2059,66	1981,33	1903,08	1824,75	1746,41	1668,08
	VI	**2696,75**	465,08	465,08							
8318,99	I,IV	**2145,83**	465,08	465,08	I	1989,16	1832,50	1675,83	1519,16	1362,58	1209,25
Ost	II	**1996,75**	465,08	465,08	II	1840,08	1683,41	1526,75	1370,08	1216,50	1069,41
	III	**1446,66**	465,08	465,08	III	1320,83	1198,16	1078,66	962,33	849,33	739,50
	V	**2660,25**	465,08	465,08	IV	2067,50	1989,16	1910,83	1832,50	1754,16	1675,83
	VI	**2704,58**	465,08	465,08							
8321,99	I,IV	**2139,33**	465,08	465,08	I	1982,66	1826,00	1669,33	1512,66	1356,00	1203,00
West	II	**1990,16**	465,08	465,08	II	1833,50	1676,83	1520,25	1363,58	1210,25	1063,41
	III	**1441,33**	465,08	465,08	III	1315,66	1193,00	1073,66	957,50	844,66	735,00
	V	**2653,75**	465,08	465,08	IV	2061,00	1982,66	1904,33	1826,00	1747,66	1669,33
	VI	**2698,08**	465,08	465,08							
8321,99	I,IV	**2147,08**	465,08	465,08	I	1990,41	1833,75	1677,08	1520,41	1363,83	1210,50
Ost	II	**1998,00**	465,08	465,08	II	1841,33	1684,66	1528,00	1371,33	1217,75	1070,58
	III	**1447,83**	465,08	465,08	III	1321,83	1199,16	1079,66	963,33	850,16	740,33
	V	**2661,50**	465,08	465,08	IV	2068,75	1990,41	1912,08	1833,75	1755,41	1677,08
	VI	**2705,83**	465,08	465,08							
8324,99	I,IV	**2140,58**	465,08	465,08	I	1983,91	1827,25	1670,58	1513,91	1357,25	1204,25
West	II	**1991,41**	465,08	465,08	II	1834,83	1678,16	1521,50	1364,83	1211,50	1064,58
	III	**1442,33**	465,08	465,08	III	1316,66	1194,00	1074,66	958,50	845,50	735,83
	V	**2655,00**	465,08	465,08	IV	2062,25	1983,91	1905,58	1827,25	1748,91	1670,58
	VI	**2699,33**	465,08	465,08							
8324,99	I,IV	**2148,33**	465,08	465,08	I	1991,66	1835,00	1678,41	1521,75	1365,08	1211,66
Ost	II	**1999,25**	465,08	465,08	II	1842,58	1685,91	1529,25	1372,58	1218,91	1071,75
	III	**1448,83**	465,08	465,08	III	1322,83	1200,00	1080,50	964,16	851,16	741,16
	V	**2662,83**	465,08	465,08	IV	2070,00	1991,66	1913,33	1835,00	1756,66	1678,41
	VI	**2707,08**	465,08	465,08							
8327,99	I,IV	**2141,83**	465,08	465,08	I	1985,16	1828,50	1671,83	1515,16	1358,50	1205,41
West	II	**1992,75**	465,08	465,08	II	1836,08	1679,41	1522,75	1366,08	1212,66	1065,75
	III	**1443,50**	465,08	465,08	III	1317,66	1195,00	1075,66	959,33	846,50	736,66
	V	**2656,25**	465,08	465,08	IV	2063,50	1985,16	1906,83	1828,50	1750,16	1671,83
	VI	**2700,58**	465,08	465,08							
8327,99	I,IV	**2149,58**	465,08	465,08	I	1992,91	1836,33	1679,66	1523,00	1366,33	1212,91
Ost	II	**2000,50**	465,08	465,08	II	1843,83	1687,16	1530,50	1373,91	1220,16	1072,91
	III	**1449,83**	465,08	465,08	III	1323,83	1201,00	1081,50	965,16	852,00	742,16
	V	**2664,08**	465,08	465,08	IV	2071,25	1992,91	1914,66	1836,33	1758,00	1679,66
	VI	**2708,33**	465,08	465,08							
8330,99	I,IV	**2143,08**	465,08	465,08	I	1986,41	1829,75	1673,08	1516,41	1359,75	1206,66
West	II	**1994,00**	465,08	465,08	II	1837,33	1680,66	1524,00	1367,33	1213,91	1066,83
	III	**1444,50**	465,08	465,08	III	1318,66	1196,00	1076,50	960,33	847,33	737,50
	V	**2657,50**	465,08	465,08	IV	2064,75	1986,41	1908,08	1829,75	1751,41	1673,08
	VI	**2701,83**	465,08	465,08							
8330,99	I,IV	**2150,91**	465,08	465,08	I	1994,25	1837,58	1680,91	1524,25	1367,58	1214,08
Ost	II	**2001,75**	465,08	465,08	II	1845,08	1688,41	1531,83	1375,16	1221,41	1074,00
	III	**1450,83**	465,08	465,08	III	1324,83	1202,00	1082,50	966,00	852,83	743,00
	V	**2665,33**	465,08	465,08	IV	2072,58	1994,25	1915,91	1837,58	1759,25	1680,91
	VI	**2709,66**	465,08	465,08							
8333,99	I,IV	**2144,33**	465,08	465,08	I	1987,66	1831,00	1674,33	1517,66	1361,08	1207,83
West	II	**1995,25**	465,08	465,08	II	1838,58	1681,91	1525,25	1368,58	1215,08	1068,00
	III	**1445,50**	465,08	465,08	III	1319,66	1197,00	1077,50	961,16	848,16	738,50
	V	**2658,75**	465,08	465,08	IV	2066,00	1987,66	1909,33	1831,00	1752,66	1674,33
	VI	**2703,08**	465,08	465,08							
8333,99	I,IV	**2152,16**	465,08	465,08	I	1995,50	1838,83	1682,16	1525,50	1368,83	1215,33
Ost	II	**2003,00**	465,08	465,08	II	1846,41	1689,75	1533,08	1376,41	1222,58	1075,16
	III	**1451,83**	465,08	465,08	III	1325,83	1203,00	1083,33	967,00	853,83	743,83
	V	**2666,58**	465,08	465,08	IV	2073,83	1995,50	1917,16	1838,83	1760,50	1682,16
	VI	**2710,91**	465,08	465,08							

* Zur LSt-Berechnung für privat versicherte Arbeitnehmer s. Beispiele **Vorbemerkung S. 4f.**
** Basisvorsorgepauschale KV und PV *** Typisierter Arbeitgeberzuschuss

Lohn/ Gehalt in € bis	Steuerklasse	Lohn-steuer*	BVSP**	TAGZ***	Steuerklasse	Bemessungsgrundlage für Kirchensteuer und Solidaritätszuschlag					
						Freibeträge für ... Kinder					
						0,5	1,0	1,5	2,0	2,5	3,0
8336,99	I,IV	**2145,58**	465,08	465,08	I	1988,91	1832,25	1675,58	1518,91	1362,33	1209,08
West	II	**1996,50**	465,08	465,08	II	1839,83	1683,16	1526,50	1369,83	1216,33	1069,16
	III	**1446,50**	465,08	465,08	III	1320,66	1197,83	1078,50	962,16	849,16	739,33
	V	**2660,00**	465,08	465,08	IV	2067,25	1988,91	1910,58	1832,25	1753,91	1675,58
	VI	**2704,33**	465,08	465,08							
8336,99	I,IV	**2153,41**	465,08	465,08	I	1996,75	1840,08	1683,41	1526,75	1370,08	1216,50
Ost	II	**2004,33**	465,08	465,08	II	1847,66	1691,00	1534,33	1377,66	1223,83	1076,33
	III	**1452,83**	465,08	465,08	III	1326,83	1204,00	1084,33	967,83	854,66	744,66
	V	**2667,83**	465,08	465,08	IV	2075,08	1996,75	1918,41	1840,08	1761,75	1683,41
	VI	**2712,16**	465,08	465,08							
8339,99	I,IV	**2146,83**	465,08	465,08	I	1990,16	1833,50	1676,83	1520,25	1363,58	1210,25
West	II	**1997,75**	465,08	465,08	II	1841,08	1684,41	1527,75	1371,08	1217,50	1070,33
	III	**1447,50**	465,08	465,08	III	1321,66	1198,83	1079,33	963,16	850,00	740,16
	V	**2661,33**	465,08	465,08	IV	2068,50	1990,16	1911,83	1833,50	1755,16	1676,83
	VI	**2705,58**	465,08	465,08							
8339,99	I,IV	**2154,66**	465,08	465,08	I	1998,00	1841,33	1684,66	1528,00	1371,33	1217,75
Ost	II	**2005,58**	465,08	465,08	II	1848,91	1692,25	1535,58	1378,91	1225,00	1077,50
	III	**1454,00**	465,08	465,08	III	1327,83	1205,00	1085,33	968,83	855,66	745,50
	V	**2669,08**	465,08	465,08	IV	2076,33	1998,00	1919,66	1841,33	1763,00	1684,66
	VI	**2713,41**	465,08	465,08							
8342,99	I,IV	**2148,08**	465,08	465,08	I	1991,41	1834,83	1678,16	1521,50	1364,83	1211,50
West	II	**1999,00**	465,08	465,08	II	1842,33	1685,66	1529,00	1372,33	1218,75	1071,50
	III	**1448,50**	465,08	465,08	III	1322,66	1199,83	1080,33	964,00	850,83	741,00
	V	**2662,58**	465,08	465,08	IV	2069,75	1991,41	1913,08	1834,83	1756,50	1678,16
	VI	**2706,83**	465,08	465,08							
8342,99	I,IV	**2155,91**	465,08	465,08	I	1999,25	1842,58	1685,91	1529,25	1372,58	1218,91
Ost	II	**2006,83**	465,08	465,08	II	1850,16	1693,50	1536,83	1380,16	1226,25	1078,66
	III	**1455,00**	465,08	465,08	III	1328,83	1206,00	1086,16	969,83	856,50	746,50
	V	**2670,33**	465,08	465,08	IV	2077,58	1999,25	1920,91	1842,58	1764,25	1685,91
	VI	**2714,66**	465,08	465,08							
8345,99	I,IV	**2149,33**	465,08	465,08	I	1992,75	1836,08	1679,41	1522,75	1366,08	1212,66
West	II	**2000,25**	465,08	465,08	II	1843,58	1686,91	1530,33	1373,66	1219,91	1072,66
	III	**1449,66**	465,08	465,08	III	1323,66	1200,83	1081,33	965,00	851,83	741,83
	V	**2663,83**	465,08	465,08	IV	2071,08	1992,75	1914,41	1836,08	1757,75	1679,41
	VI	**2708,08**	465,08	465,08							
8345,99	I,IV	**2157,16**	465,08	465,08	I	2000,50	1843,83	1687,16	1530,50	1373,91	1220,16
Ost	II	**2008,08**	465,08	465,08	II	1851,41	1694,75	1538,08	1381,41	1227,41	1079,83
	III	**1456,00**	465,08	465,08	III	1329,83	1206,83	1087,16	970,66	857,33	747,33
	V	**2671,58**	465,08	465,08	IV	2078,83	2000,50	1922,16	1843,83	1765,50	1687,16
	VI	**2715,91**	465,08	465,08							
8348,99	I,IV	**2150,66**	465,08	465,08	I	1994,00	1837,33	1680,66	1524,00	1367,33	1213,91
West	II	**2001,50**	465,08	465,08	II	1844,83	1688,25	1531,58	1374,91	1221,16	1073,83
	III	**1450,66**	465,08	465,08	III	1324,66	1201,83	1082,16	965,83	852,66	742,83
	V	**2665,08**	465,08	465,08	IV	2072,33	1994,00	1915,66	1837,33	1759,00	1680,66
	VI	**2709,41**	465,08	465,08							
8348,99	I,IV	**2158,41**	465,08	465,08	I	2001,75	1845,08	1688,41	1531,83	1375,16	1221,41
Ost	II	**2009,33**	465,08	465,08	II	1852,66	1696,00	1539,33	1382,66	1228,66	1081,00
	III	**1457,00**	465,08	465,08	III	1330,83	1207,83	1088,16	971,66	858,33	748,16
	V	**2672,91**	465,08	465,08	IV	2080,08	2001,75	1923,41	1845,08	1766,75	1688,41
	VI	**2717,16**	465,08	465,08							
8351,99	I,IV	**2151,91**	465,08	465,08	I	1995,25	1838,58	1681,91	1525,25	1368,58	1215,08
West	II	**2002,83**	465,08	465,08	II	1846,16	1689,50	1532,83	1376,16	1222,33	1075,00
	III	**1451,66**	465,08	465,08	III	1325,66	1202,83	1083,16	966,83	853,66	743,66
	V	**2666,33**	465,08	465,08	IV	2073,58	1995,25	1916,91	1838,58	1760,25	1681,91
	VI	**2710,66**	465,08	465,08							
8351,99	I,IV	**2159,66**	465,08	465,08	I	2003,00	1846,41	1689,75	1533,08	1376,41	1222,58
Ost	II	**2010,58**	465,08	465,08	II	1853,91	1697,25	1540,58	1383,91	1229,83	1082,16
	III	**1458,00**	465,08	465,08	III	1331,83	1208,83	1089,16	972,50	859,16	749,00
	V	**2674,16**	465,08	465,08	IV	2081,33	2003,00	1924,66	1846,41	1768,08	1689,75
	VI	**2718,41**	465,08	465,08							

* Zur LSt-Berechnung für privat versicherte Arbeitnehmer s. Beispiele **Vorbemerkung S. 4f.**
** Basisvorsorgepauschale KV und PV *** Typisierter Arbeitgeberzuschuss

Lohn/ Gehalt in € bis	Steuerklasse	Lohn-steuer*	BVSP**	TAGZ***	Steuerklasse	Bemessungsgrundlage für Kirchensteuer und Solidaritätszuschlag – Freibeträge für ... Kinder 0,5	1,0	1,5	2,0	2,5	3,0
8354,99	I,IV	**2153,16**	465,08	465,08	I	1996,50	1839,83	1683,16	1526,50	1369,83	1216,33
West	II	**2004,08**	465,08	465,08	II	1847,41	1690,75	1534,08	1377,41	1223,58	1076,16
	III	**1452,66**	465,08	465,08	III	1326,66	1203,83	1084,16	967,66	854,50	744,50
	V	**2667,58**	465,08	465,08	IV	2074,83	1996,50	1918,16	1839,83	1761,50	1683,16
	VI	**2711,91**	465,08	465,08							
8354,99	I,IV	**2160,91**	465,08	465,08	I	2004,33	1847,66	1691,00	1534,33	1377,66	1223,83
Ost	II	**2011,83**	465,08	465,08	II	1855,16	1698,50	1541,91	1385,25	1231,08	1083,33
	III	**1459,00**	465,08	465,08	III	1332,83	1209,83	1090,00	973,50	860,16	750,00
	V	**2675,41**	465,08	465,08	IV	2082,66	2004,33	1926,00	1847,66	1769,33	1691,00
	VI	**2719,75**	465,08	465,08							
8357,99	I,IV	**2154,41**	465,08	465,08	I	1997,75	1841,08	1684,41	1527,75	1371,08	1217,50
West	II	**2005,33**	465,08	465,08	II	1848,66	1692,00	1535,33	1378,66	1224,75	1077,33
	III	**1453,66**	465,08	465,08	III	1327,66	1204,66	1085,00	968,66	855,33	745,33
	V	**2668,83**	465,08	465,08	IV	2076,08	1997,75	1919,41	1841,08	1762,75	1684,41
	VI	**2713,16**	465,08	465,08							
8357,99	I,IV	**2162,25**	465,08	465,08	I	2005,58	1848,91	1692,25	1535,58	1378,91	1225,00
Ost	II	**2013,08**	465,08	465,08	II	1856,41	1699,83	1543,16	1386,50	1232,33	1084,50
	III	**1460,16**	465,08	465,08	III	1333,83	1210,83	1091,00	974,33	861,00	750,83
	V	**2676,66**	465,08	465,08	IV	2083,91	2005,58	1927,25	1848,91	1770,58	1692,25
	VI	**2721,00**	465,08	465,08							
8360,99	I,IV	**2155,66**	465,08	465,08	I	1999,00	1842,33	1685,66	1529,00	1372,33	1218,75
West	II	**2006,58**	465,08	465,08	II	1849,91	1693,25	1536,58	1379,91	1226,00	1078,41
	III	**1454,66**	465,08	465,08	III	1328,66	1205,66	1086,00	969,50	856,33	746,33
	V	**2670,08**	465,08	465,08	IV	2077,33	1999,00	1920,66	1842,33	1764,00	1685,66
	VI	**2714,41**	465,08	465,08							
8360,99	I,IV	**2163,50**	465,08	465,08	I	2006,83	1850,16	1693,50	1536,83	1380,16	1226,25
Ost	II	**2014,41**	465,08	465,08	II	1857,75	1701,08	1544,41	1387,75	1233,50	1085,66
	III	**1461,16**	465,08	465,08	III	1334,83	1211,83	1092,00	975,33	861,83	751,66
	V	**2677,91**	465,08	465,08	IV	2085,16	2006,83	1928,50	1850,16	1771,83	1693,50
	VI	**2722,25**	465,08	465,08							
8363,99	I,IV	**2156,91**	465,08	465,08	I	2000,25	1843,58	1686,91	1530,33	1373,66	1219,91
West	II	**2007,83**	465,08	465,08	II	1851,16	1694,50	1537,83	1381,16	1227,16	1079,58
	III	**1455,83**	465,08	465,08	III	1329,66	1206,66	1087,00	970,50	857,16	747,16
	V	**2671,33**	465,08	465,08	IV	2078,58	2000,25	1921,91	1843,58	1765,25	1686,91
	VI	**2715,66**	465,08	465,08							
8363,99	I,IV	**2164,75**	465,08	465,08	I	2008,08	1851,41	1694,75	1538,08	1381,41	1227,41
Ost	II	**2015,66**	465,08	465,08	II	1859,00	1702,33	1545,66	1389,00	1234,75	1086,83
	III	**1462,16**	465,08	465,08	III	1335,83	1212,83	1092,83	976,16	862,83	752,50
	V	**2679,16**	465,08	465,08	IV	2086,41	2008,08	1929,75	1851,41	1773,08	1694,75
	VI	**2723,50**	465,08	465,08							
8366,99	I,IV	**2158,16**	465,08	465,08	I	2001,50	1844,83	1688,25	1531,58	1374,91	1221,16
West	II	**2009,08**	465,08	465,08	II	1852,41	1695,75	1539,08	1382,41	1228,41	1080,75
	III	**1456,83**	465,08	465,08	III	1330,66	1207,66	1088,00	971,33	858,16	748,00
	V	**2672,66**	465,08	465,08	IV	2079,83	2001,50	1923,16	1844,83	1766,58	1688,25
	VI	**2716,91**	465,08	465,08							
8366,99	I,IV	**2166,00**	465,08	465,08	I	2009,33	1852,66	1696,00	1539,33	1382,66	1228,66
Ost	II	**2016,91**	465,08	465,08	II	1860,25	1703,58	1546,91	1390,25	1235,91	1088,00
	III	**1463,16**	465,08	465,08	III	1336,83	1213,66	1093,83	977,16	863,66	753,50
	V	**2680,41**	465,08	465,08	IV	2087,66	2009,33	1931,00	1852,66	1774,33	1696,00
	VI	**2724,75**	465,08	465,08							
8369,99	I,IV	**2159,41**	465,08	465,08	I	2002,83	1846,16	1689,50	1532,83	1376,16	1222,33
West	II	**2010,33**	465,08	465,08	II	1853,66	1697,00	1540,33	1383,75	1229,66	1081,91
	III	**1457,83**	465,08	465,08	III	1331,66	1208,66	1088,83	972,33	859,00	748,83
	V	**2673,91**	465,08	465,08	IV	2081,08	2002,83	1924,50	1846,16	1767,83	1689,50
	VI	**2718,16**	465,08	465,08							
8369,99	I,IV	**2167,25**	465,08	465,08	I	2010,58	1853,91	1697,25	1540,58	1383,91	1229,83
Ost	II	**2018,16**	465,08	465,08	II	1861,50	1704,83	1548,16	1391,50	1237,16	1089,16
	III	**1464,16**	465,08	465,08	III	1337,83	1214,66	1094,83	978,00	864,66	754,33
	V	**2681,66**	465,08	465,08	IV	2088,91	2010,58	1932,25	1853,91	1775,58	1697,25
	VI	**2726,00**	465,08	465,08							

* Zur LSt-Berechnung für privat versicherte Arbeitnehmer s. Beispiele **Vorbemerkung S. 4f.**
** Basisvorsorgepauschale KV und PV *** Typisierter Arbeitgeberzuschuss

Lohn/ Gehalt in € bis	Steuerklasse	Lohnsteuer*	BVSP**	TAGZ***	Steuerklasse	Bemessungsgrundlage für Kirchensteuer und Solidaritätszuschlag – Freibeträge für ... Kinder 0,5	1,0	1,5	2,0	2,5	3,0
8372,99 West	I,IV	**2160,75**	465,08	465,08	I	2004,08	1847,41	1690,75	1534,08	1377,41	1223,58
	II	**2011,58**	465,08	465,08	II	1854,91	1698,33	1541,66	1385,00	1230,83	1083,08
	III	**1458,83**	465,08	465,08	III	1332,66	1209,66	1089,83	973,33	859,83	749,66
	V	**2675,16**	465,08	465,08	IV	2082,41	2004,08	1925,75	1847,41	1769,08	1690,75
	VI	**2719,50**	465,08	465,08							
8372,99 Ost	I,IV	**2168,50**	465,08	465,08	I	2011,83	1855,16	1698,50	1541,91	1385,25	1231,08
	II	**2019,41**	465,08	465,08	II	1862,75	1706,08	1549,41	1392,75	1238,33	1090,33
	III	**1465,16**	465,08	465,08	III	1338,83	1215,66	1095,66	979,00	865,50	755,16
	V	**2683,00**	465,08	465,08	IV	2090,16	2011,83	1933,50	1855,16	1776,83	1698,50
	VI	**2727,25**	465,08	465,08							
8375,99 West	I,IV	**2162,00**	465,08	465,08	I	2005,33	1848,66	1692,00	1535,33	1378,66	1224,75
	II	**2012,83**	465,08	465,08	II	1856,25	1699,58	1542,91	1386,25	1232,08	1084,25
	III	**1459,83**	465,08	465,08	III	1333,66	1210,66	1090,83	974,16	860,83	750,66
	V	**2676,41**	465,08	465,08	IV	2083,66	2005,33	1927,00	1848,66	1770,33	1692,00
	VI	**2720,75**	465,08	465,08							
8375,99 Ost	I,IV	**2169,75**	465,08	465,08	I	2013,08	1856,41	1699,83	1543,16	1386,50	1232,33
	II	**2020,66**	465,08	465,08	II	1864,00	1707,33	1550,66	1394,00	1239,58	1091,50
	III	**1466,33**	465,08	465,08	III	1339,83	1216,66	1096,66	980,00	866,33	756,00
	V	**2684,25**	465,08	465,08	IV	2091,41	2013,08	1934,75	1856,41	1778,16	1699,83
	VI	**2728,50**	465,08	465,08							
8378,99 West	I,IV	**2163,25**	465,08	465,08	I	2006,58	1849,91	1693,25	1536,58	1379,91	1226,00
	II	**2014,16**	465,08	465,08	II	1857,50	1700,83	1544,16	1387,50	1233,25	1085,41
	III	**1460,83**	465,08	465,08	III	1334,66	1211,50	1091,66	975,16	861,66	751,50
	V	**2677,66**	465,08	465,08	IV	2084,91	2006,58	1928,25	1849,91	1771,58	1693,25
	VI	**2722,00**	465,08	465,08							
8378,99 Ost	I,IV	**2171,00**	465,08	465,08	I	2014,41	1857,75	1701,08	1544,41	1387,75	1233,50
	II	**2021,91**	465,08	465,08	II	1865,25	1708,58	1551,91	1395,33	1240,83	1092,66
	III	**1467,33**	465,08	465,08	III	1340,83	1217,66	1097,66	980,83	867,33	757,00
	V	**2685,50**	465,08	465,08	IV	2092,66	2014,41	1936,08	1857,75	1779,41	1701,08
	VI	**2729,75**	465,08	465,08							
8381,99 West	I,IV	**2164,50**	465,08	465,08	I	2007,83	1851,16	1694,50	1537,83	1381,16	1227,16
	II	**2015,41**	465,08	465,08	II	1858,75	1702,08	1545,41	1388,75	1234,50	1086,58
	III	**1462,00**	465,08	465,08	III	1335,66	1212,50	1092,66	976,00	862,66	752,33
	V	**2678,91**	465,08	465,08	IV	2086,16	2007,83	1929,50	1851,16	1772,83	1694,50
	VI	**2723,25**	465,08	465,08							
8381,99 Ost	I,IV	**2172,33**	465,08	465,08	I	2015,66	1859,00	1702,33	1545,66	1389,00	1234,75
	II	**2023,16**	465,08	465,08	II	1866,50	1709,91	1553,25	1396,58	1242,00	1093,83
	III	**1468,33**	465,08	465,08	III	1341,83	1218,66	1098,66	981,83	868,16	757,83
	V	**2686,75**	465,08	465,08	IV	2094,00	2015,66	1937,33	1859,00	1780,66	1702,33
	VI	**2731,08**	465,08	465,08							
8384,99 West	I,IV	**2165,75**	465,08	465,08	I	2009,08	1852,41	1695,75	1539,08	1382,41	1228,41
	II	**2016,66**	465,08	465,08	II	1860,00	1703,33	1546,66	1390,00	1235,66	1087,75
	III	**1463,00**	465,08	465,08	III	1336,66	1213,50	1093,66	977,00	863,50	753,16
	V	**2680,16**	465,08	465,08	IV	2087,41	2009,08	1930,75	1852,41	1774,08	1695,75
	VI	**2724,50**	465,08	465,08							
8384,99 Ost	I,IV	**2173,58**	465,08	465,08	I	2016,91	1860,25	1703,58	1546,91	1390,25	1235,91
	II	**2024,41**	465,08	465,08	II	1867,83	1711,16	1554,50	1397,83	1243,25	1095,00
	III	**1469,33**	465,08	465,08	III	1342,83	1219,66	1099,50	982,66	869,16	758,66
	V	**2688,00**	465,08	465,08	IV	2095,25	2016,91	1938,58	1860,25	1781,91	1703,58
	VI	**2732,33**	465,08	465,08							
8387,99 West	I,IV	**2167,00**	465,08	465,08	I	2010,33	1853,66	1697,00	1540,33	1383,75	1229,66
	II	**2017,91**	465,08	465,08	II	1861,25	1704,58	1547,91	1391,25	1236,91	1088,91
	III	**1464,00**	465,08	465,08	III	1337,66	1214,50	1094,50	977,83	864,33	754,16
	V	**2681,41**	465,08	465,08	IV	2088,66	2010,33	1932,00	1853,66	1775,33	1697,00
	VI	**2725,75**	465,08	465,08							
8387,99 Ost	I,IV	**2174,83**	465,08	465,08	I	2018,16	1861,50	1704,83	1548,16	1391,50	1237,16
	II	**2025,75**	465,08	465,08	II	1869,08	1712,41	1555,75	1399,08	1244,50	1096,16
	III	**1470,33**	465,08	465,08	III	1343,83	1220,50	1100,50	983,66	870,00	759,50
	V	**2689,25**	465,08	465,08	IV	2096,50	2018,16	1939,83	1861,50	1783,16	1704,83
	VI	**2733,58**	465,08	465,08							

* Zur LSt-Berechnung für privat versicherte Arbeitnehmer s. Beispiele **Vorbemerkung S. 4f.**
** Basisvorsorgepauschale KV und PV *** Typisierter Arbeitgeberzuschuss

Lohn/ Gehalt in € bis	Steuerklasse	Lohnsteuer*	BVSP**	TAGZ***	Steuerklasse	Bemessungsgrundlage für Kirchensteuer und Solidaritätszuschlag – Freibeträge für ... Kinder 0,5	1,0	1,5	2,0	2,5	3,0
8390,99	I,IV	**2168,25**	465,08	465,08	I	2011,58	1854,91	1698,33	1541,66	1385,00	1230,83
West	II	**2019,16**	465,08	465,08	II	1862,50	1705,83	1549,16	1392,50	1238,16	1090,08
	III	**1465,00**	465,08	465,08	III	1338,66	1215,50	1095,50	978,83	865,33	755,00
	V	**2682,75**	465,08	465,08	IV	2089,91	2011,58	1933,25	1854,91	1776,58	1698,33
	VI	**2727,00**	465,08	465,08							
8390,99	I,IV	**2176,08**	465,08	465,08	I	2019,41	1862,75	1706,08	1549,41	1392,75	1238,33
Ost	II	**2027,00**	465,08	465,08	II	1870,33	1713,66	1557,00	1400,33	1245,66	1097,33
	III	**1471,50**	465,08	465,08	III	1344,83	1221,50	1101,50	984,50	870,83	760,50
	V	**2690,50**	465,08	465,08	IV	2097,75	2019,41	1941,08	1862,75	1784,41	1706,08
	VI	**2734,83**	465,08	465,08							
8393,99	I,IV	**2169,50**	465,08	465,08	I	2012,83	1856,25	1699,58	1542,91	1386,25	1232,08
West	II	**2020,41**	465,08	465,08	II	1863,75	1707,08	1550,41	1393,83	1239,33	1091,25
	III	**1466,00**	465,08	465,08	III	1339,66	1216,50	1096,50	979,66	866,16	755,83
	V	**2684,00**	465,08	465,08	IV	2091,16	2012,83	1934,58	1856,25	1777,91	1699,58
	VI	**2728,25**	465,08	465,08							
8393,99	I,IV	**2177,33**	465,08	465,08	I	2020,66	1864,00	1707,33	1550,66	1394,00	1239,58
Ost	II	**2028,25**	465,08	465,08	II	1871,58	1714,91	1558,25	1401,58	1246,91	1098,50
	III	**1472,50**	465,08	465,08	III	1345,83	1222,50	1102,33	985,50	871,83	761,33
	V	**2691,75**	465,08	465,08	IV	2099,00	2020,66	1942,33	1864,00	1785,66	1707,33
	VI	**2736,08**	465,08	465,08							
8396,99	I,IV	**2170,83**	465,08	465,08	I	2014,16	1857,50	1700,83	1544,16	1387,50	1233,25
West	II	**2021,66**	465,08	465,08	II	1865,00	1708,33	1551,75	1395,08	1240,58	1092,41
	III	**1467,00**	465,08	465,08	III	1340,66	1217,50	1097,50	980,66	867,16	756,66
	V	**2685,25**	465,08	465,08	IV	2092,50	2014,16	1935,83	1857,50	1779,16	1700,83
	VI	**2729,58**	465,08	465,08							
8396,99	I,IV	**2178,58**	465,08	465,08	I	2021,91	1865,25	1708,58	1551,91	1395,33	1240,83
Ost	II	**2029,50**	465,08	465,08	II	1872,83	1716,16	1559,50	1402,83	1248,08	1099,66
	III	**1473,50**	465,08	465,08	III	1346,83	1223,50	1103,33	986,50	872,66	762,16
	V	**2693,00**	465,08	465,08	IV	2100,25	2021,91	1943,58	1865,25	1786,91	1708,58
	VI	**2737,33**	465,08	465,08							
8399,99	I,IV	**2172,08**	465,08	465,08	I	2015,41	1858,75	1702,08	1545,41	1388,75	1234,50
West	II	**2022,91**	465,08	465,08	II	1866,33	1709,66	1553,00	1396,33	1241,75	1093,58
	III	**1468,16**	465,08	465,08	III	1341,66	1218,33	1098,33	981,50	868,00	757,66
	V	**2686,50**	465,08	465,08	IV	2093,75	2015,41	1937,08	1858,75	1780,41	1702,08
	VI	**2730,83**	465,08	465,08							
8399,99	I,IV	**2179,83**	465,08	465,08	I	2023,16	1866,50	1709,91	1553,25	1396,58	1242,00
Ost	II	**2030,75**	465,08	465,08	II	1874,08	1717,41	1560,75	1404,08	1249,33	1100,83
	III	**1474,50**	465,08	465,08	III	1347,83	1224,50	1104,33	987,33	873,66	763,00
	V	**2694,33**	465,08	465,08	IV	2101,50	2023,16	1944,83	1866,50	1788,16	1709,91
	VI	**2738,58**	465,08	465,08							
8402,99	I,IV	**2173,33**	465,08	465,08	I	2016,66	1860,00	1703,33	1546,66	1390,00	1235,66
West	II	**2024,25**	465,08	465,08	II	1867,58	1710,91	1554,25	1397,58	1243,00	1094,75
	III	**1469,16**	465,08	465,08	III	1342,66	1219,33	1099,33	982,50	868,83	758,50
	V	**2687,75**	465,08	465,08	IV	2095,00	2016,66	1938,33	1860,00	1781,66	1703,33
	VI	**2732,08**	465,08	465,08							
8402,99	I,IV	**2181,08**	465,08	465,08	I	2024,41	1867,83	1711,16	1554,50	1397,83	1243,25
Ost	II	**2032,00**	465,08	465,08	II	1875,33	1718,66	1562,00	1405,41	1250,58	1102,00
	III	**1475,50**	465,08	465,08	III	1348,83	1225,50	1105,33	988,33	874,50	764,00
	V	**2695,58**	465,08	465,08	IV	2102,75	2024,41	1946,16	1867,83	1789,50	1711,16
	VI	**2739,83**	465,08	465,08							
8405,99	I,IV	**2174,58**	465,08	465,08	I	2017,91	1861,25	1704,58	1547,91	1391,25	1236,91
West	II	**2025,50**	465,08	465,08	II	1868,83	1712,16	1555,50	1398,83	1244,25	1095,91
	III	**1470,16**	465,08	465,08	III	1343,66	1220,33	1100,33	983,50	869,83	759,33
	V	**2689,00**	465,08	465,08	IV	2096,25	2017,91	1939,58	1861,25	1782,91	1704,58
	VI	**2733,33**	465,08	465,08							
8405,99	I,IV	**2182,41**	465,08	465,08	I	2025,75	1869,08	1712,41	1555,75	1399,08	1244,50
Ost	II	**2033,25**	465,08	465,08	II	1876,58	1719,91	1563,33	1406,66	1251,75	1103,16
	III	**1476,50**	465,08	465,08	III	1349,83	1226,50	1106,16	989,16	875,33	764,83
	V	**2696,83**	465,08	465,08	IV	2104,08	2025,75	1947,41	1869,08	1790,75	1712,41
	VI	**2741,16**	465,08	465,08							

* Zur LSt-Berechnung für privat versicherte Arbeitnehmer s. Beispiele **Vorbemerkung S. 4 f.**
** Basisvorsorgepauschale KV und PV *** Typisierter Arbeitgeberzuschuss

Lohn/ Gehalt in € bis	Steuerklasse	Lohnsteuer*	BVSP**	TAGZ***	Steuerklasse	Bemessungsgrundlage für Kirchensteuer und Solidaritätszuschlag – Freibeträge für … Kinder 0,5	1,0	1,5	2,0	2,5	3,0
8408,99 West	I,IV	**2175,83**	465,08	465,08	I	2019,16	1862,50	1705,83	1549,16	1392,50	1238,16
	II	**2026,75**	465,08	465,08	II	1870,08	1713,41	1556,75	1400,08	1245,41	1097,08
	III	**1471,16**	465,08	465,08	III	1344,66	1221,33	1101,16	984,33	870,66	760,16
	V	**2690,25**	465,08	465,08	IV	2097,50	2019,16	1940,83	1862,50	1784,16	1705,83
	VI	**2734,58**	465,08	465,08							
8408,99 Ost	I,IV	**2183,66**	465,08	465,08	I	2027,00	1870,33	1713,66	1557,00	1400,33	1245,66
	II	**2034,50**	465,08	465,08	II	1877,91	1721,25	1564,58	1407,91	1253,00	1104,33
	III	**1477,66**	465,08	465,08	III	1350,83	1227,50	1107,16	990,16	876,33	765,66
	V	**2698,08**	465,08	465,08	IV	2105,33	2027,00	1948,66	1870,33	1792,00	1713,66
	VI	**2742,41**	465,08	465,08							
8411,99 West	I,IV	**2177,08**	465,08	465,08	I	2020,41	1863,75	1707,08	1550,41	1393,83	1239,33
	II	**2028,00**	465,08	465,08	II	1871,33	1714,66	1558,00	1401,33	1246,66	1098,25
	III	**1472,16**	465,08	465,08	III	1345,66	1222,33	1102,16	985,33	871,66	761,16
	V	**2691,50**	465,08	465,08	IV	2098,75	2020,41	1942,08	1863,75	1785,41	1707,08
	VI	**2735,83**	465,08	465,08							
8411,99 Ost	I,IV	**2184,91**	465,08	465,08	I	2028,25	1871,58	1714,91	1558,25	1401,58	1246,91
	II	**2035,83**	465,08	465,08	II	1879,16	1722,50	1565,83	1409,16	1254,25	1105,50
	III	**1478,66**	465,08	465,08	III	1352,00	1228,50	1108,16	991,00	877,16	766,50
	V	**2699,33**	465,08	465,08	IV	2106,58	2028,25	1949,91	1871,58	1793,25	1714,91
	VI	**2743,66**	465,08	465,08							
8414,99 West	I,IV	**2178,33**	465,08	465,08	I	2021,66	1865,00	1708,33	1551,75	1395,08	1240,58
	II	**2029,25**	465,08	465,08	II	1872,58	1715,91	1559,25	1402,58	1247,91	1099,41
	III	**1473,33**	465,08	465,08	III	1346,66	1223,33	1103,16	986,16	872,50	762,00
	V	**2692,83**	465,08	465,08	IV	2100,00	2021,66	1943,33	1865,00	1786,66	1708,33
	VI	**2737,08**	465,08	465,08							
8414,99 Ost	I,IV	**2186,16**	465,08	465,08	I	2029,50	1872,83	1716,16	1559,50	1402,83	1248,08
	II	**2037,08**	465,08	465,08	II	1880,41	1723,75	1567,08	1410,41	1255,41	1106,66
	III	**1479,66**	465,08	465,08	III	1353,00	1229,33	1109,16	992,00	878,16	767,50
	V	**2700,58**	465,08	465,08	IV	2107,83	2029,50	1951,16	1872,83	1794,50	1716,16
	VI	**2744,91**	465,08	465,08							
8417,99 West	I,IV	**2179,58**	465,08	465,08	I	2022,91	1866,33	1709,66	1553,00	1396,33	1241,75
	II	**2030,50**	465,08	465,08	II	1873,83	1717,16	1560,50	1403,83	1249,08	1100,58
	III	**1474,33**	465,08	465,08	III	1347,66	1224,33	1104,16	987,16	873,33	762,83
	V	**2694,08**	465,08	465,08	IV	2101,25	2022,91	1944,58	1866,33	1788,00	1709,66
	VI	**2738,33**	465,08	465,08							
8417,99 Ost	I,IV	**2187,41**	465,08	465,08	I	2030,75	1874,08	1717,41	1560,75	1404,08	1249,33
	II	**2038,33**	465,08	465,08	II	1881,66	1725,00	1568,33	1411,66	1256,66	1107,83
	III	**1480,66**	465,08	465,08	III	1354,00	1230,33	1110,00	993,00	879,00	768,33
	V	**2701,83**	465,08	465,08	IV	2109,08	2030,75	1952,41	1874,08	1795,75	1717,41
	VI	**2746,16**	465,08	465,08							
8420,99 West	I,IV	**2180,83**	465,08	465,08	I	2024,25	1867,58	1710,91	1554,25	1397,58	1243,00
	II	**2031,75**	465,08	465,08	II	1875,08	1718,41	1561,83	1405,16	1250,33	1101,75
	III	**1475,33**	465,08	465,08	III	1348,66	1225,33	1105,00	988,00	874,33	763,66
	V	**2695,33**	465,08	465,08	IV	2102,58	2024,25	1945,91	1867,58	1789,25	1710,91
	VI	**2739,58**	465,08	465,08							
8420,99 Ost	I,IV	**2188,66**	465,08	465,08	I	2032,00	1875,33	1718,66	1562,00	1405,41	1250,58
	II	**2039,58**	465,08	465,08	II	1882,91	1726,25	1569,58	1412,91	1257,91	1109,00
	III	**1481,66**	465,08	465,08	III	1355,00	1231,33	1111,00	993,83	879,83	769,16
	V	**2703,08**	465,08	465,08	IV	2110,33	2032,00	1953,66	1875,33	1797,00	1718,66
	VI	**2747,41**	465,08	465,08							
8423,99 West	I,IV	**2182,16**	465,08	465,08	I	2025,50	1868,83	1712,16	1555,50	1398,83	1244,25
	II	**2033,00**	465,08	465,08	II	1876,33	1719,75	1563,08	1406,41	1251,58	1102,91
	III	**1476,33**	465,08	465,08	III	1349,66	1226,16	1106,00	989,00	875,16	764,66
	V	**2696,58**	465,08	465,08	IV	2103,83	2025,50	1947,16	1868,83	1790,50	1712,16
	VI	**2740,91**	465,08	465,08							
8423,99 Ost	I,IV	**2189,91**	465,08	465,08	I	2033,25	1876,58	1719,91	1563,33	1406,66	1251,75
	II	**2040,83**	465,08	465,08	II	1884,16	1727,50	1570,83	1414,16	1259,08	1110,16
	III	**1482,83**	465,08	465,08	III	1356,00	1232,33	1112,00	994,83	880,83	770,00
	V	**2704,41**	465,08	465,08	IV	2111,58	2033,25	1954,91	1876,58	1798,25	1719,91
	VI	**2748,66**	465,08	465,08							

* Zur LSt-Berechnung für privat versicherte Arbeitnehmer s. Beispiele **Vorbemerkung S. 4 f.**
** Basisvorsorgepauschale KV und PV *** Typisierter Arbeitgeberzuschuss

Lohn/ Gehalt in € bis	Steuerklasse	Lohn-steuer*	BVSP**	TAGZ***	Steuerklasse	Bemessungsgrundlage für Kirchensteuer und Solidaritätszuschlag – Freibeträge für ... Kinder 0,5	1,0	1,5	2,0	2,5	3,0
8426,99 West	I,IV	**2183,41**	465,08	465,08	I	2026,75	1870,08	1713,41	1556,75	1400,08	1245,41
	II	**2034,33**	465,08	465,08	II	1877,66	1721,00	1564,33	1407,66	1252,75	1104,08
	III	**1477,33**	465,08	465,08	III	1350,66	1227,16	1107,00	990,00	876,16	765,50
	V	**2697,83**	465,08	465,08	IV	2105,08	2026,75	1948,41	1870,08	1791,75	1713,41
	VI	**2742,16**	465,08	465,08							
8426,99 Ost	I,IV	**2191,16**	465,08	465,08	I	2034,50	1877,91	1721,25	1564,58	1407,91	1253,00
	II	**2042,08**	465,08	465,08	II	1885,41	1728,75	1572,08	1415,41	1260,33	1111,33
	III	**1483,83**	465,08	465,08	III	1357,00	1233,33	1112,83	995,66	881,66	771,00
	V	**2705,66**	465,08	465,08	IV	2112,83	2034,50	1956,16	1877,91	1799,58	1721,25
	VI	**2749,91**	465,08	465,08							
8429,99 West	I,IV	**2184,66**	465,08	465,08	I	2028,00	1871,33	1714,66	1558,00	1401,33	1246,66
	II	**2035,58**	465,08	465,08	II	1878,91	1722,25	1565,58	1408,91	1254,00	1105,25
	III	**1478,33**	465,08	465,08	III	1351,66	1228,16	1108,00	990,83	877,00	766,33
	V	**2699,08**	465,08	465,08	IV	2106,33	2028,00	1949,66	1871,33	1793,00	1714,66
	VI	**2743,41**	465,08	465,08							
8429,99 Ost	I,IV	**2192,41**	465,08	465,08	I	2035,83	1879,16	1722,50	1565,83	1409,16	1254,25
	II	**2043,33**	465,08	465,08	II	1886,66	1730,00	1573,41	1416,75	1261,58	1112,50
	III	**1484,83**	465,08	465,08	III	1358,00	1234,33	1113,83	996,66	882,66	771,83
	V	**2706,91**	465,08	465,08	IV	2114,16	2035,83	1957,50	1879,16	1800,83	1722,50
	VI	**2751,25**	465,08	465,08							
8432,99 West	I,IV	**2185,91**	465,08	465,08	I	2029,25	1872,58	1715,91	1559,25	1402,58	1247,91
	II	**2036,83**	465,08	465,08	II	1880,16	1723,50	1566,83	1410,16	1255,25	1106,41
	III	**1479,50**	465,08	465,08	III	1352,66	1229,16	1108,83	991,83	877,83	767,16
	V	**2700,33**	465,08	465,08	IV	2107,58	2029,25	1950,91	1872,58	1794,25	1715,91
	VI	**2744,66**	465,08	465,08							
8432,99 Ost	I,IV	**2193,75**	465,08	465,08	I	2037,08	1880,41	1723,75	1567,08	1410,41	1255,41
	II	**2044,58**	465,08	465,08	II	1887,91	1731,33	1574,66	1418,00	1262,75	1113,66
	III	**1485,83**	465,08	465,08	III	1359,00	1235,33	1114,83	997,50	883,50	772,66
	V	**2708,16**	465,08	465,08	IV	2115,41	2037,08	1958,75	1880,41	1802,08	1723,75
	VI	**2752,50**	465,08	465,08							
8435,99 West	I,IV	**2187,16**	465,08	465,08	I	2030,50	1873,83	1717,16	1560,50	1403,83	1249,08
	II	**2038,08**	465,08	465,08	II	1881,41	1724,75	1568,08	1411,41	1256,41	1107,58
	III	**1480,50**	465,08	465,08	III	1353,66	1230,16	1109,83	992,66	878,83	768,16
	V	**2701,58**	465,08	465,08	IV	2108,83	2030,50	1952,16	1873,83	1795,50	1717,16
	VI	**2745,91**	465,08	465,08							
8435,99 Ost	I,IV	**2195,00**	465,08	465,08	I	2038,33	1881,66	1725,00	1568,33	1411,66	1256,66
	II	**2045,91**	465,08	465,08	II	1889,25	1732,58	1575,91	1419,25	1264,00	1114,83
	III	**1486,83**	465,08	465,08	III	1360,00	1236,33	1115,83	998,50	884,50	773,66
	V	**2709,41**	465,08	465,08	IV	2116,66	2038,33	1960,00	1881,66	1803,33	1725,00
	VI	**2753,75**	465,08	465,08							
8438,99 West	I,IV	**2188,41**	465,08	465,08	I	2031,75	1875,08	1718,41	1561,83	1405,16	1250,33
	II	**2039,33**	465,08	465,08	II	1882,66	1726,00	1569,33	1412,66	1257,66	1108,75
	III	**1481,50**	465,08	465,08	III	1354,66	1231,16	1110,83	993,66	879,66	769,00
	V	**2702,83**	465,08	465,08	IV	2110,08	2031,75	1953,41	1875,08	1796,75	1718,41
	VI	**2747,16**	465,08	465,08							
8438,99 Ost	I,IV	**2196,25**	465,08	465,08	I	2039,58	1882,91	1726,25	1569,58	1412,91	1257,91
	II	**2047,16**	465,08	465,08	II	1890,50	1733,83	1577,16	1420,50	1265,25	1116,00
	III	**1488,00**	465,08	465,08	III	1361,00	1237,33	1116,66	999,50	885,33	774,50
	V	**2710,66**	465,08	465,08	IV	2117,91	2039,58	1961,25	1882,91	1804,58	1726,25
	VI	**2755,00**	465,08	465,08							
8441,99 West	I,IV	**2189,66**	465,08	465,08	I	2033,00	1876,33	1719,75	1563,08	1406,41	1251,58
	II	**2040,58**	465,08	465,08	II	1883,91	1727,25	1570,58	1413,91	1258,91	1109,91
	III	**1482,50**	465,08	465,08	III	1355,66	1232,16	1111,66	994,50	880,66	769,83
	V	**2704,16**	465,08	465,08	IV	2111,33	2033,00	1954,66	1876,33	1798,08	1719,75
	VI	**2748,41**	465,08	465,08							
8441,99 Ost	I,IV	**2197,50**	465,08	465,08	I	2040,83	1884,16	1727,50	1570,83	1414,16	1259,08
	II	**2048,41**	465,08	465,08	II	1891,75	1735,08	1578,41	1421,75	1266,50	1117,25
	III	**1489,00**	465,08	465,08	III	1362,00	1238,16	1117,66	1000,33	886,16	775,33
	V	**2711,91**	465,08	465,08	IV	2119,16	2040,83	1962,50	1884,16	1805,83	1727,50
	VI	**2756,25**	465,08	465,08							

* Zur LSt-Berechnung für privat versicherte Arbeitnehmer s. Beispiele **Vorbemerkung S. 4 f.**
** Basisvorsorgepauschale KV und PV *** Typisierter Arbeitgeberzuschuss

Lohn/ Gehalt in € bis	Steuerklasse	Lohnsteuer*	BVSP**	TAGZ***	Steuerklasse	Bemessungsgrundlage für Kirchensteuer und Solidaritätszuschlag – Freibeträge für ... Kinder 0,5	1,0	1,5	2,0	2,5	3,0
8444,99 West	I,IV	**2190,91**	465,08	465,08	I	2034,33	1877,66	1721,00	1564,33	1407,66	1252,75
	II	**2041,83**	465,08	465,08	II	1885,16	1728,50	1571,83	1415,25	1260,08	1111,08
	III	**1483,50**	465,08	465,08	III	1356,66	1233,16	1112,66	995,50	881,50	770,83
	V	**2705,41**	465,08	465,08	IV	2112,58	2034,33	1956,00	1877,66	1799,33	1721,00
	VI	**2749,66**	465,08	465,08							
8444,99 Ost	I,IV	**2198,75**	465,08	465,08	I	2042,08	1885,41	1728,75	1572,08	1415,41	1260,33
	II	**2049,66**	465,08	465,08	II	1893,00	1736,33	1579,66	1423,00	1267,66	1118,41
	III	**1490,00**	465,08	465,08	III	1363,00	1239,16	1118,66	1001,33	887,16	776,16
	V	**2713,16**	465,08	465,08	IV	2120,41	2042,08	1963,75	1885,41	1807,08	1728,75
	VI	**2757,50**	465,08	465,08							
8447,99 West	I,IV	**2192,25**	465,08	465,08	I	2035,58	1878,91	1722,25	1565,58	1408,91	1254,00
	II	**2043,08**	465,08	465,08	II	1886,41	1729,83	1573,16	1416,50	1261,33	1112,25
	III	**1484,66**	465,08	465,08	III	1357,66	1234,16	1113,66	996,50	882,50	771,66
	V	**2706,66**	465,08	465,08	IV	2113,91	2035,58	1957,25	1878,91	1800,58	1722,25
	VI	**2751,00**	465,08	465,08							
8447,99 Ost	I,IV	**2200,00**	465,08	465,08	I	2043,33	1886,66	1730,00	1573,41	1416,75	1261,58
	II	**2050,91**	465,08	465,08	II	1894,25	1737,58	1580,91	1424,25	1268,91	1119,58
	III	**1491,00**	465,08	465,08	III	1364,00	1240,16	1119,66	1002,16	888,00	777,16
	V	**2714,50**	465,08	465,08	IV	2121,66	2043,33	1965,00	1886,66	1808,33	1730,00
	VI	**2758,75**	465,08	465,08							
8450,99 West	I,IV	**2193,50**	465,08	465,08	I	2036,83	1880,16	1723,50	1566,83	1410,16	1255,25
	II	**2044,33**	465,08	465,08	II	1887,75	1731,08	1574,41	1417,75	1262,58	1113,50
	III	**1485,66**	465,08	465,08	III	1358,66	1235,00	1114,66	997,33	883,33	772,50
	V	**2707,91**	465,08	465,08	IV	2115,16	2036,83	1958,50	1880,16	1801,83	1723,50
	VI	**2752,25**	465,08	465,08							
8450,99 Ost	I,IV	**2201,25**	465,08	465,08	I	2044,58	1887,91	1731,33	1574,66	1418,00	1262,75
	II	**2052,16**	465,08	465,08	II	1895,50	1738,83	1582,16	1425,50	1270,16	1120,75
	III	**1492,00**	465,08	465,08	III	1365,00	1241,16	1120,50	1003,16	889,00	778,00
	V	**2715,75**	465,08	465,08	IV	2122,91	2044,58	1966,25	1887,91	1809,66	1731,33
	VI	**2760,00**	465,08	465,08							
8453,99 West	I,IV	**2194,75**	465,08	465,08	I	2038,08	1881,41	1724,75	1568,08	1411,41	1256,41
	II	**2045,66**	465,08	465,08	II	1889,00	1732,33	1575,66	1419,00	1263,75	1114,66
	III	**1486,66**	465,08	465,08	III	1359,83	1236,00	1115,50	998,33	884,16	773,33
	V	**2709,16**	465,08	465,08	IV	2116,41	2038,08	1959,75	1881,41	1803,08	1724,75
	VI	**2753,50**	465,08	465,08							
8453,99 Ost	I,IV	**2202,50**	465,08	465,08	I	2045,91	1889,25	1732,58	1575,91	1419,25	1264,00
	II	**2053,41**	465,08	465,08	II	1896,75	1740,08	1583,41	1426,83	1271,41	1121,91
	III	**1493,16**	465,08	465,08	III	1366,00	1242,16	1121,50	1004,16	889,83	778,83
	V	**2717,00**	465,08	465,08	IV	2124,16	2045,91	1967,58	1889,25	1810,91	1732,58
	VI	**2761,25**	465,08	465,08							
8456,99 West	I,IV	**2196,00**	465,08	465,08	I	2039,33	1882,66	1726,00	1569,33	1412,66	1257,66
	II	**2046,91**	465,08	465,08	II	1890,25	1733,58	1576,91	1420,25	1265,00	1115,83
	III	**1487,66**	465,08	465,08	III	1360,83	1237,00	1116,50	999,16	885,16	774,33
	V	**2710,41**	465,08	465,08	IV	2117,66	2039,33	1961,00	1882,66	1804,33	1726,00
	VI	**2754,75**	465,08	465,08							
8456,99 Ost	I,IV	**2203,83**	465,08	465,08	I	2047,16	1890,50	1733,83	1577,16	1420,50	1265,25
	II	**2054,66**	465,08	465,08	II	1898,00	1741,41	1584,75	1428,08	1272,58	1123,08
	III	**1494,16**	465,08	465,08	III	1367,00	1243,16	1122,50	1005,00	890,83	779,66
	V	**2718,25**	465,08	465,08	IV	2125,50	2047,16	1968,83	1890,50	1812,16	1733,83
	VI	**2762,58**	465,08	465,08							
8459,99 West	I,IV	**2197,25**	465,08	465,08	I	2040,58	1883,91	1727,25	1570,58	1413,91	1258,91
	II	**2048,16**	465,08	465,08	II	1891,50	1734,83	1578,16	1421,50	1266,25	1117,00
	III	**1488,66**	465,08	465,08	III	1361,83	1238,00	1117,50	1000,16	886,00	775,16
	V	**2711,66**	465,08	465,08	IV	2118,91	2040,58	1962,25	1883,91	1805,58	1727,25
	VI	**2756,00**	465,08	465,08							
8459,99 Ost	I,IV	**2205,08**	465,08	465,08	I	2048,41	1891,75	1735,08	1578,41	1421,75	1266,50
	II	**2055,91**	465,08	465,08	II	1899,33	1742,66	1586,00	1429,33	1273,83	1124,25
	III	**1495,16**	465,08	465,08	III	1368,00	1244,16	1123,50	1006,00	891,66	780,66
	V	**2719,50**	465,08	465,08	IV	2126,75	2048,41	1970,08	1891,75	1813,41	1735,08
	VI	**2763,83**	465,08	465,08							

* Zur LSt-Berechnung für privat versicherte Arbeitnehmer s. Beispiele **Vorbemerkung S. 4 f.**
** Basisvorsorgepauschale KV und PV *** Typisierter Arbeitgeberzuschuss

Lohn/ Gehalt in € bis	Steuerklasse	Lohnsteuer*	BVSP**	TAGZ***	Steuerklasse	Bemessungsgrundlage für Kirchensteuer und Solidaritätszuschlag					
						Freibeträge für ... Kinder					
						0,5	**1,0**	1,5	**2,0**	2,5	**3,0**
8462,99	I,IV	**2198,50**	465,08	465,08	I	2041,83	1885,16	1728,50	1571,83	1415,25	1260,08
West	II	**2049,41**	465,08	465,08	II	1892,75	1736,08	1579,41	1422,75	1267,41	1118,16
	III	**1489,83**	465,08	465,08	III	1362,83	1239,00	1118,50	1001,16	887,00	776,00
	V	**2712,91**	465,08	465,08	IV	2120,16	2041,83	1963,50	1885,16	1806,83	1728,50
	VI	**2757,25**	465,08	465,08							
8462,99	I,IV	**2206,33**	465,08	465,08	I	2049,66	1893,00	1736,33	1579,66	1423,00	1267,66
Ost	II	**2057,25**	465,08	465,08	II	1900,58	1743,91	1587,25	1430,58	1275,08	1125,41
	III	**1496,16**	465,08	465,08	III	1369,00	1245,16	1124,33	1006,83	892,66	781,50
	V	**2720,75**	465,08	465,08	IV	2128,00	2049,66	1971,33	1893,00	1814,66	1736,33
	VI	**2765,08**	465,08	465,08							
8465,99	I,IV	**2199,75**	465,08	465,08	I	2043,08	1886,41	1729,83	1573,16	1416,50	1261,33
West	II	**2050,66**	465,08	465,08	II	1894,00	1737,33	1580,66	1424,00	1268,66	1119,33
	III	**1490,83**	465,08	465,08	III	1363,83	1240,00	1119,33	1002,00	887,83	776,83
	V	**2714,25**	465,08	465,08	IV	2121,41	2043,08	1964,75	1886,41	1808,08	1729,83
	VI	**2758,50**	465,08	465,08							
8465,99	I,IV	**2207,58**	465,08	465,08	I	2050,91	1894,25	1737,58	1580,91	1424,25	1268,91
Ost	II	**2058,50**	465,08	465,08	II	1901,83	1745,16	1588,50	1431,83	1276,25	1126,58
	III	**1497,16**	465,08	465,08	III	1370,00	1246,16	1125,33	1007,83	893,50	782,33
	V	**2722,00**	465,08	465,08	IV	2129,25	2050,91	1972,58	1894,25	1815,91	1737,58
	VI	**2766,33**	465,08	465,08							
8468,99	I,IV	**2201,00**	465,08	465,08	I	2044,33	1887,75	1731,08	1574,41	1417,75	1262,58
West	II	**2051,91**	465,08	465,08	II	1895,25	1738,58	1581,91	1425,33	1269,91	1120,50
	III	**1491,83**	465,08	465,08	III	1364,83	1241,00	1120,33	1003,00	888,83	777,83
	V	**2715,50**	465,08	465,08	IV	2122,66	2044,33	1966,08	1887,75	1809,41	1731,08
	VI	**2759,75**	465,08	465,08							
8468,99	I,IV	**2208,83**	465,08	465,08	I	2052,16	1895,50	1738,83	1582,16	1425,50	1270,16
Ost	II	**2059,75**	465,08	465,08	II	1903,08	1746,41	1589,75	1433,08	1277,50	1127,83
	III	**1498,33**	465,08	465,08	III	1371,00	1247,16	1126,33	1008,66	894,33	783,33
	V	**2723,25**	465,08	465,08	IV	2130,50	2052,16	1973,83	1895,50	1817,16	1738,83
	VI	**2767,58**	465,08	465,08							
8471,99	I,IV	**2202,33**	465,08	465,08	I	2045,66	1889,00	1732,33	1575,66	1419,00	1263,75
West	II	**2053,16**	465,08	465,08	II	1896,50	1739,83	1583,25	1426,58	1271,16	1121,66
	III	**1492,83**	465,08	465,08	III	1365,83	1242,00	1121,33	1003,83	889,66	778,66
	V	**2716,75**	465,08	465,08	IV	2124,00	2045,66	1967,33	1889,00	1810,66	1732,33
	VI	**2761,08**	465,08	465,08							
8471,99	I,IV	**2210,08**	465,08	465,08	I	2053,41	1896,75	1740,08	1583,41	1426,83	1271,41
Ost	II	**2061,00**	465,08	465,08	II	1904,33	1747,66	1591,00	1434,33	1278,75	1129,00
	III	**1499,33**	465,08	465,08	III	1372,16	1248,00	1127,33	1009,66	895,33	784,16
	V	**2724,50**	465,08	465,08	IV	2131,75	2053,41	1975,08	1896,75	1818,41	1740,08
	VI	**2768,83**	465,08	465,08							
8474,99	I,IV	**2203,58**	465,08	465,08	I	2046,91	1890,25	1733,58	1576,91	1420,25	1265,00
West	II	**2054,41**	465,08	465,08	II	1897,83	1741,16	1584,50	1427,83	1272,33	1122,83
	III	**1493,83**	465,08	465,08	III	1366,83	1243,00	1122,33	1004,83	890,50	779,50
	V	**2718,00**	465,08	465,08	IV	2125,25	2046,91	1968,58	1890,25	1811,91	1733,58
	VI	**2762,33**	465,08	465,08							
8474,99	I,IV	**2211,33**	465,08	465,08	I	2054,66	1898,00	1741,41	1584,75	1428,08	1272,58
Ost	II	**2062,25**	465,08	465,08	II	1905,58	1748,91	1592,25	1435,58	1280,00	1130,16
	III	**1500,33**	465,08	465,08	III	1373,16	1249,00	1128,16	1010,66	896,16	785,00
	V	**2725,83**	465,08	465,08	IV	2133,00	2054,66	1976,33	1898,00	1819,66	1741,41
	VI	**2770,08**	465,08	465,08							
8477,99	I,IV	**2204,83**	465,08	465,08	I	2048,16	1891,50	1734,83	1578,16	1421,50	1266,25
West	II	**2055,75**	465,08	465,08	II	1899,08	1742,41	1585,75	1429,08	1273,58	1124,00
	III	**1495,00**	465,08	465,08	III	1367,83	1243,83	1123,16	1005,66	891,50	780,50
	V	**2719,25**	465,08	465,08	IV	2126,50	2048,16	1969,83	1891,50	1813,16	1734,83
	VI	**2763,58**	465,08	465,08							
8477,99	I,IV	**2212,58**	465,08	465,08	I	2055,91	1899,33	1742,66	1586,00	1429,33	1273,83
Ost	II	**2063,50**	465,08	465,08	II	1906,83	1750,16	1593,50	1436,91	1281,25	1131,33
	III	**1501,33**	465,08	465,08	III	1374,16	1250,00	1129,16	1011,50	897,16	785,83
	V	**2727,08**	465,08	465,08	IV	2134,25	2055,91	1977,66	1899,33	1821,00	1742,66
	VI	**2771,33**	465,08	465,08							

* Zur LSt-Berechnung für privat versicherte Arbeitnehmer s. Beispiele **Vorbemerkung S. 4 f.**
** Basisvorsorgepauschale KV und PV *** Typisierter Arbeitgeberzuschuss

Lohn/ Gehalt in € bis	Steuerklasse	Lohnsteuer*	BVSP**	TAGZ***	Steuerklasse	Bemessungsgrundlage für Kirchensteuer und Solidaritätszuschlag – Freibeträge für ... Kinder 0,5	1,0	1,5	2,0	2,5	3,0
8480,99 West	I,IV	**2206,08**	465,08	465,08	I	2049,41	1892,75	1736,08	1579,41	1422,75	1267,41
	II	**2057,00**	465,08	465,08	II	1900,33	1743,66	1587,00	1430,33	1274,83	1125,25
	III	**1496,00**	465,08	465,08	III	1368,83	1244,83	1124,16	1006,66	892,33	781,33
	V	**2720,50**	465,08	465,08	IV	2127,75	2049,41	1971,08	1892,75	1814,41	1736,08
	VI	**2764,83**	465,08	465,08							
8480,99 Ost	I,IV	**2213,91**	465,08	465,08	I	2057,25	1900,58	1743,91	1587,25	1430,58	1275,08
	II	**2064,75**	465,08	465,08	II	1908,08	1751,41	1594,83	1438,16	1282,41	1132,50
	III	**1502,50**	465,08	465,08	III	1375,16	1251,00	1130,16	1012,50	898,00	786,83
	V	**2728,33**	465,08	465,08	IV	2135,58	2057,25	1978,91	1900,58	1822,25	1743,91
	VI	**2772,66**	465,08	465,08							
8483,99 West	I,IV	**2207,33**	465,08	465,08	I	2050,66	1894,00	1737,33	1580,66	1424,00	1268,66
	II	**2058,25**	465,08	465,08	II	1901,58	1744,91	1588,25	1431,58	1276,08	1126,41
	III	**1497,00**	465,08	465,08	III	1369,83	1245,83	1125,16	1007,66	893,33	782,16
	V	**2721,75**	465,08	465,08	IV	2129,00	2050,66	1972,33	1894,00	1815,66	1737,33
	VI	**2766,08**	465,08	465,08							
8483,99 Ost	I,IV	**2215,16**	465,08	465,08	I	2058,50	1901,83	1745,16	1588,50	1431,83	1276,25
	II	**2066,00**	465,08	465,08	II	1909,41	1752,75	1596,08	1439,41	1283,66	1133,66
	III	**1503,50**	465,08	465,08	III	1376,16	1252,00	1131,16	1013,33	899,00	787,66
	V	**2729,58**	465,08	465,08	IV	2136,83	2058,50	1980,16	1901,83	1823,50	1745,16
	VI	**2773,91**	465,08	465,08							
8486,99 West	I,IV	**2208,58**	465,08	465,08	I	2051,91	1895,25	1738,58	1581,91	1425,33	1269,91
	II	**2059,50**	465,08	465,08	II	1902,83	1746,16	1589,50	1432,83	1277,25	1127,58
	III	**1498,00**	465,08	465,08	III	1370,83	1246,83	1126,16	1008,50	894,16	783,00
	V	**2723,00**	465,08	465,08	IV	2130,25	2051,91	1973,58	1895,25	1816,91	1738,58
	VI	**2767,33**	465,08	465,08							
8486,99 Ost	I,IV	**2216,41**	465,08	465,08	I	2059,75	1903,08	1746,41	1589,75	1433,08	1277,50
	II	**2067,33**	465,08	465,08	II	1910,66	1754,00	1597,33	1440,66	1284,91	1134,91
	III	**1504,50**	465,08	465,08	III	1377,16	1253,00	1132,00	1014,33	899,83	788,50
	V	**2730,83**	465,08	465,08	IV	2138,08	2059,75	1981,41	1903,08	1824,75	1746,41
	VI	**2775,16**	465,08	465,08							
8489,99 West	I,IV	**2209,83**	465,08	465,08	I	2053,16	1896,50	1739,83	1583,25	1426,58	1271,16
	II	**2060,75**	465,08	465,08	II	1904,08	1747,41	1590,75	1434,08	1278,50	1128,75
	III	**1499,16**	465,08	465,08	III	1371,83	1247,83	1127,00	1009,50	895,16	784,00
	V	**2724,33**	465,08	465,08	IV	2131,50	2053,16	1974,83	1896,50	1818,16	1739,83
	VI	**2768,58**	465,08	465,08							
8489,99 Ost	I,IV	**2217,66**	465,08	465,08	I	2061,00	1904,33	1747,66	1591,00	1434,33	1278,75
	II	**2068,58**	465,08	465,08	II	1911,91	1755,25	1598,58	1441,91	1286,16	1136,08
	III	**1505,50**	465,08	465,08	III	1378,16	1254,00	1133,00	1015,33	900,83	789,50
	V	**2732,08**	465,08	465,08	IV	2139,33	2061,00	1982,66	1904,33	1826,00	1747,66
	VI	**2776,41**	465,08	465,08							
8492,99 West	I,IV	**2211,08**	465,08	465,08	I	2054,41	1897,83	1741,16	1584,50	1427,83	1272,33
	II	**2062,00**	465,08	465,08	II	1905,33	1748,66	1592,00	1435,33	1279,75	1129,91
	III	**1500,16**	465,08	465,08	III	1372,83	1248,83	1128,00	1010,33	896,00	784,83
	V	**2725,58**	465,08	465,08	IV	2132,75	2054,41	1976,08	1897,83	1819,50	1741,16
	VI	**2769,83**	465,08	465,08							
8492,99 Ost	I,IV	**2218,91**	465,08	465,08	I	2062,25	1905,58	1748,91	1592,25	1435,58	1280,00
	II	**2069,83**	465,08	465,08	II	1913,16	1756,50	1599,83	1443,16	1287,33	1137,25
	III	**1506,50**	465,08	465,08	III	1379,16	1255,00	1134,00	1016,16	901,66	790,33
	V	**2733,33**	465,08	465,08	IV	2140,58	2062,25	1983,91	1905,58	1827,25	1748,91
	VI	**2777,66**	465,08	465,08							
8495,99 West	I,IV	**2212,33**	465,08	465,08	I	2055,75	1899,08	1742,41	1585,75	1429,08	1273,58
	II	**2063,25**	465,08	465,08	II	1906,58	1749,91	1593,33	1436,66	1281,00	1131,08
	III	**1501,16**	465,08	465,08	III	1373,83	1249,83	1129,00	1011,33	897,00	785,66
	V	**2726,83**	465,08	465,08	IV	2134,08	2055,75	1977,41	1899,08	1820,75	1742,41
	VI	**2771,08**	465,08	465,08							
8495,99 Ost	I,IV	**2220,16**	465,08	465,08	I	2063,50	1906,83	1750,16	1593,50	1436,91	1281,25
	II	**2071,08**	465,08	465,08	II	1914,41	1757,75	1601,08	1444,41	1288,58	1138,41
	III	**1507,66**	465,08	465,08	III	1380,16	1256,00	1135,00	1017,16	902,50	791,16
	V	**2734,58**	465,08	465,08	IV	2141,83	2063,50	1985,16	1906,83	1828,50	1750,16
	VI	**2778,91**	465,08	465,08							

* Zur LSt-Berechnung für privat versicherte Arbeitnehmer s. Beispiele **Vorbemerkung S. 4 f.**
** Basisvorsorgepauschale KV und PV *** Typisierter Arbeitgeberzuschuss

Lohn/ Gehalt in € bis	Steuerklasse	Lohn-steuer*	BVSP**	TAGZ***	Steuerklasse	Bemessungsgrundlage für Kirchensteuer und Solidaritätszuschlag					
						Freibeträge für ... Kinder					
						0,5	**1,0**	1,5	**2,0**	2,5	**3,0**
8498,99	I,IV	**2213,66**	465,08	465,08	I	2057,00	1900,33	1743,66	1587,00	1430,33	1274,83
West	II	**2064,50**	465,08	465,08	II	1907,83	1751,25	1594,58	1437,91	1282,16	1132,25
	III	**1502,16**	465,08	465,08	III	1374,83	1250,83	1130,00	1012,33	897,83	786,66
	V	**2728,08**	465,08	465,08	IV	2135,33	2057,00	1978,66	1900,33	1822,00	1743,66
	VI	**2772,41**	465,08	465,08							
8498,99	I,IV	**2221,41**	465,08	465,08	I	2064,75	1908,08	1751,41	1594,83	1438,16	1282,41
Ost	II	**2072,33**	465,08	465,08	II	1915,66	1759,00	1602,33	1445,66	1289,83	1139,58
	III	**1508,66**	465,08	465,08	III	1381,16	1257,00	1135,83	1018,00	903,50	792,16
	V	**2735,91**	465,08	465,08	IV	2143,08	2064,75	1986,41	1908,08	1829,75	1751,41
	VI	**2780,16**	465,08	465,08							
8501,99	I,IV	**2214,91**	465,08	465,08	I	2058,25	1901,58	1744,91	1588,25	1431,58	1276,08
West	II	**2065,83**	465,08	465,08	II	1909,16	1752,50	1595,83	1439,16	1283,41	1133,50
	III	**1503,16**	465,08	465,08	III	1375,83	1251,83	1130,83	1013,16	898,66	787,50
	V	**2729,33**	465,08	465,08	IV	2136,58	2058,25	1979,91	1901,58	1823,25	1744,91
	VI	**2773,66**	465,08	465,08							
8501,99	I,IV	**2222,66**	465,08	465,08	I	2066,00	1909,41	1752,75	1596,08	1439,41	1283,66
Ost	II	**2073,58**	465,08	465,08	II	1916,91	1760,25	1603,58	1446,91	1291,08	1140,75
	III	**1509,66**	465,08	465,08	III	1382,16	1258,00	1136,83	1019,00	904,33	793,00
	V	**2737,16**	465,08	465,08	IV	2144,33	2066,00	1987,66	1909,41	1831,08	1752,75
	VI	**2781,41**	465,08	465,08							
8504,99	I,IV	**2216,16**	465,08	465,08	I	2059,50	1902,83	1746,16	1589,50	1432,83	1277,25
West	II	**2067,08**	465,08	465,08	II	1910,41	1753,75	1597,08	1440,41	1284,66	1134,66
	III	**1504,33**	465,08	465,08	III	1377,00	1252,83	1131,83	1014,16	899,66	788,33
	V	**2730,58**	465,08	465,08	IV	2137,83	2059,50	1981,16	1902,83	1824,50	1746,16
	VI	**2774,91**	465,08	465,08							
8504,99	I,IV	**2223,91**	465,08	465,08	I	2067,33	1910,66	1754,00	1597,33	1440,66	1284,91
Ost	II	**2074,83**	465,08	465,08	II	1918,16	1761,50	1604,91	1448,25	1292,33	1142,00
	III	**1510,66**	465,08	465,08	III	1383,16	1258,83	1137,83	1020,00	905,33	793,83
	V	**2738,41**	465,08	465,08	IV	2145,66	2067,33	1989,00	1910,66	1832,33	1754,00
	VI	**2782,75**	465,08	465,08							
8507,99	I,IV	**2217,41**	465,08	465,08	I	2060,75	1904,08	1747,41	1590,75	1434,08	1278,50
West	II	**2068,33**	465,08	465,08	II	1911,66	1755,00	1598,33	1441,66	1285,91	1135,83
	III	**1505,33**	465,08	465,08	III	1378,00	1253,83	1132,83	1015,00	900,50	789,16
	V	**2731,83**	465,08	465,08	IV	2139,08	2060,75	1982,41	1904,08	1825,75	1747,41
	VI	**2776,16**	465,08	465,08							
8507,99	I,IV	**2225,25**	465,08	465,08	I	2068,58	1911,91	1755,25	1598,58	1441,91	1286,16
Ost	II	**2076,08**	465,08	465,08	II	1919,41	1762,83	1606,16	1449,50	1293,58	1143,16
	III	**1511,83**	465,08	465,08	III	1384,16	1259,83	1138,83	1020,83	906,16	794,66
	V	**2739,66**	465,08	465,08	IV	2146,91	2068,58	1990,25	1911,91	1833,58	1755,25
	VI	**2784,00**	465,08	465,08							
8510,99	I,IV	**2218,66**	465,08	465,08	I	2062,00	1905,33	1748,66	1592,00	1435,33	1279,75
West	II	**2069,58**	465,08	465,08	II	1912,91	1756,25	1599,58	1442,91	1287,16	1137,00
	III	**1506,33**	465,08	465,08	III	1379,00	1254,66	1133,83	1016,00	901,50	790,16
	V	**2733,08**	465,08	465,08	IV	2140,33	2062,00	1983,66	1905,33	1827,00	1748,66
	VI	**2777,41**	465,08	465,08							
8510,99	I,IV	**2226,50**	465,08	465,08	I	2069,83	1913,16	1756,50	1599,83	1443,16	1287,33
Ost	II	**2077,41**	465,08	465,08	II	1920,75	1764,08	1607,41	1450,75	1294,75	1144,33
	III	**1512,83**	465,08	465,08	III	1385,16	1260,83	1139,66	1021,83	907,16	795,66
	V	**2740,91**	465,08	465,08	IV	2148,16	2069,83	1991,50	1913,16	1834,83	1756,50
	VI	**2785,25**	465,08	465,08							
8513,99	I,IV	**2219,91**	465,08	465,08	I	2063,25	1906,58	1749,91	1593,33	1436,66	1281,00
West	II	**2070,83**	465,08	465,08	II	1914,16	1757,50	1600,83	1444,16	1288,33	1138,16
	III	**1507,33**	465,08	465,08	III	1380,00	1255,66	1134,66	1017,00	902,33	791,00
	V	**2734,33**	465,08	465,08	IV	2141,58	2063,25	1984,91	1906,58	1828,25	1749,91
	VI	**2778,66**	465,08	465,08							
8513,99	I,IV	**2227,75**	465,08	465,08	I	2071,08	1914,41	1757,75	1601,08	1444,41	1288,58
Ost	II	**2078,66**	465,08	465,08	II	1922,00	1765,33	1608,66	1452,00	1296,00	1145,50
	III	**1513,83**	465,08	465,08	III	1386,33	1261,83	1140,66	1022,83	908,00	796,50
	V	**2742,16**	465,08	465,08	IV	2149,41	2071,08	1992,75	1914,41	1836,08	1757,75
	VI	**2786,50**	465,08	465,08							

* Zur LSt-Berechnung für privat versicherte Arbeitnehmer s. Beispiele **Vorbemerkung S. 4 f.**
** Basisvorsorgepauschale KV und PV *** Typisierter Arbeitgeberzuschuss

Lohn/ Gehalt in € bis	Steuerklasse	Lohn- steuer*	BVSP**	TAGZ***	Steuerklasse	Bemessungsgrundlage für Kirchensteuer und Solidaritätszuschlag					
						Freibeträge für ... Kinder					
						0,5	**1,0**	1,5	**2,0**	2,5	**3,0**
8516,99 West	I,IV	**2221,16**	465,08	465,08	I	2064,50	1907,83	1751,25	1594,58	1437,91	1282,16
	II	**2072,08**	465,08	465,08	II	1915,41	1758,75	1602,08	1445,41	1289,58	1139,41
	III	**1508,50**	465,08	465,08	III	1381,00	1256,66	1135,66	1017,83	903,33	791,83
	V	**2735,66**	465,08	465,08	IV	2142,83	2064,50	1986,16	1907,83	1829,58	1751,25
	VI	**2779,91**	465,08	465,08							
8516,99 Ost	I,IV	**2229,00**	465,08	465,08	I	2072,33	1915,66	1759,00	1602,33	1445,66	1289,83
	II	**2079,91**	465,08	465,08	II	1923,25	1766,58	1609,91	1453,25	1297,25	1146,66
	III	**1514,83**	465,08	465,08	III	1387,33	1262,83	1141,66	1023,66	909,00	797,33
	V	**2743,41**	465,08	465,08	IV	2150,66	2072,33	1994,00	1915,66	1837,33	1759,00
	VI	**2787,75**	465,08	465,08							
8519,99 West	I,IV	**2222,41**	465,08	465,08	I	2065,83	1909,16	1752,50	1595,83	1439,16	1283,41
	II	**2073,33**	465,08	465,08	II	1916,66	1760,00	1603,33	1446,75	1290,83	1140,58
	III	**1509,50**	465,08	465,08	III	1382,00	1257,66	1136,66	1018,83	904,16	792,83
	V	**2736,91**	465,08	465,08	IV	2144,08	2065,83	1987,50	1909,16	1830,83	1752,50
	VI	**2781,16**	465,08	465,08							
8519,99 Ost	I,IV	**2230,25**	465,08	465,08	I	2073,58	1916,91	1760,25	1603,58	1446,91	1291,08
	II	**2081,16**	465,08	465,08	II	1924,50	1767,83	1611,16	1454,50	1298,50	1147,91
	III	**1516,00**	465,08	465,08	III	1388,33	1263,83	1142,66	1024,66	909,83	798,33
	V	**2744,66**	465,08	465,08	IV	2151,91	2073,58	1995,25	1916,91	1838,58	1760,25
	VI	**2789,00**	465,08	465,08							
8522,99 West	I,IV	**2223,75**	465,08	465,08	I	2067,08	1910,41	1753,75	1597,08	1440,41	1284,66
	II	**2074,58**	465,08	465,08	II	1917,91	1761,33	1604,66	1448,00	1292,08	1141,75
	III	**1510,50**	465,08	465,08	III	1383,00	1258,66	1137,66	1019,66	905,16	793,66
	V	**2738,16**	465,08	465,08	IV	2145,41	2067,08	1988,75	1910,41	1832,08	1753,75
	VI	**2782,50**	465,08	465,08							
8522,99 Ost	I,IV	**2231,50**	465,08	465,08	I	2074,83	1918,16	1761,50	1604,91	1448,25	1292,33
	II	**2082,41**	465,08	465,08	II	1925,75	1769,08	1612,41	1455,75	1299,75	1149,08
	III	**1517,00**	465,08	465,08	III	1389,33	1264,83	1143,66	1025,50	910,83	799,16
	V	**2746,00**	465,08	465,08	IV	2153,16	2074,83	1996,50	1918,16	1839,83	1761,50
	VI	**2790,25**	465,08	465,08							
8525,99 West	I,IV	**2225,00**	465,08	465,08	I	2068,33	1911,66	1755,00	1598,33	1441,66	1285,91
	II	**2075,83**	465,08	465,08	II	1919,25	1762,58	1605,91	1449,25	1293,33	1142,91
	III	**1511,50**	465,08	465,08	III	1384,00	1259,66	1138,50	1020,66	906,00	794,50
	V	**2739,41**	465,08	465,08	IV	2146,66	2068,33	1990,00	1911,66	1833,33	1755,00
	VI	**2783,75**	465,08	465,08							
8525,99 Ost	I,IV	**2232,75**	465,08	465,08	I	2076,08	1919,41	1762,83	1606,16	1449,50	1293,58
	II	**2083,66**	465,08	465,08	II	1927,00	1770,33	1613,66	1457,00	1301,00	1150,25
	III	**1518,00**	465,08	465,08	III	1390,33	1265,83	1144,50	1026,50	911,66	800,00
	V	**2747,25**	465,08	465,08	IV	2154,41	2076,08	1997,75	1919,41	1841,16	1762,83
	VI	**2791,50**	465,08	465,08							
8528,99 West	I,IV	**2226,25**	465,08	465,08	I	2069,58	1912,91	1756,25	1599,58	1442,91	1287,16
	II	**2077,16**	465,08	465,08	II	1920,50	1763,83	1607,16	1450,50	1294,58	1144,08
	III	**1512,50**	465,08	465,08	III	1385,00	1260,66	1139,50	1021,66	906,83	795,50
	V	**2740,66**	465,08	465,08	IV	2147,91	2069,58	1991,25	1912,91	1834,58	1756,25
	VI	**2785,00**	465,08	465,08							
8528,99 Ost	I,IV	**2234,00**	465,08	465,08	I	2077,41	1920,75	1764,08	1607,41	1450,75	1294,75
	II	**2084,91**	465,08	465,08	II	1928,25	1771,58	1614,91	1458,33	1302,16	1151,41
	III	**1519,00**	465,08	465,08	III	1391,33	1266,83	1145,50	1027,50	912,50	801,00
	V	**2748,50**	465,08	465,08	IV	2155,66	2077,41	1999,08	1920,75	1842,41	1764,08
	VI	**2792,75**	465,08	465,08							
8531,99 West	I,IV	**2227,50**	465,08	465,08	I	2070,83	1914,16	1757,50	1600,83	1444,16	1288,33
	II	**2078,41**	465,08	465,08	II	1921,75	1765,08	1608,41	1451,75	1295,75	1145,33
	III	**1513,66**	465,08	465,08	III	1386,00	1261,66	1140,50	1022,50	907,83	796,33
	V	**2741,91**	465,08	465,08	IV	2149,16	2070,83	1992,50	1914,16	1835,83	1757,50
	VI	**2786,25**	465,08	465,08							
8531,99 Ost	I,IV	**2235,33**	465,08	465,08	I	2078,66	1922,00	1765,33	1608,66	1452,00	1296,00
	II	**2086,16**	465,08	465,08	II	1929,50	1772,91	1616,25	1459,58	1303,41	1152,66
	III	**1520,16**	465,08	465,08	III	1392,33	1267,83	1146,50	1028,33	913,50	801,83
	V	**2749,75**	465,08	465,08	IV	2157,00	2078,66	2000,33	1922,00	1843,66	1765,33
	VI	**2794,08**	465,08	465,08							

* Zur LSt-Berechnung für privat versicherte Arbeitnehmer s. Beispiele **Vorbemerkung S. 4f.**
** Basisvorsorgepauschale KV und PV *** Typisierter Arbeitgeberzuschuss

Lohn/ Gehalt in € bis	Steuerklasse	Lohn-steuer*	BVSP**	TAGZ***	Steuerklasse	Bemessungsgrundlage für Kirchensteuer und Solidaritätszuschlag – Freibeträge für ... Kinder 0,5	1,0	1,5	2,0	2,5	3,0
8534,99 West	I,IV	**2228,75**	465,08	465,08	I	2072,08	1915,41	1758,75	1602,08	1445,41	1289,58
	II	**2079,66**	465,08	465,08	II	1923,00	1766,33	1609,66	1453,00	1297,00	1146,50
	III	**1514,66**	465,08	465,08	III	1387,00	1262,66	1141,50	1023,50	908,66	797,16
	V	**2743,16**	465,08	465,08	IV	2150,41	2072,08	1993,75	1915,41	1837,08	1758,75
	VI	**2787,50**	465,08	465,08							
8534,99 Ost	I,IV	**2236,58**	465,08	465,08	I	2079,91	1923,25	1766,58	1609,91	1453,25	1297,25
	II	**2087,41**	465,08	465,08	II	1930,83	1774,16	1617,50	1460,83	1304,66	1153,83
	III	**1521,16**	465,08	465,08	III	1393,33	1268,83	1147,50	1029,33	914,33	802,66
	V	**2751,00**	465,08	465,08	IV	2158,25	2079,91	2001,58	1923,25	1844,91	1766,58
	VI	**2795,33**	465,08	465,08							
8537,99 West	I,IV	**2230,00**	465,08	465,08	I	2073,33	1916,66	1760,00	1603,33	1446,75	1290,83
	II	**2080,91**	465,08	465,08	II	1924,25	1767,58	1610,91	1454,25	1298,25	1147,66
	III	**1515,66**	465,08	465,08	III	1388,00	1263,66	1142,50	1024,50	909,66	798,00
	V	**2744,41**	465,08	465,08	IV	2151,66	2073,33	1995,00	1916,66	1838,33	1760,00
	VI	**2788,75**	465,08	465,08							
8537,99 Ost	I,IV	**2237,83**	465,08	465,08	I	2081,16	1924,50	1767,83	1611,16	1454,50	1298,50
	II	**2088,75**	465,08	465,08	II	1932,08	1775,41	1618,75	1462,08	1305,91	1155,00
	III	**1522,16**	465,08	465,08	III	1394,33	1269,83	1148,33	1030,16	915,33	803,50
	V	**2752,25**	465,08	465,08	IV	2159,50	2081,16	2002,83	1924,50	1846,16	1767,83
	VI	**2796,58**	465,08	465,08							
8540,99 West	I,IV	**2231,25**	465,08	465,08	I	2074,58	1917,91	1761,33	1604,66	1448,00	1292,08
	II	**2082,16**	465,08	465,08	II	1925,50	1768,83	1612,16	1455,50	1299,50	1148,83
	III	**1516,66**	465,08	465,08	III	1389,00	1264,66	1143,33	1025,33	910,50	799,00
	V	**2745,75**	465,08	465,08	IV	2152,91	2074,58	1996,25	1917,91	1839,58	1761,33
	VI	**2790,00**	465,08	465,08							
8540,99 Ost	I,IV	**2239,08**	465,08	465,08	I	2082,41	1925,75	1769,08	1612,41	1455,75	1299,75
	II	**2090,00**	465,08	465,08	II	1933,33	1776,66	1620,00	1463,33	1307,16	1156,16
	III	**1523,16**	465,08	465,08	III	1395,33	1270,83	1149,33	1031,16	916,16	804,50
	V	**2753,50**	465,08	465,08	IV	2160,75	2082,41	2004,08	1925,75	1847,41	1769,08
	VI	**2797,83**	465,08	465,08							
8543,99 West	I,IV	**2232,50**	465,08	465,08	I	2075,83	1919,25	1762,58	1605,91	1449,25	1293,33
	II	**2083,41**	465,08	465,08	II	1926,75	1770,08	1613,41	1456,83	1300,75	1150,00
	III	**1517,83**	465,08	465,08	III	1390,00	1265,66	1144,33	1026,33	911,50	799,83
	V	**2747,00**	465,08	465,08	IV	2154,16	2075,83	1997,58	1919,25	1840,91	1762,58
	VI	**2791,25**	465,08	465,08							
8543,99 Ost	I,IV	**2240,33**	465,08	465,08	I	2083,66	1927,00	1770,33	1613,66	1457,00	1301,00
	II	**2091,25**	465,08	465,08	II	1934,58	1777,91	1621,25	1464,58	1308,41	1157,41
	III	**1524,33**	465,08	465,08	III	1396,33	1271,83	1150,33	1032,16	917,16	805,33
	V	**2754,75**	465,08	465,08	IV	2162,00	2083,66	2005,33	1927,00	1848,66	1770,33
	VI	**2799,08**	465,08	465,08							
8546,99 West	I,IV	**2233,83**	465,08	465,08	I	2077,16	1920,50	1763,83	1607,16	1450,50	1294,58
	II	**2084,66**	465,08	465,08	II	1928,00	1771,33	1614,75	1458,08	1302,00	1151,25
	III	**1518,83**	465,08	465,08	III	1391,16	1266,66	1145,33	1027,16	912,33	800,66
	V	**2748,25**	465,08	465,08	IV	2155,50	2077,16	1998,83	1920,50	1842,16	1763,83
	VI	**2792,58**	465,08	465,08							
8546,99 Ost	I,IV	**2241,58**	465,08	465,08	I	2084,91	1928,25	1771,58	1614,91	1458,33	1302,16
	II	**2092,50**	465,08	465,08	II	1935,83	1779,16	1622,50	1465,83	1309,66	1158,58
	III	**1525,33**	465,08	465,08	III	1397,33	1272,66	1151,33	1033,00	918,00	806,16
	V	**2756,00**	465,08	465,08	IV	2163,25	2084,91	2006,58	1928,25	1849,91	1771,58
	VI	**2800,33**	465,08	465,08							
8549,99 West	I,IV	**2235,08**	465,08	465,08	I	2078,41	1921,75	1765,08	1608,41	1451,75	1295,75
	II	**2085,91**	465,08	465,08	II	1929,33	1772,66	1616,00	1459,33	1303,16	1152,41
	III	**1519,83**	465,08	465,08	III	1392,16	1267,50	1146,33	1028,16	913,33	801,66
	V	**2749,50**	465,08	465,08	IV	2156,75	2078,41	2000,08	1921,75	1843,41	1765,08
	VI	**2793,83**	465,08	465,08							
8549,99 Ost	I,IV	**2242,83**	465,08	465,08	I	2086,16	1929,50	1772,91	1616,25	1459,58	1303,41
	II	**2093,75**	465,08	465,08	II	1937,08	1780,41	1623,75	1467,08	1310,91	1159,75
	III	**1526,33**	465,08	465,08	III	1398,50	1273,66	1152,33	1034,00	919,00	807,16
	V	**2757,33**	465,08	465,08	IV	2164,50	2086,16	2007,83	1929,50	1851,16	1772,91
	VI	**2801,58**	465,08	465,08							

* Zur LSt-Berechnung für privat versicherte Arbeitnehmer s. Beispiele **Vorbemerkung S. 4 f.**
** Basisvorsorgepauschale KV und PV *** Typisierter Arbeitgeberzuschuss

Sachverzeichnis

Stand: Juni 2023

Die fett gedruckte Ziffer nach dem Stichwort bezeichnet die Nummer innerhalb der Sammlung, die nachfolgende magere Ziffer den Paragraphen bzw. Artikel. Die in Klammer gesetzten Zahlen verweisen auf die Nummern innerhalb der Vorschrift. Der „F" verweist auf eine Fußnote.

Abbauland
Bedarfsbewertung **200** 142, 160, 163
Einheitsbewertung **200** 34, 43
Einkommensdurchschnittssätze bei Land- und Forstwirten **1** 13a
Grundsteuerwert **200** 234, 237, Anl. 31
Umsatzsteuer **500** 4 (12)
Abbruch 200 190
Einheitsbewertung **200** 77, 82, 92, 94, 129a
Grundsteuerwert **200** 259
Abfallstoffe, Umsatzsteuer **500** 13b, Anl. 3
Abfertigungsplätze, Einfuhrumsatzsteuer **500** 21
Abfindungen
Arbeitnehmer **1** 3 (9, 27, 55c, 63); **70** 3, 8a
Erbfall, Erbschaftsteuer **250** 3, 7, 10, 13a
Kriegsbeschädigte, Grundsteuer **420** 36
Land, Grunderwerbsteuer **600** 1
Landwirte, Einkommensteuer **1** 3 (27)
Lebensversicherung **1** 10, 20
Leistungsanwärter **1** 4d
Renten und Pensionen **1** 3 (3)
weichende Erben, Einkommensteuer **1** 14a
Abfließen, Ausgaben **1** 11; **120** 38
Abführung
Altersvorsorgezulage **1** 90, 94
Einkommensteuer bei beschränkter Steuerpflicht **1** 50a, 50c; **10** 73e
Kapitalertragsteuer **1** 44, 45b, 45c, 50c; **120** 33
Kirchensteuer **1** 51a
Lohnsteuer **1** 37a, 37b, 40a, 41a
Mehrerlöse, Einkommensteuer **1** 4
Steuern bei Bauleistungen **1** 48, 48a
Abgabepflicht, Solidaritätszuschlag **1a** 2
Abgasreinigungsanlagen, Kraftfahrzeugsteuer **660** 9; **665** 5
Abgekürzte Außenprüfung 800 203
Abgekürzte Leibrenten
Einkommensteuer **10** 55
Vermögenswert **200** 13
Abgeltungsteuer
Kapitalerträge **1** 2, 32d, 43; **120** 7, 29
Solidaritätszuschlag **1a** 3, 4
Abgeordnete
Auskunftsverweigerungsrecht **800** 102
Einkünfte **1** 22, 57
Sonderausgaben **1** 10
Abgrenzung
Gewinn bei Auslandsbeziehungen **800b**
land- und forstwirtschaftliche Flächen **200** 69, 159, 233
Spezialinvestmenterträge **120** 38
Vermögen, Erbschaftsteuer **250** 13b
Vermögen, Grundsteuer **200** 233
Abhilfe
außergerichtliches Verfahren **800** 132, 363, 367
gerichtliches Verfahren **800** 132; **802** 98, 130
Abhilfebescheid, Aufhebung oder Änderung **800** 172
Abholbestätigung, elektronische Zustellung **805** 5a
Abholfahrten, Kraftfahrzeugsteuer **660** 3, 10
Abkömmlinge, Erbschaftsteuer **250** 4, 13, 15, 20
Ablaufhemmung
Festsetzungsfrist **800** 171
Zahlungsverjährung **800** 230
Ablehnung
Ausschussmitglieder **800** 84

Gerichtspersonen **802** 51; **840** 101; **850** 77
Nichtzulassungsbeschwerde **802** 116
Sachverständige **800** 96; **802** 88
Verwaltungsakt **800** 172; **802** 46, 101
Ablösung, Erbschaftsteuer **250** 23, 37
Abnehmer, Umsatzsteuer **500** 3, 6a, 13a, 25b
Abnehmernachweis, Umsatzsteuer **510** 17
Abnutzbare Anlagegüter
Auslandsinvestitionen **745** 1
Bewertung in Steuerbilanz **1** 6, 7
erhöhte Absetzungen **111** 7
Investitionszulagen **740a** 2; **740b** 2
Sammelposten **1** 6
Sonderabschreibungen **1** 7g; **10** 81, 82f
Abrechnung
Bund und Länder **808** 12–19
Einkommensteuer **1** 36
Gewerbesteuer **450** 20
Grundsteuer **420** 30
Grundsteuer 2025 **420a** 30
Umsatzsteuer **500** 14, 18; **510** 48
Vermögensteuer **220** 22
Zerlegung **807** 5
Abrechnungsbescheid 800 218; **800a** Art. 97 P. 13a
Abruf
Lohnsteuerabzugsmerkmale **1** 39e
Steuerdaten **800g** 1 ff.
Abrundung
Allgemeines **800** 156; **800a** Art. 97 P. 9a
Bedarfswert **200** 139
Einheitswert **200** 30
Gewerbeertrag **450** 11
Grundbesitzwert **200** 139
Grunderwerbsteuer **600** 11
Grundsteuerwert **200** 230
Kapitalertragsteuer **1** 44
Körperschaftsteuer **100** 31
Kraftfahrzeugsteuer **660** 11
Steuerabzugsbeträge **1** 36
Umsatzsteuer **550a** 60
Vermögen **220** 4; **250** 10
Versicherungsteuer **620** 5
Zinsen **800** 238
Abschläge
Bedarfswert **200** 143, 145, 147, 173
Einheitswert **200** 41, 47, 53, 56, 82, 85–88, 92, 129a
Erbschaftsteuer **250** 13a, 13c
Finanzkraftausgleich **808** 5, 10; **809a** 5
Grundsteuer 2025 **420a** 15
Abschlussarbeiten 840a 35, 39, Anl. 2
Abschlussprüfer
Aufsicht **840** 58; **850** 4, 9, 57e, 62b, 66a, 66b, 69, 82b
Berufsrecht **850** 9, 28, 39, 43, 47, 131–131b, 134
REIT-Gesellschaft **125** 1
Abschlusszahlung
Einkommensteuer **1** 36
Gewerbesteuer **450** 20
Grundsteuer **420** 30, 31
Grundsteuer 2025 **420a** 30, 31
Körperschaftsteuer **100** 31
Umsatzsteuer **500** 18
Vermögensteuer **220** 22
Abschöpfung, Mehrerlöse **1** 4
Abschreibungen *s. Absetzung für Abnutzung*
Abschreibungsgesellschaft *s. Verlustzuweisungsgesellschaft*
Absetzung für Abnutzung
Allgemeines **1** 6, 7, 9, 56; **10** 11d
Bedarfsbewertung **200** 146
Durchschnittssatzgewinnermittlung **1** 13a
Einheitsbewertung **200** 86
Elektrofahrzeuge **1** 6
erhöhte Absetzungen **1** 7a, 7h, 7i; **10** 82a, 82g, 82i; **111** 7
nach erhöhten Absetzungen **1** 7h, 7i
Handelsschiffe **1** 5a
privates Veräußerungsgeschäft **1** 23
Sonderabschreibungen **1** 7a, 7g; **10** 81, 82f
Spezialinvestmentfonds **120** 35, 39
Überschussrechnung **1** 6; **10** 10
Umwandlungssteuergesetz **130** 4, 23
Zinsschranke **1** 4h
Absetzung für Substanzverringerung 1 7, 9; **10** 11d
Abspaltung
EG-Richtlinie **135**
Kapitaleinkünfte **1** 20
Körperschaftsteuer **100** 29
Umwandlungssteuergesetz **130** 1 ff.
Abstandnahme
Kapitalertragsteuerabzug **1** 44a, 50g; **120** 7, 29, 50

Quellensteuerabzug **11** 13
Steuerabzug bei beschränkter Einkommensteuerpflicht **1** 50a, 50g
Abtretung
Altersvorsorge **1** 82
Anzeigepflichten **10** 29
Direktversicherung **1** 4b
Erstattungs- und Vergütungsansprüche **800** 37, 46, 383
Investmentfondsanteile **120** 2, 19
Kapitaleinkünfte **1** 20; **100** 8b
Kapitalertragsteuer **1** 43
Körperschaftsteuerguthaben **100** 37
Nachversteuerung **1** 10; **10** 30
Umsatzsteuer **500** 13c, 22; **550** 25
Abwälzung, Lohnsteuer **1** 40
Abwehrmaßnahmen Steuerwettbewerb, Steueroasen-Abwehrgesetz **12** 1 ff.
Abweichende Fälligkeitsbestimmung, Umsatzsteuer und Verbrauchsteuern **800** 221
Abweichende Feststellung, Bedarfswert **200** 151
Abweichende Steuerfestsetzung 800 163
Abweichendes Wirtschaftsjahr
Einkommensteuer **1** 4a; **10** 8b, 8c
Gewerbesteuer **450** 10
Körperschaftsteuer **100** 7, 31; **120** 6
Steueroasen-Abwehrgesetz **12** 3
Abwendung, Vollstreckung **800** 292, 339–341
Abwesenheitspfleger 800 81
Abwicklung von Betrieben
Berufsausübungsgesellschaft **840** 55
Gewerbesteuer **460** 16
Körperschaftsteuer **100** 11; **130** 22
Praxis Steuerberater oder Steuerbevollmächtigter **840** 70
Praxis Wirtschaftsprüfer **850** 55c
Abwicklung von Investmentfonds 120 17
Abwicklungsschein, Umsatzsteuer **510** 73
Abziehbare Aufwendungen
Einkommensteuer **1** 4, 9, 10, 10b, 33
Körperschaftsteuer **100** 9
Abzinsung
Bodenwert **200** 257, Anl. 41
Forderungen und Schulden **200** 12
Gebäude auf fremdem Grund und Boden **200** 195
Rückstellungen **1** 6; **100** 20, 21a
Verbindlichkeiten **1** 6
wiederkehrende Nutzungen und Leistungen **200** 13
Abzug
ausländische Einkommensteuer **1** 32d, 34c; **120** 47; **450** 8
ausländische Körperschaftsteuer **100** 31; **120** 47; **450** 8
Erbschaftsteuer aus früherem Erwerb **250** 14
Gewinn, Einkommensteuer **1** 3 (40), 6b, 6c
Kapitalertragsteuer **1** 36a
Lohnsteuer bei Schiffsbesatzungen **1** 41a
Schulden, Bewertung Betriebsvermögen **200** 103
Abzugsbetrag
Ausgaben **1** 4k, 9
Betriebe im Beitrittsgebiet **1** 58
Investitionen **1** 7g
selbst genutzte Wohnung **1** 10e, 10f
Abzugsverbot
Ausgaben **1** 3 (26, 26a), 3a, 3c, 10, 12; **12** 8; **100** 8, 8b, 10; **120** 21, 44
ausländische Steuern **1** 34c
Erbschaftsteuer **250** 10
Strafen **1** 12; **100** 10
Vorsteuern **500** 15
Ackerland, Bodenschätzung **210** 2–4, Anl. 1
Adoptivkinder
Abgabenordnung **800** 15
Einkommensteuer **1** 32
Erbschaftsteuer **250** 15
Vermögensteuer **220** 6
Adressat, Verwaltungsakt **800** 118, 122
AfA *s. Absetzung für Abnutzung*
Akkumulationsrücklage 1 58
Akteneinsicht
Finanzbehörde **800** 395
Finanzgericht **802** 78
Mitglieder der Steuerberaterkammer **840** 108
Wirtschaftsprüfer **850** 82b
Zerlegungsverfahren, für **800** 187
Aktenführung
bei Gerichten **802a**

Steuerberater und Steuerbevollmächtigte **840** 66
Steuerberaterkammer **840** 74a
Wirtschaftsprüferkammer **850** 58a
Aktenvermerk über Einleitung Strafverfahren **800** 397
Aktien *s. Aktienfonds bzw. Aktiengesellschaft bzw. Aktiengewinn bzw. Wertpapiere*
Aktienfonds **120** 2, 20, 48
Aktiengesellschaft
Bewertung Betriebsvermögen **200** 97, 109
Erbschaftsteuer **250** 2
Gewerbesteuer **450** 2; **460** 25
Immobilien-AG **1** 3 (70); **125**
Investmentaktiengesellschaft **120** 6, 27, 29, 54
Körperschaftsteuer **100** 1, 14
REIT-AG **125**
Vermögensteuer **220** 1, 8, 10
Aktiengewinn, Spezialinvestmentanteile **120** 54
Aktive Tätigkeit, ausländische Zwischengesellschaft **725** 8
Aktivierung
Direktversicherung **1** 4b
Euroumrechnungsrücklage, und **1** 6d
Holzvorräte **720** 4a, 7
immaterielle Anlagegüter **1** 5
Umwandlung **130** 4, 11
Aktivitätsklausel, ausländische Verluste **1** 2a
Aktivlegitimation, finanzgerichtliches Verfahren **802** 48
Aktivvermögen, Investmentfonds **120** 2
Alkohol, Umsatzsteuer **500** 1a, 24, 28, Anl. 2
Alkoholerzeugnisse, Umsatzsteuer **500** 4 (19)
Alleinerziehende
Einkommensteuer **1** 2, 24b, 38b
Elterngeld **62** 4
Kinderzuschlag **60** 6a
Alleinstehende
Entlastungsbetrag für Kinder **1** 2, 24b
Steuerermäßigung bei haushaltsnahen Tätigkeiten **1** 35a
Allgemeine Verwaltungsvorschriften, Vertrauensschutz **800** 176
Allgemeinverfügung **420a** 25; **800** 118, 121, 122, 172, 367; **800a** Art. 97 P. 18a
Altanteile **120** 17, 56
Altbauten, selbst genutztes Wohneigentum **1** 10e
Altenheim
Gewerbesteuer **450** 3
Nutzungsrechte **1** 10; **52** 2
Umsatzsteuer **500** 4 (16)
Zweckbetrieb **800** 68
Altenteiler
Einheitswert Wohnung **200** 34
Nutzungswert Wohnung **1** 13
Pfändung Einkünfte **835** 850b
Alternative Investmentfonds, Vermögensbildung **24** 2
Altersentlastungsbetrag **1** 24a, 39b
Altersfreibetrag, Vermögensteuer **220** 6
Altersgrenze, betriebliche Altersversorgung **1** 4d, 6a; **70** 6
Altersheim *s. Altenheim*
Altersklassen, Einheitsbewertung für Forstwirtschaft **200** 55
Alterssicherung, Landwirte **1** 3 (1, 17)
Altersteilzeit
einkommensteuerfreie Einnahmen **1** 3 (28, 65)
Lohnsteuer **1** 41, 41b, 42b
Progressionsvorbehalt **1** 32b
Altersversorgung
betriebliche A. **1** 100; **70**
Erbschaftsteuer **250** 13b
Altersvorsorge
Beiträge **1** 82; **52** 2
betriebliche A. **70**
Eigenheimbetrag **1** 22, 92a, 92b
Einkünfte **1** 22, 22a, 49
Investmentanteile **1** 49; **120** 8, 12, 14, 16
Sonderausgaben **1** 10, 10a, 37
Übertragung von Vermögen **1** 3 (55c–55e)
Altersvorsorgeeigenheimbetrag **1** 92a, 92b
Altersvorsorgevermögensfonds **120** 8, 53, 54
Altersvorsorgeverträge-Zertifizierungsgesetz **1** 92a
Altersvorsorgezulage **1** 90
Allgemeines **1** 79–99; **803** 5
Anrechnung auf Einkommensteuer **1** 2
Datenübermittlung **800** 87b, 88
Hilfeleistung in Steuersachen **840** 4
Sonderausgaben **1** 10a

Alterswertminderung, bebautes Grundstück **200** 146, 190, 259
Altverluste, privates Veräußerungsgeschäft **1** 23
Ambulanzeinrichtungen
Gewerbesteuer **450** 3
Umsatzsteuer **500** 4 (14, 16)
Amtsermittlungspflicht
Finanzgerichtsverfahren **802** 76
Verwaltungsverfahren **800** 88
Amtshilfe
Besteuerungsverfahren **1** 10b; **12** 4; **100** 9; **120** 2, 8; **250** 13, 17; **450** 9; **750** 2; **800** 111–115, 117, 117c; **801** 1 ff.
gerichtliches Verfahren **802** 13
Plattformen **800l** 27
Vollstreckungsverfahren **1** 10b; **100** 9; **450** 9; **800** 250; **801a**
Wirtschaftsprüferkammer **850** 57a
s. a. Rechtshilfe
Amtspflichtverletzung 800 32
Amtssprache 800 87
Amtsträger
Allgemeines **800** 7, 30, 82, 83
Bearbeitung durch A. **800** 150, 154
Beihilfe zur Hinterziehung **800** 370
Amtsverschwiegenheit 800 30
Anbauverzeichnis, Land- und Forstwirtschaft **800** 142
Anbieter, Altersvorsorgeverträge **1** 80, 89
Änderung der Altersvorsorgezulage 1 91
Änderung der Anmeldung
beschränkte Einkommensteuerpflicht **1** 50a, 50c
Kapitalertragsteuer **1** 44b
Änderung der Bemessungsgrundlage, Umsatzsteuer **500** 17, 22
Änderung der Bilanz 1 4
Änderung der Klage 802 67, 123
Änderung der Rechtsprechung, Vertrauensschutz **800** 176
Änderung der Unternehmensform, Umwandlungssteuergesetz **130** 1 ff.
Änderung der verbindlichen Auskunft 800i 2
Änderung der verbindlichen Zusage 800 207
Änderung des Lohnsteuerabzugs 1 39, 39a, 39c, 41c
Änderung des Steuersatzes
Feuerschutzsteuer **650** 13
Kraftfahrzeugsteuer **660** 18
Versicherungsteuer **620** 10b
Änderung des Teilfreistellungssatzes 120 22
Änderung des Wohnungsbauprämienanspruchs nach Festlegung **52** 4a, 4b
Änderung von Aufzeichnungen 800 146
Änderung von Bescheiden
auf Antrag oder mit Zustimmung **800** 172
Arbeitnehmersparzulage **24** 14
Aufteilungsbescheid **800** 280
Bewertung **200** 5–7, 14, 24a
Datenübermittlung durch Dritte **800** 175b
Eigenheimzulage **5** 11
Einkommensteuer **1** 3a, 3c, 4, 5a, 7b, 7g, 10d, 34a, 50d, 111
Einspruch gegen Änderungsbescheid **800** 347
Erbschaftsteuer **250** 28a
Festsetzungsverjährung **800** 169–171; **800a** Art. 97 P. 10
Forschungszulage **750** 3, 10
während gerichtlichen Verfahrens **802** 42, 68, 123, 127
Gewerbesteuer **450** 35b
Grunderwerbsteuer **600** 16
Grundsteuer **420** 21, 27, 30
Grundsteuer 2025 **420a** 21, 27, 30
Grundsteuerwert **200** 225
Investitionszulagen **740a** 11; **740b** 12
Kindergeld **1** 70; **60** 11
Körperschaftsteuer **100** 32a, 37
Kraftfahrzeugsteuer **660** 12
offenbare Unrichtigkeit **800** 129, 169, 171, 173a
personenbezogene Daten **800** 32f
Säumniszuschläge **800** 240
Solidaritätszuschlag **1a** 1
Sonderabschreibungen **1** 7b
teilweise Rücknahme **800** 130, 132
Umwandlungssteuergesetz **130** 6
Verfahrensmängel **800** 127
Vermögensbindung **800** 61
Verständigungsvereinbarung, bei **800** 175a

Vertrauensschutz **800** 176
Verzinsung von Steuern **800** 233a
Vorbehalt der Nachprüfung **800** 164, 172
vorläufige Steuerfestsetzung **800** 165, 171, 172
Wohnungsbauprämie **53** 19
Zerlegungsverfahren **800** 189; **807** 1, 3
Änderung von Beteiligungsverhältnissen, Grunderwerbsteuer **600** 1, 13, 19
Änderung von Erklärungen 550a 61
Änderung von Verhältnissen
Einheitswert **200** 22, 41
Einkommensteuer **1** 26, 89
Grundsteuerwert **200** 222, 228, 266
Vorsteuerabzug **500** 15a, 17; **510** 44, 45
Änderung von Vollstreckungsersuchen 801a 11
Andienung, Wertpapiere **1** 20
Androhung, Zwangsmittel **800** 332, 336; **802** 154; **850** 62a
Anerkenntnis, Zahlungsverpflichtung **800** 167
Anerkennung
Ausbildung Steuerfachangestellte **849** 1
Berufsausübungsgesellschaft **840** 53, 54; **845** 40, 41
Buchprüfungsgesellschaft **850** 130, 134, 134a
Lohnsteuerhilfeverein **840** 14–20; **847** 1–4
Wirtschaftsprüfungsgesellschaft **850** 1, 28–34, 130, 134a
Anfechtung
Kostenentscheidung **802** 145
Rechtsgeschäft **800** 41
Verlustfeststellung **1** 15b
Verwaltungsakt **800** 177, 351; **802** 42
Anfechtungsklage 802 40, 44, 45, 47
Anfrage, Identifikationsnummer **1** 43; **800** 93a
Angehörige
Auskunfts- und Eidesverweigerungsrecht **800** 101
Begriff **800** 15, 58
Grunderwerbsteuer **600** 3
Hilfeleistung in Steuersachen für A. **840** 6
unbeschränkte Einkommensteuerpflicht **1** 1, 1a
unbeschränkte Vermögensteuerpflicht **220** 1
Unterhaltsaufwendungen für A. **1** 10, 12, 33a, 50
Anhänger 660 2, 3, 5, 8, 10; **665** 4
Anhörung 800 91, 117c, 126; **801** 7; **806** 5; **840** 28
Anhörungsrüge bei Steuergericht **802** 133a
Anlagebedingungen, Investmentfonds **120** 2, 10, 52, 56
Anlageformen, Vermögensbildung **24** 2
Anlagegold, Umsatzsteuer **500** 25c; **550** 82, 198, 344–356; **550a** 56, 57, Anh. III
Anlagegüter
Bewertung **1** 6
Einfuhrumsatzsteuer **518** 2
erhöhte Absetzungen **111** 7
geringwertige A. **1** 6
immaterielle A. **1** 5
Investitionszulagen **740a; 740b**
nichtabnutzbare A. in Überschussrechnung **1** 4
Reinvestitionsvergünstigung **1** 6b, 6c
Schulden, und **1** 4
Sonderabschreibungen **1** 7g; **10** 81, 82f
Vorsteuerabzug **500** 15a
Anlagen
Einkommensteuererklärung **10** 60
Wohngebäude, energetische Maßnahmen **1** 35c
Wohngebäude, erhöhte Absetzungen **10** 82a
Anlagevermögen *s. Anlagegüter*
Anlaufhemmung, Festsetzungsfrist **800** 170
Anleihen
Kapitalertragsteuer **1** 43
Mitteilung über Zinserträge **11** 6, 15, Anl.
Anmeldung
Altersvorsorgezulage **1** 90
Altersvorsorgezulagen **1** 94
Einkommensteuer bei beschränkter Steuerpflicht **1** 50a, 50c; **10** 73e
Euro, in **800a** Art. 97 P. 21
Feuerschutzsteuer **650** 8; **800** 152
Grundsteuer **420** 44
Investitionsvorhaben **740a** 8; **740b** 9
Kapitalertragsteuer **1** 36a, 44b, 45a, 50a, 50c

Kirchensteuer **1** 51a
Lohnsteuer **1** 37a, 37b, 40a, 41a, 72
Lotteriesteuer **630** 32; **635** 32
Online-Pokersteuer **630** 51
Rennwettsteuer **630** 13
Sportwettensteuer **630** 21; **635** 21
Steuern, Bauleistungen **1** 48, 48a
Steuern, Verfahren **800** 150, 167, 168, 170, 218, 249; **800a** Art. 97 P. 21
Umsatzsteuer **500** 18, 21a; **510** 46–48
Versicherungsteuer **620** 8; **800** 152
Virtuelle Automatensteuer **630** 41
Wohnungsbauprämien **52** 4a
Annahmewerte für Sicherheiten **800** 246
Anonyme Konten 800 154
Anpassungsgelder, Kohleausstiegsgesetz **1** 3 (60), 32b
Anrechnung
ausländische Einkommensteuer **1** 5a, 32d, 34c, 50; **10** 68a, 68b; **11** 14; **120** 47; **130** 20; **725** 12
ausländische Körperschaftsteuer **100** 26; **120** 47; **130** 20; **725** 12, 15, 20
ausländische Vermögensteuer **220** 11
Bauleistungen **1** 48c
betriebliche Altersversorgung **70** 5
Einkünfte und Bezüge auf Einkommensteuerfreibeträge **1** 33a
Erbschaftsteuer **250** 6, 14, 21, 26
EU-Gemeinschaftssteuer **1** 22
Forschungszulage **1** 36; **750** 10
Gewerbesteuer **1** 35
Grundfläche **444** 4
Kapitalertragsteuer **1** 36a, 43–45d; **2** 5, 7; **100** 32; **120** 31; **125** 20
Körperschaftsteuer **100** 36–39; **800** 180, 182
Leistungen auf Elterngeld **62** 3
Steuerabzugsbeträge **1** 32d, 36, 48c, 50a; **100** 19; **800** 180, 182
Vorauszahlungen **1** 36, 51a; **100** 31; **500** 18
Zahlungen bei Gesamtschuldnern **800** 276
Zinsen, von **800** 235, 236
Anrechnungsverfügung 800 218; **800a** Art. 97 P. 13a
Anrufungsauskunft
Lohnsteuer **1** 19a, 42e
Wohnungsbauprämie **52** 4a
Ansammlung
Rückstellung **1** 6
Vermögen **800** 62
Ansässigkeit
Finanzinstitut **806** 23
Kontoinhaber **806** 6, 11
Steueroasen-Abwehrgesetz **12** 2
Unternehmen **1** 50g; **500** 18h, 18j, 18k; **510** 59; **550a** 13a, 24a–24f
Anschaffung, Zeitpunkt **10** 9a
Anschaffungskosten
Aufwand **1** 6, 9, 10e; **5** 8
Investmentfondsanteile **1** 6e; **120** 52, 56
Kapitalanteile **1** 17; **10** 53; **130** 5, 13, 20–23; **141** 3; **725** 6
Reinvestition **1** 6b
Rückstellung **1** 5
Vermögensbeteiligung **1** 19a
Vorsteuerabzug **1** 9b
Anschlusspfändung 800 307
Anschuldigungsschrift, berufsgerichtliches Verfahren **840** 114, 117
Anspruch auf Gewinn oder Liquidationserlös **725** 1
Anspruchsberechtigter
Altersvorsorgezulage **1** 79
Eigenheimzulage **5** 1
Elterngeld **62** 1, 4–4d
Elternzeit **62** 15, 20
Forschungszulage **750** 1
Kindergeld **1** 62; **60** 1
Mobilitätsprämie **1** 102
Anstalten
Bewertung Betriebsvermögen **200** 97, 109
Leistungen aus A. **1** 3 (40), 20, 43
Umsatzsteuer **500** 10
Vollstreckung gegen A. **802** 151–153
Zustellung an A. **805** 5
Anteile an Kapitalgesellschaften *s. Kapitalanteile*
Anteilklassen, Investmentfonds **120** 10–14
Anteilseigner
Begriff für Einkommensteuer **1** 20
REIT-AG **125** 16, 19, 19a
Umwandlungssteuergesetz **130** 5, 7, 13, 22
Anteilstausch, Umwandlungssteuergesetz **130** 21, 22
Anteilsvereinigung, Grunderwerbsteuer **600** 1

Antiquitäten, Umsatzsteuer **500** 25a, Anl. 2; **518** 4; **550** 4, 35, 94, 311–343, Anh. IX
Antrag
Abgeltungsteuer **1** 32d
Altersvorsorgezulage **1** 89, 90, 92a, 95
Eigenheimzulage **5** 12
Einkommensteuerveranlagung **1** 32d, 46
Elterngeld **62** 7
Forschungszulage **750** 5
Forschungszulagenbescheinigung **751** 3
Gewerbeverlust **450** 10a
Hilfeleistung in Steuersachen **840** 3d, 54; **845** 40
Investitionszulage **740a** 6; **740b** 7, 11
Kindergeld **1** 67; **60** 5, 9
Kinderzuschlag **60** 5, 9
Massenanträge **800a** Art. 97 P. 18a
Mobilitätsprämie **1** 104
nicht entnommener Gewinn **1** 34a
Rechnungsberichtigung **500** 14c
Steuerabzug bei Kirchensteuer **1** 51a
Umsatzsteuer-Durchschnittssätze **500** 23a
Umsatzsteuer-Erstattung **550b** 7–23
Umsatzsteuer-Identifikationsnummer **500** 27a
Umsatzsteuerlager **500** 4 (4a)
Umsatzsteuer-Vergütung **500** 18g; **510** 24, 60, 61, 61a
verbindliche Auskunft **800i** 1
Vorabverständigungsverfahren **800** 80a
Anwartschaft
betriebliche Altersversorgung **1** 3 (55c, 55d); **70**
Betriebsrente, Vermögensbewertung **200** 104
Kapitaleinkünfte **1** 20, 43
Anwendungsbereich
Abgabenordnung **800** 1, 2, 2a
Bundesgerichte-Aktenführungsverordnung **802a** 1
EU-Amtshilfe **801**
Finanzkonten-Informationsaustauschgesetz **806** 1
Investmentsteuergesetz **120** 1
Umsatzsteuer **550** 2, 5–7
Vollstreckungsverfahren innerhalb der EU **801a** 1
Anwendungsvorschriften
Abgabenordnung **800** 2, 415; **800a** 96, Art. 97a
Außensteuergesetz **725** 21
betriebliche Altersversorgung **70** 26–32
Betriebsstättengewinnaufteilung **725b** 40
Bewertungsgesetz **200** 1, 266
Bundeskindergeldgesetz **60** 20
Eigenheimzulage **5** 19
Einkommensteuer **1** 57; **10** 84
Einkommensteuergesetz **1** 52
Erbschaftsteuer **250** 37
Finanzgerichtsordnung **802** 155–184
Finanzkonten-Informationsaustauschgesetz **806** 27
Forschungszulagengesetz **750** 16
Gewerbesteuer **450** 36
Grunderwerbsteuer **600** 23
Grundsteuer 2025 **420a** 37
Investmentsteuergesetz **120** 56, 57
Kapitalerhöhungsgesetz **141** 8
Körperschaftsteuergesetz **100** 34
Steuerauskunftsverordnung **800i** 3
Steueroasen-Abwehrgesetz **12** 13
Umsatzsteuer **500** 18h, 27, 29
Umwandlungssteuergesetz **130** 27
Vermögensbildung **24** 17, 18
Wohnungsbauprämie **52** 10
Zinsinformationsverordnung **11** 17
Anzahlungen
Abzinsung **1** 6
erhöhte Absetzungen **1** 7a
Investitionszulagen **740a** 4; **740b** 5
Sonderabschreibungen **1** 7a
Umsatzsteuer **1** 5; **500** 13, 13b, 14, 15, 17, 22; **550** 65, 95
Anzeigepflichten
Abtretungsanzeige **800** 46
Arbeitgeber **1** 38, 39e
Bausparvertrag **52** 4a, 5
Beihilfen **10** 52
Berichtigung Erklärungen **500** 18b; **800** 153
Berufsausübungsgesellschaft **840** 54
betriebliche Altersversorgung **70** 11
Eigenheimzulage **5** 12
Einkommensteuer **1** 4g, 36, 36a, 44, 45a, 92a; **10** 29
Erbschaftsteuer **250** 13a, 28a, 30, 33, 34; **260**
Erfassung der Steuerpflichtigen **800** 137–139, 379
Feuerschutzsteuer **650** 8, 12
Grunderwerbsteuer **600** 18–20, 19

Grundsteuer **420** 19, 34
Grundsteuer 2025 **420a** 19, 35
Grundsteuerwert **200** 228
Investmentfonds **120** 13, 28, 31
Kindergeld **1** 67
Kraftfahrzeugsteuer **660** 5; **665** 7
Lohnsteuer **1** 39, 39e
Lotteriesteuer **635** 29; **800** 139
multinationale Unternehmensgruppe **800** 138a, 379
Notare **10** 54; **250** 30, 34; **260** 7, 8, Muster 5; **600** 18; **800** 102
Online-Pokersteuer **635** 41
REIT-AG **125** 11
Rennwett- und Lotteriegesetz **630** 62
Sportwettensteuer **635** 20
Steuerberater und Steuerbevollmächtigte **840** 76c, 76e
Steuerstraftat **800** 6, 11
Umsatzsteuer **500** 4c, 5, 18, 18h–18k; **550** 213, 360–361, 369o; **803** 5
Vermögensbildung **24a** 2, 8
Vermögenszuwachs nach Außensteuergesetz **725** 6, 18
Versicherungsteuer **620** 8; **625** 2, 3; **800** 139
Virtuelle Automatensteuer **635** 35
Wirtschaftsprüfer **850** 20, 30, 40a, 57a
Wohnungsbauprämie **52** 4
Apotheker, Auskunftsverweigerungsrecht **800** 102
Arbeitgeber
Außenprüfung beim A. **800** 193
Begriff **1** 38; **20** 1
betriebliche Altersversorgung **1** 100; **70** 1, 1a, 1b, 2
Hilfeleistung in Steuersachen **840** 4
Kindergeld **1** 78; **60** 10
Lohnsteuerhaftung **1** 42d
Arbeitnehmer
Bedarfsbewertung von Wohnungen für A. **200** 146
Begriff **20** 1
beschränkte Einkommensteuerpflicht **1** 49, 50
betriebliche Altersversorgung **1** 3 (55, 55c, 56, 62, 63, 63a), 4b, 6a, 100; **70** 1, 4, 17, 22, 30e; **200** 104
Einkommensteuerveranlagung **1** 46
Einkünfte **1** 19
Handelsschiffen, auf **1** 41a
Kindergeld **1** 72, 78; **60** 1
Leistungen an A. **1** 3 (11a, 19, 34, 37, 60)
Lohnsteuerabzug **1** 38–42f; **800** 20a, 71
Pauschbetrag für Werbungskosten **1** 9a
Pfändungsfreigrenzen **835** 850c, 850e–850i
Steuerberater und Steuerbevollmächtigte **840** 57–59
Umsatzsteuer **500** 3, 4 (7, 23, 24), 10
unbeschränkte Einkommensteuerpflicht **1** 1
Vermögensbeteiligungen **1** 3 (39), 19a, 37b, 44a
Vermögensbildung **24; 24a**
Verschwiegenheitspflicht **840** 62; **850** 50
Vorwegabzug von Sonderausgaben **1** 10
Zuschüsse an A. **1** 3 (2, 11a, 15, 28a), 10, 32b, 40
Arbeitnehmerfreizügigkeit, Vorsorgeaufwendungen **1** 10
Arbeitnehmerpauschbetrag **1** 9a
Arbeitnehmersparzulage **24** 13; **24a** 1, 6
Arbeitnehmerüberlassung
Kontrollmitteilungen **800** 93a
Lohnsteuer **1** 38, 42d, 48, 51; **800** 20a
Mitteilung **800** 31a
steuerbegünstigte Zwecke **800** 58
Umsatzsteuer **500** 3a, 12
Arbeitsgemeinschaften
Feststellung von Einkünften **800** 180
Gewerbesteuer **450** 2a
Steuerberaterkammern **840** 84
Arbeitslohn
Begriff **20** 2
Pfändung **835** 850, 850a, 850c, 850e–850i
Sozialversicherung **21** 1
Zerlegungsmaßstab für Gewerbesteuer **450** 29, 31
Zuschläge **1** 3b
Arbeitslosigkeit
Altersvorsorge **1** 10a
Einkommensteuerveranlagung **1** 46
Kinderberücksichtigung **1** 32; **60** 2, 20
Leistungen **1** 3 (2); **60** 6b, 9
Nachversteuerung **1** 10
Progressionsvorbehalt **1** 32b
Umsatzsteuer **500** 4 (15a, 15b)
Versicherungsbeiträge **1** 10

Versicherungsteuer **620** 4
Wohnungsbauprämie **52** 2
Arbeitsmittel, Werbungskosten **1** 9
Arbeitsplatzschutzgesetz, steuerfreie Leistungen **1** 3 (47)
Arbeitszimmer 1 4 (5), 9, 10
Architekt
Einkünfte **1** 18
Umsatzsteuer **500** 3a
Archive
Einkommensteuer **1** 10g
Erbschaftsteuer **250** 13, 13b; **800** 224a
Umsatzsteuer **500** 4 (20)
Vermögensteuer **800** 224a
Archivgut der Finanzbehörden 800 30
Armenrecht
Prozesskostenhilfe **802** 142
Prozessvertretung **840** 65
Arrest, Vollstreckungsverfahren **800** 324–326
Artfortschreibung
Einheitsbewertung **200** 22, 27
Grundsteuerwert **200** 222, 227
Ärzte
Auskunftsverweigerungsrecht **800** 102
Einkünfte **1** 18
Umsatzsteuer **500** 4 (14)
Atomkraftwerk, Rückstellungen **1** 5, 6
Aufbewahrungspflichten
Bausparkassen **52** 4a; **53** 1a
beschränkte Einkommensteuerpflicht **10** 73d
Buchführung und Aufzeichnungen **800** 146–148; **800a** Art. 97 P. 19a; **800b** 2
Handakten **840** 66
Kapitalertragsteuer **1** 43
Lohnsteuerhilfevereine **840** 26
mobile Datenträger **800** 147
Rennwett- und Lotteriegesetz **635** 9
Spenden **10** 50
Steuerberaterkammer **845** 32
Steuerdaten **800** 87c, 87d; **800f (a)** 4a; **800g** 8; **806** 3, 5
Umsatzsteuer **500** 14b, 22, 22f; **510** 40; **550** 241–249, 369x
Wirtschaftsprüferkammer **850** 57a
Aufenthalt
Bedienstete bei Vollstreckungsersuchen **801a** 17–18
gewöhnlicher A. **800** 9
Aufgabe
ausländische Betriebsstätte, Einkommensteuer **1** 2a
Betrieb *s. Betriebsaufgabe*
Wohnsitz oder gewöhnlicher Aufenthalt, Einkommensteuer **1** 2a
Aufgeld, Kraftfahrzeugsteuer **660** 11
Aufhebung
Arrest **800** 325, 326
Einheitswert **200** 24, 25
EU-Entscheidungen **550** Anh. XI
Grundsteuerwert **200** 224
Veranlagung, Gewerbesteuer **450** 35b
Veranlagung, Grunderwerbsteuer **600** 16
Veranlagung, Grundsteuer **420** 20; **420a** 20
Veranlagung, Säumniszuschläge **800** 240
Veranlagung, Vermögensteuer **220** 18
verbindliche Auskunft **800i** 2
verbindliche Zusage **800** 207
Verwaltungsakt **1** 4, 7b, 70; **5** 11; **60** 11; **100** 32a, 37; **800** 60a, 127, 130, 132, 164, 165, 169–177; **800a** Art. 97 P. 9, Art. 97a; **802** 100
Vollstreckung **800** 257, 258, 262
Vollziehung **800** 361; **802** 69
Vorbehalt der Nachprüfung **800** 164, 347
Wohnungsbauprämienanspruch **52** 4a, 4b
Aufklärungsanordnung, Finanzgericht **802** 79, 128
Aufklärungspflichten
Finanzbehörde **800** 88
Steuerpflichtiger **800** 90, 160
Aufkommen
Rennwettsteuer **630** 7
steuerliche Nebenleistungen **800** 3
Verteilung Steueraufkommen **803** 5; **807; 808; 809a**
Zahlungen nach REIT-Gesetz **125** 21
s. a. Steueraufkommen
Auflagen
Erbschaftsteuer **250** 3, 6, 7, 10
Grunderwerbsteuer **600** 3
Verwaltungsakt **800** 120, 131, 379
Auflösend bedingte Lasten 200 7
Auflösend bedingter Erwerb 200 5
Auflösung
Ausgleichsposten **1** 4g; **100** 14
Ehe **1** 32a; **800** 15

Körperschaften **1** 2a, 3 (40), 15, 16, 17; **100** 8b, 11, 28; **130** 22
Körperschaftsteuer **100** 1a
Rücklagen **1** 5a, 6b, 6d, 13a, 58; **100** 17; **130** 6; **720** 3; **745** 1, 3; **800** 62
Rückstellungen **1** 5, 6a; **130** 6
Sammelposten für abnutzbare Anlagegüter **1** 6
Spezialinvestmentfonds **120** 52
Wohnförderkonto **1** 92a, 92b
Zugewinngemeinschaft **250** 5
Aufmerksamkeiten, Umsatzsteuer **500** 3
Aufnahme, Gesellschafter in Einzelunternehmen **1** 6
Aufrechnung
Allgemeines **800** 226
Gesamtschuldner **800** 44
Gewerbesteuer **450** 20
Grundsteuer **420** 30
Grundsteuer 2025 **420a** 30
Kindergeld **1** 75; **60** 12
Kinderzuschlag **60** 12
Kraftfahrzeugsteuer **660** 18
Umsatzsteuer **510** 48
Verzinsung **800** 238
Aufschiebend bedingte Lasten 200 6
Aufschiebend bedingter Erwerb 200 4
Aufschiebende Wirkung 800 284; **802** 69, 131
Aufschub
Außenprüfung **800** 197
Vollstreckung **800** 258
Aufsicht
Berufsausübungsgesellschaft **840** 55b
Datenschutz **800** 32g–32h
Lohnsteuerhilfeverein **840** 27–30, 159
Steuerberaterkammer **840** 88
Steuerberaterprüfung **845** 19
Wirtschaftsprüferkammer **850** 4, 57e, 61a–66a
Aufsichtsrat
Außenprüfung **800** 194
Einkünfte **1** 18
Steuerabzug bei beschränkter Einkommensteuerpflicht **1** 50a
Umsatzsteuer **500** 3a
Vergütungen bei Körperschaftsteuer **100** 10
Aufsichtsratsteuer, Stundung **800** 222
Aufspaltung
Körperschaftsteuer **100** 29
Umwandlungssteuergesetz **130** 1 ff.
Aufstiegshilfen, Umsatzsteuer **500** 12
Aufstockung, Buchwerte bei Sacheinlage **130** 4, 23
Aufstockungsbeträge, Altersteilzeit **1** 3 (28), 32b, 41, 41b, 42b
Aufteilung
Allgemeinkosten **120** 40
Aufteilungsbescheid **800** 279
Ausbildungsfreibetrag **1** 33a, 46
außergewöhnliche Belastungen bei Einzelveranlagung **1** 26a; **10** 61
Behindertenpauschbetrag **1** 33b
Betriebsausgaben bei Holznutzungen **1** 34b
Einheitswert **200** 3
Gemeindeanteil an Umsatzsteuer **810** 5a
Gesamtschulden **800** 268–280
Gewinn **1** 4a; **725b** 1 ff.; **800** 90; **800b**
Hinterbliebenenpauschbetrag **1** 33b
Sonderausgaben bei Einzelveranlagung **1** 26a
Steuerermäßigung bei Einzelveranlagung **1** 26a
Verluste **10** 62d
Vorsteuerbetrag **500** 15, 22; **510** 43; **550** 173–175
Werbungskosten **120** 21, 44
Auftragsdatei, Wirtschaftsprüfer **850** 51c
Auftragsforschung
Gewerbesteuer **450** 3
Körperschaftsteuer **100** 5
Zweckbetrieb **800** 68
Aufwandsentschädigung
Einkommensteuer **1** 3 (12, 26b, 45)
Pfändungsschutz **835** 850a
Sozialversicherung **21** 1
steuerbegünstigte Zwecke **800** 67a
Vollziehungsbeamte **800** 345
Aufwendungen
außergewöhnliche Belastungen **1** 33–33b
Betriebsausgaben **1** 4
energetische Maßnahmen **1** 35c
Forschung und Entwicklung **750** 3
Gewerbesteuer **450** 9
Rechteüberlassung **1** 4j
Rechtsverteidigung **802** 139
selbst genutzte Wohnung **1** 10e, 10f

Sonderausgaben **1** 10, 10b, 10e–10g
Umsatzsteuerbemessungsgrundlage **500** 10
Wege des Steuerpflichtigen **1** 4, 9
Werbungskosten **1** 9
Aufwendungsersatz, Spendenabzug **1** 10b; **10** 50; **100** 9
Aufwuchs auf Grund und Boden
Durchschnittssatzgewinnermittlung **1** 13a
Reinvestitionsvergünstigung **1** 6b, 6c
Aufzeichnungen
Anforderungen an Ordnungsmäßigkeit **800** 145, 146–146b; **800a** Art. 97 P. 30
Beweiskraft **800** 158
elektronische Aufzeichnungssysteme **800j** 1 ff.
Hilfe durch Steuerberater **840a** 39
Aufzeichnungspflichten
Allgemeines **800** 90, 140, 141; **800a** Art. 97 P. 22
Ausgleichsposten bei Entstrickung **1** 4g
Auslandsbeziehungen **12** 12; **800a** Art. 97 P. 22; **800b**
Auslandsinvestitionsgesetz **745** 1, 3
Bausparkasse **53** 1a
beschränkte Einkommensteuerpflicht **10** 73d
Betriebsstättengewinnaufteilung **725b** 3
Datenübermittlung **800** 87c, 87d
Erbschaftsteuer **250** 31
Erleichterungen **800** 148
Feuerschutzsteuer **650** 9
Investitionsabzugsbetrag **1** 7g
Kapitalertragsteuer **1** 43; **120** 7
Körperschaftsteuer **100** 27, 28
Kraftfahrzeugsteuer **660** 3, 4
Lohnsteuerabzug **1** 19a, 41; **20** 4, 5
Lohnsteuerhilfeverein **840** 21
Lotteriesteuer **630** 33
Online-Pokersteuer **630** 53
Plattformen **800l** 24
Rennwettsteuer **630** 7, 14
Schätzung **800** 162
Schätzung der Besteuerungsgrundlagen **1** 4; **800** 162
Schuldzinsenabzug **1** 4
Spenden **10** 50
Sportwettensteuer **630** 23
steuerbegünstigte Zwecke **800** 63
Tierzucht und Tierhaltung **1** 13b; **200** 51a
Umsatzsteuer **500** 6b, 22, 22b, 22f, 22g, 25–25c; **510** 13, 17c, 18, 18i–18k, 21, 22, 24, 63–68, 72, 73; **550** 17a, 138, 241–249, 272–273, 324, 356, 369, 369r, 369x, 369 zb; **550a** 54a–54c, 63c
Verletzung der A. **800** 379
vermögenswirksame Leistungen **24a** 3
Versicherungsteuer **620** 10
Virtuelle Automatensteuer **630** 43
Wareneingang und Warenausgang **800** 142, 144
Aufzeichnungsträger, Umsatzsteuer **500** Anl. 2
Aufzucht, Vieh, Umsatzsteuer **500** 12
Augenschein, Finanzbehörde **800** 98, 99
Ausbau
erhöhte Absetzungen **10** 15
Reinvestitionsvergünstigung **1** 6b
Sonderausgabenabzug für selbst genutzte Wohnung **1** 10e
Ausbeutung von Bodenschätzen, Absetzung für Substanzverringerung **1** 7; **10** 11d
Ausbilder, einkommensteuerfreie Einnahmen **1** 3 (26)
Ausbildungsbedarf, Freibetrag bei Einkommensteuer **1** 32, 33a
Ausbildungsdienstverhältnis
Kinderfreibetrag **1** 32
Kindergeld **60** 2
Werbungskosten **1** 9
Ausbildungsfreibetrag 1 33a, 46
Ausbildungsplan 849 5
Ausbildungsplatzmangel, Kinderberücksichtigung **1** 32; **60** 2
Ausfuhr
Abgaben **800** 3, 23, 87e, 370, 373, 374, 379, 382
Aufhebung oder Änderung Verwaltungsakt **800** 172
Festsetzungsfrist **800** 169–171
Sachhaftung, Abgaben **800** 76
Steueraufsicht **800** 209–217
Umsatzsteuer **500** 4 (1, 3, 6), 4a, 6, 7, 15, 18, 24; **510** 8–13, 17, 20, 21; **550** 146–147, 164–165, 278–280
Ausgaben
Betriebsausgaben **1** 4
nichtabzugsfähige A. **1** 12
selbst genutzte Wohnung **1** 10e, 10f
Sonderausgaben **1** 10, 10b

Umsatzsteuer **1** 9b; **500** 10
Werbungskosten **1** 9
Ausgangsbetrag, Grundstücksbewertung **1** 55
Ausgangswert, Einheitsbewertung **200** 83, 90
Ausgleichsanspruch, Lebensversicherung **1** 10, 20
Ausgleichsfonds
betriebliche Altersversorgung **70** 10
Forstwirtschaft **720** 3
Ausgleichsforderung, Zugewinngemeinschaft, Erbschaftsteuer **250** 5, 30
Ausgleichsgelder, landwirtschaftliche Arbeitnehmer **1** 3 (27)
Ausgleichskassen, Versicherungsteuer **620** 4
Ausgleichsleistungen
Einkommensteuer **1** 1a, 3 (7), 10
Finanzkraftausgleich **808** 4–11; **809a** 5–8
Ausgleichsposten
Auflösung bei Entstrickung **1** 4g
Organschaft **100** 14
Ausgleichszahlungen
Einkommensteuer **1** 1a, 3 (3), 4, 10, 22, 24
Körperschaftsteuer **100** 14, 16
Ausgliederung
Finanzamtsaufgaben **800** 29a
Umwandlungssteuergesetz **130** 1 ff.
Aushilfskräfte, Lohnsteuer **1** 40a
Auskunft
Bundeszentralamt für Steuern **803** 5
Datenerhebung **800** 32c, 32e
Kraftfahrzeugsteuer **660** 13
Steuerabzug bei Bauleistungen **1** 48b
steuerbegünstigte Zwecke **800** 60a
Steuerberater oder Steuerbevollmächtigte, durch **840a** 21
verbindliche Auskunft **800** 89
verbindliche Zusage **800** 204
Vermögensauskunft **800** 284
Vollstreckungsersuchen **801a** 5–6, 19, 21
Wirtschaftsprüfer, durch **850** 64
Auskunftsersuchen, Vollstreckungsverfahren **800** 249
Auskunftspflichten
Altersvorsorge **1** 92, 96
Auslandsbeziehungen **745** 3; **801**
Auslandsbezug **725** 16, 17
Außenprüfung **800** 200
Behörden **800** 89, 105, 106; **802** 86; **803** 21
betriebliche Altersversorgung **70** 4a
Betriebseröffnung **800** 138
Bundesausbildungsförderungsgesetz **800** 150
Drittschuldner **800** 316
Einheitsbewertung **200** 29
Elterngeld **62** 8, 9, 23
Finanzkraftausgleich **808** 18
Grundsteuerwert **200** 218
Kindergeld **1** 67, 68; **60** 10
Kreditinstitut **1** 45d; **800** 154
Lohnsteuerhilfevereine **840** 28
Schätzung der Besteuerungsgrundlagen **800** 162
Steuergeheimnis **800** 30–31a
Umsatzsteuer **500** 27b; **800** 138
Verfahren bei Finanzbehörde **800** 93, 105, 106, 146b
Verfahren bei Finanzgericht **802** 86
Vollstreckungsverfahren **800** 249, 315
Wirtschaftsprüfer **850** 52, 62, 64
Zölle und Verbrauchsteuern **800** 211
Auskunftsverweigerungsrecht 800 101–103, 106
Auslagen
Amtshilfe **800** 115
gerichtliches Verfahren **802** 139, Anl. 1
Steuerstrafverfahren **800** 408
Vollstreckungsverfahren **800** 344, 345
Auslagenersatz
Arbeitnehmer **1** 3 (50)
Steuerberater und Steuerbevollmächtigte **840a** 1, 3, 15–20
Auslagerung, Umsatzsteuerlager **500** 4 (4a), 5, 10, 13, 13a, 15, 22
Ausland
Abnehmer im A., Umsatzsteuer **500** 6
Altersvorsorge **1** 10a, 79, 86
Amts- und Rechtshilfe **800** 117–117d
Anzeigepflichten **10** 29; **800** 138, 379
Aufzeichnungspflichten **800** 90, 146; **800a** Art. 97 P. 22; **800b**
Ausbildungsfreibetrag **1** 33a
Ausschüttungen an Muttergesellschaften **1** 43b, Anl. 2
Außensteuergesetz **725**
Bausparkassen im A. **52** 2
Bekanntgabe im A. **800** 122

Bestätigungsvermerke ausländischer Behörden **745** 3
Beteiligungen **12** 7, 9; **800** 138, 379
Betriebsausgabenabzug **1** 4k
Bewertung von Vermögen im A. **200** 31, 32, 151, 231
Beziehungen zum A. **12** 7; **800** 90; **800b** 1
Buchführungspflichten **800** 146
Drittlandsgebiet **500** 1
Drittstaat-Gesellschaften **800** 138b, 147a, 170, 370; **800a** Art. 97 P. 32
Einkünfte aus dem A. **1** 20, 32b, 34c, 34d, 49; **10** 68a, 68b; **100** 26; **800** 170
Elterngeld **62** 1
Empfangsbevollmächtigter **800** 123
Entstrickung **1** 4, 4g, 17; **100** 12
Erbschaftsteuer **250** 2, 3, 7, 12, 13–13b, 20, 21, 30, 33; **260** 9; **725** 15
Feuerschutzsteuer **650** 5
Gesellschaften **1** Anl. 2–3
Gewerbesteuer für Betriebsstätten im A. **450** 2, 9; **460** 7
Grunderwerbsteuer **600** 19
Hilfeleistung in Steuersachen **840** 4
Hilfeleistungen im Abgabenrecht **840** 3d–3g, 12, 37a, 37b, 40, 46, 50
Immobilienfonds u. -gesellschaften **120** 2
Investitionen im A. **745**
Investmentfonds u. -gesellschaften **725** 7
Kapitalanteile **100** 8b; **141** 7
Kapitalertragsteuer **1** 43, 43a, 44a, 44b, 50d, 50j
Kaufkraftausgleich **1** 3 (64)
Kinder im A. **1** 10, 32, 33a
Kindergeld **1** 31, 62, 63, 65; **60** 1, 2, 4
Körperschaftsteuer **100** 1a
Kraftfahrzeugsteuer **660** 1–3, 9, 11, 16; **665** 9–14
Lohnsteuer **1** 40a
Nachversteuerung bei Rückkehr ins A. **1** 10
Nachweis- und Mitwirkungspflichten **800** 90; **800a** Art. 97 P. 22; **800b**
negative ausländische Einkünfte **1** 2a; **745** 2
Objektverbrauch **5** 6
Organschaft **100** 14, 19; **450** 2
Prüfungsvermerke anerkannter Prüfstellen **725** 17
Quellensteuer **1** 32d, 43a
Reisekosten **1** 4
REIT-Gesellschaft **125** 3, 17, 23
Rennwettsteuer **630** 1, 16
Schätzung von Besteuerungsgrundlagen **800** 162
Schulen im A. **1** 10
Sonderabschreibungen für Mietwohnungsneubau **1** 7b
Sonderbetriebsausgabenabzug **1** 4i
Steuerabzug bei Bauleistungen **1** 48–48d; **800** 20a
steuerbegünstigte Zwecke **1** 10b; **100** 9; **450** 9; **800** 51
Steuerbürge im A. **800** 244
Steuerstraftaten **800** 370, 374, 378, 379
Stiftung im A. **725** 15
Übermittlung von Angaben zu Zinserträgen **11** 9
Umsatzsteuer **500** 1–1b, 3, 3b–3d, 4 (1), 4a, 4b, 6, 6a, 7, 13b, 14a, 15, 18–18k, 22a, 24, 27a; **510** 2–4, 6–7, 59; **519** 1 ff.; **550** 369a–369k; **550b; 553; 800** 21
Umzug ins A. **725** 2
Unterhaltsfreibetrag **1** 33a
Verlegung des Betriebs ins A. **1** 2a
Verluste **1** 2a; **745** 2, 3
Vermögen im A., Erbschaftsteuer **250** 13a
Vermögensteuer im A. **220** 11, 12
Versicherungsteuer **625** 11
Versicherungsunternehmen im A. **1** 10
Zustellung **805** 9
zwischengeschaltete Gesellschaften **725** 5, 7 ff.
Auslandsbeziehungen
Aufzeichnungspflichten **800** 90; **800a** Art. 97 P. 22; **800b**
Außensteuergesetz **725**
Unterlagen **803** 5
Ausleihungen, Euroumrechnungsrücklage **1** 6d
Ausrüstung, Beförderungsmittel, Umsatzsteuer **500** 1, 6, 8
Ausscheiden
betriebliche Altersversorgung **70** 2, 2a
Betriebsvermögen **1** 4, 6
Gesellschafter **1** 16; **100** 1a; **250** 3, 7, 13a; **450** 7
Ausschließliche Wirtschaftszone
s. Wirtschaftszone

Ausschließlichkeit, steuerbegünstigte Zwecke **800** 56
Ausschluss
Amtsträger **800** 82, 83
Aufhebung oder Änderung Bescheid **800** 173
Berufsausübung **840** 90, 134–145; **850** 68, 109–121
Besteuerungsrecht **1** 4, 4g, 16, 17; **100** 12; **130** 2–4, 11, 13, 20, 21, 24; **725** 6
Durchschnittssatzgewinnermittlung **1** 13a
Einkommensteuerbefreiung **1** 3 (26a)
Einspruch **800** 348
Förderung Wohneigentum **1** 10e, 10f; **5**
Gerichtspersonen **802** 51
Kapitalertragsteuererstattung **1** 44b
Öffentlichkeit **802** 52
Richteramt **802** 18–21, 51
Sonderausgabenabzug **1** 10
Umsatzsteuervergünstigungen **550a** 58–58c
Umsatzsteuervergütung **510** 59
Vorsteuerabzug **500** 3, 15, 22, 25, 25c, 25f; **510** 43, 62; **550** 176–177, 322–323, 369w
Ausschüttungen
Einkommensteuer **1** 17, 20, 43–45d, Anl. 2
Erbschaftsteuer **250** 13a, 28a
Investmentfonds **120** 2, 6, 16, 17, 29, 35, 37–41
Körperschaftsteuer **100** 1a, 8, 27, 28
REIT-AG **125** 13, 19, 19a, 23
steuerfreie Einnahmen **100** 8b, 37
Umwandlungssteuergesetz **130** 22
Ausschüttungsbelastung **100** 36–39
Ausschüttungsgleiche Erträge, Spezialinvestmentfonds **120** 33–35, 49
Außenanlagen
Bedarfsbewertung **200** 189
Einheitsbewertung **200** 78, 89, 92, 94
Ertragswertverfahren **200** 184
Grundsteuerwert **200** 252, 258
privates Veräußerungsgeschäft **1** 23
Außenprüfung **800a** Art. 97 P. 37
Allgemeines **800** 146b, 193–203
Alternative Prüfungsmethoden **800a** Art. 97 P. 38
Aufhebung oder Änderung Bescheid **800** 173
Auslandsbeziehungen, bei **725** 18; **800** 90
Festsetzungsverjährung **800** 171
Feststellung von Besteuerungsgrundlagen **200** 156; **800e** 7
Feuerschutzsteuer **650** 9
Geschäftsräume **800** 200
Gesonderte Feststellung **800** 180
Investmentfonds **120** 5
Kapitalertragsteuer und Körperschaftsteuer **1** 50b
Lohnsteuer **1** 42f
Mitwirkung anderer Behörden **803** 19, 21
Mitwirkungsverzögerungsgeld **800** 200a
mobile Endgeräte **800** 200
Nutzung der Datenverarbeitung **800** 146, 147, 200
Prüfungsgrundsätze **800** 198
qualifiziertes Mitwirkungsverlangen **800** 200a
REIT-AG **125** 21
Rennwett- und Lotteriegesetz **630** 58, 59
Schätzung **800** 162
Selbstanzeige **800** 371
Steuerabzug bei beschränkter Steuerpflicht **10** 73d
Umsatzsteuer **500** 27b
verbindliche Zusage nach A. **800** 204–207
Versicherungsteuer **620** 10
Vorbehalt der Nachprüfung **800** 164
Wohnungsbauprämie **52** 4a
Zölle und Verbrauchsteuern **800** 210
Außerbetriebsetzung, Fahrzeug, Kraftfahrzeugsteuer **660** 3b, 3d, 5, 10a, 10b, 14, 18; **665** 5
Außergerichtliches Rechtsbehelfsverfahren
Allgemeines **800** 347–367; **800a** Art. 97 P. 18; **802** 44
Gebühren an Steuerberater oder Steuerbevollmächtigte **840a** 40
Außergewöhnliche Abnutzung, Einkommensteuer **1** 7; **10** 11c
Außergewöhnliche Belastungen
Allgemeines **1** 33–33b
Einzelveranlagung **1** 26a; **10** 61, 62d
Außergewöhnliche Grundsteuerbelastung, Einheitsbewertung **200** 81; **201**
Außerordentliche Einkünfte **1** 32b, 34, 34b; **120** 47, 56

Außersteuerliche Geschäftsvorfälle, Mitwirkungspflichten **800** 90
Außersteuerliche Vergünstigungen, Kontenabruf **800** 93
Aussetzung
außergerichtliches Rechtsbehelfsverfahren **800** 363
berufsgerichtliches Verfahren **840** 109, 111; **850** 83b
Bestellung zum Steuerberater **840** 40a
Bestellung zum Wirtschaftsprüfer **850** 16b
gerichtliches Rechtsbehelfsverfahren **802** 46, 74, 128
Körperschaftsteuerguthabenerstattungen **100** 37
Kraftfahrzeugsteuer **660** 16
Steuerfestsetzung **800** 165, 171
Steuerstraf- oder Bußgeldverfahren **800** 396, 410
Verwertung **800** 297
Vollziehung **800** 361; **802** 69, 113, 131
Aussetzungszinsen 800 237; **800a** Art. 97 P. 15
Ausspielungen
Lotteriesteuer **630** 26–35; **635** 22–30
Zweckbetrieb **800** 68
Ausstellungen, Umsatzsteuer **500** 13b; **550** 53
Austausch
Informationen innerhalb der EU **800** 138d–138h; **800a; 801; 803** 5
Informationen über Finanzkonten **806**
Sicherheiten **800** 247
Austauschpfändung 800 284
Auswärtige Unterbringung, Einkommensteuer **1** 10, 33a; **10** 64
Ausweispflichten 800 198
Auswertung
Daten **800** 117c, 138j; **803** 5, 5a; **806** 5
Prüfungsfeststellungen **500** 27b
Auszahlende Stelle
Kapitalertragsteuer **1** 44, 45a–45c
Kirchensteuer **1** 51a
Auszahlung
Altersvorsorgeeigenheimbetrag **1** 92b
Altersvorsorgezulage **1** 90
Arbeitnehmer-Sparzulage **24a** 1, 7
Elterngeld **62** 6
Investitionszulage **740a** 9; **740b** 10
Investmentfonds **120** 12, 13, 31
Kindergeld **1** 70, 71
Körperschaftsteuerguthaben **100** 37
Mobilitätsprämie **1** 105
Auszehrungsverbot, betriebliche Altersversorgung **70** 5
Authentifizierung bei Datenübermittlung **1** 39e; **800** 87a
Automatenspiele, Besteuerung **630** 36–45
Automatisierte Steuerfestsetzung 800 150, 154
Automatisierter Abruf
personenbezogene Daten **800** 29c; **800k** 6
Steuerdaten **800g** ff.
Steuergeheimnis **800** 30
Automatisierter Austausch
Finanzkonten **800** 138e; **806**
grenzüberschreitende Steuergestaltungen **800** 138j
Steueroasen-Abwehrgesetz **12** 4, 6

Backwaren, Umsatzsteuer **500** Anl. 2
Badeanstalt, Umsatzsteuer **500** 12
Bandenmäßige Steuerhinterziehung 800 370a
Banken *s. Kreditinstitute*
Bannbruch 800 369, 372, 373
Barablösung, Sachzuwendungsansprüche, Einkommensteuer **1** 3 (31)
Bareinzahlungsbeleg, Spenden **10** 50
Bargeschäfte, Aufzeichnungen **800** 146
Barrierefreies Wohnen, Verwendung von Altersvorsorgevermögen **1** 92a
Barrierefreiheit, Gerichtsdateien **802a** 5
Barwert, Pensionsverpflichtungen **1** 6a
Basiselterngeld 62 4, 4a
Basiszinssatz
Kapitalanteile **200** 203
Vorabpauschale **120** 18
Bauabschnitt 200 180
Bedarfsbewertung **200** 149
Einheitsbewertung **200** 74, 91
Grundsteuerwert **200** 248
Bauaufgaben, Übertragung **803** 5b
Bauausführung, Betriebsstätte **800** 12
Baudenkmal
Erbschaftsteuer **250** 13
Erhaltungsaufwand **1** 4, 10f, 10g, 11b
erhöhte Absetzungen **1** 7i, 51; **10** 82i

Grundsteuer 2025 **420a** 15
Nutzungswertbesteuerung **1** 13
Sonderausgabenabzug **1** 10f, 10g
Umsatzsteuer **500** 4 (12, 20)
Baufinanzierungsverträge, Wohnungsbauprämie **53** 13–18
Baugenossenschaft
Eigenheimzulage **5** 17
vermögenswirksame Leistungen **24** 2, 6
Wohnungsbauprämie **52** 2; **53** 3
Baugesetzbuch
Erhaltungsaufwand **1** 4, 11a
erhöhte Absetzungen **1** 7h; **10** 82g
Bauhandwerk, Investitionszulagen **740b** 3
Bauherrengemeinschaft
Feststellung von Besteuerungsgrundlagen **800e** 1
negative Einkünfte **1** 2b
Baukindergeld
Eigenheimzulage **5** 9, 17
Einkommensteuer **1** 34f
Baukosten, Obergrenze im Mietwohnungsneubau **1** 7b
Bauland **200** 69, 73, 159, 233
Baulandumlegung, Grunderwerbsteuer **600** 1
Bauleistungen
Betriebsstättengewinnaufteilung **725b** 30–34
Steuerabzug **1** 48–48d; **800** 20a
Umsatzsteuer **500** 13b, 14; **510** 73; **550** 14, 199, Anh. VI
Baumängel, Einheitsbewertung **200** 80, 81, 87
Baumaßnahmen
Fördergebiet **740a** 2
fremder Grund und Boden **200** 70, 149, 180, 244, 262, Anl. 26
Gebäude auf fremdem Grund und Boden **200** 195
Baumschule
Bedarfsbewertung **200** 142
Einheitsbewertung **200** 48a, 59, 61
Grundsteuerwert **200** 234, 237, 242, Anl. 30
Umsatzsteuer **500** 24
Baupreisindex **200** 190
Baureife Grundstücke
Einheitsbewertung **200** 73
Grundsteuer 2025 **420a** 25
Bausparbeiträge
Arbeitnehmersparzulage **24** 2, 8, 13, 14, 15
Wohnungsbauprämie **52**
Bausparkasse
Anzeigepflichten **10** 29; **52** 4a
Aufbewahrungspflichten **52** 4a
Aufzeichnungspflichten **53** 1a
Begriff **52** 2
Haftung für Wohnungsbauprämie **52** 4a
Hilfeleistung in Steuersachen **840** 4
Kapitalertragsteuer **1** 43
Bausparkassenvertreter, Umsatzsteuer **500** 4 (11)
Bauwerk
Steuerabzug bei Leistungen an B. **1** 48–48d
Umsatzsteuer bei Leistungen an B. **500** 13b
Beamte
Altersvorsorge **1** 10a
Amtsträger **800** 7
Bearbeitung
Gerichtsdateien **802a** 4
Umsatzsteuer **500** 3, 4 (3), 6, 6a, 7, 22; **510** 8, 11, 17c
Bearbeitungsmerkmal, Meldebehörden **800** 139b
Beauftragter
Online-Pokersteuer **630** 52
Sportwettensteuer **630** 22
Steuerabzug bei beschränkter Einkommensteuerpflicht **1** 50a
Steueraufsicht **800** 214
Virtuelle Automatensteuer **630** 42
Bebaute Grundstücke **200** 194
Bedarfsbewertung **200** 146–150, 180–191
Einheitsbewertung **200** 74–94; **202** 2
Grundsteuer 2025 **420a** 15, 34
Grundsteuerwert **200** 248–262
Bedarfsbewertung
Erbschaftsteuer **200** 157–203; **250** 12
Grunderwerbsteuer **200** 138–156
Bedarfsgemeinschaft, Kinderzuschlag **60** 6a
Bedingt pfändbare Bezüge, Vollstreckungsverfahren **835** 850b
Bedingungen
Berichtigung von Erklärungen **800** 153
Bewertung **200** 4–7

Erbschaftsteuer **250** 3, 7
Grunderwerbsteuer **600** 14, 16
Steueransprüche **800** 47, 50
Verwaltungsakt **800** 120
Bedürfnisprüfung, Erbschaftsteuer **250** 28a
Befangenheit
Amtsträger **800** 83
Gerichtspersonen **802** 51
Geschäftsprüfer bei Lohnsteuerhilfeverein **840** 22
Sachverständige **800** 96
Wirtschaftsprüfer **850** 49
Beförderung
Fahrzeug mit Eisenbahn, Kraftfahrzeugsteuer **660** 4
Umsatzsteuer **500** 3, 3a–3e, 4 (6), 6b; **510** 8, 9, 17, 17b; **550** 32–36, 36b, 54, 136a, 142, 148–150; **550a** 5a
Beförderungseinzelbesteuerung 500 13, 13b, 16, 18; **510** 59
Beförderungsleistungen
ausländisches Unternehmen im Inland, Einkommensteuer **1** 49
Kraftfahrzeugsteuer **660** 3
Umsatzsteuer **500** 3, 3a, 3b, 4 (3, 17), 10, 12, 13, 16, 18, 26; **510** 2–4, 6–7, 34, 40; **550** 17, 17a, 36a, 37, 48–52, 142; **550a** 15, 35–37
Beförderungsmittel, Umsatzsteuer **500** 1, 3a, 4 (6); **550** 56
Befreiungen
Aufzeichnungspflichten betr. Umsatzsteuer **510** 66–68
Buchführungspflicht und Aufzeichnungen **500** 20; **800** 148
Steuerberaterprüfung **840** 38, 157a; **845** 8
Umsatzsteuerheft **510** 68
s. a. Steuerbefreiungen
Befristete Steuerbefreiungen, Kraftfahrzeugsteuer **660** 3b, 3d, 10a, 10b
Befristung
Arbeitsverhältnis, Elternzeit **62** 21
Bewertung **200** 8
Verwaltungsakt **800** 120
Befugnis
Einspruchseinlegung **800** 350, 352
Hilfe in Steuersachen **840** 2–4
Klageeinlegung **802** 40, 48, 58
Beginn
Abwicklung Investmentfonds **120** 17
Erstinvestition **740a** 3; **740b** 4
Herstellung **740a** 3; **740b** 4
Steuerbefreiung für REIT-AG **125** 13, 17
Verjährungsfristen **800** 170
Begründung
Gerichtsbeschluss **802** 105, 113
Klage **802** 65
Nichtzulassungsbeschwerde **802** 116
Revision **802** 118, 120
Verwaltungsakt **800** 121, 126
Begünstigung zu Steuerstraftaten **24** 14; **52** 8; **740a** 14; **740b** 15; **800** 369
Begünstigungszeitraum, Forschungszulage **750** 8
Begutachtung, Umsatzsteuer **500** 3a; **550** 17
Behaltefrist
Betriebsvermögensübertragung **1** 6
Erbschaftsteuer **250** 13a, 19a, 28a
Kapitalanteile **1** 3 (40); **100** 8b; **130** 15, 22, 24
Behaltensregelung, Erbschaftsteuer **250** 13a, 28a
Behelfsbauten, Einheitsbewertung **200** 76
Beherbergung
Einheitsbewertung **202** 2
Einkommensteuer bei B. von Geschäftsfreunden **1** 4
Investitionszulage **740a** 2; **740b** 2
Umsatzsteuer **500** 4 (12, 23–26), 12, 25
Beherrschender Einfluss
Auslandsbeziehungen **725** 1, 7
Forschungszulage **750** 3
Grunderwerbsteuer **600** 6a
Haftung **800** 74
Personengesellschaft **1** 49
Behinderte Menschen *s. Menschen mit Behinderungen*
Behinderungsbedingte Fahrtkostenpauschale 1 33; **10** 64
Behörden
Amtshilfe **800** 111–115; **802** 13; **803** 13
Anzeigepflichten **250** 34; **500** 18; **600** 18; **620** 10a; **650** 12
Anzeigepflichten Erbschaftsteuer **260** 4, 10
Auskunftspflichten gegenüber Finanzbehörde **800** 93, 105
elektronische Kommunikation mit Steuergericht **802** 52d

elektronisches Postfach **800d** 6–9
Finanzbehörden **800** 6; **803**
Grunderwerbsteuer **600** 4
Hilfeleistung in Steuersachen **840** 4
Kraftfahrzeugsteuer **660** 3
Mitteilungspflichten gegenüber Finanzbehörde **10** 52; **800f (a)**
Umsatzsteuer **500** 2b, 4, 15; **510** 73
Vollstreckung **800** 255
Vorlagepflichten gegenüber Steuergerichten **802** 86
Wirtschaftsprüferbestellung **850** 15
Zustellung an B. **805** 5, 6
Behördliche Anordnung, Umsatzsteuer **500** 1
Beihilfen
neben Forschungszulagen **750** 4, 7, 9
neben Investitionszulagen **740a** 5a, 10; **740b** 9, 11
Mitteilungspflichten **10** 52, 84
Pfändung **835** 850a
Sonderabschreibungen, und **1** 7b
steuerfreie B. **1** 3 (11, 11a, 44)
Beiladung
Revisionsverfahren **802** 123
Verfahren bei Finanzbehörde **800** 174
Verfahren bei Finanzgericht **802** 60, 60a, 73, 135, 139, 160
Beiordnung 802 142
Beisitzer
Berufsgericht für Steuerberater und Steuerbevollmächtigte **840** 95–101
Berufsgericht für Wirtschaftsprüfer **850** 75–77
Beistand
Verfahren bei Finanzbehörde **800** 80
Verfahren bei Finanzgericht **802** 62, 139
Beitragsbemessungsgrundlage, betriebliche Altersversorgung **70** 10
Beitragserstattungen 1 3 (3, 9), 10
Beitragsordnung
Steuerberaterkammer **840** 79, 87
Wirtschaftsprüferkammer **850** 61
Beitragsorientierte Leistungszusage, betriebliche Altersversorgung **70** 1, 2
Beitragsrückerstattung, Körperschaftsteuer bei Versicherungsunternehmen **100** 21
Beitreibung *s. Vollstreckung*
Beitreibungshilfe, Investmentfonds **120** 2, 8
Beitritt
Revisionsverfahren **802** 122
Schuldbeitritt **1** 4f, 5
Beitrittsgebiet
Arbeitnehmersparzulage **24** 13, 17
Bewertungsgesetz **200** 125–133, 137
Eigenheimzulage **5** 19
Einheitsbewertung **200** 125–133, 137
Einkommensteuer **1** 3 (7), 10, 10c, 10e, 56–58
Feuerschutzsteuer **650** 12a
Grunderwerbsteuer **600** 4
Grundsteuer **420** 3, 40–46
Grundsteuer 2025 **420a** 3
Investitionen im B. **740a; 740b**
Kindergeld **1** 78
Körperschaftsteuer **100** 35
Steuerberatung im B. **840** 34, 156
Verfahren bei Finanzbehörde **800a** Art. 97a
Vermögensteuer **220** 24b, 24c
Wohnungsbauprämie **52** 10
Bekanntgabe
Bodenschätzungsergebnisse **210** 13
Lohnsteuerabzugsmerkmale **1** 39, 39e
Prüfungsanordnung **800** 197
Prüfungsbericht **800** 202
Verwaltungsakt **200** 154; **250** 32; **800** 87a, 122, 123, 182; **800a** Art. 97 P. 1 u. 28; **800e** 6
Voraussetzungen für Datenübermittlung **800d** 5
Zustellung **805** 2
Bekanntmachung
Besteuerungsgrundlagen durch Spezialinvestmentfonds **120** 48
Gerichtsdateien **802a** 7
Grundsteuer **420** 27
Grundsteuer 2025 **420a** 27
Maßnahmen gegen Wirtschaftsprüfer **850** 69
Rennwettsteuer **635** 6
Beklagter 802 63
Beköstigung, Umsatzsteuer **500** 4 (23–25), 25
Belastung
außergewöhnliche B. **1** 33–33b
Erbbaurecht **200** 92, 148, 192
Grunderwerbsteuer **600** 9
Belastungen 200 177

Belege
Ausgabepflicht **800** 146a; **800j** 6
Ordnungswidrigkeit **800** 379
Umsatzsteuer **500** 17; **510** 17a
Belegschaftsaktien 1 44a
Belegschaftsrabatte 1 8
Belehrung, Rechtsbehelf oder Rechtsmittel **800** 356; **802** 55, 105
Beleihung
Anzeigepflichten **10** 29
Direktversicherung **1** 4b
Nachversteuerung **1** 10
Bemessungsgrundlage
Eigenheimzulage **5** 8, 17
Einkommensteuer **1** 2, 10e, 37, 37b
Erbschaftsteuer **250** 10
Feuerschutzsteuer **650** 3, 4, 14, 15
Forschungszulage **750** 3, 7
Gewerbesteuer **450** 6
Grunderwerbsteuer **600** 1, 3, 8
Grundsteuer **420** 13–15
Grundsteuer 2025 **420a** 13–15
Investitionszulage **740a** 4; **740b** 5
Investmentanteile **120** 56
Kapitalertragsteuer **1** 43a
Körperschaftsteuer **100** 7
Kraftfahrzeugsteuer **660** 7
Lohnsteuer **1** 38a, 40
Lotteriesteuer **635** 26
Mobilitätsprämie **1** 101
Online-Pokersteuer **630** 47; **635** 37, 43
Rennwettsteuer **630** 9; **635** 12, 43
Solidaritätszuschlag **1a** 3
Sportwettensteuer **630** 17; **635** 16, 43
Umsatzsteuer **500** 10, 11, 16, 17, 21, 25–25b; **510** 72; **550** 72–92, 336; **550a** 42
Vermögensteuer **220** 4
Versicherungsteuer **650** 14
Verspätungszuschlag **800** 152
Virtuelle Automatensteuer **630** 37; **635** 31, 43
Bemessungszeitraum für Einkommensermittlung bei Elterngeld **62** 2b
Benachrichtigung, Umsatzsteuerbefreiung **550** 284, 284a
Benennung
Gläubiger und Zahlungsempfänger **800** 160
voraussichtliche Investition **1** 7g
Beratung
Buchprüfer **850** 51a
Finanzbehörde, durch **800** 89
Steuerberater oder Steuerbevollmächtigte **840** 65a; **840a** 21
Umsatzsteuer **500** 3a
Wirtschaftsprüfer **850** 51a
Beratungsstelle
Lohnsteuerhilfeverein **840** 23
Steuerberater oder Steuerbevollmächtigter **840** 34
Bereicherung, Erbschaftsteuer **250** 7
Bereitschaftsräume
Grundsteuer **420** 5
Grundsteuer 2025 **420a** 5
Bergbahn, Umsatzsteuer **500** 12
Bergbau
Betriebsstättengewinnaufteilung **725b** 35–38
Einkommensteuer **1** 3 (60), 7, 15
Gewerbesteuer **450** 28
Sonderabschreibungen **1** 51; **10** 81, Anl. 5 u. 6
Berichtigung
Bemessungsgrundlage, Umsatzsteuer **500** 17; **550** 90
Bescheinigung über Kapitalertragsteuer **1** 45a
Besteuerungsgrundlagen bei Spezialinvestmentfonds **120** 49
Bilanz **1** 4
Eintritt von Bedingungen **200** 5, 7
Erklärungen **120** 51, 56; **500** 18a, 18b; **550** 365, 369g; **800** 153, 171, 371
Identifikationsnummer **800h** 6
offenbare Unrichtigkeit **800** 129, 173a
Rechnung, Umsatzsteuer **500** 14; **510** 31
Steuerbescheinigung **100** 27
Umsatzsteuerausweis **500** 14c, 17, 22
Urteil **802** 107, 108
Verwaltungsakt **800** 129, 172–177
Voranmeldung **500** 18
Vorsteuerabzug **500** 3, 15a, 17; **510** 44, 45; **550** 184–192
Zusammenfassende Meldung **500** 18a
Berichtigungspflicht, Erklärungen **800** 153
Berichtspflichten
Finanzkraftausgleich **808** 18
Umsatzsteuer **550a** 57h
Wirtschaftsprüfer **850** 57a
Berlin
Einheitsbewertung **200** 122

Grunderwerbsteuer **600** 11 F
Investitionszulage **740a** 5a; **740b** 1, 3, 6, 11, 18, Anl. 1
Berufliche Fahrten, Werbungskosten **1** 9
Berufliche Tätigkeit, Umsatzsteuer **500** 2
Berufsaufsichtliche Maßnahmen, Wirtschaftsprüfer **850** 67–71, 94, 122–126a
Berufsausbildung
Einkommensteuer **1** 4, 9, 10, 32, 33a
Erbschaftsteuer **250** 13
Kindergeld **60** 2, 20
Steuerfachangestellte **849; 849a**
Berufsausübungsgesellschaft 845
Hilfeleistung in Steuersachen **840** 3, 32, 33, 44, 49–55g, 60, 64, 67a, 74–76e, 81–90, 111a–111f, 139, 154, 157d, 158, 164a; **845** 40, 41
Berufsbezeichnung
Steuerberater und Steuerbevollmächtigte **840** 43, 47, 161
Wirtschaftsprüfer **850** 18, 31
Berufsbildungsmaßnahmen, Umsatzsteuer **500** 4 (21)
Berufsgeheimnis *s. Betriebsgeheimnis*
Berufsgericht
Steuerberater und Steuerbevollmächtigte **840** 82–153
Wirtschaftsprüfer **850** 69, 71a–121d
Berufshaftpflichtversicherung 840 55f, 67; **845** 51–56
Berufskammer
Steuerberaterkammer **840** 3g
Wirtschaftsprüferkammer **850** 57–66
Berufskleidung
steuerfreie Gestellung, Einkommensteuer **1** 3 (31)
Werbungskosten **1** 9
Berufskonsuln
Einkommensteuerbefreiung **1** 3 (29)
Umsatzsteuer **500** 1c, 4 (7)
Umsatzsteuererstattung **518a**
Berufsordnung
Steuerberater und Steuerbevollmächtigte **840** 32–88
Wirtschaftsprüfer **850**
Berufspflichten
Steuerberater und Steuerbevollmächtigte **840** 51, 52, 57–72
Wirtschaftsprüfer **850** 43–56
Berufsregister
Steuerberater und Steuerbevollmächtigte **840** 76a–76d, 86d
Wirtschaftsprüfer **850** 37–40a, 57a, 131a
Berufssportler
Einkommensteuer **1** 49, 50a
Umsatzsteuer **500** 3a
Berufsständische Versorgungseinrichtungen
Beiträge **1** 10
Einkünfte **1** 3 (3), 22
Berufsunfähigkeit
Versicherungsbeiträge **1** 10
Versicherungsteuer **620** 4; **625** 1
Berufsverband
Beiträge als Werbungskosten **1** 9
Gewerbesteuer **450** 3
Grundsteuer **420** 3
Grundsteuer 2025 **420a** 3
Hilfeleistung in Steuersachen **840** 4
Körperschaftsteuer **100** 5
Umsatzsteuer **500** 4 (22)
Vermögensteuer **220** 3
Berufsverbot
Steuerberater und Steuerbevollmächtigte **840** 90, 111f, 134–145
Wirtschaftsprüfer **850** 68, 109–121
Berufung
Urteil in Steuerberater- und Steuerbevollmächtigtensachen **840** 127, 128
Urteil in Wirtschaftsprüfersachen **850** 105, 106
Bescheid
Altersvorsorgezulage **1** 90, 92a, 92b, 94
Aufteilungsbescheid **800** 279
Eigenheimzulage **5** 11
Grundsteuer 2025 **420a** 36
Kindergeldbescheid **1** 70; **60** 11, 14
Kinderzuschlagsbescheid **60** 14
Lohnsteuerabzugsmerkmale **1** 39
Wohnungsbauprämienbescheid **52** 4a, 4b
Zinsbescheid **800** 239
s. a. Steuerfestsetzung
Bescheinigung
Altersvorsorge **1** 92, 94
Ansässigkeit oder Betriebsstätte im Inland **1** 50h
ausländische Steuerbehörde **1** 1, 1a; **100** 32
Auslandsinvestitionen **745** 5
Bauleistungen **1** 48b, 48d; **500** 13b

beschränkte Einkommensteuerpflicht **1** 50a
Betriebsaufgabe, Land- und Forstwirtschaft **1** 14a
Einbringungsgewinn **130** 22, 23
energetische Maßnahmen **1** 35c
Familienkasse, für **1** 68; **60** 10, 21
Forschungszulage **750** 5, 6; **751**
Gebäudereinigungsleistungen **500** 13b
Gesundheitsbehörde **10** 64
Grunderwerbsteuer **600** 22
Investmentfonds **120** 7, 11, 29
Kapitaleinkünfte **1** 20
Kapitalertragsteuer **1** 43, 43a, 44a, 44b, 45a–45c, 50d, 51a; **125** 19a, 20
Kindergeld **1** 68, 73
Körperschaftsteuer **100** 27, 37, 38
Kraftfahrzeugsteuer **660** 9, 14
Kulturgüter **1** 10g
Lohnersatzleistungen **1** 32b
Lohnsteuerabzug **1** 39, 39c, 39e
Postdienstleistungen **803** 5
Quellensteuerbefreiung **11** 13
Reinvestitionen **1** 6b
Umsatzsteuer **500** 4 (20), 13b, 18, 22f; **510** 34, 61, 61a, 68, 73; **803** 5
vermögenswirksame Leistungen **24** 15; **24a** 5
Versicherungsbeiträge **1** 20
Beschlagnahme
als Sicherheit **800** 76
im Strafverfahren **800** 399
Vermögen, Pfändung **800** 281, 282
Beschluss, steuergerichtliches Verfahren **802** 107, 108, 113, 115, 126a, 132, 138
Beschränkte Haftung, negatives Kapitalkonto **1** 15a
Beschränkte Hilfeleistung in Steuersachen **840** 3d, 3e
Beschränkte Steuerpflicht **1** 49
Einkommensteuer **1** 1, 32b, 49–50a; **12** 10; **725** 7
Erbschaftsteuer **250** 2, 16
Feststellung von Einkünften **800** 180
Inlandsvermögen **200** 121
Investmentfonds **120** 11
Kapitalertragsteuer 1 45b, 50c; **803** 5
Kindergeld **60** 1
Körperschaftsteuer **100** 2, 26
Lohnsteuer **1** 39, 39a, 39b
Organschaft **100** 14
Spezialinvestmentfonds **120** 33
Vermögensteuer **220** 2, 8
Beschränkung
Ausschüttungen und Entnahmen, Erbschaftsteuer **250** 13a, 28a
Aussetzung der Vollziehung **800** 361; **802** 69
Besteuerungsrecht **1** 4, 4g, 17; **100** 12; **130** 3, 4, 11, 13, 20, 21, 24; **725** 6
Zinsvortrag **1** 4h
Beschwer
Einspruch **800** 350
Klage **802** 40
Beschwerde
Entscheidungen Berufsgericht für Steuerberater und Steuerbevollmächtigte **840** 126, 129, 141
Entscheidungen Berufsgericht für Wirtschaftsprüfer **850** 104, 107, 118
Entscheidungen Finanzgericht **802** 36, 128
Nichtzulassung der Revision **802** 116
Besitzzeit, Reinvestitionsvergünstigung **1** 6b; **130** 4
Besondere Aufsichtsmaßnahmen, Einfuhr-, Ausfuhrabgaben, Verbrauchsteuern **800** 213
Besonderes Besteuerungsverfahren, Umsatzsteuer **500** 5, 14a, 16, 18, 18h–18k; **510** 59; **550** 199a, 199b; **803** 5
Besorgungsleistung, Umsatzsteuer **500** 3, 8
Besprechungsgebühr **840a** 31
Bestandsaufnahme, Fehlmengen **800** 161
Bestandskraft, Verwaltungsakt **800** 172–177
Bestandsnachweis, Investmentanteile **120** 8
Bestandsobergrenzen, Tierhaltung **1** 13, 13b; **200** 51, 169, 241
Bestätigung
Ansässigkeit **1** 50h
Ausfuhrnachweis **510** 9, 10, 17b
Spenden **10** 50; **800** 63
Bestätigungsvermerk, Wirtschaftsprüfungsgesellschaft **850** 32
Bestattungskosten
Erbschaftsteuer **250** 10
Umsatzsteuer **550a** 28
Bestechungsgelder **1** 4

Bestellung
Buchprüfer **850** 134a
Steuerberater **840** 35–48, 157; **845** 34, 35, 38
Steuerbevollmächtigter **840** 157
Wirtschaftsprüfer **850** 15–23, 134a
Besteuerungsgrundlagen
Allgemeines **800** 157
Auslandsbeziehungen **725** 18
Einkommensteuer **1** 20, 23
Feststellungsverfahren **800** 179–183
Schätzung **800** 162
Spezialinvestmenterträge **120** 48, 49
Umsatzsteuer **550** 72–92; **550a**
Besteuerungsgrundsätze
EU-Mutter-/Tochtergesellschaft **2** 4
Finanzbehörden **800** 85
Besteuerungsinkongruenzen
Einkommensteuer **1** 4k, 9
Körperschaftsteuer **100** 8b, 12
Besteuerungsmerkmale im Ausland **1** 49
Besteuerungszeitraum
Einkommensteuer **1** 2
Gewerbesteuer **450** 14
Grundsteuer **420** 9, 16–18
Grundsteuer 2025 **420a** 9, 16–18
Körperschaftsteuer **100** 31
Kraftfahrzeugsteuer **660** 5, 9, 11, 18
Umsatzsteuer **500** 16, 18
Vermögensteuer **220** 5, 15–17
Versicherungsteuer **620** 5
Beteiligte
außergerichtliches Rechtsbehelfsverfahren **800** 359
Datenschutzverfahren **800** 32i
Feststellungsverfahren **200** 154; **800e** 5
Revisionsverfahren **802** 122
Verfahren bei Finanzbehörde **800** 78, 186
Verfahren bei Finanzgericht **802** 57, 160
Beteiligung, Finanzbehörde am gerichtlichen Strafverfahren oder Bußgeldverfahren **800** 403, 406, 407, 410
Beteiligungen
an anderen Körperschaften und Personenvereinigungen **1** 16; **100** 8b, 8d, 26; **120** 16, 20, 30, 42, 45, 49; **130** 4, 12; **725** 15
Auslandsbeziehungen **725** 6, 13, 15; **725b** 7; **800** 138, 138b, 147a, 170, 370, 379; **800a** Art. 97 P. 32
Bewertung **1** 6; **200** 11
Einkommensteuer **1** 2a, 2b, 3 (40, 71), 3c, 4, 13a, 15, 15b, 17, 32d, 49; **10** 53
Erbschaftsteuer **250** 7, 10, 13a, 13b
Gewerbesteuer **450** 8, 9
Grunderwerbsteuer **600** 1, 13, 19
Investmentfonds **120** 2, 6, 10, 29, 30, 35, 42, 43
Körperschaftsteuer **100** 8b, 8c, 8d, 13, 15
Nennkapital **725** 13
Umwandlungssteuergesetz **130** 5, 13
Unternehmensbeteiligungsgesellschaften **220** 3
s. a. Wesentliche Beteiligung
Beteiligungsgesellschaften
s. Kapitalbeteiligungsgesellschaften bzw. Unternehmensbeteiligungsgesellschaft
Beteiligungsverhältnisse, Änderung bei Personengesellschaft, Grunderwerbsteuer **600** 1, 11, 13, 19, 20
Betretungsrecht
Augenschein **800** 99
Grundstücke **210** 15; **800** 99, 200
Kassen-Nachschau **800** 146b
Lohnsteuer-Nachschau **1** 42g
Umsatzsteuer-Nachschau **500** 27b
Wirtschaftsprüfer **850** 62
Betreuer
Einkommensteuer **1** 3 (26, 26b)
Mitteilung an Finanzbehörden **800f (a)** 2
Vertretung in Steuersachen **800** 79, 81, 171; **802** 58; **805** 6
Betreuungsfreibetrag **1** 32
Betreuungsleistungen
Einkommensteuer **1** 3 (34a), 10, 35a
Umsatzsteuer **500** 4 (16, 23)
Betrieb gewerblicher Art
Amtshilfe **800** 111
Auskunftspflichten **800** 93
Gewerbesteuer **450** 2; **460** 8
Grundsteuer **420** 3
Grundsteuer 2025 **420a** 3
Körperschaftsteuer **100** 1, 4, 8, 8b, 38; **130** 22
Leistungen aus B. **1** 20, 43
steuerbegünstigte Zwecke **800** 55; **800a** Art. 97 P. 1f
Vermögensteuer **220** 1
Betriebliche Altersversorgung
Aufzeichnungspflichten **20** 5
Einkünfte **1** 19

Förderbetrag **1** 100
Gesetz **70**
Investmentfonds **120** 8, 53, 54
steuerfreie Einnahmen **1** 3 (55, 55c, 56, 62, 63, 63a), 100
Betriebsaufgabe
Entstrickung **1** 16, 36
Erbschaftsteuer **250** 13a, 19a, 28a
Erklärung **1** 16
freiberufliche Tätigkeit **1** 18
Gewerbebetrieb **1** 16; **450** 2, 7, 9; **460** 4
Kapitalanteile **1** 3 (40), 3c, 34
Land- und Forstwirtschaft **1** 14, 14a
nicht entnommener Gewinn **1** 34a
Schuldübernahme **1** 4f
Veräußerung nach B. **1** 23
Veräußerung von Betriebsvermögen an REIT **1** 3 (70)
Verpachtung **1** 16
verrechenbarer Verlust **1** 15a
Wirtschaftsjahr **10** 6
Zinsvortrag **1** 4h
Betriebsaufspaltung
Einkommensteuer **1** 3c
Erbschaftsteuer **250** 13a, 13b
Betriebsausgaben
Abzugsverbot **1** 3 (10, 26, 26a), 3a, 3c, 4, 4k; **100** 8, 8b; **120** 21, 44
ausländische Einkünfte **1** 34c
ausländische Zwischengesellschaft **725** 10
Auslandsbezug **725** 16
Begriff **1** 4
Beitragsrückerstattungen **100** 21
beschränkte Steuerpflicht **1** 50, 50a
Besteuerungsinkongruenzen **1** 4k
Beteiligungserträge **100** 8b; **450** 9
betriebliche Altersversorgung **1** 4c, 4d, 4e
genossenschaftliche Rückvergütungen **100** 22
geringwertiges Wirtschaftsgut **1** 6
Gewerbesteuer **1** 4
Holznutzungen **10** 51
Mobilitätsprämie **1** 101
Nachweis Zahlungsempfänger **1** 48; **800** 160
Pauschbeträge **1** 51
Rechnungsabgrenzung **1** 5
Schuldzinsen **1** 4, 4h; **100** 8a
Streckung **1** 4f
Überschussrechnung **1** 4, 11
Umsatzsteuer **1** 9b
Verpflegungsmehraufwendungen **1** 4
Betriebseinbringung
Kapitalgesellschaft, in **130** 11–13, 15, 19–23, 25
Personengesellschaft, in **130** 3–8, 10, 16, 18, 24
Umsatzsteuer **500** 1
Betriebseinnahmen
Investitionszulage **740a** 12; **740b** 13
Kapitalertragsteuer **1** 43, 43a, 44a
Rechnungsabgrenzung **1** 5
steuerfreie B. **1** 3 (40); **100** 8b
Umsatzsteuer **1** 9b
Betriebseröffnung
Anzeigepflichten **800** 138, 139
Einkommensteuer **1** 5b, 6; **10** 6, 8b
Gewerbesteuer **450** 2, 5, 19
Betriebsgeheimnis
Auskunftsverweigerungsrecht **800** 102
Offenbarung durch Amtsträger **800** 30
Steuerberater und Steuerbevollmächtigte **840** 51, 57, 62
Wirtschaftsprüfer **850** 43
Betriebsgewöhnliche Nutzungsdauer **1** 7
Betriebsgrundstück
Einheitsbewertung **200** 26, 99, 121a
Erbschaftsteuer **200** 157–198; **250** 12
Grunderwerbsteuer **200** 138–150
Grundsteuer **420** 2, 33
Grundsteuer 2025 **420a** 2, 34
Grundsteuerwert **200** 218
Betriebsgründung *s. Betriebseröffnung*
Betriebsgutachten, Holznutzungen **10** 68
Betriebshelfer, Umsatzsteuer **500** 4 (27)
Betriebskosten
Begriff und Umfang **443** 27; **445**
zur Miete **200** 79, 146, 187, 255, Anl. 40
Betriebsmittel, Land- und Forstwirtschaft **200** 33, 158, 232
Betriebsprüfung *s. Außenprüfung*
Betriebsrenten *s. Betriebliche Altersversorgung*
Betriebsschulden
Bewertung **1** 6; **200** 103
Erbschaftsteuer **250** 10, 13b
Gewerbesteuer **450** 8
Betriebsstätte
Anzeigepflichten **800** 138

Aufzeichnungspflichten **800** 90
ausländische B. **725** 2, 20; **725b** 1 ff.; **800** 90, 138, 138d, 138g, 146
Begriff **2** 2; **800** 12
beschränkte Einkommensteuerpflicht **1** 49
Einbringung **135** 10
EU **1** 43b, 50g
Gewerbesteuer **450** 2, 9, 28–34; **460** 5–7, 30
Gewinnaufteilung bei mehreren B. **725b** 1 ff.
Inland **100** 14; **725b** 1 ff.
Investitionszulage **740a** 2
Umsatzsteuer **500** 1, 3a
Betriebssteuern
Haftung **800** 74, 75
Umsatzsteuer bei Einkommensteuer **1** 9b
Betriebsteil, Land- und Forstwirtschaft **200** 141
Betriebsübernahme
Buchführungspflicht **800** 141
Gewinnermittlung nach B. **1** 13a
Betriebsunterbrechung
Einkommensteuer **1** 16
Gewerbesteuer **450** 2
Betriebsveranstaltung, Lohnsteuer **1** 19, 40
Betriebsveräußerung
Einkommensteuer **1** 3 (40), 3c, 4f, 6, 14, 14a, 15a, 16, 18, 34, 34a
Gewerbesteuer **450** 2, 5, 7
Umsatzsteuer **500** 1, 15a
Veräußerung von Betriebsvermögen an REIT **1** 3 (70)
Wirtschaftsjahr **10** 6
Betriebsvermögen
Betriebsvermögensvergleich **1** 4, 5, 13a
Bewertung **200** 31, 95–109, 121a, 157–203
Buchführungspflicht **800** 141; **800a** Art. 97 P. 19
Direktversicherung **1** 4b
Erbschaftsteuer **250** 12, 13–13d, 19a, 28, 28a
Grundstücke **10** 8
Investmentanteile **120** 56
Spezialinvestmentanteile **120** 44, 45
Steuerbilanz **1** 6
steuerfreie Zuführungen **1** 3 (40, 70), 3c, 34; **100** 8b; **120** 20, 21, 44
Vermögensteuer **220** 10, 12
Betriebsvermögensvergleich **1** 4, 5, 13a
Betriebsverpachtung
Betrieb gewerblicher Art **100** 4; **220** 1
Einkommensteuer **1** 16
Erbschaftsteuer **250** 13b
Betriebsvorrichtungen
Einheitsbewertung **200** 68
Grunderwerbsteuer **600** 1
Grundsteuerwert **200** 243
Umsatzsteuer **500** 4 (12), 13b
Betriebswerk, Holznutzungen **10** 68
Betriebswirt, Einkünfte **1** 18
Betriebswohnungen, Land- und Forstwirtschaft **200** 141, 143, 160, 167
Beurlaubung
Altersvorsorge **1** 10a
Wirtschaftsprüfer **850** 46
Bevollmächtigte
Bekanntgabe Verwaltungsakt an B. **800** 122, 123, 183
Bußgeld **800** 411
Haftung **800** 191
Kostenerstattung im gerichtlichen Verfahren **802** 139
Unterschreiben von Steuererklärungen **800** 150
Verfahren bei Finanzbehörde **800** 80, 80a, 183, 364a
Versicherungsteuer **625** 1
Vertretung im steuergerichtlichen Verfahren **802** 62
Wirkung von Steuerfestsetzungen gegenüber Vollmachtgeber **800** 166
Zustellung an B. **805** 7, 9
Bewegliche Anlagegüter
Absetzung für Abnutzung **1** 7
Investitionsabzugsbetrag **1** 7g
Investitionszulagen **740a** 2; **740b** 2
Reinvestitionen **1** 6b
Sammelposten **1** 6
Sonderabschreibungen **1** 7g
Bewegliches Vermögen
privates Veräußerungsgeschäft **1** 23
Umsatzsteuer **500** 25a
Vollstreckung **800** 281–321
Beweisaufnahme
berufsgerichtliches Verfahren **840** 123, 132, 133; **850** 101

finanzgerichtliches Verfahren **802** 81–89
Beweislast, Gestaltungsmissbrauch **800** 42
Beweismittel
Buchführung **800** 158
Umsatzsteuer **550a** 24d–24f
Verfahren bei Finanzbehörde **800** 92, 173, 365
Verfahren bei Finanzgericht **800** 172; **802** 65, 76, 137
Bewertung
Ausgleichsposten bei Entstrickung **1** 4g
Auslandsvermögen **200** 31, 231; **725** 10
Betriebsgrundstück **200** 99, 121a, 138–150, 158–198
Einbringung in Kapitalgesellschaft **130** 11–13, 20, 21, 23, 24, 25
Einbringung in Personengesellschaft **130** 3–5, 24
Einnahmenüberschussrechnung **1** 6
Erbschaftsteuer **200** 157–203; **250** 12, 13b
EU-Mutter-/Tochtergesellschaft **2** 4
Forderungen **200** 12
Grunderwerbsteuer **200** 138–150
Grundsteuerwert **200** 218–266
Grundvermögen **200** 68–94, 129–133, 145–150, 176–198, 243–262
land- und forstwirtschaftliches Vermögen **200** 33–67, 125–128, 138–144, 158–175, 232–242
Nutzungen und Leistungen **200** 13, 14
REIT-AG **125** 12, 17
Sachbezüge **1** 8; **21** 2
Sacheinlagen nach Umwandlungssteuergesetz **130** 20, 21
Sachgesamtheiten **1** 50i
Schulden **200** 12
Spezialinvestmentanteile **120** 48
Steuerbilanz **1** 4d, 6; **100** 13, 20; **130** 3; **200** 11; **720** 4a, 7
Umwandlungssteuergesetz **130** 3–5, 11–13, 20, 21, 24
Vermögen im Beitrittsgebiet **200** 125–133, 137
Verschmelzung, bei **120** 23
Wertpapiere **200** 11
Bewertungsabschlag, Bedarfswert **200** 143, 145, 147, 173
Bewertungsbeirat, Land- und Forstwirtschaft **200** 63–66
Bewertungseinheiten, Übernahme aus Handelsbilanz **1** 5
Bewertungsfreiheit
Forschungs- und Entwicklungsinvestitionen **1** 51
geringwertige Wirtschaftsgüter **1** 6
Holzvorräte **720** 4a
Kohle- und Erzbergbau **1** 51; **10** 81
Schiffe und Luftfahrzeuge **1** 51; **10** 82f
Bewertungsstichtag, Land- und Forstwirtschaft **200** 35, 54, 59, 161
Bewertungsstützpunkte, Land- und Forstwirtschaft **200** 39, 57
Bewilligungszeitraum für Kinderzuschlag **60** 6a, 20
Bewirtschaftungskosten **200** Anl. 23
Bewirtschaftungskosten zur Miete **200** 187
Einheitsbewertung **200** 79
Grundsteuerwert **200** 255, Anl. 40
Bewirtungskosten
Einkommensteuer **1** 4
Umsatzsteuer **500** 15
Bezüge
ausländische Zwischengesellschaft **725** 8
Kinderberücksichtigung **1** 32
Körperschaftsteuer **100** 8b
Lohnsteuer **1** 40
nahestehende Person **1** 3 (40
steuerfreie B. **1** 3 (40)
Steueroasen-Abwehrgesetz **12** 11
Bezugsfertigkeit **200** 72, 145, 178, 246
Bezugsrecht, Einkommensteuer **1** 20
Bezugszeitraum, Elterngeld **62** 4
Bibliothek
Abzugsbeträge bei Einkommensteuer **1** 10g
Erbschaftsteuer **250** 13, 13b; **800** 224a
Grundsteuer **420** 32
Grundsteuer 2025 **420a** 32
Vermögensteuer **800** 224a
Bilanz
Steuerbilanz **1** 4, 5b, 6; **10** 60; **100** 13; **130** 3, 4, 11, 24
Umwandlungssteuergesetz **130** 3, 4, 11, 24
Bilanzänderung **1** 4
Bilanzansatz
Gewinnabführungsvertrag **100** 14
Steuerbilanz **1** 6; **100** 13; **130** 3, 11
Bilanzberichtigung **1** 4

Bilanzierung, REIT-AG **125** 12
Bildberichterstatter 1 18
Bildung und Teilhabe, Leistungen für Kinder **60** 6b, 9, 20
Bildungseinrichtung
Gewerbesteuer **450** 3
steuerbegünstigte Zwecke **800** 52, 68
Umsatzsteuer **500** 4 (21, 22)
Billigkeitsmaßnahmen
abweichende Steuerfestsetzung **800** 163, 184; **800a** Art. 97 P. 29
Aussetzung der Vollziehung **800** 361
Eigenheimzulage **5** 15
Einheitsbewertung **200** 20
Erbschaftsteuer **250** 28a
Gewerbesteuer **800** 184; **800a** Art. 97 P. 10c
Grundsteuer **420** 32–34
Grundsteuer 2025 **420a** 32–35
Grundsteuerwert **200** 220
Investitionszulage **740a** 13; **740b** 14
Realsteuermessbetrag **800** 184
Steuererlass **800** 227
Stundung **800** 222
Umsatzsteuer **500** 18
Verwertung von Pfandsachen **800** 297
Vollstreckung **800** 258
Zinsen auf Steuern **800** 234, 237
Bindungswirkung
Änderungsbescheid **800** 351
Feststellungsbescheid **800** 182, 351
Tatsachenfeststellung des Finanzgerichts **802** 118
Umsatzsteueroption **500** 19
verbindliche Auskunft **800i** 2
Zusage **800** 206
Binnenfischerei *s. Fischerei*
Binnenschifffahrt *s. Schiffe*
Biometrische Rechnungsgrundlagen, Pensionsrückstellungen **1** 6a
Blinde
Einkommensteuer-Pauschbetrag **1** 33b
Einrichtungen für B. als Zweckbetrieb **800** 68
Kraftfahrzeugsteuer **660** 3a
Pfändung Blindenzulage **835** 850a
Umsatzsteuer **500** 4 (19), 9
Blindenwerkstätten 500 4 (19), 9
Blutkonserven 500 4 (17), 4b, 5
Blutspendedienst, Gewinnpauschalierung **800** 64
Bodenbewirtschaftung, Einkommensteuer **1** 15
Bodengewinnbesteuerung 1 55
Bodenrichtwert 200 179
Bedarfsbewertung **200** 145, 147
Grundsteuerwert **200** 247
Bodenschätze
Absetzung für Substanzverringerung **10** 11d
Bedarfsbewertung **200** 142, 160
Betriebsstättengewinnaufteilung **725b** 35–38
Einheitsbewertung **200** 43, 68
Erbschaftsteuer **250** 12
Grundsteuerwert **200** 243
Umsatzsteuer **500** 4 (12)
s. a. Mineralgewinnungsrecht
Bodenschätzung
Allgemeines **210**
Bedarfsbewertung **200** 142, 160
Einheitsbewertung **200** 50, 60
Bodenwert 200 189, 193–195
Bedarfsbewertung **200** 145, 179
Einheitsbewertung **200** 78, 84, 92
Erbbaurecht **200** 194
Ertragswertverfahren **200** 184
Grundsteuerwert **200** 252, 257, 258, Anl. 36
Bordlieferungen 500 3e
Börsenhandel, Umsatzsteuer **510** 49
Börsenklausel, Mitteilungspflichten **800** 138
Börsenkurse, Stichtag für Bewertung **200** 11
Botanische Gärten 500 4 (20)
Botschaften *s. Diplomatische Mission*
Brandunterstützungsvereine
Feuerschutzsteuer **650** 3a
Versicherungsteuer **620** 4
Brandversicherung
Feuerschutzsteuer **650** 1
Versicherungsteuer **620** 6
Briefkastengesellschaft, Entlastung von Abzugsteuern **1** 50d, 50g
Bücher 500 12, Anl. 2
Bücherei 500 4 (20)
Buchführung
Anforderungen an B. **800** 145, 146–146b; **800a** Art. 97 P. 30
Aufbewahrungspflichten **800** 147

Beweiskraft **800** 158
Buchmacher **635** 10
Erstellung durch selbständigen Buchhalter **840** 6
Hilfe durch Steuerberater **840** 1, 33; **840a** 32–39, Anl. 3
Buchführungsgrenzen 800 141
Buchführungspflicht
außersteuerliche Vorschriften **800** 140
Buchmacher **635** 10
erhöhte Absetzungen oder Sonderabschreibungen **1** 7a
Erleichterungen **800** 148
Gesamtumsatz **800** 141
Rücklagen **720** 3
Schätzung der Besteuerungsgrundlagen **800** 162
steuerliche Grenzen **800** 141, 148; **800a** Art. 97 P. 19
Buchhaltung
als Hilfe in Steuersachen **840** 157
als Hilfeleistung in Steuersachen **840** 6
Buchmacher
Rennwettsteuer **630** 2–15; **635** 3, 5, 6, 8–10
Umsatzsteuer **500** 4 (9)
Buchnachweis *s. Aufzeichnungen bzw. Nachweis*
Buchprüfer
Beiordnung als Prozessvertreter **802** 142
Berufsrecht **850** 13a, 129, 132
Einkünfte **1** 18
Hilfe in Steuersachen **800** 392; **840** 3, 37a, 50
Umsatzsteuer **500** 3a
Buchprüfungsgesellschaft
Berufsrecht **850** 128–130, 133
Hilfeleistung in Steuersachen **840** 3
Buchstelle *s. Landwirtschaftliche Buchstelle*
Buchungsbestätigung, Spenden **10** 50
Buchwert
Begriff **130** 1
Einbringung nach Umwandlungssteuergesetz **130** 3, 11, 20, 24; **135** 4
Reinvestitionsvergünstigung **1** 6b
wieder eingelegtes Wirtschaftsgut **1** 6
Bundesamt für Justiz, Ordnungsgeld **800f** 4a
Bundesamt für Logistik und Mobilität, Kraftfahrzeugsteuer **665** 2
Bundesbank
Auskunftspflichten gegenüber Finanzbehörde **800** 105
Gewerbesteuer **450** 3
Körperschaftsteuer **100** 5
Vermögensteuer **220** 3
Bundeseisenbahnvermögen
Gewerbesteuer **450** 3
Grundsteuer **420** 3
Grundsteuer 2025 **420a** 3
Körperschaftsteuer **100** 5
Vermögensteuer **220** 3
s. a. Eisenbahn
Bundesfamilienkassen 803 5
Bundesfinanzbehörden 803 1
Bundesfinanzhof
Steuergericht **802** 2, 36, 37
Vertretung vor B. **802** 62a
Bundesfreiwilligendienst, einkommensteuerfreie Leistungen **1** 3 (5, 6)
Bundesgerichtshof
Senat für Steuerberater- und Steuerbevollmächtigtensachen **840** 97
Senat für Wirtschaftsprüfersachen **850** 74
Bundesministerium der Finanzen
200 153, 187; **500** 4a; **800** 90, 139b, 147b
Bundesmonopolverwaltung, Vermögensteuer **220** 3
Bundesnachrichtendienst 1 72
Bundespolizei
Grundsteuer **420** 5
Grundsteuer 2025 **420a** 5
Kraftfahrzeugsteuer **660** 3
steuerfreie Leistungen an Angehörige der B. **1** 3 (4)
Bundespost
Umsatzsteuer **500** 4 (11a)
s. a. Kreditinstitute bzw. Post bzw. Postbank bzw. Telekom
Bundesschuldbuch, Kapitalertragsteuer **1** 43a
Bundessteuerberaterkammer 840 3b, 3g, 85–87a
elektronisches Verzeichnis **840** 3g
Bundesverwaltungsamt, Kindergeld **1** 72
Bundeswasserstraßen, Vermögensteuerbefreiung für Unternehmen **220** 3
Bundeswehr
Grundsteuer **420** 5, 6

Grundsteuer 2025 **420a** 5, 6
Kraftfahrzeugsteuer **660** 3
Nachschau betr. Zölle und Verbrauchsteuern **800** 210
steuerfreie Leistungen an Angehörige der B. **1** 3 (4, 5)
Umsatzsteuer **500** 1c
Bundeszentralamt für Steuern **1** 39, 69; **500** 18g
Abrechnung zwischen Bund und Ländern **803a** 1
Amtshilfe **800** 117c; **801**
Aufgaben **800k** 10; **803** 5
Auskunftsersuchen, an **800** 93
Bußgeldvorschriften **500** 26a
Datenweiterleitung **800** 88; **803** 5
Einkommensteuerveranlagung **1** 10, 50
EU-Amtshilfe **801** 3, 3a
Feuerschutzsteuer **650** 3, 8, 10, 11, 12
grenzüberschreitende Steuergestaltungen **800** 138d, 138f, 138h, 379
Identifikationsmerkmal **800** 139a–139d; **800h** 2, 6
Identifikationsnummer **500** 18, 18a, 18e, 18h, 22, 27a; **800** 93a
Informationsaustausch über Finanzkonten **806** 2, 5, 27
Investmentfonds **120** 4
kapitalmarktbezogene Gestaltungen **800** 88c
Kindergeld **1** 72; **803** 5
Kirchensteuer **1** 51a
Kontenabruf **800** 93, 93b
Lohnsteuerabzugsmerkmale **1** 39e
Plattformen **800l** 9, 27
Steuerfahndung **800** 208a
Umsatzsteuer **500** 18, 18a, 18e, 18h–18k, 22; **510** 61, 61a; **803** 5
Verfolgung von Ordnungswidrigkeiten **1** 50e
Versicherungsteuer **620** 10a
Zinsinformationsverordnung **11** 5
Zuwendungsempfängerregister **800** 60b
Bürgschaft
Sicherheitsleistung **800** 241, 244
Steuerschulden **800** 48
Umsatzsteuer **500** 4 (8)
Versicherungsteuer **620** 2
Bürgschaftsbanken
Gewerbesteuer **450** 3
Körperschaftsteuer **100** 5
Vermögensteuer **220** 3
Bürogemeinschaft, Steuerberater oder Steuerbevollmächtigte **840** 55h
Bußgeld
Allgemeines **800** 377–384, 401, 407, 409–412; **840** 1
Einkommensteuer **1** 50c, 50e, 50f, 96, 108
Elterngeld **62** 14
Erbschaftsteuer **250** 33
Festsetzungsverjährung **800** 17
Finanzkontenmeldung **806** 28
Investmentsteuergesetz **120** 55
Kindergeld und Kinderzuschlag **60** 16
Mitteilung grenzüberschreitender Steuergestaltungen **800** 379
Pflichtverletzungen durch Steuerberater und Steuerbevollmächtigte **840** 90, 160–164
Pflichtverletzungen durch Wirtschaftsprüfer **850** 68c, 69, 132, 133, 133c
Plattormen **800l** 25
Rennwetten **630** 6
Steuergeheimnis **800** 30
Umsatzsteuer **500** 26a; **550a** 63b
s. a. Ordnungswidrigkeit

Campingplätze
Investitionszulage **740a** 2; **740b** 3
Umsatzsteuer **500** 4 (12), 12
Caritative Zwecke *s. Karitative Zwecke*
Carried Interest **1** 3 (40a), 3c, 18, 34a
Chemikalien **500** Anl. 2
Chemiker
Einkommensteuer **1** 18
Umsatzsteuer **500** 4 (14)
Chor **500** 4 (20)
Computer
Lohnsteuer **1** 40
steuerfreie Vorteile **1** 3 (45)
Übermittlung von Steuerdaten **800** 87c
Umsatzsteuer **500** 13b; **550** 199a; **550a** 7
Computergestütztes Kassensystem **800** 146a
Containerverkehr
Kraftfahrzeugsteuer **660** 3, 4
Umsatzsteuer **500** 4 (6)
Corona-Pandemie
Einkommensteuer **1** 3 (11a, 28a), 6, 6b, 7, 7g, 10d, 24b, 35, 39a, 110, 111

Elterngeld und Elternzeit **62** 2b, 27
Finanzkraftausgleich **808** 1
Forschungszulage **750** 3
Gewerbesteuer **450** 8
Kindergeld **60** 6, 6d
Mitteilung an Finanzbehörden **800f (a)** 13, 14
Steuererklärungsfristen **800a** Art. 97 P. 36
Umsatzsteuer **500** 4c, 5, 12, 21, 28; **550** 143, 151
Corona-Sonderzahlung 1 3 (11b)
CpD-Konten 800 154
Cum/Cum-Geschäfte, Kapitalertragsteuer **1** 36a, 50j

Dach-Investmentfonds 120 2, 30, 33, 37, 48
Dachverband, Sportveranstaltungen **800** 67a
Damnum 1 11
Darbietungen im Inland
Einkommensteuer **1** 49, 50a
Umsatzsteuer **500** 3a, 4 (20), 12; **510** 30
Darlehen
Altersvorsorge **1** 82, 92a
Betriebsvermögen **1** 4
Golddarlehen **500** 25c
haushaltsnahe Tätigkeiten **1** 35a
Kapitalertragsteuerabzug für Zinsen aus D. **1** 43
Kapitalgesellschaft **1** 3c, 17; **100** 8a, 8b
partiarisches D. **1** 2a, 20
Policendarlehen **1** 10, 20; **800e** 9
Zinsen aus D. als Einkünfte **1** 20, 32d
Datenabgleich
Altersvorsorge **1** 10a, 91
Steuergeheimnis **800** 30
Datenabruf
Bekanntgabe von Verwaltungsakten **800** 122a
Familienkasse **1** 68
bei Finanzbehörden **800** 30, 88b
durch Finanzbehörden **10** 50
grenzüberschreitende Steuergestaltungen **800** 138j
Kreditinstitute **800** 93, 93b; **803** 5
personenbezogene Daten **800k** 8
Rentenversicherungsträger **803** 5
Sozialleistungen **1** 32b
Umsatzsteuervergütung **510** 61
vermögenswirksame Leistungen **24** 15
Datenaustausch
Finanzkonten **806** 2
Rechnung **500** 14
Datenbank
Bundessteuerberaterkammer **840** 86
Investitionszulagen **740a** 2
Datenbereitstellung
Bundeszentralamt für Steuern **803** 5
Lohnsteuerabzug **20** 4
Realsteuermessbetrag **800** 184
Verwaltungsakt **800** 122a
Zuschlagsteuern **1** 51a
Datenerhebung, Altersvorsorge **1** 91
Datenfernübertragung
Bilanz u. Gewinn- und Verlustrechnung **1** 5b
Durchschnittssatzgewinnermittlung **1** 13a
Einkommensteuererklärung **1** 25
Finanzkonten **806** 5
Grundsteuerwert **200** 228, 247
Grundstücksdaten **200** 29
Identifikationsnummer **1** 44a
Investitionsabzugsbetrag **1** 7g
Investmentsteuergesetz **120** 56
Kirchensteuer **1** 51a
länderbezogener Bericht **800** 138a
Optionserklärung **100** 1a
Steueranmeldung **10** 73e; **630** 13, 21, 32, 41
Steuerdaten **800** 87d
Umsatzsteuer **500** 4a, 18, 18a, 18h–18k, 21a; **510** 61, 61a; **512** 1
Versicherungsteuer **620** 8
Wohnförderkonto **1** 92a, 92b
Wohnungsbauprämie **52** 4a
Zerlegung **807** 6
s. a. Datenübermittlung
Datensammlung 800 88a, 249
Datenschutz
EU-Amtshilfe **801** 19
Finanzkonten **806** 5, 8
Kirchensteuer **1** 51a
personenbezogene Daten **800** 29b, 29c, 30, 32a
Steuerdaten **800** 32c–32j, 93c
Steuergeheimnis **800** 30; **800g** 1 ff.
Wirtschaftsprüfer **850** 36a
Zuständigkeit **800a** Art. 97 P. 18b
Datenspeicherung
Bundeszentralamt für Steuern **1** 45b, 45c, 51a; **800** 60b, 88c, 139b, 139c; **803** 5

Ermächtigung **800** 147b
Gerichtsdateien **802a** 3
Identifikationsnummer **800k** 4
Vorhaltung von Daten **800** 147; **800a** Art. 97 P. 19b
Datenübermittlung
Allgemeines **800** 87a–87e, 146b; **800a** Art. 30, Art. 97 P. 27
Altersvorsorge **1** 10, 10a
Angaben zu Elterngeld **62** 24b
Behinderten-Pauschbetrag **10** 65, 84
Beihilfen **10** 52, 84
Bundesfinanzhof u. Finanzgerichte **800d**
Bundeszentralamt für Steuern **512** 1; **800** 60b, 139b; **800h** 2
Dritte **500** 22f; **800** 32b, 32e, 87d, 93c, 93d, 138b, 138c, 147, 175b
Einkommensteuer **1** 10, 10a, 10b, 32b, 39, 45a
innerhalb EU **800** 117a, 117b; **801** 7; **806** 1–3, 5–27
Familienkasse, an **1** 69
Forschungszulage **750** 5
Forschungszulagenbescheinigung **751** 7
freigestellte Kapitalerträge **1** 45d
Geldwäsche **800** 31b
grenzüberschreitende Steuergestaltungen **800** 138f, 138h–138j; **803** 5, 5a
Grundsteuerwert **200** 229
Haftung **800** 72a
Hilfeleistung in Steuersachen **840** 10
international **800** 117c; **803** 5; **806** 1–3, 5–27
Kapitalvermögen **1** 43, 45b, 45c, 50c; **803** 5
Konteninformation **800** 93b
Kraftfahrzeugsteuer **660** 13; **665** 3, 5
Leistungen für Kinder **60** 7a
Lohnsteuerabzugsmerkmale **1** 39, 39e
Lohnsteueranmeldung **1** 41a
Lohnsteuerbescheinigung **1** 41b
meldepflichtige Ereignisse **800** 138
Mitteilung an Finanzbehörden **800f (a)** 4a, 8
personenbezogene Daten **800k** 7, 9
Rentenbezüge **1** 22a
Standesämter **62** 25, 28
Steuergeheimnis **800** 30
Terrorismusfinanzierung **800** 31b
Umsatzsteuer **500** 14, 22f
vermögenswirksame Leistungen **24** 15, 17
Wirtschaftsprüfer **850** 36a
Wohnungsbauprämie **52** 4a
Zinserträge **11**
s. a. Datenfernübertragung
Datenverarbeitung
Anzeigepflichten Erbschaftsteuer **260** 11
Buchführung und Aufzeichnungen **800** 146, 147
Einkommensteuer **1** 10a
Einsatz bei Finanzverwaltung **803** 20
finanzgerichtliches Verfahren **802** 52a
Gerichtsdateien **802a** 3
Investitionszulage **740a** 2; **740b** 3
Kirchensteuer **1** 51a
Lohnsteuer **1** 3 (45), 39, 39e, 40
nicht amtliche Programme **800** 87c
personenbezogene Daten **800** 2a, 29b, 29c, 31c; **840** 11
Solidaritätszuschlag **1a** 1
Steuergeheimnis **800** 30, 31c; **800g** 1 ff.
Umsatzsteuer **500** 3a, 27b
Dauerfristverlängerung, Umsatzsteuer **500** 18, 18a; **510** 46–48
Dauerkleingartenland, Grundsteuerwert **200** 40, Anl. 31
Dauerleistungen, Umsatzsteuer **500** 13b; **550** 64
Dauernde Lasten
Gewerbesteuer **450** 8
Grunderwerbsteuer **600** 9
Werbungskosten **1** 9
s. a. Lasten
Dauernde Überbesteuerung durch Kapitalertragsteuer **1** 44a, 44b
Dauersachverhalt, verbindliche Zusage **800** 204–207
Dauerverlustgeschäft
Gewerbesteuer **450** 7
Körperschaftsteuer **100** 8, 15
Dauerwohnrecht
Altersvorsorge **1** 92a
Arbeitnehmersparzulage **24** 2
DDR, Erbschaftsteuer **250** 37a
Deckungskapital, Unterstützungskasse **1** 4d
Deckungsrückstellungen, Körperschaftsteuer **100** 21a
Degressive Absetzung für Abnutzung
Einkommensteuer **1** 7, 56
Umwandlung **130** 23

Deiche
Grundsteuer **420** 4
Grundsteuer 2025 **420a** 4
De-Mail
Steuerverfahren **800** 30, 87a, 119
Zustellung **805** 2, 5a
DEMPE 725 1
Denkmal *s. Baudenkmal*
Deputate, Lohnsteuer **20** 2
Designer, Investitionszulage **740a** 2; **740b** 3
Destinatäre, Einkommensteuer **1** 3 (40), 22
Deutsche Rentenversicherung Bund
Altersvorsorgezulage **803** 5
Rentenbezugsmitteilungen **803** 5
Dialysezentrum, Umsatzsteuer **500** 4 (14)
Diätverpflegung 1 33
Dienstaufsicht über Finanzgericht **802** 31
Dienstbezüge, Pfändung **835** 850–850i
Dienstfahrrad
private Nutzung **1** 6
Überlassung **1** 3 (37), 9
Dienstfahrzeug, Kraftfahrzeugsteuer **660** 3
Dienstleistungen
Einkommensteuer **1** 3 (34a), 8, 10, 13a, 35a
Investitionszulage **740a** 2; **740b** 3
REIT-Gesellschaft **125** 3, 16–18
Sozialversicherung **21** 3
Steuerberater und Steuerbevollmächtigte **840** 62a, 83
Steueroasen-Abwehrgesetz **12** 10
Umsatzsteuer **500** 4 (11b); **510** 59; **550** 2, 24–29, 43–59a, 63–67, 73–82, 196; **550a** 3, 6–9a, 17–41, 57a–63c; **803** 5
Wirtschaftsprüfer **850** 50a, 59c
Dienstleistungen an nicht in der EU Ansässige, Umsatzsteuer **550** 358a–369k
Dienstleistungsgewerbe, ausländische Zwischengesellschaft **725** 8
Dienststelle, Spendenempfänger **1** 10b; **100** 9; **450** 9
Dienstverhältnis
Beendigung **1** 3 (19)
Begriff **20** 1
inländischer Arbeitgeber **1** 1, 1a
Dieselfahrzeug 660 3b, 9, 9a
Differenzbesteuerung, Umsatzsteuer **500** 14a, 25, 25a; **550** 35, 312–325, 327–337
Digitale Aufzeichnungen
Allgemeines **800** 146–146b
elektronische Aufzeichnungssysteme **800j** 1 ff.
Digitale Produkte, Umsatzsteuer **550a** 7
Digitale Signatur, Umsatzsteuer **500** 14
Dingliche Wirkung
Einheitswertbescheid **800** 182 a. F.
Grundsteuerwertbescheid **800** 182 n. F.
Dinglicher Arrest, Vollstreckungsverfahren **800** 324, 325
Diplomatische Mission
Einkommensteuerbefreiung **1** 3 (29)
Grunderwerbsteuer **600** 4
Kraftfahrzeugsteuer **660** 3
Umsatzsteuer **500** 1c, 4 (7); **518; 550** 151
Versicherungsteuer **620** 4
Direktgutschriften, Körperschaftsteuer bei Versicherungsunternehmen **100** 21
Direktkosten, Spezialinvestmentfonds **120** 38
Direktversicherung
betriebliche Altersversorgung **70** 1, 1a, 1b, 2, 2a, 7, 22
Einkommensteuer **1** 3 (63), 4b, 22, 49
Erbschaftsteuer **260** 3
Lohnsteuer **1** 40b, 100; **20** 5
Disagio 1 11
Diskont
Einkünfte **1** 20
Gewerbesteuer **450** 8
Dividenden
Auslandsbeziehungen **725** 8
Einkommensteuer **1** 3 (40), 3c, 20, 32d
Gewerbesteuer **450** 8
Kapitalertragsteuer **1** 43, 43b, 44, 50d, Anl. 2; **2; 100** 32
Körperschaftsteuer **100** 8b, 37
Spezialinvestmentfonds **120** 38, 42, 43, 45
s. a. Gewinnanteil
Dividendenschein
Einkünfte **1** 20
Kapitalertragsteuer **1** 36a, 43, 44, 44a, 45
DM-Eröffnungsbilanz, Anschaffungskosten **10** 10, 53

Dokumentenpauschale, Steuerberater und Steuerbevollmächtigte **840a** 17
Dolmetscher, Umsatzsteuer **500** 3a
Doppelabzug, Betriebsausgaben **1** 4k
Doppelbesteuerung
Kapitalerträge **1** 20; **11** 14
Umsatzsteuer **550** 59a
Doppelbesteuerungsabkommen 1 95
Amts- und Rechtshilfe **800** 117
ausländische Vermögen **220** 11
ausländische Zwischengesellschaft **725** 7, 20
Außensteuergesetz **725** 6, 20
Einkommensteuer **1** 1, 2a, 4k, 10, 15, 17, 32b, 32d, 34c, 35, 46, 48d, 49, 50, 50d, 50i
Erbschaftsteuer **250** 19, 21
Feststellung Einkünfte und Vermögen **800** 180
Gewerbesteuer **450** 2, 7, 9
grenzüberschreitende Steuergestaltungen **800** 138e, 138g
Investmentfonds **120** 16, 33, 34, 42, 43, 47, 48
Kapitalertragsteuer **1** 43b, 44a, 50d, 50j
Körperschaftsteuer **1** 2a; **100** 8b, 15
REIT-AG **125** 16, 19
Schifffahrtsunternehmen **1** 49
Solidaritätszuschlag **1a** 5
Steuerabzug bei Bauleistungen **1** 48d
Steuerabzug bei beschränkter Einkommensteuerpflicht **1** 50d
Steuerermäßigung bei gewerblichen Einkünften **1** 35
Steueroasen-Abwehrgesetz **12** 1, 11
Umwandlungssteuergesetz **130** 1, 3, 13, 20, 21
vorläufige Steuerfestsetzung **800** 165
Vorrang gegenüber innerstaatlichem Recht **800** 2
Doppelte Haushaltsführung
Eigenheimzulage **5** 2
Einkommensteuer **1** 3 (16), 4, 9, 10
Dotationskapital, Betriebsstätte **725b** 12, 13, 20, 21, 25, 26
Drahtseilbahn 500 12
Dreiecksfälle, Außensteuergesetz **725** 1
Dreiecksgeschäft, Umsatzsteuer **500** 3, 3d, 13, 14a, 16, 18–18b, 19, 25b, 25f
Dreiradkraftfahrzeuge 660 8, 9
Drittaufwand, Umsatzsteuer **500** 10
Dritter
Ausstellung von Rechnungen **500** 14
Datenübermittlung **800** 32b, 32e, 87d, 93c, 93d, 138b, 138c, 147, 175b, 203a
Einschaltung in Kapitalerträge **1** 32d
Festsetzungsfrist **800** 171
Gesellschafter-Fremdfinanzierung **100** 8a, 8b, 15
Identifikationsmerkmal **800** 139a, 139b
Mitteilungspflichten **800** 138b
Steuergeheimnis **800** 30
Übernahme von Arbeitgeberpflichten **1** 3 (65), 38, 39c
Umsatzsteuer **500** 10; **550a** 5a
verbindliche Auskunft **800i** 1
Drittlandsgebiet 500 1, 3, 3c, 4a, 5, 6b, 18i–18k; **553**
Drittmittelforschung, Zweckbetrieb **800** 68
Drittrechte im Vollstreckungsverfahren **800** 262, 293
Drittschuldner
Erstattungs- und Vergütungsansprüche **800** 46
Lotteriesteuer **630** 30
Umsatzsteuer **500** 17
Vollstreckungsverfahren **800** 309, 315, 316
Drittstaat
Buchführung und Aufzeichnungen **800** 146
grenzüberschreitende Steuergestaltungen **800** 138e
Informationsübermittlung **801** 18; **803** 5; **806** 1
negative Einkünfte aus D. **1** 2a
Drohverlustrückstellungen 1 5
Druckdienstleistungen für Behörden **803** 20a
Druckerzeugnisse, Umsatzsteuer **500** 12, Anl. 2
Duldung als sonstige Leistung **500** 3
Duldungsbescheid, Vollstreckungsverfahren **800** 191, 323; **800a** Art. 97 P. 11b
Duldungspflicht
Umsatzsteuer **550** 25
Vollstreckungsverfahren **800** 77, 287
Durchfuhr, Umsatzsteuer **500** 4 (3)

Durchlaufende Gelder, Arbeitnehmer **1** 3 (50)
Durchlaufende Posten
Einkommensteuer **1** 4
Umsatzsteuer **500** 10
Durchschnittsbeförderungsentgelt **500** 10; **510** 25
Durchschnittskurse, Umsatzsteuer **500** 16
Durchschnittssätze
Gewinnermittlung **1** 13a; **840a** 26
Reinvestitionsvergünstigung **1** 6c
Umsatzsteuer **500** 1a, 3c, 4 (4a), 23a, 24; **510** 67
Vorsteuer **500** 23a, 24; **510** 66–67
Durchschnittswerte, Sachbezüge **21** 3
Durchsuchungsbefugnisse
Strafverfahren **800** 399, 404
Vollziehungsbeamter **800** 287
Dürreversicherung, Versicherungsteuer **620** 4

EBITDA
Einkommensteuer **1** 4h
Körperschaftsteuer **100** 8a
Umwandlungssteuergesetz **130** 2, 4, 15, 20, 24
Edelmetalle
Erbschaftsteuer **250** 13, 13b
Umsatzsteuer **500** 3a, 13b, 18, 25a, Anl. 4; **510** 49; **550** 199a
Versteigerung im Vollstreckungsverfahren **800** 300
Edelsteine **500** 25a
EDV *s. Datenverarbeitung*
Eheähnliche Gemeinschaft *s. Eingetragene Lebenspartnerschaft*
Ehegatten
Altersentlastungsbetrag **1** 24a
Altersvorsorgebeiträge **1** 3 (55c), 10a, 92a, 93
Altersvorsorgezulage **1** 79, 86, 92a, 93
Angehörige **800** 15
Aufbewahrungspflichten **800** 147a
Bekanntgabe Verwaltungsakt **800** 122
Berufsausbildungskosten bei Einkommensteuer **1** 10
Eigenheimzulage **5**
Einkommensteuererklärungspflicht **1** 25; **10** 56
Erbschaftsteuer **250** 3, 4, 5, 7, 13, 15, 16–18, 20, 31
europäisches Ausland, Einkommensteuer **1** 1a, 32b
Förderung selbst genutztes Wohneigentum **1** 10e, 10f
Freibetrag für Kinder **1** 32
Freibetrag für Land- und Forstwirte **1** 13
Freibetrag für Lohnsteuerabzug **1** 39a
Freibetrag für Vermögensteuer **220** 6
Grunderwerbsteuer **600** 3
Kinderfreibetrag **1** 32
Kindergeld **60** 3
Kinderzuschlag **60** 3
Kirchensteuer **1** 51a
Lohnsteuer **1** 38b, 39e, 39f
Mobilitätsprämie **1** 101
Pfändung Unterhaltsansprüche **835** 850d
Sonderausgabenhöchstbeträge **1** 10
Sonderausgabenpauschbeträge **1** 10c
Sparerpauschbetrag **1** 20
Spenden **1** 10b
Tarif bei Einkommensteuer **1** 32a
Unterhaltsleistungen **1** 10, 22, 33a
Veranlagung bei Einkommensteuer **1** 26–26b, 46
Veranlagung bei Vermögensteuer **220** 14
Verlustabzug **1** 10d; **10** 62d
Verlustausgleich **1** 20, 43a
Vermögenszusammenrechnung **200** 26
Versorgungsausgleich **1** 3 (55a, 55b), 10, 19, 22
Verteilung von außergewöhnlichen Belastungen **1** 26a; **10** 61
Vollstreckung **800** 263
Wohnungsbauprämie **52** 2, 2a, 3, 4, 4a
Zeugnisverweigerungsrecht **802** 84
Zusammenveranlagung **1** 3a, 26b; **220** 14; **800** 19
Ehrenamtliche Richter
Berufsgericht **840** 99–104; **850** 75–80
Finanzgericht **802** 16–30
Ehrenamtliche Tätigkeit
Einkommensteuer **1** 3 (26, 26a, 26b)
Steuerberater und Steuerbevollmächtigte **840** 59, 77b
Umsatzsteuer **500** 4 (26)
Wirtschaftsprüfer **850** 59b
Ehrensold **1** 3 (43)
Ehrenstrafen bei Steuerstraftaten **800** 375

Eidesstattliche Versicherung
Allgemeines **800** 95
Auslandsbezug **725** 16
Vollstreckungsverfahren **800** 284, 315; **800a** Art. 97 P. 17b
Eidliche Vernehmung 800 94; **802** 158
Eigenbehalt, Steueraufkommen **809a** 3
Eigenbeitrag, Altersvorsorge **1** 86, 87
Eigenbesitz, Zurechnung **800** 39
Eigenbetrieb *s. Betrieb gewerblicher Art*
Eigene Einkünfte und Bezüge 1 33a
Eigenheimbetrag, Altersvorsorge **1** 22, 92a, 92b
Eigenheimzulage
Feststellungsverfahren **800e** 1
Hilfeleistung bei Gewährung **840** 4
Eigenkapital
Körperschaftsteuer **100** 8b, 21, 27, 28, 36, 38
REIT-AG **125** 15
Umwandlungssteuergesetz **130** 7, 12
Eigenkapitalersetzende Fremdfinanzierung 100 8a, 8b
Eigenkapitalvergleich für Schuldzinsenabzug **1** 4h
Eigenleistungen, Forschungszulage **750** 3, 9
Eigentumsübergang
beschlagnahmte Sachen **800** 394
sichergestellte Waren **800** 216
Eigentumswohnung
Absetzung für Abnutzung **1** 7
Bedarfsbewertung **200** 146, 181
Eigenheimzulage **5**
Einheitsbewertung **200** 68, 93, 131
energetische Maßnahmen **1** 35c
erhöhte Absetzungen **10** 15
Grundsteuer **420** 15
Grundsteuerwert **200** 243, 244, 249, 250, 256
Investitionszulagen **740a** 2; **740b** 2
privates Veräußerungsgeschäft **1** 23
Sonderausgabenabzug **1** 10e, 10f
Umsatzsteuer **500** 4 (13), 9
Wohnungsbauprämie **52** 2
s. a. Wohnungseigentum
Eigenverantwortliche Tätigkeit
freie Berufe **1** 18
Steuerberater und Steuerbevollmächtigte **840** 60
Wirtschaftsprüfer **850** 44
Eigenverbrauch 500 3, 10, 13, 22
Eigenwirtschaftliche Zwecke, steuerbegünstigte Einrichtung **800** 55
Eignungsprüfung
Steuerberater **840** 37a
Wirtschaftsprüfer und Buchprüfer **850** 131g–131m
Eilbedürftigkeit, Entscheidung, Zuständigkeit **800** 29
Einbehaltung
Einkommensteuer bei beschränkter Steuerpflicht **1** 50c; **10** 73e; **800** 222
Kapitalertragsteuer **1** 44, 50c; **120** 7, 29; **800** 222
Lohnsteuer **1** 38, 39b, 39c, 41a; **800** 222
Umsatzsteuer **800** 222
Einbringung einer Beteiligung, Einkommensteuer **1** 3 (40), 3c, 17
Einbringung eines Betriebs
Grunderwerbsteuer **600** 8
Kapitalgesellschaft **1** 34a, 50i; **130** 11–13, 15, 19–23, 25; **135; 500** 1
Personengesellschaft **130** 3–8, 10, 16, 18, 24; **500** 1
Einbringung von Unternehmensteilen 1 50i; **130** 20–23, 27
Einbringungsgeborene Anteile
Aufwendungen **1** 3c
Reinvestitionsvergünstigung **1** 6b
Steuerverhaftung **1** 20, 44; **130** 20, 21, 22
Einfamilienhaus
Bedarfsbewertung **200** 181
Einheitsbewertung **200** 75, 76, Anl. 7; **202** 2
erhöhte Absetzungen **10** 15
Grundsteuer **420** 15, 42
Grundsteuerwert **200** 249–251, 256, 257, Anl. 36
Einfuhr
Abgaben **800** 3, 23, 87e
Abgabenverkürzung **800** 370, 373, 374, 379, 382
Aufhebung oder Änderung Verwaltungsakt **800** 172
Aufzeichnungen **500** 22
Festsetzungsfrist **800** 169–171
Kraftfahrzeugsteuer **660** 3
Sachhaftung, Abgaben **800** 76
Steueraufsicht **800** 209–217

Umsatzsteuer **500** 1, 4 (3), 5, 11, 21, 21a; **518** 1, 11; **550** 2, 30, 60–61, 70–71, 85–89, 94, 143–145, 201, 274–277, 369a–369zc; **550a** 61b, 63d
vorangehende Lieferung **500** 4 (4b)
Einfuhrnachweis 510 20
Einfuhrumsatzsteuer
Befreiung **518**
Gesetz **500** 1, 3, 4 (3), 5, 11, 13, 13a, 15, 17, 21
Verordnung **510** 20, 21, 64
Zuständigkeit **800** 23
Eingangsabgaben
Klage **802** 37
Kraftfahrzeugsteuer **660** 3
Eingetragene Lebenspartnerschaft
Altersvorsorgezulage **1** 85, 93
Änderung von Bescheiden **800a** Art. 97 P. 9
Angehörige **800** 15
Aufbewahrungspflichten **800** 147a
Bekanntgabe Verwaltungsakt **800** 122
Eigenheimzulage **5** 19
Einkommensteuer **1** 2, 24b; **10** 1
Erbschaftsteuer **250** 3, 5, 7, 15–18, 20, 31, 37
Grunderwerbsteuer **600** 3
Kindergeld **60** 3
vermögenswirksame Leistungen **24** 3, 4, 8; **24a** 2
Vermögenszusammenrechnung **200** 26
Vollstreckung **800** 263
Wohnungsbauprämie **52** 3
Zuständigkeit für Zusammenveranlagung **800** 19
Eingliederung, Organschaft **100** 14
Eingliederungsleistungen
Einkommensteuer **1** 3 (2
Umsatzsteuer **500** 4 (15b, 16)
Einheit, wirtschaftliche E. **200** 2
Einheitliche Feststellung
Besteuerungsgrundlagen **725** 18; **800** 179–183
Besteuerungsverfahren **200** 154
Einheitliche Pauschsteuer, geringfügige Beschäftigung **1** 40a; **803** 5
Einheitlichkeit der Rechtsprechung **802** 11
Einheitsbewertung
Feststellungsverfahren **800** 179–183, 352
Gewerbesteuer **450** 9 a. F.; **460** 20 a. F.
Grundsteuer **420** 13
Grundsteuer 2025 **420a** 13
Einkommen
Einkommensteuer **1** 2
Elterngeld **62** 2b–2f
Kinderzuschlag **60** 6a, 6b, 20
Körperschaftsteuer **100** 6a–13, 15, 24
Einkommensermittlung, Organschaft **100** 15
Einkommensgrenzen
Arbeitnehmersparzulage **24** 13
außersteuerliche Rechtsnormen **1** 2
Eigenheimzulage **5** 5
Einkommensteuer **1** 10e, 14a
Wohnungsbauprämie **52** 2a
Einkommensteuer
Abzug als steuermindernde Ausgabe **1** 12
Aufteilung bei Gesamtschuldnern **800** 270, 274; **800a** Art. 97 P. 17e
Gemeindeanteil **810** 1
Einkommensteuererklärung 1 25; **10** 56, 60
Einkommensteuertarif
Allgemeines **1** 32a, 32d, 34a
beschränkte Steuerpflicht **1** 50
ermäßigter Steuersatz bei Holznutzungen **1** 34b
Progressionsvorbehalt **1** 32b
Einkünfte
Aufteilung bei mehreren Betriebsstätten **725b** 1 ff.
Ausland **1** 34c, 34d; **725** 8, 10
außerordentliche E. **1** 22, 34, 34b
beschränkte Einkommensteuerpflicht **1** 49
Ehegatten **1** 26a, 26b
ehemalige Tätigkeit **1** 24
Entschädigung **1** 24
fortgesetzte Gütergemeinschaft **1** 28
Gewerbebetrieb **1** 5a, 15, 16, 17, 35; **100** 8
Kapitalvermögen **1** 20; **130** 7, 12
Land- und Forstwirtschaft **1** 13, 13b
nichtselbständige Arbeit **1** 19
selbständige Arbeit **1** 18
sonstige E. **1** 3 (65), 22, 23
Vermietung und Verpachtung **1** 21, 37; **835** 851b
Zuordnung **725b** 27, 34
Zwischengesellschaft **725** 8, 10

Einkünfteberichtigung
Einkünfte aus Auslandsbeziehungen **725** 1
Verrechnungspreis **725** 1
Einkünfteverlagerung
Außensteuergesetz **725** 1
multinationale Unternehmensgruppe **800** 138a
Einkunftsarten
Einkommensteuer **1** 2, 3 (55, 65), 13–22
Hinzurechnungsbetrag **725** 10
Einkunftserzielungsabsicht, Aufwendungen **1** 3c
Einkunftsteile, Doppelbesteuerungsabkommen **1** 50d
Einlageminderung bei Verlusten **1** 15a
Einlagen
einbringungsgeborene Anteile **130** 22
Einkommensteuer **1** 4, 6, 17, 23
Finanzkonten **806** 2, 8, 12, 19, 24
Investmentanteile **120** 22
Körperschaftsteuer **100** 27, 28, 39
Umwandlung **130** 5, 20, 22
Einlagenrückgewähr
Einkommensteuer **1** 15
Körperschaftsteuer **100** 27; **803** 5
Einlagerung, Umsatzsteuerlager **500** 4 (4a)
Einlegung
Rechtsbehelf **800** 356, 357; **802** 47, 63–68
Rechtsmittel **802** 90a, 120, 129, 133; **850** 105, 107a
Einleitung
Amtshilfeverfahren **800** 114
berufsgerichtliches Verfahren gegen Mitglieder der Steuerberaterkammer **840** 110, 114–116
berufsgerichtliches Verfahren gegen Wirtschaftsprüfer **850** 85
Feststellungsverfahren **800e** 4
Straf- oder Bußgeldverfahren **800** 397, 410
Verfahren bei Finanzbehörde **800** 86
Einmalbeitrag **1** 10
Einmalbeträge, Kindergeld **1** 66; **60** 6, 6d
Einmalige Verwendung, Vorsteuerabzug **500** 15a
Einnahmen
Kapitalvermögen **1** 20
steuerfreie E. **1** 3b, 19a
Überschusseinkünfte **1** 8, 9b, 11
Einnahmenüberschussrechnung *s. Überschussrechnung*
Einrede bei Anfechtung **800** 191
Einschaltung in Erbringung sonstiger Leistung **500** 3
Einschlagsbeschränkung, Forstwirtschaft **720** 3, 4, 5
Einschränkung
Berufsausübung von Steuerberatern und Steuerbevollmächtigten **840** 61
Grundrechte **800** 413
Einschreiben, Zustellung **805** 3, 9
Einspruch
Abhilfe **800** 172
Allgemeines **800** 347, 348, 350–358, 364a, 364b, 366, 367
berufsaufsichtliche Maßnahmen **850** 68
Bodenschätzung **210** 12
Festsetzungsfrist **800** 171
während Klageverfahren **802** 68
Einspruchsentscheidung
Allgemeines **800** 366, 367
Aufhebung oder Änderung **800** 172
Einstellung
Berufsgerichtsverfahren **840** 125; **850** 103
Geschäftsbetrieb **100** 8d
Kindergeldzahlung **1** 71
landwirtschaftliche Erwerbstätigkeit, Einkommensteuer **1** 3 (27), 13
Strafverfahren **800** 398, 403, 407
Versteigerung **800** 301
Vollstreckung **800** 257, 258, 262
Einstweilige Anordnung durch Finanzgericht **802** 114
Eintrittsberechtigung **500** 3a, 12, 13b
Eintrittsgelder
Feuerschutzsteuer **650** 2
Versicherungsteuer **620** 3
Einwilligung
Datenübermittlung **1** 39, 90; **24** 15; **62** 9, 25; **800** 139c
Klagerücknahme **802** 72
Einzelbekanntgabe, Feststellungsbescheid **800** 183
Einzelbesteuerung, Umsatzsteuer **500** 13, 16, 18
Einzelertragswert
Bedarfsbewertung **200** 142
Einheitsbewertung **200** 37, 42, 43

Einzelrichter, finanzgerichtliches Verfahren **802** 6
Einzelveranlagung 1 26a; **10** 61, 62d
Einziehung
gepfändete Forderung **800** 314, 315
Geschäftsanteil, Erbschaftsteuer **250** 10
Kapitalertragsteuer **1** 44
Steueranspruch **800** 218
Vorteil bei Steuer- und Abgabenstraftaten **800** 375, 401, 406
Einzweck-Gutschein, Umsatzsteuer **500** 3
Eisenbahn
Kraftfahrzeugsteuer **660** 4
Umsatzsteuer **500** 3e, 4 (3, 6), 12, 13b; **510** 4, 34; **550** 37, 55, 57
s. a. Bundeseisenbahnvermögen
Elektrizitätsversorgung, Umsatzsteuer **500** 3a, 3g, 5, 13b; **550** 38, 39, 195, 199a
Elektrofahrzeuge
Einkommensteuer **1** 3 (46), 6, 40
Gewerbesteuer **450** 8
Kraftfahrzeugsteuer **660** 3d, 9
Elektronische Abfrage, Elterngeld **62** 9, 28
Elektronische Abrechnung, Umsatzsteuer **500** 14; **550** 217, 232–237
Elektronische Aktenführung bei Gerichten **802a**
Elektronische Antragstellung
Erstattung und Freistellung **1** 50c
Kindergeld **1** 67
Elektronische Aufbewahrung, Umsatzsteuer **500** 14b
Elektronische Aufzeichnungen
Allgemeines **800** 146, 146a; **800a** Art. 97 P. 30; **800j** 1
Umsatzsteuer **550** 242a, 369x, 369 zb
Elektronische Bescheinigung
Altersvorsorgezulagen-Rückzahlung **1** 94
vermögenswirksame Leistungen **24** 15; **24a** 5
Elektronische Bücher, Umsatzsteuer **500** 12, Anl. 2
Elektronische Dienstleistungen 500 3, 3a, 13, 16, 18, 18h, 22; **510** 59; **550** 58, 199a, Anh. II; **550a** 7, 9a, 18, 24a–24b, 57a–63c, Anh. I; **803** 5
Elektronische Erfassung, Bodenschätzung **210** 1
Elektronische Erzeugnisse, Umsatzsteuer **500** 12
Elektronische Kommunikation
Bundesfinanzhof u. Finanzgerichte **800d**
Finanzbehörden **500** 18a; **800** 87a, 138
Finanzgericht **802** 52a–52d
Umsatzsteuer **550b** 7
Elektronische Lohnsteuerabzugsmerkmale 1 39; **800** 139b
Elektronische Lohnsteuerbescheinigung 1 41b, 41c
Elektronische Prüfung, Steuerberater **840** 37
Elektronische Schnittstelle
Buchführung **800** 158
Ermächtigung **800** 147b
Kassengeschäfte **800j** 4
Umsatzsteuer **500** 3, 4 (4c), 18j, 22f, 25e; **550a** 5c, 5d, 41a, 54b
Elektronische Steuererklärung
Allgemeines **800** 87a, 87b
Einkommensteuer **1** 25
Gewerbesteuer **450** 14a
Grunderwerbsteuer **600** 19
Kapitalertragsteueranmeldung **1** 45a
Körperschaftsteuer **100** 31
Kraftfahrzeugsteuer **665** 3, 4
Lohnsteueranmeldung **1** 41a
Umsatzsteuer **500** 18
Elektronische Überlassung, Umsatzsteuer **500** 12
Elektronische Übermittlung
Bilanz u. Gewinn- und Verlustrechnung **1** 5b
Einnahmenüberschussrechnung **10** 60
Einspruch **800** 357
grenzüberschreitende Steuergestaltungen **800** 138f, 138h
Spendenbestätigung **10** 50
Umsatzsteuer **500** 18, 18a; **510** 9, 10, 17b; **550** Anh. III
Vollmachtsdaten **800** 80a
Elektronische Zustellung 805 5, 5a, 6
Elektronischer Austausch, EU-Amtshilfe **801** 2
Elektronischer Handel, Umsatzsteuer **803** 5
Elektronischer Rechtsverkehr, Gerichte **800d**
Elektronisches Behördenpostfach 800d 6–9

Elektronisches Postfach, Steuerberater und Steuerbevollmächtigte **840** 86d–86g
Elektrzitätszertifikate, Umsatzsteuer **500** 13b
Elementarversicherung, Versicherungsteuer **620** 6
Elterngeld
Einkommensteuer **1** 3 (2, 67), 32b
Leistungen **62** 1–4, 5–14, 22–28
Mutterschaftsgeld, und **62** 10
Elterngeld Plus 62 2, 4, 4a
Elternzeit
Anspruch **62** 15–21, 27, 28
Antrag auf Verringerung der Arbeitszeit **62** 15
Antragsablehnung **62** 15
steuerfreie Einnahmen **1** 3 (1), 32b, 41, 42b
Emissionsgeschäft, Umsatzsteuer **500** 4 (8)
Emissionsklassen 660 2, 9, 9a, 10a, 18
Emissionsrechte, Umsatzsteuer **550** 199a
Emissionsreduktion, Umsatzsteuer **500** 13b
Emissionsreduzierte Fahrzeuge, Kraftfahrzeugsteuer **660** 10b
Empfänger, Spenden **1** 10b; **100** 9; **450** 9
Empfangsbekenntnis, Zustellung **805** 5
Empfangsbevollmächtigter
Finanzgerichtsverfahren **802** 48, 53, 60
Versicherungsteuer **625** 6
Verwaltungsakt **500** 13a, 22f; **800** 123, 183, 352
Vorabverständigungsverfahren **800** 80a
s. a. Zustellungsbevollmächtigter
Endbestände beim Übergang zum Halbeinkünfteverfahren **100** 36–39
Endgültigkeitserklärung 800 165
Energetische Maßnahmen 1 35c
Energieerzeugnisse 500 4 (19); **550** 15, 38, 39, 195
Energieerzeugung, Zerlegungsmaßstab für Gewerbesteuer **450** 29
Energiepreispauschale 1 19, 22, 112
Anrechnung auf diie Einkommensteuer **1** 116
Anwendung der Abgabenordnung **1** 120
Auszahlung an Arbeitnehmer **1** 117
Bußgeldvorschriften **1** 121
Einkommensteuerpauschale **1** 113
Einkommensteuer-Vorauszahlung **1** 118
Sozialleistungen **1** 122
Steuerpflicht **1** 119
Unpfändbarkeit **1** 122
Energiesparmaßnahmen
Eigenheimzulage **5** 9
Einkommensteuer **1** 35c, 51; **10** 82a
Energiesteuer auf Erdgas **800** 170
Enkel
Kinderfreibetrag **1** 32
Kindergeld **1** 63; **60** 2
Enkelgesellschaft
Gewerbesteuer **450** 9
Körperschaftsteuer **2** 4
Enteignung, Grunderwerbsteuer **600** 9, 19
Entfernungspauschale 1 4, 9
Entgelt
Feuerschutzsteuer **650** 2
für Schulden, Gewerbesteuer **450** 8
Umsatzsteuer **500** 10, 11, 25b; **550** 72–92
Versicherungsteuer **620** 3
Entgeltlicher Erwerb
Einkommensteuer **1** 5, 6, 20; **10** 6, 8b
Grunderwerbsteuer **600** 1, 9
immaterielle Anlagegüter **1** 5
Lebensversicherung **1** 20
Entgeltumwandlung
betriebliche Altersversorgung **1** 6a; **70** 1, 1a, 1b, 2, 4, 7, 20, 26a, 30g, 30h, 30j
Sozialversicherung **21** 1
Entlastung
Abzugsteuern bei beschränkter Steuerpflicht **1** 50a, 50c, 50d, 50g, 50h
Erbschaftsteuer **250** 19a
gewerbliche Einkünfte **1** 5a, 35
Kapitalertragsteuer **1** 50c, 50d, 50g, 50h, 50j
Entlastungsbetrag, Alleinerziehende **1** 2, 24b, 38b
Entlohnung, mehrjährige Tätigkeit **1** 34
Entnahmen
auf Antrag **1** 4
Auslandsinvestitionsgesetz **745** 1, 3
Begriff **1** 4
Bewertung **1** 2a, 6; **10** 6
Entstrickung **1** 4, 4g
Erbschaftsteuer, und **250** 13a
Gebäude **1** 13a

Grund und Boden **1** 13, 13a, 14a, 15, 18
Investmentanteile **120** 16, 19
private Kraftfahrzeugnutzung **1** 6
privates Veräußerungsgeschäft nach E. **1** 23
Realteilung **1** 16
Schuldzinsenabzug **1** 4
Spendenabzug **1** 10b; **450** 9
steuerbegünstigte Zwecke **1** 6, 10b; **800** 55
steuerfreie E. **1** 3 (40), 3c
Überschussrechnung **1** 4
Umsatzsteuer **500** 3, 6, 10; **550** 16, 26, 74, 75
Umwandlung **130** 20
Wohnung Land- und Forstwirt **1** 13
Entrichtungspflichtiger, Kapitalertragsteuer **1** 44; **120** 7
Entrichtungsschuldner, Versicherungsteuer **620** 7
Entschädigung, Gebäude auf fremdem Grund und Boden **200** 195
Entschädigungen
Arbeitslohn **20** 2
Auskunftspflichtige und Sachverständige **800** 107, 405, 410
ehrenamtliche Richter **802** 29; **840** 104; **850** 80
Einheitsbewertung des Erbbaurechts **200** 92
Einkünfte **1** 3 (7, 12, 25, 26, 26a, 30, 54, 68, 69), 13a, 24, 46, 49
Erbschaftsteuer **250** 13
Grunderwerbsteuer **600** 9
Mitglieder der Bundessteuerberaterkammer **840** 85
Mitteilung an Finanzbehörden **800f (a)** 6
Progressionsvorbehalt **1** 32b
Prüfungsausschuss für Steuerberater und Steuerbevollmächtigte **845** 10
Steuerermäßigung **1** 34
Umsatzsteuer **500** 3a
Entschädigungseinrichtungen
Gewerbesteuer **450** 3
Körperschaftsteuer **100** 5
Entscheidung
Beschwerde **802** 132
Einspruch **800** 367
gerichtliche Anordnung **802** 133
Klage **802** 79a, 90, 90a, 95–114
Kosten **802** 138, 143, 144
Revision **802** 124, 126, 126a, 127
Entsendung
Ausland, Altersvorsorgezulage **1** 95
Inland, Lohnsteuer **1** 38
Vertretung vor Steuergerichten **802** 80
Entsorgung, Altfahrzeuge **1** 6
Entstehung
Altersvorsorgezulage **1** 88
Eigenheimzulage **5** 10, 17
Einkommensteuer **1** 36, 37, 44, 50a
Erbschaftsteuer **250** 9
Feuerschutzsteuer **650** 7
Forschungszulage **750** 4
Gewerbesteuer **450** 18, 21
Grunderwerbsteuer **600** 14
Grundsteuer **420** 9
Grundsteuer 2025 **420a** 9
Kapitalertragsteuer **1** 44
Körperschaftsteuer **100** 30, 38
Körperschaftsteuerguthaben **100** 37
Kraftfahrzeugsteuer **660** 6
Lotteriesteuer **630** 31
Mobilitätsprämie **1** 103
Online-Pokersteuer **630** 50
Rennwettsteuer **630** 12
Sportwettensteuer **630** 20
Steueransprüche **800** 38
Umsatzsteuer **500** 13, 13b; **550** 65, 66, 66a
Vermögensteuer **220** 5
Versicherungsteuer **620** 5
Virtuelle Automatensteuer **630** 40
Vollstreckungsgebühren **800** 339–341
Wohnungsbauprämie **52** 4
Entstrickung
Einkommensteuer **1** 4, 16, 17, 36
Körperschaftsteuer **100** 1a, 12
Entwicklungsbetrieb, Investitionszulage **740a** 2
Entwicklungshelfer
Einnahmen als E. **1** 3 (61)
Elterngeld **62** 1
Kinderberücksichtigung **1** 32; **60** 2
Kindergeld **60** 1
Entwicklungsländer, Besteuerung von Einkunftsteilen aus E. **110** 5, Anl.
Erbauseinandersetzung
Einkommensteuer **1** 14a
Grunderwerbsteuer **600** 3
Erbbaurecht 200 192–194
Bedarfsbewertung **200** 148, 153, Anl. 26

Einheitsbewertung **200** 68, 92, 131, 261
Einkünfte **1** 11, 21
Erbschaftsteuer **250** 13b
Grunderwerbsteuer **600** 2, 9
Grundsteuer **420** 10,13, 15
Grundsteuerwert **200** 243, 244, 261
Multiplikator **200** 193
Umsatzsteuer **500** 4 (9, 12), 9, 13b, 15a
Vervielfältiger **200** Anl. 21
Verzinsungsbetrag **200** 193
Vollstreckung **800** 322, 323
s. a. Wohnungserbbaurecht
Erbbauzins **200** 193
Erbbraugrundstück **200** 194
Erben
Haftung **800** 45
Vollstreckung **800** 265
Erbengemeinschaft
Erbschaftsteuer **250** 13, 31, 35
Feststellungsverfahren **200** 154, 155
Erbersatzanspruch **250** 3, 10, 13
Erbfall
Anzeigepflichten **250** 30, 34
Anzeigepflichten Erbschaftsteuer **260** 4–10
Erbschaftsteuer **250**
steuerbegünstigte Zwecke **800** 62
Erbschaftsteuer **725** 4
Ansatz Grundbesitzwerte **250** 12
Anzeigen **803** 5
begünstigte Vermögen **250** 13a, 13b, 13d, 28, 28a
Bewertung Grundbesitz **200** 157–203
Durchführungsverordnung **260**
Ermäßigung der Einkommensteuer **1** 35b
Festsetzungsverjährung **800** 170, 171
Gesetz **250**
Kunstgegenstände als Zahlungsmittel **800** 224a
Erfassung, Steuerpflichtige **800** 137–139
Erfinder, bewertungsrechtliche Behandlung **200** 121
Erfolgsabhängige Verpflichtung, Passivierung **1** 5
Erfolgshonorar
Hilfeleistung in Steuersachen **840** 9a
Wirtschaftsprüfer **850** 55a
Ergänzungsbescheid
Feststellungsverfahren **800** 179
Kraftfahrzeugsteuer **660** 12
Ergänzungsbilanz
Einbringung **130** 24
Übertragung Einzelwirtschaftsgut **1** 6
Ergänzungspfleger, Umsatzsteuer **500** 4 (25)
Ergänzungszuweisungen **808** 11, 16; **809a** 9–12
Erhaltungsaufwand
anschaffungsnaher Aufwand **1** 6, 9
selbst genutzte Wohnung **1** 10e, 35a; **5** 8; **10** 82a
Verteilung **1** 4, 11a, 11b, 51; **10** 82a
Erhebung
Allgemeines **800** 6, 218–248
Einkommensteuer **1** 36, 37–37b
Erbschaftsteuer **250** 20–35
Feuerschutzsteuer **650** 8
Gewerbesteuer **450** 10, 14, 16, 19, 20
Grundsteuer **420** 25–31
Grundsteuer 2025 **420a** 25–31
hinterzogene Steuern und Abgaben **800** 371
Kapitalertragsteuer **1** 44; **120** 7, 29, 33
Körperschaftsteuer **100** 31, 32
Kosten im Vollstreckungsverfahren **800** 337–346
Kraftfahrzeugsteuer **660** 10a, 10b, 11,16, 18
Lohnsteuer **1** 38, 39b, 40a
örtliche Erhebungen für Einheitsbewertung **200** 29
örtliche Erhebungen für Grundsteuerwert **200** 229
Solidaritätszuschlag **1a** 1, 3
Steuerabzug bei beschränkter Einkommensteuerpflicht **1** 50a
Umsatzsteuer **500** 18, 18h, 19; **510** 44, 46–48; **550** 281
Vermögensteuer **220** 20–23
Versicherungsteuer **620** 7, 8
Verspätungsgeld **1** 22a; **803** 5
Zuschlagsteuern **1** 51a
Erhöhte Absetzungen
Allgemeines **1** 7a
Baudenkmal **1** 7i, 51, 57; **10** 82i
Bewertung Wirtschaftsgut **1** 6
Bezüge bei Unterhaltsfreibetrag **1** 33a
Energiesparmaßnahmen **1** 51, 57; **10** 82a
privates Veräußerungsgeschäft **1** 23
Sanierungsmaßnahmen **1** 7h, 51, 57; **10** 82g

Schutzräume **1** 57
umgekehrte Maßgeblichkeit **1** 5
Umweltschutzinvestitionen **1** 57
Vorauszahlungsverfahren **1** 37
Wohngebäude **1** 57; **10** 15, 82a
Erhöhte Dokumentationspflichten, Auslandsbeziehungen **800** 90
Erhöhte Grundzulage, Altersvorsorge **1** 2, 10a, 84
Erhöhte Investitionszulage 740a 5, 5a; **740b** 6
Erhöhte Kraftfahrzeugsteuer 660 10; **665** 4
Erhöhte Mitwirkungspflichten
Auslandsbeziehungen **12** 12; **800** 90
Auslandsbezug **725** 16, 17
Auslandsinvestitionen **745** 3
Erhöhter Entlastungsbetrag für Alleinerziehende **1** 24b, 39a
Erhöhter Fördergrundbetrag, Eigenheimzulage **5** 9
Erholungsbeihilfen, Lohnsteuer **1** 40
Erholungsheime, Zweckbetrieb **800** 68
Erinnerung
Ablehnung der Prozesskostenhilfe **802** 142
Kostenfestsetzung **802** 149
Erklärungspflicht
Datenfernübertragung **200** 153
elektronisch **200** 153
Erklärungspflichten
Drittschuldner **800** 316
Umsatzsteuer **500** 18, 18a, 18b; **550** 250–261, 272–273; **550a** 57d, 59–61a
s. a. Steuererklärungspflicht
Erlass
abweichende Steuerfestsetzung **800** 163
Allgemeines **800** 227
Altersvorsorgezulagen-Rückzahlungsbeträge **1** 95
Einfuhrumsatzsteuer **500** 5
Einkommensteuer **1** 34c, 50
Erbschaftsteuer **250** 28a
Grundsteuer **420** 32–34
Grundsteuer 2025 **420a** 32–35
Haftung **800** 191
Kraftfahrzeugsteuer **660** 17
Schulden **1** 3a
Umsatzsteuer **500** 26; **518** 14
Vermögensteuer **220** 12, 13
Erlaubnis
Hilfeleistung in Steuersachen **840** 3d, 3e
Rennwetten **630** 2; **635** 1–3
Erledigung
Hauptsache **802** 46, 138
Massenrechtsbehelfe und Massenanträge **800a** Art. 97 P. 18a
Erleichterungen
Bekanntgabe von Feststellungsbescheiden **800** 183
Buchführungs- und Aufzeichnungspflichten **800** 148; **800b** 2, 6
Umsatzsteuer **500** 18a, 22; **510** 43, 44, 46–48, 63
Erlöschen
Anerkennung als Berufsausübungsgesellschaft **840** 55
Bestellung zum Wirtschaftsprüfer **850** 19
Erbschaftsteuer **250** 29
Sachhaftung **800** 76
Steueransprüche **800** 47, 50, 169–171, 232
Vertretungsmacht **800** 36
Ermächtigungsvorschriften
Abgabenordnung **800** 2, 117c, 138c, 139d, 146a; **800a** Art. 97 P. 33, Art. 99
Außensteuergesetz **725** 1
Bewertungsgesetz **200** 123, 263
Eigenheimzulage **5** 18
Einkommensteuer **1** 13a, 26a, 33, 34b, 35c, 51, 68, 99, 109
Erbschaftsteuer **250** 36
Forschungszulage **750** 14
Gewerbesteuer **450** 35c
Grunderwerbsteuer **600** 22a
Identifikationsnummerngesetz **800k** 12
Kindergeld **1** 68; **803** 5
Körperschaftsteuer **100** 33
Kraftfahrzeugsteuer **660** 15
Rennwett- und Lotteriegesetz **630** 6, 60, 63
Steueroasen-Abwehrgesetz **12** 3
Umsatzsteuer **500** 13b, 22f
Wohnungsbauprämie **52** 9
Zinsinformationsverordnung **1** 45e
Ermäßigter Steuersatz
Anwendung **550** 98
Anwendung durch die Mitgliedstaaten **550** 98
Einkommensteuer **1** 34, 34a, 34b
Grundsteuer 2025 **420a** 15

Kunst und Antiquitäten **550** 98a
Umsatzsteuer **500** 12, 28, Anl. 2; **550** 98–105, 129a
Ermessensausübung
Finanzbehörde **800** 5, 86, 128
Nachprüfung **802** 102
Ermittlung
Altersvorsorgezulagenanspruch **1** 90
Einkommen bei Unterstützungskassen **100** 6a
EU-Amtshilfe **801** 6
Fremdvergleichspreis **725** 1; **725a**
Grundfläche **444** 3
Investmentfondseinkünfte **120** 6, 15, 36, 37, 48, 49
Kapitaleinkünfte **1** 20
Lohnsteuer **1** 39b, 39c
Steuerfestsetzungsverfahren **800** 88
Steuerstrafverfahren **800** 386, 397–405
Wohnungsbauprämienanspruch **52** 4a
Ermittlungszeitraum
Einkommensteuer **1** 2
Körperschaftsteuer **100** 7
Erneuerbare-Energien-Gesetz 120 26
Eröffnung eines Betriebs *s. Betriebseröffnung*
Erörterung, Sach- und Rechtsstand im Einspruchsverfahren **800** 364a
Ersatzbemessungsgrundlage
Grundsteuer **420** 42
Investmentanteile **120** 56
Kapitalertragsteuer **1** 43a
Ersatzbeschaffung, Erbschaftsteuer **250** 13b
Ersatzbescheinigung, Kapitalertragsteuer **1** 45a
Ersatzinvestitionen, Investitionszulage **740a** 1, 2, 8; **740b** 2
Ersatzmaßnahmen, Gerichtsdateien **802a** 6
Ersatzteile, Vollstreckung **800** 306
Ersatzvornahme im Vollstreckungsverfahren **800** 328, 330
Ersatzwirtschaftswert
Anwendung **800a** Art. 97a
Einheitsbewertung **200** 125–128
Ersatzzuständigkeit 800 24
Ersatzzustellung 805 5
Ersatzzwangshaft
Steuerberater **840** 159
Vollstreckungsverfahren **800** 334
Erstattung
Ansprüche **250** 10; **800** 37
Auslagenerstattung **800** 178; **802** 139, 149
Beitragserstattungen **1** 3 (3, 9), 10
Bevollmächtigte **800** 80
Einkommensteuer **1** 10, 50a, 50c, 50d; **803** 5
Festsetzungsverjährung **800** 171
Gewerbesteuer **450** 20
Grundsteuer **420** 30
Grundsteuer 2025 **420a** 30
Kapitalertragsteuer **1** 44a, 44b, 50c, 50j; **100** 32; **120** 7, 11, 12, 14, 29; **803** 5
Körperschaftsteuerguthaben **100** 37
Kosten im Kindergeldverfahren **1** 77
Kraftfahrzeugsteuer **660** 4; **665** 14
Mitteilungspflichten **800f (a)** 6
Prozesszinsen **800** 236
Solidaritätszuschlag **120** 11
Steuerberatungskosten **840** 39
Steuern bei Bauleistungen **1** 48c, 48d
Umsatzsteuer **500** 5, 18, 18f, 26; **510** 48; **518** 14; **550** 170–171, 183; **550a** 62, 63; **550b; 553**
Umsatzsteuererstattung **518a**
Vermögensteuer **220** 22
Versicherungsteuer **620** 9, 10; **625** 8–11
Verzinsung von Steuererstattungen **1** 50c; **800** 233a
Erstausbildung oder -studium
Betriebsausgaben **1** 4
Werbungskosten **1** 9
Erstinvestitionen, Investitionszulagen **740a** 2, 5a; **740b** 2
Erstobjekt bei Wohneigentum **1** 10e
Ersuchen
EU-Amtshilfe **801** 6
Vollstreckung **800** 250
Ertragsanteil, Rente **1** 22
Ertragsbedingungen, Einheitsbewertung **200** 38, 50, 53, 60
Ertragsfähigkeit
Bodenschätzung **210** 2
Land- und Forstwirtschaft **200** 36, 38, 55, 163, 236, 237
Ertragsklassen, Bedarfsbewertung für Forstwirtschaft **200** 163
Ertragsmesszahl
Bodengewinnbesteuerung **1** 55
Bodenschätzung **210** 9, 14

Ertragsminderung, Erlass von Grundsteuer **420** 33; **420a** 33, 34
Ertragswert
Betriebsvermögen **200** 199–203
Grundvermögen **200** 76, 78–82, 93, 146–150, 182, 184–188, 250, 252–257; **201** 3
immaterielle Anlagegüter **725** 1
Kapitalanteile **200** 199–203
land- und forstwirtschaftliches Vermögen **200** 36–40, 53, 142, 236, 237
Erweiterte beschränkte Steuerpflicht
Außensteuergesetz **725** 2, 4, 5
Solidaritätszuschlag **1a** 2
Erweiterte Kürzung, Gewerbeertrag bei Grundstücksunternehmen **450** 9
Erweiterung
anschaffungsnaher Aufwand **1** 6, 9
erhöhte Absetzungen **10** 15
Investitionszulage **740a** 2, 5a; **740b** 2
Reinvestitionsvergünstigung **1** 6b
Sonderausgabenabzug **1** 10e
Erwerb
Beteiligung, Körperschaftsteuer **100** 8a, 8c, 8d
Betrieb **10** 6, 8b; **250** 19a; **800** 75
Erstattungs- und Vergütungsansprüche **800** 383
Gegenstand, Umsatzsteuer **500** 1, 1a, 1b, 3d, 4b, 10; **550** 2–4, 20–23, 40–42, 68–69, 83–84, 140–141, 162, 181, 200
Grundbesitz **420** 11; **600** 1, 3
Lebensversicherung **1** 10, 20
von Todes wegen **250** 1, 3; **600** 3; **725** 6
Wirtschaftsgut, Bedingung **200** 4, 5
Wirtschaftsgut, Befristung **200** 8
Erwerbsminderung
Behindertenpauschbetrag **1** 33b
Versicherung **1** 10
Erwerbsschwelle, innergemeinschaftlicher Erwerb **500** 1a, 3c
Erwerbstätigkeit
Anzeigepflichten **800** 138
Kinderfreibetrag **1** 32
Kindergeld **60** 2
Erwerbsteuer 500 1, 1a, 1b, 3d, 4b, 10
Erwerbsunfähigkeit
Einkommensteuer **1** 10, 10a, 33b, 86; **10** 65
Erbschaftsteuer **250** 13
Vermögensteuer **220** 6, 14
Versicherungsteuer **620** 4; **625** 1
Wohnungsbauprämie **52** 2
Erzbergbau *s. Bergbau*
Erzieher 1 3 (26), 18
Erzieherische Zwecke, Umsatzsteuer **500** 4a
Erziehungsbedarf, Freibetrag **1** 32
Erziehungsbeihilfen
Einkommensteuer **1** 3 (11)
Umsatzsteuer **500** 4 (25)
Erziehungsgeld
steuerfreie Einnahmen **1** 3 (67)
Unpfändbarkeit **835** 850a
Erziehungsheim
Grundsteuer **420** 5
Grundsteuer 2025 **420a** 5
Erziehungsleistungen, Umsatzsteuer **500** 4 (23)
Erziehungszeiten, Altersvorsorgezulage **1** 90
Erzwingungsmaßnahmen
eidesstattliche Versicherung oder Vermögensauskunft **800** 284
Finanzbehörde **800** 328–336
Finanzgericht **802** 89
Essensdienste, Zweckbetrieb **800** 68
EU-Amtshilfe 800 93
Automatische Übermittlung von Informationen **801** 7
Automatischer Abruf von Kontoinformationen **801** 3a
Automatischer Austausch **801** 2
Datenschutz **801** 19 ff.
elektronische Übermittlung **801** 17
Erheblichkeit des Ersuchens **801** 6a
Ersuchen an einen Mitgliedtaat **801** 6
Ersuchen eines Mitgliedstaats **801** 4
Formblätter **801** 17
Gruppenersuchen **801** 6b
Hinzuziehung von Bediensteten **801** 10 ff.
personenbezogene Daten **801** 19a
Simultanprüfung **801** 12
Verwendungszweck der Informationen **801** 15
Zentrales Verbindungsbüro **801** 4 f., 7
Zuständigkeit **801** 3, 4
Zustellungsersuchen **801** 13 f.
EU-Energiekrisenbeitrag 803 5
Euro, Steueranmeldungen in E. **800a** Art. 97 P. 21

Europäische Atomgemeinschaft, Umsatzsteuer **500** 4c, 5
Europäische Einrichtungen, Umsatzsteuer **500** 4c, 5
Europäische Genossenschaft
Einkommensteuer **1** 4, 15, 17
Gewerbesteuer **450** 2
Körperschaftsteuer **100** 1, 11
Umwandlungssteuergesetz **130** 1 ff.
Europäische Gesellschaft
Bewertung Betriebsvermögen **200** 97, 109
Einkommensteuer **1** 4, 15, 17
Gewerbesteuer **460** 25
Körperschaftsteuer **100** 1, 11, 14
Umwandlungssteuergesetz **130** 1 ff.
Wirtschaftsprüfer **850** 27
Europäische Investitionsbank, Umsatzsteuer **500** 4c, 5
Europäische Kommission, Umsatzsteuer **500** 4c, 5
Europäische Union
Abgabenordnung **800** 1
Abgeordnetenbezüge **1** 22
Altersvorsorgezulage **1** 79, 92a, 93, 95
Amts- und Rechtshilfe **800** 117–117d; **801**
Austausch von Auskünften **500** 18a–18d; **801**
Beihilfen neben Investitionszulagen **740a** 10
Betriebsausgabenabzug **1** 4k, 50a
Betriebsstättengewinnaufteilung **725b** 20, 21
Buchführung und Aufzeichnungen **800** 146
Datenschutz **800** 32j, 384a
degressive Gebäude-AfA **1** 7
Ehegattenbesteuerung **1** 1a
Einfuhrumsatzsteuer **500** 11; **518** 1
Einkommensteuerermäßigung **1** 35c
einkommensteuerfreie Leistungen **1** 3 (2, 26, 26a)
Einkommensteuerveranlagung **1** 46, 50; **800** 19
elektronische Aufzeichnungssysteme **800j** 7, 9
Empfangsbevollmächtigter **800** 123
Entstrickung **1** 4, 16, 17, 36
Erbschaftsteuer **250** 13, 13a, 13b, 13d, 17
Forschungszulage **750** 2, 3, 9
grenzüberschreitende Steuergestaltungen **800** 138d–138k
Grunderwerbsteuer **600** 1, 6a
Hilfe in Steuersachen **840** 3a, 3d, 34, 37a, 49; **845** 5
Hilfeleistung in Steuersachen **840** 5, 10b
Informationsaustausch über Finanzkonten **806** 1
Investmentfonds **120** 2
Kapitalertragsteuer **1** 43a, 43b, 44a, Anl. 2; **100** 32
Kindergeld **1** 62, 63, 65, 68; **60** 1, 4, 7b, 17
Körperschaftsteuer **100** 5, 8b, 14, 17, 26, 27, 32, 40
Kraftfahrzeugsteuer **660** 1, 3, 10a
Lohnsteuer bei Schiffsbesatzungen **1** 41a
Muttergesellschaften **1** 43b, Anl. 2; **2; 100** 8b; **450** 9
negative Einkünfte **1** 2a
personenbezogene Daten **800** 2a, 30
Progressionsvorbehalt **1** 32b
Reinvestitionsvergünstigung **1** 6b
Sonderabschreibungen für Mietwohnungsneubau **1** 7b
Sonderausgaben **1** 10, 50
Spendenabzug **1** 10b; **100** 9; **450** 9
Umsatzsteuer **500; 510** 17a–17d; **550** 1 ff.; **550a; 550b; 553**
Umwandlung von Gesellschaften **130** 1 ff.; **135**
Verkürzung von Abgaben **800** 370, 373, 374, 379, 382
Versicherungsteuer **620** 1, 7; **625**
Versorgungsausgleich **1** 1a
Vollstreckung von Geldforderungen **801a**
Vorsorgeaufwendungen **1** 10, 50
Werbungskostenabzug **1** 50a
Wirtschaftsprüfer **850** 9, 27, 28, 38, 39, 43a, 51b, 57a, 57h, 131–131b, 131m
Wohnungsbauprämie **52** 2
Zinsen und Lizenzgebühren **1** 50g, 50h, Anl. 3
Zinsinformationspflicht **11**
Europäische wirtschaftliche Interessenvereinigung
Gewerbesteuer **450** 5
Umsatzsteuer **550a** 5
Europäische Zentralbank, Umsatzsteuer **500** 4c, 5

Europäischer Wirtschaftsraum
Altersvorsorgezulage **1** 79, 92a, 93, 95
Betriebsausgabenabzug **1** 50a
Betriebsstättengewinnaufteilung **725b** 20, 21
degressive Gebäude-AfA **1** 7
Ehegattenbesteuerung **1** 1a
Einkommensteuerermäßigung **1** 35c
einkommensteuerfreie Leistungen **1** 3 (2, 26, 26a)
Einkommensteuerveranlagung **1** 46, 50; **800** 19
Empfangsbevollmächtigter **800** 123
Entstrickung **1** 16, 36
Erbschaftsteuer **250** 13, 13a, 13b, 13d, 17
Feuerschutzsteuer **650** 5
Forschungszulage **750** 2, 3
Grunderwerbsteuer **600** 1, 6a
Hilfe in Steuersachen **840** 1, 3a, 3d, 37a, 49; **845** 5
Hilfeleistung in Steuersachen **840** 5, 10b
Kapitalertragsteuer **1** 43a, 44a; **100** 32
Kindergeld **1** 62, 63; **60** 1
Körperschaftsteuer **100** 5, 14, 17, 32
Lohnsteuer bei Schiffsbesatzungen **1** 41a
negative Einkünfte **1** 2a
Progressionsvorbehalt **1** 32b
Reinvestitionsvergünstigung **1** 6b
Sonderausgaben **1** 10, 50
Spendenabzug **1** 10b; **100** 9; **450** 9
Umwandlungssteuergesetz **130** 1 ff.
Versicherungsteuer **620** 1, 7; **625**
Versorgungsausgleich **1** 1a
Vorsorgeaufwendungen **1** 10, 50
Werbungskostenabzug **1** 50a
Wirtschaftsprüfer **850** 9, 27, 28, 38, 39, 43a, 131–131b, 131g, 131h, 131m
Wohnungsbauprämie **52** 2
Europäisches Nachlasszeugnis, Erbschaftsteuer **250** 34; **260** 7
Euroumrechnungsrücklage **1** 6d
Existenzgründer, Zuschüsse **1** 3 (2)
Existenzminimum
Einkommensteuer **1** 31, 32
Kindergeld **60** 21
Kinderzuschlag **60** 6a
Pfändungsfreigrenzen **835** 850f
Explorationsunternehmen, Gewinnaufteilung **725b** 35–38
Externes Versandverfahren **500** 4 (3); **510** 20, 21
Extremistische Organisation
steuerbegünstigte Zwecke **800** 51
Zuwendungsempfänger **803** 5

Fabrikgrundstück
Bedarfsbewertung **200** 147
Einheitsbewertung **202** 3
Fachangestellte, steuer- und wirtschaftsberatender Beruf **849; 849a**
Factoring, Umsatzsteuer **500** 4 (8), 9, 13c
Fahrausweise, Umsatzsteuer **500** 12; **510** 34, 35
Fahrten
Menschen mit Behinderungen **1** 33; **10** 64
Wohnung/Ausbildungsort **1** 10
Wohnung/Betrieb **1** 4
Wohnung/Tätigkeitsstätte **1** 3 (15, 32), 9
Fahrtenbuch **1** 6
Fährverkehr, Umsatzsteuer **500** 4 (6), 12; **510** 7
Fahrzeuge
Ausfuhrnachweis **510** 9, 10, 17b
Kraftfahrzeugsteuer **660**
Rückstellungen **1** 6
Umsatzsteuer **500** 2a
Umsatzsteuer bei Erwerb neuer Fahrzeuge **500** 1a, 1b, 3, 3c, 6a, 13, 14a, 16, 18c, 19; **512; 550** 2–4, 9, 138–139, 172
Umsatzsteuer bei Gebrauchtfahrzeugen **500** 25a; **550** 4, 35, 326–332
Umsatzsteuer bei Vermietung **500** 3a
Fahrzeuglieferer **500** 2a, 14a, 14b, 15, 18c; **510** 17d
Faktorverfahren **1** 39f
Fälligkeit
Allgemeines **800** 220–222
Arbeitnehmer-Sparzulage **24** 14
Einkommensteuer **1** 36; **725** 6
Erbschaftsteuer **250** 28a
Feuerschutzsteuer **650** 8, 9
Grunderwerbsteuer **600** 15
Grundsteuer **420** 28, 45
Grundsteuer 2025 **420a** 28
Investitionszulage **740a** 9; **740b** 10
Kapitalertragsteuer **1** 44
Körperschaftsteuer **100** 38

Kraftfahrzeugsteuer **660** 11, 18
Lotteriesteuer **630** 32
Online-Pokersteuer **630** 51
Rennwettsteuer **630** 13
Sportwettensteuer **630** 21
Steuerabzug bei Bauleistungen **1** 48a
Steuerberatervergütung **840a** 7
Umsatzsteuer **500** 13c, 18, 18i–18k, 21, 21a
Vermögensteuer **220** 20
Versicherungsteuer **620** 8, 10b
Virtuelle Automatensteuer **630** 41
Vollstreckungsersuchen **801a** 9
Falschbelege u. -buchungen 800 379
Familienangehörige *s. Angehörige*
Familienfideikomiss 112
Familienheimfahrten 1 6, 9
Familienkasse, Kindergeld **1** 62, 67, 71, 72; **60** 9; **803** 5
Familienleistungsausgleich
Allgemeines **1** 31
Austausch von Auskünften **803** 21
Freibetrag für Kinder **1** 31, 32
Hilfeleistung in Steuersachen **840** 4
Kindergeld **1** 31, 62–78
Kostentragung **803** 5
Familienstiftung 725 15
Familienwohnheim, Erbschaftsteuer **250** 13
Fehler
Erklärungen **800** 153
Verwaltungsakt **1** 70; **5** 11; **800** 125–129
Zustellung **805** 8
Fehlerbeseitigung
Fortschreibung Einheitswert **200** 22
Grundsteuerneuveranlagung **420** 17, 20; **420a** 17, 20
Grundsteuerwert **200** 222
Kraftfahrzeugsteuer **660** 12
offenbare Unrichtigkeit **800** 129, 173a
Rechtsfehler **800** 177
Vermögensteuer **220** 16, 18
widerstreitende Steuerfestsetzungen **800** 174
Fehlmengen 800 161
Feiertag
Vollstreckungsmaßnahmen **800** 289
Zuschläge zum Arbeitslohn **1** 3b
Zustellung **805** 5
Ferienwohnung
Eigenheimzulage **5** 2
Sonderausgabenabzug **1** 10e
Fernmeldegeheimnis 800 105, 413
Fernsehdienstleistungen, Umsatzsteuer **500** 3, 3a, 18h; **510** 59; **550** 58; **550a** 6b, 18, 24a–24b, 26, 57a–63c; **803** 5
Fernsehschaffende, Auskunftsverweigerungsrecht **800** 102
Fernverkäufe
Drittgebiet **550** 33
Umsatzsteuer **500** 3, 3a, 3c, 16, 18, 18j, 18k; **510** 59; **550** 14, 14a, 33, 36b, 59c, 136a, 358, 369a–369x; **550a** 57a–63c; **803** 5
Fernverkäufe außerhalb der EU, Umsatzsteuer **550** 369l–369x
Fernverkäufe innderhalb der EU, Umsatzsteuer **550** 369a–369k
Fernverkaufsortbestimmung, Umsatzsteuer **550** 35
Fernwärmeversorgungsanlagen, erhöhte Absetzungen **10** 82a
Fertigstellung, Zeitpunkt der F. **10** 9a
Feste Einrichtung, beschränkte Einkommensteuerpflicht **1** 49
Festlandsockel
Inland **1** 1; **100** 1; **450** 2, 4
Zuständigkeit **800** 22a
Festlegungsfrist
Bausparbeiträge **1** 10; **52** 2
Wertpapiere **24a** 4
Festsetzung
Forschungszulage **750** 10
Investitionszulage **740a** 9; **740b** 9–10
Mobilitätsprämie **1** 105
Nutzungssatz **10** 68
Steuermessbetrag **800** 184
Festsetzungsfrist
Allgemeines **800** 169–171, 174, 175, 175a, 181
Amtshilfe **800** 171
Eigenheimzulage **5** 11
Einkommensteuer **1** 3c, 5a, 7b, 7g, 10d, 34a, 94, 111
Erbschaftsteuer **250** 2, 13a, 19a; **800** 171
Grunderwerbsteuer **600** 16
Grundsteuer **420** 16; **800** 171
Grundsteuer 2025 **420a** 16
Haftung **1** 10b; **800** 191
Investitionszulage **740a** 11; **740b** 12
Körperschaftsteuer **100** 32a, 37, 38

Strafverfahren **800** 171
Vermögensteuer **220** 15; **800** 171
Vollstreckungskosten **800** 346
Zinsen auf Steuern **1** 50c; **800** 239
Festsetzungsverjährung 800 169–171; **800a** Art. 97 P. 10, Art. 97a
Feststellung
Allgemeines zum Feststellungsverfahren **800** 179–183; **800e** 1 ff.
Altersvorsorge **1** 10a, 92b, 93
Anteilswert **200** 113a
Bedarfswert **200** 151–157
Besteuerungsgrundlagen **1** 35; **120** 41, 51; **725** 5, 18; **800a** Art. 97 P. 10b; **800e** 1 ff.
Buchführungspflicht **800** 141
Eigenheimzulage **5** 11; **800e** 1
Einheitswert **200** 2, 19, 21, 22, 23, 25; **800** 18
Einkommensteuer **1** 4h, 34a
Einkünfte **800** 18, 180, 352; **800e** 1 ff.
Einspruch **800** 352, 366
Erbschaftsteuer **250** 13a, 13b
Feststellungsfrist **200** 25, 153, 226; **800** 181
Forschungszulage **750** 5, 10
Grundbesitzwert **200** 138–157
Grunderwerbsteuergrundlagen **600** 17
Grundsteuerwert **200** 219, 221, 223, 225, 226
Identität bei Zinserträgen **11** 2, 3
Investitionszulage **740a** 7; **740b** 8; **800e** 1
Investmentfonds **803** 5
Körperschaftsteuer **100** 8, 14, 27, 28, 36, 37, 39; **803** 5
Lohnsteuerabzugsmerkmale **1** 39
Nachholung **200** 25, 226
Nichtigkeit **800** 125
Rechtsbehelfsbefugnis **802** 47
Satzungsmäßigkeit **800** 60a
Schätzung der Besteuerungsgrundlagen **800** 162
Sonderausgaben bei Förderung des Wohneigentums **1** 10e
Spendenabzug **1** 10b; **100** 9; **450** 9
verbindliche Auskunft **800i** 1
Verluste **1** 2a, 10d, 15, 15a, 15b, 20, 57; **100** 8, 8d; **450** 10a, 35b
Vermögen **800e** 1 ff.
Zinsvortrag **1** 4h
Feststellungsfrist
Feststellungsbescheide **1** 3a, 10d; **200** 153; **450** 35b; **800** 181
nicht entnommener Gewinn **1** 34a
Feststellungsklage 802 41
Feststellungszeitpunkt, Land- und Forstwirtschaft **200** 235
Festzusetzende Einkommensteuer 1 2
Fette, Umsatzsteuer **500** Anl. 2
Feuerversicherung
Feuerschutzsteuer **650** 1, 3, 4; **800a** Art. 97 P. 3
Versicherungsteuer **620** 5, 6
Feuerwehr
Kraftfahrzeugsteuer **660** 3, 5
steuerfreie Leistungen an Angehörige der F. **1** 3 (4)
Fideikomiss *s. Familienfideikomiss*
Fifo-Methode
Fremdwährungsgeschäfte **1** 23
Investmentanteile **120** 56
Fiktive unbeschränkte Steuerpflicht, Einkommensteuer **1** 1a, 32b
Filme, Umsatzsteuer **500** 12
Finanzämter 803 17
Finanzausgleich *s. Finanzkraftausgleich*
Finanzbeamte
Finanzrichter **802** 19
Steuerberater **840** 38, 61, 164c
Finanzbehörden 800 6
Finanzdienstleistungsinstitut
Betriebsstättengewinnaufteilung **725b** 18, 20, 21
Erbschaftsteuer **250** 13b
Gewerbesteuer **450** 35c; **460** 19
Kapitalertragsteuer **1** 43, 43a, 44, 44a, 44b, 45a
Körperschaftsteuer **100** 8b
Mitteilungspflichten **800** 138b
Teileinkünfteverfahren **1** 3 (40), 3c
Termingeschäfte **1** 15
Finanzielle Hilfen bei Körperschäden **1** 3 (68)
Finanzierungsanstalten, Körperschaftsteuer **100** 5
Finanzierungsaufwendungen, Zuordnung **725b** 15, 17
Finanzinstitut, Informationspflichten **806** 3, 7–27
Finanzinstrumente
Bewertung in Steuerbilanz **1** 6

globaler Handel **725b** 22
Umwandlungssteuergesetz **130** 2
Finanzkonten, Informationsaustausch **801** 7; **803** 5; **806**
Finanzkraft, Länder und Gemeinden **809a** 6
Finanzkraftausgleich 808; 809a
Finanzmittel, Erbschaftsteuer **250** 13b
Finanzmonopole
Rechtsbehelf **800** 347
Rechtsmittel **802** 33
Finanzrechtsweg
Altersvorsorgezulage **1** 98
Zahlungen nach REIT-Gesetz **125** 21
Zulässigkeit **802** 33, 44, 70
Finanzstatus, Gebühren an Steuerberater oder Steuerbevollmächtigte **840a** 37
Finanztransaktionen, Untersuchungsbehörde **800** 31b; **803** 5a
Finanzumsätze, Umsatzsteuer **500** 3a, 4 (8), 9, 15; **550** 135
Finanzunternehmen, Teileinkünfteverfahren **1** 3 (40), 3c
Fingierte Geschäfte 800 160
Firmenwert
Absetzung für Abnutzung **1** 7
Eigenkapitalvergleich **1** 4h
Fische, Umsatzsteuer **500** Anl. 2
Fischerei
Bedarfsbewertung **200** 175
Einheitsbewertung **200** 62
Einkünfte **1** 13, Anl. 1a
Gewerbesteuer **450** 3
Grundsteuerwert **200** 242, Anl. 31
Umsatzsteuer **500** 15, 24; **518** 13
Fiskalvertretung *s. Vertreter*
Flächenabhängigkeit, Tierbestände **200** 51, 169, 241, Anl. 2 u. 20 u. 35
Fleisch, Umsatzsteuer **500** Anl. 2
Flüchtlinge
Erbschaftsteuer **250** 13
Leistungen an F. **1** 3 (7)
Flüchtlingsfürsorge, Zweckbetrieb **800** 68
Flughafen
Grundsteuer **420** 4
Grundsteuer 2025 **420a** 4
Flugzeuge *s. Luftfahrzeuge*
Flurbereinigung
Grunderwerbsteuer **600** 1
Mitteilung an Finanzbehörden **800f (a)** 6
Flüssige Mittel
Erbschaftsteuer **250** 13b
Land- und Forstwirtschaft **200** 33, 158, 232
Folgebescheid 800 171
Allgemeines **800** 155, 182, 351
Aussetzung der Vollziehung **800** 361; **802** 69
Zinsen auf Steuern **800** 236, 237
Folgeobjekt 1 10e; **5** 7
Fonds
Etablierungskosten **1** 6e
Investmentfonds **120** 1 ff.
Venture Capital- und Private Equity-Fonds **1** 3 (40a), 3c, 18
s. a. Investmentanteile bzw. Investmentfonds bzw. Investmentvermögen bzw. Kapitalanlagegesellschaften
Förderabgabe
Finanzkraftausgleich **809a** 7
Steuereinnahmen **808** 7
Förderbetrag, betriebliche Altersversorgung **1** 100
Fördergebiet, Investitionszulage **740a** 1, Anl. 1; **740b** 1, Anl. 1
Fördergrundbetrag, Eigenheimzulage **5** 8, 9, 17
Förderung
Allgemeinheit **800** 52
Altersvorsorge **1** 10a, 79–99
Einstellung der landwirtschaftlichen Erwerbstätigkeit, Einkommensteuer **1** 3 (27), 13
energetische Maßnahmen **1** 35c
Forschungszulage **750**
kleiner und mittlerer Betriebe **740a** 2, 5a; **740b** 3
Rückkehrbereitschaft von Ausländern, Bausparbeiträge **1** 10
steuerbegünstigte Zwecke **1** 10b; **10** 50; **100** 9; **450** 9
Wohneigentum **1** 10e, 10f, 39a, 57; **5**
Wohnräume, Grundsteuer **420a** 15
Wohnungsbau **1** 3 (59), 7; **52; 420a** 15
Forderungen
Bewertung **200** 12
Erbschaftsteuer **250** 13b
Euroumrechnungsrücklage **1** 6d
Pfändung **800** 309–321; **835** 851, 851a
Überschussrechnung **1** 4
Umsatzsteuer **500** 4 (8), 9, 13c, 17

s. a. Geldforderungen bzw. Kapitalforderungen
Fördervereine 800 58
Förderzeitraum, Eigenheimzulage **5** 3, 7
Form
Aufteilungsbescheid **800** 279
Auskunft über Datenerhebung **800** 32d
Buchführung **800** 146
Datenübermittlung an Bundesfinanzhof u. Finanzgerichte **800d** 2, 3
Klage **802** 64
Mitteilung an Finanzbehörden **512** 1; **800f (a)** 8
Rechtsbehelfsentscheidung **800** 366
Steuerbescheid **800** 157
Steuererklärungen **800** 150
Urteil **802** 105
verbindliche Auskunft **800i** 1
verbindliche Zusage **800** 205
Verwaltungsakt **800** 119
Formblätter, EU-Amtshilfe **801** 17
Formel, Steuern nach Rennwett- u. Lotteriegesetz **635** 43
Formfehler *s. Fehler*
Formulare, elektronische F. **802** 52c
Formwechsel *s. Umwandlung*
Forschungs- und Entwicklungsinvestitionen
Forschungszulage **750**
Investitionszulage **740a** 2; **740b** 3
Sonderabschreibungen **1** 51
Forschungseinrichtungen
Gewerbesteuer **450** 3
Körperschaftsteuer **100** 5
Zweckbetrieb **800** 68; **800a** Art. 97 P. 1e
Forschungszulage
Allgemeines **750**
Anrechnung **1** 36
Forstwirtschaft
Aufgabe des landwirtschaftlichen Teilbetriebs **1** 14a
Bedarfsbewertung **200** 142, 160, 163, 164, 171, 172, Anl. 15 u. 15a
Betriebsausgaben **10** 51; **720** 4
Bewertung in Steuerbilanz **720** 4a
Durchschnittssätze **1** 13a
Einheitsbewertung **200** 34, 53–55; **203; 204**
Einkommensteuersätze **1** 34b
Einkünfte **1** 13; **100** 3
Genossenschaften **1** 13; **100** 3, 5; **220** 7; **450** 3
Grundsteuer **420** 6, 14, 33
Grundsteuer 2025 **420a** 6, 14, 33
Grundsteuerwert **200** 234, 237, Anl. 28
Rücklage **720** 3
Umsatzsteuer **500** 12, 24
Wirtschaftsjahr **10** 8c
s. a. Land- und Forstwirtschaft
Fortbildungsmaßnahmen, einkommensteuerfreie Leistungen **1** 3 (19)
Fortführung, Betrieb, Verlustabzug **100** 8
Fortführungswert, Land- und Forstwirtschaft **200** 165
Fortgesetzte Gütergemeinschaft
Einkommensteuer **1** 28
Erbschaftsteuer **250** 4, 31
Grunderwerbsteuer **600** 3
Fortlaufende Bezüge, Pfändung **800** 312; **835** 850d
Fortschreibung
Einheitswert **200** 22, 25, 27, 41, 79, 132
Einlagekonto bei Körperschaftsteuer **100** 27
Grundsteuerwert **200** 222, 225–227
Fotografischer Betrieb, Investitionszulage **740a** 2; **740b** 3
Frachtbrief als Versendungsnachweis, Umsatzsteuer **510** 10
Freianteile, Kapitaleinkünfte **1** 20
Freiberufliche Tätigkeit
Anzeigepflichten **800** 138
Außenprüfung **800** 193
Einkünfte **1** 18
Erbschaftsteuer **250** 13a
Steuerberater und Steuerbevollmächtigte **840** 32, 57
Umsatzsteuer **500** 3a, 4 (12)
Umsatzsteuerberechnung **500** 20
Vermögensbewertung **200** 96, 109
Wirtschaftsprüfer **850** 1
Freibetrag
Abfindung weichender Erben **1** 14a
Alterseinkünfte **1** 24a
Arbeitnehmer, Einkommensteuer **1** 3 (34a), 8, 19, 19a
Berufsausbildungskosten **1** 33a
beschränkte Einkommensteuerpflicht **1** 50

Betriebsveräußerung **1** 14, 14a, 16, 18, 32, 34a; **130** 20, 21, 22, 24
Betriebsvermögen, Erbschaftsteuer **250** 13a
einbringungsgeborene Anteile **130** 22
Erbschaftsteuer **250** 6, 13, 16–18
Gewerbesteuer **450** 8, 11
Investmenterträge **120** 56
Kapitaleinkünfte **1** 20
Kind, Einkommensteuer **1** 10a, 32
Körperschaftsteuer **100** 24, 25
Land- und Forstwirt, Einkommensteuer **1** 13, 14a
Lohnsteuerabzug **1** 39a, 39b
Sachprämien **1** 3 (38)
Schuldentilgung **1** 14a
Umsatzsteuer **500** 19
Umwandlungssteuergesetz **130** 20, 21, 22, 24
Unterhaltsaufwendungen **1** 33a
Veräußerung von Kapitalanteilen, Einkommensteuer **1** 17
Vermögensbeteiligungen **1** 19a
Vermögensteuer **220** 6, 7
Versorgungsbezüge **1** 19
Freie Beweiswürdigung 802 96
Freie Mitarbeit als Steuerberater **845** 51
Freie Verpflegung, Sozialversicherung **21** 2
Freigrenze
Anzeigepflichten **10** 29
Betriebsveranstaltungen **1** 19
Einkünfte aus Leistungen **1** 22
Einkünfte ausländischer Zwischengesellschaften **725** 9
gesellige und kulturelle Veranstaltungen **800** 68
Grunderwerbsteuer **600** 3
Pfändung **835**
private Veräußerungsgeschäfte **1** 23
Sachbezüge **1** 8
Solidaritätszuschlag **1a** 3
Steuerabzug für Bauleistungen **1** 48
Vermögensteuer **220** 8
Versicherungsteuer **620** 4
Freihafen, Umsatzsteuer **500** 1, 4 (3); **510** 7; **518** 12a, 12b
Freimengen, Einfuhr **500** 5
Freistellung
Kapitalertragsteuer **1** 44a, 50c; **803** 5
Steuerabzug bei Bauleistungen **1** 48–48b; **803** 5
Steuerabzug bei beschränkter Einkommensteuerpflicht **1** 50a, 50c
Freistellungsauftrag
Abstandnahme vom Steuerabzug **1** 44a
Erstattung von Kapitalertragsteuer **1** 44b
Freistellungsbescheid
Kapitalertragsteuer **100** 32
Steuerfestsetzungsverfahren **800** 155
Freistellungsbescheinigung 1 50c
Freiwillige Gewinnermittlung, Land- und Forstwirt **1** 13a
Freiwilligenaktivität
Einkommensteuer **1** 32
Kindergeld **60** 2
Freiwilligendienst
Einkommensteuer **1** 3 (5), 32
Kindergeld **60** 2
Freiwilliges ökologisches Jahr
Einkommensteuer **1** 3 (5), 32
Kindergeld **60** 2
Vermögensteuer **220** 14
Freiwilliges soziales Jahr
Einkommensteuer **1** 3 (5), 32
Kindergeld **60** 2
Vermögensteuer **220** 14
Freizeitbetätigungen
Kinderbetreuungskosten **1** 10
Mitgliedsbeiträge **1** 10b; **100** 9; **450** 9
steuerbegünstigte Zwecke **800** 52
Fremdenbeherbergung
Sonderabschreibungen **1** 7b
Umsatzsteuer **500** 4 (12), 12; **518** 8
Fremder Grund und Boden 200 180, 195
Bedarfsbewertung **200** 148a, Anl. 26
Einheitsbewertung **200** 94
Grunderwerbsteuer **600** 2
Grundsteuerwert **200** 262
Grundstückswert **200** 195
Fremdfinanzierung
Kapitalgesellschaft **100** 8a
Zinsschranke **1** 4h; **100** 8a
Fremdvergleich
Auslandsbeziehungen **725** 1; **725a; 725b** 1 ff.; **800b**
Gesellschafter-Fremdfinanzierung **1** 3c
Schätzung von Besteuerungsgrundlagen **800** 162

Fremdwährungsbeträge, privates Veräußerungsgeschäft **1** 23
Fremdzündungsmotorfahrzeuge 660 9, 18
Friedhof
Grundsteuer **420** 4
Grundsteuer 2025 **420a** 4
Fristen
Abfindung weichender Erben **1** 14a
Altersvorsorgezulagen **1** 89, 95
Aufbewahrungsf. **500** 14b; **800** 147, 147a; **800a** Art. 97 P. 19a
Berechnung **800** 108; **800a** Art. 97 P. 2, Art. 97a; **802** 54
Beschwerde beim Bundesfinanzhof **802** 129
Datenübermittlung **1** 45b, 45c; **800** 138f, 138h; **800a** Art. 97 P. 33
Einheitsbewertung **200** 8, 21, 28
Einspruchsverfahren **800** 355, 364b
Erbschaftsteuer **250** 13a, 13b, 14, 19a, 28a
EU-Amtshilfe **801** 5
Festsetzungsf. **800** 169–171
Feststellungsf. **800** 181
freiwillige Gewinnermittlung bei Landwirten **1** 13a
Grundsteuerwert **200** 221, 228
Investitionsabzugsbetrag **1** 7g
Investmentsteuergesetz **120** 11, 56
Kapitalertragsteuererstattung **1** 50c; **120** 11
Klageverfahren **800** 367; **802** 47, 55, 76
Lohnsteuer **1** 19a, 39, 39a, 41
Mahnf. **800** 259
Mobilitätsprämie **1** 104
Rechtsbehelfsf. **800** 126, 355, 356; **802** 47
Reinvestitionsf. **1** 6b
Revisionsf. **802** 116, 120
Rücknahme Verwaltungsakt **800** 130
Schonf. **800** 240
Spekulationsf. **1** 23
Sperrf. **1** 10, 19a; **24; 52** 2; **500** 15a
Steuerabzug bei beschränkter Einkommensteuerpflicht **1** 50c
Steuererklärungsf. **800** 149; **800a** Art. 97a
Umsatzsteuer **500** 1a, 3c, 14, 14b, 18, 24; **510** 24, 46–48, 61, 61a; **512** 1
Umwandlungssteuergesetz **130** 4, 6, 15, 18, 22, 24
verbindliche Auskunft **800** 89
Verbleibensf. **500** 15a; **740a** 2; **740b** 2
Verjährungsf. **250** 28a; **800** 169–171, 181, 228, 376
Verlängerung **500** 18; **510** 46–48; **800** 109
Versäumnis **800** 110, 126, 152; **802** 56
Verwendung von Rücklagen **1** 6b; **800** 63
Vollstreckungsf. **800** 254
Vollverzinsung von Steuern **800** 233a
Wiedereinsetzung in vorigen Stand **800** 110, 126; **802** 56
Wohnungsbauprämie **52** 4
Zahlungsverjährung **800** 228
Früchte
Pfändung **800** 294, 304
Umsatzsteuer **500** Anl. 2
Fulbright-Abkommen, Einkommensteuerfreiheit für Zuwendungen **1** 3 (42)
Funktions- und Risikoanalyse, Fremdvergleichswert **725** 1; **725a** 3; **725b** 1
Funktionsverdoppelung, Auslandsbeziehungen **725a** 1
Funktionsverlagerung 725 1; **725a** 1
Auslandsbeziehungen **800b**
Schätzung von Besteuerungsgrundlagen **800** 162
Fürsorgepflichten, Finanzbehörde **800** 88, 89
Fusion
EG-Richtlinie **135**
Grunderwerbsteuer **600** 1
Umwandlungssteuergesetz **130** 1 ff.
Futtermittel, Umsatzsteuer **500** Anl. 2

Garagen
Einheitsbewertung **200** 70
Grundsteuerwert **200** 244
Grundstückswert **200** 138, 157
Wohnfläche **10** 82b; **443** 42; **444** 2
Gartenbau
Bedarfsbewertung **200** 142, 160, 163, 164, 174, Anl. 17
Einheitsbewertung **200** 48a, 59–61
Einkünfte **1** 13, 13a, Anl. 1a

Grundsteuerwert **200** 234, 237, 238, 242, Anl. 30 u. 31
Umsatzsteuer **500** 24
Zweckbetrieb **800** 68
Gas- und Strompreisbremse, Mitteilung an Finanzbehörden **800f (a)** 13a
Gaspreisbremse 1 123–126
Gästehäuser
Betriebsausgaben **1** 4
Umsatzsteuer **500** 15
Gasversorgung, Umsatzsteuer **500** 3a, 3g, 13b; **550** 38, 39, 195, 199a
Gebäude
Absetzung für Abnutzung **1** 7, 56; **10** 11c; **200** 86
anschaffungsnaher Aufwand **1** 6, 9
Bedarfsbewertung **200** 145–150
Durchschnittssatzgewinn **1** 13a
Einheitsbewertung **200** 68–94
energetische Maßnahmen **1** 35c
erhöhte Absetzungen **1** 7h, 7i; **10** 82a
Feuerschutzsteuer **650** 1
Gesamtnutzungsdauer **200** Anl. 22
Grunderwerbsteuer **600** 2, 8
Grundsteuerwert **200** 243–262
Investitionszulage **740a** 2; **740b** 2
privates Veräußerungsgeschäft **1** 23
Realteilung **1** 16
Reinvestitionsvergünstigung **1** 6b, 6c
Überschussrechnung **1** 4
Vorsteuerabzug **500** 15a
Gebäudenormalherstellungswert
Einheitsbewertung **200** 85
Grundsteuerwert **200** 259, Anl. 42
Gebäudereinigung, Umsatzsteuer **500** 13b
Gebäudesachwert 200 190
Einheitsbewertung **200** 85
Grundsteuerwert **200** 258–260
Gebäudeteile
Absetzung für Abnutzung **1** 7
energetische Maßnahmen **1** 35c
Investitionszulage **740a** 2; **740b** 2
privates Veräußerungsgeschäft **1** 23
Gebäudeverfall 200 178
Gebäudezerstörung 200 178
Gebietskörperschaft, Umsatzsteuer **500** 18
Gebrauchsgegenstände 1 23
Gebrauchsmuster, Inlandsvermögen **200** 121
Gebrauchterwerb, Eigenheimzulage **5** 17
Gebrauchtgegenstände
Einkommensteuer **1** 23
Umsatzsteuer **500** 25a; **550** 4, 35, 311–343
Gebrauchtpolice
Kapitaleinkünfte **1** 20
Sonderausgaben **1** 10
Gebühren
Anerkennung als Lohnsteuerhilfeverein **840** 16
Berufsausübungsgesellschaft **840** 64; **840a**
Gerichtsgebühren **802** 128, 139
Steuerberater und Steuerbevollmächtigte **840** 39, 47, 48, 54, 64, 79, 146, 164b, Anl.; **840a**
verbindliche Auskunft **800** 89; **800a** Art. 97 P. 25
Vollstreckungsverfahren **800** 338–341
Vorabverständigungsverfahren **800** 89a
Wirtschaftsprüfer **850** 14a, 15, 36, 122, Anl.
Zollbehörden **800** 178
s. a. Kosten
Geburtshilfe, Umsatzsteuer **500** 4 (14)
Gedenkstätten, steuerbegünstigte Zwecke **800** 52
Gefahr im Verzug, Zuständigkeit **800** 29
Gefährdung, Steuern und Abgaben **1** 48b; **500** 14c; **800** 379–382
Gegendübliche Ertragsbedingungen, Einheitsbewertung **200** 39, 41
Gegenleistung
Grunderwerbsteuer **600** 9
Steuerabzug bei Bauleistungen **1** 48
Umsatzsteuer **500** 3, 10
Umwandlungssteuergesetz **130** 20, 21, 22, 24
Gegenseitigkeit bei Aufrechnung **800** 226
Gegenstandswert, verbindliche Auskunft **800** 89
Gegenwartswert, Forderungen und Schulden **200** 12
Gehaltsforderungen, Pfändung **800** 313; **835** 850c, 850e–850i
Geheimhaltung
berufsgerichtliches Verfahren **840** 102; **850** 78

betriebliche Altersversorgung **70** 15
Bodenschätzung **210** 17
Forschungszulagenbescheinigung **751** 2
Prüfungsausschuss für Steuerberater und Steuerbevollmächtigte **845** 10
Steuerberater und Steuerbevollmächtigte **840** 51, 57, 62, 62a, 83, 102
steuergerichtliches Verfahren **802** 86
Wirtschaftsprüfer **850** 36a, 43, 50, 50a, 55, 57b, 59c, 64, 66b, 78
Gehilfen, Auskunftsverweigerungsrecht **800** 102
Geistliche
Auskunftsverweigerungsrecht **800** 102
Grundsteuer für Dienstwohnung **420** 3; **420a** 3
Gelangensnachweis **510** 17b
Gelangensvermutung **510** 17a
Geldbuße *s. Bußgeld*
Geldforderungen
Umsatzsteuer **500** 4 (8); **510** 43
Vollstreckung **800** 259–327; **802** 152; **835**
s. a. Forderungen bzw. Kapitalforderungen
Geldkarte **1** 8
Geldwäsche
Kontenwahrheit **800** 154
Mitteilungen der Finanzbehörden **800** 31b, 60a
Geldwerte Vorteile
Lohnsteuer **1** 19, 40; **20** 2
steuerfreie Einnahmen **1** 3 (15, 45, 46)
Gelegenheitsgeschenke, Erbschaftsteuer **250** 13
Gelegentliche Beschäftigung, Lohnsteuer **1** 39b
Gelegentliche Hilfeleistung in Steuersachen **840** 3a, 3b, 3c
GEMA, Steuerabzug bei beschränkter Einkommensteuerpflicht **10** 73f
Gemeinbedarfsflächen, Einheitsbewertung **200** 73
Gemeinde
Betriebsaufnahme **800** 138
Gewerbesteuer **450** 1
Grundsteuer **420** 1
Grundsteuer 2025 **420a** 1
Steuereinnahmen **808** 1, 8, 17; **810**
Gemeindegrößenklasse, Einheitsbewertung **200** 80
Gemeiner Wert **200** 177
Bedarfsbewertung **200** 138, 162
Einheitsbewertung **200** 9, 13, 14, 31, 90, 109
Einkommensteuer **1** 6, 17
Umwandlungssteuergesetz **130** 3–5, 11, 13, 20, 21, 24
Gemeinnützige Unternehmen
Erbschaftsteuer **250** 13, 29
Gewerbesteuer **450** 3
Grundsteuer **420** 3, 36
Grundsteuer 2025 **420a** 3
Körperschaftsteuer **100** 5
Kraftfahrzeugsteuer **660** 3
Umsatzsteuer **500** 4 (29), 4a, 12, 23a; **510** 66a
Vermögensteuer **220** 3
Gemeinnützige Zwecke
ehrenamtliche Tätigkeit **1** 3 (26, 26a)
Erbschaftsteuer **250** 29
Körperschaftsteuer **100** 5
Kraftfahrzeugsteuer **660** 3
Spendenabzug **1** 10b; **100** 9, 13; **250** 29; **450** 9
Voraussetzungen **800** 52
Gemeinsame Berufsausübung, Wirtschaftsprüfer mit anderen Berufen **850** 44b
Gemeinsame Tarifvertragseinrichtungen
Gewerbesteuer **450** 3
Körperschaftsteuer **100** 5
Gemeinsame Wertpapieranlagen
Investmentanteile **500** 4 (8)
Investmentfonds **120** 1
Vermögensbildung **24** 2
Gemeinsamer Empfangsbevollmächtigter
Feststellungsbescheid **800** 183
verbindliche Auskunft **800i** 1
Gemeinsames Mehrwertsteuersystem **550** 1
Gemeinschaften
Einkommensteuer **1** 7g, 18
Erbschaftsteuer **250** 10, 12
Investitionszulagen **740a** 1, 6; **740b** 1, 7
Reinvestitionsvergünstigung **1** 6b
Umsatzsteuer **500** 10
s. a. Gesamthandsvermögen bzw. Miteigentümer
Gemeinschaftliche Tierhaltung
Bedarfsbewertung **200** 142
Einheitsbewertung **200** 51a, 97, 109

Einkommensteuer **1** 13, 13b
Gewerbesteuer **450** 3
Vermögensteuer **220** 7
Gemeinschaftsgebiet, Umsatzsteuer **500** 1
Gemeinschaftskonto, Pfändung **835** 850l
Gemeinschaftssteuer, Europäische Union, Anrechnung auf Einkommensteuer **800** 22
Gemeinschaftsunterkünfte 420 5; **420a** 5
Gemeinwohl, Umsatzsteuerbefreiungen **550** 132–134
Gemischtgenutztes Grundstück
Bedarfsbewertung **200** 181
Einheitsbewertung **200** 75, 76, Anl. 4 u. 5; **202** 2, 3
Grundsteuerwert **200** 249, 250
Umsatzsteuer **500** 15, 15a; **550** 168a
Gemischtgenutztes Wirtschaftsgut, Umsatzsteuer **500** 15
Gemüse 500 Anl. 2
Gemüsebau, Grundsteuerwert **200** 234, 237, 240, Anl. 30
Generalzolldirektion 800 6, 138j; **803** 1, 5, 5a, 12
Genossenschaften
Altersvorsorge **1** 92a
Eigenheimzulage **5** 9, 17
Erbschaftsteuer **250** 2, 7, 15
EU-Richtlinien **2**
Forstwirtschaft **1** 13; **100** 3; **450** 3
Gewerbesteuer **450** 2, 3, 9
Grundsteuer **420** 3
Grundsteuer 2025 **420a** 3, 15, 19
Hilfeleistung in Steuersachen **840** 4
Kapitalertragsteuer **1** 44a
Körperschaftsteuer **100** 1, 5, 11, 22, 25, 38
Tierzucht und Tierhaltung **1** 13, 13b; **100** 25; **200** 51a, 97, 109; **220** 7; **450** 3
Umsatzsteuer **500** 4 (27), 10
Umwandlungssteuergesetz **130** 1 ff.
Vermögensbewertung **200** 97, 109
Vermögensteuer **220** 1, 3, 7, 10
vermögenswirksame Leistungen **24** 2, 6
Wohnungsbauprämie **52** 2; **53** 3
Genussmittel 500 Anl. 2
Genussrechte
Einkommensteuer **1** 20
Kapitalertragsteuer **1** 36a, 43, 44a
Körperschaftsteuer **100** 8
Vermögensbildung **24** 2
Genussscheine *s. Genussrechte*
Geräuschemissionen 660 8, 9
Gerichte
Amtshilfe **800** 111–115
Anzeigepflichten **250** 34; **260** Muster 5; **600** 18; **620** 10a; **650** 12
Anzeigepflichten Erbschaftsteuer **260** 6–8
Bundesfinanzhof **802** 2, 10, 11, 14, 36
elektronischer Rechtsverkehr **800d**
Finanzgerichte **802** 2, 3, 5, 35, 116, 119
Mitteilungspflichten gegenüber Finanzbehörde **800f (a)** 1, 6
Steuerberater- und Steuerbevollmächtigtensachen **840** 95–97, 105–125
Steuerstrafverfahren **800** 406, 407
Verfahrensabwicklung bei Steuergerichten **802** 51–62
Vollstreckungsgericht **802** 151
Wirtschaftsprüfersachen **850** 72–80
Zuständigkeit im Steuerstraf- und Bußgeldverfahren **800** 391, 410
Gerichtsbescheid 802 90a, 106
Gerichtskosten *s. Gebühren bzw. Kosten*
Gerichtspersonen
Ausschließung **802** 51
Befangenheit **802** 51, 119
Gerichtssprache 802 52
Gerichtsverfassung 802 5, 10
Geringfügige Beschäftigung
Kinderfreibetrag **1** 32
Kindergeld **60** 2
Lohnsteuer **1** 39e, 40a, 41b
Solidaritätszuschlag **1a** 3
Verfolgung von Straftaten **1** 50e
Geringstland
Bedarfsbewertung **200** 142, 160, 163
Einheitsbewertung **200** 34, 44
Grundsteuerwert **200** 234, 237, Anl. 31
Geringwertige Wirtschaftsgüter
Einkommensteuer **1** 4, 6, 13a
Investitionszulagen **740a** 2; **740b** 2
Gesamtbetrag der Einkünfte 1 2
Gesamtdifferenzbesteuerung, Umsatzsteuer **500** 25a
Gesamthafenbetriebe
Gewerbesteuer **450** 3
Körperschaftsteuer **100** 5
Vermögensteuer **220** 3

Gesamthandsvermögen
Bewertung **1** 6; **200** 97
Erbschaftsteuer **250** 10, 12
Grunderwerbsteuer **600** 1, 5, 6, 19
Kapitalertragsteuererstattung **1** 44b
Reinvestitionsvergünstigung **1** 6b
Zurechnung **800** 39
s. a. Gemeinschaften
Gesamtkinderzuschlag 60 6a
Gesamtnutzungsdauer, Gebäude usw. **200** Anl. 22
Gesamtproduktionsverfahren, Investitionszulage **740a** 2; **740b** 2
Gesamtrechtsnachfolge
Berichtigung von Erklärungen **800** 153
Erbschaftsteuer **250**
Steueransprüche **800** 45
Umwandlungssteuergesetz **130** 1 ff.
Vollstreckung **800** 265
Wirkung von Steuerfestsetzungen **800** 166
Gesamtschuldner
Allgemeines **800** 44
Aufteilung von Steuerschulden **800** 268–280
Gewerbesteuer **450** 5
Grundsteuer **420** 10
Grundsteuer 2025 **420a** 10
Säumniszuschläge **800** 240
Steuerbescheide **800** 155
Vollstreckungsgebühren **800** 342
Gesamtumsatz 500 19
Gesandtschaft *s. Diplomatische Mission*
Geschäftsbetrieb, Körperschaftsteuer **100** 8d
Geschäftsbeziehungen, Ausland **725** 1; **800** 90; **800b**
Geschäftsbriefe
Aufbewahrungspflichten **800** 147
Vorlage **500** 27a
Geschäftsführung
Berufsausübungsgesellschaft **840** 55b
Haftung **800** 69
steuerbegünstigte Zwecke **800** 59, 63
steuerliche Pflichten **800** 34, 36
Vollstreckung **800** 77
Geschäftsgeheimnis, Offenbarung durch Amtsträger **800** 30
Geschäftsgrundstück
Bedarfsbewertung **200** 181
Einheitsbewertung **200** 75, 76, Anl. 6; **202** 2–4
Grundsteuerwert **200** 249, 250
Geschäftsguthaben, Erbschaftsteuer **250** 13b
Geschäftsleitung 800 10
Familienstiftung **725** 15
Geschäftsmäßiger Erwerb, Erstattungs- oder Vergütungsansprüche **800** 46
Geschäftspapiere *s. Geschäftsbriefe*
Geschäftsräume
Betreten durch Amtsträger **800** 99, 146b
Wohnfläche **443** 42; **444** 2
Geschäftsreise
Auslagenersatz bei Hilfeleistung in Steuersachen **840a** 18–20
Einkommensteuer **1** 4
Geschäftsstatistik, Verpflichtende Angaben **751** 6
Geschäftsveräußerung 500 1, 15a; **550** 19, 29
Geschäftsvorfälle
Aufzeichnungen **800** 90, 162
Zuordnung **725b** 9, 31
Geschäftswert, Absetzung für Abnutzung **1** 7
Geschenke
Betriebsausgaben **1** 4
Einkommensteuerpauschalierung **1** 37b
Erbschaftsteuer **250** 1
Umsatzsteuer **500** 3, 15, 17
Geschwister
Angehörige **800** 15
Erbschaftsteuer **250** 15
Kindergeld **1** 78; **60** 19
Gesellige Veranstaltungen 800 58, 68
Gesellschaften
mit beschränkter Haftung **100** 1; **200** 97, 109; **220** 1, 8, 10; **250** 2, 3, 7, 10; **450** 2; **460** 25
Drittstaat-Gesellschaften **800** 138b, 147a, 170, 370; **800a** Art. 97 P. 32
Grunderwerbsteuer **600** 1, 13, 19
Kapitalertragsteuer **1** 43b
zwischengeschaltete G. im Ausland **725** 5, 7 ff.
s. a. Kapitalgesellschaften bzw. Mitunternehmer bzw. Personengesellschaft
Gesellschafter *s. Kapitalanteile bzw. Mitunternehmer bzw. Personengesellschaft*
Gesellschafter-Fremdfinanzierung, Körperschaftsteuer **100** 8a, 8b

Gesellschafterstruktur, Berufsausübungsgesellschaft **840** 55a
Gesellschafterwechsel, Grunderwerbsteuer **600** 1, 13, 19
Gesellschaftsanteile *s. Kapitalanteile*
Gesetz- oder sittenwidriges Handeln **800** 40
Gesetzliche Anordnung, Umsatzsteuer **500** 1
Gesetzliche Rentenversicherung **1** 3 (14a)
betriebliche Altersversorgung, und **70** 6
Energiereispauschale **1** 22, 22a
Gesetzlicher Vertreter *s. Vertreter*
Gesondert geführter Betrieb, Umsatzsteuer **500** 1
Gesonderte Feststellung **200** 153
Allgemeines **800** 179–183; **800a** Art. 97 P. 10b
Außenprüfung **800** 180
Bedarfswert **200** 151–157
Bodenschätzung **210** 12
Einkommensteuer **1** 2a, 3a, 4h, 10a, 10d, 15, 15a, 15b, 20, 34a, 35, 92b, 93
Erbschaftsteuer **250** 13a, 13b
Hinzurechnungsbetrag **725** 11, 18
Investitionszulage **740a** 7; **740b** 8
Körperschaftsteuer **100** 8, 27, 28, 36, 37, 39
Lohnsteuerabzugsmerkmale **1** 39
Satzungsmäßigkeit **800** 60a
Spendenabzug **1** 10b; **100** 9; **450** 9
Spezialinvestmentfonds **120** 41, 51
Unterstützungskasse **100** 6
Veräußerungsgewinn **120** 56
Zinsen auf Steuern **800** 239
Zuständigkeit **800** 18, 19
Gesonderte Gewinnteile **1** 13a
Gesonderter Hebesatz, Grundsteuer 2025 **420a** 25
Gesonderter Steuerausweis **500** 14, 14a, 14c, 15, 19
Gestaltungsklage **802** 41
Gestaltungsmissbrauch **1** 50d; **2** 1; **800** 42
Gesteigerte Mitwirkungspflichten, Steueroasen-Abwehrgesetz **12** 12
Gestellung
Berufskleidung, Einkommensteuer **1** 3 (31)
Personal **1** 42d; **500** 3a, 4 (27), 12
Gesundheitsbehörden, Ausstellung von Nachweisen **10** 64
Gesundheitsförderung
einkommensteuerfreie Einnahmen **1** 3 (34
Umsatzsteuer **500** 4 (14)
Getränke **500** 1a, 3a, 3e, 4 (6), 12, 13b, 24, 28, Anl. 2; **510** 26; **550a** 6, 35–37
Getreide **500** Anl. 2; **550** 199a
Gewährleistungen, Rückstellung **1** 6
Gewährleistungsansprüche, Erwerb von Pfandgegenständen **800** 283
Gewahrsam, Anzeigepflichten für Erbschaftsteuer **260** 1
Gewerbeberechtigung, Grunderwerbsteuer **600** 2
Gewerbebetrieb
Anzeigepflichten **800** 138, 139
Außenprüfung **800** 193
Betrieb im Ausland **1** 2a; **745** 2; **800** 138
Betriebsveräußerung **1** 5a, 16, 32
Buchführungspflicht **800** 141
Einkünfte **1** 5a, 15, 16, 35
Erbschaftsteuer **250** 10, 13a, 13b, 19a, 28a
Gewerbesteuer **450** 2; **460** 1
Gewinnermittlung **1** 5, 5a
Hilfeleistung in Steuersachen **840** 4
Kapitalerträge **1** 32d, 43
Mitteilung an Finanzbehörden **800f (a)** 5
Reinvestitionen **1** 6b, 6c
Umsatzsteuer **500** 2
Vermögensbewertung **200** 95–109, 121a
Vermögensteuer **220** 1, 10
Wareneingangs- und Warenausgangsaufzeichnungen **800** 143, 144
Wirtschaftsjahr **1** 4a
Gewerbeertrag
Auslandsinvestitionen **745** 6
Gewerbesteuer **450** 7–11; **460** 16
Gewerbegrundstück, Bedarfsbewertung **200** 147
Gewerbesteuer
Anrechnung auf Einkommensteuer **1** 35; **130** 18
Ansatz von Einheitswerten **200** 121a
Betriebsausgaben **1** 4
Investmenterträge **120** 15, 20, 29, 45
Umlage, Verteilung **808** 3; **810** 6

Umwandlungssteuergesetz **130** 18, 19, 23
Verfahrensrecht **800** 1, 3
Verluste **450** 9a, 10a, 35b
Gewerblich geprägte Personengesellschaft
Bewertung Betriebsvermögen **200** 97, 109
Einkommensteuer **1** 15, 50i
Erbschaftsteuer **250** 13b
Organschaft **100** 14
Gewerbliche Schutzrechte, Steuerabzug bei beschränkter Einkommensteuerpflicht **1** 50a; **10** 73a
Gewerbliche Tierzucht und Tierhaltung, Einkommensteuer **1** 15
Gewerbsmäßige Steuerhinterziehung **800** 370a
Gewinn
ausländische Zwischengesellschaft **725** 7, 8, 10
Betriebsvermögensvergleich **1** 4, 5
Einkommensteuer **1** 2, 4h, 6b, 13a
Gewerbebetrieb **1** 15, 35; **450** 7
Körperschaftsteuer **100** 1a, 8–11
Liquidationsgewinn **100** 11
Umwandlungssteuergesetz **130** 1 ff.
Wirtschaftsjahr **1** 4a; **100** 7
Gewinn- und Verlustrechnung, Unterlage zur Einkommensteuererklärung **10** 60
Gewinnabführungsvertrag
Gewerbesteuer **450** 8
Körperschaftsteuer **100** 14
Gewinnabgrenzung, Betriebsstätten **800b**
Gewinnabhängige Bezüge
Gesellschafter-Fremdfinanzierung **100** 8a
Pensionsrückstellung **1** 6a
Gewinnabhängige Verpflichtung **1** 5
Gewinnabzug
Durchschnittssatzgewinn **1** 57
Reinvestitionen **1** 6b, 6c
Gewinnanteil
Auslandsbeteiligung **725** 8
Feuerschutzsteuer **650** 2, 3
Gewerbesteuer **450** 8, 9
Kapitaleinkünfte **1** 20
Personengesellschaft **1** 15
Versicherungsteuer **620** 3
s. a. Dividenden
Gewinnaufteilung zwischen in- und ausländischen Betriebsstätten **725b** 1 ff.
Gewinnausschüttungen
ausländische Zwischengesellschaft **725** 8
Einkommensteuer **1** 20, 43, 43b, 44, Anl. 2; **2; 100** 8
EU-Richtlinien **2**
Investitionszulage **740a** 2; **740b** 2
Körperschaftsteuer **12** 11; **100** 27, 28
Spezialinvestmentfonds **120** 30, 43
verdeckte G. **1** 20; **100** 8, 27, 28
Wertminderung von Kapitalanteilen **2** 4
s. a. Dividenden
Gewinneinkünfte
elektronische Einkommensteuererklärung **1** 25
nicht entnommener Gewinn **1** 34a
Gewinnermittlungszeitraum
Allgemeines **1** 4a
Liquidation **100** 11
Gewinnerzielungsabsicht
Einkommensteuer **1** 15
Körperschaftsteuer **100** 8
Umsatzsteuer **500** 2, 4 (18, 23, 29)
Gewinnfeststellung *s. Feststellung*
Gewinngrenze, Investitionsabzugsbetrag **1** 7g
Gewinnminderung bei Kapitalanteilen
Gewerbesteuer **450** 8
Körperschaftsteuer **100** 8b
Gewinnobligationen, Kapitalertragsteuer **1** 43
Gewinnpotenziale, Verrechnungspreis **725** 1; **725a** 1, 3, 7
Gewinnverlagerungen, grenzüberschreitende Steuergestaltungen **800** 138d–138f
Gewöhnlicher Aufenthalt
Umsatzsteuer **550a** 13
Verfahrensrecht **800** 9
Gleichmäßigkeit der Besteuerung **800** 85
Gliederung, verwendbares Eigenkapital **100** 36
GmbH *s. Gesellschaften mit beschränkter Haftung*
Gold **500** 3a, 4 (4), 5, 13b, 18, 25c; **510** 49; **550** 82, 152, 344–356; **550a** 56, 57, Anh. III
Grabmalkosten, Erbschaftsteuer **250** 10

Gratifikationen 1 19
Grenzpendler 1 1, 32b, 39d, 50
Grenzüberschreitende Beförderungen 500 3b, 4 (3, 5), 13b, 16, 18, 26; **510** 2–4, 6–7, 21, 34; **550** 148–150
Grenzüberschreitende Funktionsverlagerungen, Verrechnungspreise **725a**
Grenzüberschreitende Gewinnaufteilung bei Betriebsstätten im In- und Ausland **725b** 1 ff.
Grenzüberschreitende Steuergestaltungen 803 5a
Marktfähige Steuergestaltungen **800** 138h
Mitteilungspflichten **800** 138d–138h; **800a** Art. 97 P. 33
Stimmrechtsbeteiligung **800** 138e
Verfahren zur Mitteilung **800** 138f
Verjährung **800** 376
Grenzüberschreitende Transaktion, EU-Amtshilfe **801** 2
Grenzüberschreitende Zahlungen, Umsatzsteuer **500** 22g
Grenzüberschreitender Gewerbebetrieb
Gewerbesteuer **450** 2, 4
Mitteilungspflichten **800** 138d
Grenzüberschreitender Innenumsatz 500 3
Grenzüberschreitender Vorbescheid, EU-Amtshilfe **801** 2, 6, 7
Grenzüberschreitender Warenverkehr
Steueraufsicht **800** 209
Umsatzsteuer **500; 550** 154–166
Griechenland, zweiter Mehrwertsteuer-Nomalsatz **550** 104
Grobes Verschulden, Aufhebung oder Änderung Steuerbescheid **800** 173
Großbritannien
einbringungsgeborene Anteile **130** 22
Entnahme bei Entstrickung **1** 4g
Erbschaftsteuer **250** 37
Grunderwerbsteuer **600** 4, 5, 6, 6a
Rückzahlung Altervorsorgezulage **1** 95
schädliche Verwendung von Altersvorsorgevermögen **1** 93
selbst genutzte Wohnung, Altersvorsorge **1** 92a
Übertragung von Altersvorsorgevermögen **1** 3 (55c)
Zahlungsaufschub bei Reinvestitionsvergünstigungen **1** 6b
Großeltern
Erbschaftsteuer **250** 15
Kinderberücksichtigung bei Einkommensteuer **1** 32
Größenmerkmale, Vermögensbeteiligung **1** 19a
Großer Senat 802 11
Großhandel, Warenausgangsaufzeichnungen **800** 144
Großinvestitionen, Investitionszulagen **740a** 5, 8; **740b** 9
Grünanlagen
Grundsteuer **420** 32
Grundsteuer 2025 **420a** 32
Grund und Boden
Bewertung **1** 6; **200** 138–150, 157–203
Bodenschätzung **210**
Eigenheimzulage **5** 8
Einheitsbewertung **200** 68–94, 99, 121a
Grundsteuerwert **200** 232, 243, 244, 257
Realteilung **1** 16
Reinvestitionsvergünstigung **1** 6b, 6c
Überschussrechnung **1** 4
Veräußerung oder Entnahme **1** 13, 13a, 15, 18, 55
Grundaufzeichnungen 800j 2, 3
Grundbesitz
Bedarfsbewertung **200** 138–150, 157–203
Einheitsbewertung **200** 19–137
Erbschaftsteuer **200** 157–203; **250** 12
Gewerbesteuer **450** 9; **460** 20
Grunderwerbsteuer **200** 138–150
Grundsteuer **420** 2, 15
Grundsteuer 2025 **420a** 2, 5, 19
Grundsteuerwert **200** 218–266
Veräußerung an Immobiliengesellschaft **1** 3 (70)
Grundbesitzwert
Erbschaftsteuer **200** 157, 168; **250** 12
Feststellung **200** 138, 151–157
Grundbetrag, Durchschnittssatzgewinnermittlung **1** 13a, Anl. 1a
Grundbucheintragung
Einheitsbewertung **200** 29
Grunderwerbsteuer **600** 22
Grundsteuerwert **200** 29, 229
Pfändung **800** 310

Grunderwerbsteuer
Bewertung von Grundbesitz **200** 138–150, 155
Gesetz **600**
Umsatzsteuer, und **500** 4 (9)
Verfahren **800a** Art. 97 P. 3
Grundfläche, Wohnung **443** 42–44; **444**
Grundfreibetrag
Einkommensteuer **1** 32a
Übertragung im Lohnsteuerverfahren **1** 39a
Grundlagenbescheid 800 171
Allgemeines **800** 155, 175, 182
Altersvorsorge **1** 82
Anfechtung **800** 351, 361
Gewerbesteuer **1** 35
Körperschaftsteuer **100** 27, 37
Grundsteuer
Berücksichtigung bei Einheitsbewertung **200** 81; **201**
Betriebskosten **445** 2
Festsetzungsverjährung **800** 170
Gesetz **420**
Grundsteuerwert **200** 218–266
Verfahrensrecht **800** 1, 3, 31, 77
Vollstreckung **800** 77
Werbungskosten **1** 9
Grundsteuer2025 420a
Grundsteuerwert
Allgemeines **200** 218–266
Gewerbesteuer **450** 9 n. F.; **460** 20 n. F.
Grundstück, Erbbaurecht **200** 192–194
Grundstücke
Betreten durch Amtsträger und Sachverständige **210** 15; **800** 99
Einheitsbewertung **200** 68–94, 99, 121a; **201; 202**
Einkommensteuer **1** 23; **10** 8
Erbschaftsteuer **200** 157–203; **250** 13b, 13d, 28
Grunderwerbsteuer **200** 138–150; **600**
Grundsteuer **420** 2, 15, 22, 33, 41–43
Grundsteuer 2025 **420a** 2, 15, 19, 22, 34
Grundsteuerwert **200** 243–262
Investmentfonds **120** 6
Kürzung beim Gewerbeertrag **450** 9
Umsatzsteuer **500** 3a, 4 (9, 12), 9, 13b, 14, 14b, 15a; **550** 12, 47, 135–137, 168a, 199; **550a** 13b, 31a–31c
Vollstreckung **800** 322, 323
Grundstücksarten, Grundsteuerwert **200** 249
Grundstücksunternehmen, Gewerbesteuer **450** 9
Grundtabelle 1 32a; **T 1a**
Gründung, Betrieb *s. Betriebseröffnung*
Gründungszuschuss 1 3 (2)
Grundvermögen
Einheitsbewertung **200** 68–94, 99, 121a, 129–133; **201; 202**
Erbschaftsteuer **200** 159, 176–198; **250** 12, 13
Grunderwerbsteuer **200** 138–150; **600**
Grundsteuer **420** 2, 15
Grundsteuer 2025 **420a** 2, 15, 19
Grundsteuerwert **200** 243–262
Grünflächen, Kraftfahrzeugsteuer bei Pflege von G. **660** 3
Grünland, Bodenschätzung **210** 2–4, Anl. 2
Gruppenerwerb, Verlustabzug **100** 8c
Gruppenkassen, Unterstützungskasse **1** 4d
Gruppenversicherung, Versicherungsteuer **620** 12
Günstigerprüfung
Abgeltungsteuer auf Kapitalerträge **1** 32d
Altersvorsorgebeiträge **1** 10a
Vorsorgeaufwendungen **1** 10
Gutachten
gemeiner Wert **200** 198
Gesundheitsbehörde **10** 64
Hilfe in Steuersachen **840a** 22
Hilfeleistung in Steuersachen **840** 6
Verfahren bei Finanzbehörde **800** 96, 98, 104, 107
Wirtschaftsprüfer **850** 10a, 16a, 20a
Gutachterausschuss 200 177, 179, 183, 187, 188, 191, 198
Bedarfsbewertung **200** 145
Einheitsbewertung **200** 67
Grundsteuerwert **200** 247
Gütergemeinschaft
Erbschaftsteuer bei Begründung der G. **250** 7
Grunderwerbsteuer **600** 3
Güterverkehr
Kraftfahrzeugsteuer **660** 3, 3a, 4
Umsatzsteuer **500** 3a, 3b, 4 (3); **510** 2–4, 6–7; **550** 49–52

Guthaben
Körperschaftsteuerguthaben **100** 37
Pfändung **835**
Sicherheitsleistung durch Verpfändung **800** 241
Gutschein, Umsatzsteuer **500** 3, 10
Gutscheine
Einkommensteuer **1** 8
Umsatzsteuer **500** 3; **550** 30a, 30b, 73a, 410a, 410b
Gutschrift
Umsatzsteuer **500** 14; **550** 219a
Warenausgang **800** 144

Hafenbetriebe
Gewerbesteuer **450** 3
Grundsteuer **420** 4
Grundsteuer 2025 **420a** 4
Körperschaftsteuer **100** 4, 5
Vermögensteuer **220** 3
Haftbefehl gegen Vollstreckungsschuldner **800** 284
Häftlingshilfe
Einkommensteuer **1** 3 (23)
Erbschaftsteuer **250** 13
Haftpflichtversicherung
Beiträge als Sonderausgaben **1** 10
Hilfeleistung in Steuersachen **840** 25, 46, 50, 55f, 67; **845** 51–56; **847** 9–14
Versicherungsteuer **620** 4
Wirtschaftsprüfertätigkeit **850** 20, 54, 136a
Haftung
Altersvorsorge **1** 96
Amtsträger **800** 32
Beiladung zum finanzgerichtlichen Verfahren bei H. **802** 60
Bescheide **800** 191, 219
Betriebsübernahme **800** 75
Datenübermittlung **800** 72a
Einlagekonto-Bescheinigung **100** 27
Erbe **800** 45
Erbschaftsteuer **250** 20
erweiterte beschränkte Steuerpflicht **725** 5
Falschkonten **800** 72
Gerichtskosten **802** 135
Geschäftsführer **800** 69
gesetzlicher Vertreter **800** 69
Grundsteuer **420** 11, 12
Grundsteuer 2025 **420a** 11, 12
Hinzuziehung zum außergerichtlichen Rechtsbehelfsverfahren bei H. **800** 360
Investmentfonds **120** 14, 32
Kapitalertragsteuer **1** 44, 44b, 45a; **800** 219
Kosten im berufsgerichtlichen Verfahren **840** 150
Lohnsteuer **1** 42d; **800** 219
Lohnsteuerhilfeverein **840** 25
Organschaft **800** 73; **800a** Art. 97 P. 11
Spendenbestätigung **1** 10b; **100** 9; **450** 9
Steuerabzug **1** 48, 48a, 50a, 51a; **10** 73g; **800** 219
Stundung **800** 222
Umsatzsteuer **500** 6a, 13c, 21a, 25e
Verfügungsberechtigter **800** 69
Verjährung **800** 229
Vermögensverwalter **800** 69
Versicherungsteuer **620** 7
Vertragshaftung **800** 48, 192
Vertretener **800** 70
Vollstreckung **800** 266
Wegfall der Steuerbefreiung **1** 3 (70)
Wohnungsbauprämie **52** 4a
Zahlungsaufforderung **800** 219
Haftungsminderung bei Verlusten **1** 15a
Hagelversicherung **620** 5, 6
Halbeinkünfteverfahren
Organschaft **100** 15
REIT-AG **125** 19, 19a, 23
Übergang **100** 36–39
Umwandlungssteuergesetz **130** 4, 20, 24
Halten
Fahrzeuge, Kraftfahrzeugsteuer **660**
Vieh, Umsatzsteuer **500** 12
Halterwechsel **660** 3b, 10a
Handakten
Steuerberater und Steuerbevollmächtigte **840** 66
Wirtschaftsprüfer **850** 51b
Handel mit Belegen **800** 379
Handelsbestand
Kapitalanteile **100** 8b
Teileinkünfteverfahren **1** 3 (40), 3c
Handelsbetriebe von ausländischen Zwischengesellschaften **725** 8
Handelsbilanz
Betriebsvermögen **1** 5, 6b
Wertansatz **1** 5
Handelsbriefe, Aufbewahrungspflichten **800** 147

Handelsbücher, Aufbewahrungspflichten **800** 147
Handelspapiere, Umsatzsteuer **500** 4 (8)
Handelsregistereintragung, Wirtschaftsjahr **1** 4a
Handelsschiffe
ausländische Einkünfte **1** 2a, 5a
Betriebsausgaben **1** 4
Gewerbesteuer **450** 7, 9, 11
Lohnsteuerabzug **1** 41a
Sonderabschreibungen **1** 51; **10** 82f
Vermögensteuer **220** 12
Handelsvertreter
Ausgleichsanspruch **1** 24
Zuwendungen an Unterstützungskasse **1** 4d
Handlungsfähigkeit
Verfahren bei Finanzbehörde **800** 79
Verfahren bei Finanzgericht **802** 58
Handschriften, Zahlungsmittel für Erbschaftsteuer oder Vermögensteuer **800** 224a
Härteausgleich **1** 46; **10** 70
Härtefälle *s. Billigkeitsmaßnahmen*
Hauptbewertungsstützpunkte, Einheitsbewertung **200** 39
Hauptfeststellung
Einheitsbewertung **200** 21
Grundsteuerwert **200** 221
Hauptveranlagung
Grundsteuer **420** 16, 37
Grundsteuer 2025 **420a** 16, 36
Vermögensteuer **220** 15
Hauptzollämter **803** 1, 5a
Hausgarten, Einheitsbewertung **200** 40
Hausgehilfin **1** 35a
Hausgewerbetreibende, Gewerbesteuer **450** 11; **460** 22
Haushaltsaufnahme, behinderte Menschen **1** 3 (10)
Haushaltsausgaben **1** 12
Haushaltsfreibetrag, Massenrechtsbehelfe und Massenanträge **800a** Art. 97 P. 18a
Haushaltsführung, doppelte *s. Doppelte Haushaltsführung*
Haushaltsgemeinschaft
Entlastungsbetrag für Alleinerziehende **1** 24b
Vermögensteuer **220** 14
Haushaltshilfe **1** 35a
Haushaltsnahe Tätigkeiten, Steuerermäßigung **1** 35a
Häusliches Arbeitszimmer **1** 4
Hausrat und Kleidung, Erbschaftsteuer **250** 13; **260** 7, 8
Hausratversicherung
Feuerschutzsteuer **650** 1, 3, 4
Versicherungsteuer **620** 5, 6
Hebamme
Auskunftsverweigerungsrecht **800** 102
Umsatzsteuer **500** 4 (14)
Heberecht
Gewerbesteuer **450** 4, 35a; **460** 15
Grundsteuer **420** 1, 25
Grundsteuer 2025 **420a** 1, 25
Hebesatz
Gewerbesteuer **450** 16
Grundsteuer **420** 25–27
Grundsteuer 2025 **420a** 25–27
Hehlerei
Besteuerung **800** 40
Haftung **800** 71, 191, 219
Steuerstraftat **800** 374
Heilbäder, Umsatzsteuer **500** 12
Heilberufliche Tätigkeit
Einkünfte **1** 18
Umsatzsteuer **500** 4 (14, 16)
Heilung
Fehler in Verwaltungsakt **800** 126
Zustellungsmängel **805** 8
Heimatpflege und Heimatkunde
Mitgliedsbeiträge **1** 10b; **100** 9; **450** 9
steuerbegünstigte Zwecke **800** 52
Heime
Gewerbesteuer **450** 3
Grundsteuer **420** 5
Grundsteuer 2025 **420a** 5
Investitionszulage **740a** 2
Umsatzsteuer **500** 4 (16, 23)
Wohnflächen **443** 42; **444** 2
Zweckbetrieb **800** 68
Heimunterbringung **1** 35a
Heiratsbeihilfe, Pfändung **835** 850a
Heizungsanlage
Einkommensteuerermäßigung **1** 35c
erhöhte Absetzungen **1** 51; **10** 82a
Hektarwert, Einheitsbewertung **200** 40
Helgolandfahrten **510** 7
Hemmung
Festsetzungsfrist **800** 171
Rechtskraft Finanzgerichtsurteil **802** 116

Vollziehung **800** 361; **802** 69
Zahlungsverjährung **800** 230
Herabschleusung von verwendbarem Eigenkapital **100** 37
Herabsetzung, Nennkapital **100** 8b, 28, 29
Herausgabe
Geschenk, Erbschaftsteuer **250** 29, 37
Sachen und Urkunden **800** 133, 154, 315, 318
Herstellung, Zeitpunkt **10** 9a; **200** 72, 145, 178, 246
Herstellungskosten
anschaffungsnaher Aufwand **1** 6, 9
Einheitsbewertung **200** 85, 89
erhöhte Absetzungen **1** 7h, 7i; **10** 82a, 82g, 82i
Grundsteuerwert **200** 259, Anl. 42
nachträgliche H. **1** 7a
Reinvestitionen **1** 6b
Rückstellung **1** 5
Sonderabschreibungen **1** 7g; **10** 81, 82f
Umwandlungssteuergesetz **130** 23
Vorsteuerabzug **1** 9b
Wahlrecht **1** 6
Hilfe in Steuersachen
Allgemeines **840** 1–31, 37a
Auskunftsverweigerungsrecht **800** 102, 104
Buchprüfer **850** 129
Steuererklärungsfristen **800** 149
Wirtschaftsprüfer **850** 2
Zurückweisung des Bevollmächtigten **802** 62
Hilfeleistungen aus Anlass der Hochwasserkatastrophe 2021 800f 14
Hilfen bei Körperschäden **1** 3 (68)
Hilflosigkeit, Einkommensteuerermäßigung **1** 33b
Hilfs- und Nebenrechnung bei Betriebsstättengewinnaufteilung **725b** 3
Hilfsbedürftigkeit
Kinderzuschlag **60** 6a, 20
Umsatzsteuer **500** 4 (18)
Unterstützung wegen H. **800** 53, 66, 68
Hilfsgeschäfte, Umsatzsteuer **500** 4 (28), 24
Hilfsgütertransporte 660 3, 5
Hilfsmittel für körperbehinderte Menschen, Umsatzsteuer **500** Anl. 2
Hilfspersonen
Einfuhr-, Ausfuhrabgaben, Verbrauchsteuern **800** 217
steuerbegünstigte Zwecke **800** 57
Hilfstätigkeit, REIT-AG **125** 3, 17
Hilfsumsätze, Umsatzsteuer **500** 24
Hinterbliebene
Altersvorsorge **1** 93
Bezüge **1** 3 (1), 19
Einkommensteuerpauschbeträge **1** 33b
Hinterlegung, Sicherheiten **800** 241, 242, 342
Hinterlegungsschein, Kapitalertragsteuer **1** 45b, 50c
Hinterziehung
Allgemeines **800** 370, 370a
Aufhebung oder Änderung Steuerbescheid **800** 173
besondere Aufsichtsmaßnahmen, Einfuhr-, Ausfuhrabgaben, Verbrauchsteuern **800** 213
Festsetzungsfrist **800** 169
Haftung **800** 70, 71, 191, 219
Selbstanzeige **800** 371; **800a** Art. 97 P. 24
Strafverfolgung **800** 398a
Umsatzsteuer **500** 25f
Zinsen auf hinterzogene Steuern **1** 4, 12; **800** 235, 371, 378, 398a
Hinweis
auf Abfrage beim Bundeszentralamt für Steuern **1** 51a
auf Aufbewahrungspflicht **500** 14
auf Buchführungspflicht **800** 141
auf Hilfeleistung in Steuersachen **840** 8
auf Kontenabruf **800** 93
Hinzurechnungsbesteuerung
Außensteuergesetz **725** 7 ff.
Steueroasen-Abwehrgesetz **12** 8–10, 13
Hinzuziehung
außergerichtliches Rechtsbehelfsverfahren **800** 359, 360
EU-Amtshilfe **801** 10, 11
Sachverständige **800** 96
Verfahren bei widerstreitenden Steuerfestsetzungen **800** 174
Hochschullehrer, Umsatzsteuer **500** 4 (21)
Hochseefischerei, Gewerbesteuer **450** 3

Höchstbetragsgemeinschaft, Wohnungsbauprämie **52** 3
Hochwasserschäden, Finanzkraftausgleich **808** 1
Hofstelle, Grundsteuerwert **200** 233, 234, 237, 238, Anl. 32
Hoheitsausübung 800 7
Hoheitsbetriebe
Gewerbesteuer **460** 2
Grundsteuer **420** 3
Grundsteuer 2025 **420a** 3
Körperschaftsteuer **100** 4
Umsatzsteuer **500** 2b
Höherbewertung 1 6
Höhere Gewalt
Festsetzungsverjährung **800** 171
Rechtsbehelfseinlegung **800** 356; **802** 55, 56
Umsatzsteuer **550** 17a
Zahlungsverjährung **800** 230
Höherer Teilwert, Bodengewinnbesteuerung **1** 55
Holding
Gesellschafter-Fremdfinanzierung **100** 8a
Verluste aus ausländischer H. **1** 2a
Holz
Bedarfsbewertung **200** 142, 160, 163, 164, 171, 172, Anl. 15–15a
Betriebsausgabenpauschsatz **10** 51
Bewertung in Steuerbilanz **720** 4a, 7
Einheitsbewertung **200** 53–55
Einkommensteuer **1** 34b; **10** 51; **720** 5
Grundsteuerwert **200** 234, 237, Anl. 28
Umsatzsteuer **500** 12, 24, Anl. 2
Homeoffice 1 4, 9
Homepage, öffentliche Bekanntgabe **800** 122
Honorare, Mitteilung an Finanzbehörden **800f** 3
Hopfenbau
Bedarfsbewertung **200** 142, 160, 163, 164, 175, Anl. 18
Einheitsbewertung **200** 40, 52
Einkommensteuer **1** 13a, Anl. 1a
Grundsteuerwert **200** 237, 242, Anl. 31
Hörbücher 500 12, Anl. 2
Hospizleistungen, Umsatzsteuer **500** 4 (14)
Hotel
Einheitsbewertung **202** 2
Investitionszulage **740a** 2; **740b** 3
Umsatzsteuer **500** 4 (12), 12
Huckepackverkehr 660 3
Humanitäre Zwecke, Umsatzsteuer **500** 4a
Hybridelektrofahrzeuge
Gewerbesteuer **450** 8, 36
private Kraftfahrzeugnutzung **1** 6
Hygieneartikel, Umsatzsteuer **500** Anl. 2
Hypotheken
Pfandsache **800** 310, 311, 315, 318, 322, 323
Sicherheiten **800** 241
Übertragung **1** 20, 43

Identifikationsmerkmal 800 139a–139d; **800a** Art. 97 P. 5; **803** 5
Kontonummer **800** 139b
Identifikationsnummer 1 32, 69; **800a** Art. 97 P. 5a
Abfrage **1** 44a, 51a
Allgemeines **800** 93a, 138b, 139b, 154; **800a** Art. 97 P. 26; **803** 5; **806** 2, 8, 20
Einkommensteuer **1** 10, 22a, 24b, 33a, 33b, 44a, 45b, 91; **10** 65
Erbschaftsteuer **250** 30; **260** 2, 3, 7, 10
Grunderwerbsteuer **600** 20
Kindergeld **1** 62, 63
Kirchensteuer **1** 51a
Lohnsteuer **1** 39, 39c, 39e
Melderegister **800** 139b
öffentliche Verwaltung **800k**
Plattformen **800l** 6
Umsatzsteuer **500** 1a, 3, 3a, 3b, 3d, 5, 6a, 6b, 18a, 18e, 18k, 19, 22d, 25b, 25e, 27a; **550** 17a, 214–216, 284e, 362–363, 369p; **550a** 57e
Vergabe **800h** 1 ff.; **803** 5
Identifizierung
Datenübermittlung **800** 87d; **800d** 7
Finanzkonten **806** 10–14, 16
Kindergeld **1** 63
Umsatzsteuer **500** 22f; **550** 369o, 369p
Identität
Anteilseigner **100** 8c
Körperschaften für Verlustabzug **100** 8c; **450** 10a
Nachweis **800** 87a
Veräußerer und Erwerber **1** 16
wirtschaftlicher Eigentümer bei Zinserträgen **11** 2, 3

Illegale Beschäftigung, Steuergeheimnis **800** 31a
Imkerei
Bedarfsbewertung **200** 175
Einheitsbewertung **200** 62
Einkünfte **1** 13, Anl. 1a
Grundsteuerwert **200** 242
Umsatzsteuer **500** 24
Immaterielle Anlagegüter
Auslandsbeziehungen **725** 1, 1a; **725a** 1, 2, 9; **725b** 6
Bedarfsbewertung **200** 140, 158
Einkommensteuer **1** 5, 13a
grenzüberschreitende Steuergestaltungen **800** 138e
Grundsteuerwert **200** 232
Immaterielle Wirtschaftsgüter, Steueroasen-Abwehrgesetz **12** 10
Immerwährende Nutzungen oder Leistungen, Bewertung **200** 13
Immissionen, Grundstückswertermäßigung **200** 82
Immobilienfonds 120 2, 6, 10, 20, 29, 33, 42
Immobiliengesellschaft
Einkommensteuer **1** 3 (70), 34d
Gewerbesteuer **120** 15
Investmentfonds **120** 2, 15
REIT-Gesellschaft **125**
Immobilien-Transparenzoption, Investmentanteile **120** 33
Industriedesigner, Investitionszulage **740a** 2
Industrieland, land- und forstwirtschaftlich genutzte Flächen **200** 69, 159, 233
Industrielle Tätigkeit, ausländische Zwischengesellschaft **725** 8
Industrieschrott, Umsatzsteuer **500** 13b, Anl. 3
Infektionsschutz, steuerfreie Einnahmen **1** 3 (25), 32b
Informationen
Auslandsbeziehungen **803** 5
Datenübermittlung **800** 93c, 138f, 138i
Datenverarbeitung **1** 48b
Finanzkonten **803** 5; **806**
Plattformenm **800l** 14
Steuerberater **840** 10
Steuersachen innerhalb der EU **801**
Umsatzsteuer-Betrugsfälle **803** 5
Versicherungsteuer **625** 4
Zinsen **11**
Informationsaustausch
innerhalb EU-Staaten **500** 18a–18d; **800** 117a, 117b; **801**
international **12** 4, 6; **800** 117c; **803** 5
kapitalmarktbezogene Gestaltungen **800** 88c
Plattformen **800l** 1, 27
Informationspflicht
personenbezogene Daten **800** 32a, 32b, 32d, 32e
Rennwett- und Lotteriegesetz **630** 56
Ingenieur
Einkünfte **1** 18
Investitionszulage **740a** 2; **740b** 3
Umsatzsteuer **500** 3a, 4 (8), 9
Inkasso, Umsatzsteuer **500** 4 (8)
Inklusionsbetriebe, Zweckbetrieb **800** 68
Inkompatibilität 802 19
Inland
Einkommensteuer **1** 1
Erbschaftsteuer **250** 2
Gewerbesteuer **450** 2
Körperschaftsteuer **100** 1
Umsatzsteuer **500** 1
Vermögensteuer **220** 1
Inländische Einkünfte
Einkommensteuer **1** 49, 50
Spezialinvestmentfonds **120** 33
Inländische Fahrzeuge 660 1, 9
Inlandsvermögen
Einheitsbewertung **200** 32, 121, 121a
Erbschaftsteuer **250** 2
Vermögensteuer **220** 2
Innenleistungen, Umsatzsteuer **500** 2
Innenumsätze 500 1a
Innergemeinschaftliche Beförderung 500 3b, 4 (3), 14a
Innergemeinschaftliche Fernverkäufe 500 3, 3a, 3c, 18j, 18k; **510** 59; **803** 5
Innergemeinschaftliche Lieferung 500 2a, 3c–3e, 4 (1, 6), 5, 6a, 14a, 18a, 18b, 18j, 19, 25a; **510** 17a–17d; **512; 550** 14a, 36b, 67, 136a, 138–139
Innergemeinschaftliche sonstige Leistung 500 3a, 18a
Innergemeinschaftliche Steuerbefreiungen 550a 45a

Innergemeinschaftlicher Erwerb 500 1–1c, 1a, 3d, 4a, 4b, 10, 12, 13, 15, 16, 18, 18a, 22, 25a, 25b; **510** 59; **550** 2–4, 17a, 20–23, 40–42, 68–69, 83–84, 140–141, 162, 181, 200; **550a** 2, 4, 16
gleicher Steuersatz **550** 94
Innergemeinschaftlicher Versandhandel 500 3c
Innergemeinschaftliches Dreiecksgeschäft 500 3, 3d, 13, 14a, 16, 18–18b, 19, 25b, 25f; **510** 59; **550** 141, 197
Innergemeinschaftliches Verbringen 500 3, 6a, 6b, 10, 18a, 22; **510** 17d
Insolvenz
betriebliche Altersversorgung **1** 3 (65); **70** 3, 7–11
Festsetzungsverjährung **800** 171
Gewerbesteuer **460** 4, 16
Haftung bei Erwerb aus Insolvenzmasse **800** 75
Verfahren **800a** Art. 97 P. 11a
Verjährung **800** 231
Vollstreckungsverfahren **800** 251
Zuständigkeit **800** 26
Insolvenzberatungsstelle, Hilfeleistung in Steuersachen **840** 4
Insolvenzgeld
einkommensteuerfreie Leistungen **1** 3 (2)
Progressionsvorbehalt **1** 32b
Insolvenzsicherung
Beiträge **1** 3 (65)
betriebliche Altersversorgung **70** 7, 8, 8a, 10, 14, 15
Träger **100** 5; **220** 3; **450** 3
Versicherungsteuer **620** 4
Inspektionen, Wirtschaftsprüfer **850** 62b
Instandsetzungsmaßnahmen
anschaffungsnaher Aufwand **1** 6, 9
Baugesetzbuch **1** 7h, 51; **10** 82g, 82h
Betriebskosten **445** 1
Eigenheimzulage **5** 8
Fahrzeug **500** 4 (2), 8; **660** 3
Wohnungseigentümergemeinschaft, Umsatzsteuer **500** 4 (13)
Intensiv genutzte Flächen
Einheitsbewertung **200** 48a, 56–61
Gewinnermittlung **1** 13a
Umsatzsteuer **500** 24
Interbankengeschäfte, Kapitalertragsteuer **1** 43
Interessenkollision, Steuerberater und Steuerbevollmächtigte **840** 57
Intermediär, grenzüberschreitende Steuergestaltungen **800** 138d, 138h, 379
Internate
Grundsteuer **420** 5
Grundsteuer 2025 **420a** 5
Internationale Sachverhalte, Datenübermittlung **800** 117c
Internationale Verflechtungen
Außensteuergesetz **725** 1
Betriebsstättengewinnaufteilungsverordnung **725b** 1 ff.
Internes Qualitätssicherungssystem, Wirtschaftsprüfer **850** 55b
Internet
Angaben zu Elterngeld **62** 24b
Automatenspiele **630** 36–45
elektronische Abrechnung **500** 14
Kapitalertragsteuer **1** 44
Lohnsteuer **1** 40
Umsatzsteuer **500** 25e; **550a** 7, Anh. I
Zustellung **805** 2
Internet-Diesntleistungsplattform, Kapitalertragsteuer **1** 43
Intransparenz, Steueroasen-Abwehrgesetz **12** 4
Inventar, Aufbewahrungspflichten **800** 147
Investitionen
Auslandsinvestitionen **745** 1
Fördergebiet **740a; 740b**
Forschungszulage **750** 2
Investitionsabzugsbetrag **1** 7g
Investitionszulagen **740a; 740b**
Investitionsabzugsbetrag 1 7g, 13a
Investitionszulagen
Feststellungsverfahren **800e** 1
Hilfeleistung in Steuersachen **840** 4
Investitionszuschuss und Investitionszulage **740a** 2
Investmentaktiengesellschaften 120 6, 27, 29, 54
Investmentanteile
Anleger **120** 1, 2, 8, 16–22, 34–51
Arbeitnehmersparzulage **24** 2
beschränkte Einkommensteuerpflicht **1** 49
Bewertung **200** 11
Einkünfte **1** 19a, 20; **120** 1 ff.

Kapitalertragsteuer **1** 43, 43a, 44, 44b
Körperschaftsteuer **100** 8b, 15
Organschaft **100** 15
Zuständigkeit **803** 5
s. a. Fonds bzw. Kapitalanlagegesellschaften
Investmenterträge
Einkünfte **1** 20; **120** 16–19, 34–51
Kapitalertragsteuer **1** 43, 43a, 44, 44b
Investmentfonds
ausländische Zwischengesellschaft **725** 7, 13
Ertragsbesteuerung **1** 20, 43; **100** 1a, 24
Informationspflichten **806** 19, 20
Investmentsteuergesetz **120** 1 ff.
Kapitalertragsteuer **1** 44, 45a
Umsatzsteuer **500** 4 (8)
Zuständigkeit **803** 5
s. a. Fonds
Investmentkommanditgesellschaft **120** 53
Investmentvermögen
Vermögensbildung **24** 2
s. a. Fonds
INVEST-Zuschuss **1** 3 (71)
Irrtum bei Erlass Verwaltungsakt **800** 129, 174, 177
Istversteuerung
Feuerschutzsteuer **650** 3
Umsatzsteuer **500** 13; **550** 95
Umsatzsteuerberechnung **500** 20
Versicherungsteuer **620** 5

Jacht, Betriebsausgaben **1** 4
Jagd
Betriebsausgaben **1** 4
Einkünfte **1** 13
Umsatzsteuer **500** 15
Jahresabschluss, Eigenkapitalvergleich **1** 4h
Jahresarbeitslohn, Lohnsteuer **1** 38a, 42b
Jahresausgleich, Lohnsteuer **1** 42b
Jahresboni, Umsatzsteuer **500** 17
Jahreslohnsteuer **1** 38a, 42b
Jahresmiete
Bedarfsbewertung **200** 146
Ertragswertverfahren **200** 186
Grundsteuererlass **420a** 34
Jahresrohmiete
Einheitsbewertung **200** 79, 93, 129a
Grundsteuererlass **420** 33
Jahresrückvergütung, Umsatzsteuer **500** 17
Jahresversteuerung, Erbschaftsteuer **250** 23, 24
Jahreswert, Nutzungen und Leistungen **200** 13–16
Jobticket, Zuschüsse **1** 3 (15), 40
Journalist
Auskunftsverweigerungsrecht **800** 102
Einkünfte **1** 18
Jubiläumsrückstellungen **1** 5
Jugendfreiwilligendienst
einkommensteuerfreie Leistungen **1** 3 (5, 6)
Kindergeld **60** 2
Jugendherbergswesen
Umsatzsteuer **500** 4 (24)
Zweckbetrieb **800** 68
Jugendhilfe
Körperschaftsteuer **100** 5
Umsatzsteuer **500** 4 (23–25)
Vermögensteuer **220** 3
Zweckbetrieb **800** 68
Juristische Personen
Anzeigepflichten **800** 137
ehrenamtliche Tätigkeit **1** 3 (26, 26a)
elektronische Kommunikation mit Steuergericht **802** 52d
Erbschaftsteuer **260** 10
Geldbußen **800** 401, 406
Gewerbesteuer **450** 2, 3; **460** 2
Grundsteuer **420** 3
Grundsteuer 2025 **420a** 3
Hilfe in Steuersachen **840** 3c
Identifikationsnummer **800** 139c
Investmentanteile **120** 8
Kapitalertragsteuer **1** 44a, 44b
Körperschaftsteuer **100** 1, 4, 8b, 38
Leistungen von j. P. **1** 3 (40), 20, 43
Mitteilungspflichten gegenüber Finanzbehörde **800f (a)** 1
Prozessfähigkeit **802** 58
Spendenempfänger **1** 6, 10b; **100** 9; **450** 9
steuerbegünstigte Zwecke **800** 51–68
steuerliche Pflichten **800** 34
Umsatzsteuer **500** 1, 1a, 2b, 3a–3c, 4 (16, 20), 4a, 6a, 10, 13b, 18, 18a, 25b, 27a; **510** 30a
Umsatzsteuerberechnung **500** 20
Vermögensbewertung **200** 97, 109

Vermögensteuer **220** 1, 3
Versorgungskassen **100** 5; **220** 3; **450** 3
Vollstreckung **800** 255; **802** 152
Zustellung **805** 6, 10

Kaffee 500 Anl. 2
Kakao 500 Anl. 2
Kalamitätsnutzungen 1 34b; **720** 4a, 5
Kältelieferung 500 3a, 3g, 5, 13b; **550** 38, 39
Kammer
Steuerberater- und Steuerbevollmächtigtensachen **840** 95
Wirtschaftsprüfersachen **850** 72
Kapitalabfindungen, einkommensteuerfreie Leistungen **1** 3 (3)
Kapitalanlagegesellschaften
Ausland **725** 10, 11, 20
Hilfeleistung in Steuersachen **840** 4
Investmentfonds **120** 1
s. a. Fonds bzw. Investmentanteile
Kapitalanlagen
Ausland **1** 2a; **725** 10, 11, 13, 20; **745** 1, 3
Veräußerung **1** 20, 43
Kapitalanteile
an anderen Gesellschaften, Körperschaftsteuer **100** 8b, 37
Anschaffungskosten **10** 53
Anzeigepflichten **800** 138
Ausgabekosten **100** 9
ausländische Zwischengesellschaft **725** 7
Auslandsbeziehungen **725** 1, 6, 7
Auslandsinvestitionen **745** 1, 3
Bewertung **200** 11, 121, 157, 199–203
Einkünfte **1** 20
Erbschaftsteuer **250** 3, 7, 10, 12, 13–13b, 19a, 28a, 37
Gewerbesteuer **450** 8, 9
Grunderwerbsteuer **600** 1, 13, 19
Investmentanteile **120** 2
Kapitalertragsteuer **1** 43–45d, Anl. 2
Organschaft **100** 14
Reinvestitionsvergünstigung **1** 6b
REIT-AG **125** 1, 19, 19a
Überschussrechnung **1** 4
Umsatzsteuer **500** 4 (8)
Umwandlungssteuergesetz **130** 2, 4, 5, 7, 13, 21, 22
Venture Capital- und Private Equity-Fonds **1** 3 (40a), 3c, 18
Veräußerung **1** 3 (40), 3c, 6b, 17, 32; **100** 8b; **130** 22
Vermögensbeteiligungen an Arbeitnehmer **1** 19a
Wagniskapital **1** 3 (71)
Kapitalaufteilung, Dotationskapital **725b** 12, 13, 20, 21, 25, 26
Kapitalbeteiligungsgesellschaften
Gewerbesteuer **450** 3
Investmentfonds **120** 1
Körperschaftsteuer **100** 5
Vermögensteuer **220** 3
Kapitaleinkünfte
Aufzählung **1** 20, 50
Ausland **1** 34c; **725** 2, 8, 15
Durchschnittssatzgewinn **1** 13a
Festsetzungsfrist bei ausländischen K. **800** 170
Investmentfonds **120** 6, 29, 31
Kapitalerhöhung **141** 1
Kontenabruf **800** 93; **800a** Art. 97 P. 26
REIT-AG **125** 19, 19a, 23
Solidaritätszuschlag **1a** 3, 4
Steuerbescheinigung **1** 45a
Steuersatz **1** 32d
Umwandlungsfälle **130** 7, 12
Kapitalerhöhung
Umwandlung von Rücklagen **141** 1
Verlustabzug **100** 8c
Kapitalertragsteuer
Allgemeines **1** 32d, 36, 36a, 43–45d, 50j, Anl. 2; **2; 100** 32; **120** 6–8, 29, 31, 33, 50, 56
Ausschüttungen aus REIT-AG **125** 20
Datenübermittlung **803** 5
Gemeindeanteil **810** 1
Hilfeleistung in Steuersachen **840** 4
kapitalmarktbezogene Gestaltungen **800** 88c
Solidaritätszuschlag **1a** 3
Stundung **800** 222
Zerlegung **807** 1, 8
Zuschlagsteuern **1** 51a
Kapitalforderungen
Bewertung **200** 12
Eigenkapitalvergleich **1** 4h
Kapitaleinkünfte **1** 20, 43
Umsatzsteuer **510** 43
s. a. Forderungen bzw. Geldforderungen
Kapitalgesellschaften
Erbschaftsteuer **250** 2, 3, 7, 13b

Gewerbesteuer **450** 2, 7, 9
Hilfeleistung in Steuersachen **840** 4
Körperschaftsteuer **100** 1, 2, 8, 8b, 9, 11, 14–17
Mitunternehmer **1** 6, 15; **100** 8b; **130** 4; **600** 1
Umsatzsteuer **500** 10
Umwandlungssteuergesetz **130** 1 ff.; **135**
Vermögensbewertung **200** 97, 109
Vermögensteuer **220** 1, 8
s. a. Gesellschaften
Kapitalherabsetzung
Einkommensteuer **1** 2a, 3 (40), 15, 17, 20; **130** 22
Körperschaftsteuer **100** 8b, 28, 29; **130** 22
Kapitalmarktbezogene Gestaltungen, Informationsaustausch **800** 88c
Kapitalrückzahlung, Einkommensteuer **1** 20, 43
Kapitalstruktur, Berufsausübungsgesellschaft **840** 55a
Kapitalverkehr, Umsatzsteuer **500** 4 (8)
Kapitalvermögen
Betriebsausgaben **1** 4k
Einkommensteuersatz **1** 32d
Einkünfte **1** 20, 50
Einlage **1** 6
Vermögensverwaltung **800** 14
Kapitalversicherung
Einkünfte **1** 20
Sonderausgaben **1** 10
Vermögensbewertung **200** 12
Kapitalverwaltungsgesellschaft
Investmentfonds **120** 1, 3
Kapitalertragsteuer **1** 43
Kapitalwert, Nutzungen und Leistungen **200** 13, 14, Anl. 9a
Karenzzeit bei Verzinsung von Steuern **800** 233a
Karitative Zwecke, Umsatzsteuer **500** 4a
Karussellgeschäfte, Umsatzsteuer **500** 25f
Kassen, Körperschaftsteuer **100** 5, 6
Kassengeschäfte
Aufzeichnungen **800** 146; **800a** Art. 97 P. 30; **800j** 1 ff.
Finanzbehörden **800** 6, 249
Nachschau **800** 146b
Kassensicherungsverordnung 800j 1 ff.
Kassenvermögen, Unterstützungskassen **1** 4d
Kataster, Bodenschätzung **210** 14, 16
Katasterbehörden 500 2b
Katastrophenfälle, Spenden **10** 50
Katastrophenschutz, Kraftfahrzeugsteuer **660** 3, 5
Kaufanwartschaftsvertrag, Umsatzsteuer **500** 4 (12), 9
Kaufkraftausgleich, Einkommensteuer **1** 3 (64)
Kaufpreissammlung
Einheitsbewertung **200** 29
Grundsteuerwert **200** 229
Kennzeichen
grenzüberschreitende Steuergestaltungen **800** 138d, 138e
Kraftfahrzeugsteuer **660** 1, 3, 3b, 3d, 5, 9, 9a, 10a, 10b, 11, 12, 18; **665** 5, 8
Kernkraftwerk, Rückstellungen **1** 5, 6
Ketteneinbringung, Umwandlungssteuergesetz **130** 22
Kettengeschäfte 500 25, 25f
Kilometergeld
Fahrten Wohnung/Betrieb **1** 4
Fahrten Wohnung/Tätigkeitsstätte **1** 9
Kinder
Angehörige **800** 15
Ausbildungsfreibetrag **1** 33a
Baukindergeld **1** 34f; **5** 9, 17
Bekanntgabe von Verwaltungsakten **800** 122
Eigenheimzulage **5** 5, 9, 17
Einkommensteuer **1** 10, 24b, 31, 32, 37, 50
Elterngeld **62** 1–4, 5–14, 22–28
Elternzeit **62** 15–21, 27, 28
Erbschaftsteuer **250** 13, 15, 17
Finanzausgleichsleistungen **808** 1
Freibetrag für K. **1** 31, 32, 38b, 39, 39a, 50
Grunderwerbsteuer **600** 3
Hilfeleistung in Steuersachen **840** 4
Identifikationsnummer **1** 63
Kinderbetreuungskosten **1** 2, 3 (33, 34a), 10, 31, 32
Kindergeld **1** 31, 62–78; **60** 1
Leistungen für Bildung und Teilhabe **60** 6b, 9
Lohnsteuer **1** 38b, 39, 39a

Massenrechtsbehelfe und Massenanträge **800a** Art. 97 P. 18a
Solidaritätszuschlag **1a** 3
Steuerermäßigung bei Förderung des selbst genutzten Wohneigentums **1** 34f
Übertragung von Pauschbeträgen für Menschen mit Behinderungen und Hinterbliebene **1** 33b, 46
Vermögensteuer **220** 6, 14
Zuschlagsteuern **1** 51a
Kinderbeihilfen **1** 3 (11)
Kinderbetreuungskosten *s. Kinder*
Kinderbonus *s. Einmalbeträge Kinder*
Kindererziehung
steuerfreie Einnahmen **1** 3 (67
Umsatzsteuer **500** 4 (23)
Kindererziehungszeiten **1** 10a
Kinderfreibetrag **1** 31, 32, 37, 38b, 39, 39a, 50
Solidaritätszuschlag **1a** 3
Kinderfreizeitbonus *s. Einmalbeträge Kindergeld*
Kindergarten
Arbeitgeberleistungen **1** 3 (33
Umsatzsteuer **500** 4 (23)
Zweckbetrieb **800** 68
Kindergeld
Allgemeines **1** 31, 62–78; **60** 1
Anrechnung auf Einkommensteuer **1** 2
Berücksichtigung von Vermögen **60** 1
Kinderzulage bei Altersvorsorge **1** 85
Massenrechtsbehelfe und Massenanträge **800a** Art. 97 P. 18a
steuerfreie Einnahmen **1** 3 (24)
Kinderhilfe, Umsatzsteuer **500** 4 (25)
Kinderzulage **1** 10a
Kinderzulagen
Altersvorsorge **1** 85, 86
Eigenheimförderung **5** 9, 17
Kindergeld **1** 65; **60** 4
Kinderzuschlag, Höchstbetrag **60** 20
Kinderzuschläge
Einkommensteuer **1** 3 (11)
Leistungen **60** 6a, 11
Kinderzuschüsse
Einkommensteuer **1** 3 (1)
Kindergeld **1** 65; **60** 4
Kino
Einheitsbewertung **202** 2
Umsatzsteuer **500** 12
Kirchensteuer
Abgeltungsteuer auf Kapitalerträge **1** 32d, 43a, 45b, 51a
Abzug als Sonderausgaben **1** 10
Pauschalierung **1** 40a
Kirchliche Zwecke
Allgemeines **800** 52, 54
ehrenamtliche Tätigkeit **1** 3 (26, 26a)
Erbschaftsteuer **250** 13
Gewerbesteuer **450** 3
Grundsteuer **420** 3
Grundsteuer 2025 **420a** 3
Körperschaftsteuer **100** 5
Spenden **1** 10b; **100** 9, 13; **450** 9
Umsatzsteuer **500** 4a, 12
Vermögensteuer **220** 3
Klage
Abhilfe **800** 172
Änderung der K. **802** 67, 123
Arten der K. **802** 40, 41, 45, 46
Befugnis zur K. **802** 48, 58
Einlegung der K. **802** 63–68
Fristen **800** 367; **800a** Art. 97 P. 18a; **802** 46, 47
Gegenstand der K. **800** 363; **802** 68, 77
Klageschrift **802** 71, 77
Rechte Dritter im Vollstreckungsverfahren **800** 262, 293
Rücknahme **802** 72
Verbindung von Klagen **802** 43
Verzicht auf K. **802** 50
Wirtschaftsprüferkammer, gegen **850** 41
Zuständigkeit des Bundesfinanzhofs **802** 37
Klassenflächen, Bodenschätzung **210** 5
Klassenlotterie, Lotteriesteuer **635** 22
Kleidung, Erbschaftsteuer **250** 13
Kleinbetrag
Allgemeines **800** 156; **800a** Art. 97 P. 9a; **800c**
Anmeldung von Steuern **800c** 1
Aufhebung oder Änderung von Bescheiden **800** 173
Einfuhrumsatzsteuer **518** 15
Erbschaftsteuer **250** 22
Gewerbesteuer **450** 19, 34; **460** 34; **800c** 2
Grundsteuer **420** 28
Grundsteuer 2025 **420a** 28
Rechnungserteilung für Umsatzsteuerzwecke **510** 33, 35

Vermögensteuer **220** 20
Zinsen auf Steuern **800** 239
Kleinbusse 660 3
Kleingartenland, Grundsteuerwert **200** 40, Anl. 30
Kleinunternehmer 500 1a, 3c, 13b, 18a, 19; **510** 65; **550** 14a, 59c, 220a, 280a–294, 369l, 369y
Mehrwertsteuerbefreiung **550** 2
Klimaschutz, steuerbegünstigte Zwecke **800** 52
Klinik *s. Krankenhäuser*
Knappschaftsversicherung, Leistungen **1** 3 (1)
Know how
Einkommensteuer **1** 49, 50a
Umsatzsteuer **500** 3a
Kohleausstieg, Leistungen an Arbeitnehmer **1** 3 (60), 32b
Kollision von Steuerfestsetzungen **800** 174
Kombinierter Verkehr 660 3
Kommanditgesellschaft
auf Aktien **1** 15, 35; **100** 1, 9, 14; **200** 97, 109; **250** 13a, 13b; **450** 2, 7, 9
Bewertung des Betriebsvermögens **200** 97, 109
Einkommensteuer **1** 15, 15a
Erbschaftsteuer **250** 2
Gewerbesteuer **450** 2, 8
Körperschaftsteuer **100** 9, 14
Vermögensteuer **220** 1, 8
Kommissionsgeschäft, Umsatzsteuer **500** 3
Kommunale Spitzenverbände, Körperschaftsteuer **100** 5
Kommunale Wählervereinigungen
Abzug von Mitgliedsbeiträgen und Spenden an k. W. **1** 34g
Körperschaftsteuer **100** 5
Kompensation von Kosten **802** 136
Kompensationsverbot bei Selbstanzeige **800** 398a
Konfusion, Umwandlungssteuergesetz **130** 6, 12
Kongregation, steuerbegünstigte Zwecke **800a** Art. 97 P. 1f
Kongresse, Umsatzsteuer **500** 13b
Konkurs *s. Insolvenz*
Konnossement als Versendungsnachweis, Umsatzsteuer **510** 10
Konsignationslagerregelung, Umsatzsteuer **500** 1a, 3, 6b; **550** 17a, 243, 262; **550a** 54a
Konsortium, Umsatzsteuer **500** 26
Konsulate
Grunderwerbsteuer **600** 4
Umsatzsteuer **500** 1c, 4 (7)
Umsatzsteuererstattung **518a**
Konsulatsangehörige
Einkommensteuer **1** 3 (29)
Kraftfahrzeugsteuer **660** 3
Umsatzsteuererstattung **518a**
Versicherungsteuer **620** 4
Konsultationsvereinbarung, Doppelbesteuerungsabkommen **800** 2; **800a** Art. 97 P. 1
Kontenabruf 800 93, 93b, 162
Kontenpfändung
Allgemeines **800** 310; **835** 850k, 850l
Kindergeld **1** 76a
Kontenwahrheit
Allgemeines **800** 154, 379; **800a** Art. 97 P. 26
Haftung **800** 72
Kontingentierungsverfahren, Abgabe der Steuererklärungen **800** 149
Kontoguthaben, Pfändung **835** 850k, 850l
Kontokorrentverkehr, Umsatzsteuer **500** 4 (8)
Kontrolle
Freistellungsauftrag **1** 45d
Steuerdatenabruf **800g** 1 ff.
Kontrollmitteilung
Außenprüfung **800** 194
Behörden **800** 93a
Konzernbetriebe
Berichtspflichten **800** 138a, 379
Betriebsstättengewinnaufteilung **725b** 12
Erbschaftsteuer **250** 13b
Grunderwerbsteuer **600** 6a
Identifikationsnummer **800** 139b
Kapitalertragsteuer **1** 44a
Körperschaftsteuer **100** 8c
Schuldzinsenabzug **1** 4h; **100** 8a
Konzernkasse, Unterstützungskasse **1** 4d
Konzernverzeichnis 803 5
Konzerte
Umsatzsteuer **500** 4 (20), 12
Zweckbetrieb **800** 68

Konzessionen, Gewerbesteuer **450** 8
Körperbehinderte Menschen
s. Menschen mit Behinderungen
Körperersatzstücke, Umsatzsteuer **500** Anl. 2
Körperflüssigkeiten, Umsatzsteuer **500** 4 (17), 4b, 5
Körperliche Unversehrtheit, Einschränkung durch Abgabenordnung **800** 413
Körperschaften
Anzeigepflichten **800** 137
Gewerbesteuer **450** 2, 3
Grundsteuer **420** 3, 4
Grundsteuer 2025 **420a** 3, 4
Hilfeleistung in Steuersachen **840** 4
inländische Einkünfte **1** 49, 50a
Kapitalerträge, Steuerabzug **1** 43, 43a, 44b, 50d
Körperschaftsteuer **100** 1, 2, 5, 8b, 13
Mitteilung an K. **800** 31
Mitunternehmer **1** 6; **100** 8b; **130** 4
Nichtrechtsfähigkeit **100** 8; **200** 95; **250** 13b; **600** 5, 6
Realteilung auf K. **1** 16
Reinvestitionsvergünstigung **1** 6b
Sitz **800** 11
Spendenempfänger **1** 10b; **100** 9; **450** 9
Steuerabzug bei beschränkter Steuerpflicht **1** 50d
Steuervergünstigung **500** 4a
Umsatzsteuer **500** 2, 10, 12, 23a; **510** 66a
Umwandlungssteuergesetz **130** 1 ff.
Vermögensbewertung **200** 97, 109
Vermögensteuer **220** 1–3, 8
Versorgungskassen **100** 5; **450** 3
Vollstreckung **800** 255; **802** 150–153
Zustellung an K. **805** 5
Körperschaftsteuer
Entstrickung **100** 12
Erhöhungsbetrag **100** 38
Guthaben **100** 37
Investmentfonds **120** 6, 29
Mehrabführungen **100** 14
Minderabführungen **100** 14
Solidaritätszuschlag **1a** 3
Steuerbefreiung **100** 13
Steueroasen-Abwehrgesetz **12** 5
Verschmelzung im Ausland **100** 12
Zerlegung **807** 1, 2–6
Korrektur
Kapitaleinkünfte **1** 20, 43a
Steuerbescheide **800** 172–177, 182
Verlustfeststellungsbescheid **1** 10d
Kosten
Altersvorsorge **1** 96
Amtshilfe **800** 115
Anerkennung **840** 16
Außenprüfung **800** 147
Beförderungskosten **500** 11
berufsgerichtliches Verfahren **840** 146–150, Anl.; **850** 122, 124, Anl.
Bußgeldverfahren **800** 410, 412
Datenzugriff **800** 147
Familienkasse **803** 5
Kindergeldverfahren **1** 77
der Lebensführung, Einkommensteuer **1** 12
Oberfinanzdirektion **803** 23
Steuerberatung **840** 39, 64, 164a
steuergerichtliches Verfahren **802** 135–149, Anl. 1
steuerliche Nebenleistungen **800** 3
Strafverfahren **800** 408
verbindliche Auskunft **800** 89
Vollstreckung **800** 337–346; **800a** Art. 97 P. 17a; **801a** 16
Wirtschaftsprüfer **850** 14a
Wohnungsbauprämienverfahren **52** 4a
Zollbehörden **800** 178
s. a. Gebühren
Kraftfahrzeuge
Investitionszulagen **740a** 2; **740b** 2
Linienverkehr, Umsatzsteuer **500** 12
private Nutzung **1** 6
Umsatzsteuer **500** 1a, 1b, 25a
Kraftfahrzeugkosten
Fahrten Wohnung/Betrieb **1** 4
Fahrten Wohnung/Tätigkeitsstätte **1** 9
geldwerter Vorteil **1** 8
Kleinbeträge **800c** 5
Verwaltung **803** 12, 18
Krafträder 660 7, 9
Krankenanstalt *s. Krankenhäuser*
Krankenfahrzeuge, Umsatzsteuer **500** 1b, Anl. 2
Krankengelder 1 32b
Krankengymnast, Einkünfte **1** 18
Krankenhäuser
Gewerbesteuer **450** 3
Grundsteuer **420** 4

Grundsteuer 2025 **420a** 4
Umsatzsteuer **500** 4 (14, 16)
Vermögensteuer **220** 3
Zweckbetrieb **800** 67; **800a** Art. 97 P. 1c
Krankenkassen
Anzeigepflichten Erbschaftsteuer **260** 3
Gewerbesteuer **450** 3, 8, 9
Körperschaftsteuer **100** 5, 6, 8b; **110** 1
Umsatzsteuer **500** 4 (15a)
Vermögensteuer **220** 3
Krankentransport
Kraftfahrzeugsteuer **660** 3, 5
Umsatzsteuer **500** 1b, 4 (17)
Krankenversicherung
Beiträge als Sonderausgaben **1** 10
Datenübermittlung **803** 5
einkommensteuerfreie Leistungen **1** 3 (1, 11), 32b
Versicherungsteuer **620** 4; **625** 1
Zuschüsse **1** 3 (14, 62), 10
Krankheit, Nachweis der Kosten **10** 64
Kreditanstalten *s. Kreditinstitute*
Kreditgarantiegemeinschaft
Gewerbesteuer **450** 3
Körperschaftsteuer **100** 5
Vermögensteuer **220** 3
Kreditinstitute **1** 44–44b
Abtretung von Erstattungs- oder Vergütungsansprüchen **800** 46
Amtshilfe **800** 111
Aufzeichnungspflichten **800** 154; **800a** Art. 97 P. 26
ausländische Zwischengesellschaft **725** 8
Beteiligungen **100** 8b
Betriebsstättengewinnaufteilung **725b** 18–21
Bürgschaften **800** 244
Datenabruf **800** 93b
Erbschaftsteuer **250** 13b, 33; **260** 1
Gewerbesteuer **450** 3, 9; **460** 19
Hilfeleistung in Steuersachen **840** 4
Kapitalertragsteuer **1** 43, 43a, 44, 44a, 45a, 45d
Kontenwahrheit **800** 154; **800a** Art. 97 P. 26
Körperschaftsteuer **100** 5, 8b
Mitteilungspflichten **800** 138b
Postbank **1** 4d F, 43
Teileinkünfteverfahren **1** 3 (40), 3c
Termingeschäfte **1** 15
Umsatzsteuer **500** 3a, 4 (8); **510** 43
Vermögensbewertung **200** 97, 109
Vermögensteuer **220** 1, 3, 8
Vollstreckung **800** 255; **802** 152
Kriegsbeschädigte
Einkommensteuer **1** 3 (6)
Grundsteuer **420** 36
Kryptowerte
Kapitalertragsteuer **1** 44
Spezialinvestmentfonds **120** 26
Kulturelle Einrichtung
Grunderwerbsteuer **600** 4
Umsatzsteuer **500** 4 (20, 22); **550** 53
Zweckbetrieb **800** 68
Kulturelle Leistungen, Umsatzsteuer **500** 3a
Kulturelle Veranstaltungen, Umsatzsteuer **500** 4 (25)
Kulturelle Zwecke
Spenden **1** 10b; **100** 9; **450** 9
steuerbegünstigte Einrichtung **800** 52
Kulturgüter
Abzugsbeträge bei der Einkommensteuer **1** 10g
Grundsteuer **420** 32
Grundsteuer 2025 **420a** 32
Umsatzsteuer **500** 4 (20); **518** 4
Kulturvereinigung, beschränkte Einkommensteuerpflicht **1** 50a
Kultusgemeinden
Erbschaftsteuer **250** 13
Grundsteuer **420** 3, 4
Grundsteuer 2025 **420a** 3, 4
Kumulierungsausschluss, Forschungszulage **750** 7, 9
Kumulierungsverbot
Altersvorsorgeförderung **1** 82
energetische Maßnahmen **1** 35c
erhöhte Absetzungen und Sonderabschreibungen **1** 7a
haushaltsnahe Dienstleistungen **1** 35a
Investitionszulagen **740a** 3, 5a, 10; **740b** 11
Rücklagen **745** 1
Kündigung
Elternzeit **62** 18, 19
Vermögensbildungsvertrag **24** 18
Kunstausstellung, Zweckbetrieb **800** 68
Kunstgegenstände
Abzugsbeträge bei Einkommensteuer **1** 10g
Erbschaftsteuer **250** 13, 13b

Umsatzsteuer **500** 12, 25a, Anl. 2; **518** 4; **550** 4, 35, 81, 89, 94, 311–343, Anh. IX
Zahlungsmittel für Erbschaftsteuer oder Vermögensteuer **800** 224a
Künstler
Ehrensold **1** 3 (43
Einkünfte **1** 3 (26), 18, 49, 50a
Leistungen der Künstlersozialkasse **1** 3 (57)
Umsatzsteuer **500** 3a, 12
Kuraufenthalt 10 64
Kureinrichtungen, Umsatzsteuer **500** 12
Kurse, Umsatzsteuer **500** 4 (22)
Kurswerte, Wertpapiere **200** 11
Kurzarbeitergeld 1 3 (2, 28a), 32b
Kurzfristige Beschäftigung 1 40a
Kurzumtriebsplantage, Grundsteuerwert **200** 242, Anl. 31
Kurzveranlagung 1 51
Küstenfischerei, Gewerbesteuer **450** 3
Küstenschifffahrt, Gewerbesteuer **460** 6, 15
Küster, Grundsteuer für Dienstwohnung **420** 3; **420a** 3

Ladestation, E-Fahrzeuge **120** 26
Ladung
Beteiligte **802** 53, 79, 81; **840** 120, 121; **850** 98
Prüfungsverfahren für Steuerberater und Steuerbevollmächtigte **845** 17, 26
Lage, Grundstückslage **200** 88
Lagefinanzamt 800 18
Lagenbewertung, Weinbau **200** 57
Lagerhalter, Steuerschuldner **500** 13a
Land- und Forstwirtschaft
Abfindung weichender Erben **1** 14a
Altersvorsorge **1** 10, 10a, 86
Anzeigepflichten **800** 138
Aufzeichnungspflichten **500** 22
ausländische Verluste **1** 2a
Auslandsinvestitionen **745** 1
Außenprüfung **800** 193
Bedarfsbewertung **200** 138–144, 158–175, Anl. 14–20
Beihilfen **10** 52
Betrieb gewerblicher Art **100** 4
Betriebsveräußerung **1** 14, 14a, 32, 57
Bodengewinnbesteuerung **1** 55
Bodenschätzung **210**
Buchführungspflicht **800** 141; **800a** Art. 97 P. 19
Durchschnittssätze **1** 13a; **840a** 26
Einheitsbewertung **200** 33, 67, 69, 121, 125–128; **201** 4
Einkommensteuersätze **1** 34b
Einkünfte **1** 13, 13b
Erbschaftsteuer **200** 158–175; **250** 10, 12, 13–13b, 19a, 28
Freibeträge bei Einkommensteuer **1** 13, 14, 14a
Genossenschaften **100** 5, 25; **220** 3, 7
Gestellung von Personal, Umsatzsteuer **500** 4 (27), 12
Gewerbesteuer **450** 3
Gewinnabzug für Investitionen **1** 57
Gewinnermittlung **1** 4, 13a
Grunderwerbsteuer **200** 138–144; **600** 1
Grundsteuer **420** 2, 6, 14, 22, 24, 33, 40
Grundsteuer 2025 **420a** 2, 6, 14, 22, 24, 33
Grundsteuerwert **200** 232–242, Anl. 27
Hilfeleistung in Steuersachen für die L. u. F. **840** 4, 44, 155; **840a** 26, 39, Anl. 4
innergemeinschaftlicher Erwerb **500** 24
Kapitalerträge **1** 32d, 43
Kraftfahrzeugsteuer **660** 3
Lohnsteuer für Aushilfskräfte **1** 40a
Pfändung von Forderungen **835** 851a
Produktionsaufgaberente **1** 3 (27), 13
Reinvestitionsvergünstigungen **1** 6b, 6c
Schuldentilgungsfreibetrag **1** 14a
Sonderabschreibungen **1** 57
Sozialleistungen **1** 3 (1, 17)
steuerbegünstigte Körperschaften **220** 3
Steuererklärungsfristen **800** 109, 149; **800a** Art. 97 P. 10a
Tarifermäßigung **1** 36
Tierzucht und Tierhaltung **1** 13, 13a, Anl. 1a; **200** 51, 51a, 142, 158, 169, 241, 242, Anl. 19 u. 20 u. 34 u. 35
Umsatzsteuer **500** 1a, 3, 3c, 4 (4a), 4a, 12, 24; **510** 67, 71; **518** 3; **550** 3, 295–305, Anh. VII u. VIII
Vermögensteuer **220** 10
Verzinsung von Steuern **800** 233a; **800a** Art. 97 P. 15
Warenausgangsaufzeichnungen **800** 144
Wirtschaftsjahr **1** 4a; **10** 8c

Wohnung **1** 13
Zweckbetrieb **800** 68
s. a. Forstwirtschaft
Landeplatz
Grundsteuer **420** 4
Grundsteuer 2025 **420a** 4
Länderbezogener Bericht
EU-Amtshilfe **801** 7
multinationale Unternehmensgruppe **800** 138a, 379; **800a** Art. 97 P. 31
Länderfinanzkraftausgleich **808** 2, 4–10; **809a** 1, 5–8
Landesbanken
Gewerbesteuer **450** 3
Körperschaftsteuer **100** 5
Landesbewertungsstützpunkte, Einheitsbewertung **200** 39
Landesfinanzbehörden
Aufzählung **803** 2
statt Oberfinanzdirektion **800** 6
Landesförderanstalten
Gewerbesteuer **450** 3
Körperschaftsteuer **100** 5
Vermögensteuer **220** 3
Landeskassen, Aufgaben **803** 10a
Landfahrzeuge, Erwerbsteuer **500** 1b, 18
Landgericht
Kammer für Steuerberater- und Steuerbevollmächtigtensachen **840** 95
Kammer für Wirtschaftsprüfersachen **850** 72
Landkarten **500** 12, Anl. 2
Landwirtschaftliche Buchstelle **840** 4, 44, 155, 161; **845** 42–44
Landwirtschaftliche Produktionsgenossenschaften, Vermögensteuer **220** 3
Langfristige Verträge, Umsatzsteuer **500** 29
Lärmbelästigung, Einheitswertermäßigung **200** 82
Lasten
Bewertung **200** 6, 7, 8, 11, 148, 192
Einkommensteuer **1** 9
Empfängernachweis **800** 160
Erbschaftsteuer **250** 10, 19a
Gewerbesteuer **450** 8
s. a. Dauernde Lasten
Lastenausgleich
Einkommensteuer **1** 3 (7, 18)
Erbschaftsteuer **250** 13
Laubgenossenschaft *s. Realgemeinde*
Leasingraten, Gewerbesteuer **450** 8
Lebensdauer von Gebäuden **200** 190
Absetzungen für Abnutzung **1** 7; **10** 11c
Bedarfsbewertung **200** 146
Einheitsbewertung **200** 80, 86
Ertragswertverfahren **200** 185
Grundsteuerwert **200** 253
Lebenshaltungskosten
Einkommensteuer **1** 4, 9, 12
Umsatzsteuer **500** 15
Lebenslängliche Nutzungen und Leistungen **200** 14
Lebensmittel
Umsatzsteuer **500** Anl. 2
Umsatzsteuererstattung **518a** 3
Lebenspartnerschaft *s. Eingetragene Lebenspartnerschaft*
Lebensversicherung
Beiträge als Sonderausgaben **1** 10, 10a
Direktversicherung **1** 4b
Einkünfte **1** 20, 22, 32d, 43
Erbschaftsteuer **260** 3, Muster 2
fondsgebundene L. **1** 20, 36a
Kapitalertragsteuer **1** 43a, 44a, 44b
Pfändung **835** 850b
Policendarlehen **1** 10, 20; **800e** 9
Veräußerung **1** 20, 43
Vermögensbewertung **200** 12
Vermögensbildung **24** 9
Versicherungsteuer **620** 4
Lebensversicherungsunternehmen
Gewerbesteuer **450** 8, 9
Körperschaftsteuer **100** 8b, 21
Leerverkäufe, Kapitalertragsteuer **1** 44, 45a
Lehen, Körperschaftsteuer **112**
Lehrtätigkeit
Einkünfte **1** 18
Steuerberater **840** 57
Umsatzsteuer **500** 4 (21)
Leibrente
Bewertung **200** 14
Einkünfte **1** 22, 49; **10** 55
Werbungskosten **1** 9, 9a
Leibrentenversicherung
Einkünfte **1** 22
Sonderausgaben **1** 10
Leichtfertige Steuerverkürzung **800** 378; **800a** Art. 97 P. 24
Leiharbeit

Lohnsteuer **1** 38, 42d, 48, 51
steuerbegünstigte Zwecke **800** 58
Steuergeheimnis **800** 31a
Umsatzsteuer **500** 3a, 12
Leistungen
Altersvorsorgeverträge **1** 22, 49
behinderte Menschen, an **500** 4 (15c)
Bewertung **200** 13–15, Anl. 9a
Bildung und Teilhabe von Kindern, für **60** 6b, 9
Einkünfte **1** 20, 22, 49
Entnahmen **1** 4, 6; **500** 3, 10
Erbschaftsteuer **250** 23
Haftung Dritter **800** 48
Kindergeld **1** 62–78; **60** 1–6
Mitteilungspflichten gegenüber Finanzbehörde **800f (a)**
Spenden **1** 10b; **100** 9; **450** 9
steuerfreie Einnahmen **1** 3 (34a, 40), 3c
Unterstützungskassen, an **1** 4d
Leistungsanwärter 1 4d; **100** 5, 6; **110** 1–3
Leistungsaustausch 500 1, 3
Leistungsbezüge, Umsatzsteuer **500** 4c
Leistungsempfänger
Bauleistungen **1** 48
Umsatzsteuer **500** 13b; **550** 199b
Leistungsgebot 800 218, 219, 254
Leistungsklage 802 41
Leistungsmissbrauch, Mitteilungen der Finanzbehörden **800** 31a
Leistungsprüfung
Pferde, Rennwettsteuer **630** 1, 2, 16
Tiere, Umsatzsteuer **500** 12
Leistungsverkauf, Umsatzsteuer **500** 3
Leitung, Finanzverwaltung **803** 3, 8a, 9a, 22
Letzterwerb, Erbschaftsteuer **250** 14, 27
Lichtspieltheater
Einheitsbewertung **202** 2
Umsatzsteuer **500** 12
Liebhaberei, Feststellungsverfahren **800e** 8
Lieferscheine, Aufbewahrungsfristen **800** 147
Lieferschwelle 500 3c
Lieferung
Strom **100** 5
Umsatzsteuer **500** 1, 2a, 3, 3c, 3e, 3g, 4, 6a, 15a, 18b; **510** 59; **550** 2, 9, 12, 14, 17a, 31–39, 63–67, 73–82, 369n
Liegenschaftskataster
Bodengewinnbesteuerung **1** 55
Bodenschätzung **210** 14
Liegenschaftszinssatz 200 188, 193
Grundsteuerwert **200** 256
Lifo-Verfahren 1 6
Lineare Absetzung für Abnutzung 1 7; **125** 13
Linienverkehr
Kraftfahrzeugsteuer **660** 3
Umsatzsteuer **500** 12; **510** 2
Liquidation
betriebliche Altersversorgung **70** 4, 7
Einkommensteuer **1** 3 (40), 17
Gewerbesteuer **460** 4
Gewinnausschüttungen **2**
Haftung **800** 75
Körperschaftsteuer **100** 8b, 11, 37, 38, 40
Praxis Steuerberater oder Steuerbevollmächtigter **840** 70
Zuständigkeit **800** 26
Liquidationswert, Land- und Forstwirtschaft **200** 165
Lizenzgebühren
Einkommensteuer **1** 21, 49, 50a, 50g, 50h
Gewerbesteuer **450** 8
Umsatzsteuer **500** 12
Lloyd's, Versicherungsteuer **620** 10c
Lohnbuchhaltung
Erstellung durch selbständigen Buchhalter **840** 6
Gebühren an Steuerberater und Steuerbevollmächtigte für L. **840a** 34
Löhne *s. Arbeitslohn*
Lohnersatzleistungen
Einkommensteuerveranlagung **1** 46
Progressionsvorbehalt **1** 32b
steuerfreie Einnahmen **1** 3 (1–2)
Lohnkonto, Lohnsteuerabzug **1** 19a, 41, 41b; **20** 4
Lohnsteuer
Abzugsmerkmale **1** 39, 39e
Allgemeines **1** 38–42f; **20** 1 ff.
Außenprüfung **1** 42f; **800** 193, 194
Bescheinigung **1** 41b, 41c
Ermäßigungsverfahren **1** 39, 39a, 46
Haftung **1** 42d
Jahresausgleich **1** 42b; **1a** 3
maschinelle Berechnung **1** 39b, 51
Pauschalierung **1** 40–40b

Solidaritätszuschlag **1a** 3
Stundung **800** 222
Zerlegung **807** 7
Lohnsteuerabführung 1 41a
Lohnsteuerabzugsmerkmal 1 39, 50
Lohnsteueranmeldung 1 41a
Allgemeines **1** 41a
Erstellung durch selbständigen Buchhalter **840** 6
Selbstanzeige **800** 371
Lohnsteuerhilfeverein
Bevollmächtigter im Verfahren bei Finanzbehörde **800** 80, 80a
Hilfeleistung in Steuersachen **840** 4, 13–31, 161–163
Verfahren **847**
Lohnsteuertabellen
Jahrestabelle **aT 2**
Monatstabelle **aT 3**
Programmablaufplan **1** 39b, 51
Lohnsummen, Erbschaftsteuer **250** 13a, 28a
Lohnveredelung, Umsatzsteuer **500** 4 (1), 7; **510** 12
Lohnzahlung durch Dritte **1** 38
Lohnzuschläge
Arbeitslohn **20** 2
Einkommensteuer **1** 3b
Löschung
Daten **800** 32f; **800h** 4; **800k** 11
Eintragungen über Steuerberater und Steuerbevollmächtigte **840** 152; **847** 6
Eintragungen über Wirtschaftsprüfer **850** 39, 40, 40a, 126a
Lose, Lotteriesteuer **630** 27; **635** 22–30
Lotsen, Einkünfte **1** 18
Lotterieeinnehmer
Einkünfte **1** 18
Gewerbesteuer **460** 13
Vermögensbewertung **200** 96
Lotteriesteuer
Allgemeines **630** 26–35; **635** 22–30
Anzeigepflichten **800** 139
Lotterieunternehmen
Gewerbesteuer **450** 3; **460** 13
Körperschaftsteuer **100** 5
Lotteriesteuer **630** 26–35
Staatslotterie **100** 5; **220** 3; **450** 3; **635** 29
Umsatzsteuer **500** 4 (9)
Vermögensteuer **220** 3
Zweckbetrieb **800** 68
Luftfahrzeuge
Aufwendungen **1** 9
ausländische Einkünfte **1** 34d
inländische Einkünfte **1** 49
inländisches Vermögen **220** 2
Investitionszulagen **740a** 2; **740b** 2
Sonderabschreibungen **1** 51; **10** 82f
Umsatzsteuer **500** 1, 1b, 3e, 4 (2, 5), 5, 8, 13b, 18, 26; **510** 18, 35; **550** 37, 55, 57, 148–150
Vollstreckung **800** 306, 311, 315, 318, 322, 323
Luftschutz, Kraftfahrzeugsteuer **660** 3, 5
Luftverkehr *s. Luftfahrzeuge*
Mahlzeitendienste, Zweckbetrieb **800** 68
Mahlzeitenüberlassung, geldwerter Vorteil **1** 8, 40, 41b
Mahnung
Umsatzsteuer **550a** 63a
Vollstreckungsverfahren **800** 259, 337
Mantelkauf, Verlustabzug **450** 10a
Margenbesteuerung, Reiseleistungen **500** 25, 25a
Markenrechte 1 49; **500** 3a
Marktfähigkeit 800 138h
grenzüberschreitende Steuergestaltungen **800** 138h
Marktforschung, Investitionszulage **740a** 2
Maschinen
Einheitsbewertung **200** 68
Grunderwerbsteuer **600** 2
Grundsteuerwert **200** 243
Umsatzsteuer **500** 4 (12)
Massenanträge und -rechtsbehelfe 800a Art. 97 P. 18a
Massenverfahren, Hinzuziehung **800** 360
Maßgeblichkeit, Handelsbilanz und Steuerbilanz **1** 5
Mastvieh
Einheitsbewertung **200** 51
Grundsteuerwert **200** 241, Anl. 34
Materialbeistellung 500 3
Mauervorlagen
Einheitsbewertung **200** 68
Grundsteuerwert **200** 243
Mechanische Fehler 800 129, 173a
Medaillen 500 3a, Anl. 2

Medizinischer Dienst
Gewerbesteuer **450** 3
Körperschaftsteuer **100** 5
Umsatzsteuer **500** 4 (15a)
Vermögensteuer **220** 3
Meeresfrüchte 500 Anl. 2
Mehl 500 Anl. 2
Mehrabführungen
Einlagenrückgewähr **100** 14
Organschaft **100** 14, 27, 37
Mehraufwendungen für Verpflegung
Ausbildungskosten **1** 10
doppelte Haushaltsführung **1** 9
Geschäftsreise **1** 4
Mehrbestand, Holz **720** 7
Mehrentnahmen, Erbschaftsteuer **250** 13a
Mehrere Betriebsstätten, Investitionszulagen **740a** 2; **740b** 3
Mehrere Dienstverhältnisse
Einkommensteuerveranlagung **1** 46
Lohnsteuer **1** 38b
Mehrere Gemeinden
Grundsteuer 2025 **420a** 22
Grundsteuerwert **200** 239
Mehrere Leistungen, Umsatzsteuer **500** 15a
Mehrere Nutzer, grenzüberschreitende Steuergestaltungen **800** 138g
Mehrere Verträge, Wohnungsbauprämie **52** 4
Mehrfache Pfändung 800 308, 320
Mehrfache Steuerfestsetzungen, Aufhebung **800** 174
Mehrfache Zuständigkeit 800 25
Mehrfacher Erwerb, Erbschaftsteuer **250** 13a, 13c, 27
Mehrfacher Wohnsitz
Fahrten Wohnung/Tätigkeitsstätte **1** 9
Zuständigkeit **800** 19
Mehrgemeindliche Betriebsstätte, Gewerbesteuer **450** 4, 28, 30
Mehrheit von Schuldnern, Vollstreckungsgebühren **800** 342, 344
Mehrjährige Tätigkeit 1 34, 46
Mehrmütterorganschaft 100 14
Mehrstufige Beteiligungen, Grunderwerbsteuer **600** 1
Mehrstufige Organschaft, Haftung **800** 73
Mehrwertsteuer *s. Umsatzsteuer*
Mehrzweck-Gutschein, Umsatzsteuer **500** 3, 10
Meilengutschriften 1 3 (38), 37a
Meinungsforschung, Investitionszulage **740a** 2
Meistgebot, Grunderwerbsteuer **600** 1
Meldebehörden
Lohnsteuerabzugsmerkmale **1** 39e
Übermittlung von Angaben zu Kindern **1** 69
Übermittlung von Daten **800** 139b; **800h** 2
Meldepflicht *s. Mitteilung*
Meldestelle, Kapitalertragsteuer **1** 44a, 45d
Menschen mit Behinderungen
Einrichtungen als Zweckbetrieb **800** 68
Fahrtkostenpauschale **1** 33; **10** 64
Kinderberücksichtigung **1** 32; **60** 2, 20
Kinderbetreuungskosten **1** 10
Kraftfahrzeugsteuer **660** 3a, 17
Nachversteuerung bei Vorsorgeaufwendungen **1** 10
Pauschbetrag bei Einkommensteuer **1** 33b; **10** 65
Sonderausgaben **1** 10
steuerfreie Einnahmen **1** 3 (10, 68)
Vermögensteuer **220** 14
Werbungskosten **1** 9
Messen 500 3a, 13b; **550** 53
Metalle 500 13b, Anl. 3 u. 4; **550** 199a
Miete
Einkünfte **1** 21
Gewerbesteuer **450** 8
steuerfreie Einnahmen **1** 3 (59
Umsatzsteuer **500** 4 (12), 12
Mieter
Eigenheimzulage **5** 19
Modernisierungsmaßnahmen **1** 10; **52** 2
Mietgegenstände
Gewerbesteuer **450** 8
Inlandsvermögen **200** 121
Mietpreissammlung
Einheitsbewertung **200** 29
Grundsteuerwert **200** 229
Mietwert
Einheitsbewertung **200** 79
Einkommensteuer **1** 21
Mietwohngrundstück
Bedarfsbewertung **200** 181

Einheitsbewertung **200** 75, 76, Anl. 3; **202** 2
Erhaltungsaufwand **10** 82b
Grundsteuer **420** 42
Grundsteuerwert **200** 249, 250, 256
Sonderabschreibungen **1** 7b
Milcherzeugnisse 500 Anl. 2
Milchfahrzeuge 660 3
Milchwirtschaft 500 12
Mildtätige Zwecke
ehrenamtliche Tätigkeit **1** 3 (26, 26a)
Erbschaftsteuer **250** 13
Gewerbesteuer **450** 3, 9
Grundsteuer **420** 3
Grundsteuer 2025 **420a** 3
Körperschaftsteuer **100** 5, 9
Kraftfahrzeugsteuer **660** 3
Spenden **1** 10b; **100** 9,13; **450** 9
steuerbegünstigte Einrichtung **800** 53, 66, 68
Umsatzsteuer **500** 4a, 12
Vermögensteuer **220** 3
Militärfahrzeuge 660 3
Minderabführungen, Organschaft **100** 14, 27
Minderbeteiligung, Körperschaftsteuer **100** 8b
Minderjärige, Identifikationsmerkmale **800** 139b
Minderung
Einheitswert **200** 41, 81, 82, 85–88
Erwerbsfähigkeit, Einkommensteuer **1** 33b
Investitionskosten, Einkommensteuer **1** 7a
Kinderzuschlag **60** 6a
Körperschaftsteuer **100** 37
Lohnsteuer **1** 41c
Rennwettsteuer **630** 9
Mindestbemessungsgrundlage, Umsatzsteuer **500** 10; **550** 80
Mindestbesteuerung
Gewerbesteuer **450** 10a
Kraftfahrzeugsteuer **660** 5, 10
Mindestbeteiligung an ausländischer Zwischengesellschaft **725** 7
Mindesteigenbeitrag, Altersvorsorge **1** 86, 87
Mindestgebot, Versteigerung von Pfandsachen **800** 300
Mindesthaltedauer
Investmentfonds **120** 31
Wertpapiere **1** 36a, 50j
Mindesthebesatz 450 16
Mindestistversteuerung 500 13, 14
Mindestkapital bei Betriebsstättengewinnaufteilung **725b** 13, 20, 21, 26
Mindestlohnsumme, Erbschaftsteuer **250** 13a, 28a
Mindeststandards, Steueroasen-Abwehrgesetz **12** 6
Mindestwert
Bedarfsbewertung **200** 143, 146, 164
Einheitsbewertung **200** 77
Grundsteuerwert **200** 251
Mindestwertänderungsrisiko 1 36a, 50j
Mineralgewinnungsrecht
Einkünfte **1** 21
Grunderwerbsteuer **600** 2
privates Veräußerungsgeschäft **1** 23
s. a. Bodenschätze
Mineralöle, Erwerbsteuer **500** 1a
Mischfonds 120 2, 20
Missbrauch
Berufsbezeichnungen **840** 5
Gestaltungsmissbrauch **800** 42
Opferausgleich, Erbschaftsteuer **250** 13
Missionar, Kindergeld **60** 1
Miteigentümer
Baukindergeld **5** 9
Eigenheimzulage **5** 6, 9, 11
energetische Maßnahmen **1** 35c
Erbschaftsteuer **260** 1
erhöhte Absetzungen und Sonderabschreibungen **1** 7a
Förderung des selbst genutzten Wohneigentums **1** 10e, 10f
Grunderwerbsteuer **600** 5, 6
Grundstückswert **200** 138, 151, 157, 162
Vermögensbewertung **200** 3, 34, 70, 93
Zurechnung **800** 39
s. a. Gemeinschaften
Mitgliederbeiträge
Berufskammer **840** 79, 87; **850** 61
Einkommensteuer **1** 10b; **10** 50
Erbschaftsteuer **250** 18
Gewerbesteuer **450** 9
Körperschaftsteuer **100** 8, 9
Mitgliedergestellung durch geistliche Genossenschaften **500** 4 (27)
Mitteilung
Altersvorsorge **1** 10, 10a, 22, 82, 89, 91, 92a, 92b, 94
Arbeitnehmer-Sparzulage **24a** 6

Aufzeichnungen der Bausparkasse **53** 1a
Außenprüfung **800** 202
Behördenmitteilungen zu Kontrollzwecken **1** 45d; **500** 18; **800** 93a; **800a** Art. 97 P. 4; **800f (a)**
Beihilfen **10** 52
Bestechungsgelder u. Schmiergelder **1** 4
Besteuerungsgrundlagen für gerichtliches Rechtsbehelfsverfahren **802** 75
betriebliche Altersversorgung **20** 5
Bodenrichtwert **200** 145
Buchführungspflicht **800** 141; **800a** Art. 97 P. 19
Bundeszentralamt für Steuern, an **1** 45d
Datenübermittlung, über **800** 93c, 138f
Einheitsbewertung **200** 29
Einleitung Strafverfahren **800** 397
elektronisches Aufzeichnungssystem **800** 146a; **800a** Art. 97 P. 30
elektronisches Dokument **800** 87a
Erstattungen **1** 10
Familienkasse, an **1** 68; **60** 10
Feuerschutzsteuer **650** 12
Finanzkonten **806** 1, 2, 3a, 5, 7–27
Geldwäsche u. Terrorismusfinanzierung **800** 31b, 138b
grenzüberschreitende Steuergestaltungen **800** 138d–138h; **800a** Art. 97 P. 33; **803** 5
Grundsteuerwert **200** 229
Hilfeleistung in Steuersachen **840** 3a, 3b, 5, 7
Identifikationsnummer **1** 67
Investmentfonds **120** 13, 28, 56
Kapitalerhöhung **141** 4
Kapitalerträge **1** 43, 43a, 45d
Kapitalertragsteuer **1** 43, 43a, 45d
Kapitalgesellschaft **10** 54
Kindergeld **1** 62, 68, 69, 71
Kontenabruf **800** 93
Kraftfahrzeugsteuer **660** 13
Lohnsteuerhilfevereine **847** 4a, 4b, 7
meldepflichtige Ereignisse **800** 137–139, 139b, 154, 379; **800a** Art. 97 P. 26; **800h** 2
Ordnungsgelder **800f (a)** 4a, 8, 13, 14
Rennwettsteuer **630** 7
Rentenbezüge **1** 22a; **803** 5
Rundfunkanstalten **800f (a)**
Steuerberaterkammer **840** 3a, 10a, 10b
Steuergeheimnis **800** 31, 31a, 31b
Steuermessbescheide **800** 184
Umsatzsteuer **500** 5, 18a, 18c, 25e; **512; 550a** 57h
Verfassungsschutzbehörde, an **800** 51
Versicherungsteuer **620** 10a
Versicherungsunternehmen **1** 20
Versorgungsausgleich **1** 3 (55b)
Vollstreckung **800** 290
Wegfall der Durchschnittssatzgewinnermittlung **1** 13a
Wirtschaftsprüfersachen, in **850** 66c
Wohnungsbauprämienanspruch **52** 4a
Zinserträge **11**
Zuschüsse **1** 10
Mitteilungen an Finanzbehörden ab 2025, Hilfeleistungen aus Anlass der Hochwasserkatastrophe 2021 **800f** 14
Mitteilungen an Finanzbehörden durch Behören ab 2025, Bundesamt für Justiz **800f** 4a
Mitteilungen an Finanzbehörden durch Rundfunkanstalten ab 2025 **800f** 1 ff.
Honorare **800f** 3
Wegfall steuerlicher Vergünstigungen **800f** 4
Zahlungen **800f** 2
Mitteilungspflichten *s. Anzeigepflichten*
Mitteilungsverordnung **800f** 1 ff.; **800f (a)** 1 ff.
Mittelbare Anteilsübertragungen, Grunderwerbsteuer **600** 1
Mittelbare Beteiligung
ausländische Zwischengesellschaft **725** 7, 10
Organschaft **100** 14
Vermögensbeteiligungen an Arbeitnehmer **1** 19a
Mittelbehörden **800** 6; **803** 2, 2a, 7
Mittelständische Beteiligungsgesellschaft, Investmentsteuergesetz **120** 1
Mittelverwendung **800** 55, 58a, 62
Mitunternehmer
Abfindung als weichender Erbe **1** 14a
Anteilsveräußerung **1** 6, 14, 16
Aufteilung des Werts des Betriebsvermögens **200** 97
Einbringung von Anteilen **130** 20–24
Einkünfte **1** 4i, 5a, 13b, 15, 16, 34a, 35
Erbschaftsteuer **250** 10, 13a, 13b, 19a, 28a
Forschungszulage **750** 10

Gewerbesteuer **450** 2, 7–9, 10a
Investitionsabzugsbetrag **1** 7g
Investmentanteile **120** 28, 56
Kapitalanteile **100** 8b, 8d
Körperschaftsteuer **100** 1a
Realteilung **1** 16
Schuldübernahme **1** 4f, 5
Steuerermäßigung bei gewerblichen Einkünften **1** 35
Tierzucht und Tierhaltung **1** 13, 13b; **200** 51a; **450** 3
Umwandlungssteuergesetz **130** 4–8, 10, 15, 18, 24
unentgeltliche Anteilsveräußerung **1** 6
Veräußerungsgeschäft zwischen Gesellschaft und Gesellschafter **1** 6
Verluste **1** 15, 15a
Vermögensteuer **220** 1
s. a. Gesellschaften
Mitwirkungspflichten
Allgemeines **800** 90
Auslandsbeziehungen **12** 12
Auslandsbezug **725** 16, 17
Auslandsvermögen **250** 13a
Außenprüfung **800** 200
Datenerhebung **800** 32i
Einfuhr-, Ausfuhrabgaben, Verbrauchsteuern **800** 211, 213
Elterngeld **62** 8
Finanzkonten **806** 3a
Gesundheitsbehörde **10** 64
grenzüberschreitende Steuergestaltungen **803** 21a
Kindergeld **1** 68; **60** 10
Kraftfahrzeugsteuer **665** 2, 5
qualifizierte (Außenprüfung) **800** 200a
REIT-AG **125** 21
Schätzung der Besteuerungsgrundlagen **800** 162; **800a** Art. 97 P. 22
Wirtschaftsprüfer **850** 36a, 57d
Mitwirkungsverzögerungsgeld 800 200a
Mitwirkungsverzögerungsgelder, steuerliche Nebenleistungen **800** 3
Mobilfunkgeräte 500 13b; **550** 199a
Mobilitätsprämie 1 101–109
Modernisierungsmaßnahmen
anschaffungsnaher Aufwand **1** 6, 9
Baugesetzbuch **1** 7h, 51; **10** 82g
Eigenheimzulage **5** 8
Mieter **1** 10; **52** 2
selbst genutzte Wohnung **1** 35a
Monopolverwaltungen, Vermögensteuer **220** 3
Montage
Betriebsstätte **800** 12
Betriebsstättengewinnaufteilung **725b** 30–34
Umsatzsteuer **550** 36; **550a** 34
Motorjacht, Betriebsausgaben **1** 4
Müllabfuhr, Gewerbesteuer **460** 2
Müllereierzeugnisse 500 Anl. 2
Multinationale Unternehmensgruppe
Aufzeichnungspflichten **800** 90
Begriff **800** 90
Berichtspflichten **800** 138a, 379; **800a** Art. 97 P. 31
Multiplikator, Erbbaurecht **200** 193
Mündliche Prüfung 849 19
Münzen
Erbschaftsteuer **250** 13, 13b
Umsatzsteuer **500** 3a, 18, 25c, Anl. 2; **550** 344–356
Museum
Grundsteuer **420** 32
Grundsteuer 2025 **420a** 32
Umsatzsteuer **500** 4 (20), 12
Zweckbetrieb **800** 68
Musikerzeugnisse 500 12
Musikgruppen 500 4 (20)
Mustersatzung 800 Anl. 1
Musterstücke, Bodenschätzung **210** 6
Musterverfahren, vorläufige Steuerfestsetzung **800** 165
Muttergesellschaft
Ausschüttungen an M. **1** 43b, Anl. 2; **2**
Gewerbesteuer **450** 9, 11
Körperschaftsteuer **100** 8b
Mutterhaus, Gestellung von Angehörigen **500** 4 (27)
Mutterschaftsgeld 1 3 (1); **62** 10

Nachbelastung, Körperschaftsteuer **100** 38
Nachentrichtung
Grundsteuer **420** 31
Grundsteuer 2025 **420a** 31
Vermögensteuer **220** 23
Versicherungsteuer **620** 9, 10; **625** 12
Nacherbschaft, Erbschaftsteuer **250** 3, 6, 7, 10

Nachfeststellung
Einheitswert **200** 23, 24a, 25, 27, 41, 79, 132
Grundsteuerwert **200** 223, 225, 227
Nachforderung
Aufteilung bei Gesamtschuldnern **800** 273, 274
Lohnsteuer **1** 38, 39, 39a, 40, 41c, 42d
Verzinsung von Steuernachforderungen **800** 233a
s. a. Rückforderung bzw. Zahlung
Nachhaltigkeit
Einkommensteuer **1** 15
Umsatzsteuer **500** 2, 13b
Nachholung
Angaben, Bußgelder **800** 378
Einwilligung in Datenübermittlung **1** 90
Ergänzungsbescheid **800** 179
Feststellung **200** 25, 226
Kindergeldzahlung **1** 71
Körperschaftsteuerguthabenerstattungen **100** 37
Pensionsrückstellungen **1** 6a
Sonderausgaben bei Förderung des Wohneigentums **1** 10e
Steuerfestsetzung **800** 174
Zerlegungsbescheid **800** 189
Nachlass
Einkünfte **1** 20
Erbschaftsteuer **250**
Festsetzungsverjährung **800** 171
Grunderwerbsteuer **600** 3
Vollstreckung **800** 265
Nachlassverbindlichkeiten, Erbschaftsteuer **250** 10
Nachlassverzeichnis, Erbschaftsteuer **250** 31
Nachprüfungsvorbehalt 800 164
Nachschätzung, Bodenschätzung **210** 11
Nachschau
Gebühren bei Hilfeleistung in Steuersachen **840a** 29
Kassen **800** 146b
Lohnsteuer **1** 42g
Rennwett- und Lotteriegesetz **630** 58
Selbstanzeige, und **800** 371
Umsatzsteuer **500** 27b
Zölle und Verbrauchsteuern **800** 210
Nachschüsse
Feuerschutzsteuer **650** 2
Sicherheiten **800** 248
Versicherungsteuer **620** 3
Nachsicht 800 110, 126; **802** 56
Nachtarbeitszuschläge 1 3b
Nachträgliche Altersvorsorgebeiträge, Zulage **1** 82
Nachträgliche Anschaffungskosten
Einkommensteuer **1** 7a, 10e
Umsatzsteuer **500** 15a; **510** 44
Nachträgliche Bescheinigung, Änderung von Bescheiden **800** 175; **800a** Art. 97 P. 9
Nachträgliche Einkünfte 1 15, 24
Nachträgliche Einlagen, Verlustverrechnung **1** 15a
Nachträgliche Herstellungskosten
Bedarfsbewertung **200** 146
Einkommensteuer **1** 7a, 10e, 17
Grundsteuerwert **200** 259
Umsatzsteuer **500** 15a; **510** 44
Nachträgliche Investitionsabzugsbeträge 1 7g
Nachträgliche Kindergeldzahlungen für 1983–1995 **60** 21
Nachträgliche Maßnahmen zum Verwaltungsakt **800** 126
Nachträgliche Minderung, Investitionskosten, Einkommensteuer **1** 7a
Nachträgliche Veränderung der Sachlage **800** 131
Nachträgliche Veranlagung, Vermögensteuer **220** 17
Nachträgliche Vereinnahmung, Umsatzsteuer **500** 17
Nachträgliche Vorauszahlungen
Einkommensteuer **1** 37
Gewerbesteuer **450** 19
Nachträgliches Bekannt werden 800 153, 173
Nachtzeit
Vollstreckung zur N. **800** 289
Zustellung zur N. **805** 5
Nachveranlagung
Grundsteuer **420** 18, 21
Grundsteuer 2025 **420a** 18, 21
Vermögensteuer **220** 17
Nachversteuerung
Auslandsverluste **745** 2
Bausparbeiträge **1** 10
Erbschaftsteuer **250** 13, 13a, 19a
Gewinn **1** 34a

Körperschaftsteuer **100** 38
Kraftfahrzeugsteuer **660** 10
steuerbegünstigte Zwecke **800** 61
Vermögensbeteiligung **1** 19a
Versicherungsbeiträge **1** 10; **10** 30
Nachweis
Abwendung der Pfändung **800** 292
Altersvorsorgebeiträge **1** 10a
ausländische Einkünfte **10** 68b
ausländische Steuern **10** 68b; **220** 11; **250** 21
ausländisches Vermögen **220** 11; **250** 21
Behinderung von Menschen **10** 64, 65
Betriebsstättengewinnaufteilung **725b** 20, 21, 24–26, 37
Eigenheimzulage **5** 9
Elterngeld **62** 9
energetische Maßnahmen **1** 35c
gemeiner Wert **200** 198
haushaltsnahe Dienstleistungen **1** 35a
Hilfsbedürftigkeit **800** 53
Holznutzungen **1** 34b
Investmentfonds **120** 20
Kapitalertragsteuererstattung, für **100** 32
Kinderbetreuungskosten **1** 10
Kraftfahrzeugsteuer **660** 13
Krankheitskosten **10** 64
Pflegebedürftigkeit **10** 65
Prüfungsbeginn bei Außenprüfung **800** 198
steuerbegünstigte Anleger **120** 9, 10
steuerbegünstigte Zwecke **800** 58a
Steuerberaterprüfung **840** 37a
Steuerberatung **845** 5
Umsatzsteuer **500** 3, 4 (4a, 4b, 6, 7), 6a, 7, 8, 22, 22f, 25; **510** 8–13, 17–17d, 20, 24, 36, 37, 39, 62, 73; **550a** 45a; **803** 5
Vollmacht **800** 80
Wirtschaftsprüferprüfung **850** 8, 8a, 15
Zurechnung von Kapitalanteilen **130** 22
Zustellung **805** 4, 5, 9
Nachzahlung *s. Rückforderung bzw. Zahlung*
Nachzahlungszinsen **800** 71, 233a; **800a** Art. 97 P. 15 (14)
Nahestehende Person
Aufzeichnungspflichten **800** 90; **800b** 1
Auslandsbeziehungen **12** 11; **725** 1, 7
Betriebsausgabenabzug **1** 4k
Bezüge **1** 3 (40)
Gesellschafter-Fremdfinanzierung **100** 8a, 8b, 26
Kapitalerträge **1** 32d
Rechteüberlassung **1** 4j
Umsatzsteuer **500** 10
Verlustabzug bei Körperschaften **100** 8c
Nahrungsmittel **500** Anl. 2
Natotruppen
Grundsteuer **420** 5, 6
Grundsteuer 2025 **420a** 5, 6
Kindergeld **60** 1
Umsatzsteuer **500** 1c, 4 (7), 26; **510** 73; **550** 22, 151
Naturalleistungen *s. Sachbezüge*
Natürliche Ertragsbedingungen, Einheitsbewertung **200** 38, 50, 60
Naturschäden, Forstwirtschaft **1** 34b; **720**
Naturschutz
Grundsteuer **420** 32
Grundsteuer 2025 **420a** 32
Nebenbestimmungen zum Verwaltungsakt **800** 120
Nebenbetriebe der Land- und Forstwirtschaft
Bedarfsbewertung **200** 142, 160, 163
Einheitsbewertung **200** 34, 42
Einkommensteuer **1** 13, 13a
Grundsteuerwert **200** 234, 237, 238
Umsatzsteuer **500** 24
Nebeneinkünfte
Einkommensteuerveranlagung **1** 46; **10** 70
Hilfeleistung in Steuersachen **840** 4
Nebenerzeugnisse, Umsatzsteuer **500** 3
Nebenfolgen, Steuer-, Abgabenstraftaten **800** 375, 401
Nebenkosten
Feuerschutzsteuer **650** 2
Jahresrohmiete, Einheitsbewertung **200** 79
Kapitalanteile **1** 17
Versicherungsteuer **620** 3
Nebenleistungen
Beförderungsleistungen **500** 3b
Gewerbesteuer **450** 9
Säumniszuschläge **800** 240
Steuern **800** 1, 3, 155, 233–240, 337–346
Nebenräume, Sonderabschreibungen **1** 7b
Nebensachen, Umsatzsteuer **500** 3

Nebentätigkeit
Einkommensteuer **1** 46
REIT-AG **125** 3, 16–18
Negative Einkünfte
Auslandsbezug **1** 2a; **725** 10
Verlustabzug **1** 10d; **100** 8c
Verlustzuweisungsgesellschaft **1** 2b, 15b
Vermietung und Verpachtung, Einkommensteuervorauszahlungen **1** 37
Negatives Einkommen, Organschaft **100** 14
Negatives Kapitalkonto 1 15a, 15b
Nennkapital 725 13
Einkommensteuer **141** 1
Körperschaftsteuer **100** 28
Nennkapitalerhöhung 803 5
Netzzugang, Umsatzsteuer **500** 3a
Neubauten, Sonderabschreibungen **1** 7b
Neue Betriebsstätte, Investitionszulage **740a** 2
Neue Fahrzeuge
Erwerbsteuer **500** 1a, 1b; **550a** 2
Umsatzsteuer **512**
Neue Tatsachen oder Beweismittel, Änderung von Bescheiden **800** 173, 280
Neuermittlung, Zerlegungsanteile, Grundsteuer **420** 23; **420a** 23
Neufestsetzung
Eigenheimzulage **5** 11
Kraftfahrzeugsteuer **660** 12, 18
Neuveranlagung
Grundsteuer **420** 17, 21
Grundsteuer 2025 **420a** 17, 21
Vermögensteuer **220** 16
Nicht entnommener Gewinn
Einkommensteuervorauszahlungen **1** 37
Steuersatz **1** 34a
Verlustrücktrag **1** 10d
Nichtabgabe, Steuererklärungen, Verspätungszuschlag **800** 152
Nichtabnutzbare Anlagegüter, Überschussrechnung **1** 4
Nichtabzugsfähige Ausgaben
Einkommensteuer **1** 12
Körperschaftsteuer **100** 10
Nichtabzugsfähige Betriebsausgaben
Gewinnermittlung **1** 3c, 4, 4h, 4k, 12; **2** 4; **100** 8b, 10
Umsatzsteuer **500** 15
Nichtabzugsfähige Werbungskosten 1 3c, 9
Nichtbesteuerung, Betriebsausgabenabzug **1** 4k
Nichteheliche Lebensgemeinschaft
s. Eingetragene Lebenspartnerschaft
Nichterhebung
Einkommensteuer **1** 50g; **725** 2
Grunderwerbsteuer **600** 5–7
Kapitalertragsteuer **1** 50g
Kraftfahrzeugsteuer **660** 10, 10a, 10b; **665** 7
Umsatzsteuer **500** 19; **510** 44, 49
Vollstreckungsgebühren **800** 346
Nichtfestsetzung 800 156
Nichtiger Verwaltungsakt
Allgemeines **800** 124, 125
Klage **802** 41
Nichtiges Gesetz
Aufhebung oder Änderung von Bescheiden **800** 176
Folgen **802** 157
Nichtiges Rechtsgeschäft 800 41
Nichtnotierte Anteile, Bewertung **200** 11
Nichtöffentliche Stellen 800 6, 30
Nichtselbständige Arbeit
beschränkte Steuerpflicht **1** 50
Einkommensteuerveranlagung **1** 46
Einkünfte **1** 19; **20** 1, 2
Lohnsteuerabzug **1** 38–42f
Vorsorgeaufwendungen **1** 10
Werbungskostenpauschbetrag **1** 9a
s. a. Unselbständigkeit
Nichtunternehmerische Zwecke, Umsatzsteuer **500** 1b, 2b, 3, 3c, 10, 13b, 14b, 15, 18, 22
Nichtveranlagung
Allgemeines **1** 44a, 44b, 46
Bescheinigung **1** 44a, 44b, 45d
Nichtvorlage, Aufzeichnungen **1** 4; **800** 162
Nichtvornahme, Steuerabzug, Außenprüfung **1** 48a, 50b
Nichtzulassungsbeschwerde
berufsgerichtliches Verfahren **840** 129; **850** 107
steuergerichtliches Verfahren **802** 116
Niederlassungen
Berufsausübungsgesellschaft **840** 55e

Steuerberater und Steuerbevollmächtigte **840** 34
Umsatzsteuer **550a** 11, 22, 53, 54
Wirtschaftsprüfer **850** 3
Niederlegung, Schriftstück als Zustellung **805** 5
Niederschlagung, Steuerschulden **800** 261
Niederschrift
mündliche Auskunft **800** 93
Rechtsbehelfseinlegung durch N. **800** 357
Sicherstellung von Waren **800** 215
Steuerberaterprüfung **845** 20, 22
Steuererklärungen **800** 151
Versicherung an Eides Statt **800** 95
Vollstreckungshandlung **800** 290, 291, 307
Niedrigenergiehaus, Eigenheimzulage **5** 9
Niedriger Teilwert
ausländisches Vermögen **1** 2a
Kapitalanteil **1** 3 (40)
Sanierungsmaßnahmen **1** 3a
Spezialinvestmentanteile **120** 49
Veräußerung von Betriebsvermögen an REIT **1** 3 (70)
Niedrigsteuerländer
grenzüberschreitende Steuergestaltungen **800** 138e
Rechteüberlassung **1** 4j
Verlagerung von Einkünften und Vermögen **725** 2, 8
Nießbrauch
Einkommensteuer **1** 20
Erbschaftsteuer **250** 29
Grunderwerbsteuer **600** 9
Grundsteuer **420** 11
Kapitalertragsteuer **1** 44a
Vermögensbewertung **200** 14
Vollstreckung **800** 264
Nordatlantikvertrag 550 22
Erwerbsteuer **500** 1c
Normalwert
Forstwirtschaft **200** 55; **203**
Umsatzsteuer **550** 72
Notar
Anzeigepflichten **250** 30, 34; **260** Muster 5; **600** 18, 21
Anzeigepflichten Erbschaftsteuer **260** 7, 8
Auskunftsverweigerungsrecht **800** 102
Einkünfte **1** 18
Finanzrichter **802** 19
Haftung **800** 191
Hilfeleistung in Steuersachen **840** 4
Mitteilung über Kapitalgesellschaften **10** 54
Zustellung an N. **805** 5
Nummernkonto
Haftung **800** 72
Zulässigkeit **800** 154
Nutzer, grenzüberschreitende Steuergestaltungen **800** 138d–138g, 138k, 379
Nutzungen
Bedarfsbewertung **200** 142, 160, Anl. 14–18
Betriebsvermögen **200** 95–109
Entnahmen **1** 4, 6; **500** 3, 10
Erbschaftsteuer **250** 23, 37
Fischerei und Fischzucht **200** 62, 142, 175, 242, Anl. 31
forstwirtschaftliche Nutzung **200** 53–55, 142, 163, 164, 234, 237, Anl. 15–15a u. 28
gärtnerische Nutzung **200** 59–61, 142, 163, 164, 234, 237, 238, 242, Anl. 17 u. 30 u. 31
Grundvermögen **200** 68–94, 146–150, 176–198, 243–262
Imkerei **200** 62, 142, 175, 242
landwirtschaftliche Nutzung **200** 50–52, 142, 163, 164, 241, 242, Anl. 14
Spenden **1** 10b; **100** 9; **450** 9
Teichwirtschaft **200** 62, 142, 175, 242, Anl. 31
Vermögensbewertung **200** 13–16, 82, 88, 121, Anl. 9a
weinbauliche Nutzung **200** 56–58, 142, 163, 164, 234, 237, 238, Anl. 16 u. 29
Nutzungsänderung
Einkommensteuer **1** 4
Grundsteuer **420** 19
Grundsteuer 2025 **420a** 19
land- und forstwirtschaftlich genutzte Flächen **200** 69, 159, 233
Umsatzsteuer **500** 15
Nutzungsarten, Bodenschätzung **210** 2
Nutzungsausschluss, Gebäude, Grundsteuerwert **200** 246
Nutzungsbefugnisse, Bodengewinnbesteuerung **1** 55

Nutzungsdauer 200 190
Bedarfsbewertung **200** 146
Einheitsbewertung **200** 80, 86
Einkommensteuer **1** 7; **10** 11c
Ertragswertverfahren **200** 185
Grundsteuerwert **200** 253, 259, Anl. 38
Nutzungsrecht
Bewertung **200** 13, 14
Einkommensteuer **1** 4j, 21, 49, 50a
Erbschaftsteuer **250** 10
Grundsteuer **420** 11
Umsatzsteuer **500** 4 (12), 9
Vermögensteuer **220** 1
Nutzungssatz 1 34b; **10** 68; **200** 53
Nutzungsüberlassung
Einkommensteuer **1** 3c, 11, 21, 49, 50a, 50g
Erbschaftsteuer **250** 13b, 13d, 28
Haftung **800** 74
Umsatzsteuer **500** 4 (12), 9
Nutzungsvergütungen 1 24, 34, 50a
Nutzungswert der Wohnung
Eigenheimzulage **5** 2
Land- und Forstwirt **1** 13
Nutzvieh
Einheitsbewertung **200** 51
Grundsteuerwert **200** 241, Anl. 34
NV-Fälle *s. Nichtveranlagung*

Oberbehörden 800 6; **803** 1, 2, 4–6
Oberlandesgericht
Senat für Steuerberater- und Steuerbevollmächtigtensachen **840** 96
Senat für Wirtschaftsprüfersachen **850** 73
Oberste Finanzbehörden
Aufzählung **803** 1, 2
Begriff **800** 6
Objektbeschränkung
Eigenheimzulage **5** 6
Förderung selbst genutztes Wohneigentum **1** 10e, 10f
Objektverbrauch
Eigenheimzulage **5** 6
erhöhte Absetzungen für Wohngebäude **1** 10e
Förderung selbst genutztes Wohneigentum **1** 10e, 10f
Obstbau
Bedarfsbewertung **200** 142
Einheitsbewertung **200** 40
Einkommensteuer **1** 13a, Anl. 1a
Grundsteuerwert **200** 234, 237, Anl. 30
Umsatzsteuer **500** 24
Offenbare Unrichtigkeit
Gerichtsentscheidung **802** 107
Verwaltungsakt **800** 129, 169, 171, 173a, 177
Offenbarung
altersvorsorgemäßige Verhältnisse **1** 96
Kindergeld **1** 68
steuerliche Verhältnisse **52** 4; **630** 61; **800** 1, 30–31b, 32a, 60b; **801** 15
Offene Handelsgesellschaft
Einkünfte **1** 15
Gewerbesteuer **450** 8, 9
Vermögensbewertung **200** 97, 109
Offene Investmentkommanditgesellschaft *s. Investmentkommanditgesellschaft*
Offene-Posten-Buchhaltung 800 146
Offenlegung
Besteuerungsgrundlagen für außergerichtliches Rechtsbehelfsverfahren **800** 364
Bodenschätzungsergebnisse **210** 13, 19
Verhältnisse **800** 90
Öffentlich private Partnerschaft
Grunderwerbsteuer **600** 4
Grundsteuer **420** 3
Grundsteuer 2025 **420a** 3
Öffentliche Bekanntgabe 800 122
Internetseite **800** 122
Öffentliche Bekanntmachung, Abgabe der Steuererklärungen **800** 149
Öffentliche Einrichtungen
Steuerbefreiungen **100** 5; **220** 3; **420** 3, 4; **420a** 3, 4
Umsatzsteuer **550** 13, Anh. I
Öffentliche Last
Grundsteuer **420** 12
Grundsteuer 2025 **420a** 12
Öffentliche Lotterie oder Ausspielung 630 26–35; **635** 22–30
Öffentliche Stellen
Allgemeines **800** 6, 30
Identifikationsnummer **800k**
Mitteilungen zu Kontrollzwecken **10** 52; **800** 93a; **800f (a)**
Öffentliche Zustellung 805 10
Öffentlicher Dienst
Altersvorsorge **1** 10a
Einkommensteuerpflicht **1** 1, 1a
Grundsteuer für Grundbesitz **420** 3; **420a** 3

Kindergeld **1** 72
Steuerberater oder Steuerbevollmächtigter **840** 59
Wirtschaftsprüfer **850** 44a
Zusatzversorgung **70** 18, 30d
Öffentlicher Gebrauch
Grundsteuer **420** 3
Grundsteuer 2025 **420a** 3
Öffentlicher Verkehr
Grundsteuer **420** 4
Grundsteuer 2025 **420a** 4
Kraftfahrzeugsteuer **660**
Zuschüsse an Arbeitnehmer **1** 3 (15), 40
Öffentliches Interesse an Vermögenserhaltung
Erbschaftsteuer **250** 13
Grundsteuer **420** 32
Grundsteuer 2025 **420a** 32
Öffentlichkeit, steuergerichtliches Verfahren **802** 52
Öffentlichkeitsarbeit, Umsatzsteuer **500** 3a
Öffentlich-rechtlicher Vertrag 800 78, 224a
Offshore-Bereich 1 1; **100** 1; **450** 2
Ohne-Rechnung-Geschäfte 800 160
Oldtimer, Kraftfahrzeugsteuer **660** 1, 3, 3b, 5, 7, 9, 9a, 10a, 18
Omnibusse
Kraftfahrzeugsteuer **660** 3
Umsatzsteuer **500** 10, 12, 13, 18
Onlineleistungen, Umsatzsteuer **500** 3, 3a
Online-Poker, Besteuerung **630** 46–55; **635** 37–42
Onlinezugriff für Finanzbehörde **500** 14b; **803** 5
Opferausgleich, Erbschaftsteuer **250** 13
Optionserklärung
Bewertungsgesetz **200** 97
Bundeszentralamt für Steuern **803** 5
Einkommensteuer **1** 17, 20, 50d
Erbschaftsteuer **250** 13a, 13b
Forschungszulage **750** 1
Gewerbesteuer **450** 2
Grunderwerbsteuer **600** 5, 6
Investmentfonds **120** 1, 2, 20
Körperschaftsteuer **100** 1a
Umsatzsteuer **500** 1a, 3c, 9, 19, 23a, 24, 25a, 26; **510** 71
Optionsgeschäfte, Umsatzsteuer **500** 4 (8); **550a** 9
Optionsrechte, Kapitaleinkünfte **1** 20, 22, 43
Orchester, Umsatzsteuer **500** 4 (20)
Ordensgemeinschaft
Grundsteuer **420** 3
Grundsteuer 2025 **420a** 3
steuerbegünstigte Zwecke **800a** Art. 97 P. 1f
Umsatzsteuer **500** 4 (27)
Ordnungsgelder
Betriebsausgaben **1** 4
Finanzgericht **802** 30, 80
Mitteilung an Finanzbehörden **800f** 4a
Mitteilungspflichten gegenüber Finanzbehörde **800f (a)** 4a
Wirtschaftsprüfer **850** 68c, 121a
Ordnungsmäßige Buchführung 800 146
Ordnungsnummer, Datenübermittlung **1** 45b, 51
Ordnungswidrigkeit
Allgemeines **800** 377, 379–382
Finanzkonten **806** 28
Identifikationsmerkmal **800** 383a
Identifikationsnummer **1** 50f
Kindergeld und Kinderzuschlag **60** 16
Mitteilung an Bundeszentralamt für Steuern **1** 50e
Rennwetten **630** 5
Steuerberater und Steuerbevollmächtigte **840** 76, 159–164
Umsatzsteuer **500** 26a; **512** 4
s. a. Bußgeld
Organgesellschaft
Körperschaftsteuer **100** 14
verbindliche Auskunft **800i** 1
Organisation der Finanzverwaltung **803**
Organisationseinheit, Umsatzsteuer **500** 18
Organleihe
Bauaufgaben **803** 5b
Kraftfahrzeugsteuer **803** 12
Organlieferungen 500 4 (17), 4b, 5
Organschaft
Betriebsausgaben **1** 4
Buchführungs- und Aufzeichnungspflichten im Ausland **800** 146
Gewerbesteuer **450** 2, 7a, 8, 10a
Grunderwerbsteuer **600** 1

Haftung **800** 73
Kapitalertragsteuer **1** 44
Körperschaftsteuer **100** 8b, 8d, 14–19, 27, 37
Progressionsvorbehalt **1** 32b
Teileinkünfteverfahren **1** 3 (40), 3c
Umsatzsteuer **500** 2, 27a; **550** 11
Umwandlungssteuergesetz **130** 2
Ort
Beförderungsleistungen, Umsatzsteuer **500** 3b
Buchführung, der **800** 146
Dienstleistungen, Umsatzsteuer **550a** 17–41
innergemeinschaftlicher Erwerb **500** 3d
Lieferung, Umsatzsteuer **500** 3, 3c, 3e, 3g; **550** 31–39; **550a** 14, 15
mündliche Verhandlung **802** 91a
sonstige Leistung, Umsatzsteuer **500** 3a, 25; **550** 43–59a
Veranstaltungen, Lotteriesteuer **635** 25
Veranstaltungen, Online-Pokersteuer **635** 39
Veranstaltungen, Sportwettensteuer **635** 18
Veranstaltungen, virtuelle Automatensteuer **635** 33
Vermittlungsleistungen, Umsatzsteuer **500** 3a
Zahlung von Steuern und Abgaben **800** 224
Ort der Dienstleitung
Begutachtung **550** 54
Nebentätigkeit **550** 54
Streaming **550** 54
Örtliche Finanzbehörden
Aufgaben und Befugnisse **803** 1, 2, 12, 13, 17
Begriff **800** 6
Örtliche Zuständigkeit **800** 17–29
Ortsbewertungsstützpunkte, Einheitsbewertung **200** 39
Ortskrankenkassen, Anzeigepflichten Erbschaftsteuer **260** 3
Ortsverschönerung, steuerbegünstigte Zwecke **800** 52
Österreich, zweiter Mehrwertsteuer-Nomalsatz **550** 104
Ozonkonzentrationen **660** 9

Pächter, Einheitsbewertung **200** 48a
Pachtgegenstände
Gewerbesteuer **450** 8
Inlandsvermögen **200** 121
Pachtland
Einheitsbewertung **200** 39, 48a
Grundsteuerwert **200** 237
Pachtpreissammlung
Einheitsbewertung **200** 29
Grundsteuerwert **200** 229
Pachtzinsen
Einkünfte **1** 13a
Gewerbesteuer **450** 8
Pfändung **835** 851b
Parkanlagen
Grundsteuer **420** 32
Grundsteuer 2025 **420a** 32
Umsatzsteuer **500** 4 (12)
Parteien
Erbschaftsteuer **250** 13
Körperschaftsteuer **100** 5
Umsatzsteuer **500** 4 (18a)
Vermögensteuer **220** 3
Parteizuwendungen
Einkommensteuer **1** 10b, 34g; **10** 50
Körperschaftsteuer **100** 5
Vermögensteuer **220** 3
Partiarisches Darlehen, Einkommensteuer **1** 2a, 20, 32d, 43
Partielle Körperschaftsteuerpflicht **100** 5
Partieller Zugang, Hilfeleistung in Steuersachen **840** 3d–3f
Partikelfilter, Kraftfahrzeugsteuer **660** 9a, 18
Partnerschaftsbonus, Elterngeld **62** 4, 4b
Partnerschaftsgesellschaft
Bevollmächtigter im Verfahren bei Finanzbehörde **800** 80, 80a
Hilfeleistung in Steuersachen **840** 50
Körperschaftsteuer **100** 1a
Wirtschaftsprüfungsgesellschaft **850** 54
Passagierschiffe, Umsatzsteuer **510** 7
Passiver Erwerb, Einkünfte einer ausländischen Zwischengesellschaft **725** 8
Passivierung **1** 5
Passivlegitimation, Klageverfahren **802** 63
Passivposten, Zuordnung **725b** 12–15
Patentanwalt
Auskunftsverweigerungsrecht **800** 102
Einkünfte **1** 18

Finanzrichter **802** 19
Haftung **800** 191
Hilfe in Steuersachen **840** 49
Hilfeleistung in Steuersachen **840** 4
Umsatzsteuer **500** 3a
Zustellung an P. **805** 5
Patentrechte 1 49
Rückstellungen **1** 5
Umsatzsteuer **500** 3a
Pauschalierung
Betriebsausgaben **1** 4, 13a, Anl. 1a; **2** 4; **10** 51; **720** 4
Bodengewinnbesteuerung **1** 55
Einkommensteuer **1** 37a, 37b
Fahrten Menschen mit Behinderungen **1** 33; **10** 64
Lohnsteuer **1** 37a, 37b, 40–40b
Umsatzsteuer **500** 23a, 24, 28; **550** 295–305, Anh. VII u. VIII
wirtschaftlicher Geschäftsbetrieb **800** 64
Pauschallandwirte *s. Pauschalierung Umsatzsteuer*
Pauschalvergütung, Hilfeleistung in Steuersachen **840a** 14
Pauschalversicherung, Arbeitnehmer, Lohnsteuer **20** 2
Pauschbesteuerung
Einkommensteuer **1** 34c, 37a, 37b, 50
Gewerbesteuer **450** 15
Grunderwerbsteuer **600** 12
Lohnsteuer **1** 37a, 37b, 40–40b
Vermögensteuer **220** 12, 13
Versicherungsteuer **625** 13
Pauschbetrag 1 39a
Betriebsausgaben **1** 51; **10** 51; **720** 4
Fahrten Wohnung/Tätigkeitsstätte **1** 9
Hinterbliebene, Einkommensteuer **1** 33b
Menschen mit Behinderungen, Einkommensteuer **1** 33b; **10** 65
Nachlassverbindlichkeiten, Erbschaftsteuer **250** 10
Pflegebedürftigkeit, Einkommensteuer **1** 33b
Reisekosten **1** 9
Sonderausgaben **1** 10c
Werbungskosten **1** 9a
Pauschsteuer, geringfügige Beschäftigung **1** 40a; **803** 5
Pelztiere
Einheitsbewertung **200** 51
Grundsteuerwert **200** 241
Pendlerpauschale 1 4, 9
Pensionsbezüge *s. Versorgungsbezüge*
Pensionsfonds
betriebliche Altersversorgung **70** 1–4, 7–11, 22, 30
Betriebsstättengewinnaufteilung **725b** 29
Einkommensteuer **1** 3 (63, 66), 4d, 4e, 22, 49, 100
Gewerbesteuer **450** 8, 9
Investmenterträge **120** 20, 30
Körperschaftsteuer **100** 1, 8b, 21, 21a
Pensionskassen
betriebliche Altersversorgung **70** 1, 1a, 1b, 2, 2a, 22
Einkommensteuer **1** 3 (56, 63), 4c, 22, 49, 100
Erbschaftsteuer **250** 13
Gewerbesteuer **450** 3
Körperschaftsteuer **100** 5, 6; **110** 1, 2
Lohnsteuer **1** 40b; **20** 5
Vermögensteuer **220** 3
Pensionsrückstellung
Einkommensteuer **1** 5, 6a
Umwandlungssteuergesetz **130** 3, 11, 20, 24
Pensionssicherungsverein
s. Insolvenzsicherung
Pensionsverpflichtungen
Bedarfsbewertung **200** 140, 158
betriebliche Altersversorgung **70** 1, 1a, 1b, 2, 2a, 30e
Einkommensteuer **1** 6a
Gewerbesteuer **450** 8
Grundsteuerwert **200** 232
Vermögensbewertung **200** 104
Person des öffentlichen Rechts, Umsatzsteuer **500** 2b
Personal Computer
Lohnsteuer **1** 40
steuerfreie Vorteile **1** 3 (45)
Personalgestellung, Umsatzsteuer **500** 3a, 4 (27), 12
Personalleistungen, Umsatzsteuer **500** 3, 10
Personenbeförderung
Kraftfahrzeugsteuer **660** 3, 3a
Umsatzsteuer **500** 3a, 3b, 4 (5, 6, 17), 10, 12, 13b, 16, 18, 26; **510** 2–4, 6–7, 25, 34; **550** 37, 48
Personengesellschaft
Anzeigepflichten **120** 28

ausländische P. **725** 7; **800** 138, 180
Auslandsbeziehungen **800b** 7
Auslandsinvestitionen **745** 1
Auslandsvermögen **220** 12
Außenprüfung **800** 194
Betriebsausgabenabzug **1** 4k, 49
doppelstöckige P. **1** 15
Einkünfte **1** 13b, 15
Erbschaftsteuer **250** 3, 7, 10, 13a, 13b, 19a
Forschungszulage **750** 1, 3, 5, 10
Gewerbesteuer **450** 5, 7–9, 10a
Grunderwerbsteuer **600** 1, 5, 13, 19
Gründung **1** 6
Immobilienpersonengesellschaft **125** 3, 17
Investitionsabzugsbetrag **1** 7g
Investitionszulagen **740a** 1, 6; **740b** 1, 7
Investmentanteile **120** 28, 38
Investmentfonds **120** 1, 2, 20
Kapitaleinkünfte **1** 20, 44a
Kapitalertragsteuer **1** 44a
Körperschaftsteuer **100** 1a
nachgeschaltete P. **100** 8a
Organschaft **100** 14, 19
privates Veräußerungsgeschäft **1** 23
Realteilung **1** 16
Reinvestitionsvergünstigung **1** 6b
Schuldzinsenabzug **1** 4h
Sonderabschreibungen **1** 7g, 51; **10** 82f
Sonderbetriebsausgabenabzug **1** 4i
Überführung und Übertragung **1** 50i
Überlassung von Kapitalanteilen **100** 8b
Umsatzsteuer **500** 18
Umwandlungssteuergesetz **130** 1, 3–10, 16, 18, 24
Veräußerungsgeschäft zwischen Gesellschaft und Gesellschafter **1** 6
Vermögensbewertung **200** 34, 97, 109
Wirtschaftsprüfer **850** 44b, 54a
Zustellung **805** 10
s. a. Gesellschaften
Personenkraftwagen
geldwerter Vorteil **1** 8
Investitionszulage **740a** 2; **740b** 2
Kraftfahrzeugsteuer **660** 3, 3b, 3d, 8, 9, 10a, 10b, 18
private Nutzung **1** 6
Personensteuern
Abzug bei Einkommensteuer **1** 12
Abzug bei Körperschaftsteuer **100** 10
Personenvereinigung
Anzeigepflichten **800** 137
Bußgelder **800** 401
Erbschaftsteuer **250** 2, 18
Identifikationsnummer **800** 139c
inländische Einkünfte **1** 50a
Kapitalerträge, Steuerabzug **1** 43, 43a, 44b, 50d
Körperschaftsteuer **100** 1, 3, 5, 8, 8b, 12, 24
Mitunternehmer **1** 6; **100** 8b; **130** 4
Realteilung auf P. **1** 16
Reinvestitionsvergünstigung **1** 6b
Spendenempfänger **1** 10b; **100** 9; **450** 9
Steuerabzug bei beschränkter Steuerpflicht **1** 50d
steuerliche Pflichten **800** 34
Umsatzsteuer **500** 2, 10, 23a; **510** 66a
Vermögensbewertung **200** 97, 109
Vermögensteuer **220** 1, 2, 8
Vollstreckung **800** 267
Personenzusammenschluss, Umsatzsteuer **500** 4 (29)
Persönliches Erscheinen bei Gericht **802** 80
Pfandbriefe, Zinsen **1** 20, 43
Pfandgelder **550** 92
Pfandgläubiger
Einkommensteuer **1** 20
Nachweis **800** 159
Pfandrecht, Vollstreckungsverfahren **800** 282, 293
Pfandschein **500** 10
Pfändung
Erstattungs- und Vergütungsansprüche **800** 37, 46
Kindergeld **1** 76, 76a
Umsatzsteuer **500** 13c, 22
Vollstreckungsverfahren **800** 281, 282, 286, 292–321, 339; **800a** Art. 97 P. 17c; **835**
Pfändungsschutz **835** 850–852, Anl.
Pfarrer *s. Geistliche*
Pferderennen **630** 1–15; **635** 8–15
Pflanzen, Umsatzsteuer **500** 12, 24, Anl. 2
Pflege
Grünflächen, Kraftfahrzeugsteuer **660** 3
Menschen **1** 3 (10, 26, 26b, 36), 35a, 86; **250** 13

Pflegebedürftigkeit
Altersvorsorge-Eigenheimbetrag **1** 92a
Einkommensteuerpauschbeträge **1** 33b
Nachweis **10** 65
Pflegegeld **1** 3 (36), 33b
Pflegeheime
Gewerbesteuer **450** 3
Umsatzsteuer **500** 4 (16)
Zweckbetrieb **800** 68
Pflegekinder
Einkommensteuer **1** 32
Kindergeld **60** 2
Vermögensteuer **220** 6
Pflegeleistungen
Erbschaftsteuer **250** 13
Umsatzsteuer **500** 4 (16)
Pflegepauschbetrag **1** 33b
Pflegeversicherung
Datenübermittlung **803** 5
Einkommensteuer **1** 3 (1), 10, 22, 37
Versicherungsteuer **620** 4; **625** 1
Pflichtmitgliedschaft, zusätzliche Altersvorsorge **1** 10a, 79, 86
Pflichtteil
Erbschaftsteuer **250** 3, 10, 13
Pfändung **835** 852
Pflichtverletzungen
Steuerberater oder Steuerbevollmächtigte **840** 5, 51, 89–93
Wirtschaftsprüfer **840** 5; **850** 67–71
Pflichtversicherte, zusätzliche Altersvorsorge **1** 10a, 79–99
Photovoltaikanlage, Umsatzsteuer **500** 12
Photovoltaikanlagen Steuerfreie Einnahmen **1** 3 (72)
Physiotherapeut, Umsatzsteuer **500** 4 (14)
Pilzanbau, Grundsteuerwert **200** 242
Plattformbetreiber **1** 44
Plattformbetreiber/Plattformen **800l**
Amtshilfe **800l** 27
Aufzeichnungsplrichten **800l** 24
Bußgeldvorschriften **800l** 25
Finanzrechtsweg **800l** 28
Freistellung **800l** 10, 19
Identifizierung freigestellter Anbieter **800l** 19
Meldepflicht **800l** 1
Meldepflichten **800l** 22
Meldepflicht/Meldeverfahren **800l** 13 ff.
Mitwirkungspflichten **800l** 23
Nutzer **800l** 4
Qualifizierter Drittstaat **800l** 7
Registrierung **800l** 12
Relevante Tätigkeit **800l** 7
Sorgfaltspflichten **800l** 16 ff., 20 f.
Verfahren **800l** 8 ff., 28
Vergütung **800l** 5
Plattformen-Steuertransparenzgesetz **800l**
steuerliche Nebenleistungen **800** 3
Policendarlehen
Einkommensteuer **1** 10, 20, 43; **10** 29
Feststellungsverfahren **800e** 9
Politische Parteien *s. Parteien*
Polizei
einkommensteuerfreie Leistungen an Bedienstete **1** 3 (4)
Grundsteuer **420** 5
Grundsteuer 2025 **420a** 5
Kraftfahrzeugsteuer **660** 3
Mitteilung an Finanzbehörden **800f (a)** 6
Vollstreckungshandlung **800** 287, 288
Pool-Abkommen, beschränkte Einkommensteuerpflicht **1** 49
Poolabschreibung **1** 6
Portugal, zweiter Mehrwertsteuer-Nomalsatz **550** 104
Post
Einkommensteuer **1** 3 (35
Umsatzsteuer **500** 4 (11a, 11b); **803** 5
Unterstützungskasse **1** 4d F
Vermögensteuer **220** 3
Zustellung **805** 2–4, 9
s. a. Bundespost bzw. Kreditinstitute bzw. Telekom
Posteinlieferungsschein **510** 10
Postgeheimnis **800** 105, 413
Postzustellungsurkunde **805** 3
PPP *s. Öffentlich private Partnerschaft*
Präklusionsregelung
Einspruchsverfahren **800** 364b
Klageverfahren **800** 172; **802** 79b
Prämien
Feuerschutzsteuer **650** 2
Sachprämien **1** 3 (38), 37a
Versicherungsteuer **620** 3
Wohnungsbauprämien **52; 53**
Prämienrückgewähr, Versicherungsteuer **620** 9

Praxisabwickler
Steuerberater- oder Steuerbevollmächtigtenpraxis **840** 70
Wirtschaftsprüferpraxis **850** 55c
Praxistreuhänder für Steuerberater- oder Steuerbevollmächtigtenpraxis **840** 71
Praxisvertreter für Steuerberater oder Steuerbevollmächtigten **840** 69
Preisanpassungsklausel, Auslandsbeziehungen **725** 1a
Preisgelder, Mitteilungspflichten gegenüber Finanzbehörde **800f (a)** 3
Preisnachlässe, Umsatzsteuer **500** 3, 11, 17; **550** 79
Presse, Auskunftsverweigerungsrecht **800** 102
Priester *s. Geistliche*
Privataufenthalt 800 9
Private Lebensführung, Gegenstände der pr. L. bei Erbschaftsteuer **250** 13b
Privatentnahmen *s. Entnahmen*
Privates Veräußerungsgeschäft
Einkommensteuer **1** 23
Investmentanteile **120** 6
Privathaushalt, geringfügige Beschäftigung **1** 50e
Privatkrankenanstalt *s. Krankenhäuser*
Privatnutzung
Betriebsvermögen **1** 6
Investitionszulage **740a** 2; **740b** 2
steuerfreie Vorteile **1** 3 (45)
Privatpersonen, Aufzeichnungspflichten **500** 22
Privatschule
Gewerbesteuer **450** 3
Umsatzsteuer **500** 4 (21)
Privatvermögen
Umwandlungssteuergesetz **130** 8
Veräußerung **1** 22, 23; **120** 19, 34, 49, 56
Produktionsaufgaberente, Landwirt **1** 3 (27), 13
Produktionsnahe Dienstleistungen, Investitionszulage **740a** 2; **740b** 3
Produktivitätsklausel, Auslandsinvestitionsgesetz **745** 5
Produktivvermögen, Vermögensteuer **220** 10
Programmablaufplan, Lohnsteuer **1** 39b, 51
Progressionsvorbehalt
Einkommensteuer **1** 32b, 34, 34c, 46, 50; **120** 47
Feststellung von Einkünften **800** 180
Projektgesellschaften, Spezialinvestmentfonds **120** 26
Prokurist, Wirtschaftsprüfer **850** 45
Prostitution 800 40
Prothesen 500 4 (14), Anl. 2
Protokoll
Datenübermittlung **800k** 9
mündliche Verhandlung **802** 94
s. a. Niederschrift
Protokollierung, digitale Grundaufzeichnungen **800j** 2
Provisionen
Arbeitslohn **20** 2
ausländische Einkünfte **1** 34d
Steuerberater **840** 9
Prozessagent, Hilfeleistung in Steuersachen **840** 157
Prozessakten 802 52b; **802a**
Prozessfähigkeit 802 58
Prozesskosten, außergewöhnliche Belastungen **1** 33
Prozesskostenhilfe
Steuerberatergebühren **840a** 46
steuergerichtliches Verfahren **802** 142
Prozessvertretung 802 58, 62, 62a, 80; **840** 65
Prozesszinsen 510 61; **800** 236
Prüfung
Altersvorsorge **1** 96
Augenschein **800** 98, 99
Außenprüfung **800** 193–203
Bausparkasse **52** 4a
Buchprüferp. **850** 131g–131m
Datenübermittlung **800** 93c, 117, 117c; **806** 5
Feuerschutzsteuer **650** 9
Forschungszulagenbescheinigungsantrag **751** 4
Gebühren bei Hilfeleistung in Steuersachen **840a** 29
Identifikationsnummerngesetz **800k** 13
Investmentfonds **120** 5
Jahresbescheinigung **1** 50b
Kapitalertragsteuer **1** 50b
landwirtschaftliche Buchstelle **840** 43
Lohnsteuer **1** 42f
Lohnsteuerhilfeverein **840** 22

Selbstanzeige **800** 371
Steuerberater- und Steuerbevollmächtigtenp. **840** 35–39a, 157a; **845** 1–32
Steuerdatenprogramme **800** 87c
Steuerfachangestellte **849a** 7, 8
zugunsten des Steuerpflichtigen **800** 88, 89
Umsatzsteuer **803** 5
Versicherungsteuer **620** 10
Wirtschaftsprüferp. **850** 5–14a, 131g–131m
Wohnungsbauprämie **52** 4a
Zinserträge **1** 50b
Zölle und Verbrauchsteuern **800** 210
Prüfungsanordnung
Außenprüfung **800** 196, 197
Selbstanzeige **800** 371
Prüfungsbericht
Außenprüfung **800** 202
Umsatzsteuer **550** 199a
Prüfungsfahrten 660 1
Prüfungsvermerk, Auslandsbezug **725** 17
Prüfverfahren, Bausparkasse bei Wohnungsbauprämien **52** 4a
Psychotherapeuten, Auskunftsverweigerungsrecht **800** 102
Publikums-Investmentfonds
s. Investmentfonds

Qualifizierter Anteilstausch, Umwandlungssteuergesetz **130** 21, 22
Qualifiziertes Mitwikungsverlangen 800 200a
Qualitätskontrolle, Wirtschaftsprüfer **850** 39, 55b, 57a–57h, 130, 136
Qualitätsprüfung, Tierzucht **500** 12
Qualitätssicherung, Datenspeicherung **800k** 10
Quellensteuer, ausländische Qu. **1** 32d, 50g, 50h, Anl. 3; **11** 11–13, 16; **12** 10
Quittungen *s. Aufzeichnungen*

Rabattfreibetrag 1 8
Rahmengebühren, Hilfeleistung in Steuersachen **840a** 11
Randgebiet, Investitionszulage **740a** 5, Anl. 3
Rangfolge
Kinderberücksichtigung **1** 32
Kindergeld **1** 64; **60** 3
Kinderzuschlag **60** 3
Ratenzahlung
Besteuerung vermögenszuwachs **725** 6
Einkommensteuer nach Außensteuergesetz **725** 6
Realgemeinde
Einkommensteuer **1** 13
Gewerbesteuer **450** 3
Körperschaftsteuer **100** 3
Reallast, Pfändung **800** 321
Realsplitting
Einkünfte **1** 22
Sonderausgabenabzug **1** 1a, 10
Werbungskostenpauschbetrag **1** 9a
Realsteuermessbetrag 800a Art. 97 P. 35
Realsteuern
Gewerbesteuer **450**
Grundsteuer **420**
Grundsteuer 2025 **420a**
Zuständigkeit **800** 22
Realteilung 1 16
Rechenfehler 800 129, 173a; **802** 107
Rechenzentrum 803 2
Rechnung
Aufbewahrung **500** 14b
Steuerberatervergütung **840a** 9
Umsatzsteuer **500** 13a, 14, 14a, 17, 22c, 24, 25b; **510** 31–34; **550** 217–240
Warenausgang **800** 144
Rechnungsabgrenzung
Spezialinvestmentfonds **120** 38
Zuwendungen an Unterstützungskasse **1** 4d
Rechnungsabgrenzungsposten, Steuerbilanz **1** 5
Rechnungslegung
Bundessteuerberaterkammer **840** 87a
Umsatzsteuer-Erstattung **550b** 10
Zinsschranke **1** 4h
Rechnungsprüfungsverfahren, Steuergeheimnis **800** 30
Rechnungszinsfuß, Pensionsverpflichtungen **1** 6a
Rechte
Aberkennung **800** 375
Einheitsbewertung **200** 92, 121
Einkünfte **1** 4j, 21, 49, 50a; **10** 73a
Gewerbesteuer **450** 8

Pfandrecht **800** 282
Pfändung von Vermögensrechten **800** 309–321
Rückstellungen **1** 5
Überschussrechnung **1** 4
Umsatzsteuer **500** 3, 3a, 10, 12; **550a** 32, 33
Rechtliches Gehör
Allgemeines **800** 91, 126, 201, 202, 360, 367
Beiladung zum finanzgerichtlichen Verfahren **802** 60
Rüge bei Steuergericht **802** 133a
Rechtsanwalt
Auskunftsverweigerungsrecht **800** 102
Bußgelder **800** 411
Einkünfte **1** 18
elektronische Kommunikation mit Steuergericht **802** 52d
Finanzrichter **802** 19
Haftung **800** 191
Hilfe in Steuersachen **840** 3, 43, 49, 58
Umsatzsteuer **500** 3a
mit Wirtschaftsprüfer **850** 43a
Zustellung an R. **805** 5
Rechtsaufsicht über Wirtschaftsprüferkammer **850** 66
Rechtsbehelf
Arbeitnehmersparzulage **24** 14
Bedarfsbewertung **200** 155
Bodenschätzung **210** 12
Investitionszulage **740a** 13; **740b** 14
Massenrechtsbehelfe **800a** Art. 97 P. 18
Solidaritätszuschlag **1a** 1
Vollstreckungsersuchen innerhalb der EU **801a** 13
Wohnungsbauprämie **52** 8
Zerlegung zwischen Ländern **807** 11
s. a. Rechtsweg
Rechtsbehelfsbelehrung 800 157, 356; **802** 55
Rechtsbehelfsverfahren
außergerichtliches R. **800** 132, 347–367; **800a** Art. 97a; **840a** 40
Festsetzungsverjährung **800** 171
gerichtliches R. **802** 33–114
Vollstreckung **800** 256
Rechtsfähigkeit, Umsatzsteuer **500** 2
Rechtsfehler 800 177
Rechtshängigkeit 802 66, 70
Rechtshilfe
gerichtliches Verfahren **802** 13
zwischenstaatliche R. **800** 117–117d
s. a. Amtshilfe
Rechtskraftwirkung
Berufsgerichtsverfahren **840** 119
steuergerichtliches Verfahren **802** 110
Rechtsmissbrauch, Steueranspruch bei R. **800** 42
Rechtsmittelverfahren
Berufsgericht für Steuerberater und Steuerbevollmächtigte **840** 126–131; **840a** 45
Berufsgericht für Wirtschaftsprüfer **850** 104–108
Bundesfinanzhof **802** 55, 115–133
Rechtsnachfolger
Bindungswirkung von Urteilen **802** 110
Einheitswertbescheid **800** 182 a. F.
Einkünfte **1** 24; **20** 1
Einspruchsbefugnis **800** 353
Grundsteuerwertbescheid **800** 182 n. F.
unentgeltlicher Erwerb **1** 6, 23
Vollstreckung **800** 323
Zuwendungen an Pensionsfonds **1** 4e
Zuwendungen an Unterstützungskasse **1** 4d
Rechtsnachteile, Abzugsverbot **1** 12
Rechtsnorm, Begriff **800** 4
Rechtsprechungswandel, Vertrauensschutz **800** 176
Rechtsschutz, Datenverarbeitung **800** 32i
Rechtsschutzversicherung, Versicherungsteuer **620** 4
Rechtsweg
Altersvorsorgezulage **1** 98
Eigenheimzulage **5** 15
Elterngeld **62** 13
Finanzrechtsweg **802** 33, 44, 70
Forschungszulagenbescheinigung **751** 5
Kindergeld **60** 15
personenbezogene Daten **800** 32i
Wirtschaftsprüfer **850** 5
s. a. Rechtsbehelf
Rechtswidrige Handlung, Betriebsausgaben **1** 4
Rechtswidrigkeit
Bescheinigung **1** 7h, 7i
Verwaltungsakt **800** 125, 126, 130
Regelbesteuerung 500 16, 17, 19, 24; **510** 62

Regelherstellungskosten 200 190
Bedarfsbewertung **200** Anl. 24
Regelmäßig wiederkehrende Einnahmen und Ausgaben 1 11
Register
Anzeigepflichten für Grunderwerbsteuer **600** 18
Identifikationsnummer **800k**
Steuerberater und Steuerbevollmächtigte **840** 76a–76d
Umsatzsteuer **550** 17a, 138, 243, 369r; **550a** 54a
Versicherungsteuer **625** 1
Wirtschaftsprüfer **850** 37–40a, 57a, 131a
Zuwendungsempfänger **800** 60b; **803** 5
Registermodernisierungsbehörde 800 139b
Registerpfandrecht 800 311
Registrierkassen *s. Kassengeschäfte*
Registriernummer bei grenzüberschreitenden Steuergestaltungen **800** 138f, 138h
Rehabilitationseinrichtungen
Gewerbesteuer **450** 3
Umsatzsteuer **500** 4 (14, 15c)
Rehabilitierungsleistungen
Einkommensteuer **1** 3 (23)
Erbschaftsteuer **250** 13
Reihenfolge
Ausschüttungsreihenfolge **120** 35
Minderung bei Sanierungsertrag **1** 3a; **450** 7b
Tilgung von Steuern und Abgaben **800** 225
Übergang zum Halbeinkünfteverfahren **100** 36
Verteilung des Versteigerungserlöses **800** 308
Reihengeschäft 500 3
Reinertrag
Grundsteuerwert **200** 238
Grundvermögen **200** 78–82, 185, 186, 253, Anl. 37
Reinertragsfähigkeit, Land- und Forstwirtschaft **200** 36, 38, 236, 237
Reinertragsminderung, Grundsteuererlass **420a** 33
Reinigungsfahrzeuge 660 3
Reinvestitionsvergünstigung
Einkommensteuer **1** 3 (70), 6b, 6c, 34
Erbschaftsteuer **250** 13b
Reisegepäck 500 6; **510** 13; **550** 147
Reisegewerbe
Gewerbesteuer **450** 35a; **460** 35
Mitteilung an Finanzbehörden **800f (a)** 5
Umsatzsteuer **500** 12, 22; **510** 68
Reisekosten
Einkommensteuer **1** 4, 9, 10, 50a
Vergütung an Arbeitnehmer **1** 3 (13, 16), 40
Vollziehungsbeamter **800** 345
Reiseleistungen 500 3e, 4 (5), 14a, 25; **510** 72; **550** 306–310
Reiseverkehr 500 6, 12; **510** 17, 34; **550** 147
Reisevorleistungen 500 3a, 25; **510** 72
REIT 725 13
Investmentfonds **120** 1, 42
REIT-Gesetz **125**
Veräußerung von Betriebsvermögen an REIT **1** 3 (70), 3c
Reklamenutzung, Einheitsbewertung **200** 82, 88
Religiöse Zwecke
Erbschaftsteuer **250** 13
Grundsteuer **420** 3, 4
Grundsteuer 2025 **420a** 3, 4
steuerbegünstigte Einrichtung **800** 52
Vermögensteuer **220** 3
Rennverein, Rennwettsteuer **630** 1–15
Rennwettsteuer
Allgemeines **635** 11–14
Anzeigepflichten **800** 139
Umsatzsteuer auf Umsätze mit R. **500** 4 (9)
Renovierungsmaßnahmen, Einkommensteuer **1** 35a
Renten
Abfindungen **1** 3 (3)
Bewertung **200** 13, 14, 104
Datenübermittlung **1** 22a
Einkünfte **1** 22
Erbschaftsteuer **250** 23, 37
Gewerbesteuer **450** 8
Pfändung **835** 850b
Produktionsaufgaberente an Landwirte **1** 3 (27), 13
steuerfreie R. **1** 3 (8, 8a, 27, 67)
Vollstreckung **800** 321
Werbungskosten **1** 9
Rentenbezugsmitteilungen 1 22a; **803** 5

Rentenversicherung
Beiträge als Sonderausgaben **1** 10
Datenübermittlung **1** 68
Identifikationsnummer **1** 22a
Kindererziehungszeiten **1** 10a
Leistungen, Einkommensteuer **1** 3 (1, 3
Übernahme von Beiträgen durch Arbeitgeber **1** 3 (28)
Versicherungsteuer **620** 4
Reparationsschäden, Leistungen für R. **1** 3 (7)
Repräsentat, Gerichtsdateien **802a**
Repräsentationskosten
Einkommensteuer **1** 12
Umsatzsteuer **500** 15, 17
Reservepolster, Unterstützungskasse **1** 4d
Restaurantdienstleistungen 500 12, 28
Restaurationsleistung 500 3a, 3e, 4 (6), 13b; **550** 55, 57; **550a** 6, 35–37
Restnutzungsdauer 200 190
Ertragswertverfahren **200** 185
Grundsteuerwert **200** 253
Restwert nach AfA **1** 7, 7a, 7h, 7i; **200** 86
Rettungsdienst, Kraftfahrzeugsteuer **660** 3, 5
Revisionsverfahren
Steuerberater- und Steuerbevollmächtigtensachen **840** 129, 130
Steuersachen **802** 36, 115–127, 160
Wirtschaftsprüfersachen **850** 107, 107a
Richter
Amtsträger **800** 7
Berufsgericht **840** 99–104; **850** 75–80
richterliche Anordnung **800** 287
Steuergericht **802** 14–30
Richtigstellungsbescheid 800 182
Richtlinien, Vertrauensschutz **800** 176
Risikomanagementsystem 800 88, 155; **803** 5
Rohbauten, Einheitsbewertung **200** 91
Rohertrag
Grundsteuererlass **420** 33; **420a** 33, 34
Grundstück **200** 186, 254, Anl. 39
Rote Kennzeichen, Kraftfahrzeugsteuer **660** 1, 3b, 9, 9a, 10a, 18
Rückdeckungsversicherung
betriebliche Altersversorgung **70** 8
Unterstützungskasse **1** 4d
Versicherungsteuer **620** 4
Rückerwerb, Grunderwerbsteuer **600** 3, 16
Rückfall, Vermögen, Erbschaftsteuer **250** 13, 29
Rückforderung
Altersvorsorgezulage **1** 90, 93–95
Arbeitnehmer-Sparzulage **24a** 1, 6, 7, 9
Eigenheimzulage **5** 14
Förderbetrag **1** 100
Investitionszulage **740a** 11; **740b** 12
Kapitalertragsteuererstattung **1** 44
Kinderzuschlag **60** 11
Steuern **800** 37
Urkunden und Sachen **800** 133
Wohnungsbauprämie **52** 4, 4a; **53** 2; **800c** 4
s. a. Nachforderung bzw. Zahlung
Rückgabe
Bescheinigung **120** 7
Beteiligung **100** 8b
Investmentanteile **120** 2, 16, 19
sichergestellte Waren **800** 216
Rückgängigmachung
Investitionsabzugsbetrag **1** 5a, 7g
Sonderabschreibungen **1** 7b
Umsatzsteuer **500** 14c, 17
Rückgewähr, Einlagen **100** 27
Rückgewinnungsbetrieb, Investitionszulagen **740b** 3
Rückgriffsberechtigter Dritter, Gesellschafter-Fremdfinanzierung **100** 8a, 8b, 26
Rückkaufswert, Versicherung **24** 9; **200** 12
Rückkehr, Ausländer in Heimatland **1** 10
Rückkehroption, Außensteuergesetz **725** 6
Rücklagen
Auslandsinvestitionen **745** 1, 3
Beitrittsgebiet **1** 58
Euroumrechnungsrücklage **1** 6d
Forstwirtschaft **720** 3
Reinvestitionen **1** 6b
REIT-AG **125** 13, 18
steuerbegünstigte Zwecke **800** 62, 68
Umwandlung in Nennkapital **100** 28
Umwandlungssteuergesetz **130** 4, 6, 7; **135** 5
Vermögensbewertung **200** 103
Verpflichtungsübernahmen **1** 5

Versicherungsunternehmen **200** 103
verwendbares Eigenkapital **100** 38
Rücknahme
Altfahrzeuge **1** 6
Anerkennung **840** 20; **850** 34
Bescheinigung **500** 13b
Bestellung **840** 46, 54; **850** 20
Billigkeitsentscheidung **800** 163
Rechtsbehelf **800** 362; **802** 72, 136
Rechtsmittel **802** 125, 136, 144
Steuerermäßigung für nicht entnommenen Gewinn **1** 34a
Verwaltungsakt **800** 130, 132, 218; **800a** Art. 97 P. 13a
Vollstreckungsersuchen **801a** 11
Zulassung zur Steuerberaterprüfung **840** 39a
Rücknahmepreis, Wertpapiere **200** 11
Rückoption, Körperschaftsteuer **100** 1a
Rückstände, Kraftfahrzeugsteuer **660** 13, 18
Rückstellungen
Beitragsrückerstattungen **100** 21
Bewertung **1** 6
Drohverlustrückstellung **1** 5
Jubiläumsrückstellungen **1** 5
Pensionsfonds **100** 21, 21a
Pensionsrückstellung **1** 6a
Schwankungsrückstellungen **100** 20
Umwandlung **135** 5
Verletzung von Rechten **1** 5
Versicherungsunternehmen **100** 20, 21, 21a
Zuwendungen an Unterstützungskasse **1** 4d
Rücktrag
Baukindergeld **1** 34f
Gewinn auf Investitionen **1** 6b
Verlust **1** 10d, 111
Rücktritt, Umsatzsteuer **500** 17
Rückvergütungen von Genossenschaft
Einkommensteuer **1** 13a
Körperschaftsteuer **100** 22
Rückversicherung
Betriebsstättengewinnaufteilung **725b** 24
Feuerschutzsteuer **650** 3, 6
Versicherungsteuer **620** 4
Rückwaren, Einfuhrumsatzsteuer **518** 1, 12
Rückwirkende Versteuerung, Erbschaftsteuer **250** 13a
Rückwirkendes Ereignis
Aufhebung oder Änderung Bescheid **1** 4k; **130** 22; **800** 175
Verzinsung von Steuern **800** 233a; **800a** Art. 97 P. 15
Rückwirkung, Umwandlungssteuergesetz **130** 2, 6, 20, 22, 23, 27
Rückzahlung
Altersvorsorgezulage **1** 90, 93–95
Arbeitnehmer-Sparzulage **24** 14; **24a** 1
Bausparbeiträge **1** 10; **52** 2; **53** 2, 9
Eigenkapital **130** 22
Einlagen **1** 17
Geschäftsguthaben **100** 38
Kindergeld **1** 75; **60** 12
Nennkapital **100** 28
Versicherungsbeiträge, Nachversteuerung **1** 10
Rüge
Steuerberater und Steuerbevollmächtigte **840** 81, 91
Steuergericht **802** 133a
Wirtschaftsprüfer **850** 68
Ruhegelder *s. Versorgungsbezüge*
Ruhenlassen, außergerichtliches Rechtsbehelfsverfahren **800** 363
Rumpfwirtschaftsjahr **10** 6, 8b, 8c; **120** 52, 56
Rundfunkanstalten, Mitteilungspflichten **800f (a)**
Rundfunkdienstleistungen **500** 3, 3a, 18h; **510** 59; **550** 58; **550a** 6b, 18, 24a–24b, 57a–63c; **803** 5
Rundfunkschaffende, Auskunftsverweigerungsrecht **800** 102
Rußpartikelfilter, Kraftfahrzeugsteuer **660** 9a, 18

Saatzucht **200** 175
Einheitsbewertung **200** 48a, 62
Grundsteuerwert **200** 242
Umsatzsteuer **500** 24
Sachbezüge
Einkommensteuer **1** 3 (11a, 15), 8, 19a, 40
Kapitalertragsteuer **1** 44
Sozialversicherung **21** 2, 3
Umsatzsteuer **500** 3, 3a
Vermögensbewertung **200** 15

Sacheinlagen
Erbschaftsteuer **250** 13a
Investmentsteuergesetz **120** 5a
steuerbegünstigte Zwecke **800** 55
Umwandlungssteuergesetz **130** 20, 22
Sachhaftung, Ausfuhr-, Einfuhrabgaben, Verbrauchsteuern **800** 76
Sachinbegriff
ausländische Einkünfte **1** 2a
Mieteinkünfte **1** 21
Sachleistung, Kapitaleinkünfte **1** 20
Sachleistungsverpflichtungen, Rückstellung **1** 6
Sachprämien 1 3 (38), 37a
Sachspenden, Aufzeichnungspflichten **10** 50
Sachverhaltsaufklärung
Allgemeines **800** 88; **802** 76
Auslandsbezug **725** 17
finanzgerichtliches Verfahren **802** 76
Revisionsverfahren **802** 118
Sachverhaltsdokumentation bei Auslandsbeziehungen **800** 90
Sachverständige
Buchprüfer **850** 129
Entschädigungen **800** 405, 410
Hilfeleistung in Steuersachen **840** 4
Mitteilung an Finanzbehörden **800f (a)** 2
Steuergeheimnis **800** 30
Umsatzsteuer **500** 3a
Verfahren bei Finanzbehörde **800** 96, 98, 104, 107; **802** 158
Verfahren bei Finanzgericht **802** 88
Wirtschaftsprüfer **850** 2
Sachwertfaktoren 200 191
Sachwertverfahren 200 182, 189–191
Einheitsbewertung **200** 76, 83–90; **202**
Grundsteuerwert **200** 250, 258–260
Sachwertfaktoren **200** 191
Sachzuwendungen
Einkommensteuerpauschalierung **1** 37b
steuerbegünstigte Zwecke **800** 58
Umsatzsteuer **500** 3, 10
Safe haven, Gesellschafter-Fremdfinanzierung **100** 8a
Sägewerkserzeugnisse 500 24, 28
Sammelauskunftsersuchen, Finanzbehörde **800** 93
Sammelbeförderung Arbeitnehmer
Entfernungspauschale **1** 9
Lohnsteuer **1** 3 (32)
Sammelposten, abnutzbare Anlagegüter **1** 4, 6, 13a
Sammel-Steuerbescheinigung, Kapitalertragsteuer **1** 44a
Sammelversicherung
Feuerschutzsteuer **650** 1
Versicherungsteuer **620** 2, 8
Sammelverwahrung, Kapitaleinkünfte **1** 20, 36a, 43, 44, 44a, 50j
Sammlermünzen *s. Münzen*
Sammlungen
Abzugsbeträge bei Einkommensteuer **1** 10g
Datensammlungen **800** 88a
Erbschaftsteuer **250** 13, 13b
Grundsteuer **420** 32
Grundsteuer 2025 **420a** 32
Zahlungsmittel für Erbschaftsteuer und Vermögensteuer **800** 224a
Sanierungsertrag, Gewerbesteuer **450** 7
Sanierungserträge
Einkommensteuer **1** 3a
Gewerbesteuer **450** 7b
Körperschaftsteuer **100** 8, 8c, 8d, 15
Sanierungsgelder 1 19
Sanierungsmaßnahmen
Einkommensteuer **1** 3a, 4, 7h, 10f, 11a, 35c, 51; **10** 82g
Körperschaftsteuer **100** 5, 8, 8c
Sanktionen
Rennwetten **630** 4, 5
Umsatzsteuer **500** 18
Sattelzüge 660 3
Satzung
Lohnsteuerhilfeverein **840** 14, 15
steuerbegünstigte Zwecke **800** 59–61, Anl. 1
Steuerberaterkammer **840** 78, 86
Wirtschaftsprüferkammer **850** 57, 57c, 60
Wirtschaftsprüfungsgesellschaft **850** 29
Satzungsmäßige Zwecke 800 55, 59, 60, Anl. 1
Säumniszuschlag
Verzinsung **800** 233–239
Verzinsung nach EU-Recht **800** 233
Säumniszuschläge
Allgemeines **800** 3, 218, 240; **800a** Art. 97 P. 16, Art. 97a
Beiträge zur Insolvenzsicherung **70** 10a
Haftung **800** 69
Vollstreckungsersuchen **801a** 9

Schachtelbeteiligung, Anzeigepflichten **800** 138
Schachtelprivileg, Gewerbesteuer **450** 9
Schadenrückstellungen, Körperschaftsteuer **100** 20
Schadensersatzleistung
Steuerberater und Steuerbevollmächtigter **840** 67a
Wirtschaftsprüfer **850** 54a, 136a
Schadensmeldung, Kalamitätsnutzungen **1** 34b
Schädliche Verwendung, Altersvorsorgevermögen **1** 93, 94
Schadstoffarme Fahrzeuge 660 2, 9, 10a; **665** 5
Schäferei *s. Wanderschäferei*
Schalentiere 500 Anl. 2
Schaltkreise 500 13b; **550** 199a
Schatzanweisungen, Einkünfte **1** 20
Schätzung
Allgemeines **200** 11; **800** 162
Auslandsbeziehungen **800a** Art. 97 P. 22
Auslandsbezug **725** 17
Bodenschätzung **210**
Jahresrohmiete **200** 79
Mietwert **200** 47
Steuererklärungspflicht **800** 149
übliche Miete für Bedarfsbewertung **200** 146, 186
Schausteller
Kraftfahrzeugsteuer **660** 3
Umsatzsteuer **500** 12; **510** 30
Scheck
Umsatzsteuer **500** 4 (8)
Vollstreckung **800** 312
Zahlungsmittel **1** 7a
Scheidung
Einkünfte **1** 20
Wohnförderkonto **1** 92a
Scheingeschäfte 800 41
Schenkung
Betriebsvermögen **1** 6; **250** 13a, 19a
Grundstück, Grunderwerbsteuer **600** 3
Kapitalanteil, Einkommensteuer **1** 17
Privatvermögen, Einkommensteuer **1** 23
Vermögen **250** 1, 7; **260** 8, Muster 6; **725** 4; **800** 278; **835** 852
Schenkungsteuer *s. Erbschaftsteuer*
Schienenbahnverkehr
s. Beförderungsleistungen bzw. Eisenbahn
Schienenwege
Grundsteuer **420** 4
Grundsteuer 2025 **420a** 4
Schiffe
ausländische Einkünfte **1** 2a, 5a, 34d
Betriebsausgaben **1** 4
Gewerbesteuer **450** 7, 9; **460** 5, 6, 15
inländische Einkünfte **1** 49
Lohnsteuerabzug **1** 41a
Reinvestitionsvergünstigung **1** 5a, 6b
Sonderabschreibungen **1** 51; **10** 82f
Umsatzsteuer **500** 1, 3e, 4 (2, 5, 6), 4b, 5, 8, 12, 13b; **510** 7, 18; **550** 37, 55, 57, 148–150
Vermögensteuer **220** 2, 12
Versicherungsteuer **620** 6, 9
Vollstreckung **800** 311, 315, 318, 322, 323
Schiffserlöspool, Versicherungsteuer **620** 4
Schlichte Änderung, Steuerbescheid **800** 172
Schlussbesprechung 800 201
Schlussbesteuerung
Einkommensteuer **1** 14, 14a, 16, 17, 18
Investmentfonds **120** 52, 56
Körperschaftsteuer **100** 11–13
Schlüsselzahlen, Gemeindeanteile **810** 2–4, 5a–5d
Schmiergelder
Nachweis des Empfängers **800** 160
nichtabzugsfähige Ausgaben **1** 4
Schmuck, Erbschaftsteuer **250** 13, 13b
Schmuggel, Zölle und Verbrauchsteuern **800** 210, 373, 394
Schmutzzulage, Pfändung **835** 850a
Schokolade 500 Anl. 2
Schonfrist, Säumniszuschläge **800** 240
Schreibfehler 800 129, 173a; **802** 107
Schriftform *s. Form*
Schriftsteller, Einkünfte **1** 18
Schuldbeitritt, Einkommensteuer **1** 4f, 5
Schuldbuchforderungen
Einkommensteuer **1** 20
Kapitalertragsteuer **1** 43
s. a. Wertpapiere
Schulden
Auslandsbezug **725** 16
Bewertung **1** 4f, 6; **200** 6–8, 11, 12, 97, 103, 121

Erbschaftsteuer **250** 10, 12, 13b, 19a
Erlass **1** 3a, 3c
Euroumrechnungsrücklage **1** 6d
Freibetrag für Schuldentilgung bei Einkommensteuer **1** 14a
Gewerbesteuer **450** 8; **460** 19
Grunderwerbsteuer **600** 9
Nachweis des Gläubigers **800** 160
Schuldbeitritt **1** 4f, 5
Umsatzsteuer **500** 10
Schuldnerverzeichnis, eidesstattliche Versicherung oder Vermögensauskunft **800** 284
Schuldrechtliche Beziehungen zwischen in- und ausländischen Betriebsstätten **725b** 16, 17, 32, 33, 37
Schuldübernahme
Einkommensteuer **1** 4f
Steuerschulden **800** 48
Schuldverschreibungen
Einkommensteuer **1** 20
Erbschaftsteuer **250** 33; **260** 2
Kapitalertragsteuer **1** 43
Vermögensbewertung **200** 11
Vermögensbildung **24** 2
Schuldzinsen
Betriebsausgaben **1** 4, 4h; **100** 8a, 15
Durchschnittssatzgewinn **1** 13a
Gewerbesteuer **450** 8
selbst genutzte Wohnung **1** 10e
Werbungskosten **1** 9
Schulen
Gewerbesteuer **450** 3
Schulgeld **1** 10
Umsatzsteuer **500** 4 (21, 22)
Schülerheime
Grundsteuer **420** 5
Grundsteuer 2025 **420a** 5
Schulgeld, Abzug bei Einkommensteuer **1** 10
Schullandheime **800** 68
Schutzräume **200** 197
Bedarfsbewertung **200** 150
Einheitsbewertung **200** 71, 101
Grundsteuerwert **200** 245
Schutzrechte
Rückstellungen **1** 5
Überlassung **1** 4j
Schwarze Geschäfte
Besteuerung **800** 40
Kontrollmitteilungen **800** 93a
Steuergeheimnis **800** 31a
Schwebende Geschäfte
Gewerbesteuer **450** 8
Rückstellungen **1** 5
Schweigepflicht *s. Betriebsgeheimnis bzw. Geheimhaltung bzw. Steuergeheimnis*
Schweiz
Einkommensteuer **1** 3 (2, 26, 26a), 10, 32b, 50, 50g, 50h
Hilfe in Steuersachen **840** 3a, 3d, 37a
Hilfeleistung in Steuersachen **840** 5, 10b
Vorsorgeaufwendungen **1** 50
Schwellenwert **500** 3a; **550** 14a, 59c, 167a, 284, 288a, 369l, 369y; **550a** 24b
Schwerlastverkehr **660** 9
Schwimmbäder **500** 12
Seefischerei *s. Hochseefischerei*
Seeschiffe *s. Schiffe*
Segeljacht, Betriebsausgaben **1** 4
Selbst genutzte Wohnung
Altersvorsorge **1** 22, 82, 92a, 92b, 93
Bedarfsbewertung **200** 146
Eigenheimzulage **5**
energetische Maßnahmen **1** 35c
Erbschaftsteuer **250** 13, 28
Ertragswertverfahren **200** 186
Feststellungsverfahren **800e** 1
Nutzungswert **1** 13
Sonderausgabenabzug **1** 10e, 10f
Veräußerung **1** 23
Wohnungsbauprämie **52** 2
Selbständige Arbeit
Einkünfte **1** 18
Kapitalerträge **1** 32d, 43
Reinvestitionsvergünstigung **1** 6b
Selbständigkeit
Einkommensteuer **1** 15
Umsatzsteuer **500** 2
Selbstanzeige
Ablaufhemmung **800** 171
Gebühren an Steuerberater und Steuerbevollmächtigte **840a** 30
Straffreiheit **800** 371, 378, 398a; **800a** Art. 97 P. 24
Selbstauskunft, Finanzkonten **806** 3a, 11–17, 22
Selbstkosten, Umsatzsteuerbemessungsgrundlage **500** 10
Selbstlosigkeit **800** 55

Selbstversorgungsbetrieb, Zweckbetrieb **800** 68
Selbstzündungsmotorfahrzeug 660 3b, 9
Sensible Sektoren, Investitionszulage **740a** 2, 8, Anl. 2; **740b** 3, 9, 19, Anl. 2
Sicherheiten
Allgemeines **800** 241–248
Außensteuergesetz **725** 6
Aussetzung der Vollziehung **800** 361; **802** 69
digitale Aufzeichnungen **800** 146a; **800j** 3, 4, 5
Erzwingung **800** 328, 336
Fristverlängerung **800** 109
Gesamtschuldner **800** 44
Gesellschafter-Fremdfinanzierung **1** 3c; **100** 8b
Sachhaftung **800** 76
Stundung **800** 222
Umsatzsteuer **500** 4 (8), 18f, 21, 21a; **800** 221
Verbrauchsteuern **800** 221
Versicherungsteuer **620** 2
Verwertung **800** 327
vorläufige Steuerfestsetzung **800** 165
Sicherheitsarrest, Vollstreckungsverfahren **800** 326
Sicherstellung, Waren **800** 215
Sicherung
Beweise im berufsgerichtlichen Verfahren **840** 132, 133; **850** 109, 110
Lebensunterhalt **800** 5
Steuerabzug **1** 50c
Sicherungsabtretung
Erstattungs- oder Vergütungsansprüche **800** 46
Versicherungsteuer **625** 1
Sicherungsbeiträge, betriebliche Altersversorgung **1** 3 (63a)
Sicherungseinrichtungen
Gewerbesteuer **450** 3
Körperschaftsteuer **100** 5
Vermögensteuer **220** 3
Sicherungsgeld 800a Art. 97 P. 13
Sicherungsgeschäft
Betriebsvermögen **1** 15
Zuordnung **725b** 11
Sicherungshypothek, Vollstreckung **800** 318, 322
Sicherungsübereignung, Umsatzsteuer **500** 13b
Sicherungsverfahren
Sprungklage **802** 45
Vollstreckungsverfahren **801a** 12
Siedlungsunternehmen *s. Wohnungs- und Siedlungsunternehmen*
Siegel, Wirtschaftsprüfer **850** 48
Signatur
digitale S. **500** 14
elektronische S. **800d** 4; **800h** 2; **802** 52a, 52b, 78; **805** 5
elektronisches Dokument **800** 87a; **802** 52a, 52b
Silbermünzen *s. Münzen*
Simultanprüfung, EU-Amtshilfe **801** 12
Sittenwidriges Verlangen 800 125
Sitz
Geschäftssitz **800** 11
Umsatzsteuer **550a** 10, 20, 21
Sitzungspolizei 802 52
Sitzverlegung
Anzeigepflichten **800** 137
Einkommensteuer **1** 4, 15
Körperschaftsteuer **1** 2a; **100** 40
Skonti, Gewerbesteuer **450** 8
Sockelbetrag, Altersvorsorge **1** 86
Solaranlage, Eigenheimzulage **5** 9
Solarmodule, Umsatzsteuer **500** 12
Soldaten
einkommensteuerfreie Leistungen **1** 3 (2, 4, 5, 23), 32b
Finanzrichter **802** 19
Gewerbesteuer **450** 3
Lohnsteuer **1** 40
Solidaritätszuschlag
Kapitalertragsteuer auf Investmenterträge **1a** 1; **120** 7, 29
Milderungszone **1a** 4
Pauschalierung **1** 40a
Übergangstabellen **SaT 3**
Sollversteuerung
Feuerschutzsteuer **650** 3
Umsatzsteuer **500** 13
Versicherungsteuer **620** 5, 9
Sonderabschreibungen
Allgemeines **1** 7a
Bewertung **1** 6
Förderung kleiner und mittlerer Betriebe **1** 57

Forschungs- und Entwicklungsinvestitionen **1** 51
Kohlen- und Erzbergbau **1** 51; **10** 81, Anl. 5 u. 6
Land- und Forstwirtschaft **1** 13a, 57
Mietwohnungsneubau **1** 7b
privates Veräußerungsgeschäft **1** 23
Schiffe und Luftfahrzeuge **1** 51, 57; **10** 82f
umgekehrte Maßgeblichkeit **1** 5
Unterhaltsfreibetrag **1** 33a
Vorauszahlungsverfahren **1** 37
Sonderausgaben **1** 39a
Allgemeines **1** 10, 10b
beschränkte Steuerpflicht **1** 50
Einzelveranlagung **1** 26a
Förderung des Wohneigentums **1** 10e, 10f; **10** 82a
Pauschbetrag **1** 10c
schutzwürdige Kulturgüter **1** 10g
Sonderbetriebsausgaben **1** 4i
Sonderbetriebsvermögen
Einkommensteuer **1** 4h, 6, 14
Vermögensbewertung **200** 34, 97
Sonderbilanz, Vermögensbewertung **200** 97
Sondereigentum, Einheitsbewertung **200** 93
Sonderfahrzeuge **660** 3
Sondergewinne, Durchschnittssatzgewinnermittlung **1** 13a
Sonderkulturen **200** 175
Bedarfsbewertung **200** 142, 160, 163, 164, Anl. 18
Einheitsbewertung **200** 48a, 52, 62
Gewinnermittlung **1** 13a
Grundsteuerwert **200** 242
Umsatzsteuer **500** 24
Sondernutzungen
Gewinnermittlung **1** 13a
Grunderwerbsteuer **600** 2
Sonderprüfungen **800** 193
Sondervermögen
beschränkte Einkommensteuerpflicht **1** 49
Spezialinvestmentfonds **120** 27, 54
Vermögensbildung **24** 2
Sonderverwahrung, Kapitalertragsteuer **1** 36a, 43, 44, 44a, 50j
Sondervorauszahlung, Umsatzsteuer **500** 18; **510** 47, 48
Sonderzahlungen
Lohnsteuer **1** 19
Sozialversicherung **21** 1
Sonn- und Feiertage
Vollstreckungsmaßnahmen **800** 289
Zuschläge zum Arbeitslohn, Einkommensteuer **1** 3b
Zustellung **805** 5
Sonstige Bezüge
Einkommensteuer **1** 20, 32d, 50
Körperschaftsteuer **100** 8b
Lohnsteuer **1** 38a, 39b, 39c, 40
Solidaritätszuschlag **1a** 3
Sonstige Einkünfte
Einkommensteuer **1** 22, 23
Körperschaftsteuer **120** 6, 29
Sonstige Leistung **500** 1, 1a, 3–3b, 4, 7, 15a, 18j, 25
Sorgfaltspflichten, Finanzkonten **806** 1, 7–26
Soziale Einrichtungen
Gewerbesteuer **450** 3
Körperschaftsteuer **100** 5; **110** 1–3
Umsatzsteuer **500** 4 (15b, 15c)
Vermögensteuer **220** 3
Sozialfürsorge, Umsatzsteuer **500** 4
Sozialgesetzbuch, Leistungen **1** 3 (2)
Sozialhilfeträger
Datenaustausch **1** 45d
Umsatzsteuer **500** 4 (15, 15a)
Sozialleistungen
Elterngeld, und **62** 10
Leistungen für Bildung und Teilhabe von Kindern, und **60** 6b, 9, 20
Mitteilung über Leistungsmissbrauch **800** 31a
Progressionsvorbehalt **1** 32b
steuerbegünstigte Einrichtung **800** 53
Umsatzsteuer **500** 4 (18)
Sozialleistungsträger
Datenaustausch **1** 45d
einkommensteuerfreie Leistungen von S. **1** 3 (2)
Sozialversicherung
Beiträge als Sonderausgaben **1** 10
Leistungen aus S. **1** 3 (1)
sozialversicherungsfreie Bezüge **21** 1
Zuschüsse des Arbeitgebers **1** 3 (62), 10
Zuwendungen des Arbeitgebers **21** 1

Sozialversicherungspflichtiges Entgelt Nicht zuzurechnende Zahlungen **21** 1
Sozialversicherungsträger, Umsatzsteuer **500** 4 (15, 15a), 12
Sozialwohnungen, steuerfreie Einnahmen **1** 3 (59)
Spaltung von Unternehmen
EG-Richtlinie **135**
Grunderwerbsteuer **600** 4
Körperschaftsteuer **100** 29
Umwandlungssteuergesetz **130** 1 ff.
Sparerpauschbetrag 1 20, 50
Spargelanbau, Grundsteuerwert **200** 242, Anl. 31
Sparvertrag, Wohnungsbauprämie **52** 2; **53** 4–12
Speditionsunternehmen, Hilfeleistung in Steuersachen **840** 4
Speicherbuchführung 800 146
Speichermedium, Umsatzsteuer **500** 12, Anl. 2
Speicherung
digitale Grundaufzeichnungen **800j** 3
Gerichtsdateien **802a** 3
Speisen 500 3a, 3e, 4 (6), 13b, Anl. 2; **550a** 6, 35–37
Spekulationsgeschäft 1 22, 23
Spenden
Einkommensteuer **1** 10b, 34g; **10** 50; **800** 63
Gewerbesteuer **450** 8, 9
Körperschaftsteuer **100** 9
Spendensammelverein 800 62
Sperrfrist
Bausparbeiträge **1** 10; **52** 2; **53** 5, 7
Betriebsvermögen **1** 6, 16
Erwerbsteuer **500** 1a
Kapitalanteil **1** 3 (40), 3c; **100** 8b
Umsatzsteuer-Durchschnittssätze **500** 23a, 24; **510** 71
Vermögensbeteiligungen **1** 19a
Vermögensbildung **24** 4–8
Vermögensübertragung **1** 3 (70), 6
Verzicht auf Umsatzbesteuerung für Kleinunternehmer **500** 3c, 19
Vorsteuerabzug **500** 15a
Spezialfonds
Ertragsbesteuerung **1** 20, 43
Investmentfonds **120** 25–53; **803** 5
Spezialinvestmentfonds 100 24; **120** 25–53, 56
Gewerbesteuer **120** 33
Körperschaftsteuer **120** 42
Werbungskosten/Betriebsausgaben **120** 45
Spielbanken
Gewerbesteuer **450** 3
Umsatzsteuer **500** 4 (9)
Spielekonsolen 500 13b; **550** 199a
Spielplätze
Grundsteuer **420** 32
Grundsteuer 2025 **420a** 32
Splittingtabelle 1 32a; **T 1b**
Splittingverfahren 1 32a
Spontanauskunft, EU-Amtshilfe **801** 8, 9
Sportförderung
Mitgliedsbeiträge **1** 10b; **100** 9; **450** 9
steuerbegünstigte Zwecke **800** 52
Sportlerleihe, Steuerabzug bei beschränkter Einkommensteuerpflicht **1** 50a
Sportliche Leistungen 500 3a
Sportplätze
Grundsteuer **420** 32
Grundsteuer 2025 **420a** 32
Sportveranstaltungen
Sportwettensteuer **635** 15–21
Umsatzsteuer **500** 4 (22); **550** 53
Zweckbetrieb **800** 67a; **800a** Art. 97 P. 1c
Sportvereine 800 52, 58, 67a
Sportwetten, Besteuerung **630** 16–25
Sportwettensteuer 635 15–21
Sprungklage 802 45
Staatenaustauschliste 806 Anl.
Staatsangehörigkeit
Einkommensteuer **1** 1, 1a
Umsatzsteuer **500** 1
Staatsanwaltschaft
Berufsgerichtsverfahren **840** 113; **850** 84
Mitteilung an Finanzbehörden **800f (a)** 6
Steuerstrafverfahren **800** 386, 393, 397, 398, 402, 403
Staatsaufsicht *s. Aufsicht*
Staatslotterien 635 29
Staatswohl, Einschränkung der Auskunfts- und Vorlagepflicht **800** 106; **802** 86
Städtebauliche Maßnahmen
Bescheinigungsverfahren **1** 6b, 7h
Erhaltungsaufwand **1** 4, 10f, 11a

erhöhte Absetzungen **1** 7h, 51; **10** 82g
Grundsteuer 2025 **420a** 25
Körperschaftsteuer **100** 5
Reinvestitionsvergünstigung **1** 6b
selbst genutzte Wohnung **1** 10f
Stammdokumentation
Auslandsbeziehungen **800b** 5
multinationale Unternehmensgruppe **800** 90
Standesämter
Anzeigepflichten Erbschaftsteuer **260** 4, Muster 4
Anzeigepflichten für Erbschaftsteuer **250** 34
Ständiger Vertreter *s. Vertreter*
Standortverlegung, Kraftfahrzeugsteuer **660** 12
Statistik
Elterngeld **62** 22
EU-Amtshilfe **801** 20
Forschungszulagenbescheinigung **751** 6
personenbezogene Daten **800** 31c
Steuergeheimnis **800** 30
Steuerstatistiken **800** 150
zwischenstaatliche Amts- und Rechtshilfe **800** 117d
Statusbescheinigung, Investmentfonds **120** 7, 11, 29
Stehende Betriebsmittel, Land- und Forstwirtschaft **200** 34, 158, 232
Stehender Gewerbebetrieb, Gewerbesteuer **450** 2; **460** 1
Steinbruch *s. Substanzabbau*
Steinkohlenbergbau *s. Bergbau*
Stellplätze, Umsatzsteuer **500** 4 (12)
Sterbefall
Anzeigepflichten Erbschaftsteuer **260** 4–7, 9
Anzeigepflichten für Erbschaftsteuer **250** 34
Sterbekassen
Anzeigepflichten Erbschaftsteuer **260** 3
Gewerbesteuer **450** 3
Körperschaftsteuer **100** 5, 6; **110** 1, 2
Vermögensteuer **220** 3
Steuerabzug
Anmeldung **800** 167
Außenprüfung **800** 193, 194
Bauleistungen **1** 48–48d; **800** 20a, 22
beschränkte Einkommensteuerpflicht **1** 1, 50a; **1a** 3; **10** 73e, 73f
Betriebe im Beitrittsgebiet **1** 58
energetische Maßnahmen **1** 35c
Hinterziehungszinsen **800** 235
Kapitalertragsteuer **1** 43–45d; **2** 5, 7; **120** 31, 33
Körperschaftsteuer **100** 19; **120** 6, 32
Lohnsteuer **1** 38–42f
Mitteilungspflichten gegenüber Finanzbehörde **800f (a)** 1
Solidaritätszuschlag **1a** 1, 3
Steuergefährdung **800** 380
Stundung **800** 222
Verzinsung von Abzugsbeträgen **800** 233a
Zuschlagsteuern **1** 51a
Steuerabzug von Bauleistungen 1 48–48d
elektronische Schnittstelle **1** 48a
Steueranmeldung *s. Anmeldung*
Steueranspruch, Begriff **800** 37
Steueraufkommen
Aufteilung **803** 5; **807; 808; 809a**
s. a. Aufkommen
Steueraufsicht
durch Finanzbehörde **800** 85, 193–203, 209–217
Steuerabzug bei beschränkter Einkommensteuerpflicht **10** 73d
s. a. Aufsicht
Steuerausgleich
Grundsteuer **420** 24
Grundsteuer 2025 **420a** 24
Steuerausweis
Umsatzsteuer **500** 14, 14a, 14c
Versicherungsteuer **620** 5
Steuerbare Umsätze 500 1; **550** 2, 14–30
Steuerbefreiungen
Einfuhrumsatzsteuer **500** 5; **518**
Einkommensteuer **1** 3b, 19a, 20, 22, 49, 106; **5** 16; **52** 6; **120** 16, 20, 36, 42, 43, 56; **740a** 12; **740b** 13
Erbschaftsteuer **250** 13, 13a, 13b, 13d, 18
Gewerbesteuer **120** 15, 45; **125** 16–18; **130** 18; **450** 2, 3, 7, 25; **460** 12a
Grunderwerbsteuer **600** 3–7
Grundsteuer **420** 3–8, 19, 20, 43
Grundsteuer 2025 **420a** 3–8, 19, 20
Investitionszulage **740a** 12; **740b** 13
Investmentfonds **120** 6
Kapitalertragsteuer **1** 44a

Körperschaftsteuer **100** 5, 8b, 13, 37, 38, 40, 61; **110** 4; **112; 120** 6, 8–10, 13, 16, 20, 26, 29, 42, 43, 48, 49; **125** 16–18; **130** 12, 20, 24
Kraftfahrzeugsteuer **660** 3, 3a, 3b, 3d, 10a, 10b, 18; **665** 7
Lotteriesteuer **630** 28; **635** 29
REIT-AG **125** 16–18
Solidaritätszuschlag **1a** 2
Umsatzsteuer **500** 1, 4, 4b, 5, 6a, 15, 24, 25, 25a, 25c, 25f; **510** 20–22, 72, 73; **518; 550** 3, 67, 129a, 131–166, 284b–284e, 346–347, 370–390; **550a** 44–51, Anh. II
Vermögensteuer **220** 2, 3, 24c
Versicherungsteuer **620** 4, 9; **625** 5
s. a. Befreiungen bzw. Steuerfreie Einnahmen

Steuerbegünstigte Anleger bei Investmentfonds **120** 8, 12

Steuerbegünstigte Einkünfte 1 22, 34, 34b

Steuerbegünstigte Zwecke
Entnahmen **1** 6
Erbschaftsteuer **250** 13, 29
Gewerbesteuer **450** 3
Grundsteuer **420** 3, 4, 6–8
Grundsteuer 2025 **420a** 3, 4, 6–8
Kapitalertragsteuer **1** 44a, 44b
Körperschaftsteuer **100** 5, 9, 13; **800** 58
Lotteriesteuer **635** 28
Mitgliedsbeiträge **1** 10b; **100** 9; **450** 9
Mitteilung an Finanzbehörden **800f (a)** 7
Spenden **1** 6, 10b; **100** 9, 13; **450** 9
Umsatzsteuer **500** 4 (25, 27), 4a, 12, 23a
vermögensteuerliche Behandlung **220** 3
Voraussetzungen **800** 51–68; **800a** Art. 97 P. 1d

Steuerberater
Auskunfts- und Vorlageverweigerungsrecht **800** 102
Beiordnung als Prozessvertreter **802** 142
Berufsrecht **840; 840a; 847; 849; 849a**
Bevollmächtigter im Verfahren bei Finanzbehörde **800** 80, 80a
Bußgelder **800** 411
Einkünfte **1** 18
Einspruchsverfahren **800** 347
Finanzrichter **802** 19
Gebührenerstattung **802** 139
Haftpflichtversicherung **845** 51–56
Haftung **800** 191
Kosten im Strafverfahren oder Bußgeldverfahren **800** 408, 410; **840a** 45
Prüfung **845** 28
Umsatzsteuer **500** 3a
Verteidiger im Steuerstrafverfahren oder Bußgeldverfahren **800** 392, 410; **840** 1, 33
Wirtschaftsprüferprüfung **850** 13
Zulassungs- und Prüfungsausschuss **800** 84
Zustellung an St. **805** 5

Steuerberaterkammer 840 3a, 3g, 53, 73–88, 164a

Steuerberaterplattform 840 86c, 86f

Steuerberaterpostfach 840 86d–86g

Steuerberatungsgesellschaft, Hilfe in Steuersachen **840** 55g, 157d

Steuerberechnungsformel, Rennwett- und Lotteriegesetz **635** 43

Steuerberechtigung
Ertragsteuern **807** 1, 1a, 8a
Gewerbesteuer **450** 1
Grundsteuer **420** 1, 22
Grundsteuer 2025 **420a** 1, 22

Steuerbescheid *s. Steuerfestsetzung*

Steuerbescheinigung
Kapitalertragsteuer **1** 44a, 45a, 50c; **120** 56
Körperschaftsteuer **100** 27; **803** 5

Steuerbevollmächtigter
Allgemeines **840** 32–34, 42, 157; **845**
Auskunftsverweigerungsrecht **800** 102
Beiordnung als Prozessvertreter **802** 142
Bußgelder **800** 411
Einkünfte **1** 18
Finanzrichter **802** 19
Gebührenerstattung **802** 139
Haftung **800** 191
Verteidiger im Steuerstrafverfahren oder Bußgeldverfahren **800** 392. 410; **840** 1, 33
Zustellung an St. **805** 5

Steuerbilanz 1 5a, 6

Steuerbürge, Sicherheitsleistung **800** 241, 244

Steuerdaten
automatisierter Abruf **800g** 1 ff.
elektronische Übermittlung **800** 87a–87e

Steuerentstrickung 1 4, 4g, 17

Steuererklärung
eDaten **800** 150
Grundsteuer 2025 **840a** 24 (11a)
Steuererklärungen
elektronische St. **800** 87b
Fristverlängerung **800** 109
Gebühren für Anfertigung durch Steuerberater oder Steuerbevollmächtigte **840a** 24
Schreib- oder Rechenfehler **800** 173a
Steuererklärungspflicht
Allgemeines **800** 149–151; **800a** Art. 97 P. 10a
Außensteuergesetz **725** 18
Bedarfsbewertung **200** 153
Einheitsbewertung **200** 28, 127
Einkommensteuer **1** 25, 111; **10** 56
Erbschaftsteuer **250** 13a, 28a, 31
Festsetzungsfrist **800** 170
Feststellungserklärung **120** 56; **800** 181; **800a** Art. 97 P. 10a; **800e** 3
Feuerschutzsteuer **650** 8
Fiskalvertreter **500** 22b
Gewerbesteuer **450** 14a; **460** 25
grenzüberschreitende Steuergestaltungen **800** 138k
Grundsteuerwert **200** 228
Körperschaftsteuer **100** 27
Kraftfahrzeugsteuer **665** 3–5, 10–12, 15
REIT-AG **125** 21
Spezialinvestmentfonds **120** 51
Umsatzsteuer **500** 18–18b, 18h–18k, 22b; **550** 364, 365, 369s–369u, 369 zb; **550a** 59–61a
Verlustfeststellung **460** 25
Vermögensteuer **220** 19
Versicherungsteuer **620** 8
s. a. Erklärungspflichten
Steuererlass *s. Erlass*
Steuerermäßigung
ausländische Einkünfte **1** 5a, 34c; **10** 68a, 68b; **100** 26
ausländisches Vermögen **220** 12
außerordentliche Einkünfte **1** 22, 34, 34b; **130** 20, 21, 22, 24
Einkünfte mit Erbschaftsteuer **1** 35b
energetische Maßnahmen **1** 35c
Entschädigungen **1** 34
Erbschaftsteuer **250** 27
Förderung des selbst genutzten Wohneigentums **1** 34f
Gewerbesteuer **450** 11
gewerbliche Einkünfte **1** 35
Grundsteuer 2025 **420a** 15
haushaltsnahe Tätigkeiten **1** 35a
Holznutzungen **1** 34b
Kraftfahrzeugsteuer **660** 3a, 5, 9; **665** 7
Organschaft, Körperschaftsteuer **100** 19
Spenden an Parteien und Wählervereinigungen **1** 34g
Umsatzsteuer **500** 12; **518** 1
Veräußerungsgewinn **1** 5a, 34; **130** 20, 21, 22, 24
Vermögensbeteiligungen **1** 19a
Wasserkraftwerk **111** 4–6
Steuererstattung *s. Erstattung*
Steuerfachangestellte 849; 849a
Steuerfachangestellten-Ausbildung
Abschlussprüfung **849** 6 ff., 11 ff.
Anerkennung **849** 1
Ausbildungsplan **849** 5
Ausbildungsrahmen, Ausbildungsstruktur **849** 3, 4
mündliche Prüfung **849** 19
Verordnung **849** 1 ff.
Steuerfahndung
Allgemeines **800** 171, 208, 404, 410
Bundeszentralamt für Steuern **800** 208a
Datenübermittlung **800** 93, 117a, 117b
Festsetzungsverjährung **800** 171
Steuerfestsetzung
Allgemeines **800** 155, 157, 169–171, 218
Aufhebung oder Änderung **800** 172–177
automationsgestützte St. **800** 150, 154
Gebühren für Prüfung durch Steuerberater oder Steuerbevollmächtigte **840a** 28
Grunderwerbsteuer **600** 16
Grundsteuer **420** 27
Grundsteuer 2025 **420a** 27
Kraftfahrzeugsteuer **665** 11, 16
Umsatzsteuer **500** 18
Verwirklichung von Steueransprüchen **800** 218
Steuerfreie Einkünfte
Ausland **1** 1
Doppelbesteuerungsabkommen **1** 34c
Steuerfreie Einnahmen
Ausgabenabzug **1** 3a, 3c, 10
Entfernungspauschale, und **1** 9
s. a. Steuerbefreiungen
Steuerfreie Einnhamen 1 3

Steuerfreies Vermögen
Erbschaftsteuer **250** 5, 10, 13–13b, 13d
Vermögensteuer **220** 2, 3
Steuerfreistellung,Existenzminimum**1** 31
Steuergegenstand
Erbschaftsteuer **250** 1
Feuerschutzsteuer **650** 1
Gewerbesteuer **450** 2
Grunderwerbsteuer **600** 1, 2
Grundsteuer **420** 2
Kraftfahrzeugsteuer **660** 1
Lotteriesteuer **630** 26
Online-Pokersteuer **630** 46
Rennwettsteuer **630** 8
Sportwettensteuer **630** 16
Umsatzsteuer **500** 1; **550** 14–30
Versicherungsteuer **620** 1
Virtuelle Automatensteuer **630** 36
Steuergeheimnis
Allgemeines **800** 30–31a, 96; **802** 86
Datenübermittlung **800** 87a; **800g** 1 ff.; **801** 19
Datenverarbeitung **800** 29c, 30
Vollstreckungsersuchen **801a** 21
Steuerhaftung *s. Haftung*
Steuerheft **500** 22; **510** 68
Steuerhehlerei *s. Hehlerei*
Steuerhinterziehung *s. Hinterziehung*
Steuerkarte, Kraftfahrzeugsteuer **665** 11–13
Steuerklassen
Erbschaftsteuer **250** 6, 15
Lohnsteuer **1** 38b, 39f
Steuerliche Nebenleistungen **800** 3
Steuerlicher Vorteil
grenzüberschreitenden Steuergestaltunge **800** 138e
bei grenzüberschreitenden Steuergestaltungen **800** 138d, 138g
Steuermarken
Allgemeines **800** 167, 170
Berichtigung von Erklärungen **800** 153
Straftat bei Fälschung **800** 369, 370
Steuermessbetrag
Allgemeines **800** 184
Gewerbesteuer **450** 11, 14–15; **800** 184
Grundsteuer **420** 13; **800** 184
Grundsteuer 2025 **420a** 13
Realsteuermessbetrag **800a** Art. 97 P. 35
Steuermesszahl
Abschlag **420a** 15
Ermäßigungsantrag **420a** 15
Gewerbesteuer **450** 11
Grundsteuer **420** 13–15
Grundsteuer 2025 **420a** 13–15
Steuern
Begriff **800** 3
EU **1** Anl. 2–3
Steuernachforderung *s. Nachforderung*
Steuernummer
Angabe in Rechnung **500** 14
Fiskalvertreter **500** 22d
Steueroasen **12; 12a**
nicht kooperativ **12a** 2
Steueroasen-Abwehrgesetz **12** 1 ff.; **800** 162
Steuerordnungswidrigkeit
Allgemeines **800** 2a, 29c, 377
s. a. Bußgeld
Steuerpflicht
Einkommensteuer **1** 1, 1a; **725** 2, 7
Erbschaftsteuer **250** 1–9
Gewerbesteuer **450** 2
Körperschaftsteuer **100** 1–6
Kraftfahrzeugsteuer **660** 1, 5
Solidaritätszuschlag **1a** 2
Vermögensteuer **220** 1, 2
Steuerpflichtiger
Begriff **800** 33, 43
Einkommensteuer **1** 26b
Erbschaftsteuer **250** 20
Feuerschutzsteuer **650** 5
Gewerbesteuer **450** 5
Grunderwerbsteuer **600** 13
Grundsteuer **420** 10
Grundsteuer 2025 **420a** 10
Kraftfahrzeugsteuer **660** 7
Lotteriesteuer **630** 30
Online-Pokersteuer **630** 49
Rennwettsteuer **630** 11
Sportwettensteuer **630** 18
Umsatzsteuer **500** 13a; **550** 9–13; **550a** 5d; **550b** 2, 3
Verfahrensbeteiligter **800** 78
Versicherungsteuer **620** 7
Virtuelle Automatensteuer **630** 39
s. a. Steuerschuldner
Steuerpflichtiges Vermögen
Erbschaftsteuer **250** 10
Vermögensteuer **220** 9

Steuersatz
außerordentliche Einkünfte aus Forstwirtschaft **1** 34b; **720** 5
Einkommensteuer **1** 32a, 32b, 32d, 34, 34a, 34b, 50, 50a; **725** 2
Erbschaftsteuer **250** 6, 19, 19a
Feuerschutzsteuer **650** 4
Gewerbesteuer **450** 11
Grunderwerbsteuer **600** 11
Grundsteuer **420** 13, 15
Grundsteuer 2025 **420a** 13, 15
Kapitalertragsteuer **1** 43a
Körperschaftsteuer **100** 5, 23
Kraftfahrzeugsteuer **660** 9, 9a, 18
Lotteriesteuer **630** 29
Online-Pokersteuer **630** 49
Progressionsvorbehalt **1** 32b, 34, 34c
Rennwettsteuer **630** 10
Sportwettensteuer **630** 17
Umsatzsteuer **500** 12, 25a, 28, Anl. 2; **550** 93–130, 369 za, Anh. III
Vermögensteuer **220** 10
Versicherungsteuer **620** 6
Virtuelle Automatensteuer **630** 38
Steuerschuldner
Allgemeines **800** 43
Einfuhrumsatzsteuer **500** 21
Kapitalertragsteuer **1** 44
Lotteriesteuer **630** 30
Online-Pokersteuer **630** 49
Rennwettsteuer **630** 11
Sportwettensteuer **630** 18
Steuerabzug bei beschränkter Einkommensteuerpflicht **1** 50a; **10** 73g
Umsatzsteuer **500** 6a, 13a, 13b, 21, 25b; **510** 30a; **550** 192a–205, 369z
Virtuelle Automatensteuer **630** 39
s. a. Steuerpflichtiger
Steuerschuldverhältnis **800** 37, 38, 47, 218, 220, 261
Steuerstempler
Allgemeines **800** 167, 170
Berichtigung von Erklärungen **800** 153
Straftat bei Fälschung **800** 369, 370
Steuerstrafen
Anzeige **800** 116
Ordnungswidrigkeiten **800** 385–408
Straftaten **1** 50e; **800** 2a, 29c, 369–376
Steuerstundungsmodell
Einkommensteuer **1** 13, 15b, 18, 20, 21
Spezialinvestmentanteile **120** 49
Steuerumgehung **800** 42
Steuervergütung Drittland **500** 4a
Steuervergütungsanspruch
Allgemeines **800** 37
Erwerb **800** 383
Mobilitätsprämie **1** 107
Umsatzsteuer **500** 4a, 4c
Verwirklichung **800** 218
Steuervergütungsgläubiger, Festlegung **800** 43
Steuerverkürzung
Ordnungswidrigkeit **800** 378
Selbstanzeige **800** 378; **800a** Art. 97 P. 24
Steuervermeidung bei grenzüberschreitenden Steuergestaltungen **800** 138d–138h
Steuerverschluss, Warenlager unter St. **800** 241
Steuerverteilung **808; 809a**
Steuerverwaltung *s. Finanzbehörden bzw. Finanzverwaltung*
Steuerwettbewerb, Steueroasen-Abwehrgesetz **12** 1 ff.
Steuerzahlung *s. Zahlung*
Steuerzeichen als Steueranmeldung **800** 167
Steuerzerlegung *s. Zerlegung*
Stichtag
Bedarfsbewertung **200** 138, 151, 157, 161, 172, 174
Bewertung von Rückstellungen **1** 6
Einheitsbewertung **200** 21–24, 25, 27, 35, 54, 59
Erbschaftsteuer **250** 11
Grundsteuer **420** 9, 23
Grundsteuerwert **200** 221–224, 226, 227
Umwandlungssteuergesetz **130** 2, 9, 20, 27
Vermögensteuer **220** 5
Stiefkinder
Einkommensteuer **1** 32
Grunderwerbsteuer **600** 3
Kindergeld **1** 63; **60** 2
Vermögensteuer **220** 6
Stiftung
ausländische St. **725** 15
Erbschaftsteuer **250** 1–3, 7, 10, 13a, 15, 24, 26, 28, 28a, 29, 30, 31; **260** 10
Gewerbesteuer **450** 3
Kapitalertragsteuer **1** 44a
Körperschaftsteuer **100** 1, 3, 5, 9, 10; **112**

Leistungen aus St. **1** 3 (40), 20, 43
Spenden **1** 6, 10b; **450** 9
steuerbegünstigte Zwecke **800** 55, 58; **800a** Art. 97 P. 1f
Umsatzsteuer **500** 10
Vermögensbewertung **200** 97, 109
Vermögensteuer **220** 1
Vollstreckung **800** 255; **802** 150–153
Stille Reserven
bei unentgeltlicher Übertragung **1** 6
Verlustabzug, und **100** 8c
Stiller Gesellschafter
Arbeitnehmersparzulage **24** 2
Beteiligung im Ausland **1** 2a
Einkünfte **1** 20, 32d
Gewerbesteuer **450** 8
Inlandsvermögen **200** 121
Kapitalertragsteuer **1** 43, 44
Mitunternehmer **1** 15
Stillhalterprämien, Kapitaleinkünfte **1** 20, 22, 43, 44
Stilllegung, Kernkraftwerk, Rückstellungen **1** 5, 6
Stimmrechte, Körperschaftsteuer **100** 14
Stimmrechtsbeteiligung, grenzüberschreitende Steuergestaltungen **800** 138f
Stipendien **1** 3 (44)
Strafbares Verlangen in Verwaltungsakt **800** 125
Strafbefehl **800** 400, 406, 410
Strafen
Abzugsverbot **1** 12; **100** 10
Altersvorsorgevergünstigungen **1** 96
Eigenheimzulage **5** 15
Festsetzungsverjährung **800** 171
Identifikationsnummerngesetz **800k** 17
Investitionszulage **740a** 14; **740b** 15
Mobilitätsprämie **1** 108
Ordnungsstrafen gegen ehrenamtliche Richter **802** 30
Rennwetten **630** 4
Steuer- und Zollstraftaten **800** 116, 369–376, 385–408
Straffreiheit **800** 371, 398a
Strafverfolgung
Auskunftsverweigerungsrecht **800** 103
Datenübermittlung **800** 117a, 117b, 379; **800d** 10–11
Hinterziehung **800** 398a
Selbstanzeige **800** 371, 398a
Straßen
Grundsteuer **420** 4
Grundsteuer 2025 **420a** 4
Straßenhändler **500** 22; **510** 68
Straßenreinigungsfahrzeug **660** 3
Streaming, Ort der Dienstleistung **550** 54
Streitigkeiten
über Erhebung **800** 218
über Zuständigkeit **800** 28
Streitkräfte, Umsatzsteuer **500** 1c, 4 (7), 5, 26; **550** 22, 151
Streitwert **802** Anl. 1
Strom- und Gaspreisbremse, Mitteilung an Finanzbehörden **800f** 13a
Stromerzeugung, Gewerbesteuer **450** 3
Stromlieferung **120** 26
Stromlieferungen
Gewerbesteuer **450** 9
Körperschaftsteuer **100** 5
Stromsteuer, Beginn der Festsetzungsfrist **800** 170
Stückländereien
Erbschaftsteuer **250** 13a, 13b
Land- und Forstwirtschaft **200** 34, 38, 41, 160
Stückzinsen
Erbschaftsteuer **260** 1
Kapitalertragsteuer **1** 43a
Studentenheim **800** 68
Studienbeihilfen
Einkommensteuer **1** 3 (44)
Pfändung **835** 850a
Stundenbuchhalter, Hilfeleistung in Steuersachen **840** 157
Stundung
Allgemeines **800** 222
Altersvorsorgezulagen-Rückzahlungsbeträge **1** 95
Einkommensteuer **1** 6b, 36, 111; **725** 6
Erbschaftsteuer **250** 28, 28a, 37; **800** 224a
Nachversteuerung **1** 34a
Spezialinvestmentanteile **120** 9, 10
Tierhaltung **1** 13
Umwandlungsteuergesetz **130** 27
Vermögensteuer **800** 224a
Zinsen **1** 6b, 111; **800** 224a, 234
Substanzabbau
Absetzung für Substanzverringerung **1** 7; **10** 11d

Bedarfsbewertung **200** 142, 160, 163
Einheitsbewertung **200** 43
Einkünfte **1** 15, 21
Grundsteuerwert **200** 243
Umsatzsteuer **500** 4 (12)
Substanzverringerung, Absetzung für S. **1** 7; **10** 11d
Subventionen
Betrug, Investitionszulage **740a** 14; **740b** 15
Mitteilung über Subventionsmissbrauch **800** 31a
Umsatzsteuer **500** 10
Swapgeschäfte mit Anlagegold **500** 25c
Symbole in Rechnungen, Umsatzsteuer **510** 31

Tabak
Umsatzsteuer **500** 1a, Anl. 2
Umsatzsteuererstattung **518a** 3
Tabellen
Deckungskapital bei Unterstützungskasse **1** Anl. 1
Einkommensteuer **1** 32a; **T 1a; T 1b**
Gebührentabelle der Steuerberater und Steuerbevollmächtigten **840a** Anl. 1–4
Kapitalwert von Nutzungen oder Leistungen **200** Anl. 9a
Lohnsteuer **aT 2; aT 3**
Rentenertragsanteile **1** 22; **10** 55
Solidaritätszuschlag **SaT 3**
Vervielfältiger **200** Anl. 3–8 u. 37; **201**
Vieheinheitenumrechnungsschlüssel **200** Anl. 1 u. 2 u. 34
Waldnormalwerte für Einheitsbewertung **203** Anl. 3
Tafelgeschäfte 1 43a, 44, 44a, 49
Tagespflege, Umsatzsteuer **500** 4 (25)
Tagessatz, Kraftfahrzeugsteuer **660** 11
Tantiemen 1 19; **20** 2
Tarif
Einkommensteuer **1** 32a, 32d, 34a, 36; **100** 19; **120** 22
Erbschaftsteuer **250** 19, 19a
Körperschaftsteuer **100** 19, 23
Organschaft **100** 19
Solidaritätszuschlag **1a** 4
Tarifvertrag
betriebliche Altersversorgung **70** 19–25
Vermögensbildung **24** 12
Tarifvertragseinrichtungen
Gewerbesteuer **450** 3
Körperschaftsteuer **100** 5
Tätigkeit im Inland, Lohnsteuer **1** 40a
Tätigkeitsort, Umsatzsteuer **500** 3a
Tätigkeitsstätte, Fahrten zur ersten T. **1** 9
Tätigkeitsverbot, Steuerberater und Steuerbevollmächtigte **840** 57
Tatsachen
Feststellung im Revisionsverfahren **802** 118
nachträglich bekanntgewordene T. **800** 173
widerstreitende Steuerfestsetzungen **800** 174
Taubblinde, Einkommensteuer-Pauschbetrag **1** 33b
Tausch
Einkommensteuer **1** 6, 20
Erbschaftsteuer **250** 13a
Grunderwerbsteuer **600** 1, 9
Kapitalanteile **130** 21, 22; **135**
Spezialinvestmentanteile **120** 38
Umsatzsteuer **500** 3, 10
Tauschähnlicher Umsatz 500 3, 10
Tax-free-Verkaufsstellen 550 158
Taxi
elektronische Aufzeichnungssysteme **800j** 1, 7–10
Umsatzsteuer **500** 12, 13b
Tee 500 Anl. 2
Teichwirtschaft
Bedarfsbewertung **200** 175
Einheitsbewertung **200** 62
Einkommensteuer **1** 13, Anl. 1a
Grundsteuerwert **200** 242, Anl. 31
Umsatzsteuer **500** 24
Teilabschlussbescheid 800 18
Teilbeträge, verwendbares Eigenkapital **100** 36
Teilbetrieb
Einbringung **130** 15, 16, 20, 24
Erbschaftsteuer **250** 13a, 13b
Gewerbesteuer **130** 18; **450** 7
Realteilung **1** 16
unentgeltliche Übertragung **1** 6
Veräußerung **1** 4f, 14, 14a, 16, 18
Teileigentum
Bedarfsbewertung **200** 146, 181

Einheitsbewertung **200** 68, 93, 131
Grundsteuerwert **200** 243, 244, 249, 250
Investitionszulage **740a** 2; **740b** 2
privates Veräußerungsgeschäft **1** 23
Umsatzsteuer **500** 4 (13)
Teileinkünfteverfahren
Einkommensteuer **1** 3 (40), 3c, 43
Gewerbesteuer **450** 7, 8
Organschaft **100** 15
REIT-AG **125** 19, 19a
Spezialinvestmentfonds **120** 42, 49
Umwandlungssteuergesetz **130** 4, 20, 24
Teilentgelt 500 13, 13b, 22
Teilerbbaurecht
Bedarfsbewertung **200** 148
Einheitsbewertung **200** 68, 92, 131, 261
Grundsteuerwert **200** 243, 244
Teilfertige Bauten
Bedarfsbewertung **200** 149, 180
Einheitsbewertung **200** 74, 91
Grundsteuerwert **200** 248
Teilflächen, Grundsteuerwert **200** 257
Teilfonds 120 1
Teilfreistellung
Erbschaftsteuer **250** 13a
Investmentfonds **120** 20–22, 42, 43, 45, 48
Teilgesellschaftsvermögen 120 1, 6, 29
Teilhafter, Einkommensteuer **1** 15a
Teilherstellungskosten
erhöhte Absetzungen **1** 7a
Investitionszulage **740a** 4; **740b** 4, 5
Sonderabschreibungen **1** 7a
Teilinvestmentvermögen, Verschmelzung **120** 54
Teilleistungen, Umsatzsteuer **500** 13, 13b, 22
Teillieferungen, Investitionszulage **740a** 3, 4; **740b** 4, 5
Teilmitunternehmeranteil
Einbringung **130** 20, 24
unentgeltliche Übertragung **1** 6
Veräußerung **1** 16
Teilschuldverschreibungen, Kapitalertragsteuer **1** 43
Teilübertragung, Umwandlungssteuergesetz **130** 1 ff.
Teilung
Grundstück, Grunderwerbsteuer **600** 7
Nachlass, Erbschaftsteuer **250** 13, 13b, 13d, 19a, 28a
Teilurteil, Finanzgericht **802** 98
Teilwert
Abschreibung **1** 6, 7; **2** 4; **120** 49; **130** 4, 11; **450** 8; **745** 3
Bodengewinnbesteuerung **1** 55
Pensionszusage **1** 6a
Steuerbilanz **1** 6
Umsatzsteuer **500** 10
Vermögensbewertung **200** 10
Teilzeitbeschäftigte
Elternzeit **62** 15
Lohnsteuer **1** 40a
Zulassung zur Steuerberaterprüfung **840** 36
Telekom
Einkommensteuer **1** 3 (35
Umsatzsteuer **500** 4 (11a)
Vermögensteuer **220** 3
Telekommunikationsdienstleistungen **500** 3, 3a, 13b, 18h; **510** 59; **550** 58, 199a; **550a** 6a, 18, 24a–24b, 57a–63c; **803** 5
Telekommunikationsgeräte, steuerfreie Vorteile **1** 3 (45)
Termin
Berechnung **800** 108
Bestimmung **802** 53, 91, 104
Termingeschäft
Betriebsvermögen **1** 15
Privatvermögen **1** 20
Terminkontrakte, Umsatzsteuer **500** 25c
Terrorismusfinanzierung, Mitteilungen der Finanzbehörden **800** 31b
Testament, Erbschaftsteuer **250** 30; **260** 7
Testamentsvollstrecker
Einkünfte **1** 18
Erbschaftsteuer **250** 31, 32; **260** 1
Theater
Einheitsbewertung **202** 2
Umsatzsteuer **500** 4 (20), 12
Zweckbetrieb **800** 68
Thesaurierung
Gewinne **1** 34a
Kapitalerträge **120** 36
Tierarzt
Einkünfte **1** 18
Umsatzsteuer **500** 4 (14)
Tierbesamung, Umsatzsteuer **500** 12
Tiere
Umsatzsteuer **500** Anl. 2; **518** 3, 5
Versicherungsteuer **620** 4; **625** 5

Tierpark, Umsatzsteuer **500** 4 (20)
Tierprodukte 500 Anl. 2
Tierzucht und Tierhaltung
Bedarfsbewertung **200** 142, 158, 169, Anl. 19
Einheitsbewertung **200** 33, 41, 51, 51a, 62, 97, Anl. 1 u. 2
Einkommensteuer **1** 13–13b, 15, Anl. 1a
Gewerbesteuer **450** 3
Grundsteuerwert **200** 232, 241, 242, Anl. 34
Körperschaftsteuer **100** 25
Umsatzsteuer **500** 12, 24
Vermögensteuer **220** 7
Tilgung
berufsaufsichtliche Maßnahmen **840** 152; **850** 126a
Betriebsschulden **1** 14a
Einkommensteuer **1** 36
Steuern und Abgaben **800** 225, 226
Tilgungsleistungen, Altersvorsorge **1** 82, 92a
Tochtergesellschaft
Auslandsinvestitionen **745** 3
Gesellschafter-Fremdfinanzierung **100** 8a
Gewerbesteuer **450** 9
Gewinnausschüttungen **1** 43b, Anl. 2; **2**
Körperschaftsteuer **100** 8b
Tod, Steuerberater oder Steuerbevollmächtigter, Praxisabwickler und -treuhänder **840** 70, 71
Todeserklärung, Anzeigepflichten Erbschaftsteuer **260** 6
Tonaufnahmen bei Gericht **802** 159
Tonträger 500 12, Anl. 2
Topographien, Inlandsvermögen **200** 121
Torfgewinnung, Einkünfte **1** 15
Totalisatorbetreiber
Gewinnpauschalierung **800** 64
Rennwettsteuer **630** 1–15; **635** 2, 4, 6, 7
Totenliste, Erbschaftsteuer **260** 4, Muster 3
Trägerunternehmen
Pensionskasse, Betriebsausgaben **1** 4c
Unterstützungskasse, Betriebsausgaben **1** 4d
Traktatländereien, Einheitsbewertung **200** 31, 32
Transaktion, grenzüberschreitende Steuergestaltungen **800** 138e
Transferpaket, Funktionsverlagerung **725** 1; **725a** 2 ff.
Transitfahrten 660 3
Transparenzoption, Spezialinvestmentfonds **120** 30–32
Transportfahrzeuge 660 3
Transportversicherung, Versicherungsteuer **620** 4
Treibhausgasemissionszertifikate, Umsatzsteuer **550** 199a
Trennung der Entgelte, Umsatzsteuer **510** 63
Trennungsgelder 1 3 (13, 16)
Treu und Glauben
Aufhebung oder Änderung von Bescheiden **800** 176
Spendenbestätigung **1** 10b; **100** 9; **450** 9
Treuhandverhältnis
Feststellung von Besteuerungsgrundlagen **800** 179
Grunderwerbsteuer **600** 3
Hilfeleistung in Steuersachen **840** 4
Kapitalertragsteuer **1** 36a, 44a
Nachweis **800** 159
Praxis eines Steuerberaters oder Steuerbevollmächtigten **840** 71
Vollstreckungsverfahren **800** 318
Wirtschaftsprüfer **850** 3
Zurechnung von Wirtschaftsgütern **800** 39, 159
Trinkgelder
Einkommensteuer **1** 3 (51)
Lohnsteuer **1** 38
Trust
Erbschaftsteuer **250** 3, 7
Informationspflichten **806** 19, 23, 25
Überalterung, Gebäude, Einheitsbewertung **200** 88
Überbestand
flüssige Mittel, Erbschaftsteuer **250** 13b
umlaufende Betriebsmittel, Land- und Forstwirtschaft **200** 33, 35, 158, 232
Vieh **1** 13–13b; **200** 51, 51a, 241; **500** 24
Wirtschaftsgüter **200** 41, 232
Überbesteuerung durch Kapitalertragsteuer **1** 44a
Übereignung, Unternehmen **800** 75

Überentnahmen und Schuldzinsenabzug **1** 4
Überführung Wirtschaftsgut
Einkommensteuer **1** 50i
Erbschaftsteuer **250** 13a, 19a
Gewerbesteuer **450** 9
Übergabe
Lieferung, Umsatzsteuer **500** 3
Schriftstück als Zustellung **805** 5
Unternehmen **1** 16, 22
Übergang
Absetzungsmethode, zu anderer **1** 7
Anrechnungsverfahren zum Halbeinkünfteverfahren **100** 36–39
Buchführungspflicht **800** 141
Gewinnermittlungsart,zu anderer **1** 4, 34a
Körperschaftsbesteuerung **100** 1a
Liebhaberei **800e** 8
sichergestellte Waren in Bundeseigentum **800** 216, 394
Steuerschulden **800** 50
Umsatzbesteuerung, zu anderer **500** 15a, 19, 20, 24; **510** 71
Veranlagungsart, zu anderer **1** 26
Übergangsgelder, -beihilfen **1** 3 (1, 2), 22, 32b
Übergangsregelungen
Betriebsstättengewinnaufteilung **725b** 34, 38
Elterngeld und Elternzeit **62** 28
EU-Amtshilfe **801** 21
Finanzverwaltungsgesetz **803** 24–27
Investmentsteuergesetz **120** 56
Kindergeld **1** 78; **60** 17, 19
Steuerberatungsgesetz **840** 154–157e
Umsatzsteuer **510** 74a; **550** 326–332, 370–393, 402–410, Anh. X
Wirtschaftsprüferordnung **850** 134a–139b
Übergangstabellen, Solidaritätszuschlag **SaT 3**
Übergangszeit, Kinderberücksichtigung **1** 32
Überhöhter Umsatzsteuerausweis **500** 14c
Überlassung
Informationen, Umsatzsteuer **500** 3a
Kapitalanteile **100** 8b
land- und forstwirtschaftlicher Betrieb **200** 232
Räume, steuerbegünstigte Zwecke **800** 58
Rechte **1** 4j, 21, 50a; **450** 8
Wohnräume **1** 10e, 10f; **5** 4; **200** 79, 146, 186
Überleitung
Kindergeldanspruch **1** 74
Verwaltungsangehörige **803** 24
Übermittlung
Angaben zu Altersvorsorge **1** 10, 10a, 89, 91, 92a, 92b, 94
Angaben zu Auslandsbeziehungen **12** 12
Angaben zu Elterngeld **62** 23, 24, 24a
Angaben zu freigestellten Kapitalerträgen **1** 45d
Angaben zu Kindern **1** 69
Angaben zu Umsatzsteuer-Erstattung **550b** 18
Angaben zu Zinserträgen **11** 9
elektronischer Dokumente **1** 5b, 25; **500** 18a; **802** 52a, 52b, 52d, 78
länderbezogener Bericht **800** 138a
personenbezogene Daten **800** 117a, 117b
Rechnung **550** 217–240
Umsatzsteuervergütungsantrag **510** 61a
Umsatzsteuervoranmeldung **510** 46–48
Übermittlungssperre, Identifikationsmerkmale **800** 139b
Übernachtungskosten
Betriebsausgaben **1** 4
Werbungskosten **1** 9
Übernahme
Anwartschaft auf betriebliche Altersversorgung **1** 3 (65, 66), 4d, 4e; **70** 4
Betrieb **500** 18; **740a** 2; **740b** 2
Erfüllungsübernahmen **1** 4f, 5
Steuern **1** 37b
Verbindlichkeiten, Umsatzsteuer **500** 4 (8)
Verpflichtungsübernahmen **1** 4f, 5
Übernahmegewinn/-verlust
bei Organschaft **100** 15
bei Umwandlung **100** 37; **130** 4, 12, 18
Überpfändungsverbot **800** 281
Überprüfung
Finanzkonten **806** 11–15
Kinderzuschlag **60** 20
Umsatzsteuerdurchschnittssätze **500** 24
Überschuss
Betriebseinnahmen/Betriebsausgaben **1** 4, 13a; **840a** 25

Einnahmen/Werbungskosten **1** 2, 8, 9; **840a** 27
Überschusseinkünfte
Aufbewahrungspflichten **800** 147a
Aufzählung **1** 2
Überschussrechnung
Absetzungen für Abnutzung **1** 6; **10** 10
Ausgleichsposten bei Entstrickung **1** 4g
Gewinnermittlung **1** 4, 51
Reinvestitionsvergünstigung **1** 6c
Schuldzinsenabzug **1** 4
Unterlage zur Einkommensteuererklärung **10** 60
Übersetzer
Einkünfte **1** 18
Umsatzsteuer **500** 3a; **550a** 29, 41
Übersetzung
Aufzeichnungen **800** 146
Schriftstück **800** 87
Überstaatliche Einrichtungen
Einkommensteuer **1** 3 (55e)
Kindergeld **1** 65, 72; **60** 4
Übertragung
Altersvorsorgeverträge **1** 3 (55), 4d, 92a, 93, 97
Anteil **1** 3c, 10, 17, 50i; **600** 1; **725** 6; **840** 55a
Bausparvertrag **53** 1b, 12, 18
Betrieb oder Teilbetrieb **1** 5a, 6, 10, 16; **250** 28a
betriebliche Altersversorgung **70** 4
Betriebsstätte **1** 2a
Betriebsvermögen an REIT **1** 3 (70)
Gewinn **1** 6b, 6c
Grundbesitz **1** 14; **250** 13, 13b, 13d, 19a; **450** 9
Gutschein, Umsatzsteuer **500** 3
Investmentanteil **120** 14
Kapitalvermögen **1** 4k, 43a
Kinderfreibetrag **1** 32, 33b
Kindergeldauszahlung **1** 72
Mitunternehmeranteil **1** 5a, 6, 10, 16, *50i;* ***250*** *7, 10, 13a*
Teilbetrieb **135**
Umsatzsteuerschuld **500** 25b
Vergünstigungen für Kinder **1** 33a, 33b, 46
Vermögen **100** 8c, 37, 40; **130** 1 ff.; **250** 1–9, 13a, 13b, 19a, 28a; **745** 1
Vermögensbeteiligungen **1** 19a
Wertguthaben auf Rentenversicherung **1** 3 (53), 38
Wirtschaftsgut **1** 6, 16, 34a, 43, 50i; **120** 5a
Übertragungsstichtag **130** 2, 9, 20, 27
Übervorräte, Holzwirtschaft, Bewertung **720** 7
Überwachung
Geschäftsbeziehungen **800** 154
Umsatzsteuer **500** 18
Wirtschaftsprüfer **850** 55b, 57a
zollamtliche Ü. **800** 209; **803** 12
Überweisungsbeschluss, Erstattungs- oder Vergütungsansprüche **800** 46
Überweisungsverkehr, Umsatzsteuer **500** 4 (8)
Übliche Miete
Bedarfsbewertung **200** 146, 149
Einheitsbewertung **200** 79
Ertragswertverfahren **200** 186
Übungsleiter **1** 3 (26)
Umbau
Reinvestitionsvergünstigung **1** 6b
Verwendung von Altersvorsorgevermögen **1** 92a
Umbauten, Umsatzsteuer **500** 8
Umdeutung, Verwaltungsakt **800** 128
Umfang
Außenprüfung **800** 194, 196
Besteuerung **100** 1; **220** 1
Betriebsvermögen, Bewertung **200** 95
Inlandsvermögen **200** 121
land- und forstwirtschaftliches Vermögen **200** 33, 140, 141, 158, 232
wirtschaftliche Einheit **200** 26, 33, 34, 140, 158, 234
Umgehung
Allgemeines **800** 42
Briefkastengesellschaft **1** 50d, 50g
Dividendenbesteuerung **1** 36a, 50j
Umgekehrte Maßgeblichkeit **1** 5
Umgemeindung, Vervielfältiger bei Einheitsbewertung **200** 80
Umgliederung, verwendbares Eigenkapital **100** 36
Umlagen
betriebliche Altersversorgung **70** 30i
Feuerschutzsteuer **650** 2
Miete **200** 79, 146, 187, 255, Anl. 40
Versicherungsteuer **620** 3

Umlaufende Betriebsmittel, Land- und Forstwirtschaft **200** 33, 35, 53, 56, 158, 170, 171, 173, 232
Umlaufvermögen
Bewertung in Steuerbilanz **1** 6
Überschussrechnung **1** 4, 15b, 32b
Umlegung, Grundstück **600** 1
Umrechnung
ausländische Währung **1** 6d, 20, 32, 33a; **500** 11, 16; **550** 91, 369h, 369u, 369 zc, 399–400; **550a** 61c; **625** 7; **630** 57; **650** 3
Jahressteuer bei Umsatzsteuer **500** 18
Schwellenwert **550** 14a, 59c
verwendbares Eigenkapital **100** 36
Umrechnungsschlüssel, Tierbestände **1** 13; **200** 51, 169, 241, Anl. 1 u. 2, Anl. 19 u. 34
Umrüstung, Kraftfahrzeugsteuer **660** 3d
Umsatzabhängige Bezüge, Gesellschafter-Fremdfinanzierung **100** 8a
Umsätze
europäisches Ausland **500** 14, 14a
Kleinunternehmer **500** 19
steuerbare U. **500** 1
Umsatzsteuer
Abzugsverfahren **800** 222
Amts- und Rechtshilfe **800** 117
Außergewöhnliche Situationen **550** 101a
Betrugsfälle **550** 199b
Bundeszentralamt für Steuern **803** 5
einkommensteuerliche Auswirkungen **1** 5, 9b, 10b, 12, 13a
ermäßigter Steuersatz **550** 98
ermäßigter Steuersatz bzgl. Wohnungen **550** 105b
ermäßigter Steuersatz innerhalb der EU **550** 105a
nach EU-Richtlinien **550a** 5c
Fälligkeit **800** 221
Gemeindeanteil **808** 1, 8, 17; **810** 5a–5d
Hilfeleistung in Steuersachen **840a** 15
Hinterziehung **800** 371
Identifikationsnummer **500** 3a, 3b, 3d, 18a, 18e, 19, 22d, 25b, 27a
körperschaftsteuerliche Auswirkungen **100** 10
Nachschau **500** 27b
Steuererklärungspflicht **800** 149
Steuerheft **500** 22; **510** 68
Steueroasen-Abwehrgesetz **12** 1
Umsatzsteuererstattung **518a**
Unternehmer im Ausland **519** 1 ff.; **550** 194–205
Vergütungsverfahren **500** 4a; **510** 59–61a
Verteilung Steueraufkommen **808** 1, 2, 12–15; **809a** 1, 4, 5
Verwaltung durch Zollstellen **803** 18
Zuständigkeit **800** 21
Umsatzsteuerbefreiung, zugunsten von Katastrophenopfern **550** 101a
Umsatzsteuererstattung **518a** 1 ff.
Antrag **518a** 4
Umsatzsteuerlager
Lieferung und Auslagerung **500** 4 (4a), 5, 10, 13, 13a, 18e, 22, Anl. 1
Steuerbefreiungen **550** 160
Umschichtung von Vermögen, Erbschaftsteuer **250** 13b
Umschließungen, Einfuhrumsatzsteuer **518** 10
Umstellung
Vertrag, Umsatzsteuer **500** 29
Wirtschaftsjahr **1** 4a; **10** 8b, 8c; **100** 7
Umstrukturierung
Grunderwerbsteuer **600** 6a
Investitionszulage **740a** 8
Umwandlung
Anlagegold **500** 25c
ausländische Betriebsstätte **1** 2a; **745** 1, 2
betriebliche Altersversorgung **1** 3 (66), 4d, 4e
Entgelt, betriebliche Altersversorgung **1** 6a; **70** 1, 1a, 1b, 2, 4, 7, 20, 26a, 30g, 30h, 30j
Erbschaftsteuer **250** 7, 13a
EU-Richtlinien **2; 135**
Grunderwerbsteuer **600** 6a, 8, 17
Kapitalveränderungen **100** 29, 40
Körperschaftsteuer **100** 1a
Rücklagen in Nennkapital **100** 28
Sparverträge **53** 12, 18
Umwandlungssteuergesetz **130** 1 ff.
verbindliche Auskunft **800i** 1
Wirtschaftsgüter u. Anteile **1** 50i
s. a. Vermögensübertragung
Umwidmung, Grundstücke **200** 69, 159, 233
Umzäunungen, Einheitsbewertung **200** 89

Umzug
Altersvorsorge **1** 82, 92a
Umsatzsteuer **500** 15
Umzugskostenvergütung 1 3 (13, 16)
Unanfechtbarkeit
Verwaltungsakt **800** 172–177
Wiedereinsetzung **802** 56
Unbebaute Grundstücke
Bedarfsbewertung **200** 145, 178, 179
Einheitsbewertung **200** 72
Grundsteuer 2025 **420a** 15
Grundsteuerwert **200** 246, 247
Unbedenklichkeitsbescheinigung, Grunderwerbsteuer **600** 22
Unbenannte Zuwendungen 250 13
Unberechtigter Umsatzsteuerausweis 500 13, 14c, 18
Unbeschränkte Hilfeleistung in Steuersachen **840** 3
Unbeschränkte Steuerpflicht
Altersvorsorgevermögen **1** 95
Außensteuergesetz **725** 6
Einkommensteuer **1** 1, 50
Erbschaftsteuer **250** 2
Körperschaftsteuer **100** 1, 27
Lohnsteuer **1** 39a, 39b, 39c
Vermögensteuer **220** 1
Unbewegliches Vermögen
ausländische Einkünfte **1** 2a
Vollstreckung **800** 318, 322, 323
Zuordnung **725b** 5
Uneinbringliche Forderungen, Bewertung **200** 12
Uneinbringlichkeit des Entgelts 500 17; **550** 90
Unentgeltliche Überlassung
Absetzung für Abnutzung **10** 11d
Betriebsvermögen **1** 6, 34a
Eigenheimzulage **5** 4
Grundvermögen **200** 79, 146, 186
Vermögen **130** 22; **250**
Vermögensbeteiligungen **1** 3 (39)
Wohnräume **1** 35c
Unentgeltliche Wertabgaben 500 3, 6, 10
Unerlaubte Hilfe in Steuersachen **800** 194; **802** 62; **840** 5, 6, 10a, 160
Unfairer Steuerwettbewerb, Steueroasen-Abwehrgesetz **12** 5
Unfallfürsorge, einkommensteuerfreie Leistungen **1** 3 (6)
Unfallversicherung
Beiträge **1** 10
Leistungen **1** 3 (1)
Lohnsteuerpauschalierung **1** 40b
Versicherungsteuer **620** 4, 6
Ungerechtfertigte Bereicherung, Erbschaftsteuer **250** 3
Ungewisse Tatsachen, vorläufige Steuerfestsetzung **800** 165
Ungewisse Verbindlichkeiten, Rückstellung **1** 6
Universaldienstleistungen, Umsatzsteuer **500** 4 (11b)
Unland 200 45, 160, 163, 234, 237, Anl. 31
Unlautere Mittel
Rücknahme der verbindlichen Zusage **800** 207
Rücknahme des Verwaltungsakts **800** 130
Unmittelbarer Zwang, Vollstreckungsverfahren **800** 328, 331
Unmöglichkeit, Befolgung eines Verwaltungsakts **800** 125
Unorganischer Gebäudeaufbau, Einheitsbewertung **200** 88
Unparteilichkeit
Amtsträger **800** 83
Sachverständiger **800** 96
Unpfändbarkeit, Vollstreckungsverfahren **800** 295, 319; **835**
Unrichtigkeit
Rechtsbehelfsbelehrung **800** 356; **802** 55
Selbstanzeige **800** 371
Umsatzsteuerausweis **500** 13, 14c
Verwaltungsakt **800** 125–129
Unschädliche Tätigkeiten 800 58; **800a** Art. 97 P. 1a
Unschädliche Verwendung
Altersvorsorgevermögen **1** 92a, 92b
Bausparbeiträge **52** 2
Unselbständigkeit
Umsatzsteuer **550** 10
s. a. Nichtselbständige Arbeit
Untätigkeitseinspruch
Frist **800** 355
Statthaftigkeit **800** 347
Untätigkeitsklage 802 46
Unterbehörden, Amtshilfe **800** 113
Unterbeteiligung
Feststellung der Besteuerungsgrundlagen **800** 179

Kapitalgesellschaft **1** 15
Personengesellschaft **1** 20
Unterbrechung
Aufenthalt **800** 9
Berufsausbildung **1** 32, 33a; **220** 14
Betrieb **1** 16; **450** 2
Strafverfolgungsverjährung **800** 376
Zahlungsverjährung **800** 231
Unterentnahmen und Schuldzinsenabzug **1** 4
Untergeordnete Bedeutung von Gebäuden
Bedarfsbewertung **200** 145
Einheitsbewertung **200** 72
Unterhaltende Leistungen 500 3a
Unterhaltsaufwendungen 1 1a, 10, 12, 22, 32, 33a, 50
Unterhaltsbezüge
Einkommensteuer **1** 9a, 22
Erbschaftsteuer **250** 13
hilfsbedürftige Personen **800** 53
Pfändungsfreigrenzen **835** 850d, Anl.
Unterhaltspflichten
Elterngeld **62** 11
Kindergeld **60** 6c
Unterhaltssicherung
einkommensteuerfreie Leistungen **1** 3 (48)
Progressionsvorbehalt **1** 32b
Unterkunft, Sachbezugswerte **21** 2
Unterlagen
Außenprüfung **800** 200
Bausparkassen **53** 1a
Buchführung und Aufzeichnungen **800** 147, 147a
Einkommensteuererklärung **10** 60
Kraftfahrzeugsteuer **665** 6
Rechnung, Umsatzsteuer **510** 31
Rücklagenbildung für Verluste ausländischer Tochtergesellschaften **745** 3
Steuerberaterprüfung **845** 4, 5, 8
Steuererklärung **120** 50; **800** 150
Umsatzsteuer **500** 18; **550a** 45a
Vorlage bei Finanzbehörde **500** 18d, 27b; **800** 97, 104
Wirtschaftsprüferzulassung **850** 8, 8a, 9
Unterlassen
Rechtsbehelfsbelehrung **800** 356; **802** 55
sonstige Leistung, als **500** 3
Verwaltungsakt **802** 46
Unterlassungsklage 802 63
Untermietzuschläge, Jahresrohmiete **200** 79
Unternehmen
Anzeigepflichten **800** 138
Erbschaftsteuer **250** 12, 13–13d, 19a, 28, 28a
EU **1** 50g, Anl. 3
Unternehmensbeteiligungsgesellschaft
Gewerbesteuer **450** 3, 9
Investmentfonds **120** 1
Vermögensteuer **220** 3
Unternehmensform, Änderung der U. *s. Umwandlung*
Unternehmenssitz, Umsatzsteuer **519** 1 ff.
Unternehmer
Gewerbesteuer **450** 5
Umsatzsteuer **500** 2, 2a, 2b
Unterrichtende Tätigkeit
Einkünfte **1** 18
Umsatzsteuer **500** 3a, 4 (21); **550** 53
Unterrichtskosten, Kinderbetreuungskosten **1** 10
Unterrichtswesen
Grundsteuer **420** 4
Grundsteuer 2025 **420a** 4
Umsatzsteuer **500** 4 (21)
Vermögensteuer **220** 3
Unterrichtung
berufsaufsichtliche und berufsgerichtliche Verfahren **850** 65, 69a
grenzüberschreitende Steuergestaltungen **800** 138j; **803** 5
Identifikationsmerkmal **800** 139a
Identifikationsnummer **800h** 6
Mitteilung an Finanzbehörden **200** 229
Prüfungsergebnisse bei Außenprüfung **800** 199
rechtliches Gehör **800** 91
Rennwettsteuer **635** 6
Steuerübernahme **1** 37a, 37b
Umsatzsteuer-Identifikationsnummer **500** 27a
Untersagung
Berufsausübung **800** 361; **802** 69; **850** 68a, 68b, 121a
Fiskalvertretung **500** 22e
Hilfeleistung in Steuersachen **840** 3a, 3f, 7, 159, 160

Unterschrift
elektronische Abrechnung **500** 14
Steuererklärungen **1** 25; **100** 27; **800** 150
Urteil **802** 105
Unterstützer, Umsatzsteuer **550a** 5b, 54b
Unterstützung von anderem Finanzamt **800** 29a
Unterstützungsersuchen, Vollstreckungsverfahren **800** 249
Unterstützungskassen
betriebliche Altersversorgung **70** 1, 1b, 2, 2a, 4, 7
Einkommensteuer **1** 3 (40, 66), 4d
Erbschaftsteuer **250** 13
Gewerbesteuer **450** 3
Körperschaftsteuer **100** 5, 6, 6a; **110** 1, 3
Umwandlungssteuergesetz **130** 4
Vermögensteuer **220** 3
Versicherungsteuer **620** 4
Unterstützungsleistungen, Versicherungsteuer **620** 4
Untersuchungsbetrieb, Investitionszulage **740a** 2
Untersuchungsgrundsatz
Außenprüfung **800** 199
außergerichtliches Rechtsbehelfsverfahren **800** 365, 367
Verfahren bei Finanzbehörde **800** 88
Verfahren bei Finanzgericht **802** 76
Unübliche Bedingungen, Auslandsbeziehungen **725** 1
Unveräußerliche Rechte, Vollstreckung **800** 321
Unvereinbarkeit
Amt/Mandat und richterliche Tätigkeit **802** 19
Wirtschaftsprüfer und andere Tätigkeiten **850** 43a
Unverfallbarkeit, betriebliche Altersversorgung **1** 6a; **70** 1b–4, 30f, 30g
UnverzinslicheForderungenund Schulden, Vermögensbewertung **200** 12
Unwirksamer Verwaltungsakt 800 124, 131
Unwirksames Rechtsgeschäft 800 41
Unzuständigkeit 800 28
Urheberrechte
Nutzungsvergütungen **1** 4j, 21, 50a; **10** 73a; **500** 3a
Rückstellungen **1** 5
Umsatzsteuer **500** 12
Urkunden *s. Rechnung bzw. Unterlagen*
Urkundsbeamter 802 12, 51, 105, 133, 149
Urlaub, Elternzeit **62** 17
Urlaubsgelder, Pfändung **835** 850a
Urteil
Berufsausübungsgesellschaft **840** 125
Steuerberatersache **840** 125
Steuergericht **802** 90–110
Wirtschaftsprüfersache **850** 103

Vatertierhaltung, Umsatzsteuer **500** 12
Veränderung, Fahrzeug **660** 5
Veranlagung
Allgemeines **800** 155–157, 163–165, 169–171
ausländische Zwischengesellschaft **725** 18
durch Bundeszentralamt für Steuern **803** 5
Einkommensteuer **1** 2, 25–26b, 32d, 46, 50
Erbschaftsteuer **250** 20–35
Feuerschutzsteuer **650** 8
Gewerbesteuer **450** 14–21
Grunderwerbsteuer **600** 16
Grundsteuer **420** 16–18, 20–24, 25–31
Grundsteuer 2025 **420a** 16–18, 20–24, 25–31
Investitionszulage **740a** 9; **740b** 9–10
Kirchensteuer **1** 51a
Körperschaftsteuer **100** 7, 31
Kraftfahrzeugsteuer **660** 12; **665** 11, 16
Lohnsteuerabzugsmerkmale **1** 39e
Umsatzsteuer **500** 16, 18
Vermögensteuer **220** 14–18, 20
Versicherungsteuer **620** 5, 8, 10, 10b
Wohnungsbauprämie **52** 4a, 4b, 8; **53** 19
Veranlagungszeitraum
Einkommensteuer **1** 25
Körperschaftsteuer **100** 7
Veranstaltungen
beschränkte Einkommensteuerpflicht **1** 50a
Lotteriesteuer **635** 23–25
Online-Pokersteuer **635** 38, 39
Sportwettensteuer **635** 15–21
steuerbegünstigte Zwecke **800** 58, 67a, 68; **800a** Art. 97 P. 1c

Umsatzsteuer **500** 3a, 4 (22, 25), 12
Virtuelle Automatensteuer **635** 32, 33
Verarbeitendes Gewerbe, Investitionszulage **740a** 2; **740b** 3
Verarbeitung
personenbezogener Daten **840** 11
Umsatzsteuer **500** 3, 4 (3), 6, 6a, 7, 22; **510** 8, 11, 17c
s. a. Datenverarbeitung
Verausgabung
Einkommensteuer **1** 11
Spezialinvestmentfonds **120** 38
Veräußerung
Anlagegüter **1** 13a
Anteile **1** 3 (40), 3c, 6b, 15, 20, 34; **12** 11; **100** 8b; **125** 19, 23; **130** 2, 22; **725** 6
ausländische Betriebsstätte **1** 2a; **745** 1, 3
beschränkte Einkommensteuerpflicht **1** 49
Beteiligungen **1** 2a, 3 (40), 17
Betriebsvermögen **250** 13a, 19a, 28a
Dividenden- und Zinsscheine **1** 20, 36, 43, 43a, 45; **100** 8b
einbringungsgeborene Anteile **130** 22
vor Erwerb **1** 23
Gebäude **1** 3 (70)
Geschäftsveräußerung **500** 1, 15a
Gewerbebetrieb **1** 5a, 16, 32; **250** 13a, 19a, 28a; **450** 7, 9
Grund und Boden **1** 3 (70), 13a, 14a; **120** 6, 29
Investmentanteile **1** 43, 43a; **120** 2, 16, 19, 41, 48, 49, 52, 56
Kraftfahrzeugsteuer **660** 5
land- und forstwirtschaftlicher Betrieb **1** 14, 14a, 32, 57; **250** 13a, 19a, 28a
Lebensversicherung **1** 20, 32d
Miet- und Pachtzinsforderungen **1** 21
Mietwohnung **1** 7b
Organbeteiligung **100** 14
Privatvermögen **1** 20, 22, 23
Rechte **1** 49
Sacheinlagen **130** 20, 21, 24
selbständige Arbeit **1** 18, 32
Spekulationsgeschäft **1** 23
Überschussrechnung **1** 4
unentgeltliche V. **1** 6
Wagniskapital **1** 3 (71)
wesentliche Beteiligung **250** 13a, 19a, 28a, 37
Wirtschaftsjahr **10** 6
Veräußerungsgewinn
abweichendes Wirtschaftsjahr **1** 4a
Bezüge bei Unterhaltsfreibetrag **1** 33a
EG-Richtlinie **135** 4, 8, 10, 11, 14
einbringungsgeborene Anteile **130** 22
Gewerbebetrieb **1** 5a, 16; **450** 7
Grund und Boden **1** 13a, 14a
Investmentanteile **120** 19, 49
Kapitalanteil **1** 6b, 17; **100** 8b
land- und forstwirtschaftlicher Betrieb **1** 14, 14a
privates Veräußerungsgeschäft **1** 23
Reinvestitionen **1** 6b
selbständige Arbeit **1** 18
Steuerermäßigung **1** 16, 34, 34a; **130** 20, 21, 22, 24
Steuersatz **1** 34
Wagniskapital **1** 3 (71)
Wohnung des Steuerpflichtigen **1** 13
Veräußerungskosten
Abzugsverbot **1** 3c; **120** 21, 44
Kapitalanlage **1** 20, 43a
Verbände
Hilfe in Steuersachen **840** 3c
Hilfeleistung in Steuersachen **840** 4
Körperschaftsteuer **100** 5
steuerbegünstigte Zwecke **800** 57
Verbandsbeiträge 1 9
Verbilligte Überlassung
Bedarfsbewertung **200** 146
Einheitsbewertung **200** 79
Ertragswertverfahren **200** 186
Lohnsteuer **1** 40
Sachbezüge **21** 3
Umwandlung, bei **130** 20, 21, 22, 24
Vermögensbeteiligungen **1** 3 (39)
Verbindliche Auskunft
Allgemeines **800** 89
Steuerberaterprüfung **840** 38a, 39; **845** 7
Verfahren **800i** 1 ff.
Vorabverständigungsverfahren **800** 89a
Wirtschaftsprüferordnung **850** 6
Zuständigkeit **803** 5
Verbindliche Zusage 800 204–207; **800a** Art. 97 P. 12, Art. 97a
Verbindlichkeiten
Bewertung in Steuerbilanz **1** 4f, 6
Erbschaftsteuer **200** 158; **250** 10, 12, 13b, 19a
Euroumrechnungsrücklage **1** 6d

Freibetrag bei Schuldentilgung **1** 14a
Gewerbesteuer **450** 8
Grunderwerbsteuer **600** 9
Übernahme von V., Umsatzsteuer **500** 4 (8), 10
Vermögensbewertung **200** 6–8, 11, 12, 97, 103, 105, 121
Verbindung
Feststellungen **1** 15b, 34a
Klagen **802** 43, 73
Verbindungsstrecken, Umsatzsteuer **510** 2, 3
Verbleibende negative Einkünfte aus Ausland **1** 2a
Verbleibensfristen
Erbschaftsteuer **250** 13, 13a, 13b, 28a
Grunderwerbsteuer **600** 5
Investitionszulage **740a** 2; **740b** 2
Sonderabschreibungen **1** 7g
Vorsteuerabzug **500** 15a
Verböserung
außergerichtliches Rechtsbehelfsverfahren **800** 367
gerichtliches Rechtsbehelfsverfahren **802** 96
Verbraucherinsolvenzberatung, Hilfeleistung in Steuersachen **840** 4
Verbraucherpreise, Arbeitgeberzuschuss **1** 3 (11c)
Verbraucherpreisindex **200** 187
Verbrauchsteuern
Anzeigepflichten **800** 139
Aufhebung oder Änderung von Verwaltungsakten **800** 172
Einfuhrumsatzsteuer **500** 11, 21
elektronische Übermittlung von Steuerdaten **800** 87e
Erlöschen oder Unbedingtwerden **800** 50
Erwerbsteuer **500** 10
Fälligkeit **800** 221
Fehlmengen bei Bestandsaufnahme **800** 161
Festsetzungsfrist **800** 169–171
Hinterziehung **800** 370
Rechnungsabgrenzung **1** 5
Sachhaftung **800** 76
Steueraufsicht **800** 209–217
Steuergefährdung **800** 381
Steueroasen-Abwehrgesetz **12** 1
Zuständigkeit **800** 23; **802** 5, 38
Verbrauchsteuerpflichtige Waren
Erwerbsteuer **500** 1a; **550** 2, 84, 138–139
Lieferung **500** 3c
Verbringung **500** 1a, 3, 6a, 6b, 10, 22; **510** 17d; **550** 17, 17a, 76; **550a** 2
Verbundenes Unternehmen
Erbschaftsteuer **250** 13b
EU-Amtshilfe **801** 2
Forschungszulage **750** 3, 5
Gewinnberichtigungen **803** 5
grenzüberschreitende Steuergestaltungen **800** 138e, 138f
Investitionszulage **740a** 2; **740b** 2
Speicherung **800** 139c
vermögenswirksame Leistungen **24** 6, 7
Zinsen und Lizenzgebühren **1** 50g
Vercharterung **500** 8
Verdachtsnachschau **800** 210
Verdeckte Einlage
Anschaffungskosten **1** 6, 17
einbringungsgeborene Anteile **130** 22
Erbschaftsteuer **250** 13a
Investmentanteile **120** 16, 19
Kapitalanteile **1** 15, 17, 20
Körperschaftsteuer **100** 8, 8b, 32a
Umwandlungssteuergesetz **130** 4, 11
Verdeckte Gewinnausschüttung
Einkommensteuer **1** 3 (40), 20, 32d
Gewerbesteuer **450** 9
Investitionszulage **740a** 2; **740b** 2
Kapitalertragsteuer **1** 44
Körperschaftsteuer **100** 8, 8a, 32a
Verdeckte Rechtsgeschäfte **800** 41
Verdunkelungsgefahr bei Steuerstraftaten **800** 399
Veredelung, Umsatzsteuer **500** 6, 11
Vereidigte Buchprüfer
Beiordnung als Prozessvertreter **802** 142
Berufsrecht **850** 13a
Vereinbarte Entgelte **500** 13, 16, 22
Vereinbarung
Steuerberatervergütung **840a** 4, 14
Zuständigkeit **800** 27
Vereine
Bewertung des Betriebsvermögens **200** 97, 109
Erbschaftsteuer **250** 2, 7, 10, 13, 15, 26, 30, 31; **260** 3
Familienverein, Erbschaftsteuer *s. Stiftung*
Gewerbesteuer **450** 2, 3; **460** 8, 12a
Grundsteuer 2025 **420a** 15, 19

Körperschaftsteuer **100** 1, 5, 10, 24, 25
Land- und Forstwirtschaft **1** 13b; **100** 5, 25; **200** 51a, 97, 109; **220** 3, 7; **450** 3
Leistungen aus V. **1** 3 (40), 20, 43
Rennwettsteuer **630** 1–15; **635** 8–15
Tierzucht und Tierhaltung **1** 13b; **200** 51a
Umsatzsteuer **500** 10
Vermögensteuer **220** 1, 3, 7, 8
Wählervereinigungen **1** 34g
Zustellung an V. **805** 6
Vereinigung
Forderungen und Verbindlichkeiten **130** 6, 12
Gesellschaftsanteile, Grunderwerbsteuer **600** 1
Vereinigungen *s. Verbände*
Vereinnahmte Entgelte **500** 13, 13b, 16, 19, 20, 22; **550** 66
Vereinnahmung
Einkommensteuer **1** 11
Spezialinvestmentfonds **120** 38
Umsatzsteuer **500** 13c
Verfahren
Altersvorsorgezulage **1** 90, 92a, 92b, 94, 96
Bedarfsbewertung **200** 153
Bodenschätzung **210** 12–16
Eigenheimzulage **5** 15
Einspruchsverfahren **800** 365
Förderbetrag **1** 100
Forschungszulagenbescheinigung **751**
Identifikationsmerkmal **800** 139a–139d
Kindergeld und andere Leistungen für Kinder **1** 70–74; **60** 7–15
nach Klagerücknahme **802** 72
Kraftfahrzeugsteuer **660** 1
Mängel **800** 126, 127; **802** 115, 116, 118
Mitteilung grenzüberschreitender Steuergestaltungen **800** 138g
Plattformen **800l** 8 ff.
Solidaritätszuschlag **1a** 1
Vollstreckungsersuchen innerhalb der EU **801a** 17–21
Vollzug der Steuergesetze **803** 21a
Wirtschaftsprüfer **850** 4a, 36a, 40, 81–121a
Wohnungsbauprämie **52** 4a, 4b
Zahlungen nach REIT-Gesetz **125** 21
Zerlegung **807** 6
Verfahrensakten, Gerichte **802a**
Verfahrensbeteiligte *s. Beteiligte*
Verfahrenshandlungsfähigkeit bei Steuergericht **802** 58
Verfahrenskosten *s. Kosten*
Verfahrensverbindung *s. Verbindung*
Verfall Gebäude **200** 72, 145, 246
Verfassungswidrigkeit **800** 176
Verfolgte, Einkommensteuer **1** 3 (8a)
Verfolgung Straftat
Eigenheimzulage **5** 15
Forschungszulage **750** 13
geringfügige Beschäftigung **1** 50e
Investitionszulage **740a** 14; **740b** 14
Verfügbares Vermögen, Erbschaftsteuer **250** 28a
Verfügungsberechtigter
Konten **800** 93, 154
Steuerpflichten **800** 35
Verfügungsberechtigung
Haftung **800** 69
Vollstreckung **800** 77
Verfügungsbeschränkungen
Bewertung **200** 9
Erbschaftsteuer **250** 13a, 13c
Vergleichbarkeitsanalyse, Fremdvergleichswert **725** 1
Vergleichendes Verfahren, Einheitsbewertung **200** 37–41, 55, 61, 62
Vergleichsmieten, Einheitsbewertung **200** 79
Vergleichsstücke, Bodenschätzung **210** 7
Vergleichsverfahren
Haftung für Erwerb aus V. **800** 75
Insolvenzsicherung für betriebliche Altersversorgung **70** 7–15
Vergleichswert **200** 182, 183
Einheitsbewertung **200** 40, 55, 62
Vergleichszahlen, Einheitsbewertung **200** 38, 39, 125
Vergütung, Plattformen **800l** 5
Vergütungen
Ansprüche auf Steuervergütungen **800** 37
Aufsichtsrat **1** 18, 50a; **100** 10
Bevollmächtigte **800** 80, 81
Erbschaftsteuer **250** 13a, 13b
genossenschaftliche Rückvergütungen **100** 22
Gesellschafter-Fremdfinanzierung **100** 8a
Gewerbesteuer **450** 8, 9

grenzüberschreitende Steuergestaltungen **800** 138e
Körperschaftsteuer **1a** 3; **100** 1a
Mitteilung an Finanzbehörden **800f (a)** 6
Mitunternehmer **1** 15; **450** 7, 9
Steuerberater und Steuerbevollmächtigte **840** 9, 9a, 69; **840a**
Umsatzsteuer **500** 4a
Umsatzsteuervergütung **500** 18; **510** 24, 59–61a; **803** 5
Venture Capital- und Private Equity-Fonds **1** 3 (40a), 3c, 18
Vorwegvergütungen **1** 15
Wirtschaftsprüfer **850** 55, 55a, 55c
Vergütungszeitraum, Umsatzsteuer **510** 60
Verhaftung, Vollstreckungsschuldner **800** 284
Verhältnismäßigkeitsprüfung
Satzung Steuerberaterkammer **840** 86
Satzung Wirtschaftsprüferkammer **850** 57, 57c
Verhandlung
mündliche V. im berufsgerichtlichen Verfahren **840** 121, 124; **850** 98, 102
mündliche V. im steuergerichtlichen Verfahren **802** 79–94
Verjährung
Aufrechnung **800** 226
ausländische Abgabenansprüche **801a** 15
betriebliche Altersversorgung **70** 18a
Festsetzungsverjährung **800** 169–171; **800a** Art. 97 P. 10
Haftungsanspruch **800** 191
Kindergeld **60** 6b
Steuer-, Abgabenstraftaten **800** 376, 396
Steuerordnungswidrigkeiten **800** 384
Verfolgung von Pflichtverletzungen **840** 93; **850** 70
Zahlungsverjährung **800** 228–232; **800a** Art. 97 P. 14
Verkaufsstelle
Betriebsstätte **800** 12
Kapitalertragsteuer **1** 44
Verkehrsauffassung 200 2
Verkehrsbetriebe
Gewerbesteuer **450** 28; **460** 2
Umsatzsteuer **500** 12
Verkehrsflächen
Grundsteuer **420** 4, 6
Grundsteuer 2025 **420a** 4, 6
Verkehrssteuern, Anzeigepflichten **800** 139
Verkleinerung, land- und forstwirtschaftlicher Betrieb **1** 14
Verkündung, Urteil **802** 104
Verkürzung von Abgaben und Steuern
Allgemeines **800** 369–412
Aufhebung oder Änderung von Steuerbescheiden **800** 173
Berichtigung von Erklärungen **800** 153
Festsetzungsfrist **800** 169
Haftung **800** 70
Umsatzsteuer **550** 342–343, 394–395
Verlagswesen, Investitionszulagen **740b** 3
Verlegung
Betriebsstätte, Gewerbesteuer **460** 30
Geschäftsleitung oder Sitz **1** 2a, 17; **100** 12, 40
Lohnsteuerhilfevereine **847** 4a
Sitz innerhalb der EU **135**
Verletzung
Berufspflichten **840** 89; **850** 67–71
Bundesrecht **802** 119
Mitwirkungspflichten **800** 90, 162, 193
Pflichten, Steuerhinterziehung **800** 370
Unterhaltspflicht, Kindergeld **1** 74
Verlust
Beitrittsgebiet **100** 35
Handelsschiffe **1** 5a
Investmentfonds **120** 2
Kapitalanteil **1** 17; **100** 8b, 8d
Kapitaleinkünfte **1** 20, 43a
Organschaft **100** 14
privates Veräußerungsgeschäft **1** 23
Progressionsvorbehalt **1** 32b
schwebendes Geschäft **1** 5
Steuerstundungsmodell **1** 13, 15b, 18, 20, 21
Übernahmeverlust **130** 4
Umwandlung **130** 2, 4, 12, 18, 19; **135** 6, 10
Veräußerung **1** 3 (70), 17; **125** 17, 19, 23
Verlustzuweisungsgesellschaft **1** 2b, 15b
Vermietung und Verpachtung **1** 37, 39a
Verrechnung mit positiven Einkünften **1** 10d
Verlust- und Gewinnrechnung 1 5b
Verlustabzug 1 10d
ausländische Verluste **1** 2a, 15a; **745** 2

ausländische Zwischengesellschaft **725** 10
beschränkte Haftung **1** 15a
Einzelveranlagung **10** 62d
Gewerbesteuer **450** 10a
gewerbliche Tierzucht und Tierhaltung **1** 15
Investmentfonds **120** 6, 29, 41
Kapitaleinkünfte **1** 20, 43a
Körperschaftsteuer **100** 8, 8c, 15
Mitunternehmerbeteiligung an Kapitalgesellschaft **1** 15
nicht entnommener Gewinn **1** 34a
Sonderausgaben **1** 10d, 57
Steuerbescheid **1** 10d
Termingeschäft **1** 15
Veranlagungszeitraum **1** 10d
Verlustzuweisungsgesellschaft **1** 2b, 15b
Verlustausgleich
ausländische Verluste **1** 2a, 15a; **745** 2
beschränkte Haftung **1** 15a
Einkommensteuerveranlagung **1** 46
Gewerbesteuer **450** 7
gewerbliche Tierzucht und Tierhaltung **1** 15
Kapitaleinkünfte **1** 20, 43a, 44a
Körperschaftsteuer **100** 8
nicht entnommener Gewinn **1** 34a
Termingeschäfte **1** 15, 23
Umwandlungssteuergesetz **130** 2
Verlustzuweisungsgesellschaft **1** 2b, 15b
Verlustklausel
Bodengewinnbesteuerung **1** 55
Einkünfte aus Leistungen **1** 22
privates Veräußerungsgeschäft **1** 23
Sparerpauschbetrag **1** 20
Werbungskostenpauschbetrag **1** 9a
Verlustrücktrag
Einkommensteuer **1** 10d, 15, 22, 23, 26a, 111
Körperschaftsteuer **100** 8
Verzinsung von Steuern **800** 233a; **800a** Art. 97 P. 15
Verlustübernahme
grenzüberschreitende Steuergestaltungen **800** 138e
Körperschaftsteuer **100** 17
Verlustvortrag
Einkommensteuer **1** 10d, 15, 20, 22, 23, 26a, 43a
Gewerbesteuer **450** 10a
Körperschaftsteuer **100** 8, 8d; **120** 6, 29
REIT-AG **125** 13
Spezialinvestmentfonds **120** 39–41
Umwandlung **130** 4, 15
Verlustzuweisungsgesellschaft **1** 2b, 15a, 15b, 37
Vermächtnis **250** 3, 6
Vermessungsbehörden **500** 2b
Bodenschätzung **210** 14, 16
Vermieter, Steuerabzug bei Bauleistungen **1** 48
Vermietrung und Verpachtung, Steueroasen-Abwehrgesetz **12** 10
Vermietung und Verpachtung
ausländische Zwischengesellschaft **725** 8
Einkommensteuer **1** 2a, 7b, 21, 32d, 43, 49
Erbschaftsteuer **250** 13b, 13d, 28
Investmentfonds **120** 6, 29, 36, 42
Umsatzsteuer **500** 3a, 4 (12), 8, 9, 12; **550** 56; **550a** 24c, 38–40, 43
Vermögensverwaltung **800** 14
Vermittlungskosten, Einfuhrumsatzsteuer **500** 11
Vermittlungsleistungen
Einkünfte **1** 22
Feuerschutzsteuer **650** 8
Umsatzsteuer **500** 3a, 3b, 4 (5, 8, 25), 9, 25c; **510** 22; **550** 44, 46, 50, 153, 369l–369m, 369o–369s, 369v–369x; **550a** 30, 31, 33a
Versicherungsteuer **620** 8, 10
Vermögen
für Kinderzuschlag **60** 6a, 20
für Unterhaltsfreibetrag **1** 33a
Vollstreckung **800** 281–327
Vermögensarten
Einheitsbewertung **200** 18
Grundsteuerwert **200** 218
Vermögensauskunft, Vollstreckungsverfahren **800** 93, 284
Vermögensbeteiligungen
Arbeitnehmersparzulage **24** 2
Einkommensteuer **1** 3 (39), 19a, 37b
Vermögensbewertung *s. Bewertung bzw. Einheitsbewertung bzw. Grundsteuerwert*
Vermögensbildung *s. Vermögenswirksame Leistungen*
Vermögensbindung
Körperschaftsteuer **100** 5
steuerbegünstigte Zwecke **800** 55, 61

Vermögensmassen
Anzeigepflichten **800** 137
Erbschaftsteuer **250** 2, 3, 7
inländische Einkünfte **1** 50a
Investmentfonds **120** 6
Kapitalerträge, Steuerabzug **1** 43, 43a, 44b, 50d
Körperschaftsteuer **100** 1, 5, 24; **112**
Mitunternehmer **1** 6; **100** 8b; **130** 4
Realteilung auf V. **1** 16
Reinvestitionsvergünstigung **1** 6b
Sitz **800** 11
Spendenempfänger **1** 10b; **100** 9; **450** 9
Steuerabzug bei beschränkter Steuerpflicht **1** 50d
steuerliche Pflichten **800** 34
Umsatzsteuer **500** 23a; **510** 66a
Vermögensbewertung **200** 97, 109
Vermögensteuer **220** 1, 2, 8
Vermögensmehrungen
Kapitaleinkünfte **1** 20
Teileinkünfteverfahren **1** 3 (40)
Vermögensstatus, Gebühren an Steuerberater oder Steuerbevollmächtigte **840a** 37
Vermögensstock, Zuführungen **1** 10b; **450** 9; **800** 62
Vermögensteuer
Aufteilung bei Gesamtschuldnern **800** 271, 274
Festsetzungsverjährung **800** 170
Kunstgegenstände als Zahlungsmittel **800** 224a
Wasserkraftwerke **111** 5
Zuständigkeit **800** 19, 20
Vermögensübergang *s. Umwandlung*
Vermögensübersicht **1** 4
Vermögensvergleich
s. Betriebsvermögensvergleich
Vermögensverwahrung
Anzeigepflichten Erbschaftsteuer **260** Muster 1
Anzeigepflichten für Erbschaftsteuer **250** 33; **260** 1
Vermögensverwaltende Gesellschaft
Einkommensteuer **1** 2b, 15, 18, 23
Erbschaftsteuer **250** 10, 12, 13b
Vermögensverwaltender Versicherungsvertrag, Tausch von Kapitalanteilen **1** 20
Vermögensverwaltung
Begriff **800** 14
Einkünfte **1** 18
Erbschaftsteuer **250** 13b, 33; **260** 1, Muster 1
Gewerbesteuer **450** 3, 9
Haftung **800** 69
Hilfeleistung in Steuersachen **840** 4
Körperschaftsteuer **100** 5
steuerbegünstigte Zwecke **800** 58
steuergerichtliches Verfahren **802** 58
steuerliche Pflichten **800** 34, 36
Umwandlungssteuergesetz **130** 12
Vermögensteuer **220** 3
Vollstreckung **800** 77
Vermögensverzeichnis, Vollstreckung **800** 284
Vermögenswirksame Leistungen
Arbeitnehmer-Sparzulage **24; 24a**
Sonderausgabenabzug **1** 10
Wohnungsbauprämie **52** 1
s. a. Vermögensbildung
Vermögenszuwachs
Außensteuergesetz **725** 6
Kapitalanteil nach Zuzug **1** 17
Veröffentlichung
Allgemeinverfügung **800** 367
Bodenrichtwerte **200** 247
Investmentfonds **120** 48, 56; **803** 5
Weisungen **800** 88, 156
Verpachtung *s. Betriebsverpachtung*
Verpfändung
Erstattungs- und Vergütungsansprüche **800** 37, 46
Körperschaftsteuerguthaben **100** 37
Sicherheit **800** 241, 243
Umsatzsteuer **500** 13c, 22
Versicherungsanspruch **10** 29
Versicherungsteuer **625** 1
Verpflegung
Einkommensteuer **1** 4, 9, 10
Sachbezugswerte **21** 2
Umsatzsteuer **500** 3a, 3e, 4 (6, 23), 12; **550** 55, 57; **550a** 6, 35–37
Verpflegungsdienstleistungen, Umsatzsteuer **500** 12, 28
Verpflichtungen
Übernahme, Einkommensteuer **1** 4f, 5
Umsatzsteuer **500** 14; **550** 193–280; **550a** 53–55
Vermögensbewertung **200** 92, 104

Verpflichtungsklage 802 40, 47
Verrechnung
ausländische Verluste **1** 2a, 15a; **745** 2
Beitragserstattungen **1** 10
Einkünfte aus REIT-Aktien **125** 19, 23
Einnahmen bei Rückstellungen **1** 6
Kindergeld **1** 31, 75; **60** 12
Spezialinvestmenterträge **120** 41
beim Übergang zum Halbeinkünfteverfahren **100** 36
Verluste bei beschränkter Haftung **1** 15a
Verluste bei gewerblicher Tierzucht und Tierhaltung **1** 15
Verluste bei Kapitalvermögen **1** 20, 43a
Verluste bei Leistungen **1** 22
Verluste bei Mitunternehmerbeteiligung an Kapitalgesellschaft **1** 15
Verluste bei privaten Veräußerungsgeschäften **1** 23
Verluste bei Termingeschäften **1** 15, 23
Verluste bei Umwandlung **130** 2
Verluste bei Verlustzuweisungsgesellschaft **1** 2b, 15b
Zahlungen, Steuern **1** 44
Verrechnungspreise
Aufzeichnungspflichten **800** 90; **800b** 1
Auslandsbeziehungen **725** 1; **725a** 2, 4, 9–11; **725b** 1 ff.; **801** 2, 7
grenzüberschreitende Steuergestaltungen **800** 138e
Verrentung, Erbschaftsteuer **250** 24
Versandhandel 500 3c; **510** 33; **550a** 14
Verschaffung, Verfügungsmacht **500** 3
Verschiedenartige Bezüge, Lohnsteuer **1** 39e
Verschmelzung
Grunderwerbsteuer **600** 4
Investmentfonds **120** 23, 54
Körperschaftsteuer **100** 29, 34
Umwandlungssteuergesetz **130** 1 ff.
Verschmelzung im Ausland, Körperschaftsteuer **100** 12
Verschollenheit 800 49
Verschonungsabschlag, Erbschaftsteuer **250** 13a, 13c
Verschonungsbedarfsprüfung, Erbschaftsteuer **250** 28a
Verschulden, Aufhebung oder Änderung von Steuerbescheiden **800** 173
Verschwiegenheitspflicht
s. Betriebsgeheimnis bzw. Geheimhaltung bzw. Steuergeheimnis
Versehen 800 129
Versendung 500 3, 3c, 3d, 6b; **510** 8, 9, 10, 17b, 30a, 40; **550** 17, 17a, 36a, 36b, 136a; **550a** 5a
Versicherer, Versicherungsteuer **625** 1
Versicherung an Eides Statt 12 12; **800** 95, 162, 284, 315
Auslandsbezug **725** 16
Versicherungsanstalt
s. Versicherungsunternehmen bzw. Versicherungsvereine
Versicherungsbeiträge
Feuerschutzsteuer **650** 1
Sonderausgaben **1** 10; **10** 30
Umsatzsteuer **500** 3a, 4 (10)
vermögenswirksame Leistungen **24** 2, 9
Versicherungsteuer **620**
Werbungskosten **1** 9
Versicherungsleistungen, Umsatzsteuer **500** 4 (10), 15
Versicherungsmakler, Umsatzsteuer **500** 4 (11)
Versicherungsteuer, Anzeigepflichten **800** 139
Versicherungsunternehmen
ausländische V. **1** 10; **650** 5
ausländische Zwischengesellschaft **725** 8
Betriebsstättengewinnaufteilung **725b** 23–29
Bürgschaft **800** 244
Erbschaftsteuer **250** 13b, 20, 33; **260** 3, Muster 2
Gewerbesteuer **450** 3, 9; **460** 12a
Investmentanteile **120** 20, 48
Kapitalertragsteuer **1** 43, 44a
Körperschaftsteuer **100** 8b, 20, 21, 21a
Vermögensteuer **220** 3
Versicherungsvereine
Gewerbesteuer **450** 2; **460** 12a
Körperschaftsteuer **100** 1, 5, 11; **110** 4
Leistungen aus V. **1** 3 (40), 20, 43
Vermögensbewertung **200** 97, 109
Vermögensteuer **220** 1, 3
Versicherungsvermittler, Mitteilungspflichten **1** 45d
Versicherungsvertreter, Umsatzsteuer **500** 4 (11)

Versorgung mit Beförderungsmitteln **500** 6, 8
Versorgungsausgleich
Altersvorsorgevermögen **1** 93
Einkünfte **1** 19, 20, 22
Sonderausgaben **1** 1a, 10
Übertragung von Anrechten **1** 3 (55a, 55b)
Werbungskostenpauschbetrag **1** 9a
Versorgungsbetriebe
Gewerbesteuer **450** 28; **460** 2
Körperschaftsteuer **100** 4
Versorgungsbezüge
Einkünfte **1** 1, 19, 22
Entschädigung **1** 3 (6)
Erbschaftsteuer **250** 13, 17
Freibetrag bei Einkommensteuer und Lohnsteuer **1** 19, 39b
Pfändung **835** 850
Unterstützungskasse **1** 4d
Werbungskostenpauschbetrag **1** 9a
Versorgungsfreibetrag
Einkommensteuer **1** 19, 33a, 39b
Erbschaftsteuer **250** 17
Versorgungskassen
Gewerbesteuer **450** 3
Körperschaftsteuer **100** 5, 6
Vermögensteuer **220** 3
Versicherungsteuer **620** 4
Versorgungsleistungen
einkommensteuerfreie Leistungen **1** 3 (6)
Einkünfte **1** 19, 22, 49
Sonderausgaben **1** 1a, 10
Verspätungsgeld
Erhebung **803** 5
Rentenbezugsmitteilungen **1** 22a
steuerliche Nebenleistungen **800** 3
Verspätungszuschlag
Allgemeines **800** 152; **800a** Art. 97 P. 8
Gewerbesteuer **450** 14b
Grunderwerbsteuer **600** 19
REIT-AG **125** 21
steuerliche Nebenleistungen **800** 3
Verständigungsvereinbarung **800** 175a, 354, 362; **802** 50, 72; **803** 5
Verständigungsverfahren
Vollstreckungsersuchen **801a** 13
Vorabverständigung **800** 89a
Versteigerung
Grunderwerbsteuer **600** 1, 9
Pfandsachen **800** 296, 298–301, 304, 308, 341
Umsatzsteuer **500** 13b; **550** 333–341
Versuch
Hinterziehung **800** 370
Pfändung **800** 339
Verteidigung
Auskunftsverweigerungsrecht **800** 102
berufsgerichtliches Verfahren **840** 107; **850** 82a
Steuerstrafverfahren und Bußgeldverfahren **800** 392, 410
Verteilung
Ausgaben **1** 11; **500** 10
außerordentliche Einkünfte **1** 34
Bedarfswert **200** 148
Besteuerungsgrundlagen bei Einzelveranlagung **1** 26a; **10** 61
Betriebsausgaben **1** 4f, 11, 34b
Betriebseinnahmen bei Einnahmenüberschussrechnung **1** 11
Einheitswert **200** 3, 92
Einkommensteuer bei gemeinschaftlicher Tierhaltung **1** 13
Einnahmen bei Nutzungsüberlassung **1** 11
Erhaltungsaufwand **1** 11a, 11b, 51; **10** 82a, 82b
Pensionsrückstellung **1** 6a
Spenden **1** 10b; **100** 9; **450** 9
Steueraufkommen **808; 809a**
Zuwendungen **1** 4d, 4e
Vertrauensschutz
Aufhebung oder Änderung von Bescheiden **800** 176
Eigenheimzulage **5** 11
Grundsteuerneuveranlagung **420** 17; **420a** 17
Spendenbestätigung **1** 10b; **100** 9; **450** 9
steuerbegünstigte Zwecke **800** 58a
Umsatzsteuer **500** 6a
Vermögensteuerneuveranlagung **220** 16
Vertreter
Bekanntgabe Erbschaftsteuerbescheid **250** 32
Beteiligter **800** 79
Betriebsstätte im Ausland **725b** 39
Einkommensteuer **1** 49
Fiskalvertreter **500** 13a, 22a–22e; **840** 4
Haftung **800** 69
Investmentfonds **120** 3, 14, 28, 32

ständiger Vertreter **800** 13
Steuerberater oder Steuerbevollmächtigter **840** 69
steuerliche Pflichten **800** 34, 36
Verspätungszuschlag **800** 152
Vollstreckung **800** 77
Wirkung von Steuerfestsetzungen gegenüber dem Vertretenen **800** 166
Zustellung **805** 6
Vertretung
Finanzbehörde, vor **800** 79–81, 110; **840** 55d
Fiskalvertretung **500** 13a, 22a–22e; **840** 4
Investmentsteuergesetz, nach **120** 3, 14, 28, 32
Ständiger Vertreter **1** 49; **800** 13
Steuerberater und Steuerbevollmächtigte, durch **840** 69, 134–145
Steuergericht, vor **802** 52d, 58, 62, 62a, 80; **840** 55d, 65
Wirtschaftsprüfer, durch **850** 121
Vertriebene
Erbschaftsteuer **250** 13
steuerfreie Einnahmen **1** 3 (7)
Vervielfältiger
Einheitsbewertung **200** 80, Anl. 3–8; **201**
Erbbaurecht **200** 193
Ertragswertverfahren **200** 185
Gewerbesteuerumlage **810** 6
Grundsteuerwert **200** 253, Anl. 37
lebenslängliche Nutzungen und Leistungen **200** 11
Verwahrer, Hilfeleistung in Steuersachen **840** 4
Verwahrstelle, Investmentfonds **120** 3
Verwahrung
Auskunftsverweigerungsrecht **800** 104
Finanzkonten **806** 2, 8, 19, 24
Vermögen, Anzeigepflichten für Erbschaftsteuer **250** 33; **260** 1, Muster 1
Wertpapiere **1** 44, 45b; **24a** 4; **500** 4 (8)
Verwalter, Erbschaftsteuer **250** 31–33; **260** 1, Muster 1
Verwaltung
Betriebskosten **445** 1
Wertpapiere **1** 44; **500** 4 (8)
Verwaltungsakt
Abschrift **800** 122
Aufhebung oder Änderung **800** 172–177
außergerichtliches Rechtsbehelfsverfahren **800** 347, 348
Begriff **800** 118, 155
begünstigender V. **800** 130
Form und Inhalt **800** 119–121
Vollstreckung **800** 251
Wirksamkeit **800** 124
Verwaltungsaufgaben, Mitteilungen zu Kontrollzwecken **800** 93a
Verwaltungsausgaben **803** 23
Verwaltungsgebühren *s. Gebühren bzw. Kosten*
Verwaltungsrat *s. Aufsichtsrat*
Verwaltungsverfahren
Identifikationsmerkmal **800** 139a
Identifikationsnummer **800k**
Verwaltungsvermögen, Erbschaftsteuer **250** 13a, 13b
Verwaltungszustellung *s. Zustellung*
Verweigerung
Amtshilfe **800** 112
Annahme von Schriftstücken **805** 5
Auskunft **800** 101–103; **802** 84, 86, 158
Eid **800** 101; **802** 84, 158
Gutachten **800** 104; **802** 158
Verweis, Pflichtverletzungen durch Steuerberater und Steuerbevollmächtigte **840** 90
Verweisung an anderes Gericht **802** 70
Verwendbares Eigenkapital **100** 36, 38
Verwendung
Mittel für steuerbegünstigte Zwecke **800** 55, 62
Rennwettsteuer **630** 7
Verwerfung
Einspruch **800** 358
Revision **802** 126
Verwertung
Aufzeichnungen **800** 162
Inland, Einkommensteuer **1** 49, 50a
Kenntnisse **52** 4; **630** 61; **800** 393
Pfandsachen **800** 296–305, 308, 317, 341
sichergestellte Waren **800** 216
Sicherheiten **800** 327, 341
Verwertungsgebühr, Vollstreckungsverfahren **800** 341
Verwertungsgesellschaft, Kapitalertragsteuer **1** 44a
Verwitwete, Einkommensteuer **1** 32a
Verzehr
an Ort und Stelle **500** 3a, 3e, 4 (6), 13b; **550a** 6, 35–37
an Umsatzsteuererstattung **518a** 3

Sachverzeichnis

fette Ziffer = Gesetzesnummer

Verzeichnis
Anbauverzeichnis **800** 142
Anlagegüter **1** 13a
Ausgleichsposten bei Entstrickung **1** 4g
ausländische Gesellschaften und Genossenschaften **1** Anl. 2–3; **2** Anl.; **135** Anl.
ausländische Steuern **2** Anl.
Entwicklungsländer **110** 5, Anl.
erhöhte Absetzungen oder Sonderabschreibungen **1** 7a
ermäßigt besteuerte Gegenstände bei Umsatzsteuer **500** Anl. 2; **550** Anh. III
geringwertige Wirtschaftsgüter **1** 6
Handelsschiffe **10** 60
Hilfeleistung in Steuersachen **840** 3b, 86b
Körperschaftsteuern in der EU **135** 3, Anl.
Lohnsteuerhilfevereine **840** 23, 30; **847** 5–8
Nachlass **250** 31
nichtabnutzbare Anlagegüter **1** 4
Reinvestitionen **1** 6c
Standesämter **260** 5
steuerliches Wahlrecht **1** 5
Umlaufvermögen **1** 4
Umsatzsteuerlager **500** Anl. 1
Verfügungsberechtigte bei Konten **800** 154
Vermögen, Vollstreckung **800** 284
Viehverzeichnis **1** 13b
Verzicht
Berufsausübung, Umsatzsteuer **500** 3a
Bestellung zum Steuerberater oder Steuerbevollmächtigten **840** 45, 47
Datenübermittlung **1** 5b, 7g, 13a; **10** 60; **120** 56; **500** 18; **510** 61a
Dienstleistungen, Umsatzsteuer **500** 3a
Differenzbesteuerung **500** 25a
Einspruch **800** 354
Kindergeldfestsetzung und -auszahlung **1** 72
Kinderzuschlag **60** 6a
Klage **802** 50
Nachversteuerung **1** 34a
Steuerbefreiung **220** 3; **250** 13; **500** 1a, 3c, 9, 22, 24, 25c
Steuererhebung, Umsatzsteuer **510** 49
Umsatzbesteuerung **500** 1a, 19, 24
Urheberrechte, Umsatzsteuer **500** 3a
Zinsen für Steuern **800** 224a, 234, 237; **800a** Art. 97 P. 15
Verzinsung
Beginn des Zinslaufs **800** 233a
Bindungswirkung **800** 239 (5)
Forschungszulage **750** 11
Rücklagen **1** 6b
Steuererstattung **800** 233a
Steuern **1** 6b, 7g, 20, 50c, 111; **550b** 26–27; **725** 6; **800** 233–239; **800a** Art. 97 P. 15 u. 36, Art. 97a
Zinsberechnung **800** 233a
s. a. Zinsen
Verzögerungsgeld 800 3, 146
Verzugszinsen 800 398a
Videoerzeugnisse 500 12
Vieh
Bedarfsbewertung **200** 142, 158, 169, Anl. 19
Einheitsbewertung **200** 41, 51, 51a, Anl. 1 u. 2
Einkünfte aus Viehhaltung **1** 13–13b, 15, Anl. 1a
Grundsteuerwert **200** 241, 242, Anl. 34
Umsatzsteuer **500** 12, 24
Versicherungsteuer **620** 4; **625** 5
Vieheinheiten
Bedarfsbewertung **200** 169, Anl. 19
Einheitsbewertung **200** 51, Anl. 1
Einkommensteuer **1** 13, 13a
Grundsteuerwert **200** 241, Anl. 34
Virtuelle Automatenspiele, Besteuerung **630** 36–45
Virtuelle Automatensteuer 635 31–36
Virtuelle Teilnahme an Veranstaltungen, Umsatzsteuer **550** 53
Völkerrechtliche Vereinbarungen 800 2
Völkerverständigung, steuerbegünstigte Zwecke **800** 51
Vollkaufleute, Gewinn **1** 5
Vollmacht
Altersvorsorgezulage **1** 89
elektronische Übermittlung **10** 50
Verfahren bei Finanzbehörde **500** 22a; **800** 80, 80a
Verfahren bei Finanzgericht **802** 62
Vollrisikozertifikat, Kapitaleinkünfte **1** 20, 43
Vollstreckung
Allgemeines **800** 249–346; **800a** Art. 97 P. 17 u. 17a, Art. 97a

Aufschub **800** 258
außergerichtliches Rechtsbehelfsverfahren **800** 347
berufsaufsichtliches Verfahren **840** 151; **850** 126
Bußgelder **800** 412
Duldung **800** 191
Ersuchen **800** 250; **801a**
EU-Beitreibungsgesetz **801a**
Gebühren an Steuerberater oder Steuerbevollmächtigte **840a** 44
Gerichtskosten **802** 150–154
Gläubiger **800** 252
Haftung **800** 75, 77, 191
Nichtigkeit von Vorschriften **802** 157
rechtliches Gehör **800** 91
Reihenfolge der Tilgung von Steuern und Abgaben **800** 225
Schuldner **800** 253
Umsatzsteuer-Erstattung **550b** 24
Zusammenveranlagung, bei **800** 44
Zwangsgelder gegen Steuerberater und Steuerbevollmächtigte **840** 159
Vollverzinsung 800 233a
Vollwaisen, Wohnungsbauprämie **52** 1
Vollziehung, Aussetzung **800** 361; **802** 69
Vollziehungsbeamter 800 285
Vorabanforderung 800 149
Vorabpauschale
Investmenterträge **120** 16, 18, 19
Kapitalertragsteuer **1** 44
Vorabverständigung
Doppelbesteuerungsabkommen **800** 89a; **803** 5
EU-Amtshilfe **801** 2, 6, 7
Vorangehende Lieferung 500 4 (4b)
Voranmeldung 500 18, 18b, 22b; **510** 46; **800** 371
Vorauserwerb, Grunderwerbsteuer **600** 1
Vorauszahlungen
Aufteilung bei Gesamtschuldnern **800** 272, 274
Einkommensteuer **1** 37, 110
Gewerbesteuer **450** 19–21; **460** 29, 30
Grundsteuer **420** 29, 30
Grundsteuer 2025 **420a** 29, 30
Körperschaftsteuer **100** 31
Solidaritätszuschlag **1a** 1, 3
Umsatzsteuer **500** 15, 18; **510** 46–48
Vermögensteuer **220** 21
Verteilung bei Einkommensteuer **1** 11
Verzinsung von V. **800** 233a
Vorbehalt der Nachprüfung **800** 164
Zerlegung **807** 4
Zuschlagsteuern **1** 51a
Vorbehalt
Billigkeitsentscheidung **800** 163
der Nachprüfung **800** 164, 168
Pensionszusage **1** 6a
Verwaltungsakt **800** 131
Vorbesitzzeit
Reinvestitionsvergünstigungen **1** 6b
Veräußerung an REIT-AG **1** 3 (70)
Vorbildungsvoraussetzungen
Steuerberater **840** 36, 157c; **845** 6
Wirtschaftsprüfer **850** 8, 8a
Vorerbschaft, Erbschaftsteuer **250** 6, 7, 20
Vorerwerb, Erbschaftsteuer **250** 14, 27
Vorfeldermittlungen 800 208; **803** 5
Vorkostenabzug, Steuerbegünstigung für selbst genutzte Wohnung **1** 10e
Vorladung 800 93
Vorlage
Aufzeichnungen **800** 146b; **800b** 2
Behinderten-Nachweis **10** 65
Beschwerde an Bundesfinanzhof **802** 130
Spendenbelege **10** 50
Urkunden **500** 18d; **800** 97, 104–106; **802** 77, 85, 86, 89
Wertsachen bei Finanzbehörde **800** 100, 104–106
Vorlageverlangen, Aufzeichnungen **800** 90
Vorläufige Nichtbesteuerung, Vermögensbeteiligung **1** 19a
Vorläufige Steuerfestsetzung 1 43; **800** 165, 171
Vorläufige Zahlungseinstellung, Kinderzuschlag **60** 11
Vorläufiger Rechtsschutz
durch Finanzbehörde **800** 361
durch Finanzgericht **802** 69, 114
Vorläufiger Verlustrücktrag, Einkommensteuer **1** 111
Vorläufiges Berufsverbot, Steuerberater und Steuerbevollmächtigte **840** 134
Vorleistungen 500 25
Vormund, Umsatzsteuer **500** 4 (25)

Vorratsgesellschaft, Umsatzsteuer **500** 18
Vorratsvermögen
Bewertung in Steuerbilanz **1** 6
Einheitsbewertung **200** 56
Holzvorräte **720** 4a, 7
Vor-REIT
REIT-Gesetz **125** 2
Veräußerung von Betriebsvermögen an Vor-REIT **1** 3 (70), 3c
Vorruhestand, betriebliche Altersversorgung **70** 1b
Vorschüsse
Feuerschutzsteuer **650** 2
Steuerberatervergütung **840a** 8
Versicherungsteuer **620** 3
Vorsorgeaufwendungen
Lohnsteuer **1** 39a, 39b
Nachversteuerung **10** 30
Sonderausgaben **1** 10, 10a
Vorsorgepauschale 1 19a, 46, 50
Vorspiegelungstaten 800 385
Vorstand, Steuerberaterkammer **840** 77–77c
Vorsteuerabzug
einkommensteuerliche Auswirkungen **1** 9b, 12
Umsatzsteuer **500** 15, 15a, 17, 19, 22, 23a, 24–25c, 25f, 26; **510** 35–45, 62; **550** 129a, 167–192, 320–323, 354–355, 368, 369j, 369t, 369w; **550a** 52; **553** 4
Vorsteuervergütung, Umsatzsteuer **500** 18, 18g
Vorteile, Steueroasen-Abwehrgesetz **12** 5
Vortrag
Baukindergeld **1** 34f
EBITDA **1** 4h
Spenden **1** 10b; **100** 9; **450** 9
Verlust **1** 10d, 20, 43a
Vortragsveranstaltungen 500 4 (22)
Vorübergehende Verwendung 500 1a, 3, 4 (3, 6), 22
Vorübergehender Aufenthalt, Kraftfahrzeugsteuer **660** 3, 11
Vorverfahren 1 77; **800** 347–367; **802** 44–46
Vorwegabzug, Sonderausgaben **1** 10
Vorweggenommene Erbfolge, Erbschaftsteuer **250** 19a
Vorzeitige Altersleistung, betriebliche Altersversorgung **70** 6
Vorzeitige Verfügung, vermögenswirksame Leistungen **24** 4
Vulnerable Gruppen, steuerfreie E. **1** 3 (11b)

Wagniskapital
Einkommensteuer **1** 3 (71)
Körperschaftsteuer **100** 8c
Umsatzsteuer **500** 4 (8)
Wahl zum ehrenamtlichen Finanzrichter **802** 22–26
Wählervereinigungen
Erbschaftsteuer **250** 13
Körperschaftsteuer **100** 5
Mitgliedsbeiträge und Spenden an W. **1** 34g; **10** 50
Wahlkampfkosten 1 22
Wahlrecht
Einbringung **130** 3, 11, 13, 20, 21, 24
Einkommensteuerveranlagung **1** 26, 32d
Erbschaftsteuer **250** 13a, 23, 37
geringwertige Wirtschaftsgüter **1** 6
Gewinnermittlung **1** 5, 5a
Herstellungskosten **1** 6
Kirchensteuer **1** 51a
nicht entnommener Gewinn **1** 34a
Sanierungsmaßnahmen **1** 3a
Umsatzsteuervoranmeldung **500** 18
Verlustabzug **1** 10d
Wirtschaftsjahr **1** 4a; **10** 8c
Währungskursverluste, Körperschaftsteuer **100** 8b
Währungsumrechnung *s. Umrechnung*
Waisengelder 1 19
Wald
Bedarfsbewertung **200** 142, 160, 163, 164, 171, 172, Anl. 15 u. 15a
Betriebsausgabenpauschsatz **10** 51
Einheitsbewertung **200** 53–55; **203; 204**
Einkünfte **1** 13, 13a, 34b
Grundsteuerwert **200** 234, 237, Anl. 28
Waldgenossenschaft *s. Genossenschaften bzw. Realgemeinde*
Wandergewerbe *s. Reisegewerbe*
Wanderschäferei
Bedarfsbewertung **200** 142
Einheitsbewertung **200** 62
Einkünfte **1** 13, Anl. 1a

Grundsteuerwert **200** 242
Umsatzsteuer **500** 24
Waren, Sachbezüge **1** 8; **21** 3; **500** 3, 10
Warenausgang, Aufzeichnungen **800** 144
Wareneingang, Aufzeichnungen **800** 143
Warenlager
Betriebsstätte **800** 12
Fehlmengen **800** 161
Sicherheit **800** 241
Wärmeanlage, Eigenheimzulage **5** 9
Wärmelieferung 500 3a, 3g, 4 (13), 5, 13b; **550** 38, 39
Wärmepreisbremse 1 123–126
Warmwasseranlagen, erhöhte Absetzungen **1** 51; **10** 82a
Warnung
bei Pflichtverletzungen durch Steuerberater und Steuerbevollmächtigte **840** 90
Steuerberaterkammer **840** 10b
Wartegelder 1 19
Wartungsleistungen, Umsatzsteuer **500** 8
Wäsche, Erbschaftsteuer **250** 13
Wasser 500 Anl. 2
Wasser- und Bodenverbände
Grundsteuer **420** 4
Grundsteuer 2025 **420a** 4
Wasserfahrzeuge, Umsatzsteuer **500** 1b, 4b, 5, 8; **510** 7
Wasserkraftwerke 111
Wasserstraßen
Grundsteuer **420** 4
Grundsteuer 2025 **420a** 4
Wechsel
Absetzungsmethode **1** 7
Anteilseigner **100** 8c
Besteuerungsform **120** 24; **500** 15a, 20; **510** 71
Entrichtungszeitraum, Kraftfahrzeugsteuer **660** 11
Erwerber, Umsatzsteuer **500** 6b, 18a
Gewinnermittlungsart, Nachversteuerung **1** 34a
Steuerklasse **1** 38b
Steuerpflicht **1** 2, 36, 50; **100** 32; **125** 17; **220** 17
Steuerschuldner, Kraftfahrzeugsteuer **660** 5
Vollstreckung, bei **800** 312
Zahlungsmittel **1** 7a; **510** 43
Zuständigkeit, der **800** 26
Wechselaufbauten, Kraftfahrzeugsteuer **660** 3
Wechselland, Bodenschätzung **210** 2
Wege
Aufwendungen **1** 4, 9
Grundsteuer **420** 4
Grundsteuer 2025 **420a** 4
Wegebaufahrzeuge 660 3
Wegebefestigungen, Einheitsbewertung **200** 89
Wegfall
Betrieb oder Teilbetrieb im Ausland **1** 36
Buchführungspflicht **800** 141; **800a** Art. 97 P. 19
Erbschaftsteuer **250** 29
Nutzungswertbesteuerung **1** 13
selbst genutzte Wohnung, Altersvorsorge **1** 92a
Steuerbefreiung **1** 2a, 3 (70); **100** 13; **120** 13; **125** 17, 18, 23; **250** 13–13c; **420** 18; **420a** 18; **450** 19; **500** 4 (4a); **660** 3, 5, 12; **800** 153
Steuerpflicht **1** 2a, 10a; **100** 12, 40; **725** 2
Teilfreistellung **120** 22
ungewisse Tatsachen, endgültige Steuerfestsetzung **800** 165
verbindliche Auskunft **800i** 2
verbindliche Zusage **800** 206, 207
Voraussetzungen für Spezialinvestmentfonds **120** 52
Wegnahmegebühr im Vollstreckungsverfahren **800** 340
Wegzug
Außensteuergesetz **725** 6
Einkommensteuer **1** 4
Körperschaftsteuer **100** 12, 38
Zuständigkeit **800** 19
Wegzugsbesteuerung, Körperschaftsteuer **100** 12
Wehrdienst, einkommensteuerfreie Leistungen **1** 3 (2, 4–6)
Weichende Erben, Einkommensteuer **1** 14a
Weihnachtsvergütungen, Pfändung **835** 850a
Weinbau
Bedarfsbewertung **200** 142, 160, 163, 164, 173, Anl. 16

Einheitsbewertung **200** 56–58
Einkünfte **1** 13, 13a, Anl. 1a
Grundsteuerwert **200** 234, 237, 238, Anl. 29
Umsatzsteuer **500** 24
Wirtschaftsjahr **10** 8c
Weisungen der obersten Finanzbehörden **800** 88, 156
Weisungsgebundenheit bei ausländischer Zwischengesellschaft **725** 7
Weiterbildungsmaßnahmen **1** 3 (19)
Weiterleitung
Daten **800** 117c; **801** 7
Informationen innerhalb der EU **801** 15, 16
Weiterversteuerung, Kraftfahrzeugsteuer **665** 12
Werbebetrieb
Gewinnpauschalierung **800** 64
Investitionszulage **740a** 2; **740b** 3
steuerbegünstigte Zwecke **800** 67a
Umsatzsteuer **500** 3a
Werbemittel, Einfuhrumsatzsteuer **518** 8
Werbesendungen
Gewerbesteuer **450** 7
Kapitaleinkünfte **1** 20
Körperschaftsteuer **100** 8
Werbung
Grundstücksnutzung durch W., Einheitsbewertung **200** 82, 88
Steuerberater **840** 8, 57, 57a
Wirtschaftsprüfer **850** 52
Werbungskosten
Abzugsverbot **1** 3 (26, 26a), 3c; **100** 8; **120** 21, 44
Allgemeines **1** 9, 20, 22, 50, 50a
Auslandsbezug **725** 16
Mobilitätsprämie **1** 101
Nachweis des Zahlungsempfängers **1** 48; **800** 160
Pauschbeträge **1** 9a
Progressionsvorbehalt **1** 32b
Spezialinvestmentfonds **120** 38, 39, 41
Zuschüsse **1** 3 (15)
Werkleistung **500** 3, 3a, 4 (3), 7
Werklieferung **500** 3, 4 (1), 13b
Werkstätten für behinderte Menschen, Zweckbetrieb **800** 68
Werkswohnungen, steuerfreie Einnahmen **1** 3 (59)
Werkvertrag, Mitteilungspflichten **800f** **(a)** 5
Werkzeuge, Werbungskosten **1** 3 (30), 9
Werkzeuggeld **1** 3 (30)
Wertabgaben aus Unternehmen **500** 3, 10
Wertaufholung
nach außergewöhnlicher Absetzung für Abnutzung **1** 7; **10** 11c
Investmentfonds **120** 22, 56
Kapitalanteil **1** 3 (40); **100** 8b
Steuerbilanz **1** 6
nach Teilwertabschreibung **1** 6; **10** 11c
Veräußerung an Immobiliengesellschaft **1** 3 (70)
Werterhöhung, Grundstück, Einheitswert **200** 82, 88
Wertermittlung
Erbschaftsteuer **250** 10, 12, 13b
Körperschaftsteuer **100** 12
Wertfeststellung
Einheitsbewertung **200** 23, 27
Grundsteuerwert **200** 223, 227
Wertfortschreibung
Einheitsbewertung **200** 22, 27, 92
Grundsteuerwert **200** 222, 227
Wertgebühren für Hilfeleistung in Steuersachen **840a** 10, Anl. 1–4
Wertguthaben, Übertragung auf Rentenversicherung **1** 3 (53), 38
Wertminderung
Bewertung in Steuerbilanz **1** 6
Grundstück **200** 81, 82, 86–88, 146, 185, 190; **600** 9
Investmentfonds **120** 22, 56
Kapitalanteil **1** 2a; **100** 8b
Wertpapiere
Ausgleichsfonds in der Forstwirtschaft **720** 3
Einkünfte **1** 20, 32d, 49
Erbschaftsteuer **200** 158, 199–203; **250** 3, 7, 12, 13a, 13b, 19a, 33, 37; **260** 1
Kapitalanlagegesellschaft **200** 12
Kapitalertragsteuer **1** 36a, 43–45d
REIT-AG **125** 5, 11
Überschussrechnung **1** 4
Umsatzsteuer **500** 4 (8), 4b, 5, 9
Vermögensbewertung **200** 11, 121
Vermögensbildung **24** 2, 4–7; **24a** 4
Vermögensteuer **220** 10

Verpfändung als Sicherheit **800** 241, 243
Versteigerung im Vollstreckungsverfahren **800** 302, 303
s. a. Schuldbuchforderungen
Wertpapierhandel, Kapitalertragsteuer **1** 44
Wertpapierinstitut
Betriebsstättengewinnaufteilung **725b** 18, 20
Gewerbesteuer **450** 35c
Kapitalertragsteuer **1** 43, 43a, 44–44b, 45a
Körperschaftsteuer **100** 5, 8b
Teileinkünfteverfahren **1** 3 (40)
Termingeschäfte **1** 15
Wertpapierintitut 1 44–44b
Wertpapierkennnummer 1 44
Wertpapierleihe
Einkommensteuer **1** 3c
Körperschaftsteuer **100** 2, 8b, 32
Wertpapierpensionsgeschäft, Körperschaftsteuer **100** 2, 8b, 32
Wertpapierregister 1 43
Wertpapiersammelbank, Kapitalertragsteuer **1** 45c
Wertverhältnisse
Bedarfsbewertung **200** 138, 157
Einheitsbewertung **200** 21, 27
Grundsteuerwert **200** 221, 227
Wertverlust, Gesellschafterdarlehen **100** 8b
Wertzahlen
Bedarfsbewertung **200** 191, Anl. 25
Bodenschätzung **210** 4
Einheitsbewertung **200** 90; **202** 2–4
Grundsteuerwert **200** 260, Anl. 43
Wertzeichen, Umsatzsteuer **500** 4 (8); **510** 43
Wertzuwachs
Investmentfonds **120** 2, 17
Kapitaleinkünfte **1** 20
Kapitalertragsteuer **1** 43
Wesentliche Beteiligung
Auslandsbeziehungen **725** 1
Erbschaftsteuer **250** 13a, 13b, 19a, 37
Gesellschafter-Fremdfinanzierung **100** 8a
Haftung **800** 74
Inlandsvermögen **200** 121
Kapitalertragsteuer **1** 50j
s. a. Beteiligungen
Wesentliche Betriebsgrundlagen 1 16
Wesentliche wirtschaftliche Interessen im Inland **725** 2
Wettschein 630 3; **635** 8
Widerrechtliche Fahrzeugbenutzung 660 1, 3a, 5; **665** 15, 16
Widerruf
Anerkennung **840** 20, 24; **850** 34
Bestellung **840** 46, 54; **850** 20
Billigkeitsentscheidung **250** 28a; **800** 163
Datenabruf **800** 122a
Einverständniserklärung bei Altersvorsorge **1** 10
elektronische Aufzeichnungen im Ausland **800** 146
Empfangsbevollmächtigung **800** 183
Steuerabzug bei Kirchensteuer **1** 51a
Stundung **1** 36
Umsatzsteuer **500** 13a, 13b, 18h–18k, 24; **510** 71
verbindliche Zusage **800** 207
Verwaltungsakt **800** 120, 131, 132
Verzicht **220** 3; **500** 19
Vollmacht **800** 80, 80a
Zustimmung **1** 10, 32
Widerspruch
gegen Datenerhebung **800** 32f
gegen Vollstreckungsmaßnahmen **800** 262, 293, 294
Widerstreitende Steuerfestsetzungen 800 174
Wiederanlage
Altersvorsorge **120** 12
Gewinn, Einkommensteuer **1** 6b, 6c
Wiederaufforstungskosten 10 51
Wiederaufnahme
berufsgerichtliches Verfahren **850** 83c
gerichtliches Verfahren **802** 134, 135
Steuerstrafverfahren **800** 398a
Wiederausfuhr 518 1, 11
Wiederbeschaffung
Hausrat oder Kleidung **1** 33
Rücklage **800** 62
Wiederbestellung
zum Steuerberater oder Steuerbevollmächtigten **840** 48; **845** 38
zum Wirtschaftsprüfer **850** 23
Wiedereinlage 1 4
Wiedereinsetzung in vorigen Stand **800** 110; **802** 56, 136
Wiedergabe, Gerichtsdateien **802a** 3
Wiedergutmachung

Einkommensteuer **1** 3 (8)
Erbschaftsteuer **250** 13
Wiederkehrende Bezüge
Einkünfte **1** 22
Pfändung **800** 313
Sonderausgaben **1** 10
Werbungskostenpauschbetrag **1** 9a
Wiederkehrende Einnahmen und Ausgaben **1** 11
Wiederkehrende Nutzungen und Leistungen
Bewertung **200** 13, 14, Anl. 9a
Erbschaftsteuer **250** 23, 37
Wiederverkäufer
Differenzbesteuerung **500** 25a
Erdgas **500** 13b
Windenergieanlage
Grundsteuer **420** 25
Grundsteuerwert **200** 233, 238, Anl. 33
Wirkung, Urteil **802** 110
Wirtschaftliche Betrachtungsweise **800** 39–42
Wirtschaftliche Einheit
Bedarfsbewertung **200** 138, 140, 158
Einheitsbewertung **200** 2, 26, 70, 92, 93, 95
Grundsteuerwert **200** 232, 244
Wirtschaftliche Tätigkeiten
Inland **1** 1; **100** 1; **450** 2
Umsatzsteuer **550** 9
Wirtschaftlicher Geschäftsbetrieb
Begriff **800** 14
Gewerbesteuer **450** 2, 3; **460** 8
Kapitalertragsteuer **1** 44
Körperschaftsteuer **100** 4, 5, 38; **130** 22
Leistungen **1** 20, 43
steuerbegünstigte Zwecke **800** 64–68; **800a** Art. 97 P. 1b
Umsatzsteuer **500** 4a, 12
Vermögensbewertung **200** 97, 109
Vermögensteuer **220** 1, 3
Wirtschaftliches Eigentum
Zinserträge **11** 2
Zurechnung **800** 39
Wirtschaftsförderungsgesellschaften
Gewerbesteuer **450** 3
Körperschaftsteuer **100** 5
Vermögensteuer **220** 3
Wirtschaftsgebäude
Absetzung für Abnutzung **1** 7
Land- und Forstwirtschaft **200** 33, 158, 232, 238, 240, Anl. 31 u. 32
Wirtschaftsgut
Bodengewinnbesteuerung **1** 55
geringwertiges W. **1** 6
Haftung **800** 74
immaterielles W. **1** 5
Zuordnung **725b** 5–8, 31
Zurechnung **800** 39
Wirtschafts-Identifikationsnummer **1** 45b; **600** 20; **800** 138b, 139c
Wirtschaftsjahr
Einkommensteuer **1** 4a; **10** 6, 8b, 8c
Gewerbesteuer **450** 10
Körperschaftsteuer **100** 7
Wirtschaftsprüfer
Allgemeines **850** 1–4b
Auskunftsverweigerungsrecht **800** 102
Beiordnung als Prozessvertreter **802** 142
Bericht **850** 57a
Berufsausübung mit anderen Berufen **850** 44b
Bußgelder **800** 411
Einkünfte **1** 18
Haftung **800** 191
Hilfe in Steuersachen **840** 49
Steuerberaterprüfung **840** 37a
Umsatzsteuer **500** 3a
Verteidiger in Steuerstraf- und Bußgeldverfahren **800** 392
Wirtschaftsprüferkammer **850** 4, 16a, 37, 54, 55c, 57–66c
Wirtschaftsprüfungsgesellschaften **850** 1, 27–34, 43, 45, 47, 54, 55b, 56, 57a, 69, 71, 133–133e
Wirtschaftsräume, Wohnflächenberechnung **443** 42
Wirtschaftsteil, Land- und Forstwirtschaft **200** 34, 141, 160, 162–166; **250** 13b
Wirtschaftswert, Land- und Forstwirtschaft **1** 14a; **200** 46, 163; **420** 22
Wirtschaftszone
Inland **1** 1; **100** 1; **450** 2, 4
Zuständigkeit **800** 22a
Wissenschaftliche Tätigkeit
Einkommensteuer **1** 18
Umsatzsteuer **500** 3a
Wissenschaftliche Veranstaltungen, Umsatzsteuer **500** 4 (22)

Wissenschaftliche Zwecke
Grundsteuer **420** 4, 32
Grundsteuer 2025 **420a** 4, 32
steuerbegünstigte Einrichtung **800** 52
Wissenschaftseinrichtungen
Gewerbesteuer **450** 3
Körperschaftsteuer **100** 5
Umsatzsteuer **550** 53
Zweckbetrieb **800** 68
Witwe 1 32a, 46
Witwengelder
Einkünfte **1** 19
Pfändung **835** 850b
Wochenendwohnung
Eigenheimzulage **5** 2
Sonderausgabenabzug **1** 10e
Wohlfahrtspflegeeinrichtungen
Körperschaftsteuer **100** 5
Spenden **10** 50
steuerbegünstigte Zwecke **800** 52, 66
Umsatzsteuer **518** 6
Vermögensteuer **220** 3
Wohnbau-Sparverträge 53 4–12
Wohnflächen 443 42–44; **444**
Wohnförderkonto
Altersvorsorge **1** 92a, 93
Einkünfte **1** 22, 92a, 92b
Wohngebäudeversicherung
Feuerschutzsteuer **650** 1, 3, 4
Versicherungsteuer **620** 5, 6
Wohngeld 1 3 (58)
Wohnmobil 660 3, 9, 10
Wohnräume
Grundsteuer **420** 5
Grundsteuer 2025 **420a** 5, 15
Wohnsitz
Umsatzsteuer **550a** 12
Verfahrensrecht **800** 8
Wechsel in niedrigbesteuernde Gebiete **725** 2
Wohnsitzfinanzamt 800 19
Wohnsitzwechsel
Ausland **725** 4–6
In niedrigbesteuernde Gebiete **725** 4–6
Steuerpflicht **725** 4–6
Wohnsitz ins Ausland **725** 2
Wohnteil Land- und Forstwirtschaft
Bedarfsbewertung **200** 141, 143, 160, 167
Einheitsbewertung **200** 34, 47; **201** 4
Einkommensteuer **1** 10

Wohnung
Altersvorsorge **1** 22, 82, 92a, 92b, 93
Bedarfsbewertung **200** 141, 143, 158
Betretungsrecht **500** 27b; **800** 99, 146b
Definition **200** 181
degressive AfA **1** 7
Eigenheimzulage **5**
Einheitsbewertung **200** 34, 47, 75, 79, 92, 93
energetische Maßnahmen **1** 35c
Erbschaftsteuer **250** 13, 13d, 28
Erhaltungsaufwand **10** 82b
erhöhte Absetzungen **10** 82a
Grundsteuer **420** 5, 35, 43
Grundsteuer 2025 **420a** 5, 15
Grundsteuerwert **200** 249
Land- und Forstwirt **1** 13; **200** 34, 47, 141, 143, 158
Modernisierung durch Mieter **1** 10, 35a; **52** 2
Nebenräume **200** 181
Nutzungswert bei Einkommensteuer **1** 13
Sachbezugswerte **21** 2
Sonderausgabenabzug **1** 10e, 10f
Überlassung an Arbeitnehmer **1** 8
Umsatzsteuer **500** 4 (12), 9, 27b
Unverletzlichkeit **500** 27b; **800** 413
Veräußerung **1** 23
Wohnflächen **443** 42–44; **444**
Wohnsitz **800** 8
Zuschuss **1** 3 (59)
Wohnungs- und Siedlungsunternehmen
Gewerbesteuer **450** 9
Grundsteuer **420** 36
Körperschaftsteuer **100** 5, 13
Vermögensteuer **220** 3, 25
Wohnungsbauprämie **53** 14
Wohnungsbaugesellschaft, Grundsteuer 2025 **420a** 15, 19
Wohnungsbauprämie, Hilfeleistung in Steuersachen **840** 4
Wohnungseigentum
s. Eigentumswohnung
Wohnungserbbaurecht *s. Erbbaurecht*
Wohnungsgenossenschaft
Eigenheimzulage **5** 17
vermögenswirksame Leistungen **24** 2, 6
Wohnungsbauprämie **52** 2; **53** 3
Wohnungsgrößen 443 42–44

Wohnwagen 660 3, 10
Wolle 500 Anl. 2

Yacht, Betriebsausgaben **1** 4

Zahlstelle, Mitteilung über Zinserträge **11**
Zahlung
Altersvorsorgebeiträge **1** 82
Altersvorsorgeeigenheimbetrag **1** 92b
Eigenheimzulage **5** 13
Einkommensteuer **1** 6b, 36
Elterngeld **62** 6, 8
Erbschaftsteuer **250** 31, 32
Feuerschutzsteuer **650** 8
Gebühren **800** 89
Gesamtschuldner **800** 44
Gewerbesteuer **450** 16, 19, 20
Grundsteuer **420** 28–31
Grundsteuer 2025 **420a** 28–31
Haftungsschuldner **800** 219
Kapitalertragsteuer **1** 36a, 44
Kindergeld **1** 66, 70, 74; **60** 6, 11
Körperschaftsteuer **100** 31, 38
Kraftfahrzeugsteuer **660** 11, 13; **665** 10, 11, 16
Lohnsteuer **1** 41a
Lotteriesteuer **630** 32; **635** 30
Online-Pokersteuer **630** 51
REIT-AG bei Verstößen **125** 16, 19a
Rennwettsteuer **630** 13
Sportwettensteuer **630** 21
Steuerabzugsbeträge bei beschränkter Einkommensteuerpflicht **1** 50a; **10** 73e
Steuern und Abgaben **800** 224–226, 240
Umsatzsteuer **500** 18i–18k, 21, 21a; **510** 46–48; **550** 206–212, 369v, 369z, 369zb; **550a** 41a, 62–63a
Vermögensteuer **220** 20–23
Versicherungsteuer **620** 7
Virtuelle Automatensteuer **630** 51
Wohnungsbauprämie **52** 4a, 4b
s. a. Nachforderung bzw. Rückforderung
Zahlungsaufschub 1 6b; **500** 21, 21a; **550a** 63d
Zahlungsdienstleister, Umsatzsteuer **500** 22g; **550** 243a–243d
Zahlungsempfänger 800 160
Zahlungserinnerung 800 259
Zahlungsinformationen, Umsatzsteuer **500** 22g
Zahlungsinstitut
Gewerbesteuer **450** 35c; **460** 19
Mitteilungspflichten **800** 138b
Zahlungsmitteilung 800f (a)
Zahlungsmittel
Erbschaftsteuer **250** 13, 13b
Sicherheitsleistung **800** 241, 242
Umsatzsteuer **500** 4 (8), 5, 9; **510** 43
Zahlungssmitteilung, Mitteilung an Finanzbehörden **800f** 2
Zahlungsverjährung 250 28a; **800** 228–232; **800a** Art. 97 P. 14, Art. 97a
Zahlungszeitraum
Kindergeld **1** 66, 71; **60** 5, 11, 20
Kinderzuschlag **60** 5, 6a, 11
Zahnärzte
Auskunftsverweigerungsrecht **800** 102
Einkünfte **1** 18
Umsatzsteuer **500** 4 (14), 12
Zahnprothesen 500 4 (14)
Zahntechniker, Umsatzsteuer **500** 12
Zeitanteilige Absetzung für Abnutzung 1 7
Zeitgebühren
Hilfeleistung in Steuersachen **840a** 13
verbindliche Auskunft **800** 89
Zeitschriften 500 12, Anl. 2; **510** 68
Zeitungen 500 12, Anl. 2; **510** 68
Zensus 808 12a
Zentralbanken, Umsatzsteuer **500** 4 (4)
Zentrale Stelle
Altersvorsorgezulage **1** 81, 92a; **800** 6, 87b, 88
Arbeitnehmer-Sparzulage **24a** 5, 7, 8
Pauschsteuer bei Geringverdienern **800** 6
Rentenbezugsmitteilungen **1** 22a
Wohnungsbauprämie **24a** 5, 7, 8
Zentralstelle für Finanztransaktionsuntersuchungen **800** 31b; **803** 5a
Zentralstelle für Sanktionsdurchsetzung 803 5a
Zentralverzeichnis, grenzüberschreitende Steuergestaltungen **801** 7; **803** 5
Zerlegung
Einkommensteuer **807** 1, 1a, 8a
Feuerschutzsteuer **650** 11
Gewerbesteuer **450** 28–34, 35a; **460** 29, 35
Grundsteuer **420** 22–24
Grundsteuer 2025 **420a** 22–24
Kapitalertragsteuer **807** 1

Körperschaftsteuer **807** 1, 2–6
Lohnsteuer **807** 7
Lotteriesteuer **630** 34; **635** 28
Online-Pokersteuer **630** 54; **635** 40
Sportwettensteuer **630** 24; **635** 19
Verfahren **800** 185–189; **802** 37
Virtuelle Automatensteuer **630** 44
Zerlegungsbescheid 800 188
Realsteuermessbetrag **800a** Art. 97 P. 35
Zerstörte Gebäude
Bedarfsbewertung **200** 145
Einheitsbewertung **200** 72
Grundsteuerwert **200** 246
Zertifikate, Umsatzsteuer **500** 13b
Zertifizierung
Altersvorsorgevertrag **1** 10, 82
elektronische Aufzeichnungssysteme **800j** 11
Zeugen
Entschädigung **800** 405, 410
Finanzgerichtsverfahren **802** 81, 85
Vollstreckungsverfahren **800** 288
Zeugnisverweigerungsrecht
gegenüber Finanzbehörde **800** 94, 102
gegenüber Finanzgericht **802** 84, 158
Zielgesellschaft, Körperschaftsteuer **100** 8c
Ziel-Investmentfonds 120 2
Zinsabschlag, Solidaritätszuschlag **1a** 3
Zinsbescheid 800 233a, 236, 237, 239
Zinsen
einkommensteuerfreie Z. **1** 3 (54)
Entschädigungen und Nutzungsvergütungen **1** 24, 34
Erbschaftsteuer **260** 1
Gewerbesteuer **450** 8
Haftung für Z. **800** 71
Insolvenzsicherung **70** 10a
Investitionszulage **740a** 11; **740b** 12
Kapitalertragsteuer **1** 43–45d, 50g, 50h
Kapitalforderungen **1** 20
Kürzung beim Gewerbeertrag **450** 9
Lebensversicherung **800e** 9
Mitteilungspflichten **800** 102
nichtabzugsfähige Z. **1** 4, 12
Schatzanweisungen **1** 20
Schuldzinsen **1** 4, 4h; **100** 8a, 15
steuerliche Nebenleistungen **800** 3
Verzinsung von Steuern **1** *6b, 7g, 20, 50c,* 111; **725** 6; **800** 233–239; **800a** Art. 97 P. 15 u. 36, Art. 97a
Werbungskosten **1** 9
Wertpapiere **1** 20
Zinsinformationsverordnung **1** 45e; **11**
Zinslauf **800** 238
s. a. Verzinsung
Zinsforderungen
Einkommensteuer **1** 20, 43a, 44, 49
Spezialinvestmentfonds **120** 38
Zinssatz
Angemessenheit **800** 238 (1c
Höhe **800** 238 (1a
Teilverzinsung **800** 238 (1b)
Zinsschein
Einkommensteuer **1** 20, 43a, 44, 49
Spezialinvestmentfonds **120** 38
Zinsschranke
Einkommensteuer **1** 4h
Körperschaftsteuer **100** 8a
Spezialinvestmentfonds **120** 46
Zinsvortrag
Einkommensteuer **1** 4h
Körperschaftsteuer **100** 8a
Umwandlung **130** 2, 4, 15, 20, 24
Zirkusunternehmen, Umsatzsteuer **500** 12
Zivildienst
einkommensteuerfreie Leistungen an Zivildienstleistende **1** 3 (5)
Kinderberücksichtigung **1** 32
Zivilschutzfahrzeuge 660 3, 5
Zivilschutzgebäude 200 197
Bedarfsbewertung **200** 150
Einheitsbewertung **200** 71
Grundsteuerwert **200** 245
Zollämter 803 1
Zölle
Amtshaftung **800** 111
außergerichtliches Rechtsbehelfsverfahren **800** 347–367
Bußgelder **800** 377–384, 409–412
Finanzgerichtszuständigkeit **802** 5, 38
Geltung der Abgabenordnung **800** 3
gerichtliches Rechtsbehelfsverfahren **802** 37, 116
örtliche Behörden **803** 12
Rechnungsabgrenzung **1** 5
Strafen **800** 369–376, 385–408
Zollfahndung **800** 171, 208, 404, 410; **803** 12
Zuständigkeit **800** 23
Zollkodex 500 1; **800** 371, 398a

Zollkriminalamt
Begriff **800** 6
Sitz **803** 7
Zolllager 550 154–163, Anh. V
Zollordnungswidrigkeiten 800 377, 382
Zollstraftaten 800 369, 372–374
Zolltarif 500 Anl. 2
Zollverwaltung
Kraftfahrzeugsteuer **660** 3
steuerfreie Leistungen an Bedienstete der Z. **1** 3 (4)
Zollwert, Einfuhrumsatzsteuer **500** 11
Zonenrandgebiet, Einheitsbewertung **202** 4
Zoo, Umsatzsteuer **500** 4 (20), 12
Zu versteuerndes Einkommen
Einkommensteuer **1** 2
Körperschaftsteuer **100** 7
Zubehör Grundstück
Einheitsbewertung **200** 31, 68
Grundsteuerwert **200** 243
Zubehörräume, Wohnfläche **443** 42; **444** 2
Zuchtvieh
Einheitsbewertung **200** 51
Grundsteuerwert **200** 241, Anl. 34
Zucker 500 Anl. 2
Zufließen
Einkünfte nach Außensteuergesetz **725** 10
Einnahmen **1** 11, 20; **10** 73c; **120** 18, 22, 33, 36, 56
Zuführungen
Beitragsrückerstattungsrückstellung **100** 21
Betriebsvermögen, Verlustabzug **100** 8
Pensionsrückstellung **1** 6a
steuerbegünstigte Zwecke **800** 62
Zugang, elektronisches Dokument **800** 122a; **802** 52a
Zugewinnausgleich, Pfändung **835** 852
Zugewinngemeinschaft
Erbschaftsteuer **250** 5
Grunderwerbsteuer **600** 3
Zugmaschinen 660 3, 9
Zugriff auf Datenverarbeitung **800** 146, 200; **800a** Art. 97 P. 19b
Zugriffsbesteuerung, Auslandsbeziehungen **725**
Zugvieh
Einheitsbewertung **200** 51
Grundsteuerwert **200** 241, Anl. 34
Zukunftssicherung
Kürzung des Vorwegabzugs **1** 10
Leistungen an Arbeitnehmer **1** 3 (56, 62, 63, 63a), 40b; **20** 2
Zulagen
Altersvorsorgezulage **1** 79–99
Arbeitnehmersparzulage **24**
Eigenheimzulage **5**
Forschungszulage **750**
Investitionszulage **740a; 740b**
Zulagenummer, Altersvorsorge **1** 10a, 90
Zulassung
Fahrzeug, Kraftfahrzeugsteuer **660** 1–3, 13; **665** 5
Steuerberaterprüfung **840** 35, 36, 157a; **845** 1, 4
Zumutbare Belastung 1 33
Zuordnung
Betriebsstättengewinn **725b** 1 ff.
Kind, Altersvorsorgezulage **1** 85
Lieferung, Umsatzsteuer **500** 3
Tätigkeiten, Körperschaftsteuer **100** 8
Werbungskosten **120** 39, 40
Wirtschaftsgut **100** 12; **500** 10; **725b** 5–8, 31
Zurechnung
Bedarfsbewertung **200** 148a, 180
Bezüge **1** 3 (40)
Dividenden **1** 50d
Einheitsbewertung **200** 22, 26, 94, 95, 97
Einkünfte **1** 22; **725** 5, 10; **725b** 1 ff.
Grundsteuerwert **200** 222
Organschaft **100** 14
Vermögen **725** 5, 10
Wirtschaftsgut **800** 39, 159
Zurechnungsfortschreibung
Einheitsbewertung **200** 22, 27
Grundsteuerwert **200** 222, 227
Zurücknahme *s. Rücknahme*
Zurückverweisung 802 126, 127, 143
Zurückweisung, Bevollmächtigter und Beistand **800** 80; **802** 62
Zusage
betriebliche Altersversorgung **70** 1
verbindliche Z. **800a** Art. 97a
Zusammenarbeit
in Steuerberatungssachen **840** 51
in Wirtschaftsprüfersachen **850** 66c

Zusammenfassende Meldung 500 4 (1), 18a, 22b; **550** 17a, 138, 262–271; **800** 72a
Zusammenfassung
Bescheide **800** 155
Betriebe gewerblicher Art **100** 4, 8
Finanzkonten **806** 18
steuerbegünstigte Körperschaften **800** 57
Steuererklärungen **800** 149
beim Übergang zum Halbeinkünfteverfahren **100** 36
Wirtschaftsgüter **200** 2, 26; **500** 15a
Zusammenrechnung
Beteiligungen **100** 8b
Umsätze **500** 16; **510** 63
Vermögen, Erbschaftsteuer **250** 13a–13c, 14
Vieheinheiten **1** 13b
Zusammenschluss, Unternehmen **2; 100** 5; **130** 1 ff.; **135; 220** 3; **450** 3
Zusammentreffen
mehrere Altersvorsorgeverträge **1** 87, 89
mehrere Ansprüche **1** 64, 85; **60** 3; **62** 5
Zusammenveranlagung
Bekanntgabe Bescheid **800** 155
Einkommensteuer **1** 3a, 26, 26b; **10** 62d
Gesamtschuldner **800** 44, 268–280
Vermögensteuer **220** 6, 14
Vollstreckung **800** 268–280
Zuständigkeit **800** 19
Zusammenwirken, steuerbegünstigte Körperschaften **800** 57
Zusatzförderung
Eigenheimzulage **5** 9
sozialer Wohnungsbau **1** 3 (59)
Zusatzleistungen an Arbeitnehmer **1** 8
Zusätzliche Altersvorsorge
Beiträge **1** 82
Einkünfte **1** 22, 22a, 49
Hilfeleistung in Steuersachen **840** 4
Sonderausgaben **1** 10a, 37
Werbungskostenpauschbetrag **1** 9a
Zulagen **1** 79–99
Zusatzversorgung, betriebliche Altersversorgung **1** 3 (56, 63)
Zuschlag
Arbeitslohn **1** 3b; **20** 2
Einheitswert **200** 41, 82, 85, 88
Einkommensteuer, Rücklagen **1** 2; **20** 3
Einkünfte mit Auslandsbezug **1** 4
Finanzkraftausgleich **808** 5, 10; **809a** 5
Gewinn **1** 4h, 6b, 6c, 13a, Anl. 1a
Grundsteuerwert **200** 238
hinterzogene Steuern **800** 398a
Kapitalertragsteuer, Kirchensteuer **1** 51a
Körperschaftsteuer, Solidaritätszuschlag **100** 31
Kraftfahrzeugsteuer **660** 9a, 10, 11; **665** 4
Rente, Kinderzuschlag **1** 3 (67)
Schätzung **800** 162
Versorgungsfreibetrag **1** 19
Versteigerung von Pfandsachen **800** 299, 300
Zuschlagsteuern 1 32d, 51a
Zuschreibung, Steuerbilanz **1** 3 (40), 6, 7; **10** 11c
Zuschüsse
Arbeitgeber **70** 1a, 1b
Arbeitnehmer **1** 3 (2, 11a, 15, 28a), 10, 32b, 40
Berufsausbildung **1** 3 (11, 44), 33a
Einkünfte **1** 22
energetische Maßnahmen **1** 35c
Existenzgründer **1** 3 (2)
haushaltsnahe Tätigkeiten **1** 35a
Investitionszuschüsse **740a** 2
Kranken- und Pflegeversicherung **1** 3 (14), 10
Kulturgüter **1** 10g
Land- und Forstwirte **1** 3 (17)
Mitteilungspflichten **1** 10
Sonderausgaben **1** 10
für steuerbegünstigte Zwecke **800** 58
Umsatzsteuer **500** 10
Wohneigentum **1** 3 (59
Zukunftssicherung des Arbeitnehmers **1** 3 (62), 10; **20** 2
Zustand der Bebauung 200 196
Bedarfsbewertung **200** 149
Einheitsbewertung **200** 91
Grundsteuerwert **200** 248
Zuständigkeit
Allgemeines **800** 16, 17, 24–29a; **800e** 2
Allgemeinverfügung **800** 367
Altersvorsorgezulage **1** 81a
Annahme von Bürgschaften **800** 244
Aufteilung Gesamtschuld **800** 269
ausländische Zwischengesellschaft **725** 18
Außenprüfung **800** 195
Bedarfsbewertung **200** 151, 152
Berufsgerichtsverfahren **840** 112; **850** 72

beschränkte Einkommensteuerpflicht **800** 6
Bestellung **840** 40; **850** 15, 21
Bodenschätzung **210** 12
Bußgeldverfahren **800** 409, 410; **803** 5
Datenschutz **800** 32i
Datenübermittlung **1** 32b, 41b; **10** 50
eidesstattliche Versicherung **800** 284
Eigenheimzulage **5** 11
Einheitsbewertung **800** 18
bei Einkommen und Vermögen natürlicher Personen **800** 19
Einkommensteuerpauschalierung **1** 37a
Einkommensteuerveranlagung **1** 50
Einspruchsentscheidung **800** 367
Elterngeld **62** 12
Erbschaftsteuer **250** 13a, 13b, 35; **260** 1
Festlandsockel **800** 22a
Feststellungsverfahren **1** 3a, 4h, 15b; **100** 14, 27; **120** 56; **803** 5
Feuerschutzsteuer **650** 10; **803** 5
Finanzbehörden im Beitrittsgebiet **800a** Art. 97a
Fiskalvertreter **500** 22d
Forschungszulagenbescheinigung **751** 2
Gewerbesteuer **450** 35b; **800** 22
Großer Senat beim Bundesfinanzhof **802** 11
Grunderwerbsteuer **600** 17
Grundsteuer **420** 46; **800** 22
Grundsteuerwert **200** 228
Hilfeleistung in Steuersachen **840** 3a, 3d, 15, 53; **850** 29
Informationsaustausch über Finanzkonten **806** 4, 28
Investitionszulage **740a** 6; **740b** 7
Investmentfonds **120** 4
Kapitalertragsteuerabführung **1** 43
Kindergeld **1** 67; **60** 13
Körperschaftsteuerveranlagung **800** 20
Kraftfahrzeugsteuer **665** 1; **803** 12, 18
Leistungen für Kinder **60** 6b, 13
Lohnsteuer **1** 37a, 37b, 39, 39c, 39e, 40a, 41b, 42d–42f; **800** 20a
Lotteriesteuer **630** 35; **635** 15
nicht entnommener Gewinn **1** 34a
nichtiger Verwaltungsakt bei Unzuständigkeit **800** 125
öffentlich-rechtlicher Vertrag **800** 224a
Online-Pokersteuer **630** 55; **635** 40
Optionserklärung **100** 1a
Rechtsbehelfseinlegung **800** 357
Rennwettsteuer **630** 15
Sportwettensteuer **630** 25; **635** 19
Steuerabzug bei Bauleistungen **1** 48d; **800** 20a
Steuerberaterprüfung **840** 37b, 38a, 157a
Steuerermäßigung bei gewerblichen Einkünften **1** 35
Steuergerichte **802** 33–39, 70
Steuerstrafverfahren **800** 386–391
Streit über Z. **800** 28
Übertragung **803** 17
Umsatzsteuer **500** 16, 25e; **510** 61; **519** 1 ff.
verbindliche Auskunft **800** 89; **800i** 1
Vermögensauskunft **800** 284
Vermögensteuerveranlagung **220** 24c; **800** 19, 20
vermögenswirksame Leistungen **24** 15
Versicherungsteuer **620** 7a; **803** 5
Virtuelle Automatensteuer **630** 45; **635** 34
Vollstreckung **801a** 3, 4
Wechsel der Z. **800** 26
Wirtschaftsprüferkammer **850** 61a
Wirtschaftszone **800** 22a
Wohnungsbauprämien **52** 4, 4a

Zustellfahrten 660 3, 10

Zustellung
Berufsgerichtsentscheidungen und -mitteilungen **840** 120, 138; **850** 115
Bußgeldbescheid **800** 412
Dokumente innerhalb der EU **801** 13, 14; **801a** 7–8
Steuergerichtsentscheidungen und -mitteilungen **802** 53, 60, 71, 77, 83, 104
Verwaltungsakt **800** 122; **805** 1–10

Zustellungsbevollmächtigter
Allgemeines **802** 53, 60
s. a. Empfangsbevollmächtigter

Zustimmung
Arbeitnehmer **1** 39b; **70** 3
Aufhebung oder Änderung, Steuerbescheide **800** 172
Erstattung oder Vergütung **800** 168
Kontenabruf **800** 93, 162
Offenlegung steuerlicher Verhältnisse **800** 30
Sonderausgabenabzug bei Unterhaltsleistungen **1** 10

Übertragung des Kinderfreibetrags **1** 32
Umstellung des Wirtschaftsjahres **1** 4a; **10** 8b; **100** 7
Vertretung, Steueraufsicht **800** 214
Vollstreckung **800** 255
Zuständigkeit **800** 26, 27
Zutaten 500 3
Zuteilung
Land **600** 1
Wertpapiere **1** 20
Zuteilungsverfahren, Steuermessbetrag **800** 190
Zuweisungen
Finanzkraftausgleich **809a**
s. a. Ergänzungszuweisungen
Zuwendungen
ausländische Stiftung, von **725** 15
Erbschaftsteuer **250**
Gemeinnützigkeit **800** 55, 58a
nichtabzugsfähige Ausgaben **1** 4, 12
Pensionskassen, an **1** 3 (56), 4c
Rennwettsteuer **630** 7
Sachzuwendungen **1** 37b
Spenden **1** 10b; **100** 9; **450** 9; **800** 63
Umsatzsteuer **500** 3
Unterstützungskasse, an **1** 4d
Zuwendungsbestätigung 10 50
Zuwendungsempfängerregister 800 60b; **803** 5
Zuziehung, Zeugen bei Vollstreckungshandlungen **800** 288
Zwangsaußerbetriebsetzung, Kraftfahrzeugsteuer **660** 14, 18
Zwangsgelder
gegen Finanzbehörden **802** 154
gegen Steuer- oder Haftungsschuldner **800** 3, 45, 316, 328, 329, 332, 334
gegen Steuerberater oder Steuerbevollmächtigte **840** 80a, 159
gegen Wirtschaftsprüfer **850** 62a
Zwangsläufigkeit, außergewöhnliche Belastungen **1** 33; **10** 64
Zwangsmittel
nichtabzugsfähige Betriebsausgaben **1** 4
Steuerberater oder Steuerbevollmächtigte, gegen **840** 80a, 106, 159
Steuerstrafverfahren **800** 393
Vollstreckungsverfahren **800** 328–336
Zwangsumsätze 500 1
Zwangsversteigerung
Grunderwerbsteuer **600** 1, 19
Umsatzsteuer **500** 9, 13b
Vollstreckungsverfahren **800** 322, 323
Zwangsverwaltung im Vollstreckungsverfahren **800** 322, 323
Zwangsvollstreckung *s. Vollstreckung*
Zweckbetriebe
steuerbegünstigte Körperschaft **800** 65–68; **800a** Art. 97 P. 1e
Umsatzsteuer **500** 12
Zweckfremde Benutzung, Kraftfahrzeugsteuer **660** 3a, 5
Zweckgesellschaften, Gewerbesteuer **460** 19
Zweckverband, Vermögensteuer **220** 3
Zweckvermögen
Investmentfonds **120** 6
Körperschaftsteuer **100** 1, 3
Leistungen aus Z. **1** 3 (40), 20, 43
Umsatzsteuer **500** 10
Vermögensbewertung **200** 97, 109
Vermögensteuer **220** 1
Vollstreckung **800** 267
Zustellung an Z. **805** 6
Zweckzuwendungen, Erbschaftsteuer **250** 1, 3, 7, 8, 10, 15, 30, 31, 35; **260** 8, Muster 6
Zweifamilienhaus 200 181
Einheitsbewertung **200** 75, 76, Anl. 8; **202** 2
erhöhte Absetzungen **10** 15
Grundsteuer **420** 15
Grundsteuerwert **200** 249–251, 256, 257, Anl. 36
Zweigniederlassung
Betriebsstätte **800** 12
Gewerbesteuer für inländische Z. **450** 2
Informationspflichten **806** 19
Kapitalertragsteuer **1** 43, 43a
Mitteilung durch Notar **10** 54
Umsatzsteuer bei ausländischer Z. **500** 6, 7
Wirtschaftsprüfer **850** 3, 47
Zweiter Mehrwertsteuer-Normalsatz 550 104
Zwingendes öffentliches Interesse
Offenlegung steuerlicher Verhältnisse **800** 30, 393
rechtliches Gehör **800** 91
Zwischenberechtigter, Erbschaftsteuer **250** 7
Zwischeneinkünfte, ausländische Gesellschaft **450** 7; **725** 7, 8

Zwischengesellschaften im Ausland **12** 9, 13; **725** 7 ff.
Zwischengewinn 120 56
Zwischenhändler, Umsatzsteuer **500** 3; **550** 36a
Zwischenschaltung
Kapitalgesellschaft **1** 2a; **725** 5, 7 ff.
Mitunternehmerschaft **100** 8b; **450** 9
Zwischenstaatliche Amts- und Rechtshilfe 800 117–117b
Zwischenstaatliche Einrichtungen
Einkommensteuer **1** 3 (55e)
Kindergeld **1** 65, 72; **60** 4
Zwischenstaatliches Übereinkommen 1 32b
Zwischenurteil 802 97, 99

Für handschriftliche Notizen

Für handschriftliche Notizen

Für handschriftliche Notizen

Für handschriftliche Notizen

Für handschriftliche Notizen

Für handschriftliche Notizen

Für handschriftliche Notizen

Für handschriftliche Notizen

Für handschriftliche Notizen

Für handschriftliche Notizen

Für handschriftliche Notizen

Für handschriftliche Notizen

Für handschriftliche Notizen

Für handschriftliche Notizen

Für handschriftliche Notizen

Für handschriftliche Notizen

Für handschriftliche Notizen

Für handschriftliche Notizen

Für handschriftliche Notizen

Für handschriftliche Notizen

kann die Finanzbehörde verlangen, dass unverzüglich eine Übersetzung vorgelegt wird. [2]In begründeten Fällen kann die Vorlage einer beglaubigten oder von einem öffentlich bestellten oder beeidigten Dolmetscher oder Übersetzer angefertigten Übersetzung verlangt werden. [3]Wird die verlangte Übersetzung nicht unverzüglich vorgelegt, so kann die Finanzbehörde auf Kosten des Beteiligten selbst eine Übersetzung beschaffen. [4]Hat die Finanzbehörde Dolmetscher oder Übersetzer herangezogen, erhalten diese eine Vergütung in entsprechender Anwendung des Justizvergütungs- und -entschädigungsgesetzes[1)].

(3) Soll durch eine Anzeige, einen Antrag oder die Abgabe einer Willenserklärung eine Frist in Lauf gesetzt werden, innerhalb deren die Finanzbehörde in einer bestimmten Weise tätig werden muss, und gehen diese in einer fremden Sprache ein, so beginnt der Lauf der Frist erst mit dem Zeitpunkt, in dem der Finanzbehörde eine Übersetzung vorliegt.

(4) [1]Soll durch eine Anzeige, einen Antrag oder eine Willenserklärung, die in fremder Sprache eingehen, zugunsten eines Beteiligten eine Frist gegenüber der Finanzbehörde gewahrt, ein öffentlich-rechtlicher Anspruch geltend gemacht oder eine Leistung begehrt werden, so gelten die Anzeige, der Antrag oder die Willenserklärung als zum Zeitpunkt des Eingangs bei der Finanzbehörde abgegeben, wenn auf Verlangen der Finanzbehörde innerhalb einer von dieser zu setzenden angemessenen Frist eine Übersetzung vorgelegt wird. [2]Andernfalls ist der Zeitpunkt des Eingangs der Übersetzung maßgebend, soweit sich nicht aus zwischenstaatlichen Vereinbarungen etwas anderes ergibt. [3]Auf diese Rechtsfolge ist bei der Fristsetzung hinzuweisen.

§ 87a Elektronische Kommunikation. (1)[2)] [1]Die Übermittlung elektronischer Dokumente ist zulässig, soweit der Empfänger hierfür einen Zugang eröffnet. [2]Ein elektronisches Dokument ist zugegangen, sobald die für den Empfang bestimmte Einrichtung es in für den Empfänger bearbeitbarer Weise aufgezeichnet hat; § 122 Absatz 2a sowie die §§ 122a und 123 Satz 2 und 3 bleiben unberührt. [3]Übermittelt die Finanzbehörde Daten, die dem Steuergeheimnis unterliegen, sind diese Daten mit einem geeigneten Verfahren zu verschlüsseln; soweit alle betroffenen Personen schriftlich eingewilligt haben, kann auf eine Verschlüsselung verzichtet werden. [4]Die kurzzeitige automatisierte Entschlüsselung, die beim Versenden einer De-Mail-Nachricht durch den akkreditierten Diensteanbieter zum Zweck der Überprüfung auf Schadsoftware und zum Zweck der Weiterleitung an den Adressaten der De-Mail-Nachricht erfolgt, verstößt nicht gegen das Verschlüsselungsgebot des Satzes 3. [5]Eine elektronische Benachrichtigung über die Bereitstellung von Daten zum Abruf oder über den Zugang elektronisch an die Finanzbehörden übermittelter Daten darf auch ohne Verschlüsselung übermittelt werden.

[1)] **Habersack** Nr. **116.**

[2)] § 87a Abs. 1 Satz 4 angef. mWv 1.8.2013 durch G v. 25.7.2013 (BGBl. I S. 2749); Abs. 1 Satz 2 ergänzt, Satz 5 angef. mWv 1.1.2017 durch G v. 18.7.2016 (BGBl. I S. 1679); zur Anwendung s. auch Art. 97 § 1 Abs. 11 EGAO (Nr. **800a**); Abs. 1 Satz 3 HS 2 angef. durch G v. 12.12.2019 (BGBl. I S. 2451); zur Anwendung siehe Art. 97 § 1 Abs. 13 EGAO (Nr. **800a**).

665. Kraftfahrzeugsteuer-Durchführungsverordnung (KraftStDV)[1)]

In der Fassung der Bekanntmachung vom 12. Juli 2017[2)]
(BGBl. I S. 2374)

Zuletzt geändert durch Gesetz zur Anpassung von Gesetzen und Verordnungen an die neue Behördenbezeichnung des Bundesamtes für Güterverkehr vom 2.3.2023 (BGBl. I Nr. 56)

BGBl. III/FNA 611-17-2

Inhaltsübersicht

	§§
Abschnitt 1. Allgemeine Bestimmungen	
Zuständiges Hauptzollamt	1
Mitwirkung des Bundesamtes für Logistik und Mobilität	2
Abschnitt 2. Inländische Fahrzeuge	
Steuererklärung	3
Anhängerzuschlag	4
Mitwirkung der Zulassungsbehörden	5
Prüfung durch das Hauptzollamt	6
Steuervergünstigungen	7
Besondere Kennzeichen	8
Abschnitt 3. Ausländische Fahrzeuge	
Grundsatz	9
Steuererklärung	10
Steuerfestsetzung, Steuerkarte	11
Weiterversteuerung	12
Mitführ- und Auskunftspflichten des Steuerschuldners	13
Steuererstattung	14
Abschnitt 4. Widerrechtliche Benutzung	
Steuererklärung	15
Steuerfestsetzung, Steuererhebung	16
Abschnitt 5. Schlussvorschriften	
Inkrafttreten, Außerkrafttreten	17

Abschnitt 1. Allgemeine Bestimmungen

§ 1 Zuständiges Hauptzollamt. Örtlich zuständig ist

1. für inländische Fahrzeuge und für besondere Kennzeichen nach § 1 Absatz 1 Nummer 4 des Gesetzes das Hauptzollamt, in dessen Bezirk die nach § 46 der Fahrzeug-Zulassungsverordnung örtlich zuständige Zulassungsbehörde ihren Sitz hat;
2. für ausländische Fahrzeuge

[1)] Im ersten Halbjahr 2014 übernahm die Zollverwaltung mit ihren Hauptzollämtern die Aufgabe der Verwaltung der Kfz-Steuer.

[2)] Neubekanntmachung der KraftStDV idF der Bek. v. 26.9.2002 (BGBl. I S. 3856) auf Grund des § 15 Abs. 1 des KraftStG sowie § 150 Abs. 6 der AO.

a) zur steuerlichen Abfertigung beim Eingang in das Inland das Hauptzollamt, in dessen Bezirk die Hoheitsgrenze mit dem Fahrzeug überschritten wird,

b) in den übrigen Fällen das Hauptzollamt, das zuerst mit der Sache befasst wird;

3. für widerrechtlich benutzte Fahrzeuge das Hauptzollamt, das zuerst mit der Sache befasst wird oder bei Einhaltung der verkehrsrechtlich vorgeschriebenen Zulassung nach Nummer 1 zuständig wäre.

§ 2[1]) Mitwirkung des Bundesamtes für Logistik und Mobilität. Das Bundesamt für Logistik und Mobilität überwacht die Einhaltung der kraftfahrzeugsteuerrechtlichen Vorschriften nach § 11 Absatz 2 Nummer 3 Buchstabe d und Absatz 3 des Güterkraftverkehrsgesetzes.

Abschnitt 2. Inländische Fahrzeuge

§ 3 Steuererklärung. (1) Der Halter eines inländischen Fahrzeugs hat eine Steuererklärung nach amtlich vorgeschriebenem Vordruck bei der Zulassungsbehörde abzugeben, wenn das Fahrzeug

1. zum Verkehr zugelassen werden soll,
2. zum Verkehr zugelassen ist und der Halter wechselt oder
3. während der Dauer der Steuerpflicht verändert wird und sich dadurch die Höhe der Steuer ändert.

(2) Als Steuererklärung gilt auch die Fahrzeuganmeldung, wenn sie einen entsprechenden Hinweis enthält.

(3) Eine Steuererklärung ist nicht erforderlich, wenn das Halten des Fahrzeugs nach § 3 Nummer 1 oder 2 des Gesetzes von der Steuer befreit ist.

(4) Die Steuererklärung kann gemäß den §§ 87a bis 87d der Abgabenordnung elektronisch übermittelt werden.

§ 4 Anhängerzuschlag. (1) [1]Der Antrag auf Erhöhung der Steuer um den Anhängerzuschlag nach § 10 Absatz 2 des Gesetzes kann bei der Zulassungsbehörde zugleich mit dem Antrag auf verkehrsrechtliche Zulassung gestellt werden. [2]Er ist in diesem Fall in die Steuererklärung mit aufzunehmen.

(2) [1]In den übrigen Fällen ist der Antrag beim zuständigen Hauptzollamt zu stellen. [2]Der Antrag gilt als Steuererklärung im Sinne des § 150 der Abgabenordnung.

(3) Ein Antrag im Sinne des § 10 Absatz 2 des Gesetzes ist auch der Antrag, den Anhängerzuschlag nicht mehr in Anspruch nehmen zu wollen.

§ 5 Mitwirkung der Zulassungsbehörden. (1) Die Zulassungsbehörden und die von ihnen mit der Vorbereitung und Durchführung der Zulassung beauftragten Stellen sind verpflichtet, bei der Durchführung des Kraftfahrzeugsteuergesetzes nach Maßgabe der Absätze 2 und 3 mitzuwirken.

---

[1]) § 2 geänd. durch G v. 2.3.2023 (BGBl. I Nr. 56).

2. im Straßenverkehr innerhalb der Europäischen Union bei der Zollstelle, die von der Generalzolldirektion hierzu bestimmt ist.

[2]In den Fällen des Satzes 1 Nummer 2 kann die Steuererklärung vor dem Eingang des Fahrzeugs in das Inland auch auf dem Postweg abgegeben werden; in diesem Fall ist die Steuer gleichzeitig mit der Abgabe der Steuererklärung zu entrichten.

§ 11 Steuerfestsetzung, Steuerkarte. (1) [1]Die zuständige Zollstelle setzt die Steuer fest und gibt dem Steuerschuldner den Steuerbetrag bekannt. [2]Die Steuer ist sofort fällig. [3]Zum Nachweis, dass die Steuer entrichtet ist, erhält der Steuerschuldner eine mit Quittung versehene Steuerkarte. [4]Die Steuerkarte gilt als Steuerbescheid.

(2) [1]Die Steuerkarte gilt für den Zeitraum, für den die Steuer entrichtet ist. [2]Sie verliert jedoch ihre Gültigkeit spätestens nach Ablauf eines Jahres ab dem Tag ihrer Ausstellung.

§ 12 Weiterversteuerung. (1) [1]Soll der Aufenthalt eines ausländischen Fahrzeugs im Inland über die Zeit, für die die Steuer entrichtet worden ist, hinaus andauern, hat der Steuerschuldner vor Ablauf der Gültigkeitsdauer der Steuerkarte eine Steuererklärung zur Weiterversteuerung abzugeben und dabei die Steuerkarte vorzulegen. [2]Er kann die Weiterversteuerung bei jeder Zollstelle vornehmen, die mit der Festsetzung der Kraftfahrzeugsteuer befasst ist.

(2) Die §§ 10 und 11 gelten entsprechend.

§ 13[1)] Mitführ- und Auskunftspflichten des Steuerschuldners. (1) Der Steuerschuldner hat die Steuerkarte mitzuführen und auf Verlangen den Bediensteten der Zollverwaltung, der Polizei oder des Bundesamtes für Logistik und Mobilität vorzuzeigen.

(2) In den Fällen des § 10 Nummer 1 hat der Steuerschuldner die Steuerkarte bei jedem Grenzübertritt vorzulegen und den in Absatz 1 genannten Behörden auf Verlangen Auskunft zu erteilen.

§ 14 Steuererstattung. (1) Ansprüche auf Erstattung der Steuer, die sich auf Grund des § 12 Absatz 2 Nummer 3 des Gesetzes ergeben, sind unter Rückgabe der Steuerkarte beim zuständigen Hauptzollamt schriftlich geltend zu machen.

(2) [1]Als Tag der Beendigung der Steuerpflicht gilt der Tag, an dem der Steuerschuldner die Steuerkarte zurückgibt. [2]§ 5 Absatz 4 Satz 2 des Gesetzes gilt sinngemäß.

[1)] § 13 Abs. 1 geänd. durch G v. 2.3.2023 (BGBl. I Nr. 56).

Abschnitt 4. Widerrechtliche Benutzung

§ 15 Steuererklärung. (1) Bei widerrechtlicher Benutzung nach § 2 Absatz 5 des Gesetzes hat die Person, die das Fahrzeug im Inland benutzt, unverzüglich eine Steuererklärung nach amtlich vorgeschriebenem Vordruck beim zuständigen Hauptzollamt abzugeben.

(2) Das zuständige Hauptzollamt kann vom Eigentümer, Besitzer oder vom Halter des Fahrzeugs ohne Rücksicht darauf, ob er selbst Steuerschuldner ist, die Abgabe einer Steuererklärung innerhalb einer durch das Hauptzollamt festzulegenden Frist verlangen.

§ 16 Steuerfestsetzung, Steuererhebung. (1) Stellt eine Zollstelle fest, dass ein Fahrzeug widerrechtlich benutzt wird, so setzt sie die Steuer für die Dauer der widerrechtlichen Benutzung, mindestens jedoch für einen Monat fest und erhebt die Steuer.

(2) Bei widerrechtlicher Benutzung kann die Festsetzung und Erhebung der Steuer nach den §§ 11 bis 14 erfolgen.

Abschnitt 5. Schlussvorschriften

§ 17 Inkrafttreten, Außerkrafttreten. [1] Diese Verordnung tritt am Tag nach der Verkündung in Kraft. [2] Gleichzeitig tritt die Kraftfahrzeugsteuer-Durchführungsverordnung in der Fassung der Bekanntmachung vom 26. September 2002 (BGBl. I S. 3856), die zuletzt durch Artikel 3 des Gesetzes vom 29. Mai 2009 (BGBl. I S. 1170) geändert worden ist, außer Kraft.

Körperschaften für Ruhegehalt und Hinterbliebenenversorgung ihrer Mitglieder auszugleichen;

3. für eine Unfallversicherung nach dem Siebten Buch Sozialgesetzbuch, soweit sie nicht auf § 140 beruht;
4. für die Arbeitslosenversicherung nach dem Dritten Buch Sozialgesetzbuch sowie für eine Versicherung, die auf dem Aufwendungsausgleichsgesetz beruht; dies gilt auch für eine Versicherung, die bei einer Einrichtung im Sinne des § 12 Abs. 1 des Aufwendungsausgleichsgesetzes genommen wird;

[Fassung bis 31.12.2021:]

5.[2] für eine Versicherung, durch die Ansprüche auf Kapital-, Renten- oder sonstige Leistungen im Fall des Erlebens, der Krankheit, der Pflegebedürftigkeit, der Berufs- oder Erwerbsunfähigkeit oder der verminderten Erwerbsfähigkeit, des Alters oder des Todes begründet werden. [2]Dies gilt nicht für die Unfallversicherung, die Haftpflichtversicherung und sonstige Sachversicherungen. [3]Nummer 3 bleibt unberührt;

[Fassung ab 1.1.2022:][1]

5. für eine Versicherung, durch die Ansprüche auf Kapital-, Renten- oder sonstige Leistungen begründet werden
   a) im Fall des Todes, des Erlebens oder des Alters oder
   b) im Fall der Krankheit, der Pflegebedürftigkeit, der Berufs- oder der Erwerbsunfähigkeit oder der verminderten Erwerbsfähigkeit, sofern diese Ansprüche der Versorgung der natürlichen Person, bei der sich das versicherte Risiko realisiert (Risikoperson), oder der Versorgung von deren nahen Angehörigen im Sinne des § 7 des Pflegezeitgesetzes oder von deren Angehörigen im Sinne des § 15 der Abgabenordnung dienen.

   [2]Die Ausnahme von der Besteuerung nach Satz 1 gilt nicht für die Unfallversicherung, die Haftpflichtversicherung und sonstige Sachversicherungen. [3]Nummer 3 bleibt unberührt;

---

[1] § 4 Abs. 1 Nr. 5 neu gef. durch G v. 3.12.2020 (BGBl. I S. 2659); zur Anwendung siehe § 12 Abs. 3 Satz 1 und 3.

[2] § 4 [Abs. 1] Nr. 5 neu gef. mWv 1.1.2013 durch G v. 5.12.2012 (BGBl. I S. 2431); zur Anwendung siehe § 12 Abs. 3 Satz 2.

3. sich dieses Versicherungsverhältnis auf ein Unternehmen, eine Betriebsstätte oder eine sonstige Einrichtung im Geltungsbereich dieses Gesetzes unmittelbar oder mittelbar bezieht; dies ist insbesondere der Fall bei der Betriebsstättenhaftpflichtversicherung oder der Berufshaftpflichtversicherung für Angehörige des Unternehmens, der Betriebsstätte oder der sonstigen Einrichtung.

(4) Zum Geltungsbereich dieses Gesetzes gehört auch die deutsche ausschließliche Wirtschaftszone.

§ 2 Versicherungsverträge. (1) Als Versicherungsvertrag im Sinne dieses Gesetzes gilt auch eine Vereinbarung zwischen mehreren Personen oder Personenvereinigungen, solche Verluste oder Schäden gemeinsam zu tragen, die den Gegenstand einer Versicherung bilden können.

(2) Als Versicherungsvertrag gilt nicht ein Vertrag, durch den der Versicherer sich verpflichtet, für den Versicherungsnehmer Bürgschaft oder sonstige Sicherheit zu leisten.

§ 3 Versicherungsentgelt. (1) [1] Versicherungsentgelt im Sinne dieses Gesetzes ist jede Leistung, die für die Begründung und zur Durchführung des Versicherungsverhältnisses an den Versicherer zu bewirken ist. [2] Hierunter fallen insbesondere

1. Prämien,
2. Beiträge,
3. Vorbeiträge,
4. Vorschüsse,
5. Nachschüsse,
6. Umlagen und
7. Gebühren für die Ausfertigung des Versicherungsscheins und sonstige Nebenkosten.

[3] Zum Versicherungsentgelt gehört nicht, was zur Abgeltung einer Sonderleistung des Versicherers oder aus einem sonstigen in der Person des einzelnen Versicherungsnehmers liegenden Grund gezahlt wird. [4] Hierzu zählen insbesondere Kosten für die Ausstellung einer Ersatzurkunde und die Mahnkosten.

(2) [1] Wird auf die Prämie ein Gewinnanteil verrechnet und nur der Unterschied zwischen Prämie und Gewinnanteil an den Versicherer gezahlt, so ist dieser Unterschiedsbetrag Versicherungsentgelt. [2] Das gleiche gilt, wenn eine Verrechnung zwischen Prämie und Gewinnanteil nicht möglich ist und die Gutschriftanzeige über den Gewinnanteil dem Versicherungsnehmer mit der Prämienrechnung vorgelegt wird.

§ 4 Ausnahmen von der Besteuerung. (1) Von der Besteuerung ausgenommen ist die Zahlung des Versicherungsentgelts

1. für eine Rückversicherung;
2. für eine Versicherung, die bei Vereinigungen öffentlich-rechtlicher Körperschaften genommen wird, um Aufwendungen der öffentlich-rechtlichen

§ 60[1] **Vergütungszeitraum.** [1]Vergütungszeitraum ist nach Wahl des Unternehmers ein Zeitraum von mindestens drei Monaten bis zu höchstens einem Kalenderjahr. [2]Der Vergütungszeitraum kann weniger als drei Monate umfassen, wenn es sich um den restlichen Zeitraum des Kalenderjahres handelt. [3]In den Vergütungsantrag für den Zeitraum nach den Sätzen 1 und 2 können auch abziehbare Vorsteuerbeträge aufgenommen werden, die in vorangegangene Vergütungszeiträume des betreffenden Jahres fallen. [4]Hat der Unternehmer einen Vergütungsantrag für das Kalenderjahr oder für den letzten Zeitraum des Kalenderjahres gestellt, kann er für das betreffende Jahr einmalig einen weiteren Vergütungsantrag stellen, in welchem ausschließlich abziehbare Vorsteuerbeträge aufgenommen werden dürfen, die in den Vergütungsanträgen für die Zeiträume nach den Sätzen 1 und 2 nicht enthalten sind; § 61 Absatz 3 Satz 3 und § 61a Absatz 3 Satz 3 gelten entsprechend.

§ 61[2] **Vergütungsverfahren für im übrigen Gemeinschaftsgebiet ansässige Unternehmer.** (1)[3] [1]Der im übrigen Gemeinschaftsgebiet ansässige Unternehmer hat den Vergütungsantrag nach amtlich vorgeschriebenem Datensatz durch Datenfernübertragung über das in dem Mitgliedstaat, in dem der Unternehmer ansässig ist, eingerichtete elektronische Portal dem Bundeszentralamt für Steuern zu übermitteln. [2]Der Vergütungsantrag gilt nur dann als vorgelegt, wenn der Unternehmer

1. alle Angaben gemacht hat, die in den Artikeln 8 und 9 Absatz 1 der Richtlinie 2008/9/EG des Rates vom 12. Februar 2008 zur Regelung der Erstattung der Mehrwertsteuer gemäß der Richtlinie 2006/112/EG an nicht im Mitgliedstaat der Erstattung, sondern in einem anderen Mitgliedstaat ansässige Steuerpflichtige (ABl. L 44 vom 20.2.2008, S. 23), die durch die Richtlinie 2010/66/EU (ABl. L 275 vom 20.10.2010, S. 1) geändert worden ist, in der jeweils geltenden Fassung gefordert werden, sowie
2. eine Beschreibung seiner Geschäftstätigkeit anhand harmonisierter Codes vorgenommen hat, die gemäß Artikel 34a Absatz 3 Unterabsatz 2 der Verordnung (EG) Nr. 1798/2003 des Rates vom 7. Oktober 2003 über die Zusammenarbeit der Verwaltungsbehörden auf dem Gebiet der Mehrwertsteuer und zur Aufhebung der Verordnung (EWG) Nr. 218/92 (ABl. L 264 vom 15.10.2003, S. 1), die zuletzt durch die Verordnung (EU) Nr. 904/2010 (ABl. L 268 vom 12.10.2010, S. 1) geändert worden ist, in der jeweils geltenden Fassung bestimmt werden.

(2)[4] [1]Die Vergütung ist binnen neun Monaten nach Ablauf des Kalenderjahres, in dem der Vergütungsanspruch entstanden ist, zu beantragen. [2]Der

---

[1] § 60 Satz 3 eingef., bish. Satz 3 wird Satz 4, neuer Satz 4 geänd. mWv 30.12.2014 durch VO v. 22.12.2014 (BGBl. I S. 2392); Satz 3 und 4 neu gef. mWv 20.7.2017 durch VO v. 12.7.2017 (BGBl. I S. 2360).

[2] § 61 neu gef. durch G v. 19.12.2008 (BGBl. I S. 2794); zur erstmaligen Anwendung siehe § 74a; Abs. 2 Satz 3, Abs. 5 Satz 3 geänd., Satz 9 angef. mWv 30.12.2014 durch VO v. 22.12.2014 (BGBl. I S. 2392); Abs. 1 Satz 2 angef., Abs. 2 Satz 3 neu gef., Abs. 4 neu gef., Abs. 5 Satz 4 neu gef. mWv 20.7.2017 durch VO v. 12.7.2017 (BGBl. I S. 2360).

[3] § 61 Abs. 1 geänd. mWv 1.1.2017 durch G v. 18.7.2016 (BGBl. I S. 1679).

[4] § 61 Abs. 2 Satz 3 geänd. mWv 23.12.2022 durch VO v. 19.12.2022 (BGBl. I S. 2432).

nehmer ist abweichend von § 16 und § 18 Abs. 1 bis 4 des Gesetzes nach den §§ 60 bis 61a durchzuführen, wenn der Unternehmer im Vergütungszeitraum

1. im Inland keine Umsätze im Sinne des § 1 Abs. 1 Nr. 1 und 5 des Gesetzes oder nur steuerfreie Umsätze im Sinne des § 4 Nr. 3 des Gesetzes ausgeführt hat,
2. nur Umsätze ausgeführt hat, für die der Leistungsempfänger die Steuer schuldet (§ 13b des Gesetzes) oder die der Beförderungseinzelbesteuerung (§ 16 Abs. 5 und § 18 Abs. 5 des Gesetzes) unterlegen haben,
3. im Inland nur innergemeinschaftliche Erwerbe und daran anschließende Lieferungen im Sinne des § 25b Abs. 2 des Gesetzes ausgeführt hat,
4. [1] im Inland als Steuerschuldner vor dem 1. Juli 2021 nur Umsätze im Sinne des § 3a Absatz 5 des Gesetzes erbracht und von dem Wahlrecht nach § 18 Absatz 4c des Gesetzes Gebrauch gemacht hat oder diese Umsätze in einem anderen Mitgliedstaat erklärt sowie die darauf entfallende Steuer entrichtet hat oder nach dem 30. Juni 2021 nur sonstige Leistungen an Empfänger nach § 3a Absatz 5 Satz 1 des Gesetzes erbracht und von dem Wahlrecht nach § 18i des Gesetzes Gebrauch gemacht hat,
5. im Inland als Steuerschuldner vor dem 1. Juli 2021 nur Umsätze im Sinne des § 3a Absatz 5 des Gesetzes erbracht und von dem Wahlrecht nach § 18 Absatz 4e des Gesetzes Gebrauch gemacht hat oder nach dem 30. Juni 2021 nur Lieferungen nach § 3 Absatz 3a Satz 1 des Gesetzes innerhalb eines Mitgliedstaates, innergemeinschaftliche Fernverkäufe nach § 3c Absatz 1 Satz 2 und 3 des Gesetzes sowie sonstige Leistungen an Empfänger nach § 3a Absatz 5 Satz 1 des Gesetzes erbracht und von dem Wahlrecht nach § 18j des Gesetzes Gebrauch gemacht hat oder
6. im Inland als Steuerschuldner nur Fernverkäufe nach § 3 Absatz 3a Satz 2 und § 3c Absatz 2 und 3 des Gesetzes erbracht und von dem Wahlrecht nach § 18k des Gesetzes Gebrauch gemacht hat.

[2] Ein im Ausland ansässiger Unternehmer im Sinne des Satzes 1 ist ein Unternehmer, der im Inland, auf der Insel Helgoland und in einem der in § 1 Absatz 3 des Gesetzes bezeichneten Gebiete weder einen Wohnsitz, seinen gewöhnlichen Aufenthalt, seinen Sitz, seine Geschäftsleitung noch eine Betriebsstätte hat, von der aus im Inland steuerbare Umsätze ausgeführt werden; ein im Ausland ansässiger Unternehmer ist auch ein Unternehmer, der ausschließlich einen Wohnsitz oder seinen gewöhnlichen Aufenthalt im Inland, aber im Ausland seinen Sitz, seine Geschäftsleitung oder eine Betriebsstätte hat, von der aus Umsätze ausgeführt werden. [3] Maßgebend für die Ansässigkeit ist der jeweilige Vergütungszeitraum im Sinne des § 60, für den der Unternehmer eine Vergütung beantragt.

(Fortsetzung der Fußnote)

v. 11.12.2012 (BGBl. I S. 2637); Satz 2 neu gef. mWv 30.12.2014 durch VO v. 22.12.2014 (BGBl. I S. 2392); Satz 2 neu gef. mWv 1.1.2020 durch G v. 12.12.2019 (BGBl. I S. 2451).

[1] § 59 Satz 1 Nrn. 4 und 5 ersetzt durch Nrn. 4 bis 6 mWv 1.7.2021 durch G v. 21.12.2020 (BGBl. I S. 3096).

Anlage 1 (zu § 4 Nr. 4a)[1]

Liste der Gegenstände, die der Umsatzsteuerlagerregelung unterliegen können

Lfd. Nr.	Warenbezeichnung	Zolltarif (Kapitel, Position, Unterposition)
1	Kartoffeln, frisch oder gekühlt	Position 0701
2	Oliven, vorläufig haltbar gemacht (z. B. durch Schwefeldioxid oder in Wasser, dem Salz, Schwefeldioxid oder andere vorläufig konservierend wirkende Stoffe zugesetzt sind), zum unmittelbaren Genuss nicht geeignet	Unterposition 0711 20
3	Schalenfrüchte, frisch oder getrocknet, auch ohne Schalen oder enthäutet	Positionen 0801 und 0802
4	Kaffee, nicht geröstet, nicht entkoffeiniert, entkoffeiniert	Unterpositionen 0901 11 00 und 0901 12 00

(Fortsetzung nächste Seite)

[1] Anlage 1 neu gef. mWv 19.12.2006 durch G v. 13.12.2006 (BGBl. I S. 2878).

(3) § 24 Absatz 1 Satz 1 Nummer 2 ist vom 1. Juli 2020 bis 31. Dezember 2020 mit der Maßgabe anzuwenden, dass die Steuer für die Lieferungen der in der Anlage 2 nicht aufgeführten Sägewerkserzeugnisse und Getränke sowie von alkoholischen Flüssigkeiten, ausgenommen die Lieferungen in das Ausland und die im Ausland bewirkten Umsätze, und für sonstige Leistungen, soweit in der Anlage 2 nicht aufgeführte Getränke abgegeben werden, 16 Prozent beträgt.

(4) § 12 Abs. 2 Nr. 10 gilt bis zum 31. Dezember 2011[1] in folgender Fassung:

10. a) die Beförderungen von Personen mit Schiffen,
    b) die Beförderungen von Personen im Schienenbahnverkehr, im Verkehr mit Oberleitungsomnibussen, im genehmigten Linienverkehr mit Kraftfahrzeugen, im Verkehr mit Taxen, mit Drahtseilbahnen und sonstigen mechanischen Aufstiegshilfen aller Art und die Beförderungen im Fährverkehr
       aa) innerhalb einer Gemeinde oder
       bb) wenn die Beförderungsstrecke nicht mehr als 50 Kilometer beträgt.

(5)[2] § 12 Absatz 2 ist vom 1. Oktober 2022 bis 31. März 2024 mit der Maßgabe anzuwenden, dass der dort genannte Steuersatz auch für die Lieferung von Gas über das Erdgasnetz gilt.

(6)[2] § 12 Absatz 2 ist vom 1. Oktober 2022 bis 31. März 2024 mit der Maßgabe anzuwenden, dass der dort genannte Steuersatz auch für die Lieferung von Wärme über ein Wärmenetz gilt.

§ 29 Umstellung langfristiger Verträge. (1) [1]Beruht die Leistung auf einem Vertrag, der nicht später als vier Kalendermonate vor dem Inkrafttreten dieses Gesetzes[3] abgeschlossen worden ist, so kann, falls nach diesem Gesetz ein anderer Steuersatz anzuwenden ist, der Umsatz steuerpflichtig, steuerfrei oder nicht steuerbar wird, der eine Vertragsteil von dem anderen einen angemessenen Ausgleich der umsatzsteuerlichen Mehr- oder Minderbelastung verlangen. [2]Satz 1 gilt nicht, soweit die Parteien etwas anderes vereinbart haben. [3]Ist die Höhe der Mehr- oder Minderbelastung streitig, so ist § 287 Abs. 1 der Zivilprozessordnung[4] entsprechend anzuwenden.

(2) Absatz 1 gilt sinngemäß bei einer Änderung dieses Gesetzes.

---

[1] Frist verlängert durch G v. 20.12.2007 (BGBl. I S. 3150).
[2] § 28 Abs. 5 und 6 angef. durch G v. 19.10.2022 (BGBl. I S. 1743).
[3] D. h. „4 Monate vor einer Gesetzesänderung".
[4] **Habersack** Nr. **100.**

amtlich vorgeschriebenem Datensatz durch Datenfernübertragung zu übermitteln. [2]Auf Antrag kann die Finanzbehörde zur Vermeidung unbilliger Härten auf eine elektronische Übermittlung verzichten; in diesem Fall ist die Erklärung nach amtlich vorgeschriebenem Vordruck abzugeben und vom Steuerschuldner oder von den in § 34 der Abgabenordnung[1)] bezeichneten Personen eigenhändig zu unterschreiben.

§ 14b Verspätungszuschlag. [1]Ein nach § 152 der Abgabenordnung[1)] zu entrichtender Verspätungszuschlag fließt der Gemeinde zu. [2]Sind mehrere Gemeinden an der Gewerbesteuer beteiligt, so fließt der Verspätungszuschlag der Gemeinde zu, in der sich die Geschäftsleitung am Ende des Erhebungszeitraums befindet. [3]Befindet sich die Geschäftsleitung im Ausland, so fließt der Verspätungszuschlag der Gemeinde zu, in der sich die wirtschaftlich bedeutendste Betriebsstätte befindet. [4]Auf den Verspätungszuschlag ist der Hebesatz der Gemeinde nicht anzuwenden.

§ 15 Pauschfestsetzung. Wird die Einkommensteuer oder die Körperschaftsteuer in einem Pauschbetrag festgesetzt, so kann die für die Festsetzung zuständige Behörde im Einvernehmen mit der Landesregierung oder der von ihr bestimmten Behörde auch den Steuermessbetrag in einem Pauschbetrag festsetzen.

Abschnitt V. Entstehung, Festsetzung und Erhebung der Steuer

§ 16 Hebesatz. (1) Die Steuer wird auf Grund des Steuermessbetrags (§ 14) mit einem Prozentsatz (Hebesatz) festgesetzt und erhoben, der von der hebeberechtigten Gemeinde (§§ 4, 35a) zu bestimmen ist.

(2) Der Hebesatz kann für ein Kalenderjahr oder mehrere Kalenderjahre festgesetzt werden.

(3) [1]Der Beschluss über die Festsetzung oder Änderung des Hebesatzes ist bis zum 30. Juni eines Kalenderjahrs mit Wirkung vom Beginn dieses Kalenderjahrs zu fassen. [2]Nach diesem Zeitpunkt kann der Beschluss über die Festsetzung des Hebesatzes gefasst werden, wenn der Hebesatz die Höhe der letzten Festsetzung nicht überschreitet.

(4)[2)] [1]Der Hebesatz muss für alle in der Gemeinde vorhandenen Unternehmen der gleiche sein. [2]Er beträgt 200 Prozent, wenn die Gemeinde nicht einen höheren Hebesatz bestimmt hat. [3]Wird das Gebiet von Gemeinden geändert, so kann die Landesregierung oder die von ihr bestimmte Stelle für die von der Änderung betroffenen Gebietsteile auf eine bestimmte Zeit verschiedene Hebesätze zulassen. [4]In den Fällen des Satzes 3 sind die §§ 28 bis 34

[1)] Nr. **800**.

[2)] § 16 Abs. 4 Satz 2 eingef. mWv EZ 2004 durch G v. 23.12.2003 (BGBl. I S. 2922), Satz 4 angef. mWv EZ 2009 durch G v. 19.12.2008 (BGBl. I S. 2794).

§ 11 Steuermesszahl und Steuermessbetrag. (1)[1] [1]Bei der Berechnung der Gewerbesteuer ist von einem Steuermessbetrag auszugehen. [2]Dieser ist durch Anwendung eines Prozentsatzes (Steuermesszahl) auf den Gewerbeertrag zu ermitteln. [3]Der Gewerbeertrag ist auf volle 100 Euro nach unten abzurunden und

1. bei natürlichen Personen sowie bei Personengesellschaften um einen Freibetrag in Höhe von 24 500 Euro,
2. bei Unternehmen im Sinne des § 2 Abs. 3 und des § 3 Nr. 5, 6, 8, 9, 15, 17, 21, 26, 27, 28 und 29 sowie bei Unternehmen von juristischen Personen des öffentlichen Rechts um einen Freibetrag in Höhe von 5000 Euro[2],

höchstens jedoch in Höhe des abgerundeten Gewerbeertrags, zu kürzen.

(2)[3] Die Steuermesszahl für den Gewerbeertrag beträgt 3,5 Prozent.

(3)[4] [1]Die Steuermesszahl ermäßigt sich auf 56 Prozent bei Hausgewerbetreibenden und ihnen nach § 1 Abs. 2 Buchstabe b und d des Heimarbeitsgesetzes in der im Bundesgesetzblatt Teil III, Gliederungsnummer 804-1, veröffentlichten bereinigten Fassung, zuletzt geändert durch Artikel 4 des Gesetzes vom 13. Juli 1988 (BGBl. I S. 1034), gleichgestellten Personen. [2]Das Gleiche gilt für die nach § 1 Abs. 2 Buchstabe c des Heimarbeitsgesetzes gleichgestellten Personen, deren Entgelte (§ 10 Abs. 1 des Umsatzsteuergesetzes[5]) aus der Tätigkeit unmittelbar für den Absatzmarkt im Erhebungszeitraum 25 000 Euro nicht übersteigen.

Abschnitt III

§§ 12 und **13.** (weggefallen)

Abschnitt IV. Steuermessbetrag

§ 14 Festsetzung des Steuermessbetrags. [1]Der Steuermessbetrag wird für den Erhebungszeitraum nach dessen Ablauf festgesetzt. [2]Erhebungszeitraum ist das Kalenderjahr. [3]Besteht die Gewerbesteuerpflicht nicht während eines ganzen Kalenderjahrs, so tritt an die Stelle des Kalenderjahrs der Zeitraum der Steuerpflicht (abgekürzter Erhebungszeitraum).

§ 14a[6] **Steuererklärungspflicht.** [1]Der Steuerschuldner (§ 5) hat für steuerpflichtige Gewerbebetriebe eine Erklärung zur Festsetzung des Steuermessbetrags und in den Fällen des § 28 außerdem eine Zerlegungserklärung nach

---

[1] § 11 Abs. 1 Satz 2 geänd. durch G v. 9.12.2004 (BGBl. I S. 3310).

[2] § 11 Abs. 1 Satz 3 Nr. 2 Betrag geänd. mWv EZ 2009 durch G v. 17.3.2009 (BGBl. I S. 550).

[3] § 11 Abs. 2 neu gef. mWv EZ 2008 durch G v. 14.8.2007 (BGBl. I S. 1912).

[4] § 11 Abs. 3 Satz 1 geänd. durch G v. 29.12.2003 (BGBl. I S. 3076); geänd. mWv EZ 2010 durch G v. 8.12.2010 (BGBl. I S. 1768).

[5] Nr. **500**.

[6] § 14a neu gef. mWv EZ 2011 durch G v. 20.12.2008 (BGBl. I S. 2850).

§ 5[1)] *(aufgehoben)*

§ 6[2)] *(aufgehoben)*

§ 7[3)] **Anteilsrechte an ausländischen Gesellschaften.** (1)[4)] [1] § 1 ist auf den Wert neuer Anteilsrechte an ausländischen Gesellschaften anzuwenden, wenn

1. die ausländische Gesellschaft einer Aktiengesellschaft, einer Kommanditgesellschaft auf Aktien oder einer Gesellschaft mit beschränkter Haftung vergleichbar ist,
2. die neuen Anteilsrechte auf Maßnahmen beruhen, die einer Kapitalerhöhung aus Gesellschaftsmitteln nach den Vorschriften der §§ 207 bis 220 des Aktiengesetzes[5)] oder nach den Vorschriften *des Gesetzes über die Kapitalerhöhung aus Gesellschaftsmitteln und über die Gewinn- und Verlustrechung vom 23. Dezember 1959 (Bundesgesetzbl. I S. 789), zuletzt geändert durch das Einführungsgesetz zum Strafgesetzbuch vom 2. März 1974 (Bundesgesetzbl. I S. 469)*[6)], entsprechen und
3. die neuen Anteilsrechte wirtschaftlich den Anteilsrechten entsprechen, die nach den in Nummer 2 bezeichneten Vorschriften ausgegeben werden.

[2] Der Erwerber der Anteilsrechte oder die ausländische Gesellschaft haben nachzuweisen, daß die Voraussetzungen der Nummern 1 bis 3 erfüllt sind. [3] Zuständig für die Prüfung nach den Sätzen 1 und 2 ist die Finanzbehörde, die im Zeitpunkt der Antragstellung nach § 20 der Abgabenordnung für die Besteuerung der ausländischen Gesellschaft nach dem Einkommen örtlich zuständig ist. [4] Ist im Zeitpunkt der Antragstellung nach § 20 der Abgabenordnung keine Finanzbehörde zuständig, ist das Bundeszentralamt für Steuern zuständig.

(2)[7)] *[1] Setzt die ausländische Gesellschaft in den Fällen des Absatzes 1 innerhalb von fünf Jahren nach Ausgabe der neuen Anteilsrechte ihr Kapital herab und zahlt sie die dadurch freiwerdenden Mittel ganz oder teilweise zurück, so gelten die zurückgezahlten Beträge bei den Anteilseignern insoweit als Einkünfte aus Kapitalvermögen im Sinne des § 20 Abs. 1 Ziff. 1 des Einkommensteuergesetzes*[8)]*, als sie den Betrag der Erhöhung des Kapitals nicht übersteigen. [2] Das gleiche gilt, wenn die ausländische Gesellschaft Maßnahmen trifft, die den in Satz 1 bezeichneten Maßnahmen vergleichbar sind. [3] Die Sätze 1 und 2 sind in den Fällen des § 27 Abs. 8 des Körperschaft-*

[1)] § 5 aufgeh. durch G v. 23.10.2000 (BGBl. I S. 1433); zur letztmaligen Anwendung siehe § 8a Abs. 2.

[2)] § 6 eingef. durch G v. 6.9.1976 (BGBl. I S. 2641) und aufgeh. durch G v. 23.10.2000 (BGBl. I S. 1433); zur letztmaligen Anwendung siehe § 8a Abs. 2.

[3)] § 7 neu gef. durch G v. 6.9.1976 (BGBl. I S. 2641).

[4)] § 7 Abs. 1 Satz 2 geänd., Sätze 3 und 4 angef. mWv 21.12.2022 durch G v. 16.12.2022 (BGBl. I S. 2294).

[5)] **Habersack** Nr. **51**.

[6)] KapErhG aufgeh. durch G v. 28.10.1994 (BGBl. I S. 3267); nunmehr geregelt in §§ 57c bis 57o GmbHG **(Habersack Nr. 52)**.

[7)] § 7 Abs. 2 aufgeh. mWv 1.1.2023 (§ 8a Abs. 3) durch G v. 16.12.2022 (BGBl. I S. 2294).

[8)] Nr. **1**.

141. Gesetz über steuerrechtliche Maßnahmen bei Erhöhung des Nennkapitals aus Gesellschaftsmitteln[1) · 2)]

In der Fassung der Bekanntmachung vom 10. Oktober 1967 (BGBl. I S. 977)[3)]

Geändert durch Gesetze vom 23.12.1971 (BGBl. I S. 2134), vom 6.9.1976 (BGBl. I S. 2641), vom 14.12.1976 (BGBl. I S. 3341), vom 22.12.1981 (BGBl. I S. 1523), vom 22.12.1983 (BGBl. I S. 1592), vom 25.3.1998 (BGBl. I S. 590), vom 23.10.2000 (BGBl. I S. 1433), vom 20.12.2001 (BGBl. I S. 3858), Gesetz über steuerliche Begleitmaßnahmen zur Einführung der Europäischen Gesellschaft und zur Änderung weiterer steuerrechtlicher Vorschriften (SEStEG) vom 7.12.2006 (BGBl. I S. 2782) und Jahressteuergesetz 2022 (JStG 2022) vom 16.12.2022 (BGBl. I S. 2294)

BGBl. III/FNA 610-6-4

§ 1[4)] Steuern vom Einkommen und Ertrag der Anteilseigner. Erhöht eine Kapitalgesellschaft im Sinne des § 1 Abs. 1 Nr. 1 des Körperschaftsteuergesetzes[5)] ihr Nennkapital durch Umwandlung von Rücklagen in Nennkapital, so gehört der Wert der neuen Anteilsrechte bei den Anteilseignern nicht zu den Einkünften im Sinne des § 2 Abs. 1 des Einkommensteuergesetzes[6)].

§ 2[7)]. *(aufgehoben)*

§ 3[8)] Anschaffungskosten nach Kapitalerhöhung. Als Anschaffungskosten der vor der Erhöhung des Nennkapitals erworbenen Anteilsrechte und der auf sie entfallenen neuen Anteilsrechte gelten die Beträge, die sich für die einzelnen Anteilsrechte ergeben, wenn die Anschaffungskosten der vor der Erhöhung des Nennkapitals erworbenen Anteilsrechte auf diese und auf die auf sie entfallenen neuen Anteilsrechte nach dem Verhältnis der Anteile am Nennkapital verteilt werden.

§ 4[9)] Mitteilung der Erhöhung des Nennkapitals an das Finanzamt. Die Kapitalgesellschaft hat die Erhöhung des Nennkapitals innerhalb von zwei Wochen nach der Eintragung des Beschlusses über die Erhöhung des Nennkapitals in das Handelsregister dem Finanzamt mitzuteilen und eine Abschrift des Beschlusses über die Erhöhung des Nennkapitals einzureichen.

---

1) Neubekanntmachung des G idF der Bek. v. 2.11.1961 (BGBl. I S. 1917) auf Grund Art. 2 des G v. 10.8.1967 (BGBl. I S. 889) in der ab 1.1.1966 geltenden Fassung.

2) Überschrift geänd. durch G v. 22.12.1983 (BGBl. I S. 1592).

3) **Zum Anwendungsbereich vgl. § 10.**

4) § 1 neu gef. durch G v. 6.9.1976 (BGBl. I S. 2641).

5) Nr. **100**.

6) Nr. **1**.

7) § 2 aufgeh. durch G v. 23.12.1971 (BGBl. I S. 2134).

8) § 3 Überschr. neu gef. durch G v. 6.9.1976 (BGBl. I S. 2641); geänd. mWv 1.4.1998 durch G v. 25.3.1998 (BGBl. I S. 590).

9) Bish. § 5 wird § 4 durch G v. 6.9.1976 (BGBl. I S. 2641).

	§§
Auswirkungen auf den Gewinn der übernehmenden Körperschaft	12
Besteuerung der Anteilseigner der übertragenden Körperschaft	13
(weggefallen)	14
Vierter Teil. Aufspaltung, Abspaltung und Vermögensübertragung (Teilübertragung)	
Aufspaltung, Abspaltung und Teilübertragung auf andere Körperschaften	15
Aufspaltung oder Abspaltung auf eine Personengesellschaft	16
Fünfter Teil. Gewerbesteuer	
(weggefallen)	17
Gewerbesteuer bei Vermögensübergang auf eine Personengesellschaft oder auf eine natürliche Person sowie bei Formwechsel in eine Personengesellschaft	18
Gewerbesteuer bei Vermögensübergang auf eine andere Körperschaft	19
Sechster Teil. Einbringung von Unternehmensteilen in eine Kapitalgesellschaft oder Genossenschaft und Anteilstausch	
Einbringung von Unternehmensteilen in eine Kapitalgesellschaft oder Genossenschaft	20
Bewertung der Anteile beim Anteilstausch	21
Besteuerung des Anteilseigners	22
Auswirkungen bei der übernehmenden Gesellschaft	23
Siebter Teil. Einbringung eines Betriebs, Teilbetriebs oder Mitunternehmeranteils in eine Personengesellschaft	
Einbringung von Betriebsvermögen in eine Personengesellschaft	24
Achter Teil. Formwechsel einer Personengesellschaft in eine Kapitalgesellschaft oder Genossenschaft	
Entsprechende Anwendung des Sechsten Teils	25
Neunter Teil. Verhinderung von Missbräuchen	
(weggefallen)	26
Zehnter Teil. Anwendungsvorschriften und Ermächtigung	
Anwendungsvorschriften	27
Bekanntmachungserlaubnis	28

Erster Teil. Allgemeine Vorschriften

§ 1 Anwendungsbereich und Begriffsbestimmungen. (1) [1]Der Zweite bis Fünfte Teil gilt nur für

1. die Verschmelzung, Aufspaltung und Abspaltung im Sinne der §§ 2, 123 Abs. 1 und 2 des Umwandlungsgesetzes von Körperschaften oder vergleichbare ausländische Vorgänge sowie des Artikels 17 der Verordnung (EG) Nr. 2157/2001 und des Artikels 19 der Verordnung (EG) Nr. 1435/2003;
2. den Formwechsel einer Kapitalgesellschaft in eine Personengesellschaft im Sinne des § 190 Abs. 1 des Umwandlungsgesetzes oder vergleichbare ausländische Vorgänge;

130. Umwandlungssteuergesetz[1)·2)·3)]

Vom 7. Dezember 2006 (BGBl. I S. 2782/2791)

Geändert durch Unternehmensteuerreformgesetz 2008 vom 14.8.2007 (BGBl. I S. 1912), Jahressteuergesetz 2008 vom 20.12.2007 (BGBl. I S. 3150), Jahressteuergesetz 2009 vom 19.12.2008 (BGBl. I S. 2794), Wachstumsbeschleunigungsgesetz vom 22.12.2009 (BGBl. I S. 3950), Gesetz zur Umsetzung des EuGH-Urteils vom 20. Oktober 2011 in der Rechtssache C-284/09 vom 21.3.2013 (BGBl. I S. 561), Amtshilferichtlinie-Umsetzungsgesetz (AmtshilfeRLUmsG) vom 26. Juni 2013 (BGBl. I S. 1809), Gesetz zur Anpassung des nationalen Steuerrechts an den Beitritt Kroatiens zur EU und zur Änderung weiterer steuerlicher Vorschriften vom 25.7.2014 (BGBl. I S. 1266), Steueränderungsgesetz 2015 vom 2.11.2015 (BGBl. I S. 1834), Gesetz über steuerliche und weitere Begleitregelungen zum Austritt des Vereinigten Königreichs Großbritannien und Nordirland aus der Europäischen Union (Brexit-Steuerbegleitgesetz – Brexit-StBG) vom 25.3.2019 (BGBl. I S. 357), Gesetz zur Umsetzung steuerlicher Hilfsmaßnahmen zur Bewältigung der Corona-Krise (Corona-Steuerhilfegesetz) vom 19.6.2020 (BGBl. I S. 1385), Gesetz zur Modernisierung der Entlastung von Abzugsteuern und der Bescheinigung der Kapitalertragsteuer (Abzugsteuerentlastungsmodernisierungsgesetz – AbzStEntModG) vom 2.6.2021 (BGBl. I S. 1259), Gesetz zur Modernisierung des Körperschaftsteuerrechts vom 25.6.2021 (BGBl. I S. 2050) und Jahressteuergesetz 2022 (JStG 2022) vom 16.12.2022 (BGBl. I S. 2294)

BGBl. III/FNA 610-6-16

Inhaltsübersicht

Erster Teil. Allgemeine Vorschriften §§

Anwendungsbereich und Begriffsbestimmungen ... 1
Steuerliche Rückwirkung ... 2

Zweiter Teil. Vermögensübergang bei Verschmelzung auf eine Personengesellschaft oder auf eine natürliche Person und Formwechsel einer Kapitalgesellschaft in eine Personengesellschaft

Wertansätze in der steuerlichen Schlussbilanz der übertragenden Körperschaft 3
Auswirkungen auf den Gewinn des übernehmenden Rechtsträgers ... 4
Besteuerung der Anteilseigner der übertragenden Körperschaft ... 5
Gewinnerhöhung durch Vereinigung von Forderungen und Verbindlichkeiten 6
Besteuerung offener Rücklagen ... 7
Vermögensübergang auf einen Rechtsträger ohne Betriebsvermögen ... 8
Formwechsel in eine Personengesellschaft ... 9
(weggefallen) ... 10

Dritter Teil. Verschmelzung oder Vermögensübertragung (Vollübertragung) auf eine andere Körperschaft

Wertansätze in der steuerlichen Schlussbilanz der übertragenden Körperschaft 11

---

1) Das Umwandlungssteuergesetz wurde verkündet als Art. 6 des Gesetzes über steuerliche Begleitmaßnahmen zur Einführung der Europäischen Gesellschaft und zur Änderung weiterer steuerrechtlicher Vorschriften (SEStEG) vom 7.12.2006 (BGBl. I S. 2782).

2) Das UmwStG in dieser Fassung gilt für **nach dem 12.12.2006** erfolgte Umwandlungen und Einbringungen (§ 27 Abs. 1). Für **vom 1.1.1995 bis 12.12.2006** erfolgte Umwandlungen und Einbringungen siehe UmwStG idF der Bek. v. 15.10.2002 (BGBl. I S. 4133, ber. BGBl. I 2003 S. 738), zuletzt geänd. durch G v. 16.5.2003 (BGBl. I S. 660).

3) Das Umwandlungsgesetz abgedr. in **Habersack** Nr. **52a.**

e)[1] Rückstellungen für Verpflichtungen sind mit einem Zinssatz von 5,5 Prozent abzuzinsen; *Nummer 3 Satz 2 ist entsprechend anzuwenden* [***ab 1.1.2023:*** ausgenommen von der Abzinsung sind Rückstellungen für Verpflichtungen, deren Laufzeit am Bilanzstichtag weniger als zwölf Monate beträgt, und Rückstellungen für Verpflichtungen, die verzinslich sind oder auf einer Anzahlung oder Vorausleistung beruhen]. [2] Für die Abzinsung von Rückstellungen für Sachleistungsverpflichtungen ist der Zeitraum bis zum Beginn der Erfüllung maßgebend. [3] Für die Abzinsung von Rückstellungen für die Verpflichtung, ein Kernkraftwerk stillzulegen, ist der sich aus Buchstabe d Satz 3 ergebende Zeitraum maßgebend; und

f) bei der Bewertung sind die Wertverhältnisse am Bilanzstichtag maßgebend; künftige Preis- und Kostensteigerungen dürfen nicht berücksichtigt werden.

4.[2] [1] Entnahmen des Steuerpflichtigen für sich, für seinen Haushalt oder für andere betriebsfremde Zwecke sind mit dem Teilwert anzusetzen; die Entnahme ist in den Fällen des § 4 Absatz 1 Satz 3 erster Halbsatz mit dem gemeinen Wert und in den Fällen des § 4 Absatz 1 Satz 3 zweiter Halbsatz mit dem Wert anzusetzen, den der andere Staat der Besteuerung zugrunde legt, höchstens jedoch mit dem gemeinen Wert. [2] Die private Nutzung eines Kraftfahrzeugs, das zu mehr als 50 Prozent betrieblich genutzt wird, ist für jeden Kalendermonat mit 1 Prozent des inländischen Listenpreises im Zeitpunkt der Erstzulassung zuzüglich der Kosten für Sonderausstattung einschließlich Umsatzsteuer anzusetzen; bei der privaten Nutzung von Fahrzeugen mit Antrieb ausschließlich durch Elektromotoren, die ganz oder überwiegend aus mechanischen oder elektrochemischen Energiespeichern oder aus emissionsfrei betriebenen Energiewandlern gespeist werden (Elektrofahrzeuge), oder von extern aufladbaren Hybridelektrofahrzeugen, ist der Listenpreis dieser Kraftfahrzeuge

1. soweit die Nummern 2, 3 oder 4 nicht anzuwenden sind und bei Anschaffung vor dem 1. Januar 2023 um die darin enthaltenen Kosten des Batteriesystems im Zeitpunkt der Erstzulassung des Kraftfahrzeugs wie folgt zu mindern: für bis zum 31. Dezember 2013 angeschaffte Kraftfahrzeuge um 500 Euro pro Kilowattstunde der Batteriekapazität, dieser Betrag mindert sich für in den Folgejahren angeschaffte Kraftfahrzeuge um jährlich 50 Euro pro Kilowattstunde der Batteriekapazität; die Minderung pro Kraftfahrzeug beträgt höchstens 10 000 Euro; dieser Höchstbetrag mindert sich für in den Folgejahren angeschaffte Kraftfahrzeuge um jährlich 500 Euro, oder
2. soweit Nummer 3 nicht anzuwenden ist und] bei Anschaffung nach dem 31. Dezember 2018 und vor dem 1. Januar 2022 nur zur Hälfte anzuset-

---

[1] § 6 Abs. 1 Nr. 3a Buchst. e Satz 1 2. Hs. neu gef. durch G v. 19.6.2022 (BGBl. I S. 911); zur Anwendung siehe § 52 Abs. 12 Sätze 2 und 3.

[2] § 6 Abs. 1 Nr. 4 Sätze 2 und 3 neu gef. mWv 15.12.2018 durch G v. 11.12.2018 (BGBl. I S. 2338); Satz 2 Nrn. 1 und 2 geänd., Nrn. 3 bis 5 angef., Satzteil nach Satz 2 Nr. 5 angef., Satz 3 Nrn. 1 und 2 geänd., Nrn. 3 bis 5 angef., Satzteil nach Satz 3 Nr. 5 angef. mWv 1.1.2020 durch G v. 12.12.2019 (BGBl. I S. 2451); Satz 1 HS 2 neu gef. mWv 1.1.2020 (§ 52 Abs. 12 Satz 11) durch G v. 25.6.2021 (BGBl. I S. 2035).

Grundsätzen ordnungsmäßiger Buchführung entspricht. [2]Der Vorratsbestand am Schluss des Wirtschaftsjahres, das der erstmaligen Anwendung der Bewertung nach Satz 1 vorangeht, gilt mit seinem Bilanzansatz als erster Zugang des neuen Wirtschaftsjahres. [3]Von der Verbrauchs- oder Veräußerungsfolge nach Satz 1 kann in den folgenden Wirtschaftsjahren nur mit Zustimmung des Finanzamts abgewichen werden.

2b. [1]Steuerpflichtige, die in den Anwendungsbereich des § 340 des Handelsgesetzbuchs fallen, haben die zu Handelszwecken erworbenen Finanzinstrumente, die nicht in einer Bewertungseinheit im Sinne des § 5 Absatz 1a Satz 2 abgebildet werden, mit dem beizulegenden Zeitwert abzüglich eines Risikoabschlages (§ 340e Absatz 3 des Handelsgesetzbuchs[1]) zu bewerten. [2]Nummer 2 Satz 2 ist nicht anzuwenden.

3.[2] [1]Verbindlichkeiten sind unter sinngemäßer Anwendung der Vorschriften der Nummer 2 anzusetzen *und mit einem Zinssatz von 5,5 Prozent abzuzinsen. [2]Ausgenommen von der Abzinsung sind Verbindlichkeiten, deren Laufzeit am Bilanzstichtag weniger als zwölf Monate beträgt, und Verbindlichkeiten, die verzinslich sind oder auf einer Anzahlung oder Vorausleistung beruhen.*

3a. Rückstellungen sind höchstens insbesondere unter Berücksichtigung folgender Grundsätze anzusetzen:

a) bei Rückstellungen für gleichartige Verpflichtungen ist auf der Grundlage der Erfahrungen in der Vergangenheit aus der Abwicklung solcher Verpflichtungen die Wahrscheinlichkeit zu berücksichtigen, dass der Steuerpflichtige nur zu einem Teil der Summe dieser Verpflichtungen in Anspruch genommen wird;

b) Rückstellungen für Sachleistungsverpflichtungen sind mit den Einzelkosten und den angemessenen Teilen der notwendigen Gemeinkosten zu bewerten;

c) künftige Vorteile, die mit der Erfüllung der Verpflichtung voraussichtlich verbunden sein werden, sind, soweit sie nicht als Forderung zu aktivieren sind, bei ihrer Bewertung wertmindernd zu berücksichtigen;

d) Rückstellungen für Verpflichtungen, für deren Entstehen im wirtschaftlichen Sinne der laufende Betrieb ursächlich ist, sind zeitanteilig in gleichen Raten anzusammeln. [2]Rückstellungen für gesetzliche Verpflichtungen zur Rücknahme und Verwertung von Erzeugnissen, die vor Inkrafttreten entsprechender gesetzlicher Verpflichtungen in Verkehr gebracht worden sind, sind zeitanteilig in gleichen Raten bis zum Beginn der jeweiligen Erfüllung anzusammeln; Buchstabe e ist insoweit nicht anzuwenden. [3]Rückstellungen für die Verpflichtung, ein Kernkraftwerk stillzulegen, sind ab dem Zeitpunkt der erstmaligen Nutzung bis zum Zeitpunkt, in dem mit der Stilllegung begonnen werden muss, zeitanteilig in gleichen Raten anzusammeln; steht der Zeitpunkt der Stilllegung nicht fest, beträgt der Zeitraum für die Ansammlung 25 Jahre;

---

[1] **Habersack** Nr. **50.**

[2] § 6 Abs. 1 Nr. 3 kursiver Satzteil aufgeh. durch G v. 19.6.2022 (BGBl. I S. 911); zur Anwendung siehe § 52 Abs. 12 Sätze 2 und 3.

2. Stichwortverzeichnis

Mit der vorliegenden Lieferung wird auch das Sachverzeichnis aktualisiert und neu eingestellt.

3. Folgende Änderungsgesetze wurden u. a. berücksichtigt:

– Gesetz zur Stärkung der Aufsicht bei Rechtsdienstleistungen und zur Änderung weiterer Vorschriften vom 10.3.2023 (BGBl. I Nr. 64)
– Bekanntmachung zu den Pfändungsfreigrenzen 2023 vom 15.3.2023 (BGBl. I Nr. 79)

4. Neue Zitierweise BGBl.

Zum 1.1.2023 startete das elektronische Bundesgesetzblatt. Gesetze und Verordnungen werden seither nur noch online verkündet. Damit einher geht auch eine geänderte Zitierweise. Die alte Zitation mit Angabe des Bandes (I, II) und Seite wird ersetzt durch Band und Nummer. Abrufbar sind die Änderungsgesetze/-verordnungen unter www.recht.bund.de

München, im Juni 2023 Verlag C. H. BECK

Geleitwort

1. Tabellen

Mit der 213. Ergänzungslieferung werden zunächst die neuen, ab 1.4.2023 verpflichtend anzuwendenden, geänderten *Lohnsteuertabellen 2023* (Allgemeine: Jahr/Monat/Woche/Tag, Besondere: Jahr/Monat) in die Textausgabe eingestellt.

Lohnsteuertabellen 2023: die zur *manuellen* Berechnung der Lohnsteuer erstellten Lohnsteuertabellen wurden auf der Basis des gem. § 51 Abs. 4 Nr. 1a EStG vom BMF veröffentlichten Programmablaufsplan vom 13. Februar 2023 für die Erstellung der Lohnsteuertabellen 2023 berechnet. Unabhängig von der maschinellen Berechnung der Lohnsteuer nach dem sog. Formeltarif ist die manuelle Berechnung der Lohnsteuer nach dem sog. **Stufentarif** zulässig; es kommt allerdings zu geringfügigen Abweichungen gegenüber der Berechnung nach dem sog. Formaltarif, also der elektronischen Berechnung. Beide Berechnungsarten werden von der Finanzverwaltung ausdrücklich gebilligt. Durch das Bürgerentlastungsgesetz Krankenversicherung wurde ab 1.1.2010 eine verbesserte steuerliche Berücksichtigung von Vorsorgeaufwendungen (Kranken- und Pflegeversicherungsbeiträge) eingeführt. Diese Entlastung ist in den Lohnsteuertabellen enthalten. Beachten Sie bitte die Berechnungsbeispiele unter *Vorbemerkungen T 2* S. 4f.

Zur genauen Berechnung der **Einkommen-** und **Lohnsteuer 2023** nach dem Formeltarif benutzen sie bitte das über den Link https://ch.beck.de/lohnsteuerrechner aufrufbare online-Berechnungsprogramm. Eine Programmanleitung finden Sie als pdf-Datei im Berechnungsprogramm hinterlegt.

Einkommensteuertabellen 2023: Die Berechnung der Einkommensteuer wird exakt für den sich bei der Steuerveranlagung jeweils ergebenden Einzelwert berechnet. Eine jeden Einzelwert berücksichtigende Einkommensteuertabelle ist somit aus Umfangsgründen nicht mehr abdruckbar. Die unter **T 1a** und **T 1b** abgedruckten Einkommensteuer-Grund- und Splittingtabellen gelten weiterhin; sie geben Ihnen jedoch für die zwischen den ausgewiesenen Einkommensbeträgen liegenden Werte zur Annäherungswerte.

Soweit Sie *keine elektronische Berechnung* vornehmen, können Sie den Wert Ihrer Einkommensteuer innerhalb der ausgewiesenen Einkommensbeträge zumindest annäherungsweise schätzen.

Die *genaue Berechnung* der Einkommensteuer kann *nur* mit Hilfe des Online-Berechnungspgrogramms vorgenommen werden.

Dieses Titelblatt stammt aus der 213. Ergänzungslieferung Juni 2023.

Die Ergänzungslieferung Juni 2023 schließt an die
Ergänzungslieferung Februar 2023 an.

Redaktioneller Hinweis

Paragraphenüberschriften in eckigen Klammern sind nicht amtlich. Sie sind ebenso wie die Fußnoten urheber- und wettbewerbsrechtlich geschützt.
Die Angaben zum Stand der Sammlung auf dem Titelblatt beziehen sich auf das Verkündungsdatum der maßgeblichen Gesetz-, Verordnungs- und Amtsblätter.
Verbesserungsvorschläge und mögliche Fehlerhinweise sind jederzeit willkommen.

Verlag C. H. Beck oHG
Wilhelmstraße 9, 80801 München
Internet: www.beck.de
E-Mail: Kundenservice@beck-shop.de
Tel.: (0 89) 3 81 89-101

www.beck.de

Grundwerk (zur Fortsetzung) 978 3 406 78712 6
Grundwerk (ohne Fortsetzung) 978 3 406 66000 9
ergänzt bis 978 3 406 79606 7

Wilhelmstraße 9, 80801 München
Druck: Druckerei C. H. Beck, Nördlingen
(Adresse wie Verlag)

Gedruckt auf säurefreiem, alterungsbeständigem Papier
(hergestellt aus chlorfrei gebleichtem Zellstoff)

STEUERGESETZE

Einkommen- und Lohnsteuer, Körperschaftsteuer,
Umwandlungssteuer, Bewertung, Erbschaftsteuer, Realsteuern,
Umsatzsteuer, sonstige Verkehrsteuern, Förderungsgesetze,
Abgabenordnung, Finanzverwaltungsvorschriften

Textsammlung
mit Verweisungen und Sachverzeichnis

Stand: 1.4.2023 (Tabellen)
1.6.2023 (Texte)

(213. Ergänzungslieferung)

C.H.BECK

Herauszunehmen:	Zahl der Blätter	Einzufügen:	Zahl der Blätter
840 1–4	2	**840** 1–4	2
9/10	1	9/10	1
15–30	8	15–30a	9
49–62	7	49–62a	8
69–76	4	69–76a	5
85–90	3	85–90a	4
115–118	2	115–118	2
840a 21/22	1	**840a** 21/22	1
850 1/2	1	**850** 1/2	1
33/34	1	33/34	1
69/70	1	69/70	1
77–82	3	77–82	3
89/90	1	89/90	1
Tabellen vor T1–T3 1–**Stichwortverzeichnis** 138	341	**Tabellen vor T1–T3** 1–**Stichwortverzeichnis** 142	343
Insgesamt herauszunehmen:	430	Insgesamt einzufügen:	435

Steuergesetze

213. Ergänzungslieferung Juni 2023

(Anschluss an die Ergänzungslieferung Februar 2023)

Verlag C. H. BECK München

Anweisung zum Einordnen der Ergänzungslieferung Juni 2023

Herauszunehmen:	Zahl der Blätter	Einzufügen:	Zahl der Blätter
Titelblatt, Geleitwort	2	Titelblatt, Geleitwort	2
1 73/74	1	**1** 73/74	1
130 1/2	1	**130** 1/2	1
141 1/2	1	**141** 1/2	1
450 23/24	1	**450** 23/24	1
500 146/146a	1	**500** 146/146a	1
510 25/25a	1	**510** 25/25a	1
620 3/4	1	**620** 3/4	1
665 1/2	1	**665** 1/2	1
5/6	1	5/6	1
800 73/74	1	**800** 73/74	1
101/102	1	101/102	1
155/156	1	155/156	1
234/234a	1	234/234a	1
237/237a	1	237/237a	1
247/247a	1	247/247a	1
253/253a	1	253/253a	1
802 1–2a	2	**802** 1–2a	2
10/10a	1	10/10a	1
15/16	1	15/16	1
21–26	4	21–26	4
35/36	1	35/36	1
41/42	1	41/42	1
47–51a	4	47–51a	4
806 39–42	2	**806** 39–44	3
835 1–40	20	**835** 1–36	18

(Fortsetzung nächste Seite)